omnibus

Alain Guérin

Chronique de la Résistance

Préfaces de
Marie-Madeleine Fourcade
et de Henri Rol-Tanguy

omnibus

La Résistance ; Chronique illustrée (1930-1950) a été éditée en 1972-1976, par le Livre-Club Diderot, avec des préfaces de Louis Saillant, Jacques Debû-Bridel, Marie-Madeleine Fourcade, Jacques Bounin, Henri Rol-Tanguy et une postface de Robert Vollet ; la présente édition, revue, corrigée, complétée et augmentée, a été réalisée, en 1999-2000, par l'auteur, avec le concours de Jean-Pierre Ravery pour la documentation.

ISBN : 978-2-258-08440-7 N° Editeur : 575
Dépôt légal : mai 2010

Sommaire

Préface de Marie-Madeleine Fourcade 7
Préface de Henri Rol-Tanguy 19

Introduction : Les paradoxes du résistant 27
Première partie : Une révolte très organisée 43
Deuxième partie : Du côté des bourreaux 447
Troisième partie : Au temps des malentendus 751
Quatrième partie : Le combat total 1201
Post scriptum : Une allergie à l'épopée 1601

Annexes 1629
Bibliographie 1653
Index 1735
Du même auteur 1791
Table des matières 1793

à Monique,

« Quiconque écrit l'histoire de son temps doit s'attendre qu'on lui reprochera tout ce qu'il a dit et tout ce qu'il n'a pas dit. »

VOLTAIRE (*Lettre à Valentin Philippe Bertin de Rocheret*)
14 avril 1732.

Préface

de Marie-Madeleine Fourcade,
chef du réseau Alliance.

RÉSISTANCE, ce mot tracé en lettres couleur de sang, la nuit de quarante-neuf mois d'occupation nazie, laboure la couverture du livre puissamment évocateur d'Alain Guérin. Voici que cet ouvrage nous prouve qu'il y a encore à dire sur la Résistance. Surtout, il reste à la faire entendre aux jeunes. Pour nous, rescapés, ce lambeau d'un passé où le temps était suspendu à la mort, nous semble extraordinairement actuel, tant il appartient à notre peau. En témoigner sans relâche est la juste rançon de la sauvegarde que l'on doit à ceux qui ont tout donné. Mais les jeunes ? Qu'est-ce pour eux ? Un épisode très court de l'Histoire de la France, d'une exemplarité indigeste, dont les mobiles restent obscurs tant elle est maintenant controversée... La notion de volontariat et de sacrifice n'a guère cours. Quant aux résultats, certains jugent que c'est la Providence, selon les croyants, le calcul des probabilités mitigé de hasard et de chance, selon les sceptiques, qui ont sauvé la France. Ou tout simplement les armées alliées volant au secours de la témérité inconsciente du type James Bond. D'autres nous tiennent rancune. Le fils de l'un des plus valeureux agents de mon réseau, un martyr, a poussé la réprobation jusqu'à souiller la tombe du Soldat inconnu. Je ne lui en veux pas. C'est notre faute. Nous n'avons pas su rester fidèles à l'image que nous nous étions donnée, parce que l'unité de la Résistance n'existait pas comme a pu exister l'unité combattante de la première grande guerre mondiale, une guerre de frontières.

« L'Histoire est une mêlée étrange, a dit Jean Jaurès, où les hommes qui se combattent servent la même cause. L'Histoire est la résultante de toutes les forces, toutes les classes, toutes les tendances, tous les intérêts, toutes les idées, toutes les énergies collectives ou individuelles cherchant à se faire jour, à se déployer, à se soumettre l'Histoire. »

Aucune définition n'illustre mieux la Résistance. Des entités, qui, à partir d'impératifs traditionnels, philosophiques, idéologiques souvent contradictoires, amalgamées à une foule anonyme et sans distinction d'hommes et de femmes de tous âges, résisteront spontanément dans le même sens et tiendront ensemble par des fibres à la fois dissemblables et fraternelles.

Donc pas d'unité. Cependant, une constante résolution : « se soumettre l'Histoire », en ce temps-là, c'était vaincre Hitler. Une étape aussi considérable à entreprendre qu'étaient les pas qui l'ont fait franchir, hardis mais aussi libres que tous ceux qui régissent la marche des hommes vers une destinée qui ne dépend que d'eux seuls, pour la dure acquisition d'un avenir meilleur, en harmonie avec le sacrifice consenti.

Pas d'unité, mais un lien : la Patrie. Ce lien, les Soviétiques en avaient fait le symbole de la victoire de Stalingrad. Au mont Mamaïat s'élève une statue gigantesque, de quatre-vingt-six mètres de haut, c'est la Mère Patrie. L'URSS n'avait rien trouvé de plus beau pour, de son peuple, traduire l'abnégation à jamais incrustée dans la glèbe d'un champ de bataille pétri de mitraille et d'ossements, qui fut le cran d'arrêt des hordes hitlériennes et leur tombeau. C'est vers elle que se tend le bouquet des jeunes épousées. C'est autour d'elle que les enfants montent la garde. Et l'holocauste du Ghetto de Varsovie, ne laisse, lui aussi, aucun doute. Quatre cent mille Juifs polonais ont choisi de mourir parqués, brûlés vifs, noyés dans les égouts, un suicide collectif à l'endroit où ils ont vécu.

Chez nous, pas de Stalingrad, pas de Ghetto, mais l'écho de la voix des sacrifiés se répercute dans les clairières, se réfléchit contre les murs des forteresses et des prisons, se répète et se renvoie tout au long de la chaîne des massacrés et des fusillés : « Vive la France ! ». C'est le message sorti des entrailles du peuple français, passionnément épris de son sol. Miné par les neuf mois d'attente paralysante de la « drôle de guerre », n'ayant pas encore perçu le sens exact des hostilités qu'il était empaqueté dans la déroute, plongé dans la stupeur de la défaite, précipité dans un gouffre d'incertitude, en l'espace de quelques jours, notre peuple ne pouvait sans doute réagir autrement qu'il ne l'a d'abord fait, ce qui n'est pas glorieux pour autant, chacun fonctionnant pour son propre compte, bandant l'arc de son cher système D, essayant stoïquement cependant de retrouver l'origine ancestrale de sa sève, afin d'y puiser la force de subir le poids étouffant du vainqueur. Etonné aussi d'entendre un vieillard chevrotant, qu'il prenait pour le parangon de l'héroïsme, lui prêcher la confiance, en lui imposant de gravir un nouveau calvaire, il se sentait annihilé.

Les dirigeants impromptus, Pétain et les pétainistes, sortis de la déconfiture, persuadés de celle à court terme de l'Angleterre, instauraient la panacée d'un régime apparenté aux dictatures voisines, cet « ordre nouveau » qui rendait l'Europe esclave du totalitarisme, tout en invoquant la pitié pour une population injustement éprouvée, les prisonniers victimes innocentes. Une pitié honteusement hypocrite s'abritant à l'ombre d'Hitler, dans la perspective dantesque de domination du nazisme, sans rémission pour aujourd'hui et encore moins pour demain s'il devait sortir victorieux du conflit. Prétexte infâme pour infliger aux Français un double châtiment. D'une part, leur ôtant toute espérance après le retrait de la lutte du potentiel immense de l'Empire, d'avoir à subir un armistice dégradant, les deux tiers du territoire occupés ou annexés, la flotte mise en panne, les justes qui comptaient sur notre hospitalité légendaire livrés aux fauves, la désorganisation physique et morale de la Nation à travers des conditions draconiennes, et, d'autre part tordant le cou aux faucons, aux « factieux », causes prétendues du désastre, d'avoir à entreprendre une « révolution nationale », une guerre civile sous la botte de l'ennemi, qui dresserait les uns contre les autres ces Français qui avaient tant besoin les uns des autres, sans qu'il en manquât un seul de ceux encore debout. Peu après, comme ils n'avaient pas bronché ou imperceptiblement, Pétain leur imposa la collaboration avec l'occupant, un narcotique qui devait les asservir à un chantage grandissant, pire, à des tentations déshonorantes, à des actes avilissants. La pitié qui engendre le chagrin : Tartuffe-roi.

Une telle absence de dignité dans l'adversité, une crédulité réelle ou feinte, aussi coupable, à l'égard d'Hitler et de Mussolini, « on pouvait compter sur eux pour nous redresser ! on pouvait croire que l'hitlérisme sauverait la chrétienté ! » L'ignorance entretenue de la puissance de destruction du nazisme, dont les foudres commençaient à percer les nuages fumigènes, la condamnation à mort par des officiers de cette Armée d'armistice (!) qui acceptait de se prélasser tandis que plus d'un million de ses soldats croupissaient derrière les barbelés, du seul de leurs pairs, Charles de Gaulle, qui l'appelât au combat, provoquèrent l'humiliation, plus sûrement que ne l'avait fait la défaite, conduisirent à la révolte, ramenèrent aux sources, « la bêtise, la démence et la bassesse, firent place aux hommes indestructibles », d'Eluard. Pouvoir penser, croire, vivre, créer et procréer, être maître chez soi, au lieu de son choix, patrie héritée ou patrie d'élection, redevint le plus cher des biens, la notion de liberté par excellence, à partir de laquelle se forgea la Résistance à l'usurpateur du patrimoine commun. Plus tard, on affirma que la Résistance était la guerre de la liberté. Robespierre l'avait déjà dit de la Révolution, mais la Résistance n'était pas une révolution, c'était une guerre de civilisation, donc un « conflit moral », comme l'écrit de Gaulle. Cependant, en la faisant, le vrai peuple de France, devenu clandestin, n'en prit conscience qu'en se mesurant, coup par coup, avec l'adversaire. Pouvait-on lui éviter cette expérience de malheur, la rendre moins poignante ?

Des symptômes dont Alain Guérin a fait la sensationnelle autopsie furent négligés d'une manière aberrante. Cette Allemagne, encore désarmée, qui crevait de faim, on pouvait lui ouvrir des perspectives humaines tout en se maintenant vigilants et plus forts qu'elle. Ce fut l'inverse. Une politique empirique, sans imagination, restée figée depuis 1918, entraîna une méconnaissance impardonnable de la dynamique nazie s'implantant sur un terrain approprié et de sa préparation intensive à des boucheries prometteuses : le Feldmarschall von Rundstedt déclarait, en 1939, devant l'académie militaire : « ... la destruction des peuples et des richesses nous est indispensable... aussi nous trouvons-nous dans l'obligation d'anéantir au moins un tiers des habitants chez nos voisins. » Les risques de guerre n'étaient pas jaugés autrement que dans la confusion sidérante de nos théoriciens étoilés — seul Guderian croyait aux tanks de De Gaulle —, de même que ne furent pas davantage analysés le sens de l'avènement d'Hitler par des moyens illégaux, son maintien au pouvoir grâce à des procédés machiavéliques. Ceux qui lisaient *Mein Kampf* ne prenaient pas « cette doctrine absurde » au sérieux et les très rares qui comprenaient entre les lignes, prêchaient leur inquiétude dans le vide de la conscience universelle. Les rapports alarmants de nos services restaient lettre morte. « Si les Français avaient su ce que le Führer voulait exiger d'eux après la victoire, leurs yeux seraient sortis de leur tête ! » triomphait Goebbels, sur le ton brutal qu'employait déjà son maître, le 1er septembre 1939, devant le Reichstag : « La Pologne (...) recevra une réponse qui lui fera passer l'envie de respirer ! » Le ton du bourreau, habituel à cet individu sans dimension, désincarné, le pitre tragique que Chaplin imite d'une manière hallucinante, le peintre en bâtiment qui s'est pris pour Picasso, il n'était, hélas ! pas le seul, ce porteur du virus qui conduira l'Allemagne à sa perte. Qu'en reste-t-il aujourd'hui ? J'ai entendu le bourgmestre de Berlin dire à un auditoire de trois mille jeunes : « Hitler, souvenez-vous, c'est l'homme qui a fait détruire notre capitale et qui nous l'a léguée, coupée en deux. » Stupidement naïf à son endroit, on le laissait tout faire. Ses premières persécutions de Juifs, dont on disait lâchement qu'ils avaient l'habitude et qu'ils n'avaient qu'à émigrer pour être tranquilles, ne firent nullement songer au génocide intégral. La création de camps de concentration pour réfractaires à la géniale suprématie de la race des seigneurs ne préfigura, pour personne, le crime contre l'humanité, « il ne s'agissait que de Boches ». On pouvait encore montrer puissamment les dents, lors de la Rhénanie, lors de Munich, et, il n'était pas trop tard, en courant sus aux arrières de l'ennemi, enfoncé en Pologne, tout en mettant l'Italie fasciste au pied du mur, ce qui eût, pour la suite, garanti le front africain, verrouillé la Méditerranée, éventuellement permis le repli stratégique assorti de la proposition churchillienne de fusion des deux Empires. A condition, bien sûr, d'en avoir prévu la mise en œuvre, la France et l'Angleterre eussent pu les livrer, ces batailles, au lieu de se calfeutrer derrière des forteresses percées ou des paravents de papier et de bramer des appels, dont la faible résonance faisait sordidement ressortir le peu d'engouement des autres nations pour généraliser le conflit. Coalition diplomatique désuète, bien incapable de tenir en respect et d'enrayer la progression d'un forcené insensible aux apparences, ne connaissant que la force, ne se rendant qu'à l'évidence, et puis, le comble, après lui avoir déclaré la guerre, se momifier l'arme au pied et attendre, sans y croire, d'être attaqué, quelle tristesse !

Mais Hitler n'était pas le seul animateur de son entreprise, une entreprise de brigandage que je me refuse à appeler un régime, par respect pour les autres quels qu'ils soient. S'il en était l'inspirateur démoniaque, il n'en eût jamais atteint presque le sommet, sans des complices, sans des esclaves, qui parfois le dépassaient dans l'invention diabolique : les Eichmann, les Mengele et qui débordaient les frontières de l'Allemagne : les Waffen SS, en France, au nombre de trente mille. Son entreprise, cependant, s'est montée d'une manière incroyablement rapide, grâce à des couveuses d'officiers des SA, du SD, une incubation intensive de SS ; ils étaient déjà cinquante mille en 1933, date de la prise du pouvoir. Des équipes de savants, formées pour mettre au point des armes nouvelles, les futurs V1 et V2. Des laboratoires de pathologie, chargés d'étudier les caractéristiques héréditaires et d'éliminer d'office les mauvaises, chez les leurs, pour commencer, ce qui fut fait, la race des seigneurs ne supposant nulle tache originelle. Des procédés de corruption pour engager le peuple allemand tout entier dans le système, tels que l'appât de profits fabuleux, dans l'industrie de guerre notamment, le tinrent en laisse, mais aussi le poussèrent au crime en faisant appel à ses plus bas instincts. La devise *Blut und Boden*, sol et sang, l'entraîna vers une soi-disant purification germanique intégrale, régentée, réglementée, subjuguée par le corps sans âme des SS, devenu l'élite de la Nation, dont on peut mesurer l'horreur lorsque l'on sait que Göring, Goebbels, Bormann, des épouvantails cependant, ne lui ont pas appartenu. Les SS obéissaient comme des automates. Sans doute en étaient-ils. Le fameux « Jump ! », du film *To be or not to be*, n'est pas une charge.

J'en ai approché deux après la guerre. L'inexorable Karl Gehrum, l'Obersturmführer de Strasbourg, qui avait tué, ou fait tuer cent soixante-huit membres de mon Réseau, en sept nuits, d'une balle dans la nuque, certains brûlés vifs dans le four crématoire du Struthof, d'autres jetés dans le Rhin, d'autres encore enfouis en vrac dans des charniers après avoir été fauchés à la mitraillette, sans se demander une seconde si ces femmes, ces vieillards, ces tout jeunes gens qui se trouvaient mêlés aux hommes adultes, méritaient la mort sans jugement, déloyale, vaine, tragique qu'il leur imposait PAR ORDRE SUPÉRIEUR.

Le second, prisonnier de guerre, me raconta comment on les dressait. Parmi les brimades, après quarante-huit heures d'exercice et de close-combat en terrain varié, on les amenait à un cantonnement où ils devaient complètement et confortablement s'installer, avec toutes les corvées de quartier que cela comporte. Ils s'endormaient enfin, épuisés, mais une demi-heure plus tard, réveil. Il fallait plier bagages dans les règles, nettoyer à fond le campement et repartir en manœuvres. Après des mois de cette discipline implacable, impitoyable, inflexible, ils ne se posaient plus de questions, ils étaient aptes à ce que l'on attendait d'eux au moindre commandement, voler, tricher, assassiner.

Car le vol et la falsification sont à la base de l'entreprise hitlérienne. De là à assassiner, le pas est vite franchi, les criminologistes le savent bien. Les nazis volaient. Ils ont volé le travail, la peine la plus noble, de millions d'hommes et de femmes déportés dans des camps et soumis aux travaux forcés jusqu'à l'épuisement. Le labeur de ces misérables bagnards, après des essais de construction de monuments en granit, l'un des rêves pharaoniques d'Hitler, se mua très vite en aide à l'industrie de guerre, sous toutes ses formes, y compris des expériences de cobayes. On leur volait tout. Leurs biens en les capturant, ce qu'ils portaient sur eux, argent, bijoux, objets, appareils de toutes sortes, qui furent négociés ou distribués en bons points aux combattants. De même que leurs vêtements. Un homme nu, pour les nazis, ne valant pas plus qu'une bête, on le faisait disparaître, dès que ses forces déclinaient ou que la maladie le gagnait, dans des conditions atroces, la pendaison, la chambre à gaz, le massacre collectif, ou « simplement » à coups de crosse. Puis on lui prenait encore ses dents en or et ses cheveux. A moins qu'on ne le dépeçât, comme furent découverts à Strasbourg, dans des baquets, trempant dans le formol, des bras, des jambes, des bustes, des sexes, des têtes de jeunes et sains tziganes, dont on avait volé les corps, pour SERVIR LA SCIENCE. Et pour en faire des sujets d'expérience, les nazis volèrent des enfants. Ils volèrent l'esprit, par l'abdication du libre arbitre sous la torture, des sévices physiques dont, en permanence, la faim, les chaînes aux poignets et aux chevilles dans les prisons, ne le cédaient en ignominie qu'aux tourments insupportables de la baignoire, du courant électrique, des coups qui estropient, des blessures qui lèsent, des supplices par étouffement, par étranglement, par hémorragie qui achèvent ou rendent fou. Et les indicibles souffrances morales ! La peur de ce qui va encore survenir, par-dessus toute l'angoisse déchirante de ce qui va advenir des êtres chers, des amis, qui étreint le cœur et le détruit plus sûrement que dans un étau d'acier. Ces voleurs étaient en même temps faussaires. Ivres du désir de posséder plus encore, les nazis ont fabriqué de la monnaie étrangère, bank-notes, dollars, par millions de Deutsche Mark. Ils ont aussi falsifié l'esprit des lois. Faire des lois pour abolir toutes celles existantes, au mépris de la sagesse des Nations, est le stigmate de la dictature absolue, *Nacht und Nebel*, nuit et brouillard, loi écrasant les conventions de

La Haye, selon laquelle les familles ne devaient jamais connaître le sort des leurs, enlevés et promis à une disparition sans traces, s'apparente au concept de domination du monde, épicentre du nazisme, d'un monde dont tous les habitants vous appartiennent et que vous utilisez à votre guise, selon qu'ils plient ou pas, qu'ils conviennent ou pas, et répond au souci, les choses n'étant pas complètement révolues, de dissimuler les méthodes et les circonstances du crime. Egalement en partant de ce principe de falsification furent camouflées toutes les agressions nazies. L'incendie du Reichstag, contre la Nation allemande, l'attaque simulée du poste-radio de Gleiwitz, pour justifier l'envahissement de la Pologne, la fausse conjuration de la Bürgerbraukeller, afin de provoquer la ruée vers l'ouest, le pacte de collaboration de Montoire, pour mieux anesthésier la France, déjà dépecée, l'expédition de Rudolf Hess, en Angleterre, pour tenter de vicier le plan de résistance allié. Et le pacte germano-soviétique ! Comment le rusé Staline n'a-t-il pas flairé le piège ? Cette tricherie, cette fabrication de l'histoire avant l'événement produit encore ses effets, elle est l'une des formes les plus pernicieuses du nazisme.

Soixante-quinze millions de morts furent le tribut de son effondrement après vingt-cinq ans de malfaisance, dont on ne mesurera jamais assez la frénésie. Oui, c'était cela du côté des bourreaux qui régnèrent pendant sept ans sur l'Europe entière et qui se manifestèrent en France par un carrousel de Stukas ululant en piqué, de divisions blindées dégoulinant sur tout le territoire, escortées de Feldgendarmes prenant possession de tous les carrefours, de commissions d'Armistice mettant leur nez dans toutes les activités, de polices secrètes contrôlant les moindres actes du citoyen, l'envahissement, l'occupation, la contrainte, la rafle, l'assassinat. Tandis que Mussolini, piqué de malsaine émulation bombardait les routes noires d'une multitude paniquée, participation outrecuidante dont le « Comté de Nice » et la Savoie devaient faire les frais, et nous dépêchait son OVRA, succursale de la Gestapo.

Le temps des bourreaux surgit. Bien certainement on avait peur, on ne pouvait pas ne pas avoir peur et j'ai l'intime conviction que c'est la peur qui a empêché tant de Français de répondre à l'instinct national héréditaire et d'affronter un danger permanent qui faisait que « toute l'Europe était atteinte de la danse de Saint-Guy », comme l'écrit l'historien Michel Borwicz.

Quant à ceux qui échappaient à cette maladie, ils pouvaient devenir des kamikazes, ou des saints. Aucun certes, n'avait le goût du martyre que trop d'entre eux ont subi (ils étaient gais, le résistant était gai, c'était le collaborateur qui était lugubre), mais ceux qui l'ont subi ont fait plus pour la France que toutes les armées alliées. Ils lui ont permis de rester elle-même. Que l'on imagine une seconde les armées alliées débarquant en une France devenue pronazie, comme l'y engageaient les délices de la Collaboration, repoussant le libérateur, comme cela fut fait à Dakar et tenté en Afrique du Nord, sur ordre de Vichy, comme jadis Orléans s'opposa à Jeanne d'Arc, jamais les choses n'auraient pu être comme avant. Face à face avec les bourreaux, qui étaient partout, même parmi leurs compatriotes, les résistants ont joué un rôle historique d'enrôlement volontaire, égal à celui des « citoyens résolus » d'août 1792, selon de Gaulle, mais avec cette différence épouvantable qu'ils furent condamnés à la clandestinité et au supplice jusqu'au bout. Cet aspect de la Résistance qui a sauvé non seulement l'honneur des armes, mais la raison de la France, « la raison est une arme plus pénétrante que le fer », disait Phocyclide, cet aspect essentiel est de nos jours dilué, laissé de côté, méconnu, et la Résistance nous reproche de n'avoir su faire d'elle qu'un épiphénomène où nos contemporains se plaisent davantage à voir les avantages qu'elle a pu en tirer, peut-être un pauvre abus de places et de décorations, plutôt que ce qu'ils lui doivent et qui paraissait insensé à l'époque, d'avoir pu repartir dans la vie la tête haute, l'esprit lavé, à bon compte pour beaucoup, de la souillure honteuse du nazisme.

Nous avons vu, au cours de la Seconde Guerre mondiale, l'apothéose de l'arme blindée, les charges aéroportées les plus lourdes, l'arme secrète depuis les avions-robots jusqu'au champignon d'Hiroshima, mais au milieu de cet enfer de flammes et d'explosions, l'homme est resté le facteur incontestable de la victoire. Je ne sais comment les armes, dans les guerres futures, auront raison de l'espèce humaine, les bactéries, le rayon de la mort, les fusées creusant des trous de dix kilomètres de circonférence ! Mais tant que l'on n'aura pas trouvé le moyen d'abolir la volonté de résister, nul ne pourra dire qu'il détient mécaniquement le succès dans sa poche. Je crois en l'homme capable de vaincre même ce qu'il a pu inconsidérément inventer, le reniement de la bombe atomique par ses pères en est la preuve, dès lors qu'il a pris conscience que le sort de l'humanité et de ses racines profondes sont en jeu.

Ainsi, Pétain ayant choisi pour les Français la capitulation à toute espérance, la Résistance grandit dans la pire des positions, terrassée par l'ennemi et par les siens. Constamment, elle se battit sur deux fronts.

Les apprentis sorciers vichystes avaient élevé la trahison à la hauteur d'une institution et les traîtres à la Résistance, quasiment tous des Français, hélas ! ne se sentaient pas mal dans leur peau. Attirés par la nourriture, comme des chiens perdus sans collier, il exista des traîtres de profession, agents doubles ou indicateurs de la police « d'Etat » ou de la Gestapo. Il y eut des maîtres chanteurs, qui plumèrent des résistants, qui en vivaient et qui finirent toujours par les livrer. Tous ceux-là font partie de cette lie de la population qui, en temps de paix, s'adonne à des hold-up, des affaires de drogue, des assassinats de rentiers. Ils trafiquaient en même temps avec l'occupant, sûrs de leur impunité. Combien sont passés à travers les mailles du filet troué de la Justice ? Mais il y eut aussi l'espèce presque impossible à détecter des agents retournés par la torture, passe encore, et par la trouille, il n'y a pas d'autre mot, qui firent plus de mal à la Résistance, que la goniométrie. Les coups les plus durs ont tous pour base un traître, c'était le pire de l'affaire, un cancer dont les nazis et les « gestapistes français » jouaient en virtuoses. Soucieux de s'exposer eux-mêmes le moins possible, ils infiltraient dans les mouvements, dans les réseaux, dans les maquis, des hommes et des femmes relâchés parce qu'ils avaient accepté de donner leurs camarades qui, étroitement surveillés, leur procuraient peu à peu les adresses des PC ou des « planques » qui abritaient les chefs de file, les emplacements de postes-émetteurs. Alors des coups de filet s'abattaient sur des organisations entières. Privés d'ordres, de contacts, les rescapés mettaient longtemps à se reformer ou bien s'évadaient par l'Espagne, ou encore se cachaient, la mort dans l'âme, désespérés de ne plus pouvoir servir leur cause. De toutes manières, le mal était fait. Non seulement un lourd bilan d'innombrables morts, martyrs et déportés, mais le travail, la substantifique moelle de cette Résistance si péniblement élaborée, phagocyté, diminué, compromis pour beaucoup d'unités, à jamais.

La monstruosité du traître consentant fait ressortir d'une manière plus éblouissante encore la folle générosité, la grandeur d'âme, la dévotion à leur cause de ceux qui se sont tus. Jean Moulin, dont l'exemple est mondialement connu, en est l'archétype. Il n'est pas le seul. Nous ne connaîtrons jamais toute la liste fulgurante des héros qui choisirent de mourir à notre place, le phénomène majeur de la Résistance, sa quintessence. La trahison était proposée à tous, avec des délais de réflexion entre les séances de torture, plus éprouvants peut-être que la douleur à satiété. Certains déportés rentrés m'ont dit : « Plus on me cognait, plus je leur mentais. » D'autres : « L'idée de retourner au supplice me rendait fou. » « Ils surent autrement ce qu'ils réclamaient de moi et on me laissa tranquille, mais, honnêtement, je crois que j'aurais failli la fois suivante, ce en quoi j'aurais eu tort, car à la longue je me suis aperçu qu'on voulait surtout faire de moi un renégat à leur merci. »

Après avoir franchi de pareils obstacles, le résistant dévisageait la mort avec un calme confondant. Toutes les lettres des condamnés à mort en témoignent. Il est vrai que lorsque les malheureux parvenaient au poteau de leur destinée, ils n'étaient le plus souvent que l'ombre d'eux-mêmes, déjà aux trois quarts morts de faim, de froid, de maladie contractée en prison. Cependant, sublimés par cette royale indigence physique issue du sacrifice consenti, ils affrontaient l'instant suprême avec sérénité. Terrible différence avec le poilu qui monte à l'assaut sur le parapet des tranchées. Les balles, les obus sifflent, tous, Dieu merci ! ne tomberont pas. Devant le peloton d'exécution, les douze coups sont le couperet de minuits sans lendemain.

Que l'on comprenne pourquoi l'idée d'évasion, mue par l'intérêt de conservation, obséda les captifs. Hélas ! fort peu furent couronnées de succès. Souvent la pusillanimité de partenaires, de compagnons de cellule ou de camp, les empêchèrent, mais c'est la ceinture de fer des surveillances qui les rendirent plus qu'hasardeuses et aussi l'absence de complicités avec l'extérieur. J'ai été couverte de honte tout au long de l'Occupation, par le manque de moyens qui m'empêchait de sauver mes amis incarcérés. On finissait par admettre sauvagement l'inéluctable : un homme pris était un homme perdu, sacrifié par ses frères d'armes, le summum de l'aberration. Peut-être se disait-on que cela pouvait vous arriver aussi à vous-même, à tous moments, quel pouilleux alibi ! Je préfère ressentir encore l'impératif qui dictait ma conduite en ce temps-là, la priorité de la mission.

Tous le savaient. La mission tenaillante, que nous nous étions donnée à nous-mêmes et que ceux qui conduisaient la guerre, de l'autre côté de l'eau nous confiaient comme à des partenaires, à des interlocuteurs valables, dit-on de nos jours, dont il fallait rester dignes quoi qu'il arrivât : libérer la France.

Cette mission a été accomplie. Or, je ne fus pas peu surprise de lire un jour, dans *France-Soir*, les souvenirs du général Blumentritt, ex-adjoint du Feldmarschall von Rundstedt, qui prétendait que la Résistance n'avait pas pesé lourd dans la balance des armes : « A peine quelques coups d'épingle ». Rencontrant ce général, le lendemain même, je ne manquai pas de lui poser la question : quels étaient ces coups d'épingle ? Le général, ex-nazi, commença par m'affirmer que le traducteur avait mal interprété sa pensée. Poussé dans ses retranchements, il admit qu'il ne s'agissait que du front de Normandie. Je lui fis doucement observer que dans la nuit du 5 au 6 juin 1944 qu'il avait, selon ses propres déclarations, passée à boire du Cointreau, résultat dépassant toutes les prévisions d'un plan d'intoxication qui laissait entendre à l'ennemi que « l'opération Overlord » se produirait ailleurs, alors qu'elle était déjà en train..., le front de Normandie avait pu s'ouvrir grâce à la préparation, guidée de longue main par le renseignement des réseaux de Résistance, de la détection de toutes les défenses du front de l'Atlantique, de la destruction des pistes d'envol des V1 et des V2 qui grouillaient dans le secteur, de la purge des sous-marins opérant à partir de nos côtes, du sabotage en tous genres des arrières. A cela la Résistance était bien mêlée, sinon pourquoi tant de fusillades, de déportations ? Un instant démonté, Blumentritt reconnut que le renseignement avait porté davantage que des coups d'épingle et puis il eut un sursaut, c'était l'instant de vérité... « Je répète que je n'ai parlé que du front de Normandie, dit-il, où il y avait peu de Résistance armée (bien entendu, pensais-je, on ne pouvait poser aucune épingle à cet endroit miné et hérissé de troupes comme le dos d'un porc-épic), mais dans le Centre, dans le Midi, ailleurs, partout, la Résistance nous a fait beaucoup de mal, elle nous a empêchés de colmater, de renforcer de raffermir notre dispositif. »

Nous étions une dizaine autour d'une table avec ce général d'Hitler. J'avais à mes côtés des camarades anglais, qui souriaient béatement dans leur moustache. Le général battu baissait la tête, vingt ans après ses mains tremblaient encore et ses yeux se remplirent de larmes. Alors j'ai pensé à vous, mes camarades, et à ce que vous étiez vous, dans ces maquis, ces mouvements, ces groupuscules, ces réseaux, que vous aviez créés en volontaires de toute votre âme, de tout votre cœur. En dépit des représailles meurtrières de l'Abwehr, de la Gestapo, de Vichy et de sa Milice, plus les hivers s'écoulaient rudes et les étés sans pain, plus vous tombiez ou étiez emmenés vers les camps de la mort, plus vous vous acharniez à grossir leurs rangs, à bonifier leur tactique, le plus souvent en aveugles, petites fourmis perdues dans l'immense fourmilière de la guerre mondiale. Même s'il arrivait que vous doutassiez de l'efficacité de vos services, vous saviez que vous ne vous trompiez pas. Vous étiez bien le levain de la pâte. Des fourmis certes, mais qui enrayent plus sûrement la machine que n'importe quel piège infernal et qui, aux flancs de l'ennemi, fabriquent laborieusement les défaites. L'armée occidentale d'Hitler s'est décomposée sur les plages de Normandie, grâce à la plus grande armada de tous les temps, mais surtout grâce à vous, le long des routes et dans les villes, dans les monts du Forez, dans la Montagne Noire, dans toutes les clairières ravissantes, où de nouveau les oiseaux s'égosillent et que nous parcourons pour commémorer vos prouesses, en suivant les traces de votre sang généreux.

Nos martyrs nous léguèrent aussi le message d'avoir à faire en sorte que l'on ne revoie jamais semblable tragédie. Leur avons-nous obéi ? Je sens tellement que la Résistance nous reproche, aussi, de ne pas l'avoir fait à suffisance. Ce vœu, pour ma part, je l'ai recueilli à travers les mots hachurés des missives tourmentées de pliures, reliques des captifs, à travers les récits des rescapés qui le tenaient de la bouche des agonisants. Frappée au tréfonds de moi-même, je m'étais avancée dans l'allée des tombes secrètes, dans le carré des chambres à gaz, au bord des charniers exécrables, avide de saisir une lueur qui me permît de croire que la faute nazie pût être réformée. C'est ainsi que j'ai rencontré le Droit. Enquêtant auprès d'avocats allemands, commis d'office pour défendre les membres de mon réseau, dans un gigantesque procès devant le Tribunal militaire du Grand Reich, à Fribourg-en-Brisgau, l'un d'entre eux m'apprit qu'il avait sauvé quatre de nos agents du peloton d'exécution, grâce à un article de la Convention de La Haye. Peu importe, ici, le motif invoqué, mais j'ai trouvé que ce vieux monsieur, qui n'avait certes rien à gagner et tout à perdre sous le règne de Nuit et Brouillard, avait fait preuve d'un grand courage moral en imposant les lois de la guerre à cet aréopage hitlérien. C'était bien une lueur dans le chaos pathétiquement décrit par Alain Guérin.

Depuis, j'ai passionnément épié les signes qui nous permettraient d'entrevoir que l'humanité « s'avançait sur le chemin de la vertu », selon Plutarque : « C'est peu de bien juger, il faut que nos jugements influent sur notre conduite ; c'est peu de raisonner, il faut que nos raisonnements produisent des actions. » Des Européens convaincus critiquent vivement de Gaulle, de ne pas avoir été le Charlemagne de l'Europe des Six, mais je pense que lorsqu'il s'est fait acclamer par les ouvriers de la Ruhr, en 1962, il ne voulut pas céder à cette trop facile tentation. C'était encore bien près du national-socialisme, ce « bluff », encore trop près de « l'incohérence idéologique » du nazisme toujours essaimée dans le monde et qu'il convenait de purger définitivement en conservant pour quelque temps encore à la France dans son indépendance, la mission si réconfortante d'exercer un pouvoir pour le bien commun. C'est de cette patrie des Droits de l'Homme, que de Gaulle, à Londres, s'est totalement imprégné, lorsqu'il s'est dressé pour défendre, bec et ongles, la légitimité de la France, dont la certaine idée qu'il s'en faisait n'était pas du tout celle de la France de Vichy, tacitement enchaînée à Hitler. Raison pour laquelle je trouve abaissante, pour la Résistance, la mise en jauge par les uns et les autres, aujourd'hui, de l'Appel du Général de Gaulle, le 18 juin 1940. L'Appel, tous ses appels, quatre ans et demi d'appels, fortifiés par les échos qu'il en recevait, des leaders politiques de tous bords, antivichystes bien sûr, de longue ou de fraîche date, — où seraient-ils allés, sans lui ? quel était le havre, le rendez-vous où ils eussent retrouvé la France, sinon avec lui ? — mais aussi des Françaises et des Français, abandonnés chez les bourreaux dans la solitude de leur travail de sape. Ils savaient eux, que ce mot nouveau, éclos dans l'arsenal de la Seconde Guerre mondiale : le radar, c'était de Gaulle qui le maniait en leur nom sur tous les fronts, même celui de l'incompréhension de partenaires alliés, et qu'il leur permettrait de libérer la France, dans le respect des droits de l'homme, le seul antidote du nazisme, demain encore notre plus sûr garant de la paix internationale et sociale.

Ce que coûte une guerre de sang, de larmes, de douleur, d'autres guerres, d'autres révolutions, l'apprendront sans doute longtemps à ceux qui nous succèdent, mais pour qu'ils sachent les affronter, si par malheur, à leur tour, ils avaient à dégager la France, de grâce que nos eaux à nous soient claires ! Redevenons solidaires comme dans notre action passée, fidèles à l'idéal qui nous a animés et que nous voulons léguer ; cet esprit-là ne peut trahir, c'est celui de la RÉSISTANCE.

M.-M. F.

Préface

du colonel Henri Rol-Tanguy,
chef régional des Forces Françaises de l'Intérieur
de l'Ile-de-France.

1944, l'année de la Libération de la France voit à son aurore la Résistance rassemblée. La moisson de volontés et d'actions, puisées d'abord aux sources nationales d'autres résistances, se levait sur tout le pays. Ce qui n'était qu'embryon, au soir de la défaite, avait grandi, s'était fortifié, aguerri, organisé et préparait avec des forces nouvelles l'insurrection libératrice.

Le prix consenti était lourd et le compte encore ouvert. Mais la peur et le désarroi étaient chez l'ennemi. Pour la Résistance, il ne s'agissait pas encore de compter ses morts, ses prisonniers et ses déportés — français et étrangers de France —, mais de les venger, de se battre pour que vive la France ! Et cela à leur propre appel lancé des poteaux, des prisons et des camps. Appels d'hommes et de femmes « qui criaient la France en s'abattant », héros indestructibles comme leurs propres peuples.

Que vive la France au combat ! C'était bien là tout l'esprit et la mission de la Résistance. L'impulsion sans cesse donnée. Le levain de la lutte et de l'union de tous les patriotes portant avec honneur la France combattante aux côtés de l'Union soviétique, de la Grande-Bretagne, des Etats-Unis d'Amérique et des autres résistances nationales, pour en finir avec l'abjecte et monstrueuse oppression hitlérienne.

Libérer la patrie ! cette volonté active justifiait l'impatiente et pressante espérance de voir rassemblées sur le sol national les Forces françaises de l'Intérieur, les Forces françaises libres — qui formeront bientôt la Ire Armée française — unies aux armées alliées dans le commun combat libérateur.

Libérer la patrie, et la faire plus belle et plus forte, généreuse et unie. La Résistance a conçu en termes d'action ce qui reste à jamais la réalité et l'efficacité de sa mission, sa vue juste de la pleine et entière délivrance nationale. En ce printemps de 1944, le programme du Conseil national de la Résistance éclairait le chemin du combat qui menait à la véritable libération du pays et de la nation, à leur totale rénovation, à la démocratie la plus large.

Nées de l'action et pour l'action, les directives du programme du CNR faisaient corps avec la dure réalité de la guerre totale et de la nécessité d'y faire face. De combattre non seulement pour mériter la Libération, mais aussi pour l'assurer, pour donner à la volonté légitime d'indépendance du peuple français et au Gouvernement provisoire de la République française, l'indispensable base de forces, d'organisation et d'unité nationales.

Les risques et leur prix eussent été insurmontables si le combat avait été désespéré, la population passive, les résistants isolés, l'ennemi et ses valets « français » assurés de leur domination.

La Résistance en avait décidé : son long combat était celui d'une patriotique renaissance des traditions et des enseignements des luttes contre l'oppression étrangère et la trahison intérieure, et de celles de sa propre expérience.

Il faut relire le *Prélude à la Diane Française* d'Aragon pour saisir d'un trait d'où est partie la Résistance pour aboutir à la lutte armée. De la souffrance de l'homme meurtri, trahi, mais debout... Puis, face à un vainqueur désorienté par ses épuisantes défaites à l'Est, s'affermissant dans son combat, répondant à l'appel séculaire des « Francs-Tireurs de France ».

Chronique de la Résistance fait revivre en une vivante fresque la lutte patriotique, sa symbiose profonde avec le peuple. Entreprise à sa mesure, bâtie avec du sang, des larmes, aux vides aussitôt largement comblés, sous les yeux mêmes de l'ennemi médusé. Dans une population dont l'abnégation et la dignité dominaient tout, à qui rien n'était épargné : les privations de toutes sortes, la pâleur des enfants, la délation et la répression, les otages fusillés, les déportés, les bombardements meurtriers..., et qui rejetait hors de la communauté nationale l'infâme troupeau des séides de la « kollaboration ».

Chronique de la Résistance retisse bien cette trame populaire, vivant support et tissu nourricier de toutes les complicités, de toutes les initiatives, de tous les moyens, de toutes les expressions qui matérialisaient l'irrésistible combat. Celui-ci était à la fois l'arme qui frappait, le puissant aimant pour qui était resté Français et rejoignait le juste camp, la sape qui minait jour après jour la force ennemie. Tout ce qui avait fait la puissance de l'oppression, les services acquis à un vainqueur temporaire, la présence de ses armées, s'amenuisait sous les coups conjugués de la Résistance nationale, des Alliés et de la dévorante bataille des fronts germano-soviétiques.

La force de l'occupant, bientôt assailli de toutes parts, ne serait plus que celle d'une armée de robots fanatisés ou effrayés, pressés de rejoindre leur tanière, non sans allumer encore des Ascq et des Oradour..., martyriser à dix contre un les maquis trop tôt rassemblés ou aveuglément engagés, signant déjà leur défaite avec des croix sur les pentes des Glières, du Mont-Mouchet, du Vercors...

Chronique de la Résistance, c'est aussi le vibrant hommage au franc-tireur, au partisan, au maquisard, acier vivant de la Résistance, de son insaisissable armée. Clandestin et réfractaire aux faux papiers, aux retraites illégales, vivant et combattant dans « les villes sans regard » pour l'ennemi ou dans les campagnes complices, respirant par les poumons du peuple, le cœur battant au rythme de son espérance, mangeant son pain noir.

Avant-garde insaisissable parce qu'issue du peuple, enfantée dans ses souffrances, ses épreuves et son patriotisme, placée sous son égide, sûre de son appel le jour venu de la levée en masse, de l'insurrection nationale.

Avant-garde ouvrant la brèche dans la chair et le moral de l'ennemi, retournant contre lui l'arme de la terreur... Armée enfin, qui bousculant le temps cadencé de l'état-major anglo-américain, hâtera la capture et la déroute de la Wehrmacht et la libération du pays.

Le général de Gaulle ne se trompait pas lorsque, s'adressant à l'Assemblée d'Alger, le 18 mars 1944, il affirmait que l'action des Forces Françaises de l'Intérieur, « appuyée, au moment voulu, par l'insurrection nationale contre l'envahisseur, pèsera lourdement sur la décision stratégique ».

Les fruits amers de la lutte clandestine devinrent plus doux dans leur goût de vengeance aux jours de la reconquête. Le géant populaire se leva de toute sa hauteur. Le quotidien combat avait trempé les âmes, forgé les cœurs, armé les bras, préparé l'insurrection sacrée.

Pour la Résistance, ce n'était pas le temps des aventures. Les hommes du CNR qui la dirigeaient sur le sol national avaient bien pesé son engagement. La tragédie des maquis martyrs relevait de la désobéissance à leurs directives. Après les débarquements de juin et d'août 1944, le passage de la guérilla à l'insurrection puis à la guerre de mouvement, épousa les possibilités concrètes, l'affaiblissement réel de l'ennemi, la montée de la mobilisation populaire, l'action de destruction des armées débarquées dont la puissance se trouvait décuplée par l'aide et la protection irremplaçables de la Résistance insurgée, dont les FTPF étaient l'élément le plus dynamique et le mieux préparé.

Les cartes des opérations militaires de l'époque sont éloquentes. Les foyers s'allument, éclatent, chassent ou prennent l'ennemi au piège. Ses têtes de colonne en mouvement cherchent les routes momentanément libres, harcelées par les maquisards. La Résistance seule libérera les trois quarts du territoire national. Dès fin juillet, les flèches percent, s'allongent, courent après le temps et l'ennemi en déroute.

Mais les blindés et motorisés marqueront souvent le pas, les coffres pleins de munitions, leurs réservoirs vides de carburant. Faute d'avoir fait confiance à la Résistance, les chefs alliés étaient pris au dépourvu. Ce sont les soldats — plus intelligents que les généraux, disait Engels — qui iront au combat avec confiance, au cri répété de « FFI ! FFI ! »

Le temps perdu se paya chèrement. Brest en ruine ne fut libéré que le 18 septembre 1944. Les poches de l'Atlantique et de Dunkerque en mai 1945. Et l'offensive de von Rundstedt, en plein hiver, dans les Ardennes, mit Strasbourg et Anvers en grave danger. Ces villes seront sauvées, en fait, par la formidable pression exercée par l'offensive générale des armées soviétiques de janvier 1945, précocement déclenchée à la demande pressante de Churchill à Staline, obligeant Hitler à lâcher ses proies.

Le franchissement du Rhin et la ruée des armées alliées sur l'Allemagne n'auront lieu qu'au printemps. Déjà, le 12 mars, Joukov est sur l'Oder et le 20, Koniev sur la Spree. Berlin capitulera le 2 mai. Cinquante jours de durs combats auront été nécessaires pour réduire la fanatique résistance nazie sur les fronts de l'Est. Les pertes des armées soviétiques s'élèveront à plus de trois millions de tués, de blessés, de disparus, pour libérer les pays de l'Europe centrale et l'Allemagne elle-même, du joug hitlérien.

Au cours du mois d'août 1944, Toulouse s'est libérée le 20 ; plusieurs grandes villes, dont Paris, répondent à l'appel de la Résistance par les grèves, s'insurgent, élèvent des barricades, bloquent les garnisons occupantes, aspirent les armées alliées en Bretagne, dans le Bassin parisien, et l'Armée française commandée par le général de Lattre, sur tout le littoral méditerranéen.

Marseille insurgée est libérée le 28 août. Puis ce sera l'haletante progression dans la vallée du Rhône, les réservoirs trop souvent asséchés ; Lyon et Grenoble dépassés, puis Belfort, Mulhouse et Strasbourg libérées avant la fin de novembre, l'amalgame spontanément réalisé dans le fraternel combat des unités françaises et africaines débarquées et des bataillons et corps-francs de la Résistance. La Belgique est totalement libérée le 31 octobre.

Paris — dont Churchill avait dit à Eisenhower que si la ville était libérée pour Noël 1944, ce serait le plus grand exploit militaire de tous les temps — avait pris la mesure de l'ennemi dès le débarquement de juin. Celui-ci n'osa pas décréter l'état de siège, provoquer la Ville aux insurrections légendaires. En juillet, elle verra ses rues et sa banlieue parcourues par de puissantes manifestations patriotiques, défiant un ennemi déjà apeuré.

Le crescendo de l'insurrection fut un modèle (Prague s'en inspira en mai 1945), la classe ouvrière déclencha le flot des grèves, ouvert par les cheminots, stimulé par le Comité parisien de Libération et le commandement des FFI amenant la gendarmerie et la police à suivre le mouvement. Le brusque changement dans le rapport des forces confirma le commandement hitlérien dans ses craintes. Von Choltitz, commandant du « Gross Paris », tenta d'enrayer le soulèvement menaçant par des actes de terreur, il fut néanmoins surpris par le déclenchement de l'insurrection, le 19 août 1944, précédée de l'important appel des élus communistes de la région parisienne et l'ordre de mobilisation lancé par les FFI.

Une préface n'est pas un texte qui peut supporter un long développement et l'ouvrage y pourvoit. L'idée force a été d'abord la volonté bien pesée d'éviter le combat singulier FFI contre Wehrmacht et, la confiance assurée, d'obtenir, le moment venu, un large et actif soutien populaire.

Les facteurs décisifs du succès ont été rassemblés par la mobilisation totale, le commandement unique officiellement proclamé, l'ascendant moral conquis dans l'incessant combat, les légendaires barricades parisiennes, les armes conquises sur l'ennemi et le concours demandé et obtenu des Armées alliées et de la 2e DB française commandée par le général Leclerc.

Rien n'a manqué à l'événement, même si un moment s'est glissée la ruse de l'ennemi surpris et destiné à un combat sans espoir.

La trêve conclue entre von Choltitz et ses négociateurs français était, a dit le général hitlérien, « en accord avec ma mission ». Mission qu'il aurait accomplie (la destruction de Paris exigée par Hitler), s'il en avait eu les moyens. Moyens qui ne purent arriver à temps, du fait de la libération rapide de Paris et de la marche accélérée des Armées alliées au-delà de la capitale insurgée.

La trêve fut désavouée par le général de Gaulle, et la Résistance a rempli, avec autorité, responsabilité et énergie, son rôle dirigeant. Elle a sauvé la ville et sa population.

D'ailleurs, finalement, les chefs responsables de la Résistance, du CNR et du CPL dans leur majorité, du commandement des FFI dans leur totalité, sans s'y référer formellement, ont respecté en fait la directive du général de Gaulle du 16 mai 1944, à savoir que « l'intervention armée de la Résistance dans l'agglomération parisienne ne devra être déclenchée qu'en cas de démoralisation prononcée de l'ennemi, ou bien en cas de retraite rapide de l'ennemi devant les troupes alliées ».

C'était bien le cas de l'armée hitlérienne en août 1944, et Choltitz lui-même a avoué ne pouvoir tenir ses troupes en main : « Elles regardaient du côté de la patrie. » Il était « incapable de réprimer la révolte qui fermentait à Paris », dira l'un de ses chefs, le général Warlimont, du haut commandement de la Wehrmacht.

Non ! Choltitz n'a pas épargné délibérément la ville, sa population. Sa proie insurgée lui a échappé par son propre combat. La vie sauve, le destructeur de Rotterdam et de Sébastopol exhala son dépit devant les Américains en avouant qu'il détestait les Français et leur capitale.

L'insurrection parisienne ne lui laissa pas le souci de décider du sort de cette capitale. Paris égal à lui-même disposa de celui du général hitlérien. Il en fit un prisonnier avant de recevoir sa capitulation. Ainsi, l'insurrection parisienne a bien été l'événement décisif qui a décidé de la Libération de Paris, ouvert ses portes, comme elle en avait reçu la mission, aux Armées alliées et à l'avant-garde de l'Armée française.

La belle citation gravée devant son Hôtel de Ville rend un hommage mérité à la capitale, à son peuple, à ses combattants : « Capitale fidèle à elle-même et à la France... s'est libérée par son propre effort... »

Les « vichyssois » sont partis dans les fourgons de l'étranger, et Pétain pour Sigmaringen. L'administration militaire alliée — l'AMGOT — doit céder devant l'intransigeance de De Gaulle appuyée sur la structure vivante des Comités de Libération et des forces militaires de la Résistance implantées dans tout le pays. Le programme du CNR oriente, et le mot d'ordre de l'aîné de la Résistance sur le sol national — du Parti communiste —, « s'unir, combattre, travailler », succède à celui lancé par Jacques Duclos en février 1943, « s'unir, s'armer, se battre ». Cet appel anime la reconstruction du pays, de son économie, l'amalgame des forces françaises dans une seule armée. Un puissant élan entraîne la nation dans la réalisation de ces tâches vitales.

L'Armée française s'élance du Rhin au Danube, jusqu'à Ulm et Berchtesgaden, devancée par l'Armée américaine qui fera la jonction avec les Soviétiques sur l'Elbe, à Torgau, le 25 avril. Le 8 mai 1945 le Reich hitlérien capitule.

La France aura été présente de bout en bout, de combat en combat, jusqu'à l'inoubliable victoire.

L'œuvre entreprise à la Libération appelle à de nouveaux efforts. Mais bientôt la renaissance nationale, dans la démocratie la plus large, telle que la voulait la Résistance unie, devra céder le pas à la primauté de la restauration de l'Etat, à l'orientation atlantique ; le programme du CNR est abandonné avant d'être complètement réalisé ; l'épuration tourne court ; c'est le temps des déceptions et des reniements.

Depuis, la Résistance a dû se chercher à nouveau, défendre ses combattants, retrouver son unité, lutter pour son honneur et sa place dans l'histoire. Répondre aussi en prenant l'initiative à la demande de la jeunesse avide de recueillir de la bouche même des résistants ce qui fut et reste un combat national, juste et grand par les sacrifices consentis et l'élévation de ses buts. L'ouvrage d'Alain Guérin, *Chronique de la Résistance*, en est désormais le vivant témoin. Si la difficulté de dire semble hanter l'auteur, il peut se rassurer, il a fait œuvre pie.

Le beau et grand navire *Chronique de la Résistance* est au port. Ses flancs recèlent maintenant l'héritage, le prix d'un combat qui dépassait le sort même de la France pour le lier à celui de l'humanité en péril.

Sa laborieuse et patiente croisière a mis à l'épreuve capitaine et équipage, mais ils ont su s'orienter dans la houle et les tempêtes de l'histoire — fût-elle revécue — pour nous apporter une éloquente et riche cargaison.

Le simple merci d'un résistant est donné à Alain Guérin et ses camarades, avec émotion et reconnaissance, de tout cœur !

H. R.-T.

INTRODUCTION

Les paradoxes du résistant

Où, malgré tant d'exemples bouleversants et de références pittoresques, la nature de la Résistance et la personnalité des résistants s'avèrent difficiles à définir.

« Moi, la chose qui m'effare, c'est quand je parle à des gens qu'on sait pertinemment qu'ils étaient plutôt avec Pétain, ben, tous ils me racontent ce qu'ils ont fait dans la Résistance. Ils ont tous fait quelque chose, tous ils trouvent quelque chose... Il y a des fois que c'est invraisemblable. "Mais vous savez, monsieur Gaspard, si vous saviez, nous autres, vous savez moi-même, si je vous disais ce que j'ai fait..." Vas-y toto, allez, raconte ta vie. Moi, je veux pas me vexer, je suis marchand de postes de TSF et de téléviseurs, je veux les vendre, moi, mes téléviseurs (...), donc je suis obligé quelquefois de subir la chanson... On a les larmes aux yeux par moments quand il vous dit : "Voyez, dans ce tiroir-là... Dis..." Il appelle sa femme. "Viens voir là, dis que c'est vrai qu'il y avait un revolver là, qu'était prêt, là !" La femme dit : "Oh oui, et puis il me faisait bien assez peur, vous savez, mais il avait dit : y sera là çui-là, s'ils viennent on fera c'qui faudra !" Seulement, ils n'ont jamais fait c'qui faudrait... ». Celui qui parle ainsi s'appelle Emile Coulaudon, plus connu comme « colonel Gaspard, chef des maquis d'Auvergne ». Ici, il témoigne dans un film qui fut un événement, *Le Chagrin et la Pitié*... Nous reparlerons plus loin du « colonel Gaspard », comme du film de Marcel Ophuls, André Harris et Alain de Sédouy. Pour le moment, tenons-nous-en aux paroles de Coulaudon. Des propos que, en fréquentant les anciens résistants, nous avons souvent entendus... Entendus et lus.

Ainsi, par exemple, dans *Le Journal de la Résistance-France d'Abord* de juillet-août 1984. C'est l'organe de l'ANACR (Association nationale des anciens combattants de la Résistance). A la page 12 de ce numéro, il est question du congrès départemental de cette association dans l'Isère. A ce congrès, le vice-président local, Henri Rolland, a évoqué ceux qui « se vantent d'actions imaginaires ». Il les a comparés au « pêcheur à la ligne qui, de récit en récit, écarte de plus en plus les bras pour décrire son goujon ». Et il a notamment ajouté : « Souvenez-vous de ce “grand résistant” qui disait avoir à lui seul décimé une compagnie entière, non pas de perdreaux, comme on aurait pu croire, mais d'Allemands armés jusqu'aux dents, cela dans une zone contrôlée par le maquis et sans que personne ne s'en fût aperçu... Et dans un coin que tout le monde se rappelait, ce jour-là, tranquille et silencieux comme un sous-bois à champignons... » Autre exemple, ces deux phrases de Raymond Ruffin dans son livre *La Résistance normande face à la Gestapo* : « La Résistance, qui fut le fait de peu (5 % selon les estimations officielles) est revendiquée par beaucoup. Il est, à cet égard, plaisant d'entendre tel ou tel couard qui n'aurait pas osé se risquer dans la rue avec un tract en poche, évoquer les hautes actions par lui accomplies ! »

Le cheval et le chêne

« Je veux pas me vexer », dit Coulaudon. Selon le journal de l'ANACR, c'est « un éclat de rire général » de ses camarades qui accueille les propos de Rolland. Et Ruffin trouve cela « plaisant »... Mais, à vrai dire, on le sent bien, le « pas vexé » de l'un, le rire des autres et le « plaisant » du troisième sont amers. Et méprisants. Et même réprobateurs car, pour eux, ces tartarinades sont nocives. Elles nuisent à l'image de la Résistance... Sentiments logiques, dira-t-on. Tout naturels. D'autant plus que généralement vantardise et couardise vont de pair avec ambition et cupidité. Ça, la plupart des gens le pensent. Comme nous d'ailleurs jusqu'à tout récemment. Mais la plupart des gens ont-ils, mais avions-nous raison de le penser ? Ce sont le cheval et le chêne qui nous ont amenés à nous le demander. Le cheval de Leclerc et le chêne de Tronçais...

Quand Philippe de Hauteclocque, futur général Leclerc, « libérateur de Paris » et maréchal de France, n'était encore qu'instructeur à l'école d'officiers de Saint-Cyr, il avait un alezan nommé Iris XVI avec lequel il avait gagné plusieurs concours hippiques. Le 25 janvier 1999, l'hebdomadaire *Marianne* publiait un article inspiré du « dernier numéro du *Casoar*, la revue trimestrielle des anciens officiers de Saint-Cyr » et intitulé *Le cheval du maréchal Leclerc fusillé pour acte de résistance*. « Le 14 juin 1940, pouvait-on y lire, la cavalerie allemande occupe le quartier de cavalerie de Saint-Cyr-l'Ecole. Un commandant allemand demande à voir l'alezan. Un soldat allemand va le chercher dans son box, mais Iris XVI lui décoche une ruade. Le soldat est tué sur le coup. L'officier allemand fait alors fusiller le cheval de Leclerc par un peloton réglementaire de douze soldats. » Le chêne du Rond des Vernelles, en forêt de Tronçais, non loin de Montluçon, et donc de Vichy, a, lui, près de trois cents ans d'âge lorsque, selon l'expression de l'historienne Michèle Cointet, les « initiales de Philippe Pétain y sont martelées » et qu'il est baptisé « chêne du Maréchal ». Dans le défoulement de la Libération, des

FFI égratignent son écorce de quelques rafales de mitraillette. Puis il est rebaptisé et le voici « chêne de la Résistance »... Du singulier destin de ce chêne et de ce cheval aurait-il fallu s'indigner ?

En vérité, quand il le fallait et là où il le fallut, les maquisards firent eux-mêmes leur police en mettant fin aux agissements de quelques gangsters ou voyous d'occasion qui tentaient de couvrir leurs exactions du drapeau de la Résistance. De même, les rares escrocs de la clandestinité furent-ils démasqués et châtiés. Au bout du compte, les véritables profiteurs de la Résistance furent beaucoup moins nombreux qu'on s'est complu à le dire. Et d'ailleurs, ceux qui s'y complurent ne s'y complaisaient pas innocemment. L'inflation du nombre d'usurpateurs et de profiteurs fut du même ordre et de même origine que celle du nombre, si formidablement exagéré dans un premier temps, des soi-disant « victimes de l'Epuration ». Et d'ailleurs, c'est surtout du côté des anciens « collabos », de leurs amis et de leurs héritiers, que l'on s'est gaussé des « résistants de la onzième heure », que l'on a daubé sur les « colonels à six galons » et que l'on a brocardé les « fifis » (sobriquet employé par les épurés pour désigner péjorativement les FFI). Alors, si l'on comprend l'agacement, l'irritation, voire la colère de certains résistants devant certaines tartarinades, comment ne pas avoir envie de leur dire que ces vantardises sont beaucoup plus des hommages indirects que des tentatives d'usurpation ? Ne furent-ils pas nombreux les simples citoyens qui, à partir de l'été 1944, éprouvèrent le remords de n'avoir rien fait, ni de bien, ni de mal, et qui s'inventèrent rétrospectivement vocations et actions pour faire bonne figure certes, mais aussi pour apaiser leurs remords ? Une automédication qui les amena à tellement répéter leurs naïfs mensonges qu'ils finirent par y croire eux-mêmes à leurs petits exploits imaginaires... Plutôt qu'une démarche perverse, nous préférons voir là une preuve de l'importance prise par la Résistance dans la vie du peuple français des décennies durant. Et d'ailleurs, ce n'est pas parce qu'une épopée se répand que l'épique s'éparpille, pas plus que la popularisation de la Résistance n'en galvaude l'héroïsme.

Bon, mais lorsque l'on écrit ces douze lettres et deux mots « la Résistance », encore faut-il savoir de quoi l'on parle. Dans son *Paradoxe sur le comédien*, Diderot note « combien il est fréquent et facile à deux interlocuteurs, en employant les mêmes expressions, d'avoir pensé et de dire des choses tout à fait différentes »... C'est pourquoi, même si les réflexions qu'il fait ensuite peuvent paraître oiseusement restrictives, le politologue Jacques Semelin a raison, dans l'*Introduction à l'édition de poche* de son *Sans armes face à Hitler*, de mettre en garde : « Le terme "résistance" est souvent pris comme allant de soi... ». Oh non ! qu'il ne va pas de soi, pourrions-nous enchaîner dans le style Coulaudon, et nous n'aurions pas tort. Bornons-nous à nous poser la question : la Résistance, les résistants — mais qu'est-ce à dire ?

Selon l'expression consacrée, quand on veut connaître plus précisément le sens d'un mot, on ouvre le dictionnaire. C'est évidemment ce que nous avons fait... Lorsqu'il y a un peu plus de cent trente ans, le médecin, philosophe, linguiste et politicien déjà sexagénaire Emile Littré rédigeait le sien, il est intéressant de remarquer que, dans le long article qu'il consacrait au mot *résistance*, s'il faisait quelques citations d'historiens destinées à éclairer le possible emploi militaire du terme, il ne donnait au mot aucun sens historique précis. Pour Littré, la *résistance*, c'est la « qualité par laquelle un corps résiste à l'action d'un autre corps » ; c'est le « nom donné à toute force qui agit en sens contraire d'une autre (...) dont elle détruit ou diminue les effets » ; c'est la « défense de l'homme et des animaux contre ceux qui les attaquent » ; c'est l'« opposition aux desseins, aux volontés d'un autre » ; c'est la « rébellion contre les agents de l'autorité », etc. ; et la seule définition politique qu'il nous offre paraît aujourd'hui singulière : « Parti de la résistance, se dit des hommes d'Etat qui craignent de s'engager dans des voies nouvelles et qui opposent une force d'inertie aux tentatives de réformes. » Si Littré est daté, son rival et contemporain Pierre Larousse eut, lui, des héritiers organisés qui ne cessent de mettre et remettre à jour son œuvre lexicographique. Alors, Larousse ? Eh bien, après avoir affirmé que la « résistance est l'action de tenir ferme en réagissant », le Larousse ajoute : « Action menée contre l'occupation allemande en 1940-1944 par les patriotes qui se refusaient à considérer la défaite comme définitive et à pactiser avec le vainqueur. » Les autres dictionnaires usuels ne sont guère plus éclairants. Ainsi, les « résistants », pour Quillet, est-ce le « nom donné en 1940-1945 à ceux qui s'opposèrent à l'occupation allemande et à la politique de collaboration ». Quant au Robert, il qualifie la Résistance d'« opposition des Français à l'action de l'occupant allemand et du gouvernement de Vichy » et définit les résistants comme des « patriotes qui appartenaient à la Résistance dans la Seconde Guerre mondiale ».

« Un peuple non conquis dans un pays conquis »

Aucune de ces définitions n'étant de nature à susciter l'enthousiasme, pouvait-on attendre plus et mieux du quatorzième tome du *Trésor de la Langue française*, qui va de « -ptère » à « salaud », et dont le CNRS produisit les 1 452 pages en octobre 1990 ? Déception. Une trentaine de mots et six citations... « Généralement avec une majuscule. Au cours de la Seconde Guerre mondiale, action clandestine menée en France et en Europe contre les armées allemandes d'occupation, le mouvement qui en découle. » Dans la demi-douzaine de citations qui suivent, trois sont tirées des *Mémoires de guerre* de Charles de Gaulle ; deux du roman *Drôle de jeu* (1945) de Roger Vailland et la dernière d'une déclaration faite par Vladimir Jankélévitch, en 1979, à la revue *L'Arc* (n° 75). « J'ai fait de la Résistance, dit le philosophe. Mes tâches dans la Résistance n'avaient d'ailleurs aucun intérêt en elles-mêmes, mais je voulais accélérer l'issue, je ne voulais pas rester les bras croisés en attendant qu'on me délivre. »... Rubrique suivante, après le substantif « résistance », le substantif « résistant ». L'intérêt est ici la mention de deux dérivés : « résistantialiste » et « résistantiel ». Le premier est défini comme « partisan de la Résistance » et illustré par une citation du roman de Simone de Beauvoir, *Les Mandarins* (1954) : « Le beurre (...) coûtait seulement moins cher du temps des Fritz. — Ne parle pas comme ça devant un résistantialiste, dit Lucie. » Quant à l'adjectif « résistantiel », il a pour sens : « Qui est typique de la mentalité des résistants ». Illustration, une citation du mensuel *Réalités* de janvier 1978 : « Voici un livre, *L'Enigme Jean Moulin*, libéré du conformisme et de la casuistique résistentiels coutumiers. »... Toujours dans le quatorzième tome du *Trésor*, presque rien de plus pour le verbe « résister », défini en quinze mots : « Pendant la Seconde Guerre mondiale, participer à la lutte contre les armées allemandes d'occupation ». Une définition qu'illustre une nouvelle citation de *Drôle de jeu* : « De Gaulle a été le premier, à une époque où presque tous désespéraient, à proclamer qu'il fallait résister »... Presque rien de plus, si ce n'est une précision étymologico-historique : ce verbe serait apparu en 1327 dans le sens de « faire effort contre l'emploi de la force par une autorité » (*Archives administratives de la ville de Reims*, tome II)... Et même frustration en feuilletant les dictionnaires étrangers. Ainsi, pour être plus belle, la définition de l'*Oxford Dictionary* n'est-elle pas plus satisfaisante : « Un peuple non conquis dans un pays conquis ».

Peut-on chercher dans des textes officiels une réponse introuvable dans les dictionnaires ? Oui, mais alors mieux vaut remplacer les termes vagues que sont « Résistance » ou « résistants » ou « résister » par une expression plus précise dont on peut remarquer le fréquent emploi dans les documents administratifs, l'expression « faits de Résistance ». C'est, en tout cas, après avoir employé cette expression que le *Code des pensions militaires d'invalidité* stipule :

« Sont considérés comme actes qualifiés de résistance à l'ennemi, à condition qu'ils aient été accomplis à dater du 16 juin 1940, les faits ou actes ci-après :

« *Premièrement*, le fait d'appartenir à l'un des réseaux, formations ou mouvements reconnus par l'autorité militaire (...) ;

« *deuxièmement*, tout acte caractérisé d'action contre l'ennemi, accompli en service commandé par les membres des réseaux, formations ou mouvements visés ci-dessus ;

« *troisièmement*, tout acte d'aide volontaire apporté soit à un réseau, une formation ou un mouvement reconnus comme dit ci-dessus au titre des Forces françaises combattantes, des Forces françaises de l'intérieur ou de la Résistance intérieure française, soit même individuellement à un membre desdits groupements ;

« *quatrièmement*, tout acte, même isolé, d'action contre l'ennemi et qui consiste en :

« *a)* la rédaction, l'impression, le transport ou la distribution de tracts ou journaux clandestins établis par une organisation reconnue comme il est dit au premier paragraphe ci-dessus ;

« *b)* la fabrication, non rétribuée, de pièces d'identité pour les membres de la Résistance (...) ;

« *c)* la fabrication et le transport du matériel radio en vue des émissions et réceptions des postes clandestins destinés à la Résistance ainsi que l'utilisation de ce matériel ;

« *d)* la fourniture volontaire et gratuite d'un local pour une réunion d'un groupe clandestin ;

« *e)* l'hébergement gratuit de résistants traqués ou blessés, de militaires français ou alliés évadés ou de parachutistes des armées alliées ;

« *f)* le passage, à titre gratuit, de résistants ou de militaires hors du territoire occupé vers la France libre, les pays alliés ou non belligérants ;

« *g)* la destruction ou le sabotage de voies ou moyens de communication, d'entreprises ou de matériels concourant à l'effort de guerre de l'ennemi ;

« *h)* les actions offensives ou défensives dirigées soit contre les forces militaires de l'ennemi, soit contre les autorités ou organismes militaires ou policiers placés sous son contrôle ou les individus collaborant avec lui ;

« *i)* la tentative de quitter un territoire occupé par l'ennemi ou placé sous le contrôle de l'autorité de fait se disant gouvernement de l'Etat français, ou le passage dans un pays non belligérant, pour rejoindre soit les Forces françaises libres, soit, à partir du 8 novembre 1942, les forces stationnées en Afrique du Nord ou Afrique-Occidentale française et, ultérieurement, les forces relevant du Comité français de libération nationale puis du Gouvernement provisoire de la République française (...) ;

« *cinquièmement*, les actes qui, accomplis par toute personne s'associant à la Résistance, ont été, par leur importance ou leur répercussion, de nature à porter une sérieuse atteinte au potentiel de guerre de l'ennemi et avaient cet objet pour mobile. »

Des cartes de différentes couleurs

Pour être minutieuse, la définition par inventaire que donne ainsi le *Code des pensions militaires d'invalidité*, c'est-à-dire la loi française, n'est pas sans lacune. Une intéressante critique indirecte en a été faite par un historien, doyen de la faculté des Lettres de Caen, le professeur

Michel de Boüard, à la conférence internationale sur *La Résistance et les nouvelles générations* qui s'est tenue à Florence, du 20 au 23 novembre 1959. « Nous avons, en France, a dit Michel de Boüard, une définition administrative, “officielle” de la Résistance. Lorsqu'un ancien résistant, un ancien déporté, demande aux autorités du gouvernement français la reconnaissance officielle de sa qualité de résistant, cette reconnaissance est établie par une carte d'une certaine couleur, si on le reconnaît comme “déporté résistant”, par une carte d'une autre couleur, s'il est considéré, comme on dit, comme “politique”. Les documents qu'il dépose sont examinés dans un esprit qui, à mon sens, est trop limitatif, la législation française a trop tendance à considérer la Résistance comme l'action d'agents spécialisés, d'agents professionnels de renseignement, professionnels d'actions armées partisanes ; je crois que, si l'on veut vraiment la comprendre, il faut concevoir la Résistance comme quelque chose de tout à fait différent. Il est certain que les agents de renseignement ont une grande utilité, les partisans ont une utilité encore plus grande, mais ce qui est essentiel dans la Résistance, c'est le refus d'un peuple d'accepter l'occupation étrangère... »

De la même façon, on peut se demander si le *Code des pensions militaires d'invalidité* rend compte de la lucidité désabusée du fondateur du mouvement « Libération », Emmanuel d'Astier de la Vigerie qui, dans son petit livre *Avant que le rideau ne tombe*, invitait, en 1945, ses amis « porteurs de passions justes et anciennes » à « avouer que la résistance n'a pas été un système, mais une utopie, c'est-à-dire une vérité prématurée et une passion dont le jeu patient a prouvé que la cause de la fraternité des hommes ne se passe pas de la fraternité entre hommes ».

Quand, le 24 août 1944, le journal *Le Figaro* reparut « dans Paris délivré », son directeur Pierre Brisson écrivit : « C'est aux résistants dont les prouesses émeuvent le monde et qui payent de leur sang notre avenir, nos droits et nos prestiges, que l'on se doit de penser aujourd'hui. Ce sont eux qui donnent à la libération française son sens et sa portée. » De ce notable hommage, le *Code* rend-il compte ? Non, bien sûr. Mais pourquoi le ferait-il ? Telle n'est évidemment pas sa fonction. Et n'est-il pas naturel qu'en abordant la Résistance, les résistantes et les résistants, on se heurte ainsi à la difficulté de définir... En 1961, à une conférence internationale organisée à Milan, celui qui animait alors le comité officiel chargé d'étudier en France l'histoire de la Seconde Guerre mondiale, Henri Michel, avait assez nettement posé le problème : « La résistance est une lutte patriotique pour la libération de la patrie. Elle est aussi une lutte pour la liberté et la dignité de l'homme, contre le totalitarisme. Tous les résistants ne se reconnaissent pas dans cette définition : plus exactement, si tous acceptent la première partie, certains refusent la seconde. Mais, si l'on considère non les individus qui les ont composés, mais l'ensemble des mouvements de résistance, il est incontestable que patriotisme et antifascisme ont été, séparément ou conjugués, les deux moteurs de leur action. »

Le point de vue de ceux qui « ne se reconnaissent pas dans cette définition » avait été clairement exposé, lors de la conférence de Florence déjà citée, par un des dirigeants du mouvement « Combat », René Cerf-Ferrière. « Si nous avions un dictionnaire à rédiger, déclarait-il, quelle définition donnerions-nous au mot *Résistance* ? (...) Je ne puis admettre la thèse selon laquelle la lutte contre le fascisme et l'antifascisme ont été la cause principale de la naissance de la Résistance. Principale ? Non, secondaire. La Résistance n'était pas seulement une lutte contre le nazisme, le fascisme et ses complices intérieurs. La Résistance en France n'a pas été la suite idéologique de la guerre civile qui déchira l'Espagne (...) Je ne crois pas que les membres du mouvement antifasciste en France, ceux du Front populaire de 1934-1936, peuvent se targuer du titre — je ne dis pas du nom, mais du titre — de "résistants". Ils étaient des antifascistes, pas des résistants. Je sais que dans la Résistance française, il y a eu des hommes et des femmes qui, en 1934, ne se trouvaient pas du même côté de la barricade. (...) et cependant, lorsque le mot d'ordre est venu, non pas seulement d'une voix, mais de nos cœurs, le peuple patriote, le peuple conscient, et non pas seulement l'élite, s'est levé. Nous ne faisions absolument aucune différence entre ceux qui croyaient au ciel et ceux qui n'y croyaient pas. Nous ne demandions pas à nos camarades si oui ou non ils avaient été antifascistes. Ils étaient là pour défendre le sol sacré de la patrie, la liberté, et c'est pour cela qu'ils ont fait de la résistance ».

Assez représentatif de l'historiographie du quart de siècle d'après guerre, l'universitaire André Latreille défendait, en 1966, l'idée d'une évidente synthèse de l'antifascisme et du patriotisme. « Le mot de "résistance", écrivait-il dans *La Seconde Guerre mondiale* ; *1939-1945, essai d'analyse*, a d'abord été lancé par le général de Gaulle pour signifier le refus de s'incliner devant la victoire provisoire de l'ennemi et devant l'acquiescement des résignés. Il entend donc caractériser un sursaut national (...). Plus tard l'expression a été appliquée également aux mouvements qui se sont dressés contre les régimes fascistes de toute étiquette, contre une politique et une philosophie destructrices de l'homme, donc à une réaction d'inspiration morale et politique, plutôt que nationaliste : en ce sens on peut parler d'une résistance allemande pour désigner l'opposition à Hitler mais cette résistance antinazie est cependant très différente de celle des populations en pays occupés, antiallemande autant ou plus qu'antinazie. En France, en Belgique, en Pologne, en Grèce, en Yougoslavie, la résistance a eu très vite le double caractère d'une insurrection patriotique et d'une révolte contre la tyrannie d'une idéologie monstrueuse. »

« Chacun sa guerre »... et chacun son après-guerre

C'est de la bouche de Georges Bidault, dans son appartement du quartier de l'Etoile, que j'entendis, pour la première fois, l'expression « chacun sa guerre ». Il qualifiait ainsi le combat clandestin de 1940-1944... Le successeur de Jean Moulin à la présidence du CNR n'était certes pas le premier à employer ces mots, qui depuis l'ont beaucoup été, devenant même, en 1986, le titre de la traduction d'un livre de l'historien américain Studs Terkel *Chacun sa guerre ; histoires de la Seconde Guerre mondiale*, mais, dits par Bidault, ces trois mots prenaient un poids certain. Le poids d'une rassurante évidence implicitement alourdie d'une inquiétante diversité, puisque « chacun sa guerre » impliquait évidemment « chacun sa Résistance ». Et donc la question : y a-t-il eu autant de Résistances que de résistants ? L'affirmer serait exagéré, mais soutenir tout le contraire serait sans doute imprudent... Donc chacun sa guerre, chacun sa Résistance, et, pour tout arranger (ou plutôt finir de brouiller), chacun son après-guerre... En avril 1995, un des animateurs du ministère des Anciens Combattants depuis le début des années 1980, l'universitaire Serge Barcellini, donnait à *Guerres mondiales et conflits contemporains*, la publication trimestrielle héritière de la *Revue d'Histoire de la Deuxième Guerre mondiale* (n° 178), un article intitulé *Les résistants dans l'œil de l'administration ou l'histoire du statut de combattant volontaire de la Résistance*. Sa lecture montre bien à quel point les empoignades de l'après-guerre, au lieu de les faciliter, ont rendu encore plus difficiles les tentatives de définition de la Résistance et des résistants. « Les cinquante années de débats parlementaires qui entourent l'attribution de la "carte verte", écrit ainsi Barcellini, reflètent à la fois la conception mythique dont a fait l'objet la Résistance — dont il faut conserver "l'esprit" et "l'authenticité" — et l'utilisation politique de la force de manœuvre que constituent les anciens résistants. (...) Au-delà de ces constatations, ce débat traduit deux conceptions de la Résistance — celle d'une Résistance militaire, compagnonnage des temps modernes, défendue par le courant gaullien qui tend à restreindre l'attribution de la carte verte grâce à l'instauration des forclusions et du filtre de l'homologation, et celle d'une Résistance plus civile et plus populaire défendue par le courant de gauche qui tend à faciliter l'attribution des cartes grâce à la levée des forclusions et à l'accroissement du rôle des associations "représentatives" dans les commissions d'attribution. »

Deux conceptions de la Résistance ? Certes. Mais un dédoublement tout à la fois très réel et politiquement plaqué sur la réalité. Cette division constitue un de ces éléments réputés incontournables mais dont on sait bien d'emblée qu'au fil de la plume on va sans cesse s'efforcer de les contourner. Un contournement qui, d'ailleurs, s'avérera assez facile lorsqu'il sera question de l'essentiel... Ainsi la constatation que, pour les résistants, l'exemple venait de loin. Loin dans le temps. Loin dans l'espace. Mais quel temps ? Et quel espace ?

Le temps des résistants, ce fut aussi pour certains le passé résistant de leur terre... Depuis les embuscades des Allobroges contre Annibal et des Arvernes contre César jusqu'aux francs-tireurs de 1870 se dressant contre les Prussiens, en passant par les bûcherons du Grand Ferré levant la hache contre les Anglais, les résistants avaient des ancêtres. Sans oublier les camisards ressuscitant dans l'ombre des maquisards des Cévennes. Dès septembre 1935, au mas Soubeyran, le futur académicien André Chamson intitulait *Résister* une allocution à la mémoire de ses ancêtres cévenols où il disait : « Résister, c'est sans doute combattre, mais c'est aussi faire plus : c'est se refuser d'avance à accepter la loi de la défaite. »

L'espace des résistants, ce fut pour beaucoup la soudaine imbrication de l'intime et du planétaire. Français apprenant passionnément la géographie pour suivre sur les cartes la litanie des victoires et des défaites. Auditeurs écoutant, malgré le brouillage nazi, le « Pom, pom, pom... Pom ! » de la Cinquième Symphonie de Beethoven, les voix désormais familières des *Français parlent aux Français* et les étranges « messages personnels ».

Et l'espace-temps des résistants, ce fut la grande métamorphose de ceux qui refusaient, de ceux qui disaient « non ! »... L'instituteur s'essayant à l'espionnage, le curé fournissant des faux papiers, le marin mué en maquisard, le paysan préparant des parachutages, le philosophe maniant la mitraillette, l'officier poussant à désobéir, le cheminot brouillant les aiguillages, le « pianiste » ne pianotant plus que des mots en morse, le boulanger pétrissant du plastic, etc. — dans la peur et dans la joie, dans l'angoisse et l'enthousiasme, rendez-vous avec la torture et la mort ou rendez-vous avec la liberté et l'avenir.

Mais, en écrivant cela, ne concourons-nous pas à précisément donner du résistant l'image que les meilleurs esprits déplorent tant. Une déploration qui, d'année en année, va s'accentuant et dont nous pourrions fournir cent exemples. Les auteurs les plus divers y donnent de la voix... Ainsi, en 1975, Gilles Perrault dans *La Longue Traque*. « L'extravagante image, écrit-il, que nous donnons de ce temps-là aux jeunes générations... Coups de filets, cavales éperdues, traques forcenées, parachutages, fusillades, rendez-vous haletants : les jeunes générations doivent se dire que la France a vécu intensément entre 1940 et 1944. En fait, on s'y ennuyait beaucoup et la grande affaire des Français resta jusqu'à la fin de savoir si le ticket AK serait honoré, qui donnait droit à cinquante grammes de matières grasses. (...) La vie des résistants eux-mêmes n'avait pas le rythme échevelé d'une chasse à courre. L'angoisse était permanente ; l'action, sporadique. Jean Pronteau, engagé depuis 1940 et qui deviendra bientôt le responsable des jeunes de l'OCM : "On essayait surtout de survivre, même si l'on raconte aujourd'hui une autre histoire. Le temps 'perdu'était considérable. Nous discutions indéfiniment, nous voulions tout repenser. Les problèmes d'intendance nous occupaient beaucoup. L'action ? Je dirai qu'en gros, il n'y avait guère plus de trente jours d'action par an." Mais ce sont ceux-là qui nous intéressent aujourd'hui. Maniant avec désinvolture l'accordéon du temps, nous contractons les mois ou les années monotones et étirons à tour de bras les journées d'exception. » Ainsi, en 1979, Jean-Pierre Azéma dans *De Munich à la Libération (1938-1944).* « La mémoire collective, écrit-il, retient généralement du résistant une image confuse où s'entremêlent l'agent secret, le justicier ou le hors-la-loi qui tiennent de l'acteur de western, du chevalier sans peur et sans reproche, faisant sauter, mitraillette au poing, un nombre incalculable d'usines et de trains. Certes, il y eut des épisodes étonnants, voire rocambolesques, mais ils étaient l'exception. » Ainsi, en 1989, Jacques Semelin dans son ouvrage déjà cité. « Le combat par les armes des divers groupes et mouvements, écrit-il, fut l'un des traits majeurs de la résistance européenne au nazisme et il n'est pas question de mettre en cause la bravoure de ceux qui s'y sont engagés. C'est la représentation que l'on se fait aujourd'hui du phénomène de la résistance qui est simplificatrice, sinon caricaturale. (...) La manière dont certains ont écrit l'histoire de la "Résistance" n'échappe pas à ce penchant. Ainsi, pour ce qui est de la France, Henri Michel a dénombré quatre "lectures politiques" : la gaulliste, la communiste, celle de la résistance intérieure de la première heure et celle des militaires de l'armée de l'Armistice. A l'Est, on chantera "le glorieux combat des masses populaires contre la tyrannie fasciste". A l'Ouest, on célébrera "le courageux sursaut de l'unité nationale pour la Patrie en danger". » Ainsi, en 1995, l'Américain Douglas Porch dans son *Histoire des services secrets français*. « Les nombreuses légendes, écrit-il, qui, dès avant la fin du conflit, prirent naissance autour de la Résistance, et s'institutionnalisèrent par la suite dans la mémoire populaire et politique, obscurcissent quelque peu (son histoire), les innombrables romans et films qu'elles inspirèrent mettent tous en scène de mystérieux agents chuchotant des informations vitales pour l'effort de guerre, des résistants intrépides attaquant des trains, mitraillant de sinistres convois de Citroën chargées de sbires de la Gestapo ou posant des embuscades aux motocyclistes de la Feldpolizei et aux passagers de leurs side-cars sur des routes désertes de la campagne française. La mystique de la Résistance devint si forte après la guerre, et l'autosatisfaction des Français si générale, que les historiens ne sont que très progressivement parvenus, et non sans controverses, à évaluer les effectifs du mouvement et son incidence réelle sur les événements. »

Le prénom du poète

Par une démarche finalement assez proche de celle d'Henri Michel, ce ne sont pas quatre « lectures politiques » mais quatre « mémoires » des résistants sur Vichy que propose un historien de la génération suivante, Olivier Wieviorka. Quand, les 11, 12 et 13 juin 1990, l'IHTP (Institut d'histoire du temps présent) organise avec le CNRS un colloque international sur *Le régime de Vichy et les Français*, Wieviorka y intitule sa contribution *La mémoire des résistants face à Vichy*. D'emblée, il y affirme que « la mémoire résistante délivre sur Vichy quatre discours ». Des « discours » qu'il énumère... « Le souvenir communiste, dit-il, mis en œuvre par les membres ou par les proches du PCF, d'un jour ou de toujours (Emmanuel d'Astier, Lucie Aubrac, Jacques Duclos, Yves Farge, Auguste et Simone Gillot, Fernand Grenier, Pierre Hervé, Charles Tillon, Pierre Villon), analyse Vichy comme une trahison. Le capital, décidé à prendre sa revanche sur le peuple français, a bradé sur l'autel de l'argent les intérêts nationaux. Cette traîtrise conduit à une servilité indigne dans le domaine diplomatique et à une politique intérieure réactionnaire, voire fascisante. En ce sens, Vichy marque le retour des franges les plus droitières aux affaires. (...) Ce pouvoir corrompu, peuplé de filles légères et d'affairistes louches, ne bénéficie (...) d'aucune légitimité. Il ne se maintient que par la présence d'un Reich dont il gère au mieux les intérêts. Mais son influence sur le peuple est nulle et non avenue. » Olivier Wieviorka passe ensuite au second discours : « La mémoire gaulliste, qu'elle s'exprime par la voix du Général ou par ses représentants (Francis Closon, le colonel Passy, Rémy, Jacques Soustelle, Pierre Sonneville) fonctionne différemment. Bien sûr, elle insiste sur la non-représentativité du régime, son allure réactionnaire, sa pratique collaboratrice. Elle dénonce la revanche des notables et la trahison des élites. Mais ce discours condamne avant tout l'armistice. Crime, parce qu'il abdique la souveraineté française, il constitue aussi une erreur stratégique. (...) Revanchard, le pouvoir active les divisions nationales et peut jeter le peuple français dans les bras du Parti communiste. Echec militaire, réaction, péril bolchévique se conjuguent dans la mémoire gaulliste pour rejeter un régime honni. »

Et l'historien en arrive au troisième « discours », celui de « la mémoire nationaliste » qui « ne tire pas les mêmes leçons des années 1940. Ses représentants (Groussard, Georges Loustaunau-Lacau, Paul Paillole) insistent sur l'âge du Maréchal, la corruption et les louches trafics de son entourage. Mais le discours emprunte des sentiers inédits en soulignant la filiation de Vichy, fruit de la corruption parlementaire, et de la IIIe République. La mémoire opère par ailleurs une triple dissociation : entre les bons (le général Huntziger...) et les méchants (l'amiral Darlan...) ; entre un Pétain velléitaire et un Laval décidé ; entre l'avant-1942, où tout est possible, et l'après, où rien ne l'est plus. (...) Tiraillé entre les antiboches et les collabos, le régime offre les moyens de lutte que l'on doit saisir. Alors que les mémoires gaulliste et communiste obéissent à un rejet de principe, le souvenir nationaliste se fonde sur l'efficacité : les vichyssois se jugent à l'aune de leur mérite dans la lutte clandestine ». Quatrième et dernier « discours » selon Wieviorka, celui que délivre « la mémoire de tonalité démocrate-chrétienne » et « qui s'exprime dans une masse conséquente d'écrits (Charles d'Aragon, Georges Bidault, Claude Bourdet, Henri Frenay, Pierre-Henri Teitgen, Philippe Viannay, Alban Vistel) ». Ce « souvenir, classique, dénonce la revanche des possédants, une revanche facilitée par la décomposition de la République. De même, l'évolution du conflit dément les piètres calculs stratégiques de Vichy. Enfin, “la cour du roi Pétaud” (Pierre de Bénouville) fait sourire. Mais des arguments inédits ponctuent la démonstration. Tous les auteurs insistent sur la popularité du régime, ce qui les amène à dénoncer une politique nocive qui a trompé les Français. (...) On rapprochera de cette mémoire le discours humaniste (Jean Cassou)... ».

A l'issue de ce très utile inventaire, Olivier Wieviorka se montre prudent. Dans la Résistance, dit-il, « la diversité l'emporte sur l'unité », et, un peu plus loin, « l'analyse menée revêt peut-être un caractère trop tranché ». On comprend ces précautions... La Résistance fut, en effet, un phénomène si minoritaire et si populaire, si évident et si insaisissable qu'elle ne peut aujourd'hui nous apparaître que profondément paradoxale... Le livre de souvenirs de Madeleine Riffaud *On l'appelait Rainer* n'étant paru que quatre ans après le colloque précité, l'historien des quatre « mémoires » n'eut pas à rattacher son auteur à l'une d'entre elles. Eût-il eu à le faire qu'il l'eût sans doute, et avec raison, mise dans la « mémoire communiste ». Et pourtant, il s'en est fallu de si peu... Sa citation à l'ordre de l'armée du 26 août 1945, signée par Charles de Gaulle, sans préciser qu'elle avait alors vingt ans, rappelle notamment : « Arrêtée en juillet 1944 après avoir abattu un officier allemand rue de Solférino, a été torturée (...) puis condamnée à mort. Libérée par l'insurrection, (...) a attaqué à la grenade avec trois de ses hommes un train allemand... ». Mais comment Madeleine Riffaud était-elle, deux ans plus tôt, à dix-huit ans, devenue résistante ? « Elle aurait aussi pu, écrit-elle dans ses souvenirs rédigés à la troisième personne, s'engager dans une autre organisation que le Front national, avec les gaullistes ou dans un réseau chrétien, si avec eux elle avait d'abord trouvé la liaison. Elle cherchait un organisme, une structure qui se battait pour libérer son pays, la France, de l'Occupation. Le hasard, le sanatorium, l'amitié (amoureuse) l'aiguillèrent ainsi. (...) Il lui fallait prendre un pseudonyme, masquer son identité. Elle devint Sonia. Plus tard, ce fut Rainer. Elle avait lu Rilke, elle aimait les *Elégies de Duino* et choisit de se baptiser du prénom du poète. “Ce n’est pas possible, dit un copain, c’est un nom allemand.” Mais un autre rétorqua : “Ce n’est pas contre le peuple allemand que nous nous battons, c’est contre les nazis...”. »

Paradoxale, la Résistance, disions-nous... Les mêmes dictionnaires, qui nous ont déçu lorsque nous leur demandions de définir la Résistance et les résistants, expliquent très bien ce qu’est un paradoxe : « affirmation surprenante en son fond et/ou sa forme, qui contredit les idées reçues, l’opinion courante, les préjugés » (*Trésor de la Langue française*, douzième tome). Parmi les près de cinq cents témoignages que nous avons recueillis pour notre chronique, nombreux sont les paradoxaux. Ceux dont nous avons envie de dire qu’ils faut les lire pour les croire. Mais ceux aussi qui nous permettent d’essayer de répondre au vœu que l’helléniste et historien Pierre Vidal-Naquet exprimait ainsi dans *Le Nouvel Observateur* du 4 mars 1999 : « Après une indigestion de Vichy, après les vaines polémiques autour de l’engagement de Jean Moulin, il est bon de se rappeler ce que fut vraiment la Résistance. J’allais dire la Résistance toute simple, mais, justement, elle ne fut jamais simple. »... Paradoxaux bien sûr, mais aussi tellement caractéristiques, cette résistante et ces trois résistants que nous rencontrons maintenant. Tellement annonciateurs de tous ceux qu’avec ou sans eux nous allons rencontrer ensuite.

Les gâteaux du « Dupont-Bastille »

Il n’est pas assuré que l’entrée en Résistance d’Odile Arrighi soit tout à fait conforme à l’idée qu’on se fait généralement des prémices d’un tel engagement... « Pendant l’hiver 1940-1941, nous dit-elle, on était une bande de copains et il n’était pas rare qu’on se retrouve à dix ou douze pour coucher dans une seule chambre. On n’avait pas un sou, pas un ticket d’alimentation et pas un endroit où aller. Il nous arrivait de voler des fruits et des légumes aux Halles ou alors d’aller au “Dupont-Bastille”, de commander quelques cafés et de nous tirer sans payer après avoir piqué tous les gâteaux qui se trouvaient sur les tables. Je me souviens aussi d’être entrée avec de faux tickets chez un boulanger qui m’a virée en me disant que, la prochaine fois, il vaudrait mieux les imiter plus soigneusement... C’était aussi l’époque où on a commencé à rassembler des armes. Je me souviens d’en avoir transporté dans mon cartable. L’époque où j’ai été un peu sergent-recruteur pour l’“Organisation spéciale”, l’OS. Il fallait recruter les meilleurs : Fernand Zalnikov Liliane Lévy, Michèle Daikowski, Nicolas Berger, etc. Ils avaient tous entre dix-sept et vingt ans... ». Quand elle fut arrêtée, en 1942, la résistante communiste Odile Arrighi était une des dirigeantes parisiennes de l’OS, l’ancêtre des FTP. Déportée, elle survécut à trois ans de Ravensbrück.

Il n’est pas évident que Louis de la Bardonnie ait été un modèle de respect des règles de sécurité... « A la campagne, nous dit le châtelain de Château-Laroque, il est impossible d'aller faire pipi devant sa porte sans que le voisin le sache... Mon plus proche voisin est à quatre cents mètres, mais si j'éternue un peu fort, il me dit "A vos souhaits !"... A la campagne, oui, tout se sait... Avec mes huit gosses qui étaient jeunes, mon personnel, l'institutrice pour les enfants, vouloir camoufler quoi que ce soit était impossible. J'ai donc mis tout le monde dans le coup tout de suite : le personnel, les enfants, l'institutrice. Je leur ai dit : "On fait telle ou telle chose, pour telle ou telle raison, parce qu'on doit le faire. Si on est pris, on est fusillé ! Alors, tous au travail pour la France !... Mais attention à tenir votre langue...". Quand j'ai été arrêté, les consignes de sécurité que nous avions décidées ont été appliquées séance tenante, et Vichy n'a rien découvert ici... ». Nous retrouverons bientôt Louis de la Bardonnie.

Il n'est pas certain qu'au « triangle de direction » des hôpitaux parisiens dont il était membre avec Yves Cachin, ou au Comité de Libération de l'Assistance publique auquel appartenait le docteur Jean Roujeau, on ait comptabilisé la chance dans les effectifs ou les munitions. Et pourtant... « Pendant ces quatre années, nous dit celui qui est devenu professeur d'anatomie-pathologie à l'hôpital Lariboisière, j'ai eu beaucoup de chance. En effet, normalement, j'aurais dû être arrêté dès le 25 novembre 1940. Ce jour-là, un des responsables des étudiants a été pris avec sur lui un carnet qui contenait en clair une liste d'une vingtaine de noms. Les nôtres. Il s'en est suivi un extraordinaire coup de filet. Je ne sais plus combien ont été arrêtés, entre vingt et trente. Or, moi, ce jour-là, je n'ai pas pu aller au rendez-vous parce que j'étais couché avec quarante de fièvre... Et ce n'est pas tout... Dans les années 50, un jour, boulevard Saint-Michel, j'aperçois un visage qui me dit quelque chose... Quelqu'un s'avance vers moi, me salue et s'écrie : "Tu te rappelles de moi ?... Tu devrais bien me payer l'apéritif...". En le regardant de plus près, je me suis souvenu que je l'avais eu comme malade à l'Hôtel-Dieu en 1941. Il avait alors seize ou dix-sept ans. Il était gentil, on avait bavardé souvent. On avait sympathisé et je m'étais occupé de lui un peu plus spécialement. Tandis que nous marchons vers un café proche, il me raconte : "Tu te souviens, mais tu ne sais pas tout... A cette époque, ma mère était employée à la Préfecture de police. Je lui avais parlé de toi en disant que tu étais sympa. Un jour, elle m'a expliqué qu'elle avait un dossier de recherche au nom de Jean Roujeau sur son bureau... Ce dossier, elle ne l'a pas détruit, mais, régulièrement, jusqu'à la fin de l'Occupation, elle l'a mis sous les autres dossiers, tout en bas de la pile. C'est pourquoi jamais personne ne t'a recherché." Oui, ça valait bien l'apéritif ! ».

Il n'est pas sûr que François Fonvieille-Alquier tienne sur la clandestinité les propos que vous attendiez. Qu'on sache pourtant que, s'il le dit mieux que la plupart, celui que nous retrouverons plus loin n'est pas le seul à parler ainsi... « Les années les plus exaltantes de ma vie, nous dit donc Fonvieille-Alquier. Celles qui m'ont laissé les souvenirs les plus précieux. Qu'on ne m'accuse pas de céder au goût du paradoxe si j'avoue sans rougir avoir connu, malgré les malheurs du temps, une sorte de bonheur pendant ces quatre ans. Un bonheur lié à une tension permanente de toutes les facultés, de toutes les virtualités de l'être face au danger. Un bonheur nourri d'une exaltation sans failles, nourrie elle-même d'un affrontement quotidien avec le destin. Est-ce à dire qu'un tel bonheur ait ignoré l'inquiétude et la peur ? Bien sûr que non ! Pendant des années, je n'ai dormi que d'une oreille, comme si j'attendais les coups de crosse qui seraient frappés à ma porte ou cet autre signe annonciateur du drame : la portière d'une "traction avant" claquant sous ma fenêtre... C'est vrai, jamais je ne me suis senti aussi libre que dans la France occupée... Pas seulement parce que, sans domicile fixe, je vivais sous un autre nom que le mien — ce qui éliminait bien des attaches — mais surtout parce que j'étais totalement libre de mes choix... Ah, cette impression de liberté qui était la nôtre ! Alors que, dans les armées traditionnelles, l'expression "faire le sacrifice de sa vie" n'est qu'une clause de style, dès lors que tout manquement au devoir entraînerait l'intervention des gendarmes, dans la Résistance, au contraire, la notion de volontariat prenait tout son sens. C'est d'ailleurs sous le signe de ce volontariat, auquel elle doit l'essentiel de sa grandeur, que la Résistance fut le creuset où vinrent se fondre les individualités les plus diverses, quels qu'aient pu être les mobiles qui les ont fait agir... ».

Première partie

UNE RÉVOLTE TRÈS ORGANISÉE

Chapitre premier

« PLUTÔT HITLER QUE... »

Où un simple slogan situe bien des gens et explique bien des choses...

La scène se passe à Metz, l'une des deux capitales de la Lorraine. Nous sommes le 21 août 1936. A l'extérieur de l'immeuble, la température est élevée ; à l'intérieur, l'atmosphère est plutôt fraîche. La traditionnelle, sinon séculaire, tranquillité du siège du quotidien régional *Le Messin* — lieu où se déroule l'action — est, en effet, gravement perturbée. Dans les paisibles bureaux habitués à apprécier la protection tutélaire des maîtres de forges et plus spécialement de la famille de Wendel, la venue au pouvoir d'un gouvernement de Front populaire a immédiatement pris des allures de catastrophe. Au moment où le rideau se lève, l'éditorialiste du *Messin* a beaucoup réfléchi. C'est d'une plume précise qu'il écrit l'article qui paraîtra dans le journal du lendemain, 22 août. Les mots s'alignent : « Nous avons tout près de nous une Allemagne dont l'ordre civique mérite d'être pris comme exemple. Il en est de même pour l'Italie... Mais quant à vivoter péniblement dans une France amoindrie, révoltée, bolchevisée, non ! S'il doit en être ainsi, nous préférons devenir allemands ! » Si le 21 août 1936, l'éditorialiste du *Messin* a pesé ses mots en écrivant, il ne pouvait toutefois pas prévoir le poids que ceux-ci prendraient lorsque, résumés, distillés, ciselés par une opinion publique effervescente, ils deviendraient le slogan clef d'une époque « Plutôt Hitler que le Front populaire ! »

Slogan clef — l'appréciation n'est-elle pas exagérée ? Non, au contraire. C'est même de locution et presque de proverbe qu'il faudrait parler. A quelques variantes près (la plus fréquente étant « Plutôt Hitler que Léon Blum »), cette lapidaire expression d'un choix fondamental va en effet dominer le destin de nombreux pays pendant de nombreuses années. Les témoignages en sont multiples.

C'est l'ancien et futur Premier ministre de Sa Majesté britannique, Anthony Eden, qui écrit dans ses mémoires : « Le "Comité des Forges", par exemple, était tellement anti-Blum qu'il trouvait à peine le temps d'être antiallemand. »

C'est le philosophe catholique et futur ambassadeur de France auprès du Vatican, Jacques Maritain qui, lorsqu'à New York, en 1941, il s'emploie à dresser le procès-verbal du désastre, écrit : « Les partis qui se réclamaient de l'ordre et de l'autorité (...) ne voulaient à aucun prix courir le risque d'avoir à combattre Hitler et Mussolini, en qui ils voyaient follement les défenseurs de l'ordre et de la propriété. »

C'est Pierre Mendès France, ancien président du Conseil, qui, trente ans après, déclare dans le film *Le Chagrin et la Pitié* : « Des traîtres, il y en a eu très peu — mais enfin la psychologie "plutôt Hitler que Léon Blum" est une psychologie qui avait fait des ravages partout dans les milieux de la bourgeoisie... »

« Des hordes de cosaques et de mongols »

A vrai dire, cette obsession est d'autant plus vive et d'autant plus répandue qu'elle existait déjà avant d'être aussi clairement formulée. Camille Chautemps et Edouard Daladier furent chacun trois fois président du Conseil et une douzaine de fois ministre. Or, que lit-on dans une note que, le 10 novembre 1937, Franz von Papen ambassadeur de Hitler et futur criminel de guerre (acquitté à Nuremberg), adresse à Constantin von Neurath, ministre des Affaires étrangères et futur criminel de guerre (quinze ans de prison à Nuremberg), pour lui relater un entretien qu'il vient d'avoir avec Chautemps, alors chef du gouvernement français ? On lit ceci : « Le chef du gouvernement français s'est entretenu avec moi environ deux heures sur toutes les questions d'intérêt commun. Je souligne comme particulièrement intéressant, au cours de cet entretien, que lui aussi me parla avec une certaine fierté de l'assainissement de la situation politique intérieure en France. La révolution, me dit-il, a été en tout cas chassée de la rue. (...) Cependant il croit pouvoir dire qu'en cas de désordres de rue on pourrait s'en remettre sans réserve à la police et à l'armée. L'armée tirerait. (...) Le président du Conseil souligna en outre qu'il souhaitait vivement un règlement des conflits d'intérêt franco-allemands. »

Et Daladier ? Lui, c'est au comte Welczeck qu'il fait ses confidences. Dans une note datée du 23 mai 1938, le comte, ambassadeur du IIIe Reich à Paris, rapporte à son gouvernement : « Hier soir, le président du Conseil m'a invité à son domicile privé... » Puis il raconte comment, évoquant la possibilité d'une guerre, Daladier lui a dit que « des hordes de Cosaques et de Mongols viendraient alors occuper les territoires dépeuplés et dévastés par la guerre » et que c'était là « ce qu'il fallait éviter, même au prix de grands sacrifices ». Il va sans dire que, dans la France de 1939, l'art de préférer Hitler au Front populaire n'a pas moins d'adeptes dans la caste militaire que dans la classe politique, bien au contraire. Et là encore, les témoignages abondent...

C'est le célèbre journaliste Pertinax qui évoque ces « officiers, lecteurs de *Gringoire*, de *Je Suis Partout* et autres feuilles du même genre qui, dans leurs récriminations incessantes contre les Soviets et contre Léon Blum regardaient volontiers Hitler et Mussolini comme des piliers de la société traditionnelle ». C'est l'ancien ministre socialiste et futur martyr Jean Zay qui, avant d'être assassiné par des miliciens en juin 1944, note : « L'armée était rongée du virus politique. Trop d'officiers, dont quelques-uns à des postes éminents, nourrissaient une haine implacable du régime démocratique, une secrète admiration pour le fascisme hitlérien ou mussolinien. »

On n'a pas retenu le nom du journaliste de Metz qui, par une chaude journée de l'été 1936, lança indirectement la formule « Plutôt Hitler que le Front populaire ». C'est dommage. Il mériterait en effet d'être considéré comme un des auteurs les plus réalistes de son temps. Auteur tragique aussi puisque, trois ans après, au mois d'août 1939, ceux qui, effectivement, préfèrent l'entreprenant Hitler au défunt Front populaire vont pouvoir, selon le mot de Paul-Marie de La Gorce, « exploiter immédiatement l'occasion inespérée que leur offre le pacte germano-soviétique », le pacte impensable... Mais aussi prévisible.

C'est la coutume de presque toujours évoquer l'apparition, dans les journaux, de titres énormes annonçant la conclusion du « pacte germano-soviétique de non-agression » le 23 août 1939, en la comparant à un coup de tonnerre dans un ciel serein. Métaphore pour métaphore, nous préférerions, quant à nous, celle du coup de pistolet dans un concert... Mais peu importe, puisqu'ici toute métaphore est fausse... En effet, même si, par l'annonce du pacte du 23 août, l'opinion publique fut étonnée, troublée, bouleversée, traumatisée — nous verrons bientôt pourquoi — on ne saurait parler ici de *surprise*... Depuis des mois, toute une série d'indices permettait à un observateur avisé sinon de prévoir du moins d'envisager comme possibles les négociations Molotov-Ribbentrop...

Le 2 février 1939, un célèbre journaliste anglais, Vernon Bartlett, fait état dans l'important journal britannique *News Chronicle* d'un rapprochement germano-soviétique en cours ; à Moscou, la *Pravda* reproduit intégralement son article... Un peu plus d'un mois plus tard, au XVIIIe congrès du Parti communiste (bolchevik) de l'URSS dont la *Pravda* est précisément l'organe, Joseph Staline présente un long rapport ; il y laisse nettement entendre que les Soviétiques ne supporteront pas éternellement le double jeu ni les atermoiements des puissances occidentales et que, lorsque la menace deviendra trop précise et trop forte, rien ne les empêchera de tirer les conséquences de la situation. Dans les semaines qui suivent, les premiers contacts sont pris entre Moscou et Berlin. Le 29 mai, des négociations commencent qui seront longues dans la mesure où, du côté soviétique, on espère toujours que les discussions engagées avec les Anglais et les Français cesseront enfin de s'enliser pour aboutir à un résultat concret... Les faits que nous venons de citer sont immédiatement antérieurs à l'événement. Mais il y a beaucoup plus longtemps que, dans les principales chancelleries, sont déjà alertés ceux qui veulent bien l'être.

Le 14 mai 1936, par exemple, le délégué français à la SDN, René Massigli, souligne dans un télégramme à son ministre d'alors, Pierre-Etienne Flandin, que l'on est « très préoccupé à la délégation soviétique des possibilités de rapprochement anglo-allemand »... Le 30 mars 1937, le responsable de la diplomatie française, Yvon Delbos, reçoit de son ambassadeur à Moscou, Robert Coulondre, un long télégramme dont le signataire déclare avoir « acquis la conviction que, s'il se savait ou se croyait isolé, le gouvernement de l'URSS » n'hésiterait pas devant « un brusque changement de front » par une alliance avec l'Allemagne... La même expression « changement de front » est employée, une semaine plus tard, par un non moins important ambassadeur de France, celui qui est en poste à Berlin, André François-Poncet, dans son télégramme du 8 avril envoyé au Quai d'Orsay depuis la capitale allemande : « Il est question, depuis quelque temps, de l'éventualité d'un changement de front de la politique hitlérienne et d'un rapprochement germano-russe. »

En vérité, au lendemain du 23 août 1939, c'est beaucoup moins le fait d'apprendre que le choc de savoir qui laisse une profonde marque dans les esprits. Décrivant *Les Français dans la drôle de guerre*, François Fonvieille-Alquier, que nous retrouverons, plus loin, comme cadre éminent de la Résistance, n'hésite pas à écrire que l'événement « provoque dans le monde entier un traumatisme psychologique d'une ampleur inégalée ». De son côté, Daniel Ligou, historien des socialistes français, rapporte : « Quelles qu'aient pu être par ailleurs les justifications possibles du pacte du 23 août — et elles ne manquent pas — il n'en demeure pas moins que sa signature a bouleversé l'opinion française, qu'elle a dérouté nombre de républicains sincères. » En fait, traumatisme, bouleversement, déroute, etc., peuvent se résumer en un seul mot : choqué.

Pourquoi ?

Pourquoi tant d'hommes et de femmes ressentent-ils l'annonce du Pacte comme un choc qui les marquera avant même qu'ils aient songé ou qu'ils aient pu réfléchir aux conditions dans lesquelles et aux raisons pour lesquelles il vient d'être signé ? Ne fut-ce pas, pour une grande part, parce que beaucoup de gens que l'exemple de l'Union soviétique et l'activité des communistes avaient, si l'on peut dire, sensibilisés au fascisme et amenés à l'antifascisme, eurent soudain l'impression d'avoir été sentimentalement trompés, politiquement bernés et brutalement trahis ? Dans *Le Peuple du désastre*, premier volume de sa saga *La Grande Histoire des Français sous l'Occupation*, en 1976, Henri Amouroux touche juste en écrivant : « Près de quarante ans après sa signature, le pacte germano-soviétique reste encore, pour la majorité des Français, synonyme de scandaleuse duplicité. »

Un dirigeant communiste connu qui devait, par la suite, devenir le premier représentant du PCF auprès du général de Gaulle à Londres, Fernand Grenier, était, le 23 août 1939, en train d'effectuer un voyage en Union soviétique. « La bombe avait éclaté à Karkhov, dit-il. Nous venions d'assister à un magnifique concert donné dans le jardin public de la grande ville et nous revenions à pied à l'hôtel, goûtant pleinement la douceur de cette belle nuit d'été. Tout à coup, un groupe avait attiré notre attention : des passants étaient arrêtés devant la *Pravda* affichée dans l'un de ces petits panneaux éclairés toute la nuit, que l'on rencontre dans toutes les grandes villes soviétiques. Nous nous étions approchés. La stupeur nous avait saisis devant une photo : Ribbentrop, le ministre des Affaires étrangères de Hitler, encadré par Staline et Molotov. Un titre tenait toute la largeur de la première page : *Un pacte de non-agression a été signé entre l'Union soviétique et l'Allemagne*. L'interprète avait à peine traduit que de véhémentes discussions s'engageaient entre nous... »

Les deux dossiers du Pacte

Au fil des jours et des semaines qui suivent, malgré les brumes et les fureurs de l'époque, on distingue plus nettement pourquoi un acte diplomatique qui n'est, au premier abord, que la continuation d'une politique pratiquée par l'Union soviétique depuis plus de vingt ans peut, simultanément, poser tant de problèmes et provoquer un tel émoi... C'est qu'en réalité, il s'agit d'un pacte en deux étapes : d'abord, aisément compréhensible, l'impérieuse nécessité pour les dirigeants de Moscou de gagner du temps s'ils ne veulent pas perdre une guerre qu'ils savent que Hitler va bientôt déclencher contre eux ; ensuite, difficilement admissible, la mystérieuse évolution qui mène d'un strict traité de non-agression à un « traité de frontières et d'amitié » (28 septembre 1939) moins ambigu. En résumé, on peut, s'il le faut absolument, faire un pacte avec le diable, mais il n'est pas, pour autant, nécessaire de sembler soudain douter de son caractère démoniaque jusqu'alors ouvertement proclamé puis de le traiter en vieil ami de la famille.

Ainsi l'examen des textes négociés et signés par les Allemands et les Soviétiques à la fin de l'été 1939 nous met-il en présence de deux dossiers fort différents. A qui feuillette le premier, des évidences s'imposent ; à qui s'intéresse sérieusement au second, apparaissent surtout la difficulté et la complexité d'un temps qui fut lourd à vivre et où le cynisme fit des ravages.

Ouvrons le premier dossier... Les faits sont là : tandis que du côté fasciste on signe successivement le « Pacte antikomintern » puis le « Pacte d'Acier », à l'ouest, les Français qui, le 2 mai 1935, n'ont signé le Pacte franco-soviétique que — selon le mot d'Henri Azeau — comme on contracte un « mariage blanc », vont se réjouir avec les Britanniques qu'un des résultats de la capitulation de Munich soit l'isolement de Moscou.

Et l'incessant marivaudage de Hitler et des dirigeants conservateurs britanniques au pouvoir pendant toutes les années 1930, pense-t-on que Staline n'en a pas connaissance ?

On conçoit que dans une pareille situation, comme le soulignera, dix ans plus tard, devant la « commission Charles Serre », l'ambassadeur Jacques Tarbé de Saint-Hardouin, « la Russie était certainement inquiète et elle trouvait une sécurité à se rapprocher de l'Allemagne ». Staline ne prétendra d'ailleurs pas autre chose lorsque, le 3 juillet 1941, moins de deux semaines après l'attaque de Hitler contre l'Union soviétique, il expliquera au micro de Radio-Moscou, son attitude antérieure. « Nous avons assuré à notre pays, dira le dictateur soviétique, la paix pendant un an et demi et la possibilité de préparer nos forces à la riposte au cas où l'Allemagne fasciste se serait hasardée à attaquer notre pays en dépit du pacte. »

Enfin, en rappelant encore que les dirigeants de l'URSS ne se résignèrent à une entente limitée avec l'Allemagne que lorsqu'ils eurent vu toutes les portes se fermer devant eux à l'Ouest, en rappelant que, comme l'écrit André Fontaine, dans son *Histoire de la guerre froide*, Staline « a cherché jusqu'à la dernière minute quel serait pour lui le parti le meilleur et le moins dangereux », on se borne à constater une nouvelle fois des faits connus. Et c'est toujours André Fontaine qui remarque : « En février 1939, Litvinov avait repris contact avec les représentants de la France et de la Grande-Bretagne pour leur dire que le Kremlin était disposé, en dépit de leur politique d'abandon, à s'entendre avec eux s'ils étaient maintenant décidés à organiser la résistance à Hitler. »

Au bout du compte, les raisons qu'eut l'Union soviétique de signer un pacte de non-agression avec l'Allemagne et le bénéfice que finalement elle en tira sont clairs. Il n'y a pas de mystère dans ce que, pour la commodité du récit, nous avons appelé le premier dossier du Pacte. Mais le second ? En l'ouvrant il faut d'abord avoir présent à l'esprit que l'« encerclement capitaliste » n'avait pas seulement contraint les Soviétiques à prendre des initiatives diplomatiques complexes mais avait eu aussi des conséquences en politique intérieure et avait, en outre, comme l'explique Claude Willard, favorisé le développement du stalinisme. « Le climat d'hostilité dans lequel baigne l'URSS depuis sa naissance, remarque cet historien, devient, après le triomphe du nazisme et la conclusion du pacte antikomintern, orage menaçant : cet amas de nuées, ces coups de tonnerre de plus en plus assourdissants paraissent justifier la concentration des pouvoirs, la mutilation des libertés, l'exécution des traîtres ou présumés tels. » Ainsi vont se trouver amplifiés les aspects les plus fâcheux de « la personnalité si déroutante, si contradictoire de Staline » et facilités certains de ses crimes. Cela rappelé, la question reste de savoir si, à un certain moment, Joseph Staline n'a pas dépassé le but initial qu'il s'était fixé, s'il ne s'est pas fait sur Hitler plus que des illusions, ce qui l'a amené à nuancer son analyse du phénomène fasciste et à louvoyer dans la définition du caractère de la guerre... Le remplacement, à la tête de la diplomatie soviétique, de Maxime Litvinov, champion de la « sécurité collective », par Viatcheslav Molotov n'a-t-il pas favorisé ce dérapage dont le traité complémentaire et le protocole annexe secret que Molotov précisément signa avec Ribbentrop, le 28 septembre 1939, puis les « pourparlers » de 1940 seraient les signes les plus visibles ?

A propos de l'attitude qu'eut en 1939-1940 celui qui, depuis Moscou, était parvenu à régner en maître sur un mouvement communiste mondial dont il avait d'ailleurs partiellement dénaturé le sens, nous venons de parler de « la définition du caractère de la guerre ». Dans l'optique dont nous nous efforçons qu'elle soit ici la nôtre, cette question devrait-elle se poser ? *A priori*, on est tenté de répondre que non... Et pourtant, elle s'est posée. Surtout pour la période qui précède le 21 juin 1941, jour de l'attaque de Hitler contre l'Union soviétique. Il est intéressant de rappeler comment Staline a feint de l'oublier, en gommant du même coup le pacte germano-soviétique. C'était dans un discours prononcé à Moscou, le 9 février 1946. « La Seconde Guerre mondiale, déclara-t-il, est essentiellement différente, par son caractère, de la Première. Il convient de se rappeler qu'avant d'attaquer les pays alliés, les principaux Etats fascistes : Allemagne, Italie et Japon ont détruit chez eux les derniers vestiges des libertés démocratiques bourgeoises, qu'ils ont instauré chez eux un cruel régime de terreur. Les Etats de l'Axe ont piétiné les principes de la souveraineté et du libre développement des petits pays, proclamé que la politique d'annexion des terres étrangères était leur politique et déclaré à tous les échos qu'ils cherchaient à établir leur hégémonie sur le monde et à répandre le fascisme dans le monde entier, en montrant, par l'annexion de la Tchécoslovaquie et des régions centrales de la Chine, qu'ils étaient prêts à réaliser leur menace d'asservissement de tous les peuples épris de liberté. Par suite, la Seconde Guerre mondiale contre les Etats de l'Axe, à la différence de la Première Guerre mondiale, prit, dès le début, le caractère d'une guerre antifasciste, libératrice, dont l'un des objectifs était également le rétablissement des libertés démocratiques. L'entrée de l'Union soviétique dans la guerre contre les Etats de l'Axe ne pouvait que renforcer et a effectivement renforcé le caractère antifasciste et libérateur de la Seconde Guerre mondiale. »

Les appréciations portées au moment même des faits, en novembre 1939 puis durant l'hiver qui suivit, étaient nettement différentes. On peut en avoir une idée d'abord à la faveur d'un appel que l'Internationale communiste lançait pour que soit célébré le vingt-deuxième anniversaire de la révolution d'octobre 1917, puis dans un article de Georges Dimitrov, le secrétaire général de cette même Internationale, intitulé *La guerre et la classe ouvrière des pays capitalistes*. « La première grande tâche du Parti communiste, écrivait Dimitrov, consiste à expliquer avec patience et persévérance le caractère impérialiste de la guerre actuelle. » Dans les positions très difficiles de la guerre et souvent de la clandestinité, l'Internationale dut mener une véritable campagne pour faire admettre cette explication. Journaliste communiste britannique, Sam Russel nous a raconté : « Le secrétaire général du Parti anglais avait publié une brochure intitulée *Comment gagner la guerre* où il disait que la guerre était une guerre antifasciste. J'étais encore en France à cette époque et j'ai trouvé l'argumentation valable. Beaucoup de camarades suivaient cette ligne... Mais après cette brochure, il y a eu une grande discussion. Le Comité central s'est réuni pendant près d'une semaine et, le deuxième jour je crois, est arrivé un Anglais de Moscou avec la ligne de l'Internationale : guerre impérialiste... »

A quelque temps de là, Sam Russel rencontra Eugène Fried dont nous reparlerons, et qui était alors, sous le nom de Clément, le délégué de l'Internationale auprès du Parti communiste français. « A ce rendez-vous, poursuit Russel, Clément m'a montré le texte dactylographié du procès-verbal de la discussion au Comité central du Parti anglais. Il m'a cité quelques phrases de quelques camarades pour ridiculiser la ligne antifasciste. Il m'a dit : “Tu sais ce qui se passe en France, comment peut-on dire que c'est une guerre antifasciste ?... Evidemment, nous sommes contre Hitler, mais Chamberlain veut retourner la guerre contre l'URSS et c'est ça le grand danger.” J'ajoute que la guerre en Finlande venait alors d'être déclarée et que cela renforçait beaucoup les arguments de Clément. » Comme dit Mounette Dutilleul, cette jeune militante qui se retrouva soudain à une position clef dans l'organisation clandestine des communistes français, « le caractère double de la guerre, ce n'était pas simple... ».

Ni simple ni clair. A ce propos, Raymond Guyot nous a rapporté une anecdote significative. Secrétaire général de l'Internationale communiste des Jeunes, à la veille de la guerre il se rendait souvent à Moscou. Quand le conflit se déclara, il y était. Il rejoignit aussitôt Paris à la fois pour répondre à sa feuille de mobilisation et pour reprendre sa place de député à la Chambre. Sur le chemin du retour, il passa par Stockholm où il rencontra un des secrétaires du Parti suédois. « Avec ce camarade, nous dit-il, nous avons discuté de la situation, de la position qu'il défendait et des difficultés qu'il rencontrait. Il m'a cité un exemple : la façon dont on l'accueillait la plupart du temps dans les usines, enfin lorsqu'il allait dans les usines expliquer la position du Parti. Très souvent, les ouvriers qui l'accueillaient faisaient un double geste : tandis qu'ils levaient un bras le poing fermé comme d'habitude, ils tendaient l'autre, oui, le bras tendu... C'était significatif de la confusion qui existait. »

Nous avons vu comment, quant à lui, Staline régla la question par la rectification et l'autocritique implicites que constituait son discours du 9 février 1946. Cependant, durant la fin de l'année 1939 et au moins toute l'année 1940, cette analyse rendit incontestablement plus difficiles les conditions de la lutte antifasciste que menaient déjà — ou s'obstinaient à mener — des militants communistes dans de nombreux pays.

En cet été français de 1939, cet été à la moiteur vénéneuse, parmi ce peuple désenchanté qui en est réduit à guetter la guerre dans les ruines du Front populaire, les communistes français ne vont évidemment pas être épargnés. L'annonce de la signature du pacte germano-soviétique crée pour eux ce que François Billoux appelle « une situation politique compliquée » tandis que Jacques Duclos insiste « compliquée et difficile ».

Un stress en profondeur sous une rafale de décrets-lois

Passons sur les euphémismes et litotes de circonstance ; il est sûr que l'irruption de l'alliance insolite (« le Pacte » comme on dira désormais) vite suivie par les acrobaties entre « guerre impérialiste » et « guerre antifasciste », donc guerre « injuste » ou guerre « juste », ont ébranlé les plus stoïques, ému les plus disciplinés et déboussolé les plus vulnérables parmi les militants. Le stress est d'autant plus vif que le séisme est aussi en profondeur. Les acquis sont en péril. C'est la récolte qui brûle... « Pendant des années, écrit Henri Amouroux, déjà cité plus haut, les communistes avaient agi dans l'espoir d'intégrer leur parti révolutionnaire à la communauté nationale. Depuis 1936, ils étaient en passe de réussir. En quelques heures ils vont perdre le résultat de tant d'efforts »... Le chapitre d'où nous extrayons cette citation, Amouroux l'intitule *La chasse aux communistes*. Titre brutal, mais qui dit bien ce qui arriva aux membres du PCF cet été-là...

S'il y eut jamais réaction rapide à une information sensationnelle, ce fut, dans la nuit du 23 au 24 août, la réaction anti-Pacte du gouvernement français et d'à peu près tous les quotidiens parisiens... Même chez ceux où il paraissait complètement assoupi, sinon endormi, le vieux réflexe « antirouge » joue à plein sous la brusque piqûre de l'actualité. Avant même d'avoir pu se concerter, spontanément pour beaucoup, ministres et journalistes tirent des faits un schéma qu'on peut ainsi résumer : primo, Hitler et Staline viennent de tomber dans les bras l'un de l'autre et d'unir à jamais leurs destins ; secundo, désormais fascistes et communistes deviennent synonymes ; tertio, s'ils restent communistes les membres du Parti sont donc des traîtres ; quarto, s'ils veulent continuer à être des citoyens normaux ils doivent renier leur idéal et leur parti et s'ils ne le font pas, ils seront mis au ban de la nation et traités comme des traîtres doivent l'être... A d'infimes détails près, c'est la même version de ce schéma que publient simultanément la presse socialiste et la presse d'extrême-droite. Avant même que ne commence la « drôle de guerre », une véritable guerre psychologique est donc engagée, sur laquelle nous insistons dans la mesure où sa connaissance nous paraît nécessaire à la compréhension de ce que vont être les réactions des communistes, lesquels prendront ensuite à la Résistance l'importante part que l'on sait.

Dans l'immédiat, l'offensive psychologique n'atteint pas tout à fait son but. Les réactions communistes officielles, telles qu'elles apparaissent sous la plume de Maurice Thorez dans le communiqué du groupe parlementaire en date du 25 août, dans la déclaration officielle du Parti du même jour, dans les divers articles publiés par *l'Humanité* ainsi que dans ceux qu'Aragon écrit pour *Ce soir*, sont conformes à ce qu'on pouvait attendre et ne tranchent pas sur la ligne suivie jusque-là. Elles comportent deux thèmes principaux : d'abord, le fait nouveau du pacte est enregistré et apprécié comme une réussite diplomatique de l'URSS de nature à favoriser le maintien de la paix ; ensuite est redite la volonté du Parti communiste français de participer à la défense de la France. « Je veux ici répéter et réaffirmer que rien n'est changé, écrit ainsi Aragon, dans *Ce soir* du 25 août 1939, que le plus grand danger pour la paix est le danger hitlérien, que la lutte contre l'hitlérisme menée depuis toujours par les antimunichois que nous sommes (...) nous paraît toujours devoir être menée sans merci. Et que nous espérons que si demain la France, victime d'une agression ou se portant conformément à ses engagements internationaux au secours d'un pays attaqué, doit prouver par les armes qu'elle reste fidèle à sa haute mission de liberté et de paix dans le monde, tous les Français, vous m'entendez bien ? Tous les Français comme nous (...) feront leur devoir de patriotes pour le rétablissement du droit international. »

Le gouvernement est surpris et irrité par cette prise de position des communistes. Ce n'est visiblement pas la réaction qu'il attendait. Aussi bien, la tâche urgente est-elle de faire taire le PCF. En trois jours, entre le 25 et le 28 août, alors que la guerre n'est encore même pas déclarée à Hitler, le gouvernement Daladier tire une rafale de décrets-lois. Dans la foulée d'un président du Conseil particulièrement dynamique, le ministre de l'Intérieur Albert Sarraut et le ministre de la Justice Paul Marchandeau qui, l'un et l'autre voteront, moins d'un an plus tard, les pleins pouvoirs à Pétain, montrent une remarquable célérité. Ayant fait saisir *l'Humanité* et *Ce soir* dans l'après-midi du 25, ils ne font rédiger qu'après coup le texte qui permettra de justifier cette mesure. Ce texte paraît le 26 au matin. C'est un décret passe-partout qui est promulgué et qui permet non seulement de saisir mais aussi de « suspendre » (c'est-à-dire d'interdire) « tout journal ou écrit, périodique ou non, dont la publication est de nature à nuire à la défense nationale ». Pourtant, bien qu'il soit typiquement un texte à tout faire, le décret du 26, à peine paru, semble insuffisant à ses auteurs. Aussi bien, le 27, est-ce la censure pure et simple qu'ils décident carrément d'instaurer ; censure non seulement sur la presse, mais aussi sur la radio et le cinéma, précise un nouveau décret qui paraît le 28. Sitôt promulgués, sitôt appliqués : au soir du 28, le tableau de chasse est déjà bien rempli : du *Rouge-Midi* marseillais à *L'Enchaîné* lillois, de *La Voix du midi* toulousaine à *La Voix du peuple* lyonnaise, de *L'Avant-Garde* à *La Terre*, etc., plusieurs dizaines de titres sont frappés.

Parti dissous, maires suspendus, militants incarcérés, citoyens déchus...

Cependant, encore une fois, les résultats ne sont pas à la mesure des coups portés. Le premier numéro saisi de *l'Humanité*, le 25 août, avait sa « une » barrée par un énorme titre aux allures de mot d'ordre : *Union de la nation française contre l'agresseur hitlérien !* Deux jours plus tard, le 27 août, Marcel Cachin écrit à Léon Blum : « Nous ne nous renierons pas. A cette heure grave, le Parti communiste affirme sa position clairement et loyalement, il affirme que, si Hitler déclare la guerre, il trouvera devant lui le peuple de France uni, les communistes au premier rang, pour défendre la sécurité du pays... »

Et, tant qu'il y aura encore un journal légal où puissent s'exprimer ouvertement des communistes, c'est-à-dire durant le mois où l'hebdomadaire syndical *La Vie Ouvrière* n'aura pas encore été interdit, le ton restera le même. Le 7 septembre, Gaston Monmousseau intitule un des principaux articles du numéro : *L'Europe, demain, ne sera pas hitlérienne* et il écrit : « Hitler est, au titre de dirigeant du plus grand Etat totalitaire, l'ennemi numéro un de toutes les classes laborieuses de tous les pays. »

Ici s'amorce une évolution complexe. D'une part, la totale immobilité des troupes sur une ligne de front où l'on ne tire même pas un coup de feu permet de considérer que la « drôle de guerre » n'est pas en réalité la guerre à Hitler ; d'autre part, le gouvernement se déchaîne de telle façon contre les militants du PCF et lance si frénétiquement contre eux sa police et sa justice que certains peuvent se demander si on ne mène pas, en réalité, à l'intérieur, une guerre contre les communistes.

Un juriste célèbre, l'académicien et avocat Maurice Garçon, a, dans son *Histoire de la justice sous la Troisième République*, dressé un bilan de ce que d'autres auteurs, pour leur part, n'hésitent pas à appeler « une véritable chasse aux sorcières ». Maurice Garçon montre d'abord fort bien comment, des décrets du 26 au 28 août 1939 sur la presse et la censure, le gouvernement passa immédiatement et comme logiquement à l'arrestation et au jugement des personnes. Les premiers appréhendés furent les militants qui, les journaux de leur parti étant saisis, avaient entrepris d'en diffuser des éditions clandestines ou même de simples tracts. « Les colporteurs, comme les appelle Maurice Garçon, furent arrêtés et traduits à l'audience des flagrants délits de la douzième chambre du Tribunal. Les 4, 6 et 8 septembre, trente-huit inculpés furent condamnés à des peines variant de trois à quinze mois de prison (...). Le 9 septembre, un décret, modifiant la loi de 1927, permit de déchoir de la nationalité française tout Français qui se comporterait comme le ressortissant d'une puissance étrangère. La propagande communiste s'étant enhardie, on jugea qu'il fallait en finir et le 26 septembre 1939 le Parti communiste fut dissous par décret. Toute activité, sous quelque forme qu'elle pût se présenter, ayant directement ou indirectement pour objet de propager les mots d'ordre émanant ou relevant de la IIIe Internationale communiste ou contrôlés en fait par elle, était interdite, les publication, circulation, distribution, offre, vente ou exposition de tout matériel de diffusion (...) étaient frappées d'un emprisonnement de un à cinq ans et d'une amende de cinq cents à cinq mille francs. Un second décret du même jour permit au préfet de suspendre les maires et conseillers généraux "pour des motifs d'ordre public ou d'intérêt général". (...) Le gouvernement, estimant que certaines activités ne constituant pas des infractions à la loi n'en mettaient pas moins la défense nationale en péril, avait instauré, par deux décrets, un régime de détention arbitraire. Le premier autorisait les préfets à astreindre les individus jugés dangereux pour la défense nationale ou pour la sécurité publique à résider dans un camp de concentration, le second suspendait pendant la durée des hostilités les garanties accordées aux personnes des collectivités publiques et des services concédés. Le premier décret autorisait toutes les incarcérations arbitraires sans limitation de durée ; le second permettait d'épurer, sans contrôle, le personnel des administrations publiques. (...) Une loi du 20 janvier 1940 déclara déchu de plein droit tout membre d'une société élective faisant partie de la section française de l'Internationale communiste à moins qu'il n'en ait publiquement répudié les doctrines. Deux mille sept cent dix-huit personnes furent frappées de déchéance. En même temps, pour empêcher dans toute la mesure du possible la diffusion de la propagande, un second décret du même jour sanctionna d'une peine de un mois à cinq ans et d'une amende de cinquante francs à cinq mille francs, les discours et propos qui, sans présenter le caractère d'une information, étaient néanmoins de nature à favoriser les entreprises d'une puissance étrangère contre la France (...). Cette multiplicité de textes amena une multitude de mesures de répression. M. Sarraut put annoncer, au mois de mars 1940, que plus de quatre mille opérations policières avaient été pratiquées depuis le début de la guerre, dans le département de la Seine, sans compter les visites quotidiennes dans les garnis et les établissements publics. Pour toute la France, on avait procédé à onze mille perquisitions et trois mille quatre cents arrestations. Les tribunaux avaient condamné mille cinq cents personnes, sept cents fonctionnaires avaient été épurés, trois mille cinq cents affectations spéciales avaient été supprimées, cinq cent cinquante suspects étaient confinés dans des centres de surveillance et deux mille cinq cents étrangers étaient internés au camp du Vernet, dans l'Ariège... »

Le « décret Sérol »

Essentiellement consacré à l'activité du gouvernement Daladier, ce bilan dressé par Maurice Garçon ne mentionne pas le texte qui fut pourtant le couronnement de l'entreprise répressive contre les communistes : le décret Sérol... Pris en conseil des ministres le 8 avril 1940, et promulgué le lendemain, ce décret-loi prévoyait la peine de mort pour « tout Français qui aura participé sciemment à une entreprise de démoralisation de l'armée ou de la nation ayant pour objet de nuire à la défense nationale ». En outre, afin que nul ne pût se méprendre sur les « démoralisateurs » ainsi visés, l'exposé des motifs stipulait : « La persistance des menées communistes, leur dessein évident de miner par tous les moyens le moral de la nation en guerre, témoignent que ceux qui les inspirent se sont faits les artisans d'une véritable entreprise de trahison. »

A part ce singulier décret, Albert Sérol n'a attaché son nom à aucune autre œuvre ou entreprise. Lorsque, le 21 mars 1940, Paul Reynaud l'appela à prendre le portefeuille de la Justice dans le nouveau gouvernement qu'il constituait, ce Méditerranéen qui, après avoir été quelque temps communiste, avait quitté le PCF pour aller faire, chez les socialistes, une carrière classique de député de la IIIe République, avait la banalité pour caractère principal... C'est précisément cette banalité qui est remarquable. Elle amène en effet à se poser la question : pour qu'un député SFIO moyen en arrive à signer un tel texte, à quel degré d'exaltation anticommuniste fallait-il que la campagne commencée dès les derniers jours d'août 1939 ait amené la plupart des politiciens et toute une partie de l'opinion ?

Le 25 août 1939, à la Chambre des députés, un élu radical de l'Ardèche, Gaston Riou, a crié à ses collègues communistes : « Votre parti, c'est le parti de l'ennemi, c'est l'instrument de l'ennemi ! » En lançant cette apostrophe, le parlementaire ardéchois n'a fait que donner le premier coup d'archet d'un concert qui va aller s'amplifiant... Parmi bien d'autres, deux interventions valent d'être remarquées : celle de François Chasseigne en janvier 1940 et celle de Georges Barthélemy en février. Lorsque, le 16 janvier, le premier monte à la tribune, c'est pour demander la peine de mort contre les communistes. Requête assez courante à l'époque, dira-t-on. Oui, mais

Chasseigne précise « sans autre forme de procès » et avec « pour certains d'entre eux, le coup de pistolet derrière la nuque ». Quant à Barthélemy c'est d'abord, officiellement, comme président de la commission qui a été spécialement chargée de la « déchéance » des députés communistes, qu'il proclame que contre « la gangrène bolchévique (...) l'épuration doit être définitive ». Puis, de ce vœu formulé le 7 février, il va, à la tribune, le 20, préciser la nature : « Thorez, Catelas et tant d'autres devraient (...) non pas subir le feu d'un peloton d'exécution, ce serait leur faire trop d'honneur, mais être poussés sous le couperet de M. de Paris. » Précisons que Chasseigne et Barthélemy étaient, l'un et l'autre, députés socialistes. Tous les deux eurent ultérieurement des fonctions officielles sous le gouvernement de Vichy. François Chasseigne fut d'abord secrétaire général du « Rassemblement national », puis « chargé de la propagande sociale du Maréchal » au secrétariat général à l'Information, enfin il reçut le portefeuille de l'Agriculture et du Ravitaillement dans le dernier gouvernement Laval, en mars 1944. Georges Barthélemy, lui, qui était maire de Puteaux, dans la banlieue parisienne, avant la guerre, le resta pendant l'Occupation. Après la Libération, le premier est devenu attaché de direction de la filiale française des usines Ford ; plus malchanceux, le second avait été exécuté d'une rafale de mitraillette, par des résistants, devant sa mairie, le 10 juillet 1944.

La répression trouve aussi des auxiliaires parmi les dirigeants réformistes de la CGT. N'hésitant pas, dans son *Histoire du Parti communiste français*, à assimiler le rôle que joue alors un des dirigeants de la centrale à celui du ministre de l'Intérieur, Jacques Fauvet écrira plus tard : « Léon Jouhaux n'est pas plus tendre qu'Albert Sarraut. » Car la chasse aux sorcières se déroula aussi à l'intérieur des syndicats. Ainsi, au Syndicat national des instituteurs (SNI), les communistes ont été exclus en bloc, en novembre 1939... C'est à dessein que nous venons d'employer à nouveau le terme « chasse aux sorcières ». En effet, comme toujours en pareil cas, la vague répressive déborda vite et des non-communistes furent atteints... Le 10 février 1948, lors de l'audition d'Albert Sarraut par la « commission Charles Serre », un des membres de cette commission, Emile Kahn déclara : « Il y avait en France un véritable régime des suspects, d'une part, et de délation, d'autre part. Sous prétexte de communisme, on dénonçait. On dénonçait ses concurrents commerciaux ; on dénonçait ses ennemis personnels. Le régime de délation de Vichy a commencé à ce moment-là... » D'ailleurs, à l'époque, même *Le Populaire*, organe du parti socialiste SFIO, se fit l'écho de ces débordements. Le 9 octobre 1939, on pouvait y lire : « Il nous revient qu'à l'occasion de ces poursuites, des militants ouvriers seraient traqués et emprisonnés sans motif valable. Dès l'instant qu'un citoyen est réputé communiste dans son village, il a à connaître avec la justice. » D'ailleurs, après la Libération, le

10 septembre 1945, Léon Blum devait écrire, toujours dans *Le Populaire* : « Cet été fut bouleversé par le pacte germano-soviétique (...). Les deux partis se sentirent violemment écartés l'un de l'autre. L'indignation nous inspira même, durant l'intervalle entre le pacte germano-soviétique et la défaite, des actes que, pour mon compte, je regrette aujourd'hui. » Ainsi traités, ainsi pourchassés soudain, ainsi — comme on disait beaucoup alors — « mis au ban de la nation », les communistes ont de plus en plus de motifs de s'interroger. D'abord, ils constatent, comme le notera Benoît Frachon, que « l'ennemi n'était pas massé à la frontière, il était dans les usines, c'était le communisme ». Et vite, pour ces membres d'un parti dissous, pour ces lecteurs de journaux interdits, pour ces citoyens déclarés suspects, se pose la question qui est parfaitement formulée dans un tract de novembre 1939 intitulé : *Il faut faire la paix*. Ce tract dit : « On ne combat pas l'hitlérisme quand on persécute les militants communistes cependant que les agents d'Abetz continuent à vaquer à leurs occupations. »

Cette « foi de charbonnier » des « convaincus »

Les communistes constatent. Mais, ils pressentent aussi. Pressentiment souvent mal défini et la plupart du temps confondu avec leur attachement viscéral à leur cause, mais pressentiment que l'avenir va vérifier. « Pour résister aux menaces d'un environnement de plus en plus hostile, écrit François Fonvieille-Alquier, le militant communiste s'arc-boute sur la confiance qu'il garde à son Parti, sur cette même foi du charbonnier qui aide à vivre ses camarades allemands internés à Buchenwald ou ailleurs. » Une « foi de charbonnier » ? Dans la thèse qui est à l'origine de sa consécration comme historien du communisme en France, *Le PCF dans la guerre*, Stéphane Courtois explique cette « foi » par ce qu'on appellera plus tard le culte de la personnalité, celle de Staline évidemment. C'est ainsi que Courtois écrit : « Toute une frange de communistes, de “convaincus”, s'est, en cette occasion difficile, déterminée en fonction de sa foi simple dans “le petit père des peuples”, et c'est cette foi qui a permis à la direction de reconstruire le Parti et de cimenter l'organisation clandestine. » Cette « foi » explique, pour l'essentiel, l'emploi, à l'époque, de certaines expressions qui peuvent maintenant apparaître comme des outrances. Un exemple : lorsqu'en janvier 1945, conservant le langage de 1940, Arthur Ramette dit dans les *Cahiers du communisme* qu'à cette époque, à la Chambre des députés, il se trouva en présence d'« une tourbe d'espions hitlériens », exagère-t-il ? Ou ne se souvient-il pas plutôt qu'il avait eu, dès ce temps-là, le pressentiment que ceux qui se dressaient, tel Barthélemy, tel Chasseigne, devant lui, l'anathème à la bouche, étaient déjà prêts, sinon décidés, à suivre Pétain ?

Georges Barthélemy avait demandé en février 1940 que Jean Catelas soit guillotiné. Catelas fut effectivement guillotiné en août 1941. Ce que Barthélemy avait demandé aux juges d'Edouard Daladier et de Georges Bonnet, ce furent les juges de Philippe Pétain et de Pierre Laval qui le lui accordèrent.

Après la guerre, une fondation américaine, l'Institut Hoover, de l'Université Stanford, en Californie, effectua, à l'instigation des héritiers de Pierre Laval, une enquête dont les résultats furent publiés en trois volumes intitulés *La Vie de la France sous l'Occupation*. Parmi les témoignages ainsi réunis figure celui de Maurice Gabolde qui, avant d'être condamné à mort par contumace le 13 mars 1946 et de mourir en exil, à Barcelone, en janvier 1972, fut, de mars 1943 jusqu'à la Libération, le dernier ministre de la Justice du gouvernement de Vichy. Et Gabolde y déclare : « Ce n'était pas le gouvernement du Maréchal qui était entré dans la voie de la répression à l'égard des menées communistes. Il n'avait fait qu'appliquer, sans les aggraver, les textes votés par le Parlement sur l'initiative du président Daladier. »

En 1967 est paru un livre intitulé *La Guerre secrète des services spéciaux français* (1935-1945). Son auteur, le colonel Michel Garder est un officier de renseignement qui ne cache pas son hostilité au communisme. Dans le chapitre qu'il consacre au début de la guerre de 1939, il écrit que « ce premier mois de guerre se termine sur une sérieuse déception » pour le contre-espionnage français. En effet, « malgré tous les efforts du lieutenant-colonel Schlesser et du capitaine Paillole, en haut lieu on a estimé inopportun d'autoriser l'arrestation des amis d'Abetz : Déat, Luchaire, de Brinon et consorts. Il ne s'agit peut-être pas d'agents caractérisés du SR allemand, mais ces traîtres idéologiques sont au moins aussi dangereux sinon plus que les espions. On les retrouvera d'ailleurs plus tard au service de l'occupant, se targuant d'avoir été en 1939 des patriotes clairvoyants ».

Face à la traumatisante secousse du Pacte, de l'offensive psychologique et de la répression policière, simultanément connues, ressenties et subies, les effectifs du PCF ont évidemment diminué de beaucoup. L'amoindrissement est considérable. Au temps du Front populaire, on comptait les adhérents par centaines de milliers, trois ans plus tard, c'est par milliers, sinon par centaines qu'ils tentent de se compter. Une hémorragie de militants. Une épreuve qui laisse de durs souvenirs. *Le cataclysme*, comme dit Courtois en intitulant ainsi, dans sa thèse déjà citée, le chapitre sur le Pacte et ses suites.

Quand les coups pleuvent sur le PCF, ce sont ses membres qui les reçoivent ; quand le Parti est forcé de plonger dans la clandestinité, ce sont ses militants qui doivent se « mouiller »... Alors, schématiquement mais nécessairement, il y a ceux qui « tiennent » : les fidèles ; il y a ceux qui hésitent : les troublés ; il y a ceux qui cèdent et que, parmi les communistes, on va rapidement nommer les « renégats ».

Même si c'est au noyau qu'ils forment que l'ensemble de l'organisation doit non seulement de ne pas s'écrouler mais encore de garder vie et même vigueur offensive, « ceux qui tiennent » ne sont pas très nombreux quand la fidélité est particulièrement difficile...

Le récit que nous fait Jean Chaumeil, futur membre du Comité central, surtout futur homme de confiance de la direction du PCF pendant la Résistance et qui, à cette époque, était un des responsables de l'est de la région parisienne, ce récit n'a rien d'exceptionnel. « Le trouble était profond, nous dit Chaumeil, nous ne savions pas bien défendre le pacte germano-soviétique à l'époque et si nous restions fidèles inconditionnellement à l'Union soviétique, c'était sans chercher à bien expliquer ni à bien comprendre. Simplement, nous ne voulions pas laisser toucher ni à l'honneur, ni à l'idée, ni à l'esprit de l'Union soviétique, premier Etat socialiste du monde... C'est ainsi qu'à Bagnolet, un jour, trois ou quatre camarades du Parti vinrent nous trouver, le camarade Derna et moi. Derna, c'était un des fondateurs du Secours rouge international puis plus tard du Secours populaire français ; il est mort ensuite dans la Résistance. Moi, je travaillais alors à la mairie où les trois ou quatre gars sont d'ailleurs venus nous voir. Ils nous ont insultés tout de suite et le ton a monté si vite que nous n'avons pas pu résister à l'envie de casser la figure à ces communistes qui nous apparaissaient déjà comme des renégats. D'ailleurs, quelles que soient les explications que nous leur donnions, ils continuaient à nous insulter... Alors, il y eut vite une bagarre générale. Je peux donc dire que ce sont des communistes qui m'ont cassé ma première dent. Je la sens encore dans ma bouche. Ce fut une période pénible... »

Les désemparés

Pour beaucoup, cette époque est aussi celle de la réflexion, souvent tout aussi pénible. « Moi, nous raconte Marcel Prenant, futur chef d'état-major des FTP et professeur à la Sorbonne qui, dans ses mémoires intitulés *Toute une vie à gauche*, aime se dire "pionnier de l'écologie", moi, j'étais en vacances. En vacances en Haute-Savoie et isolé, isolé de tout. Il m'a donc fallu réagir de façon purement personnelle. D'abord, comme la plupart des camarades, je me suis dit : qu'est-ce que c'est que cette histoire-là ?... Comment va-t-on s'en sortir ? Et qu'est-ce que deviennent nos positions antifascistes ?... Ça, c'était sur le moment. Bon. D'autant plus que je n'avais rien d'autre que les nouvelles officielles... Et puis j'ai réfléchi deux heures. Alors, au bout de ces deux heures de réflexion, j'avais compris qu'il n'y avait pas d'autre attitude possible dans ces circonstances-là. Pas d'autre attitude possible pour l'Union soviétique... Il fallait qu'elle gagne du temps. Oui, après deux heures de réflexion, pour moi, c'était évident ! »

Si elle prend des formes diverses selon la situation, le caractère, la formation de chacun, la réaction de ceux qui vont rester fidèles est toujours celle d'hommes et de femmes qui s'accrochent, qui s'arriment, qui s'arc-boutent contre le courant. Comme l'écrit Germaine Willard, c'est « à contre-courant » que lutte tout ce Parti qui, « contre lui, (...) a tout l'arsenal de la propagande officielle et de la presse légale, une opinion désorientée et trompée, une répression sans cesse aggravée et, sans doute le plus pénible, parfois le mépris et les coups de ceux-là mêmes pour lesquels il se bat ».

A contre-courant... Mais le courant est si fort, si vaste et si violent, qu'il est normal que certains soient remués, remués puis hésitants, hésitants puis troublés, normal qu'ils puissent donner, quelque temps, l'impression d'avoir cédé, alors que, plus ou moins rapidement, ils se ressaisiront, et continueront dans les mêmes rangs le même combat.

De ces hommes et de ces femmes soudain « choqués », qui n'ont pas en eux et ne trouvent pas ailleurs la force de « tenir le coup », il est assez difficile de parler... La plupart vont se cacher derrière le paravent de leur vie quotidienne. Se noyer dans la masse, comme on dit, mais une masse que l'exode va rendre de plus en plus tourbillonnante, de plus en plus propice à l'effacement. Ils resteront ainsi jusqu'au jour où, soit à force d'avoir réfléchi, soit parce qu'un événement se produit qui soudain les secoue, soit parce qu'ils ne peuvent plus supporter la mauvaise conscience accumulée à force de se détourner dans la rue quand ils croisent un camarade, soit parce qu'un soir, sans même souvent se douter de la portée de son geste, un « copain » frappe à la porte, entre, s'assied dans la salle à manger, parle et qu'en l'écoutant ils ressentent, mêlés, l'embarras d'être restés sur le bord de la route et la joie d'être libérés de cette espèce de remords qui ne voulait pas dire son nom... Mais ces simples militants ont, si l'on peut dire, une chance, celle d'être anonymes et de pouvoir vivre leur drame à l'abri de l'anonymat. Tel n'est pas le cas des communistes en vue. Sur eux, dès qu'ils vont sentir le moindre flottement, toutes sortes de représentants avoués ou inavoués du gouvernement et surtout leurs collègues socialistes et des diverses organisations antifascistes vont faire peser une pression maximale.

Par exemple, une dizaine de jours à peine se sont écoulés depuis le Pacte que de nombreux journaux publient un « manifeste » daté du 31 août 1939 et où un certain nombre d'intellectuels célèbres font savoir que « réprouvant la duplicité dans les relations internationales, (ils) expriment leur stupéfaction devant la volte-face qui a rapproché les dirigeants de l'URSS des dirigeants nazis ». Non seulement les signataires de ce texte sont célèbres, mais, outre leur réputation personnelle dans les sciences, les arts ou la littérature, c'est un antifascisme actif qui a vivifié leur renommée durant les années écoulées. On saura plus tard comment des noms tels que ceux d'Irène et de Frédéric Joliot-Curie, de Victor Basch, d'Aimé Cotton, de Paul Langevin ont pu être imprimés sous ce « manifeste ». Dans un émouvant ouvrage consacré à la personnalité, à l'œuvre et à la mémoire de son père, André Langevin a, par exemple, écrit : « Par tous les moyens, la classe au pouvoir veut semer le désarroi dans le camp des progressistes pour pouvoir plus sûrement frapper les communistes ; des pressions sont tentées par des radicaux comme Albert Bayet et des socialistes pour faire fléchir Paul Langevin, mais leur effort restera vain... ». Malgré la signature du 31 août, Paul Langevin ne cède donc pas. Au contraire, le 29 mars 1940, on remarque beaucoup le témoignage en faveur des inculpés qu'il vient apporter au procès qui est alors intenté aux députés communistes.

La plupart des signatures du « manifeste » seront tout aussi éphémères. Albert Bayet, qui escomptait visiblement plus de « lâchages », s'en étonne, dès le 22 septembre, lorsque, dans l'hebdomadaire *La Lumière*, il écrit : « Qu'attendent les communistes pour condamner sans ambage l'agression soviétique contre la Pologne ? Comment ne sont-ils pas les premiers à crier leur indignation ? »

Afin de justifier la démesure de la propagande et de la répression, le gouvernement aurait évidemment souhaité pouvoir annoncer que, désavoué par la majorité de ses membres eux-mêmes, le Parti s'effondrait de l'intérieur. Une multitude de reniements, de repentirs, d'abjurations et d'amendes honorables eussent rendu plus compréhensibles l'acharnement des anathèmes et l'ampleur de la croisade policière. Aussi mit-on rarement tant de moyens en œuvre simplement pour obtenir des désaveux...

Pour Marc Dupuy, qui était secrétaire de la fédération CGT des Cheminots tout en étant membre du Comité central du PCF, le temps le plus dur ne fut pas celui où il fut ensuite arrêté puis interné dans un camp dont d'ailleurs il s'évada bientôt, mais la période précédente, celle du chantage. « C'était une période difficile, nous raconte-t-il. On n'a jamais cédé, mais quelle contrainte s'exerçait sur nous pour nous faire renier le Parti et l'Union soviétique !... Menaces concernant notre emploi, menaces à l'intérieur de la CGT, menaces à l'intérieur de la SNCF... Quand j'effectuais mon service de conducteur électricien, dans les gares, à côté de ceux qui ne comprenaient pas et qui demandaient des explications, il y en avait d'autres qui me provoquaient. Il fallait savoir rester calme. »

D'ailleurs, pour les dirigeants et les militants du PCF clandestin, ce n'est pas l'heure des questions, mais l'heure de la réplique. A ceux qui se battent avec acharnement, peu importe la psychologie de ceux qui faiblissent. Au contraire. Dans un texte daté de février 1940 que Maurice Thorez et Jacques Duclos adressent « aux membres du Parti communiste français (SFIC) » et qu'ils signent « au nom du Comité central », on lit : « C'est pour essayer, bien en vain, d'enrayer les progrès de la propagande communiste que la réaction exploite la trahison d'une poignée de lâches renégats, passés à l'ennemi capitaliste. (...) Les militants ne seront pas dupes des méthodes policières de chantage, de corruption et de décomposition. » Et parmi les mots d'ordre qui terminent ce texte : « Démasquez, flétrissez les lâches, les renégats, les traîtres. Criez-leur votre mépris et votre dégoût ! »

On comprend très bien pourquoi, dans le feu de l'époque, alors que le gouvernement veut faire croire à des désertions massives, Thorez et Duclos emploient l'expression « une poignée ». Toutefois, le nombre de ceux qui perdent pied est assez important pour que la direction du Parti s'inquiète et il explique le ton vif des lignes que nous venons de citer. Le mot d'ordre « démasquez, flétrissez... » n'est d'ailleurs pas seulement un mot d'ordre général, c'est une directive et, dans la plupart des endroits où un militant connu de la population désavoue publiquement le PCF, sont bientôt distribués des tracts qui effectivement « flétrissent » le transfuge aux yeux de cette même population.

Le cas de Maurice Honel

Mais combien ? Combien ont « cédé » ? Peut-on fournir un chiffre ? Un pourcentage ? L'appréciation est pratiquement impossible, sauf en ce qui concerne les élus dont les défections sont à la fois les plus spectaculaires et les plus proportionnellement nombreuses. « Au total, écrit Guy Rossi-Landi, dans *La Drôle de guerre*, vingt et un députés sur soixante-treize et un sénateur sur deux se désolidarisèrent ouvertement du Parti communiste. » En vérité, c'est vingt et non point vingt et un qu'il faut écrire, le cas de Maurice Honel, cet ancien dirigeant des Jeunesses communistes devenu député de Clichy-Levallois devant, en effet, être mis à part puisque ce fut sur instructions et pour pouvoir assurer une tâche clandestine particulièrement délicate qu'il accepta de jouer la comédie du désaveu et de passer pour un « renégat » qu'il n'était pas.

Et, ici, une parenthèse s'impose. Sur le cas de Maurice Honel. Un cas singulier. Un homme attachant... Jacques Varin travaillait avec moi au recueil de témoignages pour la première édition du présent ouvrage. Or, un jour, il survint avec le sourire érudit de celui qui sait et savoure à l'avance le plaisir qu'il va éprouver à vous révéler ce que vous ne savez pas... Ce que Varin savait, c'est que Maurice Honel n'était pas le vingt et unième « renégat » puisque la comédie du désaveu, il l'avait jouée à la demande des services secrets soviétiques auxquels il appartenait. Et si Jacques Varin le savait, c'est parce que, lorsqu'il préparait son livre sur l'histoire de la JC (la Jeunesse communiste), il l'avait entendu de la bouche même de l'intéressé... Un dîner s'ensuivit, où le poète surréaliste et ancien kominternien qu'était l'étonnant Honel nous confirma l'essentiel, puis continua à parler de cette petite voix calme qu'ont souvent les témoins importants. Il parla après nous avoir fait promettre de ne rien en dire tant qu'il serait vivant. Il nous raconta comment, enfants, son frère et lui avaient « sauté sur les genoux de Jules Guesde ». Comment plus tard, ils avaient cru bien faire en aidant « la Guépéou », notamment dans sa lutte clandestine, à Paris, contre les activistes de l'émigration russe blanche, souvent agents nazis. Une aide qui les avait amenés à favoriser l'enlèvement du général Koutiépov... Une aide qui expliquait peut-être l'obscure disparition du frère de Honel, au Canada, au début des années 1950... Mais une aide que la direction du PCF allait lui reprocher implicitement, sans jamais le dire, en l'écartant de la direction de l'Amicale des anciens déportés d'Auschwitz ou en le confinant au travail syndical parmi les artisans et petits commerçants... C'est sur cette dernière activité qu'insista *Le Monde* lorsqu'il publia une nécrologie de Maurice Honel, à l'automne 1977... Fin de la parenthèse.

La campagne entreprise par le Parti communiste clandestin pour neutraliser ceux qui sont « passés à l'ennemi capitaliste » n'est pas sans efficacité. Les transfuges ont peur, non sans raison d'ailleurs puisque nombre d'entre eux périront plus tard sous les balles du « groupe Valmy » ou d'autres formations de la Résistance. Pour l'instant, cependant, il ne faut pas sous-estimer les dégâts que peut faire dans le PCF l'entreprise de démoralisation intérieure menée par le gouvernement... « Dans un tel climat, rappelle Jacques Duclos, alors n° 2 du Parti, la clandestinité était pleine de dangers. La propagande gouvernementale dirigée contre les communistes avait influencé certains militants sur qui, dans d'autres conditions, on aurait pu compter. Avant d'aller frapper à une porte amie, on se demandait avec une certaine angoisse si la personne qui allait ouvrir cette porte était toujours avec nous. »

Une « clandestinité pleine de dangers » comme toutes les clandestinités, ou plus spécialement redoutable ? Si l'on en croit le témoignage de ceux qui la vécurent, cette illégalité de 1939-1940 fut particulièrement dure.

Ecoutons deux témoins... « L'époque la plus dure : oh oui, 1939, nous dit Madeleine Jégouzo qui, jusqu'à son arrestation en mars 1942, fut un des agents de liaison de la direction du PCF clandestin. C'est l'époque où nous avons été le plus seuls. Je ne dis pas qu'en 1940 c'était facile, non, mais enfin il y avait déjà tout un mouvement, tandis qu'en 1939, souvent, c'était le vide... Une fois, je me souviens m'être trouvée à Montpellier, la nuit. La camarade chez qui j'ai frappé a cru que c'était la police. Elle ne m'a pas ouvert. Je suis donc restée toute une nuit à errer dans les rues de Montpellier avec du matériel dans ma valise et tous les dangers que ça comportait... »

Evoquant les mêmes moments, Jean Chaumeil, que nous avons déjà cité, raconte à son tour : « Quand, après le traité germano-soviétique, *l'Humanité* a été interdite, moi j'ai pris immédiatement le brouillard. J'ai pensé, en effet, qu'il n'y en avait plus pour longtemps avant que le Parti ne soit dissous et qu'il allait falloir vivre dans la clandestinité. Je ne m'étais pas trompé. Comme j'avais pris mes précautions, j'ai pu me mettre à travailler au regroupement des camarades qui tenaient bien la barre, qui restaient solides sur leurs pieds. Mais il faut insister sur le fait que les fiches de mobilisation étaient arrivées et que plus des deux tiers des camarades membres du Parti avaient endossé l'uniforme et souvent gagné le front. Il ne restait donc que les non-mobilisables, c'est-à-dire les exemptés comme moi, les plus vieux, les femmes et les enfants, enfin, les jeunes... C'est dans cette situation qu'il a fallu procéder à la réorganisation clandestine du Parti... Sur les milliers d'adhérents de la région Paris-Est — si mes souvenirs sont exacts, on devait être quinze mille —, nous nous sommes retrouvés, au début du mois de septembre, à une vingtaine. Dix-sept, exactement, je crois bien... Oui, dix-sept... Dont Jules Auffret, notre secrétaire fédéral qui a été fusillé plus tard à Châteaubriant... Et, à dix-sept, nous sommes partis voir les femmes et les enfants de ceux qui avaient été mobilisés pour leur demander s'ils voulaient bien reprendre de l'activité, s'ils étaient prêts à entrer avec nous, comme on disait à l'époque, dans le bain et dans le brouillard. Nous avons ainsi réussi à récupérer quelques centaines de femmes et de jeunes. D'autres, troublés, n'ont pas voulu marcher. Ils n'acceptaient pas. Ils refusaient. Parfois, ils nous mettaient à la porte. Heureusement, beaucoup se sont ressaisis plus tard... »

Les affectés spéciaux et les grabataires

Un Parti « désarticulé » dont la réorganisation clandestine s'avère nécessaire — les communistes furent-ils donc à ce point surpris par « l'orage » de la fin août 1939 ? Un Parti dont l'engagement antifasciste — et tout spécialement la guerre d'Espagne — avait si notablement accru la force, développé et assoupli les structures, n'avait-il pas, devant l'aggravation de la situation politique, envisagé l'hypothèse d'une « plongée » dans la clandestinité ? Si, bien sûr, mais il semble que les difficultés découlant du pacte germano-soviétique, d'une part, et, d'autre part, l'hypothèse d'une « fascisation » débouchant sur une dictature plutôt que sur le déclenchement d'une guerre proprement dite perturbèrent beaucoup l'application des plans qui avaient été envisagés.

« On était prêt, mais pas préparé, nous dit Germaine Hénaff qui, avec son mari Eugène, joua, dès le début, un rôle actif dans la clandestinité communiste. Je me souviens que l'on parlait des méthodes des antifascistes allemands : les livres creusés pour passer le matériel, les boîtes à double fond, etc. De l'imagerie d'Epinal ; en fait, il a fallu, au fur et à mesure, se mettre dans la peau de l'ennemi pour comprendre ce que nous devions faire. Il a fallu affûter nos outils. » Selon d'autres, toutefois, les mesures de mobilisation partielle décidées par le gouvernement durant l'année 1938 avaient quand même amené les dirigeants communistes à prendre quelques mesures de précaution. Eugène Kerbaul était alors un des secrétaires de la section de Brest. En nous racontant ce qui se passait dans le grand port breton, il rappelle que « le Parti était jeune » et que les appels de classes successifs qui s'étaient produits durant l'année 1938 et les premiers mois de 1939 faisaient que « sur deux cents camarades, en mai 1939, quatre-vingts étaient aux armées ». Et Kerbaul se souvient très bien de deux réunions, l'une, officielle, si l'on peut dire, dans les derniers jours de 1939, l'autre, déjà pratiquement clandestine, deux ou trois semaines plus tard. Or, il va sans dire que des réunions du même genre se tinrent dans à peu près toutes les régions de France à la même époque. « Fin juin 1939, nous dit donc Kerbaul, il y a une réunion du bureau régional du Parti et des organisations régionales nous prévenant que le Parti devait envisager toutes les éventualités possibles à cause du processus de fascisation... Vers la mi-juillet 1939, un membre du Comité central est venu à Brest, Auguste Havez. On a tenu une réunion en vue d'organiser le Parti dans la clandestinité. Mais cette réunion a eu lieu en dehors des règles et des activités normales du Parti. Havez a dit que c'était nécessaire par mesure de vigilance. En effet, à la direction, on n'était pas sûr du secrétaire à l'organisation, Marcel Gitton. Ainsi, dès juillet 1939, avons-nous commencé à mettre sur pied une organisation clandestine composée d'une femme et de quelques camarades âgés, donc non mobilisables. Il était prévu qu'en cas de passage à la clandestinité, le Parti devait rechercher les malades, les vieux, les femmes et les affectés spéciaux des chantiers navals... Effectivement, dès la fin août, on a commencé à planquer du matériel chez des vieux qui étaient grabataires. Du papier, des ronéos. Le 28 ou le 29, la camarade femme qui était chargée de nous réunir en cas de malheur nous a convoqués. On s'est retrouvé à une dizaine et on a pris des décisions pour réviser les structures du Parti. On a également fait un tract qu'on a publié et distribué en octobre. A cette époque, moi, j'ai été convoqué au commissariat mais relâché. Malgré cela, je ne suis pas entré immédiatement dans la clandestinité car, dans la mesure du possible, on nous avait dit de rester légaux tant que nous le pourrions. »

En vérité, il ne faut donc pas systématiser ni croire que le PCF fut anéanti par les décrets-lois des gouvernements Daladier et Raynaud. Bien que traqués par la police, les militants communistes chargés d'organiser le travail du Parti dans la clandestinité « tinrent le coup » et jouèrent leur rôle notamment par la mise en place d'un « appareil » que Maurice Tréand, René Mourier (Mourre), Giulio Cerreti (Paul Allard), Arthur Dallidet et d'autres montèrent sous le contrôle direct du secrétariat du Parti, de Jacques Duclos et Maurice Thorez. Mais qu'était cet « appareil » ? C'était d'abord un ensemble de structures d'organisation doublant et complétant, région par région, les organes légaux du Parti. C'était aussi un réseau de refuges hors des frontières, un système de communication avec l'Internationale communiste, le Komintern, et un certain nombre de « partis frères », réseau pour l'installation duquel furent réactivées des filières dont l'aide à l'Espagne républicaine contre le franquisme, seulement quelques années, sinon quelques mois plus tôt, avait nécessité l'expansion. Pour le bon fonctionnement de cet appareil clandestin, avoir de bonnes « planques », des cachettes sûres était essentiel. Un soin particulier fut apporté à leur choix. Aussi bien, si nombre de ces « planques » furent découvertes, la majorité échappa aux recherches policières et des résistants purent s'y abriter pendant toutes les années noires.

Mourre, Tréand, Dallidet... Des noms d'autant plus oubliés aujourd'hui qu'hier les occultait la clandestinité... Qui étaient-ils ? Qui était René Mourier dit « Mourre » ? Qui était Maurice Tréand, dit « le gros Maurice » ou « Le gros » parce que « le grand Maurice », c'était Thorez ? Qui était Arthur Dallidet, dit « Emile » à l'époque, celui qui, sans parler, mourut en martyr ?

Ancien membre du secrétariat de la région parisienne du PCF avec Pierre Sémard et Maurice Lampe, René Mourre fut ensuite un secrétaire administratif investi de responsabilités politiques très étendues et dont tous ceux qui le connurent gardent un fort souvenir. « Il avait, nous dit Jean Chaumeil, la confiance totale des deux principaux dirigeants du Parti, Maurice Thorez et Jacques Duclos. Physiquement, c'était un homme assez grand, mince d'allure, toujours habillé simplement mais avec goût. Son visage reflétait la patience, les soucis d'un travail assez lourd. Son regard était franc et très compréhensif. C'est l'image que j'ai gardée de lui. Je l'appréciais beaucoup et je l'aimais plus particulièrement pour son souci des hommes, de la vie personnelle des militants. » Dans son bilan de la répression contre les communistes pendant la « drôle de guerre », le célèbre avocat Maurice Garçon, déjà cité, rapporte que Mourre fut arrêté en octobre 1940 avec huit autres responsables parisiens qui s'occupaient d'« un centre clandestin d'impression et de diffusion de *l'Humanité* ». Tous « furent traduits devant le tribunal militaire de Paris, le 15 mai 1940, et condamnés à de lourdes peines ». Pour Mourre ce furent cinq ans de prison, cinq mille francs d'amende, cinq ans de privation des droits civiques... Et bientôt la mort. En effet, incarcéré à Bourges puis à Melun, il ne sortit des prisons françaises que pour tomber sous les balles allemandes, le 11 avril 1942... Presque quatre ans plus tard, le 5 février 1946, *l'Humanité* publiait sur trois colonnes un article illustré par une photo de Mourre. Titre : *Par milliers les Parisiens ont conduit au Père-Lachaise René Mourier et Louis Thorez, héros des combats contre l'envahisseur.* Et dans le texte de l'article on pouvait lire que René Mourier, « qui militait sous le nom de Mourre » et avait la responsabilité de « secrétaire des services administratifs du Comité central », avait été chargé des « tâches les plus délicates » et s'était montré un « organisateur infatigable et fraternel ».

Et Maurice Tréand ? Nous connaissons peu, très peu d'hommes pour qui le destin fut aussi dur. Non, il ne fut jamais arrêté, jamais torturé et pourtant le drame qu'il vécut — et dont nous reparlerons plus loin — fut si éprouvant que celui dont la rudesse d'âme et la vigueur de corps étaient célèbres ne s'en remit jamais : le drame de se trouver politiquement et historiquement en porte-à-faux alors même que l'on est sûr d'avoir agi conformément à la fidélité, au courage, à l'« esprit de parti »... Pour tous les militants qui ont joué un rôle actif entre 1930 et 1940, Tréand, c'était donc le « gros Maurice » ou « Legros » tout court. Même si l'on redoutait sa rudesse, on le reconnaissait indispensable. Maurice Thorez appréciait tout particulièrement sa puissance de travail, sa connaissance des hommes, qui en avaient fait notamment au niveau de l'organisation, l'homme clef de l'aide que les communistes français avaient apportée aux antifascistes espagnols. Et son rôle ne fut pas moins important d'août 1939 au printemps de 1940. Dans son second livre de souvenirs, *Les Clandestins* (*1940-1944*), Jean Jérôme, autre homme clef du PCF, intitule un chapitre de quatorze pages *Maurice Tréand, dit « Legros »*. On peut y lire : « Il m'avait convoqué. Je me trouvai devant un homme grand et gros : il mesurait plus d'un mètre quatre-vingt-dix et devait poser au moins cent kilos. Le pseudonyme correspondait exactement au personnage. (...) Son passage à l'école de l'Internationale communiste n'avait pas réussi à faire de Maurice un érudit du “marxisme-léninisme”. (...) C'était d'abord et avant tout un homme d'action et d'énergie, un réaliste. »

Dallidet enfin... « Une ville de logis secrets se creusait dans chaque ville, a écrit Hélène Parmelin. Dallidet veillait lui-même à la sécurité des dirigeants du Parti. Il détenait les clefs de la vie clandestine. » ... Jacques Duclos lui a rendu un hommage énorme et laconique en déclarant que lorsqu'en février 1942 on apprit qu'il était torturé comme rarement être humain l'avait été, ni lui ni son adjoint, le leader syndical Benoît Frachon ne changèrent de planque. « Je savais, dit Duclos, que Dallidet ne parlerait pas... » Et, comme nous faisions remarquer à celui qui fut le dirigeant du Parti communiste français pendant toute la Résistance que, quelle que pût être la confiance qu'il avait en « Emile », il violait, en ne déménageant pas, une règle élémentaire de sécurité, Jacques Duclos nous répondit : « En ne bougeant pas, j'avais la sensation de lui rendre hommage. Si j'avais déménagé, ç'aurait été un acte de méfiance à son égard. Et ça, non, je ne pouvais pas le faire... »

Pourtant, avant d'être fusillé, le 30 mai 1942, au Mont-Valérien, celui dont Hélène Parmelin dit aussi qu'« il aimait le soleil et il aimait la pluie. Il aimait marcher à grands pas sous l'orage ou rouler des heures contre l'averse et contre le vent », celui-là fut abominablement supplicié. Robert Durand a rassemblé un recueil de témoignages de militants des usines Renault où Dallidet avait été chaudronnier. On y lit : « Il fut torturé. Sous les coups, il devint sourd. Ses yeux ne pouvaient plus s'ouvrir tant son visage était tuméfié. Ses solides poignets et ses larges mains d'ouvrier ne purent jamais se libérer des menottes qui les entamaient jusqu'au sang. Ses jambes aussi étaient enchaînées, gonflées, douloureuses. (...) Quand l'aube du 30 mai se leva, à Marie-Claude Vaillant-Couturier qui était dans une cellule voisine de la sienne à la Santé, il put encore dire : "Maintenant, ma grande, c'est fini pour moi. Mais vous, vous autres que j'aime, vous continuez"... »

« La mort au champ d'honneur » par blessure dans le dos

Tel fut celui qui joua un rôle capital dans une lutte clandestine dont l'historienne Germaine Willard a résumé le bilan : « Alors se construisent les premières pierres de cet édifice qui va permettre au Parti de s'exprimer sans interruption jusqu'à la Libération. On trouve des "planques" pour les ronéos et le matériel, des dactylos, des "tireurs", des distributeurs. *L'Humanité*, dont le premier numéro clandestin paraît le 26 octobre 1939, est le pilier de cette presse clandestine. Pendant la "drôle de guerre", une cinquantaine de numéros, tirés au total à près de dix millions d'exemplaires, voient le jour, malgré l'arrestation, en mars 1940, du collectif responsable du journal. Témoignant de la présence du Parti et de l'initiative des militants, sortent tracts, journaux de cellules ; journaux régionaux ou destinés à certaines catégories de la population ; à l'armée même les communistes éditent quelques journaux. (...) Le Parti communiste a (aussi) d'autres moyens que la presse pour garder des liens avec les masses. Il aide au maintien d'organisations démocratiques de jeunes, de femmes, dont le rôle s'accroît du fait de la mobilisation. Il commence la reconstitution clandestine des syndicats, pour pallier la décomposition de la CGT. En janvier 1940, réapparaît clandestinement *La Vie Ouvrière* ; en février, le Parti préconise la création de "Comités d'indépendance et d'union des syndicats" ; quelques Unions départementales (à Paris notamment) sont constituées... ».

Souligner comme nous l'avons fait plus haut la gêne qu'apporta à l'action clandestine du PCF l'appel sous les drapeaux de deux tiers de ses militants parmi les plus actifs revient à dire implicitement que les communistes avaient accepté la mobilisation et que chacun d'eux avait, dès réception de sa feuille de route, rejoint son unité. Il n'y avait d'ailleurs là rien d'étonnant puisque en agissant ainsi, les membres du PCF avaient une attitude conforme à ce qu'avait annoncé leur Parti au lendemain du pacte germano-soviétique. « Si Hitler malgré tout déclenche la guerre, alors qu'il sache bien qu'il trouvera devant lui le peuple de France uni, les communistes au premier rang » avait en effet dit Maurice Thorez, le 25 août 1939.

Au tout premier même... Pour la plupart d'entre eux, l'envoi au front fut la règle et, dès que la guerre fut vraiment la guerre, que les balles sifflèrent et que des hommes tombèrent, il n'y eut pas de poste trop dangereux pour ceux que leurs dossiers « PR » (c'est-à-dire : présumé révolutionnaire) et les rapports de la Sécurité militaire soulignés au crayon rouge suivaient comme leur ombre. Il faut dire que si la campagne anticommuniste déclenchée par le gouvernement d'Edouard Daladier avait trouvé quelque part un écho particulier et une approbation chaleureuse, c'était bien dans ce que l'on doit appeler la caste militaire, parmi ceux des officiers d'active, des officiers supérieurs et des officiers généraux qui, depuis le temps du « cordon sanitaire » contre l'URSS jusqu'à la « Cagoule militaire » du « réseau Corvignolles », depuis la guerre du Rif jusqu'au Front populaire en passant par l'époque où le PCF avait une orientation nettement antimilitariste, considéraient les communistes, les « bolcheviks » « les Rouges » comme l'ennemi naturel. Paul-Marie de La Gorce a analysé ce qu'il appelle « dans le corps des officiers un anticommunisme spécifique, sans rapport avec la vieille aversion pour les socialistes d'avant 1914 » et montré de quelle façon « les communistes apparaissent, aux yeux des cadres de l'armée, comme "les ennemis de l'intérieur"... ».

Evidemment, lorsque des gradés dont les sentiments « antirouges » frisent ainsi le fanatisme voient arriver dans leur unité, sous leurs ordres, des militants communistes connus, forte est souvent pour eux la tentation de... De quoi ? Vaste est la gamme des violences possibles : d'abord, l'éventail légal qui va de la persécution par stricte application quotidienne du règlement jusqu'à la comparution devant le tribunal militaire sous une inculpation fabriquée de toutes pièces ; ensuite, tout simplement, « l'accident » ou « la mort au champ d'honneur » par blessure dans le dos.

Effectivement, un certain nombre de communistes vont être exposés à ces sortes d'avanies. Dans des proportions, toutefois, beaucoup plus limitées qu'on aurait pu le penser. Pourquoi ? Parce que, depuis le début des années 1930, et surtout le Front Populaire, le PCF a renoncé à l'antimilitarisme. Le communiste qui endosse l'uniforme applique donc la discipline du Parti... Et tant qu'à « faire son devoir », il le fera bien. Il ne va pas « sous les drapeaux » pour « lever la crosse en l'air ». Au contraire... Ainsi, même surveillé et épié sans cesse, même espionné ou provoqué, est-il difficile à « coincer ». D'autant plus que le nombre des militants mobilisés et les nécessités de fonctionnement de la machine militaire rendent impossibles l'isolement systématique ou le versement dans des unités spéciales et que, dans les unités normales, la plupart des autres soldats et de nombreux gradés, réservistes eux aussi, menant quotidiennement la même vie, rendent, par leur seule présence, toute provocation très délicate.

Sous le gouvernement Daladier comme sous le gouvernement Reynaud, le nombre des poursuites judiciaires engagées « aux armées » contre des membres des organisations officiellement dissoutes sera donc infime par rapport à l'ensemble de la répression menée en vertu des décrets-lois. En revanche, des menaces furent fréquemment et ouvertement formulées et des ordres donnés dont on espérait bien que l'exécution stricte provoquerait la mort de ceux qui devaient les appliquer. Chaudronnier à la SNCASO-Blériot de Suresnes et actif militant de la section de Courbevoie, Fosco Focardi, plus tard l'un des chefs du « groupe Valmy », premier bras armé du PCF clandestin, a, comme des centaines d'autres communistes, des souvenirs précis. « Le lieutenant, nous raconte-t-il, m'avait prévenu de me tenir tranquille parce qu'il pourrait y avoir des balles perdues... »

Le poète et le baron

Quant aux ordres donnés dans l'évident dessein de coincer ceux qui les recevaient entre le refus d'obéissance aux possibles conséquences judiciaires et la marche à une mort certaine, les exemples n'en manquent pas non plus. Si les protagonistes de celui que nous allons maintenant citer peuvent paraître exceptionnels, le fait, lui, ne l'est pas... Après l'interdiction du journal *Ce soir* dont il était directeur, le poète Aragon avait répondu à son ordre de mobilisation. Avec le grade de lieutenant et la fonction de médecin auxiliaire, il se trouvait, au printemps de 1940, affecté à la 3e division légère mécanique. A la même époque, le baron Guy de Rothschild commandait comme capitaine l'un des deux groupements du 3e bataillon du 11e régiment de Dragons portés de cette même division. Le 26 mai 1940, au sud de Carvin, dans le Pas-de-Calais, ce 3e bataillon reçut l'ordre de contre-attaquer pour réoccuper un quartier ouvrier, la cité Saint-Jean, dont les troupes allemandes s'étaient emparées après avoir franchi un canal. La contre-attaque ayant été un échec faute de l'appui d'artillerie nécessaire, le bataillon dut se replier en laissant des blessés et des morts sur le terrain. « Après cet insuccès, le soir, nous raconte le baron Guy, nous étions cantonnés à la lisière de Carvin. C'est alors qu'un orage extraordinaire a éclaté. Dans un paysage dantesque, on voyait des meules de foin ou de paille qui prenaient feu soit du fait du bombardement, soit parce qu'on les avait incendiées. Les Allemands commençaient à s'infiltrer pour attaquer le lendemain matin. C'est à ce moment-là que je vis arriver Aragon, médecin auxiliaire de la division. Il me dit qu'il avait reçu comme mission d'aller récupérer des blessés laissés sur le terrain et de les ramener au centre hospitalier. Ceci consistait à aller tout droit sous le feu de l'ennemi, totalement exposé, sans aucune défense, sans aucun abri, pour récupérer des gens qui d'ailleurs étaient irrécupérables et qui étaient vraisemblablement déjà prisonniers. Je lui ai expliqué qu'il ne pouvait pas le faire. Il m'a dit qu'il avait reçu instruction de le faire. J'ai été obligé de lui donner l'ordre militaire de ne pas aller à une mort certaine d'ailleurs sans bénéfice pour quiconque. Naturellement, il s'est incliné devant cet ordre, mais il a fallu que j'insiste de façon catégorique pour qu'il se sente couvert et qu'il renonce à la mission qu'on lui avait confiée et que, très bravement d'ailleurs, il aurait exécutée si on ne l'en avait pas empêché. »

Plus tard, dans ses mémoires, le baron reproduira la dédicace que le poète lui a faite sur un exemplaire de *La Diane française* : « A Guy de Rothschild, à qui je dois la vie... Aragon »... Il faut dire que l'attitude du capitaine de Rothschild, même s'il n'envisage pas que l'ordre donné à Aragon ait pu être criminel, est symptomatique. Du simple soldat à l'officier supérieur, des Français mobilisés aux origines et aux opinions les plus diverses qui, dans la vie civile, ne se seraient sans doute pas sentis concernés mais qui ne partageaient pas pour autant le fanatisme d'une partie de l'Etat-major, furent choqués par une répression dont on faisait d'eux les témoins directs quand on n'essayait pas de les y faire indirectement participer. D'autant plus choqués que, dans sa version militaire, la répression prit un tour souvent caricatural lorsqu'on en arriva au point où « tous les officiers plus ou moins socialistes ou radicaux étaient coupables ». Rappelant cette caricature, le haut fonctionnaire de police Ange Antonini ajoute, dans *Le Temps des policiers*, un livre publié sous le nom de Jacques Lantier, que l'Etat-major ordonnait alors la surveillance des « radicaux-socialistes et autres subversifs » *(sic)*...

Toujours est-il qu'au moment où, dans la vie civile, les communistes ont si souvent le sentiment de se heurter à l'hostilité de l'opinion publique, il n'est pas rare que ceux qui ont été mobilisés sentent se développer autour d'eux un véritable courant de sympathie. Il n'est d'ailleurs pas rare non plus que, lorsque des poursuites engagées par la justice civile viennent, en quelque sorte, rattraper dans l'armée le militant devenu soldat, cette sympathie se manifeste encore plus ouvertement.

« En septembre 1939, nous raconte Marcel Lebas, j'ai été mobilisé à une compagnie-radio du 18e Génie, rattachée à l'état-major de la 4e Armée. Nous étions cantonnés à Château-Salins en Meurthe-et-Moselle. Plus tard, je devais être inculpé d'atteinte à la sûreté extérieure de l'Etat à la suite de la dissolution de la Coopérative de TSF survenue en janvier 1940 en vertu du décret-loi du 26 septembre 1939. Dans le cadre de l'information qui allait aboutir à l'inculpation, des policiers vinrent, sur commission rogatoire, m'interroger à mon corps en novembre 1939. Ils m'interrogèrent de cinq heures du matin à plus de huit heures du soir. Ils me questionnèrent sur mes activités de militant en général mais plus spécialement sur celles de dirigeant de la Coopérative et sur l'aide technique que nous avions pu apporter à l'Espagne républicaine. Pendant l'interrogatoire, mon paquetage fut perquisitionné et l'on s'efforça de faire courir dans le régiment le bruit que j'étais un espion. Mais cela surprit les soldats qui me connaissaient et avec lesquels j'étais en très bons termes. Le soir, lorsqu'on me relâcha, mes camarades de chambrée m'accueillirent très favorablement en me posant beaucoup de questions sur les raisons de l'interrogatoire auquel j'avais été soumis. Je leur expliquai clairement que j'étais un militant communiste et que c'était pour cela que j'étais inquiété. Ces hommes qui, pour la plupart, étaient manipulants aux PTT ou techniciens-radio me manifestèrent une grande sympathie. Et, dans notre unité, tous les officiers me respectèrent. »

Ceux qu'on laisse patauger dans l'ennui

Ce contraste entre la situation des communistes, selon qu'ils sont sous l'uniforme ou qu'ils sont restés civils, n'est pas l'effet du hasard. On peut même le trouver assez significatif... Pourquoi ? De septembre 1939 à mai 1940, pour la grande majorité des Français, la réalité de cette guerre que l'on dit « drôle » même si elle leur impose de cruelles séparations, si elle grignote leur liberté et si elle leur amène quelques restrictions et quelques embarras, ne fait pas irruption dans leur vie de tous les jours, dans leur existence qui — sans pléonasme — continue d'être « quotidienne ». Cela est vrai pour les civils, les non-mobilisés, pour « ceux de l'arrière » comme on dit en continuant d'employer une expression qui date de 1914-1918. Mais, bien que le sang ne coule guère sur un front qui reste pour le moment une frontière fortifiée, ceux à qui on a fait revêtir l'uniforme et qu'on laisse patauger dans l'ennui, ceux qui s'interrogent sur les raisons pour lesquelles on les maintient dans un état qui n'est déjà plus la paix et pas encore tout à fait la guerre, ceux-là — même si nombre d'entre eux se réfugient dans le « je-m'en-foutisme » ou le « système D » — ne se laissent plus « avoir » par les arguments anciens et les refrains vieillis de la propagande gouvernementale. Ils discutent trop eux-mêmes et en eux-mêmes pour ne pas être sensibles à ce goût de la discussion que manifestent les communistes qui partagent leur sort et qui, pour eux, sont beaucoup moins des « propagandistes révolutionnaires » que, tout simplement, des copains de chambrée ou de cantonnement. Il est rare qu'ils déchirent ou jettent sans les lire des tracts dont le texte, même s'ils ne l'approuvent pas, les concerne. Quand, avec l'irruption grondante des Panzer, avec le fracas mitraillant des Stukas en piqué, avec la débandade tragique et débraillée, la catastrophe fondra sur eux, beaucoup, alors, se souviendront de ce que leur disaient ces communistes parfois irritants avec leur manie de toujours vouloir convaincre mais qui, tout compte fait, n'avaient peut-être pas si tort... Il ne faut pas, donc, oublier cette présence du PCF dans l'armée de la « drôle de guerre » ni lorsqu'on s'interroge sur les raisons pour lesquelles le Parti a « tenu » dans une crise aussi grave ni lorsqu'on cherche les causes de la nouvelle croissance qu'il connaîtra bientôt à la faveur de la Résistance.

Comme tous ceux dont il est le leader, Maurice Thorez a déféré à sa feuille de mobilisation et se retrouve bientôt sous l'uniforme. Pourtant, il n'y restera pas longtemps : tout juste un mois... Pourquoi ?

Thorez a succinctement répondu dans son autobiographie, *Fils du peuple* : « Le 3 septembre 1939, j'avais été mobilisé au 3e Génie, à Arras. Mon ancienne profession de marinier me valut d'être versé dans une compagnie de navigation cantonnée à Chauny, sur les bords du canal de Saint-Quentin. (...) Le 26 septembre 1939, le gouvernement avait décrété, illégalement, l'interdiction du Parti communiste. Il mettait hors la loi nos militants, nos organisations. Dès lors, par une exception qui confirmait la règle que j'avais moi-même appliquée : "Les communistes vont à l'armée en cas de mobilisation", la direction du Parti prit la décision juste de me faire passer à l'activité clandestine. (...) Le Parti avait le devoir d'assurer la sécurité et la continuité de sa direction et de veiller à l'existence même de ses dirigeants. Le 4 octobre, je quittai Chauny, pour reprendre ma place de combat, à la tête des militants communistes traqués et persécutés. »

En ce même début d'octobre, le professeur Marcel Prenant exerçait les fonctions d'officier de 2e bureau à l'état-major de sa division. « Une belle nuit, nous raconte-t-il, j'étais en train de dormir. Un planton vint me réveiller de la part de l'officier de service. C'était urgent, me dit-il. (...) L'officier de service était avec le commandant de gendarmerie. Il me tend une dépêche qu'il venait de recevoir : "Prendre toutes mesures utiles pour arrêter le déserteur Maurice Thorez". Je relis la dépêche et je me dis : qu'est-ce que je vais faire ?... En effet, mes pouvoirs, je ne pouvais les exercer que par l'intermédiaire du commandant de gendarmerie. Je réfléchis rapidement et je dis à ce commandant : "Vous savez ce que vous avez à faire... Eh bien appliquez les plans de barrage..." En disant cela, je pensais : pourvu qu'il ne vienne pas tomber dans nos barrages... On a donc appliqué les plans de barrage. Et voici que ces plans ont donné un résultat inattendu : on a arrêté une quantité de gens. Heureusement, Maurice Thorez ne figurait pas parmi eux. Mais jamais je n'aurais cru qu'en quelques nuits on coincerait autant de types en situation irrégulière. » Il va sans dire que les militants communistes qui avaient été chargés d'organiser le départ de leur secrétaire général — et tout spécialement Martha Desrumeaux et Alphonse Pélayo — avaient prévu un itinéraire qui ne risquait pas de passer par les barrages de gendarmerie. Mais un itinéraire pour aller où ?

Répondre à cette question d'apparence topographique mais de nature plutôt politique nécessite un rapide retour en arrière... Comme l'indiquent les quatre lettres qui font alors partie intégrante de son nom, le Parti communiste français (SFIC) reste, à l'époque qui nous occupe, la « section française de l'Internationale communiste », du Komintern... Or, en cette fin des années 1930, la montée du fascisme et la vague de répression anticommuniste rendent toute son actualité au passage des statuts de la Ire Internationale (fondée à Londres en 1864) que l'IC, donc la IIIe, a tenu à faire figurer en préambule des siens et qui affirme « que tous les efforts faits jusqu'ici ont échoué faute de solidarité entre les ouvriers des diverses professions dans chaque pays et d'une union fraternelle entre les travailleurs des diverses contrées ». Depuis que monte la « marée brune » du fascisme, cette « union fraternelle entre les travailleurs des diverses contrées » joue un rôle pratique de plus en plus grand. Pour le PCF, cet internationalisme actif est devenu comme un réflexe. Les militants que les ministres de la « drôle de guerre » contraignent à la clandestinité sont des hommes qui, non seulement ont encore « l'Espagne au cœur », mais qui sont, ou se sentent, « kominterniens » ; des hommes qui, même s'ils n'y ont pas personnellement participé, savent comment a été imprimé en France l'organe clandestin des communistes allemands, la *Rote Fahne* ; des hommes qui n'ignorent pas que l'« union fraternelle » peut aussi prendre la forme de missions telles que celle remplie par Jules Dumont lors de la guerre d'Ethiopie... Et c'est ainsi qu'en 1939-1940 le Parti communiste français, tout en continuant d'aider lui-même les antifascistes espagnols, italiens, allemands, hongrois, bulgares, etc., réfugiés dans notre pays, recevra le concours précieux de membres de « partis frères » belge, chilien, anglais, etc. Belge, parce que la proximité de territoire, la communauté de langue et des relations établies depuis longtemps... Anglais, parce qu'en Grande-Bretagne, notamment, la presse communiste est toujours légale et que peuvent y paraître des textes comme une interview de Maurice Thorez... Chilien, parce que depuis que le Front populaire y est au pouvoir et que le radical Pedro Aguirre Cerda a été élu président de la République, des valises, voitures et passeports diplomatiques chiliens peuvent en cas d'urgence, être d'un grand secours... Un secours d'autant plus efficace qu'au cœur du Komintern l'OMS (*Otdel Medjounarodnoi Sviazi*, donc département des liaisons internationales) est devenu un véritable service secret, très performant.

Et c'est ainsi vers la Belgique que se dirige la voiture où Maurice Thorez a pris place après avoir revêtu des vêtements civils. La Belgique où séjourne déjà depuis quelques semaines le centre de direction le plus important du Parti communiste Français.

A Lille, début septembre 1939, un certain nombre de militants responsables et non mobilisés se sont réunis dans l'appartement d'une de leurs camarades, Paule Nordmann. A cette réunion assiste également le représentant permanent du Komintern en France, Eugène Fried, que tous appellent Clément et avec qui tous ont des liens d'amitié. On discute de diverses mesures à prendre. Deux soucis essentiels : d'une part, pouvoir témoigner, s'exprimer — à cette fin, certains leaders qui sont députés et dont cette offensive au grand jour sera la mission principale, prendront le risque de se faire arrêter ; d'autre part, selon l'expression déjà citée de Maurice Thorez, « assurer la sécurité et la continuité de la direction » et « veiller à l'existence même des dirigeants » — dans cet esprit, un certain nombre de ceux qui occupent les plus hautes responsabilités dans le Parti iront en Belgique où, dans des planques à partir desquelles les liaisons avec la France peuvent être parfaitement assurées, ils seront à l'abri des recherches. La partie « belge » de cette direction bipolarisée sera animée par Maurice Thorez et Jacques Duclos tandis que Benoît Frachon, resté en France, agira en contact permanent et étroit avec le centre établi à Bruxelles... La direction du Parti estime à la même époque qu'une exception doit être faite à la règle de présence des militants communistes aux armées : Maurice Thorez est donc invité à quitter l'uniforme.

Maurice et le pot au lait

En fait, personnellement Thorez n'accepte pas immédiatement la décision. Il en comprend les motifs, mais l'idée de pouvoir être ensuite accusé de « désertion à l'intérieur en temps de guerre », d'être inévitablement condamné pour ce fait par le Tribunal militaire de la 3e Région (six ans de prison le 25 novembre 1939 et déchéance de la nationalité française le 17 février 1940), l'idée de s'exposer à être traité de « déserteur » par ceux-là mêmes dont il estime qu'ils trahissent la France, non, cela il l'admet aussi mal intimement que politiquement. Lorsque, finalement, il consentira après réflexion, ce sera non seulement parce qu'on l'aura informé que des menaces d'arrestation et surtout d'assassinat pèsent sur lui, mais aussi parce qu'il aura appris que la direction de l'Internationale insiste pour qu'il vienne occuper les fonctions qu'elle juge les plus conformes à l'intérêt de l'ensemble du mouvement. Est-ce un euphémisme d'écrire que la direction de l'Internationale *insiste* ? Non pour Jeannette Thorez-Vermeersch, la veuve, qui, dans ses mémoires, *La Vie en rouge*, note seulement que « Maurice réfléchit un peu », mais certainement oui aux yeux de Robrieux et de Courtois. Les deux universitaires nous montrent en effet un Thorez auprès duquel il faudra plusieurs démarches pour qu'il renonce à son refus premier de « la désertion ». Selon Stéphane Courtois, on a « obligé Thorez à déserter ». Et selon

Philippe Robrieux, s'il refusait, c'est parce qu'il savait qu'« en désertant, il se livre corps et âme à Staline ». Aussi bien les autres dirigeants communistes veilleront-ils à ce que, dès la fin du mois d'octobre, soit publiée et distribuée une déclaration où on lit : « Le Parti communiste français tout entier adresse l'expression de sa solidarité et de son affectueuse confiance à son secrétaire général, Maurice Thorez, que les impérialistes français viennent de condamner à six ans de prison pour avoir rejoint son poste de combattant contre la guerre impérialiste... »

Mais revenons dans la voiture qui roule vers la frontière belge et où Thorez a pris place après avoir quitté Chauny.

Au volant, Alphonse Pélayo, dont, en relatant cet épisode dans ses mémoires déjà cités, Jeannette Thorez-Vermeersch dit qu'il se nommait en réalité Aquilino Miranda Fernandez et qu'il s'était illustré dans l'aide à l'Espagne républicaine contre le franquisme. En septembre 1939, après qu'ait été vendu le garage de l'Haÿ-les-Roses qu'il dirigeait et dont tant de camions étaient partis chargés pour au-delà des Pyrénées, son Parti a demandé à Pélayo d'entrer dans la clandestinité... « On m'a donné, nous raconte-t-il, une chambre, rue de la Croix-Nivert. Tous les jours, il y avait une réunion dans un café de la rue de Lourmel, à côté d'où habitait Mourre. Un jour, on m'a dit d'aller chercher Maurice... A Chauny, j'ai donc pris Maurice qui nous attendait, et en route ! Je l'ai emmené à Carvin, dans le Pas-de-Calais, chez un vieux copain que Maurice connaissait très bien. Je sais que Maurice et Jeannette ont couché là... »

Dirigeante communiste de la région du Nord depuis bien longtemps, Martha Desrumeaux prend le relais. « C'est moi, nous dit-elle, qui me suis occupée du passage avec le camarade Leroy et la camarade Jeanne Tétard. Il fallait que Maurice change de vêtements. J'en ai eu chez Paul Merlan qui, je m'en souviens, lui a notamment donné une culotte de velours. On a fait halte, un certain temps, à La Madeleine, où on avait loué une petite maison dans l'avenue Louis au nom de deux camarades institutrices. C'est à partir de là que la petite Jeanne Leroy a conduit Maurice chez Ernest Dujardin, et Ernest l'a emmené dans une ferme toute proche de la frontière. Ils ont fait comme s'ils allaient chercher du lait. Là, c'est Achille qui a pris le relais... »

Achille, c'est Achille Vande-Voorde. Bien que, depuis 1930, il ait effectué une multitude de passages clandestins, ce vieux militant du Parti communiste belge se souvient fort bien de l'arrivée de Maurice Thorez. « C'était à vingt-cinq mètres de la frontière, nous raconte-t-il. Je le vois encore. Il avait un pot au lait à la main. Il avait déjà passé la douane française. A cet endroit, il y avait peut-être dix mille ouvriers qui passaient chaque matin. Lui, avec ses espadrilles, sa casquette, une grosse écharpe autour du cou, il avait l'air d'un vrai mineur. Et si, en plus, on parlait patois, personne ne faisait attention.

C'est Zoé, la femme de Dujardin, qui me l'a remis. On a passé le pré, on était déjà à Mouscron donc en Belgique... Je me souviens même qu'on a croisé mon marchand de lait qui m'a salué et qui, quand il a vu Thorez avec son pot à la main, a cru qu'il voulait aussi lui acheter du lait. Finalement, on est arrivé chez moi, rue du Progrès. Maurice Thorez était fatigué. Il m'a dit qu'après avoir discuté jusqu'à deux ou trois heures du matin, il avait seulement dormi dans un vieux fauteuil chez le père Alexandre. Alors il s'est étendu sur notre canapé pour se reposer. Il m'a aussi demandé d'aller lui chercher tous les journaux de Paris que je pourrais trouver. J'ai pris mon vélo et je suis allé à la gare de Mouscron. Là j'ai trouvé deux journaux. Alors je suis allé à un autre kiosque. J'en ai pris deux autres. Et ainsi de suite... Je me souviens d'un titre sur ces journaux qui disait que le déserteur Thorez était sur le point d'être arrêté dans le VIIe arrondissement, à Paris. En rentrant, j'ai dit à Maurice qu'il était sur le point d'être arrêté. Hein ? qu'il a fait. Puis il a regardé le titre. Et il a ri en me disant que je faisais de mauvaises plaisanteries... C'est vers sept heures du soir qu'un secrétaire du Parti belge est venu chercher Maurice. Avec une grande voiture. Ils sont partis tout de suite car ils voulaient arriver à Bruxelles avant le coucher du soleil. Comme à l'armée, Maurice avait eu les cheveux coupés très courts, j'ai voulu lui prêter un de mes chapeaux. Mais il était trop petit... »

A Bruxelles, Maurice Thorez rejoint Jacques Duclos, Arthur Ramette, Emile Dutilleul, Maurice Tréand et Clément... Leur séjour a été préparé par la direction du Parti communiste belge, notamment par le secrétaire Xavier Relecom et le responsable aux cadres Joseph Leemans ; leur vie clandestine sera facilitée par les relations nouées lors de la guerre d'Espagne dans différents organismes de solidarité et qui leur assurent notamment des entrées chez des personnalités importantes dont certaines sont proches de l'Internationale socialiste tandis que d'autres fréquentent le Palais royal, etc. Et puis, il y a aussi la chaleur humaine que montrent aux dirigeants français des militants belges qui, mis à la disposition des clandestins par la direction de leur Parti, ne se contentent pas de, comme on disait, « remplir leur tâche »...

Une clandestinité bruxelloise

L'avocat bruxellois Jean Fonteyne fut de ceux-là. « Maurice Thorez a logé ici, chez moi, pendant deux ou trois mois, immédiatement avant son départ pour l'Union soviétique, nous dit-il. Il logeait dans la chambre du haut. J'étais à sa disposition, je le faisais circuler, je le conduisais dans les environs. Il sortait tous les jours et rentrait tous les soirs. Il avait de nombreux contacts. Ici, il préparait son travail. Je me souviens qu'il apportait un soin particulier à la lecture de la presse. Par exemple, il est arrivé souvent que, le matin, lorsque nous partions en voiture, il me fasse arrêter à l'écart, dans un parc, pour avoir le temps de lire toute la presse avant d'aller où il devait se rendre... Je n'ai pas vu Jacques Duclos à ce moment-là. Je savais qu'il était à Bruxelles car des amis l'avaient aperçu à la Porte de Namur. Et puis, je pensais bien que Maurice Thorez le rencontrait. Mais je n'avais pas à m'occuper de ça. »

Des mois durant, Marinette Laurent a sillonné la capitale belge, allant d'un quartier à l'autre, d'un dirigeant français à l'autre pour maintenir les contacts. « Le premier avec qui j'ai travaillé, nous explique-t-elle, c'est Maurice Tréand, en septembre 1939. Puis, j'ai assuré les liaisons d'Arthur Ramette lorsque lui et sa femme habitaient place Van der Kindern, à Uccle. Jacques Duclos, je le voyais, mais je ne savais pas où il habitait. Duclos me donnait souvent des papiers pour Dutilleul et pour Tréand que nous appelions “le gros Maurice”. C'est d'ailleurs lui, Tréand, que je voyais le plus... Bientôt, je suis un peu devenue la “boîte aux lettres” itinérante de Maurice. Je le voyais plusieurs fois par semaine. La plupart des rendez-vous étaient dans des cafés. Il me disait souvent : “Ne parle pas trop fort. Tu as trop l'accent français et je ne voudrais pas qu'on nous repère à cause de cela”... Raymond Guyot est arrivé plus tard. Le dernier. Je l'ai vu pendant deux ou trois mois. »

Giulio Cerreti, connu alors sous le nom de Paul Allard, était également à Bruxelles à cette époque. « Ah ! Pour Maurice, nous dit-il, vivre clandestin en Belgique, ce n'était pas facile... Maurice était habitué à diriger un grand Parti. Il avait besoin de voir les hommes, de pénétrer dans la foule, de parler avec les ouvriers... Et puis, à ce moment-là, il était à la fois très inquiet et plein de véhémence. Il ne se résignait pas d'avoir perdu en Espagne, de perdre maintenant en France, de l'échec du Front populaire, etc. Il ne tenait pas en place. La clandestinité, avec lui, c'était difficile. » Il est évident qu'à cette époque-là Maurice Thorez commence à souffrir de ce qui lui sera encore plus dur, bientôt, des années durant, à Moscou ; il tolère difficilement cette apparente inaction. Sam Russel, le journaliste communiste anglais que nous avons déjà cité, nous raconte : « Je crois que c'est le 24 octobre 1939 que j'avais quitté Paris. En tout cas, j'étais à Bruxelles depuis peu de temps lorsque, à ma deuxième ou à ma troisième rencontre avec Clément, celui-ci, très souriant, m'a demandé si un grand journaliste comme moi voulait avoir une interview de Maurice Thorez... Si ça m'intéressait, on pouvait arranger ça. Je n'avais qu'à préparer des questions et les donner à René Blick. Blick était un camarade qui avait travaillé avec moi à l'*Agence France-Monde*, à Paris. J'ai préparé et donné les questions. Trois jours après, j'ai revu Clément dans la soirée. Il pleuvait. Nous sommes allés à une voiture où nous sommes montés et nous avons voyagé pendant une heure. J'ai eu l'impression que c'était “le gros” qui conduisait, c'est-à-dire Maurice Tréand. Je l'avais connu à Paris et rencontré à Bruxelles avec Clément. Enfin, on a roulé vite... On s'est arrêté dans un village. On est entré dans une maison. Il y avait un petit jardin devant. Une femme nous a proposé et servi du vin. Puis Maurice est arrivé. Il a rappelé l'interview qu'il m'avait donnée le 14 juillet précédent et il a sorti de sa poche des feuillets déjà écrits. Il m'a dit : "Je t'ai préparé quelques réponses. Regarde... Si tu en veux plus, tu n'as qu'à me le dire..." Je suis allé dans un coin de la pièce pour lire rapidement. Puis je lui ai dit que cela me convenait. En tout, je suis resté environ trois quarts d'heure avec Maurice. Clément n'est pas rentré avec moi à Bruxelles. Sitôt arrivé, j'ai fait parvenir l'article au *Daily Worker* par la poste. L'interview est parue le 3 novembre 1939, en première page, avec une grande photo de Maurice... Peu après, des policiers belges sont venus chez moi et ils m'ont demandé si c'était moi qui avait fait l'interview d'une personnalité illégalement présente en Belgique et donc passible de condamnation en m'expliquant que moi-même je tombais alors sous le coup de la loi. Ils faisaient cela parce que le gouvernement français s'était plaint auprès du gouvernement anglais qui lui-même s'était retourné vers le gouvernement belge. Moi, j'ai protesté contre "l'utilisation abusive" que le *Daily Worker* avait fait de mon nom... Enfin, quelque temps après, le Parti anglais a jugé plus prudent que je rentre en Angleterre. » Une première traduction française de cette interview devait paraître dans *l'Humanité* clandestine du 17 novembre 1939. Une seconde fut publiée par les *Cahiers du bolchevisme* de janvier 1940. C'est dans cette interview que Thorez disait notamment : « Avec les camarades, je vais continuer la lutte. L'organiser et l'adapter aux circonstances présentes... »

Même si le nombre des militants français qui ont alors à y séjourner ou à y passer est très restreint — quelques dizaines tout au plus — la Belgique n'est pas seulement un abri pour les dirigeants communistes. C'est aussi, très vite, un centre important d'impression des journaux clandestins. A Bruxelles, sont imprimés de nombreux numéros de *L'Enchaîné* (le journal communiste de la région du Nord), de *l'Humanité*, de *La Vie ouvrière*, des *Cahiers du bolchevisme*, etc. L'utilisation de la Belgique pour l'impression clandestine d'une partie de la presse du PCF continuera d'ailleurs plusieurs mois après le début de l'occupation allemande, alors que tous les dirigeants auront quitté depuis longtemps le sol belge. Au début du printemps, Jacques Duclos rentre à Paris, vite suivi par Emile Dutilleul. Par la suite, Maurice Thorez, Arthur Ramette et Raymond Guyot partiront pour Moscou dont Guyot reviendra un an et demi plus tard, mais, cette fois, en passant par l'Islande et en sautant en parachute dans les circonstances que nous dirons... D'abord rentré à Paris en mai, Maurice Tréand fera quelques allers et retours pour veiller au bon fonctionnement des imprimeries clandestines. Clément, le délégué de l'Internationale, sera donc le seul à rester en Belgique. C'est dans la banlieue de

Bruxelles qu'il mourra sous les balles allemandes, comme nous le verrons plus loin...

Benoît Frachon devenu « l'oncle » ou même plus simplement « tonton », commence, pour sa part dans la région parisienne, une vie de dirigeant clandestin qui va durer cinq ans. Pour lui, les planques les plus sûres sont les plus simples : les appartements d'ouvriers, une HBM de la poterne des Peupliers, le logement d'un vieil outilleur de la rue Popincourt... Durant ce dur automne, son premier souci est de renouer les fils. Pour cette tâche clef, un homme clef auprès de Frachon : Arthur Dallidet. Ne pouvant être mobilisé puisqu'il a été totalement réformé à la suite d'un grave accident de la route à l'époque où il était coureur cycliste, celui dont nous savons qu'on l'appelait « Emile », réussit à innover alors qu'on se demandait s'il allait seulement pouvoir arriver à rétablir. A une situation imprévue : la mobilisation, il répond par le recours à une catégorie de « non-mobilisables » dont la police ne se soucie guère : les militantes de l'UJFF (Union des Jeunes Filles de France).

A Besançon, une marchande de fromages

Mounette Dutilleul, qui n'a pas elle-même plus de trente ans, est devenue la collaboratrice la plus directe de Dallidet. « De ces femmes et de ces filles, nous dit-elle, j'en ai gardé un souvenir lumineux... Elles ont fait les choses les plus extraordinaires avec simplicité... Il y avait la petite Marie Dubois. Son mari était charpentier en fer. Un camarade qui, un peu plus tard, allait être chargé de la toute première organisation de l'OS, l'"organisation spéciale", montée pour défendre, les armes à la main, les distributeurs de tracts et aussi pour effectuer les premiers attentats contre l'ennemi et contre les traîtres. Les Dubois avaient deux jeunes enfants. Quand la guerre est arrivée, Marie n'était pas membre du Parti. C'est pourtant elle qui a demandé à travailler avec nous. Je me souviens qu'on lui a confié toute une partie de notre "trésor de guerre". Un jour, j'avais rendez-vous avec elle sur les Champs-Elysées pour qu'elle me remette de l'argent. Elle venait de l'Etoile par le trottoir de gauche et moi du Rond-Point par le trottoir de droite. Elle est arrivée, l'air dégagé, sa petite cassette à la main. Elle m'a donné la cassette. Au moment où nous nous quittions, elle m'a demandé si je ne pouvais pas lui prêter cinq francs parce qu'elle n'avait pas mangé depuis la veille. Je lui ai dit : "Mais tu sais ce qu'il y avait dans la cassette ?" — "Bien sûr", m'a-t-elle répondu. Car dans la cassette, il y avait plus d'un million. Une fortune à l'époque... Et Rose Blanc. Elle avait tout juste vingt ans. Elle n'en avait pas encore vingt-quatre quand elle est morte, déportée à Auschwitz. Quand a été publié le décret qui prévoyait pour nous la peine de mort, Dallidet s'est demandé si certaines n'allaient pas être paniquées par cette idée de la mort ; il m'a chargée de parler avec quelques-unes, pour les sonder... Je devais notamment voir la petite Rose Blanc. Comme pseudonyme, elle avait choisi "Agnès". Je me souviens que le jour de cette rencontre, il y avait un ciel, un temps extraordinaires. C'était du côté de Daumesnil. Elle était bouclée, coiffée avec des anglaises. Je lui ai dit : "Tu as vu le décret sur la peine de mort ?" — "Hum... Oui", m'a-t-elle répondu. Puis elle s'est tue. Moi, j'ai eu un peu peur. J'ai insisté : "Tu en penses quelque chose ?" — "Oui... Je me demande avec quel bâton ils nous battront après..." A l'époque, on agissait comme ça. On agissait en se disant que l'on verrait clair plus tard mais que pour le moment il fallait faire ce qu'il y avait à faire. Et c'est comme ça que des filles sans histoire ont fait des choses extraordinaires. Elles avaient toutes entre dix-huit et vingt-sept ans... Angèle Salleyrette avec ses codes et ses valises à double fond... Et Francine Fromond... Et Marguerite Montry qui deviendrait plus tard Marguerite Le Maut. »

Marguerite Le Maut se souvient du jour où Claudine Chomat est venue sonner chez elle, à Aubervilliers : « Pendant le mois de septembre 1939, nous dit-elle, j'avais participé à quelques réunions avec des camarades restés à Aubervilliers. Nous n'étions pas très nombreux... On avait quand même fait une réunion à Saint-Denis, au siège de ce qui était alors la "région Paris-Nord"... Et puis, à la fin du mois, voilà qu'un jour Claudine arrive chez moi. Elle me dit simplement : "Tu sais, il va falloir que tu quittes le travail que tu fais actuellement. Tu vas venir travailler avec nous sur le plan national. Dans l'appareil qui est chargé de reconstituer l'organisation du Parti". Et avant de repartir, elle m'a fixé un rendez-vous pour les jours suivants. Près du métro Lamarck-Caulaincourt. A ce rendez-vous, j'ai trouvé Dallidet. Il m'a expliqué ce qu'il attendait de moi. Il allait m'envoyer dans différents coins de France et là, il faudrait essayer, par le canal de l'organisation des Jeunes Filles de France, de rétablir des liaisons avec le Parti, de retrouver des camarades... Pour mon premier voyage, je suis allée à Dijon. Je devais y retrouver Juliette Dubois. Mais Juliette était déjà partie, alors je suis rentrée à Paris. Ensuite, je suis allée à Besançon. Là, j'ai rencontré la jeune fille qu'on m'avait indiquée. J'ai oublié son nom. Je sais seulement qu'elle était marchande de fromages avec ses parents et qu'elle vendait du gruyère en gros sur le carreau du marché. Elle m'a mise en contact avec un de nos camarades qui n'avait pas été mobilisé et qui était à la préfecture du Doubs. Je suis allée le voir. J'ai récupéré de l'argent que j'ai rapporté à Paris. Ensuite, je suis allée à Grenoble, à Vizille, à Valence, à Romans, etc. »

La clandestinité n'est donc pas pour le Parti communiste français une épreuve insurmontable. Il s'y adapte. Mieux, il paraît assez vite s'y mouvoir aisément. Et pourtant, la clandestinité est un danger. Le danger du silence. Les dirigeants en prennent assez vite conscience. Et ils tentent de réagir. Plusieurs témoins de l'époque se souviennent ainsi d'une expression. Celle de Benoît Frachon, selon lequel il fallait à tout prix « faire du bruit ». Ce souci sans cesse réaffirmé amène la direction du PCF à utiliser deux tribunes qui lui paraissent d'une particulière portée : l'édition de *l'Humanité* clandestine et les possibles discours des élus communistes à la Chambre des députés.

Aux yeux de ceux grâce à qui le PCF survivra, dès que le 26 octobre 1939 paraît son premier numéro clandestin, *l'Humanité* est plus qu'un journal. Pour eux, « *l'Huma* » c'est en quelque sorte une incarnation du Parti.

Aussi bien entendent-ils que *l'Humanité* clandestine soit réellement présente partout. Sa diffusion est un des soucis majeurs de Benoît Frachon. Il nous a raconté l'effort particulier fait pour qu'elle soit lue dans l'armée. Là encore, comme la tâche s'avérait délicate, c'est aux « jeunes filles » qu'on fit appel. Benoît Frachon rencontra spécialement à ce sujet Danielle Casanova, celle dont aujourd'hui tant de rues portent le nom... Georgette Cadras s'occupa de mettre en œuvre un plan de diffusion qui, par exemple, prévoyait que des jeunes filles et jeunes femmes aillent dans des magasins où l'on vendait des objets pour les soldats, et plus spécialement des chaussettes, afin d'y glisser subrepticement les quelques minces feuilles de *l'Huma* clandestine qu'ainsi, par la voie d'un colis adressé à un « secteur postal » et « quelque part en France », le vaguemestre serait chargé de distribuer... Plus les mois passent, d'ailleurs, et plus la vague des initiatives et des astuces va croissant. Au Xe Congrès du PCF, fin juin 1945, à Paris, lorsque fut dressé le bilan de l'activité du Parti pendant les sept années qui s'étaient écoulées de décembre 1937 à juin 1945, on a communiqué des chiffres de tirage de *l'Humanité* clandestine. Pour l'année 1939 — n° 1 au n° 16 : 2 400 000 exemplaires. Pour l'année 1940 — du n° 17 au n° 95 : 13 830 000 exemplaires... Il est intéressant de comparer ce dernier chiffre à un autre, celui du nombre d'exemplaires des principaux tracts du Parti communiste pendant l'année 1940 lequel, pour dix-huit tracts, se monte à 990 000. Donc, même en tenant compte des multiples tirages locaux et diffusions de tracts dans un petit périmètre, on peut dire que *l'Humanité* fut aussi, durant toute l'illégalité, le principal tract et le tract permanent du PCF. Souvent, selon l'expression d'Aragon, « un papelard mal ronéotypé » mais toujours une sorte de tract-drapeau.

Tribune, porte-voix, haut-parleur... Comment ne pas penser au Palais-Bourbon, à cette Chambre des députés où toute phrase prononcée au micro derrière l'habituelle carafe d'eau est multipliée, répercutée, perpétuée par le *Journal officiel* ?

« La Chambre est invitée à voter la déchéance... »

« Les députés communistes gardent, au moins en théorie, leur mandat parlementaire tant que leur déchéance n'est pas votée, écrit

Germaine Willard. La tribune de la Chambre reste donc un moyen de faire entendre publiquement la voix du Parti. Aussi les députés vont-ils l'utiliser (...). Après la dissolution du Parti communiste, ils créent un groupe parlementaire sous le nom de "Groupe ouvrier et paysan", ouvert à tous ceux qui acceptent le programme élaboré par Guesde pour le Parti ouvrier français en 1880 (...). Le 30 novembre 1939, s'ouvre la session extraordinaire du Parlement : à l'ordre du jour figurent notamment les problèmes de politique extérieure. Florimond Bonte est chargé d'y venir faire une déclaration. Trompant la surveillance des policiers qui gardent les accès du Palais-Bourbon, il réussit à gagner sa place, défend son droit à la parole au milieu d'une marée d'injures et commence à lire sa déclaration. Questeurs, président, huissiers et députés se coalisent pour l'expulser. Il est arraché de son siège, malgré une résistance acharnée. Pas une de ses paroles ne sera consignée au *Journal officiel*. Et, dans l'enceinte même du Palais-Bourbon, en violation de l'immunité parlementaire, il est arrêté. Le 9 janvier 1940, à l'ouverture de la session ordinaire, quatre communistes, mobilisés et nantis d'une permission régulière, sont encore à leur poste (Raymond Guyot, Charles Michels, André Mercier, Fernand Grenier). Eux aussi sont expulsés au milieu des injures et des coups. » Cette « attitude de ceux qui, malgré les injures, les coups et la prison, s'obstinaient à remplir leur devoir d'élus de la nation (...), ne manqua pas de faire réfléchir nombre de Français, note encore Germaine Willard. Au Sénat, le socialiste Bachelet affirma qu'il conservait son estime au sénateur Marcel Cachin "qui a cru conforme à son honneur politique de rester fidèle à ses théories"... »

La présence sur les bancs de la Chambre des députés de la plupart de ceux que le PCF nomme des « renégats » donne encore plus de relief à l'attitude et à la parole des élus communistes qui refusent de se renier... « Etienne Fajon est à la tribune, écrit Aragon dans *Les Communistes*. Il regarde l'arène, les fauves. La séance a été longue, l'attente pénible. Maintenant, il est là, il peut parler. (...) "La Chambre est invitée à voter la déchéance des élus de l'ex-groupe communiste qui refusent de désavouer, sous les coups de la répression, leur passé, leur idéal et leur Parti arbitrairement dissous". (...) Les groupes qui s'étaient formés sur les côtés se resserrent autour de la tribune, au milieu d'exclamations et de rires provocants, outrés... On voit les doigts de l'orateur s'assurer sur la carafe, il dit quelque chose qu'on entend mal de loin : le premier qui... On a dû entendre de près, le flux recule un peu. (...) "C'est parce que vous savez que le peuple n'approuve pas cette politique que vous dissolvez ses organisations et que vous frappez ses meilleurs défenseurs. Vous pouvez aujourd'hui, Messieurs du gouvernement, nous persécuter, emprisonner certains d'entre nous, les chasser du Parlement. Mais vous ne pourrez pas briser la volonté de paix du peuple de France, sa volonté de conserver ses conquêtes sociales, fruits de ses luttes passées, sa volonté d'aller plus loin dans la voie du progrès social, économique et politique. Cette volonté populaire, elle s'exprimera malgré vos décrets, malgré vos persécutions. Elle sera un jour plus forte que vous. Quant à nous, je le répète en mon nom, au nom de la plupart de nos collègues et amis emprisonnés à la Santé, nous resterons fidèles jusqu'au bout à la cause de la classe ouvrière, à la cause véritable du peuple de France, à la cause du socialisme". Ici, le tonnerre se déchaîne. »

En réponse à ces communistes qu'il juge bien outrecuidants d'oser l'interpeller encore du haut de la tribune de la Chambre, on sait que le gouvernement répond par des décrets-lois. Déchéances, inculpations, arrestations — bientôt condamnations... Et c'est le procès. Le « procès des quarante-quatre ».

Le fait que le procès commence le 20 mars 1940, le jour même où Edouard Daladier, battu à la Chambre des députés, doit aller porter sa démission à Albert Lebrun, transparent président d'une République qui se défait et chef mélancolique d'un Etat qui se délite, est une intéressante coïncidence. Le futur cabinet, celui que formera Paul Reynaud en y mêlant la chèvre et le chou sans se douter qu'il sera finalement le chou, pourra bien continuer d'appliquer les décrets-lois et même les aggraver par les soins du nouveau ministre de la Justice, Albert Sérol, ce procès n'en aura pas moins été, pour les communistes, une arme efficace. Comme le disait Marcel Willard, l'éminent avocat et futur ministre éphémère de la Justice à la Libération, celui qui, durant tout le procès, avait mené l'action des défenseurs, à la célèbre maxime « n'insulte pas qui veut » cette affaire permettait d'ajouter « ne condamne pas qui veut ». Malgré la pluie de condamnations à cinq ans de détention, malgré le tour des prisons de France que l'on fera faire aux députés devenus des détenus enchaînés, malgré la déportation ultérieure en Afrique du Nord, ce procès s'est en effet vite changé en un procès-boomerang. « Nous avons été arrêtés et nous sommes poursuivis parce que nous sommes communistes, parce que nous sommes restés communistes malgré les sollicitations, malgré les menaces, malgré la répression », avait dit François Billoux dans la déclaration finale qu'il prononça au nom de l'ensemble des inculpés. Et il ajoutait : « Ce ne sont ni les poursuites, ni les condamnations, ni les camps de concentration qui empêcheront les communistes de poursuivre. »

Le Parti communiste français pouvait d'autant plus considérer l'affaire des députés comme un succès que l'action avait été décidée et soigneusement organisée par la direction du Parti clandestin. Une page des *Communistes* d'Aragon montre comment Frachon avait lui-même mis au point l'opération : « Benoît Frachon marche sur ses quarante-sept ans. (...) A le voir, on comprend pourquoi, de tous les livres de Romain Rolland, il y en a un, *Colas Breugnon*, qui est, pourrait-on dire, à la mode dans le Parti ou à la CGT. (...) Fils de mineur, métallurgiste depuis l'âge de treize ans, cet enfant de

Chambon-Feugerolles connaît la sensibilité ouvrière comme peu, comme il apprécie les choses sensibles de la vie. Les vins, par exemple. Cela lui ressemble assez qu'aujourd'hui, attendant Fajon, il ait tenu à apporter dans ce domicile provisoire de quoi fêter leur rencontre, une bouteille de Bourgogne : rien qu'à la couleur, la langue en clappe. Et un cadeau pour Etienne. Il va avoir à tenir tête à forte partie. Il faut bien l'encourager. Il peut bien prendre cette pipe que Benoît lui donne. Une pipe choisie par Benoît, ce n'est pas de la plaisanterie. (...) Donc, Etienne et Benoît discutent comment utiliser au mieux la séance du 16 janvier 40. Ils se sont mis d'accord sur le sens de l'exposé que Fajon va faire. Benoît lui a dit : "Tu n'as qu'à préparer les deux premières phrases, ils te couperont la parole..." Etienne pense qu'il leur sera difficile de l'empêcher de parler, à ces Messieurs qui se donnent pour des démocrates, puisqu'il s'agit cette fois de la déchéance des députés communistes. Même pour leur comédie, quelqu'un doit présenter la thèse du Parti. Sans quoi on pourrait toujours dire... "A mon avis, estime Etienne, j'aurai dix minutes de parole... Après ça, bien entendu..." (...) Benoît pense que, si vraiment Etienne peut tenir le coup dix minutes, ce sera énorme. Le retentissement. Dans les usines, les gars... Ça fera jaser... »

Un Parti qui a donc la vie dure... Et voici qu'au moment même où la patrie s'éparpille sur des routes qui semblent avoir été tracées pour que s'y élancent les blindés de Hitler, c'est ce Ganelon bolchevik qui pousse un des derniers cris de guerre, en déclarant que, non, tout n'est pas encore perdu...

« Le 6 juin 1940, écrivent les auteurs de l'ouvrage collectif intitulé *Le Parti communiste français dans la Résistance*, alors que le front de la Somme menaçait de céder, Benoît Frachon, au nom du Comité central du Parti communiste, faisait transmettre, par l'intermédiaire de Georges Politzer, au gouvernement — dont certains membres n'étaient pas acquis au complot de trahison — les propositions du Parti communiste pour la défense de Paris : 1° transformer le caractère de la guerre, en faire une guerre nationale pour l'indépendance et la liberté ; 2° libérer les députés et les militants communistes ainsi que les dizaines de milliers d'ouvriers emprisonnés ou internés ; 3° arrêter immédiatement les agents de l'ennemi qui grouillent dans les Chambres, dans les ministères et jusqu'à l'état-major et leur appliquer un châtiment exemplaire ; 4° ces premières mesures créeraient l'enthousiasme populaire et permettraient une levée en masse qu'il faut décréter sans délai ; 5° il faut armer le peuple et faire de Paris une citadelle inexpugnable. » Et le même ouvrage publié par le PCF ajoute : « En montrant au peuple, sans équivoque, pourquoi il se battait, en ramenant la confiance chez les éléments politiques et militaires désorientés, ces mesures auraient été la base d'un véritable "front national" contre Hitler. (...) L'entreprise de trahison était trop avancée. Les propositions du Parti restèrent sans réponse. Le gouvernement déclara Paris ville ouverte et le vida de sa population, empêchant ainsi le Paris de 1940 de prendre, comme celui de 1792, comme celui de 1870, la tête de la défense nationale. »

Dans ses *Mémoires de guerre*, Charles de Gaulle écrit : « J'avais moi-même, dès mon entrée en fonction, préconisé que la capitale fût défendue et demandé au président du Conseil, ministre de la Défense nationale et de la Guerre, qu'il nommât gouverneur, dans cette intention, un chef résolu. Je proposais le général de Lattre, qui venait de se distinguer à la tête d'une division dans les combats autour de Rethel. Mais, bientôt, le commandant en chef déclarait Paris "ville ouverte" et le Conseil des ministres l'approuvait. Cependant, il fallait à l'improviste organiser l'évacuation d'une masse de choses et d'une foule de gens. Je m'en occupais jusqu'au soir, tandis que partout on emballait des caisses, que bruissaient du haut en bas de l'immeuble les visiteurs du dernier moment et que sonnaient sans arrêt des téléphones désespérés... » A ces téléphones désespérés, personne ne répondait. Dans une France qui s'effondrait, le temps de l'espoir ne paraissait pas plus être venu que celui de la Résistance. Pour la nation abasourdie, malgré les cris de quelques-uns, l'heure était à la défaite... Et, dans Paris « ville ouverte », seuls se réjouissaient ceux dont le fameux slogan disait depuis longtemps le choix : « Plutôt Hitler que... ».

Chapitre deux

LA FRANCE ABASOURDIE

Où, en succédant à la « drôle de guerre », la « Blitzkrieg » transforme les Français en « un peuple de somnambules ».

En ce bel après-midi d'un dimanche de fin d'été, dans les rédactions et les imprimeries des journaux parisiens du soir, chacun surveillait sa montre. La guerre était pour cinq heures. On attendait le « top » et que, par centaines et centaines de milliers d'exemplaires, les éditions spéciales pussent se répandre dans les rues de la capitale. Ce fut *l'Intransigeant* qui employa les plus grasses et les plus grosses lettres : des caractères hauts de quinze centimètres... Quelques heures plus tard, vers vingt heures trente, le président du Conseil, Edouard Daladier, parle à la radio. En confirmant et expliquant l'ouverture des hostilités, il répète, pour l'essentiel, ce qu'il a dit, la veille, à la Chambre des députés, dans un discours où il n'a employé, comme l'a relevé Guy Rossi-Landi, que trois fois le mot *guerre* contre onze fois le mot *paix*... Sur les calendriers, on pouvait lire 3 septembre 1939 et c'est cette date-là que l'histoire va enregistrer comme celle de l'entrée de la France dans la Seconde Guerre mondiale.

C'est pourtant la veille que tout s'est décidé, la veille, samedi 2 septembre, lorsque, devant la Chambre convoquée en session extraordinaire, le gouvernement a obtenu à l'unanimité (communistes compris) le vote de soixante-dix milliards de crédits supplémentaires au titre de la Défense nationale « pour couvrir les frais de la mobilisation ». Ces crédits ont été demandés afin que la France puisse, de concert avec la Grande-Bretagne, secourir la Pologne que Hitler vient d'attaquer la veille. Edouard Daladier a décidé de considérer qu'en les lui accordant les députés unanimes non seulement approuvaient sa politique mais encore déclaraient implicitement la guerre à l'Allemagne et c'est donc sans les consulter à nouveau qu'il se lance dans le conflit. Ce procédé et cette procédure ne manqueront pas plus tard d'être critiqués et nombreux seront ceux qui les diront anticonstitutionnels. Avec le recul, on ne remarque ce détail que dans la mesure où il s'ajoute à toutes les autres anomalies des étranges débuts d'une guerre très singulière.

En effet, même si, au soir de la théorique entrée dans la bataille, peu avant minuit, le ministère de la Guerre publie un communiqué dont la phrase unique mérite d'être citée : « Les opérations ont commencé, avec l'entière participation de toutes les forces terrestres, navales et aériennes », on saura très vite que huit kilomètres de percée, quarante villages pris en dix jours et des soldats sacrifiés sur les champs de mines n'ont été le résultat que d'un simulacre d'offensive. La réalité dément les proclamations belliqueuses. Il faudra quelques semaines pour que le pays s'en étonne et soit troublé, moins d'un mois pour qu'apparaisse une expression qui non seulement restera proverbiale, mais sera, sur-le-champ, presque universellement employée : ce n'est pas la guerre que l'on fait ni qu'on a déclarée, c'est la « drôle de guerre ».

« Funny war » et « phoney war »

Une drôle de guerre, comme on dit un drôle de type. L'accent est mis sur l'ambiguïté de ce mot *drôle* exprimant à la fois le caractère anormal et l'aspect comique d'une situation. Roland Dorgelès a dit avoir inventé l'expression et a revendiqué le « singulier privilège » d'avoir « baptisé une guerre ». Paternité contestée : Jean Galtier-Boissière l'attribue, en effet, à André Billy, tandis que la majorité des auteurs pense, avec Jacques Chastenet, que l'expression est « née en Angleterre » sous la double forme de *funny war* (guerre drôle) et de *phoney war* (guerre factice, guerre bidon). En tout cas, à la même époque, on parle en Allemagne de *Sitzkrieg* (guerre assise) et de *komischer Krieg* (guerre comique)... Enfin, dans les *Lettres d'un jeune lieutenant d'active de cavalerie à son père mobilisé comme lieutenant-colonel*, que François Fonvieille-Alquier publie à la suite de son étude sur cette époque, moins d'un mois passe avant qu'à la date du 2 octobre, le jeune homme écrive : « Drôle de guerre, c'est la formule adoptée dans le régiment. »

La rapidité de naissance de l'expression, la simultanéité de ses apparitions dans au moins trois langues à la fois, la fulgurante fortune qu'elle connaît sous la plume comme dans la bouche de gens issus de toutes les couches de la société — autant de phénomènes que nul ne songe à attribuer au hasard et qui constituent l'un des plus clairs symptômes du mal à la faveur duquel la France va connaître un des plus grands abaissements de son histoire.

Souvenons-nous du slogan « Plutôt Hitler que le Front populaire »... Même si, depuis quelque temps, à Londres et à Paris, on estime que les audaces discourtoises du chancelier du IIIe Reich méritent un coup de semonce, le gouvernement Daladier ne peut déclarer la guerre à l'Allemagne sans s'enferrer dans une contradiction profonde. Né sur les ruines du Front populaire, il est trop lié aux puissances économiques et financières qui mènent la France pour ne pas savoir que la majorité d'entre elles répugne à traiter en ennemi celui auquel, depuis le cauchemar des « 40 heures » et des « congés payés », elles envisagent d'avoir recours pour retrouver leur tranquillité. Parmi les membres de l'oligarchie qui tient véritablement en main le destin du pays, nombreux sont ceux qui considèrent que les accords de Munich n'ont été ni un expédient ni une duperie, mais l'esquisse de la solution qu'ils estimaient la meilleure et dont ils ne consentent pas à enregistrer l'échec. Banquiers, industriels, hommes d'affaires, politiciens, chefs militaires, prélats ou hommes de plume, beaucoup de ceux-là, s'ils n'ont le plus souvent pas conscience d'être des « pro-hitlériens », mènent pourtant une politique éminemment favorable à Hitler. En attendant qu'au printemps prochain les Panzer ouvrent à beaucoup d'entre eux le chemin de Vichy tandis qu'un petit nombre comprendra jusqu'à quel point ils ont fait fausse route, un rêve et un défoulement les occupent... Le rêve, c'est celui d'un Hitler redevenu raisonnable qui, s'étant détendu les nerfs en Pologne, voudrait bien que l'on mît fin à une guerre où le sang n'aurait pas coulé et qu'on dissipât le malentendu ; comme l'écrit Gabriel Chevallier dans *Le Guerrier désœuvré*, « nous n'avons pas mobilisé pour nous battre, mais bien pour n'avoir pas à nous battre ». Le défoulement, c'est la répression anticommuniste car, comme le notera Henri de Kérillis, trois ans plus tard, à New York, dans *Français, voici la vérité !*, « en pleine guerre avec l'Allemagne, l'idée du danger allemand acheva de disparaître et (...) toutes les pensées, toutes les haines, toutes les frénésies se braquèrent sur Moscou ».

D'abord, le mal ne frappa qu'à la tête — « la haute société » comme disait Georges Boris... Toutefois, ayant atteint les centres nerveux, la gangrène ne tarda pas à s'étendre. Par contrecoup, une vaste partie de la société française fut touchée. « La France de 1938, devait noter plus tard Jean Chauvel dans *Commentaire*, était le lieu-dit où vivait un peuple entier de somnambules, poursuivant l'accomplissement de leurs tâches quotidiennes et médiocres, ne faisant ni plus ni moins par une habitude qu'aucune inquiétude ne venait rompre, non plus qu'aucune impatience. L'échec du Front populaire avait laissé derrière lui des traces auxquelles on n'aimait pas penser. » Aussi bien n'est-il pas exagéré de parler d'une démoralisation générale de la nation avant même qu'elle ne soit plongée dans l'état de guerre.

« Une guerre sans champ de bataille »

Dans les cantonnements installés au front et derrière le front « quelque part en France », le désœuvrement et l'ennui sont des signes qui ne trompent pas. « C'est une guerre sans champ de bataille, écrit le Révérend Père Bruckberger. Les trois mousquetaires y périraient d'ennui. » La sorte d'insouciance qu'affectent certains troupiers au kaki débraillé, la caricature de vacances qu'on paraît les avoir forcé à prendre, ne doivent pas faire illusion. « Les soldats jouent à la manille, les sous-officiers à la belote, les officiers au bridge (...), écrit Georges Loustaunau-Lacau dans ses *Mémoires d'un Français rebelle*. Tous les deux jours, de grands camions-bazar venus de Paris circulent dans les cantonnements et le propriétaire d'un de ces monstres m'avoue qu'il gagne cent mille francs à chaque voyage. Le théâtre aux armées, l'orchestre divisionnaire font déjà leur apparition. Je propose (...) de monter un guignol par compagnie où on rossera Hitler chaque soir. » Et plus loin, sous la même plume : « C'est la guerre en dentelles, de plus en plus. (...) Un sous-officier de garde au blockhaus qui bat le grand pont de Kehl, sur le Rhin, voit tout à coup, en plein jour, un groupe d'officiers allemands s'engager sur le pont, s'arrêter au milieu des travées et faire, carte en main, le tour de l'horizon. Horrifié à la pensée d'ouvrir le feu sur "ces touristes", il va à leur rencontre et les invite à se retirer, ce qu'ils font. »

Armée démoralisée, armée paralysée. Comme le soulignera plus tard Henri Michel, « l'armée française, devenue la nation en uniforme, n'a pas le ressort moral ni la foi active ni l'enthousiasme qui conduisent à la victoire ». Et, vite, la désorganisation fut totale. « Les militaires du Front, tout comme les civils, notera William L. Shirer dans *La Chute de la Troisième République*, en arrivèrent à croire qu'il n'y aurait pas besoin de se battre sérieusement dans cette guerre bizarre et les soldats se montraient de moins en moins disposés à exécuter des corvées qu'ils jugeaient, non sans raison, parfaitement inutiles. Nombre de jeunes officiers, civils en uniformes, étaient de leur avis. » S'abattant sur cette pauvre troupe comme des aigles sur des moutons, les avions allemands provoqueront de véritables paniques dont les généraux eux-mêmes reconnaîtront la gravité lorsqu'ils seront entendus par la « commission Charles Serre ». L'ancien sous-chef de l'état-major de la IXe armée, le général Véron en arrivera à déclarer : « Certainement, il s'est produit alors sur le moral de nos troupes des effets de démoralisation dont nous ne nous sommes pas très bien rendu compte à l'état-major de l'armée. (...) Depuis, évidemment, quand nous avons pu mesurer ce que pouvaient être ces bombardements écrasants et massifs, ces mitraillages d'avions, (...) nous avons mieux compris les réactions de nos troupes. » Et même le général Georges, l'ancien commandant en chef du front du nord-est, murmurera : « Il y a eu cet élément de surprise que vous connaissez, les Stukas et leurs bombardements effroyables, qui ont exercé sur le moral des hommes une action déprimante. »

Au printemps de 1940, plus se déploie et progresse l'offensive hitlérienne, plus deviennent fréquentes des scènes comme celles que décrivent les futurs résistants Pierre Guillain de Bénouville et Marie-Madeleine Fourcade. « Nos hommes demeurent introuvables, écrit le premier, dans *Le Sacrifice du matin*. (...) Nous traversons Saint-Dié où des masses de soldats français, exténués, jonchent le sol. Ils se sont endormis d'épuisement. Ils ont jeté leurs armes en tas. (...) Nous retournons ces dormeurs et, quand nous reconnaissons ou qu'il nous semble reconnaître un visage, nous secouons l'homme, le faisons se redresser, l'armons d'un mousqueton pris sur le tas et l'emmenons avec nous. Ainsi, nous reconstituons nos sections. » Et Marie-Madeleine Fourcade, dans *L'Arche de Noé* : « Tout près de nous, une vaste femme, bien calée dans un fauteuil de toile, tend un gobelet d'argent à un troufion fourbu : "Brave homme, restaurez-vous, ce sont des fraises à la crème". L'homme éclate en pleurs : "Voilà quatre jours et quatre nuits que je marche, j'ai perdu mon unité". Un attroupement se forme et regarde le fuyard avec une sorte de commisération réprobative. Cet homme en uniforme, mobilisé pour la défense de la patrie, se permet d'être là comme un quelconque réfugié, il pleure, il mange des fraises à la crème, il a "égaré" son régiment. »

« Les Allemands vont vite... Les Français vont mal. »

Il va sans dire que, de l'autre côté du Rhin, rien de tout cela n'était ignoré. Devant la « commission Charles Serre », André François-Poncet a pu raconter comment, pour les fêtes de Pâques de 1940, lorsqu'il était encore ambassadeur de France à Rome, un diplomate allemand, l'ancien ministre des Affaires étrangères de l'empereur Guillaume II, von Kühlmann, avait ouvertement déclaré : « Nous allons attaquer les Français très prochainement. Ces combats seront brefs. La France ne résistera pas. (...) Elle est incapable d'une forte résistance. » D'ailleurs, comme le révéla plus tard le procès-verbal des entretiens entre le Führer et le Duce, le 18 mars 1940, au col du Brenner, Adolf Hitler avait tenu à venir en personne contempler un pareil spectacle. Il s'était promené le long des avant-postes de la ligne Maginot, près de Forbach, et, après avoir ainsi « observé les positions françaises », il avait conclu que les Français « n'étaient pas très appliqués à asseoir leurs positions ». L'euphémisme était joli. Il tenait compte de l'étonnement du grand état-major allemand, l'OKW, qui, bien qu'informé de la politique menée par les ministres français depuis Munich, ne voulait pas en croire ses yeux. Devant le Tribunal militaire international de Nuremberg, après la guerre, les accusés Wilhelm Keitel et Alfred Jodl, tous deux anciens maréchaux et maîtres de la Wehrmacht après Hitler, firent état de cette incrédulité. « Nous fûmes très surpris, dit ainsi Keitel, le 4 avril 1946, qu'à l'Ouest, à part quelques escarmouches entre la ligne Maginot et le mur de l'Ouest, il ne se fût rien passé... » Et, le 5 juin, Jodl renchérissait : « Le Führer lui-même avait des doutes. Il ne pouvait pas comprendre pourquoi les Français et les Anglais restaient complètement inactifs... ». Mais Hitler et ses généraux finiront quand même par comprendre. Et ils sauront alors apprécier une évidence aussi favorable. Ils sauront parfaitement profiter de l'aubaine.

A ce propos, douze ans plus tard, déposant devant la « commission Charles Serre », Paul Reynaud, le président du Conseil d'alors, a tout dit en trois phrases : « Le 10 mai 1940, à une heure du matin, l'avant-garde de l'armée allemande, composée du corps cuirassé, survolée par ses Stukas et suivie par ses divisions motorisées, s'est élancée à travers la Belgique. Le 13 mai, elle a fait voler en éclats le front français sur la Meuse, puis a donné son coup de faux sur Dunkerque. C'était le commencement de la fin... » En effet. Le 7 juin, les Panzerdivision atteignent Forges-les-Eaux. Le 9, elles sont à Elbeuf, le 10, à Rouen. Ce même jour, elles approchent de Paris qu'elles occuperont le 14 en même temps que Le Havre, Rambouillet et Corbeil. Le 15, ce sont Sens et Verdun qui tombent. Le 16, Etampes et Dijon. Le 17, Chartres, Angers et Le Creusot. Le 18, Orléans, Mâcon et Moulins. Le 19, Tours, Vichy et Lyon. Le 20, Montluçon et Riom. Le 21, Clermont-Ferrand et Saint-Etienne. Le 23, Poitiers et Châteauroux. Le 24, Bordeaux, Aix-les-Bains et Romans... L'armistice a été signé le 22. Le 22 juin 1940.

Comme le dira si pertinemment Nicole Ollier dans *L'Exode* : « Les Allemands vont vite. Les Français vont mal. » C'est l'exode... Sous la violente poussée, la France se vide au nord et s'engorge au sud. Vues d'avion, les routes ne sont plus que d'interminables rubans de fourmis en folie où les restes d'armée disloquée s'enlisent dans la foule piétinante de réfugiés toujours plus nombreux. « Je survole, écrit Antoine de Saint-Exupéry dans *Pilote de guerre*, des routes noires de l'interminable sirop qui n'en finit plus de couler. On évacue, dit-on, les populations. Ce n'est déjà plus vrai. Elles s'évacuent d'elles-mêmes. Il est une contagion démente dans cet exode. Où vont-ils ? Ils ne savent pas ! Ils marchent vers des escales fantômes, car à peine cette caravane aborde-t-elle une oasis, que déjà il n'est plus d'oasis. Chaque oasis craque à son tour, et à son tour se déverse dans la caravane. Et si la caravane aborde un vrai village qui fait semblant de vivre encore, elle en épuise, dès le premier soir, toute la substance. Elle le nettoie comme les vers nettoient un os. L'ennemi progresse plus vite que l'exode. » Absorbées elles aussi par la cohue, les administrations en vrac ont rompu les amarres et perdu tout contact avec un gouvernement qui, selon le mot terrible d'Henri Michel, « à partir du 10 juin, nomadise (...), erre et se disperse de château en château »... Ce désordre indescriptible, dans *Les Cinq Jours de Toul*, Pierre Ordioni en rappelle la folie : « Soudain l'aviation ennemie surgit de derrière l'horizon et, prenant la route en enfilade, vient nous mitrailler en rase-mottes. En deux vagues. Les balles sifflent et claquent et un long hurlement fait suite au vrombissement qui s'éloigne. A nos côtés, un cheval attelé à une charrette de réfugiés, atteint, s'abat dans les brancards. La femme qui le conduisait par la bride, devenue folle de terreur et d'angoisse, se jette sur moi, s'agrippe à mon ceinturon en hurlant : "Ne m'abandonnez pas ! Ils vont tous nous tuer ! Ils vont massacrer mes enfants !" Mes hommes, accourus, me dégagent non sans peine tandis qu'un sous-officier, d'un coup de revolver, achève la bête qui écume et rue. Les enfants juchés sur des matelas crient. La scène est atroce. » Nicole Ollier regarde la capitale en train de changer de visage : « Les banlieusards qui rentrent de Paris chaque soir ressentent une pénible impression qui s'accentue de jour en jour. Les autobus se frayent difficilement un chemin à partir des Six-Routes à la Courneuve. A Saint-Denis, la rue de la République reste souvent bloquée par les chariots ; tout Saint-Ouen ressemble au marché aux Puces. (...) Au début de juin, la caravane enfle toujours. C'est une cohue à la fois disparate et haute en couleur, parfois cocasse, qui avance lentement suivant des itinéraires que l'instinct seul décide : on voit des cortèges passer boulevard Magenta, boulevard Sébastopol, place de la Bastille, sur le pont d'Austerlitz ou le boulevard Saint-Michel, le boulevard Montparnasse, la rue de Rennes. Le flux s'oriente vers les gares ou vers les sorties de Paris. Parfois, voulant gagner du temps, un paysan s'égare. On a vu des carrioles remonter les Champs-Elysées (...) et un troupeau de moutons encombrer le pont de Neuilly. Parce que le rythme du temps est immuable pour les gens de la terre, on trait des vaches au bord du trottoir. (...) Les Parisiens (...) ressentent l'arrivée des chariots sur leur asphalte comme une image effrayante de la guerre, un retour au Moyen Age. »

Les cris de joie des envahisseurs ponctuent l'écoulement de cette lamentable hémorragie. Les guerriers de Hitler sont, soulignera plus tard Henri Koch-Kent « grisés par leurs succès foudroyants ». Le général Heinz Guderian adresse, le 26 mai, une proclamation triomphante à ses hommes : « Seize jours de combats en Belgique et en France sont derrière nous ; six cents kilomètres nous séparent de la frontière du Reich. Les côtes de la Manche et de l'Océan sont atteintes... ». Le 10 juin, Erwin Rommel, le futur maréchal, écrit à sa femme : « Nos succès sont extraordinaires et il me semble inévitable que l'autre côté s'écroule bientôt. »

Ecroulement — c'est bien le mot ; peut-être même est-il un peu faible... Pourtant, si au printemps de 1940 la France s'effondre, ce n'est pas seulement dû à l'irruption brutale et massive des divisions blindées allemandes, au fulgurant succès de la « Blitzkrieg », la guerre éclair, conçue par les stratèges berlinois, non, le mal est pire et ses racines bien plus profondes. « Car, en définitive, rappelle Jacques Néré dans *La Troisième République (1914-1940)*, si l'armée a perdu la bataille, c'est la nation qui a été vaincue et la République qui a succombé. » La « Blitzkrieg » prend l'allure d'un coup de pied spectaculaire dans une termitière déjà totalement minée. La non-résistance, qui entraîne ce que le général de Gaulle appellera dans ses *Mémoires* « la chute de la France roulant du haut de l'histoire jusqu'au plus profond de l'abîme », provoque d'ailleurs une vague de stupeur dans presque toutes les capitales du monde non soumises à l'influence du fascisme. L'historien américain William L. Langer traduit assez bien cette stupéfaction : « L'histoire moderne n'a enregistré que peu d'événements aussi catastrophiques que la défaite et la capitulation de la République française en juin 1940. Depuis la campagne éclair de Napoléon contre la Prusse en 1806, une grande puissance militaire n'avait jamais été frappée aussi brutalement et aussi inexorablement par le destin. En moins de six semaines, l'une des principales puissances du monde disparut de la scène internationale. »

Abasourdie, assommée, asphyxiée, anesthésiée, etc. — tous les adjectifs possibles ont été employés pour qualifier la France de ce temps-là. Tous correspondaient à la réalité mais tous n'ont pas plu aux protagonistes de l'époque. Il est intéressant, à ce propos, de remarquer la façon dont, lors du simulacre de procès organisé par le gouvernement de Vichy devant la Cour de Riom, l'ancien président du Conseil Edouard Daladier se mit un jour en colère. Il était confronté avec le général Keller. Comme le général terminait sa déposition, l'accusé Daladier lança : « Le général Keller a parlé tout à l'heure de l'anesthésie du pays. C'est une expression que je n'admets pas. Je n'ai pas anesthésié le pays ! » Nul n'insista tant il est vrai qu'il eût été facile au « taureau du Vaucluse » de renvoyer la balle, sur un pareil sujet, à ceux qui prétendaient le juger. La question pourtant était importante. Des centaines de milliers, voire des millions de Français la posaient d'ailleurs déjà... Et cela d'autant plus que, tant parmi les « KG », les prisonniers de guerre, emmenés par centaines et centaines de trains et convois vers l'Allemagne, que parmi ceux qui avaient pu échapper *in extremis* à la captivité, on éprouvait assez fréquemment le sentiment d'avoir été, sinon trahi, du moins livré à l'ennemi. La « commission Charles Serre » réunira, à ce propos, une impressionnante quantité de témoignages tous fort précis. Voyons-en rapidement quelques extraits... Lieutenant Bourboulou : « Les ordres étaient de se rendre à la caserne Fantras pour y attendre l'arrivée des troupes allemandes. » Sous-lieutenant Alanic : « J'insiste pour défendre mon poste, coûte que coûte, mais l'ordre est formel. Pour ne pas faire inutilement de victimes, par ordre de l'amiral, il faut déposer les armes et se laisser faire prisonnier à son poste. Nous avons juste le temps de détruire nos armes et nos munitions et sommes faits prisonniers, le 21 juin, vers 14 heures 15. » Sergent-chef Ouvrard : Au « petit jour, sur un ordre du commandant d'armes, nous sommes rentrés à la caserne, nous avons été désarmés et nous sommes restés enfermés avec interdiction de sortir. J'ai donc été fait prisonnier à Fontenay-le-Comte, le 25 juin 1940. » Général Béthouart : « A

Lamballe, le commandant du dépôt avait reçu l'ordre de désarmer les hommes en attendant l'arrivée des Allemands. » Lieutenant Rey : « Les ordres donnés au dépôt de Clisson par le général commandant la IIe Région étaient, en cas d'arrivée des Allemands, de rester sur place et de rendre nos armes sans résistance. » Capitaine Poussard : « Alors que j'étais en convalescence à Cognac, je suis parti avant l'arrivée des Allemands ; mais, à Saintes, (...) j'ai été fait prisonnier par ordre ainsi que six cents officiers et trente mille hommes que l'on avait ramenés des Alpes. Il faudra bien qu'un jour les responsables soient connus et châtiés. »

Dans la France de l'invasion, de l'armistice puis des premiers mois de l'occupation, cette volonté de « châtier les responsables » est à peu près unanimement partagée et surtout proclamée. On retrouve ces trois mots vengeurs sous la plume et dans la bouche non seulement des représentants de toutes les tendances politiques, mais aussi de ceux qui choisissent ou s'apprêtent à choisir la Résistance aussi bien que de ceux qui entendent pratiquer la Collaboration. D'un côté, de multiples tracts et journaux clandestins en témoignent ; de l'autre, la démagogique mise en scène du procès de Riom. Finalement, il n'y aura ni responsables désignés ni châtiments appliqués. Mieux même, la tendance sera à estomper, puis à contester avant de la nier complètement l'existence de tout complot contre le régime républicain.

La maladie militaire

Complot, conspiration — encore faut-il, à travers les mots, s'entendre sur les réalités que l'on évoque... De 1930 à 1940, plutôt clandestinement, puis de 1940 à 1944, plus ouvertement, la France du 6 février, la France du Front populaire, la France voisine immédiate de l'Allemagne hitlérienne et de l'Italie mussolinienne, fut une terre riche en officines, groupuscules et ligues qui, sous diverses apparences, avec des folklores variés et des importances variables, étaient tous — si l'on nous permet l'image — des vaguelettes ou des écumes de la déferlante marée brune du fascisme... Leurs liens idéologiques et subversifs avec aussi bien les partis nazis et fascistes que les services secrets allemands et italiens étaient plus ou moins étroits et plus ou moins solides. Les recherches faites par Max Gallo, notamment dans la série microfilmée (cote T. 586) des Archives nationales de Washington, et dont il a publié les résultats dans son livre *5e Colonne (1930-1940)* ne laissent plus aucun doute sur le fait que nombre de ces organisations étaient en outre stipendiées au sens exact du terme, c'est-à-dire qu'elles recevaient régulièrement des versements des fonds secrets du Führer et du Duce. Avec le noyautage des sections d'anciens combattants de l'UNC, avec le PPF de Jacques Doriot et le RNP de Marcel Déat, avec aussi la Milice de Joseph Darnand, elles ont, sous des formes diverses, atteint parfois à la dimension d'organisations de masse. Avec l'Action française et les disciples de Charles Maurras, elles se sont rattachées à la vivace tradition du royalisme. Avec le terrorisme et le tape-à-l'œil de « la Cagoule » comme avec les infiltrations et les mondanités d'Otto Abetz, du « cercle du Grand Pavois », du Comité France-Allemagne et de leur « 5e colonne », elles ont mêlé la guerre psychologique et la légende, les opérations classiques de services secrets et les idylles idéologiques. Toutefois, même si ces organisations menèrent toujours grand tapage et commirent de nombreux actes ayant pour but de modifier la forme républicaine du régime instauré par la constitution de 1875, ce ne fut pas d'elles que vinrent, pour la IIIe République, les plus grands périls.

Des hommes comme Pierre Laval, Pierre-Etienne Flandin, Paul Baudouin, le général Maxime Weygand, Georges Bonnet, Jean Chiappe et d'autres, appuyés par leurs complices parlementaires, par les hauts fonctionnaires, officiers supérieurs et diplomates dont ils s'étaient faits des obligés, furent, surtout à partir de l'époque de la guerre d'Espagne, des ennemis beaucoup moins folkloriques et beaucoup plus virulents d'une République qu'ils prétendaient servir en nageant dans ses eaux les plus troubles... Si complot il y eut, c'est-à-dire, au sens propre, à certains moments, entre certains hommes, une « résolution concertée en vue d'un attentat politique », à notre sens ce fut moins du côté des franquistes, des maurassiens, des cagoulards, de tous ceux dont l'envie d'« étrangler la gueuse » républicaine était chaque jour proclamée et pratiquement inscrite dans leurs statuts, que parmi ces politiciens, ces chefs militaires, ces hauts fonctionnaires et diplomates dont les attentats feutrés, d'abord dirigés contre le Front populaire puis, pour plus de sûreté, contre la République elle-même, ont littéralement sapé l'édifice d'un Etat que les inventeurs de la « non-intervention » (contre Franco, en Espagne) ne pouvaient évidemment que défendre très mollement.

Il va sans dire qu'on ne saurait trop en pareille matière se méfier de l'amalgame. Rattacher à la notion de complot l'action menée par des hommes tels que les présidents Edouard Daladier et Paul Reynaud, par le général Maurice Gamelin, ou prétendre expliquer par référence à ce même complot la stratégie désuète, l'aveuglement technique du grand état-major français non seulement serait léger mais contribuerait aussi à obscurcir notre vision d'une période déjà saturée de pénombre. Fossoyeurs, comme disait Pertinax en intitulant ainsi le livre qu'il publia, à New York, en 1943, avec comme sous-titre *Défaite militaire de la France ; Armistice* ; *Contre-révolution*. Oui, *Les Fossoyeurs* sans doute ; mais conspirateurs, non...

Tout a été dit sur la façon dont Edouard Daladier avait pris goût au pouvoir comme d'autres au cassoulet ou aux dames un peu fortes. François Fonvieille-Alquier intitule *Daladier, le taureau velléitaire* son portrait de ce sanguin qui faillit devenir sanguinaire. Au lendemain de sa mort, en 1970, Jacques Fauvet écrivait dans *Le Monde* sous le titre significatif de *Défaites* : « S'il est un nom qui, pour toute une génération, s'identifie au mot de "défaite", politique ou nationale, c'est bien celui d'Edouard Daladier. Encore le pluriel conviendrait-il mieux (...) Défaite de l'esprit (...) Défaite de l'honneur (...) Défaite de la France. » Et le politologue Jacques Chapsal rappelle comment ce *radical* avait été surnommé le « roseau peint en fer ». Plus encore toutefois qu'une fièvre de velléité, Daladier avait contracté une maladie qui a souvent atteint des politiciens réputés de gauche : la maladie militaire. « Les hommes du Grand état-major, note Fonvieille-Alquier, prirent l'habitude de voir en Daladier un protecteur et un intercesseur singulièrement efficace, un interlocuteur compréhensif. (...) La confiance s'instaura entre Daladier et le Grand état-major aux yeux duquel il faisait figure de jacobin intransigeant. Mais, en même temps, ses bonnes relations avec l'armée renforcèrent sa position au sein du ministère. » Liens finalement si étroits que, comme le confirme Philippe Bourdrel dans son étude sur la Cagoule, ce fut Daladier qui fit échapper aux poursuites judiciaires le nombre important d'officiers — dont une douzaine de généraux — qui étaient membres très actifs et souvent dirigeants du CSAR et passibles de sanctions pénales pour leurs activités cagoulardes.

On n'ignore pas non plus comment Paul Reynaud succomba aux mêmes séductions militaires. Ce fut lui qui mit Weygand à la tête des armées françaises. Lui qui appela Pétain au gouvernement. Lui qui approuva vigoureusement le projet (fou mais significatif) qu'avait conçu Weygand d'attaquer l'Union soviétique par le Caucase. Lui qui alla chercher Paul Baudouin, le futur ministre de Pétain, dans son bureau de directeur général de la Banque d'Indochine pour le placer au poste clef de « secrétaire du cabinet de Guerre ». Lui qui laissa sa maîtresse la comtesse Hélène de Portes, fervente pétainiste, faire souvent la pluie et le beau temps à la présidence du Conseil. Etc. Cependant, le même homme fut aussi antimunichois. Le même fit entrer au gouvernement un jeune général inconnu qui s'appelait Charles de Gaulle. Le même s'opposa, certes trop tardivement, certes sans grande volonté, mais s'opposa quand même à Weygand et à Pétain lorsque ceux-ci entreprirent d'imposer la capitulation de la France.

Tout a été dit aussi sur Maurice Gamelin, général « bergsonien », général de salon, général « sémillant », général le plus moqué de France et, selon Georges Duby et Jean-Marie d'Hoop, « esprit louvoyant qui fuit les responsabilités et se réfugiera dans l'inaction ». « Paul Reynaud s'exaspérait, rapporte Louise Weiss dans ses *Mémoires d'une Européenne*, contre l'immobilisme, contre la "léthargie" du général Gamelin qu'il traitait de chef sans tripes, d'intellectuel émasculé et sur lequel la comtesse de Portes tirait continuellement à boulets incandescents. » Avec celui que certains ministres nommaient familièrement « Gameluche », le général de Gaulle non plus n'est pas tendre : « Dans sa thébaïde de Vincennes le général Gamelin me fit l'effet d'un savant combinant en laboratoire les réactions de sa stratégie. »

Dans la France de 1939-1940, les règles constitutionnelles et les habitudes politiques confiaient nettement la direction des affaires et la conduite de la guerre à deux hommes : le président du Conseil et le général commandant en chef. Entre la déclaration de guerre de septembre 1939 et l'armistice de juin 1940, deux présidents du Conseil et deux généraux commandants en chef se succédèrent. Nous venons d'en citer trois : Daladier, Reynaud et Gamelin. Reste le quatrième : le général Maxime Weygand...

De Weygand, on ne peut, comme des trois autres, prétendre que tout a été dit. Au contraire, sa réputation a échappé à l'épreuve de la vérité tout comme lui-même échappa à une condamnation en Haute Cour. Et pourtant...

Un cri, un projet, un mensonge, une obsession et un aveu ultérieur permettent d'esquisser un certes partiel, mais vrai portrait de Maxime Weygand.

Le cri, il le lance à la face des politiciens mêmes qui lui ont confié la charge de commander en chef les armées de la République : « Moi, je suis un mâle et le gouvernement est une femelle, voilà ce que je dis ! » Le projet, écoutons ce qu'en rapporte un autre général, Paul Stehlin, dans ses mémoires : « Le général Bergeret (...) me conduit à son bureau et découvre, cachée derrière un rideau, une carte de l'Europe de l'Est et du Moyen Orient, dit Stehlin. Elle porte en grandes lettres la mention “secret”. Je m'appuie contre un meuble et j'écoute : “La Russie est désormais associée à l'Allemagne. Elles feront la guerre ensemble pour se partager l'Europe et chercheront à s'étendre au-delà d'elle. C'est donc en frappant l'Union soviétique que nous priverons l'Allemagne hitlérienne des ressources dont elle a besoin et qu'en même temps nous éloignerons la guerre de nos frontières. Le général Weygand commande en Syrie et au Liban les forces armées qui se porteront en direction générale de Bakou pour tarir la production de pétrole ; de là, elles remonteront vers le nord, à la rencontre des armées parties de Scandinavie et Finlande en marche sur Moscou”. »

Le mensonge du château de Cangé

Le mensonge — c'est Jacques Fauvet, directeur du *Monde* mais aussi historien du PCF, qui en fait le récit : « Paul Reynaud (...) ne conteste pas que le commandement en chef (c'est-à-dire Weygand) est obsédé “par l'idée de la révolution qui vient” ; il le note à l'occasion d'un incident parmi tant d'autres qui jalonnent la débâcle de son gouvernement. Le 13 juin, les Allemands sont à Pantin et à

Aubervilliers ; les ministres, eux, sont à Cangé ; faut-il demander l'armistice ou continuer la guerre au-delà des mers ? Weygand, qui aurait voulu que le gouvernement restât à Paris — l'ordre, toujours l'ordre — ne veut pas en tout cas qu'il quitte la France. La paix, toujours la paix. Le général vient de répliquer au président du Conseil — qu'il combat pied à pied — lorsqu'un officier entre et s'approche de lui. Le général l'écoute et aussitôt "annonce d'un ton dramatique au Conseil que Mauricc Thorez est installé à l'Elysée et que les communications sont coupées avec Paris". On suspend la séance. Ministre de l'Intérieur, Georges Mandel se lève et va dans la pièce voisine téléphoner au préfet de police, Langeron. "Qui a pu vous dire cela ? lui répond le préfet ; comment a-t-on pu vous dire cela ? Les communistes ne bougent pas, personne ne bouge. Thorez n'est pas à Paris et il n'y a à l'Elysée que les gardes républicains que j'y ai placés." Weygand, lui aussi, s'est levé pour appeler le général Dentz qui assume le gouvernement militaire de la capitale. Même démenti. "On vérifie ses informations avant d'en saisir le gouvernement", lui jette Mandel. »

L'obsession ? Le mensonge du château de Cangé vient déjà de nous en donner une idée. Mais cet aspect de la personnalité du général en chef, de celui dont dépend en grande partie la volonté de tenir ou non, la décision de *résistance* ou de *non-résistance*, vaut qu'on y insiste et qu'on précise. Dans ses *Carnets*, Tony Révillon raconte une réunion de sénateurs qui se tint, le 18 juin 1940, à la salle du Capitole, à Bordeaux. Un des parlementaires, Charles Reibel, connu comme un ami de Weygand, fit un discours en faveur de l'armistice. Tony Révillon rapporte certains de ses propos : « Le général Weygand, dit-il, affirme que les Britanniques ne pourront résister à une invasion de leur île par les Allemands. Et même si l'Angleterre pouvait résister, comment pourrions-nous vaincre ? (...) Le général Weygand, poursuit Reibel, estime que l'armistice évitera la formation de petites Républiques révolutionnaires, conséquence obligatoire de la destruction de notre armée. Il faut conserver notre armée pour empêcher la révolution. »

L'aveu, enfin. Weygand le fit au soir de sa si longue vie lorsque, le 6 novembre 1964, il écrivit dans une lettre personnelle au dictateur portugais Antonio de Oliveira Salazar : « Le monde est désaxé. Seul le Portugal va droit son chemin. » Clair éloge du fascisme. Dans les nombreuses dépositions faites par des personnalités politiques, militaires ou diplomatiques devant la « commission Charles Serre », on en trouve d'ailleurs une bonne douzaine qui mettent en évidence le caractère profasciste de l'action menée par le général Maxime Weygand contre les institutions de la IIIe République... Le 14 décembre 1950, l'ancien ministre Landry déclare : « Quels étaient les objectifs de Pétain et de Weygand, d'après moi ? Renverser la République. Et le moyen, c'était de faire subir à la France une grande défaite. » Le 30 mars 1950, Vincent Badie déclare : « Les 9 et 10 juillet 1940, (...) on sentait que l'on avait créé à Vichy, non pas peut-être une atmosphère de terreur, mais une atmosphère propre à impressionner ceux qui allaient être appelés à prendre des responsabilités graves. C'est ainsi que plusieurs de mes collègues me laissaient entendre que le général Weygand préparait un coup d'Etat. » Le 20 janvier 1949, Louis Rollin, ancien ministre des Colonies, déclare : « Tout un clan était évidemment pour l'armistice. Indiscutablement, les militaires, le maréchal Pétain, le général Weygand et l'amiral Darlan avaient partie liée. » Nous pourrions continuer les citations de cette sorte. Le véritable rôle du général Maxime Weygand fut tellement mis en évidence devant la « commission Charles Serre », que, quand il fut lui-même appelé à venir s'y expliquer assez longuement, Serre lui déclara face à face : « Par ces conversations, par ces propos que vous avez tenus auprès des hommes qui étaient vos amis ou des hommes que vous côtoyiez à ce moment-là, vous êtes arrivé à ce résultat : à constituer, à la chute du ministère Reynaud, un nouveau pouvoir politique, le pouvoir politique personnel du maréchal Pétain. (...) Or cette création du pouvoir politique était une chose qui n'était pas constitutionnelle, qui n'était pas conforme à la logique du régime républicain et qui était la substitution du pouvoir personnel et du régime autoritaire au système démocratique. »

L'exposé par Charles Serre de l'activité du général Weygand définit bien ce que nous avons appelé la *non-résistance*. A ce niveau-là, à ce moment-là, en ces jours vertigineux de la fin juin 1940, le rôle joué par Weygand et par les forces politiques et sociales dont il est le mandataire nerveux et obstiné prend valeur de symbole. Tout se passe comme s'il n'avait accepté le commandement des armées françaises que pour leur faire mieux plier le genou devant l'envahisseur hitlérien. La République agonise. L'ordre règne sous les plis du drapeau à croix gammée. Weygand s'apprête à aider Pétain à prendre place sur son dérisoire trône vichyssois. Le gouvernement par lequel Weygand va faire condamner à mort un général « déserteur » nommé Charles de Gaulle...

Au bout d'une Europe que Hitler a presque entièrement conquise, la France gît, abasourdie, inanimée. Dans le silence s'achève le pire des printemps et commence l'été le plus noir.

Lorsque Jean Chauvel parlait, à propos de 1938, de « peuple entier de somnambules », il anticipait. Mais son propos était prémonitoire... En 1940, oui, c'est bien d'un peuple de somnambules que la France est habitée. Qui voudra, qui pourra les réveiller ?

Chapitre trois

L'EXEMPLE VENAIT DE LOIN...

Où l'histoire de France offre aux résistants un grand choix d'ancêtres, dont la plupart valent le détour, mais où, ensuite, perversions et imitations sont attristantes.

C'est un historien allemand, Hans Adolf Jacobsen, qui, analysant le phénomène de la « Résistance européenne » comme facteur important de l'histoire de la Seconde Guerre mondiale, écrit : « Se recommandant de précédents historiques des siècles passés, des groupes de tendances politiques et religieuses les plus diverses, d'abord peu importants puis de plus en plus grands, se créèrent dans les pays occupés et élargirent progressivement leurs cercles d'influence. » La façon dont cet auteur met en avant les « précédents historiques des siècles passés » n'est pas à proprement parler nouvelle mais elle est d'autant plus pertinente que finalement assez rare. En effet, si nul ne conteste qu'en France tout particulièrement la Résistance plongeait dans l'histoire de profondes racines, on ne s'est guère attardé à regarder cette filiation de plus près. Les balles nazies empêchèrent Charles Hainchelin de mener plus avant sa recherche sur *Les Francs-tireurs dans l'histoire de France* dont la publication posthume après la Libération se réduisit à quelques dizaines de pages courageuses et brillantes, mais de tour polémique et souffrant d'avoir été hâtivement écrites dans la clandestinité.

Pourtant, comme elles sont passionnantes cette identité des combats et cette fraternité des combattants à travers les siècles. Quand, le 14 juillet 1943, le général de Gaulle disait : « Il y a quinze cents ans que nous sommes la France et il y a quinze cents ans que la patrie demeure vivante dans ses douleurs et dans ses gloires » ; quand le 15 août 1941, *l'Humanité* clandestine écrivait : « En 1870, les francs-tireurs portèrent des coups très durs aux Prussiens. (...) Ces francs-tireurs surent se montrer courageux, héroïques, et leur exemple doit être suivi » ; quand surtout, dans les montagnes du Centre, les maquisards reprenaient tout naturellement le sentier caché à l'étranger mais où, depuis des dizaines de générations, les révoltés du pays étaient toujours passés — alors, de diverses façons, n'était-ce pas le même retour à une tradition de Résistance dont l'histoire se confond avec celle du peuple français ?

Quand les Volces Arécomiques « dégringolaient » sur les éléphants d'Annibal

Resurgi sous la violence de l'invasion, profondément et vivement ressenti, ce sentiment d'héritage n'était pas pour autant clairement perçu ni facilement exprimable. Peut-être un peu forte, mais typique est la façon dont Jean-Pierre Chabrol l'a littéralement fait palpiter dans sa préface à l'un des livres d'Aimé Vielzeuf sur la Résistance en pays cévenol, *Et la Cévenne s'embrasa...* « Cela tient aussi, croyez-moi, écrit Chabrol, à ce bloc de granit sur lequel nous vivons depuis toujours, et ils furent aussi vifs à se muer d'agneaux en loups, nos aïeux, depuis les VIIIe et VIIe siècles avant notre ère où ils se fortifiaient dans leurs oppida, depuis les Volces Arécomiques dégringolant du Ranc de l'Aigle sur les éléphants d'Annibal, puis sur les chars de Domitius Aenobarbus, puis sur les Wisigoths, puis sur les Sarrasins, puis sur les Flamands, les Normands, Aquitains, Bourguignons et Allemands de la formidable armée du curé de Citeaux, et puis sur les Anglais du Prince Noir, et avec Henri IV, et contre Richelieu ! et sur les officiers recruteurs de la Grande armée, et sur la grande armée du Grand Reich allemand ! »

Si l'on veut y voir un peu plus clair dans ce flot généreux, il convient, sinon de tenter de définir encore, comme nous nous y essayâmes plus haut, du moins de préciser la notion de *résistant* mais, cette fois, à travers l'histoire de France. Comment ? D'abord en se méfiant d'une double tendance contradictoire et en n'assimilant pas à la Résistance toute période où un conflit a pris la forme de la guérilla ou de la guerre subversive ni toute époque où l'adhésion populaire est venue fortifier l'armée régulière, tandis que, pour d'autres moments, on s'interdirait de considérer comme des *résistants* des hommes que la chronique appelle « brigands » ou assimile à des délinquants de droit commun.

Illustrons par un exemple cette nécessité de méfiance. Au XIIe siècle, le roi de France Louis VII le Jeune et le souverain d'Angleterre Henri II Plantagenêt se font une longue guerre. Les barons bretons en 1165 et les seigneurs poitevins l'année suivante prennent le parti du roi de France alors qu'ils sont les vassaux du Plantagenêt. Furieux, le roi d'Angleterre débarque avec une armée pour les châtier. Malgré quelques batailles victorieuses, la répression pour lui n'est pas facile et Marcel Pacaut note, dans *Louis VII et son royaume*, que les chevaliers de Bretagne et du Poitou « allaient poursuivre la guérilla jusqu'en 1169 ». Guérilla, invasion anglaise — et pourtant, non, on ne peut guère ici parler de Résistance car, comme le fait remarquer le colonel Devautour dans l'*Histoire universelle des armées*, les guerres d'alors « ne doivent être considérées que comme des conflits purement féodaux entre deux partis aussi français l'un que l'autre de langue et de culture. Les contingents des Plantagenêts en France sont en effet tout à fait semblables à ceux de leurs adversaires. Ils comprennent presque exclusivement des Normands, Angevins, Poitevins et Manceaux aussi fiers et indisciplinés que les gens du roi de France ».

Une erreur contraire consisterait à refuser le qualificatif de résistant à des combattants qui en furent vraiment, tout simplement parce que la chronique de leur temps, assurée par l'ennemi oppresseur lui-même ou plus souvent par ses collaborateurs indigènes, les désigne et traite comme des bandits de grand chemin. Dans une étude sur *Les Corps francs en Lorraine, 1814-1815*, publiée par l'Académie de Stanislas, à Nancy, G. Richard rappelle que lorsque la Restauration prétendit faire comparaître en justice ceux qui, à la fin du Premier Empire, s'étaient opposés les armes à la main aux envahisseurs étrangers, ce ne fut pas lors de procès politiques, mais en cour d'assises sous les inculpations « d'assassinat, vol et pillage à main armée ». Et l'auteur ajoute : « Ce n'est qu'après 1830 que les condamnés ou leurs descendants obtiennent du gouvernement quelques dédommagements pécuniaires, ceux-ci consacrent en quelque sorte la réhabilitation de ces patriotes qui n'avaient pas voulu désespérer. »

Réhabilitation à la sauvette, mais réhabilitation quand même... Après plus de cinq siècles, la mémoire des résistants de la guerre de Cent Ans n'a même pas eu droit à ce maigre hommage. Rares sont en effet les historiens qui, comme Roger Jouet, analysent et montrent comment l'occupant anglais et ses collaborateurs d'alors employaient les mots *brigand* ou *larron* ou *agresseur de chemin* pour « ravaler les résistants au rang des criminels ordinaires ».

Fort bien. Mais ne noircissons pas le tableau. S'il est vrai que des confusions et des omissions sont possibles, si pareille recherche encore peu poursuivie prête presque inévitablement à controverse, il n'en reste pas moins que ce qui frappe d'abord, c'est la continuité du courant d'héroïsme, la force de cette marée toujours renaissante, la façon dont, face à tous les envahisseurs et quand les armées régulières avaient été défaites ou défaillantes, il y eut des hommes et des femmes pour ne pas désespérer, pour prendre les armes qu'ils trouvaient et pour mener la guerre du peuple.

Contre les Carthaginois, contre les Romains, contre les Germains, contre les Arabes, contre les Anglais, contre les Espagnols, contre les Italiens, contre les mercenaires suisses ou balkaniques, contre les Impériaux, contre les Lansquenets, contre les Uhlans, contre les Cosaques, contre les Prussiens, contre la Wehrmacht et les SS, au fil des siècles, le même sursaut se répète. Consciemment ou non, les Français qui s'organisèrent pour refuser le pouvoir de Hitler suivirent ainsi un exemple qui venait de loin.

C'est volontairement que, parmi les envahisseurs de notre sol, nous venons de citer les Carthaginois et les Romains. Quand, contre eux, « nos ancêtres les Gaulois » firent la guérilla, la nation française était évidemment bien loin d'être formée. Pourtant, ces Gaulois qui tendent des embuscades aux troupes d'Annibal dans les défilés des Alpes, ces Gaulois qui contre l'occupant romain prennent le maquis dans le Massif Central, les sentiers qu'ils parcourent et les gestes qu'ils accomplissent ne sont-ce pas déjà les sentiers et les gestes que, cent fois, parcourront et accompliront, quand la Gaule sera devenue la France, les habitants des maisons construites à l'emplacement de leurs villages ? Pour être souvent tribal, très local et très utilitaire, leur patriotisme n'est-il pas déjà un vrai patriotisme qui les amène ainsi à risquer volontairement la torture et la mort ? Un spécialiste comme le colonel Gabriel Bonnet n'a-t-il pas raison de qualifier Vercingétorix de « premier résistant » ?

C'est en 218 avant notre ère qu'Annibal réussit la prouesse militaire de passer les Alpes avec ses éléphants pour surprendre les légions romaines. Autant qu'avec la neige et la glace, avec la profondeur des précipices et l'aigu des roches, il doit compter avec les montagnards. S'il est à un moment près d'échouer, tout autant qu'à l'hostilité des éléments, il le doit à la guérilla que lui font les Salyens, les Cavares, les Tricastins, les Voconces, les Tricores, les Caturiges, et aussi les Allobroges dont le nom est resté un symbole, aujourd'hui encore, pour tous les résistants dauphinois. Le général Augustin Guillaume a, en 1960, minutieusement décrit ces combats : « Jalouses de leur indépendance (...), les tribus alpines allaient se comporter, à l'approche d'Annibal, comme elles l'ont toujours fait à l'approche d'un envahisseur : ayant mis à l'abri, dans les régions les plus inaccessibles, leurs familles et leurs biens les plus précieux, leurs troupeaux surtout, les guerriers, sommairement armés mais connaissant admirablement le terrain, allaient tendre les embuscades et, surtout, attaquer les convois dans les défilés les plus propices, pour disparaître aussitôt. »

Les « Français reniés »

A près de vingt-deux siècles de distance, les analogies sont frappantes. Mais encore plus remarquable est la façon dont deux cents ans plus tard, l'occupation engendre la Résistance et l'insurrection. Par la seule description qu'il en fait dans son *Histoire de la Gaule*, Camille Jullian souligne l'aspect populaire du mouvement : « Les hommes en discutaient dans les champs de foire et aux jours de fête ; les nobles s'en entretenaient dans des rendez-vous mystérieux qu'ils se donnaient au fond des bois. On parlait aussi de peuple à peuple, et les chefs des cités voisines délibéraient entre eux pour une résolution commune (...). Aussi la marche de l'insurrection fut-elle très rapide et très ordonnée. Après les pourparlers locaux eut lieu l'assemblée générale des conjurés. Elle se tint sans doute chez les Carnutes, au centre de toute la Gaule, et peut-être dans le lieu sacré où les druides célébraient leur mystère. (...) On décida le jour de la prise d'armes. Les Carnutes s'offrirent à donner le signal que tous promirent de suivre aussitôt. Il fallait aussi indiquer le chef qui enverrait les premiers ordres et fixerait les rendez-vous militaires : on choisit le fils de Celtill, l'Arverne Vercingétorix. » Et si les Romains parviennent à éteindre par la terreur les flammes de la révolte, ils ne parviennent pas à empêcher que le feu couve sous la cendre. Vercingétorix vaincu, la Résistance continue...

Comme tous les généraux d'armées d'occupation lorsqu'ils écrivent leurs mémoires, Jules César, dans ses *Commentaires de la guerre des Gaules* où il parle de lui-même à la troisième personne, note à de multiples reprises le danger permanent que la Résistance faisait courir à ses troupes. « De tout l'hiver, écrit-il, César n'eut pour ainsi dire pas un moment de répit : sans cesse il recevait quelque avis sur les projets des Gaulois, sur la révolte qu'ils préparaient. (...) La nature même des lieux où se tenaient les Barbares leur était une protection, et ils ne manquaient pas d'audace pour dresser de petites embuscades et envelopper les isolés. »

De la façon dont « les Barbares » — ainsi que César appelle les Gaulois — menaient leur résistance, bien des façons contemporaines de conduire la Résistance peuvent apparaître comme des réminiscences.

De même, le discours que César attribue au chef gaulois Critognatos pendant le siège d'Alésia est-il un appel à la Résistance dont les échos sont très modernes : « Je ne dirai rien de l'opinion de ceux qui parlent de reddition, mot dont ils voilent le plus honteux esclavage ; j'estime que ceux-là ne doivent pas être considérés comme des citoyens et ne méritent pas de faire partie du conseil ! »

Cette Résistance ne cessera pas ; tant que durera la Gaule, elle durera. De multiples faits en témoignent au cours des premiers siècles de notre ère. En 270, la révolte des Bagaudes secoue ainsi la domination romaine. Réprimée par l'empereur Claude le Gothique, elle reprend sous Dioclétien. L'insurrection est très violente jusqu'à ce que deux de ses principaux chefs, Amandus et Alianus soient massacrés en 286 au confluent de la Seine et de la Marne, à l'endroit où s'élève actuellement la ville de Saint-Maur. A la veille même des invasions germaines, les résistants gaulois se montrent toujours actifs contre l'occupant romain...

Sur les siècles tumultueux qui précèdent l'an mil, ces siècles où, tandis que déferlent les invasions successives, l'Antiquité s'achève et naît le Moyen Age, rares sont les éléments susceptibles de nourrir notre propos. Mais la rareté des documents ne doit pas faire oublier que, notamment dans les régions montagneuses, des cités et des communautés ayant depuis plusieurs siècles acquis une autonomie voire une indépendance dont elles étaient jalouses, résistèrent à proprement parler aux envahisseurs dont elles craignaient qu'ils ne voulussent leur enlever leurs libertés. De cette sorte de Résistance, on trouve trace dans la fameuse *Chanson de Roland*...

Certes, si nombreuses ont été les interprétations de cet illustre texte qu'il convient d'être prudent. Toutefois, on ne peut omettre l'explication avancée par Ramon Menendez Pidal. « Les Basques et leurs voisins, explique-t-il, voulaient avant tout maintenir leur indépendance sans se soumettre au royaume des Asturies ou à celui de Cordoue ni davantage aux Francs. » Aussi bien les Basques refusèrent-ils de collaborer avec cette armée de Charlemagne dont Roland était, sinon le neveu, du moins l'un des généraux. Cependant, comme malgré leur art consommé de la guérilla montagnarde, ils craignaient d'être trop faibles face aux puissantes troupes franques, ils pratiquèrent la tactique du moindre mal et s'allièrent, pour un temps, aux envahisseurs précédents, les Arabes.

Mais, dira-t-on, et Roncevaux considéré comme un symbole de résistance ? Et l'image tant répandue du neveu de Charlemagne patriote avant la lettre ? Et ces vers d'Aragon où le *cor* de Roland rime avec *Vercors* ? Hélas, il semble bien qu'il faille se faire une raison : à Roncevaux, les résistants, c'étaient les Basques... Des Basques qui, d'ailleurs, le 15 août 778, n'avaient donc conclu avec les Sarrasins qu'une alliance très passagère et dont, au contraire, la résistance contre les Arabes dura plusieurs siècles. Aujourd'hui encore, il suffit d'aller au sud-ouest de Gavarnie, au « Houssats de Mengine », au nord de Lourdes, à la « Lande Maurine » ou dans d'autres sites pyrénéens, pour retrouver l'écho de récits séculaires qui racontent comment ces paysages farouches virent nombre de Sarrasins tomber dans des embuscades sanglantes.

Il nous a paru intéressant d'évoquer Vercingétorix et Roland dans la mesure où ils sont incontestablement enracinés dans le subconscient français comme des figures de résistants avant la lettre. Ces rappels ne doivent pas faire oublier que, pour certains, le début d'une étude sérieuse du phénomène de Résistance à travers l'histoire de France serait plutôt la guerre de Cent Ans (1337-1453).

Cet interminable et cruel conflit accélère la prise de conscience nationale en même temps qu'il modifie profondément les rapports des classes sociales entre elles. Dans cette évolution complexe, l'apparition du sentiment et de l'action de Résistance est un élément dont les auteurs les plus divers soulignent l'importance. Historien classique, Edmond Pognon note : « Le peuple résistait partout à l'Anglais. (...) Partout en France, un sentiment national attisé par l'occupation ennemie (...) grandissait. » Professeur d'école d'état-major, le colonel de La Barre de Nanteuil écrit, dans l'*Histoire universelle des armées* : « Le sentiment national a considérablement évolué au cours de ces cent ans. Alors que les seigneurs, seuls ou à peu près, participaient aux opérations, les populations durement éprouvées sont de plus en plus amenées à lutter par elles-mêmes contre l'envahisseur, au cours de véritables guérillas. » Enfin, historiens marxistes, dans leur *Formation de la nation française*, Germaine et Claude Willard précisent : « Les féodaux se montrent incapables d'assurer la sauvegarde du royaume et de faire cesser la guerre. (...) Le peuple, qui supporte tout le poids des désastres de la guerre, oppose une résistance décidée à la domination anglaise. (...) Les paysans mènent parfois une véritable guérilla : réfugiés dans les bois, ils attaquent les garnisons anglaises, harcèlent les détachements ennemis et n'épargnent pas ceux qu'on appelle les "Français reniés". »

Le Grand Ferré

S'il est un homme dont la personnalité et l'action illustrent et résument à merveille ce que furent et firent les résistants de la guerre de Cent Ans, c'est bien le Grand Ferré. « L'épisode du Grand Ferré, note Michel Mollat du Jourdin, n'est pas demeuré seulement un symbole, mais un exemple d'une réalité renouvelée tout au long de la guerre et particulièrement à son terme lorsque, en Normandie, "les gens des champs et des villages s'efforcèrent de chasser les Anglais de leurs provinces". » Le Grand Ferré était, à l'origine, un paysan que d'autres paysans avaient choisi pour les conduire, en Beauvaisis, dans la lutte qu'ils avaient entreprise contre les seigneurs. Après s'être distingué lors de l'attaque par les « Jacques » révoltés de plusieurs châteaux de la région de Compiègne, le Grand Ferré était revenu dans son village proche du monastère de Saint-Corneille. C'était en 1359... Au tome III de son *Histoire de France*, Jules Michelet, l'historien poète, a chaleureusement conté ce qu'il advint alors : « Les habitants, voyant qu'il y avait péril pour eux si les Anglais s'emparaient du monastère, l'occupèrent avec la permission du Régent et de l'abbé et s'y établirent avec des armes et des vivres. D'autres y vinrent des villages voisins, pour être plus en sûreté. Ils jurèrent à leur capitaine de défendre ce poste jusqu'à la mort. Ce capitaine qu'ils s'étaient donné du consentement du Régent était un des leurs, un grand et bel homme qu'on appelait Guillaume-aux-Allouettes. Il avait avec lui pour le servir un autre paysan d'une force de membres incroyable, d'une corpulence et d'une taille énormes, plein de vigueur et d'audace, mais avec cette grandeur du corps, ayant une humble et petite opinion de lui-même. On l'appelait le Grand Ferré. Le capitaine le tenait près de lui (...). Ils s'étaient donc mis là deux cents, tous laboureurs ou autres gens qui gagnaient humblement leur vie par le travail de leurs mains. Les Anglais qui campaient à Creil, n'en tinrent pas compte et dirent bientôt : "Chassons ces paysans, la place est forte et bonne à prendre." On ne s'aperçut pas de leur approche, ils trouvèrent les portes ouvertes et entrèrent hardiment. Ceux du dedans qui étaient aux fenêtres, sont d'abord tout étonnés de voir ces gens armés. Le capitaine est bientôt entouré, blessé mortellement. Alors le Grand Ferré et les autres se disent : "Descendons, vendons bien notre vie ; il n'y a pas de merci à attendre." Ils descendent en effet, sortent par plusieurs portes et se mettent à frapper sur les Anglais comme s'ils battaient leur blé dans l'aire ; les bras s'élevaient, s'abattaient et chaque coup était mortel. Le Grand voyant son maître et capitaine frappé à mort, gémit profondément puis il se porta entre les Anglais et les siens qu'il dominait également des épaules, maniant une lourde hache, frappant et redoublant si bien qu'il fit place nette ; il n'en touchait pas un qu'il ne fendît le casque ou n'abattît les bras. (...) Il avait tué en ce jour plus de 40 hommes... Quant au capitaine, Guillaume-aux-Allouettes, il mourut de ses blessures et ils l'enterrèrent avec bien des larmes car il était bon et sage... Les Anglais furent encore battus une autre fois par le Grand. Mais cette fois hors des murs. (...) Cette fois, le Grand, échauffé par cette besogne, but de l'eau froide en quantité et fut saisi de la fièvre. Il s'en alla à son village, regagna sa cabane et se mit au lit non toutefois sans garder près de lui sa hache de fer qu'un homme ordinaire pouvait à peine lever. Les Anglais, ayant appris qu'il était malade, envoyèrent un jour douze hommes pour le tuer. Sa femme les vit venir et se mit à crier : "Oh ! mon pauvre le Grand, voilà les Anglais, que faire ?" Lui, oubliant à l'instant son mal, il se lève, prend sa hache et sort dans la petite cour : "Ah ! brigands, vous venez donc pour me prendre au lit, vous ne me tenez pas encore." Alors, s'adossant à un mur, il en tue cinq en un moment ; les autres s'enfuient. Le Grand se remit au lit ; mais il avait chaud, il but encore de l'eau froide ; la fièvre le reprit plus fort et au bout de quelques jours, ayant reçu les sacrements de l'Eglise, il sortit du siècle et fut enterré au cimetière de son village. Il fut pleuré de tous ses compagnons, de tout le pays ; car lui vivant, jamais les Anglais n'y seraient venus. »

A la suite de ce portrait, Michelet remarque que c'est de cette époque que date l'expression « un bon Français ». Et il ajoute : « Un tel mot suffirait pour marquer dans l'histoire le vrai commencement de la France. Depuis lors, nous avons une patrie. »

A la même époque, parmi ceux qui mènent le même combat que le Grand Ferré, il y a, bien sûr, Bertrand Du Guesclin...

Du Guesclin et « la guerre de partisans » en forêt de Brocéliande

Dans son livre *Du Guesclin, Richemont et la fin de la guerre de Cent Ans*, Georges G. Toudouze a fort bien dit : « La guerre qui passionne Bertrand », c'est « la guerre de partisans ». Et cet auteur a raconté comment, de 1341 à 1356, pendant quinze ans, Bertrand Du Guesclin a tenu le maquis contre le fils du roi d'Angleterre, le duc de Lancastre... « Haro, écrit-il, haro sur l'envahisseur !... A l'instant où, alourdi de butin, il croit n'avoir plus qu'à se retirer, cet envahisseur voit surgir devant lui les partisans. Et il faut se battre — se battre à mort avec des gens pour qui la guerre (...) n'a point de règles ; avec des gens dont les lourdes haches de bûcherons font éclater les armures comme le coup de crochet du pêcheur fait éclater la carapace d'un crustacé, avec des gens qui, vengeant leurs familles et leurs biens, ne font aucun quartier. (...) Pour assaillir, toute heure lui est bonne : jour, nuit, matin, crépuscule, brume, pluie, soleil, lune, absence de lune ; et tout lieu lui est excellent : le pré, la lande, le champ, la futaie, le hallier, le marais. Il est inattendu et insaisissable, jamais deux fois il ne recommence la même ruse ni le même détour. (...) Saisis à l'improviste en pleine route, (...) les Anglais (...) finissent par éprouver une terreur superstitieuse. »

Ces maquisards avant la lettre, dont parlera plus loin le chef des FTP, Charles Tillon, ces « partisans » avec qui Du Guesclin tient en échec le puissant occupant anglais, qui sont-ils ? « Epopée à la fois paysanne et militaire, remarque Toudouze, dont l'arme essentielle est la hache. (...) Derrière Bertrand, tous les bûcherons d'arbres de la forêt de Brocéliande se sont faits bûcherons d'hommes. » En ces XIVe et XVe siècles, ce n'est pas un hasard si le développement des formes subversives de la guerre coïncide avec une évidente croissance du sentiment national et avec son immédiate et vivante conséquence en terre conquise : l'engagement dans la lutte armée contre l'occupant. Le phénomène est assez général dans toutes les provinces où campe l'envahisseur venu d'Outre-Manche... C'est pourtant en Normandie, où l'Occupation dure depuis le plus long temps et où le pouvoir anglais ne cache pas sa volonté de voir le pays définitivement annexé à sa couronne, que la Résistance sera la plus durable et la plus vive.

C'est de Normandie que viendra pour être chantée dans les rues de Paris, la complainte que, capitaine et poète, Olivier Basselin a composée en 1417, au siège de Vire :

« Entre nous, gens du village,
Qui aimez le roy françois,
Prenez chacun bon courage
Pour combattre les Anglois ! »

Sans doute est-ce la satisfaction d'avoir eu des ancêtres aussi courageusement opiniâtres et aussi modernes dans leurs combats qui a poussé Roger Jouet à extraire, pièce à pièce, avec une chaleureuse minutie, leur vivante épopée du cimetière sans fin où semblent condamnées à disparaître tant d'archives éparses... Lorsqu'il l'a publié à Caen, en 1969, Roger Jouet a tout simplement intitulé son ouvrage *La Résistance à l'occupation anglaise en Basse-Normandie*

(1418-1450). « Des bandes de résistants, écrit-il, se cachent dans les bois, dans les terrains bocagers, contrôlent les routes, s'attaquent aux Anglais isolés. Essentiellement composées de ruraux, elles s'éloignent peu des paroisses où elles recrutent leurs membres et demeurent souvent en contact avec les paysans restés aux villages. (...) Les résistants sont pourchassés sans relâche par les troupes anglaises. Six livres tournois récompensent le soldat qui livre l'un d'entre eux. Jetés en prison, ils sont bientôt sommairement jugés et le plus souvent exécutés. Des centaines, peut-être des milliers périrent ainsi en Normandie au cours de l'occupation. Pourtant, malgré cette politique de répression, les Anglais n'arrivèrent jamais à se débarrasser de leurs ennemis. (...) Si la résistance est presque nulle dans le clos du Cotentin, si elle semble avoir été affaiblie dans le sud-est de la basse Normandie par la proximité de la frontière qui incite les opposants à rejoindre les Français plutôt que de rester dans les territoires occupés, elle se manifeste vivement autour de Caen et de Bayeux, dans les régions d'Avranches, de Vire et de Mortain et autour de Saint-Lô, Coutances et Carentan. Partout des exécutions très nombreuses (...) témoignent à la fois de l'hostilité des habitants aux Anglais, de la permanence de la lutte et de l'ampleur de la répression. »

Citant les documents de l'époque qu'il a inventoriés, Roger Jouet énumère de nombreux exemples de l'action alors menée par les patriotes. « Les résistants, explique-t-il, arrivent au moment où tout s'endort et repartent avant que la défense ait pu s'organiser. Ces sortes de raids devaient être assez fréquents ; en effet, le document dit qu'ayant rencontré en chemin un témoin gênant, les résistants l'emmenèrent “ainsi qu'ils ont coutume de le faire en pareil cas”. (...) Dès 1428, les ecclésiastiques ralliés se sentent menacés par les résistants et l'évêque de Coutances lui-même, Philibert de Montjeu, accompagné d'un de ses chanoines, Enguerant de Camprond et d'un autre homme d'Eglise, n'hésitent pas à aller jusqu'à Paris pour parler au duc de Bedford des problèmes du Cotentin et notamment du problème de “l'expulsion des brigands et ennemis du roi qui s'y trouvent”. En 1419, la région de Carentan semble à Henri V assez peu sûre pour qu'il ordonne aux capitaines de Carentan et du Pont-d'Ouve de maintenir leurs soldats dans les châteaux et de les empêcher d'en sortir “pour éviter tout danger”. (...) Le temps ne ramène pas la sécurité : en 1440, Rouen convoque “les gens des régions” de Carentan et de Saint-Sauveur-le-Vicomte, mais le gouvernement n'ose même plus espérer que ces gens se mettent en route d'eux-mêmes et seuls vers Rouen ; il ordonne donc au bailli de Cotentin de les “conduire ou faire conduire par les gens de guerre”. En 1442, l'abbé de Cherbourg n'ose faire le dénombrement de ses domaines, le pays étant trop incertain... »

Roger Jouet ayant limité son étude à la Basse-Normandie, il ne dit rien de tous les exemples qu'à la même époque offre la haute région.

C'est pourtant là que Pierre de Bigourdais, dit Pierre La Haye, dirige des années durant, un gros maquis dans la forêt de Pont-de-l'Arche. Là qu'à Rouen même, Richard Mittes et un maître-maçon de la cathédrale, Jean Son, dit Salnart, constituent un véritable *réseau* en rapport, dès 1424, avec la cour de Charles VII. Là encore que, le 28 octobre 1435, la prise de Dieppe par Charles des Maretz déclenche une insurrection des campagnes, la libération d'Harfleur et de Fécamp, puis une terrible répression...

Durant ces dures années 1400, en Normandie, nul n'avait évidemment encore songé à dire que le partisan ne peut mener à bien son entreprise que dans la mesure où il se meut dans son peuple « comme un poisson dans l'eau ». Pourtant, si la règle n'est pas encore formulée, elle est déjà appliquée dans la vie quotidienne. Référons-nous encore à l'étude de Roger Jouet : « Autour des résistants, écrit-il, il y a incontestablement un réseau de complicités, (...) beaucoup de “brigands” sont connus de la population, ont des frères, des parents restés au village : un résistant se sert de son frère pour se procurer des chevaux ; un autre confie à une femme du pays tout son modeste avoir pour qu'elle le convertisse en messes s'il lui arrivait malheur. (...) Même auprès du clergé, (...) les “brigands” trouvent souvent aide et appui. »

Pendant des dizaines et des dizaines d'années, cette Résistance a-t-elle préoccupé et menacé les Anglais ? Ecoutons toujours Roger Jouet : « A ces deux questions, il faut répondre par l'affirmative. Que les “brigands” aient préoccupé les Anglais, c'est ce que montre, entre autres, le grand nombre d'impôts exigé pour les poursuivre ; qu'ils aient été redoutés, on peut en juger aux précautions prises par les Anglais (...). La présence des “brigands” oblige les Anglais à maintenir en Normandie des garnisons plus fortes que celles qu'il aurait fallu pour occuper un pays calme. Soldats et primes coûtant cher au Trésor, le pouvoir central va constamment devoir recourir à de nouvelles perceptions dont le nombre indique à la fois l'importance de la résistance et l'inefficacité de la répression. » Une répression pourtant particulièrement dure. Pour l'évaluer, le même auteur se réfère à « la récapitulation de toutes les primes payées par les vicomtes et les baillis pour la capture des “brigands” ». Cela « pour la période qui va de juin 1419 à avril 1420, puis pour les quatre mois qui séparent le 1er mai 1422 du 1er septembre ». Et il en conclut : « D'après le premier compte cent cinquante-deux “brigands” ont été capturés et mis à mort en moins d'un an et tous en basse Normandie, (...) pour l'été de 1422, il n'y a pas moins de quatre-vingt-douze exécutés... »

« Enfouies devant le gibet toutes vives »

Répression dure, répression féroce. Afin d'en donner une idée, précisons que les hommes capturés par l'occupant sont décapités à la hache puis que leur corps supplicié est pendu au gibet. Quant aux femmes qui ont aidé les maquisards en leur portant à « boire et manger » ou en les « recélant », elles sont « enfouies devant le gibet toutes vives », c'est-à-dire enterrées vivantes...

Mais, sans doute, peut-on s'étonner de ne pas avoir encore rencontré dans cette évocation de ce que furent les résistants de la guerre de Cent Ans un nom que l'on attendait, celui de « Jeanne la bonne Lorraine qu'Anglais brûlèrent à Rouen », de « la fille de Lorraine à nulle autre pareille », de « Jeanne (qui) vint à Vaucouleurs », de celle qu'avec François Villon, avec Charles Péguy, avec Aragon, tant de poètes français ont chanté et en qui la nation tout entière voit précisément le symbole même de la résistance à l'occupant étranger. Oui, pourquoi n'avoir même pas encore cité le nom de Jeanne d'Arc ? Tout simplement parce que si, dans sa psychologie, dans sa détermination, dans son courage personnel, Jeanne fut évidemment animée par un remarquable esprit de résistance, le rôle qu'elle joua historiquement fut de ranimer un roi défaillant, de régénérer des troupes faiblissantes, de conduire avec héroïsme l'armée régulière à la victoire, mais pas de *résister*. Jeanne fut une héroïque guerrière logiquement devenue héroïne nationale, un grand capitaine qui gagna le titre de « sainte » mais elle ne fut pas un chef de partisans, elle ne mena pas une action de franc-tireur. Son personnage et son rôle historique concernent la Résistance, mais elle-même n'y participe point.

Pour illustrer la distinction que nous venons de faire, il est utile qu'intervienne ici une autre Jeanne... Même prénom, même âge, même courage, bien qu'elle soit infiniment moins célèbre que Jeanne d'Arc, on songe souvent à l'une en pensant à l'autre. Pourtant, ce voisinage dans la mémoire et cette parenté d'auréole ne font que souligner la différence. Comme le dit Claude Chambard dans son *Histoire mondiale des maquis*, « si Jeanne d'Arc était un chef de guerre, Jeanne Hachette, par contre, est le type même du soldat sans uniforme et sans vocation militaire particulière ». Certes, elle n'a aucune connaissance particulière de l'art de la guerre, elle ne possède ni armure ni épée, la jeune Jeanne née Fourquet et adoptée ensuite par la famille Laisné. Elle n'a pas encore dix-huit ans et nul ne la remarque dans la foule des habitants de Beauvais qui, en ce début de l'été 1472, viennent voir 80 000 hommes du duc de Bourgogne, Charles le Téméraire, mettre le siège autour de leur ville. Ce sera pourtant cette adolescente qui, à quelque temps de là, le 27 juin, tenant en main la hachette qui lui vaudra son glorieux surnom, dirigera...

Mais écoutons plutôt l'hymne que, le 6 juillet 1851, on chantait à

Beauvais lors de l'érection de la statue à la mémoire de Jeanne Hachette :

Le Bourguignon a dressé ses échelles :
Son casque en tête, et bouclier au bras,
Il se présente aux pieds de nos tourelles,
L'insensé doit y trouver le trépas.
Une héroïne est là qui les arrête,
Bravant la mort et s'offrant à leurs traits. (...)
La voyez-vous, aussi belle qu'un ange,
Laissant flotter sa chevelure au vent ? (...)
Jeanne sauva ses murailles antiques
Où chaque écho raconte sa valeur :
On vit devant des femmes héroïques
L'ennemi fuir, sanglant, plein de terreur.
La joie au cœur qu'ici chacun répète
Un nom si cher, si grand par ses hauts faits :
Chantons en chœur : honneur à Jeanne Hachette :
Par son courage (bis) *elle sauva Beauvais.*

« Sauver » réellement Beauvais ? Oui, en effet... Car Jeanne Hachette avait provoqué et animé un étonnant sursaut de résistance des habitants, du futur chef-lieu de l'Oise, en entraînant notamment les femmes, filles, épouses et mères, à se saisir de tout ce qui pouvait être une arme... A l'époque même, l'action de Jeanne fut très remarquée. Le 22 février 1473, moins de huit mois après l'événement, depuis son château de Senlis, le roi Louis XI envoyait à Beauvais des « lettres-patentes » où il était dit qu'« en considération de la bonne et vertueuse résistance qui fut faite l'année dernière par notre chère et bien aimée Jeanne Laisné », celle-ci et l'homme qu'elle avait entre-temps épousé, Collin Pillon, « soient et demeurent toute leur vie durant francs, quittes et exempts de toutes tailles qui sont et seront dorénavant mises et imposées de par nous en notre royaume, quelque part qu'ils fassent leur demeurance en notre dit royaume ». Glorieuse et honorée, que devint Jeanne Hachette ? Sortie du peuple anonyme, elle retourna à son glorieux anonymat. Au fil du fameux recueil de biographies du docteur Hœfer, son descendant Fourquet d'Hachette écrit : « On n'a aucun renseignement certain sur la vie de Jeanne Hachette depuis le jour qui a illustré son nom. »

Cinquante et quelques années plus tard, au siècle suivant, le XVIe, ce n'est plus contre Charles le Téméraire mais contre Charles Quint et ses troupes impériales recrutées dans divers pays d'Europe, que l'on trouve des exemples de Résistance. Et même si l'on se méfie des hâtives analogies historiques, comment ne pas remarquer que cette époque a son Bazaine, son Pétain ? Il s'appelle le Connétable de Bourbon.

Né Charles de Montpensier, c'est en épousant Suzanne de Bourbon, petite-fille de Louis XI, que le prédécesseur des plus illustres collabos fit son entrée dans la célèbre dynastie. Bien que le roi de France l'ait fait vice-roi du Milanais, c'est lui, François Ier, qu'en 1523, Charles de Montpensier va trahir. Un François Ier qui jusque-là, à Marignan et ailleurs, avait plutôt connu la fortune des armes. Mais, moins d'un an plus tard c'est l'invasion, et le félon la dirige. « Vétérans espagnols, lansquenets italiens traversent les Alpes et cernent Marseille le 19 août 1524, raconte, dans son *Charles Quint*, Jean-Marie Lucas-Dubreton. (...) Les habitants sont décidés à résister farouchement car la réputation de cruauté de l'armée impériale — commandée par le traître Bourbon — est bien établie. Aussi, les préparatifs de défense ont-ils été activement poussés : on a rasé les églises, les couvents des environs ; les morts des cimetières ont été déterrés et ramenés en ville avec les images des saints ; toutes les femmes, de la plus riche à la plus pauvre, aident à creuser, à fortifier les tranchées qui seront appelées “tranchées des dames”. Les Impériaux parvenus à ouvrir une brèche et espérant partie gagnée, se trouvent au bord d'un fossé rempli de poudre, pétards, pointes de fer... et d'un nouveau rempart. Cela donne à réfléchir. » Les envahisseurs réfléchissent en effet puisque, le 29 septembre, ils lèvent le siège. Ainsi que l'écrit Jean Babelon, un autre de ses biographes, « Charles Quint eut à compter avec ce qu'il n'avait pas estimé à sa valeur et qu'il n'avait pas accoutumé de rencontrer dans les guerres d'Italie. Derrière la régente se dressa tout un peuple qui, du bourgeois au manant, des gens d'épée aux gens de robe, n'acceptait ni la défaite ni l'invasion mais qui trouvait dans le malheur même un principe de cohésion et son âme commune. La France renaissait une fois de plus dans l'adversité. »

Francs-tireurs champenois et lorrains contre le duc de Brunswick

Aux XVIIe et XVIIIe siècles, les armées françaises ne connaissent pas de déboires de nature à menacer très gravement l'intégrité du territoire. Il va falloir attendre la révolution de 1789 et ses suites pour rencontrer un phénomène de Résistance comparable, sinon dans sa forme et ses circonstances, du moins dans sa densité et sa vigueur, à ce que nous avons observé durant la guerre de Cent Ans... 1789, ou plutôt 1792... Et puis 1814... Et puis 1870... Et puis 1914... Quatre dates capitales de l'histoire de la France, chacun le sait. Tout le monde connaît ces guerres... Oui, mais ce qui nous intéresse ici, c'est ce que l'on connaît peu de ces événements tragiques. Le fracas des fusillades et canonnades de Valmy a assourdi et presque dissimulé les coups de feu isolés qu'alentour, à la même époque, des résistants tiraient sur l'envahisseur. Au temps de Waterloo comme à celui des Cent-Jours, ceux que déjà l'on appelait des « partisans » et qui tentèrent désespérément d'arrêter la marche de l'ennemi dans nos provinces de l'est, n'étaient pas seulement des personnages des romans d'(Emile) Erckmann (et Alexandre) Chatrian, les fameux auteurs de *L'Ami Fritz*... En marge de cet événement mondial que fut la Commune de Paris, parfois sans en trop savoir ou sans y rien comprendre, des hommes se sont quand même, dans toute la France, battus contre les Prussiens en s'intitulant eux-mêmes des « francs-tireurs ». Enfin, durant la Première Guerre mondiale où pourtant les circonstances s'y prêtaient peu, il y eut des actes que l'on peut dire de Résistance.

La révolution de 1789 a considérablement accéléré l'évolution du sentiment national. Des réactions jadis lentes deviennent immédiates ; des actes isolés deviennent des actions de masse. Aussi, comme le note Claude Chambard, « lorsque les troupes du duc de Brunswick envahissent la France, en 1792, elles rencontrent des adversaires qu'elles ne prévoyaient pas. Ce sont les paysans champenois et lorrains qui, en l'absence de consignes de l'assemblée législative, ont pris le maquis. Armés au début de fourches et de coutelas, ils vont bientôt constituer plusieurs bataillons de francs-tireurs. Parmi les bataillons qui s'illustrent particulièrement, on trouve le 2e, 6e et 11e, commandés respectivement par Lebon, Durand et Marchal ». Les envahisseurs sont autant gênés militairement que psychologiquement marqués par cette résistance. Dans leurs lettres et dans leurs mémoires, les princes, généraux et fonctionnaires prussiens, tout comme les nobles français émigrés qui se sont mis à leur solde, notent des faits et expriment des sentiments qui ne laissent aucun doute à cet égard. Charles Hainchelin en cite une série... C'est un secrétaire du roi de Prusse nommé Lombard qui écrit : « Hier, nous avons pénétré en France. Rien que des femmes et des enfants ; tous les hommes s'étaient enfuis, probablement dans les bois, car plusieurs maraudeurs ont été blessés sans qu'on puisse dire d'où partaient les coups. Dans les villages où les hommes étaient restés, on a tiré des fenêtres sur nos troupes. » C'est le prince de Condé qui note : « Nous sommes vexés autant qu'il est possible par les paysans. Nous ne pouvons nous loger que le sabre et le pistolet à la main (...) toujours obligés de se battre en défense contre les fourches, les pelles et les pioches. » C'est un émigré français, Roger de Damas qui raconte : « On fut harcelé pendant cette marche par des paysans armés, répandus dans les bois... » Et un autre, le marquis de Contades : « Auprès de Stenay, l'arrière-garde fut attaquée par une troupe de soldats et de paysans armés. Le marquis d'Antichamp qui commandait, défendit de faire quartier et ordonna de mettre le feu à cinq villages suspects placés sur les hauteurs d'où l'on avait tiré. »

La lutte armée n'est pas le seul moyen employé par les gens du peuple contre les envahisseurs... Dans *Valmy, la démocratie en armes*, l'historien Jean-Paul Bertaud n'hésite pas à parler d'une « guerre psychologique ». Et il ajoute : « Le prince de Prusse qui en est l'objet le notera dans ses *Documents relatifs aux campagnes de France* et marquera son étonnement : des paysannes osaient disputer avec lui les motifs de l'action des coalisés. “Une seule chose nous gênait, dira-t-il, c'était la présence de deux servantes de la maison, femmes communes de manières et d'un naturel très bavard ; elles nous accablaient de questions : Pourquoi notre armée est-elle venue en France ? Quel était notre but ? Etions-nous en grand nombre ? Et sur chaque chose, elles ne laissaient pas de donner leur jugement et de politiquer à leur façon. Il me semble que l'originalité de ces questionneuses caractérise tout à fait l'esprit particulier de cette nation.” »

Ce qu'elle n'avait pu réussir en 1792 contre les sans-culottes, c'est la même armée d'invasion qui va y parvenir, plus de deux décennies plus tard, en 1814-1815, contre le complexe empereur Napoléon Ier. Et se produit alors le même sursaut de résistance nationale. Les romans d'Erckmann-Chatrian et plus spécialement *L'Invasion*, font que vivent encore dans bien des mémoires ces « partisans » qui « marchaient toujours sur le talus, sans rien dire, comme des ombres » et qui, par la voix d'un des personnages les plus attachants du livre, Hullin, proclamaient à la fois : « Nous ne sommes pas des troupes régulières ; on ne nous fait pas prisonniers, on nous fusille » et « Nous venons de décider que l'on pousserait la résistance jusqu'au bout. » Pourtant, s'ils ne sont pas oubliés, on peut se demander si l'on mesure exactement l'ampleur de leur action... Le mouvement fut général. Comme le note Charles Hainchelin, « partout où un patriote énergique en prenait l'initiative, se formèrent des groupes de partisans, des corps-francs qui se réfugiaient dans les bois, menaçaient les communications, tuaient ou capturaient les isolés ; le mouvement commença dans cette Champagne qui, en 1792 déjà, avait montré l'exemple. »

Là, il faut citer le bilan établi, dans son livre *1814*, par Henry Houssaye : « Lorrains, Comtois, Bourguignons, Champenois, Picards saisissaient les fourches, les vieux fusils de chasse échappés aux réquisitions préfectorales comme aux perquisitions des Alliés, ramassaient sur les champs de bataille les fusils des morts et couraient sus à l'ennemi, s'il ne se présentait pas en trop grande force ou s'il battait en retraite. A Montereau, à Troyes, dans la dernière heure du combat, les habitants firent pleuvoir des tuiles, des meubles sur la tête des Autrichiens, les fusillèrent à travers les volets et les soupiraux des caves. (...) Sur la route de Chaumont à Langres, un parti de paysans délivra quatre cents soldats d'Oudinot pris à la bataille de Bar-sur-Aube. (...) Le curé de Pers, près de Montargis, se fit chef de partisans. A la tête d'une dizaine d'hommes armés de fusils à deux coups, il défendait son village, dressait des embuscades au loin, arrêtait les convois. (...) Dans les environs de Piney, la ferme des Gérandots fut appelée le tombeau des Cosaques. On leur faisait bon accueil, on leur servait à boire à discrétion et quand ils cuvaient leur eau-de-vie, le fermier, ses fils et ses valets de charrue les fusillaient à travers les croisées. Aucun ne sortit des Gérandots pour raconter ce qui s'y passait. Une jeune veuve qui habitait, non loin d'Essoyes, une grande maison isolée donna à coucher à soixante Cosaques après les avoir enivrés. La nuit venue, elle réunit ses domestiques et se faisant aider par eux, elle mit le feu à sa propre demeure. Près de Bar-sur-Ornain, les paysans massacrèrent un général prussien resté en arrière avec une petite escorte. (...) Dans la peur d'être massacrés par les habitants, des soldats restés en arrière vinrent se rendre prisonniers aux avant-postes français. »

Quand Victor Hugo appelait à « l'effrayante bataille de la patrie »...

La vigueur de la vague fut telle que la question s'est posée de savoir si le cours de l'histoire n'avait pas failli en être changé. Hainchelin n'hésite pas à écrire : « Les conditions d'une guerre nationale de libération mûrissaient sous la double menace de l'étranger et de la contre-révolution. (...) Dans l'Oise, le Pas-de-Calais, les départements du Centre, le Gers, etc., s'effectuaient des prises d'armes. Dans les Landes, les paysans attaquaient les détachements anglais et brûlaient les maisons des royalistes. Si Paris avait résisté, une formidable insurrection nationale aurait pu se propager de la Champagne aux Vosges, de la forêt d'Ardennes au Morvan et gagner tout le pays. Mais Paris ne résista pas, malgré la volonté de lutte dont firent preuve surtout les faubourgs ouvriers, les élèves de l'Ecole Polytechnique et ceux de l'Ecole de Droit. Le 30 mars, Marmont capitula... »

En 1870-1871, les « partisans » deviennent des « francs-tireurs ». Très divers par leurs origines, leurs méthodes, leurs idées, ces francs-tireurs peuvent néanmoins être définis comme ceux qui ont répondu aux appels que, dans la France défaite par les armées prussiennes et trahie par les classes possédantes, quelques hommes courageux ont quand même lancés. Ils ont répondu à Victor Hugo. Ils ont répondu à Léon Gambetta. Et à d'autres... *L'Appel aux Français* fut publié par Hugo le 17 septembre 1870. Il garde une grande force : « Que toutes les communes se lèvent ! Que toutes les campagnes prennent feu ! Que toutes les forêts s'emplissent de voix tonnantes ! Tocsin ! Tocsin ! Que de chaque maison il sorte un soldat ; que le faubourg devienne régiment ; que la ville se fasse armée. Les Prussiens sont huit cent mille, vous êtes quarante millions d'hommes. Dressez-vous et soufflez sur eux ! Lille, Nantes, Tours, Bourges, Orléans, Dijon, Toulouse, Bayonne, ceignez vos reins. En marche ! Lyon, prends ton fusil ; Bordeaux, prends ta carabine ; Rouen, tire ton épée et toi, Marseille, chante ta chanson et deviens terrible. (...) Harcelez ici, foudroyez là, interceptez les convois, coupez les prolonges, brisez les ponts, rompez les routes, effondrez le sol et que la France sous la

Prusse devienne abîme. Faisons la guerre de jour et de nuit, la guerre des montagnes, la guerre des plaines, la guerre des bois. Levez-vous ! Levez-vous ! Pas de trêve, pas de repos, pas de sommeil. Le despotisme attaque la liberté, l'Allemagne attente à la France (...). Que pas un point du territoire ne se dérobe au devoir. Organisons l'effrayante bataille de la patrie. O francs-tireurs, allez, traversez les halliers, passez les torrents, profitez de l'ombre et du crépuscule, serpentez dans les ravins, glissez-vous, rampez, ajustez, tirez, exterminez l'invasion... »

C'est le même ton que Gambetta, alors ministre de l'Intérieur et de la Guerre, à peine installé à Tours le 9 octobre 1870, emploie pour lancer un appel à la « guerre à outrance ». Après y avoir déclaré qu'il ne faut pas que Paris tombe aux mains de l'ennemi, il ajoute : « Il faut mettre en œuvre toutes nos ressources, qui sont immenses, secouer la torpeur de nos campagnes, réagir contre de folles paniques, multiplier la guerre de partisans... ».

Quel destin eurent ces appels ? Quel effet sur une France déjà blessée ? Nous savons et vérifierons bientôt, à propos de ceux de juin et de juillet 1940, qu'il est difficile d'évaluer l'écho et de mesurer l'impact de textes dont l'importance apparaît plus après coup que sur le moment. Toutefois, qu'ils fussent sensibles à Hugo ou Gambetta, à quelque autre initiative ou tout simplement à un réflexe personnel, des milliers et des milliers d'hommes, à travers tout le pays, se firent francs-tireurs en cet automne et cet hiver-là.

Un témoin inattendu a rendu compte de cet élan patriotique : Friedrich Engels. Alors réfugié à Londres, le cofondateur du marxisme est un observateur passionné des événements qui se déroulent en France aussi bien que de la situation en Allemagne. Il donne régulièrement sur ce sujet des articles à un petit journal londonien, la *Pall Mall Gazette*. Dans le numéro du 11 novembre 1870, Engels écrit ainsi : « Au cours de ces six dernières semaines, le caractère de la guerre a changé d'une manière digne d'être notée, (...) on ne peut parcourir un journal allemand sans se heurter au récit d'une demi-douzaine d'exécutions militaires qui, là, apparaissent comme des choses allant de soi, comme de simples actes de justice militaire exercée avec une salutaire sévérité par d'honnêtes soldats contre des bandits lâches et assassins. Tout est fait systématiquement et par ordre. Le village condamné est entouré ; ses habitants chassés, les vivres saisis, cependant que les coupables réels ou supposés sont traduits devant un tribunal militaire et qu'une demi-douzaine de balles les attendent avec une immanquable certitude. » Et le 24 du même mois : « C'est un fait que les brutalités et les cruautés des Prussiens, au lieu d'anéantir la résistance populaire, ont redoublé son énergie (...) de jour en jour, la guerre de guérillas prend de plus amples proportions. » Et toujours sous la plume d'Engels, le 8 décembre cette fois : « A peine les Prussiens se furent-ils installés autour de Paris et eurent-ils placé la contrée sous un dur système de réquisitions pratiqué sans aucun égard, à peine eurent-ils commencé à abattre les francs-tireurs et à brûler les villages qui leur avaient accordé de l'aide, à peine eurent-ils repoussé les propositions françaises de paix et déclaré leur intention de mener une guerre de conquête, que tout cela (l'hébétude, la passivité de la population) changea. Grâce à leur propre dureté, la guérilla éclata autour d'eux. »

Si puissante qu'elle soit, cette résistance est pourtant vouée à l'échec. Pourquoi ? Tout simplement, nous l'avons déjà dit, parce qu'un pouvoir politique et militaire, qui s'apprête à noyer la Commune de Paris dans le sang quelques mois plus tard, préfère évidemment traiter avec l'envahisseur plutôt que de s'appuyer sur le peuple en armes. Le cas échéant, ce pouvoir n'hésitera pas à laisser massacrer des francs-tireurs dont l'héroïsme devient encombrant.

Cette Résistance populaire de 1870-1871 fut étouffée juste avant que soit écrasée cette Commune qui, avec le recul du temps, peut apparaître comme en ayant été à la fois l'avant-garde et le dernier sursaut... Toutefois, la politique menée par ceux qui allaient devenir les Versaillais ne fut pas la seule cause de l'éparpillement et de la déliquescence du mouvement de Résistance...

Les « échappés de Sedan » et leurs « corps volants de guérillas »

Il serait trop long d'analyser ici ce qu'était alors réellement l'état d'esprit de la masse des Français, mais il faut se garder de toute illusion à cet égard. Dans diverses régions de France, un certain nombre d'anciens francs-tireurs ont raconté leurs souvenirs, publié leurs mémoires. Quand le Charentais Louis Planty rapporte ainsi les combats menés et les aventures vécues par les francs-tireurs de la ville de Saintes, il rapporte des combats et des aventures semblables à ceux vécus par des milliers d'autres francs-tireurs issus de dizaines ou même centaines d'autres villes. « Les cinquante compagnons partirent le 31 octobre (1870) de Saintes, écrit Planty. Le 6 novembre, ils se trouvaient dans l'Eure aux extrêmes avant-postes. Après quatre mois de campagne, trente-cinq hommes sains et saufs rentraient à Saintes, conduits par Auger. Dès leur arrivée, ils se présentèrent à la mairie (...). Sans bruit ils avaient pris leurs armes, sans tapage ils les rendirent, et, satisfaits, reprirent leur outil et leur pioche. »

D'autre part, sur la nature même des francs-tireurs et des corps francs qu'ils formaient, pesaient des ambiguïtés lourdes de conséquences. Selon les régions et les mois, on voit ces hommes de conditions très diverses osciller entre le statut d'auxiliaire de l'armée régulière et la situation de résistant proprement dit. Dès le début, ce que l'on pourrait appeler la confusion des genres apparaît. Le Franc-Comtois Louis Martin a raconté, dans ses mémoires, la « formation du corps franc des Vosges », en septembre 1870 : « C'est au capitaine du génie Varaigne, écrit Martin, que revint l'idée de la formation d'un corps franc chargé spécialement de la défense des Vosges. Cet officier, qui commanda plus tard un corps d'armée, venait de s'échapper de Sedan. Il se rendait à Paris pour exposer son projet au ministre de la Guerre quand il rencontra par hasard un certain Polonais, Wolowski, ancien combattant de l'insurrection de 1863, qui, engagé dans notre armée depuis quelques jours, avait, de son côté, à soumettre à la même autorité un projet d'organisation de corps volants de guérillas. Ils décidèrent d'unir leurs efforts et, à leur retour de la capitale, le capitaine Varaigne, devenu chef de la défense dans les Vosges, chargea, de concert avec le préfet de ce département, le capitaine du génie Bourras, échappé lui aussi de Sedan, de former, sous le contrôle du général Cambriels, commandant le 20e corps d'armée, le 1er bataillon du nouveau corps franc. Après s'être entendu avec Wolowski sur la manière de faire la guerre de guérilla, Bourras, promu commandant, le plaça à la tête de la 2e compagnie du bataillon. »

Autre détail significatif, l'habillement. Les francs-tireurs sont-ils des soldats sans uniformes se procurant clandestinement des armes ou bien reçoivent-ils effets et équipements d'une autorité constituée ? Franc-tireur alsacien, A.-M.-P. Ingold raconte : « Le costume qui nous fut donné consistait en une vareuse à capuchon et pantalon de drap gris foncé, bordé de rouge. Képi noir, à passepoil rouge et cocarde tricolore. Le fusil était à tabatière, système Snyder. Le reste de l'équipement : sac, guêtres, chaussures, au gré de chacun. » Franc-tireur de la Nièvre, Etienne-Joseph Fort déclare avoir reçu une carabine, un sabre-baïonnette, un ceinturon, une vareuse, un pantalon, un chapeau et une couverture. Quotidien local paraissant à Bourges, le *Journal du Cher* annonce le 8 novembre 1870 que dans tout le département est ouverte une souscription en vue de l'équipement des francs-tireurs. »

A près d'un demi-siècle de distance, une sorte de filiation existe à l'évidence entre le conflit de 1870 et celui de 1914. L'exaltation d'un esprit de revanche, d'ailleurs autant marqué par le chauvinisme que par le patriotisme, tient une large part dans cette parenté. Il y a pourtant de grandes différences entre les deux affrontements et tout spécialement dans le domaine qui nous intéresse : bien qu'au début de cette « guerre de 14-18 », les Allemands soient sur la Marne et menacent Paris, bien qu'on puisse là encore parler d'invasion, la réaction populaire n'est pas la même qu'en 1814-1815 ou en 1870-1871. Pourquoi ? Deux explications sont généralement avancées. Elles sont différentes, mais se complètent.

La première explication est démographique et militaire : dans les régions occupées par les troupes du Kaiser Guillaume II, roi de Prusse et empereur d'Allemagne, il n'y avait guère plus d'hommes valides, tous ayant été mobilisés ou ayant quitté le pays comme réfugiés ; en même temps, les contrées occupées, proches du front, faisaient partie de la zone opérationnelle où la densité de stationnement et de concentration des troupes allemandes était fort élevée ; conclusion : le manque d'hommes et l'importance du quadrillage ennemi rendaient parfaitement téméraire sinon désespérée toute tentative de Résistance. La seconde explication est idéologique ; elle a été par exemple exprimée par Germaine Willard, au colloque de l'Institut Maurice-Thorez d'octobre 1969 : « Dans la Premièrc Guerre mondiale, les peuples tendirent à se détacher progressivement de la guerre ; c'est la montée du pacifisme, des courants d'opposition à la guerre qui caractérisent alors l'évolution de l'opinion dans tous les pays en guerre. » Et, pour l'historienne marxiste, s'explique ainsi le peu de désir qu'ont les simples gens qui n'y sont pas obligés par la mobilisation d'intervenir volontairement dans un conflit qui « est avant tout un règlement de compte entre impérialistes rivaux ».

Cette relative absence de résistance organisée dans les régions temporairement occupées par les troupes du Kaiser lors de la guerre de 1914-1918 n'exclut pas, ici ou là, des actes de bravoure dont les auteurs doivent être tenus pour des résistants. Ainsi, dans le Nord, sont encore présents à bien des mémoires les exploits de ceux que l'on appelait les « brassards rouges »... Ainsi, le 27 novembre 1915, sur la place d'Armes de Versailles, une toute jeune fille, Emilienne Moreau, l'« héroïne de Loos », d'ailleurs future « Compagnon de la Libération » en 1939-1945, est-elle décorée en même temps que des soldats parce qu'elle a sauvé des militaires alliés lorsque les Allemands ont occupé son village...

Une « résistante exécutée » en 1915

En écrivant, un peu plus haut, que la Première Guerre mondiale avait suscité moins de vocations résistantes que le conflit de 1870, sans doute n'avions-nous pas tort... Ni tout à fait raison. Ou plutôt massivement raison et individuellement tort. Si, en effet, on ne trouve pas trace de « maquis » avant la lettre en 1914-1918, on y rencontre, dans les dix départements français que les Allemands occupèrent et, inséparablement, dans la Belgique limitrophe, elle aussi envahie, de très attachants exemples d'engagements personnels, souvent héroïques. Deux figures de femmes sont, à cet égard, presque emblématiques.

Durant l'été 1994, sous le titre *La très grande guerre*, le journal *Le Monde* consacra de nombreuses pages à la commémoration du quatre-vingtième anniversaire de « la guerre de 14 », comme on dit souvent. La seizième de ces pages, le vendredi 5 août, avait pour auteur une historienne connue pour ses travaux sur ce sujet et animatrice de l'« Historial de la Grande Guerre », Annette Becker. Et son titre était aussi juste qu'intéressant : *Edith Cavell, résistante exécutée*... Tout comme l'un de ses sous-titres : *Louise de Bettignies, enfermée, lutta jusqu'à la mort.*

Qu'est-ce qui valut à ces deux femmes le sort terrible de celles que, trente ans plus tard, on appellerait des « martyres de la Résistance » ? C'était d'avoir organisé et animé des réseaux d'évasion et de renseignement. « A l'intérieur de la zone d'occupation allemande, explique Annette Becker, des soldats français, anglais ou belges avaient réussi à s'enfuir quand ils avaient été faits prisonniers, à se cacher. Certains, blessés, avaient besoin de soins. Tous cherchaient à se rendre en Hollande, pays neutre, pour y rester pour la durée de la guerre ou pour tenter de rejoindre l'Angleterre et, de là, le front de nouveau. Par patriotisme et par compassion pour les soldats, un certain nombre de personnes — des femmes dans leur immense majorité — organisèrent des réseaux d'évasion dès l'automne 1914. Du nord de la France, de la Belgique, ces passeurs d'hommes évacuaient dans le plus grand secret les soldats. Par ailleurs, Français et Anglais avaient besoin de renseignements militaires. Certains des occupés se mirent à travailler pour l'Intelligence Service. »

Sur dénonciation, comme tant d'autres résistants, Edith Cavell et Louise de Bettignies sont arrêtées dès 1915. L'une en août, l'autre deux mois plus tard. La capture de la seconde coïncide avec l'exécution de la première, à la prison militaire de Saint-Gilles, à Bruxelles, où le conseil de guerre allemand a condamné en deux jours et fait exécuter la peine capitale quarante-huit heures plus tard. Bien qu'également promise au peloton d'exécution, Louise de Bettignies n'est pas fusillée. Graciée, elle voit sa peine commuée en vingt-sept ans de prison, et elle est emmenée en détention en Allemagne. Là, note Annette Becker, elle « continue de lutter contre les autorités de la forteresse de Siegburg, qui faisaient fabriquer des douilles d'obus aux prisonnières. Elle tombe malade dans son cachot et meurt en 1918 ».

A Londres, à Lille, en Belgique, le sacrifice des deux résistantes de 1915 ne sera pas oublié. Leur souvenir sera même célébré. A la fin des années 1990 encore, un journaliste de *La Voix du Nord*, René Deruyk, publiera une biographie simplement intitulée *Louise de Bettignies*, etc... Pourtant, plus universellement, ce sera dans les ouvrages généraux sur le Renseignement que perdurera l'image des deux jeunes femmes.

En 1973, Roger Gheysens écrit : « La nurse anglaise Edith Cavell (...) créa un réseau qui assura l'hébergement, le transport et le passage de la frontière à quantité de soldats et à de très nombreux adolescents de Belgique et du Nord de la France. Parmi les meilleurs collaborateurs d'Edith Cavell il y eut d'autres femmes comme la courageuse Française Louise Thuliez et la princesse Marie de Croy. » Et Gheysens ajoute que l'infirmière fut condamnée « non pour espionnage mais pour avoir "procuré des soldats à l'ennemi" ». Puis, à la page suivante, le même auteur note que Louise de Bettignies, « la jolie jeune fille », accepta alors qu'elle était passée clandestinement en Angleterre, « de retourner en France occupée pour y organiser un réseau d'espionnage » et que « pour servir la patrie », elle « reçut de faux papiers d'identité au nom d'Alice Dubois, "fabricante et marchande de dentelles" (...). Après quelques mois, ayant fait preuve d'un réel talent de chef de réseau, "Alice Dubois" avait recruté une quarantaine d'agents ».

Quatorze ans plus tard, en 1987, Jean-Pierre Alem a pour « les deux espionnes », le qualificatif tranchant : « Edith la sainte » qui montra « un dévouement et un courage admirables », et à laquelle « son grand cœur (...) fit prendre des risques insensés ». Quant à la seconde, ce sont surtout « ses prouesses » qu'Alem retient. « En plein hiver, raconte-t-il, elle traversait à la nage les canaux glacés ; lors de la fouille d'un train, elle rampa entre les roues d'un bout à l'autre du convoi ; cernée dans une auberge, elle s'échappa par les toits. » En 1993, au contraire, Roger Faligot et Rémi Kauffer accordent aux deux femmes la même auréole puisqu'ils parlent de « figures "lumineuses" et quasi-sacrées des héroïnes alliées, Miss Cavell ou Louise de Bettignies ».

La même année 1993, Pascal Krop n'est pas de l'avis de Faligot et Kauffer. Même si c'est avec infiniment plus de doigté, il insiste, à l'instar d'Alem, sur ce qui lui apparaît comme un vif contraste entre les deux femmes. Pour Krop, bonne sœur d'un côté et tigresse de l'autre. Edith Cavell ? « Sœur de charité de l'espionnage, elle avait réussi des centaines d'évasions, pris tous les risques, donc trop de risques. » Louise de Bettignies ? Une « tigresse du renseignement » qui « approvisionnait le SR de Folkestone en données abondantes et précieuses sur l'artillerie allemande, ses positions, ses munitions ».

Les spécialistes américains sont plus pragmatiques. En 1996, Norman Polmar et Thomas B. Allen considèrent que, si de Bettignies, Louise (1880-1918), alias Alice Dubois, fut une « espionne des Anglais et des Français », fondatrice de l'« Alice Service », en revanche Cavell, Edith Louisa (1865-1915) « ne s'engagea pas dans l'espionnage »... Son de cloche très voisin, l'année suivante avec Jay Robert Nash. Pour Nash, en effet, si Cavell a pratiqué l'espionnage, ce fut occasionnellement et comme simple « british agent », alors que de Bettignies, elle, était une « *french spymaster* », une « maître espion française ». Finalement, ce sentiment de dualité semble d'ailleurs l'emporter. Toujours en 1997, Genovefa Etienne et Claude Moniquet soulignent le contraste entre une « Edith Cavell, sacrifiée pour l'exemple » et une « Louise de Bettignies, l'espionne aristocratique ». Non sans rappeler que cette dernière fut souvent qualifiée de « *queen of spies* » (reine des espions) en Angleterre.

Malgré ces différences d'appréciation, les auteurs auxquels nous nous référons ont un point commun : presque tous ont été très impressionnés par les hommages posthumes qui, en France, en Angleterre et en Belgique, ont été rendus aux deux résistantes, après la fin de la Première Guerre mondiale. Des honneurs officiels généralement plus accordés aux « martyres de la Résistance » qu'aux « espionnes ».

Si Edith Cavell et Louise de Bettignies peuvent apparaître comme des figures exceptionnelles, ce ne sont pourtant pas des exceptions. Pour le quatre-vingtième anniversaire de la Première Guerre mondiale, à l'instar du *Monde*, des publications régionales et locales évoquèrent la Résistance de 1914-1918... Ainsi, dans le Nord, *La Vie amandinoise* du 2 octobre 1998 consacra-t-elle un article à « Angèle Lecat, résistante fusillée à Saint-Amand-les-Eaux le 25 mars 1918 ». Cette paysanne de vingt-neuf ans, exécutée sur le champ de tir, avait aidé des prisonniers anglais évadés d'un camp allemand de la région et elle était « soupçonnée d'avoir transmis des renseignements par pigeon voyageur ».

Et les Camisards ? Et les Chouans ?

Des embuscades contre les éléphants d'Annibal aux « résistantes fusillées » de 14-18, en passant par le maquisard Du Guesclin et ceux qui « vexaient » le prince de Condé, c'est au fil de vingt-deux siècles que nous avons choisi les plus exemplaires pour montrer que l'exemple venait de loin. Un choix veillant à éviter les analogies trop faciles et à ne pas utiliser des critères trop modernes pour apprécier des gestes souvent très anciens. Avec le souci de ne pas confondre les luttes spécifiquement nationales et les combats simplement politiques et sociaux. Par exemple, c'est volontairement que nous n'avons rien dit des guerres de religion, de la révolte des Camisards ni de la guerre de Vendée. Mais nous savons fort bien que ces omissions pourront choquer certains.

A propos des Camisards l'objection sera sans doute vive ; en effet, nombreux sont ceux qui pensent que les protestants cévenols furent l'objet d'une répression abominable et il semble bien que le lieutenant-colonel Peytavin, ancien chef départemental FFI de la Lozère soit fondé à expliquer par « le souvenir des Camisards (...) toujours vivant » le fait que les résistants furent « infiniment plus nombreux » en Basse-Lozère (donc dans les Cévennes) qu'en Haute-Lozère. Enfin, même pour ce qui est de la Vendée, ne peut-on pas nous faire remarquer que parmi ceux qui menèrent la guérilla contre les Bleus, contre la République, la nation et donc la patrie, il y eut des Chouans qui estimèrent sincèrement et courageusement être des résistants ?

Souvent, dans le souci qu'on ne puisse penser que nous confondions la Résistance nationale et la révolution sociale, nous avons été amenés à ne pas souligner des évidences pourtant criantes. Certes, la façon dont Napoléon Ier, après le retour de l'île d'Elbe, préféra se priver d'atouts précieux plutôt que de devenir ce qu'il appelait

« l'empereur de la canaille », ou la manière dont Thiers s'allia ouvertement avec Bismarck contre les Communards sont trop connues pour pouvoir être contestées, mais sait-on assez que la même démission nationale, la peur du peuple conduisant souvent à la trahison, apparaissent aussi clairement chez nombre de nobles de la guerre de Cent Ans ?

Composée anonymement en 1358, la *Complainte sur la bataille de Poitiers* est, comme le note Philippe Contamine, dans son livre *Azincourt*, « pleine de mépris à l'égard de la noblesse de France » ouvertement accusée de trahison au profit des Anglais. Au siècle suivant, en Normandie, Roger Jouet remarque que « la majorité du clergé normand, malgré de nombreuses exceptions, opta pour l'occupant », et que « les possédants dans leur ensemble hésitèrent à manifester leur opposition à l'occupant ». Or, en ces mêmes temps selon le mot de Michelet, « la Jacquerie, commencée contre les nobles, continua contre l'Anglais ». Et d'ailleurs, très logiquement, pour massacrer les ancêtres de *Jacquou le Croquant*, les seigneurs français n'hésiteront pas à faire appel aux troupes occupantes et l'on pourra voir en de nombreux endroits des scènes comparables à celles qu'évoque Jacques d'Avout lorsqu'il montre « les Anglais de Robert Sercot et les gentilshommes picards de Jean de Picquigny » en train de « pourfendre » les paysans révoltés.

Engageant le même combat pour les motifs les plus divers ou menant les luttes les plus différentes avec le même espoir au cœur, les résistants de chaque époque ont ceci de commun qu'ils ne peuvent être ni encadrés dans une image d'Epinal ni ajustés aux dimensions d'une seule entreprise politique ni arbitrairement détachés des grandeurs et des faiblesses de leur siècle.

Aussi bien, pour imparfait et lacunaire qu'ait été notre examen du passé résistant de la France, voudrions-nous au moins y avoir appris à être aussi attentifs à la diversité que fidèles à l'esprit d'unité. Chacun avec sa boussole, chacun sorti de sa famille spirituelle, chacun imaginant l'avenir selon sa manière de rêver, des « gens de toute sorte » ont tous ensemble répondu à ce que le général de Gaulle disait être « un appel venu du fond de l'Histoire » ; ils ont tous ensemble considéré, avec le dirigeant socialiste et futur ministre des Affaires étrangères Christian Pineau, que « la seule question (...) sur laquelle aucun compromis n'est possible, est celle de l'indépendance de la patrie » ; ils ont tous ensemble participé à ce que le leader communiste Jacques Duclos appelait « le combat d'un grand peuple héritier de glorieuses traditions, d'un peuple qui a beaucoup lutté et luttera encore pour être indépendant et libre ».

Qu'on nous entende bien : en écrivant cela, nous ne tendons pas à contredire Henri Michel selon lequel « la Résistance ne pouvait nulle part appliquer des recettes qu'elle n'aurait eu qu'à lire dans le passé ». Non... Michel a évidemment raison de dire que les résistants n'imitèrent personne, tout comme Hans Adolf Jacobsen n'avait pas tort de rappeler qu'ils s'inspirèrent de « précédents historiques ».

« Méfiez-vous des contrefaçons »

La Résistance n'imita pas, mais elle fut imitée... Ou plus exactement on tenta de l'imiter. Quant aux résultats de ces imitations, on serait plutôt enclins à rappeler le slogan familier « Méfiez-vous des contrefaçons ! » Quant au déroulement des tentatives, en revanche, non seulement il vaut qu'on s'y intéresse, mais c'est presque rendre hommage aux résistants qui d'y prêter attention... En fait, à ce jour, il y eut trois vagues d'imitation : quelques mois plus tard, par des ennemis ; quelques années plus tard par des amis et ennemis mêlés ; quelques décennies plus tard, par de souvent singuliers admirateurs. D'abord, ce furent les collabos parachutés et les bandes du Werwolf. Ensuite, ce fut « Gladio ». Enfin, ce fut la « Nouvelle Résistance » de certains gauchistes post-soixante-huitards et ses ultérieures résurgences sporadiques...

Reportons-nous à l'année 1944 et regardons de plus près la situation des « collabos », comme on appelle désormais, parfois même en l'écrivant avec un « k » initial, les Français qui ont pris le parti de Pétain et d'Hitler... Ceux qui, l'été 1944, auront suivi la Wehrmacht en retraite, seront accueillis par les Allemands à Sigmaringen, comme jadis leurs ancêtres contre-révolutionnaires à Coblence. Les nazis les installeront ou les parqueront, c'était selon, dans et autour de cette petite ville wurtembourgeoise, ancienne capitale de la branche catholique de la famille impériale des Hohenzollern. Et c'est là, entre le château des bords du Danube et l'île de Mainau, sur le lac de Constance, dans le caravansérail de proscrits qualifié de « ballet de crabes » par Louis-Ferdinand Céline, que va naître (ou plutôt prendre corps, car déjà envisagée) une idée toute simple. Une idée dont après, et sans doute avant, beaucoup d'autres, un historien de la Milice, Pierre Giolitto, constatera qu'elle « témoigne du degré d'aveuglement dans lequel se complaisent les collaborationnistes en exil ». Mais une idée dans laquelle le dernier sursaut de la Wehrmacht, l'offensive de von Rundstedt dans les Ardennes, le 16 décembre 1944, viendra fâcheusement conforter les plus revanchards des émigrés. Quelle idée ? Celle d'une Résistance inversée !

« Tenter de créer en France des réseaux d'une Résistance à l'envers » écrit encore Giolitto ; et il ajoute : « De là à assimiler Sigmarigen à Londres, et la Milice à une nouvelle “Force française libre” destinée à chasser l'“occupant américain”, il n'y a qu'un pas que les plus fanatiques des miliciens n'hésitent pas à franchir. »... Ce ne seront pourtant pas, même s'il vont y concourir, les hommes de Joseph Darnand qui seront les maîtres d'œuvre de cette entreprise, ce seront les gens de Jacques Doriot, donc du Parti populaire français

(PPF), l'autre branche la plus active de la Collaboration. En effet, bien qu'ils aient montré un zèle sauvage en torturant et tuant les résistants arrêtés, traquant et massacrant les maquisards, les miliciens ont, par rapport aux doriotistes, un double handicap : la supériorité de leurs rivaux en matière de noyautage et d'espionnage.

Dans *Images de la France de Vichy*, Pascal Ory présente, à juste titre, le PPF comme le « seul parti fasciste français de quelque ampleur avant la guerre » et il souligne « l'efficacité de son mélange initial entre activistes d'extrême-droite déçus par Maurras et La Rocque et anciens militants du PCF reconvertis dans l'anticommunisme le plus farouche. De ces expériences passées, les cadres du PPF ont conservé une science de l'organisation et un sens du discours populaire qui font mieux comprendre pourquoi, à la fin du parcours, les principaux organismes encore vivaces de la Collaboration ont été considérés, à tort ou à raison, comme noyautés par les doriotistes. » Plutôt à raison, et les nazis le savent bien...

Ils le savent d'autant plus qu'ils ont aidé les hommes du « grand Jacques » en échange de constants services rendus. Et pas n'importe quels services. Les services aux « services » précisément. D'abord à l'Abwehr (espionnage et contre-espionnage militaires) puis au Sicherheitsdienst (ou SD, le service de sécurité des SS et donc du Parti nazi)... Et là, l'homme clef, c'est l'homme de confiance de Doriot en la matière, Albert Beugras, celui qui précisément va être le principal organisateur français de la tentative de Résistance inversée qui, durant l'hiver 1944-1945 et au tout début du printemps 1945, sera censée impulser la « reconquête » de la France à partir de l'Allemagne.

Des écoles aux noms de fleurs

Encore que sa fille Marie Chaix se soit, dans un livre fort bien fait, *Les Lauriers du Lac de Constance*, efforcée de nuancer ses talents et que lui-même, en homme du secret, ait réussi, notamment dans son *Carnet* posthume, à brouiller bien des pistes, il n'en reste pas moins qu'Albert Beugras est d'abord un recordman. Un des recordmen de l'engagement profond dans la Collaboration... A vrai dire, Beugras le brillant ingénieur lyonnais, Beugras le « secrétaire national corporatif » du PPF, Beugras le journaliste au quotidien du Parti *Le Cri du Peuple*, était surtout le père et parrain du « Bureau Y ». Un bureau plein de tiroirs. Mais restons à la fin de l'été 1944. Une fois passé le Rhin dans les convois des SS et de la Wehrmacht, le « grand Jacques » n'est pas homme à perdre son temps. « Dès septembre 1944, raconte son biographe, l'historien Jean-Paul Brunet, Doriot engagea des conversations avec les services de Himmler en vue de renforcer le travail illégal du PPF en France. Les rares adhérents encore convaincus s'y étaient fondus dans la nature, mais quelques contacts et antennes avaient été conservés. On peut cependant se montrer sceptique lorsque (...) les services de Himmler font savoir à la Wilhelmstrasse que « le parti de Doriot travaille aujourd'hui sur une grande échelle sur le territoire français occupé par l'ennemi, tant pour le compte de l'Abwehr que pour celui du SD ». Mais c'est bien pour parvenir à ce but que Doriot créa plusieurs écoles d'instruction et de renseignement dont il confia la direction à Albert Beugras avec le titre d'inspecteur général. »

Ce sont sept écoles que Beugras « inspecte »... A quatre d'entre elles, il a donné des noms de fleurs... *Pâquerette*, c'est l'école élémentaire. On y « donnait, précise Brunet, les rudiments de toutes les formes d'action politique et militaire ; elle était installée dans le château de Hohenbuchau, à dix kilomètres de Wiesbaden ». *Pensée*, c'est l'école spéciale n° 1, où les élèves s'initient au Renseignement. *Rose*, la deuxième école spéciale, est divisée en *Rose I* et *Rose II* ; on y apprend le sabotage, les combats de rue, les attentats individuels, etc. *Violette*, l'école spéciale n° 3, est celle du contre-espionnage. Sans noms de code, la quatrième école spéciale « préparait à l'action politique clandestine », et la dernière était « une école radio de perfectionnement ».

A propos de ces sept écoles, Brunet ajoute que « la discipline y était stricte (...) ; l'élève qui ne donnait pas satisfaction était signalé à l'inspecteur général (Beugras) dont la sanction pouvait aller du blâme à l'envoi dans un camp de concentration. L'alimentation était celle de la population allemande, mais les rations de viande étaient triples. Faute de pouvoir obtenir des vêtements civils, les élèves de *Pâquerette* furent munis d'uniformes allemands — avec l'accord de Beugras ; certains rechignèrent un peu avant de les endosser, mais finirent par céder, d'autant que l'uniforme leur donnait le pas sur les civils. Au début de la première session de l'école *Pâquerette*, un discours d'une violence exaltée de Beugras suscita un certain malaise : un fleuve de sang devait couler en France, mais ce serait pour une cause sacrée... Vers la fin du mois d'octobre, la venue de Doriot apaisa les esprits. (...) Il répéta (...) à plusieurs reprises aux élèves qu'ils pouvaient "avoir confiance dans la force allemande pour libérer la France" (*sic*) ».

Puisque nous savons maintenant que cette singulière entreprise de Résistance inversée a, comme on dit en justice, connu un commencement d'exécution, reste à savoir si tout cela déboucha sur des résultats concrets.

En fait, les collabos parachutés ont longtemps été les Arlésiennes de nombre de récits, et même d'études, concernant les mois qui suivirent la Libération. Ils y apparaissent portés par la rumeur ou à la faveur d'un épisode de l'Epuration et ils disparaissent, quelques lignes plus loin sans laisser d'autres traces... Un exemple entre cent : celui du livre de Raymond Ruffin *Ces chefs de maquis qui gênaient*, ouvrage par ailleurs très sérieusement documenté... En haut de la page 133, Ruffin cite quatre lignes d'un pamphlet du plus connu des dirigeants maquisards normands, Robert Leblanc, *Lettre ouverte à M.S..., commissaire divisionnaire à Rouen*, et en bas de cette même page, il fait quatre lignes de commentaire. Citation : « Qu'est devenu l'agent du SD nommé Duperthuis, parachuté en février 1945, incarcéré par la BST (Brigade de surveillance du territoire) de Rouen, transféré à Baden, qui a déclaré à deux inspecteurs dont j'ai les noms que toute son activité était couverte par vous, S... ? » Commentaire : « Il s'agissait de l'un de ces doriotistes replié en Allemagne, que les nazis parachutaient sur le territoire français libéré pour y mener des missions favorables à l'armée allemande ou s'y livrer à des provocations. » Sans plus.

Autre exemple sous la plume d'un des très rares responsables de la Résistance qui fasse allusion aux collabos parachutés, Charles de Bancalis d'Aragon. « Les communistes, écrit-il dans *La Résistance sans héroïsme*, nous parlaient sans cesse de la cinquième colonne et des parachutistes lâchés par l'ennemi bien à l'arrière du front. J'étais sceptique, j'avais tort. Quand on m'annonça que les gendarmes de Graulhet venaient de capturer l'un de ces parachutistes, je voulus le voir de mes yeux. Je le trouvai dans la gendarmerie aussi à l'aise que s'il faisait les honneurs de son manoir à des amis de passage. C'était un hobereau de la région. Il se plaisait à raconter son équipée. Deux de ses camarades avaient en même temps que lui quitté l'Allemagne. Il les nommait avec complaisance... » L'ancien dirigeant des maquis du Tarn ne donne pas d'autres précisions.

Dans *Un château en Allemagne*, Henry Rousso souligne cette imprécision ambiante. « Au cours, écrit-il, des procès intentés aux militants du PPF après la guerre, il est un point fort controversé : des hommes de Doriot ont-ils été parachutés en France ? (...) De nombreux auteurs affirment — sans citer leurs sources — que des parachutages ont été effectués à partir de janvier 1945. Certains exagèrent même l'ampleur de cette action (...). Nous n'apporterons aucune réponse sur le nombre d'hommes parachutés par le PPF ou par les Allemands. De même que pour la Milice, il est impossible de donner un chiffre. Seuls quelques cas célèbres ont attiré les historiens : un dénommé Jean Vallier fut condamné à mort par le tribunal militaire de Nancy, en décembre 1946, après un parachutage raté en Lorraine. Quatre militants furent parachutés le 10 janvier 1945 : ils furent récupérés peu après par la police. »

Entre trois cents et quelques dizaines...

« De même que pour la Milice... » dit Henry Rousso. Dix-sept ans plus tard, qu'en pense Pierre Giolitto ? En se référant au chef et fondateur, il écrit : « Darnand avoue lui-même que trois ou quatre miliciens seulement ont été parachutés en France. Mais il estime par contre à mille le nombre de ceux qui ont franchi clandestinement la frontière pour provoquer dans l'hexagone une amorce d'agitation politique. Parmi les parachutés, le chef Georges Rouchouze, qui atterrit en Corrèze (...). En juin 1945, Rouchouze devait être condamné à quinze ans de travaux forcés par le Tribunal militaire de Limoges. Après huit ans d'incarcération à la Maison centrale de Fontevrault, une remise de peine devait lui être accordée. » C'est ainsi qu'en 1995, Rouchouze fut la « vedette » de *Milice, film noir* diffusé, après sa mort, deux ans plus tard. Dans ce film d'Alain Ferrari et Bertrand Poirot-Delpech, par ailleurs bon exposé de la criminalité de la Milice, l'ancien cagoulard se proclame « chouan corrézien », fait le pèlerinage franquiste à la Valle de los Caidos, près de Madrid, puis entonne *Le chant des cohortes* :

> « *Miliciens, faisons la France pure :*
> *Bolcheviks, francs-maçons ennemis,*
> *Israël, ignoble pourriture,*
> *Ecœurée, la France vous vomit !* »

Tout en étant aussi prudent, Jean-Paul Brunet est finalement plus précis que Rousso et Giolitto... « Combien passèrent en France ? » demande-t-il avant de répondre : « Trois cents hommes qui auraient été de la sorte acheminés vers la France, essentiellement par la Suisse, bien pourvus d'argent et munis de fausses identités — les agents de Beugras recherchaient dans les camps de travailleurs français les papiers d'identité et le signalement précis de ceux qui avaient été tués au cours des bombardements. Ce chiffre de trois cents hommes semble en réalité tout à fait exagéré. Compte tenu des difficultés ambiantes, tant en Allemagne qu'en France, on peut penser à quelques dizaines d'agents tout au plus. Quelques hommes furent même parachutés. Certains, semble-t-il, furent déposés à proximité des points d'appui que les troupes allemandes tenaient encore à l'automne 1944. D'autres furent parachutés près de contacts supposés, tels Chiocca, Foubert, Ouette et Perennes, qu'un avion allemand lâcha, dans la nuit du 8 au 9 janvier 1945, au-dessus de la forêt de Montargis. On les avait munis d'un poste émetteur, d'argent (un million de francs), de tracts, de plaquettes incendiaires et Doriot en personne leur avait donné pour instruction de tout faire pour déstabiliser le gouvernement du général de Gaulle, tout, c'est-à-dire jusqu'aux attentats individuels. Contrairement à ce qu'on leur avait dit, personne n'attendait les quatre hommes au point de parachutage, ils gagnèrent la capitale où ils tentèrent de toucher le "contact" qui leur avait été indiqué. C'est là qu'ils se firent prendre par une pléiade de policiers qui étaient au rendez-vous. »

Au bout du compte, le moins imprécis de tous est Henri Amouroux qui, au dixième et dernier tome de sa *Grande Histoire des Français sous l'Occupation*, fait état d'une statistique de la DST. « A la fin de septembre 1945, écrit-il, la surveillance du territoire fera savoir qu'il y eut 31 parachutages. Sur les 95 hommes parachutés (...), 86 avaient été arrêtés, dont 16, jugés, étaient déjà exécutés, 4 s'étaient tués ou avaient été tués à l'atterrissage, enfin 5 se trouvaient toujours en fuite. »

Nous avons vu que, pour s'approvisionner en « fausses identités », les « agents de Beugras recherchaient dans les camps de travailleurs français, les papiers d'identité et le signalement précis de ceux qui avaient été tués au cours de bombardements ». Les mêmes « agents de Beugras » s'approvisionnèrent-ils aussi dans les camps de la mort ? On peut se poser la question lorsque, dans ce livre exemplaire de l'histoire de la déportation qu'est *Sachso*, l'ouvrage collectif de l'Amicale d'Oranienburg-Sachsenhausen publié par Jean Malaurie dans sa collection *Terre humaine*, on peut lire : « Quand Skorzeny fait débarquer, en mars 1945, sur la Côte d'Azur, via l'Italie, un groupe de miliciens français qu'il a entraînés au sabotage, quels papiers d'identité leur fournit-il ? Ceux de prisonniers politiques français de Sachsenhausen, afin qu'ils puissent se présenter en déportés évadés dignes de confiance. »

Les « loups-garous » du SS-Obergruppenführer

Regrettons que *Sachso* n'en dise pas plus sur cet épisode que ne mentionne pas la biographie pourtant détaillée de Skorzeny par Glenn B. Infield... Que vient faire dans cette galère prenant eau de toutes parts, le SS-Standartenführer Otto Skorzeny, justement qualifié d'« aventurier le plus célèbre de l'Allemagne nazie » par l'historien new-yorkais Louis L. Snyder ? Depuis que, le 13 septembre 1943, il a fait s'évader Mussolini de sa résidence surveillée du Gran Sasso d'Italia, au plus haut des Abruzzes, le colonel SS est devenu l'homme de confiance de Hitler pour les « missions spéciales » ; son implication ici signifierait-elle que le Führer s'intéressait aux tentatives de Résistance inversée ? Ce qui est sûr, c'est que l'irruption du chef SS balafré et futur animateur de réseaux néonazis après la guerre, rappelle que le PPF et la Milice ne furent pas les seuls à essayer de créer « une Résistance à l'envers ». Les services secrets allemands, tout en finançant et encourageant doriotistes et miliciens, s'y employèrent parallèlement pour leur propre compte... Une entreprise assez similaire, mais beaucoup plus importante, car une entreprise à l'échelle de tout le Reich, ou plutôt de ce qui reste d'une Allemagne alors assaillie de tous côtés par les armées alliées victorieuses. Une entreprise théoriquement destinée à harceler les nouveaux occupants et à susciter des troubles dans leurs quatre zones d'occupation. Une entreprise dont le nom de code « Werwolf » (loup-garou) avait été fort bien choisi... D'une part, les loups-garous ont toujours frappé les esprits (« hommes changés en bêtes, sautant sur les épaules des passants attardés », écrit Emile Zola, dans *La Terre*). D'autre part le mythe du Werwolf (ou « Wehrwolf » à connotation gothique) était très à la mode dans la Hitlerjugend (HJ), la jeunesse hitlérienne. Aussi bien le Werwolf a-t-il connu une fortune romanesque inversement proportionnelle aux très rares recherches historiques le concernant, ce qui a beaucoup nui à sa crédibilité. D'où l'expression que nous venons d'employer : « entreprise théoriquement destinée à... ».

Oui, mais en 1998, un chercheur canadien, Perry Biddiscombe, a remis les pendules à l'heure en publiant aux Presses de l'Université de Torento, un fort volume clairement intitulé *Werwolf ! The History of the National Socialist Guerilla Monument, 1944-1946*. Il y montre, faits à l'appui, qu'il ne s'agissait pas d'« un mythe produit par une campagne de propagande lancée à la dernière minute par Joseph Goebbels ». Non, c'était une organisation clandestine née, le 19 septembre 1944, lorsque le Reichsführer SS Heinrich Himmler avait confié à son ancien représentant en Ukraine, le SS-Obergruppenführer Hans Prützmann, le soin de la mettre sur pied, à partir d'un « Bureau » spécialement créé, un état-major de deux cents officiers, situé à Petz, près de Berlin.

Les « loups-garous » du général SS Prützmann ont surtout sévi dans la zone d'occupation soviétique en Allemagne, mais ils se sont aussi signalés dans les autres, la française notamment. Un détail rapporté par le professeur Biddiscombe est d'ailleurs significatif... En novembre 1944, le SHAEF (*Supreme Headquarters Allied Expeditionary Force*), donc le GQG allié occidental, décida la mise en œuvre d'un « *program* » qui consistait à rencontrer et interroger « d'anciens résistants français, belges, polonais et tchèques ». Le but de ce « *program* »-là, c'était de mieux comprendre le phénomène Werwolf en étant mieux informé sur la Résistance européenne. Son animateur était le colonel H.G. Sheen, chef du « SHAEF Counter Intelligence »... Ajoutons que, selon Louis L. Snyder, déjà cité, « les membres du Werwolf se considéraient eux-mêmes comme un mouvement de résistance semblable aux armées clandestines qui avaient combattu les Allemands en Pologne, en France, en Italie et dans les Balkans ».

Les folies Beugras-Doriot et les « loups-garous » parrainés par Himmler furent contemporains, et nous disions plus haut qu'il avait fallu quelques années avant qu'apparaisse la « contrefaçon » suivante de la Résistance. Mais nous péchions par optimisme moral. Une courte année tout au plus... C'est en 1946 que s'agitent les dernières bandes du Werwolf, et c'est en 1947 qu'apparaît le projet de réseau international (au moins la Belgique, les Pays-Bas, le Luxembourg, la RFA, l'Italie, la Grande-Bretagne, le Portugal, l'Espagne, la France et la Suisse) qui sera connu plus tard sous le nom italien de « Gladio ». Ce n'est plus, cette fois, une Résistance inversée, mais une synthèse idéologico-militaire de Résistances virtuelles. « Virtuelles » jusqu'au jour attendu de l'invasion par l'Armée rouge... Là, ce ne sont pas seulement d'ex-amis et d'ex-ennemis qui se mêlent, mais carrément, parfois, d'anciens résistants et d'anciens traqueurs de résistants.

1947, donc... L'année, sinon de tous les dangers, du moins de toutes les inimitiés. L'année d'un à peine demi-siècle où la « guerre froide » naissante coupe le monde en deux : d'un côté, l'URSS et son « communisme », de l'autre, les USA et leur « capitalisme »... Dans un tel contexte, s'il est vrai que « Gladio » a été structuré à partir de schémas organisationnels de la Résistance, il est tout aussi sûr que le résultat ne pouvait être qu'aux antipodes de celle-ci. Faut-il rappeler qu'aux côtés de grands résistants, on trouvait là des figures de la sanglante fin du mussolinisme, la bien-nommée « République de Salo » ? Qu'avec d'autres anciens chefs de maquis, on y rencontrait l'un de ceux qui, avant la désignation de Hans Prützmann, avait nourri le projet du Werwolf, le « général gris » Reinhard Gehlen ? A quoi bon, puisque — une fois n'est pas coutume — la « raison d'Otan » (le Traité de l'Atlantique Nord étant la « couverture » de « Gladio ») a empêché, pendant plus de quatre décennies, que soit révélée la désastreuse vérité ? Bienheureuse raison d'Etat... Car imagine-t-on, par exemple, d'anciens résistants en train d'accepter la magistrale « bavure » de « Gladio », les quatre-vingt-cinq morts et deux cents blessés de l'attentat à la bombe du 2 août 1980 en gare de Bologne ?

« Nous sommes les nouveaux partisans ! »

Après ce difficile inventaire des copies non conformes et contrefaçons diverses, des plagiats dévoyés et décalcomanies déloyalement structurelles de ce que fut la Résistance, peut-on se réjouir d'aborder maintenant l'autre versant des imitations, celui des si nombreux admirateurs ?

C'est selon...

Tout au long des guerres coloniales, et pas seulement de l'Indochine à l'Algérie, nombreux furent ceux qui invoquèrent l'exemple de la Résistance française. D'abord, et si l'on peut dire majoritairement, du côté des partisans de l'indépendance. Mais aussi, et notablement, du côté de ceux qui étalonnaient leur patriotisme en mesurant et répétant la distance qu'il y a entre Dunkerque (Nord) et Tamanrasset (Hoggar) — et n'était-il pas déchirant de voir Georges Bidault, successeur de Jean Moulin à la tête du Conseil national de la Résistance (CNR), prétendre ressusciter ce symbole et en usurper l'image au profit de l'« Algérie française » ?... Mais qui dit guerres coloniales doit aussi y ajouter, dans le monde des années 1950 à 1980, de multiples autres guerres d'indépendance et guérillas tiers-mondistes dont les combattants s'identifièrent passionnément aux résistants de la Seconde

Guerre mondiale... De ces lointains héritiers d'Afrique, d'Asie et d'Amérique latine, on ne peut qu'attendre que soit enfin établi un jour l'émouvant catalogue... On risque d'être moins ému pour ce qui est de notre pays lui-même, et de l'Europe plus généralement.

Dans la période que l'on qualifie volontiers d'« après Mai 68 », apparaît une sorte d'hymne ou de nouvelle version du *Chant des partisans*. Il a été composé et est interprété par la chanteuse Dominique Grange :

Nous sommes les nouveaux partisans,
Francs-tireurs de la guerre de classe.
Le camp du peuple est notre camp,
Nous sommes les nouveaux partisans !

Dans la nébuleuse gauchiste post-soixante-huitarde, ce sont plus spécialement les maoïstes qui proclament la filiation. « Tant que les masses ne prennent pas le fusil, peut-on lire dans le n° 2 des *Cahiers de la Gauche prolétarienne*, en mai 1970, rien ne pourra véritablement changer dans les conditions de vie des opprimés. (...) Il faut éveiller une nouvelle Résistance, continuant l'ancienne. » Et il est clair que les « pères » ainsi revendiqués sont plus particulièrement les Francs-tireurs et partisans français (FTPF), branche armée du Front national (FN), comme nous le verrons.

Cette paternité est-elle acceptée par les anciens FTP ? En fait, tout dépend des rapports que ces ex-résistants ont alors avec le Parti communiste. Ceux qui ont rompu avec le PCF ou sont avec lui en querelle voient d'un bon œil ces jeunes émules. En revanche, ceux qui en sont membres ou sympathisants sont agacés, sinon indignés. Alors que Charles Tillon, Roger Pannequin, Jean Chaintron et quelques autres encouragent leurs remuants filleuls, du côté de Jacques Duclos, Gaston Plissonnier, Jean Chaumeil, etc., on parle plutôt d'usurpation, sinon de provocation.

Notons qu'au fil des décennies et des générations suivantes, d'autres jeunes gens impatients revendiqueront encore la même paternité. Tel sera le cas du « Collectif FTP », qui, affirme-t-il, « regroupe des individus d'horizons différents mais d'esprit libertaire, dont l'objectif est de donner informations et connaissances utiles à la lutte contre toutes formes de censure, d'autoritarisme et oppression ». Et d'ajouter : « FTP est aussi un fanzine thématique (cannabis, psychédéliques, fascisme, manipulations, écologie...) à parution irrégulière. » Parmi ces publications, un *Petit Dico des drogues* aux éditions de L'Esprit frappeur en 1997... Mais il arrivera aussi que la réincarnation soit plus bruyante, et même explosive... *Les FTP, mini-réseau en lutte armée contre les fascistes* titrera, par exemple, *Libération*, le 30 octobre 1998. Suit un article où David Dufresne écrit : « Ils ont pris les armes, et le maquis. Du moins : du plastic, et l'action clandestine. Leur nom : Francs-Tireurs Partisans. Leurs faits d'armes : une dizaine de plastiquages de permanences marseillaises » lepénistes, « parfois de domiciles de responsables locaux du parti d'extrême-droite, depuis 1991 ». Et Dufresne ajoute que « le groupe serait constitué de deux membres, trois peut-être, mais “guère plus”, assure un de ses proches ».

Peut-être que les jeunes plastiqueurs marseillais se sont réjouis de cette faiblesse de leurs effectifs en se disant que leurs ancêtres, les vrais résistants, n'étaient « guère plus » nombreux. Oui, mais il y a le contexte. Ce contexte un peu, beaucoup, passionnément différent...

Chapitre quatre

À CHACUN SA BOUSSOLE

Où Hitler descend les Champs-Elysées et Pétain investit le Grand Casino, tandis qu'après quelques cruels barouds d'honneur, les Français qui ne sont pas PG en Allemagne ont des problèmes d'orientation.

C'est presque devenu un lieu commun que de souligner le caractère profondément minoritaire et, par certains aspects, marginal de la Résistance à sa naissance, comme dans les premiers temps d'une croissance hasardeuse. Par réaction contre une imagerie rassurante qui tendait à accréditer la légende d'un peuple immédiatement lucide et ourdissant dès 1940 les complots de la liberté, il est d'ailleurs courant qu'inversement on exagère cette faiblesse numérique et enlumine trop complaisamment la marginalité de la Résistance à ses débuts. Certes, ils n'étaient guère plus de... Mais ils étaient là. Et bien là. Ils — qui ça, ils ? Dès qu'on veut essayer de montrer comment les résistants s'engagèrent et s'organisèrent, on ne peut échapper à une question fallacieuse et difficile, mais nécessaire et passionnante : qui furent les premiers ?

Les premiers, ce sont évidemment ceux qui, durant les six derniers mois de la pathétique année 1940, quand notre nation encore titubante fait l'apprentissage de la servitude, non seulement refusent d'accepter la défaite et de subir l'ordre nouveau mais s'emploient à se grouper pour matérialiser leur refus. Ce sont ceux qui lancent des appels aux accents apparemment si différents mais dont l'avenir retiendra surtout la communauté de révolte. Ce sont ceux qui, après que ces appels aient connu une diffusion plus importante qu'on a maintenant coutume de le dire, non seulement les écoutent et les entendent mais entreprennent d'y répondre pratiquement. Ce sont les premiers rédacteurs, imprimeurs et distributeurs de tracts clandestins, les premiers saboteurs. Ce sont ceux qui, systématiquement et publiquement, prennent l'initiative et assument le risque de saisir au vol et d'exploiter chaque événement, chaque incident susceptible d'engendrer la colère ou le rire, l'indignation ou l'émotion, d'ouvrir les yeux de leurs compatriotes dont les regards sont encore tout embrumés de stupeur.

Ce sont ceux-ci et ceux-là, certes, mais ne sont-ce pas aussi ceux qui, avant que ne se pose le problème de refuser la défaite, tentèrent, même isolément, même inefficacement, même désespérément, d'empêcher que cette défaite ne soit militairement consommée ? Ne sont-ce pas aussi ceux qui, face au déferlement des blindés de Hitler, ne jetèrent pas leur fusil pour se mêler plus facilement aux foules en fuite, ne se laissèrent pas parquer comme des bœufs dans les champs, mais s'obstinèrent à vouloir poursuivre une guerre qu'on ne leur donnait pas les moyens de faire ? Dès les premières pages de leur *Histoire de la Résistance en France*, Henri Noguères, Marcel Degliame-Fouché et Jean-Louis Vigier répondent : « Ceux qui refusent de lever les bras devant les avant-gardes de la Wehrmacht ou devant les bersaglieri emplumés, ceux qui tirent leurs dernières cartouches plutôt que de rejoindre sagement les longs troupeaux de prisonniers que quelques soldats feldgrau poussent devant eux, tous ceux-là obéissent déjà à ce réflexe national qui engendrera la Résistance. Ils n'accueillent pas avec soulagement l'annonce de la prochaine capitulation ; ils font la sourde oreille à la voix tremblotante de Pétain ; ils continuent à reconnaître pour leurs ennemis les nazis de Hitler et les fascistes de Mussolini. »

Le chasseur Fournol et le chasseur Darteil

Les hommes qui, en mai, juin et pour certains encore dans les premiers jours de juillet 1940, choisirent cette attitude méritent d'autant plus d'être considérés comme des résistants avant la lettre, que beaucoup d'entre eux, en faisant ce choix, firent le sacrifice de leur vie. Beaucoup, oui... Selon les sources auxquelles on se réfère, les chiffres varient : ici, on parle de cent vingt mille ; là, de quatre-vingt-douze mille. Mais les commentaires sont les mêmes : « Chiffres très élevés pour une campagne de quarante-cinq jours », remarque en effet Raymond Cartier, tandis que Robert Aron souligne : « Chiffre (...) considérable : il est le résultat de quarante-cinq jours de combats. A titre de comparaison, il y eut à Verdun, côté français, entre le 21 février et le 30 avril 1916, soit au plus fort de la bataille, soixante-huit mille tués. »

On connaît trop mal ces chiffres et l'on a bien vite oublié ces morts. D'autant plus mal connus et d'autant plus vite oubliés que ce sont des morts malchanceux, les morts du printemps quarante. Les morts de la défaite. Morts intrus et presque insolents, morts de mai et de juin dont les ombres semblent s'être égarées en un temps et des lieux où la plupart ne pensaient qu'à sauver leur peau. Même dans les livres, pourtant nombreux, qu'on a écrits sur la chute de la France, ils n'apparaissent qu'au détour d'une page, un peu par hasard. En rappelant maintenant quelques-uns de leurs combats, nous n'avons pas la prétention de leur rendre justice. Encore moins d'inventorier leurs principaux faits d'armes. Nous voulons simplement que quelques exemples permettent de mieux percevoir comment, chez ces résistants avant la lettre, frémissait déjà le refus fondamental. Le « réflexe national qui engendrera la Résistance ».

A la faveur de ces exemples, c'est plutôt ici d'officiers que nous parlons. Précisons toutefois qu'il n'est pas dans notre intention — et le pourrait-on, d'ailleurs ? — de réhabiliter en quoi que ce soit la majeure partie de l'état-major et l'essentiel des cadres supérieurs de l'armée française de 1939-1940 dont il est de notoriété publique que le trait de comportement principal fut cette veulerie même que devait plus tard fustiger le général Charles Delestraint, chef de l'Armée secrète (AS). Ils ont failli. On le sait. A leur mission, comme à l'honneur. Ils ont manqué — à tous les sens du terme. Cependant, l'emploi que nous faisons de *ils* ne doit pas étouffer les nuances ni masquer les exceptions. Au contraire... Un aspect notable de l'esprit de la Résistance fut le sursaut intérieur qui poussa des hommes à sortir du rang comme d'eux-mêmes, à franchir le pas et la ligne, à comprendre soudain l'urgence d'être non conformes, de savoir être exceptionnels. Plus fort est le contraste entre le comportement de quelques officiers glorieux en 1940 et la déliquescence de leur caste, la frousse félone de la plupart de leurs pairs, plus nettement apparaît ce sursaut, ce réflexe national. En outre ces exemples semblent propres à éclairer le comportement que, dans la Résistance, on verra des hommes de droite adopter. Certains devinrent résistants parce que d'abord bercés par une tradition nationaliste et militaire. Ne l'oublions pas.

Dans son livre *Justice pour ceux de 1940*, le général André Laffargue a décrit les combats que mena dans la Somme le 19e bataillon de chasseurs à pied qui avait été chargé, le 6 juin, de tenir un front de trois kilomètres cinq cents le long d'une petite rivière, le Liger. Après quarante-huit heures de feu, le 8 juin, les troupes françaises ont de plus en plus de mal à endiguer la vague allemande sans cesse grossissante. « Entourés de trois côtés, écrit le général Laffargue, les chasseurs font feu de toutes parts. D'un bord à l'autre de la route, on se fusille à dix pas et les balles guettent les têtes qui éclatent sous le choc. Chaque trou devient une citadelle que l'ennemi doit assiéger et réduire au silence en tuant chaque défenseur. Mais nos grenades s'épuisent et l'ennemi accable nos hommes sous les grenades à manche. Le chasseur Fournol, qui a infligé à l'ennemi de lourdes pertes au fusil, est grièvement blessé par l'explosion d'une grenade ennemie qu'il a voulu rejeter sur les Allemands. Le chasseur Darteil, lui aussi tireur d'élite qui commandait les V-B, n'ayant plus de grenades V-B, lutte à coups de fusil et tombe grièvement atteint. L'ennemi crie de se rendre. Les chasseurs restent sourds. Silencieux, pâles, les dents serrées, ils visent, ils tirent, ils visent, ils tirent, jusqu'à la blessure ou la mort : lutte sans rémission, presque à bout portant. Le sergent Villard est tué. Le caporal Méry et le chasseur Gimel, qui se distinguent particulièrement, sont tués. Successivement, les chasseurs Goutebelle, Angulo, Laurain, Gillet, Baysse, Charvillat, Chaineau, Julien, Ossemond ont été frappés à mort à leur poste même. Il y a quatre Allemands pour un Français : le nombre l'emporte. “Ils sont trop”, pensent nos chasseurs, mais ils continuent à se battre. Enfin les quatre fusils-mitrailleurs, détruits, se sont tus ; l'un après l'autre les fusils héroïques s'éteignent aussi, couverts de sang. »

« Les jardins sont remplis de cadavres... »

Le militant communiste et lieutenant Georges Beaufils, futur colonel Drumont dans la Résistance, était à Château-Thierry, début juin. « On nous avait chargés de la défense du nord de la ville, nous raconte-t-il. Le colonel a réuni les officiers et il nous a dit, simplement : “Vous devez tenir jusqu'à la dernière bouchée de pain, jusqu'à la dernière cartouche.” C'était très émouvant... A ce moment-là, on nous disait que les Allemands étaient à vingt kilomètres. Pourtant, lorsque j'ai voulu envoyer un de mes sous-officiers installer un poste, il s'est fait tirer dessus et est revenu me dire qu'en fait l'ennemi était à quelques centaines de mètres devant nous. Aussi, très vite, on s'est battu dans les rues. Dans les rues pendant trois jours. Les rues de Château-Thierry. Dans la mesure où ils étaient commandés et où ils avaient la possibilité de se battre, les soldats se battaient... Ainsi, nous, avec la valeur de moins d'un bataillon, pendant trois jours, on a freiné les Allemands au nord de Château-Thierry. Je me souviens d'un canon de 25, juste à côté de moi, dont les trois servants étaient particulièrement courageux. Sous mes yeux, ils ont mis en l'air cinq ou six automitrailleuses allemandes qui ne s'attendaient visiblement pas à une pareille résistance... Nous nous sommes battus jusqu'au 10 juin. Quand nous avons été coincés, certains ont essayé de franchir la Marne à la nage. Mais les Allemands les ont tirés à la mitrailleuse. Le PC de notre compagnie a été détruit et notre capitaine a été tué. Quand ils nous ont finalement pris, les Allemands voulaient nous fusiller, moi et mes deux sous-officiers... Je suis resté trois mois prisonnier et je me suis évadé en septembre. »

Le 11 juin 1940, à Saint-Valery-en-Caux, en Seine-Maritime, sur la côte de la Manche, c'est un des plus fameux chefs de guerre allemands, le futur maréchal Erwin Rommel, qui voit sa Panzerdivision, la 7e, freinée en pleine course conquérante par des soldats anglais et français qui s'acharnent derrière les barricades qu'ils ont dressées dans les rues du petit port normand.

Ce même 11 juin, le lieutenant René Billiottet est à la ferme des Coutures, près du village de Tugny, dans les Ardennes. Soudain, la compagnie qu'il commande, la 3e du 31e bataillon de chasseurs à pied, est isolée. Le lieutenant s'en inquiète et, écrit A.H. Boullet dans son livre *Jusqu'à en mourir*..., il « part à la recherche du bataillon. A peine a-t-il quitté la ferme des Coutures que devant lui il entend comme un bruit de blindés. Français ? Allemands ? (...) Il fonce vers le tournant pour voir. Et se trouve devant des chars à croix noires. Au moins une section. Près du plus proche, marche un homme casqué en veste de cuir. Malgré la surprise, le regard de Billiottet accroche une épaulette d'officier. L'homme lui crie en excellent français : "Rendez-vous, monsieur !" (...) Alors, sans un mot, Billiottet tend le bras droit et tire un coup, deux coups, trois coups. Comme un pantin cassé, l'Allemand bascule sur la route, le casque traversé. Des chars, la riposte est immédiate : à bout portant, Billiottet tombe foudroyé, l'index crispé sur la détente. »

Le lieutenant Xavier de Joybert était lui aussi sorti de Saint-Cyr. C'est le même auteur qui nous rapporte ce que fut sa fin, le 15 juin, à Revigny, dans la Meuse. « L'Allemand attaque avec force clameurs, note A.H. Boullet. Il est repoussé trois fois de suite. L'acharnement est tel que maintenant les jardins sont remplis de cadavres. Vêtus de kaki et de feldgrau. Malgré leur infériorité numérique, les tirailleurs ne sont nulle part enfoncés. Mais le pire malheur qui puisse arriver à un combattant vient à se produire : les Français ont épuisé presque toutes leurs munitions. Alors, contraint et forcé, Joybert doit donner le signal du décrochage. (...) Ils marchent longtemps dans un ruisseau inconnu d'eux qui n'est autre que l'Ornain, dont les eaux baignent Revigny (...). Brutalement, à cinquante mètres devant eux, débouche un régiment hippo de 105. L'uniforme gris-vert ne peut laisser aucun doute sur sa nationalité. Tout de suite, ils sont aperçus et les éclaireurs de tête leur crient : *Halt !* Se faire prendre au piège après avoir tant marché, non et non ! Sans perdre une seconde, la poignée de Français bondit dans le fossé, tandis que les mitraillettes allemandes se mettent à crépiter sans arrêt. Tout en haut du bois, ils s'arrêtent pour reprendre haleine (...) Joybert est plus tranquille que jamais : "Mes amis, dit-il, on a fait ce qu'on a pu. A présent, liberté de manœuvre. Partez et bonne chance..." (...) Soudain, le sous-officier comprend l'arrière-pensée de celui qui vient de parler. Les coups de feu se rapprochent, on entend des branches brisées. Il le supplie : "Mon lieutenant, ne faites pas cela, venez avec nous." La réponse est nette : "Allez !" Alors, pesamment, le cœur serré, les cinq s'éloignent à travers l'épais fourré... Joybert n'a pas bougé. (...) Quand ils arrivèrent sur lui, ils lui crièrent : *Hände auf !* Mais lui, dans un geste de suprême défi, ne leva le bras que pour brandir son pistolet sans cartouche et toutes les mitraillettes partirent en même temps. »

Alors officier de la Wehrmacht, l'écrivain allemand Ernst Jünger passe par Gien, dans le Loiret, le 22 juin 1940. Il note dans son journal intime : « Je vis là, comme sur une image à moitié effacée, au fond, des tours médiévales et, au premier plan, un décor complètement brûlé, qui fumait encore, avec des cadavres d'hommes, de chevaux, de toutes sortes d'animaux domestiques. A l'entrée, s'étalait le cadavre d'un porc, allongé, blanchâtre, gonflé comme une larve gigantesque. Le long des routes et des haies, les champs étaient jonchés de chars d'assaut hors d'usage. » Cinq jours plus tôt, au même endroit, le 17, sous l'impulsion de deux sergents nommés Bernardeau et Michel, des soldats des équipages hippomobiles de la 23e division, séparés de leur unité d'origine, avaient, pendant plusieurs heures, retardé l'avancc allemande en utilisant les armes qui leur tombaient sous la main.

Le lendemain, le 18 juin, c'est à Toul, en Meurthe-et-Moselle, que, comme l'écrit Pierre Ordioni dans *Les Cinq Jours de Toul*, « un régiment de réserve, le 227e d'Infanterie, dans le fracas d'un formidable bombardement, s'arc-boute pour briser le choc d'une division allemande qui a reçu l'ordre de s'emparer de la ville (...) il va se battre pendant cinq jours et ses derniers éléments, réduits à quelques centaines d'hommes, ne cesseront le feu que sur ordre, le 22 juin. »

Les « canonniers des profondeurs » et les « scaphandriers des collines »

La phrase que nous venons de citer à propos des vieux fantassins de Toul pourrait, mot pour mot, s'appliquer aux jeunes cavaliers de Saumur, dans le Maine-et-Loire... Le 15 juin, le colonel Michon qui commande l'Ecole militaire et d'application de la Cavalerie et du Train reçoit de l'état-major l'ordre de se replier sur Montauban. Un ordre qui ne sera pas exécuté. Pourquoi ? Parce que, comme l'écrira plus tard Yves Péchon, président de l'Association des Anciens Cadets de Saumur, « pour son chef et les instructeurs la décision est impensable ; l'école ne peut abandonner sa place au combat dans des circonstances aussi graves et sa défection entraînerait un trou de trente à quarante kilomètres dans la défense de la Loire. Le colonel Michon réclame et obtient l'autorisation de se battre avec ses officiers et ses élèves : "L'ennemi passera sur mon corps plutôt que je ne recule !" Ils s'y préparent tous avec toute leur foi et leur ardeur, malgré la demande d'armistice, le manque d'armes et de munitions et le secteur trop important pour une poignée de jeunes inexpérimentés. » La suite, on la devine. Il est 0 h 15, le mercredi 19 juin 1940, lorsque les blindés hitlériens débouchent devant Saumur. Un feu nourri les accueille. A lui seul, le cadet Houbie, tirant au canon de 25, met hors de combat sept chars, et deux véhicules blindés... Désormais, les combats ne cessent plus. Pendant trois jours, l'artillerie et l'aviation allemandes tentent d'écraser ce nid de résistance. En vain. Finalement, comme le précise Péchon, « une partie des élèves de l'école sera faite prisonnière sur ordre, après avoir détruit et enterré les armes, devenues inutiles sans munitions. Le colonel et l'étendard, accompagnés de volontaires, arriveront à percer les lignes allemandes ».

Gardons en main la loupe du calendrier pour observer au plus près cette France bousculée où les fuyards s'éparpillent. Image d'une époque, c'est dans la ville la plus calme d'une région réputée entre toutes paisible, à Romorantin, en Sologne, que, le 20 juin, le feu de la guerre crépite tout particulièrement. Historienne de la Résistance en cette région, Georgette Gueguen-Dreyfus raconte : « L'aspirant Jullien, chef de détachement-auto de la 19e division d'infanterie composée de Bretons, reçoit la veille, du chef d'état-major à Romorantin, l'ordre verbal de "tenir le plus longtemps possible à Chabris, afin de permettre le repli du corps d'armée". Deux autres officiers, le capitaine C. et le lieutenant L., se joignent à lui avec leurs hommes pour préparer la défense du pont de Chabris. L'armée s'écoule sans arrêt sur le pont. A 22 heures, tandis que les derniers éléments des troupes motorisées françaises viennent de le franchir, les premiers éléments allemands sont à Romorantin. L'aspirant Jullien dispose d'un autocanon de 47, placé face au pont, d'un canon de 75 qui prend le pont en enfilade et d'un fusil-mitrailleur qu'il servira lui-même. Le capitaine C. surveille le pont de chemin de fer et la route de Selles. Il place un char avec canon de 37 près du monument aux morts. Les Allemands arrivent. La sentinelle signale que certains suivent la route et se dirigent vers la berge. "A 7 heures, note l'aspirant, j'ouvre le feu sur une douzaine d'Allemands disposés en colonne par un, s'avançant vers la berge de droite. A partir de ce moment, des automitrailleuses et des camions arrivent par la départementale 16 venant de Gièvres. Le canon de 75 ouvre le feu. A 10 heures, deux mitrailleuses et deux camions allemands sont détruits. De nombreux fantassins ennemis abattus au fusil-mitrailleur et au mousqueton jonchent les prairies à gauche et à droite du pont. Les Allemands agitent le drapeau de la Croix-Rouge et, pendant une demi-heure, nous cessons le feu pour leur permettre de relever leurs blessés. Ils les installent à côté d'un camion de munitions qui, aussitôt après la reprise, est détruit par le canon de 47. Les blessés sont massacrés et des restes humains projetés partout dans les arbres qui bordent la route, vision horrible de la guerre que les habitants de Gièvres et les Chabriots n'ont pu oublier." Avec émotion, l'abbé Charpentier, curé de Chabris, témoigne son admiration au lieutenant. "Hélas ! répond l'officier, nous n'avons pas été encouragés à faire notre devoir." Parole terrible qui résume bien cette guerre perdue d'avance. » Cependant, les plus obstinés parmi les obstinés, ceux qui resteront le plus longtemps sous l'uniforme pour refuser la défaite, ceux qui douze jours après la signature de l'armistice et seize après l'« appel du 18 juin », l'appel de Charles de Gaulle, seront encore sous les armes comme pour braver le destin, ce seront ceux que Jean Labusquière, dans ses *Nouvelles Vérités sur les combattants*, appelle les « canonniers des profondeurs » et les « scaphandriers des collines », ceux dont la devise imprimée dans lc ciment, aux frontons des blockhaus, proclame : « S'enterrer sous les ruines plutôt que de se rendre », ceux qu'après avoir subi leur feu implacable, les Allemands devaient surnommer « les bouchers de la ligne Maginot »... Ah ! cette ligne Maginot, l'archétype des forteresses imprenables qui furent prises et des barrières infranchissables qui furent franchies. Comme, quelques années plus tard, l'allemand Mur de l'Atlantique... Ce système fortifié linéaire avait été construit tout au long de la frontière du Nord-Est, entre 1927 et 1936, sous l'impulsion du sergent André Maginot, le « député combattant » devenu ministre de la Guerre pendant une décennie (1922-1932)... Or de ces « bouchers de la ligne Maginot », précisément, Jean-Gabriel Duplaix en était.

Futur responsable dans le maquis, futur officier de la Ire armée française, officier de la Légion d'honneur à quarante ans et chef d'état-major du Génie à Lyon, il nous raconte : « A la mi-juin, nous avons reçu de l'état-major l'ordre de quitter nos ouvrages fortifiés et d'essayer de rejoindre les lambeaux de l'armée française. Avec cet ordre, personne n'a été d'accord. Nos chefs, le colonel Cochinard et le commandant Guillebault, ont donc réuni tous les officiers. Ils ont délibéré. Ils ont pris la décision de tenir jusqu'au bout. C'était environ vers le 16 juin. Par radio, le colonel Cochinard a fait part de cette décision à l'état-major. L'état-major n'a pas réagi. Le 22 ou le 23 juin, le colonel a renouvelé son message en précisant cette fois, je m'en souviens très bien : “Tous équipages de la ligne Maginot tiennent sans défaillance de Sarre à Moselle”... Toujours aucun accusé de réception du côté français ; par contre, la Suisse avait capté le message et les Allemands aussi. A partir de ce moment, d'ailleurs, les Allemands se sont branchés sur nos boîtes de coupures téléphoniques à l'intérieur des ouvrages. Quand nous décrochions le téléphone, nous les entendions nous parler en excellent français. Le plus souvent, ils nous disaient : “Alors, vous le rendez cet ouvrage ?...” Après la signature de l'armistice, le 25 juin je crois, nous avons reçu officiellement l'ordre de déposer les armes. Vous pensez bien qu'on n'allait pas abandonner comme ça... A partir de ce moment-là, à trois ou quatre reprises, les Allemands ont essayé de s'approcher. Je les revois encore : une fois, ils se sont avancés en colonne, le torse nu, en chantant “Heili, heilo !” Ils ont franchi la lisière du bois d'Ottonville. Nous, on les a laissés approcher et, lorsqu'ils ont été assez près, l'artillerie a utilisé toutes ses pièces tandis que nous, les fantassins, nous tirions avec toutes nos mitrailleuses. Ceux qui étaient encore debout sont très vite partis... Dans les jours qui ont suivi, les démarches auprès de nos chefs pour obtenir notre reddition se sont multipliées. Démarches allemandes et françaises. Le colonel Cochinard leur a toujours opposé une fin de non-recevoir. A peu près tous les hommes répétaient qu'ils préféraient se battre jusqu'au bout... Alors, la commission d'armistice nous a envoyé un lieutenant-colonel. Il exigeait, non seulement que nous évacuions les ouvrages, mais encore que nous nous constituions tous prisonniers. Nous étions vingt-deux mille cinq cents et les Allemands faisaient de notre capture une condition à la création d'une zone libre en France. Le colonel Cochinard a dit à cet émissaire que la mission qu'il accomplissait était indigne d'un officier supérieur de l'armée française... Mais, finalement, que pouvions-nous faire ? Rien... Aussi, le colonel nous a tous réunis le 3 juillet et il nous a dit : “Il n'y a plus rien à faire, nous sortirons demain matin...” Je m'en souviens comme si c'était hier. Des soldats pleuraient. Des officiers aussi... Et le dernier matin est donc arrivé, ce matin du 4 juillet 1940 ! Vers 7 heures, le commandant Guillebault est sorti le premier. Les Allemands attendaient à la porte. Ils rendaient les honneurs mais, déjà, leur drapeau à pattes crochues était accroché à notre ouvrage, un grand drapeau de huit mètres de haut avec la croix gammée, rouge avec la croix gammée... Le commandant s'est avancé. Il n'en pouvait plus. Il avait gardé son sabre puisqu'il avait droit aux honneurs de la guerre. Mais, tout d'un coup, il a pris ce sabre, il l'a cassé sur ses genoux, il l'a jeté par terre et il s'est mis à hurler en direction des Allemands : “Vous nous avez eus mais les Anglais vous auront !”... Immédiatement, il a été pris et embarqué dans une voiture. Je ne sais pas ce qu'il est devenu... »

Ces généraux morts les armes à la main...

Contrairement à ce que l'on pourrait croire, l'attitude du commandant Guillebault, le défi désespéré qu'il lance à la face de l'ennemi triomphant, n'est pas exceptionnelle en ce printemps quarante. Le sacrifice d'un Joybert ni l'acharnement des cadets de Saumur non plus. La lamentable image de gradés se dégradant eux-mêmes pour s'enfuir vers l'arrière à la faveur de l'exode et les critiques justement formulées contre la sclérose du grand état-major ne doivent pas occulter l'attitude des officiers supérieurs et même généraux, dont le sens patriotique et l'esprit de Résistance presque avant la lettre se manifestèrent avec éclat au cœur même du désastre. Ainsi oublie-t-on parfois qu'en ce mois de juin des généraux sont morts les armes à la main tandis que d'autres tentaient des levées en masse contre le déferlement de la défaite...

Dans son *Journal politique*, le sénateur Jules Jeanneney rapporte comment, le 15 juin, à Arc-lès-Gray, en Haute-Saône, le général Maurice de Courson de la Villeneuve, un cavalier qui avait repris du service à plus de soixante ans, fut « tué glorieusement, un mousqueton à la main, après avoir refusé de se rendre ». De même, entendu le 14 décembre 1948 par la commission Charles Serre, l'ancien sous-chef d'état-major de la IXe armée, le général Véron, a-t-il pu déclarer : « Le général Augereau a participé, à mes côtés, aux dernières heures de la défense du quartier général que l'on a défendu (...) par les portes, par les fenêtres, à coups de pistolets, à coups de fusils. Le général Augereau a été frappé d'une balle alors qu'il faisait lui-même le coup de feu, avec son pistolet, à la porte même du PC du Catelet. Ainsi, le chef de notre aviation d'armée a disparu dans cet épisode d'une manière que je puis qualifier d'héroïque... »

A la même époque, sur le front oublié où Mussolini accourt à la curée, un ultime effort est tenté. Dans *La Lutte pour les Alpes*, Henri Azeau le relate : « Le 15 juin, le général Olry (...) choisit de faire face au nouvel ennemi allemand qui menace ses arrières sans enlever un homme, une arme, aux troupes qui font face à l'Italie. (...) Devant le péril, le général retrouve un réflexe de l'Histoire de France et décide une "levée en masse" contre l'envahisseur. Il va rassembler tous les hommes qu'il pourra réunir, toutes les armes sur lesquelles il pourra mettre la main. »... Finalement, caractéristique des réactions d'une minorité non négligeable des cadres de l'armée française est donc la scène que Roger Pannequin a rapportée à Claude Angeli et Paul Gillet, lorsqu'ils écrivaient *Debout, partisans !* ; cette scène où l'on voit « un colonel aux cheveux gris qui pleure. Il a été pris dans les derniers combats de Courrières. Il a vu des officiers abandonner leurs soldats et fuir. Le vieux colonel n'arrête pas de pleurer et répéter : "Mes enfants, ça ne peut pas se passer comme ça. Moi, je vais y rester, moi, je vais crever, mais je m'en fous. Mais vous, vous êtes des jeunes, il faudra reprendre les armes. Il faudra reprendre les armes." »

Pour rendre encore plus directement, plus physiquement perceptible au lecteur ce réflexe national du printemps quarante, nous avons été amenés à choisir des exemples précis, donc à personnaliser, à individualiser. Il ne faudrait pas en conclure qu'il ne s'agissait que d'actes isolés. Quelques dizaines, même quelques centaines d'escarmouches héroïques n'auraient pas suffi pour provoquer, en quarante-cinq jours, la mort de plus de cent mille hommes. Il y eut plus. La vérité, c'est que, comme l'écrit le général et procureur américain à Nuremberg, Telford Taylor dans *Comme une faux gigantesque*, « beaucoup de Français se sont battus : la Ire armée Prioux à Lille, la division blindée de De Gaulle, le 16e corps Fagalde à Dunkerque, la VIIe armée de Frère à la tête de pont de Péronne, même le centre et l'aile gauche de la malheureuse IXe armée Corap à Monthermé et à Dinant ».

De même convient-il de noter que ce qu'Antoine de Saint-Exupéry devait appeler « notre lutte désespérée contre l'évidence » ne se déroula pas seulement sur des champs de bataille terrestres et ne concerna pas seulement des militaires. Des aviateurs et des marins en furent. Des civils aussi. Et parfois l'expression de ce refus fondamental de la défaite, la manifestation de cette *pré-Résistance* prit des formes originales, inattendues. La fuite, par exemple. Non pas la fuite des fuyards, mais l'enlèvement hors du sol menacé et la mise en lieu sûr d'armes, de richesses ou de matériel susceptibles d'être utilisés par l'ennemi s'il s'en était emparé. La bataille de l'eau lourde, l'évacuation en Afrique de l'or de la Banque de France, aussi bien que l'évasion du torpilleur le *Lansquenet* du port de Bordeaux et les discrètes missions du chef du blocus restent des exemples caractéristiques de ce genre d'opération dont on voit d'ailleurs les acteurs déployer par avance des qualités (courage, sens du secret, obstination, initiative) qui seront bientôt celles-là mêmes des protagonistes de la lutte clandestine.

Ce n'est pas un hasard si des historiens aussi différents qu'André Latreille et Jean Hugonnot considèrent le sauvetage de l'eau lourde comme le fait marquant, l'événement qui marqua le véritable début de la Résistance. Et ceci très explicitement. « La Résistance intérieure a commencé très tôt, écrit en effet Latreille, avant même le 18 juin 1940, comme le prouve le geste héroïque du professeur Joliot-Curie faisant embarquer à Bordeaux, quelques jours avant l'armistice, le stock mondial d'eau lourde venu de Norvège et entreposé au Collège de France. » Et Hugonnot renchérit : « On fait dater, en général, le début de la Résistance française de juin quarante. Cependant, elle n'a pas commencé à cette date précise. Nous n'en voulons pour preuve qu'un événement extraordinaire datant du mois d'avril 1940 : le sauvetage de l'eau lourde, qui permit de ravir à l'Allemagne hitlérienne le bénéfice d'une sensationnelle découverte. »

Stock d'eau lourde et stock d'or

Avec le recul du temps, on comprend mieux l'importance qu'eut la mise à l'abri de ce que, le 11 janvier 1949, devant la commission Charles Serre, Raoul Dautry, ministre de l'Armement en juin 1940, devait appeler le « petit stock d'eau lourde que j'avais constitué pour permettre l'étude d'une bombe atomique ». Que se serait-il passé, en effet, quel aurait été le sort du monde si, au mois d'avril, en Norvège, ou au mois de juin, en France, les nazis avaient pu s'emparer de ce « petit stock » ?... Heureusement, ils ne le purent pas. Pourquoi ? « Mai quarante : c'est l'offensive allemande en Hollande et en Belgique, répond Michel Rouzé. Frédéric Joliot-Curie, capitaine d'artillerie, est directeur du groupe I des recherches de guerre. Il n'a qu'une pensée : empêcher les Allemands de s'emparer du stock d'eau lourde. Ces deux cents litres d'eau lourde, il a bataillé pour les faire venir de Norvège, où se trouve la seule usine productrice en Europe. Si les Allemands les trouvent, cela peut signifier pour eux une économie de plusieurs années dans leurs recherches atomiques. Les bidons contenant le précieux liquide sont d'abord entreposés dans les caves de la prison de Riom, pendant que Halban et Kowarski commencent à monter à Clermont-Ferrand un laboratoire où se poursuivront les recherches. Mais les blindés hitlériens déferlent sur la France trahie. Pétain demande l'armistice. Sur l'ordre de Joliot-

Curie, Halban et Kowarski réussissent à s'embarquer à Bordeaux juste avant l'arrivée des nazis. Ils emportent avec eux l'eau lourde qui sera mise à la disposition des Alliés. Eux-mêmes travailleront dans les laboratoires atomiques, en Grande-Bretagne, puis outre-Atlantique, où sera réalisée en 1942, à Chicago, la première pile atomique. A Paris, les Allemands furieux convoquent Joliot-Curie : "Savez-vous quel bateau ont pris vos collaborateurs ?" Trois bateaux avaient quitté Bordeaux ce jour-là. Deux ont été coulés par la Luftwaffe. Halban et Kowarski étaient sur le troisième. Avec beaucoup de sang-froid, Joliot-Curie donne le nom d'un des bâtiments qui ont disparu. Les Allemands sont rassurés. Jusqu'à la fin de la guerre, ils ignoreront que l'eau lourde est à la disposition de l'effort de guerre allié ainsi que les deux ingénieurs français qui l'ont emportée. »

Sans doute peut-on estimer que la prise du stock d'or de la Banque de France par les autorités allemandes n'aurait pas été aussi catastrophique que celle du stock d'eau lourde. Toutefois, le ministre des Finances du Reich n'eût certainement pas été mécontent de voir entrer dans ses coffres les seize mille caisses de lingots et sacoches de louis représentant au total mille neuf cents tonnes d'or... Le grand argentier de Hitler n'eut pas ce plaisir. Pourquoi ? Parce que, répond Hervé Le Boterf, l'auteur de *La Bretagne dans la guerre*, « depuis la fin mai, les stocks d'or avaient été évacués de Paris et de divers centres de province, en direction de Toulon et de Brest. Les deux millions de kilos d'or — ou presque — arrivés dans ce dernier port avaient été entreposés du 31 mai au 15 juin au fort du Portric. Et, bien entendu, lorsque le travail fut terminé, un contre-ordre enjoignit de ramener, dès le lendemain, le stock à quai, pour un embarquement imminent ! Disposant de huit camions capables de décharger seulement trois tonnes à l'heure, Gontier et ses adjoints calculèrent qu'il ne faudrait pas moins d'une semaine pour remplir leur mission... alors que les Allemands n'étaient plus qu'à deux jours de faire leur entrée à Brest ! Heureusement, des voitures du service de répurgation, des camions français et une dizaine de poids lourds anglais purent être récupérés au cours de ces quarante-huit heures de véritable suspense, pour permettre, sur une voie défoncée de surcroît par un récent bombardement, d'acheminer les dix mille caisses de lingots, de pièces, sur les débarcadères de Laninon. »

A Laninon, précisément, Roger Arnould y était. A l'époque, en effet, ce futur cadre du parti communiste clandestin, qui, à Buchenwald, deviendra l'un des rares organisateurs de la Résistance dans les camps de concentration, se trouvait mobilisé comme quartier maître-timonier à bord d'un paquebot rapide transformé en croiseur auxiliaire, *El Mansour*... « Notre navire, nous raconte-t-il, avait été mis à quai à Laninon, c'est-à-dire l'ancienne Ecole navale, avec six autres bâtiments dont deux anciens bananiers. L'or arrivait dans des camions de tous genres, des grands, des petits, des voitures de livraison, des bennes de travaux publics, des camions de tous gabarits. Sur chacun, il y avait le chauffeur et un gendarme. Et tous ces camions arrivaient sur le quai alors que déjà les Allemands attaquaient la ville. Sur chaque navire, une partie de l'équipage était au poste de combat tandis que l'autre partie chargeait les caisses et les sacs. Des caisses de quarante-sept kilos pour les lingots et des sacs de soixante-trois kilos pour les louis. De l'or, uniquement de l'or. On a embarqué comme ça pendant deux ou trois jours, jusqu'à la dernière minute, le 18 juin en fin de matinée. Le chauffeur de chaque camion donnait à un officier son bordereau de livraison où figurait tout ce qu'il transportait. On embarquait ça dans des filets avec des mâts de charge. Ceux qui étaient sur le quai pointaient ce qu'il y avait dans le filet. On transportait tout ça en fond de cale. On arrimait. On refaisait le compte. Selon les navires, le chargement variait de quatre-vingts à cent cinquante tonnes d'or. On a aussi embarqué un administrateur de la Banque de France... Le 18 juin vers midi, le départ de Brest a été assez fantastique. La pagaille dans le port était aggravée par les filets sous-marins qui protégeaient la rade. Déjà, un navire-hôpital s'était pris dans les filets. Enfin, on est sorti et on a pris la direction du sud en navigation de guerre, c'est-à-dire en zigzag. Sur les bateaux, les équipages étaient aux postes de combat tandis que d'autres gars refaisaient les comptes, les comptes faits sur les quais et les comptes faits à fond de cale. Des comptes qui n'arrivaient pas à coïncider... La première escale a été Casablanca. Nous étions en mer quand l'armistice a été signé. Alors, on a cessé de naviguer en zigzag. On a mis le cap sur Dakar. On est arrivé à Dakar le 27 ou le 28 juin. On a commencé à débarquer l'or et à le recompter. Une fois toutes les caisses alignées sur les quais, il a fallu compter et recompter une vingtaine de fois pour que tout tombe juste. Ensuite, l'or a été chargé dans des wagons et est parti par chemin de fer vers l'intérieur du Sénégal... »

Quand le chef du blocus organise l'évasion des inventions...

Si l'eau lourde et l'or sont les « évacués » les plus connus de ce printemps-là, ils ne sont pas les seuls. D'autres matières précieuses sont rapidement et discrètement mises à l'abri hors des frontières. Haut fonctionnaire socialiste, syndicaliste proche de Léon Jouhaux, Gaston Cusin avait, durant la guerre d'Espagne, lorsqu'il était responsable des Douanes, joué un rôle important dans l'approvisionnement en armes des Républicains, or le même Cusin se retrouve au printemps quarante chef du blocus ou, plus exactement, « chef du service du blocus et de la guerre économique », et donc chargé d'organiser nombre de ces départs. Son chef de cabinet est le colonel d'aviation

Marcel Flouret, futur préfet de la Seine à la Libération. Un tandem efficace... « Déjà, nous raconte Gaston Cusin, en mai 1940, on avait fait sauter les raffineries de la Basse-Loire, dont celle de Donges. Il avait d'ailleurs fallu pour cela trouver des grenades en aluminite. Ensuite, après avoir participé au départ de l'eau lourde et de Longchambon qui était alors directeur de la recherche scientifique, je me suis occupé de faire évacuer un radar, dont le père de Michel Rocard était l'inventeur. De la même façon, nous avons fait partir toute une série d'inventions intéressant la défense nationale... À Bordeaux, où j'avais suivi le gouvernement, j'ai retrouvé le préfet Bodenant dont le futur préfet Maurice Doublet était le chef de cabinet. L'un et l'autre avaient été mes "complices" pendant la guerre d'Espagne. Ensemble, on a fait "dispatcher" le stock de diamants qui venait de Hollande. On les a mis dans le coffre-fort du directeur général des Douanes où ils sont restés jusqu'à la fin de la guerre. Avec Bodenant, on a réquisitionné tous les aviateurs possibles. On a ainsi formé une équipe d'une cinquantaine de pilotes et, avant que les Allemands n'arrivent à Bordeaux, on a évacué vers des terrains de la zone sud les centaines d'avions qui étaient à Mérignac. » Comme nous l'avons déjà remarqué en citant André Latreille et Jean Hugonnot à propos de l'eau lourde, nombre d'auteurs tendent à considérer les opérations de cette sorte comme les premiers actes, sinon des actes de naissance, de la Résistance française. Ainsi, après avoir raconté comment s'évada du port de Bordeaux le torpilleur de mille sept cents tonnes, le *Lansquenet*, navire ultramoderne qui se trouvait encore sur son chantier de construction et prenait la mer pour la première fois, Michel Slitinsky ajoute-t-il : « Si la Résistance restait à inventer, un des premiers actes de naissance avait bien été célébré en juin 1940 sur les bords de la Garonne. »

Du militant ouvrier antifasciste s'engageant contre Franco en Espagne au général de famille noble mourant un mousqueton à la main face aux troupes de Hitler, nous pouvons déjà nous faire une idée de la diversité des racines de la Résistance. Nous savons aussi maintenant à quelle profondeur ses racines plongent dans l'histoire de notre nation. Aussi bien est-il normal que diversité et profondeur, pour ne pas dire complexité, n'aillent pas ici sans contradictions. Que de fois avons-nous constaté la difficulté que des acteurs pourtant lucides, des témoins précis de ces jours difficiles avaient à mettre au clair les propres mouvements de leur âme, les élans qui avaient été ceux de leur tête et de leur cœur en ce temps-là. C'est le plus souvent dans un miroir brisé que se reflète la France éparpillée de l'exode, la France coupée en morceaux du début de l'occupation. Aussi bien ne peut-on évoquer cette préhistoire et ces tout débuts de la Résistance sans que des questions se posent auxquelles des gens d'opinions différentes ne peuvent apporter que des réponses différentes.

Bornons-nous à en mentionner quelques-unes, ne serait-ce que pour mettre en garde contre les opinions trop hâtives et trop tranchées... Même si la honteuse cérémonie de mise à mort de la République, le 10 juillet, à Vichy et la navrante fortune que le mythe du « bon Maréchal » va connaître dans l'opinion publique jusqu'en 1941 vont singulièrement obscurcir l'horizon et détruire de possibles germes, le printemps 1940 reste aussi le temps des velléités et des nuances... Comment le président du Conseil Paul Reynaud put-il être, simultanément, d'une part l'homme qui, le 17 juin 1940, disait à Joseph Laniel sa certitude de la victoire de l'Angleterre, l'homme qui, le 20 mai, repoussait avec colère les propositions que le diplomate suédois Raoul Nordling lui transmettait au nom du maréchal Goering, l'homme que paraissait hanter l'idée d'une résistance acharnée dans le cadre d'un « réduit breton », et, d'autre part, celui qui, en appelant Philippe Pétain au gouvernement et Maxime Weygand à la tête des armées, faisait littéralement entrer le loup dans la bergerie ?

Et Georges Mandel... Le Mandel que les miliciens, ces tueurs français déjà rencontrés au service du nazisme, assassineront comme résistant, pourquoi donne-t-il, en ces jours de juin, l'impression de laisser passer les événements comme on laisse couler du sable entre ses doigts ?

Et les parlementaires et ministres qui s'embarquent sur le paquebot *Massilia* et qui parviennent au Maroc, comment expliquer qu'ils s'y laissent piéger si facilement ? Et ces députés socialistes et radicaux qui, trois ou quatre ans plus tôt, faisaient figure de protagonistes dans la grande aventure du Front populaire, pourquoi seront-ils si nombreux à apporter leur voix à Pétain ? Ce n'est pas par naïveté que nous posons ces questions. Le but de ce rappel est donc plutôt psychologique... Tout simplement parce qu'on ne tente pas de peindre une époque si troublée sans être parfois troublé soi-même.

Dans ce pays déboussolé, chacun dut se guider avec sa propre boussole. Et encore fallait-il en avoir, une boussole ! Combien durent se contenter d'une lampe ramassée, d'un lumignon à peine visible. Images faciles pour dire un temps qui ne le fut pas. Non, en effet. Ce ne fut ni simple ni facile. Les chemins furent souvent tortueux qui menèrent les uns à la Résistance et d'autres à l'attentisme, quand ce ne fut pas à la Collaboration. Si l'on veut vraiment essayer de comprendre ce que furent la mentalité et l'action ultérieure des résistants, il ne faut jamais oublier cette brume première... L'immense et pesante brume de l'été quarante... Une brume d'été dont on ne s'étonnera pas qu'en une époque aussi paradoxale, ce soit finalement une image d'automne qui la symbolise le mieux.

Le « plus grand et plus beau » jour de la vie de Hitler

Rarement image, rarement photo fut aussi souvent reproduite à travers livres et journaux, rarement cliché roula autant sur les rotatives françaises que celui de la poignée de main échangée, au seuil d'un wagon-salon, dans une petite gare de Touraine, par un caporal allemand de cinquante et un ans et un maréchal français de quatre-vingt-quatre ans. L'expression « une poignée de main historique » allait être, par la suite, très couramment employée, répétée, galvaudée pour qualifier le geste de Montoire. D'ailleurs, moins de quarante-huit heures après l'événement et dès que l'annonce en fut officiellement diffusée, un des deux principaux quotidiens de l'époque, *Le Petit Parisien*, titrait sur huit colonnes : *24 octobre 1940, une date dans l'histoire de la France et de l'Europe*....

Depuis, l'image qui réunit Adolf Hitler et Philippe Pétain n'a cessé d'être évoquée, d'un côté comme un symbole irrécusable de trahison, de l'autre comme une preuve de suprême astuce et de grande rouerie. A la vérité, pourtant, l'entrevue de Montoire ne fut que la confirmation d'un état de fait existant depuis déjà plus de trois mois, depuis que le 23 juin 1940 le caporal tout-puissant avait visité Paris au petit matin et que, le 10 juillet, le maréchal sans pouvoir avait enterré la République à Vichy. Aussi bien, plus qu'avec le spectacle soigneusement mis en scène de Montoire, plus même qu'avec le rituel juridico-militaire de la signature de l'armistice, le 24 juin, au fameux carrefour de Rethondes, est-ce à travers cette visite et cet enterrement que l'on atteint à la réalité profonde du tragique été 1940. Le 23 juin à Paris et le 10 juillet à Vichy, non seulement l'homme Hitler et l'homme Pétain mais les forces que représente le Führer et celles qui manipulent le Maréchal ont visiblement le sentiment d'enfin réaliser leur rêve. Pour le chancelier du IIIe Reich qui s'est exceptionnellement fait accompagner par son architecte préféré et son sculpteur favori, par ceux qu'il a chargés de ponctuer l'Europe de monuments colossaux et de statues gigantesques, la promenade à l'aube dans un Paris vaincu et apparemment dépeuplé, c'est l'occasion de mesurer l'ampleur et la pérennité de l'empire qu'il entend édifier « pour mille ans » ; quant au chef de l'« Etat français » en train de naître, le scrutin apparemment légal du Grand Casino de Vichy lui apporte l'instant béni et tant espéré où le suicide collectif des politiciens « de la IIIe » consacre l'abaissement et la ruine d'un régime républicain depuis toujours honni et vilipendé.

Visite du 23 juin et vote du 10 juillet valent donc d'être contés...

Le dimanche 23 juin 1940 est un très beau dimanche d'été. C'est sous un ciel déjà inondé de soleil que se pose au Bourget, un peu après cinq heures du matin, l'avion qui transporte Adolf Hitler. Autour du Führer, dans l'appareil, les passagers sont peu nombreux. Pour visiter Paris, le maître du IIIe Reich a soigneusement choisi ses compagnons : Martin Bormann, chef de la chancellerie et le plus proche des lieutenants de Hitler ; Wilhelm Keitel, le chef de l'OKW donc le principal chef militaire allemand ; le professeur Karl Brandt, l'un des médecins habituels du dictateur ; Otto Dietrich, chef de son service de presse ; l'architecte Albert Speer, futur ministre de l'Armement du Reich, et le sculpteur Arno Breker. A cet entourage prêt à recueillir son moindre propos, le Führer, depuis le dîner de la veille, n'a pas caché son émotion. Chacun sait qu'il songe à l'époque où, un quart de siècle plus tôt, obscur combattant de l'armée allemande, il a été, dans les combats de la Somme, non loin de Bapaume, sérieusement blessé à la jambe par des balles françaises. Chacun sait que, particulièrement sensible au contraste, il savoure ces heures parisiennes. « Un jour, notera Jacques Robichon, devant le général Alfred Jodl, il devait avouer que ce moment avait été le plus grand et le plus beau de toute sa vie. » De même, Eberhard Jäckel n'hésite pas à parler de « jours de triomphe, tout illuminés par la certitude de la victoire », tandis que Arno Breker pose la question : « Cet instant ne fut-il pas l'apogée de Hitler ? »

Le quadrimoteur FW 200 Condor piloté par le capitaine Hans Bäur se pose donc au Bourget un peu après cinq heures du matin... Mais écoutons Arno Breker, ce bon élève des Beaux-Arts, habitué des boîtes de Montparnasse dont Hitler a fait son Phidias pour éterniser dans le marbre les biceps, les narines et les croupes de la « race des seigneurs ». « Au Bourget, raconte celui qui a intitulé ses souvenirs *Paris, Hitler et moi*, une colonne de voitures nous attendait. Hitler prit place dans la première automobile ouverte, à côté du chauffeur, me priant de m'asseoir derrière lui avec Speer (...). Nous nous rapprochâmes de la banlieue limitrophe à vive allure sur une route absolument déserte, nous frayant un passage en zigzaguant à travers les barricades françaises encore debout. Les premiers postes allemands nous ouvrirent la voie en saluant. Nous atteignîmes la porte de la Villette, prîmes la rue de Flandre ; la rue Lafayette en pente nous permit d'apercevoir pour la première fois la coupole de cuivre de l'Opéra. Paris semblait mort. Pas une âme. Les groupes d'immeubles que la vie paraissait avoir désertés passaient, fantomatiques et irréels... » Ainsi commence un périple qui va se poursuivre par l'Opéra, la Madeleine, la place de la Concorde, les Champs-Elysées, la place de l'Etoile, le Palais de Chaillot, les Invalides, la *Closerie des Lilas*, le Panthéon, l'Hôtel de Ville et le Sacré-Cœur. En suivant cet itinéraire étape après étape, on fait tout à la fois un circuit touristique et une excursion dans le subconscient hitlérien.

L'hallucination des « poissardes rondelettes »

L'Opéra... « Arrivé à l'Opéra un matin à six heures, écrit Yvon Bizardel, Hitler avait fait lever le rideau et allumer les lustres. Solitaire au milieu de la scène, il avait longuement regardé dans le vide. »

Les Champs-Elysées... Se référant, dans ses *Histoires secrètes de l'occupation de Paris*, à un témoignage de l'épouse de Baldur von

Schirach et au souvenir d'Otto Dietrich, Pierre Bourget rapporte : « Descendant les Champs-Elysées, Hitler fait soudain stopper la voiture : “Speer !

— Mein Führer ?

— Mesurez-moi la largeur de l'avenue !” Et, très approximativement, le futur ministre de l'Armement s'exécute. Quand il reprend sa place à côté de Hitler, il indique la mesure relevée ; songeur, Hitler répond : “A Berlin, nous ferons une avenue triomphale de cinq à dix mètres plus large !” A ses yeux, en effet, la perspective de l'Etoile à la Concorde n'est pas assez “grandiose” ; pour Berlin, il fera plus vaste, plus *kolossal* et, réflexion faite après le premier calcul du 23 juin, décidera “de porter la largeur de la future Grande Avenue de Berlin de quarante à cent vingt mètres et d'agrandir en proportion l'Arc de Triomphe devant être construit en son milieu” ! »

Les Invalides... Restons avec Pierre Bourget : « C'est aux Invalides, devant le Dôme et après une méditation auprès du tombeau de Napoléon, que la coupe du lyrisme hitlérien va déborder. (...) Hitler descend, seul, dans la crypte, reste immobile, pendant de longues minutes, devant la vasque de porphyre rouge, et repart, sans rien dire à ses compagnons. (...) Sa visite des Invalides a fait sur Hitler une “impression profonde”, si profonde même qu'il décide aussitôt de faire élever de son vivant un mausolée dans sa ville préférée, Munich, berceau du national-socialisme. »

Les Halles... Nous revenons au récit d'Arno Breker : « Nous sillonnâmes le fameux quartier des Halles, centre du ravitaillement de Paris. Il était presque vide, preuve que Paris était totalement dépeuplé. Le silence matinal fut brusquement déchiré par le cri enroué d'un vendeur de journaux : *Le Matin !... Le Matin !...* Il apparut bientôt sortant d'une rue latérale, aperçut la colonne de voitures, se précipita dans sa direction : *Le Matin !...* A peine était-il à quelques mètres de la première voiture, agitant son journal, lorsqu'il reconnut soudain Hitler... Son cri s'étouffa dans sa bouche grande ouverte. Son regard se figea, épouvanté. Je craignis presque qu'il ne tombe à la renverse d'effroi, me retournai et le vis jetant ses journaux et se précipitant dans une maison pour s'y mettre à l'abri. Une centaine de mètres plus loin, au coin de la rue des Halles, se tenait un petit groupe de ces pittoresques poissardes rondelettes, sûres d'elles-mêmes et tempétueuses. Nous nous en approchions, lorsque la plus corpulente d'entre elles leva la main, montra Hitler et se mit à crier : “C'est lui !... Oh ! c'est lui !...” Effrayé, le groupe se dispersa, se croyant sans doute en proie à des hallucinations. »

Le Sacré-Cœur de Montmartre... C'est toujours Breker qui parle : « Le panorama de la cité se déployait ici comme une gigantesque tapisserie (...). Perdu dans ses pensées, Hitler se détourna de l'image de Paris et jeta encore un regard furtif sur le Sacré-Cœur. “Je remercie le destin. Il m'a permis de voir cette grandiose cité qui m'a toujours fasciné", dit Hitler, rompant le silence. »

Il est à peine huit heures et le soleil continue de monter dans un ciel bleu vif quand, toujours au Bourget, le Führer reprend l'avion qui l'a amené et qui le ramène maintenant vers le village des Ardennes où il a momentanément établi son état-major.

Ce même dimanche, le soir, le maître du IIIe Reich convoque Albert Speer dans la salle de ferme qui est devenue son bureau. « Il était assis seul à une table, raconte Speer, dans ses mémoires. Sans ambages, il me déclara : "Préparez un décret dans lequel j'ordonne la pleine reprise des constructions de Berlin... N'est-ce pas que Paris était beau ? Mais Berlin doit devenir beaucoup plus beau ! Je me suis souvent demandé, dans le passé, s'il ne fallait pas détruire Paris (...). Mais lorsque nous aurons terminé Berlin, Paris ne sera plus que son ombre. Alors pourquoi le détruire ?" Sur ce il me congédia. »

Deux semaines plus tard, transportons-nous à Vichy, jusqu'alors ville thermale dont les frondaisons fleuries en bord de fleuve, les sources tièdes, l'architecture Napoléon III à dentelles métalliques, les innombrables hôtels et la roulette bien-pensante étaient essentiellement voués au soulagement du colonialisme hépatique. En ces premiers jours de juillet 1940, Vichy change de destin et d'état : la sous-préfecture de l'Allier devient la simili-capitale d'une France-ersatz. Et qui plus est, une ville-symbole. D'heure en heure, l'embouteillage des ambitions et des paniques, des reniements et des intrigues, des revanches et des alibis s'y fait de plus en plus inextricable. C'est le difficile accouchement d'un « ordre nouveau » qui va finalement naître au Grand Casino, le 10 juillet dans l'après-midi... Une date immortelle. Celle de la plus grande bataille du « grand soldat ». Celle où le maréchal de France et académicien Henri Bénoni Omer Joseph Pétain (1856-1951) a investi l'un des principaux temples de la roulette et du baccara, et y a raflé la mise.

Ecoutons le récit qu'en fait un auteur qui, après la guerre, deviendra lui-même député et est généralement considéré comme modéré, Henry Bergasse, mais dont la modération de ton ne donne que plus de relief à sa description de ce que le préfet André-Louis Dubois a pu appeler une « farce tragique » et une « lugubre cérémonie »... « On convoque par voie de presse et de radio les parlementaires à Vichy où le gouvernement du maréchal Pétain a choisi de fixer son siège, écrit Bergasse, dans son *Histoire de l'Assemblée*. Dès les premiers jours du mois de juillet, les députés et sénateurs arrivent en foule ; ils étaient deux cents à Bordeaux, ils seront à Vichy plus du triple, tenant séance au Grand Casino. Laval a rédigé un projet de loi à leur soumettre : "Article unique. — L'Assemblée nationale donne tout pouvoir au gouvernement de la République, sous la signature du maréchal Pétain, président du Conseil, à l'effet de promulguer, par un ou plusieurs actes, la nouvelle Constitution de l'Etat français. Cette

Constitution devra garantir les droits du Travail, de la Famille et de la Patrie. Elle sera ratifiée par les assemblées qu'elle aura créées." C'est l'abdication pure et simple, et dans les mains d'un seul homme. Laval endoctrine les uns et les autres : "Dépêchez-vous de réformer la Constitution, afin de l'aligner au plus près des Etats autoritaires. Sinon, on vous en imposera par la force une pire demain." En vain, Taurines, vice-président du Sénat, propose une motion signée de vingt-cinq sénateurs, faisant pleine confiance au maréchal Pétain, mais dans le "cadre de la légalité parlementaire". En vain, Flandin ajoute ses protestations : "Quel besoin de changer des institutions que l'on peut surtout nous faire grief de n'avoir pas respectées." Laval se met en colère et menace de démissionner. Il lui faut maintenant faire vite. A tous il promet que leurs avantages leur seront conservés. A Flandin, il déclare qu'il n'est pas question de porter atteinte aux principes républicains. Le 9 juillet, en deux séances, la Chambre puis le Sénat décident à la quasi-unanimité des voix (soit 395 pour la Chambre et 229 pour le Sénat) qu'il y a lieu de "réviser les lois constitutionnelles". Le lendemain, les deux Assemblées sont réunies, portant à 666 le nombre des parlementaires présents. Mireaux, sénateur des Hautes-Pyrénées, fait préciser que la majorité absolue sera celle des 666 présents, soit 333 au lieu de 467. Taurines présente son contre-projet, dont on ne retient qu'une phrase relative à une "future ratification par la Nation", sur laquelle Giaccobbi essaie vainement d'obtenir quelques éclaircissements supplémentaires. Mais Laval a eu l'habileté de se munir d'une lettre du Maréchal, qui lui donne pouvoir de le représenter et demande aux Assemblées de voter un texte "qui lui paraît nécessaire pour assurer le salut du pays". On résiste mal, dans de pareilles circonstances, à un appel de ce genre. Laval enfin abat ses cartes et invoque l'impossibilité de faire fonctionner dans un pays occupé un régime parlementaire, puis il conclut : "Les Chambres auront une activité nécessairement réduite... Ce soir, j'en suis sûr, il ne manquera pas un suffrage pour l'adoption du projet, car ce suffrage, c'est à la France que vous le donnerez..." Flandin prononce un discours émouvant et se rallie. Le président Jeanneney (...) dissuade Vincent Badie de faire délibérer sur une motion signée par vingt-sept de ses amis et il ne lui donnera pas la parole avant le vote final. Le soir a lieu le scrutin. Laval a promis en commission que le gouvernement ne pourra déclarer la guerre sans l'accord des Assemblées, que les Assemblées actuelles ne seront d'ailleurs pas dissoutes : elles seront seulement "mises en sommeil". C'est le meilleur argument : chacun s'imagine à part soi qu'il est encore "quelque chose". Mais — *in cauda venenum* — il fait discrètement ajouter au projet rapporté par Boivin-Champeaux la mention suivante : "Sans restriction des pleins pouvoirs exécutifs et législatifs". Habilement camouflée, c'est l'abdication parlementaire. Et l'on vote : sur 666 présents, 569 adoptent le texte. 80 votent contre, 17 se sont abstenus. Le lendemain, 11 juillet 1940, un acte signé du "Chef de l'Etat français" ajourne *sine die* le Sénat et la Chambre des députés qui ne pourront plus se réunir que sur sa convocation. C'est fini... »

C'était « la Chambre du Front populaire »

Tels furent les faits ; tel fut l'événement. Si sobre et modéré que se veuille l'exposé que nous venons d'en lire, sous la plume précise de quelqu'un qui fut à la fois parlementaire et historien du Parlement, on y aura sans doute remarqué ces quelques mots au passage : « On résiste mal dans de pareilles circonstances... » Quelques mots qui méritent commentaire. Tout d'abord, sans doute convient-il d'éclairer par d'autres chiffres les résultats du scrutin qui clôtura la séance ; ensuite, au risque de paraître cruel pour les quelques hommes qui firent individuellement ce qu'ils purent, il faut mettre en évidence le caractère relativement velléitaire de l'action menée par l'« opposition » ; enfin et surtout, il nous semble essentiel d'insister sur l'atmosphère, sur l'incroyable pollution politique de cet été vichyssois, sur le « bouillon de culture » que l'on y voit déjà dégouliner partout et où il est clair que, dès ce moment, pullulent les germes de la Collaboration et de la trahison.

Les chiffres d'abord. Ce que, selon la Constitution de 1875, on appelle l'Assemblée nationale, c'est la réunion commune de la Chambre des députés et du Sénat. Théoriquement, ce sont donc 932 parlementaires qui, en cet après-midi du 10 juillet, sont rassemblés au Grand Casino de Vichy : 618 députés et 314 sénateurs. Apparemment, le Sénat est de gauche puisque les radicaux ne sont pas loin d'y détenir la majorité absolue, cependant, comme le souligne le politologue Jacques Chapsal, « socialement et économiquement, il est conservateur ». On ne saurait dire la même chose de la Chambre. Issue des élections de 1936, c'est la Chambre du Front populaire. Si l'on consulte la liste de ses membres, on y relève : 74 députés communistes, 156 socialistes, 115 radicaux, 14 chrétiens de gauche, 82 centristes, 164 élus de la droite et de l'extrême droite classiques et 9 membres du très peu démocrate PSF.

Même après les modifications que la réalité a apportées à cet effectif théorique, du fait que ne siègent pas les communistes déchus de leur mandat non plus que les quelque deux cents parlementaires qui n'ont matériellement pas pu traverser la France embouteillée de la défaite pour se rendre à Vichy, même avec ces correctifs, voilà bien des chiffres qui laissent rêveur. En effet, si l'on tient compte que les communistes que l'on a, par la force, contraints à l'absence ne représentaient en tout état de cause guère plus de six pour cent de l'effectif théorique de l'Assemblée et que les quelque deux cents autres absents sont également répartis entre les divers groupes, comment ne pas s'étonner que dans ce Parlement qui fut le berceau officiel du Front populaire, Philippe Pétain puisse, presque sans coup férir, faire ramasser 569 voix par son recruteur Pierre Laval tandis que seulement 80 parlementaires ont le courage de voter contre et 17 la décence de s'abstenir ? Car, comme le dit encore Jacques Chapsal, si « ces 80 étaient dans l'ensemble des hommes de gauche, (...) ils étaient très loin de représenter l'ensemble des partis de gauche. Chez les SFIO, 36 avaient voté contre, mais 90 avaient voté pour, et chez les radicaux et assimilés, 27 avaient voté contre, mais 170 avaient voté pour ».

Défection massive dans les rangs de la gauche, minorité d'opposants réduite à douze pour cent — le phénomène a, répétons-le, quelque chose de lamentablement fascinant. Mais la surprise est encore plus grande pour qui examine de près le comportement des « opposants » durant ce qui ne fut guère qu'un débat en trompe l'œil. On a, ultérieurement, à juste titre, honoré « les 80 » dont, cinquante-cinq ans plus tard, Pierre Miquel a fait d'attachants portraits, et l'on a légitimement souligné ce que leur geste avait pu avoir d'exemplaire... Les décennies suivantes, le destin de certains d'entre eux fut cruel tandis que d'autres assurèrent plus tard, grâce à ce vote, l'épanouissement de leur carrière politique — ainsi vont les choses et ce n'est pas mettre « les 80 » en cause que de s'étonner du peu de combativité qui caractérisa l'action de l'opposition au Grand Casino de Vichy. Lorsqu'on songe que les empoignades souvent physiques ne manquent pas dans l'histoire parlementaire de la France et lorsqu'on se souvient de ce qu'avait été, quelques mois plus tôt, l'attitude des députés communistes voués par leurs collègues à la déchéance, on reste perplexe devant une révolte aussi polie.

Écoutons d'ailleurs non seulement des témoins mais des acteurs eux-mêmes... « Comme nous nous attendions à des manœuvres, devait écrire plus tard un ancien député des Hautes-Pyrénées, Gaston Manent, nous prîmes les précautions suivantes : nous demandâmes à Badie de s'asseoir au premier rang tandis que nous nous répartissions, par petits groupes, dans la salle, pour aider notre orateur à remplir sa mission. Le moment venu, nous réclamâmes, pendant de longues minutes, la parole pour Badie que les huissiers immobilisaient en haut des marches de l'escalier conduisant à la tribune. Les collègues présents à l'Assemblée nationale se rappellent ce vacarme, pendant le colloque qui s'établit entre le président Jeanneney et M. Bouisson, directeur de la manœuvre. Finalement, l'équipe Laval l'emporta : aucun orateur inscrit ne put prendre la parole. La salle s'étant vidée pendant la suspension de séance qui suivit le vote, une dizaine de collègues décidèrent d'accueillir le résultat du scrutin (...) par le cri de “Vive la République”. La majorité répondit par le cri de “Vive la France”. » Autre récit, celui de l'ancien député du Nord Henri Becquart qui, après avoir rappelé que « débordé, impuissant » le président Jeanneney n'arrivait pas à diriger les débats, ajoute : « Les décisions étaient prises, en fait, par la bande de braillards à laquelle donnaient le ton les agents de Laval et autres membres de la 5e Colonne. Les autres assistaient, désespérés et écœurés, à l'écroulement lamentable du régime. »

La peur des « bandes de Doriot » et des « soldats de Weygand »

Décrivant les mêmes scènes dans ses *Mémoires*, Léon Blum sent bien où le bât blesse et où, si l'on peut dire, il y a de quoi avoir mal à la République. Blum insiste donc sur le quadrillage de cette enceinte parlementaire improvisée par les hommes de Laval. Il met en évidence leur recours à l'intimidation violente. « Tout le scénario avait été réglé d'avance avec une minutie savante, écrit Léon Blum. (...) Dans la salle des séances, une centaine d'affidés, bien dressés et bien en main, occupaient par petits groupes les positions dominantes, comme la claque dans un parterre de théâtre, et leurs huées étouffaient d'avance toute velléité d'opposition. (...) D'autres groupes, debout contre la scène qui servait de tribune, étaient prêts à prêter main-forte, à appuyer les cris par des gestes exécutoires. Les loges et les galeries réservées au public avaient été garnies par Doriot dont la meute répondait de la voix aux Montigny et aux Tixier-Vignancour de la salle. »

Un « scénario réglé d'avance », dit Léon Blum. Le scénario d'un chantage... Du chantage que les nombreux agents du triumvirat Pétain-Weygand-Laval exercent sur les membres désorientés du Parlement d'une France en déroute. Il est vrai, répétons-le, qu'en juillet 1940, à Vichy, au Grand Casino comme à la Pergola, sous la verrière des sources comme entre les plantes vertes et sur les tapis des salons d'hôtels, une pollution corrosive se répand. Aux curistes d'un nouveau genre qui affluent sur les bords de l'Allier, les robinets de la Compagnie Fermière dispensent moins les eaux thermales que les « eaux glacées du calcul égoïste »... Aussi bien, le dirigeant socialiste SFIO et futur célèbre ministre de l'Intérieur après la guerre Jules Moch n'aura-t-il pas tort d'écrire : « On imagine mal en 1970 l'état d'esprit d'alors, les menaces, pressions et chantages multiples pour faire voter les élus pour Pétain. L'environnement est sinistre : quelque deux mille policiers et gardes encerclent le siège de l'Assemblée. Les manifestations contre les élus suspects de voter "contre" sont aisément provoquées. Rentré, non sans peine, d'Algérie où la Marine m'a envoyé à mon retour de Norvège, je circule en tenue, sauf à l'heure du vote, et armé, face à ce déferlement de haine. Aux menaces de la rue s'ajoutent celles du pouvoir. Un ministre dit à de Moustiers, député de droite, que s'il persiste à vouloir voter "contre", les marchés de son usine familiale risquent de n'être pas renouvelés. (...) Le ministre de l'Intérieur, Marquet, ex-socialiste, me prend à part. Il ne me demande pas de voter “pour”, mais, puisque je suis toujours mobilisé, de ne pas participer au vote. “Sinon, il t’en cuira !” ajoute-t-il. »

Un autre député d’alors, Paul Boulet, a été encore plus net quand, le 28 février 1950, il a déposé devant la commission Charles Serre où il a dit : « Lorsque nous avons été convoqués à Vichy pour la séance de l’Assemblée nationale du 10 juillet, (...) nous nous sommes rapidement aperçus que nous étions en présence d’une tentative de “coup d’État”. (...) Il y avait des bruits qui couraient, non pas d’une façon précise, officielle, mais on nous disait : “Si vous ne votez pas cela ce soir, le général Weygand va être ici et vous allez être dispersés par la force” ! Voilà les bruits qui couraient dans les couloirs. »

Incontestablement, la campagne d’intoxication, de menaces et de chantage est fort bien orchestrée, fort bien menée. Le président du Sénat Jules Jeanneney se plaindra d’avoir été victime d’un véritable « entôlage ». Après la Libération, au procès Pétain, le 27 juillet 1945, Léon Blum dira : « J’ai passé à Vichy les journées des 9 et 10 juillet. (...) C’est un spectacle qu’il m’est difficile d’évoquer sans un certain frémissement. J’ai vu là, pendant deux jours, des hommes s’altérer, se corrompre comme à vue d’œil, comme si on les avait plongés dans un bain toxique. Ce qui agissait, c’était la peur : la peur des bandes de Doriot dans la rue, la peur des soldats de Weygand à Clermont-Ferrand, la peur des Allemands qui étaient à Moulins. Ce qu’on appelait le Marais dans les assemblées révolutionnaires a connu une peur de ce genre, le 31 mai ou le 9 thermidor. J’ai compris, je vous assure, pourquoi on avait appelé cela le Marais. C’était vraiment un marécage humain dans lequel on voyait, je le répète, à vue d’œil se dissoudre, se corroder, disparaître tout ce qu’on avait connu à certains hommes de courage et de droiture. »

Alors même qu’il fait, à juste titre, l’éloge du courage des 80, de ceux qui prirent le risque d’« agir franchement à contre-courant », parce qu’« une conviction obscure leur disait qu’il ne fallait pas céder », le sénateur Marcel Plaisant ne peut s’empêcher de constater : « Tous ces pauvres hommes venus à Vichy se hâtaient en tumulte, se précipitaient vers l’abîme, trouvaient qu’on n’allait pas assez vite, qu’il fallait en finir. » Et le sénateur emploie même l’expression « ruée vers la servitude »... La conclusion qu’en tire Henri Michel apparaît donc d’abord comme la seule possible : « La IIIe République disparaît et ce sont les parlementaires qui signeront son acte de décès, faisant en quelque sorte hara-kiri. (...) S’il y a des réticences, de la méfiance, aucune véritable opposition ne s’organise. »

Le temps inclinera pourtant d’autres historiens à être moins tranchants. Dans le mensuel *L’Histoire* de juin 2000, en conclusion d’un article intitulé *Enquête sur le 10 juillet 1940 ; la prise du pouvoir par Pétain*, Olivier Wieviorka note ainsi que seulement « un élu sur dix adhère à la Collaboration » et il ajoute : « Le comportement des parlementaires durant les années sombres invite (...) à nuancer un constat sévère vouant aux gémonies la classe politique. »

Toujours est-il que, face à cette démission collective, le clan Pétain-Weygand-Laval ne perd pas de temps et profite rapidement d'une victoire si facilement acquise. Ainsi qu'on le lui rappellera ultérieurement à son procès, Pierre Laval, au soir du 10 juillet, lance à un parlementaire nommé de La Pommeraye ce cri goguenard et cynique : « Et voilà, mon cher, comment on renverse une République ! »... Les pires fascistes français ne cachent pas leur joie. Ce même soir, Eugène Deloncle, le chef de la Cagoule, donc des terroristes qui avaient en vain tenté d'abattre le Front populaire, écrit à sa femme : « Je t'écris aujourd'hui plein de joie dans la douleur. La République n'est plus... J'ai vu aujourd'hui ces pantins se suicider. » Sur le même ton, dans son livre *Les Décombres*, Lucien Rebatet, l'un des plus célèbres écrivains collabos et futur condamné à mort de novembre 1946, ne se gêne pas pour, comme il dit, « jubiler ouvertement ». Lisons : « Le 10 juillet 1940, dans les formes les plus brèves, le Sénat et la Chambre contresignaient la fin de la République élective. Pétain devenait le chef d'un État autoritaire, avec Laval comme successeur désigné. L'opération rêvée et réclamée depuis tant d'années avait duré cinq heures. Cette fois, il était permis de jubiler ouvertement. La défaite "payait" mieux que la victoire ! Elle jetait bas l'ignoble parlementarisme. Un triomphe militaire ne nous eût jamais donné ce bonheur. Je savourais autour de moi les têtes décomposées des Juifs... »

Quant à Jacques Doriot, c'est en pleine rue, à Vichy, qu'il crie à Marx Dormoy : « Nous aurons ta peau, ça ne tardera pas ! » Et ils l'auront, en effet, sans trop tarder, « la peau » de l'ancien ministre de l'Intérieur du Front populaire, un soir, à Montélimar...

Avec les yeux de Marie-Benoîte...

Nous avons essayé plus haut de montrer le mal que le slogan « Plutôt Hitler que... » avait pu faire à l'opinion française à la veille de la guerre. Nous avons vu aussi que le pacte germano-soviétique avait semé le désarroi dans les milieux antifascistes. Il nous a suffi enfin de souligner le sentiment dominant de *non-résistance* pendant les huit mois de la drôle de guerre pour que l'on comprenne à quel point, au printemps 1940, la France était un pays désorienté, livré au hasard des réactions individuelles et incapable de s'interdire l'acceptation d'une évidente défaite matérialisée par l'occupation étrangère. Ainsi est-ce sans surprise que nous venons d'assister à la tragi-comédie du 10 juillet... Pourtant, le degré de complaisance dans l'abdication atteint par un si grand nombre d'élus du peuple, la paralysie d'opposants par ailleurs lucides et courageux auraient de quoi laisser perplexe quiconque ne tiendrait pas compte de l'ampleur prise par ce qu'il faut bien appeler le mythe Pétain et par l'extrême réceptivité de l'opinion aux illusions sédatives qu'il entretenait.

Lorsqu'en 1977 Henri Amouroux a intitulé le deuxième tome de sa saga en dix volumes *Quarante millions de pétainistes*, nombreux furent ceux qui, sincèrement, s'étonnèrent ou même s'indignèrent... Eh oui, *sincèrement*, et c'est bien le problème. Car pour être sincères, ces étonnements et indignation supposaient, chez ceux qui les éprouvaient, une inquiétante ignorance ou une curieuse sous-estimation de l'ampleur et de la nocivité de l'étourdissement et engourdissement provoqués par le pétainisme plus ou moins conscient de 1940. Cela dit, le malaise collectif fut aussi réel que bref, aussi étendu que sans séquelles pour la grande majorité de ceux qu'il avait affectés... Mais n'anticipons pas.

Ce mythe, pour ne pas dire cette mystique Pétain, on vit rarement légende plus multiforme. Dans le film de Marcel Ophuls et d'André Harris *Le Chagrin et la Pitié*, le dirigeant communiste Jacques Duclos a posé le problème : « Il faut bien dire que, pendant une période, Pétain avait une popularité extraordinaire. Il était considéré comme un bon vieux, n'est-ce pas, un peu gâteux peut-être, mais enfin il avait fait don de sa personne à la France. La formule n'était pas mal, je ne sais si elle était de lui, mais enfin, elle n'était pas si mal, n'est-ce pas, cette formule ? Et alors évidemment, on disait : lui, ce vieux, il ne peut pas faire de mal, il ne peut que servir la cause de la France ; à son âge, qu'est-ce qu'il a à espérer ?... Tout un tas d'arguments qui volent très bas mais qui, quand même, avaient leur portée... »

Cette confiance, cette croyance dans les vertus et les pouvoirs salvateurs du vieux maréchal sont d'autant plus fortes, donc nocives, qu'elles sont déjà ancrées depuis longtemps dans un certain nombre de consciences françaises. Le mythe Pétain a pré-existé puis survécu à la défaite. Paradoxalement, alors que celui qui aimait tant se faire appeler le vainqueur de Verdun et son complice — sinon son manipulateur — Maxime Weygand non seulement n'ont pas rempli la mission pour laquelle ils avaient été appelés aux affaires et à la tête des armées mais, au contraire, ont présidé à la déroute et au déshonneur des troupes dont on répétait partout qu'ils allaient les mener à la victoire, oui, paradoxalement la popularité du Maréchal ne s'en est pas trouvée atteinte... Pire même, c'est en celui qui n'a pas été le vainqueur attendu que maintenant une fraction grandissante de l'opinion publique, une foule croissante de simples gens inclinent puis s'entêtent à voir un possible protecteur contre les malheurs du temps en général et les Allemands en particulier. Aussi bien, Paul Reynaud, celui-là même qui appela, nous le savons, Pétain au gouvernement et Weygand à la tête de l'état-major, aura-t-il beau jeu, lorsque, le 23 juillet 1945, il sera entendu comme témoin au procès de l'ancien chef de l'État français, de déclarer : « Il faut faire un grand effort d'imagination, aujourd'hui, pour réaliser ce qu'était le maréchal Pétain en mai 1940, car, dans cette affaire, nous sommes tous coupables : nous avons tous travaillé à le diviniser. (...) Lorsqu'il a été nommé ambassadeur en Espagne, j'ai le souvenir que mon ami Léon Blum exprima le sentiment unanime en disant : "Le maréchal Pétain est le plus noble et le plus humain de nos chefs militaires." Aussi, lorsque le maréchal Pétain est entré dans mon gouvernement, ce fut du délire dans la presse ! »

Et ça ne datait pas d'hier... Dans son exhaustif *Pétain*, l'historien Marc Ferro rappelle qu'« un sondage effectué par *Le Petit Journal* en 1935 — un des premiers de l'histoire — avait placé le Maréchal en tête des personnalités à appeler à la direction du pays en cas de péril ».

Comme tout culte de la personnalité, ce culte du grand-père prétend d'abord mettre des larmes dans les yeux et des soupirs sur les lèvres de ceux qui ne sont même plus de simples citoyens mais plutôt des sujets voués à l'infantilisme. Henri Amouroux cite le « texte écrit par une jeune fille de dix-huit ans, Mlle Marie-Benoîte Feuillade, fille du lieutenant de vaisseau Feuillade, héros des deux guerres et l'un des trois vice-présidents de la Légion ». Si le style, c'est aussi la demoiselle, celle-ci n'est pas sotte. Pourtant, lorsque, pour son anniversaire, le Maréchal l'invite à dîner avec papa et maman et que, « la soirée achevée », elle « s'empresse de noter les événements de cette journée — 11 mars 1943 — pour elle historique », on reste pantois. « Je ne sais alors si mes yeux ont assez brillé pour dire au Maréchal tout ce que je ressentais, écrit Marie-Benoîte. J'ai tâché de faire passer dans mes yeux une flamme d'ardeur, de bonheur, de joie. Le Maréchal que j'ai remercié de tout mon cœur, j'étais tellement émue que j'ai pensé un moment pleurer, me dit, en me mettant la main sur une épaule : "Au revoir, mon enfant." C'était vraiment fini. Papa, le général Philipot, maman et moi ressortîmes et nous nous sommes retrouvés de nouveau tous les quatre très simplement devant la cheminée du salon, comme si rien ne s'était passé. Mais mon cœur garde toutes ces choses intactes et c'est une force que d'avoir un si beau souvenir. »

Loin de nous l'idée de nous moquer de Mlle Feuillade. Son adolescence émotive a des excuses que ni un vieux journaliste de province, ni un sénateur, président de parti et directeur de journal, ne peuvent avoir. Et pourtant... « Nous avons dit combien il nous semblait bon en France d'avoir enfin quelqu'un à aimer, peut-on lire dans l'éditorial du *Bonhomme Normand* du 3 janvier 1941. Ce quelqu'un, c'est le Maréchal, notre bon Maréchal et, pour ce qu'il a fait déjà, pour ce qu'il fait encore chaque jour, nous ne l'aimerons jamais trop... Et c'est la France tout entière qui, dans ces heures inquiètes, se serre autour de son chef. Puisse-t-il, par un miracle nécessaire, nous être conservé longtemps encore et puisse ne pas s'éteindre ce phare de salut avant que nous ne nous sentions enfin à l'abri des tempêtes. » La surenchère est alors telle à la foire aux métaphores que l'on passe aisément du « phare » au « parapet ». Le 11 mai 1941, Maurice Sarraut, le frère d'Albert, le président d'honneur du parti radical, le directeur de *La Dépêche de Toulouse*, écrit à

Henri Dumoulin de Labarthète, alors chef du cabinet civil de Pétain à Vichy, que son parti « a senti la nécessité impérieuse de soutenir le Maréchal loyalement » et « a vu en lui le parapet solide qui préservait la France de glisser dans l'abîme »...

« Il est Christ... »

Déjà souvenir de jeune fille, phare normand et parapet radical, l'hôte étoilé de l'*Hôtel du Parc* peut bien devenir aussi laboureur à l'occasion. Henri Dorgères, le leader agriculteur fascisant des Chemises Vertes, se charge de la métamorphose. Par les soins de son journal *Le Cri du sol*, Philippe Pétain devient « le Maréchal paysan »... Finalement, quand Paul Reynaud employait le verbe *diviniser*, ce n'était pas seulement façon de dire. Dans son étude sur *L'Esprit public en Haute-Loire* pendant l'Occupation, Gérard Combes a pu écrire : « La dernière apothéose fut le 1er mai, fête de saint Philippe, patron du Maréchal : ce jour-là, il y eut beaucoup de prières. Les cloches de toutes les églises et de toutes les chapelles ont sonné à toute volée de huit heures du matin à midi. » Combes écrit cela en janvier 1972. Seize ans plus tard, dans *Images de la France de Vichy*, Denis Peschanski renchérit en expliquant : « A la fois guide et thaumaturge, le maréchal est roi. Quand il s'offre en victime expiatoire après la défaite traumatisante du printemps 1940, il est Christ... »

Toutefois, l'analyse du mythe Pétain, de ce que Stan-Michel Pellistrandi a pu, sans exagération, appeler « l'extraordinaire popularité » du chef de l'Etat français, serait bien frivole qui resterait au niveau du folklore. Une illusion ne peut évidemment s'emparer des masses que si elle correspond à un besoin réel. Au sortir du coma de la défaite, c'est tout naturellement à la revanche que le peuple français songe, de même qu'à affirmer sa fierté face à l'humiliation que lui font subir l'occupation militaire et la vassalisation de son économie. Le Maréchal, écrit Philippe Burrin dans *La France à l'heure allemande*, « facilite une très large identification en actionnant un double registre, républicain et chrétien. Au premier appartient la figure du héros de la Grande Guerre, mais aussi de l'instituteur et du pédagogue, ici du redressement national. Au second celle du père de famille, du bon pasteur, du personnage christique qui fait "le don de sa personne". Vers ce sauveur tout à la fois glorieux, paternel et souffrant, monte une vague de dévotion, alimentée aux sources les plus archaïques du pouvoir personnel : enfin un homme public que l'on peut aimer ! De son discours, beaucoup retiennent les résonances consolatrices : la patrie debout dans la défaite, le travail quand le désordre est dans l'économie, la famille à une époque de séparations. Popularité plurivoque (...) qu'entretient Pétain en se présentant comme un moindre mal face à l'occupant. » Si la Résistance était alors capable de capter l'énergie patriotique que recèle un pareil état d'esprit, elle y trouverait les moyens d'une rapide croissance. Mais, encore fragmentaire et balbutiante, se cherchant elle-même, la Résistance n'en peut pas profiter et ne peut pas non plus empêcher sa véritable captation par les hommes de Vichy.

A très juste titre, c'est précisément ce détournement de patriotisme, cette escroquerie au sentiment national que, déposant le 27 juillet 1945 au procès Pétain, Léon Blum a retenu comme primordial reproche. « Ce renom national du maréchal Pétain, fait de tant d'éléments (...), c'était cela qui, employé, précisément, à tromper la France (...) alors qu'on conduisait le pays à la honte, c'est cela, pour moi, qui est l'essentiel dans ce procès ! » C'est cela aussi qui, entre tous les mensonges de l'époque, fait le plus de ravages. Alors prisonnier de guerre en Allemagne (et ils étaient nombreux, très nombreux, ces prisonniers — environ deux millions), le militant communiste Elie Mignot nous dit que si la plupart de ses compagnons de captivité avaient une « espérance énorme dans la Grande-Bretagne qui poursuivait la lutte » et s'ils « espéraient en de Gaulle » néanmoins, « en même temps, la plupart conservaient du respect pour Pétain, voire même leur confiance ». De son côté, un officier de carrière comme Conrad Flavian note dans ses souvenirs : « La confiance revenait. Vichy avait décidé d'appuyer sa politique sur les anciens combattants des deux guerres. On parlait de création d'une Légion. (...) Les anciens combattants, d'après le texte même de la nouvelle Légion, devenaient le levier de commande du pays qui voulait se redresser. C'était extrêmement important car dans les mots "anciens combattants", lorsqu'une guerre est perdue, il y a également les mots "esprit de revanche". (...) Chasser le Boche hors de la France, tel était à présent l'espoir avec lequel nous vivions. »

Ainsi, dans *Le Figaro* du 18 novembre 1940, sous la plume de son directeur Pierre Brisson, pouvait-on lire cette définition du rôle du Maréchal : « Dans le malheur et le vacillement du pays, il maintient une certitude. Si le respect qu'il inspire a pris peu à peu l'élan d'une ferveur, c'est qu'il rassemble en lui les fiertés qui nous restent. »

« Sa moustache a l'impeccable blancheur de la vertu »

Evidemment cette confiance, cette croyance, ces illusions furent bientôt soumises à la rude épreuve des faits. Rien, dans la politique du gouvernement de Vichy, ne laissait apparaître la moindre volonté de revanche ni le moindre désir de s'opposer réellement aux volontés allemandes. Pourtant, craignant d'être désespérés eux-mêmes par la reconnaissance de leur erreur et encouragés par une véritable campagne de chuchotements équivoques, nombre de Français se cramponnèrent à cette part essentielle du mythe Pétain, que l'on appelait le double jeu. En évoquant plus loin l'aide considérable et sanglante que leurs complices français vichystes apportèrent aux nazis dans la répression de la Résistance, nous serons amenés à examiner de plus près cette notion de double jeu, ses ambiguïtés, ses dangers et ses limites. Bornons-nous simplement à constater que, dans les premières années 1940, elle abusa gravement nombre de nos concitoyens. Un des plus connus parmi ceux qui, au micro de Radio-Londres, « parlaient aux Français » durant les années noires, Pierre Bourdan a judicieusement noté : « Le mécanicien, le cheminot, le boutiquier français passaient une partie de leur existence à mettre en défaut la convoitise allemande, à “rouler” l'ennemi. Le chef de l'Etat ne faisait-il pas de même sur le plan supérieur ? » On en arriva, exemple banal, à lire dans *Liberté* du 10 juillet 1941, c'est-à-dire dans un journal clandestin et sous la plume de futurs résistants de premier plan : « Le Maréchal agit avec toute son honnêteté de soldat de France et ses sentiments personnels d'estime et d'affection ne vont pas aux collaborateurs. » Autre exemple : ce que, le 12 novembre 1942, au lendemain de l'occupation de la zone libre par les troupes allemandes, la future romancière Benoîte Groult, alors âgée de vingt et un ans, écrit dans son journal intime : « Que va faire Pétain ? Se constituer prisonnier serait beau et justifierait après coup toute sa politique depuis trois ans. Ou s'enfuir en Afrique du Nord ? Il lui reste une chance de regrouper toute la France derrière lui. Mon Dieu, qu'il la saisisse ! »

Il va sans dire que la légende maréchaliste se répand d'autant plus que le gouvernement de Vichy met d'énormes moyens en œuvre pour en imprégner littéralement l'opinion publique. On assiste à ce que l'on appellerait aujourd'hui tout à la fois un matraquage publicitaire et une opération d'action psychologique. Après avoir cité l'hymne au vieillard, *Maréchal nous voilà !*, dont les couplets retentiront quotidiennement pendant quatre ans dans toutes les écoles du pays, Jacques Duquesne écrit dans *Les Catholiques français sous l'Occupation* : « Cette rengaine témoigne de la popularité que connaît alors le maréchal Pétain. Une popularité que les hommes des services de l'Information de Vichy s'emploient à entretenir et à cultiver. Au début de 1941, on met en vente des portraits du Maréchal par l'intermédiaire des facteurs : vingt-cinq francs la série de cinq portraits. Paris en achète 1 368 000, Rouen 175 000, la Gironde 173 000. On installe la photo du Maréchal dans toutes les écoles, et les instituteurs, à l'occasion du 1er janvier 1941, demandent à leurs élèves d'écrire au chef de l'Etat. 1 500 000 lettres sont ainsi reçues à Vichy. Les portraits de Pétain fleurissent dans les vitrines et aussi sur des assiettes, des cahiers, des baromètres, des mouchoirs... Sans oublier les timbres. L'aiguille de Chamonix (3 507 mètres) est débaptisée pour prendre le nom de Pétain. En avril 1942, pour les quatre-vingt-six ans du Maréchal, la censure imposera aux journaux de zone Sud de consacrer “deux colonnes à la une” à l'événement, accompagnées d'un portrait.

Le 1er mai, on célébrera autant la Saint-Philippe que la fête du travail. Les Compagnons de France dépensent beaucoup d'énergie à écrire des "Vive Pétain" sur les murs. Dans les Chantiers de jeunesse, la Saint-Philippe est jour de fête, prétexte à revues, doubles rations, veillées où l'on réapprend les airs du folklore et exposés sur le Maréchal. En zone occupée, la popularité de Pétain n'est pas moins grande. Il n'est pas jusqu'aux camps de prisonniers, bientôt soumis à une propagande intense, où l'on n'utilise du papier à lettres marqué de la francisque ou d'une mention du genre "Tous dévoués au Maréchal". A l'Oflag XVII/A, sur quatre mille officiers prisonniers, deux cents seulement refusent de s'inscrire dans les cercles Pétain. »

De son côté, Henri Amouroux rappelle : « La France voit Pétain avec des yeux de femme amoureuse. Elle le magnifie, le rajeunit et confond en lui père, époux, sauveur. "A quatre-vingt-cinq ans, écrit René Benjamin, il est droit, non comme un jeune homme, mais comme sa conscience. Il marche d'un pas net. Sa moustache a l'impeccable blancheur de la vertu. Le visage est clair ; rien ne l'a terni ; il reste lisse..." C'est ce portrait amélioré qui trônera dans les vitrines et dans beaucoup de cœurs. On pourrait composer une anthologie dans laquelle se retrouveraient bien des noms d'hommes qui, déçus, aigris, révoltés ou mieux renseignés, se détacheront avant longtemps mais dont l'adhésion de l'été, de l'automne et de l'hiver 1940 est indiscutable, même lorsqu'ils se sont efforcés, par la suite, de la faire oublier. Rivière et Albert Sérol, deux socialistes, ne siègent pour quelques jours au gouvernement Pétain qu'avec l'accord de Léon Blum ; dans une affiche apposée le 26 juin, Vincent Auriol demande à ses compatriotes de Muret (Haute-Garonne) de "n'écouter que les ordres du gouvernement et du préfet" et de leur faire confiance ; Paul Reynaud affirme au Maréchal, le 8 juillet 1940, "avoir gardé de notre travail en commun un tel souvenir qu'il me serait odieux qu'il pût être terni par un soupçon" ; Herriot et Jeanneney emploieront le même mot : "vénération" ; Claudel et Mauriac apportent l'hommage des intellectuels ; le général de Lattre évoque "l'image sereine et magnifique du maréchal Pétain" ; Vincent Badie, André Philip, Ramadier, Noguères, d'autres encore, sont d'accord pour réclamer, en juillet 1940, "tous les pouvoirs" pour le Maréchal qui, "en ces heures graves, incarne si parfaitement les vertus traditionnelles françaises". Oui, ils sont nombreux et sincères ceux qui, en Pétain, voient d'abord un sauveur avant de voir bientôt en lui un vieillard, un naïf, un velléitaire, un orgueilleux ou un traître. »

Derrière les paravents de l'« Etat français » et de la « Révolution nationale »

On comprend mieux maintenant le double danger que cet assez extraordinaire développement, cette emprise sur l'opinion publique du mythe Pétain peut représenter pour la Résistance naissante. D'abord, bien sûr, il en freine et restreint l'essor mais aussi, mais surtout il contamine en quelque sorte certains résistants eux-mêmes... « Nous étions en présence du "cas Pétain"... » avoue Pierre Bourdan tandis qu'un dirigeant communiste tel que Victor Joannès reconnaît : « Ce désarroi, cette démobilisation politique des masses, ces illusions sur l'occupant et sur le régime de Pétain, tels seront pour les résistants les premiers obstacles à renverser. » Même en novembre 1942, l'anecdote rapportée par Pierre Sonneville dans ses souvenirs n'est pas aussi stupéfiante qu'on aurait tendance à le croire avec soixante ans de recul... A cette époque, Sonneville est parachuté en compagnie de Manuel, autre dirigeant du BCRA, les services secrets gaullistes, dans la région de Montluçon. Tout se passe bien. Des résistants les accueillent comme prévu. Leur première planque sera une ferme où, raconte Sonneville, « la fermière a l'air de sortir d'un film de Pagnol : une maîtresse femme, toute en largeur derrière son tablier noir, avec une poitrine débordante, un chignon qui s'en va de partout. (...) Nous cassons la croûte et, avec une tasse d'ersatz de café au lait, notre hôtesse tient à porter un toast en l'honneur de ses parachutistes : "A la bonne vôtre et vivent le Maréchal, l'amiral Darlan et le général de Gaulle !" ; j'ai l'impression que Manuel s'est étranglé, mais c'est peut-être simplement le goût de l'orge... »

Il est vrai que c'est aussi en 1942, en juillet, qu'un résistant aussi connu que Philippe Viannay, dirigeant du mouvement Défense de la France, écrit, dans un des articles qu'il signe Indomitus, qu'il « croit en la bonne foi, au patriotisme du Maréchal »... Il est vrai que le texte paru en juillet 1941 dans *Liberté* et que nous avons cité plus haut, texte sur l'« honnêteté de soldat » du Maréchal, n'est pas, répétons-le, une exception à cette époque... L'historien Henri Michel n'exagère pas lorsqu'il écrit : « Longtemps, la Résistance, qui n'est pas restée insensible aux sortilèges de la propagande vichyste, considère Pétain comme un guide, naturel d'abord, souhaité ensuite. Dans les deux zones, et cela jusqu'en 1944, il conserve des partisans qui, s'ils n'espèrent plus grand-chose de lui, continuent à lui trouver des excuses et à l'absoudre de ses fautes. » Certes, le même auteur ajoute que « le nombre de ces vichystes d'esprit résistant va s'amenuisant » ; toutefois, pour certains, la désintoxication sera longue, et ce ne seront pas des prises de position comme celle des Américains en faveur de Darlan à Alger ou des déclarations comme celle de Winston Churchill assurant le colonel Georges Groussard (et ceci au printemps de 1941 !) qu'il « respecte profondément la personne du maréchal Pétain » qui permettront que se dissipent plus vite de très graves équivoques.

Une des conséquences les plus nocives de cette intoxication pétainiste sera de contribuer à cacher aux yeux de beaucoup de Français la véritable attitude des occupants hitlériens et la véritable nature du gouvernement de Vichy.

A la vérité, en effet, derrière les paravents de l'Etat français, de la Révolution nationale, le régime né du vote du 10 juillet 1940 n'existe que dans la stricte mesure où l'Allemagne hitlérienne estime cette existence utile et même avantageuse ; en outre, comme toute peine mérite salaire, les Allemands permettent aux Français qui acceptent de se mettre à leur service de profiter de l'Occupation pour favoriser un système social et installer des institutions politiques qu'en temps normal le peuple français rejetterait à une très large majorité.

Soyons plus précis. L'idée, pourtant répandue, selon laquelle le régime de Vichy et sa zone dite « libre » auraient été une concession arrachée aux Allemands par Pétain et Laval, habiles négociateurs qui savaient mêler la roublardise et la dignité offensée, cette idée est une idée fausse car elle ne correspond pas à la réalité. Cette réalité qu'au contraire les dirigeants nazis disent crûment, eux, à l'occasion... Ainsi, lorsque, dès le 7 juillet 1940, Hitler rencontre le comte Galeazzo Ciano, ministre des Affaires étrangères de Mussolini, « le Führer exprime-t-il sa satisfaction » car « le fait que, en territoire français, il y ait un gouvernement français aux côtés duquel se rangent les colonies, le gouvernement Pétain, présente un sérieux avantage pour l'Allemagne et pour l'Italie ». De même, le 22 avril 1942, Joseph Goebbels, le grand propagandiste du Führer, écrit-il textuellement dans son journal intime : « Nous ne pouvons guère trouver mieux que Laval pour notre politique. » Et l'historien Jean Vidalenc n'a pas besoin de solliciter la réalité pour montrer comment, outre des avantages politiques, l'occupant peut « faire des économies » grâce à l'existence du régime de Vichy. « La France de Pétain, essentiellement agricole, note Vidalenc, donnait un semblant de pouvoir à des hommes dociles tout en évitant de gaspiller en besognes de surveillance des troupes allemandes trop peu nombreuses pour les plans ambitieux du régime. (...) Dans la pratique, la seule utilisation de la police parisienne et des forces annexes pour des services de garde dans la capitale laissait à l'ennemi la disposition de deux divisions d'infanterie. »

« Le grand rendez-vous des épaves »

Mieux même, en provoquant la naissance de cet Etat français que Georges Bernanos définissait comme un « gigantesque zoo, où l'on ne voit pas les gardiens, où les bêtes captives ont l'air d'être libres », Hitler fait d'une pierre deux coups puisque, outre les avantages que nous venons de dire, il tire également parti de la récompense qu'il semble octroyer à ses « collaborateurs » français en leur permettant d'installer à Vichy le régime politique de leur rêve, régime dont le caractère fascisant est évident et dont l'existence accroît géographiquement le camp fasciste et augmente idéologiquement son rayonnement.

On sait que, comme tous les leaders et théoriciens fascistes, le Führer vitupérait avec un acharnement particulier contre la Révolution française de 1789 et qu'il arrivait même que le fascisme fût défini comme un anti-89. Or, qu'est-ce qui précisément saute aux yeux lorsque, l'été 1940, on regarde naître l'Etat français à Vichy sinon la façon dont semble y ressusciter d'un coup l'Ancien Régime ? Dans l'étude qu'il a consacrée aux *Origines doctrinales de la Révolution nationale*, l'ambassadeur Olivier Wormser constate que, pour le Maréchal et ses partisans, « il importe de procéder à une réaction contre l'œuvre de 1789 ou contre celle accomplie depuis, c'est-à-dire contre tout ce qui a été fait depuis l'époque où il y a eu "maldonne", où la France s'est engagée dans une fausse voie. Il ne s'agit pas de revenir à Poincaré, à Méline ou à Guizot, mais à une époque où Jean-Jacques Rousseau n'avait pas encore répandu ses nocives conceptions. Vichy se propose donc de contester et si possible d'abolir ce qui, dans nos lois et mœurs politiques, vient de 1789 ».

Un autre ambassadeur, Jean Chauvel, note dans ses souvenirs la façon dont Vichy donne « à sa révolution un air très Charles X ». De même le duc de Castries, pourtant peu suspect de jacobinisme, remarque-t-il dans son *Histoire de France des origines à 1970* que « dans la création de l'Etat français, il y eut avant tout une idée de revanche contre la IIIe République (...). On fit fort maladroitement la politique des ultras de 1815 ». Le désir de retour au passé est très net et l'inspiration royaliste ne l'est pas moins. Après avoir rappelé qu'il y a « dans l'entourage du maréchal Pétain, une majorité de maurrassiens », Jacques Delperrié de Bayac ajoute : « Avec Pétain et le parti militaire, c'est la droite la plus traditionaliste, la moins dynamique, la moins ouverte aux problèmes du temps qui accède au pouvoir. Aussi la Révolution nationale est-elle la revanche de 1789, celle de la province sur Paris, des ruraux sur les citadins, des bien pensants sur les mal pensants, des anciens riches sur les nouveaux, des émigrés de l'intérieur sur les bleus. Partout des généraux, des amiraux, des hobereaux. La grande peur de 1936 est vengée. Retour aux bons principes. Reprise en main par les notables au nom des valeurs traditionnelles. Réinstallation en force du XIXe siècle dans le XXe à peine ébauché. » Un expert en la matière, Fernand de Brinon, dont le gouvernement de Vichy fait son « ambassadeur » auprès des chefs des troupes d'occupation et autres dirigeants nazis installés à Paris, écrit dans les *Mémoires* qu'il a rédigés avant d'être fusillé pour trahison en avril 1947, que, aux yeux des nouveaux hiérarques, « l'adversaire, ce n'est point du tout l'Allemagne, mais le régime républicain ».

Utile comparaison que celle de Vichy avec 1815, avec Charles X. Sous réserve, toutefois, de compléments et de corrections. En effet, si l'on évoque 1815 et 1830, il convient aussi de rappeler le Coblence de 1793, le temps où les aristocrates émigrés s'étaient mis au service d'une armée étrangère pour défendre les intérêts de leur classe sociale. Et puis, comme ce notable sarthois dont André Pioger publie opportunément le journal intime, le docteur Delaunay, ne faut-il pas noter : « Nous revivons le temps de la Terreur blanche de 1815-1816... » ? Ceci sans jamais oublier que trahison et retour au passé, revanche et violence ont ici, par-delà les apparences, une indéniable couleur fasciste. Fondamentalement, Philippe Pétain et Pierre Laval ne sont pas plus des hommes du XIXe siècle que Benito Mussolini et Adolf Hitler. D'ailleurs l'oligarchie financière qui tire à Vichy des ficelles apparentes ne doit-elle pas sa fortune aux moyens de production modernes ?

Certes ceci n'empêche pas que, comme l'ancienne, la nouvelle Restauration prenne aussi naturellement un certain aspect de foire d'empoigne. La ruée vers le fric et le pouvoir y bat son plein. Les observateurs les plus différents en sont frappés. L'officier de droite Georges Loustaunau-Lacau et le dirigeant communiste François Billoux par exemple. En septembre 1940, le premier confie à Marie-Madeleine Fourcade : « Vichy (...) est désormais une sorte de Bourges sans grandeur. Vous allez y voir accourir l'élite du pays, les personnages en mal de commandements ou de directions lucratives, les pauvres bougres en quête de situation, les désespérés à la recherche d'une doctrine. Ce sera le grand rendez-vous des épaves. » De même, le 9 mars 1941, dans une lettre officiellement adressée à sa fille Hélène pour déjouer la censure, Billoux depuis sa prison, parle de « cette période des têtes sans cervelle et des poitrines sans cœur » où ne figurent au menu que « taupes en civet, corbeaux aux rutabagas et ragoût d'éperviers aux topinambours ».

La foire d'empoigne est d'autant plus sordide que l'occupant, largement pourvu en argent frais par les conditions d'armistice, joue en permanence la carte de la corruption, pratique la surenchère, paye de plus en plus cher ceux qui se sont mis à sa botte ; ceci, à la fois pour se les attacher de plus en plus étroitement et pour susciter entre eux des rivalités toujours plus vipérines, donc plus exploitables... Car l'occupant est là, l'occupant règne.

Un occupant heureusement surpris de n'avoir pas à installer ouvertement de Gauleiter et ravi d'avoir trouvé tant de vassaux où il n'attendait que des victimes... « Pour chacune des nations d'Europe que submergeaient les armées d'Hitler, écrira plus tard le général de Gaulle, l'Etat avait emporté sur des rivages libres l'indépendance et la souveraineté. Il devait en être de même pour celles dont, par la suite, l'Allemagne et l'Italie occupèrent également les territoires. Pas un gouvernement ne consentit à subir le joug de l'envahisseur, non, pas un seul, excepté, hélas ! celui qui se disait le gouvernement de la

France et qui, pourtant, avait à sa disposition un vaste Empire gardé par de grandes forces et l'une des premières flottes du monde ! »

Les massacres de tirailleurs sénégalais

L'occupation, on la subit, mais la vassalité, on l'accepte. Lorsque, le 1er juillet 1940, l'ambassadeur des Etats-Unis en France, William Bullitt, rencontre à La Bourboule, sur la route de Vichy, le maréchal Pétain et l'amiral Darlan, il est frappé par leur désir de soumission. Dans le rapport qu'il fait immédiatement au président Roosevelt, il écrit : « La défaite physique et morale de la France a été si totale que ses dirigeants acceptent qu'elle devienne une province de l'Allemagne nazie — avec l'espoir qu'elle en soit la province favorite. Pour avoir autant de compagnons de misère que possible, ils souhaitent que la Grande-Bretagne soit rapidement vaincue. » Et terminant, comme le souligne Henri Michel, par un jeu de mots il ajoute : « Leur espoir est que la France devienne un *Gau* pour redevenir une nouvelle Gaule. »

Ravis — on ne le répétera jamais assez — d'une pareille aubaine, les occupants vont donc porter très courtoisement sur les fonts baptismaux le prétendu Etat français, mais, les nazis restant les nazis, ils ne vont pas, malgré quelques sourires de façade, changer pour autant de nature et de comportement. Le camouflage vichyssois ayant fait son œuvre, leur attitude dès leur entrée sur le sol français est moins connue qu'on ne le pourrait penser. C'est dommage... D'autant plus que, la connaissant, on comprend encore mieux les motivations des premiers résistants.

Dès le début de l'Occupation, une affiche devenue depuis célèbre proclame sur tous les murs de France : « Populations abandonnées, faites confiance au soldat allemand ! » C'est l'époque où sourires aux enfants et claquements de talons devant les dames tendent à accréditer l'idée de la parfaite correction des troupes d'Occupation, de la courtoise humanité du vainqueur. Mais ce temps est aussi celui des prises d'otages, des massacres de Sénégalais et d'Algériens, de l'annexion et de la germanisation brutale de l'Alsace-Lorraine, du découpage en plusieurs « zones » d'une France dont le dépeçage est prévu et le pillage déjà commencé ; le temps où commence à s'installer la méticuleuse fureur antisémite ; le temps où nul ne peut plus ignorer quelle sorte d'avenir réservent au genre humain Hitler et les autres chefs fascistes lorsqu'une victoire dont ils n'ont plus de raison de douter leur aura assuré la domination du monde.

Les prises d'otages ne sont pas, comme on le croit trop souvent, la conséquence des attaques de la Résistance contre l'armée allemande à partir de 1941. A peine installée sur le sol français, la Wehrmacht prend des otages. Ainsi est-ce aux alentours du 20 mai 1940 qu'à Mézières et Charleville les autorités allemandes procèdent à une dizaine d'arrestations préventives. Ces arrestations sont annoncées par voie d'affiches où figure la liste des personnes « emprisonnées comme otages », où on ajoute qu'elles l'ont été « pour garantir la sûreté des troupes allemandes » et dont la conclusion dit textuellement : « S'il arrive encore un fait hostile contre nos soldats sans qu'on trouve les coupables, les otages seront tirés tout de suite. » En commentant cette affiche, Henri Amouroux rapporte que « dans de très nombreuses villes, les Allemands s'assurèrent ainsi un certain nombre d'otages. A Rouen, dix otages, différents chaque jour, devaient, pour la période du 13 au 22 juin, être enfermés dans une salle de la mairie ». « Tirés tout de suite » — l'expression employée par un traducteur maladroit à Mézières-Charleville est, au fond, très éloquente. En effet, bien que les désordres de l'époque et surtout les efforts faits ultérieurement pour effacer toutes traces de ces fusillades aient rendu les recherches difficiles, on sait qu'un certain nombre de Français furent de la sorte « tirés tout de suite » par les forces d'Occupation. Par exemple, ce fut dès le 14 juin 1940 qu'il y eut quinze fusillés à Tremblay-lès-Gonesse, en banlieue parisienne.

Cependant, en ce tout début de l'Occupation, les pires crimes furent ceux commis contre ce que les Allemands appelaient les *schwarze Truppen* (mot à mot : les troupes noires, c'est-à-dire les troupes coloniales, essentiellement sénégalaises et, à l'occasion, nord-africaines) ainsi que contre des civils coupables de n'avoir pas la peau blanche. « Plus de dix ans après la fin de la guerre, écrit Nicole Ollier, on pouvait encore voir à Tassin, dans la banlieue de Lyon, sur la nationale 89, avenue Victor-Hugo (sous le pont de chemin de fer où se trouve maintenant une clinique), un mur couvert de flaques de sang noirci. A Chasselay (Rhône), le cimetière des Sénégalais contient deux cents tombes de soldats du 25ᵉ RTS massacrés les 19 et 20 juin 1940. Jusqu'à Saint-Didier-au-Mont-d'Or, ils sont plus de mille, victimes d'une fureur allemande purement raciste. » Et le même auteur précise que « non contents de les tuer par-derrière à la mitrailleuse » les nazis se sont « acharnés à les mutiler à l'arme blanche »...

Même genre de massacre à l'autre bout de la France, en Normandie. Charles Fournier-Bocquet nous raconte : « Après une première reconnaissance la veille au soir, le gros des troupes allemandes est arrivé à l'hôtel de ville de Rouen le 9 juin, à 10 h 30. Dès la fin de la matinée, des otages ont été pris pour répondre du calme. Des civils d'origine africaine qui avaient été ainsi arrêtés furent conduits dans le parc d'une propriété, au numéro 11 de la rue de Bihorel, où ils furent immédiatement massacrés à la mitrailleuse. Puis, les Allemands conduisirent dans ce même endroit des soldats coloniaux isolés qui avaient été faits prisonniers avec les troupes en retraite venant de Neufchâtel et dont certains éléments avaient tenté de résister à l'entrée de Rouen, le samedi soir et le dimanche matin. Bien que "prisonniers de guerre" en uniforme, ils furent massacrés de la même façon... Au total, on devait retrouver cent vingt et un corps de Noirs ou d'Algériens que les Allemands avaient dépouillés de leurs papiers et qui furent enregistrés à l'état civil, huit jours plus tard, dans des conditions que l'on ignore, avec la même mention : "inconnu, trente ans, race noire"... »

En décembre 1996, on pouvait lire dans *Le Journal de la Résistance-France d'abord*, organe de l'ANACR, la plus nombreuse organisation d'anciens résistants, un article intitulé *1940 : les massacres de tirailleurs sénégalais*. Un article qui commençait ainsi : « Le rapport présenté par le Bureau national sortant au congrès de Châteauroux mentionna dans la liste des crimes nazis le massacre de centaines et peut-être de milliers de tirailleurs sénégalais (...) dès juin 1940. » Dix ans plus tôt, devant la cour d'assises de Lyon, au procès du SS-Hauptsturmführer Klaus Barbie, son avocat, Me Jacques Vergès, avait qualifié ces massacres de « premiers crimes contre l'humanité commis à l'Ouest ».

Les « bérets basques » interdits au « peuple de cochons »

Le comportement des nazis vis-à-vis de l'Alsace et de la Lorraine n'est pas moins exemplaire. Dans le texte de la convention d'armistice signée à Rethondes, le 24 juin 1940, pas un paragraphe, pas une phrase, pas un mot ne conférait à l'Allemagne, sur les départements alsaciens-lorrains, des droits différents de ceux qu'elle avait sur le reste de la zone occupée, mais, dans les faits, commença d'emblée une totale prise en main. Cette germanisation inexorable, le 1er février 1946, au Tribunal militaire international de Nuremberg, où comparaissaient les grands criminels de guerre, le futur président du Conseil Edgar Faure, alors procureur général adjoint français, en a dressé un large et impressionnant tableau. A partir du 7 août 1940, jour où, en toute illégalité, Josef Bürckel est nommé Gauleiter de Lorraine et Robert Wagner Gauleiter d'Alsace et où les deux provinces sont rattachées, la première à la Sarre-Palatinat et la seconde au Pays de Bade, le sang et les larmes vont couler de Strasbourg à Nancy et de Metz à Mulhouse. Mais, si l'on peut dire, plus encore que le sang et les larmes, vont peser sur la population le sadisme administratif et les absurdités bureaucratiques de l'oppression hitlérienne. Edgar Faure a cité de nombreux exemples.

Dès le 7 août 1940, les autorités nazies publient un règlement « concernant la réintroduction de la langue maternelle » qui, selon le procureur français, a pour but de « proscrire d'une façon extraordinairement brutale l'usage de la langue française ». Notons deux paragraphes de ce règlement. D'abord, le paragraphe 2 qui porte sur les prénoms et noms de famille. Il stipule : « Il sera fait exclusivement usage des prénoms en leur forme allemande, oralement et par écrit, alors même qu'ils sont inscrits en langue française aux registres des naissances. Dès l'entrée en vigueur de la présente ordonnance, seuls les prénoms allemands pourront encore être inscrits aux registres des naissances. Il est recommandé aux Alsaciens portant des prénoms français qui n'existent pas dans la forme allemande, de solliciter un changement de leurs prénoms afin de manifester leur attachement au germanisme ; il en est de même pour les noms de famille français. » Et le paragraphe 5, celui qui concerne les inscriptions dans les cimetières, prescrit : « A l'avenir, les inscriptions sur les croix et les pierres tombales ne pourront plus être libellées qu'en langue allemande. Cette disposition s'applique aussi bien à une première inscription qu'au renouvellement d'inscriptions anciennes. »

Une foule de textes du même type vont suivre... Le décret du 13 décembre 1941 prévoit des amendes et des peines de prison pour ceux qui y contreviendraient. En voici la première phrase : « Le port des bérets français (bérets basques) est interdit en Alsace ; tombent sous cette interdiction tous les bérets qui, par leur forme ou leur aspect, ressemblent aux bérets français. » Dix mois plus tôt, le 19 février, était paru un règlement sur les drapeaux. On y lisait : « Le Gauleiter désire qu'il soit recommandé à la population alsacienne de découdre les drapeaux français encore en sa possession et de les utiliser d'une façon adéquate aux besoins du ménage. » Le 26 avril, ce texte était complété par l'annonce que ceux qui l'enfreindraient et « seraient encore trouvés en possession de drapeaux français », se verraient envoyer en camp de concentration.

Faut-il rappeler en outre qu'à peine plus d'une semaine après les nominations de Bürckel et de Wagner, le 7 août 1940, à l'aube, des expulsions massives avaient infligé à l'Alsace-Lorraine une véritable saignée spirituelle et démographique ? Faut-il rappeler aussi qu'à partir du 25 août 1942 le gouvernement de Vichy allait laisser les autorités allemandes enrôler de force les jeunes Alsaciens sous l'uniforme de la Wehrmacht ? Finalement, seule la défaite de l'Allemagne nazie empêcha les hitlériens de pousser plus avant la « germanisation » des départements français de l'Est. Le 21 juin 1944, le SS-Obergruppenführer, donc général Gottlob Berger, chef de la « direction centrale » des SS adressait à son chef suprême Heinrich Himmler un très bref « rapport spécial » où il écrivait textuellement : « Les Alsaciens sont — révérence parler — un peuple de cochons. Ils croyaient déjà au retour des Français et des Anglais. (...) Je crois qu'il faut en déporter la moitié — n'importe où... » Mais, au mois de juin 1944, il était un peu tard...

Le manque de temps, telle fut bien en effet la seule raison qui empêcha les hitlériens de dépecer, de démembrer le territoire français comme ils en avaient fait le projet. De ce démembrement, l'annexion de l'Alsace-Lorraine et le découpage du reste de notre pays en trois zones (outre la zone occupée et la zone libre, la zone interdite regroupait le Nord, le Pas-de-Calais, la Somme, l'Aisne et les Ardennes, cinq départements placés sous l'autorité du gouverneur militaire qui siégeait à Bruxelles) n'étaient que la première étape. De nombreuses déclarations de Hitler et le plan précis qu'il avait fait établir par un secrétaire d'Etat en témoignent. Référons-nous chronologiquement à ces documents qui s'échelonnent de mai 1931 à juillet 1942.

Le plan du docteur Stuckart

Lorsqu'en juin 1931 Hitler s'entretient longuement avec le rédacteur en chef d'un journal de Leipzig, Richard Breiting, il est déjà un chef de parti puissant mais il n'a pas encore conquis le pouvoir. Les paroles qu'il prononce sont parmi les plus révélatrices qui soient jamais sorties de sa bouche. Un jour, il esquisse devant un Breiting plutôt médusé ce qu'il appelle « nos plans pour une nouvelle configuration de l'Europe ». Et il dit : « Nous n'avons jamais renoncé à l'Alsace et à la Lorraine. Dijon fut jadis une ville bourguignonne et Lyon le point de départ des Goths dans leur marche vers le Sud. Nous ne pouvons empêcher que Nice, la Corse et les territoires italiens dans les Alpes reviennent à nos alliés. Si les Français veulent nous provoquer, ils perdront le Pays basque, la Bretagne et la Bourgogne qui deviendront alors des Etats indépendants... »

Neuf ans plus tard, c'est un Führer non seulement au pouvoir mais déjà maître d'une grande partie de l'Europe qui charge son secrétaire d'Etat à l'Intérieur, le docteur Wilhelm Stuckart, d'établir pour lui un plan de « rectification » des frontières de la France vaincue. Le texte original ne comporte pas moins de trente-sept pages où abondent les considérations géopolitiques tendant à justifier une énorme amputation du territoire français. Un spécialiste britannique des questions de renseignements, Sefton Delmer, qui, juste après la défaite du Reich, découvrit ce plan à Berlin, précise que l'exemplaire qu'il ramena en Angleterre avait été dactylographié sur une des machines spéciales comportant « de gros caractères particuliers pour les yeux fatigués du Führer ». Au point 3 de son chapitre VII, ce texte stipule : « Le territoire qui doit être détaché de la France en vertu de cette délimitation de frontières comprend approximativement 50 000 km^2 avec 7 100 000 habitants (...). La France perd entièrement : les départements de l'Alsace et de la Lorraine qui étaient allemands jusqu'en 1919 (Haut-Rhin, Bas-Rhin, Moselle) ; les départements lorrains : Meurthe-et-Moselle (Nancy) et Vosges (Epinal) ; le Territoire-de-Belfort ; les départements de Bourgogne : Doubs et Haute-Saône. La France perd en outre : presque tout le département du Nord avec Dunkerque, Lille, Cambrai et Valenciennes ; environ les trois quarts du département du Pas-de-Calais, avec Calais, Boulogne et Arras ; la partie nord du département des Ardennes avec Mézières, Charleville et Sedan ; une petite pointe du département de l'Aisne avec Hirson et La Capelle ; la partie est du département de la Meuse (y compris Verdun, Saint-Mihiel et Commercy) ; la pointe orientale du département de la Haute-Marne avec Langres. » Et, comme pour bien marquer qu'au désir de dépecer s'ajoute l'intention de ruiner définitivement la France, le docteur Stuckart insiste au point 6 du même chapitre : « Les territoires à détacher sont économiquement les plus importants de France. Ils contiennent en effet les grands centres industriels. La plus grande importance revient à l'exploitation minière. (...) Une grande partie de la production industrielle française provient également des territoires à détacher de la France. » Répétons la date de ce texte : 14 juin 1940...

Au fur et à mesure que le déferlement victorieux de ses armées lui permet d'espérer de plus en plus concrètement la domination du monde, les projets de Hitler s'amplifient et se précisent. Le printemps 1942 est sans doute l'apogée de sa puissance et c'est alors qu'il exprime le plus nettement ses vues. Le 5 avril, le soir, le maître du IIIe Reich est à table. Le plus important des convives est Himmler, le Reichsführer-SS. Discrètement mais fidèlement, comme à l'accoutumée, le représentant du ministère de l'Intérieur, le docteur Henry Picker, prend en note les conversations. « Au dîner, pourra-t-il ainsi rapporter dans le livre qu'il en tirera, *Hitler, cet inconnu*, le Reichsführer-SS déclare qu'à son avis la façon de régler au plus vite le problème français consisterait à donner, chaque année, un coup de filet dans la population germanique de la France. Il faudrait essayer d'envoyer, dès l'âge tendre, les enfants de cette couche dans nos internats où on leur apprendrait à se dépouiller de leur nationalité française, acquise par hasard, à se réclamer de leur sang germain et à s'intégrer ainsi dans le grand Reich germanique. » Hitler approuve d'autant plus ces propos de Himmler qu'il « déclare ne pas être très partisan des tentatives de germanisation si elles ne sont pas assurées idéologiquement ». Puis il ajoute que « la masse des Français tend à s'embourgeoiser, de sorte que si l'on enlevait la descendance germanique dans sa classe dirigeante, ce serait déjà un coup très dur pour la France ».

Trois semaines plus tard, le dimanche 26 avril, ce n'est plus avec Himmler mais avec un autre de ses principaux lieutenants, le chef de sa propagande, Joseph Goebbels, que Hitler aborde le même sujet. Une fois rentré chez lui, le soir, Goebbels note dans son journal intime : « En ce qui concerne la France, le Führer estime toujours que nous ne pourrons jamais nous entendre à l'amiable avec elle. Les bavardages sur la collaboration n'ont qu'une valeur momentanée. Ce que veut d'ailleurs le Führer, c'est voir des actes, et non pas entendre des mots. Si la guerre, dit-il, se termine comme il le désire, la France devra chèrement payer, car c'est elle qui l'a provoquée et déclenchée.

La France sera rejetée sur ses frontières de 1500 ; en d'autres termes, la Bourgogne rentrera dans le sein du Reich... »

Ajoutons une double remarque à ces éléments de preuve. D'abord, bien que tenus à table ou dans des conversations privées, pareils propos ne sont pas propos en l'air et ont des suites politiques directes dont témoignent diverses pièces administratives retrouvées dans les archives du Reich. Ensuite, la crédibilité de ces projets d'amputation de la France est d'autant plus grande qu'ils s'inscrivent dans un ensemble, dans une vaste opération de chirurgie géopolitique. A ce double égard, caractéristique est la lettre que Himmler adresse le 10 juillet 1942 au Gauleiter Alfred Frauenfeld, commissaire général désigné pour la Crimée. A ce très haut fonctionnaire nazi, le Reichsführer-SS écrit en effet : « Je vous remercie beaucoup de votre lettre du 10 juin 1942 et de votre mémoire sur la transplantation des Sud-Tyroliens en Crimée. J'ai eu hier l'occasion d'en parler au Führer qui n'est pas hostile non plus, mais l'unanimité s'est faite pour conclure que la transplantation des Sud-Tyroliens ne pourrait commencer qu'après la fin de la guerre. Pour la Bourgogne, nous trouverons à ce moment-là une autre souche raciale ou une autre population. Cependant, je recommande de ne parler encore en aucun cas de ce projet aux Sud-Tyroliens. »

Des « conseillers en pillage »

Sous des apparences parfois folles, la vision hitlérienne de l'avenir est cohérente... Ainsi, dans son Europe nouvelle, le Führer réserve-t-il à la France mutilée un rôle correspondant à l'état auquel il entend la réduire. Dans le film *Le Chagrin et la Pitié*, un ancien dirigeant de l'état-major général allemand, l'OKW, le général Walter Warlimont, déclare : « Dans l'esprit d'Adolf Hitler, la France ne devait jamais jouer qu'un rôle mineur dans la grande Europe. Cela, il me l'a dit souvent. » Peut-on préciser ce qu'eût été ce rôle mineur ? Oui, et d'autant plus que nous quittons alors le domaine des seuls projets pour évoquer une entreprise qui, comme on dit en justice, a connu un commencement d'exécution, l'entreprise de mise en coupe réglée, de ruine et de pillage de la France. Il arrive que, pour résumer en quelques mots ce que devait être notre avenir en cas de victoire allemande, on dise que la France aurait alors été le Luna-Park, le potager et la nourrice de l'Allemagne. Ces expressions ne sont pas fausses mais elles sont un peu légères et méritent d'être sérieusement dramatisées.

Dès le début de l'Occupation, à peine l'armistice est-il signé et le gouvernement Pétain installé, que, comme le dit Jacques Debû-Bridel, « la pompe aspirante allemande est en place ». Le mécanisme de cette pompe est décrit en technicien par l'auteur de ce maître livre qu'est *Trafics et crimes sous l'Occupation*, Jacques Delarue... « Dès l'époque de préparation du conflit, écrit-il, alors qu'ils forgeaient une machine de guerre destinée à asservir l'Europe, les dirigeants nazis avaient attaché une grande importance aux côtés économiques d'un conflit qu'ils voulaient avant tout rentable. (...) Dans ce but, divers organismes avaient, dès avant la guerre, été créés ou institués en prévision du conflit. Les premiers d'entre eux devaient, comme les organismes de la Gestapo, accompagner les troupes au plus près et les suivre sur les théâtres d'opérations. Ces "détachements économiques" furent adjoints aux groupes d'armées et aux commandants en chef des forces spécialisées des services économiques de la Wehrmacht, dès la campagne de Pologne, sous forme de conseillers techniques. Ces "conseillers" en pillage, baptisés "officiers de liaison de l'office de l'armement économique", furent adjoints aux états-majors des troupes. Des "états-majors de renseignements pour les industries et les matières premières", importantes pour l'économie, les coiffèrent. Des commandos furent constitués pour la protection des industries importantes et des approvisionnements, dès la conquête du terrain. Les mêmes dispositions perfectionnées par l'expérience acquise furent prises pour la campagne à l'Ouest. Des instructions secrètes enjoignirent aux détachements économiques de "commencer leur activité dans le pays nouvellement occupé, dès que la situation de la bataille le permet" (...). La composition de ces détachements n'avait pas été laissée au hasard. Formés d'officiers de réserve, leurs membres étaient dans la vie civile ingénieurs, commerçants en gros, directeurs de mines, importateurs de matières premières, ingénieurs-conseils. On y trouvait donc toutes les qualifications utiles. »

Dans ce système, l'historien Henri Michel voit « un corollaire de la nature raciale du nazisme. (...) Cette conception n'avait rien d'original ; c'était en somme un "pacte colonial" que l'Allemagne nazie réservait à l'Europe ; sa victoire perpétuerait la servitude des vaincus ». Ainsi Hitler entendait-il infliger à l'Europe elle-même — mais en l'aggravant encore — le sort que jusqu'ici les nations européennes avaient fait subir aux possessions coloniales des autres continents. Un amateur d'humour noir pourrait d'ailleurs souligner le piquant d'une situation où l'on voyait, à Vichy, des amiraux et des généraux, des banquiers et des industriels, des préfets et des diplomates littéralement nourris au lait colonial et élevés sous la IIIe République dans le culte de l'Empire français, se féliciter d'être, à leur tour, devenus des indigènes et de savourer enfin la condition de colonisés...

Car dès le début, dans les bureaux et ministères de Vichy comme dans les rédactions et salons de Paris, on savait parfaitement que, comme devait si bien l'écrire l'historien britannique Alan Bullock, « des passions ignobles dominaient l'esprit d'Hitler : la haine, la rancune, le besoin de dominer et, là où la domination était impossible, le besoin de détruire. (...) Ce pouvoir même, il ne pouvait le comprendre que dans ses aspects les plus grossiers : il n'y voyait qu'un immense panorama de routes militaires, de garnisons SS et de camps de concentration, pour soutenir la domination du *Herrenvolk* aryen sur les peuples esclaves ».

« Sur un mur blanc, en plein soleil... »

Et il n'y avait même pas besoin d'être ministre ou haut fonctionnaire pour savoir... *Qui savait quoi ?* demanderont, en 1987, Stéphane Courtois et Adam Rayski en donnant à un livre ce titre mémorable. Leur sujet, c'est ce qui déjà s'annonce et qu'énonce leur sous-titre : *L'Extermination des Juifs 1941-1945*, mais la question qu'ils posent va encore plus loin. Qui savait quoi ? Savait vite l'essentiel celui qui voulait savoir. Ignorait qui souhaitait ignorer... Et l'on va comprendre pourquoi j'attache une particulière importance au témoignage de Maïa Pfeiffer-Beylin, qui nous en dit tant en si peu de mots.

Elle était entrée, en septembre 1939, au début de la guerre, comme auditrice-rédactrice au Centre d'écoutes de la Radiodiffusion nationale. Pendant l'exode et la défaite, elle suivit son administration de Paris à Vichy, via Bordeaux. Elle nous a raconté son arrivée dans la nouvelle capitale... « Dans la chaleur de fin de juin, dans l'atmosphère étouffante de la cuvette de Vichy, nous dit-elle, la première chose que j'aperçus, dès notre entrée en ville, fut, sur un mur blanc, en plein soleil, un immense “Mort aux youpins !” tracé en noir. Le fascisme en France... Une chose qui, jusqu'alors, me paraissait incroyable. Mais je dus m'habituer à cette idée, et cela sans tarder. Notre Centre fut installé dans un petit château, à un kilomètre et demi de Vichy. Et, chaque jour, désormais, il y eut du nouveau. A la place de nos anciens camarades disparus dans la clandestinité, dans des camps français, ou retournés en zone occupée, des nouveaux faisaient leur apparition qui ne cachaient pas leur sympathie pétainiste, voire hitlérienne. Nos anciens officiers disparaissaient également, prenant le chemin d'Alger, de Londres ou revenant simplement à la vie civile. Un jour, un nouveau directeur fit son apparition au Centre, un certain M. Dommange, un être maladif et névrosé, nourrissant une haine pathologique contre tout ce qui pouvait être assimilé à des idées de liberté, d'internationalisme et de solidarité des peuples. Parlant du jeune fils de l'un d'entre nous, un enfant de douze ans que nous aimions tous pour sa vive intelligence, son amour de la nature, sa gentillesse envers les hommes et les bêtes, ce monsieur n'hésita pas à dire qu'il ne pouvait pas voir ce jeune garçon sans dégoût car il savait que du sang juif coulait dans ses veines. »

« Du sang juif... » En ce début d'automne 1940, une sinistre compétition est engagée entre les maîtres de Paris et les valets de Vichy pour savoir qui sera le plus rapidement et le plus complètement antisémite... Paris, 27 septembre 1940 — « En vertu des pleins pouvoirs qui m'ont été conférés par le Führer und Oberster Befehlshaber der Wehrmacht, je déclare ce qui suit : Sont reconnus comme juifs ceux qui appartiennent ou qui appartenaient à la religion juive, ou qui ont plus de deux grands-parents (grands-pères et grands-mères) juifs. Sont considérés comme juifs les grands-parents qui appartiennent ou appartenaient à la religion juive. Il est interdit aux juifs qui ont fui la zone occupée d'y retourner. » Tout juif « devra se présenter jusqu'au 20 octobre 1940 auprès du sous-préfet de l'arrondissement dans lequel il a son domicile (...) pour se faire inscrire sur un registre spécial. Tout commerce dont le propriétaire ou le détenteur est juif devra être désigné comme “Entreprise juive” par une affiche spéciale en langue allemande et française. » Et c'est signé « Der Militärbefehlshaber in Frankreich (le chef de l'Administration militaire en France) »... Vichy, 3 octobre 1940 — « Nous, Maréchal de France, chef de l'Etat français ; le conseil des ministres entendu ; décrétons : Article premier. — Est regardé comme juif, pour l'application de la présente loi, toute personne issue de trois grands-parents de race juive ou de deux grands-parents de la même race, si son conjoint lui-même est juif. Art. 2. — L'accès et l'exercice des fonctions publiques et mandats énumérés ci-après sont interdits aux juifs... » Etc. *In fine*, ce seront plutôt les pétainistes qui l'emporteront sur les occupants dans cette course à l'ignominie.

Alors, au bout du compte, même si les termes vont, pour beaucoup, en rester un certain temps obscurcis par le mythe Pétain et les illusions sur le régime de Vichy, dès cet été de 1940, la question qui se pose et qui va impérativement se poser avec de plus en plus d'acuité est simple, claire et impossible à éluder : les Français vont-ils accepter sans réagir que l'on procède sous leurs yeux à la mise à mort de la France ? Vont-ils accepter la loi de cet occupant dont le docteur Delaunay, dans son journal déjà cité, note qu'« en temps calme (il) est un fourbe correct et un pillard méthodique » et qu'« en cas d'incident, il use de brimades ingénieuses de pion féroce » mais qu'il demeure en tous temps « un barbare motorisé, un sauvage à lunettes, un Mohican qui aurait passé par l'Ecole centrale, une brute gantée » ?

C'est d'ailleurs, pour l'essentiel, cette question qu'en cet été et cet automne 1940, précisément, quelques hommes, très divers, qui le plus souvent agissent séparément et sans se connaître, mais que déjà réunit en fait et presque malgré eux le même refus, commencent, aux micros des radios restées libres ou par le moyen de tracts clandestins, de poser à tous ceux qui peuvent les entendre et bientôt, espèrent-ils, au peuple, à la nation tout entière. Sans vouloir en faire des textes sacrés, il convient de ne surtout pas négliger ces *appels*. Même relativement peu entendus en apparence, ils étaient déjà des *actes* qui annonçaient et portaient en germe toutes les luttes futures car, à l'époque où ils furent lancés, plus encore que le courage, il fallait avoir la lucidité de crier.

Une certaine lucidité... Un certain sentiment — le sentiment que nous dépeint fort bien Louis Blésy, qui, lui, précisément, avait été brièvement prisonnier de guerre en Allemagne et qui allait être plus tard colonel FTP et compagnon de la Libération. « Il ne pouvait s'agir pour moi de m'être évadé pour simplement reconquérir la liberté, nous dit Blésy. Elle m'était chère, certes, mais si je m'étais évadé c'était pour essayer de faire quelque chose ; c'était avec le sentiment que la guerre n'était pas terminée et qu'il fallait continuer. »

Chapitre cinq

LES APPELS

Où il semble que, si l'on salue celui du 18 juin et conteste celui du 10 juillet, on a trop tendance à ignorer ou méconnaître tous les autres appels à la Résistance lancés en 1940.

Appliqués à l'époque qui nous occupe, certains des sens que le dictionnaire offre pour le mot *appel* prennent une résonance singulière... Car *appel* ne veut pas dire seulement « action d'appeler » ou « signal donné par la trompette ou le tambour pour rassembler les soldats » mais aussi « vérification de présence obligée des membres d'une assemblée, d'un corps » et « recours à un juge supérieur », sans parler de « provocation en duel ». Or, lisant cela, comment ne pas songer qu'en cette fin de printemps, cet été et cet automne 1940, et même encore pendant l'hiver, ceux qui se risquaient à l'action d'appeler à la Résistance savaient fort bien que toute vérification de présence ferait surtout apparaître le nombre des manquants, qu'avant d'exercer ses fonctions de juge supérieur, le peuple français devait reprendre conscience et confiance et qu'enfin si, par leur cri, ils provoquaient quelqu'un en duel, ce ne pouvait dérisoirement être que Hitler le tout-puissant... Ainsi le vocabulaire rappelle-t-il à bon escient le mélange d'audace dans l'analyse et de témérité calculée, de courage optimiste et tout simplement de culot qu'il fallait avoir pour appeler ses compatriotes à refuser une réalité que l'on proclamait odieuse et passagère alors même qu'à la plupart elle semblait inexorablement écrasante et tristement acceptable.

Encore n'est-ce pas seulement pour — ne craignons pas le mot — la noblesse de leur geste qu'il convient impérativement, au seuil de toute évocation de la Résistance, de saluer ceux qui y appelèrent en 1940, c'est aussi et surtout parce que, de cette Résistance, ils ont nettement donné le coup d'envoi. Quelques exagérations ultérieures, une inévitable tendance au schématisme épique ne doivent pas faire perdre de vue que si, dans la France de l'après-guerre, des forces politiques aussi importantes que le mouvement gaulliste ou le parti communiste ont pu, dans l'incendie des polémiques, prendre comme fondement de leur légitimité, pour les uns, le consensuel appel du 18 juin et, pour les autres, celui si controversé du 10 juillet, ce n'est pas par hasard. Le caractère symbolique qu'ont pris les textes n'est pas seulement affaire de propagande : leur valeur de symbole s'est tout simplement identifiée au sens du combat qu'ont mené les résistants qui s'en réclamaient. Et dans l'instant où ils le menaient... Par-delà les outrances folkloriques, c'est à ce niveau-là que nous voulons considérer *les appels*.

Toutefois, il n'est pas moins important de dire d'emblée que *les* ne saurait ici signifier *deux*. Autant que sur leur portée, il faut en effet insister sur la relative pluralité de ces appels, une pluralité trop souvent méconnue et parfois oubliée. Ni Charles de Gaulle ni les dirigeants communistes ne furent les seuls à appeler les Français à la Résistance ; avant et après eux, d'autres hommes prirent la même initiative dont la diversité doit être dite si l'on veut rendre perceptibles dès le départ la variété et la vigueur, la richesse humaine d'un sursaut national dont les appels, comme les toutes premières actions contre l'occupant et le régime de Vichy, sont les prémices.

Dunkerque... « pièges de tonnerre et d'écume »

En rappelant qu'ils furent ainsi plus d'une douzaine à s'adresser, en 1940, à leurs frères de défaite et de servitude, nous ne prétendons pas, là plus qu'ailleurs, être exhaustif. Sans doute, à la même époque, d'autres textes furent-ils écrits et diffusés que nous ne pouvons citer ou même que nous ne connaissons pas et qui pourtant avaient valeur d'appels. Toutefois, à travers ce qu'écrivirent et s'efforcèrent alors de diffuser des hommes comme Edmond Michelet, comme André Colin, comme Charles Tillon, comme Charles Delestraint, comme Jean Texcier, comme Max-Pol Fouchet, comme Gabriel Cochet, comme Raymond Burgard, comme Jacques Arthuys, comme Boris Vildé, etc., nous espérons pouvoir donner une idée de la force et de l'acuité du cri encore très sourd mais qui déjà montait de la France blessée à mort... Le cri surtout des Français qui refusaient cette mort.

Blessure et traumatisme — ce sont sans doute là les mots clefs du moment. Henri Dumoulin de Labarthète, le chef de cabinet de Pétain et qui parle donc en connaissance de cause, écrit textuellement, dans *Le Temps des illusions*, que « la France offre, alors, l'image d'un hôpital de grands blessés ». Blessures d'ailleurs encore plus morales — et il faudrait presque dire mentales — que physiques. Ce qu'ils viennent de subir et ce qui s'abat sur eux fait que nos compatriotes ont plus que des bleus à l'âme. Des plaies. Nous savons déjà quels sentiments de panique et de résignation mêlés les habitent alors qu'ils viennent de voir une nation, la leur, s'effondrer pratiquement sous leurs yeux. Nous avons dit comment le mythe Pétain aggrave le mal en paraissant apaiser le malaise. Du point de vue qui maintenant nous intéresse, celui de l'audience et de l'impact possibles des appels à la Résistance au moment où ils sont lancés, nous estimons néanmoins devoir insister sur trois points : d'abord, cette atmosphère de désastre, on pourrait presque dire d'apocalypse en mineur dont, par exemple, les souvenirs de Dunkerque et de l'exode perpétuent dans tant de mémoires les images corrosives et anesthésiantes ; ensuite, non seulement cette résignation, mais ce goût de la défaite qu'un profond désarroi fait parfois apparaître chez ceux où on l'attendait le moins ; enfin, ce que l'on pourrait appeler le *contre-appel* répétitif de Pétain, ces véritables exhortations à la non-résistance que, les 17, 20, 23 et 25 juin 1940, lance et répète sur les ondes officielles celui que Jean Guéhenno qualifie de « vieil homme qui n'a plus même la voix d'un homme, mais parle comme une femme ».

Une apocalypse en mineur... « Cette mise en scène des derniers jours, écrira plus tard Aragon, cette lourde insomnie des sables et des ruines, cette traversée des flammes, comment voulez-vous, comment, que j'arrache du fond de mon œil les souvenirs de cette abominable vision ? Comment pourrais-je la décrire ? Il y a les objets, le ciel, les êtres, les dunes, les effondrements, tout ce que vous voudrez, mais ce n'est pas cela, ce n'est pas que cela, ni l'avance des meutes humaines à travers la destruction, ni ce qui sera de nous mutilé, et le sang, rien que cela : il faut à toute chose ajouter l'homme, ajouter la fureur et le bruit, le cauchemar, la folie qui a de brusques éclats de rire tragique, la démoralisation, la panique, la peur, le sentiment d'être jeté sur un bûcher (...). J'ai vu bien des images qu'on en a données. (...) Mais j'imagine les damnés devant les tableaux qui représentent l'enfer : quelle rigolade, mes seigneurs ! Je n'ai pourtant rien à ma disposition que les mots. J'ai cherché partout une image, aux deux sens de ce terme, une chose peinte ou une métaphore, ne serait-ce qu'une métaphore pour vous parler de Dunkerque : orange éclatée, plomb fondu, hallali noir, pièges de tonnerre et d'écume, kermesse de l'agonie... Tout n'est que dérision. »

Aragon et Joseph Kessel ne sont certes pas cousins par le style, les voici pourtant frères par l'angoisse... « Qu'on imagine un port en feu, la nuit, écrira Kessel, couvert par-dessus le mur des flammes d'un moutonnement énorme de fumée noire et visqueuse. (...) Qu'on imagine encore un chenal étroit entre des champs infranchissables de mines, des jetées ébréchées par le bombardement, des carcasses de bateaux coulés trouant partout la surface de l'eau. Et, au milieu de cette sorte d'hallucination, dans l'ombre trompeuse d'un faux jour traversé de reflets sanglants, à travers le port tout pourri d'épaves et de pièges, des dizaines de bâtiments de tout rang et de tout âge, cherchant à accoster au plus vite pour emmener la masse humaine casquée et silencieuse qui se dresse dans la lumière de l'incendie, le long des quais. Qu'on imagine tout cela et l'on aura une faible vision de ce que fut le suprême départ de Dunkerque, le dernier épisode d'une entreprise, qui, racontée quelques jours auparavant, eût semblé surhumaine ou insensée. (...) Je ne sais par quel prodige cette apparente démence portait ses fruits, mais quand tout semblait confondu, heurté, englouti, fracassé, un bateau soudain quittait une jetée avec des grappes humaines suspendues à son pont. Puis un autre... Et d'autres encore. Leur place était prise aussitôt et, cependant que continuait le chaos, un nouveau bâtiment enlevait sa frémissante cargaison. » Car, si l'on en croit David Divine, « 338 226 hommes avaient été ramenés sur les côtes anglaises ». Et Divine ajoute : « triomphalement ». Certes, d'un strict point de vue technique, Divine n'a pas tort. L'évacuation vers l'Angleterre de tant de troupes que les Allemands menaçaient de faire prisonnières fut ce qu'on appelle une opération couronnée de succès.

Mais combien d'hommes ne franchirent pas la mer et restèrent sur la rive en feu ? A Londres, le 1er juin 1940, le *Daily Telegraph* parlait, à propos de Dunkerque, d'une « résistance magnifique et farouche » ; est-ce le souvenir qu'en gardèrent les rescapés français qui réussirent quand même à échapper à la tenaille allemande ? Une fois rentrés chez eux, n'évoquent-ils pas plutôt la circulaire du 3e Bureau dont parle Jean Beaux, « une circulaire leur expliquant comment, avec une bouteille d'essence et une boîte d'allumettes, n'importe qui peut arrêter n'importe quel char » ? Ou des scènes telles que celle rapportée par le commandant Maurice Guierre : « Les troupes anglaises refluaient sur Dunkerque en détruisant leur matériel ; on pouvait voir sur les routes des camions tout neufs se précipiter les uns sur les autres, moteur contre moteur, en vue d'une destruction plus efficace ; les fossés s'emplirent de voitures renversées, d'armes abandonnées. “Les Anglais sont devenus fous !” affirmaient nos marins déconcertés ; quelques officiers français crurent devoir intervenir ; l'un d'eux reçut une balle de revolver dans la mâchoire. »

Et ce n'est pas qu'à Dunkerque que se déroule cette dérisoire, déroutante, et lente apocalypse, c'est partout... Louis-Ferdinand Céline jubilera bientôt : « Baoum ! Vraoum !... C'est le grand décombre ! (...) Ça va trop mal !... C'est la sarabande des frayeurs, la foire par-dessous les tonnerres à la rampette-dislocation ! » Futur fusillé, un des premiers martyrs de la Résistance, l'avocat Georges Pitard notera dans une lettre à sa mère du 7 août 1940 : « Nos malheureux hommes, armés comme on l'était en 1870, et encore, traînant des valises vieilles de neuf mois, d'invraisemblables sacs bourrés de leurs hardes, s'entassaient dans les cars, les camions, les trains. (...) Une armée de chiffonniers... »

On cite souvent le jugement de l'historien Marc Bloch dans son livre *L'Etrange Défaite* : « Nos chefs ne se sont pas seulement laissé battre, ils ont estimé très tôt naturel d'être battus. » Bien sûr, cette appréciation concerne d'abord la grande majorité des classes dirigeantes. Toutefois, il ne faut pas se cacher que le défaitisme fut contagieux et que le mal né à la tête gagna bientôt une partie non négligeable du corps, du peuple lui-même. Lorsque, par exemple, le 19 juin 1940, les habitants de Caen lisent dans un de leurs principaux quotidiens, le *Journal de Normandie*, des phrases telles que : « Un seul canon dans une rue n'est pas une défense, c'est une provocation au massacre. (...) Il y a du courage à abandonner la lutte pour épargner des millions d'innocents », oui, il est sûr que ces quelques mots « il y a du courage à abandonner la lutte » trouvent un écho favorable dans l'état d'esprit d'un grand nombre de lecteurs moyens. Raymond Casas et Lucien Jardel se bornent à constater une évidence lorsqu'ils affirment dans *La Résistance en Loir-et-Cher* : « Très longtemps, l'esprit de défaite l'emporte sur l'esprit de résistance. C'est pourquoi les premiers pionniers de la Résistance, dont très peu survécurent, eurent à lutter dans des conditions difficiles, non seulement contre l'occupant, mais avant tout contre cet esprit de la défaite, qui prit souvent, plus tard, la forme neutraliste, puis attentiste chez beaucoup d'hommes ébranlés. »

Quand Pétain appelle à la non-résistance...

Diffusées et inlassablement répétées sur les ondes officielles, les allocutions que Philippe Pétain prononce le 17, puis le 20, puis le 23, puis le 25 juin 1940 sont un lancinant appel à la non-résistance et ne peuvent que faire des ravages dans une opinion publique aussi traumatisée. Que dit le vieux maréchal ?

Le 17 juin, il déclare : « En ces heures douloureuses, je pense aux malheureux réfugiés, qui, dans un dénuement extrême, sillonnent nos routes. Je leur exprime ma compassion et ma sollicitude. C'est le cœur serré que je vous dis aujourd'hui qu'il faut cesser le combat. Je me suis adressé cette nuit à l'adversaire pour lui demander s'il est prêt à rechercher avec nous, entre soldats, après la lutte et dans l'honneur, les moyens de mettre un terme aux hostilités. Que tous les Français se groupent autour du gouvernement que je préside pendant ces dures épreuves et fassent taire leur angoisse pour n'écouter que leur foi dans le destin de la Patrie. » Trois jours plus tard, le 20 : « J'ai demandé à nos adversaires de mettre fin aux hostilités. Le gouvernement a désigné mercredi les plénipotentiaires chargés de recueillir leurs conditions. J'ai pris cette décision, dure au cœur d'un soldat, parce que la situation militaire l'imposait. (...) Nous tirerons la leçon des batailles perdues. Depuis la victoire, l'esprit de jouissance l'a emporté sur l'esprit de sacrifice. On a revendiqué plus qu'on n'a servi. On a voulu épargner l'effort ; on rencontre aujourd'hui le malheur. J'ai été avec vous dans les jours glorieux. Chef du gouvernement, je suis et resterai avec vous dans les jours sombres. Soyez à mes côtés. Le combat reste le même. Il s'agit de la France, de son sol, de ses fils. »

Trois nouveaux jours passent, et le 23 juin : « Notre drapeau reste sans tache. Notre armée s'est bravement et loyalement battue. Inférieure en armes et en nombre, elle a dû demander que cesse le combat. Elle l'a fait, je l'affirme, dans l'indépendance et dans la dignité. Nul ne parviendra à diviser les Français au moment où leur pays souffre. (...) Les Français regardent bien en face leur présent et leur avenir. Pour le présent, ils sont certains de montrer plus de grandeur en avouant leur défaite qu'en lui opposant des propos vains et des projets illusoires. »

Le dernier texte, celui du 25, est nettement plus long que les autres. Pétain affirme vouloir y « expliquer les motifs des deux armistices conclus, le premier avec l'Allemagne, il y a trois jours, le second avec l'Italie ». Après avoir proclamé que « la résistance armée devait cesser », il annonce que notre pays va être en grande partie occupé puis il affirme, sans sourciller, que « le gouvernement reste libre, la France ne sera administrée que par des Français ». Enfin, il ajoute — et l'allusion est claire : « Vous étiez prêts à continuer la lutte, je le savais. La guerre était perdue dans la métropole ; fallait-il la prolonger dans nos colonies ? Je ne serais pas digne de rester à votre tête si j'avais accepté de répandre le sang français pour prolonger le rêve de quelques Français mal instruits des conditions de la lutte. Je n'ai voulu placer hors du sol de la France ni ma personne ni mon espoir. (...) Notre défaite est venue de nos relâchements. L'esprit de jouissance détruit ce que l'esprit de sacrifice a édifié. C'est à un redressement intellectuel et moral que, d'abord, je vous convie. »

Lorsque, le 17 juin à midi trente, le premier appel est diffusé pour la première fois, le vieux maréchal dit bien : « Il faut cesser le combat. » Plus tard, néanmoins, les versions écrites de ce texte porteront : « Il faut tenter de cesser le combat. » On a beaucoup discuté sur cette correction. En fait, c'est, par avance, toute l'hypocrisie du régime de Vichy qui y transparaît. Si la formule est d'abord plus brutale, c'est à dessein. Un coup doit être porté. Il l'est. Et il est reçu comme tel. Alors officier, le futur résistant Conrad Flavian notera plus tard dans ses souvenirs : « En sortant du mess, j'ignorais tout des événements et de l'effrayante réalité. Le message du maréchal Pétain annonçant la demande d'armistice tomba parmi nous en faisant l'effet d'une bombe. Nous nous demandions si nous avions bien entendu et nous nous refusions même à croire en de telles paroles. Très certainement, la 5e Colonne avait monté cette histoire afin de jeter le trouble et le désarroi dans les rangs de l'armée ; et des gens dignes de foi affirmaient que ce n'était pas là la voix du maréchal Pétain qu'ils connaissaient fort bien. »

Le 24 juin 1948, déposant devant la commission Charles Serre, l'ambassadeur Léon Noël, qui fut un des négociateurs officiels de l'armistice de 1940, à la clairière de Rethondes, expliquera : « Pétain accomplissait un acte qui, à lui seul, suffirait à justifier sa condamnation : il lisait à la radio la déclaration par laquelle il annonçait *urbi et orbi* que le gouvernement qu'il venait de constituer demandait l'armistice et il prononçait cette parole néfaste : "Il faut cesser le combat." L'emploi de cette formule était extrêmement grave. (...) C'était une faute capitale que d'annoncer ainsi publiquement que le gouvernement désirait un armistice avant d'avoir pris la précaution de se renseigner sur ce que pourraient être les conditions exigées par l'ennemi. (...) Le gouvernement et le commandement allemands savaient désormais, à n'en point pouvoir douter, que le gouvernement de Pétain était, par avance, résigné à accepter toutes ses conditions. En outre, ces cinq petits mots : "il faut cesser le combat" nous ont coûté des milliers de prisonniers supplémentaires. En les entendant, la plupart des Français ont cru de bonne foi que la guerre était finie, qu'on ne se battrait plus. De très nombreux soldats, qui auraient pu échapper à la captivité, fatigués, épuisés, découragés, se sont laissé capturer par les troupes allemandes, avec l'illusion qu'une paix immédiate les libérerait sous peu de jours. Cette erreur criminelle de Pétain nous a coûté, en outre, des morts. Dans des localités de l'ouest, en particulier, les habitants ou des réfugiés, persuadés que les hostilités étaient terminées, ne se sont pas mis à l'abri en voyant arriver des avions allemands et ont été bombardés ou mitraillés par eux. » Le propos de l'ambassadeur, évidemment bientôt gaulliste, nous paraît éclairer pertinemment la gravité du *contre-appel* de Philippe Pétain et de ses conséquences.

Le 18 juin, comme le 14 juillet ou le 11 novembre

Telles étaient donc à la fois la situation et l'atmosphère, la conjoncture et l'air du temps. Tout aussi fâcheux et redoutables les uns que les autres et augurant, à coup sûr, d'un bien triste destin pour la nation et les citoyens... Le méconnaître serait se condamner à ne rien comprendre au ton, à la teneur et à la portée des appels, les vrais *appels*, que, précisément contre cet état des gens et des choses, mais néanmoins sans pouvoir totalement échapper à leur emprise, un certain nombre d'hommes lancèrent alors.

Ce souci du contexte est tout particulièrement nécessaire lorsqu'il s'agit de l'appel lancé le 18 juin 1940, à la radio de Londres, par Charles de Gaulle...

Très nombreux sont les récits publiés de ce *18 juin*, désormais entré dans le langage courant sans référence à l'année, tout comme on dit le *14 juillet* ou le *11 novembre*, et pourtant un certain nombre d'inexactitudes continuent d'être colportées tant sur l'événement que sur la situation et la personnalité de son protagoniste ou sur les échos que connut son initiative.

D'abord, contrairement à la légende, le de Gaulle du 18 juin n'est pas un inconnu et si, au début tout au moins, il est relativement seul, il n'est pas pour autant un solitaire. Winston Churchill aurait-il ouvert les micros de la BBC à un obscur officier français sans réputation, relations ni mandat ?

Dans les années qui précèdent la guerre, le colonel de Gaulle n'est pas un simple colonel parmi des centaines d'autres. Même parmi les quelques dizaines d'anciens élèves de l'Ecole de Guerre qui entourent les chefs militaires connus et constituent les cadres de l'état-major, les idées audacieuses développées dans ses livres, les contacts qu'il a avec des hommes politiques célèbres et des journalistes influents, les anecdotes qui courent sur sa vigueur de caractère, ses rêveries et ses foucades, lui ont assuré une relative position de vedette. Sa renommée n'a pas atteint le grand public, mais elle est établie dans ce que l'on appelle les « milieux bien informés » de la capitale. Déjà, le 21 mars 1940, Paul Reynaud voulait confier à de Gaulle le secrétariat général du nouveau Comité de guerre ; il n'y a renoncé qu'en raison de l'opposition du ministre de la Défense nationale, Edouard Daladier, manipulé par les éléments les plus rétrogrades de l'armée, des « culottes de peau » hostiles aux idées modernes que le colonel a sur l'emploi des forces blindées. Après l'attaque allemande, c'est à son énergie au feu et au rôle efficace qu'il fait jouer à la 4e division cuirassée qu'il doit d'être, le 23 mai 1940, nommé général de brigade « à titre temporaire ». Aussi, lorsque après le remaniement ministériel effectué par Paul Reynaud dans la nuit du 5 au 6 juin, sont connus les nouveaux titulaires de portefeuille, même dans le Paris d'alors guetté par la panique, la nomination du « jeune » général au poste de sous-secrétaire d'Etat à la Défense nationale ne passe-t-elle pas inaperçue. Le journal à plus fort tirage de la capitale, *Paris-Soir*, publie, le 8 juin, sous la signature de Lucien Blanc, un article élogieux où l'on peut lire : « Hautement prisé par tous les chefs éminents sous les ordres desquels il a servi, réputé dans son arme par la manière brillante avec laquelle il exerça le commandement des troupes, le colonel de Gaulle se range parmi les esprits les plus lucides, les personnalités les plus agissantes de l'armée française. »

Le gouvernement où entre le nouveau sous-secrétaire d'Etat est en train d'être investi par les intrigues, pour ne pas dire par le complot du triumvirat Pétain-Weygand-Laval. Un nombre chaque jour croissant de ministres — et non des moindres — se font les complices ou acceptent d'être les jouets de ceux qui voient dans la défaite l'occasion de remplacer la République par une forme d'Etat dont l'instauration sera leur triomphe après les tentatives avortées que furent l'émeute du 6 février 1934 et les provocations avec complot de la Cagoule. La politique qu'ils ont jusqu'ici pratiquée ne met pas des hommes de droite comme Paul Reynaud, Georges Mandel ou Louis Marin en bonne posture pour résister à la subversion pétainiste dont l'aboutissement va être l'accession du Maréchal à la présidence du Conseil, le 16 juin, et son *contre-appel*, le 17. Malgré leur irrésolution chronique et leur faiblesse croissante, ces hommes essayent pourtant de s'en tenir, vaille que vaille, à ce que Germaine Willard appelle « la ligne politique du gouvernement Reynaud, établie lors du remaniement ministériel du 6 juin » et qu'elle résume ainsi : « La guerre avec l'Allemagne ne doit pas être arrêtée. » Dans cette optique, ils se raccrochent au projet de ne pas consentir à l'armistice, de défendre avec acharnement le réduit breton, de transporter enfin le gouvernement hors du territoire métropolitain et de l'installer dans une colonie africaine afin que les autorités françaises légitimes ne cessent pas de participer aux hostilités contre les puissances de l'Axe. Pour commencer à réaliser ce plan et aussi pour chercher quelque réconfort, ils se tournent de plus en plus vers l'Angleterre encore intacte et vers un leader britannique « imperturbable, plein de ressort » et dont l'acharnement à tenir coûte que coûte contraste avec leur grandissante anémie d'âme. Cette velléité de résistance existe. Mais, comme s'il fallait toujours que le ver fût dans le fruit, la façon dont cette velléité tend à prendre forme ne risque-t-elle pas d'en ruiner, par avance, la portée ?

« Sans romantisme et sans difficulté... »

Comment apprécier autrement que comme asservissant pour la France le projet de « fusion » des empires français et anglais auquel on s'efforce, à ce moment, de donner force de loi même à la sauvette ? Conçue entre le 9 et le 12 mars 1940 par un brain-trust dont l'historien anglais Arnold Toynbee et l'écrivain français Jean Giraudoux sont les vedettes, cette idée d'union franco-britannique dont un texte intitulé « Acte d'association perpétuelle » fixe les modalités et dont le plus actif supporter est Jean Monnet l'américanophile, n'aurait-elle pas pour résultat, comme le diront un peu caricaturalement les dirigeants communistes Maurice Thorez et Jacques Duclos quelques semaines plus tard, d'« enchaîner la France au char de l'impérialisme britannique » ? Singulière cabriole politique que de prétendre qu'on ne peut sauver l'indépendance de la France qu'en aliénant sa souveraineté... Or quel est l'ambassadeur extraordinaire que l'on envoie de Bordeaux à Londres, pour tenter encore une fois, *in extremis*, comme l'écrit Edouard Bonnefous, de « faire accepter ce projet sensationnel » de « liaison complète entre les deux destins » ? Cet ambassadeur des jours tumultueux où chaque minute compte, l'agent de liaison entre Reynaud et Churchill pour le meilleur (résistons !) comme pour le pire (à vos ordres !) s'appelle Charles de Gaulle... La mission du sous-secrétaire d'Etat est donc une mission capitale au plus haut niveau gouvernemental. Malgré ses ambiguïtés et même si elle apparaît au fil des heures de plus en plus chimérique. D'ailleurs, dès le 9 juin, Charles de Gaulle est à Londres, dans le bureau du Premier ministre britannique. Compte rendu dans la nuit même au président du Conseil français. Une semaine plus tard, nouveau voyage. Déjeuner avec Churchill. Retour en France le soir même...

« Je pris congé du Premier ministre, racontera plus tard le général dans ses *Mémoires de guerre*. Il me prêtait un avion pour rentrer tout de suite à Bordeaux. Nous convînmes que l'appareil resterait à ma disposition en prévision d'événements qui m'amèneraient à revenir. (...) A 21 h 30, j'atterrissais à Bordeaux. Le colonel Humbert et Auburtin, de mon cabinet, m'attendaient à l'aérodrome. Ils m'apprenaient que le président du Conseil avait donné sa démission et que le président Lebrun avait chargé le maréchal Pétain de former le gouvernement. C'était la capitulation certaine. Ma décision fut prise aussitôt. Je partirais dès le matin. J'allai voir M. Paul Reynaud. Je le trouvai sans illusion sur ce que devait entraîner l'avènement du Maréchal et, d'autre part, comme soulagé d'un fardeau insupportable. Il me donna l'impression d'un homme arrivé à la limite de l'espérance. (...) Tard dans la soirée, je me rendis à l'hôtel où résidait Sir Ronald Campbell, ambassadeur d'Angleterre, et lui fis part de mon intention de partir pour Londres. (...) J'envoyai prévenir M. Paul Reynaud. Celui-ci me fit remettre, sur les fonds secrets, une somme de 100 000 francs. (...) Le 17 juin, à 9 heures du matin, je m'envolai, avec le général Spears et le lieutenant de Courcel sur l'avion britannique qui m'avait transporté la veille. Le départ eut lieu sans romantisme et sans difficulté. »

Charles de Gaulle ajoute aussitôt que les difficultés commencent à Londres le soir même où, dit-il, « je m'apparaissais à moi-même, seul et démuni de tout, comme un homme au bord d'un océan qu'il prétendrait franchir à la nage ». Toujours est-il que ce troisième et dernier voyage à Londres est le fruit de la volonté qu'avait le très bientôt chef de la France libre de poursuivre, à tout prix, sa mission fût-ce en la transformant complètement et en la surindividualisant sous la pression des événements.

Aussi, lorsque tombe la nuit du 17 au 18 juin sur la capitale britannique, même s'il cède quelque temps au découragement, lui, le « naufragé de la désolation sur les rivages de l'Angleterre », Charles de Gaulle n'en est pas pour autant devenu un être solitaire réduit à l'état de personne privée ; il demeure, d'une certaine façon, le chargé de mission, le représentant de ceux qui, dans le dernier gouvernement français d'avant la défaite, ont un instant eu la velléité de tenir bon. D'ailleurs, c'est lui-même qui, en mai 1943, dira à Jean Oberlé, au cours d'une interview dont il reverra et corrigera de sa main le texte écrit : « Ma conduite du 18 juin est l'aboutissement, le prolongement de la politique qu'avait décidé de suivre le gouvernement Reynaud dont je faisais partie. »

De la même façon, lors d'une autre interview, avec Henri Amouroux cette fois, quelque vingt ans plus tard, lorsque son interlocuteur lui dit : « Je reviens sur votre entretien avec Churchill, le 16.

Si je comprends bien, vous aviez évoqué, avec lui, la possibilité de votre retour définitif en Angleterre... », celui qui a fondé entre-temps la Ve République réplique : « C'était même, autant vous dire, convenu. » Enfin, à la veille de sa mort, Charles de Gaulle tiendra devant François Goguel ce propos que rapporte Jean Mauriac et qui confirme lapidairement les citations précédentes : « J'étais au gouvernement, j'avais une politique, je connaissais Churchill. Ce pauvre Paul Reynaud était d'accord puis il a flanché. Mais je savais ce que je faisais. Ce n'était pas improvisé. »

Il est tellement vrai que, pour de Gaulle, alors, l'essentiel est de continuer sa tâche de chargé de mission, de représentant, que, dans les jours mêmes qui suivent le 18 juin, il cherche désespérément à travers le monde une autorité française légitime et non soumise à l'ennemi à laquelle il puisse se rattacher. Dans ses *Mémoires*, il n'en fait pas mystère, bien au contraire : « Je m'étais déjà tourné vers les autorités d'outre-mer. Dès le 19 juin, j'avais télégraphié au général Noguès, commandant en chef en Afrique du Nord et résident général au Maroc, pour me mettre à ses ordres au cas où il rejetterait l'armistice. (...) Le 24 juin, par télégramme, je renouvelai mon appel à Noguès et m'adressai également au général Mittelhauser et à M. Puaux, respectivement commandant en chef et haut commissaire au Levant, ainsi qu'au général Catroux, gouverneur général de l'Indochine. Je suggérais à ces hautes autorités de former un organisme de défense de l'Empire dont je pouvais assurer tout de suite les liaisons avec Londres. »

Dans une garçonnière près de Hyde Park

Finalement, ce ne sera que lorsqu'il aura vu toutes les portes se fermer devant lui que Charles de Gaulle sautera le pas, qu'il se résoudra à ne plus se référer à d'autre autorité qu'à lui-même, à être, selon la sagace expression de Jean Lacouture, « Charles-le-seul »... Ce saut dans l'inconnu, comme on répète banalement, ce sera sans doute la grande affaire mais aussi peut-être le grand tourment de sa vie. L'obsession qu'il montrera ensuite de la légitimité, une légitimité sans cesse proclamée et réaffirmée comme pour en exorciser toute contestation, cette obsession, c'est dans ces jours de fin de juin 1940, à Londres, qu'il en faut chercher la source, au moment où, tout en procédant à une amère révision des valeurs et des hommes auxquels il s'est jusque-là traditionnellement et imperturbablement référé, il prend l'irréversible décision, selon une expression qui lui restera très chère, d'« assumer la France » pour pouvoir se délivrer à lui-même le mandat, l'autorité, la légitimité sans lesquels il ne saurait agir. Même si bien des retrouvailles et des réconciliations doivent jalonner plus tard son destin politique, même si dans son entourage et parmi ceux dont il favorisera les desseins, la droite ne cessera, en fait, de dominer, même si une conception du monde et des hommes souvent monarchique doit continuer de l'imprégner, au moment où, en cette fin de printemps, selon ses propres mots, « sa mission lui apparaît, d'un seul coup, claire et terrible », il se sent orphelin de sa classe sociale et veuf de son milieu traditionnel. A bien des égards, il est, lui, l'homme de droite, déchiré d'être contraint d'avoir un comportement de gauche. Mais, simultanément, son déchirement l'exalte. Jacques Debû-Bridel rapporte à cet égard une réplique qui se passe de commentaire : « Comme un de nos camarades de droite s'étonnait de trouver à Covent Garden trop de représentants du Front populaire, le général de Gaulle riposta : "Est-ce ma faute si ce sont eux qui sont venus à moi et si les autres ont choisi la Collaboration et le déshonneur ?..." » Nous évoquions, au seuil de ce livre, *Les paradoxes du résistant* ; d'une certaine façon, le premier des résistants n'est pas loin d'en réaliser, qu'il le veuille ou non, la synthèse en lui-même.

Mais revenons à Londres, le 17 juin 1940, à la fin de l'après-midi : « La première chose à faire était de hisser les couleurs, écrira Charles de Gaulle dans ses *Mémoires*. La radio s'offrait pour cela. Dès l'après-midi du 17 juin, j'exposai mes intentions à Winston Churchill. (...) Qu'aurais-je pu faire sans son concours ? Il me le donna tout de suite et mit, pour commencer, la BBC à ma disposition. Nous convînmes que je l'utiliserais lorsque le gouvernement Pétain aurait demandé l'armistice. Or, dans la soirée même, on apprit qu'il l'avait fait. Le lendemain, à 18 heures, je lus au micro le texte que l'on connaît. A mesure que s'envolaient les mots irrévocables, je sentais en moi-même se terminer une vie, celle que j'avais menée dans le cadre d'une France solide et d'une indivisible armée. A quarante-neuf ans, j'entrais dans l'aventure, comme un homme que le destin jetait hors de toutes les séries. »

Le général résume... Dans *France-Soir* du 16 novembre 1970, en publiant un article intitulé *Ce jour où tout commence...*, Louis Barral a minutieusement reconstitué les heures qui précédèrent l'appel : « Mardi 18 juin 1940, au petit matin, écrit-il, un soleil radieux se lève sur Seamore Grove, une sorte d'impasse près de Hyde Park, centre de Londres. » Notons ici, en passant, que si Barral parle de Seamore Grove, comme plus tard Jean Lacouture, Elisabeth de Miribel évoque Seymour Place, et Paul-Marie de La Gorce Seymour Grove, tandis que Max Gallo et François Delpla préfèrent Seamore Place... Passons et continuons de citer le journaliste de *France-Soir* : « Au n° 8, dans un assez bel immeuble, une garçonnière prêtée par un Français resté à Bordeaux : une antichambre claire d'où part un couloir qui longe la façade et qu'éclaire une vaste baie ; au fond, un grand salon transformé en bureau ; un ameublement confortable et impersonnel ; deux chambres à coucher, une salle de bains. Deux hommes ont dormi dans l'appartement : le général de brigade à titre temporaire Charles de

Gaulle et le lieutenant Geoffroy Chodron de Courcel. (...) 8 heures, de Gaulle est à sa table de travail. Il commence à rédiger le texte qu'il lira à la BBC. Dans la pièce voisine, de Courcel, son aide de camp, s'active. Il est encore le seul compagnon du général. Il lui faut tout organiser, prendre les rendez-vous, trouver des secrétaires, servir d'interprète, de trésorier. (...) 10 heures ; devant sa table de travail, le général de Gaulle rature toujours les feuillets couverts de sa fine écriture. Quand il lève la tête, il aperçoit des reflets de soleil sur les frondaisons de Hyde Park. Geoffroy de Courcel a rapporté ainsi ces instants : "De temps en temps, le général s'interrompait dans son travail pour fumer une cigarette. Dans ces moments de brève détente, il passait en revue la situation. C'était déjà pour moi une initiation à ces grandes fresques qui me seraient plus tard familières. Il décrivait ce qui s'était passé, les raisons de notre effondrement militaire, la panique de Bordeaux, les événements qui allaient suivre." (...) A 12 h 30, le général de Gaulle et le lieutenant de Courcel partent déjeuner avec le ministre de l'Information britannique. (...) Durant le déjeuner, de Gaulle et Duff Cooper règlent le rendez-vous à la radio. Le général parlera aux Français à 18 heures. On aborde aussi la question des émissions en français de la BBC. De Gaulle déclare qu'elles doivent être entièrement assurées par des Français placés sous son autorité. Il refuse tout contrôle, toute censure. (...) A 15 heures, de Gaulle et son aide de camp sont revenus au 8 Seamore Grove. Le général a repris sa place devant sa table de travail. Dans un état d'extrême tension et de fatigue, il corrige et remanie encore le texte qu'il lira tout à l'heure au micro de la BBC. (...) Deux visites, les seules de la journée dans le petit appartement, quartier général provisoire de la France libre. La première, celle d'un capitaine, Claude Hettier de Boislambert. Il décrit ainsi ce moment où le premier volontaire des forces combattantes s'est présenté à de Gaulle : "A l'ambassade, on m'avait conseillé — pour ne pas dire ordonné — de rentrer en France. Je n'étais pas venu en Angleterre pour cela : c'est le concierge de l'ambassade qui, me voyant partir furieux, m'a donné l'adresse. A Seamore Grove, une grande jeune fille brune m'ouvre la porte. C'est Elisabeth de Miribel :

— Le général de Gaulle ?

— Il est là.

Le général regarde par la fenêtre. Il me tourne le dos.

— Mes devoirs, mon général.

— Vous voilà, Boislambert, alors qu'allez-vous faire ?

— La guerre sous vos ordres, si vous le voulez bien, mon général..." Le deuxième visiteur arrive. C'est Pierre Julitte, un officier de liaison auprès des forces britanniques. Il vient de débarquer en Angleterre. C'est un ancien camarade de Geoffroy de Courcel. De Gaulle l'accueille avec une seule question : "Vos intentions ?" La réponse est tout aussi simple : "Elles dépendent des vôtres." (...) Le lieutenant de Courcel tend à Elisabeth de Miribel quelques feuillets sur papier blanc, un texte fortement raturé, difficile à déchiffrer. C'est l'appel du 18 juin... »

Dactylo du destin

Elisabeth de Miribel se souvient dans le détail de ce moment historique où, presque par hasard, elle s'est retrouvée en dactylo du destin... Et dans ses mémoires, dont le si beau titre donne le ton, *La Liberté souffre violence*, quarante-deux ans plus tard, la future collaboratrice d'André Malraux et carmélite manquée raconte : « Je m'applique laborieusement à lire un texte finement écrit et surchargé de ratures. Je dois le recopier, au propre, à la machine. Pour gagner du temps, Geoffroy de Courcel en dicte des passages. Il emporte, au fur et à mesure, les feuillets dactylographiés pour les soumettre au Général. (...) Ces mots vont constituer une page d'histoire. Je ne le sais pas encore. Pourtant j'ai l'obscur sentiment de participer à un événement exceptionnel. Seul Geoffroy de Courcel, qui a suivi, pas à pas, les démarches de la journée peut mesurer la portée de ce message. L'heure passe. Le temps presse. Il sera bientôt 6 heures du soir. Ma tâche est terminée. Le Général fait appeler un taxi pour se rendre à la BBC avec Courcel. Ils me déposent en chemin devant ma porte, à Brompton Square. (...) Je n'ai pas entendu l'appel ce soir-là. »

Selon Louis Barral, lorsque « de Gaulle arrive en taxi à la BBC, il est en uniforme, képi rouge orné de feuilles de chêne, gants blancs, tunique, baudrier, culotte et leggings. Le général Spears et deux journalistes anglais, Elizabeth Barker et Patrick Smith, l'accueillent. (...) Patrick Smith conduit le général à travers les méandres de la BBC vers le studio d'émission. (...) On arrive enfin au studio B2. C'est une petite pièce. Au milieu, une table ronde recouverte de tissu. Un micro pend du plafond. (...) A la table du centre, deux Français sont assis, Maurice Thierry et Louis Cauzique. Thierry est en manches de chemise. Il fait très chaud dans le studio. En entrant, le général enlève ses gants et les met dans son képi puis pose celui-ci sur la table à côté du texte que lit Thierry. Celui-ci, en tournant une page, aperçoit le couvre-chef orné de deux étoiles. Tout en poursuivant sa lecture, il se lève à demi et salue l'officier français. (...) Patrick Smith glisse un bout de papier hâtivement crayonné à Thierry. Il lui demande d'annoncer : “Le général de Gaulle va parler aux Français.” (...) Le général s'est assis, il a déplié deux feuillets de papier. Il regarde fixement le micro comme s'il voyait au-delà de l'appareil. Une voix qui va devenir célèbre s'envole vers la France... »

Une voix forte, métallique, solennelle. Elle résonne facilement. L'intonation est celle d'un homme qui voudrait imprimer son discours dans l'air qui le porte. Il ponctue ses phrases. Il martèle certains mots. Il lit comme on écrit dans le marbre... « Les chefs qui, dit-il, depuis de nombreuses années, sont à la tête des armées françaises, ont formé un gouvernement. Ce gouvernement, alléguant la défaite de nos armées, s'est mis en rapport avec l'ennemi pour cesser le combat. Certes, nous avons été, nous sommes, submergés par la force mécanique, terrestre et aérienne de l'ennemi. Infiniment plus que leur nombre, ce sont les chars, les avions, la tactique des Allemands qui ont surpris nos chefs au point de les amener là où ils en sont aujourd'hui. Mais le dernier mot est-il dit ? L'espérance doit-elle disparaître ? La défaite est-elle définitive ? Non ! Croyez-moi, moi qui vous parle en connaissance de cause et vous dis que rien n'est perdu pour la France. Les mêmes moyens qui nous ont vaincus peuvent faire venir un jour la victoire. Car la France n'est pas seule ! Elle n'est pas seule ! Elle n'est pas seule ! Elle a un vaste empire derrière elle. Elle peut faire bloc avec l'Empire britannique qui tient la mer et continue la lutte. Elle peut, comme l'Angleterre, utiliser sans limites l'immense industrie des Etats-Unis. Cette guerre n'est pas limitée au territoire malheureux de notre pays. Cette guerre n'est pas tranchée par la bataille de France. Cette guerre est une guerre mondiale. Toutes les fautes, tous les retards, toutes les souffrances, n'empêchent pas qu'il y a, dans l'univers, tous les moyens nécessaires pour écraser un jour nos ennemis. Foudroyés aujourd'hui par la force mécanique, nous pourrons vaincre dans l'avenir par une force mécanique supérieure. Le destin du monde est là. Moi, général de Gaulle, actuellement à Londres, j'invite les officiers et les soldats français qui se trouvent en territoire britannique ou qui viendraient à s'y trouver, avec leurs armes ou sans leurs armes, j'invite les ingénieurs et les ouvriers spécialistes des industries d'armement qui se trouvent en territoire britannique ou qui viendraient à s'y trouver, à se mettre en rapport avec moi. Quoi qu'il arrive, la flamme de la résistance française ne doit pas s'éteindre et ne s'éteindra pas. Demain, comme aujourd'hui, je parlerai à la radio de Londres. »

Tel est, dans sa version originale et complète, le texte qui fut rédigé puis lu sur les ondes, par Charles de Gaulle, le 18 juin 1940, à Londres. Toutefois, la question se pose de savoir s'il faut, quand on parle de l'« appel du 18 juin », se limiter à ces mots et ces phrases-là. En annonçant, pour conclure, qu'il parlera de nouveau le lendemain, l'auteur lui-même prévoit une suite à son intervention et à son texte. Comme d'autres historiens, Henri Michel parle *des* appels du général de Gaulle et précise même : « Churchill ayant mis à sa disposition le micro de la BBC, de Gaulle prononça un certain nombre de discours, dits "appel du 18 juin", dont certaines formules devaient se révéler prophétiques. » Un certain nombre de discours... En vérité, on peut être plus précis. On peut retenir comme constituant vraiment l'*appel du 18 juin* sept textes, ceux des six allocutions prononcées au micro de la BBC durant le mois de juin 1940 et celui d'une affiche, écrite par le général et placardée par les soins de ses premiers partisans, sur les murs de Londres, dans les premiers jours de juillet.

Ceci est d'autant plus vrai que, lorsqu'on lit d'affilée, après celui du 18, les discours prononcés les 19, 22, 24, 26 et 28 juin, on y sent nettement prendre corps une volonté, un orgueil, une espérance, une stratégie et, sinon une doctrine, du moins l'énoncé doctrinal de quelques principes d'action. Le 19 juin, dans l'allocution qu'il a annoncée la veille, Charles de Gaulle déclare notamment : « Devant la confusion des âmes françaises, devant la liquéfaction d'un gouvernement tombé sous la servitude ennemie, devant l'impossibilité de faire jouer nos institutions, moi, général de Gaulle, soldat et chef français, j'ai conscience de parler au nom de la France. Au nom de la France, je déclare formellement ce qui suit : tout Français qui porte encore des armes a le droit absolu de continuer la résistance. Déposer les armes, évacuer une position militaire, accepter de soumettre n'importe quel morceau de terre française au contrôle de l'ennemi, ce serait un crime contre la Patrie. A l'heure qu'il est, je parle avant tout pour l'Afrique du Nord française, pour l'Afrique du Nord intacte. (...) Il ne serait pas tolérable que la panique de Bordeaux ait pu traverser la mer. Soldats de France, où que vous soyez, debout ! »

« Sous la botte allemande et l'escarpin italien... »

Et puis, trois jours plus tard, le 22 juin : « Beaucoup de Français n'acceptent pas la capitulation ni la servitude pour des raisons qui s'appellent : l'honneur, le bon sens, l'intérêt supérieur de la Patrie. (...) Cette guerre n'est pas une guerre franco-allemande qu'une bataille puisse décider. Cette guerre est une guerre mondiale. Nul ne peut prévoir si les peuples qui sont neutres aujourd'hui le resteront demain, ni si les alliés de l'Allemagne resteront toujours ses alliés. Si les forces de la liberté triomphaient finalement de celles de la servitude, quel serait le destin d'une France qui se serait soumise à l'ennemi ? L'honneur, le bon sens, l'intérêt de la Patrie commandent à tous les Français libres de continuer le combat, là où ils seront et comme ils pourront. Il est, par conséquent, nécessaire de grouper partout où cela se peut une force française aussi grande que possible. Tout ce qui peut être réuni, en fait d'éléments militaires français et de capacités françaises de production d'armement, doit être organisé partout où il y en a. Moi, général de Gaulle, j'entreprends, ici, en Angleterre, cette tâche nationale. (...) J'invite tous les Français qui veulent rester libres à m'écouter et à me suivre. Vive la France libre dans l'honneur et dans l'indépendance ! » De même, le 24 juin : « Ce soir, je dirai simplement, parce qu'il faut que quelqu'un le dise, quelle honte, quelle révolte se lèvent dans le cœur des bons Français. (...) Mais si cette capitulation est écrite sur le papier, innombrables sont chez nous les hommes, les femmes, les jeunes gens, les enfants qui ne s'y résignent pas, qui ne l'admettent pas, qui n'en veulent pas. La France est comme un boxeur qu'un coup terrible a terrassé. Elle gît à terre. Mais elle sait, elle sent, qu'elle vit toujours d'une vie profonde et forte. Elle sait, elle sent, que l'affaire n'est pas finie, que la cause n'est pas entendue. Elle sait, elle sent, qu'elle vaut beaucoup mieux que la servitude acceptée par le gouvernement de Bordeaux. (...) Il faut qu'il y ait un idéal. Il faut qu'il y ait une espérance. Il faut que, quelque part, brille et brûle la flamme de la résistance française. Officiers français, soldats français, marins français, aviateurs français, ingénieurs français, où que vous soyez, efforcez-vous de rejoindre ceux qui veulent combattre encore. Un jour, je vous le promets, nous ferons ensemble l'armée française de l'élite, l'armée mécanique terrestre, navale, aérienne, qui, en commun avec nos alliés, rendra la liberté au monde et la grandeur à la Patrie. »

Le 26 juin, le discours prend un tour polémique pour une réponse puis, vite, une apostrophe à Pétain, dont on sait qu'à la même époque il multiplie, au micro lui aussi, les appels, mais les appels bien sûr à la lâcheté, à l'abandon et à la soumission. « Monsieur le Maréchal, par les ondes, au-dessus de la mer, c'est un soldat français qui va vous parler, déclare ce jour-là Charles de Gaulle. Hier, j'ai entendu votre voix que je connais bien et, non sans émotion, j'ai écouté ce que vous disiez aux Français pour justifier ce que vous avez fait. (...) Ah ! pour obtenir et pour accepter un pareil acte d'asservissement, on n'avait pas besoin de vous, monsieur le Maréchal ; on n'avait pas besoin du vainqueur de Verdun ; n'importe qui aurait suffi. Mais vous avez jugé, dites-vous, que vous pouviez, que vous deviez y souscrire. Vous avez tenu pour absurde toute prolongation de la résistance dans l'Empire. Vous avez considéré comme dérisoire l'effort que fournit et celui que fournira notre allié, l'Empire britannique. Vous avez renoncé d'avance aux ressources offertes par l'immense Amérique. Vous avez joué, perdu, jeté nos cartes, fait vider nos poches, comme s'il ne nous restait aucun atout. (...) Et c'est du même ton, monsieur le Maréchal, que vous conviez la France livrée, la France pillée, la France asservie, à reprendre son labeur, à se refaire, à se relever. Mais dans quelle atmosphère, par quels moyens, au nom de quoi, voulez-vous qu'elle se relève sous la botte allemande et l'escarpin italien ? Oui, la France se relèvera. Elle se relèvera dans la liberté. Elle se relèvera dans la victoire. Dans l'Empire, dans le monde, ici même, des forces françaises se forment et s'organisent. Un jour viendra où nos armes, reforgées au loin, mais bien aiguisées, se joignant à celles que se feront nos alliés, et peut-être à d'autres encore, reviendront triomphantes sur le sol national. Alors, oui, nous referons la France ! »

Le dernier des textes de juin, c'est celui du 28, un texte où sont particulièrement nettes cette obsession de la légitimité et cette volonté d'« assumer la France » dont nous parlions plus haut... Un texte qui s'avère l'aboutissement logique des allocutions précédentes. Mais un texte qui, en même temps, se veut une sorte de conclusion où, dans un ultime élan, celui qui appelle hausse le ton et se fait péremptoire dans l'évident souci d'être encore mieux entendu. « L'engagement que vient de prendre le Gouvernement britannique en reconnaissant en ma personne le chef des Français libres a une grande importance et une profonde signification, dit alors Charles de Gaulle. Cet engagement permet aux Français libres de s'organiser pour continuer la guerre aux côtés de nos alliés. Cet engagement signifie que l'effort des Français libres et celui de nos alliés ne forment qu'un jusqu'à la victoire. Je décide ce qui suit : premièrement, je prends sous mon autorité tous les Français qui demeurent en territoire britannique ou qui viendraient à s'y trouver ; deuxièmement, il sera formé immédiatement une force française terrestre, aérienne et navale. Cette force sera composée pour l'instant de volontaires. Cette force concourra d'abord à toute résistance française qui se fera, où que ce soit, dans l'Empire français. J'appelle tous les militaires français de terre, de mer et de l'air, à venir s'y joindre. J'invite à s'y enrôler tous les jeunes gens et tous les hommes en âge de porter les armes ; troisièmement, tous les officiers, soldats, marins, aviateurs français où qu'ils se trouvent ont le devoir absolu de résister à l'ennemi. Si les circonstances les mettent dans le cas de livrer leurs armes, leur avion, leur navire, ils doivent rejoindre immédiatement, avec leurs armes, leur avion, leur navire, la résistance française la plus proche. S'il n'y a pas, à leur portée, de résistance française, ils doivent rejoindre immédiatement le territoire britannique où ils se trouveront sous mes ordres ; quatrièmement, il est créé ici une organisation française de fabrication et d'achat d'armements et une organisation française de recherches et de perfectionnement concernant le matériel de guerre. Généraux ! Commandants supérieurs ! Gouverneurs dans l'Empire ! mettez-vous en rapport avec moi pour unir nos efforts et sauver les terres françaises. Malgré les capitulations déjà faites par tant de ceux qui sont responsables de l'honneur du drapeau et de la grandeur de la Patrie, la France libre n'a pas fini de vivre. Nous le prouverons par les armes. »

En France, en 1940, cinq millions quatre-vingt-huit mille sept cent quarante postes de TSF

Cependant, plus que les six allocutions, c'est l'affiche que le général fera un peu plus tard, nous l'avons dit, placarder dans toute la capitale britannique, qui exprime le mieux le sens et le ton de l'*appel*. Il n'est donc pas étonnant que, comme le soulignera Elisabeth de Miribel, un grand nombre de gens « confondent » encore et citent des phrases de l'affiche comme ayant été prononcées, le 18 juin, par Charles de Gaulle, au micro de Londres. Cette affiche porte en titre : *A tous les Français !* Voici son texte : « La France a perdu une bataille ! Mais la France n'a pas perdu la guerre ! Des gouvernants de rencontre ont pu capituler, cédant à la panique, oubliant l'honneur, livrant le pays à la servitude. Cependant, rien n'est perdu ! Rien n'est perdu parce que cette guerre est une guerre mondiale. Dans l'univers libre, des forces immenses n'ont pas encore donné. Un jour, ces forces écraseront l'ennemi. Il faut que la France, ce jour-là, soit présente à la victoire. Alors, elle retrouvera sa liberté et sa grandeur. Tel est mon but, mon seul but ! Voilà pourquoi je convie tous les Français, où qu'ils se trouvent, à s'unir à moi dans l'action, dans le sacrifice et dans l'espérance. Notre patrie est en péril de mort. Luttons tous pour la sauver ! Vive la France ! »

Ainsi parla de Gaulle... Aujourd'hui, tout le monde le sait. Mais à l'époque ? Qui l'entendit à l'époque ? Qui ?... Dès que l'on évoque ou que l'on cite l'appel du 18 juin, la question est posée. Le passage du gaullisme historique au gaullisme politique, puis au gaullisme mythologique, a donné à cette question qui se veut, la plupart du temps, dubitative sinon ironique, une curieuse actualité... Les sondages dans le passé étant impossibles, ce vain débat risque de continuer longtemps. Mais la réalité ?

Ici, une statistique s'impose : la France de 1940 compte 5 088 740 « postes de TSF », comme on les appelle alors... Et quels postes ? Le transistor n'apparaîtra qu'une décennie plus tard, et les TSF sont des appareils fragiles, assez lourds, peu transportables, conçus pour être posés sur un meuble et y rester. Les automobiles équipées de la radio sont une curiosité. Le 18 juin, donc, beaucoup des appareils qui permettraient d'entendre le général de Gaulle sont ou muets dans les maisons abandonnées, ou enfouis sous des vêtements protecteurs dans les bagages brimbalants des Français en fuite. Admettons que un, voire deux millions, soient encore utilisés, admettons qu'un certain nombre d'auditeurs en tournent les boutons pour faire taire la voix chevrotante du Maréchal, combien de ces auditeurs ont l'idée et sont capables de manipuler ce même bouton pour chercher l'alors lointaine voix de Radio-Londres à travers la forêt des parasites ?

A vrai dire, la majorité du nombre non négligeable de Français qui, durant la semaine de l'armistice, auront connaissance de l'appel lancé par Charles de Gaulle n'en seront pas avertis par la rumeur des ondes mais par la simple et banale lecture de leur journal quotidien. En effet, une partie de la presse — et tout spécialement la presse de province — même si elle consacre ses gros titres au Maréchal ne jette pas pour autant le manteau de Noé sur le général. Et même s'il n'a que très rarement droit à plus d'une colonne, c'est très souvent « à la une ». Ainsi, comme le souligne avec raison Henri Amouroux, « des centaines de milliers de lecteurs ont pu en prendre connaissance. La chose n'avait jamais été dite. Elle n'est pas sans importance. » Certes non... A Lyon, *Le Progrès* titre : *Une allocution du général de Gaulle*. A Marseille, trois journaux publient la nouvelle : *Marseille-Matin*

(*Actuellement à Londres, le général de Gaulle invite à la résistance les Français expatriés*) ; *Le Petit Provençal* (*Un appel du général de Gaulle*) ; et *Le Petit Marseillais* (*De Londres, le général de Gaulle lance un appel à la guerre à outrance*). La petite histoire notera peut-être que dans *Le Petit Provençal* et *Le Petit Marseillais*, le nom du général est orthographié avec un seul l...

Encore n'est-ce pas tout, car la presse de Vichy, la presse « collaboratrice » comme on commence à dire alors, les gens de Pétain qui inventeront bientôt le mot *gaulliste*, ceux-là informeront à nouveau les Français, en zone dite « libre » comme en zone occupée, sur l'appel du 18 juin et sur le général de Gaulle. Car Vichy réagit, bien sûr. Car Vichy condamne. Et pour condamner, il faut dire. Et en disant, on fait savoir... Dès le lendemain de la diffusion du premier texte, c'est un des hommes de confiance de Pétain, son principal conseiller politique dont il vient de faire un secrétaire d'Etat à la présidence du Conseil, le royaliste Raphaël Alibert, qui prend la plume pour rédiger un communiqué officiel que non seulement la presse mais les ondes vichyssoises et parisiennes vont diffuser sur ordre. Un communiqué à ne pas oublier dans la mesure où il constitue la première réaction du pouvoir pétainiste à peine installé face à son ennemi premier et challenger principal, le gaullisme naissant... Mais que dit donc le porte-plume maurrassien du Maréchal ? « Le général de Gaulle qui a pris la parole à la radio de Londres, écrit Alibert, ne fait plus partie du gouvernement et n'a aucune qualité pour faire des communications au public. Il a été rappelé de Londres et a reçu l'ordre de rentrer en France et de se tenir aux ordres de ses chefs. Ses déclarations doivent être regardées comme non avenues. »

Mandat d'arrêt « contre le nommé de Gaulle (Charles-André-Joseph-Marie) »

« Comme non avenues » — quelle merveilleuse expression ! Pour « avenu », le dictionnaire renvoie d'abord à « advenu ». Non, ce n'est pas une dérobade, car voici « non avenu »... Et on lit : « Aboli, annulé, disparu, fini, ignoré, inconnu, inexistant, nul ». Cachez ce rebelle, cet intrus que nous ne saurions voir, « communique » le pauvre Raphaël parce que grand-papa Maréchal n'est pas content du tout... Et ça s'aggrave quand il s'avère que l'énergumène de Londres n'obtempère pas. Alors, Maxime Weygand s'en mêle. Weygand — on ne le rappellera jamais assez — a réussi cet exploit de devenir ministre de la Défense nationale grâce à la défaite. Théoriquement, Charles de Gaulle est sous ses ordres. Or, dans cette quête d'une autorité légitime que nous avons déjà évoquée, le général s'est également adressé au nouveau ministre. Weygand saisit l'occasion pour sévir. Avant de renvoyer à l'expéditeur la lettre venue de Londres et datée du 20 juin où on lui demandait — un peu naïvement d'ailleurs — s'il « voudrait prendre la tête de la résistance française continuée », il y fait joindre un papillon dactylographié et ainsi libellé : « Si le colonel en retraite de Gaulle veut entrer en communication avec le général Weygand, il doit le faire par la voie régulière. » Cependant, la mise à la retraite et la rétrogradation n'ayant pas eu plus d'effet que l'invitation au retour, on s'énerve à Vichy. On fait donner la justice. Militaire, bien entendu. Le 30 juin, les diplomates de l'ambassade de France à Londres, toujours présents dans la capitale anglaise bien que s'étant ralliés à Pétain, notifient officiellement à de Gaulle d'avoir à se rendre à la prison de Toulouse afin de pouvoir comparaître devant un conseil de guerre. Quelques semaines plus tard, dans le numéro 1487 du *Bulletin des déserteurs et insoumis*, on peut lire les lignes suivantes : « Il y a mandat d'arrêt en date du 27 juin 1940, de M. de Saint-Laurens, officier de justice militaire, juge d'instruction militaire, tribunal militaire 17e région, Toulouse, contre le nommé de Gaulle (Charles-André-Joseph-Marie), inculpé de refus d'obéissance en présence de l'ennemi et de provocation de militaires à la désobéissance (...). Fait également l'objet d'un mandat d'arrêt en date du 23 juillet 1940 du juge d'instruction militaire de Clermont-Ferrand, du chef de trahison, atteinte à la sûreté extérieure de l'Etat et désertion à l'étranger en temps de guerre. »

C'est d'ailleurs à partir de ces griefs qu'est monté le procès par contumace dont auront à connaître les juges militaires de Clermont-Ferrand le 2 août suivant. Sept généraux devenus juges pour l'occasion et formant un tribunal où siègent Albert Frère, Noël, Fornel de La Laurencie, de La Porte du Theil, Langlois, Bérard et Etcheberrigaray. Un tribunal qui, par cinq voix contre deux, condamne Charles de Gaulle à la peine de mort... L'annonce de cette condamnation paraît dans la plupart des journaux des deux zones. Elle contribuera incontestablement à faire connaître et apprécier la personne et l'action du général... (Elle ne sera annulée par un arrêt de la cour d'appel de Riom que le 11 janvier 1945.)

Statistiquement imprécis, historiquement indéniable, politiquement et militairement décisif, l'écho de l'appel du 18 juin mérite aussi d'être mesuré selon des critères psychologiques, des réactions intimes. Il a d'ailleurs ceci en commun avec tous les autres appels. En effet, lorsqu'on demande à un nombre que l'on souhaite le plus grand possible de ses contemporains de prendre apparemment le contre-pied de l'époque, de choisir d'aller à contre-courant du mouvement et de l'opinion générale des foules, de s'affirmer prêts à remonter une pente où la plupart des autres se laissent ouvertement glisser, lorsqu'on demande à quelqu'un de prendre pareille décision qui peut bouleverser son destin, c'est forcément au plus intime de lui-même que l'on prétend toucher. Il est donc très naturel qu'hostilité ou adhésion, opposition ou ralliement s'accompagnent d'une foule de réactions individuelles, d'apparence souvent sentimentale, ne craignant pas de s'exprimer avec une certaine naïveté lyrique, mais dont l'effervescente diversité ne saurait être négligée. En rapportant ici quelques exemples de ces réactions, nous allons paraître les citer en vrac. Un *vrac* volontairement choisi. D'abord, pour ne pas trahir une certaine spontanéité. Ensuite, parce que ce vrac-là, à la fin juin 1940, est une des caractéristiques essentielles de l'opinion publique française. Et ceci encore est vrai pour tous les appels : si conscients et si déterminés que soient leurs auteurs, ils sont toujours lancés dans le désordre des moyens qui s'offrent, à travers une France en vrac et pour toucher un auditoire qui ne peut les entendre que par hasard. Mais écoutons ceux qui entendirent...

Dans *Le Syndrome de Vichy*, l'historien Henry Rousso a qualifié Gilbert Renault-Roulier, alias colonel Rémy, fondateur et chef du réseau du BCRA Confrérie Notre-Dame (CND), d'« archétype du héros de la Résistance ». L'un des hommes grâce à qui Rémy a pu créer la CND, c'est le châtelain de Château-Laroque, dans l'arrondissement de Bergerac, en Dordogne, le gentilhomme vigneron Louis de La Bardonnie. Du réseau, il fut ensuite un homme clef, mais, plus généralement, cet étonnant personnage apparaît, avec le recul, comme une sorte d'athlète complet de la Résistance dont il a, sinon tout, du moins beaucoup connu. « Le 18 juin 1940, vers cinq heures et demie, six heures, nous a-t-il raconté, j'étais assis à cette table, ici, chez moi, comme aujourd'hui, à Saint-Antoine-de-Breuilh. Derrière moi, il y avait le poste de TSF et j'ai entendu un appel... Le général de Gaulle, j'avoue très humblement que je ne le connaissais guère. Certes, j'en avais entendu parler puisque j'avais lu dans les journaux qu'il faisait partie du dernier ministère. Mais c'était tout. Et si je l'ai entendu, d'abord, je ne l'ai pas écouté. Le poste était réglé sur Londres, je n'y étais rigoureusement pour rien. J'ai même fait une petite enquête pour savoir, dans la maison, qui, de ma femme, du personnel ou de mes enfants avait pu mettre l'aiguille de la radio sur Londres... Personne ! C'est évidemment une longueur d'ondes que nous avons conservée par la suite. Mais, ce jour-là, c'était totalement involontaire : le hasard... Donc, d'abord, j'ai entendu cet appel sans l'écouter. Mais je ne vous cache pas que j'avais la tête dans les mains et que je pleurais. La honte, le découragement, l'écœurement de cette capitulation que je ne pouvais pas admettre. Je suis d'une famille où la patrie représente quelque chose et où si l'on veut bien crever debout pour elle, on ne sait pas vivre à genoux. Capituler, c'était impensable !... Tout à fait à la fin de ma première audition de l'appel, j'ai quand même réalisé qu'il venait de se dire quelque chose qui semblait être important. J'ai entendu : "Ne quittez pas l'écoute, nous allons reprendre dans un quart d'heure..." Je me suis mouché, j'ai essuyé mes yeux et j'ai attendu que le quart d'heure passe. Alors, là, j'ai vraiment entendu... Et je me souviens que je suis parti dans les couloirs, en appelant ma femme et en lui disant : "Viens vite écouter ça ! Nous avons gagné la guerre !”... Je le jure. C’est vrai... Car, pour moi, du moment qu’on reprenait le flambeau, on pouvait y aller. Un peuple qui ne cède pas est sûr de gagner : il n’est que de voir ce qui s’est passé au Vietnam. Alors bon, étant donné qu’on continuait le combat en Angleterre, qu’on demandait à tous ceux qui le pouvaient d’aller rejoindre les FFL qui étaient encore à l’état d’embryon, à Londres, il fallait aussi faire quelque chose sur le territoire national... Et moi, avec le caractère que j’ai... A l’époque, j’avais cinq très bons amis : l’abbé de Dartein et le docteur Pailloux, Paul Ambruster et Jean Eschbach, Pierre Beausoleil qui était mon ami d’enfance. Nous étions non seulement en confiance, mais en communion d’idées. C’est pour cela que je n’ai pas hésité une seconde à aller les trouver. Alors, on a tous dit : “On va faire quelque chose.” Et nous nous sommes réunis une première fois, peut-être quatre ou cinq jours après l’appel. On est convenu de se retrouver tous quelques jours plus tard, mais il y avait un problème, celui de la “ligne de démarcation” qui venait d’être instaurée. Moi, ici, je suis en Dordogne mais le docteur Pailloux, lui, habitait de l’autre côté, à Puisseguin, donc en Gironde. Toutefois, rien n’est plus perméable qu’une ligne de démarcation encore mal installée. Nous qui sommes du pays, nous connaissons les sentiers. Pierre Beausoleil, riverain de la Lidoire, a arrangé tout ça. Donc le docteur Pailloux pouvait venir chez nous et nous pouvions aller chez lui sans difficulté. ».

Comme le châtelain de Dordogne, c’est par hasard qu’Agnès Humbert, une des fondatrices, le mois suivant, du réseau du Musée de l’Homme, entend ce qui va devenir l’Appel du 18 juin. A l’époque, elle tient quotidiennement son journal... Et, à la date du 20 juin, elle écrit : « Au petit village de Vicq-sur-Breuil, j’ai enfin retrouvé maman, bien installée chez notre cousine Daisy. Sa maison est bondée de réfugiés français et belges. (...) Une longue file de réfugiés passe sans cesse par le village, allant toujours vers le Midi où l’on espère trouver sécurité et nourriture. De la fenêtre de la salle à manger, je regarde, comme hébétée, cette interminable procession. Planté devant la maison, un vieux capitaine assure la circulation. Grâce à lui, le village n’est pas embouteillé. (...) Je tourne le bouton du poste de radio. L’aiguille est sur Londres. C’est l’émission française que le hasard me fait prendre. On annonce un appel d’un général français dont le nom m’échappe. D’une diction peu radiophonique, hachée, tranchante, le général demande aux Français de se regrouper autour de lui, de continuer la lutte. Je revis ; un sentiment que je croyais mort pour toujours renaît en moi : l’espoir. Il y a tout de même un homme — un seul peut-être — qui réalise ce que mon cœur ne cesse de répéter : “Ce n’est pas fini”, et comme une folle, je cours à travers le jardin, et tout essoufflée, j’aborde le vieux capitaine auquel je n’ai encore jamais adressé la parole, mais tant pis, je sens qu’il faut que je lui fasse part de la nouvelle : “Capitaine, capitaine, un général français vient de parler de Londres — je ne sais pas son nom — il dit que l'armée française doit se regrouper autour de lui, que la guerre va reprendre, qu'il donnera des directives ultérieurement." Le vieux capitaine lève sur moi des yeux fatigués et me répond : "C'est certainement de Gaulle, le général... Oui, de Gaulle, un original, on le connaît bien, allez ! tout cela, c'est des balivernes. Pour moi, je suis de la réserve. Je compte reprendre mon commerce à Paris. J'ai ma famille à nourrir, moi... De Gaulle, un cinglé, croyez-moi..." C'est grâce à ce "cinglé" que je n'ai pas tenté, ce soir-là, d'en finir... Car il m'a donné un espoir que rien au monde ne saura plus éteindre maintenant. »

En ce même printemps finissant, Victor Chatenay tient lui aussi son journal. Lorsqu'il le publiera il l'intitulera *Mon journal du temps du malheur...* On peut y lire : « Il est impossible de revivre vraiment ces jours de désespérance et d'espérance quand même. Une radio française criait de Londres les mots essentiels et les criait bien, en bon français, et bien sonores. De Gaulle avait dit : "Ce n'est pas fini... Des hommes cédant à la panique... Oubliant l'honneur..." Dès ces jours-là, nous étions à lui, et, toute ma vie, je serai son homme, son obligé, même si en le suivant nous avons tant souffert. »

De la chanteuse puis productrice de radio Géraldine Gérard, la Résistance fera un agent de renseignements. Elle a raconté à Marianne Monestier : « Naturellement, nous écoutions la radio et surtout nous essayions de prendre, le plus possible, la radio anglaise. C'est ainsi que le 18 juin j'ai entendu de Gaulle. Je ne fais pas de politique — ici je ne parle pas de la politique de De Gaulle — mais j'estime qu'il m'a rendu la vie. De cet instant-là, je n'ai plus jamais perdu courage... Je me suis dit : "Il y a quelqu'un qui fait quelque chose, il faut l'aider ; on doit pouvoir l'aider." Mais comment ? Ce n'était pas tellement facile... »

Sur le marché de Locminé

Le même lyrisme marque les impressions d'écrivains aussi différents que Jean Guéhenno et Georges Bernanos. Dans son *Journal des années noires* le premier écrit, à la date du 19 juin : « Hier soir, la voix du général de Gaulle à la radio de Londres. Quelle joie d'entendre enfin, dans cet ignoble désastre, une voix un peu fière. "Moi, général de Gaulle, j'invite... La flamme de la résistance française ne peut s'éteindre..." Nouvelle aventure de notre liberté. A la tombée de la nuit, je suis monté vers le plateau par cette route qui domine la ville. C'était si étrange. Les Allemands sont à une dizaine de kilomètres. Ils entreront dans la ville demain matin sans doute. Et c'était un soir comme tous les soirs. Les gens prenaient le frais devant les portes. » Quant à Bernanos, il écrira dans *Le Chemin de la Croix-des-Ames* : « L'Histoire de France vous attend tous au seuil du 18 juin

1940... Le 18 juin 1940 est ce jour où un homme prédestiné — que vous l'eussiez choisi ou non, qu'importe ! l'Histoire vous le donne — a d'un mot, d'un mot qui annulait la déroute, maintenu la France dans la guerre. »

Le sentiment qu'expriment tous ces témoignages, Madeleine Gex-Le Verrier, racontant elle aussi son expérience de juin, le résume en écrivant : « Le 17, nous sommes réunis à table. Le maître de maison tourne le bouton de la radio et nous entendons la voix de Pétain : "Mes amis, il est temps de cesser le combat." Je sors de la salle à manger en sanglotant. Dans l'antichambre, j'aperçois Jean, le domestique. Il a, lui aussi, les larmes aux yeux. D'un même élan nous nous serrons la main : "Pauvre Madame", murmure-t-il, comme s'il se devait de chercher à alléger ma peine par une manifestation de sympathie. Le 18, c'est encore pendant le repas que nous entendons l'appel du général de Gaulle : "Tout espoir n'est donc pas perdu !" s'écrie le maître de maison, dépeignant l'état d'âme commun. »

Prise elle aussi dans la débâcle, une nièce du général de Gaulle se trouve alors en Bretagne. Aux côtés d'un groupe d'officiers français d'autant plus frémissants d'humiliation que les vainqueurs, avec mépris, feignent en passant de les ignorer, elle assiste à l'arrivée des Allemands sur la place du Marché de Locminé (Morbihan). « Et juste à ce moment, très douloureux, insupportable, racontera-t-elle plus tard, nous avons vu accourir du fond de la place un prêtre. Il est arrivé vers le groupe d'officiers et leur a dit : "Je viens d'écouter la radio anglaise... Vous savez, il ne faut pas désespérer, j'ai entendu un général qui a parlé à la radio, il était sous-secrétaire d'Etat à la Défense nationale, il a dit que la guerre n'est pas perdue, qu'il faut continuer avec les moyens qu'on a", etc. Alors, ma grand-mère, une femme toute petite, toute maigre, l'a pris par le bras et a dit : "Monsieur le curé, mais c'est mon fils ! Mais c'est mon fils !" C'est comme ça que nous avons eu connaissance de l'appel du 18 juin... »

Dira-t-on qu'il s'agit là de simples cris du cœur poussés par des gens peu avertis de la chose politique ? Mais il en est de beaucoup plus conscients de la complexité du moment qui ne réagissent pas autrement. Ainsi l'abbé Jean Boulier nous raconte-t-il : « J'étais curé à Monaco. La défaite est arrivée. Le 18 juin, j'écoute la radio et j'entends un certain général de Gaulle. Je dis : "Bravo, il a raison". Et le soir même je lui ai envoyé une lettre d'adhésion. Je lui disais en gros qu'il serait bon qu'il y ait des catholiques avec lui et que quelqu'un, parmi ces catholiques, fasse la liaison avec les éléments de gauche. Comme j'étais aumônier de la marine, je lui écrivais en tant que membre des forces françaises. Au même moment, j'ai écrit à Mme de Veyrac que Pétain était le Bazaine du XXe siècle. Le 14 juillet — j'ai su cela plus tard par un avocat qui était à Londres — de Gaulle avait trois lettres d'adhésion sur son bureau : la mienne, celle d'un conseiller d'ambassade du Portugal et la troisième d'un conseiller du commerce extérieur... »

Parmi ceux qui entendent l'appel, il en est toutefois qui, tout en étant d'accord avec le refus qu'il exprime, n'estiment pas devoir agir de la façon qu'on leur suggère. De nombreux futurs résistants sont dans ce cas. Le docteur Hector Descomps, bientôt proche de Jean Jérôme, l'un des organisateurs de la Résistance communiste, nous dit : « Le problème se posait : que faire ? Lorsque j'ai entendu de Gaulle, une possibilité s'offrait à moi... Mais j'ai pensé qu'il fallait qu'il reste en France des gens "contre". Sinon, qui serait resté en France ?... De Gaulle, je l'ai entendu dans le Périgord. J'étais dans mon ambulance... Partir ?... J'étais médecin, j'avais des malades et il fallait s'occuper d'eux... Et puis, je le répète, à mon avis, il fallait qu'il y en ait qui soient *contre* et qui restent. »

François Fonvieille-Alquier, journaliste de gauche, analyste et essayiste politique, n'a pas une réaction ni des souvenirs très différents lorsqu'en août 1977 il nous explique : « Avec un certain retard, l'Université a enfin découvert la Résistance en tant que phénomène historique. Depuis quelques années, on ne compte plus les thèses et les mémoires de maîtrise sur tel ou tel point particulier de notre action. Les étudiants qui viennent nous consulter se montrent passionnément curieux. Une question revient fréquemment sur leurs lèvres : "Que représente pour vous le général de Gaulle ?" Ou plus concrètement : "L'appel du 18 juin, l'avez-vous vraiment entendu ?" Sur ce dernier point, le nombre est infime de ceux qui peuvent répondre "oui". Je me trouve pourtant, par hasard, être un de ceux qui ont eu connaissance de l'appel dans les quelques minutes qui ont suivi sa diffusion. En effet, le texte avait été aussitôt capté par les services d'écoute de la base aérienne de Francazal (Haute-Garonne) où, au sortir de l'Ecole de l'Air, la tête farcie de trigonométrie inutile, je terminais un stage au centre d'instruction pour le bombardement... Dans la fièvre du moment, alors que la défaite semblait acquise et que les autorités avaient manifestement perdu la tête, de Gaulle posait à chacun de nous un problème de conscience et un problème politique. Sans doute, depuis, d'inévitables polémiques ont-elles souligné l'ambiguïté de l'appel, son caractère restrictif qui limitait singulièrement sa portée et le nombre de ceux auxquels il s'adressait. Mais, dans le désarroi, la veulerie ou le découragement général, il suffisait qu'y figurât l'idée d'une possible "résistance" pour qu'il prît l'allure d'un événement hors de proportion avec l'influence réelle de son auteur, un militaire non conformiste, apprit-on à cette occasion, dont la notoriété n'avait guère dépassé les hautes sphères de l'armée. Un obstiné, habité par quelques idées fixes et qui avait réussi à se "pousser" dans les cercles politiques... Parmi mes camarades, le geste de ce général en rébellion contre l'adversité fut accueilli avec intérêt et sympathie, par certains avec enthousiasme, encore que le nombre soit resté faible de ceux que l'appel décida à franchir le Channel pour aller continuer le combat dans le ciel de Londres... »

« De bordel à bordel »

A tort ou à raison, on considère souvent que scepticisme et lyrisme ne font guère bon ménage. Est-ce encore un des paradoxes de la Résistance que de les faire si aisément cohabiter ?... Toujours est-il que le général Georges Buis n'hésite pas, dans *Les Fanfares perdues*, à employer le mot *poésie* en retraçant ce qu'il appelle une *épopée*... « Des quatre coins du monde, écrit-il, des hommes de qualité, personnages officiels ou titulaires de postes qui leur donnaient un certain rayonnement, répondirent aussitôt oui. Sur place, il y eut des soldats — une infime minorité, le général Béthouart étant rentré en France avec 13 000 hommes — qui, revenus de Narvik et se trouvant en Angleterre, se rallièrent au général de Gaulle. Il y eut ceux qui s'évadèrent de France ou des camps de prisonniers, obéissant à une immédiate décision. Par des voies directes ou après d'impossibles périples, ils gagnèrent Londres ou une terre libre. Imagerie d'Epinal : les pêcheurs de l'île de Sein, les potaches déguisés ou non en soldats polonais embarqués à Saint-Jean-de-Luz, ceux qui jouèrent aux quatre coins avec les ports de France, s'embarquèrent pour Chang-hai, désertèrent, rallièrent par les Indes et le Levant — "de bordel à bordel", disait l'un, non des moindres et qui se trouvait démuni de toute ressource, "parce que les putains sont souvent françaises et toujours patriotes" ; l'évasion par la neige russe, la prison lettone, la glace d'Arkhangelsk, la mer du Nord fleurie de bombes ; les pionniers du tourisme clandestin en Espagne ; ceux qu'on avait poussés par les épaules. L'un était un simple, un paysan, orphelin de la guerre 1914-1918 ; en juillet 1940, il était revenu à pied, blessé, dans la ferme familiale, apportant la nouvelle de la mort de son frère tué à Dunkerque d'où il sortait lui-même par miracle. La mère et la sœur avaient dit : "La guerre continue en Angleterre. Va te battre." Il était reparti. Cinq à six mille hommes à eux tous, quelques bâtiments de combat, quelques navires de commerce, quelques avions. On pourrait classer tous ces hommes et ces navires et ces avions dans les anonymes, si, très rapidement, les navires ne s'étaient fait un nom sous les piqués des Stukas ou entre deux sillages de torpilles, les avions dans les premiers combats d'Angleterre et du "Western Desert", héroïques parce qu'exagérément inégaux et si, en nombre considérable, ceux qui répondirent de toute leur intelligence et de toute leur âme à l'Appel ne s'étaient révélés, soit au combat, soit dans la suite de leur vie, des hommes un peu à part. En fait, cette exception, ils la portaient en eux dès le départ : il y a toujours eu les hommes qui franchissent la ligne et ceux qui ne la franchissent pas. »

Toujours est-il que cette *poésie*-là trouve surtout un certain écho dans de jeunes cœurs et de jeunes têtes. L'âge moyen n'est pas élevé de nombre d'entre ceux qui répondent immédiatement à l'appel du 18 juin. L'aventure que nous raconte Robert Clop n'est pas aussi exceptionnelle qu'on pourrait maintenant le croire. Début de l'année scolaire 1940-1941, fin d'été et début d'automne de la première année d'occupation allemande... « A Nîmes, nous dit Clop, nous étions un groupe de lycéens tous éclaireurs unionistes de confession protestante. Tous, nous avions décidé de rejoindre de Gaulle après l'appel. Un jour, avec l'inconscience de notre âge, nous sommes partis pour Sète afin d'essayer de nous embarquer sur un bateau qui devait gagner l'Angleterre. Evidemment, on a été refoulé, pris et ramené chez nos parents avec perte et fracas. Nous étions une bonne quinzaine. L'appel, nous l'avions entendu mais nous ne l'avions pas lu. Aussi, lorsque nous avions sorti des tracts à son sujet, nous écrivions de Gaulle en un seul mot et avec un "o" : *Degolle*. Nous ne connaissions pas la véritable orthographe. C'est à cette même époque que sur d'autres tracts nous écrivions, par exemple : "Si tu vois une voiture allemande, dévisse le bouchon et mets un sucre dans l'essence". »

Dans la *poésie* dont parlait Georges Buis, dans l'enthousiasme des lycéens de Nîmes, la part du défi est essentielle. Lorsque le capitaine de corvette Drogou quitte, le 24 juin, le port de Sousse, en Tunisie, avec son sous-marin le *Narval*, c'est en clair, donc en mettant à sa manière pavillon haut et toutes voiles dehors, qu'il lance par radio le message suivant : « Trahison sur toute la ligne... Je rallie la France libre ! »

Certes, on peut trouver ce sursaut sommaire. On peut être un des tout premiers résistants de 1940 sans pour autant se vouloir, se sentir ou s'estimer « gaulliste ». On peut, dès le seuil de l'aventure de la France libre, craindre, comme républicain, le monarchiste qui sommeille en Charles de Gaulle ; redouter, comme démocrate, que ne débouche sur des tendances dictatoriales la façon que le général de Londres a d'assumer la France avec un formidable égocentrisme ; être effrayé, comme civil tout simplement, par la passion qu'il porte à l'armée de métier et par les constantes références que, même sous forme de grinçantes boutades, il aime à faire aux valeurs militaires, etc. On peut se montrer aussi sceptique qu'Emmanuel d'Astier de la Vigerie ou Elie Bloncourt. « Nous ignorions Londres, dira plus tard le premier à Francis Crémieux. Je n'ai connu le contenu du discours du général de Gaulle qu'assez tard. Pendant les trois mois qui suivirent l'armistice, il ne fut connu que de quinze pour cent des Français. » Et Bloncourt nous déclarera : « Nous avons toujours pensé, nous, socialistes, et j'ai toujours pensé moi-même, que l'appel de De Gaulle, c'était un fait, c'était une réalité, datée, localisée, mais qui n'avait jamais exercé sur nous une influence déterminante. Nous disions toujours, et je disais moi-même pour ma part : "Ce que nous faisons, nous ne le faisons pas *pour* de Gaulle, nous le faisons *avec* de Gaulle." Il y a une nuance. A aucun moment je ne me suis considéré comme un gaulliste, pour reprendre l'expression telle qu'on l'entend aujourd'hui. Evidemment, de Gaulle avait fait son appel du 18 juin 1940, mais ce n'était pas à cet appel que nous avions répondu. S'il n'avait pas pris cette position, eh bien nous aurions fait exactement ce que nous avons fait, de toute façon. Nous n'avons pas répondu à l'appel de De Gaulle, nous avons fait quelque chose qui nous paraissait nécessaire. » On peut aussi, comme Louis Blésy nous en fait confidence, s'être engagé rapidement et très profondément sans avoir pour autant entendu le moindre appel. « Je fus très étonné, dit Blésy, d'entendre parler du discours de Pétain, de l'appel du général de Gaulle, de l'appel de Maurice Thorez et de Jacques Duclos... De tous ces appels, de tous ces discours, moi je n'avais jamais rien entendu... Je n'avais jamais entendu aucun appel à la Résistance signé de qui que ce soit. »

« Une pensée d'abrupt refus de la défaite »

Ces réserves faites, qui font tout autant partie de la réalité que les adhésions d'enthousiastes, on doit constater que, non seulement hors des frontières françaises mais dans le pays occupé lui-même, les résultats concrets de l'appel du 18 juin sont rapidement et amplement perceptibles. Pour employer un vocabulaire qui n'est pas précisément celui du général, il convient même de constater que « les mots irrévocables » que Charles de Gaulle lance depuis les studios londoniens de la BBC deviennent vite des actes et que, même si d'abord quelques milliers seulement d'hommes et de femmes sont concernés, les idées qu'il n'est pas le seul à avoir ni à exprimer mais qu'il propage et fait propager à partir de Radio-Londres ne tardent pas à devenir une force... Comme l'écrit, dans *La Nuit sans ombres*, Alban Vistel, ancien président du Comité régional de Libération à Lyon, « si donc il serait puéril d'affirmer que l'appel du 18 juin produisit un *choc* décisif dans la conscience des Français, créa par magie et *ex nihilo* la Résistance intérieure, il serait également puéril d'affirmer qu'il ne fut qu'une déclaration vite oubliée. La vérité est qu'il fut porté d'écho en écho, que ses vibrations ne cessèrent de s'amplifier ».

L'opinion de Vistel sera d'ailleurs vérifiée par les travaux de Henri Michel et de ses collaborateurs, travaux dont l'historien tirera lui-même la leçon en ces termes : « Il résulte des réponses faites par les résistants aux questionnaires du Comité d'histoire de la 2e Guerre mondiale que la plupart d'entre eux n'entendirent pas l'ensemble d'allocutions prononcées par le général de Gaulle à la BBC et résumées plus tard sous le titre d'appel du 18 juin. Ils en eurent toutefois connaissance assez vite par la suite et tous devinrent des auditeurs assidus de la radio de Londres. Ces émissions avaient dans l'opinion une résonance profonde ; elles rappelaient à l'espérance des

Français, rentrés en eux-mêmes et portés à se désintéresser de tout ; elles touchaient infiniment plus de monde que les modestes feuilles clandestines, publiées d'ailleurs à partir de la fin de 1940 seulement, et se bornant souvent, à leur début, à une reproduction commentée des écoutes de la radio. Aussi bien, toutes sortes de tracts, de papillons, de lettres, tous anonymes, expriment à de Gaulle, avant même qu'un embryon de Résistance organisée se soit manifesté en France, une confiance et une affection naïves, qui prennent parfois la forme d'un Credo : “Notre de Gaulle qui êtes au feu”, ou qui jouent sur le nom, apparemment prédestiné : “De Gaulle sauvera la France.” Dès les premiers temps de l'occupation s'effectue ainsi, dans l'opinion publique, comme une cristallisation de l'attente des Français autour du général de Gaulle ; mal exprimée encore existe une vocation au gaullisme. Il n'en reste pas moins que les premiers groupements de la Résistance sont, eux, le résultat d'initiatives spontanées, sur le sol français, et non l'application de consignes venues de Londres. (...) Les chefs des principaux mouvements n'oublieront jamais tout à fait qu'ils sont contemporains du chef de la France libre et considéreront qu'ils ne sont pas nés de lui ou grâce à lui. » Cela dit, l'historien ne conclut pas sans noter l'ambiguïté d'une « popularité » qu'on observe « auprès de beaucoup de Français, même lorsqu'ils continuent à faire confiance en même temps au maréchal Pétain ».

Sans préjuger de ce qu'il adviendra au XXIe siècle, on peut noter que dans le sien, le XXe donc, Charles de Gaulle a eu deux biographes monumentaux : Jean Lacouture en trois volumes et deux mille quatre cent soixante-dix-sept pages ; Max Gallo en quatre volumes et mille sept cent soixante pages... Quand, au quatrième trimestre de 1985, la revue *L'Histoire* publie un numéro spécial intitulé *Résistants et collaborateurs ; les Français dans les années noires*, c'est à Lacouture qu'elle demande de traiter *Juin 1940 : Les appels du général...* Le premier paragraphe de cet article est un cri du cœur — et un cri à propos d'un cri : « Une sommation, écrit en effet Jean Lacouture, en forme de cri, formulée par un homme en transe auquel une certaine idée de la France insuffle une foi provocante ? Le “Debout les morts !” du sergent Péricard, le “A moi Auvergne !” du chevalier d'Assas, un bas-relief de Rude ? Ce serait conforme à la vision du monde, mythique et quelque peu mystique, du disciple de Péguy qui rédige, à tête reposée, les *Mémoires de guerre*. Mais la vérité est plus complexe, et donc plus riche. »

Effectivement. Encore qu'il faille se méfier des gloses si nombreuses et si souvent vétilleuses qu'illustre bien l'ouvrage que François Delpla a intitulé *L'Appel du 18 juin 1940*. Mieux vaut s'en tenir à l'essentiel tel que l'ont, par exemple, constaté Jean-Louis Crémieux-Brilhac et Paul-Marie de La Gorce dans des livres qui sont des sommes. « Le mot *résistance* entre du même coup dans le vocabulaire politique du XXe siècle », écrit le premier dans *La France libre.* « C'est dans l'Histoire de France et, bien au-delà d'elle, dans l'Histoire du siècle, que le mot "résistance" fait son entrée, ce jour-là, 18 juin 1940 », écrit le second dans *De Gaulle.* Constatations laconiques que l'on peut faire commenter par un poète, un général, un historien et le propre auteur de l'appel.

Le poète, c'est Jean Cassou. Il fut aussi romancier, critique d'art, fondateur du musée d'Art moderne de la ville de Paris et commissaire de la République à Toulouse en 1944... « Le 18 juin 1940, écrit-il dans ses mémoires intitulés *Une vie pour la liberté*, quand retentit à la BBC la voix du général de Gaulle, les patriotes qui l'entendirent perçurent en eux la certitude que la France continuait d'exister du fait qu'elle continuait la guerre. (...) Telle fut la signification de l'appel du 18 juin. Il incarnait la survie de la France. Se bornant à cette déclaration d'existence appuyée sur une action guerrière, ce message se gardait de tout jugement politique sur les causes de la défaite. Tous les patriotes s'accordèrent à ce point de vue essentiel. La défaite les avait anéantis. Ils ne pouvaient sortir de ce néant que grâce à une pensée aussi rudimentaire que la défaite qui les avait réduits au néant. Une pensée d'abrupt refus de la défaite. Et par conséquent, une pensée d'incitation à un nouveau combat contre la fortune. »

« Un dissident et un désobéissant »

Le général, c'est Jean Simon. Il était lieutenant sorti de Saint-Cyr quand il est devenu un des premiers FFL (Forces françaises libres) en compagnie du futur Premier ministre Pierre Messmer. Au soir de sa vie, il était grand chancelier de l'Ordre de la Libération (donc le premier des Compagnons) quand, en juillet 1990, la revue *Guerres mondiales et conflits contemporains* lui a demandé un article commémoratif simplement intitulé *Le 18 juin 1940* : « Le mérite du Général a été singulier ! écrit le général Simon. Sans doute son appel n'aurait pas eu les mêmes accents, ni la même force de conviction, s'il n'avait eu la certitude qu'il venait en réalité des profondeurs du pays. Son espérance fut l'écho d'une rumeur infime, mais tenue, c'était celle qui montait du cœur des hommes et des femmes de la vieille terre de France martyrisée. Il en a été le porte-parole éloquent et lucide. Là se trouve aussi la source de la force qu'il dut déployer pour durer et accomplir le redressement de notre pays. S'il est vrai qu'au début nous n'étions pas nombreux, grâce au Général, il y eut toujours, au combat ou dans la Résistance, ce qu'il fallait de la France. »

L'historien, c'est Jacques Semelin. Bien que sacrifiant à la mode qui veut que l'on « rompe avec les représentations "héroïsantes" de la lutte contre l'occupant nazi », il fait une étude intéressante de ce qu'il appelle « la résistance civile ». Et dans la préface à l'édition de poche de son livre *Sans armes face à Hitler*, en 1998, en abordant « la démarche première du général de Gaulle, le 18 juin 1940 », il écrit : « Ce jour-là, il n'est pourtant encore qu'un dissident et un désobéissant. Dans son fameux discours radiodiffusé par la BBC, il lance un *appel* à résister. Son but est de passer de la dissidence à la résistance, puis à la reconquête du sol national. La résistance se fonde sur un choix, une décision, une volonté : celle de résister, en actes. Et passer de la dissidence à la résistance, c'est tenter de faire partager son refus, c'est-à-dire de convaincre et d'organiser. »

L'auteur, c'est l'auteur. Tel qu'en lui-même enfin son histoire le change... Nous sommes une génération plus tard. A cinq jours du vingt-deuxième anniversaire de son appel. Il parle devant celui qui a le scrupuleux talent d'être son scribe pour devenir ensuite son chroniqueur le plus précis et le plus ample, son Froissart, son Commynes et son Villehardouin. Or Alain Peyrefitte vient de glisser : « Mais en 40... » La réplique est immédiate : « Il n'y avait plus d'armée. Il n'y avait plus d'Etat. Il n'y avait plus de volonté. Il s'est trouvé que la mienne a pu en rassembler quelques autres, de plus en plus nombreuses. Dès lors, je n'étais plus un militaire, j'étais devenu un symbole, qui me dépassait. »

Relisons un instant le poète, le général et l'historien. A les en croire, en cette fin de printemps 1940, « ce qu'il faut de la France » nourrit « une pensée d'abrupt refus, une pensée d'incitation à un nouveau combat » et elle a « une volonté : celle de résister en actes », de « tenter de faire partager son refus, c'est-à-dire de convaincre et d'organiser ». En alignant ces morceaux de citations, non, je ne sollicite pas les textes, j'anticipe simplement dans l'esprit même du « symbole », qui, lui, a eu le « mérite singulier » d'en « rassembler quelques autres » et « de plus en plus nombreux »... Or, avec le recul de presque une demi-douzaine de décennies, anticiper, c'est constater. Constater que Jean Cassou avait raison d'écrire aussi, à propos de De Gaulle, que « son existence se manifeste non point dans la réussite de ses actes, mais dans leur seul accomplissement ».

Cependant Vichy n'a pas compris... Nous avons déjà vu que, face au solitaire de Londres, la meute revancharde et avide des bords de l'Allier a pris le parti de la fourmi... Celle du poète Robert Desnos chanté par Juliette Gréco : « Une fourmi de dix-huit mètres avec un chapeau sur la tête... Ça n'existe pas ! Ça n'existe pas ! Ça n'existe pas ! » Cette négation, c'est précisément celle que le petit Alibert ébrèche sa plume à souligner quand il « communique » que ces « déclarations doivent être regardées comme non avenues ». Ce regard, c'est celui que le général Maxime Weygand prétend porter sur « le colonel en retraite de Gaulle » tout en agitant son sabre de bois... Et si l'expression « fusiller du regard » peut être historiquement employée, ce regard, ce sera aussi, comme on le sait, celui du tribunal Frère-La Laurencie-Noël-La Porte du Theil-Langlois-Bérard-Etcheberrigaray, « séant à Clermont-Ferrand ».

Plein d'un mépris de caste pour les irréguliers et autres rebelles, obsédé par l'antisémitisme et l'antibolchevisme, Vichy ne prendra jamais vraiment la mesure du gaullisme. Toutefois si, alentour du Grand Casino comme dans les salons parisiens de la Collaboration commençante, on est irrémédiablement très vieux ou d'une criminelle jeunesse fascisante, on n'est pas stupide pour autant. Et au début de l'été, les vitupérations du subalterne déserteur et mégalomane, apostrophes anglophiles de surcroît, vont quand même finir par émouvoir.

D'abord on montre une sorte d'étonnement attristé.

Le Bonhomme Normand, hebdomadaire qui se rallie d'emblée à la Collaboration mais dont on ignore généralement qu'il eut, entre 1940 et 1944, un des plus forts tirages de la France occupée, écrit ainsi le 28 juin 1940 : « Le général de Gaulle qui a pris la parole à la radio de Londres et qui ne fait plus actuellement partie du gouvernement, n'avait aucune mission pour faire des communications en public. Il a été rappelé de Londres et a reçu l'ordre de rentrer en France et de se tenir aux ordres de ses chefs. Ses déclarations doivent être regardées comme nulles et non avenues. Ce trop brave général est "jusqu'au-boutiste" et il engageait les spécialistes et les soldats qui le pouvaient à gagner l'Angleterre pour continuer la lutte. On assure même que malgré l'ordre de rentrer au quartier que lui avait donné le maréchal Pétain, le général de Gaulle est resté en Angleterre. Tout cela est bien regrettable. » Mais, à l'automne cette stupeur contrariée va se muer en menaçante constatation policière...

Ce qu'en pense Adolf Hitler...

Le 24 octobre 1940, Marcel Peyrouton, un ancien président général et gouverneur général, prototype de l'establishment colonial et réputé « homme à poigne », dont Pétain a fait, un mois et demi plus tôt, son ministre de l'Intérieur, adresse une note aux préfets où il se plaint de « l'activité séditieuse des partisans de l'ex-général de Gaulle qui tend actuellement à s'accroître et à entrer dans une phase particulièrement active ».

Plus encore, pourtant, que d'une Résistance naissante dont ils ne prévoient pas l'importance qu'elle prendra bientôt, les gens de Vichy, les créateurs d'un régime qui est avant tout, comme le souligne Jacques Nobécourt, « un Etat militaire », s'inquiètent des périls que le gaullisme fait courir à « l'unité de l'armée ». Après avoir, dans les conditions que nous avons deux fois dites, fait condamner Charles de Gaulle à mort par contumace, Philippe Pétain, chez qui une sénilité relative ne semble guère altérer le souci de préserver l'avenir, glisse dans le dossier du « déserteur » une note soigneusement écrite de sa propre main et visiblement destinée à être retrouvée plus tard. Avant d'affirmer que la condamnation « ne peut être que de principe » et qu'« il n'a jamais été dans sa pensée de lui donner une suite », il y déclare textuellement : « Le jugement du général de Gaulle s'est imposé : 1° par une nécessité de discipline militaire ; 2° comme valeur d'exemple afin d'arrêter un mouvement d'exode d'officiers français vers l'étranger. »

De même, plus tard, Maxime Weygand, ayant miraculeusement réussi à se tirer d'affaire et disposant du loisir d'écrire ses *Mémoires*, rappellera : « J'ai pris part aux délibérations qui se terminèrent par la décision d'appliquer au général de Gaulle les rigueurs du code de justice militaire. Il n'était vraiment pas possible au gouvernement légitime de la France de laisser porter des atteintes aussi graves à l'unité française. »

Dépassant ces lâchetés très étoilées, il convient de noter, sans le surestimer, mais en le soulignant quand même, l'aspect militaire de l'appel du 18 juin. Certes, comme, hélas, l'avenir ne va pas tarder à le prouver, la majorité des officiers de carrière de l'armée française restera sourde aux appels à la Résistance, « sourde à cette poésie », selon l'expression de Georges Buis. Mais cela ne veut pas dire que les craintes vichystes ne soient pas sans fondement. En effet, évoquant la situation des officiers qui entendent les paroles prononcées par de Gaulle à Radio-Londres, Vincent Monteil explique : « Pour ses camarades à l'écoute, c'est le voile du temple qui se déchire : l'officier n'a plus le droit d'être inerte, "comme un cadavre entre les mains du laveur de morts" ; il doit choisir, c'est-à-dire se résoudre à désobéir aux chefs qui ont démérité. (...) C'est pourquoi l'Appel restera comme l'un des plus glorieux moments de notre histoire. Pour les officiers, c'est aussi, selon Louis de Villefosse, "le défi le plus spectaculaire jamais lancé à la tradition de l'obéissance passive"... »

Après les valets, le maître. Du côté de Berlin, on a une vue plus globale des possibles résultats de l'appel du 18 juin. A preuve, les réactions d'Adolf Hitler. Ce que nous en savons nous est parvenu à la faveur des notes que, le 23 octobre 1940, le chef des interprètes du ministère des Affaires étrangères nazi, Paul Otto Schmidt, prit sur l'entrevue entre le Führer et le général Franco, dans le wagon-salon du Führer, en gare d'Hendaye. Ces notes avaient valeur de procès-verbal et des historiens tels qu'Andréas Hillgruber en ont ultérieurement démontré l'authenticité. Ce sont les propos mêmes de Hitler qui sont rapportés au passé et au style indirect : « Le grand problème à résoudre pour l'instant était d'empêcher que le mouvement de De Gaulle ne prît de l'ampleur en Afrique française, procurant ainsi à l'Angleterre et à l'Amérique des bases sur la côte africaine. Il existait réellement un danger de cette nature. Le gouvernement de Pétain se trouvait dans la situation regrettable d'avoir à liquider une guerre dont il n'était pas responsable mais dont ses ennemis lui reprochaient les conséquences. Il s'agissait seulement d'empêcher de Gaulle de profiter de la situation critique du gouvernement français pour renforcer ses positions. »

En nous efforçant d'esquisser un panorama des réactions provoquées par la prise de position de Charles de Gaulle à la fin du printemps 1940, nous avons surtout parlé jusqu'ici de celles des amis, car futurs gaullistes, et des ennemis, car vichystes et nazis. Mais nous n'avons encore rien dit de celles des hommes et des femmes qui vont très vite être les principaux partenaires des gaullistes et bientôt devenir leurs alliés dans les combats de la Résistance, les communistes. Leurs réactions et, plus généralement, leur attitude d'alors méritent une attention particulière dans la mesure où elles vont être l'amorce de relations aussi tumultueuses que fructueuses et, en tout cas, déterminantes pour l'évolution du combat contre l'occupant, sans parler de l'évolution politique ultérieure du pays. Au début de l'été 1940, les militants du PCF qui ont tenu bon sous le flot de la répression, qui ne sont pas en prison, que les difficultés d'une clandestinité commencée en septembre 1939 et les désordres de la défaite n'ont pas contraints à l'isolement, ceux-là — et leurs dirigeants tout particulièrement — s'interrogent dans des conditions parfois dramatiques et s'efforcent de se concerter sur la meilleure façon de « tenir le coup »... Malmenés par la même police sous Daladier et sous Vichy, empêtrés dans leurs contradictions et souvent en butte à l'hostilité d'anciens amis, ils voient bien qu'autour d'eux la réalité s'affole. Ils savent bien que l'effondrement des structures traditionnelles, l'éparpillement sinon la désintégration des autres formations politiques, l'apparent triomphe de leurs pires ennemis à la faveur de l'invasion étrangère et le choc subi par un peuple tout entier sont en train de profondément modifier les conditions. Quelles que soient les critiques qu'ont pu formuler leurs adversaires et certains de leurs amis sur leur manière de mener cette lutte, la lutte antifasciste n'est pas, pour les communistes, une chose nouvelle. Depuis 1934, depuis la guerre d'Espagne, ils savent à quoi s'en tenir. Ils n'attendent de la lucidité ni du sursaut de personne une révélation à ce sujet. En outre, l'auteur de l'appel du 18 juin a tout pour leur déplaire : officier de carrière de formation monarchiste, il s'est fait connaître en défendant l'armée de métier ; même si ce ne fut que pour quelques jours, le gouvernement dont il a été membre était pour l'essentiel composé des mêmes ministres qui, à l'occasion du pacte germano-soviétique, avaient lancé contre les communistes la chasse aux sorcières ; enfin, la capitale à partir de laquelle l'appel est lancé est celle-là même où siègent encore les dirigeants britanniques qui, un an plus tôt, ont à leurs yeux saboté les négociations avec l'Union soviétique en vue d'une action commune contre Hitler... Il est donc logique que, près de trente ans plus tard, lorsque Jacques Duclos écrit ses *Mémoires*, il note : « A cette époque, le général de brigade nommé par Paul Reynaud et membre du gouvernement qui n'avait tenu aucun compte de nos propositions visant à défendre Paris ne nous inspirait pas grande confiance. Nous le savions réactionnaire et nous constations que, s'il reprochait à Pétain d'avoir trahi la France, il ne lui reprochait pas de s'employer à faire peser sur notre pays un régime réactionnaire et de régression sociale correspondant parfaitement aux vues des hitlériens. » Dans la même optique, il est tout aussi logique que l'historienne Germaine Willard analyse, à un colloque de l'Institut Maurice-Thorez, en octobre 1969, ce qu'elle appelle l'« équivoque sur le sens du mot *résistance* dans les premiers appels du général de Gaulle ».

« Des camarades l'ont distribué... »

Ainsi perçu par la majorité des communistes qui l'entendirent, l'appel du 18 juin 1940 suscita, dans *l'Humanité* clandestine comme dans des tracts émanant surtout d'organisations des Jeunesses communistes, des réactions où une méfiance hostile effaçait les nuances. Les difficultés qu'éprouvaient alors les communistes à caractériser clairement la nature de la guerre — essentiellement inter-impérialiste ou antifasciste ? — contribuèrent évidemment à fortifier ces réactions. Toutefois, sans vouloir tendre après coup à une illusoire identité de vues, il convient de ne pas passer sous silence des attitudes, des appréciations et des réactions qui portaient en germe le jugement que devait ultérieurement formuler Maurice Thorez lorsque, dans son ouvrage *La France depuis la capitulation de Rethondes*, écrit en avril 1944 et publié à Moscou en juillet de la même année, il écrivait : « De Londres, le général de Gaulle avait également lancé son appel à la résistance. Il avait dénoncé l'armistice comme un crime contre la patrie. (...) Il organisait les premières cohortes d'une nouvelle armée nationale. (...) Dans le pays des contacts commencèrent à se nouer entre communistes et gaullistes. Luttant pour une même cause, pour la libération de la France, les patriotes de toutes opinions tendaient à s'unir. »

A cet égard, Claude Angeli et Paul Gillet rapportent, dans *Debout, partisans !*, une anecdote significative : « Un général inconnu avait commencé à parler au micro de Radio-Londres (...), écrivent-ils. A Puteaux, chez les Burgarder, on a tout noté soigneusement, du premier au dernier mot. On avait mis Radio-Londres par curiosité. Personne ne sait qui est ce général de Gaulle. On n'est même pas fixé sur l'orthographe de son nom. Mais voilà qui peut faire un tract, et Burgarder père en parle à Rino Scolari. Et tout se passe très vite. Une jeune femme reproduit sur un stencil une partie du discours de ce général qui se trouve à Londres. Puis, comme elle en a l'habitude, elle ajoute au bas du tract la signature de son organisation : La Jeunesse communiste de Puteaux. Le 20 juin, Rino Scolari et douze autres garçons prendront leurs vélos pour aller aux Halles de Paris. Là, ils distribueront sans problèmes un texte qui ne manquera pas d'en poser. » Cette réaction des JC de Puteaux est-elle significative ?

Toujours est-il qu'elle n'est pas unique. Futur responsable sur le plan national, alors secrétaire de la section communiste d'Armentières, dans le Nord, Louis Chieus nous raconte : « Nous avons édité l'appel du général de Gaulle. Ma femme l'avait pris à la radio. On a diffusé ça comme étant l'appel du général de Gaulle à la radio de Londres et des camarades l'ont distribué. Dans le même temps, nous avons reçu des appréciations du Comité central sur l'attitude de De Gaulle et le double jeu de la bourgeoisie française. Nous avons aussi édité ces documents. Nous avons donc diffusé à la fois l'appel de De Gaulle et les appréciations du Parti sur lui. Pour nous, le départ de De Gaulle à Londres était un élément de mobilisation des Français de tous bords et il pouvait rassembler des gens que nous n'arrivions pas à rassembler. On peut même dire que le fait qu'il soit allé à Londres a heureusement influencé certains camarades du Parti qui s'imaginaient que nous allions nous retrouver seuls et que tout le monde allait accepter l'Occupation. Ces camarades se sont dit : on n'est pas seul. »

Marcel Paul, le futur ministre communiste qui fut un des tout premiers organisateurs de la Résistance en Bretagne, ne raisonnait pas autrement. Il devait confier plus tard à Maurice Choury : « Nous avions entendu parler de l'appel du général de Gaulle, mais nous n'avions pas le texte précis, ce nom était alors presque inconnu et pourtant cet appel signifiait que nous n'étions pas seuls dans le combat, nous, les communistes. » Dans une lettre à son ami Henri Lemonnier, lettre écrite le 14 juillet 1940, Jacques Sadoul, un des rares Français ayant joué un rôle notable pendant la Révolution d'Octobre, allait plus loin en écrivant : « Les appels du général de Gaulle émeuvent déjà les meilleurs d'entre nous, les plus clairvoyants et les plus fiers. »

En ce même début d'été 1940, trois semaines après le 18 juin, c'est le 10 juillet que les communistes affirment avoir lancé le leur, qui est signé de Maurice Thorez et de Jacques Duclos... Dans les années qui suivirent, les combats politiques tendront à opposer les deux textes, mais tel ne fut pas l'avis de tous les futurs résistants. Ainsi deux responsables de la Résistance dans un département français où elle fut particulièrement active, le Loir-et-Cher, Raymond Casas et Lucien Jardel, notent-ils que « ces deux appels historiques (...) jetaient les bases d'une réorganisation des forces patriotiques décidées à lutter. De plus, venant d'horizons politiques totalement différents, ils étaient le gage du regroupement futur de toutes les forces sociales éprises de liberté. C'est ainsi que l'entendirent les premiers ramasseurs d'armes. Et dans de nombreux pays, au sud de la Loire, des ramassages d'armes furent organisés dès juillet 1940. »

10 juillet 1940... Une date controversée

10 juillet 1940... Une date qui n'entrera pas sans controverses dans l'histoire de France. Et qui pourtant y est entrée... Le 10 juillet 1977, sur l'immeuble du 88 boulevard Mortier, dans le XXe arrondissement de Paris, une plaque fut apposée, où l'on peut lire : « "Jamais un grand peuple comme le nôtre ne sera un peuple d'esclaves ! 10 juillet 1940. Maurice Thorez-Jacques Duclos." Cet appel fut rédigé dans cet immeuble le 1.7.1940 par J. Duclos. » Deux ans et deux mois plus tôt, le président du Sénat Alain Poher avait prononcé l'éloge funèbre du sénateur Jacques Duclos, récemment décédé. Il y déclarait notamment que « le premier acte public important que le président Jacques Duclos a accompli dans la clandestinité fut l'appel qu'il signa avec Maurice Thorez, le 10 juillet 1940 ».

« Jamais un grand peuple comme le nôtre ne sera un peuple d'esclaves ! » Sur la plaque commémorative du boulevard Mortier ; c'est la phrase clef de l'appel qui est citée. Mais des phrases, le texte en comporte deux ou trois cents. Plus exactement près de quatre mille mots et plus de dix-huit mille signes. Nous le soulignons, tant il est vrai que ce qui frappe d'abord c'est la longueur de ces pages, pourtant destinées à être lues en cachette par des gens déboussolés, des centaines de milliers d'inquiets. Des pages, qui plus est, rédigées dans les difficiles conditions de la vie clandestine, en usant d'aléatoires moyens de transmission et dont les auteurs savaient bien que chaque phrase supplémentaire ajoutait au péril encouru par ceux qui devaient les imprimer ou les ronéotyper sur des machines de fortune et dans le secret d'un local menacé... On peut évidemment, avec le recul, se demander si, en accumulant ainsi les arguments, les deux auteurs, conscients de l'extrême complexité de leur situation, ne révèlent pas leur inquiétude. Leur pressentiment des contestations ultérieures de leur texte... Mais n'anticipons pas. Avant d'évoquer les controverses, encore faut-il connaître les pages qui les ont suscitées.

D'emblée, le ton est solennel, puisque c'est directement au « Peuple de France », d'ailleurs tutoyé, qu'est lancé cet appel... En effet, Maurice Thorez et Jacques Duclos écrivent : « Peuple de France ! Notre pays connaît maintenant les terribles conséquences de la politique criminelle suivie par des gouvernants indignes, responsables de la guerre, de la défaite, de l'occupation. Des milliers et des milliers de jeunes gens et de pères de famille sont tombés, des milliers et des milliers d'évacués chassés de leurs foyers ont connu le plus lamentable des exodes sur les routes de France, de nombreuses villes, de nombreux villages ont été détruits, des malades et des blessés souffrent dans les hôpitaux, des centaines de milliers de prisonniers se morfondent loin de leur famille, des veuves, des vieux parents, des orphelins pleurent leurs disparus. La France meurtrie, douloureuse, trahie par ses dirigeants, subit la rançon de la défaite. Voilà où nous ont conduits les politiciens à la Daladier, à la Reynaud, à la Mandel, qui, soutenus par un Parlement de valets et de corrompus, ont poussé la France à la guerre pour servir les intérêts des ploutocrates, pour supprimer les libertés publiques, pour faire régner la terreur, écraser le peuple et porter les armes contre l'URSS, pays du socialisme (envoi de matériel de guerre aux gardes-blancs finlandais et constitution de l'armée Weygand en Syrie). Les faits sont là qui montrent à quel point cette politique a fait faillite, à quel point elle a été néfaste. L'heure est venue d'établir les responsabilités de tous ceux qui ont conduit la France à la catastrophe. La clique des dirigeants banqueroutiers de la politique de guerre a bénéficié de l'appui de tous les partis, unis dans une même besogne de trahison et dans une même haine de la classe ouvrière et du communisme. (...) La malédiction de tout un peuple trahi monte, vengeresse, vers ces hommes qui ont voulu la guerre et préparé la défaite. A cause de ces hommes, la moitié du territoire français subit l'occupation de l'armée allemande, aux frais de la France, comme l'indique le traité d'armistice. A cause de ces hommes, le peuple de France connaît l'humiliation de cette occupation et ne se sent pas chez lui. (...) Mais rien ne pourra empêcher que les comptes ne soient réglés et les masses laborieuses, en demandant que la France soit aux Français, expriment à la fois la volonté d'indépendance de tout un peuple et sa ferme résolution de se débarrasser à tout jamais de ceux qui l'ont conduit à la catastrophe. »

Après avoir dressé ce procès-verbal des douleurs, ce constat de faillite et ce véhément acte d'accusation, Thorez et Duclos affirment que « seul, debout dans la tempête, fidèle à sa politique de paix, notre grand parti communiste s'est dressé contre la guerre » et que « seul, un parti a vu clair ; seul, un parti a eu raison ; seul, un parti n'a été ni dupe ni complice, seul un parti a eu le courage de lutter ; ce parti, c'est le Parti communiste français, parti du peuple, au service du peuple ». Une appréciation du passé immédiat qui se veut donc, pour eux-mêmes, très positive, mais qui est, en même temps, marquée par le syndrome du seul-contre-tous propre à stimuler l'autodéfense. C'est alors que les deux dirigeants communistes lancent les phrases qui seront, par la suite, considérées comme les phrases clefs de leur appel : « La France encore toute sanglante veut vivre libre et indépendante. Le peuple de France veut régler lui-même, conformément à ses traditions et à son génie, les questions sociales et politiques surgies de la trahison des classes possédantes. La France ne veut pas être mise au pas par les aventuriers de Vichy. Jamais un grand peuple comme le nôtre ne sera un peuple d'esclaves et si, malgré la terreur, ce peuple a su, sous les formes les plus diverses, montrer sa réprobation de voir la France enchaînée au char de l'impérialisme britannique, il saura signifier aussi à la bande actuellement au pouvoir sa volonté d'être libre. Les politiciens, civils et militaires, à la solde du capitalisme, ont conduit le peuple de France à la guerre sous prétexte de défendre la liberté et, aujourd'hui, ils imposent leur dictature parce qu'ils ne veulent pas rendre de comptes, parce qu'ils veulent que les ploutocrates puissent s'enrichir de la défaite comme ils se sont enrichis de la guerre. Cela ne doit pas être : cela ne sera pas ! La France ne deviendra pas une sorte de pays colonisé ; la France au passé si glorieux ne s'agenouillera pas devant une équipe de valets prête à toutes les besognes. La France doit se relever, elle se relèvera ; il le faut, dans l'intérêt même de la fraternité des peuples, que, de toutes nos forces, nous voulons. La France doit se relever en tant que grand pays, avec son industrie et son agriculture. Aucun travailleur français ne pourrait admettre que soient anéanties ou laissées à l'abandon les richesses industrielles de la France qui doivent revenir à la collectivité nationale. La France doit se relever, mais elle ne se relèvera que par le travail et dans la liberté. Les usines doivent rouvrir et travailler pour les besoins quotidiens des hommes ; les paysans doivent être ramenés à leur terre d'où la guerre les a chassés en grand nombre. Ce n'est pas en enrôlant des jeunes gens, ainsi que semblent vouloir le faire les traîtres de Vichy, pour les amener à la campagne, comme des serfs, que seront résolus les problèmes économiques posés devant notre pays. La France doit se relever pour être une terre de travail et de liberté, mais non une terre de servitude et de misère. »

« Ni les généraux battus, ni les affairistes, ni les politiciens tarés... »

Ayant exprimé ce souhait, Maurice Thorez et Jacques Duclos se demandent : « Qui peut relever la France ? C'est la question qui se pose. Ce ne sont ni les généraux battus, ni les affairistes, ni les politiciens tarés qui peuvent relever la France ; ils ne sont bons qu'à la trahir et à la vendre. Ce n'est pas dans les milieux corrompus du capitalisme que peuvent se trouver les éléments de la renaissance nationale. C'est dans le peuple que résident les grands espoirs de libération nationale et sociale. Et c'est seulement autour de la classe ouvrière ardente et généreuse, pleine de confiance et de courage, parce que l'avenir lui appartient, c'est seulement autour de la classe ouvrière, guidée par le Parti communiste, parti de propreté, d'honneur et d'héroïsme, que peut se constituer le front de la liberté, de l'indépendance et de la renaissance de la France. Nous appelons à s'unir pour sauver notre pays, pour l'arracher des mains de ceux qui l'ont conduit au désastre, les paysans, les petites gens qui ont été si abominablement trompés par le parti radical, les travailleurs socialistes que le parti de Blum et de Paul Faure ainsi que les chefs traîtres de la CGT ont placés à la remorque des potentats du capital, les travailleurs chrétiens à qui les princes de l'Eglise ont prêché la confiance en des gouvernants indignes, tous les Français honnêtes qui veulent que la France se relève et se libère des chaînes du capitalisme qui a préparé le désastre pour détruire les conquêtes sociales de 1936. L'unité de la nation peut se faire. Elle doit se faire et elle peut se faire tout de suite, pour alléger le fardeau de misère qui pèse sur notre pays. (...) Il faut remettre la France au travail ; mais en attendant, il faut assurer le pain quotidien aux sans-travail. Et pour remettre le pays au travail, il faut mobiliser les ressources de la Nation, en confisquant tous les bénéfices de guerre et en effectuant un prélèvement massif sur les grosses fortunes. (...) Il faut remettre la France au travail, sans subordonner la reprise de l'activité économique du pays au profit des capitalistes et en s'attaquant, au contraire, aux privilèges des classes possédantes. »

Donnant ainsi à leur appel un ton de programme, mêlant ainsi à dessein le dramatique et le programmatique, les deux dirigeants communistes estiment que « le peuple a le droit d'exiger que son travail profite à la collectivité et non à quelques parasites capitalistes », tout comme il « a le droit d'exiger la libération des défenseurs de la paix et le rétablissement dans leurs droits et fonctions des élus qui ont combattu la guerre. (...) Le droit d'exiger l'abrogation des mesures de dissolution prises contre les groupes politiques, syndicaux, coopératifs, culturels et autres en raison de leur hostilité à la guerre. (...) Le droit d'exiger le rétablissement des libertés syndicales. (...) Le droit d'exiger la parution en toute liberté des journaux en qui il avait confiance, qui lui disaient la vérité et qui ont été interdits à cause de cela. »

Thorez et Duclos, approchant de leurs conclusions, rendent leur appel plus direct en fixant un premier objectif à la lutte dont ils viennent de définir les perspectives. « Pour relever la France, écrivent-ils, pour remettre la France au travail, pour assurer son indépendance dans la paix, pour assurer la sauvegarde des droits du peuple, pour libérer notre pays des chaînes de l'exploitation capitaliste et de l'oppression, il faut chasser le gouvernement de traîtres et de valets dont le chef Pétain a dit cyniquement aux blessés, aux réfugiés, à ceux qui ont tout perdu : "L'Etat ne pourra rien pour vous." (...) Mais le peuple de France ne se laissera pas faire. A la ville, dans les campagnes, dans les usines, dans les casernes doit se former le front des hommes libres contre la dictature des forbans. A la porte le gouvernement de Vichy ! A la porte le gouvernement des ploutocrates et des profiteurs de guerre ! C'est un tout autre gouvernement qu'il faut à la France. Un gouvernement que l'unité de la nation rendra possible demain ; un gouvernement qui sera le gouvernement de la renaissance nationale composé d'hommes honnêtes et courageux, de travailleurs manuels et intellectuels n'ayant trempé en rien dans les crimes et combinaisons malpropres de la guerre ; un gouvernement du peuple, tirant sa force du peuple, du peuple seul et agissant exclusivement dans l'intérêt du peuple. » Enfin, les deux dirigeants du PCF concluent : « Voilà ce que pense le Parti communiste, voilà ce qu'il te dit, peuple de France, en ces heures douloureuses, quand il t'appelle à t'unir dans tes Comités populaires de solidarité et d'entraide, dans les syndicats, dans les usines, les villes, les villages sans oublier jamais que tous unis, nous relèverons la France, nous assurerons sa liberté, sa prospérité et son indépendance. »

On le sait, cet appel de Maurice Thorez et de Jacques Duclos est daté du 10 juillet 1940. Pourquoi cette date ? A-t-elle été choisie symboliquement parce que, en ce même 10 juillet, la plupart des politiciens de la IIIe République se faisaient hara-kiri aux pieds de Pétain dans les conditions que l'on sait ? Ou bien, ne fut-ce que pure coïncidence et le 10 juillet ne fut-il tout simplement que le jour où les deux dirigeants communistes français achevèrent de rédiger leur texte ?

Voix rocailleuse et sourire caustique

Tous deux s'en sont expliqué ultérieurement. Mais chacun à sa manière... En racontant, avec l'aide de Jean Fréville, ses souvenirs dans *Fils du peuple*, Maurice Thorez retient surtout le symbole : « Le jour même où les politiciens de la bourgeoisie, reprenant la tradition des Versaillais, se vautraient dans la défaite et s'agenouillaient devant le pouvoir personnel, les héritiers des Communards proclamaient leur foi indéfectible dans les destinées de la France et le triomphe de la démocratie. Le Comité central du Parti communiste français lançait un manifeste que Jacques Duclos et moi avions signé et que publiait *l'Humanité* clandestine... » Dans ses *Mémoires*, Jacques Duclos, lui, insiste plutôt sur les circonstances : « Pour nous, communistes, la situation était compliquée et difficile. (...) Et si l'on pouvait penser à juste titre que dans l'immédiat les conditions objectives n'étaient pas réalisées pour engager le combat contre un ennemi qui venait de battre l'armée française, il fallait se préparer aux combats inéluctables qui se produiraient ultérieurement. A cet effet, il fallait rassembler nos militants et faire savoir à ceux qui avaient été coupés du Parti en raison des circonstances que notre organisation était toujours debout. Victime lui aussi de la désorganisation générale du pays et de la coupure de la France en zones séparées, notre Parti disposait de moyens assez réduits mais il devait se manifester en vue de coordonner les diverses initiatives prises par des camarades isolés. Nous savions, à la suite de la réunion de la Chambre et du Sénat, le 5 juillet, que l'Assemblée nationale composée des deux Chambres allait se réunir le 10 juillet pour adopter une nouvelle Constitution dont on savait par avance qu'elle allait liquider la République. C'est dans ces conditions que nous décidâmes de rédiger un appel qui, dans de telles circonstances, prenait une valeur symbolique. (...) Dans *l'Humanité* ronéotypée, il ne pouvait être question de publier le texte intégral de cet appel. Et c'est très exactement le 10 juillet que le texte fut donné à l'imprimeur Roger Tirand, dont l'atelier était situé boulevard Poniatowski, dans le XIIe arrondissement. La composition et la correction des épreuves demandèrent un certain temps car les liaisons étaient difficiles. Et, en cours d'impression, le texte fut actualisé pour tenir compte des événements qui avaient suivi la session du Parlement à Vichy. »

En écrivant ceci dans ses *Mémoires*, Jacques Duclos résume sa version des faits... Lorsqu'on lui en parlait, celui qui devait ensuite, quatre années durant, être recherché, frénétiquement mais vainement, par, comme on dit, toutes les polices (françaises et allemandes) en tant que principal dirigeant des communistes clandestins, celui-ci, voix rocailleuse et sourire caustique, insistait sur quelques difficultés vécues... Le fait qu'il soit à Paris alors que Thorez était à Moscou avait rendu fort compliquée l'écriture de ce qu'il appelait volontiers un « manifeste du Comité central ». Tout se passait par radio. Au cours de longs et minutieux dialogues par la voix des ondes, dialogues qui constituaient presque à l'époque des prouesses techniques ; d'autant plus, aimait-il à souligner, que cela n'avait pas empêché les auteurs de faire des corrections en cours de tirage pour tenir compte de l'évolution galopante de l'actualité. Et Jacques Duclos insistait aussi sur le nombre de ces corrections et sur les va-et-vient d'agents de liaison qu'elles avaient nécessités en plus des contacts radio réguliers.

Et encore, toujours selon lui, n'était-ce pas tout : si la version originale du texte de l'appel du 10 juillet avait subi des variations du fait des auteurs eux-mêmes, d'autres corrections étaient inopinément intervenues dont ils n'avaient pas été avertis, des coupures et des modifications effectuées « à la base » par des militants que pressait la nécessité ou qui estimaient utile d'adapter certains paragraphes aux conditions particulières de leur région. Mais cela Jacques Duclos affirmait n'en avoir été informé que beaucoup plus tard et dans la mesure où avaient pu lui parvenir toutes les éditions et reproductions d'un texte qui en connut d'innombrables.

Les témoins proches du dirigeant communiste, comme Jean Jérôme ou Gaston Plissonnier, par exemple, ont toujours insisté sur ces modifications certes explicables et justifiées à leurs yeux, mais aussi inopinées qu'incontrôlables... Il va sans dire que ces variantes, ces apports, ces coupures, ces modifications d'un texte qui, pourtant, gardait toujours la date de sa première version : le 10 juillet 1940, expliquaient, aux yeux des proches de Duclos, ce qui put, par la suite, apparaître comme des anomalies.

Dans la dizaine de centres d'impression déjà mis en place et utilisés par le PCF pour l'édition de son matériel clandestin, les exigences de la sécurité n'accéléraient certes pas le rendement. L'imprimerie du boulevard Poniatowski n'échappait pas à cette contingence. Ce fut ainsi pendant des jours et même pendant des semaines qu'en cet été 1940 Roger Tirand, Marcel Le Marrec, Andrée Tessier et d'autres militants s'affairèrent à imprimer des dizaines et des dizaines de milliers d'exemplaires de l'appel du 10 juillet. Par les voies les plus diverses et les plus ingénieuses, les paquets de feuilles à l'encre encore fraîche furent acheminés d'abord à Paris et dans la région parisienne puis, très vite, dans la France entière. Quelques dizaines d'agents de liaison assuraient la première étape de cette diffusion. En les transmettant aux destinataires, ils leur donnaient comme consigne non pas de faire diffuser immédiatement parmi la population les quelques dizaines d'exemplaires qu'ils leur apportaient mais de ventiler ceux-ci vers des militants sûrs et susceptibles d'en assurer eux-mêmes, en général par ronéotage, la reproduction la plus rapide en un nombre maximum d'exemplaires.

En plein après-midi, sur le Marché aux Puces de Montreuil

Dans le livre où il évoque les débuts de la résistance communiste parmi la population du Loiret, André Chêne écrit : « Il fallait éditer des tracts. Des machines à écrire et à ronéotyper étaient nécessaires. Posséder ce matériel devint le premier objectif de nos camarades. Ils récupérèrent une vieille machine à écrire et une mauvaise ronéo. Par de multiples initiatives, des stencils, de l'encre, du papier furent rassemblés. Une autre difficulté surgit alors. Un local était indispensable pour pouvoir travailler à l'abri des indiscrétions. La demeure d'un camarade cheminot, "Jojo", dans le quartier du faubourg Saint-Jean à Orléans convenait parfaitement. La femme de "Jojo", malade, fut effrayée. Après de longues discussions, elle admit de courir le risque. Mais nouvelle complication : personne dans le secteur ne savait taper à la machine. Albert Rigal, que rien n'a jamais rebuté, se transforma en dactylo. Le premier texte tiré fut l'appel de Maurice Thorez et de Jacques Duclos. Un millier d'exemplaires. Nos camarades furent satisfaits, sauf les diffuseurs qui trouvèrent la quantité insuffisante. Mais la prudence imposait que le déménagement ait lieu. Il fallait donc trouver un autre "centre d'édition". Ce n'était pas facile... »

Ainsi, malgré de multiples difficultés, l'impression, la reproduction et la diffusion du texte prirent-elles, durant l'été et l'automne de 1940, d'assez vastes proportions. « L'appel du 10 juillet, ajoute Jacques Duclos, dans ses *Mémoires*, continuait à sortir de l'imprimerie artisanale de Roger Tirand, située boulevard Poniatowski, et les organisations du Parti qui se reconstituaient en assuraient la diffusion. Cet appel qui, pendant au moins trois mois, fut imprimé et diffusé, permit de nombreuses reprises de contact entre militants isolés et contribua à la reconstruction du Parti... »

Aussi bien est-il tout naturel que ceux qui distribuèrent « l'appel », comme ils disent encore, en aient gardé un souvenir précis... « Moi, nous raconte Jean Chaumeil, j'ai reçu le texte à la mi-juillet. Aussitôt, nous l'avons fait reproduire dans notre imprimerie clandestine de la région Paris-Est. Personnellement, le 14 et le 15 juillet, j'en ai diffusé plus de cinq mille, en plein après-midi, sur le Marché aux Puces de Montreuil. J'ai fait ces distributions en compagnie du camarade Djankov et d'un jeune camarade qui s'appelait François, qui habitait le XIXe et qui a été fusillé plus tard. Oui, à nous trois, nous en avons diffusé cinq mille exemplaires. Je me souviens que ce qui nous a frappés alors, c'était la longueur du texte, le fait que c'était un appel au combat, à la résistance, et l'émotion, l'enthousiasme qu'il a soulevés chez beaucoup de ceux à qui nous le donnions. »

Compte tenu du temps nécessaire à l'acheminement clandestin des paquets d'exemplaires imprimés, le texte de l'appel du 10 juillet est bientôt connu dans toutes les régions de France. Des groupes de passeurs sont organisés afin que les lignes de démarcation entre les diverses zones établies par les autorités occupantes ne soient pas un obstacle à la diffusion. Alors responsable, comme nous le savons, de la section clandestine du PCF d'Armentières, dans le Nord, Louis Chieus nous explique : « Vers le 20 juillet, à moins que ça ne soit dans les tout premiers jours d'août, je ne me souviens pas exactement, nous avons reçu quelques exemplaires de l'appel de Jacques et de Maurice. Un nombre très limité, ça, je m'en souviens bien. C'était un document imprimé qu'il nous fallait ronéoter avant de le distribuer. Ce que nous avons fait... » Même les barbelés des camps où l'armée allemande a entassé les soldats français captifs avant de les envoyer, par longs convois, de l'autre côté du Rhin, n'empêchent pas ce texte de passer. Capturé à Laval, dans la Mayenne, Marcel Cretagne nous dit : « On combattait la politique de collaboration et on encourageait les types à s'évader... C'est alors que nous est parvenu au camp l'appel de Maurice. Je me souviens bien que pour fêter ça, un copain qui avait une belle voix de ténor a chanté *l'Internationale*, le *Ça ira*, le *Gloire au 17*[e]. »

Dans un exposé qu'il fera plus tard des conditions de lutte de cette époque, Victor Joannès pourra donc affirmer : « Dès le mois d'août, l'"appel" était pratiquement répercuté dans toute la France. Comme dirigeant national de la Jeunesse communiste délégué en zone non occupée, nous l'avons fait reproduire et diffuser, dès fin juillet, et nous en avons utilisé l'esprit dans un *Appel à la jeunesse de France*... (Il) a constitué pour tous les patriotes qui l'ont eu en main un élément de confiance, il a fait du parti communiste un pôle d'attraction. Pour tous les militants il a joué un rôle déterminant... »

Une impression confirmée par celui qui sera bientôt le premier représentant du PCF auprès du général de Gaulle à Londres avant de devenir l'un des ministres du gouvernement provisoire d'Alger, par Fernand Grenier qui, au colloque déjà cité d'octobre 1969, à l'Institut Maurice-Thorez, à Paris, devait déclarer : « Lors de mon retour à Saint-Denis, après ma démobilisation, un mois après la sortie de l'Appel, les premiers camarades venus me voir m'en apportèrent un exemplaire, tout froissé d'avoir passé déjà dans beaucoup de mains. L'un des deux camarades était tout fier de me dire qu'il y en avait une centaine qui circulaient ainsi à Saint-Denis d'un foyer à l'autre. Si ce souvenir est encore aujourd'hui vivace en moi, c'est que l'existence même de l'Appel m'avait vraiment frappé. En cette période d'extrême confusion, de découragement général, tous les partis s'étaient effondrés. Cet appel était la preuve palpable qu'une seule force demeurait debout dans la tourmente : le Parti communiste français, qui expliquait les causes de la défaite, situait les responsabilités de la réaction, préconisait l'unité du peuple pour la renaissance de notre pays. »

« Une promenade en bateau sur la Moskova »

Toujours dans son intervention au colloque d'octobre 1969, Fernand Grenier dit également : « On a ergoté sur la date de cet appel ou sur certaines formulations. (...) Certes, nous ne prétendons pas que l'appel de juillet 1940 a fait lever immédiatement des millions de Français décidés à libérer le pays... » De même, Jean Mérot note : « Ce n'était certes pas encore l'appel au combat contre l'envahisseur et ses valets, pour la libération nationale, mais c'en était incontestablement l'annonce. »

Une opinion nuancée mais partagée par Marcel Prenant, professeur à la Sorbonne et ancien chef d'état-major des FTP, dont nous avons déjà cité le témoignage, et qui nous dit : « Des polémiques se sont instaurées entre résistants, dans les années de la Libération, sur le sens exact de ce texte. Les exagérations, de part et d'autre, étant dictées par les préoccupations électorales, débordent notre propos. Compte tenu de la critique historique, on peut conclure que l'appel, s'il ne mentionnait pas l'occupant, attaquait avec une extrême violence son protégé Pétain et préconisait la lutte contre lui par tous les moyens, ce qui ne pouvait manquer de provoquer de dures réactions du protecteur. Par là, et parce qu'il insiste sur les revendications populaires, le texte du 10 juillet doit être regardé comme le premier appel à l'action directe, lancé en France sous l'Occupation. A l'initiative de nombreux responsables régionaux et locaux (comme Charles Tillon dans le Bordelais, Havez en Bretagne, Guingouin dans le Centre), la diffusion de ce document fut renforcée par celle de tracts locaux explicitant l'éventualité de la lutte à reprendre contre le fascisme hitlérien. Pendant ce temps, l'opposition des partis de la démocratie bourgeoise n'avait réuni que quatre-vingts voix sur un total de six cent soixante-six votants, à l'Assemblée de Vichy, avant de disparaître. Et, aux plus sévères censeurs de l'appel du 10 juillet, il faut demander : qui a fait mieux, en France, à ce moment-là ? »

Notons d'ailleurs que, dans son livre *Les FTP*, Charles Tillon, dont on sait les graves différends ultérieurs avec Maurice Thorez et Jacques

Duclos, écrit de son côté : « Au moment où la Collaboration avec Hitler s'installait à Vichy, sous la signature de Maurice Thorez et de Jacques Duclos un appel fut lancé rappelant la première condition nécessaire pour organiser l'opposition de la classe ouvrière au gouvernement de Vichy. (...) Cet appel encore mal dégagé des événements du passé fut répandu avec des difficultés et retards divers. Il eut le mérite d'apporter aux militants, dans toutes les régions, l'affirmation du rôle nécessaire des communistes dans le rassemblement de la classe ouvrière contre la trahison de classe de la bourgeoisie et contre la racaille du vichysme. »

Parmi les témoignages que, sur la période 1938-1941, les collaborateurs du musée de la Résistance de Champigny se sont employés à recueillir, il en est un qui décrit très précisément l'effet que la lecture de l'appel du 10 juillet 1940 fit sur des militants communistes de la banlieue parisienne. Précisément, mais aussi très lyriquement. C'est le témoignage de Lucienne Robin, veuve d'un résistant qui fut déporté dans les camps nazis et qui n'en revint pas. « Il ne faut rien enjoliver de l'époque, dit-elle. Les communistes français ont subi cette période difficile, mais pour eux, elle a duré moins longtemps que pour beaucoup de gens. Vois-tu, dès juillet, nous avons eu des tracts édités par la direction du Parti communiste, l'appel du 10 juillet 1940, de Maurice Thorez et Jacques Duclos... De voir ces noms, ça nous a donné un sursaut d'énergie : “Tu as vu ! Tu as lu !” c'était le regain de vitalité, on voulait se bagarrer. Ah, oui ! C'était formidable et mémorable. Je me vois encore parler de cet événement “sous le manteau”. L'appel du Parti a fait sur nous une impression considérable. Songe donc, tout était désorganisé et la direction qui s'exprime nous trace une voie ! »

Le professeur Prenant parle, plus haut, de « polémiques (...) entre résistants » à propos de l'appel de Thorez et Duclos. En fait, la controverse va durer au fil des décennies. Des historiens y prendront part. Elle rebondira dans les années 1980 et 1990, mais en opposant aussi cette fois des communistes entre eux.

Durant l'année 1980, deux historiens du communisme déjà cités ici, Stéphane Courtois et Philippe Robrieux, mettent le texte en cause. Le premier est nuancé, le second beaucoup moins... Jacques Duclos, écrit Courtois dans *Le PCF dans la guerre*, fait « imprimer et diffuser un tract intitulé *Peuple de France*, et signé Thorez-Duclos, au nom du Comité central du Parti. Ce texte (...) est plus connu sous le nom d'*Appel du 10 juillet*, date présumée de sa rédaction. (...) Nul doute qu'il a été rédigé aux alentours du 15 juillet et distribué à partir de la fin juillet 1940. (...) L'ensemble du texte résonne d'un ton nouveau. Par endroits, il flamboie d'appels à l'indépendance nationale et relève quelques faits qui ne peuvent que gêner l'occupant (...). Ainsi, même si l'*Appel du 10 juillet* repose encore sur une analyse de classe développée depuis septembre 1939, il parait aussi prendre en compte le ressentiment patriotique des Français. La formule frontiste proposée correspond à peu de choses près à celle du Front national que le PCF développera lorsqu'il s'engagera timidement puis à fond contre l'occupant. » En parlant du même texte donc, le second historien, Robrieux, affirme d'emblée, dans le tome I de son *Histoire intérieure du parti communiste*, qu'il fut rédigé à Moscou, transmis à Jacques Duclos, signé Maurice Thorez et Jacques Duclos, diffusé tant bien que mal au cours de l'été 1940. Et il explique : « C'est à Moscou, en effet, à l'heure même où les Allemands entraient à Paris, au cours d'une promenade en bateau effectuée sur la Moskova par Maurice Thorez accompagné de Jeannette Vermeersch et d'André Marty, ainsi que de quelques autres militants français, que fut mis au point, à la demande de la direction du Komintern, le texte d'un appel destiné à fournir une juste ligne politique et idéologique au Parti. Vite dépassé par les événements, le texte transmis à Fried et à Duclos ne pourra être mis au point qu'à la fin de juillet ou fin août. Dans les années d'après guerre, l'idéologie historique du Parti se référera à cet appel des deux dirigeants communistes pour justifier sa politique passée. Intitulé *Peuple de France*, distribué sous forme de tracts, l'Appel reprenait toutes les appréciations de l'Internationale communiste. » Et, en note, Philippe Robrieux ajoute : « Pour dater exactement cet appel, il suffit de dire que se trouvent mentionnés dans le texte en question des hommes désignés comme ministres de Vichy à la date du 10 juillet, alors qu'ils ne furent nommés à leur poste par Pétain qu'à la date du 13 juillet.

« Epouilleurs de mots » et « boueux de l'histoire »

La riposte communiste vient trois ans plus tard, l'été 1983, dans un livre écrit par deux résistants connus : Francis Crémieux, ancien responsable régional (R4) du mouvement Combat, et Jacques Estager, ancien du Front national dans le Nord ayant participé à la direction de la Résistance dans le bassin minier. Paru en août, leur ouvrage s'intitule *Sur le Parti ; 1939-1940*, et, le 13 octobre, il est salué dans *l'Humanité* par un historien membre du Comité central, Roger Martelli. Ce dernier considère, en effet, que ce volume, « autour de deux témoignages clefs, reconstitue minutieusement une chronique détaillée, met en place des faits, clarifie ce qui fut trop souvent obscurci comme à plaisir ».

Riposte, disions-nous... Les deux auteurs ne dissimulent pas, bien au contraire, que répliquer est leur intention. « Trop longtemps, écrivent-ils, les communistes ont laissé sans réponse les explications des “spécialistes”. Ainsi les constructions les plus fantaisistes se sont, au long des années, patinées, noircies. Ces monuments d'imposture n'ont d'historique que le nom. » Et c'est par dizaines que s'alignent les répliques. Exemple : « Les historiens officiels prétendent que le texte ne peut qu'être postérieur au 10 juillet, pour la raison qu'on y trouve des noms de ministres désignés le 13 juillet seulement. L'observation est exacte. Deux paragraphes ont été rajoutés au texte initial déjà entièrement composé le 13 juillet. Ils ont été intercalés entre les paragraphes dénonçant « la constitution de ces messieurs et ils l'ont été le 13 juillet ». Autre exemple : « L'Appel, dès le 20 juillet, circulait, à Paris d'abord, puis suivant le plan en "batteries" de Leblanc, alias Jean Jerôme, dans toute la zone occupée et un peu plus tard au sud de la Loire. Il est regrettable qu'un membre de l'Institut comme M. Jean-Baptiste Duroselle, professeur à la Sorbonne (...) écrive : "On peut penser que l'appel du 10 juillet 1940 a sans doute existé, mais émanait de quelques militants, non du parti lui-même" (*L'Abîme, 1939-1945*, 1983). On sait que M. Duroselle est un spécialiste de l'histoire diplomatique ; mais quand même, écrire d'un texte signé Thorez-Duclos qu'il émanait de quelques militants ! C'est à vous couper le souffle... » Une riposte et des répliques qui se veulent, on le voit, polémiques, et qui interpellent, apostrophent ceux que Crémieux et Estager appellent « les aboyeurs », « les épouilleurs de mots » et « les boueux de l'histoire », non sans préciser : « Le lecteur comprendra que c'est bien leur fête que nous voulons faire aux historiens officiels, comme aux "personnalités de la collaboration" publiant sous pseudonyme. »

Ceux qui sont ainsi visés n'apprécient pas... Et le jour où Martelli salue *Sur le Parti ; 1939-1940* dans *l'Humanité*, dans *Le Monde*, Stéphane Courtois s'épouvante. Avec Crémieux et Estager, écrit-il, « le temps de la polémique n'est pas mort. Nous voilà revenus avec eux au plus beau temps du stalinisme triomphant, lorsque Jdanov régnait en maître ».

L'indignation de Courtois ne semble pas partagée par un de ses jeunes collègues du CNRS, Denis Peschanski, En ce même octobre 1983, ce dernier publie sur dix pages du mensuel *L'Histoire*, un article intitulé *L'Eté 40 du parti communiste français*. L'étude se veut ici d'une sobriété paisible, loin des sommes brouillonnes et des réfutations pointues, même si elle n'exclut pas, pour autant, le sensationnalisme discret qui consiste à présenter comme inédits des témoignages déjà tant de fois recueillis. Mais Peschanski ne cultive-t-il pas ce que les communistes d'alors pourraient ressentir comme un mélange d'hostilité très feutrée et d'imprécision veloutée ? On peut se le demander en lisant d'abord cet intertitre : *Le 10 juillet ou la mi-août ?* et ensuite cette douzaine de lignes : « On peut penser qu'une première ébauche fut rédigée fin mai, début juin, puis envoyée en Belgique. C'est ce texte qu'Angèle Grosvalet, agent de liaison de Maurice Tréand, aurait reçu, en trois morceaux, sur l'appareil radio dont elle avait la responsabilité à Bruxelles. Jacques Duclos connaît la teneur de cette première déclaration avant d'élaborer l'appel. » Résumons : selon Denis Peschanski, le 10 juillet fut, en 1940, exceptionnellement étendu, puisqu'il dura de la « fin mai » à la « mi-août ». Décidément, le jour le plus long n'était pas celui que l'on croyait... Tout comme *l'appel* va de moins en moins être celui que l'on disait...

Pourquoi ? Parce que bientôt la controverse va se déplacer pour rebondir finalement entre les communistes eux-mêmes. Controverse publique se doublant donc d'une querelle interne qui passe d'abord inaperçue. Au début des années 1980, le fameux « Raph » de l'appareil clandestin, en réalité Léon-Raymond Dallidet, frère d'Arthur, achève d'écrire ses mémoires. Homme du secret par excellence, il n'y dit évidemment pas tout ce qu'il sait. Loin de là... Mais ce n'est pas au prétexte de cette rétention de secrets — bien au contraire — que les éditions du PCF lui refusent son manuscrit. Non, c'est plutôt parce qu'il manifeste vis-à-vis de la mémoire de Jacques Duclos une sorte de piété fraternelle que certains jugent anachronique, sinon inappropriée... Notons que, dans son livre, finalement publié à compte d'auteur, ou quasiment, et intitulé *1934-1984 : Voyage d'un communiste*, Raph raconte, d'une part, comment Duclos lui lisait des passages du futur appel alors qu'il le rédigeait et, d'autre part, comment ont été organisées l'impression et la diffusion du texte.

La dé-« mythification »

Une querelle interne inaperçue, disions-nous... Et d'autant moins perceptible que, durant le troisième trimestre 1990, le n°42 des *Cahiers d'Histoire de l'Institut de Recherches marxistes* (l'IRM, ex-Institut Maurice-Thorez) devenus depuis les *Cahiers d'Histoire, revue d'histoire critique* publie, d'une part, un témoignage de Dallidet sur l'*Eté 40 à Paris* et, d'autre part, une étude intitulée *Elaboration de l'« Appel du 10 juillet »* et signée par l'historienne Germaine Willard. Les deux textes s'en tiennent à ce qui a toujours été dit précédemment par les communistes. L'historienne conclut même que les quatre mille mots de Thorez et Duclos constituent « le premier appel à l'action lancé au peuple français ». Ceci juste après avoir assuré que « la polémique sur la datation exacte de l'appel (10 juillet ou plus tard ?) est un faux problème. » En 1990, les *Cahiers d'Histoire* ont un rédacteur en chef qui le restera jusqu'en 1999, l'universitaire Roger Bourderon, lequel ne fait alors part d'aucun désaccord avec Dallidet ou Willard...

Un peu moins de trois ans passent... Durant un week-end de juillet 1993, les 11 et 12, *Le Monde* publie, en tête d'une de ses pages politiques, sur deux colonnes, un article intitulé *L'historien Roger Bourderon dénonce une « mythification »*. Surtitre : *L'attitude des communistes au début de l'Occupation et l'appel du 10 juillet 1940.* Pour l'essentiel, l'article est constitué d'extraits d'un texte de Bourderon publié, précise le quotidien du soir, par « la revue des refondateurs communistes *Futurs* (...) dans son numéro de juillet ». *Le Monde* rappelle aussi les fonctions de l'historien à la tête des *Cahiers* de l'IRM. Selon l'universitaire, qui s'exclamera en conclusion : « Abandonnons sans complexe les mythes », l'« initiative politique » de l'appel ne vient pas de ses signataires mais « du Komintern »... Et Bourderon écrit que, le 22 juin 1940, envoyée par l'Internationale, « une directive au PCF contient la plupart des thèmes du futur appel. Le 3 juillet, dans une lettre à l'Internationale communiste, Duclos annonce un manifeste du parti qui s'en inspirera, et confirme, le 6, sa rédaction. La suite est connue : mis à jour après le vote des pleins pouvoirs à Pétain le 10 juillet, le manifeste commence à être distribué, sous le titre *Peuple de France*, vers le 15 juillet ». Puis l'historien commente le contenu même de l'appel qui, selon lui, « s'il exprime clairement le refus de la servitude et l'objectif de l'indépendance nationale, (...) est prisonnier du rejet de toute participation de la France à la "guerre impérialiste" et — sur ce point en deçà de la directive du 22 juin — ignore l'occupant. Sans doute les militants communistes qui en eurent connaissance (combien furent-ils ?) y puisèrent des raisons d'espérer (...). Mais, ancré dans les analyses de l'automne 1939, aveugle sur l'avenir du conflit, le manifeste, en dépit de quelques phrases vibrantes, n'a en rien le caractère anticipateur du hautain appel du 18 juin, par lequel le général de Gaulle proclame le maintien de la France dans une guerre qu'il annonce lucidement mondiale. » D'ailleurs, selon Roger Bourderon, ce ne fut que trois, quatre ans après parution que fut artificiellement donnée à *Peuple de France* une importance dont il n'était pas question à l'origine. D'abord, affirme-t-il, « pour les directions communistes, à Paris comme au Komintern, le manifeste constitua, non une référence politique de base, mais un texte parmi bien d'autres, circonstanciel au point que *l'Humanité* clandestine ne le mentionne même pas. Il ne commence à sortir de l'ombre qu'en mars 1943, avec un article de Thorez dans la revue *l'Internationale communiste*. A partir de 1944, sa transformation en appel fondateur, légitimant la résistance communiste face au gaullisme, se construit par touches successives, à coup de citations tronquées, sous les plumes de Thorez et de Duclos. Lors du comité central de janvier 1945, Marty consacre sa légende en évoquant sa parution dans un numéro de *l'Humanité* clandestine du 10 juillet 1940, avec des extraits qui en dénaturent le sens. Ainsi naquit "l'appel du 10 juillet". Un fac-similé de ce prétendu numéro parut dans *l'Humanité* du 12 décembre 1947, lorsque, à l'Assemblée nationale, éclata l'affaire de la demande de reparution de *l'Humanité* en 1940, dont la légende noire allait désormais coexister avec la mythification du manifeste de juillet. »

En présentant l'article de Roger Bourderon dans *Futurs, Le Monde* explique que l'universitaire se fonde « sur les archives désormais accessibles à Moscou ». Or, il semble que d'autres membres du PCF n'aient pas la même lecture de ces archives. Ainsi, un peu moins de trois mois plus tard, le 6 octobre 1993, *l'Humanité* publie-t-elle, sur toute une page, un *Point de vue* d'un ancien résistant communiste, lui aussi historien universitaire de surcroît, Jean Suret-Canale. Même s'il ne nomme pas Bourderon, il est clair que la requête en dé-« mythification » présentée par ce dernier auprès du tribunal de l'Histoire n'enchante pas son collègue. Pour Suret-Canale, « le livre de Francis Crémieux et Jacques Estager *Sur le parti, 1939-1945* (...) publié il y a dix ans déjà (...) a fait la lumière sur l'essentiel », et il n'est pas question de « laisser entendre que l'“appel du 10 juillet 1940” serait une imposture. Cet appel, je le distribuais avec d'autres documents lorsque je fus arrêté le 26 septembre 1940 par la police française, pour être livré aux Allemands et condamné par le tribunal militaire allemand ».

Les premières « bouteilles à la mer »

Nous considérons les deux *appels* dont nous venons de parler comme les plus importants parce que ce sont ceux qui, dans l'exaltation comme dans la controverse, ont connu le plus large écho et fait couler le plus d'encre, mais cela ne doit pas faire oublier que des dizaines d'autres *appels* ont aussi été lancés entre l'été et l'hiver 1940... Beaucoup tomberont dans l'oubli. Pourtant, si varié que soit leur ton, c'est de leurs voix additionnées et mêlées que naît la rumeur de colère, le premier murmure rageur qui déjà monte du pays blessé. Marcel Roncayolo évoque « les premiers tracts manuscrits » et les « feuilles dactylographiées, reproduites à la main ou tirées à l'alcool, glissées pendant la nuit dans les boîtes aux lettres » — ils constituent un des principaux actes de naissance de la Résistance française... Dans ses souvenirs de responsable de cette Résistance dans la région lyonnaise, Alban Vistel, même si on peut lui reprocher de négliger un peu les couches populaires, a fort bien dit ce que furent, souvent autour de quelques phrases simplement, les premiers moments d'organisation des inorganisés qui ne rejoignaient pas de Gaulle à Londres et qui ne participaient pas à la vie clandestine du PCF. « Que faire ? écrit Vistel. Dans ces premiers groupes de quatre, cinq, six hommes ou femmes, il y a toujours au moins un intellectuel, parfois même ils appartiennent tous peu ou prou à l'espèce. L'intellectuel analyse, presque toujours il a vocation à l'écriture et à la pédagogie, même s'il n'est pas pédagogue de métier. Alors, un beau jour, on jette sur la table le texte d'une proclamation, on trouvera des machines pour le taper en plusieurs exemplaires, une phrase indiquera au lecteur inconnu que son devoir est de les multiplier à son tour ; pages d'écriture ou dactylographie, le pensum paraîtra léger, car l'on émerge de l'impuissance. Le texte est long, serré, on veut dire trop de choses, l'accent est romantique, n'importe, le journal quotidien est si pauvre et si lâche. La technique viendra plus tard. Tout compte fait, l'on apprendra très vite le style du tract, fait de raccourcis "coups de poing", de clameurs sauvages. L'étonnant est que ça marche. Maison par maison, quartier par quartier, les boîtes aux lettres reçoivent cette mystérieuse provende. Des inconnus recopient cette prose à la main, dissimulant du mieux possible leur écriture, à la machine en toute innocence, ce n'est que plus tard que l'on apprendra qu'on identifie une machine grâce à d'imperceptibles défauts des caractères. Délaissant soins de beauté ou tricot, les femmes apportent aux travaux de copistes un inlassable et sobre dévouement. Sans qu'il soit encore question de mouvements et d'organisations, les premiers groupes de propagande naissent çà et là. (...) Il arriva souvent qu'un homme isolé, seul absolument, rédigeât le premier tract et en fût le seul facteur. Aucun rivage de l'Histoire ne recueillera ces "bouteilles à la mer". (...) C'est ainsi que se réunissent un beau jour quinze ou vingt volontaires, dans une usine que le silence du samedi soir emplit de mystère, dans un vieux hangar délabré, sur un terrain de football un temps déserté, voire dans une grotte creusée dans une colline marneuse et où les paysans du coin abritent leurs chars rompus. »

Lorsqu'ils s'efforcent, eux aussi, de restituer la véritable atmosphère de ces temps premiers de la Résistance, les historiens Henri Michel et Boris Mirkine-Guetzévitch insistent tout autant qu'Alban Vistel sur la façon dont la parole y devenait un acte, le mot un fait et le texte une organisation. « L'opposition à l'ennemi se manifesta d'abord par des plaisanteries, des bons mots, des anecdotes où il apparaissait peu à son avantage et qui circulaient de bouche à oreille. En même temps furent répandus des tracts écrits à la main, des slogans, des prières, de courts récits de faits. Il était toujours recommandé au dernier possesseur de recopier le texte plusieurs fois et de distribuer les copies autour de lui. Presque toujours la chaîne de diffusion fut ainsi la première ébauche d'un mouvement de résistance. »

Aussi bien, en ces mois de 1940 où les initiatives encore non coordonnées ne connaissent aucune règle, remarque-t-on néanmoins que, très souvent, *l'appel* en se répétant devient journal et le *journal* en se répandant devient *mouvement*.

Une procédure de béatification

Mais n'anticipons pas et restons-en aux appels proprement dits. Citons-en une quinzaine, auteurs et textes, en n'oubliant jamais que, même peu entendus en apparence, ils furent beaucoup plus déterminants qu'on ne le pense et dit généralement.

A Brive, en Corrèze, le 17 juin 1940, donc la veille du 18, tandis que s'écoule le flot des réfugiés et que s'approchent les armées allemandes, un simple citoyen serre les dents. Il s'appelle Edmond

Michelet. Il a quarante et un ans. Fils d'épicier devenu agent commercial en produits alimentaires, s'il est connu dans sa ville, c'est comme père de famille nombreuse et comme actif militant des organisations catholiques. Lorsqu'il fera plus tard son portrait, René Cerf-Ferrière emploiera les mots « un chic type... sincère... un homme droit, simple... sa bonhomie... son calme... ». Mais ce 17 juin, Edmond Michelet n'est ni calme ni bonhomme et s'il serre les dents, c'est de colère. Son fils Claude raconte : « Oui, il pleura lorsque les Allemands entrèrent à Paris le 14 juin. Et tout de suite il voulut se battre d'une façon ou d'une autre, par n'importe quel moyen pourvu que son geste servît d'exemple, pourvu qu'il se sentît enfin apaisé par une action de résistance. Aussi, le 17 juin 1940, à l'heure où de Gaulle faisait part à Churchill de son désir de poursuivre la lutte, mon père rédigea-t-il son premier tract. (...) Où mieux que dans Péguy eût-il pu trouver les mots qui correspondissent exactement à son état d'esprit et à la situation présente ? Aidé par un Briviste, marchand de machines à écrire, M. Frédéric Malaure, il polycopia un long passage de *L'Argent* où l'on trouve notamment : “Celui qui ne se rend pas a raison contre celui qui se rend... En temps de guerre celui qui ne se rend pas est mon homme quel qu'il soit, d'où qu'il vienne et quel que soit son parti. Et celui qui rend une place ne sera jamais qu'un salaud, quand même il serait marguillier de sa paroisse...” Quand il fut en possession d'un tas de feuilles, il battit le rappel de ses amis, ceux chez qui il était sûr de trouver une flamme identique à la sienne et qui fréquentaient tous les Equipes Sociales. Vinrent un professeur du lycée, M. Antoine Meyrignac, et quelques ouvriers comme MM. Vidal, Bourdelle, Soulingeas... Lorsque la nuit fut là, ils partirent faire la tournée des boîtes aux lettres. »

A propos de son propre texte, Edmond Michelet devait écrire plus tard : « Ce n'est pas sans émotion que je relis aujourd'hui cette feuille jaunie dont on m'a assuré qu'elle constituait une des toutes premières, et peut-être même la première manifestation écrite de la résistance métropolitaine. (...) Notre tract de juin 1940 rappelait d'abord une exigence morale : “Celui qui se rend est mon ennemi quel qu'il soit, d'où qu'il vienne et quel que soit son parti. Et je le hais d'autant plus et je le méprise d'autant plus que par le jeu des partis politiques il prétendrait s'apparenter à moi.” Ceci nous semblait retomber d'autant plus haut sur les épaules de Vichy que, par une inimaginable imposture, les hommes de la défaite et de la révolution nationale allaient essayer d'accaparer l'homme qui avait proclamé : “Celui qui rend une place ne sera jamais qu'un salaud.” » Par la suite, Edmond Michelet devait être déporté à Dachau. Plus tard, il fut aussi plusieurs fois ministre, notamment des Armées et de la Justice. Après sa mort, en 1970, l'Eglise catholique a engagé en sa faveur une procédure de béatification. Mais c'est à son appel de Brive qu'il dut son titre le plus marquant : « Le gaulliste du 17 juin. »

Passons maintenant, cinq jours plus tard, en Bretagne. Entre Rennes et Brest, le « responsable inter-régional » communiste pour les dix départements de l'Ouest est un militant qui, durant l'été de 1939, avait été chargé de mettre sur pied un embryon d'appareil clandestin : Auguste Havez. Tandis que les Allemands s'installent sur la terre bretonne, Havez et ses camarades, dont Marie Ballanger et Marcel Paul, sentent la nécessité d'une initiative. Aussi Havez rédige-t-il un texte où, après avoir attaqué le capitalisme français, l'impérialisme anglais et le fascisme hitlérien, après avoir prédit la victoire à ceux qui ne désespéraient pas, il conclut : « Pas de répit avant d'avoir bouté les bottes hitlériennes hors de notre pays ! »

L'autre voix qui, en ce même 22 juin 1940, appelle à la Résistance, est également une voix bretonne. Mais ce n'est pas de Bretagne qu'elle s'élève, c'est, à quelques milliers de kilomètres de là, un micro du Moyen-Orient qui la lance sur les ondes. « En juin 1940, écrit Jacques Duquesne, André Colin est à Beyrouth (Liban). C'est un Breton, ancien président de l'Association catholique de la jeunesse française (ACJF). (...) Pour l'heure, il sert dans la marine. Il est lieutenant de vaisseau. Lui non plus ne veut pas accepter la défaite. Il le dit dans une causerie à Radio-Beyrouth, le 22 juin. Cette causerie est un appel à continuer le combat. Et le raisonnement d'André Colin est très proche — bien qu'il n'en sache rien alors — de celui que vient de tenir Charles de Gaulle au micro de Radio Londres : "La France est envahie, dit-il. Des batailles ont été perdues... Mais notre flotte est intacte... De nombreuses divisions sont stationnées sur tous les points de l'Empire français... Dans tout cet Empire, il y a des richesses que l'on peut employer au service de la guerre. (...) Le peuple de France, laborieux, soucieux de mener une existence de travail où soit respectée sa dignité, ne va pas maintenant remettre ses destinées entre les mains de ceux qui font des hommes des esclaves... (...) Notre fidélité et notre foi dans l'Empire assureront la victoire. La bataille de France peut se terminer, il nous reste maintenant à gagner, avec nos alliés, la bataille de l'Empire français !" Cet appel sera à nouveau publié, le 25 juin, dans un quotidien arabe de Beyrouth, *Al Bachir*. C'est, en France, le jour même du cessez-le-feu. »

Le mutin et le général

Revenons maintenant au 23 juin et sur le sol de la nation envahie. Charles Tillon, le futur chef des Francs-tireurs et partisans français (FTPF) puis ministre de l'Air du général de Gaulle, nous explique : « Je me trouvais à Bordeaux depuis le début de novembre 1939 parce que Benoît Frachon m'y avait envoyé, de la même façon qu'il avait expédié Gaston Monmousseau à Marseille. Comme membre du Comité central, je devais essayer de réorganiser le parti communiste dans les départements compris entre La Rochelle et la frontière espagnole. Je me trouvais donc à Bordeaux depuis ce temps-là et on avait, tant bien que mal, réussi à redresser, à ramasser des militants, enfin à reconstituer une organisation clandestine qui, tout de même, de La Rochelle jusqu'à Bayonne et aussi en allant sur le Lot-et-Garonne, fonctionnait, avait ses ramifications, distribuait ses tracts... L'essentiel, pour nous, c'était les problèmes que posait l'approche des Allemands... Que fallait-il faire ? Eh bien, d'abord, lancer un premier tract, qui serait à la fois un cri de protestation et de révolte, un cri qui contiendrait en même temps une certaine espérance... Ce tract a été distribué à quelques milliers d'exemplaires dans Bordeaux. Dès le lendemain, par exemple, des camarades se sont mis d'accord avec des marchands de journaux, dans des kiosques, pour pouvoir encarter cet appel dans des journaux comme *La France* ou *La Petite Gironde*. » Dans son ultérieur livre de souvenirs, *On chantait rouge*, Charles Tillon appellera ce texte, en titre de chapitre : *Le Manifeste de Bordeaux*. Et, au seuil de l'été 1940, les Bordelais purent notamment y lire : « Ils avaient livré à Hitler et à Mussolini l'Espagne, l'Autriche, l'Albanie et la Tchécoslovaquie. Et maintenant, ils livrent la France. Ils ont tout trahi. Après avoir livré les armées du Nord et de l'Est, après avoir livré Paris, ses usines, ses ouvriers, ils jugent pouvoir, avec le concours de Hitler, livrer le pays tout entier au fascisme. Mais le peuple français ne veut pas de l'esclavage, de la misère et du fascisme, pas plus qu'il n'a voulu la guerre des capitalistes (...). Il faut que le peuple entier se dresse : pour l'arrestation immédiate des traîtres ; pour un gouvernement populaire, libérant les travailleurs, rétablissant la légalité du Parti communiste, luttant contre le fascisme hitlérien et les deux cents familles, s'entendant avec l'URSS pour une paix équitable, luttant pour l'indépendance nationale. »

Plusieurs fois, nous avons déjà insisté sur la diversité des *appels* et des hommes qui les lancèrent. Ce n'était ni façon de parler ni simple constatation d'une vérité politique mais constat d'une réalité profonde et même parfois pittoresque. Peut-on trouver hommes plus humainement, plus socialement, plus évidemment différents que le quartier-maître révolté, le mutin de la mer Noire (en 1919), l'ancien des bagnes militaires devenu dirigeant communiste puis exclu par la direction du PCF, Charles Tillon, et le général de tradition, celui qu'Edmond Michelet appelle « le plus conformiste des soldats, l'officier qui ne se pose pas de question », Charles Delestraint ? Voici pourtant que, lorsqu'on s'efforce de dresser une chronologie des appels à la Résistance, le militant révolutionnaire et le soldat obéissant se rencontrent, eux dont un proche avenir va faire les responsables des deux principales formations de la clandestinité en armes puisque, quand Tillon sera à la tête des FTP, Delestraint commandera l'AS (Armée secrète)... Mais laissons son ancien compagnon puis biographe Jean-François Perrette dire comment, trois semaines d'ailleurs après avoir entendu l'appel du général de Gaulle, ce chef de guerre classique choisit de devenir un combattant clandestin : « Après un armistice qui n'était pas le sien, écrit Perrette, le 8 juillet 1940, le général de division du cadre de réserve Charles Delestraint — seul général français qui eût été élevé au grade supérieur pour ses mérites exceptionnels à l'issue de cette désastreuse campagne — fut démobilisé. Avant de quitter ses compagnons de combat, il réunit à Caylus les équipages qui y stationnaient et il leur adressa ces adieux qui, par-dessus chacun d'eux (...) prenaient la signification d'un prochain *au revoir* : "La France s'écroule aujourd'hui dans un désastre effroyable. La veulerie générale en est la cause. Il dépend de nous cependant que la France ne meure pas. De grands soucis, de durs sacrifices, dont nous ne mesurons pas bien encore toute la portée, nous attendent. Allons au-devant de ces nouvelles épreuves avec courage, avec énergie, avec confiance. Si nous conservons la foi dans les destinées de notre pays ; si nous nous comportons en Français et non avec une mentalité de chien battu ou d'esclave ; si nous savons vouloir, la France ressuscitera un jour du calvaire présent. En vous faisant mes adieux, je dis à tous : courage ; je répète à tous : confiance, confiance encore, confiance toujours !" »

S'il est vrai que, pour l'essentiel, une complète déliquescence, un abandon confinant à la trahison, en un mot cette « veulerie générale » dont précisément parle Delestraint reste la caractéristique du comportement des cadres de l'armée française en 1940, et si ne fut pas grande la proportion des officiers de carrière qui choisirent la Résistance, on notera toutefois que le geste du général Charles Delestraint ne fut pas un geste isolé... D'autres textes proches de l'appel lancé par le général de chars à Caylus furent, en ce temps-là, écrits et surtout lus dont les auteurs étaient également des gradés de l'armée française. Un exemple caractéristique est celui du capitaine Noutary qui commandait le 1er bataillon du 7e RIC (infanterie coloniale) et qui, le 3 juillet, adressa à ses subordonnés une note où, après avoir dit : « Les commandants de compagnie feront à leurs hommes des causeries sur le thème suivant », il écrivait : « Les conséquences de notre défaite sont immenses : aussi bien dans le domaine moral que dans le domaine matériel. L'Allemagne veut l'écrasement de la France sans possibilité de relèvement. Or, la France ne veut pas, ne peut pas, ne doit pas périr. Elle a encore de fortes raisons d'espérer. La partie qui continue peut tourner à l'avantage de l'Angleterre, aidée de l'Amérique, et il n'est pas impossible que les forces allemandes connaissent à leur tour les revers des armes. Ce sera notre heure, l'heure du rassemblement des vrais Français pour le choc final, pour la libération de notre patrie. C'est pourquoi, même après la démobilisation, nous devons nous tenir prêts à reprendre les armes. »

Un « petit manuel de dignité »

Profonde différence des hommes, apparente différence des thèmes mais aussi grande différence de ton entre ces textes qui pourtant invitent tous les Français à une même Résistance dont ils marquent la naissance. Ainsi, en ce même mois de juillet 1940, est-ce tout le contraire d'une proclamation que Jean Texcier écrit et va s'employer à faire diffuser. Ce sont des *Conseils à l'Occupé*. Lorsque, après la Libération, leur auteur en publiera, cette fois légalement, le texte sous sa signature, il les accompagnera de ce commentaire : « Ces propos, rédigés en juillet 1940, dans un Paris désert où rentraient furtivement quelques repliés, mal débarbouillés de leurs aventures, encore incertains de leurs devoirs et souriant gauchement à leurs vainqueurs, ont été publiés en brochure et distribués en août 1940. » Il est vrai que Texcier n'est ni un révolutionnaire ni un général. C'est un employé de ministère inscrit au Parti socialiste SFIO... Claude Bellanger, l'un des dirigeants de la Résistance des étudiants, devenu plus tard directeur du *Parisien libéré*, et qui l'a bien connu, nous en a fait ce portrait : « C'est l'Occupation qui a changé Jean Texcier en commentateur politique parce qu'en fait, avant la guerre, il n'était pas journaliste, écrivant seulement des notules sur le music-hall pour la *Nouvelle Revue Française*. Et pourtant, voyez-vous, le personnage et l'attitude de ce fonctionnaire syndicaliste sont, à mon avis, assez caractéristiques des débuts de la littérature et de la presse clandestines. Un homme seul, mais qui tout de suite est sur la brèche. Il a du goût. Il a un style. C'est un homme très libre d'allure et d'esprit. Il n'est pas marié. Il est plutôt artiste. Il a son monde à lui, très secret, mais il a aussi beaucoup d'amis. Face à ce qui arrive, il a non seulement besoin de s'exprimer mais de s'adresser à quelqu'un. La volonté de s'adresser à autrui... »

D'autres amis de Jean Texcier insistent moins sur son caractère individualiste que sur sa vocation militante. En effet, si la rédaction et la diffusion des *Conseils à l'Occupé* entrent dans la catégorie de ce qu'en évoquant la Résistance on a coutume d'appeler, à juste titre, un « acte isolé », l'auteur n'en est pas, pour autant, à l'époque, un solitaire. Il participe souvent aux conversations d'amis qui se retrouvent notamment rue de Vaugirard, dans l'appartement de l'ancien député socialiste de la Martinique, Lagrosillière, et où fréquentent des hommes tels que Paul Colliette, Elie Bloncourt, Jean Biondi, Charles Dumas, Robert Verdier, Gérard Jacquet, etc. Ainsi se nouent et se renouent des liens entre gens qui, plus tard, participeront au mouvement Libération et au Comité d'action socialiste (CAS). L'état d'esprit qui est le leur se retrouve dans les *Conseils à l'Occupé*... C'est un texte assez long si l'on songe aux conditions de l'époque, il se compose de trente-trois paragraphes ou groupes de paragraphes tous numérotés, trente-trois conseils effectivement. Citons-en quelques-uns... Le troisième conseil dit : « Tu ne sais pas leur langue, ou tu l'as oubliée. Si l'un d'eux t'adresse la parole en allemand, fais un signe d'impuissance et, sans remords, poursuis ton chemin. » Le quatrième : « S'il te questionne en français, ne te crois pas tenu de le mettre toi-même sur la voie en lui faisant un brin de conduite. Ce n'est pas un compagnon de route. » Le cinquième : « Si au café ou au restaurant, il tente la conversation, fais-lui comprendre poliment que ce qu'il va te dire ne t'intéresse pas. » Le neuvième : « Ton marchand de bretelles a cru bon d'inscrire sur sa boutique : "Man Spricht Deutsch" ; va chez le voisin, même s'il paraît ignorer la langue de Goethe. » Le vingtième : « Il est interdit de lacérer leurs affiches. Aussi te gardes-tu de les frôler — même par temps de pluie. Pourquoi diable leur saint Vincent de Paul en uniforme a-t-il donc tant de mal à garder sa figure ? » Le vingt et unième : « Etale une belle indifférence ; mais entretiens secrètement ta colère. Elle pourra servir. » Le vingt-troisième : « L'aigle allemand marche pompeusement et c'est le pas de l'oie. Partant en guerre contre l'Angleterre, il chante avec ostentation. Et c'est peut-être le chant du cygne. » Le trentième : « Tu grognes parce qu'ils t'obligent à être rentré à vingt-trois heures précises. Innocent, tu n'as pas compris que c'est pour te permettre d'écouter la radio anglaise ? »... Enfin, les deux derniers *conseils*. Le trente-deuxième : « En prévision des gaz, on t'a fait suer sous un groin de caoutchouc et pleurer dans des chambres d'épreuves. Tu souris maintenant de ces précautions. Tu es satisfait d'avoir sauvé tes poumons. Sauras-tu maintenant préserver ton cœur et ton cerveau ? Ne vois-tu pas qu'ils ont réussi à vicier l'atmosphère que tu respires, à polluer les sources auxquelles tu crois pouvoir encore te désaltérer, à dénaturer le sens des mots dont tu prétends encore te servir ? Voici venue l'heure de la véritable *défense passive*. Surveille tes barrages contre leur radio et leurs traîtres. Surveille tes blindages contre la peur et les résignations faciles. Surveille-toi. Civil, mon frère, ajuste avec soin ton beau masque de réfractaire. » Et le trente-troisième : « Inutile d'envoyer tes amis acheter ces *Conseils* chez le libraire. Sans doute n'en possèdes-tu qu'un exemplaire et tiens-tu à le conserver. Alors, fais-en des copies que des amis copieront à leur tour. Bonne occupation pour des occupés. »

Effectivement recopié et multiplié par ses lecteurs, ce « petit manuel de dignité », comme son auteur lui-même devait l'appeler plus tard, connut assez vite un vaste et vif écho bientôt amplifié par la radio de Londres. Une des toutes premières résistantes, Agnès Humbert, que nous avons déjà citée, écrit dans son journal intime à la date du 18 août 1940 : « Est-ce une idée ? J'ai trouvé Jean Cassou beaucoup moins affaissé que la semaine dernière. J'ai reconnu le Jean Cassou de 36. Hier, Madeleine Le Verrier m'a prêté un tract qu'on vient de lui donner, je l'ai recopié. Cassou l'avait déjà vu en plusieurs endroits. Les rédacteurs de ces *Trente-trois conseils à l'occupé*, sauront-ils jamais ce qu'ils ont fait pour nous et sans doute pour des milliers d'autres ? L'étincelle dans la nuit... » Autre témoin, le journaliste soviétique Vassili Soukhomline qui, connaissant fort bien notre pays et accrédité à Paris par plusieurs journaux de Moscou, fut, du printemps 1940 au printemps 1941, un fidèle observateur de l'évolution de l'opinion publique française. Or Soukhomline écrit dans *Les Hitlériens à Paris* : « Les Allemands sont entrés dans la capitale sans qu'ait été tiré le moindre coup de fusil. Dès le mois de juin, les indices de l'esprit de révolte ont commencé à se manifester : çà et là, dans les couloirs du métro, sur les murs des maisons, des papillons proclamaient : Mort aux boches ! Au mois d'août, mon ami le pharmacien m'a passé le premier tract tapé à la machine, intitulé *Trente-trois conseils à l'occupé...* »

« Sommes-nous assez conscients de nos poètes ? »

Du goût ; un style ; très libre d'allure et d'esprit ; son monde à lui, très secret, mais aussi beaucoup d'amis — la description que Claude Bellanger nous a faite de Jean Texcier pourrait, en grande partie, être aussi celle d'un autre auteur d'appel, d'un autre de ces hommes qui, dès juillet 1940, n'hésitaient pas à prêcher publiquement le refus... D'ailleurs, à cette époque, Max-Pol Fouchet est également fonctionnaire et également socialiste : chargé de cours à l'université de la Médersa après avoir été conservateur-adjoint du musée national des Beaux-Arts d'Alger, il a, en 1930, à dix-sept ans, été le fondateur de la Fédération des Jeunesses socialistes d'Algérie. Surviennent la guerre et la défaite. Alors, écrit son biographe Jean Queval, « Max-Pol et trois de ses amis forment le projet de gagner Gibraltar en barque et de rejoindre les Anglais. (...) Mais le projet d'évasion de Max-Pol échoue. (...) Jeanne et Max-Pol Fouchet fabriquent de petits tracts, des papillons dactylographiés, qu'ils vont coller la nuit dans les escaliers de la ville : “Français, pour *gagner* leur régime, vos généraux ont *perdu* la France !” » Ces « papillons » ne sont toutefois que le brouillon d'un texte plus complet. En effet, depuis l'année précédente, le poète de vingt-sept ans Max-Pol Fouchet est aussi le directeur — et, tant bien que mal, l'éditeur — d'une revue encore très peu connue mais qui ne tardera pas à jouer un rôle important dans l'expression littéraire de la Résistance. Cette revue, il l'a intitulée *Fontaine*. Et, ajoute Jean Queval, « Fouchet pressent qu'elle pourrait être un instrument au service de la patrie et de la liberté. Parmi les pins de la forêt de Sidi-Ferruch, où, deux ans plus tard, débarqueront les Américains, il écrit (au début de juillet) l'éditorial du numéro 10 de *Fontaine*, intitulé *Nous ne sommes pas vaincus*. (...) Les censeurs laissent imprimer *Fontaine* (...). L'éditorial est, certes, abrégé de quelques coups de ciseaux, mais la revue est mise en vente, expédiée aux abonnés, aux écrivains de la métropole. Quand les fonctionnaires de la censure (sans doute alertés par le gouvernement de Vichy) s'apercevront de leur inadvertance, il sera trop tard. On ne saisira qu'une trentaine d'exemplaires. »

Que dit le texte intitulé *Nous ne sommes pas vaincus* ? Les phrases clefs en sont : « La France, vaincue, n'a d'yeux que pour sa défaite. Cette défaite, fortifiée par un certain goût du fatal, en vient à tout oblitérer et, particulièrement, à voiler, enténébrer une victoire intellectuelle qui, non seulement demeure, mais encore se poursuit. Nous ne sommes vaincus qu'au militaire. Mais, au spirituel, nous sommes toujours victorieux (...). La victoire française est de pouvoir répondre par quelques noms. Sommes-nous assez conscients de nos poètes ? (...) Que chacun, dans son ordre, recense les siens. Les noms lui viendront aux lèvres si nombreux qu'il reprendra courage et foi. (...) A l'heure où la confusion des plans atteint une abusive puissance, la France, pour être digne de sa mission, se doit de rétablir la vraie hiérarchie. Ce qui fait sa pure grandeur n'est pas vaincu et ne saurait l'être que si (...) elle en venait à se renier, à rejeter ce "diadème éblouissant et clair" de son front blessé, à se méconnaître encore et à méconnaître la relativité des faits historiques. Ici, qu'on le sache, nous travaillons, de tout notre amour, à la permanence de son intouchable triomphe, avec la conviction que les victoires ou les défaites des peuples se mesurent à la seule échelle des civilisations. »

Juillet 1940 s'achève... Voici août. Dans la France vaincue, le mois du soleil écrasant est aussi celui du silence. Certes, c'est le temps de la diffusion, le temps où sont distribués et lus les appels dont nous venons de citer les textes. Certes, tandis que le général de Gaulle recense ses premiers partisans, le parti communiste organise les Comités populaires et des vétérans de la clandestinité antifasciste unissent leur volonté patriotique d'apatrides sous l'égide de la MOI (Main-d'œuvre immigrée) tandis que des néophytes du renseignement, premiers envoyés du BCRA (Bureau central de renseignement et d'action) de Londres, se glissent sur les plages nocturnes. Certes, des réseaux d'évasion se créent aux frontières comme aux lignes de démarcation inter-zones tandis que cherchent à se revoir, à se retrouver, à renouer les fils quelques militants d'un parti socialiste SFIO pulvérisé. Certes, le capitaine du 2e Bureau Henri Frenay et le « travailleur intellectuel » Maxime Blocq-Mascart sèment les premières graines d'où naîtront plus tard des mouvements de taille nationale comme Combat et l'OCM (Organisation civile et militaire). Toutefois, il est vrai que, dans le silence d'août, il faut attendre septembre pour que s'élève à nouveau une voix, pour que paraisse à nouveau un texte comparable à ceux que nous venons de connaître en juin et en juillet. Et, de même que, précédemment, fidèles à la variété de l'inventaire chronologique, nous avons vu un général succéder à un révolutionnaire et un « artiste » suivre le général, de même, c'est maintenant un autre général qui, le 6 septembre 1940, prend le relais du poète.

Un général étonnant, ce général d'aviation Gabriel Cochet. Tout à la fois parfaitement conforme à l'image classique de l'officier de tradition et, simultanément, capable de foucades très lucides, d'initiatives dont l'héroïsme peut sembler picaresque alors que la démarche touche à l'essentiel. Aussi bien, l'appel lancé le 6 septembre 1940 par le général Cochet n'est-il pas séparable de toute une suite d'attitudes et de toute une évolution... Lorsque, après la Libération, en 1945, ont été publiés *Les Appels à la Résistance lancés par le général Cochet (1940-1941)*, Jean Nocher a rappelé dans sa préface quelques traits marquants de la personnalité de l'auteur. Nous y apprenons, par exemple, que, dès le 18 mars 1935, Gabriel Cochet écrivait dans le journal *L'Ordre* : « Il faut choisir : grouper nos forces, toutes nos forces, toutes nos énergies pour résister à l'avalanche teutonique, ou bien se résigner à mourir, à finir misérablement dans la honte et le déshonneur, écrasés par les hordes barbares. On frémit en pensant que dans quelques années, nos fils pourraient être contraints de servir le drapeau à croix gammée et de crier : Heil Hitler ! » Et Nocher écrit plus loin : « Aucune épreuve ne devait faire fléchir cette volonté de "résistance" dont le général Cochet fut pour nous, combattants de l'intérieur, l'exemple vivant. Jamais ce chef, qui était en même temps pour nous un ami, ne cessa de combattre : à l'armistice même, il avait prolongé la lutte à la tête de ses hommes dans ces monts du Velay qui furent par la suite un des berceaux de nos corps francs, et son premier acte de résistance, il le fit deux heures après que Pétain eut annoncé qu'il venait de demander l'armistice. Réunissant alors son personnel, il expose, la rage au cœur et des sanglots dans la voix, l'essentiel de ce qu'il devait écrire le 6 septembre. Posant comme un axiome la nécessité de résister à l'ennemi, il ajoute : "Il va falloir apprendre à dissimuler." Les événements des années suivantes allaient montrer que cette recommandation n'était pas vaine. Quelques jours après, il commençait sa propagande contre l'ennemi et constituait ses premiers dépôts d'armes, malgré les ordres formels du commandement français de livrer celles-ci à l'ennemi. Puis il fait des réunions, au Puy dès juillet, et ailleurs, (...) et crée ses premiers groupes de combat dans l'Ardèche, en Provence et en Languedoc, dans le Cantal, le Rhône, le Puy-de-Dôme et la Loire. En même temps, il lance la propagande parlée, suivie bientôt de ces appels qui sont les ancêtres des journaux clandestins. En janvier 1941, il accentue son action par écrits et par conférences, en dépit des menaces d'arrestation venues du ministère de l'Information et du ministère de l'Air. Arrêté le 21 juin 1941, emprisonné à Vals, il reprend son activité dès sa libération mais cette fois sous une forme entièrement clandestine. En septembre 1942, il est trahi : on capture un de ses dépôts d'armes. Il est incarcéré et, tandis qu'on enquête en vue de le traduire devant le Tribunal militaire, connaît à nouveau Vals. Il songe tout de suite à l'évasion et la prépare. Le 11 novembre, Hitler envahit la zone sud. Le général Cochet sait ce qui l'attend. Le 26 novembre, il s'évade en descendant du quatrième étage par une corde, après avoir scié ses barreaux. Il se réfugie, non sans humour, à Vichy même, puis passe en Espagne afin de rejoindre l'Angleterre. Il est arrêté à nouveau et s'évade encore. Enfin, en 1943, il peut prendre contact avec le général de Gaulle. Il forme alors à Londres l'état-major français destiné à préparer le rôle qui sera tenu, à la Libération, par le général Kœnig et par lui-même. »

Les appels du général Cochet

Si ce résumé biographique permet d'entrevoir les facettes diverses du personnage, il ne répond pas aux deux questions que, pourtant, l'on se pose immédiatement à son sujet : pourquoi, d'emblée, cette résolution de résister ? Pourquoi la bravade qui consistait à signer les « appels » alors même que leur auteur n'était pas clandestin ? A ces questions, Gabriel Cochet a répondu dans le témoignage qu'il a donné à Henri Noguères pour son *Histoire de la Résistance en France*. « Dès juin 1940, y dit-il d'abord, je savais que la seule attitude possible était de résister car je connaissais bien les Allemands. Ayant été chef du 2e Bureau, les renseignements que j'avais alors recueillis ne me laissaient aucun doute sur leurs intentions... » Et plus loin : « Comme une amie s'étonnait devant moi de l'audace qui consistait à signer mes appels, je lui fis remarquer que je me débrouillais toujours pour donner, au passage, un coup d'encensoir au maréchal Pétain. Et c'est ainsi que j'ai pu être le premier à traiter Brinon de traître. D'autre part, je m'en tenais à un principe du 2e Bureau : dès l'instant que deux personnes sont au courant, autant que la chose soit publique. (...) Dès lors, pourquoi ne pas les signer ? »

Comparé aux autres textes de l'époque, ce qu'écrit le général Cochet est d'une clarté peu commune. Son appel du 6 septembre 1940 est divisé en trois parties qui s'intitulent respectivement : *Veiller, Résister* et *S'unir.* Dans la première de ces parties, Cochet s'emploie à éclairer la manœuvre de Hitler qui consiste à « temporiser, jouer au cœur tendre, prôner l'entente franco-allemande pour la construction d'une Europe nouvelle » alors même que son seul but est « la domination pure et simple de la France par l'Allemagne, après lui avoir fait adopter les conceptions nazies et l'ordre hitlérien, après l'avoir germanisée ».

Dans une telle situation, la deuxième partie de l'appel proclame qu'il faut « veiller à ne pas laisser le peuple français s'abandonner à la volonté du vainqueur et accepter l'asservissement » et qu'il convient donc de « lui faire comprendre (...) que la force matérielle naît, un jour ou l'autre, de la force morale, comme la volonté de résister crée finalement, d'une manière ou d'une autre, les moyens de résistance ».

Enfin, dans la dernière partie de son appel, le général Cochet insiste sur l'importance qu'il y a à ce que ceux qui veulent résister soient étroitement unis. « Cette unanimité, dit-il, peut et doit s'obtenir : sur un but commun, si lointain puisse-t-il actuellement paraître : rétablir la France dans son intégrité et son indépendance ; sur une règle commune de conduite : ne plus considérer comme adversaire tout Français d'opinion opposée s'il fait sien ce but et admet, pour l'atteindre, l'union des Français de toute classe, de toute opinion. Se montrer tolérant. En résumé, un seul ennemi : le Boche et, avec lui, tous ceux qui l'aident ou l'appellent. »

Caractéristiques à plus d'un titre, l'appel ou plutôt *les* appels du général Cochet — puisqu'il écrivit à l'époque de très nombreuses pages, dont notamment le texte du 21 janvier 1941 où il insistait à nouveau sur la nécessité de l'union des résistants — le sont aussi par leurs conséquences. Si limité qu'il soit, l'écho qu'ils rencontrent confirme ce que nous avons déjà constaté de la façon dont il suffit alors d'un mot, d'une phrase, pour que des inorganisés s'organisent, pour que des hésitants songent à agir. « Pour moi, dira plus tard Serge Asher, le futur colonel Ravanel à la tête des FFI de la région toulousaine, les premières activités de Résistance remontent au début de 1941 avec la distribution clandestine de bulletins ronéotypés rédigés par le général Cochet... » Mais le ressort de l'étonnant général s'explique peut-être tout simplement par cette remarque que l'historien Jacques Semelin fait à son propos : « Il emploie le mot “résistance” dans un sens d'abord moral » ?

Toujours est-il qu'abondent les traces de l'influence qu'eut alors Gabriel Cochet... Autre exemple, qui vient d'Alban Vistel, déjà cité... C'est en s'efforçant d'esquisser un panorama du morcellement des initiatives fin 1940 et début 1941 que ce résistant lyonnais est amené à écrire : « Dans l'Ardèche, un instituteur, Jean Beaussier, un ingénieur des ponts et chaussées, P. Fournier, tous deux militants socialistes, reçoivent des tracts assez étonnants. Ils empruntent la forme épistolaire et sont signés : général Cochet. Nos deux hommes les reproduisent, les font circuler, convoquent des amis à une réunion de conspirateurs le 13 octobre 1940 à Bourg-Saint-Andéol. D'autres réunions suivent à Viviers, Aubenas. Lorsque le député Edouard Froment vient regrouper la famille socialiste, il n'a pas à convaincre qu'il faut combattre le nazisme, refaire la république ».

Enfin, c'est à propos d'un milieu on ne peut plus différent, puisque nous passons des militants SFIO de la montagne ardéchoise aux officiers de la Légion étrangère alors cantonnés sur la Côte d'Azur, que Conrad Flavian note : « Nous partîmes pour Cannes. Il pleuvait. Nous rencontrâmes l'officier aviateur dans un petit café, en face de la gare. On me montra des tracts signés “général Cochet”. Le contenu se résumait ainsi : résistance aux Allemands, résistance à Vichy et assurer une liaison étroite avec Londres. (...) J'acceptai et l'on me confia immédiatement une mission. Il s'agissait de contacter les éléments anciens combattants de la Légion étrangère, en commençant, évidemment, par ceux qui avaient servi sous mes ordres et qui se trouvaient être assez nombreux sur la côte. Et c'est ainsi que, dans un petit café de Cannes, par un jour pluvieux d'octobre 1940, sans savoir grand-chose, sans poser de question, mais avec un grand élan d'espoir, je suis redevenu un soldat de France. »

« L'aspirateur hitlérien vide le pays en moins de rien »

Revenons à Paris, en septembre 1940... C'est aux premiers jours de l'automne, le 20 exactement, qu'un professeur d'histoire au lycée Buffon, Raymond Burgard, demande à trois de ses amis de le rencontrer chez un quatrième. Le petit commerçant Jules Ballaz, l'agent d'assurances Paulin Bertrand et l'instituteur André Vellay sont exacts au rendez-vous chez l'employé de banque Alcide Morel, au numéro 12 de la rue Gramme, non loin de la place du Commerce, dans le XVe arrondissement de Paris. Ils ne sont que cinq mais de leur rencontre naîtront bientôt un groupe et un journal clandestin qui porteront l'un et l'autre le nom de *Valmy*, nom choisi, rapporte Morel, parce que le soir de cette première réunion, « c'était le jour anniversaire de la victoire républicaine de 1792 »... Ce 20 septembre, pourtant, ils n'en sont pas encore là. Ils n'en sont qu'au début de leur action. Le début, c'est-à-dire la décision de créer « autour d'eux des petits groupes analogues » et surtout la rédaction de phrases, de slogans qu'ils écrivent sur des papillons de papier et qu'ils commenceront à coller sur des murs de Paris. Vellay cite deux de ces inscriptions certes fugitives mais que bientôt répercutera Radio-Londres : « Un seul ennemi, l'envahisseur » et « L'aspirateur hitlérien vide le pays en moins de rien »... L'initiateur de la réunion et le principal auteur des slogans, Raymond Burgard, était avant la guerre un collaborateur du journal catholique de gauche *La Jeune République*. Les Allemands devaient l'arrêter le 2 avril 1942. Pour protester contre cette arrestation, les lycéens de Buffon, bientôt suivis par des élèves, garçons et filles, venus d'autres établissements, manifestent le 16 avril dans la cour du lycée. La police charge brutalement. Le 15 juin 1944, c'est décapité à la hache par le bourreau de la prison de Cologne que meurt Raymond Burgard...

Deux fois déjà, depuis que nous avons commencé à évoquer le temps des appels, la saison des premiers mots et des premiers actes, nous avons fait allusion au rôle joué à cette époque par des membres du Parti socialiste SFIO... Détails intéressants, mais évidemment trop limités car une allusion marginale et un exemple isolé ne sauraient suffire lorsqu'il s'agit d'un parti politique qui restait le plus important de France à la veille de la guerre et qui avait joué un — sinon *le* — rôle décisif dans la vie politique de notre pays durant toutes les années 1930. Pourtant, la question se pose : le Parti socialiste SFIO lança-t-il un appel à la Résistance en 1940 ? En tant que parti, un appel émanant de la direction du parti — la réalité répond non. Toutefois il faut ajouter aussitôt à cette réponse négative qu'en octobre 1940 paraissait un texte intitulé *Le socialisme continue* et dont l'auteur, alors anonyme, était un dirigeant important du parti de Léon Blum, Jean Lebas. A l'époque, Lebas était surtout connu comme ancien ministre du Travail sous le Front populaire et l'on savait beaucoup moins qu'il avait droit au titre assez rare de résistant de la guerre de 1914... « Maire de Roubaix depuis 1912, a raconté son ami Jean Piat à Henri Noguères, Jean Lebas avait tenu tête, le 7 mars 1915, au chef de la Kommandantur qui offrait de livrer du sel à la ville en échange de la liste des jeunes gens de dix-huit et dix-neuf ans. Arrêté, mis au secret, déporté, il avait connu le sévère régime de la forteresse de Rastatt jusqu'à son échange, en janvier 1916, contre des personnalités allemandes... » A l'automne 1940, le texte de Lebas constituait l'essentiel du premier numéro d'un journal clandestin intitulé *L'Homme libre, bulletin d'informations ouvrières*.

Ces lignes que Lebas a écrites et publiées avec l'aide d'un de ses camarades, Albert Van Wolput, agissant alors sous le pseudonyme de Bosmans, sont d'abord marquées par le souci de savoir si le parti socialiste SFIO va pouvoir, en tant que tel, survivre à l'épreuve. Sous ce titre *Le Socialisme continue*, « Ce n'est pas la première fois qu'on l'enterre ! écrit Jean Lebas. Après les 35 000 victimes de la Commune ; après les milliers d'années de bagne infligées à des milliers de citoyens français, Thiers s'écriait : “Le socialisme est mort.” Quelques années plus tard, le Parlement comptait des députés socialistes dont le nombre n'a fait qu'augmenter. Le pays avait compris que le socialisme ne pouvait pas mourir. Aujourd'hui, alors que notre grand parti n'est pas dissous comme le souhaitent nos adversaires, on annonce sa mort définitive en le chargeant de tous les crimes et de la responsabilité du désastre qui n'est que le résultat de la trahison de ceux qui ont toujours lutté contre son action pour l'émancipation du peuple. » Et Jean Lebas réaffirme : « Mais oui, camarades, le Socialisme continuera et montrera que la défaite était voulue par ses adversaires qui n'ont trouvé que la trahison devant l'ennemi pour arrêter le flot démocratique qui dévalait dans le pays, pour le grand bien de tous. Nous comprenons bien l'écœurement actuel des travailleurs, mais nous leur disons de ne pas s'abandonner au dégoût. C'est ce que souhaite la Réaction ; il faut se raidir contre ce découragement puisque ce n'est qu'un recul momentané. Qu'importe la conduite inexplicable de certains ! Est-ce que l'histoire ouvrière n'a pas toujours connu ses profiteurs ? (...) Il faut considérer le moment actuel comme un accident ; il est très grave, certes, mais la machine est vivante, puisque les militants sont là, prêts à l'action. Répétez-le, criez-le : le socialisme continue ! »

Après avoir ainsi proclamé la permanence de l'organisation et la nécessité de continuer l'action, l'auteur examine quel peut être le but de cette action. Ce sera un but « forcément limité, en raison de l'Occupation ». Il sera « limité, pour l'instant, à alerter nos amis afin qu'ils colportent des mots d'ordre, des raisons d'espérer, pour qu'ils ne prennent pas pour argent comptant les "bobards" des journaux stipendiés ou enchaînés par des forces de réaction ». Cependant, ce ne peut être tout et l'appel se conclut par ces quelques phrases : « Notre but, c'est de provoquer une cour suprême de justice qui ne jugera pas par ordre, qui ne jugera pas les idéologies et les religions. Nous mettrons en accusation la grosse industrie et l'état-major ! Leurs chefs ne se recrutent tout de même pas dans la classe ouvrière que l'on veut rendre responsable. La lutte des classes est terminée, dit-on. Elle ne s'est jamais faite autant que devant l'ennemi. (...) Les traîtres sont en haut. »

Les « Poignées de vérités » d'Hubert Beuve-Méry

Si nous poursuivons notre échantillonnage chronologique des appels à la Résistance lancés en 1940 entre le printemps et l'hiver, nous restons au mois d'octobre mais nous quittons le Nord, la zone occupée, la zone interdite, pour la ville de Lyon et la zone que l'on dit « libre ». Amenés par le cyclone démographique de l'exode, lâchés en passant par les folies administratives de la démobilisation, venus d'eux-mêmes parce que de l'autre côté de la « ligne de démarcation » ils ont constaté qu'ils étaient allergiques à la présence allemande, fuyant déjà la police et donc les rues de Paris où ils sont trop connus pour ne pas être immédiatement reconnus, un grand nombre d'écrivains, d'hommes politiques, de journalistes, de personnalités, ont refusé, cet automne, la capitale-ersatz de Vichy et lui ont préféré un séjour lyonnais qui, pour certains, va se prolonger. Dans une atmosphère qui, durant quelques mois tout au moins, demeurera celle d'inquiétantes grandes vacances, ils vont, même sans le vouloir et en cajolant un peu parfois leur désarroi, établir sur les bords du Rhône d'éphémères coulisses de la Chambre des députés et d'illusoires couloirs du Quai d'Orsay, des Montparnasse provisoires, tout un microcosme pétillant d'idées généreuses, débordant d'utopies pratiques mais où, par-delà illusions et apparences, vont germer puis naître quelques-unes des racines les plus solides de la Résistance.

Parmi ces Lyonnais d'occasion, le futur fondateur et longtemps directeur du journal *Le Monde*, Hubert Beuve-Méry... Un Beuve-Méry qui, dix ans plus tard, écrira : « Comment employer les loisirs forcés d'un journaliste parisien démobilisé en zone sud ? Ainsi naquirent les *Poignées de vérités*, diffusées chaque jour avec des moyens rudimentaires et, à l'époque, sans péril excessif. La première de ces feuilles était un manifeste et un appel. » Citons quelques extraits de cet appel... « Nous n'aspirons pas à de sanglantes et ruineuses revanches, dit Beuve-Méry. Nous acceptons de porter le poids d'une défaite méritée. Mais nous ne voulons pas d'une France sans corps, réduite au parfum du vase vide. Nous ne voulons pas même d'une France mutilée qui n'aurait plus un corps à la mesure de son âme. (...) Nous voulons que les mots reprennent un sens et que le mensonge cesse d'être la loi. Nous ne voulons plus être "dignes" mais "fiers", surtout dans le malheur. Nous voulons la responsabilité des chefs et le loyalisme des subordonnés. Nous voulons que tous, ouvriers, paysans, employés, commerçants, membres des professions libérales, fonctionnaires, puissent devenir des hommes vivants et forts dans une communauté vivante et forte. Nous savons que les temps à venir seront durs pour tous, terribles pour beaucoup, que l'immense marée de souffrances n'a pas cessé de monter. Nous savons que nul, homme ou groupe, n'atteint jamais son idéal. Mais à toutes tentatives dirigées contre cet idéal, nous jurons d'opposer la résistance passionnée de nos âmes et, s'il faut, le sacrifice de nos corps. » Dans le commentaire ultérieur de ce texte que nous avons déjà mentionné, son auteur craint que, lu avec le recul du temps, il ne paraisse « d'un style un peu emphatique ou témoigne d'enthousiasmes bien naïfs ». En fait, ni plus ni moins que les autres à la même époque. Le constater suffit et il est plus important de se demander si, en lançant ainsi « un manifeste et un appel », Hubert Beuve-Méry agissait en homme seul ou s'il se faisait l'écho, voire le porte-parole, d'un groupe en train de s'organiser, d'un mouvement déjà naissant ou, pour employer une expression qui sera bientôt à la mode dans les milieux résistants, d'une famille spirituelle... En vérité, l'un et l'autre.

D'une part, en effet, personne n'a mandaté Hubert Beuve-Méry mais, d'autre part, la plupart de ses amis d'alors sont des catholiques de gauche, de jeunes démocrates-chrétiens et lui-même se tient dans l'entourage de Stanislas Fumet avec lequel il collabore à un hebdomadaire intitulé *Temps nouveau* et participe même à la rédaction d'articles collectivement signés du pseudonyme Sirius. Celui-là même qu'il rendra plus tard célèbre en l'utilisant à la une du *Monde*... Des amis dont la tendance à se regrouper est parfaitement significative de l'époque. Car, déjà, l'évolution décisive est amorcée : le mouvement va croissant dont les deux traits principaux paraissent contradictoires puisque l'isolement des hommes et des organisations est alors inséparable de la multiplicité des initiatives concourant déjà toutes au même but...

Aussi est-ce seulement pour rendre encore plus perceptibles les contrastes et les nuances de cette diversité que nous choisirons, en cette fin d'éventail, deux derniers textes parmi les appels de décembre.

Deux textes et donc deux hommes : Jacques Arthuys et Boris Vildé. Signe des temps, mais signe capital, on remarquera que lorsque l'un et l'autre écrivent et publient leurs appels, ils sont déjà profondément engagés dans l'action, déjà les chefs de groupes de Résistance importants et structurés : pour Arthuys, « le groupe de la rue de Logelbach » d'où va bientôt naître un des principaux mouvements, l'OCM (Organisation civile et militaire) et, pour Vildé, l'héroïque et presque légendaire organisation dite du musée de l'Homme.

Le groupe de la rue de Logelbach commence, dans l'hiver 1940-1941, la publication clandestine de *Lettres aux Français*. En décembre, l'appel de Jacques Arthuys, c'est la première de ces lettres. Celle qu'il rédige lui-même. On peut notamment y lire : « Si tout est compromis, même l'honneur, rien n'est perdu... Sont indignes du nom de Français ceux qui, sous couleur de détester les erreurs passées, se jettent aux pieds du vainqueur. Ce sont des lâches... Nous nous refusons à appeler le joug étranger "collaboration"... Si une collaboration entre l'Allemagne et nous est possible et nécessaire, elle ne le sera que dans la mesure où nous serons librement nous-mêmes et les Allemands eux-mêmes... Il faut que la puissance nazie soit détruite et que, dans cette destruction, la France ait sa large part afin que la libération soit faite dans l'honneur. (...) Nous ne sommes pas neutres... Français, nous vous appelons à un grand devoir raisonné... N'ayez plus qu'une passion dans le cœur : libérer la France. Rassemblez-vous, forces de la Libération ! » L'auteur de ces lignes sera arrêté par les policiers allemands le 22 décembre 1941. Déporté, il mourra en Allemagne à une date qui n'a pu être déterminée, en juillet ou en septembre 1943...

« Résister ! C'est le cri qui sort de votre cœur... »

Le dernier des appels que nous voulons citer est étonnamment symbolique et extraordinairement prémonitoire, ne serait-ce que par son titre. En effet, Boris Vildé intitule *Résistance* le journal clandestin dont il fait publier, le 15 décembre 1940, le premier numéro et qui porte en sous-titre *Bulletin officiel du Comité national de salut public*. Il en a lui-même rédigé le texte dont voici les principaux extraits : « Résister ! C'est le cri qui sort de votre cœur à tous, dans la détresse où vous a laissés le désastre de la patrie. C'est le cri de vous tous qui ne vous résignez pas, de vous tous qui voulez faire votre devoir. Mais, vous vous sentez isolés et désarmés et dans le chaos des idées, des opinions et des systèmes, vous cherchez où est votre devoir. Résister, c'est déjà garder son cœur et son cerveau. Mais c'est surtout agir, faire quelque chose qui se traduise en faits positifs, en actes raisonnés et utiles. (...) Votre tâche immédiate est de vous organiser pour que vous puissiez, au jour où vous en recevrez l'ordre, reprendre le combat. Enrôlez avec discernement les hommes résolus et encadrez-les des meilleurs. Réconfortez et décidez ceux qui doutent et qui n'osent plus espérer. Recherchez et surveillez ceux qui ont renié la patrie et qui la trahissent. Chaque jour réunissez et transmettez les informations et les observations utiles pour vos chefs. Pratiquez une discipline inflexible, une prudence constante, une discrétion absolue. Méfiez-vous des inconséquents, des bavards, des traîtres. (...) En acceptant d'être vos chefs, nous avons fait le serment de tout sacrifier à cette mission, avec dureté, impitoyablement. » Et le texte s'achève par ces mots : « Pour l'action que nous promettons, nous n'avons qu'une ambition, qu'une passion, qu'une volonté : faire renaître une France pure et libre. » Cette ambition, Boris Vildé ne put jamais la réaliser. Les nazis l'arrêtèrent dans les premiers mois de 1941. Il fut fusillé, le 23 février 1942, à cinq heures du soir, au Mont-Valérien.

En commençant ce chapitre sur les *appels*, nous remarquions que les différents sens de ce mot allaient de l'« action d'appeler » jusqu'à la « vérification de présence obligée des membres d'une assemblée, d'un corps ». Ce chemin d'un sens à un autre résume assez bien ces premiers mois de la Résistance que sont les derniers mois de l'an quarante. Lorsque commence l'année 1941, le fait caractéristique n'est-il pas en effet que, notamment à la suite des différents appels, un certain nombre de Françaises et de Français, d'organisations politiques comme de familles spirituelles ont déjà choisi la « présence obligée », la participation au combat qui commence ? Choix décisif et dont ils ont d'ailleurs peine alors à mesurer eux-mêmes les conséquences. Ne seraient-ils que quelques milliers, le pas qu'ils franchissent, le coup d'envoi qu'ils donnent vont déterminer le destin de millions et de millions de leurs compatriotes. Apparemment et sur les cartes, la France « coupée en morceaux » ne l'est que par trois lignes de démarcation ; en réalité, des dizaines de milliers de lignes de démarcation commencent à passer dans les familles mêmes, à détruire des amitiés anciennes pour sceller des fraternités et des complicités nouvelles, à séparer irrémédiablement ceux qui sont *pour* de ceux qui sont *contre*. Même dans une opinion publique encore essentiellement caractérisée par son acceptation inquiète de la brutalité des événements, on commence à prendre conscience qu'un fossé se creuse...

Chapitre six

L'IMPOSSIBLE INVENTAIRE

Où Robin des Bois, Don Quichotte et Fanfan la Tulipe rejoignent les « frères insurgés » ; où les solitaires et les sans-nom entrent dans l'Armée volontaire, et où l'on parle d'« une infinité de cristaux ».

Un fossé qui se creuse soudain dans presque chaque famille, une infranchissable ligne de démarcation qui d'un coup divise les groupes d'amis les plus unis, une cassure qui va aller s'aggravant dans tous les corps constitués comme dans toutes les organisations même réputées non politiques, voici venu le moment du choix irrémédiable et donc du net déchirement... Il arrive quand la France, ou plus précisément l'ensemble des Français se réveillent, se relèvent, reprennent conscience après l'étourdissant traumatisme de la défaite et de l'invasion. Et c'est d'abord pour diviser ou, mieux, pour rediviser, pour redécouper la carte politique et spirituelle de la France... Aux actualités cinématographiques de cette époque apparaissent souvent des images de murs qui, sous la formidable poussée d'un char d'assaut, se lézardent, se fissurent, se fendent, et s'écroulent finalement par pans entiers aux cassures imprévisibles — ces séquences illustrent bien le sort que connaissent à ce moment de notre histoire la plupart des communautés, des institutions et des structures de notre pays. C'est d'abord la réalité violente de la présence ennemie et de l'asservissement qui en est la cause, cette réalité qui partout pousse et fait irruption, une écrasante réalité... Souvenir clef de ce temps-là : le fourmillement métallique de la Wehrmacht sur notre sol, le martèlement de bottes dont l'obsédante rumeur s'insinue partout.

Toutefois, le caractère péremptoire de la sommation que les événements politiques et militaires, que l'Histoire même adresse alors à chaque individu, à chaque Français moyen, à chaque homme de la rue se trouve accru et comme multiplié par les premières conséquences de l'installation du régime de Vichy et par les premières incitations à la Résistance. On ne peut pas longtemps détourner la tête ou hausser les épaules devant ces nouveautés que sont les petits damiers multicolores des feuilles de tickets d'alimentation, les photos pieuses et enluminées du Maréchal que les enfants ramènent de l'école comme autant de bons points, le slogan irrévérencieux qu'un voisin vous glisse à l'oreille après l'avoir entendu à Radio-Londres, le tract mal ronéotypé mais écrit avec des phrases brûlantes que l'on découvre au matin dans sa boîte aux lettres... Même l'attentisme dans lequel beaucoup vont essayer, plus ou moins consciemment, de se cantonner le plus longtemps possible, parce que la vie, c'est la vie, même cet attentisme sera un choix.

Il ne faut d'ailleurs pas croire que ce dont nous parlons ici avec l'aisance du recul ne fut pas directement ressenti par beaucoup de contemporains, d'acteurs eux-mêmes. Sur l'implacable nécessité du choix, sur la scission, la division des Français en camps irréconciliables, nombreux et variés sont les témoignages... C'est encore une fois leur diversité que nous retiendrons... Dans son étude sur *Les Officiers*, Vincent Monteil écrit : « La catastrophe nationale obligera les officiers, comme les autres Français, à se définir. Ils montreront le meilleur ou le pire d'eux-mêmes. Tel être effacé, timide, quelque peu dédaigné par ses pairs, fera preuve d'une force d'âme peu commune et saura prendre, seul, les décisions qui engagent l'homme — au-delà des galons. Tel autre, "bon camarade" des époques faciles, se révélera docile jusqu'au mouchardage. »

« Il avait prononcé le mot... »

En soulignant « les officiers comme les autres Français », Monteil insiste bien sur l'ampleur d'un phénomène dont Henri Michel note avec raison l'importance politique. « Aussi bien, écrit Michel, pendant longtemps, la plus grande confusion régna-t-elle dans les courants de pensée politiques. Les cadres traditionnels résistèrent mal à la poussée de la défaite et à la présence de l'occupant. En fait, avant de se grouper à nouveau par affinités politiques, on se divisa dans la France entière pour ou contre l'armistice, pour ou contre la collaboration. C'est ce qui permit, dans les mouvements de Résistance, la rencontre de gens que tout avait séparés jusque-là. » Même un homme comme le dirigeant trotskiste Mathias Corvin, qui, bien que futur résistant puis déporté à Sachsenhausen et Buchenwald, nous dit lui-même qu'à cette époque il « avait décidé de ne pas prendre position », nous raconte par ailleurs : « Il y a eu beaucoup de discussions parmi tous ces paysans et ces jeunes aspirants qui avaient été promus officiers et c'est à ce moment que j'ai senti se dessiner les différents courants qui allaient mener les uns chez Pétain et les autres à Londres. » Ce sentiment de séparation est si fort qu'il est presque à certains moments ressenti physiquement. Ainsi est-il typique le récit que Christian Pineau fait de l'entrevue qu'avant d'être un des premiers organisateurs de la Résistance syndicale, comme nous le verrons, il avait eue avec l'ancien dirigeant de la CGT qui, dans les milieux syndicaux, faisait figure de renégat par excellence. « Reçu par René Belin, qui avait accepté, à ma grande surprise, dit Pineau, le poste de ministre du Travail, j'eus avec lui une conversation édifiante. (...) Je crois n'avoir jamais senti deux points de vue aussi inconciliables. C'était une fois de plus la fin d'une amitié et même d'une estime. Comme je le lui disais avec franchise, il se fâcha : "Vous voulez faire le malin ? Prenez garde aux risques que vous courez. Nous sommes décidés à briser toute résistance !" Il avait prononcé le mot... »

A la même époque l'officier de marine Pierre de Morsier vit dans un microcosme où l'existence en vase clos donne un relief particulier aux réactions des individus, une mission militaire française envoyée à Istanbul et dont les membres se trouvent bloqués à quelques milliers de kilomètres de la mère patrie. On va voir comment, pour rendre l'atmosphère qu'il connut alors, il va être amené à employer le mot *fossé*. « Dans la nuit de l'incertitude, rapporte-t-il, deux amis en étaient arrivés à s'empoigner. (...) Au sein de notre petite mission militaire, ces deux réactions étaient présentes. Le chef de mission, capitaine de corvette de réserve, et un officier, lieutenant de vaisseau d'active, se résignaient à l'armistice et prévoyaient de rentrer en France dès que possible. Le lieutenant de vaisseau d'active Gilly et moi-même, capitaine au long cours et enseigne de vaisseau de réserve, étions par contre décidés à continuer la guerre. Un ingénieur mécanicien de réserve, cinquième membre de la mission, paraissait indécis. Il faut ajouter que les deux premiers étaient mariés, les trois derniers célibataires. Gilly déclarait : "Je continue avec ceux qui continuent. Et si l'URSS devait être un jour seule contre l'Allemagne, j'irais en URSS..." Ainsi commençait à se creuser un fossé qui allait séparer les Français pendant des années. » Autre exemple de petit monde où quelques-uns de nos compatriotes sont contraints de vivre en vase clos à des milliers de kilomètres de leur pays, la légation de France à Tallinn. Le climat est le même en Estonie qu'en Turquie. Jean Cathala qui exerçait alors les fonctions d'attaché de presse à la légation nous raconte : « Dans la colonie française de Tallinn, il y a la scission habituelle. D'un côté, les vichystes qui deviendront collaborateurs et dont l'un aura une conduite particulièrement désagréable ; de l'autre, ceux qui n'ont qu'une idée : il faut continuer à se battre. »

Cette « scission habituelle » amène des gens pourtant à peu près semblables et confrontés aux mêmes événements à les considérer très différemment et à en tirer des conclusions tout à fait opposées. Ainsi, ces réactions à l'appel du 18 juin que rapportent l'écrivain Roland Dorgelès et le dirigeant socialiste Jules Moch... L'exode a amené le romancier dans la plus provisoire des capitales qu'ait connue la France et c'est là qu'il note : « Jusqu'à l'entrée des Allemands à Bordeaux, j'avais ignoré l'appel lancé le 18 juin à la radio de

Londres par le général de Gaulle ; des amis rencontrés en ville m'en communiquèrent alors l'essentiel — les uns avec fureur : "Il veut nous mettre sous la coupe de l'Angleterre !" ; les autres avec un regain d'espoir : "Il a dit que la guerre n'était pas perdue et que les Allemands seraient écrasés..." — la version dépendant de l'opinion de chacun. » Quant à l'homme politique, le 18 juin 1940, il se trouve en mer, entre Toulon et Mers el-Kébir. C'est là que « le poste de radio du bord (...) capte et enregistre une partie de l'appel que le général de Gaulle lance de Londres ». Et, poursuit Moch, « l'officier de service le remet aussitôt à l'amiral Fenard qui s'entretient avec moi sur la passerelle. Nous le lisons avec une profonde émotion : l'espoir renaît. Les larmes nous viennent aux yeux. "Prenez garde, me dit Fenard, nous serons sans doute seuls parmi les officiers à admirer cet appel et à y voir les prémices de la renaissance, au jour même de la déchéance. La plupart de nos camarades n'y verront qu'un acte de trahison." Cet amiral, qui ne se résigne pas sur-le-champ à la capitulation, voit clair : dans les heures qui suivent, je suis l'objet de manifestations violemment hostiles. »

Une bousculade à l'échelle d'une nation

Cette « obligation de se définir », cette « division de la France entière », ces « points de vue inconciliables », ce « fossé », cette « scission habituelle », cette simultanéité de la « fureur » ou du « regain d'espoir » selon « l'opinion de chacun », ce choix à faire entre les « prémices de la renaissance » ou l'« acte de trahison », qu'on nous permette de les considérer — même au prix d'une simplification un peu optimiste — comme la conséquence des quelques dizaines d'appels à la Résistance qui furent lancés en France, en 1940, et dont nous avons examiné une quinzaine d'exemples caractéristiques. Toutefois, à propos de ces mêmes appels, nous avons, en pesant nos mots, plusieurs fois parlé de *coups d'envoi*. Donc de gestes allant plus loin qu'une simple prise de position, de passages des paroles aux actes. L'emploi de cette comparaison impliquait-il que les appels, même fragmentairement et indirectement connus, n'avaient pas seulement éclairé la conscience d'un certain nombre d'hommes et de femmes mais en avaient poussé à engager une action directe contre l'occupant allemand et le gouvernement de Vichy ? Assurément, oui... Qu'on nous entende bien : nous ne prétendons pas que tous les premiers Français qui convoquèrent une réunion clandestine d'amis sûrs, qui colportèrent d'acerbes plaisanteries sur les nazis, qui déployèrent inopinément un drapeau tricolore, qui coupèrent les câbles téléphoniques de la Wehrmacht, qui mirent du sucre dans son essence, qui recopièrent pour le diffuser un tract trouvé par hasard, etc., répondaient à l'appel direct d'un homme connu d'eux ou d'une organisation qu'ils étaient capables de définir, non, c'est toujours de façon globale et diffuse que nous établissons ici une relation de cause à effet. Cependant, cette relation est réelle et c'est tout naturellement qu'après avoir examiné la conséquence générale des appels que fut l'« obligation de se définir » à plus ou moins brève échéance, nous en arrivons maintenant à leurs conséquences particulières : les premiers actes de Résistance.

Certes, en essayant d'évoquer le contexte des textes que nous tenions à citer, nous avons déjà commencé à traiter de certains de ces premiers actes. Nous avons vu le mouvement gaulliste naître d'une poignée de ralliements. Nous avons vu le parti communiste français chercher, au milieu des pires difficultés, des formes de combat adaptées à une situation nouvelle. Nous avons vu des chrétiens refuser la reddition de leur âme et la défaite de leur idéal. Nous avons vu des chefs militaires de carrière et de tradition expliquer à leurs subordonnés les vertus d'une nécessaire désobéissance, etc. Nous avons surtout vu et compris le rôle fructueux et décisif que les mots, les phrases, la parole dite ou imprimée, entendue à une radio brouillée ou lue sur un papier mal ronéotypé, le rôle que les premiers tracts et les premiers journaux clandestins jouèrent au début de la Résistance et dans la naissance même de cette Résistance... Mais si l'on prend conscience, si l'on se rencontre, si l'on se réunit, si l'on s'organise, si l'on fait de la propagande afin que d'autres prennent conscience, se rencontrent, se réunissent et s'organisent à leur tour, ce n'est pas seulement pour exister, c'est aussi pour agir. Et s'il est clair que cette existence, cette organisation, cette propagande constituent déjà, en elles-mêmes, une part de l'action, il ne l'est pas moins qu'elles ont pour but majeur de permettre que l'on mène contre l'ennemi qu'on entend contribuer à chasser des attaques qui lui porteront dommage, et, sous les yeux du peuple qu'on entend rallier, des manifestations qui démontreront qu'il est possible de résister. Or, contrairement à ce que l'on croit trop souvent, des actes, des attaques et des manifestations de cette sorte, non seulement ne sont pas exceptionnels pendant les premiers mois de l'Occupation mais jalonnent bel et bien les derniers mois de l'année 1940.

Sans prétendre dresser un inventaire de ces gestes individuels ou collectifs, spontanés ou prémédités, si divers quant à l'importance et à la nature, dont beaucoup sont d'ailleurs très peu connus quand ils ne sont pas à jamais oubliés faute de témoins encore vivants ou de traces écrites, essayons de revivre cette étrange époque...

On sait l'importance prise alors par ce phénomène que l'on nomme tantôt l'exode et tantôt la débâcle. Pour une grande part, ce piétinement panique de foules harassées, cette bousculade aveugle et folle à l'échelle d'une nation étaient comme la matérialisation de la défaite. Ce que le futur président du Conseil Joseph Laniel a appelé la « désorganisation des groupes, des esprits et des cœurs, l'errance de tout un peuple sur la poussière des chemins, désarroi suprême plutôt que grande peur » contribue tout autant que l'invasion proprement dite à complètement et anarchiquement modifier la vie quotidienne du pays. La France est sens dessus dessous. Or, cette anarchie totale dure, en fait, plusieurs mois. Elle ne se limite pas, comme on l'imagine trop souvent, à mai et juin 1940. Après, si l'on peut dire, l'exode-aller, il y a l'exode-retour...

« Des tracts naissent dans la poche du badaud... »

Quelques chiffres donnent une idée plus précise de l'ampleur de ce mouvement de population dans un pays dont les moyens de communication viennent d'être en partie détruits et sont, pour le reste, entièrement désorganisés. La population de Paris, qui était tombée à 700 000 habitants, le 14 juin, remonte à 1 150 000, le 7 juillet, et à 2 350 000, le 10 août. A Bordeaux on compte encore 588 000 réfugiés au mois de juillet et 268 000 au mois d'août. La débâcle fait passer la population de Pau de 38 000 à 150 000 habitants et celle de Lourdes de 15 000 à 40 000. Nicole Ollier qui cite ces chiffres y ajoute l'exemple particulièrement frappant de ce qu'elle appelle la « métamorphose d'un village », celui de Trie-sur-Baïse, dans la Haute-Garonne, qui voit soudain sa population presque multipliée par douze puisque le nombre de ses habitants passe de 1 300 à 15 000... Encore deux exemples, mais pris cette fois à l'autre bout de la France — ils sont cités par Marcel Baudot dans son étude sur l'opinion publique du département de l'Eure entre 1939 et 1945. « Au 4 juillet, écrit Baudot, la population de la ville de Vernon était encore réduite des trois quarts. Le 19 août, elle remontait à 8 937 habitants et, le 9 septembre, à 9 685. A Evreux, le retour est plus rapide : le 18 juin il n'y a encore que 218 habitants mais, douze jours après, la population atteint 6 800 personnes ; le 15 juillet, le chiffre de 10 000 est dépassé ; le 27 juillet, le nombre des habitants est de 11 432 ; le 10 août, de 14 092 ; le 9 septembre, de 14 942 ; le 10 novembre, il ne manque plus que 4 000 habitants. »

Ce seul embouteillage national aurait suffi à désorganiser l'économie et le ravitaillement du pays mais le pillage systématique de nos produits agricoles et industriels que les autorités d'occupation commencent à pratiquer dès leur installation sur le sol français aggrave tragiquement la pénurie de la plupart des denrées essentielles. Dans le film *Le Chagrin et la Pitié*, Pierre Mendès France insiste à juste titre : « Il faut dire que ce qu'était la vie en France à cette époque est très difficile à imaginer, très difficile à reconstituer... (...) Il n'y avait pas d'assiettes, il n'y avait pas d'allumettes... Il n'y avait rien ! Oui, il est vraiment très difficile de reconstituer à distance ce qu'était la vie dans un pays où tout le monde passait son temps à la recherche de tout. »... Et c'est pourtant dans ce pays-là, en ce temps-là, que Jean Texcier, l'auteur des *Conseils à l'Occupé*, peut noter : « Les affiches se déchirent toutes seules, des inscriptions poussent spontanément sur les murs. Dans les salles de cinéma, les rires et les applaudissements fusent et crépitent d'eux-mêmes. Des tracts naissent dans la poche du badaud, poussent dans le filet de la ménagère, se glissent dans la serviette du professeur, sur l'établi de l'artisan, sur le bureau de l'employé. (...) Mille bouches closes fredonnent des chansons offensantes, et dans ce jeu périlleux, nos jeunes filles ne sont pas les moins habiles car, pour laisser parler leur cœur, elles ont appris à fermer leurs lèvres. »

Et c'est pourtant dans ce pays-là, dans ce Paris-là... Nous avons vu plus haut que, le 14 juin 1940, Paris ne comptait plus que 700 000 habitants. C'est-à-dire que, quand l'armée allemande prend Paris, elle pénètre dans une capitale exsangue. Or, l'officier commandant la première unité de la Wehrmacht qui ait franchi les portes de Paris, le chef de l'Abteilung Panzerjäger (section de chasseurs de chars) n° 187, écrira notamment dans le rapport qu'il fera à ses supérieurs : « Sur la place de l'Hôtel-de-Ville, la 2e compagnie a mis ses canons antichars en batterie pour surveiller les ponts de la Seine. Puis le pavillon français qui flottait sur l'Hôtel de Ville est amené pour être remplacé par un pavillon allemand. Une foule de curieux s'est massée sur la place et quand le drapeau à croix gammée s'élève lentement le long du mât, on perçoit venant de cette foule comme un sourd gémissement. »... Or, ce même 14 juin, raconte Jacques Robichon, « à la fin de la matinée, sur son bureau de l'avenue Gabriel, près des Champs-Elysées, l'ambassadeur des Etats-Unis, William Bullitt, trouva un pli cacheté déposé par un domestique français. Bullitt avait décidé de rester à Paris (...). A présent, sur l'enveloppe en évidence sur sa table, Bullitt venait de reconnaître l'écriture de son ami, le grand chirurgien Thierry de Martel, propre médecin-chef de l'Hôpital américain de Neuilly. L'avant-veille, Thierry de Martel (...) avait supplié William Bullitt de le laisser partir avant l'arrivée des Allemands. (...) Mais Bullitt avait fait appel au sens du devoir du chirurgien "dans des circonstances où il n'y aura pas trop d'hommes de valeur dans les salles d'opération". Et, apparemment, Martel s'était incliné. William Bullitt décacheta la lettre de Thierry de Martel... » C'était, en fait, un message rédigé comme un télégramme et le diplomate américain pouvait y lire : « Vous ai promis de ne pas quitter Paris. Ne vous ai pas dit si j'y resterais mort ou vivant. Adieu. Martel. » Jean-Marc de Foville, qui cite ce texte, poursuit : « Thierry de Martel, arrière-petit-neveu de Mirabeau, s'est tué, de bon matin, dans son hôtel particulier de la rue Weber, d'une piqûre de strychnine. D'après les rapports de police, quinze Parisiens ont eu, ce matin-là, le même geste désespéré. Quinze Parisiens ont préféré la mort à l'image de leur ville profanée et souillée par le triomphe de l'Allemagne et du nazisme. Et s'il y a, dans Paris, tous ceux qui, délivrés de la peur, attirés par le spectacle et les fanfares, viennent se masser aux coins des avenues et contempler, sans joie mais sans émotion, la grande revue du triomphe hitlérien, il y a aussi tous ceux qui resteront, les volets clos, dans leurs appartements qu'emplit le vacarme des blindés et des avions, à prier ou à pleurer, à remâcher amèrement l'humiliation de la grande ville abandonnée et livrée. Mais on ne les voit pas. »

Comptes, décomptes et mécomptes

On ne les voit pas. On ne les compte pas. On ne les recense pas. Nul ne dresse procès-verbal de leurs larmes retenues ni de leur honte coléreuse. Aucune statistique ne pourra, plus tard, dire leur nombre, leur quantité, mais on retiendra leur qualité. Car ils comptent, ceux qu'on ne peut compter...

Ceux qui comptent mais qu'on ne peut compter, peut-on pour autant les décompter ? Peut-on, sans s'exposer à de graves mécomptes, affirmer que la Résistance naissante avait une couleur évidente, une coloration politique immédiatement perceptible ? Il y aurait, à répondre positivement, quelque angélisme ou quelque hypocrisie — d'ailleurs, on en a longtemps débattu, et l'on en débattra longtemps encore. Pourquoi ? Tout simplement parce qu'il fut multicolore, le dur berceau de la Résistance. Et ce n'est ni par faiblesse lyrique ni par complicité épique qu'il faut ici choisir la banale mais très véridique image de l'arc-en-ciel. Un arc-en-ciel politique, dont un simple souci de vérité va, peu à peu, nous amener à décliner les couleurs.

Un arc-en-ciel bien sûr un peu patchwork, et qui défie les prismes habituels... Mais nous parlons ici politiquement, et des nuances s'imposent dès qu'on glisse vers l'idéologique, et plus encore, le social... Evident est, en effet, le bien-fondé du propos tenu par le pamphlétaire et romancier André Wurmser, en octobre 1966, à un colloque de l'Institut Maurice-Thorez. Wurmser y faisait allusion à l'émeute antiparlementaire du 6 février 1934, moment clef de l'avant-guerre qui favorisa la gestation du Front populaire. C'est ainsi qu'il y qualifiait d'« instructif » et de « presque allégorique » le cas « des deux hebdomadaires qui portaient ostensiblement les couleurs, l'un, des hommes du 6 février : Chiappe, Béraud, Suarez, Carbuccia — l'autre, de leurs adversaires. *Vendredi* ne compta pas un traître dans ses rangs ni *Gringoire* un résistant, ajoutait Wurmser. Il n'est pas un membre de l'équipe de *Vendredi* qui n'ait participé à la Résistance ; il n'est pas un membre de l'équipe de *Gringoire* qui n'ait été condamné pour haute trahison »... De même peut-on noter que des historiens qui se sont spécialisés dans l'étude de la Seconde Guerre mondiale et qui sont aussi connus pour leur compétence que pour leur souci de l'équilibre enregistrent comme autant d'évidences ces caractéristiques sociales et idéologiques de la Résistance et de la

Collaboration. Marcel Baudot évoque « les sphères de l'aristocratie et de la bourgeoisie aisées où les thèses de l'Action française, l'antisémitisme, la haine à l'égard du radicalisme, la peur du marxisme, la méfiance à l'encontre de la Grande-Bretagne l'emportent sur les réflexes patriotiques ». Et Henri Michel dit très bien en une seule phrase : « Les partis de droite, qu'avaient si fortement émus les lois sociales du Front populaire, devinrent tout naturellement pétainistes. »

On remarquera que l'expression *tout naturellement* est ici employée avec une particulière pertinence. Cette inclination des uns et des autres n'a, en effet, aucunement le caractère d'une quelconque prédestination ; elle est tout simplement conforme à la nature. Et n'est-il pas conforme à la nature des choses que les groupes sociaux comme les individus soient tout d'abord enclins à agir selon leur intérêt ? D'emblée, la présence hitlérienne et le programme politique adopté par le régime de Vichy assurent aux possédants l'augmentation de leurs bénéfices, le renforcement de leur pouvoir, la consolidation de l'ordre établi et la neutralisation de tous ceux qui contestent les privilèges de la naissance et de la fortune — tout naturellement, la majorité des possédants sera pour Hitler et pour Vichy. Dans le même temps, ceux qui doivent travailler durement pour simplement vivre constatent que la très grave pénurie de biens de consommation est sélective puisqu'elle ne frappe pratiquement que ceux qui n'ont pas la fortune nécessaire pour s'en protéger. L'iniquité d'une telle situation est ressentie d'autant plus vivement que le rationnement et le marché noir rendent plus criant que jamais le contraste entre l'enrichissement croissant de quelques-uns et l'appauvrissement inexorable de la plupart.

Tout naturellement, nombre de Français pauvres auront pour les résistants une sympathie que freineront de moins en moins le mythe du Maréchal, la peur de perdre le peu qui leur reste et le désarroi dégoûté de la défaite. Cette sympathie contribuera d'ailleurs à assurer à la Résistance une base sociale sans laquelle elle n'aurait pu exister et le soutien populaire sans lequel elle n'aurait pu supporter les coups de la répression... Voici pourquoi, dans l'armée de métier, les officiers engagés dans la Résistance intérieure ou passés par la France libre feront longtemps figure de rebelles ou d'hurluberlus minoritaires et qu'on en verra même être, après la Libération, en butte aux tracasseries de cadres supérieurs dont la majorité restera imprégnée par l'esprit vichyste. Voici pourquoi la plupart des résistants catholiques devront agir sans l'accord, quand ce ne sera pas contre l'avis de leurs évêques et d'une hiérarchie dont de nombreux dignitaires n'hésiteront pas, après la Libération, à aider des collaborateurs fuyant la justice. Voici pourquoi, dans les usines, si rares seront les dénonciations de saboteurs par leurs compagnons d'atelier. Voici pourquoi, dans les campagnes, à de très rares exceptions près, non seulement les relations entre les maquisards et les paysans des alentours seront bonnes, mais encore permettront aux maquis de se ravitailler, de se dissimuler et donc de « tenir ».

Différences entre les deux « zones »

Ceux de nos lecteurs qui ont vu le film *Le Chagrin et la Pitié* se souviennent certainement du chanteur anglais d'opérette Denis Greer, de son vrai nom Denis Rake, qui fut parachuté dans notre pays en 1942 comme agent du SOE britannique. Rake était donc un des officiers du Special Operations Executive, le service secret chargé par Londres d'aider (et de plus ou moins contrôler) la Résistance en France comme ailleurs. Il fut parachuté et remplit courageusement ses missions. Il a fort bien résumé dans l'œuvre de Marcel Ophuls et André Harris, l'un des traits essentiels de la société française sous l'Occupation. « La plus grande aide que j'aie eue, remarque Rake, c'est avec les cheminots... Les ouvriers français étaient formidables. Ils faisaient n'importe quoi. Ils vous donnaient leur dernier centime si vous n'aviez pas d'argent... La bourgeoisie était très neutre. On ne m'a pas aidé tellement, non, dans la bourgeoisie... Mais j'ai trouvé le peuple merveilleux, les garçons de café, les vendeuses de Prisunic... Tout le temps, j'ai trouvé tout ce que je voulais auprès des ouvriers tandis que, dans la bourgeoisie, ils avaient peur, ils avaient plus à perdre, n'est-ce pas... »

Après ce rappel d'évidences aussi fondamentales, est-il juste d'avoir l'air de mettre sur le même plan, de considérer comme tout aussi déterminante la question de savoir dans quelle zone se trouvaient, en 1940, les futurs résistants ? Pas tout à fait, mais il ne convient pas de la négliger. Avec le recul des années, l'usure des souvenirs, le flot des images de l'époque encore souvent mises sous nos yeux, nous pouvons avoir tendance à sous-estimer le choc à proprement parler physique que tant de Français ressentirent au moment de la défaite. Ce fut pourtant bien un traumatisme, et dont il est sûr que la présence allemande, l'irruption puis la vue et le contact quotidien des soldats de Hitler furent un élément majeur. Or, cette présence dans la zone dite libre, jusqu'en 1942 tout au moins, elle n'était pas immédiatement palpable, et restait même plutôt théorique. On peut se demander si Thierry de Martel et les quinze autres suicidés parisiens du 14 juin auraient accompli leur geste s'ils n'avaient pas vu, de leurs yeux vu, les hommes noirs des SS et les hommes verts de la Wehrmacht entrer et s'installer dans les rues de leur ville... Dans l'étude qu'il a consacrée à l'un des premiers mouvements de Résistance, l'Organisation civile et militaire, déjà évoquée à propos de l'appel de Jacques Arthuys, Arthur Calmette se réfère aux témoignages de deux des fondateurs de l'OCM pour écrire : « Dans ce Paris vide et silencieux, circulent les convois automobiles des vainqueurs, se promènent leurs jeunes soldats rayonnants d'orgueil, défilent aux sons des fifres et des tambours les parades mécaniques, rythmées par le bruit des bottes ferrées. A leur vue, la défaite devient sensible. Tel éprouve un "malaise" physique (Pène), tel autre "un mouvement de colère" (Sainte-Lagüe). »... Autre témoignage, celui du militant communiste Roger Arnould. A la faveur de la « pagaille incroyable » de l'époque, ayant été démobilisé à Toulon, il se retrouve, le 15 août 1940 au matin, à la gare de Lyon, donc en plein Paris, encore en uniforme de marin français. Cet uniforme est évidemment très remarqué... Mais écoutons Arnould et retenons surtout sa réaction, c'est-à-dire celle d'un homme qui, se considérant comme engagé dans le combat, devrait être moins impressionnable et moins sensible au choc que s'il était en train de s'interroger sur ce qu'il doit faire. « Vers midi, nous raconte-t-il, je suis allé déjeuner dans un restaurant du boulevard Magenta, "Chez Bécassine". Le boulevard était désert. Paris était d'une tristesse... Mais le restaurant était ouvert. J'entre. La salle était garnie aux trois quarts d'Allemands et seules deux ou trois tables étaient occupées par des Français. Quand je suis entré, il y a eu un "ah !" dans la salle qui m'a donné la chair de poule. On m'a offert une place tout de suite à la table de quelques Français et on a discuté. Lorsque les soldats allemands entraient, ils claquaient des talons et lançaient de retentissants "Heil Hitler !". Ça m'a terriblement impressionné. Je me suis mis à pleurer... »... Il n'est donc pas exagéré d'écrire, comme Gérard Combes dans son étude sur la psychologie des habitants de la Haute-Loire de 1940 à 1942, que, dans ce département de la zone Sud, on peut considérer que « la Résistance ne se développa qu'après l'automne 1942 avec l'intrusion des armées allemandes sur le sol local de la petite patrie », alors qu'elle resta embryonnaire « tant que la présence de l'occupant n'eut pas matérialisé la servitude ».

Cet état de fait n'eut pas seulement d'influence sur la conscience et la détermination des hommes mais aussi sur leurs façons de s'organiser et d'agir, donc sur le déroulement des choses. A cet égard, tous ceux qui ont pu avoir de la Résistance une vue assez vaste et assez profonde, soit en en étant un dirigeant à un niveau élevé, soit en en poursuivant, plus tard, une étude minutieuse, sont d'accord là-dessus. Henri Noguères, Marcel Degliame-Fouché et Jean-Louis Vigier expliquent bien comment « l'articulation de la Résistance, dès cette fin de l'année 1940, est très différente » dans les deux zones. « En effet, écrivent-ils, les Français de zone occupée, du fait même de la présence de l'armée allemande, de l'administration allemande, du pillage organisé par les Allemands, se sentent — mis à part une poignée de collaborateurs — solidaires. Et l'on peut même dire que l'existence des collaborateurs, de leur presse, de leur radio, contribue à renforcer encore ce sentiment de solidarité. Du même coup, les nuances de pensées ou d'opinions, si elles ne sont pas abolies, passent au second plan, et le combat commun contre un seul ennemi, bien tangible, l'emporte sur toutes les autres considérations. En zone Sud, les autres considérations, si elles ne l'emportent pas toujours, ne peuvent être tenues pour négligeables. Et ces "autres considérations" procèdent, justement, de l'action gouvernementale, de la revanche des bien pensants, de la propagande, de la liquidation systématique des institutions républicaines, de l'apparition de ces groupements ou de ces associations qui tous se réclament de la devisc "Travail, Famille, Patrie", mais prétendent lui donner un sens différent, chacun affirmant refléter plus que l'autre, mieux que l'autre, la pensée du Maréchal, et tous pratiquant plus ou moins la délation. Du même coup, la zone Sud a vu s'opérer des regroupements dans lesquels les préoccupations idéologiques ont plus largement tenu leur place qu'en zone Nord. »

Quant à Henri Michel, il estime : « La présence des Allemands rendait, en zone Nord, l'existence des résistants plus difficile et leur activité plus périlleuse ; par contre, à l'exception de quelques traîtres, elle unissait contre elle la quasi-unanimité de la nation ; ici le double jeu, la propagande attentiste, le mythe de la "France seule" trouvaient peu de résonance. Par suite, les groupes de Résistance furent précoces et nombreux ; leur recrutement, plus mélangé qu'en zone Sud, s'étendit à toutes les classes de la population et aux milieux de toutes opinions. (...) Par contre, en face des organismes de répression de l'occupant, l'existence des mouvements fut plus précaire. Il n'y eut guère de grands mouvements créés dès le début et allant en s'étoffant et s'étendant jusqu'à la Libération. (...) Les conditions de lutte exigèrent des équipes plus petites qu'en zone Sud, moins hiérarchisées, plus strictement cloisonnées (certains mouvements voisins ne se connurent qu'en 1943). La coordination des mouvements fut donc moins facile qu'en zone Sud. »

La statue, le tabernacle et la vésicule

Ces constatations faites, prenons garde à ce qu'une simplification optimiste ne nous mène pas à une classification et à une systématisation qui, elles, nous détacheraient du réel. « La Résistance, nous dit Léo Hamon, ce n'était pas seulement un volontariat, mais c'était aussi une action qu'on inventait tous les jours et où — je crois que l'expression est de Georges Bidault et elle est assez belle — le front n'était nulle part et l'ennemi était partout. » Or, cette part d'invention personnelle, on la retrouve constamment et notamment dans les motivations premières. On pourrait donc en ajouter presque indéfiniment aux raisons essentielles que nous avons déjà dites. Alors il conviendrait de mettre particulièrement en évidence un sentiment qui apparaît souvent comme dominant et que Léo Hamon nous définit en recourant à l'expression latine *non possumus* (nous ne pouvons pas)...

« Oui, nous dit-il, dans les motifs de mon engagement, il y a d'abord une sorte de sentiment physique de ne pouvoir accepter. Il n'était pas possible que ça se termine comme nous le recommandait la voix de Pétain. L'idée que ça ne pouvait pas finir comme ça ! C'est un *non possumus* qui est à l'origine de ce que nous n'appelions pas encore la Résistance, mais tout simplement l'idée qu'on continuait le combat. »

Cette sensation du « pas possible » paraît compter particulièrement pour les résistants gaullistes. « Je n'ai pas voulu abandonner le combat, nous déclare René Sanson. Il n'était pas possible, à mes yeux, que la France abandonnât la partie alors que, comme le disait le général de Gaulle dans son appel inoubliable, "toutes les forces n'avaient pas donné"... Je pense que la plupart de ceux qui ont repris les armes en quarante ont dû se trouver dans le même état d'esprit que moi. » Bien sûr, cette injonction d'impossibilité était, elle aussi, consciemment ou non, motivée. Peut-on, dès lors, en pratiquant le retour aux sources, remonter toujours aux raisons primordiales déjà exposées ? Peut-être... Mais ne va-t-on pas fausser toute la perspective en voulant ramener les sentiments personnels aux idées générales ?... « Que je sois entré dans la Résistance, et dès le premier jour, nous dit Jacques Debû-Bridel, il n'y a rien d'extraordinaire à cela, étant donné que j'étais un nationaliste français. Lorsque j'avais dix ans, c'était en 1912, mon père m'avait conduit devant la statue de Strasbourg qui était, je la revois encore, tout entourée de fleurs et de crêpe. Il m'avait dit : "Tu vois, ma génération n'a pas fait son devoir, nous n'avons pas délivré l'Alsace et la Lorraine et ce sera à toi de le faire !"... Donc pour moi ce réflexe était normal. » De même, très simplement, sœur Marie-Joseph, une religieuse bénédictine qui fut arrêtée en 1943, alors qu'elle accomplissait une mission d'agent de liaison, et que la police allemande n'épargna pas, nous déclare, en conclusion de son témoignage : « Il y a en moi trois idéaux : l'Eglise, le Tabernacle et mon drapeau. C'est ça qui compte pour moi. Et si ce que j'ai fait dans la Résistance était à refaire, je repartirais. » Pourquoi vouloir niveler ce que cette statue de Strasbourg et ce tabernacle ont à la fois de singulier et de typique ?

Et « la vésicule biliaire » de Françoise Leclerc ? Cette mère de famille catholique qui, comme elle le dit si bien, avant la guerre était de droite sans le savoir, et qui, par la suite, devait jouer un rôle décisif dans la formation du Front national au printemps 1941, nous raconte : « J'aurais bien pu devenir pétainiste... Mais j'ai eu la chance extraordinaire d'avoir besoin de me faire opérer de la vésicule biliaire et d'avoir rencontré, juste avant la guerre, un chirurgien qui s'appelait Raymond Leibovici. Lorsque, en 1940, il a fallu me faire faire cette opération et que j'ai dit au professeur qui me soignait que c'était Leibovici qui allait m'opérer, ce professeur m'a répondu : "Mais vous n'avez pas peur qu'on vienne l'arrêter pendant l'opération ?" Je n'en ai pas parlé à Leibovici. Mais, lorsque j'ai pu retourner chez moi, je lui ai dit que ma maison était désormais la sienne et celle de ses amis. J'ignorais, à ce moment-là, que ses amis, ce serait le Front national et les FTP... J'ai donc eu cette chance extraordinaire grâce à ma vésicule biliaire. Je suis sûre qu'il y a des tas de gens qui ont été comme moi, qui auraient fait de la Résistance et qui ne l'ont pas "rencontrée"... Oui, c'était aussi une question de chance... »

Deux auteurs fort différents mais qui furent, l'un et l'autre, des résistants, le poète Claude Roy et lc préfet André-Louis Dubois, font soudain, lorsqu'ils évoquent la Résistance, référence à un personnage qu'on ne s'attendait sans doute pas à voir surgir ici : Robin des Bois. « Les clandestins étaient plutôt du côté de Robin des Bois, des Pieds Nickelés », écrit Roy. Et il ajoute : « Il y a dans la politique et la stratégie de la Résistance un côté "pas sérieux" tout à fait admirable. C'était vrai du général de Gaulle à Londres et des premiers maquisards en France. Nous ne sommes rien, devenons tout. » Et Dubois note de son côté : « J'ai fait ce que j'ai cru devoir faire. Comme je n'ai été ni fusillé, ni déporté, ni emprisonné, je pense que je dois garder le silence. Mes histoires de Robin des Bois n'intéresseraient personne tant elles sont banales et vite fastidieuses par leur répétition. » Référence paradoxale ? Voire... Un dirigeant de la Résistance, René Cerf-Ferrière, ne craint pas de s'interroger : « Etions-nous Don Quichotte, Fanfan la Tulipe ? Peut-être. »... Mettre ainsi en évidence ce que pouvaient avoir, répétons-le, de singulier et de typique certains aspects de la détermination des résistants, donc de leur ressort profond, donc de leur âme, ce n'est en aucune façon vouloir jeter un voile de doute sur la grandeur, la noblesse, la pureté si souvent et si justement dites de l'« esprit de la Résistance ». Au contraire. Dans un discours d'hommage à Jean Moulin prononcé à Béziers, le 6 octobre 1946, Georges Bidault déclarait : « L'esprit de la Résistance (...) était le consentement de sacrifier tout ce qui était négligeable, les commodités, le repos, la sécurité individuelle aux valeurs immortelles : la liberté, la patrie, la dignité humaine. (...) La force essentielle de la Résistance, c'était le sentiment de la solidarité dans le danger et de la nécessité du coude à coude. (...) L'esprit de la Résistance, c'est le désintéressement et la volonté de pureté, c'est l'intransigeance morale d'hommes comme Jean Moulin... » De même Joseph Kessel a-t-il pu évoquer « ce crépuscule de la pensée, de la liberté, de l'honneur où ne brûlait qu'une vraie flamme : la Résistance ».

Les œufs pourris de la Sorbonne

Ce qui est vrai, c'est que pour alimenter cette flamme il y eut les combustibles les plus divers, idées, sentiments et gens de toutes sortes... En 1945, à chaud, lorsqu'elle écrivit le premier livre qui traitât de l'ensemble du sujet et qui s'intitulait : *La Résistance (naissance et organisation)*, Lucie Aubrac notait, dès les premières lignes de son introduction : « Ce que je voudrais faire ressortir de cette étude, c'est l'extraordinaire vitalité de la clandestinité pendant l'Occupation, la vie secrète de toute la France comme celle d'une femme qui aurait un amour caché, lui prenant le plus beau de son temps et de son cœur. Vie parcellaire, vie de hasard, sans homogénéité, puisqu'elle animait des hommes et des femmes de classes différentes, d'origines différentes, de métiers et de traditions variés. » En relisant Lucie Aubrac, on a envie, le temps d'une phrase, de modifier un vers de *La Marseillaise* pour pouvoir dire : « Amour *secret* de la patrie... ». Amour secret, amour sacré, amour-creuset... Bien qu'elle ait été si souvent employée, Joseph Kessel n'avait pas tort de reprendre l'image de la flamme. En brûlant, en durcissant les hommes et les femmes qui la composaient, en leur demandant souvent de se dépasser eux-mêmes, la Résistance a étonnamment modifié, synthétisé, trempé les êtres. Cela peut paraître une banalité de dire qu'au moment de la Libération, parmi les survivants, aucun n'était resté semblable à ce qu'il était, quelques années plus tôt, à l'instant où il s'était engagé dans le combat clandestin. Banalité, mais vérité fondamentale.

A Dijon, en 1944, en prononçant une allocution, un chef régional FFI, le colonel Monod, déclarait : « L'action clandestine donnait un terrible sens des responsabilités. Elle endurcissait les courages et pas seulement le courage devant le feu, mais celui d'affronter les recherches et les interrogatoires de la Gestapo. Sens de la responsabilité, sens de la vie humaine, courage. La Résistance et les maquis ont donné ces qualités à ceux qui les ont connus. » Une métamorphose des hommes intimement liée à la métamorphose du combat : on pouvait commencer par lancer des œufs pourris et finir, si peu de temps après, adolescent martyr, sous les balles des nazis.

Des œufs pourris... Nous sommes à Paris, à la Sorbonne, en ces semaines où finit l'été et commence l'automne 1940. « Des tracts apparaissent, racontent Claude Angeli et Paul Gillet, entre les pages des livres empruntés aux bibliothèques ou parfois sur les bancs. Un jour du mois d'août, certains se mettent à voltiger de la galerie supérieure du grand amphi, alors que la lumière vient d'être éteinte pour une projection. Lorsque les cours reprennent vraiment, des incidents plus violents éclatent. C'est ainsi qu'un ami de Bob Kirchen, Tony Bloncourt, et quelques autres, bombardent d'œufs pourris un professeur qui se lance dans l'antisémitisme. Dans la chambre de Bob, on s'occupe la plupart du temps à rédiger des articles pour un journal clandestin, *La Relève*. » *La Relève* qui, le 15 septembre 1940, en est à son nº 8, porte en sous-titre : *Organe de l'Union des étudiants et lycéens communistes de France*... Le 9 mars 1942, lorsque Tony Bloncourt est fusillé, au Mont-Valérien, par les Allemands, il est âgé de vingt et un ans et dix jours. Le 11 août suivant, c'est au tour de

Bob Kirchen de tomber, face au peloton d'exécution, après condamnation à mort par les autorités d'occupation.

Dans le combat qui s'engage, des premiers actes comme les œufs pourris de la Sorbonne ont ainsi une valeur et une portée qui dépassent de loin leur impact immédiat. Valeur de symbole et valeur de germe. Les rappeler, ce n'est pas se laisser séduire par un folklore pittoresque ni s'attarder à chercher, la loupe à la main, des gestes isolés et de minime apparence ; non, c'est tout simplement s'efforcer de décrire la première phase d'un mouvement déjà irrésistible. « Nous étions un certain nombre à être possédés du besoin de faire quelque chose, dit Léo Hamon à Henri Noguères. Nous avions le sentiment qu'il fallait faire quelque chose, beaucoup plus nettement que nous savions ce qu'il fallait faire. » Ce « quelque chose » prend immédiatement les formes les plus diverses et les plus inattendues, les plus apparemment dérisoires comme les plus incroyablement audacieuses. L'apparition et le rapide développement en sont aussi chaotiques et désordonnés que le sont la conjoncture politique et la situation générale. On y peut toutefois distinguer d'emblée deux sortes de styles : style indirect et style direct. Le style indirect mêle la satire de l'ennemi et l'affirmation des valeurs que celui-ci veut détruire ou asservir. Le style direct annonce, prépare et ébauche ce qui sera plus tard l'action violente, la lutte armée.

La satire de l'ennemi se fait par plaisanteries colportées, par graffiti inscrits et papillons collés sur les murs, par tracts subrepticement distribués. L'affirmation des valeurs menacées apparaît également dans les graffiti, les papillons et les tracts mais aussi dans la soudaine et rapide exposition d'emblèmes et de symboles dont le public saisit immédiatement le sens. Les premiers gestes d'attaque directe préfigurent l'action violente et la lutte armée dans la mesure où ils consistent en sabotages qui causent déjà des dommages aux occupants et à leurs collaborateurs... Mais il y a aussi les ramassages clandestins et les dissimulations organisées d'armes de guerre dont les auteurs manifestent nettement leur intention patriotique.

L'humour en guerre

Même si un calembour n'est pas une grenade, l'importance des plaisanteries antiallemandes et antivichystes ne doit pas être sous-estimée. Le risque et le plaisir qu'on prend à les entendre et à les raconter entretiennent et développent un climat d'hostilité. Avec un sens aigu de la langue et de la psychologie françaises, l'universitaire anglais Ian Ousby, dans son livre *Occupation*, paru en 1997, rappelle comment le remplacement de la devise républicaine « Liberté, Egalité, Fraternité » par la devise pétainiste « Travail, Famille, Patrie », donna lieu à bien des « *mocking distorsions* ». Et Ousby cite trois de ces « moqueries » : « Trahison, Famine, Prison », « Tracas,

Famine, Patrouille » et « Travail : introuvable, Famille : dispersée, Patrie : humiliée »... Henri Michel insiste sur l'importance de ce que l'on pourrait appeler l'humour en guerre lorsqu'il écrit : « L'imagination populaire ne connaît plus de borne. En Alsace, on se gausse, que, dans une ville, une ancienne "rue du Sauvage", germanisée, s'appelle la "rue Adolf-Hitler". (...) Dans les départements occupés par les Italiens, des jeunes filles se promènent avec un bout de macaroni à la boutonnière de leur manteau. Lorsque les Grecs repoussent les Italiens en Albanie, une pancarte surgit à la limite de Menton annexée : "Hellènes, arrêtez-vous, ici commence la France" (...) Des charades régalent les connaisseurs, telle celle-ci qu'inspire la politique de Collaboration de Laval : "Mon premier ment, mon second ment, mon troisième ment, mon quatrième ment et mon tout ment plus que mes quatre parties", dont voici la solution : "pi-ment, erre - ment, lav - ment, al - ment : Pierre Laval". Les Parisiens appellent vite les femmes soldats des "souris grises". (...) Pétain ne sera pas ménagé ; on l'appellera "le connétable du déclin" ou "Saint Philippe qu'on roule" ; on découvrira que l'anagramme de son nom est "inapte", etc. »

L'historien américain Robert L. Bennett souligne de la même façon, le rôle des graffiti lorsqu'il écrit dans l'étude qu'il a consacrée à la presse locale de Caen sous l'Occupation : « Parmi ceux qui étaient restés dans la ville, tous n'étaient pas résignés à accepter le fait sans protester. Dès le 22 juin, on lisait dans les faits divers de *La Presse Quotidienne Caennaise* : « Quatre femmes ont été interpellées et appréhendées, route de Falaise. Elles s'amusaient à écrire à la craie des phrases injurieuses à l'égard des Allemands... Elles ont reçu la sévère admonestation que ces actes stupides méritaient amplement. » Dans son numéro du 28 juin au 4 juillet, *Le Bonhomme Normand* qualifie ces actes d'« absurdes maladresses. » Pourtant ce furent peut-être les premiers signes d'une attitude résistante parmi la population. » D'ailleurs, bientôt, sous une forme simplifiée et symbolique, rapide à tracer, directement significative et qui deviendra vite une sorte de signe de ralliement, l'usage des graffiti va être recommandé par Radio-Londres. Madeleine Gex-Le Verrier note que « la campagne des V, lancée par la BBC » connut une « portée (...) plus considérable que ne l'avait imaginé son auteur ». Et elle raconte à ce propos : « Un soir, nous entendons à la radio que tracer des V sur les murs signifiera désormais l'espoir en la victoire anglaise. Je trouve d'abord l'idée puérile, saugrenue ; cependant, poussée par la curiosité, je m'en vais par les rues le lendemain et, dès neuf heures du matin, je découvre sur les murs, les arbres, dans les métros, le symbole magique de la défaite allemande. La presse hitlérienne affecte de traiter les inscriptions de jeux d'enfants. Les V se multiplient et deviennent menaçants. Dans les quartiers populaires, ils sont tracés à la peinture, certains atteignent un mètre de haut. Les autorités occupantes exigent que la police française interdise ce que leurs journaux traitaient la veille avec mépris. Les commerçants sont déclarés responsables des inscriptions faites sur leurs boutiques, les concierges, des inscriptions sur les murs des immeubles dont ils ont la garde. Rien n'y fait. Dès qu'en maugréant le commerçant, le concierge, a effacé le signe de la délivrance, d'autres signes surgissent. » Dans son livre sur *L'Alsace sous l'Occupation allemande*, Marie-Joseph Bopp signale une autre forme d'emploi systématique des graffiti. « Les inscriptions des wagons de chemin de fer, explique-t-il, furent adroitement transformées aux fins de propagande par des résistants organisés. L'avertissement : "Achtung ! Verdunklung !" (attention à l'obscurcissement des trains) était devenu, grâce à d'habiles ratures, un menaçant : "Achtung ! Verdun !" (attention : pensez à Verdun !). A l'inscription de la serrure de sûreté : "Offen" (ouvert), on ajoutait un h pour en faire un "Hoffen" (espérer). "Raucher" qui indique le compartiment réservé aux fumeurs, était changé en "Rache" (vengeance). Au bout de quinze jours, tous les trains de voyageurs circulant en Alsace étalaient ces inscriptions. »

Quant à ce que nous appelions, tout à l'heure, les soudaines et rapides expositions d'emblèmes et de symboles de nature à stimuler le réflexe patriotique des Français, elles vont prendre les aspects les plus variés... Henri Noguères en cite brièvement quelques exemples caractéristiques, dont celui-ci : « Pour le 14 juillet 1940, Bocquet, contremaître chez Renault, répand par milliers des croix de Lorraine tricolores, découpées par Mme Tonnelle... »

Nous avons remarqué plus haut la simultanéité entre ce style d'attaque indirect contre l'ennemi et ses collaborateurs et le style direct annonciateur de l'action violente et de la lutte armée. Plus encore que de simultanéité, c'est d'interpénétration, d'osmose, qu'il convient de parler. Dans l'ouvrage collectif *Le Parti communiste français dans la Résistance*, ce rapport étroit est mis en évidence. « Au cinéma, y lit-on, les actualités sont ponctuées de bruits divers, voire sifflées ; l'occupant menace périodiquement de fermer les cinémas parisiens à la suite de manifestations considérées comme injurieuses à l'égard des troupes d'occupation. L'atmosphère d'hostilité qui règne à Paris est tellement sensible que, dès cette période, les nazis surnomment Paris "la ville sans regard" (*die Stadt ohne Blick*). Des "avis" de plus en plus fréquents, affichés ou publiés dans les journaux, font état de condamnations prononcées par les tribunaux allemands "pour offenses publiques à l'armée allemande". Ici, on a arraché des proclamations allemandes ; là, on a traité les occupants de "sales boches" ; là encore, on a bousculé sur les trottoirs, dans le métro, les représentants de "l'ordre nouveau". La Kommandantur de Nantes fait publier par le maire la lettre suivante : "La population civile, en ne s'écartant pas, gêne parfois consciemment les militaires allemands dans les tramways, à la montée et à la descente, ainsi que sur les trottoirs. Je prie M. le Maire de prendre des mesures pour que cesse cet état de choses.” Ces réactions, spontanées et quelque peu anarchiques, se transforment une fois disciplinées en une action organisée et efficace. »

« A l'eau et au pain sec »

Les « prières », telles que celle de la Kommandantur de Nantes, furent en général également exaucées par la plupart des édiles, mais pas toujours dans le même style. Il y eut une rhétorique de la servitude aux exemples divers. Celui d'Enghien-les-Bains, et de son beau lac si parisien, nous semble valoir d'être intégralement cité. L'affiche a été placardée le 3 septembre 1940. Elle est signée : « Le Maire : Patenotre-Desnoyers ». Elle commence par « Mes chers concitoyens » et poursuit : « J'ai déjà eu l'occasion de préciser les devoirs et les obligations qu'imposent à tous les épreuves douloureuses que traverse notre Patrie. Dans son immense majorité, notre population a intelligemment compris. Toutefois, certains de nos concitoyens persistant à discuter et commenter les mesures prescrites dans l'intérêt et pour la sauvegarde de tous, j'ai l'ordre des Autorités d'occupation de prescrire ce qui suit :

“1° A maintes reprises, il a été tenu des propos blessants pour les soldats allemands. En outre, certains éléments de la population, et surtout des jeunes gens, font preuve d'un manque de politesse sur les trottoirs.

“A l'avenir, ces manquements et propos SERONT PUNIS DE 3 JOURS DE PRISON, SUBIS À L'EAU ET AU PAIN SEC.

“2° Il a été constaté que certains commerçants appliquaient des prix plus élevés aux soldats allemands qu'aux civils.

“A la première constatation d'un tarif pareil, ces magasins seront fermés et LE PROPRIÉTAIRE SÉVÈREMENT PUNI, LE COMMANDANT DE LA RÉGION SE RÉSERVANT DE FIXER CETTE PEINE.

“3° Il a été constaté des détériorations volontaires à des lignes reliant les différentes unités d'occupation.

“En cas de récidive, J'AI ORDRE DE FAIRE GARDER CES LIGNES TÉLÉPHONIQUES PAR DES GARDES CIVILS (ces civils seront pris dans toutes les classes sociales, sans distinction).

“Les gardes des secteurs dans lesquels seront constatés de tels méfaits SERONT TRADUITS DEVANT LE TRIBUNAL DE GUERRE.

Je n'ai pas besoin d'insister sur la gravité de ces prescriptions. J'ai la conviction que notre population, ardemment patriote, comprendra la nécessité pour tous de se soumettre à certains devoirs et d'obéir à d'impérieuses obligations. Je demande plus particulièrement aux jeunes gens d'observer avec décence le respect que tout Français doit à d'irrémédiables deuils et de pitoyables misères, et d'éviter, par la dignité de leur tenue, une répression qui serait de nature à aggraver le malheur public. Je fais confiance à chacun de vous pour la tranquillité et la sauvegarde de toute notre population. »

Pour l'occupant fraîchement arrivé et arrogamment installé, tout autant que celle des municipalités, l'obéissance de la presse était indispensable. D'où les *Pressenotiz*, petits textes impératifs et tatillons où la répression violente sommeille — comme le cochon de la fable. Une des premières est datée du 10 mai 1940 (oui, dès le 10 mai) et destinée « à toute la presse dans les territoires occupés de l'Ouest ». En voici le texte : « L'administration militaire allemande attire l'attention sur le fait que les ordonnances et règlements arrêtés pendant l'occupation par les chefs militaires compétents ont force de loi. C'est pourquoi la connaissance de ces prescriptions est d'une importance extrême pour tout habitant du pays. Leur publication s'effectue dans le *Journal officiel contenant les ordonnances arrêtées par le groupe d'armées pour les territoires occupés*, partiellement aussi par affiche publique. En outre, les prescriptions seront discutées dans la presse et à la radio. Les ordonnances et règlements arrêtés par les chefs militaires allemands priment tous ceux propres au pays. Toutefois, les lois du pays restent en vigueur, tant qu'elles ne sont pas contraires au but de l'occupation. Désobéissance contre les ordonnances et règlements arrêtés par les chefs militaires allemands ne peut pas être excusée par l'ignorance ou le renvoi aux lois du pays actuellement en vigueur. »

En ce début d'Occupation, ce que veulent les nouveaux maîtres et leur personnel de maison vichyssois, c'est, sinon empêcher l'inévitable, du moins retarder le plus longtemps possible le moment où le sarcasme deviendra cisaille et l'hostilité latente ouvertement sabotage. Car les nazis redoutent que, comme le disaient plus haut les communistes, les « réactions spontanées (...) se transforment (...) en une action organisée et efficace ». Mais voici que tout le monde va être pris de vitesse. D'emblée, en effet, des actes isolés « et quelque peu anarchiques » vont, comme on dit trivialement, faire mal. Et, de nouveau, la preuve par l'affiche, par deux affiches...

La première est le premier *Appel à la population française* signé « le commandant en chef de l'armée » et que celui qui exerce effectivement ces fonctions à la tête des forces d'Occupation, le maréchal Walter von Brauchitsch, fait placarder, aussitôt après s'être installé, sur tous les murs de la zone occupée. Un texte où l'on peut notamment lire : « Les chefs militaires prendront les mesures nécessaires à la sécurité des troupes et au maintien du calme et de l'ordre. Les troupes ont reçu l'ordre de ménager les populations et leurs biens si elles restent tranquilles. (...) J'attends de la sagesse et de l'intelligence de la population même active contre l'armée allemande. (...) L'armée allemande regretterait si, par des actions hostiles de civils isolés, elle était obligée de répondre par des mesures très sévères contre la population. » (Nous reproduisons ici la version française originale du texte, y compris les fautes grammaticales.)

La deuxième affiche, celui qui l'a signée et la fait placarder, c'est l'équivalent de von Brauchitsch pour la Belgique et le nord de la France, le général Alexander von Falkenhausen. Nous sommes à la fin de l'été et il s'agit d'une ordonnance, prise au nom de l'OKT (Haut Commandement de l'Armée de Terre), « *gegen Sabotageakte* » (contre les actes de sabotage). Une ordonnance qui stipule :

« 1. — Le commandant militaire ou un autre service autorisé par lui à cet effet peut charger des civils de tâches de surveillance. Celui qui intentionnellement ne remplit pas les tâches lui étant conférées, ou qui ne les remplit qu'insuffisamment, sera condamné à mort.

2. — Quiconque cache ou héberge chez lui des prisonniers de guerre s'étant enfuis et se trouvant sans certificat de libération ou des personnes des armées ennemies qui sont en guerre avec l'Allemagne, sera condamné à mort.

3. — Dans des cas moins graves, relevant des paragr. 1 et 2 de cette ordonnance, ou en cas d'insouciance, la peine pourra être réduite aux travaux forcés ou à la prison. »

Etienne Achavanne, premier martyr de la Résistance ?

La preuve par l'affiche, disions-nous. Oui, la preuve que les sabotages ont bel et bien, très vite, commencé. Plus vite que ne l'attendait la Wehrmacht...

A quoi s'attaquent plus particulièrement ces premiers sabotages ? Un peu à tout. Selon l'occasion. Au sens strict du terme, on fait ce qu'on peut... Exemple caractéristique, le futur résistant et déporté qui, franc-maçon actif, avait, avant la guerre, fondé la loge Abbé Grégoire, nous raconte : « Je suis rentré chez moi, démobilisé, en août 1940, à Boulogne-Billancourt. J'avais passé la ligne avec un gros parabellum dans mes bagages. Avec mon voisin de palier, qui était un enragé, nous avons commencé par crever les pneus des voitures allemandes qui stationnaient dans le bois de Meudon. On peignait aussi des croix de Lorraine. » Toutefois, le plus souvent, c'est à couper les câbles téléphoniques que pensent immédiatement ceux qui, malgré la faiblesse de leurs moyens, veulent à tout prix gêner l'effort de guerre allemand. Dans leur synthèse sur *La France de 1914 à 1940*, Maurice Agulhon et André Nouschi notent : « Le premier acte repérable de résistance offensive opéré par un civil, un isolé d'ailleurs, est du 20 juin 1940 (...). Capturé, son auteur, Achavanne, est fusillé à Rouen le 6 juillet. » Dans son *Histoire de la Fédération CGT des PTT*, Georges Frischmann confirme à quelques jours près : « La presse de l'époque mentionne les câbles téléphoniques coupés dès juin-juillet 1940. Le premier, à notre connaissance, a été coupé le 16 juin 1940.

Il reliait le terrain d'aviation de Boos à la Feldkommandantur de Rouen. » Enfin, avant de préciser qu'il fut condamné à mort par une cour martiale allemande, dès le 28 juin, Henri Noguères ajoute : « A Rouen, le 20, un isolé, Etienne Achavanne, que la Résistance peut revendiquer comme l'un de ses premiers héros, sabote les lignes de communication téléphoniques entre la Feldkommandantur et le terrain d'aviation de Boos. Achavanne est pris et déféré à une cour martiale. Il paiera bientôt de sa vie ce geste individuel. Mais son action — ce premier sabotage — se solde par un bilan singulièrement lourd pour l'ennemi : rendu vulnérable aux attaques de l'aviation anglaise, le terrain de Boos est pilonné par une vague de bombardiers de la Royal Air Force. Dix-huit appareils de la Luftwaffe sont détruits au sol. Vingt-deux soldats allemands sont tués. » Le « premier acte *repérable* », écrivent Agulhon et Nouschi... Peut-être convient-il d'être plus circonspect. Il est risqué d'accorder à tel acte la primauté absolue alors même que les auteurs qui le mentionnent ne sont pas d'accord sur sa date (le 16 pour Frischmann, le 20 pour Noguères)... Mais la question se pose : Etienne Achavanne fut-il un des tout premiers, sinon le premier martyr de la Résistance ? Nous reparlerons d'Achavanne. Toutefois, une chose est sûre, c'est que ses émules vont vite être assez nombreux.

On ne peut citer aucun chiffre précis, et pourtant divers auteurs ont dressé des listes significatives. En nous référant, par exemple, à Hervé Le Boterf, pour la Bretagne, à Marcel Baudot, pour le département de l'Eure, à Henri Noguères et Charles Tillon, pour l'ensemble de la France, et sans mentionner en détail tous les cas de câbles coupés qu'ils ont recensés, l'énumération d'exemples que nous obtenons est déjà impressionnante. Le 28 juillet, la Kommandantur de Rennes annonce que des câbles et des lignes téléphoniques ont été sectionnés entre Rennes et Fougères. Début août, on signale deux sabotages de même type, à une semaine de distance, dans la région de Nantes. A la même époque, un autre câble est coupé non loin d'Angers. Fin août, mêmes « dégâts causés à des moyens de défense », à nouveau près de Rennes. Le 30, même chose par deux fois dans le département du Nord. Dans la nuit du 6 au 7 septembre, encore à Nantes, nouvel attentat contre les transmissions en face du n° 15 du quai du Commandant Charcot. Toujours en septembre, près de Lille, arrestations pour câbles cisaillés. Entre la fin septembre et le début d'octobre, plusieurs coupures dans la région d'Evreux. Le 23 octobre, c'est à Wervicq-Sud, dans le département du Nord.

En faisant, pour le mois d'octobre 1940, ce qu'il appelle « un bilan sommaire des actions directes menées contre l'occupant », Noguères écrit : « Les coupures pratiquées sur des câbles téléphoniques ou télégraphiques utilisés par les Allemands pour leurs transmissions restent les actes de sabotage les plus fréquents. On en signale en Normandie, à Grand-Couronne et à Evreux, en Seine-et-Oise, à

Champrosay, Verrières et Villacoublay, dans le Nord... » Et l'on pourrait continuer la liste : le 3 novembre, à Arras ; le 5, entre Chaville et Viroflay, dans la banlieue parisienne ; le 12, à Rennes ; le 15, entre Orival et La Londe, près d'Elbeuf ; dans la nuit du 30 novembre au 1er décembre, à Saint-Servan, en Bretagne ; dans la nuit du 8 au 9 décembre, à Saint-Père, près de Saint-Malo, etc. Ces actes que l'occupant, exaspéré, réprime en augmentant vite le nombre des condamnations à mort, ne font évidemment que rarement, au potentiel militaire nazi, un dommage comparable à celui exceptionnellement atteint, dès le premier coup, par Achavanne. Ils ont, toutefois, une grande portée du fait des réactions psychologiques et politiques qu'ils provoquent. Comme on l'a souvent dit, un sabotage atteint en général plus sûrement le moral des troupes que le matériel de l'armée.

Mais, dans la France de 1940, ce qui compte d'abord aux yeux des premiers résistants, ce sont les réactions de leurs camarades, déclarés ou potentiels, et celles de la population française elle-même. A ce sujet, prenons quatre exemples ; ils ne concernent pas des coupures de câbles de transmission, mais deux sabotages de panneaux de signalisation, un sabotage de locomotive et un sabotage de voitures. Cependant, les conclusions qu'on peut en tirer concernent l'ensemble des actes de sabotage effectués en ces temps de Résistance balbutiante. Prenons quatre exemples, et pour ce faire, retrouvons d'abord le plus inoubliable de nos témoins de l'appel du 18 juin, Louis de La Bardonnie... « Ce n'était pas tout, dit-il, d'avoir des renseignements, il fallait commencer à leur faire du mal... La première des choses, ce fut de retourner les flèches de signalisation que les détachements précurseurs clouaient aux poteaux télégraphiques. Il suffisait de les retourner pour les envoyer dans la direction contraire et créer des pagailles noires. L'organisation magnifique des Allemands ne pouvait pas prévoir cette forme minime de sabotage... »

Entre « câbles coupés » et « voies ferrées endommagées »

Pour le deuxième exemple, nous retrouvons Jean Chaumeil, un responsable communiste. Il nous raconte : « Dans le courant du mois de septembre 1940, nous avons commencé à recevoir comme directive de choisir les meilleurs camarades du Parti afin de constituer des groupes de l'OS... Qu'était-ce donc que l'OS ? Dès que ces deux lettres ont été connues, les journalistes collaborateurs ont prétendu qu'OS signifiait “Organisation soviétique”... En réalité, ça voulait, bien sûr, dire : “Organisation spéciale”... Les groupes de l'OS que nous avons donc ainsi commencé à constituer avaient pour mission d'assurer la protection des militants et le châtiment des traîtres, mais aussi d'entraîner les hommes aux futurs combats armés, de chercher des armes, de constituer des dépôts d'armes, de se préparer à s'en servir et puis, en attendant, de s'exercer par le sabotage des lignes téléphoniques allemandes, des poteaux indicateurs bilingues, par la destruction dans les usines de tout ce qui pouvait être détruit pour saper la production... Dans la banlieue Est de Paris, notre premier groupe OS a été constitué par cinq ou six camarades que dirigeait, tout d'abord, un militant d'origine serbe, le camarade Henri Coli. La première mission que ce groupe a eu à remplir fut de détruire, place Carnot, à Romainville, tous les panneaux indicateurs que les Allemands avaient installés dans toutes les directions afin d'orienter leurs convois vers Paris ou vers l'Est. A la Kommandantur de Montreuil, ils ont piqué une rage terrible quand ils se sont rendu compte qu'on avait détruit ces panneaux et ils ont même menacé de prendre des otages. En fait, ce fut un premier coup porté à l'ennemi. On en parla beaucoup dans la population et il exalta l'ensemble de nos camarades en nous permettant même de créer immédiatement d'autres groupes de l'OS pour notre région de Paris-Est... »

Le troisième exemple, c'est encore un communiste qui nous le fournit, Eugène Kerbaul, que nous avons déjà eu l'occasion de citer. Et cet exemple se situe quelques semaines plus tard, en Bretagne. « A Brest, nous dit Kerbaul, le premier sabotage communiste date de novembre 1940. C'est celui d'une locomotive. Dans la ville, alors, les gens ressentaient beaucoup le manque de beurre et de pommes de terre. D'autant plus que, tous les jours, ils en voyaient partir pour l'Allemagne. C'est pourquoi ce premier sabotage qui visait la locomotive d'un train transportant les pommes de terre en Allemagne a eu immédiatement une répercussion extraordinaire. »

Quatrième exemple enfin, celui qu'a rapporté Madeleine Riffaud en commentant *Les Carnets de Charles Debarge*. « Une nuit de l'automne 1940, écrit-elle, alors que sur le Nord (...) plane un silence terrible, soudain, des explosions. Une flamme éclatante, véritable aurore boréale, éclaire le pays minier du haut du plateau de Vimy (...). Hapiot, glorieux combattant des Brigades internationales (...) et Georges Capel, supérieur direct de Charles Debarge, ont incendié sur les hauteurs un parc de voitures allemandes... »

Ces quatre exemples, surtout celui de la locomotive de Brest, sont caractéristiques de l'effet psychologique, et donc politique, que produisent les sabotages, dès les premiers mois de l'Occupation. Mais ces exemples sont aussi intéressants pour ce qui est de l'évolution même du nombre et de la nature de ces sabotages. En effet, si les câbles coupés sont largement majoritaires dans la toute première période, les voies ferrées endommagées vont vite les rejoindre avant de les dépasser. Cette évolution marquera d'ailleurs une aggravation de la lutte puisque, d'une part, les sabotages ferroviaires auront des conséquences plus directement sensibles sur le fonctionnement même de la machine de guerre allemande et que, d'autre part, alors qu'il n'y a pas besoin d'être postier pour sectionner un fil téléphonique, il est difficile de perturber la circulation des trains sans l'aide d'aucun cheminot et que ce seront les cheminots eux-mêmes qui mèneront la « bataille du rail »...

Mais n'anticipons pas... Pour le moment, bornons-nous à noter avec Joseph Jacquet, auteur de *Les Cheminots dans l'histoire sociale de la France*, que « les actes de sabotage des voies ferrées qui ont débuté par celui du 16 juillet 1940 près d'Epernay » vont se multiplier. « Dès lors, ajoute le même auteur, lentement au début, car il faut s'armer, s'approvisionner en explosifs, apprendre à choisir les lieux les plus propices, puis de plus en plus rapidement, l'action de sabotage se développe sur les lignes comme dans les dépôts ; c'est le 20 juillet 1940 au dépôt de La Plaine qu'une locomotive tombe dans la fosse de la plaque-tournante. »

Le souci de montrer la part importante prise par les activités de sabotage dès le début de la Résistance ne doit cependant pas amener à minimiser celle que prirent simultanément deux autres sortes d'activités apparues tout aussi rapidement : le ramassage des armes et la recherche des renseignements. Et ceci d'autant plus que, si au début les sabotages apparaissent, à juste titre, comme la forme d'action la plus quantitativement répandue, ils permettent moins que les armes ou le renseignement d'observer, dès sa naissance, le processus de développement qui va être celui de la Résistance. Nous le savons, les premiers sabotages sont essentiellement d'abord des actes d'isolés. C'est, à l'époque, tout à fait normal puisqu'une bonne part du mouvement collectif ne pourra naître que de l'addition des initiatives personnelles de cette sorte. Toutefois l'exercice du sabotage ne contraint pas celui qui le pratique à rompre son isolement. Le saboteur peut travailler seul alors qu'on imagine mal des ramassages d'armes ou des recherches et collectes de renseignements qui ne soient pas destinés à *fournir* une organisation. Il est rare qu'on se renseigne pour le seul plaisir de savoir et que l'on s'arme sans se chercher une armée. Il y a même plus... Non seulement le ramassage des armes et la recherche des renseignements sont des facteurs d'organisation, donc des facteurs de croissance plus prometteurs que le sabotage, mais ils sont plus annonciateurs dans la mesure où, en observant les différentes manières dont ils sont pratiqués, on peut, très vite, prévoir les différences, les contrastes, les clivages qui deviendront des traits essentiels du visage de la Résistance.

Ravitaillés en armes par les égoutiers

Nous opposera-t-on que, pour quelqu'un qui veut à tout prix agir contre l'ennemi de sa propre initiative, il est tout aussi naturel de ramasser et cacher une arme que de crever les pneus d'une voiture ou de couper un câble téléphonique ? C'est vrai. Dans un premier temps. Mais aussitôt après, la présence même de l'arme pose des problèmes :

stockage, entretien, réflexion sur l'utilisation future, etc. et ce n'est pas un hasard si, dès 1940, à leur seule manière de chercher et conserver des armes, on peut distinguer déjà trois grands courants parmi les résistants. Il y a ceux qui les prennent quand ils en trouvent, à l'occasion, mais qui ne considèrent pas leur recherche comme une activité essentielle — ici, on peut parler de *bricolage*. Il y a ceux qui, même s'ils savent la difficulté qu'ils ont à en trouver, veulent à tout prix en découvrir et en garder et s'efforcent de tirer le maximum de toutes les possibilités qui se présentent — là, on peut parler d'*artisanat*. Enfin, il y a ceux qui, largement pourvus, se laissent totalement accaparer par le bon ordre et la qualité du stockage, sans se poser de question sur l'utilisation ultérieure — alors, on peut parler d'*industrie*...

Prenons quelques cas. A propos du *bricolage*, et pour qu'il n'y ait aucune équivoque quant au sens dans lequel nous employons ce terme, citons un patriote et martyr qui fut tout le contraire d'un bricoleur et qu'après l'avoir condamné à mort, les Allemands décapitèrent à Cologne, le 10 février 1943. Pour l'état civil, il s'appelait Jean-Baptiste Legeay ; en religion, il était devenu frère Clair-Marie de l'Institution chrétienne. André Perraud-Charmantier s'est fait plus tard son biographe et il écrit : « Dès les premiers jours de l'occupation, M. Legeay, patriote éclairé, se montre résolument hostile à l'occupant. Il presse les gens de ne pas apporter leurs armes aux commissariats et à la Feldkommandantur, les 19 et 20 juin, et en cache le plus qu'il peut. Très vite, il se met au service d'un des premiers réseaux de renseignements auquel appartiennent Mme de B... et Mme Christiane Seidel. Jusqu'au moment de son arrestation, il va se consacrer à ses deux tâches périlleuses d'agent de renseignement de l'Intelligence Service et d'agent de sauvetage de soldats ou d'aviateurs alliés. »

Autre cas, celui de Victor Chatenay, le futur fondateur d'« Honneur et Patrie », qui note : « Que faire ? Ramasser des armes, recueillir des renseignements sur les troupes, les trains, les avions. Je m'efforcerai de les faire passer par Rey et Gontran. Et aussi faire de la propagande pour remonter le moral des gens et répéter que les Allemands ne peuvent pas gagner la guerre. » Deux autres exemples, à propos de ce que nous appelons l'*artisanat*. C'est un ancien dirigeant de la Résistance en enfer, celle du camp de Buchenwald, puis ministre du général de Gaulle, Marcel Paul, qui nous dit : « Pour nos groupes OS de Paris, les premiers ravitailleurs en armes ont été les égoutiers. Les ateliers du service municipal des égouts dans le XVIIIe arrondissement, le XVIe, le XIVe, le Xe livraient chaque semaine un certain nombre de revolvers, de poignards ; toutes ces armes n'étaient pas utilisables, certaines étaient détériorées. Puis, et cela souvent, lorsque nous avions les armes, elles n'étaient pas accompagnées des munitions correspondantes ; néanmoins, cette activité a constitué pour la Résistance à Paris l'une de ses premières dotations en armement. A propos de cette activité de la première heure, on doit honorer le nom de deux ouvriers du service des égouts de Paris : Edouard Maury, militant communiste, dont l'action dans ce domaine fut réellement héroïque et Georges Blot qui, à lui seul, nous avait procuré cinq ou six revolvers en bon état ; cela avait alors une valeur que les mots ne peuvent exprimer. »

De même, c'est Charles Tillon, déjà rencontré, notamment pour son appel de Bordeaux, et qui, dans *Les FTP*, écrit : « La chasse aux armes a commencé en 1940. Elle durera quatre années. Comme dans l'Yonne, dans le Nord, en Bretagne, dans l'Aube, la question des armes inquiète dès 1940 les pouvoirs de servitude. Une circulaire en date du 28 novembre 1940 (référence Sûreté nationale DSP, 2e section) se rapporte à ces faits : "Une dépêche de M. le Préfet de l'Aube fait connaître, selon un renseignement recueilli de bonne source, que le parti communiste aurait organisé le ramassage sur tout le territoire des armes abandonnées par l'armée française ; enfin, la création d'équipes de choc à l'effectif de six à huit hommes est aujourd'hui envisagée." (...) Les régions où il fut possible de ramasser et de conserver des armes semblent avoir été les premières à receler des équipes naturellement décidées à en susciter l'emploi alors que la question de la lutte armée n'était pas encore politiquement posée. »

Enfin, à propos de ce que, par comparaison avec les deux autres formes de ramassage, nous appelons le ramassage *industriel* des armes, référons-nous à Henri Noguères. Il note : « Un autre noyau de l'armée d'armistice va se préoccuper, dès juin 1940, de préparer l'armée française à reprendre la lutte : le service CDM imaginé et mis sur pied par le colonel Mollard et dont le sigle désignera, selon le degré d'initiation de celui qui en entendra parler, la "conservation" ou le "camouflage" du matériel. Ce camouflage du matériel, des officiers s'y sont employés au lendemain de l'armistice et parfois même dès la veille. (...) "Le réseau, nous dit le général Mollard, s'est étendu progressivement à toute la zone Sud. C'est à Chamalières, Vichy et Royat qu'il prit naissance. A Vichy, nous animions l'ensemble de camouflage du matériel. A Royat, sous le couvert de la section autonome du Train, une petite équipe préparait, avec le concours de nos camarades, la mise sur pied d'unités de transport par l'entremise de sociétés anciennes ou à créer, volontaires pour recevoir et couvrir de leur activité commerciale le camouflage d'un nombre important de véhicules automobiles de toutes catégories susceptibles dans chaque région de transporter l'infanterie d'une division du type 1940 (...) Les armes furent disséminées dans les propriétés privées, les munitions dans les grottes, les véhicules dans les hangars et les bois, partout le matériel clandestin s'amoncelle. Nontron, Thiviers, Sarlat, Périgueux, Bergerac, Saint-Astier furent des centres de camouflage de matériel dans le Périgord". » Après avoir cité ainsi le colonel, devenu général, Maurice Mollard et quelques autres, Noguères ajoute : « On est tenté, évoquant après coup les activités ainsi déployées en circuit fermé, dès 1940, par une fraction de l'armée d'armistice, de les comparer à cet impérissable monument élevé à la gloire de la vaine obstination militaire que sera *Le Pont de la rivière Kwaï* : tant d'énergies dépensées pour “remettre l'armée française dans la guerre”, et si peu pour créer, à Vichy, des conditions politiques permettant cette reprise des combats... » Ajoutons, à notre tour, qu'un grand nombre des dépôts ainsi constitués par le CDM tombèrent tout simplement aux mains des troupes allemandes lorsque celles-ci envahirent, en 1942, la zone jusque-là réputée libre.

Des objets venus du futur

Il y a, comme ça, des moments où la règle de trois semble prévaloir... Après l'avoir vue s'imposer à propos du ramassage des armes, voici que nous la retrouvons au sujet du renseignement... D'abord, nous constatons la même division en trois attitudes, trois tendances et finalement trois conceptions. La seule différence est que nous devons intervertir deux des groupes précédemment cités. Ici, ce ne sont plus les gaullistes ou les résistants travaillant pour des réseaux alliés qui sont les « bricoleurs » et les communistes des « artisans », mais le contraire. Quant aux « industriels », il convient toujours de les chercher du côté de l'« armée de l'armistice »... Peut-être même, à propos du renseignement, les choses deviennent-elles encore plus claires, les attitudes encore plus logiques et d'autant plus explicables... Si les communistes s'acharnent à la chasse aux armes bien qu'apparemment ce soit à eux qu'il doit être le plus difficile d'en trouver, c'est parce qu'ils savent bien que, dans leur situation, sans armes on ne peut rien. De même, si, surtout au début, ils n'accordent que peu d'importance à la recherche du renseignement de nature militaire, n'est-ce pas tout simplement parce que, méfiants comme ils le sont à l'égard de la Grande-Bretagne, donc peu soucieux d'alimenter Londres en renseignements, ils ne vont pas dépenser du temps et de l'énergie à la recherche d'éléments qu'ils savent par avance inutilisables pour eux ?... En revanche, du côté des gaullistes et des membres des réseaux alliés, comment des résistants qui s'entendent chaque jour répéter que le besoin en renseignements est de plus en plus urgent alors que l'action armée ne viendra que plus tard, comment ces résistants ne négligeraient-ils pas délibérément le ramassage des armes au profit de la recherche du renseignement ?... Cependant, de même que les véritables stocks d'armes, la grande majorité des spécialistes du renseignement n'ont rejoint ni les rangs communistes, ni les rangs gaullistes. Et ce n'est pas un contact avec un officier de l'Intelligence Service, même chaleureux, qui suffit à faire d'un simple citoyen français un professionnel des services secrets. Pas plus qu'on ne trouve en général d'automitrailleuses dans les égouts parisiens. Non, les officiers du 2e Bureau restent, dans leur immense majorité, en poste dans l'armée de l'armistice. Encore plus que leurs collègues du CDM, on les y voit déployer une activité fébrile... Avant d'en reparler plus loin, notons que cette fébrilité fut tout à la fois source d'ambiguïtés politiques et d'efficacité résistante.

Au terme de cette tentative pour rappeler ce que furent les premiers gestes, les premiers actes de 1940, c'est volontairement que nous passons rapidement aussi bien sur les premiers attentats que sur les premières manifestations de rue. Lorsque, plus loin, nous les réévoquerons, ce sera dans le contexte du combat total engagé par la Résistance contre l'occupant et contre Vichy. Ce sera donc dans leur véritable contexte. En effet, le revolver qui, le 14 août 1940, tue le matelot allemand Heinrich Conrad, à Royan, tout comme la « machine infernale » que les patriotes bretons Marin Poirier, Paul Bocq, Henri Adam et Maurice Tattevin font exploser dans les locaux du Soldatenheim de la place Royale, à Nantes, le 26 décembre, ne sont encore, dans l'hiver 1940-1941, que des objets venus du futur. Un futur très proche, certes. Un futur que rendent encore plus tangible les grèves qui, le 30 août, le 4 septembre et durant tout le mois d'octobre, secouent le pays des mines ; un futur qu'éclaire singulièrement la manifestation des étudiants, le 11 novembre, en plein Paris. Mais le futur, néanmoins, alors que le présent reste le temps de ceux qui crayonnent sur les murs et de ceux qui apprennent à ronéotyper...

Le temps, surtout, où, comme nous le dira François Faure, « tout le monde se cherchait ». Le temps où, comme le confiera Léo Hamon à Henri Noguères, « nous cherchions désespérément des hommes avec qui nous pourrions nous concerter ». Le temps à propos duquel les historiens Maurice Agulhon et André Nouschi écriront, trente ans plus tard : « Le verbe *contacter* se crée à cette époque et il évoque typiquement la Résistance... »... Un temps que l'ouvrage collectif *Le Parti communiste français dans la Résistance* rappelle en ces termes : « Cette première période de la Résistance peut apparaître bien humble et sans éclat en regard des grandes luttes qui vont se dérouler ensuite. »

Pourtant, les six derniers mois de l'année 1940 et les premiers de 1941 ne sont pas seulement la longue saison des précurseurs. La Résistance y fait bien plus que ses premiers pas. Lorsque sonnent les cloches du plus lugubre des Noëls, les principales fondations sont déjà en place et les plus précieuses graines en terre. C'est déjà beaucoup, car il y a peu, dans l'Histoire, de pays et d'époques où tant d'organisations clandestines, de réseaux et de groupes de toutes sortes soient nés en si peu de temps. D'un certain point de vue, n'est-ce pas trop ? S'ajoutant aux profondes divisions sociales, idéologiques et politiques, cette extrême fragmentation ne fait-elle pas, dès le début, courir à la Résistance un terrible danger de division ? Oui et non. Plutôt non, car finalement l'unité l'emportera et, malgré de sérieuses querelles internes, l'éparpillement premier se révélera un facteur de souplesse qui permettra à cette révolte très organisée de faire face, de façon souvent originale, aux situations les plus diverses.

« Une infinité de cristaux »

Une révolte très organisée. Vraiment très organisée ? Tellement organisée, la Résistance ?... Oui, tellement organisée par peur de ne pas parvenir à l'être. Par obsession des dangers de l'amateurisme. Par crainte de n'être qu'un assemblage éphémère de rouages tournant à vide face à la formidable machine, la machine si terriblement bien huilée de l'oppression. La peur de paraître velléitaire face à la violente volonté de l'oppresseur. Aussi bien l'une des caractéristiques importantes de la Résistance est-elle d'avoir suscité en un minimum de temps un maximum d'organisations, d'avoir amené un nombre notoirement restreint de participants à devenir des architectes de l'action et à concevoir pour se réunir un nombre aussi vaste de structures les plus variées, d'avoir orienté vers un même but tant d'entreprises imaginées et menées de façons aussi diverses. On pourrait presque encore s'étonner aujourd'hui que ce seul mot de *Résistance* englobe à lui seul tant de sens, qu'il parvienne à désigner tant de manières qu'eurent les Français de refuser de vivre « sous la botte allemande et l'escarpin italien », selon l'image employée par Charles de Gaulle le 26 juin 1940 et que nous avons déjà citée... Rappelant que c'est précisément dans la bouche de De Gaulle parlant au micro de Radio-Londres que l'on trouve pour la première fois le mot, le 22 juin, Henri Michel et Boris Mirkine-Guetzévitch ajoutent que le même vocable « finit par désigner tous ceux qui refusaient d'accepter l'armistice et de croire la défaite définitive et qui luttaient, chacun dans sa sphère et selon ses moyens, pour être délivrés de l'occupation allemande. Initialement ils étaient peu nombreux et ils s'ignoraient les uns les autres. Toute l'histoire de la Résistance est faite d'un long effort pour grouper les divers éléments qui la composaient (...). Immense effort sans cesse recommencé par suite des amputations subies dans les combats, ou du fait de la répression allemande. »

Un processus finalement très net : de la définition à l'organisation, de l'organisation à l'unité... Une unité forgée à partir des éléments les plus divers. Cette diversité des motivations, des adhésions et des attitudes, nous en savons maintenant l'importance. C'est pourtant à elle qu'il faut revenir si l'on veut rappeler comment s'organisa *réellement* la Résistance. Ce n'est pas difficile car, d'abord ressentie comme une difficulté mais devenant vite un gage de vie interne intense, cette diversité saute littéralement aux yeux de tout observateur... Ce notable de la Sarthe, le docteur Delaunay, qui, du 25 juin 1940 au 8 août 1944, tint un journal intime dans les riches pages duquel nous avons déjà puisé des citations, note à la date du 9 octobre 1941 : « Des arrestations en masse ont lieu ; peut-être soupçonne-t-on un complot gaulliste ou communiste, à la suite des attentats contre des Allemands à Paris, Nantes et Bordeaux. Les directeurs des deux Mutuelles d'assurances, Singher et Lelièvre, de la Défense automobile et sportive, Latouche, le curé de Saint-Pavin, Hubert, un de ses vicaires, Guéné, une sage-femme, un médecin général, une somnambule extralucide, deux quincailliers, un marchand de parapluies, deux avocats, dont l'ancien bâtonnier Simon, l'industriel Garczynski, le président des Mutilés de guerre Duclos, une institutrice laïque sont incarcérés. Sont empoignés au petit jour par la Gestapo, un jeune homme, Maury, tiré de son lit par les cheveux, emmené à peine vêtu, et le docteur Crétin. » André Pioger qui publie et commente le journal du docteur Delaunay ajoute : « Sont arrêtés, en plus des personnes désignées (...) le "suisse" de l'église Saint-Pavin, Yvon, qui avait voulu défendre son curé ; un dentiste, Menu ; un agent d'assurances trop bavard, un directeur de cinéma, cinq ingénieurs des usines Renault, un coiffeur et un troisième médecin. »

Evoquant ce même mois d'octobre 1941, Henri Noguères, Marcel Degliame-Fouché et Jean-Louis Vigier établissent un parallèle qui, compte tenu des différences très notables de conceptions et d'objectifs immédiats, peut surprendre mais est néanmoins significatif ; un parallèle entre les naissances de deux nouvelles structures qui voient alors le jour à peu près simultanément, « celle de l'OS, l'Organisation spéciale mise sur pied par les communistes en vue de l'action contre l'occupant, et, en zone libre, celle du réseau créé sous le couvert de la Légion des combattants, par l'ancien cagoulard Loustanau-Lacau ». Puis, commentant cette simultanéité, les trois auteurs d'*Histoire de la Résistance en France* ajoutent : « Ainsi apparaissent au même moment, par une coïncidence qui revêt presque une valeur symbolique, deux mouvements animés par des gens aussi dissemblables, aussi opposés, aussi hostiles que pouvaient l'être des communistes et des cagoulards, mais temporairement tendus vers un seul et même but : lutter contre l'occupant. »

Toutefois, redire l'importance de cette diversité ne suffit pas si l'on ne cherche pas à l'expliquer.

L'analyse la plus classique, la plus communément admise de ce mécanisme de la diversité est celle qu'avança Germaine Tillion en recourant à une allégorie chimique, à une comparaison avec le phénomène de *cristallisation*. « Chaque cristal, écrit-elle, par ses multiples facettes, touche à une infinité de cristaux analogues, et, au fur et à mesure qu'ils entrent en contact avec la masse inerte et liquide — mais saturée de sel — que représente alors la population française, cette masse cristallise à son tour. » Utile comparaison — à la nuance près qu'en une matière aussi humaine, la réalité se complaît à démentir sans cesse toute règle, toute formule. « Je connais quelqu'un, nous raconte ainsi Léo Hamon, qui m'a dit, bien après la guerre : "Pourquoi ne m'avez-vous pas dit ce que vous faisiez précisément ? Moi, je n'ai pas pu entrer dans la Résistance, je n'ai pas trouvé, je ne suis pas arrivé à être enrôlé..." Or, je suis persuadé de l'entière bonne foi de cette personne qui a eu, dans l'ensemble, une attitude très courageuse, très digne. »

Une véritable France souterraine

Apparemment contradictoires, cette grande diversité des recrues et cette difficulté à se faire recruter sont donc, en fait, complémentaires. Si l'on en tient compte, on comprend mieux pourquoi le temps de la Résistance fut à la fois l'époque où tant de vieilles structures sociales et politiques tombèrent en ruine et l'époque où tant d'autres — quand ce ne furent pas les mêmes — structures sociales et politiques servirent de berceau à des organisations de Résistance dont elles avaient énormément facilité la naissance. « L'organisation la plus facile, écrit Lucie Aubrac, était la reconstitution clandestine de partis, mouvements ou groupes interdits par Vichy. Ils retrouvèrent leurs adhérents, essayèrent de les intégrer dans les nouvelles formations, adaptant tous leur programme d'avant-guerre à la lutte contre l'occupant allemand ou vichyste. »

Cependant, là encore, on doit se garder de trop généraliser. En effet, nombreux étaient ceux que l'invasion rendait soudain brûlants d'agir sans que pour autant ils eussent, avant le conflit, éprouvé le besoin d'adhérer à un parti ou même de fréquenter une quelconque association. Le même auteur le sait bien qui ajoute : « L'idée du mouvement de Résistance proprement dit prit corps chez ceux qui, non organisés, voulaient se grouper pour faire de la propagande en faveur de leurs idées. (...) Chacun des membres du petit groupe primitif recrutait autour de lui des personnes sûres, ses amis, ses parents, ses relations de travail. On établissait ensemble un plan d'action et, le noyau grandissant, on put arriver très vite à une spécialisation des adhérents. C'est alors que le mouvement se créait. » Réaction classique de néophyte, l'inorganisé qui s'organisait était, plus que tout autre, facilement en proie à la crainte de ne pas l'être assez... Une crainte qui eut finalement des conséquences positives. Ce souci contribua en effet beaucoup à la rapidité d'édification des nouvelles structures qui s'effectua à un rythme souvent incroyable, avec une célérité d'autant plus remarquable qu'on sait à quel point la conjoncture multipliait les embûches. C'est ainsi que, malgré le caractère momentanément marginal mais toujours minoritaire du phénomène, proliféra et s'installa en moins de trois ans une véritable France souterraine toujours mortellement menacée mais toujours aussi remarquablement organisée. Maurice Agulhon et André Nouschi constatent : « Après plusieurs mois de croissance et d'évolution, les principaux mouvements de Résistance pourront être des organismes très complexes et différenciés, avec des branches très spécialisées (fabriques de faux papiers, fabriques d'explosifs), des responsables très hiérarchisés, depuis les dirigeants qui n'agissaient que par contacts avec leurs subordonnés directs jusqu'aux exécutants, aux agents de liaison et jusqu'enfin aux nombreux sympathisants, de rôle modeste mais indispensables, qui hébergeaient à l'occasion ou servaient de "boîte aux lettres". Tout cela très cloisonné, à l'abri de pseudonymes, de mots de passe, de tout un code de "règles de la clandestinité" qui s'élaborent peu à peu et que la répression policière (vichyssoise ou allemande) rend indispensables. »

Généralement, l'abondance d'organisations et la multiplication de structures complexes entraînent une égale multiplication des relations entre les divers appareils, leurs nombreuses subdivisions et tous les individus qui les composent. Or, non moins généralement, l'augmentation du nombre et de la fréquence des relations entraîne une augmentation à peu près proportionnelle des chances que l'on a d'en retrouver trace plus tard. Des générations d'historiens ont béni le zèle administratif des scribes de Babylone alors même qu'ils déploraient l'inorganisation des temps homériques. Toutefois, là encore, en ce qui concerne la Résistance, c'est le contraire de ce que l'on pouvait attendre qui s'est produit... En effet, plus on s'organisait, plus on pouvait diffuser largement des consignes de sécurité et en obtenir une application plus stricte. Or, un des buts principaux de ces consignes était précisément d'amener les résistants à effacer toutes traces pour que l'ennemi ne puisse pas les relever et en nourrir les dossiers de la répression. On évitait de prendre des notes en apprenant le plus possible par cœur. Les messages à mots convenus et les rapports codés, quand ils n'étaient pas immédiatement brûlés après lecture, cessaient d'être intelligibles lorsque leurs décrypteurs possibles oubliaient volontairement la clef tombée aux mains de la police afin d'en apprendre une nouvelle entièrement différente. Ainsi un grand nombre d'organisations n'eurent-elles pour archives que la mémoire de leurs principaux membres. Mémoires comme toute mémoire influençables et faillibles, mais surtout mémoires mortelles. Comment s'étonner, dès lors, que si peu de temps après les faits, sur les lieux mêmes qui en avaient été le théâtre, parmi tant de survivants, des hommes disposant des mêmes éléments de connaissance et à qui l'on reconnaissait la même honnêteté de jugement aient pu porter sur la Résistance des appréciations si différentes ? Nous avons déjà vu et nous aurons encore l'occasion de constater ces criantes divergences... Un seul exemple : celui de la date de naissance, des débuts réels de la Résistance. A notre sens — et nous pensons l'avoir déjà montré dans les pages qui précèdent — c'est avec les premiers jours de l'été 1940, avec le début de l'occupation de la France que, presque immédiatement, commence la Résistance. En revanche, un témoin particulièrement averti, Pierre Corval, coordinateur de la presse clandestine, futur dirigeant démocrate chrétien et directeur du *Maine libre*, nous déclare textuellement : « Au début, il y avait différents petits groupes qui discutaient à perte de vue sur la manière dont on pourrait "en sortir", mais nous étions encore très hésitants sur les méthodes à suivre... A mon niveau, la Résistance ne commence à s'organiser en mouvements, avec tout ce que cela comporte comme organisation, comme hiérarchie, etc. que fin 1941 et début 1942... »

Et, quand l'incertitude se fait trop pressante, on n'a même pas la possibilité de recourir à la fragile certitude des chiffres. La Résistance a la réputation bien établie d'échapper à toute statistique, si générale fût-elle. Extrêmement rares sont les protagonistes du combat clandestin qui acceptent, par exemple, de porter une appréciation chiffrée sur les effectifs par organisation, par région ou même par époque. Evidemment, en pareille matière, l'argument selon lequel, lorsqu'on a la police à ses trousses, on ne songe guère à passer ses hommes en revue ni à faire l'appel pour vérifier l'effectif est un argument écrasant. Il oblitère et rend à jamais douteux tout dénombrement qui se voudrait précis et complet. Exclut-il pour autant que, sur la base de témoignages sérieux et d'estimations faites par des hommes ayant eu en main, depuis la guerre, les dossiers dits « de liquidation » des principaux mouvements, on veuille néanmoins essayer de permettre au lecteur de se faire une idée un peu plus précise qu'auparavant non seulement de la qualité mais aussi de la quantité des résistants ?

Les statistiques du ministère

Entre le 18 avril et le 19 mai 1966, l'émetteur France-Culture de l'ORTF diffusa plusieurs entretiens entre Francis Crémieux et Emmanuel d'Astier de la Vigerie. C'est au cours de l'une de ces conversations radiophoniques que d'Astier déclara : « Au début de 1942, le mouvement Libération rassemblait déjà quelques milliers d'hommes, pas plus. En France au début de 1942, il y avait peut-être quinze mille résistants, du nord au sud. Je ne parle pas des gens qui écoutaient la radio anglaise — que nous n'appelions pas des résistants. Nous étions très peu de clandestins, peut-être mille, à part le Parti communiste. » Louis-Eugène Mangin, qui fut le premier « délégué militaire pour la zone Sud » que le général de Gaulle ait envoyé en France occupée, nous raconte : « En octobre 1943, des chefs de la Résistance reçurent, de la part d'Allen Dulles, alors représentant de l'OSS, donc des services secrets américains, à Berne, l'invitation de se rendre en Suisse pour venir avec lui dresser un bilan. Jacques Bingen, qui était en quelque sorte, alors, mon homologue politique comme délégué général adjoint du général de Gaulle pour la zone Sud, me dit qu'il savait bien que Londres voyait cela d'un mauvais œil mais qu'il pensait néanmoins que c'était une bonne chose d'y aller pour savoir un peu ce qui s'y dirait et pour y exercer un certain contrôle. L'inconvénient, c'était que la présence de l'un de nous officialisât ce déplacement et cette mission. Finalement, moi qui étais au début de ma mission, j'ai considéré qu'il y avait là un excellent moyen de m'informer et j'ai décidé d'y aller. Le voyage a réuni Guillain de Bénouville, pour la zone Sud ; le fils du bâtonnier Arrighi, Pierre, qui n'avait alors que vingt et un ans, pour la zone Nord ; Dejussieu-Pontcarral, un officier d'active, nouveau chef d'état-major de l'Armée secrète en qui j'avais trouvé un bon interlocuteur. Il y avait en plus Marcel Degliame-Fouché qui était là au titre de chef de l'"action immédiate" et Jacques Monod, alias commandant Malivert, au titre des FTP, deux hommes qui pouvaient parler des maquis et des "terroristes"... Nous sommes allés à Genève après avoir passé la frontière avec l'aide des douaniers d'Annemasse. Nous étions attendus de l'autre côté par les services de renseignements suisses avec lesquels Bénouville avait des contacts. La Résistance donnait des informations sur l'armée allemande au SR suisse lequel favorisait ce genre de passage. Nous sommes restés quinze jours en Suisse. Nous y avons fait un exposé de l'état de la Résistance, de ses effectifs, de son organisation. Ce fut l'occasion pour tout le monde de mettre quelques chiffres en avant. Grosso modo, on estimait alors les effectifs qui étaient rattachés aux réseaux à une moyenne de 3 000 par département et les effectifs des maquis à 20 000 environ au total. Bien sûr, c'était très approximatif et chacun avait, en plus, intérêt à grossir les effectifs de son propre groupe. En outre, il aurait fallu compter les sympathisants ou ceux qui rendaient des services sans être vraiment affiliés. » Mais, dira-t-on, lorsque après la guerre il a fallu reconnaître, authentifier, en termes administratifs : *homologuer* les titres de Résistance ; lorsqu'on a dû décerner des décorations et attribuer des pensions, les services officiels ont bien été en mesure de dénombrer les résistants... Certes. Toutefois, il serait trop simple de croire qu'une plongée dans les archives du ministère des (parfois secrétariat d'Etat aux) Anciens Combattants et Victimes de guerre suffirait à nous éclairer. Jamais guerre n'a connu autant de « soldats inconnus » que cette guerre de l'ombre. Tant de Françoise, de Jean, de Pierre, de Jacques y sont passés qui n'ont laissé d'autre trace que le souvenir de leur héroïsme et n'eurent d'autre tombe que la fosse commune... Que peut alors fournir le ministère ? Des chiffres, malgré tout... Et essentiellement une statistique sur le nombre de titulaires de la carte de « combattant volontaire de la Résistance » (CVR). On y apprend que, au 31 décembre 1970, 213 435 personnes s'étaient vu attribuer cette carte, 183 507 à titre « métropolitain » et 29 928 à titre « extra-métropolitain. »

La condition pour devenir titulaire de la carte de CVR est d'avoir appartenu à une organisation de Résistance homologuée au moins trois mois avant le 6 juin 1944, date du débarquement des troupes alliées en Normandie, c'est-à-dire dans une période antérieure au 6 mars 1944. Cependant, la carte de CVR n'est pas le seul document officiel témoignant de la participation à la Résistance. Les autorités compétentes délivrent également des cartes du combattant à des personnes n'ayant pas été soldats au sens classique mais « au titre de la Résistance ». Pour en obtenir une, il faut avoir participé au combat clandestin ou aux batailles de la Libération au moins trois mois avant cette Libération, c'est-à-dire dans une période antérieure à une date qui varie selon les départements et qui, grosso modo, oscille entre le début mars et la fin juin 1944. 1 960 597 cartes du combattant ont, au total, été délivrées au titre de la guerre 1939-1945. Par comparaison, notons que quatre millions et demi de cartes environ avaient été attribuées au titre de la guerre de 1914-1918... En commentant ces chiffres mais sans vouloir s'engager plus directement sur un terrain qu'il juge épineux et propice aux erreurs, un des dirigeants de l'association d'anciens résistants qui compte le plus de membres, l'ANACR, nous a dit : « Le caractère trop strict des conditions d'attribution de ces cartes et la négligence de trop de nos camarades qui n'ont pas pris la peine de faire les démarches nécessaires à leur obtention ont arbitrairement restreint les chiffres que vous pouvez trouver dans les statistiques officielles. En admettant que le résistant se définisse d'abord par le danger volontairement couru, je pense que l'on peut estimer que, si, dans la France de 1940, il n'y avait pas plus d'une dizaine de milliers de personnes engagées dans la lutte clandestine, quatre ans plus tard, en juillet 1944, les effectifs avaient centuplé et atteignaient le million. A la veille de la Libération, il me semble raisonnable d'avancer que les Forces françaises de l'intérieur (FFI) comptaient environ 800 000 hommes en opération. Sur ces 800 000, 140 000 ont été intégrés à la Ire armée française avant la fin de 1944. Cela dit, le nombre de cartes de CVR me paraît se rapprocher beaucoup plus de la vérité lorsque l'on tient compte du fait que ce que certains appelaient les "grands mouvements" avait un effectif oscillant entre 1 000 et 20 000 membres tandis qu'il était rare que les très nombreux réseaux réunissent plus de 10 à 200 affiliés. Les quelque 2 000 membres du réseau Alliance font, de ce point de vue, figure d'exception... »

« Un Français sur cent », selon de Gaulle

Au bout du compte, l'estimation gaullienne fait plutôt figure de moyenne... C'est lors d'un voyage à Limoges que, le 20 mai 1962, Alain Peyrefitte demande à Charles de Gaulle : « A combien évaluez-vous le nombre des résistants ? » Et le général lui répond : « Oh... Ça ne va pas loin. Si l'on compte tous ceux qui ont accompli un acte *volontaire* : engagés dans les FFL, les FFI ou les réseaux évadés, réfractaires, eh bien ça fait, paraît-il, quelque chose comme quatre cent mille (sans compter, bien sûr, les victimes *involontaires*, comme les prisonniers). C'est-à-dire un Français sur cent... »

On aura remarqué qu'en glissant « paraît-il » dans son propos, de Gaulle se montre prudent. On remarquera aussi que, par-delà leur caractère approximatif et aléatoire, ces quelques éléments statistiques confirment la vérité d'une évolution que nous avons déjà observée et selon laquelle la Résistance, si elle fut toujours minoritaire, ne fut marginale qu'à ses débuts pour devenir finalement l'avant-garde mais aussi l'expression d'une masse de Français qui, eux, étaient majoritaires... Lors de la sortie sur les écrans du film *Le Chagrin et la Pitié*, cette résistante de la toute première heure que fut Germaine Tillion écrivit, dans *Le Monde* du 8 juin 1971, un article intitulé *Un profil non ressemblant*, pour en contester le caractère à ses yeux exagérément pessimiste. Elle y disait notamment : « La majorité silencieuse ne mérite pas un mépris si souverain. Citons quelques petits faits, entre autres, qui le montrent... Lorsqu'un aviateur anglais tombait de nuit, en parachute, dans la campagne française, les gens qui, bien involontairement, le réceptionnaient dans leur champ ou leur jardin avaient peu de chances "statistiques" d'appartenir à la Résistance (car il est vrai que les éléments *permanents* de celle-ci furent peu nombreux). Mais ils n'avaient aucune peine à lui procurer les faux papiers, les vêtements civils, les hébergements et les convoyeurs nécessaires ; ils le firent... Tous les déportés jetèrent par les fenêtres des wagons, de préférence aux passages à niveau, des dizaines de milliers de chiffons de papier, portant une adresse et une phrase. Dans ces messages, la proportion de ceux qui n'arrivèrent pas à destination est infime... Dès 1941, à Paris, les familles qui portaient des colis à la prison du Cherche-Midi, de la Santé ou de Fresnes recevaient de leurs fournisseurs habituels des denrées, réputées introuvables, destinées au prisonnier... »

Mais alors, comme chantait Guy Béart, qui croire ?... En vérité, personne et tout le monde. En effet, même si les statistiques sont inexistantes ou incertaines, même si les témoignages sont subjectifs et forcément incomplets, même si les organigrammes sont toujours établis après coup avec une irrépressible tendance à l'enjolivement de la réalité, ici, la richesse humaine est immense. Aussi bien, même imparfait et lacunaire, même parfois partial, tout examen devient-il vite passionnant. Tenons-nous-en, pour l'instant, à un panorama...

A mi-chemin entre la carte géographique et l'organigramme, tout panorama général de la Résistance laisse apparaître, par-delà l'impossibilité d'inventaire déjà constatée, sept grandes régions ou secteurs dont il faut admettre que, simultanément, ils se différencient de plus en plus dans la mesure où ils se structurent plus fortement, et ils s'imbriquent ou s'amalgament de plus en plus dans la mesure où l'ampleur croissante du phénomène et les succès remportés en commun accroissent la force attractive de la finalité commune.

Les deux groupes les plus considérables sont, on le sait, ceux constitués par les gaullistes et par les communistes. L'un et l'autre surmontent vite une importante difficulté congénitale. Les preuves que, dans la lutte même, les communistes donnent de leur détermination et de leur efficacité, l'énergie et l'astuce qu'ils mettent à favoriser le rassemblement de gens à qui ils ne demandent pas d'être pour autant adeptes de leur doctrine, dissipent assez rapidement les méfiances, les préventions et les craintes qui, d'abord, les contraignaient à vivre en circuit fermé. De même, dans le creuset de l'action pratique, dans l'impérieuse nécessité de s'affirmer et de se faire admettre par des alliés anglo-américains d'abord incrédules, dans l'obstination communicative de leur fondateur et chef intransigeant dont ils partagent vite la soif de légitimité et dans les obligations que leur crée une image d'eux-mêmes engendrée par la légende (Radio-Londres, symbole de la « France libre », combat de Leclerc en Afrique, etc.) les gaullistes trouvent la force de surmonter les handicaps que sont le caractère hétérogène de leur recrutement, l'autocratisme du général de Gaulle ainsi que leur relative ignorance des sentiments réels et de l'évolution complexe de la Résistance intérieure.

En effet, hormis les communistes et ceux qui, d'emblée, se rattachent au gaullisme, les hommes de la Résistance intérieure, plus spécialement ceux qui, avant la guerre, ne participaient à aucune action concertée ou bien avaient cru, dans l'effondrement général, perdre les moyens de cette action, ceux-là répondent à la nécessité où ils se trouvent d'improviser leurs structures par la création de ce qu'on appellera les « mouvements » tels que Combat, Libération, Franc-Tireur, Défense de la France, l'OCM, etc., et qui constituent donc le troisième grand secteur.

L'état inhabituel dans lequel se trouve la France entre 1940 et 1944 fait naître, outre les mouvements, une autre forme originale d'organisations à vocation et recrutement plus limités : les « réseaux ». Des réseaux de renseignement essentiellement, mais aussi d'évasion, de transmission, etc. Si beaucoup de réseaux sont suscités par les envoyés spéciaux que délèguent en France occupée les services secrets britanniques et les services spéciaux du général de Gaulle (BCRA), nombreux sont aussi ceux qui naissent spontanément de la réunion de quelques personnes désireuses de « faire quelque chose ». Toutefois, parce que si l'on recueille des renseignements c'est évidemment pour les transmettre à quelqu'un et parce que, pour faire vivre un réseau, on a besoin de moyens techniques et financiers, la plupart, sinon tous les réseaux spontanés se rattachent très vite aux centrales londoniennes, gaullistes ou britanniques. Plus tard, quand la Libération sera très proche et que s'affirmera, sous l'égide d'un gouvernement reconnu par les Alliés, la présence des forces françaises dans la guerre, un grand nombre des réseaux qui avaient d'abord choisi l'obédience britannique la quitteront pour devenir gaullistes. Ainsi, dans une certaine mesure, le quatrième secteur de notre panorama peut-il être, pour une part, rattaché à l'un des deux premiers, à la mouvance gaulliste. Au contraire, le cinquième secteur pourrait être morcelé en une bonne demi-douzaine de sous-secteurs différents puisqu'il nous semble juste de classer sous cette rubrique divers groupements qui existaient dans la France d'avant-guerre où ils jouaient d'ailleurs un rôle capital mais qui, très éprouvés par la défaite, durent pratiquement, après avoir été presque portés disparus, renaître de leurs cendres pour se remodeler un nouveau visage. C'est le cas du Parti socialiste SFIO, du Parti radical et radical-socialiste, de la Franc-maçonnerie, de quelques formations dites de la droite classique. On peut, en outre, y ajouter deux cas particuliers : celui des syndicats qui, bien que moins éprouvés, durent néanmoins supporter le rude assaut de la démagogie fasciste et vichyssoise ; celui des militants catholiques, clercs ou laïcs, chez qui il arriva qu'une enthousiaste et sincère vocation de résister se trouve freinée par les prises de position de la hiérarchie.

Les « groupes sans nom »

L'avant-dernier de nos secteurs rassemble également des résistants de caractères très divers mais ayant en commun d'avoir été poussés à la Résistance par ce que l'on pourrait appeler l'injonction de la réalité, par une situation objective qui les amenait, beaucoup plus que leurs autres concitoyens, à se révolter contre l'oppression. Entrent d'abord dans cette catégorie, bien sûr, les « réfractaires », ceux qui refusèrent de répondre aux réquisitions du Service du travail obligatoire (STO). Leur refus d'aller travailler en Allemagne en faisait, aux yeux des autorités de Vichy et des forces d'occupation, des « hors-la-loi ». Recherchés dès lors tout comme les délinquants et les criminels, ils durent se cacher. Les planques auxquelles ils eurent ainsi recours débouchèrent pour beaucoup sur la Résistance active. On sait que les « maquis » n'auraient pu connaître l'essor qui fut le leur sans l'apport des réfractaires. Mais ils renforcèrent aussi notablement les effectifs de la clandestinité urbaine... Toutefois, la multiplication de cette sorte d'illégaux ne date que de 1942-1943. Or, bien plus tôt, dès 1940, dès le début de l'Occupation, des hommes et des femmes s'étaient déjà trouvés écartés de la vie sociale normale et exposés à une répression particulière : ceux qui refusaient la condition de « sous-hommes » et ceux qui refusaient la condition de captifs. Ceux que l'on désignait comme « juifs » et ceux à qui l'on reprochait de s'être « évadés ». Sur les persécutions antisémites et spécialement la part qu'y prit le gouvernement de Vichy, nous reviendrons bien sûr, mais on comprend d'emblée pourquoi celui que l'on prétendait contraindre à porter l'étoile jaune avait plus de raisons qu'un autre de devenir résistant.

De même, on peut considérer que les évadés, ceux qui sans demander la permission à leur gardien avaient quitté les camps de prisonniers ou les camps d'internement, se trouvaient contraints presque malgré eux à vivre dans l'illégalité ; certains ayant préféré se planquer jusqu'à la fin de la guerre, tous les évadés ne devinrent pas automatiquement des résistants, loin de là, mais, dans les premières formes prises en France par la Résistance organisée, on trouve en très bonne place les réseaux d'évasion, destinés à favoriser la fuite et le passage en lieu sûr de ceux qui avaient quitté les camps de prisonniers ou d'internement. Dans ce même sixième secteur, on doit également citer l'Armée d'armistice, et aussi les lycéens et étudiants dont l'adolescence ne supporta pas le carcan.

Enfin, il nous paraît indispensable de mentionner comme septième et dernier secteur de ce panorama un groupe qui n'en est pas un à proprement parler puisqu'il s'agit d'un regroupement, *des* puis *du* regroupement(s) des éléments de la Résistance. En effet, le processus long et enrichissant qui aboutira à l'unité des mouvements et partis puis à la naissance du gouvernement provisoire mis sur pied, avec la participation de la Résistance intérieure, par Charles de Gaulle outre-mer, ce processus ne fut jamais une simple addition, assez peu souvent une multiplication, mais presque toujours une synthèse novatrice... Lorsque les dirigeants gaullistes et communistes, comme ceux des « grands mouvements » passent entre eux des accords d'unité, lorsqu'ils se retrouvent au CNR (Conseil national de la Résistance), leurs adhérents ne font pas que se côtoyer, ils combattent ensemble. Ils ne mêlent pas que leur sang, ils mêlent aussi leurs idées.

Les MUR (Mouvements unis de Résistance), l'AS (Armée secrète), les FFI (Forces françaises de l'intérieur), etc., sont beaucoup plus que des coalitions de circonstance — il suffit de parler avec leurs anciens membres et dirigeants pour s'en convaincre.

Ayant ainsi esquissé les principales lignes de force à partir desquelles se mit en place la très complexe et si minutieuse organisation de la Résistance française, essayons d'aller plus avant, de préciser... A défaut d'en faire l'impossible inventaire, essayons du moins d'en brosser le tableau.

Nous commencerons par ce que nous avons appelé plus haut les « mouvements » ; les innombrables petits et moyens, puis les cinq que l'on peut considérer comme ayant été de « grands mouvements ».

Là encore, il faut d'emblée faire quelques réserves et prendre ses précautions... Il faut ainsi tout spécialement prendre garde au sens de ce mot *mouvement*. Dans la tourmente et les incertitudes de l'époque, ce terme ne pouvait pas avoir le sens bien délimité que nous lui donnons en temps normal. Après la guerre, on a pris l'habitude, au demeurant toute naturelle, de toujours nommer les mouvements et de ne jamais parler de l'activité de tel résistant sans préciser qu'il appartenait à telle organisation. On ne voit guère comment on aurait pu agir autrement. Ne soyons pourtant pas dupes de notre goût de la précision. Dans la réalité du combat clandestin, ceux qui se battaient en se cachant et qui ne se connaissaient en général que sous des pseudonymes étaient infiniment moins bien informés que nous ne le sommes aujourd'hui sur l'organigramme de l'« armée des ombres ». Henri Noguères cite le témoignage de Pierre Pène qui lui dit : « Au début, je ne savais même pas le nom du groupe de Résistance auquel j'étais affilié. Je fournissais mes renseignements aux personnes indiquées. Seulement au bout d'un certain temps j'appris que mon groupe était l'OCM. » Très nombreux sont les résistants qui se trouvèrent dans la même situation. Il arriva même assez souvent, surtout durant les premières années, que des résistants mènent un combat authentique en étant membres de ce que le même auteur appelle les « groupes sans nom ». Ces groupes à propos desquels Noguères précise : « En province occupée, l'année 1941 a vu se multiplier les petits mouvements locaux, départementaux, quelquefois régionaux. Beaucoup d'entre eux n'ont encore aucun lien avec des mouvements de la Résistance intérieure et moins encore avec des envoyés de la France libre ou de ce que l'on nomme, globalement, l'IS. » Il arriva d'ailleurs que, si des formations n'eurent jamais de nom, ce fut tout simplement, tout tragiquement parce que, bientôt disloquées et détruites par la répression, elles n'avaient pas eu le temps de s'en donner un.

A Roubaix, « Action 40 »...

De même, il ne faudrait pas croire que les « isolés » dont nous avons déjà évoqué l'obscur héroïsme furent un phénomène limité à l'année 1940. Jusqu'en 1942, sinon 1943, il y eut, dans toutes les régions de France, des hommes seuls qui menèrent contre l'occupant et Vichy une lutte solitaire. Inversement, pourrait-on dire, il y eut des mouvements qui furent, en fait, baptisés avant d'être nés, ceux dont Noguères dit « qu'ils n'ont d'abord existé (...) que sur le papier ». Enfin, si la géographie interne de la Résistance non communiste peut paraître si mouvante et parfois si difficile à saisir, cela tient également à la fréquence des éclatements et surtout des absorptions. Une imprudence ou, qui plus est, une trahison suffisent pour qu'un brusque déchaînement policier vienne mettre en pièces les structures d'un mouvement. On a vu aussi des mouvements éclater à la suite de divergences politiques ou simplement tactiques entre leurs dirigeants. Toutefois, dans les si fréquentes modifications de la géographie interne de la Résistance, les conséquences des éclatements sont bien moindres que celles des absorptions. En effet, si les premiers sont accidentels, les secondes résultent de deux caractéristiques essentielles : d'abord la tendance naturelle des grands mouvements à l'hégémonie et, surtout, ensuite celle de la plupart des résistants à craindre la dispersion de leurs efforts, à vouloir passer outre aux querelles entre leurs dirigeants, à désirer mener tous ensemble le combat commun et à penser que la victoire n'est possible qu'au prix de cette union. Aussi bien, dans cette réalité si souvent fluctuante et parfois déconcertante, une des très rares vérités permanentes sera que la pente naturelle des petits ruisseaux les amène tôt ou tard à se mêler aux grandes rivières.

C'est tout particulièrement vérifiable en zone Sud pendant les trente mois qui précèdent l'irruption allemande du 11 novembre 1942. A cette époque, et dans l'atmosphère particulière de la Résistance non communiste, une véritable interpénétration des mouvements n'est pas rare. Ainsi, le cas de l'abbé Raymondis, s'il n'est quand même pas courant, n'est pas non plus unique. C'est encore Henri Noguères qui le cite : « Nous avons vu, déjà, à Toulouse, l'abbé Raymondis parmi les dirigeants de “Liberté-Egalité-Fraternité”, nous l'avons retrouvé dans le “réseau Bertaux”, il a vu Frenay lorsque celui-ci est venu organiser “Combat”, il appartient à “Libération” depuis la venue de d'Astier... Eh bien, le voici maintenant responsable de “Franc-Tireur”. » Et Noguères commente : « Ce sont les mêmes milieux qui sont prospectés, les mêmes hommes qui sont recrutés. (...) Ainsi, au cours de cette période, les résistants, comme les figurants du Châtelet, passent et repassent sur le devant de la scène en changeant chaque fois d'organisation. »

Ayant pris ces précautions, entrons dans l'émouvant et parfois surprenant dédale des « petits » mouvements. Il arrive qu'ici le pathétique et l'héroïque côtoient l'incertain, le douteux, voire l'inquiétant. Les illusions pullulent. Les imprudences aussi. Mais dans les petits mouvements, la grandeur ne fut pas absente.

Evidemment, une organisation de Résistance avait d'autant plus de chances de ne pas voir s'accroître ses effectifs et ses moyens que son rayon d'action, le territoire où elle pouvait à la fois se manifester et recruter, restait géographiquement limité. Les plus petits mouvements sont ceux dont l'audience ne dépasse pas une ville et ses alentours. Parfois, il ne s'agit même que d'un village et, de toute façon, une implantation régionale est un maximum. Aussi bien, tout examen de ces mouvements de moindre importance, même si on le limite à une vingtaine d'exemple, prend-il vite l'allure d'un tour de France.

Commençons par le Nord... Si l'on consulte le *Bulletin officiel* du ministère de la Guerre où sont citées toutes les « unités combattantes de la Résistance » officiellement homologuées, on constate que, parmi les vingt et un « mouvements de la Résistance intérieure française assimilés aux unités combattantes », un de ceux qui naquit le plus tôt (31 août 1940) mais qui eut la vie la plus brève (vingt-deux mois) avait pour nom « Action 40 ». Ce groupement de quelques dizaines de membres rayonna autour de Roubaix et sur la frontière belge. Travaillant souvent en liaison avec des résistants de Belgique, il procéda à une active recherche de renseignements mais commença également de mettre sur pied des embryons d'unités militaires. Pendant dix-huit mois, à partir de décembre 1940, il publia une feuille clandestine intitulée *La Voix de la Nation*. Ce fut la Gestapo qui mit fin à son activité en effectuant deux véritables coups de filet, d'abord le 3 mai 1942, chez un médecin, le docteur Marcel Guislain, puis le 10 juin suivant, au domicile de la Roubaisienne Nelly Devienne. Dix-huit membres d'Action 40 avaient été ainsi capturés en mai et dix autres le furent quelques semaines plus tard. Trois seulement survécurent. Les vingt-cinq autres furent exécutés ou moururent en déportation.

« Les Ardents » chez les traminots clermontois

Descendons plus bas sur la carte... Dans sa *Contribution à l'histoire de la Résistance dans les Ardennes*, Jacques Vadon écrit : « Dès le mois d'août 1940, Paul Royaux, garçon coiffeur à Charleville, né à Aiglemont, prend contact avec des prisonniers de guerre français internés à la caserne Dubois-Crancé qu'il rencontre à l'occasion de leurs corvées en ville. Il aide certains à s'évader. (...) Puis Royaux écrit à son collègue André Point, alors réfugié dans les Deux-Sèvres, pour lui demander de rentrer afin de l'aider. Point rentre aussitôt. Alors, un dimanche de décembre, à Charleville, au café "Le Pacha", Paul Royaux crée le premier groupe ardennais de Résistance avec sept de ses amis : André Point, François Perrin, Gaston Robinet, Etienne Brice, Ernest Ledent, Aimable Pruvost. D'autres petits groupes semblables vont se constituer : Royaux va travailler à les rassembler, il sera donc à la fois le fondateur et l'unificateur de la Résistance ardennaise. » Plus tard, en décembre 1942, Paul Royaux quittera les Ardennes pour Paris et, tandis qu'à Charleville André Point le remplacera, il se verra confier des responsabilités à la direction de l'OCM, l'Organisation civile et militaire déjà mentionnée et dont nous allons reparler. Mais, bientôt, Royaux sera arrêté et, le 23 février 1944, il sera fusillé à Bondues, dans le Nord... En cette même région, on peut aussi mentionner un autre groupement local qui, créé pendant l'année 1941, prit pour nom « Les Ardennes libres » et dont les fondateurs étaient André Nicolas et son ami Capitaine. La croissance en fut toutefois moindre que celle du mouvement de Royaux, et, s'il fut finalement lui aussi absorbé, ce ne fut que par une organisation régionale, le « Mouvement Lorraine », qui était représenté à Charleville par l'avocate Jeanne Carlot et par André Geury.

L'importance et le caractère de ce Mouvement Lorraine ne paraissent pas devoir être sous-estimés bien qu'ils soient, selon les auteurs, très diversement appréciés. Si l'on en croit Jacques Vadon, l'animateur en était le colonel Granval mais, pour Jean Schneider, c'était l'instituteur Marcel Leroy tandis que, pour Henri Noguères, le chef et fondateur en fut Nicolas Hobam. Après avoir écrit qu'il était « animé par l'esprit qui soufflait à Londres », Jean Vartier met en vedette le rôle que jouèrent dans le mouvement des fonctionnaires et plus spécialement des gendarmes et policiers résistants tandis que, selon Noguères, « d'esprit révolutionnaire, "Lorraine" restera toujours plus politique que militaire ». Au bout du compte, ces appréciations ne sont qu'en apparence contradictoires. En effet, la gamme d'activités du Mouvement Lorraine fut aussi vaste qu'étaient diverses les tendances politiques de ses membres. Toujours est-il que, solidement implanté dans la ville qui l'avait vu naître, Nancy, et étant même parvenu, si l'on en croit Vartier, à « contrôler les rouages administratifs de la cité », cet important groupement régional s'étendit, non seulement, au nord, vers les Ardennes, mais aussi, à l'ouest, dans les Vosges et, au sud, en Franche-Comté. Lorsque, pendant leur mission d'unification de la Résistance, Jean Moulin et ses représentants parcouraient la France clandestine, ils rencontrèrent, à Lyon, Nicolas Hobam et, le 22 décembre 1942, ils lui remirent même une subvention de 50 000 francs. D'ailleurs, dès 1941, les dirigeants de Lorraine avaient pris contact avec des responsables communistes à Nancy, avaient collaboré à la fabrication d'explosifs par les FTP du Nord et avaient mené des actions communes avec les organisations du Front national. Plus tard, Nicolas Hobam devait écrire à ce sujet : « Ne partageant pas l'idéologie communiste, nous pouvons et nous devons déclarer que cette collaboration avec le Parti communiste s'avéra toujours loyale et efficace jusqu'au jour où nous perdîmes la liaison par suite d'arrestations multiples. »

Finalement, en 1943, le Mouvement Lorraine devait se rattacher à l'organisation nationale « Ceux de la Résistance » (CDLR), elle-même issue d'une scission de Combat en zone Nord. Toutefois, il ne s'agissait pas, ici, d'une absorption classique car la forte implantation régionale du groupement lorrain lui permit de garder son originalité au sein de CDLR. Ses membres y retrouvèrent d'ailleurs les anciens adhérents d'un autre groupement de la même région, « Défense de la Patrie », qui avait été fondé, dès juillet 1940, par Jacques Lemoine, Louis Mourot et Jean Faivre.

Passons maintenant de Lorraine en Alsace... On a vu qu'entre 1940 et 1945, le sort des Alsaciens fut particulièrement cruel puisque les hitlériens ne prétendaient pas seulement occuper leur région mais bel et bien l'annexer au IIIe Reich. Il y était donc encore plus difficile qu'ailleurs d'échapper à une répression exercée d'autant plus inhumainement que les résistants étaient, là-bas, considérés comme des traîtres à la « patrie allemande » et promis, la plupart du temps, à la hache du bourreau qui décapitait, en Allemagne, les condamnés de droit commun. Ce n'est donc pas un sort exceptionnel que connaît le groupement à vocation purement militaire qu'en janvier 1941 le docteur-vétérinaire Charles Bareiss, un officier de cuirassiers, a créé à Strasbourg. Déjà menacée en mars 1942 par la Gestapo, l'organisation succombe en juin. Arrestations à Mulhouse et à Strasbourg. Treize des résistants arrêtés à Strasbourg sont condamnés à mort et quinze autres déportés. Notons en passant que le docteur Bareiss agissait en liaison avec des officiers des services spéciaux de l'« Armée de l'armistice ».

Arrêtons-nous maintenant à Clermont-Ferrand... C'est dans la capitale de l'Auvergne que, durant l'année 1941, se sont réunis des résistants qui ont choisi de s'intituler « Les Ardents ». A leur propos, Henri Noguères rapporte : ils « s'efforceront de déborder le cadre local et parfois y parviendront. En attendant, ils poursuivent leur recrutement dans la ville même où ils ont pris naissance. C'est ainsi que Roger Lazard, à la fin de 1941, grâce à la venue de Bedos (pseudo Blatin), chef du personnel des tramways de Clermont, peut développer son organisation en s'appuyant désormais sur les traminots, dont le groupe va devenir, pour Les "Ardents", l'épine dorsale de toute leur organisation clandestine clermontoise. » Et plus loin, le même auteur ajoute : « Les "Ardents" recueillent, après l'arrestation du général Cochet, quelques éléments dispersés qui n'avaient reconnu jusque-là d'autre chef que celui-ci. Parmi ces nouveaux "Ardents" recrutés à l'automne 1942, il faut mentionner le colonel Rossat, qui deviendra le chef d'état-major de Roger Lazard. Rossat constitue plusieurs groupes à Vichy et dans la région et prend contact avec les représentants des autres mouvements, y compris les FTP. » Le 14 juillet 1943, « à Clermont-Ferrand un cortège de 1 500 personnes avec à sa tête Roger Lazard (...) défilera pendant près d'une heure dans les rues de la ville en chantant *La Marseillaise*. »

L'exemple du Vaucluse

Clermont n'est pas loin de Lyon... Toutefois, bien installée dans sa réputation de « capitale de la Résistance », Lyon fut essentiellement le berceau et le carrefour des grands mouvements de la zone Sud et l'on pourrait s'étonner que nous nous y arrêtions alors que nous n'évoquons ici que le destin d'organisations beaucoup moins importantes. Un groupement qui n'a pas la même originalité que les Ardents mais est néanmoins assez singulier nous y amène pourtant. Groupement d'autant moins connu que son nom est célèbre, mais célèbre comme titre du journal des FTP, *France d'Abord* avec lequel il n'a pourtant rien à voir. Henri Michel expose qu'il « naquit à Lyon dans les milieux militaires et intellectuels. Il rayonna sur l'Ardèche, le Gard et la Drôme, (...) eut un service "faux papiers", publia des tracts et des journaux : *Parole Française* et *Le Journal de Minuit*. Des corps-francs furent constitués sous le nom de "Templiers", ainsi qu'un service de renseignement. » Ajoutons que le créateur et le dirigeant de « France d'abord », André Boyer, fut en contact avec Jean Moulin à partir de juin 1942 et que, selon le témoignage d'Yvon Morandat, il défendait, dès cette époque, « l'idée d'un organisme de coordination groupant les mouvements de Résistance ». Boyer était un jeune avocat d'origine marseillaise. Outre la direction du mouvement France d'abord, il s'occupa du réseau Brutus en compagnie du futur directeur adjoint du SDECE (services secrets français devenus DGSE en 1982), Pierre Fourcaud, du futur député-maire de Marseille, Gaston Defferre, du futur ministre socialiste des PTT Eugène Thomas, et du futur déporté puis ministre gaulliste et maire de Blois Pierre Sudreau. En février 1943, il était en mission à Londres pour le compte du parti socialiste clandestin. Mais l'ennemi guettait celui que Jean-Pierre Bloch devait appeler « l'héroïque Brutus » : arrêté, déporté, il mourra finalement dans le terrible tunnel-usine de Dora...

L'attention que nous allons maintenant accorder au département du Vaucluse ne doit provoquer aucun malentendu. En effet, si la Résistance fut active sur les terres de l'ancien Comtat venaissin, elle ne le fut pas plus que dans bien d'autres contrées françaises. L'intérêt particulier que présente ce département tient simplement au fait que le correspondant départemental du Comité d'histoire de la Deuxième Guerre mondiale, Aimé Autrand, y a effectué des recherches concrétisées par une publication intitulée *Le Département de Vaucluse de la défaite à la libération*, travaux qui, même si certains résistants locaux peuvent les juger incomplets, sont très précieux car ils permettent d'examiner au ras du réel la prolifération des petits groupements. A partir des travaux d'Autrand, il paraît intéressant de citer une demi-douzaine d'exemples. Des exemples variés mais, le plus souvent, des variantes d'un même processus. Dès 1941 et parfois même 1940, un homme dans son hameau ou son bourg commence à être le centre de conciliabules. Que cet homme soit un simple catalyseur ou un infatigable recruteur, le résultat sera finalement à peu près le même : un certain nombre de ses concitoyens se considèrent comme rassemblés. Aux premiers sabotages furtifs succèdent bientôt des actes plus spectaculaires jusqu'au jour où, parfois en 1942, plus souvent en 1943 ou 1944, on adhère tous à l'un des grands mouvements en y rattachant tout simplement le groupe déjà constitué. Autre aboutissement possible : l'engagement collectif dans un maquis. Il arrive que l'adhésion à un des mouvements et la montée au maquis aillent de pair. Dans le Vaucluse, on note que les mouvements qui recueillent ainsi les fruits des initiatives locales sont, en général, Combat ou Libération. Les maquis qui bénéficient d'engagements collectifs sont le plus souvent ceux du mont Ventoux. Une particularité de l'organisation, dès 1941, est l'articulation paramilitaire des premiers affiliés en groupes de six appelés sixaines. Autre caractéristique : il n'est pas rare que celui qui fut, aux temps difficiles, le catalyseur ou le recruteur devienne, après la guerre, élu local ou même homme politique de plus grande audience.

Fait prisonnier en Bretagne, à Rennes, en pleine débâcle, Gabriel Moutte parvient à s'évader le 18 juin 1940. Quelques jours plus tard il est de retour dans son pays natal, la bourgade de Pernes-les-Fontaines, où il reprend son métier d'expéditeur. L'année n'est pas encore terminée lorsqu'il entreprend de mettre sur pied ce que Autrand appelle un « comité local de Résistance » et à constituer plusieurs « sixaines ». Si certains de ses premiers compagnons, tels que Joseph Allamel et Paul Belhomme, ont, comme lui, la quarantaine, d'autres, tels que Georges Farratte, cinquante-huit ans, et Jean-Louis Darbousset, soixante-deux ans, sont nettement plus âgés. En 1941 et 1942, le « comité » grossit et le nombre des « sixaines » augmente. Bientôt contacté, Gabriel Moutte accepte d'avoir, en 1943, à Carpentras, une entrevue avec un ancien officier qui se fait appeler Daniel et avec Gaston Cat, lui-même collaborateur du lieutenant-colonel Philippe Beyne, l'un des chefs locaux de Combat. Le résultat de cette conversation est le versement des « sixaines » dans l'Armée secrète et la transformation du « comité » en filiale locale de Combat. Un peu plus tard, Moutte et ses hommes participent également aux actions des maquisards du Ventoux. Le 2 septembre 1944, Gabriel Moutte devient maire de Pernes-les-Fontaines, fonctions auxquelles il sera, par la suite, plusieurs fois réélu.

Le destin de Lucien Grangeon, dit Antoine, à Vaison-la-Romaine, où il est secondé par Marceau Armand et par Albert Tramier, est assez voisin de celui de Gabriel Moutte à Pernes. Même constitution, dès 1941, d'un groupe et de « sixaines » ; même collaboration avec le lieutenant-colonel Beyne ; même participation, plus tard, au maquis du Ventoux. Les seules différences sont que Lucien Grangeon étendit son action jusque dans la basse Drôme et qu'après la Libération, outre son élection à la mairie de Vaison-la-Romaine, il devint membre du Comité départemental de Libération puis conseiller de la République (aujourd'hui, on dirait sénateur), en décembre 1946.

Quand Bibendum défiait la Gestapo...

Au comité de Libération du Vaucluse, Lucien Grangeon siégeait aux côtés de Maurice Cousin, plus connu dans le département sous le nom de Bibendum. Dans cette assemblée, Cousin représentait les cantons de Cadenet et de Pertuis. Aimé Autrand résume le rôle joué par Bibendum en écrivant : « Créateur, organisateur et chef de la Résistance dans la région du Luberon comprise entre les communes de Cavaillon et de Manosque. A partir d'octobre 1942 a, en cette localité, créé et aménagé trois maquis, dont le premier près de Grambois (quartier de la Montagne) qui fut attaqué l'année suivante par des militaires italiens conduits par des miliciens ; le second, près de la Bastide-des-Jourdans (...) ; le troisième entre Beaumont-de-Pertuis et la Tour-d'Aigues. Puis, au début de 1943, Maurice Cousin constitue et organise des équipes de résistants dans les communes de la Bastide-des-Jourdans, de Beaumont-de-Pertuis, de Grambois, de Mirabeau, de la Motte-d'Aigues et de Pertuis. » Le développement de son action et des effectifs de son groupe amène Bidendum à collaborer avec la plupart des autres organisations de Résistance, y compris les FTP. La Gestapo met sa tête à prix et, furieuse de ne pouvoir le capturer, elle prend comme otage son père, un médecin âgé de soixante-huit ans.

Bien qu'ayant concerné un bien moindre territoire et un nombre d'hommes beaucoup plus restreint, les groupes formés par Henri Bergier et Albin Durand valent aussi d'être cités : « Propriétaire à Sérignan-du-Comtat, à six kilomètres au nord-est d'Orange, rapporte Aimé Autrand, Henri Bergier est considéré comme ayant dirigé et coordonné, non seulement le groupe de résistants de cette commune, mais ceux également des villages voisins de Mornas, de Piolenc, et d'Uchaux où des collines boisées et désertiques favorisaient les refuges. Aussi, lorsqu'en juillet 1944, certains détachements ennemis essayèrent de se frayer un passage en cette région, se heurtèrent-ils aux trois barrages mobiles et armés que les quarante-cinq résistants de M. Bergier avaient constitués. » Quant à Albin Durand, le même auteur écrit à son propos que « résistant particulièrement actif et courageux, il s'est livré à de nombreuses et audacieuses opérations de sabotage et de parachutage dans toute la région comprise entre Vaison, Carpentras et Orange. Il a dirigé les groupes de Résistance de la commune de Sarrians. Etroitement surveillé et recherché par la Milice et les Allemands, il fut arrêté dans sa ferme le 1er août 1944 et assassiné après avoir subi les plus horribles tortures. »

Avant de quitter le Vaucluse, nous pourrions citer encore d'autres exemples, tel celui du groupe Nantua que dirigeait le colonel Saint-Simon et dont des membres, comme Guy Hudault, devinrent ensuite des maquisards du Ventoux, mais nous voici déjà dans les Cévennes de Basse-Lozère...

Au lendemain de la Libération, pendant l'été 1945, le lieutenant-colonel Emile Peytavin, chef départemental FFI et commandant de la subdivision militaire de Lozère, publiait, à Mende, un ouvrage d'une centaine de pages intitulé *De la Résistance au combat ; essai sur l'histoire de la Résistance en Lozère*. Ce qu'il y dit sur l'action de Max Morrel et de Francis Huc, leur action pour « faire quelque chose » est particulièrement caractéristique. « Dans les Cévennes (Basse-Lozère) les sympathisants sont infiniment plus nombreux qu'en Haute-Lozère, écrit Peytavin. La population, composée principalement de protestants chez qui le souvenir des Camisards est toujours vivant, est entraînée par l'exemple et la voix de pasteurs courageux : MM. Gall et Lespinasse, de Florac, Donadille, de Saint-

Privat-de-Vallongue, Crespin, du Pont-de-Montvert, etc. Parallèlement à leur action, celle du Parti communiste sous la direction de Charles Pantel détermine dès 1941 un mouvement qui ira grandissant et obtiendra de magnifiques résultats. Fin 1941, un étudiant en médecine, Max Morrel, vient jeter les premières bases de la Résistance, avec Huc, percepteur au Collet-de-Dèze. Sans entente préalable, les Cévenols commencent à cacher des juifs, des réfractaires, des réfugiés politiques. Ce travail est fait sans ordre, sans méthode, mais chacun veut “faire quelque chose”. Les Fernand Soustelle, les Antonin Soustelle, les Albin Roux sont les tout premiers à organiser des refuges. Huc prend contact à Vals avec un dirigeant de l’Ardèche, revient réconforté et décidé à organiser la Résistance. »

Remontons maintenant vers le nord-ouest et référons-nous encore à Henri Noguères, lequel en étudiant un groupe rochellais qui finira par se fondre dans l’OCM, encore elle, met à nouveau en lumière ce mécanisme des contacts sur lequel nous avons déjà insisté. « Sur la côte atlantique, à La Rochelle, écrit Noguères, un petit groupe créé par Léopold Robinet a limité son recrutement pendant des mois, à un cercle très restreint d’amis sûrs. Les conditions dans lesquelles ce groupe va se développer et surtout établir des contacts avec d’autres groupements voisins montrent à quel point, à l’intérieur d’une même région — même en zone occupée, réputée plus “prudente” que la zone Sud —, le cloisonnement entre les mouvements était peu étanche... “Vers la mi-quarante-deux, nous dit Henri Gayot, un groupement prend corps, amalgamant des hommes de toutes les classes sociales, de toutes tendances et confessions, et prend comme indicatif la devise de nos drapeaux “Honneur et Patrie”. Léopold Robinet en assure le commandement sous le pseudonyme d’Hector Prairial, avec pour adjoint Alcide Aumonier. Par l’intermédiaire de l’instituteur Raymond Bouchet, il est bientôt mis en contact avec Jean Garnier, alias Jean Philippe, de Saint-Hilaire-de-Villefranche, qui a déjà constitué un petit groupe et se trouve en liaison avec le commandant Courtin, chef d’état-major de l’organisation clandestine du commandant Grandier, pour la région bordelaise, puis avec Edmond Grasset, alias Delorne, en rapport avec Bèche du mouvement Libération-Nord à Niort. Edmond Grasset à son tour le mettra en contact avec le colonel Lisiack, alias Renard, d’Augoulins, qui, depuis le début de l’année a une liaison bi-mensuelle avec le réseau Centurie du mouvement OCM. Léopold Robinet prend contact également avec Georges Doreau, de Luché, René Moreau, horticulteur à Périgny, et le commandant Lisot, ancien officier aviateur”. »

« Le Vagabond bien-aimé » contre l’Organisation Todt

Le nom « Honneur et Patrie » — indicatif autant que devise — a été également choisi, à la même époque, par deux autres petits mouvements qu'en montant vers le nord nous allons rencontrer à Angers puis au Havre.

Le groupement angevin était celui de Victor Chatenay, ce futur maire d'Angers que nous avons déjà vu ramassant des armes et dont nous avons cité plus haut les pages publiées ultérieurement sous le titre *Mon journal du temps du malheur*. C'est un de ses compagnons de lutte, Théo Poupot, qui avait choisi le nom « Honneur et Patrie ». Quand le mouvement entra en contact avec Londres et se transforma partiellement en un réseau rattaché au BCRA, l'indicatif « Angers-H.-P. » fut adjoint aux mots Honneur et Patrie. Cette sorte de transformation partielle est, en fait, très comparable à certaines absorptions par des structures plus importantes. Le cas ne fut pas rare des organisations locales ou régionales à l'intérieur desquelles réseaux et mouvements coexistèrent jusqu'à la Libération. Souvent, cela signifia que les mêmes hommes y pratiquaient simultanément le *renseignement* et l'*action*. Aux yeux des professionnels des services secrets, cette pratique simultanée était classiquement considérée comme une hérésie et ce ne fut pas une des moindres innovations de la Résistance de démontrer que, dans les conditions de la lutte clandestine, donc d'une guerre subversive menée par quelques-uns au nom de tout un peuple, elle était, au contraire, souvent praticable et parfois souhaitable. Le groupement de Victor Chatenay fut parmi ceux, nombreux, qui en apportèrent la preuve.

Le troisième « Honneur et Patrie » est né en juillet 1941 au Havre... Ceux qui l'ont fondé étaient des adolescents puisqu'ils n'avaient alors qu'entre seize et dix-huit ans. A l'origine du groupe, l'amitié de deux garçons qu'avait réunis une passion commune pour les modèles réduits. C'est en collant ensemble ailes et carlingues d'avions miniaturisés que Jean Maltrud et Louis Pellerin ont d'abord, en 1940, échafaudé le projet de quitter clandestinement la France pour gagner l'Angleterre. Malgré leurs efforts, ils n'ont pas pu réussir à trouver les moyens de réaliser leur rêve et ils ont dû se résigner à rester de ce côté-ci de la Manche. Mais pas à rester inactifs. En effet, avec un de leurs amis, Jean Langlois, ils ont commencé à rédiger, imprimer et répandre en ville leurs premiers tracts. Des tracts au composteur. Bientôt, le petit groupe auquel se sont joints Jean Denis et d'autres adolescents va disposer d'un local. C'est une septuagénaire que son âge n'empêche pas de vouloir à tout prix « faire quelque chose », une amie de la famille Langlois, Constance Foucher, qui leur prête une villa vide, sise au 8 de la rue François-Millet. Là, rédaction et impression vont se perfectionner et, tandis que le petit mouvement mérite son nom, les tracts que ses membres non seulement distribuent furtivement mais réussissent parfois à faire voleter dans l'air gris des rues du Havre, seront désormais signés « le Vagabond bien-aimé ». Tant de romantisme n'exclut pas l'efficacité. Le temps viendra vite des papillons collés sur les murs puis des sabotages contre le matériel de l'Organisation Todt, entreprise principale du soutien logistique à la Wehrmacht... D'autant plus vite qu'un adulte expérimenté, un garagiste d'origine yougoslave, Svetislav Tsiritch, qui en 1914-1918 a fait la guerre comme volontaire dans l'armée belge, rejoint ses cadets après les avoir, depuis plusieurs mois, discrètement observés pour savoir s'ils étaient sérieux. Ainsi, au milieu de l'année 1942, est-ce déjà par dizaines de milliers que les tracts sortent de la villa de la rue François-Millet. Un véritable journal clandestin va suivre, un journal au titre plus grave : *Le Patriote*.

Ne quittons pas Le Havre sans mentionner un autre groupe, d'ailleurs plus important et plus ancien que celui des « Vagabonds bien-aimés ». D'abord connu, sous le nom de son fondateur, comme le « groupe Morpain », il sera ensuite plutôt désigné par référence au titre du journal clandestin qu'il publie : *L'heure H*. C'est en octobre 1940 que Gérard Morpain, professeur d'histoire au lycée du Havre, un de ses anciens élèves, Pierre Garreau, alors âgé de seize ans, et un ami de ce dernier, Jacques Hamon, alias Maurice Hue, ont commencé de se réunir, de recruter et de ramasser des armes. Dans son livre *Le Havre sous l'Occupation*, Georges Godefroy écrit : « Au cours de l'automne 1940 et de l'hiver qui suivit, il restait en de nombreux endroits d'étonnantes quantités de cartouches, de grenades et d'explosifs abandonnés en juin 1940 par les troupes françaises et surtout anglaises. On pouvait également trouver des fusils en plus ou moins bon état, ainsi que des revolvers. D'octobre à décembre, Maurice Hue et ses amis vont faire des expéditions de récupération, notamment dans la caserne Eblé, dans les ruines de la caserne Kléber et, à Bléville, sur le terrain de hockey du HAC. Ils récupèrent également quelques-unes des mines antichars que les Anglais ont enterrées à la lisière du Havre. Les munitions et les explosifs sont cachés, avec la complicité de Georges Simenel, dans le grenier du cercle Franklin ; d'autres enterrés dans le jardin de Morpain. (...) Morpain charge Maurice Hue d'assurer la liaison entre les divers groupes. Celui du Port Autonome que dirigent René Brunet et Georges Piat est chargé du renseignement. La possibilité qu'ils ont de se rendre dans l'enceinte du port, les techniciens qu'ils rassemblent (ils ont, entre autres, parmi eux, M. Salgues et l'ingénieur Pitoors) leur permettent de réunir des renseignements de premier ordre. Encore faut-il, pour les exploiter, pouvoir les transmettre aux Anglais... » Et c'est là que les difficultés, puis la tragédie vont commencer. En effet, l'homme qui se fait passer auprès des membres du groupe Morpain pour un « agent de l'IS » susceptible de leur fournir le contact avec Londres est, en réalité, un mythomane et un escroc qui va bientôt devenir un traître. Renseignée par le traître, la Gestapo arrête Gérard Morpain le 16 avril 1941. Le lendemain, c'est le tour de Maurice Hue. Dans les jours qui suivent, dix de leurs compagnons se retrouvent à leur tour menottes aux mains. Après avoir été violemment torturés, tous comparaissent, le 14 décembre 1941, devant une cour martiale allemande. Quatre condamnations à mort, dont celle de Gérard Morpain, de René Brunet et de Georges Piat. Huit déportations. Toutefois, ceux qui ont échappé à la Gestapo décident de tenir bon. Un des anciens adjoints de Morpain, Philippe Chandelier, et un de ses collègues du lycée, Paul Desjardins, professeur de physique, remettent sur pied, comme ils peuvent, l'organisation démantelée. En fait, ils la métamorphosent relativement puisque, désormais, elle va surtout se consacrer à l'édition du journal clandestin *L'heure H* et à la fabrication de faux papiers. Cette fabrication sera une réussite : grâce au talent d'un graveur nommé Le Borgès, ce sont, si l'on en croit Georges Godefroy, « dix mille fausses pièces officielles » qui sortiront des ateliers clandestins du Havre et « qui permettront l'évasion de deux mille prisonniers, réfractaires ou aviateurs alliés ». Autre prouesse, grâce à un chauffeur de locomotive de la ligne Paris-Le Havre, connu sous le nom de Léon, *L'heure H* aura le privilège d'être l'un des rares, sinon le seul petit journal clandestin de province à être régulièrement amené et diffusé dans la capitale.

Fougue et illusions de l'« Armée volontaire »

En descendant maintenant, nous aussi, vers Paris, nous traversons le département de l'Eure. Marcel Baudot invite à s'y arrêter le temps de raconter l'histoire d'un petit mouvement aussi courageux qu'éphémère. « Dès octobre 1940, écrit Baudot, un premier groupement réunit à Vernon des résistants en liaison avec d'autres éléments résidant à Mantes, Magny-en-Vexin et Paris. Ce groupement se nommait "le Réseau" ; il était animé à Vernon par une femme, professeur à l'école primaire supérieure, Mlle Louise Damasse. Il comptait parmi ses membres les plus actifs un entrepreneur de fumisterie, Aussannaire ; mais l'ouverture inopinée d'une valise d'armes sur un quai de la gare Saint-Lazare à Paris provoqua toute une série d'arrestations. » A la même page où il parle du Réseau, le même auteur note encore : « A Gisors, un petit nombre de patriotes prenant comme devise "Fritz dehors" se réunissait pour diffuser des tracts et saboter les ponts provisoires. Alexandre Brüder, Famechon et Miellot faisaient partie de ce groupe. »

Notre dernier exemple de « petit » mouvement sera parisien... Officier de tradition, le commandant Lhopital avait fait la guerre de 1914 à un poste éminent : membre de l'état-major du maréchal Foch. Entre les deux guerres, une certaine croyance en la réconciliation franco-allemande, une croyance tout à la fois conservatrice, naïve et sincère, avait amené le commandant jusqu'au Comité France-Allemagne et à l'entourage du futur fusillé pour trahison Fernand de Brinon. Cependant, la catastrophe de 1940 ouvrit les yeux de Lhopital. Son sentiment d'avoir été trompé multiplia même son courage et sa lucidité. Il y avait à peine trois mois que les nazis occupaient la France lorsqu'il créa un groupe de Résistance auquel il donna pour nom l'« Armée volontaire ». Organisée, vivante, fougueuse mais ne parvenant à recruter que de faibles effectifs, cette Armée n'échappa guère que pendant un an à la répression. Le 26 septembre 1941, un de ses dirigeants, Domergue, était arrêté. En novembre de la même année, c'était au tour d'un autre, Donnay. Huit de leurs compagnons les rejoignaient bientôt en prison, dont Lhopital. En 1942, tous étaient transférés en Allemagne où, au mois d'octobre, leur procès s'ouvrait à Berlin même. Sept d'entre eux furent condamnés à mort. En un an, les membres de l'Armée volontaire avaient pris d'assez nombreux contacts. Ils avaient notamment été en relation avec ceux qui rédigeaient et distribuaient un des tout premiers journaux clandestins, *Pantagruel*. En septembre 1941, ils avaient rencontré des envoyés de Londres, Laverdet et Allainmat que le chef du futur BCRA, le colonel Passy, avait fait parachuter en France sous le nom de mission Dastard. A ce propos, l'historien anglais Michael Richard Daniel Foot, spécialiste du SOE (Special Operations Executive) en France, fait état d'un rapport qu'aurait transmis Laverdet et selon lequel le mouvement du commandant Lhopital aurait eu le titre d'Armée gaulliste volontaire et aurait comporté soixante mille membres dont de nombreux fonctionnaires. Soixante mille... Même si l'on tient compte des policiers recrutés dès 1941 par Adrien Peltier et qui seront les ancêtres du futur mouvement « Honneur de la Police », on reste confondu et attendri par l'écart entre chiffre et réalité, par les illusions et les erreurs d'appréciation que favorisait ainsi la clandestinité.

En effectuant ce rapide périple aux quatre coins de l'Hexagone envahi, nous venons de mentionner vingt-deux exemples de « petits mouvements ». Malgré un choix inévitablement arbitraire et une énumération obligatoirement fragmentaire, sommes-nous parvenus à donner une idée des centaines et des centaines d'initiatives locales et régionales ? Plutôt que de sauter à cloche-pied d'une région à l'autre, d'une ville à la suivante, ne valait-il pas mieux s'en tenir, là aussi, aux critères classiques des tendances idéologiques ? Eléments et indices ne manquaient pas qui eussent pu justifier cette sorte de classement. Evidente influence communiste en Basse-Lozère. Incontestable présence socialiste dans l'« Honneur et Patrie » d'Angers, grâce notamment au député SFIO Bèche, tout comme dans le « France d'abord » lyonnais dont le dirigeant, l'avocat Boyer, ne se cache pas d'être un jeune militant du parti de Léon Blum. Notoire participation au maquis du Ventoux aussi bien qu'au groupe strasbourgeois du docteur Bareiss d'officiers de l'« Armée de l'armistice », donc d'hommes souvent enclins à nourrir des illusions sur le régime de Vichy. Visibles opinions de droite tant chez le coiffeur de Charleville avant qu'il ne rallie l'OCM que dans les rangs de la parisienne « Armée volontaire » du commandant Lhopital... Si nous ne l'avons pas fait, c'est parce que nous tenions à ne pas négliger la mobilité idéologique qui fut une des caractéristiques des mouvements les plus faibles. Ils furent fréquemment trop éphémères pour avoir le temps de clarifier eux-mêmes leurs propres orientations. Ils étaient composés la plupart du temps d'hommes qui, lorsqu'ils avaient voulu « faire quelque chose », ne pouvaient aller que vers le seul groupe localement existant et n'avaient pas eu le loisir de choisir dans un éventail d'organisations celle apparemment la plus proche de leurs convictions individuelles... On ne peut s'étonner, dès lors, que les petits mouvements aient sans doute été l'endroit où la confusion, l'osmose, mais aussi les découvertes et les métamorphoses idéologiques propres à la Résistance furent les plus visibles.

L'accent que nous mettons sur cette mobilité ne doit cependant pas prêter à malentendu. Si les étiquettes sont difficiles à placer quand on reste au niveau local, dès que l'on passe au niveau régional et, qui plus est, national, on peut plus facilement discerner quelle est la tendance idéologique générale de tel ou tel mouvement. Les grands, bien sûr. Mais aussi ceux que l'on peut qualifier de moyens... Ainsi, pour ce qui est des cinq exemples dont nous désirons parler maintenant, un repérage idéologique paraît-il possible. On peut difficilement contester l'inclination socialisante de « Libérer-Fédérer » et de « La Voix du Nord » ; il serait malaisé de ne pas admettre que les fondateurs de « Ceux de la Libération » (CDLL) aussi bien que ceux — si différents soient-ils — de la « 7e Colonne » ont surtout recruté dans les milieux de droite ; toutefois, quand il s'agit des « Bataillons de la Mort » (BDLM), on hésite et toute définition restrictive paraît hasardée.

La librairie de la rue du Languedoc

« Libérer-Fédérer » est un mouvement d'origine franco-italienne, né dans une librairie toulousaine et qui, sans jamais atteindre lui-même une grande extension, donnera, en quelque sorte, le baptême de la Résistance à quelques personnalités appelées à jouer ensuite un rôle important. Avant que n'affluent les réfugiés républicains espagnols, Toulouse avait déjà vu se fixer dans ses murs un certain nombre d'exilés antifascistes italiens. Quelques-uns d'entre eux avaient pris l'habitude de se retrouver dans une librairie de la rue du Languedoc. Le propriétaire de cette boutique de livres s'appelait Silvio Trentin... Ses compatriotes Joyce et Emilio Lussu avaient été, contre le fascisme, ses compagnons de combat. « Ainsi, nous raconte Joyce, en prenant quelquefois un bout de train mais en faisant la plupart du chemin à pied, nous avons continué et nous sommes arrivés à Toulouse... Là, nous sommes allés tout de suite à la librairie de notre ami Silvio Trentin. Il était, comme mon mari, l'un des dirigeants de “Giustizia e Liberta”, et, de tous les Italiens exilés en France, c’était sans doute celui qui avait le plus de contacts avec des Français. Nous avons alors pu renouer des relations... » Etonnant Trentin dont Jean Cassou évoquera plus tard la « très forte personnalité ». Et, avant de rappeler comment il était « mort dans son Italie insurgée », il remarquera qu’il « avait été l’un des premiers à refuser de prêter serment à Mussolini alors qu’il était professeur à la faculté de Droit de Padoue »... Emigré comme lui, le compagnon le plus proche de Trentin rue du Languedoc et le co-animateur des petites réunions semi-clandestines derrière les rideaux tirés de la librairie s’appelait Fausto Nitti. C’était un officier d’artillerie qui venait de combattre, de l’autre côté des Pyrénées, dans les rangs de l’armée républicaine espagnole et dont l’oncle Francesco avait été président du Conseil, à Rome, au lendemain de la guerre de 1914-1918. Cassou voyait en lui « un Italien magnifique (...) de cette race du Risorgimento et des garibaldiens qui ont la manie passionnée de se battre pour la liberté partout où elle est en danger. Il avait fait de l’antifascisme et avait été envoyé aux îles Lipari. Il s’y était trouvé avec un Rosselli avec lequel il s’était évadé... ». Dès 1939, la police du gouvernement Daladier, qui dans la ville rose ne faisait pas moins qu’ailleurs la chasse aux « rouges », avait contraint les Italiens de la rue du Languedoc à prendre quelques précautions. Lorsqu’à la faveur de la défaite des armées françaises, le fascisme triompha sur la terre où ils s’étaient réfugiés pour le fuir, ils augmentèrent leurs précautions et songèrent à être non plus simplement regroupés mais organisés. C’est alors qu’un certain nombre de Français désireux de « faire quelque chose » vinrent se joindre à eux. Devenu, avec Lussu, l’un des dirigeants de « Giustizia e Libertà », Silvio Trentin était aussi ancien député socialiste, toujours en contact avec la social-démocratie italienne en exil, et la plupart de ses amis de Toulouse avaient les mêmes convictions que lui. Il était donc tout naturel que les premiers Français avec qui il se concertât fussent des militants socialistes à la recherche de leur parti... Ainsi commença, pendant l’hiver 1940-1941, ce qui allait bientôt devenir le mouvement Libérer-Fédérer. Parmi ses animateurs, on remarquait les noms de Vincent Auriol (futur président de la République française), Pierre Bertaux (futur commissaire de la République puis directeur général de la Sûreté nationale), Gilbert Zaksas, Achille Auban, Jean Cassou, Jean-Maurice Hermann, Gaston Vanhove, Louis Vaquer, etc. Bientôt, évidemment, le noyau transalpin d’origine fut largement minoritaire au milieu des nouveaux adhérents autochtones. Toutefois, Trentin et ses compagnons d’exil avaient imprimé d’emblée au mouvement une orientation qu’il devait garder, orientation beaucoup plus nettement antifasciste que celle adoptée par de nombreux résistants de l’époque. Lorsque, quelque deux ans plus tard, le groupe toulousain fusionna avec un groupe lyonnais connu sous le nom du journal clandestin qu’il publiait, *L'Insurgé*, et où M. Fugère, l'avocat Pierre Stibbe, le futur ambassadeur Gilles Martinet, etc. regroupaient surtout d'anciens disciples de Marceau Pivert, leader de l'aile gauchiste de la SFIO puis du PSOP dissident, il en résulta une organisation d'une singularité certaine. « L'originalité de ce mouvement, écrit Henri Michel, est que, constitué de socialistes de gauche, il demeura antigaulliste, antimilitariste et révolutionnaire. Mais, en même temps, il disposa de groupes d'action en liaison avec un réseau britannique. » Originalité notable quand on sait que, malgré la répression, le mouvement resta limité mais solide jusqu'à la Libération... Un contact fut même établi et maintenu avec Pivert, exilé à Mexico. Quant au journal clandestin du groupe, journal intitulé lui aussi *Libérer-Fédérer* mais portant en sous-titre « Organe du mouvement révolutionnaire pour la libération et la reconstruction de la France », il tirait, en octobre 1942, à vingt mille exemplaires. Ajoutons toutefois que, selon Daniel Mayer, en 1943, le mouvement fut amené à « reconnaître l'autorité centrale », c'est-à-dire à se rallier à la direction du Parti socialiste SFIO clandestin.

La singulière silhouette de Maurice Ripoche

Nous avons hésité avant de mentionner ici le second mouvement de moyenne importance et d'inspiration socialiste dont nous voulons parler maintenant. *La Voix du Nord* apparaît et existe en effet d'abord comme un journal clandestin. Mais n'est-ce qu'un journal ? Non, car se vérifie à son propos le processus connu dont la plus remarquable illustration sera *Défense de la France*, le processus qui veut que, lorsque des hommes et des femmes non encore intégrés à une organisation de Résistance se réunissent pour concevoir et éditer une feuille clandestine, il y a les plus grandes chances que, de leur travail commun de rédaction, d'impression et de diffusion, naissent, outre le journal lui-même, des relations et des structures appelées à évoluer très rapidement pour se métamorphoser en un mouvement proprement dit. A *La Voix du Nord*, cette métamorphose ne traîne pas... « En zone interdite, écrit Claude Bellanger, Jules Noutour, brigadier de la police municipale de Lille, membre du parti socialiste, avait pris l'initiative de faire paraître depuis le 1er avril 1941 *La Voix du Nord*, "organe de la Résistance de la Flandre française". Il s'était entouré de nombreux et précieux concours. (...) Notons au moins ceux de Natalis Dumez, ancien maire de Bailleul, René Decock, alors dans une coopérative de la Fédération agricole, Georges Vankemmel, pharmacien à Armentières, Lionel Alloy, professeur d'enseignement technique, Jules Houcke, Albert van Wolput... » Le même Wolput qui était aux côtés de Jean Lebas en octobre 1940 pour lancer l'appel déjà mentionné, et qui deviendra bientôt vice-président de l'Assemblée consultative à Alger. Mais revenons à Claude Bellanger. Le futur directeur du

Parisien libéré ajoute : « Longtemps multigraphiée, puis imprimée — à Lille, chez Charles Lefebvre et chez Félix Planquart, rue Desrousseaux, ou bien à Saint-Amand — *La Voix du Nord* sera un journal important. » Et Noguères précise : « *La Voix du Nord*, en juin 1942, en est à plus de trente numéros : le journal paraît régulièrement tous les quatorze jours depuis le 1er avril 1941, sur six, huit et jusqu'à dix pages avec un tirage moyen de quatre mille exemplaires. (...) Mais, dans le même temps, les militants rassemblés par *La Voix du Nord* s'organisent pour d'autres tâches : évacuation d'aviateurs alliés, confection de faux papiers, recherche de renseignements militaires, sabotages. Ils constitueront, le moment venu, dans toute la région, des groupes armés. » Le 23 décembre 1942 sera parachuté près de Châteauroux le commandant Rod (Jean-Pierre Deshayes) qui deviendra conseiller du mouvement pour l'action directe.

Comme prévu, glissons maintenant vers la droite afin d'en arriver à l'exemple d'un mouvement d'importance moyenne mais très réelle et qui recruta surtout dans les milieux conservateurs : « Ceux de la Libération » (CDLL). Date officielle d'homologation : 1er décembre 1940. Définition technique par René Hostache : « Essentiellement un mouvement militaire orienté vers le renseignement, les chaînes d'évasion et l'action armée. (...) Il était très solidement implanté dans la région parisienne. » Si l'on veut faire un rapide historique de « Ceux de la Libération », il faut ajouter qu'à l'origine, l'embryon du mouvement fut un réseau créé par des officiers du SR-Air (service de renseignements de l'armée de l'air) qui exerçaient leurs activités dans le cadre de l'« Armée de l'armistice », à Vichy ; qu'une grande partie de son recrutement s'effectua parmi d'anciens membres du PSF (Parti social français) donc de la formation créée par les anciens Croix-de-Feu ; qu'après avoir été en contact étroit avec « Franc-Tireur » en zone Sud, ce fut finalement avec les corps-francs « Vengeance » que CDLL fusionna en zone Nord pour devenir « Ceux de la Libération-Vengeance » (CLV) ; qu'enfin il fut l'un des huit mouvements représentés au Conseil national de la Résistance (CNR). Dans cette sorte de fiche signalétique que nous venons d'établir rapidement, rien n'est faux. Toutefois, si l'on s'en tenait à elle, on n'aurait pas une image vraie de Ceux de la Libération. D'abord parce qu'il y manque une singulière silhouette humaine, celle de son fondateur Maurice Ripoche. Ensuite parce que n'y est pas perceptible une certaine combativité d'autant plus caractéristique qu'elle n'était pas monnaie courante dans les milieux d'où était essentiellement issu CDLL. En fait, nous aurions pu évoquer la figure de Ripoche beaucoup plus tôt puisque l'ordre du jour qu'il rédigea et diffusa en septembre 1940 dans les milieux de l'aviation était aussi un appel à la résistance. Dans ce texte transparaissent tout à la fois la soif d'agir qui ne cessera d'animer Ripoche jusqu'à son arrestation par la Gestapo en octobre 1942 et le courage qui le soutiendra jusqu'à ce que, devenu aveugle au régime de l'isolement cellulaire, il meure, décapité à la hache, à Cologne, le 20 juillet 1944. Au début, tout prédisposait Ripoche à se borner à monter un réseau de renseignements comme le lui demandaient les officiers de l'« Armée de l'armistice » et à prendre l'attentisme pour doctrine. Au contraire, des périlleux voyages d'une zone à l'autre jusqu'aux rencontres avec Frédéric Manhès, l'adjoint de Jean Moulin, c'est visiblement à pouvoir un jour en découdre que Ripoche songe... Quand, à Paris, le 2 mai 1948, Pierre de Gaulle inaugurera la rue Maurice-Ripoche, qui, dans le XIVe arrondissement, va de l'avenue du Maine jusqu'à la rue Didot, il rappellera comment, en 1941, traqué par la Gestapo, le fondateur de CDLL lui confiait : « Nous sommes plusieurs milliers déjà dans les rangs ! » D'ailleurs, l'arrestation de son chef et créateur va en quelque sorte banaliser le mouvement. Certes, CDLL étendra des ramifications importantes dans les grands services publics, certes en 1944 il parviendra même à disposer des transports de la Croix-Rouge comme camouflage, certes l'apport des corps-francs de «Vengeance » lui permettra de conserver son allure militaire, mais, Ripoche absent, rien ne pourra l'empêcher de n'être plus qu'une sorte d'OCM de moindre envergure. D'ailleurs, la capture, l'un après l'autre, des trois successeurs de Maurice Ripoche n'ira pas sans créer un certain trouble à l'intérieur du mouvement... On s'interrogera longtemps et vainement sur les raisons pour lesquelles la police allemande a pu aussi facilement s'emparer de Roger Coquoin, alias Lenormand, puis de Gilbert Védy, alias Médéric, puis du colonel Ginas, dont aucun n'eut la chance que connut André Mutter, le futur député et ministre qui fut le dernier président de CLV, membre du CNR à ce titre et qui, auparavant, le 15 août 1942, avait réussi à être, selon ses propres termes, « libéré faute de preuve » par la Gestapo.

En tête à tête avec Pétain

Apparemment, le recrutement, les méthodes et les buts du mouvement que nous venons de quitter et de celui que nous abordons maintenant sont très voisins, sinon semblables. Le fait que la « 7e Colonne », fondée le 1er septembre 1940, soit presque strictement alsacienne et que ses effectifs soient nettement moins importants que ceux de CDLL n'empêche pas que les deux organisations naissent et se développent dans le même milieu social, que leurs deux chefs et fondateurs, Maurice Ripoche et Paul Dungler, tissent leurs premiers réseaux à partir de liens entretenus avec les officiers de l'« Armée de l'armistice » ni que la même idéologie nationaliste fortement teintée d'esprit de revanche ne nourrisse leur patriotisme. Pourtant, sans qu'en apparence nul revirement ne vienne bousculer leur destin, c'est en victime héroïque que l'un se retrouvera sous la hache d'un bourreau allemand tandis que l'autre ira, en quémandeur de subsides, se faire bien accueillir dans le bureau de Philippe Pétain et s'égarer dans des négociations aussi troubles qu'étaient secrets les « services » qui les menaient... Comment ? Pourquoi ? Si l'on veut essayer de le comprendre, il convient de raconter d'abord l'histoire de Paul Dungler... Le 5 janvier 1994, dans sa rubrique intitulée *Ces résistants d'« extrême droite » dont on ne parle jamais*, le quotidien lepéniste *Présent* lui a consacré un article... On peut y lire que « responsable en Alsace de l'Action française et régionaliste convaincu, Dungler était originaire de Thann où il est né en 1902. A dix-sept ans, président de section, il avait à ses ordres 200 Camelots du roi, ouvriers pour la plupart et troupes de choc du mouvement monarchiste. L'Action française était bien installée dans cette partie de France si souvent en butte aux envahisseurs germains. (...) Paul Dungler fait preuve d'une telle lucidité et d'un tel sens de l'organisation que Léon Daudet le remarque et dit de lui dans le journal, en 1930 : “Ce jeune Alsacien ira loin, car il a le feu qui entraîne et la précision qui fixe.” Il se présentera aux élections de 1936 et sera battu de peu. Après la dissolution des Ligues, il crée l'Alliance royaliste d'Alsace... » Quand naît la « 7e Colonne » dans le Haut-Rhin, Dungler est industriel à Thann et ses deux adjoints du premier jour sont le Mulhousien Paul Winter et un habitant de Saint-Amarin, Marcel Kibler. Si les premiers objectifs qu'ils se fixent sont classiques (implantation ramifiée et recherche de renseignements militaires), un souci particulier de structuration caractérise, d'emblée, leur démarche puisqu'ils veulent, dans le Haut et le Bas-Rhin, établir une pyramide qui, partant des communes, monte jusqu'à eux par les échelons successifs des cantons, des arrondissements et du département. En outre, le souci que Dungler montre de la discipline ne se limite pas à l'efficacité et à la sécurité. « Mes amis, dira-t-il à Henri Noguères, me juraient obéissance et discrétion absolues sur les trois couleurs. De mon côté je m'engageais envers eux à ne jamais utiliser cette organisation dans un but politique ou partisan, ou de classe. Je plaçais l'organisation sous l'autorité et le commandement en chef de la France qui libérerait l'Alsace. » Le « commandement de la France » — l'expression est très générale et volontairement ambiguë... Quelle France ? Tandis qu'il met intelligemment et prudemment en place des structures effectivement solides et diversifiées, le chef de la « 7e Colonne » ne le précise pas. Seule la densité de son implantation semble l'intéresser quand il affirme qu'au début de l'hiver 1940-1941, « pratiquement toute l'Alsace était organisée ». Toutefois, en décembre, menacé par une première vague de répression, Dungler quitte l'Alsace pour aller à Lyon. « En arrivant à Lyon, raconte-t-il, je rédigeai un rapport sur la situation en Alsace, sur la situation en Allemagne et aussi sur les perspectives d'avenir. Le 27, j'allais trouver le gouverneur de Lyon, le général Frère, que j'avais connu avant la guerre et lui soumettais mon rapport. “Vous êtes le premier qui voit la situation sous son angle véritable, me dit-il, et je suis à cent pour cent avec vous."... » La figure du général Albert Frère est complexe : d'une part, il n'hésite pas à faire partie du tribunal qui condamne Charles de Gaulle à mort par contumace mais, d'autre part, devenu chef de l'ORA (Organisation de résistance de l'armée), il est arrêté par la Gestapo, le 12 juin 1943, et c'est en déportation qu'il meurt au camp de Natzweiler-Struthof. Il est vrai que des ambiguïtés de cette sorte sont courantes dans l'« Armée de l'armistice » et, début 1941, elles n'empêchent pas la « 7e Colonne », qui se nommera aussi bientôt le réseau Martial, d'agir et de croître, en Alsace même, sous la direction de Paul Winter mais conformément aux directives que, depuis la zone dite libre, Paul Dungler ne cesse de transmettre avec minutie. Toutefois, ce dernier quitte bientôt Lyon pour Vichy. Et plus précisément pour l'Hôtel du Parc où siège le vieux maréchal que les nazis ont placé à la tête de la France conquise. « J'ai pu voir pour la première fois le maréchal Pétain le 23 février 1941 », dit Dungler. Il ajoute que ce fut une entrevue seul à seul, un tête-à-tête bien réconfortant. Pétain lui « réserva un accueil vraiment remarquable » et lui lança très vite : « Vous avez raison ! » Ceci alors que Dungler venait, toujours selon lui, d'expliquer qu'il « créait une organisation de combat en Alsace ». Mieux même, le chef de l'Etat français aurait ajouté : « Non seulement j'approuve ce que vous faites, mais je dirais plus, si vous n'existiez pas, il faudrait vous inventer. ». Encore n'était-ce pas tout : « Il me demanda aussi, raconte Paul Dungler, si j'étais en rapport avec Londres. Je répondis par l'affirmative. Il continua : "Ici, je n'ai que des renseignements plus ou moins valables. Ne vous serait-il pas possible de me faire participer à vos sources de renseignements ?" » Et le fondateur de la « 7e Colonne » de répondre aussitôt : « Monsieur le maréchal, je vous ferai chaque mois un résumé des renseignements que nous acheminons sur Londres. » Enfin, comme s'il devinait que son récit pourrait surprendre, Dungler affirme : « Je dois dire que jusqu'à mon arrestation, le 29 février 1944, le maréchal Pétain a toujours financé mes opérations. »...

Mais le Maréchal n'était pas le seul bailleur de fonds. Reprenons le récit de *Présent* qui cite un proche de Dungler, Bernard Roemer. « En septembre 1943, dit ce dernier, il gagne l'Algérie à pied pour se mettre à la disposition du général Giraud. Celui-ci, en liaison avec le général américain Revers, lui confie une mission d'une importance extraordinaire : contacter l'Abwehr pour mettre au point un complot contre Hitler. » Le but ultime de l'opération étant, comme l'explicite plus loin le quotidien lepéniste, « une paix séparée avec l'Ouest » — sous-entendu : pour continuer la guerre, mais uniquement contre l'URSS...

L'« histoire rocambolesque » du parachuté de Besse-en-Chandesse

En 1990, Fabrizio Calvi (avec la collaboration d'Olivier Schmidt) a publié la première étude complète sur l'action des services secrets américains (Office of Strategic Services — OSS) durant l'Occupation. Réalisé grâce aux archives fraîchement ouvertes à Washington, l'ouvrage s'intitule *OSS ; La guerre secrète en France* et on y retrouve ce que l'auteur appelle l'« histoire rocambolesque » du fondateur de la « 7e Colonne ». Durant « la nuit du 8 au 9 janvier 1944, raconte Calvi, un avion américain parachuta au-dessus de Besse-en-Chandesse (Puy-de-Dôme) un ancien cagoulard, Paul Dungler, chargé d'une mission peu banale organisée par l'état-major de Giraud et par des responsables de l'OSS, dont le chef de l'antenne bernoise Allen Dulles. (...) Paul Dungler était chargé de rencontrer des officiers dissidents de l'Abwehr déjà contactés en France par un de ses amis, Gabriel Jeantet, chargé de mission du maréchal Pétain. » Rappelons en passant qu'Allen Dulles est le futur père-fondateur de la CIA et que l'Abwehr, service secret militaire dirigé par l'amiral Canaris, était alors déçue par Hitler et en rivalité avec les « services » du chef des SS Himmler... Et continuons de citer Fabrizio Calvi : « Dungler servit de liaison entre les hauts responsables de l'Abwehr et l'OSS. Peu après son arrivée en France, Alger lui envoya trois opérateurs radio qui rejoignirent la ville de Nice où avaient lieu les négociations organisées sous l'égide du comte Jean Couitéas de Faucamberge ». Parenthèse : ce comte était, selon Claude Bourdet, un « étrange personnage », et nous verrons qu'il fut à la mesure de son flamboyant patronyme. Mais fermons la parenthèse et reprenons notre citation... « Les interlocuteurs de Gabriel Jeantet (...) faisaient partie d'un groupe de conspirateurs sur le point d'attenter à la vie d'Adolf Hitler. A la mort de Hitler, les conspirateurs auraient dû signer une paix séparée avec les Américains, tandis que la France devenait neutre. (...) Heinrich Himmler décida d'envoyer deux hommes pour enquêter. (...) Arrivés à Nice, au lieu d'arrêter les comploteurs, les deux envoyés de Himmler tancèrent les agents de l'Abwehr sans leur infliger la moindre sanction. Ils renvoyèrent Gabriel Jeantet dans ses pénates vichyssoises, se contentant de placer en résidence surveillée Paul Dungler et ses trois opérateurs radio. » Finalement déporté en Tchécoslovaquie et libéré par les Américains en mai 1945, le fondateur de la « 7e Colonne » a souvent été l'objet de louanges. Ainsi est-ce à son propos que le chanoine Pierre Bockel, thannois comme lui, archiprêtre de la cathédrale de Strasbourg, ami d'André Malraux et ancien aumônier de la Brigade Alsace-Lorraine, a écrit : « Notre chef et aîné à qui revint l'initiative... L'Alsace-Lorraine eût-elle trouvé sa liberté dans la dignité si en août 1940 il ne s'était pas trouvé des hommes un peu fous pour refuser l'imposture et la fatalité des chaînes ? »

L'activité de l'organisation de Paul Dungler s'étant poursuivie après le départ de son fondateur, on assiste à des contacts inattendus. Par exemple avec le réseau Brutus, déjà cité, mais dont il faut rappeler qu'il était sous le contrôle du BCRA gaulliste de Londres et principalement animé par des militants socialistes... Un contact d'ailleurs plutôt dévorant comme le note Henri Noguères : « Le réseau Brutus pousse des ramifications jusque dans les directions les plus inattendues puisqu'il absorbe, en juillet 1942, le sous-réseau "Cigogne", émanation de la "7e Colonne" d'Alsace dont il transmettra désormais les courriers. »

Comme on le voit, au niveau des mouvements de moyenne importance, la classification n'est pas simple. Notre dernier exemple va d'ailleurs nous le confirmer. En effet, si tous les auteurs sont d'accord pour constater que les « Bataillons de la Mort » (BDLM) sont nés à la fin de 1940 et ont succombé en août-septembre 1942 sous les coups de la répression, personne ne s'aventure à les classer idéologiquement ou socialement. Si l'on s'en tient aux professions de leurs dirigeants, le dentiste Albert Dubois, alias Saint Lubin, le général André Basse, ancien commandant de la place de Versailles, le commandant Marcel Bouet, on peut estimer se trouver en présence d'une organisation « bourgeoise ». Mais il est sûr que nombre des résistants qui, sous leurs ordres, prirent le risque de tomber entre les mains de la Gestapo, récuseraient ce qualificatif. Sans parenté avec une publication homonyme et lyonnaise dont nous reparlerons plus loin, leur journal clandestin s'intitulait lui aussi *Le Coq enchaîné* et il affirmait, en sous-titre, être l'« organe officiel du gouvernement libre de Paris ». Dans un rapport établi à l'époque et qui évidemment se ressent des moyens d'information limités dont son auteur pouvait disposer, Claude Bellanger estimait que les BDLM réunissaient quelque trente mille adhérents. Le chiffre était optimiste, involontairement exagéré. Il donne toutefois une certaine idée de l'importance que cette organisation essentiellement parisienne avait prise lorsqu'à la fin de 1941 elle entra en contact avec Londres par l'intermédiaire du groupement franco-polonais « F2 » et lorsqu'en décembre 1942 nombre de ses rescapés se retrouvèrent autour du journal *Résistance* de Jacques Destrée...

Chapitre sept

LES ARCHITECTES DE L'ACTION

Où le mot « mouvement » prend tout son sens.

On l'a vu, leur parcellisation rend ardues l'approche et la connaissance des petits groupes formés au hasard des révoltes individuelles, des rencontres fortuites et des bonnes volontés éparpillées... Va-t-il être aussi difficile de caractériser, sinon de définir, les mouvements plus importants ? Non, car il est évident que l'ampleur de leur implantation, l'abondance de leur production écrite, la multiplicité de leurs actions et la diversité des souvenirs qu'en ont gardés ceux qui les animèrent permettent de disposer de points de repère plus nombreux. Toutefois, il faut encore ici faire très attention à toute définition, à tout qualificatif, à toute étiquette qui seraient restrictifs. Idéologiquement et même politiquement, on ne voit guère qui pourrait contester que grosso modo « Combat » était un mouvement que l'on qualifierait aujourd'hui de « centriste », que « Libération » en zone Sud était « de gauche » et en zone occupée « Libé-Nord » socialisante avec une forte coloration syndicaliste, que l'esprit de « Franc-Tireur » était « jacobin », sinon gauchiste, et l'inspiration de « Défense de la France » plutôt chrétienne tandis que, malgré la présence dans ses rangs de membres aux opinions variées, c'est « à droite » que se situait l'OCM. Cela dit, on pourrait aisément, pour chacun de ces cinq mouvements, rapporter nombre d'actes, évoquer des hommes et surtout citer des textes qui paraîtraient démentir cette classification. Fortement secoué sinon balayé par le choc de la défaite, l'échiquier politique français resta fluide durant les années de l'occupation étrangère... Pour comprendre cette fluidité, il convient d'avoir toujours à l'esprit deux contradictions dominantes respectivement nées de l'existence du régime de Vichy et du fait que la revendication patriotique était surtout défendue par des personnalités en exil ou en rupture avec leur milieu et par les couches populaires... D'une part, en creusant le fossé dont nous avons déjà mis la réalité en évidence, l'entreprise à direction allemande menée par Pétain et ses complices obligeait tous les Français à se définir sans nuance, à choisir d'être blanc ou noir ; mais, dans le même temps, la comédie jouée par Pétain et certains de ses complices maquillait en nuances les innombrables alibis du double jeu... D'autre part, la conscience aiguë que les résistants avaient d'être minoritaires et leur souci concomitant de vraiment s'unir et de toujours plus recruter amenaient les militants de gauche et d'extrême gauche engagés dans le combat clandestin à filtrer leur vocabulaire et feutrer leur démarche afin de ne débattre que de l'essentiel avec leurs compagnons de lutte et de ne pas les effaroucher ; mais, dans le même temps, le côtoiement de gens d'origines les plus différentes au hasard du danger quotidien faisait qu'une très forte proportion des résistants jadis non engagés à gauche et même marqués à droite affirmaient ouvertement leur volonté de voir la Libération s'accompagner d'un profond changement des structures politiques et même de modifications radicales des rapports sociaux. Il est peu d'époques qui virent ainsi employer aussi sincèrement, abondamment, et parfois même abusivement les mots « France » et « liberté », les mots « avenir » et « confiance », les mots « espoir » et « vérité », etc. — tous les records étant battus par « patrie » et par « révolution »...

La maquette des mouvements à venir

Une autre difficulté tient à la différence cruellement sensible non seulement entre le rêve et la réalité mais entre l'envisageable et le possible. Nés spécifiquement du fait de l'invasion et de l'occupation, même les plus importants des mouvements resteront souvent plus faibles et moins actifs que les ensembles gaulliste et communiste. Leurs chefs diront pourtant souvent leur ambition d'être « complets »... Cette ambition était-elle réalisable ? Certains auront tendance à le croire alors même que les nécessités de la sécurité qui rendent les contacts « à la base » très fragmentaires empêcheront souvent que parviennent jusqu'à eux les démentis que la réalité quotidienne ne manque pas de leur infliger... A Simone Saint-Clair et Marianne Monestier, Jean Cassou devait déclarer quelque trente ans plus tard : « Nous menions un combat obscur et isolé sur la portée duquel nous n'avions, alors, que de très vagues données. Je vous rappellerai à ce propos un texte que Jean Paulhan a publié à cette époque dans une revue clandestine, sous le titre *Les Abeilles*. Ce texte disait en substance : “Mon Dieu, je sais que nous ne faisons pas grand-chose ; nous envoyons aux Anglais des renseignements qui ne sont pas toujours clairs ou exacts, parfois un peu confus ; nous imprimons des tracts, nous publions des journaux clandestins qui ne sont pas toujours excellents et dont le ton n'est peut-être pas absolument ce qu'il faudrait ; leur diffusion n'est pas aussi large qu'elle devrait l'être et que nous le désirerions et il nous arrive de devoir en jeter la moitié ; nous sommes arrêtés, le plus souvent, non pas pour avoir accompli une action d'éclat, ou simplement une action utile, mais parce qu'une imprudence a été commise, parce qu'il y a eu le hasard d'une conversation entendue dans un café ; bref, tout ce que nous pouvons faire à la carapace de l'ennemi ne représente que des piqûres d'abeilles sur une peau d'éléphant. Mais, continuait ce texte, il faut qu'il y ait des abeilles...". »

Cela dit, il ne faudrait pas négliger la part du rêve actif, de l'obstination la plus téméraire, du désir acharné de parvenir à l'impossible car sans ce rêve, cette obstination, ce désir acharné, il n'y aurait sans doute pas eu de Résistance. Ce ne fut pas parmi les sages et les modérés, les prudents et les pragmatiques que surgirent les fondateurs des mouvements, ceux qui prétendaient tout changer avec une organisation partie de rien... Aussi bien, avant d'essayer de dire ce que furent ces organisations, faut-il rappeler que leur précurseur à toutes fut précisément un groupe où s'épanouirent héroïquement puis tragiquement des idées folles mais alors si nécessaires, un groupe qui ne vécut pas un an mais dont les audacieux qui l'avaient fondé avaient fait, en quelque sorte, la maquette des mouvements à venir... Nous avons déjà rencontré l'étonnante figure de Boris Vildé en citant l'appel qu'il avait lancé le 15 décembre 1940. Nous savons qu'il a été fusillé le 23 février 1942, au Mont-Valérien... Mais c'est aussi en martyrs que meurent Anatole Léwitsky, Léon-Maurice Nordmann et les autres... Avant eux, avec eux, après eux, d'autres de leurs camarades sont morts, meurent ou mourront. Très vite, le sang des résistants coulera quotidiennement. Parmi ces tragédies, il en est évidemment des dizaines et des centaines qui sont aussi pathétiques que celle de Boris Vildé. Mais le précurseur Vildé, lui, est unique. Presque une sorte de « voyant » au sens rimbaldien du terme... Et il est logique que dans le numéro spécial de *La Liberté de l'Esprit* (automne 1987) intitulé *Visages de la Résistance*, écrivant l'article « L'heure très sévère de Boris Vildé », Yves Lelong dise : « Celui qu'on salue comme l'un des pionniers de la Résistance a peut-être été d'abord son "passant considérable", voire une sorte de résistant à l'état sauvage. En tout cas, dans son journal de prison, il note soudain : "Rimbaud, cher frère, lointain camarade." »

Lorsque débute vraiment la longue lutte souterraine contre l'occupant nazi et le régime pétainiste, pour naître, puis pour exister et progresser, il faut en partie innover et en partie réinventer des moyens du combat original qu'on a choisi de mener. Les solutions audacieusement concrètes et immédiatement architecturées que Vildé conçoit quand les autres improvisent dans l'insécurité ou en sont encore à chercher comment « faire quelque chose », voilà ce qui met le jeune ethnologue au rang des protagonistes et des fondateurs de la Résistance française. Voilà ce qui, plus encore que la hauteur de son sacrifice romantique, lui donne sa véritable dimension. Quand, d'abord par les rumeurs qui, malgré le cloisonnement, se répandaient mystérieusement parmi les résistants, puis par les communiqués satisfaits des autorités allemandes et les articles haineux de la presse à leurs ordres, furent connus l'action et le sort de Vildé et de ses amis, on parla de l'*affaire* du Musée de l'Homme. Par la suite, on évoqua plutôt le *réseau*, le *groupe* ou le *mouvement* du même nom. L'évolution des termes était significative... Collaboratrice directe de Vildé, Germaine Tillion devait écrire, quelque vingt ans après : « Notre organisation était, à vrai dire, entièrement "structurée" dès octobre 1940. » Quant à Jean Cassou que Vildé et Léwitsky allaient associer à la direction du mouvement, il déclara que, lorsqu'à la même époque il prit contact avec eux, « ils disposaient d'une véritable organisation » qui, d'emblée, lui apparut comme étant « très au point ». En outre, fait assez remarquable pour l'époque, un des dirigeants du Musée de l'Homme, Jacques Billiet, assurait le contact avec le PCF clandestin en rencontrant Georges Politzer puis Jean Jérôme...

En fait, tout a commencé parmi ce qu'on appellerait aujourd'hui des intellectuels de gauche... Là, en effet, dès juillet 1940, plusieurs noyaux se sont formés. Au centre du principal, Paul Rivet, savant célèbre mais aussi ancien président du Comité de vigilance des intellectuels antifascistes et premier candidat commun du futur Front populaire dans le quartier Saint-Victor à Paris, sur la rive gauche, en mai 1935. Autre noyau : celui des écrivains Jean Paulhan, Jean Cassou, Pierre de Lescure, Jacques Debû-Bridel sous la couverture de l'association des Amis d'Alain Fournier et des bureaux de la *Nouvelle revue française*... Rivet est encore directeur du Musée de l'Homme. C'est là, dans les sous-sols du Palais de Chaillot, que, de la rencontre de plusieurs de ces noyaux, va naître ce véritable groupement précurseur dont le fondateur le plus actif est donc un jeune savant, brillant ethnologue et linguiste, nommé Boris Vildé, lequel apparaît alors à ses amis, selon le mot d'Agnès Humbert, comme le « meneur de jeu de l'activité anti-allemande ». Aux côtés de Vildé, son ami et collègue Anatole Léwitsky, la bibliothécaire Yvonne Oddon, l'ethnologue Germaine Tillion, etc. Dans le chapitre de son *Histoire de la Résistance en France* consacré au mois de décembre 1940, Henri Noguères écrit : « Le plus ancien et apparemment le plus solide des réseaux, en cette fin 1940, est celui du Musée de l'Homme. Vildé et Léwitsky s'efforcent de mener de front les tâches les plus diverses. Ils ne fixent à leur entreprise ni limites territoriales ni spécialisation dans l'action. Vildé a chargé Zerafa d'étendre le réseau à Marseille ; lui-même, à l'occasion d'un voyage en zone Sud, s'est empressé d'y recruter des agents et a choisi Georges Friedmann pour le représenter. En même temps, il cherche à faire déboucher son réseau sur toutes les formes possibles de l'action. Qu'il s'agisse d'aviateurs anglais à faire passer par l'Espagne, de renseignements sur la Luftwaffe, de la constitution de "dizaines" paramilitaires, ou de simple propagande, Vildé ne dit jamais que cela ne le concerne pas. Il estime, au contraire, avoir vocation à prendre en charge tout ce qui touche à la Résistance. »

« L'aspect d'un dieu nordique »

Trente ans plus tard, dans sa présentation du *Journal et lettres de prison* de Boris Vildé, qu'elle a intitulée *De Saint-Pétersbourg au Mont-Valérien*, l'historienne Dominique Veillon insiste encore : « Boris Vildé et Anatole Léwitsky s'efforcent à partir de décembre 1940 d'accroître leur action en province ; ils prennent des contacts avec la zone libre (à Toulouse, Marseille, Lyon, sur la Côte d'Azur) et dans l'Ouest de la France. A ce moment, l'organisation du Musée de l'Homme apparaît très structurée... » Des précurseurs, donc. Mais qu'est-ce qui les poussa à le devenir ? En tout cas, ni le moule de l'armée, ni le nationalisme... En effet, ni l'un ni l'autre n'étaient officiers et ce ne sont pas la promotion de l'artilleur Vildé du rang de brigadier à celui de maréchal-des-logis-chef pendant la drôle de guerre ni le passage du fantassin Léwitsky à l'Ecole des aspirants avant qu'il ne soit, à la même époque, nommé à ce grade, qui permettent de retenir une motivation militaire. De même, le premier étant balte et le second russe d'origine, l'un et l'autre n'ayant été naturalisés que quelques années avant la guerre, on peut difficilement dire que c'étaient les traditions du nationalisme français qui les avaient préparés à l'épreuve. En revanche, ni la carrière scientifique qu'ils avaient, l'un et l'autre, très brillamment entamée ni l'orientation politique du milieu dans lequel ils vivaient ne peuvent être oubliées. Quand, le 3 janvier 1943, le général de Gaulle, à Alger, leur décerna la médaille de la Résistance à titre posthume, ce fut avec des citations qui les qualifiaient, Vildé d'« universitaire et chercheur de premier ordre » et Léwitsky de « jeune savant d'une valeur exceptionnelle ». Dans *Le Témoin des martyrs*, Aragon ajoute : « Ce n'est pas un hasard qui fait que ces deux hommes (...) les yeux ouverts sur la réalité humaine par l'ethnologie, science des hommes et des peuples, se soient opposés au racisme hitlérien (...). Ce n'est pas un hasard qui les avait fait l'un et l'autre des artisans de ce Musée de l'Homme dont l'enseignement s'oppose à la fameuse science nazie qui n'est qu'un instrument de conquête. » Or, au Musée de l'Homme précisément, leur maître à l'un et à l'autre, leur ami respecté aussi, s'appelait Paul Rivet, une des figures représentatives, nous l'avons dit, de la « vigilance antifasciste » et du Front populaire. D'ailleurs, même si les colonels Hauet et de La Rochère, plutôt monarchistes, sont parmi leurs compagnons les plus actifs et si leur souci de fédérer exclut de leur part tout sectarisme, le nombre des gens de gauche est grand parmi ceux qui les aident à monter leur mouvement... Les raisons psychologiques comptent aussi, bien sûr, et ceux qui les ont connus signalent tout particulièrement la lucidité et l'acharnement à la tâche.

Pour pouvoir poursuivre ses études, l'émigré Léwitsky, adolescent pauvre, a été chauffeur de taxi la nuit. Devenu chercheur, c'est au même rythme qu'il continue de travailler. Le compagnon de De Gaulle et futur politicien antigaulliste, lui-même ethnologue, Jacques Soustelle, le montre s'évanouissant de fatigue, un matin, dans les jardins de Chaillot. Le même auteur fait aussi le portrait de Boris Vildé qui fut son collègue auprès du professeur Rivet. « Je revois encore Vildé, écrit Soustelle, de taille moyenne, trapu, quelque chose d'agreste dans le visage aux traits durs, les yeux très clairs, les cheveux blonds. J'entends sa voix sourde, une façon particulière qu'il avait de dire “Bon !” — un monosyllabe lourd comme un coup de marteau — lorsqu'on lui avait exposé quelque problème, défini quelque tâche. (...) Il parlait peu — solide, concentré, riche de vie intérieure. Plus tard, à Fresnes, il écrira un journal d'une lucidité aiguë, chirurgicale, l'œuvre d'un savant qui, aux portes de la mort, s'observe lui-même sans faiblir. » C'est dans ce journal intime évoqué par Soustelle que Vildé écrivit : « Je n'ai pas peur de mourir. Etre fusillé, ce sera en quelque sorte un aboutissement logique de ma vie. Finir en beauté... » Et à la « lucidité aiguë » dont parle Soustelle, l'écrivain Claude Aveline ajoute une totale maîtrise de soi : « Je n'ai jamais connu, écrit ce dernier, d'homme qui parût plus maître de lui, et il y fallait une singulière maîtrise assurément, avec un regard comme le sien, où se lisait la flamme intérieure. Il avait l'aspect d'un dieu nordique. »

Prise dans le même coup de filet policier, Agnès Humbert se retrouve enchaînée dans le même box que Vildé devant les juges allemands. Après un verdict qui vient de les promettre lui à la mort et elle à la déportation, leurs geôliers laissent exceptionnellement quelques minutes aux condamnés pour converser entre eux. C'est alors que Boris Vildé s'inquiète auprès d'Agnès Humbert du sort des siens. Il lui dit, raconte-t-elle : « ... “Ma femme est au courant, qu'on s'adresse à elle pour tout. On s'occupera des familles pendant que vous serez en Allemagne en attendant la victoire.” Et il ajoute : “La victoire en 44 !” (Cette date lointaine me serre le cœur. Il prophétise avec une telle assurance...) Puis me prenant la main et me regardant avec ses yeux bleus pétillants de malice : “Il y aura du travail pour vous, Agnès, à la sortie.” »

Même si les traits qui caractérisent son personnage se retrouvent séparément chez l'un ou l'autre des dirigeants de la Résistance, leur rencontre et leur synthèse font de Boris Vildé un être dont l'avenir aurait certainement mis en évidence la forte originalité. Sa mort priva par avance l'« armée des ombres » d'un animateur que sa capacité d'innover aurait rendu particulièrement précieux...

Combat, Libération, Défense de la France, Franc-Tireur et l'OCM

La première étude approfondie sur l'organisation est parue, en 1977, aux Etats-Unis, sous le titre *The Vildé Affair*. Quand, deux ans plus tard, la traduction a été publiée à Paris, l'auteur, Martin Blumenson, l'a intitulée *Le Réseau du Musée de l'Homme ; Les Débuts de la Résistance en France*. Et l'écrivain américain d'ajouter : « Les patriotes du Musée de l'Homme furent parmi les premiers, furent peut-être les tout premiers, à entreprendre la résistance. Mais ce qui conféra au mouvement de Boris Vildé sa place unique, ce fut son choix du titre de *Résistance*, qui cristallisa en une entreprise unifiée et délibérée une série d'activités jusqu'alors vagues et amorphes, et sa vision d'une fédération, son désir de regrouper pour un effort concerté tous ceux qui se levaient spontanément à travers le pays. Cette tâche serait finalement accomplie par Jean Moulin, en 1943, avant son arrestation et sa mort sous la torture. » Moins écrasante qu'on pourrait le penser, la comparaison avec Moulin oblige à se souvenir de celui qui succéda, autant que le permettait la chute de l'organisation, à Vildé capturé. L'historien François Bédarida le rappelle dans la postface qu'il a donnée au *Journal et lettres de prison*, et qu'il a intitulée *La Lumière qui éclaire la mort*. « Sitôt la tête du réseau démantelée, écrit Bédarida, une autre grande figure a pris la relève, puisque c'est Pierre Brossolette qui a rédigé et publié le cinquième et dernier numéro de *Résistance*, sorti le 5 mars 1941. »

Si, en le fusillant à moins de trente-quatre ans, les nazis ne laissèrent pas à Boris Vildé le temps pour que s'épanouissent les évidentes qualités que tout le monde lui reconnaît, ses bourreaux n'avaient pas pu empêcher que ce précurseur préfigurât ce qu'allaient très vite être les véritables architectes de l'action, ces hommes qui méritent d'être appelés de grands organisateurs, parce qu'ils savent donner vie aux appareils qu'ils édifient avec de la matière humaine... Bien qu'elle puisse surprendre ceux qui s'en tiennent à des impressions ultérieures, à des sentiments nés de constatations faites au moment de la Libération puis dans les années qui suivirent, la comparaison qui s'impose ici est celle que n'esquive pas Henri Noguères, celle avec l'autre remarquable constructeur de contacts et créateur de structures, avec Henri Frenay. Certes, moralement et idéologiquement, très grandes sont les différences entre Vildé et Frenay. Le temps les a accrues en effaçant dans la mémoire de la plupart de nos contemporains toute possibilité d'analogie entre l'étincelant souvenir laissé par l'un et la banalisation que l'autre a choisie en devenant plus tard politicien « centriste » puis misanthrope acharné à affubler Jean Moulin d'une sorte d'ombre rouge... Il n'en reste pas moins que, pour qui s'en tient à l'examen des formes d'organisation originales que durent inventer les résistants qui n'étaient ni gaullistes ni communistes, c'est Frenay qui, profitant d'une protection contre la répression due à ses relations militaires et à l'atmosphère de la zone Sud — cette protection dont évidemment Vildé n'avait pu bénéficier —, sut concevoir et mettre sur pied le type de mouvement le plus proche du *modèle* qu'espéraient pouvoir réaliser les novateurs du Musée de l'Homme. Noguères pousse même plus loin la comparaison lorsqu'il écrit : « Tout comme Frenay, Vildé réussit à faire partager à ceux qui travaillent avec lui son enthousiasme, sa fièvre et jusqu'aux illusions dont il se berce quant à l'importance réelle de son organisation. »...

Après avoir, un peu plus haut, parlé de *maquette*, nous venons d'employer le terme *modèle*. Au point où nous en sommes il devient un mot clef. En effet, au fil des pages qui précèdent, on a pu constater qu'au fur et à mesure qu'augmentait l'importance des groupes puis des mouvements que nous prenions comme exemples afin d'illustrer la grande variété des organisations de Résistance, cette variété même allait décroissant... Finalement, en examinant les mouvements moyens et, à plus forte raison, en abordant les plus importants, tout se passe comme si, par-delà mille différences, derrière tous les organigrammes, apparaissait une sorte de schéma idéal, de modèle à quoi, plus ou moins consciemment, auraient tendu les résistants animés du désir de toujours se structurer mieux pour devenir plus forts et plus efficaces... Notre propos ne saurait être ici de tenter de dépasser la réalité en prétendant dégager le *modèle*. L'abstraction n'est pas notre but mais, au contraire, l'évocation d'un combat qui fut entre tous concrètement humain. Toutefois, de même que, plus tard, pour approcher au plus près la vérité des maquis et de la lutte armée dans les agglomérations, nous évoquerons les règles maintenant universellement reconnues de la guérilla, nous ne voulons pas négliger maintenant les traits généraux communs aux cinq principaux mouvements, à savoir : Combat, Libération (Nord et Sud), Défense de la France, Franc-Tireur, et l'OCM.

C'est donc globalement que nous allons voir quels furent les fondateurs — donc le plus souvent les chefs et même parfois les « pères » — des cinq mouvements... Voir pourquoi ils prirent l'initiative de fonder leur organisation, quels mobiles les poussaient qui, dans la plupart des cas, allaient nourrir leur nécessaire obstination. Voir dans quel milieu ils vivaient et furent tout naturellement d'abord amenés à recruter, quels appuis et moyens d'agir ils y gagnèrent progressivement. Voir ce que fut leur préhistoire, comment ils survécurent au colin-maillard tragique de l'époque où leur organisation changea plusieurs fois de nom avant de prendre celui sous lequel elle allait entrer dans l'Histoire. Voir quels furent les autres dirigeants et principaux animateurs de chaque organisation, d'où ils venaient et à quoi ils rêvaient d'aboutir. Voir quelle était leur force et comment elle s'accrut à la faveur de structures parfois improvisées et parfois minutieusement perfectionnées. Voir l'importance que tous accordaient à la propagande, à la diffusion des idées pour lesquelles ils se battaient et dont ils entendaient que la Libération fût aussi le triomphe. Voir dans quelle mesure, plus ou moins importante, la recherche du renseignement les préoccupait. Voir à partir de quel moment les groupes armés qu'à peu près tous rêvaient d'implanter purent devenir une réalité. Voir comment il arriva que les mouvements se ramifient en branches inattendues et à vocation particulière, etc.

Les « grands féodaux »

Un fondateur, un chef — parfois même un « père », disions-nous plus haut... Mais l'on pourrait aussi dire un catalyseur et, encore plus précisément, un initiateur... A la vérité, ce premier point de notre essai de radiographie des « grands mouvements » est particulièrement difficile à traiter. Luttant contre le fascisme dont les adeptes pratiquent plus que tous autres la religion du chef, se considérant avant tout comme des combattants de l'indépendance et de la liberté, il est évident que les résistants ont presque instinctivement tendance à rejeter toute idée d'asservissement consenti à la volonté d'un seul homme. Toutefois, les héros eux-mêmes ont la plupart du temps besoin qu'on les incite à le devenir et, plus encore que le danger quotidien, plus que la menace de la torture et de la mort, la peur de la solitude paralyse souvent les meilleurs. Pour sauter le pas et se muer en hors-la-loi, n'est-il pas nécessaire aux hommes et aux femmes qui vont ensuite se distinguer dans le combat clandestin, sinon qu'on les y entraîne, du moins qu'on les y invite ?... C'est par cette nécessité que s'explique, en partie, le besoin du « contact » si souvent souligné. A l'exception de ceux qui, tels les communistes, ont déjà une idéologie et une organisation sur quoi s'appuyer, ce qu'attendent, ce que recherchent la plupart des résistants pour vraiment le devenir, c'est souvent qu'on leur fasse signe, que quelqu'un leur dise non point tant qu'il est possible de résister mais tout simplement que, conjuguée avec beaucoup d'autres, leur action personnelle peut devenir efficace. Nous l'avons vu en constatant le rôle décisif joué par les appels à la Résistance et l'importance que va prendre le général de Gaulle comme référence et comme symbole en sera la plus probante des illustrations... A l'origine de chaque mouvement, il y a donc un initiateur, celui qui, à proprement parler, prend l'initiative de rassembler des patriotes jusque-là isolés et de leur proposer de s'organiser. Il est assez naturel que cet initiateur devienne le dirigeant du groupe qui se constitue sous son impulsion et que, le souci d'efficacité et les règles de sécurité menant, non moins naturellement, à l'établissement de rapports volontiers « militaires », le dirigeant se retrouve bientôt, même à son corps défendant, en position de chef.

A cet égard, le cas d'Henri Frenay est typique. Sans cacher

l'attachement admiratif qu'il éprouve pour le père fondateur de Combat, Alban Vistel, dans *La Nuit sans ombre*, rappelle sa biographie et fait son portrait. « Il est né à Lyon le 19 novembre 1905, écrit Vistel. Son père, le colonel Frenay, est tombé au cours de la Grande Guerre. Le jeune Henri fait ses études au Lycée Ampère, puis prépare Saint-Cyr. Quelques années de garnison et c'est l'Ecole de Guerre en 1935. Il est ensuite envoyé au Centre des Hautes Etudes germaniques. En avril 1940, on l'affecte au 43e corps d'armée ; une courte guerre sur les Vosges et le voilà fait prisonnier le 25 juin au col du Donon. Il s'est juré d'être libre pour le 14 juillet. Il ne tarde guère à tenter l'évasion, le 30 il réussit. (...) La stature, la carrure, tout affirme que l'on est en présence d'une force de la nature. On peut subir le charme d'Henri Frenay, expression d'une virilité qui s'allie heureusement à une sensibilité prête à sourdre, on peut se hérisser devant cette assurance de soi-même, ces façons tranchantes, cette obstination peu nuancée, mais il n'est pas possible de demeurer indifférent. (...) L'intelligence est avant tout avide de concret. Les méandres de la méditation, le monde des nuances ne sauraient le retenir. Il décide, sûr de sa vérité. Dès lors, il poursuit son dessein avec une obstination têtue, le doute et la critique ne le détourneront jamais du but. »... Dans ses *Souvenirs*, Jacques Lecompte-Boinet qui fera scission d'avec Frenay avant de devenir membre du Conseil national de la Résistance (CNR) insiste sur l'assurance et le pouvoir de séduction : « Un coup de sonnette : Elisabeth bondit et c'est, dans une sorte d'auréole de mystère, l'entrée du patron (...). Certes, Henri ne peut cacher qu'il est militaire : la poignée de main est nette, les yeux bleus regardent droit, il est très blond, très sympathique (...). Ces paroles, dites avec calme, avec fermeté, montraient un chef et me conquirent. Du reste, comment ne pas être conquis tout de suite par Henri Frenay ? »

Cette faculté de s'imposer, le fondateur du mouvement Combat la doit pour beaucoup à son acharnement. Un de ses compagnons des premiers jours, le futur général Maurice Chevance-Bertin, a raconté à Pierre Guillain de Bénouville : « Il était empoisonnant. Sa volonté ne me laissait pas de choix. Pour me débarrasser de ses instances, il a fallu commencer à créer la Résistance. (...) J'appréhendais donc les visites de Frenay. Quand il venait me voir, j'avais le sentiment d'être coupable vis-à-vis de lui, de ne pas avoir fait assez... » Et cet éloge des qualités en quelque sorte « techniques » de Frenay n'est pas le fait de ses seuls partisans. Même d'autres dirigeants éminents de la Résistance qui s'opposeront à lui durant les polémiques de l'après-guerre n'hésitent pas à les vanter. « Très dynamique, écrit ainsi Lucie Aubrac, il sut grouper rapidement autour de lui des militants de qualité. » Et, sous la plume de René Cerf-Ferrière, on peut lire : « Le capitaine Henri fut courtois, froid, prudent. (...) Quel que soit le jugement que l'on puisse porter sur Frenay, il faut reconnaître que ses talents d'organisateur et son dynamisme firent de Combat le mouvement le plus solide, le plus structuré, le plus important de la zone Sud. »

Evidemment, on voit vite comment ce sens fascinant de l'organisation, cet art presque inquiétant d'enrôler, cette pratique de la séduction péremptoire sont des vertus qui portent en elles, sinon leur contraire, du moins leur effet négatif. Durant les longues conversations que nous avons eues avec eux, plusieurs anciens dirigeants de la Résistance ont à plusieurs reprises employé une expression que nous avons d'ailleurs déjà citée : les « grands féodaux ». Ce qualificatif ne visait pas seulement l'attitude de certains chefs de mouvements et principalement de deux d'entre eux, dont Frenay, qui, lorsqu'il leur faudrait sacrifier une partie de leur autorité pour que se réalise l'unité de la Résistance, tenteraient de faire obstacle à la constitution du CNR ; ce qualificatif allait plus loin et tendait à être une définition critique des personnages dans leur entier... L'autre « grand féodal », c'était le père fondateur de Libération, Emmanuel d'Astier de la Vigerie.

Un « anarchiste en escarpins » très « dévoué au bien public »

Frenay et d'Astier... Dans son livre de souvenirs (et d'histoire) intitulé *Résister*, au printemps 1999, Jacques Baumel les compare : « On ne pouvait rêver personnages aussi dissemblables. D'un côté, une sorte de moine soldat, tout entier habité par sa mission, implacable, perfectionniste, inlassable bâtisseur. De l'autre, d'Astier, sinueux, élégant, un peu chimérique, un peu inquiétant, une sorte d'aristocrate fin de race, version 1789. Celui que le colonel Passy avait traité d'"anarchiste en escarpins" était avant tout un aventurier, un ancien officier de marine du genre corsaire qui s'était reconverti dans le journalisme de gauche, où il avait traîné son allure extraordinaire de condottiere opiomane, son grand corps maigre et son nez de rapace, son charme indéniable et sa non moins indéniable démagogie politique. » Et, plus loin, l'ancien secrétaire général des Mouvements unis de Résistance (MUR) poursuit la comparaison : « D'Astier le dilettante (...), sa nature était plus souple que celle de l'officier Frenay. (...) La suite de sa carrière met en valeur des qualités réelles que Frenay ne possédait pas. Tandis que Frenay se raidira de plus en plus, jusqu'à l'inévitable marginalisation, d'Astier saura faire la conquête du général de Gaulle, tout comme il saura impressionner nos alliés anglais, Eden notamment, au point qu'il deviendra l'un des rares Français à avoir accès à Churchill (...). Et il faut créditer d'Astier d'avoir été, auprès du vieux chef britannique, le meilleur agent de promotion du rôle stratégique de nos maquis dans la campagne de libération à venir... »

Jacques Baumel n'aimait pas Emmanuel d'Astier. Le colonel

Georges A. Groussard non plus, dont les vues politiques étaient bien différentes des siennes, mais qui pourtant devait dire de lui : « Il m'était apparu comme un homme de tempérament exceptionnel et son courage, son intelligence, son habileté m'avaient laissé une très forte et très belle impression. Grand et mince, la démarche souple et rapide, brun, le profil d'aigle, l'allure altière et dégagée, il était de ces personnes qui frappent et représentent l'antithèse de la vulgarité. (...) Une sorte de Saint-Just... » Alban Vistel n'est pas moins élogieux : « Tout d'abord, l'homme séduit par une courtoisie de grand style, fruit de siècles de maturation, par conséquent innée, naturelle. L'intelligence et la culture ne se manifestent qu'avec extrême discrétion et s'expriment dans un langage sobre, fréquemment coupé de poses dubitatives. De prime abord, il paraît plus soucieux de séduire que de convaincre. (...) Plus de vingt années ont tout juste creusé les ravines du visage, accentué la voussure du dos ; il ressemble toujours à un grand adolescent dégingandé, fait d'os interminables, avec le juste volume de chair pour que le vêtement puisse dessiner une silhouette. Pourtant, ce corps n'évoque pas la fragilité, il tient de la carcasse de fer que dissimule le ciment, du cep... (...) Racé, ô combien ! Si la race signifie affinement séculaire dans l'effort de volonté pour s'accomplir par l'action, le refus des facilités, la réflexion sans complaisance envers soi-même. (...) S'il se hausse à se juger, c'est dans une sérénité sceptique qui sait que l'humain doit être traité dans l'alternance de l'indulgence et de la rigueur. »

Laurent Douzou, l'universitaire qui dans *La Désobéissance* a écrit l'*Histoire du mouvement Libération-Sud*, cite également le passage de *La Nuit sans ombre* qui vaut portrait de d'Astier de la Vigerie, et il ajoute : « On l'aura compris à la lecture de ce portrait dressé par Alban Vistel, d'Astier n'était pas homme à laisser indifférent... » Et puis Douzou précise d'intéressante façon : « Appartenant à une vieille famille aristocratique, où l'on ne pratique ni ne prise la tiédeur et le juste milieu, où l'on a de façon atavique la volonté de servir, Emmanuel d'Astier de la Vigerie, tout comme ses frères aînés François et Henri qui pèseront également sur le cours des événements et compteront avec lui au nombre des compagnons de la Libération, est un homme d'action. Ou pour dire les choses plus exactement, la défaite et l'immense perspective d'action qu'elle ouvre à ceux qui refusent de s'y plier le révèlent à lui-même. »... L'homme est finalement si paradoxal qu'on s'étonne à peine de trouver beaucoup plus vifs les portraits brossés par ceux qui ne l'aimaient guère que les portraits faits par ses fidèles... Deux exemples : Serge Ravanel et Lucie Aubrac. « Grand, élancé, le visage taillé à la serpe, écrit Ravanel, dans ce livre par ailleurs éclairant qu'est *L'Esprit de Résistance*, de grande force de caractère, généreux, dévoué au bien public, ce grand bourgeois deviendra un personnage charismatique de la Résistance. » Et Lucie Aubrac dans sa présentation du livre (un peu décevant) de Jean-Pierre Tuquoi *Emmanuel d'Astier ; La plume et l'épée* : « Cet immense bonhomme, don Quichotte et mousquetaire, ami fidèle et esprit subtil, dirigeant clairvoyant... ».

Mais on ne peut citer de portraits d'Emmanuel d'Astier sans songer qu'écrivain usant effectivement comme d'une épée de son style fort et vif, il a lui-même été un portraitiste souvent et justement comparé à Saint-Simon ou à La Bruyère. Aussi est-on tenté de chercher une image de lui dans sa propre voix, sous sa propre plume... « Je ne suis ni un homme d'Etat ni un homme de gouvernement ni un idéologue, dit-il à Francis Crémieux. Que reste-t-il ? Ce que vous disiez tout à l'heure : l'homme public, le contact avec les hommes. (...) A quarante ans, les circonstances m'ont jeté dans l'histoire des hommes. J'ai trouvé dans une société clandestine nommée Résistance une aventure et une dignité. Je l'ai trouvée auprès de mes frères insurgés... (...) Se battre, il le faut bien parfois. Mais pour se battre à bon escient, il faut comprendre, il faut aimer. Et j'ajouterai que vouloir se faire aimer entraîne à aimer. C'est tout. »

Là encore, on devine immédiatement les contradictions sous-jacentes. Il serait facile de les développer et d'opposer le séducteur, l'aristocrate, l'aventurier, le dilettante que n'a jamais nié être l'ancien officier de marine aux idéaux beaucoup plus simples et classiques dont seront animés la plupart des résistants qu'à Libération Emmanuel d'Astier aura sous son autorité. Vaine opposition, aussi vaine que celle qui consisterait à considérer qu'après l'évocation de personnalités contrastées comme celles d'Henri Frenay et d'Emmanuel d'Astier, les silhouettes des autres fondateurs doivent nous paraître floues, fluettes et transparentes...

La causticité, l'ironie corrosive...

L'initiateur du mouvement qui, en zone occupée, portera le même nom que celui de d'Astier, Libération, mais que l'on appellera souvent Libé-Nord pour les distinguer, est un militant syndical et futur ministre socialiste déjà cité, Christian Pineau. Ce qui surprend d'abord en lui, c'est précisément qu'il ne surprenne guère. Pratiquement né avec le siècle et ayant commencé sa carrière comme employé de banque, il en gardera toujours, même dans les circonstances les plus importantes ou les plus difficiles, même devenu ministre des Affaires étrangères, une allure qu'on ne remarque pas. Secrétaire de la Fédération CGT des employés, fondateur et directeur de la revue *Banque et Bourse*, devenu, pour avoir une couverture sous Vichy, inspecteur du ministère du Ravitaillement, il tient pour vertu première l'efficacité dans l'effacement. Les seuls étonnements que l'on éprouve à la lecture de sa biographie sont d'apprendre qu'il fut le familier d'un écrivain entre tous étincelant, Jean Giraudoux, et que, sous un pseudonyme, il publie des contes de fées pour les enfants.

Les voyages clandestins qu'il fait à Londres, en pleine Occupation, lorsqu'il est l'un des émissaires de la Résistance intérieure auprès du général de Gaulle, il ne les accomplit pas, comme les autres, secrètement, mais discrètement...

Effacement et prudence ne sont pas, au contraire, les traits dominants du caractère de Philippe Viannay, le principal fondateur de Défense de la France. C'est plutôt un sombre enthousiasme qui pousse ce jeune homme de vingt-trois ans à de courageuses foucades. Dans l'étude qu'elle a consacrée à son mouvement, Marie Granet nous dépeint cet agrégatif de philosophie comme ayant « passé ses années d'études à lire Platon et saint Augustin, Descartes et Kant » et elle ajoute que si les jeunes compagnons qu'il commence à réunir « subissent fortement l'influence de Philippe Viannay », c'est parce qu'« ils sont subjugués par l'éloquence enthousiaste de ce grand garçon à la figure longue, aux yeux sombres et perçants, dont la silhouette et l'ardeur passionnée faisaient songer à ces docteurs du Moyen Age, mi-soldats, mi-philosophes, qui aimaient les discussions métaphysiques mais qui savaient aussi entraîner les foules aux croisades ». L'autre historien du mouvement, Olivier Wieviorka, note, quant à lui, que « Philippe Viannay appartient à une vieille famille bourgeoise. Son père, ingénieur des Mines, a longtemps dirigé l'exploitation des mines de Czelad, en Pologne. Sa mère, née Tézenas du Montcel, morte alors qu'il avait trois ans, s'apparente plutôt à une petite noblesse provinciale de robe. Ce milieu n'est guère original. Catholique, la famille se situe politiquement à droite... ». Et le professeur Wieviorka ajoute que Viannay a envisagé « la prêtrise puisqu'il entre au séminaire d'Issy-les-Moulineaux en 1936 », mais qu'« en 1938, il abandonne sa vocation religieuse ». Cette vocation avortée, ni son séjour dans les classes du lycée Louis-le-Grand et dans les amphithéâtres de la Sorbonne, ni la courte guerre qu'il a courageusement faite comme aspirant chez les tirailleurs marocains, le temps de se voir décerner la croix de guerre, ni le non-conformisme d'amis plus âgés, industriels ou universitaires, ni les questions sur la justice sociale qu'il a pu se poser en œuvrant dans des organisations confessionnelles à vocation charitable ne l'ont préparé à un choix politique clair. Ses durables illusions sur Pétain et sa méfiance presque hostile à l'égard de De Gaulle alors même qu'il mène une action qui lui vaudra d'être considéré plus tard comme un des pionniers de la Résistance en zone occupée illustrent bien le caractère étonnamment contradictoire de son comportement. Mais les nombreuses contradictions dont il est la proie ne paralysent pas Viannay ; au contraire, tout se passe comme si elles nourrissaient son goût d'agir. Il n'a pas peur de l'autocritique et les zigzags de son itinéraire ne l'empêchent pas de foncer vers le bon but. Pour signer les articles qu'il écrit dans le journal clandestin qui porte le même nom que le mouvement et qui en sera toujours la clef de voûte, le pseudonyme qu'il choisit achève de le dépeindre : « Indomitus », c'est-à-dire un adjectif latin qui ne signifie pas seulement *insoumis* mais aussi *indompté*. Bien sûr, cette fougue constante ne va pas sans confusion ni ce perpétuel galop de l'âme sans vagabondage de l'esprit. Lorsque, quelques mois seulement après la Libération, toujours sous le nom d'Indomitus, Philippe Viannay publiera un recueil de ses articles clandestins intitulé *Nous sommes les rebelles* et qu'il le fera suivre d'un pamphlet-programme que résume son titre *La Révolution ne sera pas manquée*, on pourra estimer bien imprécise et trop accueillante aux idées reçues la définition de cette révolution, mais on pourra difficilement contester la sincérité du refus d'être dompté que quatre années d'épreuves et de combats n'auront fait que conforter.

Sous une tout autre forme, n'est-ce pas la même fougue offensive que l'on retrouve chez les fondateurs d'un autre des grands mouvements portant lui aussi le nom du journal qui en fut le creuset et qui en restera l'axe, le mouvement Franc-Tireur ? Nous disons bien *les* fondateurs car il serait difficile d'en privilégier un sans contraindre la réalité. Peut-être est-il déjà injuste d'avoir, dans la naissance et la direction de Défense de la France, accordé un rôle primordial à Philippe Viannay sans mettre sur le même plan Robert Salmon et Marcel Lebon, mais il devient tout à fait impossible, quand il s'agit de Franc-Tireur, de séparer Jean-Pierre Lévy d'Elie Péju ou Antoine Avinin, de Jean Soudeille ou Noël Clavier, d'Auguste Pinton ou même de Georges Altman et Yves Farge qui pourtant ne rejoignent les autres qu'un peu plus tard... Nous nous en tenons à ce choix bien que, non sans raison, les travaux de l'historienne Dominique Veillon privilégient Jean-Pierre Lévy, « bel et bien devenu » à ses yeux « le chef d'un des trois grands mouvements de zone Sud »... C'est dans son introduction à *Mémoires d'un franc-tireur ; Itinéraire d'un résistant (1940-1944)*, livre qu'elle a écrit avec Jean-Pierre Lévy, que l'universitaire formule cette appréciation. Le problème n'est pas de contester ou non ce choix, mais d'estimer qu'à la personnalité propre du mouvement Franc-Tireur, à sa nature même, correspond mieux une identité multiple. En effet, par-delà la diversité des origines, des carrières et des opinions premières, ce ne sont pas les membres pris séparément mais l'équipe fondatrice de Franc-Tireur qui, considérée globalement, nous semble avoir une personnalité dont les caractéristiques, le caractère méritent d'être évoqués comme s'ils étaient ceux d'un seul individu... Et cette fougue dans l'attaque, d'abord, dont nous venons de dire qu'elle rappelait celle de Viannay sous une autre forme. La forme qui, précisément, confère aux fondateurs de Franc-Tireur leur notable originalité. Là où Viannay lance l'anathème, Lévy, Péju, Avinin et leurs amis manient avec une allègre violence une gouaille qui mérite parfaitement son habituel adjectif : vengeresse... L'humour que, conscients de la gravité du moment et de l'importance de leurs responsabilités, les autres dirigeants de mouvements emploient si peu, ceux de Franc-Tireur en usent délibérément comme d'une arme. La causticité, l'ironie corrosive font partie de leur panoplie de clandestins. Leur ironie laïque et républicaine renoue avec une tradition bien française et même patriotique de jacobinisme libertaire.

« Par la grâce de la Police du Maréchal... »

Dès son premier numéro, en décembre 1941, leur journal *le Franc-Tireur* qui paraît d'emblée imprimé car leur état d'esprit et d'anciennes amitiés leur assurent de fortes complicités parmi les ouvriers du Livre, porte en sous-titre : « Mensuel dans la mesure du possible et par la grâce de la Police du Maréchal ». Et c'est au bas d'une des quatre pages de ce numéro 1 que l'on peut lire : « Gérant : contre-amiral Platon. Imprimeur : contre-amiral Bard. Adresser toutes réclamations au Palais de l'Amirauté à Vichy... » Cet humour militant a, bien sûr, des racines politiques. Les fondateurs du mouvement Franc-Tireur ont, comme on dit, le cœur à gauche. On peut juger leur gauche aussi velléitaire que vivante, aussi rancunière que généreuse, aussi modérée qu'anarchiste, mais il est clair que leur tendance fait depuis longtemps partie intégrante du paysage politique français... Après avoir rappelé qu'Elie Péju « est le propriétaire d'une entreprise de déménagements, ce qui d'ailleurs donnera bien des facilités en de multiples occasions aux organisations résistantes », Claude Bellanger ajoute : « C'est un patriote solide, au regard avisé, résolu ; il milite depuis toujours dans les organisations politiques de gauche. C'est là qu'il a rencontré ceux qui vont se grouper autour de lui : Antoine Avinin, militant de la “Jeune République”, Jean-Pierre Lévy et Jean Soudeille, deux socialistes, Noël Clavier, du “Groupe Duboin pour l'Abondance”, tous occupés à des titres divers dans des entreprises industrielles ou commerciales, et Auguste Pinton, professeur d'histoire au lycée de Lyon, qui est, lui, radical. Très vite, Georges Altman s'y ajoute que Péju a connu à *Clarté* de Barbusse et qui, jusqu'à la guerre, était l'une des bonnes plumes de *la Lumière*... »

De son côté, Alban Vistel précise que, dans leur jeunesse, Péju et Soudeille ont été membres du PCF avant de le quitter en 1930 tandis que Clavier s'intéressait au « Faisceau » très à droite de Georges Valois, puis il ajoute : « Tous ces hommes ont une formation et une expérience politiques, de solides attaches lyonnaises. Ils se sont connus naguère autour du forum lyonnais dirigé par Georges Vavasseur, bohème et dilettante, qui tentait d'animer la ville aux heures turbulentes du Front commun, puis du Front populaire. (...) Ils ont vécu intensément les prodromes : menaces fascistes, élan du Front populaire, guerre d'Espagne, retombées et angoisses de 1938. Ils ont été antimunichois ; ils ont assisté, impuissants, à la dégradation de la drôle de guerre. »... Notons en passant que le bouquiniste Vavasseur, que Vistel cite sans autre précision, connut un destin singulier : ayant adhéré pendant l'Occupation non pas à « Franc-Tireur » mais à « France d'abord », un des petits mouvements que nous avons déjà évoqués, il fut, en 1944, membre du Comité de libération de Lyon puis, après la guerre, tout en militant dans des associations d'anciens résistants, il fut proche de Jean-Paul David, animateur de l'organisation anticommuniste « Paix et Liberté » avant de présider les « Amis d'Edouard Drumont », association qui se consacre à honorer le souvenir du « penseur » français de l'antisémitisme... Mais revenons-en à notre revue des fondateurs ou même, plutôt, pères fondateurs.

C'est maintenant le profil de l'homme qui créa l'Organisation civile et militaire (OCM) que nous devrions tenter de dessiner si nous ne l'avions déjà fait d'un trait lorsque nous évoquions, plus haut, les appels à la Résistance. Il s'appelait, on le sait, Jacques Arthuys. Ce n'est pas nous répéter que de rappeler comment, officier de tradition et industriel rêvant d'un pouvoir fort, il avait été l'un des fondateurs d'une des toutes premières organisations fascistes françaises mais que, lorsque ses illusions se furent dissipées et qu'il eut compris la vraie nature de l'hitlérisme, il devint « sans hésitation, sans bruit », un des pionniers de la Résistance française et que ce fut finalement sous les coups des SS qu'il mourut, déporté, en 1943...

En esquissant ces quelques portraits, avons-nous réussi à mettre en évidence ou du moins à laisser deviner les mobiles qui poussèrent les pionniers à créer leur organisation et même, dans une certaine mesure, à l'inventer, ces mobiles qui allaient également nourrir une obstination, un acharnement sans lesquels cette organisation aurait eu encore plus de mal à survivre et à croître ? Oui et non... Oui, car quelques tendances se sont dégagées. Non, car en pareille matière il est bien hasardeux d'affirmer. On peut toutefois noter des points communs : primo, une formation préalable reçue dans un milieu militaire, politique, syndical ou même religieux relativement contraignant et qui, en imprimant fortement sa marque sur une personnalité forte l'a même parfois amenée à se révolter ; secundo, un impérieux besoin d'agir et même une sorte de talent de l'action que le choc des circonstances, l'agression des événements révèlent être un mélange d'horreur de subir et de soif de réagir ; tertio, une situation familiale, sociale et professionnelle qui a déjà permis le développement d'un goût inné des relations humaines et qui, le moment venu, offre la possibilité de les multiplier par d'incessants contacts et de constants déplacements.

« Une amie de longue date, Berty... »

Il va sans dire qu'en insistant sur le rôle des pères fondateurs de mouvements, nous n'entendons pas présenter ces mouvements comme le fruit de la seule volonté de quelques individus. Il suffit d'ailleurs de rappeler brièvement les circonstances dans lesquelles naquirent Combat, Libération (au nord et au sud), Franc-Tireur, Défense de la France et l'OCM pour constater que, sans la volonté diffuse de résister qui se développait dans la masse du peuple français, les volontés individuelles n'auraient pas pu se manifester. Et l'on va voir que, mieux que tout commentaire, ce rappel de l'apparition et de la préhistoire des mouvements met en évidence une singulière conjonction des efforts, parfois pittoresque et souvent émouvante. Dans une lettre que, le 8 avril 1943, en la signant du nom de Gervais il adressa au chef de l'« Armée secrète », le général Delestraint qui se faisait alors appeler Valentin, Henri Frenay racontait : « ... "Combat" a commencé en août 1940, date à laquelle j'ai réuni quelques amis qui malgré le caractère désespéré d'une semblable entreprise ont bien voulu me faire confiance et ont trouvé en eux la foi nécessaire pour entreprendre l'œuvre de libération alors que tout semblait irrémédiablement perdu. Pendant dix-huit mois, c'est-à-dire jusqu'au mois de janvier 1942, nous nous sommes développés seuls, sans aucun appui extérieur, sans liaisons avec Londres. Comme les autres mouvements, nous fûmes un mouvement spontané de révolte contre "l'inévitable". Nous n'avions pas un sou et devions, après avoir écorné nos maigres moyens personnels, pratiquer en grand le "tapage" de toutes nos relations. On mangeait dans les restaurants à 15 francs, on voyageait en troisième classe, on économisait les enveloppes. Ce fut l'époque héroïque pendant laquelle des liens très solides d'amitié et de confiance se nouèrent entre mes camarades et moi-même, liens qui, tout autant que l'idéal que nous défendions, nous unissaient les uns aux autres... »

Plus tard, Alban Vistel, décidément précieux mémorialiste des mouvements de zone Sud après avoir été un de leurs protagonistes, pourra préciser : « En juillet 1940, après son évasion » Frenay « pense qu'il faut faire quelque chose pour réveiller la conscience nationale. Sa formation d'officier d'état-major, son goût de l'organisation font que, dès ses premiers pas, il dessine avec une précision remarquable ce que sera le Mouvement qu'il entend créer. Celui-ci comprendra trois branches : 1° le ROP — recrutement, organisation, propagande ; 2° le renseignement ; 3° le choc, groupes d'action. C'est, sous d'autres vocables, le schéma classique des états-majors avec leurs bureaux. Bien entendu, le recrutement sera clandestin et les membres se grouperont par sixaines avec un chef responsable ; cinq sixaines formeront une trentaine. Le chef de trentaine ne connaîtra que les cinq chefs de sixaine. Donc, organisation à la fois horizontale et verticale. Le mouvement sera fortement hiérarchisé, Frenay lui donne déjà le nom de "Mouvement de Libération nationale". Tout cela n'existe encore que dans son esprit, il ne reste plus qu'à animer le schéma, qu'à remplir d'êtres vivants les cases vides. La zone Sud grouille de réfugiés : Alsaciens-Lorrains, israélites, fonctionnaires, professeurs, journalistes, repliés de toutes espèces. C'est tout d'abord parmi ces émigrants déracinés, instables, blessés dans leur conscience que va œuvrer le recrutement. Tous ceux-là sont évidemment plus disponibles que les autochtones dont les habitudes n'ont pas été dérangées et dont le conformisme sera lourd à soulever. En novembre 1940, Frenay est nommé au 2e Bureau à Vichy. Il démissionnera très vite en janvier 1941. Mais ce passage à Vichy lui a permis de retrouver une amie de longue date, Berty Albrecht, qui est affectée au Commissariat au chômage féminin. Epouse d'un grand homme d'affaires hollandais, elle a renoncé à une existence aisée et brillante pour répondre à l'appel des détresses. Elle s'est faite assistante sociale d'usines. (...) Désormais, elle ne vivra que pour la Résistance. Longtemps, elle sera le bras droit de Frenay : secrétaire pour toutes les tâches, prodigieux agent recruteur. En effet, ses fonctions lui ont fait connaître nombre de jeunes femmes engagées dans la même voie. Celles-ci formeront les premiers cadres féminins du Mouvement, recrutant à leur tour leurs frères, leurs parents, leurs amis. Au cours de ses multiples voyages, Frenay a convaincu quelques amis qui, à leur tour, ont fait d'autres adeptes. La nécessité d'un organe de liaison s'impose. Il crée alors un bulletin d'information nourri de renseignements fournis par la section allemande du 2e Bureau, par les écoutes de la BBC, de la radio de Genève. A ce bulletin s'ajoutent les bulletins de propagande ; tout ce matériel est dactylographié en plusieurs exemplaires, envoyés aux amis sûrs qui, à leur tour, ont le devoir de les multiplier et de les diffuser. En avril 1941, Henri Frenay passe en zone Nord où il a de nombreuses intelligences. L'un de ses anciens camarades, Robert Guédon, qu'il a rencontré par hasard à Vichy, a créé une filiale du Mouvement, parallèlement à son réseau de renseignements. (...) Çà et là, se constituent des groupements qui diffusent des tracts et des essais de journaux clandestins. L'un de ceux-ci se nomme *Petites Ailes du Nord et du Pas-de-Calais*. Comme son nom l'indique, il est diffusé dans ces deux départements. Son fondateur est un jeune homme de vingt-deux ans, Jacques Mulliez. La feuille est tirée à la ronéo à environ sept cents exemplaires. L'un des amis de Frenay, Pierre de Froment, est entré en contact avec Mulliez. Depuis longtemps, Frenay aspire à publier un véritable journal clandestin qui se substituerait aux modestes bulletins d'information. L'on y gagnerait en efficacité et en prestige. L'idée que *Petites Ailes* pourrait devenir le journal de l'ensemble du Mouvement surgit tout naturellement. Elle est adoptée et le nouveau journal se nomme *Petites Ailes de France*. L'inlassable, l'efficace Berty Albrecht trouve enfin à Villeurbanne un imprimeur qui consent à prendre le risque. Il se nomme Martinet. Il fournira le papier. C'est ainsi qu'en avril 1941 *Petites Ailes* tire à 3 000, bientôt à 6 000 exemplaires, puis peut-être à 20 000. Diffusion considérable pour l'époque, d'autant que le précieux journal passe de main en main ; il va être l'instrument d'un recrutement intense. (...) En règle générale, la feuille clandestine engendre le Mouvement ; notable originalité, ici, le Mouvement préexiste à la feuille ; en effet, sous les pas de Frenay, en zone Sud surtout, des noyaux se sont formés : à Marseille, Nice, Toulouse, Clermont, Lyon. Il ne s'agit là que d'une maigre avant-garde, d'une ébauche dont les contours assez flous vont, mois après mois, se préciser. »

Autour de François de Menthon

Mois après mois, dit Vistel, oui, et aussi voyage après voyage, contact après contact... Henri Frenay n'est pas seulement architecte, il est aussi commis voyageur de l'action. Sa rencontre la plus décisive sera celle avec un ancien professeur de Droit à l'université de Nancy qui, ayant été blessé et fait prisonnier pendant la guerre, s'est évadé et a pu passer en zone Sud grâce à la complicité du chanoine Kir. Ce professeur s'appelle François de Menthon. Il s'est installé dans le château de sa famille, sur les bords du lac d'Annecy. Déjà engagé dans la vie politique comme militant catholique, il a vite renoué des contacts avec ses amis Pierre-Henri Teitgen, René Capitant, Paul et Alfred Coste-Floret, etc. Daté du 25 novembre 1940, le premier numéro d'une petite feuille clandestine *Liberté* naît de leurs réunions. Lorsque, courant 1941, la feuille devient journal et est tirée à Marseille par de véritables imprimeurs, Moussion et Mortemousque, lorsqu'on parvient ainsi à un tirage que François de Menthon estimera plus tard à 45 000 exemplaires, un mouvement commence à se former qui prend le nom de la publication. Autour de Pierre-Henri Teitgen et de René Courtin, à Clermont-Ferrand, autour du docteur Parent et de Léo Hamon, à Toulouse, autour de Guy de Combault, à Marseille, autour d'Edmond Michelet, à Brive, autour de Charles d'Aragon, dans le Tarn, autour de Champetier de Ribes, dans les Basses-Pyrénées, etc., des groupes locaux du nouveau mouvement s'implantent. Les chemins des amis de François de Menthon croisent bientôt ceux des amis d'Henri Frenay. La naissance officielle du mouvement Combat est proche...

Henri Noguères insiste sur l'importance du fait. « Une décision, écrit-il, prise à Grenoble dans les tout premiers jours du mois de novembre 1941 par les dirigeants du "Mouvement de Libération nationale", conduits par Henri Frenay, et ceux de "Liberté", groupés autour de François de Menthon va marquer une date importante dans l'histoire de la Résistance : pour la première fois, deux mouvements bien distincts, ayant chacun ses cadres, sa structure propre, son journal (...) vont fusionner. Il ne s'agira pas d'une demi-mesure, d'un simple pacte d'action commune ou d'un vague protocole entraînant le "non-débauchage" des adhérents ou le partage des zones d'influence, mais bien effectivement de l'intégration, de la base au sommet, de deux mouvements qui, désormais, vont en constituer un nouveau. (...) Pour l'organisation elle-même, le nom retenu est finalement Mouvement de Libération française et pour le journal : *Combat*. Mais, de toutes les décisions ainsi prises à Grenoble, il en est une au moins qui restera lettre morte : celle relative à la nouvelle appellation du mouvement. En effet, dès que paraîtra, en décembre, le premier numéro de *Combat*, plus personne ne se souviendra qu'il est l'organe du "Mouvement de Libération française" : le titre du journal sera immédiatement adopté comme titre du mouvement. Si bien que la réunion de Grenoble marque *en fait* la naissance de "Combat" (...). En ce qui concerne la structure du nouveau mouvement, l'accord se réalise aisément sur l'adoption du schéma tracé — depuis longtemps déjà, on l'a vu — par Frenay pour son Mouvement de Libération nationale. Mais ce qui, jusqu'alors, avait été en partie théorique, va entrer dans les faits... »

La naissance et la préhistoire des deux mouvements jumeaux Libération-Nord et Libération-Sud sont aussi révélatrices des mobiles de leurs fondateurs que peuvent l'être celles de Combat... Sans vouloir marquer aucune prééminence ou antériorité chronologiques, commençons par le mouvement Libération de la zone dite libre, donc Libération-Sud. « Je suis arrivé à Marseille, démobilisé, honteux devant la décomposition totale de la France et de son peuple, racontera un quart de siècle plus tard Emmanuel d'Astier de la Vigerie à Francis Crémieux. J'ai rencontré quelques hommes qui avaient ce même sentiment, avec d'autres perspectives que moi : Corniglion-Molinier, qui pour moi était un aventurier, qui avait fait des choses pendant la guerre d'Espagne, qui avait été un bel aviateur, mon frère, retrouvé par hasard, qui avait été le commandant du théâtre d'opérations nord pour l'aviation. Je me suis dit : "Faire quelque chose, c'est immédiatement, non pas résister — on n'avait même pas encore trouvé le mot — mais attaquer." La première petite expérience que nous avons faite a commencé en octobre 1940. Nous avons monté un clan de comploteurs et cherché un point d'application : saboter les livraisons de la Commission d'armistice à l'Italie, empêcher que les locomotives livrées à l'Italie arrivent en Italie. Ce n'était pas très difficile. Nous l'avons fait pour quelques unités, très rares, à La Bocca. C'était peu de chose. Il fallait réunir les hommes qui avaient les mêmes idées. J'ai rencontré, dans le mois qui a suivi et surtout en décembre 1940, une série d'hommes étranges, sans aucun rapport entre eux : un homme exceptionnel, Cavaillès, qui était un grand professeur de philosophie à l'université de Strasbourg repliée à Clermont-Ferrand, un journaliste de *La Montagne*, Rochon, qui a fini dans la torture, d'autres hommes, à Marseille. Nous avons décidé d'avoir une organisation départementale, de ne pas nous contenter de faire deux ou trois petits trucs sur la Côte d'Azur, mais d'essayer de pénétrer dans d'autres endroits en France, de rassembler un certain nombre d'énergies. Il n'y avait rien d'autre à rassembler que des énergies. Nous avons monté ce petit — je refuse le mot "réseau" — ce petit groupe de Carbonari qui s'est appelé "la Dernière Colonne". (...) Nous avions l'impression d'être absolument isolés. (...) Une petite épopée d'aventuriers, ridicule, dérisoire. Nous avons été au début des aventuriers, surtout en 40 et 41. (...) Je suis devenu, assez tôt, un clandestin. Dès janvier 1941. Avec des hommes aussi remarquables que Cavaillès, avec d'autres, comme Lucie Aubrac, qui a été la Théroigne de Méricourt de "Libération", nous avons constaté que ce n'était pas sérieux, qu'il fallait mettre en place une organisation. C'est alors qu'est née curieusement dans mon esprit la certitude que l'on ne pouvait pas agir comme de purs aventuriers, que nous devions nous associer à des couches populaires... »

Un vers d'Apollinaire comme mot de passe

Lorsqu'à la fin de *La Désobéissance*, Laurent Douzou publie sur vingt pages une *Liste de membres du mouvement Libération-Sud* (quelques centaines de noms), cet historien n'y fait pas figurer Théroigne de Méricourt. Pour un universitaire, ça ne ferait pas sérieux — comme c'est dommage ! car Emmanuel d'Astier ne disait rien par hasard... Alors, en comparant Lucie Aubrac et Anne-Josèphe Terwagne, dite Théroigne de Méricourt, que voulait-il donc dire ?... Il est peu probable qu'il ait songé à l'héroïne du drame en six actes de l'académicien Paul Hervieu, et il est impossible qu'il ait imaginé le livre qu'un auteur qui n'était pas encore né publierait vingt ans après qu'il soit mort, le *Théroigne de Méricourt ; Une femme mélancolique sous la Révolution* d'Elisabeth Roudinesco... Non, sans doute est-ce tout simplement à la romanesque militante, à l'efficace combattante que d'Astier fait allusion. A celle que son rôle dans la prise de la Bastille avait fait surnommer « l'Amazone de la Liberté » et qui fut une militante féministe avant la lettre. Parler ici de Théroigne de Méricourt, c'est évidemment mettre en avant le rôle des femmes dans la Résistance...

Dans la biographie de son frère qu'elle a écrite sous le titre *Jean Cavaillès, philosophe et combattant* (1903-1944), Gabrielle Ferrières poursuit le récit commencé par d'Astier. L'angle de vue est aussi différent que la façon de dire et c'est pourtant bien la même image d'une même réalité. « Au mois de décembre 1940, écrit Gabrielle Ferrières, Jean rencontra chez M. Oguze, un de ses collègues de la Faculté, M. Spanien, l'avocat de Blum (alors incarcéré au fort du Portalet). Spanien, que mon frère avait connu au ministère de la Guerre, pendant son stage au service du Chiffre, le mit en relation avec Emmanuel d'Astier de la Vigerie qui posait, à Vichy, les premiers éléments d'un mouvement d'opérations contre les Allemands — la "Dernière Colonne" — mouvement qui s'occupait d'action, d'attentats (...). En janvier 1941, Jean reçut, à Clermont, la visite de Lucie Bernard — cette Lucie connue à Amiens — retrouvée à Strasbourg — mariée depuis avec Raymond Samuel — et qui fut, dans la Résistance, Lucie Aubrac. Lucie enseignait l'histoire au lycée de jeunes filles de Lyon — Jean eut grand plaisir à la revoir — et à constater combien leurs idées étaient semblables. Au cours d'un repas pris à la Brasserie de Strasbourg, il décida de lui confier ses projets — le hasard devait amener, ce soir-là, à la Brasserie de Strasbourg, Emmanuel d'Astier et Spanien — les présentations furent faites : peu à peu naissait ce grand mouvement qui prit le nom de Libération (...). C'est sur un banc de la faculté des Lettres, au mois de mars 1941, que Jean rédigea, en compagnie d'Emmanuel d'Astier de la Vigerie, le premier tract de Libération. Ces tracts, que Clermont-Ferrand avait, en se réveillant, la surprise de trouver collés sur ses murs, devinrent, peu à peu, des journaux de format réduit, écrits, polycopiés, distribués par des jeunes enthousiastes et mystérieux qui s'abordaient en murmurant : “Sous le pont Mirabeau coule la Seine.”... »

Ce choix d'un vers de Guillaume Apollinaire comme mot de passe ajoute à l'allure romantique de la préhistoire du mouvement Libération-Sud. Une allure et une réputation. Pascal Copeau confiera à Henri Noguères : « Fin 1940, j'avais rencontré d'Astier à Vichy et il m'avait proposé à ce moment-là de participer à l'organisation qu'il était en train de monter : la Dernière Colonne. Avant de le rencontrer, j'avais entendu parler d'une façon assez mondaine de cette tentative et j'avais refusé. » En vérité, deux ans plus tard, Copeau devait finalement adhérer à Libération et même y jouer un rôle dirigeant. Il avait pu, entre-temps, constater qu'il était faux de prétendre que d'Astier et ses amis ne concevaient la Résistance que comme un marivaudage subversif. En 1945, d'ailleurs, Lucie Aubrac, parlant de ce qu'elle connaissait bien, remettait les choses au point. Elle définissait le Libération de zone non occupée comme un « mouvement destiné par la plume et la parole à mettre en garde les Français contre l'installation du fascisme. Mais, ajoutait-elle, il fallait trouver une base plus populaire »... Les dirigeants de Libération s'y employèrent en prenant notamment contact avec des militants de la CGT. Dans le n° 4 du journal, Léon Jouhaux publiait un *Manifeste aux ouvriers*...

S'intéresser au syndicalisme, pour les fondateurs de « Libération », c'est se tourner vers l'une des rares forces réelles existant encore dans le pays. Certes, depuis la grève du 30 novembre 1938, depuis les décrets-lois et la répression anticommuniste de l'automne et l'hiver précédents, les milieux syndicaux français sont profondément divisés puisqu'il n'est pas exagéré de dire que la CGT a éclaté. Le temps n'est pas encore venu d'une réunification qui, pourtant, marquera plus tard une étape importante de l'essor de la Résistance française. Non, pour le moment, les plaies ne sont pas cicatrisées et l'incompréhension reste profonde. La même incompréhension qui, sur le plan politique, éloigne les uns des autres militants socialistes et militants communistes... Déjà, parmi ceux de ces derniers qui avaient, avant la guerre, des responsabilités syndicales, un nombre important s'est engagé dans la bataille pour les Comités populaires, bataille qu'ils mènent tout en assurant une certaine présence dans les syndicats restés « légaux ». Benoît Frachon y veille et leur journal *La Vie Ouvrière* sera bientôt une des principales publications clandestines. Mais les majoritaires de la CGT, ceux sur qui l'influence du Parti socialiste SFIO était prédominante, que sont-ils devenus ? Se sont-ils eux aussi effondrés dans le tourbillon de la débâcle et le marécage de Vichy ?

Oui et non. Et plutôt non que oui... Bien sûr, avec René Belin, déjà signalé, le plus important d'entre eux et qui restera une sorte de symbole, des dirigeants syndicaux ont choisi de se placer sous l'autorité du maréchal Pétain. Ancien leader des postiers, éditorialiste du *Peuple* et secrétaire de la CGT, Belin est devenu ministre du Travail à Vichy et a trouvé des postes lucratifs à ceux qui l'ont suivi. Tous se sont installés dans les fauteuils de direction d'une série d'organismes de propagande destinés à essayer de faire croire à la classe ouvrière que la Charte du Travail sert ses intérêts et que la Révolution nationale est bien une révolution. Ils se veulent les apôtres d'un corporatisme semblable à celui qui a déjà fait ses preuves en Italie, au Portugal et en Allemagne. A la faveur du bain de pétainisme mythique où sont alors plongés tant de simples gens, ils tentent de mystifier à tout prix les travailleurs. A la vérité ils sont les agents d'une politique de réaction totale. D'ailleurs, dès leurs premiers actes, ils le prouvent.

Le manifeste des douze syndicalistes

Ainsi, le 9 novembre 1940, en application du premier article d'une loi à la promulgation de laquelle il a participé le 16 août précédent, René Belin signe-t-il un texte qui interdit les confédérations ouvrières et prétend donc dissoudre officiellement la CGT. Mais, justement, parce que la trahison de quelques-uns d'entre eux n'a pas fait « s'effondrer » la plupart des militants et dirigeants syndicalistes, cette interdiction, cet essai de dissolution n'empêcheront pas la CGT de vivre dans la clandestinité. Comme le soulignera Jacques Julliard au colloque organisé les 6 et 7 mars 1970 par la Fondation nationale des Sciences politiques, devant l'attaque déclenchée le 9 novembre par Belin et les siens, « la réponse ne se fait pas attendre. Le 15 novembre paraît un manifeste du "Comité d'études économiques et syndicales", signé de neuf responsables importants de la CGT et de trois dirigeants CFTC ». Evidemment, ce manifeste, véritable appel à la Résistance syndicale qui fera dire à M. Grunnebaum-Ballin, en 1945, que le syndicalisme fut « le deuxième résistant de France », n'a pas surgi en quelques jours du néant. Ce texte matérialise une action déjà engagée depuis l'été 1940...

Incontestablement, de tous les dirigeants et militants socialistes, ceux qui, on le voit, sont le moins touchés par la crise grave que leur parti a traversée en 1940 sont ceux dont l'activité est essentiellement syndicale. Bien qu'il y réduise à deux le nombre des protagonistes qui, dans la réalité, fut beaucoup plus grand, le témoignage de Christian Pineau vaut, à ce sujet, d'être à nouveau cité. « A Paris, en octobre 1940, raconte d'abord Pineau, mes amis avaient presque tous pris position et j'éprouvais de pénibles surprises devant certains ralliements à la collaboration avec l'occupant. (...) Dans le mouvement syndical, il y avait les amis de René Belin, mais aussi ses adversaires et ces derniers étaient assez nombreux pour former un solide noyau de résistance contre les projets du gouvernement de Vichy. » Toutefois, il apparut vite que les premiers groupes créés à Paris souffraient d'une grave faiblesse : leur action « restait purement locale » et ils « n'avaient pas d'antennes en province ». Pouvait-on porter remède à cette fragmentation et à cet isolement ? Oui, à condition de disposer d'une organisation assez vaste et déjà assez solidement structurée. Aussi bien, poursuit Christian Pineau, « ce qui nous amena, Robert Lacoste et moi, à penser que la résistance pourrait se grouper autour des deux grandes centrales ouvrières, la CGT et la CFTC, c'est l'avantage de leur double structure, verticale et horizontale. Les fédérations d'industrie d'un côté, les unions départementales de l'autre, avaient les moyens de toucher leurs adhérents dans toute la France. On pourrait, grâce à elles, dresser la liste des amis et des ennemis de Vichy, liste qui se confondait pratiquement avec celle des partisans et adversaires de l'occupant. Pas question au départ de dévoiler nos batteries. Il fallait d'abord savoir, dans chaque région, à qui nous avions affaire. Si nous ne voulions pas courir de trop grands risques, il fallait nous placer sur le seul plan du syndicalisme et du rôle qu'il pouvait encore jouer. C'est ainsi que les principaux militants de la CGT et de la CFTC se réunirent en octobre 1940 dans mon appartement de la rue de Verneuil, pour créer le Comité d'études économiques et syndicales et mettre au point un premier manifeste qui allait être adressé à toutes les fédérations et unions départementales relevant des deux centrales. (...) J'avoue que, dans les jours qui suivirent l'envoi du manifeste, nous ne vécûmes point sans inquiétudes. Quelle serait, bien que nous n'ayons fait aucune allusion directe au nazisme, la réaction de l'occupant ? Il n'y en eut pas, (...) et bientôt les réponses arrivèrent, encourageantes. Si les Allemands ne se manifestèrent pas, en revanche René Belin entra dans une rage folle. Il me convoqua rue de Grenelle, au cours de l'un de ses passages à Paris, et me fit une scène violente. » Nous avons déjà raconté plus haut l'essentiel de cette rencontre Pineau-Belin, au cours de laquelle ce dernier lança notamment : « Nous sommes décidés à briser toute résistance ! » Christian Pineau précise : Belin « proféra les pires menaces contre les signataires du manifeste. Nous n'en décidâmes pas moins de continuer à rédiger des textes et à les faire circuler sous le couvert du Comité d'études... »

Ce témoignage de Christian Pineau appelle des compléments. D'abord, il faut citer quelques dates. En effet, les réunions d'octobre 1940, rue de Verneuil, n'ont été possibles que parce que les avaient précédées d'autres contacts, d'autres rencontres, d'autres démarches. Dans l'étude qu'il a consacrée à l'histoire de la CFTC, Gérard Adam écrit : « Dès les mois de juin-juillet 1940, des échanges de lettres très cordiales ont lieu entre Gaston Tessier, secrétaire général de la CFTC, et Léon Jouhaux, secrétaire général de la CGT... "Nous serions heureux de pouvoir nous concerter avec vous sur l'ensemble de la situation et, en particulier, sur la défense des intérêts ouvriers dans la période actuelle", écrit Gaston Tessier. (...) Repliés à Toulouse, un certain nombre de dirigeants de la CGT tiennent le 20 juillet une conférence d'information. Rendant compte de cette réunion aux secrétaires des unions départementales, Léon Jouhaux leur demande dans une circulaire de se mettre en relations avec les syndicats chrétiens de leur région et de conclure avec eux un accord pour une action commune. Le mot d'ordre des deux centrales est "réaliser l'unité pour la conservation des libertés syndicales". » De même, dans son *Histoire du mouvement ouvrier*, Edouard Dolléans note : « Le 29 juillet 1940, des militants des fédérations et unions départementales se rencontrent à Toulouse avec le Bureau confédéral. (...) A Sète, le 26 août, des militants de la Commission administrative, réunis autour de Jouhaux, décident que la CGT continuera à vivre clandestinement. »

Deux tisserands, deux employés de banque, un traminot, un douanier, etc.

Il faut aussi préciser que ce manifeste, dont Christian Pineau fut matériellement le rédacteur, fut bien l'œuvre des douze hommes qui le signèrent, à savoir neuf représentants de la CGT et trois de la CFTC... Ces hommes étaient, pour la CGT : Oreste Capocci (dirigeant de la Fédération des employés), François (dit Léon) Chevalme (dirigeant de la Fédération des métaux), Albert Gazier (dirigeant parisien des employés), Eugène Jaccoud (dirigeant de la Fédération des moyens de transport), Robert Lacoste et Pierre Neumeyer (l'un et l'autre dirigeants de la Fédération des fonctionnaires), Christian Pineau (dirigeant des employés de banque), Louis Saillant (dirigeant de la Fédération du bâtiment et du bois) et Victor Vandeputte (dirigeant du textile) ; pour la CFTC : Maurice Bouladoux, Gaston Tessier et Jules Zirnheld, respectivement secrétaire adjoint, secrétaire général et président de la centrale chrétienne. Tous personnalités marquantes, l'ouvrier tailleur Capocci, le tisserand et tréfileur Chevalme, le commis libraire Gazier, le traminot Jaccoud, le fonctionnaire Lacoste, le douanier Neumeyer, l'employé de banque Pineau, l'ouvrier sculpteur sur bois Saillant, le tisserand Vandeputte, l'aide-comptable Bouladoux, l'employé de commerce Tessier et l'employé de banque Zirnheld sont très représentatifs du syndicalisme non communiste d'alors, ainsi, comme le souligne Alya Aglan dans son histoire de « Libé-Nord », *La Résistance sacrifiée*, que de « trois générations de syndicalistes » et de « diverses tendances politiques ». Aussi bien est-il logique que ce manifeste du 15 novembre 1940 ait favorablement influencé le développement ultérieur de la Résistance en aidant à son retentissement à l'étranger et en favorisant son unité interne. Henri Michel et Boris Mirkine-Guetzévitch remarquent à ce propos : « Tiré à plusieurs milliers d'exemplaires, répandu dans les anciens syndicats, (...) ce manifeste fut transmis par la Suisse en Angleterre ; J. Hauck en donna lecture à un congrès des "Trade Unions" en présence de syndicalistes américains et la BBC le diffusa. »

Mais, outre cet écho hors des frontières de la France asservie, le manifeste influa sur l'avenir de la Résistance dans la mesure où il contribua au rétablissement des contacts entre syndicalistes communistes et non communistes. A ce propos, Christian Pineau se contente de déclarer que le texte « n'avait pas de signataires communistes. Louis Saillant ayant contacté certains militants de l'ex-CGTU, ceux-ci refusèrent de s'engager ». Le propos est abrupt. Et, sinon contredit, du moins très fortement nuancé par Louis Saillant. Voyons donc ce que dit Saillant... Faisant l'historique des rapports « entre les camarades de la CGT groupés autour de Léon Jouhaux et ceux groupés autour de Benoît Frachon » il explique : « Ces contacts sous l'Occupation commencèrent, en réalité, en décembre 1940. Ils eurent lieu au siège du Syndicat du bois de la région parisienne. Les locaux du 220, faubourg Saint-Antoine furent utilisés à cette fin pendant plusieurs mois. Maurice Langlois, secrétaire-trésorier de la Fédération du bois, me demanda des précisions sur les conclusions de la réunion de Sète du 26 août 1940 à laquelle j'avais participé aux côtés de Léon Jouhaux et Georges Buisson alors que le gouvernement de Vichy parlait déjà de la dissolution de la CGT... Il me demanda aussi que je lui dise la signification du texte rendu public à Paris le 15 novembre 1940 par des militants de la CGT et des syndicats chrétiens. Maurice Langlois, avec qui j'avais collaboré fraternellement, avant guerre, au secrétariat de la Fédération du bois, me fit comprendre que Benoît Frachon se tenait informé de notre refus de nous incliner devant la décision de Vichy de dissoudre la CGT, de notre opposition à la Charte du Travail, de notre hostilité à l'occupation allemande en nous refusant de collaborer, sous une forme ou une autre, avec ceux qui pratiquaient la collaboration avec les occupants nazis. Par la suite, Maurice Langlois devait me proposer d'élargir nos contacts par une participation d'autres militants de la CGT à nos consultations et d'examiner aussi les possibilités d'action commune. Des prises de position communes à propos du 1er mai 1941 conduisirent Benoît Frachon à proposer une nouvelle rencontre. »

L'importance prise par le manifeste du 15 novembre, on la comprend encore mieux lorsqu'on se reporte à son texte lui-même. D'emblée, ce texte affirme : « Le syndicalisme français, malgré ses difficultés intérieures, malgré la défaite du pays, malgré la misère de la classe ouvrière, est toujours vivant. » Cette constatation faite qui est déjà une prise de position, les auteurs s'interrogent sur la question « de savoir dans quelle direction, selon quels principes doit s'exercer aujourd'hui » l'action syndicale. Et ils répondent : « Tout d'abord, il ne peut être question de renier le passé. L'action syndicale, sous des formes diverses, a déterminé une évolution de la classe ouvrière française vers une amélioration continue de ses conditions d'existence. (...) La guerre et la défaite sont venues porter un coup terrible à l'œuvre du syndicalisme. Mais peut-on dire que celui-ci soit responsable des désastres qui ont frappé notre pays ? » Evidemment, le manifeste répond à cette question par la négative en s'appuyant, pour ce faire, sur un rappel des véritables responsabilités. Les auteurs en arrivent ensuite à ce qui restera le cœur de leur texte : « Le syndicalisme français doit s'inspirer de six principes essentiels : A. — Il doit être anticapitaliste et, d'une manière générale, opposé à toutes les formes de l'oppression des travailleurs ; B. — Il doit accepter la subordination de l'intérêt particulier à l'intérêt général ; C. — Il doit prendre dans l'Etat toute sa place et seulement sa place ; D. — Il doit affirmer le respect de la personne humaine, en dehors de toute considération de races, de religions ou d'opinions ; E. — Il doit être libre, tant dans l'exercice de son activité collective que dans l'exercice de la liberté individuelle de chacun de ses membres ; F. — Il doit rechercher la collaboration internationale des travailleurs et des peuples. »

Le manifeste développe ensuite chacun de ces grands principes... Et c'est ainsi qu'on peut lire : « Les financiers et les trusts internationaux, de grandes sociétés anonymes, des collectivités patronales, véritables féodalités économiques, groupements menés par un nombre limité d'hommes irresponsables, ont trop souvent sacrifié les intérêts de la patrie et ceux des travailleurs au maintien ou à l'accroissement de leurs bénéfices. Ils ont systématiquement arrêté le développement de la production industrielle française par leurs opérations monétaires, les exportations de capitaux, le refus de suivre les autres nations dans la voie du progrès technique. Ils sont plus responsables de la défaite de notre pays que n'importe quel homme politique, si taré ou incapable soit-il. (...) En aucun cas, sous aucun prétexte et sous aucune forme, le syndicalisme français ne peut admettre entre les personnes des distinctions fondées sur la race, la religion, la naissance, les opinions ou l'argent. (...) Le syndicalisme a été et demeure fondé sur le principe de la liberté : il est faux de prétendre aujourd'hui que la défaite de notre pays est due à l'exercice de la liberté des citoyens alors que l'incompétence de notre état-major, la mollesse de nos administrations et la gabegie industrielle en sont les causes intérieures. La liberté syndicale doit comporter : le droit pour les travailleurs de penser ce qu'ils veulent, d'exprimer comme ils l'entendent, au cours des réunions syndicales, leur pensée sur les problèmes de la profession ; le droit de se faire représenter par des mandataires élus par eux ; le droit d'adhérer à une organisation syndicale de leur choix ou de n'adhérer à aucune organisation ; le droit de ne pas voir les organisations syndicales s'ingérer dans la vie privée. » Enfin, l'appel se conclut par cette prévision : « Pour défendre le syndicalisme français, ses traditions et son avenir ; pour défendre leurs intérêts professionnels ; pour éviter le chômage et la misère ; pour sauver leur liberté, les travailleurs français se grouperont ! »

Les images religieuses du « Capitaine Brécourt »

La naissance et la préhistoire de « Libé-Nord » méritent moins que celles de « Combat » ou de « Libération-Sud » d'être rappelées dans le détail car elles sont, en quelque sorte, plus banales et parce qu'en évoquant, comme nous venons de le faire, le manifeste que lancèrent, le 15 novembre 1940, les syndicalistes de la rue de Verneuil, nous venons, déjà, en fait, de conter la genèse de l'organisation dont Christian Pineau fut le principal promoteur. Au début, le mouvement Libération de zone Nord n'est en réalité que la face secrète, clandestine, du groupe de militants — des syndicalistes non communistes auxquels se joignent vite des membres de la SFIO désorganisée — dont le « Comité d'études économiques et syndicales » constitue la face publique, légale. Et d'ailleurs, n'est-ce pas Pineau lui-même qui appellera la douzaine d'auteurs du manifeste du 15 novembre « les douze pères de Libération-Nord » ?

15 novembre... 1er décembre... Quinze jours seulement. Le mouvement, c'est le cas de le dire, est rapide. En effet, « c'est le 1er décembre 1940, à Paris, écrit Claude Bellanger, que paraît le premier numéro de *Libération*, "l'hebdomadaire de la résistance française". Il est dû à Christian Pineau, fonctionnaire au ministère du Ravitaillement et syndicaliste convaincu. Il ne s'agit encore que de sept exemplaires dactylographiés à son service, rue de Verneuil. Mais, très vite, ces feuilles sont multigraphiées, principalement à la Caisse d'assurance sociale "Le Travail", rue La Fayette, et ensuite à la Fédération des fonctionnaires par l'entremise de Charles Laurent. Plus tard, ce sera dans une fabrique d'images religieuses, la maison Norgen, rue du Moulin-Joly, à Belleville. (...) Christian Pineau écrit les éditoriaux de

Libération. Son pseudonyme est tantôt "François Berteval", tantôt, pour les commentaires militaires, "Capitaine Brécourt". Cinq numéros paraissent en décembre 1940. Et *Libération*, tout au long des années d'occupation, va continuer de paraître, avec régularité, chaque semaine. » Durant ces mêmes années, l'influence du parti socialiste en cours de reconstitution ira grandissant à l'intérieur de « Libé-Nord ».

En essayant tout à l'heure de dessiner la silhouette du groupe des fondateurs de « Franc-Tireur », nous avons particulièrement insisté sur la fougue jacobine et l'humour libertaire du « plus lyonnais de tous les mouvements de Résistance » et « plus petit des trois grands ». Il était juste de mettre en évidence ces traits singuliers. Juste, à nos yeux, d'insister sur l'identité collective. Juste d'appliquer à « Franc-Tireur » ce qu'Alya Aglan écrit à propos de l'une des grandes sœurs : « Libération-Nord ne s'identifie pas avec la personnalité d'un homme, chef charismatique qui préside aux destinées du groupe. La direction est, en théorie du moins, collégiale. » Ici donc, pas de d'Astier ni de Frenay... Toutefois, l'anticonformisme militant de Péju et de ses amis ne les empêchera pas d'évoluer conformément au processus habituel et de n'accéder à la réalité concrète et à l'efficacité qu'après une phase de structuration dont l'animateur principal est tout naturellement celui des fondateurs qui a reçu une véritable formation militaire.

Ce militaire de « Franc-Tireur », un lieutenant d'artillerie, c'est Jean-Pierre Lévy et il est intéressant de se reporter précisément à son témoignage... « Les premiers contacts, a dit Jean-Pierre Lévy à Henri Noguères, je les ai eus grâce à un Anglais que j'avais déjà eu l'occasion de rencontrer chez des amis communs et que j'ai retrouvé réfugié à Lyon : Robertson. Il n'avait pas encore pu s'évader de France, ce qu'il fera peu après. Robertson me fit, à son tour, connaître Fleury-Boucher, qui semblait partager nos idées et paraissait susceptible d'avoir des amis du même bord. Effectivement, Boucher me fit rencontrer peu après Antoine Avinin, vieux Lyonnais, qui se trouvait, comme lui-même, en rapport avec un nommé Ferstemberg. L'un et l'autre travaillaient dans la confection et se rencontraient assez fréquemment pour affaires. Ceci se passait fin 1940. Avinin se trouvait déjà en relation avec le groupe qui se réunissait chez Clavier et qui avait sorti quelques tracts antivichystes signés *France-Liberté*. Rapidement, Avinin me mit en rapport avec ses camarades (...). Ces tracts intitulés *France-Liberté* avaient un tirage très limité : ils étaient tapés à la machine et nous n'avions même pas les moyens de les faire ronéotyper. Nous demandions d'ailleurs à ceux à qui nous les donnions d'essayer de les reproduire. Nos camarades se chargeaient de la diffusion, réduite essentiellement à l'agglomération lyonnaise. (...) Cette action de propagande (...) devait permettre une action à caractère autre que politique : organisation de groupes francs, service de renseignements, organisation de filières sur l'Espagne, moyens de passer en zone Nord pour rejoindre les côtes et faire comme ceux dont on entendait dire qu'ils s'étaient évadés par la voie maritime (...). Dans le même temps, nous demandions à nos camarades des villes de zone Sud, où nous commencions à avoir nos antennes, d'organiser de petits groupes et de nous fournir des renseignements que nous diffusions soit directement soit par les intermédiaires que nous avions pu avoir : IS, services de renseignements franco-polonais avec lesquels nous devions entrer en contact par nos amis de Toulon et de Chambéry ; services du 2e Bureau avec lesquels nous étions en rapport par Bernheim, de Roanne ; services américains que nous touchions par Brooks, Ricci et Blanchard, des consulats de Marseille et de Nice, par le Belge Jacques Lagrange, chargé au consulat américain de Lyon de l'acheminement vers l'Espagne des Belges évadés, ou encore par les Américains du "Militarian Service Committee Bronx". Enfin un ami de Clavier, le Suisse Paval, avait une liaison régulière avec la Suisse qui permettait de transmettre des renseignements à Genève. » Ce témoignage que Jean-Pierre Lévy développera, trente ans plus tard, dans ses *Mémoires d'un franc-tireur*, déjà cités, nous confirme à quel point la recherche de l'efficacité est inexorablement uniformisante. C'est un fait et ça devient vite un principe. D'autant plus vite, ici, que Jean-Pierre Lévy semble s'en réjouir lorsque, dans ses *Mémoires*, il affirme : « Il n'y avait au sein de l'équipe ni "têtes brûlées" ni "m'as-tu-vu", seulement des hommes lucides et prêts à prendre leurs responsabilités. » La mémoire aussi normalise... D'héroïques clandestins pourront le regretter mais ils ne seront pas nombreux car la plupart comprendront que le verbe *uniformiser* est un proche cousin du verbe *unifier*... Mais n'anticipons pas.

Un an pour résister et deux ans pour mourir

Philippe Viannay, son camarade de faculté Robert Salmon et leur ami et protecteur de trente ans leur aîné, Marcel Lebon, industriel aimable, richissime et sceptique, c'est-à-dire les trois principaux fondateurs de « Défense de la France » passent tout autant sous les fourches caudines de la réalité que les gouailleurs de « Franc-Tireur ». « Dès les mois d'août et de septembre 1940, écrit Marie Granet, Marcel Lebon et Philippe Viannay, au cours de nombreuses conversations, envisagent par quels moyens ils pourraient lutter contre l'ennemi. Le plus pressé, pensent-ils, est d'agir sur l'opinion publique, de secouer l'apathie des Français qui leur semble générale, de réveiller leur patriotisme. » Description excellente. Mais aussi description tellement juste que, si l'on interchangeait les noms propres, si à la place de Lebon et de Viannay on mettait les noms d'autres pionniers de la Résistance, ces phrases seraient tout aussi précises et tout aussi conformes à la réalité.

Pourquoi naissance et préhistoire de l'OCM (Organisation civile et militaire) paraissent-elles échapper relativement à ce schéma commun ? D'abord parce que, même si on l'a infiniment moins décrite que celles de Frenay et d'Astier, la personnalité de Jacques Arthuys pèse ici un poids singulier. De ce largement quadragénaire qui n'eut qu'un peu plus d'un an pour résister et un peu moins de deux ans pour mourir en déportation, nous avons certes déjà dit l'appel. Nous avons cité cette première des *Lettres aux Français* où Arthuys s'écriait, en novembre 1940 : « Il faut que la puissance nazie soit détruite et que, dans cette destruction, la France ait sa large part... Rassemblez-vous, forces de la Libération ! » Nous l'avons dit, mais en prétendant ensuite avoir ainsi fait d'un trait son portrait. Un portrait qui mérite mieux. D'autant plus qu'en essayant de l'approfondir, on éclaire la nature même d'une OCM qui risquerait autrement d'apparaître énigmatique, si ce n'est caricaturale. Dans l'intéressante monographie, l'étude très fouillée, qu'il a consacrée à cette organisation, Arthur Calmette a fait de Jacques Arthuys un portrait biographique où apparaissent nettement les idées et les tendances de cet homme de droite, profondément patriote. « Arthuys, né en 1894, était fils d'officier, écrit Calmette. Ancien combattant volontaire de la guerre 1914-1918, il s'y était révélé, d'abord dans la cavalerie, puis dans l'aviation, un combattant courageux et un chef de grande valeur. Après la guerre, il quitte l'armée pour devenir industriel. Il dirige, associé à son beau-père, la société des tours Cazeneuve. Il se préoccupe de l'avenir de la France, s'inquiète des crises économiques et financières. Il pense que l'opinion a besoin d'être dirigée, encadrée : il songe pour cela à l'union des combattants, à la réforme du régime par l'établissement d'un pouvoir énergique et efficace... » Parenthèse ici dans la citation : l'industriel Arthuys y songeait tellement, à « diriger et encadrer », qu'aux environs de 1925 il avait été amené à militer, avec Georges Valois, dans un mouvement déjà mentionné dont il était cofondateur, qui s'intitulait « le Faisceau » et dont les membres ne craignaient pas de s'intituler eux-mêmes « fascistes ». Fermons la parenthèse, et poursuivons la citation d'Arthur Calmette : « Mais l'avènement de Hitler fait de lui un ennemi acharné du nazisme et de sa doctrine inhumaine. Il pressent toutes les horreurs que va déchaîner le régime hitlérien. La guerre de 1939 le trouve capitaine de réserve au 60e groupe de reconnaissance divisionnaire. Il le commande avec habileté. Son unité bat en retraite, en ordre sinon sans pertes, de Sedan à Orange : aucun de ses hommes n'a été fait prisonnier. Il pense continuer la guerre avec l'armée des Alpes mais l'armistice est signé. Arthuys cache les armes de son groupe dans la région d'Orange puis est démobilisé. Il passe à Vichy, rend visite à des ministres. Déception : il y voit Bichelonne : "Rien à espérer de ce coco-là... C'est tout ce que nous combattons, réuni en un crâne." Il y voit Belin : "Un pantin plein de son." Il y voit Pucheu : "Pucheu, c'est Bichelonne à moins que Bichelonne ne soit Pucheu." Il écrit à Dumoulin de Labarthète : "Si le Maréchal ne reprend pas le combat, il ne reste plus aux Français d'autre issue que la révolte armée." Il avait pris contact aussi avec quelques officiers de l'état-major de l'Armée d'armistice et le 2e Bureau l'avait mis en liaison avec le colonel d'aviation Heurteaux... »

C'est ainsi que Jacques Arthuys va arriver à Paris, au nº 5 de la rue Logelbach où, depuis 1936, était installé le siège social du « Mouvement des classes moyennes ». Après l'armistice, un certain nombre d'amis et d'anciens adhérents du mouvement se sont retrouvés là. Très officiellement. Chez la plupart, mêlé au désarroi et aux illusions du moment, le désir de résister est sincère mais ils n'ont encore mis sur pied aucune organisation. Ainsi, continue Calmette, « dès son arrivée rue Logelbach, Arthuys trouve cette "activité intense, apparemment brouillonne, ce mouvement perpétuel, sous l'œil et avec l'autorisation de l'ennemi"... Il s'en sert instantanément. La charpente de l'organisation se dessine et le partage des responsabilités s'effectue. A la tête, Arthuys qui installe son PC chez lui, avenue Victor-Hugo, où il est aidé par sa secrétaire depuis dix ans, Véra Obolensky, Vicky pour ses familiers, intelligente et sûre. "Russe et princesse. C'était la fille la plus simple qui soit." Elle suit Arthuys "sans hésitation, sans bruit". Seuls les gens sûrs triés par Lefaurichon allaient au PC qui ne s'ouvrait qu'au mot de passe : "CRE (Centre Réforme Economique)..." Tout le reste du travail était concentré sur Logelbach. Au mois de novembre 1940, une réunion d'une douzaine d'affiliés a lieu chez Arthuys ; lui-même et Heurteaux expliquent aux assistants ce qu'on attend d'eux... Pour la couverture, le groupe prépare, en apparence d'accord avec les tendances de Vichy, un projet de Charte du Travail. L'action réelle consiste : 1° A installer des réseaux de passages en zone libre. (...) 2° A chercher des liaisons dans les amicales régimentaires ou unions d'officiers. (...) 3° A monter un service de renseignements. (...) 4° A publier des *Lettres aux Français* pour éveiller l'opinion et la détourner de la collaboration. » La première de ces *Lettres aux Français*, c'est, on le sait, l'appel que Jacques Arthuys rédige lui-même.

Quelques chiffres

Pourquoi la façon dont Jacques Arthuys, Alfred Heurteaux, Maxime Blocq-Mascart, Alfred Touny et leurs amis recherchent des compagnons pour pouvoir « faire quelque chose » diffère-t-elle de la méthode employée par Frenay ou d'Astier ? Peut-être est-ce parce que les fondateurs de l'OCM ont la possibilité de réaliser déjà ce que tant d'autres ne pourront entreprendre qu'un peu plus tard : non seulement rassembler des individus mais surtout réunir des noyaux déjà constitués. On va voir comment Arthur Calmette emploie précisément le mot *noyau* pour expliquer la formation de l'OCM : « Le lamentable exode, écrit-il, a rompu presque tous les liens, ceux des travaux et des métiers, ceux des associations, ceux des amitiés, souvent même ceux des familles. Peu à peu, cet isolement terrible, qui aggrave l'accablement de la défaite, s'atténue par le retour de chacun dans son foyer, dans son métier. Le besoin de se sentir les coudes devient motif d'action. A Périgueux, Claude Bellanger essaie de retrouver ses amis de la "Ligue de l'Enseignement". A Paris, les anciens dirigeants de l'"Organisation des classes moyennes" viennent au siège social de la rue Logelbach où les attend l'actif Lefaurichon. Blocq-Mascart retrouve ses amis de la "Confédération des travailleurs intellectuels", en particulier le professeur Sainte-Lagüe. Rouzée, le président de la "Société des anciens de Saumur", enquête pour retrouver ses camarades cavaliers (...). Ainsi naissent des noyaux de patriotes amis, isolés encore et incertains de leur action. (...) Certains d'entre eux vont s'unir et donner naissance à l'Organisation civile et militaire. »

Cette vision de l'OCM naissante est-elle vraiment conforme à la réalité ? Pris par son sujet, Arthur Calmette, sans exagérer, n'optimise-t-il pas quelque peu les débuts de l'organisation ? C'est une question que l'on peut se poser en lisant ce qu'écrit Gilles Perrault après avoir rencontré beaucoup d'anciens pour son livre *La Longue Traque*... « Qu'est-ce que l'OCM au mois de juillet 1941 ? » demande ce dernier. Et il répond : « Une nébuleuse aux contours flous, un carrefour où des groupes se rejoignent, un centre d'accueil qui recense les bonnes volontés pour des tâches encore indéterminées. Le contraire d'un réseau strictement opérationnel où le recrutement se fait en fonction des objectifs à couvrir. En cette préhistoire de la Résistance, l'OCM est déjà plus nombreuse que ne le sera l'"Orchestre rouge" à son apogée ou la "Confrérie Notre-Dame" du colonel Rémy au plus fort de son activité. Membres actifs et sympathisants se comptent par centaines. Pour la plupart, cette adhésion ne débouche encore sur aucune action. » Perrault parle même plus loin de « fronde mondaine ».

Peut-on donc aller jusqu'à dire que c'est dans le milieu social de ses fondateurs qu'un mouvement trouve le visage qui, pour l'essentiel, restera le sien par la suite ? Laissons les faits répondre, et surtout les chiffres...

De « Combat », Marie Granet et Henri Michel ont essayé une étude systématique. Elle est limitée puisqu'elle ne porte que sur un demi-millier de membres responsables du mouvement. Toutefois, il nous paraît intéressant de citer les chiffres obtenus et les commentaires correctifs dont les auteurs les ont accompagnés. En recensant cinq cent seize des sept cents responsables que groupait environ selon eux le mouvement Combat, Marie Granet et Henri Michel ont obtenu la répartition sociale suivante... Professions libérales : 116 ; universitaires : 72 ; étudiants : 68 ; ouvriers et artisans : 63 ; officiers de carrière : 52 ; industriels et commerçants : 50 ; postiers : 34 ; fonctionnaires : 25 ; cheminots : 18 ; ecclésiastiques catholiques et protestants : 7 ; policiers et gendarmes : 7 ; propriétaires fonciers : 4. En commentant ces chiffres, les deux auteurs écrivent notamment : « Ouvriers et surtout paysans étaient à peu près absents des cadres, au moins sur le plan régional et départemental. D'où le nombre relativement faible des ouvriers (et nul des paysans) dans ce tableau. Ces chiffres ne correspondent pas au nombre réel des ouvriers et des paysans dans le Mouvement, la masse des militants étant, au contraire, recrutée parmi eux. De même, PTT et SNCF étaient nombreux, mais nous n'avons le nom que de quelques responsables. »

Pour « Libération-Sud », Laurent Douzou donne ce qu'il appelle la *Composition sociologique du « Centre »*. Pour lui, cette « tête du mouvement » est « aussi une personnalité collective faite de chair et de sang dont il faut tenter de cerner les traits ». Résumons. Moyenne d'âge : trente ans. Trente-sept célibataires pour quarante-huit « membres mariés »... « Sur les quatre-vingt-douze membres recensés, on ne compte que vingt femmes »... « L'étude de la composition socioprofessionnelle du Centre place en tête les professions libérales et les cadres supérieurs (35,8 %). Viennent ensuite les ouvriers (24,6 %) et les étudiants (18,5 %). Les employés (12,3 %), les patrons (4,9 %), les cadres moyens (2,4 %) se partagent les dépouilles... » Quant à « Libération-Nord », Alya Aglan le voit « comme un mouvement populaire constitué essentiellement d'enseignants — qui forment la moitié des troupes —, d'employés et fonctionnaires (14 %), d'artisans et commerçants (9 %), d'ouvriers (16 %) et, dans une moindre mesure, d'agriculteurs (4 %). (...) Le pourcentage de militaires de carrière (3,5 %), même relativement faible, indique les efforts du Mouvement pour encadrer ses troupes et vient nuancer l'image d'une organisation dont le recrutement s'effectue exclusivement à gauche. »

Pour « Franc-Tireur », Dominique Veillon propose un « échantillonnage des catégories socioprofessionnelles ». Il porte « sur 462 cas » et comprend huit catégories... Patrons, industrie et commerce : 95 (20,5 %). Cadres moyens : 90 (19,5 %). Employés : 89 (19,25 %). Professions libérales : 76 (16,5 %). Etudiants : 67 (14,5 %). Ouvriers : 29 (6,25 %). Agriculteurs : 7 (1,5 %). Autres catégories, y compris police, armée, sans profession : 9 (2 %).

C'est sur le plus petit des grands mouvements, sur « Défense de la France », que nous avons le plus de chiffres. Deux études, en effet, ont été réalisées, à trente-quatre ans de distance, par Marie Granet (1961) et Olivier Wieviorka (1995) qui, dans leurs monographies respectives, offrent deux estimations des origines socioprofessionnelles des membres de l'organisation... Marie Granet prévient qu'elle a dû se limiter à l'examen de 1 176 cas et que le résultat est forcément

« très incomplet ». L'historienne aboutit à la répartition suivante... Etudiants : 365 ; ouvriers, artisans, employés : 153 ; industriels et commerçants : 117 ; professions libérales (dont deux tiers de professions médicales) : 106 ; universitaires : 86 ; fonctionnaires : 86 ; gendarmes et policiers : 50 ; paysans : 39 ; ecclésiastiques (dont 2 religieuses) : 29 ; militaires et marins : 27 ; postiers : 24 ; cheminots : 20 ; rentiers, sans profession et divers : 74... Olivier Wieviorka, lui, part de 1 546 cas pour aboutir à la répartition suivante : étudiants : 394 (25,49 %) ; fonctionnaires : 369 (23,87 %) ; techniciens et employés : 178 (11,51 %) ; commerçants, artisans et patrons : 176 (11,38 %) ; ouvriers : 128 (8,28 %) ; professions libérales : 105 (6,79 %) ; agriculteurs : 80 (5,17 %) ; cadres et ingénieurs : 37 (2,39 %) ; inactifs : 31 (2 %) ; ecclésiastiques : 26 (1,68 %) et divers : 22 (1,42 %).

« Une fronde mondaine » que « beaucoup signeront avec leur sang »

Reste l'Organisation civile et militaire... Mais là, nous n'avons pu trouver de chiffres. En effet, dans l'étude pourtant substantielle qu'il a consacrée à l'OCM, Arthur Calmette n'a effectué aucune recherche comparable à celles de Marie Granet, d'Olivier Wieviorka, de Dominique Veillon ou de Laurent Douzou... A propos de la composition sociale de l'Organisation civile et militaire, cet auteur se contente d'écrire : « Le recrutement s'est fait au début dans des milieux de la bourgeoisie patriote : industriels, commerçants, professeurs, membres de professions libérales (avocats, médecins, architectes), fonctionnaires des administrations centrales, ingénieurs des Travaux publics. » Et, plus loin, il ajoute très rapidement : « Par les relations de ses fondateurs, l'OCM a eu dès l'abord des complicités et des adhésions dans les administrations publiques, plutôt dans le haut personnel, contrairement à d'autres mouvements qui recrutaient surtout dans les cadres subalternes. » La notion de « bourgeoisie patriote » est bien incertaine... Une notion qu'éclaire pourtant quelqu'un que nous avons cité un peu plus haut en lui empruntant déjà l'expression « fronde mondaine ». C'est Gilles Perrault, toujours dans *La Longue Traque*... « On se rencontre, écrit-il, on commente les émissions de Londres, on parle de la situation militaire. Ces rencontres et ces bavardages conduiront bientôt au poteau ou au camp mais, jusqu'ici, nul n'a ressenti véritablement la nécessité vitale de se soumettre aux règles de sécurité. (...) Affrontée aux banlieues rouges, la police hitlérienne franco-allemande ne s'inquiète pas vraiment des grands messieurs des beaux quartiers. Une fronde mondaine, sans commune mesure avec la bagarre au couteau déclenchée par le populaire. Les civils groupés autour de Blocq-Mascart vont faire la guerre stylo au poing. Du fond des ténèbres, ils rêvent la France de lumière qui renaîtra avec la libération. Ils forment une sorte d'ENA clandestine et, infatigables technocrates de l'imaginaire, ils pensent à tout, s'occupent de tout (...). Imperturbablement sérieux, dérisoires pour certains et admirables pour nous, beaucoup signeront avec leur sang des textes dont l'encre était à peine séchée. Ils avaient la foi chevillée au corps, et des mains inexpertes au maniement des mitraillettes. »

Mais, puisque nous en sommes à commenter l'absence de chiffres, peut-être conviendrait-il de citer aussi les commentaires suscités par les chiffres que nous avons rapportés quant aux origines socioprofessionnelles des principaux mouvements de Résistance. Surtout quand ces commentaires viennent de ceux-là mêmes qui ont publié ces chiffres.

Ainsi Marie Granet, à propos des statistiques concernant « Défense de la France », explique-t-elle que « les adhérents du Mouvement (...) appartenaient à des milieux sociaux très différents, différents suivant les régions, différents même dans la région parisienne — bien que ce soit là que l'homogénéité semble avoir été la plus grande. Etant donné que le Mouvement avait été fondé par des étudiants qui faisaient de la propagande surtout parmi leurs camarades et parmi les amis de leurs familles, la plus grande partie des adhérents de "Défense de la France" — surtout les plus anciens — provenaient de milieux "bourgeois", de milieux de "classe moyenne", tandis que le Mouvement s'est recruté dans les milieux beaucoup plus modestes et plus variés dans les groupes provinciaux et, surtout, dans les campagnes et les petites villes. C'est (...) au cours des deux dernières années que le Mouvement a étendu son action dans les milieux populaires, en particulier à Paris, en Bretagne (ouvriers des arsenaux, cordonniers de Fougères) et dans l'Est, ainsi que chez les paysans, en Bretagne et dans la Haute-Saône. (...) Le Mouvement était formé surtout de jeunes, étudiants, lycéens — sans doute les trois quarts des adhérents — bien que le tableau indique seulement la proportion de un tiers (...) il a été recruté dans toutes les classes de la population et il a compris, en particulier, un fort contingent d'ouvriers (ouvriers proprement dits, petits employés, artisans), tant à Paris qu'en Bretagne et dans l'Est. »

Toujours à propos de « Défense de la France. », écoutons maintenant Olivier Wieviorka... Ce mouvement, écrit-il, « donne une image fidèle de la société française puisque certaines catégories sociales sont, à l'évidence, surreprésentées. Etudiants et fonctionnaires dominent ainsi le recrutement puisqu'ils constituent presque la majorité des effectifs. Ce primat, peu surprenant, reflète l'origine d'un mouvement porté sur les fonts baptismaux par le milieu estudiantin. Le type d'action proposé paraît en outre singulièrement adapté à des cercles sensibles au prestige de l'écrit. La surreprésentation des agents publics confirme en partie ce constat, puisque les enseignants composent 28,46 % de cette catégorie. (...) La stratégie civile incite par ailleurs le mouvement à rechercher des complicités dans les milieux administratifs. La présence d'agents municipaux (11,65 % des fonctionnaires) comme la forte représentation des policiers et gendarmes (24,93 % des fonctionnaires) traduisent cette exigence. Un raisonnement identique s'applique aux militaires (11,11 % des agents publics), souvent sollicités pour encadrer corps francs et maquis. Enfin, la stratégie suivie par Défense de la France explique également la forte présence de commerçants (7,44 % de l'effectif total). Le petit commerçant constitue en effet un maillon idéal pour la stratégie civile. Outre la conversion des tickets d'alimentation, il peut stocker les journaux et servir de boîte à lettres, les passages à la boutique dissimulant de discrets va-et-vient. (...) Réelle, la diversité sociale des effectifs reste toutefois limitée. Le mouvement attire en effet des catégories socioprofessionnelles précises et exerce à rebours un effet répulsif sur deux groupes, les ouvriers et les paysans. »

« La clandestinité redistribue les cartes... »

Comme Granet et Wieviorka, Dominique Veillon commente les chiffres qu'elle apporte. Elle y consacre même dix-sept pages intitulées *Sociologie du mouvement Franc-Tireur*... Des pages où elle pose la question : « Que faut-il penser d'un tel échantillonnage ? » Et elle répond : « Pour certaines catégories de profession, telles que les cheminots, les postiers, les employés de mairie, les imprimeurs, il est permis de penser que leur appartenance à la Résistance a souvent été déterminée par leur métier. Plus vite que d'autres, ils ont été sollicités (...). Les instituteurs dont certains n'ont pas caché leur désapprobation à un régime vichyste clérical ont rejoint nombreux les rangs de *Franc-Tireur*, séduits par les attaques vives que le journal ne manquait pas de décocher à Vichy. Leur proportion est importante, ils se répartissent dans le Cantal, la Drôme et l'Isère. Pour d'autres catégories, comme par exemple les intellectuels (professeurs, universitaires, journalistes...), la défaite a été le point de départ d'une réflexion. (...) Un fort pourcentage de cadres du mouvement (responsables locaux, départementaux) appartient aux professions libérales. Il est assez frappant de constater que la plupart des membres de l'équipe dirigeante venue à *Franc-Tireur* dans le courant de l'année 1942 ou en 1943 étaient tous des professeurs ou des universitaires (...). Les ouvriers qui ont rallié *Franc-Tireur* ont été une minorité. Entrés tardivement, ils sont presque toujours venus à titre individuel et non pour obéir à telle ou telle directive. (...) Enfin, si l'armée, la police, le clergé sont à peine représentés avec respectivement quatre officiers, quatre membres de la police, un prêtre, cela ne les a pas empêchés d'aider le mouvement dans la lutte. »

Granet, Wieviorka, Veillon... et Douzou ? Dans *La Désobéissance*, Laurent Douzou est pour la pondération. Ce qui, à partir des chiffres concernant la direction de « Libération-Sud », l'amène à une fort intéressante réflexion sur la Résistance en général. « Ces données doivent être pondérées, écrit-il. L'image d'un Centre jeune, essentiellement masculin et dominé par les membres des professions libérales ne suffit pas. Elle peut même induire des erreurs d'interprétation. Car la sociologie du temps de la clandestinité ne peut être comparée ni transposée sans correctifs à celle du temps de paix. A de très rares exceptions près, les membres des professions libérales, dont la place éminente tendrait à démontrer que les structures sociales antérieures continuent de prévaloir et se reproduisent *nec varietur*, n'étaient pas jusqu'à la guerre situés à l'altitude où la clandestinité les a propulsés. La défaillance des élites a créé une brèche dans laquelle ils se sont engouffrés. Leur ascension s'explique beaucoup plus par ce facteur que par leur appartenance aux couches supérieures de la population. (...) Pour nuancer encore le poids de l'intervention des situations sociales dans le processus de désignation des responsables nationaux du Centre, il faut remarquer tout aussitôt que l'employé de mairie Maurice Cuvillon, l'ouvrier Jules Meurillon s'imposent comme des éléments de premier plan dans sa hiérarchie. C'est qu'aux critères sociaux s'en mêlent d'autres qui sont essentiels : la détermination, l'expérience, la capacité à synthétiser et organiser les fils d'un ensemble touffu, en un mot la personnalité et les aptitudes de chacun que la lutte clandestine met à nu et révèle. (...) La clandestinité (...) redistribue tout de même largement les cartes. »

On notera que Dominique Veillon, Olivier Wieviorka et Laurent Douzou ont tous les trois participé à l'ouvrage collectif *La Résistance, une histoire sociale*, paru à l'automne de 1997. Un livre dont le maître d'œuvre Antoine Prost précise dès la première page : « Nous nous interrogeons moins sur la Résistance en elle-même, dans la diversité de ses organisations et de ses actions, que sur le lien qu'elle entretient avec la société française tout entière. »

Après avoir vu comment, pourquoi, grâce à qui et où prirent naissance les mouvements qui regroupaient essentiellement des résistants ne se voulant ni gaullistes ni communistes, sans que toutefois gaullistes et communistes fussent absents de leurs rangs, essayons de dire ce que fut la croissance de ces mouvements et quels protagonistes de la lutte clandestine s'y révélèrent et affirmèrent.

Encore faut-il, d'abord, s'entendre sur le mot *croissance*... Considérée généralement, la Résistance intérieure française connaît, entre 1940 et 1944, une croissance continue dans la mesure même où elle passe de l'état de réflexe marginal à celui de phénomène de masse. Toujours en règle générale, on peut considérer que chacune des organisations a sa part de cette croissance globale et que partis, mouvements et réseaux voient leurs structures, leurs effectifs, leur implantation et leur audience augmenter à peu près au même rythme. Les exceptions, toutefois, sont nombreuses et il faut, par exemple, se garder de comparer cette croissance à celle d'organisations politiques normales dans une période où les idées politiques auxquelles elles se rattachent connaissent la faveur de l'opinion publique. Ainsi le processus de développement des groupements de résistants pendant l'occupation de la France est-il bien différent de celui des partis de gauche pendant le Front populaire ou de celui des organisations d'extrême droite pendant les guerres d'Indochine et d'Algérie... Trois différences sont particulièrement nettes. La première est politique : si, aujourd'hui, il est relativement aisé de dégager l'orientation principale de chaque grand mouvement, il n'en était pas de même à l'époque où l'inclination idéologique était beaucoup moins nette et surtout beaucoup moins perçue à la base ; la prédominance de « Combat » sur « Libération » dans tel ou tel département de zone Sud ne correspondait pas forcément, par exemple, à une prédominance du centrisme sur la social-démocratie dans cette région. La seconde différence est l'emprise du hasard sur le recrutement : en essayant de renouer avec tel ami d'enfance, de retrouver tel collègue ou de contacter tel notable supposé sympathisant, un résistant risquait aussi bien de se voir poliment éconduire ou même dénoncer que de recueillir immédiatement l'adhésion des dix, quinze ou vingt personnes déjà discrètement réunies depuis quelques mois par le désir de « faire quelque chose ». La troisième différence, enfin, s'appelle tout simplement la répression — avec son cortège de soudaines catastrophes et tragédies.

« Les phosphorants » et « les cavaliers »

En présentant la personnalité d'Henri Frenay, nous avons déjà dit comment le mélange d'une harcelante obstination et d'une véritable obsession de l'organisation avait fait du fondateur de « Combat » un des architectes de l'action. Cette passion de contacter, structurer, hiérarchiser, sans cesse mettre en place et en liaison, Frenay sait la communiquer à ses compagnons les plus proches. On ne s'étonnera donc pas que son mouvement soit, selon le mot d'Henri Noguères, « de loin, le plus solidement charpenté » et qu'il le reste. Evoquant la fusion de « Combat », « Libération » et « Franc-Tireur » d'où vont, en 1943, naître les Mouvements unis de Résistance (MUR), Alban Vistel écrit : « "Combat" se présente à l'heure de la fusion comme le Mouvement le plus puissant. Ses dirigeants ont témoigné d'un étonnant esprit d'organisation. Pour chaque type d'action ils ont créé un service spécialisé, l'ensemble forme un appareil d'une rare efficacité. Il atteste par là une avance et une supériorité incontestables sur les deux autres Mouvements, c'est pourquoi les MUR (...) adopteront ses structures. » Prenant aussi comme référence l'époque de la fusion des trois grands mouvements de zone Sud, Marie Granet et Henri Michel renchérissent : « Quelle était à ce moment l'importance respective des Mouvements ? (...) Ce qui était certain, c'est que seul "Combat" était représenté par une organisation véritable dans toutes les régions et à peu près dans tous les départements. »

Aucun des autres mouvements ne connut un essor aussi rapide et aussi ramifié. Certes, on pourrait à propos de tous écrire ce que Lucie Aubrac note à propos de « Franc-Tireur » : « Le mouvement dépasse le cadre même du journal. De grandes régions administratives s'organisent avec comme centres la plupart des grandes villes de la zone Sud. Un service de renseignements fonctionne ; des groupes francs sont organisés. » Certes, à tous convient également ce que Josiane Genermont fait remarquer lorsqu'elle écrit : « 1942 est l'année charnière, c'est à cette époque que "Libé-Nord" s'organise vraiment. » Certes, à tous encore s'applique la phrase d'Alban Vistel : « Patiemment Jean-Pierre Lévy tisse sa toile. »... Pourquoi ? Parce que, comme nous l'avons déjà vu, tous tendent vers le même modèle, cet appareil complet dont « Combat » se rapprochera le plus.

Encore faut-il, de nouveau, faire une exception pour l'OCM... Nous avons pu le constater, une des caractéristiques essentielles de la Résistance française entre 1940 et 1944 est la fusion voulue, l'interpénétration quotidienne des activités civiles et des activités militaires. Des officiers apprennent à rédiger et publier des journaux clandestins tandis que des journalistes s'efforcent de constituer des groupes armés, etc. L'Organisation civile et militaire (dans le titre de laquelle le *et* est significatif) est le seul mouvement qui échappe à cette caractéristique. Les civils (à peu près tous des cadres) et les militaires (officiers et sous-officiers d'active ou gradés de réserve mais ayant scrupuleusement suivi les stages de perfectionnement) s'y côtoient, collaborent, combattent ensemble mais sans jamais que les missions distinctes qu'ils se sont assignées interfèrent les unes sur les autres. D'un côté, « les phosphorants » et, de l'autre, « les cavaliers »... Même si, sous l'impulsion de Maxime Blocq-Mascart, les civils pratiquent activement le renseignement et publient beaucoup de textes doctrinaux, ce sont vite les militaires, organisés par le colonel Touny, qui ont la part prépondérante. Fait caractéristique : dans le Pas-de-Calais, où l'OCM s'implante particulièrement, on la désigne surtout sous le nom de « mouvement paramilitaire »... Sorti major de Saint-Cyr en 1906, ayant gagné la gloire, une blessure et sept citations dans les cuirassiers, le lieutenant-colonel Alfred Touny est un quinquagénaire particulièrement énergique qui n'a cessé d'être officier d'active que pour devenir chef d'industrie et dont Arthur Calmette dépeint assez bien le comportement lorsqu'il écrit : « Le colonel Touny, avec Blocq-Mascart comme adjoint, prend le commandement et rattache plus étroitement à l'OCM le groupe des militaires... » En revenant de la mission « Arquebuse-Brumaire » qu'il accomplit avec Pierre Brossolette en France occupée au mois de mars 1943, le colonel Passy, chef du BCRA de Londres, c'est-à-dire de l'organisme grâce auquel le général de Gaulle s'efforce de contrôler l'action de la Résistance intérieure, parle de l'OCM en termes très élogieux. Mais aussi très significatifs. On peut certes estimer que cet éloge s'explique en partie par la sympathie que Passy éprouve pour une organisation dont les structures militaires et l'orientation politique sont tout à fait conformes à ses vœux, mais il n'en est pas moins intéressant de rapporter ce qu'il en dit. « Ce mouvement, écrit le chef du BCRA, a été en contact avec nous depuis beaucoup plus longtemps que les autres, aussi est-il nettement en avance au point de vue de l'organisation. (...) Ce groupe possède surtout d'excellents cadres, mais bien qu'il soit descendu jusqu'à l'échelon sixaines et trentaines, il n'a pas encore procédé à la constitution de ses cellules de base. Il avait en effet reçu comme consigne de ne pas faire d'actions immédiates et considérer comme dangereux de former trop vite des groupes de combat qui n'auraient rien à faire. » Henri Noguères confirme les propos de Passy : « Les progrès réalisés par l'OCM (...) sont indiscutables, écrit-il. Le recrutement est poussé parallèlement dans une double direction : la constitution, sur une base territoriale, de groupes paramilitaires comparables à ceux de l'Armée secrète et la recherche, dans les milieux dirigeants des plus divers — industrie, professions libérales, fonction publique, armée — de cadres. L'une des caractéristiques de l'OCM sera, est déjà pourrait-on dire, la solidité et l'importance numérique de son encadrement. Chaque mois voit arriver à l'OCM de nouvelles personnalités. » Dans ces deux appréciations, on remarque l'inflation de l'encadrement et la faiblesse de la base. La manière dont Passy souligne la « consigne de ne pas faire d'action immédiate » vaut aussi d'être retenue...

L'« Inconnu n° 5 » qui « repose à la Sorbonne »

Jour après jour, coup dur après coup dur, progrès après progrès, l'irrésistible croissance de la Résistance ne fait pas apparaître seulement des organisations nouvelles et des idées inhabituelles ; elle est aussi une pépinière de personnalités qu'un destin soudain dangereux, cette autre planète qu'est la vie clandestine et, plus généralement, toutes les singularités de l'époque révèlent à elles-mêmes et aux autres en les métamorphosant. Au fil des pages, nombre d'entre elles sont déjà entrées dans ce livre. Pour l'instant, en citant quelques nouveaux noms, nous voulons seulement rappeler que le rôle des fondateurs de mouvements ne doit pas faire oublier combien décisives furent les rencontres qu'à diverses étapes de leur périlleux chemin ces fondateurs firent de compagnons essentiels.

On sait comment, plus qu'aucun autre mouvement, « Combat » fut marqué par l'empreinte, on pourrait presque dire par la patte d'Henri

Frenay l'ancien officier et futur politicien devenu dans les années terribles un si efficace meneur d'hommes. Mais qu'eût pu faire Frenay sans Berty Albrecht, l'étonnante jeune femme dont Maurice Chevance-Bertin a dit les « yeux bleus qui devenaient métalliques », celle qui, en des jours de paix, aurait pu n'être qu'une sorte de dame d'œuvres mais dont aujourd'hui tant de plaques sur nos murs rappellent à juste titre qu'elle fut une organisatrice de l'impossible, une véritable et chaleureuse héroïne... Et « Combat » ce fut aussi Robert Guédon, le commandant blessé au front, le petit « professeur libre » de Granville, l'officier de renseignements qui refusait les ambiguïtés du 2e Bureau vichyssois pour n'en retenir que la couverture possible, l'organisateur enfin de groupes armés qui furent parmi les premiers de la zone Nord... Et c'est aussi à « Combat » que paraissent puis s'illustrent le polytechnicien Jean-Guy Bernard, bras droit de Frenay ; Jean Gemahling qui, avec seulement « beaucoup de bonne volonté, une inexpérience totale et des imprudences à longueur de journée », réussit à mettre sur pied un des plus remarquables services de renseignements de la Résistance intérieure ; Claude Gérard, une des très rares femmes ayant eu, à un niveau élevé, des responsabilités purement militaires puisqu'avec le grade de commandant elle dirigea les maquis des MUR de la R5 c'est-à-dire de la région du Limousin et du Périgord ; et des personnalités de la Résistance aussi notoires que Georges Bidault, que René Cerf-Ferrière, que René Capitant ; et des écrivains ou journalistes aussi célèbres qu'Albert Camus, que Claude Bourdet, que Pascal Pia, que Claude Aveline ; sans parler du juriste André Hauriou ou du général Tubert, etc.

A « Libération », tant en zone dite libre qu'en zone occupée, les noms des compagnons d'Emmanuel d'Astier et de Christian Pineau que l'on cite le plus souvent sont, outre ceux « des Aubrac », Lucie et Raymond, devenus symboliques, ceux de leaders syndicaux ou de dirigeants socialistes dont, pour la plupart, nous avons déjà parlé : Henri Ribière, Robert Lacoste, Louis Saillant, Elie Bloncourt, Jean Texcier, Just Evrard, Louis Vallon, Gaston Teissier, Paul Verneyras, etc. Mais il ne faudrait pas que ces noms d'hommes qui connurent, outre leur notoriété de résistants, une célébrité méritée dans la vie syndicale et la vie politique de l'après-guerre, fissent oublier ceux de pionniers, de jeunes militants ou de responsables militaires qui contribuèrent largement à la croissance de leur mouvement. Les pionniers : Maurice Cuvillon dont Alban Vistel dira « le rôle de secrétaire polyvalent, voltigeur entre le Centre, les Services et les Départements, tour à tour animateur des groupes francs, agent de propagande chargé des missions les plus variées » ; Georges Zérapha, l'ancien officier de 14-18, banquier et croix de guerre, collaborateur de l'antiraciste *Droit de Vivre* et de la revue chrétienne *Esprit* ; Henri Rochon, ce secrétaire de rédaction à *La Montagne*, qui mourut déporté à Dora et dont Gabrielle Ferrières devait rappeler la finesse d'esprit et l'« air de poète qu'il gardait même dans l'action clandestine », etc. Les jeunes militants : Pierre Hervé, Maurice Kriegel-Valrimont, Serge Asher, le futur colonel Ravanel, Rousselier, le futur colonel Rivier, etc. Les responsables militaires : l'aviateur Zarapoff, le colonel d'artillerie de Margueritte, le colonel d'aviation Dauphin, le colonel de Carville, etc. Enfin, n'oublions pas un des hommes essentiels, celui dont les anciens membres de Libé-Nord comme de Libé-Sud n'évoquent pas le souvenir sans une lumineuse pudeur, comme s'ils avaient peur que son ombre vienne leur reprocher d'exagérer : Jean Cavaillès : « Ce professeur de philosophie aux gestes vifs, aux yeux brillants, me fait beaucoup d'impression, écrira plus tard Christian Pineau. Il est très différent des hommes que j'ai rencontrés jusqu'ici du côté pile de la ligne de démarcation ; ayant plus le goût du combat que celui de la conspiration, le mot *résistance* a pour lui son véritable sens. » Et Gaston Bachelard : « Reçu premier à l'Ecole normale, il y commence une brillante carrière. Là se forme ce cercle d'amis qui reçoivent tant de réconfort de sa présence. Son intelligence, son caractère, une totale franchise lui attirent des affections indestructibles, l'amitié de ses maîtres comme celle de ses compagnons. Cavaillès mène de front les études mathématiques et la réflexion philosophique. » C'est toujours sous la plume de Bachelard que l'on peut lire : « En août 1943, il est arrêté par les Allemands. Il est fusillé en janvier 1944 à la citadelle d'Arras. Son corps retrouvé sous une croix portant la mention "Inconnu n° 5" repose maintenant dans la crypte de la Sorbonne. » Jean Cavaillès qui, selon l'expression d'André Comte-Sponville, dans le numéro de l'automne 1987 de *La Liberté de l'esprit*, déjà cité, pratiquait « l'héroïsme de la raison ».

La « princesse Je-ne-sais-rien »

En esquissant ce que furent la création puis la croissance de « Franc-Tireur », nous avons présenté ses principaux fondateurs qui devinrent par la suite ses principaux protagonistes. Nous n'ajouterons donc que trois nouveaux noms à cette « équipe de copains » ainsi que les appelle un de ceux qui les connurent bien : Marc Bloch, Yves Farge et Albert Bayet. Lorsque la mort nazie le frappa, l'œuvre de l'historien Marc Bloch, tout comme celle du philosophe Jean Cavaillès, était déjà importante mais promettait encore plus. En rappelant comment il avait « laissé chez ses camarades le souvenir de son action et de son efficacité », Lucie Aubrac, en 1945, brossait d'une seule phrase son portrait : « C'était Marc Bloch, professeur à la Sorbonne, chef régional de Lyon, que tout le monde connaissait sous le nom de Narbonne et dont la gentillesse, la science et le courage avaient rendu légendaire dans la Résistance l'atmosphère de camaraderie qu'il avait créée chez les militants de Franc-Tireur. » Alors qu'il dénonçait certains scandales qui suivirent la Libération, Yves Farge déclara un jour : « Je suis indépendant, seul et pauvre, et je commence à croire que c'est une force ! » Au début de l'occupation, Farge faisait partie de cette équipe de journalistes du *Progrès* qui comptait également Georges Altman, Pierre Corval et Pierre Courtade et qui allait être une pépinière de résistants. Il appartint assez vite au petit nombre de ceux qui trouvèrent dans la vie clandestine une sorte de nouvelle dimension, une taille presque symbolique ; il était logique qu'à la Libération, en occupant les fonctions de commissaire de la République à Lyon, il apparût comme le représentant de la Résistance dans la ville qu'on appelait souvent la « capitale de la Résistance »... Quant à Albert Bayet, même si certains de ses anciens amis regrettèrent les positions qu'il crut devoir prendre au soir de son âge, la façon dont ce contempteur de la trahison pétainiste, ce clandestin pamphlétaire qui savait si bien utiliser l'arme des mots devint, dans la France libérée, président de la Fédération de la Presse n'était pas moins symbolique...

Après tant de noms connus, ceux de quelques-uns des jeunes résistants dont les initiatives et le courage permirent à « Défense de la France » de n'être plus seulement un journal clandestin mais un important mouvement, font bien modeste figure. Nous ne prétendons pas, en citant une demi-douzaine d'entre eux, vouloir réparer les caprices de la renommée ; toutefois, il n'est pas mauvais de rappeler au passage l'arbitraire et fragile façon dont la mémoire collective enregistre ou rejette tel ou tel nom... Hélène Mordkovitch, Charlotte Nadel et Génia Deschamps étaient, toutes trois, étudiantes. La première secondait Philippe Viannay, dont elle devait bientôt devenir l'épouse, et elle avait notamment mis au point un ingénieux système de dépôt clandestin dans les débarras de la Sorbonne. La seconde était la responsable d'une singulière équipe de typographes adolescentes qui s'appelaient Geneviève, Adrienne, Marie-Solange, Suzanne, Marie-Cécile, etc. Quant à la troisième, d'abord agent de liaison elle-même, elle organisa bientôt l'ensemble des liaisons du mouvement. Et Michel Bernstein, le virtuose des faux papiers... Et Geneviève de Gaulle, la nièce du général, qui, avant d'être arrêtée par la Gestapo le 20 juillet 1943, avait mis sur pied un système de distribution de *Défense de la France* tout simplement par voie postale... Sans parler de ceux que, dans ce mouvement dont la moyenne d'âge était certainement la plus basse de toute la Résistance, on appelait les « sages » parce qu'ils avaient plus de quarante ans : l'imprimeur Jacques Grou-Radenez, le grand universitaire Gustave Monod, l'industriel d'Ivry Alphonse Bottin, etc. Avec l'OCM, nous revenons à des animateurs d'âge plus mûr et dont les noms sonnent plus habituellement à nos oreilles. Sans rappeler Maxime Blocq-Mascart ni les colonels, ce sont en effet des hommes tels qu'Aimé Lepercq, Jacques Piette, André Boulloche ou Charles Verny qu'il faut ici mentionner... Paradoxalement, le nom le moins connu est sans doute celui qui mériterait le plus de l'être : Véra Obolensky, alias Vicky. Emigrée russe qui mourut en patriote française, sous les balles allemandes, le 4 août 1944, elle était, nous le savons, la principale collaboratrice de Jacques Arthuys et resta, après l'arrestation de celui-ci et avant d'être elle-même capturée, la cheville ouvrière de l'OCM. Nous reparlerons de son destin cruel. Notons simplement, pour le moment, que le juge d'instruction militaire nazi qui l'interrogeait l'avait surnommée « la princesse Je-ne-sais-rien »...

Un peu plus haut, nous disions notre intention d'évoquer la façon dont les grands mouvements firent de la propagande, diffusèrent leurs idées ; la façon dont ils conçurent la recherche du renseignement et dont ils en acceptèrent, tolérèrent ou refusèrent les conséquences ; la façon dont les groupes armés furent envisagés, organisés et développés, etc. En fait, les réponses aux diverses questions ainsi posées, c'est surtout dans le cours ultérieur de notre chronique qu'elles vont apparaître tout naturellement.

Faire de la propagande et diffuser des idées signifie publier des textes. Nous avons déjà pu constater que, pendant la Résistance, contrairement à ce qui se passe généralement dans la vie courante, le journal fut beaucoup plus souvent le germe que le fruit de l'organisation dont il exposait les idées. On ne dira jamais trop l'importance de cet enchaînement. Il serait superflu d'ajouter que, pour tous les mouvements, s'exprimer fut un besoin et un désir essentiels car s'exprimer, c'était d'abord prouver que l'on existait... « Jamais encore, dans le monde moderne, devait écrire plus tard Claude Bellanger, la nécessité et la puissance de l'information n'étaient apparues si impérieuses et si redoutables. »

La formation de groupes armés

Autre problème qui semble simple mais le fut moins qu'il ne paraît : celui du renseignement. Nous savons que, même si la plupart n'avaient vraiment pas de vocation pour le « métier d'espion », chez les tout premiers résistants, informer les Anglais, puis les Alliés, sur la puissance militaire allemande fut souvent un des premiers réflexes, un acte presque instinctif. Mais transmettre un renseignement, cela signifie établir une liaison avec l'organisme, avec la puissance à qui on le transmet. Un lien étroit devient vite un lien de dépendance. Cette dépendance vis-à-vis des services secrets alliés ou, plus souvent, du BCRA gaulliste devait-elle, pouvait-elle être acceptée par les mouvements ?

Très vite, sauf pour « Libé-Nord » qui jugea cette attache nécessaire, le débat se déplaça et la question technique devint une question politique. C'est en exposant ce que fut, pour la Résistance, le difficile chemin de l'unité que nous verrons ce débat déboucher sur la question clef des relations militaires et politiques entre le général de Gaulle et les résistants engagés dans la lutte sur le sol même de la France...

Un autre aspect de l'activité des mouvements qui était apparemment technique mais dut très vite être envisagé sous l'angle politique fut celui de la formation de groupes armés. Individuellement, les résistants communistes n'avaient évidemment pas été seuls à se préoccuper, dès 1940, de ramasser et d'entreposer des armes. Toutefois, faute de structures appropriées, compte tenu des illusions souvent nourries sur le régime de Vichy ou parce que l'heure de la lutte armée ne leur paraissait devoir sonner que bien plus tard, aucun des mouvements les plus importants n'avait constitué d'arsenal clandestin permettant la mise sur pied d'unités paramilitaires. Il fallut donc ensuite attendre que les armes soient parachutées de Londres ou qu'elles sortent des dépôts secrets constitués par le CDM (Camouflage du matériel) de l'« Armée de l'armistice ». Fournitures consenties mais non sans contrepartie politique... En écrivant cela, nous ne prétendons pas minimiser les initiatives d'hommes tels que Robert Guédon ou Henri Frenay lui-même, tels que Jean-Pierre Vernant ou Raymond Deleule. Leurs efforts originaux valent d'être rappelés. Cependant, quand nous les citons, c'est plutôt à titre d'exceptions confirmant une règle de faiblesse générale...

Nous avons déjà croisé Guédon. En faisant le bilan du travail qu'il avait accompli dès la fin de 1941, Marie Granet montre bien la part — exceptionnelle pour l'époque — qui y était faite aux groupes armés. « Le Mouvement de Frenay, écrit-elle, avait une filiale en zone Nord : elle avait été organisée par un de ses amis, le capitaine Robert Guédon, que les militants connaissaient sous le nom de Robert. Elle comprenait d'abord, à Paris, une équipe importante qui s'occupait de propagande et formait une sorte d'état-major : Elisabeth et Paul-Jacques Dussauze, Jeanne Sivadon, Anne-Marie Boumier, le docteur Chilina Ciosi, le docteur Anne Noury, le docteur Henry Ingrand, François Morin, Tony Ricou, André Noël, Charles-Edouard Le Gualès de la Villeneuve, Jacques Dhont, etc. Le centre était l'Ecole des surintendants de la rue Princesse, que dirigeait Jeanne Sivadon. En outre, les militants de Paris avaient fondé en province des groupes d'action qui semblent avoir été nombreux et bien organisés puisqu'ils survécurent à l'état-major quand celui-ci fut décimé : groupe de Normandie, formé par Guédon, dont le centre était Caen, qui s'occupait surtout de renseignements et dont l'animateur sera bientôt Pierre Bouchard ; groupe de Champagne, important à Reims, sous la direction du docteur Jean Quentin et de son beau-frère Grandrémy, et à Château-Thierry, sous la direction de Fernand Rouard ; groupe des Charentes, fondé par Ingrand et dont le chef, très actif, un garagiste, Delage, avait réuni plus d'un millier d'adhérents. Enfin, Tony Ricou avait entraîné, dans la région de Compiègne, des groupes de type paramilitaire qui avaient même à leur disposition des armes récupérées et dissimulées sous les tribunes du stade de Compiègne. D'autres groupements avaient été formés dans la région du Nord, dans la Somme, dans la région de Nantes par un autre membre du mouvement, le lieutenant Pierre de Froment. » Ces efforts en zone Nord vont tout à fait dans le sens souhaité par le père fondateur de « Combat », Henri Frenay qui, depuis le début, rêve de mettre sur pied une « armée secrète ». Le développement militaire des autres mouvements est plus lent et moins important. Le niveau atteint par les groupes paramilitaires de « Libération » à Toulouse n'en est que plus spectaculaire. Leur « degré d'organisation nettement plus poussé, écrit Henri Noguères, ils le doivent à trois anciens militants des Etudiants communistes de Paris et de l'Union fédérale des Etudiants repliés à Toulouse, J.-P. Vernant, Jean Miailhe et Victor Leduc. "Nous avions pris contact, nous dit Miailhe, avec Raymond Aubrac, qui était, à Lyon, un des responsables nationaux et qui nous a chargés d'organiser le mouvement Libération à Toulouse. Plus exactement, l'organisation militaire de Libération. Nous avons été, au début, Vernant le chef départemental militaire de Libération, et moi, l'adjoint au chef départemental et le chef pour la ville de Toulouse. Le mouvement s'est créé du sommet. Nous sommes entrés en contact avec les dirigeants civils et nous avons commencé à recruter pour une organisation militaire clandestine." Ce recrutement, c'est tout naturellement en milieu ouvrier qu'il va être poussé : l'accord conclu entre Libération et les syndicalistes, et l'action personnelle, à Toulouse, d'hommes tels que Julien Forgues expliquent que Vernant et ses amis aient trouvé leurs premiers adhérents dans les usines métallurgiques toulousaines. »

La guérilla de l'horloger Deleule

Le cas de « Franc-Tireur » éclaire encore mieux les difficultés éprouvées par les mouvements même importants en matière militaire. « Le mouvement s'engage également dans l'action paramilitaire, note Alban Vistel. A Grenoble, autour du docteur Martin, il possède un noyau de militants très actifs, recrutés dans le milieu socialiste. Son responsable, Aimé Pupin, est en janvier 1942 à l'origine de la création du premier camp de réfractaires du Vercors, à la ferme d'Ambel. A Lyon, Franc-Tireur a ses groupes francs, dirigés par Bois (G. Roux) ; celui-ci est arrêté en décembre 1942 ainsi que Blondet et Alarousse alors que l'équipe effectue un transport d'armes. Fort heureusement, un ami commun adresse à J.-P. Lévy un militant de zone Nord appartenant au groupe Ripoche (qui donnera naissance à "Ceux de la Libération") et que la Gestapo recherche activement. C'est un homme à carrure athlétique, à visage campagnard, silencieux et d'une rare résolution. Il se nomme Deleule et devient permanent du mouvement sous les pseudos de Duroc et Berthet. Il va de région en région créer les groupes francs du mouvement, organiser l'action directe. » Soulignant l'importance du rôle joué par Raymond Deleule, « horloger dans le civil », comme dit Ravanel dont il fut plus tard l'adjoint, l'historienne Dominique Veillon décrit la méthode qu'il préconisait : « Plutôt que d'envisager des opérations spectaculaires, il est préférable de frapper plus souvent et de multiplier les expéditions punitives, contre la Milice par exemple. Cette tactique dite par "piqûres d'épingles" aboutira à créer des zones d'insécurité pour l'ennemi. » L'essence même de la guérilla...

Dans l'étude qu'elle a consacrée à « Libération » de zone Nord, Josiane Genermont rappelle qu'à la suite de la « mission Arquebuse-Brumaire », Pierre Brossolette et le colonel Passy, dans le rapport qu'ils adressèrent le 20 avril 1943 au général de Gaulle, « relataient la faiblesse de Libé-Nord sur le plan paramilitaire, en notant toutefois les efforts déployés depuis février 1943, pour remédier à cette situation ». A la vérité, cette remarque n'est pas applicable qu'au groupement de Christian Pineau.

Pour compléter cet examen global de la demi-douzaine d'organisations non gaullistes et non communistes spécifiquement nées du fait de l'invasion et de l'Occupation, il faudrait dire maintenant comment les mouvements essaimèrent, comment certaines de leurs branches devinrent autonomes, comment certaines vocations ou techniques particulières prirent dans leur activité une place plus importante que prévu, comment leur orientation politique première se nuança ou s'infléchit à la faveur de débats et de scissions successives, comment enfin les idées et les hommes qui demeurèrent une fois les mouvements disparus leur assurèrent dans la France de l'après-guerre un écho parfois surprenant. On ne peut en effet avoir une vue juste de « Combat », par exemple, si l'on ne sait pas aussi ce que furent ses liens avec *Témoignage Chrétien* ou ce que fut son « Action ouvrière ». De même, la publication par « Franc-Tireur » du seul journal satirique de la clandestinité, *Le Père Duchesne*, éclaire-t-elle sur l'état d'esprit des membres du mouvement de Lévy, Avinin et Péju. Autres exemples : l'importance prise par « Police et Patrie » à « Libé-Nord », par la fabrication des faux papiers à « Défense de la France », par le noyautage des ministères à l'OCM, etc. Mais peut-on séparer « Ceux de la Résistance » (CDLR) ou certaines prises de position de « Défense de la France » du vif débat qui opposa certains résistants entre eux à propos de l'attitude à adopter vis-à-vis du gouvernement de Vichy ? Peut-on séparer l'examen des relations que les grands mouvements entretinrent tant avec les gaullistes que les communistes de l'étude des rapports qui se nouèrent entre les gaullistes et les communistes ? Peut-on séparer l'essai d'explication de la grave équivoque qui pesa et pèse encore sur l'OCM à la suite de ses velléités de « retournement », de revirement en faveur de Vichy, d'une nécessaire plongée dans le marécage des affaires de trahison qui, telle l'affaire Grandclément, ne peuvent être considérées comme de simples accidents mais prennent figure d'illustration de toute une politique ? Peut-on séparer l'évocation de certaines crises internes des mouvements d'un aperçu des deux problèmes clefs que furent, pour la Résistance, le processus d'unification et le débat sur l'attentisme ? Non, bien sûr. Aussi est-ce au fil de notre récit que, poussés par les faits et nous appuyant sur eux, nous achèverons cette tentative de portraits d'organisations que, jusqu'à maintenant, nous avons volontairement envisagée sous un angle surtout « anatomique ».

Si nous poursuivons le difficile panorama des groupements et tendances de la Résistance intérieure française, il nous en faut bien arriver, ou plutôt revenir, au secteur sans doute le plus délicat, celui des partis ou familles idéologiques qui, étant le plus étroitement identifiés à la IIIe République, supportèrent le plus mal son effondrement...

Mais ici, avant de poursuivre, est nécessaire une brève parenthèse. Une parenthèse sur deux sigles de quatre lettres : SFIO et SFIC. Le premier signifie « Section française de l'Internationale ouvrière », donc de la 2e Internationale, fondée à Paris en 1889 et reconstituée à Francfort en 1951. Bien que ne se nommant plus Parti socialiste SFIO, le Parti socialiste français en est toujours membre. On la nomme plutôt maintenant l'Internationale socialiste... Quant au sigle SFIC, il veut dire « Section française de l'Internationale communiste », donc de la 3e Internationale, plus souvent appelée le Komintern, fondée à Moscou en 1919. Jusqu'à la dissolution de cette dernière, en 1943, le PCF se nommait officiellement parti communiste SFIC... Fin de la parenthèse.

Pourquoi le Parti socialiste SFIO en tant que tel ne fut-il pas en mesure d'appeler à la résistance en 1940 ? Où en était la SFIO au creux de la vague de l'automne 1940 ? Comment l'organisation socialiste avait-elle traversé la tourmente ? Comment affrontait-elle la nouvelle dureté des temps ? Pourquoi les appels lancés par quelques-uns de ses membres isolément, tel celui de Jean Lebas, en octobre 1940, déjà évoqué, semblaient-ils ne pas pouvoir modifier la situation du Parti lui-même ? Pourquoi les contacts pris rue de Vaugirard, chez l'ancien député Lagrosillière, eux aussi déjà mentionnés, paraissaient-ils impuissants à changer quelque chose ?

Les mots terribles de Léon Blum

Questions réelles et questions difficiles, car, à vrai dire, c'est un Parti socialiste SFIO déjà malade qui se trouva soudain plongé dans la tempête. Il récoltait les fruits du comportement qui avait été celui de la quasi-totalité de ses dirigeants et de la majorité de ses membres en 1938 et 1939 et la récolte était amère. Il était trop déchiré par les mésententes et trop miné par les désillusions pour pouvoir, comme on dit, tenir le coup. La querelle sur les responsabilités dans l'échec du Front populaire, les remords nés du cas de conscience qu'avait provoqué la « non-intervention » en Espagne, la rupture avouée entre ceux qui approuvaient et ceux que révoltaient les abandons consentis devant Hitler, en 1938, à Munich, le comportement de nombre de dirigeants socialistes quand avait déferlé la vague anticommuniste de la « drôle de guerre » et le discret calvaire de ceux qui n'avaient pas eu l'audace de s'opposer à cette hystérie — autant de facteurs d'une crise interne qui allait apparaître nettement sous les coups brutaux des événements alors qu'on avait réussi, pendant de longs mois, sinon à la masquer du moins à la présenter comme une nécessaire diversité compétitive des tendances dans un parti qui, malgré cela, aurait fait bloc sur l'essentiel. Comme nous allons le voir, les termes dont usent les dirigeants socialistes eux-mêmes pour qualifier cette crise sont des termes durs, des termes dont la vérité crue a pu être douloureuse à certains militants qui plaçaient au-dessus de tout la fidélité au parti.

En essayant, plus haut, de dire ce qu'avaient été la putréfaction vichyssoise et les débuts du règne du Maréchal, nous avons cité les mots terribles et bien connus de Léon Blum sur la façon dont « des hommes s'altéraient, se corrompaient comme à vue d'œil » et sur ce « marécage humain dans lequel on voyait se dissoudre, se corroder, disparaître tout ce qu'on avait connu à certains hommes de courage et de droiture ». En prononçant ces mots au procès de Pétain, après la Libération, Blum précisa qu'il ne pouvait le faire « sans un certain frémissement ». L'étonnante acuité de la description faite alors par le vieux leader socialiste avait la même origine que son visible déchirement. Si sa voix se brisait, c'est parce que son cœur l'était déjà. Brisé par le souvenir de la déchéance de tant de ses camarades de jadis. Brisé aussi par l'inquiétude autocritique dont il était la proie lorsqu'il faisait le bilan de ce qu'entre 1937 et 1940 il avait décidé, cautionné, accepté ou simplement laissé faire...

Dans le livre qu'il publia la même année que sa déposition au procès Pétain, en 1945, ce livre au titre significatif : *A l'échelle humaine*, Blum a d'ailleurs évoqué l'« embourgeoisement » de son parti. « Le danger, a-t-il écrit, avait à peu près disparu et la foi s'était amortie. Nous étions devenus trop forts, trop prudents, nous nous étions à peu près coulés dans le moule de la vie ordinaire. Il y avait en nous quelque chose de trop "arrivé". A l'heure où la Nation attendait un cri d'appel, un cri de ralliement, il ne pouvait pas sortir de nos rangs une grande voix. » Selon celui qui en restait le leader, la SFIO avait ainsi eu une « attitude (...) ambiguë, balancée, comme honteuse » et le socialisme français s'en était trouvé « réduit à l'impuissance et presque au silence ». Un exemple montre bien la profondeur de ce mal, celui de Jean Zyromski qui, dans le Parti socialiste d'avant-guerre, contre la majorité de la direction, avait opiniâtrement combattu la politique de non-intervention. Un exemple qui peut surprendre car c'est le même Zyromski qui, plus tard, deviendra résistant puis adhérera au Parti communiste... Dans le témoignage de Vassili Soukhomline auquel nous nous sommes déjà référés, on lit à la date du 6 août : « J'ai appris que mon ami Jean Zyromski, leader de l'aile gauche du Parti socialiste français, était à Paris. Je suis allé le voir. C'était hier. Je l'ai trouvé complètement prostré : "Tout est fini, m'a-t-il dit, finie la France, fini Paris, fini le mouvement populaire... Le prolétariat est complètement démonté... C'est la trahison partout, la fin de l'Europe, la fin de la démocratie. Tous nos leaders, nos ministres, nos députés ont décampé. Pour eux, il s'est trouvé des places dans les voitures et dans les derniers trains. Quant à moi, on m'a abandonné à mon triste sort. Je suis resté enfermé deux semaines à l'Hôtel de Ville. (Il travaille à la municipalité.) La Gestapo a perquisitionné à mon domicile. Si le préfet ne s'était pas interposé, j'étais arrêté, c'est certain." » Et Zyromski n'est pas le seul dans cet état. Trois semaines plus tôt, le 13 juillet, André Le Troquer a dit à Tony Révillon : « Je ne pensais pas qu'il y eût dans mon parti tant de lâches et de traîtres. » De même, Pierre Brossolette, le futur martyr, confiera-t-il un peu plus tard à Jean Cassou : « Tout est fini, ce pays n'existe plus, vous voyez où en sont les partis : le Parti communiste ne bouge pas à cause du pacte ; le Parti socialiste, dont je suis, est dans la décomposition ; le Parti radical, n'en parlons pas... » Après la Libération, ce ne sera pas sans tristesse ni sans colère contenue que ceux des dirigeants socialistes qui auront sauvé la barque en perdition et été des protagonistes de la Résistance analyseront cette crise du Parti en 1940. Dans un cours de l'« école du propagandiste » destiné aux militants de la Seine, Gérard Jacquet dira : « Le Parti socialiste donnait le spectacle d'un effondrement sans gloire. (...) On avait vraiment l'impression que le socialisme en France et peut-être aussi dans le monde allait disparaître de la carte politique. »

De même, dans son étude sur *La Vie clandestine du Parti socialiste*, publiée à la fin de 1944, Robert Verdier écrira : « Si l'on veut rendre vraiment justice aux hommes qui ont construit le Parti socialiste et l'ont conduit à la bataille, il faut se rappeler la situation de l'été 1940. Ceux qui ne connaissaient pas la vie profonde de notre organisation et la foi robuste de ses militants pouvaient avoir l'impression que le Parti socialiste s'était effondré et se trouvait frappé d'une paralysie complète et définitive. Brusquement, nous qui étions habitués à l'action légale et aux formes de la vie démocratique, nous étions obligés de passer à l'action clandestine, pour laquelle nous n'étions nullement préparés. Il y avait plus grave encore ; toute l'armature du Parti paraissait avoir été brisée d'un seul coup. Les militants socialistes pensaient que, même réduits à l'impuissance, les députés et sénateurs de leur parti, réunis à l'Assemblée nationale de Vichy, le 11 juillet 1940, accompliraient un geste pour sauver l'honneur et signifieraient avec éclat qu'ils se refusaient à accepter la capitulation de la France et la destruction de la République. Bien au contraire, la plus grande partie du groupe socialiste se déshonorait, avec presque tout le Parlement élu en 1936, en accordant les pleins pouvoirs au maréchal Pétain. Le secrétariat général du Parti ne donnait même pas signe de vie. Il disparaissait sans bruit, sans grandeur jusqu'au jour où on devait apprendre que Paul Faure acceptait d'être nommé Conseiller national par le gouvernement de la trahison. Pire encore ! dès le mois d'août 1940, on voyait paraître en zone Sud un journal qui prétendait prendre la suite du *Populaire*, avec son ancien administrateur, avec les signatures de Paul Rives, Spinasse, Roucayrol, Peschadour, etc. ; il faisait l'apologie de Pétain, instruisait le procès de la démocratie, dénonçait le "bellicisme" de Léon Blum, confondait le pacifisme avec la servitude et l'entente franco-allemande avec la "collaboration". Telle était la situation du Parti socialiste au cours de l'été 1940. Elle pouvait paraître tout à fait décourageante. »

« Nous ne leur avons jamais pardonné... »

Des décennies plus tard, ceux des socialistes qui vécurent cette époque mais qui devinrent, par la suite, des résistants éminents, ne parleront pas de cette crise « sans un certain frémissement ». Dans leur émotion transparaîtra tout particulièrement leur désir qu'il soit bien clair et admis que leur Parti a été à tout jamais lavé de la tache de 1940... Ainsi Elie Bloncourt nous dira-t-il : « Il est certain que tous les élus — je parle des élus, je ne parle pas des militants, je parle de ceux qui avaient une responsabilité au sein du Parti — tous ceux-là n'ont pas eu une attitude vraiment noble et louable, digne d'éloges, bien au contraire. Pour nous, et pour moi personnellement, ce qui a été le plus douloureux, ce fut de voir comment à Vichy, le 10 juillet 1940, un nombre considérable de nos députés et de nos sénateurs ont voté les pouvoirs à Pétain. Oui, vraiment, ça a été pour nous quelque chose de pénible... Nous n'avons pas compris cette attitude... D'ailleurs, vous savez, nous ne leur avons jamais pardonné. En tant qu'ancien président du Comité d'action socialiste (CAS) dont mes camarades résistants m'avaient confié la direction pendant la clandestinité, je peux dire que nous avons volontairement été très sévères à leur égard. C'est ainsi qu'à la Libération, lorsque le Parti a pu agir au grand jour, ouvertement, eh bien, nous avons fermé les portes du Parti reconstitué à tous les élus qui avaient eu à Vichy cette attitude scandaleuse... »

Les historiens, même ceux qui ne cachent pas leurs sympathies pour l'idéologie social-démocrate, enregistrent le fait avec des mots très proches de ceux que nous venons d'entendre dans la bouche ou de voir sous la plume des dirigeants socialistes eux-mêmes. Dans son *Histoire du Socialisme en France*, Daniel Ligou note : « Ainsi donc, le parti s'effondrait assez lamentablement. » Plus loin, il ajoute : « La SFIO pratiquement détruite en 1940... ». Henri Noguères estime que « c'est sans doute la SFIO qui, de toutes les formations politiques de la IIIe République, s'est trouvée la plus irrémédiablement déchirée ». Henri Michel résume son diagnostic en parlant d'« un parti bien affaibli » et, citant des phrases de Léon Blum auquel nous nous sommes déjà référés, il croit discerner « une sorte de déchéance morale ». Dans son étude certes limitée à *L'Esprit public en Haute-Loire de 1940 à 1942*, mais où ce petit département est pris comme région-test et où l'auteur s'efforce de dégager des éléments d'appréciation à portée nationale, Gérard Combes écrit : « Pulvérisés par la chute du régime républicain, atteints de vieillissement, les élus disparurent de la scène et très peu passèrent à la clandestinité. », etc.

Cependant, une fois ce constat établi au cours duquel nous avons pu citer les causes principales de la crise, il n'est pas sans intérêt de remarquer certains des aspects que cette crise prend alors que, sur la France envahie, règnent les hitlériens et leurs dévoués auxiliaires de Vichy. En effet, ni la peur ni la vénalité des hommes, ni l'usure des institutions ne suffisent à tout expliquer. Par-delà les erreurs, les illusions et la malfaisance des individus, la nature de la crise du Parti socialiste en 1940 et les conséquences qui en découlent vite montrent que des conceptions et des attitudes politiques sont essentiellement en cause. Futur ministre du général de Gaulle dès Alger, André Philip décrit tout à la fois en observateur et en militant un drame qu'il a vécu de l'intérieur. « La défaite, écrit-il, allait d'abord faire éclater la structure de la SFIO et dresser les anciens camarades les uns contre les autres. La plupart des guesdistes, à l'exception de l'irréductible Bracke, allaient suivre Paul Faure dans la collaboration avec le régime établi, au nom du réalisme, de l'efficacité et du respect des lois inévitables de l'histoire. (...) Les pacifistes, Emery, Zoretti, Lefranc, Félicien Challaye, comme Henri de Man en Belgique, s'opposaient à la poursuite des combats et rêvaient à la possibilité de reconstruire une démocratie dans une Europe unifiée, même dominée par Hitler. Mais le socialisme français humaniste retrouvait ses origines. Nous avons vu que trente-six députés socialistes, la plus forte proportion de tous les partis, avaient voté contre Pétain à l'Assemblée nationale de Vichy ; certains d'entre eux allaient s'organiser en groupes clandestins de propagande, puis d'action. »

Pour la commodité de son exposé, André Philip distingue ici, en gros, trois tendances : les collaborateurs, les rêveurs et les résistants. La réalité est-elle aussi simple où, souvent, ces tendances s'interpénètrent ? Sans vouloir en exagérer l'importance, on peut retenir comme significatif le débat sur les mairies. « Plusieurs maires, écrit Daniel Mayer, avaient été révoqués par le gouvernement de Vichy ou les autorités censées le représenter quand elles ne représentaient pas directement les forces d'Occupation. Des nominations nouvelles étaient faites. A la fois pour ne pas heurter le sentiment profond des populations et pour semer des germes de division supplémentaires, il arrivait que des conseillers municipaux en exercice étaient désignés pour remplacer les maires destitués. De nombreux militants, dont Augustin Laurent, secrétaire adjoint de la fédération et député du Nord, étaient partisans du refus de ces postes. Jean Lebas, destitué et arrêté, était d'un avis opposé. » Grave débat. D'autant plus grave que certains des maires ainsi laissés en place s'abandonneront à l'engrenage qui les mènera à la collaboration. Pourtant, ajoute Daniel Mayer, « consulté en prison, Jean Lebas se montre pressant, "tape du pied", dira Augustin Laurent, conjurant qu'on ne se sépare d'un outil qui peut être un élément de défense des populations. L'autorité de l'ancien ministre du Travail du gouvernement du Front populaire est si grande que, même s'ils ne sont pas convaincus, ses interlocuteurs, émus jusqu'aux larmes, s'inclinent. Plus tard, lorsque, en 1943, le Parti sera unifié dans la clandestinité, ils seront les interprètes de cette décision auprès de leurs camarades des autres zones. Insatisfaits, mais placés devant un fait accompli, ceux-ci à leur tour l'accepteront comme une évidence et une nécessité locale. Elle sera, la Libération venue, entérinée par le Parti qui considérera comme ayant été en service commandé les élus restés en fonction dans cette partie du territoire. » On aura remarqué que c'est le même Jean Lebas dont nous avons déjà cité deux fois l'appel de 1940, véritable appel à la Résistance, le même homme qui, arrêté par la Gestapo, emmené en Allemagne, « jugé » là-bas par le tribunal militaire de Moabit, mourra en déportation, à Sonnenburg, le 10 mars 1944. On retiendra encore une fois comme significatifs de l'époque des dilemmes et contradictions de cette sorte.

Les paradoxes d'un éparpillement

Toutefois, bien qu'ébranlés par la crise qui dévaste leur organisation, bien que gênés par le véritable fossé qui les sépare des communistes depuis la chasse aux sorcières de l'hiver précédent, bien que n'étant pas préparés à la vie clandestine, bien qu'embarrassés par la personnalité de Charles de Gaulle à l'égard duquel ils adopteront finalement les attitudes les plus diverses, allant de la passion soumise à l'hostilité sectaire, un certain nombre de socialistes français s'efforcent de réagir. Ils veulent surmonter ce que dans le numéro des *Cahiers du Bolchevisme* du 3e trimestre 1940, celui-là même où paraît la version définitive de l'appel de Maurice Thorez et de Jacques Duclos, Benoît Frachon nomme « l'effondrement du réformisme ». Ils veulent se regrouper et une forte proportion d'entre eux est déjà décidée à résister. Mais comment ? « Ils ont repris la lutte, note Robert Verdier. Qui a commencé ? Où et quand ? Il serait bien difficile de le dire, car on a pu constater par la suite qu'en de nombreux endroits, les sections socialistes, débarrassées des traîtres et des timorés, s'étaient spontanément regroupées avant d'avoir reçu un mot d'ordre. » L'affirmation de Verdier n'est pas fausse. Mais elle est partielle. En effet, beaucoup plus que la reconstitution des organisations de base de la SFIO proprement dite, ce qui va caractériser la participation des socialistes français à la Résistance, ce sera un phénomène très particulier que l'on peut qualifier d'éparpillement, ou plutôt d'essaimage de militants socialistes à travers les différents mouvements de Résistance... En effet, ceux des militants que, dès les premiers mois de l'Occupation, le double réflexe national et antifasciste amène à exprimer leur refus de l'oppression, ceux-là sont amenés à chercher ailleurs un ferment d'organisation, une possibilité de fraternité et d'efficacité. C'est le hasard qui, le plus souvent, préside à leur entrée dans tel ou tel groupe à peine constitué ou bien les fait participer à la naissance de tel ou tel mouvement. A cet individualisme forcé, les militants socialistes réagiront différemment selon la personnalité de chacun ; toutefois, comme on va le voir, une seconde crise de la SFIO sera la conséquence de cette sorte d'exil idéologique imposé à ses meilleurs éléments. Image presque symbolique de cette situation : lorsque, le 11 novembre 1940, l'un des tout premiers résistants français, Léon-Maurice Nordmann, jeune avocat socialiste, va, avec André Weil-Curiel et Michel Edinger, accomplir un geste symbolique, à l'aube, devant la statue de Georges Clemenceau, sur les Champs-Elysées, il est, en fait, rattaché au réseau du « Musée de l'Homme » et la gerbe qu'il dépose aux pieds de l'effigie du « Tigre » porte cette inscription : « Le général de Gaulle à l'organisateur de la victoire. » Henri Michel parle donc avec raison d'un « émiettement des forces du parti ». Et il ajoute : « Les socialistes vont à la bataille en ordre dispersé et pas sous leur drapeau. Effectivement, on en trouve partout. Quelques-uns gagnèrent Londres, mais ils se divisèrent sur le ralliement au général de Gaulle. Le plus grand nombre s'agrégèrent au premier mouvement de Résistance à leur portée ; on en trouve ainsi dans des réseaux du BCRA comme "Brutus", mais aussi dans des réseaux britanniques. L'origine et l'orientation politique des dirigeants de mouvements étant souvent inconnues des militants, les socialistes s'engagèrent dans des groupements catalogués de droite comme l'OCM (Guy Mollet par exemple) et "Combat". Ils furent particulièrement nombreux et ils jouèrent un rôle important, de direction même, à "Libération-Nord" surtout (Henri Ribière) et, à un degré moindre, à "Libération-Sud" et à "Franc-Tireur". » Ce même « émiettement » apparaît au fil de l'inventaire fait par Daniel Ligou dans son *Histoire du Socialisme en France*. Ainsi, à propos du mouvement Combat, Ligou écrit-il par exemple : « C'est, à l'origine, même si l'on tient compte des flirts fréquents de son fondateur Henri Frenay avec la SFIO, une formation de militaires et de démocrates-chrétiens. Mais, comme il s'avéra rapidement qu'il était actif et efficace, beaucoup de socialistes militèrent dans son sein. Parmi eux, Henri Malacrida, professeur d'EPS, révoqué comme franc-maçon et qui recruta des dockers et des cheminots de Marseille, des ouvriers de l'arsenal de Toulon. Ailleurs, grâce aux listes de responsables publiées, nous trouvons Berthet (Drôme), Arnal (Var), M. Juvénal (Bouches-du-Rhône), Geoffroy (Vaucluse), Cotta (Alpes-Maritimes), Tailhade (Gard), Hauriou (Haute-Garonne), Durroux (Ariège), Baurens (Gers), Tournou (Tarn-et-Garonne), Brigouleix (Corrèze), Labetoulle, Cerclier (Creuse), Montpied (Puy-de-Dôme), Dechezelle (Alger), etc. » Un des résultats relativement paradoxal de cet éparpillement sera que, outre les deux mouvements Libération où ils jouent un grand rôle dans la direction, l'autre organisme de la Résistance où l'on retrouve beaucoup de socialistes n'est autre que la direction de la France libre, c'est-à-dire, en fait, l'état-major du général de Gaulle à Londres. A ce propos, Paul-Marie de la Gorce écrit : « Pierre-Olivier Lapie, premier parlementaire rallié à la France libre et premier directeur de ses affaires politiques, était socialiste. Georges Boris, qui s'occupait, en second, des territoires occupés, avait été collaborateur de Léon Blum et partageait autrefois la direction de *La Lumière* avec Georges Gombault. Adrien Tixier, représentant de la France libre à Washington, était syndicaliste et socialiste. (...) Quand le 2e Bureau de l'état-major des FFL deviendra le BCRAM puis le BCRA (Bureau central de renseignements et d'action), trois socialistes y joueront un rôle essentiel : Louis Vallon aux affaires politiques, Pierre Bloch, député de l'Aisne, au contre-espionnage, et surtout Pierre Brossolette, adjoint du colonel Passy. Aussitôt qu'il put le faire venir de France, (...) de Gaulle confia le commissariat à l'Intérieur à André Philip, député socialiste de Lyon. » Cette situation, que Jacques Droz résume en une seule phrase (« A vrai dire, un très grand nombre de socialistes combattent, dispersés, dans de nombreux mouvements de Résistance »), aura finalement pour la SFIO des conséquences positives. Mais elle présentera aussi bien des inconvénients. Les conséquences positives se résumant en un mot : la présence. Quant aux inconvénients, ce sera tout simplement le risque de disparition pure et simple du Parti socialiste.

« Ne pas laisser s'éteindre la flamme du socialisme... »

Le fort traumatisme que nombre de militants de la SFIO avaient subi en voyant s'effondrer leur organisation avait été si profond et leur accablement, sinon leur dégoût, si vif que lorsque ceux qui devinrent résistants connurent le fraternel enthousiasme, le sentiment du risque partagé, l'audace des idées simples et courageuses, lorsqu'ils respirèrent cet air frais et apparemment si pur des mouvements naissants, un vertige les saisit qui les amena très souvent à douter de la validité de leur ancien « esprit de Parti ». Des dirigeants de premier plan tels que Jules Moch, Robert Lacoste, Henri Ribière et surtout Pierre Brossolette en arrivèrent ainsi très vite à poser ouvertement la question de savoir si la SFIO devait exister en tant qu'organisation... Outre que cette prise de position marquera le début d'une querelle qui intéressera bientôt la Résistance française tout entière, celle du sort promis aux partis politiques en tant que tels, elle va vite susciter bien des réactions. La faveur qu'elle rencontre parmi les militants socialistes engagés dans la lutte va amener Léon Blum et les autres dirigeants, soucieux de voir leur parti continuer à vivre, à, d'une part, accélérer la naissance des CAS (Comités d'action socialiste) mais, d'autre part, multiplier les déclarations sur la nécessité pour le parti de faire totalement peau neuve. C'est dans cette conjoncture que Daniel Mayer aura bientôt à jouer un rôle décisif. Après avoir rappelé que « Léon Blum, de sa prison, inspirait son action », René Hostache décrit ainsi ce rôle : « Dès le mois de décembre 1940, ce jeune militant commença à reprendre contact avec ses amis dispersés en zone Sud, notamment Félix Gouin et le groupe de Marseille constitué autour du réseau Froment. Une première réunion fut fixée à Nîmes par Daniel Mayer et Félix Gouin, en mars 1941. La seconde se tint en mai à Lyon ; petit “congrès miniature”, elle décida de donner à l'organisation clandestine le nom de Comité d'action socialiste (CAS), d'exclure les parlementaires ayant voté pour Pétain et de réunir un congrès véritable au mois de juin à Toulouse en y convoquant un délégué par fédération. Le 22 juin 1941, quarante membres y assistèrent effectivement ; un comité directeur de quatre membres fut désigné et Daniel Mayer nommé secrétaire général de l'organisation. (...) Dans *Le Populaire*, qui reparaît dès lors clandestinement, le CAS prendra soin de se distinguer de l'ancien Parti socialiste. Le 15 juin 1942, il dira carrément : “Le CAS tel qu'il se présente à vous n'est pas le parti d'hier.” »

Controverses, discussions, querelles — incontestablement, cette pomme de discorde a nui à l'unité du Parti durant toute la Résistance... Après avoir étroitement fréquenté ceux des dirigeants de la SFIO qui se trouvaient à Londres, le dirigeant communiste Fernand Grenier a pu dire qu'ils étaient « écartelés entre diverses positions ».

Au bout du compte, pourtant, même si ce ne fut pas sous la forme qu'espérait Jean Lebas dans son premier numéro de *L'Homme libre* lorsqu'il écrivait, par exemple, « la machine est vivante », la SFIO a surmonté la démolissante épreuve. « La machine » n'a pas survécu, mais le Parti n'est pas mort. Une survie que n'a pu voir l'ancien ministre du Travail du Front populaire et maire de Roubaix puisque, comme on le sait, les nazis l'ont tué avant... Mais avec la naissance du, ou plutôt des CAS (Comités d'action socialiste), avec la part grandissante que des dirigeants et militants socialistes prenaient, à titre individuel, à la lutte clandestine dans les mouvements et les organisations les plus divers, avec leur participation majoritaire à

« Libé-Nord » et décisive à « Libé-Sud », la SFIO a tenu bon. Des résistants tels que Daniel Mayer conseillé par Léon Blum, ou l'héroïque Suzanne Buisson, ou Elie Bloncourt, etc., comme devait nous le dire ce dernier, ont pu et ont su « poursuivre l'action politique en vue de préserver, de ne pas laisser s'éteindre la flamme du socialisme ». La reparution du *Populaire*, en édition clandestine, à partir de mai 1942 fut la manifestation tangible d'une renaissance que la présence de représentants de la SFIO auprès du général de Gaulle, à Londres puis à Alger, et la participation au Conseil national de la Résistance, devaient définitivement consacrer. Lorsqu'à la Libération il publia son étude intitulée *La Vie clandestine du Parti socialiste*, Robert Verdier pouvait écrire : « Ces formes de résistance peuvent aujourd'hui paraître bien timides. Elles étaient alors nécessaires pour opérer un redressement des esprits encore abattus par la défaite. Les socialistes ont montré par là qu'ils n'avaient jamais désarmé et que leur lutte pour la patrie et pour la République s'est poursuivie sans interruption en revêtant les aspects les plus divers selon les temps et les lieux. » Peu à peu, certaines fédérations départementales de la SFIO se reconstituèrent. Bientôt, deux comités directeurs furent créés, l'un au Nord et l'autre au Sud. Enfin, le 1er juillet 1943, *Le Populaire* publiait une déclaration du comité exécutif qui venait d'être fondé. On pouvait y lire : « Le comité exécutif du Parti socialiste, émanation des comités directeurs de chacune des zones et responsable devant eux, en attendant de rendre compte de son action à un Congrès souverain convoqué dans une France libérée, s'approprie tous les manifestes publiés depuis 1940 par les comités des diverses zones et félicite les militants indomptables qui, grâce à leur dynamisme et à leur courage, les ont diffusés, en même temps qu'ils reconstruisaient un parti rénové. »

Le martyrologe des francs-maçons

La résurrection du Parti radical et radical-socialiste, elle, sera beaucoup plus tardive, elle ne pourra avoir lieu que peu avant la Libération et dans de modestes conditions... Ainsi la principale formation politique de la IIIe République aura-t-elle été l'un des grands absents de la lutte clandestine. « Sauf quelques-uns d'entre eux (Paul Bastid, Tony Revillon), dès le début dans l'opposition, les radicaux, dans leur grande majorité, se sont (...) ralliés au gouvernement de Vichy, écrit René Hostache. Un de leurs pontifes, Chautemps, après avoir été vice-président du Conseil de Pétain, à Bordeaux, se fait aux Etats-Unis le porte-parole d'un clan antigaulliste qui cherche à passer pour un tiers parti. En France, par contre, le procès de Riom, où Daladier comparaîtra aux côtés de Léon Blum, la législation antimaçonnique, le renforcement du caractère autoritaire du régime détourneront progressivement de Vichy les cadres du parti. » Lorsque, le 30 août 1942, Edouard Herriot renvoie sa Légion d'honneur au général Brécard, alors Grand Chancelier, et surtout lorsque, le 30 octobre de la même année, il est placé en résidence surveillée par les autorités de Vichy, certains espèrent que la courageuse attitude de leur dirigeant va réveiller les énergies radicales. Mais le sort d'Herriot ne suscitera que quelques réactions individuelles et trop rares ; il faudra attendre la participation de Paul Bastid au CNR pour que le parti sorte de son coma politique.

Dans la France de l'avant-guerre, nombreux étaient les radicaux affiliés à la franc-maçonnerie. Les venimeuses et violentes attaques du pouvoir pétainiste contre les francs-maçons que des textes parus le 14 août 1940 puis les 11 août et 10 novembre 1941 au *Journal Officiel* de Vichy avaient mis hors la loi, vont-elles finalement tirer de leur léthargie tant de notables et de citoyens naguère connus comme des républicains sincères ? Les persécutions s'en chargent, qui vont faire des victimes dans leurs rangs. Ainsi, en 1969, dans son étude sur *Les Francs-Maçons en France*, Pierre Mariel pourra-t-il intituler un de ses chapitres *Des milliers de frères meurent pour la France*. Une affirmation qui demande à être précisée... Elle le sera douze puis vingt-sept ans plus tard : en 1981 avec l'étude de l'historienne Dominique Rossignol *Vichy et les Francs-Maçons ; La liquidation des sociétés secrètes, 1940-1944*, et, en 1996, avec la monographie exceptionnellement documentée de Lucien Sabah *Une police politique de Vichy : le Service des Sociétés Secrètes* (SSS). Les chiffres avancés par ces deux auteurs ont la même source : l'enquête préliminaire effectuée par la Police judiciaire (PJ) dans les mois qui ont précédé le procès du SSS (25 novembre-5 décembre 1946) et plus spécialement le « bilan approximatif » provenant des « renseignements recueillis auprès des grandes Obédiences maçonniques », le Grand Orient de France (GOF), la Grande Loge de France (GLF) et le Droit Humain (DH). Résumons : 6 000 « Francs-Maçons surveillés, inquiétés et perquisitionnés » ; 989 « déportés en Allemagne et en Italie » ; et, pour les « morts en déportation, fusillés ou décédés après torture » : 540 selon Rossignol et 549 selon Sabah. Par obédience, le GOF a eu 619 déportés et 346 morts ; la GLF 320 et 180, et le DH 50 et 31. L'historienne complète cet ensemble en disant que furent établies « 60 000 fiches de francs-maçons ». Ainsi peut-on approximativement parler de 10 % d'« inquiétés », 1,65 % de déportés et 0,9 % d'assassinés... Ce martyrologe implique-t-il l'existence d'une Résistance spécifiquement maçonne ?

Quand Pierre Mariel avance le fait que Jean Moulin, Pierre Brossolette, Jean Zay, Georges Mandel et d'autres illustres victimes des hitlériens avaient été initiés aux rites maçonniques, ou quand le même auteur emploie la même sorte d'argument en écrivant un peu plus loin : « A Alger, un quart des membres de l'Assemblée consultative provisoire est constitué de francs-maçons », on peut lui rétorquer qu'en vérité, le problème n'est pas là. Il n'est pas de savoir si des francs-maçons ont résisté, ce qui est évident, mais de savoir si, répétons-le, la franc-maçonnerie en tant que telle, en tant qu'organisation secrète par excellence participa ou non à la Résistance. Or, à cette question, la seule réponse possible est de continuer à rapporter quelques faits. Il est vrai que durant le deuxième semestre de 1943 un « Comité d'action maçonnique » fut constitué en liaison avec le réseau Patriam Recuperare. Il est vrai qu'une réunion eut lieu, le 3 août 1943, dans un bureau de la mairie du XVIIIe arrondissement de Paris, réunion au cours de laquelle les dignitaires Corneloup, Viernaud, Cauwel et Riandey tentèrent en vain de se mettre d'accord sur une réunification des obédiences rivales. A propos de cette réunion de la mairie du XVIIIe, Pierre Mariel remarque : « Le progrès n'aboutit pas faute d'une entente sur la définition du “Grand Architecte de l'Univers”... » Querelle singulière pour l'époque !... Mais il y eut aussi deux groupements de Résistance que l'on peut *stricto sensu* qualifier de « maçonniques »... Ce furent ceux des « frères » réunis autour du journal clandestin *Le Coq Enchaîné* en zone Sud et du « Cercle » en zone Nord...

Le Coq est essentiellement lyonnais. « En fin d'année 1941, raconte Alban Vistel, un groupe d'hommes, d'idéologies radicale et socialiste, fréquentant, pour la plupart, des loges du Grand-Orient de France, se réunissent çà et là dans les quartiers de la ville. Il y a d'anciens élus municipaux, des commerçants, de petits industriels, des ingénieurs, fonctionnaires, artisans et des officiers d'aviation de la base de Bron. (...) Ces hommes (...) fondent le journal *Le Coq Enchaîné* dont le premier numéro paraît le 1er mars 1942. (...) Ils recrutent surtout dans les milieux laïcs à tendance anticléricale et trouvent un appui solide et efficace auprès de ceux des francs-maçons que la dissolution du Grand-Orient par le gouvernement n'a pas totalement dispersés ni découragés. (...) Les responsables régionaux successifs furent le docteur Jean Fousseret jusqu'à son arrestation en décembre 1943 puis Lucien Degoutte. (...) A la suite de dénonciations et d'imprudences, le jeune mouvement reçut en automne 1942 des coups dont il ne se releva pas. (...) L'équipe du *Coq* (...) paya chèrement d'avoir été une avant-garde : seize morts, vingt-trois déportés dont treize seulement survécurent. » Quant au « Cercle », dans le rapport qu'il adresse le 7 mai 1943 au général de Gaulle, Jean Moulin le qualifie de « groupement très important (...) qui dispose d'une force politique réelle s'appuyant principalement sur les éléments francs-maçons ».

Entre Résistance et repentance

Lorsque Pétain, Laval et quelques autres la poussèrent au suicide sous les lambris du Grand Casino de Vichy, la IIIe République allait être septuagénaire. Plus que les partisans, même radicaux-socialistes, d'un Front populaire, nouveau venu sinon un peu intrus, ses représentants les plus symboliques étaient les notables que soutenait un électorat surtout rural et dont les parlementaires siégeaient au centre et à droite. C'étaient ceux qu'à l'exception des partisans déclarés du fascisme, on appelait en général des « modérés ». Dans son étude sur *La Vie politique en France depuis 1940*, le politologue Jacques Chapsal rappelle que leurs formations « étaient multiples », puisqu'« il y en avait pour cent soixante-quatre députés plus d'une demi-douzaine dont trois avaient chacun moins de vingt membres ». Nous savons que la plupart suivirent allégrement Pétain. Mais nous avons aussi déjà signalé qu'un nombre non négligeable d'hommes de droite refusèrent courageusement de se laisser aller selon cette pente apparemment logique et devinrent même des protagonistes de la Résistance. Faut-il ajouter qu'en prenant ainsi une position à contre-courant, nombre de ces hommes commencèrent une évolution qui les mena jusqu'à l'autre extrémité de l'éventail politique et que, même chez ceux qui restèrent de droite après la guerre, l'expérience du danger couru fraternellement laissa souvent des traces profondes ? N'oublions pas que ce fut au nom de deux de ces formations de droite, la Fédération républicaine et l'Alliance démocratique, que Jacques Debû-Bridel et Joseph Laniel siégèrent au Conseil national de la Résistance (CNR). Le leader de la Fédération républicaine s'appelait Louis Marin. Son adhésion au Front national où il combattit aux côtés des communistes et l'aide qu'il apporta à la création du CNR restent des faits marquants dans l'évolution de la Résistance française.

Deux autres grandes structures de la société française à la veille de l'invasion nazie étaient le mouvement syndical et l'Eglise catholique. Les positions que la hiérarchie ecclésiastique et les leaders confédéraux adoptèrent face à l'Occupation et au régime de Vichy eurent une influence directe et décisive sur le développement et l'évolution de la Résistance. Le rôle ainsi joué ne peut être réduit à l'énumération et à l'anatomie des organisations clandestines plus spécialement confessionnelles ou syndicales. En effet, l'existence et l'activité de ces organisations ont surtout de l'intérêt dans la mesure où elles permettent de répondre à la question primordiale : qu'a fait l'Eglise, qu'ont fait les syndicats, pour ou contre la Résistance ?

Déjà, nous avons vu des syndicalistes de tendances différentes prendre une place importante dans le combat national. Ils réapparaîtront souvent dans les pages suivantes... Nous les verrons, entre autres, lutter contre la Charte du Travail éditée par Vichy ; s'infiltrer dans les syndicats légaux pétainistes afin de les utiliser comme couverture ; organiser cette Résistance par grandes branches professionnelles dont la grève des mineurs en 1941 et, quatre années durant, la « bataille du rail » seront les illustrations les plus glorieuses ; enfin, nous constaterons la part importante prise par les militants syndicaux aussi bien dans l'effort d'unification de la Résistance que dans l'élaboration du programme exprimant ses désirs et ses espoirs.

De la même façon, on ne peut envisager le problème de l'attitude de l'Eglise et des catholiques par rapport à la Résistance sans le fragmenter volontairement. Déjà, les appels de Raymond Burgard et d'Hubert Beuve-Méry, la parution du *Temps nouveau* de Stanislas Fumet ainsi que la part prise par François de Menthon et ses amis dans la création de « Liberté » et le développement de « Combat » ont montré l'existence d'un important courant démocrate-chrétien dans la Résistance alors même que, simultanément, la grande majorité de la hiérarchie catholique se vouait au culte du Maréchal. Cette contradiction flagrante pose une question encore passionnément controversée. Des réponses diverses peuvent y être apportées... Ecoutons, par exemple, celle de Pierre Corval, déjà rencontré, qui fut un des dirigeants de la clandestinité démocrate-chrétienne. « La position de la hiérarchie catholique, nous dit Corval, était pour les résistants croyants une question à la fois préoccupante, grave et tout à fait secondaire. La hiérarchie, comme d'habitude, était "du côté du manche". Il y avait des intérêts supérieurs à préserver pour toutes sortes de raisons vraisemblablement valables d'ailleurs. Mais nous savions que d'excellents catholiques et même des évêques étaient résistants : trois ont été déportés. Le cardinal Saliège faillit l'être. Il est évident que les prises de position pétainistes de l'épiscopat ont gêné le mouvement des catholiques vers la Résistance. Pendant un moment. Mais, vers la fin de 1943, je crois que l'épiscopat, prudemment, a commencé à évoluer et les catholiques ont fait ce qu'ils ont voulu. Un catholique, en tout cas, n'était absolument pas lié par les décisions de l'épiscopat en matière politique. De nombreux prêtres se sont engagés dans la Résistance en dépit des atermoiements et des erreurs de la hiérarchie à cette époque. » Evidemment, à des occasions diverses, force nous sera de reposer cette question. Par exemple, lorsque nous dirons l'importance qu'eut la participation de personnalités telles que le père Philippe au Front national à côté des communistes ou la place prise par *Témoignage Chrétien* dans la presse clandestine. De même quand nous évoquerons l'action des « corps francs » formés par l'étonnant Jacques Renouvin ou le rôle joué par Georges Bidault à la suite de Jean Moulin à la tête du CNR... Et puis, le moment venu, il faudra bien ouvrir le dossier des prises de position de la hiérarchie catholique sur les persécutions exercées par Vichy et par les nazis à l'encontre de plusieurs catégories de Français, et, en tout premier lieu, les Juifs, il faudra bien voir si, au bout du compte, l'Eglise répondit par l'anathème ou par l'absoute... Cinquante-deux ans après la libération d'Auschwitz, ou plutôt des très rares survivants du principal et emblématique camp de la mort, monseigneur Olivier de Berranger, évêque de Saint-Denis, traversait son diocèse pour se rendre à Drancy. Là, sur les lieux du camp de transit, la caserne de gendarmerie devenue l'antichambre des fours crématoires, au soir du mardi 30 septembre 1997, il lisait, au nom de tous les évêques de France, une « déclaration de repentance ». Un texte où il est dit notamment : « Le temps est venu pour l'Eglise de soumettre sa propre histoire durant cette période en particulier à une lecture critique, sans hésiter à reconnaître les péchés commis par ses fils et à demander pardon à Dieu et aux hommes... » Simultanément, le catholique mais irrévérencieux bimensuel *Golias Magazine* publiait son n° 56. Il s'intitule *L'Eglise sous Vichy ; La Sainte Collaboration*. Il contient notamment un article de son directeur Christian Terras sur *L'Entrée des catholiques dans la Résistance* où on peut lire, entre autres : « L'entrée des catholiques dans la clandestinité fut une rupture considérable... »

Soudain, des millions d'apatrides

Présentant l'exposition *Les Juifs dans la Résistance française contre le nazisme*, David Diamant écrivait en mars 1968 : « A la veille de la deuxième Guerre mondiale, le nombre des Juifs en France était de 320 000 habitants, c'est-à-dire 1 % environ ; leur apport dans la Résistance fut proportionnellement très supérieur car, en plus que Français, ils avaient un compte à part avec le nazisme. » Ce « compte à part », c'est très exactement ce que nous appelions plus haut l'injonction de la réalité. Une situation particulière que connurent plusieurs catégories — d'ailleurs très diverses — d'habitants de la France envahie et qui les prédestinait, en quelque sorte, à devenir résistants. Outre les gens que l'on désignait comme étant de « race juive » et que l'on humiliait, persécutait et finalement assassinait à ce titre, se trouvèrent évidemment dans cette situation les émigrés antifascistes surtout allemands ou italiens, souvent anciens membres des Brigades internationales pendant la guerre d'Espagne et auxquels l'occupant reprochait d'avoir trahi leur pays. Mais il ne faut pas oublier que d'autres ressortissants venus de divers pays pour des raisons tout aussi diverses furent également concernés : depuis les millions de travailleurs immigrés soudain désignés comme « apatrides » jusqu'à des petits groupes tels que ces 4 000 membres de l'armée régulière polonaise qui, ayant combattu en 1939-1940 aux côtés d'unités alliées, s'étaient retrouvés sur le sol français après la défaite de leur pays. Ainsi naquirent des organisations très différentes, sans commune mesure. Avant d'évoquer plus loin la véritable épopée des « étrangers », on peut citer, par exemple, aussi bien les audacieux détachements armés de la fameuse MOI à prédominance communiste que l'un des premiers réseaux de renseignements à avoir été en activité, le « F. 2 » rattaché aux services secrets anglais et d'abord surtout constitué d'officiers polonais.

Cela dit, même si pour eux l'injonction de la réalité fut moins impérative, certaines catégories de Français se trouvèrent nettement plus prédisposées à la Résistance que la masse de leurs concitoyens. Tel fut le cas de nombreux évadés des camps de prisonniers de guerre ou des camps d'internement ; celui des « réfractaires » qui refusaient de répondre aux convocations du Service du travail obligatoire (STO) ; mais celui aussi de nombreux officiers et sous-officiers de l'« Armée de l'armistice » ainsi que de nombreux étudiants.

Certes, à propos des étudiants, des mots tels que *prédestination* ou même *prédisposition* peuvent paraître excessifs. C'est oublier l'effervescence naturelle des grands centres universitaires ; oublier qu'une certaine tradition de la contestation est aussi vieille que l'Université française et que, les circonstances devenant exceptionnelles, elle tourne facilement à la révolte violente ; oublier qu'à moins qu'on ne réussisse à la fanatiser dès l'abord, la jeunesse a toujours moins bien supporté l'oppression que d'autres couches de la population. Il n'y a donc rien d'étonnant à ce qu'au lendemain de la défaite, la communauté d'âge et de culture l'ait emporté sur l'hétérogénéité sociale et politique et que, dès 1940, la participation des étudiants français à la Résistance ait été proportionnellement forte. N'oublions pas à cet égard la silhouette caractéristique de Philippe Viannay ni que son « Défense de la France » était aussi, d'un certain point de vue, un mouvement d'étudiants... Pour parler des « Volontaires de la Liberté », groupement qu'avaient fondé et que dirigeaient deux élèves de première supérieure au lycée Louis-le-Grand, Jacques Lusseyran et Jacques Oudin, Marie Granet emploie des mots caractéristiques. « Leur mouvement, écrit-elle, recruté parmi les étudiants des diverses facultés et les élèves des grandes écoles, comprenait en 1943 des centaines de garçons enthousiastes et prêts à accepter des besognes difficiles et dangereuses. »... En relisant ces mots « des centaines de garçons enthousiastes », comment ne pas songer à nouveau que ce furent des étudiants qui, le 11 novembre 1940, en organisant leur « marche à l'Etoile » firent en sorte que, selon le mot de Claude Bellanger, « la Résistance montre son visage à la face du monde ».

Reconnaissons qu'entre l'enthousiasme des adolescents de l'Etoile et la rouerie des officiers de l'« Armée de l'armistice », on ne voit guère le rapport... En effet. Pourquoi, alors, ce classement dans une même catégorie ? Non point par goût du paradoxe mais, tout simplement, parce que, même pour des raisons absolument différentes, on doit constater que les membres de l'« Armée de l'armistice » étaient également prédestinés à la Résistance. En effet, bien qu'ils ne fussent plus que de singuliers soldats d'une armée fantôme, le fait de rester officiellement militaires leur offrait des moyens et des occasions dont bien peu d'autres Français disposaient alors. En fait, d'ailleurs, ces occasions et ces moyens furent utilisés, beaucoup utilisés. Mais pour quoi faire ? Nous avons vu le colonel Mollard constituer les dépôts d'armes clandestines de son CDM ;

nous avons vu des officiers du 2e Bureau s'installer en zone Sud comme si la guerre contre l'Allemagne pouvait continuer sous l'égide du régime de Vichy précisément mis en place par cette même Allemagne ; à plusieurs reprises, nous avons employé le mot *ambiguïté*... Encore ne fut-ce pas tout, car, déjà, tel le furet qui court, court, court dans la chanson des dames, des éléments de l'« Armée de l'armistice » ont traversé nos pages à la faveur et l'évocation de tel ou tel mouvement... Il nous faut maintenant être plus précis dans la mesure où nous ne pouvons pas interrompre ce panorama des organisations de la Résistance non gaulliste et non communiste sans avoir dit plus clairement quelle place y eurent ceux qui affirment que, s'ils furent résistants, ce fut grâce à l'« Armée de l'armistice ».

« A condition que Pétain fût dans le coup »

D'abord, une définition, c'est-à-dire les limites et les caractéristiques de cette curieuse troupe... Dans son *Histoire de Vichy*, Robert Aron en fournit une excellente. « Le paragraphe 4 de la Convention d'armistice, écrit-il, réduisait le rôle de l'armée française au maintien de l'ordre ; ses effectifs métropolitains, cantonnés dans la seule zone Sud, étaient fixés à 100 000 hommes, dont 4 000 officiers, répartis en huit divisions. Leur armement ne comprend ni mortier, ni mitrailleuse lourde, ni canon antichars. Pas de moyens de transport motorisés. Comme artillerie, rien d'autre que le 75 modèle de 1897. Des réserves en munitions très réduites permettaient juste une brève intervention contre quelques manifestants. Tout mouvement de troupe intéressant plus d'un bataillon était soumis à l'autorisation préalable des Allemands. » Voici donc cette (embryon ou appendice d') armée, dont il est clair que Vichy la voit d'emblée comme une police supplétive. Oui, mais... Mais il est indéniable qu'elle ne remplira pas ce rôle et que, dès le début, elle va compter dans ses rangs d'authentiques résistants qui pensent qu'elle constitue la meilleure des couvertures possibles. Les exemples de l'aide qu'y trouvent le général Gabriel Cochet, Henri Frenay, Maurice Ripoche, le docteur Bareiss sont encore présents à notre mémoire. Il est tout aussi sûr que, dès le 25 juin 1940, apparaît la première des sociétés de Travaux ruraux (TR) qui vont bientôt se multiplier et servir de paravent à l'activité clandestine d'officiers de renseignement dont les plus actifs seront le colonel aviateur Ronin, le lieutenant Martineau, le futur colonel Michel Garder, et que renforceront bientôt les agents du « SSM-Précurseur » du général Navarre et les passeurs des « TR-Jeunes », etc. De la même façon, c'est en septembre 1940 que Mollard crée « Les Rapides du Littoral », la première des « Sociétés XV » qui vont être un des principaux camouflages de son CDM (camouflage du matériel). Il est non moins vrai que certains officiers des « Bureaux des menées antinationales » (BMA) du futur colonel Paul Paillole contrecarrent l'activité de l'Abwehr et de la Gestapo en zone Sud et qu'une trentaine d'agents ennemis seront même, par leurs soins, arrêtés et fusillés sous le régime de Vichy... Enfin, lorsque après novembre 1942, l'« Armée de l'armistice » aura été dissoute et que sera née l'Organisation de résistance de l'armée (ORA), les officiers et sous-officiers qu'on y trouvera seront de véritables résistants qui fourniront un encadrement précieux à de nombreux maquis et dont des formations telles que le « Corps franc Pommiès » montreront l'ardeur au combat... Ceci est vrai. Mais il est tout aussi vrai que les résistants ne furent jamais qu'une minorité au sein de l'« Armée de l'armistice » ; que le CDM ne donna aux organisations de Résistance qu'une petite partie des armes qu'il avait réussi à cacher et qu'il en laissa la plus grande part tomber aux mains des Allemands ; que la chasse aux résistants et tout spécialement aux communistes fit aussi partie de l'activité des BMA...

Enfin, même si plutôt positifs que négatifs, des faits tels que ceux que nous venons de citer sont inséparables d'un bluff systématiquement entretenu et d'un jeu politique constamment poursuivi. Double témoignage à l'appui, et pas des moindres... Témoignage sur le bluff : celui de Louis-Eugène Mangin, le futur « délégué militaire national » (DMN) du général de Gaulle en zone Sud et que nous avons déjà rencontré. Au printemps de 1941, Mangin, l'un des fils du fameux général de la guerre de 1914-1918, toujours officiellement membre de l'« Armée de l'armistice », cherche désespérément une filière pour passer en Angleterre. Une tentative qu'il a faite par l'Espagne vient d'échouer. « A cette époque, nous dit-il, je voyais aussi le colonel Touzet du Vigier qui, par la suite, est devenu général et a joué un rôle, en 1944, en tant que commandant de corps d'armée dans l'armée de Lattre. Et, à cette époque, du Vigier m'a dit : "Je suis en train de monter une organisation en zone occupée." Je lui ai répondu : "Eh bien je suis volontaire mais ce qu'il me faut, c'est une bonne couverture." Alors du Vigier m'a dit : "Eh bien je suis couvert par le Maréchal. J'ai un ordre de lui, manuscrit, dans mon coffre-fort, qui me couvre pour mes activités." Je lui ai rétorqué que je ne voyais pas très bien ce que cela ajoutait à la chose mais que je restais volontaire. On en a parlé pendant un mois. Je le voyais tous les huit jours. Rien ne se faisait. En fait, le réseau du colonel Touzet du Vigier n'a jamais été créé parce que j'étais le seul à avoir accepté de partir sans protection vis-à-vis des autorités françaises. Tous ceux qui avaient été contactés et qui étaient d'accord avaient demandé une protection vis-à-vis des autorités françaises de zone occupée afin de ne risquer d'être arrêtés que par les Allemands mais pas par les Français. »

Après celui sur le bluff, second témoignage. Cette fois sur le jeu politique. Le témoignage d'Emmanuel d'Astier de la Vigerie, le père fondateur de « Libération-Sud », qui dans sa très lucide chronique intitulée *Sept fois sept jours* a narré les contacts qu'il prit à l'automne de 1940 : « Trois mois de contacts avec des 2e ou 5e Bureau, des services de renseignements qui jouaient sur tous les tableaux à condition qu'on restât entre initiés et que le peuple malsain dont le fantôme gardait le visage détesté de 1936 n'y fût mêlé... Contacts avec les "intelligences" qui voyaient cela comme en Uruguay, sous des combines de révolution de palais et qui se seraient servis aussi bien de Pétain que de Maurras, que de la Cagoule, que du colonel de La Rocque, que d'un général, parce que tout cela, après tout, c'était du bon petit nationalisme décanté de toute révolte prolétaire, de toute passion populaire menaçante pour les maîtres... (...) Avec des officiers supérieurs qui "voulaient bien" à condition que Pétain fût dans le coup... »

Comme Grand Architecte, « Charles-le-seul » ne fut pas longtemps seul

A ce que nous venons de dire concernant ces architectes de l'action que furent des fondateurs et dirigeants de mouvements tels que Frenay, d'Astier et tant d'autres, personnages souvent charismatiques qui ont initié, tissé, conforté, animé la Résistance, il n'en reste pas moins qu'il convient, qu'il est même indispensable, d'ajouter ici une connotation essentielle... Au-dessus, à côté, en dessous de ces architectes de l'action, il y en eut en permanence deux autres, et de plus grande importance... La consonance maçonnique de l'expression n'eût sans doute pas plu au Général, mais il n'en reste pas moins que Charles de Gaulle fut le « Grand Architecte », sinon « de l'Univers », du moins de la France libre puis de la Résistance intérieure française obstinément amenée à s'unifier. Cela dit, « Charles-le-seul », pour reprendre la si belle expression de Jean Lacouture, « Charles-le-seul » ne fut pas longtemps seul. Assez vite, et pour des années, même celles qui suivirent la Libération, un d'abord adversaire, puis possible challenger, puis partenaire ombrageux, fut à ses côtés, parfois dans son ombre, parfois en travers de son chemin.

Nous avons déjà dit quelle talentueuse oreille Alain Peyrefitte avait su tendre au Général... Retrouvons-les un instant lors du voyage à Limoges du 20 mai 1962. « Je le questionne sur les communistes, écrit Peyrefitte. Comment a-t-il pu faire alliance avec eux, pendant la guerre ? » La réponse est gaullienne, qui entend modeler l'adversaire à la dimension convenable... « Grenier est venu à Londres me proposer leur ralliement. Vous savez, j'ai longtemps pesé le pour et le contre. Je voyais bien que ça comportait plus d'un inconvénient. Je risquais de les revigorer (...). Et puis je risquais de faire peur aux modérés qu'il fallait bien rallier (...). Mais en face, les avantages étaient tellement plus importants ! Nous allions pouvoir unifier la Résistance. Nous allions éviter que des maquis rivaux se combattent. Nous allions coordonner les actions au moment de la Libération.

Nous allions instaurer notre autorité à mesure que les troupes alliées avanceraient. Nous pourrions faire rentrer les communistes dans le rang, s'ils avaient des velléités de rébellion. Nous allions posséder une carte maîtresse en face des Américains. Nous allions pouvoir tenir l'équilibre entre les alliés de l'Ouest et ceux de l'Est. » Et de Gaulle d'ajouter un peu plus loin : « Et ils se battaient sérieusement. Ils auraient même été les seuls, si nous n'avions pas pris les devants un an plus tôt, et si nous n'avions pas formé les réseaux gaullistes. Alors ! Ils méritaient bien qu'on leur accorde une présomption de patriotisme. »

On peut — fût-ce vainement, car c'était politiquement impensable — regretter qu'il n'existe pas de pendant à ce texte si gaullien du côté communiste. Mais, comme on le dit parfois un peu légèrement, les faits ne se suffisent-ils pas à eux-mêmes ? Dépassons le mot de Malraux, tellement usé par l'usage, sur « les communistes et nous ». Oublions — un instant seulement — que dans la nébuleuse de l'IHTP (Institut d'Histoire du temps présent) tant d'historiens ont usé et abusé de la légende d'une légende, la prétendue « légende gaullocommuniste » destinée à offrir une image d'Epinal de la Résistance. Et nous voici face à la réalité d'une bipolarisation latente... Et si nous disons latente, c'est parce que, trop souvent, sinon niée, du moins prise avec des pincettes par les principaux intéressés. Et pourtant, une évidente réalité, car bien que beaucoup de gaullistes affectent de l'ignorer parce que leur conception de la légitimité les amène à se considérer comme la seule référence valable, et bien que beaucoup de communistes le déplorent car le souvenir qu'ils ont gardé de leur solitude de 1939 n'a fait qu'aviver leur habituelle crainte de l'isolement, une bipolarisation de fait existe très vite dans la Résistance intérieure... Ainsi, de même qu'en géométrie tout point est défini par l'intersection de deux droites, de même suffit-il qu'un résistant donne son opinion sur de Gaulle ou sur les communistes pour qu'on puisse le situer très rapidement sur l'échiquier des tendances politiques de la vie clandestine. Le développement de ce phénomène va d'ailleurs être incontestablement favorisé par la propension qu'ont aussi bien les partisans de la France libre que les membres du Parti communiste français à assumer globalement la Résistance, à se proclamer très soucieux de l'unifier, plutôt à leur profit, et à vouloir donner réponse à toute question nouvelle que peut poser le combat clandestin.

Quelque opinion qu'on puisse en avoir, le caractère indéniable de cette dualité va sauter aux yeux lorsque, la Résistance devenue adulte mais souffrant congénitalement de son morcellement organique dû au foisonnement des initiatives individuelles, la question de son unification va se poser de façon urgente. Sans vouloir, en effet, minimiser en quoi que ce soit l'importance qu'eut le véritable et tragique apostolat unitaire de Jean Moulin, sans vouloir sous-estimer les menaces de crise qui découlèrent du goût compulsif de l'autonomie que montraient Henri Frenay et Emmanuel d'Astier de la Vigerie, il faut quand même rappeler que le véritable processus d'union commence lorsque enfin les contacts sont pris et des conversations engagées entre gaullistes et communistes. Ce ne seront pas des contacts faciles ni des conversations sans orage. Tout sépare et ne cessera de séparer les deux partenaires, sauf l'essentiel, c'est-à-dire le désir de voir la France libérée et l'hitlérisme vaincu. Le fait que, des deux côtés, le leader incontesté (de Gaulle à Londres, Thorez à Moscou) soit considéré par Vichy comme un « déserteur » en exil ne peut créer aucune affinité entre des interlocuteurs aussi dissemblables. Les seuls adoucissements que l'on remarquera dans des rapports où tout est discuté point par point et pied à pied viendront d'un respect mutuel pour l'évidence des forces en présence et pour la vertu d'efficacité. Respect véritable et collaboration durable dans le combat, car c'est sous la pression de la réalité qu'on a enfin commencé un tête-à-tête d'abord estimé inutile et impossible des deux côtés. Mieux même, des mois se sont écoulés — les premiers mois de la clandestinité — pendant lesquels on a ignoré à Londres l'action engagée par les communistes français contre l'occupant, tandis que la direction clandestine du PCF n'a pratiquement rien su de l'implantation des premiers réseaux gaullistes.

Dans « L'Œuvre » des 2 et 4 mars 1941

Pourtant, par comparaison avec la plupart des groupements dont nous venons de faire le panorama, les structures communistes et gaullistes ont pris, sous des formes extrêmement différentes, une notable avance de croissance. Après les échos respectifs qu'avaient connus les appels sacralisé du 18 juin et controversé du 10 juillet, les problèmes n'ont pourtant manqué ni aux gaullistes ni aux communistes. Des problèmes cependant non seulement différents mais carrément contraires. A l'opposé... Malgré son existence flagrante, la résistance communiste est niée par nombre de ses adversaires pour des raisons politiques : réalité du fait mais contestation du mot. Au contraire, alors que le néologisme « gaulliste » devient non seulement un mot célèbre mais un vocable d'usage courant, c'est la réalité du fait gaulliste qui est contestée non seulement par ses ennemis qui le disent illégitime mais même par des sympathisants que leur propre émotion devant la solitude de l'homme et le petit nombre de ses compagnons incline à douter de ses chances de durer : plénitude du mot mais fragilité du fait. Dans un deuxième temps, à un stade supérieur de développement, les difficultés rencontrées sont encore tout aussi contraires. Alors que les communistes cherchent à tout prix des alliés et que, sûrs de leur force et de leur singularité, ils n'imaginent même pas qu'un trop grand nombre de ralliements à leurs propositions d'action commune puisse venir polluer leur originalité, au contraire, bien que leurs effectifs soient très faibles comparés à leur notoriété, les gaullistes consacrent une partie de leur temps et de leurs forces à filtrer les ralliements, en privilégiant des militaires qui ne viennent qu'au compte-gouttes, et à refuser l'adhésion de personnalités dont la présence parmi eux augmenterait leurs moyens...

Cela dit, à partir du moment où ont été surmontées les faiblesses numériques du début, à partir du jour où les Anglais doivent admettre que les succès de ses partisans en Afrique donnent au général une dimension nouvelle, à partir de l'instant enfin où sa légende cesse de menacer de l'écraser pour devenir une monture docile et un instrument de sa gloire, alors de Gaulle voit son mouvement croître et son pouvoir s'affirmer.

Mais n'anticipons pas et, surtout, ne brûlons pas les étapes alors que seules, précisément, ces étapes permettent de mieux comprendre la fulgurante adolescence qui fut celle du mouvement gaulliste. Première étape : un mot. Deuxième étape : un bilan d'effectifs. Troisième étape : une « épopée » africaine. Quatrième étape : l'envoi clandestin de quelques émissaires en France occupée et l'implantation des « réseaux ». Dernière étape, enfin : la prise de conscience, même en maugréant, que la France n'est pas seulement une « certaine idée » mais aussi un pays de terre, de pierre, de feuilles, peuplé par des hommes de chair...

Le mot — en fait, ils sont deux : le substantif *gaullisme* et l'adjectif *gaulliste*. Qui les a créés ? Qui a eu l'idée d'ajouter la terminaison *isme* au patronyme de Charles de Gaulle ? Il semble bien que ce soit des journalistes au service du régime de Vichy... Le tome IX du *Trésor de la langue française* date l'apparition imprimée de début mars 1941 dans le quotidien du fascisant Marcel Déat, *L'Œuvre* : le 2 pour le substantif, le 4 pour l'adjectif... Une datation qui peut sembler bien tardive, tant il est vrai que beaucoup de gens affirment se souvenir de l'avoir vu, entendu et employé dès les premiers mois de l'Occupation. En tout cas, on doit noter la rapidité de la naissance. Cette rapidité éclaire d'ailleurs sur le sens premier du mot. Ses créateurs forgent le terme nouveau parce qu'ils en ont besoin pour désigner plus expressément, pour nommer et donc dénoncer plus clairement un phénomène qui les irrite. Ils ne se doutent pas que tant d'yeux et tant d'oreilles mais surtout tant de cœurs et tant de têtes l'attendent inconsciemment, sont prêts à le recevoir comme déjà chargé de tous les sentiments qui bouillonnent en eux et qu'ils ne savent comment ni n'osent exprimer. Conçu pour accuser et salir, le mot *gaulliste* ne naît vraiment qu'en réconfortant et en exaltant. On comprendra que nous ignorions volontairement pour l'instant les péripéties sémantiques que la vie politique lui fera par la suite connaître et qui entraîneront, en 1959, la naissance d'un troisième néologisme : l'adjectif *gaullien*. Le déroulement ultérieur de notre chronique nous obligera bien sûr à ajouter d'autres sens à la signification première de *gaullisme*. Mais cette signification première elle-même, quelle est-elle ? Faute d'en avoir trouvé une formulation valable et faute de pouvoir faire ici les centaines de citations qui ponctueraient toute recherche approfondie à travers les textes de l'époque, bornons-nous à deux formulations à la faveur desquelles apparaît nettement cet effet boomerang que nous disions plus haut : un mot repris comme arme par ceux qu'il prétendait atteindre contre ceux qui l'avaient créé en croyant pouvoir l'utiliser...

« Artisans de la dignité humaine » et « pionniers de l'imaginaire »

Le premier texte remonte à 1942 mais ne fut connu que le 4 août 1945 à une des audiences du procès de son auteur, Philippe Pétain. C'est pour le reprocher à l'ex-Maréchal que le procureur général Mornet le tira du dossier dont il n'était jamais sorti. Sur l'enveloppe où il avait été rangé on pouvait lire : « Document appartenant au docteur Ménétrel. Projet de message contre le gaullisme. Avril 1942. Pas prononcé. » Et le texte lui-même comportait notamment ce paragraphe : « Les nouvelles qui m'arrivent signalent un mal qui se répand dans nos possessions d'outre-mer et agit sur les foules comme un poison subtil qui tend à leur faire perdre le sens du réel et à les détourner de leur devoir envers la Mère Patrie. Ce mal s'appelle le gaullisme, du nom de l'ex-général français de Gaulle. » La seconde formulation est beaucoup moins précise puisqu'elle n'est même pas explicite mais aussi beaucoup plus précieuse car chargée de tous les sentiments, des rêves et même du mythe que les Français libres, les premiers « gaullistes » firent véhiculer par ce mot. Nous la trouvons sous la plume de Romain Gary. Le propos de l'écrivain, qui en fut, est de dire, trente ans plus tard, qui furent *Les Français libres* mais nous croyons n'avoir pas tort de prétendre y trouver la meilleure expression du sens premier du mot que précisément Gary ne fait apparaître à aucun moment dans son texte, le mot *gaullisme*. « Ils venaient un à un, individuellement — et je souligne ce mot car c'est peut-être ce qui caractérisait le plus fortement ces hommes libres, écrit Romain Gary. Vous étiez, camarades, si différents les uns des autres, mais tous marqués par ce qu'il y a de plus français dans notre vocabulaire — individuellement, personnellement — et tout ce qui depuis le début de son histoire caractérisait ce pays fait à la main se retrouvait dans notre esprit d'artisans de la dignité humaine. (...) Il est difficile de comprendre aujourd'hui ce que signifiaient en 1940-41, les mots "Français libres", en terme de déchirement, de rupture et de fidélité. (...) Un homme aigre, humoriste de son métier, me dit un jour, avant que je ne l'insulte grossièrement : "La France libre, de Gaulle, la Résistance... tout cela n'a guère joué de rôle dans la victoire. L'Amérique a tout fait." C'est bien possible, mais ce qui compte dans l'histoire de mon pays et de l'humanité en général, ce n'est pas le rendement et l'utilitaire, mais la mesure dans laquelle on sait demeurer attaché jusqu'au sacrifice suprême à quelque chose qui n'existe pas en soi mais est peu à peu créé par la foi que l'on a en cette existence mythologique. Les civilisations ne se sont faites et maintenues comme une aspiration que par la fidélité à l'idée mythologique qu'elles se faisaient d'elles-mêmes. Dire que la France libre n'a servi à rien, (...) c'est ignorer totalement la part que la foi, le sacrifice et l'illustration vécue du mythe jouent dans la création ou la pérénité des valeurs. (...) Les Français libres ont été ces pionniers de l'imaginaire. Ils n'étaient ni plus héroïques ni meilleurs que les pilotes de la bataille d'Angleterre, de Stalingrad ou de Normandie. Mais pour être des combattants il leur fallait accepter d'être qualifiés — et pas seulement en France occupée, mais en Angleterre même — de "mercenaires", d' "aventuriers" et d'être couverts d'injures par tous les orifices buccaux du "pays légal". Nous haussions les épaules, mais notre comportement était souvent marqué par ce harcèlement et, à nos propres yeux, nous étions ceux "qui n'ont plus rien à perdre". (...) Le général de Larminat, admirable écrivain, nous soutenait le moral par des ordres du jour dignes de Victor Hugo. Nous ne tenions au fond qu'à coup de littérature : entendez par là tout ce que les Français savent se raconter sur eux-mêmes, de Jeanne d'Arc à Napoléon. Le mythe de cette France historique était notre pain quotidien et de Gaulle avait juste ce qu'il fallait d'un gisant de cathédrale et d'armure de chevalier pour soutenir notre inspiration. (...) Et si la tristesse me prend à la gorge au moment où j'écris ces mots et que je vous vois devant moi, Boisrouvray, Roquère, Crouzet, ce n'est pas parce que vous n'êtes pas là : c'est parce que c'est une très grande solitude, pour un homme, en 1970, d'être encore un Français libre. Cela va mal avec l'esprit des temps. »

Deuxième étape : un bilan d'effectifs... En essayant plus haut de voir ce qu'avait pu être réellement l'écho de l'appel du 18 juin, nous avons déjà montré que les hommes qui rallièrent la France libre en 1940 étaient enthousiastes, déterminés mais peu nombreux. Dans le texte où Georges Buis évoque une certaine *poésie* qui n'est pas sans rejoindre la nostalgie de Romain Gary, on peut apprécier la qualité de ces hommes mais on continue de constater leur petite quantité. Possède-t-on des chiffres ? A la deuxième Conférence internationale sur l'histoire de la Résistance, le 28 mars 1961, à Milan, le professeur Jean-Baptiste Duroselle disait : « A la fin de juillet 1940, le général n'avait que 7 000 hommes sous ses ordres. En octobre 1942, les Forces françaises combattantes ne comprenaient encore que 70 000 hommes. De si faibles effectifs firent que le problème de leur armement fut toujours aussi aisé à résoudre et le fut directement par les Britanniques. » Déjà, dans la dernière phrase du professeur

Duroselle, perce l'ironie. Cette ironie s'épanouit sous la plume d'Emmanuel d'Astier de la Vigerie : « Avant la fin de l'année 1940, il a un état-major, quelques apprentis ministres, une dizaine de milliers d'hommes et cinq ou six colonies au centre de l'Afrique. Il y a un Etat, un Empire, un prince. Il manque une décoration. Le 17 novembre, il crée l'ordre de la Libération comme Louis XIV celui de Saint-Louis ou Napoléon celui de la Légion d'honneur. Il invente le mot "compagnon". Ses premiers sujets seront des compagnons, une petite pléiade de douze cents hommes qui devront être à lui et qui assureront son prestige et son pouvoir. » Ayant lu d'Astier, on peut se demander : les « compagnons » n'eurent-ils vraiment que cette mission ? Ne furent-ils que cela ? Non. Le fondateur de « Libération » se laisse ici emporter par une passagère acrimonie. Quelque méconnaissance des composantes de la Résistance intérieure que puisse, en effet, révéler leur choix, il serait absurde de contester leur dimension symbolique.

Une cuisinière, une danseuse de cabaret, une vendeuse de Lancel, une Norvégienne de Paris...

« Le Mémorial des Compagnons de la Libération, répond d'ailleurs indirectement Jean Planchais, dans son *Histoire politique de l'armée*, contient par ordre chronologique la liste des compagnons tombés au cours de la guerre. Le parcourir donne une idée de ce qu'étaient de leur côté les premiers hommes de la France libre. Les quatre premiers noms sont des aviateurs atteints par les mitrailleuses espagnoles en se posant à Gibraltar à bord d'un Glenn-Martin parti de la base de Berrechid, à 50 kilomètres de Casablanca. Le capitaine Jacques de Vandœuvre, vingt-huit ans, était sorti major de Saint-Cyr et de Saumur. Ce cavalier était passé à l'aviation en 1939. Catholique fervent, il avait le tempérament d'un Leclerc. Le lieutenant Bertrand du Plessis avait été attaché à l'ambassade de France à Varsovie et officier de liaison auprès de l'armée polonaise en 1939. Le lieutenant Jean Berger était un officier de réserve de cavalerie ; le sous-lieutenant pilote Robert Weill venait de sortir de Saint-Cyr. Vient ensuite le capitaine Ritoux-Lachaud, industriel en Algérie, parti lui aussi à bord d'un des deux Glenn qui, eux, avaient décollé de Youks-les-Bains où le capitaine Dodelier s'en était emparé. Le capitaine Ritoux-Lachaud, observateur, fut tué près d'Addis-Abeba dans un vol de reconnaissance et de mitraillage, le 8 septembre 1940. Le sergent André Hurry, un Jurassien, sous-officier du génie, avait été blessé à Zuydcoote. Mutilé, réformé, en Grande-Bretagne il avait repris du service dès juin dans les FFL. Un obus le tue à Londres. L'aspirant Robert Cremel est lorrain. Jeune officier de marine, il sert à bord de l'aviso *Commandant Duboc*. Un obus français le tue devant Dakar avec deux quartiers-maîtres bretons... » Etc.

Nous avons noté plus haut l'ironie du professeur Duroselle à propos des « si faibles effectifs » de la France libre à ses débuts. C'est sans ironie aucune, bien au contraire, que dans sa somme de près de mille pages, Jean-Louis Crémieux-Brilhac fait le même constat. « Deux mois après l'appel du 18 juin, écrit-il, seulement cinq officiers supérieurs d'active à cinq galons ont répondu à l'appel et deux officiers généraux ont choisi le camp allié : l'amiral en retraite Muselier le 30 juin et, au début d'août, le général Legentilhomme, précédemment commandant de forces alliées dans les Somalies. Un troisième rallié plus prestigieux s'annoncera à la fin août : le général Catroux, du cadre de réserve, gouverneur général de l'Indochine (...). Dès novembre 1940, (...) de Gaulle, surmontant ses réticences, mais tenu de ne négliger aucune ressource, consentait à la création d'une formation militaire auxiliaire féminine curieusement dénommée le "Corps des volontaires françaises". Au nombre de vingt-six le premier jour, on y trouve des étudiantes, une cuisinière, la fille d'un attaché d'ambassade, des commerçantes, une institutrice, quelques bourgeoises, une danseuse de cabaret, des femmes de militaires anglais, une vendeuse de Lancel, une actrice de théâtre d'avant-garde, une gouvernante d'enfants, une professeur d'espagnol, une Norvégienne de Paris, la fille d'un sculpteur polonais. Plus de la moitié ont fui la France en juin. »... « Faibles effectifs », sans doute, mais effectifs colorés et finalement assez représentatifs. Telle qu'elle est, en tout cas, le général de Gaulle estime que la France libre dispose, comme il l'écrira dans ses *Mémoires de guerre*, « d'une armature solide ». Beaucoup plus tard, six jours exactement avant de mourir, s'adressant à celui que Jean Mauriac appelle son « vieux compagnon d'armes », le général Renouard, il ajoutera : « La France libre vous aura tous profondément marqués. Elle est maintenant pour vous une sorte de famille. Vos souvenirs sont communs et avouez qu'ils sont parmi les meilleurs. Nous avions un idéal, une grande tâche à accomplir, peu de moyens. Chacun devait s'élever au-dessus de lui-même pour arriver à tenir son rôle. C'est d'ailleurs ce qui fait l'intérêt des grandes entreprises. »

Commencée avec précisément si « peu de moyens », la « grande entreprise » peut-elle réussir ? Peut-elle même se poursuivre ? Oui, car déjà elle en est à sa troisième étape, à ce que Jacques Soustelle appelle, dans *Envers et contre tout*, « le sursaut de l'Afrique ». Cette Afrique-Equatoriale française (AEF) à propos de laquelle le même Soustelle ajoute : « C'est là que la France libre prit corps, devint réalité... » Dans ses *Mémoires*, Charles de Gaulle raconte ce ralliement de l'Afrique. « En attendant, écrit-il, c'était en Afrique que nous, Français, devions poursuivre la lutte. (...) Aux premiers jours de la France libre, les manifestations qui se déroulaient à Dakar, Saint-Louis, Ouagadougou, Abidjan, Konakry, Lomé, Douala, Brazzaville, Tananarive et les messages qui m'en arrivaient montraient que, pour ces territoires neufs où dominait l'esprit d'entreprise, la continuation de la guerre paraissait aller de soi. (...) Considérant la situation de l'Afrique noire française, je résolus de tenter, d'abord, dans le moindre délai possible, le ralliement de l'ensemble équatorial. (...) Pour commencer, le problème consistait à aborder à la fois Fort-Lamy, Douala et Brazzaville. Il fallait que toute l'affaire fût menée d'un seul coup et sans désemparer. (...) Je précipitai donc les choses. Lord Lloyd, ministre anglais des Colonies, à qui j'exposais mon projet, en comprit très bien l'importance (...). Il donna à ses gouverneurs les instructions que je souhaitais et, le jour venu, mit un avion à ma disposition pour transporter de Londres à Lagos l'équipe de mes "missionnaires". Il s'agissait de Pleven, de Parant, d'Hettier de Boislambert. Ils auraient à régler, avec le gouverneur Eboué, les conditions de ralliement du Tchad et à exécuter, avec le concours de Mauclère et de son comité, le "coup d'Etat" de Douala. Au moment de leur départ, je pus joindre à l'équipe un quatrième, dont l'avenir devait montrer combien il était efficient. C'était le capitaine de Hauteclocque. Il arrivait de France, par l'Espagne, la tête bandée sur une blessure qu'il avait reçue en Champagne et passablement fatigué. Il vint se présenter à moi qui, voyant à qui j'avais affaire, réglai sa destination sur-le-champ. Ce serait l'équateur. Il n'eut que le temps de s'équiper et, sous le nom de commandant Leclerc, muni de l'ordre de mission que je remis à l'équipe, s'envola avec les autres. Mais, tout en hissant la Croix de Lorraine sur le Tchad et le Cameroun, il faudrait aussi rallier les trois colonies du Bas-Congo, de l'Oubangui et du Gabon, ce qui reviendrait essentiellement à se saisir de Brazzaville, capitale de l'Afrique équatoriale, siège et symbole de l'autorité. C'est de quoi je chargeai le colonel de Larminat. (...) Le 26 août, à Fort-Lamy, le gouverneur Eboué et le colonel Marchand, commandant les troupes du territoire, proclamèrent solennellement que le Tchad se joignait au général de Gaulle. Pleven y était arrivé l'avant-veille par avion pour déclencher en mon nom l'événement. (...) Le 27, Leclerc et Boislambert réussirent brillamment le coup de main prévu au Cameroun. (...) Leclerc, devenu comme par enchantement colonel et gouverneur, occupa avec simplicité le Palais du Gouvernement. Le lendemain, escorté par deux compagnies de la garnison de Douala, il arriva par le train à Yaoundé où se trouvaient les autorités. La "transmission" des pouvoirs s'y accomplit sans douleur. A Brazzaville, l'affaire fut aussi bien menée. Le 28 août, à l'heure fixée, le commandant Delange se rendit au palais du gouvernement à la tête de son bataillon et invita le gouverneur général Husson à céder la place. Celui-ci le fit sans résistance, quoique non sans protestations. (...) Le général de Larminat, traversant le Congo, prit aussitôt, en mon nom, les fonctions de Haut Commissaire de l'Afrique-Equatoriale française, avec pouvoirs civils et militaires. (...) Ainsi, la plus grande partie du bloc Afrique équatoriale-Cameroun se trouvait jointe à la

France libre sans qu'ait coulé une seule goutte de sang. Seul, le Gabon restait détaché de l'ensemble. »... En fait, il n'allait pas tarder à le rejoindre puisque, dans la deuxième semaine de novembre, il devenait à son tour gaulliste. Cependant, cette fois, Leclerc, Kœnig et Thierry d'Argenlieu avaient dû faire ouvrir le feu.

Bientôt réunir « France libre » et « France captive » dans la nouvelle « France combattante »

Mais revenons aux *Mémoires* du Général... « Différents signes, poursuit-il, montraient dans quel trouble les événements jetaient les gouvernants de Vichy. L'espèce de basse euphorie où l'armistice les avait plongés s'était dissipée rapidement. (...) Le ralliement à de Gaulle de plusieurs colonies, puis l'affaire de Dakar, enfin celle du Gabon faisait voir que, si la France libre savait user de la radio, elle était tout autre chose qu'"une poignée de mercenaires groupés autour d'un micro". (...) Désormais, d'évidentes raisons me commandaient de dénier, une fois pour toutes, aux gouvernants de Vichy, le droit de légitimité, de m'instituer moi-même comme le gérant des intérêts de la France, d'exercer dans les territoires libérés les attributions d'un gouvernement. A ce pouvoir provisoire, comme tenant et comme aboutissant, je donnai : la République, en proclamant mon obédience et ma responsabilité vis-à-vis du peuple souverain et en m'engageant, d'une manière solennelle, à lui rendre des comptes dès que lui-même aurait retrouvé sa liberté. Je fixai, en terre française, à Brazzaville, le 27 octobre, cette position nationale et internationale par un manifeste, deux ordonnances et une déclaration organique dont l'ensemble allait constituer la charte de mon action. »

On le voit, non seulement l'affaire d'Afrique consolidait la « grande entreprise » de Charles de Gaulle mais, en vérité, après le début symbolique du 18 juin, elle en constituait le début réel. Toutefois, s'il s'y rendra souvent, le général ne fixe pas à Brazzaville sa résidence. Il revient à Londres. Il veut pouvoir tourner les yeux vers la France sans que des milliers de kilomètres l'en séparent. D'ailleurs, si après le ralliement de l'Afrique, d'autres ralliements se succèdent à travers le monde, qui, même modestes, sont autant de points d'appui pour le chef de la France libre, l'action qui le préoccupe le plus, c'est celle qu'il veut et doit mener en France même... Déjà, et c'est la quatrième étape, quelques émissaires de son 2e Bureau qui ne s'appelait pas encore le BCRA avaient, clandestinement, mis le pied sur la terre française avec mission de créer et faire créer le maximum de réseaux directement liés à Londres. Le premier avait été Jacques Mansion, alias Jack, qui, dès la fin juillet 1940, avait débarqué en Bretagne, près du cap de la Chèvre. Puis les autres avaient suivi : Gilbert Renault-Roulier, alias Rémy ; Honoré d'Estienne d'Orves, alias Chateauvieux ; Maurice Duclos, alias Saint-Jacques ; Pierre

Fourcaud, alias Lucas... Ces envoyés spéciaux de la France libre furent les premiers émissaires de Londres à prendre contact avec les premières organisations de la Résistance intérieure française. Certains d'entre eux devaient connaître une fin illustre et tragique. D'autres, au contraire, apparaîtraient plus tard comme les symboles de la politique parfois critiquée du BCRA. Pour l'instant, par-delà leurs destins et leurs missions individuelles, ce qui nous intéresse en eux et nous amène à faire ce bref retour en arrière, c'est ce premier contact, cette amorce de relation entre les Français libres et les clandestins de l'intérieur. Dès l'été 1940, quelles que soient les intentions de ceux qui les envoyaient, leur voyage annonçait l'acte du 29 juillet 1942 par lequel le Comité national français prendrait « acte de l'adhésion de tous les groupements qui, à l'intérieur même du pays, participent activement à la Résistance », et déciderait que désormais la France libre s'appellerait la France combattante parce que la France combattante réunirait la France libre et la France captive, c'est-à-dire les « éléments constitutifs d'une seule et même France ». Que certains aient pu quand ils disaient *union* penser secrètement *hégémonie* importe peu : le BCRA n'empêcha pas que naisse et vive le CNR ; les querelles multiples et cruelles ni le sectarisme des uns ni l'anticommunisme des autres n'empêchèrent que les FFI soient finalement l'armée de tous. Même si aujourd'hui la tendance et la mode veulent qu'on mette l'accent sur les querelles intestines et les tragédies de la division, il ne faut jamais perdre de vue que dès ses débuts, la Résistance fut animée d'un irrépressible besoin d'unité. Dès qu'elle s'organisa, ce besoin redoubla. L'histoire de la marche à l'unité allait désormais être aussi importante que celle du martyre subi et celle des combats menés.

Une marche à l'unité dont, sans sous-estimer du tout l'importance des « grands mouvements », le fil rouge, si l'on peut dire, allait être l'entente ou la mésentente entre gaullistes et communistes. Et c'est donc là que nous retrouvons ces derniers.

Nous avons laissé les communistes au moment de leur appel daté du 10 juillet 1940... Nous avons dit les controverses qui s'ensuivirent... La durée des polémiques et la violence avec laquelle elles tournèrent souvent à l'affrontement ont pu surprendre. Pour essayer de comprendre, il faut se souvenir qu'en ce début d'été de la défaite, durant les mêmes mois, les mêmes semaines, les mêmes jours, se déroule ce que l'historien Roger Bourderon appelait, deux chapitres plus haut, « la légende noire » de « l'affaire de la demande de reparution de *l'Humanité* en 1940 »... « Légende » et « affaire » qui ont non seulement marqué mais littéralement oblitéré tout ce que le PCF avait pu faire en 1940. Et c'est pourquoi il serait fallacieux de prétendre parler des communistes français de cette époque sans avoir d'abord essayé de voir ce que l'on sait sur ce problème de « la reparution », comme on dit souvent laconiquement.

Le texte de Lénine sur la Douma d'Etat

« Faire du bruit et montrer que le parti communiste français existe ! » — ces quelques mots de Benoît Frachon, futur secrétaire général de la CGT durant des décennies d'après-guerre et alors adjoint de Jacques Duclos à la tête du PCF clandestin, résument très simplement les préoccupations dominantes des dirigeants et militants toujours organisés et ayant échappé à la répression. Dès lors, dans le chaos politique de ce début d'été 1940, alors que les armées conquérantes de l'ennemi ne se sont pas encore véritablement transformées en forces d'occupation, alors qu'entre Bordeaux et Vichy, la vacance d'un pouvoir à proprement parler « liquéfié » — selon le mot employé le 19 juin par le général de Gaulle — est patente, la possibilité n'existe-t-elle pas pour ceux à qui la clandestinité pèse tant, de réapparaître soudain et de parler au grand jour ? Même partiel, même éphémère, le « retour à la légalité » n'est-il pas une occasion à saisir ? Pour les militants les plus orthodoxes, l'utilisation systématique et totale de tous les moyens légaux est un des principaux enseignements du léninisme. Dans les études théoriques, dans les discussions internes, dans les écoles du Parti, on cite souvent le texte de Lénine sur la façon dont les communistes russes tirèrent profit de leur présence à la Douma d'Etat, ce parlement pourtant tsariste et pourtant purement consultatif. « Les bolcheviks, a écrit Lénine, n'auraient pas pu conserver (je ne dis même pas affermir, développer, fortifier) entre 1908 et 1914, le noyau solide du parti révolutionnaire du prolétariat s'ils n'avaient pas su maintenir au prix d'une âpre lutte l'obligation de combiner les formes de lutte illégales avec les formes légales, avec la participation obligatoire au Parlement ultra-réactionnaire et avec une série d'autres institutions régies par une législation réactionnaire. » A cette époque, pratiquement, la question se pose aux communistes, et pas seulement en France, mais aussi en Belgique, mais aussi en Hollande, mais aussi en Norvège, de savoir si ce que leurs camarades russes ont su faire sous la férule tsariste, ce que leurs camarades allemands n'ont pas assez pensé à faire quand montait la marée brune, ne peut pas être aujourd'hui tenté, même sous la botte allemande... Pratiquement, les élus communistes qui en ont été chassés ne peuvent-ils pas aller réoccuper leurs sièges de maires et de conseillers municipaux dans les banlieues ouvrières ? Ne va-t-on pas pouvoir profiter de la mascarade judiciaire que le pouvoir vichyssois est en train de monter à Riom contre d'anciens ministres de la IIIe République pour aller répéter à la barre des témoins ce que l'on a déjà dit au « procès des 44 », le procès des parlementaires communistes ultérieurement déportés en Algérie mais qu'à l'époque la censure et la presse ont caché à l'opinion publique ? Ne peut-on pas, même si ce n'est que pour quelques jours ou quelques semaines, imprimer normalement et vendre à nouveau dans les rues *l'Humanité* réduite depuis tant de mois au demi-silence du ronéotage clandestin ?

Questions réellement posées... Mais aussi questions relativement posées car, dans le même temps, secrètement, des hauts fonctionnaires nazis qui viennent de s'installer dans la capitale française, et tout spécialement l'« ambassadeur » Otto Abetz sont en train de se demander si, menée avec assez de ruse, une « opération séduction » ne serait pas susceptible de freiner momentanément ces activités communistes qu'ils redoutent tant...

En fait, l'opération que veut monter et orchestrer Abetz n'est pas une nouveauté ; la vieille fable dont elle s'inspire a été imaginée plus de vingt ans plus tôt, à la fin de la Première Guerre mondiale. A cette époque, lorsque les bolcheviks concluent le traité de Brest-Litovsk en « déclarant la paix au monde », se répand, à travers l'Europe, une rumeur selon laquelle Lénine serait un « agent allemand ». On en reparlera, au printemps 1922, lors de la signature des accords de Rapallo...

Dans son *Journal de la drôle de guerre*, Fernand Grenier, le futur délégué du PCF auprès de De Gaulle raconte quelle fut la stupéfaction des militants communistes qui, le 26 octobre 1939, purent lire dans *Paris-Soir* un titre qui demandait : « Hitler remplacera-t-il le national-socialisme par le national-communisme en adhérant à la IIIe Internationale ? » Avant même que leurs troupes n'aient fini d'envahir la France, certains nazis quelques mois plus tard songent à saisir la balle au bond. Il ne s'agit pas pour eux de prétendre que Hitler est devenu communiste, et donc les communistes, hitlériens, mais, dans le même ordre d'idée, d'accréditer la légende d'une parenté idéologique et d'une solidarité de fait entre d'anciens frères ennemis qu'en vérité rien n'opposerait. Pour l'occasion, le pacte germano-soviétique passe de la qualité d'accord diplomatique à celle d'alliance idéologique ; de même, les refrains démagogiques qui ont fait leur preuve lors de la conquête de la classe ouvrière allemande par l'hitlérisme sont repris et adaptés aux traditions et à l'ambiance des pays où la Wehrmacht s'installe.

Des « radios noires »

En France, pendant la drôle de guerre et l'invasion du printemps 1940, on peut, sur son poste de TSF, capter les émissions de plusieurs radios clandestines installées par les services de propagande nazis en Belgique, et bientôt dans la partie du territoire français déjà conquise. François de Saint-Just, dans son livre *Une bataille perdue*, cite les noms de plusieurs de ces instruments d'intoxication par les ondes. L'un s'appelle *La Voix de la Terre*. Un autre, *Le Réveil français*. Un troisième, *La Bretagne indépendante*. Mais c'est à un quatrième, *La Révolution nationale*, qu'est confiée la mission qui nous intéresse plus spécialement ici. Et le même auteur, un député de droite qui ne va pas tarder à se rallier à Pétain, ajoute : « Ce doit être Bruxelles qui transmet les messages de *La Révolution nationale*. Le speaker, à la voix énergique et mordante, serait, dit-on, un jeune tribun communiste. Chaque soir, il dénonce les actes de notre gouvernement qu'il qualifie de “criminels” ; il prêche la désobéissance, l'insurrection ; il invective contre nos dirigeants, en termes d'une rare violence et les met en accusation, personnellement, devant un tribunal imaginaire. Puis il conclut en annonçant la venue du “grand soir”, plus proche à mesure que s'affirme notre défaite... »

Cependant, François de Saint-Just ne cite pas la « radio noire » en français la plus importante de l'époque, celle qui s'appelait... *Radio Humanité*. En 1984, deux historiens ouest-allemands, Ortwin Buchbender et Reinhard Hauschild, lui ont consacré un livre : *Radio Humanité ; Les émetteurs allemands clandestins*. On peut y lire que ce poste « avait été créé par le ministre du Reich pour l'instruction du peuple et la propagande, le fameux Dr Joseph Goebbels » et qu'« il ne cessa de se prétendre émetteur clandestin du parti communiste français, installé en territoire français ». Puis Buchbender et Hauschild rapportent l'opinion du Britannique Sefton Delmer considéré comme le meilleur spécialiste des « radios noires » de la Seconde Guerre mondiale. « Delmer, écrivent-ils, disait de *Radio Humanité* que c'était l'émetteur “noir” le plus efficace que les Allemands aient utilisé ». Les deux historiens citent de nombreux textes d'émissions de *Radio Humanité*. A titre d'exemple, le début de l'émission du 5 mai 1940 : « Malgré une oppression et une persécution sans précédent, le parti communiste français conserve toute sa cohésion et toute sa puissance d'action. Seul parti qui représente tout le prolétariat français, il s'adresse aujourd'hui aux masses laborieuses afin de leur expliquer le sens de leur lutte et le non-sens de la guerre actuelle. » Si Otto Abetz est l'homme de la situation, c'est aussi parce que comme l'écrira plus tard Pierre Taittinger, vieux six-févriériste devenu président du Conseil municipal de Paris sous le drapeau à croix gammée, l'« ambassadeur » de Hitler « avait conservé de nombreuses amitiés et fréquentait surtout les milieux de gauche et d'extrême gauche ». Même si, à l'état-major de la Wehrmacht, on est beaucoup plus circonspect sur la possibilité et l'utilité de ce bluff que parmi les diplomates et surtout les responsables du Parti nazi, les autorités d'occupation vont très vite faire des gestes conciliants, et donner des gages de nature à entretenir l'équivoque et à nourrir les illusions. Dans sa thèse de doctorat, René Hostache note que, au début de l'Occupation, « les autorités allemandes font libérer plus de trois cents communistes détenus ». Des communistes dont un certain nombre, d'ailleurs, seront appréhendés à nouveau, puis déportés ou fusillés... Mais n'anticipons pas.

Odile Arrighi qui, à cette époque, n'avait pas encore dix-sept ans mais qui, pourtant, déjà membre de l'Union des jeunes filles de France (UJFF) ainsi que du PCF, avait milité clandestinement pendant la drôle de guerre en n'hésitant pas à accomplir des missions périlleuses, avait été arrêtée par la police française au début de l'hiver de 1939 ; elle était emprisonnée à Fresnes ; elle nous raconte : « La directrice de la prison avait dit à mon père qu'il aille demander au juge d'instruction de signer une levée d'écrou pour moi et pour celles qui avaient été arrêtées en même temps que moi. Juste avant l'entrée des Allemands, mon père est allé au palais de justice pour demander ça. C'était la pagaille noire. On pouvait entrer partout. On libérait facilement. Il a fini par trouver un juge qui était en train de signer des levées d'écrou. Mais lorsque ce juge a appris que nous n'étions pas des voleuses mais des communistes, il a ostensiblement déchiré les feuilles qu'il s'apprêtait à signer. Alors, mes parents se sont installés à proximité de la prison pour pouvoir partir avec nous si jamais on nous transférait autre part... Et puis les Allemands sont arrivés. A la prison, ils ont rassemblé les politiques. Ils nous ont fait un grand discours sur le national-socialisme et le communisme. Et ils nous ont libérés. Tout de suite. Chacun a pu retourner chez soi... » De même, se référant au témoignage de Jules Leguy, Claude Angeli et Paul Gillet rapportent : « Passant faubourg Saint-Antoine, un matin, Leguy est témoin d'une scène étrange. Des jeunes distribuent des tracts sur un petit marché près de la rue de Reuilly. Ils sont nombreux et paraissent ne se méfier de rien. Des communistes sans doute. Des femmes posent leur filet, des commerçants arrêtent de vanter leur étalage, tout le monde ou presque se met à lire. Leguy s'est approché. Un jeune lui tend un tract. Oui, ce sont bien des communistes. Leguy est bougrement content et aussi vaguement inquiet. Arrivent alors des policiers français qui cernent le petit groupe de jeunes et les embarquent vers un commissariat. Mais des Allemands surviennent, ils sont en uniformes, des soldats, ils s'interposent, ils discutent avec les policiers. Leguy s'est écarté un peu parmi les ménagères et les badauds. Les Allemands font relâcher les jeunes. Leguy les voit partir, s'en aller sans demander leur reste tandis que le faubourg retrouve son calme... »

Quand Clemenceau refusait de décorer...

Evidemment, les cadres et les dirigeants communistes ne tardent pas à être informés de ces libérations insolites. Bernard Chieus qui dirigeait alors la section d'Armentières, dans le Nord, et que nous avons déjà cité, s'en souvient : « Quand Martha Desrumeaux, qui était notre responsable, est revenue de Paris, elle nous a expliqué que les Allemands avaient libéré quelques camarades tout comme elle-même l'avait été alors qu'elle était en prison en Belgique... Je n'ai pas tellement apprécié... » Parallèlement, Abetz suggère aux quotidiens animés par les fascistes français et soumis au contrôle de la censure des commentaires de nature à accréditer l'idée que, venant des autorités d'occupation, de tels faits ne sont pas dus au hasard mais expriment une réelle volonté politique. Une seule phrase de Marcel Déat, dans son journal *l'Œuvre* du 29 août 1940, suffit à donner le ton de ces commentaires : « Les occupants ont le plus vif souci de ne pas dresser contre eux les éléments ouvriers, de ne pas perdre le contact... »

Ce « contact », même en pensant qu'on réussira à berner l'occupant ou qu'évidemment, si on ne réussit pas, on renoncera immédiatement, ce « contact », peut-on l'accepter ? Peut-on appliquer la règle de l'utilisation systématique de la légalité quand cette « légalité » est hitlérienne ? La question est lancinante pour un certain nombre de communistes en ce printemps de 1940... Toutefois, avant de voir comment ils vont réagir et la résoudre, il ne faudrait pas perdre de vue que la même question s'est posée à des résistants d'autres opinions... Militante socialiste, l'une des dirigeantes de la SFIO dans le Nord durant la clandestinité, Emilienne Moreau, fut aussi une des très rares femmes à avoir été faite compagnon de la Libération par le général de Gaulle. C'est dans son livre de souvenirs, *La Guerre buissonnière*, que son mari, Just, lui aussi dirigeant socialiste, déclare : « Localement, il nous importe surtout de garder en main les cent trente municipalités socialistes du Pas-de-Calais, car qui possède la mairie possède son secrétariat, donc l'accès aux registres de l'état civil, bien précieux pour la confection de faux papiers et de faux certificats ! Les maires doivent donc rester à leur poste et faire bonne figure à l'occupant. Telles sont les consignes du Parti clandestin. Ces mêmes consignes seront données au département du Nord. Leur application n'est pas chose aisée car beaucoup d'élus municipaux répugnent à ce double jeu qui les fait passer pour des collaborateurs. » Et c'est Jacques Debû-Bridel qui, dans l'ouvrage où il fait l'historique des Editions de Minuit, écrit : « Pierre de Lescure, comme Vercors — et j'étais du reste d'accord avec eux sur ce point — auraient désiré qu'aucun écrivain français ne consentît à publier une ligne sous l'occupation allemande. Un autre point de vue a prévalu : ce fut celui de tout faire pour maintenir face à l'Allemagne les grands principes qui honorèrent toujours la France et d'user pour cela de tous les moyens, même légaux, même s'il fallait avoir recours à la censure allemande et aux autorisations de paraître. » Faut-il rappeler aussi que, dans la tête de certains, restait le souvenir de Georges Clemenceau refusant, en 1918, de décorer de la Légion d'honneur des maires qui, habitant des régions que les Allemands avaient occupées au début de la guerre, avaient cru de leur devoir de se démettre de leurs fonctions, refus appuyé sur le prétexte qu'au contraire « ils avaient le devoir de rester dans leurs mairies face à l'ennemi » ?

Ce n'est certes pas la crainte d'être privé de Légion d'honneur qui rend si lancinante pour les communistes cette question de l'utilisation des possibilités légales dans les conditions très particulières du début de l'été 1940... Théoriquement pourtant, surtout si la guerre n'est pas analysée comme « antifasciste » mais comme « impérialiste », le problème paraît simple. Alors, pourquoi ce pressentiment, pourquoi ce trouble, dans l'esprit de la majorité des militants qui sont chargés ou mis au courant des sondages entrepris en vue d'une éventuelle reparution légale de *l'Humanité* ?

Citons ici sans autre commentaire une dizaine de témoignages. Aucun d'entre ces témoins ne parle à la légère. Les souvenirs qu'ils évoquent leur pèsent trop pour qu'ils ne pèsent pas leurs mots. Autre remarque liminaire : tous étaient entrés dès septembre 1939 dans la lutte clandestine et tous se virent confier, plus tard, d'importantes responsabilités dans la suite des combats de la Résistance... « Quand je suis revenu de l'armée, après avoir été démobilisé, j'ai aussitôt repris contact avec le Parti, nous dit André Leroy. La première camarade que j'ai rencontrée était Madeleine Geisret et ses premières paroles furent : "Tu sais, *l'Huma* va reparaître. Et aussi *les Cahiers du communisme*. On dit même que le Parti va être autorisé." Moi, tout cela, ça m'a étonné... » Et Simone Renard : « Je ne sais pas si c'était une crainte ou une intuition, mais lorsque j'en ai discuté avec Denise Reydet, qui allait devenir plus tard Denise Ginollin et qui participait comme agent de liaison aux démarches entreprises, oui, lorsque nous en avons discuté toutes les deux parce qu'elle venait de m'apprendre la nouvelle, je lui ai dit : "Est-ce que vraiment tu es sûre que *l'Humanité* va sortir ? Est-ce que tu crois que vraiment les Allemands vont nous laisser cette liberté ?" Moi, j'en étais très étonnée... » Et Odile Arrighi dont nous avons déjà dit dans quelles circonstances elle avait été libérée de la prison de Fresnes. Sitôt libre, elle reprend contact avec le Parti. « Pour cela, nous dit-elle, je suis allée chez une camarade qui s'appelait Gaétane Farin. C'est elle qui m'a dit qu'on allait peut-être faire reparaître *l'Huma*... Moi, ça m'a semblé bizarre. Par réaction et par instinct... Mon père, lui, quand je le lui ai dit, il était franchement hostile... »

« Tu feras ce que le Parti te dit ! »

Maintenant Madeleine Marzin. C'est dans le récit qu'elle a fait à Nicole Chatel pour son recueil *Des femmes dans la Résistance*, qu'elle raconte comment « une vieille camarade institutrice en retraite » lui apprit un jour que « le Parti avait décidé de faire des démarches pour que *l'Humanité* reparaisse ». Et elle ajoute : « Je lui ai répondu : "Mais voyons, ce n'est pas possible ! Qu'est-ce que tu racontes ? — Mais je t'assure que c'est vrai ! — Tu ne te rends pas compte de la situation dans laquelle nous sommes ! Tu vois bien que les arrestations vont continuer, Allemands ou pas Allemands..." Elle n'en voulait pas démordre. Elle m'a dit : "Ecoute, je t'assure, tu n'es pas dans la ligne du tout ! Il y a les Allemands, bien sûr, mais il faut faire la différence entre un soldat allemand et un nazi..." (...) Nous avions trouvé quelques gars qui avaient pu se démobiliser eux-mêmes ou se faire démobiliser, d'autres qui n'étaient pas démobilisés, mais qui avaient pu regagner leurs foyers dans la grande débandade. On avait fini par avoir ainsi une bonne vingtaine de copains, de membres du Parti. On gardait le contact, on discutait avec eux pour savoir comment chacun voyait les choses. Mais, ce que tout le monde souhaitait, c'était avoir des directives. Ce que cette camarade m'avait raconté, elle le racontait partout dans ce groupe, elle était très bavarde et les gars étaient désarçonnés. Ils ne savaient plus très bien où ils en étaient. Ils disaient : "Mais ce n'est pas possible... Pourtant... Peut-être... Après tout..." Depuis le pacte germano-soviétique, ils avaient assisté à tant de coups de théâtre ! » Et Jean Chaumeil : « J'étais alors responsable de la région Paris-Est du Parti. Comme d'autres responsables régionaux, j'ai été convoqué et on m'a demandé d'organiser une réunion de ma direction à laquelle assisteraient Jean Catelas et Maurice Tréand... Notre étonnement fut immense lorsque nous entendîmes Tréand et Catelas nous annoncer que *l'Humanité* allait reparaître légalement, avec l'autorisation des Allemands, et que, de plus, notre mission était de mobiliser les masses, de les inviter à participer à la réoccupation de nos mairies, à la remise en place de ceux de nos élus municipaux qui étaient restés fidèles au Parti... Nous avons discuté des heures entières. Personnellement, je n'étais pas d'accord. Et je me souviens que d'autres camarades partageaient mon point de vue, Djankov, par exemple, un immigré bulgare ; et aussi Chaumeron ; et le camarade Jurquet, de Montreuil, qui a été fusillé plus tard et qui faisait partie de la direction régionale... Non seulement nous étions étonnés mais nous n'arrivions pas à croire ce que nous entendions. La discussion fut sévère, ardue et même passionnée. A un moment elle est devenue violente et je me souviens que, comme nous continuions à refuser l'idée que nous puissions avoir une *Humanité* légale sous l'occupation allemande avec l'accord de Vichy et que la réoccupation des mairies serait un véritable piège où nous risquions de faire prendre de nombreux camarades, oui, comme nous disions que nous avions un autre travail à faire dans la lutte contre le fascisme et l'occupant allemand, je me souviens que Tréand s'est mis en colère. Il a tapé du poing sur la table et il m'a dit : "Ou tu feras ce que le Parti te dit, ou tu seras sanctionné !" J'ai répondu : "Puisque c'est un ordre, en soldats du Parti, nous allons faire ce que tu demandes. Mais nous le faisons sans conviction et sans certitude politique... Nous obéissons." Et c'est ainsi que, en attendant cette reparution légale de *l'Humanité* à laquelle nous n'avons d'ailleurs jamais cru sérieusement, nous avons quand même fait des tentatives d'occupation des mairies. C'est ainsi qu'à Alfortville, à Bagnolet, à Montreuil, à Noisy-le-Sec, nous avons réoccupé nos mairies... Evidemment, si nous avons pu les réoccuper pendant une heure, deux heures même, ou encore comme à Montreuil tout un après-midi, il n'en est pas moins resté que le soir, la gendarmerie, les troupes allemandes ou la police française arrêtaient des dizaines et des dizaines de camarades... Heureusement, pour la plupart, ils ont été relâchés le lendemain. Mais, hélas, quelques jours plus tard, certains furent arrêtés à nouveau, internés, et nous ne les avons jamais revus... Je me souviens que *Paris-Soir* a consacré un article à la reprise de la mairie d'Alfortville où nous avons installé le camarade Gauchard qui était un des adjoints de Capron, lequel avait trahi, mais qui, lui, était resté fidèle au Parti. Nous avions réinstallé Gauchard pendant deux ou trois heures à la mairie avec l'appui d'une foule très importante. Il y avait des centaines et des centaines d'habitants d'Alfortville qui participaient à cette manifestation... Il est clair qu'à l'époque, nous ressentions comme une contradiction que, d'une part, nous puissions déjà envisager la création de l'OS, l'Organisation spéciale, c'est-à-dire la préfiguration de la lutte armée, et qu'en même temps on puisse imaginer une espèce de légalité sous la botte hitlérienne... » Et Madeleine Jégouzo : « J'étais en contact avec Arthur Dallidet qui était alors à Toulouse. Un jour il m'a dit : “J'ai vu Tonton et il faut absolument remonter. Oui, il faut remonter parce que nous avons appris qu'il y avait eu certaines tractations pour essayer de faire reparaître *l'Humanité*. Et nous ne sommes pas d'accord...” Tonton, c'était, vous le savez, Benoît Frachon... Alors, je suis remontée à Paris. Les Allemands étaient là depuis quelques jours... J'ai pris contact avec une camarade qui s'appelait Odette Janvier et je lui ai fait part du désaccord. Alors, des camarades m'ont expliqué que c'étaient eux qui étaient dans la bonne ligne et qu'en réalité, c'était en zone Sud qu'on n'avait pas compris la situation. Toutefois, dans un deuxième temps, la secrétaire d'Henri Janin, celui qui était maire de Villeneuve-Saint-Georges, est venue me voir avec Odette Janvier. Janin travaillait avec Tréand. Sa secrétaire m'a dit que maintenant on n'était plus du tout d'accord, qu'il n'était plus question de reparution et que d'ailleurs on avait brûlé tout le matériel. Je suis repartie vers le Sud pour en informer... »

On l'appelait « le gros Maurice »

Cependant, l'hypothèse ne suscite pas que des oppositions... Ecoutons ce qu'en dit André Parinaud qui, arrêté pendant la drôle de guerre, était alors interné dans le midi de la France avant d'être déporté dans le Sud algérien. « J'étais dans un camp du Lot-et-Garonne, nous raconte-t-il, exactement à Buzet-sur-Baïse. Derrière nos barbelés, on regardait arriver des soldats qui abandonnaient tout, leur capote, leur masque à gaz et qui avaient l'air de se demander qui nous pouvions bien être... Un jour, toutefois, parmi eux, j'ai aperçu la tête d'un copain qui avait accompagné Maurice Thorez lors de son voyage en Algérie. Lui aussi m'a reconnu. “Parinaud ! qu'est-ce que tu fais là ?” m'a-t-il dit. A travers les fils de fer, nous avons pu parler quelques minutes. C'est alors qu'il m'a notamment expliqué : “Tu sais, ça boume à Paris. On a repris les mairies...” Moi, c'est comme ça que j'ai su qu'il existait un mouvement se dessinant dans ce sens. » De même, Simone Renard, déjà citée, décrit-elle l'enthousiasme sincère qui animait alors Denise Ginollin : « Elle était très contente, pleine d'allant... Je dirais même qu'elle semblait avoir la certitude que la chose allait se faire. Et pour elle, c'était une bonne chose dont elle était contente... »

On a vu que, selon Jean Chaumeil, lequel sera ultérieurement responsable aux cadres du PCF de 1943 à 1948, celui qui, avec le futur guillotiné Jean Catelas, mène l'opération, c'est Maurice Tréand, que nous avons déjà rencontré. Dans un appareil où l'usage des prénoms est systématique, on appelle Tréand « le gros Maurice » pour ne pas le confondre avec Thorez « le grand ». D'où l'expression « le Gros » tout court. Et même le pseudonyme Legros... Tréand est quelqu'un dont, depuis son adhésion aux JC du Doubs en 1922, les responsabilités n'ont fait que croître et le voici donc qui se trouve chargé d'effectuer les démarches « légales » auprès des autorités d'Occupation. Dans le témoignage de Jean Chaumeil, nous avons vu Tréand donner des coups de poing sur la table. Pourtant, les principaux coups, c'est lui qui les reçoit et les recevra. Ce qu'en disent deux intimes de Maurice Tréand ne peut laisser de doute. Angèle Salleyrette était, à l'époque, et fut, jusqu'à sa mort, en 1949, doublement la compagne du « gros Maurice » puisque, d'une part, elle partageait sa vie et que, d'autre part, lors de la clandestinité belge de la direction du PCF, elle lui avait été affectée comme agent de liaison et technicienne radio. Quant à Alphonse Pélayo, ce courageux, débrouillard que nous avons déjà croisé, il avait toute la confiance de Maurice Tréand. Angèle Salleyrette nous dit : « Maurice ne comprenait pas très bien... Il a été, par la suite, très malheureux... Il n'avait évidemment pas entrepris ça de sa propre initiative... » Et Alphonse Pélayo : « Le Gros m'a dit qu'il fallait que ça paraisse. Il m'a dit que, selon les renseignements qu'on avait, on pourrait sortir *l'Huma* au moins pendant un certain laps de temps. Moi, je lui ai répondu que je ne comprenais pas et que je pensais à la tête que feraient les copains en voyant ça... C'est alors qu'il m'a parlé de la Norvège où les copains sortaient leur journal et où ça marchait... »

A la vérité, ces sentiments mêlés, l'étonnement d'André Leroy, la crainte et l'intuition de Simone Renard, la réaction d'instinct d'Odile Arrighi, la surprise de Madeleine Marzin, le refus puis l'obéissance sans conviction de Jean Chaumeil, l'incompréhension d'Alphonse Pélayo — autant d'expressions subjectives d'une réalité objective. Rentable dans d'autres circonstances, le compromis tournerait vite ici à la compromission. Outre la difficulté, sinon l'impossibilité qu'il y aurait à acquérir et à conserver des avantages face à un pouvoir aussi totalement dictatorial, aussi prêt à la duplicité et aussi déchiré par les rivalités de factions, cette tactique impliquerait des relations, donc une promiscuité politique dont le spectacle ne manquerait pas de heurter aussi bien la majorité des membres du parti que la plus grande part de la population.

Il est d'ailleurs frappant de constater comment cette impossibilité s'inscrit immédiatement dans les faits. Lors des premiers contacts qui ont été pris, Otto Abetz a fait demander qu'on lui soumette un « numéro zéro » de *l'Humanité*. Ce « numéro zéro » est effectivement rédigé et mis en pages. La maquette et les textes en sont communiqués à Abetz. Leur vue et leur lecture ne laissent pas d'incommoder l'ambassadeur du Führer. Les militants communistes qui ont écrit les articles et choisi les titres se sont tout simplement employés à faire ce qu'a toujours fait *l'Humanité* : exprimer sur le ton habituel la politique du PCF... Sous les yeux d'Otto Abetz, les mots d'ordre sont là. Et les faits. L'appel à la constitution de « Comités populaires ». L'exigence de possibilités de travail pour les innombrables chômeurs. Les revendications des femmes seules et des familles dispersées : un ravitaillement décent, la libération des soldats faits prisonniers. Et puis, bien sûr, l'affirmation que les Français ne sont pas prêts à supporter le double joug de la réaction vichyssoise et de l'oppression nationale, quelle qu'elle soit, etc. Abetz et ses services mesurent alors l'étendue des illusions qu'ils avaient pu nourrir...

L'ambassadeur de Hitler aura la même réaction, quinze jours plus tard quand, le 6 juillet 1940, lui sera soumise la morasse de *Ce soir*, quotidien d'informations appartenant au PCF et dirigé par Aragon, dont la reparution légale a aussi été envisagée... Et pourtant, les contacts vont se poursuivre jusqu'après le 15 août. Comme si, de part et d'autre, on se refusait à admettre cette impossibilité d'accord dont nous venons pourtant de montrer plus haut qu'elle était inscrite dans les faits... Pourquoi ?

Des émissaires intermédiaires

En vérité, chacune des deux parties en présence a parfaitement conscience de l'impossibilité dont nous parlons. Chacune sait qu'entre elles, en profondeur et à terme, le conflit est irréductible. Mais chacune croit, chacune va croire, des semaines durant, pouvoir profiter de l'atmosphère vénéneuse née des suites du pacte germano-soviétique et des conséquences de la défaite française... Côté nazi, on espère refermer le piège sur ceux que l'on entend ainsi durablement compromettre. Côté communiste, on espère un répit dans la répression, le temps de se refaire une santé avant une lutte qui s'annonce sanglante. Encore faut-il ajouter que sur ces objectifs, il n'y a pas d'unanimité ni dans un camp ni dans l'autre... A l'état-major de la

Wehrmacht, on raisonne en militaire et l'on estime plutôt dangereux de permettre au principal ennemi potentiel de se diluer dans les arcanes d'une légitimité ambiguë. Une position soutenue par Vichy pour qui l'anticommunisme ne saurait être qu'un dogme immédiat, une traque ininterrompue. Et une position qu'à Berlin la chancellerie du Reich ne réprouve ni n'approuve, attendant plutôt les résultats... En face, au PCF donc, on sait que les dirigeants, les cadres et les rares militants informés, ici s'insurgent, là approuvent, et ailleurs sont pour le moins perplexes. Au Komintern, ce n'est pas de la perplexité, c'est une ambiguïté entretenue en attendant que les choses évoluent et c'est en vain que, lorsqu'il est tardivement prévenu dans son exil de Kountsevo, Maurice Thorez s'inquiète de l'erreur qu'il pressent... Et pourtant, les transactions continuent. Pourquoi ?

Si nous reposons la question, c'est pour essayer d'y mieux répondre... Chacun croit pouvoir berner l'autre parce que chacun estime en avoir le pouvoir en raison de sa position sur le terrain. On a tellement écrit sur l'affaire de « la reparution » ou « affaire Tréand » qu'on a presque déjà tout dit sur la quinzaine de personnes qui furent des émissaires intermédiaires lors des négociations de l'été 1940. D'un côté, le lieutenant Weber, le conseiller supérieur Fritz, le conseiller d'Etat Turner, le professeur Grimm, et même le vieux policier SS-Sturmbannführer Karl Boemelburg. De l'autre, Maurice Tréand, Denise Reydet-Ginollin, Jeanne Schrodt, Valentine Grunenberger, le futur guillotiné Jean Catelas, le futur fusillé Jules Dumont, l'avocat Robert Foissin, l'avocate Juliette Goublet et l'avocat André Picard.

Des émissaires intermédiaires — mais entre qui et qui ? Pour les nazis, on a toujours su que le meneur de jeu était Otto Abetz... A ce que nous avons déjà dit de lui, ajoutons seulement qu'il était, depuis janvier 1935, un des principaux membres du Ribbentrop Dienstelle, officine portant le nom du ministre des Affaires étrangères du Reich, Joachim von Ribbentrop, et défini par l'historien Henry Rousso comme « pièce maîtresse de la “5e Colonne” nazie ». Appartenance qui fait dire à un autre historien, Pascal Ory, qu'Abetz était « essentiellement chargé de développer à visage découvert une opération de séduction sans exclusives ».

A visage découvert dans Paris occupé — mais l'autre interlocuteur, lui, doit rester couvert. Même si Abetz sait sans doute qui il est, il doit demeurer dans la clandestinité. Il n'apparaît évidemment jamais dans les quelques documents écrits qui subsistent des tractations. Et il va devenir l'un des « secrets » de l'Occupation les plus controversés. Secret de Polichinelle pour les anticommunistes. Secret farouchement gardé pour les communistes. Pour les uns, c'est Jacques Duclos, donc le principal dirigeant du PCF clandestin, qui a envoyé son homme de confiance Maurice Tréand voir Otto Abetz. Pour les autres, il s'agit là d'une abominable calomnie... D'autant plus calomnieuse, si l'on peut dire, que les communistes vont, des années durant, nier l'existence même des négociations avec les autorités d'Occupation. Et, avec le recul, on peut dire que c'est de cette négation et de la systématique occultation du rôle de Jacques Duclos, beaucoup plus que des tractations de l'été 1940 elles-mêmes, que vont naître l'affaire de « la reparution » et ce que Bourderon appelle sa « légende noire ».

Mais n'anticipons pas... Supposons plutôt qu'à la Libération, le PCF ait reconnu avoir fait ce faux pas, avoir commis cette sorte d'erreur de jeunesse au seuil d'une Résistance dont il allait très vite être l'un des protagonistes, que se serait-il passé ? Il n'est pas difficile de l'imaginer en prenant, par exemple, pour appui un ouvrage paru en 1995 mais qui fait déjà référence, et que nous avons cité plus haut à propos de Pétain : *La France à l'heure allemande ; 1940-1944* de l'historien suisse Philippe Burrin... « Comme les individus, les associations doivent arrêter leur attitude, écrit Burrin. Toute organisation possède la volonté de durer, tient à la permanence de sa présence et de son action, souhaite les renforcer et les développer. Faudrait-il y renoncer pour cause d'Occupation ? (...) Le code de la dignité n'est pas mis hors d'usage, mais il est assoupli et plié en une politique, celle de la présence (...) L'occupant peut d'autant moins être ignoré qu'il mène une action politique de sollicitation et d'intervention. C'est le cas, au plus haut point, de l'ambassade, qui adjoint à la "mise au pas" du Majestic ses méthodes d'influence et de manipulation, dans l'intérêt de sa mission : la division des Français, la pression sur Vichy, la préparation de la servitude volontaire. » Et Philippe Burrin poursuit : « Paradoxalement, la première négociation met en rapport l'occupant avec l'un de ses pires ennemis idéologiques (...), le parti communiste français. (...) La politique de retour au grand jour, sans démobilisation de l'appareil illégal, laissait à Duclos une marge d'interprétation. On conçoit qu'il ait eu tendance à l'utiliser. La situation paraissait plutôt favorable après la dure répression infligée par la République et que Vichy brûlait de prolonger. Le Parti pouvait exploiter le vide politique engendré par la défaite, faire valoir sa lutte contre la guerre, se présenter en défenseur d'une population durement affectée par la désorganisation de l'économie... » Et l'historien suisse ajoute encore : « Les Allemands parapluie contre Vichy : d'autres que les communistes cherchent à s'en couvrir. C'est le cas d'associations d'anciens combattants, après que Pétain les a toutes fusionnées au sein de la nouvelle Légion française des combattants. (...) Même démarche (...) dans le cas des syndicats... »

Les appréhendés de la Porte Saint-Martin

Comment ne pas être frappé par le fait que la simple analyse historienne de Philippe Burrin fournit un véritable argumentaire pour non pas justifier, mais expliquer la démarche du PCF durant l'été

1940 ? Or, ce que l'historien suisse constate un demi-siècle plus tard, une réflexion politique calme aurait permis d'y songer dès la Libération. La puissance médiatique des communistes étant ce qu'elle était en 1944-1945, cette explication aurait même pu s'imposer aux pires adversaires. Elle aurait pu prendre date. Elle aurait pu éviter un avenir où l'absurdité allait le disputer à l'hypocrisie puis la dissimulation maniaque à l'imputation infamante... Oui, mais à l'explication, ce fut la négation que l'on préféra.

La négation, pourquoi ? Il serait (trop) facile de répondre que la sérénité helvète ultérieure de l'historien n'est guère le propre des bolcheviks parisiens à la Libération. ... Mais il est vrai que les communistes d'alors ont le double sentiment d'être des rescapés souvent héroïques à qui l'on ne saurait chercher des poux dans la tête, et des victorieux qui ne peuvent souffrir aucun obstacle sur la voie des « lendemains qui chantent ». Or l'enthousiasme ni le sentiment du pouvoir n'inclinent à argumenter, voire à plaider. On a déjà retouché des photos pour en faire disparaître exclus et condamnés. Puisque c'est pour la bonne cause, pourquoi ne pas gouacher aussi sur les images de la mémoire le souvenir importun et le détail gênant ? Là, double surprise : d'abord, ce gommage pur et simple de la réalité va partiellement réussir puisque la quasi-totalité des communistes et beaucoup de gens qui sont loin d'être des sympathisants vont sincèrement croire, des années durant, que cette affaire de « la reparution » n'est que pure calomnie ; ensuite, l'usage (assez fréquent) du mensonge en politique suppose qu'on s'assure d'abord que l'adversaire n'a pas la possibilité de prouver que l'on ment, or les dirigeants du PCF ne prennent pas cette assurance.

On sait que, dans la mesure où elles en ont connaissance, les contorsions séductrices d'Abetz laissent interloquées et réprobatrices les nouvelles autorités pétainistes. Pour elles, le vieux réflexe demeure le bon et les policiers parisiens foncent comme à l'accoutumée dès que font surface les militants qui s'occupent de prendre contact avec les autorités allemandes. Le 20 juin 1940, Maurice Tréand, Denise Ginollin et Jeanne Schrodt sont appréhendés au métro Porte Saint-Martin. L'arrestation a lieu le soir. Quelques heures auparavant Valentine Grunenberger avait été appréhendée, après perquisition, à son domicile du faubourg Saint-Martin... Quarante-huit heures plus tard, comme le rapporte Vassili Soukhomline, par un communiqué où figurent les noms des quatre militants, « la Préfecture de police informe la population de l'arrestation de “responsables communistes” accusés d'avoir “tenté de reconstituer le Parti dissous et d'avoir distribué des tracts séditieux” »... Cependant, ce communiqué de la Préfecture de police suscite de la part des autorités d'Occupation une réaction d'amour-propre froissé à laquelle les réactionnaires français ne s'attendaient sans doute pas. Le 25 juin, les Allemands font libérer les quatre militants déjà emprisonnés à la

Santé et à la Petite Roquette. Quatre ou cinq jours de détention provisoire, c'est plus qu'il n'en faut à la machine judiciaire pour se mettre en marche. Le commissaire L.-F. Lafont, des Délégations spéciales et judiciaires, interroge les communistes appréhendés. Puis, il les présente au juge d'instruction Pihier, lequel les inculpe d'infraction au décret du 26 septembre 1939 portant dissolution des organisations communistes et au décret du 24 août 1939 en vertu duquel *l'Humanité* a été suspendue, puis délivre un mandat de dépôt daté du 22 juin 1940.

Ouverture d'une instruction, ouverture d'un dossier... Celui-ci va être essentiellement constitué de procès-verbaux d'interrogatoires. Des interrogatoires où, contrairement à l'habitude des militants qui, aux questions de l'ennemi, ne répondent que par le mutisme ou la profession de foi politique, les appréhendés de la Porte Saint-Martin jouent le jeu de la légalité et expliquent ce qu'ils ont entrepris... Ainsi « Reydet Eglantine, Denise, femme Ginollin, âgée de trente-deux ans », sur qui on a trouvé, entre autres, un *Ausweiss* (laissez-passer) de la Kommandantur signé par le lieutenant Weber, déclare-t-elle au commissaire Lafont : « Il est tout à fait exact qu'avec deux camarades, Mme Schrodt et M. Tréand, j'ai songé à faire reparaître régulièrement le journal *l'Humanité*. Nous avons eu cette idée lorsque nous avons vu publier divers journaux tels que *Le Matin* ou *La Victoire*. Je me suis adressée à cet effet, il y a deux ou trois jours, au service de presse de la Kommandantur, 12, boulevard de la Madeleine, à Paris. J'ai été reçue par le lieutenant Weber à qui j'ai exposé le dessein de mes camarades et le mien. Il m'a répondu qu'en principe rien ne s'opposait à la publication d'un journal... » Le dossier ouvert par le juge Pihier et le commissaire Lafont va dormir *grosso modo* sept ans dans les archives. Il en sortira bruyamment une fois les ministres communistes évincés du gouvernement et la « guerre froide » commencée. Donc dans la deuxième moitié de 1947.

Hourvari au Palais-Bourbon

Pourtant faite par l'ancien président du Conseil Edouard Daladier, une première tentative d'exploitation du dossier, le 18 juillet 1946, n'a pas, en effet, d'écho durable, et c'est seulement au mois de décembre 1947 que le véritable hourvari commence, à l'Assemblée nationale... Après avoir été arrêtée comme résistante, torturée, condamnée à mort et déportée à Ravensbrück, Denise Ginollin est devenue députée communiste de la Seine. Le 5 décembre elle est à la tribune pour dénoncer des violences policières qui ont fait trois morts lors d'une manifestation à la gare de Valence (Drôme). Elle est interrompue par un élu démocrate-chrétien (MRP) des Basses-Pyrénées, Pierre de Chevigné, lui-même ancien FFL et compagnon de la Libération. L'interrupteur fait allusion à l'arrestation vite suivie de libération de juin 1940. Le hourvari verbal (et plutôt haineux) qui commence alors occupera aussi les séances des 9 et 11 décembre suivants. Quelques répliques pour situer l'atmosphère : « Ce monsieur est une canaille !... Lâche !... Flic !... Gestapo !... Calomniateur !... Traître !... » etc. Et plus précisément, on entend là de grands noms de la Résistance communiste. Ainsi Arthur Ramette : « On a mis deux ans pour fabriquer un faux ! » Ainsi Yves Péron : « Silence à ceux auxquels la Gestapo a fait des confidences ! Nous n'avons pas reçu les confidences de la Gestapo ! » Ainsi Roger Roucaute : « Entre flics, on se comprend ! » Et Jacques Duclos lui-même : « Tout cela est une affaire de police et de flics ! »... Tout au long de ce débat, il convient de noter que les plus de cent cinquante députés communistes sont d'autant plus véhéments qu'ils sont presque tous persuadés (comme à peu près tous les membres du PCF d'alors) que cette histoire de « reparution » a été fabriquée de toutes pièces par leurs ennemis. Aussi bien est-ce sous les huées que Pierre de Chevigné lit des extraits des procès-verbaux du commissaire Lafont... Les moments de dialogue sont très rares. Et significatifs. Question du député de droite Robert Bruynel : « Oui ou non, Mme Ginollin a-t-elle fait les démarches dont on a parlé ? » Réponse du communiste Marcel Servin : « Non, vous le savez bien... » L'atmosphère est telle que, le 11 décembre 1947, c'est Denise Ginollin elle-même qui s'écrie : « Je répète que les documents que vous utilisez, monsieur de Chevigné, sont des faux dignes de la Gestapo. Tous ont été fabriqués pour la mauvaise cause que vous servez aujourd'hui... Vous en êtes réduits à l'insulte et à l'utilisation de faux policiers ! »

Le bruit courra, plus tard, qu'au moment le plus fâcheux des empoignades du Palais-Bourbon, le secrétaire général du PCF, Maurice Thorez, aurait décidé de dire la vérité et de l'expliquer, mais qu'il était trop tard... Il y eut deux versions de cette rumeur. Selon les uns, c'est son homme de confiance, secrétaire politique et ancien rédacteur en chef de *l'Humanité*, Georges Cogniot, que Thorez aurait, de son propre chef, envoyé à l'Assemblée nationale pour transmettre la nouvelle directive. Selon les autres, c'est après avoir reçu une Denise Ginollin affolée que Thorez aurait décidé de l'accompagner au Parlement pour régler la question lui-même. *In fine*, les deux versions se rejoignent : quand Thorez, ou Cogniot, arrive dans l'hémicycle, le résistant Raoul Calas est à la tribune en train de pourfendre les « faussaires » et les débats en sont arrivés à un tel point d'exacerbation que toute marche arrière semble impossible.

Et, en fait, il va falloir attendre encore deux fois deux décennies pour que la vérité soit totalement connue. Dans un premier temps, si l'on admet, peu à peu, la réalité des démarches et tractations, c'est en ajoutant aussitôt que la direction clandestine du PCF n'était ni au courant ni, encore moins, d'accord. C'est Maurice Tréand, dit-on alors, qui a pris l'initiative d'appliquer, de son propre chef, une directive erronée du Komintern. L'ordre lui avait été transmis directement parce qu'il avait une liaison directe avec le service des cadres de la IIIe Internationale, et plus spécialement avec Stella Blagoïéva, fille d'un illustre communiste bulgare, chargée à Moscou de « suivre » le Parti français... Dans un deuxième temps, même après la mort de Jacques Duclos, en 1975, et malgré des changements croissants de l'idée que le PCF se fait de lui-même et de l'image qu'il entend en donner, il va quand même falloir attendre une vingtaine d'années pour que l'ouverture des archives du Komintern à Moscou fasse sauter le dernier verrou. Et il convient, à ce propos, de noter le travail fait par l'historien Roger Bourderon, en 1993, dans les *Cahiers de l'IRM* (nos 52-53), pour qu'enfin on y voie clair. Tout comme on ne saurait oublier l'article du professeur de linguistique à Paris-VI et vieux communiste René L'Hermitte, publié douze ans plus tôt, par *Le Monde* du 13 octobre 1983 sous un titre mélancoliquement prémonitoire, *Mieux vaut tard que jamais*... Témoignage et réflexion mêlés, L'Hermitte rechignait devant la thèse selon laquelle « toute cette histoire se ramènerait à la conjonction des manœuvres de certains services allemands manipulant Me Foissin et d'initiatives intempestives de Maurice Tréand. Mais comment supposer que ce dernier aurait pu agir à l'insu du principal responsable politique, Jacques Duclos, avec lequel il était en contact constant ? » Et le linguiste d'ajouter : « La suite ? C'est l'application tristement classique d'une règle des mouvements politiques, du mouvement communiste en particulier : dans une situation délicate, on donne à un militant dévoué une tâche ingrate et difficile. Quand la situation s'est modifiée, que la ligne a changé, on le désavoue ! Ou bien dans le meilleur des cas, comme cela arriva, semble-t-il, à M. Tréand, on le met aux oubliettes. Encore heureux si l'on ne le calomnie pas derrière son dos ! »

A-t-on calomnié Maurice Tréand ?... Oui et non... Porter le chapeau, comme on dit trivialement, n'est jamais une partie de plaisir, mais quand le « chapeau » est de cette taille-là, ça peut devenir un supplice. Or Tréand, s'il ne connut pas la torture physique, dut supporter le tourment particulièrement dur pour lui de l'inaction en une pareille époque. L'antifasciste juif polonais qui fut chargé de succéder à Giulio Cerreti à la tête de la MOI au début de l'Occupation et que l'on appelait alors Brunot, Louis Gronowski, nous a raconté comment ce fut Tréand qui, le 1er août 1940, lui annonça que la direction du PCF clandestin le chargeait de cette responsabilité. « Tréand, le gros Maurice comme nous l'appelions, dit Gronowski, c'était pour moi un ami de longue date. A ce moment je l'ai rencontré régulièrement toutes les semaines. Au mois de septembre, je m'en souviens très bien, ce fut notre dernière rencontre car au cours du même entretien il m'a annoncé que, désormais, ce ne serait plus avec lui que j'aurais le contact. Lui, il était retiré du travail parce qu'il avait été engagé dans cette affaire de *l'Huma*... » Cette retraite de

Maurice Tréand, Angèle Grosvallet-Salleyrette l'a vécue à ses côtés. « En fait, nous dit-elle, c'est surtout après juin 1941 que Maurice a été écarté. Dire qu'on n'avait plus de contacts serait faux. On en avait toujours. Mais pas des liaisons de travail, seulement des liaisons d'entretien... Maurice était un homme très fort. Il se dominait bien. Mais il a été très malheureux, oui, parce qu'il avait toujours agi pour servir le Parti... » Cette fidélité ne fut jamais contestée par personne. Lorsque Maurice Tréand mourut d'un cancer le 26 janvier 1949, aux Buttes-Chaumont, dans la clinique d'un des principaux médecins résistants, le Dr Raymond Leibovici, Maurice Thorez, Jacques Duclos, Raymond Guyot, Léon Mauvais et d'autres dirigeants communistes de premier plan assistèrent à ses obsèques. Ce fut un membre du Comité central et militant parisien bien connu, Raymond Bossus, qui y prononça un discours. « C'est, déclara-t-il, dans les exemples de la vie d'hommes comme Maurice Tréand que tous les communistes puisent l'énergie et la persévérance pour mener à bien les tâches qui leur sont confiées. » En outre, dans les années 1970, Jean Jérôme nous affirma que Maurice Thorez, ayant été le dernier à son chevet, avait tenu à rédiger lui-même l'inscription qui figure sur la pierre tombale de Tréand.

« Mais, monsieur, c'était vrai ! »

Les obsèques de l'autre sacrifiée de l'affaire, Denise Ginollin, n'eurent pas ce caractère shakespearien, elles furent grises et vite oubliées... A part Adrien Bollérot nous disant plus loin incidemment qu'au début de 1941, elle était toujours une des responsables parisiennes du PCF clandestin, celle qui était née Eglantine Denise Reydet n'apparaît guère dans la masse de témoignages que nous avons recueillis pour ce livre. Le seul qui nous en ait parlé de façon émouvante, et même assez bouleversante, n'était pas communiste, mais ancien lieutenant-colonel de l'Armée secrète (AS), issu du mouvement Combat, il s'appelait Robert Vollet. Il est mort en 1998. Vingt-deux ans plus tôt, il avait écrit la *Postface* de notre première édition. Entre-temps, il nous avait beaucoup appris sur la Résistance. Jusqu'à son décès, ce diable d'homme fut, aux côtés de Charles Fournier-Bocquet, cosecrétaire général de l'Association nationale des anciens combattants de la Résistance (ANACR). C'est à ce titre qu'il allait de temps à autre jeter un coup d'œil sur la maison de santé et de repos de l'association, le Centre Delestraint-Fabien, à Penne-d'Agenais, près de Villeneuve-sur-Lot (Lot-et-Garonne). Lors d'une de ses visites, les animateurs du Centre le prennent d'emblée à part pour lui annoncer qu'il y a « une nouvelle secrétaire de direction, Mme Ginollin »... Ce nom fait sursauter Robert qui, bien que l'embarras ne soit pas sa tasse de thé, ne sait trop quoi dire à celle qu'on lui présente peu après... « Je lui ai dit, me racontera-t-il, que je savais toutes les calomnies dont elle avait été victime. Elle m'a tout de suite interrompu et m'a lancé "Mais, monsieur, c'était vrai !" avant de fondre en larmes... » Vollet ne racontait pas cette histoire sans émotion. Il savait, comme moi, que Denise Ginollin avait plusieurs fois tenté de se suicider.

Et Abetz ? dira-t-on. Après avoir été l'un des, sinon le roi de Paris occupé, le bel Otto avait tenu à accompagner ses sujets à Sigmaringen et à garder le titre d'ambassadeur durant la mascarade célino-danubienne. Capturé par les soldats français en 1945, il fut rapatrié à Paris pour y être jugé comme criminel de guerre. Verdict en 1949 : vingt ans de travaux forcés. Il n'en fit pas la moitié puisqu'on le libéra en 1954. Un bel avenir de « guerre froide » s'ouvrait devant lui. Il n'eut pas le temps d'en profiter puisque le destin, alors pourtant si propice aux anciens nazis, mit fin à ses jours en 1958 sur une route d'Allemagne de l'Ouest, lors d'un banal accident de la circulation. Il avait cinquante-cinq ans... Et, du point de vue hitlérien qui était le sien, ce joueur avait réussi quelques jolis coups, mais pas celui dont nous parlons. « Echec d'un populisme nazi », note, à juste titre, l'historien Pascal Ory dans son livre *Les Collaborateurs ; 1940-1945*... Un échec auquel Abetz se résigne mal. Alors, puisque les communistes sont si difficiles à manier, l'ambassadeur du Führer se dit que, pourvus des moyens nécessaires et bien orientés, des fascistes français, parmi lesquels on peut trouver des gens ayant appartenu au Parti communiste et au Parti socialiste, devraient bien être capables de jouer en France le rôle démagogique que certains SA et le Deutsche Arbeitsfront, le Front du Travail allemand de Robert Ley, ont joué en Allemagne nazie. C'est ainsi qu'à la place d'une impossible *Humanité*, vont être préparés deux projets de journaux intitulés, l'un *l'Humanité nouvelle* et l'autre *la France au Travail* dont le second seul, d'ailleurs, pourra finalement voir le jour. A partir du moment où ce sont des fascistes français qu'on utilise, il faut que soit dans le coup un Vichy qui n'a d'ailleurs plus aucune raison de s'offusquer... Et c'est ainsi que, le samedi 7 septembre 1940, le préfet de police Roger Langeron note dans son journal intime : « C'est Déat qui, à Vichy, aurait été chargé par le Maréchal d'organiser le "Parti unique". Déat, sur l'intervention pressante d'amis politiques, a accepté de collaborer avec Jacques Doriot. A la suite de plusieurs réunions tenues à Vichy, un papier signé par Déat a été remis à Doriot le chargeant de constituer "le comité d'organisation pour la région parisienne". Ce comité siège provisoirement rue des Pyramides, au siège du PPF. Doriot a été reçu deux fois à l'ambassade d'Allemagne par Abetz et par un représentant du parti national-socialiste en France. Le programme du nouveau parti a été approuvé dans ses grandes lignes par les personnalités allemandes. (...) Le "parti unique" envisage de publier un journal qui aura pour titre *l'Humanité nouvelle*. Il a préparé un manifeste où l'on peut lire (...) : "Oui, nous voulons fonder la société nouvelle qui sera basée sur le travail et non pas sur l'argent !" »

Nous l'avons dit, cette *Humanité nouvelle* ne verra jamais le jour. En revanche, *la France au Travail* paraîtra assez vite et réussira même à abuser un nombre non négligeable de lecteurs. D'abord estimé à 80 000, son tirage atteint 92 000 lors d'un relevé fait le 17 novembre 1940, chiffre qui la place déjà au septième rang des quotidiens parisiens du moment... Mais l'été fut peut-être encore plus faste puisque Pascal Ory parle de « plus de 180 000 en août ». Toujours est-il que le nouveau journal ne passe pas inaperçu. « Depuis la fin de juin, écrit Vassili Soukhomline, la "Presse-Gruppe" publie, avec l'aide de quelques renégats, un quotidien destiné aux ouvriers, *la France au Travail*. (...) Avec pas mal de savoir-faire, surtout les premiers jours, ce journal a tenté de convaincre le lecteur que les nationaux-socialistes sont les amis sincères des travailleurs, que l'Allemagne ne veut pas une guerre qui lui a été imposée par la ploutocratie internationale et les banquiers juifs. Les collaborateurs recrutés par la Propagandastaffel répandent le bruit qu'il n'est ni plus ni moins qu'une édition renouvelée de *l'Humanité*, que les communistes travaillent à sa rédaction et que Moscou approuve leur collaboration avec les nazis. » L'historienne Germaine Willard insiste sur le fait que le but de ce « journal destiné à la classe ouvrière » est bien de « faire croire que déjà, dans la coulisse, les communistes soutiennent l'occupant ». Puis elle précise : « Ce "grand quotidien d'information au service du peuple" sort directement des officines allemandes. L'un de ses rédacteurs est l'espion Lucien Pemjean, compère du "traître de Stuttgart". Les premiers numéros paraissent sans aucun nom et déploient une ostentatoire phraséologie révolutionnaire. Le premier numéro publie une motion, censée provenir d'un groupe d'ouvriers de la région parisienne et dans laquelle on trouve des mots d'ordre qui ressemblent à ceux du parti ("Libération des camarades emprisonnés", "Confiscation des bénéfices de guerre", "Remise en activité des entreprises", etc.). A côté de propos déjà violemment antisémites et collaborateurs, le journal essaie de se donner un visage d'extrême gauche ; il fait l'éloge de la Commune de Paris et feint de s'indigner de la persécution des "militants ouvriers" par Vichy. Pour mieux créer la confusion, le journal, imprimé sur les presses où l'avait été *l'Humanité*, imite même sa présentation. »

Une bombe à retardement

Dans un premier temps, l'entreprise n'est donc pas un échec. Elle semble même réussir. L'époque est assez troublée pour que cette sorte d'escroquerie puisse faire des dupes. André Tollet, le futur président du Comité parisien de Libération (CPL), l'a constaté... « Lorsqu'on a pu rentrer à Paris, après l'exode, nous dit-il, on a évidemment voulu acheter un journal. C'est là qu'on est tombé sur *la France au Travail*. Un canard qui avait l'apparence de *l'Huma*... On s'est précipité dessus en disant : "Qu'est-ce que c'est que ça ?..." Je me souviens qu'un copain que je connais bien, un chauffeur de taxi, s'est laissé prendre au piège. Quand il a vu *la France au Travail*, il en a acheté plusieurs numéros, et, avec quelques autres copains, ils sont allés vendre *la France au Travail*... Oui, ils sont allés le diffuser. Ce n'est que le soir, chez lui, lorsque avec sa femme il a regardé ce canard avec plus d'attention, qu'il a vu qu'il y avait de l'antisémitisme. Alors, ça a été la grande stupéfaction. » L'affaire avait été rapidement mise sur pied par Otto Abetz puisque le premier numéro de *la France au Travail* paraissait dès le 30 juin 1940. Mais une riposte ne va pas tarder, celle des dirigeants du PCF clandestin qui ont senti le danger... C'est Benoît Frachon qui nous dit : « Il fallait combattre *la France au Travail*. Mais comment ? Avec Jacques Duclos, nous avons cherché... Et nous nous sommes dit : il faut qu'ils nous engueulent, comme ça ils se démasqueront eux-mêmes. Alors, on a fait un tract contre eux. Ça a marché... Ils nous ont engueulés en nous citant dans leurs colonnes et, à partir de ce moment-là, leur tentative a perdu toute efficacité. »

Aussi bien disparurent-elles vite ces hésitations et ces illusions... Tout comme le quotidien maquillé qui cessera de paraître en novembre 1941. C'est pourquoi Ory a, nous le disions plus haut, raison de parler de l'« échec d'un populisme nazi ». Toutefois, cet échec global n'empêche pas de penser, avec le recul, que l'affaire de « la reparution » fut néanmoins une sorte de bombe à retardement déposée chez les communistes. Et qui endommagea ultérieurement leur image.

L'argument est simple, qui peut aussi paraître fort spécieux : quand les communistes disent être entrés en Résistance dès le début de l'Occupation, ils mentent. La preuve, c'est que tout l'été 1940 non seulement ils n'ont pas attaqué les Allemands, mais ils ont négocié avec eux. Les tractations ayant échoué, ils ont traîné les pieds. Non seulement ils n'ont pas soutenu, mais ils ont rappelé à l'ordre les quelques militants qui se révoltaient individuellement. Il a fallu attendre un an pour que, le 22 juin 1941, ils se sentent enfin concernés parce que la Wehrmacht envahissait l'Union soviétique. Certains anticommunistes vont même jusqu'à assimiler les contacts avec Abetz à de la Collaboration... Lorsque nous avons cité plus haut la conversation de Limoges entre Charles de Gaulle et Alain Peyrefitte, c'est volontairement que nous avons omis certaines appréciations du Général sur le PCF. Il est temps de les citer...

« Ils s'étaient déshonorés en 39-40, dit donc également et textuellement de Gaulle à Peyrefitte. Il y avait ceux qui s'étaient solidarisés avec Moscou après le pacte germano-soviétique ; ils avaient été rejetés par la nation et même déchus de leurs mandats parlementaires par la Chambre du Front populaire. Il y avait ceux qui s'étaient désolidarisés de Moscou, mais qui avaient ensuite flirté avec Pétain. Il y avait ceux qui avaient demandé aux Allemands, après l'armistice, l'autorisation de faire reparaître *l'Humanité* (...). Mais depuis l'invasion de la Russie par Hitler, il n'y avait plus pour eux qu'un combat. » Ce condensé gaullien du printemps 1962 résume en fait les appréciations développées, huit ans plus tôt, dans le premier tome des *Mémoires de guerre*. Le Général avait alors déjà écrit : « Leur attitude changea soudain quand Hitler envahit la Russie. » Il était même allé plus loin, repoussant de près de six mois la date tant disputée : « A la fin de 1941, les communistes entrèrent, à leur tour, en action... »

Dix ans après la Libération, « même en pleine guerre froide », ces arguments suscitèrent quelque brouhaha. Et maintes protestations... Une des réactions les plus remarquées fut celle de Vercors. Le 11 février 1955, le fondateur des Editions de Minuit envoyait une lettre ouverte au fondateur de la France libre. « Pourquoi a-t-il fallu, s'attristait l'auteur du *Silence de la mer*, que je retrouve sous votre plume les calomnies ordinaires que l'on porte contre les communistes ? On a suffisamment de choses à leur reprocher pour ne pas y ajouter des accusations historiquement fausses. Car, mon général, je mentirais par omission en ne témoignant pas pour eux. La première lettre que j'ai reçue, en août 1940, qui m'appelait à la Résistance, était signée du communiste Jean-Richard Bloch. La première réunion à laquelle j'aie assisté, en octobre, chez le poète Arcos, s'était faite à l'initiative du même, accompagné du communiste Frédéric Joliot, du communiste Wallon, du communiste Maublanc, du communiste Francis Jourdain et il nous y fut lu des lettres d'Eluard et d'Aragon, tous deux en zone libre. La première revue clandestine, fondée en décembre, *La Pensée libre*, était une revue communiste — et c'est sur ses cendres que j'ai fondé plus tard les Editions de Minuit. Le premier organe clandestin des intellectuels résistants fut fondé en avril 1941 par le communiste Jacques Decour. Il y laissa sa vie. L'un des tout premiers résistants que j'aie "pratiqué" puis qui fut arrêté presque sous mes yeux, puis torturé à mort, c'était le communiste Holwegk... »

« Réorganiser nos planques, trouver des machines à ronéotyper... »

En écrivant cela à Charles de Gaulle, ce que Vercors voudrait bien lui conseiller — si possibilité de conseil il y a — c'est de passer du terrain politique au plan concret... Un conseil que nous voulons suivre. Après avoir fait le plein, presque le trop-plein, de polémiques, essayons de voir comment, au PCF clandestin, on va aussi devenir des architectes de l'action : « Lorsque les Allemands arrivèrent à

Paris, nous raconte Jean Chaumeil, ce fut une débandade... Beaucoup de camarades craignaient d'être faits prisonniers par les hitlériens et, sachant très bien ce que voulait dire le fascisme, étaient partis se réfugier en province, soit dans leur famille, soit chez des amis. A nouveau donc, comme au début de la guerre, le Parti fut un peu désorganisé dans ses méthodes de clandestinité. A nouveau, il fallait regrouper. » Simone Renard nous le confirme : « Au moment de la débâcle, tout le monde se ruait sur les camions pour partir le plus vite possible. Communistes ou pas communistes, tout le monde partait. Moi, c'est parce que j'ai réfléchi un moment que je suis rentrée chez moi et ne suis pas partie. »

Cependant, malgré ce désordre qui n'est d'ailleurs que relatif quand on le compare à l'effondrement général du pays, nombreux sont déjà les militants qui, à tous les échelons, commencent à envisager une situation dont, par-delà les apparences contraires, ils sentent bien la nouveauté. Entre mille autres, Marcel Cretagne, qui va très vite devenir un des responsables d'un groupe spécial chargé de missions particulièrement dangereuses et délicates, dépeint très bien à sa manière ce sentiment. « On est passé de la guerre impérialiste à la guerre de Libération dès qu'il y a eu l'armistice, nous dit-il. Je me suis trouvé affranchi quand on a été trahi. C'était désormais une guerre pour la Libération. » Futur dirigeant du Front national et membre fondateur du Conseil national de la Résistance, Pierre Villon s'en souvient aussi. « Durant les derniers mois de la drôle de guerre, nous dit-il, je travaillais en liaison directe avec Benoît Frachon. Je ne me souviens plus si c'est dans une lettre ou en lui envoyant un article que je lui proposais de publier que j'ai introduit l'idée de la défense de la patrie devant l'avance des troupes hitlériennes. En accord, naturellement, avec les autres camarades de la direction du Parti, Benoît m'a répondu que c'était encore un peu trop tôt... Non, ce ne pouvait pas être encore la défense de la patrie. Pendant quelque temps encore, on devait se contenter de dire que tant que les autres ne feraient rien pour que le caractère de la guerre soit transformé, tant qu'ils ne feraient rien pour libérer les militants communistes emprisonnés, etc., on ne pouvait pas obtenir que les gens se battent pour la défense de la patrie menacée... »

Ce serait toutefois mal poser le problème de l'évolution des communistes français durant les premiers mois de l'Occupation que de l'envisager trop abstraitement, à partir seulement des réflexions et des concertations. Pour le PCF, c'est la réalité qui compte...

« Dans le Paris désert, triste et inquiétant du début de l'Occupation, le Parti était réduit à peu de chose, écrit Jacques Duclos dans ses *Mémoires*. Parmi les camarades qui s'y trouvaient ou qui allaient y revenir rapidement, il y avait notamment Félix Cadras, Victor Michaut, Georges Politzer, Danielle Casanova, Léon Mauvais, Jacques Decour, Eugène Hénaff, André Tollet, Georgette Cadras,

Claudine Chomat. Et pour réorganiser nos planques et en accroître le nombre, trouver des agents de liaison sûrs, des dactylos, des machines à ronéotyper, pour constituer les dépôts de papier et les moyens de locomotion allant du vélo simple au vélo-remorqueur et au "gazo" (voiture automobile fonctionnant au charbon de bois), nous avions une équipe d'hommes et de femmes desquels se détache la magnifique figure d'Arthur Dallidet, aidé de son frère Raymond, de Mounette Dutilleul, et de jeunes filles qui remplirent leur mission d'agent de liaison avec un esprit d'initiative et un dévouement dignes des plus grands éloges, telles que Jacqueline Quatremaire, Rose Blanc, etc. Parmi les communistes immédiatement disponibles se trouvaient des camarades comme Jean Chaumeil, qui militait avant la guerre à Bagnolet, Pierre Maucherat, Emile Le Morillon, Maurice Chaumeron, mon ancien secrétaire parlementaire (...). En bref, lorsque les hitlériens entrèrent dans Paris, il y avait environ de cent quatre-vingts à deux cents camarades plus ou moins bien organisés. C'était peu mais, au cours des mois qui suivirent, de nouvelles forces se regroupèrent... » Pour ces militants parisiens, comme pour ceux que Jean Baillet et Maurice Romagon, deux futurs fusillés, organisent en Champagne ; comme pour ceux qui, en Bretagne, se regroupent autour d'Auguste Havez et de Marcel Paul, à Bordeaux autour de Charles Tillon, dans le Nord autour de Martha Desrumeaux et de Joseph Hentgès, dans le Limousin avec Georges Guingouin, etc., pour tous, trois sentiments dominent alors : la fierté d'avoir tenu bon et la certitude d'avoir eu raison ; le souci de ne pas se laisser couper des masses humaines souvent désorientées et dont il importe plus que jamais de bien connaître les revendications quotidiennes au moment où la pénurie va croissant ; le désir enfin de bien discerner ce que la situation politique peut avoir d'original et de nouveau.

Le mythe d'Antée

La fierté d'avoir tenu bon est, pour les militants communistes, à cette époque, un sentiment d'autant plus vif que rudes furent les coups et angoissante la solitude qu'ils ont dû supporter pendant la drôle de guerre. Lorsque après la Libération, dans un grand nombre de régions, paraîtront des livres et des brochures où les organisations communistes locales dresseront un bilan de l'activité résistante de leurs membres à travers l'évocation des combats clandestins et du sacrifice des martyrs, partout la force de ce sentiment sera notée, soulignée, répétée. Par exemple, dans le petit volume intitulé *Les Communistes de l'Hérault dans la Résistance (1939-1944)*, c'est le secrétaire fédéral Paul Balmigère qui écrit : « Notre parti (...) peut dire avec fierté qu'il a vu clair quand tous les autres se trompaient, qu'il a eu le courage de dire la vérité quand les autres se taisaient... » Dans le même ouvrage, une cinquantaine de pages plus loin, un autre rédacteur ajoute : « Seuls, les communistes avaient vu clair... »

Une certitude à toute épreuve, donc. Et si nous insistons sur ce sentiment de certitude, c'est parce qu'en mesurer la profondeur est indispensable pour comprendre ce qu'était alors la psychologie des clandestins du PCF... Une attitude qui sera ultérieurement toujours présentée comme essentielle. Pierre Villon, par exemple, expliquera que, de 1934 à 1940, c'est le parti communiste tout entier qui s'est pénétré « de la certitude qu'il lui revenait de prendre en main les intérêts de la nation et que la lutte pour ces intérêts ne signifiait pas l'abandon de la lutte de classe, mais supposait cette lutte contre le capital monopoliste, traître à la nation. (...) Sans cette conscience de servir à la fois la patrie, celle du peuple français et le mouvement ouvrier international, il n'y aurait pas eu tant de communistes prêts à sacrifier leur liberté et leur vie. » Toutefois, si essentiel qu'il soit à ce que l'on pourrait appeler la légitimité des communistes, ce sentiment exaltant d'y voir clair quand tant d'autres sont aveugles, de rester fidèles quand tant d'autres trahissent, d'avoir une très sûre boussole quand tant d'autres ont perdu le nord ne risque-t-il pas, finalement et paradoxalement, d'isoler des hommes et des femmes formés à l'action commune et dont on sait la crainte de la solitude ?

Non, répondront ceux que l'on accuse ainsi d'élitisme car, avec la création des « Comités populaires » ouverts aux exploités de toutes opinions ; avec la part prise par les communistes à cette « marche à l'Etoile » du 11 novembre 1940 où des étudiants de tendances les plus diverses se côtoient sous les balles allemandes ; avec l'organisation de la grève des mineurs à la fin d'avril 1941 et, moins de trois semaines plus tard, l'appel à la formation d'un « Front national », la direction du PCF affirme son souci de refuser un isolement superbe. Cependant, au cours de l'été et encore un peu durant l'automne 1940, des tracts sont distribués et des papillons collés dont les textes mêlent indistinctement et sans souci des nuances tous les hommes politiques de la défunte IIIe République, de gauche ou de droite, futurs résistants ou futurs collaborateurs. De même, le mot d'ordre « Thorez au pouvoir ! » si souvent ronéotypé et affiché pendant les premiers mois de l'Occupation, notamment dans la région parisienne, mérite de retenir l'attention. Face à la réalité pourrissante de l'époque, un certain succès de son irréalisme purificateur, surtout parmi les plus jeunes militants, se comprend aisément. Les qualificatifs qui accompagnent le nom du secrétaire général du PCF sont significatifs : « Un homme propre, un homme jeune, un fils du peuple... » Lorsque sont ajoutés les mots « chef aimé du prolétariat », on retrouve un ton d'époque qui n'a rien de surprenant à ce stade d'évolution du mouvement communiste international. Plus spécifique peut-être est la nostalgie que ce mot d'ordre révèle d'une révolution à portée de la main, d'un brusque succès prolétarien rendu possible par la défaite militaire de la bourgeoisie au pouvoir... Encore ne faut-il pas exagérer l'importance de cette tentation passagère qui n'a jamais touché tous les communistes français globalement.

Finalement, beaucoup plus qu'aux démons du « grand soir », c'est au mythe d'Antée que s'abandonne le PCF d'alors... On connaît la fable mythologique où Antée, le géant libyen, fils de Neptune et de la Terre, retrouve force et combativité lorsque, même apparemment terrassé, il peut toucher le sol et donc entrer en contact avec sa mère. Le sort d'Antée, c'est celui du Parti communiste en 1940 lorsqu'il retrouve une vigueur nouvelle dans la mesure où il consacre l'essentiel de son action à l'expression et au soutien des revendications populaires de plus en plus nombreuses et de plus en plus pressantes.

Paris a froid Paris a faim
Paris ne mange plus de marrons dans la rue
Paris a mis de vieux vêtements de vieille
Paris dort tout debout sans air dans le métro
Plus de malheur encore est imposé aux pauvres

écrira Paul Eluard deux ans plus tard. Mais ce froid, cette faim, cette misère de démunis et d'opprimés, c'est déjà la vérité de 1940... Et la vérité de 1940, c'est donc aussi cette réponse d'Antée qu'apporte, à sa manière, le PCF. Elle sera discutée, on va le voir, mais avant d'en discuter, encore faut-il préciser ce qu'étaient ces « Comités populaires », comme on les nommait. « Nous appelions à la constitution de Comités populaires de solidarité, car il faut savoir qu'à l'époque les services de rationnement attribuaient 250 grammes de pain par jour, 180 grammes de viande par semaine, 15 grammes de matière grasse par jour, 40 grammes de fromage par semaine, 500 grammes de sucre par mois, explique Jacques Duclos (...). C'est d'abord la défense de leurs conditions de vie qui allait entraîner les travailleurs à l'organisation et à l'action. Dans la situation tragique de l'été 1940, c'était une tâche urgente. » Et André Tollet nous raconte : « On a tout simplement commencé par se promener, Eugène Hénaff et moi, dans les rues populaires où on était connu. Quand c'était pas lui, c'était moi, mais il y en avait toujours un des deux qui était accroché par quelqu'un. En passant, il y avait un gars qui nous disait : "Ah ! salut, Toto !" Si on ne le reconnaissait pas, bien sûr on le faisait causer un petit peu, pour voir, mais, en général, hop ! on l'épinglait... C'est comme ça que l'on regroupait les copains. On se promenait dans le XIIIe, le XXe, le XIXe jusqu'au jour où ça devenait trop scabreux parce que les flics se réorganisaient aussi. A cette époque, le premier travail que l'on a fait, ç'a été les manifestations de chômeurs, avant le 15 août. La première, je crois bien que c'était à la mairie du IVe. Les mots d'ordre étaient : du travail et des allocations de chômage... »

Il n'est pas surprenant que les très orthodoxes auteurs du *Manuel d'histoire du Parti communiste français* y insistent : « Les comités populaires d'entreprises et de quartiers sont les premières formes d'organisation illégale qui permettent aux travailleurs d'engager la lutte pour leurs revendications immédiates. Les premiers se constituent dans les régions industrielles où la classe ouvrière possède de solides traditions de lutte et où l'influence du Parti demeure réelle. Dès juillet 1940, les délégations exigent des secours pour les chômeurs, la réouverture des usines produisant des biens de consommation, la libération des militants emprisonnés, l'amélioration du ravitaillement. (...) Au cours de l'hiver, particulièrement dur, les femmes communistes contribuent à la création de comités féminins et des délégations de femmes réclament du pain et du lait pour leurs enfants. »

Les « comités populaires »

Au moment même où ils organisent ces actions revendicatives, les communistes soulignent la dimension qu'ils entendent leur donner. Dans le numéro clandestin des *Cahiers du bolchevisme* daté du premier trimestre 1941, on peut lire : « Ne pas revendiquer, c'est renforcer soi-même les chaînes de l'esclavage ; revendiquer, c'est au contraire limer ces chaînes... » Aussi bien, pendant la guerre comme après la Libération, les communistes riposteront-ils toujours vivement contre ceux qui contesteront le caractère « résistant » des « comités populaires ». Le 17 octobre 1969, au colloque déjà cité de l'Institut Maurice-Thorez, Germaine Willard dira : « On sait que certains historiens refusent de considérer comme actes de Résistance l'action de ces chômeurs qui réclamaient le relèvement de leur allocation et la réouverture de certaines usines, l'action de ces femmes qui assiégeaient les mairies pour obtenir des galoches et du pain pour leurs enfants, des colis pour leur mari prisonnier, l'action de ces ouvriers qui faisaient grève pour défendre leurs revendications. Cette position nous semble liée à une conception bien étroite de la Résistance. » De même, lorsqu'à la même époque Robert Durand fera témoigner collectivement des ouvriers de la grande usine automobile afin d'écrire son livre *La Lutte des travailleurs de chez Renault racontée par eux-mêmes*, certains diront : « C'est vrai que c'était utile d'essayer de mobiliser les camarades sur les revendications. (...) Et puis, c'était un acte de "Résistance". Les hitlériens nous faisaient travailler pour eux ; Pétain s'opposait à toute augmentation de salaire. Quand on revendiquait pour des augmentations ou des indemnités ou des tickets, on luttait contre les hitlériens et Pétain. » Pierre Villon va plus loin, qui veut voir dans cette première bataille sociale de 1940 un des principaux mérites historiques du parti communiste français. « Alors que tout semblait perdu, écrit Villon, que l'Allemagne hitlérienne était victorieuse sur tous les fronts, le parti tenta dès juillet 1940 de créer dans les entreprises et dans les bureaux de chômage les premières organisations préparant, au travers de la lutte revendicative, la lutte contre le régime de Vichy et ses maîtres nazis... » Il faut d'ailleurs ajouter que le « au travers de la lutte revendicative » n'est pas pour les communistes une formule dont l'application serait limitée dans le temps. Il s'agit d'un principe d'action. Un principe sur lequel, en étudiant *La Collaboration et les Origines de la Résistance*, Victor Joannès devait insister encore... Après avoir rappelé que, « dès juillet 1940, le Parti communiste préconise la création de comités populaires qui seront l'instrument d'organisation et d'action des masses elles-mêmes », il ajoute : « Une étude complète et détaillée reste à faire sur le rôle et l'activité de ces comités, sur les premiers succès qu'ils permirent d'obtenir contre Vichy et l'occupant, notamment dans la lutte contre le chômage, à l'époque primordiale ; sur leur organisation dans les quartiers et les localités où ils devinrent rapidement une des bases essentielles du rassemblement populaire ; sur leur implantation dans les usines où ils se confondent souvent avec les comités d'union syndicale et d'action qui demeureront jusqu'à la Libération les organisations de base de la CGT clandestine. Les comités populaires ont facilité des actions pour la réouverture des usines et contre le chômage, portaient directement atteinte aux plans des nazis et de Vichy de désindustrialisation de la France. » Actions qui, selon Joannès, « étaient donc des actes de Résistance ».

Une autre conséquence importante et, dans leur optique, un avantage non négligeable de la priorité que, dès le premier été de l'Occupation, les communistes accordent à la lutte pour l'expression et la satisfaction des revendications populaires les plus immédiates est la mise en évidence de la nature de classe du régime qui s'installe à Vichy. D'une certaine façon, les « comités populaires » s'opposent directement aux « comités professionnels », ces nouveaux organismes patronaux que les technocrates fascisants qui entourent le Maréchal dans sa capitale thermale sont en train de mettre en place pour assurer la domination effective des grands groupes financiers et industriels sur l'Etat français.

Il est intéressant de comparer cette opinion de Victor Joannès avec celle qu'exprimera, un quart de siècle plus tard, une militante par ailleurs en désaccord avec lui... Lise London est la veuve d'Artur London, l'auteur de *L'Aveu*, la victime emblématique du stalinisme dont Yves Montand jouera le personnage à l'écran. Et quand Lise London publie un premier livre de souvenirs, *La Mégère de la rue Daguerre*, en 1995, elle écrit : « On peut considérer que le grand mérite du Parti communiste devant l'Histoire, c'est d'avoir réussi à tisser, dès juillet 1940, à travers le pays bouleversé, désorienté (...) un vaste réseau d'organisations, de comités bien structurés, adaptés aux conditions de la clandestinité, regroupant des hommes, des femmes, des jeunes, motivés, courageux, disciplinés, qui deviendra le premier et le plus grand réservoir de la Résistance et du combat armé contre les envahisseurs. C'est cette réalité qui doit être prise en compte quand on juge les événements de l'époque. Elle pèse beaucoup plus dans la balance que la politique légaliste erronée, pratiquée pendant quelques semaines par la direction d'alors du Parti, obéissant aux directives de Moscou *via* le Komintern. »

« La bonne tenue de la Bourse, étonnante mais logique... »

Il est rare que la défense des revendications ouvrières n'amène pas à mettre en cause ceux qui ne les satisfont pas, donc le patronat. Or, avec ou sans Occupation, les patrons restent les patrons — ils sont même plutôt favorisés par la nouvelle situation... Aussi bien, est-ce un historien célèbre, Maurice Crouzet, qui, dans la partie de son *Histoire générale des civilisations* consacrée à *L'Epoque contemporaine*, écrit : « Propriétaires fonciers, officiers de carrière, hauts fonctionnaires, clergé, hobereaux, tous ceux qui avaient formé les cadres de l'opposition cléricale et réactionnaire pendant la IIIe République et cherché à l'abattre au temps des crises du boulangisme, de Panama, de l'affaire Dreyfus, du 6 février, s'unirent aux représentants des intérêts financiers et industriels hostiles à la législation sociale du Front populaire pour prendre possession du gouvernement et des administrations ; ils furent aidés puissamment — car ce sont eux qui permirent seuls au régime de gouverner le pays — par les hauts fonctionnaires, les membres des "grands corps". Ravis d'être débarrassés du contrôle des parlementaires dont ils méprisaient l'incapacité et l'impuissance, et de celui des syndicats ouvriers et de fonctionnaires, ils ont administré souverainement. » Et le même auteur ajoute plus loin : « Dans la banque et l'industrie lourde existent aussi des éléments germanophiles très influents, partisans d'une collaboration économique effective : Barnaud, de la banque Worms, qui deviendra délégué général pour les relations économiques franco-allemandes, Lehideux, gendre de Renault, qui sera délégué général à l'équipement national, Pucheu, directeur de sociétés métallurgiques qui sera ministre de l'Intérieur, etc. » On ne s'étonnera pas que, dès lors, dans *l'Humanité* clandestine, numéro après numéro, revienne comme un leitmotiv la dénonciation de ce que, dans le langage rude qui est le sien, l'organe du PCF appelle « la sinistre besogne d'asservissement de la France aux trusts et d'appauvrissement des masses laborieuses ». Cette citation est du 10 mars 1941, mais c'est plus tôt, le 12 décembre 1940, que, dans l'organe clandestin, paraît un texte dont la documentation surprend, sous la plume d'hommes traqués et à pareille époque. Un texte très caractéristique : « Tandis que le vieux maréchal Pétain bavarde sur la "révolution nationale" et que tout un tas de renégats et de traîtres condamnent le "capitalisme libéral", les trusts, qu'on a soi-disant dissous, sont, par la grâce de la clique de Vichy, les maîtres absolus de l'économie et, partant, de la politique française. Voici des faits, des faits secs, mais combien éloquents qui montrent la mainmise des trusts sur notre malheureux pays. Le gouvernement a constitué une série de comités d'organisation professionnels, mais tous ces comités sont effectivement entre les mains des potentats des trusts. Le "Comité des Assurances", par l'intermédiaire de M. Grimpel, est entre les mains du comte Pillet-Will, du baron Hottinguer et de M. Moreau-Néret, secrétaire général au ministère des Finances. Ainsi s'étale une scandaleuse collusion entre les affaires publiques et les intérêts privés. Le "Comité de l'Automobile et du Cycle" est entre les mains de M. Lehideux, du baron Petiet, de MM. Renault, Peugeot, Michelin, c'est-à-dire des potentats de l'industrie automobile. Le "Comité du Commerce d'importation du charbon", par l'intermédiaire de MM. Auberger et Fossorier, est entre les mains du baron de Nervo, du baron Davillier, de M. de Turckheim, du sénateur réactionnaire Henri Bérenger et du ministre des Finances Bouthillier, administrateur de la Transat. Le "Comité des Chaux et Ciments", par l'intermédiaire de M. Pagézy, est entre les mains de Mercier, Detœuf, Petsche, Girousse, Mirabaud, de Castellane, Humbert de Wendel. Le député réactionnaire Valette-Viallard est lui aussi de la combinaison. Ces messieurs semblent avoir des perspectives pour la reconstruction. Le "Comité de l'Industrie des Combustibles minéraux solides", par l'intermédiaire de M. Lepercq, est entre les mains de Schneider, du baron Davillier, de Mercier et de M. de Peyrimhoff. Le "Comité de l'Energie électrique", par l'intermédiaire de M. Bouteville et de ses collègues, est entre les mains de MM. Mercier, Detœuf, Girousse, le baron Reille, le sénateur réactionnaire Jacques Bardoux, Thiriez, Plichon. Le "Comité des Machines thermiques, hydrauliques et pneumatiques", par l'intermédiaire de M. Delahousse, est entre les mains de MM. Schneider, de Neuflize, Freyssinet, Th. Laurent, Detœuf, Domberg (ami de Laval)... »

Ici, un bref contrepoint... Quelques lignes extraites de l'étude de Renaud de Rochebrune et Jean-Claude Hazera sur *Les Patrons sous l'Occupation.* « Pendant les premiers mois de l'Occupation, (...) écrivent ces deux auteurs, beaucoup d'entreprises sont relativement prospères car, à cause de pénuries, elles font des économies forcées sur les dépenses d'entretien et d'investissement. Tout cela explique en grande partie la bonne tenue générale de la Bourse, étonnante mais logique. »

A cette logique-là, les communistes préfèrent leur propre dialectique, et c'est d'abord à partir de cette analyse de classe qu'ils définissent le régime de Vichy. Toutefois, s'ils peuvent aussi vite le caractériser et le dénoncer, si d'emblée ils apparaissent comme vaccinés, immunisés contre l'épidémie d'illusions que provoque le mythe Pétain, c'est aussi pour trois autres raisons. D'abord, tous les protagonistes soudain surgis sur la scène de la tragi-comédie vichyssoise leur sont depuis longtemps familiers, ce sont pour eux de vieilles connaissances car de vieux ennemis. Ensuite, ils sont frappés, au double sens du terme, par la remarquable continuité dans la répression anticommuniste, continuité qui paraît être miraculeusement à l'abri de l'effondrement et de la dislocation générale — pendant ces semaines de désordre absolu où, dans les ruines de l'appareil d'Etat, on voit mourir la IIIe République et naître l'« Etat français », il semble même que les seuls services qui continuent de fonctionner et dont les fonctionnaires ponctuels et zélés n'aient pas interrompu leur besogne soient les branches du ministère de la Justice et du ministère de l'Intérieur où juges et policiers mènent depuis septembre 1939 la chasse à ceux qu'ils accusent d'« exercer une activité ayant directement ou indirectement pour objet de propager les mots d'ordre émanant ou relevant de la IIIe Internationale communiste ou d'organismes contrôlés en fait par cette IIIe Internationale ». Enfin, depuis Munich, les communistes estiment que les classes dirigeantes ont, en France, besoin de durcir leur pouvoir en remplaçant la démocratie bourgeoise classique par des institutions fascisantes — nous avons vu plus haut que cette analyse hasardeuse avait entraîné des difficultés dans la préparation de la clandestinité du PCF puisque, pour cette raison, le déclenchement de la guerre et la mobilisation d'un grand nombre de cadres n'avaient pas été prévus.

Le poète et le baron (suite)

En fait, donc, non seulement les communistes portent, dès le début, des appréciations d'une violente lucidité sur les oligarques, synarques et hiérarques en train de s'installer dans leur capitale balnéaire, mais ils annoncent ce que va être leur politique... A preuve, ce témoignage qui nous amène à rencontrer de nouveau un singulier duo, le poète et le baron, Louis Aragon et Guy de Rothschild. Le second ayant donc, un jour, sauvé la vie du premier, ils sont toujours dans le même régiment. « Le médecin et son assistant — Louis Aragon toujours — écrit, dans ses mémoires, le célèbre banquier, évoquèrent devant moi tout ce qui allait se passer : l'armistice, le gouvernement de Pétain, la présence certaine de Laval, ce que serait la politique de Collaboration, la politique antijuive (...). Avec le recul de l'histoire, cette analyse devait se révéler remarquable par sa clairvoyance et l'exactitude de ses prédictions. (...) Lorsque surgirent d'autres drames européens, Aragon, hélas ! ne manifesta pas la même acuité dans ses analyses... »

Le baron Guy nous avait donné plus de détails lorsqu'une douzaine d'années plus tôt il nous avait déjà raconté la scène... Cette scène qui se déroula dans la nuit du 25 au 26 juin 1940, en Charente, non loin d'Angoulême, un mois après les durs combats de Carvin... Un des camions de la nouvelle formation dont Guy de Rothschild a reçu le commandement après l'équipée de Dunkerque, a un grave accident. Il y a plusieurs victimes... « Nous avons enterré le mort et les blessés sont partis par priorité sur un autre camion, nous dit Guy de Rothschild. Je les ai accompagnés, nous sommes arrivés quelques kilomètres, ou quelques dizaines de kilomètres plus loin, au centre hospitalier de la division qui était tenu par le docteur Lévy — je ne me souviens plus si c'était un médecin militaire ou un civil mobilisé. Ce que je sais c'est qu'il avait comme adjoint, et comme unique adjoint, Aragon, médecin auxiliaire. Vu les conditions catastrophiques de la débâcle, les blessés ont été soignés d'une manière remarquable. Ensuite, vers 6 heures du matin, le docteur Lévy et Aragon m'ont invité à venir coucher dans la chambre qu'ils habitaient ensemble chez l'habitant. J'ai couché par terre, tout habillé, épuisé au-delà de l'épuisement et de la fatigue. Au moment où j'allais m'endormir, ils m'ont dit : "Vous avez entendu les nouvelles, vous savez ce qui arrive..." J'ai répondu : "Oui, j'ai entendu..." Alors ils m'ont dit tous les deux, mais Aragon en insistant : "Mon Dieu, est-ce que vous savez ce que ça veut dire, Pétain ?" J'ai répondu : "Bof ! je l'ai rencontré une fois chez mes parents. C'est un vieux monsieur..." Ils ont repris : "Et Laval ?" J'ai répondu : "Eh bien Laval, oui, c'est un type qui a une cravate blanche pour laquelle il est célèbre, c'est un homme de droite..." Véritablement, à cette époque, j'avais très peu, pour ne pas dire aucune éducation politique. Je ne m'y intéressais guère. Et à ce moment-là, à mon grand étonnement, beaucoup plus grand rétrospectivement d'ailleurs qu'il n'a été à l'époque, l'un et l'autre, mais Aragon plus spécialement, m'ont dit : "Eh bien, écoutez, voilà ce que ça va être..." Et, devant moi, ils ont prévu tout ce qui allait arriver au point de vue politique : la collusion avec les Allemands, l'installation en France d'un régime para ou quasi nazi, l'abolition de la démocratie, l'antisémitisme... Enfin tout ce à quoi on a assisté dans les années qui ont suivi... Cette nuit-là, je me suis endormi dans un état, je le répète, d'abrutissement et de fatigue extrêmes. Toutefois, à partir de cet instant, et grâce à cette clairvoyance politique, cette compétence politique, je n'ai jamais eu la moindre illusion ou la moindre mauvaise surprise. Depuis le premier jour, j'ai vu clair grâce à Louis Aragon... »

A partir de cette analyse, à partir de positions aussi nettement et rapidement prises, la ligne politique semble simple à définir. Lucie Aubrac le constate, dans le livre déjà cité qu'elle publie dès 1945, *La Résistance* (*naissance et organisation*). « Les communistes, y écrit-elle, ne dissociant pas Pétain de son allié Hitler, basaient leur politique sur l'identité du fascisme, qu'il s'exprimât en français ou en allemand. Aussi, leur propagande, montrant le vrai visage de l'Allemagne nazie, s'appliquait à démolir le mythe du national-socialisme, montrait les conséquences de l'Occupation pour la France et les perspectives politiques et guerrières que la force de l'Allemagne, grossie par de nouveaux apports européens, allait imposer au monde prolétarien. Sans jamais perdre de vue les revendications ouvrières, le Parti communiste ne cessait dans sa propagande de montrer l'esclavage et l'asservissement des peuples condamnés à travailler pour la guerre et la puissance d'un Etat fasciste. »

A ces considérations objectives fondamentales, sans doute faut-il ajouter des adjuvants considérables mais plus subjectifs... Dans la mémoire, on serait presque même tenté de dire dans l'inconscient des communistes français, les luttes de l'avant-guerre, l'émeute puis la grève générale des 6 et 9 février 1934, le Front populaire, la guerre d'Espagne, l'abdication de Munich, etc. ont si fortement ancré l'équation *communisme = antifascisme* que, pour ces hommes et ces femmes, l'antifascisme est devenu une sorte de réflexe. Chez beaucoup, la nostalgie est forte d'un combat clair, dangereux mais clair, périlleux mais sans ambiguïté, un combat exaltant. Ce sentiment est tout spécialement perceptible chez les anciens des « Brigades internationales » qui ont mené la lutte armée contre le franquisme. Or, les anciens des Brigades vont fournir, dès le début, une grande partie des cadres de la clandestinité communiste. « Leur participation à la Résistance est difficile à apprécier, mais il semble bien qu'elle ait été particulièrement forte, en raison à la fois de leur conviction antifasciste et de leur expérience du combat », écrit ainsi l'historien Antoine Prost en présentant la thèse de Rémi Skoutelsky publiée, en 1998, sous le titre *L'Espoir guidait leurs pas ; Les volontaires français dans les Brigades internationales, 1936-1939*... Toujours dans les rangs du Parti, d'autres éléments confortent ce réflexe antifasciste, ce sont les antifascistes étrangers émigrés en France, les militants de la MOI (Main-d'œuvre immigrée), ceux que les Allemands et leurs collaborateurs français commencent à traiter de Juifs et d'apatrides, ceux qu'au fil du demi-siècle à venir la mémoire populaire retiendra comme les glorieux terroristes de *L'Affiche rouge*... Enfin, plutôt perméable au sentiment populaire du moment et s'efforçant de l'être toujours plus, le Parti perçoit l'agacement, l'irritation puis la colère qui, après l'apathie première, apparaissent chez l'homme de la rue en présence de l'arrogante multiplication des uniformes « feldgrau » — perception facilitée, d'ailleurs, par le fait que cette colère monte tout particulièrement parmi les jeunes couches de la population et que le PCF est, à cette époque, essentiellement, un parti jeune, un parti de jeunes.

« Détruire le communisme » à la SNCF

Et puis, bien sûr, toujours, il y a la répression... La cruelle, la permanente, l'obsédante, la quotidienne présence policière. Une vie saupoudrée de dangers. Même si l'on sait être méthodiquement prudent, la hantise de l'imprévisible. Même si l'on a pu dominer sa propre peur, la crainte de ce qui risque d'arriver aux autres... Il y a la traque et la répression qui, loin de s'affaiblir durant l'été et l'automne de 1940, se durcissent et s'amplifient sans cesse. L'opération séduction marginalement menée par les occupants ne freine ni ne ralentit en rien le rythme des opérations policières. Dans son histoire de *La SNCF pendant la guerre*, Paul Durand écrit : « Dès la prise de commandement allemand, le climat politique se détériore. Les envahisseurs, non seulement veulent s'assurer le travail des cheminots, mais ils entendent chasser les communistes du réseau. Une lettre du 3 juillet, signée du secrétaire d'Etat aux Communications et adressée au président de la SNCF, lui signale, sans autre précision, que des manifestations hostiles aux combattants et prisonniers français ont eu lieu lors du passage de certains trains, salués par des cheminots le poing levé. Vichy demande en conséquence de l'aider à "détruire le communisme" et d'associer les agents dirigeants à cette action. » Et ce n'est qu'un exemple parmi beaucoup d'autres. Germaine Willard, elle, cite des chiffres du tout début : « Du 1er au 7 juillet, dans la région parisienne, 9 organisations clandestines d'impression et de diffusion sont découvertes, 90 militants arrêtés, 63 autres internés administrativement. De juillet au début d'octobre, le bilan de la Préfecture de police s'établit ainsi : 543 arrestations pour flagrant délit, 328 internements administratifs, au total 871 arrestations ; 35 organisations d'impression et de diffusion ont été détruites. La province n'est pas épargnée ; ainsi, fin juillet, une trentaine de militants qui venaient d'être démobilisés sont arrêtés à Villeurbanne. (...) Dans la seule région parisienne, 1 441 communistes sont arrêtés en décembre 1940 ; 1 647 le 10 février 1941 ; 2 098 trois mois après. Des milliers de Français, dans leur immense majorité des communistes, ont été internés par mesure administrative. » Et la même historienne mentionne cet extrait de *La Gazette de Lausanne* du 10 mai 1941 : « Il ne se passe plus de jour que des meneurs ne soient arrêtés, des distributeurs ou imprimeurs de tracts ne soient condamnés. Plusieurs centaines de chefs ont été déportés en Afrique du Nord (...) et cependant les cadres subsistent, les mots d'ordre circulent et l'action lente, mais corrosive, se poursuit. » Accomplie désormais sous la houlette, les directives et la protection de la Gestapo, du SD, de l'Abwehr et des autorités d'occupation en général, cette répression est d'autant plus acharnée qu'elle est très souvent le fait de Français passés au service de l'ennemi. Plus tard, des gens engagés dans la Milice et des membres des partis de la Collaboration se feront policiers amateurs pour participer aux chasses à l'homme, aux tortures-parties et aux raids de pillage.

Cela dit, avec le PCF, et sans doute en raison du contexte polémique que nous avons assez largement évoqué, on est souvent tenté de plus parler de l'entrée en Résistance que des débuts et de la croissance de celle-ci... Soyons donc désormais plus précis et regardons de plus près à quel stade de leur évolution en sont les organisations communistes lorsque la Résistance devient adulte.

Dans l'ouvrage collectif que les communistes eux-mêmes ont consacré à leur activité résistante et auquel nous nous sommes déjà référés, on peut lire : « Dès l'automne 1940, l'état d'esprit change en France. Au désespoir et à la passivité commencent à se substituer la colère et le désir d'action contre les oppresseurs : la Résistance prend corps. En dépit des arrestations qui frappent les militants du Parti communiste, le nombre de ses adhérents augmente ; ainsi ses effectifs contrôlés passent, en Seine-et-Marne, de 265 en décembre 1940 à 324 en février 1941. Les groupes de base deviennent plus nombreux, surtout dans les entreprises. Le rapport de Paris-Ouest en janvier 1941 signale quatre groupes à la Lorraine (Argenteuil), quatre chez Matford (Poissy), trois chez Ericsson, cinq chez Willème, cinq chez Gnôme-et-Rhône, neuf chez Hispano, cinq chez Chausson. » Or, ce que disent les communistes, les sections D6 et A1 du service IV du RSHA (Office central de sécurité du Reich), c'est-à-dire les branches de la Gestapo respectivement chargées des territoires occupés et des activités communistes, le confirment. Un rapport D6 du 21 novembre 1940 remarque : « Les communistes français s'occupent actuellement de leur réorganisation. (...) Nous avons acquis la conviction qu'en zone occupée comme en zone non occupée, cette réorganisation va plus vite qu'on aurait pu le penser. » Un rapport A1 du 4 janvier 1941 précise : « La propagande communiste par tracts dans Paris et sa banlieue a toujours la même importance malgré la diminution que l'on avait notée pendant un certain temps. Dans la période du 15 au 31 décembre 1940 ont paru au total trente-deux nouveaux textes au ton incendiaire et rééditions de caractère local ; deux étaient imprimés, les autres polycopiés ou ronéotypés. Pendant cette même période on a pu dénombrer environ deux mille graffiti. (...) Pour ce qui est de la distribution des tracts communistes dans les régions dépendant de nos services extérieurs de Bordeaux, de Dijon et du Nord de la France, on constate une activité croissante. C'est *l'Humanité* qui apparaît le plus souvent et dans des éditions réalisées sur place. Mais divers autres tracts locaux sont aussi régulièrement diffusés. » Enfin, dans un autre rapport A1, daté du 30 janvier 1941, et plus important que les précédents puisqu'en quinze pages, sous la signature du haut fonctionnaire SS Heinrich Reiser, il fait le bilan des informations obtenues par la Gestapo sur le parti clandestin pendant « la période allant du début de l'occupation jusqu'au 31 décembre 1940 », on peut lire : « Assez vite, on s'est aperçu que le PCF avait en peu de temps pratiquement reconstitué dans leur totalité son appareil illégal existant de longue date et sa vieille organisation monolithique. (...) Dans le reste de la France occupée, le développement de la propagande illégale communiste est analogue à celui que l'on constate à Paris et dans sa banlieue. (...) Même en zone libre, le Parti communiste n'est pas resté inactif — ce qui ne saurait surprendre. (...) En conclusion, on peut dire que l'activité communiste en zone libre progresse en violence et en étendue... »

« Ils veulent nous tuer tous... »

A quoi tenait cette vitalité du PCF dans la clandestinité ? Elle tenait d'abord à l'expérience, à la combativité, à la discipline, au dévouement et à l'esprit de sacrifice de ses militants. Leur obstination dans la lutte se nourrissait de ce paradoxe essentiel qu'ils étaient d'autant plus vivants qu'ils avaient accepté de mourir s'il le fallait. Et ce grand corps tirait aussi sa particulière vigueur de son si souvent critiqué monolithisme, fâcheux dans l'ordinaire des jours mais bien utile en saison clandestine... Si la vie quitte les corps sans âme, elle abandonne aussi les corps sans tête. Et si les gaullistes avaient leur Général, si les membres des mouvements s'animaient à l'initiative de leur fondateur devenu souvent leur chef, la qualité de l'appareil clandestin communiste dépendait pour beaucoup de la qualité de sa direction. Dans un autre ouvrage collectif intitulé *Histoire du Parti communiste français*, ce « manuel (...) élaboré par la Commission d'histoire auprès du Comité central » que nous avons déjà cité, on peut lire : « Pendant toute l'Occupation, la direction illégale du Parti parvient à jouer pleinement son rôle. Malgré les difficultés, la direction du Parti discute de tous les problèmes politiques et définit les positions du parti par rapport à l'évolution de la situation. Elle assure, grâce au dévouement de nombreux camarades et, notamment, des femmes et des jeunes filles communistes, les liaisons avec les membres du Parti. Elle désigne les responsables des régions et donne des délégations aux camarades du Comité central qui la représentent en zone Sud ou hors de France. Elle dirige effectivement tous les aspects de la lutte, y compris la lutte armée. »

La direction — quand il s'agit de cette époque, le terme n'est-il pas trop souvent anonymement employé ? A propos d'autres époques moins tragiques, moins décisives et beaucoup moins héroïques, il est souvent arrivé que la direction soit exagérément personnifiée. Au contraire, là, une sorte de réflexe de clandestinité trop bien ancré semble, du côté communiste, empêcher que l'on mette en lumière comme il le mérite le rôle exceptionnel joué par quelques hommes qui ne l'étaient pas moins... Car, bien sûr, la direction n'était pas abstraite. La direction, c'était les orientations données par Maurice Thorez depuis Moscou ; c'était la présence de Jacques Duclos dans la région parisienne pendant toute l'Occupation ; c'était sa collaboration quotidienne avec Benoît Frachon et très fréquente avec Charles Tillon... Nous aurons l'occasion de dire ultérieurement comment vivait Maurice Thorez en Union soviétique... Restons, pour le moment, au cœur de la France occupée et projetons les deux véritables petits films intériorisés que Jean Laffitte et Fernand Grenier ont réalisés en usant de leur mémoire comme d'une caméra.

Avec Laffitte, nous sommes le jour de Noël de 1940. Sidonie, c'est Mounette Dutilleul. Albert, c'est Félix Cadras... « Tout se déroule comme prévu, écrit Jean Laffitte dans *Ceux qui vivent*. Arrivés sur le palier, Sidonie sonne trois petits coups à une porte qui s'entrouvre aussitôt. Une femme, dont je ne vois que le dos, nous ouvre une autre porte et disparaît dans une pièce voisine. Je pénètre dans une petite chambre. Comme meubles, un divan, une table et trois chaises. Sidonie revient quelques instants plus tard avec Albert et s'en va en refermant la porte. Nous sommes seuls.

— Nous pouvons parler, mais pas trop fort, me dit Albert.

Je remarque sur la table un bocal de cerises à l'eau-de-vie et trois verres.

— Nous attendons quelqu'un ?

— Peut-être.

Une question me brûle les lèvres :

— As-tu des nouvelles de nos amis ?

— Oui, ils vont très bien. Tu pourras bientôt t'en rendre compte.

Je suis très intrigué. Albert sort un paquet de cigarettes de sa poche, m'en tend une, me donne du feu et me demande ce que je pense de la situation. Il semble écouter distraitement. De mon côté, l'impatience grandit et mes yeux ne quittent pas la porte. Soudain, elle s'ouvre et se referme aussitôt.

— Jacques !

Le cri m'a échappé. Un peu maigri, Jacques porte une barbe en pointe et la moustache légèrement retombante. Ses lunettes ont été remplacées par des lorgnons mais j'ai reconnu tout de suite la vivacité des yeux. Il me serre dans ses bras, échange avec Albert, qui ne paraît pas surpris, une vigoureuse poignée de main, s'assied en face de nous, regarde sa montre puis nous dit en guise de préambule :

— Je dispose d'une heure...

Avec un souci affectueux, il s'enquiert de ma situation, de la santé de ma femme, de ma mère et commence à parler.

— Nous allons à une guerre longue... Nous ne pouvons prévoir toutes les étapes de son déroulement, mais ce qui est certain, c'est que les forces de progrès et de démocratie sortiront finalement victorieuses... La France, livrée aujourd'hui à l'occupant nazi, doit pouvoir, dans l'évolution des choses, se libérer un jour par ses propres moyens. (...) Ainsi, c'est très clair. Ce qu'il faut, c'est développer la lutte contre l'occupant et les traîtres de Vichy. (...) Plus de cent mille des nôtres sont déjà dans les camps. On nous en arrête tous les jours. La peine de mort ne nous est pas encore appliquée. Ça viendra... Au fond, l'objectif de nos ennemis est clair : ils veulent détruire physiquement notre organisation. Autrement dit, nous tuer tous... Nous devons savoir aussi que même dans les rangs de ceux qui luttent contre l'Allemagne hitlérienne, il en est qui ne seraient pas fâchés de nous voir disparaître tout en tirant profit de notre combat... Par conséquent, il faut veiller à la sécurité du Parti comme à la prunelle de nos yeux... (...) Nous devons appliquer une discipline de fer... On ne peut plus tolérer que les arrestations continuent à la cadence de la première période... Toute notre organisation doit être changée... (...) Ce qu'il faut c'est prendre modèle sur un bateau de guerre... Un cuirassé, par exemple, est construit de telle façon que, divisé en cloisons étanches, il peut être frappé sur un ou plusieurs points sans pour cela cesser de flotter... »

« Un homme avec une barbe, très médecin de campagne... »

Deux années séparent la séquence Laffitte de la séquence Grenier... Entre ces deux scènes, ces deux images, sept cents jours se sont écoulés. Pour les militants communistes, sept cents jours d'insécurité quotidienne, de combat de tous les instants, et de misère, et de deuil. Mais aussi sept cents jours de croissance... Ils ont rompu l'isolement. Les armes à la main, ils ont subi l'épreuve du sang et donné la preuve de leur indispensable efficacité. Ils ont démontré le danger de « l'attentisme ». Quand sous les rebuffades des alliés anglais et américains, c'est vers la Résistance intérieure que de Gaulle a dû se tourner pour fortifier sa légitimité, de quels interlocuteurs s'est-il d'abord soucié, sinon des communistes autrefois ignorés... D'ailleurs, quand nous retrouvons Fernand Grenier en novembre 1942, il est à la veille de partir pour Londres ; il vient de rencontrer un des principaux envoyés spéciaux du général de Gaulle en France occupée, le colonel Rémy avec lequel il a discuté des conditions du voyage clandestin qu'il va bientôt effectuer en Angleterre où il sera le premier représentant du Comité central auprès de la France libre. « Quinze jours plus tard, écrit Fernand Grenier dans *C'était ainsi...*, je reçois des consignes précises : “Porte une extrême attention à ne pas être suivi... Tu vas rencontrer des camarades de la direction.” On ne m'a pas dit lesquels. Le jour dit, à l'aube, je trouve au lieu du rendez-vous, quelque part en banlieue, un camion. Après le mot de passe, je monte aux côtés du chauffeur. C'était Raymond Dallidet (le frère d'Arthur) qui joua un rôle particulièrement important comme organisateur des liaisons avec la direction du Parti. (...) Le camion s'arrête dans un village. Le chauffeur et moi marchons plusieurs kilomètres. Personne derrière nous... Une petite ferme : “C'est là”, me dit le camarade. Un homme, avec une barbe — très médecin de campagne style 1900 : Jacques Duclos. Un autre, avec de fortes moustaches : Benoît Frachon. Nous nous donnons l'accolade et nous demeurons sans parler. (...) Je suis en face des deux hommes auxquels aboutissent, en définitive, tous les fils de la vaste organisation tissée de Dunkerque à Marseille, de la Bretagne à l'Alsace, grâce à laquelle tant d'hommes et de femmes continuent inlassablement la lutte (...) Jacques et Benoît font le point de la situation (...). Quelques jours plus tard, je passe le réveillon de Noël chez Charles Tillon. (...) Lui passe dans cette petite localité pour un artiste peintre (on le voit souvent un chevalet sous le bras) mais c'est la couverture. En réalité, il est le commandant en chef des Francs-tireurs et partisans. (...) Tillon précise ce qui a été discuté dans les grandes lignes avec Duclos et Frachon, à savoir tout ce qui concerne les Francs-tireurs et partisans : leur activité de plus en plus grande, l'aide que Londres devrait leur apporter, etc. »

Dans ces deux témoignages et plus particulièrement dans ce qu'ils nous rapportent des propos de Jacques Duclos, on est frappé par l'importance accordée aux questions de vigilance, de sécurité... C'est que, comme nous l'avons déjà vu et le verrons encore, les vagues de répression se succèdent en s'acharnant plus particulièrement sur les résistants communistes. « Les communistes sont traqués », écrira plus tard Henri Noguères. C'est le mot juste. Et ce mot, les dirigeants du Parti en mesurent la portée. Ils savent qu'aucun appareil clandestin n'est invulnérable et que les militants ne sont pas des surhommes. Les chiffres d'arrestations que les gens de la Gestapo, ceux du « IV A1 », font figurer dans les bilans qu'ils envoient à Berlin, eux, c'est comme autant de douloureuses cicatrices... Dans le rapport du « IV A1 » en date du 30 janvier 1941 et auquel nous nous sommes déjà référés quelques pages plus haut, on peut lire : « A la fin de juillet 1940, les autorités françaises, en collaboration avec les services allemands, ont entrepris de mener plus énergiquement et plus systématiquement la lutte contre le PCF (...) En outre, on a installé près de Paris un camp de concentration pour communistes dans lequel ont été placés les anciens militants déjà connus et d'autres éléments suspects dans la mesure où on a pu s'en saisir. (...) Le nombre total de ceux qui ont été arrêtés avant le 31 décembre 1940 et qui ont été déférés à la justice ou internés comme communistes se chiffre donc à 1 253 personnes. (...) La lutte contre les activités illégales du PCF est diversement menée dans les différents départements selon l'attitude du préfet et l'efficacité des services spécialisés. » Autre rapport de même source mais daté du 11 juin 1941 : « Comme nous l'avons déjà fait remarquer pour la période dont traitait notre dernier rapport, nous avons constaté qu'en fin mai-début juin, l'activité du PCF illégal a diminué par rapport à ce qu'elle était autrefois. On remarque de plus en plus que les fréquentes arrestations effectuées par la police française privent le PCF de ses meilleurs militants (...). Pour échapper aux arrestations, beaucoup de militants du PCF par ailleurs extrêmement actifs se mettent à respecter dans le travail illégal de propagande et de recrutement toutes les règles et mesures imaginables de prudence, ce qui gêne l'activité même et explique pourquoi on constate moins de succès au niveau de la grande masse. Voilà pourquoi les dirigeant du PCF cherchent actuellement d'autres méthodes pour s'opposer plus efficacement aux coups que leur porte la police française... ». D'autres méthodes, mais pas forcément nouvelles. Il suffit de répandre, de développer, de faire assimiler comme un instinct, comme un réflexe par tous les militants une faculté de riposte plus immédiate et plus diversifiée. Pas une structure bousculée ou ruinée sans que presque instantanément on entreprenne non seulement de la remettre sur pied mais de la reconstruire plus forte.

Le rôle des « cadres »

« Les 5 et 6 octobre 1940, nous raconte Jean Laffitte, il y a eu des arrestations massives de membres du parti. Il a fallu tout réorganiser sur des bases nouvelles. Cela, au début de 1941. On a littéralement refait le parti en partant du sommet jusqu'à la base. On a changé les hommes de place et les hommes tout court. On a commencé par récupérer les anciens cadres après avoir vérifié leur comportement pendant la guerre. Il y avait les biographies avec un certain nombre de références faciles à vérifier. Avec certains, ça allait vite. Alors, la direction du parti donnait vite l'autorisation de les réemployer. A chaque échelon politique, le responsable aux cadres se chargeait de vérifier. Le responsable des cadres à l'échelon national était Arthur Dallidet et celui de la région parisienne Robert Dubois, dit Breton... De toute façon, il se passait un certain temps entre la désignation à une responsabilité et l'entrée en fonction. Il arrivait que certains camarades soient à l'ombre ou au vert. De façon générale, il y avait, avant l'entrée en fonction, une vérification systématique. La direction du parti, par l'intermédiaire de son responsable aux cadres et de tout l'appareil du parti continuait à surveiller l'attitude de chaque militant, à quelque échelon qu'il soit et n'hésitait pas à infliger des blâmes qui étaient le plus souvent accompagnés d'une rétrogradation dans l'échelle de l'appareil. » Les mêmes cadres permettaient aussi à la direction d'utiliser judicieusement les capacités techniques de chacun dans les branches correspondantes de l'activité clandestine. A ce propos, Georges Beaufils, le futur colonel Drumont, qui travaillait en étroite collaboration avec Dallidet nous explique : « Sur la base de renseignements que nous avions, nous, aux cadres, et que me passait à ce moment-là Dallidet, nous allions à la recherche de ceux qui, soit par leur formation technique, soit par leurs capacités militaires pouvaient être précieux... Après, cette masse de matériaux permettait à nos camarades de la Direction de restructurer le Parti, de retrouver les éléments, de rassembler pour redémarrer... »

Ce rôle complexe et original joué par les « cadres » dans la vie du PCF clandestin ne doit pas laisser penser que l'appareil était exagérément autoritaire. En effet, sans porter atteinte à la discipline qu'implique le travail illégal, c'est précisément le contraire de la passivité que les résistants communistes se voient demander par leur parti. « Chaque militant, lit-on dans un numéro de *la Vie Régionale* diffusée dans le Nord en août 1942, doit se poser à chaque minute la question : que vais-je faire pour diminuer la production, pour saboter la machine de guerre nazie ? » Et c'est dans *la Vie du Parti* du quatrième trimestre 1941 qu'il est dit : « Il est nécessaire de développer au plus haut point l'esprit d'initiative et de responsabilité de chaque membre du Parti, de chaque groupe, de chaque cadre. »

Ce triple appel à la vigilance, à la compétence et à l'initiative de ses militants va permettre au PCF de multiplier les formes et les domaines de son action. Dans la préface qu'il a écrite pour l'ouvrage collectif *Le Parti communiste français dans la Résistance*, Jacques Duclos insiste sur la « combinaison constante de la lutte armée et de l'action politique sous ses aspects les plus divers » et sur « la liaison faite par le Parti entre les revendications quotidiennes et le combat patriotique ». La mise en application de cette politique, de cette stratégie d'une résistance aux formes multiples alarme vite la Gestapo et les gens de Vichy. Dans la synthèse IV A1 du 30 janvier 1941, il est dit : « Il faut ajouter une quantité toujours croissante et dont la qualité s'améliore sans cesse de tracts destinés aux groupements et organisations professionnels (...), tracts pour les chômeurs, les comités d'entreprise et les soldats démobilisés. Là encore, il faut reconnaître que le PCF a déployé dans ces différents milieux une activité de recrutement et de propagande pleine de zèle, soutenue par l'appareil nécessaire et qu'effectivement, il a très vite remporté des succès. (...) Même les couches sociales idéologiquement éloignées du communisme ont été progressivement touchées par le matériel de propagande du PCF. Il y a des tracts pour les petits bourgeois, les commerçants, les instituteurs, les hommes de science, pour les élèves des Grandes écoles et les étudiants de l'Université de Paris... » Quatre mois et demi plus tard, le 7 juin 1941, c'est le préfet du Nord qui écrit dans un rapport à la Commission d'armistice : « La campagne d'agitation communiste s'est poursuivie au cours du mois de mai, sans relâche, par les mêmes voies : distribution de tracts de tous ordres et de toute nature, exploitant, de manière générale, toutes les sortes de mécontentement qui peuvent animer la population : sentiments antiallemands, esprit d'indépendance, insuffisance du ravitaillement et des salaires, provocation d'attroupements devant les mairies par le dépôt de tracts incitant les ménagères à se rendre à date et heure fixes en un point déterminé. » L'émotion ressentie dans les bureaux de la Gestapo comme à la préfecture du Nord sera durable. Trente ans après, dans un des innombrables ouvrages qui prétendent réhabiliter le régime de Vichy, Stan-Michel Pellistrandi porte, sur un ton dont l'hostilité n'est pas voilée, une appréciation qui n'en a que plus d'intérêt. « Le Parti communiste mène son propre jeu, écrit-il. (...) Développant une véritable stratégie de guerre subversive, il s'impose à l'attention, dans tous les domaines : opérations armées, attentats, sabotages, troubles sociaux, grèves. »

Puis l'OS, puis les FTPF...

Pour pouvoir ainsi, en utilisant un nombre maximum de moyens d'action, à la fois frapper l'ennemi de tous côtés et trouver des appuis dans toutes les catégories sociales que cet ennemi opprime et lèse, les communistes doivent d'abord s'attacher à ce que les divers éléments de leur stratégie globale se développent harmonieusement. Ils doivent unir et faire que le demeurent les gens aux préoccupations variées et qui, souvent, n'ont pas les mêmes raisons de résister ; ils doivent démontrer et faire admettre qu'une prise de parole sur un marché pour dénoncer la hausse ou le rationnement des pommes de terre et l'attentat, revolver au poing, contre un colonel de la Wehrmacht ne sont qu'apparemment des actes différents puisque l'un et l'autre sont nécessaires, puisqu'ils sont complémentaires. Pour maintenir le fructueux équilibre entre le tract et la mitraillette, entre la conversation au café du coin et le sabotage nocturne, les militants apprennent à risquer chaque jour la torture et la mort sans jamais se désintéresser pour autant des petits malheurs quotidiens de ceux qui ont choisi de ne prendre aucun risque. La direction du Parti considère que les Comités populaires et l'Organisation spéciale (OS) dans un premier temps, puis le Front national et les Francs-tireurs et partisans français (FTPF) dans un deuxième temps sont étroitement complémentaires et ne peuvent exister l'un sans l'autre. Un mot d'ordre qui va bientôt se répandre pour devenir en quelque sorte une devise exprime avec concision cette stratégie et cette réalité : « S'unir, s'armer, se battre ! »

S'unir... Quand il s'agit des communistes, ce mot prend presque allure de lapalissade. On se souvient qu'en juillet 1940, en lançant leur appel, Maurice Thorez et Jacques Duclos disaient : « L'unité de la nation peut se faire. » En affirmant cela, ils continuaient sur la lancée de ce « Front français » qu'ils avaient en vain proposé pour élargir le Front populaire et pour freiner la marche à la guerre. Mais ils ouvraient la perspective du Front national dont, dès les premiers mois de l'Occupation, les Comités populaires commençaient de jeter les bases. Aussi bien, de 1941 jusqu'à la Libération et même après celle-ci tant que ce sera possible, le Front national n'est-il pas, pour les communistes, un simple bureau de relations publiques. Ils le considèrent comme l'axe de toute leur politique. Après avoir rappelé l'évolution de la situation en France durant les premiers mois de l'année 1941, Jacques Duclos écrit dans ses *Mémoires* : « C'est dans les conditions de ce développement de la volonté de lutte des masses contre les occupants que notre Parti lança l'idée du rassemblement des forces patriotiques et publia le 15 mai 1941 un appel à la formation d'un "Front national de lutte pour l'indépendance de la

France". Il s'agissait de prendre des contacts pour aboutir à la formation du Front national. Des hommes comme Pierre Villon, Jean Jérôme et André Mercier jouèrent dans ce domaine un rôle des plus importants. » Quelques pages plus loin, Jacques Duclos cite *l'Humanité* clandestine du 20 mai 1941 où l'on pouvait lire : « Dans ce Front national de l'indépendance, il y a place pour tous les Français, sauf pour les capitulards et les traîtres au service de l'envahisseur (...). Pour que la France soit la France et ne devienne pas une colonie nazie, l'unité de la Nation doit se faire. C'est à réaliser cette unité que le Parti communiste va s'employer de toutes ses forces. »

Les architectes de l'action, disons-nous... Quand il s'agit du PCF clandestin, sans doute faut-il ajouter une épithète et dire : architectes de l'action commune... Mais cette unité dans l'action est-elle possible, et comment ? C'est l'évolution même de la Résistance, péripéties et avatars compris, qui va répondre.

Chapitre huit

UNDERGROUND SONG

Où l'on se souvient du titre anglais du* Chant des partisans*, composé à Londres, et de l'extraordinaire dimension qu'ont bientôt prise ces couplets...

Des *Cahiers de l'OCM* aux *Cahiers de Défense de la France*, en passant par *Après* (de Combat) et *La Revue libre* (de Franc-Tireur), les grands mouvements ont tous tenu à avoir, outre leur journal, organe de la lutte immédiate, une revue plus théorique, un espace intellectuel imprimé... Et cela malgré le regain de danger qu'impliquait toute nouvelle publication clandestine. *Les Cahiers du Témoignage chrétien* ont marqué par les débats intellectuels libres qu'ils permirent en pleine Occupation, mais les plus notables furent sans doute *Les Cahiers de Libération*, en raison surtout de leur orientation littéraire plus prononcée... Au micro de la BBC, le 24 octobre 1943, Maurice Schumann, la voix française la plus écoutée de Radio-Londres malgré le brouillage nazi, faisait ainsi l'éloge du « premier numéro des *Cahiers de Libération*, cette *Nouvelle Revue française* de demain, éditée à cinq mille exemplaires par l'élite de nos penseurs et de nos poètes selon les lois de la clandestinité, au moment même où *La Nouvelle Revue française* meurt, c'est le cas de le dire, faute de collaborateurs... ».

Dans ce premier numéro des *Cahiers de Libération*, publié, soulignait sa présentation, « sous une terreur qu'allège l'espoir », aux pages 31 à 34, on pouvait lire le texte des quatre couplets d'un chant inédit, écrit par Joseph Kessel et Maurice Druon sur une musique d'Anna Marly : *Les Partisans (chant de la Libération)*. Un chant qui allait vite être très connu sous un autre titre : *Le Chant des partisans*... L'article qui ouvrait ce premier numéro était signé « Merlin ». Merlin ? Alias Emmanuel d'Astier de la Vigerie, le père fondateur de Libération. Or ce dernier, avant la guerre, connaissait bien Joseph Kessel, qu'il venait de retrouver, à Londres, au printemps 1943, le temps de le conseiller pour son roman *L'Armée des ombres*, entrepris à la demande de De Gaulle lui-même et qui allait paraître en feuilleton dans la revue *La France libre*, dès le mois d'août... Mais, ajoute le biographe de d'Astier, Jean-Pierre Tuquoi, « une seconde œuvre va naître » de ces retrouvailles, « *Le Chant des partisans*. A partir d'une mélodie d'inspiration russe qu'interprète à la guitare une chanteuse slave, Anna Marly, au Petit Club français, Joseph Kessel et son jeune neveu Maurice Druon vont composer, à la demande de d'Astier (et avec sa collaboration), un chant de ralliement qu'il puisse rapporter à ses compagnons de clandestinité ».

« Sur un piano désaccordé... »

Yves Courrière, dans sa belle et riche biographie *Joseph Kessel ou Sur la piste du lion* a décrit la naissance de ce chant... Kessel, Jef pour ses amis, vivait alors avec une chanteuse célèbre, Germaine Sablon. « Le samedi 22 mai 1943, écrit Courrière, Germaine, Jef et Maurice se rendirent à Couldsdon devenu le refuge de nombre de Français désireux comme eux d'échapper quelques heures au *blitz* de Londres. Ils savaient y retrouver les "habitués" : Bissagnet, envoyé de De Gaulle à Dakar et rescapé des prisons vichystes, son compagnon de chaîne Hettier de Boislambert, le général de Boissoudy, François Baron et les députés communistes Waldeck Rochet, futur secrétaire général du parti communiste français, et Fernand Grenier, représentant à Londres du comité central du PCF auprès de la France combattante. Depuis la Résistance, depuis son engagement sous la bannière gaulliste, Joseph Kessel avait oublié toutes les préventions antibolchéviques qu'il tenait à la fois de son père et de son expérience personnelle. Le monde avait changé. L'URSS se battait héroïquement contre l'envahisseur nazi et, en France, les Francs-tireurs et partisans payaient le plus lourd des tributs à la Gestapo. (...) Pour lui, Fernand Grenier était un frère d'armes qu'estimait Emmanuel d'Astier, et que Rémy, chrétien fervent s'il en fut, avait amené, mêlé à ses enfants, dans la cale d'un petit bateau clandestin. (...) C'était une unité retrouvée dans le drame, c'était l'héroïsme dont faisait preuve, parmi tant d'autres, et quelles que fussent leurs opinions, les hôtes momentanés d'Ashdown Park qu'il fallait traduire dans ce chant attendu par la Résistance et qui devait être compris par tous. »

Le lendemain 23 mai, ou bien la semaine suivante, car, précise Courrière, « Druon, lui, se souvient du dimanche 30 mai », les deux futurs académiciens se mirent au travail. « Sur la pelouse, poursuit le biographe de Kessel, tandis que Germaine potassait ses verbes irréguliers dans une vieille grammaire anglaise, les deux hommes échangèrent des idées, commencèrent à griffonner puis à écrire. "Les mots venaient vite et presque d'eux-mêmes dans un dialogue où nous nous répondions, (...)" dira Maurice Druon. "Jef trouvait les idées avec Maurice et celui-ci avait le génie de les mettre en vers", remarquera Germaine Sablon. Une heure plus tard, trois demi-feuillets étaient couverts de l'écriture de Druon. Dans le salon de la modeste auberge au mobilier bancal et aux cretonnes usées, il y avait un piano dont les cordes étaient détendues. Tapant de deux doigts, le neveu, qui avait l'oreille plus musicale que ne l'avait l'oncle, retrouva la mélodie d'Anna Marly. (...) Après cette "naissance" sur un piano désaccordé, Kessel et Druon apposèrent leur signature à la fin du poème et lui donnèrent un titre : *Les Partisans* (...). Le soir même, après le dîner, ils se rendirent chez Emmanuel d'Astier où ils retrouvèrent d'autres chefs de la Résistance, des officiers de la France libre et leur compositrice Anna Marly qui constituèrent le premier public du *Chant des partisans*... ». Une quinzaine d'années avant Courrière, dans *Le Parisien libéré* du vendredi 16 mai 1969, Maurice Druon avait lui-même décrit cette soirée : « Public bouleversé, enthousiaste. On reprit les paroles en chœur, au milieu des tirs de la DCA tandis que les projecteurs de la défense antiaérienne formaient au-dessus de l'immense cité un étrange panier de lumière tressé d'X et de V ; X comme l'inconnu, V comme victoire. ».

Le Chant des partisans comporte quatre couplets de chacun quatre vers de quatorze ou quinze pieds :

« Ami, entends-tu le vol noir des corbeaux sur nos plaines ?
Ami, entends-tu les cris sourds du pays qu'on enchaîne ?
Ohé ! partisans, ouvriers et paysans, c'est l'alarme !
Ce soir l'ennemi connaîtra le prix du sang et des larmes...

« Montez de la mine, descendez des collines, camarades,
Sortez de la paille, les fusils, la mitraille, les grenades...
Ohé ! les tueurs, à la balle ou au couteau, tuez vite !
Ohé ! saboteur, attention à ton fardeau, dynamite !

« C'est nous qui brisons les barreaux des prisons pour nos frères.
La haine à nos trousses et la faim qui nous pousse, la misère...
Il y a des pays où les gens au creux du lit font des rêves.
Ici, nous, vois-tu, nous on marche et nous on tue, nous on crève.

« Ici, chacun sait ce qu'il vaut, ce qu'il fait quand il passe...
Ami, si tu tombes, un ami sort de l'ombre à ta place.
Demain, du sang noir sèchera au grand soleil sur les routes.
Sifflez, compagnons, dans la nuit la liberté nous écoute... »

Ce qui est frappant dans ce texte, c'est que son lyrisme épique ne l'empêche pas d'être d'une simplicité pragmatique, d'une étonnante vérité. On peut lui appliquer la remarque de Kessel aux premières pages de *L'Armée des ombres*, le roman dont on sait qu'il était alors en cours d'écriture : « Il n'y a pas de propagande en ce livre et il n'y a pas de fiction. Aucun détail n'y a été forcé et aucun n'y est inventé. On ne trouvera assemblés ici, (...) que des faits authentiques, éprouvés, contrôlés et pour ainsi dire quotidiens... ». Pragmatique, disions-nous. Plus même, d'un pragmatisme pragmatique. Strophe après strophe, ce sont toutes les facettes de la Résistance qui défilent comme dans un résumé kaléidoscopique : les appels, la lutte armée, les attentats, les sabotages, l'aide aux capturés, les évasions, le renouvellement des cadres après les arrestations massives. Et même l'unité nécessaire des mouvements (les « amis »), des communistes (les « camarades ») et des gaullistes (les « compagnons »)... Dans le Londres du printemps 1943 où ceci est écrit, pas un vers qui ne soit immédiatement illustrable, vérifiable et confirmable par une liasse de rapports qui arrivent chaque jour au BCRA... Même le dernier vers de ce chant du combat cruel, le vers plutôt symbolique, celui qui commence par « Sifflez... », va devenir réalité... C'est Yves Courrière qui dit comment.

Avec « Le Chant », « La Complainte »...

« Le lundi 24 mai, poursuit en effet le biographe de Kessel, la chanson était orchestrée et enregistrée par Germaine Sablon qui, après en avoir été la première auditrice, devenait la première interprète du *Chant des partisans*. Sa version fut immédiatement diffusée sur la BBC, et la musique, sifflée *a cappella* par André Gillois, Claude Dauphin et Maurice Druon, ouvrit désormais l'émission *Honneur et Patrie*. En France des milliers d'oreilles, attentives aux messages sibyllins que transmettait le poste, apprirent l'air avant d'en savoir les paroles... »

Si étonnant qu'y soit l'inventaire des formes et des moyens de l'action résistante, le chant de Kessel et Druon comporte aussi ses mises en valeur et ses mises à l'écart, tel aspect souligné et tel autre non cité... A presque une génération de distance et avec des préoccupations aux antipodes l'un de l'autre, un soixante-huitard français et un politologue écossais font finalement, à ce propos, des remarques assez voisines... C'est dans un livre intitulé *La Chanson française de contestation de la Commune à mai 1968* qu'en 1973 Serge Dillaz note : « Cette chanson qui fut écrite par un futur académicien et un futur ministre de la Ve République salue dans l'ouvrier et le paysan les deux classes sociales où s'est recruté le plus grand nombre de résistants... » Professeur à l'Université de Glasgow et familier de l'*Histoire parallèle* télévisée (sur *Arte*) de Marc Ferro, c'est en 1991 que James Steel publie *Littératures de l'ombre* où il définit Druon comme « co-auteur du *Chant des partisans*, hymne de la Résistance qui met en scène de jeunes paysans se battant aux côtés des ouvriers », avant d'ajouter cinq pages plus loin que « les résistants font figure de tueurs dans *Le Chant des partisans* dont Kessel est le co-auteur ». Ce qui fait jubiler Dillaz et chiffonne Steel c'est une image de la Résistance qui, avec le recul, apparaît beaucoup plus proche de celle que prônent les FTP que de celle qu'aimerait voir circuler le BCRA... Des mises en valeur qu'accompagnent, nous le disions, des mises à l'écart. Il n'est pas question ici de la recherche du renseignement. Ni de l'attente du débarquement. Ni de l'idée qu'on veut se faire de la Libération, etc. Autant d'omissions qui confortent une conception de la Résistance que trois mots résument : lutte armée populaire... Une conception dont il est intéressant de relever au passage qu'elle est donc celle de l'écrivain auquel précisément Charles de Gaulle, en janvier 1943, dans son fameux bureau du deuxième étage de Carlton Garden a choisi de dire : « Vous pourriez écrire quelque chose sur la Résistance... »

On oublie trop souvent que *Le Chant des partisans* n'est pas né seul, qu'il y a une jumelle. Une complainte jumelle. Enfin, une presque jumelle puisque avec presque les mêmes parents. Pour le chant, Marly-Druon-Kessel (avec incitation de d'Astier) ; pour la complainte, Marly-Druon-d'Astier (sans Kessel)... En présentant la biographie d'Emmanuel d'Astier de la Vigerie écrite par Jean-Pierre Tuquoi, Lucie Aubrac explique comment le fondateur de Libération écrivit, « un soir de juin 1943, à Londres, sous les bombardements, *La Complainte de la Résistance* » dans l'intention avouée de « raconter simplement, à la manière des chanteurs de rue avec l'accompagnement monotone d'un orgue de Barbarie, la vie fraternelle, passionnante, triomphante et sacrifiée des résistants dans la France occupée ».

La Complainte de la Résistance comporte vingt-quatre courts vers libres parfois assonancés :

« Les Allemands étaient chez moi
On m'a dit : "Résigne-toi"
Mais je n'ai pas pu
Et j'ai repris mon arme
Personne ne m'a demandé
D'où je viens et où je vais
Vous qui le savez
Effacez mon passage
J'ai changé cent fois de nom
J'ai perdu femme et enfants
Mais j'ai tant d'amis
Et j'ai la France entière.
Un vieil homme dans un grenier
Pour un jour nous a cachés
Les Allemands l'ont pris
Il est mort sans surprise
Hier encore nous étions trois
Il ne reste plus que moi
Et je tourne en rond
Dans les prisons des frontières

Le vent souffle sur les tombes
La liberté reviendra
On nous oubliera
Nous rentrerons dans l'ombre. »

La gémellité qui demeure néanmoins entre des textes aussi dissemblables que paraissent l'être *Le Chant* et *La Complainte*, c'est la gémellité de l'arme et de la blessure, de l'action et de la souffrance, de l'espoir et de la lucidité... Mais c'est aussi et surtout la gémellité des miroirs dans lesquels Emmanuel d'Astier veut que la Résistance se contemple elle-même. Double miroir poli par ses soins parce que Emmanuel d'Astier, lui aussi, est double. D'un côté, celui qui, à la fin de l'année, cette année charnière 1943, va devenir le commissaire à l'Intérieur du CFLN (Comité français de Libération nationale), donc le ministre de l'Intérieur du général de Gaulle. De l'autre, celui qui est resté et restera fidèle à la définition ultérieure d'Henri Amouroux : « Résistant lorsque la Résistance est encore une addition de solitudes, Emmanuel d'Astier sera des premiers à se lancer à cœur ouvert et corps perdu » (*Le Figaro littéraire* du 4 janvier 1988)... Double miroir qui, avec le temps, cinquante-six ans plus tard, se transforme pour nous en lunettes stéréoscopiques nous permettant de regarder la Résistance dans tout son relief. La lecture, l'audition comparative du *Chant* et de *La Complainte* nous invitent à percevoir la quatrième dimension de la Résistance, celle qui n'est ni documentaire ni rationnelle ni historique ni politique, sa dimension d'épopée.

L'hymne et le « tube »

Le destin ultérieur des deux morceaux intervient comme pour confirmer cette dimension inhabituelle... Le succès du *Chant* fut immédiat, dont Maurice Druon, dans son livre de souvenirs *Au pas de la vie*, explique : « Répandu sur les ondes par la BBC et les autres radios, publié, anonymement, en Algérie et aux Etats-Unis, et surtout imprimé, diffusé clandestinement en France, *Le Chant des partisans* ne nous appartenait plus, si même il nous appartînt jamais. Il était passé à travers nous. Parti de France, il y revenait. » Et Yves Courrière d'ajouter : « Chant des maquisards, des passeurs, des prisonniers, des condamnés, chant du malheur et de l'espoir pour le “peuple de la nuit”, chant de victoire pour les insurgés des barricades parisiennes et pour les volontaires qui le portèrent de la Libye jusqu'au bord du Rhin, *Le Chant des partisans* (...) entrait dans l'histoire de France. » Le biographe de Kessel devant être ici pris au pied de la lettre puisque « en 1962, précise Courrière, *Le Chant des partisans* fut, par décision du gouvernement, inscrit comme troisième des hymnes patriotiques français »... Une décision politico-administrative qui faisait donc monter l'œuvre d'Anna Marly, Joseph Kessel et Maurice Druon sur la troisième marche du podium de la République après celle de

Claude Rouget de l'Isle intitulée *La Marseillaise* et celle d'Etienne-Nicolas Méhul et Marie-Joseph de Chénier dite *Le Chant du départ*, lesquelles occupaient déjà les première et deuxième. Un décret surtout qui aurait pu paraître métamorphoser arbitrairement en *hymne* un chant qui *stricto sensu* n'en était pas un, et, du même coup, faire un peu plus passer la Résistance sous les fourches caudines du conformisme, au rayon de l'héroïsme estampillé glorieux... Mais tel ne fut pas le cas, car la décision du gouvernement gaulliste ne faisait qu'entériner une réalité, celle du rôle d'hymne à part, mais hymne quand même, joué désormais par *Le Chant des partisans* dans la société française. Et il est significatif que la légitimité de cette métamorphose soit si bien expliquée par un conformiste contestataire tel que Serge Dillaz. « Peu comparable à *La Marseillaise* ou au *Chant du départ*, écrit Dillaz, *Le Chant des partisans* n'est pas destiné à rythmer le pas d'une armée en marche. Souffle ou murmure, la sourde mélodie de Marly convient admirablement aux circonstances. Les âpres paroles de Druon et Kessel collent elles aussi parfaitement à la lutte implacable des maquisards. Adoptée et chantée comme un hymne, cette plainte vengeresse semblant monter des entrailles de la terre est l'un des plus beaux chants issus des drames de notre Histoire. »

Mais ne quittons pas l'auteur de *La Chanson française de contestation*, car il nous renseigne partiellement sur le sort de l'œuvre jumelle. « Anna Marly, dit-il, signe la musique des deux plus beaux chants de la guerre, *La Complainte de la Résistance* et *Le Chant des partisans*. Détruit accidentellement lors d'un parachutage en France, l'enregistrement du premier de ces chants n'est (...) jamais arrivé à destination. C'était compter sans ceux de la France libre, qui ont rapporté le disque (...). Transmise oralement comme à l'origine des temps, la chanson est adoptée par les maquis et sifflée de plaine en plaine, de colline en colline. Oubliées de la plupart de ceux qui ont vécu les années sombres de la dernière guerre, et inconnues de la jeune génération (...), les paroles de Bernard (Emmanuel d'Astier de la Vigerie) nous sont revenues des Etats-Unis, sensiblement transformées quelque vingt-cinq années plus tard sous forme de "hit"... » Précisons qu'un *hit*, c'est ce qui *parade* — c'est un « tube » qui caracole au sommet du palmarès des ventes musicales... Bon, mais après la métamorphose, le miracle !... En fait, c'est plutôt du Canada que *La Complainte* est revenue. Et par la voix d'un poète et chanteur alors très en vogue, Leonard Cohen. Le disque CBS auquel nous nous référons est de 1975. Sous le titre en anglais : *The Partisan*, un texte curieusement bilingue de trente-six vers, dont un tiers seulement est en français. Un tiers qui commence ainsi :

« Les Allemands étaient chez moi
Ils me disent Résigne-toi,

Mais je n'ai pas peur.
J'ai repris mon âme... »

Pour les lecteurs qui seraient intrigués par la métamorphose de « mon arme » en « mon âme » et de « pas pu » en « pas peur », signalons au passage une autre version de *The Partisan*, diffusée par le site Internet www.patrice.org consacré à Leonard Cohen : « Les Allemands étaient chez moi, ils me dirent, "Signe-toi", mais je n'ai pas peur ; j'ai repris mon arme. » Toujours est-il que, même quelque peu métamorphosés, les couplets sont interprétés par Cohen avec le talent qu'on lui connaît ; les vers français sont chantés par une voix féminine et l'accent est mis sur « Il est mort sans surprise »... Quant à l'origine, douze lettres seulement : « A. Marly/H. Zaret ». Nous n'avons jamais vu « H. Zaret » (ou plus précisément « Hy Zaret ») parmi les nombreux pseudonymes qu'utilisa Emmanuel d'Astier de la Vigerie. Ni parmi les noms de plume possibles de Maurice Druon... Mais le disque auquel nous nous référons est intitulé *Leonard Cohen Greatest Hits*, et comme c'est une anthologie de ses succès, Cohen fait un commentaire, daté de « Montréal, le 28 décembre 1969 » et reproduit au dos de la pochette. Cinq lignes pour *The Partisan*. « J'en ai eu connaissance par un ami quand j'avais quinze ans, écrit Leonard Cohen. Il en avait dix-sept. Son père était un responsable syndical. Nous travaillions dans un camp, à Sainte-Marguerite, au Québec. Tous les matins, nous chantions ensemble, en interprétant, titre après titre, ceux de *The People's Song Book*. Je nourrissais alors le curieux sentiment que les nazis avaient été vaincus par la musique... » En relisant les trois derniers mots « *overthrown by music* », on se prend à regretter que, sauf information contraire, Leonard Cohen n'ait jamais rencontré d'Astier. Ni Kessel.

Une époque manichéenne

Né en 1943, et parfois qualifié de Bob Dylan canadien, Leonard Cohen est inséparable de la mouvance *underground* qui, mode et contestation mêlées, n'a pas secoué que l'Amérique du Nord dans les années soixante-soixante-dix... Mais revenons un quart de siècle plus tôt pour écouter de nouveau Yves Courrière : « Kessel et Druon, dit-il, apposèrent leur signature à la fin du poème et lui donnèrent un titre : *Les Partisans*, auquel ils cherchèrent un équivalent anglo-saxon. Pour les Britanniques, pour les Américains, prendre le maquis se disait "*to go underground*". *Les Partisans* devinrent donc *Underground Song*, le *Chant des partisans*, nom que d'instinct lui donneront les Français ! »

En anglais, *underground*, c'est un adverbe. Sens premier : sous terre ; sens dérivé : clandestinement, secrètement. Ça, c'est au début, au niveau du dictionnaire moyen. Mais après... Au fil de six décennies, le mot *underground* n'a pas seulement évolué, il a fait boule de neige. Lorsque Kessel et Druon l'avaient choisi, c'était tout simplement parce que, pour les Britanniques et pour les Américains, l'« armée de l'ombre », c'étaient les *Underground forces*. Malgré une grande variété d'emplois, on peut néanmoins admettre que le sens principal du mot *underground* reste de marquer la *différence*. Est *underground* ce qui est *différent*. Ainsi *Underground Song* peut-il à la fois signifier le *Chant des partisans* et « le chant de ceux qui sont différents ». Et aussi « le chant de la différence »...

Pour ce qui est d'être différents, les résistants le furent. Et même de la grande majorité de leurs contemporains. Différents de la plupart. Mais différents à des degrés divers... Avec le pétainiste du début qui prenait peu à peu conscience de la réalité, avec l'attentiste que le cours de la guerre dégageait peu à peu de sa peur, avec l'affamé comprenant peu à peu d'où venaient « les restrictions », le résistant n'avait que des différences relatives souvent susceptibles de s'estomper peu à peu... En revanche, ce ne fut pas peu à peu, mais très vite que la différence devint totale entre ceux qui choisirent des camps opposés. Un abîme insondable. Une fracture morale. Un engrenage de différence absolue qui tourna de plus en plus vite... Parce que aujourd'hui la mode est propice à l'évocation des affaires de trahison, certains pensent qu'en 1940-1944 on pouvait, comme ça, « changer de camp »... Au contraire, car dans ce genre d'affaires, c'était la mort qui menait le jeu. Elle seule abolissait les différences. Et tant pis si le reproche de manichéisme nous est fait. Ce n'est pas de notre faute si l'époque était manichéenne... Refredonnons plutôt un instant *Le Chant des partisans* : « La haine à nos trousses... Nous on crève... Ami, si tu tombes... ». Il était plutôt manichéen, l'*Underground Song*... Et François Mauriac aussi, d'ailleurs, qui a écrit : « Rien ne peut faire qu'un certain nationalisme français — celui qui se disait "intégral" — qu'une fraction non négligeable de la grande et moyenne bourgeoisie qui était pénétrée de cette doctrine, n'ait pris le parti de l'occupant devenu bourreau et que toutes ses forces, sous la bannière vichyssoise, n'aient été mobilisées contre la résistance d'un peuple qui ne voulait pas mourir. »... Et André Gide parlant de ce qu'il appelait « l'holocauste des meilleurs »... et André Malraux s'écriant : « C'est le temps où, dans la campagne, nous interrogeons les aboiements des chiens au fond de la nuit ; (...) le temps des caves et de ces cris désespérés que poussent les torturés avec des voix d'enfants... La grande lutte des ténèbres a commencé. »

Ancien chef de l'Abwehr, c'est-à-dire des services secrets militaires allemands, à l'Hôtel Lutétia, à Paris, le colonel Oscar Reile écrit dans ses mémoires : « Pendant la guerre, les pertes subies par la France sur le front secret et du fait des mesures prises par les autorités d'occupation furent supérieures à celles que subit l'Allemagne durant la campagne de France en 1940. Elles furent d'autant plus douloureuses pour elle qu'il s'agissait en grande partie de ses meilleurs fils qui, en ces années sombres, voulaient faire quelque chose pour leur patrie. »

« L'ennemi et ses complices tentent de nous frapper de terreur... »

Au nom d'une mythique « objectivité » qui prétend faire balance égale entre les cris des torturés et les discours des tortionnaires, d'anciens résistants ont pu, parfois, laisser leur mémoire s'assoupir. Ont-ils oublié comment l'atroce présence de la répression les encerclait jadis ? Comment, à chaque minute, rampait autour d'eux la menace ? Comment le cernant, le coinçant, le désignant, c'était même la répression qui définissait en partie le résistant ?

Raison de plus pour ne pas se lasser de répéter que la croissance même de la Résistance fut affreusement proportionnelle à la méticuleuse organisation du martyre des résistants par les nazis et leurs collaborateurs... On ne peut parler de l'une sans crier l'autre.

Et ce rapport est d'autant plus remarquable que cette méticuleuse organisation, inséparable de l'épouvantable et immense Shoah, fut et reste à ce jour unique dans l'histoire humaine, tout comme fut et reste singulière la nature du combat mené par les résistants. « Jamais, écrit Jacques Delarue, l'auteur de l'*Histoire de la Gestapo*, dans aucun pays et à aucune époque, une organisation n'atteignit cette complexité, (...), ne parvint à un tel point de “perfection” dans l'efficacité et dans l'horreur. » Avis partagé par les auteurs les plus divers : « l'intolérable avait dépassé les limites », note la sociologue allemande Margret Boveri ; « unique dans l'histoire », remarque l'historien français Joseph Billig ; « envergure sans précédent », affirme Lord Russel of Liverpool ; « jamais, avant le nazisme, cette volonté ne fut organisée en système non seulement pour exterminer mais pour essayer par tous les moyens d'avilir », souligne la dirigeante communiste Marie-Claude Vaillant-Couturier ; « les exterminations de populations civiles, les exécutions d'otages, les tortures, etc., ont reculé les limites de la violence et de la nuisance à l'égard de l'ennemi », ajoute l'ancien ministre gaulliste Léo Hamon, etc. Horreur inégalée, terreur inégalée, dictature inégalée... « Jamais aucun dictateur ne posséda un pouvoir aussi absolu », écrit Claude David. Or, on le sait, ce pouvoir anormal s'exerce dans un cadre et par des moyens qui ne le sont pas moins. Son principal champ d'action, c'est cette « Europe assiégée, occupée, conquise » que décrit le docteur Marcel Junod, « cette Europe prisonnière où des millions de gens vivent dans des camps, entre de nouvelles frontières nées de la guerre, dans ces zones infranchissables, hérissées de barbelés, dont les limites varient avec l'étendue du champ de bataille et font de tout le continent une forteresse ou une prison ». Cette Europe où, comme le notera Jean Vidalenc, « point n'était besoin d'études médicales approfondies pour distinguer l'état squelettique des "esclaves" et les joues rebondies des "maîtres". Le même examen superficiel permit, même en France ci-devant non occupée, de repérer des miliciens revêtus d'habits civils mais dont la forme physique contrastait par trop avec celle de la vulgaire population urbaine avec laquelle ils avaient espéré se confondre pour échapper aux poursuites... ». Une Europe, une France où il est significatif qu'un chef de mouvement de Résistance, déjà rencontré, comme Philippe Viannay puisse écrire, le 14 juillet 1943, dans *Défense de la France* : « L'ennemi et ses complices tentent de nous frapper de terreur. Pour effrayer ceux qui combattent, ils emploient les tortures, tortures d'une telle atrocité qu'auprès d'elles la mort est une délivrance. Pour dégoûter les Français de la lutte, ils ont multiplié les délateurs, suscité la bassesse, encouragé les apostats. (...) Français, libérez-vous de la peur ! »

Quand un système totalitaire installe ainsi l'horreur totale, il est dérisoire de prétendre ensuite finasser sur le degré d'implication des bourreaux. Il est indigne d'isoler les martyrs et d'en arriver à prétendre, en oubliant, en dissimulant le choix moral et politique délibérément fait par les tourmenteurs, que ce flot de sang, de souffrances et de sanie n'aurait été qu'un accident historique comme en connaissent toutes les périodes troublées... A la vérité, si pendant quatre ans, dans notre pays, la chasse à l'homme fut ouverte en permanence, ce fut quand même bien parce que quelqu'un avait décidé de l'ouvrir. Pour que cette chasse fût si meurtrière, il fallait bien qu'il y eût des chasseurs... Essayer de restituer ce que fut l'épreuve quotidienne des hommes et des femmes qui refusèrent d'être un gibier consentant consiste donc aussi à aller voir ce qui se passait *Du côté des bourreaux*.

Deuxième partie

DU CÔTÉ DES BOURREAUX

Chapitre premier

LE DANGER

Où règne une angoisse, une « peur flottante », dont il est aujourd'hui difficile de prendre la mesure.

Sous le linceul « feldgrau », cette lancinante couleur verte des uniformes de la Wehrmacht, des millions d'hommes et de femmes, vaincus et trompés, amaigris et anxieux, vivent comme au ralenti en retenant leur souffle... Autour d'eux, parmi eux, au milieu d'eux, quelques milliers d'abord, bientôt quelques dizaines de milliers d'hommes et de femmes semblables à eux vivent au contraire les jours les plus follement accélérés de toute leur existence... En ces années exceptionnelles, les uns comme les autres, la majorité comme la minorité, sont exceptionnellement menacés par la mort et la souffrance, exceptionnellement en danger. Toutefois, alors que les premiers, la grande masse des Français, s'efforcent de prolonger leur vie quotidienne en pensant le moins possible à cette proximité, cette possibilité du malheur, les seconds, les résistants, ont délibérément choisi de frôler, à chaque instant, la catastrophe en s'engageant sur une voie où l'on ne peut avancer qu'en lançant un défi permanent au danger, au malheur, à la souffrance et à la mort... Ce n'est pas que, pour la masse, la vie soit facile : une pauvreté multipliée, une servitude diffuse, la longueur des soirs de couvre-feu dans les villes aveuglées, l'inquiète incertitude du lendemain, les amours contrariées, les familles désunies, les amitiés empêchées, le désir jamais satisfait de manger à sa faim fatiguent l'âme et affaiblissent le corps. Cependant, si l'on n'est pas désigné comme « juif » ou repéré comme « communiste », si l'on n'habite pas dans une zone de combats ou dans un quartier bombardé, si l'on n'a pas la malchance d'être raflé comme otage ou massacré à l'aveuglette, on continue de vivre. Dans le même temps, pour les clandestins et pour ceux qui restent « légaux » en leur compagnie, le problème n'est pas que la vie continue, le problème, c'est de survivre... En soulignant ainsi une réalité, à savoir la disparité des risques encourus par les habitants de la France occupée selon qu'ils avaient ou non choisi et eu la possibilité de participer à la Résistance, on n'entend donc évidemment en aucune manière opposer artificiellement une masse prétendue amorphe à une élite qui aurait eu vocation de vivre dangereusement. Il s'agit plus simplement de mettre en évidence ce que l'insécurité permanente avait de décisif dans la vie du résistant et ce qu'elle a d'essentiel dans sa définition même... Car ce danger continu, cette insécurité permanente ni l'incessant souci de vigilance qu'ils entraînaient ne peuvent être considérés comme de simples caractéristiques de la vie du résistant, mais doivent à tout moment entrer en ligne de compte lorsqu'on considère sa personnalité, son action, son devenir... On peut même avancer que ce danger resta en permanence le dénominateur commun de toutes les tendances de la Résistance et de toutes les catégories de résistants si éloignés qu'ils fussent par ailleurs.

D'où vient le danger ? Comment se manifeste-t-il ? Quelles atroces perspectives contraint-il d'envisager ?... Seuls les récits faits par les victimes elles-mêmes ou par leurs camarades de combat peuvent répondre à ces questions et, très vite, nous serons amenés, au fil des témoignages, à traiter du martyre même de la Résistance française. Le martyre — oui, il n'y a pas d'autre mot.

D'où vient le danger ?... En fait, posée de cette façon, la question paraîtrait naïve à un ancien clandestin. En effet, la caractéristique essentielle de ce danger omniprésent, c'est qu'il vient de partout et ne cesse jamais.

« Ces vingt mille heures d'angoisse »

« Combattant clandestin vingt-quatre heures sur vingt-quatre, écrit le général Maurice Chevance-Bertin, souvent traqué et crevant de peur (...), au long de ces vingt mille heures vécues dans (...) l'angoisse, mais aussi avec, dans la nuit, la constante lueur de l'espérance, j'ai connu des hommes extraordinaires, d'une qualité rare et que je n'aurais jamais rencontrés dans une vie normale. J'ai côtoyé pêle-mêle l'héroïsme, le dévouement, le sacrifice, la lâcheté, la trahison. (...) Drôle d'ambiance que celle de cette vie clandestine, à la fois dangereuse et si réglée... » Ancien méhariste, Chevance, bientôt Bertin, a été, dit son éditeur, au « début d'août 1940, la première recrue d'Henri Frenay, avec qui il va se trouver à la direction de Combat », et son livre, un demi-siècle plus tard, il l'intitule *Vingt mille heures d'angoisse*. Au sortir de l'épreuve, il s'est retrouvé un des quatre « officiers généraux nommés au titre de la Résistance » avec le gaulliste Jacques Chaban-Delmas, le communiste Alfred Malleret-Joinville et son compagnon de Combat, Pierre Guillain de Bénouville... Or, il se trouve que ce dernier est sans doute le dirigeant et écrivain de la Résistance qui a le mieux restitué non seulement l'omniprésence, non seulement la permanence mais une sorte d'« omni-provenance » du danger dans la clandestinité.

Bénouville ne dramatise pas. Il s'efforce tout simplement de coller à la réalité lorsque, dans son livre *Le Sacrifice du matin*, il écrit : « L'angoisse ne cessait pas de nous habiter. (...) Chaque bruit isolé dans la rue, chaque ronflement de moteur, le passage de chaque personne pressée dans l'escalier, le bruit d'un trousseau de clefs, les appels inattendus d'une voix inconnue dans le soir qui tombait, les flâneurs que nous voyions de notre fenêtre traîner négligemment dans la rue, tout nous faisait frémir. (...) De nouveaux bruits (...) prenaient dans l'obscurité des proportions plus inquiétantes encore. Ce furent, une fois, les cris déchirants, inoubliables, d'un ouvrier alsacien que, dans un immeuble proche du nôtre, la Gestapo était venue arrêter. Les femmes et les enfants hurlaient. Nous, nous étions silencieusement tendus. Nous ne pouvions pas ne pas nous dire que c'était un des nôtres qui partait. Celui-là qui n'a pas connu ces heures, celui-là qui n'a pas entendu son frère l'appeler au secours et qui n'a pas dû écouter sans un geste ces appels ne sait pas tout à fait ce qu'est la douleur. (...) Dans la clandestinité, tout est incertain, fuyant, dangereux. Le péril se trouvait dans le café où l'on entrait par hasard ; l'ennemi, c'était le policier qui tout à coup vous reconnaissait pendant que vous regardiez la vitrine d'un libraire, c'était le milicien qui s'étonnait de vous voir attendre au coin d'une rue et qui vous signalait au plus proche Allemand. Tout était instable en ce monde secret, rien n'y demeurait en permanence en face de vous. Lorsque vous quittiez un ami, il était préférable qu'il ne vous dît pas où il allait : saviez-vous ce qui pourrait arriver si, une heure plus tard, vous étiez arrêté et torturé ? Vous-même ne disiez jamais à qui que ce fût le secret de votre résidence ni les heures de vos déplacements ni le lieu de vos rendez-vous. Il fallait, à l'instant où vous tourniez la rue, prendre toujours la direction opposée à celle que pouvait supposer le camarade que vous quittiez... »

Et l'aube peut venir après la nuit, elle n'est pas moins menaçante. « Nous écoutions les premiers pas dans la rue, les premiers éclats de voix, les premières voitures qui s'arrêtaient, qui repartaient, les silences qui devenaient plus isolés à mesure que les bruits s'étaient multipliés. Et malgré nous, à tout moment, nous nous apprêtions à entendre retentir ce coup de sonnette de l'aube qui avait réveillé tant de nos camarades et que suivait toujours le cri fatal : "Ouvrez ! Police allemande !" Que de fois, dans notre appartement, nous avons constaté en riant que si l'on venait nous prendre, il n'y aurait pas d'autre sortie que la porte ! Donc, quand quelque chose nous paraissait trop insolite, nous allions attendre l'événement dans l'antichambre, la main sur nos armes, prêts à ouvrir le feu les premiers à travers la porte et à bondir dans l'escalier pour tenter de forcer le barrage... »

Et les pièges tendus, les risques d'être pris sont aussi nombreux à l'extérieur qu'à l'intérieur. Aussi divers dans le métro que dans la rue. Ecoutons encore Pierre Guillain de Bénouville : « Chaque fois qu'au départ d'une station les portes se referment, il faut se dire que, pour une minute et demie, je suis irrévocablement enfermé avec ceux qui me dévisagent encore avec indifférence et ennui. Lequel d'entre eux va soudain se souvenir qu'il a vu mon visage quelque part, au bulletin des recherches criminelles, par exemple, et appeler à son secours les soldats allemands assis là et qui attendent ? Lequel va percer mon secret et comprendre que je vis en face de mon impitoyable mémoire, jouant au jeu tragique d'enfoncer dans l'eau des jours les souvenirs qui ne veulent pas plonger et resurgissent, comme des bouchons, dès que, accaparé par le souci d'en engloutir de plus récents, je ne les tiens plus immergés ? Qui va deviner que sans cesse je me répète à moi-même ce qu'il faut oublier, les noms que je souhaiterais ne plus savoir ? Qui va comprendre que je ne suis pas là, les mains dans les poches, indifférent en apparence, mais que je porte à bout de bras un fardeau que je ne sais plus où poser et que le premier geste brutal risque de précipiter au sol ? Qui va deviner tout cela dans mes yeux, dans mes gestes, dans mon indifférence calculée, et qui va se jeter sur moi pour faire choir et m'atteindre ? Qui va reconnaître mon visage ? (...) Jamais nous ne connaissons de répit et nos heures sont comme vrillées en leur centre par l'angoisse. » Quelques années après la Libération, un autre célèbre résistant et mémorialiste de la Résistance, le colonel Rémy, déclarait à François Brigneau, journaliste qui l'interviewait : « Quand l'aventure a été finie, comme vous dites, la première chose que j'ai éprouvée, c'est un grand, c'est un immense soulagement. Ne plus craindre pour les siens et pour soi. Ne plus vivre dans la hantise d'être suivi. Ne plus se dire, cent fois dans la journée, vingt fois dans la nuit : "Tiendrais-je sous la torture ?" Pendant toute cette période, j'ai eu la certitude que les Allemands finiraient par m'arrêter un jour ou l'autre. (...) J'avoue que je savais même comment : en ouvrant une porte. C'était chez moi une idée fixe. Chaque fois que je tournais le bouton d'une porte, je me disais : "Il y a quelqu'un derrière !" Pas un soir, je ne suis rentré dans une des nombreuses chambres que j'occupais sans songer qu'ils étaient là, dans l'ombre de la pièce, qu'ils m'attendaient, qu'ils allaient me sauter dessus. »

Le petit vieux et les fourmis rouges

L'anxiété du clandestin n'est pas qu'alourdie, elle est comme multipliée non seulement par la permanente nécessité d'une extrême tension d'esprit, mais par l'obligation de faire sans cesse accomplir à cet esprit des exercices qui, en temps normal, sont des exercices plutôt exceptionnels et toujours assez brefs. Ainsi le clandestin doit-il, par exemple, vivre presque perpétuellement dans le mensonge, montrer une méfiance universelle et, dans le même temps, accorder sa confiance, une confiance aveugle...

« Hitler nous a merveilleusement enseigné l'art du mensonge, écrira plus tard Claude Aveline, dans *Le Temps mort*. La somme de feintes, de simulations, d'impostures, de fourberies que nous avons accumulée en quatre ans est inimaginable. Aucun conservatoire n'a jamais formé un si grand nombre d'acteurs, ni de si bons. Il ne suffisait pas de se fabriquer de faux papiers, ni de raser ou de laisser pousser sa moustache. Il fallait vivre à l'aise dans sa fausse identité, user avec naturel de faux souvenirs, mentir aux siens pour ne pas troubler leur quiétude, aux autres pour ne pas éveiller leurs soupçons. Il fallait passer près de son meilleur ami sans le voir. Et le jour où nous apprenions tout à coup son arrestation, s'écrier : "Lui ? Qui ne s'est jamais occupé de rien !" tandis que la gorge étouffait des souffrances qu'il allait subir comme du vide qu'il laissait au cœur du "travail". (...) Le soldat sans armure ne dispose d'aucun autre camouflage. »... Oui, le mensonge et la méfiance, le mensonge dans la méfiance. Spécialiste déjà citée de l'étude des mouvements de Résistance, Marie Granet note : « Un résistant doit se méfier de tout et de tous, et non seulement de ses ennemis déclarés — qu'il connaît — mais même de ses amis qui, avec la meilleure volonté du monde, peuvent le trahir, s'ils ne sont pas au courant de son activité clandestine et, s'ils sont au courant, peuvent, s'ils sont arrêtés et interrogés, avoir sous la torture une défaillance de la volonté. »

Redoutable ironie de l'histoire mais très logique nécessité, le clandestin doit apprendre à faire aussi totalement confiance qu'il se montre totalement « menteur » et toujours méfiant. A ce sujet, c'est encore Marie Granet qui remarque : « Tout se préparant et se faisant dans le secret, le résistant ne savait que rarement l'importance de la tâche qu'on lui donnait à accomplir. Il lui fallait avoir une confiance absolue dans ses chefs, un dévouement aveugle à la cause à laquelle il s'était volontairement consacré. »... Aveugle — non, le mot n'est pas trop fort. C'est à partir de l'expérience qui fut la sienne lorsqu'il occupait un poste clef de l'appareil de direction du PCF clandestin que Jean Laffitte nous explique : « La confiance dans la direction du Parti était extrêmement forte... Il fallait créer une telle confiance. (...) Certains camarades, par exemple, ne m'avaient jamais vu. Mais j'étais de la direction du Parti et on m'écoutait... »

Encore n'est-ce pas tout... En effet si, comme ce fut très généralement le cas, le combattant clandestin arrive à surmonter les contradictions méfiance-confiance, sincérité-mensonge, etc., il n'a pas pour autant le moyen d'échapper à toutes les situations en porte à faux où ces contradictions risquent de le mettre. Au fil de sa vie quotidienne, dans sa famille, parmi ses amis ou au contact de ses voisins, il frôle souvent et ne peut pas toujours éviter les quiproquos, voire les drames. « En fait, dit Marie Granet, bien des résistants eurent de pénibles malentendus avec les leurs : les familles furent divisées, parents et enfants se fâchèrent, maris et femmes se brouillèrent. Si l'on adoptait le silence, que de problèmes délicats à résoudre ! Comment expliquer des retards, des absences bizarres ? Des visites également bizarres, de gens totalement inconnus de la maîtresse de maison ? Si l'on se décidait, parce que le manque de confiance était trop dur, à mettre sa famille dans la confidence, n'augmentait-on pas le danger à la fois pour soi et pour les siens ? »

Il n'était pas jusqu'à certaines facéties du sort qui, dans un pareil contexte, ne fussent éprouvantes. Le futur patron de l'AFP Claude Roussel qui, à l'Agence d'information et de documentation (AID), fut un des artisans et animateurs des services d'information du Conseil national de la Résistance (CNR), nous a raconté, à cet égard, une anecdote dont l'aspect burlesque ne doit pas cacher le caractère typique. « Dans notre travail, dit Roussel, les liaisons avaient une importance particulière. Tout se faisait, en fait, par des liaisons à des points déterminés. Evidemment, si quelqu'un ne se présentait pas à un rendez-vous prévu, il fallait prendre immédiatement des précautions et organiser un repêchage. Un de nos camarades de l'AID qui s'appelait Blanchard avait l'habitude de donner des rendez-vous square Boucicaut, à Paris, juste en face de l'hôtel Lutétia, siège de l'Abwehr. Bientôt, d'ailleurs, on nous a fait savoir qu'il valait mieux qu'il donne ses rendez-vous à d'autres endroits... Toujours est-il que, ce jour-là, Blanchard était assis sur un banc, dans le square Boucicaut. Il attendait vainement depuis une dizaine de minutes et il commençait à s'inquiéter. Sur le même banc, à côté de lui, il y avait un petit vieux qui grattait le gravier avec sa canne. Tout d'un coup, le petit vieux se tourne vers lui et lui dit : “Je ne veux pas me mêler de ce qui ne me regarde pas, mais si vous restez ici vous allez vous faire piquer...” Emotion de Blanchard, bien sûr. Mais le petit vieux ajoute aussitôt : “Oui, je suis là depuis quelque temps et c'est plein de fourmis rouges !”... Nous en avons bien ri lorsque Blanchard nous a raconté cela mais lui était encore tout ému. »

Evoquant de pareilles « situations cocasses », la gaulliste Brigitte Friang, dans *Regarde-toi qui meurs...*, parle de la « gaieté » des résistants. Elle le fait dans des pages encore tout imprégnées de l'anxiété de l'époque. Puis elle ajoute : « Gaieté. Le terme choquera peut-être. N'eût-il pas été plus beau et plus grand de porter avec componction le poids de la Résistance et de la France réunies sur nos épaules. Ce n'était nullement le cas dans notre groupe. Nous étions jeunes, sains. Avouons-le, nous jouions avec délice aux gendarmes et aux voleurs. Mais pour de vrai. Et c'était peut-être nos nerfs constamment sollicités, la perspective de l'arrestation qui flottait autour de nous jusque dans nos cauchemars, qui exacerbaient notre joie de vivre. Notre sens de l'humour aussi. »

« Comme dans un abîme liquide et sans fond »

Retenons cette exacerbation. Mais aussi cette jeunesse. Cette santé... D'autant plus que, par exemple, une historienne comme Marie Granet tient à préciser : « Il ne faudrait pas, cependant, représenter la vie des résistants comme constamment tendue et dramatique » ; il n'était pas rare, en effet, que les résistants fussent « très jeunes, gais, pleins d'allant et d'espoir, souvent insoucieux du danger, toujours prêts à rire de leurs aventures (et elles ne manquaient pas !) et même à voir, dans les incidents tragiques, le côté amusant ou ridicule... ». A cette exacerbation, on doit aussi ajouter — corollaire normal — un sentiment plus vif et plus plein de la valeur des satisfactions quotidiennes. La pénurie, la précarité, le risque d'être, à tout instant, totalement dépossédé amènent à savourer plus pleinement ce que l'on peut encore avoir et presque à s'en émerveiller comme d'un miracle... « Je me souviens, nous dit l'organisateur communiste Jean Jérôme, qu'à la fin de tout repas pris entre résistants se connaissant comme tels, c'était devenu une sorte de rite de s'écrier : “Encore un que les Boches n'auront pas !”... Parmi tant de difficultés, on accueillait toute bonne chose comme si on avait gagné à la loterie. » L'aveu de Brigitte Friang, la remarque de Marie Granet et même le souvenir de Jean Jérôme nous amènent à un enchaînement essentiel : rire et jeunesse, jeunesse et romantisme, romantisme et jeu... « Gendarmes et voleurs », disait Brigitte Friang. Sans vouloir généraliser, il ne faut pas omettre cet éclairage. D'ailleurs, écoutons Marie Granet poursuivre son propos : « Ces “déguisements”, ces changements de personnalité, cette atmosphère de mystère ne sont pas sans avoir exercé une espèce d'attirance sur un certain nombre de jeunes, sensibles au romanesque : n'est-ce pas une sorte de jeu — de jeu dangereux, mais le danger donne encore plus de jouissance à la chose — que de se promener sous une apparence qui permet de mystifier tout le monde, y compris les gens qu'on connaît le mieux ? N'est-ce pas un jeu que d'aller à un rendez-vous secret en serrant soigneusement sous le bras le livre qui vous fera reconnaître de votre partenaire, en laissant sortir de la poche le journal convenu ou en arborant coquettement à la pochette de votre veston le mouchoir rouge ou bleu qui est le signe de ralliement ? L'élément “jeu”, l'élément “sport” qu'il y avait à déjouer les poursuites, à jouer à cache-cache avec la Gestapo pouvait s'allier à une conviction solide. »... A la vérité, même si, lorsqu'elle fut employée pour la première fois, elle a pu choquer, l'expression dont Roger Vailland a fait le titre de son roman, *Drôle de jeu*, n'était pas fausse et elle fournissait un lucide contrepoint.

Même un contrepoint au désespoir. Car il arriva aux cœurs les mieux trempés et les plus intrépides, à ceux qui sont devenus depuis les symboles d'un acharnement victorieux, de connaître le désespoir lorsque les coups de la répression se faisaient trop répétés et trop rudes, lorsque l'implacable danger pesait trop lourd, envahissait trop profondément chaque minute, chaque heure, chaque jour.

Jacques Duclos a employé le mot... « La chute d'Arthur Dallidet fut, écrit-il, un des moments les plus pénibles de mon activité clandestine, un de ces moments où l'on sent le désespoir rôder autour de soi. » Et c'est le révérend père Bruckberger qui raconte : « Les semaines, les mois, les années passaient. L'oppression de la France était toujours de plus en plus lourde, les arrestations de plus en plus nombreuses. La Résistance était depuis longtemps à bout de nerfs. Elle fut bientôt à bout d'espoir. En cette claire nuit de mars, Camus me raccompagnait, rive gauche, sur les quais de la rivière paisible et noire. “Nous ne savons plus pourquoi nous continuons la lutte, me dit-il. Avec toutes ces arrestations, les Alliés trouveront-ils des survivants de la Résistance quand ils se décideront à débarquer ? C'est une course contre la montre. Nous ne continuons plus que pour l'honneur, sans rien voir, sans rien vouloir voir. Vous, les chrétiens, vous avez au moins le paradis. Votre partie n'est jamais perdue. Mais nous, nous marchons en aveugles. La seule chose que nous sachions est que, du moment que nous nous sommes mis en route, il est indigne de nous et de notre pays de ralentir le pas ou de nous asseoir pour attendre. Attendre quoi ?” »

Jacques Duclos... Albert Camus... Et aussi Henri Frenay au lendemain de l'arrestation de Berty Albrecht... « Les jours passaient, rapporte Guillain de Bénouville. Aucune nouvelle de Bertie ne nous était encore parvenue. La lune revenait et Frenay une fois encore se préparait au départ. (...) Il partirait sans savoir ce qu'il en adviendrait de Bertie et de nous-mêmes. Nous étions, sans l'avouer, plongés dans l'angoisse comme dans un abîme liquide et sans fond. Pour la première fois, lui si calme et si fort, je le sentais au bord du désespoir. » Un désespoir, certes passager, mais tragiquement réel, dont les racines concrètes ne sauraient être mises en doute. Il est des moments de l'histoire de la Résistance où même pour les esprits les plus solides il y a des raisons de désespérer. Des raisons pratiques. Le sentiment que le filet se resserre inexorablement, le sentiment qu'inexorablement la chute est au bout du chemin, le sentiment de n'en plus pouvoir et de ne plus pouvoir tenir longtemps, le sentiment qu'après la disparition de tant et tant de camarades de combat il va être bien difficile qu'automatiquement, si l'on tombe, un ami sorte de l'ombre à votre place — tous ces sentiments, il arrive un moment, des moments où les responsables les plus lucides de la Résistance aussi bien que le plus simple des militants ne peuvent pas ne pas les ressentir. Minutes d'angoisse, et de vérité.

Dans le chapitre de leur *Histoire de la Résistance en France* consacré au mois de mai 1942, Henri Noguères, Marcel Degliame-

Fouché et Jean-Louis Vigier parlent d'une « hécatombe dans les rangs communistes » et ajoutent : « Policiers “français” et allemands engagés à fond dans la lutte contre les “terroristes” communistes ont mis au point un réseau d'indicateurs et de dénonciateurs qui leur permet de frapper de plus en plus vite, de plus en plus fort et de plus en plus haut : Carré et Losserand viennent à peine de prendre le commandement des FTP de la région parisienne qu'ils sont déjà arrêtés. » Et les trois auteurs citent à ce propos le témoignage d'Henri Rol-Tanguy « qui complétait le “triangle” (et qui) a bien failli se faire prendre lui aussi »... « Le danger des filatures, leur dit Rol, était notre préoccupation constante car la police avait installé à Paris un réseau serré qui vous “repassait” d'un agent à un autre si vous aviez été repéré. Tantôt c'était un vieillard, une autre fois une femme ou un enfant. » Ce filet aux mailles sans cesse plus rétrécies, les résistants ont l'impression qu'il leur est de plus en plus difficile d'y échapper. En alternant les techniques, subtile de la « longue corde » et grossière de la rafle massive, les spécialistes des services de sécurité allemands et les policiers français à leur solde réussissent souvent à imposer aux combattants clandestins la sensation qu'ils jouent avec eux au chat et à la souris. La pratique des « physionomistes » se généralise. Appliquée dès 1940-1941 par les Brigades spéciales, les fameuses BS créées à la Préfecture de police de Paris, ainsi que Raymond Dallidet nous a dit l'avoir lui-même constaté avant de s'évader des locaux du boulevard du Palais, cette méthode ne fut d'abord employée que contre les communistes. Bientôt, pourtant, l'usage en fut étendu à la recherche d'autres résistants et les virtuoses policiers du coup d'œil ne furent plus seulement parisiens. Emmanuel d'Astier de la Vigerie a rapporté comment, en décembre 1942, un de ses principaux compagnons à la tête du mouvement Libération, Pascal Copeau, pouvait lui dire : « Comme il n'y a pas assez de monde pour les filatures et qu'elles sont trop visibles, ils ont adopté un nouveau système, celui des points sensibles : les ponts, les arrêts de trams, les terminus, comme celui du train bleu. Ils y mettent des observateurs. Ils prétendent qu'en trois jours, un type qui travaille sur Lyon repasse fatalement par les points sensibles. » De même, lorsque Joseph Kessel écrit à Londres son livre *L'Armée des ombres* à partir des témoignages que lui fournissent des clandestins venus de la France occupée, il note : « La Gestapo et la police française à ses ordres placent à toutes les gares importantes des hommes doués d'une grande mémoire visuelle et qui ont étudié avec soin les photographies des patriotes qu'on recherche. Ce sont des “physionomistes” analogues aux employés que l'on trouvait à la porte des salles de jeu dans les grands casinos et dont le rôle était de se rappeler chaque figure de joueur. »

« Si, si, dit de Gaulle, dans ce métier-là, on se fait toujours pincer... »

Le sentiment d'être pris dans un engrenage n'est donc pas le fruit d'un affolement passager. Il est le plus souvent ressenti, vécu par des êtres parfaitement conscients. Ainsi, Charles Debarge, animateur de la Résistance communiste dans le nord de la France, celui dont une sorte de légende héroïque se répandit de coron en coron et dont, plus tard, Madeleine Riffaud sut parler en poète... Le 17 février 1942, c'est Debarge qui note dans ses *Carnets* : « La situation devient de plus en plus difficile. La police est toujours à mes trousses ; en plus jusqu'à maintenant je n'ai guère changé de secteur, toujours dans les environs Lens-Henin-Carvin. En plus, je suis souvent rencontré sur la route par des connaissances, qui, par la suite, ne peuvent retenir leur langue ; ils ne se doutent pas qu'ils servent ainsi d'indicateurs à la police. Il est certain que le Parti m'a maintes fois proposé de changer de département, mais j'ai toujours refusé, car pour le travail, quand on a beaucoup de connaissances, malgré les dangers, cela va beaucoup mieux. Mais je sens déjà que je ne pourrai plus tenir longtemps encore par ici. » Et, sous la même plume, peu de temps avant la chute le 7 septembre 1942 : « La situation devient de plus en plus grave et très menaçante, quatre assauts en un mois, c'est vraiment un peu trop. Mon cœur subit un très dur choc. Et en plus, il faut penser que la police possède un signalement très précis. A tout instant, je suis en butte à être reconnu et pourchassé ; n'importe quel policier peut me tirer sans sommation dans le dos. Oui, vraiment, la situation est très sérieuse, mais malgré tout nous n'avons pas le droit d'abandonner la lutte ; il faut vaincre ou mourir ! » Et, maintenant, c'est un résistant socialiste qui parle, Pierre Bertaux, germaniste, futur commissaire de la République à la Libération, puis directeur général de la Sûreté nationale (SN) après la guerre... « En juin 1944, dit Bertaux, par une chaude journée, je débarquai à la gare de Toulouse, avec de mauvais papiers. Je franchis le contrôle à la sortie, je traverse la place Matabiau, un désert sous un soleil de plomb. De l'autre côté de la place, la terrasse du Régina d'où, en se rafraîchissant, nos ennemis peut-être surveillent nos mouvements. Au beau milieu de la place, planté là, un homme tout seul. Je le reconnais : mon camarade de promotion Albert Lautman (...), le philosophe devenu brillant mathématicien. Je ne l'avais pas revu depuis avant la guerre mais à dix mètres, pas de méprise possible. J'oblique vers lui, je lui dis à mi-voix, sans autre salutation : "Espèce d'idiot, tu vas te faire repérer, à rester là comme ça." Et lui : "Et toi ? Tu crois que c'est malin de te balader comme ça ?" Finalement, nous faisons quelques pas jusqu'à l'ombre ; il me dit : "Je sais bien que c'est risqué. Mais que faire ? On m'annonce l'arrivée par le train d'aviateurs anglais tombés en France. Il faut les convoyer jusqu'en Espagne pour les rapatrier. Il n'y a personne, tu m'entends, personne pour aller les attendre. Alors il faut bien que ça soit moi qui m'y colle. Tu sais, on y passera tous avant la fin." Puis il reprit sa faction au milieu de la place. Quelques jours après, il était arrêté, sur dénonciation d'un Français, emmené par les Allemands en retraite et fusillé près de Bordeaux. »... Dans le numéro spécial de *La Liberté de l'Esprit*, paru à l'automne 1987, et intitulé *Visages de la Résistance*, Pierre Kerszberg a rendu hommage à ce fusillé du 1er août 1944, sous le titre *Albert Lautman et le monde des Idées dans la physique relativiste*.

Malgré son goût souvent dit pour les boutades cruelles, ce n'est pas gratuitement que le général de Gaulle fait un jour celle que le colonel Rémy a rapportée à François Brigneau. Son humour noir sort directement des rapports que ses services lui transmettent sur l'état de la Résistance intérieure. « Le général de Gaulle me l'avait dit, raconte Rémy dans *L'Aventure est finie pour eux*. C'était à Londres, la veille de mon second départ pour la France. Passy m'avait conduit à l'hôtel où il résidait. Debout, se chauffant les arrières, comme disait le prince de Ligne, contre le feu de houille qui brûlait dans la cheminée du salon, il me considérait d'un air narquois, tournant lentement sa cuillère dans une tasse de café.

— Vous partez demain ?
— Oui, mon général.
— Vous allez vous faire pincer.
— J'espère bien que non !
— Si, si. Dans ce métier-là, on se fait toujours pincer.

J'appréciais médiocrement cette sorte d'humour un peu grinçant mais c'était bien mon sentiment secret : "Dans ce métier-là, on se fait toujours pincer"... »

On remarquera que, malgré les manières de voir différentes, cette situation est perçue à peu près de la même façon par des résistants d'origines et d'opinions les plus diverses. Ainsi le syndicaliste communiste Roger Linet ou le juriste démocrate chrétien et futur ministre gaulliste Léo Hamon... « La répression s'accentuait, nous dit Roger Linet, et, à certains moments, il a été difficile de combler les vides. Les effectifs étaient clairsemés, surtout quand l'organisation était décapitée au niveau de la région. On a commencé à faire monter des militants de province à Paris et on a envoyé les chefs parisiens en province. J'aurais pu réunir mon "armée" dans une salle. Au niveau de la région parisienne on ne devait pas être plus d'une cinquantaine. Ceci, en 1942... Il y a eu des régions où nous n'avions plus qu'un seul "triangle". La population doutait... ». Et Léo Hamon : « Je suis du nombre de ceux qui regardent avec surprise, incrédulité ou étonnement les gens qui disent qu'ils n'ont jamais eu peur. Je crois que le courage ce n'est pas d'ignorer la peur mais de la surmonter... Les derniers mois surtout ont été très meurtriers. Je pense que ce sont ceux qui nous ont coûté le plus cher. Vous savez, le résistant qui avait survécu aux hécatombes de l'hiver 1943-1944 puis à celles du printemps... En ce qui me concerne, j'avais l'impression que je ne pourrais pas survivre un autre hiver. »

« La peur flottante, les nuits de la petite mort... »

Incontestablement, la permanente anxiété, le sens de l'inexorable, les irruptions du désespoir trouvent un terrain psychologique d'autant plus favorable que les résistants ne sont pas seulement des hommes et des femmes à l'âme sans cesse éprouvée mais aussi au corps fatigué, terriblement fatigué par une existence quotidienne épuisante. La France sous domination allemande est, ne l'oublions pas, une terre de pénurie aux habitants sous-alimentés, un pays où les enfants grandissent moins que durant les temps normaux — sept centimètres de déficience de croissance pour les garçons et onze centimètres pour les filles, selon les statistiques officielles, à Paris, en 1944 ! Ni les fausses cartes d'alimentation, ni certains recours au « marché noir » n'empêchent les résistants, gens errants, gens cachés, de souffrir encore plus que les autres des privations imposées. « Il est superflu, note Marie Granet, de dire que la vie des résistants était tragique. Les chiffres des arrestations, des déportations, les exécutions sont là pour en témoigner. Mais le caractère dramatique de leur existence n'était peut-être pas celui qui s'imposait le plus à eux au cours des tâches pénibles qu'ils se faisaient un devoir d'accomplir. La vie du résistant était surtout une vie fatigante, harassante, qui ajoutait aux ennuis innombrables que valait à tous les Français le tyrannique régime imposé par le vainqueur, tous les soucis et multiples dangers de la vie clandestine. Comme tous ses compatriotes, le résistant avait faim. Pour lui, comme pour tous les Français, la liberté était supprimée. (...) Tous les inconvénients, petits ou grands, de la vie ordinaire sous la botte allemande, étaient aggravés — dans des proportions qui s'accrurent tout au long des quatre années d'occupation — pour tous ceux qui militèrent dans les mouvements de Résistance. (...) Que dire des attentes interminables, non seulement dans les cafés et dans les gares, mais dans les squares, les églises, les stations de métro, aux arrêts des trams, dans tous les endroits où l'on peut rester quelques instants sans se faire remarquer ? La vie du résistant se passait alternativement en courses hâtives, de rendez-vous en rendez-vous et en attentes plus éprouvantes encore : combien de temps rester au lieu fixé ? Qu'était-il arrivé ? Comment le savoir ?... »

L'ancien homme de confiance de Maurice Tréand, le communiste Alphonse Pélayo, nous dit ainsi : « A la recherche d'un contact, je tournais tous les jours, tous les jours... Parce que, si tu t'arrêtes, tu sais, tu es cuit. Quand tu marches on ne fait pas attention à toi. Alors tu marches, tu marches... Le soir tu as les pieds en sang. Ça colle après les chaussettes. Tu prends de l'eau de Cologne, enfin si tu en as... Tu prends ce que tu peux et tu frottes. Tu frottes... Ça colle aux draps pendant la nuit. Et, le matin, tu repars... » Oui, ajoute le futur père du *Gorille* de la *Série noire* et ambassadeur de France en Bolivie, Dominique Ponchardier, « la vérité, c'est que c'était très fatigant, très maussade et, de loin en loin, terrifiant. Beaucoup de jours étaient longs et déprimants. (...) Chez nous, l'ennui était visqueux, le destin immonde. Chacun contribuait à sa durée, la durée de chacun contribuait à la durée des autres. Il y avait les coups de risque mais surtout, l'angoisse permanente, la peur flottante, les nuits de la petite mort et les jours des persécutés... »

Il faut savoir, il faut avoir tout cela présent à l'esprit pour comprendre ce qu'on a pu appeler la « psychose du clandestin ». C'est un des historiens qui a le mieux étudié l'histoire de la Résistance française, Henri Michel, qui n'hésitait pas à écrire : « La tentation constante, dans ces heures d'abattement, c'est de céder à la "psychose du clandestin", au désir fou de tout abandonner et, pour en finir une bonne fois pour toutes, de commettre volontairement l'imprudence irrémédiable, de se livrer presque à l'ennemi, comme ces naufragés qui, las de lutter, se laissent volontairement couler. »... Avouons-le : la première fois où — c'était sous la plume de Pierre Guillain de Bénouville — nous avons vu évoquer le cas de « ceux qui, pris par la Gestapo, en sont sortis » et qui « disent que ce n'est jamais sans soulagement qu'ils ont entendu le "Haut les mains ! Police allemande !"... », oui, nous eûmes alors une réaction d'incrédulité. Et puis, plusieurs fois, un nombre bientôt impressionnant de fois, lors de rencontres avec les survivants, nous avons entendu dire la même chose. Nous avons entendu des hommes et des femmes dire, comme Hélène Rénal : « A la minute où j'ai commencé à faire de la Résistance, à la minute où je me suis engagée, j'ai eu peur, une peur terrible, incessante, la peur des Allemands dans les rues... Dans l'illégalité, on savait qu'on pouvait être arrêté d'une minute à l'autre. L'idée de cette arrestation et que, sans en connaître les détails exacts, ce serait affreux, oui, cela me donnait sans arrêt une frousse terrible. Les derniers temps, je l'avoue, c'était devenu intenable... Bien sûr, j'étais jeune. Je n'avais que vingt ans. Mais, il faut le dire, quand ils sont arrivés, j'ai été soulagée. Un grand *ouf !*... »

Qu'il n'y ait pas de malentendu : en affirmant que la réaction d'Hélène Rénal, si surprenante qu'elle puisse, aujourd'hui et à certains, paraître, ne fut pas à proprement parler exceptionnelle, nous ne prétendons pas qu'elle fut habituelle. Cependant, comment nier que les paroxysmes font aussi partie de la réalité ? Comment contester que — et cela nous paraît être ici le cas — ils aident même souvent à la comprendre ?

Tout le monde considère, à juste titre, Jean Moulin comme le type même du résistant exemplaire. Eh bien, écoutons donc ce que, dans le livre qu'elle lui a consacré, sa sœur, Laure Moulin, dit de leur dernière rencontre. Ecoutons : « C'est le samedi saint de cette année

1943 qu'il arriva furtivement, à bicyclette. (...) Maman couchée, Jean resta encore quelques instants à bavarder avec moi. Il me raconta qu'à son dernier voyage à Londres, en février-mars, le général de Gaulle lui avait remis la croix de la Libération, sous le nom de caporal Mercier. Il m'apprit l'arrestation de son ami et fidèle second, Frédéric Manhès, et il me fit part de ses inquiétudes : "J'avais remis à Manhès des photos de moi pour qu'il me procure une nouvelle carte d'identité. Il se peut que la Gestapo les ait trouvées, soit sur lui, soit dans son bureau. Ils ont tout fouillé et même scié les pieds des fauteuils, à la recherche de papiers compromettants." Avant de monter nous coucher, nous prîmes certaines précautions. Si, dans la nuit ou au petit matin, on frappait à la porte, je devais descendre et demander des explications avant d'ouvrir celle-ci. Pendant ce temps, Jean se sauverait par la cour de derrière. Il avait pris soin d'appliquer une échelle contre le mur d'une dépendance pour pouvoir monter sur le toit et de là sauter dans un champ et prendre le large. Il devait se réfugier chez des amis sûrs habitant un mas isolé aux Paluds-de-Noves, à trois kilomètres environ de chez nous. Précautions superflues ; rien ne se produisit cette nuit-là. (...) Le lendemain, au petit jour, Jean reprend son vélo pour s'en aller sur Avignon. Je l'ai accompagné jusqu'à la porte. Auparavant il m'avait confié : "Je fais quelque chose de très important et difficile en ce moment (c'était le Conseil national de la Résistance). Si je réussis comme je l'espère, je passerai de l'autre côté de la Manche pour me faire oublier quelque temps. Je suis très visé, je dois redoubler de précautions. Ne m'écris pas, même si maman était malade, même, et il hésita un moment, si elle venait à mourir. On choisirait le moment de ses obsèques pour m'arrêter. Je t'enverrai de temps à autre un mot par un courrier, mais toi, ne m'envoie rien." Je l'embrassai avec plus d'émotion que d'habitude. Je le suivis des yeux sur la route droite et déserte. Sa silhouette devint incertaine et s'effaça. Je rentrai le cœur gros. Je n'ai jamais revu mon frère. (...) Avant même la funeste arrestation du général Delestraint et de ses adjoints, en fait, depuis plusieurs mois, Max se sentait visé. Il comprenait qu'à force de jouer avec le feu, de voir les uns et les autres, de traverser la ligne de démarcation, d'atterrir sur des aérodromes clandestins, de s'abriter dans des logis de fortune, les mailles du filet que la Gestapo tendait autour des chefs de la Résistance se resserraient dangereusement sur lui. L'imprudence d'un novice, la trahison d'un lâche pouvait aboutir un jour ou l'autre à sa capture. Son rapport du 7 mai 1943 explique ses craintes, non tant pour sa personne, car, dès le début de son action, il savait à quoi il s'exposait et avait librement accepté les risques, mais pour son œuvre... » Exemplaires, ces derniers épisodes de la vie de Jean Moulin le sont tout autant que sa personnalité et son action elle-même. Très simplement, les mailles du filet y apparaissent pour ce qu'elles étaient, inexorablement étouffantes.

Chapitre deux

LA TORTURE

Où, en suivant les abominables calvaires de tant de clandestins capturés, on se pose et repose toujours la même question : et si c'était à moi qu'on arrachait les ongles ?

Atroce petite musique des longues nuits de la clandestinité, redoutable rumeur qui se nourrit aussi du moindre bruit suspect, lancinant lamento des lendemains dont on espère tout par peur d'en tout craindre — il n'est pas exagéré d'écrire que ce sont les cris de leurs camarades capturés, les cris de ceux que l'on torture, les plaintes mêlées aux bruits des bottes et aux cliquetis des armes qui accompagnent et bercent le destin des hommes et des femmes de la Résistance. Henri Michel n'exagère pas, il dit simplement la vérité lorsqu'il note : « Venus des horizons les plus éloignés, les résistants sont inspirés par des motivations multiformes. Mais dès qu'ils sont engagés, les risques accourent au-devant de tous ; qu'ils soient membres de mouvements, de réseaux ou de partis, imprimeurs et diffuseurs de la presse clandestine, agents parachutés, convoyeurs d'évadés, "pianistes", logeurs, agents de liaison, saboteurs, fonctionnaires de la clandestinité, maquisards, chefs de groupes, ministres de gouvernements fantômes, tous les clandestins sont soumis à la même terrible loi de leur vocation ; il leur faut dépouiller le vieil homme, apprendre à devenir un autre, se taire, se cacher, errer, vivre dans les affres d'aujourd'hui et de demain, s'accoutumer à la solitude et au dénuement, haïr l'ennemi et se méfier de tous. S'ils sont pris, le plus souvent par trahison, le même affreux destin leur est promis : prison infecte, tortures et injures et, le plus souvent, fusillade ou déportation. Telle est la Passion du résistant. »

Une passion, un calvaire dont la première station — les clandestins l'apprennent vite et le savent bien — s'appelle inexorablement, presque statistiquement la *torture*...

Avec la torture, nous voici donc au cœur de la crainte. Beaucoup plus que la mort, c'est la torture qui symbolise ce danger, cette permanence du danger dont nous avons essayé de faire palper la présence. Virulente, obsédante, lancinante, l'idée de la torture rôde et pèse dans la conscience du clandestin... « C'est vrai, dit le colonel

Rémy à François Brigneau. Plus encore que “Serai-je arrêté ?” la question angoissante qui nous obsédait tous était : “Tiendrai-je le coup ? Parlerai-je sous la torture ?” C’était hallucinant, cette crainte permanente de l’épreuve. »

Même si elle ne fut pas ressentie par tous avec la même acuité, la réaction du colonel Rémy semble bien avoir été partagée par la plupart des résistants. Rares étaient ceux qui, tel Léo Hamon, déclaraient trente ans plus tard : « Non, je dois dire que, personnellement, je ne passais pas mon temps à imaginer ce qui se produirait si j’étais arrêté. Je ne me voyais pas arrêté. Je ne me voyais pas torturé. Je ne sais pas si on doit appeler cela du courage ou, plus simplement, du manque d’imagination. Je reconnais que je n’ai pas eu un très grand effort à faire pour ne pas y penser. Dans la mesure où le péril n’était pas physique, physiquement présent, je n’ai pas eu d’effort à faire parce que je ne l’imaginais pas. Je ne suis pas un grand imaginatif et cela m’a été utile... »

La terrorisante mise en scène de l’arrestation

En fait, la majorité des clandestins, même malgré eux, *imaginent*... Il est d’ailleurs fréquent que ce travail de l’imagination soit si fort que certains torturés disent avoir plus souffert de l’attente de la torture que de la torture elle-même. En juillet 1947, au congrès des aliénistes et neurologistes à Niort, le futur professeur Alexandre Minkowski fait état d’observations selon lesquelles « le moment le plus critique est celui du début : attente angoissante des tortures, de l’inconnu terrifiant qu’elles représentent, attente tout autant angoissante de la façon dont on va pouvoir supporter la première expérience... ».

Aussi bien peut-on, sans exagérer, estimer que c’est avec l’arrestation que le tourment commence... Incarcérée dès 1939 à la suite des décrets-lois anticommunistes, Juliette Dubois raconte : « Ils m’ont mise en prison, sans jugement, à la prison de Dijon. J’étais dans une cellule où on mettait les prostituées et, chose qui m’a frappée, quand je suis arrivée, la gardienne croyait que j’en étais une, elle m’a dit : “Vous n’en avez pas l’air.” Je lui ai dit : “De quoi ?” Elle m’a fait déshabiller... A cette époque-là moi ça m’avait fait beaucoup d’effet qu’on me traite comme ça. On m’avait mise dans une cellule où j’étais toute seule mais où on mettait normalement les prostituées. Il y avait des ignominies sur les murs... » Cette première émotion est ressentie même si on s’y attend et bien que la plupart des résistants y soient préparés. « Depuis mon entrée dans le réseau, écrit Brigitte Friang, j’ai mâché et remâché ce que je ferai, quand je serai arrêtée. Durant les nuits d’attente sur les terrains, dans les trains, les gares, j’ai vécu et revécu en imagination tous mes gestes futurs. » Mais peut-on prévoir aussi la nature du traumatisme que l’on ressentira ?... « Deux automatiques étaient pointés sur moi, note Peter Churchill.

Aucune réaction n'était possible. On me dit de m'habiller, ce que je fis avec une lenteur délibérée, toutes mes facultés en éveil. Je m'injuriais intérieurement pour m'être laissé prendre au lit... » Et peu avant sa mort dans un singulier attentat au colis piégé, quai des Grands-Augustins, à Paris, le 20 juin 1973, le docteur Georges Fully, évoquant ses souvenirs de Résistance, mais parlant aussi en criminologue averti, nous avait confié : « C'est la police française qui est venue m'arrêter, des gens de la Brigade "antiterroriste" qui m'ont conduit, à pied, au siège du commissariat central. J'ai ressenti l'arrestation comme un échec, comme un aveu d'impuissance. Dans le jeu qui était le nôtre, j'avais perdu la partie. J'ai eu un moment de découragement... »

Il est vrai que, compte tenu du contexte particulier de l'époque et de la sorte d'exacerbation de la sensibilité publique, tout paraît mis en œuvre pour que l'arrestation « choque ». Même si, dans la plupart des cas, les fonctionnaires de police agissent essentiellement selon la routine de leur métier et même si leurs nombreux supplétifs ne font que suivre les instincts de fanatiques, de soudards ou de pervers qui sont les leurs, tout se passe comme si le rituel des arrestations faisait partie d'une mise en scène générale de la terreur. Peut-on d'ailleurs dire *comme si* ? Au niveau politique, ce souci de mise en scène terrorisante n'existe-t-il pas à Berlin comme à Vichy ?

Toujours est-il qu'on doit noter à quel point la scène de l'arrestation impressionne, frappe, traumatise non seulement celui qui est pris au piège mais aussi nombre de ceux qui assistent à sa capture. Un témoignage particulièrement significatif à cet égard est celui de Louis Malle. Le futur célèbre cinéaste était alors un garçonnet de onze ans... Ce qu'il nous dit ici, le réalisateur d'*Ascenseur pour l'échafaud* en fera plus tard un film intitulé *Au revoir les enfants*, lequel lui vaudra le Lion d'or du Festival de Venise, en 1987, mais aussi la mauvaise humeur des allergiques à l'épopée. Dans son *Guide des films* (1990), l'universitaire Jean Tulard écrit ainsi : « En 1973, le coup de griffe donné par *Lacombe Lucien* », un précédent film de Malle, « à l'imagerie d'Epinal des Français sous l'Occupation avait suscité bien des polémiques. En 1987, *Au revoir les enfants* fait l'unanimité. (...) Cependant, sa vision des Français sous la botte nazie frise le manichéisme : les bons (les Juifs, l'Eglise), les méchants (les nazis, la bourgeoisie industrielle qui vaque à ses occupations comme si rien n'avait changé, les collaborateurs). » Ecoutons plutôt Louis Malle. « J'étais élève de 5ᵉ, nous raconte-t-il, au Petit Collège d'Avon. C'est un établissement religieux, un collège des Carmes déchaux proche de Fontainebleau. A cette époque, le provincial des Carmes était le père Philippe et le directeur du collège était le père Jacques. L'un et l'autre étaient des membres très actifs et même dirigeants du Front national. Dans le collège, cachés sous de faux noms, il y avait quatre jeunes garçons juifs qui étaient entrés au premier trimestre. Nous, dans les petites classes, nous ne le savions pas, mais les élèves des grandes classes, ceux de première et de seconde, avaient été mis au courant par le père Jacques. Ça, je l'ai su plus tard, de même que j'ai appris qu'à l'origine des événements il y avait la dénonciation d'un employé mécontent... Mais revenons en janvier 1944. Un matin, alors que nous étions en classe, nous avons entendu du remue-ménage dans la cour. Et puis, j'en ai un souvenir très précis, on a vraiment entendu un bruit de bottes dans le couloir. Oui, des bottes, juste avant de voir entrer un civil et deux soldats allemands. Une fois dans notre classe, le civil a appelé un nom israélite dont je ne me souviens plus. C'est alors que le garçon que nous connaissions sous le nom de Bonnet s'est levé. Il était très, très calme. Il a rangé ses bouquins. Il en a fait un petit tas, comme ça, sur sa table, très soigneusement. Je me rappellerai toujours cette façon dont il a rangé ses bouquins... Et puis, il a quitté sa place et il s'est avancé successivement vers chacun de nous. Il faut dire que dans cette classe nous n'étions pas alignés les uns derrière les autres mais que nos tables étaient disposées en forme de U. Nous n'étions pas très nombreux : une quinzaine... Au milieu du U, il y avait un vide avec le poêle qui chauffait très fort car il faisait très froid. Alors Bonnet a fait le tour et il nous a tous serré la main pour nous dire au revoir. Il a aussi serré la main du professeur et il a suivi les Allemands... Les choses se sont passées de la même façon dans trois autres classes. Aussitôt après, on nous a tous fait descendre dans la cour où on nous a fait mettre en rang pour écouter le discours d'un petit homme qui devait avoir une quarantaine d'années et qui nous a fait un cours de "morale" en nous expliquant que les Juifs n'étaient pas des Français, etc. C'était un Allemand de la Gestapo de Melun. Je crois qu'il s'appelait Kopf. Il nous a dit aussi que le collège allait être fermé parce que ses dirigeants ne s'étaient pas conduits en bons Français. C'est alors qu'on a vu passer le père Jacques suivi des quatre jeunes garçons juifs. Je revois encore le père Jacques avec son béret et sa grande cape. Pour sortir de la cour, il fallait monter un escalier. Lorsque le père Jacques est arrivé en haut de l'escalier, il s'est retourné vers nous qui étions toujours alignés dans la cour et il nous a fait un grand geste d'adieu. Alors, on l'a tous applaudi... Le père Jacques était un homme assez extraordinaire. Il avait un grand prestige auprès de nous tous. Je me souviens de son regard, derrière ses lunettes, un regard étonnant... Je crois qu'ils ont aussi emmené un surveillant, un garçon qui était réfractaire au STO... Avant de partir, le type de la Gestapo a giflé un élève de première... Tout cela reste pour moi un souvenir très brutal et d'une précision assez terrifiante. J'ai eu comme un grand choc. Les détails se sont imprimés dans ma mémoire. Le bruit des bottes... La façon dont le garçon nous a dit au revoir... La grande cape du père Jacques... »

La thèse des « quarante-huit heures » ou le principe de dénégation ?

En fait, pour ceux qui ont mission de réprimer l'action de la Résistance, l'arrestation n'est pas seulement l'acte de se saisir d'un suspect et de l'emmener dans les locaux de police ; l'arrestation est plus que cela : elle doit constituer la première étape d'un processus d'intimidation, d'humiliation, de tentative d'anéantissement de la personnalité de l'ennemi politique enfin capturé. La torture commence avec l'arrestation. D'ailleurs, dès qu'on lui passe les menottes, le résistant bascule dans un autre monde... « Dans la voiture, raconte Lucien Dappe à Georgette Guéguen-Dreyfus, le passage à tabac commence. J'ai la figure en sang, mais pas un mot n'est lâché. (...) Nous arrivons à Châteauroux, caserne Bertrand. Je suis rudement accompagné jusqu'à ma cellule. Vision des portes verrouillées, bruits de bottes, mitraillettes, silence pesant, mort lente. Le boche précise mon cas au geôlier. Pour moi, on a choisi cette cellule isolée, flanquée de deux autres vides, entrebâillant leurs portes bardées de fer. (...) La porte se referme sur ma prison. Par un trou bien étroit, j'ai vue sur la courette où donnent les autres cellules. Mon regard s'y glisse. Spectacle d'un prisonnier qui mange sa soupe gardé par un soldat en armes. Nez cassé, œil bandé, contusions du visage, air abattu d'un homme torturé, vaincu par la douleur. Voilà ce qui m'attend. C'est bien cela la douleur jusqu'à ce que le corps cédant, la bouche sans contrôle parle d'elle-même. Ah ça, non ! Ce que je sais est trop lourd, trop des nôtres y perdraient la vie. A tout prix ne pas parler. Plutôt mourir aujourd'hui. Dès lors, je n'hésite plus, tout devient clair, je me ferai volontairement abattre par eux ou bien je m'évaderai... » La réaction de Lucien Dappe est celle de beaucoup de résistants dans les heures qui suivent leur capture. Le plus souvent, pourtant, la réalité va démentir cette résolution : le recul devant le suicide et l'impossibilité de l'évasion vont contraindre l'homme ou la femme arrêté à subir l'interrogatoire. Essayons de voir dans quelles conditions.

Arraché au destin qu'il avait choisi et jeté soudain dans un contexte totalement hostile, celui sur qui se referme pour la première fois la porte de sa cellule est la proie d'un très lourd accablement. Toutefois, son sentiment de solitude et de perdition est en général assez vite contrebattu par une réflexion sur ce qui se passe à l'extérieur. Oui, à l'extérieur, que font les camarades ?... « Dès que l'absence de l'un des leurs est signalée, écrit Marie Granet, les mouvements de Résistance prennent leurs dispositions : tous les rendez-vous auxquels devait aller le camarade disparu sont annulés, on se garde d'aller à son domicile — tout au plus le surveille-t-on, discrètement, de loin. Tous les endroits où il devait se rendre sont devenus autant de pièges... On ne va pas lever la boîte aux lettres dont il se servait ; on déménage les bureaux dont il a l'adresse. Les chambres des camarades qu'il connaît sont abandonnées. Tous les agents du mouvement qui étaient en rapport avec lui changent de pseudonyme... Deux jours suffisaient en général pour prendre les précautions les plus urgentes, pour "isoler" le résistant arrêté. Si, sous la pression de la torture ou grâce à l'astuce des interrogatoires, il "donne" un nom, un rendez-vous, une adresse, c'est dorénavant moins grave. » Et Lucie Aubrac complète : « Quand les dirigeants d'un journal clandestin ou les organisateurs d'un corps franc étaient coffrés, notre préoccupation était de faire paraître coûte que coûte et rapidement un nouveau numéro du journal et de réussir dans la région du corps franc deux ou trois opérations. Nous parvenions ainsi à diminuer aux yeux de la police la qualité de ceux qu'elle détenait et à les aider dans leurs dénégations. »

Ni dans la solitude de sa cellule ni entre les mains de ses bourreaux le résistant capturé n'est seul. Il en a vu tomber d'autres avant lui et il sait que la solidarité de ceux qui continuent n'est pas un vain mot. Il sait aussi ce qu'il a, ce qu'on lui a appris sur la conduite à tenir en prison. La prudence. La méfiance. La dignité. La confiance. Le captif vit des heures et des jours où, face à la menace de débâcle intime, les « grands mots » sont utiles, aussi utiles que les aspérités pour le montagnard ou les étoiles pour le navigateur. Pourtant, il est un choix face auquel le clandestin pris au piège se retrouve toujours seul. Un choix d'attitude : faut-il se contenter de « tenir quarante-huit heures » ou s'acharner à « tout nier » ? Nous n'aurons pas ici la légèreté de vouloir trancher un débat dramatique et à la faveur duquel nous savons que s'affrontèrent et nous avons encore vu s'opposer des hommes et des femmes aussi estimables, aussi admirables les uns que les autres. Débat tragique auquel certains martyrs ne trouvèrent d'issue que dans le suicide... Bornons-nous donc à rappeler comment le problème se posa. Pour les partisans de la dénégation systématique, la thèse des « quarante-huit heures » est fallacieuse quand elle prétend qu'on peut « limiter les dégâts » puisque l'infériorité objective de l'interrogé face à l'interrogateur le met dans l'impossibilité de mesurer l'importance de ce qu'il peut dire, dans l'impossibilité de limiter ses aveux ou même d'organiser ses « mensonges ». Au contraire, considérant comme exceptionnel que l'on puisse se taire absolument sous la torture, les partisans du moindre mal, donc des aveux limités et retardés, tiennent pour utopique ce principe de dénégation qui prétend ignorer la faiblesse humaine et pensent qu'en demandant à l'homme de se surpasser, de se dépasser, on risque de l'amener à « craquer » plus facilement. Sans pour autant tomber dans le schématisme et compte tenu de la multiplicité des situations particulières, on admet généralement que la règle des « quarante-huit heures » prévalait du côté gaulliste, que la dénégation systématique était plutôt prônée chez les communistes et que dans les mouvements, les deux attitudes étaient tour à tour recommandées. De la même façon, on considère que, quand la répression frappa également communistes et non-communistes, les conséquences en furent moins dévastatrices chez les premiers que chez les seconds. Encore faut-il, à ce propos, être circonspect car les effets moins catastrophiques peuvent aussi partiellement tenir à un plus grand respect des règles de vigilance en général et de celles du cloisonnement en particulier, règles dont on sait que les communistes les transgressaient plus difficilement que les autres.

Conférence à Berlin pour codifier la torture

Doit-on estimer que la réalité fut souvent moins tranchée qu'on aurait tendance à le dire ? Bien sûr, Madeleine Riffaud rapporte à Marianne Monestier : « Fabien nous avait dit : "Si vous êtes arrêtés, ne jouez pas au plus fin, ne racontez pas d'histoires. Vous n'avez qu'un seul moyen, un seul, d'agir : nier. Nier même l'évidence, même s'il est clair que vous mentez. Et ainsi, même dans votre délire vous arriverez à crier : Je ne sais rien !"... » Telle était la règle pour le futur colonel Fabien. Il l'appliqua. Madeleine Riffaud aussi. Cependant, c'est Jean Laffitte, autre responsable communiste, collaborateur direct de la direction clandestine du PCF, qui écrit : « Faisons le point. D'autres interrogatoires ont suivi, de jour et de nuit. C'est dur. Très dur. Je me rappelle une recommandation d'Emile : ne rien dire qui puisse nuire à l'organisation et aux camarades restés dans la lutte. Si l'on commence à parler, les policiers frappent encore plus fort pour en savoir davantage... Très bien, mais il n'est pas possible non plus de jouer les sourds-muets avec dix types autour de soi et les questions qui pleuvent de partout. Il est des questions simples, anodines, qui ne nécessitent pas de se faire assommer pour éviter d'y répondre. Le problème devient alors d'en dire le moins possible. Eviter de se lancer dans les explications, de se laisser emporter par un raisonnement, car la moindre faille, le plus petit détail peut servir de prétexte à une question plus directe qui vous arrive à l'improviste, comme un crochet du gauche. Ces choses-là s'apprennent ou se vérifient quand on est dans leurs mains... » Et la réflexion de Laffitte prend toute sa valeur lorsqu'on sait que l'Emile auquel il fait allusion n'est autre qu'Arthur Dallidet, exemple de ceux que les tortures disloquèrent sans les briser, sans qu'ils aient parlé.

Nous nous garderons de conclure sur un point aussi pathétique. Cependant, nous n'achèverons pas l'exposé de ce dilemme sans citer la réflexion que nous a faite un résistant dont le frère fut fusillé, qui dirigea lui-même plusieurs actions audacieuses et qui s'appelle André de Neyman. « Nous savions, nous a-t-il dit, qu'il n'était pas drôle d'être arrêté et qu'on passait alors de très mauvais moments. Mais, à la vérité, nous n'avions pas une idée claire de ce que ça pouvait être. Si nous avions connu la vérité, je me demande, je me demande franchement si nous aurions fait ce que nous avons fait... »

Tout en appréciant l'humilité de la réflexion d'André de Neyman, ce ne fut pas sans surprise que nous l'entendîmes. Comment ? Etait-il possible qu'il y eût des résistants non avertis de la gravité des tortures que la police allemande et ses auxiliaires français infligeaient à leurs camarades arrêtés ? Etait-il possible que certains combattants clandestins aient ignoré des faits si souvent rapportés par Radio Londres à partir de récits d'évadés, à partir de rapports aussi précis et circonstanciés que ceux faits par André Devigny au colonel Groussard ou par Fabien à Jacques Duclos ?... Non seulement c'était possible, mais ce fut une réalité qu'on ne saurait méconnaître. Ignorance ou méconnaissance ? On peut s'interroger. Il semble en effet que l'on puisse faire à propos de la torture en particulier une constatation souvent faite à propos du phénomène fasciste en général, la constatation que très nombreux furent ceux qui pendant longtemps refusèrent honnêtement de croire à une évidence qui leur paraissait trop inhumaine, trop énorme, trop atroce pour être vraisemblable, pour être vraie. Alors même que les informations précises étaient à leur disposition, des résistants eurent, face à la pratique de la torture, ce réflexe des esprits qui se refusent à l'ignoble, ce sursaut d'incrédulité analogue à un sursaut de dégoût. Et pourtant...

Pourtant, il n'y avait pas eu besoin d'attendre les rapports de Devigny ou de Fabien ni les informations de Radio Londres pour savoir que les nazis en particulier et les fascistes en général étaient tout aussi naturellement tortionnaires que conquérants ou démagogues. Squadristes des années vingt, SA des années trente, Japonais de la guerre de Chine, mussoliniens de la guerre d'Ethiopie, phalangistes et mercenaires du général Franco, Oustachis croates et Gardes de Fer roumains avaient assez laissé de trous sanglants dans la carte du monde pour que l'on sût à quoi s'en tenir à leur sujet. Mais il y avait mieux, il y avait pis. Alors que, par une sorte de pudeur fétide, d'hypocrisie traditionnelle, les bourreaux et surtout leurs maîtres avaient l'habitude de ne s'avancer que masqués, c'était à visage découvert que s'avançaient ceux-là, en prenant rarement soin d'étouffer les cris des tourmentés et sans grand souci de dissimuler fouets et couteaux. Torquemada d'un siècle industriel, ces bureaucrates de la souffrance avaient même réglementé par avance les contingents de douleur qu'ils destinaient à leurs futures victimes. Non contents de planifier leurs massacres à venir, ils avaient également codifié dans des textes réglementaires la pratique de la torture.

Le 4 juin 1937, au ministère de la Justice, à Berlin, une conférence réunissait quatre hauts fonctionnaires de la Chancellerie, trois procureurs généraux et un dirigeant de la Gestapo. Dans son livre *La Justice sous le III*^e^ *Reich*, en 1964, à Francfort, Ilse Staff a publié un procès-verbal de cette réunion. On y apprend que le procureur général von Haake ouvrit le débat en expliquant que le gouvernement du Reich « jugeait nécessaires et inévitables les interrogatoires renforcés » et que, dans ces conditions, il estimait « absurde de poursuivre des fonctionnaires » pour en avoir pratiqué. Toutefois, le même gouvernement admettait que cette pratique, dans la mesure où elle contredisait la loi, pouvait mettre en position délicate un certain nombre de magistrats. Le but de la conférence présidée par le directeur Crohne était donc de remédier à cette situation, en essayant de réglementer la pratique des interrogatoires renforcés. D'emblée, on fut « unanimement d'accord pour limiter ce genre d'interrogatoire aux affaires touchant directement à la sûreté de l'Etat ». Et « tout d'abord aux affaires de trahison ». Toutefois, étant entendu qu'il ne saurait être question des homosexuels ni des procédures mettant en cause des étrangers, « le représentant de la Gestapo proposa d'étendre cette sorte d'interrogatoire aux affaires de “Bibelforscher” (les Témoins de Jéhovah), de saboteurs et d'utilisateurs d'explosifs ». Finalement, on ne se prononça pas sur ces propositions dont il fut entendu qu'elles seraient discutées avec la direction de la SS. On passa ensuite au second point de l'ordre du jour : la nature des « interrogatoires renforcés ». On décida qu'ils devaient se limiter à des coups de bâton sur les fesses et qu'il ne devait pas être administré plus de vingt-cinq coups. On arrêta également que le nombre des coups à donner dans telle ou telle affaire serait fixé par la Gestapo, qu'à partir du dixième coup la présence d'un médecin serait obligatoire et que « afin d'éviter tout acte arbitraire » il convenait de déterminer les caractéristiques d'un type unique de bâton. Troisième point de l'ordre du jour : qui pouvait autoriser la pratique de l'« interrogatoire renforcé » ? Décision : la direction de la Gestapo à Berlin. Une fois ces diverses mesures arrêtées, le reste de la réunion fut assez longuement consacré à instaurer une bonne coordination des efforts entre le ministère de la Justice et la Gestapo dans le domaine qui faisait l'objet de la discussion.

« La torture est utile... »

Des travaux de cette conférence du 4 juin 1937 sortirent des instructions précises qui furent répercutées aux diverses autorités compétentes. Lors du procès des grands criminels de guerre devant le Tribunal militaire international de Nuremberg, le procureur général adjoint français Charles Dubost cita, le 25 janvier 1946, un document où elles étaient évoquées en ces termes : « L'ordre d'employer la torture provenait dans certains cas des autorités supérieures, peut-être même de Göring comme chef de la Gestapo, mais en tout cas de Heydrich. Les instructions avaient pour but d'indiquer que la torture pourrait être employée pour forcer les personnes torturées à donner des renseignements qui pourraient servir à découvrir les organisations subversives dirigées contre le Reich allemand mais non dans le but de faire avouer aux délinquants leurs propres actes. (...) Les moyens prescrits étaient entre autres un nombre délimité de coups de verge. »

Les textes de 1937 furent complétés et perfectionnés cinq ans plus tard. Dans le jugement prononcé par le Tribunal militaire international de Nuremberg, on peut lire à ce sujet : « Les personnes simplement soupçonnées de s'être opposées d'une manière quelconque à la politique des autorités d'occupation allemandes étaient elles-mêmes arrêtées et interrogées de la manière la plus odieuse par la Gestapo et le SD. Le 12 juin 1942, le chef de la Police de sûreté et du SD promulgua, par l'intermédiaire de Müller, un ordre concernant les interrogatoires ; l'usage des méthodes du troisième degré était autorisé, non seulement pour arracher au prisonnier des aveux sur ses propres crimes mais aussi dans les cas où une enquête préliminaire aurait indiqué qu'il était en mesure de fournir des renseignements importants, notamment sur des activités subversives. Cet ordre disposait : "... Le troisième degré, dans ce cas, peut seulement être employé contre les communistes, les marxistes, les Témoins de Jéhovah, les saboteurs, les terroristes, les membres des mouvements de résistance, les agents parachutés, les éléments antisociaux, les réfractaires ou vagabonds polonais ou soviétiques. Dans tous les autres cas, une autorisation préalable est nécessaire. Le troisième degré peut comprendre, suivant les circonstances, les mesures suivantes : alimentation réduite (pain et eau), couchette dure, cellule obscure, privation de sommeil, exercices épuisants, flagellation (au-dessus de vingt coups il faut consulter un médecin)"... » Autre texte intéressant, celui dont il fut fait état lors du procès du général japonais Otozou Yamada, ancien commandant en chef de l'armée du Kouangtoung, qui se déroula du 25 au 30 décembre 1949 devant le tribunal militaire soviétique de Khabarovsk. Durant ces audiences le représentant de l'accusation donna lecture d'*Instructions fondamentales relatives à l'interrogatoire des prisonniers de guerre* où il était dit notamment : « Il est parfois utile de recourir à la torture, cela dépend des circonstances ; mais il n'est pas rare que les conséquences en soient funestes ; aussi faut-il bien peser le pour et le contre avant d'y recourir. Il faut appliquer la torture de manière à ce que cela n'ait pas pour nous de conséquences fâcheuses. (...) La torture qui provoque des souffrances physiques doit être appliquée et continuée de façon que le seul moyen d'échapper aux souffrances qu'elle entraîne soit de dire la vérité. La torture est utile à cause de la facilité relative avec laquelle elle peut obliger les personnes dont la volonté est faible à dire rapidement la vérité ; mais, d'autre part, il est à craindre que l'interrogé, pour éviter les souffrances ou complaire à l'interrogateur, ne déforme la vérité. (...) Il faut choisir les méthodes de torture faciles à employer et qui permettent de prolonger impitoyablement les souffrances sans qu'il subsiste ni blessures ni cicatrices. Néanmoins, s'il est nécessaire que l'accusé craigne pour sa vie, on peut passer outre au dommage qui lui est causé mais de manière à ne pas se priver de la possibilité de poursuivre l'interrogatoire. Quelques exemples de tortures :

1. Obliger à rester assis droit et immobile ; 2. Placer des crayons entre les doigts, non loin de la base, lier l'extrémité des doigts avec une ficelle et les agiter ; 3. Placer l'interrogé sur le dos (les pieds doivent être légèrement surélevés) et faire tomber de l'eau goutte à goutte en même temps dans le nez et dans la bouche ; 4. Placer l'interrogé sur le côté et lui piétiner la cheville ; 5. Placer l'interrogé sous une planche située trop bas pour qu'il puisse se tenir droit. (...) Après avoir employé la torture, il faut convaincre celui qui a été torturé que c'était là une mesure parfaitement naturelle ou faire le nécessaire pour l'empêcher d'en parler plus tard par amour-propre, par sentiment d'honneur, etc. Contre ceux dont il n'y a rien à attendre de ce côté on prendra les mêmes mesures que pour les cas de blessures accidentelles. »

Avant de citer ces textes, nous avons aussi fait allusion à des informations diffusées par la BBC ; là encore, précisons... « En 1943, écrit Alec Mellor, dans son livre *La Torture*, la radio de Londres révéla le fonctionnement, en Allemagne nazie, d'écoles de torture ; les futurs spécialistes de la Gestapo y accomplissaient un stage, généralement de quatre semaines, comportant des cours de physiologie, des travaux pratiques et un examen de sortie. » Lorsqu'on prend connaissance de tels textes, comment ne pas être frappé par la tendance du fascisme à institutionnaliser la torture ? Ici, à l'évidence, la torture n'est plus seulement un moyen possible d'obtenir des aveux ou des renseignements. Sous le fascisme, la torture passe vite de l'état de moyen à celui de fin. On ne l'emploie plus par facilité, on l'emploie par principe. Il est important d'y insister ici dans la mesure où cela nous permet de comprendre des points qui, autrement, demeureraient obscurs ou mal expliqués.

Les trois fonctions de la torture

Lorsqu'on examine le déroulement de l'action répressive menée par les forces d'occupation allemandes, italiennes et même japonaises contre la Résistance française, on constate que, dans un très grand nombre de cas, des combattants clandestins furent torturés, souvent torturés à mort, alors qu'il était patent qu'on ne pouvait tirer d'eux aucun renseignement utilement exploitable. Pourquoi cet acharnement ? L'explication par le sadisme ou par la haine ne peut être que partielle ; celle des initiatives désordonnées ne tient guère dans le cadre d'un système aussi bureaucratisé ; en tout cas, la contradiction est flagrante avec le principe d'efficacité dont le fascisme fait pourtant une vertu... Au contraire, tout s'éclaire et devient logique si l'on admet que la torture remplit dans le système fasciste une triple fonction : primo, la fonction policière classique d'obtention des aveux et des renseignements ; secundo, la fonction terroriste, fonction politique et fonction essentielle ; tertio, enfin, la fonction de soupape psychologique et sociale destinée à permettre aux éléments déclassés, asociaux et marginaux que le fascisme recrute toujours dans ses cohortes de se défouler tranquillement tout en concourant à la première et à la deuxième fonction. Examinons plus en détail ces trois fonctions.

La première, la policière, la classique, a quelque chose de paradoxal. Ecoutez les avocats de la torture, c'est toujours cette première fonction que, la mine navrée ou fataliste, ils mettent en avant : la guerre étant la guerre, il faut bien obtenir des renseignements et qu'importe une heure de douleur si c'est pour sauver quelques vies humaines... Or, précisément, abstraction faite du problème moral et humain que pose son emploi, il y a longtemps que les techniciens sérieux du renseignement ont admis et expliqué que la torture était un des plus mauvais moyens de recherche, moyen illusoire de surcroît. Et *longtemps* n'est pas ici façon de dire... Pierre-Henri Simon, dans *Contre la torture*, cite un texte du pape Nicolas Ier, texte que ce pontife adressait il y a plus de onze siècles à des fidèles de l'Eglise bulgare pour les réprimander. « Vous dites, écrivait le pape Nicolas, que, chez vous, lorsqu'un voleur ou un brigand a été saisi et qu'il nie ce qui lui est imputé, le juge le frappe de coups à la tête et le pique aux flancs de pointes de feu jusqu'à ce qu'il confesse la vérité. Mais ni la loi divine ni la loi humaine ne peuvent admettre en aucune manière cet usage. Car l'aveu doit être spontané ; il ne doit pas être extorqué par la violence mais proféré volontairement. Et puis, si, après avoir usé de tous ces tourments, vous ne parvenez pas à découvrir la moindre des choses que vous reprochez au patient, n'en avez-vous pas de honte et ne voyez-vous pas vous-même comme vous jugez avec impiété ? Si, au contraire, vaincu par la douleur, l'inculpé se déclare coupable d'un crime qu'il n'a pas commis, sur qui, je le demande, retombe l'opprobre d'une si grande iniquité, sinon sur celui qui a forcé le malheureux à mentir ? »... Cette admonestation papale n'empêchera certes pas l'Inquisition, mais elle sera, on l'ignore trop, suivie au fil des siècles de toute une série d'autres textes de même ton et de même teneur rappelant que la torture est un des plus mauvais moyens de provoquer l'aveu et de rechercher la preuve. Dans leur livre des années 1970 *L'Actuelle Guerre secrète*, Pierre Nord et Jacques Bergier remarquent : « Sans doute peut-on citer de nombreux exemples de malheureux ayant parlé sous la torture, depuis les procès de sorcellerie où l'on faisait dire n'importe quoi aux accusés jusqu'aux interrogatoires de la Gestapo. Mais la torture est inefficace, précisément parce qu'elle amène à faire parler même celui qui ne sait rien. Comment se fonder alors sur les renseignements recueillis ? Par ailleurs, la torture a l'inconvénient de pouvoir souvent provoquer la mort de l'accusé et peut-être avant qu'il n'ait parlé. On tarit ainsi la seule source de renseignement. »

Au contraire, pour ce qui est de la deuxième fonction, la fonction terroriste, l'efficacité de la torture est évidente. Aussi bien, tout naturellement, les Etats totalitaires mis en place par Hitler et quelques autres de ses compères dictateurs vont-ils en développer systématiquement l'usage. Comme pouvait le dire Maurice Rolland au colloque organisé les 3 et 4 juin 1972 à Paris par l'Association des magistrats résistants, « nazisme et fascisme sont venus et la torture est devenue un procédé de gouvernement ». Cet aspect n'avait d'ailleurs pas échappé aux juristes alliés lors du procès de Nuremberg où, le 25 janvier 1946, le procureur général adjoint Charles Dubost déclarait : « Ce caractère systématique a été voulu par les autorités supérieures du Reich (...). C'est qu'aussi bien ces procédés d'instruction constituaient en eux-mêmes un élément destiné à renforcer le caractère terroriste de la politique poursuivie par l'Allemagne dans les pays occupés de l'Ouest (...). Nous savons avec quelle férocité cette procédure était conduite, férocité voulue, connue des populations des pays envahis et destinée à créer une atmosphère de véritable terreur autour de la Gestapo et de tous les services de police allemande. » Et ce qui était vrai à l'Ouest l'était à plus forte raison à l'Est... Un mois seulement après l'attaque contre l'Union soviétique, depuis le Grand Quartier général du commandant en chef de la Wehrmacht, le maréchal Keitel faisait diffuser un texte « sur l'application des mesures répressives envers la population résistant aux autorités d'occupation ». Dans cette note datée du 23 juillet 1941, on peut lire : « Les troupes dont on dispose pour assurer la sécurité dans les régions conquises (...) ne seront suffisantes qu'au cas où toute sorte de résistance sera brisée non pas par la punition juridique des coupables mais lorsque les autorités d'occupation susciteront cette frayeur qui est seule capable de briser toute volonté de résistance de la population. » Voilà qui est clair : non seulement pour la Gestapo et les SS, mais aussi pour la Wehrmacht et l'ensemble des forces armées allemandes, ce qui doit être recherché ce n'est pas « la punition juridique des coupables », c'est de « susciter la frayeur ». Ainsi la deuxième fonction ne prime pas seulement sur la première, elle l'absorbe. A ce phénomène, Pierre Vidal-Naquet donne toute sa dimension lorsqu'il écrit : « La torture d'Etat n'est pas autre chose que la forme la plus directe, la plus immédiate de la domination de l'homme sur l'homme, ce qui est l'essence même du politique. (...) Le renseignement n'est qu'un aspect de la politique de la torture. (...) Par son "aveu" la victime fait beaucoup plus que donner un "renseignement", elle reconnaît son bourreau comme maître et possesseur de sa parole, c'est-à-dire de son humanité. » Et Jacques Delarue complète utilement cette réflexion lorsqu'il rappelle que « les nazis étaient des spécialistes de l'avilissement ».

« Il est entré ici arrogant, il en est sorti en rampant... »

Ces remarques nous ayant ramené au cœur même du phénomène fasciste, ne doit-on pas considérer que ce que nous avons appelé la troisième fonction de la torture, celle, sociale et psychologique, de soupape de défoulement, est sans commune mesure avec la précédente ? Non, car à la vérité cette troisième fonction est parfaitement complémentaire de la seconde. Voyons comment... Pour assurer dans les meilleures conditions la mise en œuvre de leur entreprise criminelle, les hitlériens ont besoin non seulement de complices mais aussi de valets, de manœuvres, de personnels d'entretien. Ces gens sont payés en espèces, mais aussi en nature. Ce paiement en nature prend le plus souvent la forme de délits ou de crimes supplémentaires autorisés en marge de la mission principale. Exemple : en venant arrêter un résistant chez lui, un truand français, employé par la Gestapo, vide quelques tiroirs au domicile de sa victime et est autorisé par ses maîtres allemands à garder pour lui ce qu'il a ainsi dérobé. Ce qui est vrai pour le vol et pour le marché noir, l'est pour la torture. Lorsqu'ils les chargent de tourmenter des clandestins arrêtés, les fonctionnaires de la police et des services de sécurité hitlériens laissent licence à leurs supplétifs d'en rajouter pour satisfaire leurs inclinations sadiques. Ce mode de rétribution est d'autant plus rentable pour les autorités occupantes que le « supplément sadique » s'insère tout naturellement dans la politique générale de terreur. Dès lors, tout concourt à amplifier un processus qui prend des allures d'engrenage. Plus la Résistance augmente ses activités, plus les forces de répression recourent à la torture ; plus les supplétifs torturent, plus ils y prennent goût et plus ils ont envie de torturer ; plus un des buts de la torture devient la satisfaction des instincts sadiques, plus la pratique tend à devenir indépendante et plus augmente la propension à torturer pour torturer, etc. Le résultat ? Une sorte d'ignoble frénésie, une frénésie diversifiée, qui va de la bestialité la plus bornée jusqu'à la cruauté la plus raisonneuse en passant par l'exercice quotidien d'une haine que la proximité du moment où il faudra payer rend de plus en plus hargneuse.

C'est seulement à travers des exemples précis que l'on peut se faire une idée de ces dérèglements toujours sordides et parfois délirants d'une violence dans l'impasse.

Le goût d'humilier est une des composantes les plus caractéristiques et les plus répandues de ces déchaînements. A l'audience du 24 janvier 1946 du Tribunal militaire international de Nuremberg, le procureur général adjoint Charles Dubost cita en ces termes le témoignage d'Octave Rabaté, l'un des militants communistes les plus chaleureux et les plus expérimentés qu'il m'ait été donné de connaître : « Transférés les uns au quartier allemand de la Santé, une prison de Paris, la majorité à la prison du Cherche-Midi, à Paris, nous fûmes interrogés à tour de rôle par un officier de la Gestapo, dans les locaux de la rue des Saussaies. Certains d'entre nous, plus particulièrement Politzer et Solomon, furent torturés jusqu'à en avoir, au témoignage de leurs femmes, les membres rompus. En m'interrogeant, d'ailleurs, cet officier de la Gestapo m'apporta une confirmation : je répète ses paroles : "Ici, Rabaté, il faut parler ; le gendre du professeur Langevin, Jacques Solomon, est entré ici arrogant ; il en est sorti en rampant."... »

Très vite, par-delà les apparences et les mots, cette envie de « faire ramper » l'emporte de plus en plus sur le souci de « faire parler ». L'ancien président du tribunal d'Auxerre et ancien juge d'instruction à la Cour de justice du Cher, le magistrat Jean Lyonnet, a consacré un livre au cas de l'un des pires supplétifs français de la Gestapo, Pierre Paoli. Dans ce livre intitulé *L'Affaire Paoli*, on peut lire : « Les derniers jours de juillet (1944), il (Paoli) procède, au siège de la Gestapo, à l'interrogatoire de M. Marcel Plaisant, sénateur du Cher, arrêté à Paris et transféré à Bourges, on n'a jamais su exactement pourquoi. Il lui reproche, avec véhémence, son activité dans la clandestinité qu'il connaît, puis il lui dit : "Tu es le chef de la Résistance, tu es le président du Comité de Libération ; tu es responsable du Front national ! Avoue-le !" Comme M. Plaisant nie formellement ce qui lui est reproché, Paoli, hors de lui, décide de lui infliger des tortures plus raffinées ; il le traite d'abord au courant électrique, en lui plaçant les électrodes de sa machine aux oreilles et aux doigts de pied. Il le frappe ensuite avec un gros câble plié en deux puis lui assène de grands coups sur les reins avec une chaise massive qui lui tombe malencontreusement sous la main. Devant le silence obstiné de sa victime, il la martèle de coups de poing et l'injurie encore : "Parle, tu sais tout, bandit ! Puisque tu es le chef des rouges." A nouveau il lui applique les pôles de sa machine électrique et rit bien fort, avec les Allemands présents, des secousses qu'elle imprime à son corps torturé ; il le menace constamment de mort. Ces supplices durent depuis plus de trois heures lorsqu'il les arrête enfin, non sans vouloir lui imposer encore, par une sadique audace, la traversée de la ville de Bourges, menottes aux mains et dans l'état lamentable où il l'a laissé... »

Autre exemple cité par le même auteur, celui de l'acharnement destructeur mis par Paoli à tourmenter un des responsables FTP de la Nièvre, André Laloue, futur directeur de publication du journal *l'Humanité*. « Les souffrances qu'il lui inflige sont abominables, écrit Jean Lyonnet, mais elles ne peuvent décider leur victime à parler ; la pendaison, les coups reçus ont entraîné des déchirures musculaires nombreuses et le déboîtement du coude droit ; comme le malheureux gémit et supplie de ne plus frapper sur ce coude douloureux, Paoli s'y acharne en lui répondant qu'il veut rendre ce bras inutilisable afin qu'il ne puisse plus tirer. »

« J'ai avoué de faux attentats, sans me souvenir de rien ensuite... »

La rage et la haine ne tardent pas à paraître à l'état pur. En juillet 1944, à Vichy même, ce sont des policiers « antiterroristes » de la « brigade Poinsot » créée à Bordeaux par le commissaire du même nom, lequel vient d'être nommé sous-directeur des RG, qui, avec des miliciens, arrêtent et interrogent Marc-André Fabre... Après avoir noté la façon « dont la rage » de ses tortionnaires « s'accroît lorsqu'il est question de la défaite inévitable de l'Allemagne » ou lorsqu'il « manifeste son dégoût à l'égard des miliciens et de leurs agissements », Fabre raconte : « Je reçois, à toute volée, une gifle qui me fait chanceler. Par un réflexe naturel, je porte la main à ma joue et, dans ma douloureuse surprise, je murmure : “Vous êtes fous ?” Un concert d'exclamations, ponctué de rires, s'élève : “Ah, nous sommes fous ! Monsieur déclare que nous sommes fous ! La clique à Darnand est folle ! Elle ne le sera jamais assez pour châtier, comme ils le méritent, les salopards de ton espèce. A genoux !” On me force à m'agenouiller et chacun des inspecteurs, à tour de rôle, me décoche une gifle ou un coup de poing au visage, dans le dos, à la poitrine, au ventre. Une dent me blesse intérieurement la joue ; j'ai l'œil gauche tuméfié. Sous un coup plus violent à la nuque, je m'effondre. Un inspecteur qu'on appelle Lebeau et dont les yeux jaunes ressemblent à ceux des rapaces qu'émeut seulement l'approche du danger ou d'une proie, met son pied sur mon visage puis me prend par les cheveux, m'oblige à me relever et me crache au visage. Les coups pleuvent à nouveau. » C'est également entre des mains de miliciens qu'est tombé le lieutenant Castor des maquis du Jura, dont Jacques Grancher a transcrit les souvenirs. C'est même au siège national de la Milice, dans l'ancien immeuble du PCF, au 44, rue Le Peletier, dans le centre de Paris, que Castor est torturé au printemps 1944. « Tous les jours, raconte Castor, à 18 heures, avait lieu la relève des gardes. Une dizaine de francs-gardes, conduits par un sous-officier, arrivaient de la caserne d'Auteuil. On m'appelait “le tueur”. Aussi lorsqu'ils se passaient les consignes, ils me rouaient de coups. Fréquemment, j'entendais demander dans les couloirs : “Où est le tueur ?” Et ils me montraient aux visiteurs de marque comme on expose un animal qui fait honneur à l'établissement. Les interrogatoires recommencèrent. Je montai à la chambre 65, au 6e étage, par l'escalier de service. Immédiatement, je dus me déshabiller. Je leur fis remarquer qu'à Lyon on m'avait interrogé et qu'ils devaient avoir les copies de mes dépositions. “Ça ne compte pas”, dit un grand brun à la joue trouée d'une cicatrice. Ça n'eut pas l'air de compter en effet. Sur mes plaies mal fermées, sur les parties tuméfiées effroyablement, ils s'acharnaient avec sauvagerie. Ils avaient les mains couvertes de mon sang. (...) Néanmoins, je n'avais encore rien vu. A 2 heures du matin, le dimanche 14 mai, ils me réveillèrent à coups de pied et l'on me fit monter à la chambre 54, au 5e étage. Ils me déshabillèrent complètement dès que je fus entré. (...) La lumière avide des lampes éclairait une magnéto de fortes dimensions où aboutissait un large volant complètement nu. Ils me bandèrent les yeux, me lièrent les mains derrière le dos avec des menottes, arrosèrent le tout avec de l'eau. D'abord, celui qui était au volant donna quelques à-coups. Les étincelles jaillissaient de partout où il y avait du fer. J'avais le corps bandé comme un arc, les muscles noués de douleur. Puis, la magnéto tourna plus vite et mon corps se raidit suivant la cadence. Le conducteur accéléra le volant à la volée. Ma jambe reliée aux menottes se dressa sous l'effet du courant et je tombai de la table. Dès que je fus au sol, ils me sautèrent sur le ventre à pieds joints, me meurtrirent les épaules à coups de bâton et de poing. Sitôt que j'étais debout, la magnéto repartait doucement pour finir à pleine vitesse. Je chus une deuxième fois de la table. "Si on lui faisait le supplice arabe ?" Leurs yeux luisaient comme ceux de bêtes mauvaises, les mains du plus jeune tremblaient de sa faim de meurtre. Je subis le supplice arabe : on frappe violemment et à toute vitesse sur la plante des pieds le plus longtemps possible. Je ressentais d'atroces brûlures au bout de quelques coups. A chacun de mes hurlements correspondaient de nouvelles brûlures. Ils m'étouffèrent alors à moitié avec un morceau de ma chemise, me redressèrent pour la troisième fois pendant que la terrible machine se mettait en marche. Ma tête et mes pieds étaient de feu, de grosses gouttes de sueur glacée coulaient tout le long de mon corps. J'allais même jusqu'à supplier qu'on me tue. "On va te donner satisfaction !" dit l'un d'eux. Pendant que l'un de mes bourreaux m'appliquait un canon de revolver sur la nuque, un autre fit feu dans une autre direction. Ils éclatèrent de rire. "Penses-tu qu'on va te tuer ? Tu serais trop heureux de t'en tirer à si bon compte !"... J'ai essayé, après, bien après, dans le silence humide de ma cellule, de me rappeler combien de temps cela avait duré. Vraiment, je ne sais plus. J'ai signé des dépositions fausses, j'ai avoué de faux attentats sans me souvenir de rien ensuite. Ils avaient une méthode à eux pour faire oublier. Avec un bâton très court, un franc-garde frappe la nuque à toute vitesse pendant quatre à cinq minutes. Le cuir chevelu enfle et les coups martèlent le cervelet, anéantissant tout souvenir proche. Ils me firent regagner ma cellule sans que je m'en sois seulement aperçu. (...) Chaque soir, à minuit, l'inspecteur Frédo faisait sa ronde en frappant tous les prisonniers pour se distraire... »

Le supplice de « la baignoire »

Torturant pour torturer, les tortionnaires en arrivent à torturer par hasard... « Paoli recherche un M. Leduc qu'il ne trouve pas, note Jean Lyonnet ; il se renseigne mal et arrête effectivement un nommé

Leduc, ouvrier agricole à Beffes, qui n'a rien de commun avec la personne qu'il veut arrêter et qui est simplement surnommée "le duc" ! Il ne s'arrête pas à ce détail, le frappe, le menace de son revolver et le déporte en Allemagne. » ... Second exemple de torturé par hasard, celui qui met en scène un autre des principaux supplétifs de la police allemande et praticien de la torture, le Belge Georges Delfanne, homme de confiance de l'Abwehr, les services secrets militaires, et plus connu sous le nom de Masuy. Le colonel Rémy a consacré à Masuy un ouvrage entier intitulé *Une affaire de trahison*. C'est dans ce livre que Jean Sciou qui, sous le pseudonyme de Faucon, était le responsable breton du réseau de renseignements de Rémy Confrérie Notre-Dame (CND), raconte une scène dont il fut le témoin alors qu'il était entre les mains de Masuy qu'il avait déjà subi lui-même le supplice de « la baignoire ». Ecoutons Jean Sciou : « Masuy me prend dans sa voiture, une superbe Talbot qui ne lui a pas coûté cher et nous partons pour faire renouveler mon pansement. Au moment de démarrer, il avise un passant qui est devant l'immeuble : "J'ai déjà vu cette gueule-là quelque part !" Il saute de sa voiture, empoigne le passant, lui colle le pistolet dans les reins et le fait entrer au 101. Il revient, nous partons. (...) Pansement fait, nous revenons. (...) En rentrant au 101 de l'avenue Henri-Martin, je retrouve mon passant de tout à l'heure : Monsieur sortait du bain, ses doigts tremblants tenaient une cigarette ; il avait dans l'autre main un verre de cognac dont une bonne moitié du contenu tomba par terre. On lui fit signer un acte par lequel il s'engageait à ne jamais dévoiler ce qu'il avait pu voir ou entendre dans cette maison. Masuy lui donna ensuite, en le transperçant de son œil gris, un conseil que je jugeai absolument superfétatoire : "La prochaine fois, tâche de ne pas stationner devant cette maison, hein ?" Vous imaginerez sans peine l'ahurissement de ce pauvre type, harponné dans la rue, jeté aux mains d'une bande de furieux, déshabillé, noyé dans une baignoire d'eau froide en plein mois de novembre, roué de coups de trique par deux énergumènes qui lui demandent s'il connaît des personnes ayant des noms d'oiseaux comme "Faucon", "Mésange" et autres tourterelles... »

Autre signe encore plus probant de la façon dont la torture s'institutionnalise et devient une fin en soi, la manière dont Masuy précisément apparaît fier de l'usage qu'il fait de « la baignoire », s'en vante et « théorise » même à son propos... « Le bureau de Masuy, raconte Alec Mellor, était un appartement somptueux situé au rez-de-chaussée de l'immeuble formant angle de l'avenue Henri-Martin et du boulevard Jules-Sandeau, à Paris, dans le paisible quartier de la Muette. L'auteur de ce livre fut, à son insu, le voisin presque immédiat de cette officine qui passait pour un bureau d'achats allemand. Il en sortait, la nuit, des hurlements tels que, malgré la pénurie locative, plusieurs locataires et voisins déménagèrent et que les braves concierges du quartier se demandaient “ce que les Boches pouvaient bien faire”... (...) C’est à tort qu’on a donné Masuy pour l’inventeur du supplice de “la baignoire”, car ce supplice existait avant lui. (...) Si Masuy ne fut pas l’inventeur de ce supplice, il en fut le théoricien et il s’en expliqua à son procès et dans son entourage de la prison de Fresnes. Il en avait mis personnellement au point la technique et entendait qu’elle ne fût pas appliquée contre son esprit. Techniquement, l’opération consistait en l’immersion complète du patient, dûment ligoté, dans un bain d’eau généralement glacée. Il n’était retiré qu’aux confins de l’asphyxie, dont un médecin ou parfois Masuy lui-même surveillait les progrès. L’opération était presque toujours renouvelée plusieurs fois. Une fois terminée, le patient était consciencieusement séché au peignoir, réchauffé, frictionné à l’eau de Cologne et réconforté de cognac. Suivait une collation offerte par Masuy lui-même, dans son bureau, qui complimentait la victime pour son courage “malheureusement inutile”, car un de ses complices, lui, avait parlé, et même venait de dénoncer tout le monde. On mesure l’effet produit... Si, dans son désespoir et à bout de forces, la victime “parlait”, on enregistrait ses déclarations destinées à l’Abwehr. Dans le cas contraire, Masuy déclarait qu’à son extrême regret, le supplice allait recommencer et le même processus suivait. Il arriva une fois à Masuy d’inviter un résistant prisonnier à réveillonner avec lui en famille, puis de lui annoncer doucement que la baignoire l’attendait après le dessert. »

Le supplice de la baignoire n’était pas sans graves conséquences ultérieures. Il faisait des dégâts durables... A son propos, le docteur Antonin Mans nous dit : « Je connais quelqu’un qui a été passé à la baignoire à plusieurs reprises. Il a eu des épisodes neuropsychiques très nets avec perte de la personnalité, phénomènes hallucinatoires. Par la suite, les séquelles ont été profondes et se sont traduites par des syndromes d’aliénation mentale... Les torturés sont revenus avec une humanité différente des autres. C’est ainsi que le professeur Richer a pu écrire : “Le système nerveux n’oublie rien”... »

Ce rappel fait, retournons à Masuy... Alec Mellor ajoute qu’il « ne pratiquait pas d’autre forme de supplice que la baignoire » et il rapporte un assez étonnant propos du tortionnaire belge de l’Abwehr durant le procès qui, en 1947, devait amener sa condamnation à mort par la Cour de justice de la Seine. « D’autres que moi, dit Masuy à ses juges, ont tenté, paraît-il, d’appliquer ma méthode, notamment ceux de la Gestapo, mais comme de vraies “têtes de lard”. Chez eux, la baignoire était de la cruauté ; chez moi, c’était de la psychologie expérimentale. Il faut avoir pratiqué soi-même la baignoire pour le comprendre... » Ayant cité cette réplique, Alec Mellor n’a pas tort de conclure que « si le IIIe Reich avait gagné la guerre » Masuy aurait connu une « formidable ascension hiérarchique » et qu’« il aurait érigé la torture en institution d’Etat ».

L'ombre de l'inavouable

Même s'il est évidemment vrai que, dès 1940, les premiers arrêtés de l'Occupation n'étaient pas reçus avec des fleurs dans les locaux de police, néanmoins on peut constater que, malgré la prudence individuelle de tel ou tel policier soucieux de ménager un avenir qu'il pouvait, après Stalingrad, prévoir sombre, la courbe d'aggravation des tourments infligés aux résistants est parallèle à la courbe d'aggravation de la guerre. Plus devient plausible puis inévitable la défaite de « l'Ordre nouveau » qui prétendait institutionnaliser la torture, plus s'aggrave et s'accélère la déchéance des tortionnaires. Leur destin personnel et le sort de leur cause s'imbriquant de plus en plus dans une même course à l'abîme. Tandis que les fonctionnaires allemands s'exaspèrent en voyant la victoire du « Grand Reich » leur glisser des mains, leurs supplétifs jouent de plus en plus leur va-tout, donnent de plus en plus l'impression de gens qui n'ont plus rien à perdre... Toutefois, peut-on considérer que cette évolution objective est le seul moteur de l'engrenage ? Non, car on doit se garder de négliger certains facteurs subjectifs.

Deux psychiatres et anciens résistants aux compétences reconnues, les docteurs Yves Roumajon et Lucien Bonnafé, sont, comme la plupart de leurs confrères, formels à ce sujet. « Vous savez, nous dit Roumajon, nous avons tous des pulsions sadiques et, à partir du moment où l'on est en position perpétuelle de domination, le comportement s'érotise. A partir du moment où vous voyez trembler des gens, il s'en dégage une sorte de plaisir. »... Le tortionnaire a un comportement pervers, ajoute Bonnafé. Il est au service de l'Etat fort. Il y a dans les motivations de son investissement la volonté d'avoir les autres sous sa coupe, de dominer. A partir du moment où on a mis le petit doigt dans cet engrenage — qui est de donner satisfaction à son appétit de domination — il est évident que psychopathologiquement parlant c'est la porte ouverte à un comportement sadique. Etant bien entendu que dans ce processus la tendance sadique est préexistante, préexistante à la vocation de défenseur de l'ordre... Toutefois, chez le tortionnaire, l'accomplissement de l'acte sadique est en fait profondément insatisfaisant. Les tentatives de rationalisation, d'autojustification, de défense sont, du point de vue de la raison, d'une pauvreté affolante. La pauvreté de ces raisonnements est le signe du mauvais équilibre de la personnalité. Tout cela donne une impression de débilité mentale sans qu'il s'agisse d'ailleurs d'une insuffisance intellectuelle mais avant tout d'une mauvaise organisation de la personnalité. Des gens ainsi pris au piège de la non-solution de leurs contradictions, de la non-maturation se présentent comme des gens incapables de raisonner... Cependant, il est certain que le cours des choses a, à cette époque, permis à ce potentiel de s'épanouir. Le fantastique débordement du thème de l'ordre, du culte du chef à travers le nazisme, le pétainisme, ont été comme une provocation à ce que se déchaîne tout un potentiel assez commun chez l'homme mais généralement écrasé par un certain statut social. N'oublions jamais qu'en fonction des conditions matérielles et socio-culturelles, les tendances s'expriment plus ou moins, s'exagèrent plus ou moins. Si on regarde les choses dans leur véritable complexité, ces actes sont le plus souvent le fait de gens qui au moment où ils mettaient le doigt dans l'engrenage n'étaient pas ce qu'ils sont devenus. L'escalade de l'abus du pouvoir est un poison... On devenait collaborateur et à plus forte raison tortionnaire, donc instrument du système d'oppression, à cause d'un certain potentiel plus élevé que la moyenne qui faisait prendre place dans des rapports d'oppression en chaîne, de domination-sujétion. Les systèmes qui tendaient à développer ces tendances faisaient qu'on le devenait de plus en plus... »

En nous incitant à la prudence et à la réflexion, l'irruption du subjectif dans notre tentative de décrire objectivement ce que furent les tourments imposés aux résistants par les forces de répression nous amène à nous poser une question fondamentale : même à partir du récit du torturé, des aveux du tortionnaire et des constatations faites par les différents témoins, est-il vraiment possible de *dire* la torture ? Certes, si nous n'avions pas cru à cette possibilité, nous n'aurions pas tenté d'écrire le chapitre que vous êtes en train de lire. Cependant, avant de terminer ce chapitre, il nous semble indispensable de prévenir nous-mêmes le lecteur des limites que la réalité impose à notre entreprise.

Par exemple, plus on s'intéresse à ce sujet et plus on sent, à certains moments, rôder autour de soi l'ombre de l'inavouable... Nous nous bornons à citer des torturés, des résistants torturés, et nous constatons que ce qu'ils disent, même s'il s'agit de réactions épisodiques et fragmentaires, illustre bien la complexité du phénomène... Après avoir évoqué les tourments qu'il a subis, Dominique Ponchardier écrit : « Il devait m'arriver, un peu plus tard, d'en reparler à un monstre qui m'avait "interrogé" à la fin de l'Occupation. Cet homme semblait normal et il était cultivé. D'après lui, torturer, c'était obéir aux ordres. Ensuite, c'était ressentir une espèce de tendresse pour l'homme qui hurle. L'homme évolué, non pas le type simple et brutal, mais le tortionnaire de métier, finit par prendre le vice de cette sensation louche. Les martyrs sont discrets sur leurs souffrances parce qu'ils ont eu la révélation du trouble monstrueux qu'ils ont senti passer chez leurs bourreaux... » De même, nous lisons sous la plume de Brigitte Friang : « Il est parfaitement exact qu'une certaine complicité s'établit entre l'interrogateur et l'interrogé. La lutte qui les oppose finit par les unir. Ce sont les mêmes secrets que l'un cherche à connaître et l'autre à sauvegarder. Ils parviennent à une connaissance approfondie des rouages de leur esprit. Fragmentaire, certes, mais d'une précision rarement atteinte dans les rapports humains habituels.

C'est un jeu du chat et de la souris, peut-être. Mais le jeu n'en existe pas moins. »

Un refus viscéral du souvenir

Autre aspect de cette ambiguïté : les rapports du lecteur avec le récit des tortures... La nécessité de donner la plus grande publicité aux preuves de l'existence de la torture ne saurait être mise en cause, mais la réussite commerciale qui accompagne souvent cette publicité ne doit-elle pas amener à s'interroger sur la façon dont le récit est reçu par ceux qui en prennent connaissance ?

Une autre raison de la difficulté du récit tient à l'aggravation particulière, dans toute narration de sévices graves, de ce qu'on appelle généralement la « fragilité du témoignage humain ». Le paroxysme des sensations de la victime ; son état d'épuisement ; son sentiment d'avoir été outragée et le réflexe de pudeur naturelle qui en découle ; la désorganisation de sa réflexion sous le choc de questions cent fois répétées ; une sorte de refus viscéral du souvenir par un psychisme et un organisme refusant l'évocation de ce qui pour eux fut l'enfer — autant de causes objectives d'inexactitudes et d'insuffisances dans le témoignage ; autant de facteurs qui contribuent à expliquer non seulement les contradictions apparentes mais aussi les différences de tonalité dans la façon dont les victimes essaient de dire ce que fut leur calvaire.

Différences de tonalité... Oui, c'est à ce niveau, beaucoup plus qu'à celui de la contradiction flagrante, qu'est perceptible la difficulté du récit. Ainsi, dans l'exemple que nous allons maintenant donner, la question se pose-t-elle : Paul Spinelli et Paul-Louis Joseph disent-ils ou ne disent-ils pas la même chose ? Tous deux membres des « groupes francs » du mouvement Combat, Spinelli, un transporteur alors âgé de vingt-quatre ans, et Joseph, un chauffeur alors âgé de quarante-quatre ans, exécutèrent sur ordre, à Marseille, un fasciste notoire, le nommé Dominique Tomasini, secrétaire du PPF de Doriot... Peu après, le 20 mars 1944, ils étaient arrêtés l'un et l'autre par les membres allemands et supplétifs français de la Gestapo marseillaise que dirigeait Dunker, alias Delage. Tous deux furent torturés, puis déportés. Tous deux survécurent et, à leur retour, ils témoignèrent par procès-verbal dans le cadre de l'enquête ouverte sur les activités de Dunker-Delage. Leurs dépositions sont respectivement datées des 9 et 8 juillet 1946. Citons-en les principaux extraits tels qu'ils sont rapportés dans l'ouvrage de Conrad Flavian *Ils furent des hommes*. « Parmi les membres de la Gestapo, raconte Spinelli, il y avait le nommé Dunker, alias Delage, deux ou trois autres Allemands et des agents français du service, les nommés Tortora, Maurel, Olivieri et probablement Mariani, mais je ne saurais l'affirmer. (...) Conduits au siège de la Gestapo, 425, rue Paradis, le hasard a voulu que ce soit notre camarade Arnaud qui soit interrogé le premier. Je dois préciser qu'Arnaud interpellé dans le Var par Tortora sur l'assassinat de Tomasini a déclaré : "Ce n'est pas moi qui l'ai tué, c'est Joseph et Spinelli !" Grâce à Arnaud, les Allemands ont connu tout de suite notre activité et le rôle de chacun de nous. Dunker, assisté de deux autres Allemands, a procédé à mon interrogatoire d'identité puis il m'a posé quelques questions sur la mort de Tomasini et surtout sur le dépôt d'armes que notre réseau devait posséder. Comme je ne répondais à aucune de ces questions, il a dit à Tortora d'aller chercher le réchaud. Au bout de quelques minutes, Tortora est revenu sans réchaud mais muni de quelques cravaches. (...) Avec un ensemble parfait, ils se sont mis à me frapper brutalement. Au bout d'une demi-heure environ, ils m'ont descendu dans une cave et ils m'ont reposé les mêmes questions. Comme je ne parlais toujours pas, Tortora, aidé par Maurel et Olivieri m'ont pendu à une poutre à l'aide des menottes et, dans cette position, je vous assure très inconfortable, ils ont continué à me donner un nombre incalculable de coups de cravache. Me rendant compte que malgré toute ma bonne volonté, il me serait impossible de résister encore longtemps à ce régime, j'ai simulé une syncope ; mes bourreaux, au lieu de me détacher, sont allés chercher des seaux d'eau qu'ils m'ont jetés à la figure. Cependant, comme je n'avais pas d'autre planche de salut, j'ai continué à simuler des syncopes de plus en plus rapprochées. (...) Malgré tous ces sévices, je n'avais pas prononcé une parole sur l'activité du réseau. Dunker, devant cet insuccès, a ordonné de me ramener au 3e étage. Là, Tortora et Olivieri — c'est eux qui m'avaient d'ailleurs transporté, je ne tenais plus debout — m'ont mis dans une baignoire d'eau glacée. C'est un supplice atroce. Je l'ai cependant enduré, menottes aux mains, pendant plus de vingt minutes. Arnaud ayant certainement indiqué le lieu où se trouvaient les armes, j'ai été finalement détaché et, avec mon camarade Joseph, nous avons été conduits à ce dépôt qui était situé face à la rue Crémone, quartier Vauban. Après s'être emparés des armes et du matériel, les Allemands nous ont reconduits à la Gestapo et le lendemain, sans plus nous interroger, nous ont incarcérés aux Baumettes. Quelques jours après, Delage, assisté de Tortora, est venu m'interroger, mais ils ne m'ont pas frappé. J'ai subi un dernier interrogatoire aux Baumettes, plus exactement à la rue Paradis, par deux officiers allemands qui, eux aussi, m'ont brutalisé, mais moins que Delage et les Français. Le 7 juin 1944, j'ai été déporté en Allemagne au camp de Neuengamme... »

« Ils m'ont arraché tous les ongles des pieds... »

Voyons maintenant le récit fait par Joseph dont on remarquera que dans toute cette affaire le sort est exactement parallèle, sinon semblable, à celui de Spinelli... « Arrivés au siège de la Gestapo, 425, rue Paradis, nous avons été interrogés aussitôt, individuellement. Le malheur a voulu que le premier interrogé soit notre camarade Arnaud, homme faible de caractère qui avoua immédiatement, ce qui permit aux Allemands de connaître les fonctions de chacun dans la Résistance, entre autres, que c'était Spinelli et moi-même qui avions abattu Tomasini, secrétaire du PPF, traître à son pays. Mon interrogatoire était dirigé par Dunker, mais assisté de Tortora, Olivieri et Maurel et trois autres dont j'ignore les noms mais dont deux étaient certainement allemands. Dunker ne m'a donné qu'un coup de pied sur la tête alors que j'étais à terre, ayant reçu en plein crâne un coup de crosse de revolver par Tortora. Ce dernier et Olivieri, pendant des heures, se sont livrés sur moi aux plus atroces brutalités. J'ai été frappé avec des manches de fouet, comme jamais aucune bête n'a été certainement battue, à tel point que j'ai vomi et uriné du sang à cause des coups de pied et de poing que j'avais reçus au ventre et au bas-ventre. Maurel et les autres m'ont également frappé, mais moins. Tortora et Olivieri ne voulaient d'ailleurs pas en rester là ; j'avais tué, paraît-il, leur meilleur ami, Tomasini, et ils voulaient m'exécuter sur-le-champ. Dunker s'y est opposé en disant : “Il sera pendu ou fusillé régulièrement, mais dans quelques jours.” Malgré toutes ces brutalités et ces sévices, je n'ai pas parlé. Par la suite, j'ai subi d'autres interrogatoires, mais par les Allemands qui, eux, voulaient surtout avoir des renseignements sur mon réseau de Résistance. De leur part, également, j'ai été sauvagement frappé, mais je dois à la vérité de dire, moins que par Tortora et Olivieri. Incarcéré aux Baumettes, dès le lendemain, j'y suis resté une cinquantaine de jours, puis je devais être transféré à Paris en vue de mon jugement, mais les événements se précipitant, j'ai été déporté en Allemagne, à Neuengamme... »

La différence relativement peu apparente, mais pourtant si sensible entre les deux dépositions que nous venons de citer illustre aussi une autre difficulté découlant d'une autre différence, celle des « seuils de douleur »... A la limite, on pourrait presque dire : autant d'êtres humains, autant de degrés de douleur et de façons d'éprouver la souffrance. Quelques exemples suffiront d'ailleurs à illustrer cette variété de vulnérabilité d'hommes et de femmes semblant pourtant à l'origine disposer de moyens de défense à peu près identiques.

Quelques années avant que le monde ne connaisse l'inflation de souffrances provoquées par la guerre, un chirurgien, professeur au Collège de France, René Leriche, avait constaté et démontré l'inégalité des êtres humains dans la façon de souffrir. « Nous ne sommes pas tous égaux devant le phénomène douleur, écrivait-il ; que les uns souffrent là où d'autres ne souffrent pas c'est notre tempérament qui, à ce point de vue, nous différencie du voisin. » Il précisait même : « Il y a autre chose dans la naissance de la douleur que la brutale mise en jeu d'un appareil indifférent à la vie et le même pour tous. En fait, cet appareil est mis en tension de façon différente pour chacun de nous... »

A cet égard, il est particulièrement caractéristique d'entendre des victimes dire leur propre surprise devant leur capacité personnelle de résistance et même devant ce qu'elles ne craignent pas d'appeler « leur insensibilité ». C'est en racontant à Henri Noguères son arrestation mouvementée de mars 1943 — arrestation bientôt suivie d'évasion — que Serge Ravanel remarque ainsi : « La bataille se termina sur le palier du 1er étage où les trois policiers réussirent à me maîtriser. Pour se venger, l'un d'eux s'assit sur mon ventre tandis que les autres me maintenaient sur le dos. Je vois encore ses poings me marteler la figure. Je me rappelle aussi la surprise que j'éprouvai à constater mon insensibilité totale à ces coups : je les voyais arriver sur ma figure tuméfiée et bientôt ensanglantée mais nulle douleur ne les accompagnait. »... Constatation très voisine faite par Brigitte Friang : « Mon nez saigne. Mes gencives saignent. Mes dents craquent. L'homme pince mes joues et tire, et tourne et arrache les ligaments internes de ma bouche. Il m'envoie un direct dans la mâchoire. Hop, ma tête va s'écraser sur le mur. Elle revient et hop, un coup de poing et ma tête cogne contre le mur. Le mouvement de va-et-vient continue, interminablement. Dans ma bouche, le sang, mélangé de lambeaux de chair, de morceaux de dents, m'étouffe. Le préposé tord à l'envers mes bras, me retourne les doigts. Ça craque de partout. Bientôt, je m'en fous. Je n'ai plus mal. Il perd maintenant son temps, cet abruti. Je ne sens plus rien. »

Il peut arriver que cette « insensibilité » devienne une sorte de réflexe acquis, de réaction de l'organisme à toute agression de la douleur et ceci pour le reste de la vie. Louis Chieus nous a, par exemple, confié : « J'ai été torturé pendant six jours à la Gestapo. Ils voulaient savoir pourquoi j'avais ramassé les cartouches qu'ils avaient découvertes en perquisitionnant chez moi. Ils voulaient savoir par ailleurs si j'avais des armes pour m'en servir... Ça a tabassé dur. Comme ils savaient que j'étais communiste, ils me posaient des questions sur Martha Desrumeaux, sur Joseph Hentgès et sur d'autres camarades... C'était en février 1942... Ils m'ont arraché tous les ongles des pieds, ils m'ont mis la verge dans des morceaux de bois et m'ont écrasé les testicules. Comme j'avais eu un accident du travail en 1936, qu'un phlegmon avait suivi et que j'avais dû être opéré, j'avais une cicatrice sur le rein. Sur cette cicatrice, ils ont tapé à tour de bras. Quand je suis rentré à la prison de Douai, ce sont des copains de cellule qui m'ont soigné avec ma chemise et de l'eau fraîche... A ce moment-là, je marchais sur les talons. Les Allemands m'avaient descendu en me traînant par les bras, mes doigts de pied à vif frottant le sol et tapant sur les marches. Je n'avais pas dit un mot. D'entrée, j'avais compris qu'il ne fallait pas commencer à parler. J'avais peur de me "couper" et que ça n'en finisse plus. Je n'ai donc pas desserré les dents et ils ont eu beau cogner... A la suite de ça, je suis devenu d'une résistance à la souffrance qui est à peine croyable. Et cela, surtout parce que je me décontracte, je me repose. Il ne faut pas se crisper. Quand on vous frappe les muscles des mollets ou des fesses, il faut laisser ces muscles détendus. »

« En gueulant, on encaisse mieux... »

Ce témoignage de Louis Chieus montre bien que l'« insensibilité » peut n'être pas seulement passive. Certains torturés ont réussi à devenir volontairement insensibles. Et ceci, parfois, même en face de tourments dont on aurait pu penser qu'objectivement les effets dépassaient le champ d'action de la volonté. La « baignoire », par exemple. Ecoutons ce que nous dit Hélène Rénal qui vit aussi son mari torturé devant elle. « Mon époux, nous raconte-t-elle, a assez bien supporté "la baignoire". Il m'a dit, ensuite, qu'il avait trouvé un truc : il se laissait aller, il ne résistait pas, il se laissait envahir par la douleur et il finissait par perdre connaissance. C'était une sorte de sauvegarde. En outre, il avait des réflexes de sportif. Des réflexes tout à fait spontanés, pas du tout réfléchis ou raisonnés. Il ne se débattait pas. Lui qui savait très bien nager, très bien plonger, il se noyait. Oui, c'était un truc : au lieu de se débattre, il se laissait noyer. Quand il avait perdu connaissance, le temps qu'on le sorte de l'eau, qu'on le ranime à coups de pied, c'était toujours cela de gagné. On a dû le passer sept ou huit fois à "la baignoire". Toutes les fois, il a réagi comme ça. Mais il m'a bien précisé qu'il n'avait jamais pensé avant à cette façon de réagir. Un simple réflexe de nageur. D'ailleurs, de la même façon qu'il ne se débattait pas, il a crié beaucoup moins que d'autres... » Beaucoup moins alors que précisément c'était en criant beaucoup plus que, selon Jean Laffitte, on pouvait le mieux résister : « Moi, je crie car j'ai remarqué que cela permet de mieux supporter la douleur. D'autre part, les cris qu'on entend du commissariat tout proche, et peut-être des maisons voisines, semblent gêner la police. » Laffitte ajoute qu'il est, sur ce point, tout à fait d'accord avec plusieurs de ses coïnculpés, dont André Leroy, lequel lui confie à la même époque : « J'ai remarqué qu'en gueulant on encaisse mieux... »

Cette diversité, pour ne pas dire cette fluidité de comportement de l'être humain face à la torture, gardons-nous cependant de la considérer dans l'abstrait. Ici, l'être humain est un résistant et la douleur, la torture sont infligées par les forces de répression... Le résistant n'est pas n'importe quel être humain et, d'une certaine manière, on peut aller jusqu'à dire qu'il a « choisi » la situation de souffrance dans laquelle il se trouve soudain plongé. Et, si l'on doit bien admettre que de multiples facteurs conditionnent le comportement du torturé, on ne doit pas pour autant, lorsqu'il s'agit d'un combattant clandestin, sous-estimer la part de la volonté, l'importance de la force de caractère qui trouve son origine dans un choix patriotique et politique. Le relatif embarras des psychiatres à ce sujet est assez caractéristique. « Bien sûr, nous dit le docteur Yves Roumajon, il y a un taux de résistance différent selon les individus. Bien sûr, il y a des gens qui n'ont presque pas de sensibilité physique alors que d'autres en ont beaucoup. Bien sûr on peut dire qu'il y a des milieux un peu rudes où l'on se tabasse beaucoup plus volontiers que dans les milieux intellectuels. Les policiers savent très bien que les intellectuels résistent en général beaucoup plus mal à la torture que les manuels. C'est presque une question culturelle : plus les gens sont cultivés, raffinés, plus leur imagination est riche, plus ils envisagent les conséquences et plus il est facile de leur faire dire des choses. L'humiliation et la frustration démolissent aussi plus facilement un intellectuel que le type simple qu'on commence à travailler au corps, qui en éprouve de la rage et que cette rage aide à supporter... Mais il y a aussi des gens qui sont solides et d'autres qui le sont moins, quel que soit leur niveau intellectuel. On touche là au fond de la personnalité... J'ai connu des postiers, à Lyon, qui se sont montrés extraordinaires. C'était des gens courageux dans la vie et qui se sont tout simplement transformés en héros parce que la situation était héroïque. Mais ils ne se sont jamais pris pour des héros car ils n'ont jamais eu l'impression de faire dans la Résistance autre chose que ce qu'ils avaient fait tout au long de leur vie : faire face à des situations douloureuses, pénibles. Ils n'ont pas craqué devant la torture parce qu'ils n'avaient pas l'habitude de craquer devant la maladie, la misère, l'Occupation. A priori, personne ne peut être sûr de ne pas parler... Mais, au bout du compte, ce qui fait que l'on tient, c'est la force de caractère, une certaine idée que l'on a de soi, de son rôle. Il y a des gens qui se sont sentis terriblement responsables de secrets qui n'avaient aucune espèce d'importance. Et il y a eu aussi l'inverse... »

La volonté... Gardons-nous maintenant d'exagérer dans l'autre sens et d'idéaliser ce dont nous voulions simplement tout à l'heure souligner l'importance. Comme nous le suggérait le docteur Roumajon, l'héroïsme des résistants, c'est aussi de savoir ne pas se prendre pour des héros. Leur volonté de tenir, elle se réduit souvent à un point d'ancrage, à une idée force, une idée fixe à laquelle se raccrocher. Un *rien* peut suffire. Un papier entrevu dans les locaux de police... Un graffiti sur le mur de la cellule... « On m'a mis les menottes et on m'a emmené à la Feldgendarmerie, nous raconte Pierre Durand. La première chose que j'ai vue, en entrant, c'était une photo de Fabien sur laquelle était marqué "Recherché, très dangereux, à abattre sans sommations". La vue de cette photo a immédiatement déterminé chez moi une attitude dont je ne me suis pas départi par la suite. Fabien, à l'époque, avait déjà été arrêté et s'était évadé. Il m'avait raconté tout cela. Il m'avait dit comment il avait été torturé, comment il n'avait dénoncé personne et comment son seul but avait été l'évasion pour continuer le combat. A partir de ce moment-là, du moment où j'ai vu sa photo dans les locaux de police, j'ai été certain de ne dénoncer personne et de tout faire pour essayer de m'évader... »

Quant aux graffiti, Michel Borwicz note dans son étude sur les *Ecrits des condamnés à mort* : « Les inscriptions-conseils et les inscriptions-encouragements eurent souvent une portée considérable. Voici, en substance, ce que raconte le vice-amiral grec Alexandre Lévidis : arrêté par les Allemands en septembre 1943 comme espion et organisateur d'évasions de militaires anglais et grecs vers le Moyen-Orient, il fut enfermé dans la cellule souterraine d'une prison de Thessalonique. Les puces couvraient les murs et les poux fourmillaient dans le tas de paille qui lui servait de matelas tandis que les rats sortaient de leurs trous... Mais il ne pensait qu'à l'inscription anonyme gravée sur le mur : "Toi qui viendras dans cette cellule sache que, si tu tiens bon et ne parles pas jusqu'au bout, ils se fatigueront de toi et te laisseront tranquille à la fin." A la prison de Thessalonique et puis au camp de Buchenwald, au cours d'interminables interrogatoires accompagnés de menaces d'exécuter sa femme et sa fille arrêtées à Athènes, cette phrase le stimulait, présente toujours dans son esprit. »

« J'avais le sentiment de les rouler », dit l'un, et « je jouais comme aux échecs », dit l'autre...

Autre relais de la volonté, autre moyen de s'arc-bouter sur la décision prise de « tenir le coup », le défi. Aussi bien le défi par raisonnement que le défi par tromperie. Un défi qui recrée en quelque sorte les conditions du combat et qui, d'une certaine façon, permet à nouveau que se mesurent les adversaires aux moyens pourtant si tragiquement disproportionnés. « J'ai eu même assez d'esprit critique pour raisonner quand mes tortionnaires me dirent que si je leur avais menti, on recommencerait la séance avec de l'eau bouillante », écrit ainsi beaucoup plus tard, en 1999, Jean-Claude Dumoulin, dans *Du côté des vainqueurs*, déjà cité. Et il poursuit : « Je me suis dit que c'étaient là des menaces impossibles à tenir : pour me mettre la tête sous l'eau, il avait fallu qu'ils me passent les menottes dans le dos et qu'ils s'y prennent à deux pour me maintenir dans la baignoire. S'ils avaient recommencé à l'eau bouillante, j'en serais très certainement mort... Sans avoir pu parler... Et eux, brûlés au deuxième ou troisième degré. »... Il y a celui qui raisonne. Il y a celle qui raisonne en simulant. « Je joue les sourdes-muettes, raconte Brigitte Friang. Je me contente de les regarder. Devant moi, la pendule m'indique où est Clouet, en cet instant précis. Que, prisonnière, le ventre transpercé, immobilisée sur cette table, je sache exactement ce que fait mon patron à cette minute même, avec qui il se trouve, ce qu'il dit et que ces hommes qui m'interrogent, arc-boutés sur la puissance de l'armée allemande, ne puissent rien connaître de ce qui se passe dans mon petit crâne, me réjouit au plus haut degré. Chère pendule. Elle m'aura été d'une aide inestimable. »... De même, Hélène Rénal nous dit : « J'avais le sentiment de les rouler et c'était une extrême jouissance. Je savais que je leur racontais des bobards et j'avais un petit sourire en coin, un sourire intérieur en me disant “Quels crétins !”... Cela vous rend plus fort. Ils raisonnaient comme des idiots. Je les entendais discuter entre eux. Je les trouvais vraiment imbéciles et il me semblait que j'aurais cherché autrement, plus astucieusement... »

Avec le recul, on pourrait faire remarquer que dans le sentiment de « les rouler » qu'éprouve Hélène Rénal entre une dangereuse part d'illusion. Ce serait plus faux que vrai, dans la mesure où l'illusion de pouvoir *leur* échapper, par exemple l'illusion de pouvoir s'évader, complète très souvent le défi. Revenons au témoignage de Pierre Durand : « C'était la première fois qu'il m'arrivait de me faire battre. Ça fait mal. Mais, plus que la douleur, ce qui dominait en moi, c'était le sentiment de joute intellectuelle, une sorte de joute intellectuelle avec ceux qui m'interrogeaient. Je jouais comme aux échecs. J'essayais de contrer toutes leurs questions par une logique formelle, impeccable. J'essayais de m'enfermer, de me barricader dans un système. A un moment, ils m'ont dit : “Cette liste, ce carnet qu'on a trouvés sur toi, à qui dois-tu les donner ?” Etant dans mon système, je ne pouvais pas faire autrement que de répondre. C'est alors que j'ai inventé que j'avais un rendez-vous à deux heures de l'après-midi, à la gare des autocars de Besançon. Là, je leur ai dit que je devais remettre ce document à quelqu'un qui m'aborderait parce que j'aurais sous le bras je ne sais plus quel journal. Ça les a beaucoup intéressés. A l'heure dite, ils m'ont emmené en traction vers la gare des autocars. Avec moi, ils étaient à peu près une dizaine, en civil, qui se sont disséminés un peu partout. Il y en avait deux qui m'entouraient. Evidemment, dans mon calcul, je m'étais dit : “Je vais essayer de m'évader.” Lorsqu'est arrivée l'heure du rendez-vous que j'avais indiqué, dès que quelqu'un approchait, ceux qui m'entouraient me disaient : “C'est celui-là ?”... Et moi je répondais toujours : “Non !”... Je me souviens que ceux qui s'étaient disséminés alentour portaient de ces imperméables comme en avaient les Allemands, très longs, très lourds et qu'ils dissimulaient dessous des mitraillettes. Mais les mitraillettes, ça ne me faisait absolument plus peur. Je m'étais dit : “Je fonce ; les mitraillettes tirent très mal. Ils ne m'auront pas...” Alors est venu le moment où j'ai essayé de mettre mon plan à exécution. J'ai bousculé celui qui me surveillait... Je me suis réveillé dans une des tractions. Je m'étais fait assommer sur place sans pouvoir aller plus loin. En rentrant à la Feldgendarmerie, ils m'ont beaucoup battu pour se venger. Ils me disaient que je les avais trompés. Mais, moi, j'avais une raison de plus de tenir le coup. »

Autre récit, assez comparable, celui de Jean Rouquet, arrêté un peu plus tard, le 22 juin 1944, à Toulouse. On lui met les menottes alors qu'il sort d'un café de la place du Capitole qui sert de « boîte aux lettres » aux FTP... Il a dans sa poche un télégramme chiffré. Impossible de nier. « Pour me faire parler, nous dit-il, ils ont commencé à me frapper à coups de nerf de bœuf. Ensuite, ils m'ont passé à "la baignoire". On m'avait déshabillé, pendu par les jambes et on me trempait dans la baignoire. On me relevait, on me tapait dessus, on me replongeait, on me relevait, etc. Mon ventre se gonflait... Je commençais à pisser le sang par tous les bouts... Crever comme ça, non, ça n'était pas juste. Alors je leur ai dit que mon patron était polonais, qu'il s'appelait Vincent et que j'avais rendez-vous avec lui à six heures du soir. Ils m'ont rhabillé, enchaîné et ramené au café en traction. Je me souviens que c'était un jeudi et qu'il pleuvait. Sur la place du Capitole, ils m'ont enlevé les menottes et on a attendu. On était à deux mètres du café quand j'ai essayé de me sauver. Hélas, il y avait tellement de monde que je n'ai pas pu passer. Ils ont tiré. J'ai reçu une balle dans l'aine et ça m'a arrêté. Mais j'ai redémarré. J'ai encore couru cinq cents mètres. Tout le monde tirait. J'ai reçu une balle dans le pied et je suis tombé dans le caniveau. Là, ils sont venus me ramasser. Très vite, ils m'ont emmené à l'hôpital militaire où on m'a extrait mes balles sans m'endormir... »

Comment ne pas s'étonner de ce que cet exercice de la volonté semble avoir parfois de miraculeux. Après avoir, autant que faire se pouvait, étudié la question en spécialiste, le docteur Lucien Bonnafé nous fait remarquer : « Statistiquement, le nombre de torturés qui ont parlé a étonné tout le monde par sa faiblesse. Quand on sait les épreuves subies, surtout les humiliations et leur pouvoir destructeur, il faut constater que ces hommes et ces femmes ont su trouver une sacrée force. Et pourtant, l'adversaire s'est acharné. Il savait bien que ces hommes et ces femmes avaient leur force décuplée par le sentiment d'être en règle avec leur conscience, par leur fraternité, par leur sens de la solidarité et leur fierté personnelle. Oui, l'adversaire a tout fait pour démolir ce support. »

Tout fait... Aujourd'hui encore, après tant de récits, après tant d'essais d'analyse et d'explication, comment prétendre savoir ce que ces deux mots signifient, ce que ces deux mots cachent. Car, oui, ils ont tout fait...

« Il y avait une espèce de presse où ils leur mettaient les doigts... »

« Je me taisais. Dunker-Delage me chatouilla le nez avec la pointe fine de son long crayon : "Parle. Dis-moi tout." Et il continua de promener la pointe de son crayon sous mon nez. Il semblait être intéressé par les cicatrices qu'il voyait. C'était un souvenir de la dernière campagne. (...) "Parle !" Et d'un coup sec, imprévu, violent, il enfonça son crayon dans ma narine. Le sang gicla en abondance ;

mes yeux ne voyaient plus rien et je me taisais toujours. » (Récit de Conrad Flavian dans son livre *Ils furent des hommes*).

« La suite ne fut plus qu'un tumulte incohérent. Ils étaient trois à me frapper avec de longues verges de rotin. Un instant, je réussis à saisir le bout d'un rotin : cela souleva une telle fureur que je compris qu'il valait mieux rester parfaitement immobile et passif. Brusquement, la douleur devint intolérable. Le soldat avait pris un bâton rigide, gros comme le poignet ; il me semblait qu'il allait me casser les os. Plus rien n'existait que ces coups que je sentais sur ma tête, mes épaules, mon dos. Je hurlais et me recroquevillais. Stupidement, je fixais le plancher avec l'obsession d'un trou où je pourrais m'enfoncer. » (Récit de tortures infligées par les Japonais à Jacques Le Bourgeois et qu'il rapporte dans son livre *Saïgon sans la France*).

« Le plus pénible, ce fut quand ils me mirent dans le trou. (...) C'était comme une pièce de voyeurs : un placard où tu étais accroupi parce que tu ne pouvais pas te tenir droit. La porte était pleine de trous et, de l'autre côté des trous, c'était la grande pièce où on torturait les types. (...) Ça gueulait, ça saignait, c'était épouvantable. Là-dedans, tu ne pouvais pas bouger, tu t'asphyxiais et par terre, il y avait plein de merde. Oh, c'était pas parce que les types avaient eu les jetons, mais, comme on les laissait là deux jours sans ouvrir, il fallait bien que ça se passe quelque part. Ce qui est abominable, ce n'est pas tellement quand ils torturent, parce que ça dépasse l'esprit, mais c'est quand tu vois arriver le type comme une bête traquée et quand il prend les premiers coups. Sur une table, il y avait une espèce de presse où ils leur mettaient les doigts. Après ça, tu voyais le type que l'on ramassait comme un paquet. » (Récit rapporté par Dominique Ponchardier dans son livre *Les Pavés de l'enfer*).

« Les plaies de la veille se rouvrirent et le sang recommença de couler : l'extrémité des doigts de pied fut particulièrement visée. Je poussai des hurlements de douleur : je hurlai si fort qu'un Allemand me passa une couverture autour de la tête pour étouffer mes cris. Pendant plus d'un quart d'heure, certainement, j'encaissai. (...) On me changea de position, la couverture qui se trouvait sur ma tête fut enlevée et je compris que mes bourreaux allaient utiliser un autre moyen. En effet, un énorme chien-loup, Wolf, fut amené dans la pièce. Je fermai les yeux et pensai à tous ceux qui comptaient sur mon courage. J'ai souhaité ardemment la mort à ce moment-là. Il est certainement préférable de mourir que de sentir les crocs d'un chien déchirer vos vêtements et vos chairs sans qu'il soit possible d'esquisser un geste de défense. » (Rapport fait par le lieutenant André Devigny au colonel Georges Groussard après son évasion).

« Le commandant Henri Madeline fut arrêté le 1er octobre 1943 à Vichy. Son interrogatoire commença en janvier 1944 et il fut martyrisé d'une façon si sauvage au cours de ce premier interrogatoire qu'en rentrant dans sa cellule il avait déjà la main fendue. Le 27 janvier, il subit deux nouveaux interrogatoires, au cours desquels il reçut des coups si violents qu'en rentrant dans sa cellule, on ne voyait plus les menottes qu'il portait, tant ses mains étaient enflées. Le lendemain, la police allemande revint le prendre dans sa cellule où il avait agonisé toute la nuit. Il vivait encore ; on le jeta sur un chemin, à un kilomètre d'un petit village du Massif central, Pérignat-lès-Sarliève, pour faire croire à un accident de la circulation. Son corps fut retrouvé plus tard. (...) Nous savons, hélas, que quelques traîtres français participèrent aux arrestations et aux exactions de la Gestapo en France, sous les ordres d'officiers allemands. L'un de ces traîtres, arrêté à la libération de notre pays, a décrit quels avaient été les mauvais traitements infligés au commandant Madeline ; ce traître se nomme Vernière. Nous allons vous donner lecture d'un passage de sa déclaration : "Il fut frappé à coups de matraque, à coups de nerf de bœuf ; des coups sur les ongles lui écrasèrent les doigts, on l'obligea à marcher pieds nus sur des punaises, on le brûla avec des cigarettes, finalement, roué de coups, il fut reconduit dans sa cellule, expirant." Le commandant Madeline ne fut pas la seule victime de ces mauvais traitements... » (Intervention du procureur général adjoint français Charles Dubost le 25 janvier 1946, au Tribunal militaire international de Nuremberg).

« Un de nos camarades, chef de maquis, avait retrouvé un de ses hommes étendu dans un pré ; il en avait pris la photographie : cet homme était allongé sur le dos, les quatre membres attachés à quatre piquets ; le jeu avait consisté à le faire mourir en plusieurs jours, en lui enfonçant d'heure en heure, un peu partout, des clous à ferrer les chevaux... Sur certains de nos camarades, les Allemands avaient essayé un jeu nouveau : la pendaison en balançoire. Ils prenaient deux prisonniers, leur attachaient les bras dans le dos, puis mettaient à chacun un nœud coulant autour du cou. C'était une même corde qui les pendait. Cette corde était passée à la fourche d'une branche sur laquelle elle pouvait glisser ; elle était tout juste assez tendue pour que, dès que l'un s'affaissait, il étranglât l'autre. Au bout de quarante-huit heures de station debout, l'un des deux hommes finissait par s'agenouiller de fatigue, s'étranglant en même temps qu'il étranglait son confrère. Evidemment, il se reprenait. L'autre, à son tour, s'agenouillait et ainsi, de l'un à l'autre, jusqu'à bout d'épuisement et d'étranglement. » (Faits rapportés par Dominique Ponchardier dans *Les Pavés de l'enfer*).

Et « ceux qui ont parlé » ?

« Comme le malheureux qui avait été torturé demandait à boire, on lui donna de l'acide sulfhydrique avec un mélange d'eau. Pendant huit jours, M. Le Mauff resta en cellule sans soins, puis il fut conduit à l'hôpital où il mourut. » (Récit de la mort de M. Le Mauff, notaire à Allaire, fait par le lieutenant Raoul à A.R. Brûlé, journaliste d'*Ouest-France*, et publié dans ce journal le 13 décembre 1944).

« On doit interroger un prisonnier politique en usant d'un langage très poli. S'il n'avoue pas, il faut lui donner un repas composé seulement de harengs salés sans une goutte d'eau. Le lendemain matin, ramenez le prisonnier à l'interrogatoire et ne lui offrez comme petit déjeuner que du hareng salé et posez-lui des questions en buvant une tasse de café après l'autre. S'il continue à nier, renvoyez-le en cellule sans boire et pour seule nourriture du hareng salé. Le plus souvent, la méthode est efficace au bout d'un certain temps. » (Instruction donnée à ses subordonnés par le SS-Obersturmbannführer Kurt Lischka, sous-chef de la Gestapo à Paris, et rapportée par Beate Klarsfeld dans son livre *Partout où ils seront*).

« Il alla à la prison, vit Bruno, dans sa cellule. Celui-ci avait été "interrogé" par Koch, maître en l'art de torturer avec raffinement. (Un de ses procédés favoris consistait à serrer progressivement autour de la taille d'un homme — ou d'une femme — une courroie de cuir hérissée de longues pointes.) A Bruno, il avait limé les dents, une à une, pendant des jours... » (Actes commis par les agents de la Gestapo installés à Rome et rapportés par J.-P. Gallagher dans son livre *L'Espion du Pape*).

« A la sortie, elle était presque folle. Hagarde. Elle avait vécu dans un cauchemar permanent, avec l'idée fixe : "Ils ont installé dans les murs un appareil pour écouter les pensées." Elle vivait dans la crainte que les nazis ne découvrent ainsi ce qu'ils n'avaient pu savoir par les interrogatoires, ce qu'ils ne devaient savoir à aucun prix. Sortie du cachot, nous avons voulu l'aider à remonter la pente. Nous lui parlions par les fenêtres, comme nous pouvions. "Taisez-vous, disait-elle, hostile, ils nous écoutent, il y a un appareil pour écouter nos pensées." Nous lui donnions des nouvelles. Nous lui passions des pommes de terre. C'est l'affection de toutes qui lui a permis de survivre. » (Témoignage cité par Simone Bertrand dans son livre *Mille visages, un seul combat ; les femmes dans la Résistance*).

« Il avait été arrêté et torturé avec le serre-tête de plus en plus serré ; on l'a fait courir comme ça dans la forêt d'Annappes avec le sang qui sortait par les yeux, par le nez, par les oreilles. Il n'a pas su résister et il a dénoncé... » (Témoignage de Martha Desrumeaux cité par Nicole Chatel dans son livre *Des femmes dans la Résistance*).

Evidemment, nous pourrions continuer cette série de citations dont chacune nous enfonce un peu plus profondément dans le marécage de la torture... Hélas, étant donné le degré d'horreur atteint, les quelques faits que nous rapportons suffisent pour imaginer le reste, tout le reste, cette sorte d'infini dans l'ignoble auquel sut atteindre l'ingéniosité des bourreaux. Mais, tout autant que notre imagination, de pareils textes sollicitent notre pudeur et notre prudence. En les lisant, comment ne pas se dire : et si j'avais été dans cette situation, et si c'était à moi qu'on arrachait les ongles ? Comment dès lors n'être pas plus enclin à se garder de toute condamnation hâtive, de tout rapide anathème contre « ceux qui ont parlé » ?

« Je suis sortie de là très indulgente pour les résistants qui ont parlé, dit Madeleine Riffaud à Marianne Monestier. Personne ne sait ce qu'il peut être amené à faire sous la torture, lorsqu'on vous arrache les ongles, qu'on vous brûle les seins, qu'on vous roue de coups. Si vous résistez, c'est bien. Mais si vous ne résistez pas, c'est excusable. » Et, de même, dans un *Avertissement aux lecteurs* qu'il avait tenu à placer en tête de son livre *Une affaire de trahison*, en 1947, le colonel Rémy écrivait ces lignes : « Nul au monde n'a le droit de juger sans pitié celui-là qui, ayant été torturé, a parlé. Ce droit ne peut être reconnu à personne, ni aux jurys d'honneur, ni aux tribunaux réguliers dont on sait que trop de juges menaient une existence confortable tandis que les patriotes se faisaient arrêter pour comparaître parfois devant ceux-là mêmes qui les condamnent aujourd'hui. Non, personne n'a ce droit, pas même celui qui sait pour l'avoir éprouvé, ce que représente la torture et qui peut affirmer aujourd'hui qu'il l'a constamment supportée sans faiblir. J'ignore bien, quant à moi, comment je me serais comporté dans les supplices. Je veux espérer que j'aurais pu garder les dents serrées et ne rien dire. Mais comment pourrais-je affirmer qu'en aucun cas je n'eusse parlé ? Mon admiration et ma reconnaissance envers ceux qui n'ont rien dit n'en sont que plus profondes et plus grandes. »

Cette impossibilité de juger ne fut pas une des moindres conséquences de l'abominable entreprise de la torture.

Chapitre trois

LA MORT

Où la mort est omniprésente, devant le peloton et sous le couperet, quand le cyanure arrête la torture et quand la torture s'emballe, durant les pendaisons en musique et face à la machine infernale de Montélimar, dans les chambres à gaz et dans les rues des différents Oradour...

Le goût du passé que l'on affiche à Vichy et le culte de la violence que l'on célèbre à Berlin ne sont, au bout du compte, que deux des aspects, deux des composantes d'une même force qui, dans la France des premières années quarante, se manifeste sous forme oppressive pour l'ensemble de la population et sous forme répressive pour les hommes et les femmes de la Résistance. Une sorte d'introversion du fascisme vers le passé le plus sombre, vers la part la moins avouable de l'héritage national amène, des deux côtés du Rhin, les partisans de Hitler à invoquer les pulsions d'une mythologie germanique pleine de sang et de fureur tandis que ceux de Pétain se réfèrent à la France d'avant 1789, terre de l'absolutisme et de l'inégalité, du bon plaisir et de l'injustice. Ces invocations et références ne sont pas seulement platoniques et folkloriques. Le fascisme régnant, on en constate tous les jours les conséquences et l'on observe, dans notre pays livré aux forces d'occupation, toute une série de faits empreints de ce passé qu'on aurait pu croire révolu. Ce phénomène est particulièrement perceptible dans le domaine de la répression. On assiste en particulier à un retournement très significatif de l'évolution des formes de répression...

Depuis la fin du féodalisme, dans tous les pays civilisés, les modifications progressives de la législation tendent à limiter l'arsenal répressif et à accroître les droits de l'homme, la sécurité de toutes les catégories de citoyens. Des Etats dont les textes fondamentaux proclament l'interdiction de torturer et dont les juristes ne croient plus à l'exécution capitale comme remède à la criminalité limitent eux-mêmes les moyens d'application de leur puissance coercitive. Par-delà les péripéties et les hypocrisies, ce mouvement s'est amorcé et déjà accéléré durant le XIXe et le début du XXe siècle... Mais vient le fascisme, mouvement réputé moderne, et qui ressuscite le pire passé. Le fascisme et la sanglante flagornerie de ses valets imitateurs. Ainsi les policiers de l'Etat français et leurs employeurs de la Gestapo rétablissent-ils l'usage d'une torture qu'avant même la Révolution l'édit de 1780 sur la « question préparatoire » et celui de 1788 sur la « question préalable » avaient abolie dans notre pays. Ainsi, servant de valets d'armes aux chevaliers de la SS, les miliciens reprennent-ils, dans le centre et le midi de la France, les chemins et les mœurs des « dragonnades ». Ainsi, avec une célérité qui suscite, à l'époque, l'étonnement admiratif et troublé des juristes de la Wehrmacht, des magistrats qui ont prêté serment à Philippe Pétain modernisent-ils la règle du « bon plaisir » en concevant et appliquant gaillardement la procédure expéditive — et, à l'occasion, rétroactive — de la guillotine des « sections spéciales ». Ainsi, les lois antisémites du IIIe Reich, l'ordonnance « Nuit et Brouillard » (Nacht und Nebel, NN) et leurs diverses traductions vichyssoises ressuscitent-elles, en l'aggravant, la « lettre de cachet » puisqu'elles donnent pouvoir aux policiers d'arrêter, sans autre mandat judiciaire, les acquittés à la sortie du tribunal et les libérés à la porte de la prison. Ainsi, enfin, entend-on à nouveau, dans l'Europe du XXe siècle, l'énorme gémissement de l'esclavage lorsqu'est édifié par les nazis cet univers concentrationnaire dont le pouvoir pétainiste s'empresse, à Drancy, à Romainville, à Compiègne et ailleurs d'aménager les antichambres...

A Nuremberg, le document F-274

Cependant, surgissant ainsi dans le présent, le passé se perfectionne... Aussi bien n'est-il que partiellement vrai de parler d'un retour à la barbarie, d'un retour au Moyen Age. C'est de plus et mieux que cela qu'il s'agit. Une bonne partie de ce qui, dans les mœurs anciennes, horrifie notre sensibilité moderne n'était pas « vécue » par les gens de l'époque comme nous le ressentons aujourd'hui. Une certaine cruauté, un certain usage de la violence étaient traditionnels, correspondaient aux coutumes du temps et faisaient même partie intégrante de la civilisation. Le bras séculier était un service administratif comme les autres et les tourmenteurs appliquaient la « question » sans plus de passion qu'ils eussent mis à percevoir l'impôt. L'institution était horrible mais elle était réglementée et n'avait rien d'anachronique. De la même façon, les plus odieux supplices étaient codifiés et, pour les voir appliquer au condamné, une foule nombreuse accourait sur les places publiques.

En revanche, c'est en contradiction flagrante avec l'état des mœurs que la violence fasciste surgit dans une époque où elle ne s'insère en aucune façon. Une époque à laquelle elle se borne à emprunter des procédés techniques nouveaux qu'elle détourne de leur but. Nous avons vu comment, en France, de 1940 à 1944, on a pu assister à un déchaînement de la torture ; la même constatation est valable pour la multiplication de la mort dont les occupants hitlériens et leurs auxiliaires français font le même usage diversifié.

On tue tout aussi arbitrairement, systématiquement et massivement que l'on tourmente. Tous les procédés sont bons et toutes sortes de victimes. Le but sera clairement exprimé qui justifie tout : il faut exterminer les Juifs et les tziganes, éliminer les résistants et terroriser ceux de leurs compatriotes qui sont susceptibles de les aider.

Pour avoir une vue générale et une idée globale de cette sorte d'entreprise d'assassinat, reportons-nous au document F-274 de la procédure du Tribunal militaire international de Nuremberg. Il fut versé par notre pays au dossier du « procès des grands criminels de guerre » et il a pour titre *Rapport officiel du Gouvernement français sur les arrestations, massacres, tortures, déportations en Allemagne et extermination des citoyens français sous l'occupation allemande*. Les faits qui y sont relatés mettent en évidence la très importante part prise par la police française aussi bien dans la répression de la Résistance que dans la persécution des Juifs. On peut y lire notamment : « Les arrestations, les déportations, les tortures dont les Allemands se sont rendus coupables vis-à-vis des Français au cours des quatre années d'occupation ont été le fait d'une volonté déterminée d'anéantir toute opposition en France, de supprimer, par des exécutions ou, à plus longue échéance, par la déportation, tout Français suspect d'amoindrir le potentiel de guerre allemand, "de porter atteinte à l'efficacité de l'armée allemande" (...). A cette volonté de réduire un ennemi, s'est ajouté un but plus lointain d'extermination de certaines catégories : élites intellectuelles, chefs de partis politiques et d'organisations ouvrières, membres du Parti communiste, Juifs, ainsi qu'en témoignent les destructions massives, rationnellement opérées dans les camps de concentration, qu'il s'agisse de déportés politiques dans les chambres à gaz de Mauthausen ou de Juifs dans les fours crématoires d'Auschwitz. (...) A partir de 1940, les arrestations ont commencé à être opérées dans toutes les villes de la zone occupée. Nous insistons sur le fait que les responsables des arrestations, des tortures, des massacres appartiennent à tous les représentants de la force répressive allemande en France. Ce ne sont pas seulement les SS et la Gestapo qu'il faut incriminer mais, en Bretagne, la Feldgendarmerie (...), dans le Vercors, la Wehrmacht et des éléments autrichiens. Le coupable n'est pas tel individu ou telle unité comme la division "Das Reich", mais bien la volonté dirigeante qui insuffla à tous ceux qui se trouvaient sous son obédience, quels que soient la couleur de leur uniforme et leur rang dans la hiérarchie, la volonté de torturer et d'anéantir. (...) Les arrestations ont été d'abord individuelles, opérées à toute heure du jour et de la nuit, en toute circonstance : arrestations de personnalités, d'ouvriers à l'usine, de professeurs à leur chaire, de femmes à leur foyer. Souvent, des membres de la famille ont été arrêtés en l'absence de la personne recherchée. Puis, elles ont pris le caractère d'opérations collectives. A Paris, à la suite d'un attentat, le 18e arrondissement fut cerné par la Feldgendarmerie. Ses habitants, hommes, femmes, enfants, ne purent rentrer chez eux et passèrent la nuit où ils purent trouver abri ; une rafle fut effectuée dans l'arrondissement. Des communautés ou des villages entiers ont été arrêtés. C'est ainsi que le 25 novembre 1943, à Clermont-Ferrand, professeurs et étudiants de l'Université de Strasbourg, repliés à Clermont-Ferrand, furent arrêtés et enfermés dans la prison installée dans la caserne du 92e d'Infanterie où ils devaient rester jusqu'au 11 janvier 1944, date de leur transfert à Compiègne. Ainsi furent opérées les arrestations de dix-huit habitants de Saint-Pol-de-Léon, soupçonnés de Résistance en juillet 1944, d'une cinquantaine d'habitants de Locminé, le 3 juillet 1944, de tous les hommes du village de Moussey, en septembre 1944. (...) L'autre grand prétexte d'inculpation fut le prétexte racial. Les arrestations des Juifs furent opérées de la même manière que celles des déportés politiques : elles furent individuelles et eurent lieu au cours de vérifications d'identité, de perquisitions et se produisirent aussi sous forme de grandes rafles périodiques. (...) Les Parisiens se souviennent de ces rafles par quartiers, des grands cars de police qui amenaient pêle-mêle vieillards, femmes, enfants, pour les entasser au Vélodrome d'Hiver dans d'atroces conditions d'hygiène avant de les amener à Drancy où les attendait la déportation. La rafle du mois d'août 1941 est restée tristement célèbre : toutes les issues du métro du 11e arrondissement furent bouchées et tous les Juifs de cet arrondissement arrêtés et incarcérés. Celle de décembre 1941 frappa surtout les milieux intellectuels. Puis ce furent les rafles de juillet 1942. Toutes les villes de la zone Sud, surtout Lyon, Grenoble, Cannes et Nice où s'étaient réfugiés de nombreux Juifs, connurent ces rafles après l'occupation de la France entière. Les Allemands recherchaient tous les enfants de Juifs qui avaient trouvé refuge chez des particuliers ou des collectivités. (...) L'arbitraire des arrestations et des déportations s'efface lorsqu'on aborde le chapitre des exécutions, tortures et massacres perpétrés par les Allemands. Une certaine gradation fut observée par eux au cours de ces quatre années. Exécutions individuelles "légales" ou "pseudo-légales". Exécutions collectives "légales" ou "pseudo-légales". Exécutions d'otages. Tortures et massacres individuels. Massacres collectifs allant jusqu'à l'extermination d'un village. Massacres de prévenus dans les prisons. (...) La plupart de ces exécutions étaient précédées de tortures qui entraînaient souvent la mort avant même que le jugement ne soit exécuté... »

Le massacre du Vert-Galant

Ainsi, la machine à répandre la mort est-elle mise en marche dès le début. Résultant d'enquêtes sérieuses, le document F-274 est très précis : « A partir de 1940, les arrestations ont commencé à être opérées dans toutes les villes de la zone occupée... » Des arrestations et même des exécutions ; dans les villes comme dans les campagnes... A cet égard, deux exemples de ce qu'on pourrait appeler les premiers morts sont particulièrement significatifs : celui des otages de Tremblay-lès-Gonesse et celui du fusillé Etienne Achavanne.

Nous avons fait allusion à ces deux affaires : le massacre de Tremblay, en évoquant les premières exactions commises par la Wehrmacht sur notre sol, et l'exécution d'Achavanne à propos des tout premiers sabotages en rappelant même que, selon divers auteurs sérieux, celui-ci apparaissait comme ayant commis « le premier acte repérable de Résistance offensive ». Revenons maintenant sur ce massacre et sur cette exécution dans la mesure où l'un et l'autre ont valeur d'exemple.

Auteur d'une monographie d'histoire locale, *Sevran, Villepinte et Tremblay dans le passé*, E. Soitel écrit : « Dans la nuit du 14 juin 1940, une section du 24e Chasseurs à pied tenait solidement les talus bordant le passage à niveau de la gare de Vert-Galant. Un détachement allemand vint se heurter au tir précis des mitrailleuses françaises. Au cours des combats (dont il reste encore des traces sur les maisons proches du pont du canal) il y eut des morts des deux côtés... »

En effet, une douzaine d'hommes tombèrent : trois Français (l'un avait trente ans et les deux autres vingt-trois) et neuf Allemands (dont trois Gefreiter et le sous-lieutenant Siegfried Hoop, vingt-six ans). Douze morts classiques dans une guerre classique...

« ... Mais, poursuit E. Soitel, la soldatesque allemande, composée de féroces troupes de choc, accusa contre toute évidence la population civile de Vert-Galant de s'être mêlée aux combattants français. Au petit jour, le 14 juin, dix civils furent amenés au bord du bois Saint-Denis et, un peu plus tard, exécutés à la mitraillette. L'exécution eut lieu entre six heures trente et sept heures du matin. Quelques heures plus tard, treize civils pris chez eux furent emmenés par les soldats allemands, baïonnette au canon, qui les conduisirent devant leur commandant, attablé en plein air près du passage à niveau. Angoissés, ces civils virent le long du chemin du bois Saint-Denis les trois chasseurs français qui avaient trouvé la mort à leur poste dans le cours de la nuit. Un peu plus loin, les dix premiers otages civils fusillés, une femme morte, et de l'autre côté du chemin les neuf morts allemands. Les officiers allemands questionnaient (...), faisant un tri. Beaucoup crurent leur dernière heure venue. Enfin, fait imprévu, les Allemands, sur un ordre, quittèrent les lieux et furent remplacés par des éléments d'une autre unité. Les requis civils durent creuser les tombes des otages et des trois chasseurs ; ce sont eux qui enterrèrent les Français. Ils enterrèrent également une femme, Mme Savar, née Juliette Vinche, qui avait été touchée par une balle au cours des combats de rue. Les Allemands avaient creusé les tombes des leurs et, après un service de l'aumônier français, les placèrent dans leur fosse. Vers midi, alors que les requis français croyaient leur triste travail terminé, ils furent conduits près de l'endroit occupé par le monument qui rappelle ces moments tragiques et là, horrifiés, ils virent quatre nouveaux civils, des voisins à eux, fusillés également. »

Un rescapé de ces heures d'angoisse dont on doit remarquer qu'elles sont, dès 1940, une scrupuleuse préfiguration de celles qui, trois et quatre ans plus tard, ponctueront la mise à feu et à sang de tant de villes et de villages français, Alexis Belœil, nous raconte pour sa part : « C'était l'exode et moi, j'étais parti, le 13, vers Bordeaux, en vélo... Mais je ne suis pas allé plus loin que Sevran. Les Allemands étaient déjà là et, le lendemain matin, je suis revenu par le canal. J'ai débouché sur le pont. Il y avait plein d'Allemands et ils m'ont emmené avec d'autres jusqu'à la fosse où des gars venaient d'être fusillés. Ils nous ont fait asseoir à deux ou trois mètres de la fosse. On était une douzaine de gars. On ne parlait pas. Un gros Allemand nous a interrogés. Toute la journée, ils ont amené des gars. Ils en amenaient, ils relâchaient les plus vieux. A neuf heures du soir, ils nous ont fait mettre debout sur un rang. On était vingt-cinq. Ils en voulaient dix pour les fusiller. Un officier est arrivé. Il a pris les dix premiers... Je n'étais pas dedans. J'ai dit à un sous-officier : “Et nous, qu'est-ce qu'on fait ?” Il m'a répondu : “On viendra vous chercher demain matin...” Alors, vous pensez si on s'est sauvé. Parmi les fusillés, il y avait un terrassier de Sevran, un gosse de seize ou dix-sept ans, le chef de musique... »

Il y avait aussi un employé d'assurances, un employé ponctuel et discret de la compagnie d'assurances l'Urbaine. Un homme qui n'était jusqu'alors que le type même du « Français moyen » et qui devenait tout d'un coup celui de l'otage moyen. Son sort à lui aussi en préfigurait beaucoup d'autres. Il s'appelait Gaston Didier. C'est sa fille qui nous dit : « On avait passé la nuit à la cave et on n'en était sorti que le lendemain matin vers sept heures et demie. Mon père était sur le pas de la porte en train de parler avec un voisin, M. Delchef, qui allait chercher de l'herbe pour ses lapins. C'est alors qu'un Allemand est arrivé. Il leur a dit de le suivre mais il s'est tourné vers moi et ma mère en disant : “Les femmes à la maison !” Mon père est donc parti avec l'Allemand et le voisin et, au bout de la rue, ils ont tourné à droite... On n'a rien su de toute la journée. On a bien entendu tirer, mais les gens disaient qu'on tirait sur les chiens. Alors, quand même, le soir, je suis allée jusqu'au passage à niveau. J'ai emmené la veste de mon père car, évidemment, il était parti comme ça... J'ai rencontré un Allemand : il m'a dit : “Les prisonniers... Rentrer demain !" En fait, ce n'est qu'un mois plus tard qu'on a su la vérité... Ils avaient été enterrés les uns sur les autres. Au passage à niveau. On leur avait fait creuser eux-mêmes leur trou. Enfin, c'est ce qu'on nous a dit. Ils ont été déterrés quarante jours plus tard et ramenés à Villepinte. On est allé chercher leurs papiers et leurs affaires à la mairie. Mon père ne faisait pas de politique. Il était allé travailler jusqu'au bout, tant qu'il y avait eu des trains pour l'emmener à Paris. »

Le premier fusillé

C'est à l'aube du 14 juin 1940 que, comme Adrien Beaugrand, comme Clotaire Bœuf, comme Achille Larsonnier, comme Alexandre Roche, comme Joseph Zanon et leurs autres compagnons d'infortune, Gaston Didier tombe sous les balles hitlériennes. Est-ce deux jours ou cinq jours plus tard qu'à la nuit tombée Etienne Achavanne se glisse dans la campagne normande pour aller cisailler le câble téléphonique qui relie la Feldkommandantur de Rouen et le terrain d'aviation de Boos ? Nul n'a pu, à ce jour, l'établir. Toujours est-il que, réalisé le 16 ou le 19 juin, le sabotage d'Achavanne a immédiatement de vastes conséquences. Il provoque indirectement, comme nous l'avons déjà dit, la destruction de dix-huit avions et la mort de vingt-deux soldats allemands... Or, que reste-t-il d'Etienne Achavanne ? Sur la route de Paris à Rouen par le Vexin, au lieu-dit La Maison hantée, endroit où il fut fusillé, une simple stèle... Et les lieux où il vécut ? A Saint-Lubin-des-Joncherets, la commune d'Eure-et-Loir où il habita, depuis février 1968, un groupe scolaire porte son nom. Son nom seulement... Si l'on pousse un peu plus loin et que, dans ce même arrondissement de Dreux, on va jusqu'au bourg de La Framboisière, lieu de naissance d'Achavanne, il faut, à la mairie, ouvrir le registre d'état civil pour trouver, à la page « 1892 » où six naissances sont mentionnées, dont la sienne, cette simple note manuscrite en marge : « Décédé à Rouen, le 4 juillet 1940 ; pour mention le 6 août 1940, le maire : Riollet. »... Enfin, ce n'est qu'après bien des réticences et en étant assurée de garder l'anonymat qu'une parente d'Achavanne avait consenti à nous parler de lui. « Le père d'Etienne, nous avait-elle dit, était directeur d'école à La Framboisière. Mais il avait été cassé vers 1900. Etienne, lui, était né à l'école de son père en 1892. Sa mère était sans profession. Il fut apprenti boucher avant de s'engager volontairement pour la guerre de 1914. Il n'en parlait d'ailleurs jamais. C'était un homme brun, comme toute la famille et il n'avait rien de particulier. Finalement, il était ouvrier agricole à côté d'ici, aux Nonins. Il est toujours resté célibataire et il vivait avec sa mère. Il ne faisait pas de politique. Il ne fut pas mobilisé en 1939. Quand il y a eu l'exode, il est parti avec les cousins chez qui il travaillait. Ils se sont perdus le long de la route. Nous, on a plus ou moins recherché Etienne pendant cinq ans et ce n'est qu'à la fin de la guerre que, par hasard, quelqu'un de Rouen qui était venu habiter ici nous a dit qu'à son avis, il avait dû être fusillé à Rouen. La mairie de Rouen nous a confirmé la nouvelle en précisant que le corps reposait à l'ossuaire de Bonsecours. » Il semble probable qu'Etienne Achavanne fut le premier fusillé de la Résistance mais, ce qui est certain, c'est qu'il en est à proprement parler le « soldat inconnu ». Là encore, la préfiguration est frappante. A côté des quelques dizaines de noms que laisse dans les mémoires l'histoire officielle de la Résistance, à côté de cette épopée dont on retient surtout quelques destins qualifiés — d'ailleurs à juste titre — d'héroïques, combien d'Achavanne oubliés ?

Le premier fusillé... Et, très vite, *les* premiers.

Dans le mois qui suit l'exécution d'Etienne Achavanne, deux noms connus : d'abord celui d'un ouvrier d'origine polonaise, Karp Israël, qui, le 27 août 1940, est fusillé à Bordeaux. Son crime : avoir montré le poing lors d'un défilé de la Wehrmacht. Puis celui d'un Dijonnais, Louis Frizot, exécuté le 31 à Saint-Apollinaire. A la fin de l'été, en septembre, le rythme s'accélère... « La répression se fait plus brutale, note Henri Noguères, Pierre Roche, dix-neuf ans, auteur du sabotage de Royan, ayant été condamné à deux ans de prison le 4 septembre par le tribunal correctionnel français, les Allemands, mécontents, le traduisent aussitôt devant leur propre tribunal qui pratique la “justice” expéditive : Pierre Roche comparaît le 7, est condamné à mort et exécuté le jour même. Quatre jours plus tôt, à Epinal, un domestique de culture de vingt-cinq ans, Louis Lallier, avait été fusillé pour avoir coupé un câble de téléphone. (...) Le 12, à Rennes, nouvelle condamnation à mort : celle du mécanicien Marcel Drossier. »

Mais avant la fin de l'année 1940, les balles allemandes auront aussi frappé dans la capitale.

Pierre Bourget a consacré une très intéressante étude à celui qu'il appelle « le premier fusillé de Paris ». Il raconte : « Au matin du 24 décembre 1940, les Parisiens tôt sortis de leur demeure découvrent sur les murs de leur ville une petite affiche blanche bilingue (texte allemand sur sa partie gauche, texte français sur sa partie droite), où ils lisent les deux phrases par lesquelles l'occupant fait connaître à la population la première exécution d'un habitant de Paris : “L'ingénieur Jacques Bonsergent, de Paris, a été condamné à mort par le Tribunal militaire allemand pour acte de violence envers un membre de l'armée allemande. Il a été fusillé ce matin. Paris, le 23 décembre 1940, *Der Militärbefehlshaber in Frankreich*” (...) Le même jour, à Lorient, dans son appartement de la rue de Liège, un homme, le visage crispé par le chagrin, lit la lettre qu'il vient de recevoir de Paris : “Paris, le 22-12-40, 18 heures. Mes chers grands, cette lettre vient bien vite après celle que je vous ai écrite ce matin. Le 5 décembre, j'ai été jugé et condamné à mort, on vient de m'annoncer que mon recours en grâce a été refusé. Je suis exécuté demain matin. (...) Je suis accusé d'avoir frappé, le 10 novembre, des soldats allemands alors que je n'ai que voulu m'interposer entre eux et le vrai coupable."... »

Le « code des otages »

Sur cette *confusion*, Pierre Bourget a désiré avoir le cœur net. De la minutieuse enquête qu'il a effectuée, il ressort qu'effectivement Jacques Bonsergent, alors jeune ingénieur de vingt-huit ans, s'est trouvé, le dimanche soir 10 novembre 1940, en compagnie de plusieurs de ses anciens condisciples de l'Ecole des Arts et Métiers, fortuitement mêlé à une bagarre en face de la gare Saint-Lazare. Bonsergent et ses copains revenaient d'un mariage qui s'était déroulé à Herblay. Ils étaient tous plutôt joyeux et aucun des survivants n'a été capable de donner la même version de l'événement ni de dire exactement ce qui s'était passé. Une quinzaine de jours avant qu'il ne soit fusillé, la tante du jeune ingénieur, Yvonne Bato, fut autorisée à lui rendre visite à la prison du Cherche-Midi où les autorités allemandes l'avaient incarcéré. « Pendant cette entrevue, raconte encore Pierre Bourget, Jacques fera un demi-aveu à sa tante, une demi-confidence, quand, à voix basse, elle lui posera la question : "Mais enfin, Jacques, qu'est-il donc arrivé ? lui ai-je demandé." — "C'est une erreur, tante Yvonne, m'a-t-il répondu très vite. Il y a eu une bagarre et moi j'ai été pincé ! Nous avions la même gabardine..." Il ne m'en dit pas davantage... (...) Ce détail, capital pour sa cause, poursuit Bourget, Bonsergent ne l'a pas confié à ses juges allemands ; au cours de ses interrogatoires et des confrontations avec les soldats allemands "agressés", il a refusé d'indiquer le nom de ses camarades engagés, peu ou prou, dans la bagarre du 10 novembre. Dénoncer ses copains ? L'idée lui en a répugné. » Et Bourget conclut : « Jacques a accepté sa condamnation. Ce sacrifice, volontairement consenti par ce jeune homme de vingt-huit ans, apparaît comme celui d'un pur qui met au-dessus de tout le respect des valeurs les plus simples mais aussi les plus nobles : l'amitié, la fidélité. (...) Si l'on se transporte maintenant du côté des Allemands, pourquoi ont-ils prononcé une condamnation irréversible ? (...) Nous admettons, pour notre part, qu'il s'agit plutôt d'une "condamnation de principe" et qu'elle fut acquise, le 5 décembre, pour une simple raison d'opportunité. Il suffit de se reporter aux circonstances dans lesquelles elle est intervenue. Le lendemain du jour de l'arrestation de Jacques Bonsergent, le lundi 11 novembre, des milliers de lycéens et d'étudiants se sont livrés à une manifestation de masse contre les Allemands, la première observée dans la capitale, sur les Champs-Elysées ! Arrêté *la veille* de la manifestation, mais jugé vingt-cinq jours *après* elle, Bonsergent subit le choc en retour de la colère qu'elle a provoquée chez les Allemands... »

Ainsi, et le fait doit être remarqué, le « premier fusillé de Paris » serait aussi le premier otage français exécuté par les hitlériens dans notre pays depuis l'armistice. Ainsi, dès 1940, donc dès les premiers mois de l'Occupation, les nazis commencent-ils à mêler, face à leurs pelotons d'exécution, les « otages » et les « résistants ». *Otages* et *résistants*, c'est volontairement que nous mettons ici ces deux mots entre guillemets. Pourquoi ? Parce que, quand on en arrive au jour de l'exécution, ces deux notions sont extrêmement floues et se mêlent incontestablement. D'abord, comme « otages », on prend souvent des « résistants » ou supposés tels. Ensuite, la « justice » allemande n'hésite pas à faire fusiller des gens en leur reprochant leur participation à des faits auxquels ils n'ont jamais été mêlés en réalité. Aussi bien, si l'on acceptait d'employer ici les mots *coupable* et *innocent* qui, en réalité, ne peuvent y avoir cours, on verrait tomber sous les salves hitlériennes des « otages » coupables et des « résistants » innocents. En vérité, d'ailleurs, c'est volontairement que les autorités d'Occupation mêlent les deux catégories de victimes car elles savent bien qu'il ne pourrait pas y avoir de Résistance sans l'assentiment et même l'aide d'une part de la population, population qui devient ainsi en elle-même un *coupable* dont le caractère anonyme et insaisissable exaspère les fusilleurs.

Volontairement... En fait, plus encore que d'une volonté, il s'agit d'une doctrine. Car les autorités d'Occupation formulent clairement une véritable doctrine des otages.

Dès le 12 septembre 1940, le commandant en chef de l'armée de Terre allemande en France fait publier, sous la signature du chef de sa « section administrative », un officier nommé Stroccius, un ordre qui fut cité à l'audience du 24 janvier 1946 du Tribunal de Nuremberg et où il est dit : « Les otages sont des habitants du pays qui garantissent de leur vie l'attitude impeccable de la population. La responsabilité de leur sort se trouve ainsi placée entre les mains de leurs compatriotes. Par suite, la population doit être publiquement menacée de voir les otages rendus responsables des actes inamicaux de chacun. Seuls les citoyens français peuvent être pris comme otages. » Cette définition sera très vite précisée. A la même audience de Nuremberg, le Procureur général adjoint français, Charles Dubost, pourra dire : « Pour la France, les ordres généraux de Keitel ont été adaptés par Stülpnagel, dans son ordre du 30 septembre 1941, plus connu en France sous le nom de "code des otages", qui reprend et précise les ordres antérieurs... (...) Je vous donne lecture de ce document : "(...) Si l'on se base sur ma note du 22 août 1941 et sur mon ordre du 19 septembre 1941, les groupes ou personnes suivants sont, par suite, otages : a) l'ensemble des Français qui sont actuellement détenus par les services allemands, pour quelque raison que ce soit, par exemple arrestations de police, détentions préventives, détentions punitives ; b) l'ensemble des Français qui sont détenus par les services français en France, pour les services allemands ; à ce groupe appartiennent :

premièrement, l'ensemble des Français qui sont mis en état d'arrestation par les services français pour activité anarchiste ou communiste ; deuxièmement, l'ensemble des Français qui auront à accomplir une peine privative de liberté sous le contrôle des autorités françaises, à la demande des tribunaux militaires allemands ; troisièmement, l'ensemble des Français qui, sur la demande des services allemands, ont été arrêtés par les services français ou seront maintenus en état d'arrestation, ou seront remis aux services français par les services allemands pour les garder en état d'arrestation..." » On ne saurait trop souligner l'importance que prend ici l'expression *l'ensemble des Français*, en allemand « sämtliche Franzosen »...

Appuyant cette démonstration essentielle non seulement sur les deux documents que nous venons de citer mais sur toute une série d'autres, le même Charles Dubost va ajouter à la même audience : « Il s'agit donc bien d'une doctrine d'Etat. Des innocents deviennent un gage, ils répondent sur leur vie de l'attitude de leurs concitoyens à l'égard de l'armée allemande. Si une faute est commise, à laquelle ils sont étrangers, ils sont l'objet d'une sanction collective allant jusqu'à la mort. Ceci est une thèse officielle allemande, imposée par le Haut Commandement allemand, malgré les protestations de la Commission d'armistice allemande à Wiesbaden. Je dis : thèse imposée par le Haut Commandement allemand et j'en apporte la preuve. Keitel, le 16 septembre 1941, a signé un ordre général qui a déjà été lu ici (...). Cet ordre s'applique à toutes les régions occupées de l'Est et de l'Ouest, ainsi que l'établit la liste des destinataires qui sont, entre autres, tous les commandants militaires des pays alors occupés par l'Allemagne : France, Belgique, Norvège, Hollande, Danemark, Ostland, Ukraine, Serbie, Salonique, Grèce, Crète. Cet ordre a été appliqué pendant toute la durée de la guerre. »

L'inanité de la notion d'innocence

Impressionné par la monstruosité de cette politique des otages, on peut se demander si, cédant à l'atmosphère de l'époque, le commentaire du magistrat français ne dépasse pas la réalité. « Doctrine d'Etat... Thèse officielle... Des innocents... » — Le IIIe Reich est-il allé jusque-là ?

Les faits répondent.

Restons au procès de Nuremberg... A l'audience du 1er août 1946, un important témoin, ancien haut fonctionnaire au ministère de l'Intérieur hitlérien, l'un des hommes qui dirigea la police allemande pendant la guerre, Karl-Heinz Hoffmann, répond aux questions de l'avocat Rudolf Merkel, chargé de défendre la Gestapo. « Qui a ordonné les exécutions d'otages en France ? demande Merkel. Qui est, en France, à l'origine des exécutions d'otages ? » Et Hoffmann répond : « Autant que je sache, c'était un ordre d'Adolf Hitler... »

Voici pour les premiers points. Et la question des « innocents » ?

Henri Noguères cite une « note de M. de Bourbon-Busset » sur la « réunion du 28 octobre 1941 à la Délégation générale du Gouvernement français dans les territoires occupés, sous la présidence du général Bridoux ». Dans ce document, on lit : « En ce qui concerne les otages communistes fusillés, il semble que, pour deux cas au moins, les autorités d'Occupation aient choisi deux personnes qui étaient sur le point d'être libérées car la police française avait reconnu l'inanité des accusations portées contre elles. » D'autre part, le doyen de la faculté des Lettres de Caen, l'historien Michel de Boüard, auteur d'une étude approfondie sur « la répression allemande en France de 1940 à 1944 », écrivait dans la *Revue d'Histoire de la Deuxième Guerre mondiale* d'avril 1964 en commentant le « code des otages » : « On n'hésite plus, dès lors, à fusiller des otages en représailles d'attentats, même si les auteurs de ceux-ci ont été arrêtés. Ainsi, en août 1942, quatre-vingt-huit otages sont mis à mort à Paris à la suite d'un attentat commis contre des soldats allemands au stade Jean-Bouin, attentat dont les trois auteurs avaient pu être identifiés et capturés. En septembre 1942, lors de l'attentat du cinéma "Rex", cent dix-huit otages furent exécutés, bien qu'une cinquantaine de membres du "détachement Valmy", responsables de l'attentat, eussent été arrêtés. »

On remarquera combien le rappel de tels faits vient conforter ce que nous écrivions plus haut sur l'ambiguïté — pour ne pas dire l'inanité — de la notion d'innocence durant les sanglantes années de l'Occupation. Ne soyons toutefois pas injuste avec les autorités hitlériennes de l'époque. Elles ne furent pas les seules à pratiquer la politique des otages. Animés par le zèle que l'on sait, les politiciens et les fonctionnaires français qui s'étaient mis à leur service n'avaient pas craint d'anticiper... Le 20 octobre 1940, c'est la Préfecture de police de Paris qui publiait une ordonnance comportant ce paragraphe : « Toute découverte de tracts clandestins sur le territoire d'une commune du département de la Seine entraînera l'internement administratif d'un ou plusieurs militants communistes notoirement connus, résidant sur le territoire de cette commune, sauf poursuites judiciaires dûment engagées. » L'esprit, et même la lettre, du « code des otages » ne sont-ils pas ceux de ce texte ? « Otages » et « résistants » connaissent d'ailleurs le même sort.

Généralement, presque inconsciemment, l'image qu'on a de la *fusillade* est celle d'un homme seul et droit, debout contre le poteau, face à un peloton dont les fusils étincellent ; l'image d'une salve fracassante claquant au petit jour et du point final du coup de grâce tiré par un officier ganté. Une mort noble et presque aseptisée. Dans la France occupée, la réalité de la fusillade est tout autre. On fusille en masse, en série et à toute heure. On fusille sur un brancard ceux que la torture a trop éprouvés. On fusille couché ou dans le dos. Le sang stagne et les cadavres s'entassent sur la terre remuée par les roues des camions et les talons de bottes. Si celui qui, souvent, respire encore réussit à s'extirper à temps de l'amas de paquets de chairs et de mottes de terre entassés pêle-mêle, tant mieux pour lui... Le surmenage des fusilleurs est tel qu'on pourra, après la guerre, rencontrer un certain nombre de rescapés du peloton.

Les abbés Franz Stock et Theodor Loevenich, citoyens allemands portant l'uniforme de la Wehrmacht, étaient l'un et l'autre, durant l'Occupation, aumôniers militaires des prisons de Fresnes, de la Santé et du Cherche-Midi. Dans le livre qu'il a consacré à la vie du premier, Erich Kock écrit : « Le mot convenu au téléphone pour les exécutions était habituellement : "fête sportive". Par exemple : "Demain matin à quatre heures, fête sportive." (...) Des hommes et des femmes de nombreuses nationalités, en majorité des Français, moururent à Romainville, à Issy, rue de la Santé, à Fresnes, à la prison du Cherche-Midi et place Balard. C'est là que se trouvaient alors les champs de tir du ministère de l'Air. Mais la plupart des exécutions eurent lieu sur la hauteur fortifiée au-dessus de Suresnes, le Mont-Valérien. En général, elles étaient fixées vers six heures et demie, sept et huit heures du matin, souvent aussi, tard dans l'après-midi, de seize à dix-huit heures trente. A maintes reprises, Stock rapporte qu'il n'est revenu du cimetière que dans l'obscurité. "On amenait les condamnés dans des camions, dit Loevenich, les mains liées derrière le dos, surveillés par des soldats armés de grenades et d'armes automatiques. En hiver surtout, la montée vers le sommet était lamentable à voir. Quelques-uns tombaient sur le sol glissant, nous les aidions à se relever. Tout le long des dix-huit kilomètres de trajet, nous disions de courtes prières, nous leur rendions de menus services. Des hommes pleuraient, nous essuyions leur visage, nous faisions circuler une cigarette. Les hommes attachés aux poteaux nous chargeaient des derniers adieux pour leurs proches, puis nous nous éloignions des poteaux et nous nous placions bien en vue derrière les fusils. Les commandos d'exécution se composaient généralement de douze hommes, de trente-six quand les soldats devaient se relayer en raison du grand nombre des victimes. Cinq poteaux se dressaient l'un à côté de l'autre. Après chaque exécution, le médecin constatait la mort. En même temps, l'officier qui commandait le peloton examinait le canon des fusils, il vérifiait si chaque soldat avait bien tiré (...). Les juges militaires n'assistaient presque jamais aux exécutions." Trois fois, le journal de Stock mentionne des spectateurs. Le 17 avril 1942, plusieurs hauts officiers de police, deux avocats français et plusieurs militaires assistèrent à l'exécution de "terroristes". Le 16 juillet 1942, le commandant de la place, le général Schaumburg, assista à l'exécution de plusieurs hommes. Le 6 août 1943, ce fut un capitaine sur lequel on avait tiré qui assistait à l'exécution de l'auteur de l'attentat. Citons encore Loevenich : "A la longue, des abus se produisirent. Avec l'assentiment de leurs supérieurs, certains soldats visèrent la tête au lieu du cœur. L'effet fut horrible. Nous élevâmes aussitôt une protestation et ces infractions cessèrent. Malgré cela, les commandos d'exécution étaient quelquefois très brutaux. Finalement nous avons nous-mêmes attaché les condamnés et fixé les disques de papier blanc sur la poitrine. Les cercueils empilés non loin des poteaux avaient tous la même longueur. Il arrivait que des soldats de service se servent de leurs pieds pour mettre l'homme dans le cercueil quand celui-ci était trop petit... Les poteaux d'exécution, de la hauteur d'une porte, devaient de temps en temps être remplacés parce qu'ils étaient complètement criblés de trous à hauteur de poitrine. Après les exécutions, nous devions assister à l'enterrement dans les cimetières disséminés autour de Paris. Je sais par ma propre expérience à quel point Stock a souffert de cette honte."... »

« On vient fusiller Untel et Untel, préparez les cercueils ! »

Continuons de citer le livre d'Erich Kock, publié en 1966 sous le titre *L'Abbé Franz Stock*. « Stock, écrit Kock, a vu mourir beaucoup d'hommes. Réservé comme il l'était, il employa plus tard une périphrase pour indiquer combien ils furent : "C'est un nombre de quatre chiffres, et pas le plus petit." (...) Le trajet dans les camions avec les cercueils, vers les cimetières, était long et pénible. Stock a raconté à des amis qu'un jour le camion avec les cadavres des fusillés avait eu un accident en plein encombrement de Paris, sans que les passants soupçonnent quel était le "chargement". D'ailleurs, les corps n'étaient pas toujours enterrés. A la date du 21 septembre 1942, le journal de Stock rapporte que les corps de quarante-six "terroristes" furent incinérés. (...) Les notes de Stock sur le lieu de l'inhumation et l'emplacement de la tombe sont d'une exactitude minutieuse. (...) Quand les fusillés sont des pères de famille, le nombre de leurs enfants est presque toujours mentionné. Le 26 février 1943, à propos de l'exécution d'un Français : "X a appris aujourd'hui que son fils est né, il est né le jour où lui-même a été condamné à mort." Le 23 août 1943 : "Père de sept enfants, l'aîné 14 ans, femme aussi condamnée à mort, envoyée en Allemagne." Au début de 1944, il note qu'un condamné lui a donné avant l'exécution la photographie de sa femme "qui attend un enfant". Du 12 juillet 1944, à propos d'un autre : "Laisse une femme qui attend un enfant et qui lui est très attachée et un garçon de 5 ans." On lit à maintes reprises que même des hommes gravement malades furent exécutés. Il est question une fois d'un tuberculeux que l'on a amené de l'hôpital. Plusieurs fois (par exemple le 17 avril et le 20 août 1942), il a fallu porter un condamné au lieu de l'exécution parce qu'il ne pouvait pas se tenir debout. Le 23 février 1944, on fusilla un homme, un invalide de guerre cent pour cent. Stock écrit le 1er octobre 1942 au sujet d'un autre : "Il avait procuré des cartes d'alimentation à des prisonniers de guerre évadés, était employé dans une œuvre d'assistance comme grand blessé de guerre."... (...) Le 28 octobre 1942, un père et son fils doivent être fusillés ensemble : "J'intervins pour qu'ils meurent l'un à côté de l'autre. Ils ont été très courageux, se dirent un adieu venu du cœur, mais avec fermeté, voici les numéros de leurs tombes..." De même, le 24 juin 1944, eut lieu l'exécution d'un père et de son fils. Le père avait trente-neuf ans, le fils dix-sept. »

Les scènes évoquées par les abbés Stock et Loevenich, on les retrouve partout où il y eut des exécutions. Ainsi à Clairvaux... « Les Allemands arrivaient le matin vers dix heures avec leur petite voiture, nous raconte Léonce Seuret, ancien fonctionnaire de cette fameuse Maison centrale. Ils disaient : "On vient fusiller Untel et Untel, préparez les cercueils et les trous !" A seize heures, ils revenaient chercher les gars et ils allaient les fusiller. Puis ils revenaient encore avec le papier dûment signé du médecin et disant que les condamnés étaient morts. Ils ont commencé par fusiller au Clamart... Mais le jour de l'Ascension, le 14 mai 1942, ça remuait dans la population. Alors, après, ils ont fusillé ailleurs... Il faut dire qu'au début, les fusillés étaient emmenés à pied jusqu'au cimetière avec les cercueils devant eux. C'était un véritable chemin de croix... »

André Pommarel a été « fusillé » le 30 mars 1944 à Dagnac par Villac, en Dordogne. Il a raconté son aventure à Georges Beau et Léopold Gaubusseau pour leur livre *Dix erreurs, une défaite*. « Je sens comme un coup sous l'omoplate gauche, dit Pommarel, et je vois distinctement la balle qui m'a traversé le corps frapper le mur. Je m'affaisse. Delord et Vidalie ne bougent plus. Ils sont tombés à la renverse sur le dos. Mazandois s'est abattu en avant et il tente de se relever sur les mains. Je vois tout cela car j'ai conservé toute ma lucidité. Une seconde salve. Elle effleure ma hanche et fracasse la mâchoire du notaire qui râle et meurt très rapidement. Il n'y aura pas de coup de grâce dans la tête. J'attendais pourtant cette dernière balle et ma tête éclatait à la pensée de la recevoir. J'entends des ordres. Les soldats allemands partent précipitamment. (...) Mon sang coulait et je me sentais défaillir. Puis j'ai perdu conscience. Combien de temps suis-je resté sans connaissance ? Je ne saurais le dire. Quand je rouvris les yeux, il n'y avait plus personne dans la cour que les trois cadavres à mes côtés. Les maisons brûlaient toujours, les ardoises sautaient et tombaient. Je rassemblai mes forces et, m'appuyant au mur, je repoussai le corps de Vidalie qui pesait sur mes jambes. Lentement, j'essayai de me relever mais une nouvelle syncope me coucha sur le sol. Quand je me réveillai pour la seconde fois, je n'eus qu'une pensée : je voulais vivre. Je ne voulais pas crever seul comme un chien. Je me traînai jusqu'à la sortie de la cour... »

« J'ai craché la balle du coup de grâce... »

Roger Bossé a été « fusillé » le 12 juin 1944 près de Neuville-sur-Saône, dans le Rhône, il a fait lui-même le récit de ce qui lui arriva. « Un grand coup dans le dos, un autre, une claque dans l'épaule droite, écrit Bossé, voilà ce que je ressens. (...) Un homme qui marche. Je le vois. C'est un Allemand en uniforme, remontant vers la droite. Les épaulettes de sa vareuse brillent et il est armé d'un pistolet-mitrailleur pointé vers nous. Il semble enjamber les fils de fer barbelés. Je ferme les yeux. Puis j'entends un coup de feu... Un autre... Et encore une fois le claquement sec. Je réalise. C'est le coup de grâce. (...) Une balle me frappe à nouveau en haut de la poitrine, du côté droit, tout près du cou ; mais c'est un choc très léger. Plus tard, je compris que cette balle avait traversé au préalable la tête du camarade voisin. La tête de Jacques. Sa dernière balle. Et c'est à peine si j'entends une nouvelle déflagration de tonnerre. Alors il me semble que ma tête éclate. Ma bouche s'emplit de liquide épais, je suis aveuglé par le sang... (...) Mon crâne bourdonne à se fendre, je crache le sang qui coule dans ma bouche. Ma lucidité est intacte. J'attends. J'écoute. Mon pouls bat fort avec de grandes pulsations. (...) Je tire sur la manche de Jacques. Rien, pas un mouvement. Il ne bouge pas. Je me mets à genoux et tire à nouveau désespérément sur sa veste. Rien. Alors je comprends seulement qu'il est mort, qu'ils sont tous morts, qu'il n'y a plus rien à faire pour eux. Mais moi, je suis vivant. »

Jean de Conninck et Emile Joffrin ont été « fusillés » le même jour, le 24 juin 1944, le premier à Rosquéo-en-Lanvénégen, dans le Morbihan, et le second à Athis-Mons, dans la banlieue sud de Paris. Le récit de l'un a été recueilli par Albert Le Priol pour le n° 19 de *Ami entends-tu ?*, en 1992, tandis que l'autre décrit lui-même la manière dont il survécut. « La première rafale n'a pas touché Jean de Conninck, rapporte Le Priol, mais il se laisse tomber dans la fosse comme ses camarades. Il fait le mort. Sueur froide au front, une lueur d'espoir réchauffe le cœur qui bat à grands coups. (...) Un camarade à ses côtés appelle père et mère en son délire. Un soldat allemand revient dans la pénombre, ajuste et tire. Cette fois, le Français s'est tu pour toujours. Des balles ont touché Jean, trois au bras droit, une au bras gauche et une à la main droite, sous le pouce, qui le fait beaucoup souffrir. Des pelletées de terre l'enterrent vivant. Heureusement, la couche n'est pas épaisse et il parvient à se dégager dans l'ombre alors que les bourreaux tournent le dos à la fosse. Il rassemble ses forces, bondit vers le talus, roule dans le champ voisin et court follement. Complètement désorienté il ne sait pas qu'il s'enfuit dans la direction prise par les Allemands et lorsqu'il arrive sur eux, il n'a que le temps de se faufiler dans un champ d'avoine. »

Quant à Joffrin, il raconte : « Au moment où l'officier commanda le feu, je me laissai glisser si bien que je ne reçus qu'une balle dans l'épaule gauche qui passa miraculeusement entre la clavicule et l'omoplate, sans rien casser. Je me trouvai donc étendu par terre, légèrement blessé et je pensai immédiatement à faire le mort. Près de moi, mon camarade Chassagne gisait, blessé de plusieurs balles dans le ventre et la poitrine. Près de lui, les Allemands achevaient de massacrer Houy et Delattre. L'officier s'approcha alors de moi, me saisit par l'épaule droite, me secoua, puis me laissa retomber. Il avait dans la main l'un de nos vieux pistolets "73". Il se pencha, m'appliqua le canon sous l'oreille gauche, un peu au-dessus de l'articulation de la mâchoire et tira pour le coup de grâce. Je n'avais pratiquement pas senti la balle que j'avais reçue dans l'épaule. Le bruit du coup de feu à deux centimètres de l'oreille, le choc m'assommèrent. Je sentis cependant que je n'étais cette fois encore pas gravement blessé. La balle avait pénétré dans ma bouche suivant le maxillaire supérieur en me fracassant une grande partie des dents. Je saignais abondamment. Les yeux fermés, je m'appliquais à rester immobile. Les Allemands partirent presque immédiatement. Toute la scène n'avait pas duré plus de cinq à six minutes. (...) Il s'écoula ainsi un grand quart d'heure. Je commençais à craindre de mourir d'hémorragie car je sentais mon sang couler et former peu à peu une véritable mare. (...) J'avais la bouche pleine de sang et de dents cassées. Ma langue était blessée et saignante. Je crachais mes dents et, à ma grande surprise, je crachais aussi la balle du coup de grâce, la grosse balle de plomb du vieux 73 qui s'était écrasée contre les dents et n'était pas ressortie. Je l'ai conservée... »

Toutefois, bien que les tueurs soient souvent surchargés, les miracles de cette sorte restent très rares. La fusillade se termine normalement dans un cimetière bâclé ou improvisé : c'est le temps des fosses communes fraîchement labourées, des tombes de terre battue, de la multiplication des charniers dont la découverte ponctuera d'horreur l'été de la Libération.

« J'allais presque régulièrement chaque mois au cimetière d'Ivry, écrit dans ses souvenirs la célèbre journaliste Madeleine Jacob, et chaque fois de nouvelles tombes avaient été creusées et refermées sur les fusillés. Un gardien me dit : "Si vous saviez ce que c'est ! Ils en creusent tous les jours et nous voyons arriver plusieurs cercueils à la fois dont les planches ont été mal clouées, alors par les interstices, le sang coule."... » « Il faut, ajoute Simone Bertrand, être venu là souvent pendant l'Occupation, au jour où nos visites étaient clandestines, à l'heure où la police au service de l'ennemi rôdait autour des tombes et de ceux qui venaient s'y recueillir ou y pleurer... Il faut avoir connu les matins où l'on venait malgré les interdictions fleurir les misérables monticules de terre qui recouvrent à peine leurs cercueils de pauvre. Il faut avoir vu des femmes, les yeux abîmés de larmes, immobiles dans leurs voiles de deuil, de ce deuil tout neuf de quelques jours, de quelques heures... Il faut, pendant ces années terribles, avoir vu, de quinzaine en quinzaine, la section réservée aux martyrs s'étendre, déborder la surface réservée, empiéter sur une autre partie du cimetière et toujours grandir et s'étendre encore. Il faut avoir vu ces tombes creusées à l'avance... »

Les gens de Vichy chargés d'essuyer le sang

Il faut aussi lire cette lettre. Une lettre écrite par une mère à sa fille et publiée par le Front national de l'époque, dans la brochure *Nous accusons ; le calvaire des martyrs de la Résistance*... Nous sommes en octobre 1943, des cinq membres de la famille, la mère est la seule restée libre. La fille — destinataire de la lettre — est emprisonnée à la Petite-Roquette. Interné, le père est à la veille d'être déporté. Le gendre a été fusillé le printemps précédent. Le fils — il avait vingt et un ans, il s'appelait Paul — vient d'être fusillé, fusillé et incinéré le même jour, le 2 octobre... C'est à la fin du mois que la mère écrit à sa fille : « J'ai été au Père-Lachaise, mais, hélas ! je n'ai pas trouvé, car on n'enterre pas là-bas ; mais, en effet, ils y sont bien venus pour y être incinérés. Les urnes sont restées une dizaine de jours et ils sont venus les prendre, mais ils ne savent pas dans quel cimetière ils les ont mises. (...) Je vais rentrer ce soir chez moi, ça va me faire du bien de crier ma peine et de ne voir personne. Je ne sortirai que dans quelques jours, quand je serai assez forte pour ne pas pleurer devant ceux qui disent : "Elle n'avait qu'à élever ses enfants autrement." Je ne veux pas qu'on puisse critiquer la pensée de mon petit gars. Je ne regrette pas de vous avoir élevés comme nous l'avons fait et je suis sûre que ton père ne le regrette pas non plus. Notre but était de faire de vous des êtres conscients de leur valeur et non des êtres qui passent leur vie à ramper, car vaut mieux, vois-tu, mourir debout que vivre à genoux. Je savais d'avance en vous élevant comme cela ce qu'il pouvait arriver, mais j'espère que, pour un de tombé, dix se lèveront pour continuer la lutte ; vaut mieux mourir que de vivre esclave toute sa vie. (...) J'ai vu au Père-Lachaise un homme qui a fait l'incinération ; il m'a dit qu'ils étaient tous habillés en bleu, sauf un en culotte de golf et un en Allemand. Il a appris que celui-là était de l'Intelligence Service, déguisé, et que, se voyant pris, il s'est jeté du quatrième étage et s'est fracassé la tête. Ils en ont incinéré cinquante et un ce jour-là et il m'a assuré qu'ils avaient mis tout leur cœur pour le faire convenablement. Ils ont été incinérés un à un et mis chacun dans une petite urne. Tu vois, il ne reste pas grand-chose de mon petit gars. (...) Au Père-Lachaise, ils ignorent le nom de ceux qui ont été incinérés. »

Selon le lieu et la date de la fusillade, selon l'humeur des fusilleurs, selon la catégorie dans laquelle le condamné a été classé par les bureaucrates de la mort, l'exécution est, ou non, rendue publique, la famille est plus ou moins clairement et plus ou moins rapidement avertie... Cela va des affiches — les fameux *Bekanntmachung (Avis)* — collées sur tous les murs d'une même ville à plusieurs dizaines d'exemplaires, jusqu'aux enterrements clandestins effectués à la sauvette par les autorités pétainistes auxquelles les bourreaux laissaient assez souvent le soin de débarrasser et nettoyer les lieux du supplice. La manière dont les gens de Vichy se voyaient ainsi chargés d'essuyer le sang est intéressante à noter. Prise à titre d'exemple, une lettre nous en donne une idée, la lettre écrite le soir du samedi 10 juin 1944 par le chef de la Gestapo du Loiret au préfet de ce département. Ce 10 juin, plusieurs dizaines de jeunes gens ont été arrêtés dans la campagne par les Allemands, alignés, en deux endroits différents, par groupes de six sous le feu du peloton d'exécution et méthodiquement massacrés... « Lors de la répression organisée contre les groupes de Résistance dans les environs de La Ferté-Saint-Aubin, écrit le chef de la Gestapo au préfet, il a fallu faire usage des armes. Jusqu'à présent, quarante-deux membres de ces groupes ont été tués, en partie au moment où ils résistaient, en partie lors de leur fuite. Les cadavres se trouvent près de la ferme du By et du château du Cerf-Bois, à Marcilly. Je vous prie de faire ensevelir immédiatement les cadavres par les maires intéressés, probablement par le maire de La Ferté-Saint-Aubin. Un employé de notre service se tient à votre disposition pour la découverte des cadavres. Compte rendu devra être fait de l'exécution de cette demande. »

A la vérité, les fusillades restent très rarement ignorées de la population. Ceux qui en ont entendu l'écho ou même parfois surpris le déroulement en parlent à leurs voisins et amis. Avertis par certains fonctionnaires, magistrats ou avocats sympathisants, les organisations de Résistance publient la nouvelle dans leurs journaux clandestins. Il arrive aussi que des manifestations dans les prisons alertent directement la population. En évoquant sa détention à la prison Saint-Paul, à Lyon, en 1944, le docteur Georges Fully, devenu inspecteur général de la médecine penitentiaire, nous raconte : « Au moment des cours martiales et des exécutions dans la prison, nous avons chanté *La Marseillaise* aux fenêtres des cellules. Cela pouvait être considéré comme des actions collectives de Résistance puisque toute la ville savait, en nous entendant, qu'il y avait eu un fusillé... »

Outre les enceintes militaires, tels le fort du Mont-Valérien et le champ de tir de la place Balard, lieux de prédilection des fusilleurs où ils industrialisent la mort en faisant se succéder les pelotons comme équipes dans une usine, les endroits choisis pour passer les résistants par les armes sont, en général, ceux où déjà la main de l'homme a blessé la nature : clairières, sablières, carrières, cimetières de campagne et même simples fossés... Ainsi, d'abord parce qu'ils sont proches de villes de garnison ou de camps d'internement, ensuite parce qu'ils se seront trouvés sur le chemin des expéditions punitives lancées contre les maquis ou des troupes en mouvement que la guérilla harcèle, certains lieux-dits sans histoire vont entrer dans l'histoire comme autant de lieux du supplice. En général, d'ailleurs, ils n'y entrent pas seuls mais accompagnés d'un nombre qui désormais leur restera attaché. Ainsi, bien sûr, « les vingt-sept de Châteaubriant », ainsi « les trente-deux de Rennes », ainsi « les vingt-huit de Signes », ainsi « les quarante et un de la Carrière des Grises », ainsi « les vingt-sept de Chatou », etc.

« Ils sont appuyés contre le ciel »

A propos du sacrifice de ceux qui tombèrent le 22 octobre 1941, Max Rainat, dans sa biographie de Guy Môquet, rappelle la devise des comtes de Châteaubriant : « Mon sang teint les bannières de France »... Ce rappel souligne encore la valeur symbolique qu'allait très vite prendre ce premier massacre massif d'otages. « Un mot, un nom devenu un symbole, écrivent Henri Noguères et Marcel Degliame-Fouché dans leur *Histoire de la Résistance en France*. Le 22 octobre 1941, vingt-sept internés du camp de Châteaubriant et vingt et un détenus de la prison de Nantes sont fusillés par les Allemands à titre de représailles à la suite du meurtre d'un officier supérieur, le lieutenant-colonel Hotz, Feldkommandant de Nantes. Les martyrs de Châteaubriant ne sont ni les premiers otages conduits devant le poteau d'exécution ni même les seuls exécutés ce jour-là, puisqu'il y en eut en tout quarante-huit. Et un autre camp, le camp de Souges, fournira, dès le lendemain, un nombre de victimes plus grand encore : cinquante otages qui seront passés par les armes parce qu'un autre officier supérieur allemand aura été abattu. C'est cependant le nom de Châteaubriant qui demeure, plus que tout autre, gravé dans les mémoires. C'est lui qui, désormais, évoquera de façon exemplaire tous les massacres d'otages. Lui aussi qui provoquera, dans une opinion encore amorphe, anesthésiée, un choc, un réveil, dont nul ne peut contester l'importance historique. »... Et là, c'est un poème qu'il faut d'abord citer. Celui que René-Guy Cadou publie, en 1945, dans son recueil *Pleine poitrine* et qu'il intitule simplement *Les Fusillés de Châteaubriant* :

Ils sont appuyés contre le ciel
Ils sont une trentaine appuyés contre le ciel
Avec toute la vie derrière eux
Ils sont pleins d'étonnement pour leur épaule
Qui est un monument d'amour
Ils n'ont pas de recommandation à se faire
Parce qu'ils ne se quitteront jamais plus
....
Et leur seul regret est que ceux
Qui vont les tuer n'entendent pas

Le bruit énorme des paroles
Ils sont exacts au rendez-vous
Ils sont même en avance sur les autres
Pourtant ils disent qu'ils ne sont pas des apôtres
Et que tout est simple
Et que la mort surtout est une chose simple
Puisque toute liberté se survit.

La force symbolique de Châteaubriant est donc très vite présente. Et même doublement présente. A côté du symbole splendide, le symbole sordide... Ici, le martyre de ceux qui sont « en avance sur les autres ». Là, les dosages calculateurs de ceux qui ont contribué au martyre... Dans le journal intime qu'il tenait alors qu'il était réfugié en France, le leader antifasciste italien Pietro Nenni note : « La chose la plus terrible est que la liste des fusillés fut établie par les Français et que c'est un officier français qui fit l'appel. On croit rêver. » Non, justement, celui qui, à travers tout un jeu subtil d'ajouts et de retraits successifs, choisit des cibles humaines pour les balles allemandes, celui-là ne rêve pas : il s'appelle Pierre Pucheu. Il est ministre de l'Intérieur du maréchal Pétain. Il continue de se conduire en grand commis de la haute finance et, très logiquement, c'est une majorité de communistes et plus spécialement de dirigeants syndicaux connus pour leur popularité dont il saisit l'occasion de se débarrasser. Car Pucheu, comme le soulignera Fernand Grenier, « sait combien d'années de luttes quotidiennes sont nécessaires pour former des dirigeants de fédérations syndicales ouvrières, comme Michels, Timbaud, Poulmarch, Granet, Vercruysse. Le misérable calcule. Inscrire ceux-là en première place des hommes à fusiller, c'est amputer la classe ouvrière. C'est au surplus dans la tradition : Bismarck, en 1871, libérait les prisonniers français pour que les Versaillais aient assez d'hommes pour massacrer les communards ! Les fusils des SS vont rendre service à la grande bourgeoisie française en rayant du monde des vivants les meilleurs de ceux qui la combattaient. »

A l'audience du 24 janvier 1946 du Tribunal militaire international de Nuremberg devait être cité le témoignage d'un gendarme nommé Roussel qui avait déclaré : « Le 22 octobre 1941, vers quinze heures trente, me trouvant rue du 11-Novembre, à Châteaubriant, j'ai vu, venant de la direction du camp de Choisel, quatre ou cinq camions allemands, sans pouvoir préciser, précédés d'une voiture automobile, conduite intérieure, dans laquelle était un officier allemand. Plusieurs civils, menottes aux mains, étaient dans les camions et chantaient des chants patriotiques (*la Marseillaise, Le Chant du départ*). Un des camions était chargé de soldats allemands en armes. (...) Environ deux heures plus tard, ces mêmes camions sont revenus de ladite carrière et sont entrés dans la cour du château de Châteaubriant où les corps des fusillés ont été déposés dans un souterrain en attendant la confection des cercueils. Au retour de la carrière, les camions étaient bâchés et on n'entendait aucun bruit, mais un filet de sang s'échappait de ces derniers et laissait une trace marquée sur la chaussée, depuis la carrière jusqu'au château... »

Un filet de sang... Dans sa monographie sur *Occupation, Résistance et Libération du Chinonais*, Henry Brocourt rappelle que plusieurs fusillades eurent lieu au camp du Ruchard, près de Tours, et il raconte : « Le 16 mai 1942, quinze hommes de la région tourangelle furent amenés en ces lieux dans un camion, fusillés au camp où des témoins virent les cadavres empilés dans le véhicule qui laissait couler leur sang sur la route. » Cette traînée de sang que leurs camions chargés de cadavres laissent derrière eux sur tant de routes de France, les occupants hitlériens se rendent-ils compte que c'est finalement le profil même de cette France qu'elle dessine ? Lorsque, comme nous l'avons dit plus haut, ils emploient l'expression « sämtliche Franzosen » (l'ensemble des Français) dans les textes où ils réglementent leur propre choix des victimes, comprennent-ils à quel point ils ont raison ? Car l'essor de la Résistance et la prise de conscience du peuple français les amènent à faire se succéder sous leurs salves des fournées de victimes de plus en plus nombreuses et de plus en plus représentatives des éléments vitaux de la nation. Sans sélection préméditée et pour la seule commodité de notre chronique, nous avons déjà cité des noms de fusillés dont les visages, lorsqu'on y songe, apparaissent comme autant de facettes de la vaste réalité française.

Pourquoi ces noms ? Pourquoi seulement eux ?... Pourquoi ceux-ci et pas d'autres, tant d'autres ?

L'« entêtement » du comte Honoré d'Estienne d'Orves

Pendant l'occupation nazie, des dizaines et des dizaines de milliers de Français et de Françaises sont morts, non seulement fusillés mais — comme nous le verrons un peu plus loin — massacrés de toutes les façons. A des titres divers mais tout aussi émouvants, tout aussi respectables, chacun d'eux est un martyr. Or, il n'y a pas de hiérarchie des martyrs. Or, tout martyr est exemplaire.

Aussi bien, tout en sachant que des milliers d'autres noms, des centaines d'autres listes eussent été aussi valables que les nôtres, nous sommes-nous bornés à chercher, pour les fusillés comme pour les autres victimes, des visages d'hommes et de femmes dont la réunion fasse apparaître une image vraie, image dont la seule légende pourrait être l'expression allemande déjà citée : « sämtliche Franzosen ». L'ensemble des Français... Honoré d'Estienne d'Orves, Marin Poirier, Jean-Pierre Timbaud, Charles Michels, Alexandre Fourny, Gabriel Péri, Lucien Sampaix, Boris Vildé, Léon-Maurice Nordmann, Pierre

Sémard, Arthur Dallidet, Jacques Solomon, Jacques Decour, Valentin Feldman, Jean Cavaillès, Jacques Boutet, Marc Bloch, Roger Bernard, Véra Obolensky, Francine Fromond et Paul Petit... Déjà ou pas encore rencontrés, en vingt et un noms une sorte de bref kaléidoscope de la Résistance.

Le capitaine de corvette comte Henri Louis Honoré d'Estienne d'Orves fut fusillé le 29 août 1941 au Mont-Valérien. Arrivé en septembre 1940 à Londres, il y était devenu le chef du 2e Bureau des Forces navales françaises libres (FNFL). Parti clandestinement en France le 21 décembre, il avait été arrêté, sur trahison, exactement un mois plus tard, le 21 janvier 1941... Le *Bekanntmachung* (Avis) affiché sur les murs de Paris pour annoncer son exécution disait qu'il avait « été condamné à mort à cause d'espionnage » (*sic*). Or tous ceux qui l'ont connu ou écrivent à son propos insistent sur le fait que ce marin polytechnicien catholique et royaliste, comme dit son cousin l'amiral Toulouse-Lautrec à Maurice Pasquelot, « c'était bien le dernier auquel j'aurais fait appel pour ce métier ! »... Mais, dans ses *Dossiers secrets de la Marine*, Pasquelot écrit aussi : « D'Estienne d'Orves demande à retourner en France, clandestinement. Il a appris que d'autres avant lui ont été envoyés sur le continent et il veut être désigné. De Gaulle refuse puis, devant l'entêtement de l'officier de marine, accède à sa demande... » Alain Griotteray précise que si de Gaulle avait d'abord refusé, c'était poussé par son futur chef du BCRA, « poussé par Passy. Celui-ci explique : "Je m'opposai fortement à ce projet parce que j'estimais qu'il était trop confiant pour faire un agent secret"... ». Et Griotteray poursuit : « En évoquant d'Estienne d'Orves, Passy parle de sa candeur, de sa gentillesse inégalable : "Toujours gai, toujours actif, il donnait l'impression de passer dans le temps et dans l'espace sans se laisser marquer par leur empreinte pourtant si rude." Et il conclut : "C'était un saint !" Etait-ce une raison pour l'envoyer en France ? Pour de Gaulle, qui finit par céder après un long entretien avec d'Estienne d'Orves, c'en était peut-être une en effet. Le feu dont brûlait son interlocuteur était sans doute à ses yeux de nature à ranimer la foi en la patrie. »... En le condamnant à mort avec huit autres résistants après un procès qui a duré du 13 au 26 mai 1941, le président du tribunal militaire allemand déclara : « Le tribunal se trouvait en face d'une tâche lourde. Il fallait juger des hommes et des femmes qui s'étaient manifestés comme des personnes de mérite, d'une grande fermeté de caractère et qui n'ont agi que par amour de la patrie. » Plus tard, un de ceux qui étaient sur le même bateau que lui en 1940, le colonel Roger Barberot, écrira : « D'Estienne d'Orves est une superbe figure de la chevalerie chrétienne, sans peur, sans reproche, sans ombre, de la race de ceux qui témoignent dans les arènes de Rome, de ceux qui attaquent en casoar et gants blancs ou qui meurent dans le dernier carré de la Garde à Waterloo. Transcendant de bonté, de générosité, de foi, de droiture, il est aussi sans détour et sans humour. (...)

Il court à l'aventure comme une jeune fille à son premier bal, palpitant de joie, d'émotion, de maladresse. »

Nous avons déjà cité Marin Poirier et sa « machine infernale » du 26 décembre 1940. Il fut fusillé le lendemain de l'exécution de d'Estienne d'Orves. Il était garde-barrière au passage à niveau de la place du Commerce, à Nantes. Il était presque quinquagénaire... « Premier fusillé de Nantes, écrira plus tard Hervé Le Boterf, Marin Poirier, sanglé dans sa salopette bleue délavée, marcha seul, d'un pas ferme, au poteau dressé dans le champ de tir du Bêle de Saint-Joseph de Portric, n'ayant pour tout adieu que l'accolade fraternelle de l'aumônier, face à douze fusils braqués sur le rectangle d'étoffe rouge qu'on venait d'épingler sur sa poitrine. »

Le 22 octobre 1941, c'est Châteaubriant... Et ce sont aussi de nouvelles fusillades au Bêle de Saint-Joseph, au Mont-Valérien. Parmi les morts de ce 22, Jean-Pierre Timbaud, Charles Michels et Alexandre Fourny.

Jean-Pierre Timbaud était dirigeant du syndicat des métallurgistes parisiens. Il avait trente-sept ans... Jean Fréville avait fait de lui un personnage de son roman *Pain de brique* et il en traçait ce portrait : « Au feu de sa parole, l'espoir se muait en certitude, l'inarticulé en évidence, l'hésitation en choix, la passivité en acte. Un propagandiste-né, un de ces entraîneurs d'hommes qui fixent le sort des batailles. Dès qu'il surgissait, la plaisanterie à la bouche et le soleil au cœur, les visages se déridaient. Monté sur une borne, un marche-pied, un mur, accroché à une grille, il lançait la blague qui met le feu aux poudres, clarifiait le confus et l'obscur, assenait des arguments comme on abat son poing. » Le portrait d'après nature que nous fait Germaine Hénaff rejoint étonnamment le portrait romanesque. « Timbaud, nous dit-elle, c'était un de ces prolos parisiens qui sont des brasseurs d'hommes... Il était trapu, le regard noir, passionné. Tête de lard mais bon copain. Quand, pour parler, il s'accrochait à un bec de gaz à la porte d'une usine, il savait galvaniser... » Autre compagnon de lutte, Léon Mauvais qui souligne : « Timbaud a toujours fait montre d'une confiance, d'une foi ardente dans les destinées de la classe ouvrière française et internationale. Il l'a montré avec éclat, avec une force extraordinaire quand, face aux nazis qui allaient le fusiller, le communiste français qu'il était a crié : "Vive le Parti communiste allemand !"... »

La « Ballade de celui qui chanta dans les supplices »

Charles Michels était député communiste du 15e arrondissement de Paris depuis 1936, un des trois cent soixante-quinze élus du Front populaire... « Charles Michels, trente-neuf ans, la force personnifiée : grand, largement découplé, un sportif accompli, dit de lui Fernand Grenier qui le connut bien. A dix-huit ans, il a été finaliste des championnats de boxe amateurs et à vingt-six, il jouait à Moscou dans un match international de football contre la célèbre équipe Dynamo. Une santé prodigieuse : au moral comme au physique. Tout en lui respire la joie de vivre : son rire sonore, son visage franc et ouvert. Ouvrier parisien, il en a l'extraordinaire humour. (...) Nul n'a, comme lui, le don de raconter de bonnes histoires. Ce n'est pas chez lui légèreté ou insouciance, c'est l'optimisme quotidien du combattant formé, enrichi par d'innombrables luttes. Il a quitté l'école à onze ans pour rentrer à l'usine comme ouvrier de la chaussure — car sa mère est veuve, le père étant décédé des suites de la guerre de 14. Il s'est syndiqué et est devenu rapidement le défenseur des revendications de tous. C'est ainsi qu'une étape après l'autre, il a accédé au secrétariat de la Fédération CGT des Cuirs et Peaux. Les ouvriers de la chaussure à Paris, à Romans, à Fougères, l'ont entendu et applaudi à chacune de leurs luttes... » Et Germaine Hénaff, qui milita avec Michels, insiste aussi sur l'extrême vitalité de cet homme de trente-neuf ans. « Titi parisien, gouailleur, grand corps, appétit insatiable, nous dit-elle. Un joyeux luron très sentimental... »

Et Fourny... « Alexandre-Louis-Marie-Joseph Fourny, fils de fermier, est né à Issé (Loire-Inférieure) le 17 mars 1898, écrit André Perraud-Charmantier qui s'est fait son chaleureux biographe. Il passe son enfance à Saint-Aubin-des-Châteaux au domaine de La Sibonière que son père et sa mère exploitaient avec ses frères et sœurs, quatre kilomètres séparant la ferme du bourg ; le petit Alexandre les fait allégrement les matins et soirs pour aller à l'école communale et en revenir : là il suit les leçons de l'excellent "père" Morisseau qu'il aimera à revoir plus tard pour lui demander conseil. (...) Bientôt, c'est la guerre. En 1916, le 8 janvier, engagé au 8e régiment de Cuirassiers à pied, parti aux armées en Alsace, il participe à plusieurs combats, spécialement aux attaques des 16 et 17 avril 1917 dans la plaine de la Miette ; là, il est fait prisonnier mais parvient à regagner les lignes, à la faveur d'une contre-attaque. Il est cité à l'ordre du régiment et obtient la Croix de guerre. (...) La guerre finie il gagne Bayeux. La procédure et le droit le tentent. Il entre à l'étude de Me Fermal, avoué, où il restera de 1919 à 1922. C'est ici que le miracle de la volonté va commencer son prodige : le jour, Alexandre Fourny copie des rôles ; le soir, la nuit, il travaille (...) Et voici le petit paysan d'Issé devenu premier clerc à Caen chez Me Lainé de 1922 à 1924, puis secrétaire de Me Guillouard, ancien bâtonnier, prêtant serment d'avocat par-devant la cour d'appel de Caen où il s'inscrit au barreau comme stagiaire. (...) Il quitte Caen en 1924 et vient s'installer à Nantes, rue Dugommier. Je le revois, un large sourire éclairant sa bonne figure aux couleurs resplendissantes et la main largement tendue, toujours prêt à obliger ses confrères qui apprécient la droiture de son caractère. Maintes affaires criminelles mirent en vedette son nom. (...) La politique le tente. Il adhère au Parti socialiste SFIO dont il devient bientôt le secrétaire pour le secteur de Nantes et trésorier de la Fédération de la Loire-Inférieure. Conseiller municipal de Nantes en 1931, réélu en 1935, adjoint au maire, il peut fournir sa mesure. »

La sanglante journée de Châteaubriant n'est qu'un début... Le 15 décembre 1941 tombent deux des journalistes communistes les plus connus : Gabriel Péri et Lucien Sampaix.

Gabriel Péri... C'est à propos de sa mort qu'Aragon a écrit la *Ballade de celui qui chanta dans les supplices* :

Et s'il était à refaire
Je referais ce chemin
Une voix monte des fers
Et parle des lendemains

On dit que dans sa cellule
Deux hommes cette nuit-là
Lui murmuraient : Capitule
De cette vie es-tu las

Tu peux vivre tu peux vivre
Tu peux vivre comme nous
Dis le mot qui te délivre
Et tu peux vivre à genoux

....

Rien à faire Alors qu'ils partent
Sur lui retombe son sang
C'était son unique carte
Périsse cet innocent

Et si c'était à refaire
Referait-il ce chemin
La voix qui monte des fers
Dit Je le ferai demain

Je meurs et France demeure
Mon amour et mon refus
O mes amis si je meurs
Vous saurez pourquoi ce fut

Ils sont venus pour le prendre
Ils parlent en allemand
L'un traduit Veux-tu te rendre
Il répète calmement

Et si c'était à refaire
Je referais ce chemin
Sous vos coups chargés de fer
Que chantent les lendemains

Cette « fin héroïque de Gabriel Péri est comme le couronnement d'une vie exemplaire, écrit son camarade et ami Georges Cogniot. Ces hautes vertus dont il fit preuve dans sa cellule de supplicié (...) il les manifesta dès la jeunesse et les pratiqua sans jamais la moindre défaillance. Gabriel Péri est né à Toulon, en 1902, dans un milieu de petite bourgeoisie aisée. Un grand-père qui, parti d'Ajaccio comme mousse, était devenu capitaine, un père directeur des services techniques des docks de Marseille, de brillantes études au lycée de cette ville, toutes les circonstances de famille promettaicnt au jeune homme une facile carrière. Mais la guerre de 1914 décida de l'orientation de toute sa vie. (...) Dix-sept ans, en 1919, il adhère au parti socialiste. Il collabore à la revue *Clarté*, aux côtés d'Henri Barbusse et de Paul Vaillant-Couturier. Il est parmi ceux qui luttent pour l'adhésion à la IIIe Internationale. Il soutient, en 1920, la majorité du Congrès de Tours, qui fonde le parti communiste français, et devient l'un des animateurs de la Jeunesse communiste. L'année suivante, au printemps de 1921, il connaît la prison pour la première fois. Il y retournera en 1923 et fera pendant onze jours la grève de la faim. (...) En 1929, Gabriel Péri est élu membre du Comité central du parti communiste français. Cinq années déjà se sont écoulées depuis qu'il a été placé à la tête de la rubrique de politique extérieure de *l'Humanité*. (...) A la veille du suprême sacrifice, il prend, pour parler de son métier de journaliste, un accent qui, je crois bien, n'a jamais été égalé. "J'ai trouvé passionnante une existence dans laquelle il était interdit, peut-être plus que dans aucune autre, de vivre sur l'acquis, où il fallait mordre en permanence dans le granit de la science, apprendre encore et encore. J'ai tenu ma profession comme une manière de religion dont la rédaction de mon article quotidien était chaque nuit le sacerdoce." (...). En 1932, il est élu député de Seine-et-Oise. Mais, c'est à partir de 1933, date de l'avènement d'Hitler, que la voix de Péri prend sa plus ample résonance. »

« Etre fusillé sera un aboutissement logique... »

Et Lucien Sampaix ? Il travaillait avec Gabriel Péri au journal du PCF... « Son nom, écrit Pierre Durand, est resté lié à la grande campagne qu'il mena à partir de 1938 contre les agents ou les complices des hitlériens sur le sol français. Il dénonce leurs manigances avec une fermeté et un talent qui sensibilisent l'opinion démocratique. Le gouvernement le fait poursuivre sous prétexte de divulgations de renseignements relatifs à une enquête en cours parce qu'il a mis en lumière la trahison d'un chef des informations du journal *Le Temps* et d'un chef de publicité du *Figaro* qui s'étaient mis au service des nazis, l'un pour trois millions et demi de francs (de l'époque), l'autre pour un million. Devant le tribunal, Sampaix lance ces phrases qu'un avenir très proche va confirmer : "Cette trahison, nous avons la certitude qu'elle ne s'arrête pas aux deux individus arrêtés mais qu'au contraire les services secrets de Hitler ont réussi à constituer un réseau extrêmement sérieux dans notre pays qui, d'ailleurs, selon *Mein Kampf*, est toujours considéré comme l'ennemi mortel, qu'il faut abattre... Et cela, messieurs, montre comment Hitler veut abattre la France : tout d'abord en instituant un réseau d'espionnage et de trahison avant de lancer son armée sur nos frontières." Sampaix est acquitté. Nous sommes le 28 juillet 1939. Un mois plus tard, c'est la guerre. »

Le 23 février 1942, avec d'autres de leurs compagnons du mouvement du Musée de l'Homme, Boris Vildé et Léon-Maurice Nordmann sont fusillés au Mont-Valérien.

Déjà particulièrement lumineuse dans la grisaille des premiers temps de l'oppression, nous avons vu, plus haut, jaillir la silhouette de Boris Vildé, l'un des tout premiers architectes de l'action résistante. Déjà, nous avons entendu cette voix singulière lancer son appel du 15 décembre 1940... » Cette silhouette fut déchirée et cette voix étouffée alors que Vildé n'avait pas encore trente-quatre ans. Pas encore... Et, pourtant, déjà, quelle vie bien remplie ! « Il était né à Saint-Pétersbourg, le 25 juin 1908, écrit Claude Aveline. Ses parents possédaient de vastes terres aux environs. (...) En 1917, sa famille se réfugia en Estonie, où un oncle maternel dirigeait une exploitation forestière. Elle s'installa à Reval qui deviendra Tartu. Le petit Boris entra au gymnase russe. (...) Il était aussi doué qu'indocile et faisait l'orgueil et le désespoir de ses maîtres. Il écrivit des poèmes, rédigea un journal du lycée, en vers, qui lui donna une manière de célébrité parmi les collégiens russes du pays et dont il recueillit encore les échos, dix ans plus tard, quand il revint en mission en Estonie. (...) Il éprouve le besoin de s'affirmer par tous les moyens, il a le goût du jeu, l'amour du sport : le ballon, la nage, le bateau, le cheval. Il a la passion des chevaux. Il se rappelait comment, à l'âge de dix ans, il les menait baigner dans la Baltique par les jours de tempête. Il a la passion du jeu d'échecs : à Paris même, il participera à plusieurs championnats. Il pratique le jiu-jitsu. (...) A l'université, ses études n'occupèrent qu'une faible partie de son temps. Il dut continuer à gagner sa vie en donnant des leçons, en travaillant à l'usine. Ce fut le moment des premières activités révolutionnaires. (...) Il y gagna de la prison, puis un exil en Lettonie, d'où il partit pour l'Allemagne. 1930 : il avait vingt-deux ans. A Berlin, il mena une vie difficile et exaltante. (...) Il poursuivait une activité dont on sait seulement qu'elle aboutit à une incarcération. C'est en Allemagne qu'il entendit un soir parler André Gide et qu'il lui fut présenté. Gide, frappé par la nature exceptionnelle de cet inconnu pauvre et fier, lui offrit de l'héberger à Paris. Alors Vildé n'hésita plus à gagner la France, dont il rêvait. Il y débarqua en septembre 1932 (...) Il séjourna de longs mois dans la petite chambre que Gide avait mise à sa disposition, témoignant d'une discrétion, d'une "distance" qui étaient la forme de sa timidité. Il travaillait sans cesse. (...) Entre 1934 et 1937, il devint licencié d'allemand, diplômé de japonais de l'Ecole des Langues orientales et passa un certificat de licence d'ethnologie, condition posée par le professeur Rivet à son entrée au Musée de l'Homme. En septembre 1936, Boris Vildé acquit la nationalité française. (...) Au Musée de l'Homme, il était chargé du département des civilisations arctiques. »

« En souvenir de l'avenir »

Tombé sous les mêmes balles que Vildé, Nordmann était avocat socialiste. Futur ministre de l'Intérieur, SFIO après la guerre, Edouard Depreux était lui aussi inscrit au Parti et au Barreau. Dans ses *Souvenirs d'un militant*, il se souvient de Léon-Maurice Nordmann : « Un coup de téléphone très matinal de Betty Brunschvicg m'a appris un jour de janvier 1941 que Weil-Curiel, avocat alors socialiste dont beaucoup de choses allaient me séparer, se trouvait chez elle et désirait me voir de toute urgence. Notre confrère, camarade et ami, Léon-Maurice Nordmann venait d'être arrêté et il fallait empêcher, coûte que coûte, une carte, qui lui avait été adressée de Bretagne, de tomber dans les mains de la police allemande. Je me suis rendu chez le frère de Léon-Maurice, dans la rue qui porte aujourd'hui son nom, lui ai fait part de la mauvaise nouvelle et de la mission à accomplir. Leur jeune sœur venait d'être arrêtée comme otage. Celle-ci a retrouvé sa liberté. Mais, le 17 février 1942, après six semaines de procès, une cour martiale allemande, siégeant dans la prison de Fresnes, condamna à mort Léon-Maurice Nordmann et neuf autres membres du réseau du Musée de l'Homme. (...) Ils se sont rendus au supplice en chantant. Léon-Maurice Nordmann, pendant les débats, avait lancé cette apostrophe au commissaire du gouvernement allemand lui rappelant qu'il risquait la peine de mort : “La mort ? Mais on la risque tous les jours sur les champs de bataille ! Or, j'ai considéré que nous sommes toujours en guerre contre vous.” Et il a multiplié ses efforts pour sauver ceux de ses coïnculpés contre lesquels on ne possédait aucune preuve écrite : cinq d'entre eux, dont mon ami René-Georges Etienne, ont été acquittés, après treize mois de détention préventive. Les juges allemands ont eux-mêmes rendu hommage à son courage. Je ne passe jamais rue Léon-Maurice-Nordmann sans éprouver une vive émotion. » Un hommage des juges allemands ? En fait, une sorte d'hommage qui vaut d'être précisé. C'est Henri Noguères qui rapporte : « Gottloeb, après l'exécution, montrera jusqu'à quel degré d'ignominie peut conduire l'antisémitisme nazi : “Ils sont tous morts en héros, dira-t-il, *même* Nordmann.”... »

Le 7 mars 1942, Pierre Sémard était fusillé sur le champ de tir d'Evreux... « Ce fils de cantonnier et de garde-barrière, écrit Joseph Jacquet, représente le type même du cheminot tel qu'a pu le faire naître et s'épanouir la lutte révolutionnaire. Il a contribué à un haut degré à la réalisation de l'entité morale qui s'appelle "la corporation cheminote", sachant y introduire ces deux éléments fondamentaux, l'esprit professionnel collectif d'abord et l'unité de lutte pour la défense de ses intérêts ensuite. » Lorsque, le 2 août 1924, *l'Humanité* annonça que Sémard devenait secrétaire général du PCF, elle publia, à ce propos, un communiqué du Bureau politique du Parti où l'on pouvait lire : « Sa présence à la tête de la direction du Parti français constitue le symbole vivant de la volonté de collaboration loyale et intime du Parti avec les organisations syndicales de la classe ouvrière révolutionnaire. » Pierre Sémard avait alors trente-sept ans. Plus tard, tout en restant membre du Bureau politique du PCF, il devint, en 1933, secrétaire général de la Fédération des cheminots (CGTU) et, en 1935, conseiller général de Drancy, dans la banlieue parisienne. Sémard avait une fille, Yvette, qui fut aussi résistante. En 1991, elle a publié des souvenirs qu'elle a intitulés *En souvenir de l'avenir*. Gilles Perrault les a préfacés. Il évoque la mort du père. « Au moment où le supplicié entrait dans l'Histoire, écrit-il, sa fille chantait avec deux compagnes un chant soviétique, *Grande et belle est ma libre patrie*. Nous ne saurons la détresse d'Yvette que par ce commentaire : "Mon père était tout pour moi." Puis, le 26 février 1943, c'est André, son compagnon, le père de ses trois enfants, qui est fusillé au Mont-Valérien. (...) Sa mère, internée, va être déportée en Allemagne... »

Le 23 mai 1942, Arthur Dallidet était fusillé... Le nom de Dallidet est déjà familier à nos lecteurs. Après la Libération, la journaliste et romancière Hélène Parmelin, une amie de Picasso, s'est faite la brève mais ardente biographe de celui que, dans la clandestinité, on appelait le plus souvent Emile. Elle rappelle qu'il avait pris pour devise cette phrase qu'il aimait à répéter : « Il n'y a pas de citadelles imprenables ! »... Si quelqu'un a bien connu Dallidet, c'est Mounette Dutilleul qui fut sa collaboratrice et sa compagne durant les dernières années de sa vie. Elle raconte : « C'est à Paris qu'il prend un contact décisif avec le Parti. Il loge dans une mansarde d'une petite rue de la Goutte-d'Or, quartier où vivent des travailleurs algériens parmi les plus pauvres. Il rencontre Duisabou, militant syndicaliste, communiste, celui qui deviendra plus tard administrateur de la GGT réunifiée. Duisabou lui passe des livres. *L'Etat et la Révolution* (de Lénine) éblouit Dallidet qui lit aussi Paul Féval, Alexandre Dumas et Balzac, en vrac. Tant et si bien que Dallidet se décide à monter à l'assaut d'une forteresse, lui aussi. (...) C'est avec des yeux neufs que Dallidet travaille chez Renault, chez le "Seigneur de Billancourt". Il cherche, il observe. Lui qui ne va guère au bistrot, il s'y attarde. Un noyau d'ouvriers se forme. Des feuilles ronéotypées circulent. Elles parlent surtout des "petites" revendications. Chacun y retrouve les siennes. Des débrayages se font. Dallidet, malgré ses prudences de Sioux, et plusieurs de ses camarades sont flanqués à la porte.

Qu'importe ! On maintient les contacts avec l'intérieur. On se retrouve par petits groupes, sous couvert d'entraînement en vélo, dans les bois de Meudon et de Saint-Cloud. (...) Et Dallidet, toujours à l'affût, trouve le moyen de se faire réembaucher. On vit un matin un grand diable de Breton "prendre les manivelles" à l'usine "O", dans l'île Seguin. Le gaillard s'appelle Emile Forestier. (...) Dallidet-Forestier et ses camarades, dont Le Corre et Gaston François, réussissent à syndiquer cinq cents ouvriers et à en faire adhérer cent trente-cinq au Parti communiste. Avec une vigilance à fleur de peau, "physique et dans les idées", comme l'explique l'inlassable Dallidet, ils atteignent à leur grande fortune : en 1936, ils sont vingt mille syndiqués et six mille cinq cents communistes chez Renault. Dallidet a tout juste trente ans. La direction du Parti a remarqué ses talents d'organisateur. Elle lui propose de suivre une grande école, celle de l'Internationale communiste, qu'il fréquente pendant un an à Moscou. A son retour à Paris, le Parti lui confia une responsabilité à la "section de montée des cadres". Il se consola très difficilement de n'avoir pas pu s'engager dans les Brigades internationales pour l'Espagne. Tel est l'homme planté au seuil de la Deuxième Guerre mondiale ».

Le Fort de Romainville, « dépôt d'otages où ils puisaient leurs victimes »

Le mois de mai 1942 où Dallidet monte au supplice est aussi celui qui voit succomber sous les balles hitlériennes d'autres responsables communistes de la Résistance. C'est celui qu'Aragon appellera « le mai noir ».

Le 27, tombe Jacques Solomon, le gendre du professeur Langevin, que nous avons vu aux mains de ses tortionnaires. Peu après sa mort, en 1943, les comités universitaires parisiens du Front national publiaient une brochure clandestine où était dite la vraie dimension du jeune savant fusillé. On pouvait y lire notamment : « Né en 1908, Jacques Solomon était licencié ès sciences dès 1927. C'est pendant de très brillantes études au lycée Rollin que s'était dessinée sa vocation de physicien. Avec un ami, il voulut construire un poste de TSF dont ils réalisèrent les moindres détails. Mais, cherchant à comprendre comment devait fonctionner l'appareil, ils étudièrent divers cours d'électricité, ce qui les mena aux équations de Maxwell. L'outil mathématique devenait alors aussi indispensable que les outils matériels. (...) Fils du docteur I. Solomon, le savant radiologue des hôpitaux de Paris, à qui l'on doit notamment l'ionomètre à rayons X, Jacques Solomon fut attiré par les études médicales après sa licence de sciences physiques. Il fut externe des Hôpitaux de Paris de 1928 à 1929. Il continuait néanmoins à se perfectionner dans les sciences mathématiques et physiques et ces occupations diverses ne l'empêchaient pas de cultiver dans le texte plusieurs littératures étrangères.

En 1930, il quitta définitivement la médecine pour les sciences exactes et publia au *Journal de Physique* des notes sur la théorie des quanta. Il était dans sa voie définitive, celle de la physique théorique. En octobre 1931, il soutint devant la faculté des sciences de l'Université de Paris, sous la présidence de Jean Perrin, une thèse de doctorat très remarquable intitulée *L'Electrodynamique et la théorie des quanta*. (...) En 1932, il fit à Copenhague un séjour auprès du célèbre physicien Niels Bohr et, pour suivre avec profit les leçons de ce maître, étudia la langue danoise. Des sentiments de grande admiration d'un côté, de haute estime de l'autre, lièrent toujours par la suite Bohr et son élève. (...) Il aborda aussi divers problèmes théoriques sur les rayons cosmiques et présenta à l'Académie des sciences, en collaboration avec Paul Langevin dont il avait épousé la fille Hélène, une note sur la piézo-électricité. »

Trois jours après Jacques Solomon, face au peloton d'exécution, son camarade, son ami, son collègue Daniel Decourdemanche, dit Jacques Decour... A l'audience du 24 janvier 1946 du procès de Nuremberg, le Procureur général adjoint français Charles Dubost déclarait : « Il est un lieu célèbre dans la banlieue de Paris qui est devenu un lieu de pèlerinage pour les Français depuis notre libération : c'est le Fort de Romainville. Pendant l'Occupation, les Allemands avaient transformé ce fort en un dépôt d'otages où ils puisaient leurs victimes lorsqu'ils voulaient sévir à la suite d'une manifestation patriotique quelconque. C'est de Romainville que partirent les professeurs Jacques Solomon, Decourdemanche, Georges Politzer, le docteur Boer et six autres Français, arrêtés en mars 1942, torturés par la Gestapo puis exécutés sans jugement au mois de mai 1942 parce qu'ils avaient refusé d'abjurer leur foi. »... En 1944, alors que l'Occupation durait encore, les Editions de Minuit publièrent des *Pages choisies de Jacques Decour*. Le préfacier anonyme en était, en réalité, Jean Paulhan. Il rappelait : « Agrégé de langue allemande, professeur au lycée Rollin, il avait écrit deux romans : *Le Sage et le Caporal* et *Les Pères*, dont le thème commun est : comment un jeune bourgeois peut-il aujourd'hui vivre en gardant bonne conscience ? »... Moins de deux ans plus tard, Aragon faisait ce portrait : « Jacques Decour, ce jeune homme aux traits fins, au teint pâle, à la bouche moqueuse et mince, qui avait l'air, ne s'en fallait que de la poudre dans les cheveux, d'un portrait de notre XVIIIe siècle, un pastel de La Tour, Jacques Decour ne devait pas nécessairement avoir une mort qui lui ressemblât, mais, dans cette mort qui lui incomba, il a su nous montrer un visage plus beau, plus fort que la mort même. On sait qu'aux interrogatoires, aux tortures, dans d'indignes mains françaises puis aux mains allemandes, on ne put rien de lui tirer que le mépris. On sait qu'à toutes les simagrées des juges, aux souffrances physiques imposées, il ne répondit qu'en demandant si on n'allait pas bientôt en finir puisqu'il était coupable de ce dont on l'accusait. Et ce n'était pas là ce que la Gestapo voulait de lui : elle en attendait des noms, des adresses ; cette bouche mince et moqueuse ne les donna pas. »

« Imbéciles, c'est pour vous que je meurs ! »

L'été 1942 n'est pas moins sombre ni sanglant que le printemps... Valentin Feldman est fusillé le 27 juillet. Un mois plus tôt, il a eu trente-trois ans. Depuis un certain nombre d'années, il est secrétaire de la Société française d'Esthétique. Dans le numéro déjà cité de *La Liberté de l'Esprit* intitulé *Visages de la Résistance*, Olivier Schwartz termine ainsi son hommage à Valentin Feldman : « Quoiqu'il eût toujours été indifférent à son origine juive, il semble qu'il ait demandé une Bible dans les longues semaines qui ont précédé son exécution. Juif, Européen, communiste, le monde auquel participait Valentin Feldman, et auquel il sacrifia sa vie, avait bien les dimensions du cosmos. C'est là, je crois, son plus sûr, son plus grand testament philosophique, avec ce mot lancé à ses bourreaux et qui traversera les siècles : "Imbéciles, c'est pour vous que je meurs !". »

En évoquant plus haut la naissance et la croissance du mouvement Libération, nous avons dit comment Jean Cavaillès, ce philosophe et mathématicien que les occupants fusillèrent à l'âge de quarante et un ans, avait su jouer un rôle aussi décisif dans l'organisation de la Résistance française que celui qu'il remplissait déjà dans le progrès de la réflexion scientifique. Le dépeignant tel qu'il l'avait connu au seuil de la mort, Gaston Bachelard notait : « Tous les éléments d'une grande doctrine étaient à pied d'œuvre. Après les efforts sans nombre, un grand bonheur de l'intelligence, le bonheur de la synthèse harmonieuse et solide attendait Jean Cavaillès. Il touchait à la récompense de la plus austère des vies intellectuelles. »... La sœur de Jean Cavaillès, Gabrielle Ferrières, a raconté comment son frère avait été, en quelque sorte, fusillé « à la sauvette ». Elle écrit : « Printemps de 1945. Le retour, enfin, de mon mari. C'est par lui, et seulement à ce moment-là, que j'ai su qu'il avait été séparé de mon frère à Compiègne et que Jean ne faisait pas partie du même convoi que lui pour l'Allemagne. Arrivés ensemble, le 19 janvier 1944, ils avaient passé quarante-huit heures de détente, au camp. Jean regroupait autour de lui une partie de son état-major et les plus chers parmi ses compagnons : Thierry, Nicolas, Servien et mon mari. Jean, qui en était à son douzième interrogatoire, s'étonnait d'une déportation aussi brusquement décidée. Il pensait que le procès de son affaire se poursuivrait en Allemagne et il donnait ses ordres aux siens, leur recommandant le silence au sujet de Daniel. Daniel était son pseudonyme pour la région du Nord pour tout ce qui concernait l'action : Armée secrète et sabotage. Les Allemands semblaient ignorer encore cette partie de son activité et cherchaient à découvrir qui était Daniel. Jean était plein de vigueur, ardent à la lutte, dans le feu de l'action. Le surlendemain, 21 janvier, on vint le chercher, seul, pour "supplément d'instruction". Et le 22, au moment du départ, son nom, qui figurait sur la liste des déportés, fut appelé en vain. Depuis mon mari l'avait attendu, en Allemagne ; les nouveaux arrivés à Buchenwald prétendaient qu'il était repassé par Compiègne ; on disait même qu'on l'avait vu partant pour une mine de sel. (...) A chaque heure du jour et de la nuit, nous attendions Jean. Les récits les plus contradictoires arrivaient jusqu'à nous. Des déportés qui rentraient l'avaient rencontré — partout — son nom était prononcé dans tous les camps. Un médecin affirmait l'avoir soigné à Mauthausen et le général de Gaulle décida d'envoyer un avion le chercher là-bas. Je ne quittais plus ma maison où le lit de Jean était prêt. L'avion revint sans lui... » Peu après, la sœur de Jean Cavaillès reçoit des autorités militaires des pièces concernant son frère et retrouvées lors du dépouillement des archives de la Commission d'armistice de Wiesbaden. Dans l'une de ces pièces intitulée *Compte rendu n° 181 des travaux de la Délégation française auprès de la Commission allemande d'armistice* et datée du 14 août 1944, Gabrielle Ferrières peut lire : « La Commission allemande d'armistice vient d'informer la Délégation française de ce que M. Cavaillès avait été condamné à mort par le tribunal militaire d'Arras au début de l'année 1944 et que le jugement avait été immédiatement exécuté. » L'imprécision des dates permet-elle d'espérer ? La sœur de Cavaillès le croit. « Ce n'était pas encore une certitude, écrit-elle. De semblables décisions quelquefois avaient pu être modifiées — il restait un espoir. Je partis pour Arras. On m'apprit, à la mairie, que parmi douze suppliciés exhumés d'une fosse découverte à la Citadelle, trois n'étaient pas encore identifiés. Le maire avait la description des corps — il voulut bien me la lire. Le premier n'était pas Jean, le second lui ressemblait — et le maire lisait toujours : "Dans la poche gauche du veston il a été trouvé un portefeuille contenant des photographies effacées." Le même petit portefeuille reposait aussi dans mon sac avec les mêmes photographies de nos parents — il était en cuir vert — celui qu'on me remit était devenu noir, au contact de la terre. Sur l'enveloppe qui le contenait on avait écrit : "Inconnu n° 5". A côté de sa tombe, dans un coin abandonné du cimetière d'Arras, il y avait un rosier blanc... »

Le 10 mai 1944, le lieutenant-colonel Jacques Boutet était fusillé... Lorsque, le 17 mai 1946, la médaille de la Résistance lui fut décernée à titre posthume, son attribution était accompagnée de la citation suivante : « Dès la dissolution de l'Armée de l'armistice, a pris la tête de la Résistance dans la 13e région et, fort des fonctions qu'il occupait, lui donna une vigoureuse impulsion causant à l'occupant de graves dommages dans les domaines les plus divers tout en favorisant sous toutes les formes les adversaires de l'Allemagne en liaison étroite avec Londres et Alger. Est ainsi à la base de l'irrésistible mouvement qui souleva l'Auvergne et amena plus tard sa brillante libération.

Victime, le 1er octobre 1943, du coup de force contre l'état-major de la 13e région qui visait à décapiter cet important mouvement, enchaîné, maltraité et martyrisé, en imposa à ses tortionnaires et sut ne rien leur dévoiler. Condamné le 10 mars 1944, fusillé le 10 mai, a donné sa vie avec calme et sérénité pour la gloire du pays et l'honneur de son armée. »

« Non, mon petit, cela ne fait pas mal... »

Le 16 juin 1944, Marc Bloch était fusillé... On se souvient du portrait que, plus haut, Lucie Aubrac a fait de Marc Bloch, historien célèbre, professeur à la Sorbonne, chef régional du mouvement Franc-Tireur à Lyon sous le nom de Narbonne. Précisons la silhouette de cet homme de cinquante-huit ans que ses recherches novatrices faisaient déjà considérer comme le maître de toute une génération. Citons deux autres portraits faits par deux autres de ses compagnons de lutte à la tête de la Résistance lyonnaise : Georges Altman, alias Chabot, et Alban Vistel. « Il avait accepté cette vie de risque et d'illégalité avec un entrain quasi sportif, écrit Altman, gardant d'ailleurs une jeunesse, une santé physique que j'admirais en le voyant prendre à la course ce tramway qui le ramenait dans son logis lyonnais, derrière la Croix-Rousse, logis de fortune dont le meuble principal était constitué par une "cuisinière" qui lui servait périodiquement à brûler de trop nombreux papiers. Je venais souvent le chercher dans cette calme et champêtre rue de l'Orangerie, à Cuire ; il était convenu que je ne montais pas et que, pour le faire descendre, je devais siffler de l'extérieur quelques notes d'une musique de Beethoven ou de Wagner ; en général, c'était les premières notes de *La Chevauchée des Walkyries*. Il descendait avec un sourire amusé et chaque fois ne manquait pas de me dire : "Pas mal, Chabot, mais toujours un peu faux, vous savez." Ainsi imaginez cet homme fait pour le silence créateur, pour la douceur studieuse d'un cabinet plein de livres, courant de rue en rue, déchiffrant avec nous dans une mansarde lyonnaise le courrier clandestin de la Résistance... Et puis la catastrophe arriva... » Quant à Vistel, il se souvient : « Corps frêle, grand esprit, éminent médiéviste qui avait troqué sa chaire de Sorbonne pour le directoire régional où il assumait la responsabilité du comité insurrectionnel. Il était de loin notre doyen, il tranchait parmi notre faune par sa courtoisie d'un autre âge, sa discrétion, la modestie avec laquelle il faisait valoir son opinion ; dans son long dialogue avec l'Histoire lointaine, il avait acquis un large esprit de tolérance qui n'excluait pas la rigueur lorsque les principes étaient atteints, une sérénité circonspecte, un goût de la précision et de l'ordre et par-dessus tout, ainsi qu'en témoigna sa fin, une fermeté d'âme digne de ces temps de chevalerie dont il avait été le découvreur passionné... » En évoquant *Marc Bloch, historien combattant*, dans *Visages de la*

Résistance, déjà cité, Jean-Pierre Rioux raconte : « Dans cette nuit du 16 juin 1944, dix jours après le débarquement de Normandie, ils furent vingt-sept, extraits de leurs cellules de Montluc et jetés dans un camion. Au nord de Lyon, avant Trévoux, assemblés dans un champ au lieu-dit “Les Roussilles”, près de Saint-Didier-de-Formans, ils furent exécutés à la hâte par les Allemands. Un homme aux rares cheveux gris, diront deux miraculés de la tuerie, avait saisi le bras du gosse de seize ans qui tremblait à ses côtés : “Non, mon petit, cela ne fait pas mal.” Il tomba, un des premiers, au cri de “Vive la France !”. Quelques amis, plus tard, virent les atroces photos de la police judiciaire (...) C’était bien lui Marc Bloch, alias “Narbonne”, alias “Chevreuse” ou “Arpajon”, le Monsieur Blanchard délégué régional des MUR » (Mouvements unis de Résistance). »

Le 22 juin 1944, Roger Bernard était fusillé... A la fin de la guerre, le grand poète René Char, alias capitaine Alexandre à la SAP (Section atterrissage et parachutage) du BCRA, fit publier par l’éditeur parisien de la rue du Dragon, Christian Zervos, quelques poèmes posthumes de Bernard sous le titre *Ma faim noire déjà*. En présentant ces textes, Char rendit à ce mort de vingt ans un hommage à la mesure de ce qu’avait été leur fraternité. « Roger Bernard naquit à Pertuis (Vaucluse) le 11 mai 1921, écrivait René Char. Il apprit le métier d’imprimeur dans l’imprimerie paternelle, mais la poésie — toute la poésie — le sollicita très jeune. Avide d’entreprendre, de se perfectionner, ce sont, adolescent, de longues veillées penché sur les livres dans l’intimité de l’Insoumettable dont il finira par retenir magnifiquement la présence, d’où une fragilité prématurée des yeux qu’il avait très bleus comme passés dans un alliage de Mer du Nord et de lavande. Les Chantiers de jeunesse l’exaspèrent et l’ennuient. Au retour, il recherche l’âpre compagnie de ceux qui luttent contre le vainqueur provisoire. Enfin il rejoint le maquis dans la vallée du Calavon, un torrent aux riverains aguerris et taciturnes. C’est là qu’il m’est présenté. Sa jeune femme, qui sera bientôt maman, partage sa condition précaire. Entre deux sabotages, il me lit ses poèmes et m’entretient de ses projets. La “Section Atterrissage Parachutage” à laquelle j’appartiens l’accueille fraternellement. C’est durant un aller à mon PC de Céreste, chargé d’une mission de liaison, qu’il tombe aux mains des Allemands, le 22 juin 1944. Il a juste le temps d’avaler le message dont il est porteur. Il est fusillé peu après sur la route, ayant refusé de répondre aux questions qui lui sont posées. Un mûrier et une gare démantelée sont les seuls témoins amis de sa mort avec un paysan qui m’a rapporté “qu’il se tenait très droit, très léger et obstinément silencieux”. (...) L’horizon des monstres était trop proche de sa terre. Ne cherchez pas dans la montagne ; mais si, à quelques kilomètres de là, dans les gorges d’Oppedette, vous rencontrez la foudre au visage d’écolier, allez à elle, oh allez à elle et souriez-lui car elle doit avoir faim, faim d’amitié. »

Les 4 et 5 août 1944, au seuil de la Libération, ce sont, parmi tant d'autres en cet été de sang, les corps de deux jeunes femmes qui s'écroulent... Véra Obolensky meurt le 4 et Francine Fromond, le 5... La princesse russe de trente-trois ans et l'ouvrière parisienne de vingt-six sont exécutées l'une et l'autre dans leur prison, à Berlin et à Fresnes ; probablement fusillées bien qu'à propos de Véra un doute demeure : peut-être a-t-elle été décapitée... Quelle qu'ait été leur mort, la Russe blanche et la banlieusarde rouge ont en commun leur beauté, leur charme, leur courage et leur âge. Comme le dit Gilles Perrault dans *La Longue Traque*, « chaque mouvement a la sienne. Ce n'est pas forcément en fonction des responsabilités exercées ou des services rendus que les survivants l'élisent dans le secret de leur cœur, mais aussi pour le rayonnement d'un sourire, la douceur d'un regard, la phrase de réconfort prononcée à propos, une beauté qui niait la mort. Elle s'appelle Berty Albrecht, Francine Fromond, Suzanne Spaak, Marie-Madeleine Fourcade. La princesse martyrisée était si belle que sa grâce intemporelle continue d'irradier (...), si vivante que les siens en parlent comme s'ils l'avaient quittée la veille (...). Son souvenir est sur l'OCM comme une jonchée de fleurs dont la dernière ne se fanera qu'avec la fin du dernier survivant. »

Quand Francine militait aux Lilas

Pour ses compagnons de Résistance, Véra Obolensky, c'est « Vicky ». Elle est l'épouse d'un archiprêtre orthodoxe, fils d'un gouverneur de Saint-Pétersbourg, et qui dans les années 1970 célébrait encore des offices à l'église russe la rue Daru, à Paris. Mais pour les policiers allemands ce sera vite, nous l'avons dit, « la princesse Je-ne-sais-rien »... Une amie de Vicky, Sofka Nossovitch, elle-même fille d'un ancien sénateur de la Douma impériale, devait raconter plus tard : « Nous fûmes interrogées par cinq agents de la Gestapo assistés de deux interprètes. Ils jouèrent essentiellement sur notre passé d'émigrées, insistant pour que nous nous séparions d'un mouvement aussi dangereux et qui allait la main dans la main avec les communistes. Sur quoi, il fallut bien qu'ils entendissent notre vérité. Vicky leur expliqua avec force détails leurs propres intentions de réduire à néant le monde slave et la Russie : "Je suis née russe, j'ai passé toute ma vie en France, je ne veux trahir ni ma patrie ni celle qui m'a offert asile. Mais un Allemand ne peut comprendre cela..." A leur stupide propagande antisémite, elle répondit : "Je suis chrétienne et croyante, c'est pourquoi je ne peux pas être antisémite." (...) En dépit de toutes les menaces, Vicky accomplit son devoir jusqu'au bout. (...) A la prison de Berlin, on logea dans notre cellule une jeune fille soviétique, médecin de profession. On aurait difficilement imaginé un être doué de plus de charme autant dans son apparence extérieure que par la vie intérieure qui émanait d'elle. Elle fut condamnée à mort pour propagande antimilitaire et rapports avec les communistes allemands. Réservée, modeste, elle parlait peu d'elle-même mais beaucoup de la Russie. Elle nous stupéfiait par la conviction tranquille qu'elle avait de la nécessité du sacrifice de sa génération au bien-être et au bonheur des générations futures. (...) Cette rencontre renforça le désir de Vicky de retourner dans sa patrie. Elles convinrent de s'y retrouver mais moururent toutes deux à Berlin. Vicky d'abord, l'autre ensuite... »

Après la Libération, l'Union des femmes françaises publia, dans la série *Héroïnes d'hier et d'aujourd'hui*, une brochure consacrée à Francine Fromond. Son enfance y est ainsi évoquée : « A cette époque, le centre de sa vie est la petite maison du 14 de la rue Rouget-de-l'Isle, étroite rue des Lilas bordée de maisons ouvrières, de boutiques de petits commerçants et artisans. Le minuscule jardin devant la maison, les quelques lilas et les deux poiriers, les hauts murs noircis qui le bordent de deux côtés, les fumées de banlieue qui balaient le pan de ciel... » Puis, c'est l'adolescence : « Son frère est devenu secrétaire des Jeunesses communistes des Lilas ; les réunions du groupe se tiennent dans la petite salle à manger des Fromond. Francine a maintes fois demandé la permission d'y assister. Mais toujours on refuse, la trouvant trop jeune. Qu'à cela ne tienne, la petite opiniâtre, assise sur la dernière marche de l'escalier, derrière la porte, écoute les discussions, les projets d'action et lorsque enfin en 1933 (elle avait seize ans), vaincu par son insistance, on accepte son adhésion, ses camarades sont tout surpris de sa formation et de l'activité qu'elle déploie immédiatement. » Oui, se souvient Jean Chaumeil, « elle s'occupait des Jeunesses communistes des Lilas avec son frère, tombé héroïquement en Espagne républicaine en 1937. Moi-même, je m'occupais des JC de Bagnolet. Nos deux localités rivalisaient d'émulation pour la vente de *L'Avant-Garde*, le recrutement, l'agitation, au nez et à la barbe du commissaire de police des Lilas (...) Francine était toujours à la tête de ses jeunes et les entraînait à la lutte. Lorsqu'en 1933, vers mars, nous organisâmes à Montreuil la première conférence des Jeunesses communistes de la banlieue Est, qui allait de Pantin à Alfortville, y compris la Seine-et-Marne, pour fonder la région Paris-Est, Francine s'y révéla comme une jeune fille remarquable par son sérieux, sa foi dans le communisme, son esprit de lutte... » De telles convictions expliquent le départ de Francine Fromond pour l'Union soviétique alors qu'elle n'a même pas dix-huit ans. A Moscou, comme un certain nombre d'autres jeunes filles et jeunes femmes qui vont, par la suite, se distinguer dans la lutte clandestine, elle reçoit une formation approfondie de membre de l'Internationale communiste, en particulier une formation radio assez complète. A son retour dans notre pays, tout en poursuivant une activité publique à la direction de l'Union des jeunes filles de France, elle participera à la lutte clandestine pour aider les Républicains espagnols. Giulio Cerreti qui la dépeint à la fois comme « un bain de printemps » et comme « mariée avec le communisme », insiste sur l'importance de son rôle à cette époque. Ce rôle d'agent de liaison, de technicienne radio, etc., s'amplifie lors de l'illégalité du PCF, en 1939. L'année suivante, elle se rend à Moscou puis à Oufa où elle travaille auprès de la direction du Komintern. Fin 1941, elle quitte l'Union soviétique et, en compagnie de Raymond Guyot et du frère du futur colonel Fabien, Daniel Georges, après un voyage via Arkhangelsk, le Spitzberg, Mourmansk, Reykjavik et l'Ecosse, voyage dont nous reparlerons, elle est parachutée en France occupée au début de 1942. Lorsque Guyot se trouve placé à la tête de l'organisation communiste clandestine de zone Sud, elle est à ses côtés, chargée, comme il nous le dira lui-même, de « la liaison avec l'Internationale communiste ». L'importance de cette fonction explique en partie l'acharnement que les policiers nazis vont déployer pour faire parler Francine Fromond, lorsque, à la faveur d'une trahison, ils l'auront arrêtée le 30 juillet 1943 en compagnie de sa mère. « Immédiatement après son arrestation, dit Raymond Guyot, elle fut torturée, rouée de coups dans les fameuses chambres de torture de la Gestapo de Lyon. Mais elle ne parlera pas. C'est alors que les tortionnaires imaginent la torture la plus cruelle. Ils savent que Francine adore sa mère. Ils feront subir durant huit jours le terrible supplice dit "de la baignoire" à la mère sous les yeux de la fille. »

Atroce astuce

C'est après ces tortures que la doctoresse Bohn-Nageotte rencontre Francine Fromond dont elle va devenir la compagne de détention. « La plus cruelle de ses épreuves, dira plus tard la doctoresse, fut, dès les premiers jours de son arrivée à Fresnes, la mort de sa mère dans la cellule en face de la sienne ; par le judas, elle aperçut la porte ouverte de l'autre côté du large couloir et sa mère morte, étendue sur sa couchette. Des gardiens entraient et sortaient, affairés ; aucun moyen d'appeler, de savoir, d'aller au secours... Simple spectatrice tragiquement cramponnée à la clochette de sa porte. » Autre souvenir de sa compagne sur Francine Fromond : « Un jour, en revenant du tribunal, elle me confia très simplement : "Je suis condamnée à mort et, sais-tu, je me suis payé une vraie joie. Quand on m'a signifié le verdict, je me suis levée et j'ai adressé un petit discours au président du tribunal. Je lui ai dit que c'était un honneur pour une Française que d'être condamnée à mort par un tribunal allemand et je l'ai remercié. Si tu avais vu ! Il était furieux !" Et elle riait de bon cœur, la pauvre petite ! »

C'est alors que se libéraient Paris et son cher Quai d'Orsay que Paul Petit fut fusillé, le 24 août 1944... Tel est du moins ce que pensent Albert Bérard et nombre de ses amis alors que, selon d'autres, il aurait été décapité. Bérard fait le portrait de Petit : « Le 23 octobre 1920, il fut reçu premier au concours du ministère des Affaires étrangères, dit Grand Concours. (J'y fus moi-même admis.) Nous partîmes tous deux pour la Commission interalliée de Haute-Silésie. Puis, il fut nommé à Prague, à Munich, à Copenhague (...). Il était conseiller d'ambassade au moment de la guerre. (...) Il méprisait Vichy. Dès décembre 1940, son parti est pris. Il commence une Résistance indépendante, libre, celle d'un homme de grand caractère. Il fonde et dirige une feuille clandestine qu'il appelle *La France continue*, qu'il fait imprimer à ses frais et qu'il diffuse lui-même. Douze numéros de ce journal ont paru, imprimés chacun à dix mille exemplaires. Fervent catholique, il a très bien vu le danger d'une collaboration avec l'ennemi pour le catholicisme dont une pareille attitude ne pouvait qu'affaiblir l'autorité morale. C'est donc surtout sur ce terrain qu'il combat. (...) Il écrit des lettres ouvertes à l'archevêque de Paris et au cardinal Baudrillart où il souligne avec un grand courage l'erreur qui mettait une partie du haut clergé à la remorque de l'Allemagne. (...) On comprend la fureur des Allemands quand, en février 1942, ils mirent la main sur les tracts et les numéros de *La France continue*. Paul Petit fut immédiatement incarcéré et traîné de prison en prison. Il fut condamné à mort le 16 octobre 1943 pour avoir "travaillé contre l'Allemagne en éditant un journal clandestin hostile et en publiant des tracts qui avaient beaucoup influencé les milieux intellectuels dans un sens hostile à la politique de collaboration". Paul Petit a été fusillé à Cologne, le 24 août 1944. Il est mort debout alors que d'autres vivaient en rampant. Dans le poème que Paul Claudel lui consacre et qui sert de préface au recueil *Résistance spirituelle*, le célèbre poète écrit : "Lecteur à qui je présente ces pages, tu feras attention... elles sont mouillées. Oui, elles sont mouillées du sang le plus pur"... » Ce recueil *Résistance spirituelle* que cite Armand Bérard, c'est un choix de textes posthumes qu'en 1947 Gallimard publie et Jacques Madaule présente. Le préfacier définit l'auteur comme « le chrétien qui témoigne au mépris de sa vie en face des idoles nouvelles »... Tout juste quarante ans plus tard, à l'automne de 1987, dans le volume de *La liberté de l'Esprit* intitulé *Visages de la Résistance*, c'est Michel-Pierre Haroche qui continue l'hommage sous le titre *Paul Petit et la transcendance en histoire*. « A Vichy, écrit Haroche, il reproche de "substituer la morale hitlérienne — ou hégélienne, c'est la même — à la morale chrétienne". Il s'affirme à l'occasion un talent de polémiste, lançant par exemple à Pétain qui a fait don de sa personne à la France : "Merci du cadeau, Monsieur le Maréchal, mais vous pouvez rengainer votre personne. Cessez de nous sauver malgré nous !" (...) Paul Petit, diplomate et mystique, n'admit aucun compromis avec la violence totalitaire. »

Vingt et un fusillés — vingt et une silhouettes, vingt et une manières d'avoir vécu, vingt et un hommes et femmes aussi divers que complémentaires et dont il a suffi que nous rappelions les visages, pour qu'aussitôt ils apparaissent comme les pièces d'un grand puzzle palpitant. Dans les rangs de la Résistance, la mort a fait des coupes sombres, cette mort qui était la compagne terriblement quotidienne des combattants clandestins. Rien de moins funèbre pourtant que son évocation. Tout se passe comme si, en reconstruisant à travers souvenirs et témoignages les portraits des martyrs, on parvenait à l'image la plus vivante de ce que fut leur combat, à l'image de ce pays et de ce peuple pour la liberté et l'authenticité desquels ils luttèrent jusqu'au bout. Nous venons de le constater à propos des fusillés. Nous allons le vérifier à propos de ceux pour lesquels la mort pétainiste et nazie prit une forme souvent encore plus atroce, si l'on peut dire : ceux que l'on guillotina, ceux que l'on décapita à la hache, ceux que l'on pendit, ceux que l'on assassina par n'importe quel moyen, ceux que l'on poussa jusqu'au suicide, ceux que l'on tortura tant qu'ils en moururent, ceux qui ne revinrent pas de la déportation, ceux que l'on massacra collectivement dans leur camp ou leur prison, dans leur maquis, dans leur village...

Pour de multiples raisons, et d'abord parce que la coutume et la justice en avaient ainsi disposé, autant pour l'inconscient collectif la mort par fusillade était une mort noble et ensoleillée, mort de soldat, autant la mort du guillotiné semblait inquiétante et tout entourée des mêmes brumes ambiguës que les petits matins et les cours de prison où elle s'accomplissait... Une mort de droit commun. Les gens de Vichy connaissaient bien cette réaction populaire. Par un atroce petit calcul, en leur réservant la forme de supplice réputée infamante, les ministres du Maréchal et les magistrats à leur solde vont donc essayer de faire passer pour des bandits ceux dont ils redoutent tant que les Français les considèrent comme des héros. C'est la première application de la méthode grâce à laquelle on traitera plus tard les maquisards de « terroristes ». Mais, si on doit ultérieurement en élargir le champ d'application, c'est d'abord aux adversaires contre lesquels on nourrit la haine la plus tenace, c'est d'abord aux communistes qu'on l'applique... Atroce astuce, mais procédé simple : on feint de considérer que les actes des résistants sont des délits et des crimes de droit commun, relevant donc de la compétence des tribunaux réguliers sans qu'il soit besoin de faire appel à la justice militaire. Or, en droit français, si la peine de mort « militaire » mène au peloton, la peine de mort « civile » mène à la guillotine.

« La guillotine, c'est autre chose que d'être fusillé, nous dit Jean Laffitte. Fusillé, moi, pendant neuf mois, j'ai cru que j'allais l'être le lendemain. On finit par s'y faire. D'autres y sont passés avant et on regarde la mort en face. Mais guillotiné... Il m'est arrivé d'en rêver et de me réveiller avec la sensation que le couperet me tombait sur le cou. On ne rêvait pas de la fusillade. On rêvait de la guillotine. C'était très impressionnant... »

Quand l'exécuteur se souvient...

L'infamie de cette « justice »-là est si particulièrement évidente qu'à part les communistes évoquant le souvenir de leurs camarades guillotinés, une sorte d'étrange silence se fait, après la Libération, sur la façon dont les disciples de Philippe Pétain s'acoquinèrent avec « la Veuve », ainsi que l'on appelait alors, en argot, l'invention du professeur d'anatomie Joseph Ignace Guillotin. Un quasi-silence de près de vingt ans. Il va falloir attendre les premières années 1970 pour que, presque simultanément, trois auteurs le troublent : Claude Lévy avec son livre *Les Parias de la Résistance*, Marcel Montarron avec *La Veuve ou l'histoire des châtiments* et Hervé Villeré avec *L'Affaire de la Section spéciale*. Après enquête, tous trois ont reconstitué l'abominable réalité. La concordance de leurs évocations est d'autant plus frappante que leurs propos, leurs intentions, leurs styles sont très manifestement différents.

Au début des années 1970, le bourreau officiellement en fonction s'appelait André Obrecht. Avant de devenir titulaire de la charge d'« exécuteur en chef des arrêts criminels », il en avait été longtemps l'auxiliaire. Notamment, de 1940 à 1943. Après la guerre, il déclara un jour dans une interview : « Il faut avoir vécu ces matins de guillotinades où, en cette triste époque de l'Occupation, je rentrais à la maison dégoûté du travail que je venais de faire. (...) Alors que les accusés n'étaient même pas encore condamnés à mort, on nous envoyait dormir à la prison de la Santé en nous disant que le lendemain il y aurait exécution. C'est ainsi que les "terroristes" de l'époque ont été exécutés avec la complicité d'un Henri Desfourneaux aux ordres de la magistrature du moment. »... Henri Desfourneaux, tel était en effet le nom du patron d'André Obrecht et du second aide Georges Martin. Les guillotinades... « Le 25 août 1941, raconte Marcel Montarron, Georgette Desfourneaux prévenait les aides de son mari de passer rue de la Convention — c'est dans cette rue, au numéro 54, que l'exécuteur avait son domicile. "Il y a des ordres, dit-elle. Henri aura beaucoup à faire !" Le 26 au matin, Desfourneaux avise ses collaborateurs qu'ils doivent tous coucher le soir à la prison de la Santé. Une exécution est prévue pour le petit jour et, faute d'"ausweiss", l'ordre a été donné de passer la nuit dans la prison. Premier étonnement : le "client" à exécuter vient de rentrer du tribunal dans la soirée. Comment pourra-t-il avoir le temps de faire parvenir son recours en grâce puisque le chef de l'Etat est à Vichy ? (...) Vers deux heures du matin, Desfourneaux, qui partage sa cellule avec Obrecht, est tiré de son sommeil. On lui remet les papiers. Ce n'est pas un, mais trois hommes qui doivent (...) passer sous le couperet. Tous ont été jugés et condamnés la veille. » « A trois heures trente, poursuit Hervé Villeré, le réveil de Desfourneaux sonne. L'exécuteur et son équipe s'habillent. Desfourneaux enfile ses gants. André

Obrecht met un béret basque, car, raconte-t-il, “il ne faisait pas chaud au petit matin et cela m’évitait de prendre un coup de froid”. Desfourneaux se chausse de bottines de cuir noir mais ses aides portent tous des chaussons qui leur permettent de marcher sans bruit. C’est à pas de loup qu’ils descendent décharger la camionnette contenant les sept cents kilos de bois de justice, les madriers, les poutres et la caisse contenant la ferraille. L’assemblage se fait dans la première cour, à vingt pas de la grande entrée. Les hommes travaillent en silence à la lumière des lanternes, en évitant les heurts, les bruits de métal qui pourraient être entendus depuis les cellules. L’échafaud prend forme. (...) Desfourneaux se baisse et s’assure que l’assise est parfaite. Tout est réglé au millimètre. Avec les gestes lents et précis d’un chirurgien, l’exécuteur sort le couteau d’acier d’une grande boîte oblongue garnie de velours qui contient aussi une lame de rechange. Le couperet est mis en place. Le niveau, encore vérifié. La machine est prête. Desfourneaux tire sa montre de son gousset. Il sera bientôt cinq heures. »

« En principe, continue Montarron, des condamnés à mort qui leur sont livrés, les exécuteurs ne connaissent que le nom inscrit sur la feuille de réquisition. Mais sur le livre d’écrou, ils peuvent lire, à côté des identités, les motifs de la peine. Cette fois, le registre reste fermé. (...) Les aides de Desfourneaux finissent tout de même par apprendre qu’il s’agit des nommés Bastard, Bréchet et d’un Polonais, Trzebrucki. »

« L’aube n’apparaît pas encore derrière les carreaux sales, reprend Hervé Villeré, mais Desfourneaux regarde sa montre. Cinq heures quarante-cinq. Il s’approche du directeur et lui dit à voix très basse : “C’est l’heure.” Le directeur fait signe au surveillant-chef, puis il jette un regard au substitut général Tétaud et au prêtre. Les conversations s’arrêtent. Lentement ils se mettent tous en route. (...) Le prisonnier est debout et regarde tous ces hommes en noir qui le fixent. M. Tétaud s’avance rapidement vers Bastard. Le représentant de l’accusation lui prend les deux bras, l’étreint et lui chuchote à l’oreille : “Mon ami, ayez du courage devant l’injustice et la lâcheté... Allez en paix...” Bastard a l’air surpris : “Comment qu’ça se fait ? Si vite. J’croyais...” — “Oui, nous aussi”, dit le substitut général. Bastard hausse les épaules. (...) Il demande à Me Mellor : “Maître, qui va nous exécuter ? Ce sont les Allemands ?” — “Non, répond Me Mellor, les Français...” “Il eut alors, dit Me Mellor, un soupir déçu.” (...) Linais, représentant du tribunal de la Section spéciale, est resté dans la nef pendant que les autres entrent dans les cellules. “J’étais trop ému moi-même. Leur dire quoi ? Ils auraient pris cela pour de l’hypocrisie... Ils auraient eu raison de me cracher au visage. Je me tenais à l’écart, dans la plus grande humilité, la plus grande honte devrais-je dire. Ah ! s’il y a eu des moments où j’ai regretté d’être entré dans la magistrature, ce sont bien ces moments-là. Quand j’ai vu Bréchet (...), j’ai prié pour qu’il obtienne quelque jour, ou quelque part, réparation, lui que je n'avais pas pu sauver et que je revoyais là, en bras de chemise, avec sur son visage une telle noblesse..." (...) Le greffier de la Santé finit de rédiger la levée d'écrou : "Le nommé Bastard Emile a été remis à l'Exécuteur en chef des arrêts criminels, le 28 août 1941, à six heures cinq minutes." Desfourneaux délivre les trois reçus. Il regarde sa montre et dit au greffier : "Comme il n'y a pas de messe, on va gagner un quart d'heure." Il remet sa montre dans son gilet et, à travers les vitres de la porte du greffe, regarde les onze personnalités qui font maintenant cercle autour des condamnés, de leurs six gardiens et des exécuteurs. Deux des aides ont déjà fait asseoir Bastard sur un tabouret. Les deux autres se saisissent de Bréchet. On désigne à Trzebrucki une chaise sur laquelle il attendra son tour. Les aides travaillent vite et avec précision. Leurs ciseaux échancrent les cols de chemise, puis leurs tondeuses rasent les nuques. (...) Le "han" du couperet, ce froissement plaintif que fait l'acier sanglant en s'arrêtant et en rebondissant sur des coussinets de caoutchouc, a fait tressaillir tout le monde. (...) André Bréchet était debout maintenant, les jambes libres. Les aides ne le touchaient pas mais on les sentait prêts à bondir. Bréchet avança. Il regarda les trois avocats qui s'étaient groupés et se rapprochaient, se resserraient. En passant devant eux, il murmura : "Ma femme, vous direz à ma femme..." Puis, redressant la tête, d'un pas ferme, il marcha vers la faible lueur du jour, vers la lumière. On vit, dans l'entrebâillement de la porte, cet homme se jeter de lui-même sur la planchette. "Vive le Parti communiste !" Le dernier mot se perdit dans le "han" de la lame. »

Des « guillotinades en série »

« Un mois après, ajoute Montarron, nouvelle convocation. Les exécutions sont prévues pour le 23 septembre, à dix-sept heures. Desfourneaux essaie cette fois d'ergoter : "A dix-sept heures ? Mais ce n'est pas possible, on n'exécute pas en plein jour..." Le haut fonctionnaire parisien attaché au cabinet du Garde des Sceaux fait comprendre au bourreau qu'il n'y a pas à discuter. S'il ne veut pas faire son métier qu'il démissionne ! (...) "Soit, combien sont-ils ?" — "Six..." Lorsque Desfourneaux informe ses aides de l'affreuse besogne qui les attend, tous s'insurgent : "On a compris, dit Obrecht, ce doit être des politiques. Henri, ce n'est pas notre boulot. On n'est pas payé pour ça !" — "Je crois que cela se fera par fournées de trois, répond Desfourneaux. J'ai voulu demander au ministère d'autres explications, je n'en ai pas su davantage." A seize heures, trois voitures s'engouffrent sous le porche de la Santé. Les magistrats du Tribunal d'Etat, qui fonctionne maintenant sans désemparer, en descendent — l'un d'eux, le président, est encore vêtu de sa robe rouge fourrée d'hermine. Derrière eux, on amène les condamnés enchaînés qu'encadrent des gardes. La funèbre toilette commence. La première voix qu'on entend est celle de l'architecte Woog. Il proteste contre le ligotage. "C'est la consigne..." répond Desfourneaux. "Cette consigne est bonne pour les assassins, pas pour nous !" réplique Woog. Un autre condamné intervient : c'est Jean Catelas, le député communiste de la Somme. "Soyez courageux, camarades. Il faut leur montrer comment savent mourir des patriotes." Une voix lui fait écho, celle du troisième condamné, le plombier Adolphc Guyot. "Ne t'en fais pas ! c'est sur ces salauds que notre sang rejaillira !" Le député Catelas sera exécuté le dernier, mais un même cri jaillit des lèvres de ces trois hommes avant que s'abatte sur eux le couperet de la Veuve : "Vive la France !" (...) Dans le café de la place Denfert-Rochereau où ils se sont retrouvés, les aides se concertent. Si ces guillotinades en série doivent continuer, que peuvent-ils envisager ? Démissionner, saboter la machine, favoriser l'évasion des condamnés ? Pour Desfourneaux, pas de problème. Lui demeure aux ordres, mais ses nuits commencent à être singulièrement troublées. Le crachat qu'il a reçu, en signe de mépris, de Jean Catelas, lui brûle encore la joue et l'image de ces hommes qui acceptent la mort avec tant de courage et de dignité le poursuit à travers d'incessants cauchemars. (...) A Nîmes, à Toulouse, comme à Paris, les têtes continuent à tomber. A Nîmes, ce sont des jeunes gens dont l'un vient d'avoir vingt ans. Tandis que se prépare leur mise à mort, *La Marseillaise* retentit à travers les cellules de la prison. L'un des aides a bien essayé de coincer la lunette (...) Desfourneaux qui est venu vérifier la machine s'aperçoit du sabotage et remet les choses en place. La justice suit son cours. (...) Nous sommes maintenant en 1943. Cette fois, le dégoût est tel chez les aides de Desfourneaux qu'ils adressent l'un après l'autre leur démission à la direction des Affaires criminelles et des grâces. Privé du concours des Obrecht et des Martin, Desfourneaux est obligé pour continuer sa basse besogne de faire appel aux charretiers habituellement chargés de conduire la sinistre tapissière où gisent les corps décapités. Le 30 avril 1944, l'horreur atteint son comble. Neuf condamnés sont poussés sous le couperet. Au dire des gardiens épouvantés, on pataugeait dans une véritable mare de sang, tandis que les cadavres (...) s'entassaient. »

Revenons maintenant à l'étude de Claude Lévy. Elle nous reporte un an en arrière... « En ce mois de juillet 1943, écrit-il, Desfourneaux, Martin et un troisième aide s'apprêtent à se rendre à Toulouse "pour y procéder à une exécution capitale dans les formes prescrites par la loi". L'Etat naturellement paie le voyage, les notes d'hôtel, les frais divers. Emballée, étiquetée, enregistrée, la machine les suivra comme un bagage accompagné... »

Pour comprendre la suite du récit de Claude Lévy, il faut savoir que Marcel Langer fut une des grandes figures de la plus audacieuse des organisations de Résistance communiste : la MOI (Main-d'Œuvre immigrée), l'organisation qui, on le sait, groupait les patriotes souvent réputés « apatrides », ceux que les Allemands et Vichy appelaient « des étrangers », ceux, par exemple, de *L'Affiche rouge*...

Mendel, dit Marcel, Langer était né, en 1903, dans un ghetto polonais. Ayant émigré en Palestine, il fut mécanicien à Haïffa, puis se rendit en France en 1929. Engagé dans les Brigades internationales, il finit la guerre d'Espagne comme capitaine. Il fut peut-être kominternien. Contraint de se réfugier dans notre pays, il avait été interné à Gurs, le grand camp des Basses-Pyrénées d'alors. Un camp de la honte français. Puis, dès qu'il avait réussi à s'en faire libérer, il avait fondé dans la région de Toulouse la 35e brigade FTP dont les coups d'audace allaient vite secouer toute la contrée. Le 6 février 1943, il était arrêté sur l'initiative d'un policier français nommé Eric Cabanac. Le 11 mars suivant, sur réquisition d'un avocat général français nommé Lespinasse, il était condamné à mort. Un avocat toulousain, l'ancien bâtonnier Arnal, avait vainement tenté de sauver cet accusé de trente-neuf ans poursuivi officiellement pour « détention d'explosifs ». Le 10 octobre, soixante-dix-neuf jours après l'exécution de Langer, l'avocat général Lespinasse était abattu par de jeunes membres de la 35e brigade...

Mais revenons à la prison Saint-Michel en reprenant le récit de Claude Lévy : « L'homme qui va être exécuté, disent les psychologues, joue un personnage, il a conscience que la façon dont il va mourir est l'ultime manifestation de sa liberté. Pour Marcel Langer, la mort violente était inscrite depuis toujours dans son destin. Mais il ne pouvait prévoir qu'elle aurait cet ignoble visage. Il est prêt, cependant. (...) Le coiffeur entre dans la cellule. En quelques coups de tondeuse, il dégage la nuque du condamné, comme le veut le règlement. Quand il a terminé, Langer se lève et marche vers la porte. Le cortège se met en route. Les pas résonnent sur le ciment. Alors, derrière les portes, un murmure s'élève. C'est d'abord un chant balbutié (...). Les voix s'affermissent, se cherchent, se trouvent, se répondent de cellule en cellule, d'étage en étage, la mélodie s'amplifie, belle, grave, puissante. “Adieu camarade, adieu noble cœur, adieu le plus noble des frères...” Le vieux chant funèbre qui accompagna la mort de tant de révolutionnaires monte de mille bouches, envahit la prison. Langer s'arrête un instant, lève le bras, ferme le poing et tourne lentement sur lui-même. Dans chaque cellule, un prisonnier regarde à travers le petit trou du judas. Les autres se pressent autour de lui. Celui qui voit raconte : “Il s'est arrêté. Il salue. Il lève le poing. Il nous regarde...” Alors les cris fusent : “Adieu, camarade. Vive la France ! Vive le communisme !” Langer a repris sa marche et *La Marseillaise* éclate. *La Marseillaise* des prisons. Ardente, farouche, la voix des prisonniers espagnols couvre parfois celles de leurs camarades. C'est ainsi que Marcel aime cet hymne révolutionnaire. (...) Le surveillant-chef s'approche de Marcel, un paquet de gauloises à la main. Langer prend une cigarette. Il en tire quelques bouffées en silence, calmement, les yeux à demi fermés. Puis le surveillant-chef sort du placard une bouteille et un petit verre à pied : “Langer, un peu d’alcool ?” Langer, d’un geste du menton, désigne Lespinasse livide. “Offrez-lui donc. Il en a plus besoin que moi...” (...) Langer reste impassible. Il semble être le seul à garder son sang-froid. On lui ramène les mains derrière le dos pour le ligoter. “Non, dit Marcel. Je veux me tenir droit.” Il dit encore : “Expliquez-moi ce que je dois faire. Je veux mourir seul. En soldat.” Le bourreau indique l’emplacement de la machine, le chemin à suivre. Et comme personne ne se décide à dire que le moment est venu, c’est Langer qui crie : “Allons-y. Nous vivons une révolution. Et une révolution, c’est comme un accouchement. Il y a toujours du sang.” Il sort dans la cour, marche vers la machine. Desfourneaux et son aide sont à pied d’œuvre. Langer monte à l’échafaud, se retourne vers Lespinasse et lui lance : “Mon sang retombera sur votre tête !” (...) Il crie une dernière fois : “Vive la France !” et se lance sur la bascule. Le bourreau appuie sur le déclic. Le couperet glisse en sifflant dans les rainures, s’abat sur le cou de Langer. »

Une « Marseillaise » qui fut « arrêtée par le couperet »

Déjà, nous avons vu comment, lorsqu’elles étaient connues des autres détenus, les fusillades provoquaient des manifestations, des chants et des cris, une extraordinaire tension dans les prisons. Cela est encore plus vrai à propos des guillotinades. Non seulement parce que l’horreur de la mise à mort d’un homme est ici plus visible, mais parce que c’est dans la cour même de l’établissement pénitentiaire que l’infâme spectacle se déroule. Le sang ruisselle sous les yeux des camarades du supplicié et, outre le désir d’affirmer malgré tout leur solidarité patriotique et politique, c’est un étrange mélange de nausée, de haine vengeresse et d’espoir viscéral qui les pousse à reprendre en chœur le dernier chant de celui que l’on tue sous leurs fenêtres. Il est évident, d’autre part, qu’un rituel plus lent et plus atrocement détaillé, un véritable calvaire sous la poigne des bourreaux, est imposé à celui qu’un groupe d’officiels chuchotants pousse vers la guillotine. En hypertrophiant les dernières minutes de l’existence du condamné, cette solennité honteuse pousse ses réactions à leur paroxysme et les derniers mots, les derniers gestes du décapité sont souvent plus âprement jetés à la face de ses tourmenteurs. « Je ne peux parler de la prison Saint-Paul de Lyon, nous dit Elie Mignot, sans songer à Bertrand, un jeune FTP originaire je crois de Villeurbanne, tombé en héros dans la cour même de la prison. Agé d’une vingtaine d’années, Bertrand dirigeait un groupe de combat qui avait à son actif d’audacieux coups de main à Lyon et dans sa banlieue. Durant les derniers jours d’octobre 1943, alors que son groupe était en opération, il avait été arrêté les armes à la main par des policiers français après un violent échange de coups de feu. Odieusement torturé, il avait comparu aussitôt devant un tribunal spécial qui l'avait condamné à mort. Bertrand fut guillotiné dans la cour de la prison, à l'aube du 3 novembre 1943. La cellule où j'étais enfermé avec deux camarades du groupe de Bertrand était située juste en face des cellules des condamnés à mort. Nous avions réussi à prendre contact avec lui à son retour du tribunal... Ayant le pressentiment que l'heure fatale pour notre camarade n'allait pas tarder à sonner, nous étions restés éveillés toute la nuit, attentifs au moindre bruit. Avant l'aube du 3 novembre, nous avons sursauté en entendant des chaînes traîner sur les dalles du couloir du bâtiment. C'était Bertrand, enchaîné aux poignets et aux chevilles, qui était conduit au supplice. Aussitôt, nous avons alerté la prison et entonné *La Marseillaise*. Quelques heures plus tard, nous avons appris comment notre camarade était mort... Bertrand avait refusé la dernière cigarette et le dernier verre de rhum en déclarant fièrement qu'il n'avait jamais rien accepté des ennemis des travailleurs et de la France et que ce n'était pas au moment de mourir qu'il le ferait. Puis il était monté à l'échafaud en chantant une *Marseillaise* qui fut arrêtée par le couperet du bourreau. »

En rapportant un des cas — relativement rares — où, en 1941, à Clermont-Ferrand, les gens de Vichy renoncèrent finalement à envoyer à l'échafaud un résistant qu'ils y avaient d'abord promis, le général André Beaufre nous permet de mesurer avec encore plus d'acuité la tension qui entourait les guillotinades... « Ce jour-là, écrit le général Beaufre dans ses *Mémoires*, je vis par la fente le condamné entrer et faire le geste de se trancher le cou. Il devait donc être guillotiné dans les vingt-quatre heures. La prison s'emplit de signaux sonores tandis qu'on le mettait aux fers dans la cellule obscure des condamnés à mort. J'étais bouleversé et je guettai toute la nuit les bruits qui pouvaient indiquer que l'on dressait la guillotine dans la cour. Au matin, j'entendis des éclats de voix. C'était les avocats qui étaient venus notifier au condamné la grâce du Maréchal. “Je n'en veux pas de sa grâce, criait le condamné, je veux être guillotiné puisqu'on a cru pouvoir me condamner !” Puis le tumulte s'apaisa dans la prison que l'on sentait frémissante et j'admirai le courage de cet homme. »

Interprétant d'une certaine façon certains textes législatifs, en improvisant d'autres afin de pouvoir guillotiner des résistants, Philippe Pétain et ses ministres prirent des initiatives qui leur permettaient d'assouvir leur propre désir de vengeance politique. Mais ils espéraient aussi, à cette occasion, aller au-devant des souhaits de l'occupant, qui les avait d'ailleurs laissés libres de choisir la manière dont devaient être mis à mort les patriotes. Cependant, les initiatives françaises étaient conformes à une tradition nazie déjà bien implantée puisque, en Allemagne, il était courant que les antifascistes fussent décapités. Tantôt guillotinés, tantôt décapités à la hache. Aussi bien, un certain nombre de combattants clandestins français tombés aux mains de la police et de la justice du Führer furent-ils exécutés de cette façon dans des cours de prison du IIIe Reich.

Le caractère particulièrement barbare d'une mise à mort où le condamné doit poser la tête sur le billot tandis que le bourreau élève au-dessus de lui sa hache pourrait faire croire que cette forme d'exécution fut une initiative du Führer ou la remise au goût du jour par les hitlériens d'un style médiéval de supplice. Non, Hitler et les siens se contentèrent de continuer ici, réformer là une cruelle tradition de la justice germanique qui préexistait à leur venue au pouvoir. Quand on ouvre, par exemple, la septième édition du *Manuel de Droit criminel allemand* du juriste Franz von Liszt, publié à Berlin en 1896, on y lit que si l'usage de la guillotine a été introduit en 1818 dans la province de Rhénanie, en 1841, dans la région de Darmstadt, en 1852, en Saxe, en 1854, en Bavière, en 1856, au pays de Bade ainsi que dans les provinces de Francfort et de Weimar, en 1857 dans la province de Cobourg et en 1860 dans celle de Hanovre, l'utilisation de la hache *(das Beil)* subsiste « dans les provinces de la Vieille-Prusse ». Généralement, d'ailleurs, les exécuteurs ne sont pas, à proprement parler, des créatures du régime nazi mais des hommes de tradition qui, sous le signe de la croix gammée, trouvent l'occasion de déployer tout leur zèle. Dans son *Journal de guerre et d'occupation*, Ernst Jünger écrit, le 20 mars 1943 : « Ceux qui décapitent encore à la hache affichent une certaine fierté d'artistes à l'égard de ceux qui guillotinent. La conscience professionnelle du travail fait à la main et sur mesure. Lors de la première exécution sous Kniébolo (pseudonyme de contrebande par lequel Jünger désigne Hitler), le bourreau, qui avait ôté son habit pour l'exécution, se présenta en manches de chemise, le haut-de-forme de travers, la hache ruisselante dans la main gauche, la droite tendue pour le salut hitlérien : "Exécution accomplie."... »

Décapitation pour « supplément d'information »

Puisque tradition il y a, c'est traditionnellement aux criminels de droit commun, citoyens du IIIe Reich, que sont réservés la guillotine, la hache et le billot. Aussi bien, la question se pose-t-elle de savoir pourquoi et comment des résistants français purent être emmenés en Allemagne non point pour y être enfermés puis souvent exterminés dans un camp, mais pour y être exécutés de cette façon. A cette question, nous n'avons pas plus trouvé de réponse satisfaisante qu'à celle de savoir dans quelles proportions furent respectivement utilisés les deux modes de décapitation. Contentons-nous donc de celle, plus générale, qu'apporte Michel de Boüard dans son étude sur *La Répression allemande en France de 1940 à 1944* : « Dans l'ordre proprement judiciaire, l'autorité militaire a ses tribunaux chargés de juger les infractions à la législation allemande d'Occupation. Les fautes légères sont traitées administrativement, sans appareil judiciaire, par le Feldkommandant. Les fautes plus graves, et notamment les actes hostiles accomplis contre les forces d'Occupation, sont jugées par les tribunaux militaires : à Paris, Cour martiale siégeant rue Boissy-d'Anglas ; en province, tribunal de la Feldkommandantur. (...) Certains procès sont jugés non pas en France, mais, sans la présence des intéressés, par le Tribunal spécial de Cologne. Ils sont, à cet effet, pris en charge par les services Sipo-SD de Paris qui transmettent les dossiers à la Gestapo de Düsseldorf, laquelle se charge d'introduire l'instance devant le tribunal. Celui-ci fait connaître sa sentence à la Sipo de Paris qui la communique à l'Abwehr et au Gerichtsherr (mot à mot : "chef de justice", en fait l'équivalent de Procureur général). Les condamnés sont transférés par la Sipo, en wagons cellulaires, au camp de concentration de Hinzert, près de Trèves ; chaque convoi groupe environ cinquante détenus. On a évalué à quelque quinze cents le nombre de dossiers qui ont été traités selon cette procédure avant le 1er juin 1942. » A cela, on peut ajouter que, dans la pratique, la décapitation en Allemagne fut souvent le résultat indirect d'un « supplément d'information » décidé par le Parquet militaire allemand alors que l'affaire était à l'instruction. Soucieux d'en savoir plus sur tel ou tel accusé, on l'envoyait en Allemagne même pour l'interroger plus longuement et plus à fond. Les dossiers qui excitèrent ainsi le plus fréquemment la curiosité judiciaire allemande furent ceux de membres de grands réseaux de renseignements, tel le réseau Alliance, et que les magistrats hitlériens classaient dans la catégorie « espionnage ».

En tentant cet essai d'explication des formes prises par la pire répression, gardons-nous toutefois d'être systématique. La réalité fut souvent plus complexe et toujours plus désordonnée. Ainsi arriva-t-il que des résistants français fussent guillotinés sur le sol allemand parce que, dans certaines prisons du IIIe Reich, celle de Dantzig, par exemple, la peine de mort menait à la guillotine. Inversement, on a pu noter des décapitations à la hache sur le sol français lorsque la fureur des « collabos » était à son comble et que tous les moyens de tuer furent indifféremment employés. Evoquant la situation en Bretagne durant les premiers mois de 1944, Hervé Le Boterf rapporte par exemple : « Yves Quéméneur, fils de l'ancien commandant de l'aviso *L'Etourdi*, était décapité à la hache par des miliciens non loin de Mauron. C'était à coups de pelle, cette fois, que d'autres "francs gardes" de la formation de Darnand s'étaient acharnés pour sectionner la tête de René Piquet, un habitant du hameau du Bois-Manguy en Sérent, dont le corps avait été désarticulé à coups de gourdin. » Cela dit, comme nous l'avons déjà observé, à une plus vaste échelle, à propos des fusillés, quels que soient les critères des nazis et de leurs domestiques pétainistes pour choisir ceux qu'ils massacrent, le résultat est toujours le même : à travers la liste de leurs victimes, c'est un panorama des Français, une image vraie de la France qui se dessine. Il suffit d'ailleurs de citer là encore quelques noms, d'esquisser quelques portraits pour s'en convaincre.

Le 20 août 1942, Jean-André Léger est décapité à la hache dans la cour de la prison de Cologne... Agé de quarante-neuf ans, Jean-André Léger était resté un royaliste convaincu. Au temps du Front populaire, il était le secrétaire particulier de l'académicien Jacques Bainville. Mais il fut de cette poignée qui se refusèrent à suivre Charles Maurras dans la voie de la Collaboration et, dès 1941, il militait dans un réseau de renseignements. Un traître le dénonça. Il fut arrêté le 11 novembre 1941. Dans l'*Anthologie des écrivains morts à la guerre (1939-1945),* il est dit à son propos : « Incarcéré à Fresnes, mis au secret, il ne désarme pas. Il adresse aux siens des messages, écrits sur du papier à cigarette et glissés dans des brins de paille, où il multiplie ses exhortations à la lutte. Le 29 avril 1942, il est condamné à mort avec plusieurs de ses camarades de réseau. Toutefois, en raison de ses blessures, il bénéficie d'un sursis d'exécution. On le conduit au camp de Rheinbach. Quatre mois plus tard, le 13 août, il est ramené à Cologne et fixé sur le sort qui l'attend. (...) "C'était un grand Français et un vrai patriote, écrira plus tard à ses enfants l'aumônier allemand qui l'assistera dans ses instants suprêmes. Son courage et sa résignation devant la mort furent d'un haut exemple pour ses camarades qui furent exécutés aussitôt après lui."... »

Le 5 décembre 1942, le capitaine de gendarmerie Henri-Clotaire Descamps est décapité à la hache dans l'enceinte de la forteresse de Brandenburg... La monographie que lui ont consacrée son fils Pierre et une jeune femme passionnée par sa silhouette toute en contrastes, Colette Couvreur, nous apprend que le capitaine, s'il « n'appartenait pas à l'Action française », était de ceux que « la philosophie de Maurras ne laissait pas indifférents ». La promotion 1964-1965 des officiers-élèves de l'Ecole des officiers de la Gendarmerie nationale porte le nom de celui qui devint, à titre posthume, le chef d'escadron Descamps. Au baptême de cette promotion, le colonel Derré déclarait : « Arrêtons-nous un instant pour découvrir l'état d'âme du capitaine Descamps. Fils du Nord, il avait huit ans en 1914, douze ans en 1918 ; il n'a pas oublié. Cette nouvelle occupation du pays, il la ressent comme une souillure sacrilège, elle lui est physiquement et moralement intolérable. » C'est pourquoi, dès l'automne 1940, Henri-Clotaire Descamps est l'un des animateurs du groupe « Vérité française » de Soissons, dans l'Aisne, un de ces petits mouvements nés selon le processus que nous connaissons, et qui, le 1er mars 1941, sera intégré à l'organisation « du Musée de l'Homme ».

Frère Clair-Marie de l'Institution chrétienne

A une époque où l'ensemble de la gendarmerie n'est pas particulièrement résistante, l'activité du capitaine Descamps peut difficilement passer inaperçue. Et, à l'automne suivant, c'est le drame... Colette Couvreur et Pierre Descamps notent : « 25 novembre 1941. Sept heures du matin. On sonne à l'appartement personnel du capitaine Descamps, rue des Francs-Boisiers. Ce sont des hommes de la Gestapo et de la Feldgendarmerie. Henri-Clotaire Descamps ouvre la porte. Il se rend parfaitement compte de la situation. (...) Brusquement, il bondit à travers son logement, claquant les portes derrière lui. (...) Hélas, la gendarmerie est cernée de tous côtés. Les Allemands tirent sur le fugitif qui s'écroule. On se jette alors sur lui, on le frappe, on le traîne vers une auto qui stationne devant la caserne. » On imagine la suite... Au service d'état civil de Brandenburg, figure un acte de décès ainsi rédigé : « Le capitaine de gendarmerie Henri-Clotaire Joseph Descamps, catholique, demeurant à Soissons, caserne de gendarmerie, est décédé à Brandenburg, Winterfeldallee 22, le 5 décembre 1942, à 5 heures 21 minutes. Il était né à Fromelles (France) le 20 avril 1896... » Dans la marge du registre où a été transcrit cet acte de décès, on peut lire en outre : « *Todesursache* : *Hinrichtung* », ce qui veut dire : « cause du décès : exécution ».

Nous avons évoqué plus haut l'action et la silhouette « d'un patriote et martyr qu'après l'avoir condamné à mort, les Allemands décapitèrent à Cologne, le 10 février 1943. Pour l'état civil, il s'appelait Jean-Baptiste Legeay ; en religion, il était devenu frère Clair-Marie de l'Institution chrétienne ». Nous rappelions ensuite que cet ecclésiastique avait été parmi les tout premiers résistants... André Perraud-Charmantier a raconté sa fin. « Le 4 janvier 1943, écrit-il, M. Legeay est extrait de Fresnes et dirigé sur l'Allemagne. Après plusieurs étapes, il arrive le 29 janvier à la prison de Rheinbach, en Rhénanie, à vingt kilomètres à l'ouest de Bonn. Le 4 février, il est transféré à la prison de Cologne. Ce sera sa dernière prison. (...) Le 10 février, vers cinq heures de l'après-midi, le procureur d'Etat fait appeler au greffe M. Legeay, pour l'avertir : “La grâce est rejetée. Préparez-vous à mourir.” C'est accompagné de l'aumônier de la prison, l'Oberpfarrer Heinrich Gertges, qu'il rentre dans sa cellule. Il est tranquille et résolu. Il prie beaucoup. Il écrit quelques lettres, mange un peu, puis (...) reçoit la Sainte Communion. Il renouvelle alors ses vœux et indique à l'aumônier qu'il désire faire de sa mort un sacrifice religieux à l'intention de ses péchés, de sa congrégation, des jeunes gens de son école et de sa patrie. Il est vingt heures. Le moment fatal venu, paisiblement, sans larmes, sans trembler, M. Legeay marche au supplice, animé d'un souffle surnaturel. Il tend son cou sur le billot et crie très perceptiblement : “Vive le Christ ! Vive la France !” Il est vingt heures vingt. »

Est-ce le 18 janvier ou le 18 juin 1943 que, toujours dans cette cour ensanglantée de la prison de Cologne, la hache du bourreau décapita Emilienne Mopty ? L'incertitude demeure, bien que l'on soit tenté de croire à janvier avec Auguste Copin plutôt qu'à juin avec Henri Noguères... Il n'y avait pas besoin de dresser l'arbre généalogique d'Emilienne Mopty pour savoir qu'elle était fille, femme et mère de mineurs. Il n'y avait pas besoin de la voir longtemps vivre dans son coron quotidien pour deviner qu'elle était militante communiste. En écrivant que « dès juin 1941, elle anime les manifestations des femmes de mineurs du Pas-de-Calais », Noguères résume ce que Copin raconte : « Encouragées par Emilienne Mopty, les femmes se sont serrées, se tiennent par les bras, s'accrochent l'une à l'autre quand l'ennemi veut procéder à une arrestation. On crie de part et d'autre. Le bruit de la mêlée doit parvenir jusqu'aux oreilles des dirigeants de la Compagnie terrés derrière le double écran des baïonnettes allemandes et de la haute grille. (...) Déjà, la manifestation publique des femmes suscite l'admiration (...). Elle est la seconde du genre, la première s'étant déroulée le 29 mai à Hénin-Liétard, également devant le siège de la Compagnie, avec à sa tête Emilienne Mopty. Toutes deux sont le résultat d'une préparation, d'une organisation méthodique en dépit des conditions difficiles et périlleuses de l'illégalité. (...) Arrêtée une première fois au début de 1942, Emilienne est libérée huit jours plus tard, faute de preuves. La lettre d'un détenu jetée par-dessus le mur de la prison de Loos avait été interceptée par les Allemands. Elle s'y trouvait mise en cause dans la préparation d'une évasion. Appréhendée de nouveau par les gendarmes, mais cette fois à son domicile, elle s'évade par la lucarne des toilettes de la caserne qui s'ouvre sur l'extérieur et se retrouve deux mètres plus bas, dans la rue. Elle doit passer dans l'illégalité. C'est alors son mari que l'on arrête et trois enfants restent seuls dans la maison, 48, rue d'Harnes, à Montigny-en-Gohelle : Adrien, né en 1926, Gilbert, en 1928, Jeannine, en 1935. Mais tandis que le père est emmené en déportation, Adrien entre dans le maquis. (...) Les deux cadets sont recueillis par leur tante Eglantine. Emilienne Mopty travaille maintenant plus que jamais avec le groupe Charles Debarge. Elle a pour mission d'apporter des armes derrière la citadelle d'Arras quand elle est surprise par les Allemands, sur la butte, à proximité de la prison. Sa tête a été mise à prix. Condamnée à mort en 1942, elle est déportée en Allemagne. Mais ce n'est qu'un douloureux répit. A la prison de Cologne, elle reste enchaînée pieds et mains jusqu'à son dernier jour. Et ce jour arrive, le 18 janvier 1943. A dix-sept heures trente, une surveillante lui apporte sa maigre ration appelée soupe. Un Allemand la rejoint qui intervient brutalement : "Inutile de la lui donner, elle n'en a plus besoin." Deux heures plus tard, Emilienne pose sa tête sur le billot et commence lentement le chant de *L'Internationale*. Un commandement rauque, une hache qui s'abat en sifflant...

(...) Le corps d'Emilienne Mopty-Wantiez sera ramené en 1948 en pleine grève revendicative des mineurs. Mais ses fils Adrien et Gilbert ne pourront le recevoir car ils sont détenus à la prison de Béthune pour leur action syndicale. »

La spécialiste en explosifs qui « ressemblait à Sarah Bernhardt »

Le 12 février 1943, France Bloch-Sérazin est décapitée à la hache dans la cour de la prison de Hambourg... Neuf jours plus tard, elle aurait eu trente ans. Fille de l'écrivain et directeur de *Ce Soir* Jean-Richard Bloch et femme de l'ouvrier métallurgiste Frédo Sérazin, elle s'est engagée dans la recherche scientifique et a déjà effectué, en chimie organique, des travaux fructueux. Comme son père et son mari, c'est une militante communiste. A Paris, elle est une des premières à participer à l'activité de l'Organisation spéciale (OS) à partir de l'automne 1940. « Son pseudonyme était Claudia, nous a dit l'ancien ministre communiste de De Gaulle Marcel Paul, nous avons combattu ensemble. Ingénieur chimiste, dans notre triangle OS, elle était chargée du problème des explosifs. Cette frêle jeune femme était d'un courage incroyable ; elle entendait participer aux opérations les plus dangereuses ; elle était à nos côtés dans l'attaque, à Saint-Ouen, d'une cartonnerie travaillant pour les Allemands ; elle était avec nous dans trois ou quatre opérations réussies contre des voies ferrées. Arrêtée, elle fut ignoblement torturée... » Et le syndicaliste Fernand Leriche ajoute : « Menue, avec une belle chevelure noire bouclée qui la faisait ressembler à Sarah Bernhardt, toute sensibilité, toute féminité, toute intelligence, toute gentillesse fraternelle, ainsi apparaissait-elle à tous et resta-t-elle jusqu'à sa mort. Tout courage et toute volonté aussi. (...) Chimiste, elle dirigeait le laboratoire où se fabriquaient les bombes et tout ce qui servait à attaquer la Wehrmacht (...), un petit logement de deux pièces, aménagé avec quelques tables et du matériel de chimie subtilisé çà et là ou acheté pièce par pièce dans de multiples magasins pour ne pas attirer l'attention. Il se trouvait 5, avenue Debidour, à Paris, dans le 19e. On y voyait, outre deux cents kilos de dynamite et de cheddite, du cordon Bickford, des armes de toutes sortes : de vieux "6,35" récupérés dans des égouts, grenades, fusils, épées... et même des poignards malais ! Le cordon Bickford surtout manquait, que France s'employa à fabriquer et avec lequel les francs-tireurs firent sauter, à Orléans, avec le matériel préparé par elle, un pylone électrique de grande importance. Elle immobilisa aussi, en Normandie, tout un convoi nazi, en empoisonnant quatre-vingts chevaux avec de la strychnine... »

L'été 1989, dans une série documentaire télévisée de cinq heures, bientôt suivie d'un livre sur les *Femmes dans la guerre ; 1939-1945*, Guylaine Guidez a produit un témoignage impressionnant sur la mort de la fille de Jean-Richard Bloch. Il émane d'« une Allemande antinazie, Mme Sommer qui était membre de l'administration pénitentiaire depuis la république de Weimar et directrice de la section des NN (Nuit et Brouillard). Que dit Mme Sommer ? « J'avais gagné sa confiance, déclare-t-elle. Le 12 février, le procureur est arrivé dans sa cellule et lui a relu sa condamnation à mort. Il lui a annoncé que celle-ci aurait lieu, le soir même, à 21 heures. Je me suis arrangée pour passer quelques heures avec elle dans la cellule (...). Elle a préparé quelques lettres pour les siens (...). Elle n'a pas voulu manger. Elle a seulement bu du café et m'a priée de lui lire quelques poèmes de Goethe en allemand. (...) Une gardienne est arrivée. Elle a relevé ses cheveux et lui a dénudé le buste. On lui a attaché les mains derrière le dos. Et puis il a fallu partir. Elle a déposé un baiser sur mon front. (...) Quelques instants plus tard, la hache est tombée et lui a tranché le cou. »

En cette même année 1943, c'est encore un scientifique, un chercheur qui, le 3 décembre, pose sa tête sur le billot à la prison de Wolfenbüttel, près de Brunswick : Théodore Lefebvre, géographe de cinquante-quatre ans auquel ses travaux sur les Pyrénées ont valu une certaine notoriété. Le 3 décembre, il n'est pas seul à voir se lever sur lui la hache à l'ombre des murs de Wolfenbüttel. Ce jour-là, le bourreau travaille en série et, à quelques minutes d'intervalle, ce sont neuf de ses camarades de Résistance qui connaissent le même sort horrible que le géographe poitevin.

Le 10 mai 1944, Olga Bancic est décapitée à la hache dans la cour de la prison de Stuttgart... Le 10 mai est le jour anniversaire, le jour des trente-deux ans de cette militante communiste roumaine émigrée en France au temps du Front populaire. Avant de venir dans notre pays, elle a passé de longues années dans les prisons du fascisme balkanique. Le répit parisien n'a été que de courte durée... « En 1940, écrit Gaston Laroche dans *On les nommait des étrangers*, la guerre arrive et bientôt commence la redoutable et sourde lutte contre l'occupant. Olga ne connaît que trop ce sinistre ennemi : c'est le même qui déjà l'a persécutée dans son pays. Aussi, dès l'apparition des nazis en France, elle est une des premières à organiser et réaliser des actes de sabotage qui bientôt se transforment en lutte armée. Elle se sépare de son enfant et donne entièrement son temps à la lutte clandestine... Elle fabrique des engins explosifs et prend part aux actions. Elle transporte dans Paris armes et explosifs, elle glisse, active et vigilante, à travers les griffes de la Gestapo aux aguets. » Le responsable d'Olga Bancic s'appelle alors Missak Manouchian. Bien que la photo de la jeune femme ne figure pas sur la fameuse « affiche rouge » — sans doute parce que trop belle, trop difficile à enlaidir autant que celles des hommes rendus hirsutes d'avoir été empêchés de se raser — elle fait partie des vingt-trois, ces « vingt et trois » dont Aragon chantera plus tard la façon de donner « leur cœur avant le temps / Vingt et trois étrangers et nos frères pourtant / Vingt et trois amoureux de vivre à en mourir... ».

Un sort particulier pour Raymond Burgard

Le 15 juin 1944, Raymond Burgard est décapité à la hache dans la cour de la prison de Cologne... En essayant, plus haut, de rendre sensible la diversité des appels à la Résistance lancés dès 1940, nous avons déjà cité ce professeur d'histoire au lycée Buffon qui, avec son ami Alcide Morel et quelques autres, allait très vite fonder un journal clandestin et un petit mouvement intitulés *Valmy* et « Valmy »... Après son arrestation du 2 avril 1942 qui avait suscité, deux semaines plus tard, une des plus remarquables manifestations de l'époque dans la cour et aux alentours du lycée Buffon, Burgard fut rapidement emmené vers l'Allemagne. Toutefois, ce ne fut pas pour suivre le chemin habituel de la déportation. A ce professeur et poète qui s'étonnait devant la « Clarté des cieux immenses, / Où pointent les yeux d'or des astres incomptés ; / Clarté des mers lointaines, / Rayonnante encor de grands rêves défunts », les nazis réservaient un sort particulier. La première étape de son singulier calvaire fut Sarrebrück. Le 21 octobre 1943, Raymond Burgard y fut condamné à mort par un « tribunal d'empire » spécialement venu de Berlin. Une fois voué ainsi à la peine capitale, on le dirigea vers sa dernière prison, celle de Cologne. Pour justifier leurs artifices juridiques, les magistrats hitlériens avaient rédigé un « rapport final », document équivalant à ce que les juges français nomment l'arrêt de renvoi. C'est un portrait révélateur que ses tourmenteurs y font du futur condamné, et l'on comprend mieux, le lisant, pourquoi sur lui ils s'acharnèrent. « Burgard possède parfaitement la langue allemande, écrivent les magistrats nazis. Ses parents et ses grands-parents sont d'origine alsacienne. Cependant, Burgard ne veut pas entendre dire qu'en qualité de descendant d'Alsaciens il est apparenté par la race et le sang à l'homme allemand. C'est là une preuve que Burgard se détourne sciemment de tout ce qui est allemand et qu'il pense et sent exclusivement en Français. (...) L'interrogatoire de Burgard a été accompagné de difficultés inconnues jusqu'alors. (...) Il a émis la prétention de rédiger le procès-verbal d'interrogatoire selon ses conceptions personnelles. (...) Les idées de Burgard, de même que les journaux propagés par lui, étaient sans aucun doute orientés vers la lutte contre l'autorité d'occupation. Burgard s'est désigné, sciemment et délibérément, comme adversaire de l'Allemagne et, par sa participation à l'activité antiallemande, il s'est rendu éminemment suspect de favoriser l'ennemi. »

Le 20 février 1945, dix semaines avant la fin du Führer, le maréchal des logis Wladimir Poukhliakoff est décapité à la hache dans la cour de la prison de Wolfenbüttel... En faisant, après la guerre, en 1963, son portrait dans le *Bulletin de l'Amicale des anciens membres des Services spéciaux de la Défense nationale*, le général Henri Navarre écrira : « Wladimir Poukhliakoff était l'un des meilleurs maréchaux des logis du 2e Escadron du 11e Régiment des cuirassiers. Ceci n'est pas un mince éloge car le corps des sous-officiers de cette unité était remarquable et digne des plus belles traditions de la cavalerie française ; il l'a prouvé, d'abord face aux Allemands en mai-juin 1940, puis dans la Résistance au cours d'une lutte clandestine de cinq années. Doué pour les arts, comme pour les sports, Wladimir Poukhliakoff était un cavalier intrépide et un tireur d'élite ; rompu aussi aux exercices de voltige où il déployait de véritables qualités d'acrobate — que de compétitions régimentaires ne fit-il pas remporter à son escadron ! Escadron dont, par ailleurs, il avait décoré le casernement de fresques militaires d'une inspiration magnifiquement guerrière. Svelte, sec, ardent, rapide, connaissant et aimant son métier, il incarnait, dès le temps de paix, le tempérament du combattant qu'il fut jusqu'au sacrifice suprême. » L'activité résistante de Poukhliakoff devait se développer à la fois dans le cadre des Travaux ruraux (SSM-TR), du capitaine (et futur colonel) Paul Paillole dont nous avons déjà dit que, malgré certaines ambiguïtés, ils portèrent de rudes coups à l'Abwehr, mais aussi en liaison avec la branche de l'Organisation civile et militaire (OCM) que dirigeait le colonel d'aviation Alfred Heurteaux. A ce propos, un de ses anciens compagnons de clandestinité raconte comment, au début de 1941, après son évasion d'un camp de prisonniers de guerre, « Wladimir Poukhliakoff parvint à rejoindre Paris où il devait retrouver des camarades de régiment, lesquels venaient de constituer une antenne du SSM-TR... Poukhliakoff accepta avec enthousiasme de travailler avec eux. Affecté à la liaison avec les réseaux du colonel Heurteaux, il se consacra à fond à sa tâche jusqu'au jour où, en 1942, ces réseaux furent démantelés par la Gestapo. Ayant échappé de peu à l'arrestation, Poukhliakoff, mis en sommeil pendant quelque temps, reçut d'autres missions. En 1943, en dehors de son activité de renseignement, il exerçait les fonctions d'archiviste de l'antenne, constituant un remarquable fichier des services spéciaux allemands et de leurs agents. En septembre-octobre 1943, l'antenne Paris du SSM-TR devait à son tour connaître la catastrophe à la suite de la trahison de l'un des siens, exécuté depuis. Arrêté, Wladimir Poukhliakoff se trouvait impliqué dans deux affaires en même temps : celle du TR et celle des réseaux Heurteaux. C'est au titre de cette dernière, pour laquelle l'instruction était en cours depuis 1942, qu'il devait être extrait de Fresnes et transféré à la prison de Cologne... »

Déjà, lisant ces pages où nous tentons de dire ce que fut l'abominable supplice des résistants décapités à la hache, des lecteurs se seront sans doute étonnés de n'y point trouver le nom qu'ils attendaient plus que d'autres, celui de Berty Albrecht... Cent fois, mille fois, à travers toute la France, sur les plaques commémoratives comme dans les discours de célébration, ce nom a tellement été associé à cette forme de supplice, qu'il en est devenu comme le symbole. En réalité, pourtant, il est maintenant établi que Berty Albrecht n'a pas été décapitée.

Berty, Bertie, Berthie ou Berthy ?

Dans *L'Homme communiste*, alors qu'il republie les textes que, sous l'Occupation, il avait fait éditer illégalement en les signant « Le témoin des martyrs », Aragon ajoute : « J'en étais à écrire ceci (juillet 1943) quand, dans la presse clandestine française, on put lire l'article suivant : "*Une Française décapitée à la hache.* — La hache nazie vient de faire son apparition en France. C'est dans la cour de la prison de Fresnes qu'elle a, pour la première fois, fait rouler une tête française. Et cette tête était la tête d'une femme qui était une intellectuelle, de religion protestante, mère de famille. On connaissait Madame Albrecht dans les milieux universitaires de Paris et sa mort tragique touchera particulièrement ceux qui suivirent le cours d'économie politique qu'elle avait créé, ceux qui lisaient l'intéressante revue scientifique qu'elle avait fondée. On se demandera avec stupeur ce qui a pu désigner au bourreau cette femme distinguée et intelligente pour en faire le premier martyr de la hache, comme si, en sa personne, l'instrument de la barbarie avait voulu marquer que c'était notre culture qu'il entendait décapiter."... »

Evoquant, dans *Le Sacrifice du matin*, ses souvenirs de la même époque, Pierre Guillain de Bénouville note à son tour : « Je fus éveillé par des coups de sonnette impérieux. La police arrivait-elle déjà ? J'entrouvris la porte pour accueillir la fille aînée de M. Gouze, dont les parents venaient d'arriver à Lyon. Bouleversée, décoiffée, elle m'apprit que son père et sa mère avaient reçu de la préfecture l'avis de décès de Bertie Albrecht. Le sous-officier de gendarmerie qui leur avait rapporté le décès de notre amie leur avait déclaré qu'à la préfecture de Mâcon, le bruit courait que, dès son arrivée, elle avait été décapitée à Fresnes. »... Et lorsque en 1973, Henri Frenay publie ses mémoires sous le titre *La nuit finira*, on y lit : « Ce matin de juillet, le soleil brille comme rarement sur la capitale britannique. Je pleure. Sur ma table un message de France : Bertie est morte, décapitée à la hache ou fusillée, on ne sait. Longtemps, les yeux fermés, je m'abîme dans un océan de désespoir... Je ne suis même plus capable de penser. Quand je me lève, mes jambes semblent ne pas devoir me porter. Bertie ! Bertie !... Décapitée... Ma matinée se passe dans le recueillement et le souvenir... »

Décapitée *ou* fusillée, écrit déjà Frenay. Dès lors, l'incertitude va s'installer. Lorsque, le 26 août 1943, le Comité français de Libération nationale (CFLN) décerne à Bertie Albrecht la Croix de la Libération à titre posthume, la citation porte : « Morte pour la France, fusillée par les Allemands, le 6 juin 1943 »... Lorsqu'au lendemain de la Libération Aragon republie, comme nous l'avons vu tout à l'heure, les textes du « Témoin des martyrs », il ajoute en note : « C'est à Lyon et non à Fresnes qu'est morte Bertie Albrecht »... Lorsque, vers 1950, l'Union des femmes françaises consacre à la cofondatrice du mouvement Combat une de ses brochures de la série *Héroïnes d'hier et d'aujourd'hui*, brochure à laquelle, pourtant, collaborent sa fille Mireille et sa très proche amie Jeanne Sivadon, sur la couverture de cette brochure on lit : « Décapitée à la hache le 9 juin 1943 »... Mais, dira-t-on, ne fit-on pas une enquête ? Si, bien sûr. C'est même Henri Frenay qui, étant alors ministre des Prisonniers, Déportés et Réfugiés dans le Gouvernement provisoire que préside le général de Gaulle immédiatement après la Libération, s'en occupe personnellement. Hélas le résultat est maigre...

« Je me suis rendu à Fresnes dans l'espoir d'y relever la trace du passage de Bertie, racontera plus tard Frenay dans ses mémoires. Le directeur de la prison m'a remis le registre du printemps 1943. Je trouve rapidement ce que je cherche : Albrecht Bertie. A chaque détenu est réservée une page entière, comportant les renseignements d'état civil et les étapes de son existence de prisonnier. Je lis : "Décédée le 28 mai 1943. Cause : inconnue..." Ce mot "inconnue" a été écrit en surcharge d'une mention portée antérieurement puis grattée. La partie grattée est plus large que le mot "inconnue" (on y avait écrit la véritable raison de la mort). En dessous, je trouve cette précieuse indication : "Inhumation cimetière de Fresnes, n° 26". L'exhumation sera faite quelques semaines plus tard en présence notamment du docteur Wolfsohn, ami de Bertie et de moi-même. Il n'y avait pas eu décapitation, comme on l'avait affirmé. En revanche, le cou portait des traces évidentes de strangulation. Il est peu vraisemblable que la Gestapo l'ait étranglée. Elle avait intérêt à la conserver en vie pour tenter de la faire parler. Je me rappelle ce qu'elle me disait à Cluny lorsque nous nous sommes retrouvés après sa prison et l'asile de Bron : "Si je suis à nouveau arrêtée, je me tuerai." Je considère comme certain qu'elle s'est pendue. »

Cette certitude n'est pas partagée par sa fille qui se souvient pourtant que, lors de leur dernière rencontre, sa mère lui a dit : « Mireille, je ne te reverrai pas. Je vais mourir, maintenant je le sais. Je n'ai qu'un regret, te laisser seule, si jeune, dans la vie... » Aussi bien, au fil des années, des manifestations et des publications, les circonstances de la fin de Berty Albrecht continueront-elles d'être diversement relatées alors même que, selon les plumes, son prénom sera orthographié tantôt Berty comme nous l'écrivons, à l'imitation de ses enfants, tantôt Bertie, tantôt Berthie, tantôt Berthy, etc.

La dernière enquête remonte à 1986, quand Mireille Albrecht publie son livre simplement intitulé *Berty*. Titre du dix-neuvième et dernier chapitre, un des plus courts : *A la recherche de la vérité*... D'abord, la fille de l'héroïne interroge à nouveau le médecin déjà cité par Frenay... « C'est le grand ami de Maman, le docteur Robert Wolfsohn, qui a accepté de procéder à cette identification, si éprouvante pour lui. Voici ce qu'il m'a dit : "Lorsqu'on a ouvert le cercueil, je n'ai eu aucun doute, j'ai tout de suite reconnu Berty. Elle n'était pas abîmée, donnait l'impression de dormir paisiblement... Sur le côté droit de son cou, j'ai remarqué une entaille de plusieurs centimètres de long. Malheureusement, je ne peux dire si c'est une marque due à une strangulation ou à une blessure." Elle n'avait donc pas été décapitée, ce fut pour moi un immense soulagement... »

Les deux mystères Albrecht

Le seul soulagement. Car, malgré l'accès à toutes les archives disponibles, l'enquête va s'avérer décevante, sinon frustrante... « En mai 1945, écrit Mireille Albrecht, quels sont les faits précis concernant la fin de Berty ? Il n'y en a que deux : son arrestation par la Gestapo, le 28 mai 1943, à Mâcon, son inhumation au cimetière de la prison de Fresnes, le 7 juin 1943. Entre ces deux dates, il s'est passé onze jours, sur lesquels il n'y a pas le moindre détail. Personne n'a pu témoigner l'avoir vue à la prison de Fresnes. (...) Par conséquent, tout ce qui a été dit sur la fin de Berty ne relève que de suppositions, d'hypothèses sans fondement. »... L'auteur de *Berty* poursuit donc ses recherches. Démarches infructueuses. « Tout cela ne m'a rien appris de nouveau, dit-elle. Devant tant de contradictions, j'ai eu, au contraire, l'impression de nager en pleine confusion. »... Et, en fin de chapitre : « Depuis huit mois que je fais des recherches, conclut Mireille Albrecht, je ne peux pas dire, hélas ! que j'ai beaucoup éclairci les conditions de l'arrestation de Berty et celles de sa mort. (...) Je sais que cela va prendre beaucoup de temps (...). J'ai fait de nombreuses démarches (...). Il n'y a pas encore de résultats suffisamment intéressants pour que j'en parle dès maintenant. Il faut attendre. »

Après cet ultime chapitre, le livre de la fille de la cofondatrice du mouvement Combat comporte encore une *Postface*. Elle est très brève. Moins d'une page. Le temps, pour Mireille Albrecht, d'affirmer : « Berty Albrecht, héroïne de la Résistance, c'est vrai. Pourtant sa résistance a commencé bien avant juin 1940. Elle était déjà résistante lorsqu'elle défendait la cause des femmes, celle des ouvriers, ne se contentant pas de vaines paroles, mais passant à l'action. Elle n'en tirait aucun orgueil, ne se vantait pas, ne se considérait pas comme quelqu'un d'exceptionnel. Elle défendait ses convictions avec vigueur, sans s'occuper de ce que l'on pourrait penser d'elle. » Une opinion sur leur mère tout à fait partagée par le frère aîné de Mireille, un ancien des FFL, qui onze ans avant la publication de l'ouvrage de sa sœur avait participé les 22 et 23 novembre 1975, à la Sorbonne, à un colloque de l'Union des femmes françaises (UFF) sur *Les Femmes dans la Résistance*. « La lutte de Berty, avait alors déclaré Frédéric Albrecht, a débuté bien avant la Résistance, et son combat durant celle-ci n'a été que l'aboutissement normal et inévitable de son comportement précédent. (...) Le combat mené par Berty pour que soient reconnus les droits de la femme dans la société l'a tout naturellement amenée à lutter pour que la femme prenne conscience de ses devoirs politiques (...). C'est ainsi que ma mère a été conduite à s'occuper d'une façon active et clandestine des réfugiés républicains espagnols, des réfugiés juifs de l'Allemagne nazie, à trouver de l'argent pour l'envoi d'ambulances au Négus pendant la guerre d'Abyssinie... » Dite aussi guerre d'Ethiopie, et principale conquête mussolinienne, en 1936 — mais revenons au colloque de l'UFF. « Son activité sous le Front populaire a été intense, poursuit Frédéric Albrecht. Je la vois encore jeter des tracts par les fenêtres de sa Peugeot au moment des grèves ; je vois encore les grandes affiches placardées dans les rues parisiennes : "Tous ce soir à la Mutualité pour écouter notre camarade Berthie Albrecht !"... »

Femmes extraordinaires — un qualificatif qui, pour Berty Albrecht, semble adéquat, et qui précisément est le titre d'un ouvrage collectif où Annie Fourcaut, en 1979, analyse cette vie militante d'avant-guerre. Pour elle, c'est à Londres, au milieu des années vingt, que la future héroïne « découvre au-delà de la City une Angleterre bouillonnante d'idées neuves. Elle s'en empare, avec une passion de connaître et d'agir dont l'acuité révèle l'insatisfaction à laquelle sa situation l'a conduite. C'est alors (...) qu'elle rencontre les trois grandes réalités sociales qui vont donner un cours nouveau à sa vie : le courant féministe, le Birth Control, et le mouvement ouvrier. » Et Annie Fourcaut de décrire une femme de plus en plus engagée. « Berty, continue-t-elle en effet, devient elle-même pour quelques années un "compagnon de route" des communistes. Elle rencontre Paul Vaillant-Couturier, Jacques Duclos, Marcel Cachin, Léon Blum. Elle devient l'amie d'artistes comme Jean Lurçat, de savants comme Paul Langevin et Jean Perrin, et surtout de médecins communistes comme le docteur Dalsace et le docteur Wolfsohn. Elle milite avec des femmes communistes : Maria Rabaté, Madeleine Braun, avec Gabrielle Duchêne, fondatrice des "Amis de l'URSS". Elle travaille aussi avec les dirigeants de la Ligue des Droits de l'Homme, Victor Basch et le docteur Sicard de Plauzolles. Très tôt, Berty a eu l'idée, dont elle discute avec Madeleine Braun et Gabrielle Duchêne, d'organiser des cours de vulgarisation du marxisme. Ces cours, assurés par Jean Baby, agrégé d'histoire et communiste, auront lieu le soir, à la Mutualité, à partir de 1935, et Henri Frenay, qui connaît Berty depuis peu, se souvient de les avoir suivis. » Aussi bien Annie Fourcaut partage-t-elle l'opinion des enfants de Berty Albrecht sur la précocité de son entrée dans la Résistance... « Par son rôle auprès des antifascistes exilés, on peut dire qu'elle avait commencé très tôt à "résister". Les Allemands le savaient fort bien d'ailleurs, qui, dès le lendemain de leur arrivée à Paris, sont chez elle, et fouillent l'appartement qu'elle a heureusement quitté. »

« Femme extraordinaire » donc, selon le titre du livre où Annie Fourcaut rappelle ces vérités biographiques de la cofondatrice de Combat ? Evidemment, mais plus encore, personnage où le mélange de discrétion et d'anticonformisme, d'efficacité et d'inattendu confine au mystère. Comme s'il n'y avait pas qu'un mystère de la mort, mais aussi un mystère de la vie de Berty Albrecht. Entre la « Madame Albrecht » du « Témoin des martyrs », alias Aragon, et la « camarade Berthie Albrecht » des affiches à jamais placardées dans la mémoire de son fils, le problème n'est pas de choisir, mais de ne rien oublier.

« Terriblement vivante » et « terriblement coquette »

Berty Albrecht stimule aussi l'admiration dans la mesure où elle déroute... L'imagine-t-on mi-dame patronnesse mi-militante austère qu'aussitôt son fils Frédéric explique, comme il le fit au colloque de la Sorbonne, que cette « femme terriblement vivante (...) était petite, gracieuse, ravissante (...), terriblement coquette — je la revois encore avec ses voilettes et ses mouches, ce qui était à la mode à l'époque — elle était brillante, très moderne, adorait recevoir, jouait du piano et avait une voix de soprano léger adorable. Elle parlait sept langues, se passionnait pour l'architecture et les meubles anciens, savait arranger un bouquet à la perfection, était une cuisinière émérite ». Ce que complète Annie Fourcaut en précisant : « Petite (elle mesure 1 mètre 51), elle est menue (elle chausse du 34), elle est élégante, raffinée, séduisante ; elle porte des voilettes, des mouches, des chapeaux avec des plumes de coq qui ravissent ses amies. Son parfum préféré est *Amour, Amour* de Patou ; sa modiste, son esthéticienne viennent la voir à domicile. Enfin, c'est une femme extrêmement féminine, gaie, attirante, brillante. » Et c'est Mireille Albrecht qui enchaîne : « Elle était toute petite puisqu'elle mesurait 1 mètre 51. Eh bien, les camarades s'en souviennent comme d'une très grande femme et me disent : "Ta mère mesurait au moins 1 mètre 75." Elle avait un regard qui surprenait toujours. Ses yeux étaient d'un bleu rare, très soutenu, le bleu des gentianes et des myosotis. Et ce regard avait quelque chose qui vissait les gens au sol. De quoi tout cela venait-il ? J'ose dire de son âme. Je ne vois pas d'autre explication. En tout cas, partout où elle passait, personne ne pouvait l'oublier. »

Les yeux de Berty Albrecht... Yvette Braumann, qui fut une des dirigeantes du mouvement Combat, raconte à Guylaine Guidez : « Je suis allée au Commissariat au chômage (...) et je me suis trouvée devant une femme qui écrivait derrière un bureau, qui n'a pas levé la tête (...). Et puis, d'un coup, elle m'a regardée. J'ai vu ses yeux bleus stupéfiants, extraordinaires, des yeux très violents, très brillants... » Le général non plus n'a pas oublié... Le général Maurice Chevance-Bertin, qui, dans son livre *Vingt mille heures d'angoisse*, déjà cité, se souvient de « leur première rencontre, dans les premiers mois de 1941 »... « Je la revois, écrit-il, élégante dans son tailleur gris (...). Ce qui frappait avant tout était son regard : des yeux bleu clair qui vous saisissaient, vous mettaient à nu. Un de ces regards qui évaluent, qui pèsent, auxquels on ne peut échapper, mais aussi un regard de vérité intérieure, un regard qui ne pouvait mentir, pas plus qu'on ne pouvait lui mentir. »

Avec les mots *yeux* et *regard*, sans doute est-ce le mot *âme* qui revient le plus souvent quand on évoque Berty Albrecht. Rappelons-nous l'explication avancée par sa fille : « De quoi cela venait-il ? J'ose dire de son âme. » Référence si souvent faite qu'il apparaît logique qu'une historienne américaine fasse de ce mot l'usage le plus concret possible. « Berty Albrecht fut l'âme de Combat, le réseau fondé par son compagnon, Henri Frenay », écrit ainsi Margaret Collins Weitz, en 1995, dans *Sister in the Resistance* (devenue deux ans plus tard, en français, *Les Combattantes de l'ombre*). Et elle ajoute : « Ce fut Berty (ainsi que tout le monde l'appelait) qui conçut et organisa les services sociaux du mouvement. Contribution majeure à la Résistance, son œuvre fut imitée partout... » En écrivant cela, l'historienne américaine résume bien l'opinion générale sur l'importance et l'efficacité de Berty Albrecht comme architecte de l'action résistante, mais ensuite elle glisse sur le mystère, ou peut-être le miracle : son entente, son accord avec quelqu'un d'aussi différent d'elle que pouvait l'être l'« officier de carrière catholique » Henri Frenay. Une communion sans laquelle le mouvement Combat n'aurait pas été ce qu'il fut.

Et, là-dessus, les anciens résistants sont tout aussi perplexes que les historiens. Malgré des décennies de réflexion... Ancien commissaire national des FFI (Forces françaises de l'intérieur), venu de Libération, Maurice Kriegel-Valrimont note simplement, en 1999, dans *Mémoires rebelles*, que Berty Albrecht « apparaît, à certains égards, comme l'inspiratrice de Combat », qu'elle « est au centre de cette organisation » et qu'elle « se situe beaucoup plus à gauche que Frenay mais probablement aussi que d'Astier ». Ancien secrétaire général des MUR (Mouvements unis de Résistance), venu de Combat, Jacques Baumel se borne à expliquer, la même année, dans *Résister* que « Bertie Albrecht était une femme hors du commun, dont l'influence sur Frenay avait été considérable dès les tout débuts (...). Son regard suffisait à révéler son caractère et sa détermination. Il suffisait de bavarder un moment avec elle pour comprendre » qu'elle avait « une intelligence particulièrement affûtée. Autoritaire et forte, elle avait eu une influence décisive sur Frenay ». Plus originale, et très juste, hélas, est une autre remarque de Baumel... « Avec Bertie Albrecht, écrit-il, est morte l'une des plus pures héroïnes de la Résistance. Une rue de Paris porte aujourd'hui son nom. A part cela, je crains qu'elle n'évoque plus grand-chose à la plupart de nos contemporains. Aucun film à grand spectacle n'a rappelé son sacrifice. Probablement a-t-elle eu le tort de mourir. La postérité aime assez les grands témoins encore vivants, dont on fait des idoles qui vont dans les écoles et sur les plateaux de télévision... »

Le débat sur le cyanure

Même si l'on est sûr qu'elle ne fut pas décapitée, et si l'on peut penser que Henri Frenay avait raison quand il disait : « Je considère comme certain qu'elle s'est pendue », force est de douter que jamais toute la lumière soit faite sur les derniers instants de Berty Albrecht... L'incertitude sur les circonstances du martyre fut, aux temps noirs, un raffinement supplémentaire des bourreaux. Mais sans portée. Car, comme l'écrivit Edith Thomas, qui signait « Anne » dans *L'Honneur des poètes* : « La fin de Bertie Albrecht reste obscure, mais non sa signification : elle est d'une claire logique, d'une logique absolue, comme le fut sa vie tout entière. »

Le raisonnement « d'une logique absolue » qui mena Berty Albrecht au suicide, d'autres résistants y furent également contraints par l'implacable inhumanité des situations dans lesquelles ils se trouvèrent plongés... On connaît la définition habituelle et classique du mot *suicide* : « action de celui qui se tue lui-même ». Mais on peut, on doit poser la question : cette définition des temps paisibles demeure-t-elle valable quand l'injustice, l'humiliation, le massacre et l'horreur sont devenus la règle ? En d'autres termes, ne doit-on pas considérer que le suicide, le fait de pousser des hommes et des femmes à se suicider, devint au bout du compte, pendant l'Occupation, un des moyens parmi d'autres employés par les nazis dans leur lutte à mort contre les résistants, un des procédés d'extermination ?

En posant cette question, bien sûr, d'une part nous constatons une évidence mais, d'autre part, nous réouvrons, que nous le voulions ou non, le dramatique débat exposé au chapitre précédent, celui sur la torture... Ceux qui considéraient que le résistant arrêté devait « tout nier » et s'en tenir coûte que coûte à cette dénégation globale ne pouvaient évidemment admettre qu'on se suicidât par peur de parler ; au contraire, ceux pour qui il suffisait de « tenir quarante-huit heures » et de « limiter les dégâts », ceux-là envisageaient le suicide comme une possibilité acceptable. Cette divergence sur le suicide correspondait d'ailleurs au même clivage politique que celle sur l'attitude à avoir face à la torture et, tandis que la plupart des responsables gaullistes en mission emportaient avec eux une « pilule de cyanure », jamais les dirigeants et militants communistes ne s'en munirent.

Ici, arrêtons-nous un instant... Si, lors de la première édition de ce livre, j'écrivais aussi péremptoirement *jamais*, c'était pour l'avoir entendu affirmer par de nombreux résistants. Et je ne doutais pas alors d'être dans le vrai. Puis vint, en fin d'ouvrage, la *Postface* critique que j'avais demandée à Robert Vollet, ce lieutenant-colonel de l'Armée secrète (AS), dont on sait que les conseils me furent précieux... « Comment, écrivait Vollet, dans cette *Postface*, éviter de confondre un fait isolé avec une doctrine ? Alain Guérin, étudiant le suicide en cas d'arrestation, écrit tranquillement, parlant du poison que certains portaient sur eux : "*Jamais* les résistants communistes ne s'en munirent." Or, quand j'ai personnellement estimé que ce que je savais était trop dangereux pour être risqué — je ne dis pas livré, mais seulement risqué — au cours d'un interrogatoire renforcé, c'est un résistant communiste qui a partagé avec moi son "matériel", lequel était fabriqué par un pharmacien du Front national... » Attention à la doctrine, dit Vollet. Et il a raison. Attention à une hâtive théorisation d'un problème aussi délicat... Poser simplement la question : cyanure ou pas cyanure ? Droit au cyanure ou pas droit au cyanure ?, c'est tout réduire à une alternative terriblement schématique. La réalité l'était beaucoup moins... Dans le petit ouvrage, déjà cité, qu'elle publia en 1945 et qui fut le premier livre de synthèse traitant de l'ensemble de la Résistance, Lucie Aubrac n'hésite pas à se contredire à quelques lignes de distance pour mieux faire sentir toute la complexité du problème. « Il est bien difficile, écrit-elle d'abord, de condamner celui ou celle qui firent des aveux sous la torture, mais il faut, au grand honneur de la Résistance, dire que les meilleurs de ses militants n'hésitèrent jamais devant le suicide lorsqu'ils sentaient qu'ils ne pourraient dominer la douleur. » Un peu plus loin, elle ajoute : « Il faut bien dire, d'ailleurs, que si le suicide des suppliciés empêchait leurs aveux, il n'y avait là en général qu'une mort prématurée. Combien de nos camarades périrent d'une suprême torture ou au peloton d'exécution pour avoir jusqu'à la fin refusé de parler ! » Cependant, c'est la même plume qui, à la même page, note : « Les services secrets avaient habitué leurs agents à porter toujours sur eux une petite pilule de cyanure, moyen facile d'en sortir, trop facile même puisque nous devons à ces évasions définitives la perte de très bons camarades au moment même de leur prise par la Gestapo. »

Débat douloureux, débat sans conclusion possible mais débat significatif et dont la connaissance est indispensable à qui veut savoir comment la Résistance fut véritablement « vécue » par les résistants. Citons trois cas à titre indicatif... En racontant ce que fut la fin de son ami et camarade de combat, le poète, journaliste et musicologue Charles Wolff, Jean Cassou écrit : « Souvent, Charles me montrait la petite ampoule de poison qu'il portait dans son gousset, et cela sans nulle fanfaronnade, mais avec la calme assurance d'une âme légère et qui accepte son destin légèrement, c'est-à-dire avec grâce, c'est-à-dire enfin avec la forme la plus haute du courage. Arrêté à Toulouse, le 15 mai 1944, par la Milice, et torturé, le lieutenant Charles Wolff réussit à s'empoisonner sans avoir livré un seul de ses secrets, de nos secrets. »...

« Son sourire se voyait de très loin... »

En décrivant la lutte menée par des membres de l'Armée juive (AJ) qui devait devenir, en 1944, l'Organisation juive de combat (OJC), et à propos des actions menées, cette année-là, à Toulouse, Anny Latour rapporte : « Perrin, hélas ! est pris et enfermé dans un local de la Milice. Simon Cohen, le frère de Bébé, tenait alors un journal où il inscrivait les événements au jour le jour : "Perrin est dans la maison de la Milice, rue Alexandre-Fourtanier. Des camarades de l'AJ réussissent à communiquer avec lui d'une fenêtre de l'appartement d'un tailleur, face à la pièce où il se trouve. Perrin réussit à découper, dans des journaux, des lettres et en forme des mots : 'On me met les menottes aux poignets, on me ligote les mains et on me bâillonne. On me fait passer le courant électrique sur les parties du corps les plus sensibles.' Le lendemain, Perrin demande qu'on lui fasse parvenir un tube de véronal pour le sauver 'du supplice et de la trahison'. Les camarades de l'AJ ne lui ont pas envoyé le poison demandé, mais ils essaient à tout prix de le faire libérer. Le tailleur avait promis de les aider ; il a pris l'argent mais il n'a pas tenu ses promesses." La Milice a livré Perrin à la Gestapo. Il devait mourir en déportation. »...

Le troisième cas est celui d'une grande figure de la Résistance. Une rue parisienne porte son nom dans le quartier de la Plaine-Monceau. Son effigie figure sur l'un des timbres de la série *Héros de la Résistance*, émise en 1958. Un navire s'appelle le *Jacques Bingen*... Lorsque la Légion d'honneur lui fut décernée à titre posthume, la citation disait : « Détenteur des secrets les plus importants de la Résistance, a préféré se donner volontairement la mort que de s'exposer à les livrer sous la torture... » Quand Bingen s'est tué, il était délégué du CFLN (Comité français de Libération nationale — le gouvernement d'Alger) pour la zone Sud sous le nom de guerre de Cléante, un nom porté par plusieurs personnages de Molière. Il avait trente-six ans... Gilberte Arcambal était une résistante qui combattait à ses côtés. Plus tard, elle a raconté à Marianne Monestier : « Je savais que Bingen portait toujours sur lui, attaché au cou, comme le scapulaire des catholiques, un petit sac contenant une pilule de cyanure. Et je lui disais : "Pourquoi portez-vous toujours cette cochonnerie sur vous ? Je ne suis pas d'accord. On doit défendre sa peau jusqu'au bout et on doit avoir tendance à avaler ça trop tôt..." Sa pilule, il l'a avalée le 13 mai 1944, à Clermont-Ferrand, sous une porte cochère où il avait tout de même réussi à se réfugier alors que les Allemands le poursuivaient. Mais lorsqu'il a entendu au-dessus de lui, à une fenêtre, une femme crier aux Boches qui passaient en courant sans s'arrêter : "Vous cherchez un type qui se sauve ? Il est là, sous le porche !", il a arraché le sac de son cou et quelques minutes plus tard il mourait sans avoir parlé... » La femme qui cria était employée à la Banque de France, et se nommait Odette Courtial. Elle est morte dans son lit, la conscience tranquille... L'héritage de Cléante est comme impalpable : un certain sourire et le sentiment du bonheur... Socialement parlant, Jacques Bingen était un grand bourgeois : beau-frère d'André Citroën (le père des tractions avant), devenu directeur général d'une firme maritime, la SAGA après Sciences-Po et les Mines. L'un de ceux avec qui il travailla dans la clandestinité était un individualiste très marqué à gauche, futur commissaire de la République puis ministre après la Libération, Yves Farge, alors responsable du CAD (le Comité anti-déportation du CNR). C'est dans son livre *Rebelles, soldats et citoyens*, que Farge écrit : « Ce garçon doux qui aimait les situations périlleuses souriait des complications et intervenait en médiateur avec un tact inné. On le disait féru du BCRA, mais j'ai pu constater par la lecture des rapports qu'il envoyait à Londres que sa fine intelligence l'avait promptement averti des réalités de nos luttes et qu'il était capable de mettre rigoureusement les choses au point. (...) Dès qu'il nous voyait, il souriait, son sourire se voyait de très loin... » Ce sourire de Bingen, Jacques Chaban-Delmas, alors un peu son homologue comme DMN (Délégué militaire national), le connaissait bien. Quand, en 1986, l'ancien Premier ministre, et maire de Bordeaux, fera, sous le titre *Les Compagnons*, douze portraits de compagnons de la Libération, il commencera ainsi celui du suicidé du 13 mai 1944 : « Si tous les hommes possèdent, au départ, un même droit à la recherche du bonheur, certains, dès l'enfance, donnent le sentiment qu'ils y accéderont sans la moindre difficulté, de façon toute naturelle. Ils sont comme nés pour être heureux. Jacques Bingen était de ceux-là. »

Autre difficulté de la réflexion, et du débat quand il y en a un, le fait que le suicide soit en quelque sorte une arme à double tranchant... Symbole du suprême abandon, il est aussi celui de l'ultime résistance. Pouvant être considéré comme un des moyens d'extermination dont dispose l'ennemi, il peut tout aussi bien être envisagé comme un moyen d'échapper à cet ennemi... Il est sûr, en tout cas, que si ce fut l'aspect négatif du suicide qui préoccupa d'abord les responsables de la Résistance, ce sera surtout son aspect positif qui sera ultérieurement retenu. Par-delà leur peine et leur admiration pour son courage, ses compagnons de clandestinité considèrent surtout le suicide d'un résistant comme la perte d'un combattant. En revanche, le même suicide est ressenti par l'opinion publique et enregistré par l'Histoire d'abord comme une manifestation d'héroïsme, comme un geste de défi particulièrement significatif et efficace. Il suffit, pour s'en convaincre, de considérer les positions légendaires qui sont celles des Brossolette, Scamaroni ou « Médéric » dans le panthéon parlé de la Résistance. D'ailleurs, l'aspect marginal, inquiétant sinon morbide du suicide s'estompe ici derrière le sentiment exaltant de voir l'ennemi surpris, le bourreau dépossédé, le tortionnaire perdant l'initiative. Sans doute est-ce de là que les récits de suicides de résistants tirent une densité héroïque tout aussi évidente que celle des récits de fusillades ou de décapitations. Et cela, quelle que soit la forme employée : dernière balle pour soi-même aussi bien que défenestration, ouverture des veines aussi bien que pendaison ou pilule de cyanure.

La dernière balle

La dernière balle gardée pour soi-même...

Joseph Clisci... Il était né dans la partie de l'Ukraine qui, au lendemain de la guerre de 1914-1918, fut occupée par la Roumanie. « Après ses études au lycée, écrit Gaston Laroche, alias colonel FTP Boris Matline, en 1965, dans *On les nommait des étrangers ; les immigrés dans la Résistance*, déjà cité, il se consacra uniquement au Parti, d'abord comme dirigeant de l'organisation des Jeunesses communistes de la ville de Khotinsk, puis comme instructeur du Parti pour la région de Khotinsk. Plus tard, étudiant de l'université de Bucarest, il continue son activité révolutionnaire jusqu'au jour où, recherché par la "Ségurantza", il est obligé de s'expatrier. C'est en France qu'il vient chercher asile. Dès les premiers jours de l'occupation hitlérienne, Clisci chercha le moyen de lutter contre le fascisme. Il fut l'un des premiers qui adhérèrent aux détachements des Francs-tireurs et partisans de la région parisienne. Il participa sous le pseudonyme d'Albert à plusieurs actions du groupe Manouchian. Et c'est au cours de l'une d'elles qu'il trouva la mort, le 2 juillet 1943. Le combat se déroula à Clichy, devant l'hôpital Beaujon... » Jacques Ravine a raconté ce combat, en 1973, dans *La Résistance organisée des Juifs en France* (*1940-1944*) « Le service de renseignements, écrit-il, avait noté, après de laborieuses observations, que tous les matins, vers huit heures, un autobus allemand amenait à l'hôpital Beaujon, réservé aux troupes allemandes, un groupe d'officiers de la Luftwaffe. L'action fut fixée pour le 2 juillet, sous le commandement de l'ingénieur Joseph Clisci. (...) Quand l'autobus, bondé d'officiers de la Luftwaffe, arriva, un partisan lança, par la fenêtre ouverte de l'autobus, une grenade qui explosa au milieu des passagers. Les pertes allemandes furent très lourdes. La retraite des partisans se fit dans des conditions pénibles. Des gendarmes français, accourus au fracas de l'explosion, ouvrirent le feu sur les partisans. Le responsable, Joseph Clisci, prit personnellement le commandement de la retraite et réussit à tirer les autres hors du danger, mais il fut blessé à la jambe. Perdant son sang, il se traîna, atteignit un immeuble et se cacha dans la cave. Les SS alertés quadrillèrent tout le quartier et cherchèrent de maison en maison (...) Le soir, sur indication d'une femme, ils découvrirent la cave où Clisci s'était terré. Ils assiégèrent l'immeuble et, par un haut-parleur, intimèrent à Clisci l'ordre de se rendre. Mais ce dernier tint le siège durant de longues heures. Chaque fois qu'un SS s'aventurait près du soupirail, Clisci le recevait avec une balle de son revolver. Les SS essayèrent les grenades de gaz, mais Clisci ne cessa pas de se défendre. Il mit fin à sa vie avec sa dernière balle. »

Maxime Guillot... Il était l'un des chefs du BOA (Bloc d'opérations aériennes) de Dijon. Le 29 janvier 1944, dans cette ville, comme le rapporte Jacques Foucart, « blessé par les policiers allemands, place Blanqui, il se tira une balle dans la tempe pour ne pas tomber vivant aux mains de l'ennemi, après avoir avalé des documents secrets ».

André Bollier... « Dès la fin 1941, se souvient Henri Frenay, dans ses mémoires, je l'avais chargé de l'impression et de la diffusion de nos journaux et tracts clandestins. Il avait progressivement mais rapidement donné une formidable expansion à nos services, pourtant parmi les plus dangereux. *Combat* avait tiré son premier numéro à dix mille exemplaires. En mai 1944, le tirage était monté à deux cent cinquante mille, mais en outre Bollier imprimait en quantité égale *Défense de la France* et *Action* édités par le service d'Action ouvrière. (...) En outre, Bollier dépannait à plusieurs reprises *La Voix du Nord* et *Franc-Tireur* et sortait de ses machines les premiers numéros de *Témoignage Chrétien*. (...) Secondé par une équipe admirable et notamment par Lucienne Guézennec, sa plus proche collaboratrice, il avait étendu ses activités à la fabrication des faux papiers d'identité. (...) Arrêté deux fois par des Français — la police, puis la gendarmerie — il leur avait échappé. Tout cela s'était en grande partie passé avant juin 1943, donc avant mon départ de France, et lui-même, André Bollier, me l'avait relaté : en plaisantant comme il savait le faire. » Plus tard, le fondateur de Combat apprendra ce que fut la fin du jeune polytechnicien Bollier. Il le raconte : « En mars 1944, il est arrêté à Lyon, mais cette fois par la Gestapo. Pendant deux mois, il sera interrogé, torturé, subira cinq fois l'épreuve de la baignoire sans donner le moindre renseignement. Aucun de ses camarades et de ses collaborateurs ne sera inquiété. Avec une intelligence et une audace exceptionnelles, il réussit l'impossible : l'évasion des mains de la Gestapo qui "travaillait" avenue Berthelot, à l'Ecole de Santé militaire, et le voici qui reparaît, un jour, rue Viala, aux yeux de son équipe qui le croyait à jamais perdu. Rue Viala. Depuis le mois d'avril 1943, il s'y est installé avec son imprimerie, une Minerve de cinq tonnes, son atelier de photogravure, son officine de faux papiers. Le tout, officiellement déclaré comme "Bureau de recherches géodésiques et géophysiques". Le matin du 17 juin 1944, tout est calme comme d'habitude. La couverture de ce bureau de recherches s'est révélée efficace. Chacun est à son travail. En un instant, le drame éclate. Par un vasistas, apparaissent une tête, un bras, un pistolet mitrailleur : "Police ! rendez-vous !" Bollier claque le vasistas. Une rafale éclate. Vacher est tué, l'un des plus anciens membres de l'équipe. Bollier riposte avec le parabellum qui ne le quitte pas. Par l'arrière, entraînant Lucienne, il gagne la cour, lui fait escalader le mur de clôture qu'il saute derrière elle. Ce qu'il ne savait pas, c'est que deux cents miliciens cernent le quartier, car sûrement, ils ont été dénoncés. En courant, ils traversent un jardin, débouchent dans une rue et se croient sauvés. Une longue rafale de mitrailleuse ; ils tombent, Lucienne est blessée aux jambes, Bollier a plusieurs balles dans le corps. Il est parfaitement lucide, étonnamment calme. "Ils ne m'auront pas vivant", dit-il dans un sourire et sa dernière balle est pour lui. »

« Tout ira bien mardi... »

La défenestration...

Hélène Kro... « La perte de trois combattantes courageuses : Hélène Kro, Hélène Igla et Riga Lévine, fut particulièrement douloureuse, écrit Jacques Ravine. (...) Toutes les trois ralliées à la Résistance dans les tout premiers jours de l'Occupation. En septembre 1942, elles intégrèrent l'unité des partisans, y formant un groupe qui exécuta (...) une série d'actions très osées. Un matin de décembre 1942, en sortant du métro Porte d'Orléans, les trois partisanes tombèrent dans une rafle sur les escaliers mêmes du métro. Il leur fut impossible de s'échapper. Ayant trouvé sur Hélène Kro des grenades à main, (...) les policiers se rendirent, avec elle, dans son logement pour y installer une souricière à l'intention des autres membres des FTP avec lesquels elle pouvait être en contact. Mère d'un jeune enfant, Hélène Kro, cherchant à déjouer les plans de la police et à sauver ses camarades, se jeta de la fenêtre de son logement, du cinquième étage. »

Georges Makowski... Sous le nom de guerre de Gin, il était un des principaux animateurs de la branche méditerranéenne du réseau de renseignements franco-polonais « F. 2 », branche dirigée par Jacques Trolley de Prévaux, alias Vox. En 1952, un article non signé de la *Revue historique de l'Armée* a raconté la mort de Makowski : « Le 6 juillet 1943, "Gin", bras droit de "Vox", est arrêté dans son appartement de Nice. Sachant qu'il est dépositaire de nombreux éléments et se méfiant de sa résistance à la torture, il se jette du sixième étage et se tue sur place. »

Pierre Brossolette... « A mon sens, écrit Edmond Michelet, celui dont la perte nous aura été peut-être la plus sensible... » L'appréciation de Michelet est symptomatique de la sorte de sublimation que l'acuité, l'exemplarité et la théâtralité de son martyre ont fait subir au personnage de Brossolette. Plus loin, nous mentionnerons les critiques qu'à l'époque son rôle d'idéologue du BCRA et d'apôtre d'un « rassemblement » destiné à remplacer les « vieux partis » ne manqua pas de susciter dans les rangs de la Résistance. Force est néanmoins de constater que ceux-là mêmes que son action aboutissait à diviser furent et sont encore très souvent réunis par son souvenir. Riant jusqu'à l'acide, chaleureux jusqu'à la véhémence, cet homme passionné de convaincre heurta souvent, de son vivant, ses amis mêmes ; l'image qu'il a laissée rayonne œcuméniquement, et si la victoire posthume qu'il remporte n'est pas celle qu'il espérait, c'est sans doute parce qu'elle est plus vaste. Pierre Paraf a pu écrire à son propos : « Il a rejoint dans l'anonymat les millions de morts des camps d'extermination nazis. Mais, dans la liberté retrouvée, quelques noms d'épopée demeurent où s'incarnent au plus haut degré la souffrance et le courage de tous les combattants. Et la gloire, la vieille gloire classique de l'Histoire et de la Légende, s'empare de ces jeunes morts qui resteront tout chauds dans l'immortalité comme autant de vivants passionnés. L'un de ces noms sur les lèvres de la Victoire est celui de Pierre Brossolette. »... Lors de son dernier voyage à Paris, Brossolette avait vu sa sœur et il lui avait dit : « Je connais trop de choses, je connais trop de gens, j'ignore si les procédés de torture qu'on emploiera n'auront pas raison de moi ; or, comme je ne veux livrer personne, le mieux est que je disparaisse avant même qu'on m'interroge. J'en ai les moyens. » En évoquant ces moyens, sans doute pensait-il à la pilule de cyanure. Mais, en février 1944, le bateau qui devait le ramener en Angleterre et qui s'appelait *Le jouet des flots* s'échoua de façon imprévisible sur les côtes françaises... Désormais aux mains de la police allemande sans posséder la graine de poison, atrocement torturé dans les locaux de la Gestapo de l'avenue Foch, que fit-il ?... Se jeta-t-il volontairement dans le vide, selon les uns, par la fenêtre, selon les autres, par la cage d'escalier, ou tomba-t-il de la corniche en tentant l'impossible évasion ?... Eric Piquet-Wicks a tenté de reconstituer ce qui se passa aussitôt après. « Hurlant de rage, écrit-il, les hommes de la Gestapo essayèrent désespérément de ranimer l'homme qui détenait tous les secrets (...) qui savait tout sur la Résistance française. Ils avaient tué Jean Moulin, et voilà que Brossolette avait également triomphé d'eux. Ils le transportèrent de toute urgence à l'hôpital de la Pitié et, pendant que le cœur battait encore, les médecins (...) travaillèrent fébrilement mais sans espoir à maintenir la vie dans ce corps brisé. De ces lèvres inconscientes sortait toujours la même phrase : "Tout ira bien mardi..." Les médecins se regardaient, perplexes. Mardi, mais c'était déjà mercredi... Ils continuèrent à lui prodiguer leurs soins, mais à minuit, Pierre Brossolette, sans reprendre connaissance, était mort. Il ne pouvait s'agir que d'une coïncidence, car, à ce moment-là, le général Dwight

D. Eisenhower lui-même l'ignorait, mais le fait étrange reste que le débarquement eut lieu le 6 juin — un mardi... »

C'est en 1957 qu'était paru le livre de Piquet-Wicks, *Quatre dans l'ombre*. Vingt et un ans plus tard, la veuve du résistant martyr publiait un ouvrage intitulé *Il s'appelait Pierre Brossolette...* Des souvenirs bien sûr, mais aussi une solide documentation. De nombreux détails nouveaux.

Le SS-Hauptscharführer Ernst Misselwitz

Quand, le 3 février 1944, *Le jouet des flots* s'échoue en se fracassant sur la plage de Plogoff (Finistère), Brossolette n'est évidemment pas seul à bord. Parmi ses compagnons d'infortune, il y a celui que le BCRA l'a chargé de ramener à Londres : Emile Bollaert, préfet du Rhône avant la guerre et que de Gaulle a nommé, le 15 septembre 1943, successeur de Jean Moulin. Torturé lui aussi, puis déporté à Bergen-Belsen, Bollaert en réchappera, avant de continuer sa carrière dans la haute administration puis au Conseil de la République (le Sénat d'aujourd'hui)... Nous venons de dire « préfet du Rhône avant la guerre », écoutons maintenant Gilberte Brossolette, devenue ultérieurement députée socialiste SFIO... Nous sommes en février 1944. « Le 17, écrit-elle, un capitaine des services de l'Abwehr à Rennes avait fait comparaître Bollaert dans son bureau. Sa voix s'était faite doucereuse pour questionner :

« — Monsieur Bollaert, que faisiez-vous donc, le mois dernier, à Audierne, avec M. Brossolette ? Ainsi, ils étaient reconnus. Le dernier espoir s'évanouissait. Un second officier se tenait près de son collègue de l'Abwehr : le sinistre Ernst Misselwitz, le patron de la Gestapo de l'avenue Foch, était accouru de Paris tout spécialement. Misselwitz avait effectué une mission à Lyon, peu de temps avant la guerre. Un consul général d'Allemagne était alors en poste dans cette ville. Il s'agissait d'espionner ce diplomate dont le zèle national-socialiste laissait, paraît-il, à désirer. L'envoyé du Reich avait maintes fois entrevu, par la même occasion, le préfet du Rhône de l'époque, c'est-à-dire Emile Bollaert. (...) Nul n'était donc mieux qualifié pour l'identifier de façon formelle. Il voulait ramener lui-même ses proies dans la capitale française, ces "terroristes numéro un" qui tenaient ses hommes en échec depuis des mois et des mois (...). Ils ne furent plus réunis que pour le voyage Rennes-Paris, qui occupa toute la journée du lendemain. Il ne se fit pas dans un fourgon cellulaire mais dans un banal taxi. Misselwitz était assis à côté du chauffeur. Les deux prisonniers étaient derrière, enchaînés l'un à l'autre par les mains et par les pieds... Pierre fut conduit d'assez bonne heure au 86. L'interrogatoire débuta immédiatement. »

Là, il faut noter que Gilberte Brossolette a eu un grand courage, celui de l'exactitude dans la description du martyre de son mari...

« Pierre, écrit-elle, fut conduit d'assez bonne heure au 86 » (avenue Foch, le siège de la Gestapo parisienne). Et là, question cent fois répétée : « Nous savons que vous êtes Brossolette » pour toujours la même réponse : « Mon nom est Paul Boutet »... Et sa veuve poursuit : « Ses tortionnaires ne lui arracheraient rien d'autre au cours des heures qui suivirent. Ils lui enlevèrent ses vêtements. Ils firent pleuvoir les coups de nerf de bœuf et de ceinturon sur le corps nu, en ne s'interrompant que pour des immersions prolongées dans l'eau glacée d'une baignoire, jusqu'à la perte totale de connaissance... (...) Les coups recommencèrent à s'abattre vers 10 heures. Les violences diverses se succédèrent sans provoquer autre chose que des gémissements et des râles. Vers midi, la folie sanguinaire marqua une trêve. Les policiers étaient eux-mêmes fatigués. Leur supplicié n'avait plus aucune réaction. Il était saoul de douleur ; il avait dépassé les limites de la souffrance physique et paraissait insensible, inaccessible dans sa torpeur, sa demi-inconscience. Il fallut le soutenir pour le mener au 84, l'immeuble voisin. On le fit pénétrer dans une ancienne chambre de bonne, transformée en cellule, au cinquième étage. Les mains toujours liées derrière le dos, il s'écroula sur une chaise (...). Il avait le visage noir, comme couvert par un masque de sang coagulé. Le garde qui était censé rester près de lui s'absenta pendant quelques instants. (...) Ce bruit de serrure arracha Pierre à son semi-coma (...). Il réussit à se lever au prix d'un immense effort de volonté. Ses jambes refusaient de le porter. Et pourtant il marcha, raide, vers l'ouverture. Il se pencha légèrement. (...) Il n'avait pas de mains pour s'aider. Il parvint à enjamber le rebord de la fenêtre. Il posa les pieds, l'un après l'autre, sur le cheneau de bordure, puis se laissa choir sur le balcon. Il passa une jambe au-dessus de la balustrade. Une sorte de hurlement se fit entendre... » En note, Gilberte Brossolette explique que c'est « par le témoignage d'une secrétaire de la Gestapo de l'avenue Foch (...) que l'on a obtenu ces précisions ».

Quand Gilberte Brossolette a cité le nom d'un gestapiste, « le sinistre Misselwitz », personne n'a réagi. On aurait pourtant dû se souvenir que, vingt-trois ans plus tôt, le nom de ce Misselwitz est apparu, dans un des grands livres nés de la Résistance, *Le Lapin blanc* de Bruce Marshall. « Lapin blanc » était un des noms de guerre du colonel anglais du SOE (et IS) Forest Frederick Edward Yeo-Thomas, celui dont le colonel Passy dira : « Personne, dans les rangs britanniques, ne fit plus pour nous aider que Yeo-Thomas... » Celui qui se fera arrêter en tentant follement de libérer son ami Pierre Brossolette... Le Misselwitz que nous montre *Le Lapin blanc* est un tortionnaire. Le tortionnaire acharné qui transforme Yeo-Thomas en « loque mutilée en train de l'être plus encore ». Le tortionnaire qui pousse Pierre Brossolette à la mort. Mais curieusement le tortionnaire qui passe inaperçu. Six mots en 1964, dans *Jean Moulin l'unificateur* d'Henri Michel : « l'agent de la Gestapo Misselwitz ». Cinq lignes, huit ans plus tard, au tome 3 de l'*Histoire de la Résistance en France* d'Henri Noguères, avec cette fois pour qualité celle d'« adjoint de Boemelburg »... Et pourtant voici que l'été 1983, le SS-Hauptscharführer Ernst Misselwitz va être projeté au cœur de l'actualité... Nous sommes au seuil de ce qu'on pourrait appeler les années Barbie, lesquelles dureront jusqu'à la condamnation à perpétuité de celui-ci par la cour d'Assises du Rhône, le 4 juillet 1987. Déjà trône dans les titres et sur les petits écrans le SS au sourire ambigu qu'à longueur de colonnes la presse anglo-américaine appelle « *the butcher of Lyons* », le boucher de Lyon. C'est pour avoir fait déporter des enfants juifs que l'extradé de Bolivie est poursuivi et condamné, mais celui que l'opinion publique met au pilori, c'est surtout celui qui a ou tué ou poussé à la mort Jean Moulin. Quarante ans après, Klaus Barbie devient le symbole de ce qu'il faut haïr, et l'on ne manque pas de morigéner les Américains, de blâmer leurs services secrets, la CIA pour avoir pu réemployer un tel salaud à la faveur de la guerre froide. C'est donc cet été-là que *Le Monde* jette un pavé dans la mare. Et pas n'importe quel pavé, puisqu'il a le label du couple emblématique de « chasseurs de nazis », le couple qui est allé débusquer Barbie, le faux « señor Altmann », jusque dans son repaire de l'altiplano bolivien.

Quand « le tortionnaire en chef » devient « un homme précieux »

Le titre est sur deux colonnes-tête, à droite de la « une » du *Monde* daté du 26 août 1983. Deux lignes d'abord : *Nouvelles révélations de Beate et Serge Klarsfeld* ; puis trois lignes : *La France aurait utilisé les services d'un responsable de la Gestapo au lendemain de la guerre*. Suivent une grosse cinquantaine de lignes en « une » et une demi-page de tourne. En fait, l'essentiel est dit dès le deuxième paragraphe. « Les services spéciaux français, peut-on y lire, ont, eux aussi, utilisé exceptionnellement certains gestapistes qui avaient été actifs en France, par exemple Ernst Misselwitz. Si Klaus Barbie a été le bourreau de Jean Moulin, Ernst Misselwitz a été le tortionnaire de Pierre Brossolette. »... L'article des Klarsfeld s'appuie sur « un document inédit de la DST » (Direction de la surveillance du territoire, le contre-espionnage intérieur français). Dans leur rapport secret qui cesse de l'être, les contre-espions de la rue des Saussaies (déménagés depuis rue Nélaton, dans le 15e) expliquent leur intérêt pour Misselwitz et soulignent le soin qu'il faut prendre du bourreau de Brossolette. Né le 31 août 1909, écrivent les gens de la ST, leur nouveau protégé « a été employé à la sous-section IV E (bureau de la Résistance) au BDS de Paris dès juillet 1942. (...) Il importe de signaler qu'il assurait des fonctions de tout premier ordre et qu'il était en quelque sorte l'âme du bureau de la Résistance. Indépendamment de cette lourde charge, qui lui permettait d'informer le commandement allemand des progrès réalisés par la Résistance, d'en localiser les noyaux, d'identifier les chefs et même d'adopter des mesures préventives contre une attaque armée ou un sabotage, quelques interrogatoires lui furent confiés. C'est ainsi qu'il put approcher Jean Moulin, le général Delestraint et Aubry et qu'il connut plus particulièrement l'affaire de l'Armée secrète (...). Il y a intérêt à le mettre en confiance. Misselwitz connaît vraisemblablement beaucoup plus qu'il n'en a déclaré sur la répression allemande en ce qui concerne la Résistance française. Il est craintif et redoute particulièrement la publicité au cas où il serait appelé à témoigner dans une affaire. En résumé, Misselwitz doit être traité avec ménagement, son action en Allemagne pouvant être très avantageuse pour nos services. » Et les gens de la DST d'insister : « Misselwitz est un homme précieux, qui, au contact d'autres témoins qu'il est susceptible de retrouver à Paris, peut se remémorer les phases importantes d'interrogatoires, les conditions dans lesquelles certaines arrestations ont été opérées, et même remonter aux causes de ces arrestations et permettre l'arrestation des dénonciateurs. »

En conclusion de leur article, Beate et Serge Klarsfeld ne se montrent guère optimistes quant aux suites qui seront données à leurs révélations. « L'utilisation de Barbie par les services spéciaux américains, écrivent-ils, a été une pratique déplorable, comme on l'a officiellement souligné à Paris, au terme de l'enquête de M. Ryan, en omettant le caractère exceptionnel des excuses américaines. Nous voulions, pour notre part, rappeler que les Etats-Unis n'ont pas eu l'exclusivité d'une pareille pratique. Mais peut-être conserveront-ils celle, en un semblable cas, d'avoir suscité une efficace commission d'enquête. » Dans les jours qui suivent l'article du *Monde*, les réactions sont aussi indignées que rares, embarrassées que sans lendemain. Le 26 août 1983, Gilberte Brossolette déclare à Jean-Paul Kauffmann du *Matin de Paris* qu'après la guerre, elle avait essayé de savoir ce qu'était devenu Misselwitz et elle ajoute : « Oui, mais quand j'ai posé la question, on m'a répondu : “Misselwitz est intouchable, il travaille pour les services américains.” J'étais loin d'imaginer la vérité et je trouve cette vérité scandaleuse. (...) Pour moi, Misselwitz est le tortionnaire en chef de l'avenue Foch. Je souhaite qu'une enquête soit ouverte, il faut que la DST précise les circonstances de ce “retournement” et que toute l'horreur soit connue... » Officiellement, la DST se tait, bien sûr, et bien que Pierre Brossolette soit le martyr emblématique de la Résistance socialiste, ni le président de la République socialiste, ni le Premier ministre socialiste, ni le ministre de l'Intérieur socialiste, etc. ne semblent soucieux de dégourdir la langue des contre-espions... Lesquels ne sont pas abandonnés pour autant puisque vole à leur secours Roger Wybot, leur ancien patron de 1944 à 1958 et rénovateur de la ST. En effet, ce même matin du 26 août, Wybot affirme au *Quotidien de Paris* : « Les services spéciaux ont pu employer des membres français ou allemands de la Gestapo, mais seulement pendant la période allant de la Libération de la France jusqu'à la fin de la guerre. (...) C'était pour lutter contre d'anciens membres allemands de la Gestapo. A partir de 1947, la DST n'aurait pas employé d'agents allemands de la Gestapo. »

Un mois plus tard, *La Tribune de Genève* fait le point... Cet article du 24 septembre 1983 est d'autant plus intéressant que son auteur, Drago Arsenijevic, n'est pas seulement le correspondant à Paris du quotidien suisse, mais aussi l'auteur de livres tels que *Genève appelle Moscou* et *Otages volontaires des SS*... « La France, écrit Arsenijevic, va-t-elle suivre l'exemple américain et créer une commission d'enquête (...) ? Pour le moment, rien n'a été fait. “Rien du tout.” C'est ce qu'on déclare au ministère de la Justice. Auprès des services du Premier ministre, qui a reçu une demande du groupe parlementaire communiste pour que “la lumière soit faite”, on avoue ne pas avoir le sentiment que “les choses aient avancé”. » Drago Arsenijevic rencontre ensuite « M. Michel de La Fournière, secrétaire national du Parti socialiste aux droits de l'homme », lequel est indigné. « Il est inadmissible, déplore La Fournière, que l'ancien tortionnaire de l'avenue Foch ait pu devenir un collaborateur des services du gouvernement de la France libérée. (...) Les responsables de la Gestapo n'étaient pas des ennemis comme les autres, mais des criminels de guerre foulant aux pieds tous les principes du droit. » Tandis que s'indigne Michel de La Fournière, le correspondant de *La Tribune de Genève* met la plume où ça fait mal... « Mais que s'est-il passé, écrit Arsenijevic, au moment où, au début des années cinquante, on avait appris les véritables circonstances de la mort de Pierre Brossolette et que fut révélé le rôle de tortionnaire de Misselwitz ? “Bénéficiant probablement de la protection des services qui l'utilisaient”, affirment les Klarsfeld, Misselwitz fut jugé par défaut et ne fut condamné qu'à cinq ans de prison par contumace, le 4 mars 1952. On le voit, l'accusation des Klarsfeld est très grave : les services spéciaux français n'auraient pas seulement utilisé les talents d'informateur de Misselwitz, mais l'auraient même soustrait à la justice de leur pays tout en connaissant parfaitement le rôle odieux qu'il avait joué en torturant un chef de la Résistance française. »... La perpétuité d'un côté, cinq ans par défaut de l'autre, Klaus Barbie a dû se dire, au soir de son procès, qu'à compétences égales, il aurait mieux fait de s'appeler Ernst Misselwitz — un nom qui, bien sûr, ne fut pas prononcé au procès de Lyon.

En 1997 et début 1998, sont parues, coup sur coup, deux biographies de Pierre Brossolette. L'une par un ancien résistant devenu général, Guy Perrier, qui s'intitule *Pierre Brossolette ; Le visionnaire de la Résistance* ; l'autre par un professeur de Sciences-Po, Guillaume Piketty, qui a pour titre *Pierre Brossolette ; Un héros de la Résistance*... C'est sans rien dire de son destin ultérieur que Perrier mentionne, aux pages 204 et 205, « le redoutable et sinistre E. Misselwitz, le chef de la Gestapo de l'avenue Foch ». C'est sans doute en historien éliminant le superfétatoire que Piketty ne cite pas le nom de Misselwitz dans les quatre cents pages de son livre.

Les inconnus du Nord

Après Pierre Brossolette, poursuivons ce défilé des ombres, cette terrible cavalcade des martyrisés... Il s'appelait Emile Médina... En publiant, au lendemain de la Libération, un livre intitulé *Interdit par la censure*, Paul Garcin avertissait ainsi ses lecteurs : « Ce livre est un recueil de faits divers dont la publication était interdite par la censure. (...) Quelques-uns de ces faits divers paraîtront d'une mince importance, d'autres, au contraire, bien qu'on ait été obligé de les résumer en quelques lignes, retracent d'héroïques exploits ou d'épouvantables crimes. On n'en a écarté aucun. On croit, en effet, que leur ensemble offre une image intéressante de l'oppression allemande et de la Résistance française dans la région lyonnaise, de 1942 à 1944. » Or c'est dans ce livre qu'à la date du vendredi 19 mai 1944, on peut lire : « *Un jeune homme se jette par une fenêtre du siège de la Milice, place Bellecour.* — Un jeune détenu appartenant aux mouvements de Résistance, M. Emile Médina, âgé de 22 ans, chaudronnier, demeurant cité de la TASE, à Vaulx-en-Velin, qui n'était vêtu que d'un pantalon, s'est jeté à 13 heures par une fenêtre du siège de la Milice française, 16, place Bellecour, après avoir brisé les vitres. Son corps portait de nombreuses traces de coups. Il est mort alors qu'on le transportait à l'hôpital. »

L'ouverture des veines...

Le docteur Jean Valois... Son nom de guerre était Kléber. A Grenoble, il assumait l'importante responsabilité de chef régional des Mouvements unis de Résistance (les MUR). Dans les *Mémoires posthumes* du commandant Louis Nal, on trouve le récit de ce que fut sa mort après qu'un chef lyonnais du PPF et auxiliaire de la Gestapo, Francis André, dit « Gueule tordue » et ses hommes l'eussent affreusement torturé... « Le 27 novembre 1943, raconte Louis Nal, à 2 heures du matin, sur une dénonciation mystérieuse, le docteur Valois est arrêté à son domicile clandestin de la rue Palanka. (...) Il avait pris bravement ses responsabilités. Sachant ce qu'il risquait, il savait aussi que personne ne le ferait parler. N'avait-il pas déjà promis à ses amis qu'on ne le garderait pas vivant ? Dès son arrestation, il est aussitôt amené à la Gestapo, 28, cours Berriat, et enfermé dans la cellule numéro 2. (...) Le docteur Valois est interrogé de 19 h 30, le 28, jusqu'à 5 heures le lendemain matin (...). Mais aucun interrogatoire, aucune torture ne sont à la mesure de cette magnifique volonté, de ce caractère d'acier. Le 29 novembre, selon le témoignage d'un de ses camarades de captivité, il s'ouvre les veines dans sa cellule, entre

6 h 15 et 7 h 15. Dans son sang coagulé, on retrouvera deux lames de rasoir dont se servit le docteur pour se donner la mort. »

La pendaison...

Les inconnus du Nord... Qui saura jamais leurs noms ? La trace de leur mort, nous la trouvons dans l'énorme dossier du procès de Nuremberg. « Cotes d'audience RF-305 et 307. » C'est un habitant d'Hondschoote, bourgade proche de Dunkerque, Félicien Dannoot, qui témoigne : « Ayant été balayeur à la cellulaire, j'eus l'occasion d'y voir journellement tous les détenus : le 26 septembre 1941, je fus obligé d'aller dans la cellule 6 afin de couper la corde de quatre martyrs qui avaient préféré se donner la mort que de se faire fusiller par ces brutes d'Allemands. Et le cinquième martyr, la corde n'ayant pas résisté à son poids, le malheureux n'était pas mort... Et là j'ai assisté à une scène que je n'oublierai jamais. Les deux feldwebel ainsi que deux sous-officiers se sont rués sur ce malheureux qui était entièrement couvert de sang. Ensuite, avec l'aide d'un autre détenu, je fus obligé de le transporter dans la cour de la cellulaire sur une civière et là, le peloton d'exécution composé de quelques hommes (au moins neuf) tira par deux fois trois balles dans la poitrine de ce martyr qui était assis par terre. Un officier l'acheva d'une balle dans la tête... »

Le commandant Billon... Dans le témoignage qu'il a donné à Henri Noguères et Marcel Degliame-Fouché pour leur *Histoire de la Résistance en France*, François Morin-Forestier, l'un des créateurs et organisateurs de l'AS (Armée secrète) première manière, celle du mouvement Combat, déclare notamment : « J'ai eu à Lyon un chef de région absolument éblouissant, un camarade pour qui j'ai gardé du respect, de l'affection et dont le souvenir m'est très cher : c'est le commandant Billon (pseudo Buisson) qui devait être plus tard pris par la Gestapo et torturé d'une manière si atroce qu'il s'est pendu dans sa cellule pour être sûr de ne rien révéler sous la torture. C'est un des plus sûrs héros de la Résistance, un de ceux dont l'action a été admirable et qui ont été totalement oubliés. J'aimerais que justice lui soit rendue un jour. »

Simone Michel-Lévy... C'est sur un timbre que nous avons d'abord rencontré le visage de cette morte de trente-neuf ans. La notice qui accompagne ce timbre dans l'album de la Fédération internationale des Résistants (FIR) nous apprend qu'elle « entra dans l'administration des Postes en 1924. Dès 1940, elle se joignit à la Résistance. Chargée en 1942 d'installer des postes émetteurs en zone occupée, elle s'acquitta de ces dangereuses missions avec la plus grande audace. Arrêtée le 5 novembre 1943, elle fut torturée et déportée à Rossenburg. Simone Michel-Lévy s'est pendue devant ses compagnes de captivité. »

La pilule de cyanure...

Le professeur Auriac... Dans leur livre *Crimes et trafics de la*

Gestapo française, Jean Cathelin et Gabrielle Gray racontent : « Le 17 juillet 1941, après une filature organisée avec la GFP et la Gestapo, une traction noire s'arrête devant la Faculté de médecine de Bordeaux. Deux policiers des services du commissaire Poinsot pénètrent dans les locaux et, interrompant son cours, arrêtent le professeur Auriac, un jeune agrégé qui est de la Résistance. (...) Le lendemain, Poinsot ne devait pas revoir le docteur Auriac : celui-ci, pour ne pas risquer de révéler quoi que ce soit, s'était empoisonné au cyanure. Ainsi pensait-il mettre à l'abri le "groupe Auriac" et les FTP frappés par plusieurs arrestations depuis le 14 juillet. Les étudiants Claude Meyroune et Raoul Claveria, dans leur imprimerie clandestine de la rue Servandoni, révèlent le courage du professeur dans un tract. Toute la ville connaissait celui-ci et ses funérailles furent suivies par des milliers de gens... ».

Le car ferry « Fred Scamaroni »

René-Georges Weil... Le colonel Rémy résume : « Officier des Forces françaises libres à Londres, ancien secrétaire de la conférence des avocats. Volontaire pour une mission en France malgré ses blessures, parachuté dans la nuit du 28 au 29 mai 1942, arrêté le 29 mai au soir à la porte d'Auteuil où il devait me rencontrer, il s'est suicidé sur place en avalant une pilule au cyanure de potassium. Il n'avait pas passé vingt-quatre heures sur le sol français. » Et le colonel Passy précise : « C'était un spécialiste confirmé, muni de tous les brevets britanniques et qui avait eu l'occasion de montrer au feu son magnifique courage. Il m'avait supplié, à plusieurs reprises, de l'envoyer en mission en France. J'avais toujours refusé, par suite d'une sorte d'intuition que partageait mon adjoint Manuel. Nous pensions, en effet, sans pouvoir appuyer notre conviction sur aucune raison valable, qu'il lui arriverait malheur. Mais il me dit un jour que son frère était un militant communiste important et comme je lui parlais de la nécessité où j'étais de trouver rapidement un officier de liaison capable d'entretenir des relations sûres et solides avec les dirigeants FTP, il me pria avec insistance de lui confier cette mission. Je finis donc par accepter. Mec (c'était le nom de guerre de René-Georges Weil) fut parachuté en compagnie d'un opérateur de radio (Mec W). Ils emportèrent avec eux deux postes émetteurs pour constituer le premier noyau des transmissions directes que nous voulions établir avec les FTP... Bob (Robert Delattre), le chef du réseau opérationnel de la CND (Confrérie Notre-Dame, l'organisation du colonel Rémy), les reçut et les ramena à Paris. Malheureusement et malgré les ordres formels que Rémy lui avait donnés à cet égard, Bob voulut prendre dans ses valises une partie des cigarettes et des provisions que nous joignions toujours à nos parachutages. Fouillé par les douaniers, à la gare du Nord, il réussit à se sauver, abandonnant ses valises dans les bureaux des gabelous... Dans l'une d'elles se trouvait le carnet où, fort imprudemment, il avait inscrit en clair quelques-uns de ses rendez-vous ! Mec, de son côté, avait pris le large, n'ayant, pour retrouver Bob, que le contact prévu pour quelques heures plus tard, à la porte d'Auteuil. Lorsqu'il s'y présenta, il fut immédiatement appréhendé par la Gestapo qui venait d'arrêter Bob au même endroit. Mec avait la pilule de poison qu'il avait emportée avec lui... Quelques secondes plus tard, il était mort ! »

Fred Scamaroni... Aujourd'hui, dans le port de Bastia, on peut voir, à l'ancre ou naviguant au large, un car ferry qui est la manifestation vivante du lien avec la France continentale. Il porte le nom de *Fred Scamaroni*. Qui était Scamaroni ? Dans son *Histoire de la Corse*, Paul Arrighi résume : « Envoyé en Corse du général de Gaulle dès avril 1941, il se donna la mort dans son cachot pour ne pas parler : il est demeuré le symbole de la Résistance insulaire. » Et, dans *La Résistance en Corse : « Tous bandits d'honneur ! »*, Maurice Choury précise : « De Gaulle projette de s'installer à Alger. Il a besoin lui aussi de renseignements sur la Corse. Il y envoie le capitaine Godefroy (Fred), Scamaroni (pseudonymes : capitaine Edmond Séveri et Joseph Grimaldi). Un sous-marin britannique le débarque dans la nuit du 6 au 7 janvier 1943, au Capo Nero, dans le golfe de Valinco, en compagnie d'un officier anglais, le lieutenant Albert, et d'un agent radio se faisant appeler Alphonse Rossi ou encore Angelo (...). En quatre semaines, Rossi transmet soixante-dix messages : renseignements militaires sur l'ennemi, sur les terrains de parachutage et les points de débarquement possible (...) Scamaroni, Raimondi et Bost entreprennent le recrutement de jeunes gens pour les Forces françaises libres. Des contrats sont signés. On envisage l'embarquement des engagés pour Londres via Marseille et l'Espagne. Scamaroni cherche le contact avec le Front national. Il rencontre Giovoni, Nicoli et Benielli. Le Front national est prêt à accueillir toute aide extérieure, qu'elle vienne de Londres ou d'Alger. Scamaroni a pour mission d'unifier sous ses ordres toute la Résistance corse considérée comme force d'appoint à des troupes de débarquement. (...) On se quitte bons amis mais sans avoir pu réaliser la fusion. Front national et FFL poursuivent leur tâche parallèlement. Au demeurant, bien des patriotes, tel Charles Giudicelli de Combat, aident indifféremment les deux mouvements. Le 17 mars au matin, le radio de Scamaroni, surnommé Rossi, est arrêté sur le marché d'Ajaccio par les agents du service de contre-espionnage italien. Torturé toute la journée, il faiblit vers le soir, décline sa véritable identité et avoue qu'il a débarqué en compagnie d'un certain capitaine Edmond et d'un lieutenant Albert. Pour lui en faire dire davantage, on redouble les tortures. Il finit par tout relater en détail (...). Au domicile de Vignocchi, l'ennemi surprend Joseph Grimaldi. Confronté avec lui, Rossi reconnaît le capitaine Edmond Séveri. On jette le nouveau prisonnier dans une sinistre cellule de la citadelle d'Ajaccio, derrière les murs épais qui défient les siècles et les espoirs d'évasion. Pas un de ces bruits fraternels qui peuplent les prisons, où l'on sent battre des cœurs. Il est seul dans le noir et le silence opaque, seul avec son désespoir d'avoir été trahi. Des chacals se jettent sur lui, hurlent et le lacèrent de leurs dégradantes tortures. De sa mission, une chose du moins sera sauvée : son honneur de soldat ! A l'aube du 18 mars, sur le sol de terre battue, un souffle de vie anime encore sa chair pantelante... S'il venait à céder, si l'on parvenait à l'identifier, à se saisir des siens ?... Le doute s'enfle et devient insupportable... L'obsession de la délivrance l'envahit. Encore un geste, un dernier effort, et, avalant la pilule de poison sauvée de la fouille, le prisonnier Scamaroni s'évade dans la mort, laissant à l'ennemi la dépouille inutile du capitaine Séveri... (...) Le 12 juillet, s'ouvre le procès du réseau FFL dominé par la courageuse déclaration de Mme Paravisini-Serpaggi clamant sa fierté d'avoir servi la France. Le procureur militaire italien, en pleine audience, prononce l'éloge funèbre de Fred Scamaroni : "Le tribunal ne peut pas ne pas reconnaître que le délit d'espionnage commis par des militaires et pour aider leur propre patrie en armes est un délit honorable pour celui qui le commet et tel est le cas du capitaine Edmond Séveri, lequel s'est suicidé pour une idée, poussant jusqu'au sacrifice de sa vie son sentiment du devoir." »... Eloge funèbre auquel, un demi-siècle plus tard, dans son *De Gaulle*, Paul-Marie de La Gorce ajoutera cette simple phrase : « Arrêté avec dix-huit membres de son réseau par la police italienne, il a préféré se suicider dans sa prison (...), écrivant avec son sang sur les murs de sa cellule : "Je n'ai pas parlé. Vive de Gaulle ! Vive la France !" ».

Le contremaître « Médéric »

Le lieutenant-colonel Pierre Marchal... Dans son livre déjà plusieurs fois cité, *Rebelles, soldats et citoyens*, Yves Farge, un an après la Libération, racontait : « Marchal, commandant aviateur, appartenait à Vichy à l'état-major de l'Air. Il utilisa son temps dans la ville maudite à inventorier les terrains d'atterrissage et, dans les Causses notamment, il procéda à l'aménagement d'aires pour gros porteurs. Son travail terminé, Marchal se mit en rapport avec Falaize ; Falaize l'envoya à Bidault, Bidault me le confia et Rex (Jean Moulin), le patron, décida de l'envoyer d'urgence à Londres. C'est Biran (Pierre Kaan) qui, de Montluçon, régla l'opération aérienne. L'avion qui vint chercher notre camarade était piloté par le colonel de la RAF, Guy Bruce-Lockhardt que Christian Pineau avait conduit quelques mois auparavant dans mon bureau de Lyon après un atterrissage malheureux dans une prairie de Saône-et-Loire. Je trouve merveilleux d'avoir à écrire ces noms qui dessinent la courbe de la solidarité résistante. Tout ceci se situe en novembre 1942. En septembre 1943, on m'avisa qu'un M. Masséna qui me connaissait parfaitement m'attendait avec Biran au restaurant Prunier. Je retrouvai Marchal qui venait d'être déposé sur un terrain près de Tours ; il avait reçu mission de coordonner toute l'action militaire en zone Nord. Nous évitâmes les effusions faciles pour assister à une réconfortante comédie qui mit aux prises un classique officier prussien, notre voisin de table, avec le maître d'hôtel de la maison (...). On ne pouvait faire autrement que de rire sans ménagement, Biran ses lunettes à deux doigts de la nappe, Marchal, renversé sur la banquette, à gorge déployée. Le Prussien comprit qu'on se f... de lui. Il fallut payer et partir, non sans avoir serré la main du maître d'hôtel de chez Prunier. Les trois jours suivants, nous avons retrouvé un Marchal trépidant (...). Il était joyeux, trop joyeux. En sautant plusieurs marches, la haute silhouette de Marchal s'engouffra dans le métro de la Madeleine ; à partir de ce soir-là, Marchal manqua tous ses rendez-vous. Comment j'ai retrouvé la femme de Marchal, comment j'ai appris qu'on avait procuré une planque sûre à cet officier, ce serait trop long à raconter. Quoi qu'il en fût, Colette Marchal et ma femme eurent l'audace de pénétrer dans cet appartement situé 8, rue de la Michodière. Elles interrogèrent la bonne qui avoua que, venu coucher pour la première fois le soir où il nous quitta, l'officier avait été dès son réveil arrêté. Je reste persuadé, puisque Marchal a sur-le-champ avalé sa boulette de cyanure, qu'il fut appréhendé ès qualités. Aussi bien, j'ai su par la suite qu'il avait encore dans l'épaulette de son veston son ordre de mission, signé du général de Gaulle. Plus tard, le général Bouchet, sous les ordres duquel Marchal avait servi, m'apprit deux choses : le corps de notre camarade avait été transporté au dépositoire du Val-de-Grâce ; l'appartement où il passa sa dernière nuit servait aux frasques de l'inspecteur Bonny. Nous n'avons jamais pu savoir comment Marchal, arrivé depuis quelques jours de Londres, avait été aiguillé sur ce traquenard. » Jacques Soustelle fut le premier à révéler pourquoi l'homme que de Gaulle avait chargé d'être son délégué militaire national (DMN) pour la zone Nord (Louis-Eugène Mangin l'était pour la zone Sud) était ainsi allé se jeter dans la gueule du loup. « Morinaud (l'un des noms de guerre de Marchal) fut, écrit Soustelle, victime de la logeuse qui mit à sa disposition un appartement, 8, rue de la Michodière, sur indication du service des logements relevant de Serreulles. Cette femme appartenait à la Gestapo. Pendant la nuit, elle fouilla les poches du manteau de Morinaud ; elle y trouva une note griffonnée : “Voir l'OCM, Ceux de la Résistance, Ceux de la Libé-Nord, FTP...” De bonne heure, le matin, elle téléphona à la Gestapo ; il était huit heures et quart lorsque trois policiers français et trois Allemands firent irruption dans le logement. Morinaud, sommé de les suivre, porta la main à sa bouche : il venait d'avaler une pilule de cyanure. Inconscient et râlant, il fut emporté au Val de Grâce dans une voiture de police. Il expira vers dix heures et demie du matin. »

Gilbert Védy... Le nom de guerre de cet ingénieur des travaux publics de Cherbourg était Médéric. A la tête du mouvement Ceux de la Libération, il avait succédé au flamboyant Maurice Ripoche, arrêté en mars 1943 et décapité, à Cologne, en juillet 1944. Lucie Aubrac a fait son portrait en 1945 : il « dirigeait avant la guerre une petite entreprise du bâtiment. Petit patron, petit bourgeois français très individualiste, son premier contact avec les Allemands fut une gifle qu'il administra à un soldat de l'armée d'Occupation entré sur son chantier sans son autorisation. (...) Un jour, le courrier de Londres réclame les plans des fortifications que les Allemands sont en train de construire sur la côte sud de la Bretagne. "Médéric" s'en charge, il obtient de l'entrepreneur, chargé de l'installation électrique dans ces fortifications, d'être embauché comme contremaître et, chaque jour, jusqu'à ce que sa tâche fût finie, "Médéric", à l'intérieur des travaux allemands, mesurait professionnellement les dimensions, prenait les caractéristiques des ouvrages militaires sous couleur d'installations électriques... ». André Mutter a raconté son arrestation : « Il se laissa emmener devant le commissaire des Grandes Carrières à qui il fit connaître sa qualité exacte de représentant à l'Assemblée consultative d'Alger. "Je viens, dit-il, de faire mon devoir de Français. A vous de faire le vôtre !" Le commissaire de police devait très mal comprendre son devoir, puisqu'il livrait bientôt "Médéric" à un inspecteur de la "Brigade antiterroriste". Notre camarade refusa de s'expliquer devant ce fonctionnaire qu'il connaissait de longue date. Il se borna à lui dire : "Vous allez voir comment un Français sait mourir", et, sous le regard sceptique de l'inspecteur et de ses adjoints, il avalait une pilule de cyanure et tombait bientôt, raide mort. »

« Ses yeux sont creusés comme si on les avait enfoncés dans sa tête... »

Une pilule de cyanure, la pilule... Brigitte Friang et le médecin-commandant Raymond Chanel en font la description. En fait, deux descriptions, car il y a la pilule des « professionnels » et celle des « amateurs ». Pour la première, Brigitte Friang écrit : « Enveloppée dans une croûte étanche, la pastille de cyanure de potassium pouvait être conservée indéfiniment dans les replis des gencives. Il fallait rompre l'enveloppe d'un coup de dent. De crainte de n'avoir pas la possibilité d'introduire leur pastille dans la bouche, à la suite d'une arrestation, quelques agents la conservèrent ainsi des semaines durant. » Quant à la seconde, voici ce qu'en dit Raymond Chanel : « C'est une de ces petites cartouches plates en métal que l'on trouve dans les boîtes de cent comprimés d'aspirine. Je l'ai bourrée de cyanure de potassium chimiquement pur et hermétiquement obturée avec (...) du "leucoplast" (...) sur lequel j'ai enfoncé, à force, le couvercle, lui-même solidement assujetti par une nouvelle bande de “leucoplast”, en collier. »... Le débat suscité par cette pilule dans les rangs de la Résistance, nous l’avons évoqué. Il était important... Toutefois, il arriva souvent qu’il fût sans objet. Nous avons déjà cité la réflexion de Lucie Aubrac qui est peut-être pessimiste, mais hélas loin d’être fausse : « Il n’y avait là en général qu’une mort prématurée. Combien de nos camarades périrent d’une suprême torture... »

Une *suprême torture* — on n’écrit pas ces mots sans frémir. Car ces mots courent, rumeur tenace, tout au long des années noires. « Pauvre roi supplicié des ombres, lancera plus tard André Malraux, regarde ton peuple d’ombres se lever dans la nuit de juin constellée de tortures ! »

Le « pauvre roi supplicié » invoqué par Malraux s’appelait, on le sait, Jean Moulin. Et c’est évidemment à lui que l’on songe d’abord ici, comme s’il avait été dans l’atroce ordre des choses de ce temps-là que la suprême torture fût la mort réservée à celui que les résistants avaient chargé de la suprême responsabilité, celle d’être l’artisan de leur unité. La mort par la torture est une mort entre toutes obscure. Après bien des enquêtes, aussi nombreuses que minutieuses, la fin du fondateur du Conseil national de la Résistance (CNR) reste tissée d’incertitudes. « Où est mort en réalité Jean Moulin ? interroge Henri Michel. A Neuilly, malgré les soins ultimes qui lui furent accordés ? La Gestapo, pour s’en débarrasser, aurait fait envoyer le cadavre à Berlin ? Ou bien encore, toutes ces pièces d’état civil sont-elles des faux, destinés à dissimuler la faute commise par de trop zélés tortionnaires en tuant un prisonnier sans avoir réussi à le faire parler ? Il est assez surprenant que le médecin qui a dressé l’acte de décès ne signale pas le lieu de ce décès ; surprenant aussi que le cadavre, si la mort a eu lieu entre Paris et Berlin, n’ait pas été enterré dans le cimetière le plus proche ; pourquoi le ramener à Paris pour l’inhumer ? » Vaines questions auxquelles nul ne peut complètement répondre. Les témoignages s’enchevêtrent et se contredisent. Après des années et des années de recherches, la sœur du premier président du Conseil national de la Résistance, Laure Moulin, conclut : « Les déclarations les plus importantes concernant la mort de Jean Moulin ont été faites par Johann Meiners, commissaire de police à Francfort, et par son fils Heinrich Meiners, fonctionnaire à la Sûreté de Paris, celui-là même qui m’avait reçue au 86 de l’avenue Foch, en octobre 1943. J’ai pu avoir le procès-verbal de leur interrogatoire. La déposition de Johann Meiners me paraît exacte. Celle de son fils est très sujette à caution. Le vrai et le faux sont mêlés. La description qu’Heinrich Meiners fait de mon frère dans sa cellule de Neuilly paraît malheureusement juste : “J’ai vu un prisonnier (...) qui me fit une impression très bizarre. Le prisonnier était allongé, puis il s’est assis et je l’ai vu marcher une fois dans la chambre en s’appuyant aux meubles et aux murs. Il était oppressé et se tenait le ventre ou les reins. Il m’a fait l’impression d’un homme très malade et qui n’avait plus pour longtemps à vivre. Il avait les yeux fixes et par instants hagards. Son âge était très difficile à déterminer parce qu'il avait "fondu" et son costume était devenu trop large. Il était visiblement amaigri et avait des cheveux grisonnants"... »

Aussi bien, l'urne n° 10.137 qui fut d'abord inhumée au cimetière du Père-Lachaise avant d'être, au soir du 18 décembre 1964, solennellement transférée à la crypte de la Déportation, et le lendemain au Panthéon, ne portait-elle que l'inscription : « Cendres présumées de Jean Moulin. »

Des images terriblement vraies nous restent pourtant, celles transmises par ceux qui furent les derniers Français à avoir vu Jean Moulin encore animé d'un souffle de vie. D'abord l'image restituée par Christian Pineau dans son livre de souvenirs *La Simple Vérité*... « 24 juin 1943, raconte-t-il. Il est six heures du soir. (...) J'ouvre ma porte. Le sous-officier qui m'a, un jour, donné du feu pour allumer ma cigarette, me fait signe de sortir. "Pas habiller, monsieur, prendre seulement rasoir..." De quoi peut-il s'agir ? Pourquoi cette étrange consigne ? Je descends l'escalier sans qu'aucune sentinelle, mitraillette au poing, nous accompagne. Rien ne bouge dans la prison. Le sous-officier me fait sortir dans la cour Nord, me conduit vers un banc sur lequel un homme est étendu, gardé par un soldat qui porte l'arme à la bretelle. "Vous raser, monsieur." Quelles ne sont pas ma stupéfaction, mon horreur, lorsque je m'aperçois que l'homme étendu n'est autre que "Max" Moulin. Celui-ci a perdu connaissance, ses yeux sont creusés comme si on les avait enfoncés dans sa tête. Il porte à la tempe une vilaine plaie bleuâtre. Un râle léger s'échappe de ses lèvres gonflées. Aucun doute, il a été torturé par la Gestapo. "Allez, monsieur..." répète le sous-officier qui a remarqué mon hésitation. Je suis là, mon petit rasoir mécanique à la main, devant ce corps à peine vivant dont il va falloir gratter le visage. (...) Le sous-officier est parti, je termine l'opération d'une main un peu tremblante tandis que le soldat regarde avec indifférence, comme s'il attendait son tour dans un salon de coiffure. Le temps passe. Tout à coup, "Max" ouvre les yeux, me regarde. Je suis certain qu'il me reconnaît, mais comment peut-il comprendre ma présence auprès de lui en ce moment ? (...) Je me penche sur "Max", murmure quelques paroles de réconfort banales, stupides. Celui-ci prononce cinq ou six mots anglais que je ne comprends pas tant la voix est brisée, le débit hoquetant. Puis il boit quelques gorgées dans le quart que je lui tends, perd à nouveau connaissance. Personne ne venant me chercher, je reste près de lui, contemplant son visage immobile, comme s'il s'agissait d'une veillée mortuaire, tandis que peu à peu la nuit tombe, que les lumières de la prison s'allument. Il est près de dix heures lorsque le sous-officier passe près de nous (...). "Tard ! Vous rentrer !" Tandis que le sous-officier, agitant ses clefs, monte l'escalier derrière moi, "Max" Moulin reste étendu sur son banc où sans doute “ils” vont le laisser passer la nuit. Je ne l’ai jamais revu. »

« Ce monsieur... il était dans un triste état »

Les deux autres images nous viennent de l’avant-dernière étape du calvaire de Jean Moulin, la « villa Boemelburg » ainsi que l’on appelait alors un hôtel particulier du 40, boulevard Victor-Hugo à Neuilly où s’était installé le vieux policier du même nom devenu Sturmbannführer dans la SS et dirigeant de la Gestapo à Paris... « C’est là, rapporte Laure Moulin en se référant au témoignage d’André Lassagne, qu’il fut confronté avec Lassagne et Delestraint. Il était allongé sur un divan, le crâne enveloppé de pansements, le visage pauvre et meurtri. Il respirait faiblement ; seuls les yeux paraissaient vivre en lui. »... Le concierge de cette même villa devait, par ailleurs, déclarer à Antoinette Sax qui lui montrait une photo de Jean Moulin : « Oui, j’ai vu ce monsieur. Il était dans un triste état... C’est le général Boemelburg qui s’en occupait lui-même. Je l’ai vu passer plusieurs fois dans le jardin ; il crachait le sang. »

Les images de Jean Moulin ravagé par la torture sont parmi les plus difficiles à supporter. Si difficiles qu’on a envie de leur en opposer d’autres. Celles du temps où « ce monsieur » n’était pas « dans un triste état ». Pas broyé par la souffrance, mais palpitant de vie et tendu vers l’avenir... Joseph — ou plutôt Hervé, puisque l’un de ses noms de guerre est devenu son prénom usuel — Monjaret restitue excellemment cette image bien vivante. Avant de devenir plus tard officier de liaison de Londres avec le mouvement Franc-Tireur, Hervé Monjaret fut le radio de Jean Moulin. C’est à ce titre qu’il fut parachuté avec lui dans la nuit du 1er au 2 janvier 1942. « La première mission à laquelle je devais participer, nous raconte Monjaret, devait avoir lieu à la lune d’octobre 1941... Finalement elle a été décommandée et c’est alors que j’ai été mis en contact avec Jean Moulin dont évidemment j’ignorais le nom à l’époque. Je l’ai connu sous le nom de Max Mercier. J’ai aussi alors été présenté à notre troisième coéquipier qui devait trouver la mort en 1944, Raymond Fassin. C’était un instituteur, lieutenant de réserve, qui se faisait appeler Sif... Pour apprendre à sauter en parachute, Jean Moulin, lui, avait suivi un stage extrêmement rapide à Manchester. Je dois dire, à titre anecdotique, qu’il n’aimait pas ça du tout. Il ne le faisait que parce qu’il n’y avait pas moyen de faire autrement. Il me l’a dit pendant les longues semaines où nous sommes restés en attente dans une propriété d’un des principaux ministres anglais de l’époque, lord Beaverbrook. L’attente de conditions atmosphériques favorables nous a paru interminable. La lune chevauchait novembre et début décembre et le temps était extrêmement mauvais. D’ailleurs, à partir de la station où nous étions, il n’y a eu aucune opération sur les pays d'Europe occidentale durant cette lune. La seule opération qui a eu lieu a été le départ pour la Tchécoslovaquie des trois Tchèques qui avaient pour mission d'abattre Heydrich. Ce qu'ils ont réussi plusieurs mois plus tard. Evidemment, sur le moment, je n'ai pas compris ce qu'ils allaient faire. Mais, après la guerre, par des recoupements, je me suis rendu compte que c'était avec eux que nous avions été à cette époque... Cette attente en commun m'a permis de faire la connaissance de Jean Moulin. Il était très souriant, très gai, extrêmement sympathique, souvent drôle, plein d'humour, fort aimable, fort gentil. Il aimait beaucoup plaisanter... Je me souviens, par exemple, que parmi les jeunes femmes en uniforme qui s'occupaient de nous, il y en avait une qui s'appelait Sheila. C'était notre conductrice. Eh bien, Jean Moulin s'était mis dans l'idée de lui faire fumer la pipe en lui disant qu'à Paris toutes les jeunes filles "bien" faisaient de même. Il insista tant qu'il finit par la convaincre et que le jour où, revenant de voir le général de Gaulle, il lui rapporta une petite pipe en terre et du tabac, Sheila se mit en devoir de fumer cette pipe... Parmi d'autres que je pourrais raconter, cette anecdote montre bien qu'au premier abord on n'avait pas l'impression de se trouver en présence d'un monsieur taillé pour le destin qui allait être le sien. Pourtant, en étant plus attentif, on remarquait bientôt chez Jean Moulin une flamme dans les yeux, une mâchoire volontaire qui, bien qu'adoucies par le pli moqueur des lèvres, laissaient deviner une volonté solide. Et puis, assez vite, nous avons compris que Moulin était un "chef de mission" qui rencontrait personnellement de Gaulle, ce qui n'était pas le fait de beaucoup. Il est dès lors devenu évident que la mission dont il était chargé était extrêmement importante. En fait, son amabilité de tous les instants et le côté même enjôleur de sa personnalité s'accompagnaient d'une très grande rigueur et d'une très grande exigence. Je n'ai jamais entendu Jean Moulin ordonner quelque chose à quelqu'un, mais je l'ai toujours entendu demander de telle façon qu'il était pratiquement impossible de lui opposer un refus. Sa façon de demander était à la fois autoritaire et gentille, comme son comportement était à la fois celui d'un bon vivant et d'un homme d'une extrême prudence... Je l'ai très rarement entendu émettre d'appréciation politique sur les gens, mais il ne cachait pas qu'il était un préfet de gauche. Pour lui, il semble que la formation qu'il avait reçue de son père ait été déterminante. Son père, professeur d'histoire au lycée de Béziers, était une personnalité radicale dans le midi de la France. Un "radical", avec le sens que cela avait au début du siècle. Il est une chose, en tout cas, dont je peux témoigner de la façon la plus formelle, c'est que jamais Jean Moulin n'a fait preuve du moindre ostracisme à l'égard de quelque mouvement de Résistance que ce soit... Mais revenons dans la propriété de lord Beaverbrook... Jean Moulin y supportait de plus en plus mal notre longue attente. D'une part, la mission qu'il avait à accomplir ne pouvait être indéfiniment retardée et, d'autre part, bien qu'il ait pris la précaution de faire envoyer des cartes postales de Paris, tous les trois ou quatre jours, pour sa famille et ses amis qui, bien sûr, ignoraient qu'il était en Angleterre et le croyaient dans la capitale française, il craignait qu'en se prolongeant trop son absence n'attire l'attention. Aussi, après un nouveau départ manqué dans la nuit de Noël, Moulin est-il retourné à Londres, le 31 décembre 1941, dans la matinée. Il est revenu vers midi et demi et, à Raymond Fassin et moi, il nous a annoncé : "Ça y est ! C'est pour ce soir..." Il avait obtenu satisfaction : le départ aurait lieu quelles que soient les conditions atmosphériques. »

Cathédrale imprimée et requiem documentaire

Durant les années 1980 et 1990, on a beaucoup écrit sur Jean Moulin. Beaucoup écrit et donc préalablement beaucoup cherché. Nous l'avons déjà dit. Si nous le répétons, c'est pour insister sur la qualité de ces recherches et la diversité des chercheurs. Jean-Pierre Azéma travaille en universitaire accompli. Pierre Péan est un des plus actifs journalistes d'investigation de ce temps. Même si c'est pour conforter de folles thèses, Jacques Baynac ratisse avec minutie. Quant à Daniel Cordier, son cas est unique puisque bientôt ses publications croisées constitueront, sur Moulin, une somme de sept mille pages. Une sorte de cathédrale imprimée où Cordier, revivant la passion de sa jeunesse, orchestre sa symphonie des archives en gigantesque requiem documentaire, tout en réussissant à ne pas négliger les détails de l'histoire... Si ces auteurs-là n'ont rien trouvé de décisif, rien de vraiment nouveau sur les circonstances de la fin de Jean Moulin, force est de penser que la vérité demeurera partiellement enfouie dans cette autre fosse commune qu'est la mémoire morte des bourreaux. Et comment ne pas penser à tous les deuils difficiles, interminables sinon impossibles qu'entraîne cet enfouissement irrémédiable d'une part de la réalité ?

Combien d'autres milliers de résistants et de résistantes connurent, sous l'Occupation, la même atroce fin que Jean Moulin ? Trop de cadavres défigurés ont été jetés dans les forêts et les rivières, trop de cendres dispersées au vent, trop de corps disloqués brûlés par la chaux vive et pourris par la terre grasse d'innombrables charniers pour que l'on puisse sérieusement avancer un chiffre précis. Contrairement aux tortionnaires que l'on pourrait dire classiques et qui ont exercé et sévissent encore en d'autres temps et d'autres lieux, les policiers et les soldats allemands, les fonctionnaires et auxiliaires français qui, entre 1940 et 1945, déchirent les membres, tordent les nerfs et lacèrent les visages des « communistes », « gaullistes » et autres « terroristes », n'ont pas un sentiment de « faute professionnelle » lorsque la mort vient leur enlever leur victime des mains et fermer à jamais la bouche qu'ils espéraient tant réussir à faire parler. Quand on torture à tour de bras et à longueur de journée, les accidents de cette sorte n'embarrassent plus : ils font partie des risques du métier, du déchet inévitable.

Morts sous la torture... Morts de la torture... Morts, quelques années plus tard, des rongeantes et délabrantes suites de la torture...

Tel fut le sort de Fernand Holweck, le 21 décembre 1941... Né le 21 juillet 1890, Holweck avait été un étudiant brillant : sorti premier de l'Ecole de physique et chimie. Collaborateur de Marie Curie avant la guerre de 1914, puis, pendant celle-ci, du général Ferrié pour les travaux décisifs sur la radiodiffusion qu'on appelait alors « la TSF », il fut un des tout premiers pionniers de la télévision en 1927. Une « pompe moléculaire » porte son nom. Lorsque, dix jours avant de le laisser mourant à l'hôpital de la Pitié, les nazis l'arrêtèrent, il était maître de conférences à la Faculté des sciences de Paris et directeur de recherche au CNRS. Deux mois plus tard, une des publications clandestines du Front national, *L'Université libre*, consacrait un long article à la mort du savant et soulignait : « Durant l'interrogatoire, les tortionnaires de la Gestapo ont brûlé les mains et les pieds de Fernand Holweck. Ce sont ces brûlures qui ont provoqué la mort. » Dans *Le Témoin des martyrs*, Aragon devait ajouter : « Les Allemands le croyaient détenteur du secret d'une invention intéressant la défense nationale et ils voulaient le forcer à la livrer. Cette “explication” n'explique pourtant pas que les pieds et les mains de Fernand Holweck aient été carbonisés au point que les phalanges y manquaient. »

« M. Nestor Perret, chapelier »

Tel fut le sort de Marcel Hatet, le 9 août 1943... Dans la bourgeoisie nantaise, la famille Hatet faisait, au début du siècle, très bonne figure. A la veille de 1914, pourtant, des revers de fortune contrarient un destin qui semblait auparavant tout tracé. Le jeune Marcel, tout juste âgé de dix-sept ans, vient d'être obligé de quitter l'école primaire supérieure lorsque commence le conflit entre la IIIe République et l'empire d'Allemagne. L'engagement pour la durée de la guerre dans un régiment d'artillerie lui paraît un moyen d'échapper aux humiliations du moment... Mais écoutons André Perraud-Charmantier, déjà cité, dont les deux volumes de *La Guerre en Bretagne ; Récits et portraits*, publiés à Nantes, dès 1948, sont une source irremplaçable. « Brigadier radio à 17 ans et demi, écrit Perraud-Charmantier, il fait Verdun, Douaumont, le Ravin de la Mort, les Eparges. Dix mois après : sa première citation à l'ordre de la brigade. Il en totalise trois, dont une à l'ordre de l'Armée. (...) Démobilisé en 1919, il prend place parmi le personnel de Doulon de la Société nantaise d'Electricité. C'est lui qui fonde le Syndicat des électriciens. Il est ouvrier. La direction lui offre une place de contremaître. M. le

Directeur le fait appeler et lui dit : “(...) Je vous nomme contremaître, à la condition que vous abandonniez la direction de votre syndicat...” — “Ah, ça, jamais, je préfère rester ouvrier toute ma vie ; j’ai jusqu’ici discuté, lutté pour mes camarades ; ce que je veux avant tout, dans la vie, c’est tout faire pour améliorer leur sort et les conditions matérielles de leur travail. Là-dessus, je ne transigerai jamais, jamais...” (...). Renvoyé de l’usine, il se présente au concours d’ouvrier technique des PTT ; il y est reçu brillamment. » Le Front populaire fait de Marcel Hatet un conseiller municipal de Nantes, en 1936. Et Perraud-Charmantier poursuit : « Dès août 1940, il fonde, avec ses camarades des PTT, un groupe de Résistance qui fonctionne, rue de l’Héronnière (...). Une grande pancarte y est clouée sur la rue : “Association technique des agents des PTT.” Tout est en règle, selon la loi de Vichy. » Devenu Attila, Hatet est ainsi le fondateur d’un des premiers réseaux rattachés aux services secrets britanniques du SOE. Un réseau de renseignements et de sabotage, de parachutage et d’évasion. « Le chef-d’œuvre de Marcel Hatet, dit encore Perraud-Charmantier, est peut-être la constitution d’une carte complète des lignes téléphoniques, même secrètes et souterraines, avec les numéros d’appel, telles que les avait construites l’occupant. » Et puis, le 5 août 1943, c’est l’arrestation. C’est la torture... Un premier bruit court bientôt, une rumeur à laquelle un des chefs locaux de la Gestapo, le Herr Doktor Werner Ruppert donne consistance en déclarant au directeur nantais des PTT : « M. Hatet s’est donné lui-même la mort dans sa cellule. Cet homme était vraiment d’une énergie farouche : nous nous sommes inclinés devant sa dépouille mortelle. » Totale hypocrisie que vont bientôt trahir les dérobades et les mystères auxquels se heurtera la veuve du malheureux lorsqu’elle entreprendra de rechercher précisément cette dépouille mortelle. Mais le mur d’incertitudes opposé à Mme Hatet ne la décourage pas. Elle poursuit sa quête, avant comme après la Libération. Une quête d’un an et demi... Le dimanche 14 janvier 1945, ayant longuement visité tous les cimetières de la région, Mme Hatet arrive à celui de la Gaudinière. Elle est accompagnée de sa fille et de son gendre. « A la conciergerie, raconte André Perraud-Charmantier, le gardien leur montre les plans du champ de repos et enfin le registre des “W”, c’est-à-dire celui où les Allemands inscrivaient les noms de leurs hommes qu’ils passaient par les armes ou qui se tuaient. Mme Hatet, le registre devant elle, voyait défiler les noms sans rien découvrir. Soudain, M. Pinel, son gendre, qui, lui, placé derrière le livre, lisait les noms à l’envers, fut hypnotisé par la première syllabe HA... d’un nom et s’écria : “HATET, voilà le nom de M. Hatet !”... Et il posait son doigt à l’endroit fixé. “Mais non, objecta tristement Mme Hatet, c’est un nommé *Tetah Frantz...*” C’est ainsi que la supercherie teutonne fut découverte. Au fond du cimetière, sous le petit tertre, surplombé d’une planche portant la mention : “Tetah Frantz (1898)”, c’était bien le corps de

M. Hatet qui reposait. M. Roger, chef du cimetière de la Gaudinière, devant la fosse a déclaré : “Je me méfiais naturellement d’eux (...). Habituellement, ces messieurs ne se faisaient pas accompagner. Cette fois, des chiens et un officier étaient présents. Cela m’a semblé louche. Aussi, après leur départ, eh bien j’ai fait ce que tout Français eût fait à ma place, n’est-il pas vrai : j’ai voulu en avoir le cœur net. J’ai ouvert le cercueil. J’ai reconnu un Français. Et à voir ses traits ravagés par la souffrance, j’ai compris qu’il avait été tué. En effet, il portait à la nuque d’énormes plaies de chairs boursouflées et j’ai eu la certitude d’avoir en face de moi un Français qui avait été tué à coups de matraque et de barre de fer. J’ai pris sa ceinture, pensant bien, plus tard, rendre ainsi service à sa famille...” Mme Hatet lui montra la photographie de son mari : “C’est bien lui !...” »

Tel fut le sort de Nestor Perret, le 27 octobre 1943... Après la Libération, Victor Venturini, employé des pompes funèbres générales, à Clermont-Ferrand, déclarait par procès-verbal : « Le 27 octobre 1943, recevant un coup de téléphone du commissariat du 3e arrondissement, je me suis rendu avec deux ouvriers, MM. Besse et Serre, à la prison du 92e pour transporter un corps des locaux de la prison, occupée par les Allemands, jusqu’à la morgue de l’Hôtel-Dieu. Parvenus devant la prison vers 17 heures, après de nombreux palabres, nous fûmes introduits dans une cellule du rez-de-chaussée et, à la lueur d’un fanal que m’avait passé un gardien allemand, nous aperçûmes un corps étendu par terre et tourné dans le sens contraire à la couchette. Je reconnus immédiatement un de mes amis, M. Nestor Perret, chapelier, boulevard Desaix à Clermont-Ferrand. Pendant les brefs instants où nous demeurâmes seuls dans la cellule, je pus me rendre compte des sévices qu’avait subis M. Perret depuis son arrestation : trou à l’os frontal gauche, deux balafres sur la joue gauche, bras droit brisé, au cou une trace profonde de strangulation, mais aucune trace dans le local de la corde ou du lacet ayant servi à cet effet. Des traces de sang nombreuses par terre ainsi que sur la figure et sur les vêtements ; un mouchoir que la victime tenait dans une main était maculé de sang. De plus, les mains avaient particulièrement souffert : des ecchymoses aux doigts tant à l’extérieur qu’à l’intérieur, à l’extrémité de l’index ou du pouce (je ne puis me le rappeler), la chair pendait comme si le doigt avait été pincé ou violemment serré... » A Clermont-Ferrand, la principale figure de la Résistance était Emile Coulaudon, déjà cité, le colonel Gaspard que les combats du Mont-Mouchet rendirent célèbre et que le film *Le Chagrin et la Pitié* fit connaître dans les années 1970. Coulaudon était officiellement le chef des FFI d’Auvergne, et la citation de Nestor Perret à l’ordre de la Légion d’honneur signée par lui proclame : « Pionnier de la Résistance en Auvergne, a créé l’organisation clandestine Combat sur le plan de la ville de Clermont-Ferrand dès novembre 1942. A formé ainsi un noyau de mille cinq cents hommes devant plus tard être incorporés aux FFI d'Auvergne. A participé volontairement à de nombreux coups de main à travers les barrages ennemis. Arrêté et assassiné par la Gestapo, le 27 octobre 1943. »

Cette atmosphère d'assassinat

Tel fut le sort de Maurice Flandin-Granget, le 21 février 1944... Le Comité de Haute-Savoie de l'Association nationale des anciens combattants de la Résistance (ANACR) a édité un *Mémorial de la Résistance en Haute-Savoie*. Terrible petit livre noir dont chaque page est lourde de sang. Dans ce *Mémorial*, on peut lire : « A Thonon-les-Bains, ce fut dans les divers hôtels ou écoles de la ville que l'état-major répressif siégeait ou tenait garnison. (...) Le 6 février 1944, le "Savoy-Léman" devient le quartier général des "forces du Maintien de l'ordre". Le rez-de-chaussée et les étages sont transformés en bureaux avec salles pour interrogatoires, salles de torture. (...) Le sous-sol est une infecte geôle où, pêle-mêle, hommes et femmes, des effectifs de deux cent cinquante à trois cent cinquante résistants ou suspects s'entasseront. (...) Ils vivent là des heures de terreur indicible, dans des conditions d'hygiène épouvantables. Ils assistent d'abord au martyre de Maurice Flandin-Granget, chef de bataillon FTP connu dans la Résistance sous le nom de Maurice Blanchard. Il a installé son PC à Féternes ; il est pris le dimanche à l'aube par le sinistre De Costanzo et ses tueurs. Interrogé, Maurice ne parle pas, ne trahit personne ; ni les coups ni les tortures ne viendront à bout de sa volonté et de son courage. Vers le soir, avec d'autres captifs, dont sa femme, il est transféré au "Savoy-Léman". Là, le supplice continue ; à plusieurs reprises, des miliciens viennent au cours de la nuit. Ils le soulèvent à bout de bras, le laissant tomber lourdement sur le sol cimenté de la cave où ils l'abandonnent ensuite. Au matin, ses râles de mourant sont étouffés sur sa bouche par le coup de talon d'un ignoble voyou sorti d'on ne sait quel bagne. C'est ainsi que mourut pour la France Maurice Flandin-Granget. »

Les fusillades, les guillotinades, les décapitations à la hache, les contraintes au suicide, les tortures à mort, etc., toutes les variantes possibles de l'assassinat pur et simple furent donc effectivement utilisées, dans la France de 1940 à 1945, par les occupants hitlériens et leurs auxiliaires français contre ceux de nos concitoyens qui refusaient de s'incliner devant la croix gammée et la francisque. Variété dans les formes aussi bien que dans les circonstances. Mourir assassiné fut d'abord le sort de ceux contre lesquels on ne parvenait pas ou l'on n'osait pas monter une comédie judiciaire, si mince fût-elle. Et puis, très vite, le penchant naturel pour les solutions faciles, l'ivresse communicative des massacres et le temps rendu pressant par la proximité de la défaite amenèrent la multiplication des initiatives les plus sanglantes. Le « temps des assassins » était véritablement venu...

L'accumulation des forfaits fut telle qu'il est bien difficile, même avec un recul d'une cinquantaine d'années, d'en clarifier l'exposé... Continuons pourtant d'en montrer tout à la fois la sauvagerie aveugle et la fureur sélective. Et l'on appréciera comment, outre les motivations habituelles aux fascistes, les tueurs « français » obéirent à des pulsions spécifiques, à un désir de vengeance qui trouvait sa source dans la peur des gros possédants et des vieux nantis qu'avait suscitée le Front populaire. Mieux même, de nombreux assassinats furent vécus par leurs auteurs comme des revanches sur l'échec de l'émeute du 6 février 1934. Dans le ruissellement du sang « judéo-bolchevik », ceux qui n'avaient pu jadis « avoir la peau » que de l'un des ministres de l'Intérieur du Front populaire, Roger Salengro, se réjouissaient d'ajouter à leur tableau de chasse Jean Zay et Victor Basch, Marx Dormoy et Georges Mandel... On pourra également constater comment, sous prétexte d'« antiterrorisme », les assassins en arrivèrent, malgré eux, à travers les personnalités si diverses de leurs victimes, à dessiner un panorama complet de la nation française, cet ensemble des Français que nous évoquions déjà à propos des fusillades.

D'emblée, c'est une atmosphère qu'il faudrait restituer, qu'il faudrait rendre tangible, palpable. Moins l'atmosphère des assassinats que cette atmosphère d'assassinat qui s'étend sur la France asservie... Prenons l'exemple de Grenoble au seuil de l'hiver 1943-1944. Dans un chapitre de ses *mémoires posthumes* qu'il intitule à juste titre *La « Saint-Barthélemy »*, le commandant Louis Nal écrit : « Lundi 29 novembre s'ouvre une nouvelle série rouge. Le docteur Carrier, ami intime et collaborateur de Valois, chef de la Résistance de Saint-Marcellin, se sentant particulièrement visé, s'apprête à rejoindre une cachette sûre (...). Ses valises sont déjà bouclées et il va partir. A 8 h 30, il met une dernière main à ses préparatifs lorsque la sinistre traction avant stoppe devant sa villa. Au coup de sonnette, Carrier a sorti son revolver, prêt à faire payer chèrement sa vie. Hélas ! à peine a-t-il esquissé un geste de défense que la mitraillette ennemie l'abat sous les yeux horrifiés de sa femme et de son petit garçon. Quelques heures après, vers midi, trois individus armés, les mêmes qu'à Saint-Marcellin, se présentent à la conciergerie de l'Institut d'électrochimie de Grenoble et demandent à être conduits dans le bureau du professeur Jean Bistesi, chargé de cours. Précisément, le chef départemental de Combat s'apprête à sortir. La concierge le désigne. Alors, sans un mot, deux des individus l'abattent de deux coups de revolver. Quelques instants plus tard, un troisième coup retentit : les bandits achèvent leur victime après avoir fouillé minutieusement le bureau et le laboratoire. Puis ils avisent eux-mêmes par téléphone le commissaire de police du 2e arrondissement, lui donnant l'ordre de venir retirer le cadavre. (...) Le même jour, vers 16 heures, deux individus se présentent à l'usine Sappey, 40, rue de Bresson, l'un petit très brun et parlant parfaitement le français, l'autre grand, blond, portant pardessus et paraissant étranger. Le petit "désire parler à M. Perrot". A peine M. Perrot s'est-il avancé que le petit, sortant son revolver, lui dit : "Les mains en l'air, allons dans votre bureau !" Son partenaire enjambe la barrière en bois qui le sépare du bureau et l'on peut alors distinguer sous le pardessus le canon d'une mitraillette. Ils ferment la porte de la pièce et la discussion, très vive, s'engage sur les membres de la Résistance. M. Fouletier, beau-frère de Perrot, entre alors et prend part à la discussion. Les deux beaux-frères refusent de suivre leurs interlocuteurs. Soudain des coups de mitraillette et de revolver claquent. M. Perrot est tué et M. Fouletier grièvement blessé. Le corps de Perrot sera conduit par la Gestapo à l'hôpital puis, sur la demande de Mme Perrot, rendu à celle-ci et ramené à son domicile. Quant à M. Fouletier, il sera arrêté le lendemain et emmené, malgré son état, à la Gestapo... Georges Duron, Roger Guiges, le docteur Girard, le docteur Henri Butterlin, Alphonse Audinos, M. Bernard, Jean Pain, le docteur Valois, le docteur Carrier, le professeur Jean Bistesi, Perrot : en cinq jours, quelle hécatombe ! (...) Ces attentats perpétrés dans des conditions de sauvagerie inouïe provoquèrent une profonde et douloureuse émotion. L'angoisse étreignait les visages, les cœurs se révoltaient. Grenoble vécut dans la terreur. Chacun se demandait si demain il ne tomberait pas à son tour. Le 30 novembre, par l'intermédiaire de la censure, la Gestapo interdit aux journaux de publier les avis de décès pour les victimes de ces journées tragiques. Et pendant plusieurs jours, les censeurs aux ordres de Vichy surveillèrent attentivement la publication de l'état civil de Grenoble. Aucun nom de patriote ne devait figurer dans les décès, sous peine des pires sanctions. D'autre part, quatre personnes de la famille seulement étaient autorisées à assister aux obsèques des victimes... »

Le forgeron de Trassanel

Autre scène situant très bien l'atmosphère, cet assassinat commis dans l'Aude avec un raffinement particulier. Le récit en fut fait, près de neuf ans plus tard, lorsque devant le Tribunal militaire de Bordeaux se déroula le procès d'Oscar Schiffner, ancien sous-chef de la Gestapo à Carcassonne qui devait être condamné aux travaux forcés à perpétuité le 23 mars 1953... Nous sommes à l'audience du 20 mars, et c'est le témoin Laurent Durand qui est à la barre... Ses déclarations seront rapportées dans le numéro du lendemain de *La Dépêche du Midi* : « Bientôt arrivèrent d'autres résistants que les Boches venaient d'arrêter. J'eus la douloureuse surprise de reconnaître parmi eux Edmond Agnel, le forgeron de Trassanel. Il était déjà dans un état pitoyable. Les Allemands le conduisirent aussitôt derrière une ferme sous le prétexte de l'interroger. Du camion où j'étais resté avec une sentinelle, j'entendais les cris de souffrance qu'il poussait chaque fois que les coups s'abattaient sur lui, mais Agnel ne parla pas. Lui qui ravitaillait le maquis et savait fort bien où il était, n'avait pas ouvert la bouche sinon pour se plaindre. J'en eus la confirmation quand on le ramena à mes côtés. En patois, il me fit comprendre qu'il n'avait rien dit. Agnel était un père pour moi. Chez lui, c'était la maison du bon Dieu. Tous les maquisards en difficulté y trouvaient asile. Quand j'ai vu que cet homme qu'on s'apprêtait à pendre allait mourir, j'avoue que j'ai eu un moment de défaillance... L'angoisse fut à son comble quand ces brutes voulurent obliger Théophile Rieussec à passer la corde au cou de son vieux camarade. Quand ils lui ordonnèrent de pousser son corps dans le vide, la terreur s'empara de nous. Théophile refusa. Il fut roué de coups. On le ramena devant Agnel. Alors, nous l'avons vu hésiter. Finalement, ce fut le civil brun qui donna la poussée. La corde cassa sous le poids du corps. Agnel s'écria : "Je ne suis pas mort !" Alors que nous étions dans les transes, les Allemands s'esclaffèrent. Ils allèrent chercher une autre corde. La jugeant finalement trop grosse, ils abattirent notre compagnon. »

Après avoir reproduit ce récit, Julien Allaux, l'auteur de *La Résistance dans le département de l'Aude*, ajoute en commentaire : « Le civil brun n'était autre que René Bach. Dans les nombreuses expéditions des Allemands contre les résistants auxquelles il participa, il ne se borna pas à son rôle d'interprète, mais il intervint activement en faisant preuve d'une cruauté exceptionnelle. Après la Libération, on réussit à le retrouver. Ramené à Carcassonne, il fut condamné à mort et fusillé. »

Pour essayer de restituer l'atmosphère d'assassinat que connaît la France doublement opprimée par l'occupation nazie et la trahison vichyssoise, nous venons de nous référer à deux exemples qui remontent à 1943 et 1944. Il ne faudrait pas que l'on en déduisît que cette atmosphère fut seulement celle des deux dernières « années noires », celles où la croissance de la lutte clandestine et l'exaspération de la répression provoquaient en maintes contrées un climat de guerre civile. C'est en 1941 qu'à la faveur d'une des nombreuses querelles intestines qui n'ont jamais cessé d'opposer les clans rivaux des différents partisans de la collaboration, le chef du Rassemblement national populaire (RNP), Marcel Déat, écrit : « Qu'on ne transforme pas cette recherche des coupables en une persécution imbécile et aveugle. Et c'est très exactement ce qu'on est en train de faire. Cette battue incohérente et féroce est visiblement menée par des gens qu'animent de vieilles rancœurs, une haine longuement recuite et qui exécutent une vendetta, au lieu de songer au seul intérêt public. »... Déat parle d'or. Et en connaisseur. L'article éditorial dont sont tirées ces lignes, il le publie dans son journal *L'Œuvre*, le 8 octobre 1941. Deux mois et demi plus tôt, le 26 juillet, l'ancien ministre de l'Intérieur du Front populaire, Marx Dormoy, a été assassiné à Montélimar. Du mélange de sauvagerie aveugle et de fureur sélective dont nous disions plus haut qu'il nous paraît caractériser les assassinats en série commis sous le double signe de la francisque et de la croix gammée, l'assassinat de Marx Dormoy est une des meilleures illustrations. Arborant une ample et célèbre barbe noire, portant avec robustesse ses cinquante-trois ans, cet homme dont le singulier prénom proclame les convictions est un des principaux leaders du Parti socialiste SFIO. Cet ancien maire de Montluçon est aussi l'un des plus proches amis et collaborateurs de Léon Blum dont il passe pour être l'un des exécutants les plus sûrs et les plus fidèles. Il a la réputation d'être « un homme à poigne ». A Vichy, en juillet 1940, tandis que, comme nous l'avons vu plus haut, Jacques Doriot, le chef du PPF, le menace de mort, il fait partie de la minorité des élus socialistes qui refusent de se rallier à Pétain et à Laval. D'emblée, ces derniers manifestent à son endroit une hargne particulière et, dès le 25 septembre, le font arrêter. D'abord, il est interné dans deux de ces camps qui se multiplient à l'époque et où l'on entasse les ennemis du régime : Pellevoisin, dans l'Indre, puis Vals, dans l'Ariège. Au début de 1941, cependant, l'internement fait place à une simple mise en résidence surveillée : Marx Dormoy est envoyé à Montélimar, hôtel « Le Relais de l'Empereur », chambre numéro 19. Il peut y prendre normalement pension et se promener aux alentours à condition de ne pas quitter la ville...

« C'est là, ajoute Philippe Bourdrel, dans son livre *La Cagoule ; Trente ans de complots*, qu'au début de juillet arrive une jolie femme blonde. Elle s'inscrit sous le nom de Florence Gérodias, venant, dit-elle, se reposer un peu des fatigues de son travail. Florence Gérodias ne tarde pas, au restaurant de l'hôtel, à lier connaissance avec Marx Dormoy. (...) Il est probable qu'il en tombe passablement amoureux. Au bout de quelques jours, sous prétexte d'aller au chevet de sa mère malade, Florence Gérodias s'absente ; puis elle revient le 25 à Montélimar. Trois hommes l'accompagnent, cette fois, qui descendent dans un hôtel proche du “Relais de l'Empereur”. Le soir même, Florence, qui a retenu une chambre au même étage que Dormoy, dîne avec lui dans la salle commune. Les deux convives paraissent heureux de se retrouver. Vers vingt heures trente — le repas est sur le point de se terminer — le gardien de l'hôtel vient annoncer à la jeune femme que “des messieurs la demandent”. Elle se lève en s'excusant (...). Marx Dormoy attend un moment le retour de son amie ; puis, ne la voyant pas revenir, va faire quelques pas dans le hall avant de monter se coucher. A deux heures du matin, une explosion secoue “Le Relais de l'Empereur”. Le personnel et les clients sortent, affolés, en tenue de nuit sur les paliers... Une bombe a éclaté dans la chambre de l'ancien ministre. Dormoy a été décapité, la matière cérébrale projetée sur les murs et sur le plafond. »

Ceux qui voulaient « châtier Fantomarx »

Le jour même, sitôt la nouvelle connue, quelle est la réaction du gouvernement de Vichy ? Dans ses *Ephémérides de quatre années tragiques*, Pierre Limagne note : « Vichy (...), comprenant bien quelles peuvent être les suites de ce premier assassinat politique, essaie de le minimiser, annonce une enquête fort active et oublie de dire que Dormoy était en résidence forcée, c'est-à-dire sous la "protection" de la police. » Ce même samedi 26 — comme on devait l'apprendre, plus tard, au procès des Cagoulards, en 1948, de la bouche de l'avocat socialiste André Blumel —, l'un des deux directeurs de *L'Action Française*, Maurice Pujo, envoyait à son chef, le leader royaliste Charles Maurras, un télégramme ainsi rédigé : « Censure interdit imprimer assassinat mais seulement mort Marx Dormoy. Souhaitons que cet attentat commis par bande connue et couverte par étranger n'ouvre pas ère sanglante intérieur de notre malheureux pays. Amitiés. »... Ainsi, le jour même de la mort de l'ancien ministre est-il clair que le gouvernement de Vichy dont la police a laissé faire les assassins, lesquels appartiennent à une « bande connue et couverte », ne veut pas que l'on parle d'« assassinat » mais simplement de « mort ». On voit dans quel contexte commence le simulacre d'enquête. Pourtant, toujours à la faveur des querelles intestines, mais aussi parce que, dans la police du nouveau régime, divers courants se manifestent dont certains sont résistants et d'autres plus vaguement républicains, trois arrestations seront opérées. Les malchanceux sont Ludovic Guichard, né à Marseille le 30 juin 1914, Yves Moynier, né à Marseille le 22 mars 1914, et Anne, Félicie Mouraille, alias Florence Gérodias, née à Lyon le 24 septembre 1913. Appréhendés environ un mois après l'attentat, tous trois sont d'abord incarcérés à Valence puis, un an plus tard, transférés à la petite maison d'arrêt de Largentière, dans l'Ardèche. Là, estimant, non sans quelque logique, que leur détention est une hypocrite anomalie, ils mènent grand tapage et bombardent les autorités de lettres de protestation. Ces lettres, jusqu'alors inédites, sont intéressantes à feuilleter. Surtout pour ce que ces assassins y disent d'eux-mêmes et de leurs mobiles. Sous leurs plumes, leur crime devient « l'affaire du traître Dormoy, saboteur de la Révolution nationale » ; quant à eux-mêmes, ils se présentent comme des « révolutionnaires nationaux », des « partisans de la Révolution nationale et de la Collaboration », des « patriotes de toujours » qui assurent les autorités de leur « indéfectible dévouement à la Révolution nationale systématiquement sabotée par les Juifs, les francs-maçons et les communistes ». Ils proclament qu'ils ont déjà beaucoup « souffert moralement et physiquement pour le relèvement de leur pays et l'œuvre de Rénovation entreprise » mais qu'ils sont néanmoins « prêts de tout cœur à participer soit à la Relève, soit à toute autre solution que l'on voudra bien envisager ». Finalement, malgré leur désir de « participation à la Relève », Ludovic Guichard, Yves Moynier et Anne Mouraille ne se retrouveront pas en Allemagne, mais en Espagne franquiste, après une libération discrète au début de 1943. Là-bas, ils seront définitivement à l'abri de la justice puisque, après la guerre, le ministre des Affaires étrangères espagnol répondra, par une note du 17 avril 1947, « qu'il n'est pas possible de donner une suite favorable » à la demande d'extradition présentée par les autorités françaises à leur propos...

Mais dépassons le cas de ce trio. La « bande connue » qui assassina Marx Dormoy comportait plus de trois membres et elle avait surtout des inspirateurs. La mort de l'ancien ministre de l'Intérieur du Front populaire avait été voulue et ordonnée par les fascistes français qui ne lui pardonnaient pas sa lutte contre leurs entreprises factieuses durant l'immédiate avant-guerre. A leurs yeux, celui qu'ils avaient en vain essayé de ridiculiser en le surnommant « Fantomarx » méritait d'être « châtié » pour avoir, notamment, déclaré le 23 novembre 1937 que « la Cagoule » était « un véritable complot contre les institutions républicaines », pour en avoir, malgré les timidités de l'enquête, fait arrêter certains chefs et pour avoir contraint Jacques Doriot à quitter la mairie de Saint-Denis. A défaut d'une lumière officielle qui ne vint jamais, les recherches de Philippe Bourdrel et la minutieuse enquête de Jean-Raymond Tournoux pour *L'Histoire secrète* ont permis, malgré certaines contradictions, d'avoir néanmoins quelque clarté sur la genèse de l'assassinat.

« L'initiative, écrit Tournoux, revient à une petite bande, dans laquelle se trouvent un mélange de cagoulards, un ex-GP (les "groupes de protection" formés à Vichy en 1940), un Français membre du SR franquiste pendant la guerre d'Espagne, un soldat des corps francs de la guerre 1940, couvert de citations. Une liaison au moins existe avec les "Chevaliers du Glaive" (la première organisation de Joseph Darnand) à Nice. A Paris, Deloncle (ex-chef de la Cagoule devenu sous l'Occupation chef du MSR) se vante du "coup". (...) Les néo-activistes, les doriotistes ont pris une grande part au meurtre ainsi qu'en témoignera, après la Libération, un sous-officier de la "Légion des Volontaires français" sur le front de l'Est (interrogatoire du 20 décembre 1946 à Annecy) :" En 1941, je me suis engagé à la LVF en qualité d'adjudant-chef, j'étais secrétaire de l'état-major du colonel Labonne. (...) Le 17 ou 18 novembre 1941, au village de Ustinowska, en Russie, lors de la montée de la Légion vers le front, alors que nous étions dans une "isba", où se trouvait le PC du régiment et où se trouvait Doriot, en compagnie de Jacques Delers en conversation, je me trouvais là également, faisant semblant de travailler et écoutant cette conversation. Il m'a été permis d'entendre ceci : Doriot demandait à Jacques Delers de lui fournir quelques précisions sur l'attentat contre Marx Dormoy. Jacques Delers, qui était membre du PPF, sergent à la Légion et faisait partie de l'état-major du colonel Labonne, a répondu : ‘Quand nous sommes arrivés à Montélimar, avec deux hommes et deux femmes qui m’accompagnaient, nous avons pris deux chambres à l’hôtel où logeait Marx Dormoy. J’ai déjà une première fois posé la bombe sous l’oreiller du lit où allait dormir Marx Dormoy. Cette bombe n’a pas fonctionné. Voyant cela, je me suis affilié avec un garçon d’hôtel qui s’occupait de la chambre de Marx Dormoy et, moyennant finance, j’ai pu pénétrer dans la chambre à Dormoy et, la nuit suivante, déposer une deuxième bombe qui, celle-là, a fonctionné.’ Doriot, après cet entretien, l’a félicité en lui disant : ‘Je te félicite de la manière dont tu as opéré, mais à notre rentrée en France, il y aura beaucoup de travail qui t’attend.’ Après ces paroles, ils se sont quittés”... » S’étant ainsi référé à l’interrogatoire d’Annecy, sans toutefois nommer le « légionnaire » interrogé, Jean-Raymond Tournoux cite un document resté inédit, le journal intime de Doriot, et plus spécialement la page portant la date du 24 novembre 1941. Ce jour-là, le chef du PPF, désormais en uniforme d’officier allemand, écrit : « Cette nuit, je suis allé à la 7e compagnie, saluer la dépouille de Jacques Delers, tué accidentellement en chassant des poules entre les isbas... C’était un beau garçon énergique, issu du groupe des terroristes marseillais à qui l’on doit l’exécution de Dormoy. »

Le « comité national anti-terroriste »

A la vérité, la machine infernale de Montélimar est plus qu’un exemple caractéristique ; elle enclenche tout un engrenage et elle peut être considérée comme le premier maillon d’une chaîne d’assassinats par laquelle, avec l’aide et la bénédiction de leurs maîtres allemands, les hommes de main du Maréchal vont compléter et fignoler leur entreprise générale de massacre... On oublie d’ailleurs trop souvent de préciser que, à cette échelle, en dehors des filières d’une répression certes terriblement aggravée mais que l’on peut toutefois qualifier de classique, tout un système d’assassinats politico-crapuleux fut mis en place, fut planifié et que, bientôt, nombreuses furent les victimes sur lesquelles on retrouva cette signature : « Comité national anti-terroriste ».

Ce « Comité national anti-terroriste » ne fut certes pas une organisation aux contours aussi nets et aux structures aussi définies que le PPF ou la Milice, le RNP ou le Francisme. Sous la même étiquette, divers et mouvants étaient les groupes qui se faisaient et se défaisaient, changeantes les bandes (on ne disait pas encore les commandos) de tueurs. Cependant, entre ces hommes de main et surtout entre leurs chefs, la plupart appartenant d’ailleurs déjà à des groupements ou associations constitués, la communauté de moyens, l’unité d’action et l’identité de vues étaient certaines et constituaient un solide ciment. En faisant le bilan de ses recherches sur la mort de

Marx Dormoy, Philippe Bourdrel écrit : « Pour conclure, Marx Dormoy a été assassiné par une bande où se retrouvaient des militants de droite, doriotistes et sympathisants de la Cagoule. » Ajoutons seulement qu'au fil des mois et des années, d'autres couches de recrues vinrent compléter cet amalgame : bien sûr, les adhérents les plus fanatiques des divers partis de la Collaboration, mais aussi et surtout des auxiliaires français de la police allemande profitant un peu rudement de ce que nous avons appelé plus haut leur « supplément sadique » et des miliciens agissant ainsi, soit parce que la haine et la rage les poussaient à accomplir des heures supplémentaires, soit parce que leurs chefs habituels leur demandaient d'accepter de « travailler » en marge et sous camouflage afin que la réputation de la Milice française ne s'en trouvât pas atteinte...

Il ne reste que très peu de documents relatifs à ce « Comité national anti-terroriste ». Toutefois, dans son livre *Interdit par la censure* dont nous avons dit le scrupuleux souci de constat chronologique, Paul Garcin cite, à la date du samedi 13 novembre 1943, un texte qui mérite d'être intégralement reproduit. Il s'agit, dit Garcin, d'un « tract ronéotypé du “Comité national anti-terroriste” distribué à Lyon et intitulé : *Terreur pour terreur* ». Lisons ce texte : « Les attentats se multiplient. On assassine dans les villes, on pille les campagnes, on essaie de nous affamer en brûlant les récoltes. Nous disons : assez ! Assez ! Puisque les Pouvoirs publics, le Gouvernement se montrent impuissants, un groupement ni inféodé à l'Allemagne ni vendu au capitalisme juif anglo-américain, un groupement de Français qui veulent voir se relever la France, répondra aux coups par des coups. Pour chaque national assassiné, un dirigeant terroriste sera exécuté. Déjà, le docteur Long, maçonnisant, dirigeant occulte de mouvement terroriste, a payé de sa vie celle de l'un des nôtres. La censure vichyssoise qui dissimule la vérité aux Français a caché cette exécution comme elle cache la plupart des crimes et des vols commis par de soi-disant patriotes, en réalité bandits de grand chemin. Nous avertirons nous-mêmes l'opinion publique ! Nous ne voulons pas diriger nos représailles contre des ouvriers abusés par la propagande marxiste et qu'un mouvement incapable et antisocial affame. Nous frapperons les chefs. Juifs millionnaires, bourgeois francs-maçons, qui subventionnez et armez la main des assassins, vous paierez de votre vie. La France entière, enfin délivrée de ce cauchemar terroriste, pourra respirer librement et les Français se rangeront derrière l'organisation qui sauvera notre pays. Vive la France ! » Et le texte porte comme signature : « Le Comité national anti-terroriste de la région lyonnaise »... Passons sur les abus de vocabulaire de ces lignes au ton typiquement fasciste. Bien sûr, quand on lit *terroriste* il faut comprendre *résistant*, etc. Remarquons, en revanche, l'emploi qui est fait ici de la démagogie « antivichyssoise ». Elle va de pair avec l'appel implicite aux « ouvriers abusés ». Elle est évidemment tout aussi mensongère. Pendant quatre ans, nous le savons, les diverses tendances de la Collaboration vichyssoise et parisienne se sont allégrement déchirées en se disputant le pouvoir, c'est-à-dire les faveurs du vainqueur et occupant allemand. Bien que la cause soit entendue, on notera toutefois que les auteurs du texte, qui n'en sont pas à une contradiction près, font semblant d'attaquer Vichy tout en reprenant le vocabulaire de la « Révolution nationale ». La similitude est frappante entre la façon dont ils emploient l'expression « relever la France » et la façon dont, depuis leur prison de Largentière, les assassins de Marx Dormoy évoquaient « l'œuvre de Rénovation entreprise ». Autre détail piquant : il convient de ne pas oublier qu'un livre écrit par Jacques Doriot et publié en 1941 porte un titre qui est une profession de foi : *Je suis un homme du Maréchal !*

Les tueurs du « 2e service »

Dans les pages qui suivent celles où il reproduit le texte du manifeste du Comité national anti-terroriste (CNAT), Paul Garcin cite toute une série d'assassinats commis par ces « hommes du Maréchal ». A travers l'énumération des forfaits, on voit clairement ces gens à l'œuvre... « Mercredi 17 novembre 1943 — Le corps de M. Antonin Jutard, âgé de cinquante-quatre ans, propriétaire de la Brasserie de l'Etoile, 1, cours Gambetta, a été retrouvé dans un fossé sur la route de Limonest, tué de plusieurs balles de revolver. Il s'agit d'une exécution du Comité national anti-terroriste. Deux individus s'étaient présentés, mardi après-midi, à la Brasserie de l'Etoile dont c'était le jour de fermeture et où M. Jutard avait rendez-vous avec une personne qui n'a pu être identifiée. Ils s'étaient fait passer auprès de M. Jutard, qui était seul dans l'établissement, pour des policiers allemands et ils l'avaient emmené dans une automobile où se trouvaient deux autres individus. M. Antonin Jutard avait reçu des lettres de menace où on lui reprochait d'être gaulliste. »

« Vendredi 26 novembre 1943 — M. Jean Pain, âgé de cinquante-quatre ans, correspondant à Grenoble du *Progrès* de Lyon et de la *Tribune républicaine* de Saint-Etienne, se trouvait à 18 heures au Café du Tribunal, place Saint-André, à Grenoble, quand il fut enlevé par des automobilistes disant appartenir à la Gestapo. Son corps a été retrouvé près de Voreppe, criblé de balles. Il s'agit d'un attentat commis par le "Comité national anti-terroriste". »

« Vendredi 10 décembre 1943 — Le comte Henry de Fayet de Montjoye, âgé de quarante-quatre ans, demeurant 3, rue Vaubécour, a été trouvé tué de plusieurs balles de revolver sur la route, près de Limonest. Il avait été exécuté par le "Comité national anti-terroriste"... ».

« Vendredi 7 janvier 1944 — On a trouvé entre Saint-Symphorien et Feyzin le corps de M. Ambroise Courtois, soixante ans, chapelier,

61, Grand-Rue, à la Guillotière. Ancien conseiller municipal du 7e arrondissement, il avait été enlevé à son domicile jeudi 6 janvier, à 18 heures, par quatre inconnus venus en automobile et qui s'étaient fait passer pour des policiers allemands. Il s'agit d'un attentat commis par des "anti-terroristes". »

« Samedi 8 janvier 1944 — M. Joseph Serlin, soixante-quinze ans, ancien sénateur de l'Isère, ancien secrétaire général de la Mairie de Lyon, demeurant 5, avenue du Maréchal-Lyautey, a été trouvé tué de plusieurs balles, à la Chicotière, près de Lozanne. Il avait été enlevé, vendredi 7 janvier, à 18 heures chez lui, par trois automobilistes qui s'étaient fait passer pour des policiers allemands. Le sénateur (...) a été tué par des "anti-terroristes". »

« Vendredi 14 janvier 1944 — Des passants ont trouvé à 22 heures, sur la route Lyon-Marseille, près de Saint-Fons, le corps de M. Georges Fouilland, âgé de quarante-trois ans, avocat à la Cour d'appel de Lyon, ancien député de Roanne, demeurant 28, boulevard des Brotteaux, qui avait été tué de balles au cœur et à la face et qui avait été emmené à 20 heures par des automobilistes venus le chercher chez lui. Il s'agit d'un attentat commis par le "Comité national anti-terroriste". »

« Samedi 15 janvier 1944 — On a trouvé, à 6 heures, près de Limonest, tué de plusieurs balles, le corps de M. Victor Pierre, quarante-six ans, professeur à la Martinière, 3, rue Jean-Duclos, que des automobilistes étaient venus chercher chez lui, vendredi soir 14 janvier, à 20 heures 45. Il s'agit d'un attentat commis par le CNAT. »

« Lundi 31 janvier 1944 — Des passants ont trouvé, à 7 heures 30, montée des Clochettes, à Saint-Fons, le corps de M. Paul Goetchel, âgé de quarante-quatre ans, demeurant 84, rue Vendôme, à Lyon, qui avait été tué de plusieurs balles dans la tête. Un carton, épinglé à ses vêtements, portait ces mots : "Terreur contre terreur. Un juif paie de sa vie l'assassinat d'un national." Signé : "le Comité anti-terroriste de la région lyonnaise". »

Bien que limitée à cette seule région l'énumération se poursuit, sèche, tragique, accusatrice. Et c'est dans cette même liste qu'à la date du 11 janvier 1944, parmi les autres constats d'assassinat, on peut encore lire : « M. Victor Basch et sa femme, tués par des "anti-terroristes"... M. Victor Basch, âgé de quatre-vingt-un ans, professeur honoraire à la Sorbonne, président de la Ligue des Droits de l'Homme, et sa femme, âgée également de quatre-vingt-un ans, qui s'étaient réfugiés à Caluire, ont été trouvés tués de balles dans la nuque au lieu-dit le Barryl, à Neyron (Ain). »

Depuis longtemps, et mieux encore depuis l'affaire puis le procès Touvier, on sait par qui et dans quelles circonstances furent assassinés Victor et Hélène Basch... « Victor Basch, raconte Jacques Delperrié de Bayac dans son *Histoire de la Milice (1918-1945)*, n'était pas plus un “terroriste” que Maurice Sarraut, mais il était d’origine israélite et il était franc-maçon, cela suffit à le désigner à la vindicte du chef régional Joseph Lécussan. (...) Au début de janvier, Lécussan apprend du chef de son 2e Service, le Russe blanc Pauverine, que Basch et sa femme se cachent dans un quartier de Lyon. Pour faciliter les recherches, Lécussan demande au policier Macé, chef du service antimaçonnique de la police de Vichy, une photographie. Macé lui en remet une. Les miliciens du 2e Service repartent en chasse. Le couple est identifié. (...) A Lyon, le chef Lécussan entretient des relations quotidiennes et cordiales avec le docteur Knab, chef du SD, et ses adjoints Hollert, Moritz et le Français Barbier. Il raconte : “J’aurais voulu aussitôt le faire arrêter (Victor Basch) par la police allemande. Je me suis rendu au SD où j’ai trouvé Moritz. Il a approuvé ma décision et a immédiatement donné son accord pour cette arrestation qu’il a prévue pour la soirée.” Le soir du 10, miliciens et Allemands partent dans trois voitures. Lécussan a pris place dans la première avec Cottaz, chef départemental adjoint de la Milice du Rhône et les deux autres miliciens, Gonnet et Lagron. Moritz et des policiers allemands les suivent. Victor Basch est appréhendé ainsi que Mme Basch qui refuse d’être séparée de son mari. Alors une difficulté s’élève. Devant l’aspect des deux vieillards, l’Allemand Moritz déclare qu’il ne peut les emmener. Qu’à cela ne tienne : les miliciens vont s’occuper d’eux. Lécussan raconte : “Moritz jugea Victor Basch trop âgé pour pouvoir l’arrêter et nous décidâmes de l’exécuter. Je partis avec Gonnet, Basch et sa femme et un chauffeur allemand. Arrivé à un endroit qui me paraissait convenable, je fis arrêter la voiture, je fis descendre les Basch. J’ai descendu Basch et Gonnet a descendu sa femme...” Le lendemain matin, les corps des deux vieillards tués de plusieurs coups de feu sont découverts au bord d’une petite route de campagne, près de Neyron. »... Dans *Le Témoin des martyrs*, après avoir dit ce que fut l’assassinat de Victor et Hélène Basch, Aragon ajoute : « Ils ont laissé sur leurs victimes un bout de papier, la signature des tueurs de la Milice, de ce qu’ils ont la perversion d’appeler l’organisation “contre” le terrorisme. »

L’entreprise d’assassinat des « hommes du Maréchal »

La signature du CNAT, mais d’un CNAT qui, les mois passant, va assez vite évoluer... Bientôt, en effet, le sang coule si fort que les tueurs eux-mêmes ont l’air de douter de la nécessité du masque, de ne plus sentir le besoin d’un camouflage... Le samedi 27 novembre 1943, l’hebdomadaire de la Milice qui s’intitule *Combats* (au pluriel, nous insistons pour éviter toute confusion) publie, en deuxième page, un certain nombre de singuliers petits placards. Assez discrets pour être sournois, assez visibles pour être symptomatiques. Que disent ces « encadrés » ? Voici le texte de cinq d’entre eux : « Milicien, les représailles valent mieux que les plus beaux discours. »... « Milicien, prends bien soin de tes armes. Il y va de ta sécurité. »... « Miliciens, les terroristes vous prennent peut-être pour des moutons. Ils se sont trompés. Tant pis pour eux... et pour leurs complices ! »... « Milicien, sois persuadé que lorsque tu fais des représailles, elles sont connues par ceux qui doivent le savoir. Reste discret. »... « Miliciens, les camarades tombés n'ont que faire de vos regrets. Ils attendent des actes. » En fait, l'appel à l'« anti-terrorisme » est clair. Appel, mais aussi couverture. Il faut que l'assassin de base sache qu'il est couvert par toute la hiérarchie de la Milice, avec à sa tête non seulement Joseph Darnand, son secrétaire général et organisateur, mais aussi le chef du gouvernement nommé par le Maréchal, Pierre Laval, puisque la loi du 30 janvier 1943 stipule en son article 2 : « Le Chef du gouvernement est le chef de la Milice française... » et que, le 31 janvier, lors des cérémonies qui ont marqué, à Vichy, la naissance de la nouvelle organisation, Laval a textuellement déclaré : « Vous serez mes compagnons. Je veux être votre ami et je serai votre chef. »

Autre occasion, certes tardive mais non moins révélatrice, de voir tomber les masques anonymes de l'« anti-terrorisme » : la création, dans les premiers jours de mai 1944, des GA ou Groupes d'action du PPF... Vingt ans après, lorsque la mansuétude de la IVe République lui eut permis de cultiver paisiblement les belles-lettres, le principal journaliste du PPF et cerveau de la propagande doriotiste, Maurice-Yvan Sicard, publia, sous le pseudonyme de Saint-Paulien, un gros livre intitulé *Histoire de la Collaboration*. Aussi documenté qu'orienté, cet ouvrage est, pour son auteur, autant l'occasion de plaider sa propre cause que de régler un certain nombre de comptes. Il faut donc le lire avec des lunettes. Cette précaution prise, la lecture ne manque pas d'intérêt. « Au début de mai 1944, écrit Saint-Paulien, le Bureau politique fut à nouveau convoqué. Doriot nous communiqua la décision qu'il avait prise de fonder, en accord avec Sauckel, des “Groupes d'action” sous le signe de la “justice sociale”. Ces GA seraient armés et auraient pour mission de débusquer les réfractaires au STO. Bien que Doriot eût précisé que “seuls les membres du Parti n'ayant aucune responsabilité ou activité” pouvaient entrer aux GA, le Bureau politique, très fermement, se prononça contre la formation des GA Doriot passa outre. Un certain nombre de membres du parti entrèrent effectivement dans les GA. Ils y trouvèrent un peu de tout : des voleurs, des escrocs, des maquisards, des déserteurs divers. En vain, nos secrétaires fédéraux essayèrent-ils d'épurer ces étranges compagnies ; ils en furent empêchés par les autorités allemandes qui prétendirent imposer leurs directives, au mépris des promesses faites à notre parti. (...) Je n'avais personnellement qu'une sympathie très modérée pour Maurice Sarraut et aucune pour Jean Zay ou Mandel. Mais lorsqu'il devint évident qu'ils avaient été assassinés, j'ai dit à deux chefs de la Milice, dont l'un était Jean Bassompierre, qu'il s'agissait à la fois de crimes et de fautes politiques. (...) Maintenir l'ordre, ce n'était pas tuer. »... La formule est saisissante sous une telle plume, mais plus encore le lien que Saint-Paulien établit tout naturellement entre la création des GA, les activités de la Milice et les assassinats de Maurice Sarraut, Jean Zay et Georges Mandel. On sait que le sort subi par ces trois hommes politiques, le 2 décembre 1943 à Toulouse, le 20 juin 1944 aux Malavaux près de Vichy et le 7 juillet suivant en forêt de Fontainebleau, fut le même que celui de Marx Dormoy, à cette différence près que les meurtriers n'agissaient pas par machine infernale anonyme et interposée mais directement, au grand jour, à bout portant.

Le souci que nous avons de mettre en évidence l'ampleur de l'entreprise d'assassinat montée par les « hommes du Maréchal » ne doit cependant pas nous amener à estomper les responsabilités des nazis en pareille matière. Nous venons de voir comment les GA naquirent en fait du désir du Gauleiter Fritz Sauckel, ce leader hitlérien que le Führer avait chargé d'obtenir que fussent raflés en France quelques millions de jeunes hommes destinés à devenir, en Allemagne, les bagnards du Service du travail obligatoire (STO) ; nous avons vu le SD superviser l'expédition au cours de laquelle furent assassinés Victor Basch et son épouse octogénaire ; on sait maintenant de source sûre que ce fut l'« ambassadeur » Otto Abetz lui-même, qui sollicita de Hitler l'autorisation de faire assassiner Georges Mandel et qu'il prévoyait de faire subir le même sort à Léon Blum, à Paul Reynaud, etc. ; enfin, même si les nazis préfèrent que ce soient des ressortissants français qui exécutent les basses œuvres et se salissent directement les mains, la présence allemande n'en est pas moins, directement ou indirectement, perceptible dans tous les assassinats. Particulièrement claire est, à cet égard, la dernière phrase du télégramme que, le 8 juillet 1944, Max Knipping, chef milicien et « délégué au Maintien de l'ordre » en zone Nord, adresse à un autre chef milicien, le secrétaire général adjoint de l'organisation, Francis Bout de l'An, afin de lui expliquer pourquoi et comment Georges Mandel est tombé la veille sous les balles miliciennes. Voici cette phrase : « Ne pas agir dans l'affaire d'hier aurait eu pour conséquence de nous faire perdre entièrement la confiance des SS. »

Charles Debarge, « l'Insaisissable »

Après la Libération, au gré des méandres judiciaires de l'épuration, on assistera à une fragmentation des responsabilités des partisans de la Collaboration. Selon un dosage réputé judicieux, sinon juste, parce que apparemment subtil, on hiérarchisera à l'infini l'opprobre officiel... Si, après coup, on essaie d'utiliser cette grille de nuances pour lire plus aisément ce que tant de récits, de documents et de témoignages nous disent avoir été la réalité de la France asservie, à quelles déconvenues ne s'expose-t-on pas ! Aux yeux de ceux qui subissent, aux yeux des compagnons des victimes, malgré certaines diversités d'origine et bien des querelles de clans, ces bourreaux que sont les « hommes du Maréchal » paraissent quand même étonnamment unis. Ils sont tous du même camp, et leur camp n'est pas celui des résistants ni celui des simples gens que la guerre et l'oppression tourmentent silencieusement. Au contraire, un parallélisme s'impose, un parallélisme manichéen entre deux blocs : bloc de haine contre bloc de douleur. La coupure était, d'ailleurs, d'autant plus nette que la diversité des victimes faisait, nous le savons, sonner très juste l'expression allemande qui tend à revenir ici comme un refrain nécessaire, « sämtliche Franzosen » — l'ensemble des Français...

Oui, comme ceux que l'on fusilla, comme ceux que l'on guillotina, comme ceux que l'on décapita à la hache, comme ceux que l'on poussa au suicide, comme ceux que l'on fit succomber sous la torture, ceux que l'on assassina de toutes sortes de façons venaient de tous les milieux, avaient tous les âges et appartenaient à toutes les couches et tendances de la société française. Honorat Bouillez était mineur de fond. Il avait soixante-quatre ans. Il a été assassiné le 14 avril 1942... Dans l'hommage imprimé que la section de Bruay-en-Artois du PCF a rendu à « ses quinze martyrs », on peut lire : « Les loups hitlériens promenèrent notre camarade de prison en prison. Valenciennes, Lille, où il subit les pires traitements avec calme et courage. (...) Pour se débarrasser à tout jamais de ce communiste persévérant et loyal, les sinistres barbares lui logèrent une balle dans la nuque le 14 avril 1942, au Vert-Galant et l'enterrèrent à Marquette. »

Charles Debarge était, lui aussi, mineur. Il n'avait guère plus de trente ans. Il a été assassiné le 23 septembre 1942... Déjà nous avons cité le nom de Debarge et, bien sûr, nous le citerons encore. C'est à son propos qu'Aragon hausse le ton : « Sur cette région, plus haut que les constructions minières et les terrils, s'élève désormais la stature d'un homme, d'un héros dont la France ne parle pas assez, qu'elle ne connaît pas. Un Du Guesclin, un Vercingétorix. Le mineur Charles Debarge. Tout l'épique de cette contrée, tout ce qui chante et ce qui enivre ces hommes et ces femmes dans l'enfer minier, se résume dans l'image de Charles Debarge, communiste, fondateur des Francs-tireurs et partisans du Nord et du Pas-de-Calais. »... En présentant les fameux *Carnets* laissés par Debarge, Madeleine Riffaud a raconté ce que fut sa mort : « Le 23 septembre, Debarge, qui depuis quelques jours se cachait dans le Nord, descendait du tram, au passage à niveau du Petit Ronchin, pour se rendre à un rendez-vous avec un camarade illégal ; mais à peine avait-il fait quelques pas vers les champs qu'une voiture surgie d'un chemin fonçait derrière lui. Le rendez-vous avait été "donné" à la Gestapo. En se retournant alors, revolver au poing, Debarge, voyant l'auto pleine d'officiers allemands, tira sur le chauffeur qu'il tua sur le coup. Puis, posant la main sur le capot, sauta par-dessus pour fuir de l'autre côté de la route. Auparavant, il tira de nouveau dans la voiture, blessant un officier. Mais les Allemands ripostèrent avec leurs pistolets mitrailleurs. C'est seulement quand ils virent Debarge blessé à mort qu'ils eurent le “courage” de descendre de voiture. Fous d'une haine hystérique, ils piétinèrent de leurs bottes le corps du franc-tireur évanoui. Néanmoins, celui-ci vivait encore quand il arriva à la prison d'Arras ; il y mourut dans la nuit, sans avoir parlé. Les Allemands confrontèrent les camarades de son groupe, qui attendaient d'être fusillés, avec le cadavre, afin d'être sûrs qu'ils tenaient enfin “l'Insaisissable”... »

Louis Blanchet était lycéen. Il avait quinze ans. Il a été assassiné le 25 novembre 1943... Les troupes d'Occupation l'ont abattu lors de la rafle — il serait plus juste de dire l'« attaque » — organisée à Clermont-Ferrand contre les réfugiés de l'université de Strasbourg.

Michel Trotobas était agent secret britannique. Il avait une trentaine d'années. Il a été assassiné le 27 novembre 1943... Sous le pseudonyme de Sylvestre puis de capitaine Michel, Trotobas fut l'un des chefs de réseau du SOE qui tint le plus longtemps face aux assauts répétés de l'Abwehr et de la Gestapo. Parachuté la première fois en France le 6 septembre 1941, près d'Argenton-sur-Creuse, ce fut d'abord avec la police de Vichy, plus précisément la Direction de la surveillance du territoire (DST) qu'il eut maille à partir. Le mois suivant son arrivée, il était arrêté dans l'affaire de la Villa des Bois. Mais Trotobas n'était pas homme à rester longtemps enfermé. Interné au camp de Mauzac, en Haute-Garonne, il est tout de suite un de ceux qui organisent une évasion spectaculaire, évasion qui, lorsqu'elle aura réussi le 14 juillet 1942, deviendra célèbre dans les annales de « la belle ». A cette époque, parmi ses compagnons de fuite, le futur dirigeant socialiste et ministre Jean Pierre-Bloch et le journaliste et romancier Georges Langelaan. Lorsque, plus tard, il publiera ses souvenirs, ce dernier écrira : « Tous les matins, le capitaine Trotobas, (...) qui était un des meilleurs athlètes de l'armée britannique, nous faisait faire une heure de gymnastique pour nous mettre en état de supporter la fatigue et les privations possibles au moment de notre fuite. » Sitôt libre, Trotobas réussit à regagner très vite Londres. Mais pas pour longtemps.

« Contraint de creuser sa tombe » dans la forêt de Castelmaurou

En effet, dès le mois de novembre 1942, il est à nouveau parachuté en France. Sa mission : mettre sur pied, dans le Nord, le réseau Farmer. Mission elle aussi très vite accomplie et à la faveur de laquelle le capitaine Michel va devenir un virtuose du sabotage. La destruction du dépôt de locomotives de Fives-Lille, le 27 juin 1943, est un de ses exploits les plus remarqués. Deux jours plus tôt, il est parvenu à échapper à un coup de filet monté par les Allemands contre les réseaux du SOE en zone Nord. Mais la trahison le guette, contre laquelle son courage et son astuce ne pourront rien. A la fin de l'automne, c'est la catastrophe... « Dans la nuit du 26 au 27 novembre, raconte le docteur Jean-Marie Mocq, la Gestapo réussissait à arrêter en pleine action une équipe de parachutage de la région d'Arras : René Edouard, Alexandre Maury, Pierre Ditte, Constant Miseron, Charles Roger, Roger Savaux, Alexandre Phalempin, François Darras ainsi que le lieutenant Reeve, alias Olivier, adjoint britannique du capitaine Michel qui commandait l'opération. Amené à Lille, questionné, Reeve, après un bref interrogatoire, avoue connaître le domicile de son chef. Espérant sauver sa vie — il la sauva en effet —, il accepte de conduire immédiatement la police allemande à son domicile. A six heures du matin, le quartier où se trouve la maison indiquée à l'ennemi est entièrement cerné. » Après le docteur Mocq, c'est l'historien anglais E.H. Cookridge qui rapporte : « Les hommes du SD. (...) trouvèrent Trotobas au lit. Mais ce brave ne se rendit pas. Au cours d'un combat au revolver, il tua le SS-Hauptscharführer qui commandait le groupe des hommes venus l'arrêter et finalement ceux-ci réussirent à l'abattre. Aujourd'hui encore, il existe à Lille une association appelée OFACM, c'est-à-dire Organisation française des amis du capitaine Michel... » Et Cookridge d'insister : « Dans cette "amicale" on trouve aussi bien de riches industriels que des commerçants prospères ou des cheminots, des mineurs ou des ouvriers ; les gaullistes y sont au coude à coude avec les chrétiens-démocrates, des syndicalistes socialistes et des militants communistes. Ils se retrouvent régulièrement et rendent hommage chaque fois au souvenir de "ce garçon d'un courage merveilleux", le héros anglo-français de leur réseau de Résistance, Michaël Trotobas. »

René Gosse était doyen de la faculté des sciences de Grenoble et conseiller municipal socialiste de cette même ville. Il avait soixante ans. Il a été assassiné le 21 décembre 1943... Emile Moussat a relaté la fin de ce grand savant et très actif militant qui avait été son ami. « Le 21 décembre 1943, à sept heures du soir, écrit Moussat, des miliciens vinrent, accompagnés d'un Allemand de la Gestapo, arrêter le doyen Gosse, sous prétexte de renseignements à demander. Deux heures plus tard, son fils, l'avocat Jean Gosse, était arrêté à son tour. Le lendemain matin on retrouvait les deux corps au bord d'une route, chacun avec une balle dans la nuque. Mais, en outre, les cadavres avaient été *post mortem* mitraillés et avaient servi de cibles (...). Un carton épinglé aux vêtements du doyen portait cette mention : "Front national anti-terroriste"... »

Léon Israël était médecin. Il avait un âge avancé. Il a été assassiné en avril 1944... Ce furent également des miliciens qui, à Mâcon, firent irruption au domicile de cet ancien chef de clinique à la faculté de Médecine de Strasbourg et l'abattirent à bout portant.

Joseph Guillaut était colonel d'infanterie. Il avait quarante-neuf ans. Il a été assassiné le 27 juin 1944... Jusqu'à l'occupation de la zone libre par les troupes allemandes, le colonel Guillaut était resté un officier supérieur de l'Armée de l'armistice qui ne songeait apparemment pas à contester l'autorité du gouvernement de Vichy. Ancien chef adjoint du cabinet du ministre de la Défense nationale, il commande le 8e régiment d'Infanterie et mène, à Montpellier, la vie de garnison habituelle d'un chef de corps. Mais l'arrivée de la Wehrmacht marque pour lui comme un réveil. Il fait partie du très petit groupe d'officiers qui s'associent au général de Lattre de Tassigny dans son baroud d'honneur contre l'irruption hitlérienne. Il échappe toutefois à l'arrestation et, désormais, il met toute son énergie à organiser la Résistance dans sa région. D'abord, il recrute parmi les anciens membres de son régiment dissous, puis il va chercher des adeptes parmi les démobilisés des anciennes unités voisines. Ainsi naissent et croissent les structures de l'Organisation de résistance de l'armée (ORA) pour la région de Montpellier. Si l'on en croit un rapport officiel du 28 octobre 1944, « au 1er mars 1943 sont en place dans l'Hérault, les Pyrénées-Orientales, l'Aude et la Lozère des groupements de résistants comprenant, en plus des officiers et sous-officiers du 8e RI, des éléments divers : Chantiers de jeunesse, Compagnons de France, personnels civils des organismes militaires en place, civils réfractaires ». Un peu plus tard, le colonel Guillaut prend également part à la naissance d'un maquis au sud de l'Aigoual. En mai 1943, il est le chef de l'ORA pour toute la R. 3. Mais, le 11 mai 1944, c'est l'arrestation. La Gestapo l'attend à la sortie de son domicile 200, avenue de Muret, à Toulouse. Le rapport officiel que nous avons déjà cité poursuit : « Incarcéré à la prison militaire allemande de Saint-Michel, il est interrogé du 23 au 25 mai et subit, pendant ces trois jours, privations et coups. Il ne dira rien, malgré cela, et sera reconduit dans sa cellule. Le 27 juin 1944, il est emmené, sans explication, avec quinze autres détenus et assassiné par les SS dans la forêt de Castelmaurou après avoir été contraint de creuser sa tombe. Ce n'est que le 27 septembre que son corps sera retrouvé par des FFI... » Joseph Guillaut a été promu général de brigade à titre posthume le 20 août 1944.

De l'oxyde de carbone pour le général prisonnier

Marcel Taillandier était un officier de l'échelon central des services spéciaux de la Défense nationale. Il n'avait pas encore trente-cinq ans. Il a été assassiné le 11 juillet 1944... Dans leur *Histoire de la Résistance en France*, Henri Noguères et Marcel Degliame-Fouché écrivent en évoquant la situation au mois de juillet 1943 : « Parmi les Groupes francs qui se créent dans les régions qui se rattachent plus ou moins directement au GF des MUR (Mouvements unis de

Résistance), il faut réserver une place particulière à un groupe hors série, mi-réseau mi-groupe franc (il portera le nom de "réseau Morhange"), créé à Toulouse par un officier d'active, Marcel Taillandier, alias "Ricardo", alias "Morhange". C'est en juin et juillet 1943 que Taillandier, jusqu'alors engagé dans les équipes de camouflage de matériel du CDM, met en place son groupe franc. Il le crée en accord avec le chef régional MUR et avec Joly, chef régional des GF. Le "réseau Morhange" ne tardera pas à se signaler par des actions particulièrement audacieuses : enlèvement de traîtres ou d'espions ennemis, exécutions spectaculaires... »

Après la Libération, des controverses apparaîtront à propos du « groupe Morhange ». Certaines de ses actions, toujours spectaculaires, souvent très efficaces mais parfois discutables, seront diversement commentées. D'anciens résistants mettront l'accent sur l'héroïsme du commandant Taillandier tandis que d'autres souligneront surtout l'emploi qu'il fit de truands aux débordements fâcheux. Nous reparlerons plus loin de ce que fut réellement l'activité du « groupe Morhange ». Pour le moment, constatons ce que fut la mort de son chef, une fin digne d'être contée... En octobre 1954, le *Bulletin de l'Amicale des anciens membres des Services spéciaux de la Défense nationale* a publié un rapport signé « X. 3 » et daté du 3 août 1944. On y trouve le récit le plus exact des dernières minutes de Taillandier. Voici ce qu'écrit « X. 3 » : « Le 11 juillet, notre chef, le commandant Marcel Morhange, partait en voiture à 15 heures en mission dans le Gers, accompagné de "X. 6" et de l'un de nos nouveaux agents, Léon M. Arrivés à Saint-Martin-du-Touch (route d'Auch) ils furent stoppés et contrôlés par les feldgendarmes en stationnement à leur barrage habituel. Après avoir vérifié leurs identités, l'un des feldgendarmes se détacha et alla téléphoner au poste de campagne (poste établi à chaque barrage allemand) pendant que trois autres feldgendarmes gardaient la mitraillette braquée sur la voiture. Quelques instants après, deux voitures de la Gestapo parvenaient sur les lieux. A ce moment, Marcel se dégagea et chercha à gagner le village de Saint-Martin. Il avait réussi à dépister ses poursuivants en se réfugiant dans la boutique d'un maréchal-ferrant qui le fit grimper sur le toit de sa maison, mais une femme milicienne, Mme Amiel, signala sa présence aux Allemands qui le surprirent et le mitraillèrent à bout portant. Il fut conduit à l'hôpital de Purpan par un camion réquisitionné sur place. L'un de nos amis nous fit savoir qu'il était bien mort et que son corps se trouvait au dépositoire de l'hôpital. »

Le général Mesny était prisonnier de guerre en Allemagne. Il avait plus de cinquante ans. Il a été assassiné le 19 janvier 1945... Détenu à l'Oflag IV-B, à Königstein, le général Mesny fut porté disparu au cours de son transfert, en automobile, au camp de représailles de Colditz, l'Oflag IV-C. Le lendemain, le 20 janvier, le commandant Prawil, chef du camp de Colditz, déclara aux autres généraux qui étaient ses compagnons de captivité : « Je vous informe officiellement que le général Mesny a été tué hier à Dresde en essayant de s'évader. Il a été enterré à Dresde avec les honneurs d'un détachement de la Wehrmacht. »... La réalité était bien différente. Elle fut révélée, au procès des grands criminels de guerre devant le Tribunal militaire international de Nuremberg, lors des audiences des 1er et 9 août 1946, par le capitaine de corvette Whitney R. Harris, substitut du Procureur général américain. Ce magistrat donna notamment lecture d'une note émanant du *Chef der Sicherheitspolizei und des SD* adressée au *Reichsführer-SS* et datée du 30 décembre 1944. Il y était notamment dit : « A ce sujet ont eu lieu les entretiens prescrits avec le chef des prisonniers de guerre et le ministère des Affaires étrangères. Ces entretiens ont abouti aux propositions suivantes : primo, au cours d'un transfert de cinq personnes dans trois automobiles portant des matricules militaires, l'incident d'évasion se produit au moment où la dernière auto a une panne ; secundo, de l'oxyde de carbone est lâché par le conducteur à l'arrière de la voiture qui sera fermée. L'appareil peut être installé par les moyens les plus simples et peut être enlevé immédiatement. Après des difficultés considérables, un véhicule approprié est maintenant à notre disposition ; tertio, d'autres possibilités telles qu'empoisonnement par la nourriture ou la boisson ont été envisagées également et écartées aussitôt comme trop dangereuses. Des mesures pour achever le travail ultérieur, telles que notification, autopsie, preuves et inhumation, ont été prises. Le chef de convoi et le conducteur seront fournis par le RSHA, (Office central de sécurité du Reich) et porteront un uniforme militaire. Il leur sera remis un livret matricule. En ce qui concerne les notifications à la presse, des contacts seront établis avec le *Geheimrat* (conseiller secret) Wagner des Affaires étrangères. Wagner a signalé à ce sujet que le ministre des Affaires étrangères comptait parler encore de ces questions avec le Reichsführer. D'après le ministre des Affaires étrangères, cette opération doit être coordonnée de la façon la plus minutieuse. »... Autre texte rendu public dans les mêmes circonstances, une note du 12 janvier 1945 déclare : « Un général français prisonnier de guerre mourra de mort violente, soit d'un coup de feu au cours d'une tentative de fuite, soit par empoisonnement. Toutes les mesures à prendre ultérieurement, telles que notification, preuves et inhumation ont été prévues. »

Robert Beck et l'Orchestre rouge

Déjà, dans le long cortège des martyrs qui, terriblement interminable, s'allonge au fil de nos pages, nous avons croisé des hommes et des femmes que l'état civil n'avait pas faits Français, que, parfois même, leur passeport disait « apatrides » et qui pourtant furent des protagonistes de la Résistance française. De la Roumaine Olga Bancic au Russe Wladimir Poukhliakoff, de l'Ukrainien Joseph Clisci au Polonais Georges Makowski et au capitaine anglais Michaël Trotobas, les exemples furent multiples. Qu'on les regarde comme des antifascistes s'étant sacrifiés par devoir internationaliste ou qu'on les considère comme ayant tantôt justifié, tantôt gagné leur naturalisation en devenant des Français « de sang versé », on peut rendre à ces hommes et à ces femmes le même hommage... On me permettra toutefois de m'attarder sur les cas de deux d'entre eux, deux communistes : Robert Beck et Eugen Fried, alias Clément... Pourquoi ? D'abord, bien sûr, parce que ainsi que l'écrivait Jacques Duclos au sujet de ce dernier, « il n'est pas juste qu'en raison des conditions de son travail clandestin, la mémoire de ce grand disparu ne soit pas honorée comme elle le mérite ». Mais pas seulement. Et sans doute plutôt parce que les mémoires de Beck et de Fried sont difficiles, leurs souvenirs ardus à cerner. Et que ce sont des morts singuliers.

Cette *Chronique de la Résistance* n'aurait pas vu le jour sans les conseils et l'appui de quelques grands résistants. Je l'ai déjà dit pour Robert Vollet. Je devrais y ajouter Emile Valley, l'animateur de l'Amicale des Anciens de Mauthausen, Marie-Madeleine Fourcade, le général Pierre Thozet, le colonel Paul Paillole et le dirigeant communiste Jean Jérôme... Un jour, ce dernier me montra un livre que son auteur lui avait envoyé dédicacé. C'était *L'Orchestre rouge* de Gilles Perrault. La dédicace irritait beaucoup le destinataire. J'en cite l'essentiel de mémoire : « A Jean Jérôme, autre chef d'orchestre... » Et je vois encore Jean Jérôme se levant pour s'exclamer : « Tant qu'il y était, il n'avait plus qu'à me traiter d'éminence grise ! » Propos piquant si l'on tient compte du contexte, une époque où toute la presse (*l'Humanité* exceptée) traitait Jean Jérôme d'« éminence grise du PCF »... La conversation enchaîna sur le « chef d'orchestre » avéré, Léopold Trepper, héros du livre de Gilles Perrault. Je l'avais rencontré plusieurs fois récemment, j'avais dîné avec lui, mais Jean Jérôme, lui, le connaissait d'avant... Le connaissait ? Enfin, oui et non... Mon interlocuteur n'aimait pas le tour pris par l'entretien... C'est alors que la conversation bifurqua. « Tu sais, me dit Jean Jérôme, Trepper, ce n'était pas tout l'"Orchestre rouge". C'était seulement le réseau de renseignements. Mais il y avait aussi le réseau Action. Et là, le responsable, c'était Robert Beck... » Robert Beck ? Un nom que je n'avais jamais entendu ni lu... Comme je voulais en savoir plus à son propos, Jean Jérôme m'annonça le récit manuscrit d'une résistante décédée depuis. J'eus le manuscrit la semaine suivante. Il a été publié en fac-similé dans notre première édition. Et je vais le citer un peu plus loin. Quant à en savoir plus de la bouche de Jean Jérôme, tous mes efforts furent vains... Après la parution de la première édition, la veuve de Beck m'écrivit qu'elle était choquée par mon affirmation de l'appartenance de son mari à l'« Orchestre rouge ». Je prévins Jean Jérôme qui rencontra cette dame et me dit même, plus tard, l'avoir emmenée chez Jacques Duclos. Puis on n'en parla plus ; ce qui était dommage. Le manuscrit annoncé, c'est un texte d'Antoinette Weibel, une codétenue de Beck... « En juillet 1942, écrit-elle, je me trouvais à la Santé, cellule 23, 2e division. Malgré la surveillance étroite et zélée de nos gardes-chiourme en bottes, malgré leurs menaces, leurs hurlements et les punitions qu'ils nous infligeaient en guise de représailles, ils n'ont jamais réussi à étouffer la vie intense et ardente des cellules. Bien qu'étant tous au secret, tous les détenus de la 2e division communiquaient ensemble, par les murs, par les fenêtres, par le téléphone qui n'était rien d'autre que la tuyauterie (...). C'est ainsi qu'une nuit, au début du mois de juillet 1942, des camarades observèrent l'arrivée d'un nouveau détenu dans la cellule 73, située au-dessus de la mienne. Ce camarade semblait avoir été affreusement torturé car on l'amenait sur une civière et on lui mit les menottes. Malgré cela, ce camarade tenta dans la nuit de se suicider en s'ouvrant la veine du cou avec un morceau de vitre cassée. Il n'y réussit pas. On lui donna les premiers soins et on l'enchaîna par les mains et par les pieds à son lit. Les camarades des cellules en face de la sienne, qui ignoraient sa tentative de suicide mais avaient vu les allées et venues dans sa cellule et comment on l'avait enchaîné à son lit, s'adressèrent à nous, occupants de la cellule au-dessous de la sienne, pour essayer d'entrer en contact avec lui. Le soir, à l'heure où la surveillance des sentinelles se relâchait un peu, j'appelai donc le camarade inconnu de la cellule 73 par la fenêtre, lui demandant s'il m'entendait, comment il allait et lui transmettant le salut fraternel de tous les camarades. Je n'obtins pas de réponse ce soir-là, mais toute la nuit, ma compagne Maïe Politzer et moi, nous entendîmes les gémissements et le bruit des chaînes de notre malheureux camarade. Le lendemain, à midi, au moment de "téléphoner" comme tous les jours aux amis, quelqu'un m'interpella : "Allô, c'est toi la camarade de la cellule d'en bas ? C'est moi le camarade du dessus. Ecoute bien ce que je vais te dire et souviens-t'en bien. Je m'appelle Robert Beck. J'ai été arrêté par la faute d'une certaine Jeannette... C'est une grande et forte fille blonde avec les yeux exorbités et un goitre. J'ai essayé de m'ouvrir la veine du cou car je sais que je ne m'en tirerai pas. Mais dis surtout au parti que j'ai toujours été fidèle, jusqu'au bout..." Il a bien insisté là-dessus. A la question de savoir s'il ne souffrait pas trop, il me répondit que la souffrance le connaissait car il avait déjà fait trois années de bagne. Il me dit aussi : "Tu sais, j'ai trois enfants et une femme adorables..." Il fut très vite fatigué car il avait dû faire un effort extraordinaire, faible et enchaîné comme il l'était, pour se rapprocher du coin où se trouvait "le téléphone" au pied du lit. Un ou deux jours plus tard, je fus transférée dans une autre cellule d'où je ne pouvais plus communiquer avec le camarade Beck. Ce n'est qu'un an plus tard que je retrouvai sa compagne à la forteresse de Lübeck et que j'appris sa condamnation à mort... »

Des dollars or et des détonateurs

Cette condamnation fut exécutée, à Paris, le 6 février 1943, près de la place Balard... Après le décès de Jean Jérôme, je me suis reproché de ne pas avoir insisté pour en savoir plus sur Robert Beck. Mais je n'ai pas fait d'enquête... Jean-Pierre Ravery non plus, toutefois comme il est un des meilleurs connaisseurs de la Résistance communiste, il m'a fourni deux textes dont la confrontation est intéressante. Et assez vertigineuse la distance qui les sépare...

Le premier texte est tout simplement la notice du *Maitron*, c'est-à-dire la rubrique « Beck Robert » du *Dictionnaire biographique du mouvement ouvrier français* commencé par Jean Maitron et continué par Claude Pennetier... « Ouvrier à l'Arsenal de Ferryville (Tunisie), peut-on y lire. R. Beck fut un des militants les plus actifs du syndicat unitaire et surtout de la cellule de la Fédération communiste. Le 16 novembre 1925, il fut condamné à un an de prison pour "provocation de militaires à a désobéissance" à la suite d'une distribution de tracts contre la guerre du Rif. En qualité de gérant du *Prolétaire* (hebdomadaire de la Fédération communiste de Tunisie), il fut à nouveau condamné en février 1926 à une amende. Après sa libération, il participa à la difficile reconstitution de la Fédération, qui avait été victime d'une sévère répression pendant les luttes de la Confédération générale du Travail tunisienne et la campagne du Rif. En avril 1929, R. Beck quitta la Tunisie et milita dans le Parti communiste SFIC. »

Le second texte est extrait, à la date du 3 juillet 1942, d'une synthèse de la DGRGPP (Direction générale des Renseignements généraux de la Préfecture de Police), en provenance de l'Institut d'Histoire sociale de Nanterre. « Le 1er juillet courant, aux environs de Pithiviers, écrit donc un commissaire des RG parisiens, a été arrêtée une femme d'origine étrangère trouvée en possession de faux papiers au nom de Dupont et auteur de plusieurs incendies volontaires commis par engins chimiques. La pseudo-Dupont est une Polonaise, Lipszyc Szyfra, née le 14 mai 1915 à Varsovie, expulsée de France par arrêté en date du 3 mars 1936 et domiciliée 5, rue de la France-Mutualiste à Boulogne-sur-Seine. Après avoir été détenue politique à Moscou, elle a été employée comme agent secret par le Komintern. Elle a été envoyée en Angleterre, puis ramenée à bord d'un bateau de guerre anglais et débarquée par chaloupe à hauteur de Lannion. Elle a indiqué avoir apporté et remis à plusieurs agents anglais une forte somme en dollars or. Une perquisition effectuée 43, rue Gazan (14e) a permis d'arrêter 2 des complices de la femme Lipszyc : un nommé Beck Robert, français, et une femme Hogge Renée, anglaise naturalisée française. Il a été découvert des dollars et des sterling-or pour une valeur de 250 000 frs et 80 000 frs français. De plus il a été saisi des armes, des détonateurs et une caisse contenant 300 engins incendiaires identiques à ceux qui ont été utilisés récemment. La surveillance exercée au domicile de Beck a permis l'arrestation d'un troisième complice, Grossman Neftali, 35 ans, une perquisition opérée dans la chambre qu'il occupait 42, rue Bénard à Paris a amené la découverte de 150 000 frs français et de 150 dollars or. »

Cinquante-sept ans se sont écoulés depuis le martyre de ce komintemien fusillé place Balard après « avoir été affreusement torturé », comme l'écrivait Antoinette Weibel, et nous n'en savons pas plus sur le résistant qu'il fut ni sur le réseau Action de l'« Orchestre rouge » que, selon Jean Jérôme, il dirigeait... Puisse l'avenir remédier à cette ignorance !...

Autant Robert Beck est donc peu connu et risque de le rester, autant quiconque s'intéresse non seulement au Komintern mais simplement à l'histoire du communisme en France sait maintenant qui était Eugen Fried, alias Clément.

Tel n'était pas le cas au seuil des années soixante-dix. A cette époque, s'il est très exagéré de dire, comme l'écrivaient Ariane Chemin et Nicolas Weill dans *Le Monde* du 19 janvier 1997, que le nom de Fried ne circulait « que dans quelques cercles d'initiés du bureau politique du PCF », il est vrai que son histoire était encore, selon l'expression d'Annie Kriegel et Stéphane Courtois, reprise en sous-titre de leur biographie de Fried, *le grand secret du PCF*. Ou plus exactement l'un de ses « grands secrets », l'autre étant l'affaire Tréand, déjà évoquée. Et comme, en pareille matière, l'histoire échappe rarement à la polémique, les controverses étaient latentes, qui éclataient puis s'éteignaient ici et là. Très vifs débats sur les fonctions exactes de celui dont l'existence avait été si longtemps passée sous silence... Quand on accepta d'en parler, du côté du PCF on mit plutôt l'accent sur l'intégration réussie du délégué de l'Internationale à l'intérieur de la direction du Parti français.

Eugen Fried, alias « Clément »

Le journaliste et militant communiste anglais Sam Russel a pu ainsi nous confier : « A Paris, il existait une agence qui s'appelait l'*Agence France-Monde* et qui était une organisation du Komintern. Elle publiait des bulletins en différentes langues... J'étais responsable de l'édition anglaise. C'était rue Buffault, près du Faubourg-Montmartre... J'ai plusieurs fois rencontré Maurice Thorez et Clément ensemble à l'agence. On voyait qu'ils étaient très proches. J'ai été assez étonné que Maurice ait des relations amicales avec Clément et pas uniquement des relations formelles. » Un type de relations sur lequel insiste Georges Cogniot. « Il était devenu, écrit-il, pour Maurice Thorez non pas un conseiller politique, non pas un ami mais un frère d'élection. Maurice Thorez était plus ardent et plus impétueux, Clément plus mesuré et en apparence plus réservé. (...) Je me rappelle le soir où Maurice Thorez et moi, au début de 1939, revenions de faire visite à Romain Rolland, à Vézelay. A la fin du jour, nous avons retrouvé, à Avallon, Clément, qui aimait voir de près la province, et nous avons passé la nuit, tous les trois, dans un hôtel de Saulieu, sans penser à dormir, parlant d'histoire, de littérature et de politique. » Tout autant que « frère d'élection », significatif est le mot « trio » employé par Giulio Cerreti pour qualifier les rapports entre Maurice Thorez, Jacques Duclos et Clément. « C'était, nous a-t-il dit, une combinaison d'hommes, un véritable trio où chacun apportait quelque chose de lui-même... » C'est le même Cerreti qui, dans son livre de souvenirs *A l'ombre des deux T*, écrit : « "Clément" avait une particularité : il était chez lui en France. Il avait su se lier intimement au travail du PCF et il avait su gagner la confiance absolue d'hommes comme Maurice Thorez et Jacques Duclos qui l'avaient embarqué sur leur grand radeau : il était devenu des leurs. »

Mais la politique ne suffit pas ici à tout expliquer. Le caractère de l'homme compte aussi dont Georges Gosnat nous dit tout simplement : « C'était un séducteur, très sympathique. » Ce que ne démentent pas les dames... Marinette Laurent et Martha Desrumeaux ont connu Eugen Fried, la première à Moscou, la seconde à Lille, avant et tout au début de son séjour en France... « Fried, nous dit Marinette Laurent, c'était d'abord un bel homme. Il était grand. Il était beau, souriant. Il avait une belle dentition et il était très gentil... On avait avec lui des contacts très humains. » Et Martha Desrumeaux : « Clément était un gars extraordinaire... C'était mon frère !... Oui, un cœur d'or. »

C'est bien des années plus tard, au début de la guerre, à Bruxelles, que l'avocat bruxellois Jean Fonteyne a rencontré le délégué de l'Internationale. Son souvenir est tout aussi chaleureux. « Il avait, nous dit-il, un caractère imprégné d'une très grande fraternité. Son souci du bien-être des camarades ressortait de toutes les conversations qu'on avait avec lui. Même des camarades belges. Quand un camarade belge était arrêté, on avait l'impression que ça lui faisait une peine physique... » Il est évident que la façon dont Eugen Fried sait toucher le cœur de tous ceux qu'il rencontre ne va pas sans art de s'adapter ni curiosité des êtres et des choses. A propos des rencontres à l'*Agence France-Monde* dont nous avons déjà parlé, Sam Russel nous dit encore : « Il connaissait la France, son histoire. Il était évident qu'il parlait anglais et même très bien, mais il refusait de le parler parce qu'il était en France. Il avait un sens de l'humour très anglais. Avec les autres camarades qui travaillaient à l'agence, nous l'appelions "pudding face" parce qu'il avait une grande figure grassouillette... » Ce que Giulio Cerreti explique à sa façon en nous disant : « Clément était insaisissable. C'était Frégoli... » Cependant, le trait de la personnalité d'Eugen Fried qui semble avoir le plus frappé ceux qui le connurent, trait qui concrétise d'ailleurs le mieux la synthèse de toutes les qualités précédemment dites, c'est son étonnante culture historique « française », son sens du patrimoine national du pays auquel il s'était si bien adapté. « Fouineur comme pas un, collectionneur passionné, connaissant toutes les adresses de Paris où l'on pouvait trouver de vieux journaux, de vieilles affiches, écrit Jacques Duclos, "Clément" fut un des éléments les plus décisifs de la fondation de ce musée *(le Musée de l'Histoire, à Montreuil)* dans lequel il voyait l'esquisse du Musée de la France révolutionnaire qui, un jour, devra avoir sa place dans notre capitale. » Et Giulio Cerreti : « Les connaissances profondes de "Clément" furent très utiles lorsque fut fondé le musée d'Histoire de Montreuil : ce Hongrois de naissance, tchèque de nationalité et français d'élection se promenait comme en famille avec les Desmoulins, les Sieyès, les Danton, les Saint-Just et les Robespierre. » De même, Maurice Thorez junior, dont Eugen Fried devint le beau-père lorsqu'il eut épousé sa mère Aurore, divorcée d'avec Maurice Thorez, écrivait-il dans *Le Monde* du 11 mai 1969 : « J'ai visité avec lui tous les lieux du Paris révolutionnaire, tous les palais, toutes les cathédrales de France. » Une affection pour la France qui évidemment perdure quand Clément ne peut plus y retourner. C'est le résistant belge Jean Fonteyne qui nous dit : « Pour ce qui est des rapports avec la France, c'était par l'intermédiaire de Clément que je recevais des documents relatifs à la Résistance française, des journaux notamment et c'était toujours par lui que je transmettais en France des publications illégales belges. »...

Les témoignages que nous venons de citer expliquent pourquoi, dès lors qu'ils avaient reconnu son existence, les communistes français ont considéré Eugen Fried, alias Clément, comme un des morts de la Résistance française. Une appréciation qui ne fit pas l'unanimité et qui contribua à nourrir les controverses auxquelles nous avons plus haut fait allusion. Mais où ça tourne à l'acerbe débat, c'est moins à propos de la personnalité et du rôle de Clément qu'à propos de sa mort... Qui l'a tué ? Les Geheime Staatspolizei-Gestapo et Sicherheitspolizei Sicherheitsdienst—SIPO-SD. (Police secrète d'Etat et Police de Sécurité — Service de Sécurité) ou le Narodnyi Kommissariat Vnutrennikh Del (Commissariat du peuple aux Affaires intérieures), ex-Guépéou et futur KGB ?

Au 129 de la rue Ten-Bosch, à Bruxelles...

Point d'histoire ou méandre de la mode ? Dans un premier temps, ce fut la mode qui l'emporta. Aussi universitairement que péremptoirement... Entre 1980 et 1984, Philippe Robrieux, ancien secrétaire général de l'UEC (Union des étudiants communistes) devenu universitaire, publie une *Histoire intérieure du Parti communiste* en quatre tomes. Une publication et une promotion, puisque simple chargé de recherches au CNRS quand paraît le premier tome, Robrieux est maître de recherches quand arrive le quatrième. Or, c'est dès le premier volume de cette *Histoire intérieure* qu'on peut lire à propos de la mort d'Eugen Fried : « Le 17 août 1943, dans son petit appartement belge, quelqu'un sonna soudain et frappa à la porte. Fried était en compagnie d'Aurore [la première femme de Thorez, avec qui il vivait] et du fils aîné de Maurice Thorez qui avait alors 17 ans. Il ouvrit. Deux inconnus se tenaient sur le pas de la porte. Ils tirèrent. Criblé de balles, le camarade Clément s'écroula. Les assassins s'enfuirent aussitôt, sans chercher à perquisitionner, sans tenter de trouver des papiers, sans s'emparer de la compagne de Fried. Le crime était signé, ce n'était pas la Gestapo, ce n'était pas davantage les ultras de la collaboration, dont on se demande bien comment ils auraient pu arriver jusque-là. C'était le Guépéou. Que pouvait-on reprocher à Fried ? Peut-être d'avoir douté en 1940 de la politique stalinienne. Sûrement d'en savoir trop. » Et Robrieux de rappeler en note que « Jacques Duclos (...) a affirmé — mensongèrement — que Fried avait été assassiné par la Gestapo ».

Cette version de la mort de Clément va, si l'on peut dire, tenir le haut du pavé de longues années durant. Toute référence au rôle de la Gestapo étant jugée vraiment ringarde... Et puis, deux autres historiens, tout aussi universitaires et tout aussi peu suspects de philocommunisme que Robrieux, la déjà très célèbre Annie Kriegel (Annie Besse à l'époque où elle dirigeait la fédération de la Seine du PCF) et le très prometteur Stéphane Courtois vont entreprendre la minutieuse biographie que l'on sait, *Eugen Fried ; Le grand secret du PCF.* De cette biographie de quatre cents pages, publiée en 1997, il nous suffira de citer les dix dernières lignes : « Fried a donc bien été abattu, le 17 août 1943 à Bruxelles, alors qu'il allait pénétrer au 129 de la rue Ten-Bosch, par des hommes de la police allemande. Tous les indices convergent dans ce sens et dégonflent comme une vieille baudruche la version qui affirmait que la mort de Fried était le résultat d'une liquidation par les services du NKVD. Ainsi disparaissait dans l'anonymat le plus total l'un des hommes le plus important du Komintern. Homme de l'ombre, il s'évanouissait dans les ténèbres encore plus opaques de l'oubli, avant que la mort du communisme à Moscou même ne permette de le placer dans la lumière de l'Histoire. »

En lisant le livre d'Annie Kriegel et Stéphane Courtois, nous avons été intéressé d'y retrouver des témoins rencontrés vingt ans plus tôt... Ecrire que, pendant des années, nous avions alors cherché à savoir la vérité, à connaître la réalité de cette mort de Clément, peut paraître ici présomptueux. Non, c'est tout simplement vrai... Tous ceux qui, ayant connu Eugen Fried, ayant travaillé avec lui, avaient ressenti sa perte comme un deuil cruel mais n'avaient pas cru, fidèles aux règles de discipline qu'ils avaient partagées avec lui, devoir dépasser la discrétion consentie et s'enquérir plus avant des circonstances de sa mort, tous ceux-là se bornaient à nous dire qu'il avait été tué par la Gestapo. Lorsqu'il apparut qu'il n'y avait aucune gêne, aucun risque à parler de lui plus en détail, lorsque la modification des conditions historiques permit, à son sujet, des conversations plus complètes, nous constatâmes vite que les informations sur sa fin manquaient singulièrement. Cela ne pouvait que fortifier en nous le désir d'une enquête désormais possible. Nous pensons l'avoir, sinon menée à bien, du moins poussée aussi loin que nous le pouvions. Le résultat auquel nous sommes parvenus est que, effectivement, il est bien mort victime des forces de répression allemandes, sans doute la Gestapo, qui tentait de se saisir de sa personne. Toutefois, des conditions de cette capture manquée devenue un assassinat, deux versions nous furent fournies. Sur bien des points, ces deux versions se recoupent. Sur beaucoup d'autres, elles se contredisent. Ce sont ces deux versions que nous livrons au lecteur en lui laissant le soin de se faire une opinion.

Au printemps et au début de l'été 1943, dans la capitale belge, la situation de Clément était devenue difficile, précaire. Il avait conscience de n'être plus en sécurité... Jacques Duclos écrit : « Au moment de la guerre, “Clément” se trouvait en Belgique où son travail l'avait appelé et là, comme il l'aurait fait en France, il luttait contre les hitlériens. Nous avions, pendant l'Occupation, une liaison directe avec lui et, à un moment donné, une lettre que je reçus de lui me donna à penser qu'il sentait le filet de l'ennemi se resserrer autour de lui. Il demandait s'il était possible d'organiser son installation en France, ce qui nous posait des problèmes difficiles à résoudre, mais nous étions décidés à faire le nécessaire pour le faire venir. Malheureusement, peu après... » De son côté, Maurice Thorez junior note : « Le hasard a voulu que, le 16 août 1943, je le quitte pour aller “prendre un peu d'air” chez des amis, à Maransart. Je pense qu'il voulait me faire échapper au danger, car il répétait sans cesse que nous vivions sur une peau de chagrin. »

Soldat ivre ou maison cernée ?

Ce fut donc le 17 août 1943 que la peau de chagrin se rétrécit tragiquement... Mais dans quelles circonstances ? Jean Fonteyne, l'avocat et résistant belge qui fut, durant tout le séjour de Clément outre-Quiévrain, son collaborateur le plus direct et l'un de ses amis a toujours cherché à le savoir... « Parmi d'autres refuges, nous dit Fonteyne, Clément avait cet appartement de la rue Ten-Bosch, à Ixelles, un logement du rez-de-chaussée, qui avait été loué par Eva Fontaine. Dans cet appartement, outre deux petits tableaux du sculpteur et peintre Constantin Meunier auxquels il tenait beaucoup, il avait une réserve d'aliments, de livres et de tabac pour les camarades à qui il donnait refuge. J'ai connu tous ces détails, plus tard, de la bouche de sa compagne Aurore avec laquelle il se trouvait ce 17 août. Lorsque, ce jour-là, ils se sont rendus rue Ten-Bosch et qu'ils ont ouvert la porte, ils ont remarqué une odeur de tabac. Aurore s'est tout de suite méfiée et elle aurait voulu qu'ils n'entrent pas. Mais Clément a quand même voulu entrer. Il y avait un petit escalier de pierre. Ils l'ont monté. A ce moment, dans le corridor, un soldat allemand est sorti d'une chambre. Les voyant, il a, selon elle, sans doute pris peur et il a tiré un coup de revolver. La balle a atteint Clément au ventre. Le soldat devait être ivre d'avoir bu les bouteilles qui se trouvaient dans le refuge. Il repartit dans une pièce, sans doute pour téléphoner. Clément qui souffrait beaucoup s'est assis sur une des marches du petit escalier de pierre et il a fait un signe à Aurore en lui montrant la sortie, la porte d'entrée restée ouverte. Elle a hésité. Elle aurait voulu ne pas l'abandonner. Mais il lui a murmuré : "Les enfants..." Après le départ d'Aurore, on ne sait pas ce qui s'est passé. On sait seulement qu'un avocat patriote à qui l'on avait demandé de surveiller la maison a constaté que le lendemain on en sortait un cercueil... Après la guerre, j'ai essayé, auprès des services d'inhumation de diverses communes voisines, de savoir où Clément avait pu être enterré. Mais nous n'avons retrouvé aucune trace d'une inhumation à ce moment-là. On a supposé que le cercueil avait dû être transporté en Allemagne... Nous avons également essayé de récupérer certaines choses qui se trouvaient dans l'appartement de la rue Ten-Bosch, notamment les deux tableaux de Constantin Meunier. J'ai reçu un avis officiel me disant que les autorités allemandes avaient fait enlever tout ce qui s'y trouvait par les autorités belges et qu'elles se l'étaient fait remettre. Alors, en insistant sur les deux tableaux, nous avons essayé de retrouver la trace de ces divers objets en Allemagne même. Nos démarches n'ont jamais abouti... A l'époque, Aurore m'a confié qu'elle avait eu l'impression qu'il y avait un second soldat en uniforme. Elle a aussi pensé que l'adresse de l'appartement avait été trouvée sur quelqu'un qui avait été arrêté. C'était une adresse très secrète. Je crois qu'en parlant d'une personne arrêtée, Aurore songeait à un Hollandais, un camarade ou un intermédiaire hollandais... Je n'ai jamais pu en savoir plus mais mon impression est que, dans le cadre de recherches banales, les Allemands avaient découvert cet appartement qui leur avait semblé suspect. Ils y avaient alors installé les deux soldats avec mission d'attendre mais sans que jamais personne ne se doute de l'importance de l'homme qui allait s'y présenter. »

On a pu remarquer dans ce que nous dit Jean Fonteyne qu'au passage l'avocat bruxellois cite Eva Fontaine. Il rapporte qu'elle était, pour les besoins de la cause, la locataire en titre de l'appartement de la rue Ten-Bosch, à Ixelles, dans l'agglomération bruxelloise. Comme Marinette Laurent, déjà citée, Eva Fontaine était une agent de liaison de Clément. Elle est décédée en 1955. Mais sa sœur, Augusta, vivait toujours dans les années soixante-dix. Selon elle, ce sont deux appartements qu'Eva avait loués rue Ten-Bosch. Elle s'était elle-même installée dans l'appartement du rez-de-chaussée tandis qu'au premier étage habitaient Clément, sa compagne Aurore, le fils d'Aurore, Maurice Thorez junior qu'on appelait alors Jacques, et la fille de Clément et de la future ministre roumaine Anna Pauker, la petite Marie, qu'on appelait alors Rosette. « Dans cette maison, ajoute-t-elle, il y avait des peintures de James Ensor et Constantin Meunier, une belle statue faite par Carlo Lambert, le mari d'Eva, un sculpteur qui était mort, en mai 1940, sur le front. Cette statue a été retrouvée après la guerre. Il y avait aussi d'autres peintures qui n'ont pas été retrouvées... Le jour qui nous intéresse, Clément était seul à la maison. Aurore et les deux enfants s'étaient absentés. Eva était partie depuis le matin en mission dans la région de Namur et elle m'avait même dit que, si elle en avait le temps, elle irait dire bonjour à notre mère, à Namur. Moi, toujours ce jour-là, j'ai dû me rendre chez le teinturier qui se trouvait en face de la maison. Une teinturerie qui, aujourd'hui, n'existe plus. Aussitôt qu'il m'a vue, le teinturier m'a dit : “Oh, madame, tout à l'heure, il s'est passé une chose affreuse en face. On a tiré... On a tiré... Votre sœur doit être tuée !” Moi, je savais qu'Eva était partie, mais j'ai couru prendre le premier train pour Namur afin de prévenir ma sœur de ne pas rentrer rue Ten-Bosch. » D'après le récit que le teinturier a alors fait à Augusta Fontaine, que s'était-il passé ? Soudain, le commerçant avait vu les Allemands arriver nombreux. Les uns, passant par la maison du curé qui habitait à côté, avaient gagné le jardin, tandis que les autres frappaient à la porte d'entrée de la rue Ten-Bosch... La maison était cernée de tous côtés. A partir de là, Eva et sa sœur ont supposé que Clément, se voyant coincé, a tiré pour ne pas se faire prendre. Les Allemands ont riposté au fusil-mitrailleur. C'est ainsi que Clément a été tué, selon elles, mais après avoir abattu deux Allemands. La statue sauvée de Carlo Lambert portait d'ailleurs, quand on la retrouva, plusieurs traces de balles. On en releva également sur les murs. Le lendemain, les voisins virent les Allemands amener trois cercueils dans la maison et les en ressortir, quelques heures après, pour les placer dans un camion. Le teinturier a vu les trois cercueils. Il a pu constater aussi que les Allemands sont restés dans la maison pendant environ trois semaines et qu'ils en ont enlevé dans un camion tout ce qui pouvait les intéresser. « C'est tout ce que les deux sœurs ont vraiment pu savoir, ajoute Marinette Laurent. Mais, pour elles, il n'y avait aucun doute : l'adresse du 129, rue Ten-Bosch avait été “donnée” par quelqu'un. Qui ? Qui connaissait cette maison ? Qui pouvait savoir qu'elle était habitée par Fried ? Peu, très peu de camarades... Après la catastrophe, Eva Fontaine — qui était au-dessus de tout soupçon — a continué de combattre dans la Résistance belge en entrant dans les partisans armés. »

La mort était leur métier

Meurtre après meurtre, nous constatons que, chez les occupants nazis et leurs auxiliaires locaux, l'assassinat était vraiment considéré, sinon comme un des beaux-arts, du moins comme une pratique quotidienne. La mort était leur métier. Elle est très vite devenue leur industrie de pointe. L'extermination systématique des Juifs, la Shoah, en est la preuve immense, écrasante... D'ailleurs dans les très nombreux livres qu'a suscités le phénomène hitlérien et qui sont parus depuis la fin de la Seconde Guerre mondiale, les pages ne manquent pas où il est démontré que le IIIe Reich a planifié et développé l'assassinat comme un secteur industriel. Démonstration d'autant plus facile que la cicatrice laissée par le fait concentrationnaire dans la mémoire et la conscience des persécutés raciaux, des patriotes et des antifascistes de plusieurs dizaines de pays est une cicatrice encore douloureuse et qui guérit bien mal... Plus loin, nous reparlerons des camps de concentration nazis comme lieux de détention, de répression et d'avilissement de tous ceux qui s'opposaient à la conception hitlérienne du monde ou qui, plus simplement, étaient considérés par elle comme « biologiquement » irrecevables. Pour le moment, considérons-les seulement comme les endroits où le plus grand nombre de résistants français trouvèrent la mort, comme les lieux du plus intense assassinat, comme les domaines privilégiés du grand massacre. Ce n'est pas un hasard si, parmi les nombreux qualificatifs imagés que ces institutions suscitèrent, celui qui a connu la plus grande fortune populaire est précisément « les camps de la mort ». Ils l'étaient en effet.

« Dans les camps, nous dit Hélène Rénal, la mort était sans cesse et partout présente. Une blessure, c'était la mort. On faisait trois kilomètres sous la pluie, on ne pouvait se changer et on mourait. Tout se terminait par la mort. A la fin, nous devenions indifférents, sauf pour ceux qui nous étaient très proches. » Victime parmi les victimes, témoin parmi les témoins, Hélène Rénal est ce que l'on pourrait presque appeler une déportée de base. Or, son avis recoupe point par point, presque mot par mot celui de deux historiens spécialistes du phénomène concentrationnaire, Olga Wormser-Migot et Henri Michel, qui écrivent, dans *Tragédie de la déportation*, en 1966 : « La mort est l'aboutissement logique, prémédité, de la déportation. La mort est la conséquence inéluctable des conditions de la vie quotidienne et du travail qui aboutissent à la mort "naturelle", dit-on par euphémisme. La mort est la conséquence inéluctable de la discipline des camps. Le châtiment qui apparaît le plus anodin abat un organisme débilité aussi sûrement que le coup de revolver du SS ou la schlague réglementaire de vingt-cinq coups ou la piqûre de benzol. La mort, dans ces cas, ne va pas assez vite. La science nazie a mis tout son zèle au service de l'extermination massive : mort naturelle, par "extinction", par maladie, par accident ou "discipline" ; mort provoquée par brutalité ou sadisme ; mort par extermination massive. L'imagination des SS et de leurs bourreaux mandatés s'est donné libre cours sur ces thèmes, anéantissant en quatre ans des millions d'êtres humains. (...) Dans aucune circonstance historique, dans aucun pays n'exista jamais un moyen aussi "perfectionné" et aussi prolifique de mort que le camp-crématoire d'Auschwitz-Birkenau. »

Frénésie de la perversité et organisation de l'absurde atteignent ici à un point tel que les contradictions sont permanentes, proliférantes mais que les emballements qu'elles provoquent, non seulement ne peuvent pas léser mais finissent par conforter un appareil enragé par nature. La plus totale hypocrisie cohabite quotidiennement avec le plus cynique exhibitionnisme ; un souci méticuleux et permanent de perfectionnement s'allie sans cesse à un déchaînement encouragé des instincts les plus bassement primitifs, etc.

Dans sa thèse de doctorat sur *Le Système concentrationnaire nazi (1933-1945)*, Olga Wormser-Migot écrit : « Echelle des châtiments, échelle de la façon de donner la mort. La mort utilise les agents naturels : le froid, l'entassement, etc. ; provoqués : la faim, les parasites (poux pour le typhus), les coups. Elle est accidentelle quand le SS lance ses chiens sur une détenue, quand le kapo détruit un déporté à coups de pied — c'est-à-dire qu'elle est alors infligée sans ordre — mais il faudra, dans ce cas, trouver un motif pour l'inscription sur les registres : arrêt du cœur, faiblesse généralisée, telles sont les deux causes les plus fréquemment invoquées pour légitimer une mort illégitime. Mais il peut y avoir un jugement, non au sens ordinaire du terme, s'appliquant à un procès, mais un jugement de valeur ou d'intention, s'appliquant à la qualité du déporté, à ses activités, à sa race. Pour les "sous-hommes" (Juifs, Tziganes), c'est la mort que l'on inflige aux parasites, le gaz ; pas de mort individuelle. (...) Sur les registres de Mauthausen ou d'Auschwitz, de Buchenwald ou de Flossenburg, nombre de décès sont expliqués par la mention : tués pendant une tentative de fuite — formule passe-partout pour déguiser les morts injustifiées ou l'une des brimades mortelles très appréciées des SS, car elle leur était inspirée par le règlement même du camp : le Häftling n'avait pas le droit d'enlever sa casquette, sauf sur ordre : *Mützen ab !* Il n'avait pas le droit non plus d'approcher de l'enceinte électrique du camp. Pour un SS à qui la tête d'un détenu déplaisait, c'était un jeu de lui enlever sa casquette, de la faire voler sur les fils électrifiés, après avoir intimé au détenu l'ordre d'aller chercher sa casquette, de l'abattre dès qu'il s'approchait des fils électrifiés — ou de l'abattre pour refus d'obéissance ou parce qu'il était sans casquette s'il avait peur d'obéir. »

Le livre de Charlotte Delbo intitulé *Le Convoi du 24 janvier* n'est pas une thèse. Avec Danielle Casanova, avec Marie-Claude Vaillant-Couturier, l'auteur, elle-même veuve du militant communiste Georges Dudach, fusillé le 23 mai 1942 au Mont-Valérien, était parmi les deux cent trente femmes enfermées dans le train qui, le 24 janvier 1943, quitta Compiègne en direction d'Auschwitz. Après vingt-sept mois dans les camps de la mort, quarante-neuf seulement de ces deux cent trente femmes sont revenues vivantes. De chacune des victimes, comme de chacune des rescapées, Charlotte Delbo fait le portrait et dit le destin.

« La course » et « le piquet »

Etude minutieuse. L'auteur a directement connu les visages et partagé le sort de celles qu'elle évoque. Témoignage donc. Et là encore, comme tout à l'heure lorsque nous citions Hélène Rénal, comment ne pas être frappé par la façon dont thèse et témoignage se recoupent ? « Après l'appel du matin, qui avait duré comme tous les jours de 4 heures à 8 heures, raconte Charlotte Delbo, les SS ont fait sortir en colonnes toutes les détenues, dix mille femmes, déjà transies par l'immobilité de l'appel. Il faisait moins dix-huit. Un thermomètre, à l'entrée du camp, permettait de lire la température au passage. Rangées en carrés dans un champ situé de l'autre côté de la route, face à l'entrée du camp, les femmes sont restées debout, immobiles jusqu'à la tombée du jour, sans recevoir ni boisson ni nourriture. Les SS postés derrière des mitrailleuses, gardaient les bords du camp. Le commandant, Hoess, est venu à cheval faire le tour des carrés, vérifier leur alignement et, dès qu'il a surgi, tous les SS ont hurlé des ordres incompréhensibles. Des femmes tombaient dans la neige et mouraient. Les autres, qui tapaient des pieds, se frottaient réciproquement le dos, battaient des bras pour ne pas geler, regardaient passer les camions chargés de cadavres et de vivantes qui sortaient du camp, où l'on vidait le block 25, pour porter leur chargement au crématoire. Vers 5 heures du soir, coup de sifflet. Ordre de rentrer. Les rangs se sont reformés. (...) De chaque côté de la Lagerstrasse, en haie serrée, se tenaient tous les SS mâles et femelles, toutes les kapos, toutes les polizeis, tout ce qui porte brassard de grade. Armés de bâtons, de lanières, de cannes, de ceinturons, ils battaient toutes les femmes au passage. Il fallait courir jusqu'au bout du camp. Engourdies par le froid, titubantes de fatigue, il fallait courir sous les coups. Celles qui ne couraient pas assez vite, qui trébuchaient, qui tombaient, étaient tirées hors du rang, saisies au col par la poignée recourbée d'une canne, jetées de côté. Quand la course a été finie, c'est-à-dire quand toutes les détenues sont entrées dans les blocks, celles qui avaient été tirées de côté ont été emmenées au block 25. Quatorze des nôtres ont été prises ce jour-là. Au block 25 (...), on y mourait en quelques jours. » Charlotte Delbo précise : « La course — c'est ainsi que nous avons appelé cette journée — a eu lieu le 10 février 1943, deux semaines exactement après notre arrivée (...). On a dit que c'était pour nous faire expier Stalingrad. »... De cette remarque, il ne faudrait pas conclure que, dans les camps, cette sorte d'exercice est exceptionnelle. En effet, pour n'être pas quotidien, ce genre d'événement est tout à fait normal dans la mesure même où il s'inspire d'une organisation de la terreur, d'un désir de faire souffrir et d'une volonté d'exterminer qui, dans le monde concentrationnaire, sont la loi de tous les jours. Il suffit, par exemple, de comparer « la course » que vient de décrire Charlotte Delbo avec « le piquet » que décrivent François et Edouard Michaut et de rapprocher ces deux « exercices » de la façon dont, selon le témoignage de Noé Vilner, les kapos de la Strafkompanie (SK) d'Auschwitz exercent leur droit de mort pour constater l'évidence de l'unité d'intention et d'application qui caractérise les bourreaux nazis aussi bien dans leurs actes quotidiens que dans leurs décisions d'apparence plus exceptionnelle... Les frères Michaut racontent ce qu'ils ont vu et vécu à Stassfurt, un des kommandos de Buchenwald. « Le système du piquet, écrivent-ils, inauguré, je crois, par Hoffmann, dit "Fil de Fer", dès les premiers grands froids, consistait à rester au garde-à-vous, des heures durant, sous la surveillance de la sentinelle de la porte, au retour du travail. C'est ainsi que "Fil de Fer" assassina le comte Amalric de Rambuteau en lui faisant faire plus d'une heure de piquet, au retour de la mine, à quatre heures du matin, sans manteau, tête et mains nues par le froid de décembre. »... Quant à Noé Vilner, le président de l'Amicale des déportés juifs, il a notamment dit lorsqu'il fut entendu par la Commission d'histoire de la déportation : « A la SK, les kapos sont des tueurs qui ont mission de tuer. La plupart sont des "droit commun", des criminels, des condamnés à mort d'avant le nazisme, ayant assassiné plusieurs victimes et dont les peines de mort ont été commuées en détention perpétuelle. De ces hommes on a fait des "seigneurs", maîtres de la vie et de la mort de centaines d'hommes (...). Procédé classique : appel d'un déporté qui travaille mal, se repose, etc. *Bück dich !* (Mets-toi en position pour être frappé) : au lieu de le frapper sur les fesses, coup brutal sur la nuque. Il tombe évanoui ; avec ses pieds, le kapo retourne le corps, lui met le bâton sur la gorge et monte sur ses deux extrémités. Puis les prisonniers sont chargés de rapporter le cadavre au camp. »

Pour infliger à leurs victimes « la course », ou « le piquet » ou les coups de bâton mortels de la Strafkompanie, non seulement les bourreaux ne se cachent pas mais ils paraissent soucieux de donner le spectacle de leur extrême cruauté.

Les pendaisons en musique

Le paroxysme de cette tendance est atteint avec les fameuses « pendaisons en musique » dont on a beaucoup parlé dans la mesure où on les a souvent, à juste titre, considérées comme particulièrement caractéristiques de la réalité concentrationnaire. Voici la description de l'une de ces pendaisons à laquelle a assisté, à Neuengamme, le docteur Georges Salan. « Un soir dont nous nous souviendrons longtemps, écrit ce médecin dans *Prisons de France et bagnes allemands*, avant le café, alors que les équipes étaient rentrées du travail, nous fûmes conduits en rangs de cinq sur la place d'appel où se trouvait déjà, disposée en fer à cheval, toute la population du camp. Il devait se préparer un événement d'importance, car la musique était là au complet. Déjà, certains parmi nous prétendaient que l'on allait pendre un détenu. Mais les sceptiques, dont j'étais, haussaient les épaules. Non pas certes qu'ils n'eussent pas cru les SS capables de pendre l'un d'entre nous, mais la présence de la musique suffisait à faire rejeter, dans le cas présent, l'idée même de la possibilité d'une exécution publique. Et cependant voilà qu'une dizaine de nos camarades apparaissent à une extrémité de la place, soutenant un grand gibet en forme de poteaux de football. Les sceptiques commencent à pâlir. Le gibet dressé au milieu de notre formation, une petite table surmontée d'un escabeau est installée sous la barre transversale, et nous voyons venir du côté du mitard deux Russes, mains enchaînées, l'un vêtu en zébré, l'autre en tenue de camp. Lorsqu'ils sont devant la table, un officier SS s'approche et lit une sentence de laquelle je retiens que nos deux camarades vont être pendus pour "crime de pillage". La lecture terminée, la musique se met à jouer pour ne plus s'arrêter durant toute la cérémonie. Ce ne sont que rythmes allègres se succédant sans interruption (...). Pendant ce temps est hissé sur la table, puis sur l'escabeau, le jeune Russe en tenue zébrée que nous regardons le cœur battant et qui paraît absolument indifférent à tout ce qui se passe. On lui entrave les pieds, lui glisse le nœud autour du cou. L'escabeau est retiré d'un coup sec et c'est fini. On attend une dizaine de minutes pendant lesquelles l'harmonie des cuivres remplit le silence de mort et l'on passe au suivant après avoir décroché le premier qui gît là, sur le sol. Répétition des mêmes gestes, troublée toutefois au dernier moment par une exclamation vengeresse de la victime : "Vous nous pendez, maintenant, mais vous serez pendus !" Ce cri, poussé en russe, nous est traduit quand nous rentrons au block, par ceux qui l'ont compris. Et nous apprenons en même temps quel fut le crime de ces malheureux. Ils se sont évadés. Le premier, d'un kommando extérieur, le second du camp même, et ont dû, pour vivre, voler des aliments dans des maisons de campagne. C'était suffisant pour être pendu comme pillard. Il est bien entendu, en effet, que les SS ne pendent pas les évadés, mais seulement des pillards. Or, comme celui qui s'évade doit obligatoirement se procurer de quoi manger et de quoi s'habiller, il est fatalement pendu si par malheur il est repris, comme c'est le cas constant. (...) Justice étant rendue, la musique fait lentement, en continuant à souffler dans ses cuivres, le tour de la place, tandis que des hommes de corvée emmènent au crématoire les corps encore chauds de nos deux malheureux camarades auxquels un SS vient de loger au préalable une balle dans la tête. Crainte qu'ils ne soient brûlés vivants ? Ou assouvissement d'un ignoble besoin ?... »

Cependant — contradiction que nous avons déjà dite — ce sont les mêmes fonctionnaires de la mort qui, un jour metteurs en scène des plus macabres parades, deviennent, le lendemain, des bureaucrates s'affairant avec une méticulosité grossière à vouloir dissimuler leurs crimes derrière de prétendus certificats médicaux et pièces d'état civil où l'absurde à l'état pur le dispute à la plus cynique fantaisie. En étudiant très complètement des cas précis, ceux des femmes déportées dans *Le Convoi du 24 janvier*, Charlotte Delbo a démontré de façon particulièrement saisissante le mécanisme « administratif » de cette tentative de dissimulation. « A l'arrivée, écrit-elle, une fois tondues, tatouées et habillées de rayé, nous avons rempli une fiche : un bristol jaune, grand format, où il fallait indiquer : nom, prénom, date et lieu de naissance ; nom, prénom et date de naissance du père ; prénom et nom de jeune fille de la mère ; le nombre de couronnes en or que nous avions en bouche, si nous en avions ; le nom et l'adresse de la personne à prévenir en cas d'accident. Au "revier", les cadavres étaient mis en tas près de la porte. Des tas bien étagés, en une pile qui ne s'effondre pas. Descendre les cadavres des châlits et les porter sur le tas était, pour les infirmières, le plus clair du travail. La secrétaire de chaque "revier" tirait les bras gauches, relevait le numéro tatoué pour le reporter sur le livre du block. Le livre des morts. Cette secrétaire n'était jamais à jour. De plus, quand un cadavre était au milieu du tas et difficile à atteindre, elle ne notait pas. Non plus quand le bras tatoué avait été rongé par un rat. Entre le jour de la mort et celui où l'information parvenait à la "Politische Abteilung", des détenues (un bon petit kommando ; on y était à l'abri et le travail était propre) passaient leurs journées à faire passer les fiches de la boîte "arrivées" dans la boîte "décédées". Elles établissaient un avis de décès — un formulaire imprimé qu'il suffisait de remplir — où elles indiquaient comme date, celle du jour où elles transcrivaient, comme heure, n'importe laquelle, comme cause du décès l'une des quatre ou cinq maladies admises (maladies non contagieuses ou bénignes). Il leur arrivait, pour s'éviter réflexion, de donner la même maladie à tous les morts de tel jour, la maladie suivante le lendemain. Il y avait le jour des pneumonies, le jour des catarrhes, et on recommençait. De sorte (ce qui s'est passé pour Mme Jacquat et pour Mme Lambert) que deux familles de la même ville ont pu être avisées en même temps de la mort de leur parente, survenue le même jour, du fait de la même maladie. Certains avis de décès n'indiquaient aucune cause, d'autres — fantaisie de la détenue qui écrivait ou exigence d'une kapo qui voulait du travail soigné — portaient : "Morte à l'hôpital d'Auschwitz", ou bien "A la Kasernenstrasse" ou encore "Le corps a été inhumé dans un cimetière en Allemagne". La "Politische Abteilung" n'était jamais à jour : pour les cent soixante-dix-huit de notre convoi mortes à Auschwitz, une trentaine d'avis seulement ont été expédiés. »

« Une véritable boucherie, un échaudoir... »

Avec la folie paperassière du IIIe Reich et la cyclothymie morale des bourreaux, une autre caractéristique clef de l'institution concentrationnaire est le perpétuel et préoccupant souci que montrent les fonctionnaires de la mort de se perfectionner, d'atteindre à une efficacité, à un rendement toujours croissants. Avant d'évoquer l'un des ultimes aboutissements de ce souci, l'extermination par les chambres à gaz, voyons la façon dont Robert Franqueville le saisit, le décrit en quelque sorte à la source dans *Rien à signaler*, peu après son retour, en 1946... Franqueville avait été déporté à Sachsenhausen, vaste camp édifié à partir d'un des premiers noyaux concentrationnaires, celui d'Oranienburg. Il y était arrivé fin avril 1943. Ce qu'il dit a été, plus tard, corroboré par les aveux des gardiens SS de Sachsenhausen-Oranienburg et tout spécialement par leurs aveux publics lors de leur procès, en Allemagne fédérale, en 1958. « Il y avait, à ce moment-là, au camp, écrit Franqueville, environ 22 000 soldats russes. (...) Ne sachant trop qu'en faire, les SS décidèrent de les exterminer. Tout ce que je te raconte là, je l'ai vu de mes yeux. Pour un motif futile, on en fusillait une ou deux douzaines. Un des passe-temps du "Lagerführer" (chef de camp) était de faire un carton, de sa fenêtre, sur les Russes qui traversaient la place (...). Au début, on les exécutait au moyen d'une curieuse machine. Amenés à l'"Industrie-Hof", en camion, dans une salle insonore, les hommes passaient un à un sous une toise. Pendant qu'un garde faisait le simulacre de prendre mesure de la taille, un dispositif spécial tuait le patient d'une balle dans la tête. Un seau d'eau sur le carrelage, et au suivant !... Cette mise en scène était trop lente. On construisit une fosse bétonnée qui pouvait contenir une cinquantaine de corps. Une mitrailleuse camouflée faisait le reste. Ce moyen aussi fut abandonné, comme trop bruyant. On entendait les rafales du dehors et il ne fallait pas qu'on se doutât qu'à Sachsenhausen, le camp modèle, on tuait en série (...). Ensuite, on construisit la fameuse chambre à gaz, moins expéditive, mais silencieuse et tellement plus propre. Moi, j'aidais au transport des morts du camp russe au crématoire. Dans les sous-sols, c'était une véritable boucherie, un échaudoir du marché de La Villette.

Là, le “Vorarbeiter” de l’“Industrie-Hof” et ses hommes gantés et bottés de caoutchouc recevaient les corps au sortir de la chambre à gaz. Chaque cadavre était examiné. Un bridge, une dent en or, on les lui arrachait. Sur d’autres cadavres, on procédait à l’ablation du foie, du cœur ou d’un autre organe, pour les envoyer à des instituts pathologiques de Berlin. Recousus à la hâte, les corps étaient tirés au moyen de crochets à viande ; pour que ça glisse mieux, un aide arrosait d’eau javellisée le carreau de la salle. Les fours, très proches, engloutissaient toutes les vingt minutes leurs cinq cadavres et cela jour et nuit, pendant deux mois. Tu n’as qu’à compter : à trois cent soixante incinérations par jour, pendant soixante jours, tu arrives à 21 000 disparus, volatilisés, liquidés. »

Robert Franqueville note, en passant, que les SS de Sachsenhausen jugeaient la chambre à gaz finalement moins expéditive que les fusillades. Selon lui, si on la préféra malgré tout, ce ne fut pas pour une question de rendement, mais parce qu’elle était « silencieuse et tellement plus propre ». A la vérité, la chambre à gaz de Sachsenhausen, comme la plupart des installations du même genre lorsqu’elles firent leur apparition dans divers camps, n’était qu’un début, un moyen encore artisanal. Le perfectionnement, l’industrialisation du procédé, allaient vite venir... Le SS Schwarzhüber était le chef d’un des camps satellites de Ravensbruck, le « Jugendlager » (traduction littérale : le camp de la jeunesse). Lors du procès qui se déroula à Hambourg et qui, commencé en mars 1946, devait durer plusieurs mois, Schwarzhüber déclara : « Le “Jugendlager” fut occupé début février 1944 par cinq mille prisonnières qui devaient être soumises à l’extermination. Le docteur Trommer et moi fûmes appelés ensemble, fin février, chez le Schutzhaft-lagerführer Suhren qui nous dit que l’ordre du Reichsführer (*c’est-à-dire Himmler*) spécifiait que “toute femme vieille, malade ou incapable de marcher devait être tuée”. Dans les jours suivants, Trommer (*docteur SS en chef du camp*), choisit deux mille trois cents femmes dans différents blocks. D’abord les femmes furent abattues à coups de fusil — début mars 1945 — exécutions commandées par Moll. La méthode parut trop lente au commandant. Il dit en ma présence : “Cela ne va pas assez vite, alors nous allons user de méthodes différentes.” Sauer régla donc la construction de la chambre à gaz, assez grande pour contenir cent cinquante femmes. Moll les faisait déshabiller comme pour un épouillage. Il les mettait dans la chambre à gaz et cette chambre était refermée. Un homme, muni d’un masque à gaz, devait grimper sur le toit. Moi-même j’introduisais une pompe à gaz dans l’orifice aménagé à cet effet sur le toit, puis je refermais immédiatement. J’entendis gémir et pleurnicher. Au bout de deux ou trois minutes, les femmes étaient inertes. Elles étaient mortes ou juste insensibilisées, je ne sais. La porte était ouverte ; j’entendis dire à Moll que les corps étaient directement mis au crématoire. Tout le processus se faisait sous le contrôle de Sauer, du docteur Trommer, de Moll et de moi-même. »

Ce qu'on appelle « les transports noirs »...

Environ deux ans après le procès de Hambourg, Geneviève de Gaulle-Anthonioz prononçait, au théâtre des Ambassadeurs, à Paris, une conférence intitulée *L'Allemagne jugée par Ravensbrück*. Lors de cette conférence, la nièce du général de Gaulle, dont nous avons déjà dit la participation au mouvement Défense de la France, fut notamment amenée à expliquer et à développer les éléments apparus dans les aveux de Schwarzhüber et de ses pareils ; plus précisément lorsqu'elle examina la façon dont Ravensbrück, d'abord « camp de travail », était finalement devenu un « camp d'extermination ». En effet, dit-elle alors, « si l'on étudie, rapidement, l'histoire d'un camp comme celui de Ravensbrück, on y voit l'histoire d'une évolution assez définie. Ravensbrück est fondé en 1939 seulement. Ce n'est donc pas l'un des premiers camps qui existent en Allemagne. Sur le terrain dont Himmler était, semble-t-il, le propriétaire, terrain de marais, de dunes, on amène quelques milliers de prisonnières. Ces prisonnières doivent d'abord assécher le camp, niveler les dunes et construire elles-mêmes leur propre prison. Nous arrivons peu à peu, par augmentation des effectifs du camp, jusqu'à 1942, où le camp comprend treize mille prisonnières. 1942 est une année d'extermination, non pas à la manière spectaculaire des exterminations d'Auschwitz (car il ne faut pas troubler le rythme du travail), mais cependant environ la moitié des effectifs du camp disparaissent peu à peu en ce qu'on appelle "les transports noirs". C'est-à-dire que les femmes qui sont choisies comme victimes sont amenées aux grandes chambres à gaz de Lublin ou à Auschwitz même pour y être assassinées. Ces femmes sont choisies parmi celles qui sont d'un moindre rendement ou parmi celles qui s'avèrent indisciplinées et qui, par leur attitude, risquent de compromettre le bon rendement du camp. S'y ajoutent aussi les Juives qui s'y trouvaient alors. Et c'est alors un ordre politique donné de Berlin. Cependant, les sélections ont été un peu trop importantes. Le commandant du camp s'en aperçoit en 1943 (...) La méthode allemande change. Les exécutions dans les camps sont à peu près totalement supprimées, ainsi d'ailleurs que les exterminations. Par contre, on déporte à peu près n'importe qui. Il se trouve au camp aussi bien des ennemies de l'Allemagne qui ont mérité une condamnation à mort que des femmes totalement innocentes, arrêtées par mégarde ou pour un délit insignifiant. (...) Arrive 1944. Et 1944, de par les déportations massives, devient au camp une année cruciale. Le commandant du camp ne sait plus où donner de la tête : les convois de déportées arrivent en trop grand nombre, impossible de les caser. En vain, on essaie de les envoyer dans divers kommandos à travers l'Allemagne. Les moyens de transport deviennent précaires au fur et à mesure des bombardements alliés puis de l'avance des troupes russes et anglo-américaines. Et il faut bien envisager une solution. D'autant plus qu'il ne s'agit plus guère de fournir un gros rendement économique. L'Allemagne commence à sentir le vent de la défaite, à être acculée aux situations désespérées : autant supprimer les bouches inutiles ! Après tout, ces prisonnières n'ont pas donné les satisfactions qu'on en attendait. Aussi, en décembre 1944, l'ordre parvient de Berlin au commandant Suhren (commandant du camp) de faire diminuer le plus possible le nombre des prisonnières. Et, pour ce faire, on lui envoie Schwarzhüber (...), l'un des organisateurs des exterminations d'Auschwitz. Schwarzhüber est convoqué par le commandant du camp — comme il le raconte lui-même — et reçoit l'ordre de faire exécuter, par groupes de cinquante, les femmes qui ne sont plus aptes à travailler. Ces exécutions, qui ont lieu avec des armes à petite portée, sont assez pénibles pour les exécutants, fatigantes, d'un rendement très long, et Schwarzhüber parvient à décider le commandant du camp à l'installation d'une petite chambre à gaz. Cette chambre fonctionne, semble-t-il, à partir de la fin de janvier 1945. Elle est de petites dimensions par rapport à celle d'Auschwitz et ne contient guère que cent cinquante femmes. Cependant, les deux crématoires marchent jour et nuit. Et, peu à peu, le camp de Ravensbrück, camp de rendement, de travail, s'organise en camp d'extermination, selon les "bonnes méthodes allemandes"... »

La saturation existe, dans l'horreur comme ailleurs. Au point où nous en sommes arrivés dans notre tentative de rappeler ce que fut la mort concentrationnaire, on pourrait peut-être estimer que la descente aux enfers est accomplie et suffisante l'accumulation de l'atroce et de l'ignoble dans les exemples choisis. On nous pardonnera de ne pas être de cet avis et d'estimer que le soleil négatif et blanc des camps de la mort, la dégoulinante fournaise des fours crématoires ne peuvent être vraiment vus que par qui les regarde jusqu'au risque de se léser la rétine... Dans sa conférence aux Ambassadeurs, Geneviève de Gaulle-Anthonioz parle, au passage, de « la manière spectaculaire des exterminations d'Auschwitz ». Spectaculaire... Voici bien le « spectacle » qui, jusqu'à la brûlure, doit être regardé et à jamais mémorisé...

Quatre mille Tziganes en une nuit

Dans son *Bréviaire de la haine*, Léon Poliakov explique : « A partir de l'été 1942, un afflux incessant de convois, à raison de parfois quatre trains par jour, amenaient à Auschwitz les victimes ramassées (...) aux quatre coins de l'horizon européen ; les bureaux d'Eichmann avisant Hoess au fur et à mesure du départ des transports. Les deux premières chambres à gaz s'avérant insuffisantes, de nouvelles installations, au nombre total de quatre, furent progressivement mises en construction. L'entreprise adjudicatrice, la maison Topf et fils, d'Erfurt, eut à cœur de grouper sous le même toit les locaux où s'effectuaient les deux phases essentielles de l'opération, c'est-à-dire l'asphyxie des victimes et l'incinération de leurs corps. Au début de 1943, les deux premiers crématoires, dits "crématoires II et III", véritables chefs-d'œuvre d'une technique absolument nouvelle, étaient solennellement inaugurés en présence de hauts visiteurs venus de Berlin. D'après certains témoignages, huit mille Juifs de Cracovie, capitale du "gouvernement général" et résidence de Hans Frank, en furent les premières et symboliques victimes. Deux autres crématoires furent terminés six mois plus tard. Un tronçon de chemin de fer fut prolongé d'un kilomètre, en sorte que les convois débarquaient à proximité immédiate des crématoires. Au total, les quatre crématoires comportaient quarante-six fours, avec une capacité globale de près de douze mille cadavres par vingt-quatre heures. D'une manière générale, la cadence de l'arrivée des convois n'était guère stable, variant suivant le rendement de l'appareil déportationnaire. En certaines périodes, l'afflux était tel que, faute de place dans les camps, des convois entiers furent gazés sans sélection préalable. Les pointes extrêmes, de l'ordre de douze mille à quinze mille par jour, furent atteintes en mai-juin 1944, lors de la déportation des Juifs hongrois. "En juin 1944, on arriva au chiffre record de vingt-deux mille incinérations en vingt-quatre heures", écrit un témoin. Tout comme dans la pratique courante des criminels, ce n'est pas tellement l'assassinat proprement dit que la suppression des corps qui créait des soucis continuels à Hoess et à ses adjoints : les quatre crématoires ne suffisaient plus, les fours se détérioraient d'ailleurs de plus en plus souvent : d'immenses bûchers en plein air y suppléaient... C'est dans cette dernière période que furent "gazés", au cours d'une nuit d'août 1944, quatre mille Tziganes, derniers survivants de la population tzigane d'Auschwitz : c'est le seul exemple d'une extermination massive de non-Juifs. »

Ce qu'explique ainsi Léon Poliakov est confirmé par Rudolf Hoess qui, né avec le siècle, était entré au Parti nazi à vingt-deux ans, était devenu SS à trente-quatre et avait été un des administrateurs de Dachau pendant quatre ans avant de devenir adjoint du commandant de Sachsenhausen puis, le 1er mai 1940, commandant d'Auschwitz. Hoess le confirme dans sa déposition devant les autorités américaines, le 5 avril 1946, à Nuremberg. « J'ai dirigé Auschwitz jusqu'au 1er décembre 1943, dit-il notamment, et j'estime qu'environ deux millions cinq cent mille victimes y furent exécutées et exterminées par le gaz et par les flammes, tandis que cinq cent mille y périrent par la faim et par des maladies diverses, ce qui donne un chiffre total d'environ trois millions de décès. Ce chiffre représente à peu près soixante-dix ou quatre-vingts pour cent de toutes les personnes qui furent expédiées à Auschwitz en qualité de prisonniers ; le reste fut sélectionné et employé à des travaux forcés dans les établissements industriels des camps de concentration. (...) Les exécutions en masse par les gaz ont commencé au cours de l'été 1941 et ont duré jusqu'à l'automne de 1944. (...) La "solution finale" signifiait l'extermination de tous les Juifs en Europe. J'avais reçu l'ordre de mettre au point les procédés d'extermination à Auschwitz au mois de juin 1941. A ce moment, il existait déjà trois autres camps d'extermination dans le Gouvernement général : à Belzek, Treblinka et Wolzek. (...) J'avais visité Treblinka pour voir de quelle manière l'extermination s'y effectuait. Le commandant du camp me dit avoir liquidé quatre-vingt mille personnes en six mois. Il avait eu à s'occuper plus spécialement de la liquidation des Juifs du ghetto de Varsovie. Il avait employé un gaz monoxyde et, à son avis, ses méthodes n'étaient pas très efficaces. Aussi bien, après avoir fait construire les bâtiments d'extermination, me décidai-je à employer le "Zyklon B", un acide prussique cristallisé, que nous introduisions dans la chambre à gaz par une petite fente. Il fallait de trois à quinze minutes pour tuer les hommes se trouvant dans la chambre à gaz, selon les conditions climatiques. Nous constations qu'ils étaient morts par le fait qu'ils cessaient de râler. Nous attendions d'habitude une demi-heure avant de rouvrir les portes pour enlever les cadavres. Après les avoir emportés, notre kommando spécial s'emparait des bagues et des dents en or des cadavres. Une autre amélioration apportée aux méthodes, (...) consista dans la construction de chambres à gaz pouvant contenir deux mille corps à la fois tandis que celles de Treblinka ne pouvaient en contenir que deux cents chacune (...). Encore un progrès en comparaison de Treblinka : c'est que les victimes, à Treblinka, savaient presque toujours qu'elles allaient être exterminées tandis qu'à Auschwitz, nous plaisantions avec elles, en leur faisant croire qu'elles allaient subir un traitement dont le but était de les épouiller. Naturellement, elles arrivaient souvent à découvrir nos intentions véritables et nous eûmes par conséquent à combattre des révoltes et bien des difficultés. Beaucoup de femmes essayaient de dissimuler leurs enfants sous leurs vêtements, mais toutes les fois qu'ils étaient découverts, nous les envoyions dans les chambres à gaz avec les autres. Nous aurions dû faire ces exterminations en secret, mais le relent et la puanteur nauséabonde produits par la perpétuelle combustion des corps envahirent toute la région, si bien que les habitants des communes aux alentours savaient fort bien qu'à Auschwitz des exterminations étaient en cours. De temps à autre, des prisonniers "spéciaux" arrivaient au bureau local de la Gestapo. Les médecins SS les faisaient exécuter par des piqûres d'essence. Les médecins avaient pour instruction de remplir des feuilles de décès régulières et ils avaient toute liberté pour indiquer n'importe quelle cause de décès. »

L'enfer des « Sonderkommando »

Pour éviter que le surpeuplement des chambres à gaz, l'embouteillage des cadavres et l'engorgement des fours crématoires ne viennent compromettre la bonne marche du massacre, les SS formèrent des groupes de déportés choisis parmi les plus robustes, dont la mission fut d'assurer une évacuation des débris humains à un rythme permettant d'empêcher la surchauffe et l'asphyxie de la machine à tuer. Ce furent les Sonderkommando (commandos spéciaux). Les témoignages de deux membres des Sonderkommando deux d'Auschwitz, Sigismond Bendel et Dow Paisikovic, rendent atrocement palpable ce que fut la réalité de la mort concentrationnaire...

« Il est midi, raconte le docteur Bendel, quand une longue file de femmes, enfants, vieillards entrent dans la cour du crématoire. Ce sont des gens du ghetto de Lodz. On les sent harassés, fatigués, angoissés. Le chef suprême des crématoires, Herr Hauptscharführer Moll, grande brute à visage de Bébé Cadum, monte sur un banc pour leur annoncer qu'ils vont aller se baigner et qu'un café chaud les attend après. On applaudit. Les pauvres gens se sentent plus rassurés. Quelques enfants crient qu'ils ont soif. Les SS, magnanimes, ordonnent qu'on leur apporte de l'eau. La fiction doit rester jusqu'au bout, l'ordre doit régner. Tout le monde se déshabille dans la cour. Les portes du crématoire s'ouvrent et ils entrent dans la grande salle qui, en hiver, sert de vestiaire. Entassés comme des sardines, ils se rendent compte qu'ils sont pris dans un piège d'où ils ne pourront plus s'échapper. Ils espèrent cependant, car un cerveau normal ne peut pas concevoir la mort atroce qui les attend. L'ambulance de la Croix-Rouge arrive. Le docteur Klein, Obersturmführer, en descend. Il est porteur des boîtes à gaz. Suprême insulte à un métier et à un insigne dont certains organismes internationaux veulent se servir aujourd'hui pour couvrir les complices de pareils crimes. Enfin, tout est prêt. On ouvre les portes du vestiaire et une cohue invraisemblable commence. Les premiers qui entrent dans la chambre à gaz commencent à reculer. Ils sentent que la mort les guette. A coups de crosses, en fracassant la tête des femmes affolées qui serrent convulsivement leurs bébés, les SS font cesser ce flux et reflux humains. Les doubles portes en chêne massif se ferment. Pendant deux interminables minutes, on entend des coups contre les murs, des cris qui n'avaient plus rien d'humain. Et puis rien. La tête me tourne, je crois avoir perdu la raison. (...) Cinq minutes après, on ouvre les portes. Comme une cataracte, les corps entassés, contractés, dégringolent. Certains sont tellement enlacés les uns aux autres qu'on a toutes les peines du monde à les dégager. Pleins de sang, ils donnent l'impression d'avoir lutté désespérément contre la mort. Celui qui a eu, une fois seulement, la vision d'une chambre à gaz ne pourra jamais l'oublier. Les corps encore chauds passent par les mains du coiffeur qui tond les cheveux et du dentiste qui arrache les dents en or. (...) Maintenant, un incroyable enfer commence. Ces hommes — comme cet érudit avocat de Salonique ou comme cet ingénieur de Budapest — que je connaissais si bien n'ont plus rien d'humain. Ce sont de véritables diables. Sous les coups de crosses et de cravaches des SS, ils courent comme des possédés, cherchant à se débarrasser le plus vite possible de la charge attachée à leur poignet. Une fumée noire, épaisse, s'échappe des fosses. Tout ceci se passe si vite, tout ceci est si invraisemblable que je crois rêver. L'enfer de Dante me paraît alors une vieille et simple allégorie. Une heure après, tout rentre en ordre. Les hommes enlèvent des fosses les cendres qui s'amassent. Un convoi de plus venait de passer par le crématoire IV. Et ceci continua jour et nuit. On est arrivé, pour l'ensemble des crématoires et des fosses, au chiffre effarant de vingt-cinq mille corps brûlés par vingt-quatre heures. »...

Le témoignage de Dow Paisikovic est tout aussi hallucinant que celui de Sigismond Bendel. Paisikovic, né en Tchécoslovaquie et aujourd'hui émigré en Israël, était alors âgé de vingt ans. Il explique : « Le gazage durait en principe trois à quatre minutes environ. Après quoi, pendant à peu près un quart d'heure, le système de ventilation était mis en marche. Puis, le contremaître ouvrait la porte de la chambre à gaz — toujours sous la surveillance d'un SS — et nous devions traîner les cadavres vers le monte-charge électrique. On pouvait monter quinze cadavres environ en une fois avec ce monte-charge. Nous devions porter les cadavres nous-mêmes, six hommes étaient affectés à ce travail. La plupart du temps, quelques-uns de ceux qui étaient à même le sol immédiatement auprès de la porte étaient encore en vie. Le SS les fusillait alors. La position des cadavres dénotait visiblement qu'en général la lutte contre la mort avait été terrible. Les corps étaient souvent déchiquetés ; il est arrivé plus d'une fois que des femmes aient accouché dans les chambres à gaz. En principe, trois mille victimes se trouvaient dans la chambre à gaz. L'entassement était tel que les gazés ne pouvaient pas choir à terre. L'évacuation de trois mille cadavres prenait environ six heures. Comme les quinze fours de ce crématoire mettaient environ douze heures pour brûler ces cadavres, ceux-ci étaient entassés dans la pièce devant les fours. Un autre groupe de notre Sonderkommando s'en chargeait. Lorsque nous avions vidé le bas de la chambre à gaz, notre groupe devait nettoyer la chambre à gaz à l'aide de deux tuyaux pour faire de la place pour le prochain gazage. Ensuite, nous devions aller au four crématoire et aider à transporter les cadavres vers les fours. Auprès des fours mêmes devaient travailler deux groupes de détenus, l'un de quatre et l'autre de six hommes. L'un devait s'occuper de sept fours, l'autre de huit. Ces groupes devaient enfourner les cadavres et veiller à une combustion convenable en se servant d'un long crochet. Comme la chaleur auprès des fours était très grande, ces groupes-là ne se voyaient pas attribuer d'autre travail ; pendant les interruptions de travail, ils pouvaient se rafraîchir. En dehors de cela, ils n'étaient chargés que de l'évacuation de la cendre et des os tombés à travers le gril. La cendre était acheminée à la Vistule par les détenus escortés de SS. Le transport avait lieu par camions. (...) Comme il incombait à notre kommando de fouiller les vêtements des détenus suspendus dans les salles de déshabillage, nous avions la possibilité de nous approprier beaucoup de ravitaillement, d'alcool, d'or et de devises. Les SS toléraient que nous mangions et même buvions de ces provisions. Ainsi, nous conservions nos forces... »

Difficiles statistiques

Au début de cette évocation du Sonderkommando, le nom du sous-officier SS Moll, « grande brute à visage de Bébé Cadum » et « chef suprême des crématoires », a été cité par Sigismond Bendel. Toujours à propos de Moll, voici ce qu'écrit le docteur Miklos Nyiszli dans *Médecin à Auschwitz* : « Comme médecin et comme témoin oculaire, j'affirme qu'il est l'assassin le plus abject, le plus possédé du IIIe Reich. (...) Ici, la majeure partie des victimes est jetée encore vivante dans la flamme. (...) Il y a aussi des adolescents parmi ceux qui sont dirigés ici. Ceux-là essaient de résister avec la force du désespoir (...). Si Moll s'aperçoit de pareille scène, il saisit aussitôt son revolver dans son étui toujours ouvert. Une détonation, une balle souvent tirée de vingt ou trente mètres, et celui qui résistait tombe touché à mort entre les bras de l'homme du Sonderkommando qui l'entraînait vers le bûcher... »

Au fil des témoignages ou aveux de Robert Franqueville, de Schwarzhüber, de Léon Poliakov, de Sigismond Bendel, de Dow Paisikovic et surtout de Rudolf Hoess, des chiffres ont été cités, des statistiques... Statistiques en elles-mêmes terriblement éloquentes mais, hélas, trop partielles pour ne pas devenir imprécises, trop fragmentaires pour qu'on puisse, à partir d'elles, essayer de dire combien d'hommes et de femmes furent victimes de la mort concentrationnaire ou même tenter approximativement de dénombrer l'innombrable foule des déportés à jamais disparus...

Dans sa thèse, Olga Wormser-Migot ne cache pas un scepticisme né des difficultés rencontrées lorsqu'elle évoque « les problèmes graves posés par la statistique concentrationnaire ». Et elle précise : « Archives en partie détruites, dispersion des archives existantes et manque de coordination entre les détenteurs d'archives, état d'avancement différent des statistiques nationales et critères différents adoptés par les divers pays ex-occupés vis-à-vis des catégories concentrationnaires, inexistence d'archives complètes au départ, difficultés matérielles énormes à répertorier même un cas de livre des morts complet, les immatriculations multiples d'un même détenu dans plusieurs camps, telle est la liste partielle des difficultés rencontrées. »... Le très difficile bilan, la FNDIRP (Fédération nationale des Déportés et Internés, Résistants et Patriotes) l'a néanmoins tenté dans sa publication collective de janvier 1970 intitulée *L'Impossible Oubli*. On peut y lire : « Combien de déportés sont morts dans les camps ? (...) Les chiffres les plus sérieux avancés à ce jour sont les suivants : pour l'ensemble des camps de concentration et d'extermination — c'est-à-dire pour tout le système des camps placés sous la responsabilité de Himmler et de ses SS — le nombre total des victimes, de toutes nationalités et de toutes catégories confondues, se situe probablement autour de dix millions. Lorsque des chiffres supérieurs sont avancés, par exemple les vingt-six millions parfois cités, c'est que l'on ajoute d'autres catégories de victimes, comme les populations exterminées lors des massacres en série tels Oradour-sur-Glane, Lidice, Marzabotto, et ceux perpétrés sur les territoires de Pologne et d'Union soviétique où les Oradour se comptent par centaines. On évoque alors avec raison, au-delà du système concentrationnaire, tous les crimes de guerre et contre l'humanité commis par les nazis au cours de la Seconde Guerre mondiale. (...) Pour la France, à partir de 1945 et sur la base des premières estimations alors recueillies, souvent présentées officiellement, on a indiqué que sur 230 000 Français déportés, il n'en est revenu que 30 000. Des chiffres un peu supérieurs sont parfois donnés. Bien qu'ils ne constituent pas des statistiques exactes, ils représentent néanmoins un ordre de grandeur vraisemblable. Les recherches poursuivies, notamment au cours de ces dernières années et à partir des éléments qui ont pu être rassemblés entre-temps, aboutissent provisoirement à dénombrer pour la France, 200 000 déportés. Ce nombre comprend environ 100 000 déportés dits “raciaux” au titre de la “solution finale”, dont 5 000 seulement auraient regagné leur pays en 1945, et environ 100 000 autres déportés, victimes de la répression contre la Résistance, otages, etc., dont 30 000 seraient rentrés vivants. » Ajoutons, à titre indicatif, que la statistique récente la plus sérieuse est celle de Raul Hilberg, dans sa somme intitulée *La Destruction des Juifs d'Europe*. Elle se limite aux victimes juives. Elle estime le total des victimes des camps à cinq millions cent mille, venus de dix-neuf pays différents. Pour la France, Hilberg parle de soixante-quinze mille.

Cela dit, ici plus qu'ailleurs, on doit veiller à ne pas laisser sa sensibilité s'endormir au ronronnement des statistiques. Sur la carte de l'Europe centrale et de l'Est, il est une vingtaine de noms de villes et de villages qui ne peuvent plus être lus comme les autres... Les points noirs qui marquent ces lieux maudits redevenus des agglomérations en Allemagne, en Pologne, en Autriche ou en Tchécoslovaquie rougeoient encore, en fait, comme des braises. La litanie de leurs noms, à nos oreilles, retentit comme le pire des glas jamais sonnés dans toute l'histoire de l'humanité.

Ecoutons cette litanie, ce glas, ce chapelet de syllabes insupportables : Natzweiler-Struthof, Schirmeck, Bergen-Belsen, Neuengamme, Dora, Buchenwald, Dachau, Flossenburg, Ravensbrück, Sachsenhausen-Oranienburg, Theresienstadt, Mauthausen, Grossrosen, Chelmno, Auschwitz-Birkenau, Treblinka, Maïdanek, Sobibor, Belzec, Rawa-Ruska...

L'ingénieur de la « source K »

Derrière chacun de ces noms de ville, de bourgade ou de village, combien de noms d'hommes et de femmes, de résistantes et résistants français qui n'eurent même pas le droit dernier de mourir en restant jusqu'au bout eux-mêmes, de mourir individus, mais que l'on fit s'enliser, se dissoudre puis disparaître, numéro noyé dans le sordide concassage de l'agonie collective, dans le grisâtre marécage d'une foule en décomposition où des cadavres marchaient encore parmi tant de vivants aux yeux morts... « Les parents de nos camarades mortes à Birkenau, écrira plus tard Charlotte Delbo, leurs fils et leurs filles surtout, sont atteints comme d'une blessure seconde parce que nous, les survivants, ne pouvons leur dire comment elles sont mortes. Ils attendent un témoignage, plus que cela : une parole dernière. Et nous ne répondons pas à leur quête. Comment leur expliquer que, si les unes mouraient, les autres étaient épuisées, malades, à peine lucides ? »

Oui, derrière chacun de ces noms de ville, de bourgade ou de village, combien de tonnes de cendres humaines à jamais confondues et dispersées ? Combien de charniers qui, à l'entour des monuments commémoratifs, sont redevenus terre labourable sous l'effet du pourrissement naturel ?

Pour le pèlerin qui ne craint pas de voir les fours crématoires remplacés par des fourneaux d'auberges, c'est sur le sol tant disputé du sud de l'Alsace, entre la Meurthe et le Rhin, à Natzweiler-Struthof, que commence la marche vers les grandes nécropoles de l'Est...

Natzweiler-Struthof, dans l'inflation du massacre, faisait figure de petit camp : deux à huit mille détenus au camp central, selon les époques, et quatorze mille autres travaillant dans dix-huit kommandos extérieurs. Mais le taux de mortalité y fut très élevé. « Il y a eu plusieurs milliers de morts, déclare François Faure, morts de faim, de misère physiologique, morts sous les coups, sur les places d'appel, sur les chantiers de travail, sur les grabats du revier, morts au bout d'une corde ou sous les balles des SS... » Parmi ces morts, il y avait un pasteur de vingt-neuf ans, Yann Roullet, qui, moins d'un an avant son arrestation, avait soutenu devant la Faculté de théologie protestante de Paris une thèse dont le thème était le commentaire du cri de Jésus-Christ dans l'Evangile : « Mon Dieu, mon Dieu, pourquoi m'as-tu abandonné ? »... Il y avait un éditeur de soixante-deux ans,

René Lisbonne, qui, après s'être conduit héroïquement pendant le premier conflit mondial, entre 1914 et 1918, avait publié un *Journal de guerre* où était durement dite la réalité de l'hécatombe... Il y avait un général d'armée qui avait déjà dépassé la soixantaine, Albert Frère, fondateur de l'Organisation de résistance de l'armée (ORA) et dont nous avons évoqué, plus haut, la chaleureuse mais contradictoire silhouette... Il y avait un membre du Comité central du Parti communiste français, le cheminot alsacien Georges Wodli qui, en 1918, encore adolescent, avait participé au soulèvement des marins de Kiel et qui, devenu aussi dirigeant syndical, avait été l'un des organisateurs de la Résistance dans le Haut-Rhin, le Bas-Rhin et la Moselle.

Continuons vers l'Est, voici Bergen-Belsen, que le *Guide bleu* décrit comme une « petite station d'été de six mille habitants, agréablement située dans la lande de Lunebourg », en Basse-Saxe. Le nombre — chiffre comme toujours bien inférieur à la réalité puisqu'il ne tient compte que des victimes recensées du camp central — de ceux qui ont péri ici est de 120 469. Des morts de treize nationalités... Parmi eux, Robert Keller, Amédée Dunois, Arlette Humbert-Laroche, Josette Bocq, Yvonne Baudry, René Paty, Jean Rosay et Georges Valois... En 1957, les PTT français ont édité un timbre vert à douze francs portant l'effigie de Robert Keller. Reproduite dans l'ouvrage *La Résistance antihitlérienne à travers les timbres*, cette vignette est accompagnée d'un texte où est dite l'action menée par l'ingénieur de quarante-six ans qu'était Keller : « Dans l'administration des Postes, il était chef du centre des dérangements de Paris. En 1942, aidé par une héroïque phalange, il mena à bien l'entreprise téméraire d'organiser l'écoute clandestine du réseau souterrain à longue distance utilisé par les Allemands. Cette écoute (la “source K”) dura des mois mais finit par être découverte. Arrêté le 25 décembre 1942, Robert Keller fut déporté aux camps d'Oranienburg et de Bergen-Belsen où il mourut. » Dans son *Histoire de la fédération CGT des PTT.* Georges Frischmann précise en ces termes le rôle joué par Robert Keller : « Deux ouvriers des lignes sont ses principaux adjoints. Ils avaient été membres de la Fédération postale unitaire. C'est Pierre Guillou, entré en 1930 comme ouvrier de main-d'œuvre, devenu soudeur aux “lignes à grande distance” en 1938, et Laurent Matheron, ex-ouvrier de main-d'œuvre également, nommé soudeur en 1936. D'autres participeront à ce travail : Sueur, Deguingamp, Levasseur et Abscheid. A partir de villas louées dans la banlieue est de Paris, ils creusent des souterrains qui leur permettent d'atteindre, en avril 1942, le câble Paris-Strasbourg-Berlin et le Paris-Metz. De précieux renseignements sont ainsi captés concernant la Luftwaffe, la Kriegsmarine, la Gestapo, le contrôle économique et les services allemands. (...) Matheron est arrêté le 15 janvier 1943, Guillou le 18. Ils sont déportés à Wiener-Neustadt, puis au camp de Dora. Guillou y meurt, le 12 janvier 1944, et Matheron, huit mois après. »... Nous avons déjà cité le nom d'Amédée Dunois, ce militant, journaliste et historien socialiste qui avait soixante-sept ans lorsque, selon le mot d'André Blumel, son corps « s'est perdu dans les monceaux de cadavres » ; soixante-sept ans et une vie bien remplie dont, précisément, Blumel devait faire plus tard le récit en écrivant notamment : « Jaurès lui ouvre les portes de *l'Humanité* en 1913. Dunois est aux côtés de Jaurès lorsque celui-ci est abattu par le revolver de Villain ; c'est lui qui est le principal artisan du numéro de *l'Humanité* paru le lendemain et qui écrit l'article qui annonce la mort de Jaurès au peuple de Paris. A la mort de Lénine, il passe, en 1924, quatre mois en Russie, délégué du Parti communiste. (...) Il publie, pour la première fois en France, les grands classiques de la révolution russe. Il réédite surtout l'*Histoire de la Commune* de Lissagaray qu'il coiffe d'une substantielle préface qui va faire de Dunois l'historien spécialisé de la Commune. En même temps, l'ambassade russe lui a confié (bien qu'il ait quitté les rangs du Parti communiste) la rédaction quotidienne d'une revue de la presse française. Mais Dunois a gardé la nostalgie de l'unité ouvrière (...). L'Occupation le trouve immédiatement dans l'opposition et dans la Résistance. (...) A lui seul, ou presque, il publie *Le Populaire* clandestin. Il est un des piliers de la reconstitution du parti socialiste en zone Nord. »...

Le marquis mort à Neuengamme

Autre victime de Bergen-Belsen, Arlette Humbert-Laroche était une poétesse de vingt-six ans. Plus tard, à son propos, Charles Vildrac, alors écrivain et militant antifasciste réputé, devait raconter : « Peu de temps après sa première visite, elle déposa chez ma concierge une grande enveloppe qui contenait tous ses poèmes dont elle me confiait le dépôt, en me laissant à deviner pourquoi. Je ne devais plus la revoir. Agent de liaison d'un groupe de Résistance, elle fut arrêtée en janvier 1943... » Captive puis déportée, la jeune femme continua d'écrire, notamment ces vers datés de juillet 1944 : « On tue / D'un bout de la terre à l'autre / On tue. (...) / La terre est soudain devenue / Une éponge monstrueuse / Buvant la longue patience des hommes. / Partout la peur, la nuit, la mort. »... Arlette Humbert-Laroche, comme Josette Bocq... Lorsque, en novembre 1945, Josette Bocq fut décorée à titre posthume, la citation de sa croix de guerre précisait : « Mère de cinq enfants, n'a pas hésité, après l'arrestation de son mari par les Allemands, le 4 janvier 1941, à reprendre le même travail de renseignements avec les collaborateurs de celui-ci ; dès mars 1941, s'est en outre occupée du ravitaillement des aviateurs parachutés. Arrêtée sur dénonciation par les Allemands, le 1er novembre 1941, a été torturée et a toujours refusé de reconnaître ses collaborateurs. (...) A été assassinée d'une piqûre de pétrole par les Allemands au block 212, deux jours avant la Libération, à Bergen-Belsen. »... A peine sortie de l'adolescence lorsqu'elle succomba, Yvonne Baudry était étudiante en lettres. Elle faisait partie de l'important groupe de maîtres et d'élèves, de chercheurs et d'employés de l'université de Strasbourg qui s'était réfugié à Clermont-Ferrand pour échapper à la germanisation et dont près de soixante-dix périrent sous les coups des nazis... En évoquant les assassinés, nous avons déjà rappelé le sort de Jean Zay. Au temps du Front populaire, René Paty, un directeur d'école de quarante-cinq ans, était membre de son cabinet au ministère de l'Education nationale. Ayant suivi le même chemin que son ancien patron, il devait tomber sous les coups des mêmes bourreaux... Dans la France des années trente, Paty était simplement ce qu'on appelait un militant laïque. Tel n'était évidemment pas le cas de Jean Rosay, un ecclésiastique de quarante-trois ans, archiprêtre de Douvaine, en Haute-Savoie, qui, plusieurs années durant, profita du caractère frontalier de sa paroisse pour faciliter, puis organiser de multiples passages clandestins. Dans les archives de la police allemande d'Annemasse, retrouvées après la guerre, le presbytère de Douvaine était assimilé à « un centre d'espionnage ». Entre le prêtre et l'athée, la mort concentrationnaire ne fit pas de différence... Elle n'en fit pas non plus entre les hommes de gauche et ceux qui, tel Georges Valois, avaient dans les années vingt cru à la valeur du « Faisceau ».

A l'Est toujours, au milieu des marais, sur la rive droite de l'Elbe, voici maintenant Neuengamme. Le camp de concentration avait été installé non loin du village du même nom dont tous les guides rappellent qu'il « possède une église du XIIIe siècle richement ornée ». Aujourd'hui, la statue qui a été placée au centre du mémorial et qui est l'œuvre d'un sculpteur français, Françoise Salmon, ne se contente pas, comme trop d'autres, de seulement commémorer. En animant le bronze, elle rappelle ce que pouvait être le dernier sursaut des agonisants. Cinquante-cinq mille agonisants officiels, sans parler des dizaines de milliers que bureaux et registres ont oubliés. Parmi eux, trois silhouettes d'hommes qu'on aurait pu s'attendre à ne pas rencontrer là, celles d'un éditeur connu, d'un des premiers hommes de radio et d'un député aristocrate, membre d'une famille du grand patronat... L'éditeur, Rémy Dumoncel, s'était fait connaître en élargissant l'audience de la maison Taillandier dont les locaux sont toujours installés dans la rue parisienne qui, entre le cimetière Montparnasse et le parc Montsouris, porte maintenant son nom... L'homme de radio, on pourrait presque dire le pionnier, Maurice Bourdet, était aussi un écrivain réputé. Il mourut à quarante-deux ans. Son ami Pierre Paraf a su en faire un beau portrait : « Il y avait des ailes autour de lui. Quand il passait, svelte, mince, aérien, avec son visage ovale, ses grands yeux, cette souriante courtoisie qui semblait à la fois le reflet d'une âme bienveillante et le bouclier de son rêve, on croyait voir l'image même du poète. Un poète parfaitement de son siècle. (...)

Plusieurs années avant la Deuxième Guerre mondiale, Maurice Bourdet avait, comme certains d'entre nous, consacré à la radio en pleine croissance le meilleur de son activité. Rédacteur en chef du *Poste parisien*, il y donnait chaque soir sa journée politique (...). Sa voix était l'une des plus écoutées »... Quant au marquis, Lionel de Moustiers, il avait été l'un des « 80 » qui s'étaient opposés à la prise du pouvoir par Pétain et Laval au Grand Casino de Vichy, le 10 juillet 1940, et, lorsque la Gestapo l'arrêta, il était à la veille de devenir l'un des membres fondateurs du Conseil national de la Résistance (CNR). Alors que tant de ses pareils trahissaient ou louvoyaient, le marquis avait tenu d'emblée à s'affirmer patriote et à montrer une âme taillée à l'emporte-pièce. Le lendemain du vote du 10 juillet, sur le pont de Cusset, à Vichy, un autre des « 80 », Louis Gros, sénateur-maire d'Avignon, rencontrait, par hasard, Lionel de Moustier, alors âgé de cinquante-huit ans. Comme Gros le félicitait d'avoir été, lui, le député conservateur du Doubs, lié familialement et professionnellement aussi bien avec le Comité des forges qu'avec les Charbonnages du Nord, le seul de son groupe à la Chambre à refuser la confiance à Pétain, il s'attira cette réponse : « Oui, moi, marquis de Moustier, soi-disant royaliste et homme de droite, j'ai voté pour la République. Ce n'est cependant pas qu'ils n'aient essayé de me corrompre. “Comment, vous ! m'ont-ils dit à plusieurs reprises, qui avez des intérêts dans un certain nombre d'affaires industrielles, vous qui avez une nombreuse famille, réfléchissez et voyez si vous n'auriez pas intérêt à voter pour nous !” Je les ai tout simplement éconduits et j'ai voté contre ! » Ce *contre* était déjà tout un programme puisque, comme nous le rappelle Jacques Debû-Bridel, avant que les Allemands ne l'arrêtent, Lionel de Moustier « avait créé plusieurs réseaux de renseignements dans sa région, et même un maquis ».

Chelmno, « vieux château romantique »

Toujours plus à l'est, en Thuringe, le camp dont le nom est l'un des plus connus : Buchenwald. Aux portes de Weimar, la ville de Goethe, sur le plateau de l'Ettersberg, en pleine forêt, les nazis ont choisi une colline balayée par le vent pour y édifier le KLB. Ici, tant d'hommes ont péri que, même si l'on nous dit que ceux qui l'établirent n'ont pas tenu compte des morts en kommando, des morts de cet enfer que furent les usines souterraines de Dora ni des morts de l'évacuation, le chiffre officiel de 56 000 décès semble dérisoire. Ceux dont les dépouilles disloquées, les ombres calcinées ont été pour toujours mêlées à la terre, à la poussière, à la boue de Thuringe, étaient nés dans dix-huit nations différentes. L'un d'eux, un résistant français puisqu'il fut arrêté pour son action à la faculté de Médecine de Strasbourg repliée à Clermont-Ferrand, Bhimo Jodjana, avait même vu le jour en Indonésie. Comme dans les autres camps de la mort, la liste des résistants français morts à Buchenwald fait se côtoyer le communiste et le gaulliste, le croyant et l'athée, le notable et l'inconnu, le syndicaliste et le soldat, etc.

Maurice Halbwachs était professeur au Collège de France, gendre d'un autre martyr, Victor Basch... Benjamin Crémieux était un écrivain au vaste talent, critique et romancier de grande renommée, traducteur de Pirandello, animateur du Pen Club... Henri Helbronner était, à soixante-sept ans, un physicien et chimiste dont les travaux faisaient autorité... François de Tessan, soldat, fonctionnaire, journaliste puis homme politique, avait été sous-secrétaire d'Etat au temps du Front populaire... Roger Poujol, instituteur en Normandie et militant communiste, avait été le compagnon d'un autre martyr, André Pican... Henri Maspero, fils de l'égyptologue et père de l'écrivain et éditeur, était lui-même un sinologue de renommée mondiale... Dominique Corticchiato, fils de l'éditeur José Corti, mourut à dix-neuf ans ; les grands poètes Paul Eluard et René Char ont dit la tragédie de cet avenir saccagé... Robert Benoist était un coureur automobile dont, dans la France de l'avant-guerre, les bolides avaient fait grand bruit... Le capitaine Paul Vellaud, que ses camarades avaient surnommé Toto, était membre des « Travaux ruraux », c'était un audacieux agent secret de la branche des « TR-jeunes »... Et tant d'autres.

Descendons maintenant vers le sud et la Bavière. Nous voici à Dachau, bourgade proche de Munich où les pancartes touristiques proclament : « Ville d'art depuis le XIIIe siècle » ; Dachau à propos de laquelle les guides ajoutent qu'elle est « pénétrée de poésie » et qu'elle jouit d'une « lumière infiniment nuancée » ; Dachau et ses 207 000 morts officiellement recensés... Toujours en Bavière, Flossenburg, « joli village » de la forêt bavaroise d'où l'on découvre « une vue étendue sur les moutonnements boisés » ; Flossenburg et ses 73 296 morts recensés, dont 4 371 de nationalité française... Ravensbrück, près du lac de Furstenberg, dans la province du Mecklembourg ; Ravensbrück dont les registres mentionnent 150 000 immatriculations de femmes et d'enfants dont 92 000 décédés au camp... Sachsenhausen-Oranienburg, près de Berlin, presque dans la banlieue de la capitale ; bilan le plus restreint : plus de 100 000 cadavres... En terre tchécoslovaque, au nord-ouest de Prague, Terezin que les Allemands appelaient Theresienstadt ; ici, l'addition est précise : 26 000 corps au cimetière, 23 637 à la fosse commune, 25 000 passés au four crématoire, soit un total de 74 637... En terre autrichienne, non loin de Linz, la forteresse devenue l'un des pires camps, celui de Mauthausen ; Raymond Labram, arrivé le 11 mars 1944, raconte que les déportés de son convoi furent accueillis par un officier SS qui leur déclara : « Vous êtes tous destinés à mourir dans un temps plus ou moins rapproché ; vous êtes entrés par la grande porte et vous sortirez par la cheminée du four crématoire » — paroles qui, traduites en chiffres, devinrent bientôt 122 767 morts enregistrés auxquels il faut ajouter 70 000 qui ne le furent pas... En terre polonaise, Chelmno, « vieux château romantique » sur les rives de la Warta, au nord-ouest de Lodz et au nord-est de Wroclaw (alors Breslau), est le premier des immenses cimetières juifs de la « solution finale » ; pour Chelmno, l'estimation minimale est de 350 000 morts dont 300 000 entre le 8 décembre 1941 et le 11 avril 1943 — selon l'album *La Déportation*, publié par la FNDIRP, « après la libération on ne retrouvera que deux survivants »... Entre Katowice et Cracovie, dans la zone marécageuse qui s'étend au nord-ouest de la Vistule, voici maintenant la capitale du génocide : Auschwitz-Birkenau. Plus de la moitié des victimes de la « solution finale » ont disparu dans les fours crématoires d'Auschwitz où, au total, on estime qu'au moins quatre millions d'êtres humains perdirent la vie... Autre chef-lieu du massacre, Treblinka où, sur une lande désolée de la rive sud du Bug, au nord de Varsovie, les SS ont exterminé sept à huit cent mille déportés... Toujours plus à l'est, sur la route de Chelm, non loin de Lublin, une bourgade dont le nom est à jamais imprégné d'horreur : Maïdanek ; ici, le bilan fut d'environ 400 000 cadavres. C'est à Maïdanek que, le 3 novembre 1943, se déroula ce que les nazis appelèrent l'« Erntefest » ou fête des moissons ; ce jour-là, la moisson d'êtres vivants fut faite à la mitrailleuse et en musique. Parmi les morts de Maïdanek, quatre mille Juifs qui, en mars 1943, étaient partis de Marseille, de Gurs et de Drancy... Toujours sur les rives du Bug et non loin de Lublin, en bordure de l'actuelle frontière entre la Russie et la Pologne, à la lisière d'une forêt de pins, était le camp de Sobibor ; Sobibor, c'est-à-dire 250 000 morts... Enfin, dernière station de cet abominable chemin de croix, toujours sur la frontière russo-polonaise, dans le district de Tomaszow, au sud de Maïdanek et à l'est de Cracovie, voici Belzec où les SS réalisèrent une sorte de record ; un record dans le temps et dans l'espace puisque, sur un terrain de deux cent soixante-trois sur deux cent soixante-quinze mètres de côté, en moins de huit mois, de mars à octobre 1942, 600 000 hommes et femmes furent assassinés.

Dentiste à Auschwitz

Après avoir essayé de dire ce que fut l'inimaginable réalité de la mort concentrationnaire, nous craignons de n'en avoir pas situé exactement la vérité. Les esprits étant comme saturés d'horreur par cette réalité, sans doute est-il nécessaire de préciser que, malgré le déluge de souffrances qui les submergeaient, malgré le déferlement d'atrocités absurdes, les déportés qui ont péri sous les coups de tortionnaires délirants et de bureaucrates rigolards ne sont pas allés vers la mort comme un troupeau docile qu'on mène à l'abattoir. Même dans la boue des camps et la cendre des crématoires, la

« flamme de la Résistance », comme disait de Gaulle, ne s'était pas éteinte. En déportation, l'immense majorité des résistants continuèrent de résister tandis qu'apprenaient à le faire nombre des victimes des persécutions raciales que les rafles avaient saisies par surprise ou qui avaient été amenées là par ghettos entiers.

A cet égard, une mort est assez caractéristique dont ce n'est pas un hasard si tant de rues, de places et de squares la commémorent aujourd'hui dans toute la France, la mort de Danielle Casanova... Durant les mois qui suivent son arrestation et précèdent sa déportation, alors qu'elle est détenue, dans la région parisienne, au camp de Romainville, l'ancienne secrétaire générale de l'Union des Jeunes filles de France (UJFF) fait savoir, par des lettres qu'elle peut encore envoyer à l'extérieur, combien forte est sa volonté de résister, de continuer à résister à tout prix. Dans la lettre datée du 14 septembre 1942, elle écrit : « Je ne vous ai rien dit sur notre moral. De ce côté-là, ça va admirablement bien. Dites bien à tout le monde que les amies dont le mari a été fusillé ont supporté avec un très grand courage cette terrible épreuve et qu'elles sont en tout point dignes de ceux qui ne sont plus. (...) Les souffrances mêmes ne nous ont en rien abattues ; notre foi et notre confiance sont très grandes. En elles, dans l'amour de notre pays et de notre Parti, nous puisons la force de résister aux dures épreuves de l'emprisonnement et nous sommes prêtes à tout. » Et le 26 de ce même mois de septembre : « Nous ne sommes jamais tristes. La souffrance n'attriste pas : elle donne des forces. Quand ils ont fusillé Georges, Félix, Arthur, nous avons connu la plus grande douleur qui soit. Le jour où nous aurons nos oppresseurs, ils paieront cher tout cela. »

L'annonce de son départ en Allemagne n'affaiblit pas l'obstination à se battre que montre Danielle Casanova. La veille de ce départ, dans sa dernière lettre de Romainville, lettre datée du 23 janvier 1943, elle écrit : « Demain cinq heures : lever, six heures : fouille, puis départ en Allemagne. Nous sommes 231 femmes, des jeunes, des vieilles, des malades et même des infirmes. La tenue de toutes est magnifique et notre belle *Marseillaise* a retenti plus d'une fois. Quel sort nous réservent-ils ? Nous venons de lire le communiqué. Ils avouent Stalingrad, hier ils avouaient Veliki, demain ils avoueront Rostov. La victoire est en marche. Nous sommes fières d'être Françaises et communistes. Nous ne baisserons jamais la tête ; nous ne vivons que pour la lutte. »

Avant d'y mourir le 10 mai 1943, Danielle Casanova n'aura guère passé qu'une centaine de jours à Auschwitz. Mais cent jours qui suffiront à peupler de souvenirs la mémoire de ses compagnes survivantes. En raison de sa personnalité, mais aussi de la position qu'elle occupe dans le camp. Quelle position ? Dans *Danielle Casanova l'indomptable*, son biographe Pierre Durand, lui-même ancien animateur de la lutte clandestine à Buchenwald, l'explique...

« A un moment dont personne ne se souvient plus mais c'était en tout cas avant la coupe des cheveux, écrit Durand, une "Aufseherin" (surveillante SS) avait demandé s'il y avait une dentiste dans le groupe des Françaises. Après quelque hésitation, Danielle avait levé la main. On l'avait tout de suite emmenée. Sans passer par la désinfection, elle s'était vu tatouer le matricule 31655 sur son bras gauche et, immédiatement, on l'avait conduite, vêtue d'une tenue rayée propre, dans l'enceinte du "Revier", l'infirmerie, où se trouvait une baraque réservée aux soins dentaires. » Et puis Pierre Durand se réfère à Charlotte Delbo, déjà citée. « Ainsi, écrit cette dernière, sans avoir aucunement brigué la place, simplement parce que la dentiste en fonction venait de mourir du typhus, Danielle se trouvait dans une situation exceptionnelle : pas d'appel, pas de travail en dehors, pas de corvées, pas de coups. » Et Pierre Durand poursuit : « En principe, seuls pouvaient se faire soigner au cabinet dentaire les "kapos", les "Kolonneführerinen", les "Blockova" et d'autres détenues considérées par les SS comme leurs auxiliaires dévoués (...) » Or, ajoute Charlotte Delbo, « pour notre groupe, leur calcul n'a pas joué : Danielle nous est restée proche ». C'est-à-dire, précise Durand, qu'elle a « volé des médicaments » pour ses codétenues, sans parler de « la nourriture, des lainages, que lui rapportaient les "kapos" ou autres privilégiés qui la payaient ainsi parce qu'ils voulaient qu'on leur soigne les dents et non qu'on les leur arrache simplement... »

« Danielle est venue ce soir, racontera ainsi plus tard Marie-Claude Vaillant-Couturier. Elle a apporté quinze cachets d'aspirine et vingt-cinq de charbon. Comment faire pour distribuer cela, alors qu'il y a plus de cinquante malades ? Mais plus encore que les médicaments, c'est sa présence qui nous fait du bien. Quand elle arrive avec son bon sourire dans ce block sombre et glacé, c'est comme une flamme qui nous réchauffe. Elle apporte des nouvelles du front. Les Russes avancent. Cela sera peut-être fini dans deux mois. On dit toujours deux mois, cela donne du courage. Mais même dans deux mois, combien en restera-t-il ? Chaque matin, il en entre au "Revier" et quelques jours après, on apprend qu'elles sont mortes. (...) Danielle va chaque jour dans les blocks de malades porter de la tisane à nos compagnes qui meurent de soif. Elles ont toutes le typhus ou la dysenterie. C'est affreux, elles sont couchées à quatre par lit avec des étrangères avec lesquelles elles ne peuvent même pas parler. Elles se sentent si seules, si désespérément loin de chez elles. La petite Claudine a dit à Danielle : "Mets ta main sur mon front comme maman." Pauvre gosse ! Elle aussi va mourir à dix-sept ans... »

« Mon cœur est un cimetière »

Et nombreux sont les témoignages du même ordre, ainsi celui de la doctoresse tchèque Manca Svalbova : « De la fenêtre du block, des mains sortaient. Une jeune camarade passant à proximité, quelqu'un appela : "De l'eau..." La jeune fille essaya d'apporter un verre d'eau, mais, surprise par le "Rapportführer", elle fut enfermée avec les autres dans le block de la mort. Le lendemain, le transport fut conduit aux gaz. (...) Chaque camion emportait une centaine de femmes, nues, et parmi elles les cadavres de la veille. Soudain, au passage de l'un d'eux, un cri perça l'air : "Danielle !" Ce n'était pas un appel ni une supplication. C'était la dernière poignée de main d'une compagne qui tombait. Le dernier salut à la France libre, le dernier message de foi : "Danielle, je tombe mais continuez, n'oubliez jamais..." Danielle était à côté de moi. Rien ne changea dans son visage. Seul, autour de sa bouche, se dessina un trait dur que je ne connaissais pas. Mais ses yeux, ses yeux dans lesquels luisait et chauffait le soleil de France, étaient partis avec nos camarades. Et puis, quand la nuit rouge et sanglante se fut allumée, quand les flammes eurent lancé vers le ciel leur affreuse lueur, les yeux de Danielle revinrent (...). De nouveau, ils accompagnèrent quotidiennement celles d'entre nous qui survivaient. (...) Puis, un jour de printemps, Danielle tomba à son tour. Son organisme lutta farouchement contre la typhoïde, mais la lutte fut inégale dès le premier moment... » Marie-Claude Vaillant-Couturier fut aussi le témoin de la mort de Danielle Casanova. Dans le récit que nous avons déjà cité, elle raconte : « Ce soir, je suis allée la voir. La fièvre est tombée le quatrième jour, c'est très mauvais signe. Je lui ai appris la mort de Camille Champion. Elle m'a dit : "Elles meurent toutes, mon cœur est un cimetière. Je sais que je vais mourir. Tu diras aux amies que moi aussi je suis morte pour la France, comme Politzer et Cadras."... »

De cette dernière phrase de Danielle Casanova, ce qu'il faut surtout retenir, ce sont le *moi aussi* et le *comme* par lesquels sont réaffirmées l'égalité de sort et l'identité de situation des morts fusillés et des morts déportés. En bousculant la chronologie, nous imaginons très bien le cri de la communiste Danielle Casanova poussé par des héros d'autres tendances de la Résistance française. La socialiste Suzanne Buisson aurait très bien pu, avant de disparaître on ne sait même pas dans quel camp nazi, comparer son sort à celui de Léon-Maurice Nordmann et de Pierre Brossolette. Jacques Renouvin, le créateur des corps-francs de Combat, mort à Mauthausen, aurait très bien pu assimiler son destin à ceux de Berty Albrecht et d'André Bollier. C'est évident, mais sans doute n'est-il pas inutile d'insister sur cette identité des sacrifices...

Autre point qu'il faut souligner, l'ambiguïté qui voudrait qu'aux yeux mêmes des hitlériens la déportation, broyant les personnalités, ait transformé l'ensemble des résistants emmenés en Allemagne en une masse de victimes anonymes indifféremment promises au même enfer. La réalité était plus complexe. On peut dire en effet que, si les SS frappaient aveuglément, ils ne frappaient pas à l'aveuglette. Même happés par le tourbillon concentrationnaire et transportés dans cette sorte d'au-delà négatif, ceux que, sur le terrain, ils avaient jugés être leurs ennemis principaux n'échappaient pas à la vigilance des nazis. Il n'était pas rare qu'à Buchenwald, à Dachau, à Mauthausen, la Gestapo vînt, sur place, questionner encore les responsables de la Résistance qu'elle poursuivait de sa curiosité et de sa vindicte. Un des aspects de la Résistance dans les camps fut même de faire « disparaître » les militants ainsi visés, les soustraire à la sollicitude de la police allemande en les faisant passer pour d'autres grâce à une substitution d'état civil qui leur donnait l'identité d'un déporté réellement mort. A terme, et par-delà d'atroces interrogatoires, la finalité de cette sollicitude policière était en effet d'empêcher que des patriotes éminents puissent échapper à l'extermination. Il va sans dire que les substitutions d'identité ne furent pas toujours possibles et que, dans trop de cas, les personnalités ainsi visées furent l'objet de ce que l'on pourrait appeler un assassinat spécial à l'intérieur de l'enceinte concentrationnaire. A cet égard, un des exemples les plus significatifs est celui du général Charles Delestraint.

C'est à son biographe Jean-François Perrette que nous emprunterons le récit de la mort du premier chef de l'Armée secrète (AS)... « Ce fatal jeudi 19 juin 1945, écrit Perrette, le matin, de très bonne heure, le Hauptsharführer Eicheberg remit au lieutenant de SS chargé de la discipline du camp, le Schutzhaftlagerführer Wilhelm Ruppert, l'ordre écrit venant de la Gestapo de Munich d'exécuter le général Delestraint ; il était signé : Obersturmbannführer Schafer. (...) Après une nuit passée dans la cellule qu'il partageait avec Mgr Piguet, le général répondait sa messe, dans la petite chapelle qu'ils avaient pu aménager au block 26, sans rencontrer d'objection. Un sous-officier SS, l'Obersharführer Fritz, se glissa dans la cellule et, juste avant l'Offrande, s'adressant au général : "Préparez-vous immédiatement à partir avec un convoi qui est sur le point de quitter Dachau." (...) Après la messe, le général retourna au block 31 ; et bientôt il en sortit avec sa valise. Le lieutenant Ruppert l'attendait à la porte du block, et avec une courtoise déférence, il lui porta sa valise. Les deux hommes se rendirent à la Kommandantur pour, hypocritement, y remplir les formalités de sortie, au bureau de l'Obersturmführer Otto. Prenant ce dernier à part, Ruppert — il découvrait en même temps la personnalité du chef de l'"Armée secrète" et la gravité de l'ordre qu'on lui donnait — crut bon de faire observer que, compte tenu du cas exceptionnel que constituait ce général, il lui paraissait convenable de prononcer un jugement dans les formes régulières et de ne procéder à l'exécution qu'après cette couverture juridique. "L'ordre doit être exécuté immédiatement, répliqua violemment Otto ; allez et faites vite." »

Une balle dans la nuque et une balle dans la bouche

Poursuivant le récit de l'assassinat du chef de l'AS, son biographe Jean-François Perrette ajoute que « des déportés qui connaissaient bien Charles Delestraint ont vu les deux hommes, auxquels s'était joint le sergent SS Stilles — généralement chargé des détenus spéciaux — longeant le canal de l'Omper en direction du crématoire. Il était près de onze heures. Parvenus à proximité du crématoire, le Hauptsharführer Pongratz, administrateur du crématoire, et le SS Boomgraetz les rejoignirent. Le lieutenant Ruppert a déclaré qu'à partir de cet instant il avait pris congé du général qui croyait toujours se diriger vers la sortie du camp. Et le petit groupe du condamné et de ses trois bourreaux s'engagea dans l'enceinte du crématoire ou une haie de noirs cyprès les masquait dès lors à la vue de tout témoin. C'est alors et c'est là que le général fut abattu par-derrière d'une balle dans la nuque tirée, semble-t-il, par Boomgraetz — on a dit aussi par Pongratz — alors que Stilles, lui, portait la valise de la victime. Gravement atteint, le général n'aurait pas été tué sur le coup ; son meurtrier l'aurait achevé d'une balle dans la bouche, précise le rapport d'instruction du procès de Dachau — sans donner l'origine de cette affirmation. (...) Ce 19 avril 1945, vers treize heures, un déporté français employé au fichier général du camp reçut de la Kommandantur l'ordre d'extraire la fiche du détenu Charles Delestraint et de la classer dans la case “départ” avec la mention d'usage *“Durchgang bei Tod”* (sorti par décès). Immédiatement après le meurtre, le kapo Emil Mahl, un “grüner” (détenu condamné de droit commun) dont l'emploi était de brûler les cadavres — et même ceux qui ne l'étaient pas tout à fait ! — reçut l'ordre d'incinérer sans délai le corps du général. Au procès de Dachau, il précisa que les instructions étaient si pressantes que, contre tous les usages, on ne prit pas le temps de le déshabiller. »

Exemple d'assassinat ponctuel au milieu de l'extermination collective, la fin du général Charles Delestraint illustre tout aussi bien un autre des aspects de la mort nazie, une autre des façons qu'eurent les hitlériens de faire disparaître non seulement tant de résistants mais tant de simples ressortissants des pays conquis et occupés par la Wehrmacht. Une méthode qui s'appelle le massacre et qui, employée depuis le début mais nettement intensifiée lorsque la défaite approchait, ne fut pas moins efficace que la fusillade, la guillotinade, la décapitation à la hache, la contrainte au suicide, la mort sous la torture, l'assassinat pur et simple ou l'extermination concentrationnaire.

Massacre... Qu'entendons-nous exactement par là ? Dans le vocabulaire de l'horreur et de la mort, les mots doublonnent aisément. Précisons donc. Nous entendons ici par *massacre* un assassinat collectif, généralement accompagné de destructions, presque toujours prémédité et le plus souvent organisé, au cours duquel l'improvisation dans l'horreur amène fréquemment à l'emploi mêlé des autres techniques de mort précédemment évoquées. Evidemment, en France, le symbole même du massacre, c'est Oradour-sur-Glane. Toutefois, à côté des massacres dans les villes et les villages, il y eut aussi des massacres dans les prisons et dans les camps. Aussi bien, certains des massacres pourraient-ils être considérés comme des aspects de la mort concentrationnaire.

Pour commencer à parler des massacres, restons donc encore un instant dans les camps de la mort. Un exemple que nous voulons citer se déroule au camp de Natzweiler-Struthof, donc en Alsace, dans la nuit du 1er au 2 septembre 1944... C'est l'assassinat collectif d'une centaine de membres du réseau Alliance. Bien qu'il s'agisse là d'un exemple célèbre de la barbarie nazie, le récit exact du massacre d'Alliance — que certains situent d'ailleurs non point dans la nuit du 1er au 2, mais dans celle du 2 au 3 septembre — est assez difficile à faire. D'abord parce que le lecteur a sans doute encore en mémoire ce qu'en disait plus haut Marie-Madeleine Fourcade dans sa préface. Comment dire mieux que Marie-Madeleine évoquant les « cent soixante-huit membres de son Réseau » qui furent assassinés « en sept nuits, d'une balle dans la nuque, certains brûlés vifs dans le four crématoire du Struthof, d'autres jetés dans le Rhin, d'autres encore enfouis en vrac dans des charniers après avoir été fauchés à la mitraillette » ? Non, notre souci est simplement d'approcher, au plus près possible, la vérité. Et pour ce faire, nous recourrons à quatre auteurs dont Marie-Madeleine Fourcade évidemment.

Dans le recueil des *Témoignages strasbourgeois*, l'étudiant René Marx raconte : « Le lendemain, commença l'exécution des résistants du groupement "Alliance". Elle dura trois jours et fit de cent cinquante à deux cents victimes. (...) Dès le soir, vers minuit, les camions arrivaient à tout moment et se dirigeaient vers le crématoire. Eveillé par le vacarme des moteurs, je regagnai mon poste d'observation à la fenêtre qui donnait sur l'allée centrale. La cheminée du crématoire, rougie par le feu, se détachait lugubre dans la nuit. Que se passe-t-il ? Peut-être, me disais-je, les SS brûlent-ils leurs archives avant d'évacuer le camp. Le lendemain, je fus fixé. Un camarade luxembourgeois, ayant passé la nuit au block de l'habillement, juste au-dessus du crématoire, me rapporta que pendant des heures une masse d'hommes et de femmes avaient été déchargés par des camions et que, durant tout ce temps, des claquements analogues à ceux d'une porte qui se ferme brusquement s'étaient fait entendre, accompagnés de cris et de chants étouffés. De tout ce monde amené au four, il ne restait plus rien qu'une odeur de brûlé répandue dans le camp et une fumée grise s'élevant sans relâche de la grande cheminée pour descendre ensuite dans la vallée. »

Deuxième source, le volume réalisé par le « Comité national pour l'érection et la conservation d'un mémorial de la Déportation au Struthof », lequel se réfère partiellement au *Mémorial* publié après la Libération par le réseau Alliance, où on peut lire : « Comment eurent lieu en réalité les exécutions des membres du réseau "Alliance" ? "Certes ce ne sont pas les versions différentes qui manquèrent dès le début de l'enquête à laquelle il fut procédé sur ce point. Les hommes furent pendus et les femmes piquées, affirmait l'un... Tous périrent dans la chambre à gaz, puis furent incinérés, affirmait un autre... Les hommes furent fusillés et les femmes pendues, tous furent massacrés à la mitrailleuse, etc." Il est impossible d'avancer une certitude. D'après les affirmations d'un témoin digne de foi, il semble qu'une partie des prisonniers aurait été pendue et l'autre abattue par balles. »

« La bouteille de l'homme à la mer »

Troisième auteur, Jacques Granier. Il a écrit un ouvrage intitulé *Schirmeck, histoire d'un camp de concentration*, où il rapporte : « Dans la nuit du 2 au 3 septembre, le réseau Alliance subit le même sort. Pendant toute la nuit, le Fleischwagen fait la navette entre les deux camps sous la direction de Neuschwanger. Comme certains malheureux lui demandent l'autorisation de s'habiller pour faire le voyage, il leur réplique sèchement : *Mensch, bist du verrückt, in einer halben Stunde "hasch" warm !* (Tu n'es pas fou, mon bonhomme, dans une demi-heure, tu auras chaud !) Hommes et femmes sont brûlés dans la même nuit. Le lendemain, Josef se plaint de l'abondance de chair humaine dont il n'arrive plus à se débarrasser. »

Et Marie-Madeleine Fourcade elle-même... Elle s'est attachée avec une fervente obstination à reconstituer le calvaire des membres de son réseau tombés aux mains de l'ennemi, essayant de suivre pas à pas la trace de leur chemin de croix. Dans son livre *L'Arche de Noé*, elle a dit ce que fut cette quête d'une insupportable vérité. « D'épouvantables prémices, écrit-elle, me laissaient augurer de la plus noire issue. Le camp du Struthof, en Alsace, le seul camp de concentration en terre française qui fût équipé de chambres à gaz, venait de livrer son atroce secret : la mort lente des détenus par le gel, le travail forcé et les privations, la destruction systématique de l'espèce humaine par les sévices et les expériences. On murmurait que beaucoup des nôtres avaient péri là-haut, dans ce cadre sauvagement beau, fait pour la contemplation. Dans la nuit du 1er septembre 1944, la cheminée du crématoire avait fumé sans arrêt, à la suite d'un transfert brusqué depuis le camp de Schirmeck, d'une centaine de nos amis. (...) A Strasbourg, Fanny et Yves Bouchard, nos responsables locaux, nous confirmèrent le drame (...). Dans la nuit du 1er au 2 septembre 1944, quinze femmes et vingt-deux hommes de la région de Bretagne, vingt-deux hommes de la région de Bordeaux-La Rochelle, quatre de Normandie, dix de la région d'Autun, neuf de la région Méditerranée, quatre de la région du Nord, treize du service radio et huit des services d'état-major de la région parisienne avaient été extradés du camp de Schirmeck et tués au camp du Struthof — cent huit victimes à rajouter aux crimes de guerre de l'Obersturmführer SS Gehrum. "Le travail, avouera-t-il, dura deux jours." Un massacre épouvantable, le même que celui de Küstrin où Léon Faye avait trouvé sa fin dernière, mais, au Struthof, la tuerie sur commande par ordre supérieur avait frappé, seuls, les membres du SR Alliance. Comment reconstituer exactement la terrible liste ? Comment ne pas garder l'espoir que quelques-uns d'entre eux avaient échappé à la trappe des bourreaux SS qui, pendant quarante-huit heures, sans interruption, avaient accompli le même geste : les pousser un par un dans l'étroit escalier de la baraque du supplice, les faire basculer un par un d'une balle dans la nuque, les déposer un par un sur le monte-charge qui les précipitait dans le four crématoire pour qu'aucune trace du crime ne subsistât. Une frénésie de carnage accouplée d'actes indicibles... Un témoin subsistait, le docteur Lacapère, le Dauphin du Lavandou. Isolé du réseau, gardé à Schirmeck comme médecin du camp, il avait vu nos amis partir en camions, par fournées. Une découverte confirma ses dires, la bouteille de l'homme à la mer. Enfouie sous la terre battue de la baraque (...) où ils avaient vécu leurs derniers mois, elle contenait des feuilles de corvées de quartier, émargées de signatures, des caricatures, des notes — un puzzle effrayant qui, reconstitué, ne nous laissa plus aucun espoir. Philippe Kœnigswerther ! Non, il n'était pas mort à Bordeaux en se défendant contre la Gestapo, il avait abouti là, après des mois de tortures. Pierre Berthommier et Jean Fontaine non plus n'avaient pas reçu la grâce de tomber à Volvic, les armes à la main. Des familles entières, des couples avaient disparu pendant ces journées apocalyptiques. Licorne ! Maurice Gillet et les siens, son père le colonel Gillet, soixante-dix ans, sa tante Jeanne Maistre, ses deux cousins les frères Guézenec, son neveu Georges Roudaut, avec Marie, sa femme, massacrée à Pforzheim, cela faisait sept personnes. Le colonel Delmas-Vieljeux, maire de La Rochelle, soixante-dix-neuf ans, et son gendre Frank Delmas, et son petit-fils, le pasteur Yann Roullet. Jean Chéreau et sa femme Dorothée et sa fille Marcelle. Georges Emonin et sa femme Marcelline. Les deux frères Paul et Arnel Raulo. Et tant d'autres... (...) Albert Legris, leur doyen, avait près de quatre-vingts ans ; la doyenne, Marguerite Job, soixante-dix. Gabrielle Renou, l'héroïque Ariane de la région de Dunkerque, était âgée de vingt et un ans ; le benjamin Robert Babaz venait à peine d'atteindre sa vingtième année. Des vieillards, des malades, des blessés, des enfants, un prêtre, l'abbé Bernard Ferrand, qui était presque aveugle. C'était impensable, atroce... »

Impensable, atroce, oui. Mais pourtant pas exceptionnel. Tous les autres camps de concentration ont connu, à la même époque, souvent même avant, des exécutions collectives du même genre que celle des membres du réseau Alliance. Bien qu'il soit erroné de ne vouloir voir dans ces massacres que les sursauts de la bête aux abois, bien qu'en fait les massacres aient commencé dès la première occupation d'un territoire étranger par les troupes hitlériennes, il est sûr que, lorsque le vent de la défaite se met à souffler en tempête sur le IIIe Reich, on « liquide » avant de s'en aller et le rythme de la tuerie s'accélère en s'accentuant. Il va sans dire que cette accélération, cette accentuation ne sont pas le seul fait de « l'univers concentrationnaire » ni même du système policier mis en place par les hitlériens, ni même de la machine de guerre nazie proprement dite, mais bien, comme l'a, entre autres, démontré l'historien américain Omer Bartov, en 1990, dans son livre *L'Armée d'Hitler*, de la Wehrmacht, donc de la machine de guerre allemande tout entière... Dans les caves des hôtels qu'ils ont réquisitionnés en France, les gestapistes en complet veston tuent tout aussi allégrement que les SS au seuil des fours crématoires et, quoiqu'ils ne portent pas l'uniforme noir ni la « tête de mort », les officiers, sous-officiers et soldats de la Wehrmacht, à l'occasion, transforment volontiers de paisibles villages en enfers et des clairières ensoleillées en charniers. Nous avons déjà vu comment le peuple allemand avait pu, sinon dans sa masse du moins dans sa majorité, se laisser fasciner et manipuler par le nazisme. Le même engrenage amène des troupiers « feldgrau » à tuer, violer et piller sous la tutelle protectrice de « directives » signées par des officiers portant traditionnellement balafres et monocles. Dans son intéressante préface au livre d'Omer Bartov, l'historien suisse Philippe Burrin, déjà cité, insiste avec raison sur « un apprentissage collectif de la violence » qui « a été facilité par l'intériorisation de l'idéologie du régime nazi ».

Le massacre de Saint-Genis-Laval (Rhône)

Evidemment, tous les lieux où sont détenus les patriotes sont des lieux privilégiés du massacre. Dans les prisons, camps et autres endroits de détention, en France même, le sang coule d'autant plus facilement que les bourreaux ont les victimes sous la main. Dans son étude sur *La Répression allemande en France de 1940 à 1944* déjà citée, Michel de Boüard rapporte que les nazis, à la fin de l'Occupation, « massacrèrent sans jugement, dans les prisons françaises, des centaines de détenus. A l'aube du 6 juin, à la maison d'arrêt de Caen, près de quatre-vingt-dix internés furent ainsi abattus à coups de mitraillette, dans les courettes servant habituellement à la promenade des détenus. A Marseille, entre le 6 et le 21 juin, Dunker, dit Delage, membre de l'"Aussenstelle" de la Sipo-SD, a abattu de sa main une soixantaine de personnes emprisonnées aux Baumettes. A Lyon, une cinquantaine de détenus du Fort Montluc (...) sont assassinés de la même manière, le 13 et le 16 juin. Et la liste de ces hécatombes serait longue : 48 victimes à Bordeaux (1er août 1944) ; 26 à Carcassonne et Cahors (17 août 1944) ; 23 à Nice (18 août 1944) ; 110 à Lyon (20 août 1944) ; 17 à Chambéry (21 août 1944) ; 30 à Asnières (25 août 1944)... »

La prison du Fort Montluc que cite en passant Michel de Boüard fut un des réservoirs à victimes, on serait presque tenté de dire un des viviers où les massacreurs puisèrent le plus volontiers. A cet égard, les scènes qui se déroulèrent, le 20 août 1944, à Saint-Genis-Laval, une petite ville proche de Lyon, restent abominablement exemplaires et l'on comprend que leur évocation ait été un des moments d'émotion au procès de Klaus Barbie, au printemps 1987. Un des leaders de la Résistance déjà rencontré, Yves Farge, qui, à cette époque, avait pris ses fonctions de commissaire de la République pour Lyon et sa région, en a fait, un peu plus tard, le récit. « Je ne connais rien de plus horrible que le massacre de Saint-Genis-Laval, devait-il écrire. Le docteur Mazel, professeur de médecine légale, qui avait été arrêté par la Gestapo en pleine séance du Conseil de la Faculté, venait d'être libéré de Montluc. Je le conviai aussitôt à prendre place dans mon cabinet afin de mettre d'aplomb un service des crimes de guerre que nous intitulâmes le Mémorial de l'Oppression. Le professeur Mazel avait vécu ces heures déchirantes durant lesquelles des hommes et des femmes de sa prison étaient comptés à l'aube, emmenés par petits groupes, chargés sur des camions et des cars, les poignets liés derrière le dos. La nuit avait été longue, coupée de chants patriotiques et de prières. L'abbé Boursier — chez qui Pierre Corval faisait ronéotyper en 1942 le *Bulletin de la France Combattante* — réconfortait ses camarades de supplice. Parmi eux se trouvait une jeune fille, Jeannine Sontag, et un garçon, André Védraine, tous les deux âgés de dix-huit ans ; et aussi un des premiers résistants de la vallée du Rhône que j'avais bien connu à Grenoble et qui fut le bras droit du général Cochet : le colonel Paul Lanoyerie. Les autres ? Vingt environ furent identifiés. Ils étaient, croit-on, plus de cent. C'est bien le dimanche 20 août, vers 8 heures 30, que le convoi traversa Saint-Genis-Laval, (...) pour s'engager sur la route qui conduit à un établissement militaire désaffecté, le Fort Cote-Lorette. Ce qui s'est passé ensuite ? Nous l'avons reconstitué avec les témoignages contenus dans le dossier de l'enquête. Un rescapé a parlé. Un des tueurs s'est confessé. Nos camarades descendent de voiture ; certains quittent leur veste, l'un d'eux est en short. On entend des chants et des sifflets et régulièrement, par salves intermittentes, des coups de feu. Par six, on les a fait entrer dans le pavillon du garde. Il y avait un petit escalier qui conduisait au premier étage. Ils prenaient l'escalier, ils entraient dans une pièce, ils tombaient, abattus. Les six autres suivaient, et ainsi jusque vers 10 heures. Les cadavres s'entassaient les uns sur les autres. Parfois, les Allemands montaient sur les corps de leurs victimes pour achever ceux qui râlaient encore. Le sang coulait à travers le plafond. Ils durent continuer la boucherie au rez-de-chaussée. Six par six, les bras liés derrière le dos, ils allaient au supplice. Une femme d'environ soixante ans, en passant devant Schmidt, le chef des bourreaux, lui crie : "Je meurs pour la France, mais toi, salaud, tu crèveras..." Le seuil franchi, une jeune fille tombe dans le sang, à genoux, hurlant : "Ne tirez pas, ne tirez pas !" Personne n'est épargné. La besogne n'est pas terminée avec la fusillade. Les cadavres (et sûrement quelques vivants) sont arrosés d'essence ; des plaquettes de phosphore sont jetées dans la maison. C'est alors l'incendie. On voit se dresser à une fenêtre une victime sur laquelle ils dirigent un feu nourri de mitraillette. (...) Deux autres malheureux qui n'avaient été que blessés sautent par la fenêtre. Ils sont abattus, puis les corps sont jetés dans les fournaises. Les monstres sortent du fort, leurs vêtements souillés de sang et de cervelle. De quart en quart, jusqu'à 14 heures, les explosions se succèdent. Ils font sauter ce qui reste de la maison et des cadavres. Dans Saint-Genis-Laval, un gendarme a voulu questionner un des Allemands qui s'en retourne seul : "Combien y a-t-il eu de victimes ?" lui demande-t-il. L'autre se borne à répondre : "Mauvais travail, pas bon..." La maison du garde n'est qu'un amas de poutres et de pierres noircies parmi lesquelles on aperçoit les corps à demi calcinés. Une âcre odeur de chair grillée flotte dans l'air. Dans un champ de topinambours, on ramasse une main. Plus près de la maison, trois bouteilles de champagne encore gluantes. Un seul cadavre est intact ; il gît dans la cave ; c'est celui d'une femme ; on a l'impression qu'il a été "fumé". Quelques objets sont recueillis : alliances, boutons, une boucle marquée d'une croix scoute, une bible. On découvre enfin de nombreux clous de charpentier ; certains sont profondément enfoncés quelquefois dans un avant-bras ou dans un talon ; celui-ci au niveau d'un maxillaire, cet autre au voisinage du pubis. Certainement, avant leur départ de Montluc, on les a torturés... »

Les Oradour, les Ascq, les Lidice ou les Marzabotto...

Si les tueurs de Saint-Genis-Laval (Rhône) sont des hommes de la Gestapo, tel n'est pas le cas de la majorité des massacreurs qui, surtout en 1944, ensanglantent plusieurs régions de France. Très souvent, répétons-le encore, il s'agit tout simplement de soldats de la Wehrmacht, l'armée régulière allemande. Confrontés à cette constatation, certains ont soutenu que cette métamorphose de soldats classiques en bourreaux tenait aux conditions particulières de la lutte qu'à l'époque les maquis menaient contre les armées hitlériennes en retraite. Les massacres n'auraient ainsi été que des représailles certes un peu vives et inconsidérées mais dont les auteurs pourraient alors bénéficier de circonstances atténuantes. Et ceci d'autant plus que les exemples historiques abondent d'armées en campagne que l'adversité a poussées à commettre de regrettables excès... Cette explication partiellement absolutoire n'est en fait qu'un sophisme. Dans presque tous les cas connus, le simple soldat allemand se change en tueur sur ordre et cet ordre n'est pas une initiative subalterne. Au contraire, des textes matérialisent cet ordre, textes qui, échelon après échelon, sont venus du plus haut de la pyramide hiérarchique.

Aussi bien, comme on va le voir, n'est-il pas du tout exagéré d'affirmer que, dans la Wehrmacht, le carnage de civils est réglementairement prévu et qu'ainsi, bien avant d'être accomplis, les Oradour, les Ascq, comme ailleurs les Lidice ou les Marzabotto, étaient inscrits dans les textes. Les documents d'état-major retrouvés, les débats du procès des grands criminels de guerre devant le Tribunal militaire international de Nuremberg ainsi qu'une série d'autres poursuites judiciaires diligentées par les Alliés, après la guerre, contre des généraux et officiers allemands ont fait totalement la lumière sur cet aspect particulier des activités « militaires » du IIIe Reich.

Regardons-y de plus près.

Au Tribunal militaire international de Nuremberg, les deux Procureurs généraux français sont François de Menthon et Auguste Champetier de Ribes. Le 17 janvier 1946, le premier prend la parole pour exposer les charges que le Ministère public français désire voir retenues contre les accusés nazis. C'est au cours de cet exposé qu'il est amené à déclarer : « Ces opérations se présentent comme des représailles qui auraient été provoquées par l'action de la Résistance. Mais les nécessités de la guerre n'ont jamais justifié ni les pillages et incendies inconsidérés de villes et de villages, ni les massacres aveugles de personnes innocentes. Les Allemands tuent, pillent, incendient souvent sans raison, que ce soit dans l'Ain, en Savoie, dans le Lot, dans le Tarn-et-Garonne, dans le Vercors, en Corrèze, dans la Dordogne des villages entiers sont incendiés alors que les groupes armés de la Résistance les plus proches sont à des dizaines de kilomètres et sans que la population se soit livrée à aucun geste hostile à l'égard des troupes allemandes. »

Vingt jours plus tard, un autre représentant de l'accusation française, le substitut Constant Quatre revenait sur le même sujet. « J'en arrive maintenant, dit-il, aux dévastations injustifiées, aux destructions de cités, villes et villages. La politique de terrorisme que les armées allemandes menèrent en France contre les “Forces françaises de l'Intérieur”, contre les membres de la Résistance dépassa toute mesure quand l'occupant se tourna cette fois non plus contre les résistants eux-mêmes mais contre les habitants des villages et cités soupçonnés de donner asile à ces patriotes ou de leur procurer une aide. (...) Des opérations de grande envergure furent menées par les unités de l'Armée, secondées, contrairement aux exigences du droit des gens, par des forces du “Service de sécurité” et de la “Gendarmerie secrète de campagne". Sous prétexte d'investigations ou de représailles contre les éléments locaux de la Résistance, officiers et soldats allemands observèrent scrupuleusement les consignes données par le chef de l'état-major d'opération. Et c'est ainsi que le repli des armées allemandes en France fut jalonné par ces cités et villages désormais morts qui ont noms, entre autres, Oradour-sur-Glane, Maillé, Cerisay, Saint-Dié, Vassieux-en-Vercors. (...) Ces opérations de "nettoyage" commençaient par les arrestations les plus arbitraires pour atteindre aux tortures, au massacre généralisé des habitants, hommes, femmes, vieillards, enfants, même les enfants en bas âge, au pillage et à l'incendie des localités. Aucune discrimination parmi les habitants : tous, même les plus jeunes enfants, étaient de "véritables auxiliaires". Jamais les nécessités de la guerre n'ont justifié de telles mesures... »

On aura remarqué comment, au passage, le substitut français rappelle la façon dont, en devenant massacreurs, « officiers et soldats allemands observèrent scrupuleusement les consignes » basées sur le sophisme hypocrite qui fait de tout être humain, quel que soit son âge, un « véritable auxiliaire » des « terroristes »... Ces consignes on en a retrouvé de nombreuses traces, à tous les niveaux de l'armée allemande, depuis le Haut Commandement de la Wehrmacht, l'OKW, jusqu'aux officiers subalternes des unités de campagne. Nous n'en citerons, évidemment, que quelques-unes à titre d'exemple. Exemples pris d'abord à l'échelon de la conception puis à celui de l'exécution.

Au niveau de la conception, deux hommes, tantôt écrivant sous la dictée de Hitler, tantôt rédigeant d'eux-mêmes, signent des directives applicables par toutes les forces armées allemandes. Ce sont les deux seuls militaires classiques à avoir été considérés comme « grands criminels de guerre » et condamnés à mort à ce titre à Nuremberg : le maréchal Wilhelm Keitel, chef de l'OKW, et son collaborateur le plus direct, le général Alfred Jodl, chef de la section des opérations de ce même OKW. Retenons plus spécialement deux textes de Keitel et un texte de Jodl.

« Cette lutte n'a rien à voir avec les combats chevaleresques »

Le premier texte de Keitel est daté du 16 septembre 1941. Dans son intervention, déjà citée, du 17 janvier 1946 au Tribunal de Nuremberg, François de Menthon disait : « L'ordre de l'accusé Keitel du 16 septembre 1941 que l'on peut considérer comme un document de base a certes pour objet la lutte contre les mouvements communistes mais il prévoit que la résistance à l'armée d'occupation peut provenir de milieux autres que communistes et décide que chaque cas de résistance devra être interprété comme étant d'origine communiste. En réalité, en exécution de cet ordre général, pour anéantir par tous les moyens la Résistance, les Allemands ont arrêté, torturé, massacré des hommes de toutes les conditions et de tous les milieux. » Le lecteur se souviendra sans doute que nous avons, plus haut, déjà fait allusion à cet ordre du 16 septembre 1941 à propos de la politique des otages. Si nous le mentionnons à nouveau, c'est parce que, selon l'expression de François de Menthon, il s'agit d'« un document de base » dont on peut considérer qu'il codifie en quelque sorte les massacres tout comme il codifiait les exécutions d'otages. Le second texte de Keitel est daté du 16 décembre 1942. Citons-le : « Objet : combat contre les guérillas. Très secret. Le Führer a été informé que certains membres de la Wehrmacht, ayant pris part à la lutte contre les bandes de guérilla, avaient été l'objet de poursuites disciplinaires. En conséquence, le Führer a ordonné ce qui suit : l'ennemi emploie, dans sa guerre de partisans, des fanatiques endurcis, entraînés par les communistes et qui n'hésitent pas à commettre toutes les atrocités. Il s'agit, plus que jamais, d'une question de vie ou de mort. Cette lutte n'a rien à voir avec les combats chevaleresques ou avec les principes de la Convention de Genève. Si la lutte contre les partisans à l'Est aussi bien que dans les Balkans n'est pas menée de la façon la plus brutale, nous atteindrons bientôt le moment où les forces disponibles seront insuffisantes à maîtriser cette peste. Il est donc non seulement justifié mais du devoir des troupes d'utiliser tous les moyens, sans aucune restriction, même contre les femmes et les enfants, pourvu qu'ils assurent le succès. Toutes considérations, quelles qu'elles soient, seraient un crime envers le peuple allemand et envers les soldats du front qui doivent supporter les conséquences de l'activité partisane et qui ne pourraient comprendre pourquoi ces bandits ou leurs complices seraient épargnés. (...) Aucun Allemand participant aux opérations militaires contre les guérillas ne doit être l'objet de poursuites disciplinaires ou judiciaires à cause de sa conduite pendant le combat contre les partisans et leurs complices... »

Le texte du général Alfred Jodl est daté du 6 mai 1944. On peut notamment y lire : « Le nettoyage des villages soupçonnés de receler des bandes nécessite de l'expérience. Les forces du SD (service de sécurité) et de la GFP (gendarmerie secrète de campagne) sont à employer. Les véritables auxiliaires des bandes doivent être reconnus et saisis avec la dernière énergie. Les mesures collectives contre la population de villages entiers, parmi lesquelles l'incendie des localités, ne peuvent être ordonnées que dans des cas exceptionnels et exclusivement par les commandants de division ou les chefs de la police et des SS »

Passons maintenant du niveau de la conception à celui de l'exécution. En fait, c'est au pluriel qu'il faut employer l'expression : des niveaux d'exécution. Les ordres, descendant en cascade la pyramide hiérarchique, ont en effet laissé des traces à de multiples échelons. Nous en prendrons trois : celui des généraux commandant tout un théâtre d'opérations ou l'ensemble d'un front, celui des généraux commandant une importante unité, celui des officiers subalternes.

Le 30 août 1946, devant le Tribunal militaire international de Nuremberg, l'un des procureurs adjoints américains, le brigadier général Telford Taylor, après avoir évoqué le rôle joué par Keitel, Jodl et leurs différents adjoints et collaborateurs à l'OKW, en arrivait aux chefs de la Wehrmacht ayant commandé sur le terrain même, et il déclarait alors : « Il ne s'agit plus des généraux de Berlin, mais des seigneurs de la guerre qui commandaient la Wehrmacht en campagne et dont les noms étaient bien plus familiers aux habitants des territoires envahis par les Allemands et bien plus redoutés d'eux. Des noms tels que Blaskowitz, von Bock, von Kluge, Kesselring, von Reichenau, von Rundstedt, Sperrle et von Weichs. » Dans ce cortège de « seigneurs de la guerre », soulignons deux noms. Deux chefs militaires allemands parmi les autres mais que, à première vue, leur arme d'origine, l'aviation, nous aurait plutôt fait considérer comme étrangers à notre propos. Nous pourrions ajouter qu'en fait leur cas n'en est que plus significatif, mais ici, les textes se suffisent à eux-mêmes... Deux noms, ceux des maréchaux de la Luftwaffe Albert Kesselring et Hugo Sperrle.

Après avoir été le chef d'une flotte aérienne sur les fronts de l'Ouest, puis de l'Est, après avoir dirigé l'aviation nazie sur tout le théâtre d'opérations méditerranéen, Kesselring devint finalement commandant en chef des troupes allemandes en Italie. C'est à ce titre que, le 17 juin 1944, il promulguait un ordre où il était notamment dit : « La situation des partisans sur le théâtre d'opérations italien, surtout dans l'Italie centrale, s'est aggravée à un tel point qu'elle constitue un danger sérieux pour les troupes combattantes, pour leurs lignes de ravitaillement et pour les industries de guerre. La lutte contre les partisans doit être poursuivie par tous les moyens disponibles et avec la plus grande sévérité. Je protégerai tout commandant qui outrepasserait notre retenue habituelle dans la sévérité du choix des mesures adoptées contre les partisans. A cet effet, le vieux principe est toujours valable : "Une erreur dans le choix des méthodes d'exécution vaut mieux qu'un manque ou une négligence dans l'action."... »

Un collègue intérimaire de Kesselring en France, celui qui exerçait les fonctions de « commandant en chef des Forces de l'Ouest », le maréchal Sperrle, l'avait devancé de près de quatre mois. C'est en effet en février 1944, le 3 selon certains documents, le 27 selon d'autres, qu'il promulguait une *Ordonnance concernant la lutte contre les terroristes* en cinq points dont le juriste Michel de Boüard pourrait avec raison dire plus tard : « Ainsi se trouvaient excusés d'avance les pires excès. »...

L'exemplaire rapport du lieutenant Müller

Voici le texte de l'ordonnance Sperrle : « 1° — Il faut riposter de suite avec les armes à feu ; s'il arrive que soient frappés des innocents, le fait est regrettable mais il n'est imputable qu'aux terroristes. 2° — Cerner immédiatement le lieu de l'attentat et contrôler tous les civils se trouvant dans les parages sans distinction de personne ni de rang. 3° — Incendier immédiatement les maisons d'où sont partis les coups de feu. Ce n'est qu'après l'exécution de ces mesures ou de mesures semblables immédiates qu'un rapport sera transmis au commandement militaire et au SD lesquels doivent continuer l'affaire avec la même sévérité. 4° — L'esprit de décision et la rapidité avec lesquels agira le chef de corps sont de toute première importance. S'il agit avec mollesse et indécision, il sera puni très sévèrement parce qu'il aura mis en danger la sécurité des troupes placées sous ses ordres ainsi que le respect dû à l'armée du Reich. 5° — En raison de la situation actuelle, une sévérité excessive dans les mesures prises ne pourra entraîner aucune sanction. »

En continuant de descendre la pyramide hiérarchique, voyons maintenant ce qui se passe non point au niveau du commandant en chef de tout un front, mais à celui d'un chef d'unité importante... Le 26 août 1943, le général Lothar Rendulic reçoit le commandement de la IIe Armée blindée et la mission d'essayer de limiter les fâcheux effets de la défection de Mussolini sur le front allemand dans les Balkans du sud-ouest, plus spécialement en Albanie et en Serbie. On sait quelle lutte acharnée mènent alors les partisans yougoslaves et albanais. Moins de trois semaines après avoir pris son commandement, le général Rendulic rédige un ordre daté du 15 septembre 1943 et où il prescrit entre autres : « Dans tous les cas d'attaques commises contre des membres de la Wehrmacht ou de dommages causés à des installations militaires importantes, il faut répondre par la fusillade ou la pendaison d'otages, par la destruction des villages environnants... »

Peut-être aura-t-on remarqué que, plus on descend l'échelle des grades et plus les exemples qu'on prend se situent à l'Est, plus est clairement exprimé l'ordre de massacrer et moins hypocrite est la forme sous laquelle est donné cet ordre. Cette différence tient bien sûr au fait que la politique hitlérienne d'occupation n'était pas la même à l'Est et à l'Ouest. Ici, l'extermination des « sous-hommes » était le programme officiel et ouvertement publié ; là, la fiction entretenue d'une « collaboration » avec un pouvoir autochtone fantoche exigeait que, tout au moins en apparence, on se montrât correct à l'égard de la population. Toutefois, les rapides progrès de la Résistance, les développements des sabotages, des attentats et des maquis, ne tardèrent pas à rendre cette comédie difficile puis impossible. En 1944, le comportement des unités de la Wehrmacht et des divisions SS en retraite tend à devenir le même à l'Ouest et à l'Est.

Tout autant, sinon plus que dans les textes, ordres et directives qui le permettent ou l'ordonnent, cette vocation nazie du massacre apparaît dans les comptes rendus qu'après les avoir commis, militaires toujours disciplinés, les assassins font de leurs crimes et qu'ils ne manquent pas d'adresser à leurs supérieurs. La minutieuse sérénité qui marque ces comptes rendus se retrouve d'ailleurs dans les réactions des autorités allemandes officielles lorsqu'il arrive qu'une protestation locale les oblige à publier un communiqué.

A l'automne de 1942, sur le front de l'Est, le lieutenant Müller commande la 10e compagnie du 3e bataillon du 15e régiment de police. Le 28 septembre, il adresse à son chef de corps un rapport écrit de sa main et dont le manuscrit original a été retrouvé. Un rapport de routine comme les autres lieutenants des autres compagnies des autres régiments ont coutume d'en faire à la même époque. Mais un texte exemplaire. Voici des extraits de ce texte dans sa version en langue française, publiée à Moscou, en 1963, dans le recueil collectif intitulé *Le Crime méthodique* et édité conjointement par l'Institut du marxisme-léninisme, les archives officielles et l'organisation des Anciens Combattants. « Le 21 septembre 1942, écrit le lieutenant Müller, la compagnie a reçu la mission de détruire le village de Borki situé à sept kilomètres à l'est de Mokrany. (...) L'opération a eu lieu conformément au plan (...). Je suis arrivé à arrêter et à amener au point de concentration tous les habitants du village sans exception. Cela a été favorisé par l'ignorance où était la population jusqu'au dernier moment du but de ce regroupement. Sur le lieu de concentration régnait le calme (...). L'équipe des fossoyeurs a reçu les pelles sur le lieu de l'exécution seulement et la population ignorait le sort qui l'attendait. Les fusils-mitrailleurs, placés de façon invisible, ont liquidé la panique qui est apparue au début lorsque les premiers coups de feu ont retenti sur le lieu d'exécution situé à sept cents mètres du village. (...) L'exécution a commencé à neuf heures et s'est achevée à dix-huit heures. (...) L'exécution s'est déroulée sans complication ; les mesures préparatoires s'étant avérées rationnelles. (...) J'indique le résultat numérique de l'exécution : 705 personnes ont été fusillées dont 203 hommes, 372 femmes et 130 enfants. La quantité de bétail confisqué peut être déterminée de façon approximative parce qu'au poste de livraison on n'a pas fait d'enregistrement : 45 chevaux, 250 bovins, 65 veaux, 450 porcs et porcelets, 300 moutons. (...) Pour l'opération à Borki, on a dépensé 786 cartouches de fusil et 2 496 cartouches de pistolet mitrailleur. La compagnie n'a pas eu de perte. Un adjudant a été envoyé à l'hôpital de Brest-Litovsk. On suppose qu'il a la jaunisse. »

« Que l'exemple d'Ascq serve de leçon... »

Bien qu'on tende, nous l'avons dit, à recourir à l'Ouest aux procédés jusque-là réservés à l'Est, bien qu'en 1944 s'institue ainsi une espèce d'égalité de traitement, on ne trouve pas, en France ou en Italie, de texte comparable au rapport du lieutenant Müller. Le vent de la défaite et la tradition d'hypocrisie de la Collaboration retiennent encore les plumes alors même que les fusils et les grenades incendiaires se déchaînent. Toutefois, à défaut des comptes rendus minutieux et exhaustifs des crimes par les criminels eux-mêmes, il y a les réactions de ces criminels et de leurs supérieurs lorsque, connus, les crimes soulèvent des protestations. Des réactions qui ne sont pas moins révélatrices... Prenons deux exemples, ceux des deux plus célèbres massacres qu'aient commis les forces d'occupation allemandes sur le sol français, les massacres d'Ascq et d'Oradour-sur-Glane qui, le 1er avril et le 10 juin 1944, firent officiellement 86 et 642 victimes. Après Ascq comme après Oradour, les autorités d'Occupation vont primo mentir, secundo féliciter les criminels, tertio « punir » en quelque sorte la population en durcissant encore les « mesures d'ordre », quarto enfin montrer par un comportement proche de la désinvolture qu'à leurs yeux tout ce qui s'est passé est normal et ne les gêne pas le moins du monde.

Le mensonge... Dès le lendemain de la tuerie d'Ascq, le général Bertram, Oberfeldkommandant pour la région du Nord dont les services sont installés à Lille, publie un *Bekanntmachung* (avis) qui sera reproduit par tous les journaux régionaux du lendemain. Voici le début de ce texte : « Malgré mes avertissements réitérés, ces jours derniers, des attentats ont de nouveau été commis contre des voies ferrées par lesquels furent, entre autres, atteints des trains militaires. A l'occasion de l'un d'eux, perpétré dans la nuit du 1er avril sur le territoire de la commune d'Ascq, des coups de feu partant de maisons de la localité ont été tirés sur un train militaire. La troupe a répondu par les armes et un nombre considérable d'habitants ont trouvé la mort... » Quant au mensonge sur Oradour, il éclate dans ce que l'historien danois Jens Kruuse, dont l'enquête sur le martyre du bourg limousin est une des plus complètes effectuées à ce jour, appelle « la version que l'état-major de liaison du général von Brodowski a faite sienne sur compte rendu de certaines unités, ou a voulu faire sienne ». Kruuse rapporte cette version en précisant : « Elle date du 14 juin et est inscrite sous le numéro 54 dans le "journal de guerre" : "Communication téléphonique d'Oradour (30 kilomètres de Limoges) : 600 personnes tuées (...). Toute la population mâle d'Oradour a été fusillée. Les femmes et les enfants ont cherché refuge dans l'église. Le feu s'est communiqué à l'église. Dans l'église, présence de dépôts secrets de munitions. Toutes les femmes et tous les enfants ont été tués." Et l'excuse la plus fausse figure dans le "journal" du régiment lui-même, à la date du 11 juin 1944. Il nous apprend qu'Oradour a d'abord été encerclé puis que (...) "le village a été incendié après perquisition" parce qu'on a trouvé "dans presque chaque maison" des stocks de munitions ! » Le point d'exclamation est de l'historien danois.

Les félicitations... Dans son ouvrage *Ascq 1944 : la nuit la plus longue*, le docteur Jean-Marie Mocq écrit : « Les autorités allemandes de Lille, descendues sur les lieux, félicitèrent les responsables. Ainsi soutenu dans son action, Hauck pouvait être fier de la déclaration du général Witt, commandant la division : "Grâce à votre intervention, soixante-trois convois de la division sont passés derrière vous sans être dérangés."... » Précisons que le lieutenant Walter Hauck était l'officier SS qui commandait le convoi dont les membres devinrent les massacreurs d'Ascq. Le *satisfecit* à ceux d'Oradour, c'est également un de leurs généraux qui le leur donne, puisque, dans le « journal de guerre » du général von Brodowski que nous avons déjà mentionné, on peut lire à la date du 17 juin 1944 : « Le commencement des mesures de représailles a provoqué un soulagement sensible et a très favorablement influencé le moral de la troupe. »

La « punition » de la population... Au lendemain d'Ascq, elle est clairement décidée par le général Bertram. Tout à l'heure, nous avons interrompu la lecture de l'« avis » qu'il publia le 2 avril en tant que Oberfeldkommandant. Reprenons cette lecture, sans sauter une ligne, juste après la phrase : « La troupe a répondu par les armes et un nombre considérable d'habitants ont trouvé la mort. » Le général Bertram poursuit : « Pour ces raisons, j'ai ordonné pour un certain nombre de localités une interdiction totale de circuler entre 20 heures et 6 heures. Pendant les heures interdites, les habitants doivent, sans exception, rester dans leurs demeures et toute circulation dans les rues leur est interdite. Les personnes qui, en raison de leur profession ou pour des raisons d'intérêt public, se trouveraient dans l'obligation de circuler sur la voie publique, devront se justifier *(sic)* de leur identité et s'arrêter immédiatement sur sommation des patrouilles allemandes si ces personnes ne veulent pas risquer que l'on tire sur elles sans autre avertissement préalable. (...) Ces mesures seront exécutées dans toute leur rigueur. La population doit savoir qu'il sera répondu à tout attentat dirigé contre les unités de l'armée allemande ou des militaires isolés par tous les moyens que les circonstances exigent. Que l'exemple de la commune d'Ascq serve de leçon... »

Quatre-vingt-dix-neuf pendus à Tulle

Serait-ce parce qu'il y a eu à peu près huit fois plus de morts à Oradour qu'à Ascq ? On ne sait... Mais toujours est-il qu'il se trouve quand même un « seigneur de la guerre », le général Johannes Blaskowitz, commandant du « groupe d'armées G », pour murmurer dans un ordre du jour, le 17 juin 1944 : « Nous combattons les terroristes et non pas la population (...). Menons ce combat conformément à la dignité du soldat allemand. » Cependant, dans le même ordre du jour, Blaskowitz, comme le souligne Jens Kruuse, « commence par rappeler qu'il a exigé qu'on combatte les terroristes durement et impitoyablement et fait observer ensuite qu'il peut être difficile pour la troupe d'établir une distinction entre ces terroristes et les pacifiques citoyens français "qui sympathisent largement avec nous" ; aussi peut-on malaisément éviter les erreurs qui, de temps à autre, frappent un innocent ». Au risque de paraître naïf, interrogeons-nous : où est la vérité du moment, dans l'appel à être dur et impitoyable ou dans celui à être digne et éclectique ? Kruuse répond en essayant de reconstituer partiellement ce qu'a pu penser le chef de l'unité directement responsable du massacre d'Oradour, le SS-Sturmbannführer (commandant) Dickmann, ce qui amène d'ailleurs l'historien danois à évoquer l'extrême durcissement des « mesures d'ordre » prises contre l'ensemble de la population. « Nous approcherons mieux le fond de la question, écrit Kruuse, en nous demandant si le commandant Dickmann a pu croire qu'il agissait selon son devoir. Du quartier général du Führer, Keitel avait émis l'ordre d'abattre *(niedermachen)* les résistants, les "francs-tireurs", sans enquête ni jugement. Du "Commandement-Ouest" comme du "Commandement-France", d'autres ordres se succèdent, s'entremêlent continuellement : il faut faire preuve de fermeté, de rapidité, de violence, de brutalité absolue ; il faut prendre "les mesures les plus dures" *(schärfste Massnahmen)*, comme le dit l'instruction du 8 juin 1944 du Commandement-Ouest, que reçoivent tous les généraux locaux et leurs inférieurs immédiats. Puis, c'est un nouvel ordre, concret celui-là : la deuxième division blindée SS "Das Reich" doit passer à l'action dans la nuit du 7 au 8 juin, dans le secteur Tulle-Limoges... »

Et Kruuse continue en évoquant un nouveau massacre : la pendaison de quatre-vingt-dix-neuf habitants de Tulle (Corrèze), le 9 juin 1944... En fait, il suffirait presque d'évoquer l'atmosphère de terreur, le souci d'une sévérité sans cesse accrue, pour démontrer que le massacre, le fait de massacrer les civils et de brûler leurs habitations, est une activité considérée, à l'époque, comme à peu près normale par la grande majorité des forces d'occupation allemandes. Qu'on nous permette pourtant d'y ajouter une nuance qu'il nous semblerait dommage d'oublier : la désinvolture... C'est encore dans une citation de Jens Kruuse que nous en trouverons le plus beau signe. « L'évêque de Limoges, rappelle l'historien danois, envoya au général commandant les troupes allemandes une lettre conçue en termes énergiques et enflammés. Le général envoya officiellement à Oradour une commission d'enquête composée d'officiers de la

Wehrmacht. Ils arrivèrent le jeudi et rapportèrent à Limoges les poulets et les canards qui erraient encore parmi les ruines. »

S'il était besoin d'une preuve ultime que les massacres de populations civiles par les forces armées allemandes ne furent pratiquement jamais des actes isolés dus à une initiative trop impulsive ou à la colère affolée d'un subalterne mais qu'au contraire presque tous, sinon la totalité, ont, sur tous les fronts et à toutes les phases de la guerre, procédé d'une entreprise de massacre voulue et favorisée, sinon même planifiée, cette preuve on la trouverait dans la similitude de déroulement des meurtres et incendies collectifs, dans le fait qu'il existe un schéma de massacre ne comportant qu'un nombre restreint de variantes et qui réapparaît à chaque fois que l'on se penche sur les ruines qui signalent encore les bourgs et villages effacés de la carte. Déjà, ce schéma, nous l'avons indirectement esquissé en citant le rapport du lieutenant Müller sur la mise à sac, à feu et à sang du village biélo-russe de Borki. Essayons de le préciser.

Dans son ouvrage, dont nous avons déjà dit l'intérêt, *Trafics et crimes sous l'Occupation*, Jacques Delarue a décrit et étudié le comportement et l'action d'une division SS, la division « Das Reich », en 1944, en France. Cette étude l'a amené à s'interroger sur les mécanismes mêmes de ce comportement et de cette action et à essayer de les dégager d'une série de constatations accumulées. Après avoir rappelé une série d'exactions et de massacres commis dans le département du Lot à la mi-mai 1944, Delarue ajoute : « Ainsi s'acheva cette vaste opération qui devait “purger” le Lot de ses maquis et de ses groupes de résistants mais qui n'avait atteint aucun de ses objectifs. Si des résistants avaient effectivement été frappés, cela n'avait été que par hasard et la population “non engagée” avait été durement atteinte. Du point de vue strictement militaire, elle se soldait par un échec total, malgré l'énormité des moyens mis en œuvre. Le plus grand intérêt de cette opération d'ensemble, soigneusement organisée et exécutée sous le contrôle de toutes les autorités hiérarchiques de la division “Das Reich” est que l'on y voit apparaître, dans chaque village, les mêmes mécanismes, les mêmes méthodes d'exécution : encerclement du village, neutralisation des bâtiments administratifs, la Gendarmerie, la Mairie, parfois la Poste, puis rassemblement des hommes sur la place publique, parfois après appel du tambour de ville, après quoi commencent les exactions qui vont jusqu'au meurtre et à l'incendie. Ce déroulement des étapes successives de l'opération manifestement mis au point depuis longtemps et parfaitement “rodé” sera reproduit partout et appliqué dans ses grandes lignes jusqu'aux massacres de Tulle et d'Oradour. Il faut donc bien conclure que ces crimes de masses ont été accomplis, comme les opérations précédentes, en exécution d'ordres précis et selon les règles habituelles des corps SS. » Un peu plus loin, toujours à propos de crimes commis dans le Lot par la division « Das Reich » mais, cette fois, au début du mois de juin, le même auteur remarque : « Cette longue suite de meurtres, de pillages, d'incendies s'était déroulée sans que les SS paraissent à aucun moment chercher à rejoindre ou à découvrir les maquisards qui avaient organisé l'embuscade du matin. La colonne avait simplement suivi la route nationale (...) en tuant les habitants des maisons qui la bordaient, en pillant et en incendiant ces maisons. Les habitants ne furent pas interrogés. On ne cherchait pas, semble-t-il, la moindre piste, l'indice qui aurait permis d'établir une complicité des populations avec les maquisards, ou le renseignement qui aurait permis de les retrouver. Il s'agissait, non pas d'une opération militaire, mais bien d'une opération de terreur dirigée uniquement contre la population et frappant surtout ses éléments les plus inoffensifs, les femmes, les vieillards, les enfants. C'était, on le voit, la méthode habituelle des unités SS... »

Des « dévastations très nombreuses »

Evidemment, à ce schéma général, on pourrait ajouter une série de détails. Par exemple, cette constatation à propos de l'orientation des tirs faite par Jens Kruuse : « L'enquête semble prouver que, partout, les Allemands ont visé aux jambes (...). Puis les blessés ont été brûlés vifs. Les coups de grâce ont été rares. (...) Dans l'église, les salves succédaient aux salves. Les Allemands tiraient bas. Comme dans les granges, dans les garages ou dans les ateliers, ils ont visé aux jambes, à hauteur des voitures d'enfants qu'ils ont criblées de balles. »... Autre exemple, le plan de perfectionnement des massacres mis au point, début juin 1944, par un des chefs de la Milice, Francis Bout de l'An. Auprès de Joseph Darnand, Bout de l'An remplit alors les fonctions de secrétaire général adjoint. Son épouse Simone est également milicienne. Le 6 juin 1944, dans l'enthousiasme du débarquement, des résistants du Cher occupent la petite ville de Saint-Amand-Montrond. Ils ne peuvent évidemment y rester mais, au cours de leur incursion, ils font quelques prises intéressantes dont celle d'une trentaine de miliciens. Parmi ces prisonniers se trouve Simone Bout de l'An. A l'annonce de cette capture, colère des chefs de la Milice. Contre-attaque. Prise d'otages. Menaces. Négociations finalement. C'est au cours de ces négociations que deux émissaires venus voir Francis Bout de l'An dans son bureau de Vichy, deux émissaires envoyés par la sous-préfecture de Saint-Amand : le capitaine Bernard Delalande et le chef de bureau Villatte, s'entendent exposer un « plan » par l'adjoint de Darnand. Dans un livre de souvenirs publié « à chaud », en 1945, et intitulé *De la Milice au maquis*, le capitaine Delalande a raconté l'entrevue. « ... "Dès l'enlèvement de ma femme, dit Bout de l'An, j'étais persuadé qu'elle avait été exécutée, donc ma position était arrêtée depuis longtemps. Vous me dites qu'elle est encore en vie, admettons-le, mais si vous ne la ramenez pas avec les autres femmes, les représailles seront terribles. — Qu'entendez-vous par là ? — J'ai arrêté un plan. Saint-Amand en subira les conséquences : tout d'abord suppression du gaz, puis de l'électricité, ensuite de l'eau ; après, arrêt total du ravitaillement de la ville, la livraison du lait aux enfants suspendue et par là-dessus, l'incendie de Saint-Amand par bombes incendiaires allemandes, le dernier jour." Le tableau est tragique et nous comprenons dans le timbre de sa voix que cette décision est irrévocable et froidement conçue. "Mais c'est affreux, vous oseriez faire cela ?" se risque à demander M. Villatte. "Oui, on n'a pris aucun ménagement pour les nôtres, il n'y a pas à en prendre pour la ville. — Comment, pour quelques femmes et quelques miliciens vous feriez brûler une ville entière par les Allemands après avoir affamé ses habitants ?" dis-je. "(...) J'ai eu la visite de l'archevêque de Bourges, je ne me suis pas laissé intimider et lui ai fait entendre que je ne reculerais devant rien...". »

L'examen des faits, des directives qui les ont préparés, des comptes rendus et des réactions qu'ils ont provoqués, des mécanismes de leur déroulement — autant d'éléments qui confirment que le massacre fut bien un des moyens de mort employés par les nazis et les vichystes dans leur lutte contre la Résistance française... Lorsque, le 31 janvier 1946, l'un des procureurs généraux adjoints français, Charles Dubost, évoque le problème des massacres devant le Tribunal militaire international de Nuremberg, c'est d'ailleurs cette même idée qu'il reprend et développe. « L'armée allemande (...) s'est montrée sous un jour terroriste, déclare-t-il. Elle a fait régner la terreur dans tous nos pays, et cela pour permettre le développement de la politique d'extermination des nations vaincues qui, dans l'esprit de tous les chefs nazis, était restée le but principal, sinon le but unique de cette guerre. Cette politique terroriste (...) s'est développée sans aucune nécessité militaire, dans tous les pays de l'Ouest. Les dévastations commises par l'ennemi sont très nombreuses. »

Des « dévastations très nombreuses », effectivement. Impressionnante est la liste des villages, des bourgs et des petites villes dont des maisons furent incendiées et de nombreux habitants massacrés. L'énumération de ces localités martyres est un véritable inventaire de l'horreur. Lorsqu'on en prend connaissance, les témoignages des survivants ne sont qu'apparemment monotones car, détail après détail, crime après crime, chaque récit nous fait plonger un peu plus profondément dans l'atroce. La liste d'une quinzaine d'agglomérations que nous allons maintenant citer ne prétend évidemment pas être exhaustive. Son seul but est de donner au lecteur une idée de l'ampleur de l'entreprise de mort qui fut préméditée et poursuivie par les occupants nazis et par leur armée régulière. Faire comprendre au lecteur que des localités ont pu être torturées et assassinées comme des hommes.

Une quinzaine d'exemples...

Pouilly est un hameau de la commune de Saint-Jeoire (aujourd'hui 1 949 habitants) près de Bonneville, en Haute-Savoie... Ce qui s'y passa le 28 janvier 1944, on peut le lire sur le monument commémoratif qui, depuis, y a été élevé : « Français, souvenez-vous... Où passe le nazi, il ne laisse que larmes et ruines. Dans ce village, le 28 janvier 1944, onze hommes ont été assassinés et neuf maisons incendiées par la Wehrmacht. »

« Une meute hurlante qui tirait au hasard... »

Vizille (aujourd'hui 7 252 habitants) est une petite ville proche de Grenoble, dans l'Isère... Ce qui s'y passa le 18 février 1944, c'est Aimé Requet qui le raconte dans un récit publié en même temps que les mémoires posthumes du commandant Louis Nal. Après avoir rappelé comment, la veille, la Gestapo avait assassiné trois patriotes et l'épouse de l'un d'eux en plein centre de la ville, Aimé Requet ajoute : « Le lendemain, dès six heures du matin, quinze cents hommes environ de la Wehrmacht encerclaient et occupaient Vizille. Il neigeait. Les habitants qui se rendaient à leur travail furent appréhendés, formés ici et là en petits groupes et finalement rassemblés dans le parc du fameux château, sous la menace de plusieurs mitrailleuses. Pendant ce temps, une voiture munie de haut-parleurs parcourait la ville, annonçant : "Tous les hommes de quatorze à quatre-vingts ans doivent immédiatement se rendre au parc du château. Tout homme qui tenterait de se soustraire à cet ordre sera fusillé sur-le-champ. Les vieillards, les femmes et les enfants doivent se tenir sur le pas de leur porte : une perquisition générale va avoir lieu. Si des armes ou du matériel de guerre sont découverts, la maison sera brûlée et ses occupants seront fusillés." (...) Les Allemands procédèrent à dix-sept arrestations avant de se retirer de la ville (dix-sept déportés dont dix ne reviendront jamais). Ils dynamitèrent aussi quatre maisons... »

Sainte-Marie-de-Chignac (aujourd'hui 275 habitants) est un village de Dordogne, proche de Périgueux. Ce qui s'y passa le 27 mars 1944, Michel de Boüard le rappelle dans son étude sur *La Répression allemande en France de 1940 à 1944* déjà souvent citée « Vingt-trois personnes, écrit-il, sont exécutées à Sainte-Marie-de-Chignac en représailles d'un attentat commis contre Hambrecht, chef du service local de la "Sipo-SD" de Périgueux (...) Ni le droit international ni même la réglementation instituée unilatéralement par les autorités allemandes n'ont été respectés. »

Ascq (aujourd'hui inclus dans Villeneuve-d'Ascq, 42 076 habitants) est une ville du Nord, proche de Lille... Ce qui s'y passa le 1er avril 1944 et comment quatre-vingt-six personnes y furent assassinées a été parfaitement et succinctement dit dans l'acte d'accusation établi par le lieutenant-colonel de Beauvais, commissaire du gouvernement auprès du Tribunal militaire permanent de Metz, le 20 juin 1949, en vue du procès d'un certain nombre des responsables de la tuerie d'Ascq. « En ville, peut-on lire dans cet acte d'accusation, de graves incidents se déroulaient. Les groupes de soldats armés parcourant les différentes artères, pénétraient dans les maisons, après avoir forcé les portes et certains d'entre eux se livraient à des atrocités. Outre les nombreuses scènes de pillage, dont la population eut à faire les frais, cette dernière déplorait une dizaine de blessés graves et plusieurs morts. Le curé Gilleron et deux de ses hôtes, Averlon Gustave et Claude, étaient abattus dans le presbytère. Le vicaire Cousin était assassiné dans la rue, un certain Depooter à proximité de sa maison, sise à côté de la gare. Un nommé Dewailly qui rentrait, avec sa camionnette, chez lui, était tué dans les mêmes conditions. A leur tour, les sieurs Sabin, Catoire, Rouneau et Oscar Van Moerbèke étaient sommairement fusillés, ce dernier ayant cependant survécu à ses blessures. Puis des quantités d'hommes, dont un enfant de dix-sept ans et un vieillard de soixante-quatorze ans, quelques femmes aussi, étaient amenés à la gare auprès du train accidenté. On peut décompter que quatre groupes d'environ vingt à trente personnes arrivèrent successivement. Sur ordre de Hauck qui dirigeait, avec une extrême colère, les opérations, les groupes étaient conduits, les hommes en file indienne, les mains levées, sur un terre-plein à côté de la rame et aussitôt fusillés. Trois séries de vingt-cinq hommes environ furent abattus, les victimes enchevêtrées les unes sur les autres formant un immense charnier... »

Saint-Didier (aujourd'hui 136 habitants) est un village franc-comtois proche de Lons-le-Saunier, dans le Jura... Ce qui s'y passa le 25 avril 1944, c'est André Besson qui le raconte, en 1965, dans son livre *Une poignée de braves ; épisodes de la Résistance franc-comtoise, 1940-1944*... « Dès l'aube, écrit-il, le village se réveilla brutalement au bruit de la fusillade. L'ennemi cernait Saint-Didier. Le capitaine Müller, chef de la Gestapo, commandait en personne l'important détachement chargé de la sinistre opération. En quelques minutes, les rues du village furent parcourues par une meute hurlante qui tirait au hasard dans les fenêtres des maisons, dans les basses-cours et les étables. Tous ceux qui essayaient de fuir ou d'opposer une résistance aux soudards étaient aussitôt fusillés. Ce fut le sort réservé à trois cultivateurs, André Guillot, quarante-six ans, Edgar Bezin, cinquante-sept ans et André Bugnet, quarante-sept ans. Mais la vengeance des brutes ne s'assouvit pas aussi facilement. Sept maisons (...) furent incendiées : celle de Mme veuve Grapinet, de MM. Bezin, Bourdy, Guillemin, Pernin, Pernet, ainsi que le chalet de la commune... » André Besson rapporte ensuite comment, les jours suivants, plusieurs corps furent découverts dans les ruines portant ainsi à huit le nombre total des victimes.

Montpezat-de-Quercy (aujourd'hui 1 419 habitants) est un bourg du Tarn-et-Garonne, dans la région de Montauban... Ce qui s'y passa le 2 mai 1944, Jacques Delarue en a fait le récit dans *Trafics et crimes sous l'Occupation*. « Un détachement du 1er bataillon du 2e régiment blindé (de la division "Das Reich") cantonné à Caussade, entrait vers quatorze heures à Montpezat-de-Quercy, écrit Delarue. Sous le commandement du chef de bataillon, le Sturmbannführer Tetsch, les chars et les véhicules à chenilles chargés de SS armés parcoururent le bourg sous les regards surpris de la population. (...) La colonne s'arrêta devant la mairie ; le maire, saisi brutalement par deux SS, fut amené dans une remise obscure et laissé sous la garde de SS armés. Pendant ce temps, (...) la colonne se divisait en petits groupes qui investissaient les fermes installées en lisière du village, au bord des champs. A grands cris, les SS en firent sortir les habitants puis mirent le feu aux bâtiments. Au lieu-dit "Rouby", la fermière, Mme Marie-Louise Carantelle, fut abattue et son jeune fils, un garçon de quinze ans, fut arrêté et déporté. Bientôt, douze fermes brûlèrent ainsi autour de Montpezat. Pendant ce temps, sur la place centrale, la population avait été rassemblée et, bras levés, tenue en joue par des SS armés de mitraillettes et de fusils, assistait à deux actions extraordinaires. Les vaillants guerriers SS avaient entrepris le pillage systématique d'un immeuble, la maison Valmary, dont ils sortaient tout ce qu'elle contenait, meubles et linge en particulier, et l'entassaient consciencieusement dans un camion. Quand la maison fut vide, les SS y mirent le feu. En même temps, un peu plus loin, d'autres SS incendiaient le presbytère, cependant que le curé, M. Schap, un Lorrain, était tenu en joue, bras en l'air, face au mur. (...) Dans les rues voisines, deux autres maisons étaient livrées au pillage, la maison Valette et le magasin de chaussures Bonnet. Là encore, dès que les SS furent servis, les deux immeubles furent incendiés. Mais, à la maison Bonnet, et sans que l'on puisse comprendre le motif de cette horreur, les SS saisirent le grand-père de M. Bonnet et sa fillette, une enfant de deux ans, et les jetèrent dans le brasier. Un habitant d'un village voisin, M. Costes, qui était venu ce jour-là à Montpezat, subit le même sort affreux. Enfin, les SS repartirent, emmenant avec eux vingt-deux hommes qui furent odieusement frappés puis tous déportés. Leur passage avait fait quatre morts, dont une enfant, et seize immeubles avaient été incendiés. »

L'église d'Oradour où les cloches ont fondu

Frayssinet-le-Gélat (aujourd'hui 369 habitants) est un village du Lot proche de la Dordogne, entre Cahors et Sarlat... C'est au même ouvrage de Jacques Delarue que nous emprunterons la relation de ce qui s'y passa le 21 mai 1944. « Le Hauptsturmführer Kahn ordonna le rassemblement des hommes et la fouille du village, écrit Delarue.

Comme partout, le pillage commença immédiatement, des patrouilles se répandirent dans le village, tiraillant au hasard, coupant les fils du téléphone à la Poste, chassant les hommes à coups de crosse et de botte vers le lieu de rassemblement. Le contrôle des pièces d'identité venait de commencer sur la place quand un coup de feu fut tiré d'une fenêtre. Le SS Friedhoff s'effondra, blessé. Kahn fit immédiatement placer une mitrailleuse en batterie cependant qu'un groupe de SS se ruait sur la maison Lugan d'où le coup de feu était parti. Ils n'y trouvèrent que trois femmes, dont l'une, Mme Agathe Pailles, avait quatre-vingts ans. Il semble du reste que le coup de feu avait été tiré par la vieille femme, affolée par les coups de fusil des SS et les scènes qui se déroulaient sur la place. Elle était accompagnée de ses deux nièces. Dans le même temps qu'on les poussait sur la place, des SS commençaient à incendier la maison et d'autres accrochaient des cordes aux poteaux télégraphiques devant l'église. Pendant ce temps, les femmes, les enfants, les vieillards étaient amenés sur la place et groupés avec les hommes déjà rassemblés. C'est devant tous les habitants du village que la vieille Mme Pailles fut pendue la première, bientôt suivie par ses deux nièces. A ce moment, leur maison n'était plus qu'un brasier dans lequel les SS jetèrent le corps de la vieille dame. Sans motif, une autre femme, Mme Yvonne Vidilles, fut saisie par les cheveux, traînée sur le sol et abattue à coups de revolver. Puis, Kahn choisit dix hommes et les fit aligner devant la population. Un interprète expliqua qu'ils allaient être fusillés. Le plus jeune de ces dix otages était un garçon de quinze ans, Guy Mourgues. Son père, M. Gaston Mourgues, demanda à Kahn la permission de l'embrasser une dernière fois. Il la lui accorda en ricanant. Au moment où le père étreignait son fils, Kahn commanda le feu et ils tombèrent tous deux avec leurs neuf compagnons. Le pillage du village dura jusqu'à une heure avancée et les SS partirent enfin, peu avant minuit, après avoir fait creuser une fosse commune dans laquelle les victimes de la tuerie furent jetées pêle-mêle. Avant de les jeter dans la fosse, les SS avaient fouillé les cadavres et s'étaient emparés du contenu de leurs poches. Le grand-père Mourgues, âgé de soixante-seize ans, qui avait assisté à l'assassinat de son fils et de son petit-fils, avait été contraint de participer au creusement de la fosse. »

Oradour-sur-Glane (aujourd'hui 1 662 habitants) est une bourgade de la Haute-Vienne proche de Saint-Junien... Ce qui s'y passa le 10 juin 1944 est connu du monde entier et a été raconté dans à peu près toutes les langues. Nous nous bornerons donc à rappeler quelques détails, quelques chiffres... « Combien de personnes y a-t-il eu vraiment dans l'église ? écrit Jens Kruuse. Nul ne le sait avec précision, les évaluations diffèrent, mais elles varient toutes entre quatre et cinq cents. Il y avait 350 places assises. Les Allemands refermèrent les portes et organisèrent une surveillance sévère. Des SS patrouillèrent à l'extérieur. D'autres, mitraillette au poing, les jambes écartées, prirent place dans la nef. Ils durent s'écarter pour laisser passer deux jeunes soldats. Mme Rouffanche a été frappée par leur jeunesse, elle qui était mère et grand-mère. Ils portaient et traînaient une sorte de lourde caisse qu'ils abandonnèrent là où commence le chœur. Des mèches blanches en sortaient. Les SS les laissèrent traîner sur le sol de l'église, mais demeurèrent à proximité, montant la garde. Un coup de feu résonna sur le champ de foire. Les deux soldats se penchèrent et allumèrent les mèches blanches. Puis ils descendirent la nef en courant pour rejoindre d'autres SS qui entraient au même instant dans l'église, armés de mitraillettes et de grenades. De la caisse, une fumée épaisse et noire commença à se dégager. Les SS armèrent leurs mitraillettes et saisirent les grenades qu'ils portaient au ceinturon. Un cri, une plainte angoissée, désespérée, s'éleva ; des enfants se mirent à pleurer, des mères suppliaient. Et l'on entendit cette clameur loin dans le village. La fumée montait de plus en plus. Du dehors résonnèrent soudain des coups de feu, des cris, ceux de leurs pères, de leurs maris, de leurs fils, qui couvrirent un instant les leurs. Puis ce furent les premières salves, les premiers des trous qui criblèrent les voitures d'enfants, les premières mères qui moururent. »

Un peu plus loin, l'historien danois poursuit : « Les Allemands entassaient sur ces femmes et ces enfants blessés qui criaient et sanglotaient de douleur et d'effroi tout ce qu'ils pouvaient trouver de matériau combustible : paille, foin, débris de bois, chaises. La fumée était de plus en plus épaisse. Grâce à elle, Marguerite Rouffanche parvint à gagner le recoin derrière le maître-autel. Il y avait là, assez haut, trois fenêtres et un petit contrefort juste sous celle du milieu. (...) Dans l'église, le vacarme devenait insoutenable : les femmes et les enfants hurlaient, le feu prenait partout, les explosions de grenades et rafales de mitrailleuses se succédaient sans interruption. Mme Rouffanche, dans un élan de désespoir, trouva la force de grimper jusqu'à la fenêtre du milieu, de s'y hisser. Le vitrail était brisé. Elle se jeta au-dehors. (...) Dans l'église, l'incendie faisait rage. Le toit était complètement brûlé et la voûte s'effondra bientôt. Les cloches fondirent (...). Autels, murs, voitures d'enfants, confessionnaux, tout était criblé de balles. (...) A deux kilomètres d'Oradour, un homme a pu entendre la grande clameur qui s'élevait de l'église. On a retrouvé au bas du talus le cadavre de la jeune femme qui avait voulu sauver son bébé en le jetant de la fenêtre par laquelle Mme Rouffanche s'était échappée. L'enfant, une petite fille de huit mois, avait disparu. Quelqu'un a eu l'idée de regarder dans les w.-c. primitifs du prêtre, une cabane située entre l'abside et le potager. Le bébé était là, dans le trou, sous le siège. Son crâne était éclaté et le cerveau en sortait. Sur le mur, il y avait une grande tache de sang. »...

« Ce ne sont pas des hommes mais des démons qui arrivent... »

Plus haut, nous avons cité le chiffre de 642 comme celui des victimes d'Oradour. Il n'est pas inutile de préciser comment on est parvenu à ce chiffre. Jacques Delarue l'explique très bien : « Pendant fort longtemps les Allemands interdirent l'approche d'Oradour, n'autorisant que l'entrée des équipes médicales et de secouristes de la Croix-Rouge, chargés de l'inhumation des corps calcinés. Ces secouristes étaient presque tous des prêtres et des séminaristes, ils avaient à leur tête l'abbé Philippe Schneider. L'équipe médicale conduite par les docteurs Bapt et Benech, une équipe de déblaiement fournie par la Défense passive et dirigée par le commandant de Praingy, joignant leurs efforts à ceux des secouristes pour cette terrible tâche, parvinrent en une semaine à relever tous les restes humains épars dans le village. Cinquante-deux corps seulement purent être identifiés, le plus souvent à l'aide d'objets dont ils étaient porteurs. Le chiffre exact et certain des morts n'a jamais pu être établi, en raison de l'état des corps. Leur dispersion achevait de rendre la tâche impossible. Le puits Picat, par exemple, était rempli de cadavres que l'on ne put extraire. Il fallut le remplir de chlorure de chaux. Le bilan établi finalement, sans aucun doute inférieur à la vérité, s'élève à 642 victimes. Il y avait parmi elles 54 réfugiés lorrains. L'incendie avait détruit 254 édifices, dont l'église, la gare, 4 écoles et 123 maisons d'habitation. Avec beaucoup de peine, Léon Roubérol parvint à retrouver 36 survivants, mais presque tous devaient leur vie au hasard qui les avait fait s'absenter d'Oradour... »

Marsoulas (aujourd'hui 94 habitants) est un petit village de la Haute-Garonne, dans la région de Saint-Gaudens... Une brochure éditée à l'occasion du congrès que l'Association nationale des anciens combattants de la Résistance (ANACR) tint à Toulouse en juillet 1966 résume en dix mots ce qui se passa à Marsoulas le 10 juin 1944, le jour même d'Oradour : « En un instant, le tiers de la population fut massacré. » Toutefois, sur le massacre de Marsoulas, un document qui mérite à divers titres d'être reproduit a été retrouvé, le rapport officiel établi par le préfet régional de Toulouse, le préfet Sadon, qui était alors le représentant le plus direct du pouvoir pétainiste dans la région. Voici ce qu'écrivit ce préfet : « Vers sept heures du matin, alors que les troupes allemandes entraient dans le village de Marsoulas, deux réfractaires, dont l'un était posté sur le toit de l'église, ont ouvert le feu sur elles. Les militaires ont riposté : le premier des réfractaires a été tué et est resté sur place, le second a également péri et son cadavre devait être retrouvé le lendemain dans le village. Au lieu de s'en tenir à cette exécution sommaire et justifiée des terroristes, les soldats allemands se sont précipités successivement dans toutes les maisons du village, en ont fait sortir les habitants et, sans explication, les ont abattus sur le seuil de leur porte ; quant aux enfants, dont un grand nombre à cette heure matinale était encore au lit, ils n'ont pas été davantage épargnés. Le bilan de l'opération est de sept hommes, six femmes et quatorze enfants tués, un homme et quatre femmes blessés. Le plus jeune des enfants n'était âgé que de quelques mois ; dans une maison, deux jumeaux de cinq ans ont été tués alors qu'ils dormaient dans leur lit. Des familles ont complètement disparu. Dans d'autres, un seul membre, parfois un enfant, a pu échapper à la mort en s'enfuyant ou en se cachant au grenier. »

Mouleydier (aujourd'hui 986 habitants) est un gros village périgourdin situé, en Dordogne, dans l'arrondissement de Bergerac... Après la Libération, en 1945, le président de la Société des écrivains d'Aquitaine, Serge Barranx, écrivit un ouvrage d'une centaine de pages intitulé *Mouleydier, village martyr* pour raconter ce qui s'y passa le 21 juin 1944. Retenons-en simplement un bilan et un ordre. Le bilan : 22 victimes, 164 maisons détruites et 453 sinistrés. L'ordre, celui qu'au moment de la mise à sac, à feu et à sang, les haut-parleurs des autorités d'occupation diffusaient dans le village : « Le commandant d'armes de la place de Bergerac ordonne qu'à titre de représailles, pour l'attentat criminel du maquis contre l'armée allemande à Mouleydier, le village tout entier soit brûlé dans le courant de cette journée. »

Buzet-sur-Baïse (aujourd'hui 1 345 habitants) est un bourg du Lot-et-Garonne, proche de la petite ville de Nérac... « Le 22 juin 1944, écrit Jacques Delarue, un gros détachement de SS assistés de miliciens en uniforme de la "Franc-Garde" envahit vers 7 heures le village de Buzet-sur-Baïse. La colonne venait d'Aiguillon et était commandée par le Sturmbannführer Dusenchön. Tout était calme dans le village... » Ce calme ne dura pas longtemps. Un professeur agrégé du lycée d'Agen, M. Luxembourg, qui se trouvait alors à Buzet, a raconté à Jean Castéras ce qui se passa ce jour-là dans la vallée de la Baïse. « Buzet, stupéfait, se réveille entièrement cerné raconte Castéras, dans son livre *Sous la botte*, en 1946. Les tristes hommes de la Milice sont là pour préparer le travail de nos bourreaux ; ils occupent le Pont-Canal et s'égrènent le long du chemin de halage. Vers 9 heures, les SS (on a dit plus tard qu'ils appartenaient à la division "Das Reich") font irruption dans le village en tenue de campagne et armés jusqu'aux dents. Ce ne sont pas des hommes mais des démons qui arrivent ; ils sautent de leurs camions comme des fous, gesticulent, hurlent littéralement et tandis que les uns gardent les rues et les moindres sentiers, les autres se précipitent vers les maisons. Le bourg, épouvanté, est occupé en un clin d'œil. Ordre est donné au tambour de ville de faire savoir à tous les hommes, sans distinction d'âge, qu'ils doivent immédiatement se rassembler sur la place de l'Hôtel-de-Ville, munis de leurs pièces d'identité. (...) Sur la place, nous sommes alignés sur deux rangs : défense de parler et, de tous côtés, fusils, fusils-mitrailleurs, un canon même, sont braqués, menaçants, sur nous. (...) Un autobus attend sur la place pour ceux qui seront retenus. M. Laborie, notre curé, y monte le premier et six autres malheureux otages le suivent bientôt : Laffond, Ruchot et Sainte-Lagüe, son gendre, Jean Neuville, Costalong et Boudet. Plusieurs jeunes gens et notamment le menuisier ne seront libérés que de justesse. Les crimes de ces hommes ? Ce sont, dit le Boche, des “communistes”, des “gaullistes” que l'on va d'ailleurs conduire à Agen pour plus ample informé. Odieux mensonges ! Vers 2 heures de l'après-midi, la sinistre charrette s'ébranle, s'arrête à cinq cents mètres à peine du village. Les otages sont ignominieusement placés derrière une cabane, accroupis, et là, sauvagement assassinés. Les bourreaux s'acharnent sur eux, vident leurs chargeurs et les corps des suppliciés, criblés de balles, affreusement mutilés, sont abandonnés en plein champ. Seul notre curé a échappé par miracle au massacre. (...) Et la terreur va régner dans le village pendant près de trois semaines. (...) Le 14 juillet, les hordes nazies se retirent. Une dizaine d'hommes massacrés, des biens volés. Tel est le sinistre bilan de leur passage. »

La provocation de Thauvenay

Thauvenay (aujourd'hui 293 habitants) est un village proche de Sancerre, dans le Cher... La brochure éditée par le Front national au printemps 1945 sous le titre *Nous accusons ! Le calvaire des martyrs de la Résistance*, comporte le récit de la provocation du 25 juin 1944 : « Cette expédition comprenait quinze à vingt hommes commandés par un lieutenant de la Wehrmacht. Tous les hommes s'étaient habillés en civil en prenant les vêtements des chauffeurs et convoyeurs internés. L'officier arborait une veste de parachutiste avec les insignes de l'aviation américaine. Cette troupe, montée sur deux camionnettes et une voiture de tourisme, se rendit au village de Thauvenay, près de Saint-Satur. Ils étaient armés de mitraillettes de fabrication anglaise ou américaine et de fusils-mitrailleurs français modèle “FM 24”. Les hommes se présentèrent aux habitants de Thauvenay comme maquisards accompagnant un officier américain ; deux ou trois d'entre eux parlaient correctement le français. Les autres étaient censés être polonais, déserteurs de l'armée allemande. Après un accueil enthousiaste de la population, l'officier allemand enleva sa veste de parachutiste et montra son vrai uniforme. Les hommes révélèrent leur identité réelle et il s'ensuivit un sauve-qui-peut général (...). Le détachement ouvrit le feu à la mitraillette sur la population. Ils tuèrent un certain nombre d'habitants du village et, dans leur précipitation, tuèrent également l'un des leurs et en blessèrent deux, mais mirent ces pertes sur le compte des habitants. (...) Les Allemands recommencèrent le mitraillage et mirent le feu (...). Ils se sont vantés d'avoir fait seize victimes. »

Valençay (aujourd'hui 3 171 habitants) est une petite ville de l'Indre que ses fromages de chèvre et Talleyrand ont rendue célèbre... Ce qui s'y passa le 16 août 1944, Georgette Guéguen-Dreyfus et Bernard Lehoux le rapportent ainsi dans leur étude sur la Résistance de l'Indre et de la vallée du Cher : « Le 16 août, des SS venant de Romorantin s'attaquent à la ville de Valençay (...). Au nombre de trois cents environ, avec blindés, chenillettes, camions, ils occupent et gardent toutes les issues de la ville. Puis ils se répandent dans les rues en hurlant : "Ici maquis ! Ici terroristes ! Valençay terroriste !" Fort heureusement, aucun maquisard ne se trouve en ville. Mais cela n'empêche pas ces brutes de tuer neuf habitants, d'incendier quarante-deux immeubles et d'en endommager de nombreux autres... »

Lhez (aujourd'hui 71 habitants) est un petit village des Hautes-Pyrénées, sur la route de Tarbes à Toulouse... Ce qui s'y passa le 20 août 1944, André Messager en a fait le récit dans son ouvrage sur *La Libération des Pyrénées et du Sud-Ouest*, publié en novembre de la même année. On peut y lire : « Une trentaine d'Allemands se détachent du convoi, talonnés par les FFI, en particulier par le "groupe Séroni", et pénètrent dans les fermes. Deux d'entre elles sont plus particulièrement saccagées (...). Les nazis ont mis le feu aux deux fermes à l'aide de grenades et après avoir tué Mme veuve Lansalot, soixante ans, sa fille, Honorine Darribes, vingt ans, une jeune bonne de l'Assistance, âgée de onze ans, ils laissent ces corps dans les flammes et jettent dans celles-ci la petite fille de Mme Honorine Darribes. Une enfant de deux mois est ainsi sauvagement assassinée... »

Maillé (aujourd'hui 518 habitants) est un village de la vallée de la Loire, proche de Chinon, en Indre-et-Loire... « Le 25 août 1944, écrit Michel de Boüard dans l'étude que nous avons déjà citée, à la suite d'une action de maquis dans laquelle le village de Maillé (Indre-et-Loire) n'était pas impliqué, ce village est anéanti par les troupes allemandes : 52 maisons sur 60 sont incendiées, 124 habitants tués. » Parmi les 124 morts, plusieurs familles entières. Treize victimes chez les Guiton : de Jackye (deux ans) à Charles (quatre-vingts ans). Huit victimes chez les Confolent : moyenne d'âge, vingt ans trois mois et quinze jours. Six victimes chez les Creuzon, les Didelin et les Menanteau ; Monique Creuzon avait un an, Gérard quatre ans, Pierrette dix ans et Paulette quatorze ; le couple Didelin et leurs quatre enfants ont été assassinés ensemble ; sur les six Menanteau, quand on a retrouvé leurs cadavres dans les ruines, seule Marguerite, trente-deux ans, était adulte car Hubert n'avait que trois mois, Mireille que deux ans, Edgard que six ans, etc. Seul survivant du massacre où ont péri son épouse et tous ses enfants, Roger Confolent s'attacha plus tard à recueillir les témoignages des rescapés. Parmi ces récits, celui de la mort de la petite Danièle Martin : « La manière sauvage dont ce bébé de six mois avait été massacré fit une forte impression. Le meurtrier avait dû placer le canon de son arme sur le cou de l'enfant. Celle-ci lui souriait, les bras écartés (...). D'une rafale, l'Allemand lui avait vidé la cervelle. Le petit corps, les yeux ouverts, des yeux bleus, semblait encore en vie. Mais la boîte crânienne avait sauté. On ne s'en apercevait qu'en retournant le corps, les cheveux blonds de la petite formant encore une auréole autour de son visage... »

Robert-Espagne, Beurey-sur-Saulx et Couvonges, trois villages de la Meuse

Dans la Meuse, non loin de Bar-le-Duc, les trois villages de Robert-Espagne, Beurey-sur-Saulx et Couvonges (aujourd'hui respectivement 775, 512 et 115 habitants) sont très proches les uns des autres... En préface à une brochure parue après la Libération, après avoir rappelé divers crimes nazis commis dans la région, l'évêque Charles Aimond écrit : « L'attentat le plus odieux par ses circonstances, le plus dramatique par son ampleur, fut celui qui, le 29 août 1944, ensanglanta et ruina trois paisibles villages de la vallée de la Saulx, aux noms désormais chers à tout cœur meusien : Robert-Espagne, Beurey et Couvonges. De ce drame, il appartenait à M. l'abbé Briclot, alors curé de ces trois paroisses (lui-même échappa de justesse à la mort, sinon à la perte de ses biens) de nous donner le premier récit complet et circonstancié. Sans passion, mais avec l'émotion contenue d'un témoin, il a noté la préméditation du crime, la perfidie et la froide cruauté des meurtriers. Dans la longue liste des quatre-vingt-quatre victimes, il relève des représentants de toutes les classes sociales : bourgeois et étudiants, cheminots et ouvriers d'usines, fonctionnaires et gendarmes, agriculteurs et manœuvres, tous unis dans un même sacrifice. »

Etobon (aujourd'hui 210 habitants) est un village vosgien de l'arrondissement de Lure, en Haute-Saône, sur le contrefort sud-ouest du massif montagneux... Le 27 septembre 1944, un mercredi, une unité de la Wehrmacht en partie composée de cosaques des Osttruppen (émigrés russes et surtout ex-prisonniers soviétiques recrutés par la Wehrmacht et que nous rencontrerons de nouveau) y massacra 39 hommes. Devenu maire après la Libération, un des rescapés, Charles Perret, écrivit et publia en 1945 *La Tragédie d'Etobon*. C'est de ces pages que nous tirons ces quelques lignes : « Les principaux gradés n'ont pas assisté au massacre. C'est un adjudant-chef qui commandait le feu. Le crime accompli, cette brute s'est présentée devant son chef, l'a salué en claquant des talons et a dit : “Service terminé !” L'officier lui a serré la main. (...) Le maire de Chenebier doit réquisitionner une dizaine d'hommes du village pour ouvrir une fosse commune et procéder à l'inhumation. (...) Un des fossoyeurs occasionnels, Gustave Mettetal, raconte : “Ce soir-là, quand je suis arrivé chez moi, je n'osais rentrer à la maison, j'ai dû me déshabiller devant la porte, mes vêtements étaient pleins de sang, mes pieds clapotaient dans mes sabots"... »

Fusillés, guillotinés, décapités à la hache, poussés ou contraints au suicide, morts sous la torture, assassinés par traîtrise, exterminés dans l'« univers concentrationnaire », massacrés dans les prisons, mitraillés dans l'incendie de leurs villages, des dizaines et des dizaines de victimes viennent de passer à travers ces pages, victimes qui toutes méritent le difficile titre de martyr... Il nous semble qu'à travers cette suite de portraits de martyrs, à travers les récits de leurs tourments, une image de plus en plus nette se dégage, une image spécifique de la Résistance. Rarement, dans l'histoire des hommes, un combat fut aussi personnel et cruel, aussi souterrain et sanglant, aussi implacable et meurtrier que celui des résistants dans les pays occupés durant la Seconde Guerre mondiale. De ce perpétuel côtoiement de l'ignoble et de l'admirable, de ce mélange sans cesse nouveau du plus atroce et du plus noble, de cette incessante confrontation des rêves les plus novateurs à une réalité soudain devenue fantastiquement sordide et mutilante, oui, on voit naître une certaine image de la Résistance. L'image qui précisément nous est chère. Pourquoi ? Parce que, tout en étant l'image vraie d'une Résistance extrêmement minoritaire, elle renvoie pourtant à l'expression *l'ensemble des Français* dont nous avons plusieurs fois cité l'équivalent allemand, « sämtliche Franzosen ». *L'ensemble* parce que effectivement, très vite, la menace de mort que faisait peser l'occupant dépassa largement le cercle des résistants engagés pour atteindre le passant qui, pris dans une rafle, risquait de se retrouver otage et martyr ; pour concerner le simple villageois qui, parce qu'il y avait des maquis dans son département, pouvait un jour de printemps être mitraillé ou être brûlé vif dans les ruines de son village...

Enfin, il est incontestable qu'une évocation prolongée et un peu plus minutieuse qu'à l'accoutumée du martyre qui fut le destin de tant de résistants correspond aux vœux très clairement et presque unanimement exprimés par les disparus. « A la base des messages destinés aux survivants, note Michel Borwicz dans son livre *Ecrits des condamnés à mort sous l'occupation nazie*, se trouve la volonté de leur transmettre toute la vérité. On consigne les faits afin que les expériences vécues ne soient ni oubliées ni inutiles. (...) A travers l'ensemble des écrits retentit le cri qui appelle aux actes : punir les coupables et rendre impossible une répétition de tels crimes. (...) Bien que le mot *vengeance* apparaisse très souvent, il ne s'agit aucunement d'une vengeance pure et simple. A la base de cette demande mille fois répétée se trouve la foi en la justice de l'histoire ou la volonté ardente de provoquer, malgré tout, l'accomplissement d'une telle justice. »... La question que pose Jean Marcenac puis la constatation qu'il fait à propos des fusillés de Châteaubriant, vite, très vite, elles prennent valeur universelle. « Où trouver, écrit Marcenac, même dans les plus hauts récits sur la façon de mourir qu'ont les hommes qui apportent au monde des valeurs nouvelles, des moments qui passent en grandeur les dernières heures des otages de Châteaubriant ? La fermeté d'âme et la lucidité de Socrate dans le *Criton*, lorsqu'on lui annonce que demain il faudra boire la ciguë et qu'il refuse de s'évader, parce que sa mort injuste sera plus utile que sa vie à la venue de la vraie justice, ne les retrouvons-nous pas toutes entières chez Charles Michels ? A ceux qui parlent d'évasion, de soulèvement général du camp, il répond et il démontre que cela n'est pas possible, que la seule question est de décider comment réagir devant les assassins, pour que la mort, dit-il, "serve à quelque chose" ! Accepter la mort pour la nier, l'obliger à n'être point la fin de tout, mais le début d'une bataille plus ferme contre ceux qui avaient fait de la mort leur idole, telle fut la grandeur de ceux de Châteaubriant. » La grandeur et la leçon de tous les martyrs de la Résistance qui vainquirent finalement la mort puisqu'elle ne put empêcher que continuât leur combat.

Chapitre quatre

LA TRAHISON

Où l'on constate que la pire saloperie peut aussi être un art qui, avec Grandclément, « la Chatte », Hardy et beaucoup d'autres, a connu ses plus riches heures durant les années noires.

C'est par un aveu que nous devons commencer ce chapitre : sa relative brièveté est une contrainte que nous nous sommes imposée. Pourquoi ? Pour essayer de résoudre ainsi une contradiction pas seulement personnelle. Une contradiction entre une envie et un devoir. Le désir que soient ici aussi contées des affaires de trahison qu'il est intéressant de connaître, et le souci de ne pas succomber nous-même au démon que nous réprouvons, l'histoire de la Résistance racontée par ses traîtres. Donc, la brièveté pour l'équilibre...

Dans l'étude qu'ils ont intitulée *Crimes et trafics de la Gestapo française*, Jean Cathelin et Gabrielle Gray notent, en 1972, « qu'il est étrange, sinon scandaleux, que la plupart des ouvrages s'abstiennent de relater les histoires scabreuses ou de trahison » qui se sont déroulées au temps de l'Occupation et de la Résistance. Pour, selon leurs propres termes, « émettre cette protestation », ces deux auteurs s'appuient sur Henri Michel et sa *Bibliographie critique de la Résistance* publiée huit ans plus tôt, en 1964. Dans cette *Bibliographie*, on peut en effet lire : « Les affaires de trahison sont le pain quotidien de la Résistance ; plus exactement, de nombreux résistants arrêtés ont cédé à la peur, à la torture, et ils ont parlé. Quelques-uns sont allés plus loin ; terrorisés ou croyant sauver leur vie, parfois achetés, ils ont collaboré avec leurs bourreaux. Tel était le drame de la Résistance : toute personne arrêtée devenait immédiatement suspecte ; si d'autres arrestations se produisaient, elles lui étaient imputées ; toute évasion faisait de l'évadé un pestiféré, dans la crainte qu'il n'ait été relâché pour conduire la Gestapo au cœur du groupement auquel il appartenait. Ainsi les arrestations ne décimaient pas seulement les résistants ; elles affaiblissaient dangereusement leur moral, suscitaient une psychose de suspicion. Dans certains procès, les résistants se sont entre-déchirés sans qu'il soit possible, souvent, de les départager. »

Et c'est encore Henri Michel qui écrit : « La façon dont la Gestapo s'est introduite dans des réseaux pour les démanteler, ou bien a donné naissance à la plus mauvaise littérature de romans policiers ou n'a été connue qu'à travers un mince filet de lumière filtrant des débats de procès. Mais des réseaux ont été entièrement décimés, sur lesquels nous ne savons pratiquement plus rien. (...) Les affaires de trahison sont passées sous silence. (...) Il est toujours difficile de faire la part de la vérité et du roman. Ce qui est certain, c'est qu'une précensure, imposée ou volontaire, a joué. Toutes les histoires scabreuses auxquelles ont été mêlés des agents alliés et qui nous sont connues par des témoignages ou à la suite de procès, sont passées sous silence, affadies. » Fort bien, mais c'est encore le même auteur qui, dans la conclusion du même ouvrage, soupire : « Comme toute action humaine, la Résistance a eu ses lumières et ses ombres. Il était normal que les premières fussent mises en valeur et que l'accent fût placé de préférence sur l'héroïsme des uns et sur le sacrifice des autres, au risque, par l'obsession de l'ampleur et de l'horreur du drame, de créer de pieuses légendes. Il était tout aussi normal de laisser les ombres s'épaissir et de faire le silence tant sur les affaires louches de trahison que sur certains faits de la Libération. »...

Mathilde Bélard, épouse Carré, dite « la Chatte »

C'est, nous l'avons vu, en 1972 et en 1964 que sont respectivement parus les ouvrages de Cathelin et Gray, d'une part, d'Henri Michel, d'autre part. Et force est de constater qu'en un peu plus d'un quart de siècle la situation a non seulement évolué, mais qu'elle a changé du tout au tout... Chacun sait qu'aujourd'hui, répétons-le, ce n'est pas « le silence (...) sur les affaires louches » qui gêne toute évocation de la Résistance, mais bien, au contraire, ce que l'on nous permettra d'appeler carrément le risque d'un « trop-plein » de trahisons... Aussi bien, à situation nouvelle, attitude différente. Lors de la première édition de cette *Chronique*, nous nous refusions à raconter l'histoire d'une des trahisons les plus célèbres, celle de « la Chatte », parce que, pensions-nous dans le contexte de ce livre et par rapport à la démarche que nous avions choisie, nous aurions alors frisé l'escroquerie... Aujourd'hui, ce puritanisme ne nous semble plus de saison. Nous croyons, au contraire, que, pour endiguer le « trop-plein », il faut dire ce qui fut, sans en rajouter, mais en le disant aussi clairement que possible.

Celle qui allait entrer dans les annales de l'espionnage à bon marché, romans de gare et films de série B sous le sobriquet de « la Chatte » fut, d'abord et avant tout, la protagoniste d'une véritable affaire de trahison qui coûta cher à la Résistance... Qui était « la

Chatte » ? Mathilde, Lucy, « Lily » Bélard, épouse Carré, dite Micheline, dite Liddie, dite Victoire, dite la Chatte, dite aussi (plus tard) sœur Marie-Madeleine du Sacré-Cœur (au carmel) et Lilia-Maria de Saint-Dominique (chez les dominicaines), était née au Creusot, le 19 février 1910. Un père ingénieur. Un frère saint-cyrien. Un mari professeur. Après leur mariage en 1933, il la fait elle aussi entrer dans l'enseignement, à Aïn-Sefra (Algérie), mais elle le quitte en 1939 et il va mourir, via la Syrie, comme capitaine de réserve de l'Armée d'Afrique, à Monte Cassino, le 30 janvier 1944... Durant que l'époux était mobilisé, l'épouse s'est faite infirmière, dans la ligne Maginot notamment. Puis elle est devenue, c'est un fait, ce qu'on appellera plus tard une résistante de la première heure. Dès novembre 1940, elle recrute et glane des renseignements pour ce qui va devenir le réseau Interallié, vite reconnu et même félicité par Londres. Une organisation qu'elle a fondée avec un officier des services secrets polonais, rencontré dans un bar toulousain au lendemain de la débâcle, le commandant Roman Czerniawski, alias Armand. En mai 1941, l'Interallié dispose de cinq émetteurs clandestins et a déjà envoyé des centaines de messages en Angleterre. Mais, s'il est efficace, il n'est guère discret. En octobre, un de ses agents trop bavards, un docker employé par la Luftwaffe, l'armée de l'Air allemande, à Cherbourg, craque entre les mains des contre-espions, de l'Abwehr III-F. Filière de la faiblesse, filière de la lâcheté, ceux-ci remontent vite jusqu'à Paris. Ils ne brutaliseront pas la Chatte et ils la flatteront plus qu'ils ne la menaceront — en une nuit, elle est « retournée ».

Avec ses employeurs allemands, la Chatte change de nom de code. Un soir où, vêtue de son pyjama de satin noir, elle boit le champagne en leur compagnie, Micheline décide, au milieu des rires, de s'appeler désormais Victoire... Effectivement, une victoire de l'Abwehr sur le SOE anglais (et sur la Résistance), ça va en être une... Les évaluations varient. Soixante-six arrestations selon le colonel Paul Paillole. Quatre-vingts ou quatre-vingt-dix selon l'amant et manipulateur de la Chatte au III-F, le feldwebel (adjudant) Hugo Bleicher. Une centaine, selon l'ancien de l'Abwehr Gert Buchheit. « Plus de cent agents de l'Interallié » arrêtés, selon l'avocat Albert Naud. « La vie de trente-cinq personnes », selon le témoignage du rescapé René Aubertin au procès de la Chatte. Enfin, selon le major du SOE Benjamin Cowburn, « la capture d'une soixantaine d'hommes, dont une cinquantaine furent exécutés »...

A presque toutes ces arrestations, Mathilde Carré assiste elle-même. C'est elle qui désigne ses victimes en prononçant les deux petites phrases que rapporte son biographe Gordon Young : « C'est bien lui... Vous pouvez y aller ! » En disant cela à Bleicher et autres sbires de l'Abwehr, la Chatte a le sourire aux lèvres. Elle trahit les siens avec une allégresse que tout le monde remarque. Dans une lettre à Young, en 1956, un homme de confiance français du SOE, Pierre de Vomécourt, fondateur du réseau Autogiro, intimement mêlé à l'affaire de l'Interallié, écrira même : « Elle s'est distinguée surtout par l'enthousiasme qu'elle a mis à envoyer ses anciens compagnons à la mort. »

Cette phrase, le baron Pierre de Crevoisier de Vomécourt l'avait prononcée dans la salle de la 14e chambre correctionnelle, au premier étage du Palais de Justice de Paris, côté quai des Orfèvres, où siégeait la Cour de justice qui l'avait appelé comme témoin au procès de Mathilde Carré, commencé le 3 janvier 1949... La dernière audience se termina le 7, à 21 h 30, par la décision que tout le monde attendait : la peine de mort.

Un film intitulé « La Chatte sort ses griffes »

La sentence ne fut pas exécutée, en raison d'une grâce présidentielle intervenue le 29 avril suivant. Décision elle-même suivie d'une commutation de peine, le 2 août 1952 : vingt ans de réclusion. Deux ans après, la Chatte était libre et s'installait dans l'appartement parisien de ses parents, avenue des Gobelins. On la disait malade, mais elle retrouva vite une santé dont témoignèrent trois ouvrages publiés sous son nom. Respectivement parus en 1959 et en 1975, les deux premiers étaient des livres de mémoires, deux versions de ses souvenirs d'ailleurs nettement différentes. Edité en 1975, le troisième volume vaut son pesant d'eau bénite. Intitulé *Ma conversion*, il est préfacé par un père jésuite et postfacé par un dominicain.

Lire les œuvres de la veuve Carré, c'est s'enfoncer dans un tas d'immondices narcissiquement aspergées d'eau de rose. Le cinéaste Henri Decoin n'en fut pas rebuté qui en tira deux films, en 1958 et 1960 : *La Chatte*, puis *La Chatte sort ses griffes*. Présentée comme une victime, la dénonciatrice y est interprétée par une charmante jeune première d'alors, Françoise Arnoul. La caméra et le goupillon. Le succès cinématographique parvint insensiblement à ce que n'auraient pas pu les seules absolutions, si étrangement élogieuses qu'elles fussent : faire passer une championne de la délation pour une espionne au grand cœur piégée par la bassesse de ses manipulateurs teutons. On parla désormais couramment d'« espionne n° 1 », et même souvent de « Mata Hari de la Seconde Guerre mondiale ». La comparaison avec l'odalisque du précédent conflit était particulièrement mal venue, mais il est vrai que les zones d'ombre qui subsistent dans l'affaire de la Chatte sont aussi de nature à conforter n'importe quelle comparaison...

Aux questions qui demeurent, on chercherait en vain des réponses dans la biographie anglaise déjà citée, dans la polonaise de Jerzy Wojtkiewicz, dans l'allemande de l'adjudant Bleicher et du comte Michael Soltikov, dans le roman à clef du commandant Roman Czerniawski ou dans le récit de l'ancien supérieur de Bleicher à l'Abwehr, le major Erich Borchers. Et pourtant, même en tenant compte du plan de contre-intoxication conçu par Pierre de Vomécourt lorsque Mathilde Carré lui eut avoué sa trahison, leur embarquement dans la nuit du 26 au 27 février 1942, à la pointe de Bihit (Côtes-du-Nord), sur une vedette rapide du SOE sous les yeux d'une Abwehr attentive et laissant faire, n'a-t-il pas de quoi laisser pantois ? Et la façon dont la Chatte passe les mois suivants à Londres, en toute liberté, dans le giron de la French Section du SOE avant d'être finalement emprisonnée le 2 juillet 1942, par des Britanniques qui, entre-temps, ont renvoyé de Vomécourt en France occupée où, lui, c'est l'Abwehr qui l'arrête ? Et l'absence au procès des deux autres protagonistes de l'affaire : le fait que ni Czerniawski, alias Armand, ni Bleicher n'y furent entendus comme témoins, alors que le premier était devenu officier de la Royal Air Force et que le second avait pu échapper à toutes poursuites en se faisant l'auxiliaire des services secrets français ? Et la présence, en revanche, à ce même procès, d'un des principaux officiers résistants de l'Armée de l'armistice, lequel demanda et obtint le huis-clos pour témoigner en faveur de l'accusée ? Et la manière dont, dans ses souvenirs, l'avocat de la Chatte explique que si le président Vincent Auriol gracia sa cliente ce fut, sans doute, parce que figurait au dossier une fiche laissant supposer qu'avant de devenir commodore d'une escadrille de bombardement de la RAF, Czerniawski, cette fois alias Vallenty, avait été recruté et immatriculé par l'Abwehr comme l'« agent n° 7167 (6204/42/GZ III C 2 B) » ? Et enfin, cette notation, pour le moins désabusée, de Benny Cowburn, major du SOE, rappelons-le : « Depuis quelque temps, nous avions pris l'habitude d'employer certains termes qui devaient, par la suite, entrer dans le vocabulaire des agents secrets, tels que "contaminés", "malade". Ces expressions nous vinrent naturellement... »

« Employé comme contre-agent par nos services... »

Tissu d'équivoques, abîme d'ambiguïté, certes. Mais surtout en apparence. Car pour qui s'efforce de parler en termes de bilan, une constatation s'impose... Même si Mathilde Carré affirme avoir apporté à Londres l'organigramme où l'Abwehr avait reporté tout ce qu'elle savait de la Résistance, plus le code secret des transmissions-radio de cette même Abwehr, il n'en reste pas moins que, quand on se décide enfin à l'enfermer dans les prisons d'Aylesbury puis de Holloway, de l'autre côté de la Manche, le SOE a pratiquement perdu toute implantation en zone occupée.

Et d'ailleurs, au bout du compte, quoi de plus classique, on pourrait presque dire banal, que les motivations de Mathilde Carré ? La peur, l'argent, le sexe, la vengeance, le pouvoir, etc. — autant de mobiles qui ont toujours engendré des judas. Les nazis le savaient, et la façon dont ils s'en servirent est, elle aussi, très classique et banale. Ce qui le fut moins, c'est le taux de réussite obtenu par l'occupant et le fait que la trahison connut de très riches heures durant les années noires... Aussi bien, même si nous ne voulons pas jouer le jeu malsain de l'histoire de la Résistance réduite à ses traîtres, il faut bien rappeler ici que la plupart des dirigeants importants de la Résistance qui finirent en martyrs avaient été arrêtés après trahison... Faut-il rappeler quelques exemples ?

Pour Honoré d'Estienne d'Orves, le traître s'appelait Geissler, alias Marty... « "Marty", note Hervé Le Boterf, avait fourni toutes les coordonnées. Aussi fut-ce un jeu d'enfant pour les policiers que de surgir à l'instant judicieusement choisi... » Et le même auteur ajoute que l'homme était « très à l'aise dans son rôle de traître », qu'il y mettait « une sorte de raffinement d'artiste ».

Pour Boris Vildé et Léon-Maurice Nordmann, le traître s'appelait Albert Gaveau... « Je classais et détruisais des papiers chez moi, racontera plus tard André Weil-Curiel, quand Vildé se présenta en compagnie d'un garçon que je ne connaissais pas et qu'il me présenta sous le nom d'Albert Gaveau. C'était un homme de trente à trente-cinq ans, trapu, la tête enfoncée dans les épaules, le buste un peu tordu, pâle, les yeux plissés, le regard fuyant, vêtu modestement. "J'ai choisi Gaveau, me dit Vildé, pour vous accompagner (...). Il veillera à ce que tout se passe bien..." »

Pour Berty Albrecht, le traître s'appelait Jean Multon alias Lunel... Dans un rapport de synthèse rédigé le 19 juillet 1943 par le responsable de la Gestapo de Marseille, le SS-Scharführer Dunker, dit Delage, et retrouvé sous la référence « IV E 3-899 43 G », on peut lire : « Multon Jean, André. Français, marié, né le 3 juillet 1908, à Preuilly-sur-Claise, dessinateur. (...) Arrêté le 28 avril 1943. Alias "Lunel". Adjoint au chef régional de "Combat", plus tard du "Mouvement uni". Employé depuis le 30 avril 1943 comme contre-agent par nos services et par la section de Lyon... » De leur côté, Henri Noguères et Marcel Degliame-Fouché font le commentaire suivant : « Arrêté, Multon ne s'est pas fait prier pour parler. Il n'a même pas l'excuse d'avoir craqué après de longues tortures. C'est quelques heures à peine après son arrestation que la police allemande put se rendre, sur son indication, à Marseille chez Benjamin Crémieux, chef du SR, et chez Chevance-Bertin, puis chez le docteur Crouzet, (...) D'autres arrestations, également imputables à Multon, auront lieu à Lyon et à Paris au cours des deux mois suivants. » Et Guillain de Bénouville raconte : « Lunel était passé purement et simplement au service de l'ennemi. (...) Maintenant, protégé par des gardes du corps, il circulait en France, hantant les capitales de nos régions, parcourant les avenues où nous avions l'habitude de donner nos rendez-vous, allant droit aux restaurants que nous fréquentions et donnant à ceux qu'il rencontrait et qui ne connaissaient pas encore sa trahison le baiser de Judas qui les perdait. En vain, nous avions tenté d'organiser à Lyon une embuscade pour l'attirer et le tuer. Lunel était méfiant... »

Pour le lieutenant-colonel Pierre Marchal, le traître s'appelait Odette Sorlin... En évoquant plus haut la fin tragique du premier DMN (délégué militaire national) envoyé en France occupée par le général de Gaulle, nous avons cité les explications avancées par Yves Farge et Jacques Soustelle sur la façon dont cet officier avait été trahi. Volontairement nous n'avions pas précisé plus avant, afin que le lecteur ait une idée juste de la sorte de brume qui entoure généralement ce genre d'affaire. Soyons maintenant plus nets en nous référant à l'ouvrage de Jean Cathelin et Gabrielle Gray sur la « Gestapo française ». En annexe à leur livre, ces deux auteurs publient une « liste de gestapistes français condamnés par les cours de justice à la Libération ». C'est dans cette liste que sous la rubrique « Cours de la Seine » on peut lire : « Odette Sorlin, trente-huit ans, membre du RNP de Déat, hôtelière à Deauville ; convaincue d'avoir livré le réseau de la rue de la Pompe (la comtesse d'Alincourt, sa locataire à Paris, et dix personnes qui ont été déportées) et dénoncé le colonel Marchal qui habita la chambre qu'elle louait à Mme d'Alincourt (...) ; condamnée à mort le 13 mars 1946 ; pourvoi en cassation rejeté le 27 ; bénéficie d'une grâce présidentielle et de la commutation de sa peine en travaux forcés à perpétuité, le 30 mai. »...

Et pour le général Charles Delestraint, pour Jean Moulin, qui furent les traîtres ? Bien sûr, on peut et il convient de répondre à nouveau : Jean Multon, alias Lunel ; Robert Moog, ancien contremaître à la poudrerie de Toulouse devenu « contre-agent » de l'Abwehr de Dijon sous le matricule « K. 30 » ; René Saumandre, lui aussi « contre-agent » de l'Abwehr... Mais, même si un Multon, un Moog, un Saumandre ont permis au SS-Hauptsturmführer Klaus Barbie et à ses semblables de tisser le filet qu'ils vont jeter en juin 1943 à Paris et à Lyon, il y eut, surtout pour Moulin à Caluire, le traître déclencheur, celui qui « donna » le rendez-vous secret à la Gestapo. Rapidement identifié, ce traître-là se défendit si bien, et avec de tels appuis, qu'il fut blanchi sans l'être tout en l'étant et que son cas controversé contribua largement, surtout après la relance du procès Barbie, à ce que soient écrites, à propos de l'« affaire Jean Moulin » des dizaines de milliers de pages au fil des décennies... Rappelons d'abord les faits.

« Chose jugée » ou « fiction légale » ?

En juin 1943 donc, deux coups de filet, celui du 9, à Paris, aux stations de métro La Muette et Rue de la Pompe et celui du 21 au domicile du docteur Frédéric Dugoujon, à Caluire, dans la banlieue de Lyon, décapitent presque la Résistance non communiste. En plus de Moulin et de Delestraint, une demi-douzaine de chefs nationaux et une douzaine de leurs plus proches collaborateurs sont arrêtés par les Allemands : Raymond Aubrac et André Lassagne, inspecteurs généraux de l'Armée secrète (AS), le premier pour la zone Nord et le second pour la zone Sud ; Henry Aubry, chef d'état-major de cette même AS ; le colonel Joseph Gastaldo, chef de son 2e Bureau ; le colonel Lacaze, chef du 4e Bureau ; le colonel Schwartzfeld, ami et conseiller personnel de Delestraint ; Bruno Larat, chef du COPA (Centre des opérations de parachutage et d'atterrissage pour la zone Sud), etc.

Dès le lendemain du drame, la plupart de ses camarades soupçonnent un membre du 3e Bureau de l'AS, spécialement chargé des sabotages ferroviaires, l'attaché de direction de la SNCF René Hardy. Après enquêtes et contre-enquêtes, Hardy, d'abord laissé libre et même appelé à son cabinet ministériel, dès Alger, par Henri Frenay puis finalement arrêté après la Libération, sera jugé et acquitté deux fois : le 24 janvier 1947 par la Cour de justice de la Seine et le 8 mai 1950 par le Tribunal militaire permanent de Paris. Acquittement, donc « chose jugée ». Certes, mais « chose jugée » dont on discute encore un demi-siècle plus tard et dont, nous allons le voir, beaucoup n'ont pas craint de bousculer publiquement le caractère théoriquement sacré sans que, pour autant, la Justice réagisse. Alors, que faire ? Les deux premiers historiens de la Résistance française et anciens résistants eux-mêmes, Henri Michel et Henri Noguères, sont à ce sujet d'un avis opposé. Pour le premier, « de toute façon — et c'est une servitude de l'historien de la Résistance — cet épisode n'aurait pu être éclairci que partiellement ; il y a "chose jugée" et la "chose jugée" est intouchable. » Pour le second, « il serait trop facile d'éluder ces questions en se contentant de s'abriter derrière l'autorité de la "chose jugée". Beaucoup de ceux qui ont adopté cette attitude commode l'ont d'ailleurs souvent nuancée d'hypocrisie, car les termes mêmes dans lesquels ils affirmaient s'incliner devant deux arrêts de justice définitifs laissaient supposer qu'ils auraient eu beaucoup à dire si la loi ne leur avait imposé d'accepter sans discussion la "chose jugée". (...) La "chose jugée" reste "l'expression d'une vérité humaine" qui demeure à nos yeux d'autant plus faillible que l'on a cru devoir soumettre à des tribunaux militaires du temps de paix des affaires — car il y en eut d'autres — qui exigeaient une connaissance et une compréhension de la vie clandestine, de ses servitudes, de son climat, que l'on n'était pas assuré de trouver chez tous les juges militaires... et pour cause. C'est assez dire que nous n'entendons faire de cette "fiction légale" ni le mauvais prétexte d'un escamotage du problème posé ni le trop facile alibi permettant d'exprimer sans risques des sous-entendus malveillants. (...) Pour ce que l'on a appelé l'"affaire Hardy", il ne peut y avoir, selon nous, d'autre "chose jugée" que le verdict rendu secrètement, en son âme et conscience, par chaque ancien résistant, sans omettre René Hardy lui-même dont nul n'a le droit de minimiser les titres de Résistance. »... Ce qui est sûr, c'est que rarement, et même très rarement, une "chose jugée" a connu tant de tribulations et que, si pierre n'amasse pas mousse, il est des acquittements qui, à force d'être cités, se détériorent à l'usage.

Or, pourquoi deux procès, pourquoi donc deux « choses jugées » ? « Hardy a commencé par nier purement et simplement qu'il avait été arrêté, rappelle Henri Michel dans son livre *Jean Moulin l'unificateur*. Il a prétendu que, profitant d'un ralentissement du train, il avait sauté en marche, en abandonnant ses bagages. Traduit devant une Cour de justice, ses déclarations n'ayant pas pu être infirmées, il fut acquitté et il publia même un récit de sa spectaculaire et imaginaire aventure. Mais par la suite, le contrôleur des wagons-lits, de service dans le train la nuit du 8 au 9 juin 1943, fut retrouvé ; l'examen des tickets de location prouva que, à Chalon-sur-Saône, il avait donné à un autre voyageur la couchette laissée libre par Hardy ; il avait en outre signalé sur sa feuille de contrôle que deux voyageurs avaient été arrêtés à Chalon par la police allemande. Hardy reconnut alors son arrestation ; mais traduit une deuxième fois en justice, devant un tribunal militaire cette fois, il en minimisa l'importance. Il affirma constamment qu'il était coupable d'imprudence, de faux calculs, mais non de trahison. Il reconnut avoir été interrogé par Barbie, avoir admis qu'il travaillait pour la Résistance et accepté de se prêter à une collaboration à caractère politique. Mais, dit-il, les Allemands ne l'avaient pas identifié comme étant le "Didot", responsable du "Sabotage-Fer", dont ils savaient qu'il avait rendez-vous avec le général Delestraint et qu'ils recherchaient. »

Lors des deux procès, René Hardy eut le même avocat : Me Maurice Garçon. Ce célèbre juriste et académicien français commença sa seconde plaidoirie, celle prononcée devant le Tribunal militaire, en des termes qui valent d'être retenus. « Messieurs, pour la seconde fois, je me présente à cette barre pour défendre Hardy et je comprends que vous ayez le droit de vous montrer étonnés de ma présence, déclara-t-il d'emblée aux juges en uniforme. Après son premier acquittement, le scandale causé par la découverte du mensonge qui l'avait fait absoudre semblait devoir, pour l'avenir, me réduire au silence. Pourtant, vous me retrouvez résolu à le défendre encore et la contradiction apparente de mon attitude pourrait vous faire douter de ma sincérité. C'est pourquoi j'estime que, d'abord, je vous dois personnellement des comptes. Il est vrai que j'ai, sans le savoir, soutenu publiquement un mensonge. J'ai connu, après l'acquittement, l'orgueil d'avoir contribué à faire triompher une cause que je croyais juste et je suis, dès le lendemain, tombé de haut. A peine avais-je savouré ma joie qu'il m'a fallu apprendre que mon client m'avait menti, qu'il avait escroqué ma bonne foi. Plein de tristesse et de confusion, je me suis retiré. (...) Ce que je pensais à ce moment là, je ne l'ai dit à personne, mais je dois vous le révéler aujourd'hui. J'ai cru Hardy coupable ! (...) Et les mois ont passé. Mes deux amis, André Constant et Daniel Thirault, qui me remplaçaient, ont suivi l'instruction du nouveau procès. (...) Mes fidèles amis m'ont exprimé leurs angoisses en même temps qu'ils m'affirmaient la certitude d'une innocence qui leur apparaissait de jour en jour plus claire. Je n'ai pas voulu me fier à leur seul avis qui pouvait être faussé par une générosité un peu aveugle. Je me suis fait remettre le dossier. Je l'ai lu seul. J'ai critiqué, pour moi-même, toutes les pièces. Je n'ai éludé aucune difficulté et j'ai jugé sans indulgence. Ainsi est entrée en moi une conviction faite non de sentiments ou d'émotions, mais seulement de froide logique. Rien ne pourra plus m'ébranler : Hardy est innocent. »

De la confiture au cyanure

Au printemps de 1950, quand se termina le second procès, comme le dira lui-même plus tard René Hardy, « les passions étaient légèrement retombées ». Le prestige de la « chose jugée » aidant, les controverses publiques cessèrent bientôt. Lorsque, devenu écrivain, René Hardy publia, en 1955, son premier livre intitulé *Amère victoire*, le souvenir de l'affaire fut évoqué, mais sans plus. Il fallut que soit découvert en Bolivie, où il se cachait sous le faux nom d'Altmann, l'ancien chef de la section IV (Gestapo proprement dite) des services de sécurité nazis à Lyon, le SS-Hauptsturmführer Klaus Barbie, ultérieurement réemployé par le général Gehlen au profit de la CIA américaine, pour qu'au printemps de 1972 recommence dans la presse une confrontation publique de témoignages et de déclarations souvent contradictoires et où le rôle de René Hardy était fréquemment mis en cause. A l'époque, les contestations les plus vives de sa version des faits ont été apportées par Laure Moulin, la sœur de Jean Moulin, et par Raymond Aubrac. En fait, Laure Moulin avait exprimé sa position dans le livre qu'elle avait publié à la fin de 1969 sous le titre *Jean Moulin* et avec une préface d'André Malraux. C'est cette position qui fut souvent citée au printemps de 1972. En commentant les « deux procès Hardy », la sœur du fondateur du Conseil national de la Résistance (CNR) écrivait : « On sait qu'il fut deux fois acquitté, la première fois par la Cour de justice, en 1947, au bénéfice du doute, l'autre par le Tribunal militaire, en 1950, à la minorité de faveur. Ces acquittements n'ont convaincu ni les victimes de la trahison de Caluire ni moi-même. » Et, un peu plus loin, elle ajoutait : « C'est Aubrac qui, le premier, m'a exposé le mécanisme des arrestations de Caluire et donné le nom des participants à cette réunion. Pour lui, aucun doute possible sur la personne qui avait trahi. Lorsque je vis Lassagne et Gastaldo, ils furent aussi formels. Le premier, qui était resté en cellule à Fresnes avec Delestraint, disait : “Notre brave général ‘Vidal’ n'est plus, hélas ! mais j'ai vécu assez avec lui pour pouvoir représenter sa voix, cette voix qui répétait sans cesse : “C’est Didot qui m’a trahi.”... »

Le « mécanisme » dont Raymond Aubrac avait parlé à Laure Moulin, il devait en exposer lui-même le détail lors d’une interview qu’il accorda à Guy Sitbon et que l’hebdomadaire *Le Nouvel Observateur* publiait le 12 juin 1972... Aubrac expose d’abord les circonstances dans lesquelles fut préparée et devait se tenir la réunion du 21 juin 1943 chez le docteur Dugoujon. Puis il raconte l’arrivée de Barbie. Et il ajoute : « Nous découvrîmes alors que René Hardy était là. Nous avons tous eu la même réaction. Stupéfaction. Indignation. Pourquoi était-il là ? Que venait-il faire ? Nous ne nous méfiions alors absolument pas de lui, mais ce n’était pas sa place, et la coïncidence avec l’arrivée des SS nous inquiétait. Notre inquiétude s’est accrue lorsque les SS ont passé les menottes à tous les hommes, y compris aux clients du docteur Dugoujon, sauf à René Hardy. Mais il y avait, sur le moment, plus urgent à faire. J’avalai les documents que Jean Moulin avait dans sa poche et il en fit autant pour moi, car nous avions les menottes. » C’est alors que Guy Sitbon demande à Raymond Aubrac : « Et la fuite de René Hardy ? » Aubrac répond : « Ce fut le comble. Il bouscule les SS comme des quilles et s’enfuit. Il n’y eut que deux ou trois coups de feu tirés contre lui alors que la maison était investie par une armada. Pas une seule rafale de mitraillette alors que nous avions affaire à un commando spécialisé. Vous trouvez ça normal, vous ?... Nous, nous avons été mis en prison. Et les camarades restés en liberté ont fait une enquête. Pour eux, la trahison de Hardy était une évidence. Ils le recherchèrent, alors que lui n’essaya à aucun moment de reprendre le contact. Puis ils apprirent qu’il avait été de nouveau arrêté et qu’il était soigné dans un hôpital réservé aux Allemands. C’est alors qu’ils décidèrent de le supprimer. Ma femme, Lucie, sur instruction des organismes dirigeants, lui envoya un paquet de nourriture avec un pot de confiture bourré de cyanure. Le pot était petit, pour qu’il ne lui vienne pas à l’idée de le partager avec d’autres. Mais, dès que Hardy reçut le colis, il demanda aux Allemands d’en analyser le contenu. S’il avait eu la conscience tranquille, il ne se serait pas méfié de nous. Le fait est que personne ne mangea jamais cette confiture... » Après avoir rappelé le premier procès, Aubrac en arrive à la découverte des tickets de location et de la feuille de contrôle des wagons-lits qui allait provoquer une nouvelle instruction et un nouveau débat. « Les cheminots, dit-il, furent ceux qui ont payé le prix le plus élevé pour notre liberté. C’est la seule profession dont l’action de Résistance fut liée à l’activité professionnelle. En une seule année (1944), ils firent sauter six mille voies de chemin de fer et plus de cinq mille locomotives. Huit cent neuf d’entre eux ont été fusillés, décapités ou pendus. Mille cent cinquante-sept sont morts en déportation. (...) Alors, les cheminots n’ont pas accepté que René Hardy se fasse passer pour leur chef. Ils ont cherché. Et c'est un employé des wagons-lits qui, dans les archives de la compagnie, a découvert le compte rendu de l'incident qui relatait l'arrestation de René Hardy par les Allemands dans un train, quinze jours avant le guet-apens de Caluire. (...) Lorsqu'ils apprirent la nouvelle, je crois que certains dirigeants de la Résistance voulurent enlever Hardy, qui se reposait en Allemagne, et lui faire signer une confession, puis l'inviter à se suicider. D'autres, je crois, étaient opposés à cette procédure expéditive. Si l'on m'avait demandé mon avis, je m'y serais opposé. Je n'ai pas changé d'avis... »

Une inflation médiatique

En cette même année 1972, à l'automne, paraissait le tome trois de *L'Histoire de la Résistance en France*, ouvrage dont Henri Noguères et Marcel Degliame-Fouché consacrent plus de soixante-dix pages au drame de Caluire. Déjà, nous en avons extrait leur opinion sur la « chose jugée ». Citons-en maintenant le passage où est porté un jugement sur le fond. « La vérité, écrivent les deux auteurs, est que si l'on se place du strict point de vue des règles implicitement acceptées par tous les résistants, la faute que René Hardy a reconnu avoir commise est sans excuse ni circonstance atténuante. Peu importe que l'on ne puisse prouver avec certitude que cette faute ait été à l'origine du drame de Caluire, puisqu'on ne pourra jamais prouver qu'elle n'y fut pour rien. Si, en 1943 — avant le 7 juin, s'entend... — René Hardy avait eu à se prononcer sur le sort d'un agent de son réseau coupable d'avoir simulé une fuite pour cacher son arrestation et sa libération obtenue en échange d'une promesse de coopération avec la Gestapo, il n'aurait pas hésité bien longtemps. Si les chefs de qui dépendait Hardy avaient su en 1943 ce qu'il ne devait avouer que quatre ans plus tard, ils n'auraient pas davantage hésité. » A propos de cette « coopération avec la Gestapo », nos lecteurs se souviennent peut-être qu'un peu plus haut Henri Michel avait déjà précisé que Hardy avait « accepté de se prêter à une collaboration à caractère politique ». Quelle politique ? Intervenant dans la controverse publique du printemps 1972, Claude Serreulles, que de Gaulle, dont il était l'ancien chef de cabinet, avait envoyé comme délégué général en 1943 en France et qui, à ce titre, assura la succession immédiate de Jean Moulin après son arrestation, souligne que l'« obsession de l'“antibolchevisme” apparaît clairement dans les réflexions de Barbie »... Un peu plus tard, dans *l'Humanité* du 21 juin 1972, Francis Crémieux, ancien de Combat, estime nécessaire, quant à lui, « que les jeunes (...) sachent que les deux procès et les deux acquittements de M. Hardy (1947 et 1950) ont été placés sur l'orbite de l'anticommunisme ». Et Crémieux rappelle qu'en 1950 Jean Nocher écrivait dans *Carrefour* : « Hardy fut, sans conteste, un des rares chefs qui, dans la période de politisation de la Résistance, refusèrent de se laisser noyauter par les communistes. »

Nous parlions plus haut de la relance du procès Barbie pour conforter notre constat du flot imprimé, et plus généralement médiatique, provoqué par l'« affaire Jean Moulin » en général, et l'« affaire Hardy » en particulier, au fil des dernières décennies... Disons plus précisément que, comme l'annonce de sa présence en Bolivie, en 1972, le retour du « boucher de Lyon » dans « sa » ville, au soir du 5 février 1983, puis sa comparution devant la cour d'Assises du Rhône, un peu plus de quatre ans plus tard, ont revigoré l'agitation médiatique et la production éditoriale autour de la mémoire de Jean Moulin au sens le plus large du terme... La décennie quatre-vingt a connu l'apogée de cette inflation, dont la simple évocation occuperait ici une place démesurée, même en la limitant à René Hardy, lequel, par exemple, n'a pas manqué l'occasion de jeter de l'huile sur le feu en publiant, en 1984, sa propre hagiographie dans un gros volume intitulé *Derniers mots*... C'est pourquoi, après des textes des années cinquante, soixante et soixante-dix, c'est dans ceux des années quatre-vingt-dix que nous leur chercherons un écho. Ce qui nous permettra aussi de voir où en était, tout récemment, l'interminable débat sur la trahison ou la non-trahison de l'intrus de Caluire.

En avril 1990, le général Maurice Chevance-Bertin publie son livre, déjà cité, *Vingt mille heures d'angoisse*... Il y évoque « la stupeur provoquée fin 1944 par l'arrestation d'Hardy », et il ajoute : « En fait, nous sommes quelques-uns alors à n'en être pas vraiment surpris. Pour ma part je m'y attendais depuis mon séjour à Alger où, sept mois plus tôt, j'avais été le témoin de l'arrivée de Hardy en Afrique du Nord. De là dataient mes premiers doutes, qui peu à peu allaient se transformer en intime conviction. (...) Dès cette époque, Aubrac tenait Hardy pour le responsable des arrestations de Caluire. Lui et d'autres camarades, en France, avaient amassé nombre d'indices et de présomptions en ce sens, suffisamment accablants pour constituer un dossier qui avait été transmis à Londres. Suffisamment aussi pour projeter de l'empoisonner en prison (...). Je rapportai à Frenay ces affirmations d'Aubrac. Il me répondit qu'il était au courant, Aubrac lui ayant tenu les mêmes propos, mais qu'il n'était pas pensable qu'Hardy fût coupable ; c'était notre camarade, nous devions le défendre contre ces "ragots". Et il me demanda avec insistance de le rencontrer dès son arrivée. Je le rencontrai donc (...). Il était avec sa compagne, Lydie Bastien, une très belle femme. (...) Dès le moment où je lui tendis la main, je fus fixé : il n'était pas à l'aise. Et j'éprouvai, moi aussi, une gêne indéniable... »

Le petit livre bleu

Après avoir noté qu'au contraire la compagne de René Hardy « respirait la joie de vivre », Chevance-Bertin poursuit : « Lydie Bastien se mit à tenir des propos qui me troublèrent. Elle savait que j'avais un bureau au ministère de la Guerre et m'exposa un plan mirobolant. Elle avait une filière qui lui permettait de faire passer des renseignements aux Allemands. On pourrait ainsi les intoxiquer. Je fus éberlué par cette proposition de la part d'une femme qui quelques minutes plus tôt ne me connaissait pas et jouait les Mata Hari ! Hardy, lui, ne disait rien. Il était ailleurs. Aujourd'hui encore, je me demande ce que tout cela voulait dire. Lydie Bastien disposait-elle vraiment d'une filière, et cherchait-elle en me proposant ce service à consolider le retour en grâce de son compagnon ? Ou bien était-elle au service des Allemands, et comptait-elle jouer double jeu en notre défaveur ? Je fis part à Frenay de mon effarement. “Tu vois le mal partout”, me répondit-il. »

En février 1996 paraît la « 2e édition corrigée » du volume de la collection *Que sais-je ?* écrit par l'universitaire Jean-François Muracciole et intitulé *Histoire de la Résistance en France*, ce petit livre bleu qui sera si utile à ceux de nos confrères journalistes qui suivront le procès Papon sans rien savoir de la Résistance, ou si peu... Le professeur Muracciole consacre à peine deux lignes à l'affaire qui nous occupe. « Le “retournement” de Multon, se borne-t-il à écrire, offrit l'arrestation de Hardy, puis celle de Moulin et de ses adjoints. » Aussi elliptique qu'énigmatique...

En novembre 1997, le professeur d'histoire contemporaine à la Sorbonne François-Georges Dreyfus republie son *Histoire de la Résistance* parue l'année précédente. S'il ne croit pas à la culpabilité d'Hardy, l'éminent universitaire ne recule pas devant les hypothèses. Pour lui, ce qui « devrait replacer l'affaire de Caluire dans tout son contexte, c'est que plusieurs autres groupes vont être démantelés à Lyon au même moment, sans qu'il semble y avoir de lien apparent avec Jean Moulin. (...) Huit réseaux démantelés en dix jours, ce n'est ni le fait du hasard, ni une coïncidence, ni une dénonciation, mais bien le résultat d'un travail de contre-espionnage en profondeur (...). L'opération de Caluire n'est donc pas un cas isolé et on ne peut, quels qu'en soient les éléments, la traiter à part, comme on l'a fait trop souvent. Certes les imprudences des uns et des autres ont favorisé la tâche de Barbie, mais il disposait vraisemblablement de l'essentiel des éléments avant l'arrestation de Hardy. » Cela dit, l'historien entend aussi recourir à une interrogation qui n'est pas nouvelle mais permet bien des suppositions : à qui profite le crime... « On peut se poser aussi une autre série de questions, écrit-il, en utilisant l'adage “Is fecit cui prodest”. Ce ne sont pas les gaullistes ni non plus les giraudistes puisqu'à ce moment-là le CFLN existe ; mais alors qui, en dehors des Allemands naturellement ? Ce pourraient être les Soviétiques par personnes interposées qui peuvent craindre que la politique de Moulin ne fasse de la France le contraire de la Yougoslavie. (...) Après tout, c'est quelques semaines plus tard, le 17 août, que Fried, l'ancien agent du Komintern dans lequel on n'a plus confiance, est abattu par le Guépéou à Bruxelles. » Que le lecteur, ici, ne sursaute pas — François-Georges Dreyfus est un éminent universitaire. Ecoutons-le à nouveau : « Ce pourraient être les Américains qui en veulent à Moulin d'avoir liquidé la filière suisse et qui savent le rôle qu'il a joué pour mettre la Résistance au service de De Gaulle. Ce pourraient même être les Britanniques parfaitement capables de liquider ou de laisser liquider un réseau au nom de la raison d'Etat. (...) Toutes ces hypothèses sont tout à fait hasardeuses mais pas plus "stupides" en définitive que celles qui ont été émises sur la culpabilité possible mais non prouvée de Hardy. Il y a surtout une série de coïncidences fondées sur des incidents que l'on aurait pu prévoir, une série d'imprudences. »

« Discussions féroces... Polémiques furibondes... Interprétations furieuses »

En novembre 1998 est mis en vente par les très sérieuses éditions du Seuil le livre de Jacques Baynac *Les Secrets de l'affaire Jean Moulin*. Son explication de Caluire par l'OSS, les services secrets américains, provoque aussitôt une levée de boucliers. Et un démenti, archives en main, de Daniel Cordier qui, sept mois plus tard, résumera ainsi son indignation : Jean Moulin « est maintenant jeté en pâture, caricaturé comme l'artisan de son propre martyre. D'autant que, si l'on suit Baynac, cette mort n'aura été que le fruit d'une trahison : la sienne à l'égard de De Gaulle... L'inanité de ce postulat de départ suffit à anéantir cette hypothèse rocambolesque. (...) Ce portrait de Jean Moulin en rival de De Gaulle, investi d'une légitimité personnelle qui aurait mis le pouvoir suprême à sa portée, n'apparaît pas seulement comme une calomnie, il est une trahison de l'histoire par méconnaissance de la Résistance, de la France libre et de la politique des Anglo-Saxons. »

Rocambole ou pas, Baynac persiste. Il maintient toute sa thèse. Y compris bien sûr sa mansuétude pour Hardy. D'abord, écrit-il dans *Les Secrets de l'affaire Jean Moulin*, toutes les données du problème, « avant Caluire, pendant et après, ont fait l'objet de discussions féroces, donné lieu à des polémiques furibondes, suscité des interprétations furieuses. Tant et si bien que, cinquante-six ans après les faits, le dossier de l'affaire se présente comme une épaisse stratification de données contradictoires, de témoignages antagonistes et d'hypothèses incompatibles, une seule conviction unifiant cet embrouillamini : il y eut trahison. (...) Faiblesse majeure du dossier, on s'est toujours perdu en conjectures sur le mobile. Hardy a-t-il agi pour sauver sa vie, comme on peut l'imaginer aisément ? Par lâcheté, comme on l'a soutenu ? Pour, comme on l'a cru, protéger sa compagne, Lydie Bastien, dont il était alors fort épris ? Par appât du gain, comme on l'a même dit ? Par anticommunisme, comme beaucoup le subodorent et comme lui-même l'a finalement laissé entendre ? Pour une ou plusieurs raisons demeurées inconnues ? On n'en sait rien du tout. Mais plusieurs mobiles supposés n'en font pas un prouvé. ». Toutefois, pour Jacques Baynac, « mettre en lumière la fragilité de l'accusation visant le résistant ne saurait conduire à s'aveugler sur l'homme. Hardy n'était pas l'ange innocent qu'il prétendait être. Courageux mais pas moins ambitieux, amoureux transi mais simultanément séducteur invétéré, honnête mais aimant l'argent, sérieux mais hâbleur à l'occasion, c'était un homme sans doute attachant mais assurément complexe. C'était aussi un fieffé menteur. »

En ce même mois de novembre 1998, voici le livre de Pierre Péan dont on remarque d'emblée le pluriel du titre : *Vies et morts de Jean Moulin*. Comme dans l'ordinaire des jours de cet auteur, investigateur-né, l'enquête de sept cents pages est extrêmement bien documentée, vivante jusqu'à sembler parfois un peu à l'emporte-pièce, globalement passionnante. Pourtant, ce sera sept mois plus tard que Pierre Péan donnera vraiment son sentiment sur René Hardy. Pour l'instant, il se pose surtout, lui aussi, des questions. Quelques lignes suffisent à montrer lesquelles (en précisant, pour la compréhension, que Jehan de Castellane et Raymond Richard sont deux agents allemands). Jean Moulin, se demande donc Péan, a-t-il été victime « des liaisons dangereuses existant entre René Hardy, Lydie Bastien, Bénouville, Jehan de Castellane et Raymond Richard ? Cette élimination s'est-elle effectuée au nom de la lutte anticommuniste, dont Raymond Richard était le champion ? René Hardy a-t-il été un pion dans un jeu compliqué, associant plusieurs groupes pour éliminer un gêneur, comme le suggérait Me Vergès ? Rappelons que le drame de Caluire s'est déroulé dans la phase finale de la lutte de pouvoir engagée par des responsables de Combat pour écarter Jean Moulin de ses fonctions à la tête de la Résistance intérieure ; et qu'en tout état de cause René Hardy a été envoyé à la réunion de Caluire après son arrestation par la Gestapo. »

« La République des catacombes »

En avril 1999 paraissent les mille pages de Daniel Cordier intitulées *Jean Moulin ; La République des catacombes*. L'ouvrage est une synthèse des six volumes en cours de parution sous le titre *Jean Moulin ; L'inconnu du Panthéon*. Nous avons déjà dit l'importance des travaux de Cordier qui ont pu souffrir au début d'avoir été, il y a dix ans, « promotionnés » comme un « show », mais qui maintenant prennent toute leur densité... Dans *La République des catacombes*, Cordier fait un constat, donne son sentiment le plus personnel et émet deux appréciations politiques.

Le constat va de soi, mais avec une clarté inhabituelle... « Après la disparition de Moulin, écrit ainsi son plus-que-biographe, commence ce que l'on appelle l'"affaire Hardy". Cette période, qui dure encore, fut le temps des polémiques, dont l'arrière-plan fut souvent politique. Simultanément, la justice recherchait la vérité : Caluire est-il dû au hasard, à l'imprudence ou à la trahison ? Quelle est la part de responsabilité des acteurs directement concernés (Aubrac, Aubry, Bénouville, Hardy) ? Où est le mensonge ? Où est la vérité ? »

Le rappel des sentiments personnels de l'auteur est d'une évidente franchise. « En juin 1943, se souvient Daniel Cordier, comme la plupart de mes camarades, je fus persuadé que Hardy était coupable. Dans le feu de l'action, il n'y avait pas de place pour le doute, car l'efficacité de nos services et la vie de chacun étaient en jeu. Aussi, lorsque j'appris qu'on avait tenté de l'empoisonner, je regrettai qu'il en ait réchappé, espérant qu'on l'abattrait à la première occasion. » Et plus tard... « Ni plus ni moins que tout autre résistant, je ne détenais la vérité sur cette affaire (...). Il fallait avant tout que je m'informe. Durant des mois, je lus ou relus des témoignages qui, je l'avoue, obscurcirent mon jugement plus qu'ils ne l'éclairèrent. Si bien que j'étais persuadé, le matin, de l'innocence de Hardy tandis que, le soir, sa culpabilité m'apparaissait évidente ! A mesure que j'avançais dans le dépouillement des dossiers, j'étais empêtré dans la masse des témoignages, dont l'éloquence convaincante emportait, tour à tour, mon adhésion. »

Les deux appréciations politiques de Daniel Cordier sont intéressantes, mais sont-elles contradictoires ou complémentaires ? A chacun d'en juger. Les voici... « L'affaire de Caluire, écrit d'abord Cordier, fut traînée hors du champ judiciaire par la politisation que lui imprimèrent les communistes pour tenter de discréditer les chefs de mouvements qu'ils estimaient leur faire obstacle dans l'unification de la Résistance à leur profit. Dès lors, il fallut se battre pour sauver sa peau et le fait de croire ou non en la culpabilité de René Hardy se chargea d'implications politiques qui reléguaient à l'arrière-plan la vérité et la justice. Deux clans s'affrontèrent, au grand dam du reste des résistants qui ne voyaient là qu'une triste publicité. » Et Cordier parle même alors de « carnage entre anciens camarades ». Passent les pages et les décennies... « Aujourd'hui, écrit le même Cordier, il y a toujours des résistants ou des auteurs qui, pour des raisons qui n'ont rien à voir avec l'innocence ou la culpabilité de Hardy, repoussent l'accusation portée contre lui. (...) On ne s'étonnera pas de l'attitude de ses partisans. En avançant plusieurs explications à cette catastrophe, ils défendent une position politique contre telle tendance de la Résistance, ou contre celle-ci en général. »

En mai 1999, Jacques Baumel publie ses mémoires, déjà cités, sous le titre *Résister ; Histoire secrète des années d'Occupation*. Aujourd'hui député-maire gaulliste de Rueil-Malmaison (Hauts-de-Seine), ce compagnon de la Libération qui fut secrétaire général des MUR (Mouvements Unis de Résistance) est un témoin de première main. Son témoignage s'est enrichi d'un demi-siècle de réflexion... « Quelques jours à peine après le drame, confirme-t-il d'abord, un nom commence à circuler avec insistance, celui de René Hardy, que Bénouville défend déjà avec acharnement. (...) Certaines contradictions nous sont apparues dès l'époque des faits. D'autres, les plus nombreuses, ne se sont révélées que bien plus tard. Ce qui explique notamment que l'hypothèse Hardy a été très vite privilégiée autant par les services de Gemahling que par le BCRA. Sauf que Hardy aura été loin d'être le seul dont l'attitude, durant ces journées dramatiques, recèle de ces "zones d'ombre" chères aux historiens. (...) J'ai toujours été surpris que le cas de René Hardy n'ait pas inspiré un grand metteur en scène de cinéma. Tout y est à profusion. Dans la personnalité de ce très sombre ou très pitoyable héros comme dans son odyssée qui paraît s'accomplir selon les lois mécaniques de la tragédie ; Hardy avait d'ailleurs été doté par la nature d'un bon physique d'acteur. (...) J'appréciais son courage, son efficacité, sa drôlerie un peu insolente. J'aimais moins chez lui ce mélange d'assurance et de nervosité et son caractère un peu hâbleur. Je me méfiais également, et je n'étais pas le seul dans ce cas, de la tournure que prenait sa liaison avec Lydie Bastien. (...) Hardy était devenu littéralement fou d'elle, la voyant sans arrêt, lui adressant des poèmes, sortant avec elle dans les endroits les plus exposés sans prendre de précautions. Il allait même jusqu'à l'amener avec lui à ses rendez-vous secrets, finissant par nous imposer la présence de cette toute jeune femme, complètement inconsciente, (...) et pour qui la clandestinité n'était que du roman vécu. Bénouville, peut-être parce qu'il était tombé lui aussi sous le charme, avait commencé à lui confier quelques petites missions. (...) Si jamais elle était arrêtée, cette jeune fille échappée du pensionnat devenait le maillon faible idéal pour la Gestapo, avec Hardy en point de mire. »

L'affaire Grandclément

Au bout du compte, c'est à la culpabilité de René Hardy que conclut Jacques Baumel... « Comme tous les acteurs du drame de Caluire qui ont eu la chance de survivre, je me suis beaucoup interrogé. De nouveaux éléments sont apparus. Il y a eu les procès Hardy, des témoignages, des livres. Des faits, inconnus de nous alors, sont maintenant avérés. D'autres sont encore l'objet de débats. Cinquante-cinq ans ont passé. Mon opinion a fatalement évolué. (...) Je crois que la vérité (...) est (...) simple. Dans la tragique affaire de Caluire, il y a un coupable, René Hardy, et plusieurs responsables. »

En juin 1999 arrive le livre que Pierre Péan n'avait pas prévu d'écrire et dont le contenu vaut mieux que le titre accrocheur : *La Diabolique de Caluire*... « Dans *Vies et morts de Jean Moulin*, publié à l'automne 1998, je n'avais pas longuement insisté sur la trahison de Caluire, le 21 juin 1943 (...). Je m'étais contenté de rapporter les faits connus de tous et de souligner la trahison de René Hardy, le chef de la Résistance-Fer. J'avais par ailleurs révélé l'existence d'un service de renseignements, le SR Ménétrel, dirigé par un ancien cagoulard nommé Raymond Richard, et suggéré que celui-ci avait peut-être joué un rôle dans l'arrestation de Moulin. J'espérais trouver plus tard des informations complémentaires... » En fait, il va les trouver plus tôt que prévu, ces informations qui, mêlées à la biographie de Lydie Bastien, vont devenir *La Diabolique de Caluire*... L'ouvrage se termine par une *Postface* que Péan a joliment intitulée *A l'attention de Mesdames et Messieurs les historiens*. Un texte de six pages qui commence par : « Le "testament" de Lydie Bastien n'est corroboré par aucune preuve écrite irréfutable qui attesterait que l'ex-fiancée de René Hardy a travaillé pour la Gestapo par le truchement de son amant Harry Stengritt, et aurait donc joué un rôle capital dans le drame de Caluire. » Et qui se termine par : « Lydie Bastien a bien été un agent allemand, et c'est elle qui a entraîné René Hardy dans la trahison. Jean Moulin en est mort. »

Plusieurs de ceux que nous venons de citer ont évoqué le profond anticommunisme de René Hardy. On ne dit plus « viscéral » sans caricature, mais là l'épithète conviendrait. On ne peut pas pour autant conclure de ce qui est connu que cet anticommunisme a été le mobile clef, le déclencheur de la trahison de Caluire. Une hypothèse à ne pas oublier certes, mais simplement un mobile parmi d'autres... Tel n'est pas le cas, bien au contraire, dans l'autre grande affaire de trahison qui a cruellement secoué la Résistance : l'affaire Grandclément.

En 1943, dans le langage des clandestins, la « région B » désigne l'ensemble des départements côtiers et limitrophes qui s'étendent de la Loire aux Basses-Pyrénées. Dans le chapitre de leur *Histoire de la Résistance en France* où ils évoquent l'activité des résistants non communistes en juillet 1943, Henri Noguères et Marcel Degliame-Fouché écrivent que dans cette « région B », « l'action conjuguée du chef régional OCM Grandclément, devenu chef de l'"Armée secrète", et de son adjoint le commandant Rollot a mobilisé tous les officiers résistants ». Et ils ajoutent : « La "région B" est d'ailleurs celle que l'OCM peut citer en exemple, à l'été de 1943, car Rollot s'y est employé avec succès à réaliser dans chaque département la fusion dans l'AS de tous les éléments de la Résistance autour du noyau le plus important et le plus actif, sans esprit de clocher ni de particularisme. (...) Mais cette situation florissante de la Résistance militaire dans la région de Bordeaux ne va pas durer bien longtemps. Une grave crise menace l'OCM et par voie de conséquence l'ensemble des organisations regroupées sous son égide. » Cette « grave crise », est-il possible de dire réellement ce qu'elle fut ? Henri Michel ne le pense pas qui remarque : « L'action du mouvement (...) fut traversée de drames affreux. L'OCM fut un mouvement de "technocrates" dont certains membres ne demeurèrent pas toujours insensibles à la propagande anticommuniste ; en outre, d'épouvantables tragédies de trahison les décimèrent. De ce fait, non seulement le rôle exact des disparus qui furent les pionniers du mouvement est difficile à déterminer, mais l'évocation des affaires de trahison est presque impossible. » Ces lignes sur l'impossibilité de dire la trahison, Henri Michel les écrit dans sa *Bibliographie critique de la Résistance* à propos de la monographie qu'Arthur Calmette a consacrée à l'OCM et à laquelle nous nous sommes déjà plusieurs fois référés.

« Les Allemands... étaient prêts à aider les maquis »

Voyons ce que dit Calmette en notant préalablement que le nommé Dohse dont il va être question est, dans la région, le chef du SD et de ce que les Français appellent la Gestapo, donc l'animateur des services de renseignements et de répression nazis. « A l'origine de ces crises, écrit Calmette, deux sources de renseignements pour la police allemande : l'une provenant d'agents doubles infiltrés dans des maquis de Corrèze, en relation avec des mouvements de résistance girondins, l'autre d'un membre d'une équipe de parachutage arrêté à Verteuil-d'Agenais. De proche en proche, le SD remonte à plusieurs chefs de l'AS, et particulièrement à "Bernard" (pseudo de Grandclément), habitant cours de Verdun à Bordeaux. Il apprend aussi l'emplacement d'un certain nombre de dépôts d'armes. Les noms connus, les souricières permettent d'arrêter, en juillet 1943, près de cent personnes. Grandclément, prévenu, a pu se réfugier à Paris, mais les policiers ont pu l'identifier et se procurer des photographies de lui. La perquisition à son domicile bordelais avait donné peu de résultat. Un des prisonniers révèle alors aux Allemands que beaucoup de membres de l'AS, la plupart OCM, figurent dans un fichier de Grandclément, soi-disant agent d'assurances, sous la rubrique : "polices possibles". Grâce au fichier, une centaine d'arrestations nouvelles sont opérées. Ont été arrêtés en juillet-août, les commandants de l'AS en Gironde, Grandier-Vazeille (déporté) ; dans les Deux-Sèvres, quarante-cinq résistants et leur chef Delahaye (quarante et un déportés) ; dans les Charentes, le général Jouffrault (déporté). L'AS est désorganisée dans toute la région B. (...) Le 19 septembre, Grandclément est arrêté à Paris par la police allemande et amené à Bordeaux. Dohse lui montre la liste des personnes arrêtées, celle des futures arrestations ; il indique qu'en combinant les aveux de certains prisonniers et les données de la Luftwaffe, il a les moyens de trouver les dépôts d'armes. Il lui offre alors le marché suivant : livrer les

armes ; en échange, la police allemande ne procédera pas à de nouvelles arrestations et libérera les personnes arrêtées (sauf une trentaine déjà transférées à Fresnes). Grandclément demande à consulter ses amis : il donne sa parole d'honneur et sa femme, prisonnière, sert d'otage. En définitive, pour sauver les hommes, Grandclément et ses amis acceptent de livrer le matériel. Première livraison, à Sabres, quarante-cinq containers ; à la Brède, deux cent soixante containers ; au Temple, trois cents containers, d'autres encore. La police allemande exécute la contrepartie prévue. Dans la région aucune nouvelle arrestation n'est opérée. Cent cinquante prisonniers environ sont mis en liberté. Dans l'ensemble donc, le marché a tenu. Sauf à Dax où Dusarrat ("Léon des Landes") refuse de voir Dohse et s'échappe et à Tonnay-Boutonne où le chef local refuse tout accord de ce genre. (...) Une seconde affaire se place vers la fin octobre 1943. Averti par le commandant d'une division allemande (...) qu'il y avait à Luxey, dans les Landes, un maquis, Dohse demande de surseoir à l'attaque de ce maquis et propose à Grandclément d'appliquer l'accord antérieur : remise des armes, liberté du personnel. Grandclément accepte. Le maquis prévenu semble accepter aussi et une date est fixée pour la livraison des armes. Entre-temps, le colonel Camplan, informé, retourne l'opinion des maquisards (un d'entre eux, décidé à appliquer l'accord de livraison, est abattu) et lorsque Dohse, Grandclément et un de ses amis viennent prendre les armes, ils sont accueillis par une fusillade et l'ami de Grandclément est tué. Les maquisards vont se réfugier à Geaune. A la suite de cette affaire, Grandclément est condamné par une espèce de conseil de guerre de la Résistance girondine (début d'octobre) et devient tout à fait suspect. Il conserve par ailleurs des amis qui refusent de le considérer comme un traître. Apparemment libre, il voyage dans la région, à Paris, sans rompre ses relations avec Dohse. »
Il va sans dire que certaines expressions employées par Arthur Calmette sonnent curieusement à nos oreilles. Des expressions telles que « pour sauver les hommes » ou « le marché a tenu » ou encore « une espèce de conseil de guerre de la Résistance ». Mais gardons-nous de commenter des faits qui sont fort éloquents par eux-mêmes. Notons simplement que ce singulier tourisme de la Gestapo dans les planques et les maquis sous les auspices du « guide » Grandclément durera près d'un an car ce ne sera que le 28 juillet 1944 que, pourtant dénoncé comme tel à plusieurs reprises par la Radio de Londres, le traître sera exécuté par des hommes d'Aristide, le représentant du SOE...

Des faits éloquents, disions-nous. Encore plus éloquents quand on les considère à travers un récit moins édulcoré que celui d'Arthur Calmette. Le 17 juin 1947, dans le cadre d'une des informations judiciaires ouvertes après la Libération à propos des trahisons de Gironde, l'un des subordonnés directs de Grandclément, un homme de quarante-quatre ans, déclarait aux enquêteurs par procès-verbal : « Personnellement, je n'ai eu aucun contact avec Dohse. J'étais pour les besoins de la Résistance en relation avec Grandclément que je connaissais comme mon chef direct. Fin septembre 1943, Grandclément a été arrêté par la Gestapo. Deux ou trois jours après son arrestation, Grandclément est venu me trouver à Biganos où je m'étais réfugié et il m'a annoncé son arrestation et son accord avec la Résistance avec qui il continuait à travailler sous le couvert. (...) Je n'ai voulu accepter les propositions de Grandclément qu'à condition que le "War Office" soit d'accord. Grandclément m'a alors fait remarquer que cette condition était déjà remplie et que la garantie était dans le fait même qu'il avait pu me contacter. En effet, le seul qui connaisse ma retraite était "René", plus connu par la suite sous le nom d'"Aristide". C'est "René" qui, par conséquent, avait indiqué l'endroit où je me trouvais à Grandclément. (...) J'ai indiqué plus haut que Grandclément m'avait dit que les Allemands acceptaient les groupes de Résistance à condition qu'ils ne soient pas d'obédience communiste. A ce sujet, il est bon de parler de la visite faite par Grandclément, Chazeau, Malleyrand et Dohse au maquis de Lencouacq (Landes), maquis placé sous mon autorité. D'après ce que j'ai su, il y aurait eu une visite préliminaire dont Guy Saramagna, le sous-officier, chef de camp, m'a rendu compte. Grandclément est arrivé au camp sans arme, accompagné de quatre personnes parmi lesquelles Malleyrand et Chazeau. Ils ont expliqué aux jeunes maquisards que, s'ils n'étaient pas communistes, les Allemands, qui portaient le sentiment national très haut dans leur cœur, accepteraient ce patriotisme des Français qui luttaient contre un ennemi et que, au besoin, ils étaient prêts à aider les maquis à condition qu'ils cessent la lutte ouverte contre les Allemands qui étaient prêts à se retirer pour leur laisser les coudées franches de façon à assurer l'ordre à leur départ. Grandclément et ceux qui l'accompagnaient ont alors annoncé une prochaine visite, cette fois avec prise d'armes, en présence de Dohse. Les jeunes y ont vu un moyen de se débarrasser des Grandclément, Malleyrand, Chazeau et Dohse et ils ont tendu une embuscade, le moment de la visite de Dohse ayant été précisé. C'est selon les instructions données par le "colonel Pierre" (G. de Margueritte) que cette embuscade a été tendue. Seul Chazeau fut atteint et tué sur le coup. Dohse et ses compagnons s'enfuirent et, le lendemain, une attaque contre le maquis de Lancouacq a été effectuée par douze cents Allemands appuyés par des automitrailleuses. Le maquis qui s'était replié après la mort de Chazeau n'a subi aucune perte. Le corps de Chazeau a été fouillé avant que le camp ne soit levé et il a été trouvé sur lui une carte de la Gestapo et une autorisation allemande de port d'arme que Guy Saramagna a portées aux services de police d'Alger lorsqu'il a rejoint les FFL... Pour terminer, je crois bon de signaler qu'il serait utile de procéder à l'audition de M. Le

Roy Ladurie, ancien ministre de Vichy, qui était en contact avec Grandclément (c'est Malleyrand qui leur servait d'agent de liaison) après que ce dernier eut été arrêté par Dohse. Il pourra sans doute expliquer quelles étaient les positions respectives de Dohse et des Allemands d'une part, de Grandclément et de la résistance anticommuniste créée par Le Roy Ladurie d'autre part. »

« Himmler tente de faire une paix séparée avec les Alliés »

Nous n'avons pu savoir si Gabriel Le Roy Ladurie fut effectivement entendu ni ce qu'il a pu dire sur la « résistance anticommuniste ». Toutefois, même à travers des fragments de dossiers, le personnage de Friedrich Wilhelm Heinrich Dohse et surtout l'opération qu'il était chargé de mener apparaissent de plus en plus nettement. L'un des membres de l'O.C.M. bordelaise, jeune encore mais déjà nanti de responsabilités importantes et qui fut arrêté à la fin de l'hiver 1944, nous a raconté, tout en nous priant de préserver son anonymat : « Au bout de trois jours d'interrogatoire, j'ai demandé à voir Dohse, connu de réputation. J'étais au courant de l'affaire Grandclément et des tractations de Dohse avec la Résistance, tractations inspirées, nous avait dit Camplan, par un des chefs de la Gestapo de Paris, Nœhring, qui avait reçu des instructions d'Himmler qui essayait de prendre contact avec Giraud. Dohse m'a reçu seul. C'était un garçon d'une trentaine d'années, bel homme, calme, s'exprimant correctement en français, intelligent, très "type des services spéciaux". On le voyait moins facilement en gestapiste. Pas la brute. Il fumait des cigarettes anglaises. On a parlé d'abord, bavardé ensuite. Je lui ai dit que j'avais des responsabilités et que j'avais connaissance des tractations en cours entre Himmler et Giraud. Il a eu l'air surpris et m'a demandé comment je l'avais su. Je lui ai répondu qu'il était normal que je le sache et que j'avais pris de telles précautions que s'il arrivait quelque chose, fusillade ou torture contre des agents ou des camarades de mon réseau, tout cela ferait l'objet d'une divulgation. En réalité, je n'avais pas les moyens de cette divulgation et je faisais de l'esbroufe. C'était un coup de poker. Il a été dupe ou il ne l'a pas été. Je ne sais pas. Mais son attitude a cependant changé. Certaines femmes du groupe et certains camarades ont été relâchés sans contrepartie. Et puis il m'a dit : "Et vous ?" Je lui ai répondu : "Je vous prie de me considérer comme un militaire patriote, un officier. Je désire être traité en prisonnier de guerre." Il m'a dit : "Bien... Je ne peux pas vous libérer, cela ne serait pas normal. Mais..." Je devais finalement partir dans un camp de prisonniers. En fait, je me suis retrouvé dans un camp de concentration. Pendant tout le temps où il me parlait, il me répétait : "Vous voyez, je travaille avec Londres. J'ai des maquis..." Et il ne se vantait pas. "Regardez, ajoutait-il, ces derniers parachutages : du plastic, des mitraillettes Sten..." Il me les montrait. Je les voyais.

Ses cigarettes, c'était des Players. Enfin, il m'a dit aussi : "Vous comprenez, Himmler tente de se rapprocher, de faire une paix séparée avec les Alliés pour lutter contre le communisme. Nous évincerons Hitler. Ce que nous voulons avant tout c'est lutter contre le communisme !" Tel était à son avis le seul argument avec lequel il pouvait tenter les Alliés et rallier en France certains groupes de Résistance dont l'OCM... »

En réalité, il n'y aura pas de négociation Himmler-Giraud mais une tentative (allemande) de négociation Himmler-de Gaulle, d'ailleurs immédiatement repoussée par ce dernier. A ce propos, Arthur Calmette rapporte que Dohse avait pris contact, en décembre 1943, « avec deux officiers de l'état-major de Camplan mis en sommeil après la crise de juillet, Joubert et Thinières. Grandclément avait servi d'intermédiaire. Le commandement allemand, aurait-il dit, voudrait un accord avec la Résistance car il sait que Pétain n'a pas d'autorité ; il hésite entre Weygand et Giraud, mais de Gaulle serait plus efficace. » Devenu après la Libération directeur de la Justice militaire de la 18e Région (...), le colonel Thinières a raconté la suite dans une déposition datée du 9 mai 1947. « Chef régional de l'"Armée secrète" sur neuf départements, a-t-il dit, j'ai dû prendre la fuite de Bordeaux à la suite de l'occupation de ma maison par la Gestapo. J'ai repris mon action dans la région toulousaine et dans le Gers, coupé de tout contact avec Bordeaux durant plusieurs mois. Vers le 15 décembre 1943, j'ai reçu par deux émissaires différents l'ordre de "Murat" (en réalité : le colonel Touny) d'avoir à me rendre à Bordeaux pour partir ensuite en Afrique du Nord. Il s'agissait d'accompagner le professeur Joubert qui devait rendre compte au gouvernement d'Alger de propositions de paix, ou plutôt de trêve, faites par le gouvernement allemand. (...) Au cours d'un voyage à Paris, j'avais entendu Joubert rendre compte de cette affaire à "Murat" qui avait demandé la continuation des pourparlers et envisageait l'envoi d'émissaires spéciaux à Alger. C'est pourquoi il ne pouvait y avoir aucun doute sur l'origine de l'ordre qui m'était donné bien qu'il soit oral. Après avoir longuement hésité à obéir à un ordre qui me livrait à la Gestapo alors que le Tribunal militaire allemand m'avait condamné à mort quelques jours avant, je me décidai après avoir pris conseil des chefs de la Résistance du Gers. Après un séjour clandestin de quelques jours à Bordeaux, je partis avec Joubert pour Hendaye où Dohse nous fit passer en Espagne. »...

Continuons d'examiner l'opération politique montée par le SD avec, entre autres, l'aide d'un curieux ecclésiastique, le soi-disant « Père Le Fèvre », et suivons les péripéties que connurent les deux résistants français qui avaient accepté d'être les émissaires d'Oberg et de Himmler. A en croire Robert Aron, la suite du voyage fut pittoresque. En effet, c'est dans la malle de sa voiture que Dohse aurait mis l'officier et le professeur d'histoire-géographie pour leur faire franchir la frontière. Ensuite, « lui-même les conduisit ainsi en territoire espagnol, à Saint-Sébastien, d'où ils partirent pour Alger. Hélas ! de Gaulle, pas plus que Hitler, n'apprécia leur initiative : sitôt arrivés à destination, tous deux furent inculpés de trahison et enfermés dans un camp de concentration du Sud algérien. »

Comment le vicomte de X est « mort pour la France »

Les péripéties rocambolesques et l'avortement final de cette singulière expédition d'Alger ne doivent pas dissimuler le caractère grave du mal qui a rongé une importante partie de la Résistance non communiste du Sud-Ouest en 1943-1944. Dans le film d'André Harris et Alain de Sédouy *Français, si vous saviez...* le docteur Coinot, chirurgien renommé à Bordeaux et ancien responsable régional de l'AS, a pu dire qu'à son avis les cinq principaux chefs de l'OCM dans la région avaient accepté « la combinaison proposée par la Gestapo allemande » et que si « ces gens avaient basculé presque tous assez facilement », c'était tout simplement par anticommunisme... Personne n'a démenti les propos du docteur Coinot.

Mais si la législation actuelle et le silence gêné de la plupart des survivants rendent impossible une étude clinique du mal, nombreux sont les auteurs sérieux qui, au passage, signalent l'importance de cette épidémie de trahison provoquée par le virus de l'anticommunisme et le désarroi qui s'ensuivit. Dans son *Histoire de la Milice*, Jacques Delperrié de Bayac écrit à ce propos deux pages qui laissent rêveur. Les voici : « Des chefs miliciens du Limousin m'ont affirmé, en 1967 et en 1968, qu'au cours de l'été de 1944, à plusieurs reprises, des chefs non communistes de la Résistance intérieure et extérieure avaient sollicité l'alliance de la Milice contre les communistes. Selon M. Raybaud, à la fin de juillet 1944, un chef de l'AS qui se présentait comme un émissaire du chef d'état-major du général Kœnig lui aurait fait demander une entrevue ; l'entrevue ne put avoir lieu, Darnand, averti, ayant exigé que la rencontre fût à Vichy. Le général Kœnig m'a formellement démenti que lui-même ou son chef d'état-major eût jamais tenté d'entrer en contact avec la Milice. Un autre chef milicien m'a rapporté l'épisode suivant... En juillet 1944, le maquis ayant fait sauter un pont sur la “nationale 20”, au nord de Limoges, les Allemands envoient une compagnie du Génie pour le réparer et demandent le soutien de la Milice. Le directeur du “Maintien de l'Ordre” leur envoie en renfort un groupement commandé par le chef milicien Picard et comprenant une “centaine” de la “Franc-Garde” et une compagnie de GMR. A une quinzaine de kilomètres au nord de Limoges, miliciens et GMR tombent dans une embuscade tendue par un maquis de l'AS à La Crouzille. Un combat s'engage. Il dure plus d'une heure. Deux ou trois “francs-gardes” sont tués, quelques-uns sont faits prisonniers. Une vingtaine de maquisards sont capturés par les miliciens. Les choses en sont là quand, en plein combat, la compagnie de GMR passe avec armes et bagages du côté des maquisards. Un moment après, les émissaires du maquis porteurs de drapeaux blancs se présentent aux miliciens. Les pourparlers s'engagent entre le chef Picard et un colonel de l'AS qui déclare : "Nous n'allons pas continuer à nous battre entre nous, AS et Milice. Nous nous battons seulement contre les Allemands. D'ailleurs, vous avez perdu. Les GMR sont passés de notre côté." (...) Pour finir, le colonel de l'AS aurait proposé au chef Picard que miliciens et AS allassent de concert attaquer un maquis FTP à quelque distance de là. Le chef Picard aurait refusé. Le colonel de l'AS aurait fait raccompagner les miliciens jusqu'à la limite de leur secteur et là, en hommage, leur aurait fait présenter les armes par sa troupe. Des chefs de l'AS en Limousin que j'ai rencontrés, aucun n'était au courant de cet épisode. Ce qui ne signifie pas forcément qu'il n'eut pas lieu. Il est certain qu'à cette époque, en Limousin et ailleurs, les chefs de l'AS et de l'ORA (Organisation de résistance de l'armée) s'inquiètent de la poussée des FTP et des communistes. De là à s'allier à la Milice il y a un grand pas qu'à ma connaissance un chef de la Résistance a franchi librement en Haute-Vienne : le vicomte de X., de l'AS. Il est également certain que pendant les dernières semaines du régime de Vichy, des chefs de la Milice, dont le capitaine Raybaud, et des chefs des forces de l'ordre, dont le colonel Mahuet, tenteront de nouer des relations avec des maquis blancs, à la fois dans l'espoir d'aboutir à la création d'un front commun anticommuniste qui eût réuni les Vichyssois et la Résistance de droite, et pour conjurer les risques d'un lendemain de plus en plus problématique. Les résultats seront maigres : en Corrèze, la libération du capitaine Verdier, arrêté par la Milice et le SD ; en août, à Limoges, le GFL (Groupe des forces de Limoges) sauf la Milice, faute de mieux, se ralliera à la "France libre"... » En note à ces deux pages, Jacques Delperrié de Bayac ajoute : « Le vicomte de X., en 1944, entra en relation avec les chefs miliciens à Limoges et avec le SD. Accusé d'avoir dénoncé le maquis de Farsac, il fut exécuté par le maquis. Sa famille a obtenu depuis qu'il soit déclaré "mort pour la France"... » Enfin, à propos de ces mêmes tentatives, le même auteur emploie, en évoquant les calculs politiques de Pierre Laval, une expression significative : « la future Sainte-Alliance contre le bolchevisme dont il compte bien être le Talleyrand ».

Le Bordelais, le Limousin ne sont pas les seules régions touchées. Le Nord est aussi le théâtre d'un drame aux contours encore plus difficiles à délimiter, aux mécanismes encore plus impossibles à mettre au jour, mais à l'inspiration tout aussi nette et aux conséquences tout aussi graves que l'affaire Grandclément : l'affaire Farjon.

L'affaire Farjon

Le 23 juillet 1945, on retire un corps de la Seine, quai de Passy, à Paris, dans le 16e arrondissement. Non loin de l'endroit où a été repêché le cadavre, on retrouve les vêtements du mort soigneusement rangés sur la rive. Ces vêtements permettent d'identifier le défunt, ce qui autrement eût été difficile car sa dépouille était défigurée. C'est aussi sur ce paquet de vêtements que s'appuient les autorités pour conclure officiellement au suicide. Toutefois, aujourd'hui encore, le suicide de Roland Farjon est contesté. Pour diverses raisons et de divers côtés. Selon certains, surtout des membres de sa famille, il a été assassiné. Selon d'autres, notamment ceux qui, lors d'une vaste controverse publique dans les années d'après la Libération, ont déclaré être sûrs de sa « trahison », il a tout simplement pris la fuite et vit aujourd'hui en exil, sous une fausse identité, non sans se permettre, de temps à autre, de brefs et discrets retours au pays natal... Sur le rôle exact joué par Roland Farjon, les avis sont aussi opposés que sur les causes et la réalité de son décès. Le 24 février 1946, le *Journal Officiel* annonce que le disparu est décoré de la Légion d'honneur. Quinze mois plus tard, dans l'enquête que *l'Humanité* publie durant la semaine du 19 au 26 mai 1947 et qui, largement annoncée et présentée, s'échelonne sur six articles, on peut textuellement lire sous la signature d'Auguste Copin l'accusation suivante : « Mille huit cents arrestations. Des centaines de déportés. Des dizaines de patriotes morts dans l'enfer des camps de concentration... C'est à ce prix honteux que le traître Roland Farjon a pu conserver la vie après être passé entre les mains de la Gestapo. Malgré les plaintes des rescapés révélant, à leur retour des bagnes nazis, les agissements du traître, Farjon n'a pas été châtié. »... Où est la vérité ?...

Commençons par préciser qui était Roland Farjon... Le père de Roland, Roger Farjon, était industriel et vice-président du Sénat. C'était un ami politique de Pierre-Etienne Flandin, lequel avait été une dizaine de fois ministre, président du Conseil en 1934-1935, ministre des Affaires étrangères du gouvernement de Vichy en 1940-1941. Durant les dernières années de la IIIe République, le sénateur Farjon semblait promis à un bel avenir puisqu'on envisageait sa candidature à la succession d'Albert Lebrun comme président de la République. Le 10 juillet 1940 il avait voté les pleins pouvoirs au maréchal Pétain mais, un peu plus tard, s'étant ravisé, il était parti pour Londres puis pour Alger. Toutefois, le général de Gaulle l'y avait accueilli plutôt froidement et on ne parla guère de lui dans la France libre. Lui-même polytechnicien, le sénateur fit faire de solides études à ses quatre fils qui, tous, occupèrent plus tard des situations importantes. Roland, né le 22 février 1910, fit les Sciences politiques et l'école de cavalerie de Saumur après avoir préparé Polytechnique... Prisonnier le 22 juin 1940 non sans avoir été cité et décoré, il est libéré exactement un an plus tard. Il doit cette libération à l'intervention de Jean Borotra, l'homme que Pétain a chargé de s'occuper des sports dans son gouvernement. S'il entre à l'OCM trois semaines après son retour en France, c'est par l'intermédiaire de l'association des anciens élèves de Saumur. Dans l'organisation, il accède très vite aux plus hautes responsabilités. Noguères et Degliame-Fouché, lorsqu'ils évoquent les « responsables nationaux des mouvements » au printemps 1943, mentionnent « Roland Farjon pour l'OCM »...

Faut-il ajouter que Farjon et Grandclément avaient ceci de commun d'avoir l'un et l'autre, durant leur jeunesse, dans les années trente, activement milité aux côtés du colonel François de La Rocque, dans les jeunes des « Croix de Feu » et dans le PSF.

Le PSF ?... Le PSF ou Parti social français, aujourd'hui bien oublié mais qui, avec deux millions de membres, fut à coup sûr l'une des formations politiques les plus importantes numériquement qu'ait jamais connues la France. Le quotidien de ce parti des mécontents, *Le Petit Journal*, avait un fort tirage et, outre tous les mots d'ordre « antibolchevistes » et « antimoscoutaires », propageait des slogans du genre « Ni blanc, ni rouge, mais bleu, blanc, rouge » ou encore (déjà) « Travail, famille, patrie ». Pourtant, si, pendant la guerre d'Espagne, le colonel de La Rocque s'était fait le pourfendeur du « Frente crapular » et le propagandiste de Franco, il ne fut pas pour autant collaborateur de l'occupant. D'abord très pétainiste, celui que certains de ses adversaires appelaient « Casimir » laissa finalement son bras droit Charles Vallin suivre Brossolette à Londres. Affaire qui fit grand bruit et dont nous reparlerons... Puis de La Rocque s'engagea plus avant auprès des services anglais. Arrêté par la Gestapo, le 9 mars 1943, il sera déporté, en reviendra, mais mourra en résidence surveillée, en 1946... Entre-temps, des membres du PSF avaient rejoint l'OCM. Parmi eux, les militants actifs qu'étaient André Grandclément et Roland Farjon. On sait donc ce qu'il advint du premier. Le sait-on pour le deuxième ?

Entre l'article de *l'Humanité* cité plus haut (19 mai 1947) et la réédition augmentée du livre de Gilles Perrault sur Farjon *La Longue Traque* (20 octobre 1997), non seulement se sont écoulés cinquante ans et cinq mois, mais la brume s'est amassée. Et épaissie. Dans sa réédition, Perrault écrit : « Farjon ? Un grand traître tout simple. C'était au départ ma conviction. Je crois toujours enfourcher un pur-sang, même vicieux, et me retrouve à califourchon sur un mille-pattes... »

Comme une malédiction...

Curieuse équitation, sur laquelle l'auteur de *L'Orchestre rouge* s'explique plus avant dans sa *Postface*. « Parmi les survivants de l'état-major, dit-il, certains me reprochèrent une sorte d'abus de confiance : ils avaient cru comprendre que je travaillais sur l'OCM et je leur sortais de mon chapeau un livre consacré à Roland Farjon. En vérité, j'étais venu à l'OCM par Farjon, dont l'historienne Georgette Elgey m'avait raconté le problématique suicide et rapporté les nombreux témoignages de personnalités dignes de foi affirmant avoir rencontré le disparu longtemps après ses obsèques. N'était-ce point intrigant ? (...) La réaction des rescapés de l'état-major me fut une déception cruelle autant qu'inattendue. Elle signa mon échec. Il m'avait semblé que, trente ans après, le temps était venu d'une réévaluation sereine d'un passé douloureux. Il ne s'agissait pas d'agiter une baguette magique pour transformer le traître Farjon en héros, mais d'apprécier son rôle avec équité. A son passif restait inscrite la désastreuse saisie de ses archives, encore que si tous les dirigeants de la Résistance coupables d'une telle imprudence avaient dû finir suicidés, la Seine aurait charrié plus de cadavres que le 17 octobre 1961. S'agissant des arrestations à Paris, l'affaire Grandclément et sa chronologie ne l'exonéraient-elles pas des responsabilités qu'on lui imputait avec légèreté ? »

Et Gilles Perrault de conclure : « J'ai manqué de courage. Triste courage, en vérité, qui eût consisté à rouvrir tant de plaies... Là-haut, Roland Farjon avait été encore plus utile mort que vivant. Chargé de la totalité des fautes, affublé du monopole de la trahison, il avait grandement facilité le travail de deuil. Son personnage fracassant, sa prestance, son origine sociale, sa richesse : tout contribuait à en faire le bouc émissaire idéal. La lâcheté d'un grand bourgeois avait moissonné les braves gens du Nord, du Pas-de-Calais et autres départements placés à tort sous son autorité. C'était une consolation. Mieux valait devoir son malheur à cet homme-là qu'à un cheminot ou un enseignant. L'imagerie populaire, violemment coloriée par des décennies de luttes sociales intenses, s'en trouvait enrichie d'une illustration édifiante puisque la trahison venait de la caste supérieure et livrait à la répression les couches laborieuses. (...) Une histoire ordinaire où se côtoient sans cesse courage et faiblesse, et souvent chez le même homme. A revenir y piocher, on ne remuerait qu'une infinie souffrance. Trop de visages me hantent, marqués à jamais par la tragédie. Je préfère laisser les morts dormir en paix et abandonner aux historiens du troisième millénaire le soin de scruter les cendres froides de ceux qui ne leur auront pas fait battre le cœur. »

Que le cœur du romancier de *Dossier 51* ait battu pour le suicidé insaisissable, c'était logique. Comme il était naturel que certains s'en irritassent. Dont je fus... Mais plus de vingt ans après, c'est la perplexité qui domine. Et l'on sait la difficulté que toute perplexité éprouve à n'être pas profonde.

Toujours est-il que, malgré les divergences sur son sort ultérieur, et surtout sur l'ampleur, ou même la réalité, de sa trahison, la polémique s'est estompée en ce qui concerne l'héritier de la fameuse marque d'équipement scolaire « Baignol et Farjon »... Tel n'est pas le cas à propos de l'ancien agent d'assurances bordelais dont Régine Deforges fit, en 1983, un personnage de son roman à succès *101, avenue Henri-Martin*, deuxième tome de *La Bicyclette bleue*. Mais, plus encore que le feu d'une polémique, c'est l'ombre d'une malédiction que l'on rencontre alors. Comme si l'avenir s'était acharné à confirmer la constatation de Raymond Ruffin dans *Ces chefs de maquis qui gênaient* : « Ainsi, même mort, Grandclément restait-il un danger pour tous ceux qui l'avaient approché »... Pas seulement pour eux, mais pour la Résistance tout entière. Et, pis encore, pour l'image ultérieure de cette Résistance.

Lors de son intervention du 24 janvier 1946 devant le Tribunal militaire international de Nuremberg, l'un des Procureurs généraux adjoints français, Charles Dubost, pouvait dire : « Pour la propagande hitlérienne, toute résistance à l'Allemagne est d'inspiration, sinon d'essence, communiste. Par là, les Allemands espèrent écarter de la Résistance les nationalistes supposés hostiles aux communistes ; mais les nazis poursuivent aussi un autre but : ils espèrent encore et surtout diviser la France et les autres pays vaincus de l'Ouest en deux fractions ennemies et mettre à leur service l'une d'elles sous prétexte d'anticommunisme. »

Ce but, force est de reconnaître que les nazis l'atteignirent en de trop nombreux endroits et en de trop nombreuses occasions. Dans son *Histoire de la Libération de la France*, Robert Aron, lorsqu'il traite de la situation du Sud-Ouest à la veille de la délivrance, remarque : « La Résistance, après l'affaire Grandclément, n'avait jamais retrouvé son importance d'autrefois, tout au moins à l'intérieur de la Gironde. Ses principaux centres avaient été liquidés ; ses filières de parachutage ne fonctionnaient plus que de façon très incertaine... »

Grossiste en volaille et gibier

A la fin de 1971, à Kiel, grand port de l'Allemagne du Nord, l'historien français Lucien Steinberg, auteur notamment de *La Révolte des justes*, a retrouvé l'ancien SS-Obersturmführer Heinrich Wilhelm Friedrich Dohse, donc le manipulateur de Grandclément, reconverti en grossiste en volaille et gibier... A son retour, il a confié aux *Cahiers de la Résistance*, que Michel Slitinsky éditait alors à Bordeaux, ses impressions sur cette rencontre ainsi que certains des propos tenus par Dohse. A propos de l'affaire Grandclément, il rapporte que le virtuose du SD bordelais dans l'art de faire trahir « ne s'était jamais fait d'illusions et ne croyait surtout pas que le général de Gaulle accepterait l'idée d'un cessez-le-feu entre la Résistance et le SD dans le sud-ouest de la France. Ce qu'il espérait, c'était que son attitude jette la confusion parmi les résistants. Et sur ce point, il faut reconnaître qu'il a réussi en partie. Il ne sous-estime pas cependant l'aide efficace qu'il a trouvée auprès du groupe Grandclément dans la récupération systématique des parachutages. C'est ainsi que des dizaines de tonnes d'armement anglais ont été remises — nous a-t-il précisé — à la division SS "Das Reich", celle-là même qui se distingua à Tulle et à Oradour. Explications fournies sans commentaires de sa part. »

Jeter la confusion... Rarement expression fut plus juste. Michel Slitinsky explique que « les groupes qui ont succédé à Grandclément ont malheureusement été victimes des séquelles de cette trahison. Il n'était plus possible de savoir si tel ou tel résistant n'avait pas trempé dans l'affaire... La Résistance a souffert terriblement de cet accord avec la Gestapo. Il s'est passé des choses dramatiques. Les Allemands avaient perdu un de leurs meilleurs serviteurs mais rien ne disait que l'expérience qui avait été faite à Bordeaux avec Grandclément n'allait pas continuer. Des événements troubles se déroulaient. Les Allemands se sentaient forts d'avoir introduit dans la Résistance des éléments qui ne cessaient pas d'intriguer et d'agir... ». Un bilan qui d'ailleurs, les années passant, semble s'avérer de plus en plus rude. En 1991, les biographes de Jacques Chaban-Delmas Patrick et Philippe Chastenet peuvent ainsi écrire : « En 1942, l'OCM (...) implante son réseau dans la région grâce au commandant Rollot. En mars, il recrute un certain André Grandclément, fils d'amiral et neveu de général. Un pedigree à faire pâlir tout un état-major. Et pourtant... L'oiseau de si bel augure sera bientôt le fossoyeur de la Résistance bordelaise ! (...) Ses camarades (...) apprendront trop tard l'odieux marché que le Français a passé avec les Allemands. Un retournement sans précédent qui va conduire à la destruction planifiée de la Résistance locale. Une incroyable forfaiture : Grandclément va lutter de longs mois avec les nazis contre le danger communiste. Une très sérieuse "hypothèque" sur le Bordeaux résistant, pour reprendre l'expression de Pierre Bécamps. (...) Pourrie de l'intérieur, la Résistance va éclater comme un fruit mûr. En effet, la méfiance s'est installée (...). Quand ils ne sont pas arrêtés par les Allemands, les résistants se dénoncent ou s'assassinent entre eux. La Gestapo peut se frotter les mains, le retournement de Grandclément est une réussite dépassant toute espérance. »

De ce tragique imbroglio de la Résistance non communiste en Gironde, quand chacun était obsédé par le doute et quand personne ne savait plus qui était qui, témoigne particulièrement le différend dramatique qui opposa le colonel Eugène Camplan et le DMR (délégué militaire régional) Claude Bonnier, alias Bordin, plus connu sous son pseudonyme d'« Hypoténuse ». Selon les partisans respectifs des deux hommes, Camplan, que nous avons vu s'opposer à Grandclément, avait pour mission de reconstruire l'OCM en ruine dans le cadre des FFI tandis qu'Hypoténuse avait été parachuté par Londres pour remettre de l'ordre dans la Résistance du Sud-Ouest.

Logiquement, les deux hommes auraient dû travailler la main dans la main. En fait, dès le début, ils s'opposèrent et se suspectèrent violemment. Pour essayer que cesse cette opposition, certains résistants étaient intervenus auprès de leurs supérieurs afin que la radio de Londres diffusât un message personnel qui les rassurerait l'un et l'autre et l'un sur l'autre. Ce message : « Chez Dupont, tout est bon ! » fut bien diffusé, mais seulement au soir du 19 janvier 1944. Et il était trop tard. En effet, la nuit précédente, dans le bois des Linaux, près de Ruffec, en Charente, Camplan, attiré là sous prétexte d'inspecter un dépôt d'armes parachutées, avait été tué d'une balle de Colt 11 mm tirée à bout portant dans la tempe droite. Sans doute cette balle fut-elle tirée sur ordre d'Hypoténuse. Mais ce dernier ne put pas, plus tard, donner des précisions à ce sujet car, dans la nuit du 8 au 9 février suivant, à Bordeaux, il était arrêté par la Gestapo et il se suicidait peu après en avalant, dans sa cellule du Bouscat, une pilule dont le cyanure était, d'ailleurs, devenu relativement inefficace et ne provoqua la mort qu'après de longues souffrances...

Tentatives de réhabilitation

Patrick et Philippe Chastenet ont, un peu plus haut, fait allusion à Pierre Bécamps. Quand cet universitaire et écrivain girondin a publié, en 1974, son livre *Libération de Bordeaux*, Chaban-Delmas l'a préfacé. Il y formule une définition qui vaut d'être retenue : « la tragédie Grandclément dont les conséquences ont dépassé le dénouement ». Oui, dépassé. Et doublement. Et aux extrêmes... Ainsi seront semés des doutes contradictoires : d'un côté sur la culpabilité de l'assureur bordelais, de l'autre sur la nature, et même la réalité, de toute une partie de la Résistance.

Côté réhabilitation, on y va tantôt avec des gros sabots, tantôt en danseuse... Typiques de cette dernière méthode sont ces lignes extraites de l'*Histoire critique de la Résistance*, de Dominique Venner (1995)... L'auteur vient d'évoquer le cas de Roland Farjon, et il enchaîne : « L'affaire Grandclément, à Bordeaux, constitue une autre énigme célèbre et controversée. Chef militaire de l'OCM pour le Sud-Ouest, le colonel Grandclément, après une série d'arrestations, dont celle de sa femme, entra en arrangement avec le chef régional du SD Dohse. Ce policier préférait les manœuvres psychologiques à la torture. Libérant tous ses prisonniers, il convainquit le responsable de l'OCM de lui livrer une partie de ses dépôts d'armes en lui représentant qu'ils risquaient de devenir un dangereux moyen de guerre civile. C'est du moins ce que l'on croit savoir... » Brève parenthèse non pas sur ce que l'on croit savoir mais sur ce que l'on sait de l'auteur de ces lignes... Dominique Venner est le directeur de la revue de vulgarisation historique la plus marquée à (l'extrême) droite *Enquête sur l'histoire* et il a beaucoup écrit ces dernières décennies. Dans les années cinquante, il préférait l'action. Il fut alors l'un des fondateurs du MJN (Mouvement Jeune Nation), le premier groupe néo-nazi légal et ancêtre d'« Occident » qui hérita notamment de son emblème : la croix celtique. Les autres principaux fondateurs du MJN étaient deux frères Sidos, fils d'un proche de Joseph Darnand à la tête du Maintien de l'Ordre de Vichy, version milicienne, exécuté par la Résistance à La Rochelle. Le plus âgé des deux frères, Jacques, avait déjà eu le temps de vivre une adolescence « collabo », chez les Francistes du sous-Doriot Marcel Bucard, au SSS (Service des Sociétés secrètes) antimaçonnique, sans parler de la lutte contre le maquis, pour laquelle son papa lui avait délivré une sorte d'ordre de mission... Fin de cette parenthèse.

Quant à la réhabilitation en gros sabots, c'est à Bordeaux qu'elle est la plus voyante... Après avoir publié à Paris, trois ans plus tôt, un ouvrage plutôt classique intitulé *Bordeaux ; 1940-1944*, René Terrisse choisit, en 1996, un éditeur girondin pour faire paraître un second livre dont la couverture annonce tapageusement le contenu... Titre : *Grandclément ; Traître ou bouc émissaire ?...* Sous-titre : *Ombres et lumières sur un dossier brûlant de la Résistance à Bordeaux*. Et le dos de couverture tient la promesse de la couverture. « L'affaire Grandclément ; peut-on y lire, reste pour de nombreux Bordelais une sordide histoire de trahison, qui prit fin un jour de juillet 1944 avec l'exécution par la Résistance d'un homme que tout semblait, à l'époque, accuser. Confortée par les *Mémoires* de l'ancien chef de la Gestapo de Bordeaux, l'Allemand F.W. Dohse, cette version des faits a été reprise par l'historiographie depuis plus d'un demi-siècle, jusqu'à la rendre quasi officielle. S'appuyant sur des documents d'archives irréfutables, René Terrisse s'applique, avec une grande minutie et un réel souci d'objectivité, à remettre bon nombre de faits dans leur véritable contexte historique et apporte ainsi un regard totalement nouveau sur cette troublante affaire. En totale opposition avec ceux qui associent systématiquement le nom de Grandclément à toutes les tragédies... » Et caetera, et caetera... Présentation tapageuse, mais néanmoins prudente. En effet, le livre de Terrisse comporte une préface. Est-ce pour ne pas effaroucher le chaland que la dite préface n'est annoncée ni sur la couverture, ni sur la page de garde ? En tout cas, il faut attendre la page 7 pour lire : *Préface ; le beau-fils d'André Grandclément témoigne*... Texte court qui se termine, page 10, par « Je suis le beau-fils d'André Grandclément, je m'appelle Christian Rigou ». Avant de signer ainsi, Christian Rigou écrit entre autres : « Je conserve d'André Grandclément, mon beau-père, certains souvenirs ineffaçables. Je me souviens de son désarroi en apprenant l'hécatombe d'arrestations survenues dans la région bordelaise alors que nous étions à Paris. Plus tard, sa farouche détermination de feindre de rentrer dans le jeu des Allemands afin de mettre un terme à ces arrestations et surtout de prévenir la Résistance, chaque fois que cela lui serait possible, de tout danger qui la menaçait, comme il le fit d'ailleurs, avec la complicité de ma mère en maintes occasions. Je ne parle pas des quelques libérations qu'il a pu obtenir des Allemands, en jouant sur le fait que l'Allemand Dohse semblait voir en lui une personnalité très importante de la Résistance qui pouvait lui garantir sa survie au lendemain de la guerre (...). Cette affaire n'a en fait jamais été révélée au grand jour. Cela n'a pourtant pas empêché tous les faiseurs de livres de reprendre depuis plus de cinquante ans les pires accusations, sans en apporter d'ailleurs la moindre preuve concrète. Ils ne semblent pas s'être souciés le moins du monde du mal qu'ils pouvaient faire à l'adolescent que j'étais alors, et qu'ils continuent à faire aujourd'hui encore à l'homme que je suis devenu. »

Des « éléments idoines » choisis « à la Charlemagne »

En mai 1996, quand paraît le livre de René Terrisse sur l'affaire Grandclément, Bordeaux est déjà bruissant des aménagements nécessaires au Palais de justice pour que puisse s'y dérouler un procès exceptionnel : celui de Maurice Papon, préfet et ancien ministre, sous Pétain puis sous de Gaulle, poursuivi pour avoir, on le sait, contribué à la déportation des Juifs de Gironde. Cinquante-cinq ans après les faits, au terme d'une procédure engagée depuis 1981, donc depuis plus de seize ans, les audiences de la cour d'assises s'étaleront sur six mois, du 8 octobre 1997 au 2 avril 1998. Procès exceptionnel, disions-nous. O combien ! Tandis que certains voudront y voir une grande leçon d'histoire, d'autres pourront se demander si, après un pareil verdict (dix ans seulement de réclusion pour crimes contre l'humanité), il ne serait pas logique, par comparaison, de correctionnaliser les crimes de guerre pour n'en plus faire que de simples délits... Mais ce qui nous intéresse ici, c'est qu'en plus le procès Papon va favoriser l'épanouissement de l'autre effet Grandclément. Non point la tendance, cette fois, à la réhabilitation du traître, mais l'utilisation des dégâts de la trahison pour tenter de jeter le doute sur la nature, et même la réalité, de toute une partie de la Résistance... Le raisonnement qui amène à cette suspicion paraît simple, mais il ne tient guère compte de la réalité de 1944...

A cette époque, pour gouverner la France en voie de libération, Charles de Gaulle a besoin d'un minimum d'appareil d'Etat en capacité de fonctionner. Mais il ne veut pas de préfets communistes, sinon à dose homéopathique (cinq prévus et deux nommés effectivement pour un total de quatre-vingt-dix). Et encore moins du protectorat américain de l'AMGOT (Allied Military Government for Occupied Territories). Il va donc faire avec les moyens du bord. Comme il s'en explique, le 25 juillet 1944, devant l'Assemblée consultative provisoire, siégeant encore à Alger. « Si le gouvernement, déclare alors le Général, entend procéder dans la métropole, comme il le fait ailleurs, aux éliminations nécessaires, s'il compte puiser pour pourvoir aux remplacements parmi les éléments idoines des organisations de résistance, si, pour le reste, il veut mettre en œuvre certaines réformes qui s'imposent dans le recrutement et dans l'emploi de plusieurs sinon de toutes les catégories de fonctionnaires, il n'a aucunement l'intention de faire tout à coup table rase de la grande majorité des serviteurs de l'Etat, dont la plupart, pendant les années terribles de l'Occupation et de l'usurpation, ont avant tout cherché à servir de leur mieux la chose publique. Le dénigrement de tels ou tels membres ou de telles ou telles catégories de l'administration française est une chose facile et trop souvent injuste et exagérée... » Tout juste un mois avant la Libération de Paris, on ne saurait être plus clair. Les principaux « éléments idoines », comme dit de Gaulle, ce sont les dix-sept commissaires régionaux de la République (par exemple, Raymond Aubrac à Marseille, Jean Cassou à Toulouse, Michel Debré à Angers). Ils sont officiellement créés par l'ordonnance du 10 janvier 1944 (seulement publiée en juillet), mais, en fait, nombre d'entre eux ont déjà été choisis en pleine clandestinité. Ainsi l'« élément idoine » de Bordeaux s'appelle-t-il Gaston Cusin. Et c'est à son propos que Pierre Bécamps note qu'« il détenait depuis le 13 octobre 1943, avec la bénédiction du général de Gaulle et la ratification du gouvernement d'Alger, le titre de commissaire de la République, traite tirée sur l'avenir, nomination à la Charlemagne qui donnait volontiers en bénéfice à ses preux chevaliers des terres à prendre sur l'ennemi ». Cusin ? Oui, l'ancien syndicaliste proche de Léon Blum et que ce dernier, plutôt honteux de sa non-intervention en Espagne, a chargé jadis de l'aide en sous-main aux antifranquistes, ce qui l'a mis en relation avec Jean Moulin, ainsi qu'avec les communistes qui avaient créé la compagnie *France Navigation* pour approvisionner en armes les Républicain espagnols... Le même Cusin qui, dans ses nouvelles fonctions d'hyper-préfet d'abord clandestin, choisit Maurice Papon pour chef de cabinet. Un choix qui, cinquante-quatre ans plus tard, vaudra à Cusin, au procès Papon, une mise en cause posthume voilée de sa qualité de résistant avec, bien sûr, l'affaire Grandclément en toile de fond.

D'autres mises en cause, elles, ne seront pas voilées du tout, qui montreront bien l'effet fâcheux, l'effet Grandclément, sur les audiences des Assises de Gironde. Exemple probant, sans doute car le plus étonnant, les comptes rendus envoyés de Bordeaux à son journal par un rédacteur d'un quotidien parisien du matin. Ainsi celui du 24 février 1998. Il est intitulé *La Résistance et ses voies, parfois, impénétrables*. L'auteur y sacrifie d'abord à la mode en évoquant « une Résistance longtemps présentée comme un embrasement et une embrassade patriotiques » alors que, selon lui, elle aurait été affectée par « l'antagonisme des solidarités qui est aussi celui des positions sociales ». Et le journaliste d'évoquer ensuite « un réseau, "Alliance", lié directement à l'Intelligence Service britannique et non au Bureau central de renseignement et d'action (BCRA) gaulliste. "Alliance" est bien connu des anciens résistants ne serait-ce que parce qu'il fut animé, entre autres, par Marie-Madeleine Fourcade. Mais comme tout est singulier dans l'histoire de la Résistance, on sait moins que ce réseau a pris la suite d'un autre, "la Croisade", fondé en 1940, à Vichy, par un ancien cagoulard, secrétaire général de la Légion des combattants du Maréchal, Georges Loustaunau-Lacau. »

Une sorte d'été indien

Lorsqu'il écrivait ces lignes, ce rédacteur d'un quotidien parisien du matin ignorait-il certains détails factuels, ou est-ce volontairement qu'il a omis d'en parler ? A vrai dire, peu importe puisque nous pouvons en rappeler au moins deux. Deux dates, trois faits, trois camps de la mort nazis... Le journaliste note qu'après Loustaunau-Lacau, le réseau Alliance « fut animé, entre autres, par Marie-Madeleine Fourcade ». C'est au singulier qu'il aurait dû employer « autre ». Car il n'y eut que trois chefs de réseau à Alliance et que cet « autre » qui remplaça Loustaunau avant que Marie-Madeleine ne lui succède, c'était le commandant d'aviation Léon Faye, alias Aigle. Un peu plus haut, nous avons cité ce pilote de chasse. Souvenez-vous, c'était à propos du massacre de cent huit membres du réseau exterminés, dans la nuit du 1er au 2 septembre 1944, au camp de Natzweiler-Struhof, par le SS-Obersturmführer Karl Gehrum et ses tueurs. Nous précisions que le commandant Faye, lui, avait alors déjà été assassiné. Dans un autre camp, celui de Kustrin... L'autre détail que nous voulons rappeler nous amène à Versailles, où se déroule, devant la Haute Cour de justice, le procès qui se conclura par la condamnation à mort de Philippe Pétain. C'est la septième audience. Celle du 30 juillet 1945. En ce lundi, on entend notamment un rescapé de la déportation, revenu depuis peu. Il s'appelle Georges Loustaunau-Lacau. En désignant les jurés qui siègent à ses côtés, le premier président Mongibeaux lui dit : « Plusieurs de ces messieurs m'ont demandé de vous faire venir... » Commence alors une déposition où Loustaunau dit notamment : « J'ai été arrêté en Afrique, le 22 mai 1941, pour dissidence, sur ordre du général Weygand. (...) Evadé d'Afrique, j'ai été repris (...) le 15 juillet 1941. Condamné, au cours d'une séance de tribunal parfaitement malhonnête, à deux ans de prison et à la confiscation de mes biens, j'ai fait quinze mois de cellule à Clermont-Ferrand, dans un isolement rigoureux. Cela ne suffisait pas : j'ai été livré à la Gestapo, physiquement, par le gouvernement de Vichy (...). J'ai subi, à cinquante mètres de l'Hôtel du Parc, six mois de caveau, au pain et à l'eau, sans lumière, dans les caves du commandant Geisler. J'ai subi cinquante-quatre interrogatoires. Condamné à mort au cours du dernier, j'ai été envoyé au bagne de Mauthausen, avec l'étiquette "NN", celle qui clôt toute discussion. »

Mais revenons aux articles que son rédacteur envoie, durant le procès Papon, au quotidien parisien du matin... Une semaine plus tôt, il s'en était pris à un témoin cité par la défense. Avant d'avoir un malaise à la barre, ce témoin avait précisé qu'il se faisait un devoir de répondre à toute citation. Et voilà, sous une plume acerbe, Jacques Delarue, l'auteur de *Trafics et crimes sous l'Occupation*, l'auteur de l'*Histoire de la Gestapo*, transformé en suppôt de Papon et insulté comme tel. « Pseudo-historien, pseudo-expert, lit-on stupéfait, il fut un vrai policier (plus exactement gendarme mobile) sous l'Occupation. (...) Sa participation à la Résistance, comme l'a insinué Me Klarsfeld, n'est pas absolument établie, même s'il a été arrêté puis révoqué en 1944. Ses états de service sous Vichy lui ont néanmoins permis de justifier son penchant éditorial pour l'histoire de cette période : on lui doit notamment un ouvrage sur la Gestapo dans lequel il célèbre comme un "succès" les accords entre le SS Oberg et son patron de l'époque René Bousquet. » Ce que le rédacteur du quotidien parisien du matin ne précise pas, c'est que cette *Histoire de la Gestapo*, qu'ainsi il caricature, s'est vu décerner, à sa parution, le Prix littéraire de la Résistance par un jury de résistants.

Passons. Non sans deux précisions toutefois. D'abord, le quotidien parisien du matin que nous venons de citer largement a pour nom *l'Humanité*. Ensuite, nombre de ses lecteurs, anciens résistants ou s'intéressant à la Résistance, furent surpris (le mot est faible) de cette irruption d'une sorte d'été indien du sectarisme dans ses colonnes le temps du procès Papon. Un sectarisme rappelant la pire « guerre froide » et rompant totalement avec la ligne d'union la plus large, initiée dès 1941 par le PCF lorsqu'il lançait le Front national d'alors... Ah, la malédiction Grandclément !

Cela dit, il ne faudrait pas qu'au terme de ce difficile chapitre la trahison pût encore faire illusion. Il ne faudrait pas que du pyjama de satin noir ou de la robe de carmélite de Mathilde Carré, du cache-cache justice de René Hardy et de son livre *Amère victoire*, de la mortelle poursuite entre André Grandclément, la Gestapo et le SOE britannique ou des vêtements soigneusement rangés sur l'asphalte du quai de Passy par Roland Farjon, le suicidé insaisissable, montât encore quelque mauvais parfum d'aventure... Durant les années noires, les mécanismes de la trahison furent implacables et sordides. Le sort ultérieur de « la Chatte » et celui de l'homme de Caluire, non seulement sauvant leur peau mais faisant de leur saloperie passée leurs fonds de commerce, sont deux exceptions qui confirment la règle presque toujours inexorable du fatal destin des judas. L'art de la trahison n'est pas un art pratiqué par des traîtres, ce sont les manipulateurs et les bourreaux qui s'en réservent le cruel agrément.

« Le cerveau éternellement dévoré »

Au seuil d'un livre publié dès juin 1947 et intitulé *Une affaire de trahison*, livre dont le chapitre final a pour titre *Ainsi mourut CND* (Confrérie Notre-Dame, le réseau qu'il avait fondé puis dirigé pour le BCRA), le colonel Rémy a écrit un *Avertissement au lecteur* où il évoque le cas d'un des destructeurs de son organisation, qu'il nomme toujours par son pseudonyme, le traître Tilden... Il « a tout donné, dit Rémy. Il a "donné" ses camarades (...). Tilden a été déporté. Il est peut-être mort. Et après ? (...) Le traître, n'ayant plus rien à livrer, considéré comme inutilisable par ses nouveaux maîtres après avoir dépensé ses trente deniers, a subi le sort de ceux qu'il avait trahis (...). On connaît d'autres cas, beaucoup d'autres, où les Allemands se sont chargés d'apprendre aux traîtres que la trahison paie toujours mal. (...) Des noms ! D'autres noms ! Encore des noms ! Voilà ce que celui qui trahissait s'entendait demander sans répit par le Moloch à quoi il avait sacrifié son honneur en même temps que ses amis. Lorsqu'il n'avait plus rien ni personne à trahir, il était à son tour dévoré par l'impitoyable et indifférente machine de la Gestapo... ».

Le mot « dévoré » est ici d'autant plus juste qu'à supposer que le traître déporté ait survécu à la déportation, que lui arrivait-il ? Généralement ce qui est arrivé à Emile Marongin, alias Elio, le traître du mouvement Défense de la France. L'organisation, rappelle Marie Granet, « avait installé au 68 de la rue Bonaparte, dans une librairie à l'enseigne du *Vœu de Louis XIII*, une de ses principales boîtes aux lettres. (...) Cette boîte aux lettres, utilisée par trop de militants, était devenue dangereuse et Philippe Viannay avait donné l'ordre de l'abandonner. Il ne fut pas obéi assez vite. La boîte aux lettres était, en effet, connue d'un étudiant en médecine, Marongin, dont le pseudonyme était "Elio" et qui, depuis le mois d'avril 1943, avait été chargé par Jacques Lusseyran de la liaison avec la région du Nord. "Elio" n'avait pas, dès l'abord, été très sympathique à Lusseyran : pour l'éprouver, il lui avait confié des missions difficiles — qu'il avait parfaitement accomplies. (...) Peu de temps avant sa trahison, "Elio" proposa à Lusseyran de participer à un trafic de drogues très lucratif. Lusseyran refusa, bien entendu, et cette offre insolite renouvela les doutes qu'il avait eus à son égard, quelques mois plus tôt. Il chercha à "couper les contacts". Mais le mal était fait ! "Elio" en savait déjà assez pour être très dangereux. Sentant sans doute qu'il était devenu suspect, il précipita sa trahison. (...) La "bande" Bonny-Lafont, qui travaillait dans la Gestapo, s'installa dans la librairie de la rue Bonaparte, établissant une souricière (...). C'est ainsi qu'une cinquantaine de membres de "Défense de la France" se firent successivement arrêter. » Olivier Wieviorka complète ce récit... « Les individus arrêtés, écrit-il, sont conduits dans des locaux de détention provisoire où Marongin, derrière un judas, les identifie. (...) Au total

"Elio" provoque l'arrestation de quarante-huit militants. (...) Pour prix de sa traîtrise, il perçoit soixante ou quatre-vingt mille francs. Le 13 décembre 1943, pourtant, les services de l'avenue Foch convoquent Marongin. Lui reprochant de ne pas avoir livré le Comité directeur de "Défense de la France", ils l'arrêtent et le déportent en janvier 1944 à Neuengamme. A son retour, le 30 juin 1945, Marongin est écroué. Le tribunal de la Seine le condamne à mort le 30 octobre 1946. Il est exécuté le 14 décembre de la même année. »... On peut noter qu'en francs actuels, le « prix de la traîtrise » mentionné par Wieviorka représente soixante-quinze à cent mille francs — ce qui met la tête de résistant trahi (dont celle de Geneviève de Gaulle) à mille six cent cinquante francs minimum et deux mille cinquante au maximum.

On sait que Marie-Madeleine Fourcade qualifiait la trahison de cancer de la Résistance. Nous avons envie d'ajouter : et de maladie honteuse. Bien sûr, les résistants tentèrent de conjurer la gangrène. En essayant plus loin d'exposer les moyens, les méthodes et les circonstances du combat mené par les clandestins, nous verrons que furent exercées contre les traîtres une thérapeutique préventive (la vigilance) et une thérapeutique curative (les exécutions). Il n'en reste pas moins que, relativement mis en échec dans d'autres secteurs, ce fut certainement dans celui du « retournement » que l'appareil de répression nazi et ses « contre-agents » remportèrent les succès les plus notables. Lors de sa plaidoirie, au deuxième procès Hardy, Me Maurice Garçon cita quelques lignes d'un discours prononcé par Adolf Hitler en 1942. « Je pourrirai les pays que j'occuperai, disait le Führer, je ferai dénoncer les uns par les autres et je serai le dénonciateur des uns en les désignant comme les dénonciateurs des autres... Je sèmerai la boue ! » C'était un discours programme... Dans leur biographie de Reinhard Heydrich, l'homme qui vraiment construisit l'appareil des services de sécurité nazis, Georges Paillard et Claude Rougerie intitulent un de leurs chapitres *L'Art de déshonorer les puissants comme les faibles*... A défaut des sept autres, ce fut cet art-là qui fut florissant dans le Reich hitlérien. Un art où excellaient, nous l'avons dit, les manipulateurs et les bourreaux...

En juillet 1947, au Congrès des médecins aliénistes et neurologistes qui se tint à Niort, dans les Deux-Sèvres, le docteur Georges Daumézon fit un remarquable exposé sur la *Psychopathologie de la trahison*, exposé essentiellement basé sur des exemples pris dans la période alors toute proche de l'Occupation et de la Résistance. Lors de la discussion qui suivit, un psychiatre italien, le docteur Lévi-Bianchini, devait définir la trahison comme « l'abus de confiance prémédité et secret porté aux extrêmes conséquences » et noter que, dans l'histoire de l'humanité, il s'agit « d'un crime qui a été retenu de tous les temps comme le plus abominable »... La manière dont, ensuite, le docteur Lévi-Bianchini invoqua le grand poète florentin

Dante Alighieri, qu'on nous permette d'y trouver la conclusion de ce chapitre... « Dante, rappela le psychiatre italien, le poète de l'humanité et de la vie, relègue les traîtres au fond de l'Enfer, au neuvième “girone” (cercle) en les condamnant à la peine la plus affreuse et invraisemblable : vivre leur deuxième vie enfoncés dans une mer de glace, la tête seule exposée à l'air, pendant que le crâne est rongé sans cesse par leurs victimes et le cerveau éternellement dévoré. Dante veut que la sanction divine décrétée contre l'horrible péché de la trahison consiste dans l'application du principe punitif de l'Ecriture “œil pour œil, dent pour dent” (...). Si le traître a employé froidement et avec préméditation, contre toute loi divine et humaine, son intelligence, c'est-à-dire son cerveau, comme moyen d'injuste destruction de l'homme et de ses biens, que son cerveau lui-même soit éternellement détruit et rongé par les mâchoires de sa victime, laquelle, dans l'Enfer du poète, lui est unie dans la mort et dans l'éternité. Ainsi, la trahison ne connaît-elle ni miséricorde divine ni oubli humain. »

Chapitre cinq

LA GEÔLE

Où l'on voit ce que « camp » veut dire et ce que « prison » peut aussi signifier...

Les différents aspects de l'entreprise de répression et de la tentative de destruction menées par les forces hitlériennes et pétainistes contre les résistants pourraient, si l'on voulait être le plus bref possible, se définir comme des actes : l'acte de terroriser, l'acte de torturer, l'acte de tuer, l'acte de faire trahir, l'acte d'anéantir... L'aspect que nous abordons maintenant n'est plus un acte, mais un lieu. Un espace délimité où le bourreau choisit de mettre sa victime pour mieux la terroriser, généralement la torturer, parfois la faire trahir et très souvent la tuer. Malgré des degrés divers dans la contrainte et des styles différents de détention, la prison classique ou le camp de concentration, la cave d'un immeuble policier ou le wagon à bestiaux roulant vers l'Allemagne ont ceci de commun que l'oppresseur peut s'y déchaîner plus violemment, plus commodément et plus systématiquement. L'opprimé y perd l'initiative et, du même coup, une grande part de ses moyens de défense. Il est courant d'entendre dire qu'une fois jeté dans sa geôle, le sujet devient objet et le combattant, un captif. Cette métamorphose est celle que, dans la grande majorité des cas, subissent les « prisonniers de guerre » au sens habituel du terme. Aussi bien, quoiqu'ils continuent d'en supporter cruellement les effets, les prisonniers sont-ils pratiquement rejetés hors de la guerre, en quelque sorte mis sur la touche. Ils vivent entre parenthèses en attendant l'issue du conflit. C'est si vrai que, plus tard, lorsqu'un historien raconte ce conflit, il ne parle pas d'eux ou se contente de mentionner en passant leur apitoyante situation. Au contraire, dans l'histoire de la Résistance, les prisons et les camps reviennent comme un leitmotiv. Bien sûr, on peut trouver à cette obsédante présence du souvenir de la détention dans le récit du résistant des raisons psychologiques : même lorsqu'il n'y a pas isolement, la condition carcérale amène tout individu à une réflexion plus intense et à une plongée en lui-même. Cette inclination normale est encore plus évidente lorsque l'incarcéré a, comme tant de combattants clandestins, pris l'habitude d'inventer sa guerre, d'être tout à la fois solidaire et solitaire. Cependant, ces considérations psychologiques, si elles ont leur importance, restent secondaires. Ce qui prime ici, c'est la nature même du combat mené. A combat nouveau, captivité nouvelle. Et le colonel Rémy dit bien ce qu'il veut dire lorsqu'il distingue la « Résistance souffrante » de la « Résistance militante » à propos, d'une part, des clandestins qui se sont fait prendre et, d'autre part, de ceux qui ont échappé aux coups de filet ennemis... Ainsi, au bout du compte, faudrait-il admettre que, étroitement liée à chacun des autres, la geôle n'est qu'un aspect, sinon mineur, du moins hybride de la répression mais que, simultanément, les résistants capturés, acteurs d'un type de combat nouveau, ne cèdent pas à la métamorphose habituelle du sujet en objet et réussissent, en souffrant, à continuer l'œuvre entreprise lorsqu'ils militaient.

Dans le contexte de la Résistance, la geôle, si elle n'est évidemment pas un acte, n'est pas non plus seulement un lieu... Et il nous semble qu'il convient de la définir comme un *lieu actif*. Et même doublement actif. En effet, ce captif pas comme les autres qu'est le résistant et ce geôlier pas comme les autres qu'est le fascisme agissent simultanément l'un contre l'autre. La façon dont le résistant manifeste sa volonté de ne pas subir amène le geôlier à aggraver de plus en plus la coercition. La manière dont le fascisme proclame son désir d'exterminer amène le captif à tout faire pour survivre et donc lui échapper. Evidemment, on peut considérer que cette double action réciproque nous ramène aux aspects fondamentaux de la répression déjà examinés : terroriser, torturer, tuer, faire trahir. Mais il nous semble que, utilisés dans l'espace clos de la détention, ces moyens de répression s'amplifient considérablement et connaissent un paroxysme qu'ils atteignent rarement en dehors des murs de la prison ou des barbelés du camp. De même, la difficulté de résister est-elle infiniment plus grande pour les captifs que pour les hommes libres, leur courage et leur ingéniosité beaucoup plus intenses... Et nous pourrions ajouter à *lieu actif* l'expression *lieu paroxystique*. En d'autres termes, il nous paraît fondé de considérer que la geôle est l'endroit où, simultanément, se déchaîne au maximum la fureur répressive et s'organise le plus audacieusement la résistance à l'oppression.

Restons toutefois ici du côté des bourreaux et, en attendant de traiter de la Résistance dans les camps et les prisons lorsque nous évoquerons le combat total, bornons-nous, pour l'instant, à considérer jusqu'à quel point extrême de férocité les geôliers hitlériens et pétainistes ont pu pousser la privation de liberté, le travail forcé, la faim, le froid, etc.

« Gurs... comme un sanglot qui ne sort pas de la gorge »

Prisons et camps, camps et prisons... Non pas semblables, mais inséparables. Dans notre propos comme dans la mémoire de ceux qui les connurent... Et ceci, sans céder à la relative myopie de ceux qui ne voient l'horrible qu'au loin et n'admettent d'horreur totale que « concentrationnaire ». Un homme remarquable, déjà rencontré plus haut et qui savait ce dont il parlait, Emile Valley, l'animateur de l'Amicale des anciens déportés de Mauthausen, nous disait, dans les années 1970 : « Franchement, j'ai plus souffert à la prison de la Santé, en plein Paris, pendant l'hiver 1941-1942, alors que j'étais seul dans une cellule, sans chauffage et presque sans nourriture que pendant mon séjour, pourtant terrible, au camp de Mauthausen... » Qu'on nous entende bien, il serait absurde de comparer Fresnes et Auschwitz ; toutefois il faut que l'on sache que les prisons et les camps « français » n'étaient pas seulement des antichambres anodines du monde concentrationnaire mais qu'ils faisaient, en vérité, partie du même système et qu'ils jouaient leur rôle dans le même processus de répression. De même que les fusillés ne tombèrent pas seulement sous les balles des pelotons de la Wehrmacht ou de la SS, mais aussi sous celles des GMR ou des miliciens, de même les résistants arrêtés et disparus en détention ne moururent-ils pas seulement du fait des gardiens nazis mais aussi, trop souvent, parce que des employés de l'« Administration pénitentiaire » d'alors se procuraient un plaisir sadique ou apaisaient leur lâcheté peureuse en mettant toute leur « conscience professionnelle » à appliquer le règlement. Et quand nous écrivons « Administration pénitentiaire », il faudrait aussitôt ajouter Gendarmerie puisque ce fut, dans la plupart des cas, aux gendarmes que le gouvernement de Vichy confia le soin de garder les camps hérités de la guerre d'Espagne et de la répression anticommuniste de 1939 aussi bien que ceux improvisés pour plaire à l'envahisseur. Et puis, il faudrait ajouter Magistrature et Corps préfectoral puisque juges et sous-préfets mêlaient harmonieusement leurs compétences pour administrer ces bagnes...

En 1943, dans un texte publié clandestinement, Aragon écrivait : « Si bien gardé que soit le secret, si parfait que semble le silence, il y a des noms qui font frémir les Français les plus impassibles d'apparence, vaquant à leurs affaires, le pli au pantalon, quelque insigne à la boutonnière ; tâchez voir de prononcer à leur oreille Gurs ou Drancy, Fresnes ou Montluc... Vous saisirez immédiatement, à l'expression peinte sur ces visages corrects, que ces noms-là leur disent quelque chose, qu'ils savent à quoi s'en tenir de ce dont ne leur parlent jamais les journaux ni la radio du Maréchal. C'est qu'il y a des indiscrétions commises, et comment pourrais-je ignorer ce que c'est que Gurs, puisque j'en ai vu sortir cet ami qui y était entré pour ses cinquante ans... Et longtemps je me souviendrai de sa voix dans la chambre d'hôtel, cet hiver-là, racontant la vie de ce camp maudit, dans les baraques, sur un plateau venté où l'on creuse à peine qu'on trouve l'eau, et les hommes en loques, avec pour boire au mieux une vieille boîte de conserve, et quand il y eut une manière de typhus le toubib exigeait que les consultants apportassent leurs selles, or dans quoi les aurait-on mises ? Il y avait la boîte de conserve dans laquelle on rebuvait après, et les gardes mobiles, saouls dès midi, qui avaient pour sport de charger à la baïonnette les malheureux qui posaient culotte entre les baraques puisqu'il n'y avait pas de waters... Gurs, une drôle de syllabe, comme un sanglot qui ne sort pas de la gorge... »

Dans le même texte clandestin *Sur les prisons de France*, Aragon écrit encore : « Une prison entre mille, la Maison d'arrêt de Saint-Etienne... C'est là qu'Henry Lagrange, de Limoges, qui avait vingt ans, Molet, de Béziers, qui n'en avait que vingt-deux, et Delorme, secrétaire du syndicat des mineurs de Saint-Etienne, quarante-six, sont morts de faim au début de 1943. Chaque jour une boule de pain, deux gamelles de rutabagas ou topinambours et six cuillerées d'une eau appelée soupe. Tous les autres détenus, voleurs, assassins, avaient droit à recevoir quatre paquets par mois de trois kilos chacun, et cela leur permettait de survivre. Mais Lagrange, Molet, Delorme et leurs pareils, étant communistes, tombaient sous le coup de la circulaire ministérielle du 26 octobre 1942, notifiant que les condamnés communistes n'auraient droit qu'à un paquet de vivres de quatre kilos par mois. (...) Si bien qu'en février 1943 le médecin de la prison dans son rapport déclarait que "la misère physiologique et la tuberculose sont les causes de décès... Provoquée par l'insuffisance de nourriture, le manque de vêtements chauds... La morbidité qui était pratiquement nulle chez les communistes prend des proportions inquiétantes... La nourriture est dangereusement insuffisante..." (...) Si, par circulaire ministérielle, il est interdit aux communistes d'être employés au service général de la prison, aucune disposition spéciale n'en écarte les hommes du "marché noir" (...). Aussi à la Maison d'arrêt de Saint-Etienne, le trafic des cartes d'alimentation allait-il bon train. Le scandale éclata, il fallut relever de leur poste tous les comptables, révoquer trois gardiens. Le fils de l'ancien chef de la prison, un certain Voisin, se trouva compromis (...). Le chef Voisin n'était pas tendre avec les communistes dont il avait la garde, il disait qu'il les ferait tous crever au "mitard". (...) On a étouffé le scandale des cartes d'alimentation à la Maison d'arrêt de Saint-Etienne, mais Lagrange, Molet, Delorme sont morts de faim. Ils étaient de ceux qui n'ont pas le droit de manger (...). Il y en avait alors quatre-vingt-trois comme eux à la Maison d'arrêt de Saint-Etienne. Une prison entre autres. Je ne l'ai pas choisie. Un document indiscutable m'était tombé sous les yeux. C'est une prison moyenne, moyenne dans l'horreur et l'injustice. Une prison ni meilleure ni pire que les autres. »

Les baïonnettes de Gurs, l'art d'affamer à Saint-Etienne, la

« misère physiologique » dénoncée par le rapport médical, le trafic sur les cartes d'alimentation, le menaçant « tous crever » lancé par le chef Voisin — n'est-on pas déjà sur la voie qui mène à Buchenwald et à Dachau ? Si, bien sûr. Mais, le constatant, on ne peut s'empêcher de se demander : comment cette *infernalisation*, cette nazification du système pénitentiaire français fut-elle possible ?

De 18 000 en 1939 à 60 000 en 1942...

Certes, avant la guerre, les prisons françaises ne faisaient pas partie des réussites nationales... Honteusement arriérées, elles croupissaient dans une routine assez inhumaine. On était toutefois loin de ce qui allait advenir sous le régime de Vichy... Or, qu'ont trouvé à répondre les hommes politiques, fidèles collaborateurs du maréchal Pétain, qui présidèrent à cette cruelle métamorphose, à cette sorte de réforme à l'envers ? Dans les publications de l'Institut Hoover auxquelles nous nous sommes déjà référés, Maurice Gabolde, qui fut le garde des Sceaux du gouvernement Laval durant les années les plus dures, offre une explication que nous laissons au lecteur le soin d'apprécier... « Les prisons étaient encombrées à l'extrême, écrit Gabolde. Les mesures d'hygiène ne pouvaient plus être observées, la surveillance était quasi impossible. Le régime alimentaire était notoirement insuffisant. Les détenus, soumis au rationnement, étaient les seuls Français qui ne pouvaient recourir au “marché noir”. Et les colis reçus des familles leur étaient indispensables. Quand des mouvements d'indiscipline et de rébellion avaient commencé à se manifester (...), mon prédécesseur avait spéculé sur la nécessité vitale des colis pour exercer sur les détenus une certaine pression en vue du maintien du bon ordre. On avait ainsi limité et parfois supprimé l'envoi de colis aux “politiques”. (...) Devenu Garde des Sceaux, je mis le président Laval au courant de cette situation et, d'accord avec lui, je fis cesser cette pratique et rétablis le régime des colis tel qu'il avait toujours existé. Cela entraîna une obligation nouvelle pour le personnel, celle de la vérification minutieuse des envois. »

L'encombrement, bien sûr, il est évident. Mais à qui la faute ? Henri Noguères et Marcel Degliame-Fouché répondent : « Près de trente mois d'“Ordre Nouveau” et de “Révolution Nationale” ont largement suffi pour que les prisons, les camps de concentration, les “centres d'internement administratif” regorgent de détenus ou d'internés qui, même lorsqu'ils ne bénéficient pas du régime politique, n'en sont pas moins, pour la plupart, des opposants à Pétain, à Laval et à la politique de Collaboration. Le nombre des détenus dans les prisons contrôlées exclusivement par les autorités “françaises” est passé de 18 000 en 1939 à 60 000 en 1942. Qu'il s'agisse des hommes d'Etat qui ont fait tourner le procès de Riom à la confusion de leurs accusateurs ou des militants communistes et syndicalistes raflés au saut du lit par fournées entières, qu'il s'agisse des gaullistes condamnés après l'affaire de Dakar ou des résistants qui ont tiré le mauvais numéro au double jeu des BMA ou de la DST... »... Il est vrai que, sous Vichy, on emprisonne très facilement. Lieux de martyre, les Maisons d'arrêt et les Maisons centrales deviennent aussi des sortes de caravansérails au terrible pittoresque. Arrêté à quatorze ans et demi, Jack Ralite, le futur ministre et maire d'Aubervilliers, l'a découvert avec les yeux de son âge. « Un jour, nous dit-il, ils m'ont changé de cellule et m'ont mis dans une cellule où il y avait deux gars. L'un qui s'appelait Langerard, il avait quarante ou quarante-cinq ans. C'était le directeur des services du Ravitaillement de la Marne. Il a été déporté par la suite et n'est pas revenu. Les Allemands venaient le chercher pour l'interroger. Quand il revenait, il était couvert de sang partout. Moi j'en étais tout retourné, mais je me rends compte maintenant que je n'avais pas conscience de ce qui se passait... Le gars pleurait quand il revenait et moi je le consolais... L'autre qui était dans la cellule, c'était un personnage. Il avait été soldat en 1917 et avait participé aux mutineries. Il avait été condamné et envoyé au bataillon d'Afrique. Tous les matins, il faisait semblant de jouer du clairon en mettant son doigt sur sa bouche. Il avait été arrêté bizarrement. Il posait des collets pour braconner lorsqu'un Allemand l'avait surpris. Dans la cellule d'à côté, il y avait un Soviétique. C'est le premier que j'aie rencontré de ma vie. Une nuit, comme je dormais sur ma paillasse, j'ai entendu des grincements. J'ai écouté, regardé, et dans la nuit, j'ai vu un bout de fer qui sortait du mur. Je me suis approché du trou, j'ai deviné un œil, l'œil d'un gars qui parlait en allemand. C'était un soldat soviétique, fait prisonnier à Stalingrad, avant la bataille. Il s'était évadé d'un camp en Allemagne, il s'était mis sous un train, mais il s'était trompé de direction ! Dans la gare de Châlons, il était tombé d'inanition... Les Allemands l'avaient ramassé. Il avait un moral extraordinaire. Moi je le regardais par le trou : il faisait : “tch-tch-tch”... Il imitait tous les chemins de fer possibles et imaginables. »

Une des peintures les plus vraies des prisons de cette époque, c'est sous une plume allemande que nous la trouvons. Déjà, à propos des fusillades, nous avons largement cité l'ouvrage qu'Erich Kock a consacré à *L'Abbé Franz Stock*. Nous nous y référons à nouveau. « Trois grandes prisons de Paris, peut-on y lire, recevaient les détenus politiques : Fresnes, le Cherche-Midi, la Santé. En outre, l'hôpital de la Pitié était une annexe de l'infirmerie de Fresnes. Elles se remplirent de condamnés, de suspects, d'innocents — hommes et femmes de tous âges. A elle seule, la prison de Fresnes comportait 1 500 cellules. Selon les renseignements donnés par Theodor Loevenich, chacune d'elles était occupée en moyenne par cinq ou six détenus. Naturellement, il y avait aussi des cellules individuelles réservées en général à ceux qui devaient subir des interrogatoires plus importants. Comme les bat-flanc manquaient, beaucoup de détenus couchaient sur le sol, hiver comme été. Pas de chauffage en hiver, il fallait se contenter de deux couvertures. La nourriture était mauvaise. Toujours d'après le témoignage de Loevenich, quelques cellules étaient tellement bondées que les détenus les plus proches de la porte tombaient quand on ouvrait. (...) Tous étaient livrés à la mansuétude ou la méchanceté, aux chicanes ou à l'attitude correcte de leurs gardiens. Il y avait aussi parmi ceux-ci "quelques monstres" (Loevenich). Dans les couloirs, du bruit, des jurons, des ordres hurlés. Dans beaucoup de cellules la fatigue, la résignation, la faim. Alors, un de ces milliers d'hommes grattait avec un ongle ces mots dans le mur : "Depuis deux mois en prison. Dans le silence, je cherche l'oubli. Dans le silence, je cherche la mort." Un autre notait avec un bout de crayon : "Interrogatoire, battu. Le soir, tous les quarts d'heure battu avec un nerf de bœuf. Toute la nuit de la lumière." Les couloirs semblaient sans fin... »

70 % de morts dans un atelier de Riom

Mais il y a plus... De la férocité tatillonne d'une Administration pénitentiaire qui s'est pendant quatre ans obstinée à considérer le régime de Vichy comme l'autorité légitime, de cette férocité que l'on pourrait qualifier de pré-concentrationnaire, de multiples traces demeurent, non seulement dans la chair de ceux qui souffrirent le martyre à l'intérieur des prisons et des camps « français » mais sur les registres et dans les divers documents intérieurs. Parfaitement semblables en cela à leurs maîtres germaniques, les geôliers les tenaient soigneusement à jour et ni le décret du 19 novembre 1970 ni l'arrêté du 17 mai 1971 n'ont réussi à tous les dissimuler derrière ce que le ministre de la Justice d'alors, pourtant ancien résistant, René Pleven, appelait, en 1972, dans une lettre à Hervé Villeré, « l'obligation de discrétion à laquelle est tenue l'administration » pour « éviter au plus haut point de porter préjudice à des intérêts privés et de réveiller des passions dans l'opinion publique ». Il en est qui ont échappé au gouffre des Archives nationales. Citons quelques exemples.

D'abord des pages qui révèlent ce qu'était la vie quotidienne à la Maison centrale de Riom, pages tirées du livre de Jean Bac *Le Calvaire des patriotes dans les prisons françaises (1940-1944)*... « Soudain, raconte Bac, un condamné sortit du couloir qui longeait les cellules. On ne distinguait plus ses yeux et sa figure était difforme et couverte de larges plaques sanguinolentes. Ce malheureux avançait, plié en deux, en essayant de courir, comme pour échapper au prévôt. (...) A peine étions-nous enfermés que des cris de douleur nous parvinrent de la cour. Etait-ce croyable ? Pouvait-on encore frapper sur un corps couvert de plaies et de bosses que l'on devinait gisant sur les dalles ? Le condamné criait ses souffrances, comme si quelqu'un ou quelque chose pouvait encore le secourir et le soustraire à son triste destin et aux griffes de son bourreau qui s'acharnait sur sa pauvre carcasse démolie tandis que les coups répétés se conjuguaient avec les râles. (...) Deux jours plus tard nous apprîmes dans une conversation entre le garde et le prévôt que ce supplicié était mort dans la nuit. Que s'était-il passé au juste ? Personne ne le saura jamais. L'Administration pénitentiaire ne dira rien et, comme d'habitude, elle inscrira sur ses registres "décédé de mort naturelle", puis la direction enverra ses condoléances attristées à la famille... » Autre image de la même Centrale de Riom (Puy-de-Dôme), sous la même plume : « L'"atelier des inoccupés" était rectangulaire et ses fenêtres garnies de barreaux avec à l'extérieur des tambours en bois s'ouvrant sur le ciel et obstruant l'horizon de façon que les condamnés n'aient aucune vue sur le monde civilisé. Soixante détenus étaient là, par matricule, les uns à côté des autres, sans aucune distinction de délit, assis sur trois rangées de bancs (sans dossier) disposés dans le sens de la longueur de la salle. Deux gardes étaient installés dans leurs fauteuils à chaque bout de l'atelier et surveillaient en profondeur ce rassemblement d'hommes affligés. Soixante paires d'yeux fiévreux étaient fixées sur nous et nous étions effrayés à la pensée que nous allions vivre parmi ces êtres alignés et livides. Etait-ce possible ? Pourtant, nous resterons ici pendant des mois et des années, sans parler, sans écrire et sans se déplacer, sauf pour aller au WC avec l'autorisation expresse des gardes. Nous resterons impuissants, tels des crucifiés, assis, dans un silence absolu, mordus par une torture morale et physique incroyable qui ne cessera qu'avec la mort de près de 70 % des détenus. Le contact de nos dos avec la dureté des bancs constituait un véritable calvaire. Une douleur sourde et pénétrante montant tout le long de la colonne vertébrale jusque sous la nuque, nous donnait une sensation d'écrasement du tronc et de fatigue extrême ». De l'« atelier des inoccupés », passons maintenant au réfectoire. « Dans la première quinzaine du mois de janvier 1942, continue Jean Bac, mon plus proche voisin au réfectoire mourut, la tête posée sur la table, la bouche à demi ouverte et tordue sur la maigre ration de pain qu'il tenait solidement agrippée entre ses doigts de fantôme. Celui-ci en avait fini avec la Centrale, il en avait fini avec son calvaire. Le service de surveillance demanda des volontaires pour transporter le cadavre dans la cour, "pour le mettre au frais", ajouta un garde. Trois crevards bondirent et traînèrent lamentablement hors du réfectoire cette chose recroquevillée d'une quarantaine de kilos. Dans la cour, une bagarre confuse s'ensuivit dont l'enjeu était le pain resté entre les griffes du mort. Ces trois affamés avaient préjugé de leurs forces, deux restèrent affalés devant la porte du réfectoire. Admis à l'annexe de l'infirmerie, ils moururent dans le courant du mois. »... Le même auteur évoque aussi le quartier disciplinaire plus connu sous le nom de « mitard » : « Dans cet enfer, le plus dur et le plus épuisant était de sauter par-dessus des chaînes placées à quarante centimètres du sol sur le chemin de notre marche. Ces sauts répétés constituaient un véritable calvaire et au bout de dix minutes nous n'avions plus de jambes. Le prévôt frappait à la moindre faiblesse et, par peur du nerf de bœuf, les condamnés tiraient leur carcasse jusqu'au bout de leurs forces et s'écroulaient les bras en croix... Ceux qui ne pouvaient se relever malgré les coups du prévôt étaient traînés dans leurs cellules pour recommencer le lendemain. (...) De l'aveu d'un garde, vingt punis sont morts au quartier en 1941. Dans ma cellule, un condamné à bout de forces, pesant à peine trente-cinq kilos et rongé par la fièvre, mourut la tête enfouie dans la tinette en buvant de l'urine. »

Les « châteaux de la mort lente »

Deuxième exemple, quelques extraits du « livre du Prétoire » de la Maison centrale de Clairvaux (Aube)... Les pages que nous citons sont celles où ont été inscrites les punitions prononcées par le directeur au « Prétoire de Justice disciplinaire » en 1942 et 1943. Sont mentionnés : la date, le nom du détenu, le motif de la punition, le nom de l'agent ayant demandé cette punition et la nature de la punition. Feuilletons ces pages : « 21 octobre 1942, Thouroude, trafic de pommes de terre et d'oignons, Vivien : 4 jours de cellule et 10 francs d'amende... 26 décembre 1942, Kaldor, interpelle le Premier surveillant en prenant fait et cause pour ses codétenus, Tanchot : 8 jours de cellule et 30 avec sursis... 4 janvier 1943, Tête, chante au dortoir, Pot : 8 jours de cellule... 18 janvier 1943, Dravert, possède une deuxième paire de sabots non réglementaire, Tanchot : 4 jours de cellule... 29 mars 1943, Harris, laisse chanter ses codétenus au dortoir, Chapuis : 10 francs d'amende et déclassé... 14 mai 1943, Bourdeaux, surpris à lire le journal, Hedoux : 10 francs d'amende... 16 juin 1943, Vitiello, sculpture, Maure : 4 jours de cellule et 30 avec sursis... 12 juillet 1943, Taubregeas, cueille une rose à l'hôpital, Gouley : 5 francs d'amende... 19 juillet 1943, Audras, chante dans sa cellule, Saint-Kerneur : 15 jours de cellule... 13 août 1943, Meert, refuse de se faire couper les cheveux, Forestier : 8 jours de cellule et 2 mois avec sursis... » Et nous pourrions continuer l'énumération. Contentons-nous de préciser que la « cellule », c'était évidemment le « mitard ». Or, nous venons de voir un peu plus haut ce qu'un séjour en cet endroit pouvait signifier.

Dans la mesure où, sur toutes les pièces officielles, la mention « mort naturelle » dissimule indistinctement les décès par la faim, sous les coups, par maladie, par désespoir, etc., il est très difficile de chiffrer exactement l'hécatombe de détenus dont les prisons et les camps « français » furent le théâtre entre 1940 et 1944. Peut-être a-t-on remarqué que Jean Bac avançait au passage le taux de 70 % ? Le même auteur précise qu'à Riom « deux cents détenus moururent sur un effectif de trois cents, du 1er janvier 1942 au 31 décembre 1942 ».

La précarité des statistiques apparaît également dans la brochure *Nous accusons* publiée à la Libération par le Front national et à laquelle nous nous sommes déjà référés. « A la direction des camps et des prisons, peut-on y lire, Vichy a placé le plus souvent des hommes qui, connus pour leur zèle et leur cruauté, ont fait de ces lieux de détention de véritables “châteaux de la mort lente”. Certains médecins, dépourvus de toute conscience professionnelle, participent à cette besogne criminelle : les uns laissent croupir, dans des cellules infestées de crasse et de vermine, les patriotes affamés et mal traités, les autres refusent aux malades les soins les plus indispensables. (...) Sous-alimentés, mal soignés, brimés, les prisonniers condamnés pour la plupart à pourrir dans ces bagnes jusqu'au jour de la victoire, dépérissent rapidement et leurs organismes ne sont plus en mesure de lutter contre la maladie, la contamination, les rigueurs de la vie emmurée. Nous n'avons pu établir les statistiques des décès survenus dans les prisons et les camps mais nous pouvons affirmer qu'ils sont très nombreux. Un gardien de la Centrale de Riom écrit : “Pendant les hivers où il avait fait si froid, c'est-à-dire en 1941-42, il mourait un prisonnier tous les jours, de froid, de privations...” (...) A Poissy, la vie des prisonniers était particulièrement dure : il mourait annuellement le dixième des effectifs, comme en témoigne ce rapport : “Avant d'y venir, je ne pouvais croire tout ce que l'on racontait sur cette prison. J'ai maintenant sous les yeux ce spectacle et je m'aperçois que rien n'était exagéré : 184 morts en 1942, 167 dans le premier semestre 1943 ! Sur 251 ‘travaux forcés’ arrivés ici il y a un an et subissant le même régime que nous, il en reste à peu près la moitié. Les autres sont pour la plupart morts de faim, de manque d'hygiène ou de soins. Si l'on tient compte qu'il y a dans la maison 1 000 à 1 200 hommes et qu'il y passe un millier de détenus nouveaux par an, il en meurt donc 184 en 1942 et 167 multiplié par deux en 1943, soit une moyenne de 1 sur 10 environ ! Il est à noter que toutes ces morts sont dues à une ‘usure physiologique’, qui est le terme maison pour la mort lente.”... »

La Santé, Saint-Etienne, Riom, Clairvaux, Poissy — il faudrait continuer la litanie des « châteaux de la mort lente ». Une litanie qui nous paraît d'autant plus horrible qu'elle égrène des noms familiers, des syllabes beaucoup plus faciles à prononcer que celles de Sachsenhausen ou Maïdanek. La litanie de ce qu'Aragon appelait les « prisons ni meilleures ni pires que les autres »... Le Fort du Hâ et la caserne Boudet à Bordeaux, le Fort de Montluc et la prison Saint-Paul à Lyon, le Fort Saint-Nicolas, la prison Chase et les Baumettes à Marseille, la prison Charles III à Nancy, la prison Saint-Michel à Toulouse, la Mal-Coiffée à Moulins (Allier), le Fort de Queuleu à Metz, les Centrales d'Eysses, de Fontevrault (Maine-et-Loire), de

Blois, d'Haguenau, de Loos-lez-Lille, de Nîmes, de Rennes, de Melun, de Caen, le Fort Barraux, la forteresse de Sisteron, le Fort de Romainville, et les innombrables Maisons d'arrêt, et le Cherche-Midi, et la Petite-Roquette, etc. Et déjà, à cette litanie une autre se mêle : Agde, Aincourt (futur Val-d'Oise), Aulus (Ariège), Argelès-sur-Mer, Barcarès, Beaune-la-Rolande, La Bégude-Bras-d'Asse, Bram (Aude), le Château du Sablon, Châteaubriant, Chibron, Compiègne, Drancy, Fontebelle, Gurs, Mérignac, Les Milles, Montceau-les-Mines, Mauzac (Dordogne), Noé (Haute-Garonne), Les Tourelles, Pithiviers, Port-Louis, Pressol de Chartreuse, Recebedou (Haute-Garonne), Rieucros, Rivesaltes, Royallieu, Saint-Paul-d'Eyjaux, Saint-Sulpice-la-Pointe, Le Vernet, Villard-de-Ghorges, Voves, Woippy (Moselle), etc.

« Les camps de France étaient complices des camps d'extermination... »

Des litanies qui se mêlent... avons-nous dit. Oui, car, dans certains cas, il est bien difficile de distinguer exactement la prison du camp. Ainsi pour Fort-Barraux ou Romainville dont certains pourront s'étonner de nous avoir vu les classer dans les prisons. Nous l'avons fait en tenant compte de ce qu'en ces deux endroits les détenus étaient enfermés dans des locaux en dur et non point dans des baraques spécialement construites pour concentrer des internés. Mais là n'est pas la différence essentielle. S'il y en a une, elle existe plutôt entre les Centrales vétustes et les camps installés en pleine campagne, en plein air. Bien que le vent froid, la pluie et la boue puissent tourmenter les prisonniers, bien que les gendarmes mobiles n'aient pas, dans leur masse, un comportement meilleur que celui des membres de l'Administration pénitentiaire, la mortalité fut moindre dans les camps que dans les Centrales. Toutefois, fondamentalement, on peut considérer que le régime de détention était identique dans les deux sortes de locaux. De même, exception faite de quelques cas dus à des initiatives individuelles et en admettant que, notamment en 1944, un certain nombre de surveillants français acceptèrent de participer à des évasions de résistants, on ne peut malgré tout faire une différence sérieuse entre les geôles sous administration hitlérienne et les geôles sous administration pétainiste. Globalement, le nerf de bœuf n'est pas plus doux que la schlague.

Dans son étude sur la répression déjà citée, Michel de Boüard explique d'ailleurs : « Pour l'internement en France, la "Sipo-SD" utilisa la plupart des prisons de l'"Administration pénitentiaire" française, même les plus petites. Le détenu était souvent d'abord conduit à la prison la plus voisine du lieu de l'arrestation ; mais, en général, il était bientôt transféré à la Maison d'arrêt du chef-lieu du département où le service local de la "Sipo-SD" l'avait à sa disposi tion. Lorsque l'enquête s'avérait particulièrement délicate, le détenu pouvait être acheminé vers l'une des prisons de la région parisienne (le plus souvent, Fresnes). Dans la plupart de ces prisons françaises, un régime mixte avait été institué, une partie des bâtiments demeurant sous contrôle français et abritant des détenus de droit commun, l'autre affectée aux prisonniers de la police allemande, étant gardés par des éléments de la Wehrmacht. Enfin, un grand nombre de communistes condamnés par les "sections spéciales" des Cours d'appel purgèrent des peines de travaux forcés dans diverses Maisons centrales : Caen, Melun, Clairvaux, Fontevrault, avant d'être livrés aux services d'Oberg, qui les déportèrent. Périodiquement, les prisons où le nombre de places était fréquemment inférieur aux besoins se trouvaient vidées de leurs occupants que l'on expédiait dans un camp de France, en attendant leur départ pour l'Allemagne. Ces camps, dont le plus vaste était installé dans l'ancienne caserne de Royallieu, près de Compiègne, demeurèrent sous le contrôle du Militärbefehlshaber de Paris ; le Fort de Romainville, toutefois, fut, à partir de juin 1943, pris en main par les SS à la suite d'évasions retentissantes. Dans les dernières heures de l'Occupation allemande, le camp de Compiègne, plus ou moins abandonné par sa garde militaire, fut à son tour pris en charge par la "Sipo-SD" de Paris (docteur Illers) qui expédia en Allemagne, in extremis, tous ses occupants (17-18 août 1944). »

En se limitant à l'étude de la répression au sens classique du terme, Michel de Boüard ne cite pas, dans la population des camps de France, deux catégories pourtant essentielles : les Juifs et les antifascistes étrangers. Il ne dit pas non plus qu'il existait des camps de femmes. Enfin, il ne mentionne pas les camps d'Algérie, d'Indochine et d'Espagne où pourtant furent internés des milliers de Français résistants.

Dès 1946, un médecin juif qui avait beaucoup fait pour que ses coreligionnaires ne partent pas vers l'extermination, d'abord en dirigeant la DCA (Direction des centres d'accueil) avec l'abbé Alexandre Glasberg, mais surtout comme coresponsable pour la zone Sud de l'OSE (Œuvre de secours aux enfants) dont la partie clandestine constituait les réseaux « Garel » et « Salomon », un médecin nommé Joseph Weill publiait une *Contribution à l'histoire des camps d'internement dans l'Anti-France*. Cet ouvrage était préfacé par Isaac Schneersohn, alors président du CDJC (Centre de documentation juive contemporaine), et ce préfacier remarquait : « A leur service, des gendarmes français, la police d'ordre et la police de sûreté, puis la Légion, puis la Milice rivalisèrent avec les Allemands en cruauté et en brutalité. Les Allemands furent satisfaits, à en croire l'ex-feldmaréchal Keitel qui, à Nuremberg, a rendu hommage aux chefs de ces polices "toujours à la hauteur de leur tâche". Voilà comment plus de 120 000 Juifs furent déportés des camps de France, dont à peine 1 000 ou 1 500 sont revenus. Voilà comment près de

20 000 enfants, arrachés à leurs mamans entassées comme des bêtes dans des fourgons plombés, furent conduits aux abattoirs. Pas un n'a été retrouvé. Et l'on sait par quel enchaînement, bientôt, ce plan diabolique ne s'arrêta ni aux Juifs étrangers, pris les premiers, ni aux Français juifs, mais s'étendit à tous les Français... » Quant à l'auteur lui-même, Joseph Weill, chiffres et faits en main, il note : « Parmi les camps les plus importants de la zone Sud figuraient : le camp d'Argelès (Pyrénées-Orientales), avec une population de 15 500 personnes dont 400 Polonais, juifs pour la plupart, 500 nomades français, 300 internés juifs provenant de Saint-Cyprien, 1 300 membres des “Brigades internationales” dont plusieurs centaines de Juifs et 13 000 Espagnols ; le camp disciplinaire du Vernet (Ariège), dit “camp de suspects”, comptant, sur 4 500 internés, 50 % d'Israélites polonais, allemands, autrichiens, belges ; le camp de Rieucros (Lozère), contenant 1 500 femmes “suspectes” (...) ; le camp “d'attente pour les émigrants” des Milles (Bouches-du-Rhône), comprenant pour 4 000 places 3 000 occupants (...) ; le camp de Septfonds (Tarn-et-Garonne), contenant plusieurs milliers de soldats engagés volontaires des régiments de marche, pour une capacité de 6 000 personnes ; le camp d'Agde (Hérault), d'une capacité de quelques centaines de places, contenant 3 000 personnes, socialistes et réfugiés politiques allemands (...) ; le camp de Gurs (Basses-Pyrénées), avec une population de 17 000 personnes dont 13 000 Juifs ; le camp de Recebedou avec une population de 1 500 personnes, (...) et le camp “hôpital” de Noé, comptant 1 300 personnes et notamment des vieillards. De nombreux petits camps, forts et citadelles, dispersés sur toute l'étendue de la zone Sud, comme Clairfonds, Garrigues, Aigue-Blanche, hébergeaient, de plus, 8 à 10 000 Juifs. — (...) En général, les indications officielles sur les places disponibles dépassaient de 30 % à 50 % le nombre réel de châlits et de paillasses réservés aux internés. On peut se rendre compte par cette seule indication des conditions de vie faites aux internés (...) L'atmosphère, celle des Maisons d'arrêt disciplinaires, fut à peu près la même partout. Inspecteurs et commissaires de police faisant fonction de commandants de camps assurèrent, avec leurs hommes de main, une discipline inhumaine et dégradante ; préfets et intendants de police, fidèles au régime, s'ingénièrent à imprimer aux mesures de persécution le sens et la portée exigés d'eux par l'envahisseur. Dans le dossier du préfet des Basses-Pyrénées, responsable pendant toute la période de son fonctionnement du camp tristement célèbre de Gurs, on n'a pas trouvé une seule note, une seule requête, une seule disposition rédigées ou prises pour améliorer tant soit peu l'existence tragique des internés... » Et c'est le même auteur qui, lorsqu'il conclut son ouvrage, constate : « Non, il n'y a eu ni four crématoire ni chambre à gaz dans les camps de France. A cette période, leur fonctionnement n'était d'ailleurs pas entièrement au

point, ni en Allemagne ni en Pologne. Ce n'est qu'à partir du printemps 1943 que leur installation savante permit de satisfaire les grands espoirs mis dans ces machines à mort collective. Mais les camps de France étaient complices des camps d'extermination. Dans les camps de France, par la faim organisée, la souffrance infusée goutte à goutte, on préparait les chairs à la mort et les âmes à la dégradation humiliante. Non, il n'y a eu en France ni Ghetti, ni Dachau, ni Mauthausen, ni Auschwitz, ni Maïdanek. Mais, dans les camps et les prisons de France, on enchaînait des hommes libres, on asservissait des faibles et des innocents... » Trente-quatre ans après le docteur Weill, une jeune historienne, Anne Grynberg, entreprenait une thèse qui, une décennie plus tard, donnait naissance à un livre intitulé *Les Camps de la honte ; les internés juifs des camps français, 1939-1944*... La présentation de l'ouvrage commence par cette phrase : « La majorité des Français ignorent aujourd'hui — ou ils l'ont oublié — que leur pays fut sous le régime de Vichy une "terre des camps" : 1940, la zone Sud ne comptait pas moins de 93 "lieux d'internement" où furent détenus dans des conditions effroyables des dizaines de milliers d'"étrangers indésirables", juifs pour la pluparts. »

Vingt à vingt-cinq nationalités

Les antifascistes étrangers... Interné à Gurs comme dirigeant anarchiste, Louis Lecoin raconte dans *De prison en prison* : « Il me sera donné d'assister, à Gurs, à des scènes dignes du Grand Guignol. En novembre — les derniers internés espagnols emmenés vers d'autres cieux ainsi que les prévenus des prisons de Paris — nous demeurions seuls dans le camp avec un quarteron d'antifascistes internationaux, lorsque nous assistâmes à une lamentable occupation des lieux : un défilé ininterrompu de femmes et d'hommes de tout âge, d'enfants de toute taille, ployant sous les baluchons, trébuchant, s'effondrant dans la boue. En flanc-gardes, des gendarmes et gardes mobiles, gueulant, sacrant, et colériques, cravachant à tour de bras ceux, notamment, qui s'affaissaient. Et la pluie dégoulinait sans interruption, noyant les larmes des gosses. C'étaient 12 000 Juifs allemands que l'Allemagne hitlérienne rejetait de sa communauté, les envoyant se faire pendre autre part. Les femmes furent placées à un bout du camp, les hommes à l'opposé. Les fillettes avec les femmes ; les garçons au-dessus de trois ans, avec les hommes même sans le papa. (...) J'ai vu, dans un îlot proche du mien, quelques malheureux Israélites suspendus aux fils de fer barbelé. L'administration du camp avait fait circuler dedans le courant électrique sans prévenir. Ils ne pouvaient se dépendre. Des cris affreux sortaient de leur gosier, pareils à ceux de bêtes qu'on égorge. Et ce supplice dura, dura... tant que leurs camarades n'eurent pas brisé les fils de fer à l'aide de madriers. Un matin, à la suite des premiers froids, on ramassa vingt morts parmi la population du camp. Et, tous les jours, ensuite, on compta une moyenne de quinze décès. Mauvais traitements, demi-famine, hygiène déplorable, baraques pissant l'eau et laissant filtrer l'air glacial par leurs planches disjointes concoururent à cette accumulation de morts. (...) Les fossoyeurs étaient débordés et un gendarme paterne, me conduisant à l'hôpital pour des soins dentaires, voulut me le faire constater *de visu*. Il m'emmena vers un local dont il ouvrit la porte. Quelle horreur ! De nombreux cadavres étaient empilés les uns sur les autres, pêle-mêle, le nez et les oreilles mangés par les rats ! Les rats ne se contentèrent pas de grignoter les morts. Ils attaqueront les vivants quand le froid s'intensifiera et qu'il neigera. Les antifascistes internationaux durent toute une nuit défendre contre eux leurs baraques prises d'assaut. L'un d'eux mourut des suites de morsures. »...

Le communiste allemand Kurt Goldstein a fait partie de ces antifascistes qui, tel Albert Norden, tel Alexander Abusch, tel Heiner Rau, furent ainsi parqués dans des camps en France. « Je suis rentré d'Espagne le 11 février 1939, nous raconte-t-il, avec un certain nombre d'autres membres des “Brigades internationales”. J'ai tout d'abord été amené au camp de Saint-Cyprien qui se trouvait sur une plage, en bord de mer, sans aucune installation... Plus tard, en mai ou juin, nous avons été transférés au camp de Gurs où nous étions environ trois cents Allemands. Vers la fin du mois d'octobre, une nuit, avec à peu près soixante-dix autres camarades des “Brigades”, on nous a réveillés tout d'un coup pour nous emmener. Un convoi d'une bonne dizaine d'Allemands, d'une dizaine de Hongrois, des Polonais, des Italiens, des Yougoslaves, des Autrichiens et quelques Tchèques. On nous a transportés au camp du Vernet. Dans ce camp-là, nous étions très mal traités. Il y avait notamment un maréchal des logis qui passait son temps à se promener dans le camp et que nous devions saluer à chaque passage devant nous. Si nous ne le faisions pas, il nous enlevait notre casquette d'un coup de stick... Au Vernet, nous étions séparés en trois îlots chacun désigné par une lettre : A, B, et C. Théoriquement, l'îlot A était celui des “criminels” ; le B, celui des “dangereux” et le C celui des “politiques”. Mais le futur secrétaire général du parti communiste italien, Luigi Longo, avait été mis dans l'îlot A... En juillet 1942, tout un groupe d'entre nous a été, pour ainsi dire, arrêté dans le camp même. C'est alors que nous avons été transportés à Drancy. Et puis bientôt, ce fut Auschwitz. Nous y sommes arrivés dans le groupe des 58-59 000. J'avais le numéro 58-566... »

Kurt Goldstein a cité en passant quelques nationalités d'internés. En fait, la diversité était encore beaucoup plus grande. Dans des notes qu'il a confiées à André Moine, Paul Chaupin précise : « Le Vernet était devenu une sorte de “Société des nations à l'envers”. On y trouvait des Belges, des Autrichiens, des Allemands, des Italiens, des

Yougoslaves, des Hongrois, des Tchèques, des Soviétiques, quelques Américains et Chinois... C'est-à-dire quelque vingt à vingt-cinq nationalités diverses. Par ailleurs, ce camp avait le privilège de compter, en dehors des militants ouvriers, des personnalités de premier plan : hommes de lettres, poètes, écrivains et philosophes, médecins et pharmaciens, des intellectuels de tous les horizons (...). Parmi les hommes politiques nous pouvons citer : Franz Dahlem, (...) Rudolph Leonhard, Gosniak, Ferenc Munich, Benkowitch, etc. »

Camps algériens, camps marocains, camps tunisiens

Dans cet éventail de nationalités, sinon statistiquement du moins sentimentalement, la dominante espagnole est nette. « En 1939, nous rappelle Fernande Valignat, les réfugiés espagnols furent parqués en plusieurs endroits et c'est à eux que l'on fit organiser les camps : pose de barbelés, installation de baraques, de miradors, etc. Ce fut notamment l'origine du camp qui allait surtout être un camp de femmes, celui de Rieucros, près de Mende, en Lozère, dans une vallée sauvage où court un petit ruisseau encaissé entre deux versants d'un causse. A Rieucros, les Espagnols qui sous la garde des policiers ont construit le camp y ont aussi sculpté dans le roc un motif symbolique qui existe toujours : deux mains enlacées, main française et main espagnole, avec cette simple mention : “Union, unité”... Notons, en passant, que le camp de Rieucros fut désaffecté en février 1942 et le terrain rendu à ses propriétaires, les autorités ecclésiastiques de l'évêché de Lozère. Les femmes qui y étaient détenues furent transférées à Brens, près de Gaillac, dans le Tarn, où se trouvait un camp qui, lui, au départ, avait été édifié pour y parquer les Juifs. »

Si les Juifs, mais aussi les tziganes, tous les persécutés raciaux raflés par la police française sur ordre des autorités allemandes et enfermés dans les camps de France furent ensuite déportés en Allemagne, tel ne fut pas le cas de l'ensemble des autres catégories d'internés. La majorité, certes, partit en wagons à bestiaux pour l'univers concentrationnaire, mais un certain nombre furent envoyés en Afrique du Nord. Là-bas, d'ailleurs, ils connurent un sort assez peu enviable, au point que, à la Libération, lorsque l'ancien interné Golski publia un ouvrage où il racontait sa captivité maghrebine, il l'intitula *Un Buchenwald français*... Dans sa préface au livre d'André Moine *La Déportation et la Résistance en Afrique du Nord (1939-1944)*, Léon Feix remarque : « Combien de Français — y compris les anciens résistants — savent qu'en dehors des députés communistes du “chemin de l'honneur”, des centaines d'autres hommes ont été arrêtés en France et déportés en Afrique du Nord, particulièrement en Algérie, de 1940 à 1944 ? » Qui sait en effet que Boghari, Djelfa, Bossuet, Djénien Bou Rezg, Kénadza, Hadjerat M'Guil, El Aricha et Relizane sont des noms de camps où furent déportés des antifascistes et des résistants ? Et nous avons limité cette liste à l'Algérie, sans citer les quatre camps marocains d'Agdz, de Bou Anane, de Bou Denib et de Missour ni les cinq camps tunisiens de Touboursouk, du Kef, d'El Gueitar, de Gafsa et de Gafsa-Gare... A propos des souffrances que connurent les patriotes enfermés derrière ces barbelés d'outre-Méditerranée, André Moine note : « Le spectacle est lamentable. Une colonne sur deux ou trois hommes flanquée tous les dix mètres d'un goumier le fusil sur l'épaule. Mais quels hommes ! Pas deux qui se ressemblent : des jeunes à l'air gamin, des grand-pères déjà courbés par l'âge. L'un est en tenue militaire avec ses décorations, l'autre en treillis délavé et déchiré, un troisième, arrêté à son travail, marche en bleus de chauffe à côté d'un professeur à l'habit encore bien coupé. (...) Nous sommes des bagnards... » Des bagnards à propos desquels le même auteur fournit des précisions... Ainsi nous apprend-il qu'en mars 1941, au camp de Bossuet, sur 496 internés on comptait : 138 métallurgistes ; 52 cheminots ; 45 enseignants ; 44 employés, comptables et dessinateurs ; 43 artisans et commerçants ; 26 ouvriers du bois ; 27 ouvriers du bâtiment ; 18 agriculteurs ; 17 employés des PTT ; 16 employés des transports ; 17 représentants de commerce ; 10 imprimeurs ; 6 ingénieurs ; 4 mineurs ; 3 membres des professions libérales ; 3 médecins et chirurgiens ; 3 retraités ; 2 entrepreneurs et 22 professions diverses.

Entre les WC et l'« estraperlo »...

Autres bagnes méditerranéens pour des patriotes français entre 1940 et 1944, les bagnes d'Espagne. Le plus connu, car, de loin, le plus important, fut Miranda de Ebro. Maurice Chauvet en raconte l'origine. D'abord, il rappelle que l'Espagne « comptait de façon immémoriale une prison par village et de nombreux lieux de détention, reliquat de la guerre civile ». Puis il ajoute que Miranda de Ebro, dans la province de Burgos, fut, dès sa construction, destiné à être « un camp de concentration pour étrangers » et que cette construction aurait même, selon certains, été effectuée « pendant la guerre civile, sur les directives de techniciens allemands ». Pour entrer dans le camp, il fallait passer sous un portail que surmontait l'aigle espagnol. Des milliers de Français entrèrent et sortirent par là, les uns vivants, les autres morts. « L'état sanitaire est lamentable et le baraquement des WC indescriptible, devait dire plus tard Pierre A. Dufetel à Henri Noguères. La dysenterie sévit, soit par contagion des coloniaux malades, soit du fait de la mauvaise qualité de la nourriture et si l'on compte peu de décès au camp, c'est que les mourants sont versés en hâte à l'hôpital de Vitoria. Les médecins français, démunis de médicaments, sont désarmés devant l'afflux des patients (...). Nous sommes pourris de partout, l'estomac, les intestins, le sang. La moindre écorchure devient une plaie purulente que l'on traîne pendant des jours et des jours. Les galeux sont nombreux et mélangés à nous tous. Il y a des poux, des punaises, des puces et toutes sortes de vermines infectes derrière ces pavillons blanchis. Je tiens difficilement sur les jambes, ayant perdu plus de quinze kilos. Ne pas craquer (...). C'est une lutte contre la montre... »

En 1998, quand l'historien Robert Bélot publie les huit cents pages intitulées *Aux frontières de la liberté*, une somme sur les « évadés de France », il insiste aussi sur Miranda de Ebro... « Ouvert au moment de la guerre civile, écrit-il, sur les précieux conseils des nazis, et rasé en 1960, le camp de Miranda demeurera longtemps dans la mémoire de ceux qui y ont effectué un séjour (...) Une seule baraque sert de WC à tout le camp, dépourvue d'eau courante. Ce lieu d'épouvante est dans un état "défiant toute description", note un médecin français interné. Le nombre de latrines est déraisonnablement insuffisant : 36 stalles pour 3 300 hommes au mois d'août 1943, alors que les règlements militaires en prévoient une pour 50 hommes. (...) Elles sont d'une saleté tellement repoussante que les hommes sont souvent obligés d'entrer par les lucarnes, l'allée centrale étant impraticable. » Et puis il y a l'« estraperlo »... Car, « comment se nourrit-on à Miranda ? » demande Belot, pour aussitôt répondre : « Très mal... » Et d'enchaîner : « Dans ces conditions, le marché noir, appelé "estraperlo", ne peut que fleurir (...). Les détenus vendent le peu qu'il leur reste : montre, bague, etc. Un imperméable se mange en une journée. Un chandail permet l'acquisition de quelques bouchées de pain. Un briquet assure un repas... »

Et la situation n'est pas meilleure pour les autres Français emprisonnés un peu au hasard, à travers l'Espagne, selon l'endroit où ils ont été capturés, ou bien concentrés pendant un temps à la « Carcel Modelo » de Saragosse. Caractéristique à cet égard est l'aventure d'une de nos compatriotes telle que la rapporte Jean-Marie Accart dans son livre *Evadés de France, prisons d'Espagne*. « J'ai interrogé, écrit-il, une jeune fille connue dans la Résistance sous le nom de Nicole Dumas qui s'était évadée pour gagner l'Angleterre. Je devais la trouver plus tard là-bas où elle s'était engagée dans les "Forces aériennes françaises libres" (...). Emprisonnée à Pampelune, d'abord dans une salle commune, mêlée comme nous à des détenus politiques et à des condamnés de droit commun, elle fut au bout de trois jours transférée en cellule pour avoir été trop intéressée par les réactions, les opinions et les histoires de ses compagnes : il est des choses qu'on n'aime pas montrer aux étrangers. Dans sa nouvelle geôle, deux compagnes prisonnières politiques. L'une d'elles surtout, une fille de vingt-six ans, enfermée depuis six ans (...). Ayant échappé par trois fois à l'exécution à la suite de concours heureux de circonstances, elle avait été condamnée à la peine de prison à perpétuité, peine récemment commuée en trente ans. Cette fille ardente, comme ses camarades masculins, avait une haine féroce des "blancs", haine attisée par les traitements qu'elle et ses compagnes subissaient quotidiennement. Même cruauté sadique des gardiennes qui, fait étonnant, étaient en majorité des religieuses. Que faisaient-elles donc, ces "bonnes" sœurs de la charité chrétienne, un des piliers de la doctrine du Christ ? Un peu de compréhension et beaucoup de bonté auraient probablement apaisé ou tout au moins atténué la violence de la haine. Mais on retrouvait là les mêmes méthodes que dans les prisons d'hommes : religion forcée, services à la chapelle trois fois par jour à la baguette, et ces femmes, déportées au nord de l'Espagne pour que leurs familles des rivages du Sud ne puissent venir les voir, ces jeunes femmes livrées à elles-mêmes, à leur ressentiment, à leurs gardiennes odieuses, étaient acculées à une seule pensée : vengeance. Notre amie fut ensuite transférée dans une prison de femmes de Madrid. C'était tomber de Charybde en Scylla : jetée au deuxième sous-sol, dans une cellule sans fenêtre de trois mètres sur quatre avec trente-cinq femmes, sans couverture, couchée sur le ciment sans paillasse, aux prises avec une vermine grouillante, confinée dans l'air vicié par suite du manque d'aération, éclairée par une faible lumière électrique, elle en fut tirée pour un interrogatoire au bout de quarante-huit heures : quand elle revit la lumière du jour, un vertige la saisit et elle s'affala sur les dalles de l'escalier. Deux jours de ce traitement, ajouté au régime de Pampelune, avaient suffi à la mettre dans cet état de faiblesse. Qu'avait donc fait cette Française pour mériter un traitement aussi ignoble ? Elle avait passé la frontière pour échapper à la barbarie allemande et pour continuer à travailler à la Libération de son pays. »...

Les « lettres de cachet » de l'amiral Decoux

Il y eut pire encore... Malheur à ceux qui prétendaient quitter leurs geôles d'Espagne sans attendre que les franquistes les libèrent... Maurice Chauvet explique ce qu'était le sort des évadés lorsqu'ils avaient la mauvaise fortune d'être rattrapés. « Un Français parvint à s'évader, nous dit-il. Repris, il fut suspendu par les poignets à la grille de la prison du camp et battu jusqu'à avoir le dos à vif. Il resta dans cet état deux jours et deux nuits, attendant la mort. Les patrouilles de soldats le fustigeaient au passage de coups de baguette de fusil pour vérifier s'il était encore en vie. L'arrivée inattendue d'une voiture de l'ambassade anglaise devait le sauver et, pris en charge, il put être évacué sur Gibraltar. Quelques semaines plus tard, deux Polonais croyant avoir acheté la complicité d'une sentinelle tentèrent l'évasion. Tombés dans un traquenard, ils furent abattus de façon sauvage, lardés de coups de baïonnette et les deux corps traînés sur la place d'appel, achevés de façon si maladroite que des débris de crâne et de cervelle restèrent collés plusieurs jours sur le mur le long duquel ils avaient été achevés. »... A ce régime-là, on ne s'étonnera pas du bilan que cite ensuite Maurice Chauvet : « S'appuyant sur une étude sérieuse, l'"Association des évadés internés en Espagne" avance pour les seuls ressortissants français le chiffre de 1 000 à 1 200 morts, assassinés en montagne, par des passeurs, tués par accident au passage de frontière ou au moment de la prise de contact, disparus en prison ou en cours de transfert. »

Enfin, bien que le nombre de détenus concernés soit infiniment moins important, on ne peut évoquer les souffrances subies par des patriotes français dans des prisons ou des camps pré-concentrationnaires sans parler des bagnes du bout du monde... Et là, il convient de rappeler que, pendant plus d'un siècle, la domination coloniale de la France, comme des autres grandes puissances européennes, en Afrique et en Asie, s'est imposée puis maintenue grâce à une répression qui prétendait mater toute opposition ou toute velléité d'indépendance. Dans l'appareil de cette répression, des bagnes et des prisons au régime particulièrement cruel jouaient un grand rôle. Il va sans dire qu'ils étaient, avant la guerre, réservés aux autochtones. Lorsqu'en 1940 la France fut défaite et que le Maréchal eut été hissé sur son petit trône thermal par le Führer, tandis que, comme on le sait, un certain nombre de militaires, fonctionnaires et hauts fonctionnaires coloniaux se ralliaient à de Gaulle, un nombre plus important d'entre eux choisissaient la voie de l'apparente légalité et donc de la trahison à terme. Devenus pétainistes, ils utilisèrent des geôles à leur mesure. Le cas le plus remarquable fut, sans nul doute, celui de l'amiral Decoux, le proconsul de Vichy en Indochine. A « casser » du gaulliste, cet amiral mit vite un zèle frénétique ; un zèle qui l'amena, entre autres, à traiter des « métropolitains » comme les autochtones et à faire subir aux résistants le sort jusque-là exclusivement réservé aux militants locaux des mouvements d'indépendance. Dans son livre *L'Indochine à l'heure japonaise*, J. Legrand souligne que l'on vit ainsi le « motif classique d'internement » qui était jusque-là « activité antigouvernementale » souvent suivi désormais de « et suspicion d'hostilité à la politique de collaboration franco-japonaise ». Le même auteur ajoute : « L'amiral Decoux peupla les prisons de Saigon et de Hanoi de patriotes dont le crime fut de ne pas avoir admis sa politique. Il créa, en outre, des centres d'internement qui, comme celui de Longxuyen, recevaient des "pensionnaires" sur une "lettre de cachet" du gouverneur général. Les uns et les autres étaient là-bas désignés par l'épithète de "gaullistes" qui sonnait comme une marque suprême d'infamie. Les sentinelles avaient la consigne de tirer sans sommation préalable sur tous ceux qui tenteraient de s'évader. » Jean-Michel Pedrazzani raconte ce que fut ainsi le calvaire d'un certain nombre de résistants en Indochine. Après avoir rappelé qu'ils étaient « mis au secret le plus souvent dans des geôles exiguës », il note que cela « du reste n'empêcha pas certains de s'évader. Ainsi le lieutenant Robert, condamné à quatorze ans de travaux forcés pour avoir essayé de rejoindre l'Angleterre : enfermé depuis près de deux ans dans une cellule de la citadelle d'Hanoi, il réussit vers la mi-janvier à tromper l'attention des gardiens (...), à se cacher pendant vingt-quatre heures chez des amis. Quittant son abri, il tomba par hasard sur un colonel français qui le reconnut. Cet officier, qui n'ignorait rien du manque de mansuétude de Decoux à l'égard des prisonniers en général et des dissidents en particulier, n'en dénonça pas moins le fugitif. Reconduit sans ménagement dans sa cellule, le lieutenant Robert subit pendant un mois des sévices dignes de l'Inquisition. (...) Le capitaine Boulle, condamné aux travaux forcés à perpétuité, les capitaines Labussière et Morgantini, condamnés à cinq ans de travaux forcés, et un civil, M. Franck Greyveldinger, également condamné à cinq ans, tous privés de liberté pour le même motif : sympathie ouverte envers la “France libre”, ne purent qu'assister impuissants au calvaire de leur compagnon. Un autre prisonnier, le docteur Béchamp, âgé et malade, fut l'objet d'un traitement particulièrement cruel. Savant distingué, travailleur infatigable, praticien de grand renom, le docteur Béchamp, consul de France en Chine, avait été arrêté un an auparavant alors qu'il s'apprêtait à rejoindre les forces alliées de Tchong-King. Fuyant la ville de Hong-Kong encerclée par les Japonais, le vieillard, guetté par les hommes de Decoux, ne put leur échapper lors de son passage dans les eaux territoriales françaises. Ramené à Hanoi, il y fut condamné à quinze ans de travaux forcés, à la confiscation de ses biens et à la déchéance de la nationalité française. D'une santé fragile, le docteur Béchamp, privé de tout médicament, déclinait rapidement. Renvoyé par Decoux de l'hôpital militaire où il était soigné, il était devenu si faible qu'il ne tenait plus sur ses jambes. Comble de raffinement, les geôliers venaient quotidiennement s'enquérir de son état et de ses désirs sans jamais les prendre en considération. C'était là une idée des collaborateurs de l'amiral qui avaient substitué à la torture physique la torture morale. Le docteur Béchamp devait mourir le 20 juillet 1944, à la prison de Saigon, des suites des sévices endurés pendant sa détention. »

Les « indésirables »

Le capitaine Boulle dont parle Pedrazzani n'est autre que l'écrivain Pierre Boulle qui, dans un livre de souvenirs intitulé *Aux sources de la rivière Kwaï*, a évoqué lui aussi la même époque et les mêmes faits. « La “barre” de l'Indochine, ce fut le traitement infligé à Robert pour le punir d'avoir nargué les autorités, écrit Pierre Boulle. Mais ce châtiment ne fut pas décrété par les services de la prison ; l'ordre venait des hautes sphères, la Résidence supérieure et le Gouvernement général : soixante jours de cachot, dont quinze avec les pieds à la “barre de justice”. Je connaissais bien cet instrument d'allure médiévale, en honneur autrefois paraît-il dans la Marine, ce qui expliquerait peut-être qu'il eût été introduit à cette époque dans les prisons d'Indochine. Je le connaissais pour avoir vécu en sa compagnie dans le cachot où j'avais été mis au secret après ma condamnation. On ne m'avait pas appliqué le traitement (on ne l'avait jamais appliqué encore à aucun Français ; il était réservé à certains condamnés à mort annamites récalcitrants. Robert inaugura la nouvelle politique d'un ordre nouveau). Mais j'avais eu tout le loisir de l'observer et de méditer sur son emploi. La "barre de l'Indochine", donc, se compose de deux parties : une section fixe, scellée dans le ciment, comportant, creusées dans son épaisseur, deux cavités semi-cylindriques un peu comme les bosses d'un chameau en négatif. Une deuxième moitié, également en fonte, très lourde, pivote au moyen d'un axe autour de celle-ci et comporte deux cavités semblables s'adaptant exactement sur les premières quand l'engin est rabattu, de façon à former deux cylindres parfaits, d'un diamètre égal à celui de la cheville d'un homme moyen. Tel est en effet, on l'a deviné, l'usage de cet instrument : enserrer les chevilles du prisonnier qui, la barre rabattue et cadenassée, se trouve étendu sur le béton, la tête tournée vers le plafond, les pieds nus dépassant de la barre, dans l'impossibilité de se tourner, devant se livrer à une acrobatie extravagante pour utiliser le seau hygiénique que l'administration bienveillance prévoit de placer à son côté. Le règlement ne prévoit que cinq minutes de liberté par jour. Telle fut la punition infligée à Robert et c'est dans cet attirail que je le vis pour la première fois lorsqu'on nous fit quitter la cellule n° 1 et qu'on nous amena, Labussière et moi, dans ce fameux bâtiment dit "des condamnés à mort" où j'avais déjà passé un mois tout seul... »

Lorsqu'on examine, comme nous venons d'essayer de le faire, ce qu'étaient réellement les camps, les prisons et les bagnes du régime dit « de la Révolution nationale » et la façon dont étaient traités ceux qui les peuplaient, comment ne pas être frappé par la diversité de ce peuplement ? Les « hommes du Maréchal » persécutent des gens de tous âges, de toutes conditions sociales, d'opinions politiques les plus variées et même d'un nombre assez étonnant de nationalités. Pourtant, aux yeux de ceux qui les incarcèrent et tourmentent, tous ces détenus ont un point commun que le pouvoir pétainiste résume en un mot, le terrible euphémisme employé pour les qualifier d'« indésirables ». Prenons un journal quelconque d'une région quelconque de la zone dite libre à l'époque où, à Vichy, on est encore optimiste, en l'occurrence *Le Petit Dauphinois* du mercredi 19 mars 1941. En dernière page, sous la rubrique générale *Dernière heure*, ce titre : *48 militants communistes sont arrêtés dans la région de Grenoble et de Bourgoin*. Et, en dessous, dans le texte, cette phrase : « Tous les individus appréhendés ont été ou seront conduits au camp d'internement des indésirables, à Barraux (Isère) »... Mieux même, comme il faut bien pouvoir distinguer entre les catégories d'« indésirables », on invente de nouveaux sigles. C'est ainsi que, par exemple, Pierre Gaillard, un métallurgiste stéphanois, a pu expliquer à André Moine qu'il avait été, quant à lui, « étiqueté "IF"... ». Que veut dire « IF » ? « Indésirable français » !

Une pareille expression pourrait sembler comique si elle n'était l'indice, entre tant d'autres, d'un comportement... C'est parce qu'ils étaient « indésirables » aux yeux du régime de Vichy que des centaines de milliers de Français et de Françaises furent envoyés dans les camps, les charniers et les crématoires d'outre-Rhin.

A Zwodau-Svatava, une des commandos du camp de Flossenburg, la déportée et célèbre résistante gaulliste Brigitte Friang, a été affectée à un atelier de contrôle de roues dentées. Bien sûr, la qualité ni le rendement ne correspondent aux souhaits des SS. Aussi le chef d'atelier, « un énorme gaillard à la Hindenburg », un civil, craint-il d'avoir des ennuis. Il essaie d'arranger les choses... « Mattemoiselle, prière faite effort, me supplie un jour le pauvre homme, dans son français approximatif, écrit Brigitte Friang. Songez vous gros ennuis sur moi attirer. (...) Vous, intelligente, je vois. Je supplie vous travailler. » Cependant, sautant sur l'occasion de parler à un être humain, la jeune femme engage la discussion. « Je tente, dit-elle, d'expliquer mon point de vue au gros Allemand. » Bientôt à bout de vocabulaire et de patience, ce dernier lâche l'argument qu'il pense décisif : « Mais vous être ici accord avec votre Maréchal Pétain... Ne pas oublier ! » Cet argument n'a guère d'effet sur Brigitte Friang, laquelle « dit au pauvre homme navré ce qu'elle pense de ce traître ». Toutefois on nous accordera que, dans la bouche d'un simple citoyen du IIIe Reich, cette *explication* est plus que symptomatique.

Avec l'accord du Maréchal... Et avec l'aide de ses hommes... Cela répété, qui ne le sera jamais trop, l'ultime étape d'un itinéraire qui s'est efforcé de suivre au plus près, geôle après geôle, le calvaire gravi par tant de résistants français, de Juifs, de tziganes et d'antifascistes étrangers, nous ramène évidemment dans l'« univers concentrationnaire »...

Etat policier ? Plutôt Etat indicateur...

Henri Michel a défini un jour la déportation comme une « condamnation à mort différée ». L'expression est juste, mais elle est incomplète. Malgré l'insoutenable horreur de tant de scènes évoquées, malgré l'inventaire géographique des principaux camps installés par les hitlériens, malgré les statistiques, nous sentons bien que quelque chose manque ici. Mais quoi ? Sans doute le constat que, de cette monstruosité systématique, plusieurs descriptions sont possibles. Envisageons-en successivement quelques-unes et plaçons-nous ainsi, à chaque fois, dans une perspective différente.

Nous connaissons déjà l'étude de Michel de Boüard sur *La Répression allemande en France de 1940 à 1944*. Ici, la perspective est plutôt judiciaire et statistique. « En fait, écrit de Boüard, se trouve instaurée peu à peu en France la procédure dite “Schutzhaft” (détention de sécurité), selon laquelle, en Allemagne, le RSHA (direction de la police et des services de renseignements nazis) peut interner dans un camp de concentration, sans jugement, toute personne suspecte. Les cas de comparution devant un Tribunal militaire, pour activités hostiles au Reich, sont de plus en plus rares à partir de juin 1942. A Paris, c'est l'“Amt IV” (4e section, c'est-à-dire Gestapo) des services de “Sipo-SD” qui en décident ; en province, la décision appartient au “Kommandeur” régional. Un registre tenu par la section IV de la Kommandantur de “Sipo-SD” de Limoges a pu être retrouvé ; il montre la procédure suivie en cas de déportation sans jugement. Le “Kommandeur” propose le classement du déporté dans l'une des catégories I, II ou III, selon la gravité des faits qui lui sont reprochés. La proposition est soumise aux services parisiens de Knochen qui donnent l'ordre d'envoyer l'intéressé au camp de Compiègne et alertent l'“Amt IV” du RSHA, à Berlin. En principe, la déportation en Allemagne ne peut intervenir qu'après réception de l'avis donné par le RSHA. En fait, le plus souvent, on n'attend pas cette réponse. Le commandant du camp de concentration allemand auquel est affecté le déporté reçoit le dossier de celui-ci ou, plus souvent, un simple ordre d'internement portant une motivation sommaire et l'indication de la catégorie dans laquelle est classé le déporté. Lorsqu'il s'agit de déportation de groupes nombreux, n'ayant pas fait l'objet d'information individuelle, la procédure est simplifiée. Les détenus sont recensés par listes, avec numéro d'ordre, nom, prénom, date et lieu de naissance, domicile, motif d'arrestation. Cette liste est envoyée à Paris au “Befehlshaber der Sipo-SD” (commandant en chef de la police de sécurité et des services de renseignements), qui la communique au RSHA. L'acheminement vers l'Allemagne se fait sans autre formalité ; une copie de la liste, qui voyage avec le convoi, est remise à l'arrivée au commandant du camp de concentration. »... En passant, Michel de Bouard souligne qu'augmentation du nombre et accélération du rythme des déportations vont de pair avec l'extension rapide et inexorable du pouvoir du RSHA. Ajoutons qu'officieux sur notre sol dès 1940, officiel à partir de 1942, l'Office central de sécurité du Reich (RSHA) devient pratiquement le maître de la France durant les dernières années de l'Occupation. C'est finalement beaucoup plus à lui qu'au IIIe Reich proprement dit que le régime de Vichy a affaire. Les policiers nazis tirent de plus en plus ouvertement les ficelles du Maréchal, de Laval et de leurs hommes. Mieux encore qu'un Etat policier, l'Etat français devient un Etat indicateur... Mais retrouvons Michel de Bouard. « Les documents présentés au Tribunal de Nuremberg par le gouvernement français, poursuit-il, mentionnent : pour l'année 1940, 3 convois de déportation ; pour 1941, 19 convois ; pour 1942, 104 ; pour 1943, 257 ; pour la période comprise entre le 1er janvier et le 25 août 1944, 326 convois. A partir du mois de mai 1944, prisons et camps de France sont vidés de leurs occupants que l'on déporte en Allemagne ; par exemple, au mois de juin, les détenus des prisons de Dijon, Chalon-sur-Saône, Lons-le-Saunier, Nancy, sont transférés à Besançon ; le 26 juin 1944, 250 d'entre eux sont déportés. (...) Le nombre total des personnes arrêtées en France et déportées durant l'occupation allemande pourrait se situer entre 200 000 et 250 000. » Enfin, le même auteur cite quelques exemples de déportation massive de citoyens français : « Le 1er mars 1943, la troupe et les hommes de la "Sipo-SD" cernent un quartier de Villeurbanne, considéré comme ayant des sympathies communistes. Les maisons sont fouillées, les habitants appréhendés. Un officier de la "Sipo-SD" en fait le tri : 150 personnes sont envoyées au camp de Compiègne pour être déportées. Le 11 novembre 1943, alors que 1 500 Grenoblois viennent de chanter *La Marseillaise* devant le monument des Diables bleus, des forces militaires et policières allemandes surviennent et arrêtent 600 personnes ; 400 hommes seront déportés. Le 23 décembre suivant, la place Vaucanson, à Grenoble, est cernée sans motif apparent ; 100 hommes sont arrêtés et déportés sans enquête. (...) Dans la nuit du 11 au 12 mai 1944, à la suite d'un attentat commis dans les environs, des troupes de SS encerclent Figeac et arrêtent presque toute la population masculine, environ 800 hommes dont la plupart sont transférés à Montauban ; 250 hommes sont, le 22 mai, déportés au camp de Neuengamme, 500 autres sont dirigés sur des camps de travail de la région des Sudètes. Le 29 juillet 1944, des voitures militaires ayant été attaquées par des maquisards, le village de Clermont-en-Argonne est cerné par la Feldgendarmerie ; des membres de la Sipo-SD de Nancy dirigent l'opération. Le "Kommandeur" Hoth est présent en personne ; 118 personnes sont déportées. »

Les « chiens maudits »

Comme deuxième perspective, prenons maintenant la plus simple, celle de déportés connus, personnalités de tendances diverses dont certaines ont ensuite écrit des ouvrages sur leur propre expérience et la déportation en général mais qui, dans les extraits que nous avons choisis, se bornent à regarder pour nous donner à voir.

Le livre du docteur François Wetterwald s'intitule *Les Morts inutiles*. « Puis, écrit-il, c'est Compiègne, le camp de rassemblement avant le départ pour l'Allemagne. (...) Puis c'est, un matin, le défilé dans la ville, l'arrivée à la gare. Et alors, la chute commence. Une chute verticale et qui va durer trois jours. Trois jours, est-ce long, est-ce court ? Trois jours de chute vers l'inconnu (...). Trois jours sans manger, sans boire, sans dormir, presque sans respirer. Trois jours sans vêtements, nus, tassés à 125 dans des wagons de marchandises

(40 hommes, 8 chevaux). (...) Trois jours, cela paraît un siècle et pourtant les changements que l'on constate sur ses camarades de voyage semblent se réaliser à une vitesse prodigieuse... Il y a eu d'abord la soif, la touffeur ; à Metz, il y a eu la peur, quand les SS ont sauté dans le wagon la cravache à la main et nous ont tassés, 125, dans un espace correspondant à moins de la moitié du wagon, pour nous compter plus à leur aise. Puis, rapidement, il y a eu la faim, la fatigue, le froid de la nuit quand nous fûmes dévêtus. Et voilà le bilan de l'expérience. Il y avait au départ 125 patriotes, 125 hommes prêts à tous les sacrifices et dont beaucoup étaient des hommes cultivés. Au bout de deux jours, chez la moitié d'entre eux, la culture s'est écaillée. De tous les patients efforts poursuivis pendant des siècles et des siècles par les philosophes et les prêtres, pour essayer d'élever l'homme au-dessus de lui-même, en deux jours, il ne reste plus rien. Il a suffi de ces sentiments élémentaires, ignorés dans notre vie confortable, la faim, la soif, la peur, le froid, pour recréer l'homme élémentaire que l'instinct de conservation domine et qui est prêt à tout, absolument à tout pour se sauver, mais pour se sauver, lui. Combien pensent aux autres, combien essaient d'endiguer la bestialité naissante, combien essaient de porter secours à ceux qui s'évanouissent ? Ils sont 10 environ sur 125... »

Nous avons rencontré plus haut Georges Loustaunau-Lacau et l'avons vu, à peine rentré de Mauthausen, témoigner au procès Pétain. Aussitôt après, il va écrire un livre qui s'intitule *Chiens maudits ; souvenirs d'un rescapé des bagnes hitlériens*. Dès les premières pages, le fondateur du réseau Alliance stigmatise « les misérables de Vichy qui l'ont livré au bourreau » puis, plus loin, il raconte : « C'est à Sarrebruck, à quatre heures du matin, que la bête fauve qui a nom : Allemagne, nous est soudain apparue dans sa pleine férocité. Là, en une minute, nous avons tous compris, bien compris. Le premier d'entre nous qui descend du wagon est empoigné par un colosse en uniforme qui l'assomme en hurlant : *Verfluchte Hunde, jetzt werden Sie die deutsche Kraft probieren !* (Chiens maudits, vous allez maintenant savoir ce qu'est la puissance de l'Allemagne !) Chiens maudits ! Nous n'avons pas fini de l'entendre, cette insulte. Entourés en un clin d'œil par des SS qui vocifèrent, mordus par leurs chiens, nous sommes enchaînés deux à deux, frappés à coups de cravache et à coups de pied et formés en colonnes. Histoire de vérifier les chaînes, un diable vert qui bave littéralement de fureur les tire brutalement de haut en bas, ce qui a pour effet d'entamer les chairs. Nous sommes tous marqués pour quelques semaines. Deux kilomètres à pied à une allure folle et nous voici au camp de représailles de Neu-Bremen, dans une basse plaine, exactement au pied du monument de Forbach. (...) Le camp de Neu-Bremen revêt un aspect particulier. Il est tout petit, couvre à peine un hectare. Des baraques sur les quatre faces. Au milieu de la cour, une mare cimentée. Cinq cents enfants russes de dix à quinze ans sont rassemblés contre les bâtiments. Dès qu'ils se déplacent, ils courent, car il est défendu dans ce camp de se déplacer autrement qu'au pas de course. L'effet est original. "Les Juifs, hors des rangs !" Ils sont quatre dans notre convoi et les quatre mourront : deux jeunes gens, un homme mûr, un vieillard. C'est un monstre maintenant qui commande, un SS dont la figure tient à la fois du dogue et de l'hippopotame. A le voir s'agiter, on pense à un acteur de cinéma qui jouerait un rôle de fou sadique. Les quatre Israélites sont roués de coups sous nos yeux et restent sur la piste sans connaissance. *Priester wie Juden !* (Les prêtres comme les Juifs !) Le RP de Jabrun, de la Compagnie de Jésus, âgé d'une soixantaine d'années, qui faisait partie d'un groupe bordelais de Résistance, et l'abbé François Basset, premier vicaire de Saint-Etienne-du-Mont, sont conduits à leur tour sur la piste. Ils sont en soutane. Dès qu'il les voit, le monstrueux SS est pris d'une rage frénétique. Il les fait courir et les suit en les frappant de toutes ses forces, puis il les fait sauter, les mains croisées derrière le dos, de plus en plus vite autour de la mare, jusqu'à ce qu'ils tombent brisés, évanouis. Le père de Jabrun et l'abbé Basset mourront quelques mois plus tard, l'un à Mauthausen, l'autre à Dachau. Je me détourne, ne pouvant plus supporter la vue de ces prêtres roulés dans la boue et sanglants. "Schmidt !" a-t-on appelé. Schmidt est un journaliste allemand antinazi arrivé avec nous du Cherche-Midi. "C'est ainsi que tu nous aidais à gagner la guerre !" lui crie le SS en se rapprochant. L'exécution de Schmidt à coups de bâton ne demande pas trois minutes. On l'enlève, il meurt, on le jette de l'autre côté du réseau de bordure. »

Le livre emblématique de David Rousset a un titre devenu très célèbre : *L'Univers concentrationnaire*... « Tous les matins, écrit Rousset, avant l'aube, le marché des esclaves. Les gummi frappent les crânes, les épaules. Les poings s'écrasent sur les visages, les bottes tapent, tapent, et les reins sont noirs et bleus et jaunes. Les injures tonitruent. Des hommes courent et se perdent dans les remous. D'autres pleurent. D'autres crient. Les concentrationnaires se cognent, s'enrouent de jurons, se chassent, d'un "Kommando" à l'autre. L'aube lentement froide, en quelque saison que ce soit. Les équipes de travail se forment. Kapos et Vorarbeiter, des négriers. Leur alcool du matin : frapper, frapper jusqu'à la fatigue apaisante. »

Le livre où figure le texte de Marcel Paul est un ouvrage collectif intitulé *Dora*. Sous la signature du syndicaliste communiste dont de Gaulle fera un ministre, on peut y lire : « Dora a été l'un des sommets de l'animalité nazie ; des milliers et des milliers de déportés, jetés pour des mois et des mois dans les catacombes de pierres à plâtre, y travaillant comme des forçats, 12 heures sur 24, nourris d'un litre d'eau presque claire, dite "soupe aux navets", de deux cents grammes de pain souvent immangeable, de 15 grammes de margarine chimique et d'une cuillerée de fromage blanc. Couchant dans la vermine, sans eau, sans installation sanitaire ou presque, vivant jour et nuit dans le brouillard permanent du plâtre, sans air, dans le bruit infernal des marteaux piqueurs, des explosions, des trains et des wagonnets, des machines-outils, avec comme espérance de sortie : la route du crématoire, à moins que ce ne soit celle de la potence collectivisée et mécanisée. Le travail, le travail jusqu'à la mort d'épuisement, les molosses des SS aux trousses de l'un ou de l'autre ; les SS frappant au hasard à tour de bras, au gummi, à la barre de fer, avec ce qui, pour eux, était à portée de main. Dans les galeries, les cadavres des camarades tombés d'inanition, exténués ou, pour d'autres, le crâne fracassé... »

La notion de « persécution totale »

Troisième perspective : témoins, acteurs ou spécialistes de la question, des hommes essaient d'expliquer le phénomène concentrationnaire... Praticien ouest-allemand, le docteur Max Michel a participé, du 25 au 28 juin 1957, à Moscou, à une « Conférence internationale sur la thérapeutique, la récupération fonctionnelle et la réadaptation applicables aux invalides de guerre, résistants et déportés ». Son exposé a plus particulièrement porté sur la *Profondeur du traumatisme psychologique de la persécution totale*. Et c'est cet exposé qu'il a commencé en déclarant : « Le national-socialisme ne nous a pas uniquement légué la notion de "guerre totale", mais aussi la notion de "persécution totale". Nous désignons sous ce terme l'expérience tentée systématiquement par l'emploi de tous les moyens de dégradation corporelle et morale dans le but d'obtenir une destruction massive d'une partie d'un peuple. Cet essai de génocide a poussé la misère corporelle et psychique jusqu'à une profondeur inconnue. » Nos lecteurs connaissent l'historien Henri Michel que nous sommes souvent amenés à citer. Dans son œuvre la plus ambitieuse, *La Seconde Guerre mondiale*, qui se veut une synthèse de l'ensemble du conflit, il écrit : « La guerre permit aux nazis d'appliquer, en toute impunité et à une large échelle, tout un système de coercition qu'ils avaient échafaudé dans leurs rêves de puissance et qu'ils déduisaient de leur doctrine de violence, de racisme et d'inhumanité. Les camps de concentration ont été le couronnement du nazisme, le génocide son apothéose. Partout où pénétra la Wehrmacht victorieuse, la SS ouvrit des camps de concentration. Il est clair que ceux-ci seraient devenus une institution permanente du monde dominé par les nazis après leur victoire. Dans ces camps, ceux-ci jetèrent pêle-mêle tous leurs adversaires, vrais ou imaginaires : communistes, résistants, Juifs, tziganes, objecteurs de conscience, non-violents ; mais ils y envoyèrent également des criminels asociaux, maniaques sexuels, assassins et aussi leurs ennemis d'un moment, trafiquants du marché noir ou filles publiques coupables d'entôlage, voire collaborateurs dont ils avaient à se plaindre ; et encore des otages, des réfractaires au STO, des prisonniers de guerre “souilleurs de la race allemande”, tout le monde en somme. Il y avait dans les camps des vieillards, des enfants, des femmes enceintes ; à Buchenwald, à la Libération, une troupe d’enfants qui avaient oublié jusqu’à leurs noms et leurs pays et qui s’étaient fait une sorte de langue commune, utilitaire, partit à l’aventure, sous la conduite du chef qu’elle s’était donné. Avant d’être amenés dans les chambres à gaz, les Juifs avaient été bafoués, spoliés, mis au ban de l’ordre hitlérien, parce qu’ils étaient le contre-mythe du nazisme triomphant. »

Très proche collaborateur de Jacques Duclos à la direction du PCF clandestin, Jean Laffitte a raconté dans son livre *Ceux qui vivent* le chemin parcouru depuis son arrestation, à Paris, en mai 1942, jusqu’à sa libération du camp de Mauthausen, trois ans plus tard. Policiers français et allemands l’ont successivement interrogé et torturé. Ces lignes sont tirées du récit de son dernier interrogatoire. « L’officier, écrit Laffitte, échange quelques mots en allemand avec son secrétaire, semble hésiter et, mesurant son effet, me dit tranquillement : “On va faire mourir votre femme.” Je ne bronche pas. “On va arrêter votre mère.” Je ne bronche pas non plus, mais je sens des larmes de colère qui me montent aux yeux. Il m’observe avec un air de triomphe et ajoute comme verdict : “Quant à vous... Affaire classée ! Vous savez ce qui vous attend ?” — “Naturellement.” — “On ne va pas vous fusiller.” Je le regarde, étonné. “Non, on va vous envoyer dans un camp, un camp d’où l’on ne revient pas.” Et cet homme poursuit, avec ce mélange de politesse et de cruauté qui m’a toujours frappé chez les Allemands de son espèce : “Vous ne connaissez pas encore nos camps. Un homme de votre âge peut y vivre six mois. Nous y procédons à la destruction de nos ennemis en les faisant participer à la victoire de nos armes. Tuer, ce n’est rien. Il faut faire souffrir avant. Et puis, tuer est une chose... Faire souffrir une autre chose... Nos camps sont faits pour ces deux choses.” Comme je ne bronche toujours pas, il ajoute en élevant le ton : “Vous y passerez tous ! Ainsi apprendrez-vous que rien ne peut nous résister. Nous autres, les plus forts. Nous autres, les ‘fâchistes’...”. Il éclate d’un rire énorme qui contraste grossièrement avec l’élégance de sa tenue... »

Toujours dans la même perspective, revenons au livre du docteur François Wetterwald *Les Morts inutiles*... « Il faut maintenant, dit-il, que je vous explique le “système”. (...) Ennemis de l’Allemagne, nous sommes condamnés à mort ; c’est une loi de la guerre. Seulement, il nous faut, auparavant, rembourser les frais que nous avons occasionnés : prisons, transport, etc. Alors au pays du capital-travail, nous devons travailler, et beaucoup. Naturellement, il importe que notre entretien ne coûte pas trop cher, alors on nous donne peu à manger. Enfin, il ne faut pas de bouches inutiles et la solution est simple puisqu’il s’agit de condamnés à mort. Puis, il est nécessaire que l'ordre règne ; mais sans trop de gardiens ; les hommes sont plus précieux ailleurs. On choisira donc des auxiliaires dans nos rangs et surtout on fera appel aux “droits communs” allemands : les emplois de chefs de block, de chefs de chambre, de chefs de camp, de policiers, de contremaîtres, c'est-à-dire de “kapos”, leur seront réservés (...). L'ordre doit régner à n'importe quel prix et l'on peut faire confiance pour les moyens à utiliser à un assassin de Hambourg ou à un vieux cheval de retour de Munich. Aussi ont-ils carte blanche. »

Avant de poursuivre cet examen du monde concentrationnaire sous les angles les plus divers, constatons que, si utiles et intéressants que soient les témoignages et explications dont nous venons de nous faire l'écho, ils ne comblent pas le manque, la faille qui altère jusqu'ici notre description de ce qui fut tout à la fois le couronnement du nazisme et l'enfer des antifascistes. Peut-être est-ce une certaine dimension littéraire qui fait ici défaut ?

Considérons deux des écrivains les plus connus de notre époque, Louis Aragon et André Malraux. L'un et l'autre ont cherché à faire passer dans leur œuvre le vertige sans fin et l'immense brûlure des camps de la mort. C'est en 1943 qu'aux Editions de Minuit clandestines Aragon, inaugurant son pseudonyme de « François la Colère », publie les poèmes du *Musée Grévin*. Le recueil comporte notamment ces vers :

Aux confins de Pologne existe une géhenne
Dont le nom siffle et souffle une affreuse chanson
Auschwitz Auschwitz ô syllabes sanglantes
Ici l'on vit ici l'on meurt à petit feu
On appelle cela l'exécution lente
Une part de nos cœurs y périt peu à peu
Limites de la faim limites de la force
Ni le Christ n'a connu ce terrible chemin
Ni cet interminable et déchirant divorce
De l'âme humaine avec l'univers inhumain
Ce sont ici des Olympiques de souffrance
Où l'épouvante bat la mort à tous les coups...

Attila « étrangle les femmes d'une seule main... »

Plus tard Aragon devait expliquer les conditions dans lesquelles il avait écrit ce poème. « Pendant cet été où les têtes avaient follement rêvé de l'automne, devait-il dire, les premières nouvelles d'Auschwitz nous étaient parvenues. On ne saura bientôt plus à quel point nous ignorions tout des nôtres que l'ennemi avait déportés. (...) Un évadé d'Auschwitz était arrivé en France, il avait raconté l'enfer. Tout paraissait extrêmement exagéré, incroyable. Quand on redisait les faits, les gens vous regardaient d'un air de doute... »

Plus de vingt ans après, lorsque André Malraux écrit ses *Antimé-*

moires, les circonstances sont bien différentes. Or, qu'écrit Malraux ? « Il y a, note-t-il, la destruction du temps qui fait de la torture au ralenti la condition humaine elle-même ; le corps devenu le plus insidieux ennemi, le terrible réveil qui rend au malheur toute sa nouveauté, la suppression de tout signe individuel, la clochardisation et les coups incessants dans un monde qui appelle la mort. (...) Le décor de l'enfer, dans les récits dont je me souviens, ce n'est pas la mine, la carrière, le camp : c'est la démence. La voie principale s'appelait la rue de la Liberté ; ainsi s'appelait aussi le chemin que la tondeuse traçait sur le crâne, depuis le front jusqu'à la nuque. (...) Le monde où l'impossible était toujours possible, le cauchemar au sens précis... »

Aragon et Malraux ont en commun de n'avoir été ni l'un ni l'autre déportés... Mais alors, un poète qui le fut, comme Jean Cayrol, que peut-il écrire ?... Ecoutons Cayrol :

Savez-vous ce que c'est
que de rester debout
quand les jambes
sont comme deux feuilles mortes
quand on est nu sous la boue

Savez-vous ce que c'est
que de rester debout
alors que la mort est là
si près
à toucher la joue
comme un lit bien chaud

Savez-vous ce que c'est
qu'un homme qui reste debout
son regard de clou
et qui ne crie pas
de peur de lâcher
il sent déjà vivre
la balle dans le fusil
qui le tuera

l'oiseau a vu tout cela

il n'y avait plus de ciel
il n'y avait plus de terre
il n'y avait plus qu'un homme
qui glissait le long d'un tronc.

Ces vers sont tirés du recueil *Passe-temps de l'homme et des oiseaux*. Leur beauté ni leur pouvoir de nous serrer le cœur ne sont en cause. Ils ne nous apportent pourtant pas ce qui manque à notre connaissance de la réalité concentrationnaire. Et David Rousset non plus lorsque, pressentant qu'il faudrait pour mesurer cette réalité une nouvelle dimension de l'horrible, de l'ignoble, du monstrueux, il n'atteint pourtant pas à ce qu'on devine qu'il cherche. « Le peuple des camps, écrit-il, c'est un monde à la Céline avec des hantises kafkaïennes. La mode est verte. Un homme, les mains liées, agenouillé sur une barre de fer qui pénètre lentement, inexorablement dans la peau, la face ruisselante de sueur, les yeux exorbités sur un phare implacable, immobile, qui le fixe des heures d'éternité, brûle les paupières, vide le cerveau et l'habite de peurs démentes et de désirs comme des soifs inétanchées : le sort du concentrationnaire. »

A la vérité, non, pas plus que le simple témoignage, la littérature ne suffit ici... Face à une telle accumulation d'insensé et d'imprévisible, l'imagination fait tout autant faillite que la description. La clef — ou plutôt les clefs, car il nous semble que deux sont nécessaires — c'est en s'enfonçant plus profondément, beaucoup plus, dans l'âme des bourreaux et dans le mécanisme réel de leur entreprise qu'il faut aller les chercher.

« La vie concentrationnaire, a écrit le psychiatre Viktor Frankl, a sans doute ouvert un abîme jusqu'aux ultimes profondeurs de l'homme... » Et celui qui était alors, à la fois, responsable de la médecine pénitentiaire place Vendôme et dirigeant des anciens de Dachau, le docteur Georges Fully, après plus de vingt ans de réflexion sur le phénomène concentrationnaire nous disait : « La déportation a été un phénomène particulier, exceptionnel, inattendu. La Résistance, on l'avait organisée, on la vivait telle qu'on voulait qu'elle fût, alors que dans la déportation on a vécu tout ce qu'on n'imaginait pas, ce qui dépassait l'entendement, la compréhension et tout ce qu'on n'aurait pas voulu vivre, voulu subir... »

A partir du moment où l'on accepte cette évidence, quelques images, quelques détails suffisent pour que l'essentiel s'éclaire.

D'abord, dans les « ultimes profondeurs de l'homme ».

« Ce qui me frappe le plus, constate Georges Loustaunau-Lacau, c'est que le SS qui surveille notre groupe a une bonne tête de petit employé et qu'il est accompagné par une jeune fille à l'attitude correcte, timide. Cependant il tue sous nos yeux sans que sa figure exprime la moindre gêne, tandis que la jeune fille attend à ses côtés, cigarette aux lèvres, indifférente, que la victime s'écroule dans un flot de sang. »

« Attila est le maître, constate Brigitte Friang. On n'ose pas dire après Dieu, car où était Dieu, en ce temps-là ? Occupé, peut-être, à bénir des courses cyclistes, comme le pape. Le maître de trois mille femmes. Il a le droit de vie et de mort sur elles. Faire mourir est plus distrayant que faire vivre. Moins fatigant aussi. D'évidence, il goûte les joies confortables d'un chef de camp de concentration. C'est sûrement plus agréable que le front russe. Il faut savoir se mettre à la place des autres. Son visage épais ne s'anime que devant la constatation de sa puissance infinie. (...) Attila pousse des grognements, des cris inarticulés, lance ses poings aux quatre coins cardinaux. (...) Ce fou éclate de joie à observer ces centaines de femmes qui, devant lui, par sa seule toute-puissante volonté, en ce matin de Noël - la - paix - soit - avec - vous - et - sur - le - monde, titubent en cadence dans la neige. Ces pieds nus dans des savates déchirées, retenues par des bouts de ficelle et de chiffons, ces jambes rouges et violettes de froid, réduites à l'état d'os recouvert de peau ou gonflées d'eau à craquer par des œdèmes de carence ou de cœur qui n'en peuvent plus, crevées d'ulcères dont les pansements de papier suintants commencent à se dénouer et à pendre dans la neige qui se teinte de pus et de sang, toutes ces jambes de femmes épuisées à mourir et qui martèlent, d'un bruit sourd, la neige gelée, le gonflent d'orgueil. N'est-il pas Dieu, lui aussi, ce petit tyranneau de camp. Un sourire d'extase se dessine. (...) L'homme qui promet à toutes les détenues qu'elles ne quitteront pas vivantes son camp et dont les deux passe-temps favoris sont d'étrangler les femmes d'une seule main ou de se saisir de deux nuques et d'entrechoquer les têtes jusqu'à ce que les loques s'effondrent dans la boue... »

« Dans la plupart des camps, constate Michel Borwicz en étudiant ce qu'il appelle lui-même le langage des bourreaux, il y avait des "détachements de chiens" (*Hundekommando, Hundestaffel*) sanguinaires. Le chien fut appelé "Mensch" (homme) ; les prisonniers, par contre, étaient les "chiens". D'où la scène habituelle : l'Allemand, un SS, s'adressant à son chien et lui indiquant un prisonnier : "Homme ! déchire ce chien !" (*Mensch, zerreisse diesen Hund !*) Par ailleurs, un prisonnier était obligé de s'adresser au chien en le vouvoyant : "Monsieur le Chien !" (*Herr Hund !*) On rencontre cette coutume (avec les mêmes locutions) dans un grand nombre d'endroits. »

« On ne vous en veut pas, vous ne pouvez pas savoir... »

Cela dit et surtout constaté, une pareille descente dans l'abîme des « ultimes profondeurs de l'homme » ne pouvait pas ne pas provoquer de chocs en retour. Dans un tel contexte d'horreur absolue, d'exaspération, d'exacerbation, les discours moralisateurs sur la nocivité ou l'inutilité de la vengeance étaient hors de saison... « Le sang doit couler, écrit le docteur François Wetterwald. Ne sens-tu pas que c'est nécessaire ? Immense soulagement après toute cette sauvagerie. Il faut se venger. C'est bon, la vengeance, et puisque les SS nous ont échappé, payons-nous du moins sur leurs valets. En place donc, pour le spectacle ; il sera fastueux. Il en vaut la peine ; et pour se mettre dans l'ambiance, tu n'as qu'à réfléchir, oh ! une petite minute, à tout ce que tu as enduré ces derniers mois et à tout ce que tu as vu. Pas besoin de répétition. Première entrée de ballet : les pantins rouges. Quelques chefs de block imprévoyants, attaqués par surprise et saignés négligemment ; sang dégoulinant sur les vêtements, sur nos vêtements, ceux qu'ils nous ont volés. Voyons un peu ce que peut faire un bon couteau, manié avec énergie. Messire Otto le sait maintenant. Deuxième entrée : la danse du tomawak. Que les matraques entrent en danse. C'est infaillible ; que les cervelles sautent contre les parois de bois, magnifiques fioritures ! Et si tu es un raffiné, vraiment un raffiné, un connaisseur, il n'est pas besoin de bâton ; les talons suffisent, bien appliqués sur le crâne. Tiens, comme cela, sur Paul Friedl, le chien entre les chiens. Troisième entrée : les jeux d'eau. Réunion autour du bassin de la place d'appel. On verra bien qui fera le plus beau plongeon. Celui-ci ? Essayons donc avec cet autre-là. Tiens, il nage : allons, Messieurs, qui veut une pierre ? C'est le tir, à la fête de Neuilly, montrez votre adresse et faites voir ce que vous savez faire. Tiens, il coule. Non ! Si ! Mains crispées et bulles. Finale : embrasement général. Je n'avais encore jamais vu le crématoire. Alors, c'est là-dedans qu'on a failli aller. Celui-ci n'est pas encore tout à fait mort, cela va le réveiller. (...) Ah ! non, ne sors pas du four, attrape un bon coup de barre de fer, mais pas sur la tête, il faut que tu savoures bien... Secrète : on tue un peu partout, ce soir. Vous ne pouvez pas lire, cela vous fait horreur ? Nous, on ne vous en veut pas, vous ne pouvez pas savoir. » Effectivement, nous ne pouvons que très difficilement savoir.

Cependant, nous savons que ce n'est pas en piétinant les marionnettes qu'on met le manipulateur hors d'état de nuire ni en brûlant le théâtre qu'on empêche la pièce d'exister. Les maîtres réels des ultimes profondeurs, qui étaient-ils ? Seulement les SS ?

La firme automobile BMW a employé des déportés de Buchenwald et de Dachau. Pour les avions Messerschmitt ont travaillé des captifs de Dachau et Flossenburg. Siemens a employé des détenus d'Auschwitz et de Ravensbrück... Le rappel de cette sorte d'accouplement occuperait des pages : l'IG-Farben à Gross-Rosen et à Buchenwald ; les avions Heinkel au Struthof et à Ravensbrück ; les automobiles Daimler-Benz à Schirmeck et au Struthof ; Ford à Buchenwald ; Krupp à Gross-Rosen ; Schneider à Buchenwald ; Zeiss-Ikon à Flossenburg ; Volkswagen et la Shell à Neuengamme... Il est vrai que la main-d'œuvre concentrationnaire était, de loin, la moins chère du monde. Le général qui dirigeait toute la section économique (WVHA), le SS-Obergruppenführer Oswald Pohl, avait calculé que, sans tenir compte de l'éventuelle récupération des os et des cendres après la mort, un déporté moyen loué de six à huit marks par jour à une entreprise industrielle pouvait, en survivant neuf mois au régime du camp, rapporter 1 630 marks à la SS...

Il n'y a plus le choix : à la persécution totale, une Résistance ayant surmonté ses malentendus ne peut répondre que par le combat total.

Troisième partie

AU TEMPS DES MALENTENDUS

Chapitre premier

DES VILLES SUR LA CARTE

Où, entre la « médaille de la viande congelée » et les « bâtards battus de Bataan » s'égrène la litanie des lieux inoubliables : Kharkov, Kiev, Rostov, Tobrouk, El Alamein, Pearl Harbor, Singapour, Bir Hakeim, Varsovie, Rome, Corregidor, Brest-Litovsk, Viazma, Alger, Stalingrad, Monte Cassino, Okinawa...

« En 1942, vers 4 heures du matin, nous entendons des coups de canon. De la fenêtre, nous voyons des autos qui passent dans la rue : nous nous habillons. Mon père ouvre la porte mais deux Boches lui disent : "Entrez !" Tous les gens de la maison descendent dans le couloir. Un Algérien qui habite au premier étage arrive soudain, il nous dit : "Les Anglais viennent de débarquer avec une petite vedette et un gros bateau chargé de munitions. Celui-ci vient de défoncer la porte du port." Mon père, en vitesse, prend son vélo. Il sort. Une autre fois, il est arrêté. Les Boches entrent et cherchent dans la maison. Ils demandent les papiers à tout le monde. Ils partent. Le matin, en sortant, je vois du sang dans toutes les rues. Tous les Allemands étaient armés de fusils, de grenades et de mitraillettes. Tout à coup, un camion passe rue de Méan et je vois des Anglais prisonniers. Ils nous ont fait avec leurs doigts "V", ce qui signifie victoire. Un contre-torpilleur était parvenu jusque dans la forme-entrée et des officiers anglais étaient sur le pont, souriants. Alors, des officiers boches allèrent le visiter, lorsqu'il sauta, car il était chargé de bombes à retardement. Il y eut beaucoup de morts... »

Le bref récit que vous venez de lire, celui du raid effectué le 28 mars 1942 par des commandos britanniques contre les installations portuaires allemandes de Saint-Nazaire, a été écrit par deux enfants, deux écoliers nantais, Henri Thibaud et Michel Savary. Leur devoir, Henri et Michel l'ont rédigé en commun, en 1945, à la suite de la demande faite par l'instituteur Alfred Gernoux à tous ses collègues des écoles communales de la région. Ce n'est pas par goût d'un pittoresque naïf que nous le citons, mais parce qu'il témoigne d'un fait capital : l'irruption, la pénétration, l'omniprésence de la guerre dans toutes les familles et toutes les consciences entre 1939 et 1945. En ce temps-là, ce ne sont pas seulement les répercussions du conflit qui atteignent les non-combattants, c'est son traumatisme même qui finit par tout imprégner... Comme le notera Roger Vailland, en 1947, « la guerre et l'occupation, en se prolongeant, ont finalement mis chaque Français dans la situation de l'ouvrier qui devient un "jaune" s'il ne fait pas grève. Plus de neutralité possible non seulement de droit mais de fait. Le flâneur dans la rue avait au moins autant de chances d'être raflé pour la déportation et le travail forcé que le "terroriste". Le garçon que les gendarmes venaient chercher pour le STO ne balançait pas longuement pour savoir qu'il devait céder à la "tentation du maquis". Il était "dans le coup", il n'avait pas de marge de temps pour réfléchir, il sautait par la fenêtre. La marge se déroba progressivement ».

On pourrait presque dire que cette imprégnation fut universelle dans la mesure où chaque individu pris séparément et la terre presque tout entière furent, au bout du compte, concernés. Le champ de bataille fut tout à la fois intime et planétaire. Même si une petite partie de l'Amérique latine se tint à l'écart, l'adjectif *mondiale* ne fut jamais aussi bien employé que pour qualifier cette *Seconde Guerre*...

A paysages nouveaux, armes nouvelles

Déjà, nous avons cité le journal intime que, dans sa ville du Mans, tenait un médecin sarthois, le docteur Delaunay. Aux pages où il a rapporté ses impressions de la fin de l'année 1941, on peut lire : « Le 8 décembre, la circulation est interdite au Mans. Ce même jour, on annonce la guerre entre l'Amérique et le Japon et la déclaration de guerre des Indes à la Finlande. Les murs du Mans sont couverts d'innombrables extraits oratoires du Führer que personne ne lit. La pénurie croit en raison inverse des tickets et autres paperasses dont le flot grossit sans cesse. La ville a été quinze jours sans viande parce que le bétail qui lui était destiné a été réquisitionné pour la Wehrmacht... » La diversité géographique qui caractérise l'extension du conflit frappera de même Raymond Cartier lorsque, plus tard, il en examinera l'état à cette époque. « Le 15 décembre, remarquera-t-il, une semaine après Pearl Harbor, le tableau du monde est le suivant : quarante-trois pays sont en guerre, dont quinze depuis moins de huit jours. Ce sont : Albanie, Allemagne, Australie, Belgique, Bulgarie, Canada, Chine, Colombie, Costa-Rica, Croatie, Cuba, Danemark, République dominicaine, Equateur, Egypte, Etats-Unis, Ethiopie, Finlande, France, Grande-Bretagne, Grèce, Guatemala, Haïti, Honduras, Islande, Italie, Japon, Luxembourg, Mandchoukouo, Nicaragua, Norvège, Nouvelle-Zélande, Panama, Paraguay, Pays-Bas, Pologne, Roumanie, Salvador, Slovaquie, Union sud-africaine, URSS, Tchécoslovaquie, Yougoslavie. Plusieurs le sont d'une manière passive, comme le Danemark, occupé par les Allemands, l'Islande, occupée par les Américains, l'Egypte, occupée par les Anglais, ou la France, qui, à l'exception de la "France libre" sont de grands fauves silencieux que ni raz de marée ni sécheresse ne mettent vraiment en difficult, vit sous le régime de l'armistice de juin 1940. Plusieurs autres, comme le Brésil, ont rompu leurs relations diplomatiques avec les puissances de l'Axe et rejoindront progressivement la coalition occidentale. »... Or, au terme de 1941, le champ de bataille n'a pas encore atteint sa plus grande dimension et une année s'écoulera avant que, comme le souligne Henri Michel, « au début de 1943, le conflit mondial commence à prendre sa vraie forme ». Le même historien insiste sur le fait que, depuis septembre 1939, ce conflit « n'a cessé de s'élargir au point d'embraser la terre entière. La guerre de 1914-1918 avait, elle aussi, opposé la plupart des grandes nations du globe ; mais son théâtre d'opérations principal était demeuré l'Europe et, en Europe même, une partie de la France. Entre 1939 et 1943, on s'est battu au cap Nord et au Sahara, sur la Volga et en Indonésie, dans la Flandre et dans les montagnes de Chine ; sur les vastes plaines propices aux mouvements des engins mécanisés mais aussi dans la pierraille du désert, la moiteur étouffante de la jungle, la boue de la toundra ou la neige des montagnes. Aucun coin de la terre, quels que soient son climat, ses coordonnées et sa topographie, n'était désormais inaccessible aux armées. Seules, pour l'instant, l'Amérique et la Sibérie avaient été épargnées ; mais les bombardements avaient atteint des villes japonaises, australiennes et indiennes ».

Et cette diversité des lieux de combat est comme multipliée par une autre remarquable variété, celle des moyens de combattre. A paysages nouveaux, armes nouvelles — sous les ciels les plus imprévus, les techniques les plus imprévisibles sont mises en œuvre... « Les belligérants, fait remarquer l'historien allemand Hans Jacobsen, ne poursuivaient pas seulement la destruction des forces adverses mais aussi celle du potentiel économique de guerre et des transmissions. Par le blocus, les moyens de communication de masse et la guerre aérienne, ils essayaient d'ébranler la volonté de résistance de l'ennemi ou de l'affamer. L'arrière fut considéré sur le même pied que les terrains d'opérations. La course aux armements atteignit son point culminant après l'engagement de fusées et d'avions à réaction, par l'invention et le lancement des premières bombes atomiques qui annoncent une ère d'armes absolument nouvelles et l'anéantissement possible de régions entières. Mais la guerre idéologique et la conduite de la guerre révolutionnaire ne firent pas seulement perdre des deux côtés le contrôle des passions (terrorisme — contre-terrorisme) ; mais détruisirent aussi les limites des conceptions nationales et créèrent de nouvelles relations de valeur. »

Naissance d'un verbe : « Coventriser »

Même dégagées à grands traits, les caractéristiques de la guerre moderne, de la guerre totale et omniprésente qui sont celles de la Seconde Guerre mondiale incluent les diverses formes du combat clandestin, de la lutte « subversive » menée par les résistants comme parties intégrantes du conflit général. Ainsi est vérifié ce que tant de faits, d'actes et de témoignages démontrent : la Seconde Guerre mondiale n'est pas seulement la toile de fond, pas même le simple contexte de la Résistance. Les rapports entre l'une et l'autre sont beaucoup plus étroits... D'autant plus que le déroulement des hostilités n'offre pas seulement au combattant clandestin une possible référence, mais qu'elle lui permet un recours. Les nouvelles de la guerre, les informations sur les victoires et les défaites des belligérants fournissent à la grande machine humaine de la Résistance un carburant indispensable. Globalement, la Résistance augmente ses effectifs et élève le niveau de son action lorsque les armées alliées remportent, sur les grands fronts, succès après succès ; au contraire, la Résistance stagne et dépérit si ces mêmes armées alliées connaissent de graves revers. Les résistants savent bien que les troupes ennemies qui ont envahi leur sol et, à plus forte raison, le système fasciste qui a parfois formé, parfois repris en main ces troupes dont il a généralement augmenté le potentiel offensif, ne peuvent être bousculés que par d'énormes coups de boutoir puissamment assenés. Aussi bien, l'espoir au cœur et l'anxiété au ventre, est-ce avec une solidarité passionnée que les combattants de l'ombre ont suivi, jour après jour, les sanglants affrontements à ciel ouvert entre millions d'hommes, dizaines de milliers de blindés et d'avions, milliers de navires... C'est à juste titre que Pierre Belperron et Georges Andersen évoqueront, en 1945, « ceux qui, cinq années durant, ont été quotidiennement suspendus à la radio, reportant sur leurs cartes le moindre déplacement des fronts ». Et les résistants actifs ne furent pas les seuls, loin de là, à éprouver et à étancher comme ils le pouvaient cette soif de nouvelles. « Combien de murs, écrivent les historiens Georges Duby et Robert Mandrou, même dans les maisons les plus humbles, se sont couverts de grandes cartes multicolores sur lesquelles chacun suivait péniblement les craintes et l'espoir : Kharkov, Kiev, Rostov, Tobrouk, El Alamein, Pearl Harbor, Singapour, Bir Hakeim, Varsovie et Rome, et cette haletante libération de la France par le Nord-Ouest et par le Sud-Est. (...) Quelles leçons d'une géographie longtemps ignorée (...) sont entrées dans l'univers mental des Français, à travers les communiqués et l'écoute des radios brouillées : géographie passionnée, mais non sans portée. »

Corregidor, Brest-Litovsk, Viazma, Alger, Stalingrad, Monte Cassino, Okinawa — reprenons en la précisant la litanie qui fut d'abord celle des défaites pour devenir peu à peu celle des victoires...

Cette évolution chronologique et géographique du conflit au cours duquel la fortune change inexorablement de camp, le général Jean Perré, même s'il perd un peu de vue le patriotisme russe dans l'immensité des territoires soviétiques en a bien saisi et résumé le mouvement. « En Occident, écrit-il, cette guerre, totale dès ses origines, se divisera en deux périodes distinctes : primo, de septembre 1939 à novembre 1942, le camp des dictatures anticommunistes, mieux préparé, remportera des succès foudroyants sans obtenir la décision ; ce sera le temps des campagnes-éclairs ; secundo, de novembre 1942 à mai 1945, les USA protégés par la distance et les océans, et l'URSS sauvée par son immensité, feront sentir la pression croissante et finalement décisive de leurs potentiels industriel et démographique. Mais, entre-temps le conflit sera devenu mondial car, en Extrême-Orient, se sera allumée une autre lutte... »

Lorsqu'on égrène les noms des villages et des villes où se déroulèrent les batailles qui ont ponctué cinq années d'hostilités, c'est ce schéma même qui se développe. Il est facile de le vérifier en déroulant un instant, dans le temps et dans l'espace, la carte de la Seconde Guerre mondiale ; la « grande carte multicolore » où « chacun suivait péniblement les craintes et l'espoir » et que nous voudrions nous efforcer d'avoir ici aussi présente à l'esprit que l'avaient la plupart des Français pendant les années noires.

C'est deux mois après la chute de Paris que, le 13 août 1940, en un jour qu'il a décidé de baptiser l'« Adlertag » (jour de l'aigle) Hermann Göring, également maréchal de l'Air du IIIe Reich, commence contre l'Angleterre une offensive aérienne qui va faire se succéder pendant des mois les vagues de bombardiers sur les principales villes britanniques. Le point culminant en est l'attaque contre Coventry, le 14 novembre 1940 ; il en naîtra un verbe : « coventriser », c'est-à-dire : raser, anéantir. Le 11 mars 1941, le Congrès des Etats-Unis vote la loi « prêt-bail », signe avant-coureur de l'entrée des Américains dans le conflit. Tombés du ciel quand les Anglais ne les attendaient pas, le 20 mai 1941, des parachutistes allemands envahissent et conquièrent en une semaine l'île de Crète, au cœur de la Méditerranée orientale. A l'aube du 22 juin 1941, la minute de vérité de la Seconde Guerre mondiale : Adolf Hitler déclenche l'« opération Barbarossa » en lançant une armée de plusieurs millions d'hommes à travers les frontières de l'Union soviétique. L'été n'est pas terminé quand, le 8 septembre 1941, les troupes nazies mettent le siège autour de Leningrad, la ville imprenable qui ne cèdera pas et qui, dégagée le 7 février 1944, deviendra l'un des symboles de la résistance acharnée des Soviétiques et de l'échec final de la Wehrmacht. Autre date clef du conflit, l'attaque aéronavale lancée par les Japonais au matin du 7 décembre 1941 contre la base américaine de Pearl Harbor, dans les îles Hawaï, que Washington reçoit comme une gifle et qui provoque l'entrée immédiate des Etats-Unis dans la guerre. Nouvelle humiliation pour les Alliés, la chute de Singapour, le 15 février 1942, avec la capture d'une centaine de milliers d'Anglais par les unités nippones. La manière dont les soldats de l'empereur Hiro-Hito traitent leurs prisonniers est assez proche de celle qu'emploient leurs alliés européens, les SS : le parcours jalonné de cadavres que, du 10 au 15 avril 1942, à travers la jungle, ils font effectuer à soixante-dix mille prisonniers américains et philippins, les « bâtards battus de Bataan », sera connu sous le nom de « marche de la mort » et en restera la terrible illustration. Dans le désert africain, les brûlures du soleil ne sont pas moins cruelles que dans les îles Philippines, mais c'est en hommes libres que les FFL se battent et tiennent bon à Bir Hakeim, du 28 mai au 11 juin 1942, en remportant la première victoire française de la guerre. A Dieppe, au contraire, le 19 août 1942, c'est la défaite que connaissent des unités anglo-canadiennes de débarquement pour leur première incursion sur les côtes normandes, tandis que pavoisent les nazis et leurs employés pétainistes. Pas de second front donc, pas de soulagement prévisible pour les unités soviétiques qui, au même moment, le 20 août 1942, commencent de livrer à Stalingrad la plus longue et la plus apocalyptique des batailles de tout le conflit et auxquelles, dans le sang et la boue de l'hécatombe quotidienne, la victoire qu'elles remporteront le 2 février 1943 ne peut encore apparaître que bien lointaine. Pourtant, déjà, le fascisme s'essouffle et les succès des troupes britanniques d'Egypte sur les hommes de l'Afrika-Korps, surtout celui d'El Alamein, le 23 octobre 1942, marquent les étapes d'une contre-offensive réussie. L'Afrique est en train d'échapper aux mains des puissances de l'Axe qui ne peuvent empêcher la réalisation de l'« opération Torch » avec débarquement allié, à Alger, le 8 novembre 1942.

« Jour de l'aigle » et « bombardements stratégiques »

Les incantations ni les transes du principal metteur en scène de la chevauchée hitlérienne, Joseph Goebbels qui, le 18 février 1943, tient au Sportpalast de Berlin le plus tonitruant meeting de sa carrière, n'y peuvent rien et encore moins conjurer la malédiction de Stalingrad repris par l'Armée rouge quinze jours plus tôt. En détruisant à l'explosif le stock d'eau lourde entreposé par les Allemands dans les montagnes neigeuses du Telemark, au nord de leur pays, un commando de Norvégiens rend encore plus aléatoires les quelques velléités hitlériennes de s'en tirer grâce à l'improbable découverte de la bombe atomique. Par le fer et le feu, la guerre laboure maintenant toute la planète. Entre le 5 et le 15 juillet 1943, à Koursk, en Ukraine, c'est la plus grande bataille de chars de toute l'histoire qui, dans un océan métallique de canons, de chenilles et de tourelles enchevêtrés, voit les blindés soviétiques triompher des fameuses Panzerdivisionen réputées, hier encore, invincibles. Les statues tombent aussi et, après le débarquement des forces alliées en Sicile, le 10 juillet 1943, le pouvoir du fondateur du fascisme, Benito Mussolini, trahi par ses propres complices, ne tient pas deux semaines. Que le temps de la Libération soit désormais assez proche, il est difficile d'en douter quand on sait qu'il y a des villes et des villages français où les drapeaux républicains réapparaissent aux frontons des édifices tandis que des maquisards en armes défilent dans les rues sous les acclamations, ce qui se passe en Corse dans les jours qui suivent le 19 septembre 1943. Aussi bien, même si le sang de leurs soldats ruisselle encore aux quatre coins du monde, même s'ils ne se font pas d'illusions sur leurs antagonismes profonds, est-ce dans une atmosphère d'optimisme cordial que les trois dirigeants de la « grande coalition anti-hitlérienne », Winston Churchill, Franklin Roosevelt et Joseph Staline, se réunissent du 28 novembre au 2 décembre 1943, à Téhéran, pour préparer l'ouverture du « second front », en Normandie, au printemps suivant, et même pour, déjà, envisager, non sans arrière-pensées, le partage de leur victoire. Certes, jusqu'au dernier quart d'heure, les nazis annonceront la prochaine apparition entre leurs mains des « Wunderwaffen » (armes miraculeuses) et ils réussiront à lancer sur Londres et le sud de l'Angleterre des « bombes volantes », les V 1, puis de véritables fusées, les V 2, dont la première tombera le 16 juin 1944. Mais il est trop tard et lorsque, les 6 et 7 avril 1945, la dernière grande bataille de la Seconde Guerre mondiale oppose Japonais et Américains dans le Pacifique, à Okinawa, l'Allemagne est à un mois de la capitulation et le fanatisme exacerbé des « torpilles humaines » japonaises, les Kamikazé, ne peut rien changer au fait que c'est du côté des Alliés qu'ont été mises au point les premières armes nucléaires, les bombes atomiques qui, en explosant bientôt à Hiroshima et à Nagasaki, mettront au conflit l'apocalyptique point final que l'on sait.

Vingt-deux noms de lieux, vingt-deux dates, vingt-deux points de repère surtout... Nous venons de les faire se succéder dans un apparent désordre, un désordre assez proche d'ailleurs de celui qui marquait alors l'arrivée des nouvelles. Mais ces vingt-deux jalons ne pourraient-ils pas être remplacés par d'autres, par des dates tout aussi importantes et que nous avons omis de citer ici ? Non, car, à les regarder, une à une, de plus près, par-delà l'anecdote ou la tragédie, ce sont des aspects essentiels du conflit que l'on découvre, des perspectives nouvelles ouvertes par cette guerre que l'on peut apercevoir. Réexaminons-les donc...

L'« Adlertag » ou les « bombardements stratégiques »... Officiellement, les Britanniques situent au 10 juillet 1940 le début de la « bataille d'Angleterre » et, en fait, après plus d'un mois de combat aérien acharné entre la Royal Air Force et la Luftwaffe, c'est surtout à partir du 15 août que les pluies de bombes commencent à s'abattre sur les grandes cités d'Outre-Manche. Toutefois, le 13 août est la date la plus symbolique car, en la baptisant le Jour de l'aigle, en affirmant qu'elle doit marquer le début d'une destruction rapide et totale de toute l'aviation anglaise, Göring, toujours aussi gourmand de solennel et voulant prendre la pose pour l'Histoire, ne se rend pas compte qu'en réalité il met le doigt dans l'un des engrenages les plus meurtriers de tout le conflit, celui de ce que les états-majors appellent pudiquement les « bombardements stratégiques ». Marcel Jullian a décrit ce qu'était devenue la capitale anglaise au début de l'automne 1940 : « Quand une vague a fini, une autre commence. A Silvertown, dans le périmètre maudit, un mur de feu encercle les habitants, les travailleurs des docks, les ouvriers. Il fait si chaud que les pavés de bois brûlent. Partout des malheureux déambulent, fuyant leur maison détruite, emportant des baluchons, traînant des enfants. Dans l'East End, les vieilles demeures victoriennes s'effondrent par rangées entières et flambent. Aux docks, on a fait venir les bateaux-pompes de la Tamise qui déversent des tonnes d'eau, mais le brasier est si puissant que la peinture s'écaille aux flancs des navires. Dans les entrepôts, bourrés de sucre, d'épices, de grains et d'alcools, c'est du vertige. Des milliers de litres de rhum forment un gigantesque punch. L'air sent la fumée et le grog. Des ruisseaux de feu courent le long des trottoirs. On évacue les sinistrés par eau. Trois cents tonnes d'explosifs et des milliers de bombes incendiaires allument des foyers à Poplar, à Limehouse, à Tower Bridge, à Tottenham, à West Ham... Saint Paul's Cathedral se détache sur un ciel couleur de kaki mûr. Partout, le vacarme des voitures de pompiers et des ambulances. Londres brûle. » Ayant, durant l'été, rejeté les offres de pourparlers de Hitler et choisi une politique de résistance à outrance que Winston Churchill va étonnamment incarner quatre années durant, les Anglais, malgré leur isolement et leur faiblesse, doivent riposter vite. Ils le font. « Churchill ordonna des représailles, rappelle Angus Calder. La nuit suivante, huit appareils de la RAF partirent bombarder Berlin. (...) D'autres raids sur Berlin se succédèrent nuit après nuit et, si inefficaces qu'ils fussent, les premiers civils y furent tués le 28 août. Hitler avait promis à son peuple que cela ne se produirait jamais ; la désillusion des Berlinois fut évidente. »

Des bombes de quatre tonnes

En fait, ces « représailles » dureront jusqu'à la fin de la guerre. Multipliées et systématisées, elles deviendront un véritable plan d'action aérienne avec répartition des tâches entre les trois grands Alliés. « Le commandement soviétique, résume le général Augustin Guillaume, au lieu de partager son aviation entre une aviation stratégique, d'action lointaine, et une aviation tactique, chargée d'intervenir au profit des forces terrestres, avait consacré la presque totalité de ses moyens à cette dernière mission. C'est exceptionnellement que les bombardiers lourds soviétiques ont exécuté des raids sur des objectifs tels que Berlin, Königsberg, Plœsti. C'est en procédant ainsi que le commandement soviétique a pu faire intervenir dans les grandes batailles de 1945 un nombre impressionnant d'avions : deux mille dans chacune des batailles de Königsberg et de Budapest, cinq mille dans celle de Berlin. Inversement, depuis 1941 et au cours de toute la guerre, les Anglo-Américains, après avoir transformé la Grande-Bretagne en porte-avions, se sont acharnés à détruire sur toute l'étendue du Reich les centres industriels et les communications stratégiques. En prenant à leur charge cette action d'une importance primordiale pour l'issue de la guerre, les Alliés de l'Ouest ont permis au commandement soviétique de s'en désintéresser. » Aussi bien, l'atmosphère de Berlin va-t-elle bientôt rappeler celle de Londres. « Nous partîmes en auto par la Tiergartenstrasse, écrit le comte Folke Bernadotte, mais nous fûmes bientôt obligés de stopper, car les arbres abattus et les blocs de ciment rendaient toute circulation impossible. Nous continuâmes à pied. Je ne pourrai jamais oublier les scènes auxquelles nous assistâmes. Le vent était violent, la suie et la cendre des maisons en flammes tournoyaient, obscurcissant la vue. Les pompiers fonçaient dans un mugissement de sirènes. Les rues étaient remplies de gens qui semblaient apathiques, las et épuisés... »

Un spécialiste, le lieutenant-colonel Pierre Paquier, dans le livre qu'il a écrit avec Claude Postel, précise : « Il est de fait que soixante-douze pour cent du tonnage des bombes lancées sur l'Allemagne ont atteint les villes, avec ou sans objectifs spécifiques. Lorsqu'on compare le tonnage des bombes lâchées sur Coventry avec la quantité de projectiles jetés sur les villes allemandes, on arrive à cette effrayante conclusion que Berlin a subi 363 attaques analogues à celles de Coventry, Cologne : 269, Hambourg : 200 et Brême : 137. (...) L'offensive aérienne contre l'Allemagne a été avant tout stratégique. C'est là le fait révolutionnaire. Durant toute la guerre de 1939-1945, nonobstant quelques circonstances après l'invasion, l'aviation de bombardement alliée a agi en arme indépendante, poursuivant, en pleine autonomie, l'exécution d'un plan à long terme. » Winston Churchill veillait personnellement et particulièrement à cette exécution. En relatant un déjeuner pris en compagnie du Premier ministre britannique dans sa résidence personnelle, Emmanuel d'Astier de la Vigerie écrit : « Mais, ce jour-là, deux scènes me découvrirent, mieux que des propos, certains traits de son caractère. Après la table et les alcools, dans la consommation desquels il se distinguait toujours, Churchill et son cigare me conduisirent à une vaste pièce dans laquelle était aligné, comme des bornes de bois, un bon nombre de stéréoscopes. Chacun était consacré à une ville détruite en Allemagne. Churchill me tirait de l'un à l'autre, m'obligeant à tourner l'oculaire pour que défilent devant mes yeux les images en relief du cauchemar de Cologne, de Dusseldorf, ou de

Berlin. Il était aussi exalté qu'à une partie de football. Chaque quartier détruit était un but marqué. Il rugissait, soulignant les ravages, vantant les coups. » Toujours dans le cadre du plan, deux savants britanniques qui pratiquaient la recherche opérationnelle, les professeurs Blackett et Lindemann s'attachèrent à établir quelles pouvaient être les « relations entre le tonnage de bombes et le nombre de morts et de sans-abri ». Conclusion de Blackett : « Nous nous attendons à ce que 0,2 Allemand soit tué par tonne de bombes lancée... » Conclusion de Lindemann : « Une tonne de bombes lancée sur un quartier résidentiel fait de 100 à 200 sans-abri... »

Un des derniers et sans doute le plus meurtrier des « bombardements stratégiques » fut celui de Dresde, le 13 février 1945. On hésite encore, un demi-siècle plus tard, sur le bilan exact des victimes. Des estimations très diverses font osciller le chiffre des morts entre trente-cinq et deux cent mille. Le nombre le plus vraisemblable paraît être cent cinquante mille si l'on comptabilise également les prisonniers de guerre et travailleurs du STO de diverses nationalités qui périrent à Dresde le 13 février. En référence, rappelons que la bombe atomique d'Hiroshima fit environ cent soixante mille victimes...

On constate que, tout au long du conflit, la puissance destructive des bombardiers ne cessa de croître. Finalement, on utilisait des bombes de quatre tonnes. La mise au point de ces engins était essentiellement l'œuvre du président du Conseil de l'Armement aérien britannique, le commodore de l'Air Patrick Huskinson. Cet officier avait poursuivi sa tâche malgré une terrible infirmité : il était devenu aveugle le 16 avril 1941, quand un avion allemand Heinkel avait lâché une bombe sur l'immeuble de Londres où il habitait.

Dönitz et ses « meutes » de « loups gris » sous-marins

Coventry ou la ténacité anglaise... Le jour où Philippe Pétain demande l'armistice, la veille du jour où Charles de Gaulle va lancer son appel, à Londres, Winston Churchill déclare : « Nous défendrons notre île et, avec l'aide de l'Empire britannique, nous nous battrons sans faiblir jusqu'au jour où la malédiction hitlérienne aura cessé de peser sur le front des hommes. J'ai la certitude que tout finira bien. » En disant cela, le Premier ministre britannique définit une ligne de refus et de résistance qu'il va suivre pendant toute la guerre jusqu'à une victoire dont il esquisse si volontiers le signe avec la main... Dans Londres menacée, les actes vont donc de pair avec les paroles. « Quelques jours après l'évacuation de Dunkerque, explique Donald Stokes dans *La Guerre de l'intelligence*, intervint l'une des plus importantes décisions (...). Elle fut inspirée en grande partie par M. Churchill. Nous ne disposions alors que d'une armée à effectifs réduits. Nous n'avions pratiquement pas de chars utilisables ; tous nos canons de 25 avaient été capturés par l'ennemi. Le Cabinet de guerre décida de créer les comités ayant pour rôle la mise en valeur à long terme de toutes les ressources du pays en vue d'assurer à la Grande-Bretagne les moyens de poursuivre la guerre. Ces comités se mirent à l'œuvre et préparèrent des plans d'offensives plusieurs années à l'avance, dans le moment même où le reste du monde nous croyait anéantis. » En restituant le dur contexte de désarroi où stagnait alors l'immense majorité de nos compatriotes, Pierre Bourdan, l'une des voix de la BBC en français tellement écoutées malgré le brouillage, dit l'importance de cette volonté britannique de tenir. « Il y avait le chaos, écrit-il, l'effondrement de toutes les normes, un sol qui se dérobait, l'amertume indicible du présent, l'incohérence de l'avenir imaginé. Il n'y avait de donnée immédiate que cette résolution anglaise, force mal calculable, avec, pour points d'appui, la fermeté d'âme d'un grand gentilhomme d'aventure, le courage inconscient et superbe de sa nation, une seule division de ligne en état de combattre, la flotte, une poignée d'aviateurs et l'impossibilité quasi surnaturelle où sont les hommes de croire au triomphe absolu du mal. »

Le vote de la loi « prêt-bail » par le Congrès américain marqua les prémices d'une autre forme du conflit : la guerre sous-marine. Tout autant que l'emploi foudroyant des blindés ou l'usage massif des « bombardements stratégiques », le recours systématique au sous-marin pour entretenir l'insécurité dans les mers et désorganiser le ravitaillement de l'ennemi sera une des nouveautés de la Seconde Guerre mondiale. Le futur maître de la Kriegsmarine, la flotte de guerre allemande, Karl Dönitz, rapporte dans ses mémoires : « A partir de l'automne 1935, je reçus la mission de créer et d'organiser une nouvelle arme sous-marine allemande que l'accord naval germano-britannique du 18 juin 1935 nous concédait à nouveau. Je n'avais reçu à ce sujet aucun ordre de l'état-major général de la Kriegsmarine. Et ceci était fort judicieux. J'avais ainsi les mains libres (...). En application du principe tactique fondamental de la concentration des forces, je décidai de grouper les sous-marins en "meutes" pour attaquer l'adversaire en groupe et, de préférence, la nuit, directement sous mes ordres. Cette tactique pouvait s'appliquer à tout objectif isolé valable, mais était naturellement particulièrement adéquate dans le cas d'un rassemblement d'objectifs, par exemple un groupement naval tactique ou un convoi. (...) Comme l'Amirauté britannique croyait à ce moment avoir conjuré le danger sous-marin grâce à l'"asdic", instrument d'écoute permettant de détecter les sous-marins en plongée, ma tactique, mise en œuvre dès le début de la guerre, de l'attaque par meutes et en surface, fut pour les Anglais une surprise totale et désagréable, malgré le système des convois. » On imagine la suite... Churchill devait déclarer plus tard : « La guerre sous-marine fut notre plus grand fléau. » De même, lord Cunningham, Premier Lord de l'Amirauté britannique à partir de 1943, reconnut que les « U-Boote » de l'amiral Dönitz avaient été le meilleur moyen pour essayer de « mettre le pays aux abois » et pour chercher à « l'étrangler lentement en détruisant ses navires de commerce ». Etendue, après 1941, à l'Union soviétique et aux Etats-Unis d'Amérique, la menace sous-marine devint d'autant plus dangereuse que le système « prêt-bail » multipliait les convois d'armes et de ravitaillement dans l'Atlantique et sur la route du Pôle. Jusqu'à ce que, surtout dans la dernière année de la guerre, la suprématie de l'aviation alliée pût les tenir en respect, les « loups gris » de Dönitz, le "U-47" de Günther Prien, le "U-505" de Peter Zschech, le "U-515" de Werner Henke, etc., forts, en particulier, des véritables tanières que constituaient pour eux les ports français de Lorient, de Brest, de La Pallice et de Saint-Nazaire, multiplièrent les assauts. Jean Noli en a fait le bref mais saisissant bilan. « Sur les 2 200 convois qui ont traversé l'Atlantique, écrit-il, les "loups gris" ont coulé 2 779 bâtiments de commerce totalisant 14 119 413 tonnes et 148 navires de guerre. Les pertes des "U-Boote" se sont élevées à 630 unités. » Le 6 décembre 1945, à la prison d'Altona, dans la banlieue de Hambourg, le commandant du "U-852", lieutenant de vaisseau Heinz Eck, et ses deux adjoints, l'enseigne de vaisseau August Hoffmann et le médecin principal Walter Weispfenning, étaient fusillés par les forces d'occupation britanniques. Les trois hommes avaient été condamnés à mort, le 17 octobre précédent, pour crimes de guerre. Durant la nuit du 13 au 14 mars 1944, dans l'Atlantique, après avoir fait torpiller et couler un cargo grec au service des Alliés, le *Péléus*, ils avaient ordonné de tirer à la mitrailleuse et de lancer des grenades sur les naufragés qui essayaient de survivre en s'agrippant à un radeau de fortune.

La nuit du 21 au 22 juin 1941

Le « plan Barbarossa » ou le vrai visage de Hitler... Nous sommes en juin 1941. La scène se passe sur la frontière germano-soviétique, au bord de la rivière Bug, non loin de la route qui, à l'est, va vers Brest-Litovsk. « Dans la nuit du 21 au 22, raconte l'auteur à succès allemand Paul Carell, des officiers d'état-major s'étaient rassemblés en secret. Maintenant, assis sous les tentes ou dans les camions aménagés en PC, ils se penchent sur leurs cartes et sur les ordres écrits qu'ils ont reçus. Plus de communication par radio : observer un silence absolu pour ne pas éveiller la méfiance des postes d'écoute russes. Les appels téléphoniques ne sont tolérés que s'ils sont indispensables. L'état-major personnel de Guderian — deux voitures radio, deux voiturettes tout terrain et quelques motocyclettes — est bien camouflé derrière les tentes et les autobus de travail. Et voici qu'arrive le char de commandement. Guderian en jaillit d'un bond : "Messieurs, bonjour !" Il est exactement 3 heures 10. On échange quelques mots. Puis Guderian gagne le mirador avec son état-major. Tic-tac des montres-bracelets où les aiguilles rampent sur les chiffres lumineux.

3 heures 11. Sonnerie de téléphone dans la tente de l'état-major opérationnel. Le premier officier d'état-major, le lieutenant Bayerlein décroche l'appareil. (...) "Ça a marché au pont de Koden !" (...) Le pont de Koden. C'était le point essentiel de l'opération du passage du Bug, vers Brest-Litovsk ; toute la rapidité de l'attaque en dépendait ! Un corps franc de la 3e division blindée s'était vu confier l'exécution du coup de main : quelques minutes avant l'offensive, il devait supprimer les garde-ponts russes de l'autre côté du fleuve et ôter les charges d'explosif. Le coup venait de réussir ! (...) 3 heures 12. Personne ne quitte plus sa montre des yeux. (...) Le silence est insupportable. 3 heures 13. (...) Avec les aiguilles des montres, la guerre avance lentement, à chaque instant plus proche, à chaque seconde plus irrévocable, la guerre contre l'Union soviétique qui, en face d'eux, repose paisiblement, dans l'obscurité profonde. Voici que sur les montres réglées d'avance, les aiguilles, toutes ensemble, marquent 3 heures 15. Comme si elles avaient déclenché un contact, au même instant, un gigantesque éclair perce la nuit. Les bouches à feu de tous calibres se sont déchaînées. Les obus éclairants de la DCA montent au-dessus de l'horizon. Aussi loin que porte la vue, le front du Bug apparaît dans la fulguration de l'artillerie. Puis, comme un rouleau de laminage, un grondement de tonnerre déferle sur le mirador de Volka Dobrynska. Le hurlement des batteries de mortier se mêle à la foudre des canons. De l'autre côté du Bug, c'est soudain une mer écumeuse de flammes et de fumée. »... Cette même nuit du 21 au 22 juin 1941, du côté soviétique, le maréchal Gueorgui Konstantinovitch Joukov la vit tout aussi intensément, minute après minute...

« Tout disait, écrit Joukov, que les troupes allemandes s'étaient rapprochées de la frontière. Nous en rendîmes compte à 0 heures 30 à J. Staline qui demanda si la directive avait été transmise aux régions. Je répondis par l'affirmative. Depuis la mort de J. Staline, on fait circuler certaines versions des faits d'après lesquelles, dans la nuit du 22 juin, les commandants des troupes et leurs états-majors auraient dormi tranquillement ou se seraient divertis avec insouciance. Cela ne correspond pas à la réalité. La dernière nuit de paix fut tout autre. (...) A 3 heures 17, le commandant de la flotte de la mer Noire, l'amiral F. Oktiabrsky, m'appela par haute fréquence et me déclara : "Le système d'alerte et de surveillance de la flotte rend compte qu'un grand nombre d'avions inconnus s'approchent en venant de la mer ; la flotte est complètement prête au combat." (...) A 3 heures 30, le chef d'état-major de la région Ouest, le général V. Klimovskikh, rendit compte de l'attaque des villes de la Biélorussie par l'aviation allemande. Environ trois minutes après, le chef d'état-major de la région de Kiev, le général M. Pourkaïev, signalait l'attaque par l'aviation des villes d'Ukraine. A 3 heures 40, le commandant de la région de la Baltique, le général F. Kouznetsov, (...) m'informa de l'attaque de Kaunas et d'autres villes par l'aviation ennemie. (...) A 4 heures 10, les régions de l'Ouest et de la Baltique rendirent compte que les troupes allemandes avaient commencé leurs opérations terrestres. A 4 heures 30 du matin, tous les membres convoqués du Bureau politique étaient réunis. On nous invita, le commissaire du peuple et moi-même, à entrer dans le cabinet. J. Staline, pâle, était assis à une table, tenant en main une pipe bourrée de tabac. Il dit : "Il faut téléphoner d'urgence à l'ambassade d'Allemagne." (...) Quelque temps après, V. Molotov entra rapidement dans le cabinet : "Le gouvernement allemand nous a déclaré la guerre !" J. Staline se laissa aller sur son siège et se mit à réfléchir. Un long et pénible silence suivit. »

En lançant de la sorte, avant l'aube du 22 juin 1941, la Wehrmacht vers l'Est, il est incontestable qu'Adolf Hitler réalisait tout à la fois son plus vieux rêve et son projet principal. Depuis lors, on a passionnément discuté et disputé sur les intentions réelles, profondes, du chancelier du IIIe Reich... Pouvait-on les découvrir entre les lignes de son livre *Mein Kampf* ? L'historien américain Gordon Wright répond à cette première question. « On s'est beaucoup interrogé, remarque-t-il d'abord, sur l'étendue des ambitions de Hitler en politique étrangère et il est probable que la question restera posée. Rêvait-il de domination mondiale ou de la seule conquête de l'Europe ou de souveraineté sur une sphère allemande plus restreinte en Europe centrale et orientale ? Ceux qui croient que *Mein Kampf* contient le schéma d'intention dont Hitler ne s'est jamais écarté sont portés à en déduire que son dessein immédiat était limité. *Mein Kampf* était tout entier orienté vers la conquête d'un espace vital à l'Est, précisément en Ukraine et dans les Pays baltes, peut-être au-delà. Hitler y affirmait la nécessité de briser la puissance militaire de la France mais ne faisait point paraître le désir d'une expansion territoriale à l'Ouest. Il rejetait expressément toute perspective d'un défi à la prépondérance maritime ou coloniale britannique et excluait l'idée de l'acquisition d'un empire colonial qui pourrait servir de dérivatif à l'énergie allemande. A vrai dire, *Mein Kampf* laissait entendre qu'un Reich allemand maître de l'Europe de l'Est deviendrait inévitablement une puissance mondiale... ».

La « Drang nach Osten », ou ruée vers l'Est...

Ceux qui croient, dit Gordon Wright... Mais pourquoi ne pas le croire ?

D'abord, bien sûr, à cause des affirmations répétées du Führer à ce sujet et de leur constance au fil des années. Ensuite, parce que, depuis le début, il est clair que la répression anticommuniste à l'intérieur et la croisade antisoviétique à l'extérieur sont, avec la Shoah, l'extermination des Juifs, les principales raisons d'être du phénomène hitlérien.

Enfin, parce que, militairement, le plan d'attaque contre l'Union soviétique, le plan Barbarossa, fut, de tous ses projets, celui auquel Hitler apporta le plus de temps et de soin, celui qu'il prémédita le plus méticuleusement. En écrivant ses souvenirs, le célèbre journaliste britannique Sefton Delmer qui fut aussi, pendant les hostilités, l'un des maîtres de la guerre psychologique et du renseignement, a raconté un entretien déjà ancien qu'il avait eu avec le Führer. « C'était au mois de mai de l'année 1931, relate Delmer, deux ans avant sa venue au pouvoir, huit ans avant son entrée en guerre... » Comme le futur chancelier du Reich soulignait le fait qu'il voudrait avoir plus tard « les mains libres à l'Est », notre confrère anglais essaya d'en savoir plus. « J'insistai, je lui demandai comment il comptait atteindre la Russie sans violation du territoire polonais. Mais il refusa de se laisser entraîner : "On peut trouver le moyen pour tout", déclara-t-il. En fait, il s'agissait essentiellement du même arrangement que celui que Hitler ne devait pas cesser de nous proposer jusqu'à mai 1941, quand Rudolf Hess s'envola vers l'Angleterre, à la veille de l'invasion de la Russie, porteur de la même offre encore : nous devions rester l'arme au pied pendant que l'Allemagne attaquait et liquidait la Russie des Soviets. » Idée toujours présente donc ? Oui. Jusqu'à l'obsession même ? Il semble. D'ailleurs, sur ce point, nombre d'historiens, dont tous les historiens soviétiques, étaient formels. Lev Bézymenski résume assez bien leur point de vue en affirmant : « L'histoire sanglante de l'Etat nazi, depuis 1933, était remplie de préparatifs à la "*Drang nach Osten*" (la ruée vers l'Est). L'instruction de la Wehrmacht, tous les actes de politique extérieure d'Hitler, tous les conciliabules des émissaires de l'Etat-Major général ne visaient qu'à préparer l'agression (...) Les espérances des ennemis du progrès social gravitaient autour de ce projet et des dizaines de Chamberlain, Henderson et Lindbergh aidaient Hitler à s'acheminer vers son rêve. »

Cette appréciation était-elle fondée ? Qui se pose la question trouve la réponse dans la bouche même de Hitler ou, plutôt, selon ses propos tels que les rapporte son fidèle Joseph Goebbels. Ce dernier, on le sait, tenait un journal intime. Ouvrons-le à la page du samedi 8 mai 1943. Une conférence des Reichsleiter et des Gauleiter qui a eu lieu « chez le Führer » y est assez longuement relatée. Comme à l'accoutumée, cette conférence consiste surtout en un long soliloque du maître du Reich. Evidemment, aux dirigeants régionaux nazis ainsi réunis, leur chef parle plusieurs fois de la guerre de l'Est. Il donne son opinion et dit ses intentions. Goebbels note : « Pour le Führer, il n'existe aucune possibilité pratique de compromis avec les Soviets. Il faut les abattre, tout comme jadis nous avons dû abattre les communistes pour arriver au pouvoir. Et, à ce moment-là non plus, nous n'avons jamais songé à un compromis. Le Führer établit une fois de plus le parallélisme qui existe entre 1932 et aujourd'hui. Sa démonstration, fort détaillée, est réellement saisissante et convaincante. Les événements de 1932 se répètent et la victoire que nous avons remportée jadis par notre opiniâtreté qui ressemblait parfois à de la folie, nous la remporterons encore aujourd'hui de la même façon. »

On peut noter que c'est dans la même page du journal de Goebbels relatant toujours le même monologue que, immédiatement après, on peut lire : « Le Führer exprime son inébranlable conviction que le Reich dominera un jour toute l'Europe. De nombreux combats seront nécessaires mais ils nous conduiront sans aucun doute aux plus magnifiques succès. Dès lors la voie qui mène à la domination du monde s'ouvrira libre devant nous... » Apparaissant ainsi à la fois comme un vieux rêve politique, une obsession personnelle, la reprise d'une tradition inhérente à l'impérialisme germanique, et comme une étape décisive, enfin, vers la domination du monde, on conçoit que l'attaque contre l'URSS ait été très soigneusement préméditée par Adolf Hitler. Sebastian Haffner a acquis, après enquête, la certitude que le Führer commença à faire mettre en chantier le « plan Barbarossa » par ses officiers d'état-major plus d'un an avant le déclenchement de l'opération. « Dès le 2 juin 1940, rapporte Haffner, il expliqua au grand quartier général du "groupe d'armées A" qu'il aurait bientôt de nouveau "les mains libres" pour "la grande et vraie mission" dont il était investi, à savoir "la lutte décisive contre le bolchevisme". Le 30 juin 1940, il expliqua, dans le même ordre d'idées, au secrétaire d'Etat von Weizsäcker : il ne faudra probablement qu'une simple "démonstration" à l'adresse de la Grande-Bretagne pour dégager nos arrières et agir à l'Est. Le 21 juillet, il chargea l'état-major "de s'attaquer au problème russe". Le 31 juillet eut lieu la première grande conférence avec les chefs de la Wehrmacht, ayant pour objet la prochaine campagne de Russie. Hitler y désigna comme objectif principal de la campagne "la destruction de toutes les forces vitales de la Russie" ; il en fixa provisoirement la date au 15 mai 1941... »

« Cette fois, ça y est, ils sont cuits, les Boches ! »

Cette longue année de préparation et même les cinq semaines de l'ultime retard finalement pris, le Führer et son grand Etat-Major général, l'OKW, les mirent à profit pour préparer une machine de guerre particulièrement efficace. Russe blanc d'origine, devenu général dans l'armée française, Serge Andolenko ne craint pas les superlatifs à son sujet : « L'armée allemande qui va envahir la Russie représente une force militaire formidable, telle que l'histoire n'en a jamais connue. Elle vient de conquérir l'Europe et déborde d'enthousiasme. Elle est soutenue, sans réserve, par toute l'Allemagne ; tout le potentiel industriel et démographique de l'Europe est à sa disposition. » A quelques nuances près, cet avis est également celui du maréchal soviétique Gueorgui Joukov, déjà cité. « Enivrées par de faciles victoires sur les armées des pays de l'Europe occidentale, constate-t-il, empoisonnées par la propagande de Goebbels, croyant fermement à la possibilité d'une facile victoire sur l'Armée rouge et en leur supériorité sur tous les autres peuples, les troupes allemandes franchirent les frontières de notre patrie. Les jeunes soldats et les jeunes officiers des troupes blindées et de l'aviation étaient animés de dispositions particulièrement belliqueuses. Dans les premiers mois de la guerre, il m'est arrivé d'interroger des prisonniers hitlériens et je dois dire qu'ils croyaient manifestement à toutes les promesses aventureuses de Hitler. Pour ce qui est de la valeur combative des soldats et des officiers allemands, de leur instruction spéciale et de leur formation en vue du combat, elle était indiscutablement d'un niveau élevé dans toutes les armes, en particulier dans les unités blindées et dans l'aviation. Au combat et dans le service en campagne, le soldat allemand connaissait son métier, il était acharné, sûr de lui et discipliné. Arracher la victoire à un ennemi fort et expérimenté n'était pas si simple pour le combattant soviétique. »

Leningrad et Stalingrad ou la possibilité de l'impossible et le sursaut dans l'hécatombe... A travers l'immensité de neige, de fer, de feu, de boue, de villes incendiées et de cadavres gelés où se déroule interminablement le front de l'Est, deux villes devenues des enfers vont particulièrement symboliser les trois phases d'un affrontement dont on peut difficilement imaginer le degré de violence : d'abord, le coup de massue du recul ; ensuite, l'acharnement à s'accrocher au sol ; enfin, le déferlement victorieux. Leningrad sera assiégée du 8 septembre 1941 au 7 février 1944 et plus d'un million d'hommes et de femmes préféreront y mourir plutôt que de se rendre. On se battra dans les ruines de Stalingrad du 20 août 1942 au 2 février 1943 et la quantité de sang versé au mètre carré y dépassera tout ce qu'on avait connu jusqu'alors...

« Stalingrad, pourra écrire Jean Elleinstein, constitua (...) un tournant décisif dans l'histoire de la Deuxième Guerre mondiale. La mer des succès nazis avait atteint ses eaux les plus hautes et dès lors le flot se retirait. (...) Stalingrad, c'est le début du crépuscule d'Hitler et du nazisme, d'où son importance qui n'est pas seulement militaire, mais politique et psychologique. » Effectivement, tandis que trois jours de deuil national recouvraient toute l'Allemagne d'un lourd linceul, dans les prisons de France se répétait cette même scène que plusieurs anciens résistants nous ont racontée : un gendarme ou un surveillant offrait des cigarettes aux détenus placés sous sa garde en leur murmurant : « Cette fois, ça y est, ils sont cuits, les Boches ! » Mais revenons en URSS... Le 6 novembre 1944, donc dans les mois qui précédèrent la victoire sur l'Allemagne, Joseph Staline célébrant le vingt-septième anniversaire de la révolution d'octobre prononçait un discours à Moscou, devant le Soviet de la capitale. Langue de bois mais évidence de fer, avec cette nuance que « soviétique » sonne ici comme synonyme de « russe ». « Les exploits au travail réalisés par les citoyens soviétiques à l'arrière, s'écriait Staline, de même que les impérissables faits d'armes de nos combattants au front, sont dus à l'ardent, au vivifiant patriotisme soviétique. (...) Si les hommes du pays des Soviets haïssent les envahisseurs allemands, ce n'est pas parce que ceux-ci appartiennent à une nation étrangère, mais parce qu'ils ont apporté à notre peuple et à tous les peuples épris de liberté des calamités et souffrances innombrables. (...) Les hitlériens ont essuyé au cours de la guerre non seulement une défaite militaire, mais aussi une défaite morale et politique. (...) Maintenant que la guerre nationale s'achemine vers une fin victorieuse, le rôle historique du peuple soviétique apparaît dans toute sa grandeur. »

« Quand le Russe s'est enfoui dans son sol natal... »

Correspondant de guerre du *Sunday Times* de Londres en Union soviétique pendant toute la guerre, Alexandre Werth fut un témoin privilégié. Lucide aussi. « Les premières semaines de la guerre, a-t-il dit plus tard, et même les trois premiers mois et demi furent pour les Russes un désastre à peu près continu. La majeure partie des forces aériennes soviétiques furent balayées dès les premiers jours. Les Russes perdirent des milliers de tanks ; des centaines de milliers, peut-être même un million de soldats furent faits prisonniers dans une série d'encerclements spectaculaires au cours de la première quinzaine. Et, après la deuxième semaine de juillet, certains généraux allemands allaient tenir la guerre pour gagnée. (...) Alors commença pour le peuple russe l'"année terrible", la plus terrible qu'il eût jamais connue. En l'espace de quelques jours, de quelques semaines, la mort et la destruction ravagèrent de vastes contrées russes. Dans les zones frontières et plus loin à l'intérieur, l'assaut concentré des Allemands écrasa, captura ou désorganisa entièrement les unités de l'Armée rouge qu'on lui opposait ; l'aviation soviétique fut quasiment balayée des zones occidentales dès les premiers jours de l'invasion ; au cinquième jour, les forces allemandes avaient déjà pris Minsk, capitale de la Biélorussie, loin en deçà de la frontière soviétique de 1938 ; et il ne fallut guère plus de temps aux armées allemandes pour occuper toutes les régions intégrées dans l'Union soviétique en 1939 : Biélorussie occidentale, Ukraine occidentale, Estonie, Lettonie, Lituanie... » Toutefois, si brutale et si grave que soit cette première déroute, il convient de remarquer qu'elle ne laisse apparaître aucune panique. Comme le souligne l'historien André Latreille, « si l'Armée rouge a dû reculer en cinq mois sur une profondeur de douze cents kilomètres, de Varsovie à Toula, elle l'a toujours fait en combattant et sans débandade ». Cet aspect du début de l'affrontement germano-soviétique, aspect primordial dans la mesure où il annonce le revirement ultérieur, Alexandre Werth y insiste également et va même plus loin... « Il est certain, écrit-il, que la Russie fut frappée de stupeur par ces terribles revers initiaux. Pourtant, dès les premiers jours ou presque, on comprit qu'il s'agissait d'une *guerre nationale*. A la consternation qui s'empara du pays se mêlaient une sorte de défi latent et aussi la crainte que la lutte ne fût longue, âpre, désespérée. Tous sentaient que des millions de vies seraient perdues et pourtant une poignée seulement de Russes semblent avoir envisagé la possibilité d'une défaite militaire écrasante et d'une conquête totale de la Russie par l'Allemagne. A cet égard, l'invasion de l'URSS fait apparaître un contraste saisissant avec celle de la France en 1940. » Qu'après un coup aussi rude que l'« opération Barbarossa », l'Union soviétique ne s'écroule pas va d'ailleurs beaucoup étonner en Occident. Lorsqu'en 1948, un des stratèges en vue de l'armée française, le général Augustin Guillaume, publie un livre intitulé *Pourquoi l'Armée Rouge a vaincu ?*, il s'interroge ouvertement : « Dans la lutte sans merci engagée contre les armées hitlériennes, le comportement de l'Armée Rouge, son magnifique redressement à Moscou d'abord, en 1941, à Stalingrad ensuite, en 1942, après de dures retraites, ont provoqué une grande surprise. (...) Les lourds échecs du début, les énormes pertes subies eussent pu ébranler définitivement le moral de troupes dont les effectifs demeuraient considérables mais dont la cohésion et la valeur paraissaient douteuses. Jadis, pour défendre la Sainte Russie, les armées du tsar marchaient au combat précédées de popes, porteurs d'icônes. Quels mobiles nouveaux ont soutenu au combat le courage du soldat rouge ? Existe-t-il un sentiment comparable au patriotisme russe de jadis ? Comment ce sentiment s'est-il développé dans la jeunesse ? » Laissons un général répondre à un autre général, fût-ce indirectement. « Les usines sortent en grande quantité le matériel qui remplace celui perdu au cours de la campagne d'été, écrit Serge Andolenko. Le char T-34 qui surclasse les blindés allemands et est invulnérable à leurs canons antichars sort en masse des usines. Ainsi se justifie l'industrialisation forcenée du pays, œuvre des Soviets. Toute la nation se dresse contre l'envahisseur. C'est une lutte à mort qui décidera du sort de la Russie. »

Mais les plus étonnés sont les dirigeants hitlériens, les chefs de la Wehrmacht et les millions de soldats en uniforme vert « feldgrau » qui les ont suivis. Lorsque après la Libération fut venue la « guerre froide », l'état-major américain, soucieux de mieux connaître un adversaire éventuel, organisa un séminaire d'anciens généraux et officiers supérieurs de la Wehrmacht ayant combattu sur le front russe. Ils furent réunis à Neustadt, en Allemagne de l'Ouest, pendant l'hiver 1947-1948. En compagnie d'officiers américains, ils rédigèrent un document de plusieurs centaines de pages intitulé *Méthodes de combat des Russes au cours de la Deuxième Guerre mondiale.* Plus encore que sur lesdites méthodes, ce texte renseigne sur l'étonnement, la perplexité et l'inquiétude (sur le racisme aussi) des soldats de Hitler face au sursaut soviétique. Particulièrement significatif à cet égard est le chapitre premier de la troisième partie du document intitulé *Particularités du soldat russe*. Nous citons : « Il est possible, en s'appuyant sur l'expérience, de prédire comment, en fait, se comportera un soldat du monde occidental dans une situation donnée — mais non le Russe. Les caractéristiques de ce semi-Asiatique comme celles de son vaste pays sont étranges et contradictoires. (...) Il supporte le froid et le chaud, la faim et la soif, l'humidité et la boue, la maladie et la vermine avec la même égalité d'âme. (...) Dans l'attaque, le Russe combat jusqu'à la mort. En dépit des mesures défensives allemandes les plus complètes, il continue à avancer malgré ses pertes. (...) Avec une grande rapidité, il disparaît dans le sol, creusant avec un instinct infaillible de façon à utiliser le terrain pour faire des fortifications très difficiles à découvrir. Quand le Russe s'est enfoui dans son sol natal et s'est "modelé" sur le paysage, il est un adversaire doublement dangereux... »

A Pearl Harbor, le 7 décembre 1941...

Le féroce hiver aidant, un insidieux désarroi va donc, peu à peu, pénétrer de nombreuses unités de la Wehrmacht. Un sentiment assez rarement décrit mais que Curzio Malaparte a analysé dans *Kaputt*. « Désormais, écrit-il, la guerre victorieuse était finie ; voilà que commençait la guerre perdue, que commençait la *Dreissigjähriger Blitzkrieg*, la guerre-éclair de trente ans, et les colonnes de prisonniers devenaient de plus en plus rares. Les soldats de l'escorte allemande ne marchaient plus la mitraillette en bandoulière en bavardant et en riant entre eux ; mais ils serraient les flancs de la colonne en hurlant d'une voix rauque et en fixant leurs prisonniers de l'œil noir et brillant du fusil mitrailleur. (...) Ensuite, au fur et à mesure qu'augmentait leur mystérieuse peur, au fur et à mesure que s'élargissait dans leurs yeux cette mystérieuse tache blanche, les Allemands se mirent à tuer les prisonniers qui avaient les pieds malades et ne pouvaient pas marcher, à brûler les villages qui n'arrivaient pas à remettre au peloton de réquisition un nombre donné de mesures de blé ou de farine, un nombre donné de mesures d'orge ou de maïs, un nombre donné de chevaux et de têtes de bétail. Quand les Juifs commencèrent à manquer, ils se mirent à pendre les paysans. Ils les pendaient par la gorge ou par les pieds, aux branches des arbres, sur les petites places de village, autour du piédestal vide où, quelques jours plus tôt, se dressait la statue de plâtre de Lénine ou de Staline, ils les pendaient à côté du corps des Juifs délavés par la pluie qui oscillaient sous le ciel noir depuis des jours et des jours, près des chiens des Juifs pendus à la même branche que leur maître. “Ah ! des chiens juifs ! *Jüdische Hunde* !” disaient en passant les soldats allemands. » Parmi ces mêmes soldats allemands, à cette époque, commença de circuler une plaisanterie qui vaut d'être rapportée. Pour récompenser en les décorant ceux de ses soldats qui auraient passé un hiver entier sur le front russe, Hitler avait créé l'*Ostmedaille*. Bientôt, pourtant, on ne parla plus de médaille de l'Est mais de *Gefrierfleischorden*, c'est-à-dire « Ordre de la viande congelée »...

Le mal se répandit rapidement ; même leur fanatisme n'immunisa pas les unités SS. Un ancien Waffen-SS, Erich Kern, a raconté depuis comment il vécut ce désarroi. « Retraite ! écrit-il. Combien de fois avions-nous, au cours de cette guerre, perçu chez l'ennemi le souffle de la panique qui précède toujours ce cri d'alarme. Pendant des semaines et des mois, c'était nous qui avions pourchassé durement l'ennemi sur tous les fronts, de l'Est plus particulièrement, et qui lui avions infligé alors les défaites les plus sanglantes. Le tourment de la retraite nous empoigna à notre tour lorsqu'il fallut, pour des raisons stratégiques, rebrousser chemin au cours du dur hiver 1941. » Cela dit, pour en arriver là, les forces soviétiques payèrent cher, très cher... Vingt-cinq ans plus tard, un écrivain en vue de la jeune génération d'Allemagne de l'Ouest, Hans-Magnus Enzensberger, notait encore dans son livre *L'Allemagne, l'Allemagne entre autres* : « J'ai sous les yeux une petite carte internationale. Son titre est *Pertes en population pendant la Seconde Guerre mondiale*. Sur cette carte, on peut voir des croix : chaque croix vaut un million de morts. Je voix cinq croix en Allemagne, cinq en Pologne et une en Yougoslavie. J'en vois vingt à côté du mot : Union soviétique. Dans un petit musée de Leningrad, j'ai vu un morceau de pain rassis gros comme un pouce. Au moment de l'occupation allemande, pendant les mois d'hiver, c'était la ration journalière des habitants. Elle était inférieure à celle d'une ration de prisonnier à Buchenwald. »

Pearl Harbor et Bataan ou l'entrée des Américains dans la guerre à tous les sens du mot... Moins de six mois après le déclenchement de l'« opération Barbarossa », le 7 décembre 1941, c'est également avec un effet de surprise totale que le principal allié du Reich hitlérien, l'Empire militariste du Japon, lance son attaque contre le futur principal allié de l'Union soviétique, les Etats-Unis d'Amérique... « A Pearl Harbor, raconte Chester W. Nimitz, l'amiral qui commandait alors la flotte américaine, personne n'avait la prémonition du désastre imminent. L'avertissement du 27 novembre indiquait seulement l'intention des Japonais d'attaquer vers le sud, c'est-à-dire vers les Philippines ou la Malaisie. En conséquence, le lieutenant-général Walter C. Short, commandant le district des Hawaï avait pris des précautions uniquement contre les sabotages, en prévenant Washington. L'amiral Kimmel ne possédait aucun renseignement justifiant l'interruption d'un programme d'entraînement très urgent.

(...) Beaucoup d'officiers prenaient leur petit déjeuner et l'on se préparait à relever la bordée de quart quand les premiers avions nippons se présentèrent. Leur caractère hostile ne fut reconnu que lorsque les premières bombes tombèrent, à 7 heures 55. (...) Des bombardements en altitude et en piqué suivirent de près une attaque à la torpille. La plus grande partie des dommages survint au cours de cette première phase qui se termina vers 8 heures 30. Une seconde vague, forte de 170 chasseurs et bombardiers se présenta, après une brève accalmie, et se concentra sur les bateaux qui semblaient le moins gravement touchés. Mais la défense était alors pleinement alertée et la plupart des pertes japonaises se produisirent au cours de cette seconde phase. (...) Si la flotte constituait leur objectif principal, les Japonais attaquèrent aussi les aérodromes. La défense s'y organisa hâtivement, mais les avions étaient étroitement groupés, comme précaution contre les sabotages, et les pertes furent lourdes. La marine en perdit 80 et, sur les 231 de l'armée, 79 seulement demeuraient disponibles après l'attaque. Les assaillants ne perdirent que 29 appareils au-dessus de l'île mais plusieurs autres s'écrasèrent en appontant sur leur porte-avions. La flotte et le Marine Corps eurent 2 112 tués et 981 blessés, l'armée 222 tués et 360 blessés. Le résultat immédiat fut d'inspirer au peuple américain la volonté farouche de mener énergiquement cette guerre qui venait de lui être imposée. » Dans le numéro qui suivit l'événement, celui du 15 décembre 1941, le plus célèbre des magazines américains, *Time*, titrait son article principal : « Les gens qui captèrent les avertissements lancés par la radio restèrent sceptiques jusqu'au moment où les bombes éventrèrent Honolulu. » Et l'article commençait par cette phrase bien propre à résumer la situation : « La marine US venait d'être surprise en caleçon. Il ne faisait aucun doute qu'en l'espace d'une heure tragique — alors que la guerre n'était pas officiellement déclarée — les Etats-Unis avaient subi des pertes navales plus importantes qu'au cours de toute la Première Guerre mondiale. »

La « marche de la mort » de Bataan

Certes, l'amiral Nimitz constate une évidence lorsqu'il dit que la première conséquence de Pearl Harbor « fut d'inspirer au peuple américain la volonté farouche de mener énergiquement cette guerre ». Encore faut-il savoir que l'immense majorité ne signifie pas l'unanimité ni le peuple américain tous les Américains. Héros de la première traversée de l'Atlantique sans escale, quatorze ans plus tôt, mais devenu apôtre de la fermeture de cet océan, l'aviateur Charles A. Lindbergh, porte-parole des « isolationnistes » et de leurs comités *America First* (l'Amérique d'abord) écrit dans son journal intime à la date des 7 et 8 décembre 1941 : « Les Japonais peuvent faire un raid sur Hawaï ou même sur notre côte occidentale grâce à leurs porte-avions, mais cela au prix de pertes terribles. A moins que notre marine ne dorme ou soit tout entière dans l'Atlantique. La question que je me pose est donc : "Combien de navires avons-nous expédiés dans l'Atlantique pour aider l'Angleterre ?" (...) L'attaque des Japonais ne me surprend aucunement. Nous les poussons à la guerre depuis plusieurs semaines. Ils ont simplement pris les devants. Mais, d'après les communiqués de la radio, leur intervention sur Hawaï a été très violente. Avons-nous envoyé dans l'Atlantique une telle quantité de navires et d'avions que les Japonais se sont crus capables de déclencher une action sur Hawaï en s'en tirant à peu de frais ? »

Une année plus tôt, le même Lindbergh écrivait dans le même « journal », à la date du 29 novembre 1940 : « L'ambassadeur Kennedy, qui a affirmé que l'état de l'Angleterre est désespéré, (...) nous a invités, Anne et moi, à venir le voir à 15 heures au Waldorf-Astoria. Kennedy nous a retenus jusque vers 17 heures en nous racontant ce qui se passe en Angleterre et sur le continent. Il estime, comme nous, que la position de l'Angleterre est désespérée et que la meilleure chose qu'elle ait à faire est de négocier la paix dans un avenir très proche. Les dégâts causés par les bombes sont beaucoup plus grands que ne l'admettent les Britanniques qui ne pourront tenir longtemps s'ils continuent à perdre des bateaux au rythme actuel. Il dit que la guerre serait déjà finie sans Churchill et sans l'espoir d'une intervention de l'Amérique. Il a ajouté que, quelques semaines avant l'invasion de la Norvège par les Allemands, Churchill se serait adressé à lui, Kennedy, pour demander à Roosevelt ce que ferait l'Amérique si l'Angleterre envahissait la Norvège. Kennedy a également dit que Roosevelt mène la plupart de ses négociations avec Londres par l'intermédiaire de lord Lothian, à Washington, et très peu par son ambassade à Londres. Kennedy est prêt à lutter de toutes ses forces contre l'entrée en guerre de l'Amérique, car il estime que cela ne pourrait finalement qu'envenimer les choses. » Cet « envenimer les choses » prend une étonnante dimension quand on sait que l'entrée en guerre des Etats-Unis d'Amérique allait puissamment concourir à ce que la Grande-Bretagne et l'Union soviétique redressent une situation critique et soient finalement en mesure de vaincre Hitler, ce que sans elle... Dimension essentielle quand on sait aussi que, conscient de la situation et adversaire déjà clairement déclaré du fascisme, Franklin Delano Roosevelt, selon le mot de Basil Liddell Hart, « espérait depuis longtemps engager tout le poids de l'Amérique dans la guerre contre Hitler ». Cependant, même après Pearl Harbor, le venin précisément qu'à travers les USA avaient répandu les « isolationnistes » continuait d'empoisonner bien des esprits. Il allait falloir la vague des défaites américaines, la vague de cruauté et de fanatisme nippons pour qu'un certain nombre d'yeux s'ouvrent sur la réalité de la Seconde Guerre mondiale. Il allait même falloir un symbole, un massacre numériquement peu comparable aux vastes hécatombes de l'Est mais qui, pour l'opinion publique américaine, prit valeur exemplaire : la « marche de la mort » de Bataan (Philippines).

En rendant compte, au début de 1971, de l'« enquête approfondie et objective » de l'historien américain Stanley Falk, G. Renondeau précisait : « On estime que 600 ou 650 Américains périrent au cours de ce qu'en Amérique on appela la « marche de la mort ». Pour les Philippins, les calculs ne pouvaient être aussi précis faute de bases solides. Le nombre de ceux qui sont morts dans cette marche peut être évalué entre 5 000 et 10 000. Pendant longtemps, le haut commandement américain vécut dans l'ignorance complète de cette tragédie. Mais, en avril 1943, trois officiers américains qui s'étaient échappés d'un camp du sud de Luçon et qui reçurent l'aide de guérillas purent être pris par un sous-marin et rejoindre Mac Arthur à Brisbane, en Australie, au début de juillet. L'un d'eux, le capitaine Dyess, avait pris part à la « marche de la mort ». Le rapport qu'il écrivit eut l'effet d'une bombe, non seulement chez Mac Arthur mais aux Etats-Unis où l'on réclama une vengeance terrible. » Que disait donc dans son rapport William E. Dyess, cet aviateur texan qui venait d'être promu colonel lorsque son chasseur s'écrasa en 1944 ? Il disait notamment ceci : « Par groupes de 500 ou de 1 000, les prisonniers furent poussés sur la route nationale de Bataan en direction de San Fernando, dans la province de Pampagna. On arracha leurs objets personnels à ceux qui avaient réussi à les conserver ; giflés à tour de bras et roués de coups par les Japonais, ils durent continuer à marcher toute la journée sous un soleil de plomb, sans eau ni nourriture. » Et ceci : « Un soldat japonais m'arracha ma gourde, donna l'eau à un cheval, puis la jeta. Nous croisâmes le corps d'un prisonnier philippin transpercé de coups de baïonnettes. Des cadavres récents gisaient le long de la route, beaucoup avaient été écrasés et aplatis par des camions japonais. » Ou encore : « Le 12 avril, à trois heures du matin, nous fûmes entassés dans un parc à taureaux clôturé de barbelés qui aurait pu contenir 200 hommes. Nous étions 1 200 et n'avions pas de place pour nous étendre. Le sol était jonché d'excréments humains et grouillait d'asticots. Toute la journée du 12, nous fûmes initiés à une nouvelle forme de torture qui devait bientôt devenir tristement célèbre sous le nom de "bain de soleil". Nous dûmes rester assis toute la journée tête nue sous le soleil torride. Nous avions très peu d'eau ; la soif nous dévorait. Beaucoup piquèrent des crises de folie et il y eut trois morts. Les Japonais emmenaient les malades et ceux qui déliraient. Trois Philippins et trois soldats américains furent enterrés vivants. » Et finalement : « Le rythme même de notre marche était une torture. Par moments, les Japonais à bicyclette forçaient l'allure, nous obligeant presque à courir. D'autres fois, nous devions avancer très lentement en traînant les pieds. Les muscles de mes jambes ne tardèrent pas à se crisper et chaque pas me causait une souffrance intolérable. »

A quiconque douterait de l'étroite imbrication entre la Résistance et la Seconde Guerre mondiale, imbrication de la partie au tout, il suffirait de montrer des dizaines, des centaines de témoignages de résistants où sont dits la joie ou la peine éprouvées, la quantité d'audace emmagasinée ou le degré d'inquiétude atteint à l'annonce de telle victoire ou de telle défaite des Alliés sur l'un des fronts de cette guerre totalement mondiale et mondialement totale. Et d'ailleurs, les Allemands ne s'y trompaient pas. Tout spécialement leurs services de renseignements... Nous avons déjà cité le lieutenant-colonel Oscar Reile qui fut, pendant près de quatre ans, depuis l'hôtel Lutétia, à Paris, un des chefs de l'Abwehr en France. Spécialiste « III-F », c'est-à-dire théoriquement du contre-espionnage mais pratiquement de la répression de la Résistance, il devait évidemment se tenir au courant de l'état d'esprit de cette Résistance, du niveau de son « moral ». Lorsque, après la guerre, il a écrit un livre sur ses activités dans notre pays, on put y lire : « La guerre avec la Russie avait éveillé des espoirs dans les rangs de la Résistance. La victoire de l'Allemagne n'apparaissait plus assurée. » Et plus loin : « Le 7 décembre 1941 survint la déclaration de guerre des Etats-Unis. Elle attisa le ressentiment contre tous les Allemands et fit naître l'espoir d'un retournement de la fortune militaire. »

Chapitre deux

« À NOTRE-DAME LA FRANCE »

Où il s'est avéré qu'un poète était indispensable, et ce fut Charles de Gaulle.

Pierre Corneille avait atteint la soixantaine lorsqu'il écrivit *Sertorius*, tragédie aujourd'hui injustement oubliée. Octave Blondel affirme que le dramaturge rouennais considérait cette pièce comme son chef-d'œuvre. Il est vrai qu'en son temps elle étonna et que, à l'une de ses représentations, le maréchal Henri de la Tour d'Auvergne, vicomte de Turenne, s'exclama élogieusement : « Où donc Corneille a-t-il appris à faire la guerre ? » Toujours est-il que, dans ce drame, le héros qui a donné son nom à l'ouvrage lance ces alexandrins aux allures prophétiques :

Je n'appelle plus Rome un enclos de murailles
Que ses proscriptions comblent de funérailles ;
Ces murs, dont le destin fut autrefois si beau,
N'en sont que la prison ou plutôt le tombeau :
Mais, pour revivre ailleurs dans sa première force,
Avec les faux Romains elle a fait plein divorce ;
Et, comme autour de moi j'ai tous ses vrais appuis,
Rome n'est plus dans Rome, elle est toute où je suis.

Ne croit-on pas entendre Charles de Gaulle prononçant un des discours qui, de 1940 à 1944, ont ponctué la difficile épopée de la « France libre » et de la « France combattante ? »

« Rome n'est plus dans Rome... » — malgré la clandestinité des meilleurs, Paris n'est plus dans Paris. Encore moins à Vichy, la capitale-ersatz soudain peuplée de « faux Romains ». Où alors ? A cette question, on peut répondre qu'à cette époque Paris est à Londres mais aussi à Moscou, puis bientôt à Alger, sans oublier New York et Brazzaville, Buenos Aires et Fort-Lamy...

Déjà, plus haut, nous avons dit ce que fut l'arrivée du général de Gaulle à Londres et nous avons évoqué la situation des « Français libres » en Angleterre. Mais c'était au temps de l'Appel du 18 juin 1940, aux premiers temps d'un bivouac qui allait durer des années.

Une fois passée l'installation, que devinrent les Français de Londres ? Et ceux que les péripéties du conflit avaient amenés à Moscou, à Alger ?

Le premier, chronologiquement et politiquement, d'entre nos concitoyens installés dans la capitale britannique s'appelle évidemment Charles de Gaulle.

Si, soixante ans plus tard, il apparaît comme un protagoniste au plein sens du terme, un personnage clef, il n'en reste pas moins que « naufragé de la désolation sur les rivages de l'Angleterre », comme il se dépeint alors lui-même, il ne semble disposer en ce temps-là d'aucun des atouts qu'il devrait posséder dans son jeu pour avoir un espoir raisonnable de gagner la partie qu'il engage. Sa seule force, c'est la décision personnelle qu'il a prise de changer la mission gouvernementale temporaire dont il était chargé en une mission historique au plus haut niveau et le parti qu'il a choisi de se créer une légitimité dont la substance est le refus systématique et fondamental. Savoir dire non ! Mais un *non* assez fort pour s'amplifier puis perdurer au fil de l'Histoire... Il n'empêche que la plénitude rapidement acquise par le mot *gaulliste* cache mal la fragilité du fait à ses débuts. Certes, avec l'« épopée africaine » et l'arrivée à bon port des premiers émissaires du BCRA en France occupée, on peut estimer que les dés qu'il jette d'emblée roulent heureusement. Toutefois, ces premiers succès ne lui évitent pas d'être assez généralement considéré comme un général presque sans troupe, déchu et condamné par l'Etat théoriquement légal, ignoré par un peuple assommé, incapable d'agir concrètement sur une nation captive, mais s'obstinant néanmoins à se présenter et se prononcer comme l'incarnation de cet Etat, de ce peuple, de cette nation.

Un bréviaire du refus

Avec le recul, l'éclairage, on le sait, a changé ; cependant, même aujourd'hui, on ne peut éviter que toute tentative d'analyse de cette situation fasse apparemment plus appel à la psychologie qu'à la politique et débouche plus sur le portrait d'un homme que sur le tableau d'une conjoncture. Assez vite, des rapports de force normaux, normalement envisageables, vont réapparaître ; pourtant, on ne peut contester que, plus que les maigres effectifs et les rares matériels terrestres, navals et aériens des Forces françaises libres (FFL) », ce sont une intransigeance constamment montrée, une incarnation sans cesse affirmée et une contradiction délibérément assumée qui constituent essentiellement les armes de Charles de Gaulle et de ceux qui ont décidé d'attacher leur sort au sien. Intransigeance de tous les gestes et de tous les instants, non seulement face à l'ennemi et aux hostilités diverses, mais — on serait presque tenté de dire : surtout — à l'égard des alliés britanniques et américains lorsqu'ils entendent s'en tenir aux normes d'appréciation courante des forces en présence. Contradiction non seulement assumée mais cultivée, entretenue entre des attitudes et des propos, des décisions et des estimations qui peuvent logiquement apparaître tantôt « de droite » et tantôt « de gauche », tantôt empreints du respect de la tradition la plus réactionnaire et tantôt animés d'un proclamé désir de progrès. Et l'incarnation ? Pourquoi, dira-t-on peut-être, ce terme religieux ? Parce qu'il dit bien ce qu'il veut dire. Incarnation de la France considérée comme une entité abstraite sinon comme une divinité. Mieux encore, sous les apparences d'un calcul froid et d'un raisonnement pragmatique, une impétueuse passion d'incarner dont on pourrait facilement discerner certains aspects mystiques.

Son principe d'intransigeance, Charles de Gaulle en a parfaitement expliqué les modalités, les buts et les mobiles. Ouvrons ses *Mémoires de guerre*... Au printemps de 1942, les obstacles que les Alliés mettent au ralliement de Madagascar à la France libre provoquent l'une des crises qui vont aller se répétant entre le général de Gaulle et le président Roosevelt. Le Premier ministre britannique, Winston Churchill, essaie d'arrondir les angles. Recevant, le 10 juin, le chef de la France libre, il lui dit : « Ne brusquez rien ! Voyez comment, tour à tour, je plie et me relève... » Alors Charles de Gaulle lui réplique aussitôt : « Vous le pouvez parce que vous êtes assis sur un Etat solide, une nation rassemblée, un Empire uni, de grandes armées. Mais moi ! où sont mes moyens ? Pourtant, j'ai, vous le savez, la charge des intérêts et du destin de la France. C'est trop lourd et je suis trop pauvre pour que je puisse me courber. » En disant cela, Charles de Gaulle mêle la constatation d'un fait et l'énoncé d'un principe. Et il y revient à plusieurs reprises. « Tant que nous étions dépourvus, écrit-il, nous pouvions émouvoir les hommes ; nous touchions peu les services. (...) J'étais disposé à subir les transitions. Mais je ne voulais ni ne pouvais rien concéder quant au fond. » Non seulement il y revient, mais il y insiste au point que, un quart de siècle plus tard, lorsqu'au seuil de la mort il se confie à son aide de camp Jean d'Escrienne, il lui dit : « Comme je l'ai déjà expliqué, il est vrai qu'à Londres, à Alger, en plusieurs circonstances, j'étais, en fait, tellement faible que ma seule force était de ne pas plier. Si je n'avais pas été inflexible, intransigeant, si j'avais accepté seulement la moindre discussion ou le plus petit compromis, je savais que j'aurais été aussitôt débordé, contourné, écrasé... En vérité, pour pouvoir mener à bien ma mission, j'étais obligé d'adopter l'attitude que j'ai adoptée. Je l'ai fait, et ce ne fut pas toujours facile ni toujours de gaieté de cœur ! »

Devant cette insistance à vanter les vertus d'une intransigeance absolue, on peut se demander si la tactique de la froideur hautaine dont il dit qu'elle lui fut d'abord imposée par les événements ne s'intégra pas très rapidement au caractère de Charles de Gaulle dans la mesure où elle correspondait évidemment à un de ses penchants profonds. Ne le reconnaît-il pas lui-même lorsqu'il écrit : « Ainsi, au milieu des secousses, je tâchais d'être inébranlable. C'était, d'ailleurs, par raisonnement autant que par tempérament » ? Quand on sait cela, on comprend mieux la dimension presque théâtrale que le chef de la France libre donne si volontiers à la mise en œuvre de son principe d'intransigeance et la plaisante acuité avec laquelle il dépeint lui-même ses propres attitudes. Premier exemple : la Syrie à l'été de 1941. Du 8 juin au 14 juillet, les combats y font rage. D'un côté les Anglais et les FFL de Legentilhomme ; de l'autre les pétainistes de Dentz. Lorsque ces derniers doivent capituler, ils prétendent choisir leur vainqueur pour ignorer les « dissidents » gaullistes. Les Britanniques vont-ils accepter cette prétention ? Charles de Gaulle ne saurait l'admettre. Et le voici qui « s'enveloppe de glace ». Un an plus tard, lorsqu'il constate que les Américains veulent le tenir à l'écart de leur débarquement en Afrique du Nord et utiliser à son insu les services du général Giraud, le voilà qui « adopte délibérément l'attitude raidie et durcie ». De même, en juin 1943, lorsqu'il se sent près de l'emporter sur Giraud mais qu'un dernier coup de boutoir lui paraît indispensable, observons comme il le met minutieusement en scène : « Je déclarai : "ne pouvoir m'associer plus longtemps aux travaux du Comité dans les conditions où il fonctionne". Puis, je me cantonnai aux "Glycines", tout enveloppé d'affliction, laissant entendre aux ministres, fonctionnaires, généraux qui venaient m'y voir que je m'apprêtais à partir pour Brazzaville. En fait, l'impression produite par cet éclat délibéré précipita l'évolution. »

Les exemples du même genre abondent. Tantôt sentences, tantôt préceptes, des phrases ponctuent le texte des *Mémoires de guerre* dont le recueil pourrait presque constituer un savoir-vivre, un guide du maintien... Et un bréviaire du refus ! « A dessein, j'arrivai le dernier et pris la parole le premier. »... « La position que je prends n'est jamais celle du demandeur. »... Etc. Encore n'est-ce pas tout. Stratège aux vues larges aussi bien que tacticien aux gestes minutieux, Charles de Gaulle n'entend pas, s'il se retire sur l'Aventin, abandonner pour autant Rome à son adversaire du moment. Il s'emploie toujours à ce que sa retraite soit offensive, son intransigeance active. Comme il manque de forces objectives, il jette d'un coup dans la balance toutes les forces subjectives dont il peut disposer en dramatisant chaque situation au maximum.

« Notre grandeur et notre force consistent uniquement dans l'intransigeance... »

On oublie parfois que, dans le contexte de la Seconde Guerre mondiale, entre 1941 et 1945, tout ce que les deux principaux alliés occidentaux peuvent avoir à craindre de la France libre, c'est sa disparition. Des éléments qu'elle apporte à leur dispositif politico-militaire, on peut dire que leur présence n'est pas décisive, mais que leur absence serait très fâcheuse, voire catastrophique : bien plus que le retrait de quelques dizaines de milliers de soldats, une crise interne et peut-être un marasme de la Résistance intérieure française, l'image offerte aux yeux du monde d'une dégradante discorde interne et l'exploitation de cette discorde par la propagande des puissances fascistes. Aussi bien, lorsqu'il estime que Washington et Londres font trop sentir leur tutelle, est-ce la menace de la rupture que Charles de Gaulle n'hésite pas à brandir, sans reculer devant ce qui pourrait être interprété comme un chantage... Peu lui importe qu'en fait cette rupture soit matériellement réalisable, ce qu'on pourrait parfaitement mettre en doute ; ce qui compte c'est que voyant le chef de la France libre se retirer sous sa tente et commencer à donner des instructions à leurs yeux insolites, le Premier ministre du Royaume-Unis et le président des Etats-Unis d'Amérique s'inquiètent, craignent le scandale et, modifiant leur attitude, prêtent l'oreille aux protestations françaises. Or, c'est ainsi que, plusieurs fois, les choses vont se passer. Quelques exemples parmi d'autres...

Encore la crise de Syrie, en 1941. « Pour un incident réglé, écrit le général de Gaulle, beaucoup d'autres surgissaient partout. Wilson, d'ailleurs, annonçait qu'il allait établir ce qu'il appelait "la loi martiale" et prendre tous les pouvoirs. Nous le prévenions que, dans ce cas, nous opposerions nos pouvoirs aux siens et que ce serait la rupture. Lyttelton, quoique tenu au courant, s'abstenait d'intervenir. Même, sur le bruit que Catroux allait entamer, à Beyrouth et à Damas, des pourparlers en vue des traités futurs, le ministre d'Etat britannique lui écrivait directement pour demander, comme une chose qui allait de soi, que Spears fût présent à ces négociations. Cette prétention persistante à s'immiscer dans nos affaires, autant que les empiétements qui ne cessaient de se multiplier, atteignaient maintenant la limite de ce que nous pouvions supporter. Le 1er août, je télégraphiai à Cassin d'aller voir M. Eden et de lui dire, de ma part, "que l'immixtion de l'Angleterre nous conduisait aux complications les plus graves et que les avantages douteux que la politique anglaise pourrait tirer, au Levant, de cet oubli des droits de la France, seraient bien médiocres en comparaison des inconvénients majeurs qui résulteraient d'une brouille entre la France libre et l'Angleterre". Une brouille ? Londres n'en voulait pas. Le 7 août, M. Lyttelton vint me faire visite à Beyrouth et passa la journée chez moi. (...). Je ne cachai pas à Lyttelton que nous étions excédés de la manière dont nos alliés pratiquaient la coopération. "Plutôt que de continuer ainsi, nous préférons, lui dis-je, suivre notre propre route, tandis que vous suivrez la vôtre." (...) Le ministre d'Etat, pour marquer sa bonne volonté, m'avait remis, en me quittant, une lettre qui répétait les assurances déjà données au sujet du désintéressement politique de la Grande-

Bretagne. En outre, M. Lyttelton m'avait affirmé verbalement que je serais satisfait des suites pratiques de notre entretien. Comme tant de secousses n'avaient pas ébranlé la France libre, j'admis qu'on pouvait, en effet, compter sur un répit dans nos difficultés. Toutefois, j'en avais assez vu pour être sûr que, tôt ou tard, la crise recommencerait. Mais, à chaque jour suffisait sa peine. Pour formuler la conclusion de l'épreuve momentanément surmontée, j'adressai à la délégation de Londres, qui s'effrayait de mon attitude, des messages résumant les péripéties et déclarant, en manière de "moralité" : "Notre grandeur et notre force consistent uniquement dans l'intransigeance pour ce qui concerne les droits de la France. Nous aurons besoin de cette intransigeance jusqu'au Rhin, inclusivement." En tout cas, à partir de là, les choses prirent une autre tournure. »...

L'année suivante, première des crises qui vont précéder, accompagner puis suivre le débarquement des Alliés en Afrique du Nord. « Vers le début de juin 1942, note de Gaulle, de lourds nuages s'étendaient sur les rapports franco-britanniques. A tous les actes alarmants ou désobligeants que les Anglais multipliaient, en Syrie, en Somalie, à Madagascar, s'ajoutaient d'autres mesures qui confirmaient nos griefs. (...) Il était évident que les Anglo-Saxons étaient en train d'élaborer le plan d'une vaste opération sur le théâtre occidental. Le général Marshall, chef d'état-major de l'armée américaine, et l'amiral King, commandant en chef de la flotte de l'Atlantique, avaient séjourné à Londres au mois de mai en évitant de me voir. Pourtant, dans ce que les Alliés projetaient manifestement de faire, la France, par ses possessions, ses populations, ses forces, serait au premier chef impliquée. Mais sans doute avait-on l'idée d'en écarter autant que possible son élément actif, la France libre, de disposer par fragments de ses terres et de sa substance, peut-être même de profiter de cette dispersion pour s'attribuer, ici et là, des parcelles de ses propriétés. Il était temps de réagir. Il fallait marquer aux alliés que la France libre était dans leur camp pour y incorporer la France, mais non pour y couvrir, vis-à-vis de la nation française, les abus ou empiètements qu'ils commettraient à son détriment. Le Comité national, après une délibération émouvante et approfondie, fut unanime à le penser. Le 6 juin, je chargeai M. Charles Peake, diplomate de parfaite distinction que le Foreign Office déléguait auprès de nous, de faire part de notre position à MM. Churchill et Eden. "S'il devait arriver, lui dis-je, qu'à Madagascar, en Syrie, ou ailleurs, la France dût, par le fait de ses alliés, perdre quoi que ce fût de ce qui lui appartient, notre coopération directe avec la Grande-Bretagne et, éventuellement, les Etats-Unis n'aurait plus de justification. Nous devrions y mettre un terme. Cela reviendrait, en pratique, à nous concentrer dans les territoires déjà ralliés ou qui le seraient et à poursuivre la lutte contre l'ennemi dans toute la mesure de nos forces mais seuls et pour notre compte." Le même jour, je télégraphiai, d'une part à Eboué et Leclerc, d'autre part à Catroux et Larminat, pour leur faire connaître cette décision et les inviter à s'y préparer. Je leur prescrivais aussi de prévenir les représentants alliés qui se trouvaient auprès d'eux que telle était notre résolution. L'effet ne se fit pas attendre. Le 10 juin, M. Churchill me demanda de venir le voir. »

« Prêt à tout, m'attendant à tout... »

Grave dissension au début de 1942 : l'« affaire Muselier », du nom de l'amiral qui fut le premier chef des Forces navales françaises libres (FNFL) et dont, cinquante-quatre ans plus tard, Jean-Louis Crémieux-Brilhac écrira : ce « heurt est le plus dramatique qu'ait connu la France libre ». Nous en reparlerons... « Le Comité national fonctionnait d'une manière satisfaisante, écrit Charles de Gaulle en donnant sa version des événements, quand Muselier ouvrit une nouvelle crise. Rentré à Londres après l'expédition de Saint-Pierre, pour laquelle il avait reçu nos félicitations unanimes, il déclara, le 3 mars, en séance du Comité, que les choses n'allaient pas à son gré dans la France libre, donna sa démission de commissaire national et m'écrivit pour me le confirmer. J'acceptai cette démission, mis l'amiral en réserve de commandement et le remplaçai par Auboyneau rappelé du Pacifique. Mais, alors, Muselier déclara que, tout en cessant d'être membre du Comité national, il gardait pour lui-même le commandement en chef des forces navales, comme s'il s'agissait d'un fief dont il était possesseur. Cela ne pouvait être admis et l'affaire était réglée d'avance, quand, soudain, se déclencha l'intervention du Gouvernement britannique. Cette intervention avait été, dès longtemps, préparée, les instigateurs étant quelques agités de l'émigration et certains éléments des Communes et de la Navy. Les conjurés avaient trouvé le concours de M. Alexander, Premier Lord de l'Amirauté. (...) Le Cabinet britannique, pour des raisons qui tenaient à son équilibre intérieur et aussi, vraisemblablement, à l'intention de rendre de Gaulle plus commode en l'affaiblissant, épousa la thèse d'Alexander. Il décida d'exiger de moi le maintien de Muselier dans ses fonctions de commandant en chef des Forces navales françaises libres. Les 5 et 6 mars, M. Eden, flanqué de M. Alexander, me notifia cette mise en demeure. Pour moi, dès ce moment, la cause était définitivement entendue. Il fallait, coûte que coûte, que la décision du Comité national fût exécutée telle quelle et que l'Angleterre renonçât (...). Le 8 mars, j'écrivis à Eden... (...). Je n'eus pas de réponse sur le moment. Sans doute, avant d'aller plus loin, les Anglais attendaient-ils de voir ce qui allait se produire à l'intérieur de notre marine. Or, il n'y eut sur aucun navire, dans aucun dépôt d'équipages, dans aucun établissement, aucun mouvement de dissidence. Bien au contraire, tous les éléments des Forces navales françaises libres serrèrent sur de Gaulle avec une ardeur proportionnée aux difficultés qui lui étaient faites. Seuls, quelques officiers, réunis autour de l'amiral, organisèrent au siège de son état-major, où je m'étais moi-même rendu pour leur parler, une inconvenante manifestation. Je fixai alors à l'amiral Muselier une résidence qui devait l'éloigner, pour la durée d'un mois, de tout contact avec la marine. J'invitai le gouvernement anglais, conformément à l'accord de juridiction du 15 janvier 1941, à assurer l'exécution de cette mesure, puisqu'elle était prise en territoire britannique. Puis, comme les assurances nécessaires tardaient à me parvenir, je m'en fus à la campagne, prêt à tout, m'attendant à tout, et laissant aux mains de Pleven, de Diethelm et de Coulet une sorte de testament secret qui leur confiait la mission d'informer le peuple français dans le cas où je devrais renoncer à poursuivre ce que j'avais entrepris et où je ne serais pas en mesure de m'en expliquer moi-même. Entre-temps, j'avais fait savoir à nos alliés que je ne pourrais, à mon profond regret, reprendre mes rapports avec eux avant qu'eux-mêmes eussent appliqué l'accord qui les engageait. Ce fut fait le 23 mars. »

Nous avons vu que Charles de Gaulle ne contestait pas agir de la sorte « par raisonnement autant que par tempérament ». Très vite, chez lui, la pratique de l'intransigeance systématique est à la fois affaire de caractère et de calcul. Elle lui est autant naturelle qu'utile. Aussi bien peut-on se demander si elle ne devient pas une habitude et une composante importante de sa personnalité même. Son si fréquent masque de froideur hautaine, son presque total renoncement aux relations humaines habituelles au profit de rapports hiérarchiques et diplomatiques, politiques et sociaux, volontiers ritualisés, la faculté par lui cultivée de s'abstraire si souvent des tumultes contemporains aussi bien que des émotions communes — ne sont-ce pas là des traits qui ne trompent pas ? Des témoins très divers fournissent à cet égard des réponses singulièrement voisines... La douzaine que nous citons ici oscille entre l'incompréhension traumatisante et l'admiration inconditionnelle... Militant radical sous la IIIe République, devenu l'un des dirigeants du mouvement Combat, René Cerf-Ferrière, dans *L'Assemblée consultative vue de mon banc* (*novembre 1943-juillet 1944*), raconte la visite qu'il fit au général de Gaulle, en 1943, à Alger : « Pendant les trente minutes que dura cette audience, le général fuma beaucoup, parla fort peu, un mot de-ci, un mot de-là. Pas une seule question ne me fut posée. J'avais beaucoup à dire et le dis. Objet de ma mission d'abord. Attentif, il écouta, sans laisser percevoir sur son visage la moindre réaction. J'embrayai sur la Résistance, d'abord sur ses besoins en armes, sur ses aspirations politiques, ses souhaits de rétablir avec de Gaulle la République, une République plus sociale, plus amie aussi avec ses Alliés. J'eus l'impression que ce flot de paroles se brisait sur un roc. Non, sur un iceberg. C'était gelant, glaçant. Tant pis ! Sans chercher à biaiser, à plaire, je dis tout cru ce que j'avais sur le cœur et j'en avais gros en parlant d'Alger. (...) Le général se leva. Je ne sais plus ce qu'il m'a dit. Mais je sais ce que j'ai compris. Voilà : "Vous semblez ne pas être satisfait de ce que vous avez vu, entendu à Alger. Vous allez regagner la France. Vous êtes, m'a-t-on dit, rédacteur en chef de *Combat*. Vous écrirez tout ce qu'il vous semblera utile d'écrire." J'eus même l'impression, par le ton, que cela signifiait : "Ça n'a aucune importance." J'en fus stupéfié, interloqué, dérouté... Courtois, il m'accompagna jusqu'à la porte. Une voiture m'attendait. Heureusement. Je n'avais plus de jambes. Plus de tête non plus. Dans diverses circonstances, la vie m'avait placé face à des personnalités qui ont l'honneur du dictionnaire. Aucune ne m'avait impressionné au point de sortir brisé de l'entretien. »

« Gaulle, Gaule, Goal, Gogol, Gaugaulle, Goménol, Goth, Gotha, Gothique, Golgothique... »

C'est un an plus tard que, lui aussi dirigeant du mouvement Combat (et, nous l'avons vu, l'un des futurs quatre « généraux de la Résistance ») Maurice Chevance-Bertin rencontre à son tour de Gaulle. Il le raconte dans *Vingt mille heures d'angoisse*. « Nous sommes conviés, Frenay et moi, écrit-il, à la villa des Oliviers, résidence du Général, pour déjeuner. Frenay a attiré mon attention (...). Le Général, m'explique-t-il, n'est pas commode. Il lui arrive souvent d'éconduire ses visiteurs dans la minute qui suit leur apparition. Je mets donc très soigneusement au point, allant jusqu'à répéter mon rôle devant ma glace (...). Le grand jour arrive. Nous déjeunons rapidement autour d'une petite table présidée par Mme de Gaulle. Puis, le repas achevé, nous suivons dans son bureau le Général, habillé en civil, en costume bleu. Il nous offre des cigares, s'assied sur un canapé (...). Tout à coup, de Gaulle, qui jusque-là n'avait fait qu'écouter, m'interrompt vivement de sa voix grave, impérieuse : "Vous êtes tous pareils ! Vous ne voulez pas obéir !" Je suis interloqué, mais nullement décontenancé. Je réponds calmement : "Mon Général, je suis venu ici pour vous dire des choses que, je crois, vous ne savez pas. (...) Quand je saurai que vous les avez entendues, alors, à ce moment-là seulement, je vous obéirai." Un silence de mort s'abat dans la pièce. (...) Je vois Frenay, en face, prêt à se mettre debout. (...) Mais la voix auguste rompt enfin le silence : "Continuez !" Et l'entretien va finalement se prolonger jusqu'à 6 heures du soir. Probablement un record. (...) L'entretien terminé, le Général nous raccompagna jusqu'à la porte. Malgré mon regret de ne l'avoir pas convaincu, j'étais conquis par son intelligence, son caractère. En traversant la cour (...), il me mit amicalement la main sur l'épaule. C'était bien plus que le geste du "petit caporal" pinçant l'oreille d'un de ses braves. C'était, venu du grand Charles, le geste qui m'attachait définitivement à lui. »

Résistant depuis octobre 1940, puis spectaculaire évadé, André Postel-Vinay n'est pas général mais inspecteur des finances. C'est, comme il le narrera plus tard dans *Un fou s'évade ; Souvenirs de 1941-1942*, que fin 1942, à Londres donc, de Gaulle le reçoit. « Me voici, écrit-il, dans le bureau du Général, 4 Carlton Gardens. Est-ce bien vrai, ou vais-je me réveiller dans ma cellule de la Santé ? Le Général m'accueille avec une courtoisie parfaite, mais sans chaleur. De Gaulle ne tire pas l'oreille de ses grognards. J'ai la faiblesse de ressentir cette absence de cordialité. (...) La fin de l'entretien porta sur mon affectation dans les services de la France libre. Le général de Gaulle m'annonça qu'il m'avait nommé directeur général adjoint de la Caisse centrale de la France libre. J'avouai ne rien savoir de cet établissement. "On vous donnera tous les renseignements nécessaires", me dit le Général. (...) Trop cassé pour faire la guerre, (...) je dois admettre — hélas ! — que la décision du Général est logique, même si elle me paraît sans charme. (...) Le général de Gaulle... Le seul personnage de l'histoire de France que j'aie rencontré. (...) La force de ces sentiments m'inciterait à parler longuement du général de Gaulle, mais je ne céderai pas à cette tentation. »

Un des aspects de ces rencontres, c'est que, sans bien sûr l'éliminer ou sembler la rendre obsolète, elles fragilisent la dimension politique... Mais si la dimension n'est plus politique, alors qu'est-elle ? Que devient-elle ? Mythique ? On l'a tant dit... Pourquoi pas biologique ? D'autant plus que, citation à l'appui, on voit l'un de nos plus grands biologistes discerner cette dimension spécifique du futur fondateur de la Ve République, à laquelle, dix-huit ans plus tôt, futur prix Nobel alors âgé de dix-huit ans, il est singulièrement sensible... Dès le début, donc en 1940, dans la capitale britannique, où François Jacob vient de débarquer... « Pendant cette marche à travers Londres, raconte-t-il près d'un demi-siècle plus tard, en 1987, quand paraissent ses mémoires intitulés *La Statue intérieure*, après mon engagement, j'avais retrouvé l'une des marottes de mon enfance. Comme autrefois, je me suis mis à ruminer, au rythme de mon pas, sur le thème de ce nom : Gaulle, Gaule, Goal, Gogol, Gaugaulle, goménol, Goth, Gotha, gothique, Golgotha, Golgothique, Gaullegotha, Gaullegothique. J'attendais donc une sorte de monument gothique. Et ce fut bien un personnage gothique que je découvris quand (...) le Général arriva devant les troupes assemblées. (...) C'était la France même qui se dressait dans ce coin d'Angleterre. On en avait la chair de poule. Brève allocution du Général. Impressionnant personnage. Immense avec un nez immense, des paupières lourdes, la tête rejetée en arrière. Debout, les jambes légèrement écartées, il avait la majesté d'une cathédrale gothique. La solidité d'un pilier gothique. Avec des gestes lents et gauches qui dessinaient des ogives gothiques, des arcs, des vaisseaux, des portails gothiques, sa voix même, profonde, hachée, semblait ricocher sous les voûtes, comme un chœur au fond d'une nef gothique. Il parla. Il fulmina. Il tonna contre le gouvernement Pétain. Il dit les raisons d'espérer. Il prophétisa. Il brassa le monde, les armées, les forces, les peuples. (...) Il nous promit des combats, des victoires. La victoire. Puis le Général repartit à grands pas. "Un homme comme ça, j'en ai encore jamais vu", me dit Roger le soir. Il avait la même impression que moi. L'impression que de Gaulle était, au-delà de toute espérance, l'homme de la situation... » Si Roger n'en a jamais vu de comme ça, n'était-ce pas simplement parce qu'il n'y en avait jamais eu de semblable. Avec la chair de poule comme symptôme, l'admiration de l'adolescent FFL n'est pas révérentielle. « Immense, avec un nez immense... »

Les pieds aussi peuvent être le symbole de la taille du Général. « Pointure entre 46 et 47 », se souvient André Carrel, avec une fascination encore plus exempte de toute complaisance que ce sont des rencontres plutôt conflictuelles que le futur rédacteur en chef de *l'Humanité-Dimanche* évoque, le 15 juin 1990, dans cet hebdomadaire, sous le titre *Deux ou trois choses que je sais de lui*... Des rencontres de l'été 1944, l'époque où, encore tout jeune, Carrel remplit les importantes fonctions de « chargé des questions militaires au sein du Comité parisien de la Libération », le CPL dont André Tollet est le président. « Nous fûmes convoqués, écrit celui qui a également dirigé la rédaction du quotidien *La Marseillaise*, par le général de Gaulle en personne, rue Saint-Dominique, au ministère de la Défense nationale où il avait établi ses quartiers. Nous fûmes cordialement reçus. Le président siégeait derrière le grand bureau des ministres qui s'étaient succédé depuis la nuit des temps. Je fus hypnotisé pendant quelques instants par sa stature, en particulier par ses pieds qui se trouvaient forcément dans la trajectoire de notre regard, pointure entre 46 et 47, je crois. Immenses comme l'homme. Très vite, nous nous aperçûmes, Tollet et moi, que le Général connaissait le dossier dans les moindres détails. Il ne céda pas d'un pouce à nos arguments. (...) Mais ce qui m'a frappé durant cette audience, c'est la fermeté du propos. (...) Je ne peux m'empêcher de penser qu'il y avait de la grandeur chez cet homme... »

« Charles de Gaulle veut éloigner, il attire... »

Grandeur... Vous avez dit grandeur... Alors écoutons le fameux journaliste américain, Cyrus L. Sulzberger mettre à juste titre en valeur la confidence que lui a faite un des familiers de Charles de Gaulle : « Billotte s'est plaint à moi que les seules personnes avec lesquelles le général avait l'air de se sentir à l'aise étaient des chefs d'Etat étrangers (...). Il ne traitait aucun Français en égal. Sauf les membres de sa famille, le général invitait rarement quelqu'un à dîner dans l'intimité. »

Et si l'on est un célèbre écrivain français à l'égard de qui le chef de la France libre entend se montrer le plus accueillant possible, que se passe-t-il ? André Gide le dit lorsque, dans son fameux *Journal*, il narre un dîner qui eut lieu le 26 juin 1943 à Alger : « L'accueil de de Gaulle avait été très cordial et très simple ; déférent presque à mon égard, comme si l'honneur et le plaisir de la rencontre eussent été pour lui. On m'avait parlé de son "charme" ; on n'avait rien exagéré. Pourtant, on ne sentait point chez lui, comme à l'excès chez Lyautey, ce désir ou souci de plaire qui entraînait ce dernier à ce que ses familiers appelaient en riant "la danse de la séduction". Le Général restait très digne et même un peu sur la réserve, me semblait-il, comme distant. » L'ambassadeur Léon Noël et l'académicien Maurice Druon ne dissimulent pas qu'ils entendent, l'un et l'autre, faire l'éloge franc et massif de Charles de Gaulle ; sachant cela, on remarquera plus particulièrement l'emploi de l'épithète *surhumain* chez le premier et des adjectifs comme *intransigeant* et *inflexible*, chez le second. « Cette maîtrise incomparable et presque surhumaine de soi-même, pense Noël, cette force d'âme extraordinaire expliquent, pour une forte part, l'ascendant sans cela malaisément compréhensible que de Gaulle parvint à acquérir après la catastrophe nationale de 1940. Faute de cette trempe de caractère hors de pair, comment serait-il parvenu à s'imposer aux Alliés de 1940 à 1945, à la Résistance, au peuple français, à l'Histoire ? » Et Druon : « Il était déjà intégralement lui-même, intransigeant, inflexible, tendu vers le sublime, regardant par-dessus les combats les lendemains de la paix, émouvant de certitude et capable de faire pleurer les héros. »

Chez ceux qui sont amenés à réagir ainsi au contact de Charles de Gaulle et qui témoignent ensuite de leur réaction, la grande diversité d'attitudes ne saurait surprendre. Mais il y a des façons de réagir qui étonnent. Car imprévisibles et surtout difficilement définissables. Sorte d'allergie totalement inattendue ? Le cas est typique de quelqu'un que nous avons déjà deux fois rencontré... Sans trop le souhaiter, c'est sa stupeur désappointée que nous fait comme palper le baron Guy de Rothschild dans son livre de souvenirs. Le passage est dans le chapitre intitulé *Free French*. Une seule page... « Son visage, écrit donc l'auteur de *Contre bonne fortune*..., ne laissa rien paraître, aucune curiosité, aucune marque d'intérêt, aucun signe quelconque. Le silence durait — des secondes, longues, lourdes, embarrassantes. Puis le général me demanda quelles étaient mes intentions et ce que je m'attendais à faire. La question, prévisible, me surprit cependant, et je ne sus quoi dire. Après un autre silence, je répondis que j'étais là pour servir et pour exécuter les ordres que l'on me donnerait. Un silence encore — ma réponse semblait l'étonner — puis il me serra la main pour me congédier. Et je ne le revis plus jusque vers le milieu des années 1950 où je devais le rencontrer par hasard » C'est en 1983 que sort en librairie *Contre bonne fortune*..., donc deux ans après la parution du *Pierre Mendès France* de Jean

Lacouture. « Sa première rencontre avec de Gaulle, note le biographe, il faut confier à Pierre Mendès France le soin de la raconter. Encore aujourd'hui, 20 février 1980, il y met une vibration peu banale... » Précis et complet, le récit de Mendès vaut d'être lu en entier. Retenons-en ici les « vibrations » : « Et puis enfin, voir de Gaulle, c'était un événement bouleversant, extraordinaire. (...) Soudain, il s'est mis à monologuer. C'était très émouvant, surprenant aussi. (...) Et ce fut toute une série d'interrogations, terminées par celle-ci, inouïe et qu'il faut bien comprendre : "Ai-je eu raison le 18 juin ?" »

C'est aussi en 1981 que paraissent des mémoires d'ailleurs très limités dans le temps, mais centrés sur les années cruciales, 1940-1946 ; des mémoires dont on peut s'étonner que la qualité d'observation et l'impact du style n'aient pas été mieux salués. Un livre d'homme politique pourtant : *Victoires sur la nuit* de Louis Joxe. L'un des chapitres du livre s'intitule simplement *De Gaulle 1943*... « Nul ne peut, sans risque, tenter de rendre la vie aux morts, écrit Louis Joxe. (...) J'écarterai l'idée de prendre sa mesure, l'entreprise serait vouée à l'échec. Je veux simplement l'évoquer à l'ouvrage. Vu de loin, c'est un roc, de plus près une statue, aussi droite que l'est son piédestal, vu de plus près encore, un grand d'Espagne peint par Goya, le cou raidi par l'empois de son col et par l'étiquette en vigueur à Madrid. (...) Inscrit dans l'espace, maître de sa personne, avare de ses gestes, économe de ses mots, il contemple le visiteur. Seul, au creux de ses orbites, le regard semble disponible. Avec le temps, il deviendra plus noir, plus métallique. (...) Charles de Gaulle veut éloigner, il attire... » Faut-il dire peint avec la plume ? Faut-il dire sculpté à même les mots ? Toujours est-il que le portrait du Général par Louis Joxe, bien que d'un ton très différent, n'est pas loin d'atteindre la hauteur de ceux laissés par le fondateur du mouvement Libération.

Quand « le Symbole » semble « soulever un monde de fardeaux abstraits »

Tour à tour — et tout à la fois — fortement séduit par Charles de Gaulle et lucidement critique à son endroit, Emmanuel d'Astier de la Vigerie tente, à travers la description, de pousser plus loin l'analyse : « Je l'ai vu user inégalement de ses trois armes : le prestige, le secret et la ruse. Les ruses sont médiocres, mais le secret gardé par un prestige naturel et glacé le conduit fort loin. Je me suis souvent demandé d'où lui vient ce prestige : de sa taille ? De son aspect toujours si semblable qu'il est, comme l'image de lui-même, un portrait insensible aux chaleurs de la vie ? De cette voix inspirée aux cadences rompues qui sort d'un corps inanimé, défait de toute chaleur animale, une voix sortie de la cire ? De son éloignement des hommes, de son langage infaillible même quand sa pensée ne l'est pas — et qui apparente certains de ses textes aux grands carêmes du

XVIIIe siècle ? De cette abstraction enfouie sous un corps sans expression et révélée dans des gestes aussi solennels et inévitables à la longue que ses adjectifs ?... Je ne sais. (...) Le travail se fait dans le petit bureau de sa villa des Glycines, encombré de papiers, où le téléphone ne sonne jamais, où il reçoit un à un les hommes de son choix. En dix mois, je ne l'ai pas vu une seule fois s'installer avec trois personnes et confronter les opinions. Le tête-à-tête est de rigueur. Son entourage est fait de serviteurs à qui il montre la porte quand l'un de nous entre. » Ajoutons évidemment que Charles de Gaulle vu par Emmanuel d'Astier de la Vigerie, c'est d'abord la courte fameuse page de *Sept fois sept jours* : « Le Symbole entre. Il est encore plus grand qu'on ne le pense. Il a des gestes lents et lourds comme son nez. La tête petite, le visage cireux sont portés par un corps dont la charpente est indécise. Son geste le plus coutumier consiste à lever les avant-bras en gardant les coudes au corps. Alors, au bout de ses bras, et attachées à des poignets grêles, ses mains inertes, très blanches, un peu féminines et avec les paumes en dessus, semblent soulever un monde de fardeaux abstraits. » Morceau de bravoure, certes. Mais tout portrait du Général n'est-il pas inexorablement un morceau de bravoure ?

Poursuivons l'examen de la panoplie de celui dont le nom vient aux lèvres dès que l'on commence à parler de la Résistance française. La deuxième norme de Charles de Gaulle — et peut-être la principale — c'est le sentiment qu'il a d'*incarner* la France... Le gaullisme a ses rengaines et, des milliers de fois depuis trente ans, on a entendu et vu citer le paragraphe qui ouvre les *Mémoires de guerre* : « Toute ma vie, je me suis fait une certaine idée de la France... » Curieusement pourtant, on s'est employé à montrer que cette « certaine idée » était beaucoup plus un sentiment intense qu'un concept, plus une passion profonde qu'un principe politique ; on a paru négliger les autres passages de l'œuvre où la densité passionnelle de ce principe, de ce concept est plus clairement, plus directement, montrée ; on n'a guère rappelé que, même dès ces premières lignes des *Mémoires*, leur auteur ne fait pas mystère de ses ressorts intimes puisqu'il emploie des expressions telles que « ce qu'il y a, en moi, d'affectif imagine » ou « j'ai, d'instinct, l'impression » ou encore « cette foi a grandi ». Sans prétendre pallier cette lacune, il nous paraît indispensable de noter l'importance et la vigueur de ce que l'on pourrait presque appeler la religion particulière et surtout la mystique de Charles de Gaulle : la certitude qu'il a de la possibilité d'incarner la France et que, à l'époque où il vit, c'est précisément lui qui l'incarne.

C'est dans un discours prononcé à Tunis, le dimanche 27 juin 1943, et dans les dernières lignes du premier tome de ses *Mémoires de guerre* que Charles de Gaulle se dévoile le plus nettement... « A la France, s'écrie-t-il à Tunis, à Notre-Dame la France, nous n'avons à dire qu'une seule chose, c'est que rien ne nous importe, ni ne nous occupe, excepté de la servir. (...) Nous avons à la délivrer, à battre l'ennemi, à châtier les traîtres qui l'ont jetée dans l'épreuve, à lui conserver ses amis, à arracher le bâillon de sa bouche et les chaînes de ses membres pour qu'elle puisse faire entendre sa voix et reprendre sa marche au destin. Nous n'avons rien à lui demander, excepté, peut-être, qu'au jour de la liberté, elle veuille bien nous ouvrir maternellement les bras pour que nous y pleurions de joie et qu'au jour où la mort sera venue nous saisir elle nous ensevelisse doucement dans sa bonne et sainte terre. »... Quant aux dernières lignes du premier volume des *Mémoires*, les voici : « Et moi, pauvre homme ! aurai-je assez de clairvoyance, de fermeté, d'habileté, pour maîtriser jusqu'au bout les épreuves ? Quand bien même, d'ailleurs, je réussirais à mener à la victoire un peuple à la fin rassemblé, que sera, ensuite, son avenir ? Entre-temps, combien de ruines se seront ajoutées à ses ruines, de divisions à ses divisions ? Alors, le péril passé, les lampions éteints, quels flots de boue déferleront sur la France ? Trêve de doutes ! Penché sur le gouffre où la patrie a roulé, je suis son fils, qui l'appelle, lui tient la lumière, lui montre la voie du salut. Beaucoup, déjà, m'ont rejoint. D'autres viendront, j'en suis sûr ! Maintenant, j'entends la France me répondre. Au fond de l'abîme, elle se relève, elle marche, elle gravit la pente. Ah ! mère, tels que nous sommes, nous voici pour vous servir. »

Mysticisme

Dans ces mêmes *Mémoires*, l'homme du 18 juin emploie par ailleurs une expression clef : « la personne idéale de la France ». Et cette « personne idéale », Charles de Gaulle nous dit la voir, lui parler, la toucher, comme s'il s'agissait d'un être de chair palpable et palpitante. Cette « France (...) avec ses principes et ses ruines », c'est comme « une captive torturée qui, sous les coups, dans son cachot, a mesuré une fois pour toutes les causes de ses malheurs comme l'infamie de ses tyrans » qu'il la dépeint le 14 juillet 1943, à la foule du Forum d'Alger. En relisant cela, comment ne pas penser à ces scènes qui jalonnent l'histoire de la religion catholique et où, sous les regards fascinés des autres fidèles, on nous montre un croyant revivant dans sa chair même les étapes de la passion du Christ ? Faut-il ajouter que cette façon d'assumer, ou de vouloir assumer, charnellement une adhésion spirituelle, une aventure religieuse, a un nom : le mysticisme ? Dans son *Dictionnaire*, Emile Littré cite la définition de Victor Cousin : « Le mysticisme, dans sa signification la plus générale, est cette prétention de connaître Dieu sans intermédiaire, et en quelque sorte face à face. » Si, dans cette citation, nous remplaçons « Dieu » par « la France », n'est-ce pas la passion du Général qui transparaît ? La « prétention » au « face à face » avec la France n'est-elle pas un des traits essentiels de la personnalité de Charles de Gaulle ?

Cependant, ici, le ciel est sur terre. Si mysticisme il y a, c'est un mysticisme pragmatique. Un mysticisme dans le siècle. En commentant des textes de saint Jean de la Croix, Pierre Darmangeat constate que « l'amour de Dieu, qui soutient et compose sa destinée tout entière, n'est pas, chez un mystique de cette classe, libre abandon ou effusion dans la simple affectivité, mais conquête. Conquête de soi et conquête de l'au-delà, rigoureusement ordonnées l'une à l'autre. (...) Saint Jean de la Croix se meut du monde le plus libre, de la sphère de l'innombrable contingence, au monde de la détermination absolue, sans que paraisse le gêner la moindre frontière. » Et le même commentateur ajoute que, dans un tel cas, « l'esprit le plus pratique, l'activité la plus précise vont de pair (...) avec une contemplation qui met au défi l'analyse la plus subtile ». Si, encore une fois, nous remplaçons « Dieu » par « la France » et si nous admettons qu'en l'occurrence « l'au-delà », c'est la fameuse « légitimité », nous comprenons mieux pourquoi, toujours dans les *Mémoires de guerre*, lorsqu'il écrit : « Ma nature m'avertit, mon expérience m'a appris... », Charles de Gaulle place la « nature » avant « l'expérience » ; pourquoi, en employant la troisième personne comme il le fait si souvent de façon très significative et en donnant à une affirmation des allures de constatation, il peut dire aussi : « Quant à de Gaulle, qu'il soit le guide et le symbole du relèvement de la France, on en prend acte. » Sur la même voie, le Général va encore plus loin lorsqu'il ne recule pas devant un emploi tactique du sublime où la part de ruse est évidente et que, considérant l'effet produit sur ses fidèles, il note : « Je songeais à ce qu'avait, pour eux, d'exaltant une aventure aux dimensions de la terre. Si rudes que fussent les réalités, peut-être pourrais-je les maîtriser, puisqu'il m'était possible, suivant le mot de Chateaubriand, “d'y mener les Français par les songes”. » Toutefois, si pragmatique et même empirique que soit son utilisation, le sentiment vivement éprouvé et brutalement proclamé que de Gaulle a d'entretenir des rapports particuliers avec une France divinisée, ce sentiment n'est ni occasionnel ni utilitaire mais apparaît, au contraire, comme un élément primordial et durable de la structure du personnage.

A la fin de sa vie, ayant enfin trouvé un interlocuteur qui, tout spécialement sur le point qui nous occupe, parle le même langage que lui, André Malraux, il revient plusieurs fois sur le sujet avec le très visible souci de s'en expliquer clairement. « La Résistance, dit-il ainsi, a eu plusieurs motifs, même le plus noble. Je crois que la France sait que moi, je n'ai pas résisté à une politique au nom d'une autre ni, ce qui est plus sérieux, à une civilisation enragée, au nom de notre civilisation. Ni même au nom de la chrétienté. J'ai été la Résistance *de la France* (c'est lui qui souligne). On ne pourra pas oublier que j'ai accueilli tout le monde. Sinon, j'aurais été le chef d'un parti en exil. Des malheureux me reprochent de prétendre assumer la France ;

qu'aurais-je pu faire d'autre ? » Et plus loin : « Le sérieux, c'était de savoir que nous avions la charge du destin de la France. (...) La France a été l'âme de la chrétienté ; disons, aujourd'hui, de la civilisation européenne. J'ai tout fait pour la ressusciter. (...) J'ai tenté de dresser la France contre la fin d'un monde. Ai-je échoué ? » On notera l'inquiétude profonde que trahissent ces derniers mots. Mais une inquiétude de croyant qu'on ne saurait assimiler ni même comparer au doute. Car il y croit, il n'a jamais cessé d'y croire et, à peine deux pages plus loin, il s'exclame : « Dans le domaine de l'esprit, que se passerait-il si la France redevenait la France ? (...) Enfin ! j'aurai fait ce que j'ai pu. S'il faut regarder mourir l'Europe, regardons : ça n'arrive pas tous les matins. (...) La France en a vu d'autres. » Autre trait symptomatique de la force de cette croyance, la façon dont elle peut pousser le croyant jusqu'à l'insensé et même le mener, lui, pourtant réputé pour son réalisme, son pragmatisme, jusqu'à des vues totalement irréalistes, d'ailleurs non exemptes de ridicule. A preuve, cette déclaration faite à la radio d'Alger, le 27 juillet 1943, quarante-huit heures après la chute du Duce et l'écroulement du fascisme italien. « L'exemple de Mussolini s'ajoute à l'histoire de tous ceux qui outragèrent la majesté de la France et que le destin a châtiés. »

« Himalaya... qu'on ne savait par quelle face aborder »

Evidemment, ici, une question saute aux yeux : comment le Général, en adoptant une telle attitude, peut-il si souvent se soucier comme d'une guigne d'un contexte, une opinion, une réalité qui semblent si peu prêts à intégrer un tel comportement ? La question vient d'autant plus à l'esprit qu'on ne peut qu'être interloqué par l'empreinte qu'a laissée cette attitude, le crédit qu'elle a trouvé dans un nombre important de têtes réputées peu crédules. Nous voici dès lors, de nouveau, amenés à puiser dans l'aussi vaste qu'inépuisable stock d'avis, impressions, réactions, jugements, opinions sur le Général, déjà si riche de son vivant et que désormais sa postérité entrepose. Y puiser pour en tirer encore quelques kaléidoscopes de textes permettant de dégager une image qui s'impose en se dérobant... Comment fut-elle perçue cette volonté qu'affirma toujours Charles de Gaulle de diviniser la France pour entretenir avec elle des rapports exclusifs et privilégiés ? « Sur la pente que gravit la France, écrit-il au terme du premier tome de ses *Mémoires d'espoir*, ma mission est toujours de la guider vers le haut, tandis que toutes les voix d'en bas l'appellent sans cesse à redescendre. » Y eut-il beaucoup de ses contemporains qui considérèrent que telle était bien la mission du chef de la France libre ?

Première constatation : nombreux sont ceux qui reconnaissent à Charles de Gaulle une — ou des — dimension exceptionnelle et même, tout simplement, surhumaine, comme le disait déjà Léon

Noël... Une des qualités que lui accorderont, par exemple, le plus souvent les personnalités de tous les pays du monde venues à Paris pour ses obsèques est celle de « visionnaire ». Le mot réapparaît dans un nombre notable des textes d'hommage. Ainsi dans celui du futur président de la République fédérale allemande, Walter Schell ; dans celui de Sir Colin Crowe, ambassadeur britannique auprès des Nations Unies (« un géant parmi les hommes, un visionnaire et un réaliste ») ; dans celui du président de la Chambre des nationalités du Parlement yougoslave, Mika Spiljak ; dans celui du président du Sénat belge, M. Struye (« nous garderons de lui le souvenir d'un visionnaire aux lumières fulgurantes... »).

Autre constatation : dans les mêmes circonstances, la réalité de l'incarnation est très souvent admise... « A certains moments, dit ainsi le Premier ministre anglais d'alors, Edward Heath, il paraissait comme l'incarnation de la France elle-même. » Et le maréchal Montgomery ajoute : « Lorsque la France a perdu son âme, le général de Gaulle la lui a rendue. »

Dira-t-on que, faites à l'occasion d'une cérémonie dont, dans le journal *Le Monde*, André Passeron a pu écrire que « jamais dans l'histoire de France un si solennel hommage n'avait été rendu par le monde entier à un ancien chef d'Etat », ces appréciations sont marquées par l'atmosphère du moment ? L'objection est difficile à admettre car, à d'autres époques et dans d'autres circonstances, sous des plumes toutes reconnues comme qualifiées, le même ton demeure... L'écrivain Georges Bernanos : « Le général de Gaulle est un homme prédestiné. En juin 1940, il a été réellement l'âme et le génie de la France immortelle. »... Le musicien Olivier Messiaen : « Jeanne d'Arc a représenté à un moment donné le courant spirituel français. (...) De Gaulle a incarné cet aspect de la France. C'en était un. Il y en avait d'autres, bien sûr, mais il l'a incarné. »... L'écrivain Jules Roy : « Homme immense, bâti en granit rugueux, himalaya de rocs, de neiges et de glace qu'on ne savait par quelle face aborder et qui ne s'offrait à découvert qu'au soleil et au vent, personne n'est jamais allé le chercher que l'adversité, personne ne l'a fait roi que lui-même. »... Le journaliste américain Cyrus L. Sulzberger déjà cité : « On ne peut nier que de Gaulle ait su impressionner ses visiteurs et fasciner les masses, aussi bien à l'étranger qu'en France. (...) Il s'est entouré d'une aura de profond mystère qui a produit sur tous un effet électrisant. Ce qu'il y eut de grand en lui fut incontestablement sa personnalité, un mélange de résolution implacable et de fulgurations... »... Le cinéaste Abel Gance : « Un homme grand marche droit devant lui, comme ça, sans effort, avec une force inexplicable qui le pousse, que la science en tout cas n'a pas pu encore déceler et qui est d'ordre, je dis : psychique. Comme le Christ était, par exemple. (...) Et de Gaulle me semble être une sorte de modèle de ces si grands hommes, très rares dans l'Histoire, qui possèdent ou qui sont ainsi possédés d'une force interne, invisible, invincible, qui les hausse sur les cimes et qui n'a pas d'explication plausible par la seule psychologie. (...) Je crois que de Gaulle respirait à la même hauteur que les fondateurs de religion. Evidemment, ce n'était pas la même chose. Mais je dis, je maintiens : il respirait à la même hauteur. »... Son futur biographe Jean Lacouture : « Ce personnage flamboyant avec naturel et avec application, ce somnambule national aux réflexes prompts, ce légitimiste de soi-même, cet usurpateur solitaire de vérités collectives, rien ne l'explique ni ne le conditionne. »

Exprimée très différemment, c'est pourtant la même idée qu'avancent Abel Gance et Jean Lacouture : pour l'un « pas d'explication plausible », pour l'autre « rien ne l'explique ni ne le conditionne ». Selon eux, Charles de Gaulle aurait donc largement dépassé la condition humaine pour atteindre à cet état d'être inconnaissable, où ceux qu'il côtoie ne sont plus des personnages historiques, même à l'apogée de la renommée, mais des créatures, voire des entités dont l'approche ne serait possible qu'à celui qui accepte d'adopter une démarche religieuse. Et l'on notera que ce n'est pas là une opinion extrême d'hommes isolés mais un avis partagé par beaucoup d'autres. Ainsi un officier, devenu grand reporter au *Figaro* après avoir été maquisard puis s'être fait connaître lors des campagnes d'Indochine et d'Algérie, Jean Pouget, peut-il écrire dans une étude sur les années obscures du futur chef de la France libre : « Cet homme est insaisissable par les méthodes habituelles d'analyse et de classification. Il irrite les rationalistes quand il échappe à leur logique formelle. Il déconcerte ses amis et, dans le même acte, surprend ses ennemis. (...) Anachronique ou prophétique, il s'impose aux hommes, domine les événements, tel un prodigieux agent de mutation de l'Histoire. Cet homme d'Etat n'a pas de généalogie. Il est né à la vie publique à cinquante ans, comme Minerve est sortie de la cuisse de Jupiter, armée et casquée pour s'emparer du pouvoir et exercer la puissance. Ce monarque n'est ni l'héritier ni le fondateur d'une dynastie. Il n'impose pas de famille régnante et ne reconnaît pour sien nul parti, ligue, organisation, classe. »

Jeanne d'Arc

Pareilles explications peuvent en laisser beaucoup perplexes... Nombre de fidèles du Général l'ont compris. Toutefois, soit qu'ils ne veuillent pas désacraliser une figure qui leur est entre toutes chère, soit qu'ils s'inclinent tout naturellement devant ce qui leur apparaît comme une évidence historique, ils fournissent une explication que l'on pourrait, un peu trivialement, résumer ainsi : ce n'est tout de même pas de sa faute si le destin a voulu qu'il soit la Jeanne d'Arc de notre époque !... Celui qui expose le plus clairement cette interprétation est Alban Vistel, ancien dirigeant des MUR (Mouvements Unis de Résistance) et président du Comité de libération de la région lyonnaise. « Faire grief à de Gaulle, écrit-il, d'avoir eu, dès les premiers instants, conscience d'assumer tout à la fois son propre destin et celui de la France relève d'une bien courte analyse. Même si l'orgueil n'eût pas été la dominante de son caractère, force nous est de reconnaître que les circonstances et les faits établissaient d'eux-mêmes cette coïncidence, cette superposition des destins ; l'enchaînement des causes, comme le comportement des hommes se conjuguèrent pour lui offrir ce fruit redoutable. Pouvait-il le refuser ? César pouvait refuser la pourpre, Jeanne pouvait ne pas avoir l'idée de conduire le roi de Bourges à Reims, de Gaulle ne pouvait pas se soustraire à sa mutation en symbole. Ainsi, dans la multitude des acteurs possibles, l'Histoire choisit. L'objet du choix n'en est pas toujours conscient, parfois l'élu se sent écrasé par la responsabilité qu'il n'a pas souhaitée, il se fait humble. Ce n'est bien évidemment pas le cas de De Gaulle ; lui n'hésite pas ; depuis longtemps une prescience a fait qu'il attend cet instant. (...) Héraut aux verbes admirablement accordés aux consciences, pôle vers lequel convergèrent les volontés et les espoirs, incarnation nécessaire... » Une « incarnation nécessaire » : expression clef qui connaîtra cent variantes et une foule de commentaires. Retenons-en ceux de François Mauriac et d'Edmond Michelet. Dans la mesure où ces deux auteurs furent des personnalités gaullistes de premier plan, leur avis mérite d'être retenu comme significatif de ce qu'ont pu penser et pensent encore nombre de fidèles du Général. « L'orgueil qu'on reproche à de Gaulle, affirme Mauriac, est lié à une autovénération qui s'adresse non à lui-même mais à ce qu'il incarne. On en revient toujours avec cet homme à la première phrase de ses *Mémoires*, à cette “certaine idée de la France” dont il a été pénétré dès l'éveil de sa pensée (...). Il suffit d'un homme et quelquefois d'une femme pour sauver un peuple. (...) Si j'avais à faire tenir l'Histoire de France en dix mots, je dirais : “Il y a toujours eu quelqu'un à un moment donné...” ou bien “A ce moment-là, il n'y avait personne”. L'aventure de De Gaulle l'illustre, comme celle de Jeanne d'Arc ; et ce rapprochement dont ses ennemis font une dérision est à nos yeux une évidence (...). Rien ne me paraît si vain que de dénoncer dans un personnage aussi dessiné que celui-là le caractère qui en quelque sorte a nécessité son destin (...). Ce métal humain a subi de l'Histoire une certaine trempe et cela a donné ce type unique... »

Quant à Edmond Michelet, c'est par référence à l'époque où il portait la tenue rayée des déportés de Dachau qu'il répond aux objections touchant à la possibilité de l'incarnation de la France par Charles de Gaulle. « Quand je lis (...), dit-il, que c'était bien présomptueux de sa part d'avoir l'audace de s'identifier à la France en ces jours du pire avilissement, quand j'entends de jeunes garçons qui n'ont pas connu cette étrange détresse, pasticher un de Gaulle orgueilleux qu'ils prétendent vouloir imiter Louis XIV, il me suffit de revoir par la pensée l'arrivée des premiers gaullistes dans l'Europe concentrationnaire pour me souvenir d'un temps où effectivement il était préférable — et même indispensable — de s'affirmer gaulliste pour obtenir audience et considération. La qualité de Français tout court n'était pas alors suffisante. C'est depuis cette expérience que j'ai compris pourquoi l'attitude tant reprochée à de Gaulle de s'être identifié à la France pouvait avoir sa justification, pourquoi elle s'établissait d'elle-même en nos esprits. »

Ce témoignage d'Edmond Michelet et la conclusion qu'il en tire incitent à la réflexion. Et à se poser plusieurs autres questions. Emmanuel d'Astier en soulève une qui, pour n'être pas la plus importante, vaut d'être rapportée. « Il reste un mystère, écrit-il, cet homme mû par une seule idée historique, la grandeur de la France, et dont cette seule voie semble remplacer toutes les autres, celle de Dieu, celle des hommes, celle du progrès, de toutes les idéologies. Combien je regrette de ne pas l'avoir connu avant, ou plutôt pendant : au cours de ces quelques jours de la fin de juin et du début de juillet 1940, au long desquels il a incubé la France. (...) Quelle voix intérieure avait-il donc entendue du matin au soir, en se levant, en se rasant, en se nourrissant et se dévêtant, pour qu'un mois après il ait levé, vêtu, nourri la France ? » Première question donc, que s'est-il passé *en* de Gaulle ? Mais aussitôt question suivante et bien plus importante : pourquoi un aussi grand nombre d'hommes et de femmes ont-ils été, peu à peu, si sensibles à ce qu'il était ainsi amené à leur dire ? Mentionnons pour mémoire bien qu'elle soit quelque peu superficielle l'explication psychologique. « Il avait, écrira après sa mort André Ribaud dans *Le Canard enchaîné*, pendant sa vie, régné, gouverné, fasciné, frappé les esprits et les imaginations par la surprise. » A la même époque, en Allemagne de l'Ouest, la *Frankfurter Rundschau* notera : « De Gaulle fut le grand hypnotiseur de la France. » Non, essayons d'aller plus au fond... Bien que s'efforçant toujours à l'analyse psychologique, la liste établie par les politologues américains Stanley et Inge Hoffmann des « commandements » que le Général est censé s'imposer à lui-même mérite plus d'attention. « Charles de Gaulle, constatent-ils, s'identifie à la France, fait de lui-même un personnage — appelé Charles de Gaulle dans les *Mémoires* — dont la vocation est d'être la voix de la nation. L'Histoire l'appelle dans les moments de danger, et lui-même appelle les Français au nom de la France. Il doit servir les besoins présents, protéger l'héritage et garantir l'avenir de la France. Il doit maintenir la personnalité de celle-ci, pour qu'elle puisse continuer à jouer sur la scène mondiale : il doit, de la manière et aux moments qu'il choisit lui-même, suivre uniquement ce qu'il considère comme l'intérêt public, indépendamment de toutes les catégories, idéologies et besoins particuliers. Il est l'unificateur, s'élevant au-dessus du quotidien et y hissant les autres. »

Un « nationalisme émotif »

Un autre spécialiste américain des affaires françaises, Sanche de Gramont, approche également de l'essentiel lorsqu'il écrit : « Sa forte personnalité et la vigueur de ses qualités de chef créèrent l'illusion que le passé épique continuait. De Gaulle fut capable d'atténuer le sentiment d'humiliation éprouvé par les Français après 1940. » Notons ici en passant l'emploi du mot « illusion ». Il annonce la vaste querelle ultérieure qui dure encore. La querelle sur la nature même de la Résistance dont on ne voit pas en quoi l'épopée aurait été illusoire et inférieure au « passé épique » de notre pays. Aussi bien l'explication la moins décevante est-elle encore fournie par Alban Vistel qui, loin de considérer avec Pierre-Henri Simon l'invocation à « Notre-Dame la France » comme un « faux pas dans la sentimentalité conventionnelle », affirme « la base ne partagea pas les réserves des aréopages, ne s'interrogea pas sur l'homme de Gaulle parce que d'emblée elle en fit un héros mythique, un symbole. L'on était gaulliste et pour soi-même et pour les adversaires. L'on criait "vive de Gaulle" comme jadis "Montjoie Saint-Denis" et naguère "vive la Nation" ou "vive la République". Dans sa simplicité, cette base faisait montre d'un réalisme que les événements ne démentiront pas. Car, si l'on communiait dans l'effusion mystique, si, au secret de soi, l'on nourrissait la fierté de s'être engagé sans attendre le signal, on savait bien qu'il faudrait un jour s'atteler à cette tâche concrète qu'est la guerre. Or, dans le dénuement total, les quelques sacrifices généreux, les quelques astuces de débrouillardise ne conduiraient pas loin. D'où proviendraient le secours, l'aide, les moyens matériels sinon de Londres, de Londres où de Gaulle bâtissait la France libre ? Cet éloignement ne le desservirait pas, bien au contraire. Le mystère qui l'entourait le dotait d'un prestige que n'aurait jamais acquis un homme qu'on aurait pu toucher, à qui l'on aurait pu parler. » Exprimée aussi brutalement, cette affirmation pourra surprendre certains. A la réflexion, pourtant, réexaminée de plus près et compte tenu des différences, des divergences entre résistants communistes et résistants gaullistes, compte tenu de ce conflit parfois plus que latent que nous avons déjà et allons de nouveau évoquer, l'analyse d'Alban Vistel ne doit pas être négligée. En effet, poursuit-il, « il serait futile de ne pas reconnaître que, dès les premiers pas, de Gaulle fut le pôle vers lequel se tendaient énergies et volontés. Pour les membres de cette société ésotérique, il fut le symbole, l'incarnation de cette puissance subtile qui émanait de chacun et qui osait relever le défi de la pesanteur. Etonnant privilège que le destin lui conféra. Eut-il conscience de ce qu'il fut privilégié, et par là d'autant plus obligé envers les hommes ?

Il demeure qu'il fut à la hauteur de ce destin et qu'il sut trouver le langage qui était attendu. N'est-ce point là l'essentiel ? »

Autre question, ou plutôt autre aspect de la même question : ce besoin que ressentirent nombre de résistants de « s'affirmer gaullistes », selon l'expression d'Edmond Michelet, comment le situer par rapport à ces deux notions fort différentes mais entre lesquelles la frontière est bien souvent ambiguë : le patriotisme et le nationalisme ? Plus généralement : la prétention affirmée par Charles de Gaulle d'« incarner la France » et l'attitude mystique qui en découla relèvent-elles du patriotisme ou du nationalisme ? Au temps des polémiques violentes de la « guerre froide », à l'époque où de Gaulle était tout en proie à la rageuse amertume de n'avoir pas été rappelé par l'opinion publique lorsqu'il avait prétendu claquer la porte au nez de la IVe République, à l'époque où, avant de s'engager dans la « traversée du désert », il montait sur les estrades du RPF (Rassemblement du peuple français) pour y traiter de « séparatistes » les communistes français dont, la veille encore, il avait célébré la participation au combat libérateur, alors on lui répondit à gauche en l'accusant d'être un disciple de Charles Maurras. Nationalisme intégral donc et tout à l'opposé du patriotisme jacobin. La réplique était évidemment un peu courte... « En plaçant l'idée de la France et de sa grandeur au sommet, remarquera plus tard Marcel Prélot, Charles de Gaulle s'insère incontestablement dans le courant nationaliste, mais l'immersion totale qu'ont tentée certains méconnaît cette alternance d'ouvertures et de ruptures qui marque (...) les sources et les composantes de la pensée gaulliste. Il y a rupture avec le nationalisme contre-révolutionnaire ; il y a continuation quant au nationalisme émotif ; il y a ouverture dans un dépassement du nationalisme vers le fédéralisme. Parce qu'en politique, Charles de Gaulle estime nécessaire le secret, voire la dissimulation ou la ruse, et dit qu'une forte dose en est, avec “l'égoïsme, l'orgueil et la dureté, inséparable du comportement de l'homme d'action” *(Le Fil de l'épée)*, on évoque un écho maurrassien. Un diptyque suffirait à dissiper le rapprochement. A la même heure, l'un a lancé l'Appel du 18 juin, l'autre ressenti “la divine surprise”... » Ayant alors noté que, « de tradition monarchiste », la famille de Gaulle n'en était pas pour autant liée à *l'Action française* mais, au contraire, au courant social du catholicisme, et après avoir souligné que ce fut dans ce courant qu'à la veille de la Seconde Guerre mondiale le futur chef de la France libre comptait le plus d'amis, Marcel Prélot poursuit : « En revanche, c'est chez les nationalistes intégraux que Charles de Gaulle trouvera ses adversaires les plus déterminés. Ils le poursuivront d'une haine active et vigilante. (...) Dans le clivage de l'opinion qui s'opère au cours des années trente, et qui traverse les partis, Charles de Gaulle est dans le camp de l'antifascisme, et la lutte militaire qu'il poursuivra à Londres est l'expression logique de ses convictions antérieures de l'entre-deux-guerres et de la drôle de guerre. (...) A côté des cadences barrésiennes, il y a chez Charles de Gaulle des accents péguystes. » Enfin, Prélot insiste sur le fait que « le nationalisme émotif » du Général « repose sur l'acceptation de la diversité des familles spirituelles et sur la reconnaissance de leur utilité ». Nous verrons plus loin que cette « acceptation de la diversité » inspira très directement la mission confiée à Jean Moulin. Ainsi, quand Charles de Gaulle prétend « incarner la France », sa démarche procède-t-elle tout autant d'un appel à toutes les familles spirituelles françaises que d'un culte égocentrique et mystique de « la personne idéale de la France ». De même, ses accents nationalistes n'empêcheront-ils pas le chef de la France libre de formuler à plusieurs reprises des définitions de la Résistance qui sont autant de définitions du patriotisme même. Celle-ci, par exemple, qu'au moment d'engager la lutte contre les survivances du vichysme en Afrique du Nord et de se colleter avec cet imbroglio d'Alger dont nous mesurerons plus loin la complexité, il avance, le 11 novembre 1942, dans un discours prononcé à l'Albert Hall de Londres : « De l'esprit et du cœur de nos paysans, de nos ouvriers, de nos bourgeois, de nos intellectuels et de nos prêtres, ont jailli les millions et les millions de pensées, de volontés, d'ardeurs, dont s'est formé le fleuve unique de l'intérêt national. L'envahisseur a pu fusiller, piller, corrompre ; Vichy a pu mentir, décréter, persécuter ; les traîtres ont pu se vendre, les faibles succomber, les lâches se coucher : le malheur, l'isolement, la déception ont pu assaillir les courages ; la faim a pu émacier les corps ; malgré tout, par-dessus tout, la nation s'est retrouvée. Devant l'ennemi et les traîtres, elle ne veut rien écouter, sinon la fureur des ancêtres et la vengeance d'un grand peuple trahi dans sa confiance et violé dans ses foyers. Il y a là un courant élémentaire que rien ne détournera plus, dont la puissance est essentielle... »

« Ce qui me plaisait le plus en lui, c'est son côté roi socialiste... »

Troisième arme de Charles de Gaulle : son art d'assumer, de cultiver, d'utiliser non seulement les contradictions objectives nées d'une situation politique complexe mais aussi les contradictions par lui-même voulues entre ses propres propos, ses propres attitudes... En un raccourci saisissant et non sans humour, l'homme de théâtre Jean-Louis Barrault a mis en évidence la prolifération et l'acuité des contradictions. « Ce qui me plaisait le plus en lui, a-t-il écrit, c'est son côté, si j'ose dire : roi socialiste. »

Loin de nous l'intention de dresser l'inventaire des multiples contradictions qui tissent toute une part de la trame du gaullisme. Toutefois, en les escamotant, on risquerait de faire apparaître comme déconcertantes ou inconséquentes des démarches de Charles de

Gaulle qui, en réalité, s'inscrivaient dans la logique du personnage et de son comportement. Aussi bien, si l'on veut comprendre la nature des rapports souvent surprenants qui s'instaurèrent entre le chef de la France libre et ceux qui combattaient sur le sol même de la France occupée, convient-il de regarder comment, sinon pourquoi, les relations entre de Gaulle et le régime de Vichy, de Gaulle et le Parti communiste français furent ce qu'elles furent, c'est-à-dire très complexes, simultanément empreintes de nostalgie et de répulsion, d'audace et de conformisme, de ruse et de candeur...

La contradiction, le goût de la contradiction, la pratique de la contradiction, le personnage du Général en est comme imprégné, au physique aussi bien qu'au moral. Physiquement, remarque Jean Planchais, déjà cité, « dans son uniforme neuf, sous son képi à feuilles de chêne, le général de brigade à titre provisoire sait faire les gestes du chef militaire. Il sait passer les revues, saluer. Il sait écouter avec impassibilité, donner des ordres. Mais il ne sait pas faire les gestes de l'homme politique. Ses bras sont trop longs et il en semble embarrassé comme de sa taille trop haute. Il ne sera que plus sévère, plus tendu, moins accessible. Sa politique, en 1940 et tout au long de sa carrière, sera affectée des mêmes signes du gigantisme : la grandeur et la gaucherie. Sa taille au-dessus du commun lui donne du passé comme de l'avenir une vision lointaine, parfois fulgurante, un orgueil, plus national encore que personnel, immense. Mais il ne voit pas toujours à ses pieds et s'il sait décider dans la solitude, il ne sait pas agir avec adresse. C'est une tête, c'est aussi un bras, mais il lui manque une main : il ne sait pas manipuler les hommes. Il peut manier les foules, aux individus il ne sait donner que des ordres ou des directives. Même lorsque, comme il arrive souvent, il se veut machiavélique, il l'est brutalement. (...) Il forge dans la solitude sa vision du monde et son vocabulaire, jouant d'ailleurs d'une certaine obscurité cachée sous une apparente simplicité pour se réserver toujours la possibilité d'un repli ou d'un changement d'orientation. » De ce déséquilibre, de ces ambiguïtés, d'autres seraient gênés. Tel n'est pas le cas de Charles de Gaulle puisqu'il cultive la contradiction. D'ailleurs, il n'en fait pas mystère. Il n'est même pas besoin d'étudier son action, il suffit de lire ses *Mémoires* pour le voir savourer des situations où, à l'en croire, « les propagandes adverses » le représentent, lui et ses partisans, « tantôt comme un groupe de politiciens avides, tantôt comme une équipe d'aventuriers fascistes, tantôt comme un ramassis d'énergumènes communisants ». C'est si vrai que nombre de gaullistes, aussi fervents que divers, se sont employés à expliquer ce goût en le présentant comme une nécessaire synthèse historique. Pour le poète Pierre-Jean Jouve, « Charles de Gaulle demeurera une des expressions les plus entières du sol de France » parce qu'« il réunissait les Croisades, la Révolution et le peuple. (...) Les deux principes civilisateurs de la France — le christianisme hiérarchique du Moyen Age, la force insurrectionnelle des Droits de l'Homme — se trouvent enfin coalisés et obligés par des accords réciproques de retrouver qu'ils sont une seule et même puissance de liberté et d'honneur. » Pour le résistant et futur porte-parole du gouvernement, dans les années 1970, Léo Hamon, c'était d'ailleurs là faire preuve de sagesse, car nul ne peut ignorer « combien serait fragile l'entreprise qui, dans notre pays, prétendrait s'en tenir à cela seul qui apparaîtrait comme seulement prudent et sage, et ne reconnaître que la postérité de Montaigne en une France qui inclut aussi les postérités de Pascal et de la Commune de Paris ». Le diplomate et académicien Wladimir d'Ormesson va plus loin en expliquant : « Sans doute tenons-nous là le secret de l'étonnante réussite de Charles de Gaulle. Cet homme a allié deux notions ou deux principes qui jusqu'alors se combattaient. Un sens quasi révolutionnaire de l'avenir. Un amour passionné de la tradition. C'est pourquoi j'ai entendu autant de gens de droite le traiter de dangereux démagogue que de gens de gauche le considérer comme un réactionnaire attardé. Toute sa vie publique, de Gaulle aura été l'objet de ces critiques réciproques. Guelfe aux yeux des gibelins, gibelin aux yeux des guelfes. »

Même si l'on pense que cette aisance dans la contradiction est d'abord une tournure imprimée à l'esprit du Général par la crise d'une classe sociale — la sienne — dont la vocation nationale est en plein désarroi, la crise qui va changer un officier qui se veut « dressé contre le conformisme » en syndic refusant la faillite et en kinésithérapeute de l'honneur ; même dans ce cas, force est de reconnaître l'importance de ce trait de caractère. Trait qui — un examen plus attentif le confirme — marque déjà l'idée que Charles de Gaulle se fait de ces combattants clandestins engagés dans la lutte en France, de ces hommes et femmes du peuple, ces ouvriers, ces paysans, ces intellectuels, souvent des militants communistes dont il découvre le visage en complétant peu à peu sa connaissance de la véritable et complexe nature de la Résistance intérieure française.

Quand de Gaulle s'informe...

A Londres, le chef de la France libre est évidemment très préoccupé par ce qui se passe de l'autre côté de la Manche. « Tout en consolidant notre base outre-mer, note-t-il, c'est à la Métropole que nous pensions surtout. » Qui sont ces hommes et ces femmes dont on sait qu'ils mènent là-bas un combat atroce et qui, de plus en plus, se rallient à sa croix de Lorraine ? Au début, faute de les connaître vraiment, on a l'impression que le Général est tenté de les imaginer à partir des traits qui le frappent dans la mentalité de ses premiers compagnons d'exil et de combat. Esquissant le portrait « de cette forte espèce à laquelle devaient appartenir les combattants de la Résistance française, où qu'ils aient pu se trouver », il écrit : « Goût du risque et de l'aventure poussé jusqu'à l'amour de l'art, mépris pour les veules et les indifférents, propension à la mélancolie et, par là même, aux querelles pendant les périodes sans danger, faisant place dans l'action à une ardente cohésion, fierté nationale aiguisée jusqu'à l'extrême par le malheur de la patrie et le contact d'alliés bien pourvus, par-dessus tout confiance souveraine en la force et en la ruse de leur propre conjuration, tels furent les traits psychologiques de cette élite partie de rien et qui devait, peu à peu, grandir au point d'entraîner derrière elle toute la nation et tout l'Empire. » Certes, l'allure un peu aventurière que de Gaulle attribue à cette élite peut inciter des résistants à ne pas se reconnaître dans ce miroir, mais un certain souffle y passe qui, lui, correspond bien à la réalité. Au contraire, quand il s'agit de dresser un tableau de l'état de la Résistance durant l'été 1941, malgré l'allusion à la « vie ardente et secrète », l'ardeur manque singulièrement à une peinture trop linéaire et d'où sont absents, ou presque, la menace permanente, la rage au cœur, l'espoir lucidement déraisonnable... Mais, lisons : « A mesure que déclinaient la pompe et les œuvres de Vichy, se formaient, de-ci, de-là, dans la Métropole, des noyaux de résistance. Il s'agissait, naturellement, d'activités très diverses, souvent mal délimitées mais suscitées par les mêmes intentions. Ici, on rédigeait, imprimait, distribuait quelque feuille de propagande, là, on épiait l'ennemi pour renseigner un réseau. Quelques hommes déterminés formaient des groupes d'action pour les buts les plus différents : coups de main, destructions, réception et distribution de matériel parachuté ou transporté, accueil ou embarquement des agents, passage d'une zone à l'autre, franchissement d'une frontière, etc. Certains constituaient l'embryon de mouvements dont les membres se liaient entre eux par des consignes ou simplement par l'adhésion à un même état d'esprit. Bref, sous l'apparence passive et ralentie qu'offrait l'existence dans la Métropole, la Résistance entamait sa vie ardente et secrète. A l'intérieur, des combattants songeaient maintenant à porter des coups à l'ennemi à travers les filets tendus des policiers et des délateurs. » Ayant constaté que, les mois passant, avec le développement puis la systématisation non seulement du nombre mais de la qualité des contacts entre Londres puis Alger et la France occupée, le général de Gaulle va être plus informé, et qu'il ne tardera pas à mieux connaître la réalité de la Résistance, encore faut-il préciser quel regard il jettera sur elle et quelle image il entendra en retenir. Dès qu'on cherche à le savoir, on constate que se développe plus clairement la contradiction entre, d'une part, la sollicitude émue et même chaleureuse que de Gaulle manifeste aux résistants selon son cœur, c'est-à-dire à des soldats doués de quelques dimensions nouvelles : méthodes singulières de combat, droit aux rêves utopiques, pratique de l'héroïsme quotidien, mais ne mettant pas, pour autant, en cause la subordination hiérarchique habituelle et l'obligation de réserve et, d'autre part, l'irritation qu'il cache mal à l'endroit de ceux qui prétendent avoir acquis dans la lutte clandestine des titres à se mêler des affaires de la France. La sollicitude : « A la fin de 1942, j'avais pu faire la connaissance des chefs de plusieurs mouvements. J'en voyais d'autres, à présent, venus d'une lune à l'autre, émergeant soudain du brouillard de fièvre, de ruse, d'angoisse, où ils cachaient leurs armes, leurs coups de main, leurs imprimeries, leurs boîtes aux lettres, et y retournant tout à coup. (...) On voyait arriver après de périlleux voyages les délégués de la Résistance. Ils apportaient en Afrique du Nord l'état d'âme de leurs mandants. Du coup, un souffle âpre et salubre passait dans les réunions, les bureaux, les journaux d'Alger. Les délégués publiaient les messages de confiance dont ils étaient chargés pour de Gaulle. Ils ne tarissaient pas sur le sujet de l'action clandestine, de ses héros, de ses besoins. Ils bouillonnaient de projets concernant l'avenir de la nation. » L'irritation : « Les voilà donc réunis ces Français si divers et, pourtant, si semblables, que les vagues des événements ont roulés vers des plages différentes et qui se retrouvent, à présent, aussi remuants et assurés d'eux-mêmes qu'ils l'étaient avant le drame ! (...) Ce qui les rendait semblables et les tenait rapprochés, c'était, d'une part, un souci lancinant de l'aide à fournir aux camarades de la résistance, quant à l'armement, à l'argent, à la propagande et que, bien naturellement, ils jugeaient toujours insuffisante. C'était, d'autre part, l'idéologie assez confuse mais passionnée qui remplissait l'esprit des clandestins, exposés à toutes les trahisons, ignorés ou réprouvés par la lâcheté d'un grand nombre, engagés, non point seulement contre l'envahisseur allemand, mais aussi contre l'appareil judiciaire et policier de ceux qui, dans la Métropole, passaient encore pour l'Etat français. La solidarité chaleureuse de tous ceux qui “en étaient”, la méfiance et, même, l'aversion à l'égard de l'administratif, du régulier, de l'officiel, enfin un désir obstiné d'épuration, voilà ce qui les hantait et, à l'occasion, les unissait en d'ardentes démonstrations. (...) Les idées, les plans foisonnaient parmi leurs groupes. Mais, s'ils étaient fervents de formules qui rebâtissent l'univers, ils se montraient réservés par rapport à l'autorité sans laquelle aucun pouvoir n'accomplirait quoi que ce fût. S'ils rêvaient de revoir la France au premier rang des nations, ils redoutaient la rude action qui pourrait l'y remettre et préféraient caresser l'illusion d'un Roosevelt et d'un Churchill empressés à lui rendre sa place. S'ils n'imaginaient pas qu'un autre Français que moi fût à la tête du pays lors de la libération, s'ils entrevoyaient que je pusse y rester tandis qu'eux-mêmes, devenus les élus du peuple, marcheraient vers quelque rénovation imprécise et merveilleuse, ils demeuraient réticents quant aux attributions qu'il me faudrait pour diriger la tâche. Tout en acclamant de Gaulle d'un cœur sincère, ils chuchotaient déjà contre “le pouvoir personnel”. »

Un dimanche de mars 1969, à La Boisserie...

Ces textes du Général sont clairs. Comment, les lisant, ne pas, tout à la fois, trouver la sollicitude bien normale et bien étonnante l'irritation. Irritante irritation... Les préventions s'y dévoilent que Charles de Gaulle a si souvent montrées à l'égard de certains aspects de la réalité française, ces préventions qui devaient nourrir tant de désaccords. Cependant, si le chef de la France libre s'inquiète que « l'air d'héroïsme et de fraternité que respirait la résistance » soit, selon lui, pollué par cette « idéologie assez confuse », ces illusions, réticences et autres chuchotements, il ne s'en alarme pas pour autant. Un raisonnement simple l'en préserve : de Gaulle et la Résistance n'étant, comme chacun sait, que les deux noms possibles d'un seul et unique phénomène, les résistants étant donc automatiquement des gaullistes, et vice-versa, le seul problème qui se pose est de veiller à ce que soit respectée une fidélité par ailleurs volontiers proclamée ; tantôt par la persuasion, tantôt par la discipline, tantôt même — et souvent — par la feinte ignorance des rechignements et récriminations, de « la rogne et la grogne », le général s'estime capable d'y veiller. « Au total, conclut-il d'ailleurs, voyant autour de moi ces compagnons courageux et d'une immense bonne volonté, je me sentais rempli d'estime pour tous et d'amitié pour beaucoup. Mais aussi, sondant leurs âmes, j'en venais à me demander si, parmi tous ceux-là qui parlaient de révolution, je n'étais pas, en vérité, le seul révolutionnaire. »

Tout eût donc été pour le mieux dans la meilleure des Résistances possibles s'il n'y avait eu, se dressant derrière et devant Charles de Gaulle, ces deux réalités insupportables mais fascinantes, ces deux mondes opposés qui n'étaient plus ou pas de son monde, ces deux sources de fâcheuses déconvenues et d'horripilantes nostalgies : le régime de Vichy et le PCF... Que le lecteur ne s'étonne ni de ce raccourci ni de ce rapprochement. En effet, si l'on essaie de se placer du point de vue du Général, c'est tout simplement une constatation. Confirmés d'avance par les *Mémoires* et n'ayant fait l'objet d'aucune contestation de la part des autres familiers, les propos que Jean d'Escrienne rapporte sont, à cet égard, sans équivoque. Il s'agit, on le sait, de paroles prononcées par Charles de Gaulle au soir de sa vie, entre 1966 et 1970, donc par un homme qui, à l'heure du bilan, se penchait sur un passé pour lui encore formidablement présent... « En fait, dit une première fois de Gaulle à d'Escrienne, voyez-vous, depuis la fin de la guerre 14-18 jusqu'à aujourd'hui, il n'y a eu en France, en politique, que trois grandes réalités qui sont les seules que retiendra l'Histoire. C'est — dans l'ordre de leur manifestation — le Parti communiste, Vichy et moi : moi, c'est-à-dire la France libre et puis ce que j'ai pu réaliser par la suite jusqu'à présent. » En passant, d'Escrienne précise : « Tels étaient les propos du Général, en ce dimanche de mars 1969, à La Boisserie, tandis que nous prenions le café, après le déjeuner... Il disait cela très simplement, comme on énonce une évidence, ou comme on rappelle, incidemment, quelque chose que tout le monde sait bien. » Et de Gaulle poursuivait l'entretien en qualifiant le PCF de « réalité détestable » et en ajoutant : « Dans un tout autre ordre d'idées, Vichy aussi c'est une réalité, tout aussi condamnable que le PC d'ailleurs... » Quelque neuf mois plus tard, toujours à La Boisserie et toujours à la fin d'un déjeuner, en décembre 1969, l'ancien chef de la France libre devait encore déclarer à son aide de camp : « Je vous ai, je crois, déjà expliqué un jour que depuis 1940, et même avant, il n'y avait eu, en France, que trois choses qui avaient compté en politique : Vichy, qu'on a pu ne pas comprendre, ne pas approuver, ne pas suivre, mais qui a été un fait réel, concret, qui a “accroché”... Et puis il y a eu de Gaulle que vous connaissez... Et il y a eu le Parti communiste ; voilà, depuis la fin de la Première Guerre mondiale, les seules vraies réalités politiques françaises ! » Jean d'Escrienne ajoute : « Le Général s'était tu. Je restais songeur... ». A vrai dire, nous aussi.

Ayant ainsi, comme il était indispensable de le faire, mis les points sur les *i*, considérons plus en détail ce que furent, entre 1940 et 1945, les attitudes de Charles de Gaulle vis-à-vis de Vichy et du PCF, quelle sorte de relation il entretint avec ces deux « réalités détestables ».

Nous avons vu, plus haut, les réactions du Maréchal et de ses hommes face à l'Appel du 18 juin et à ce phénomène qu'ils furent les premiers à appeler « gaullisme ». Pour l'essentiel, durant quatre années, leur attitude resta la même, allant plutôt en s'aggravant dans le sens de l'hostilité puisque, comme on le sait, eux et leurs maîtres nazis firent abondamment et ignoblement couler le sang de ceux qui se réclamaient de Charles de Gaulle. Nous n'y reviendrons pas et nous bornerons à évoquer, de l'autre côté, la dualité de l'attitude gaulliste : d'une part, condamnation sans équivoque, de l'autre, sorte de nostalgie ambiguë...

Même si l'on se borne aux seuls *Mémoires de guerre*, on trouve facilement sous la plume du chef de la France libre un refus catégorique du régime pétainiste à maintes reprises exprimé et dont on remarquera qu'il s'appuie souvent sur le sentiment, la juste impression qu'on a, à Londres, que le peuple français rejette Pétain et les siens. Citons au fil des pages... A quoi aboutissent, selon de Gaulle, la « révolution nationale » et la « prétention de Vichy à la rénovation morale » ? Elles aboutissent, « dans la forme, aux défilés des légionnaires, à l'hagiographie du Maréchal, au foisonnement des comités et, dans le fond, aux basses persécutions, à la domination de la police et de la censure, aux privilèges et au marché noir ». Que représente Vichy ? « Aux yeux du peuple et du monde, il personnifie l'acceptation du désastre. » Peut-on s'entendre avec Vichy ? Non, « pas d'accord possible » : d'ailleurs (ceci, en 1942, à Alger), il faut que

« le régime et les personnages marquants de Vichy soient écartés de la scène, car la Résistance tout entière n'admettrait pas qu'ils fussent maintenus ». A ce propos, lorsque le général Giraud suggère de temporiser, le général de Gaulle lui réplique : « Vous n'ignorez pas qu'en France l'opinion condamne désormais Vichy. (...) A la rigueur, si une transition devait paraître nécessaire, formons ensemble le pouvoir central, mais que celui-ci, dès l'abord, condamne Vichy, proclame que l'armistice fut toujours nul et non avenu, se rattache à la République et s'identifie, vis-à-vis du monde, avec l'indépendance de la France. » Enfin, lorsque le chef de la France libre dresse un tableau de la situation au seuil du printemps de 1944, il écrit : « Certaines apparences pouvaient bien entourer encore le dérisoire pouvoir de Vichy, des vantards ou des enragés se prétendre ministres, des propagandistes — tels Philippe Henriot et Hérold Paquis — déployer, pour tromper les foules, les ressources d'un talent dévoyé, des feuilles publiques déborder d'outrages à l'égard de ceux qui combattaient, en fait, le peuple tout entier condamnait, maintenant, le régime et ne voulait que le voir s'effondrer quand s'enfuiraient les Allemands. »

« Nos rois ne s'y seraient pas trompés... »

L'impression d'une condamnation sans équivoque est encore plus nette si l'on se réfère à des opinions exprimées et des actes accomplis, à des éléments du contexte à travers lesquels apparaît l'image d'un Charles de Gaulle non seulement opposé au régime de Vichy mais adoptant, pour l'essentiel, une démarche antifasciste. Par décret du 2 décembre 1941, le chef de la France libre, agissant en tant que président de l'embryon de gouvernement que celle-ci s'est donné, le « Comité national français », institue quatre commissions destinées à élaborer des projets de texte permettant de mieux résoudre les problèmes que l'avenir n'allait pas manquer de poser. L'une de ces commissions est dite « de réforme de l'Etat ». A son propos, Henri Michel et Boris Mirkine-Guetzévitch écrivent, en 1962, dans *Les Courants de pensée de la Résistance* : « Présidée à l'origine par M. René Cassin, elle reprit tout d'abord les suggestions faites par lui dès mars 1940, au cours d'une réunion tenue à Londres sous les auspices des anciennes associations pour la Société des Nations, pour qu'une nouvelle Charte universelle dégageât le sens de la lutte menée contre le nazisme pour le triomphe des libertés humaines. Elle élabora un projet de "déclaration des Droits de l'Homme" inspiré des déclarations françaises de 89 et 93, du "Bill of rights", de la constitution des Républiques soviétiques révisée en 1937 et de la "Charte de l'Atlantique"... » Autre exemple, celui de la réponse faite par Charles de Gaulle à François Coulet au sujet de la guerre d'Espagne. Coulet, alors chef de cabinet du Général, restait très préoccupé par ce qu'il considérait comme « une occasion perdue, pour lui autant que pour son pays » : le fait de n'avoir pas aidé les Républicains espagnols. « La certitude, devait-il écrire plus tard, le pénétrait que cette guerre, après tout, pouvait bien être, sans qu'ils voulussent s'en apercevoir, la guerre de tous les Français et il se convainquit par la suite qu'il aurait dû y prendre part. » Toujours est-il que, « en juillet 1941, à Brazzaville, (...) au cours de la courte promenade à pied que le général de Gaulle faisait le soir sur la rive du fleuve », François Coulet « lui demanda ce qu'il aurait décidé si, à l'époque de la guerre d'Espagne, il avait dirigé la politique française. La réponse vint aussitôt : "Il fallait soutenir les Républicains de toutes nos forces !" Et, après un temps : "Nos rois ne s'y seraient pas trompés." »

Si l'on considère l'ensemble du discours gaulliste, non seulement le récit du Général par lui-même mais aussi les recueils de ses divers textes de circonstance, on constate que c'est à propos de Vichy que l'imbrication des contraires est la plus saisissante. Qu'on ne veuille y voir qu'une coïncidence ou bien que l'on considère le fait comme particulièrement révélateur de ce que Charles de Gaulle ne parvint jamais à rompre tout à fait le cordon ombilical le rattachant au milieu social, à la caste militaire, à la tradition nationaliste qui avaient modelé sa personnalité, il est difficile de négliger cette constatation. Lors des conversations d'après-déjeuner avec Jean d'Escrienne, le Général précise très clairement ce qu'il veut dire lorsqu'il appelle le régime de Vichy une « réalité détestable ». Il déclare textuellement : « Réalité détestable (...), mais réalité incontestable ! » Et il poursuit : « C'est dommage, car Vichy eut à son actif d'autres réalisations, valables mais contaminées et discréditées par cette politique de collaboration ; Vichy avait en partie restauré l'Etat et réalisé bien des réformes valables, administratives et autres, dont la France avait grand besoin. Cela est indéniable ; mais hélas, s'il se soucia de l'Etat, Vichy oublia la Nation ! » Après avoir noté la répétition de l'adjectif *valable*, ajoutons que le Général, à l'heure du bilan, n'émet pas une opinion nouvelle mais qu'il fait tout simplement la synthèse de jugements et d'appréciations qui, déjà, par exemple, jalonnent le texte des *Mémoires de guerre*. Rappelons que c'est Charles de Gaulle qui, avant d'évoquer l'« incontestable effort d'organisation économique et sociale » du régime de Vichy, reproche à ce même régime d'avoir « gaspillé des réformes dont certaines avaient, par elles-mêmes, leur valeur mais qui se trouvaient compromises et discréditées par le fait qu'on les associait au désastre et à la servitude ». Cette indulgence pour les institutions va de pair avec celle pour les hommes. C'est même alors qu'apparaît plus précisément une étrange nostalgie : « Le régime de Vichy (...), quelles que soient les circonstances qui puissent expliquer son erreur, celle-ci est d'une telle dimension que le démon du désespoir le contraindra d'y persévérer. Sans doute, tel ou tel de ses princes pourrait-il, en le reniant, jouer un rôle épisodique. Mais, dans ce repentir tardif, personne ne verrait autre chose qu'un calcul d'opportunité. Sans doute, un grand chef militaire appelant l'armée au bon combat entraînerait-il des professionnels qui, au fond, n'attendent que cela. Mais une pareille initiative ne changerait rien dans le peuple aux courants déjà établis. »... Des regrets, certes, nous dira-t-on peut-être ; mais cela suffit-il pour parler de nostalgie ? Oui, car, plus loin, le Général hausse le ton pour lancer une sorte de cri du cœur politique tout en décrivant le rêve auquel il souffre de devoir renoncer. Nous sommes à Alger, à la veille de ce 3 juin 1944 où, donnant force de loi à une motion votée à l'unanimité par l'Assemblée consultative, le chef de l'ancienne France libre devenue la France combattante va transformer son organisme directeur, le Comité français de la libération nationale (CFLN), en Gouvernement provisoire de la République française (GPRF). « Malgré d'affreux déchirements, s'écrie le Général, j'aurai jusqu'à l'extrême limite laissé subsister l'espoir qu'un jour cette proclamation pourrait se faire dans l'unanimité nationale et donner lieu au regroupement de l'Etat avant que les événements aient, à tout jamais, tranché. A certains des hommes qui se crurent, naguère, investis de l'autorité publique en assumant l'abandon national, j'aurai, pendant quatre longues et terribles années, ménagé la possibilité de dire un jour : "Nous nous sommes trompés. Nous rallions l'honneur, le devoir, le combat. Nous voici, avec les apparences de qualification que peuvent nous laisser les formes de la légalité, accompagnés par ceux qui, sans avoir rien fait d'indigne, nous suivent encore par discipline et fidélité. Quoi que l'ennemi puisse nous le faire payer, nous donnons l'ordre de le combattre, par tous les moyens, là où il se trouve. A plus tard, si vous le voulez bien, le verdict de la politique, de la justice et de l'Histoire ! Pour le suprême effort, faites-nous place à vos côtés, au nom de l'unité et du salut de la France !" Mais ce cri n'a pas retenti... » Non, aucun des hiérarques du pétainisme n'est venu, la tête couverte de cendres, solliciter que soit abaissé devant lui le pont-levis du Canossa gaulliste. A part Pierre Pucheu, peut-être... Nous reparlerons de Pucheu comme de la tentative de volte-face de Darlan et de l'essai de « re-légitimation » de Vichy à Alger en 1942-1943, mais remarquons déjà que, s'il en était besoin, l'échec des intrigues algéroises et la façon dont de Gaulle dut, lui-même, s'employer à cet échec, confirmeraient l'irréalisme du rêve si longtemps nourri par le Général d'un ralliement contrit des hommes du Maréchal. Charles de Gaulle a pourtant fait tout ce qu'il pouvait... Quelques phrases des *Mémoires* à propos du sabordage de la flotte à Toulon, le 27 novembre 1942, sont, à cet égard, significatives : « L'accord de "neutralité" que Vichy a conclu avec l'ennemi contribue à détourner nos marins de quelque ultime sursaut. C'est l'étape vers l'anéantissement. J'en suis, pour ma part, d'autant plus convaincu, qu'ayant écrit secrètement naguère à l'amiral de Laborde pour tâcher de l'éclairer sur la voie commandée par l'honneur et le devoir, j'ai su qu'il s'est répandu en propos outrageants à mon égard et a menacé mon émissaire, le colonel Fourcaud, non toutefois sans conserver ma lettre. »

« Quel aboutissement ! quel aveu ! »

Même si son ultérieure carrière militaire, dont sa campagne d'Italie, interdit que son cas puisse être assimilé à celui de l'amiral de Laborde, l'exemple du général (et futur maréchal) Alphonse Juin est éclairant. « Le bon sens l'emporte, écrit de Gaulle. Le général Juin, qui commandait en chef jusqu'à l'arrivée de Darlan et en second dès lors que celui-ci est présent en Afrique du Nord, discerne à quel point est absurde le combat livré aux Alliés et quelles conséquences désastreuses entraînerait le déferlement des Allemands et des Italiens. Il sait que telle est l'opinion profonde de ses subordonnés. Il presse Darlan de prescrire un "cessez-le-feu" général... ». Le « bon sens », le « discernement » — des mots qui prennent tout leur poids quand on sait que, d'une part, du sang anglais, américain et français a coulé sur ordre de Juin et que, d'autre part, Charles de Gaulle, plus ombrageux en d'autres péripéties, analyse ici à sa manière le comportement d'un homme qui, en plus, avant de se ranger finalement sous le drapeau à croix de Lorraine aura été faire quelque temps sa cour au général Giraud.

Plus que toute autre chose, le spectacle de Charles de Gaulle faisant vraiment l'impossible, une entorse à sa règle d'orgueil, a de quoi laisser perplexe. Aussi bien faut-il noter alors la réapparition d'un terme d'apparence anodine qui est pourtant l'un des mots clefs du vocabulaire gaulliste. Plus haut, nous avons vu le Général avoir le *sentiment* d'assumer la France et aussi celui de la nécessité de s'en tenir à son principe d'intransigeance ; le *sentiment*, un substantif des sommets et dont le chef de la France libre n'use que dans les occasions fondamentales. Or, que se passe-t-il ici ? S'il emploie ce mot c'est, paradoxe chez lui, pour l'opposer à la raison d'Etat, acceptant donc soudain le vieux conflit qu'il a précisément l'originalité de rejeter systématiquement sinon par nature... L'événement auquel Charles de Gaulle fait allusion est la tentative effectuée, à la mi-août 1944, par Philippe Pétain qui, à cette époque, avait chargé un de ses anciens ministres, l'amiral Paul Auphan, d'essayer un « arrangement entre les deux morceaux de la France », selon l'expression d'Auphan lui-même. Daté du 11 août, l'ordre de mission que le Maréchal avait signé de sa main avant de le remettre à l'amiral stipulait : « Je donne pouvoir à l'amiral Auphan pour me représenter auprès du haut commandement anglo-saxon en France et, éventuellement, prendre contact de ma part avec le général de Gaulle ou ses représentants qualifiés, à l'effet de trouver au problème politique français, au moment de la libération du territoire, une solution de nature à empêcher la guerre civile et à réconcilier tous les Français de bonne foi. » Evidemment, la démarche pétainiste avait été précédée de diverses tractations. « Deux fois au cours de l'hiver 1943-1944, le 9 décembre et le 17 février, devait révéler plus tard Paul Auphan, sans être expressément mandaté mais aussi sans rien cacher au Maréchal de mes relations et de mon but, j'avais rencontré des personnalités de la Résistance intérieure, dont Pierre-Henri Teitgen et Michel Debré. Je voulais savoir comment des Français qui avaient suivi une voie différente mais qui étaient certainement animés des mêmes sentiments patriotiques que moi envisageaient la situation et le changement de partage politique qu'il faudrait opérer au moment du départ des Allemands. » De même, quelques mois plus tard, le Vatican avait-il prodigué ses bons offices. « Le 30 juin 1944 — c'est toujours l'amiral Auphan qui parle — le général de Gaulle en personne fut reçu en audience par le pape au Vatican. Déjà renseigné sur l'échange de lettres, le nonce à Vichy, Mgr Valerio Valeri, fut mis au courant de ce qui s'était dit pendant l'entretien et vint exprès en informer le maréchal Pétain. D'après lui, le pape aurait vivement souhaité que se réalisât en temps opportun la réconciliation de tous les Français dans une Europe imperméable au communisme et son interlocuteur aurait acquiescé à ce conseil voilé. » Ayant ainsi rétabli le contexte, lisons la page de ses *Mémoires de guerre* où le Général oppose donc son *sentiment* et la *raison d'Etat* pour finalement trancher en faveur de cette dernière. « Quel aboutissement ! Quel aveu ! Ainsi, écrit-il, dans l'anéantissement de Vichy, Philippe Pétain se tourne vers Charles de Gaulle. Voilà donc le terme de cette affreuse série d'abandons où, sous prétexte de "sauver les meubles", on accepta la servitude. Quel insondable malheur fit qu'une pareille politique fut endossée par l'extrême vieillesse d'un chef militaire glorieux ! En lisant les textes que l'on m'a fait remettre de sa part, je me sens, tout à la fois, rehaussé dans ce qui fut toujours ma certitude et étreint d'une tristesse indicible. M. le Maréchal ! Vous qui avez fait jadis si grand honneur à nos armes, vous qui fûtes autrefois mon chef et mon exemple, où vous a-t-on conduit ? Mais quelle suite puis-je donner à cette communication ? En l'espèce, le sentiment ne saurait compter en face de la raison d'Etat. (...) Dans ce domaine, je ne saurais le moins du monde renoncer ni même transiger. Sans que je méconnaisse l'intention suprême qui inspire le message du Maréchal, sans que je mette en doute ce qu'il y a d'important, pour l'avenir moral de la nation, dans le fait qu'en fin de compte c'est vers de Gaulle qu'est tombé Pétain, je ne puis lui faire que la réponse de mon silence. » Qu'en sollicitant les mots, en remarquant le visible déchirement de l'auteur on puisse encore comprendre comment « tristesse indicible » pourrait signifier ici grande déception, passe encore mais, sachant à quel point Charles de Gaulle est orfèvre de son expression, metteur en scène de son style et technicien de son écriture, on ne peut sérieusement penser que le Général veut dire autre chose que ce qu'il dit lorsqu'il déclare ne pas méconnaître « l'intention suprême qui inspire le message du Maréchal ». Faudrait-il, dès lors, prêter une oreille plus attentive à tous les vichystes retraités qui, menant une action coordonnée pour obtenir la réhabilitation de Philippe Pétain et, à travers lui, bien sûr, l'homme étant indissociable de l'œuvre, de tout l'Etat français, se sont, depuis la Libération, employés à tirer à eux de Gaulle comme une couverture ? Il n'en est bien sûr pas question. Toutefois, il ne serait pas honnête de cacher ce qu'un Chastenet, dix Chastenet, ou un Wladimir d'Ormesson, dix Wladimir d'Ormesson, ont pu écrire à ce sujet.

L'« incident Vallin »

Chastenet a fait à ce propos tout un livre qu'il a d'ailleurs crûment intitulé *De Pétain à de Gaulle*. Un de ses paragraphes résume l'ouvrage : « Il (de Gaulle) fut, comme jeune officier, le protégé, le collaborateur et le commensal de Pétain. En froid avec lui avant la guerre, le couvrant maintenant de méprisantes invectives, il n'en partage pas moins plusieurs de ses idées : comme lui il est ardent patriote et catholique de raison, comme lui il a le goût de l'ordre, celui de l'autorité et celui du secret, comme lui il n'a que mépris pour le parlementarisme et la "démocrassouillie", comme lui il se veut "social". »... Encore Chastenet n'a-t-il pas l'audace ou l'ingénuité de se vouloir « gaulliste ». Tel n'est pas le cas de Wladimir d'Ormesson, autre académicien, qui, lui, entend se proclamer tel et qui, lorsqu'il publie un livre intitulé *Présence du général de Gaulle*, y écrit à la page 115 : « Non, le maréchal Pétain n'a pas trahi la France. Le prétendre est stupide plus encore qu'infâme. Ce qu'il a trahi, hélas, c'est lui-même » pour deux pages plus loin, de la même plume, intituler un chapitre : « Pourquoi je suis gaulliste » Il ne serait pas honnête non plus de feindre d'oublier l'incident Vallin ni les rumeurs sur le royalisme du Général qui, même s'il faut admettre que l'on en a parfois surestimé l'importance, n'en constituent pas moins des pièces notables de l'inépuisable dossier où se nourrissent les interminables discussions sur la nature du gaullisme. Résumons l'incident Vallin, auquel nous avons déjà fait allusion, plus haut, à propos des affaires Grandclément et Farjon... Au retour d'une des missions en France occupée qu'il accomplira avant de périr dans les dramatiques conditions que l'on sait, Pierre Brossolette, à la mi-septembre 1942, ramène avec lui un surprenant compagnon : Charles Vallin. Qui est Vallin ? Dans leur *Histoire de la Résistance en France*, Henri Noguères, Marcel Degliame-Fouché et Jean-Louis Vigier en font un excellent portrait en situation : « Député du IXe arrondissement de Paris, ancien vice-président du PSF, collaborateur immédiat du colonel de La Rocque, Charles Vallin n'est pas, comme on pourrait le croire, un de ces hommes de droite, voire d'extrême droite, comme il y en a tant, heureusement — de Renouvin à Bénouville en passant par Groussard, Loustaunau-Lacau, Debû-Bridel — chez qui le réflexe national l'a emporté dès le lendemain de l'armistice sur toute autre considération et qui, sans renier pour autant leurs convictions, se sont lancés dans l'aventure de la Résistance. Vallin avait accepté d'être l'un des huit membres de ce "conseil de justice politique" dont les "propositions concrètes" remises le 14 octobre 1941 (dix jours après son installation...) avaient permis au maréchal Pétain d'ordonner le 16 octobre la "détention dans une enceinte fortifiée" de Léon Blum, Edouard Daladier, Paul Reynaud, Georges Mandel et du général Gamelin, cependant déférés devant la Cour de Riom où leur procès ne devait s'ouvrir que quatre mois plus tard. En 1942, Vallin, au cours d'une tournée de conférences à travers la France, avait encore réaffirmé sa fidélité au maréchal Pétain et son adhésion à sa politique. Son arrivée à Londres, en compagnie du socialiste Brossolette, ressemble donc fort, de la part de ce dernier, à une provocation délibérée. » Laissons l'aspect brossolettien de l'incident Vallin. Nous savons, en effet, ce que fut l'évolution de Pierre Brossolette à Londres et la façon dont ce doctrinaire brillant, ce polémiste impulsif, ce politique à fleur de peau, littéralement traumatisé par l'effondrement des structures dirigeantes du Parti socialiste SFIO en 1940, est passé de l'état de militant de gauche à celui de maître à penser des officiers du BCRA, le Bureau central de Renseignement et d'Action, les services secrets du Général. Qu'en l'occurrence l'objectif de Brossolette ait été d'amener au gaullisme une fraction de la droite pétainiste ; qu'il ait, comme l'expliquera plus tard Jacques Soustelle, « pensé que Vallin détacherait du colonel de La Rocque la plus grande partie de ses adhérents et qu'ainsi serait gagnée à la France combattante une large masse flottante de bourgeoisie moyenne, honnête, égarée par le mythe du Maréchal » ; qu'on puisse même estimer, toujours avec Soustelle, que l'opération réussit, qu'elle « eut un profond retentissement chez les anciens amis politiques de Charles Vallin » et qu'elle « fit passer à la Résistance, ou tout au moins à la sympathie pour la Résistance, une fraction importante du PSF », il est bon de le savoir mais ce n'est pas ce qui d'abord nous importe ici. Ce qui compte pour nous, c'est la façon dont Charles de Gaulle, à l'époque, dans les faits puis, plus tard, par la plume, a réagi à l'initiative de Brossolette. D'autant plus que, par cette réaction, de Gaulle ne se contente pas d'approuver Brossolette, il va plus loin... « Brossolette, écrit-il dans ses *Mémoires de guerre*, revenant de zone occupée, amenait avec lui Charles Vallin, l'un des espoirs de l'ancienne droite et de la ligue des "Croix-de-Feu". Vallin, naguère adepte du régime de Vichy, reniait maintenant son erreur. Ce patriote ardent, cet apôtre de la tradition, se ralliait à moi de toute son âme. »... On comprendra que nous retenions tout particulièrement des expressions telles que « patriote ardent » ou

« de toute son âme ». Le directeur de l'Institut d'études politiques de Paris, Jacques Chapsal, ne s'y trompera d'ailleurs pas qui écrira : « Le Parti social français peut être considéré à certains égards comme un ancêtre du RPF ou de l'UNR. »

Le comte de Paris

Quant au « royalisme » du Général, s'il n'en faut pas exagérer la portée et si nous continuons à penser que la thèse de la filiation directe avec Charles Maurras est abusive, sa réalité n'en est pas, pour autant, négligeable. Jean Mauriac peut ainsi rapporter que, lorsqu'il se retira définitivement du pouvoir au seuil du printemps 1969 et qu'il reçut un très nombreux courrier, Charles de Gaulle s'abstint de répondre à la plupart des lettres, sauf à quelques-unes soigneusement sélectionnées par lui ; parmi les heureux correspondants qui reçurent réponse, le comte de Paris, c'est-à-dire le « prétendant au trône de France »... Et Jean Mauriac ajoute : « A ce dernier, il écrit que le jugement dont il a fait part dans sa lettre est le plus précieux qui puisse être et, à ses yeux, le seul qui compte vraiment puisqu'il exprime la voix de la France de toujours. Dans une autre occasion, le général de Gaulle avait évoqué ce que le comte de Paris personnifiait de suprême dans le destin de la France. »... Un penchant monarchiste dont la réalité sera confirmée, en 1994, par la publication de *Dialogue sur la France* ; *Correspondance et entretiens, 1952-1970*, ouvrage cosigné « Comte de Paris, Charles de Gaulle ». En annonçant et commentant cette parution, dans *Libération* du 2 mars 1994, Eric Dupin écrivait : « Le fondateur de la Ve République était monarchiste. Les gaullistes ont beau sans cesse invoquer la république, leur inspirateur a sérieusement songé à transmettre le flambeau au comte de Paris. »

« La France de toujours... Le destin de la France... » — nous voici revenus à ce qui, pour Charles de Gaulle, est l'essentiel, nous le savons : la relation mystique avec une France déifiée, cette relation dont il entend tirer la légitimité de son pouvoir. Nous disons bien une France déifiée, car, pour le Général, la France n'est pas réductible à la simple somme des Français. Toujours selon Jean Mauriac, quelques mois avant de mourir, l'ancien chef de la France libre disait au politologue François Goguel : « La France est au-dessus des Français. Je ne me suis pas occupé du bonheur des Français. On meurt pour la France : cela prouve qu'elle est autre chose et plus que les Français. » En citant ce même propos, Edmond Pognon remarque que « jamais Charles de Gaulle n'avait été aussi clair que dans cette parole tardive, prononcée en novembre 1969 ». Aussi bien n'est-il pas exagéré d'estimer qu'à certains moments les Français sont gênants pour de Gaulle, gênants dans la mesure où il estime que ces mortels font écran entre lui et la France éternelle. Même lorsqu'il en appelle au suffrage universel, il ne peut s'empêcher de le laisser entendre ; ainsi, au cours d'une interview radiotélévisée le 13 décembre 1965, dit-il à Michel Droit : « Il faut que la France joue son rôle, (...) et pour qu'elle joue son rôle il faut qu'elle soit la France. Et les Français ? Eh bien ! c'est eux qui font la France. C'est eux qui en sont responsables, de génération en génération. La France, c'est plus que les Français du moment, la France vient de loin, elle est ce qu'elle est maintenant, et puis elle a l'avenir ; autrement dit, la France embrasse toutes les générations de Français, et d'abord, bien entendu, les générations vivantes. Ces générations vivantes sont responsables de la France, et c'est ainsi, c'est vrai, que je considère, dans leur ensemble, les Français, et c'est ainsi que je souhaite que les Français, dans leur ensemble, se considèrent eux-mêmes. Il y a, à cet égard-là, entre eux, et pour cela, une solidarité que je dis être nationale, faute de laquelle la France risque de ne pas être ce qu'elle est de tout temps, et par conséquent de ne plus jouer son rôle, de ne plus, à proprement parler, exister. » Et ce que Charles de Gaulle ne peut s'empêcher de laisser entendre alors même qu'il souhaite visiblement être agréable à l'opinion publique, il suffit qu'un obstacle se dresse sur sa route pour qu'aussitôt il l'avoue beaucoup plus crûment. Jean Mauriac rapporte encore par exemple ce propos tenu à Jean-Marcel Jeanneney au sujet de l'affaire du « Québec libre » invoqué lors d'une visite présidentielle au Canada : « On dit : c'est trop grand pour les Français. Mais moi, je dis : ce n'est pas trop grand pour la France ! » Autre exemple de même source, cette réflexion du 30 avril, trois jours après le référendum défavorable de 1969 : « Ils n'ont pas dit non à de Gaulle. Ils ont dit non à l'effort. Ils ont choisi le renoncement. Ils ont choisi d'être un petit peuple. (...) Ils n'ont plus besoin de De Gaulle pour leur train-train quotidien ! » Or, ce n'est pas là un aveu tardif puisque, expliquant près de vingt ans auparavant une décision prise un quart de siècle plus tôt, Charles de Gaulle justifiait en ces termes l'ordonnance du 24 septembre 1941 par laquelle il instituait le Comité national français, premier embryon du Gouvernement provisoire : « Tandis qu'entre l'été de 1941 et celui de 1942, la France combattante étendait sa campagne diplomatique, elle ne cessait pas elle-même de s'agrandir. (...) Dès lors que le champ d'action allait en s'élargissant, il me fallait placer à la tête de l'entreprise un organisme adéquat. De Gaulle ne pouvait plus suffire à tout diriger. Le nombre et la dimension des problèmes exigeaient qu'avant de décider fussent confrontés points de vue et compétences. Les mesures d'exécution devaient être décentralisées. Enfin, la forme collégiale étant, pour tous les Etats, celle du pouvoir, nous aiderions à nous faire reconnaître en l'adoptant pour nous-mêmes. »... Ici, des phrases comme celle où le Général constate qu'il « ne pouvait plus suffire à tout » ou celle qui, non sans nostalgie, reconnaît l'universalité de la « forme collégiale » en disent long sur la conception gaulliste de la démocratie.

Emmanuel d'Astier de la Vigerie explique fort bien que, pour le Général, « la France était une abstraction mythologique dont il avait perçu la voix en juin 1940 : il connaissait mal son peuple dont les manifestations l'inquiétaient comme devaient l'inquiéter plus tard la Résistance et l'Insurrection. Ce n'était pas de ce peuple qu'il avait reçu la révélation, mais d'en haut. Il exerçait les droits d'un père inspiré sur des enfants mineurs. »

Outre la définition qu'il donne, Emmanuel d'Astier met ici en deux mots le doigt sur un point crucial lorsqu'il écrit que de Gaulle « connaissait mal » le peuple français. Certes, cette ignorance devait être ultérieurement un peu atténuée par la pratique du pouvoir. Mais, à l'époque qui nous occupe, au temps de l'Occupation et de la Résistance, elle était particulièrement sensible. D'autant plus qu'elle n'était pas le fait du Général seul, mais que la majeure partie de ses conseillers et de ses services la partageaient. On peut, bien sûr, admettre que certains de ces conseillers et de ces services entendirent, à certains moments, maintenir le chef de la France libre dans cette ignorance parce qu'elle était propice à leurs projets ; de même, on peut estimer que Charles de Gaulle n'hésita pas à feindre l'ignorance lorsque cette feinte lui apparaissait comme une utile ruse ; il n'en reste pas moins que, chez les gaullistes de Londres puis d'Alger ainsi que chez leur leader, grande fut et resta la méconnaissance d'une réalité populaire que ni leurs origines ni leur formation ne les préparaient à appréhender aisément. Il ne faut pas oublier ce qu'était la mentalité moyenne des officiers de carrière dans les années 1930 : un socialiste était déjà à leurs yeux un personnage très singulier ; et que dire alors d'un communiste ? Le bolchevisme étant diabolique, le simple désir de s'informer eût apparu à beaucoup d'entre eux comme coupable...

« Le seul révolutionnaire, c'était moi... »

On retiendra ce qu'a écrit à ce sujet Paul-Marie de La Gorce dans son analyse de la situation de Charles de Gaulle en 1940 : « Songea-t-il que le Parti communiste français, exaltant le profond patriotisme de ses militants et de la classe ouvrière elle-même, prendrait bientôt une part immense à la Résistance française ? En vérité, on discernait mal, à Londres, la réalité et l'importance de l'organisation clandestine des communistes en France. Les contacts qu'avaient établis les services de la France libre n'étaient pas de nature à renseigner exactement de Gaulle sur l'importance et les activités du Parti communiste. Dans les milieux bourgeois, ceux de la France libre comme les autres, on tendait souvent à croire que celui-ci avait perdu toute audience dans les masses après la conclusion du Pacte germano-soviétique. (...) De Gaulle pouvait tout au plus prévoir que la combativité des milieux ouvriers allait se renforcer du dynamisme propre aux militants communistes. De toute manière, c'était là une considération secondaire à ses yeux. » Et, même si l'on considère que, s'agissant du mois d'avril 1942, ce qu'écrit le colonel Passy à propos d'une rencontre entre François Faure, alias Paco, et Jean Jérôme sonne un peu comme le fameux « cachez ce sein que je ne saurais voir » du Tartuffe, il est bon de retenir ces lignes du chef du BCRA dans ses *Souvenirs* : « Faure, quelques jours avant son voyage à Londres, avait eu une longue conversation avec un représentant du Comité central du Parti communiste auquel il avait été présenté par Prenant, le professeur à la Sorbonne. Le responsable communiste qui avait appris (on ne savait par qui) que Paco était en instance de départ pour l'Angleterre, lui avait demandé d'informer le général de Gaulle que son parti lui offrait sa collaboration totale "jusqu'à la victoire finale". Parallèlement, il l'avait prié d'obtenir du Général une aide matérielle et substantielle, des armes et des explosifs pour les "Francs-tireurs et partisans". C'était la première fois qu'à Londres nous entendions parler des FTP. Aucun rapport, d'aucune source, n'en avait jusqu'alors mentionné l'activité ni même l'existence, pas plus en zone libre qu'en zone occupée... »

A cette proclamation d'une ignorance gaulliste, peut-on faire objection en se référant aux textes où Charles de Gaulle courtise la Révolution, salue la République et tend finalement à nous fournir de lui-même une image « de gauche ». Faire objection, non ; mais noter une contradiction de plus, oui.

Déjà, nous avons cité le passage des *Mémoires de guerre* où le Général n'hésite pas à écrire : « J'en venais à me demander si, parmi tous ceux-là qui parlaient de révolution, je n'étais pas, en vérité, le seul révolutionnaire. » Vingt ans plus tard, il le répète à André Malraux : « A la Libération, (...) le seul révolutionnaire, c'était moi. » Et, dans les discours et proclamations qui non seulement ponctuent son action mais dont il veut qu'ils soient le fil conducteur de son entreprise, dans des textes qu'il prépare donc toujours avec un grand soin, on peut trouver bien d'autres exemples...

Citons-en trois. Le premier est une allocution à la radio de Londres, le 3 août 1940, tout juste un mois et demi après l'Appel : « Les événements vont vite dans cette grande guerre qui est aussi une grande révolution. » Le second est une autre intervention au micro de la BBC près de quatre mois plus tard, le 25 novembre : « La terrible logique de la guerre met en pleine lumière la vanité des prétendus chefs qui osèrent affirmer qu'ils allaient rénover la France, livrée par eux aux chaînes de l'ennemi. Les lois outrageusement violées, la destruction de toute liberté, politique, civique, sociale, de prétentieuses incompétences installées dans tous les postes, l'effondrement économique, la famine aux portes des foyers, voilà leur rénovation ! Mais la terrible logique de la guerre, à mesure qu'elle éclaire les Français, réveille en eux la passion salutaire d'où sortira leur délivrance. Cette passion, c'est la fureur, la bonne fureur, la féconde fureur à l'égard de l'ennemi et de ses collaborateurs. C'est cette solide fureur française qui (...) maintient la France dans la guerre. C'est cette puissante fureur française qui crée, jour après jour plus lourde, autour des envahisseurs et de leurs complices de Vichy, l'atmosphère d'exil, puis d'angoisse, puis de menace, si profondément efficace. C'est cette noble fureur française qui anime nos Forces libres, servant sous les trois couleurs et la croix de Lorraine (...). C'est cette sainte fureur française, celle de Jeanne d'Arc, celle de Danton, celle de Clemenceau, qui nous rend l'espérance, qui nous fait retrouver des armes. Cultivons cette fureur sacrée pour hâter le jour où la force aura fait justice de nos ennemis et de leurs amis de Vichy ! » Enfin, le troisième exemple, on le trouve dans une déclaration faite à Londres, le 2 janvier 1943, alors que, aux prises avec Giraud, de Gaulle définit ce qui, selon lui, serait le « remède à la situation », à la confusion des pouvoirs qui s'est installée depuis le débarquement des Alliés en Afrique du Nord ; pour le chef de la France libre, donc, le remède, « c'est l'établissement (...) d'un pouvoir central provisoire et élargi, ayant pour fondement l'union nationale, pour inspiration l'esprit de guerre et de libération, pour lois les lois de la République, jusqu'à ce que la nation ait fait connaître sa volonté ». Aussi bien est-il juste de rappeler que la fameuse proclamation faite par le général de Gaulle, le 15 novembre 1941, à l'Albert Hall de Londres, a marqué la mémoire de nombreux Français libres. On a pu discuter la façon dont furent ultérieurement appliqués les principes qui y avaient été énoncés, on n'a pas pu dire qu'ils aient été oubliés. Or, ces principes étaient : « rendre la parole au peuple dès que les événements lui permettront de faire connaître librement ce qu'il veut et ce qu'il ne veut pas » et « notre volonté est de rester fidèles aux principes démocratiques ». Ce qu'il affirmait ainsi en public, le Général ne manquait pas de le répéter en privé. François Faure, alias Paco, que nous avons vu, tout à l'heure, apparaître sous la plume du colonel Passy, nous a ainsi raconté : « J'ai dîné avec de Gaulle le 29 mars 1942, à l'hôtel Connaught où il avait un appartement. Nous étions trois convives. Le Général, un officier de char qui s'était évadé d'Allemagne par la Russie, et moi. On était "entre chars". L'une des premières phrases de De Gaulle a été : "La bourgeoisie française a fait son temps et je sais qu'en France il n'y a plus que le peuple qui soit capable de se battre et de se faire tuer pour une idée." » De même, un autre Français libre important, Jean Marin, lorsqu'il évoque la mise sur pied du Comité national français, insiste-t-il : « Ce qui frappait surtout dans les textes organisant sa mission et son fonctionnement, c'était la référence constante à la représentation populaire ».

Tentative de « soixante-huitardisation »

Ayant particulièrement marqué les esprits, ces apparitions fréquentes de la République et de la Révolution dans le discours gaulliste devaient provoquer réflexions et illusions... Même s'ils contiennent souvent des nuances critiques, le ton des hommages que des hommes de gauche adressent à la mémoire de Charles de Gaulle au lendemain de sa mort est significatif. Ainsi est-ce Pierre Mendès France qui écrit : « Quelque chose de l'intransigeance et parfois des formules de Saint-Just colorait les mots d'ordre du chef de la France libre. La légitimité qu'il revendiquait faisait état de la légalité républicaine et visait à la rétablir ; l'ennemi dénoncé, plutôt que l'éternelle Allemagne des mythes maurrassiens, c'était bien le fascisme ; et la condamnation de la dictature, la proclamation répétée des droits souverains du peuple, étaient sans réserve et sans faiblesse. La Résistance retrouvait, sous ce chef, le cœur pur et l'optimisme des soldats de l'An II. » De la sorte perçoit-on nettement que beaucoup se posent encore la question que Jacques Ozouf formule en ces termes : « Comment comprendre alors que les grandes noces de la gauche avec de Gaulle n'aient jamais pu être célébrées ? »

Les tentatives d'explication sont plus rares. La plupart toutefois convergent : le poids du réel, la pression des événements... « On a dit, et c'est juste, note Jules Moch, qu'il n'inclinait pas naturellement aux idées démocratiques. Il y est tenu par raisonnement et par expérience, parce qu'il méprise les anciennes élites, parce qu'il a reconnu que tout ce qui était sain en France se trouvait dans le peuple. Il a vu également que c'est parmi nos amis que se trouvent les gens qui luttent. Il va très loin dans cette voie, ayant le sens au surplus que cette guerre est un premier acte d'une grande révolution qui se poursuivra après la victoire. »... Homme de droite, André Siegfried avance des motivations du même ordre. Ayant remarqué qu'à son avis, « les résistants étaient moins des politiques que des conjurés, vivant dans une ambiance révolutionnaire sans être nécessairement eux-mêmes des révolutionnaires », il ajoute : « Par une sorte de nécessité logique, la position tactique impose le gauchissement à tous ceux qui rejoignent le général de Gaulle. Il restera, quant à lui, un autoritaire, paradoxalement placé à la tête d'un parti que tout pousse à l'extrémisme démocratique. » Et ce sera le même spécialiste de sciences politiques que nous avons vu établir une filiation entre le PSF et le RPF, Jacques Chapsal, qui soulignera : « Le mouvement de Londres est un mouvement antivichyssois qui va, par là même, vers la gauche alors que de Gaulle, dans tout son contexte antérieur et dans la mesure où l'opinion publique peut le connaître, est situé à droite. (...) Le général de Gaulle affirmera la continuité républicaine et démocratique. C'est très important parce que, étant donné son tempérament, ses origines, les circonstances, il n'était pas absolument inscrit par avance qu'il affirmerait la continuité républicaine et démocratique. » Au bout du compte, les illusions seront plus nombreuses que les explications. En 1970 encore, exprimant une aspiration sincère et décrivant son rêve profond, un homme comme Jacques Debû-Bridel pourra même tenter une sorte de « soixante-huitardisation » en publiant un livre intitulé *De Gaulle contestataire*... Et il y croit, Debû, quand il ne craint pas de prédire pour proche le jour où, je cite : « Avec toute la masse saine du pays, des travailleurs, et avec le Parti communiste, le gaullisme reprendra son combat pour l'indépendance de la France et l'abolition de l'exploitation de l'homme par l'homme. »

Au milieu de cette sorte d'unanimité dans l'ambiguïté, seuls ou presque les communistes semblent ne pas s'inquiéter des contradictions gaullistes. Pour eux, la collaboration avec Charles de Gaulle durant la Résistance et au lendemain de la Libération, ne prit pas un autre caractère que celui d'une alliance politique, d'une action commune portant sur des points essentiels et immédiats. Après cette collaboration comme avant, chacun continua de critiquer l'autre sans aucune gêne et même le temps de l'accord n'avait pas été exempt d'échanges de griefs réciproques. Que l'on se souvienne à cet égard de la lettre que de Gaulle adressa à Jean Thorez, le 13 juillet 1964, au lendemain de la mort du président du PCF, lettre où il écrivait notamment : « Pour ma part, je n'oublie pas qu'à une époque décisive pour la France, le président Maurice Thorez — quelle qu'ait pu être son action avant et après — a, à mon appel et comme membre de mon gouvernement, contribué à maintenir l'unité nationale. » Néanmoins, la simplicité des faits n'a pas freiné le flot des interprétations et, curieusement, c'est en partie sur la présence de ministres communistes dans les gouvernements que présida le général de Gaulle en 1944, 1945 et 1946 que repose toute une part de l'ambiguïté régnante. Or, pour en rester à la période qui nous occupe, cette ambiguïté tend à obscurcir la vision qu'un demi-siècle plus tard, on peut avoir des rapports entre Charles de Gaulle et ceux qui combattaient clandestinement en France même, des crises qui marquèrent ces rapports. Bon, mais si l'on sait ce que de Gaulle pensait des communistes et ce que les communistes pensaient de de Gaulle (et tel est notre cas depuis que nous avons cité plus haut les propos tenu par le Général à Alain Peyrefitte durant leur voyage à Limoges du 20 mai 1962), si on ne perd pas de vue que les conditions de leur collaboration sont inséparables de l'évolution du rapport des forces politiques aussi bien que des métamorphoses du gaullisme, alors les brumes se dissipent...

Fin juin ou fin de l'année ?

Oubli ? Négligence ? Volonté de dissimuler ce qui ne cadrerait pas avec le conformisme des nécessaires « relations troubles » entre le

Général et la gauche ? On ne sait. Toujours est-il que tout se passe comme si de doctes commentateurs n'avaient pas vu, pas lu, ces phrases, ces paragraphes qui jalonnent notamment les *Mémoires de guerre* et qui ne peuvent pourtant que sauter aux yeux, ces textes où s'exprime avec éclat la conviction anticommuniste du général de Gaulle.

D'abord, comme s'il voulait transférer sur eux ses propres tourments, le Général met en cause la légitimité des communistes. Ne reculant pas devant deux contre-vérités, il corrige la réalité de deux étapes cruciales de l'histoire nationale : l'armistice de 1940 et le début de la Résistance. A propos de l'époque de l'armistice, c'est en parlant « des partis » qu'il écrit : « Tous, sans exception, avaient défailli au moment décisif. » A propos des débuts de la Résistance, il affirme : « A la fin de 1941, les communistes entrèrent, à leur tour, en action. Jusqu'alors, leurs dirigeants avaient adopté à l'égard de l'occupant une attitude conciliante... »

Nous avons dit plus haut l'attitude du parti communiste français en 1939, 1940 et 1941. Nous n'y insisterons pas. Remarquons toutefois que si l'anticommunisme ordinaire prétend que le PCF attendit l'entrée en guerre de l'Union soviétique, c'est-à-dire la fin juin 1941, pour se décider à résister, le chef de la France libre, lui, innove puisque, sous sa plume, le début de l'été devient la fin de l'année. Mais ce n'est pas tout, car ici, plus que jamais, le ton fait la chanson... Et, à peine le Général vient-il de trouver, pour dépeindre les résistants, une de ces images qui font de lui un grand écrivain, l'image qui présente les combattants clandestins comme des « poètes de l'action, s'enchantant de l'air d'héroïsme et de fraternité que respirait la résistance » qu'aussitôt il tient à enchaîner : « Par contre, les communistes, formés en bloc compact, traitaient âprement les affaires, pratiquaient la surenchère, s'acharnaient à la propagande. » Ce *par contre* n'exprime-t-il pas quelque ségrégation ? Une ségrégation que le général de Gaulle ne pratiquera certes pas toujours, au contraire, dans les faits, mais qu'il cherchera si souvent l'occasion d'exprimer. Prenons un exemple : l'insurrection populaire en Corse et la libération de l'île. Lorsqu'il les raconte, la ségrégation par le langage est particulièrement visible : les mêmes actes, selon qu'ils sont accomplis par des résistants communistes ou des résistants non communistes ne méritent pas les mêmes qualificatifs et sont appréciés de façon contraire. La Résistance corse tend-elle à manifester son unité sous l'égide du Front national qu'aussitôt cela devient le désir des communistes de s'assurer « le monopole de l'autorité » et que l'on voit « les chefs communistes prendre sous leur coupe l'ensemble des résistants où, cependant, les membres de leur parti n'étaient qu'une minorité ». Cette même Résistance s'efforce-t-elle, un peu plus tard, de réorganiser le département enfin libéré, qu'aussitôt le lecteur des *Mémoires* est invité à « constater comment les communistes, utilisant la Résistance, installaient des municipalités de leur choix et saisissaient les moyens d'information »... D'ailleurs, toujours en se référant à l'exemple corse, de Gaulle entend démontrer que les membres du PCF ne peuvent être que des hypocrites, des conjurés déguisés en résistants. « Les communistes, dit-il, sous un langage prudent, laissaient deviner leur projet d'élections effectuées sur la place publique, de préférence par acclamations, sous le contrôle des organisations et des troupes de la Résistance. Ils comptaient, évidemment, que leur propre savoir-faire tirerait d'un pareil système des résultats avantageux. » Quoi qu'ils fassent, les communistes trouvent fort difficilement grâce à ses yeux. Collaborent-ils avec les gaullistes qu'aussitôt il convient de changer leur loyauté en zèle et de s'en moquer : « Les communistes n'étaient point en reste ; de France, ils s'apprêtaient à envoyer auprès de nous Fernand Grenier, tandis qu'à Moscou André Marty venait voir et revoir notre délégué Garreau pour lui dire qu'il se tenait à ma disposition... » Notons que cette phrase figure dans le même paragraphe où Charles Vallin, vichyste proclamé jusqu'en 1942, est traité de « patriote ardent », « apôtre de la tradition » qui « se rallie de toute son âme ». Plus loin, ce portrait du délégué du PCF clandestin auprès de la France libre : « Fernand Grenier, amené par Rémy à la demande des communistes et qui, sous le contrôle de Soustelle, s'employait à la propagande en affichant un "gaullisme" rigoureux »... Enfin, l'idée déjà avancée à propos du Front national en Corse et selon laquelle les communistes ne peuvent avoir d'alliés, mais seulement faire entrer des gens dans leur obédience, sera sans cesse reprise. A preuve, ces deux phrases sur le CNR : « Les avatars de ma délégation favorisèrent les intentions des communistes vis-à-vis du Conseil national de la Résistance. Ils parvinrent à faire en sorte que, parmi ses quinze membres, cinq fussent de leur obédience notoire ou dissimulée. » Logiquement, malgré le souci évident que Charles de Gaulle montre toujours de la chose diplomatique, malgré les bonnes relations que la France libre entretient avec l'Union soviétique laquelle fut, on le sait, le premier des grands Alliés à reconnaître sa représentativité internationale, les froides fureurs du Général ne sont pas réservées aux seuls militants français du communisme. Dans son estime, le général nationaliste serbe Draza Mihajlovič l'emporte nettement sur le kominternien croate et futur maréchal yougoslave Josip Broz, alias Tito. Sous sa plume, s'il est reconnu aux partisans grecs qu'ils « déploient malgré tout » leurs forces contre l'ennemi, il est immédiatement ajouté que cela ne va pas sans « le noyautage des affamés et des combattants par le parti communiste ». Quant à l'URSS, lorsqu'elle est attaquée par Hitler, Charles de Gaulle écrit : « Pour la France écrasée, le fait que la Russie se trouvait jetée dans la guerre ouvrait les plus grandes espérances. A moins que le Reich ne réussît rapidement à liquider l'armée des Soviets, celle-ci ferait subir à l'adversaire une constante et terrible usure. Je ne doutais évidemment pas qu'une victoire à laquelle les Soviets auraient pris une part capitale pourrait, de leur fait, dresser ensuite d'autres périls devant le monde. On devrait en tenir compte, tout en luttant à leurs côtés. »

A propos des « lendemains qui chantent »

Fureur froide... Mais si forte fureur que Charles de Gaulle en arrive à s'échauffer... Lui qui, généralement, contrôle son discours au point qu'on ne peut, à son propos, faire de différence entre la langue écrite et la langue parlée ; lui qui, en public, ne laisse jamais transparaître le vocabulaire des colères triviales dont seuls ses familiers furent témoins ; lui qui s'exprime toujours comme Bossuet et Chateaubriand sans craindre le ton des oracles antiques ou des sentences latines, le voici qui, soudain, parce qu'il s'agit des communistes, s'abandonne un peu... Evoquant dans ses *Souvenirs* la dernière lettre de Gabriel Péri, la lettre sur « les lendemains qui chantent », le chef du BCRA le colonel Passy, à l'époque encore plus apparemment anticommuniste que le Général rapporte : « Paco avait réussi à obtenir le texte de la magnifique lettre d'adieu que Gabriel Péri écrivit la veille de sa mort. Cette lettre, qui lui fut communiquée par un ami de Gabriel Péri, Rémy nous l'avait apportée le mois précédent. Nous en avions aussitôt assuré la diffusion, tant en Angleterre qu'en Amérique, et elle avait eu un très grand retentissement. » Or c'est sur « les lendemains qui chantent » que le chef de la France libre ne va pas craindre de brocarder. Et, qui plus est, à la faveur de la fin tragique de Jean Moulin. « Lui mort, écrira-t-il, certains allaient être portés à jouer plus activement leur jeu. Ce serait, d'abord, le cas des communistes. Ils le feraient notamment à l'intérieur du Conseil national de la Résistance, visant à y acquérir la prépondérance de fait et, d'autre part, à lui donner la figure d'un organisme souverain, théoriquement rattaché à mon gouvernement, mais qualifié pour agir de son côté et pour son compte. Il serait alors possible d'utiliser le Conseil pour mener sous son couvert telles activités, mettre en place telles autorités, formuler tel programme et, peut-être, saisir tels pouvoirs grâce auxquels, dans le bouleversement de la Libération, les lendemains pourraient chanter enfin. »

Tant de détermination dans l'animosité suppose des motivations profondes, implique des mobiles qui ne peuvent être seulement de circonstance. Beaucoup plus que d'irritation, c'est d'incompatibilité qu'il s'agit ici. Pourquoi ? D'abord, pour deux raisons immédiates : d'une part, l'anticommunisme est profitable à Charles de Gaulle et, d'autre part, dans la mesure où les communistes lui apparaissent comme une organisation fortement constituée, autonome, qu'il ne peut mettre sous sa coupe et qui prétend discuter avec lui en termes d'alliance et non point de ralliement, leur existence même, la nécessité où il se trouve d'en tenir compte sont pour lui très fâcheuses, au sens propre du terme. Le profit qu'il peut et entend tirer du vieux procédé qui consiste à se présenter comme le rempart de l'antibolchevisme, en prenant cette fois pour protégés les éléments de la Résistance qui craignent et parfois jalousent le PCF, le Général n'en fait pas mystère. « Enfin, écrit-il, percevant les réactions du peuple qui, au fond de ses épreuves, condamnait à la fois le régime de la défaite et celui de la Collaboration, nous étions sûrs que, si de Gaulle s'effaçait ou, pire encore, s'il se compromettait, c'était l'idéologie communiste qui l'emporterait dans les masses dégoûtées. Le Comité national en était convaincu. Nos compagnons, où qu'ils fussent, n'en doutaient pas davantage. »... Quant à la volonté dudit PCF d'être lui-même et non point simplement une partie du corps de bataille gaulliste, le degré d'énervement où elle plonge le Général apparaît tout particulièrement dans la façon dont il raconte, à sa manière, les pourparlers avec les communistes en vue de leur entrée dans le Comité français de libération nationale. « Et les communistes ? écrit-il. La part qu'ils prennent à la Résistance ainsi que mon intention de faire en sorte que leurs forces s'incorporent à celles de la nation au moins pour la durée de la guerre, m'ont conduit à la décision d'en mettre deux au gouvernement. Depuis la fin du mois d'août, le "Parti", pressenti, a volontiers promis le concours de plusieurs de ses membres. Mais au moment de s'exécuter, toutes sortes de traverses viennent empêcher ceux que j'appelle au Comité de la Libération de me donner une réponse positive. Tantôt la délégation du Parti m'en propose d'autres, tantôt elle s'enquiert du détail de mon programme, tantôt elle insiste pour que les siens reçoivent tels portefeuilles déterminés. Bientôt, indisposé par ce marchandage prolongé, j'interromps les pourparlers. » Il va sans dire que, celui qui, à l'époque, dirige le combat clandestin des communistes, Jacques Duclos, ne considère pas du même œil ce « marchandage prolongé ». Dans ses *Mémoires*, il en donne une image bien différente. « En Algérie, remarque-t-il, une politique de discrimination à l'encontre des communistes se poursuivait, à tel point qu'au moment où le CFLN désigna la Commission de la réforme de l'Etat, les communistes en furent exclus. Le Parti s'éleva contre cette mesure de discrimination. En son nom, André Mercier, qui avait été envoyé en Algérie pour y représenter le Parti avec Henri Pourtalet et Fernand Grenier, protesta le 9 février 1944 à l'Assemblée consultative contre cette élimination des communistes de cette commission qui devait précisément discuter de l'avenir de la France. De plus, le général de Gaulle avait accumulé les obstacles à l'entrée des communistes au CFLN. Pourtant, dès l'automne 1943, le Comité central avait fait connaître son accord pour la participation des communistes au CFLN sur la base d'un programme de guerre précis en cinq points. De Gaulle entendait choisir, lui seul, les personnalités qui entraient au CFLN. Or, pour le Parti communiste, c'était une question de principe que de désigner lui-même les militants qui en feraient partie, comme je l'avais écrit dans le numéro de *l'Humanité* clandestine du 3 décembre 1943. »

Des communistes selon de Gaulle à de Gaulle selon les communistes

Certes, dans la mesure où elles mettent en cause des principes politiques, les deux raisons que nous venons de dire ne sont pas négligeables ; toutefois, pour atteindre aux motivations profondes de cette incompatibilité non point d'humeur mais de destin entre Charles de Gaulle et les communistes français, il faut pousser plus loin. Et alors on constate qu'il y a opposition entre les raisons d'être mêmes des deux parties en présence. Le concept d'une France déifiée à partir duquel le Général construit toute sa politique transforme en un véritable dogme le vieux slogan de l'union nationale habituellement ressorti et réutilisé par la droite à chaque fois qu'elle éprouve des difficultés. La statue de « Notre-Dame la France » doit avoir un socle homogène dans lequel Charles de Gaulle ne tolère aucune fissure. Aussi bien entend-il non seulement masquer mais effacer ou même nier les diversités économiques, les antagonismes sociaux qui en découlent et les tendances politiques qui les expriment. Dans cette optique, face à la France déifiée, la « lutte des classes » ne peut donc être que diabolique. Plus calmement qu'autrefois mais encore plus clairement, le chef de la France libre s'en ouvrira à André Malraux au soir de sa vie. « La conception de la "lutte des classes", lui dit-il, est une conception puissante, je n'en disconviens pas — mais contraire à ce qu'il y a de plus profond en moi : je ne veux pas opposer, même pour triompher, je veux rassembler... » Et, tout comme plus haut, le Général mettait des guillemets à *Parti* en parlant du PCF clandestin, ici, Malraux souligne *rassembler...* On comprend dès lors mieux la permanence de l'animosité du Général à l'encontre des « diviseurs » qu'il n'hésitera pas à appeler un jour les « séparatistes », alors même qu'il avait, par ailleurs, rendu hommage à leur courage et collaboré avec eux. Que sa conception mystique coïncide tout à la fois avec une tradition politique et certains intérêts financiers puissants et que, bon gré mal gré, sa négation de la lutte des classes serve finalement de paravent à une participation effective à cette lutte même, Charles de Gaulle feint de l'ignorer ou de ne s'en point préoccuper mais, dans les faits, sa stratégie et sa tactique découlent en grande partie de l'incompatibilité fondamentale dont nous parlons...

Encore une fois, il suffit de lire les *Mémoires* pour le vérifier. L'auteur y affirme que son but premier est d'empêcher que l'on « suscite, parmi les Français, leur passion de la dispute », de s'opposer à ceux « qui visent à la subversion », de les empêcher « de dévoyer la résistance nationale vers le chaos révolutionnaire d'où leur dictature sortirait ». Et Charles de Gaulle ne craint pas d'expliquer lui-même un certain nombre de ses options politiques essentielles à partir de son anticommunisme : « Il y a, note-t-il, concordance entre le malheur des hommes et leur élan vers le progrès. Beaucoup ont le sentiment que les épreuves de la guerre devront aboutir à un vaste changement dans la condition humaine. Si l'on ne fait rien dans ce sens, on rendra inévitable le glissement des masses vers le totalitarisme communiste. Au contraire, en agissant tout de suite, on pourra sauver l'âme de la France. (...) Le parti communiste est là. (...) Engagé dans la Résistance où il n'épargne pas ses pertes, invoquant les malheurs du pays et la misère populaire pour confondre en une seule révolte l'insurrection nationale et la révolution sociale, il ambitionne de se donner l'auréole du salut public. Pourvu d'une organisation que ne retient aucun scrupule et ne gêne aucune divergence, excellant à noyauter les autres et à parler tous les langages, il voudrait apparaître comme l'élément capable d'assurer une sorte d'ordre, le jour où l'anarchie déferlerait sur le pays. Au surplus, n'offrirait-il pas à la France dédaignée l'aide active de la Russie, la plus grande puissance de l'Europe ? Ainsi, le parti communiste compte-t-il trouver, dans l'écroulement de Vichy, l'occasion d'établir chez nous sa dictature. Oui ! Mais ce calcul est vain si l'Etat est refait ailleurs, si dans l'âme des Français la première place est prise par un gouvernement national, si son chef, dans la lumière de la victoire, paraît tout à coup à Paris. Voilà ma tâche ! Regrouper la France dans la guerre ; lui épargner la subversion ; lui remettre un destin qui ne dépende que d'elle-même. »

Son animosité à leur encontre s'exprimant souvent par des attaques publiques et les circonstances ayant poussé les deux parties à nouer puis entretenir les rapports que l'on sait, il va sans dire que les communistes ont toujours répondu et souvent riposté à Charles de Gaulle et que, face aux appréciations qu'il portait sur eux, ils ont maintes fois fait connaître celles qu'ils formulaient à son endroit. En continuant de considérer qu'il n'est pas possible, pour évoquer cet aspect de la Résistance, de se limiter aux textes d'époque, essayons donc d'esquisser, après le portrait des communistes par de Gaulle, le portrait de de Gaulle par les communistes.

Au lendemain de la mort du Général, le 10 novembre 1970, le Parti communiste français publiait, à propos de ce décès, un communiqué officiel. « Pendant toute une période historique, pouvait-on y lire, le général de Gaulle a joué un grand rôle dans la vie de notre pays et dans l'arène internationale. A cause de cela, sa disparition ne peut laisser aucun Français indifférent. Par ses origines, par sa formation, par ses idées, le général de Gaulle se rattachait aux forces sociales et politiques contre lesquelles le Parti communiste lutte. Cependant, en 1940, alors que ces forces s'engageaient pour l'essentiel dans la Collaboration avec l'occupant hitlérien, le général de Gaulle prit la décision de poursuivre le combat contre l'ennemi. De ce fait, les patriotes qui, à l'appel de notre Parti, organisèrent la Résistance et la lutte pour la libération nationale, ont préconisé et pratiqué l'action commune avec les patriotes gaullistes et leur chef. Cette action commune s'est aussi exprimée par la présence de ministres communistes dans les gouvernements présidés par le général de Gaulle. (...) Aux heures décisives de la guerre et de la Libération, le Parti communiste et le général de Gaulle se sont trouvés, l'un et l'autre, du côté de la France. » Presque simultanément Jacques Duclos, accordait à Robert Lechêne une interview que publiait *l'Humanité-Dimanche* du 14 novembre : « J'ai entendu parler du général de Gaulle, déclarait Jacques Duclos, au moment où le Parti communiste était lui-même déjà engagé dans la lutte clandestine. Tout d'abord, nous observions avec une certaine méfiance l'activité de ce Général dont on n'avait pas entendu parler auparavant, mais dont la résolution à poursuivre la lutte tranchait avec l'attitude de tant d'autres acceptant la défaite et l'humiliation. Puis, nous avons vu le mouvement gaulliste se développer. (...) Par rapport aux communistes, il a eu le point de vue d'un homme de sa classe. Il ne nous aimait pas parce qu'il était l'ennemi du socialisme. (...) Il nous a traités, à un certain moment, de “séparatistes” alors qu'il savait très bien que notre Parti a toujours eu une politique d'indépendance nationale (...) Pourtant, et cela est une chose à retenir, il avait considéré, pendant la Résistance, qu'on ne pouvait pas songer à libérer le pays sans notre concours. Reconnaissant la part prise par les communistes dans le combat, il a fait ensuite appel à nous pour participer, quoique cela ait été dans des proportions ne correspondant pas à notre influence réelle, au gouvernement d'après la Libération. Au fond, lui qui voyait les gens des divers partis, on peut penser qu'à défaut de nous aimer, il avait un certain respect pour nous parce qu'il savait que nous sommes des hommes de volonté, de principes et que nous ne nous tournons pas au gré des vents, disant aujourd'hui le contraire de ce que nous disions la veille. Alors que lui, dans certaines conditions, était obligé de le faire. Voilà quel était cet homme. Un homme complexe, conscient de sa valeur personnelle. Un homme convaincu d'avoir à jouer un rôle décisif dans l'histoire de la France, et qui va y tenir, en effet, une place exceptionnelle... »

« Un agent de la City de Londres... »

Peut-être a-t-on, dans la deuxième phrase du propos de Jacques Duclos, relevé l'expression « une certaine méfiance » ; elle fait, en quelque sorte, référence à ce que l'ancien chef du PCF clandestin avait déjà écrit à ce sujet dans ses *Mémoires*. « A cette époque, avait-on pu y lire, le général de brigade nommé par Paul Reynaud et membre du gouvernement qui n'avait tenu aucun compte de nos propositions visant à défendre Paris ne nous inspirait pas grande confiance. Nous le savions réactionnaire et nous constations que, s'il reprochait à Pétain d'avoir trahi la France, il ne lui reprochait pas de s'employer à faire peser sur notre pays un régime de réaction et de régression sociale... » Ultérieurement, pour d'évidentes raisons de politique intérieure, il s'est trouvé des polémistes, et même des historiens officiels, pour exagérer cette « certaine méfiance ». Ceux-là se gardaient (et, pour certains, se gardent toujours) de rappeler que, dans la méfiance des communistes à l'égard de la France libre, au début de la Résistance, il y avait aussi une grande part d'ignorance. Nous avons constaté plus haut celle du Général à leur endroit, la leur à son sujet était presque aussi profonde. Un texte venu de la base, une citation tirée d'un journal clandestin intitulé *La Voix des jeunes*, qu'éditaient alors clandestinement les Jeunesses communistes de Méricourt, dans le Pas-de-Calais, nous paraît particulièrement significatif. On peut y lire : « Qu'est-ce que de Gaulle ? Qui défend-il ? Qu'apporterait sa victoire à la cause du peuple ?... Pour nous, communistes, tout cela est simple. De Gaulle est un agent de la City de Londres, il défend un clan impérialiste, sa victoire n'adoucirait aucunement les conditions d'existence du prolétariat. » Tel fut effectivement, parfois, le ton employé... Quant au fond, Germaine Willard explique qu'à cette époque, « le Parti communiste considère que les Français ne peuvent compter sur un mouvement "d'inspiration réactionnaire et colonialiste" dépendant financièrement et militairement de la Grande-Bretagne pour leur libération ; il reproche surtout au général de Gaulle d'envisager la lutte sans jamais faire appel à l'action du peuple français : ce n'est donc pas dans "l'attentisme d'une soi-disant délivrance gaulliste que ses espérances doivent être placées" (*l'Humanité* du 20 avril 1941). Là encore, le Parti communiste rappelle sa position de principe : "C'est à nous, peuple de France, à nous sauver par notre union, par notre lutte commune" (*l'Humanité* du 20 juin 1941)... ». Autre nuance importante : si les communistes ne cèdent pas, comme tant d'autres résistants, à ce que l'on pourrait appeler le charme du Général, il est sûr qu'ils ne négligent pas l'importance du problème qu'il leur pose.

« Depuis 1944, déclarera plus tard Serge Ravanel, je me suis toujours heurté à lui. Mais se heurter à cet homme, ce n'était jamais dérisoire, c'était à la fois exaspérant et fascinant. » Aussi bien n'est-il pas question de contester la dimension historique du personnage. « Il y a l'homme politique, dira le résistant et député René Lamps, il y a aussi l'homme historique. On ne peut rester indifférent. » Et Marcel Paul : il « a symbolisé la résistance nationale pour la reconquête de l'indépendance française et de nos libertés ». De même le chef des FTPF Charles Tillon parlera-t-il du « respect que nous devons à sa mémoire »...

Cela dit, la constatation de cette dimension exceptionnelle ne paralyse pas l'esprit critique des communistes qui s'emploient, au contraire, à évaluer, selon leurs critères et dans un style souvent d'époque, le fait qu'ils reconnaissent. Dans un ouvrage au titre éloquent, *Gaullisme et grand capital*, Henri Claude écrit : « Si sa "hauteur de vues" si souvent proclamée le hisse d'emblée — il faut lui rendre cette justice — au niveau des intérêts supérieurs de la grande bourgeoisie française ; s'il confond, inconsciemment peut-être, ces intérêts avec ceux de la nation ; s'il sublime sa mission et finit par identifier sa personne avec celle de la France, l'expérience montre qu'il n'a jamais été un arbitre impartial dans les conflits qui opposent la bourgeoisie et le prolétariat, le capital et le travail, non plus que dans les contradictions qui opposent les monopoles aux classes moyennes, à la petite et à la moyenne bourgeoisies. » Autre exemple, un article du journaliste Laurent Salini dans *l'Humanité-Dimanche* du 18 octobre 1970, article rudement intitulé *De Gaulle ou l'échec d'un rebelle*. Particulièrement caractéristique est le profil du chef de la France libre tenté par Salini ; d'autant plus caractéristique qu'y transparaît le sentiment de perplexité qui aura presque toujours nuancé l'opposition des communistes français à Charles de Gaulle. « Décidément peu confiant dans les autres, remarque Salini, le général de Gaulle ne laisse à personne le soin de sculpter sa statue. Volume après volume, il remodèle l'image des événements auxquels il a participé. Volume après volume, il écrit sa propre légende, entonne sa propre chanson de geste. (...) Elle regorge de bonne conscience. Elle ruisselle de satisfaction. Elle rayonne le contentement de soi. (...) De l'idée qu'il se fit de la France lorsque, encore enfant, il rêvait d'entrer à Strasbourg, de Gaulle ne se départ point. L'expérience du pouvoir ne lui a rien appris. Son rêve de jeune officier s'est figé. Et le mouvement profond qui porte la patrie vers de nouveaux rivages lui échappe. (...) Hier les rois, aujourd'hui les financiers et les industriels, bientôt les travailleurs : le temps est venu de la plus décisive des mutations. De Gaulle la pressent et s'acharne à chercher une "réforme sociale qui concilie l'inconciliable". Pour reprendre une de ses formules, il "se débat dans l'impossible". (...) L'officier, le croyant, le monarchiste se rebellent à l'idée que nous entrons dans l'ère du peuple chef et serviteur de lui-même à la fois. L'officier, le croyant, le monarchiste s'insurgent en voyant une France nouvelle — mais qui est France continuée — forgée dans l'ardent creuset de la lutte des classes. De là son allergie au communisme, au Parti communiste. Son allergie et sa fascination. Car il en voit la force, il en devine les capacités, il en admire le dévouement, il en mesure la valeur et il caresse l'utopie de le voir le rallier. Mais, en même temps, il le redoute et, cessant de comprendre, le combat. »

Donner sa langue au chat...

Parvenu à ce point d'approche du monument, le monument humain nommé Charles de Gaulle, une démarche nous tente, qui peut surprendre, celle de, selon l'expression populaire, donner notre langue au chat. Mais pas à n'importe quel chat. Seulement à celui du Général, bien sûr. Ce qui eut encore été possible au seuil des années soixante-dix. Mais alors nous ne le savions pas.

C'est, en effet, presque au terme des 2 474 pages de l'épopée biographique de Jean Lacouture, à quelques dizaines seulement de la fin de *De Gaulle ; 3. Le Souverain*, qu'est reprise une merveilleuse anecdote, primitivement rapportée dans *Paris Match*, par le très sérieux et officiellement officieux Jean Mauriac... Dernier automne à Colombey-les-Deux-Eglises. Dernier combat de celui que « le temps talonne » et qui voudrait tant parvenir à achever le second tome de ses *Mémoires d'espoir*, cruellement intitulé *L'Effort*. Dans son bureau de La Boisserie, la plume à la main, il « passe le tiers de ses journées face aux trois fenêtres qui ouvrent sur la vallée de l'Aube d'où monte, en cette saison, une brume familière », mais il veille aussi, dit-il, à « s'imposer une discipline d'oisiveté » qu'il estime « indispensable ». C'est à ce propos qu'un jour un visiteur lui demande : « Savez-vous ne rien faire ? ». La réponse est gaullienne : « Demandez au chat ! Nous faisons des réussites ensemble. »... On se souvient du commentaire d'*Alice au Pays des merveilles* : « Je ne savais pas qu'il y eût au monde un seul chat doué de cette faculté », et aussi de la réplique de la Duchesse : « Vous ne savez pas grand-chose, ça c'est un fait patent. » Certes, celui du Général n'est pas un « chat du Cheshire », et l'on peut regretter que Jean Lacouture nous en dise infiniment moins sur feu le matou de La Boisserie que Lewis Carroll sur son souriant petit fauve, tout en admettant que confesser le félin n'eût guère été facile. Mais ce qu'il nous faut surtout admettre, c'est qu'à nous aussi s'applique la réplique de la Duchesse. Nous ne savons pas grand-chose du Général, et même un pourfendeur des gloires établies et révélateur des vérités les plus enfouies doit admettre ce fait patent, puisque quand Henri Guillemin, cinq ans après l'article du fils Mauriac et deux ans avant que ne paraisse *Le Souverain*, en 1984 donc, consacre un livre à Charles de Gaulle, il donne ce titre qui est presque un aveu, une sorte de reconnaissance de doute : *Le Général clair-obscur*... Bien choisie cette épithète. Le « clair-obscur » gaullien semble, en effet, désormais devoir résister à tout, puisqu'il a tenu bon sous la « gaullomania » et que le déferlement médiatique du centième anniversaire n'a rien apporté de bien nouveau sur le Général.

Vous avez dit *gaullomania* ? Oui, c'est le néologisme, d'ailleurs éphémère, qui est apparu pour qualifier la médiatisation extrême de ce feu d'artifice commémoratif que fut, en 1990, le centenaire de la naissance de Charles de Gaulle. Le centenaire était en 1990, mais le phénomène s'étala sur plusieurs années... Le recensement des émissions de télévision et des publications les plus diverses est impressionnant. Evoquer cet inventaire ne nous avancerait guère. Parlons plutôt des débuts de la *gaullomania*... Elle commence, selon nous, le 14 septembre 1988 avec l'émission de TF1, intitulée *Charles de Gaulle ou l'éternel défi*, une émission programmée sur six semaines. A la diffusion du premier épisode, la réaction de la presse est immédiate. Et prolifique. Prenons deux journaux parisiens éloignés l'un de l'autre : *l'Humanité* et *Le Quotidien de Paris*. Titre pleine page du premier, le mercredi 14 : *L'épanouissement du mythe*. Sous-titre : *Du rebelle au retraité de Colombey, trente ans d'histoire en images, autour d'une grande figure dont la réalité ne recoupe pas toujours la légende, mais qui se fit toujours « une certaine idée » de la France*. Début de l'article que signe Claude Lecomte : « C'était en avril 1969. A la veille d'un référendum perdu d'avance, qui allait sonner la retraite définitive à Colombey-les-Deux-Eglises. Le général de Gaulle disait alors à M. de Lipkowski : "C'est vrai, les Français ne veulent plus de de Gaulle. Mais le mythe, vous allez voir la croissance du mythe... Dans trente ans d'ici !" Il n'aura pas fallu trente ans et le mythe recouvre souvent la réalité. »

Le tracassin

Passons maintenant au *Quotidien*. Celui de la veille. Trois pages ; quatre articles et une interview sous un gros titre : *Le Feuilleton de Gaulle*. Début du papier d'Eric Zemmour : « De Gaulle est de retour. De Gaulle, sa haute stature, son uniforme, ses coups de gueule, d'éclat, ses bons mots... De Gaulle et ses conférences de presse à grand spectacle. De Gaulle, bras levés et ses discours polyglottes... » Et plus loin : « Un verbe qui invente un monde baroque où un quarteron de généraux en retraite sautent comme des cabris, où le volapük est décrété langue universelle tandis que Français et Mexicains marchent "mano en la mano", dans une chienlit générale. » Début de l'article de Paul Guilbert : « Sans doute n'a-t-il même pas connu, après sa retraite et sa mort, le temps de purgatoire qui échoit aux plus grands écrivains. De là à devenir si vite le sujet de la gaullomania qui court la France aujourd'hui, qui l'eût prévu ? » Et plus loin : « Reste le goût de l'aventure qui s'attache à cette vie fabuleuse dont les témoins sont encore légion : pour ceux qui ne l'ont pas connu, cela s'appelle le rêve. »... L'interview enfin. Toujours dans *Le Quotidien de Paris* du 13 septembre 1988. C'est celle de Jean Labib, le réalisateur qui, avec Jean Lacouture et Roland Mehl, a fait les six épisodes d'une heure du documentaire *Charles de Gaulle ou l'éternel défi*. On lui demande si, tous les trois, ils n'ont « pas l'impression d'avoir été trop gentils, d'être un peu tombés dans l'hagiographie » ? Réponse en trois phrases, dont la deuxième est reprise comme titre de l'interview : « Dans l'hagiographie, non. Mais je reconnais que l'on est tombé dans la marmite de la mythologie. On y est même tombé avec allégresse. »

La gaullomania se manifeste à tous moments, sans nécessairement un prétexte bien défini. Pourquoi, le 18 janvier 1990, *L'Evénement du jeudi* lui consacre-t-il toute sa couverture et vingt pages ? Apparemment pour régler un compte avec le RPR. En effet, sous un grand cliché du Général en tenue de combat et jumelles à la main, quatre visages dans le coin : Chirac renfrogné, Pasqua grimaçant, Seguin ahuri et Juppé sévérissime. Dans les vingt pages intérieures, plus de chiraquiens ni de Chirac. Si procès est fait au RPR, c'est implicitement, comme en creux. Le grief de médiocrité ! Tandis qu'immense au-dessus d'eux se dresse la statue du Commandeur, des ombres s'agitent, des mains se querellent. Le reproche n'est pas exprimé, mais qui ne le comprendrait : ils osent invoquer le Général alors qu'ils ne sont capables que d'être eux-mêmes. Et, « avec l'aide de Pierre Lefranc, son compagnon de toujours », sous un titre d'ensemble fort lapidaire : *De Gaulle inconnu*, Pascal Krop attaque en fanfare : « C'était un magicien. Eblouissant de volonté, d'orgueil, d'élégance, de ruse et de cynisme. (...) Le triple anniversaire, cette année, de la naissance, de la mort et du fameux appel, lancé un certain 18 juin, sera l'occasion de célébrer la magnifique épopée Londres-Alger-Paris du général rebelle et du monarque démocrate. Restait l'énigme. Qui était exactement Charles de Gaulle ? L'homme derrière le mythe ? La personne sous le personnage ? » Selon l'historien Michel Winock, « un éléphant dans l'imaginaire des Français ». Puis confidence d'« un adjudant-chef gaulliste » qui lance : « Je l'aime parce qu'il les emmerde tous ! » Une révélation deux pages plus loin : « Son seul rival : Tintin... » Et c'est reparti pour deux pages d'« humour hors du commun », d'« humour féroce, sarcastique, froid et décapant » — sous le titre : *Mort aux cons ! Vaste programme*... La visite continue. « Un cercueil de 2,13 m », mais « Mépris de fer pour les gros sous » et surtout : « Le vœu le plus cher de Brigitte Bardot n'était-il pas de lier connaissance avec le grand homme ? »... Et puis, il y a Jean-Michel Royer qui tient à signaler une querelle linguistique aux effets pervers dont l'objet est un des mots fétiches du Général : le tracassin... Certes, le Littré ignore le terme, mais le Robert a réparé : « Humeur inquiète, chagrine ; souci. » Tout est donc dans l'ordre, jusqu'à ce que survienne le « grand linguiste Pierre Guiraud » (Royer *dixit*) qui, dans son *Dictionnaire érotique*, écrit : « Etre en tracassin ou avoir le tracassin : être en érection, c'est-à-dire agité par quelque chose qui vous gêne. » Un Guiraud bientôt rejoint par Auguste Le Breton, qui tire de son *Argot des vrais de vrais* la définition « érection du membre viril », puis par le chanteur qui a baptisé son propre dictionnaire *Le Petit Perret illustré*. C'est d'ailleurs là qu'est proposé un exemple : « Tous les matins, Maddy la Gourmande s'occupait du tracassin de son homme, qui se pointait au boulot avec les cannes en tige de nénuphar. » — Saura-t-on jamais dans quelle acception Charles de Gaulle employait le substantif « tracassin » ? La psychologique ou l'argotique ? Ou les deux à la fois, lui que l'ambiguïté ne rebutait pas ? Non, nous ne serons jamais sans doute fixés sur ce point. D'autant moins que la gaullomania freinera beaucoup plus qu'elle ne favorisera la connaissance d'un profil gaullien qu'elle normalise en l'imposant. « L'homme derrière le mythe ? La personne sous le personnage ? » demande et annonce Pascal Krop, mais on attend toujours sa réponse. Et sans doute n'y peut-il rien. Ni Pierre Lefranc non plus, qui a déjà tant de fois vidé sa mémoire.

Si superficielle qu'elle ait pu être, la gaullomania a quand même eu le mérite, de réouvrir le rayon le moins noble des études gaulliennes mais pas le moins intéressant, loin de là... Question parmi d'autres : et si l'on pouvait entrer dans le mythe par la porte de l'humour ? A vrai dire, c'est ce que tente, en 1990, Jean-Michel Royer en publiant *Les Petites Malices du Général*, qui est un livre assez singulier... D'abord, un recueil de bons mots à peu près tous rapportés à travers des anecdotes ou des citations de sources écrites. Ensuite, le glissement vers l'érudition : nombre de versions de la même repartie ; degré d'authenticité ; propagation et conséquences. Jamais vulgaires, parfois de style troupier, souvent cyniques, fréquemment ambigus, à l'occasion démagogues, et fort conservateurs quelquefois, ces boutades, répliques, gaudrioles, plaisanteries, vacheries, sarcasmes, confidences, bougonnements font rire, mais ont-ils pour première vocation d'être drôles ? Du « volapük » au « tracassin », en passant par « Mort aux cons ! Vaste programme »... ou « froides queues pour Croix-de-Feu », ou encore « Tante Yvonne » qui, entendant la nuit *la Marseillaise* en sourdine à la radio, murmure : « Oh ! Charles, notre chanson ! », cette anthologie ne tend-elle pas à remplir une autre fonction que de politiquement stimuler les muscles zygomatiques ? Bien sûr que si, répondent en chœur l'auteur et l'éditeur en faisant imprimer sur le dos de la couverture que « vraies ou apocryphes, déjà connues ou totalement inédites, les historiettes rassemblées ici écrivent l'histoire ». Petites malices et grands desseins — alliage logique si l'on songe que l'auteur a toujours trempé sa plume simultanément dans l'encrier de l'humour et dans celui de la politique. Pasticheur invétéré et aussi membre de plusieurs cabinets ministériels, journaliste impénitent et aussi l'« une des figures marquantes de la gauche gaulliste » (à l'époque où la font vivre et l'organisent des René Capitant et des Louis Vallon, le même Vallon qui affuble l'amiral Thierry d'Argenlieu du sobriquet « Tientlieu-d'argenterie »), Jean-Michel Royer sait cultiver son goût pour Alfred Jarry et Alphonse Allais tout en appréciant la confiance que lui font André Malraux, Alexandre Sanguinetti, Edmond Michelet, Gaston Palewski, Michel Debré, Jacques Chaban-Delmas et quelques autres, sans oublier Vallon. Une dualité plus complémentaire que surprenante, le signe surtout qu'on peut effectivement avoir accès à la mythologie gaullienne par la porte du rire.

Les « mots » comme aliments de la ferveur

Dire que la parution, en 1962, du volume *Les Mots du Général*, puis d'une suite *Les Nouveaux Mots du Général*, enchante ce dernier serait plus qu'une litote. Et la personnalité de leur auteur n'arrange rien. Il signe « Ernest Mignon » mais s'appelle en réalité Constantin Melnik. Il est depuis 1959 « conseiller technique pour les questions de sécurité et de renseignement » auprès de Michel Debré, alors chef du gouvernement. Certains voient en lui une éminence grise et, en 1961, dans *Le Monde*, Pierre Viansson-Ponté affirme que le Premier ministre fait « appel avant tout aux lumières de son plus intime collaborateur, M. Constantin Melnik. Derrière ce patronyme slave et ce prénom impérial se trouve l'une des plus influentes personnalités de la Ve République. M. Melnik se soucie peu d'être inconnu du grand public (...), les initiés savent qu'il partage tous les secrets, connaît toutes les clefs, possède toute la confiance ». Constantin Ernest Mignon-Melnik, s'il perd subitement secrets, clefs et confiance, cesse d'être un inconnu lorsque la rumeur court Paris selon laquelle, sitôt informé de la parution des *Mots du Général*, de Gaulle a convoqué Michel Debré et exigé dans l'heure le limogeage du faux Mignon... Telle n'est pas la version des faits que, vingt-six ans plus tard, en 1988, Melnik propose, dans son volume de souvenirs *Mille Jours à Matignon* ; en effet, selon lui, il faut inverser le rapport de causalité : ce n'est plus le livre qui provoque le limogeage, mais le limogeage qui déclenche la publication du livre, sans parler d'une colère qu'un quart de siècle ne semble pas avoir apaisée. « C'est dans cette ambiance, écrit en effet l'ancien conseiller technique, (...) que je choisis de publier une pochade écrite en quinze jours, *Les Mots du Général*. Préfacé par Jean Cau, illustré par Jacques Faizant, ce fascicule connut du succès en librairie et fit les délices de la grande presse. Les “mots” rapportés, “à la frontière, précisais-je, du mythe et de la réalité”, étaient tous ressassés par les plus éminents des “gaullistes”. Le pseudonyme choisi, Ernest Mignon, montrait mon désir de n'être ni sérieux ni méchant. Cet adieu au gaullisme — qui, aujourd'hui, ne m'inspire ni plaisir ni regret — n'en fut pas moins jugé par les courtisans comme une déplorable manifestation du plus mauvais goût et irrita le Dieu Vivant qui s'en indigna dans l'une de ces messes qu'on appelait, je ne sais pourquoi, conférences de presse. » Une « pochade » ? Un « fascicule » ? Pourquoi, surtout quand on a eu des responsabilités dans l'édition, détourner ainsi de leur sens deux termes dont l'emploi se voudrait péjoratif, alors qu'il suffit de parler de livre, à la rigueur petit livre et bientôt livre de poche. Au vrai, si

Constantin Melnik montre tant d'humeur, n'est-ce pas parce que — et sans d'ailleurs que personne puisse le prévoir ou l'ait prévu — il y a très vite non seulement détournement mais retournement de la fonction des *Mots du Général* ? L'auteur du « fascicule » avait raison de penser que sa « pochade » ferait rire, mais tort de croire que ce serait aux dépens de De Gaulle... Le fait est que les « mots » sont repris par des gaullistes comme aliments de leur ferveur et même, selon l'expression de Melnik, « ressassés par les plus éminents des gaullistes ». Et l'auteur de *Mille Jours à Matignon* veut-il suggérer qu'« à la frontière du mythe et de la réalité » nombre des « mots » qu'il attribue au président ont été en réalité fabriqués par ses soins ? Des faux donc ? Mais qui s'en soucie ? S'ils sont dans l'esprit et dans le ton auxquels s'habituent de plus en plus les journalistes, les militants, les électeurs, et s'ils font rire les auditeurs ou leur frappent l'entendement, peu importe qu'ils soient apocryphes ou pas... D'ailleurs, lisant Royer, on peut se demander si l'une des *Petites Malices du Général* ne fut pas parfois d'authentifier volontairement tel ou tel trait d'esprit ou innovation verbale qui ne lui déplaisait pas, l'authentifier en se l'appropriant.

D'accord, dira-t-on peut-être, et après ? Charles de Gaulle est mort il y a trente ans, et, de son vivant, ce ne sont quand même pas ses petites phrases et ses mots d'esprit, vrais ou apocryphes, etc. Si, l'humour a ici un mérite, presque une fonction : non seulement faciliter l'accès au mythe, mais, et surtout, décoller les repères et ouvrir la voie vers la seule explication possible du phénomène de Gaulle : la poésie. André Malraux, dans *Les Chênes qu'on abat...*, et Romain Gary, dans son *Ode à l'homme qui fut la France*, ne s'y sont pas trompés : ils lui ont étayé avec des mots la stature véridico-lyrique qui fait le mieux respirer sa postérité. Encore n'avait-il pas fallu les attendre pour le constater, car c'est peu après sa mort que cette notion d'un de Gaulle poète fut avancée.

Le *Cahier de l'Herne* intitulé *Charles de Gaulle* est paru, en février 1973, sous la direction de Michel Cazenave et Olivier Germain-Thomas. Les deux présentateurs de ce *Cahier* écrivent d'emblée : « Il y a un de Gaulle *autre*. Un *je ne sais quoi* d'indéfinissable qui se dérobe à la sèche intelligence, comme une part secrète en lui qui atteint presque au mythe (mais irrécusablement vivante dans la conscience des peuples), quelque chose sans doute qui a trait à l'Esprit. C'est cette part en lui cachée que nous tentons ici de faire venir au jour. » Et c'est le chanteur Michel Delpech qui, interviewé par Cazenave et Germain-Thomas, leur répond : « Simplement, de Gaulle n'était pas un personnage politique. En dehors même de la politique, en dehors de son action politique, en dehors de sa pensée politique, il était avant tout autre chose : un personnage de dimension fantastique, et qui dépassait tout ce qu'on pouvait dire de lui. » Mais ce qu'il y a surtout dans ce numéro des *Cahiers de l'Herne*, c'est un article de Frédéric Grendel intitulé *Un poète* et portant en exergue le vers de Victor Hugo « Un poète est un monde enfermé dans un homme » ; un article dont l'auteur considère que « hors l'explication poétique, de Gaulle échappe au raisonnement. Nul ne peut le retrouver en suivant les voies ordinaires. Ceux qui s'obstinent à le chercher de la sorte n'ont pas fini de le perdre. »

Huit mois avant le *Cahier*, était paru un livre intitulé *Mort du général de Gaulle*. L'auteur en était Jean Mauriac, l'un des fils de François, dont on sait qu'accrédité par l'AFP auprès du Général, de 1944 à 1970, il fait à la fin figure d'historiographe attitré, en tout cas jamais contesté... Or, dans cet ouvrage, un assez long propos du Général est rapporté dont il n'est pas exagéré de dire qu'il avalise par avance « l'explication poétique ». Un propos qui a particulièrement retenu l'attention de Jean Mauriac parce qu'au cours du repas du 8 septembre 1970 où il fut tenu, et dont l'invité principal était l'ambassadeur Léon Noël, ce dont il fut question, c'est de la mort de son père survenue quatre jours plus tôt... Affecté par ce décès, le Général explique pourquoi le défunt lui a été si fidèle. « Deux raisons, dit-il, ont poussé Mauriac vers moi, l'ont amené à notre entreprise. Un patriotisme ardent, avec lequel il ne transigea jamais, et qui peut surprendre chez un homme plein de divergences, de finesse, de subtilité, d'une sensibilité aiguë, que la vie, sous toutes ses formes, sollicitait, qui frémissait au moindre appel, qui percevait tous les drames de l'homme. Dès le début, il avait compris tout ce que j'apportais à la France et son soutien ne me manqua jamais. Car ce qui a été extraordinaire dans l'aide qu'il nous a donnée, c'est sa constance, qui a été pour moi d'un poids considérable. Mais il avait aussi le sens de la grandeur et c'est la deuxième raison de son adhésion. Dans le choix qu'il fit de se ranger à mes côtés et d'y combattre jusqu'au bout, son esthétisme joua un rôle important. Il avait compris toute la beauté qui se dégageait de l'entreprise et que, dans la politique comme dans l'art, la qualité se perçoit au premier coup d'œil. Son intuition lui avait laissé entrevoir que ce que nous faisions se situait à un niveau qui n'était pas ordinaire. L'artiste qu'il était retrouvait, par la sûreté de son jugement, le même chemin que lui indiquait aussi son patriotisme. »

Si nous avons tenu à donner quelque ampleur à cette tentative de portrait de Charles de Gaulle, c'est parce qu'idéalement, il aurait dû s'agir de bien plus qu'un portrait. A travers cet homme, ce personnage, ce symbole, ce monument vivant, les questions qui succèdent aux questions et les problèmes qui succèdent aux problèmes sont ceux-là mêmes qui vont jalonner les difficiles, indispensables et finalement fructueuses discussions à l'intérieur et autour de la Résistance française en quête de son unité. Mettre en évidence les traits principaux du chef de la France libre revenait donc à baliser, en partie, le chemin que nous allons suivre. Mais, n'anticipons pas, pour le moment, nous sommes encore à Londres...

Chapitre trois

LONDRES

Où s'inscrivent dans l'Histoire quelques sigles tels que FFL ou BCRA...

L'amiral André Jubelin raconte : « Mon premier contact avec le Général, en 1940, ne fut pas des plus chaleureux. Je venais de courir des aventures pleines de risques, avec deux autres compagnons, pour rejoindre Londres. Nous fûmes introduits dans le bureau du Général, à Carlton Gardens. Nous venions de très loin, de Malaisie... (...) Nous ne fûmes guère réconfortés par le premier entretien auquel nous avait convoqués le Général. (...) Notre petit exploit dont nous étions si fiers était pour lui peu de chose. Il allait de soi qu'on se ralliait au général de Gaulle. (...) J'eus l'imprudence de hasarder une phrase :

— Les gaullistes trouvent...

— Qu'est-ce que c'est que ça, les gaullistes ? tonna le Général. Connais pas.

Gaulliste, pourtant j'allais le devenir, et pour longtemps. »

Le « qu'est-ce que c'est que ça ? » de Charles de Gaulle n'est pas seulement une boutade. Tant d'éléments entrent en jeu lorsqu'on prononce le mot *gaulliste* et tant d'interprétations en furent ultérieurement données que, plus d'un demi-siècle après, on peut encore se poser la question. Nous avons déjà insisté sur la dimension épique du gaullisme de guerre, sur ce que Georges Buis appelait la « poésie » des hommes et des femmes en qui Romain Gary voyait d'abord des « artisans de la dignité humaine ». On a pu discuter l'ampleur et même la réalité de cette dimension ; on ne peut en contester l'existence dans la tête et le cœur de ceux qui, entre 1940 et 1944, entouraient le général de Gaulle à Londres. Cette période londonienne de leur vie fut vécue par eux comme une épopée. La situation singulière dans laquelle ils se trouvaient plongés et l'emprise qu'exerçait sur eux l'inhabituelle personnalité de leur chef expliquent assez bien que leur exil combattant ait pris, à leurs propres yeux, l'allure de ce qu'Henri Michel appelle une « iliade précédée d'une odyssée ». Mais il y a plus ; et Michel peut ajouter : « Les Français libres, même ceux de la cellule originelle, appartiennent à toutes les familles spirituelles françaises. S'ils se défendent, à juste titre, d'être des émigrés, ils ne peuvent pas empêcher qu'ils soient des exilés, coupés de leur pays, engagés dans une aventure qui parfois leur apparaissait sans issue. Ils sont ainsi portés à durcir l'image qu'ils se font d'eux-mêmes. » Ce durcissement de leur image ne la rend pas plus précise. Le flou demeure sinon le contradictoire.

Les « gaullistes de la première heure »

Essayons donc d'y regarder de plus près grâce à quatre témoins de première main, tous « Français libres » notoires : Jacques Soustelle, François Coulet, Jean Marin et Christian Fouchet. On va voir comment les portraits qu'ils esquissent de leurs semblables se rejoignent et se séparent tout à la fois... Ecoutons d'abord Soustelle : « Il y avait de tout un peu dans le petit monde — oh ! bien petit — qui gravitait autour du général de Gaulle à Carlton Gardens dans les débuts : des officiers sans tendance bien déterminée comme Kœnig, Dewavrin (Passy) ou Leclerc, deux ou trois anciens cagoulards, des socialistes comme Georges Boris et Henry Hauck, des « hommes de gauche » tels que René Cassin, André Labarthe et moi-même, René Pleven déjà « centriste » (...). L'Action française et les mouvements antifascistes, les catholiques traditionnels, les juifs et les protestants se coudoyaient dans ce microcosme, abrégé de la France qui ne différait de la cour de Vichy que par un choix initial plus souvent instinctif que calculé. Rares étaient ceux qui, dès ce moment, s'essayaient à donner un contenu au gaullisme. Parmi eux me fut particulièrement cher mon collègue l'archéologue Hackin, géant taciturne aux yeux de porcelaine, qui, dès la fin de 1940, si j'ai bonne mémoire, rédigea une note, plus morale que politique, sur l'orientation qu'il conviendrait de prévoir pour la France au lendemain de la victoire. Ce document reflétait l'image d'une République pure et dure, soustraite aux intrigues politiciennes et à la corruption de l'argent, image qui hantait alors les esprits d'une poignée d'exilés tandis que les bombes pleuvaient sur leur terre d'asile et que les incendies allumés par la Luftwaffe dévoraient la Cité de Londres... »

Continuons, avec ces quatre témoins de première main, cet essai de portrait du Français libre. François Coulet va plus loin dans l'analyse psychologique. « S'ils étaient Français libres, c'est d'abord qu'ils n'étaient pas conformistes et il n'y avait rien, dans leur comportement, qui rappelât, même de loin, l'apparente discipline ou le formalisme d'un parti politique. J'insiste parce que ce phénomène est peut-être unique dans notre histoire : venus de tous les pays du monde et de tous les horizons politiques, royalistes et communistes compris, ouvriers, fonctionnaires, paysans, marins pêcheurs ou grands propriétaires s'étaient rassemblés, non par obéissance, mais bien au contraire par un sentiment d'indiscipline supérieure, autour de cet homme, parce qu'il s'était révélé indiscipliné et que, de la part d'un officier général, c'était attirant. En se plaçant sous ses ordres, loin d'abdiquer son libre arbitre, on avait le sentiment de l'exalter. » Tout autant que Soustelle et Coulet, Jean Marin souligne d'abord la diversité des origines et des opinions chez les Français qui entourent le général de Gaulle dans la capitale anglaise. Ensuite, toutefois, il n'en cherche pas une définition politique et ne recourt pas à un paradoxe psychologique brillant ; il se borne à un constat volontairement lyrique. « Voilà, écrit-il, cet homme jeune venu de France, vivant parmi les Anglais, que généralement il connaît mal. Malgré sa jeunesse — mais souvent, aussi, à cause d'elle — il souffre : il a quitté les siens et parfois les siens ne sont pas seulement ses parents ; ce sont ses enfants ou son enfant et sa femme. Il a laissé derrière lui sa carrière, l'activité qui le faisait vivre. Par patriotisme, il a fait un choix, généralement insolite pour un enfant de notre terroir : il a choisi l'aventure. Mais celle-ci n'a pas fait de lui un aventurier... (...). Le plus authentique portrait du Français de Londres, à cette époque, est celui d'un homme jeune, en effet, qui avait tout laissé, qui voulait follement tout retrouver et qui est mort avant, dans le sable ou dans la mer ou dans le ciel, loin de ses roses et du petit enfant qui avait grandi en l'attendant. » Déjà, à travers ces trois premiers témoignages perce un penchant à l'élitisme. On s'interroge. Alors, Christian Fouchet répond, non seulement en reconnaissant mais en revendiquant l'honneur d'avoir été du petit nombre et il affirme que, les conditions ayant changé, les premiers gaullistes ne changèrent pas, eux, pour autant, de mentalité ; une mentalité qui, au contraire, s'imposa, pour une grande part, aux gaullistes d'après. « Il est, écrit Fouchet, très difficile aujourd'hui d'imaginer l'état d'esprit, la façon d'être et d'agir de ces gaullistes de la première heure. (...) L'ensemble comptait à peine quelques milliers d'hommes. Ils ne prétendirent jamais au monopole du patriotisme ou de ce qu'on appellera plus tard "la Résistance". Mais, dans ces premiers mois terribles, quand seule au monde — littéralement seule au monde — la Grande-Bretagne "tenait", ils avaient tout abandonné, absolument tout, au service de la France. (...) Le général de Gaulle écrira dans ses *Mémoires de guerre* que ses premiers compagnons étaient pleins d'une sorte de mélancolie. Je n'en ai point le souvenir. Ils ne doutèrent jamais de la victoire, et ceux qui sont pleins d'espérance ne sont pas mélancoliques. Mais il est vrai qu'ils constituèrent une race à part de gens ayant tout misé au jeu, et donc extraordinairement "dépouillés". Cette race, on peut dire qu'elle cessa de se recruter, progressivement, à partir de l'entrée en guerre de la Russie en juin 1941, et définitivement à partir de celle des Etats-Unis en décembre 1941. Les faits parlaient désormais. Il n'y avait plus à "parier sur la France". L'intérêt de la France était, évidemment, de Gaulle. Les Français libres se fondirent alors joyeusement avec les Français qui, par milliers puis par millions, se groupèrent derrière le général de Gaulle. Mais il reste que ceux qui, en étroite cohorte, avaient entamé la longue marche avec l'Homme du 18 juin et l'avaient menée à son terme, que ceux qui eurent la chance inouïe, inimaginable, d'être les Compagnons de la première heure de celui qui incarnait la Patrie, avaient et gardent le droit de dire : "Nous étions avec lui en juin 40". » Dans ces lignes de Christian Fouchet, plusieurs expressions sont particulièrement éloquentes et méritent d'être retenues : l'« étroite cohorte » de « ceux qui eurent la chance inouïe, inimaginable, d'être les Compagnons (avec majuscule) de la première heure » constitue « une race à part ».

Protestation parlementaire

Cet élitisme est-il en contradiction avec ce que, plus haut, nous avons vu être la pensée, les principes de Charles de Gaulle se voulant le grand rassembleur ? Non point. Ce goût de l'orgueil solitaire que manifestent ses partisans, ils le puisent directement dans les écrits et la fréquentation du chef de la France libre. Mais alors, pourquoi l'ostracisme semble-t-il ici plus perceptible que lorsqu'il s'agissait du Général lui-même ? Simple affaire de dimensions humaines : l'exceptionnelle carrure de Charles de Gaulle rendait en effet, sinon acceptable, du moins apparemment normale, une prétention qui, lorsqu'elle est le fait d'hommes plus ordinaires peut paraître exorbitante. Il convient de noter ce hiatus ; on le retrouvera à toutes les étapes du développement de la Résistance et il va contribuer à crisper, sinon envenimer les rapports entre les combattants de Londres et ceux de la clandestinité. A cet égard — nous en reparlerons plus loin — la façon de choisir les « compagnons de la Libération », dont les premiers seront décorés, en Syrie, à Kistina, le 26 mai 1941, sera particulièrement significative...

Dans les pages de ses *Mémoires d'hier et de demain*, où il fait des gens de la France libre une « race à part », Christian Fouchet affirme que son propos n'est pas d'en raconter l'histoire mais de « retrouver son atmosphère ». Et cela l'amène à republier des textes parus, trente ans plus tôt, dans l'hebdomadaire gaulliste de Londres *La Marseillaise*, des textes où l'on peut lire, entre autres : « Quand, avec quelques poignées de camarades, on en a été, de cette première heure, on n'a pas de raison de s'en cacher comme d'une tare, on n'a pas de raison de le dissimuler par crainte d'égratigner certains épidermes, on n'a pas de raison de s'en excuser. Et quand on a connu cette ardeur, cette soif de batailles, qu'ils avaient, que nous avions, on doute fort qu'on puisse les retrouver un jour, chez d'autres, avec une telle surabondance, avec un tel gaspillage. (...) Jamais sans doute, depuis qu'il y a une France, fils plus ardents et plus forts ne s'étaient levés pour la défendre ! (...) La politique, au sens d'avant-guerre, se rend-on compte à quel point les premiers soldats de la France combattante la vomissaient et la vomissent toujours ? Il y avait parmi eux des hommes venus de tous les points de l'horizon, de la droite comme de la gauche. Mais ils avaient oublié tout cela parce qu'ils savaient que tout cela ne voulait plus rien dire. (...) A côté de ces hommes, et très différente d'eux, il y a une autre émigration, celle du "nouvel Ancien régime". Grands ou petits dignitaires, qui ne représentent plus que des noms, ou simples épaves législatives, ces nouveaux "ci-devant" qui n'ont pas oublié les règles de leurs jeux, s'imaginent aujourd'hui, parce que le pétainisme s'écroule et parce qu'ils sont dans l'opposition qu'ils sont qualifiés pour lui succéder. (...) Ils sont là toute une bande, assis sur leurs derrières, qui hurlent à la liberté et aux grands principes, tout un tas de petits crachoteurs de poumon (...) qui s'imaginent encore que *la Marseillaise* est un hymne pour bergeries, la République un manège de vieux chevaux de bois où on prend les mêmes et où l'on recommence, et la France, la patrie des mandarinats et des préfectures... »

Sous la plume de Christian Fouchet, ces textes d'époque sont accompagnés du commentaire suivant : « Certains de ces articles firent beaucoup de bruit. C'est ainsi que M. Félix Gouin, arrivé à Londres en 1943, fut si choqué par l'article intitulé *Les émigrés* qu'il envoya une protestation à Alger, où le général de Gaulle s'était installé depuis quelques semaines. La réponse du général de Gaulle à M. Massigli, qui était alors son représentant à Londres, réponse qu'un ami me communiqua "confidentiellement" fut : "Rappelez à Gouin le mot de Talleyrand : « Ce qui est exagéré ne compte pas ! »..." Le général de Gaulle avait évidemment raison : j'exagérais. Mais je n'aurais pas été « Français libre » si je n'avais pas "exagéré", en me mettant aux ordres, en 1940, d'un chef qui "exagérait" quelque peu ! »

Précisons que la protestation de Félix Gouin n'était pas une démarche individuelle. Il l'accomplissait en tant que président du « Groupe des parlementaires adhérents à la France combattante » lequel réunissait, à Londres, des députés et sénateurs de la IIIe République opposés au régime de Vichy et membres de toutes les tendances politiques, depuis les hommes de droite jusqu'aux communistes, en passant par les socialistes et les radicaux. Futur président du Conseil après la Libération, Gouin était l'un des dirigeants du Parti socialiste clandestin et, à ce titre, il avait, quelques mois auparavant, fait parvenir à Léon Blum, interné par Pétain à Bourrassol, dans le Puy-de-Dôme, un rapport où il décrivait, lui aussi, l'atmosphère de la Londres gaulliste mais, on s'en doute, en des termes assez différents de ceux de Christian Fouchet. « Le mérite de de Gaulle, disait-il, fut grand et très rares furent les Français qui, à ce moment-là tout au moins, osèrent le suivre. Parmi ces Français, il y avait quelques civils, mais davantage de militaires. La plupart étaient des gens de droite et d'extrême droite et ils ont transporté dans la maison leurs préjugés, leurs croyances ou leurs haines idéologiques. C'est un fait que, sous leur influence, qui était, dans le début du mouvement, prépondérante et sans contrepoids, ils ont constitué ici une sorte de copie en réduction du gouvernement Pétain ; mêmes tendances, mêmes outrances, mêmes conceptions autoritaires... » Et plus loin : toutefois, « il ne faut pas perdre de vue que la maison s'est édifiée sur une terre essentiellement démocratique. Le milieu ne pouvait pas ne pas influer sur son orientation générale ; son chef avait souvent affirmé, dans ses discours, qu'il entendait placer son action dans le cadre général des lois républicaines et de la Constitution de 1875. Ceci comportait donc une modification substantielle de l'ensemble rigidement autoritaire qui était le trait dominant à l'origine du mouvement. (...) Ceci dit, si l'on veut juger objectivement les choses, on est obligé de constater que la maison ne possède encore qu'une façade démocratique : l'organisation intérieure est restée très imprégnée d'un certain esprit de caporalisme. » Lorsque Jean Pierre-Bloch, qui avait été à la fois le camarade de Félix Gouin parmi les parlementaires socialistes et le compagnon des gaullistes en exerçant des fonctions de responsabilité au BCRA, publia ce rapport, il en accompagna le texte de diverses appréciations. Celles-ci, entre autres : « Quand Félix Gouin parle des origines droitières de la France libre, il ne se trompe pas. Brossolette lui-même s'en était aperçu. Il fut question un moment qu'il devînt chef de cabinet de De Gaulle. Mais le fait que Brossolette venait du parti socialiste effraya l'entourage qui mit tout en œuvre pour l'écarter et finit par y réussir. Il faut convenir que cela n'était pas encourageant, et que le parallèle de Félix Gouin entre les tendances pétainistes et celles de De Gaulle n'est pas seulement une boutade. Il y eut tout un côté par où la France libre apparut un temps comme un Vichy d'outre-Manche. »

Ce BCRA si discuté...

Dans ce même rapport de Félix Gouin à Léon Blum, on trouve des portraits de membres importants de « l'entourage » gaulliste. Celui-ci, par exemple : « Il y a, dans le personnel de l'organisation, un certain nombre d'éléments qui sont restés ce qu'ils étaient et qui incarnent évidemment un peu trop l'esprit réactionnaire. A côté de ceux-ci, il faut signaler la présence d'un certain nombre d'éléments républicains, démocrates, voire même maintenant socialistes. (...) Dans le premier groupe, celui des réactionnaires notoires, figurent des hommes dissemblables par leur intelligence ou leur influence personnelle sur le Général. La figure centrale du groupe est un ancien polytechnicien que l'on dit avoir été cagoulard et qui le serait resté. Il est à la tête du 2e Bureau et il a par conséquent, de ce fait, un poste clef ; c'est de plus, dit-on, l'éminence grise du Général. De toute évidence, c'est un homme redoutable, à divers titres : par ses fonctions, par son intelligence, par sa forte personnalité et par l'influence certaine qu'il possède sur le chef qui l'a toujours soutenu et gardé auprès de lui malgré les pressions parfois vives qui se sont exercées à son sujet. » L'« éminence grise » ainsi dépeinte par Gouin — portrait avec lequel, d'ailleurs, Pierre-Bloch affirme n'être pas d'accord — ne peut être qu'André Dewavrin plus connu sous le nom de guerre de « colonel Passy ». Le « 2e Bureau » qu'il a fondé et dirige va bientôt prendre le titre sous lequel il deviendra célèbre, celui de Bureau central de renseignement et d'action (BCRA).

On a tant dit, tant écrit, tant disputé sur le BCRA qu'il est difficile de l'évoquer sereinement... Prenons notre propre exemple. Beaucoup plus haut, à propos de l'OCM nous avons écrit : « Le BCRA de Londres, c'est-à-dire l'organisme grâce auquel le général de Gaulle s'efforce de contrôler l'action de la Résistance intérieure. » Une définition qui n'est pas fausse, mais une définition implicitement critique. Efforçons-nous donc d'être plus neutre, en nous en tenant à l'acte de naissance et à la carte d'identité du BCRA.

L'acte de naissance, c'est un dialogue aux quinze répliques laconiques, en fait des paroles échangées, le 1er juillet 1940, à Saint-Stephens House, entre Charles de Gaulle et un jeune officier de vingt-neuf ans qui vient se rallier à lui, le capitaine André Dewavrin. C'est ce dernier qui, en 1946, racontera la scène dans ses *Souvenirs*. Le Général, écrira-t-il, « me fait répéter mon nom, puis me pose une série de brèves questions d'une voix nette, incisive, un peu brutale :

— Etes-vous d'active ou de réserve ?

— Active, mon Général.

— Breveté ?

— Non.

— Votre origine ?

— Ecole polytechnique.

— Que faisiez-vous avant la mobilisation ?

— Professeur de fortification à l'Ecole spéciale militaire de Saint-Cyr.

— Avez-vous d'autres titres ? Parlez-vous l'anglais ?

— Je suis licencié en droit et parle couramment l'anglais, mon général.

— Où étiez-vous pendant la guerre ?

— Au corps expéditionnaire en Norvège.

— Alors vous connaissez Tissier. Etes-vous plus ancien que lui ?

— Non, mon Général.

— Bien. Vous serez chef des 2e et 3e Bureau de mon état-major. Au revoir. A bientôt.

La conversation est terminée. Je salue et je sors. L'accueil a été glacial... » La carte d'identité du BCRA s'étend sur trois ans. Le 12 avril 1941, de Gaulle n'étant pas à Londres, c'est son ancien condisciple de Saint-Cyr, devenu son chef d'état-major, le général Ernest Petit, qui signe la *Note 1055-EMG*, laquelle stipule : « A partir du 15 avril 1941, l'organisme connu sous le nom de 2e Bureau et dirigé par le commandant Passy sera désormais nommé Service de renseignements (SR) ». Le 10 octobre 1941, c'est simplement Passy qui signe une note de service selon laquelle désormais, le SR a quatre sections : la section Renseignement (capitaine André Manuel, alias Pallas) ; la section Action (capitaine Raymond Lagier, alias Bienvenue) ; la section Evasions (capitaine Alexandre Beresnikoff, alias Corvisart) et la section Activités générales (lieutenant Du Boys). Deux mois plus tard, le 16 décembre 1941, la *Note 2464/SR* crée une cinquième section, CE, celle de contre-espionnage (lieutenant Roger Warin, alias Wybot)... C'est durant cet hiver 1941-1942 que Roger Wybot propose l'appellation BCRA. De Gaulle accepte mais en y ajoutant un M final. Voici donc le BCRAM ou Bureau central de renseignement et d'action militaire. Il a 53 membres, dont 17 officiers. La *Note 21/BCRAM* officialise son existence. Dans les trois mois qui suivent, deux nouvelles sections sont créées et trois modifiées : une section de commandement (lieutenant Martini) ; une section technique, dite section TCF (lieutenant Georges Lecot, alias Drouot) ; une section Evasions, dite section E (lieutenant Mitchell) ; une section Etudes et coordination AEC (capitaine Maurice Duclos, alias Saint-Jacques), et une section Documentation et diffusion, dite DD. L'été suivant, le 4 août 1942, émoi chez les militaires. La nouvelle section N/M (pour « section non militaire ») est entièrement civile et dirigée par un civil, le futur leader gaulliste de gauche Louis Vallon. D'où la suppression du M dans le signe du service et son nom définitif : BCRA. Nouvelle extension le 24 avril 1943 avec la création du BOA (Bureau des opérations aériennes) dont s'occupe Jean Ayral, alias Pal, avec Michel Pichard, alias Bel, et le colonel Deshayes-Marigny, alias Rod. Le biographe de Passy, Guy Perrier, précise qu'« au printemps 1943, le BOA peut fournir au BCRA près de cinq cents terrains de parachutage et peut effectuer cent à deux cents opérations par mois ». A l'été 1943, le BCRA est à maturité ; mais il approche aussi de sa fin. Pour lui, l'adjectif « définitif » que nous employions tout à l'heure signifie en fait seize mois... Le 27 novembre 1943, en effet, afin d'absorber les services giraudistes, le général de Gaulle crée la DGSS (Direction générale des services spéciaux) elle-même subdivisée en trois branches : le BRAL (Bureau de renseignement et d'action de Londres) ; le BRAA (Bureau de renseignement et d'action d'Alger) et un centre de courrier et de synthèse. Jacques Soustelle dirige la DGSS le commandant André Manuel, le BRAL André Pélabon, le BRAA et le colonel Germain Jousse, le centre de courrier. La DGSS vivra un an. Le 6 novembre 1944 elle deviendra la DGER (Division générale des études et recherches), elle-même remplacée, le 28 décembre 1945 par le SDECE (Service de documentation extérieure et de contre-espionnage), lui-même prédécesseur de l'actuelle DGSE (Direction générale de la sécurité extérieure).

Le connétable et les cagoulards

Pas de carte d'identité sans photographie... Celle du BCRA c'est Serge Ravanel qui la fournit, via une note en bas de page de ses mémoires, *L'Esprit de Résistance*. Une photo en une demi-douzaine de phrases. Elle est très ressemblante... Le BCRA écrit l'ancien chef des FFI de la région R.4 (Toulouse), « était chargé par le général de Gaulle de toutes les relations avec la métropole, donc avec la Résistance. C'est par son canal que nous recevrons plus tard les instructions du commandement. C'est lui qui enverra en métropole des agents radio équipés de postes émetteurs. C'est lui qui sera l'organisateur des parachutages d'armes et le dispensateur des fonds envoyés de Londres. C'est également lui qui organisait le transport en Angleterre de personnalités emmenées par de petits avions atterrissant à la pleine lune. Ses envoyés en France étaient en général parachutés. »

Pas de carte d'identité non plus sans « signes particuliers ». Pour le BCRA c'est évidemment la réputation, entretenue des décennies durant, d'avoir été un « nid de cagoulards ». Colportée à gauche comme à droite, cette (mauvaise) réputation apparaît de plus en plus, avec le recul, comme étant sans fondement. Une simple rumeur persistante, à laquelle nous sommes tentés, quant à nous, de considérer que Jean Lacouture a mis fin quand il a publié, en septembre 1984, le premier tome de sa monumentale biographie de Charles de Gaulle... « On lit, on entend couramment, écrit Lacouture, que le Connétable était entouré, à Londres, d'extrémistes de droite, de Camelots du Roi et de Cagoulards. C'est à peu près ce qu'on trouve sous la plume d'un historien aussi respectable que M. Henri Michel, par exemple. (...) Considérons le corps supposé le plus "gangrené", le 2e Bureau, puis SR puis BCRAM créé et dirigé par le capitaine Dewavrin. Sur les idées politiques de cet officier polytechnicien, on sait peu de choses. Il semble qu'au début de son séjour à Londres, Passy éprouvait pour la République et le système démocratique des sentiments voisins de ceux de son chef — disons mitigés. En tout cas son tempérament était du genre autoritaire. Mais si, dans ses souvenirs, il parle très ouvertement de l'appartenance à la Cagoule de deux de ses plus proches et efficaces collaborateurs, le capitaine Fourcaud et le lieutenant Duclos, il explique avec tant d'ironie l'origine de la légende qui lui fit attribuer la même appartenance qu'on est tenté de le croire. En tout cas, quand le 2e Bureau, puis SR deviendra le BCRA cet organisme accueillera des hommes comme Pierre-Bloch, Louis Vallon et Stéphane Hessel, qu'il est bien difficile de classer à droite. Des militants de gauche déclarés, comme André Philip, Moulin et Brossolette ne semblent pas avoir eu de scrupules à travailler avec ou dans ce "nid de cagoulards"... » Ajoutons qu'ultérieurement le colonel Passy a complété ses explications sur cette période. Notamment dans sa dernière interview, celle publiée quatre semaines après sa mort par

L'Evénement du 14 janvier 1999. « On vous a accusé d'être d'extrême droite. », lui dit Georges-Marc Benamou. Et le fondateur du BCRA répond : « A l'époque, je ne connaissais même pas les partis, j'étais d'une nullité crasse en politique. Je ne lisais pas les journaux. Je n'étais donc pas de gauche. Si je voulais essayer d'analyser ce que j'aurais pu être, cela aurait été social-démocrate, mais cela n'existait pas... » Et c'est au cours de cette même interview que Passy dit aussi : « Quand on prend la liste des membres du BCRA on s'aperçoit que les neuf dixièmes de nos cadres étaient de gauche... » Celui qui dit cela à Benamou a pris, pendant le dernier quart de sa vie, des positions qui ne sont pas passées inaperçues. En 1974 et en 1981, lors des deux élections présidentielles, il s'est, dès le premier tour, publiquement prononcé pour le candidat Mitterrand. En 1981 surtout, les réactions ont été vives. « Trahison ! » s'est écrié le général Jacques Massu (*Le Monde* du 5 mai 1981). Le colonel Passy est « un résistant authentique mais dont la carrière s'est mal terminée », a ajouté le secrétaire d'Etat aux Anciens Combattants, Maurice Plantier (*Le Monde* du 9 mai)... Parallèlement à ces interventions proprement politiques, dans le petit monde des anciens résistants, on avait remarqué, en 1976, l'entrée du fondateur du BCRA au Comité d'honneur national de l'ANACR Nous avons déjà eu l'occasion de dire que cette Association nationale des anciens combattants de la Résistance est la plus nombreuse et la plus représentative des organisations d'ex-clandestins. On peut noter aussi qu'elle regroupe la quasi-totalité des anciens résistants communistes et qu'à ses débuts elle s'intitulait Association nationale des anciens Partisans FFI-FTP et leurs amis »...

Dans notre tentative de définition de l'identité du BCRA, nous avons déjà souligné l'importance du BOA, le Bureau des opérations aériennes, et nous avons vu Serge Ravanel insister sur le rôle d'« organisateur des parachutages » dont dépendaient aussi les « petits avions atterrissant à la pleine lune », mais sans doute convient-il d'insister encore sur cette fonction capitale que fut la gestion de la dimension aérienne de la Résistance. Certes, dans la mesure où tout dépendait d'elles, les autorités britanniques ne se gênèrent pas pour réduire souvent les *Free French* à la portion congrue en faisant la part belle aux contacts directs entre résistants français et services anglais, aussi bien Intelligence Service que SOE, toutefois les chiffres que nous avons cités à propos du BOA — cinq cents terrains de parachutage et entre cent et deux cents opérations par mois, au printemps 1943 — montrent bien la réalité de cette dimension aérienne gérée par le BCRA. Ils en prouvent la réalité, mais en donnent-ils la mesure ?

La dimension aérienne de la Résistance

Non, certainement pas toute la mesure... Et il est frappant de constater comme il est rare que soient cités des chiffres à la fois plus précis et plus globaux sur l'ampleur du trafic aérien clandestin au-dessus de la France occupée. Ce trafic auquel précisément le BCRA prit une part décisive. Un ouvrage fait pourtant exception qui s'intitule *Ici Londres... La lune est pleine d'éléphants verts ; Histoire des messages de Radio-Londres à la Résistance française (1942-1944)*. L'auteur en est Dominique Decèze qui, après avoir travaillé avec nous pour la première édition de notre chronique, entreprit des recherches originales dont l'aboutissement fut la parution de ce livre, en 1979. On va voir que la citation que nous allons en faire permet de mieux appréhender la dimension aérienne de la Résistance. Notons que la première opération dont il est question dépendait du SOE et fut effectuée en avril...

« Du parachutage de Bégué en 1941, écrit donc Dominique Decèze, à l'arrivée sur le continent du quartier général d'Eisenhower en septembre 1944, 7 498 avions alliés venant d'Angleterre ou d'Afrique du Nord ont survolé la France pour y larguer ou déposer 1 784 agents et 10 485 tonnes de matériel. Pour cela, le ministère de l'Air britannique a mis à la disposition des services anglo-français deux escadrilles de la Royal Air Force (RAF) basées à Tangmere, au sud de Londres, et à Tempsford, dans le centre de l'Angleterre, malheureusement dotées, au début et faute de mieux, de "vieux coucous" comme les Witley ou les Welington : la 138ᵉ, dite « Lune » qui assure la responsabilité des parachutages et la 161ᵉ qui se spécialise dans les atterrissages. Chaque nuit de lune et de beau temps, selon un plan de rotation établi à l'avance et non sans difficulté, des "sorties" sont effectuées. Sorties de bombardiers transformés pour les parachutages, de Lysander, et après juin 1944 de Dakota, pour les atterrissages. On ne parachute d'abord que les hommes, à l'aveuglette, dans la nature, puis sur des terrains où ils sont attendus. Viennent ensuite les containers remplis d'armes et de matériels divers, et les paquets. Au total, 71 000 containers largués sur la France pendant la durée de la guerre et 20 350 paquets. On y trouve de tout, mais d'abord des armes. 197 480 mitraillettes rangées par onze dans des containers de type CB ; 20 518 fusils mitrailleurs placés par paires dans des C1 ; 127 330 fusils accotés par neuf dans des C3 ; 57 849 pistolets, 722 271 grenades Mills, 113 830 grenades Gammons, 594 000 kilos d'explosifs, répartis dans des containers de type H3. Et 1 200 mines adhésives, 2 440 bazookas, 285 mortiers, des couteaux, des plaquettes incendiaires de poche, des charges altimétriques, des crayons allumeurs à retardement, des détonateurs, des millions de cartouches par containers H23 et H24. Et des livres de tabac dans des paquets A708, des chaussures et des chaussettes dans des paquets A568, des sacs à dos dans des A800. Et des milliers de boîtes de pansements de campagne fabriquées à Chicago par une "division de la Kendall Corporation" et rangées dans des paquets 285 AA. Et des milliers de mètres de gaze tissée par "Johnson et Johnson,

Grande-Bretagne". Et de fausses torches allemandes à petit capuchon rouge "Diamon Focus, — Made in Germany". Et des postes récepteurs dits "postes à biscuit" (...) ; et des postes émetteurs-récepteurs valises type AMKII nettement plus importants, comme celui que l'on peut voir au musée de l'ordre de la Libération à Paris. Et ce que l'on appellerait aujourd'hui des gadgets comme des boîtes de savon Gibbs à double fond, des crayons truqués, des lacets de soulier creux, des bouteilles de lait ou des pains croustillants farcis d'explosifs, des boulets de charbons et des bûches au fort pouvoir destructeur, du faux crottin de cheval explosant à retardement, des cigarettes incendiaires, des écrous et des boulons creux factices fabriqués à Thatched Barr (...). De la nourriture aussi comme dans ce parachutage du 28 novembre 1942 annoncé par "Les fleurs pour Jeannot vont arriver" et qui contient des boîtes de corned-beef, des sardines, du porc en conserve, du pudding, des cakes, du chocolat, du bœuf en gelée, des pâtes, du riz, de la semoule, de la farine... De l'argent enfin, beaucoup d'argent, tiré des tréfonds de la Banque d'Angleterre ou récupéré dans les territoires africains ralliés à la France libre, quand il n'était pas tout simplement contrefait. Des devises aussi que l'on pouvait changer dans les banques. Le tout souvent contenu dans de petites caisses suspendues à des parachutes noirs. »

Et Dominique Decèze d'ajouter : « Les résistants qui attendent cette manne ne sont pas pris au dépourvu. Le message qui les a prévenus, au-delà de son apparence, leur a donné un certain nombre de précisions sur la quantité et la qualité de ce qu'ils allaient recevoir. »... De ce qu'écrit Decèze retenons particulièrement un mot : la « manne ». Pourquoi ? Parce que c'est un mot clef. Les parachutages sont effectivement de plus en plus attendus par la Résistance intérieure comme une manne céleste... L'argent et les armes, donc les moyens de se battre... En apparaissant (et en étant pour une bonne part) le dispensateur et surtout le répartiteur de cette manne guerrière, le BCRA est investi d'une écrasante responsabilité. Et derrière bien des polémiques sur les cagoulards, c'est en fait un débat sur la répartition de l'argent et des armes qui fait rage... Mais n'anticipons pas. Ayant vu ce qu'était réellement le BCRA et ayant écarté la rumeur cagoularde injustement attachée à ses pas, essayons plutôt d'évoquer le débat, ou le malentendu, ou le différend, ou le contentieux, ou la querelle, etc. qui a sans cesse opposé le service du colonel Passy à une bonne part de la Résistance intérieure.

Les « bons » et les « mauvais » résistants

Quand, le 1er juillet 1940, Charles de Gaulle lance au capitaine André Dewavrin, qui n'a pas encore trente ans : « Vous serez le chef des 2e et 3e Bureau de mon état-major ! », il se comporte en militaire de tradition. Pour lui, puisque l'action à mener sur le sol français est essentiellement une action de renseignement, elle ne peut être qu'une affaire de 2e Bureau. Non point un 2e Bureau classique, car on comprend quand même à Londres que les méthodes et les habitudes ne conviennent pas à une situation aussi exceptionnelle, mais néanmoins un 2e Bureau pour ce qui est du principe de subordination et de manipulation des sources. Dès lors, n'est-il pas logique que Passy et ses adjoints estiment que la Résistance française ne saurait être que leur domaine exclusif ? Pour eux, les résistants ne peuvent être que des informateurs ou des exécutants qu'ils entendent utiliser au mieux de la mission que leur a confiée le chef de la France libre. L'idée que la majorité des forces vives de cette Résistance allait naître et s'organiser en dehors d'eux, l'idée qu'elle puisse se considérer comme autonome ne semble pas les avoir effleurés...

Aux yeux de Passy, les hommes, si souvent héroïques, qu'il fait débarquer clandestinement sur les côtes françaises ou dont il charge des avions anglais de les parachuter dans la nuit de l'Occupation sont des « chefs de mission » dont l'unique tâche est de recruter, d'enregistrer, d'animer, de contrôler, en un mot, répétons-le, de « manipuler » des « agents ». Cette opinion première, cette tendance naturelle du chef du BCRA est d'autant plus forte qu'elle s'appuie sur deux principes qui, pour lui, ont valeur d'évidences, l'une technique et l'autre politique. Techniquement, le « réseau » est doublement dépendant de la « centrale » puisque c'est d'elle qu'il reçoit les moyens de transmission, les armes et l'argent tandis que c'est à elle qu'il envoie les renseignements recueillis. Politiquement, l'action « militaire » ainsi entreprise ne saurait avoir qu'une finalité « nationale » et il est exclu qu'elle se transforme en un combat patriotique, une guerre populaire débouchant, sinon sur un bouleversement, du moins sur d'importantes modifications des structures politiques et sociales... Aussi bien, tout autant sinon plus qu'à aider les résistants et à coordonner leurs activités, la direction du BCRA va-t-elle être amenée à essayer de canaliser, voire de freiner une évolution de la Résistance française dont les manifestations toujours plus nombreuses et plus importantes lui apparaîtront comme autant de fâcheux débordements.

Caricaturons-nous ? A peine... Non, nous exprimons tout simplement la façon dont tant de résistants ont vu le BCRA et vécu les contacts avec lui. Un BCRA qui, selon eux, ne va dès lors leur dispenser qu'une aide essentiellement sélective. Les parachutages d'armes et les envois de fonds ne seront proportionnels ni à l'efficacité ni aux effectifs des organisations mais à leur degré de discipline ou d'indiscipline politique. Ainsi distinguera-t-on les « bons » et les « mauvais » résistants. Les « bons » seront ceux qui se contenteront de glaner des renseignements dans l'attente du jour J, qui ne prendront pas d'initiatives en dehors du cadre fixé par les plans venus de Londres et qui « ne feront pas de politique » sinon pour prévoir des mesures propres à assurer le pouvoir du général de Gaulle après la Libération. Les « mauvais » seront ceux qui pratiqueront immédiatement l'action directe en harcelant les forces occupantes, qui critiqueront les plans d'état-major tout en réclamant sans cesse plus d'armes et de munitions et qui affirmeront que l'action politique fait partie du véritable combat patriotique. Toutefois, ces critères de vassalité ne vont pas tarder à entrer en contradiction avec d'autres critères, ceux de la représentativité des mouvements de Résistance. Tandis que, d'un côté, le colonel Passy hésitera toujours à considérer comme politiquement majeurs les mouvements de Résistance et surtout les partis et les syndicats engagés dans le combat, voyant surtout en eux des masses de manœuvre, de l'autre, Jean Moulin s'efforcera d'obtenir pour la France libre le soutien politique de ces mêmes mouvements, partis et syndicats afin qu'aux yeux du monde — et surtout des Alliés anglo-américains — un véritable arc-en-ciel de la Résistance éclaire la réalité de la nation française. Or, on le sait, le colonel Passy et Jean Moulin sont, l'un et l'autre, non seulement des collaborateurs directs mais des hommes de confiance de Charles de Gaulle ; mieux même, c'est en son nom qu'ils entendent chacun mener à bien une mission qu'il leur a confiée. La contradiction est claire. Elle sera la source d'innombrables malentendus et d'une foule d'intrigues... Mais n'anticipons pas et, pour le moment, restons-en au BCRA.

L'image que s'en font certains résistants est-elle finalement si différente de celle qu'en ont ses organisateurs et responsables eux-mêmes ?

Reportons-nous aux meilleures sources... Les définitions les plus claires nous semblent être celles que l'on trouve sous les plumes du fondateur du BCRA, Passy donc, et de son principal adjoint, le commandant André Manuel. La première est tirée des *Souvenirs* de Passy et la seconde du mémorandum 2674 D adressé, le 29 mars 1943, par Manuel au général de Gaulle... « Avec la création de la section CE (contre-espionnage), écrit Passy, le SR (service de renseignements) groupa sous son contrôle un ensemble d'activités formant un tout cohérent qui permettait à la fois l'étude et l'attaque du dispositif ennemi et la défense contre les ripostes... »

D'Artagnan, Machiavel et Torquemada

De son côté, dans son mémorandum, le commandant Manuel note : « Le BCRA constitue un outil complet ayant des caractéristiques sans précédent adaptées à une situation sans précédent. Par sa zone d'action (territoire ami). Par son objet : *a*) recherche de renseignements d'ordre militaire, politique, économique et social ; *b*) organisation de la Résistance armée en France ; *c*) organisation des cadres administratifs d'une France libérée ; *d*) recherche des renseignements sur les personnes au double point de vue du contre-espionnage et de l'établissement d'une véritable carte des sympathisants et des hostiles. Le BCRA échappe à toute définition de l'ancienne terminologie militaire ou civile. Le BCRA est en mesure de recevoir une information par la section R, d'en apprécier la valeur et d'en concevoir l'exploitation immédiate par la section AEC ; de monter par la section AM une mission ayant pour but de détruire l'objectif signalé ; de trouver à la section CE les noms de sympathisants susceptibles d'aider nos agents. Ces avantages exceptionnels sont même reconnus des Britanniques dont les services secrets, n'ayant pas d'archives, font de plus en plus appel au BCRA. Il est donc primordial que cet outil ne soit pas démonté en pièces détachées. L'interdépendance des éléments qui le composent en font l'originalité et la force. Il est indispensable également qu'il ne subisse pas de modifications dans son rattachement. Le BCRA ne peut vivre et conserver le même allant qu'à condition de conserver son caractère à la fois civil et militaire sans distinction d'armes et sa dépendance directe du général de Gaulle et du général adjoint, sous le double contrôle de l'autorité militaire du chef de l'état-major particulier et de l'autorité civile du commissaire national à l'Intérieur, également intéressés à son fonctionnement et dont le BCRA constitue le lien normal avec leurs correspondants en France : le commissaire national à la Résistance et le général en chef de l'Armée secrète (AS)... »

On sait que le débat sur le BCRA ne cessa pas à la Libération, bien au contraire. Et lorsqu'en 1948 il publie le tome II de ses *Souvenirs*, Passy esquisse une plaidoirie au seuil du volume... « Etrange organisme, écrit-il, né d'une situation non moins étrange ! Il va servir de lien entre la France résistante et le Comité national de Londres, puis le Comité français de libération nationale à Alger. Il démontrera à nos alliés la réalité et l'unité de la Résistance et essaiera de la faire entrer en bonne place dans les plans du Haut-Commandement. Installé par l'impérieuse nécessité des faits comme un raccord étroit et indispensable entre deux vases communicants, le BCRA attirera sur lui des foudres et des rancunes innombrables et tenaces car, s'il servit beaucoup, comme vous le verrez, il ne put rendre tous les "services", souvent absurdes ou incohérents, que d'aucuns, aujourd'hui personnages importants, espéraient obtenir de lui. Il fut sans cesse déchiré entre ceux qui lui reprochaient d'être un service secret, donc mystérieux, et ceux qui lui faisaient grief de n'être pas assez secret. » Lorsque Manuel voit dans le BCRA « un outil complet » ou lorsque Passy vante la « démonstration » qu'il fit aux Alliés de « la réalité et l'unité de la Résistance », ils sont certainement sincères. Et leur propos n'est pas sans vérité. Ils ne peuvent toutefois empêcher que leur service, ses méthodes et leurs personnalités elles-mêmes déroutent, déçoivent, inquiètent et même souvent mettent en colère des gens très divers dont, en schématisant, on peut dire qu'ils étaient à leur droite et à leur gauche.

Le « mystérieux colonel Passy », remarque Bernard Chaudé, dans *Les Beaux Jours de l'Occupation* en 1973, « était bien le personnage le plus controversé du gaullisme. C'était, selon les uns, une sorte de d'Artagnan, courageux comme un lion et fidèle comme un dogue ; selon les autres, l'âme damnée du général, un mâtiné de Machiavel et de Torquemada, grand exécuteur des hautes œuvres du régime. » Afin d'avoir une idée du mécontentement et des perlexités ainsi soulevées, voyons donc quelques autres des réactions que Passy et le BCRA suscitèrent alors...

Le colonel Georges Groussard était un officier de tradition et un spécialiste des services secrets. Longtemps, il crut à la possibilité d'un double jeu entre Pétain et de Gaulle. En 1941, avec l'accord de Churchill, il fit le voyage de Vichy à Londres pour essayer de réconcilier ceux qu'il considérait comme des frères ennemis. Au cours de ce périple dont nous avons déjà évoqué l'étrangeté, il passa plusieurs jours en compagnie de Passy qu'il connaissait bien pour l'avoir eu autrefois sous ses ordres. Dans le portrait plutôt favorable qu'il en fait, l'inquiétude qui perce est d'autant plus remarquable. « Grand, maigre, blond, écrit Groussard, un visage tout jeune, une calvitie commençante qui fait paraître plus grand son front ample déjà... Il est timide, certainement ; c'est à cause de cela que ses yeux bleu gris ont de la peine, souvent, à demeurer accrochés aux vôtres. C'est un ancien polytechnicien ; comme beaucoup de ses camarades d'école, il est volontiers rêveur, absent dirait-on. Un peu gauche d'allure. Une voix douce, bien timbrée. Des idées nettes, bien classées — un cerveau de mathématicien. De l'envergure. Il n'était pas fait pour rester un simple officier du Génie... Quand on le voit pendant un court moment, on s'étonne qu'une personne aussi calme et discrète ait pu déchaîner de pareilles tempêtes ; mais, au bout de peu de temps, on comprend... »

Du « capitaine Z... » au « colonel Bourse »

Gilbert Renault, qui devait devenir célèbre sous le nom de colonel Rémy, et dont nous avons cité l'important réseau, la CND (Confrérie Notre-Dame), n'est pas non plus hostile à Passy dont il fut l'un des principaux collaborateurs. Au contraire. Ecoutons pourtant la façon dont il relate son premier contact avec le BCRA naissant, avec un Passy désigné ici sous le nom de « capitaine Z... » Rémy raconte : « On me conduit à une porte sur laquelle est piquée une feuille naïve avec une inscription en ronde malhabile : “Capitaine Z..., 2e Bureau”. Je frappe, on me dit d'entrer. La pièce est minuscule, meublée d'une table qui prend toute sa longueur et de deux bancs. Un officier, à l'air extraordinairement jeune, précocement chauve, imberbe, en culotte de cheval et leggings blanches, est assis et lit un document. Il lève la tête vers moi :

— Qu'est-ce que vous voulez ?

— Je voudrais voir le capitaine Z...

— C'est moi. Eh bien ?

— Mon capitaine, je viens vous demander si vous ne pourriez pas m'envoyer en mission en France.

— Asseyez-vous. Donnez-moi vos papiers.

Je lui tends ma carte d'identité et mon passeport. Il les étudie en se rongeant les ongles.

— Pourquoi tous ces visas espagnols ?

— Je préparais en Espagne un film sur Christophe Colomb.

— Vous faites des films ? Votre carte d'identité porte comme profession "inspecteur d'assurances".

— C'est une vieille carte...

— Ouais ! Vous avez déjà fait du renseignement ?

— Non, mais je pense que...

— Qui vous a donné l'idée de vous proposer pour une mission en France ?

Si je lui répondais selon le secret de mon cœur, je lui dirais que j'éprouve une nostalgie invincible de ma femme et de mes enfants, que je pense que j'ai là un moyen de les revoir, tout en combattant de mon mieux. Il me regarde de ses yeux bleus et froids. Non, je ne lui donnerai pas cette raison.

— J'ai été dans les affaires, j'ai beaucoup de relations dont certaines peuvent être utiles... Et puis, tenez...

Un nouvel arrivant fait son entrée. C'est un lieutenant d'artillerie coloniale, grand, beau garçon, le képi sur l'oreille, la pipe à la bouche, un stick sous le bras. Il me dévisage.

— Qui c'est, ce gars-là ? demande-t-il à Z...

Z ... pousse mes papiers vers lui par-dessus la table.

— Continuez, me dit-il.

— Je connais beaucoup d'artistes qui parlent ou chantent à la radio. Peut-être pourrions-nous convenir d'un code qui me permettrait de vous passer des messages que je m'arrangerais pour introduire dans leurs textes ?

— C'est pas c..., ce qu'il dit là, approuve le grand lieutenant.

— Bon, dit Z ... Je réfléchirai. Laissez-moi votre passeport, votre carte d'identité et votre adresse.

J'ai l'impression d'être éconduit. Je les salue et m'en vais, désemparé. (...) Les jours se passent sans que je voie rien venir. (...) Je n'y tiens plus, et vais revoir le capitaine Z...

— Je pense que cela va marcher, me dit-il. J'ai parlé de vous à nos amis anglais et vos possibilités de passage par l'Espagne les intéressent. (...) A compter d'aujourd'hui, vous ne remettrez plus les pieds ici. Nul ne doit être au courant de nos rapports. Je vous téléphonerai quand j'aurai besoin de vous.

Je sors, un peu déçu par mon premier contact avec les services secrets. Z ... n'a aucun point de ressemblance avec le capitaine Benoit. Entre son accueil et celui d'un chef de service commercial recevant un candidat à la représentation de la marque de la maison, il n'y a guère de différence. »

Au contraire de Groussard et de Rémy, Emmanuel d'Astier de la Vigerie ne cache pas qu'il a, d'emblée, éprouvé pour Passy une « antipathie immédiate ». En l'appelant le « colonel Bourse », voici comment il dépeint le fondateur et chef du BCRA avec lequel il aura, comme commissaire à l'Intérieur, de multiples démêlés. « Ce matin, écrit d'Astier, j'ai fait une promenade avec le colonel Bourse autour du fichier des services secrets où j'ai vu la Résistance et ses contraires enfermés en milliers de fiches dans de grands casiers métalliques. La passion, l'erreur, la poésie ou l'intérêt des hommes — et surtout de ces quelques milliers qui sont nos frères — est décomposé en quelques lignes sur des cartes blanches, ornées de carrés de couleur qui indiquent le degré de résistance ou d'abandon. Et chaque carte renvoie à un dossier où — comme aux Renseignements généraux — l'homme qui va mourir est marié ou pédéraste, alcoolique ou endetté, communiste ou radical, toxicomane ou amant. Et Bourse, qui croit ainsi tenir un univers, jouit de cela comme un inspecteur de la Mondaine. »

Evidemment, par-delà les réserves sur la personnalité de celui qui le dirige, par-delà les critiques contre celui qui l'a fait ce qu'il est, c'est le BCRA lui-même qui est mis en cause. Et ceci, répétons-le, non seulement à gauche, mais aussi à droite.

La critique « de gauche » semble la plus argumentée mais n'est pas la moins virulente. Le reproche essentiel qu'elle avance est que le BCRA montre, vis-à-vis de la Résistance intérieure, une sorte de méfiance conquérante. Citons encore Emmanuel d'Astier. « Les services secrets (le fameux BCRA), écrit-il, se méfiaient des mouvements de Résistance : ils voulaient surtout restreindre leur champ et les domestiquer. Ils se méfiaient de cette action étendue à tout un peuple, qui prenait la forme du sabotage généralisé, du harcèlement, des maquis, pour aboutir à l'insurrection nationale. Ils ne voyaient que l'objectif limité, les petites opérations de spécialistes. Et leurs échelons en France stockaient les armes pour le jour J, plutôt que de les distribuer aux mouvements, rationnant tel ou tel groupe suivant les sympathies ou les antipathies politiques. » Le dirigeant communiste et futur ministre de de Gaulle, qui exerce les fonctions de « commandant en chef des Francs-tireurs et partisans français (FTPF) », Charles Tillon, va plus loin. « Le Bureau central de renseignement et d'action (BCRA) qui prend le contrôle de toute la Résistance d'obédience gaulliste, dit-il, ne peut avoir d'autre structure que celle que lui permettent les services secrets anglais, puisque aucune liaison ne peut être assurée en France sans leurs moyens. Les moyens passent souvent par des agents doubles laissés en France, notamment dans l'appareil de Vichy. A mesure que le Comité de la France libre sera reconnu par toute la Résistance, le BCRA n'en restera pas moins son seul appareil de liaison et d'organisation ; il s'efforcera donc de pénétrer dans tous les rouages de la Résistance intérieure sans jamais cesser de dépendre matériellement des services étrangers. Le BCRA sera donc, en France, l'appareil de la partie de la grande bourgeoisie qui, progressivement, donnera à de Gaulle son poids décisif quand la défaite de Hitler sera assurée. Le BCRA sera clandestin dans la clandestinité des autres et, comme le ver solitaire, il se nourrira de la Résistance des autres. C'est pourquoi en abordant l'organisation de la Résistance, en la développant au printemps 1941, de Gaulle la tranche en deux par l'exigence pour chaque organisation ou chaque individu d'un engagement personnel envers le BCRA. Sa politique sera donc fondamentalement basée sur la discrimination entre les Français résistants. La base de l'action d'Etat qui sera dévolue au BCRA reposera sur une organisation d'agents secrets et sur une mystique : celle du chef providentiel. »

A gauche, à droite et en face...

C'est en 1962, donc vingt ans après, que Charles Tillon publie le livre où il porte sur le BCRA un jugement aussi sévère. Deux décennies qui n'ont en rien modifié l'opinion que le chef des FTPF et tous ses cadres avaient de l'organisation de Passy en pleine clandestinité. A preuve, le ton employé par René Houzé, à l'époque même, lorsque, dans un rapport confidentiel, il décrit au Comité militaire national (CMN) des FTP la façon dont s'est déroulée la mission à Londres que cet organisme lui avait confiée en septembre 1943. « J'ai ensuite été pris en charge par le BCRA, écrit Houzé, présenté à Passy et à toute son équipe. Les premières entrevues furent très cordiales et je pus ainsi apprécier exactement le milieu dans lequel on tentait vraisemblablement de m'entraîner. Cependant, j'ai aussitôt demandé que mon séjour soit abrégé et que, dans un minimum de temps, il me soit donné d'acquérir les connaissances techniques exigées comme garantie pour l'envoi d'armes aux FTPF en France. J'ai donc été envoyé dans la province anglaise à deux stages successifs. Le premier : un stage d'utilisation d'esphone et de radar, le deuxième de parachutage. Durant ces stages, j'ai dû déjouer certaines provocations amorcées tantôt par des femmes, tantôt par d'autres membres du BCRA, également en stage avec moi. J'ai, à ce sujet, demandé une entrevue à Passy, entrevue qu'il me refusa, ce qui me détermina à lui envoyer une lettre dont un double fut transmis à Alger et à Paris. Dans cette lettre, je fis part à Passy de mon opinion sur les méthodes employées par le BCRA et sur les conséquences que nous ne manquerions pas de tirer dès mon retour en France. (...) Au terme de mon stage, j'ai dû insister pour pouvoir rentrer en France. J'étais convenu au préalable de phrases conventionnelles et d'un code me permettant de communiquer avec Londres, ainsi que de toute une série de dispositions qui devaient me permettre de recevoir des radars que nous devions installer dans les usines, à proximité des états-majors ennemis, afin de permettre des bombardements efficaces. Des dispositions furent prises également pour des arrivages d'armes par voie maritime. A mon arrivée, je devais officiellement prendre contact avec le chef du BOA. (...) De tous les contacts assurés par la suite avec les différents représentants du BCRA, il n'est résulté que des déboires (exemple : le traquenard du collège du boulevard Saint-Germain où la Gestapo m'attendait dans la loge de la concierge). J'ai transmis différents messages comportant des coordonnées de terrains et phrases correspondantes sans que jamais il y soit donné suite. »

La critique « de droite » met également en cause à la fois les méthodes et les buts du BCRA, mais en inversant complètement les reproches... Les principaux reproches qu'elle lui fait sont d'avoir désorganisé les services de renseignement français et d'avoir fait passer des visées « révolutionnaires » avant les intérêts « nationaux ». L'interprète le meilleur nous en paraît être un officier qui fut très proche des généraux Weygand et Giraud et qui, par la suite, a fait leur apologie dans des livres signés Lerecouvreux, dont, en 1955, *Résurrection de l'armée française de Weygand à Giraud*... D'abord, cet officier définit le BCRA comme une « organisation puissante et dispendieuse encline aux excès de pouvoir, dont le rendement militaire paraît avoir été franchement faible ». Puis il ajoute : « Nous passerons là-dessus pour en venir au point le plus important : le BCRA, pour chasser l'ennemi, prétendait avoir la haute main sur toutes les organisations de Résistance de la métropole. Mais, noyauté par les communistes, il introduisait ceux-ci dans tous les centres vitaux ; c'est pourquoi le SR et la Sécurité militaire, qui avaient leurs fichiers bien tenus et connaissaient leur monde, s'opposèrent à cet assaut ; mais le BCRA voulait forcer le passage car, déjà, il voulait bien plus préparer la révolution future que chasser l'ennemi de France. Ce dernier objectif s'effaçait devant le premier (...). Arrivé en Algérie dans les bagages gaullistes, le BCRA prétendit s'annexer le SR bien que le contraire eût été plus logique ; ou s'il voulait continuer son action révolutionnaire sans gêner la lutte contre les Allemands, agir à part. Le SR se défendit contre une absorption qui ruinerait son organisation, alors en pleine action en Europe. Le général Giraud, appréciant les services considérables qu'il rendait, le défendit jusqu'à ce que le général de Gaulle fût le seul maître ; alors, le BCRA, devenu un instrument purement révolutionnaire et prétendant le rester, annexa ce qu'il put du SR et se consacra à la préparation de son "insurrection" ; politiquement, cette annexion devait permettre dans l'esprit du gaullisme de s'assurer la haute main sur tous les mouvements de Résistance métropolitains ; en fait, il y eut de nombreux refus et leurs auteurs furent traités en suspects... » Enfin, Lerecouvreux conclut : « Les services révolutionnaires que put rendre la nouvelle organisation ne rentrent pas dans le cadre de notre étude ; les services d'ordre militaire qui lui soient imputables en propre paraissent minces. »

Ainsi malmené sur ses deux flancs, le BCRA est-il protégé de face par la France libre dont il est partie intégrante ? Dans les pages qu'il publia en 1944 sous son pseudonyme de la clandestinité Indomitus, Philippe Viannay, que nous connaissons déjà comme principal fondateur et dirigeant du mouvement Défense de la France, répond : « Ceux qui étaient venus pour se battre, rien au monde n'aurait pu les faire entrer au BCRA. J'en appelle ici au témoignage de nos camarades des Forces françaises libres : entrer au BCRA quand on était FFL n'était-ce pas considéré comme une sombre déchéance ? Nous ne voulons pas dire par là que ceux qui, des Forces françaises libres, entrèrent au BCRA pour y accomplir des missions extrêmement dangereuses, y entrèrent par calcul et pour se mettre à l'abri. Nous voulons simplement indiquer par là la réputation qu'avait le BCRA auprès des FFL... ». Viannay exagère-t-il ? Le colonel Passy, en tout cas, ne le dément pas lorsque, dans ses *Souvenirs*, il souligne les embarras de recrutement que son organisation éprouva. « On aura beaucoup de peine, écrit-il, à réaliser aujourd'hui les difficultés inouïes que nous eûmes à affronter pour recruter tous ces hommes, pour les arracher, un à un, au faible courant de volontaires qui, après d'incroyables aventures, parvenaient à rejoindre les Forces françaises combattantes et dont l'arrivée constituait le seul et maigre apport de troupe fraîche que les uns et les autres se disputaient férocement. Tous, ou presque tous, aspiraient à aller conquérir la gloire en quelque Bir Hakeim... (...). Au BCRAM, il nous fallait aussi des hommes, au courage bien trempé, pleins d'endurance et de force d'âme. Mais nous ne pouvions faire aucune propagande autour des prodiges d'héroïsme et d'abnégation accomplis par certains de nos premiers pionniers ; nous ne pouvions le faire, en effet, sans risquer d'augmenter encore les dangers, déjà effroyables, qui devaient accueillir leurs successeurs. En vérité, la seule publicité dont nous faisions l'objet était l'œuvre des petits noyaux d'"opposants" qui, à Londres ou à New York, menaient contre de Gaulle et ceux qui le suivaient une croisade de hargne et de calomnie. Assis sur leurs confortables ronds de cuir, ils nous dénonçaient à qui voulait bien les entendre, comme des pourvoyeurs de la Gestapo, voire même ses complices. »

« Une sorte de passion froide... sur une route ténébreuse »

La riposte du colonel Passy est sans aménité. Toutefois, plus que la tension du ton, ce qui frappe ici c'est la référence. La référence au général de Gaulle. Les critiques qui pleuvent sur le BCRA, son chef les assimile à une campagne — il dit même une « croisade » — menée « contre de Gaulle et ceux qui le suivaient ». Et sans doute est-ce là que l'on en arrive au cœur du débat sur le BCRA. Cet organisme n'a pu naître, n'a pu exister, n'a pu agir et continuer d'agir que par la volonté, on serait presque tenté de dire par la grâce de Charles de Gaulle. Emmanuel d'Astier de la Vigerie dont on a vu l'antipathie pour Passy, mais dont on ne doit pas oublier qu'il fut l'un des très rares hommes à entretenir des liens personnels avec le chef de la France libre et fut amené à souligner cette étroite interdépendance, l'interdépendance entre la main et l'outil, entre le cerveau et le bras. Evoquant l'un des épisodes cruciaux des interminables querelles qui l'opposèrent, en tant que commissaire à l'Intérieur aux services secrets, il écrit : « Un peu naïvement, je tentai d'abord de régler l'affaire sur le plan des personnes, puis sur le plan de l'administration. Je ne devais pas y parvenir. La seule ambition de Soustelle, comme de Passy, était d'échapper à tout contrôle politique de quelque espèce qu'il fût. De Gaulle, leur souverain, les avait investis de sa confiance ; ils ne voulaient avoir de comptes à rendre à personne. Maîtres de l'action en France et des agents, ils ne nous laissaient savoir que ce qu'ils voulaient bien nous faire savoir. (...) Je crus faire un pas de plus en obtenant qu'un représentant de la Résistance fût adjoint à Passy. Ce devait être Raymond Aubrac dont le courage et les initiatives n'étaient contestés par personne. Mais cette nomination, à laquelle de Gaulle était hostile, fut rejetée en Comité, pendant un de mes séjours à Londres, sur l'intervention de Henri Frenay et de René Mayer qui déclara qu'il y avait trop de Juifs en fonction au commissariat à l'Intérieur. Ainsi se manifestait, au Comité d'Alger même, une sorte de racisme honteux qui aboutissait à un "numerus clausus" dont la victime était un héros de la Résistance et dont un Israélite influent se faisait l'avocat. Enfin, la crise devint telle, les agissements de Passy si exorbitants que je dus proposer ma démission et inviter le général de Gaulle à l'accepter ou à relever Passy de ses fonctions aux services secrets. Il céda apparemment. Mais ce fut pour nommer Passy chef d'état-major du général Kœnig, sous l'autorité exclusive duquel allaient être placés, quelques semaines plus tard, les services spéciaux de Londres. » Aussi bien, la question clef est-elle : qu'est-ce que le général de Gaulle pensait du BCRA ? Pourquoi l'avait-il fait naître ? Les pages où Charles de Gaulle l'explique — on pourrait presque dire : s'explique sur — sont parfaitement claires. Elles figurent dans le premier tome des *Mémoires de guerre* et, les lisant, on ne peut manquer de s'interroger sur la démarche de ceux qui, formulant des reproches, les adressaient au seul BCRA en feignant d'ignorer qu'en réalité le véritable maître de cet organisme ne s'appelait pas, répétons-le, le colonel Passy, mais bien, le général de Gaulle... Voyons ces pages. « Ne disposant d'aucun moyen pour l'action en France, écrit le chef de la France libre, et ne voyant même pas par quel bout aborder le problème, nous n'en étions pas moins hantés par les plus vastes projets, espérant que le pays s'y associerait massivement. Nous n'imaginions donc rien de moins qu'une organisation qui nous permettrait à la fois d'éclairer les opérations alliées grâce à nos renseignements sur l'ennemi, de susciter sur le territoire la Résistance dans tous les domaines, d'y équiper des forces qui, le moment venu, participeraient sur les arrières allemands à la bataille pour la Libération, enfin de préparer le regroupement national qui, après la victoire, remettrait le pays en marche. Encore voulions-nous que cette contribution multiple, fournie par des Français à l'effort de guerre commun, le fût au bénéfice de la France, non point divisée en services directement rendus aux Alliés. Mais ce terrain de l'action clandestine était, pour nous tous, entièrement nouveau. Rien n'avait jamais été préparé en France en vue de la situation où le pays était jeté. Nous savions que le service français de renseignements poursuivait, à Vichy, quelque activité. Nous n'ignorions pas que l'état-major de l'armée s'efforçait de soustraire aux commissions d'armistice certains stocks de matériel. Nous nous doutions que divers éléments militaires tâchaient de prendre des dispositions dans l'hypothèse d'une reprise des hostilités. Mais ces efforts fragmentaires étaient accomplis en dehors de nous, pour le compte d'un régime dont la raison d'être consistait précisément à ne pas les utiliser (...). Bref, il n'existait rien à quoi notre action pût s'accrocher dans la métropole. Il fallait tirer du néant le service qui opérait sur ce champ de bataille capital. Ce n'étaient certes pas les candidatures qui manquaient autour de moi. Par une sorte d'obscure prévision de la nature, il se trouvait qu'en 1940 une partie de la génération adulte était, d'avance, orientée vers l'action clandestine. Entre les deux guerres, en effet, la jeunesse avait montré beaucoup de goût pour les histoires de 2e Bureau, de service secret, de police, voire de coups de mains et de complots. Les livres, les journaux, le théâtre, le cinéma, s'étaient largement consacrés aux aventures de héros plus ou moins imaginaires qui prodiguaient dans l'ombre les exploits au service de leur pays. Cette psychologie allait faciliter le recrutement des missions spéciales. Mais elle risquait aussi d'y introduire le romantisme, la légèreté, parfois l'escroquerie, qui seraient les pires écueils. Il n'y aurait pas de domaine où l'on aurait plus de demandes d'emplois mais où les hommes chargés des affaires devraient faire preuve de plus de sérieux en même temps que d'audace. Par bonheur, il s'en trouva de bons. Le commandant Dewavrin, dit Passy, fut leur chef. Rien n'avait préparé Passy à cette mission sans précédent. Mais, à mes yeux, c'était préférable. Sitôt désigné, d'ailleurs, il fut saisi pour sa tâche d'une sorte de passion froide qui devait le soutenir sur une route ténébreuse où il se trouverait mêlé à ce qu'il y eut de meilleur et à ce qu'il y eut de pire. Pendant le drame quotidien que fut l'action en France, Passy, secondé par Manuel, plus tard Vallon, Wybot, Pierre-Bloch, etc., tint la barque à flot contre le déferlement des angoisses, des intrigues, des déceptions. Lui-même sut résister au dégoût et se garder de la vantardise, qui sont les démons familiers de cette sorte d'activité. C'est pourquoi, quelque changement que dût subir le Bureau central de renseignement et d'action, à mesure des expériences, je maintins Passy en place à travers vents et marées. (...) Alors, s'engagea la lutte sur ce champ jusqu'alors inconnu. Mois après mois, plutôt lune après lune, car c'est de l'astre des nuits que dépendaient beaucoup d'opérations, le BCRA commença son œuvre : recrutement de combattants pour la guerre clandestine ; ordres à donner aux missions ; rapports à dépouiller ; transports par chalutiers, sous-marins, avions ; passages par le Portugal et l'Espagne ; parachutages ; prises de contact avec les bonnes volontés qui s'offraient en France ; allers et retours d'inspections et de liaisons ; transmissions par postes-radio, courriers, signaux convenus ; travail avec les services alliés qui formulaient les demandes de leurs états-majors, fournissaient le matériel et, suivant les cas, facilitaient ou compliquaient les choses. Par la suite, l'action, s'élargissant, devait englober les groupes armés du territoire et les mouvements de résistance aux multiples activités. »

« Au premier, au meilleur, au plus ancien de mes camarades... »

Ce texte de Charles de Gaulle a le mérite de la clarté... Renonçant aux équivoques qui lui sont parfois si chères, le chef de la France libre approuve ici totalement ce qu'a fait le colonel Passy et la manière dont il l'a fait. Il se flatte même d'avoir maintenu cet officier « en place à travers vents et marées »... Mais il y a plus. En exposant les problèmes auxquels, selon lui, le BCRA avait vocation d'apporter une solution, le général de Gaulle définit les buts et l'esprit même de cet organisme. Bras séculier du gaullisme, le BCRA doit « susciter la Résistance » avec l'espoir que « le pays s'y associe massivement ». Toutefois, ses membres doivent être sans illusion, savoir qu'au début tout au moins ils n'auront en France « rien à quoi leur action puisse s'accrocher » et qu'il va tout « leur falloir tirer du néant ». Ainsi est-ce, d'emblée, le créateur, l'intronisateur, le manipulateur du BCRA qui tient à écarter de l'esprit de ses fidèles l'idée que la Résistance pourrait être spontanée et autonome sur le sol de la patrie. Ici, il suffit de lire : dans ses défauts comme dans ses qualités, le BCRA fut non seulement l'instrument fidèle mais l'instrument spécifique — car spécialement créé pour cela — des desseins de Charles de Gaulle et ce n'est pas par hasard que, lorsqu'il offrit sa photographie au colonel Passy, le chef de la France libre la lui dédicaça en ces termes : « Au premier, au meilleur, au plus ancien de mes camarades, avec la plus entière confiance ».

Cela dit, dans la mesure où l'on accepte de ne pas demander à un poisson de voler ni à un organisme de faire autre chose que ce pourquoi il a été conçu, peut-être convient-il de donner maintenant la parole à ceux qui, au bout du compte, ont estimé que l'action du BCRA avait surtout eu des résultats positifs. Nous avons déjà dit l'importance du rôle joué par le dirigeant socialiste Christian Pineau dans la Résistance. Or, c'est Pineau qui écrit : « Je fis la connaissance de Passy et de Manuel, les chefs du BCRA... Si l'on a beaucoup écrit sur ces deux hommes, je crois que l'on a trop souvent minimisé leur rôle. Car ce furent eux qui relièrent entre eux les fils de la Résistance, définirent nos missions, répartirent les moyens mis à leur disposition par les Anglais. Le questionnaire qu'ils me firent subir au cours de notre premier déjeuner au Ritz me combla de satisfaction. J'éprouvais, pour la première fois, le sentiment d'avoir accompli avec mes amis une tâche concrète, que nous allions pouvoir poursuivre avec une efficacité accrue. Nous avions ressenti tant de fois l'impression de courir des risques inutiles ! »

La parenté politique entre Pineau l'ancien dirigeant de Libé-Nord et l'historien de la Résistance Henri Noguères est connue. Or, c'est dans l'ouvrage qu'il a écrit avec Degliame-Fouché et Vigier que Noguères note : en janvier 1944, « les allées et venues des agents contrôlés par Passy ne sont pas encore très fréquentes — mais si on compare les résultats bien tangibles déjà obtenus dans le domaine du renseignement par les services secrets de la France libre aux espoirs dont se contente encore — faute de mieux — le SOE, force est bien de constater que les "amateurs" s'en tirent singulièrement mieux que les professionnels. »

Un autre historien, René Hostache, fut député gaulliste. C'est lui qui affirme : « Composé d'officiers tout neufs en matière de services secrets, il (le BCRA) s'adaptera progressivement au rôle de moteur et de pourvoyeur de la Résistance intérieure qui sera bientôt sa tâche essentielle, au même titre que la recherche des renseignements. Mansion, Saint-Jacques, Fourcaud, Gilbert Renault (alias colonel Rémy) et aussi le commandant d'Estienne d'Orves, envoyé par la marine des Forces françaises libres, furent les premiers créateurs de ses réseaux dont les courriers et les câbles rendirent les plus grands services au commandement allié. Ils ne tardèrent pas, ainsi que ceux qui les suivirent, à entrer en contact avec les hommes des mouvements de résistance. (...) D'autre part, à Londres, Passy estima qu'en sus de l'action "à résultats immédiats" (c'est-à-dire du renseignement proprement dit) il lui incombait de promouvoir l'action "à résultats différés" (c'est-à-dire le développement de la résistance du peuple français et, notamment, du sabotage). Il créa dès lors une section Action et envoya des agents de liaison munis de moyens de transmission auprès des groupes de l'intérieur dont il avait appris l'existence... »

Le point de vue de Conrad Flavian n'est pas celui de l'historien, mais celui de l'acteur. Or, dans un ouvrage de souvenirs déjà cité, *Ils furent des hommes*, et où, dès 1948, il porte témoignage, il est amené à dire : « Le BCRA de Londres fut attaqué et l'est toujours aussi bien par les partis politiques de la droite que par ceux de la gauche ou du centre. Mon intention n'est pas cependant d'analyser les critiques, voire même les calomnies et d'y répondre par des arguments pertinents. Je veux simplement rappeler à cette occasion que nous n'étions, dans ce temps-là, que de véritables combattants, des soldats volontairement aux ordres de celui qui luttait sans faiblesse contre l'envahisseur. En conséquence, notre but ne visa essentiellement qu'à la libération de notre sol, sans aucune arrière-pensée ou considération d'ordre politique. L'origine et la création du BCRA datent des semaines qui suivirent l'appel du 18 juin 1940 par le général de Gaulle. Il équivalait, point par point, à un 2e Bureau normal, mais étant donné les circonstances particulières dans lesquelles se trouvaient les Forces françaises libres, il eut des attributions plus larges, dans ce sens qu'il ne se résuma pas uniquement à un simple service de renseignements. »

Le bilan selon Passy

Autre acteur parlant en tant que responsable de cette importante section du BCRA qu'était le BOA (Bureau des opérations aériennes), Louis Mouchon nous déclare : « La structure de “services spéciaux” du BCRA, Passy l'a très bien rendue dans son livre de souvenirs. Passy n'a pas joué un jeu personnel, il a joué le jeu de de Gaulle. Et puis, au-dessus de tout cela, il y avait les nécessités de la stratégie militaire. Cette stratégie dépendait beaucoup des Anglais. La section Action du BCRA dépendait du ministère anglais du Blocus et du SOE. Le risque était clair : c'était que la direction de la Résistance passe en des mains étrangères. Cela, grâce à de Gaulle et aussi au colonel Passy, nous avons pu l'éviter. Nous avons pu garder une certaine intégrité française. Que chacun soit resté attaché à ses opinions politiques, c'était normal. Toutefois, on ne peut pas dire que nous, au BCRA, nous ayons empêché quiconque de regagner la France en raison de ses opinions politiques. »

Autre élément qui plaide en faveur du BCRA, son bilan. Et donc le constat de son efficacité. En intervenant, le 25 janvier 1974, à l'Ecole supérieure de guerre, à Paris, dans le cadre d'un cycle de conférences sur la Résistance, le colonel Passy fut amené à faire un bilan succinct de l'action de son service entre 1940 et 1944. D'abord, il rappela que l'organisme même n'avait pu voir le jour qu'en échange de la promesse faite aux Anglais de recueillir des renseignements et d'organiser des sabotages en France... Puis il affirma qu'ainsi le BCRA avait pu avoir très vite connaissance de tous les déplacements des unités allemandes en France jusqu'à l'échelon de la compagnie ; du « chiffre » utilisé à partir de 1943 par la Wehrmacht ; des plans des principales installations portuaires dont la Kriegsmarine faisait usage sur les côtes françaises ainsi que de ceux de toutes les fortifications bétonnées du « mur de l'Atlantique ». En outre, l'ancien chef des services secrets du général de Gaulle expliqua que quatre-vingt quinze pour cent des renseignements fournis aux autorités britanniques sur la situation en France pendant l'Occupation l'avaient été par ses services et que cette masse de précieuses informations avait constitué une indispensable monnaie d'échange dans les négociations avec les Alliés afin de consolider l'indépendance politique de la France libre.

Sans doute a-t-on déjà pressenti qu'en fait, dans les années 1980 et 1990, le BCRA a bénéficié d'une sorte de retournement d'image en sa faveur. Ce qu'écrivait Jean Lacouture dans le premier tome de sa biographie du Général est ainsi bientôt devenu obsolète... Cette réhabilitation diffuse n'a d'ailleurs pas manqué de signes avant-coureurs. Du côté FTP, par exemple... On se souvient que, parmi les critiques des services de Passy que nous avons citées, la plus violente était sans doute celle de Charles Tillon. Or, l'un des plus proches collaborateurs de ce dernier à la tête des Francs-tireurs et partisans français (FTPF) était, comme chef d'état-major, un universitaire que nous avons déjà cité, Marcel Prenant. Quand, en 1980, ce professeur à la Sorbonne publie ses mémoires sous le titre *Toute une vie à gauche*, comment parle-t-il du BCRA ? « Comme l'explique clairement son titre, écrit-il, le BCRA avait pour but essentiel la constitution de réseaux de volontaires patriotes disposés à braver tous les risques, pour fournir à la France libre des renseignements utiles à son action politique et militaire contre les oppresseurs hitlériens et leurs complices pétainistes. Inutile de chercher des périphrases, il s'agissait d'un système d'espionnage, sanctifié par ses buts patriotiques et son désintéressement. Ces réseaux étaient d'une remarquable efficacité puisque par leur origine même les conjurés se trouvaient à leur place naturelle dans tous les milieux civils aussi bien que militaires. (...) Dans les débuts, il n'y avait pas eu de relations entre les FTP et le BCRA qui opéraient dans des milieux et selon des procédés différents, et pour tout dire, selon des points de vue de classe divergents, voire opposés. A mesure que s'étendait l'influence des uns et des autres, des contacts locaux s'étaient forcément produits pour des actions passagères, comme certaines réceptions de matériels parachutés. Nous étions très réservés, aussi bien que les dirigeants gaullistes, à l'égard de telles pratiques. Eux, parce qu'elles leur coûtaient la concession aux nôtres de quelques armes en reconnaissance du service rendu, nous parce qu'une coopération de ce genre était en contradiction avec nos règles de sécurité, bien plus rigoureuses que les leurs. Cette méfiance réciproque existait d'ailleurs à tous les échelons des deux grandes organisations parallèles de la Résistance intérieure. Pour ma part, j'avais été dûment averti des risques que pouvait me faire courir une fréquentation excessive des agents du BCRA. Non seulement ils commettaient trop souvent des imprudences impardonnables mais encore, certains, très proches des bureaux centraux de Londres, étaient par trop liés, à nos yeux, aux services secrets britanniques. Tout ce système était, sur le sol anglais, environné et peut-être infiltré d'espions allemands. On se méfiait donc quelque peu du chef du BCRA : Dewavrin, dit Passy, et l'on craignait des échanges d'informations avec la police allemande, suivant une pratique courante dans les services d'espionnage et de contre-espionnage. (...) Notre réserve vis-à-vis du Bureau central de renseignement et d'action était d'ordre technique autant que politique. Comme tous les états-majors militaires, celui-ci était enclin à manquer d'imagination, et restait peu perméable aux exigences de la guerre populaire. » Certes, des griefs de fond demeurent, mais entre le Tillon 1962 et le Prenant 1980, quel changement de ton !

L'« impresario de la France résistante »

En 1989, dans *Les Français à Londres ; 1940-1941*, Pierre Accoce considère le BCRA comme une victime... « Tous les chroniqueurs qui ont approché cette période, affirme-t-il, ainsi que ce domaine de l'histoire de la France libre ont curieusement minimisé le rôle de Passy et de son adjoint, le commandant André Manuel. En soldats de l'ombre, ces derniers n'ont, il est vrai, ni cherché la gloire ni veillé à ériger leur statue. Pourtant une bonne part des événements qui ont marqué ce début de la Seconde Guerre mondiale, de même que ceux qui se dérouleront par la suite, de 1941 jusqu'à la fin des hostilités, ont gardé ou porteront, peu ou prou, leur empreinte. Discrète. Visible pour les initiés. Passy servira ainsi de lien entre le Comité national de Londres — le gouvernement de la France libre — et la France résistante... » Emporté par son élan, Accoce accorde même au BCRA un *satisfecit* sans nuances sur le point le plus controversé : « Le chef du SR de la France libre répartira également au mieux entre les réseaux les moyens qu'il parviendra à arracher parfois aux Britanniques. »

Il est vrai, si l'on peut dire, qu'un tel retournement d'image échappe difficilement à l'effet de balancier. Apparaissent les qualités si longtemps minimisées ou même ignorées tandis que s'évanouissent les défauts jadis si souvent soulignés... Quand, en 1993, Pascal Krop publie *Les Secrets de l'espionnage français de 1870 à nos jours*, quel titre donne-t-il au passage consacré au BCRA ? Eh bien, il l'intitule

La colonel Passy invente une nouvelle forme de services secrets... La même année paraît le troisième tome du monumental *Jean Moulin ; L'inconnu du Panthéon* de Daniel Cordier, un troisième volume intitulé *De Gaulle, capitale de la Résistance ; novembre 1940-décembre 1941*. La page consacrée aux premiers pas du 2e Bureau de Passy y est intitulé *Miracle, ça marche !...* Et même l'historien américain Douglas Porch, qui publie à New York, en 1995, *The French Secret Services* (traduit, deux ans plus tard, sous le titre *Histoire des Services secrets français*), s'il raille d'abord l'« amateurisme certain » des « membres de ce prétendu service de renseignement », reconnaît quelques pages plus loin que « Passy demeura fidèle à sa vision politique du BCRA comme impresario de la France résistante »... L'exhaustif Jean-Louis Crémieux-Brilhac n'est pas en reste qui, dans sa somme de mille pages sur *La France libre* (1996), note : « Le BCRA est une création continue. Il ne cesse de se transformer pour s'adapter à la montée exponentielle des tâches. » Quand, en 1999, il publie ses souvenirs déjà cités, l'ancien secrétaire général des MUR (Mouvements unis de résistance) Jacques Baumel veut même voir dans le BCRA un symbole. « La mise en place de ses réseaux de renseignement, écrit-il, est à bien des égards symbolique du dénuement où se trouvait le chef de la France libre et de son extraordinaire capacité à surmonter ce dénuement. (...) Passy se mettra méthodiquement au travail, dès juillet 1940, et parviendra à créer à partir de presque rien, quelques fichiers, quelques collaborateurs, quelques contacts en France, un 2e Bureau remarquablement efficace, qui deviendra plus tard le BCRA. » Et si, toujours en 1999, dans son *Jean Moulin ; La République des catacombes*, Daniel Cordier emploie en intertitre l'expression *Les casseroles du BCRA*, ce n'est pas pour faire ressurgir l'ombre des cagoulards mais pour expliquer, au contraire, qu'il arriva aux gens de Passy d'être gênés dans leur tâche parce qu'ils se trouvaient « sous le feu rapproché des giraudistes » et « au cœur de batailles qui ne cessaient de les soustraire au travail quotidien ».

Ayant constaté cette étonnante métamorphose de l'image du colonel Passy et de son organisation au fil des décennies, sans doute est-ce en se souvenant des différentes étapes de ce changement qu'on obtient l'idée la plus vraie de ce qu'était le BCRA... Mais le BCRA n'était pas tout. Quelle qu'ait été l'importance de son rôle, sa position clef, l'ampleur aussi décisive que controversée de son intervention dans le cours des événements, il ne faudrait pas que, paradoxalement, le service secret de la France libre nous dissimule les aspects publics et connus de celle-ci, nous fasse oublier la diversité d'une Londres gaulliste aux multiples visages.

Les quelques centaines, puis quelques milliers de partisans du général de Gaulle qui, passant très vite de la condition de réfugiés à celle de combattants, vont vivre une, deux, trois ou quatre années dans la capitale britannique sont des citoyennes et des citoyens français au destin desquels le hasard a parfois tout aussi largement contribué que le refus de vivre à genoux. Les références à la politique gaulliste, la description de leur foi patriotique ni l'examen de leur occasionnelle panoplie d'agent secret ne peuvent suffire si l'on veut restituer d'eux une image vraie. Quelque sentiment qu'ils aient pu avoir de leur participation au combat multiforme engagé pour la libération de la France et l'écrasement du fascisme, il leur fallait bien mener une vie quotidienne et assumer une condition d'exilé. Pour la plupart d'entre eux, la monotonie des jours se succédant était d'autant plus difficile et l'exil d'autant plus tenaillant qu'il leur fallait vivre dans une Angleterre assiégée que blessaient chaque jour plus cruellement les bombardements aériens puis les fusées explosives et qu'une continuelle inquiétude les habitait quant au sort de leurs parents, de leurs amis, de leurs camarades, de leurs frères d'armes restés ou repartis en France et livrés aux atroces incertitudes de la clandestinité... Si, à travers l'épaisse vitre des décennies écoulées, nous voulons essayer de mieux discerner leurs silhouettes et leurs visages, il nous faut préférer un instant à l'habituelle optique politique et militaire une approche plus modestement humaine. Ne pouvant se nourrir quotidiennement d'épopée, que faisaient-ils dans la banalité des jours ? Quels songes meublaient leurs soirées ? A quels soins employaient-ils leurs journées ?

Mendès France, « les poches bourrées de chocolat »

« Ma vie, raconte Jean Pierre-Bloch, pendant ces mois londoniens, a été celle de tous les exilés volontaires, un peu restreinte, ondulant entre l'enthousiasme le plus forcené et les périodes de noire dépression et les nuits d'inquiétude pour ceux qui étaient restés en France. Les alertes, les canons, les bombes, les V1, les V2, le refus imbécile de descendre dans les abris. Combien de soirées avons-nous passées, assis sur tous les meubles, dans une demi-obscurité, à regarder le sol et à conter nos espoirs autour des postes radio. Chose curieuse, dès que je le pouvais, je me branchais sur la radio de Vichy ou sur Radio-Paris : en dehors des nouvelles, je voulais entendre la voix de la France ; c'était plus fort que moi, je fermais les yeux et j'oubliais que celle qui chantait ou que celui qui parlait représentaient la voix de l'ennemi. Je recevais une solde de quarante-deux livres. Mon loyer accaparait déjà seize livres et je m'efforçais d'équilibrer le reste pour vivre à peu près décemment, pour un capitaine de l'armée française et aussi pour l'homme politique que j'étais, ce qui constituait un problème ardu. De l'avis général, mon "home" était une réussite, non qu'il fût luxueux ni même très confortable, mais j'y avais collectionné mille choses rares et précieuses qui nous rendaient notre atmosphère : l'Arc de Triomphe sur une carte postale, un plan de Paris largement épinglé au mur, ma famille dans des cadres de peluche et un vieux ticket de métro. Voilà ce qu'il nous fallait. Je suppose que Chateaubriand lui-même, au temps où il vendait des chaussettes à Londres, a dû considérer avec ferveur quelques vieux billets de théâtre parisien ou un prospectus du café Tortoni. Félix Gouin soupirait dans la pénombre : “Quand on sort des Tuileries, sur la place de la Concorde...” J'ajoutais : “... Quand je pourrai à nouveau traverser le pont Alexandre III et admirer ses lampadaires 1900...” Nous attendions avec impatience l'arrivée de Mendès France qui nous racontait son dernier raid sur l'Allemagne. Il arrivait, les poches bourrées de chocolat ; les aviateurs avaient droit à des rations supplémentaires et nous profitions de sa générosité. Neuf heures, nous écoutions sagement la radio ; c'était l'heure de l'émotion et des brusques variations de voltage pour notre confiance. A onze heures-minuit, les visiteurs ouvraient la porte pour s'aventurer dans la rue strictement obscure et tentaient de rire : “Retournons en Angleterre...” Les nouveaux venus, qui avaient connu la prison, quelquefois la torture, étaient traumatisés et la vie à Londres était dure pour eux... »

L'hypersensibilité des Français qui séjournèrent à Londres entre 1940 et 1944, un autre témoin privilégié, André Gillois, en dévoile la discrète évidence. « De nombreux amis, écrit-il, se retrouvaient dans l'appartement de Eaton Square où habitaient Claude Serreulles et Jacques Bingen. Jeannine Serreulles y jouait de la guitare et chantait. Elle devint une espèce de Madelon de la France libre. Mais les soirées n'étaient pas seulement consacrées à la musique. On organisait de petits jeux et on essayait de retrouver une âme d'enfant. Certains de ces jeux finissaient par être déchirants, comme celui auquel me convièrent plus tard Jean Oberlé et son inséparable Momo (Maurice Van Moppès). Il s'agissait de reconstituer de tête un itinéraire dans Paris. Nous en connaissions tous trois si bien les rues, et pour certaines rues, les maisons et les boutiques, que ce voyage imaginaire nous tirait des larmes. Car, en chacun de nous, demeurait, lancinant, le souvenir du pays dont nous étions arrachés et dont nous nous efforcions tantôt d'écarter les images, tantôt de nous hypnotiser sur elles. Tout était prétexte à comparaison, et d'abord la nourriture. Quand on était resté assez longtemps en France pour y connaître la faim, on s'émerveillait de la situation de l'Angleterre. Le rationnement y avait été admirablement établi (...). Le pain, le café, les légumes, la volaille et le poisson étaient en vente libre. La viande n'était pas limitée au poids mais en prix, ce qui donnait trois côtelettes par personne et par semaine. (...) Les restaurants ne demandaient pas de tickets, mais l'addition ne devait pas dépasser cinq shillings. Il suffisait, si l'on avait beaucoup d'appétit, et un peu d'argent, de prendre l'entrée dans un restaurant, un plat dans un second et éventuellement un dessert dans un troisième. Inutile de préciser que les Français étaient passés maîtres dans ce genre de débrouillardise. J'ai le regret de dire que si le marché noir était à peu près inexistant, les seules exceptions furent le fait de nos compatriotes. L'un d'eux, devenu l'amant de la propriétaire d'une des maisons les plus réputées de Londres, lui apportait, en même temps que les transports de sa passion, des sacs de sucre et de beurre. Il fut arrêté et condamné à six mois de prison. Un autre Français fonda un restaurant à l'enseigne de *La Coquille*. *La Coquille* fut fermée, et lui enfermé, mais pas dedans. Il faut déplorer aussi que beaucoup de Français aient souvent maugréé contre la cuisine anglaise. Les Anglais en étaient choqués. Il y avait de quoi ! Ils ne se plaignaient, eux, que de n'avoir pas assez de thé. Pour nous, il y en avait plutôt trop... »

Malgré l'origine militaire de beaucoup des ralliés à la France libre, malgré la rigidité de caractère de Charles de Gaulle, dans le turbulent microcosme des Français de Londres, un curieux mélange de querelles personnelles et de fraternité profonde achevait souvent de bousculer une hiérarchie déjà mise à mal par la polyvalence que la situation exigeait de chacun.

« Je décousais leurs doublures pour y cacher de l'argent ou des papiers »

Dans le même livre d'André Gillois, *Histoire secrète des Français à Londres de 1940 à 1944*, on trouve le témoignage de Mme Jackson qui raconte : « Je suis française, mais j'avais épousé un Anglais et je travaillais en 1939 à l'ambassade de France avec Lelong, attaché militaire. (...) En mars 1941, j'ai travaillé au 4e Bureau de l'Etat-Major, puis à l'Intérieur, avec Diethelm. On s'est installé à Hill Street. J'étais sous les ordres de Boris et du lieutenant Brilhac quand celui-ci est arrivé de Russie. Je tapais les rapports que me dictaient les gens venant de France, surtout Emmanuel d'Astier, Henry Frenay et Jean-Pierre Lévy. Je travaillais dans une salle de réunions attenante au bureau de Boris. (...) Tous ces rapports confidentiels, j'ai veillé sur eux jusqu'à la fin de la guerre et je les ai ramenés moi-même en France pour les déposer au ministère de l'Intérieur. Mais je n'avais pas que les rapports, je devais m'occuper de tous ces gens qui arrivaient de France et qui souvent étaient crottés, pas rasés et sans un sou. Vincent Auriol, Jean-Jacques Mayoux, Claudius-Petit, Morandat, je les ai nettoyés, habillés et je leur donnais de l'argent. Pour ceux qui repartaient, c'était une autre histoire. Je décousais leurs doublures pour y cacher de l'argent ou des papiers. Morandat a même emporté des bons de la Défense dans l'ourlet de son pardessus. Quand Médéric retournait en France, il me demandait si je voulais qu'il me rapporte quelque chose : “Mais non, rien, monsieur Médéric...” Ça l'ennuyait, il avait toujours une liste de cadeaux pour tout le monde. Finalement, il m'a rapporté un journal de mode... »

Dans ce bricolage passionné d'exilés qui ne veulent pas que

périsse leur terre promise, les « dactylos » jouent décidément un rôle important. Marianne Monestier a recueilli le témoignage de Jeanne Bohec qui fut, entre autres, l'une de ces « dactylos ». « Le Corps féminin de la France libre, écrit-elle, est en train de se constituer. En janvier 1941, Jeanne Bohec signe son premier engagement dans les Forces françaises libres. Après un court stage à Bournemouth, dans l'armée féminine britannique, depuis longtemps organisée, elle est affectée au service technique des armements.

— Et là, que s'est-il passé ?

Elle sourit :

— J'ai commencé par être sténodactylo. On en manquait et la plupart d'entre nous s'entendait demander avant toute autre chose : “Savez-vous taper à la machine ?” Et c'était vrai qu'il était urgent qu'on s'y mette. Alors, j'ai sagement tapé à la machine.

— Longtemps ?

Maintenant, elle rit franchement.

— Cela m'a semblé long. Mais, un jour, à cause de ma spécialité professionnelle, j'ai été chargée d'organiser un laboratoire de recherches explosives...

C'est au lycée français de Londres que devait s'installer finalement ce centre. L'ancienne salle des travaux pratiques abriterait le laboratoire.

— Notre petit groupe comprenait, entre autres, le professeur Cathala qui devait créer, à Toulouse, la chaire de chimie et M. Guéron qui devait appartenir, plus tard, à l'Energie atomique. Il s'agissait de rechercher les moyens de fabriquer à domicile, à l'aide d'ingrédients pouvant être achetés chez le pharmacien ou chez le droguiste, des produits incendiaires, des engins à retardement, des explosifs divers. Certains de nos voisins immédiats se montrèrent d'abord assez peu ravis, car nos expériences se passaient sur le toit. Naturellement nous prenions les précautions nécessaires mais les gens, malgré tout, s'effrayaient de nos explosions. Alors nous leur disions : “Ne savez-vous pas qu'il y a une guerre en cours ?” Et il n'y eut plus de protestations...

Lorsque les recherches eurent abouti, Jeanne Bohec fut mutée à l'une des écoles de sabotage qui venaient d'être installées dans de charmants manoirs de la campagne anglaise. »

Le brouillard britannique, le fameux fog, a mauvaise réputation : à croire ceux qui l'ont subi, il pénètre de froidure jusqu'aux os. Pourtant, entre 1940 et 1944, furent battus à Londres bien des records de chaleur humaine... Alors représentant du PCF auprès du général de Gaulle, poste auquel, lorsqu'il partit pour Alger, Waldeck Rochet lui succéda en octobre 1943, Fernand Grenier se souvient : « Dans le bureau que j'occupais à la France combattante, je recevais beaucoup de visiteurs. Nombreux étaient les marins, les soldats à l'entraînement en Grande-Bretagne qui profitaient d'un passage ou d'une permission à Londres pour venir demander un conseil, simplement s'entretenir avec le délégué du Parti communiste ou m'apporter leur obole pour aider à la lutte des FTP. Chez ces grands garçons, il n'y avait ni esprit d'intrigue ni calcul pour l'avenir. C'était franc comme l'or, net comme un sou neuf : ils n'aspiraient qu'à se battre pour la libération de la France... A partir de juin, quand Andréa, mon épouse, fut arrivée, mon désir s'exauça : chaque semaine on en invita cinq ou six à notre table — pour déguster un pot-au-feu à la mode de chez nous, quelquefois un beefsteak-frites... C'était plaisir de les voir si heureux de manger à la française, de les entendre évoquer leur village, leur famille... J'étais aussi heureux d'utiliser de cette manière ces livres sterling que je gagnais, à mon gré trop facilement, rien qu'en parlant à la radio et en écrivant dans les journaux. »

Les parlementaires de la « France combattante »

Même Charles de Gaulle, habituellement si peu chaleureux lorsqu'il s'agit de l'ordinaire des jours, n'évoque pas ces années-là sans une nuance de nostalgie... « Je revois ma vie, en ce temps, écrit-il. On peut croire qu'elle est remplie. Pour simplifier, j'habite l'hôtel Connaught. J'ai, en outre, loué, d'abord à Ellesmere dans le Shropshire, ensuite à Berkhamsted près de la capitale, une maison de campagne où je passe mes week-ends auprès de ma femme et de notre fille Anne. Par la suite, nous nous installerons à Londres dans le quartier de Hampstead. (...) Autour de nous, la population observe une sympathique discrétion. Autant sont vives les manifestations quand je parais officiellement en public, autant est gentiment réservée l'attitude des Anglais quand ils me voient, avec les miens, suivre une rue, faire le tour d'un parc, rentrer dans un cinéma. Ainsi puis-je, à mon profit vérifier que, dans ce grand peuple, chacun respecte la liberté des autres. Le plus souvent, ma journée se passe à “Carlton Gardens”. C'est là que François Coulet, devenu chef de cabinet depuis que Courcel est parti commander en Libye un escadron d'automitrailleuses, et Billotte chef de mon état-major, à la tête duquel il a succédé à Petit maintenant en mission à Moscou, et à Ortoli qui commande “le Triomphant”, me présentent comptes rendus, lettres et télégrammes. C'est là que Soustelle me fait le tableau des informations du jour, que Passy-Dewavrin m'apporte les rapports de France, que Schumann prend mes directives à propos de ce qu'il va dire au micro. C'est là que (...) je reçois les visiteurs ou les personnes convoquées, que je donne ordres et instructions, que je signe les décrets. Souvent le déjeuner, parfois le dîner, me réunissent à des personnalités alliées ou bien à des Français avec qui je désire converser. Quant au grand travail que constitue, pour moi, la rédaction de mes allocutions, je le fais chez moi, le soir ou le dimanche. En tout cas, je m'efforce de ne pas contrarier le fonctionnement des services par un emploi du temps mal réglé. En principe, à "Carlton Gardens", on ne travaille pas la nuit, excepté au bureau du chiffre. J'ai, d'ailleurs, à faire au dehors maintes visites. Indépendamment d'entretiens avec des ministres britanniques, de conférences d'état-major, de cérémonies auxquelles m'invite le gouvernement anglais ou tel autre de nos alliés, je me rends, à l'occasion, dans l'un des centres de la vie française à Londres. L'"Institut français", rallié littéralement dès la première minute dans la personne de son directeur, le professeur Saurat, procure à nos compatriotes de précieux moyens d'enseignement et un actif milieu intellectuel. "L'Alliance française" continue son œuvre sous l'impulsion de Thémoin et de Mlle Salmon. La "Maison de l'Institut de France", jusqu'au soir où elle sera écrasée par les bombes avec son administrateur Robert Cru, tire de sa bibliothèque la documentation dont nos services ont besoin. Les "Amis des volontaires français", groupement dirigé par Lord Tyrrell, Lord de la Warr, Lord Ivor Churchill, formé surtout de Britanniques, en Ecosse le "Comité de coordination de la France combattante", sous l'amicale présidence de Lord Inverclyde, prodiguent à nos combattants une aide aussi intelligente que généreuse. La "Chambre de commerce française" joue son rôle dans les échanges entre la Grande-Bretagne et les territoires ralliés. Le "Centre d'accueil de la France libre" reçoit ceux qui viennent de France. "L'Hôpital français" soigne bon nombre de nos blessés. En m'associant à ces diverses institutions, je vise à resserrer en Angleterre, comme je tâche de le faire ailleurs, la solidarité nationale. L'"Association des Français de Grande-Bretagne" m'y aide activement. C'est par elle, en particulier, que sont organisées quelques grandes réunions où affluent civils et militaires et qui permettent, à moi-même de rencontrer la foule française, aux assistants de manifester et d'exalter leurs convictions, à la Métropole de nous entendre grâce à la radio... »

Dans son énumération des « centres de la vie française à Londres », le général de Gaulle fait quelques omissions. Il oublie, par exemple, de dire l'importance de l'activité politique et sociale menée par les parlementaires venus de France pour se rallier à son mouvement et par l'organisation syndicale qui s'était constituée dans son entourage... « En 1943, rapporte Jean Pierre-Bloch, de nombreux parlementaires français se trouvaient à Londres. Les uns étaient militaires ; les autres s'étaient engagés dans les services civils de la France combattante. Tous avaient rallié le général de Gaulle. Lapie, Gallimard, Mendès France et moi-même portions l'uniforme. André Philip était commissaire national à l'Intérieur. Félix Gouin présidait la Commission de la réforme de l'Etat. Antier était président d'une commission chargée des problèmes de la paysannerie. Max Hymans (...) qui avait reçu, en avril 1941, le premier parachutiste, Georges Bégué, lancé sur la France par les services anglais, était chargé avec Maroselli d'organiser l'aide aux prisonniers de guerre. Rémy venait d'amener Fernand Grenier de France (je dois dire qu'à cette époque, le colonel Rémy ne voyait que par Grenier et ne tarissait pas d'éloges sur la résistance du Parti communiste). Un peu plus tard, Viénot, Queuille et Jacquinot vinrent rejoindre et renforcer notre groupe. (...) Beaucoup d'entre nous avaient audience auprès des hommes politiques et des journalistes anglais. La presse de langue française réclamait notre collaboration. (...) Cette activité des parlementaires ne plaisait pas à tous. (...) Le 22 mars 1943, Gouin prit l'initiative de réunir les parlementaires français résidant à Londres ; il exposa dans cette réunion les raisons qui militaient en faveur de la constitution en groupe des parlementaires ayant adhéré à la France combattante. On fut tous de cet avis et on constitua, en effet, le "Groupe des parlementaires adhérant à la France combattante". Félix Gouin en fut nommé président et Maroselli, secrétaire général. On écrivit aussitôt au général de Gaulle pour lui annoncer cet événement. D'autre part, on sollicitait de Diethelm la communication des budgets de la France combattante et de Philip celle de tous les rapports politiques arrivant de France. Le général de Gaulle, ayant convoqué Félix Gouin, lui fit savoir qu'il souhaiterait que ce groupe spécifiât qu'il s'agissait des parlementaires résidant à Londres. (...) Félix Gouin comprit, au cours de cette conversation, que l'idée de la création du groupe ne remplissait pas d'enthousiasme le Général. Le groupe venait d'ailleurs de formuler une demande de contrôle parlementaire qui, au Général, parut très délicate. (...) Le Général résuma ainsi sa pensée sur cette question : "J'entends, dit-il, vous laisser, à tous, votre qualité de députés et je veille soigneusement à ce que chacun ici vous considère comme tels. De même, je respecte votre liberté d'appréciation et d'expression. Je sollicite même vos idées et vos suggestions ; j'y serai toujours sensible. Si on fait un Conseil national, vous y serez représentés ; cela va de soi, mais encore faudra-t-il trouver un moyen d'éviter un déséquilibre politique accentué vers l'extrême gauche. Ce problème est un de ceux sur lesquels il me serait agréable que vous puissiez vous pencher. Vous avez, pour cela, l'expérience et la culture politique indispensables. Etudiez cela et soumettez-moi votre avis." L'entretien avec Félix Gouin se termina sur ces paroles. Quarante-huit heures après, je fus convoqué à mon tour. Je me rendis à cette convocation en civil, pensant que l'on m'avait appelé en ma qualité de député de l'Aisne. Mais en me recevant, le général de Gaulle me dit : "J'aimerais que, pour répondre à mes convocations, vous vous mettiez en uniforme. C'est le capitaine Pierre-Bloch que j'ai convoqué." (...) Le Général, qui me connaît "gaulliste" et partisan ardent de la France libre, veut savoir de moi si la création de ce groupe n'est point dirigée contre lui. Je le rassure... »

« Desiderata » et « grands problèmes »

Maintenant que nous savons ce que fut le Groupe des parlementaires adhérant à la France combattante, feuilletons quelques-uns des procès verbaux de ses réunions... Dans le procès verbal du 3 mai 1943, on peut lire : « Le Groupe reçoit une importante délégation du "Centre syndical français" qui lui est présentée par son secrétaire, M. Chauvet, assisté de la secrétaire générale de la section des employés, Mme Munro. Le Président, après avoir souhaité la bienvenue à la délégation et l'avoir assurée du concours du Groupe, donne la parole à M. Chauvet et à l'un de ses camarades qui exposent l'un et l'autre les suggestions du "Centre syndical français". Après audition de ces divers desiderata, le Président demande à la délégation de lui adresser un résumé complet des principales questions débattues dont le Groupe prendra ainsi connaissance détaillée. Il assure la délégation de son meilleur concours dans le but de donner satisfaction aux demandes faites par elle auprès de M. Pleven. Dans ce but, il procédera par voie de suggestions, car il n'a pas autorité pour agir et décider. Grenier pense que c'est là, en effet, la meilleure méthode : travailler sur des textes précis et ensuite s'associer à l'action entreprise dans la mesure où elle est raisonnable et fondée. La délégation remercie le Groupe de son excellent accueil et après qu'elle se soit retirée, la séance est levée à 4 heures 20. » Une semaine plus tard, (procès verbal du 10 mai 1943), les membres du Groupe discutent entre eux des desiderata qui figurent dans les documents que leur ont laissés les deux dirigeants du Centre syndical français. Faute de pouvoir reproduire ici l'ensemble du compte rendu de cette discussion, il nous paraît utile d'en citer néanmoins quelques traits saillants, les traits à travers lesquels apparaît une sorte de face cachée de la France libre. C'est le président du Groupe qui ouvre ce débat sur la question qui est relative au statut du personnel de la France combattante. Il propose que deux parlementaires soient « chargés d'étudier ce statut de façon à pouvoir intervenir auprès de M. Pleven après étude approfondie ». Une vingtaine d'interventions vont suivre. Selon les mots de Max Hymans, le Groupe va s'y « montrer assez divisé ». En fait, une division en deux camps : d'un côté, ceux qui suivent leur président et sont partisans d'une intervention auprès de Pleven (donc du général de Gaulle) en faveur des revendications du Centre syndical français ; de l'autre, ceux qui estiment cette intervention inopportune et déplacée. Les arguments de ces derniers, donc de ceux qui ne veulent faire nulle peine au Général, sont très faciles à résumer. Tout en se déclarant « d'accord sur le fond avec les revendications du Centre syndical », ils se demandent « si le Groupe parlementaire est bien qualifié pour intervenir ainsi auprès de l'Exécutif » (Pierre Viénot). Selon eux, il est préférable de ne « s'occuper que des grands problèmes » (Pierre Mendès France). D'autant plus qu'à leur avis,

« le Parlement s'est discrédité collectivement », qu'« il faut faire effort pour remonter cette pente antiparlementaire » et qu'il faut donc admettre que « le Groupe en tant que tel ne peut pas être, à Londres, un organe de contrôle » (Jules Moch). Mais les parlementaires qui, d'une certaine façon, voudraient bien faire oublier qu'ils le sont, ne sont pas majoritaires au sein du Groupe. La plupart de leurs collègues estiment en effet qu'« attirer l'attention de la France combattante » sur les revendications du Centre syndical, c'est au contraire se placer « du point de vue de l'intérêt bien compris de celle-ci » (André Maroselli). N'y a-t-il pas, « dans la France combattante, beaucoup d'erreurs à redresser qui lui font un tort considérable dans l'opinion publique » ? Et « pour faire cesser ce malaise, ne faut-il pas introduire à l'intérieur de la France combattante plus de compréhension et plus de respect de certaines règles fondamentales » ? (Paul Antier). Ne sait-on pas qu'« il y a dans la France combattante beaucoup d'anomalies et beaucoup d'injustices qui découragent le personnel et notamment le personnel féminin qui ne jouit pas d'un traitement suffisant pour vivre avec décence » ? (Jean Pierre-Bloch). N'est-il pas clair qu'« au sein de la France combattante, il y a un certain nombre de courants qui sont éloignés de l'esprit démocratique » et que l'on peut « déplorer que la France combattante ne soit pas la véritable image de la France » ? (Fernand Grenier). Le procès verbal conclut : « Il est finalement décidé après cette discussion que Grenier et Gouin étudieront le statut du personnel, se mettront en liaison avec les délégués des syndicats et feront une démarche avec eux auprès de M. Pleven avec toute la mesure désirable en pareille matière sans toutefois engager le Groupe. »

Le « Centre syndical français »

En prenant connaissance de ces débats on comprend mieux pourquoi le Groupe parlementaire et le Centre syndical, organes pourtant très vivants et très caractéristiques de la réalité française, de la réalité gaulliste à Londres entre 1940 et 1944 ne sont que fort peu connus. Comme si la critique nuisait à l'image de la glorieuse aventure de la France libre... Disons donc encore quelques mots du Centre syndical français (CSF).

D'abord, quand et comment le CSF était-il né ? Le 14 novembre 1942, son assemblée générale, adoptant une résolution « sur l'affaire Darlan », rappelait les circonstances de sa fondation « sous l'égide de la Fédération syndicale internationale » ; cette Fédération était une organisation réformiste que présidait Sir Walter Citrine, également secrétaire général du Trade Unions Congress (confédération britannique) ; entre 1935 et 1939, elle avait plusieurs fois rejeté les offres d'unité faites notamment par l'Internationale syndicale rouge mais les circonstances du conflit mondial devaient l'amener à infléchir sa position. Dans la résolution du 14 novembre 1942, on pouvait lire : « Le Centre syndical français en Grande-Bretagne, qui s'est constitué en 1940 pour grouper les travailleurs français en Grande-Bretagne et les marins de la marine marchande française libre, et pour maintenir les traditions du mouvement syndical français persécuté par les Allemands et par Vichy, etc. ». Charles de Gaulle allait-il accepter la façon dont le CSF se ralliait à lui pour le combat patriotique tout en « repoussant avec vigueur toute ingérence de personnalités extérieures au mouvement syndical » ? Il l'accepta. Et, dans le rapport d'activité du CSF pour l'année 1942, on pouvait lire : « La collaboration du CSF avec la Direction du Travail de la France combattante s'est poursuivie au cours de l'année de la manière la plus satisfaisante. Notre camarade André Philip, commissaire national à l'Intérieur et au Travail, et notre camarade Henry Hauck, directeur du Travail et membre de notre Comité exécutif, sont pour le CSF des amis fidèles. Grâce à leur intervention, de nombreux problèmes ont pu être résolus de manière satisfaisante. Henry Hauck a aidé, notamment, le syndicat des Marins à faire valoir ses revendications auprès de la Direction de la marine marchande et la collaboration entre le syndicat des Marins et l'Administration de la France combattante se poursuit de la manière la plus heureuse. La Direction du Travail a réorganisé ses services au mois d'octobre dernier. Le CSF a été consulté et ses avis retenus. La plupart des membres du personnel de la Direction du Travail sont des militants syndicalistes membres de notre organisation. » Le même texte précisait par ailleurs que les « représentants officiels du CSF » avaient été appelés à participer aux « Commissions d'étude constituées par le décret du général de Gaulle en date du 8 février 1942 » : trois à la « section économique et sociale » ; trois à la « section réforme de l'enseignement » et quatre à la « section réforme de l'Etat ». Enfin, le CSF recevait désormais une subvention des autorités gaullistes.

Outre une activité syndicale la plus normale possible compte tenu des conditions particulières de lieu et d'époque et une participation permanente au combat patriotique, le Centre syndical français était aussi un organisme d'étude et de proposition en matière de politique sociale. Un exemple entre cent : la parution, en janvier 1943, dans *Des deux côtés du détroit*, la revue mensuelle de la Chambre de commerce française de Londres, d'un article de Paul Chauvet, l'un des principaux animateurs du CSF sur le problème du salaire national minimum... « Au bout du compte, nous dira trente ans plus tard Paul Chauvet, nous avons fait pas mal de travail... Bien sûr, la façon dont le général de Gaulle dirigeait la France libre appelait, de notre part, certaines réserves. Cependant, nous avons toujours estimé que nous n'avions pas pour autant à aller pleurer constamment dans le gilet des Anglais comme certains l'auraient voulu... Evidemment de Gaulle n'avait pas toujours raison... Seulement, il faut dire que les Anglais avaient à l'époque une fâcheuse tendance à vouloir accaparer tout ce qui dépendait de la France. Il y a eu des histoires comme celle de Madagascar et pas mal d'autres. Or, dans ces moments-là, de Gaulle savait se défendre. »

Muselier, Labarthe, Aron, de Kérillis...

Paul Chauvet emploie une expression imagée qui dit bien ce qu'elle veut dire : « pleurer constamment dans le gilet des Anglais »... Pourtant, il est difficile d'en mesurer l'exacte portée dans la mesure où les querelles de l'après-guerre ont nettement brouillé les cartes. A l'époque où de Gaulle se laissait aller à traiter les communistes de « séparatistes », en pleine atmosphère de « guerre froide », la gauche pensa trouver des arguments dans les livres de souvenirs ou dans les pamphlets publiés par des hommes tels que le vice-amiral Emile Muselier, André Labarthe, Raymond Aron ou Henri de Kérillis, lequel avait donné à un de ses ouvrages ce titre éloquent : *De Gaulle dictateur*... Ainsi se trouva démesurément grossi durant les années d'après-guerre un phénomène qui, considéré plus calmement, ne peut apparaître que comme marginal. Nous en avons assez dit sur le BCRA pour estimer ici que le présenter comme une sorte de Gestapo (le mot fut employé), et vouloir considérer Charles de Gaulle comme un tyran, sinon même un chef fasciste, ce n'était plus, en plein combat antifasciste, une exagération, cela devenait une diversion. En outre, alors que la réalité française était non seulement menacée de mort par l'envahisseur nazi mais, trop souvent, méconnue ou méprisée par les Alliés anglo-américains, aller précisément se placer sous l'aile anglo-américaine pour vitupérer la France libre revenait ouvertement à nuire à la Résistance. D'ailleurs, sur le moment même, telle fut bien l'opinion de la grande majorité des républicains, celle des communistes, de la plupart des dirigeants socialistes ayant choisi la Résistance, de nombre de dirigeants radicaux et aussi d'hommes politiques classés « au centre » et à droite, républicains qui, avec l'accord total de ceux qu'ils représentaient, et sans jamais s'abstenir de formuler d'importantes réserves sur la politique du Général, ne lui ménagèrent pas leur appui tant que dura la lutte pour la Libération. L'inconséquence de ce comportement sectaire mais aussi la marginalité du phénomène apparaissent encore plus clairement si l'on considère la diversité des opposants et l'éparpillement de leurs motivations. Henri Michel distingue déjà « trois dissidences dans la Dissidence » ; en fait, on pourrait en énumérer bien d'autres. Mais à quoi bon ? La plupart sont aujourd'hui oubliées. Oubliées pour n'avoir pas compris que leur attitude les plaçait à l'écart du combat décisif. Lorsqu'à leur propos nous parlons de marginalité, c'est au sens propre : en consacrant toutes leurs forces non point à lutter contre l'ennemi nazi et vichyste mais à dénigrer l'homme qui, pour être critiquable, n'en devenait pas moins le symbole de la Résistance, elles se sont délibérément placées en marge du sursaut patriotique. Dès lors, le général de Gaulle eut beau jeu de souligner : « A l'origine des désagréments causés à la France libre par ses propres alliés et des campagnes menées contre elle par leur presse et leur radio, il y eut souvent l'influence de certains Français émigrés. » Avait-il tort ? Non. Harold Nicolson, qui fut, pendant la guerre, le sous-secrétaire d'Etat à l'Information de Churchill, note dans son journal intime, à la date du 30 avril 1942 : « J'ai déjeuné avec André Labarthe. Il est plus brillant que jamais et je pense qu'il est difficile de ne pas être d'accord avec lui. Il dit : "Vous reconnaissez en de Gaulle un être menteur, déloyal et déséquilibré. Pourtant vous persistez à le considérer comme le représentant de la France. Mais non, mais non, la France, c'est autre chose !"... » Que penser d'une pareille intervention faite à l'époque même où, presque quotidiennement, le chef de la France libre luttait pied à pied pour obtenir que la Résistance française soit reconnue par les Anglais et les Américains comme un allié à part entière ?... De même, lorsque, dès 1940, l'amiral Muselier prend sur lui d'ouvrir des discussions directes avec l'amiral anglais Sir Dudley Pound et que Charles de Gaulle fait échouer l'entreprise en répliquant : « Un accord naval ne se négocie qu'entre gouvernements ! », comment ne pas distinguer d'emblée quel est le véritable défenseur de l'indépendance française et quel est celui qui est prêt à en sacrifier le principe pour la livraison de quelque matériel supplémentaire ?

Autre erreur, autre aveuglement de ceux qui, à Londres comme à New York, passaient leur temps à fournir des arguments aux adversaires de la France libre, leur refus de percevoir et d'apprécier à sa juste valeur le rayonnement grandissant de ce qu'on a pu appeler « le gaullisme de guerre », rayonnement non seulement aux yeux des Français engagés dans le combat clandestin mais à ceux de leurs nombreux compatriotes qui, le soir, écoutaient Radio-Londres en cachette pour y puiser l'espoir et la force de tenir, comme à celui de démocrates qui, dans tous les coins du monde, refusaient d'accepter que la France fût effacée de la carte. Ce rayonnement, en évoquant plus loin les nombreux « comités de la France libre » que des citoyens français résidant à l'étranger créèrent très vite sur tous les continents, nous en mesurerons mieux l'étendue. Mais il faut dire immédiatement sa qualité... D'abord, en Angleterre même. « Tout naturellement, écrit ainsi le communiste Fernand Grenier, la classe ouvrière, le peuple anglais tenaient en haute estime la Résistance française. Combien de fois ai-je été l'invité de tel syndicat, telle section du Labour Party pour leur parler de "la France sous la botte" ! Quel accueil chaleureux également dans les grandes villes ouvrières du pays, ces quartiers sinistres sous le brouillard ou la pluie, ces maisons noires et sans joie dans lesquelles vivaient des ouvriers et des ouvrières qui contribuaient durement à l'effort de guerre — comme ils étaient ardents à réclamer “le second front”, quelle chaleureuse sympathie aussi pour “l’oncle Jo” (Staline) et le peuple russe. (...) J’avais aussi fort à faire pour répondre aux invitations des étrangers réfugiés en Grande-Bretagne. Que ce soit les Belges (...), les Espagnols, les Tchèques, les Autrichiens, etc., l’accueil réservé à mes conférences ou allocutions m’aidait à découvrir (...) combien notre patrie avait d’amis fervents. »

La Croix de Lorraine

Cette sympathie, ce rayonnement sont profondément romantiques... Au flanc blessé d’une Europe presque toute occupée, les îles Britanniques apparaissent vite comme un phare et même comme un brûlot, comme le symbole que toute espérance n’est pas éteinte. Une adolescente comme Benoîte Groult écrit, le 1er juillet 1940, dans son journal intime : « J’envie les garçons qui sont maintenant en Angleterre. Si je n’étais pas une fille, je serais sûrement partie... » Evidemment, lorsque vont souffrir et périr, chaque jour plus nombreux, les héros de la lutte clandestine et les guerriers de la France libre sur les fronts et dans les cieux les plus divers, ce romantisme de la patrie va aller s’amplifiant. Il n’en faut pas sous-estimer l’importance. Quatre années durant, il sera le bain de jouvence de la Résistance française.

Une part importance de ce romantisme se cristallise autour d’un signe : la Croix de Lorraine. Signe et insigne. Signe et symbole. « Elle aurait pu, dira Alban Vistel, partager le sort limité de n’importe quel insigne réglementaire alors qu’émergeant à peine de l’obscurité elle va connaître une fulgurante carrière pour s’insérer dans l’imagerie historique. (...) Les murs des villes en seront inlassablement revêtus à la craie, au goudron, à la peinture. Exorcisme du désespoir, signe de ralliement de la confrérie des ombres, (...) elle sera bijou au poignet et à la gorge des femmes, empreinte sur les murs des cachots, dernier signe que trace la main au long des agonies. Le signe sera signifiant à chacun des pas jusqu’au dernier seuil. Plus tard, il sera brodé sur les drapeaux, puis gravé sur les stèles, cœur du rituel du souvenir... »

La Croix de Lorraine... Apparaissant à Londres, elle surgissait du fond des âges. Bernard Le Marec en a fait un bref historique. « En 1241, note-t-il, Jean d’Alluye, un seigneur de Touraine, reçut d’un évêque de Crète une petite croix de bois à double croisillon, de 0,29 mètre de hauteur, formée disait-on par du bois de la Croix du Christ (...). A son retour de croisade, en 1244, le seigneur d’Alluye vendit cette relique à l’abbaye de la Boissière près de Baugé (où elle est encore conservée à l’Hospice des Incurables). Après le désastre de Poitiers, les moines la placèrent dans la chapelle des ducs d’Anjou qui la vénérèrent. Puis René Ier d’Anjou hérita par son mariage du duché de Lorraine et la vénération de la Croix de Baugé se perpétua dans la famille ; aussi son petit-fils René II, duc de Lorraine en 1473, en fit-il le signe de ralliement, lors de la campagne de 1476-1477, contre Charles le Téméraire dont l'emblème était la croix de Saint-André. Sous le règne de son fils Antoine, la "Croix Double" achève de devenir la "Croix de Lorraine" qui va rester pendant plus de deux siècles la marque de la dynastie du duché. En 1870, après la défaite, les Lorrains, accompagnés de leurs évêques, déposeront à leur sanctuaire de Notre-Dame de Sion une croix de Lorraine brisée avec la légende : "Ce n'est pas pour toujours". Après la victoire de 1918, ils reviendront mettre bout à bout les deux tronçons et remplaceront l'inscription par : "Ce n'était pas pour toujours". Ainsi, dès 1870, la croix de Lorraine était devenue un emblème patriotique. »

Cette « biographie » de la Croix de Lorraine, si elle nous apprend que son choix ne fut pas l'effet du hasard, ne nous dit pas pour autant qui eut l'idée de la tirer ainsi d'un relatif oubli... Ironie du sort, ce fut le vice-amiral Emile Muselier. Marin aux qualités militaires, au courage et aux vertus républicaines incontestables était ce chef de guerre et l'on ne peut que regretter qu'il se soit égaré dans une impasse de l'histoire. Dans son livre de souvenirs au titre caractéristique : *De Gaulle contre le gaullisme*, il raconte comment il a, lui-même, fourni l'insigne de sa gloire à celui qui allait devenir sa bête noire. L'amiral écrit : « Une de mes premières décisions fut l'adoption d'un insigne pour les FNFL et les FAFL En quittant Gibraltar, j'étais passé à proximité du *Lieutenant-Latour* sur lequel j'avais fait embarquer les états-majors et les équipages qui refusaient de continuer la lutte ; j'avais songé qu'il était indispensable de différencier nos bâtiments et nos avions de ceux du gouvernement de Vichy. J'estimais qu'il était nécessaire de donner à notre mouvement l'allure d'une vraie croisade et qu'il fallait choisir un emblème que l'on pût opposer à la croix gammée. Et c'est pendant mon voyage en avion, de Gibraltar en Angleterre, pendant la nuit, à hauteur (...) de Lisbonne, dont la lueur éclairait l'horizon, que, pensant à mon père qui était lorrain, j'ai choisi la croix de Lorraine. Et voici ce que j'écrivais, dans la nuit du 2 au 3 juillet 1940, dans ma petite chambre du Grosvenor Hotel : "Les bâtiments de guerre et de commerce de la Marine nationale française libre porteront à la poupe le pavillon national français et à la proue un pavillon carré bleu orné en son centre de la croix de Lorraine en rouge, par opposition à la croix gammée. (...) Les appareils des Forces aériennes françaises libres (FAFL) porteront la cocarde réglementaire et, à côté, un cercle bleu de même taille que la cocarde, orné en son centre de la croix de Lorraine en rouge."... »

Nous disions plus haut que, si l'on voulait comprendre la Résistance en général et la France libre en particulier, il ne fallait jamais négliger le romantisme ambiant. Il ne faudrait pas oublier non plus que cette vague de romantisme suscita une contre-vague, un déferlement de haine... Plus d'un demi-siècle plus tard, il faut presque se frotter les yeux pour lire vraiment la presse vichyste. Au lecteur qui n'est pas habitué, les textes que l'on trouve dans les journaux de la Collaboration semblent, à proprement parler, incroyables... Et pourtant, ces textes furent. Ils furent écrits. Ils furent imprimés. Ils furent lus. Rien que sur Charles de Gaulle, sur la France libre proprement dite mais aussi sur les « gaullistes » — nous mettons des guillemets car les traîtres employaient cet adjectif au sens le plus large — des centaines et des centaines d'exemples demeurent. Quelques-uns nous suffiront.

« Ceux "d'youtre-Manche"... »

Nous les tirerons de trois feuilles de l'époque, le fameux *Je Suis Partout* dont Robert Brasillach était le rédacteur en chef ; *l'Appel* dont le directeur politique était Pierre Costantini, officier d'aviation qui participa à la fondation de la « Légion des volontaires français contre le bolchevisme (LVF) » après avoir « déclaré la guerre à l'Angleterre » à titre personnel ; *la Révolution nationale*, enfin, qu'avait fondée l'un des chefs des cagoulards, Eugène Deloncle, et auquel, outre Brasillach, collaborait Drieu la Rochelle. D'abord, un portrait de Charles de Gaulle par *Je Suis Partout*... Extrait du 10 juillet 1942 : « Grand gaillard à peine grisonnant sur les tempes, à la moustache noire taillée en brosse à dent, à la lèvre dédaigneuse et dont la mâchoire inférieure s'avance comme un tiroir mal fermé. (...) Martelant les mots, sa voix sèche et autoritaire tient de celle de l'adjudant rengagé et de l'acteur jouant des rôles de Don Gomès dans un théâtre de sous-préfecture... » Extrait du 2 juillet 1943 : « Le misérable, trahissant sa patrie dans le malheur, insulte la France en la personne du maréchal Pétain ; oui, depuis trois ans, de Gaulle prétend parler au nom d'une autre "France libre", alors qu'il est aux ordres et aux gages des Juifs de la City. Alors qu'il est leur prisonnier, alors qu'il porte un uniforme payé par eux ! Il parle aussi au nom de la "France combattante", alors qu'il n'a pu obtenir le moindre commandement et que, par conséquent, il ne peut revendiquer d'autres services que le service d'un sergent recruteur, d'un enrôleur de Français au service de l'internationale ploutocratie... »

Et les gaullistes, le mot étant ici pris, répétons-le, en son sens le plus large ? Restons à *Je Suis Partout*. Le 23 mai 1942, on peut y lire : « Les gaullistes brûleraient Jeanne d'Arc. La France, la traditionnelle, la vraie, demeure. » Et, une semaine plus tard, le 30 mai : « Oui, le mouvement gaulliste est une mauvaise action contre la Patrie. Si Jeanne d'Arc fut brûlée vive, c'est précisément parce qu'elle avait voulu empêcher un crime contre l'unité française. Elle avait compris, la petite Lorraine au cœur pur, qu'il fallait avant tout sauver la France qu'incarnait alors un roi faible. La simplicité d'une jeune paysanne n'a pas été comprise d'un de Gaulle... » Passons maintenant à *l'Appel*. Extrait du 29 mai 1941 : « Chez ceux "d'youtre-

Manche", nous avons vu que les services fonctionnant autour du général de Gaulle étaient tous dirigés par des Juifs composés en majorité de youtres ayant fui la France. » Extrait d'un article dénonciateur paru le 28 août 1941 et consacré aux « gaullistes versaillais » : « Nous insistons, en indiquant que les deux vespasiennes du boulevard de la Reine sont particulièrement fréquentées par ces dangereux personnages. Peut-être pourrait-on y organiser la nuit une garde discrète afin de pincer sur le fait les admirateurs du traître de Gaulle et les partisans de Staline dont les élucubrations déshonorent la ville du Roi-Soleil ? ». Enfin, dernière citation, celle extraite de *La Révolution nationale*. Le goût de la calomnie, l'acharnement à salir, la rage de la délation et la vulgarité du style qui sont des traits communs à toute la presse vichyste y apparaissent tout particulièrement. L'extrait est du 17 octobre 1942 : « Il y a deux semaines, nous avions ici même, consacré une série d'échos à un établissement du Quartier latin : "Le Palais du café". Nous avions dit ce qu'il fallait en dire, ni plus ni moins. Réunion de jeunes gaullistes et trafiquants. Les clients qui sont souvent de faux étudiants y discutent âprement de tout sauf de travail honnête. Tout le Quartier latin sait à quoi s'en tenir. C'est pourquoi, étonnés de ne point voir la maison fermée, nous l'avons signalée à la Préfecture de police. (...) Le scandale continue puisque la Préfecture de police est restée silencieuse. »... Nourrie de toutes les rancœurs et de tous les ratages accumulés par la droite française depuis le 6 février 1934, cette vague de haine prenait toutefois, bien évidemment, source en Allemagne, l'Allemagne devenue la métropole du fascisme... Feuilletons quelques journaux nazis. Pour la *Volksstimme* de Noël 1940, de Gaulle, « homme du bluff (...), homme frivole, poussé par un besoin d'argent maladif, ne voulait faire que du sensationnel ». Il « s'est donné pour mission avec une équipe de mercenaires français de se mettre au service du peloton des ploutocrates anglais ». Pour le *Völkischer Beobachter* du 7 janvier 1943, « les Juifs et les francs-maçons dominent dans le cabinet de de Gaulle ». Pour la revue *Koralle* du 7 février 1943, « général traître à la patrie et Français libre par la grâce de l'Angleterre, voilà de Gaulle, celui qui a sacrifié sans vergogne les intérêts de l'Empire français au combat de Churchill contre une Europe libre » ! Selon *Das Reich*, « le gaullisme est la perspective bolchevique pour la France ». Enfin, la *Tages-Post* du 17 février 1944 considère que « le hâbleur de Gaulle appartient à ces gens qui n'aiment guère voir leur lumière sous le boisseau et qui voudraient la mettre dans l'histoire ». On sait que le *Völkischer Beobachter* était le quotidien national de la NSDAP, le Parti nazi, tandis que l'hebdomadaire *Das Reich* et la revue illustrée *Koralle* étaient des publications diffusées par les nazis dans toute l'Allemagne ; quant à la *Volksstimme* et à la *Tages-Post*, Jacques Binoche souligne qu'il s'agissait de journaux régionaux paraissant à

Linz et que Hitler « en tant que parrain de la ville lisait régulièrement ».

On aura sans doute remarqué comment plus encore qu'aux arguments « politiques » (trahison, soumission aux juifs et aux francs-maçons, acceptation de jouer le jeu bolchevique, etc), les journalistes hitlériens recourent aux attaques personnelles, à la calomnie psychologique et morale (vénalité, bassesse d'âme, folle ambition, goût du mensonge, inintelligence, dérèglement mental, etc). Ce ne sont pas là simples facilités de plume dues au hasard des chroniques. Lorsqu'en 1942, à Dortmund, l'écrivain Bernhard Payr publie le livre *Phönix oder Asche ?* (Phénix ou cendres ?), ouvrage, écrit Binoche, « qui est sans doute le travail le plus complet consacré par un Allemand à la vie intellectuelle française après la défaite », il y définit le comportement du chef de la France libre comme du « bovarysme politique » ; il feint de se demander « jusqu'à quelles bassesses envers sa patrie, l'ambition démesurée peut emporter cet homme », et il conclut : « Comme l'esprit du traître est trop petit pour saisir l'idée d'un nouvel ordre de l'Europe, auquel la France elle aussi, peut contribuer intelligemment, il poursuit le chemin qui doit l'emporter loin de la communauté européenne continentale qui se construit sous la direction de l'Allemagne, dans l'éternel et irrévocable bannissement ».

« Le chœur anxieux des gouvernements réfugiés accompagnait en sourdine... »

Les citations que nous venons de faire ne sont pas des exemples isolés. Elles témoignent, au contraire, d'une campagne cohérente et continue menée par les hitlériens contre de Gaulle et ceux qui l'avaient rejoint à Londres. Pourquoi les nazis ne laissèrent-ils pas le soin de ces attaques à leurs employés français, les vichystes ? Tout simplement parce qu'à leurs yeux comme à ceux des combattants clandestins de la Résistance française, mais pour des raisons inverses, la France libre était un symbole. Peu leur importait la faiblesse des effectifs militaires gaullistes. Techniquement novateurs dans le domaine de la guerre psychologique, ils savaient mieux que tout autre que la possible référence à ce symbole était pour eux un danger permanent. Les croix de Lorraine et les « Vive de Gaulle ! » tracés à la craie ou à la peinture sur les murs de France démontraient d'ailleurs sous leur nez l'importance de cette référence. Ce ne fut pas un hasard si, dans le vocabulaire de la Gestapo et de la police pétainiste, les trois adjectifs obsédants furent très vite : juif, communiste et gaulliste... En outre, ce symbole n'était pas contagieux qu'en France. A travers le vaste mais éphémère empire que leur Führer s'était taillé à coups de Panzer et de fusillades dans la chair vive de l'Europe, d'autres Résistances tournaient leurs regards vers Londres où, même sous des formes très différentes, des gouvernements et des personnalités en exil constituaient autant d'autres de Gaulle potentiels...

Dans les *Mémoires de guerre*, on peut lire : « La pièce diplomatique où, en cent actes divers, on voyait la France libre reprendre la place de la France, comptait parmi ses spectateurs les plus vivement intéressés les gouvernements réfugiés en Grande-Bretagne. En 1941, leur cercle s'était agrandi par l'arrivée du roi et des ministres grecs, puis du roi et des ministres yougoslaves. Pour les uns et pour les autres, ce qu'il advenait de la France était un sujet capital de préoccupation. Trahis et vilipendés dans leur pays par les “quislings” qui usurpaient leur place, ils se trouvaient foncièrement hostiles à Vichy dont l'attitude servait d'argument aux collaborateurs de chez eux. D'autre part et bien que leur souveraineté ne fût pas contestée par les grandes puissances alliées, ils n'en subissaient pas moins le sort pénible des faibles livrés à la discrétion des forts. Enfin, ils ne doutaient pas que le redressement de la France fût la condition de l'équilibre de l'Europe et de leur propre avenir. C'est donc avec un enchantement secret qu'ils assistaient à l'action menée par la France libre (...). L'audience que nous trouvions auprès d'eux ne laissait jamais à désirer. Inversement, nous ne manquions pas de cultiver les rapports avec ces gouvernements dépourvus de territoires mais disposant partout dans le monde libre d'une représentation officielle et d'une influence appréciable. Dejean et ses collègues du Comité national se tenaient en relation avec leurs ministres et leurs fonctionnaires. Nos états-majors, nos services pratiquaient les leurs. Je voyais moi-même les chefs d'Etat et les principaux dirigeants. (...) Ainsi, le chœur anxieux des gouvernements réfugiés accompagnait en sourdine les progrès de la France libre. Tous avaient, comme les Anglais, reconnu le Comité national dans des termes réservés. Mais tous tenaient le général de Gaulle comme le Français qualifié pour parler au nom de la France. Ils le marquaient, par exemple, en signant avec moi une déclaration commune relative aux crimes de guerre, ce qui fut fait, le 12 janvier 1942, au cours d'une conférence des chefs de gouvernement. Au total, nos relations avec les Etats réfugiés et la réputation qu'ils contribuaient à nous faire nous aidaient sur le plan diplomatique... »

Quelles qu'aient été leurs erreurs passées, même si certains d'entre eux n'avaient guère d'avenir et même si l'on peut penser que, pour beaucoup de ces nations, le combat décisif était celui des partisans restés sur le sol de la patrie, il n'en reste pas moins que, dans leur diversité, les Belges, les Hollandais, les Luxembourgeois, les Tchécoslovaques, les Polonais, les Yougoslaves, les Grecs, les Danois, les Norvégiens, etc., réfugiés à Londres, concouraient, en effet, ne fût-ce que par leur seule présence, à témoigner que tout n'était pas perdu, que tout était encore possible... Aussi bien, Henri Michel a-t-il raison de souligner : « Certes, chacune des arrivées, de souverain ou de ministre, ne se traduisait pas par une bien grande contribution matérielle à la lutte commune contre l'Axe. Cependant, une bonne partie de la flotte marchande danoise et la majeure partie des marines norvégienne et hollandaise, le Congo belge et l'Afrique-Equatoriale française, les Indes néerlandaises jusqu'à la fin de 1941 et les contingents de volontaires évadés de l'Europe occupée constituaient des forces d'appoint non négligeables. (...) La présence à Londres, fût-elle presque symbolique, d'autorités de pays occupés, constituait en elle-même, pour les ressortissants de ces pays, un encouragement psychologique à ne pas désespérer et à ne pas se soumettre aux exigences des occupants... »

Au bout du compte, par-delà les singularités positives et négatives du gaullisme, par-delà les divergences d'intérêts entre Alliés dont découlèrent les querelles que l'on sait, la capitale anglaise fut, de 1940 à 1944, à la fois un symbole et une réalité. Même si l'on estime que la décision vint de France et que c'est sur le sol national que la Résistance remporta sa victoire, on ne doit pas oublier que jamais ne se tut la voix de la BBC et que Londres brillait comme une lueur à l'horizon dans la nuit des clandestins, une lueur grandissante, une lueur essentielle. L'appel du 18 juin 1940 et la création de la France libre, des FFL (Forces françaises libres) y furent évidemment pour beaucoup mais aussi le courage et la résolution du peuple anglais dont, d'une certaine manière, on peut considérer que le de Gaulle s'appelait Winston Churchill.

A ce propos, il est fâcheux qu'on ignore ou feigne trop souvent d'ignorer que, le 18 juin 1940, à l'aube, l'ambassadeur de France à Londres, Charles Corbin, transmettait à ce qui restait du gouvernement français un télégramme où il était textuellement dit : « Le Premier ministre (Winston Churchill) que j'ai vu dans la soirée fera demain à la Chambre des communes une déclaration où il affirmera la volonté de l'Angleterre de continuer la lutte quoi qu'il arrive. Il exprimera ensuite sa confiance dans l'aide américaine et dans la victoire finale. Tout le pays, m'a-t-il dit, est unanime. (...) Nous savons les épreuves qui nous attendent. Ce sont celles que vous traversez vous-mêmes. Nos villes seront impitoyablement bombardées. L'ennemi tentera par tous les moyens de débarquer ses troupes sur notre territoire. Nous sommes prêts à le recevoir (...). Même s'il détruit nos usines et si la population civile est décimée, nous continuerons la lutte (...). Et nous finirons par vaincre... »

On se souvient que tout le temps qu'il passa à Londres, Charles de Gaulle avait son bureau au n° 4 de Carlton Gardens. C'est sous les fenêtres de cet immeuble que, le mercredi 23 juin 1993, la reine mère Elizabeth qui, sept ans plus tard, serait centenaire, a inauguré une effigie en bronze du fondateur de la France libre. « Une statue de 2,65 m de haut, a précisé la presse, représentant le Général à l'âge de quarante-neuf ans, lorsqu'il arriva à Londres. » Interrogée sur son modèle, l'auteur du monument, le sculpteur Angela Conner, a simplement déclaré : « C'était un homme qui méprisait l'impossible... »

Chapitre quatre

MOSCOU

Où les kominterniens de l'enclos de Kountsevo, les délégués du CFLN, les théoriciens des FTPF, les évacués d'Oufa, les commentateurs français de Radio-Moscou et la « mission militaire » des FFC forment une singulière communauté sur les bords de la Moskowa.

Quittons maintenant Londres pour Moscou... Deux mille trois cents kilomètres séparent les deux capitales. C'est trop ou trop peu. Comparer la City et le Kremlin entre le printemps de 1941 et l'été de 1945 revient, bien évidemment, à comparer deux symboles. Mais aussi deux mondes où l'essentiel est semblable alors même que tout est différent. Par une terrible force des choses, on a, ici et là, le même ennemi implacable. Vaincre le fascisme est une question de vie ou de mort. On le sait. Autant — et même plus — que faire se peut, on s'y emploie. Mais l'alliance ainsi imposée par les événements est d'autant plus exempte d'illusions qu'elle ne l'est pas d'arrière-pensées. Au contraire, elle en est peuplée. On le voit déjà à l'époque. On le verra encore plus durant les décennies suivantes... Sans y revenir plus longuement, ajoutons toutefois une nuance : alors que Londres est depuis près d'une année le symbole menacé de la Résistance, Moscou va, peu à peu, devenir le symbole certes plus lointain mais paradoxalement plus tangible que cette Résistance l'emportera... En effet, bien qu'au printemps de 1941 la puissance nazie soit près de son apogée, l'annonce qu'Adolf Hitler a déclenché son « plan Barbarossa » suscite d'emblée plus de commentaires sur la folie de son entreprise que sur ses chances de l'emporter. Même dans les milieux d'affaires des Etats-Unis encore en paix et où l'on n'a pas renoncé au vieux rêve de voir les nazis, ces enfants trop turbulents, détruire les bolcheviks, ces créatures du diable, on reste perplexe. L'hebdomadaire *Time* écrit : « Le parallèle napoléonien nous porte à croire que les envahisseurs, en s'enfonçant dans l'énorme Russie, seront vaincus par le climat et les distances, comme Napoléon Bonaparte l'a été. Mais, avec ses avions et ses camions, Adolf Hitler est léger sur ses jambes comme une ballerine. Il démolira la pesante Armée rouge avant qu'elle ait eu le temps de l'entraîner assez loin pour l'user... » Certes, durant les premiers mois, le Drang nach Osten, cette ruée vers l'Est qui est l'obsession ancestrale de l'impérialisme allemand, paraît pouvoir enfin se réaliser. La Wehrmacht marche sur Moscou. Toutefois, en cette même période, les observateurs les plus avisés font déjà d'intéressantes remarques. Certains généraux allemands eux-mêmes ne s'y trompent pas. « Le comportement des troupes russes, dans la défaite, écrira plus tard l'un d'eux, Gunther Blumentritt contrastait terriblement avec celui des Polonais et des Alliés occidentaux. Même encerclés, les Russes s'accrochaient et combattaient. Les vastes étendues de forêt et de marécages les y aidaient. » L'un des meilleurs historiens de *La Russie en guerre*, le journaliste britannique Alexandre Werth précise d'ailleurs que, moins d'un mois après l'attaque contre l'Union soviétique, le phénomène fut sensible aux troupes dont précisément Blumentritt faisait partie. « Le 16 juillet, les avant-gardes de von Bock, écrit Werth, qui avaient atteint les faubourgs de Smolensk, se heurtèrent à une résistance jamais encore rencontrée. Jusqu'alors la Wehrmacht n'avait eu affaire qu'à des foyers de résistance limitée et à des unités relativement peu nombreuses exécutant des “opérations-suicide” de retardement. Cette fois, elle rencontrait un obstacle ferme sur un front continu et relativement étendu. Les Russes étaient déterminés à ne pas laisser l'ennemi avancer plus loin. Sur un large front, de Velikie-Louki à Mozyr, ils firent donner leurs réserves et leurs contre-attaques réussirent à bloquer l'avance allemande. Si Smolensk proprement dite tomba, de durs combats se poursuivirent aux alentours. » Et l'hiver devait confirmer les promesses de l'été... Au micro de Radio-Moscou, le 18 février 1942, l'ancien directeur de *Ce soir* Jean-Richard Bloch devenu un des intervenants habituels des émissions en langue française, déclarait : « L'ennemi spéculait sur les tares bien connues de l'ancienne Russie. Des amis eux-mêmes, (...) n'osaient se fier à la vigueur de l'URSS, Churchill en a fait l'aveu public. Mais dans son beau discours de dimanche dernier, il n'a pas hésité à proposer maintenant à l'admiration du peuple britannique, le peuple soviétique tel qu'il se montre aujourd'hui, sa fermeté, sa constance, son ingéniosité, sa puissance de création, son dévouement fanatique à la patrie, son amour fervent pour les hommes et les institutions qui le gouvernent. »

Un camion plein de déserteurs fusillés

De même, en France comme dans tous les pays occupés par l'Allemagne, assista-t-on entre 1941 et 1942 à un revirement réfléchi de l'opinion publique. Marcel Haedrich se souvient : « J'ai réagi à l'attaque allemande contre la Russie comme le général Didio avait accueilli l'offensive de mai 40 : enfin ils commettent la faute qui les perdra. La faute qu'on attendait, avait dit Didio. (...) Un bruit courut à Lyon : deux officiers allemands demandaient asile à la caserne de La Part-Dieu. Ils désertaient pour ne pas combattre en Russie, où la Wehrmacht subissait des pertes énormes. Cela paraissait incroyable, pourtant, faute de mieux... » Autre témoignage révélateur, celui du dirigeant communiste Jean Jérôme. Il avait, à l'époque, sous ses ordres deux camarades dont l'un se nommait Virlouvet et l'autre Chabanon. « Tous deux, nous raconte-t-il, s'occupaient de récupérer des armes sur l'occupant dans la région de Dijon. Un jour où ils roulaient à bicyclette sur une route de campagne, ils aperçurent un camion arrêté et deux soldats allemands qui leur faisaient signe... Craignant le pire, ils s'approchèrent. Mais ce fut pour constater que les deux Allemands pleuraient à chaudes larmes. A peine étaient-ils descendus de vélo que les deux "feldgrau" soulevèrent la ridelle du camion pour leur en faire voir le terrible chargement : un entassement de cadavres nus. Virlouvet et Chabanon savaient un peu d'allemand et, les gestes aidant, ils comprirent qu'il s'agissait de membres de la Wehrmacht qui ne voulaient pas aller se battre sur le front russe. Ils avaient été fusillés. Le camion les emmenait vers une fosse commune... A peu de temps de là, poursuit Jean Jérôme, les mêmes camarades se trouvaient à Epoisses, près de Dijon, le village du fromage. Dans un café où ils consommaient, entre un sous-officier allemand hagard. Il demande : "Est-ce que quelqu'un parle allemand ?" Virlouvet et Chabanon s'approchent. Il leur fait comprendre : "J'arrive du front grec... Je croyais que Hitler voulait le socialisme... Mais maintenant on veut m'envoyer sur le front russe et je ne veux pas y aller !" »

Ce qui est vrai pour occupés et occupants dans un pays captif, l'est aussi pour les captifs proprement dits, les prisonniers de guerre en Allemagne et les détenus en France. Alors jeune lieutenant, un futur général qui devait, par la suite, exercer un commandement dans le maquis du Vercors, nous a raconté : « A la fin juin 1940, je me retrouve prisonnier. Après divers changements de camp, je suis enfermé en 1942, avec plus d'un millier de camarades, à Wahlstadt, en Silésie, dans une ancienne école d'officiers allemands. Nous y suivons avec passion les événements que domine l'affrontement russo-allemand. Dans l'"Aula", c'est-à-dire la salle de conférences, les Allemands ont installé deux haut-parleurs qui diffusent les communiqués de la Wehrmacht. Ils se trouvent à chaque extrémité de cette salle très étirée en longueur. A chaque communiqué, un certain nombre d'officiers prisonniers sont là. Ils retransmettent les nouvelles à leurs camarades moins passionnés ou ne comprenant pas l'allemand et qui sont restés dans la cour ou dans leur chambre. Dès le début, deux groupes se forment, devant chaque haut-parleur. La grande majorité des officiers prisonniers suit d'abord d'une oreille bienveillante les progrès de l'armée allemande et les commente favorablement. Devant le deuxième haut-parleur, un petit noyau d'irréductibles, beaucoup moins nombreux que l'autre groupe, est par contre convaincu de la défaite finale des Allemands... Dans le premier groupe, on est sous le charme de la propagande pétainiste, si tentante pour des militaires. Mais, surtout, on espère une libération grâce à la victoire définitive et totale des Allemands. Dans le deuxième groupe, on se réfère à l'histoire de la Russie invincible sur son propre territoire et on se refuse à admettre l'idée d'une Europe sous la botte nazie. On pense que la seule perspective de retrouver la liberté, c'est l'écrasement de Hitler. Tant pis si la captivité doit se prolonger... Petit à petit, s'effectue un transvasement entre les auditeurs des deux parties, un groupe augmente tandis que l'autre diminue... »

Ayant beaucoup plus clairement choisi leur destin et subissant un régime beaucoup plus dur, les détenus des prisons où les autorités pétainistes entassent les patriotes n'ont pas tout à fait les mêmes réactions que la plupart des officiers français retenus dans les Oflags de Silésie. Lucien Diamant-Berger était à la maison d'arrêt de Fresnes lorsque Hitler attaqua l'Union soviétique. En racontant ses souvenirs, il écrit : « L'événement sensationnel qui se produisit à cette époque fut l'entrée en guerre de la Russie. Il est inutile de décrire l'immense vague d'espoir qui déferla sur la prison. De l'infirmerie, on entendait les cris et les chants qui provenaient des divisions distantes d'au moins cinq cents mètres, et ceci malgré l'épaisseur des murailles... »

Déjà, à l'automne de 1942, la métamorphose de l'image de l'Union soviétique, passant de l'état de symbole de Résistance à celui de symbole de victoire possible, sinon prochaine, est très avancée, presque achevée. Les combats de Stalingrad sont, nous le savons, le moteur principal de cette mutation. C'est, selon l'expression de Jacques Soustelle, le « moment même où l'armée allemande d'Europe est broyée dans la meule aux cadavres de Stalingrad »... Lorsqu'en 1945, Pierre Belperron et Georges Andersen publieront l'une des premières histoires de la Seconde Guerre mondiale, un livre d'actualité encore tout palpitant d'impressions fraîches, ils écriront à propos d'octobre 1942 : « Stalingrad tient toujours. La ville de l'acier, attaquée depuis le 26 août, apparaît de plus en plus comme l'enjeu de la guerre. Le monde entier a les yeux fixés sur le coude de la Volga dont Stalingrad interdit l'approche. Les peuples opprimés par l'Allemagne voient dans cette résistance un espoir de libération. Plus la Wehrmacht multiplie ses vains efforts, plus l'espoir grandit. (...) L'attaque contre Stalingrad épuise les forces de la Wehrmacht au détriment des autres fronts. (...) L'Armée rouge, dont Hitler se vantait de tenir la plus grande partie prisonnière en Allemagne, passe à l'offensive sur presque tous les fronts. »

Sur la place Rouge, le 7 novembre 1941...

Symbole de résistance, symbole de victoire... Lorsqu'à plus d'un demi-siècle de distance, on écrit ces mots lourds de sens et chargés d'échos, on peut s'interroger, sinon sur leur véracité, du moins sur leur validité. Dans la boue et le sang, dans l'angoisse et la douleur d'une guerre acharnée, est-il possible que les combattants aient une aussi claire conscience de la valeur symbolique de leur combat ? Moscou nous amène à poser la question et Moscou y répond. Au printemps de 1965, pour le vingtième anniversaire de la victoire sur le fascisme, la capitale de l'Union soviétique se voyait décerner par décret du Praesidium du Soviet suprême de l'URSS « le titre honorifique de "ville héroïque" en adjonction à la citation à l'Ordre de Lénine et à l'Etoile d'or ». A cette occasion, le 19 mai 1965, le président du Conseil de l'URSS, Alexis Kossyguine, prononçait un discours : « En rendant hommage à la vaillante ville de Moscou, déclarait-il notamment, nous honorons le peuple soviétique tout entier. (...) Des hommes de toutes les nationalités de l'URSS, des diverses régions, des différentes villes de notre grand pays ont combattu côte à côte, avec abnégation, dans la grande bataille aux portes de Moscou. Ces hommes étaient fermement décidés à ne pas laisser pénétrer l'ennemi dans la capitale de notre pays (...). Le nazisme attribuait une immense valeur à la conquête de notre capitale comme le cœur même de la lutte du peuple soviétique. Les Allemands calculaient qu'une fois Moscou conquise, leur marche de brigands vers l'Est se terminerait victorieusement. Au contraire, ce fut précisément ici, dans la zone de Moscou, que les agresseurs nazis et fascistes subirent leur première grande défaite. Ici se dissipa l'auréole d'invincibilité que la propagande de Hitler s'était efforcée de créer autour de l'armée allemande ! » Et, dans ce même discours, Alexis Kossyguine s'écrie : « Camarades ! Nous sommes nombreux à nous souvenir de la situation tendue, alarmante de l'automne 1941. Le péril était grand. Les blindés allemands touchaient à la périphérie de Moscou et les faubourgs de la ville étaient en flammes. Hitler se préparait à fêter la prise de Moscou par une revue sur la place Rouge. Et il y eut bel et bien une revue sur la place Rouge, le 7 novembre 1941, mais ce furent les soldats de l'Armée rouge qui défilèrent. Ici, devant le mausolée de Lénine, soldats et officiers prêtèrent serment... »

En commentant cette revue mémorable, les auteurs soviétiques de l'ouvrage collectif sur *L'URSS dans la Seconde Guerre mondiale* écrivent : « La nouvelle de la revue militaire sur la place Rouge produisit une très forte impression dans le monde entier. » Comment rendre cette impression ? Nous pourrions citer des dizaines de textes nés de plumes éminentes et qualifiées, textes de chefs militaires et de dirigeants politiques. Nous leur préférerons quelques lignes et quelques vers nés de plumes beaucoup plus inattendues... La première de ces plumes est tenue par deux mains, celles d'une femme et d'un homme de droite que nous verrons plus loin mêlés aux conjurations d'Alger : ils se nomment Geneviève Dumais et Jean Rigault, ils signent en commun Chamine. Et ils écrivent : « Moscou brûle le sang allemand. Cinquante divisions sont engagées pour l'assaut final. Vingt kilomètres seulement séparent les avant-gardes ennemies de la ville dorée. Moscou, riche de légendes, est autre chose qu'un point stratégique : c'est la ville d'Ivan, la ville des tsars, le tombeau de Lénine, la capitale rouge. (...) L'investissement de Moscou paraît une question de jours. Hitler claironne. Tous les soirs, il doit coucher au Kremlin. (...) Trois fois recommencer l'infernale gageure. Trois fois, les Allemands se croiront arrivés ; trois fois, ils repartiront les nerfs défaits — devant Moscou en décembre 1941, puis devant Leningrad en février 1942, et devant Stalingrad, en mars de l'année suivante — les reins cassés. » L'autre plume est celle de Robert Desnos, le poète surréaliste que tua la déportation nazie, après qu'il fut devenu, nous le verrons, l'un des grands poètes de la Résistance. Desnos était l'un des créateurs les plus originaux de son époque mais, avant le temps où il écrivit *Le Veilleur du Pont-au-Change* dont sont tirés ces vers, il n'avait jamais pris directement parti dans les luttes politiques contemporaines. Son salut aux combattants soviétiques n'en retentit que plus vivement :

Enivrantes et terribles clameurs, rythmes des poumons et des cœurs,
Du front de Russie flambant dans la neige,
Du lac Ilmen à Kiev, du Dniepr au Pripet,
Vous parvenez à moi, nés de millions de poitrines.

En outre, la valeur symbolique de Moscou se trouve consolidée et comme multipliée par la fonction de centre nerveux, de plaque tournante de la guerre que la capitale soviétique est de plus en plus amenée à remplir. Moscou d'abord si menacée devient bientôt chaque jour plus menaçante pour Hitler et sa Wehrmacht. Moscou en guerre est le siège du plus grand état-major de l'ombre, celui d'où partent les directives aux centaines de milliers de partisans, de maquisards des toundras et des neiges qui sèment le désarroi sur les arrières de l'armée allemande. C'est à Moscou qu'est le « centre » de « l'Orchestre rouge »... C'est à Moscou qu'est fondé le « Comité de l'Allemagne libre »...

Encore plus que tous les autres, bien sûr, dans les rangs de la Résistance française, les communistes sont sensibles à ce symbole que Moscou devient de plus en plus. « L'entrée en guerre de l'URSS a modifié radicalement les termes de l'analyse politique que développait le PCF écrira en 1980 Stéphane Courtois lorsqu'il publiera *Le PCF dans la guerre*, déjà cité. (...) L'entrée en guerre de l'URSS réalise brusquement une situation qui a hanté depuis 1917 les communistes du monde entier : le pays du socialisme est attaqué, il faut le défendre à tout prix. Cette seule nécessité modifie de façon quasi mécanique le caractère de la guerre qui, d'interimpérialiste, devient une guerre juste, de libération nationale et antifasciste. Désormais, la défense de l'URSS, qui avait été au cœur même de la création du PCF en 1920, lance les communistes français, avec une hargne encore décuplée, contre le fascisme hitlérien qu'ils avaient dû ménager depuis deux ans. La stratégie du PCF se trouve modifiée du tout au tout. La révolution socialiste n'est plus à l'ordre du jour. Elle est brusquement remplacée par la libération nationale, objectif à long terme qui pose des problèmes politiques entièrement nouveaux... »

On s'en serait douté : la plupart des anciens résistants communistes ne partagent pas, et même pas du tout, le point de vue de Courtois... Pour eux, à l'époque, l'Union soviétique est « la patrie du socialisme ». Quand il s'agit de défendre le « pays des Soviets », l'intransigeance est alors la règle. Pour la respecter, ils n'ont pas hésité, nous l'avons vu, à se placer un temps à contre-courant de la majorité du peuple français. L'épreuve fut très rude et, s'ils l'ont supportée, c'est parce qu'ils avaient la certitude que l'avenir leur donnerait raison. Aussi, lorsque la Wehrmacht franchit les frontières soviétiques, ne sont-ils pas surpris, bien au contraire, et accueillent-ils la nouvelle beaucoup plus comme une confirmation que comme une information. Alors responsable des Jeunesses communistes dans le grand port normand, Fernand Chatel nous affirme : « Déjà, avant le 21 juin 1941, au Havre, tout le monde savait, aussi bien que Sorge, que les Allemands allaient attaquer l'URSS. Une semaine avant, tout le monde avait déménagé de ses planques et moi aussi de chez le "père Cance". Le lendemain ou le jour même de l'attaque, d'ailleurs, les flics étaient chez Cance. Ils étaient partout... »

Au micro de « la Voix de Moscou »

Cette certitude des militants communistes est d'autant plus ancrée qu'elle ne se limite pas à l'inévitabilité du conflit armé avec les nazis, mais qu'elle s'étend à l'issue même de ce conflit toujours considérée, quels que soient les revers du moment, avec une sérénité confiante. Dans les pages déjà citées de *Prisons tragiques, prisons comiques, prisons grivoises*, où il évoque la prison de Fresnes, Lucien Diamant-Berger note, à propos de l'un de ses compagnons de détention : « C'était un communiste fervent (...). Il avait le mérite de tempérer son enthousiasme par un esprit critique assez averti, résultant de sa formation scientifique. Or, à ce tournant de la guerre où nous formulions tant de réserves sur le résultat de la campagne qui commençait à l'Est, il nous étonna par sa certitude raisonnée de la résistance russe... »

Sous la plume de Diamant-Berger vient d'apparaître un mot que l'on n'y attendait peut-être pas : enthousiasme. C'est pourtant un mot qui correspond à la réalité d'alors... Futur chef du service de renseignements des FTP, alors « inter », c'est-à-dire responsable régional du PCF, Georges Beyer nous raconte : « Le jour de l'entrée en guerre de l'URSS, j'avais rendez-vous avec Duffaut, un gars des Brigades internationales qui a été fusillé par la suite et qui, à l'époque, était responsable départemental pour la Charente. J'avais également rendez-vous avec Raoul Sabouraud, un camarade des environs de Ruffec. C'était dans un petit bois, près de Mansle. Ils m'ont dit : "C'est formidable ! Chez nous, les gars sont déchaînés. Ils parcourent le patelin en disant que ça y est, que, pour les Boches, c'est fini, qu'ils sont foutus... Même des gars dont on ne connaissait pas les idées, ils sont tous déchaînés..." Et je me souviens que nous avons discuté avec Sabouraud parce que cela ne nous paraissait pas très prudent de se découvrir ainsi. Bien sûr, on était plein d'espoir, mais les nazis étaient encore là et les Soviétiques à quelques milliers de kilomètres de chez nous... En tout cas, l'enthousiasme était déchaîné. Un autre exemple : en Charente-Maritime, les cheminots, dans un passage pour piétons sous la voie ferrée, avaient écrit, sur toute la longueur du passage et en lettres de deux mètres de haut : "Vive l'Armée rouge !" » Et les faits rapportés par Beyer ne sont pas des faits isolés... Charles Tillon, par exemple, remarque de son côté : « En France, l'agression allemande provoqua une explosion d'espoir, de conscience nationale qui récompensa de leur confiance en l'URSS les forces activées par les communistes (...). Ainsi, à Sotteville (Seine-Maritime), le 22 juin vers 23 heures, un groupe de cheminots part de la place Voltaire (barrière de Rouen) en chantant *l'Internationale*. Quelques centaines de mètres plus loin, aux abords de la gare, le nombre de manifestants a triplé. Plusieurs fois, des cris : "Bravo les gars" jaillissent à travers les persiennes. » Evidemment, le coup d'arrêt à l'offensive allemande d'abord victorieuse puis les étapes, toujours plus retentissantes, de la reconquête, vont renforcer le caractère symbolique de Moscou, comme de toutes les villes soviétiques dont les noms ponctuent les communiqués militaires. Maurice Thorez s'en réjouit lorsque, dans *L'Internationale communiste*, il écrit, en mars 1943 : « Ah ! qu'ils sont chers aux cœurs des Français ces noms de villes russes, hier inconnus de beaucoup et qui tintent aujourd'hui si joyeusement à nos oreilles : Kalatch, Kantemirovka, Tsymlianskaïa, Mozdok, Millerovo, Velikie-Louki, Voroneje, Kramatorskaïa, Koursk, Bielgorod ! »

On notera que, même si leurs audiences respectives ne sont évidemment pas comparables, comme la BBC pour le symbole de Londres, Radio-Moscou joue néanmoins ici un rôle décisif. « En janvier 1942, écrit ainsi le futur président de CPL (Comité parisien de Libération), André Tollet, l'armée et les volontaires de Moscou dégageaient la capitale qu'Hitler avait espéré prendre rapidement. En France, cette victoire et la résistance toujours plus vive des Soviétiques firent reculer le pessimisme au-delà des masses saines du pays. Mais l'événement, car c'en est un, ce fut Stalingrad, la plus grande bataille de cette guerre gigantesque. (...) Les Allemands eurent beau tenter de la cacher, les nouvelles percèrent par Radio-Londres et Radio-Moscou. Cette dernière émit un reportage du défilé des prisonniers allemands sur la place Rouge. Au fur et à mesure que les restes des unités passaient, les vainqueurs de Stalingrad entassaient les drapeaux à Croix gammée au pied du Mausolée de Lénine. Racontée par ceux qui avaient capté l'émission, cette scène fut vite connue de tous, tellement connue et imaginée que certains, à la fin, croyaient presque l'avoir vécue. (...) Les Parisiens se faisaient un malin plaisir de prendre des airs consternés pour demander aux Allemands ce qui s'était passé à Stalingrad. Ils retournaient à plaisir le fer dans la plaie. Ceux qui étaient en contact plus fréquent avec eux leur demandaient même s'ils ne comptaient pas partir pour ce front de Stalingrad afin d'arrêter les Russes ! Aux ateliers des cheminots de Championnet, le chef de la Reichsbahn trouva sur son bureau un os énorme avec un petit mot : "Stalingrad — il est dur à digérer !"... »

Evidemment, pas plus pour Radio-Moscou que pour Radio-Londres ou Radio-Brazzaville, nous ne possédons d'indices d'écoute, de renseignements statistiques sur le nombre de Français qui, la nuit, toutes fenêtres closes, écoutaient les émetteurs interdits ; on peut toutefois penser que Moscou eut plus d'auditeurs qu'on ne l'estime généralement. Pourquoi ? Si nous écrivons cela, c'est parce que nous avons été frappé par le nombre d'anciens résistants qui, en nous donnant leurs témoignages, ont fait allusion aux émissions soviétiques... Après avoir cité « le journaliste français Jean Champenois », Jacques Parrot explique, dans *La Guerre des ondes*, qu'« à Radio-Moscou, le responsable de section française est Arthur Ramette, ex-député du Nord » mais que le principal intervenant est « Jean-Richard Bloch, un poète, un écrivain de classe, l'auteur de *La Nuit kurde*, qui a dirigé avec Aragon le quotidien communisant *Ce soir* (...). Jean-Richard Bloch sait trouver les accents lyriques pour, sans écarter de la ligne du Parti, sensibiliser les Français à la situation et ranimer l'espérance des militants pris en chasse par la Gestapo. Jean-Richard Bloch ne se contente pas du rôle (...) de mainteneur de moral. Il informe, il distrait, il séduit. » Puis Jacques Parrot précise : « *La Voix de Moscou*, titre de l'émission française, se fait entendre tous les jours. Deux fois par semaine, Jean-Richard Bloch est au micro. Il interviendra ainsi deux cent quarante fois entre 1941 et 1945 (...) Maurice Thorez ne s'exprime à *La Voix de Moscou* qu'à partir de mai 1944. (...) Pour le militant resté en France sa venue au micro est un événement. (...) (Il) parle une fois par semaine, le jeudi. (...) Maurice Thorez ne parlera pas plus de vingt et une fois à Radio-Moscou. »

Des biberons de bouillon de choux

C'est pendant l'hiver 1939-1940 que sont arrivés en Union soviétique des dirigeants des partis communistes français, italien et espagnol, notamment Maurice Thorez, Palmiro Togliatti, Dolorès Ibarruri, Arthur Ramette, Grieco, Pépé Diaz, etc. La plupart d'entre eux se sont installés à Kountsevo, dans la grande banlieue de Moscou, où logeaient déjà de nombreux « kominterniens »... Giulio Cerreti décrit l'endroit comme un ancien « domaine seigneurial avec un grand parc de sapins et de bouleaux » et il ajoute : « L'enclos de Kountsevo, réservé au Komintern, était parsemé de petits pavillons en bois habités par Gottwald, Pieck, Maurice Thorez, André Marty, la Pasionaria et Raymond Guyot. Pour les collaborateurs, il y avait un grand pavillon bleu avec chambres séparées et les repas étaient pris à une "stolovaia" qui servait de relais. (...) Chaque jour, je passais chez Maurice Thorez qui avait sa datcha tout près de la "Maison jaune". Son visage était déjà enveloppé d'une belle barbe blonde qui lui donnait de l'allure. Il la portait avec majesté : un Jean Jaurès perdu dans la forêt. Qu'il était heureux quand il me voyait arriver avec mon paquet de journaux français sous le bras. Thorez vivait la plupart du temps dans sa datcha au milieu d'un parc ombragé et ce n'était pas les lieux de promenade qui lui manquaient. Ce qui lui manquait, c'était la vie politique, le contact constant avec les autres camarades, la participation aux réunions de travail, le débat à plusieurs voix. A la longue, ce vide l'énervait. (...) Il ne s'était pas réfugié à Moscou. Il n'y était pas venu non plus pour remplir une fonction de direction au Komintern comme Ercoli (Togliatti) qui, lui, était de la maison. Maurice Thorez était là, mais en même temps, il n'était pas là. Car, il faut qu'on le sache : Maurice Thorez n'avait jamais cessé d'être le premier du Parti communiste, d'en établir la ligne politique et les initiatives importantes comme celle de l'appel de juillet 1940, signé avec Jacques Duclos. Il était donc provisoirement dans l'enclos de Kountsevo, mais il pouvait aussi bien au moment voulu être ailleurs. Je sais qu'il s'est absenté plusieurs fois pendant quelque temps. Où est-il allé ? Quelque part, là où sa responsabilité de chef des communistes français l'appelait. A cette époque, il avait l'espoir de repartir pour Londres où de Gaulle avait jeté les bases du Comité de la France libre. »

Suivons toujours Cerreti qui suivit lui-même « tous les collaborateurs du Komintern » lorsque « les avant-gardes allemandes n'étant qu'à quelques kilomètres de la seule ligne directe vers l'Oural du Sud », ils furent « évacués sur Oufa dans la République tatare ». A cette époque, raconte-t-il, Maurice Thorez put « fréquenter la rédaction de Radio-Moscou composée d'Arthur Ramette, de Jean-Richard Bloch, de Germaine Fortin et d'un camarade de Choisy qui lisait les papiers. Allait s'ouvrir pour Maurice une période très féconde qui commença par le retour de Jeannette et de ses deux gosses. L'absence de Jeannette pesait beaucoup à Maurice. Il était toujours tracassé, nerveux. Quand elle fut là, il fut rasséréné. »

En publiant ses mémoires déjà cités, plus de trente ans plus tard, sous le titre *La Vie en rouge*, Jeannette Thorez-Vermeersch raconte assez différemment cette période : « Les avions arrivèrent bientôt jusque dans les faubourgs de Moscou, écrit-elle. Nous les entendions qui volaient en rase-mottes (...). Ils utilisaient des bombes incendiaires dont les éclats se répandaient partout, mettant le feu aux toits des maisons. Tout le monde s'entraidait pour monter rapidement sur les toitures et éteindre les départs de foyers. Afin de mieux se protéger lors de ces attaques, il fut décidé de creuser des tranchées et des abris... A Kountsevo, je craignais pour les enfants. Tous ensemble, nous avions creusé des tranchées mais j'hésitais à y faire venir Jean et Paul de peur de les inquiéter davantage. (...) Mais, finalement, l'approche allemande se fit si pressante que la décision fut prise d'évacuer les femmes et les enfants des membres du Komintern, qu'ils fussent étrangers ou russes. C'est ainsi que je me retrouvai à Gorki avec la femme de Raymond Guyot, Fernande, et que débuta pour nous une période très difficile. (...) Fernande Guyot avait comme moi deux enfants à nourrir et nous éprouvions les pires difficultés à trouver du lait. Paul, qui avait alors à peine un an, souffrait de rachitisme. Un médecin nous conseilla de faire des biberons de choux qui, selon lui, contenaient beaucoup de vitamines... J'écrasais donc des feuilles de choux pour en tirer un bouillon le plus épais possible. (...) Avec l'hiver, tout devint plus catastrophique. L'hygiène était élémentaire, les canalisations d'eau en très mauvais état : prises par le gel, elles éclataient. Quotidiennement je devais aller à la rivière laver le linge. Un jour, avec Fernande Guyot, nous partîmes à quatre heures du matin et parcourûmes des kilomètres pour atteindre un village où l'on nous avait dit que nous pouvions trouver du miel... »

La situation du secrétaire général du PCF clandestin, deviendra moins ambigüe lorsque, l'Internationale communiste ayant été dissoute, il pourra cesser d'être un clandestin dans la clandestinité et prendre régulièrement la parole au micro de Radio-Moscou. Cependant, à ce moment, il se heurtera à un autre obstacle, le refus obstiné de Charles de Gaulle de le laisser venir à Londres ou à Alger... Cette décision négative du chef de la France libre, si elle ne parvint pas à nuire politiquement à Maurice Thorez et à son parti, finit par atteindre l'homme et l'amener à écrire, dans son journal intime, ces mots qui sonnent pathétiquement sous sa plume : « Partir... Partir n'importe où... mais partir ! »

Méritant bien d'être appelé le plus connu des Français de Moscou, Maurice Thorez était le leader d'un parti qui, avant la guerre, rassemblait des centaines de milliers de membres et des millions d'électeurs ; pendant l'Occupation, on peut, sans s'aventurer à vouloir effectuer un recensement impossible, estimer que les communistes, alors répartis dans les diverses formes d'organisation propres à l'époque, mais reconnaissant tous Thorez pour leur chef, constituaient la formation numériquement la plus importante de la Résistance française ; aussi bien peut-on être surpris de constater que, lorsqu'on évoque son entourage d'alors, on ne cite toujours qu'un petit nombre de noms. Une poignée seulement d'hommes et de femmes, surtout si on les compare aux milliers de Français libres qui passaient par Londres ou y séjournaient. Pourquoi, se dira-t-on, étaient-ils si peu ? Tout simplement parce que le mot d'ordre auquel il était recommandé aux communistes d'obéir était : ne pas quitter la France.

Quand le bagnard devient diplomate...

Animée par Jacques Duclos, avec Benoît Frachon et Charles Tillon pour adjoints, la direction du PCF clandestin était installée dans la région parisienne et devait y rester. Il en allait évidemment de même pour l'ensemble de l'appareil et des combattants. L'un de ceux chez qui se déroulèrent des entretiens décisifs lors des premiers contacts entre les communistes et les gaullistes, le docteur Hector Descomps, nous a ainsi raconté que, lorsqu'il rencontra l'un des principaux émissaires de Londres, le colonel Rémy, et que celui-ci « lui demanda de s'engager auprès du général de Gaulle », il lui répondit : « Pardon, je suis en France. Je respecte les gens qui sont en Angleterre mais je suis membre du Front national et c'est en France que je travaille. » De même, lorsque Fernand Grenier fut envoyé comme représentant du PCF auprès de la France libre, Jacques Duclos et Benoît Frachon lui recommandèrent expressément, quand il prenait la parole au micro de la BBC, de s'y présenter non point comme un « évadé de France » mais comme un résistant « en mission ». A la vérité, cette différence d'appréciation sur l'importance des champs de bataille et des formes de lutte est révélatrice, ainsi que nous l'avons déjà constaté et que nous le verrons à nouveau, de sérieuses nuances dans la conception de la Résistance elle-même.

Pour le moment, restons à Moscou, le temps d'y rencontrer ceux des Français exilés qui n'étaient pas communistes... Dans ses mémoires, l'écrivain soviétique Ilya Ehrenbourg rapporte : « Le 10 mars 1942, le représentant de la France combattante, Roger Garreau, m'appela au téléphone. (...) Il m'invita à venir passer une soirée chez lui. Parmi les convives, il y avait le général Petit, le journaliste Champenois, le consul de Turquie et le curé de l'église catholique de Moscou, le père Brown. (...) Chef de la Mission militaire française, le général Petit avait été à l'Ecole militaire camarade de De Gaulle : c'était un catholique pratiquant. Dès notre première rencontre, il me plut par sa sincérité, sa droiture et sa grande modestie. Témoin de la lutte que menait le peuple russe, il le comprit et l'aima. Il me dit une fois que le séjour en URSS avait fait de lui un homme nouveau. »

Nous avons déjà, plus haut, rencontré Jean Cathala. C'était en juin 1940 ; il était à Tallinn, la capitale de l'Estonie ; il se ralliait à la France libre. C'est en août 1943 que nous le retrouvons à Moscou. Entre-temps, il a connu bien des aventures. Elles peuvent paraître exceptionnelles ; ne sont-elles pas, au contraire, caractéristiques d'une époque singulière ? « Comme je n'avais pas voulu rentrer à Vichy et que j'étais resté en Union soviétique, nous raconte Cathala, le 3 juillet 1941, je fus arrêté par mesure de rétorsion à la suite de l'arrestation des citoyens soviétiques en France. On m'arrêta comme citoyen de Vichy. C'est ainsi que je passai un an interné... J'allai de camp en camp. J'avais d'abord été enfermé à Oranki, près de Gorki, dans des bâtiments qui avaient été ceux d'un très important monastère. Ensuite, je me suis retrouvé à Aktioubinsk, dans le Kazakhstan, et, enfin, à Karaganda. Je fus libéré à la demande de la délégation de la France libre quand elle arriva à Kouibychev, en 1942. Je passai alors immédiatement de l'état de bagnard à celui de diplomate... Dans les différents camps que j'ai fréquentés, il y avait, si l'on peut dire, une importante colonie française... La plupart étaient des gens hors d'âge. Beaucoup de vieilles institutrices. Mais nous avions aussi un acrobate d'origine polonaise, un menuisier communiste ayant épousé à Kiev une femme russe, un vieil ingénieur spécialiste des parfums et qui connaissait Mme Molotov. Il y avait même des gens qui ne parlaient pas un mot de français mais qui, ayant conservé un passeport français de père en fils, dans leur famille, avaient été arrêtés comme citoyens français. Nous avons pu assez vite nous organiser. Alors, nous avons rédigé et fait parvenir quelques textes. D'abord, au gouvernement soviétique, un texte où nous affirmions que nous étions évidemment à ses côtés dans la lutte contre le fascisme et que nous demandions à y participer activement. Ça, c'était le 9 septembre 1941. Autre texte dont je me souviens : celui du 1er octobre 1941. Un télégramme... Il était adressé au général de Gaulle, à Londres. Il disait à peu près : “Les Français internés au camp de Oranki, en URSS, à la suite de la rupture avec l'Union soviétique provoquée par le gouvernement de Vichy, prient le général de Gaulle d'agréer leurs vœux de victoire. Ils demandent que des mesures d'urgence soient prises afin d'assurer l'emploi immédiat dans la lutte contre le fascisme de ceux des Français internés qui sont aptes à cette tâche.” Des mois passèrent... Le 14 juillet 1942, nous envoyâmes à Londres un message où “les soixante-seize Français et Françaises internés à Aktioubinsk priaient l'unique représentant de leur patrie qu'ils reconnaissent d'agréer leurs vœux à l'occasion de la fête nationale” et où ils “revendiquaient leurs droits de défendre la patrie”. Nous eûmes bientôt satisfaction puisque certains d'entre nous furent libérés en août et les autres en octobre. Moi, je devins aussitôt membre de la délégation de la France libre qui était alors repliée à Kouibychev... La délégation était un poste diplomatique qui faisait un travail normal de poste diplomatique. Essentiellement des dépêches. Mais les courriers qui allaient à Londres passaient par Téhéran, Beyrouth, l'Egypte et, dans un premier temps par Gibraltar, puis par Alger, avant de parvenir à Londres. Tout ceci, sans aucun contrôle des Soviétiques. Nous envoyions essentiellement des extraits de presse, des articles parus dans la presse de Moscou et consacrés à la France libre. En général, tous ces articles étaient très favorables. Ma fonction essentielle était de les découper dans la *Pravda* et dans les autres journaux. Par ailleurs nous faisions parvenir à Londres ce qui nous paraissait intéressant du point de vue des opérations militaires. Notre source essentielle restait la presse. Mais elle nous suffisait pour combattre certaines légendes. C'est ainsi que nous avons pu affirmer que ce n'était pas le matériel américain livré à l'Union soviétique qui avait gagné la guerre. La délégation de la France libre a expliqué que c'étaient les chars T34, etc. Nous avons mené pendant un an cette existence à Kouibychev. Et puis, nous sommes repartis pour Moscou où nous sommes arrivés le 12 ou le 13 août 1943. Là, nous nous sommes installés à l'hôtel. En partie au National et en partie au Métropole où étaient les bureaux. Les locaux de l'ambassade de France, ceux donc qui avaient abrité les diplomates de Vichy, avaient été mis sous la protection d'une ambassade neutre, celle de Turquie... Ils nous furent restitués et nous pûmes nous y installer en 1944... A Moscou, je suis entré en contact officiel avec la direction du Parti communiste français. D'abord, ce fut André Marty. Bientôt, vers la fin de l'été 1943, celui-ci quitta Moscou pour Alger. Ce fut Arthur Ramette qui lui succéda. Je me souviens qu'à la fin de l'année 1943, Ramette nous annonça que Maurice Thorez venait d'arriver à Moscou, qu'il y était venu pour la dissolution du Komintern. J'ai su plus tard qu'il y était en fait depuis des années. Enfin, à l'époque, on annonçait officiellement son arrivée et on me disait qu'il voulait prendre contact avec la délégation de la France libre. Ce contact fut vite établi. La première entrevue avec Maurice Thorez eut lieu à l'hôtel National, ce fut une entrevue officielle entre Maurice Thorez et celui qui était, en quelque sorte, notre ambassadeur, Roger Garreau. Y assistaient en outre Arthur Ramette et moi-même comme attaché de presse. Thorez était dans une forme parfaite. Ce jour-là, il a été éblouissant. Il nous a fait un exposé extrêmement vivant sur ce qu'il nous expliquait devoir être l'attitude du parti communiste. On était autour d'une table, on a servi des verres, on était très décontracté... C'était pendant l'hiver de 1943. Le leitmotiv de Thorez était la main tendue, la collaboration complète, sans arrière-pensée, avec le général de Gaulle pour la libération de la France. Il entendait, nous disait-il, mettre le Parti au service de la victoire commune, en coopération étroite avec les forces du général de Gaulle. Garreau fut réellement impressionné, je dirais même enthousiasmé par cet exposé. Certes, nous étions au courant de contacts déjà établis et du fait que Fernand Grenier était le représentant du PCF à Londres. Mais, entendre de telles choses de la bouche de Maurice Thorez et dites sous cette forme avec une réelle éloquence, avec chaleur, amena Garreau à envoyer un long télégramme à Alger, télégramme où il appuyait fortement les idées exprimées par Thorez. Et il concluait par la demande de Thorez de venir à Alger en personne pour mettre en pratique cette coopération avec la France libre... » On sait le refus opposé par le général de Gaulle à cette demande, refus que nous évoquerons ultérieurement.

Le « sentiment du coude »

Continuons notre incursion dans le petit monde des Français de Moscou. Il faudrait citer de nombreux noms de militaires : ceux des aviateurs de l'escadrille franco-soviétique Normandie-Niemen en mission dans la capitale (nous reparlerons plus loin de leur escadrille) ; ceux des évadés qui passèrent par l'Union soviétique, en transit, mais un transit qui dura parfois des mois sinon des années. Ces derniers furent des gens très divers, de Daniel Georges, le frère du futur colonel Fabien, au général Pierre Billotte, en passant par le futur gendre du général de Gaulle, Alain de Boissieu. Dans la tête de beaucoup de ceux-ci, la confusion politique était grande et leur situation administrative ne l'était pas moins. Toutefois, ce mélange d'exilés de toutes sortes à quelques milliers de kilomètres de leur patrie comporta aussi, comporta surtout des aspects fructueux dont les acteurs et témoins se souviennent avec émotion. « La guerre, écrit Ilya Ehrenbourg, engendre ce que nous avons appelé le "sentiment du coude". Dans ma chambre d'hôtel ou à l'ambassade de France, chez le général Petit, se réunissaient des hommes qui étaient loin de partager les mêmes idées : Maurice Thorez, Garreau, Jean-Richard Bloch, le général Petit, le conseiller d'ambassade Schmittlein, Champenois, Gorse, Cathala... Nous causions en bons amis. En 1944, j'apportai de Vilnius quelques bouteilles de vieux bourgogne (...) "Réservé à la Wehrmacht. Interdit à la vente" précisait l'étiquette. J'invitai, à cette occasion, les Français de Moscou. Garreau trinqua avec Thorez "A la victoire !". Le fait que ce vin fût destiné aux officiers allemands nous faisait lui trouver une saveur particulière. » Ce « sentiment du coude » dont parle Ilya Ehrenbourg ne fait certes pas miraculeusement disparaître les divergences politiques. Il n'est, pour s'en rendre compte, que de voir avec quelle hauteur l'officier gaulliste Pierre Billotte parle du simple soldat communiste Daniel Georges, le futur parachuté en France avec Raymond Guyot. Il est vrai que, de son côté, le « nommé Daniel », comme l'appelle Billotte, ne cache pas que les positions politiques prises, durant leur internement commun en Union soviétique, au camp de Kozielsk, par ce dernier et ses compagnons lui parurent pour le moins équivoques... Toutefois, une assez étonnante fraternité règne souvent chez les Français de Moscou. A preuve, la façon dont, dans son livre de souvenirs *Le Temps des armes*, Pierre Billotte décrit sa rencontre avec Jean-Richard Bloch : « J'atteignais écrit-il, la place Maïakowski lorsqu'un homme de petite taille, vêtu d'alpaga car il faisait chaud et coiffé d'une casquette blanche, après m'avoir regardé un instant avec étonnement, se jeta littéralement à mon cou : "Un officier français à Moscou ! c'est merveilleux... Je suis Jean-Richard Bloch..." Nous étions aussi émus l'un que l'autre. Entre le journaliste de *Ce Soir* et moi-même, il y avait sans doute de grandes différences d'opinion ; mais ce jour-là, 24 août 1941, à quatre heures de l'après-midi, sur une place de Moscou, il n'y avait que deux Français, follement heureux de se rencontrer. Jean-Richard Bloch et son épouse habitaient un charmant petit hôtel mis à la disposition des écrivains soviétiques de passage à Moscou. Ils m'y reçurent de la plus agréable façon. »

Si, après nous êtres promenés comme nous venons de le faire parmi les Français de Moscou, nous percevons mieux l'atmosphère de leur vie d'alors, une question continue néanmoins de se poser : quelle était exactement la fonction dirigeante de Maurice Thorez à cette époque ? Quel rôle réel remplissait-il ? N'était-il qu'un exilé en contact épisodique avec un parti dont il portait toujours le titre de secrétaire général ou, au contraire, était-il demeuré le dirigeant effectif de ce parti alors même que celui-ci était devenu l'une des forces essentielles de la Résistance française ? « Maurice Thorez était un homme très objectif, nous répond Giulio Cerreti, il se rendait compte qu'il eût été absurde de prétendre jouer un rôle impossible dans la situation où il se trouvait. Mais, j'y insiste, il a toujours eu le sentiment d'être le chef du Parti communiste français, de rester le dirigeant du Parti... D'ailleurs, le souci de savoir où en était le Parti en France, de savoir quelle était sa force réelle comme puissance organisée, ce souci, il l'avait à tout instant. Je l'ai vu aussi bien déplorer le manque d'initiative de certains camarades en France que se réjouir des initiatives prises par d'autres, notamment lorsque se développa la lutte des FTP... A ma connaissance, quatre ou cinq fois au moins, il est même intervenu personnellement et directement pour que soit modifiée la tactique du Parti dans tel ou tel domaine. Il faut dire qu'il se tenait très au courant de la situation en France, à la fois par ses liaisons avec les camarades qui s'y trouvaient et par la lecture des matériaux qui en arrivaient, les tracts, les journaux clandestins, les courriers des diplomates soviétiques, etc. Maurice avait une grande confiance en Jacques Duclos. Il vantait son dynamisme, son art de la propagande, sa façon de donner le ton... Il soulignait que Jacques avait un sens national particulier. Par contre, il a été très touché par l'affaire Tréand... Il estimait beaucoup le travail accompli par celui que nous appelions "le Gros"... » Maurice Thorez avait, on le voit, connaissance de la situation en France occupée. Mais, ces renseignements nombreux et précis, comment lui parvenaient-ils ? Par le canal des deux émetteurs clandestins de la direction du PCF, celui de zone Nord contrôlé par Jacques Duclos et celui de zone Sud par Raymond Guyot. Cet envoi de renseignements était notamment assuré par un officier supérieur des FTP, le colonel Latour, dit Jacquot... Et la constatation que Maurice Thorez restait en contact étroit avec les militants clandestins en lutte sur le sol national, son refus d'être à l'écart et la continuation de son rôle dirigeant, il suffit d'ailleurs pour les percevoir de se reporter aux textes qu'il a écrits et publiés à l'époque.

Un mandat d'arrêt de la « Fahndungszentrale »

Lorsqu'en mars 1943, dans l'article publié par la revue du Komintern auquel nous nous sommes déjà référés, Maurice Thorez analyse « le changement profond survenu dans la conscience du peuple de France », le bilan de l'action des FTP qu'il est amené à dresser témoigne des informations qu'il possède. Citons-en un passage : « Chaque jour, des aiguillages et des ponts sautent, des trains allemands déraillent, des fabriques brûlent. Au dépôt de Rouen, trente locomotives sont sabotées en moins d'un mois. Chaque jour, dans cette gare, plusieurs trains restent en souffrance, faute de locomotives. A Longueau, quarante locomotives sont sabotées en décembre, la station électrique saute. A Dijon, à Rennes, la même action est menée par les patriotes. Chaque jour, des soldats hitlériens et des traîtres tombent sous la balle des francs-tireurs. A Lille, une caserne de gendarmerie où logent les officiers allemands est attaquée : vingt-trois hitlériens demeurent sur le carreau. A Amiens, le soir de Noël, quatre-vingt hitlériens qui banquetaient dans un grand restaurant de la ville sont tués à coups de bombe. A Brest, à la sortie d'un cinéma, une bombe tue six soldats allemands. Les cafés, les restaurants et aussi les maisons spéciales que fréquentent les envahisseurs sont particulièrement visés. Mais déjà, les francs-tireurs s'attaquent aux petits détachements ennemis, aux convois, aux petits postes. Ils prennent des armes aux hitlériens. Les vengeurs de la patrie ont aussi entrepris la chasse aux traîtres. A Lens, à Nantes, à Bordeaux, à Lyon, des traîtres au peuple de France, des mouchards ayant livré des patriotes aux bourreaux hitlériens, ont été abattus comme des chiens. Ici encore, notons un élément très important, ou plutôt une tendance qui ne peut manquer de se développer : les francs-tireurs, qui n'en sont qu'à leur début, bénéficient de l'appui de toute la population. »

Particulièrement caractéristique aussi est le texte qui paraît dans la livraison du premier trimestre 1944 des *Cahiers du communisme*. Maurice Thorez y intervient en dirigeant. « Nous devons, écrit-il par exemple, nous préparer à utiliser toutes les circonstances favorables qui nous permettront de réaliser le soulèvement du peuple (...). Dans de telles conditions, nos dirigeants régionaux et de sections ont pour devoir de prendre conscience des responsabilités qui les attendent. En plus du travail de masse à poursuivre pour déclencher des mouvements revendicatifs dans les usines, parmi les femmes, à la campagne, nos dirigeants doivent considérer comme une tâche d'honneur de renforcer les FTP. Ils doivent développer l'idée de la possibilité de la lutte armée parmi les masses. Pour cela, il importe de souligner, faits à l'appui, devant la population, la faiblesse des effectifs ennemis dans la région ou le secteur. De plus, nos dirigeants doivent se tenir constamment au courant de l'état de ces effectifs, de façon à savoir à tout moment quelle est l'importance des forces se trouvant en face d'eux, et de façon aussi à pouvoir informer la direction centrale qui, de la sorte, connaîtra en détail les forces ennemies sur l'ensemble du territoire. De même, il importe de se préoccuper très sérieusement de savoir où se trouvent les dépôts d'armes de l'ennemi, car c'est là que le peuple pourra trouver les stocks les plus importants, ce qui nous fait un devoir de prévoir les conditions de la prise en main de ces stocks. L'union de tous les patriotes pour la préparation de l'insurrection nationale, telle est notre grande préoccupation, mais, au surplus, il ne faut pas croire que l'insurrection nationale se fera toute seule, il faut s'y préparer... »

Sur le rôle de Maurice Thorez, les services de répression ennemis ne se trompent d'ailleurs pas. Leur seule erreur est géographique puisqu'ils s'imaginent que Thorez est en France alors même qu'il se trouve toujours à Moscou. Un document particulièrement intéressant est, à cet égard, le mandat d'arrêt lancé le 16 avril 1944 par la *Fahndungszentrale für die besetzten Gebiete in Frankreich, Belgien und Holland* (Centrale des recherches pour les régions occupées de France, de Belgique et de Hollande). Destiné aux divers services de renseignements et de police allemands, ce mandat précise : « Selon une information confidentielle qui nous est parvenue, le dirigeant communiste français serait venu en Suisse, il y a huit jours, et se trouverait à Dijon pour avoir des entretiens avec les militants du Parti communiste français. Maurice Thorez se rendrait ensuite à Paris. Il est à supposer que Maurice Thorez se trouve effectivement dans la zone occupée des régions de l'Ouest. En cas d'arrestation, avertir la Direction centrale des recherches. Comme la personne de Maurice Thorez présente un intérêt particulier, son arrestation doit se faire par tous les moyens. » A la vérité, l'erreur des policiers nazis était compréhensible et même logique. On pouvait, en effet, penser que Maurice Thorez chercherait à se rapprocher au maximum du lieu des combats dont il était un des animateurs. D'ailleurs, son désir maintes fois exprimé de quitter Moscou confirme qu'il y songea, qu'il fit même tout pour y parvenir. Pourquoi n'y réussit-il pas ? Pourquoi, si on lui refusait le parachute qu'on accorda à Raymond Guyot, ne lui donna-t-on pas au moins une place dans l'un des multiples avions et navires alliés qui circulaient entre l'Union soviétique, l'Afrique du Nord et les îles Britanniques ? D'une part, il semble que Staline n'ait pas vu d'un très bon œil son éventuel départ ; mais surtout, d'autre part, ce fut le chef de la France libre qui refusa que Thorez puisse se rendre à Londres ou à Alger et qui même, après la Libération, lui fit attendre plusieurs mois son rapatriement à Paris. L'obstination du Général fut telle qu'elle étonna même nombre de ses partisans. Elle les étonna d'autant plus qu'on sut bientôt que Charles de Gaulle faisait grief à Maurice Thorez de sa « désertion » — ceci alors que lui-même se voyait reprocher par Vichy une « désertion à l'étranger en temps de guerre, sur un territoire en état de guerre et de siège, crime prévu et puni par l'article 195 du Code de Justice militaire pour l'Armée de Terre »...

A l'hôtel Métropole, en janvier 1944...

Jean Cathala nous a raconté comment le représentant officiel des gaullistes à Moscou, Roger Garreau, fut surpris et même bouleversé lorsqu'il vit rejeter la demande qu'il avait transmise au CFLN en l'approuvant chaleureusement. « D'abord, rapporte Cathala, la réponse se fit longtemps attendre... Et puis, un beau jour, je fus prévenu qu'il y aurait chez moi une réunion. C'était donc à l'hôtel Métropole, en janvier 1944. Au jour et à l'heure prévus, je vis arriver Jean-Richard Bloch, Arthur Ramette et Maurice Thorez, bientôt suivis de Garreau lui-même et de son chiffreur qui s'appelait Deltour. Garreau avait l'air extrêmement déprimé. Il donna lecture d'un très long télégramme qui disait en substance que Maurice Thorez était un déserteur. Ce télégramme, j'ai eu l'impression qu'il venait directement de De Gaulle. De Gaulle donc y faisait savoir que, toujours considéré comme déserteur, Thorez ne pouvait rentrer à Alger sans passer devant un conseil de guerre. Sitôt que Garreau eut fini sa lecture, Thorez répondit que c'était là une faute politique et une erreur juridique. Il fit une réponse très solidement argumentée et dont j'eus l'impression qu'il l'avait longuement préparée à l'avance. On peut donc penser qu'il s'attendait à ce refus. Du côté des diplomates de la France libre, dont j'étais, l'atmosphère était plutôt tragique parce que, franchement, nous ne nous attendions pas à ça... » Quand Cathala nous dit que Maurice Thorez, lui, ne parut pas surpris par la réponse du général de Gaulle, il semble bien qu'il faille le croire. En effet, divers sondages avaient déjà été effectués les mois, et même les années précédentes, tant par les communistes français que par les autorités soviétiques. Et toujours ces démarches s'étaient heurtées à l'anticommunisme gaulliste ainsi qu'aux calculs du chef de la France libre désireux de susciter en quelque sorte une « affaire Thorez » afin d'en garder en réserve la possibilité de règlement comme une éventuelle monnaie d'échange. On trouve une première trace de ces sondages dès août 1941. A cette époque, Pierre Billotte, le futur général et ministre gaulliste que nous avons déjà cité, était à Moscou à la veille d'être rapatrié vers l'Angleterre. Lors d'une conversation avec le vice-ministre des Affaires étrangères soviétiques Kisselev, il se souvient que le dialogue suivant s'instaura : « Monsieur Maurice Thorez, comme vous le savez sans doute, est à Moscou, dit Kisselev. Quelle serait votre réaction s'il vous demandait de partir avec votre détachement pour rejoindre le général de Gaulle ? — Je vais vous donner une réponse purement personnelle, puisque je n'ai évidemment pas consulté le Général. L'opinion française est actuellement, hélas, divisée ; certains de mes compatriotes font confiance au maréchal Pétain, d'autres, tous les jours plus nombreux, au général de Gaulle. Ce dernier cherche à refaire dès que possible l'unité nationale. (...) Or, il ne faut pas que je vous le dissimule, cette unité sera très difficile à réaliser tant le fossé est profond entre la France libre et Vichy. Ajouter à cette difficulté pourrait retarder sinon éloigner définitivement le résultat que nous cherchons. Vous admettrez, j'en suis convaincu, que si le geste accompli par M. Maurice Thorez, après les mesures prises contre le Parti communiste français par le gouvernement de M. Daladier, peut avoir été compris par un certain nombre de mes compatriotes, il est de fait que la majorité des Français n'a pas admis son départ. Il n'est pas exclu qu'à une date ultérieure, impossible à fixer aujourd'hui, la présence de M. Thorez en France soit utile à mon pays ; je la crois inopportune à la France libre. Ce sera donc l'avis que je transmettrais au général de Gaulle si l'hypothèse que vous venez d'envisager se transformait en demande officielle. — Allez-vous refuser toute autre candidature de Français communiste ? Il y a des communistes parmi les évadés. — Il n'est nullement question pour moi de pratiquer la moindre ségrégation à l'égard de ceux-ci. (...) Leur cas est tout autre que celui de M. Maurice Thorez, personnalité publique dont le comportement a divisé l'opinion. »... Il va sans dire qu'à la brutalité du télégramme de De Gaulle à son représentant Roger Garreau aussi bien qu'à l'argumentation embarrassée du général Billotte, les communistes français ne manquèrent pas de répliquer. Et tout d'abord, Maurice Thorez lui-même qui, le 1er mars 1944, adressait « au ministre plénipotentiaire, délégué du CFLN en URSS », une lettre où il écrivait notamment : « La décision du CFLN porte préjudice à la cause de l'union nationale. En des heures graves où se décide l'avenir de la France, le Comité central du Parti communiste français délègue à Alger son secrétaire général pour marquer toute l'importance qu'il attache à la réalisation complète et rapide de l'union de tous les Français autour du Gouvernement provisoire de la République. Loin de faciliter l'unité si nécessaire, la décision du CFLN ajoute une nouvelle et grave difficulté. Je constate avec surprise et regret que le CFLN, pour motiver sa décision, fait écho aux campagnes de calomnies que les traîtres à la France mènent depuis toujours contre le Parti communiste français et ses militants. Je n'ai pas à me défendre contre la calomnie infâme, lancée en premier lieu par les hitlériens Frossard, Maurras et Doriot, que j'aurais pu chercher et trouver refuge en territoire ennemi à un moment quelconque de la guerre. Le CFLN estime que mon arrivée serait susceptible de provoquer des remous dans l'opinion. Le même prétexte avait été invoqué, l'an dernier, pour retarder la venue à Alger du général de Gaulle. Il est certain que les éléments vichystes et prohitlériens qui s'agitent encore en Afrique du Nord pourraient ne pas être contents d'un nouveau renforcement de l'union nationale. Il est non moins certain que tous les bons patriotes s'en féliciteraient. (...). Le peuple de France rend un hommage mérité à la clairvoyance et au courage du général de Gaulle parce qu'il a su appeler à la résistance dès le 18 juin 1940. Peut-on douter des sentiments du peuple à l'égard du Parti communiste français et de sa direction qui ont constamment fait face à la trahison, y compris pendant la “drôle de guerre” ? »

La dissolution du Komintern

L'ostracisme gaulliste envers Maurice Thorez apparaissait d'autant plus obstiné que, le 15 mai 1943, l'Internationale communiste, la IIIe Internationale plus connue sous le nom de Komintern, avait été dissoute, et que, du même coup, le PC-SFIC était devenu le PCF. PC-SFIC, ou Parti communiste — Section française de l'Internationale communiste. PCF, ou Parti communiste français.

Conformément aux statuts de l'Internationale, le bureau de son Comité exécutif avait transmis aux partis communistes qui en étaient membres, un texte où était proposée et expliquée la mesure de dissolution, texte que ces partis étaient invités à ratifier. Dans ces pages, le bureau de l'IC rappelait combien, depuis sa création, en 1919, la situation mondiale s'était modifiée, et il ajoutait : « Les communistes n'ont jamais été partisans du maintien des formes d'organisation périmées ; ils ont toujours subordonné les formes d'organisation du mouvement ouvrier et les méthodes de travail de cette organisation aux intérêts politiques fondamentaux du mouvement ouvrier dans son ensemble, aux particularités de la situation historique... » Enfin, la proposition se terminait par ces lignes : « Le bureau du Comité exécutif de l'Internationale communiste appelle tous les partisans de l'Internationale communiste à condenser leurs forces pour soutenir de toutes les manières la guerre libératrice des peuples et des Etats de la coalition antihitlérienne et à prendre part activement à cette guerre libératrice pour écraser rapidement l'ennemi mortel des travailleurs, le fascisme allemand et ses alliés et vassaux. »... Comme membre du bureau de l'IC, Maurice Thorez avait participé, à Moscou, à l'élaboration de ce texte au bas duquel sa signature figurait. Depuis sa clandestinité parisienne, Jacques Duclos salua l'événement à propos duquel il devait déclarer plus tard : « La décision de dissolution de l'Internationale communiste (...) déchaîna la fureur des hitlériens parce qu'elle allait permettre aux Partis communistes de lutter avec le maximum d'efficacité sur le plan national pour rassembler dans chaque pays et entraîner au combat toutes les forces hostiles au fascisme et hâter l'heure de son effondrement. » L'opinion ainsi exprimée par Duclos fut celle de la grande majorité des communistes alors engagés dans le combat clandestin. Dans la Résistance non communiste, beaucoup estimèrent surtout comme Alexandre Werth, qu'il s'agissait surtout là d'un « geste destiné à impressionner l'Angleterre et l'Amérique »

Giulio Cerreti nous a raconté comment le leader des communistes italiens Palmiro Togliatti, qui était alors l'un des principaux dirigeants du Komintern sous le pseudonyme d'« Ercoli », lui avait annoncé la nouvelle en disant notamment : « Maintenant que les Partis communistes ont appris à nager, il n'est pas si mal que ça qu'il leur faille nager pour de bon... » Mais Cerreti racontait aussi que, depuis longtemps envisagée, la décision de dissoudre avait été accélérée par une visite d'Earl Russell Browder à Staline. Secrétaire du PC des Etats-Unis, Browder avait accepté de se faire le porte-parole de Roosevelt au Kremlin lors d'une entrevue restée secrète. Le Président des Etats-Unis souhaitait que le Komintern soit dissous le plus rapidement possible et laissait entendre que les relations USA-URSS pourraient s'en trouver très améliorées. Réalité ou rumeur ? On notera, en tout cas, que dans l'immédiat après-guerre Earl Browder prôna l'autodissolution du PC américain et que, lorsque le Kominform remplaça partiellement le Komintern, le « browderisme » fut dénoncé et sanctionné comme une déviation majeure.

Mais restons-en à la phrase de Togliatti : « Les Partis communistes ont appris à nager... » Au printemps 1943, pour le PCF, il y a déjà longtemps qu'a commencé cette nage. Depuis 1939-1940, c'est une nage en eaux particulièrement dangereuses... Mais des dangers fructueux, pourrait-on dire. Car, en deux à trois ans de combats, l'appareil, les cadres et les simples clandestins se sont aguerris, au sens propre du terme. Aussi bien le parti est-il dans une situation que l'on pourrait ainsi résumer : d'une part, un parti qui reste lui-même en recourant, selon les termes de l'historienne Germaine Willard, aux « formes d'action et d'organisation adaptées aux conditions de l'heure » et, d'autre part, un parti de masse qui pratique une résistance de masse... D'ailleurs, il est frappant de voir comment le représentant de la France libre à Moscou pendant la guerre et deux historiographes connus du PCF, l'ancien directeur du journal *Le Monde*, Jacques Fauvet, et l'universitaire américain Ronald Tiersky apprécient sa force et dépeignent son état. L'appréciation du diplomate gaulliste

Roger Garreau est rapportée (et peut-être un peu enjolivée) par K. Tsybina dans le numéro d'avril 1959 de la revue soviétique *Mejdounarodnaïa Jizn* (La Vie internationale)... « Le Parti communiste français, écrit-elle, qui est le parti le mieux organisé de France et se trouve à l'avant-garde du combat antihitlérien, indiquait Garreau, représentant de De Gaulle en URSS, au cours d'un entretien avec le commissaire du peuple aux Affaires étrangères de l'URSS, le 13 mars 1942, joue un rôle particulièrement actif dans cette lutte. (...) Son rôle est d'autant plus remarquable que les Allemands et le gouvernement de Vichy ont fait peser tout le poids de leur répression en premier lieu sur ce parti... » L'avis de Jacques Fauvet est exprimé dans son *Histoire du Parti communiste français.* « Que représentent, écrit-il, les mouvements de Résistance à la fin de 1941 ? Des organisations encore fragiles, des clandestins courageux et inexpérimentés, des existences parfois éphémères. Des témoins de moralité du patriotisme, en quelque sorte, mais qui risquent leur vie. En zone Nord, la présence et la surveillance de l'occupant les stimulent et les pressent mais les effectifs sont maigres, les réseaux s'ignorent et se multiplient. En zone Sud, l'organisation est meilleure et plus facile. A côté de ces précurseurs, le PC apparaît comme une force. Ses militants se comptent par milliers, ses filières sont éprouvées, et il est partout. » Enfin Ronald Tiersky, dans *Le Mouvement communiste en France (1920-1972)*, estime que « les dirigeants communistes, bien qu'ils aient dû partir d'une organisation profondément ébranlée, réussirent à constituer, au cours des trois années qui suivirent, l'élément le plus unifié et le plus puissant de tous les groupes de Résistance métropolitaine. Ce succès et leur propagande leur permirent aussi d'obtenir un nombre d'adhésions encore jamais atteint... »

En 1967, le Comité central du PCF publia un ouvrage collectif auquel nous avons déjà fait référence et qui s'intitulait *Le Parti communiste français dans la Résistance* ; les communistes vus par eux-mêmes et expliquant comment ils s'organisèrent... « C'est, peut-on lire, dans cette période qu'est mise au point la structure clandestine du Parti. Le principe fondamental en est le cloisonnement le plus strict. A la base, le groupe de trois — le triangle de base — où seul le chef de groupe connaît les deux autres camarades et assure la liaison avec l'échelon supérieur. Puis la cellule qui comprend trois groupes ; la section qui dirige les cellules dans une ou plusieurs localités ou dans une entreprise ; la région qui coiffe les sections d'un ou plusieurs départements. Cellules, sections et régions sont dirigées par trois militants — le triangle de direction : un responsable politique, un responsable à l'organisation et à la propagande, un responsable au travail de masse. Dans chaque cas, seul le responsable politique a la liaison avec l'échelon supérieur, le contact avec l'échelon inférieur étant assuré par le responsable à l'organisation. Enfin, les membres du Comité central qui ont pu échapper à la répression dirigent le Parti.

Etant donné la coupure de la France en deux, le Comité central qui se trouve en zone Nord, a constitué, dès juillet 1940, une délégation du Comité central en zone Sud (qui comprend Victor Michaut, Gaston Monmousseau, Alain Signor). (...) En même temps qu'il perfectionne son appareil clandestin, le Parti se lie toujours plus aux masses. Le militant communiste est présent dans les organisations légales, notamment les syndicats vichystes ; il crée et anime des organisations illégales : comités populaires de quartier et d'usine, comités d'union syndicale et d'action dans les entreprises, groupes de l'Union des femmes françaises (UFF), groupes de la Jeunesse communiste (JC). Il ne doit passer dans la clandestinité absolue, c'est-à-dire rompre tout contact avec sa vie ancienne, que lorsqu'il est directement recherché par les forces de répression ou lorsqu'on lui confie des tâches spéciales, comme l'organisation de la lutte armée. Chaque militant doit donc apprendre à concilier le travail de masse et les impératifs de la sécurité. Il lui faut se garder à la fois d'actions aventuristes qui le feraient "repérer", et de la passivité qui le rendrait impuissant. La solution de cette contradiction réside dans la liaison réelle avec les masses ; celle-ci conditionne non seulement le travail effectif de direction du Parti, mais la sécurité du militant : les ouvriers défendent, lorsqu'il est menacé, celui qui a leur confiance. Pour risquer sa liberté et sa vie, pour convaincre les masses dans une situation difficile, le militant doit en outre avoir un niveau politique élevé. Le Parti communiste français insiste en permanence sur la nécessité d'approfondir la théorie, d'assimiler la politique du Parti. »...

Un rapport de Joseph Epstein

Arrêtons-nous un instant sur les derniers mots de ce texte : « approfondir la théorie, assimiler la politique du Parti ». A des esprits non avertis, ils peuvent paraître étranges. En effet, dans la vision habituelle du combat clandestin, si l'on imagine volontiers des résistants en train de s'initier au maniement des armes, des explosifs ou aux règles de sécurité, on ne songe pas qu'ils aient pu, la Gestapo à leurs trousses, entre deux planques, s'initier à la philosophie politique ou suivre ce que l'on appellerait aujourd'hui un stage de recyclage. Or telle fut pourtant la réalité... « Fin 1940, se rappelle Jean Jérôme, j'ai fait imprimer dans une imprimerie catholique, une imprimerie paroissiale du XIIIe arrondissement, six "cours élémentaires" du Parti qu'avait rédigés Georges Politzer. C'est une camarade que nous appelions Jeannette, une ancienne des Brigades internationales, qui s'était chargée de ce travail... » L'exemple que cite Jean Jérôme ne fut pas un cas isolé, d'ailleurs à la fin juin 1945, au Xe congrès du parti communiste français, on pouvait lire dans le rapport écrit sur la « formation des cadres » : « Dans les conditions de l'illégalité, c'est-à-dire de septembre 1939 à septembre 1944, les écoles du Parti, devenues clandestines comme toute son activité, ne purent grouper en règle générale qu'un nombre d'élèves extrêmement réduit. Mais il ne s'ensuit nullement que la direction du Parti ait négligé tant soit peu le travail idéologique dans cette période. Il faut au contraire mettre en valeur l'effort remarquable accompli par le Bureau politique pour pallier les difficultés d'organisation des écoles en poursuivant dans les circonstances les plus difficiles l'édition de l'*Histoire du Parti communiste de l'URSS* et des autres classiques du marxisme-léninisme, la parution des *Cahiers du communisme*, des brochures et des cours, ainsi que l'élaboration de documents de très haute tenue où tous les problèmes du moment étaient éclairés à la lumière de notre théorie éprouvée (...). Par ailleurs, un travail sérieux fut mené à bien par le Parti pour l'éducation théorique des communistes servant dans les formations de FTP. Il importe enfin de noter les initiatives précieuses des militants responsables emprisonnés ou internés pour éduquer les membres du Parti détenus avec eux. »

Toutes les appréciations que nous venons de rappeler ont en commun d'avoir été formulées postérieurement à l'événement, après la fin de l'Occupation. On est donc en droit de se demander si la spécificité de l'action communiste et la vitalité du Parti furent ressenties, on dirait aujourd'hui vécues, comme telles dès cette époque par les acteurs mêmes du drame ou si, après coup, elles furent quelque peu enjolivées à la faveur d'un bilan d'activité... La réponse vient sitôt la question posée. En effet, durant la clandestinité, nombreux furent les textes émanant du Parti où militants et dirigeants communistes, aussi bien en donnant des directives qu'en examinant les actes accomplis, étaient amenés à souligner et commenter cette spécificité et cette vitalité. L'un des plus remarquables nous semble être un rapport que citent Claude Angeli et Paul Gillet dans leur ouvrage *Debout, partisans !* Son auteur, un ancien d'Espagne, engagé dans la Légion étrangère puis prisonnier évadé, s'appelait Joseph Epstein et, avant de tomber fusillé au Mont-Valérien, le 11 avril 1944, il allait devenir légendaire parmi les FTP dont, à partir de septembre 1942, il commanderait les unités de la région parisienne sous le nom de colonel Gilles. « Un peu avant la mi-juin 1941, racontent Angeli et Gillet, Joseph Epstein se mit à rédiger un rapport (...). Il y traitait de la situation économique et politique de la France. Ce rapport devait être transmis à Moscou par les seuls moyens disponibles, soit par radio, soit par l'entremise de l'ambassade soviétique à Paris. (...) Sur dix pages d'un cahier d'écolier, son brouillon, Epstein consigna ce qu'il savait et qu'il avait pu apprendre ou comprendre de la situation française depuis son évasion du stalag IV B et son retour à Paris, à la veille de Noël 1940... » Or, c'est dans ce rapport d'Epstein que nous lisons : « Notre Parti a su reprendre contact avec les masses. Au début, on l'entourait d'un mur de silence. Personne n'en parlait. On feignait l'ignorer. Tous les échos anticommunistes du *Cri du peuple* de Doriot étaient censurés. On arrêtait les communistes, mais on n'en parlait pas. Depuis quelque temps, Darlan ayant donné le signal, les attaques ont recommencé. Ce n'est pas un hasard. Les attaques (on accuse le Parti d'être à la solde de l'Angleterre, on oppose le Parti à l'URSS) ont leur raison. Le mécontentement grandit dans le peuple. L'ouvrier avec ses mille quatre cents francs par mois est condamné à la misère. Les femmes de prisonniers, les fonctionnaires, les paysans, les petits bourgeois, toutes ces couches sont durement touchées et gagnées par le mécontentement. Le Parti a su y travailler. Des mouvements ont eu lieu dans les usines. Evidemment des mouvements faibles, car les ouvriers sont encore sous l'impression de la force allemande, beaucoup n'osent encore pas bouger, mais, néanmoins, dans de nombreuses usines (Citroën, Thomson) de la région parisienne, des délégations dirigées par des camarades du parti sont allées réclamer une augmentation des salaires et souvent elles ont obtenu satisfaction. Dans le Nord, il y a eu une très importante grève des mineurs. Darlan et Déat, Abetz et compagnie, sentent le danger. Les premiers mouvements, préludes à d'autres, leur font peur. D'où les attaques. On ne peut plus passer tout sous silence. Il faut attaquer. (...) Dans les masses populaires, le Parti jouit d'une grande estime, même d'une certaine admiration. On entend très rarement des attaques contre le Parti. Souvent on n'ose pas en parler, mais presque jamais on ne l'attaque... »

« Action au grand jour » pour « reconquérir la rue »

En évoquant l'effort d'éducation poursuivi, malgré la clandestinité, par les communistes, nous remarquions combien certaines formes de leur action étaient peu connues car peu conformes à l'image communément admise de la Résistance. C'est au point qu'aujourd'hui, certains mots d'ordre sonnent presque paradoxalement aux oreilles non averties ; ces deux-là par exemple : « action au grand jour » et « reconquérir la rue ». L'ouvrage collectif que nous avons déjà cité en explique le sens et la portée. « Le Parti communiste, y lit-on, à partir de 1941, attache de l'importance aux manifestations grandes et petites que doivent animer ses militants clandestins, car elles peuvent désormais associer la population à une réelle résistance. Le 14 juillet 1941, le Parti communiste appelle à célébrer publiquement la fête nationale. (...) Dans *La Vie du Parti* clandestine, les consignes expliquent que la plus extrême prudence est de rigueur dans le travail d'organisation (...). Mais il convient aussi de combattre la tendance de ceux qui, sous prétexte justement de prudence, entendent condamner les "audaces individuelles". Ces audaces peuvent être nécessaires et efficaces, car pour que le Parti communiste gagne le respect et l'appui des larges masses, il doit se montrer et risquer. Il faut parfois braver ouvertement les Allemands et maintenir les décisions prises. Au marché de Boulogne-Billancourt, à la barbe de la police, des prises de parole ont eu lieu. Les nazis font publier l'interdiction formelle de tout attroupement. Les prises de parole continuent ; un camarade est arrêté. Est-ce juste d'avoir pris un tel risque ? Oui, car il fallait maintenir la présence du Parti et prouver à la population sa capacité d'action. (...) Le 1er mai 1942 prit "le caractère d'une journée de lutte de la nation française contre ses oppresseurs, pour sa liberté et son indépendance". C'est à cette occasion qu'est lancé le mot d'ordre : "reconquérir la rue". Il faut "tenir tête à la police" et les FTP doivent se charger de la protection des manifestations. »

Cette « action au grand jour » pour « reconquérir la rue », les premiers surpris, à l'époque, en sont les occupants nazis et leurs collaborateurs. Deux des feuilles que nous avons vu, plus haut, insulter le général de Gaulle et les Français de Londres, ne cachent pas leur stupéfaction. Dans *L'Appel* du 31 juillet 1941, on peut lire : « Chaque matin les rames de métro sont pleines de tracts ronéotypés. Les murs se couvrent de graffiti avec faucille et marteau (...). Les mots d'ordre circulent de bouche en bouche dans les ateliers, les bureaux, les files d'attente... » Et, dans *Je Suis Partout* du 6 décembre de la même année : « Des ouvriers qui n'avaient pas autrefois été communistes aident les agents de Moscou dans leurs distributions de tracts, dans leurs affichages et cela au risque de leur liberté et de leur vie. On en voit aussi aux portes des usines métallurgiques de la banlieue faciliter les "réunions-éclairs" en se groupant passivement devant les sentinelles allemandes ou la police, les empêchant ainsi d'arrêter les propagandistes qui n'hésitent pas à parler durant quelques minutes aux ouvriers qui quittent le travail. »

L'« action au grand jour » non seulement met particulièrement en évidence mais offre de riches possibilités de développement à un autre des principes primordiaux de l'action communiste : l'équivalence revendications-Résistance ou, plutôt, la relation entre les revendications économiques et la lutte armée. André Tollet rappelle : « Du pain ! des armes ! — c'est le titre de l'éditorial de *France d'Abord*, le journal des FTP de juillet 1942. Il est évocateur : sans lutte pour le pain, sans lutte des larges masses, il n'y aurait pas eu de lutte armée, car celle-ci ne pouvait exister qu'en prenant appui sur le peuple, sur la classe ouvrière. Ce fut souvent dans les luttes revendicatives que se trouvèrent les hommes capables de mener le combat par le sabotage et par les armes. »

En lisant cela, il ne faut pas oublier que nombre d'anciens résistants ont toujours contesté cette équivalence. Marqués par une conception militaire de l'action, ils refusent d'admettre qu'une grève ait pu avoir plus d'importance qu'une embuscade du point de vue même de l'affaiblissement de la machine de guerre nazie. Autant, pour certains, le combat par les armes est noble, autant la lutte pour le pain leur apparaît triviale. Telle a d'ailleurs été longtemps l'attitude qui a prévalu dans l'entourage du général de Gaulle. On pourrait disputer à l'infini sur ce sujet... En écrivant l'histoire de la CGT, Jean Bruhat et Marc Piolot rappellent comment la discussion s'instaura même parmi les communistes et leurs sympathisants et comment la direction du Parti ne cessa jamais d'affirmer et réaffirmer l'importance de cette conception. « En 1944, notent-ils, certains militants reculaient encore devant l'action pour les revendications, estimant qu'elle n'était qu'au second plan par rapport à la lutte pour la Libération. Ce qui compte aussi, répondait Benoît Frachon, c'est "l'action, pas l'action pour demain, mais la lutte quotidienne, celle qu'on engage contre les déportations, pour l'augmentation des salaires, pour le ravitaillement et mille autres revendications immédiates." (*La Vie ouvrière*, numéro clandestin d'avril 1944). »

Essayons d'aller plus au fond. Ce que l'on pourrait aussi appeler la divergence sur la valeur militaire, ou plus exactement *guerrière* des revendications les plus économiques, les plus immédiates, n'est pas une affaire de goût ni même d'opinion. Cette divergence apparaît surtout dans la mesure où les diverses organisations de Résistance ne recrutent pas dans les mêmes milieux sociaux. A cet égard, l'ouvrage collectif du PCF sur son action dans la Résistance est très explicite. « Le Parti communiste, dit-il, souligne que c'est en mettant en mouvement les masses sous les formes les plus variées et de façon incessante qu'on peut frapper l'ennemi de tout côté et entraîner l'ensemble de la nation dans le combat patriotique. La classe ouvrière, la première, organise son action patriotique partout, à commencer sur les lieux mêmes de son travail, là où, précisément, elle se rassemble pour la production, là où elle subit l'exploitation capitaliste. » Aussi bien peut-on considérer que le débat sur le point de savoir si les revendications, les grèves étaient, en tant que telles, des actes de Résistance ne se terminera jamais. On doit d'ailleurs ajouter que les deux conceptions à ce sujet ont harmonieusement cohabité à maintes reprises dans les organismes qui matérialisaient l'unification des diverses tendances de la Résistance française. Cela dit, il est indiscutable que cette conception « revendicative » fut un des principaux éléments qui permirent au PCF clandestin de faire croître son organisation et d'amplifier son action. D'autant plus que le « souci du pain quotidien des travailleurs », le principe qui faisait du « lieu de travail » l'endroit privilégié de l'activité résistante ne fut pas limité, par les communistes, à la seule classe ouvrière.

Des tracts pour les écoliers

Le PCF utilisa donc les revendications paysannes pour susciter, promouvoir et organiser la Résistance dans les milieux ruraux.

Lorsque nous avons posé la question à celui qui fut le principal dirigeant du combat des communistes en zone non occupée, Léon Mauvais, il nous a répondu : « Ce qui me semble caractériser très fortement la lutte en zone Sud, c'est qu'il y a eu à la fois des luttes armées, des opérations de FTP dans les villes et, en dehors, mais en même temps, de grandes luttes politiques ayant pour base essentielle la lutte pour le pain... Ces manifestations des "civils", si je peux employer cette expression, étaient combinées avec l'action armée des FTP et je trouve que cela est très caractéristique. Mais un autre trait doit être souligné. En zone Sud, la lutte des paysans a été très importante. Cela, dans des régions comme, pas tellement le Lyonnais, mais l'Auvergne, la Haute-Vienne, le Limousin, des départements comme la Corrèze, la Creuse, la Dordogne. Là, on a vu de grandes batailles de paysans qui ont notamment abouti à une importante victoire : le fait que les paysans ont imposé leurs prix pendant une période. Ce n'était plus les préfets qui décidaient des prix, c'était en réalité les paysans... » D'accord avec Mauvais pour estimer « importante » l'action des communistes à la campagne, Gaston Plissonnier pense qu'« elle est souvent insuffisamment connue ». Et il en précise le bilan : « Au fil des années, nous dit-il, le refus de livrer des produits agricoles aux réquisitions a pris de l'ampleur... En créant, dans la "zone Sud" les "Comités de défense et d'action paysannes" (CDAP), les communistes, à partir de 1943, se sont attachés à développer un mouvement paysan large, actif et dynamique qui a constitué l'embryon du futur mouvement syndical paysan. A la Libération, on comptait deux mille deux cents CDAP. Ils ont été, à la fin de l'Occupation, un des éléments essentiels pour la fondation de la CGA (Confédération générale de l'Agriculture)... »

Depuis Moscou, Maurice Thorez avait joué un rôle important dans l'élaboration de ce qu'on pourrait appeler la stratégie paysanne du PCF clandestin. Lorsqu'en juillet 1942 l'hebdomadaire *La Terre* reparut pour la première fois clandestinement, il comportait un long article de Thorez : « Notre *Humanité* clandestine, écrivait-il notamment, va dans les villes et les villages mais son format est réduit ; nous ne pouvons malheureusement pas y dire tout ce qui devrait être dit dans les circonstances actuelles. C'est pourquoi le Comité central de notre Parti a décidé de publier à nouveau en plusieurs éditions régionales, notre journal de défense paysanne *La Terre* où les paysans de France lisaient avant la guerre les articles de Renaud Jean et aussi de notre camarade Waldeck Rochet qui, avec les députés communistes, condamnés pour avoir défendu la cause de la paix, ont été déportés en Afrique. Ainsi le Parti communiste entend intensifier les efforts qu'il consacre à la défense des masses paysannes (...) Le gouvernement de Vichy a lancé la formule du "retour à la terre", mais en même temps il veut faire de nos paysans de véritables serfs destinés à féconder de leur sueur la terre des autres. Les beaux messieurs de la bourgeoisie, les ducs, marquis, comtes, barons et autres "paysans aux mains blanches" ont bien souvent accusé le Parti communiste de vouloir exproprier les petits paysans ; mais à la vérité, c'est dans leurs rangs qu'il faut chercher les destructeurs de la petite propriété paysanne. (...) En résistant aux réquisitions des occupants, en raréfiant les produits agricoles si indispensables à Hitler, les paysans sont prêts à servir la grande cause de libération de la France... »

Parce que moins conformes aux canons classiques de la gloire militaire, mais surtout parce que leur aspect social apparaissait politiquement redoutable à ceux qui craignaient de voir les communistes bénéficier des effets de l'« insurrection nationale », les grèves, les manifestations de ménagères, les prises de parole aux portes des usines, les actions revendicatives des paysans furent, après la guerre, beaucoup moins retracées et popularisées que d'autres formes de lutte. Il nous semble donc intéressant d'insister sur l'ampleur et la variété des initiatives... Citons un exemple parmi beaucoup d'autres. L'une de celles qui furent les plus actifs agents de liaison de la direction communiste clandestine, Josette Dumeix, a conservé une étonnante collection de tracts destinés aux écoliers. Ecrits à la main, dessinés ou reproduits grâce à des lettres tirées d'« imprimeries » jouets pour enfants, ils sont signés par différents « comités des mères » mais ils reproduisent tous le même texte bref : « Ecoliers de France, pour la fête de votre mère, le 31 mai, à l'école, réclamez du pain supplémentaire pour apporter à votre maman ! »

Lorsqu'il nous a raconté comment il avait vécu les quatre années durant lesquelles, aux côtés de Jacques Duclos, il assura la direction du PCF illégal, Benoît Frachon a prononcé une phrase qui nous a frappé : « On sentait, nous a-t-il dit, battre le cœur de l'ensemble du Parti... »

Il semble bien que, malgré l'éloignement, la difficulté des liaisons, on puisse dire la même chose de Maurice Thorez à Moscou. Bien sûr, s'agissant cette fois non plus du PCF clandestin mais de la France libre, la même expression peut s'appliquer aux gens de Londres.

En revanche, la question se pose de savoir si elle restait juste à propos d'Alger entre 1942 et 1944 ? Et quel cœur ? Battant pour qui ?

Chapitre cinq

ALGER

Où survivance vichyste, méfiance américaine, incapacité giraudiste et volonté gaulliste s'affrontent et mettent en jeu l'avenir de la Résistance.

En français, en anglais, en allemand, des dizaines de milliers de pages ont été écrites sur les intrigues qui se nouèrent, se dénouèrent et surtout s'embrouillèrent dans l'Alger de cette époque. Si l'on en croit les innombrables mémorialistes, en mettant le pied sur la terre algéroise, les troupes alliées déclenchèrent, à l'automne de 1942, une série de complots florentins et de pronunciamientos comme on n'en trouve plus que dans les pires romans de cape et d'épée, les plus mauvais récits d'espionnage. Les témoignages d'époque eux-mêmes, les narrations faites par des acteurs directs, sur le vif, nous semblent aujourd'hui pleins d'un bruit dément et d'une fureur dérisoire. On comprend que, lorsqu'ils en prirent connaissance, ceux qui menaient dans la clandestinité le dangereux combat que l'on sait soient passés de la surprise à l'ébahissement, de l'horreur au dégoût. Non, ce ne pouvait pas être pour les escroqueries du darlanisme ni pour les équivoques du giraudisme que chaque jour ils risquaient la torture et la mort... Et pourtant, ce cloaque fut aussi un creuset. C'est à Alger que la France libre devenue la France combattante allait connaître l'ultime métamorphose qui avait toujours été sa raison d'être et permettre la résurrection de la France comme Etat, la renaissance de la République française. C'est à Alger qu'allait échouer l'ultime tentative des traîtres de Vichy pour retourner leur veste, pour sauver leurs tristes meubles... Aussi, en refusant d'assimiler à la Résistance certaines conjurations éphémères, et tout en montrant que, dans le destin de certains officiers et hauts fonctionnaires, de certains politiciens et aventuriers, le double jeu trouva finalement son compte, va-t-il nous falloir tenter de dégager quelques traits essentiels d'une tragi-comédie qui, se déroulant en marge de l'épopée, ne lui fut pourtant pas étrangère.

Surprise, stupéfaction, dégoût, indignation — non, ces mots ne sont pas trop forts pour exprimer les sentiments que ressentent les résistants français lorsque, à la fin de 1942 et pendant presque toute l'année 1943, ils tournent leurs yeux vers Alger... La douzaine d'entre eux que nous allons maintenant citer sont de toutes tendances, gaullistes et communistes, socialistes et gens des « mouvements », combattants de Londres et combattants de l'ombre. On constatera qu'ils ne mâchent pas leurs mots. « L'atmosphère de cette nouvelle capitale de la France parut vite irrespirable » note François Coulet. Et c'est le même adjectif : *irrespirable* qui vient sous la plume du colonel Passy comme sous celle de Pierre Sonneville. « L'atmosphère d'Alger était irrespirable, dit Passy ; d'innombrables intrigues, indéfiniment perpétrées par des Français et par des étrangers, s'y nouaient et s'y dénouaient, se répandant comme un intarissable torrent le long des pentes étouffantes et poussiéreuses de cette nouvelle Tour de Babel... » Quant à Sonneville, il écrit : « L'atmosphère d'Alger est irrespirable, faite de poussières, de pauvreté et de prétention. Autour du comité Giraud-de Gaulle, il y a beaucoup trop d'états-majors, d'organismes interalliés, de mess d'officiers et, déplaisante, l'ambiance du marché noir et des combinaisons électorales. (...) Alger est une capitale d'opérette pour un gouvernement qui n'est d'ailleurs qu'un comité : nos Alliés ne le reconnaissent pas et nous-mêmes, Français, à quelque bord que nous appartenions, nous ne le respectons guère. Il est impossible de savoir si la médiocrité des dirigeants est à l'origine de l'atmosphère déplaisante qui règne dans les hauts lieux de la ville, ou si, au contraire, la veulerie des habitants, la chaleur et la poussière sont responsables du manque d'autorité de nos grands chefs. »

« Grenouillère » et « grenouillage »

Alger irrespirable, mais aussi Alger incompréhensible. Une brochure publiée, en 1943, à Londres, par les délégués du PCF clandestin, commence par cette phrase : « Un malaise a durement pesé sur la France et à l'étranger à la suite de la politique suivie en Afrique du Nord depuis le débarquement allié » et s'ouvre par cette déclaration de Fernand Grenier, faite le 15 janvier : « On ne comprend pas en France ce qui se passe en Afrique du Nord. » Le même verbe *comprendre* à la forme négative se retrouve sous la plume de Marie-Madeleine Fourcade lorsqu'elle veut exprimer l'opinion des dirigeants du réseau Alliance à la même époque. « Personne avoue-t-elle, ne comprenait plus rien à ce qui se passait en Afrique du Nord ; les bruits discordants du “conflit des généraux”, fielleusement amplifiés par Radio-Paris, nous écorchaient le cœur. » On se demande pourquoi ; on se demande comment ; on finit même par se demander qui est qui... « En fait, remarque Jacques Soustelle, personne ne savait ni qui était l'ennemi, ni qui gouvernait, ni pour quoi, ni en vertu de quoi. (...) C'était une étrange variété de l'atmosphère de guerre qui s'y installait, toute parcourue de violents courants passionnels et des souffles ténus de l'intrigue, au milieu d'une crédulité fiévreuse qui répercutait à l'infini les bruits les plus invraisemblables. La bourse aux "nouvelles" se tenait au restaurant Paris et surtout à l'hôtel Aletti, où se coudoyaient en foule militaires américains, indicateurs de police, femmes de petite vertu, hommes politiques, vichystes, résistants, agents secrets de plusieurs nations, journalistes et tout ce qu'Alger comptait de gens avides de parler et d'écouter... » Quand on sait les profondes différences d'opinion et de position qui séparaient déjà Soustelle du PCF, on est d'autant plus frappé que ce soit le communiste André Moine qui remarque à son tour : « Le refus de faire confiance aux résistants, de prendre en considération la population qu'on méprise visiblement, la peur des forces démocratiques, la poursuite d'intérêts particuliers aux trusts américains ont abouti à la situation paradoxale qu'ont vécue et subie les emprisonnés et les résistants : la victoire des Alliés débouche sur une consolidation des forces antidémocratiques qui freineront l'essor militaire contre l'Axe ; les alliés des Alliés deviennent des adversaires ; les ennemis des Alliés deviennent les amis. » De la même façon, Emmanuel d'Astier de la Vigerie dont on sait les querelles avec Soustelle constate : « On a le sentiment d'une grande confusion et de péripéties parfois bouffonnes... »

Autre fait remarquable : qu'ils soient sur place, à Alger même, ou qu'ils observent de loin, depuis Londres ou la France occupée, les résistants éprouvent les mêmes sentiments. A preuve, cette réaction de Pierre Bourdan, l'une des grandes voix de la BBC, lorsqu'il débarque dans la capitale nord-africaine dans l'hiver 1942-1943 : « Personne, écrit-il, ne savait ce qui se passait en Afrique du Nord autrement que par les journaux, qui rapportaient des faits mais non pas une atmosphère, des tendances apparentes mais non pas des courants profonds qu'un Français eût décelés, des portraits esquissés mais non pas des caractères. Aucun des Français "d'Angleterre" n'était encore allé là-bas depuis le 8 novembre, date du débarquement allié, bien que nous n'eussions guère, depuis lors, parlé d'autre chose et que les discussions eussent parfois tourné à la controverse. A l'angoisse heureuse et impatiente de toucher un sol français se mêlait une curiosité aiguë de ce monde nouveau, en partie suspect ou hostile, qui semblait avoir pris ses racines à Vichy pour aller s'épanouir en Afrique. (...) Dans cette capitale africaine aux allures de proconsulat romain, avec son atmosphère de provincialisme exotique, toute surprise d'être atteinte dans sa léthargie désuète par l'avant-garde d'une puissance mécanisée, passèrent, en quelques semaines, plus d'intrigues hors du temps, d'espoirs chimériques, de rêves anachroniques, d'ambitions sans lendemain, de personnages éphémères, de conspirateurs sans avenir, de tribuns de sous-préfecture, de carrières avortées, que les grandes puissances du monde n'en connurent en vingt ans. Et pendant ces quelques semaines, ce cabinet des Antiques de la politique française se trouva, par une coïncidence unique, sous les feux de la rampe, parce que le monde se souciait de la France au point d'en scruter passionnément chaque image, fût-elle déformée, et se demandait chaque jour ce qui germerait enfin de ce premier sol français libéré. Tour à tour, des hommes se hissèrent sur un fragile cothurne pour que leur visage ou leur silhouette reçût un peu de l'éclat glorieux de projecteurs accidentels : tour à tour, la plupart d'entre eux rentrèrent dans l'ombre, dans l'oubli, dans l'exil ou dans la honte. »

Même lorsque, des décennies plus tard, ils écrivent leurs mémoires, les plus diserts en arrivent à chercher leurs mots. « Grenouillère » ou « grenouillage » se demande ainsi le dirigeant de Combat, René Cerf-Ferrière qui se souvient : « Alger, c'était en fait le marais ; une grenouillère puant Vichy. (...) Ici, je venais de rencontrer la division, les combinaisons, les intérêts, les clans, le grenouillage. De l'autre côté, en France, il y avait ceux qui crevaient pour la liberté. A Alger, on sentait encore qu'il y avait des gens qui cherchaient à étouffer la République, celle que nous désirions, avant même qu'elle ne naisse au grand jour. » D'autres recourent aux comparaisons, aux références les plus insolites. Jacques Debû-Bridel s'écrie : « Au XIVe siècle, l'Eglise a vécu un des moments dramatiques de son histoire, trois papes se disputant le magistère suprême et s'interexcommuniant, pape de Rome, antipape et pape du Concile ! La France a vécu des mois semblables en 1942. Pétain et Laval à Vichy, Giraud en Algérie et le Comité national de libération à Londres parlent en son nom... »

Les réactions sont d'autant plus vives que cet état des choses inquiète profondément les résistants. Lorsque, le 17 juin 1943, le « Groupe des parlementaires adhérant à la France combattante » se réunit à Londres, plusieurs de ses membres affirment que « la situation morale de la France dans le cours de ces dernières semaines a été profondément affectée par les dissensions qui se sont manifestées à Alger » et ils se « préoccupent de l'effet produit dans l'opinion internationale par la durée des discussions d'Alger dont ils déplorent les fâcheuses conséquences ». Enfin, souvent, la colère éclate... En décembre 1942, l'édition du journal clandestin *Combat* s'ouvre par ces mots : « En aucun cas nous ne tolérerons en France une sinistre pantomime comme celle de l'Afrique du Nord, visant à confisquer au profit de l'abject régime de Vichy le bénéfice de la victoire qui vient. D'accord avec toute la Résistance française, interprète de la volonté du peuple français, "Combat" empêchera par la force s'il le faut les combinaisons de dernière heure des Darlan de la déroute et autres hommes de paille du maréchal suicide. »

Perplexité naturelle, juste répulsion et saine colère... Mais il ne faudrait pas toutefois qu'elles masquent l'importance de l'opération militaire tentée et menée à bien par les Alliés anglo-américains, en novembre 1942, en Afrique du Nord. L'immense tête de pont, la vaste base arrière qu'ils vont établir sur le sol algérien, marocain et tunisien, favorisera notablement la victorieuse évolution du conflit en Europe. Aussi bien, avant d'essayer de voir ce qui composa et surtout ce qui fut en germe dans la pullulante réalité d'outre-Méditerranée, entre 1940 et 1944, convient-il de rappeler l'exploit réalisé par les soldats des Etats-Unis d'Amérique et de Grande-Bretagne au quatrième automne de la Seconde Guerre mondiale.

L'« Opération Torch »

Durant l'été de 1940, après avoir occupé la France et décidé de surseoir, sinon de renoncer, au débarquement en Angleterre, Adolf Hitler, pourtant au faîte de sa puissance, comprend que son éphémère empire de la terreur devient de plus en plus vulnérable au fur et à mesure qu'il s'étend. Il songe aux éventuels endroits par où pourrait passer une contre-attaque au cas où la prévisible alliance entre la Grande-Bretagne et les Etats-Unis se réaliserait. L'Afrique, dont les réalités lui sont peu familières, l'inquiète particulièrement. Les longs rivages septentrionaux du continent africain lui apparaissent déjà comme une faiblesse dans son dispositif. A l'automne, le 28 octobre 1940, alors qu'il rend visite à Benito Mussolini dont les troupes viennent d'attaquer la Grèce, lors d'une entrevue au Palazzo Vecchio, à Florence, il fait part de ces soucis à celui que, malgré ses échecs et ses rodomontades, il considère toujours avec un affectueux respect comme le fondateur du fascisme. Dans le procès-verbal de la rencontre établi par le diplomate allemand Paul Otto Schmidt, on lit : « La situation pourrait se compliquer pour les régions situées en face de Gibraltar, si les Anglais s'installaient au Maroc, en servant d'éclaireurs aux Américains. Il n'était pas exclu qu'ils leur donnassent, par la suite, cette région parce qu'elle ne leur appartenait pas. C'était à la France de défendre ces territoires du nord de l'Afrique. Si le Maroc tombait, les Espagnols ne seraient pas capables de prendre par eux-mêmes la zone française où régnait le sultan. Par contre, si les forces anglaises s'installaient en masse, on pouvait même craindre que les Espagnols perdissent aussi la partie du Maroc qu'ils possédaient. » Lisant cela, on serait enclin à penser que les nazis, après avoir en partie prévu, deux ans à l'avance, ce qui allait être l'« opération Torch », c'est-à-dire le débarquement allié en Afrique du Nord, se trouveraient en mesure, sinon de l'empêcher, du moins de s'y opposer vigoureusement. Pourtant, il n'en fut rien. Pourquoi ? Dans ses mémoires, l'ancien chef de l'Abwehr en France, le colonel Oscar Reile, avance l'explication désormais classique : l'état-major ne tint pas compte des avertissements pourtant fondés que lui adressait le « service de renseignements ». Reile cite même ce propos d'un général du 3e Bureau : « Les Américains ne possèdent ni les effectifs ni l'expérience nécessaires pour cela. » Explication insuffisante car on peut penser que le Führer, lui, avait bien dû se charger de sensibiliser son état-major.

Aussi les raisons fournies par le maréchal Albert Kesselring, un des « seigneurs de la guerre » allemands qui commanda en chef l'aviation en Méditerranée puis toutes les troupes d'Italie, sont-elles plus probantes. « L'invasion de l'Afrique du Nord par les Alliés, dit Kesselring, fut précédée d'une propagande qui mérite le nom de "guerre des nerfs" et il est même difficile de faire mieux ! Pendant des semaines, parvinrent à mon quartier général les bruits, les avis et les observations les plus contradictoires ! L'objectif de l'opération, la force des troupes de débarquement et leur équipement, tout cela présentait un tableau complet, d'une variété fort pittoresque. (...) Comme secteur d'invasion, on pouvait envisager principalement l'Algérie et les régions immédiatement limitrophes. (...) Pourtant, la veille même du débarquement allié en Afrique du Nord, le maréchal du Reich Göring, qui me parlait aussi au nom de Hitler dont j'ignorais alors le séjour à Berchtesgaden, me déclara que je jugeais mal la situation. Au quartier général du Führer on était fermement convaincu que c'était le sud de la France qui serait attaqué. Aussi fus-je rendu personnellement responsable de ce que la flotte aérienne tout entière devait pouvoir être engagée pour s'opposer à cette attaque. »... Le comble du paradoxe est que Hitler et ses généraux n'avaient pas, réflexion faite, tellement tort de douter de la possibilité du débarquement allié en Afrique du Nord. En même temps que des préparatifs, ils étaient informés des interminables discussions, des hésitations qui, tant au niveau politique qu'au niveau militaire, rendirent possible jusqu'au dernier jour le renoncement à l'opération Torch.

Le célèbre critique militaire britannique Basil Liddell Hart note à ce propos : « A la conférence d'Arcadie tenue à Washington à Noël 1941, la première conférence alliée après l'attaque japonaise sur Pearl Harbor qui fit entrer les Etats-Unis dans la guerre, Churchill mit en avant le projet d'Afrique Nord-Ouest, comme une mesure destinée à "boucler et resserrer l'encerclement de l'Allemagne". Il informa les Américains de l'existence d'un plan Gymnast en vue d'un débarquement en Algérie (...). Le président Roosevelt était favorable à ce projet car il n'avait pas été long à voir les avantages politiques qu'il représentait dans le domaine de la haute stratégie, mais ses conseillers militaires étaient sceptiques quant au caractère réalisable de l'opération et inquiets que celle-ci ne nuisît aux chances d'une attaque prochaine et plus directe contre l'emprise de Hitler en Europe. (...) Au cours des mois suivants, la discussion porta surtout sur un projet d'attaque à travers la Manche qui serait lancée en avril ou en septembre pour répondre à la demande de Staline de l'ouverture d'un second front. Le Cotentin était le site le plus favorablement envisagé, à la demande pressante du général George C. Marshall, chef d'état-major de l'armée américaine et du général Dwight D. Eisenhower qui avait été désigné comme commandant des forces américaines sur le théâtre d'opérations européen et envoyé à Londres... Eisenhower, le futur président des Etats-Unis, et Marshall le futur secrétaire d'Etat qui laissa son nom au plan d'aide aux gouvernements occidentaux du début de la guerre froide. Mais restons en 1942... Les Anglais soulignaient les inconvénients d'un débarquement prématuré en Europe avec des forces insuffisantes et le risque de voir une tête de pont étouffée ou écrasée sans apporter de soulagement notable aux Soviétiques. Mais le président Roosevelt appuya le projet de tout son poids et s'engagea, lorsque Molotov se rendit à Washington à la fin mai, jusqu'à lui donner l'assurance qu'il "espérait" et "escomptait" créer "un second front en Europe en 1942". Le projet de débarquement en Afrique du Nord-Ouest redevint d'actualité à la suite de l'effondrement britannique imprévu en Afrique du Nord-Est, qui se produisit en juin, à la suite de l'attaque de Rommel sur la ligne de Gazala... »

« Le jour J d'Afrique... »

Sans prétendre traiter ici de la controverse interalliée à propos du « second front », il convient toutefois de remarquer que les arrière-pensées politiques n'étaient pas absentes, au contraire, de ces discussions d'apparence militaire. Un expert français, le contre-amiral R. de Bélot, devait, plus tard, faire le commentaire suivant : « Le haut commandement américain n'était pas partisan de l'attaque de l'Allemagne par la Méditerranée. Cette voie, c'était le chemin des écoliers ; chemin long et difficile, comportant le débarquement en Afrique, puis en Europe, et le franchissement de hautes barrières montagneuses. De plus, les Américains soupçonnaient les Britanniques de vouloir les entraîner vers les Balkans pour des raisons politiques, en vue d'une rivalité d'après-guerre avec l'URSS (...). L'état-major américain jugeait donc l'invasion des Balkans du seul point de vue militaire. Elle était excentrée et comme toute la manœuvre en Méditerranée se heurtait aux montagnes. (...) Le général Marshall a nettement donné son opinion : "Essayer de forcer l'Allemagne par le sud, à travers la barrière des Alpes, était en fait impraticable." Il sera fortement soutenu par Staline, qui dira à Téhéran : "Nous savons, nous, depuis Souvorov, ce que sont les Alpes." Au début de 1942, le principe de l'invasion par la Manche fut adopté par le comité des chefs d'état-major anglo-américains ; un débarquement en Afrique du Nord n'était envisagé que dans les deux éventualités suivantes : appel des Français, entrée des Allemands en Espagne. Mais au printemps 1942, la gravité de la situation en Russie et en Libye rendait urgente une offensive alliée de soulagement. Les Britanniques n'estimaient pas possible un débarquement dans la Manche à l'automne 1942, et on se résigna à l'attaque de l'Afrique du Nord ; opération qui, loin d'être l'application d'un plan général de l'attaque de l'Europe, comme on le crut en France en apprenant le débarquement, fut à l'origine une simple manœuvre de diversion. »

Cette accumulation d'ordres et de contre-ordres obligea les états-majors alliés à une relative improvisation et ne fit donc qu'accroître les difficultés de préparation du NATOUSA (*North African Theater of Operation, United States Army* — Théâtre d'opérations nord-africain de l'armée des Etats-Unis) où furent également engagées de nombreuses unités britanniques. Dans l'ouvrage qu'il a consacré au 8 novembre 1942, *Le Jour J en Afrique*, Jacques Robichon évoque fort bien l'acuité de ces difficultés. « Les soucis des chefs alliés pour préserver le secret aussi longtemps que possible, écrit-il, ne constituaient qu'une infime fraction des problèmes et des difficultés avec lesquels ils avaient à lutter. Pendant ce temps, les derniers ordres parvenaient en Amérique et se répandaient sur la côte ouest de la Grande-Bretagne, en Ecosse et en Irlande, pour rassembler les troupes et mettre en route l'immense armada de guerre, telle qu'il n'y en avait jamais eu de semblable depuis le début des luttes sur mer. Eisenhower et ses adjoints avaient prévu que 150 000 hommes seraient nécessaires pour les premiers jours du débarquement — mais ce chiffre s'élèverait rapidement pour atteindre le demi-million. (...) Toutes les ressources de l'Angleterre et des Etats-Unis, en hommes, en matériel de combat, en bateaux, en avions, avaient été jetées dans l'opération. Selon l'expression d'un officier du GQG, les deux pays s'étaient “saignés aux quatre veines, on avait réellement gratté tout ce qu'on avait pu”, dans les arsenaux, les casernes et les camps. Il avait fallu trouver non seulement des canons, des chars et du matériel roulant, mais aussi des bombardiers et des chasseurs, des cuirassés, des croiseurs, des porte-avions, une multitude de navires marchands et de bâtiments d'escorte. En Amérique comme en Angleterre, il avait fallu équiper des ports, construire des ateliers nouveaux, des dépôts et des magasins, des terrains d'entraînement et des aérodromes, monter de toutes pièces des services et des organismes entièrement inconnus au début de la Guerre (...). Il fallut déterminer quels navires convenaient aux plages du Maroc, quels autres à l'Algérie, et en adapter un grand nombre au rôle futur qu'ils auraient à jouer — à la pente des plages, à la profondeur de l'eau (...). La liste des problèmes s'allongeait sans mesure, diaboliquement : comment faire traverser l'Atlantique, par exemple, aux bombardiers et aux appareils de chasse qui protégeraient les convois contre les attaques de sous-marins, et, à terre, pourchasseraient l'ennemi ? Ni l'Angleterre ni les Etats-Unis ne possédaient les porte-avions nécessaires, et il fallut rechercher parmi la flotte marchande alliée d'anciens pétroliers, de vieux cargos qui furent transformés et aménagés en hâte, pour les surmonter d'un pont d'envol. »... En fait, l'homme qui avait la responsabilité militaire de toute l'opération, le général Dwight D. Eisenhower, dut même se résoudre à engager le fer avant d'avoir réuni l'ensemble des forces qu'il avait auparavant estimé nécessaire de posséder pour déclencher l'attaque dans de bonnes conditions. L'envoyé spécial de Roosevelt, le diplomate Robert D. Murphy, celui que le président américain avait dépêché depuis 1940 en Afrique du Nord pour tâter le terrain et préparer politiquement l'intervention, devait même dire plus tard : « Le jour J d'Afrique, 8 novembre 1942, arriva enfin. Huit cents navires avaient quitté les Etats-Unis et l'Angleterre en plusieurs convois. Ils transportaient cent dix mille Américains et Britanniques vers les plages de débarquement s'échelonnant sur près de deux mille kilomètres le long des côtes de l'Atlantique et de la Méditerranée. (...) Au point de vue militaire, l'opération Torch était partiellement un bluff. Les stratèges estimaient qu'un demi-million d'hommes au moins était nécessaire pour assurer la réussite. Or, Américains et Britanniques avaient déjà des effectifs engagés un peu partout dans le monde. Ils ne pouvaient donc même pas mettre en ligne le quart de ce minimum. Au cours de la Seconde Guerre mondiale, aucune campagne n'a dépendu d'un aussi grand nombre de facteurs impondérables. »

L'« ahurissement » d'Eisenhower

Le général Charles Mast, un des rares officiers français qui accueillirent les Alliés comme ils auraient dû l'être et non point en leur faisant tirer dessus, a évoqué plus tard l'événement en spécialiste et en témoin direct. Après avoir précisé que « l'effectif total du premier échelon de troupes débarqué du 8 au 10 novembre en Algérie et au Maroc était de 107 453 hommes », il souligne qu'il s'agissait d'une « entreprise audacieuse », laquelle comportait un « risque considérable ». Et il ajoute : « Le général Eisenhower, à la veille du jour J, évaluait les chances de succès à 50 % seulement, ce qui représentait un pourcentage peu encourageant pour une opération de guerre. »

Dans de telles conditions, les premiers surpris furent les Alliés eux-mêmes, surpris de pouvoir réaliser leur opération Torch. C'est même de leur « ahurissement » que parle Eisenhower dans ses mémoires. « A Gibraltar, écrit-il, notre quartier général fut installé dans les locaux les plus lamentables que nous ayons occupés pendant la guerre. (...) Il était impossible d'utiliser un autre endroit. En novembre 1942, les Nations-Unies ne possédaient, à l'exception de la forteresse de Gibraltar, pas le moindre pouce de terrain dans toute l'Europe occidentale et, en Méditerranée, pas le moindre à l'ouest de Malte. Le Gibraltar britannique rendit possible l'invasion de l'Afrique du Nord. Sans Gibraltar, l'indispensable protection aérienne n'aurait pu jouer sur les champs de bataille d'Afrique du Nord. Lors des premières phases de l'invasion, le petit aérodrome de la place forte dut nécessairement être utilisé comme base de transit et comme escale pour les avions partis d'Angleterre pour le continent africain. Bien des semaines avant le jour J, les chasseurs s'y pressaient déjà comme des harengs : chaque centimètre carré était occupé, soit par un "Spitfire", soit par un bidon d'essence ; et tout cela exposé, sans aucune possibilité de camouflage, à la curiosité des avions de reconnaissance ennemis. Pis encore, l'aérodrome lui-même était situé à la frontière espagnolc, uniquement séparée du territoire espagnol par un réseau de fils de fer barbelés. Politiquement, l'Espagne s'appuyait sur l'Axe, et, au sens physique du mot pour ainsi dire, s'appuyait sur les barbelés de l'aérodrome un bon petit contingent d'agents de l'Axe. Chaque jour, nous attendions une attaque de grande envergure des bombardiers ennemis et, les jours passant sans incident, nous nous couchions chaque soir plus étonnés, que dis-je ! ahuris... »

Dans l'étude sur les aspects maritimes de la Seconde Guerre mondiale qu'il a publiée en collaboration avec plusieurs membres de l'Académie navale des Etats-Unis, l'amiral Chester W. Nimitz, lequel était, à cette époque, un des chefs de la flotte américaine, a confirmé que la chance dont bénéficièrent les promoteurs de l'opération Torch n'eut, comme nous l'avons dit, d'autres causes que l'erreur d'appréciation des nazis. « Quand les forces alliées venant d'Angleterre franchirent le détroit de Gibraltar, note-t-il, les puissances de l'Axe comprirent enfin qu'une grande opération se préparait. Le commandement naval italien devina correctement que l'Algérie en constituait l'objectif mais les Allemands pensèrent d'abord que ces forces se rendaient sur la côte méridionale de France, puis qu'elles se dirigeaient vers la Crète, Tripoli ou simplement Malte. Tous les moyens navals et aériens se concentrèrent près du canal de Sicile. De ce fait, les transports alliés ne furent pour ainsi dire pas molestés. Un avion allemand torpilla un bateau américain au large de la côte d'Afrique, mais tout son personnel arriva, quoique tardivement, à destination, sur des chalands et un escorteur. Par ailleurs, le groupe de l'Est parvint devant Alger sans incident. »

Toutefois, si les hasards de la guerre furent propices aux Alliés, ceux-ci durent affronter un péril dont ils n'avaient certes pas écarté la possibilité mais qu'ils avaient été tout naturellement enclins à sous-estimer : la hargne et la rage des hommes de Vichy. Leur accueil à coups de fusil et de canon... Toujours dans ses mémoires, Eisenhower écrit, non sans candeur : « On espérait que l'Afrique du Nord française recevrait les troupes d'invasion en faisant preuve d'une résistance purement théorique... » Le moins qu'on puisse remarquer est que cet espoir fut déçu. La résistance — si l'on peut dire ! — des troupes pétainistes fut même sur le point de mettre en échec ce que les forces nazies n'avaient pas su empêcher. Elle faillit transformer l'opération Torch en défaite alliée. Nimitz le reconnaît : il s'en fallut de peu...

« Par bonheur, note-t-il, le feu cessa très vite à Alger, de sorte que le port demeura indemne. (...) Ce rapide désistement des Français fut vraiment heureux pour les Anglo-Américains, car, dans la journée du 8, le temps se détériora si vite qu'il fallut interrompre tous les débarquements à 18 heures. La maladresse (...) avait alors coûté 90 % de ses embarcations au groupe de l'Est. Il était parvenu à terre si peu de renfort et de matériel que la situation eût pu devenir bientôt désespérée si la résistance s'était poursuivie. » D'ailleurs, le bilan de l'affrontement est éloquent. Sans compter les victimes civiles, il y eut, du côté des forces pétainistes, 1 346 tués, 2 000 blessés, 138 avions abattus et 27 navires de guerre coulés, tandis que, du côté des alliés anglo-américains, on dénombrait 500 tués et 720 blessés.

« Mais qu'y a-t-il dans le crâne du général Juin ? »

Bien évidemment, lorsqu'on considère de tels événements, la question s'impose de savoir pourquoi, comment et par la faute de qui on en était arrivé là. Et c'est alors que l'on mesure à quel point la candeur américaine était grande et, au contraire, du côté vichyste, logique l'enchaînement des faits, l'engrenage des attitudes. Le commandant en chef des unités de l'« Armée de l'armistice » stationnées en Afrique du Nord était le général — et futur maréchal — Alphonse Juin. Dans la thèse de doctorat qu'il a soutenue sur *La Vie politique à Alger de 1940 à 1944*, Yves-Maxime Danan avance l'hypothèse illusoire d'un « ordre à l'armée d'Afrique d'accueillir amicalement les Américains et de s'opposer au contraire à toute intervention germano-italienne », et il ajoute : « Juin, en sa qualité de commandant en chef, aurait pu donner cet ordre. Il s'y est refusé en se retranchant derrière l'autorité de Darlan qui, averti par téléphone, est venu à son tour à la villa des Oliviers pour se retrancher, lui, derrière l'autorité du maréchal Pétain. Il a, en outre, affirmé, fou de rage, que les conditions d'armistice seraient respectées et que les troupes françaises se battraient contre les Américains. » Constatation capitale et qui vient heureusement rappeler que ce fut sans hésitation et délibérément que les hommes de Vichy firent ouvrir le feu sur les Alliés. Constatation que confirment tous les textes de l'époque ; celui-ci par exemple d'un ordre qui fut diffusé par un des subordonnés immédiats de Juin, le général Roubertie, alors commandant de la division d'Alger, et qui stipulait : « Les troupes d'invasion doivent être combattues avec énergie. Faire connaître à toutes troupes dans vos environs. » Un ordre que l'un des très rares officiers qui tentèrent de s'opposer au crime, le général Charles Mast, commente en ces termes : « La volonté du commandement (était) de combattre les Alliés coûte que coûte. » A la vérité, c'était plus qu'une volonté, c'était une politique. En effet, comme devait le faire remarquer plus tard le général Schmitt qui fut l'un des juges du procès Pucheu, « il n'apparaît pas qu'il y ait eu la moindre "ambiguïté" dans les consignes données par Darlan, commandant en chef des forces armées, lorsque fut envisagé un débarquement des Alliés sur la côte d'Afrique. Elles prescrivaient la défense à outrance et l'organisaient. (...) Il n'y eut d'ailleurs pas surprise totale le 8 novembre. Le général Bergeret, parti de Vichy le 6 novembre, prévint l'amiral Darlan, revenu à Alger, puis le général Juin, de l'imminence du débarquement. Il eût encore été temps de modifier les instructions de défense. Rien ne fut fait. »

Et ce ne fut même pas une politique opportuniste, ce fut une politique de principe. A cette époque, à Alger, Alphonse Juin avait, à son état-major, un homme de confiance : le commandant André Dorange. Futur attaché militaire à Athènes et à Rome, futur général, ce politicien sous l'uniforme, ce chef de cabinet et de bataillon prenait pour son patron tous les contacts discrets et délicats. C'est ainsi qu'il eut plusieurs conversations avec le diplomate américain Murphy. Dorange faisait à Juin des comptes rendus écrits minutieux des missions qu'il accomplissait pour lui. La sorte de procès-verbal qu'il a ainsi dressé de son entretien du 13 octobre 1942 avec l'envoyé spécial du président Roosevelt contient, entre autres, une réplique qui, prononcée trois semaines avant le débarquement, mérite qu'on s'y arrête. Murphy demande à Dorange : « Mais qu'y a-t-il, au fond, dans le crâne du général Juin ? ». Et il obtient cette réponse sans équivoque : « La volonté bien arrêtée d'exécuter les ordres qu'il a reçus du gouvernement... » Le gouvernement de Vichy, bien évidemment.

En écrivant *sans équivoque*, nous pesons nos mots. En effet, il nous semble nécessaire de redresser l'opinion trop souvent répandue selon laquelle l'Alger de ce temps-là aurait précisément été la capitale de l'équivoque. En réalité, ces équivoques, tout comme les fameux « drames de conscience » des responsables pétainistes et autres adeptes du prétendu « double jeu » ne sont apparus qu'après coup, lorsque, étant l'objet de poursuites judiciaires ou bien menacés de l'être ou bien encore tout étonnés d'y avoir miraculeusement échappé, ceux qui s'étaient faits en Afrique les serviteurs du régime de Vichy éprouvèrent le besoin pressant de se justifier et de trouver, à défaut de mobile noble, des explications complexes à leurs attitudes trop explicables. Quand ils ne sacrifiaient pas à une myopie anecdotique, beaucoup de livres écrits plus tard sur le sujet prirent pour argent comptant ces arguties devenues monnaie courante dans bien des antichambres ministérielles, des salons et des salles de rédaction. Ainsi fut tantôt cachée, tantôt oubliée une vérité pourtant éclatante... Ancien membre de cette commission d'enquête parlementaire que nous sommes convenus d'appeler la « commission Charles Serre », le professeur Pierre Dhers y avait trop entendu les pitoyables discours des traîtres à la retraite pour ne pas rappeler qu'aux yeux des fidèles du Maréchal, l'intervention alliée, tout comme les actions de la

Résistance, avait tout d'abord le défaut majeur de venir troubler le « lâche soulagement », la quiétude de la digestion vichyssoise. Dans son ouvrage publié en 1958, Dhers écrit : « Nous jugeons de ces faits, quinze ans après, dans une perspective qui n'était pas du tout celle des hommes de Vichy en 1942. Pour nous, le débarquement africain, c'est l'aube de la Libération ; contemporain de la résistance de Stalingrad, il apparaît à l'histoire comme le tournant de la guerre, le moment où l'ère des défaites va succéder pour l'Allemagne à l'ère des victoires. Mais, pour les hommes de Vichy, le débarquement africain n'est autre chose qu'une agression contre l'Empire, et l'on sait, par la lettre de Pétain à Weygand, que, pour la défense de l'Empire, ils sont prêts à accepter la collaboration matérielle de l'Axe. C'est une deuxième guerre, où la France est en cause, venant se greffer sur la première guerre, ce guêpier d'où l'armistice a retiré la France. »

L'assassinat du capitaine Pilafort

Dès lors, au nom des mêmes principes qui leur font ouvrir le feu sur les forces de débarquement anglo-américaines, les autorités pétainistes d'Afrique du Nord, civiles et militaires, ne vont pas hésiter à employer la force ouverte contre les rares civils et les rares militaires qui, agissant en résistants, essaieront au contraire de favoriser l'entreprise alliée. De cette répression, certains se feront même un titre de gloire et l'on ne s'étonnera pas de retrouver parmi eux André Dorange. Dans l'un des ouvrages qu'ils ont publiés sous le pseudonyme de Chamine, Geneviève Dumais et Jean Rigault, en parlant de la Résistance comme d'une « conjuration », écrivent : « Le commandant Dorange, de l'état-major du général Juin, est cet officier qui, dans la nuit du débarquement, a rallié la garde mobile, alerté l'Amirauté, délivré son chef et compromis, pendant quelques heures et presque seul, le plan de la conjuration. »

Et c'est ainsi que, parmi ces « conjurés » que l'on nous permettra d'appeler tout simplement des résistants, il en fut qui, durant cette nuit du débarquement, tombèrent sous les balles vichystes... Renée Pierre-Gosset raconte : « A onze heures, Dreyfus qui, avec un petit groupe de camarades, a pris la Grande Poste dans la nuit et s'y est barricadé, voit la troupe mettre le siège devant le bâtiment. Un parlementaire s'avance devant le square Laferrière, en brandissant un drapeau blanc. Dreyfus sort du bâtiment, marche vers lui. Un bref conciliabule : les assiégés refusent de se rendre. Les deux hommes se séparent. Dreyfus, en retournant vers ses compagnons, est abattu d'une balle dans le dos qui le tue net. Tandis que les siens se portent à son secours, les assiégeants reprennent la place. Presque à la même heure, devant le Commissariat central, un colonel vichyssois, le colonel Jacquin, passant en voiture, tire une rafale de mitraillette sur le capitaine Pilafort. Pilafort, touché à mort d'une balle dans le ventre, a la force avant de s'écrouler de tirer son revolver et de riposter. D'autres tirent aussi. Lorsqu'on retire le colonel de sa voiture, il a quatorze balles dans le corps. »

Encore le récit de Renée Pierre-Gosset mérite-t-il qu'on y ajoute quelques précisions. A propos de la mort du lieutenant Dreyfus, elle-même note en marge : « Son assassin, l'adjudant Constant, fut décoré de la Croix de guerre pour ce bel exploit... » Or, à l'origine de l'attribution de cette singulière décoration, il y avait eu le compte rendu rédigé par l'officier qui commandait l'escadron de chasseurs d'Afrique dont le nommé Constant faisait partie, le commandant Vertier ; un compte rendu rédigé on va voir sur quel ton... « Vers 7 heures 30, écrit Vertier, j'arrivai à hauteur du square Laferrière où je fus avisé par des civils que la Poste était occupée et tenue par des dissidents. Ne voulant point laisser un groupe rebelle occuper un point d'une telle importance, je décidai de le réduire au passage et de reprendre possession de la Poste. (...) Vers 8 heures, mes dispositions prises, j'envoyai l'adjudant-chef Constant sommer les occupants de la Poste de se rendre. L'adjudant-chef Constant se présenta à la porte donnant sur le boulevard Laferrière. La porte s'entrouvrit et l'un des occupants essaya de s'emparer de l'adjudant-chef tandis qu'un autre braquait sa mitraillette sur lui. Il fut blessé d'une balle au pied tandis que son adversaire s'écroulait. L'adjudant-chef roula à l'extérieur tandis que la porte de la Poste se refermait. Mes automitrailleuses et fusils mitrailleurs coiffèrent immédiatement de leur feu les fenêtres de la Poste pour empêcher les rebelles de tirer. L'un d'eux put cependant tirer une rafale de mitraillette qui blessa le chasseur Lacombes. Il fut d'ailleurs tué par une rafale de fusil mitrailleur. J'envoyai une automitrailleuse masquer l'adjudant-chef que je faisais relever cependant que mes fusils mitrailleurs continuaient à interdire l'accès des fenêtres. Je fis ensuite tirer quelques obus de 37 dans les portes. Le concierge de la Poste s'échappa à ce moment de l'intérieur vers moi et me rendit compte que les rebelles s'étaient échappés par un souterrain joignant la Poste aux voûtes des quais et qu'il ne restait à l'intérieur que quelques employés enfermés par les rebelles dans une pièce en bas. J'envoyai alors M. le capitaine de La Grandville occuper les lieux. Le corps de l'ex-lieutenant Dreyfus fut trouvé au premier étage. Ses papiers et ordres de mission furent pris et remis ultérieurement à un officier de l'état-major de la XIXe Région... ».

Quant à la façon dont fut assassiné le capitaine Pilafort qui, en liaison avec Emile Temime, Raphaël Aboulker, le lieutenant Roger Jaïs, etc., et sous couvert d'activités de gymnastique à la salle Géo Gros avait organisé un des premiers noyaux de Résistance d'Alger, écoutons le témoignage du général Charles Mast. « Un courageux officier, dit Mast, le capitaine Pilafort, entreprit d'arrêter au carrefour de la colonne Voirol, puis boulevard Baudin, devant le Commissariat central, toutes les voitures transportant des militaires qui tentaient de sortir de la ville, en direction de l'est, pour s'opposer aux Américains. Il avait déjà stoppé ou détourné une centaine de voitures lorsqu'un colonel de l'armée de l'Air rompit le barrage en tirant des coups de pistolet sur son opposant qui fut touché et riposta aussitôt. Le colonel mourut sur le coup mais la blessure de Pilafort, très grièvement atteint à l'abdomen, nécessita son transport à l'hôpital Maillot. Sans doute aurait-on pu le sauver mais un policier se présenta à l'hôpital, força la porte de sa chambre et voulut, sans délai, interroger l'officier. Une infirmière lui barra le passage, opposant l'interdiction absolue ordonnée par le médecin de faire parler le blessé. Le policier bouscula l'infirmière et Pilafort, en voyant brutaliser une femme, se dressa sur son lit pour lui venir en aide. Cet effort violent arracha ses bandages et provoqua une éventration ; ce dernier geste chevaleresque lui fut fatal et Pilafort mourut quelques instants plus tard. C'était un homme de caractère assez vif mais d'un courage légendaire. Il se trouvait à Alger en congé d'armistice (...). Il avait, à lui seul, tenu une partie d'Alger de minuit à quatorze heures, coupant toute liaison entre les unités régulières qui pouvaient être dangereuses pour la progression des Américains. »

Un baroud de déshonneur

Tout comme Bonnier de la Chapelle, le jeune résistant qui exécuta Darlan et fut fusillé pour Noël en 1942, le lieutenant Dreyfus et le capitaine Pilafort sont aujourd'hui bien oubliés. Comment ne pas remarquer en passant que l'oubli qui les a engloutis est directement proportionnel aux honneurs dont ont bénéficié ultérieurement un certain nombre de ceux qui portent la responsabilité directe de leur assassinat. Le même oubli a recouvert les morts américains et anglais de ce 8 novembre, ceux tombés sous les balles pétainistes en mettant le pied sur le sol africain et ceux qu'au large déchiquetèrent les bombes allemandes. Des bombes allemandes dont il n'est peut-être pas inutile de rappeler également que le largage avait été demandé par les autorités vichystes d'Alger. En effet, non contents de faire tirer sur les soldats alliés et sur les résistants français, les chefs militaires « fidèles au Maréchal » n'hésitèrent pas à appeler la Luftwaffe à la rescousse... Dans la nuit du 7 au 8 novembre 1942, dès que la nouvelle du déclenchement de l'opération Torch avait été connue à Berlin, une grande agitation avait régné dans les bureaux de l'OKW (le Grand Etat-Major général allemand). Tancés par les dirigeants nazis et eux-mêmes furieux de s'être ainsi laissés surprendre, les chefs de la Wehrmacht avaient cherché un moyen de réagir. N'ayant plus le temps d'envoyer des troupes et soucieux, par ailleurs, de respecter encore apparemment la fiction de l'autonomie de décision du gouvernement Pétain qu'ils allaient jeter aux orties, trois jours plus tard, en déclenchant le « plan Attila » d'invasion de la zone libre, ils avaient imaginé de « proposer » l'intervention de leur aviation contre les transports de troupes alliées qui étaient alors massés en Méditerranée. Par l'intermédiaire de la commission d'armistice de Wiesbaden, cette offre était parvenue à l'amiral Gabriel Auphan qui occupait à Vichy les fonctions de secrétaire d'Etat à la Marine. Auphan répercuta aussitôt l'offre sur Alger en envoyant à l'amiral François Darlan, dès l'aube, un télégramme ainsi conçu : « De l'Amirauté à Préfet maritime 4ᵉ Région Alger, pour amiral Darlan. 8 novembre ; 5 heures GMT... OKW propose concours aviation Axe basée sur Sicile-Sardaigne. Sous quelle forme et en quel lieu désirez-vous ce concours ? » Sous la signature de Darlan, la réponse parvenait trois heures plus tard à Vichy. Elle était ainsi rédigée : « De PM 4ᵉ Région à Amirauté française. 8 novembre ; 8 heures GMT... Concours sur transports au large Alger. »

En rappelant ce fait, le général Mast le commente ainsi : « L'attaque allemande réclamée par Darlan se produisit le même jour en fin d'après-midi. Vers 18 heures plusieurs vagues de bombardiers et d'avions torpilleurs piquaient sur les navires britanniques et américains chargés des débarquements à l'est d'Alger, sur les plages "Charlie", touchant gravement trois transports, causant des pertes et ralentissant sensiblement la mise à terre des forces américaines dans ce secteur. L'un des navires avait été si sérieusement atteint qu'il dut s'échouer volontairement sur une plage au fond de la baie d'Alger pour éviter de couler. »

Il convient toutefois d'ajouter ici que l'espèce de baroud de déshonneur tenté par les autorités pétainistes d'Afrique du Nord passa presque inaperçu au dehors sur le moment et n'empêcha pas que, en se répandant à travers le monde, la nouvelle du débarquement allié sur les plages du Maghreb déclenchât une véritable vague d'enthousiasme... De multiples récits en témoignent. Ecoutons d'abord celui de Geneviève Tabouis qui se trouvait alors dans la capitale des Etats-Unis. « Ce 7 novembre 1942, dit-elle, comme chaque année, depuis vingt-cinq ans, les Russes fêtaient l'anniversaire de leur révolution. C'était cependant la première fois qu'à Washington le corps diplomatique et les plus hautes personnalités (...) se dérangeaient pour s'inscrire sur le grand registre installé dans le vestibule rouge et blanc de l'ambassade, pour féliciter même l'ambassadeur Litvinov et sa femme. Les années précédentes, on comptait les gens courageux qui se faufilaient aux réceptions de l'ambassadeur Oumansky. La Russie était devenue entre-temps "la grande alliée militaire" (...). Aussi, dès quatre heures de l'après-midi, ce jour-là, des agents de police s'affairaient pour diriger les longues files d'automobiles qui se succédaient à l'entrée de l'ambassade des Soviets, dans la Seizième Rue. (...) Litvinov et sa femme accueillaient leurs visiteurs, on se bousculait. (...) La délégation française est là au grand complet autour de M. Tixier, que tous félicitent de l'héroïque concours apporté par les Forces françaises libres à la victoire des troupes britanniques à El Alamein, qui marqua le début de la déroute du "renard du désert", le fameux maréchal Rommel. (...) L'heure avançait et les invités s'attardaient (...) lorsqu'un collègue journaliste français, arrivant précipitamment, dit un mot à l'oreille de M. Tixier, dont la figure refléta aussitôt une émotion extraordinaire : les radios annonçaient un débarquement américain et anglais sur les côtes du Maroc et en Algérie ! Avec la différence d'heure, c'est précisément à 9 heures du soir, le samedi 7 novembre 1942, que fut appris, à Washington, ce qui s'était passé de l'autre côté de l'Atlantique aux premières heures de ce dimanche historique du 8 novembre 1942. » Et, tout en évoquant l'allégresse générale, Geneviève Tabouis se souvient : « Mes sentiments oscillaient entre le fol espoir d'une libération rapide de l'Europe et la crainte d'un échec qui retarderait pour de longs mois encore la victoire salvatrice. Ce débarquement constituait en tout cas l'amorce de ce second front que les Russes réclamaient avec une insistance angoissée ! »

Chewing-gum et chocolat

Joseph Kessel était alors dans le Midi... Ce 8 novembre 1942, il se souvient qu'il avait « pris de très bonne heure les informations de Londres. Elles confirmèrent le renseignement recueilli la veille au hasard d'une rencontre de gare : les Alliés étaient au Maroc et en Algérie. On imagine sans peine l'émotion avec laquelle j'écoutais ces nouvelles étonnantes. Puis j'abandonnai mon domicile légal pour n'y plus revenir et regagnai Marseille où je vivais sous une fausse identité. La ville était en pleine allégresse. Il y a chez le peuple un invincible goût pour le miracle. L'imagination locale poussait la confiance à l'extrême. Le long des avenues et dans les bars, c'était la même certitude. Les Anglais et les Américains allaient apparaître d'une heure à l'autre sur la Corniche, la Joliette ou le Vieux-Port... » Et l'allégresse n'est pas moindre à Paris qu'à Marseille. Les auteurs, déjà cités, qui écrivent sous le nom de Chamine rapportent : « Aucun de ceux qui ont vécu le 8 novembre à Paris n'oubliera ce dimanche. Pas de surprise et pas de doute. "Ça y est !"... L'événement (...) comblait au fond du cœur une espérance intacte. » Une allégresse et un espoir très partagé. Dans le prochain numéro de *l'Humanité* clandestine qui paraîtra le 27 novembre 1942, on pourra lire : « Le 8 novembre, les troupes américaines, appuyées par l'aviation britannique, ont débarqué en Afrique française du Nord, devançant les plans d'occupation germano-italiens. Les populations d'Afrique française du Nord et le peuple de France tout entier ont salué avec joie cette opération militaire de nos amis et alliés anglo-américains qui portent un coup sérieux à notre ennemi commun... » Au plus haut niveau, la satisfaction n'est pas moindre, dans la mesure où le débarquement en Afrique du Nord apparaît comme l'atteinte d'une étape souhaitée, comme un incontestable progrès. A cet égard, il est intéressant d'observer les réactions de Joseph Staline. Avant et après. Avant, c'est l'ambassadeur américain à Moscou, Averell Harriman, qui les note dans un rapport fait à Roosevelt après une visite de Churchill au Kremlin. « Staline, écrit Harriman, résuma alors les avantages stratégiques de l'"opération Torch" et montra qu'il en saisissait admirablement la portée. Il insista sur la nécessité de traiter le côté politique de la question avec beaucoup de doigté et demanda que l'attaque ait lieu le plus tôt possible, plus tôt même que vous ne l'avez donné à entendre. Il témoigna d'un véritable enthousiasme en faveur de l'opération... »

Après, c'est Staline lui-même qui donne son sentiment dans une interview à l'agence américaine *Associated Press*. Le 13 novembre, il y déclare : « Tout d'abord, pour autant que la campagne déclenchée en Afrique marque le passage de l'initiative entre les mains de nos alliés, elle change foncièrement la situation politique et militaire de l'Europe en faveur de la coalition anglo-soviéto-américaine. Elle ruine l'autorité de l'Allemagne hitlérienne en tant que force dirigeante dans le système des Etats de l'Axe et démoralise les alliés de Hitler en Europe. Elle tire la France de sa torpeur ; elle alerte les forces anti-hitlériennes de la France et assigne une base à l'organisation d'une armée française dirigée contre Hitler. Elle crée les conditions nécessaires pour mettre hors de combat l'Italie et isoler l'Allemagne hitlérienne. Enfin, elle crée les conditions nécessaires pour organiser un deuxième front en Europe, plus près des centres vitaux de l'Allemagne, chose qui aura une importance décisive... »

Outre les avantages à longue portée que cite ainsi Staline, l'opération Torch comporte aussi toute une série de bénéfices à court terme. Le général Eisenhower a raconté comment, à l'époque, il en avait dressé le bilan. « La décision, écrit-il, d'attaquer en définitive l'Afrique ne constituait ou n'impliquait aucun abandon par les chefs de l'état-major interallié de leur décision d'exécuter, quand elle serait réalisable, l'invasion de l'Europe à travers la Manche. L'entreprise africaine était considérée comme ayant le caractère d'une opération de diversion, nécessitée par les circonstances, mais dont on espérait retirer d'immenses profits. Le moindre de ceux-ci était que l'Afrique du Nord serait interdite à l'Axe comme base sous-marine et aérienne. On escomptait en outre pouvoir porter secours à Malte par une avance vers l'est. L'espoir final exprimé à cette date lointaine était que toute l'Afrique du Nord serait débarrassée de l'Axe et que la Méditerranée, tout au moins le long de ses côtes méridionales, pourrait être utilisée par les convois des Nations Unies, ce qui éviterait de suivre la longue route du Cap pour atteindre à la fois le Moyen-Orient et les Indes. »

A Alger même, dans un premier temps, malgré l'attitude des

autorités pétainistes, l'allégresse de la rue n'est pas moins vive que la satisfaction des stratèges. « Non seulement on a eu une joie énorme, nous dit Henri Rozencher, mais en même temps on a été très soulagé "car, jusqu'au moment où nous avons vu ce rassemblement de bateaux, tout le reste était uniquement des paroles. On nous avait dit que les Américains et les Anglais allaient débarquer, mais on ne voyait rien et on n'entendait rien. Heureusement qu'à 8 heures du matin on les a vus... » Certes, Rozencher est un des rares, des très rares résistants d'Alger, mais, si ces résistants ne sont que quelques centaines, le sentiment qu'ils éprouvent au matin du 8 novembre 1942 est partagé par cent fois plus nombreux qu'eux ainsi qu'en témoigne la petite phrase de Jean Roire et les impressions très imagées de Roland Bacri... « Je suis allé, nous dit Roire, comme tout le monde, accueillir les Américains... » Et Bacri : « Quand les Américains ont débarqué, c'était merveilleux ! Ils étaient tout auréolés de tous les films qu'on avait déjà vus. Les Américains, c'était d'abord les westerns et ensuite les combattants qui allaient tout casser... Les petits "yaouled", les petits Arabes, débrouillards, le lendemain du débarquement, ils savaient parler en américain alors que moi qui avais fait de l'anglais et qui croyais être très fort, j'étais incapable de dire un mot. Ils leur demandaient du chewing-gum. Ils les emmenaient à la Casbah... Chaque famille a eu un ou deux Américains chez elle. Ils ont été charmants. Eux recherchaient une atmosphère familiale et nous du chocolat. Et la vie est devenue plus facile... »

Alger, « terre d'élection du pétainisme »

Sous la plume de ceux qui signent Chamine, on trouve aussi cette atmosphère de fête : « Le lundi 9 novembre, lendemain de l'événement, Alger s'éveillait en fête. Dès le lever du soleil, (...) tout Alger est déjà dehors, avide de ce spectacle historique, avide de nouvelles, avide, aussi, de commerce. Les éventaires s'installent : cacahuètes, dattes, tue-moustiques, casse-croûte, cartes postales, beignets, chandelles, brochettes de petits poissons, lunettes pour le soleil, papier d'Arménie, café maure, ice-cream, cornes de gazelles, couscous, vin de Mascara, change. Alger a travaillé toute la nuit dans ses arrière-boutiques pour offrir ses produits et ses services aux arrivants. Et tous les petits enfants arabes s'empressent, demi nus, grêle et criarde escorte qui suit pas à pas chaque "big fellow"... »

Evidemment, à l'allégresse de Washington et de Moscou, de Paris, de Marseille et d'Alger, répondent la colère et le dépit des hitlériens de langue française. Tandis que *La Gerbe* parle d'un « sombre dimanche », *Je Suis Partout* affirme : « Le monde anglo-saxon a déclaré la guerre à la France ! » Dans la même foulée, Jean Luchaire et Jacques Doriot demandent l'un et l'autre que le gouvernement de Vichy s'engage encore plus nettement contre les Alliés ; pour

Luchaire, il faut « prendre hardiment et complètement place dans le front européen de combat contre cette coalition tout à la fois juive, bolcheviste, capitaliste et anglo-saxonne qui maintenant s'en prend à nos biens et à notre sang » ; pour Doriot, il faut « un pacte impérial pour la défense de l'Afrique » et « un engagement à fond de toute la nation ».

Satisfaction ici, fureur là — la situation semble donc claire... En fait, elle ne l'est pas. Après les quelques heures de combat dont nous avons parlé plus haut, le cessez-le-feu intervenu entre les Alliés et les autorités pétainistes d'Afrique du Nord est un bien singulier compromis, un très étrange marchandage. C'est au point qu'à la mi-novembre, on peut sérieusement se poser la question de savoir si oui ou non Alger est libérée ? Et la seule réponse que l'on puisse faire est extrêmement nuancée, aussi nuancée que la situation est douteuse... En effet, on peut alors constater que si Alger est stratégiquement et militairement libérée, elle ne l'est psychologiquement et humainement qu'en partie. Elle ne l'est pas du tout administrativement et politiquement.

Aux pires heures du printemps 1940, tandis que les structures mêmes de la France s'enlisaient dans le marécage de la défaite, certains hommes politiques, après avoir rêvé d'un « réduit breton », avaient envisagé un possible repli en Afrique du Nord du gouvernement de Bordeaux et de ce qui restait des armées françaises. Un repli pour continuer la lutte. Comme tous les autres « plans » échafaudés à cette époque, l'affaire avait tourné court et s'était terminée avant d'être commencée, notamment par l'équipée du paquebot *Massilia*. Nous rappelons ce détail car il allait être, entre 1940 et 1942, une des sources d'une bien fâcheuse légende : celle d'une Algérie terre de Résistance française et, en quelque sorte, dépositaire des espoirs de revanche. La réalité était tout autre, et même diamétralement opposée. En effet, ce qui constituait alors les trois « départements » d'Alger, d'Oran et de Constantine était au contraire devenu, dès l'installation du gouvernement de Vichy, ce que plusieurs auteurs appelleront une « terre d'élection du pétainisme ». Les sondages d'opinion n'étaient pas encore à la mode, mais s'ils l'avaient été, on peut être à peu près sûr que c'est là que le Maréchal aurait obtenu les meilleurs scores. Honoré Gévaudan, futur sous-directeur de la Police judiciaire, alors policier débutant en Algérie, a décrit l'atmosphère qui régnait de l'autre côté de la Méditerranée. « En septembre 1942, écrit-il, Alger vivait à l'écart de l'univers. La guerre l'effleurait à peine. Les Allemands ? On en parlait, mais ça n'allait pas plus loin. On écoutait la radio, parfois la BBC, mais comme ça, pour voir. Il y avait à Vichy un gouvernement qui ne jurait que par "l'Empire", qui "tenait" les Arabes, qui n'aimait pas les Juifs. Enfin quoi, ça allait ! Le soleil, le ravitaillement assurés, on écoutait les vacarmes du monde. On les éprouvait peu. Les courriers maritimes arrivaient régulièrement de

France. On demandait des nouvelles. On ne parlait pas ou peu de la Résistance. On parlait peu ou pas de de Gaulle. Quelques familles se faisaient du souci, celles qui avaient un prisonnier en Allemagne ou dont les proches, les cousins, les enfants vivaient en zone occupée ; celles aussi qui, réfléchissant, se doutaient bien que tout cela ne finirait pas sans histoires. Il y avait aussi ceux qui avaient pris parti et qui, dans l'ombre, dans la clandestinité, travaillaient pour les Alliés. Ils étaient très peu nombreux. Ils se camouflaient prudemment parce que, dans l'Algérie de 42, ma foi, on n'était pas si mal ! Du côté européen, s'entend ! Du côté arabe... Mais qui se préoccupait alors de ce que pouvaient penser, dire, ressentir, préparer les Arabes ? » Et, malgré les vexations antisémites, une atmosphère à peu près semblable régnait dans beaucoup de familles juives. Roland Bacri nous explique : « Pour nous, c'est-à-dire ceux qui, comme on dit, "ne faisaient pas de politique", Pétain, c'était le bon vieillard qui allait sauver la France. Les types qui étaient des pétainistes avaient "une fleur au chapeau, à la bouche une chanson". Ça nous plaisait. On avait la photo de Pétain sur les murs. En Algérie, on se considérait comme Français. On connaissait l'histoire de France : nos ancêtres étaient les Gaulois. C'était sans doute une manière de se singulariser, d'apparaître plus important que les Arabes, mais c'était aussi quelque chose d'inconscient, une sorte de racisme perlé, peut-être... Oui, pour mes parents et moi, Pétain, c'était une grande figure, c'était Joffre, c'était Verdun ! Et puis, c'était le chef du gouvernement, et il allait sauver la France... »

L'abbé Lambert au micro de Radio-Séville

Avec Gévaudan comme avec Bacri, nous sommes au niveau de ce que l'on pourrait appeler les « petits pieds-noirs », l'homme de la rue d'origine européenne. Mais, plus on monte vers les sommets argentés de l'échelle sociale, plus cette indolence pétainiste devient un pétainisme actif, voire un fascisme ouvert. Un vichysme d'autant plus manifesté et d'autant plus enraciné qu'il n'avait pas attendu 1940 pour croître et embellir. Il était déjà traditionnel. Au colloque qui s'est tenu en octobre 1969, à l'Institut Maurice-Thorez, à Paris, un représentant du « Parti de l'avant-garde socialiste d'Algérie » a pu évoquer « l'attitude des gros colons rangés aux côtés de Franco » lors de la guerre d'Espagne et rappeler comment « l'abbé Lambert, maire d'Oran, représentant de la grosse colonisation, parlait à Radio-Séville et Radio-Salamanque pour inciter les Algériens à se rallier au camp de Hitler ». Sept ans plus tôt, en soutenant, à la faculté de Droit de Paris, sa thèse sur *La Vie politique à Alger de 1940 à 1944*, Yves-Maxime Danan, déjà cité, décrivait, de son côté, la façon dont l'Afrique du Nord s'était « engagée résolument dans la voie de la collaboration ». Sans doute le faisait-il sur un ton pessimiste en oubliant que nombre de « petits blancs » s'étaient enthousiasmés pour le Front populaire et que certains d'entre eux avaient fort bien accueilli Maurice Thorez quand il était allé de l'autre côté de la Méditerranée, en 1939. Toutefois, pour l'essentiel, Danan n'avait pas tort quand il écrivait : « Lorsqu'en octobre 1940 le général Weygand arrive à Alger, en qualité de Délégué général pour l'Afrique française, il y est accueilli avec grande faveur par la majeure partie de l'opinion locale. Mais si certains de ceux qui l'acclament le considèrent comme le grand chef qui préparera la revanche, la majorité salue en lui l'homme qui s'est prononcé avec énergie pour la conclusion de l'armistice et qui a participé efficacement à la liquidation de l'ancien régime. La plus grande partie de la population européenne a, en effet, été hostile à la guerre et au régime parlementaire. Elle a été hostile à la guerre, non par idéal pacifiste ou par volonté de ne pas "mourir pour Dantzig" comme une partie de l'opinion métropolitaine, mais parce que cette guerre était dirigée contre l'Allemagne dont le régime nazi inspirait, sinon toujours la sympathie, du moins, le plus souvent, une neutralité nettement teintée d'admiration. Elle a été hostile au régime parlementaire, non à cause de ses défectuosités de fonctionnement, si critiquées à la fin de la IIIe République, mais à cause de son fondement démocratique lui-même... » Et, poussant l'analyse, l'historien ajoute : « Cette différence de positions entre l'opinion locale et l'opinion métropolitaine ne peut être vraiment comprise que si l'on a présentes à l'esprit certaines données de la sociologie nord-africaine au moment de l'armistice. »... Ces « données sociologiques », Alain de Sérigny qui devait être, plus tard, pendant la guerre d'Algérie, l'un des principaux porte-parole de ce que l'on appela les ultras, en résume l'essentiel, en quelques phrases, dans un aveu sans détours : « Ceux d'Algérie — les pieds-noirs — d'excellentes souches méditerranéenne et alsacienne, sont tout naturellement maréchalistes. Le sont plus spécialement les colons qui se sentent menacés non par les quelques membres invisibles des commissions d'armistice italiennes et allemandes, mais par la dizaine de millions de musulmans incités à se révolter, avant l'armistice, par la propagande allemande et, depuis, par la propagande anglaise. »

Ayant ainsi constaté à quel point Alger était devenu le Vichy d'outre-mer, il peut paraître superflu d'ajouter que Charles de Gaulle et tout ce qu'il symbolisait n'y étaient pas particulièrement chéris. Toutefois, il n'est pas sans intérêt de noter à quel point le gaullisme, considéré comme manifestation de résistance aux Allemands, y était haï. Kenneth Pendar, l'un des principaux collaborateurs de Robert Murphy, l'envoyé spécial de Roosevelt, pourtant aguerri en la matière, a pu écrire : « Je fus étonné lorsque je commençai à travailler en Afrique du Nord, de découvrir la violence des sentiments antigaullistes. »

Une autre caractéristique remarquable de la Collaboration au

Maghreb sous domination française pendant la Seconde Guerre mondiale est qu'elle ne s'embarrasse pas de tous les faux-semblants, de toutes les hypocrisies dont elle s'accompagne, à la même époque, dans la métropole. Par exemple, l'ardeur collaborationniste de la majeure partie des couches dirigeantes y est telle, qu'il est impossible d'y faire la fameuse (et si artificielle) différence entre les collabos dits parisiens et les collabos dits vichyssois, entre doriotistes et maréchalistes, entre gens de Laval et gens de Pétain, etc. Depuis plus d'un demi-siècle, nous le savons, on s'est efforcé d'établir une distinction proclamée hautement nécessaire entre, d'une part, les « patriotes fourvoyés » et « résistants camouflés » de la « Légion française des combattants » et, d'autre part, les traîtres reconnus comme tels du PPF, du RNP ou de la Milice ; la réalité du Maghreb colonial des années 1940 rend cet artifice impossible. La Légion y apparaît pour ce qu'elle fut vraiment : l'antichambre et le bouillon de culture de la Milice. En exprimant le point de vue des très rares hommes qui se risquèrent alors à faire là-bas de la Résistance, le général Charles Mast, déjà plusieurs fois cité, décrit ainsi la situation de 1942 : « Les Français d'Algérie et les fonctionnaires de l'Administration, soumis depuis deux ans à la propagande de Vichy, étaient en grande majorité pénétrés de la mystique du Maréchal. Cette population était d'ailleurs encadrée par la Légion des combattants, création de Vichy, et surtout par son élément actif, le SOL (Service d'ordre légionnaire), sorte de police parallèle bénévole, doublant la police régulière beaucoup plus paisible. Le SOL surveillait, contrôlait les opinions, dénonçait à l'occasion, empêchant toutes les manifestations d'idées ou les réunions non conformes à la politique de collaboration. Il nous faudra, nous-mêmes, prendre des précautions infinies et observer une très grande prudence pour préparer dans un tel milieu et pendant plusieurs mois une action irrégulière qui devait aboutir à une rébellion militaire. »

Le règne de l'ordre « légionnaire »

Nous avons déjà vu que sous le pseudonyme de Chamine écrivaient en réalité Geneviève Dumais et Jean Rigault. Relevant de la Résistance par certains côtés, l'activité de Rigault fut cependant très controversée, et il n'a jamais caché ses faiblesses pour Darlan. La façon dont la « Légion » apparaît sous la plume de Chamine n'en est que plus intéressante. « La Légion était, peut-on y lire, en principe, une association groupant tous les anciens combattants des deux guerres. Mais ce caractère originel s'était progressivement altéré : placés sous l'autorité directe du Maréchal, à qui ils prêtaient serment, les légionnaires étaient chargés de promouvoir les principes de la Révolution nationale et de veiller à leur application. Ainsi ils formaient, sinon un parti, du moins un corps politique : s'ils n'étaient pas des citoyens privilégiés, ils étaient en quelque sorte des citoyens de “première classe”. Ils avaient reçu, pour exercer leur mission, des droits de contrôle, mal définis et d’autant plus dangereux qu’ils provoquaient parfois des conflits avec les administrations. Leurs chefs avaient pris rang dans les cadres officiels du régime. Le caractère politique de l’institution s’était encore aggravé avec la création du Service d’ordre légionnaire, véritable force supplétive composée de volontaires armés et encadrés, dont les tendances étaient généralement les plus extrêmes ; car tous se réclamaient du Maréchal, mais les simples légionnaires étaient en majorité de purs “attentistes”, foncièrement antiallemands, tandis que les SOL étaient, en majorité, “collaborationnistes”. Or, la Légion avait pris un développement considérable en Afrique : ses effectifs formaient une importante proportion de la population et groupaient notamment de nombreux anciens combattants indigènes. »

Ce « développement considérable » de la « Légion des combattants » est décrit avec beaucoup de pittoresque par Renée Pierre-Gosset : « Rapidement, elle prend une place plus importante encore que celle qu’elle occupe en France métropolitaine. (...) Pendant deux ans, la Légion s’enfle, sort de son rôle, brouillonne et, turbulente, intervient dans les affaires publiques, Etat dans l’Etat français, réceptacle de la pure doctrine de la Révolution nationale, enfant privilégiée du vieux Maréchal. Ces demi-soldes de la défaite, les légionnaires, se transforment en tyranneaux. En Algérie, leur puissance est telle, la crainte qu’ils inspirent si grande, que les candidats affluent et qu’en six mois, la Légion groupe tout ce qu’il y a de petits bourgeois, d’employés de commerce, de fonctionnaires en Afrique du Nord. Les chefs de service des administrations obligent leurs employés à s’y faire inscrire. Le directeur des Postes d’Alger révoque, sous un prétexte quelconque, les membres de son personnel qui n’en font pas partie. Un fonctionnaire qui n’arbore pas à sa boutonnière l’insigne en forme de fer à repasser voit son avancement compromis. Les organismes gouvernementaux — et ils sont nombreux, les comités de répartition, comités de distribution, services des transports, des autorisations de circuler, etc. — accordent une priorité évidente aux demandes des Légionnaires. Il est recommandé aux membres, à leur famille, de se servir chez les commerçants qui sont affiliés, aux commerçants de se fournir uniquement chez les industriels qui ont manifesté leur “intérêt” pour le mouvement. Ainsi, aussi modéré que soit leur enthousiasme, industriels, négociants, intermédiaires, grossistes adhèrent en masse. Plus un patron de bistrot soucieux de ses recettes qui ne s’en réclame. (...) A l’abri de la Légion, on fait aussi des “affaires”. M. Yves Châtel (le gouverneur général) donne l’exemple ; possesseur de frigorifiques, il rafle des moutons que son homme de confiance, Canavaggio, collaborateur notoire, expédie vers l’Espagne ou vers l’Italie. La Légion accorde aussi des patronages lucratifs, une couverture d'orthodoxie parfaite. (...) Dans les locaux de la Légion fleurissent de petites affichettes : "Si quelqu'un écoute la radio gaulliste, dis-le à ton chef. Si tu entends quelqu'un prononcer des paroles contre le Maréchal, dis-le à ton chef. Si tu connais quelqu'un qui fait du marché noir, dis-le à ton chef. C'est un Devoir !" L'espionnage, la délation, le mouchardage sous toutes leurs formes deviennent système de gouvernement. Les vengeances personnelles s'accomplissent en toute sécurité. Il ne suffit plus de "marcher droit" sous le régime du débonnaire vieillard de Vichy, il faut "penser droit". (...) Sur les marchés publics, il suffit d'attraper par la manche un des nombreux Légionnaires qui flânent, d'un air désintéressé, pour faire appréhender un marchand qui vend sa camelote au-dessus de la taxe. De toutes les absurdités, c'est la plus absurde. Bientôt, la Légion aura ses propres échoppes sur les marchés, mieux fournies que celles des alentours, on s'en doute. Voilà le marché noir officialisé au bénéfice des sympathisants. Car, dans l'entre-temps, se sont constitués les "Amis de la Légion". Puis des bataillons de cadets et de cadettes qui défilent en chemisettes blanches et béret en tête, le dimanche, dans les rues d'Alger, en chantant d'une voix acidulée qui n'a pas encore mué : "Maréchal, nous voilà ! tu nous as redonné l'espérance..." »

La Phalange oranaise

L'un des vingt-sept députés communistes que le régime de Vichy a fait déporter en Algérie, Florimond Bonte, rapporte un fait qui en dit long. Il se déroula le 9 novembre 1942, le lendemain donc du débarquement allié. « Le sous-directeur de la prison, écrit Bonte, devait nous apprendre dans la soirée qu'il avait reçu, le matin même, à l'aube, de la part du capitaine François Portelli, de la Légion, l'ordre de remettre les vingt-sept députés communistes au peloton d'exécution chargé de nous fusiller et que c'était grâce à sa résistance, à ses coups de téléphone répétés au commandant de la place pour recevoir confirmation écrite, qu'il avait pu gagner le quart d'heure suffisant à l'arrivée d'estafettes motorisées américaines et, par conséquent, nous sauver la vie. » Sous l'égide de la Légion, les règnes de la terreur et du ridicule, de la malhonnêteté et de la bêtise s'associent inévitablement... Après avoir évoqué, lui aussi, les pressions dans les administrations, les divers trafics, etc., le diplomate Albert Kammerer, auteur du livre intitulé *Du débarquement africain au meurtre de Darlan*, fournit d'autres détails significatifs. « Cette association devint rapidement le plus ferme soutien du Maréchal, écrit-il, son enfant chérie, et bientôt elle se transforma en un instrument politique de règne, de domination, d'épuration, d'éviction, de police privée et elle se mit à intervenir dans les affaires publiques. Il en fut en Algérie et dans toute l'Afrique du Nord comme en France, mais en pire. Bientôt, les chefs de cette Légion inspirèrent la terreur et très rapidement y entrèrent les pires éléments, qui pensèrent y trouver l'immunité dans la licence. Insensiblement, le caractère de la Légion changea et elle se mua en SOL (Service d'ordre légionnaire) de sinistre mémoire ; on y vit les scélérats en rupture de ban, les aventuriers, les sans-patrie. Ils y cherchèrent un appui, un alibi. Ils s'y firent inscrire en masse et la transformèrent en une "gestapo". (...) Les "mauvais garçons" se mirent à la chasse des réfractaires à ce mouvement des "sans admiration pour le Maréchal", des opposants, des anglophiles, des auditeurs de la BBC (...) C'est cette Légion qui fit la propagande de Vichy, qui prôna la "relève", qui poussa à la délation des enfants contre leurs parents, qui finit par imposer ses consignes aux journaux et devint toute-puissante à la censure, à la radio, au cinéma, où les films anglo-saxons furent proscrits. »... Il en résulta une atmosphère que restitue Renée Pierre-Gosset lorsqu'elle raconte : « Dans le domaine de la presse, la Légion intervient aussi. Elle impose aux journaux des placards, des communiqués, toute une publicité que les directeurs n'osent refuser. Le faux savant qu'est Georges Claude vient parler à Alger de "Notre seule chance" — on devine laquelle ; la Légion qui patronne la conférence exige le "battage" de la presse dans le même temps qu'elle mobilise les personnalités, contraintes d'être présentes, sous peine d'être dénoncées à Vichy dans les quarante-huit heures, comme tièdes. Parfois, l'action de la Légion touche au ridicule absolu. Portés par l'énorme vague de tartuferie qui déferle sur la France de Pétain, les cagots règnent en maîtres. Une des décisions vertueuses de Vichy qui atteignit le plus douloureusement l'Algérie fut la suppression de la traditionnelle anisette. Comme de juste, la bouteille passa sous le comptoir et le prix tripla ou quadrupla. Les pères la pudeur de la Légion décidèrent un jour qu'il était intolérable de voir Paul Reboux venir faire une conférence à Alger. Paul Reboux — *horresco referens* — avait écrit un livre intitulé *Le Nouveau Savoir aimer*. Une "manifestation spontanée" s'organise donc le soir de la causerie. Plus tard, une reprise de *Phi Phi* procure l'occasion d'un nouvel étalage de pudibonderie.... La soirée se termine au poste, mais *Phi Phi* est interdit. Interdit, le jazz. Interdite, la danse. Interdits, les journaux "légers". Interdits, les costumes de bain en deux pièces... »

Si la Légion a tendance à toutes les fédérer en fait, elle n'empêche pas, au contraire, les autres formations fascistes de fleurir dans son ombre propice. L'auteur de la thèse à laquelle nous nous sommes déjà référés, Yves-Maxime Danan, note à ce propos : « Le PPF connaît un grand développement, en partie sous l'influence de Canavaggio, l'homme de confiance (du gouverneur général) Châtel. De plus, ses membres reçoivent des armes directement des commissions d'armistice. Le Parti phalangiste d'Oranie et du Maroc prend un essor nouveau du fait des revendications territoriales formulées par Franco, immédiatement après l'armistice. Ces revendications incitent, en effet, bien des Oranais absolument dépourvus de toute ascendance espagnole à prendre des assurances auprès de la Phalange. Cette situation est aggravée par l'internement des républicains espagnols qui, seuls, seraient en mesure de faire contrepoids à cette organisation... » L'existence de cette « Phalange » ainsi mentionnée par Danan est trop souvent oubliée. Retenons la définition qu'en donne un résistant algérois, Gabriel Esquer : « La Phalange oranaise est une organisation d'espionnage et de choc, organisée en compagnies et sections. Elle reçoit des subventions du gouvernement de Madrid et des cotisations de particuliers qui assurent son activité ; elle dispose de dépôts d'armes. De 1940 à 1942, la Phalange sera en relation constante avec les commissions d'armistice ; elle travaillera non seulement pour le gouvernement franquiste, mais pour l'Allemagne. Elle se tiendra prête à appuyer du dedans, par la violence, toute action provoquée par l'Axe en Afrique du Nord. » Aussi bien pouvons-nous considérer comme une heureuse conclusion à ce portrait de la « Légion » considérée comme le fondement du régime vichyste en Afrique du Nord dans les années 1940, ces phrases écrites par deux auteurs experts en la matière, Jacques Soustelle et André Beaufre. Le futur chef de la DGSS affirme : « Nulle part, en pays occupé, la délation, le mouchardage et la répression ne s'exercèrent sur une telle échelle, peuplant de suspects les camps de concentration des territoires du Sud. » Et le futur général, alors en poste à l'état-major à Alger, constate : « La Révolution nationale fut en Algérie et plus généralement en Afrique du Nord une sorte de revanche de 1936. (...) Tout concourait à faire de l'Afrique du Nord une terre d'élection pour le complexe politique que représentaient Vichy et la Révolution nationale. »

Une « politique de la fanfare »

Mystique du chef, formations paramilitaires, délation, chantage, propagande forcenée, antisémitisme, racisme, anticommunisme, franquisme, marché noir officialisé, recrutement de truands, ordre moral, boycottage des spectacles, dépôts d'armes, suspects envoyés dans des camps de concentration, etc. — tous les éléments sont réunis... Mais sous l'autorité de qui cet assemblage a-t-il pu atteindre pareille perfection, sous le règne effectif de quel homme ? Quel est le représentant du Maréchal, l'envoyé de Vichy qui, en Afrique du Nord, a si bien réussi sa mission ? La réponse que nous connaissons déjà nous est confirmée par l'expression très souvent employée depuis lors pour désigner les années 1940-1942 en Algérie, au Maroc et en Tunisie : le « proconsulat de Weygand ». Nous avons déjà évoqué le rôle essentiel — on pourrait presque dire le rôle principal — joué par le général Maxime Weygand dans la défaite de la France en 1940 et surtout dans la naissance même du régime de Vichy. Nous l'avons vu imposer l'armistice à des ministres pris de panique et favoriser ainsi la prise du pouvoir par Pétain et Laval. Nous avons vu comment, le 10 juillet 1940, à Vichy, on menaçait de son intervention ceux des parlementaires apeurés qui hésitaient encore à hisser le Maréchal sur le trône de l'Etat français. Nous l'avons vu enfin accepter sans broncher l'humiliation de la France à condition qu'on lui laisse assez de soldats pour éventuellement « rétablir l'ordre ». Nous connaissons donc Weygand. Pourtant, regardons le arriver en Algérie à l'automne de 1940. Depuis la défaite, il a été, selon sa propre expression, « onze semaines au gouvernement ». Il a occupé un poste que, non sans humour noir, on avait baptisé « ministre de la Défense nationale ». Et puis, le Maréchal lui a demandé de remplir « une mission importante » et, le 6 septembre, il l'a nommé par décret « Délégué général du gouvernement en Afrique française » et, le 4 octobre, « Commandant en chef des forces terrestres et aériennes de l'Afrique française ». En fait, donc, lorsque Maxime Weygand débarque à Alger, c'est avec un blanc-seing de Pétain : il a les pleins pouvoirs. Comment apparaît-il à ceux qui le rencontrent ou croisent alors ? « Ce vieillard de soixante-quatorze ans, note Renée Pierre-Gosset, continue à jouer avec coquetterie de sa taille de sous-lieutenant, de son pas vif, de sa parole brève. »... Et Chamine : « Chef battu, ayant demandé l'armistice, il parvient à garder entier le respect qu'il inspirait. (...) Jamais il ne trahit son personnage : il a gardé l'apparence charmante d'un jeune officier de cavalerie, toujours prêt à enfourcher un cheval arabe, et sa coquetterie de damoiseau (...), son dos mince et sanglé, son menu derrière de jockey pincé de rage. »... Le même mot de « jockey » vient sous la plume de Pertinax, qui écrit : « Comme le disait lord Lloyd, Weygand n'est plus qu'un petit vieillard rabougri. En lui, le "lieutenant de cavalerie" a fini de disparaître. Il a l'air d'un jockey en retraite. Il est aigri. Il est seul. »... Très largement septuagénaire, le « proconsul » correspond-il déjà au portrait qu'en tracera plus tard Bernard Chaudé après l'avoir rencontré, en 1945, au procès Pétain ? En tout cas, ce portrait vaut d'être cité. « Le jour où je fus convoqué au tribunal, écrit Chaudé, je fus conduit dans la salle des témoins. Je m'y trouvais assis à côté du général Weygand qui, me prenant visiblement pour un témoin à décharge, me salua avec une parfaite urbanité. Je me présentai ; il avait connu mon père et parut enchanté de me connaître. Je fus complètement abasourdi par sa conversation. L'essence même du procès lui échappait complètement. Il jugeait de tout suivant un système de valeurs qui n'avait aucun rapport avec la réalité. Tout, chez lui, paraissait se ramener à des questions de hiérarchie et d'étiquette, dans un contexte de rapports de force. (...) Dans une langue parfaite, il énonçait des banalités désarmantes. Il était visiblement choqué qu'un de Gaulle — "C'était pourtant un garçon très bien, mais il n'est que brigadier à titre temporaire !" — laissât poursuivre un maréchal de France. "Ils ne peuvent tout de même pas le condamner !" (...) On devinait que cette grande intelligence était, depuis de longues années, sclérosée par la routine. L'essentiel lui échappait et lui avait peut-être toujours échappé. (...) Où on s'attendait à trouver un chef, il n'y avait plus qu'un homme de bonne compagnie. Cette conversation me consternait. Je la fis glisser sur un autre sujet. Nous parlâmes cheval, et là, le général Weygand, qui eût été un grand écuyer, était d'une remarquable compétence... » Sclérosé, dit en passant Chaudé. Charles de Gaulle avait employé le même mot. Mais il était allé plus loin. A plusieurs interlocuteurs, en diverses occasions, il avait tenu des propos du genre de ceux que rapporta le général Odic à Kenneth Pendar : « Le général Weygand est un traître et je le ferai fusiller ! » On sait comment de Gaulle oublia plus tard ce projet... Mais restons à Alger, avec Weygand.

Et prenons garde à la facilité des images... Rares, très rares sont en effet ceux qui, dans l'Alger de l'automne 1940, voient arriver Maxime Weygand sous les traits d'un « jockey sclérosé ». L'image qu'il veut donner et qu'il va réussir à imposer est, évidemment, toute différente. C'est une image d'Epinal toute pleine d'oriflammes, de sabres au clair, de capes de spahis et de soleil faisant scintiller les armes. « Au régiment, note l'adjudant René Flavigny, ce n'était que manœuvres et défilés à cheval, le sabre à la main, on avait l'impression que la leçon de 1940 était déjà oubliée ! » Dans le portrait de Weygand que nous avons cité tout à l'heure, Chamine ajoute d'ailleurs : « Vichy geignait : "C'est notre faute, Français légers." Pendant ces macérations officielles, Weygand, lui, en Afrique, parade, adopte la politique de la fanfare, dispense à la foule revues militaires, reconstitutions historiques, présentations au drapeau avec musique, flambeaux, pas cadencés. 1941 se passe dans les fantasias. On vit au son du clairon et tout le monde est décoré tous les dimanches. » Ce Barnum du faux baroud fait très forte impression sur les colons. Très souvent chauvins et cocardiers, la plupart s'y complaisent et l'on voit même certains résistants futurs ou résistants possibles se laisser prendre au piège et croire que cette « politique de la fanfare » prépare la « revanche »...

Du « mythe Weygand » à l'« opération Weygand »

C'est au point que certains hitlériens français en sont, à Paris, agacés. Lorsqu'en novembre 1942 sera dissoute l'« Armée de l'armistice », Marcel Déat s'en prendra dans son journal *L'Œuvre* à « ces généraux invraisemblables, auteurs incontestés de notre désastre », et il écrira : « Si encore la défaite leur avait été la révélation de leur incapacité (...). Mais non, aucun d'entre eux ne consentit depuis deux ans à faire oraison. A croire qu'ils avaient gagné la guerre au lieu de la perdre. Et nous assistâmes à ces cérémonies ahurissantes, à ces parades parfaitement grotesques où des tambours exhibaient des gants à crispins et où le vainqueur de l'Aisne ou de la Bidassoa recevait des cordons et des plaques. » Si le bluff prend si bien, ce n'est pas seulement parce que le terrain est, en Afrique du Nord, particulièrement favorable, c'est aussi parce que le « mythe Weygand » est antérieur à la défaite. Renée Pierre-Gosset le montre bien en évoquant un souvenir... « Je me souviens, écrit-elle, de ce qu'aux pires jours de mai 1940, lorsque Gamelin eut à lui céder la place, le nouveau généralissime arriva à Paris (...), une vague d'optimisme imbécile déferla pendant quelques jours sur le pays... » Et Pertinax explique comment cet enracinement du mythe non seulement lui assurait la pérennité mais encore un large écho au-delà de nos frontières. « La fable de Weygand, héritier du génie de Foch, remarque-t-il, est aussi lente à périr que la légende du héros de Verdun. Elle résiste au terrible dénouement de la bataille de France. (...) Que de jeunes gens prenant le général pour un de Gaulle plus puissant, s'embarquèrent en fraude et rejoignirent ses drapeaux ! Ils croyaient déboucher dans le monde de la liberté. Ils ne s'étaient que rapprochés du camp de concentration. » Pertinax insiste ensuite sur la crédulité des Américains. Mais celle des Anglais n'est pas moindre. Comme le constate le général André Beaufre : « Londres, et surtout Washington ont le regard tourné vers Weygand, l'homme dont on attend la dissidence de l'Afrique du Nord... » Illusion et obstination. En effet, tout se passe comme si, inquiets de constater que leur héros ne lève pas le petit doigt mais qu'au contraire la réalité sape chaque jour un peu plus sa légende, les Alliés s'employaient à se rassurer, à se convaincre eux-mêmes. Plus encore que d'un mythe Weygand, c'est alors d'une véritable opération Weygand que l'on doit parler.

Un officier qui était un proche collaborateur du « proconsul » et plutôt son partisan, Jacques Roulleaux-Dugage a, dans le langage qui était celui de ses semblables, démonté le mécanisme de l'opération. « Weygand, rappelle-t-il, le déclara tout de suite très nettement : "Je maintiendrai l'intégrité de l'Empire français, je le défendrai contre toute attaque, d'où qu'elle vienne..." Cette déclaration, refaite par la suite à plusieurs reprises, eut un retentissement énorme, tant à l'intérieur même de cet Empire que dans le camp anglo-saxon. Les journaux anglais et américains lui donnèrent une immense diffusion, et cela dans un but de propagande, cela va de soi. Car on voulait présenter Weygand, l'ancien généralissime allié, comme l'homme qui ne s'inclinait pas devant la défaite. Ma situation d'officier-censeur m'obligeait, à cette époque, à lire chaque semaine environ trois cent cinquante revues ou journaux anglais et américains. Et l'impression très nette que je retirais alors de toute cette lecture, c'est qu'obéissant évidemment à un mot d'ordre, les presses d'outre-Manche et d'outre-Atlantique s'ingéniaient à opposer, bien malgré lui, Weygand à Pétain. (...) On essayait en somme, à force d'insinuations, de faire croire partout que Weygand allait incessamment devenir le chef de la dissidence. On essayait de faire se cristalliser autour de lui tous ceux qui ne voulaient pas reconnaître notre défaite comme définitive. On espérait qu'ainsi, un jour, prisonnier de l'image que les gens se seraient faite de lui, image fausse évidemment, mais dont il n'aurait plus pu se dégager, il se serait enfin vu contraint de passer effectivement à la dissidence, amenant ainsi d'un seul coup avec lui dans le camp allié toute l'immensité de l'Empire français dont il était légalement le chef. »

A partir de 1943, et surtout après la guerre, un nombre important de journalistes, de diplomates, de chefs militaires et d'hommes politiques américains ou anglais ont reconnu le bien-fondé de cette analyse. Dans ses mémoires, Robert Murphy raconte : « Pendant mon séjour, l'entourage de Weygand s'inquiétait surtout du fait que la radio de Londres ne cessait de répéter que les Français d'Afrique se proposaient de renier l'armistice. La presse anglaise et américaine dépeignait Weygand — pourtant homme âgé — sous les traits d'un David se préparant à abattre le Goliath allemand. » Et c'est le même Murphy qui rappelle également : « Quand j'arrivai à Alger en décembre 1940, le conseiller politique de Weygand, le comte de Rose, m'informa sans tarder que le général venait de recevoir une lettre personnelle de Churchill le pressant de rompre avec Vichy et de se mettre à la tête d'un gouvernement dissident en Afrique avec l'appui anglais. Churchill déclarait que la flotte française et tout l'Empire africain suivraient le mouvement, ce qui provoquerait bientôt l'effondrement de l'Italie, la rupture de l'Axe et la démoralisation de l'Allemagne. Le comte de Rose m'apprit que Weygand avait transmis à Pétain cet extraordinaire message... »

Transmettre à Pétain... La réaction de Maxime Weygand était très claire. Elle aurait dû suffire à édifier les Alliés. Mais non... A Londres comme à Washington, on s'obstina à croire que la passion de la revanche habitait secrètement le cœur du « proconsul ». Et les sollicitations, toujours suivies des mêmes rebuffades. Cette obstination était d'autant plus absurde que ni Roosevelt ni Churchill ne pouvaient ignorer que Weygand voulait d'autant moins continuer la lutte qu'il ne croyait pas à la possibilité de le faire. Sur cette incrédulité profonde comme sur le fait que la « politique de la fanfare » ne servit jamais de paravent à une préparation réelle de la reprise des combats, les témoignages sont pourtant nombreux.

Une « amusette de trublions »

Il y a d'abord celui de Charles de Gaulle. Le chef de la France libre a affirmé avoir eu avec le généralissime, à l'époque où lui-même était sous-secrétaire d'Etat à la Guerre, le dialogue suivant : « ... "En ce moment ils passent la rivière, dit Weygand, je ne puis les en empêcher." "Soit, répond de Gaulle ! Ils passent la Somme. Et après ?" "Après ? C'est la Seine et la Marne." "Oui. Et après ?"

"Après ? Mais c'est fini." "Comment ? Fini ? Et le monde ? Et l'Empire ?" Le général Weygand éclata d'un rire désespéré, rapporte de Gaulle. "L'Empire ? Mais c'est de l'enfantillage. Quant au monde, lorsque j'aurai été battu ici, l'Angleterre n'attendra pas huit jours pour négocier avec le Reich." » Et de Gaulle conclut que le commandant en chef ajouta en le regardant dans les yeux : « Ah ! si j'étais sûr que les Allemands me laissent les forces nécessaires pour maintenir l'ordre. » Une bonne dizaine d'années plus tard, l'ancien « proconsul » a contesté avoir tenu pareils propos. Mais il n'a pas contesté le télégramme auquel fait allusion Raymond Brugère. Ce diplomate, ancien ambassadeur de France en Yougoslavie, écrit dans son livre de souvenirs intitulé *Veni, vidi, Vichy... et la suite* : « Déjà, lorsque j'étais à Belgrade, Massigli m'avait communiqué d'Ankara le texte d'un télégramme qu'il avait reçu du général Weygand, dans lequel celui-ci qualifiait de "vain suicide" toute velléité de poursuivre ailleurs la lutte. » Aussi bien ne peut-on que souscrire à la question que pose et à la réponse qu'y apporte le colonel André Truchet qui fut en poste, à Alger, sous Weygand. « Comment, demande cet officier, avec un tel état d'esprit aurait-il pu préparer la lutte en Afrique du Nord ? La vérité est que non seulement il n'a rien fait pour cela mais qu'il n'y a jamais sérieusement pensé. (...) Weygand ne voulait pas, disait-il, risquer dans une aventure le sort de notre Afrique du Nord. Il attendait qu'une flotte et une armée alliées irrésistibles fussent à pied d'œuvre pour l'occuper. Pourquoi alors s'est-il encore refusé, en novembre 1942, à venir, en même temps que cette flotte et cette armée, prendre la tête de la Résistance de l'Empire ? » Non, la vérité est que les vitupérations du « proconsul » proclamant, comme le rapporte Van Hecke, qu'il allait « foutre le Boche hors de chez nous » restaient strictement verbales et que tous ses actes les démentaient. La moins accablante des interprétations que l'on puisse donner de son attitude est encore celle que rapporte Fernand de Brinon, l'un des protagonistes du régime de Vichy puisque avec le titre d'« ambassadeur » que Pétain lui avait accordé le 3 novembre 1940, il devint le 12 décembre suivant « Délégué général du gouvernement français pour les territoires occupés » et fut, en gardant les mêmes fonctions, élevé en 1942 au rang de « secrétaire d'Etat sans portefeuille ». De Brinon donc, citant une confidence de l'un des successeurs de Weygand au ministère dit « de la Défense nationale », le général Bridoux, écrit dans ses mémoires que le « proconsul » estimait « que la seule attitude possible était celle du Christ protestant et supportant, mais refusant de se prononcer entre Anglais, Américains et Allemands »... En fait, dans un contexte tragique, une telle prise de position équivaut à celle des hommes qui, dans un contexte plus paisible, prétendent « ne pas faire de politique » alors qu'ils soutiennent le régime au pouvoir ou affirment « être justes » alors qu'ils refusent de choisir entre la victime et le bourreau.

D'ailleurs, sur son trône algérois, le « proconsul » ne cache guère qu'à ceux qui veulent rester volontairement myopes la façon dont il prend en permanence parti. Parti contre de Gaulle et la Résistance. Parti pour Vichy. Et, dans ses *Mémoires*, il continue de proclamer son antigaullisme et son provichysme. « Je m'opposerai, écrit-il, aux propagandes et aux tentatives du général de Gaulle. Sa rébellion déclarée contre le gouvernement légal de la France m'interdit d'ailleurs tout rapport avec lui. (...) Si je réprouvais ceux qui ne faisaient que de la politique, mon admiration allait aux soldats qui continuaient à se battre et risquaient leur vie dans les rangs des Alliés. (...) Mais j'étais soulevé d'indignation envers les chefs, et rempli de douleur pour les combattants, lorsque cette activité guerrière se tournait contre des Français comme à Dakar et en Syrie. Appelé au mois de juin 1941 à prendre la parole à Casablanca à l'occasion de la prestation du serment de la Légion des combattants, je dus flétrir nettement l'action sacrilège qui avait opposé les uns aux autres des Français que j'avais l'honneur de commander quelques mois auparavant. Inspirée de ces sentiments, mon action contre les menées gaullistes fut uniquement défensive. (...) Je demandais seulement à ceux qui servaient sous mes ordres le loyalisme, la discipline, le cœur à l'ouvrage, sans prétendre les empêcher de penser à leur guise. En revanche, mon activité s'est exercée de façon positive contre la propagande, les officines de dissidence et les petits complots ou actes de sabotage qui ne rimaient à rien. Sachant ce que je voulais, bien déterminé à en poursuivre la réalisation, je n'avais à recevoir ni de leçons de patriotisme ni d'incitations à la résistance. » Il y a, dans ces quelques lignes de Maxime Weygand, des expressions à retenir. L'« action sacrilège », le « cœur à l'ouvrage » — on serait tenté de dire que ces mots-là sont en « Vichy dans le texte ». Et l'« action contre les menées gaullistes », et les « officines de dissidence » — ne sont-ce pas là des tournures tout droit sorties d'un rapport de police pétainiste ? Quant aux « petits complots ou actes de sabotage qui ne rimaient à rien », le « proconsul » prend soin d'en expliquer lui-même, un peu plus loin, le sens exact. « Je fus avisé, dit-il, le 22 mai 1941, de la réunion, au domicile d'un officier de l'Air, d'un de ses camarades de l'armée d'Afrique et d'un ancien officier, excellent d'ailleurs devant l'ennemi, clandestinement débarqué en France sous le masque d'un commerçant en vins. L'objet de la conspiration était l'établissement d'un plan militaire visant à livrer l'Afrique du Nord aux gaullistes et aux Anglais, ou quelque chose d'approchant. Complot enfantin, amusette de trublions, qui, pour les raisons déjà exposées, ne répondait alors à rien de réalisable mais qui pouvait faire tache d'huile par les complicités recherchées et donner lieu à des intrigues qui échapperaient difficilement à l'ennemi. Décidé à étouffer cette affaire dans l'œuf et à ne pas la laisser sans sanction alors que le secret ne pouvait être conservé, je fis arrêter les officiers et prescrivis de laisser l'affaire suivre son cours légal. Le commerçant d'occasion qui avait pu s'échapper fut repris plus tard en France. Le procès qui y fut jugé valut aux officiers une condamnation anodine et une plus sévère à celui qui avait pris un nom d'emprunt pour pénétrer en Afrique... »

Comment Weygand a « étouffé la France Libre » en Afrique du Nord

En racontant cette « amusette de trublions », Weygand omet de donner les noms des officiers en cause. Comblons cette lacune : les deux principaux s'appelaient Georges Loustaunau-Lacau et Léon Faye, fondateurs du réseau Alliance. Nous savons que l'un et l'autre furent déportés en Allemagne et que Faye y fut assassiné. Nous avons même entendu Loustaunau-Lacau raconter son arrestation en témoignant au procès Pétain... Plus tard, s'interrogeant dans ses *Mémoires d'un Français rebelle* sur le cas Weygand, Loustaunau-Lacau devait ajouter : « Le grand obstacle n'était pas l'Allemand, mais les cadres très supérieurs de l'armée d'Afrique, Weygand en tête, affligés d'un strabisme intolérable qui leur permettait de ménager leur avenir ou leurs intérêts, mais non leur conscience, en regardant à la fois du côté de Washington et du côté de Vichy. Les militaires, lorsqu'ils s'y mettent, sont pires que les politiciens. Faye ne s'était pas trompé : le vice était à Alger. » A la vérité, comme le remarque l'historien américain Milton Viorst, « Weygand poursuivit inlassablement le gaullisme en Afrique du Nord. En utilisant des moyens policiers, ouvertement ou en secret, il parvint à étouffer dans l'armée, l'administration et la population civile, tout mouvement en faveur de la France libre. Il n'employait pas nécessairement la manière forte. Il exilait les fauteurs de troubles ou parfois se contentait de leur donner un avertissement. Lorsque cette mesure s'imposait, il les faisait emprisonner. » Encore Viorst est-il bien indulgent... Souvent, en effet, « l'exil » ou « l'emprisonnement » signifièrent plus exactement la déportation dans les bagnes du Sud.

Nous avons déjà dit quelques mots de ces bagnes. Lorsque, à Alger, le 17 février 1944, s'ouvrira devant le Tribunal d'armée le procès des tortionnaires du camp d'Hadjerat M'Guil, l'opinion publique achèvera d'être édifiée sur leur caractère barbare. Robert Aron dont pourtant l'*Histoire de l'épuration* est plutôt consacrée à excuser Vichy, écrit notamment en évoquant ces audiences : « Voici quelques-uns des supplices qu'imaginaient les responsables : (...) un des jeux inventés par Dauphin consistait à obliger les internés à mettre des souliers trop étroits. Ensuite, à coups de matraque, il les forçait à courir. Un détenu, Moreno, mourant de soif, et qui devait décéder sous les coups après huit jours de séjour dans le camp, implore Riepp pour qu'il lui donne à boire ; Riepp approche un seau de sa bouche. Moreno, les yeux suppliants, s'apprête à boire, mais Riepp éloigne alors le récipient et renverse l'eau par terre. (...) Au cours des interrogatoires, on apprend que les prisonniers suspects étaient punis de la peine du fameux "bouillon salé" qui consistait à jeter une poignée de sel dans leur soupe et à la rendre immangeable ; on apprend aussi qu'ils devaient faire leurs besoins dans leurs gamelles, sans avoir aucun moyen de les laver. Tout ceci résultait tantôt d'initiatives individuelles et tantôt d'ordres donnés par la direction : "Je frappais dur, avoue un surveillant (...). Je frappais sec, je frappais beaucoup, mais je ne frappais jamais que sur ordre." A ce régime de sévices infligés dans les cellules où le sang giclait sur le sol et sur les murs ou bien dans des bureaux transformés en chambres de tortures, beaucoup ne résistaient pas. »

Sur ordre... Les ordres, on sait d'où ils venaient... Lorsque, le 12 avril 1949, Weygand fut entendu par la « commission Charles Serre » sur « l'incarcération des Français en Afrique du Nord dans les camps d'internement », il s'en tira par des pirouettes évasives en affirmant notamment qu'« aucune détention d'internés politiques dans les camps n'avait été ordonnée pendant son gouvernement de l'Afrique française », que l'inspecteur qu'il avait envoyé dans ces camps n'avait « enregistré aucun grief de sévices » et que, d'ailleurs, « chaque Gouverneur ou Résident général ayant conservé la totalité de ses pouvoirs administratifs, le traitement des internés ressortissait à ces autorités ». Il est vrai que, lors de cette même audition, Maxime Weygand entonna son refrain habituel en affirmant qu'il avait la conscience tranquille puisqu'il avait fait son devoir... Ce devoir, un de ses admirateurs, Claude Martin, le résume fort bien dans un livre au titre significatif : *Histoire de l'Algérie française (1830-1962)*. « Le général Weygand, écrit Martin, se proposait de réaliser en Afrique la Révolution nationale dont il attendait, comme Pétain, le redressement moral du peuple français. Pour ce général de droite, l'élimination des partis et des sectes qui avaient provoqué la terrible décadence qui avait fait tomber la France de Versailles à Montoire s'imposait. Le général entendait gouverner en s'appuyant sur l'administration et sur la Légion française des combattants qui groupait Français et indigènes. Encore fallait-il que l'administration fût sûre. Or elle comprenait beaucoup d'éléments imbus de l'esprit du régime déchu. Une première épuration de l'administration amena des déplacements, des révocations et des mises à la retraite. Le "numerus clausus" des étudiants juifs, fixé à trois pour cent, fut appliqué dans toute sa rigueur à la demande des associations d'étudiants algérois. Ces mesures s'appliquèrent ensuite aux écoles. Le recteur de l'Académie d'Alger, l'historien Hardy, conseilla aux communautés juives de fonder des écoles pour les enfants de leur groupe ethnique. C'était un retour à la situation des premières années de l'Algérie française. (...) Comme son ami Charles Maurras, le général Weygand ne voulait connaître que "la France, la France seule"... »

Mais il y a mieux encore... Lorsqu'en 1970 le colonel Jacques Weygand publia un livre sur son père, il ne craignit pas d'écrire : « La Révolution nationale offrait une opportunité pour opérer en Algérie des réformes salvatrices. » (sic...) En d'autres termes, plus brutaux et plus brefs, *l'Humanité* clandestine du 27 novembre 1942 ne disait pas autre chose lorsqu'elle écrivait : « Depuis juin 1940, les traîtres de Vichy cachaient leurs agissements criminels derrière l'observation des clauses de l'armistice et derrière la prétendue défense de l'Empire... » Certes, on ne manquera pas de nous objecter que, si, à la fin de 1941, Maxime Weygand fut en quelque sorte mis à la retraite par le gouvernement de Vichy, ce fut à la demande de l'un des diplomates nazis que Hitler avait changé de dicter ses volontés à Pétain, le conseiller Rahn, et qu'enfin, le 12 novembre 1942, dans l'après-midi, à Saint-Pourçain-sur-Sioule, sur la route de Vichy à Guéret, les autorités allemandes interceptaient la voiture où il se trouvait et l'emmenaient en Allemagne, en une résidence forcée où il devait demeurer jusqu'au 5 mai 1945, date à laquelle l'armée américaine prenait possession du château d'Itter dans le sud du Tyrol, son dernier lieu de détention... Et l'on demandera : pourquoi les nazis auraient-ils fait appréhender un homme qui servait si bien leur politique ?

Un « non-lieu », le 6 mai 1948...

A cette objection, la réponse n'est pas simple... Voyons d'abord quelle fut l'attitude du gouvernement de Vichy à l'annonce de l'arrestation de Weygand. Sitôt la nouvelle connue, du côté de chez Pétain, on marqua sa surprise et l'on protesta. Comme Berlin faisait la sourde oreille, on n'insista pas mais, le 16 novembre, le ministre de la Justice du Maréchal, Joseph Barthélémy, rédigeait à l'intention de celui-ci une note où l'on trouve cette phrase singulière : « En droit, malgré Montoire, nous sommes en guerre avec l'Allemagne car, au mois de novembre, elle a fait des prisonniers de guerre en France (Weygand), et il n'y a pas de traité de paix entre les deux pays... » Considérons maintenant la position allemande. Elle n'a jamais été très claire. On a parlé de projet d'assassinat, même de condamnation à mort. On a dit que ce serait l'amiral Canaris et ses subordonnés de l'Abwehr, le service secret militaire, qui auraient sauvé Weygand des griffes de Hitler. Mais pourquoi, dans cette hypothèse, Weygand n'aurait-il pas ressenti le contrecoup de la disgrâce de Wilhelm Canaris et de son exécution par le SS ? Leurs qualités d'officiers généraux n'empêchèrent pas les nazis d'assassiner froidement Frère, Mesny, Delestraint, etc. Il semble qu'on approche beaucoup plus de la vérité si l'on admet que, informé bien sûr de la campagne de presse anglo-américaine et des tentatives des Alliés pour faire de Maxime Weygand un résistant malgré lui, les dirigeants nazis et Adolf Hitler tout particulièrement se sont laissés prendre au mythe, prendre au bluff monté dans les conditions que nous savons. Le 5 avril 1946, devant le Tribunal militaire international de Nuremberg, alors que l'on interrogeait l'un des principaux accusés, le Feldmarschall Wilhelm Keitel qui, de 1938 à 1945, avait dirigé la Wehrmacht comme chef de l'état-major général des Forces armées allemandes (OKW), son avocat, Otto Nelte, lui demanda si les nazis « auraient pu avoir un intérêt quelconque à vouloir du mal au général Weygand » et si ce dernier était ou non « un adversaire déclaré de l'Allemagne en raison de la politique qu'il s'efforçait de poursuivre ». Keitel répondit : « Pour juger les circonstances qui ont donné lieu à cette conception, quelque peu fantaisiste, selon laquelle le général Weygand était, en quelque sorte, disons gênant, il n'y avait absolument aucun motif. En raison des relations nouées en septembre-octobre de la même année avec le maréchal Pétain et de la politique de collaboration bien connue qui, au cours de l'hiver 1940-1941, avait atteint son point culminant, il eût été absurde d'avoir l'idée de vouloir supprimer le chef d'état-major du Maréchal, et ce n'était nullement compatible avec la solution politique générale du problème nord-africain. Pendant l'hiver 1940-1941 nous avions libéré un grand nombre d'officiers et de soldats de métier de l'armée coloniale française pour qu'ils fussent utilisés dans le service colonial. Il y avait aussi parmi eux des généraux, en particulier, je m'en souviens, le général Juin qui, à notre connaissance, avait été, des années durant, chef d'état-major en Afrique du Nord. Il n'y avait donc pas le moindre motif d'en vouloir au général Weygand ni même d'avoir cette pensée. »

Dérobade, dira-t-on peut-être, d'un « criminel de guerre » en quête d'indulgence ? Non, car la teneur du propos est recoupée par d'autres témoignages. Celui, par exemple, du docteur Bernard Ménétrel, le médecin et confident de Pétain, qui, le 12 novembre 1942, nota chez le Maréchal le dialogue suivant entre Weygand, Pierre Laval et René Bousquet, le secrétaire général de la Police... Ce dernier vient de rapporter que les Allemands craignent des incartades de l'ex-« proconsul » et il ajoute : « J'ai répondu que le général Weygand était l'hôte du Maréchal et que je répondrais de lui sur ma tête... » Alors Laval : « Moi, Laval, je prends à mon compte la déclaration de M. Bousquet. Il s'agit de prendre des mesures de sécurité et non de surveillance... » Réponse de Bousquet : « A aucun moment les Allemands n'ont mis en doute le loyalisme du général Weygand, mais ils sont outrés par le cas du général Giraud. » (...) Question de Laval : « Ne pourrait-on, Bousquet, mettre le général Weygand à l'abri dans une sous-préfecture du Gers ? »... Commentaire de Weygand : « Je ne m'oppose pas à une mesure que vous prendriez contre moi. Car, Monsieur le Président, je suis obligé de vous dire que je ne suis pas d'accord avec votre politique. (...) Je vous répète que le gouvernement, par sa politique, se fait le fourrier du communisme. »

Erreur, cafouillage, ambiguïté. En tout cas heureuse attitude allemande qui permit à celui dont les nazis « ne mettaient pas le loyalisme en doute » d'être sauvé par son mythe, d'obtenir un « non-lieu » le 6 mai 1948 et d'échapper ainsi au sort commun des autres ministres et chefs militaires de Vichy : la comparution devant la Haute Cour !... Car Maxime Weygand, passé maître dans l'art d'utiliser les ambiguïtés, sortira indemne et honoré de péripéties où d'autres se seraient perdus corps et âme... Certes, Marcel Willard, l'ancien avocat de Dimitrov, l'ancien ministre de la Justice de la Libération, démissionnera de la « commission d'instruction » de la Haute Cour pour protester contre le « non-lieu » accordé à « ce général de la reddition », mais une autre image de Weygand persistera dans bien des têtes de patriotes. Beaucoup plus tard, un général ancien résistant et très au fait de la psychologie de l'armée française nous dira même : « Quelles qu'aient été les véritables intentions de celui-ci, la majorité de l'Armée d'Afrique a cru en Weygand et pensé qu'un jour ou l'autre elle reprendrait sous ses ordres le combat contre les Allemands. Même si cela peut paraître paradoxal, il est certain que cette confiance en Weygand contribua à la reconstruction morale de l'armée qui allait combattre si vaillamment en Tunisie et en Italie... » Mais revenons à Alger...

Le rappel de Weygand par Pétain ni son arrestation par les Allemands ne vont évidemment rien changer au fait qu'Alger peut être qualifiée de Vichy d'outre-mer. Et, comme nous le disions plus haut, le débarquement du 8 novembre 1942 ne va pas, non plus, y changer grand-chose. Les Alliés sont là. Vichy aussi. C'est à se demander qui est l'hôte de l'autre ?

Entre « Vichy à l'envers » et « Vichy libre »...

Une fois passée l'euphorie des premiers jours, tout le monde constate en effet que l'Algérie, et plus généralement l'Afrique dite alors française, à l'exception des quelques territoires ralliés à de Gaulle, demeure la terre d'élection du pétainisme. Tout le monde le constate, tout le monde le dit... Et d'abord, les TSF locales... Dans ses *Ephémérides de quatre années tragiques*, Pierre Limagne note : « Radio-Rabat répète à tout bout de champ : “L'Etat français continue”... » Minutieux greffier des événements tels qu'on les percevait, au jour le jour, en France occupée, Limagne estime même que les Alliés sont « assez prêts à laisser se consolider à Alger la Révolution nationale ». Et c'est le même constat que feront les historiens au fil des décennies suivantes... Des expressions très voisines viendront ainsi sous les plumes les plus différentes. L'Américain Robert O. Paxton écrira : « L'Afrique du Nord devient en quelque sorte un “Vichy à l'envers”, sous occupation américaine. » Yves-Maxime Danan évoquera « la substitution du vichysme sous protectorat américain au vichysme sous contrôle allemand ». Jean-Louis Crémieux-Brilhac dénoncera « le scandale du "Vichy libre" qui s'épanouit à Alger sous la bannière américaine » Etc... Mais le constat le plus amer sera, bien sûr, celui des rares résistants locaux qui s'attendaient à tout, sauf à cela. Le communiste André Moine dira ultérieurement : « C'est pour nous la période politiquement et moralement la plus dure de toute la guerre. Tous nos espoirs de libération, mais beaucoup plus largement de restauration de la démocratie, étaient dans la victoire des Alliés. Or, voici les Alliés maîtres de l'Afrique du Nord, et rien ne change : le régime de Pétain continue, les amis de Hitler tiennent toujours le haut du pavé. Pour nous, au lieu d'une libération qui nous paraissait indiscutable, un régime plus strict, plus dur. (...) C'est une leçon de l'histoire, terriblement douloureuse pour ceux qui l'ont vécue... » Ayant cru pouvoir, le 8 novembre, sortir de la clandestinité, le groupement local du mouvement Combat, que dirige à Alger René Capitant, doit y retourner. Dans le numéro de son organe clandestin qui paraît le 21 janvier 1943, on peut lire : « Nous employons à nouveau la ronéo pour imprimer notre journal. En effet, nous sommes traqués à nouveau comme aux pires jours de la dictature vichyssoise... »

Et de Gaulle ? Qu'en dit le Général ? Eh bien, en décembre 1942, il écrit au général Antoine Béthouart qu'à la suite de « cette "combine" à la Vichy (...), toute la Résistance en France est ébranlée dans ses profondeurs ». Et le chef de la France libre ne se contente pas de souligner l'indignité de la « combine ». Il met en évidence ce que l'on pourrait appeler son caractère ubuesque. En effet, dans son discours du 4 mai 1943, à Londres, à Grosvenor House, il déclarera : « Alors s'établit en Afrique française du Nord cet état de choses étonnant où l'autorité, privée de l'une et de l'autre des deux bases imaginables — Vichy ou la France combattante — se trouvait condamnée à des mesures contradictoires, où paraissaient ordres et décrets généralement de bon aloi, mais que quelque sortilège empêchait toujours d'être appliqués, où les meilleures déclarations démocratiques et républicaines étaient affichées sous le portrait du Maréchal, où l'on prescrivait de libérer les jeunes prisonniers pour délit d'espérance sans, toutefois, qu'ils sortissent de prison, où l'on condamnait solennellement les lois racistes, tout en rendant plus rigoureux le régime appliqué aux Juifs, où l'on reniait les lois de Pétain cependant que les journaux officiels continuaient à les promulguer, où la mobilisation générale amenait dans les dépôts des foules d'hommes pour lesquels il n'existait ni uniformes, ni équipements, ni armes, où l'on affirmait subordonner tout à la guerre et au combat pendant qu'une partie des cadres militaires supérieurs délibérait inlassablement sur le point de savoir si l'on devait aller à la rencontre de l'ennemi, et dans quel but, et à quelles conditions ? »...

Certes, un tel état de choses est essentiellement dû à des causes politiques. Toutefois, si la semence vichyssoise a si bien germé en terre africaine, c'est aussi pour des raisons sociales et économiques. Membre du Groupe des cinq d'inspiration américaine, le futur général Alphonse Van Hecke est un officier de tradition que Vichy a envoyé en Algérie pour y diriger les « Chantiers de la jeunesse ». Or, c'est lui qui écrira : « La population européenne de l'Afrique du Nord ignorait tout des misères des populations de France. Son ravitaillement ne laissait pas beaucoup à désirer ; il était amélioré par les Américains. Le soleil chauffait pour tous et les cafés regorgeaient de monde à l'heure de l'apéritif. Les habitants n'aspiraient pas à ce que cela change de leur fait. (...) C'était une masse amorphe qui n'avait pas connu les affres de la guerre, qui vivait dans une facilité relative... » De même, le futur général André Beaufre, s'il est alors un des rares officiers d'active à participer à la Résistance, n'est pas pour autant un révolutionnaire, or c'est lui qui dira : « L'argent... L'Algérie était une ploutocratie dirigée par de gros intérêts privés : le vin, le blé, les agrumes principalement ; certains produits du sous-sol, les phosphates (en Tunisie et au Maroc), le minerai de fer constituaient d'autres citadelles. Avant la guerre, toutes ces activités se trouvaient limitées par la crise de surproduction mondiale, et brusquement la défaite et le blocus leur créaient des débouchés infinis, pour peu que l'on pût disposer des bateaux nécessaires. Le courant d'échanges amenait la prospérité jusque dans les produits les plus secondaires, comme le liège par exemple, puisque l'Europe manquait de tout. Cet état de choses nouveau renforçait considérablement les liens déjà noués avec Vichy sur le plan politique... »

Quand le dollar succède au mark...

En fait, les marchés d'abord conclus jusqu'au 8 novembre 1942 avec Vichy et surtout avec les « commissions d'achat » auprès des « commissions d'armistice » allemandes et italiennes vont l'être, après cette date, avec les Américains. Le dollar succède au mark et à la lire sans que le flot des bénéfices diminue... Un pilote venu en Afrique du Nord pour combattre et qu'anime l'esprit des FFL rapporte ainsi ses impressions du Maroc : « Je flâne dans Casablanca. Beaucoup d'animation dans les artères principales ; les Américains et les Anglais sont nombreux. Ils découvrent avec stupeur un pays neuf qui n'est pas encore exploité. Ils dévalisent à n'importe quel prix les magasins et boutiques. (...) Un état d'esprit matérialiste et mercantile règne chez les commerçants d'AFN (...) Pour certains Français d'AFN, influencés par la propagande de Vichy, l'épouvantail bolchevique se dresse de plus en plus. Ils ont peur qu'un élan patriotique et populaire puisse faire confisquer l'argent et les bénéfices que leur a rapportés la collaboration. »

Si le dollar succède au mark sans douleur et au profit des mêmes, si les fonctionnaires du NAEB (*North African Economic Board*-Bureau des affaires économiques pour l'Afrique du Nord) continuent de traiter avec les Comités d'organisation, avec le GIRTI (Groupement d'importation et de répartition des tissus indigènes), il n'en reste pas moins que, pour les grands propriétaires et gros commerçants, les banquiers et les trafiquants, les Américains sont moins rassurants que les Allemands. Les nazis combattaient « l'épouvantail bolchevique » alors que les Alliés sont engagés dans la guerre solidairement avec l'Union soviétique. Malgré les faveurs qu'ils vont lui prodiguer, la « ploutocratie », pour reprendre l'expression du général Beaufre, restera méfiante à l'égard de ceux que, sur les ondes de Vichy, toujours très écoutées, on nomme les « envahisseurs anglo-saxons ». On ne décroche donc pas les portraits de Pétain, pas plus chez les petits blancs qui ramassent les miettes de ces grandes transactions que chez ceux qui en sont les bénéficiaires directs.

Cette réserve, cette suspicion à leur endroit, les Américains ne peuvent évidemment pas l'ignorer. Un des subordonnés d'Eisenhower, le général Anderson, lui adresse un rapport où il écrit notamment : « Bien des maires, chefs de gare, directeurs de bureaux de poste ou autres fonctionnaires importants auxquels nous eûmes affaire lors de notre avance étaient tièdes dans leur sympathie ; ils hésitaient, n'osant pas se laisser aller franchement. Et certains étaient nettement hostiles. Je puis, sans crainte d'erreur, porter le jugement général suivant : au début, dans l'armée, les officiers supérieurs étaient hésitants et ne voulaient pas se compromettre. Les officiers subalternes étaient, pour la plupart, partisans d'aider les Alliés. Les hommes obéissaient aux ordres. Les Arabes étaient indifférents, avec une tendance plutôt hostile. Les Français étaient pour nous, mais apathiques. Les autorités civiles nous marquaient leur opposition dans l'ensemble. Mon impression générale était que je n'aurais pas donné cher de la sécurité de mes groupes isolés en cas de revers sérieux. » Moins diplomate que le général Anderson, la presse anglo-américaine de l'époque trouve cette « tiédeur » plutôt froide. André Kaspi fait état d'une caricature parue dans *Time Magazine* du 15 février 1943. On y voit « un soldat américain qui interroge un soldat français devant un camp de concentration ». Et cela donne le dialogue suivant : « Pourquoi ne les lâchez-vous pas ? — Parce que ce sont tous des communistes. — Comment le savez-vous ? — Parce qu'ils ont aidé les Alliés. » De même, soldats et diplomates des Etats-Unis savent fort bien que, selon l'expression du général Van Hecke, le SOL, avant le débarquement, « surveillait étroitement les demeures américaines » et qu'il s'efforce de continuer après le 8 novembre.

Dans le même ordre d'idées, les Américains n'ont pas plus d'illusions sur ceux avec qui ils font du négoce que sur ceux avec qui ils négocient. Parlant des groupements professionnels dans lesquels les colons d'Afrique du Nord se sont regroupés à la mode vichyssoise, le diplomate William L. Langer remarquera : « Les “Comités d’organisation” ou “Groupements” exerçaient un contrôle absolu sur la vie économique du pays. Ces organismes corrompus constituaient les instruments des collaborationnistes de Vichy, les principaux bailleurs de fonds du SOL et du PPF et les serviteurs obéissants de la commission d’armistice allemande qui mettaient le pays au pillage. Le dur régime politique et économique qui s’établit peu à peu en Afrique du Nord ne tolérait aucune opposition ouverte... » D’ailleurs, en supposant même qu’ils n’eussent pas choisi de traiter avec elle, les Alliés, à partir du moment où ils s’installèrent en terre africaine, auraient difficilement pu ignorer cette dictature. En effet, la pourriture ambiante était telle que leurs propres rangs en furent rapidement atteints. A cet égard, le témoignage d’un officier de police du FBI (Federal Bureau of Investigation) qui, pour la durée de la guerre, avait été affecté à la Criminal Investigation Division (CID), l’équivalent de notre « Sûreté aux armées », est particulièrement significatif. Ce policier, Leon G. Turrou, devait en effet déclarer plus tard : « A mon avis, c’est en Afrique du Nord que le marché noir atteignit le développement maximum. Jamais dans mon existence je n’avais rencontré un tel état de choses et je ne l’imaginais même pas. (...) Une grande partie de ce marché noir était le fait de membres de l’armée américaine. (...) Par exemple, il était fréquent qu’un chauffeur de camion vendît tout ce que contenait sa voiture sans se préoccuper de ce qu’il transportait. »

Lorsqu’on considère une pareille situation, on peut penser que les Alliés, disposant d’une part de la suprématie militaire et d’autre part de ce que l’on nous permettra d’appeler des complicités dans la place, en l’occurrence les résistants, si peu nombreux fussent-ils, étaient parfaitement en mesure de mettre bon ordre à tout cela et de remplir tout simplement leur mission, la mission libératrice qui était la leur aux yeux du monde entier et même de leur propre opinion publique aux Etats-Unis comme en Grande-Bretagne... Telle ne fut pourtant pas leur attitude. Dans un premier temps, c’est-à-dire durant de longs mois, l’opération Torch, si elle fit échapper l’Afrique du Nord au contrôle militaire de l’Axe, ne s’inquiéta pas de la soustraire à son emprise idéologique. L’expression déjà citée d’Yves-Maxime Danan décrit exactement la réalité singulière qui alors s’instaura : le Maroc et l’Algérie devinrent des régions hybrides où régna un « vichysme sous protectorat américain ».

Le problème de la flotte de Toulon

Dans le contexte de l’époque, une situation aussi surprenante souleva non seulement des flots de protestations mais des vagues d’indignation. Nous avons commencé à en dire la vigueur mais il nous faut essayer maintenant de comprendre quelles furent les motivations des Alliés lorsqu'ils adoptèrent une attitude que la Résistance française put, à juste raison, considérer non seulement comme une amère déception mais, pire encore, comme une absurde trahison, un défi à sa raison d'être...

Trop de soldats anglais et américains sont morts en libérant l'Europe occidentale pour que l'on puisse douter du désir que les peuples, mais aussi les dirigeants, de Grande-Bretagne et des Etats-Unis avaient de mener contre Hitler une guerre victorieuse. Certes, des préjugés sociaux, nourris par une longue tradition anticommuniste et par de puissants intérêts particuliers, entrèrent en ligne de compte. Mais très nombreux furent surtout les erreurs d'appréciation et les profonds malentendus. En rendant difficile le fonctionnement habituel des diverses formes de démocratie que connaissaient les pays alliés, en militarisant les nations, la guerre totale amena en outre certains dirigeants politiques de premier plan non seulement à exercer, presque malgré eux, un pouvoir personnel mais encore à prendre une évidente valeur symbolique. Churchill et Staline d'abord, puis Roosevelt, puis Tito, puis enfin de Gaulle ont respectivement personnifié l'engagement de leurs peuples dans le conflit planétaire. En certaines circonstances, de telles conditions amplifièrent jusqu'à la dimension politique des inclinations et des amitiés aussi bien que des mésententes et des dissentiments qui, en temps normal, n'auraient pas dépassé le niveau psychologique. Nous avons déjà pu le constater lorsque nous avons vu le chef de la France libre aux prises avec le président des Etats-Unis et le Premier ministre britannique... Revenons un instant à l'été de 1940. L'Angleterre est une île assiégée. Les nazis l'arrosent de bombes et menacent d'y débarquer. Rien ni personne ne semble pouvoir être en mesure d'arrêter la ruée de Hitler. La défaite de la France donne aux Anglais l'impression d'être maintenant au bord du gouffre. Winston Churchill fait et refait l'inventaire des rares atouts qui demeurent entre ses mains. Il est logique que, dans une pareille situation, il soit amené à en surestimer certains et même à en imaginer qui n'existeront jamais. Politicien conservateur, même s'il a offert l'asile à Charles de Gaulle et s'il lui a ouvert les micros de la BBC, il ne s'attarde pas à envisager un éventuel mouvement populaire de Résistance en France occupée. En revanche, devant d'abord se battre sur un front maritime, il est comme fasciné par la flotte de guerre restée intacte et dont les principaux bâtiments sont à l'ancre en rade de Toulon. Plus loin, ses regards se portent sur l'Empire colonial français où les soldats allemands n'ont pas mis le pied. La partie la plus proche de cet Empire, l'Afrique du Nord, lui apparaît, non sans raison, comme une possible plate-forme pour une contre-attaque ultérieure. L'opération Torch, mais aussi le mythe Weygand trouvent ici leur source... Simultanément, bien que son désir d'aider la Grande-Bretagne se heurte à de très sérieuses résistances isolationnistes et pro-fascistes, aux Etats-Unis même,

Franklin D. Roosevelt poursuit à peu près le même raisonnement. Très vite d'ailleurs, le président américain et le Premier britannique vont nourrir des desseins identiques à propos de la flotte française, de l'Afrique du Nord, de Weygand, etc. Très vite aussi, hélas, cette communauté de vues les amènera à une quasi-communauté d'erreurs sur Philippe Pétain et le régime de Vichy.

L'historien Maurice Ferro a donné au livre où il aborde ce problème un titre très évocateur : *De Gaulle et l'Amérique : une amitié tumultueuse*... « Dans l'ordre des priorités conservatoires, rappelle Ferro, c'est la flotte française qui se situait au premier rang. Le 22 juin 1940 était signé l'armistice franco-allemand, dont l'article 8, relatif à la Flotte ne laissait pas que d'inquiéter les Américains. L'ambassadeur Biddle qui, le 18 juin déjà, conformément au télégramme de Cordell Hull du 17, adressé au nom de Roosevelt, avait insisté auprès de Darlan pour obtenir des assurances relatives au sort des escadres françaises, exprima le jour même — 22 juin — à Baudoin, ministre des Affaires étrangères, les craintes inspirées aux Etats-Unis par cet article 8. Car Washington ne croyait pas que Hitler en respecterait les dispositions. Les explications de Baudoin ne dissipèrent pas, il s'en faut, les appréhensions américaines (...) Sumner Welles, sous-secrétaire d'Etat, convoqua aussitôt l'ambassadeur de France, le comte de Saint-Quentin, pour lui déclarer sans ménagement que l'armistice, “manifestement, jetait la flotte entière directement dans les mains des Allemands”. Peu après, le 27 juin, c'est le secrétaire d'Etat, Cordell Hull, qui précisait à l'ambassadeur, avec plus de netteté encore “qu'en toute franchise, il devait le prévenir de la manière la plus instante et la plus nette que les Etats-Unis avaient le plus grand intérêt à ce que la France ne permît pas à l'Allemagne de prendre possession de la Flotte française...” (...). Mais les Etats-Unis n'en reconnurent pas moins le gouvernement de Vichy. (...) A Vichy, l'ambassade des Etats-Unis constituait assurément un excellent poste de guet. A partir de là, Roosevelt pensait pouvoir exercer une pression constante sur le maréchal Pétain. Aussi bien l'entrevue de Montoire — à quinze jours de l'élection présidentielle — causa à la Maison-Blanche une fort désagréable surprise. Roosevelt chargea ainsi Cordell Hull, le 25 octobre, de câbler à F. Matthews, chargé d'affaires à Vichy, de réitérer la position de Washington relative à la flotte. Mais, pour “surveiller” Vichy, un chargé d'affaires ne suffisait pas. Il fallait un ambassadeur de poids. La France non occupée était “gouvernée” par un Maréchal ? L'ambassadeur devait être un militaire de très haut rang. La flotte obéissait à Darlan ? Ce militaire devait être amiral. C'est ainsi que Roosevelt porta son choix sur l'amiral Leahy, vieux marin conservateur, qui jouissait à Porto-Rico d'une paisible retraite en qualité de gouverneur. Ses instructions, datées du 20 décembre 1940, étaient fort nettes : “Dès que nous avons vu que l'effondrement de la résistance française était imminent, l'un des principes directeurs du gouvernement a été de s'assurer que la flotte française ne tombât pas entre les mains des Allemands."... »

Obstination dans l'illusion

A ce « principe directeur », Churchill adhère bien sûr et d'autant plus vivement que, pour lui, le danger est plus immédiat que pour Roosevelt. Dans ses mémoires, le général Dwight D. Eisenhower rapporte que le Premier britannique lui avait dit un jour : « J'accepterais de gaieté de cœur de faire un « mile » à quatre pattes si cela devait gagner aux Alliés la collaboration de la flotte française. » On comprend, lisant cela, qu'Anthony Heckstall-Smith ait intitulé un livre sur le sujet : *La Flotte convoitée*... On pourrait presque même aller plus loin et remarquer, comme le fait Kenneth Pendar, que « la flotte française devint une préoccupation presque morbide (...). Londres et Washington en discutèrent tellement et chapitrèrent Vichy à un tel point à ce sujet que l'on aurait pu croire, comme le fait observer un journaliste, que c'était notre propre flotte que les Français nous avaient dérobée... »

Et l'autre obsession, celle de l'« Afrique française » ?... « Afin d'évaluer les ressources de ce mystérieux Empire, raconte Peter Tompkins, le commandant Roscoe Hillenkoetter, obscur attaché naval américain auprès du gouvernement français — qui devait devenir par la suite amiral et surtout DCI (Director of Central Intelligence) c'est-à-dire chef de la CIA, les services secrets américains d'après 1947 —, fit un rapide voyage dans le nord et l'ouest de l'Afrique. Il y découvrit, au cours de l'été 1940, quelque cent vingt-cinq mille soldats français bien entraînés encore en service actif, plus deux cent mille réservistes. Il câbla ses conclusions à Washington en ces termes : "Si un jour la France reprend le combat, ce sera à mon avis en Afrique du Nord." Son rapport fut remis au président Roosevelt, que cette perspective intéressa au point qu'il rappela de Vichy le conseiller d'ambassade américain Robert Murphy, auquel il donna pour directives d'obtenir un laissez-passer pour se livrer à une nouvelle enquête plus approfondie... » On sait qu'en fait Murphy devait passer presque toute la guerre à Alger et y jouer un rôle de premier plan. Et pourtant, il ne fut pas le seul « envoyé spécial » de Roosevelt au Maghreb. Il y en eut d'autres... Jay Allen, par exemple, dont Jacques Roulleaux-Dugage, alors en poste à l'état-major d'Alger, dit qu'il avait été « recommandé par le général Weygand lui-même » et qu'il « n'était autre qu'un ami personnel du président Roosevelt, envoyé par ce dernier en voyage d'information en Afrique du Nord... ». On remarquera l'expression « recommandé par le général Weygand ». Quand Jay Allen arrive à Alger, c'est-à-dire au début de l'année 1941, les Alliés sont déjà largement engagés dans l'engrenage des « bonnes relations » avec le régime de Vichy. En jouant son rôle de diplomate américain et en profitant du fait que son pays n'était pas alors encore officiellement partie prenante au conflit, William L. Langer tente d'attribuer aux seuls Britanniques la responsabilité des illusions sur le Maréchal. En réalité, Churchill et Roosevelt pratiquent déjà la même politique à l'égard de Vichy, et l'opinion émise par Langer sur cette politique concerne aussi bien Washington que Londres. « Le but lointain des Anglais était, écrit-il, si c'était humainement possible, d'amener Pétain et le nouveau régime du côté des Alliés. Ils firent savoir que, si le gouvernement français se rendait en Afrique du Nord ou entrait en guerre contre l'Axe, ils enverraient un puissant corps expéditionnaire pour l'appuyer et que, dans ce cas, les flottes britannique et française réunies, en s'assurant la maîtrise de la Méditerranée, rendraient vaine toute avance des nazis à travers l'Espagne vers Gibraltar. En vérité, il n'y eut jamais la moindre chance que Pétain ou le gouvernement de Vichy se rendissent en Afrique du Nord, et il est tout à fait surprenant que le gouvernement britannique ait si longtemps méconnu ce fait... » Si longtemps — on pourrait ajouter : et si obstinément. Robert Murphy lui-même s'en étonnera rétrospectivement dans son livre de souvenirs *Un diplomate parmi les guerriers*. « Le 22 décembre 1941, y écrit-il, le Premier ministre Churchill arriva à Washington pour parler stratégie avec le président Roosevelt. Bien que le Japon eût fait du Pacifique un champ de bataille majeur et que la déclaration de guerre de Hitler aux Etats-Unis ouvrît d'innombrables possibilités, cette conférence d'avant Noël à la Maison-Blanche fut consacrée presque exclusivement à l'Afrique du Nord française... » Illusions et obstination eurent la vie d'autant plus dure que l'image que l'on se faisait, surtout à Washington mais aussi à Londres, de la réalité française était très floue, pour ne pas dire plus. Le résistant puis membre important du BCRA Jean Pierre-Bloch a rapporté quels étaient les sentiments d'un autre dirigeant socialiste, André Philip, au retour d'une mission que le général de Gaulle l'avait chargé de remplir à Washington. « Philip, dit-il, avait été terriblement frappé et ému par l'attitude des Américains pendant son séjour aux Etats-Unis. Il avait, en vain, plaidé la cause de la Résistance française. Le cynisme et l'ignorance des gens du State Department l'avaient complètement découragé... »

Si certains politiciens, certains diplomates, certains généraux anglais et américains pressentaient en quelque sorte cette erreur d'appréciation sur la situation française, ils se voyaient opposer un raisonnement parfaitement erroné mais d'apparence parfaitement logique, raisonnement que Charles de Gaulle et tous les représentants de la Résistance intérieure française se virent constamment opposer, eux aussi, jusqu'au moment même de la Libération. Celui qui poussa le plus loin ce raisonnement et qui le formula le plus clairement à maintes reprises fut incontestablement Franklin Delano Roosevelt... André Kaspi en cite un exemple mémorable qui date de juillet 1943.

« Le ton, écrit-il, a été donné par le président lui-même. Recevant le général Giraud avec les honneurs militaires et en présence du seul général Marshall, le président déclare que quatre-vingt-quinze pour cent des Français vivent sous la domination nazie et, par conséquent, ne sont pas libres de s'exprimer. » Et Kaspi rappelle à ce propos que, le 19 juillet 1943, on pouvait lire dans l'hebdomadaire *Newsweek* un article d'Ernest Lindley où il était affirmé : Américains et Britanniques « sont les véritables gérants de la France. En tant que tels, ils ne peuvent pas laisser supprimer ou limiter le droit du peuple français par les ambitions politiques de De Gaulle ou de n'importe qui d'autre. »... Enfin, c'est le même auteur qui cite cette autre phrase de Roosevelt : « Les USA ne reconnaîtront un gouvernement souverain qu'au moment où la France sera libérée de l'envahisseur »...

L'AMGOT (Allied Military Government for Occupied Territories)...

Incessant et essentiel combat pour la légitimité, combat contre l'AMGOT (Allied military government for occupied territories : gouvernement militaire allié pour les territoires occupés), etc. — on sait combien sera difficile, exaspérante, épuisante, la lutte incessante que Charles de Gaulle et les mandataires de la Résistance française devront mener contre ce raisonnement fallacieux qui, au bout du compte, tend à leur dénier le droit même de proclamer ce qu'ils sont réellement. Hélas, comme nous le verrons, jusqu'au dernier moment, Churchill et surtout Roosevelt s'accrocheront à ce raisonnement et s'obstineront à vouloir mettre l'AMGOT en place. Il faudra que les faits leur forcent la main et qu'à l'été de 1944 leurs généraux constatent *de visu* l'existence organisée et la réalité combattante de la Résistance pour qu'enfin ils rangent dans leurs tiroirs leurs plans de tutelle humiliante.

Mais n'anticipons pas... Restons en Afrique du Nord. Six mois avant la visite du général Henri Giraud aux Etats-Unis à laquelle nous venons de faire allusion, le Président américain et le Premier britannique se rendent au Maroc, à Anfa, près de Casablanca, pour, à la fin de janvier 1943, rencontrer Giraud et de Gaulle et surtout les faire se rencontrer. A cette conférence sera notamment discuté un protocole où Roosevelt obtiendra que figurent trois phrases qui, sous leur apparence bienveillante, étaient lourdes de menace. Les voici : « La nation et le peuple français ayant seuls qualité pour fixer leur représentation et désigner leur gouvernement, la métropole française se trouvant actuellement dans l'impossibilité de se prononcer librement, la France ne possède, de ce fait, plus de gouvernement. Dans l'intérêt du peuple français, pour la sauvegarde de son passé, de son présent et de son avenir, le gouvernement des Etats-Unis et le gouvernement de la Grande-Bretagne reconnaissent au commandant en chef français, siégeant à Alger, le droit et le devoir de préserver, sur le plan militaire, économique, financier et moral, tous les intérêts français. Ils s'engagent à l'y aider par tous les moyens en leur pouvoir, jusqu'au jour où, en toute liberté, le peuple et la nation française auront pu désigner leur gouvernement régulier. »

Les deux mots « gouvernement régulier » sonnent ici singulièrement. La légitimité ainsi refusée à la France libre aussi bien qu'au futur Conseil national de la Résistance, pour les Alliés occidentaux, ne serait-ce pas Vichy qui en serait toujours dépositaire ? Ces mêmes Alliés occidentaux considèrent-ils que, selon le mot du colonel Passy, les Français, s'ils doivent « fermement se battre contre l'Allemagne », doivent aussi « accepter de faire la guerre dans le cadre et avec le personnel de la Révolution nationale » ? Question qui en implique une autre : la politique ainsi choisie par les Alliés occidentaux ne les amène-t-elle pas fatalement à montrer plus que de l'indulgence pour le régime de Vichy ? Laissons à un historien américain auquel nous nous sommes déjà référés, Milton Viorst, le soin de répondre. « Les Etats-Unis, écrit-il, jouèrent le jeu de Pétain. La politique de Roosevelt consistait à manifester de la sympathie au gouvernement de Vichy, à lui faire parvenir, lorsque les Anglais l'autorisaient, des bateaux de ravitaillement pour les civils. C'est précisément ce que souhaitait Pétain. (...) En manifestant des égards au gouvernement de Pétain, les Etats-Unis lui donnèrent du poids aussi bien en France que dans tout le monde non fasciste. » Dans le livre d'où sont tirées ces lignes, *Les Alliés ennemis : de Gaulle, Roosevelt*, Milton Viorst se fait encore plus précis lorsqu'il choisit pour titre d'un chapitre : *Washington courtise les « apôtres du déshonneur »*.... Et, à l'appui de cette appréciation, l'historien américain cite de nombreux textes. Par exemple, cette définition du Maréchal par l'amiral Leahy : « Le vieux monsieur que je considère comme un vieux patriote entièrement dévoué au bien de ses compatriotes. » Par exemple encore, ces phrases extraites d'une lettre de Roosevelt au même Maréchal en février 1941 : « En ces moments de grande difficulté que vous traversez, je désire vous exprimer ma sympathie et ma compréhension. Je souhaite ardemment que le dénouement soit favorable à la continuation d'une France libre et indépendante pour laquelle vous avez lutté avec une détermination et un courage si constants. »... Or, pour en extraire de pareilles perles, Viorst n'a pas besoin de solliciter les textes. Abondantes sont en effet les preuves écrites de la politique provichyste longtemps menée par les Alliés occidentaux. Revenons à l'amiral William D. Leahy. On sait qu'il avait été envoyé par Roosevelt à Vichy en novembre 1940. En 1942, peu après son retour aux Etats-Unis, le 9 juin, il déclarait : « Je viens de revenir d'une France complètement submergée par une invasion de barbares qui ont saisi la plus grande partie des ressources matérielles de la France et ont détruit une partie de ses ressources spirituelles. Pendant les dix-huit mois que j'ai passés en France, la politique du gouvernement américain a consisté à maintenir notre traditionnelle amitié avec le peuple opprimé de France, quelle que soit la composition de son gouvernement, qui est appelé à changer de temps à autre. Mes relations avec le maréchal Pétain, pour lequel je maintiens une haute estime personnelle, ont été, pendant tout mon séjour, étroites, cordiales et utiles aux intérêts de son pays... »

Trois ans plus tard, lorsque Philippe Pétain se trouva en posture de comparaître devant la justice française pour répondre de sa longue trahison, il ne manqua pas de faire appel à ce marin si diplomate, devenu entre-temps chef d'état-major personnel du président Roosevelt. Voyons ce que — et surtout le ton sur lequel — Leahy lui répondit. « J'apprends, lui écrivit-il, la triste situation dans laquelle vous vous trouvez comme suite au développement des événements d'Europe qui, dans leur aspect favorable, ont amené la libération de la France et la destruction des barbares nazis. Vous comprendrez qu'il m'est impossible, en ma qualité de chef d'état-major, d'être impliqué à aucun degré dans la controverse interne française à laquelle vous êtes mêlé. Je n'ai aucune information quant aux détails des charges ou spécifications des charges auxquelles vous devez répondre. Ma connaissance de votre attitude personnelle et officielle vis-à-vis des Alliés et vis-à-vis des puissances de l'Axe est strictement limitée à la période janvier 1941 à avril 1942, pendant laquelle j'ai eu l'honneur d'être l'ambassadeur des Etats-Unis en France. Pendant cette période, vous avez, à diverses occasions et à ma demande, agi contre les désirs de l'Axe et favorablement à la cause alliée. Dans tous les cas où vous n'avez pas accepté mes recommandations de vous opposer aux puissances de l'Axe en refusant leurs demandes, la raison alléguée était qu'une telle action positive aboutirait à une oppression supplémentaire de votre pays par les envahisseurs. J'avais alors et j'ai maintenant la conviction que votre but principal était le bien et la protection du peuple abandonné de France. Il m'était impossible de penser que vous ayez d'autres préoccupations. (...) Avec l'expression de mes sentiments personnels et avec les vœux que votre activité pendant la période d'occupation par l'ennemi puisse être évaluée à sa juste valeur par le peuple de France, je demeure très sincèrement vôtre... »

« Je traiterai avec Laval, si Laval me donne Paris ! »

En lisant la lettre de Leahy, nous nous demandons si le dirigeant communiste François Billoux n'avait pas raison lorsqu'il nous a déclaré qu'à son avis « les Américains, de la même façon qu'ils avaient sauvé Darlan et d'autres vichystes, auraient très bien pu sauver Pétain si l'occasion leur en avait été offerte ». D'ailleurs, si l'on en croit le général de Gaulle, Roosevelt n'a pas dit autre chose quand, le 23 novembre 1942, recevant deux envoyés de la France libre, André Philip et Adrien Tixier, il leur a lancé : « Bien entendu, je traite avec Darlan, puisque Darlan me donne Alger ! Demain, je traiterai avec Laval, si Laval me donne Paris ! » On remarquera que la fameuse et fallacieuse différence entre Pétain et Laval, le président des Etats-Unis ne s'attarde pas à la faire. D'ailleurs, comme le confirme entre autres le témoignage de Dominique Canavaggio à la Fondation Hoover, tandis qu'à Vichy Leahy fréquentait assidûment Pétain, un de ses plus proches collaborateurs, le chargé d'affaires Pinckney Tuck maintint régulièrement un contact très étroit et très cordial avec Laval.

Au cours de la Deuxième Conférence internationale sur l'histoire des mouvements de Résistance qui se tint à Milan du 26 au 29 mars 1961, Henri Michel pouvait déclarer : « Jusqu'à la dernière heure de l'Occupation, les Américains soutiennent des personnalités étrangères et parfois hostiles à la Résistance : ne pensent-ils pas installer à Paris un gouvernement Chautemps-Herriot, patronné par Laval ? Ne mettent-ils pas en place, en Normandie, des maires vichystes que les Comités de libération locaux ont suspendus et remplacés, quand ils ne les ont pas emprisonnés ? » C'est au point que les manigances des diplomates américains à Vichy, si elles ne modifient en rien la nature ni l'attitude du régime de Pétain-Darlan-Laval, finissent toutefois par agacer Hitler. Ainsi, par exemple, le jeudi 9 avril 1942, Fernand de Brinon est-il convoqué par Otto Abetz à l'ambassade d'Allemagne à Paris pour entendre le représentant du Führer et son conseiller Schleier lui déclarer qu'à Berlin on n'ignore rien de ce qui se passe sur les bords de l'Allier et qu'on n'entend pas laisser le Maréchal faire le jeu de Roosevelt... Avec le recul, on serait presque tenté d'en rire : comme pour Weygand, c'est bien en vain que Hitler s'alarme. Car c'est évidemment, Roosevelt qui fait le jeu de Pétain et non point le contraire.

Franklin Delano Roosevelt... Nous avons vu, plus haut, la silhouette de FDR grandir à l'horizon de la guerre et la croissance de son influence être considérée avec espoir par les peuples que le nazisme opprime. Effectivement, au fur et à mesure que va augmenter le nombre de théâtres d'opérations sur lesquels sont engagées les armées des Etats-Unis ainsi que la quantité de matériel de guerre produite par les usines américaines, le rôle joué par le chef de la Maison-Blanche va devenir de plus en plus important. Effectivement, cette extension des pouvoirs du Président américain sera, pour l'essentiel, grandement favorable à la cause des nations en lutte pour leur libération. Toutefois, cette lumière n'ira pas sans ombres, on le voit bien lorsqu'on considère, comme nous le faisons ici, l'attitude des Alliés occidentaux à l'égard du régime de Vichy, d'une part et de la France libre et de la Résistance, d'autre part. Ainsi que le soulignera le général de Gaulle, Churchill « s'était fixé comme règle de ne rien faire d'important que d'accord avec Roosevelt... ». Aussi bien, si l'on peut considérer avec Milton Viorst qu'au début « il existait entre la politique de Churchill et celle de Roosevelt une différence fondamentale » à savoir que « les Anglais affichaient ouvertement leur dédain et leur mépris pour Vichy », force est de considérer que très vite, cette différence s'estompe et que, bon gré mal gré, le Premier britannique accepte d'être partie prenante dans ce que l'on est tenté d'appeler le « pétainisme » du Président américain... Pourquoi cela ? Comment fut-ce possible ? L'action passée des deux hommes ne faisait-elle pas au contraire apparaître Roosevelt comme beaucoup moins anticommuniste et beaucoup plus à gauche que Churchill ? Si, bien sûr, et c'est pourquoi il convient d'essayer d'examiner de plus près pourquoi FDR eut, sur la « question française », pendant la Seconde Guerre mondiale, une attitude si souvent contraire à celle qu'on pouvait attendre de lui, attitude qui déconcerta et déçut, à maintes reprises, ses amis même.

En rappelant qu'en novembre 1932 Franklin Delano Roosevelt devint l'« un des plus grands présidents que les Etats-Unis aient connus », René Rémond raconte comment, candidat « démocrate », il vit « son succès prendre une ampleur sans précédent », comment « il obtint la majorité dans 42 Etats sur 48, dont certains avaient presque voté républicain et l'emporta par près de vingt-trois millions de voix contre moins de seize à son concurrent ». Et Rémond ajoute : « Rarement un président avait disposé à son accession d'un pareil capital de confiance. » Ainsi, confirme à son tour Maurice Ferro, Roosevelt va-t-il, dans les années 1930, « faire figure de grand libéral, apparaître surtout comme un réformateur hardi, père de ce *New Deal* qui avait remonté les Etats-Unis des profondeurs de la *Great Depression* aux sommets de la reconstruction économique ». Et René Rémond d'insister : « En dehors des Etats-Unis, l'expérience Roosevelt a eu un retentissement considérable : étudiée, prônée, imitée (la politique économique du gouvernement de Léon Blum s'en inspire), elle apparut ouvrir une voie moyenne entre l'anarchie du libéralisme et la rigueur du dirigisme planificateur, comme entre l'impuissance de la démocratie classique et les excès des régimes totalitaires. » De la sorte — c'est à nouveau Maurice Ferro qui parle — « la France ne connaissait de Roosevelt que son action de redressement intérieur et ses discours exaltant la liberté dans le même temps qu'ils flétrissaient les dictatures totalitaires. Elle ignorait la "face cachée", le tempérament autoritaire de l'homme... ». En fait, ce « tempérament autoritaire » est beaucoup moins celui de l'homme Roosevelt que celui du système économique et politique à la tête duquel il se trouve. Pendant la Seconde Guerre mondiale, le président des Etats-Unis d'Amérique est à la fois l'un des chefs de la coalition antihitlérienne et le leader de la nation dominante du monde capitaliste.

« C'est sans bienveillance que Roosevelt considérait ma personne... »

Quand on fera le bilan du conflit, on devra constater à la fois que, certes, les Etats-Unis ont largement contribué à libérer la planète de l'emprise fasciste, mais que, dans le même temps, comme l'écrira Claude Julien dans son essai sur *L'Empire américain*, « la guerre a donné une irrésistible impulsion à une nation qui comptait neuf millions de chômeurs en 1939 et en a fait, de très loin, la plus grande puissance industrielle du monde » et que, à la faveur de cette guerre, « les Etats-Unis ont considérablement développé leur appareil de production en même temps qu'ils occupaient les marchés extérieurs que les puissances européennes ne pouvaient plus approvisionner ». A la vérité, si certains résistants français furent tellement déçus par l'attitude rooseveltienne, c'est peut-être parce que, s'attachant à considérer son aspect « libérateur », ils oubliaient, du même coup, de songer à son aspect « impérialiste »... Nous ne voulions pas, en notant ceci, sous-estimer l'importance du tempérament de FDR ni contester que son audace et ses antipathies, sa générosité et ses préjugés, son idéalisme et ses ruses ont pu souvent aggraver aussi bien que justifier tour à tour la singularité de son comportement ; non, mais nous tenions à souligner que ses défauts, comme on dit, ne furent souvent que les défauts du système même dont il était issu et qui l'avait porté à sa tête. Le voudrions-nous d'ailleurs que nous ne pourrions y parvenir. En effet, la carrure d'un Roosevelt n'est pas réductible à la simple silhouette d'un P-DG de l'« USA and Co ». Derrière les apparences d'un sexagénaire souriant que la poliomyélite a condamné à ne se déplacer que sur une chaise roulante, le personnage qui se dresse est animé, on pourrait presque dire secoué, aussi bien d'impétuosités libérales que de haines vigilantes, de conceptions progressistes que d'idées toutes faites, de projets démocratiques que d'impulsions autocratiques, de comportements affectifs que de desseins universels... Ainsi, comme devait le faire remarquer l'amiral Leahy dans ses mémoires, lorsque se posa le problème Darlan, ce qui « en premier lieu impressionna Roosevelt, c'est le fait qu'Alain Darlan (le fils de l'amiral) était atteint de poliomyélite »... Ainsi son aversion — on dirait aujourd'hui son allergie — pour de Gaulle est-elle loin d'être uniquement politique. « Roosevelt, rappelle André Kaspi, éprouvait une antipathie réelle pour le général de Gaulle. (...) Il (le) jugeait très ambitieux, dangereux pour l'avenir démocratique de la France, hostile par principe et par nationalisme aux Etats-Unis. Bref, pour le président, de Gaulle était un apprenti-dictateur... »

Cette antipathie s'épanouit dans une lettre écrite par Franklin Delano Roosevelt à Winston Churchill le 8 mai 1943 et que la presse a largement citée lorsque, en février 1971, le Département d'Etat, à Washington, l'a rendue publique en faisant paraître le dernier volume des archives diplomatiques américaines sur la Seconde Guerre mondiale. Dans cette lettre, Charles de Gaulle est tantôt appelé par son nom, tantôt désigné sous le sobriquet convenu de « la mariée » ; et on y lit par exemple : « Je suis désolé, mais il me semble que la conduite de la mariée s'aggrave de plus en plus (...). Je ne sais pas quoi faire de De Gaulle. Peut-être aimeriez-vous le faire gouverneur de Madagascar ? (...) Si seulement le peuple français savait ce que vous et moi savons à propos de De Gaulle... » Et, dans ce même texte, sont stigmatisés le « complexe messianique » du général, sa « vicieuse équipe », ses « continuelles machinations », etc. Ayant très bien perçu que, dans l'animosité que FDR nourrit à son endroit, grande est la part subjective, de Gaulle s'efforce de maintenir le débat sur le plan politique. Après avoir remarqué : « Sous les manières courtoises du patricien, c'est sans bienveillance que Roosevelt considérait ma personne », il ajoute « qu'il était, ainsi qu'une vedette, ombrageux quant au rôle des autres ». Mais il n'y insiste guère et s'il parle malgré tout de « malveillance », c'est par ricochet, à propos de l'ouvrage écrit par l'ancien concurrent « républicain » de Roosevelt aux élections présidentielles, Wendell Wilkie, et où ce dernier évoque ses rencontres avec le chef de la France libre au Liban. « Au sujet de ma personne, écrit de Gaulle, il (Wilkie) ne se déroba point, dans le livre qu'il signa à son retour, au conformisme plaisantin de la malveillance. Comme, à Beyrouth, nous nous étions entretenus dans le bureau du haut-commissaire, pourvu naguère par M. de Martel d'un mobilier de style Empire, il me représenta singeant les manières de Napoléon. Comme je portais la tenue de toile blanche, réglementaire l'été pour les officiers français, il y vit une ostentation imitée de Louis XIV. Comme l'un des miens avait parlé de “la mission du général de Gaulle”, M. Wilkie insinua que je me prenais pour Jeanne d'Arc. A cet égard, le concurrent de Roosevelt était aussi son émule. » Ce qui est encore plus fâcheux, c'est que cette animosité personnelle, le Président des Etats-Unis ne la limite pas à la personne du général de Gaulle mais l'étend à sa « vicieuse équipe » et à la France elle-même. Robert de Saint Jean rapporte que William Bullitt, ancien ambassadeur américain dans notre pays, lui confia un jour : « L'entourage du président regrette la politique adoptée par Roosevelt à l'égard de la France mais n'y peut rien. Le président tient la France pour un pays plutôt mou, et à ceux qui lui tiennent un autre langage, il répète : “Laissez, je connais les Français...” » Ainsi en arrive-t-on à ce que le leader de la puissante Amérique, de même que, pour reprendre les mots de Jean-Baptiste Duroselle, il considère le chef de la France libre comme « un ambitieux, un fauteur de troubles, un homme insupportable, passionnel, peu doué pour la politique » puisse affirmer, dans ses messages à Staline, par exemple, le 6 septembre 1943, que « les Italiens n'aiment pas les Français » ou, le 17 octobre de la même année, que « la représentation française » ne doit pas, parmi les Alliés, bénéficier d'un autre rang que celui « accordé aux gouvernements de la Chine, du Brésil, de la Grèce et de la Yougoslavie »...

« Une nuée de vice-consuls américains »

Nous aurions pu dans d'autres textes trouver d'autres preuves de la piètre opinion que Roosevelt avait de notre pays ; c'est volontairement que nous les avons pris dans sa correspondance avec Staline. Leur présence en pareil endroit illustre en effet parfaitement l'imbrication contradictoire des démarches positives et négatives dans le comportement du président des Etats-Unis. Se souvenant de l'amitié personnelle qu'il manifestait à Uncle Joe — c'est ainsi qu'il appelait Staline — et de son ouverture d'esprit dans ses contacts avec la réalité de l'URSS, lorsque FDR mourra, Ilya Ehrenbourg pourra écrire : « Nous avons suffisamment de recul pour voir que Roosevelt était l'un des rares hommes politiques américains qui souhaitait créer un nouveau climat des relations en temps de paix, en conservant de bons rapports avec l'Union soviétique... » Lorsque les Alliés furent installés en Afrique du Nord, le même Roosevelt chargea Eisenhower de recevoir officiellement et d'apporter assistance au leader républicain espagnol en exil Juán Negrín... Et nous pourrions multiplier pareils exemples... Ce fut au point que, le 19 décembre 1942, Pierre Limagne notait dans ses *Ephémérides :* « Peut-être les Américains comprendront-ils qu'il ne faut pas faire à la fois une politique "de gauche" à l'égard de Madrid en soutenant Negrín, (...) et une politique "de droite" à l'égard de Vichy en laissant Darlan fonder contre le gré des Britanniques une succursale de l'Etat français en Afrique du Nord. » « Il ne faut pas », disait Limagne. Il parlait d'or. Mais, dans les faits, il fallut bien que les résistants français s'accommodassent de cette politique en zigzags. Il le fallut d'autant plus que, quand des résistants français essayèrent de se faire entendre de Roosevelt, quand, par-delà la personne même du général de Gaulle, ils tentèrent de lui expliquer le mal que son attitude pouvait faire à la Résistance française et donc à la cause alliée, le président fit toujours la sourde oreille. Une des démarches les plus caractéristiques à cet égard fut effectuée par le « Groupe des parlementaires adhérents à la France combattante ». Dans une lettre envoyée au Président américain en novembre 1942, ils disaient notamment : « L'opinion française ne comprendrait point que les complices et les serviteurs de l'ennemi puissent continuer à exercer une autorité quelconque dans les territoires libérés. »

Mais les parlementaires n'eurent pas plus de succès que les autres.

Si nous avons ainsi insisté sur l'attitude complexe du président Franklin Delano Roosevelt, c'est — répétons-le — parce que la part que FDR prit à la conception et à la mise en œuvre de la politique anglo-américaine vis-à-vis de la Résistance française fut prépondérante. Après avoir précisé comment il « devint l'un des "représentants personnels" du président chargé de mener à bien des missions secrètes sous ses ordres directs pendant la Seconde Guerre mondiale », son envoyé spécial Robert Murphy a pu dire plus tard : « La politique nord-africaine du gouvernement des Etats-Unis devint une préoccupation personnelle du président. Il la conçut, la mit en œuvre, résista aux critiques qu'elle souleva... » Toutefois, il faut immédiatement ajouter que ladite politique fut loin d'être une entreprise cohérente et continue. Faute d'avoir effectué une juste analyse de la nature du régime de Vichy et de celle de la Résistance, les Américains en arrivèrent à considérer la « question française » comme un « casse-tête » et à réagir par d'incroyables improvisations. Le 26 juin 1941, Roosevelt écrivait à l'amiral Leahy, son ambassadeur à Vichy : « Vous venez de vivre au cours de ces derniers mois une vie qui évoque des idées de punching-ball, de toboggan, de mulets têtus, de pirates et d'un enfer de misères. Je crois que nous avons renoncé tous les deux à faire des prévisions sur ce qui arrivera en France et à la France, demain ou après-demain... » Et lorsque, trente ans plus tard, une historienne américaine, Adrienne D. Hytier, examinera en détail les archives rendues publiques par le Département d'Etat, elle remarquera que « la diplomatie américaine n'avait guère de direction » et elle ajoutera : « On cherchera en vain parmi ces textes quelques documents d'ensemble qui passent en revue la situation et envisagent l'avenir, comme on en trouve presque toujours dans des recueils semblables. Cela s'explique par le fait que la solution de tous les grands problèmes est remise à la période qui doit suivre la fin de la guerre. Jusque-là, Washington refuse même de s'en occuper. Les envoyés américains, même dans les plus grands postes, comme la Russie, ne reçoivent pas d'instructions dignes de ce nom. L'amiral Standley n'en est pas muni lorsqu'il part pour Kouibychev ; Steinhardt n'en a pas non plus lorsqu'il rejoint Ankara. Sauf pour des affaires précises, les diplomates américains sont rarement dirigés par leur gouvernement, et ils s'en plaignent. "Franchement, je barbote", proteste Robert Murphy qui ne sait s'il doit aller de l'avant en Afrique du Nord. Standley n'est ni renseigné ni guidé. Millspaugh, en Perse, est réduit à ses propres initiatives (...). Le ministre en Irak n'est guère mieux traité ; il réclame le 14 décembre une réponse à sa dépêche du 16 juin pour savoir comment se conduire... »

Cette situation est d'autant plus curieuse que nombre des diplomates américains, à cette époque, ne sont pas seulement des diplomates. Adrienne D. Hytier le note : « La chasse aux renseignements est une des occupations plus ou moins avouées de la diplomatie américaine. » Plus ou moins avouées — au Maghreb, c'est plutôt plus que moins... « On vit, commente le colonel Passy, s'abattre sur toute l'Afrique du Nord une nuée de vice-consuls américains. (...) Personne ne se trompa à leur sujet, les commissions d'armistice allemande et italienne encore moins que les colons ou les indigènes : ils étaient manifestement des officiers de renseignement. » Tel est bien aussi l'avis de Marcel Aboulker qui les fréquenta. « En fait, écrit-il, tous ces consuls, journalistes et attachés militaires sont la charpente solide d'un office de renseignements hors de pair, qui transmet à Washington rapports sur rapports. Tout les intéresse... » Des espions donc ? La réalité est plus complexe ; leur rôle aussi. Le général Alphonse Van Hecke qui les a bien connus le définit plus précisément. « Ces pseudo-consuls, raconte-t-il, parlant admirablement notre langue, se mêlèrent à tous les milieux de la population nord-africaine et rencontrèrent partout de l'amitié, à cause de leur amabilité et aussi en raison des petites services qu'ils rendaient volontiers. Ils disposaient d'un ravitaillement et en faisaient profiter autrui. Murphy avait réparti son équipe de la façon suivante... A Tunis : Harry Woodruff et John Utter, deux banquiers venant de Paris, parlant le français avec un accent parisien comme un natif de la capitale. A Casablanca, où le consul général titulaire était Carl Russel, furent affectés cinq de ces vice-consuls occasionnels. Le plus connu fut Kenneth Pendar, un archéologue d'une haute culture qui a écrit sur les événements d'Alger, ou tout au moins sur ce qu'il avait vu, un livre bien conçu. J'avais de fréquents contacts avec cet homme aimable. Les autres : David King, expert en construction ; Sydney Bartlett, expert en pétrole ; Stafford Reid, ingénieur ; Franklin Canfield, éminent juriste, furent moins connus de moi. A Oran, se trouvait Ridgway Knight, élevé en France, de mère française, commerçant, avec lequel j'étais très lié, nous nous appelions "cousin", et un nommé Leland Rounach que je n'avais rencontré que deux ou trois fois. A Alger œuvraient John Boyd, homme d'affaires venant de Marseille, et le major John Knox, ancien élève de Saint-Cyr à titre étranger, officier de renseignement. J'entretenais avec ces deux Américains d'excellentes relations ; principalement avec Knox qui devint un intime. »

La censure de Vichy ne s'y trompait pas

Ces « excellentes relations » dont parle le général Van Hecke, dans un premier temps, à l'époque où Alger n'est rien d'autre qu'un Vichy d'outre-mer, elles sont sans ambiguïté et ceux qui les entretiennent avec les représentants américains sont tout simplement ceux qui ont choisi d'être des résistants. Mais ensuite ? Lorsque les autorités américaines sont installées en Afrique du Nord, la nature de ces relations et la personnalité de ceux qui les maintiennent ou les nouent demeurent-elles les mêmes ? Sont-ce toujours des combattants pour la cause alliée que les fonctionnaires des Etats-Unis recrutent, ne sont-ce pas plutôt des agents et des indicateurs ? Dans son livre de souvenirs le policier du FBI déjà rencontré Léon G. Turrou rapporte :

« L'une de nos premières réussites (...) fut l'organisation d'un réseau d'indicateurs appartenant à toutes les classes sociales. Ce réseau était principalement composé d'Italiens, de Français, d'Allemands, d'Espagnols, de Russes, d'Arabes, de Turcs, d'Arméniens et de beaucoup d'autres encore qui parlaient tous plusieurs langues. Nulle notion du devoir ne les animait, on les payait en nature... » Le choix patriotique, l'orientation politique de pareilles recrues importent-ils ? S'agissait-il toujours de Résistance ? Ne s'agissait-il pas plutôt de la mise en place de l'AMGOT ? Ceux qui recrutaient n'étaient-ils pas prêts à « blanchir » tous ceux qui se mettaient à leur service, quelle que fût la gravité de leurs méfaits passés ? Etre obligé de poser de telles questions, n'est-ce pas déjà y répondre ?

Il est dans la triste logique des choses que l'examen que nous venons de tenter de la politique des Alliés occidentaux à Alger et plus généralement de leur attitude vis-à-vis de la Résistance française se termine par une accumulation de points d'interrogation. Des points d'interrogation qui, à l'époque, pour les combattants de la clandestinité, étaient autant de points de stupeur, de points d'inquiétude... Nombre d'entre eux avaient, dès le début, placé une part de leur espoir dans l'intervention des Etats-Unis et s'étaient, comme le général Gabriel Cochet dans son appel du 9 décembre 1940, réjouis de « la quasi-unanimité américaine dans l'effort d'armement et le soutien de l'Angleterre, favorisant ainsi la réélection de Roosevelt. » Eprouvé d'abord par de simples gens qui entendaient opposer à l'effondrement des évidences la certitude que la liberté et l'antifascisme finiraient par triompher, cet « espoir américain » n'était évidemment pas un calcul opportuniste. Les habiles et les arrivistes se sentaient alors l'âme allemande ou, pour le moins, « européenne ». Il allait falloir quelques années et le retournement de la situation militaire pour que, changeant leur portefeuille de côté, ils allassent faire leurs dévotions à la bannière étoilée plutôt qu'à la croix gammée. Plus tard, non sans cynisme, le diplomate William L. Langer écrira : « Lorsque, par suite des événements de guerre, le gouvernement de Pétain sera mis hors jeu, de Gaulle et la France combattante le remplaceront. Ainsi, la France pourrait effectivement jouer sur les deux tableaux — elle avait des œufs dans deux paniers. » Non, « jouer sur les deux tableaux » et avoir « des œufs dans deux paniers », ce n'était pas pour ça qu'on risquait la torture et la mort. Par contre, le « jeu américain » qui décevait si fort les résistants et qui favorisait si évidemment les intrigues des vichystes, offrait encore aux hommes du Maréchal un plaisir supplémentaire, celui de se réjouir des divisions qu'il faisait apparaître dans le camp des Alliés. Cette satisfaction transparaît tout particulièrement dans les directives que la censure de Vichy donne aux journaux de zone Sud. La « consigne nº 1052 » du 31 décembre 1942 stipule : « Les journaux publieront obligatoirement en première page les informations relatives au complot d'Alger, sur deux colonnes, en tête de colonnes. Ils s'inspireront du titre suivant : "La situation est de plus en plus trouble en Afrique du Nord"... » Quatre jours plus tôt, la « consigne n° 1047 » précisait que les mêmes journaux devaient « faire ressortir, dans leurs titres, les divergences sensibles que l'on pouvait constater entre les commentaires anglais et les commentaires américains... ». Et les Etats-Unis ne gagnaient même pas à ce jeu la neutralité de la presse collabo qui les injuriait avec autant de bassesse que les gaullistes, les communistes, les juifs et autres « terroristes ». Dans *Le Cri du peuple* du 7 avril 1944, on pouvait lire : « Les soldats américains se divisent en deux catégories : ceux qui prennent la guerre pour un sport et ceux qui ne comprennent pas pourquoi ils se battent... » Dans *L'Appel* du 2 septembre 1943, Hervé Thévenin s'indignait des « réactions stupides que les soldats américains, frottés du vernis superficiel que leur dispensait la presse tapageuse des USA, avaient pu ressentir devant l'art musulman d'Afrique, la culture française ou les traditions et le folklore siciliens, qui leur étaient autant de mondes fermés, donc qu'il fallait détruire ! » Et le même journaliste collabo stigmatisait « l'acharnement des pilotes yankees sur les agglomérations urbaines d'Allemagne et d'Italie », lequel s'expliquait selon lui, « par d'autres ressorts que le désir cruel d'exterminer le plus possible d'ennemis » puisque « s'y mêlait la joie ignoble de l'imbécile devant la destruction de toute beauté ». Dans *Le Franciste* du 12 septembre 1942, paraissaient, entre autres, les lignes suivantes : « Si les futures troupes de choc américaines sont constituées par des bagnards, elles auront au moins la satisfaction d'être commandées par des gens bien : des juifs. En effet, le président Roosevelt, que l'on sait déjà d'origine juive, vient de mettre au grand jour son alliance totale avec la juiverie en donnant à son cabinet privé, composé entièrement de juifs, une existence officielle... » Et nous pourrions continuer, pendant des pages et des pages, à citer de tels propos.

Et les Soviétiques ?

On sait que ce ne fut pas un des moindres mérites de Charles de Gaulle que de s'être toujours opposé obstinément aux manigances américaines et de s'être ainsi fait le porte-parole de toute la Résistance en imposant la présence française dans le camp des Alliés. Bien à tort, certains ont voulu voir là du chauvinisme... Aussi est-il bon, au terme de cet examen des raisons pour lesquelles les Américains essayèrent de sauver Vichy à Alger, de se référer à l'explication gaulliste de ce que fut le comportement rooseveltien. Ce sont le général lui-même et son homme de confiance, le colonel Passy, qui les ont le plus clairement formulées. « Les plus hautes ambitions possédaient Franklin Roosevelt, écrit Charles de Gaulle dans ses *Mémoires de guerre*. Son intelligence, son savoir, son audace lui en donnaient la faculté. L'Etat puissant dont il était le chef lui en procurait les moyens. La guerre lui en offrait l'occasion. Si le grand peuple qu'il dirigeait avait été longtemps enclin à s'isoler des entreprises lointaines et à se défier de l'Europe, sans cesse déchirée de batailles et de révolutions, une sorte de messianisme soulevait, à présent, l'âme américaine et la tournait vers les vastes desseins. (...) Mais, dès lors que l'Amérique faisait la guerre, Roosevelt entendait que la paix fût la paix américaine... (...) En réalité, le président Roosevelt, sous le couvert de proclamations qui publiaient le contraire, entendait que la question française appartînt à son propre domaine, que les fils de nos divisions aboutissent entre ses mains, que les pouvoirs publics qui sortiraient, un jour, de ce désordre naquissent de son arbitrage... » Et le colonel Passy dans ses *Souvenirs :* « Les rapports que le président des Etats-Unis recevait de ses représentants en France non occupée se montraient favorables au maréchal Pétain et aux "techniciens" de Vichy dont l'anticommunisme virulent n'était pas pour déplaire outre-Atlantique. Ces rapports, manifestement inspirés par les milieux vichystes, insistaient abondamment sur le très faible prestige que le général de Gaulle avait en France auprès des gens dits "sérieux" (c'est-à-dire des personnalités que les officiels américains avaient connues de longue date dans les salons parisiens). Par ailleurs, le président Roosevelt et le "State Department" regardaient déjà le chef de la France libre avec une méfiance non dissimulée. En effet, ils avaient d'abord pris celui-ci pour un jouet entre les mains des Anglais, puis — suivant les affirmations de certains hommes d'Etat britanniques et d'une fraction de la presse anglaise — ils avaient voulu, ou prétendu reconnaître en lui un apprenti dictateur, imprégné de nationalisme outrancier, soutenu exclusivement par les masses de gauche et d'extrême gauche, ce qui leur sembla présager de très graves dangers pour l'avenir. Pour toutes ces raisons, nous vîmes les Américains, qui avaient été de déceptions en déceptions avec Pétain, reporter leurs espoirs sur un "succédané" qui, seul, pouvait à leurs yeux maintenir en place les hommes qu'ils connaissaient et sauvegarder des organisations et des formules qu'ils ne craignaient pas pour l'avenir ; ils ne voulurent pas risquer la "carte de Gaulle" dont les possibilités de succès leur apparaissaient *a priori* comme devant être désastreuses, car, à l'instar de la propagande de Vichy, ils associaient indissolublement le gaullisme et le communisme... »

A plusieurs reprises, dans les pages que l'on vient de lire, nous avons pris soin de préciser : les Alliés *occidentaux*... Jamais, dans ces mêmes pages où était évoqué le comportement des Anglais et des Américains vis-à-vis de de Gaulle et de la Résistance française, il n'a été question de l'autre membre de la coalition antihitlérienne : l'Union soviétique... Or, bien évidemment, la question se pose : quelle fut l'attitude des Soviétiques lorsque naquirent puis s'aggravèrent les tensions entre les Alliés occidentaux d'une part et, d'autre part, ceux des Français qui rejetaient Vichy et qui ne voulaient pas renoncer à l'indépendance de leur pays ? On pourrait répondre, en quelques mots, que par inclination l'Union soviétique soutenait la France libre tandis que, prudente et soucieuse de l'essentiel, elle s'abstenait de toute action et de toute démarche qui, en froissant la susceptibilité des Etats-Unis ou de la Grande-Bretagne, auraient pu nuire à la cohésion de l'alliance contre le fascisme. Toutefois, pareille réponse mérite d'être expliquée et nuancée...

« Dès ses premiers pas, écrira en avril 1959, K. Tsybina dans l'article de *Mejdounarodnaïa Jizn* auquel nous nous sommes déjà référés, le mouvement de la France libre, dirigé par le général de Gaulle, a senti combien il était nécessaire d'établir des liens étroits avec l'URSS. (...) Si les positions internationales du mouvement de la France libre, seule organisation française officielle se trouvant en territoire libre, ont pu se renforcer, c'est en premier lieu grâce au soutien de l'Union soviétique. (...) Au cours des pourparlers engagés sur l'initiative de De Gaulle à Londres et à Ankara, en août 1941, le gouvernement soviétique accepta la proposition de De Gaulle d'établir des contacts directs et d'échanger des représentants non officiels. Le 26 septembre 1941, à la suite d'un échange de lettres entre l'ambassadeur de l'URSS à Londres et le chef du Comité national de la France libre, l'Union soviétique reconnaissait de Gaulle comme le "dirigeant de tous les Français libres où qu'ils soient". Se déclarant prêt à "accorder dans tous les domaines aide et assistance aux Français libres dans la lutte commune", le gouvernement soviétique exprimait alors sa ferme résolution "d'assurer le rétablissement complet de l'indépendance et de la grandeur de la France" après la victoire commune sur l'ennemi commun. Dans sa réponse, de Gaulle s'engageait, au nom des Français libres, à "combattre aux côtés de l'URSS. et de ses alliés jusqu'à la victoire finale sur l'ennemi commun et à prêter à l'URSS aide et assistance dans cette lutte, par tous les moyens dont je dispose". (...) Dès le début de la guerre, le général de Gaulle, dirigeant de la France libre, avait compris l'importance qu'il y avait pour la France à renforcer les liens d'amitié avec l'Union soviétique, sur l'aide de laquelle il fondait ses espoirs. »

« Un gros coup de poker » du Général ?

Cette analyse est partagée par beaucoup de spécialistes occidentaux. Ainsi Jean-Baptiste Duroselle écrit-il : « De fait, l'attitude de l'URSS va être d'emblée plus conciliante, plus compréhensive, plus généreuse à l'égard des Français libres. » Sur cette cordialité politique, les témoignages abondent... Typique est celui de Boris Eliacheff qui, devenu depuis le 21 avril 1941, représentant de De Gaulle à San Francisco pour tout l'Ouest des Etats-Unis, racontera plus tard : « A la fin de l'été arriva à San Francisco Maxime Litvinov nommé ambassadeur de l'URSS aux Etats-Unis. Pour le saluer, étaient présents sur le quai les autorités américaines, le corps consulaire allié ainsi que M. Gromyko, alors jeune conseiller d'ambassade, qui était venu de Washington pour accueillir son chef. En me donnant la poignée de main protocolaire, Litvinov me dit instantanément en français : "Le général de Gaulle a droit à la reconnaissance non seulement de ses compatriotes mais aussi de tous ceux qui combattent pour la liberté du monde." » A la vérité, les Soviétiques avaient immédiatement su gré à Charles de Gaulle de n'avoir ni tergiversé ni ergoté, comme tant d'autres l'avaient alors fait à l'Ouest, lorsque Hitler avait déclenché son « plan Barbarossa ». En effet, dès le lendemain de l'attaque contre l'URSS, le Général donnait à ses partisans la directive suivante : « En ce qui concerne le conflit Allemagne-Russie, nous devons proclamer, comme M. Churchill, que nous sommes très franchement avec les Russes, puisqu'ils combattent les Allemands. Ce ne sont pas les Russes qui écrasent la France, occupent Paris, Reims, Bordeaux, Strasbourg, pillent et démoralisent notre pays, utilisent Vichy pour faire combattre en Syrie des Français contre des Français. Les avions, chars et soldats allemands que les Russes détruiront ne seront plus là pour nous empêcher de libérer la France... » Et lorsque, dans les années 1950, Charles de Gaulle écrit ses *Mémoires de guerre*, il oublie momentanément son anticommunisme d'alors pour célébrer les liens qui le liaient, durant le conflit, à l'Union soviétique. « Pour la France écrasée, remarque-t-il, le fait que la Russie se trouvait jetée dans la guerre ouvrait les plus grandes espérances... » Et puis, très vite, il rappelle l'excellence des relations diplomatiques dont on se souvient avec quelle rapidité elles furent nouées : « De notre côté, nous avions envoyé à Moscou, en liaison militaire, le général Petit. Les Soviets lui avaient tout de suite marqué un parti pris de bonne grâce et de considération : conférences d'état-major, visite au front, réception par Staline lui-même... » Et plus loin : « Le 20 janvier 1942, parlant à la radio, je saluai le rétablissement militaire de la Russie et affirmai l'alliance que nous avions renouée avec elle pour le présent et pour l'avenir. En février, Roger Garreau, jusque-là ministre plénipotentiaire à Bangkok et qui avait rallié la France libre, était envoyé à Moscou comme délégué du Comité national. Garreau devait, pendant trois années, utilement et intelligemment, représenter la France en Russie, y prendre tous les contacts que permettait le régime et nous tenir bien informés. Dès qu'il fut à son poste, il vit MM. Molotov et Vichinsky, respectivement commissaire et commissaire-adjoint aux Affaires étrangères, ainsi que M. Lozovsky, vice-ministre. Tous trois lui marquèrent avec insistance l'intention de leur gouvernement de nouer avec la France combattante des relations aussi étroites que possible. » D'ailleurs, dans les mêmes volumes, Charles de Gaulle se réjouit de ce qu'il appelle la « prévenante compréhension » de l'URSS et il écrit textuellement qu'à l'égard de la France libre, « Moscou se montra très large »... Or, cette compréhension mutuelle n'en resta pas au stade du vocabulaire. Elle fut concrétisée par des actes. L'envoi, en particulier, de volontaires FFL en Union soviétique, volontaires français qui se trouvèrent être les seuls Occidentaux à combattre au coude à coude avec les soldats soviétiques. « Nous nous efforcions, écrit Charles de Gaulle à ce sujet, de fournir au front de l'Est une contribution directe, si modeste qu'elle pût être. Nos corvettes et nos cargos participaient aux convois alliés qui, par l'océan Arctique, dans les conditions les plus dures, apportaient du matériel à Mourmansk. Comme je ne réussissais pas, d'abord, à obtenir des Britanniques que les deux divisions légères, formées au Levant par Larminat, fussent engagées en Libye, je donnai l'ordre en février au général Catroux de préparer le transfert de l'une d'elles vers l'Iran et le Caucase, ce qui enchanta les Russes et préoccupa les Anglais. Par la suite, les troupes de Larminat étant finalement affectées à la bataille contre Rommel, j'envoyai en Russie le groupe de chasse “Normandie”, plus tard : régiment “Normandie-Niémen”, qui devait y servir magnifiquement... » Il y eut même plus...

Le 6 juin 1942, Bogomolov câblait au ministère des Affaires étrangères à Moscou : « J'ai parlé avec de Gaulle. Selon les informations en sa possession, les Américains s'apprêtent à occuper Dakar et les Anglais le Niger, cela sans aucune participation des Français libres. Dans cette éventualité, de Gaulle a l'intention de rompre avec les Anglais. En cas de rupture définitive, de Gaulle demande si le gouvernement soviétique l'accueillerait, lui et ses forces, sur son territoire. » Quitter la capitale britannique pour la capitale soviétique afin d'en faire le siège de la France libre, peut-on dire que Charles de Gaulle caressa réellement ce projet ? Dans ses *Mémoires de guerre*, tout en restant sibyllin, il le laisse entendre lorsqu'il écrit : « Je ne pouvais admettre que nos troupes restassent l'arme au pied, pour un temps indéterminé, tandis que le sort du monde se jouait dans les batailles. Plutôt que d'en venir là, je préférais prendre l'aléa d'un changement d'orientation... » Doit-on, au contraire, penser, comme Jean-Raymond Tournoux l'écrit en révélant le texte du télégramme de Bogomolov, que ce ne fut là qu'« un gros coup de poker (...), une énorme tentative de chantage diplomatique » ? Le doute est permis. D'autant plus que, toujours dans ses *Mémoires*, le général note que la « présence (de l'URSS) dans le camp des Alliés apportait à la France combattante, vis-à-vis des Anglo-Saxons, un élément d'équilibre dont je comptais bien me servir ».

Que pensait vraiment Staline ?

On voit bien ici la différence qui existait entre les attitudes respectives des Alliés de l'Ouest et de ceux de l'Est vis-à-vis de la France libre et de la Résistance française. Racontant un séjour qu'il fit à Londres en 1942, l'un des dirigeants du Parti socialiste clandestin, Christian Pineau, a rapporté : « Je m'aperçus alors avec surprise que les milieux politiques britanniques, croyant encore au double jeu du Maréchal, estimaient habile de le ménager. Quelques jours plus tard, invité à dîner chez M. Bogomolov, ambassadeur de l'URSS à Londres, celui-ci m'exposa sur les mêmes sujets des thèses opposées. Lui croyait à la trahison de Vichy. Il ne faisait aucune différence entre la collaboration avec l'ennemi et la politique du Maréchal. “Ils sont tous à mettre dans le même sac à partir du moment où ils font le jeu des Allemands. Pétain est, à mon avis, plus dangereux que Déat !” » Là encore, Charles de Gaulle confirme puisqu'en évoquant l'été 1942 et les préparatifs de l'opération Torch, dont les Américains avaient exigé des Anglais qu'il ne fût pas informé, il écrit : « De Moscou nous vinrent (...) des signes encourageants. Le Gouvernement soviétique, sachant ce que les Anglo-Saxons comptaient faire en Afrique du Nord, voyant quelle était, à notre égard, l'attitude des Etats-Unis, discernant par les rapports que Litvinov envoyait de Washington, l'intention de Roosevelt de devenir l'arbitre entre les fractions françaises, éprouvait de sérieuses inquiétudes devant cette tendance américaine à l'hégémonie. M. Bogomolov me fit entendre, de la part de son gouvernement, que la Russie, engagée dans une bataille à mort contre l'envahisseur, ne pouvait actuellement intervenir d'une manière directe, mais qu'elle n'en désapprouvait pas moins cette politique des Anglo-Saxons et qu'à la limite elle saurait s'y opposer. Le 28 septembre (1942), Moscou, par un communiqué largement répandu, publiait que l'Union soviétique reconnaissait la France combattante comme “l'ensemble des citoyens et des territoires français qui, par tous les moyens en leur pouvoir, contribuent, où qu'ils se trouvent, à la libération de la France” et le Comité national comme “l'organe directeur de la France combattante, ayant seul qualité pour organiser la participation des citoyens et des territoires français à la guerre”. Aux yeux de la Russie, il ne pouvait donc y avoir, entre Vichy et la France combattante, ni troisième force ni troisième pouvoir... »

Toutefois, il faut bien constater que, tandis que, de son côté, Charles de Gaulle ne donnait pas suite à la plus radicale de ses démarches, Joseph Staline, du sien, s'il « désapprouvait » le comportement de Franklin Roosevelt et Winston Churchill, considérait, néanmoins, qu'il « ne pouvait intervenir d'une manière directe ». Ce que nous savons déjà de la tactique psychologique et de la stratégie politique du chef de la France libre explique assez bien son attitude, mais celle de Staline ? Que pensait vraiment le maître du Kremlin ?

Spécialiste et adversaire des communistes français, l'historien américain A. J. Rieber a attribué à Staline une réflexion dont l'authenticité a été contestée. Selon Rieber, le secrétaire général du PC (b) de l'URSS aurait dit, durant l'hiver 1942-1943 : « La diplomatie militaire doit savoir utiliser pour les objectifs de guerre non seulement les Darlan mais le diable et sa grand-mère... » Dans sa somme sur *La France libre*, Jean-Louis Crémieux-Brilhac va plus loin. Selon lui, le dirigeant soviétique, « comme Roosevelt, juge la France finie ; il estime n'avoir besoin d'elle ni pour le présent ni pour l'avenir. Il n'a vu jusque-là en de Gaulle qu'un supplétif de l'Angleterre. Sa méfiance initiale, qui vaut celle de Roosevelt, est entretenue par des ragots venant des mêmes sources ; des antigaullistes de Londres (...). Son réalisme l'incline toutefois vers un autre conclusion : de Gaulle manque d'expérience, il est "entouré de fascistes et de cagoulards" (...) ; mais puisqu'il veut se battre en utilisant toutes les bonnes volontés, qu'à cela ne tienne, c'est finalement ce qui compte. » Que Crémieux-Brilhac ait raison ou non dans son analyse des mobiles de Staline, toujours est-il que dans la régulière et abondante correspondance qu'il a échangée avec Roosevelt et Churchill entre 1941 et 1945, le généralissime de l'Armée rouge ne manque pas de souvent soutenir le fondateur de la France libre. Prenons, par exemple, un échange de lettres à la fin de juin 1943. Le 23, Churchill écrit à Staline : « Je suis inquiet d'apprendre par M. Molotov que vous songez à reconnaître le Comité français de la libération nationale qui s'est récemment constitué à Alger. Il est peu probable que le gouvernement britannique, et encore moins celui des Etats-Unis, reconnaissent ce Comité avant un certain laps de temps, en tout cas pas avant que ces gouvernements aient eu des preuves suffisantes de ce que le caractère et l'action dudit Comité iront dans le sens des intérêts de la cause alliée. (...) Le président Roosevelt et moi-même sommes entièrement d'accord pour penser que de Gaulle pourrait mettre en danger la base et les communications des armées qui vont prendre part à Husky (nom de code du débarquement allié en Sicile en juillet 1943). Nous ne pouvons courir ce risque qui mettrait en jeu la vie de nos soldats et gênerait la poursuite de la guerre. (...) Nous sommes infiniment désireux de trouver une autorité française à laquelle tous les Français se rallieront et nous continuons à espérer qu'elle pourra se dégager des discussions actuellement en cours à Alger. Il nous semble qu'il est très prématuré de prendre une décision à cet égard pour l'instant. » Trois jours plus tard, Staline répond à Churchill : « Il nous semblait que jusqu'à présent le gouvernement britannique avait soutenu le général de Gaulle et cela paraissait tout à fait naturel puisque, depuis la capitulation de la France, le général de Gaulle a été à la tête des forces antihitlériennes françaises et a dirigé la lutte des patriotes français groupés autour de la France combattante. Les derniers événements d'Afrique du Nord depuis novembre de l'année dernière et la participation aux opérations menées par les troupes anglo-américaines de forces armées françaises commandées par les généraux Giraud et de Gaulle ont créé les conditions favorables à leur unification. Tous les Alliés ont considéré cette unification comme opportune et il ne s'est élevé aucun doute à ce sujet. La reconnaissance de l'organisme unique qui s'est créé, le Comité français de libération nationale, devait être la conséquence des peines et des efforts dépensés dans cette affaire. Et cela, d'autant plus que, après la demande officielle de reconnaissance faite aux Alliés par Giraud et de Gaulle au nom du Comité national français, il a semblé au gouvernement soviétique qu'un refus ne serait pas compris par l'opinion publique française. Le gouvernement soviétique ne dispose pas pour l'instant d'informations propres à appuyer la position actuelle du gouvernement britannique à l'égard du Comité français de libération nationale et, en particulier, du général de Gaulle. Cependant, puisque le gouvernement britannique demande de remettre la reconnaissance du Comité français et a donné, par l'intermédiaire de son ambassadeur, l'assurance que rien ne serait entrepris dans cette affaire sans consultation avec le gouvernement soviétique, celui-ci est prêt à accéder à la demande du gouvernement britannique. » Derrière le style diplomatique, apparaît la différence entre les opinions que Churchill et Staline ont de De Gaulle et de la Résistance française... Pourtant la réalité reste la réalité et, faute de pouvoir intervenir directement, les Soviétiques n'empêcheront pas les Alliés occidentaux de « miser, selon le mot de K. Tsybina, sur le développement des rapports avec les traîtres de Vichy ».

Les « moustachis » de l'« armée d'Afrique »

Cela dit, il ne faudrait pas renverser les rôles et considérer que ce sont les Alliés qui ont transformé Alger en un Vichy d'outre-mer. La mutation vichyste des autorités et des couches dirigeantes de l'Afrique du Nord alors française s'était effectuée au lendemain de la défaite de 1940, très rapidement, très aisément, et selon un processus dont nous avons déjà dit l'essentiel. Le scandale fut qu'après le débarquement de novembre 1942, la nouvelle mutation que tout le monde attendait, celle d'une terre vichyste en une terre française libre ne se fit d'abord pas et ne s'effectua ensuite que très lentement et très malaisément. Là, nous n'avons sans doute pas encore assez insisté sur l'un des freins décisifs, sur l'une des forces qui contribuèrent le plus à bloquer la situation, sur ce que l'on appelait l'Armée d'Afrique...

Au lendemain du désastre du printemps 1940, les forces françaises cantonnées en Afrique du Nord étaient numériquement et militairement importantes. Le colonel André Truchet cite les chiffres fournis par l'état-major français au général Boselli, président de la « délégation italienne de contrôle », le 6 septembre. Ces chiffres dénombrent l'état des forces au 25 juin, jour de l'armistice. Selon cette source, il y avait, à cette date, 373 045 militaires sous l'uniforme français en

Afrique du Nord : 10 045 officiers, 157 000 sous-officiers et soldats européens, 206 000 sous-officiers et soldats d'origine autochtone ; 133 451 étaient en Algérie, 138 601 étaient en Tunisie et 100 993 au Maroc. Il s'agissait essentiellement de « troupes coloniales ». En pensant faire leur éloge et surtout celui du système qui les avait formées et rassemblées, Pierre Darcourt remonte dans l'histoire et écrit : « Les contingents recrutés d'abord par les "colonglis" au service des beys qui gouvernaient alors les peuplades algériennes au nom du sultan de Turquie, furent bientôt fournis par les tribus arabes et kabyles ralliées à notre cause : ainsi naquirent zouaves et chasseurs d'Afrique, puis tirailleurs et spahis. Les unités, d'abord irrégulières, devinrent en 1841 des régiments incorporés dans notre armée métropolitaine. Leur dévouement est au début à base du serment féodal (...). Mais, très vite, leur nature de mercenaires tenus par le serment fera place à celle de soldats participant à une véritable collaboration franco-musulmane. Il faut avoir le courage de le dire, alors que certains mots ont pris un sens péjoratif : la véritable Armée d'Afrique est née de la "colonisation" de Bugeaud... » C'est vrai, et le moins qu'on puisse dire est que, un siècle plus tard, la mentalité de beaucoup de ses cadres s'en ressent.

Lorsque, dans les conditions que nous avons relatées, Maxime Weygand est envoyé par Pétain pour en prendre le commandement, ses « qualités » vont encore s'épanouir et s'accentuer. Evoquant l'état d'esprit de telles troupes en 1941-1942 et se plaignant que lui et son « groupe » n'arrivent pas alors à obtenir la promesse de « la coopération militaire de l'Armée d'Afrique lors d'un débarquement allié », Jacques Lemaigre-Dubreuil écrit dans le livre qu'il a publié sous le pseudonyme de Crusoë : « Faute d'une direction énergique et d'une préparation suffisante, les cadres militaires, obéissant aveuglément à la discipline, risqueront d'exécuter les ordres qu'ils ont reçus, c'est-à-dire de tirer sur tout envahisseur quel qu'il soit. » Et tel fut bien ce qui se passa... Or, après l'installation des Alliés en Afrique du Nord, si l'on augmente les effectifs de cette Armée d'Afrique, on ne se préoccupe guère d'en modifier la mentalité. D'ailleurs, les 173 500 nouvelles recrues presque toutes levées sur place et qui représentent 16,40 pour cent de la population européenne et 1,58 pour cent de la population autochtone ne modifient pratiquement pas la composition de l'encadrement et se rangent sous la férule des disciples de Weygand. Si l'on en croit le journal anglais *Saturday Evening Post* du 10 juillet 1943, l'un de ces disciples, comme il discute avec le général américain Mark W. Clark du sort ultérieur des quelques officiers résistants qui ont choisi de servir la cause alliée, n'hésite pas à lui lancer : « Vous feriez mieux de les mettre en sécurité !... Ils sont cordialement haïs... » Haine virulente des gaullistes, haine viscérale des communistes, haine traditionnelle des Anglais, etc, tels sont en effet, à côté de l'admiration pour Weygand et du culte pour Pétain, les sentiments dominants non seulement de la majorité des officiers mais aussi d'une partie des sous-officiers et de la troupe dans l'Armée d'Afrique. Très minoritaires par rapport à eux et sachant que ceux-ci les considèrent comme des déserteurs, sinon des traîtres, des « *so called French* » (soi-disant Français), les gens des Forces françaises libres, les FFL, les *Free French*, ne tardent pas à les surnommer « les Moustachis » et à considérer avec humour les difficultés qu'ils éprouvent à se battre aux côtés des Alliés.

L'un des premiers compagnons de De Gaulle, le général Edgar de Larminat, auteur plus tard de *Chroniques irrévérencieuses* au titre si bien choisi, écrira, en 1949 : « Autant les Free French étaient simples, autant le Moustachi était compliqué. Il se présentait sous forme d'un conglomérat de tribus, sous-tribus, fractions et tendances très différentes les unes des autres. Il y avait le bon bougre, qui ne voyait pas malice et qui ne demandait qu'une chose, se bagarrer contre le Boche — celui-là avait une déplorable propension à s'évaporer du circuit Moustachi pour rejoindre les Free French. Il y avait le pauvre bougre qui s'était battu... en 1941, en Syrie. Celui-là était pourri de complexes étonnants et contradictoires. Il y avait l'autre pauvre bougre qui avait intelligemment combattu le débarquement américain en novembre 1942 et qui ne comprenait toujours pas. Et puis, ou en même temps, celui qui faisait sa prière matin et soir devant le portrait du Maréchal. Et encore l'astucieux combinard qui tirait partie de toutes les occasions et dont l'habileté était admirable : les plus malins marquaient un point (un galon ou une étoile) par capitulation... »

Quand un futur maréchal « renverse la vapeur »

Si, sans doute un peu plus que les *Free French*, eux directement confrontés aux « Moustachis » on a, dans les autres tendances de la Résistance, soin de faire nettement la différence entre les cadres et les troupes, on n'en est pas moins tout aussi critique à l'égard de l'armée d'Afrique. Ainsi le socialiste Jean Texcier, l'auteur des fameux *Conseils à l'occupé*, s'étonne-t-il, le 6 juillet 1943, de « la présence en Afrique du Nord de cent soixante-neuf généraux, tous âgés de plus de soixante ans et demeurés fidèles aux conceptions d'un état-major littéralement désastreux », pour affirmer aussitôt que lorsqu'« on contemple (...) ces militaires couvés et cajolés par les grands colons d'Algérie, on retrouve chez tous, les traits de Vichy, c'est-à-dire le visage de la Défaite »... Ainsi, moins de trois mois plus tôt, le 17 avril, le dirigeant communiste François Billoux, adressant depuis Alger et « au nom des vingt-sept députés communistes français libérés de la prison centrale de Maison-Carrée » une lettre à Fernand Grenier, toujours présent à Londres comme délégué du PCF auprès du général de Gaulle, formule-t-il cette appréciation sur l'armée d'Afrique : « Nous ne pouvons que nous incliner devant le courage des combattants de l'armée de Tunisie, dignes des héros de Bir Hakeim et des Partisans et francs-tireurs de France. Cependant, ces soldats se battraient encore avec davantage de courage s'ils sentaient dans leurs cadres la volonté de victoire antiboche, l'esprit de rupture avec les traîtres à la patrie, avec Laval et Pétain, le sentiment de fraternité avec nos Alliés. Trop souvent encore des cadres anglophobes ou américanophobes dressent nos soldats contre les soldats alliés. Trop souvent des cadres profitent de leur situation pour faire de la propagande lavalienne et pétainesque plutôt que de développer l'esprit antihitlérien... »

A l'époque où Texcier s'étonne et où Billoux proteste, qui est véritablement à la tête de cette armée d'Afrique ? Maxime Weygand étant depuis longtemps parti, Henri Giraud étant surtout occupé à s'empêtrer politiquement dans ses propres intrigues à Alger, c'est Alphonse Juin qui commande. Le futur maréchal de France. Celui qui, l'année suivante, va conduire les troupes françaises durant toute la campagne d'Italie... Mais aussi le Juin dont nous avons vu comment il avait été l'un des principaux responsables de l'ouverture du feu contre les troupes alliées, le 8 novembre 1942... Rarement cas fut plus typique et homme plus représentatif... Le sang que Juin a fait couler lors de l'opération Torch ne l'empêche pas de dormir. Au contraire. Il estime même que lui et ses pareils se sont parfaitement bien conduits en l'occurrence. Et il le proclame. Le 13 novembre 1942, en tant que « commandant en chef des Forces françaises en Afrique du Nord », il publie un « ordre du jour » où il se félicite de l'attitude des troupes qui, conformément à ses ordres, ont, cinq jours plus tôt, tiré sur les Anglais et les Américains. « Fidèles à leur serment, dit-il, et conformément aux ordres du Maréchal, elles ont fait honneur à leurs armes, elles ont maintenu, haut et fier, le drapeau national. » Mieux encore, il ne craint pas d'ajouter : « Qu'elles soient certaines que leur sacrifice n'a pas été inutile. »

Le surlendemain de cet « ordre du jour » mémorable, toutefois, se rendant compte que, dans les mess d'officiers, dans les casernes, il en est qui s'interrogent quand même sur le point de savoir avec qui et contre qui on doit être, Juin va faire une communication verbale aux cadres de la garnison d'Alger. Un « analytique » de cette communication ayant, à l'époque, été établi « par un officier de l'état-major de la direction de la cavalerie en Algérie », on peut s'y référer. Et ça en vaut la peine... « La semaine tragique que nous venons de vivre demande des explications, déclare d'abord Juin. Vous avez pu avoir une impression de flottement : il faut expliquer... » En fait d'explications, les officiers présents ont droit à un récit partiel des tractations que l'amiral François Darlan et Juin lui-même viennent de mener avec les Américains. Et puis, ils entendent leur chef conclure textuellement : « Ainsi donc, les dés sont jetés, nous avons renversé la vapeur, nous allons défendre notre territoire, à côté des Américains, contre les Allemands (...). En prenant part, à côté des Américains, à la lutte contre les Allemands, nous restons fidèles à la ligne tracée par le Maréchal, qui est celle de défendre notre Empire... » Sans doute, entre autres, a-t-on remarqué dans ce texte l'expression « nous avons renversé la vapeur ». Elle mérite réflexion. En effet, sous des allures de guerrier bourru, voire borné, et de strict technicien de la guerre classique, le futur maréchal de France est un homme beaucoup plus souple qu'on ne le croit et qui n'en est peut-être pas à son premier « renversement de vapeur »... La carrière d'Alphonse Juin est riche de surprises et d'équivoques. Si, exceptionnellement, nous employons le mot *peut-être*, c'est que, jusqu'à son dernier jour, ses silences et ses dénégations sans autres explications auront laissé planer le doute sur la période de sa vie qui va de 1940 à 1942. On sait que, pour ce qui est des antécédents vichystes, les Américains, lorsqu'ils préparaient leur intervention de novembre 1942, n'étaient pas, comme on dit, très regardants. Or, celui d'entre eux qui manipula affectueusement le plus de pétainistes, Robert Murphy, l'envoyé spécial de Roosevelt, a été, à propos de Juin, d'une prudence inhabituelle et a écrit, à son sujet, des lignes qui sonnent curieusement sous sa plume. Ecoutons Murphy... « Dans ses mémoires de guerre, dit-il, Churchill déclare que les Alliés s'étaient entendus avec Juin et que c'est lui qui dirigeait le mouvement clandestin à Alger. C'est une erreur. Nous n'avions aucun accord d'aucune sorte avec cet officier général, bien qu'il ne nous ait jamais dissimulé l'aversion que lui inspiraient nazis et fascistes. Nous avions pensé à en faire le numéro un français dans cette campagne d'Afrique. Puis nous l'avions écarté parce que, fait prisonnier par les Allemands, il avait obtenu sa liberté après qu'il eut été indiqué qu'il ne reprendrait pas les armes contre eux durant cette guerre. J'étais convaincu qu'il considérait cette promesse comme nulle parce que faite sous contrainte mais ce n'était qu'une conviction personnelle à laquelle je ne me fiais pas entièrement. Si nous l'avions mis au courant, Juin aurait pu se croire obligé d'informer Vichy. »

Des offres de service à Rommel...

Ainsi alertés, ouvrons donc rapidement le dossier Juin... Fait prisonnier par les Allemands avant l'armistice de 1940, Alphonse Juin avait été libéré par eux de façon assez exceptionnelle parce que, sur les instances de Weygand, le gouvernement de Vichy avait longuement insisté pour que Berlin consentît à cette libération. Sitôt sorti d'Allemagne, il s'était d'ailleurs immédiatement rendu sur les bords de l'Allier afin d'y remercier ses bienfaiteurs. Si l'on en croit René Richard et Alain de Sérigny, ceux-ci lui avaient alors offert « de succéder au général Huntziger au ministère de la Guerre ». Ayant décliné cette offre car il préférait rejoindre Weygand de l'autre côté de la Méditerranée, Juin s'était vu confier le commandement en chef des troupes françaises d'Afrique du Nord, donc de l'Armée d'Afrique. A Vichy, on ne lui avait pas tenu rigueur de son refus de devenir ministre. L'atmosphère de son séjour avait même été des plus cordiales. Parmi les nombreux leaders de la Collaboration qu'il y avait rencontrés, figurait Fernand de Brinon. Lorsque, après la Libération, étant en prison et à la veille d'être fusillé, le condamné à mort de Brinon écrivit des *Mémoires* qui contiennent beaucoup de révélations et ont fait l'objet de très peu de contestations, il nota : « Je suis à Vichy le jour où le général Juin, libéré, vient se présenter au Maréchal. Il est retenu à déjeuner. A table, il est mon voisin. Il occupe la place à ma droite, moi-même étant à la droite du Chef de l'Etat. Au cours de la conversation, le général déclare à plusieurs reprises qu'il est très heureux d'avoir l'occasion de se battre contre les Anglais et qu'il défendra l'Afrique contre toute entreprise alliée (...). S'il doit être placé sous les ordres du général Rommel, il en serait très fier. "Il n'y a pas un soldat, dit-il, qui ne serait fier de servir sous un tel chef..." Le général Campet, du Moulin, l'amiral Darlan, Ménétrel étaient parmi les convives de ce déjeuner historique. » Nous n'avons pas ici la place de rapporter par le détail les discussions auxquelles devait donner lieu le témoignage de De Brinon. Nous nous bornerons à citer ce qu'en a dit Yves-Maxime Danan dans la thèse que nous avons déjà citée. Danan rappelle que Robert Aron, entre autres, contesta vivement les déclarations attribuées au futur maréchal à propos de Rommel, donc du chef de l'Afrika Korps hitlérien, et affirma qu'elles « semblaient dues à l'imagination de De Brinon » ; contestant cette contestation, Danan ajoute : Aron « fondait son point de vue sur le fait que, à peine de retour en Afrique, le général aurait expédié "à tous les commandants d'unité, l'instruction de s'opposer par la force à une éventuelle pénétration de Rommel en Tunisie". On se permettra de contredire sur ce dernier point l'éminent historien. Bien au contraire, peu après le retour de Juin à Alger, vers le mois de janvier 1942, une instruction du commandement en Afrique du Nord "ordonne à l'Armée d'Afrique d'accueillir les Germano-Italiens dans le Sud-Tunisien, au cas où ils s'y replieraient et de s'opposer aux Britanniques qui tenteraient de les suivre"... » Mais ce n'est pas tout. Yves-Maxime Danan rappelle aussi que, pour aller de Vichy à Alger, Alphonse Juin passa par Berlin... Il fut envoyé dans la capitale allemande « par Darlan auprès de Göring pour en obtenir le renforcement des moyens de défense français en Afrique du Nord ». Enfin, Danan cite le témoignage de Gabriel Esquer, lequel déclare qu'avec Juin « s'accentua, conformément aux directives de Vichy, la politique de collaboration en Afrique du Nord » et rappelle qu'« au printemps 1942, sur l'ordre du gouvernement, Juin alla prendre à Berlin les instructions des autorités allemandes en vue d'organiser la défense de la Tunisie qui devait être faite contre toute agression anglaise par les maigres effectifs de notre armée ».

Même à travers ce bref aperçu, on voit combien ce que nous appelions plus haut le « dossier Juin » est chargé : le « déjeuner historique » de Vichy, l'admiration pour Rommel, les deux voyages à Berlin, les instructions proallemandes ou antibritanniques à l'armée d'Afrique, etc. Un dossier chargé et qui demeura longtemps explosif.

Le 11 juin 1955, Jacques Lemaigre-Dubreuil, l'homme d'affaires dont nous allons reparler et qui, dans la phase de décolonisation s'opposait aux ultras, était assassiné au Maroc par des tueurs « contre-terroristes ». Avant d'être judiciairement « classé sans suites », ce meurtre provoqua politiquement et policièrement de nombreux remous... Deux des hommes qui y avaient été un temps impliqués, Louis Damiani et Albert Vaysse comparurent, pour d'autres affaires, devant les assises de la Seine à la fin de 1962. Durant leur procès, à l'audience du 10 décembre, Vaysse fit incidemment état de confidences qu'il déclara avoir reçues « d'une personnalité française qui avait occupé un poste très important dans la police à Paris puis un autre poste très important au Maroc ». C'est ainsi que Vaysse raconta : « Ce monsieur a été amené à me dire quelles étaient, selon lui, les véritables raisons du crime. Il m'a dit ceci : "M. Lemaigre-Dubreuil était en possession d'un document confidentiel mettant en cause une personnalité française." Cette personnalité était le maréchal Juin. En 1941, le maréchal Juin aurait fait des offres de service pour servir sous les ordres du maréchal Rommel. Ce document écrit, après avoir passé entre différentes mains, celles de Marcel Déat, de l'amiral Darlan, était venu en possession de M. Lemaigre-Dubreuil. Il m'a même été précisé que l'amiral Darlan avait écrit en marge de ces papiers : "On ne lui en demande pas tant..." Ainsi, pour cette personnalité qui me parlait, le crime avait un double but : se débarrasser de Lemaigre-Dubreuil et récupérer le document... »

« L'armée française, dans ses profondeurs, n'a jamais cessé... », etc.

Passons. Et revenons à Alger... Retrouvons-y l'Alphonse Juin de 1942-1943. Le destin qu'il connaît alors continue d'être d'autant plus caractéristique que, dans son sillage, vont le partager ces milliers d'officiers de l'Armée d'Afrique dont nous savons maintenant le passé et la mentalité. Pétainiste, puis giraudiste, puis « gaulliste » (ici, nous mettons volontairement des guillemets), il va l'être successivement sans effort ni ruse, en se contentant de rester à son poste. Il n'aura même pas besoin d'être habile, car la singulière conjoncture de l'époque se chargera de jeter un voile pudique sur ce que nous avons appelé son dossier. Au contraire, on peut même dire qu'il bénéficiera d'une véritable promotion puisqu'on lui permettra de s'engager sur une voie qui, plus tard, le fera apparaître comme un des porte drapeau de l'armée française ayant repris le combat. Par une amère ironie de l'histoire, il connaîtra, sinon la même gloire, du moins les mêmes honneurs officiels qu'un de Lattre de Tassigny ou un Leclerc. Le considérant pour ce qu'il est, un certain nombre de chefs des Forces françaises libres essayeront bien d'y mettre le holà ; mais ce sera en pure perte... Le 17 juillet 1943, au nom de l'état-major des FFL dont il est le chef, le général Edgar de Larminat adresse à de Gaulle une note percutante pour lui demander d'« assainir cette situation ». Avant de conclure que Juin et ses pareils sont « absolument disqualifiés pour exercer un commandement » et qu'ils « doivent immédiatement (...) être mis en disponibilité », de Larminat écrit : « Il est facile de se rendre compte qu'une des causes du malaise militaire d'Afrique du Nord réside dans ce fait que trop d'officiers généraux ont perdu l'estime et la confiance de leurs subordonnés (et du public) pour avoir totalement manqué de caractère et de sens national au moment du débarquement des Alliés. (...) Les étoiles sont trop souvent considérées comme des parapluies abritant leurs porteurs des conséquences de leurs fautes. C'est une notion néfaste entre toutes et il faut l'abolir si l'on veut refaire une armée... »

Vite informé, Juin réplique le 22 juillet en écrivant lui aussi à de Gaulle. Dans sa lettre, il qualifie d'emblée la note de De Larminat de « mauvais tract, signé cette fois, mais de la même facture et de la même encre que ceux anonymes qu'on commence à répandre », et il ajoute : « J'y suis naturellement visé, mais ceci importe peu (...). Ce qui est plus grave, c'est que l'offense s'adresse à nombre de braves gens qui n'ont de leçons de patriotisme à recevoir de personne et qui sont pour la plupart des soldats éprouvés et disciplinés comme il serait souhaitable que la France en eût beaucoup à cette heure. » Enfin, il dit à de Gaulle : « De cette offense, je tiens à te faire juge... » Le chef de la France libre va en effet juger. Et l'on sait déjà en faveur de qui il tranchera. Nous avons vu comment Charles de Gaulle, par une sorte de tour de passe-passe, met en avant non point la manière dont Alphonse Juin a ordonné de tirer sur les Alliés, mais la façon dont il a commandé que le feu cesse, ceci tout en vantant le « discernement » et le « bon sens » de son camarade de promotion à Saint-Cyr... Cependant, ce n'est évidemment pas par camaraderie et parce qu'ils se tutoient que de Gaulle décide de l'absoudre et de le promouvoir. Comme nous l'avons répété et comme d'ailleurs le futur maréchal de France ne manque pas de le souligner adroitement dans sa réplique à de Larminat, son sort est difficilement séparable de celui de ses subordonnés qui ont joyeusement adhéré à la funeste politique dont il s'est fait l'instrument.

Fin novembre 1943, indirectement mais assez clairement, de Gaulle commentera lui-même sa décision lors d'un des premiers débats de l'Assemblée consultative d'Alger. Jean Pierre-Bloch, qui assistait à ce débat, a fait le récit de cette intervention inattendue mais péremptoire du chef de la France libre. L'un des délégués de la

Résistance intérieure, Jean-Jacques Mayoux était à la tribune... « L'orateur, raconte Pierre-Bloch, parle à la tribune comme dans une conversation, explique avec une sincère simplicité et même parfois avec une brutale franchise, le malaise provoqué en France par les événements d'Afrique du Nord depuis un an. Il flagelle cruellement la politique à double jeu de Vichy et reproche à l'Amérique d'avoir paru s'y laisser prendre. (...) Mayoux a des mots très durs pour nos Alliés, pour l'armée française qui s'était dénationalisée et qui doit être, non plus l'expression d'un clan mais celle de la nation et du peuple français. De longues acclamations, sur tous les bancs, interrompent Mayoux à plusieurs reprises (...). Le général de Gaulle demande immédiatement la parole et (...) fait la déclaration suivante : "Dans son beau et émouvant discours, parlant de l'armée française, M. Mayoux a dépassé, sinon sa pensée, du moins la mienne. Des chefs indignes seuls s'étaient détournés de leur devoir. L'armée française, elle, dans ses profondeurs, n'a jamais cessé d'être avec la nation ; elle l'a montré en Tunisie, où elle a donné la mesure de son courage et de sa valeur." Cette déclaration, dont tout le monde comprend la portée, montre que de Gaulle veut unir l'armée d'Afrique du Nord au Comité de la libération nationale... » En vérité, outre ses calculs à plus longue échéance à propos de Vichy, lorsque de Gaulle donne raison au pétainiste Juin contre le gaulliste de Larminat, c'est beaucoup moins entre deux hommes qu'il choisit qu'entre deux politiques... Pour qu'une armée française prenne sa place dans le combat aux côtés des Alliés, il faut non seulement augmenter les effectifs des FFL mais les multiplier très largement. Edgar de Larminat estime qu'il s'agit donc de « refaire une armée ». Ceci suppose évidemment, outre un nouveau recrutement populaire, un bouleversement des hiérarchies existantes. Profondément partisan d'une armée de métier novatrice dans sa façon de combattre mais traditionnelle quant à ses structures, le chef de la France libre est tout naturellement opposé à cette sorte d'appel au peuple, à ce recours à de nouveaux cadres dont un nombre important risque d'avoir plutôt été formé à l'école de la clandestinité qu'à l'Ecole de guerre.

« La Royale » jette l'ancre dans les eaux thermales

Plus tard, dans ses *Mémoires*, Alphonse Juin se réjouira — on le comprend — de ce que de Gaulle ait « su exactement ce que représentait l'Armée d'Afrique de transition mue par des sentiments où se mêlaient à la fois la croyance en la vertu des consignes reçues et la mystique d'un serment ». Certes, si un débat avait pu s'ouvrir sur la question, nul doute que la grande majorité des résistants de l'intérieur et bon nombre de FFL eussent été partisans de la conception de De Larminat. Mais pouvait-on, à l'époque, ouvrir pareil débat ? Beaucoup diront que l'heure n'était pas à la discussion mais à l'envoi le plus rapide possible sur le front de bataillons, de régiments et de divisions qu'il fallait bien prendre où ils étaient et comme ils étaient. Ils ajouteront que, le 17 août 1943, l'Armée d'Afrique s'était vue priver de 240 de ses officiers (dont 40 généraux) qui avaient été « mis en disponibilité, par application des mesures sur le rajeunissement des cadres » mais dont on savait bien que leur limogeage était en fait une petite épuration voilée. A de pareils arguments, on pourrait évidemment en opposer beaucoup d'autres. On pourrait, comme nous avons vu plus haut François Billoux le faire au nom du PCF, avancer qu'une véritable épuration et une profonde réforme n'auraient pas nui à la combativité de l'armée française renaissante, au contraire. Mais il faut revenir à la réalité et constater que telle ne fut pas la voie choisie. On amalgama, on fusionna vichystes, attentistes, gaullistes et simples patriotes dans le moule traditionnel d'unités le plus souvent d'origine coloniale. Alors, si le vent de l'épopée FFL continua bien, ici ou là, de souffler parfois, ce ne fut pas dans toutes les formations et ce n'était plus qu'un vent faible à modéré. Au Monte Cassino et sur le Garigliano, on était loin de Bir Hakeim et du Tchad. Même dans la fameuse « division Leclerc » les gaullistes d'origine n'étaient plus guère que un sur six et les quelques volontaires républicains espagnols faisaient figure d'exception. Il convient de ne pas l'oublier si l'on veut comprendre comment, dans une atmosphère générale de fraternisation, des frictions, des incidents, parfois même un malaise latent se manifestèrent, durant tous les combats de la Libération, lorsque, plus tard en 1944, l'Armée d'Afrique côtoya les FFI sur le sol national, et plus encore, lorsque les uns et les autres furent « amalgamés » dans des unités communes... En faisant sa communication de novembre 1942 aux cadres de la garnison d'Alger, Alphonse Juin n'avait pas craint de déclarer que les officiers qui avaient choisi le parti des Alliés « avaient manqué à leur devoir et failli à l'honneur militaire » ; dans ses *Mémoires*, près de vingt ans plus tard, le même continuait de parler de la « mentalité d'émigrés » des FFI... En 1944-1945, de telles opinions étaient encore partagées par bon nombre de cadres servant sous de Lattre et même sous Leclerc. Dans la suite de leur carrière, on ne voit pas pourquoi la guerre d'Indochine, la « guerre froide » ou la guerre d'Algérie auraient pu les amener à y renoncer et, dès lors, on comprend mieux comment une véritable tradition pétainiste a pu rester si longtemps vivace dans l'armée française...

Si l'Armée d'Afrique, par sa nature même, aida beaucoup à ce qu'Alger devienne un « Vichy sous protectorat américain », sa responsabilité n'est pas exclusive. Car il y eut aussi la Marine, « la Royale », comme disaient alors la plupart des officiers qui la dirigeaient... Ce surnom n'était pas seulement folklorique. Il recouvrait et traduisait toute une réalité sociale et politique. Autant, dans les forces aériennes, l'imprégnation populaire était sensible, autant, dans les forces maritimes, était visible la suprématie de la tradition aristocratique. Dans l'aviation, arme encore adolescente, l'ingéniosité des mécanos comptait autant que l'audace des pilotes et l'on se souvenait que, pendant le Front populaire, beaucoup de travailleurs avaient fréquenté les aéroclubs. Dans la marine de guerre, la notion de commandant « maître après Dieu » dominait une pyramide hiérarchique très rigide et un féodalisme de fait continuait de régir un monde clos où l'on était souvent officier de père en fils, où 1789 n'était qu'un mauvais souvenir et où l'on n'avait jamais vu surgir d'amiraux « sans-culottes ». Certes, nombreux furent les inscrits maritimes qui s'engagèrent comme matelots dans les FNFL (Forces navales françaises libres), nombreux les pêcheurs qui aidèrent des résistants à franchir les mers ou à se ravitailler en armes, mais ce furent presque toujours des initiatives individuelles.

Ce ne fut donc pas un hasard si la proportion des résistants fut nettement plus importante dans les airs que sur les mers et si, par une sorte de même élan aux effets contraires, tant de pilotes et de mécaniciens sautèrent dans leurs appareils pour aller rejoindre les FFL tandis que tant d'anciens élèves de l'Ecole navale quittaient leurs vaisseaux pour aller s'installer dans les fauteuils de l'administration pétainiste. Alors que l'équivalent maritime de l'escadrille Normandie-Niémen était impensable pour les hauts dignitaires de « la Royale », ce fut à qui jetterait l'ancre dans les eaux thermales... On pourrait presque parler d'invasion. Et il est plaisant de noter quelques-unes des innombrables réflexions que, à la faveur des acerbes rivalités entre vichystes, on pouvait entendre tous les jours sur les bords de l'Allier. Pour certains, l'Etat français n'était plus qu'une « SPA, une Société protectrice des amiraux »... D'après Fernand de Brinon, le docteur Bernard Ménétrel, médecin personnel et confident du Maréchal, se plaignait fréquemment de devoir supporter un « gouvernement des marins ». Weygand, si l'on en croit de Gaulle, proclamait « que les deux tiers de la France se trouvaient occupés par l'ennemi et le dernier tiers par la marine, ce qui était encore pire... » Le colonel du Couedic racontera plus tard que la Royale passait partout pour « l'enfant chérie de Vichy ». Et l'on murmura même que l'archevêque de Lille, le cardinal Achille Liénart, voyant ses proches inquiets d'une maladie qui risquait de lui être fatale, leur chuchota : « Je ne peux pas me permettre de mourir maintenant. Ils me remplaceraient par un amiral. »... Toujours est-il que dans son livre de souvenirs, le directeur du cabinet de Pétain, Henri Dumoulin de Labarthète énumère des noms de marins nommés à des postes clefs à l'époque de ce qu'il appelle la « dictature Darlan » : « Platon aux Colonies, Abrial et Fénard à Alger, Estéva à Tunis, Decoux en Indochine, Robert à la Martinique, Duplat à la commission d'armistice de Turin, de Penfentenyo à la Famille, Fernet et Docteur au Conseil national, Le Luc au Conseil d'Etat, Gouton à la tête des commissaires du pouvoir,

Bard à la Préfecture de police » et il poursuit en rappelant que Darlan fit également « de Dupré un chef du SR, de Duvivier un animateur de la Radio, de Rodellec un intendant de police, de Labat un policier, d'Hamon, de Tracou, de Bélot, de Loïc Petit des préfets... » Et l'on pourrait ajouter : *et caetera* car, comme le notera Renée Pierre-Gosset, « c'est alors en France la grande époque des amiraux. Il y en a partout, sauf à la mer... »

A situation intenable, chef introuvable

La boussole de ces marins-là, on la devine aisément... Rappelant l'époque où se nouent les premiers contacts entre les rares, les très rares officiers résistants d'Alger, le général Alphonse Van Hecke note simplement : « Il ne fallait pas compter sur la marine : tous les officiers étaient antianglais et antigaullistes. » Et, un peu plus tard, le 21 mars 1943, dans un article que publie l'hebdomadaire de la France libre, *La Marseillaise*, le délégué du PCF à Londres, Fernand Grenier, le 21 mars 1943, remarque : « Les Français n'avaient plus aucune tendresse pour la Marine depuis la chasse aux patriotes parisiens — d'ordre de la Gestapo — par l'amiral Bard, depuis l'agenouillement devant l'ennemi de feu l'amiral Darlan, depuis les appels à la guerre fratricide contre les alliés anglo-américains des amiraux Platon et Estéva. Ce ne sont pas non plus les honteuses félicitations de Radio-Paris à l'amiral Robert, ni le lamentable "plaidoyer pour l'inaction" de l'amiral Godfroy qui ont relevé le prestige de la marine. »

On sait que l'argument, sinon l'excuse, sans cesse avancé par les dirigeants politiques et les chefs militaires anglo-américains lorsqu'ils se virent, de divers côtés, reprocher d'avoir fait survivre Vichy en Afrique du Nord et de s'être appuyés sur les éléments les plus réactionnaires de l'administration locale, de l'Armée d'Afrique et de la marine fut que, pour mener à bien les opérations militaires, ils devaient être assurés de voir l'ordre et le calme régner sur leurs arrières et que seuls ceux qui avaient le pays bien en main pouvaient leur garantir le maintien de cet ordre et de ce calme. Dans la réalité, cet argument s'avéra vite fallacieux puisque, pendant les longs mois qui s'écoulèrent de l'automne 1942 à l'hiver 1943-1944, jusqu'au moment où, sous la direction effective de Charles de Gaulle, un pouvoir vraiment issu de la Résistance put être mis en place, il régna dans tout le Maghreb une situation des plus troubles, un grouillement d'intrigues sur lequel surnageait tant bien que mal une oligarchie aux contours incertains et aux intentions contradictoires. En arrivant à Alger, nous avons déjà entendu Pierre Sonneville se plaindre de « la médiocrité des dirigeants » et Pierre Bourdan constater que « dans cette capitale africaine (...) passèrent, en quelques semaines, plus d'intrigues hors du temps, d'espoirs chimériques, de rêves anachroniques, d'ambitions sans lendemain, de personnages éphémères, de conspirateurs sans avenir, de tribuns de sous-préfectures, de carrières avortées, que les grandes puissances du monde n'en connurent en vingt ans ». Même s'ils se voilèrent souvent la face devant le marasme politique qu'ils avaient ainsi laissé s'installer, les Alliés ne purent indéfiniment fermer les yeux. En prononçant le mot devenu célèbre et par lequel il définissait Darlan comme un « expédient provisoire », Roosevelt lui-même dut le reconnaître. Les leaders occidentaux de la coalition antihitlérienne s'obstinèrent pourtant, — nous avons vu plus haut qu'en juin 1943 Churchill l'écrivait à Staline — à chercher en dehors des forces vives de la Résistance « une autorité française à laquelle tous les Français se rallieraient » et « à espérer qu'elle pourrait se dégager des discussions en cours à Alger ». Cependant, à situation intenable, chef introuvable, et la quête d'un homme miracle poursuivie dans de telles conditions ne pouvait qu'être vaine. Dans les armoires aux dossiers secrets du président des Etats-Unis comme dans celles de son envoyé spécial Robert Murphy et de son général en chef Dwight D. Eisenhower, les désillusions et les déconvenues s'accumulèrent. Tantôt ils rêvaient à de vieilles gloires de la IIIe République défunte tels qu'Albert Lebrun, Pierre-Etienne Flandin ou même Edouard Herriot ; tantôt à des généraux au seuil de la retraite et qui symbolisaient, comme Joseph Georges, la défaite des incapables ou, comme Jean-Marie Bergeret, la compromission des chefs militaires dont Vichy avait fait des ministres collaborateurs ; tantôt à des hiérarques du pétainisme, gouverneurs ou ambassadeurs, comme Yves Châtel, Charles Noguès ou Marcel Peyrouton dont les diatribes anglophobes et antisémites, les sourires prohitlériens étaient encore dans toutes les mémoires... Et, à chaque fois, c'était une nouvelle « opération Weygand » qui ratait, un nouveau bluff qui s'effondrait.

De cette obscure mêlée, deux têtes émergèrent cependant, celle de l'amiral François Darlan et celle du général Henri Giraud. Avec eux, ce que Jean-Baptiste Duroselle a appelé « la recherche du troisième homme » a pu paraître, un temps, avoir réussi puisque l'un et l'autre ont laissé à l'histoire deux substantifs formés à partir de leurs noms : le « darlanisme » et le « giraudisme » (en fait des presque synonymes mais dont le premier fut plus volontiers stigmatisé par les résistants communistes tandis que la critique des résistants gaullistes assurait au second une gloire plus durable).

En réalité, la tentative de récupération de la Résistance par Vichy et le retour au bercail allié de beaucoup de ceux qui, durant un certain temps, avaient cru à la victoire de Hitler, ce vaste et complexe événement politique dont Alger fut le théâtre en 1942-1943 n'a pratiquement pas été influencé par les personnalités mêmes des deux hommes. A la place d'un Darlan et d'un Giraud, dix autres amiraux, dix autres généraux, dix autres politiciens eussent aussi bien fait l'affaire. La sorte de magnification douteuse dont l'un et l'autre ont, par la suite, fait l'objet n'est donc pas due aux rôles qu'ils ont joués mais à une série de conjonctures politiques successives où leurs silhouettes et surtout leurs légendes ont été utilisées comme arguments polémiques. Ceux qui, depuis la Libération, se sont systématiquement employés à tenter de réhabiliter Pétain et son régime ont cru et croient encore pouvoir utiliser Darlan en le présentant comme un « patriote malheureux » qui aurait été le dépositaire secret et l'exécuteur malchanceux des intentions généreuses du Maréchal. Certains de ceux que l'évolution de la vie politique a opposés à de Gaulle ont, volontairement ou non, oublié que Giraud n'était qu'un militaire banal et réactionnaire et ils ont pris prétexte des ambitions avouées du futur président de la Ve République pour prétendre que l'évadé de Kœnigstein avait été la victime du machiavélisme du chef de la France libre. Aussi bien le « cas Darlan » et, dans une moindre mesure, le « cas Giraud » ont-ils donné naissance à toute une littérature qui a autant de rapports avec la réalité que les innombrables récits sur les malheurs de Marie-Antoinette en ont avec le vrai déroulement de la Révolution de 1789.

« Pokerface », amiral de la Flotte

L'amiral exécuté et le général évadé valent pourtant qu'on s'arrête un instant devant leurs portraits. Deux portraits rapprochés mais dont les différences sauteront aux yeux : d'un côté, la fourberie et le crime ; de l'autre, la naïveté et l'erreur.

De même que, plus tard, en d'autres circonstances, Raoul Salan a pu, alors qu'il était au seuil du terrorisme « Algérie française » de l'OAS, apparaître comme un « général de gauche », François Darlan, quand on le considère au seuil de sa collaboration avec l'ennemi, apparaît surtout comme un « amiral franc-maçon ». Fondamentalement, ses options idéologiques et son choix politique sont ceux des autres chefs de « la Royale » mais il a trop fréquenté les cabinets ministériels, il a trop le goût du pouvoir immédiat et il considère trop l'opportunisme comme une vertu, pour ne pas s'être adapté à son siècle et ne pas se méfier des anachronismes hautains susceptibles de nuire à sa carrière. Une carrière de marin de terre ferme et de politicien bien ancré qui, avant la guerre, a été rapide — certains diront même brillante... Léon Blum et le gouvernement de Front populaire ne lui ont-ils pas confié des missions confidentielles ? Ses biographes les plus complets, mais pas les plus cruels, Hervé Coutau-Bégarie et Claude Huan, n'écriront-ils pas, en 1989, qu'il s'est « lui-même un jour vanté d'être l'officier "le plus pistonné de toute la marine"... » ? En 1941, quand Pétain en fait son président du Conseil, il a tout juste soixante ans. Depuis sa sortie de l'Ecole navale, il a aisément gravi l'échelle des grades et des responsabilités : à trente et un ans, il est lieutenant de vaisseau ; à trente-sept, capitaine de corvette ; à trente-neuf, capitaine de frégate ; à quarante-cinq, capitaine de vaisseau ; à quarante-huit, contre-amiral ; à cinquante et un ans, vice-amiral... En 1926, le ministre de la Marine d'alors, Georges Leygues, l'avait pris dans son équipe, d'abord comme chef-adjoint du cabinet puis comme chef du cabinet militaire. Dix ans plus tard, et sans avoir beaucoup navigué, il était, en 1936, nommé chef d'état-major général de la Marine... Le 1er avril 1940, dans *La Revue des Deux Mondes*, paraît un article sur Darlan signé du pseudonyme de « Fidus » et dont on murmure qu'il l'a, sinon dicté, du moins directement inspiré. On peut y lire que « ce qui distingue surtout Darlan, c'est son aptitude à comprendre et à résoudre tous les problèmes. Il s'est plié à toutes les circonstances, tour à tour négociateur, expert naval, diplomate, organisateur, administrateur. Il a réussi dans tous ses commandements, dans toutes ses missions. (...) (Il) a toujours été guidé par la pensée de rechercher au bon moment les postes où il pouvait se distinguer... ».

« Se distinguer », c'est le mot juste... Celui que les mauvaises langues du ministère de la rue Royale ont surnommé « l'amiral qui n'a jamais connu la mer » va, en effet, obtenir, deux mois avant la guerre, un couronnement de carrière unique dans les annales. C'est pour lui spécialement que le décret du 24 juin 1939 crée un titre dont il sera le seul titulaire et qui d'ailleurs est instauré à sa demande afin qu'il puisse rivaliser avec ses ennemis héréditaires, les gens de la Royal Navy britannique. Un titre d'ailleurs carrément traduit de l'anglais *admiral of the Fleet*, le titre d'amiral de la Flotte... C'est aussi bien, sinon mieux que maréchal de France, et en tout cas plus original. Ayant obtenu cela du pouvoir politique, François Darlan est fier de réussir et content que soit proclamée sa réussite ; il ne cache donc pas le moins du monde son appétit de pouvoir ni ce mélange de rouerie, de cynisme, de vanité et d'esprit d'entreprise qui font de lui un « battant ». Est-ce pour cela que son personnage laisse perplexes la plupart des Anglo-Américains qui le fréquentent après en avoir fait leur homme, tandis qu'il semble exciter le goût du portrait chez les chroniqueurs qui aiment avoir la plume un peu cruelle ? « Etrange figure... Petit homme mystérieux... — Qui était-il ? » se demande, comme beaucoup de ses confrères, l'éditorialiste du *Saturday Evening Post*, le 10 juillet 1943. Et Murphy lui-même, l'homme qui pourtant le manipula et qui précise : « Je le connus mieux qu'aucun autre Américain », s'il le traite évidemment d'« amiral politique », ajoute vite un peu plus loin : « Enigmatique petit amiral français »... Aussi, un journaliste de la chaîne CBS, Collingwood, résume-t-il bien l'opinion d'une bonne part de ses compatriotes en murmurant simplement : « Pokerface ! », ce qui se passe de traduction. Ou plutôt ce que Renée Pierre-Gosset traduit à sa manière par : Talleyrand, en ajoutant : « De Talleyrand, en effet, il a tous les aspects fâcheux »... Sans oublier la réplique de Winston Churchill devant la Chambre des

Communes : « Si Darlan faisait fusiller Pétain, il le ferait certainement au nom du Maréchal ! »... Mais le portrait le plus attrayant est sans doute celui qu'a buriné le conseiller Henri Dumoulin de Labarthète qui, ayant l'oreille du Maréchal et se promenant, l'œil aux aguets dans son entourage le plus proche, ne fut certes pas l'ami de l'amiral mais ne fut pas non plus son adversaire politique. « Ambitieux, timide, personnel, opportuniste, manœuvrier, bon chef militaire et mauvais chef civil, aussi prompt à l'action qu'apte, en cas d'échec, à faire la part du feu ; tel m'apparaît encore, à distance, François Darlan » écrira Dumoulin dans ses *Souvenirs*, et il ajoutera : « Ce Méridional est un homme froid, concentré sur lui-même, méfiant, d'une étonnante vulgarité d'attitude et de ton (...). A terre, c'est un bourgeois, ami de ses aises, ami de l'argent, qui aime à se taper les cuisses, à bourrer sa pipe, à blaguer les curés, à décorer son fils sur le front des troupes, à vivre dans de confortables villas, à rouler dans de puissantes voitures, à briguer l'Ordre de Malte et qui, pour ses dîners d'apparat, mobilisera la musique des Equipages de la Flotte, autour d'un grand mât, dressé sur sa pelouse. »

Un grand mât dressé... Mais quel drapeau à ce mât ? Un étendard tricolore ou une bannière à croix gammée ? Les faits et les textes répondent... Sur les cinquante mois qu'a duré le régime de Vichy, si Laval a été au pouvoir les deux tiers du temps, Darlan a occupé le tiers restant : après quelques semaines de partage avec Flandin et Huntziger, exactement du 9 février 1941 au 18 avril 1942. Aussi bien, courant 1941, à Vichy, avant même que Pétain ne le désigne comme son « dauphin », Darlan est-il tout-puissant... « Conformément aux promesses qui avaient été faites à Abetz, dira plus tard Fernand de Brinon, Alibert, Peyrouton et Flandin ont été successivement éliminés et Darlan est devenu le chef incontesté du gouvernement. Vice-président du Conseil, il détient les portefeuilles de l'Intérieur, de la Marine, des Affaires étrangères, de l'Information. Le ministère est composé avec des hommes qui, tous, bénéficient du préjugé favorable d'Abetz : Benoist-Méchin, secrétaire d'Etat à la vice-présidence du Conseil, Pucheu à l'Intérieur, Lehideux à la Production industrielle, Marion à la Propagande, Barnaud aux Affaires économiques franco-allemandes... » Une toute-puissance que Renée Pierre-Gosset souligne en écrivant : « En fait, pendant cette année 1941, tous les actes du gouvernement de Vichy seront l'œuvre de celui qui les promulgue et les signe, tantôt comme président effectif du Conseil, tantôt comme ministre de l'Intérieur ou des Affaires étrangères. »

Attila et la « bolchevisation de l'Angleterre »

C'est à l'époque de cette toute-puissance, fin février 1941, que Jacques Chastenet, alors directeur du quotidien *Le Temps*, est en visite à Vichy. Une visite qu'il évoquera, trente-trois ans plus tard dans *Quatre fois vingt ans ; Souvenirs 1893-1973*... « Je vais ensuite voir l'amiral Darlan, écrit-il, que je trouve très volubile, très gascon et beaucoup plus satisfait de soi que le Maréchal. (...) Pendant tout notre entretien, je n'ai pas pu rencontrer les yeux de l'amiral, constamment fuyants. Cet homme, incontestablement intelligent et énergique, donne l'impression d'un manque total de franchise (d'aucuns le surnomment "l'amiral Courbette"). (...) Le petit peuple, lui, souffre des restrictions (...) qui lui sont imposées et il est révolté par les déportations massives de Juifs. Une phrase assez fréquemment entendue est : "Darlan au poteau ; Pétain à l'hospice !" » Mais, dira-t-on, cette toute-puissance ainsi accumulée, comment l'amiral de la Flotte s'en sert-il ? Tous ces pouvoirs pour quoi faire ? Pour aider l'Allemagne à gagner la guerre le plus rapidement possible ; pour prêcher la Collaboration avec les hitlériens et ordonner la répression contre les résistants ; pour accuser les gaullistes de tous les crimes et leur promettre un châtiment exemplaire ; pour regretter qu'un nombre plus grand de Français ne mette pas l'uniforme allemand afin d'aller combattre sur le front de l'Est, etc. Un programme clair. Un programme que nous tirons directement et tout simplement des prises de position de François Darlan. Il n'est point même besoin, pour ce faire, d'évoquer les deux visites que l'amiral fit à Hitler en moins de six mois, à la Noël de 1940 et au début de mai 1941. On peut se borner dans le temps et choisir exclusivement des références dans une période limitée à la fin du printemps 1941...

Fin mai, visite de Darlan à l'Ecole des cadres d'Uriage. Il prononce un discours dont voici un extrait : « La collaboration avec l'Allemagne est la seule voie raisonnable ; le point le plus important est de fournir au Reich les armes dont il a besoin pour finir la guerre rapidement. La mesure dans laquelle nous y avons contribué n'est pas suffisante ; nous ferons des progrès de ce côté... » Le 9 juin, envoi de la « circulaire n° 102 », datée de Vichy et adressée par « L'Amiral de la Flotte, ministre-secrétaire d'Etat à l'Intérieur à Messieurs les préfets ». En voici deux extraits : « Je ne saurais tolérer la moindre tentative d'agitation à un moment où l'union des Français est plus que jamais nécessaire, et je compte sur vous pour couper court, avec la plus grande fermeté, aux manœuvres de ceux qui, dans leur égoïsme, rêvent d'un retour aux errements anciens. (...) Vous vous appliquerez, sous votre responsabilité, et sûrs d'avance de mon approbation, à inculquer aux divers personnels placés sous votre autorité ou votre contrôle, cet esprit nouveau qui doit faire partout et toujours prévaloir les intérêts généraux sur les intérêts particuliers... »

Le 18 juin, message radiodiffusé de Darlan destiné aux combattants des Forces françaises libres engagés par de Gaulle en Syrie, aux côtés des Alliés. Il déclare notamment : « Je m'adresse aujourd'hui aux Français égarés qui, en Syrie, dans les rangs gaullistes, se battent contre leurs frères. Vous êtes presque tous de jeunes hommes pleins de foi et de courage. Parmi vous, il y a de jeunes officiers que j'ai personnellement connus et pour qui j'éprouve plus de pitié que d'amertume. (...) Mais d'autres, qui, je le dis bien haut, n'ont ni votre désintéressement ni votre droiture, vous ont trompés. Leur crime est impardonnable. (...) Je voudrais que vous réfléchissiez bien à ce que vous dit aujourd'hui un chef que les injures ne feront pas dévier de ce qu'il sait être son devoir. Il n'est pas trop tard pour reconnaître votre erreur ; même égarés, vous restez les fils de la France. Au nom du Maréchal, qui est prêt à pardonner, je vous demande de rejoindre, de l'autre côté de la ligne de feu, vos frères et votre seul drapeau. Vos chefs, eux, n'ont pas d'excuse ; ils seront châtiés ! »

Le 22 juin, début de l'invasion de l'Union soviétique par les armées hitlériennes. Aussitôt, à Vichy, Darlan s'empresse... « Quelques jours plus tard, raconte de Brinon, le gouvernement autorisait la création de la Légion des Volontaires Français contre le Bolchevisme, l'ambassade d'Allemagne ayant fait savoir à Darlan que Hitler serait très sensible à un geste de cet ordre et que les relations politiques en seraient facilitées. Par une lettre qu'il signe lui-même, l'amiral me prie de faire connaître à Abetz que le gouvernement français, regrettant de ne pas pouvoir, faute de moyens, aider à battre le bolchevisme, a décidé de créer une Légion des Volontaires et qu'il est prêt à donner à ce corps le développement le plus considérable, notamment en accordant aux engagés les avantages de pension qu'ont les combattants français, victimes de la guerre. (...) Dans le même temps, Darlan me prie de constituer à Paris un Comité d'honneur pour patronner officiellement la LVF... C'est ainsi que sous ma présidence d'honneur a été réalisé ledit Comité où avaient accepté de figurer : Monseigneur Baudrillart, le chanoine Tricot, vice-recteur de l'Institut Catholique, Alphonse de Châteaubriant, Gabriel Cognacq, président de l'Entraide d'Hiver et Abel Hermant... »

A peu près à la même époque, Darlan, comme à l'accoutumée, note sur des feuilles que l'on retrouvera ultérieurement dans son bureau les idées qui lui sont chères. Dans les pages qui font suite à l'attaque de la Wehrmacht contre l'URSS, on peut y lire entre autres : « Son alliance avec l'URSS a pour conséquence immédiate la bolchevisation de l'Angleterre. (...) Tout bon Français doit souhaiter ardemment la défaite des Russes s'il ne veut pas voir un Attila III... » Faut-il, à propos de cet « Attila III », faire remarquer que la phrase de Darlan n'est guère différente de celle, si souvent citée, de Pierre Laval et qui commence par : « Je souhaite la victoire de l'Allemagne... »

Voilà déjà un dossier bien rempli... On nous permettra pourtant d'y ajouter un détail qui n'en est pas un et qui montre, s'il en était besoin, que François Darlan, eut, tant qu'il crut à la victoire de l'Allemagne, une conception de la Collaboration qui n'admettait ni restrictions ni réticences et qu'il fut animé, vis-à-vis des nazis du même désir de plaire, du même zèle qu'il avait toujours montré à l'égard de ceux dont il pensait qu'ils étaient susceptibles de favoriser sa carrière. Dans la mesure où Vichy fut, pour une part, un « Etat militaire », nombreux furent les officiers supérieurs et les généraux qui s'y retrouvèrent à des postes de direction politique. Toutefois, même parmi les plus dévoués à l'occupant, beaucoup se refusèrent, il faut le reconnaître, à se montrer aussi serviables dans le domaine militaire qu'ils l'étaient par ailleurs. Ils n'éprouvaient aucun remords à tout livrer, mais un ultime scrupule les retenait lorsqu'il s'agissait de leur « jardin secret ». Or Darlan n'eut pas ce scrupule. L'amiral de la Flotte, au contraire, tint spécialement à s'assurer les faveurs des amiraux allemands. Au procès des grands criminels de guerre devant le Tribunal militaire international de Nuremberg, le grand-amiral Erich Raeder, son homologue hitlérien, put ainsi déclarer à l'audience du 17 mai 1946 : « J'appris que l'amiral Darlan avait l'intention de collaborer plus étroitement avec notre commandement de la Marine en France, l'amiral Otto Schulze. Cette collaboration se manifesta tout d'abord dans le domaine des renseignements, où il nous a rendu des services très appréciables. »

Un résistant qui s'appelait Fernand Bonnier de la Chapelle...

Au simple rappel que nous venons de faire, il paraît difficile d'hésiter quant à l'appréciation à porter sur la conduite de François Darlan. Lorsque le général Charles Mast le définit comme « l'homme qui s'était mis en vedette, à Vichy, parmi les collaborateurs les plus zélés », il paraît tout simplement faire preuve de bon sens. D'ailleurs, Charles de Gaulle ne s'y est pas trompé. Pour lui, Darlan vaut Laval et Laval vaut Darlan. Le 18 avril 1942, le fait que Darlan ait cédé son omnipotence à Laval et se soit accordé le temps de la réflexion en ne gardant pour lui que le « ministère de la Défense nationale » (sic), fournit au chef de la France libre une occasion aussitôt saisie de faire très clairement connaître son sentiment à ce sujet. Et, au micro de Radio-Londres, il déclare : « Il paraît que, parmi les traîtres de Vichy, Hitler a prononcé certaines mutations. Nous attendions cette formalité. (...) Mais il n'y a là rien qu'utilité et opportunité. Rien qui change le fond des choses. Rien qui modifie les données du jeu terrible qu'Hitler a engagé contre la France et contre le monde en se servant, comme toujours, de l'infamie et de la trahison ! »

Le temps de la réflexion... Lorsque nous disons que le remaniement ministériel d'avril 1942 accorda à François Darlan la possibilité de prendre du champ, nous n'entendons, en aucune façon, contester la réalité des multiples intrigues, souvent suivies de redistribution de portefeuilles, qui, quatre années durant, agitèrent les milieux dirigeants du régime pétainiste. Le retour de Laval aux affaires a, bien évidemment, contrarié Darlan mais il était trop à l'affût de la conjoncture pour ne pas avoir senti qu'à quelque chose malheur était bon et que la semi-retraite qu'on lui imposait allait lui permettre d'envisager sérieusement le virage à 180 degrés dont, comme beaucoup d'autres, il pressentait depuis un certain temps la nécessité. Une fois encore, ce que dit à ce propos Fernand de Brinon est fort intéressant. Lorsque, dans sa cellule de condamné à mort, l'ancien « ambassadeur » de Vichy à Paris s'efforce de faire, la plume à la main, le bilan de son expérience collaborationniste, il songe souvent au destin qu'a connu l'amiral de la Flotte. « J'ai réfléchi au cas de Darlan, écrit-il, je ne suis pas sûr de n'avoir pas été injuste. Et je le regrette. (...) Il n'y a point de doute que l'amiral Darlan a été profondément partisan d'une entente franco-allemande. (...) Mais je crois qu'à partir de l'été 1942, l'amiral Darlan commença à douter de la victoire allemande. Je l'entends encore m'expliquer devant une carte, dans son bureau de Vichy, à la fin de septembre 1942, qu'il faudrait que les Allemands atteignissent Astrakan et la ligne inférieure de la Volga, sans quoi ils auraient plus tard les plus grandes difficultés... » Ainsi « la ligne inférieure de la Volga » semble-t-elle bien avoir été le Rubicon à rebours de François Darlan... Il ne pouvait pas ignorer que sa réputation était devenue détestable. En une de ses phrases lapidaires dont il est coutumier, Georges Loustaunau-Lacau, décrivant un des endroits où, au printemps de 1941, se réunissaient des résistants d'Alger, résume bien la situation : « C'est un lieu où l'on parle le français et non le darlan, le boche ou le lapon ! » Pour l'amiral de la Flotte, le handicap était lourd. Il le savait. Mais il était loin d'être le seul dans cette situation. Il le savait aussi. Que, dès lors, il ait commencé à prendre contact avec des diplomates américains et leurs émissaires officieux ou qu'il se soit contenté de réactiver des contacts déjà pris bien auparavant, ainsi que, plus de trente ans après, a prétendu le « révéler » Pierre Ordioni, peu importe. Pas plus que de savoir si la maladie de son fils Alain fut le véritable mobile — ou simplement le prétexte, ou mieux encore, la « couverture » — de son départ pour Alger. Il y alla. Il y resta. Définitivement.

Définitivement, mais pas du tout sous la forme qu'il avait prévue... En effet, la veille de Noël 1942, à 15 heures 30, deux coups de feu mettent fin, à la fois, à la carrière de « Haut Commissaire de France résidant en Afrique du Nord », selon le nouveau titre que Darlan s'était lui-même attribué, et à la combinaison rooseveltienne du « Darlan Deal », dite aussi « expédient provisoire », que les Américains avaient de plus en plus de mal à imposer. Ces deux coups de pistolet du 24 décembre, ils sont tirés, en plein palais d'Eté, quand l'amiral de la Flotte sort de son bureau. Celui qui appuie sur la détente est un jeune résistant de vingt ans qui s'appelle Fernand Bonnier de la Chapelle... Darlan meurt dans l'ambulance sans avoir pu dire un mot. Bonnier est arrêté sans avoir pu s'enfuir comme il le prévoyait. La suite est scandaleuse, qui va faire du jeune résistant un martyr, le

« fusillé pour Noël » et du général Henri Giraud un bourreau, puisque c'est de lui que dépendaient les juges militaires. En tout cas, rarement procédure fut aussi expéditive. Quelques années plus tard, en 1948, Chamine déjà cité, résumait très bien les faits dans son livre *La Conjuration d'Alger*. « Le Conseil de guerre, écrit-il, se réunissait le lendemain 25 décembre, jour de Noël. Bonnier Fernand, vingt ans, comparaissait le même jour devant ses juges et soutenait avoir agi sans conseil, sans complice et "fait seul justice d'un traître qui empêchait l'union des Français". (...) Le même matin verra passer deux cortèges. Alors qu'un fourgon militaire emporte hâtivement, pour les enfouir au cimetière d'Hussein-Dey, les restes martyrisés de Bonnier, se déroulaient les funérailles solennelles de l'amiral. (...) Les voitures officielles entourent la cathédrale drapée de draperies tricolores. (...) Après la cérémonie religieuse, le long et lent convoi des voitures montera vers Sainte-Sophie du Palais d'Eté où l'amiral doit passer sa dernière revue. Le cérémonial a été respecté, qui accorde au chef de l'Etat tombé à son poste le salut de toute l'Armée. »

Cérémonial respecté et justice exceptionnellement bafouée... Toujours est-il qu'à partir de là une expression incorrecte va s'imposer et un curieux mystère s'épaissir. L'expression, c'est « l'assassinat de l'amiral Darlan ». Le curieux mystère, c'est celui qui a toujours entouré et qui entoure encore aujourd'hui l'acte de Fernand Bonnier de la Chapelle...

A la courte paille

L'expression incorrecte a été notamment relevée par un correcteur particulièrement qualifié puisqu'il s'appelait Charles de Gaulle... C'est Alain Peyrefitte qui le raconte dans son premier tome de propos du Général. Nous sommes le 23 janvier 1963, dans le « Salon doré » de l'Elysée. « Ce que veulent les Américains, dit de Gaulle, c'est être souverains chez nous. En 1944, ils s'apprêtaient à faire gouverner la France par l'AMGOT. Si je n'avais pas imposé, par mes représentants et par la Résistance (...) l'autorité du gouvernement provisoire, la France aurait été traitée en pays ennemi et conquis (...). Déjà, en 1942, les Américains avaient passé des accords secrets avec Darlan, qui transféraient aux Etats-Unis la souveraineté française sur l'Afrique du Nord. » Question de Peyrefitte à ce moment : « C'est pour ça que Darlan a été assassiné ? » Réplique du Général : « Darlan n'a pas été assassiné ! Il a été exécuté par la Résistance. Quatre hommes ont joué à la courte paille à qui serait chargé de son exécution. » Question de Peyrefitte : « Vous étiez au courant ? » Réponse (à retenir) du Général : « Non, pas de ce projet. Mais je savais bien que Darlan serait exécuté un jour ou l'autre. Pour moi la chose était comme faite. Si ce n'avaient pas été ces quatre-là, c'en aurait été d'autres. Cette exécution avait un caractère spontané et élémentaire. »... Comment, en écoutant de Gaulle, ne pas songer à ce qu'écrivait, dès 1946, Renée Pierre-Gosset, déjà citée, dans *Expédients provisoires ; le coup d'Alger* ? « Longtemps, disait-elle, sans fin, on parlera d'instigation, de complices du naïf justicier, de ceux dont il a servi les intérêts. (...) Mais comment faire assez comprendre que tout Alger était complice, (...) et qu'il y avait cent assassins virtuels pour un bras qui frappa ? » Mais restons dans le « Salon doré ». En commentant le passage sur la courte paille, Alain Peyrefitte précise que « le Général confirme ici d'avance la version que donnera Ragueneau beaucoup plus tard »... C'est en effet treize ans après que Philippe Ragueneau, fait compagnon de la Libération et devenu une personnalité gaulliste, publiera son livre *Julien ou La Route à l'envers*, et vingt-trois ans plus tard qu'il confirmera sa version dans le *Figaro Magazine* du 18 septembre 1999. « L'intrusion accidentelle et vicieuse de Darlan brouillait toutes les cartes, écrit Ragueneau (...) Darlan devait disparaître. Je n'éprouve aucune gêne ni aucun scrupule rétroactif à dire que l'idée d'exécuter Darlan fut de moi. (...) Nous étions quatre, dans notre coin, et la lueur pauvre de la bougie donnait aux visages les ombres d'un tableau de La Tour. Je leur dis ce qui me semblait s'imposer : "Il faut descendre Darlan. Et très vite." (...) Ce que j'avais dit des périls extrêmes qui menaçaient la France libre et, au-delà, la place de notre pays dans cette folle aventure avait, visiblement, recueilli l'adhésion. Il y avait là Tournier, Gross et Bonnier de la Chapelle. Pour finir, je leur proposai : "On tire à la courte paille (...)". Je crus un moment avoir sorti la plus courte. Mais Bonnier approcha la sienne, mesura et dit : "Non, c'est moi."... » Philippe Ragueneau fait ensuite quelques commentaires sur « ce qui s'est publié là-dessus ». Il est ainsi amené à noter : « Il a été dit, par ailleurs, que Fernand était royaliste. Première nouvelle... (...) Pas d'accord, non plus sur le qualificatif d'"exalté" si souvent utilisé pour décrire, et peut-être expliquer Bonnier. Il était "passionné", ce qui n'est pas la même chose, profondément patriote, croyant et résolument gaulliste. (...) Les Américains (Roosevelt, Clark et Murphy en tête), Giraud et les vichystes d'Alger trouvèrent commode d'accréditer la thèse d'un "geste d'exalté" — à la limite, d'un petit complot de rêveurs fanatiques et déboussolés. Ce qu'ils ne voulaient à aucun prix, c'est qu'un procès, long et public, révélât que la France combattante tout entière — à Alger, à Londres à Paris — avait moralement armé le bras de Fernand Bonnier de la Chapelle. »

Ayant, à la lecture de ce qui précède, vérifié que celui qui tua Darlan ne fut pas un assassin mais bien un combattant de la Résistance, on souhaiterait s'en tenir là. Hélas, ce n'est guère possible car on ne saurait oublier ni rayer d'un trait de plume le déferlement de rumeurs qui n'a cessé depuis la mort de l'amiral de la Flotte. Même si l'on peut penser qu'il est en grande partie surfait et largement artificiel, le mystère s'est imposé. Le curieux mystère dont nous parlions plus haut... A la fin de leur long *Darlan*, les biographes Hervé Coutau-Bégarie et Claude Huan se font les méticuleux comptables des complots dont il a été question dans tant de livres et d'articles, sans parler de l'émission télévisée *Alain Decaux raconte*... du 26 mai 1979. Ils en arrivent ainsi à examiner en quarante-sept pages une bonne douzaine d'hypothèses... Tout en se gardant de conclure explicitement et après des phrases telles que « Un ordre disant on ne sait quoi, donné par on ne sait qui, n'est-ce pas le signe d'une organisation parfaite ? », les deux biographes laissent entendre que les monarchistes ont été, dans cette affaire, « manipulés de manière magistrale » par les gaullistes qui, donc etc...

« L'ordre de Churchill avait été exécuté... »

L'ouvrage de Coutau-Bégarie et Huan a été publié en novembre 1989. Plus de sept ans plus tard, en mars 1997, paraissait le premier tome des *Mémoires* de Michel Poniatowski. Avant de devenir, dans les années 1970, ministre de l'Intérieur et éminence grise du président de la République Valéry Giscard d'Estaing, ce descendant d'un prince polonais et maréchal napoléonien avait été, à vingt et un ans, en 1943, un « évadé de France » arrivé en Algérie via l'Espagne. Plus tard, parachuté dans la Drôme avec le 1er Bataillon de Sécurité Militaire du futur colonel Paul Paillole... C'est là que, fin mars 1944, il entendit un jour le colonel André Sérot parler de « ce pauvre petit Bonnier de la Chapelle ». Etonnement de Poniatowski... « J'étais stupéfait, écrit-il dans ses *Mémoires*. En métropole nous n'avions guère su qui était l'auteur de la disparition de Darlan en décembre 1942. Bonnier, mon ancien condisciple et ami de l'Ecole des Roches, m'avait laissé le souvenir d'un garçon joyeux et bon camarade, il n'avait rien d'un assassin. L'exécution de Darlan ne me choquait pas, elle était dans la nature des événements, une sorte de simplification nécessaire. Les intrigues étaient devenues trop compliquées, il fallait qu'un acteur sorte, le plus mauvais quitta la scène. Les vichystes le considéraient comme un traître, les gaullistes comme un félon, et il n'avait ni soutien, ni crédit auprès de la population. Mais celle de Bonnier par ceux mêmes à qui elle profitait me parut scandaleuse. Cette élimination brutale du témoin gênant correspondait évidemment à la protection d'instigateurs importants, mais lesquels ?... Pendant des années, j'ai cherché à comprendre ce qui s'était passé, à confronter les indices, j'ai en particulier interrogé des membres des Services spéciaux. »

Qu'est-ce que Michel Poniatowski a conclu de son enquête ? « J'ai retenu, écrit-il, qu'il y avait eu plusieurs complots, que Bonnier s'était trouvé à l'intersection des deux plus importants, celui des monarchistes et celui du SOE anglais. (...) Qui a appris au gentil

Bonnier à tuer de sang-froid comme un professionnel, deux coups à la tête et au cœur ? Pourquoi Bonnier a-t-il déclaré à ses gardiens, après son arrestation, “Londres est prévenu” ? Mais qui désignait-il à Londres ? » Poniatowski pose ensuite une série de questions sur les personnalités françaises les plus souvent citées. Puis il enchaîne : « Pourquoi a-t-on constamment évoqué un complot politique et non une action des services spéciaux anglais par exemple ? En réfléchissant au problème sous cet angle, des choses intéressantes se révèlent aussitôt. Et d'abord à qui profite le crime. En premier lieu, le principal bénéficiaire fut le général de Gaulle. Il voyait disparaître dans la tourmente Darlan et le comte de Paris ; et restait un Giraud affaibli. Mais n'oublions pas les intérêts alliés : Churchill considérait, comme Eisenhower d'ailleurs, que le choix de Darlan imposé par Roosevelt constituait une très grave erreur politique (...). Après avoir vainement tenté d'en convaincre le président américain hostile à de Gaulle, Churchill ne cachait plus sa conviction ; d'une manière ou d'une autre, il fallait se débarrasser de Darlan, et, le cas échéant, l'abattre. Il le dit et il le répéta à son entourage. Pour l'exécution il disposait du SOE, le Special Operation Executive. »

Là, l'ancien ministre de l'Intérieur explique ce qu'était le SOE et comment il « contribua largement à la constitution de sa cadette américaine » l'OSS (Office of Strategic Services). Puis il précise qu'en Algérie « le SOE et l'OSS disposaient également d'un camp d'entraînement, le camp Massingham, situé non loin du cap Matifou. Dès leur arrivée en novembre 1942, ils formèrent un corps franc français avec des volontaires issus des Chantiers de jeunesse et auquel fut donné un enseignement accéléré. Bonnier de la Chapelle en faisait partie. Son instructeur était Carleton Coon, agent personnel de Donovan, directeur général de l'OSS. Coon agissait aussi en liaison avec le SOE. » Or, ajoute Michel Poniatowski, ce même Coon était présent « devant le palais d'Eté au moment de l'attentat », après lequel il fut aussitôt envoyé « toutes affaires cessantes en mission au Maroc », où il disparut pendant plusieurs mois. « Dernière coïncidence, écrit encore le futur ministre de l'Intérieur, dès l'information connue à Londres, les dirigeants du SOE célèbrent la nouvelle au champagne. Or la tradition des Services n'est pas de boire à une mort mais au succès d'une mission. Apparemment, l'ordre de Churchill avait été exécuté. Personne, par la suite, ne souffla mot des Services spéciaux... »

Enfin, l'homme politique et historien spécialiste de Talleyrand conclut ainsi le résultat de son enquête : « Quant à mon pauvre ami Bonnier qui avait agi par patriotisme, il fut jugé par une cour martiale présidée par le colonel Eloi qui, en cet après-midi de Noël 1942, ne respecta aucune des formes légales de la justice. Son corps fut criblé de douze balles, à 6 heures du matin, le 26 décembre, au polygone d'Hussein-Dey, lieu d'exécution des traîtres et des espions. Avant même le début de son bref procès, le général Bergeret avait commandé un cercueil et la constitution d'un peloton d'exécution. (...) En 1945, la cour d'Appel d'Alger devait réformer le jugement de la cour martiale qui condamnait à mort Bonnier de la Chapelle aux motifs que l'assassinat de Darlan avait “été accompli dans l'intérêt de la libération de la France”. Mais dans l'annuaire des anciens élèves de l'Ecole des Roches, Bonnier ne figure pas sur la longue liste des “Morts pour la France”. A vrai dire, il ne figure même pas dans l'annuaire lui-même. Il ne doit pas encore être considéré comme “politiquement correct”. »

Une comparaison audacieuse

Si nous citons aussi largement Michel Poniatowski, c'est parce que ce passage de ses *Mémoires* nous semble être ce qui a été publié de plus intéressant sur la mort de Darlan. A un détail près pourtant : la phrase où l'ancien ministre affirme : « Personne, par la suite, ne souffla mot des Services spéciaux... » Même si ce ne fut jamais aussi précisément qu'ici, les « services » ont, en effet, été mis en cause... A preuve, la façon dont un proche de « Ike », par ailleurs son biographe des années de guerre dans un autre livre *The Supreme Commander : The War Years of Dwight D. Eisenhower*, l'historien américain Stephen E. Ambrose a cru bon de les défendre, surtout l'OSS...

C'est en 1981, à New York, qu'est paru le livre du professeur Ambrose traduit en français, l'année suivante, sous le titre *Les Services secrets d'Eisenhower*. Un chapitre de vingt-cinq pages s'y intitule *Qui a tué l'amiral ?*. Chapitre où l'on peut lire notamment : « Les assassins potentiels étaient légion. Alger était le lieu d'intrigues incessantes dont Darlan était conscient ; vers le milieu du mois de décembre, il confia à Murphy : “Savez-vous qu'il existe quatre complots pour m'assassiner ?” L'un de ces complots comprenait des hommes directement ou indirectement associés à l'OSS. Le colonel Edmond Taylor, de l'OSS, journaliste à Chicago avant la guerre, dirigeait un petit groupe de fonctionnaires américains rattachés au service de guerre psychologique anglo-américain (Psychological Warfare Branch, PWB), qui était, en théorie, un service d'état-major du QG d'Eisenhower. Mais les chefs de groupe de l'OSS, comme leurs successeurs à la CIA, avaient tendance à agir indépendamment et selon leur propre interprétation de la situation. (...) Taylor recherchait tous les Français opposés au régime de Vichy pour les assurer que les Américains ne les avaient pas abandonnés. Les agents du PWB agissaient de leur propre initiative, arrêtant, sans mandat, et dans le plus pur style de Chicago, les politiciens fascistes et les journalistes pronazis. » Et plus loin : « Le meurtre de Darlan fut-il le premier assassinat orchestré par un service secret américain ? Ike était-il au courant ? Ceci expliquerait-il le fait plutôt curieux que le général en chef des opérations alliées en Afrique du Nord se trouvait, au moment du meurtre, à plus d'une journée de route d'Alger ? A cette époque, en 1942, peu d'Américains auraient cru leur gouvernement capable de se mêler de tels événements douteux ; maintenant, apprenant que des irrégularités se sont produites, que l'OSS était dans la région, que ces irrégularités ont profité aux Américains, des millions de gens seraient convaincus que l'OSS, prédécesseur de la CIA, devait y être mêlé. (...) On n'a aucune preuve directe que Eisenhower ou ses principaux subordonnés, ou encore l'OSS, soient liées au meurtre de Darlan. (...) Ce n'est pas non plus Murphy, ni l'OSS, pour la simple raison qu'ils n'en avaient pas besoin. Quiconque vivait à Alger en 1942 aurait dû être sourd et aveugle pour ignorer les nombreux complots visant le petit amiral. C'était la même situation qu'à Saigon en 1963, quand la CIA n'eut pas besoin de lever le petit doigt contre Diem, mais se tint à l'écart et laissa les Sud-Vietnamiens s'occuper du meurtre. »... La comparaison que fait le professeur Ambrose entre l'Alger de François Darlan et le Saïgon de Ngo Dinh Diem est audacieuse. L'ennui c'est qu'elle semble plutôt démontrer non pas ce que l'universitaire américain en attend, mais plutôt le contraire. En effet, sans entrer dans le détail de l'histoire de la Central Intelligence Agency (CIA), en rappelant la mise en place de Diem par Edward Geary Lansdale et son élimination par Lucien « Lou » Conein et en multipliant les citations, comment ne pas en faire au moins une ? Une citation du livre du diplomate puis vice-président gaulliste de l'Assemblée nationale Jacques Raphaël-Leygues intitulé *Ponts de lianes ; Missions en Indochine, 1945-1954*, où la mort de Diem est qualifiée d'« assassinat (...) par les services américains ».

Après l'amiral de la Flotte exécuté, le général d'armée évadé. Après Darlan, Giraud... En le qualifiant de « Du Guesclin des temps modernes », Marc Ferro, dans son *Pétain*, ajoute qu'« évadé trois ou quatre fois, repris, Giraud était un général dont on disait méchamment que, chez lui, le développement mental n'avait pas rattrapé le développement physique ; bref, c'était un militaire sportif »... En tout cas, si l'on y réfléchit, on se dit que rien ne destinait Henri Honoré Giraud à prendre la place qu'il occupe dans le musée Grévin des années noires. Comme le suggérait Ferro, c'était, selon le mot d'Alain de Sérigny, « un brave général dans toutes les limites du terme ». Certes, si l'on en croit l'ambassadeur Gaston Henry-Haye, « sa haute stature, ses moustaches en guidon de vélo posaient le personnage ». Mais un personnage quelque peu anachronique puisque Pierre Sonneville pourra évoquer « sa longue silhouette qui semble surgir d'un numéro de *L'Illustration* de la guerre de 1914 ». Et puis, sans aller, comme Roosevelt, jusqu'à lui reprocher de n'être qu'« un zéro », beaucoup se plaindront de son manque d'entendement, particulièrement sensible en matière politique. Le financier politicien Jean Monnet dira un jour à Robert Murphy : « Quand le général me regarde avec ses yeux de chat en porcelaine, on voit très bien qu'il ne comprend rien ! »

Aucun des reproches que l'on fait ainsi à Giraud n'est toutefois incompatible avec l'état de général d'armée. Cet excellent cavalier a du cran, de l'audace, du courage, de la présence — en un mot : du panache ! Durant la terne campagne de France de 1939-1940, si peu propice aux images d'Epinal, l'héroïque défenseur du fort de Malmaison, en octobre 1917, a réussi, lui, à en dessiner une à sa propre effigie : lorsque, le 19 mai 1940, à l'âge de soixante et un ans, Henri Giraud a été fait prisonnier, c'était debout sur son automitrailleuse et à la tête de l'unité qu'il commandait, la VIIe Armée... Et, ainsi que le précise le diplomate Albert Kammerer dans son livre *Du débarquement africain au meurtre de Darlan*, comme il était « déjà connu pour avoir faussé compagnie aux Allemands dans les pays qu'ils occupaient en 1914 », il fut, sitôt captif, « conduit sans désemparer » en forteresse. La forteresse de Kœnigstein. Pour ses geôliers, ce ne sera pas un prisonnier de tout repos... La rumeur de ses foucades parvient jusqu'à Vichy où de Brinon apprend qu'en captivité, Giraud s'est fait « ouvertement le chef d'un petit clan violemment hostile à la politique du Maréchal, dénigrant constamment son action et affirmant qu'il convient de saper son gouvernement par tous les moyens ». Sans doute est-ce à cette époque que le général conçoit le rêve que, plus tard, à Alger, il présentera à beaucoup de ses interlocuteurs comme le but suprême de sa politique : faire, monté sur son cheval blanc, son entrée dans Metz libérée, Metz la ville dont il fut jadis le gouverneur militaire...

Chaussettes rouges et « parole d'officier »

Tempêtant et rêvant, Giraud passe ainsi vingt et un mois à Kœnigstein. Toutefois, les dernières semaines de ce séjour forcé sont occupées par une activité clandestine : préparer une évasion qui sera une des plus spectaculaires de la guerre. Elle a fait couler beaucoup d'encre, cette évasion. Parce qu'elle fut minutieusement agencée de l'extérieur avec l'aide du 2e Bureau de l'« Armée de l'armistice » et d'officiers tels que les généraux Mesny, Mast, Baurès, Chambe, le colonel Derringer, le commandant de Linarès, etc., — sans oublier la sœur Hélène — certains ont cru pouvoir parler d'une « évasion de luxe ». Singulier luxe pour un homme déjà largement sexagénaire que de devoir escalader, à l'aide d'une corde, un mur impressionnant de plus de quarante mètres de haut et les rochers à pic dominant l'Elbe avant de traverser clandestinement l'Allemagne nazie d'un bout à l'autre... Toujours est-il que, le jour même, 17 avril 1942, lorsque la nouvelle arrive à Berlin, cette évasion ne plaît pas du tout et le Führer lui-même pique une colère. Aussi, à Vichy, est-on bien embarrassé lorsqu'un beau matin, on voit débarquer dans la capitale provisoire un Giraud en chaussettes rouges maintenant décidé à n'être plus du tout clandestin, au contraire. On s'inquiète d'autant plus que les Allemands s'énervent et le font savoir.

Une inquiétude qui ne sera pourtant que passagère car, contrairement à ce que certains pouvaient craindre et d'autres espérer, sitôt admis dans l'entourage du Maréchal de France Philippe Pétain, et surtout invité à déjeuner à sa table, le général d'armée Henri Giraud se montre fort hiérarchiquement aimable et se conduit comme tous les courtisans qui fréquentent l'Hôtel du Parc. Le voyant dans de si bonnes dispositions, Pierre Laval, redevenu depuis peu président du Conseil et que l'« ambassadeur » d'Hitler, Otto Abetz, bombarde de notes et d'interventions comminatoires au sujet du général évadé, lui demande, tout simplement, s'il ne voudrait pas consentir à « rentrer volontairement en Allemagne et se reconstituer prisonnier »... « Je regarde Laval, ahuri, racontera plus tard Giraud et je lui demande s'il réfléchit bien à l'énormité de sa proposition. » Devant son refus, les hommes de Vichy décident de neutraliser cet imprévisible Giraud dont, selon l'expression de Kammerer, l'évasion « a soulevé en France une explosion de satisfaction ironique à l'égard de l'Allemagne ». Cette fois, ils réussissent et ils obtiennent de l'évadé de Kœnigstein une déclaration manuscrite sous forme de lettre au Maréchal où il est dit textuellement : « Comme suite à nos récents entretiens, et pour dissiper toute équivoque sur mon attitude, je tiens à vous exprimer mes sentiments de parfait loyalisme. Vous avez bien voulu m'expliquer, ainsi que le chef du gouvernement, la politique que vous entendez suivre vis-à-vis de l'Allemagne. Je suis pleinement d'accord avec vous. Je vous donne ma parole d'officier que je ne ferai rien qui puisse gêner en quoi que ce soit vos rapports avec le gouvernement allemand ou entraver l'œuvre que vous avez chargé l'amiral Darlan et le président Pierre Laval d'accomplir sous votre haute autorité. Mon passé est garant de ma loyauté. »

D'abord, ce texte reste secret et puis, après le débarquement des Alliés en Afrique du Nord, le gouvernement de Vichy en fait très largement publier le fac-similé. Evidemment, Giraud se verra reprocher ce véritable « acte d'allégeance » à Pétain et à la Collaboration. Il répondra que, s'étant évadé d'Allemagne le 17 avril 1942, ayant été reçu à l'Hôtel du Parc le 29, il a, le 4 mai, alors qu'il se trouvait à Lyon et plus précisément chez le gouverneur militaire de cette ville, le général de Saint-Vincent, reçu la visite d'un des plus proches collaborateurs du Maréchal, le général Campet. Ce dernier, précisera-t-il, apporte « une lettre toute faite qui n'est pas un serment mais une déclaration de loyalisme au Maréchal. Campet m'engage vivement à la signer, pour qu'on me laisse enfin tranquille. J'y consens, mais je déclare catégoriquement à mon ancien subordonné que je veux bien répondre aux désirs du Maréchal à condition qu'il n'y ait pas de nouvelles attaques contre moi. Autrement, je reprends ma pleine et entière liberté. Le Maréchal connaît mes idées et les approuve, en ce qui concerne la suite de la guerre. Je sais que nous pensons de même... ». Dans les jours qui suivent, cependant, la situation s'envenime. Les pressions sur Giraud recommencent. « J'avoue, reconnaîtra-t-il plus tard, être un peu désillusionné. La volonté et l'énergie ne paraissent pas être le fait des vieillards et ils se laissent facilement manœuvrer par leur entourage. C'est grave pour un chef d'Etat. » Néanmoins, dans un premier temps, les autorités de Vichy laissent le général Giraud libre de ses mouvements. Il en profite pour entreprendre, en « zone libre », une sorte de tournée assez tapageuse qui, aujourd'hui encore, laisse perplexe quand on songe aux contacts qu'à la même époque il est en train de nouer avec les Alliés et au plan de débarquement qu'il est en train de concevoir.

La première étape de ce périple est Toulouse, et l'évocation qu'en fait Claude Paillat dans *L'Echiquier d'Alger* est aussi vraie qu'invraisemblable... « Pour le général, écrit Paillat, cet arrêt prend l'allure d'un véritable pélerinage car il y rencontre le général Frère — son successeur à la tête de la VIIe Armée en 1940 — de nombreux officiers qui avaient fait partie de son état-major, notamment le notaire Chesnelong — ancien chef du 2e Bureau — la famille du général Baurès, Nettinger, l'abbé Lassalle, curé de l'église de la Daurade. Dans la salle du patronage, les anciens de la VIIe Armée organisent un véritable banquet, pas loin de cent couverts ! L'enthousiasme est à son comble et les imprudences plus hallucinantes que jamais. Sur sa lancée, Giraud se remet le lendemain en uniforme pour assister à une messe dite par l'abbé Lassalle et chanter un *Te Deum* avec les fidèles. Etonnante ambiance de ferveur et de joie. A la sortie de l'église, l'assistance acclame Giraud qui est visiblement ravi de tout ce tapage et se refuse à écouter les conseils de prudence de son entourage. Toute la ville est au courant de ce déplacement intempestif. Après les deux jours passés à Toulouse, Giraud gagne Montpellier pour déjeuner avec le général de Lattre de Tassigny qui commande la région. »

« Au nom du Maréchal empêché... »

Cette singulière tournée terminée, Henri Giraud doit malgré tout, durant les semaines et les mois qui suivent, se résoudre à une sorte de semi-clandestinité. Ou plutôt, ambiguïté oblige, faire semblant d'être clandestin. Certes, lorsque certains de ses amis interpellent des policiers qui sont en train d'encercler plus ou moins discrètement un de ses refuges, ils s'entendent répondre : « Nous sommes venus ici pour le protéger !... » Néanmoins, la surveillance policière s'amplifiant, les négociations du général évadé avec les Américains se précipitant, Giraud est sur ses gardes et, non sans avoir vainement tenté — lui aussi ! — de recruter Weygand, il s'embarque, dans la nuit du 4 au

5 novembre 1942, sur le sous-marin anglais *Seraph* venu, cette fois réellement en secret, le chercher sur une plage méditerranéenne avec l'aide des « Travaux ruraux » et du « réseau Alliance ». Puis, via Gibraltar où, une nuit durant, il discute assez orageusement avec le général Eisenhower, Giraud gagne enfin Alger où il arrive avec un retard remarqué.

Il aura suffi des six mois de spectaculaire clandestinité ainsi passés en zone dite libre pour que le personnage et le comportement de l'évadé de Kœnigstein apparaissent comme littéralement tissés de contradictions ; ces contradictions qui, durant ce que l'on pourrait appeler sa vie publique en Afrique du Nord, ne vont faire que se développer. C'est le même homme qui rêve d'entrer dans Metz libérée sur son cheval blanc et qui signe la déclaration approuvant la politique pétainiste et la Collaboration, un sexagénaire traditionaliste tiraillé entre son « esprit antiboche », son désir d'en découdre avec l'Allemand et sa sympathie pour la « Révolution nationale », ses illusions profondes et durables sur le mythe Pétain. En Algérie, il s'efforcera le plus longtemps possible de poursuivre une politique de Résistance « au nom du Maréchal empêché » et, n'étant pas de taille à essayer d'assumer cette contradiction profonde, il se réfugiera dans l'affirmation sans cesse répétée qu'il entend ne pas faire de politique et s'en tenir à l'action militaire. Une action qu'il ne faut d'ailleurs pas négliger : elle portera ses fruits. Henri Giraud sera pour beaucoup dans la transformation de l'« armée de la défaite » en une armée moderne capable d'affronter la Wehrmacht en Tunisie et en Italie. Il aura été l'homme des contacts avec l'état-major américain ; l'organisateur de nouvelles unités blindées ; le rénovateur des structures de commandement. Toutefois sa compétence trop limitativement technique ne l'aura pas empêché de se mettre dans une situation de plus en plus intenable jusqu'au jour où il ne pourra plus faire autrement que de s'effacer devant un de Gaulle qui, au contraire, s'identifiera de plus en plus aux aspirations de la Résistance.

Cette évolution fatale connaîtra pourtant quelques périodes de rémission. A plusieurs reprises, on aura passagèrement l'impression que le général Giraud, gauchissant ses positions, pourra bénéficier de l'appui de certains résistants de gauche. Ultérieurement, Jacques Debû-Bridel rapportera même que Charles de Gaulle, dans une période de tension particulièrement vive avec les communistes, avait déclaré qu'il leur gardait rancune de s'être, disait-il, « associés à la tentative de Giraud » et d'avoir « joué sans vergogne le double jeu entre lui et Giraud ». A la vérité, cette version gaulliste des faits est un peu simplificatrice... Si l'on examine les rapports entre Giraud et le Parti communiste français, il vaut mieux, en effet, tenir compte de quatre éléments : primo, sur le plan des principes, les communistes n'ont jamais cessé de critiquer vivement les tendances vichystes de Giraud ; secundo, dans leur souci de réaliser l'union de tous dans le combat contre Hitler, ils se sont refusés à jeter l'interdit sur les gens qui venaient à la Résistance par conviction nationaliste et dont l'évadé de Kœnigstein leur paraissait être un des représentants les plus notoires ; tertio, dans les faits, ils ont considéré comme positif le comportement de Giraud lorsqu'il prononça son discours du 14 mars 1943 et surtout lorsqu'il fit apporter aux patriotes corses l'aide militaire décisive qui leur permit de libérer leur île plus tôt que prévu ; quarto, enfin, lorsque les communistes envoyèrent un de leurs dirigeants, Henri Pourtalet, comme délégué auprès de Giraud, ils apprécièrent le souci de coopérer avec eux que montra ce dernier et qui devait se matérialiser par l'envoi en France, depuis Alger, de la « mission Larribère », notamment chargée de coordonner les efforts de l'Armée d'Afrique et des FTP en cas de débarquement... Le « manuel » d'*Histoire du Parti communiste français* publié par sa propre direction résume assez bien le sens que le PCF entendait ainsi donner à sa position vis-à-vis de Giraud. « Le conflit de Gaulle-Giraud, peut-on y lire, entretenu par l'impérialisme américain, est envenimé par l'ambition personnelle. Il gêne la lutte contre l'occupant et affaiblit les positions internationales de la France. Fort de l'écho que trouve sa politique au sein de la Résistance, le Parti contribue à surmonter ces obstacles... » C'est en 1964, donc plus de vingt ans après les faits, que les communistes définissent ainsi leur attitude mais cette définition coïncide avec ce qu'ils disaient eux-mêmes à l'époque et avec le souvenir qu'en ont gardé d'autres résistants politiquement fort éloignés d'eux. Ainsi l'initiateur des « Travaux ruraux » (TR), le colonel Paul Paillole, devenu ensuite directeur de la Sécurité militaire à Alger nous a-t-il raconté : « Au début de 1944, j'ai rencontré dans les jardins du palais d'Eté, trois députés communistes dont François Billoux et Henri Pourtalet... Je connaissais Pourtalet dont j'appréciais l'humour. Je lui ai demandé : mais que faites-vous ici ? Et il m'a répondu : "Nous venons de rencontrer le général Giraud. Nous lui avons donné sa dernière chance en lui expliquant que nous pouvions être les arbitres dans le conflit qui l'oppose à de Gaulle. S'il aide la Résistance, la vraie, s'il nous aide, s'il laisse tomber Pucheu, eh bien, nous l'aiderons..." »

Contacts entre Giraud et les communistes

Toutefois, pour être plus précis sur ce point ultérieurement fort controversé, on peut aussi se reporter à ce que Jacques Duclos dit dans ses *Mémoires* de ces négociations finalement vaines... « Après avoir envoyé Fernand Grenier à Londres en novembre 1942, écrit-il, nous envisageâmes d'envoyer un autre délégué du Parti en Algérie, et notre choix se porta sur Henri Pourtalet, député des Alpes-Maritimes, qui était membre de la direction du Parti à Lyon, où siégeait la délégation du Comité central pour la zone Sud. (...) Il s'agissait pour nous d'établir un contact avec les nouvelles autorités d'Alger placées sous le commandement du général Giraud et nous tenions à ce que cette liaison fût rapidement établie. (...) Le premier contact pris par Henri Pourtalet eut lieu avec le général Giraud au palais d'Eté, où il résidait avec son état-major. Lorsque notre camarade fit état de sa qualité de délégué du Parti communiste français, le général Giraud, prenant un ton très scrongneugneu, répliqua sèchement : "parti communiste français, qu'est ce que c'est que ça ?" A cette question insolente et bête, une réponse vigoureuse s'imposait et il faut croire que cela amena le général Giraud à réfléchir car, trois semaines plus tard, il convoqua Henri Pourtalet pour l'informer de son intention d'envoyer en France une mission de liaison auprès de la direction du Parti communiste français, et lui demander de procurer à son délégué les moyens d'entrer en contact en France avec la direction du Parti. C'est ainsi que fut préparée la mission du docteur Camille Larribère. (...) Donc, à la fin de 1943, le général Giraud, soucieux de préparer le débarquement en France sur les côtes de la Méditerranée, demanda à François Billoux de lui proposer quelqu'un susceptible d'être envoyé en France pour prendre contact avec les patriotes en lutte et les informer de ce que les forces armées qui débarqueraient d'Algérie attendaient d'eux. C'est dans ces conditions qu'un camarade du Parti communiste algérien que je connaissais bien fut proposé. Il s'agissait du docteur Camille Larribère (...). En dépit de certaines interventions qui se produisirent pour dissuader le général Giraud de charger cet officier communiste d'une mission en France, Larribère fut désigné et, grâce aux coordonnées qui lui avaient été fournies par Henri Pourtalet, il put prendre les contacts nécessaires (...). Il prit contact à Lyon avec Léon Mauvais, l'un des camarades de la délégation du Comité central pour la zone Sud, et vint à Paris où il devait rencontrer l'état-major des FTPF... Je ne le rencontrai pas personnellement mais je lui envoyai une lettre où je lui faisais connaître les vues du Parti concernant la situation et le développement de la lutte armée. Camille Larribère, conduit par la camarade Aimée Patte, avait d'abord pris contact avec le camarade Beyer, de l'état-major des FTPF et, peu après, il rencontra le camarade Charles Tillon, commandant en chef des FTPF, en compagnie de Beyer. Les indications les plus précises furent données à Larribère sur les mesures prises par les FTPF pour préparer l'insurrection nationale, ce qui devait lui permettre d'informer concrètement le général Giraud de la situation en France, sur les effectifs, l'armement et les besoins des forces de la Résistance. Parti d'Alger le 23 janvier 1944, Camille Larribère, qui avait été reconduit à la frontière des Pyrénées par le camarade Gaston Plissonnier, fut de retour à Alger le 22 avril... »

Lors de son étonnant périple dans la zone qui va très bientôt cesser d'être libre, Henri Giraud a eu, à Lyon, le 16 octobre 1942, une discrète entrevue avec quelqu'un qui, six mois plus tôt, était encore un des hommes clefs du pouvoir pétainiste : Pierre Pucheu. Nous avons déjà croisé ce normalien et manager, technocrate réputé « synarque », qui fut, pendant quinze mois, membre du gouvernement Pétain-Darlan, d'abord comme secrétaire d'Etat à la Production industrielle (février-juin 1941), puis secrétaire d'Etat (juillet-août) et bientôt ministre de l'Intérieur (septembre 1941 — avril 1942). Nous l'avons vu se mouvoir « dans la banque et l'industrie lourde », bénéficier du « préjugé favorable d'Abetz » et surtout, choisir, à Chateaubriant, des cibles humaines pour les balles allemandes... Et le bilan d'un an à la tête du ministère de l'Intérieur comprend aussi la création des « sections spéciales », avec loi rétroactive et guillotine pour les « politiques », le tout s'inscrivant dans le cadre d'une aggravation générale de la répression contre les résistants, surtout communistes... Son acharnement répressif pourrait faire croire que Pucheu est un fanatique de la Collaboration. Pas du tout ! C'est un ambitieux opportuniste. Il en rajoute par ambition tant qu'il croit avoir choisi la bonne carte... Oui, mais vient le temps du doute. « Après l'entrée des Etats-Unis dans le conflit, en décembre 1941, écrit Henry Rousso dans *La Collaboration*, il estime la guerre perdue pour l'Allemagne. Il tente alors de changer de camp. En janvier 1942, il prend des contacts avec Henri Frenay, chef du mouvement Combat, et en février, avec le colonel Groussard. Après avoir vainement tenté d'infléchir la ligne gouvernementale, il quitte son poste lors du retour de Laval au pouvoir... » Sa rencontre de Lyon avec Giraud se situe dans le cadre de sa tentative de retournement de veste. Et le général évadé ne décourage pas le ministre repenti. Bien au contraire... Ainsi commence l'affaire Pucheu qui va marquer, tout à la fois, le terme des malentendus d'Alger, le début de l'épuration et la fin politique d'Henri Giraud.

Le procès Pucheu

Le débarquement allié sur les plages africaines et la singulière situation qui s'ensuit de l'autre côté de la Méditerranée ne peuvent qu'encourager Pucheu dans ses projets. Le 15 décembre 1942, il passe en Espagne. Le 4 février 1943, depuis Barcelone, il écrit à son interlocuteur de Lyon, lequel est entre-temps devenu officiellement « commandant en chef civil et militaire » à Alger. La réponse ne tarde pas, qui est datée du 15 février et où, écrit Jean Lacouture, il est dit à Pucheu « qu'il a "à tort ou à raison accumulé contre (lui) beaucoup d'inimitiés" mais que lui, Giraud, est prêt à "l'accueillir et à (lui) donner une place dans une unité combattante" à condition qu'il ne "fasse pas de politique" et qu'il vienne "sous un nom d'emprunt, pour éviter tout incident". Lettre qui, dans l'esprit de Pucheu vaut sauf-conduit. Le voici au Maroc, où son protecteur, averti qu'il s'est mis dans un mauvais cas, lui enjoint de se faire oublier dans la lointaine garnison de Ksar el-Souk... ». Mais les résistants, les communistes en particulier, n'ont pas l'oubli facile. Arrivé à Casablanca le 9 mai 1943, l'ancien ministre de l'Intérieur pétaino-darlaniste est vite interné, puis arrêté.

« Le 14 août 1943, explique Jean-Louis Crémieux-Brilhac, le CFLN a ordonné son incarcération aux fins de jugement. On n'attend pas la libération de la France pour le juger. Le procès s'ouvre le 5 mars 1944. L'atmosphère est passionnée. Les communistes, mais aussi les gaullistes ardents, stimulés par *La Marseillaise* de Quilici, veulent la tête du “nazi Pucheu”. De France, le Conseil de la Résistance et la Délégation générale clandestine la réclament. Mais c'est en vain que les autorités d'Alger ont demandé des preuves juridiquement valables contre l'accusé, on ne les trouvera qu'après la Libération. » Arrêtons-nous un instant sur les éléments auxquels Crémieux-Brilhac fait ici allusion. D'un côté, le journal communiste d'alors, à Alger, s'intitule *Liberté*. Voici son titre de première page, le 9 mars 1944, au milieu du procès de l'ancien ministre... Surtitre : *Condamné par le Conseil national de la Résistance siégeant en France* ; titre : *Pucheu doit payer ses crimes de trahison, de forfaiture, d'assassinat, du châtiment suprême : la mort !* ; sous-titre : *Cette exécution nécessaire, demandée par la France au combat précédera la guillotine, le peloton d'exécution ou la potence pour Hitler, Goebbels, Göring, Pétain, Laval, Darnand, Doriot, Henriot, Déat, Bousquet et autres bandits hitlériens...* De l'autre, arborant la croix de Lorraine, *La Marseillaise*, « fondée à Londres », se présente comme « l'hebdomadaire des volontaires de juin 40 ». Le 11 mars 1944, toute la moitié supérieure de sa une est occupée par un article de son directeur François Quilici sur le procès qui s'achève. En voici le titre... Surtitre : *Le premier grand procès de la trahison qui livra la France* ; titre : *Le devoir est d'être implacable* ; sous-titre : *Pucheu n'est point un égaré. Pucheu était l'une des meilleures têtes de l'industrie française. Pucheu a trahi. Cette tête doit tomber.* L'article est illustré par deux photos : celle du Premier président Léon Vérin qui dirige les débats et celle de Pierre Weiss, commissaire du gouvernement. C'est ce dernier qui, dans son réquisitoire a notamment déclaré : « Oui, à chacun de ses pas, Pucheu a mérité la mort. N'ayez aucune mansuétude. Songez aux tombes fraîchement creusées, aux victimes crucifiées par l'ennemi, certes, mais aussi par les complices de l'ennemi !... » Crémieux-Brilhac mentionne aussi que le CNR et « la Délégation générale » demandent la peine de mort. Le vœu émis par le Conseil national de la Résistance est déjà ancien puisqu'il remonte au 30 août 1943. Quant au souhait de « la Délégation générale », c'est un télégramme envoyé en plein procès par l'un des successeurs de Jean Moulin, Jacques Bingen, dont nous avons dit plus haut comment il est mort, deux mois plus tard, en avalant sa pilule de cyanure alors que les poursuivants allemands se précipitaient sur lui. L'auteur publie en note ce télégramme de Bingen qui est daté du 9 mars 1944. En voici le texte : « Si Pucheu n'est pas exécuté, je dis, si vous ne fusillez pas Pucheu, vous encouragez les chefs miliciens et policiers à multiplier leurs crimes et les menaces officielles des radios françaises et alliées seront considérées comme des manifestations verbales sans importance. » Parmi ceux qui considèrent comme Quilici que « le devoir est d'être implacable », Crémieux-Brilhac aurait pu citer aussi d'autres représentants de la Résistance, les membres de la nouvelle instance parlementaire qui siège à Alger depuis quatre mois. En effet, le 1er janvier 1944, en « constatant avec regret les retards apportés au châtiment des traîtres » et en émettant cette opinion au terme d'un débat au cours duquel il avait été souvent question de M. Pucheu », l'Assemblée consultative allait évidemment dans le même sens.

Certes, une telle atmosphère n'incite guère à la sérénité, et si l'on regarde les débats d'Alger d'un point de vue strictement judiciaire, on peut comprendre que Jean-Louis Crémieux-Brilhac écrive que « le procès est mal conduit et dans des formes discutables » tandis que Jean Lacouture renchérit en parlant d'« instruction bâclée » et de « procès hâtif ». Mais est-ce bien de « judiciaire » qu'il s'agit ici ? Plus que la conclusion d'un « procès », la condamnation à mort de l'ancien ministre le 11 mars 1944 et son exécution neuf jours plus tard ne sont-elles pas la riposte de la France libre et de la Résistance à une véritable « opération Pucheu » ? Une « opération Pucheu » qui fut, elle-même, l'ultime épisode d'une plus vaste entreprise dont nous reparlerons ? Si, bien sûr. Et c'est si vrai que, cinquante-cinq ans plus tard, il y a encore des héritiers du vichysme pour déplorer l'échec de cette tentative de miraculeux sauvetage... Nous avons déjà cité le journaliste et historien d'extrême droite Dominique Venner. Dans le nº 30 (janvier-février 1999), de sa revue *Enquête sur l'histoire*, quinze pages sont consacrées à Pucheu. C'est là qu'à propos de son arrestation et de sa mise en accusation Venner écrit : « L'événement est capital. Le sort que l'on va réserver à cet ancien ministre, volontaire pour combattre l'Allemagne, annoncera ce que veulent les chefs de la France combattante. Ils peuvent choisir la réconciliation nationale, dont le geste de Pucheu est le symbole, ou la refuser, affichant de ce fait une volonté de guerre civile. »

« Tous les traîtres de France... »

Cette « réconciliation nationale » au sens où l'entendaient les ancêtres et maîtres à penser de Venner, celle dont la Résistance exécrait l'idée même, il faut noter que c'est précisément en refusant de gracier l'ancien ministre de l'Intérieur que de Gaulle en condamna le principe et écarta l'éventualité. Dans *Victoires sur la nuit ; Mémoires 1940-1946*, déjà cités, Louis Joxe, qui était alors secrétaire général du CFLN, donc du gouvernement d'Alger, rapporte à cet égard un propos décisif qu'« au matin qui suivit l'exécution », donc le 20 mars 1944, lui tint le Général. « Ce pauvre Pucheu est mort courageusement, dit de Gaulle. Si je l'avais gracié, les criminels de cette nature prendraient tous le chemin d'Alger, les uns après les autres. Nos prisons se rempliraient du jour au lendemain et leurs locataires attendraient paisiblement la fin de la guerre et l'oubli. Nous ne supporterons pas qu'on puisse nous accuser de jouer le double jeu. Pas nous. Tout est, finalement, pardonnable, sauf la trahison, sauf la délation, et le mal sciemment fait par des Français à des Français. » Après avoir cité deux des phrases du propos rapporté par Joxe, Jean Lacouture le complète en quelque sorte. Les deux collaborateurs, parmi les pires, auxquels il est fait allusion sont Joseph Darnand, fondateur et chef de la Milice, puis Louis Darquier, dit « de Pellepoix » qui dirigea de mai 1942 à février 1944 le CGQJ (Commissariat général aux Questions juives)... « Un autre épisode, écrit donc le biographe du Général, illustre ce même souci du Connétable. Louis Vallon racontait que, quelque temps avant l'affaire Pucheu, le BCRA avait reçu avis que Darnand — oui, Darnand lui-même — avait offert de rejoindre Londres en y dénonçant Pétain et son régime. Quelle aubaine politique ! L'hypothèse d'un accueil fait à Darnand avait été étudiée. C'est de Gaulle qui avait coupé court, violemment : "Eh quoi ? Si Darquier de Pellepoix se faisait circoncire, il faudrait que je l'accepte, lui aussi !"... »

La signification de la mort de l'ancien ministre de l'Intérieur fut immédiatement comprise par ceux qu'elle concernait. « A Vichy, écrit Marc Ferro dans son *Pétain*, déjà cité, l'exécution de Pucheu, le 20 mars 1944, fit une très grande impression. Ainsi, après la condamnation à mort du préfet Parmentier par la Résistance, quelques mois plus tôt, le Comité gaulliste lui-même prenait des mesures d'épuration qui allaient aboutir à la multiplication des arrestations à Alger, voire des exécutions en France. Les dirigeants de Vichy sont prompts à accuser les communistes et de Gaulle de ces violences et de leurs « excès ». Naturellement, ils se sentent eux-mêmes de plus en plus menacés... » Une menace si l'on peut dire palpable et dont on trouve la trace dans bien des témoignages publiés aux fil des années 1970. Ainsi, dans *La Vie d'une famille face à la Gestapo dans la France occupée ; novembre 1943-juin 1945*, qui paraît en 1972, une phrase suffit-elle à Reine Cormand : « Tous les traîtres de France se sentent menacés par la condamnation et l'exécution de Pucheu à Alger. »

Même si, avec le recul du temps, cette autre conséquence peut sembler dérisoire, on ne peut pas ne pas ajouter que, politiquement parlant, le procès Pucheu fait une autre victime que Pucheu lui-même : le général d'armée Henri Giraud... Comme le rappelle Jean

Pierre-Bloch, dans *Alger, capitale de la France en guerre*, c'est alors que, parmi les graffitis, on vit apparaître sur les murs ces deux vers :

Un passeport signé Giraud
Vous mène tout droit au poteau !

Une comptine assassine pour l'évadé de Kœnigstein. Pourquoi ? Anne Laurens l'explique dans son livre *Les Rivaux de Charles de Gaulle ; La bataille de la légitimité en France de 1940 à 1944*... « Dans le duel de Gaulle-Giraud, écrit-elle, l'affaire Pucheu prend une importance capitale et ce n'est pas Giraud qui s'en tire à son avantage. Tout est contre lui. (...) La vérité, c'est que Giraud n'est absolument pas choqué par la doctrine Pucheu (...). (Il) partage les "conceptions" de l'ancien ministre de l'Intérieur. Toutefois, le général Giraud n'aura jamais le courage (...) de dire ce qu'il pense vraiment ; et au fur et à mesure que la situation de Pucheu s'aggrave, il s'entoure d'un silence de plus en plus pesant. Giraud a commencé d'abandonner Pucheu lors de son internement à Ksar el-Souk, il continuera jusqu'au bout, et le laissera fusiller sans protestations. Véritablement, comme l'a dit Pucheu, « en tant que militaire, en tant qu'homme, il s'est déshonoré ». Ses amis, atterrés, voudraient pouvoir dire que c'est de Gaulle qui, machiavéliquement, a poussé Giraud dans une situation intenable, mais ils ne le font pas. Ils savent que personne ne croira un aussi énorme mensonge. A ce moment donc, de Gaulle prend figure d'un homme politique redoutable, implacable, mais logique et rationnel. » Dans un livre assez original, publié trente-cinq ans après mais qui a l'acuité d'un témoignage, *L'Aventure algérienne ; 1940-1944 ; Pétain, Giraud, de Gaulle*, Lucien Adès, disciple d'Albert Camus, insiste sur cet aspect. Le procès Pucheu, souligne-t-il, « était le prélude aux grands procès politiques intentés aux tenants du régime de Vichy et à leur chef le maréchal Pétain ; cela est incontestable, mais ce qu'il faut de plus déceler dans cette sombre affaire c'est qu'elle va sonner le glas du régime de Giraud à Alger. Les Algériens de toutes opinions — et il reste encore en Algérie une large part de la population fidèle aux idées du Maréchal — ne comprendront jamais cet abandon, ce "lâchage" du général Giraud à l'égard d'un homme qu'il avait sinon encouragé du moins autorisé à venir le rejoindre. Les ennemis de Giraud y verront une preuve supplémentaire de son incompétence politique, ses amis un aveu de sa pusillanimité et de son impuissance à défendre ses idées et faire valoir ses prérogatives, tous en tout cas un acte de lâcheté indigne d'un soldat de sa qualité. (...) A Alger, le procès Pucheu descend dans la rue, les passions s'attisent et se heurtent en des discussions qui affectent tous les milieux de la population. (...) Lorsque, le 20 mars 1944, Pierre Pucheu tombe sous les balles du peloton d'exécution, (...) un seul homme est condamné unanimement par les deux parties opposées de la population. Un seul, et il porte le nom du général Giraud. »

Un « étrange manteau d'Arlequin »

La mort politique de l'évadé de Kœnigstein fut presque instantanée... Lucien Adès montre qu'il fallut moins d'un mois pour qu'Henri Giraud disparaisse littéralement. « Le duumvirat Giraud-de Gaulle est définitivement terminé, constate-t-il. Le glas funèbre qui sonne pour les dignitaires de Vichy, Giraud et son entourage, Giraud et le dernier carré de ses défenseurs, l'entendent comme le signal de leur défaite personnelle. (...) Le rideau tombe. Délaissé par ses derniers soutiens politiques, largué par les autorités alliées, abandonné par ses officiers qui lui préfèrent le général Juin dont l'étoile monte au firmament de la gloire, le général Giraud démissionne le 8 avril 1944 et se retire, amer et vaincu, le 15 avril, dans une propriété mise à sa disposition au sud de Mostaganem. Les Algériens n'entendront plus parler de lui qu'à l'occasion d'un obscur attentat manqué dont il sera la victime dans le jardin de sa villa, quelques mois plus tard. Pas plus qu'un fait divers, cela ne soulèvera dans l'opinion émoi ou révolte... »

A travers les deux esquisses de silhouette que nous venons de tenter, on aura sans doute été surtout frappé par les différences entre les personnalités de François Darlan et d'Henri Giraud. Humainement, psychologiquement, moralement, un fossé sépare la rouerie joviale du traître de l'anachronisme intransigeant de l'irresponsable. Politiquement aussi, l'écart est net entre le vichyste qui voudrait bien se faire passer pour un résistant et le résistant qui n'arrive pas à comprendre qu'il se conduit trop souvent comme un vichyste. Très vite, pourtant, l'histoire va mêler leurs images sous un même linceul équivoque et confondre leurs destins avortés — la mort pour l'un et la disgrâce pour l'autre — dans un même échec inéluctable, que finalement les Français regardèrent avec un mélange de réprobation et de soulagement, de mépris et d'indifférence. Malgré les efforts de ceux qui ont tenté, tentent et tenteront inlassablement de réhabiliter Vichy et le pétainisme, beaucoup plus que le contraste entre les deux hommes, on retiendra que lorsqu'ils s'effondrèrent ce fut parce que la France se redressait et que leur élimination de la scène politique fut une très importante étape de la croissance victorieuse de la Résistance. On retiendra aussi que, par-delà les différences entre ceux qui leur donnèrent leurs noms, le « darlanisme » et le « giraudisme » répandirent le même mal, la même large et profonde gangrène. Aussi bien n'y eut-il pas d'endroit où la Résistance française fut plus numériquement faible, socialement isolée et politiquement malade qu'en Afrique du Nord.

Plus d'un demi-siècle après, les formes que la Résistance française prit outre-Méditerranée pendant la Seconde Guerre mondiale sont encore mal connues. D'autant moins connues qu'on n'en parla le plus souvent que pour des raisons étrangères à cette Résistance... Parce que, parmi les députés communistes qui furent déportés en Algérie — « les 27 » du « chemin de l'honneur » — beaucoup étaient déjà ou devinrent des dirigeants de leur parti, on a su ce qu'étaient les camps. Ces camps que, dans les régions les plus désertiques et les plus inhospitalières du Maghreb, le pouvoir pétainiste avait installés mais où, malgré le calvaire qu'ils y subissaient, des captifs d'origines les plus diverses réussirent à s'organiser... Parce que René Capitant a été, après la guerre, un des hommes de confiance du général de Gaulle, on sait qu'il avait fondé à Alger un groupe « Combat » qui éditait un journal clandestin, rédigeait et distribuait de nombreux tracts en se dressant contre le vichysme ambiant... Parce que Jacques Lemaigre-Dubreuil a été, pendant des dizaines d'années, un assez mystérieux et très actif fantôme se répandant dans les coulisses de la politique française, on connaît son « Groupe des cinq » mis sur pied avec l'aide des diplomates et des agents secrets américains... Mais que sait-on de l'action menée par des militants du Parti communiste algérien ? Que sait-on des actes accomplis, bien avant l'opération Torch par les très rares officiers qui avaient le courage de se révolter contre le pétainisme triomphant de l'Armée d'Afrique ? Que sait-on des hommes qui, dans la masse musulmane, comprirent immédiatement que l'intérêt de leur peuple n'était pas là où l'entreprise de séduction hitlérienne cherchait à les attirer, mais bien aux côtés des Alliés, dans la lutte contre le fascisme ?... On en sait très peu de choses.

Même s'il se montre un peu optimiste quant à « la métropole », Marcel Aboulker remarque très justement au lendemain de la Libération, dans son livre *Alger et ses complots* : « A la différence de la France, où la Résistance militante est née et a grandi dans un pays à tout le moins sympathisant, en Afrique du Nord, la Résistance s'est formée dans un pays hostile, attaché à la tranquillité que lui donnait le Maréchal et que certains, parmi les plus veules, ont regrettée longtemps et regrettent encore. (...) De là, l'étrange manteau d'Arlequin que furent les troupes de la Résistance... »

Breuillac et ses « tueurs de bateaux »

De ce « manteau d'Arlequin », sans prétendre en inventorier toutes les pièces ou toutes les couleurs, essayons de saisir les principaux reflets.

Les communistes... « Les communistes musulmans, écrit Yves-Maxime Danan, participent d'emblée à la lutte contre Vichy au sein du PCA dont ils sont membres à part entière, dans les mêmes conditions que leurs camarades européens. Ils ont, quant à eux, des raisons évidentes de se battre contre le nazisme, les mêmes raisons que les communistes du monde entier. Certains d'entre eux subissent le martyre, comme Kaddour Belkaim, secrétaire du PCA, mort à Djenien bou Rezg et Ali Rabiah, assassiné à Hadjerat M'Guil.

D'autres, tel Ahmed Smaili, condamné à mort par Vichy, mènent une existence traquée (...). Bien que décapité, le mouvement communiste ne disparaît pas pour autant et ses membres traqués le réorganisent sur des bases clandestines. Mais, afin d'élargir ses assises auprès de ceux qui, sans approuver ses buts doctrinaux, ne craignent pas de participer à la Résistance à ses côtés, il prend le titre de "Front de la Liberté". Ce "Front de la Liberté" réussit à s'établir solidement en Oranie mais reste peu efficace dans l'Algérois, sans doute parce que c'est là que ses dirigeants de 1939 ont été le plus éprouvés... » « Et, écrit André Moine, dans *Déportation et résistance en Afrique du Nord, 1939-1944*, comment ne pas évoquer le procès des "61" à Alger, en mars 1942 ? Arrêtés en fin 1940-début 1941, soixante et un communistes sont jugés au cours d'un procès qui dure deux mois. Le verdict est lourd : six condamnations à mort, neuf aux travaux forcés à perpétuité, cent quatre-vingt-dix-sept années de travaux forcés à temps et trente et une années de prison... » Arrêtés en fin 1940, vient de dire Moine — c'est-à-dire pour avoir agi au tout début de la Résistance. Paul Estorges, un instituteur mais surtout un condamné d'un autre des procès de 1942, confirme : « Dès septembre 1940, des tracts sont imprimés et distribués et bientôt *La Lutte sociale* clandestine réapparaît sous la forme ronéotypée puis imprimée. Une campagne est entreprise pour dénoncer les causes de la défaite, démasquer le gouvernement de trahison de Vichy et sa représentation en Algérie et appeler tous les Algériens à s'unir (...). L'application des lois racistes et antidémocratiques sur les Juifs et les francs-maçons, qui eut pour effet de liquider partout dans l'administration ou l'armée les éléments républicains et démocrates, fut fustigée vigoureusement. Ces premiers résistants en Algérie (...) protestent contre les gaspillages du budget algérien, contre l'envoi des travailleurs en Allemagne, contre la sinistre comédie du double jeu d'un Weygand... »

Des officiers aussi s'engagent, dont parle Jacques Soustelle dans *Envers et contre tout*... « En Tunisie, écrit Soustelle, le commandant Breuillac, chef d'état-major de Sousse-Gabès depuis août 1940, organise dès la fin de l'année un réseau de renseignements militaires avec l'avocat Mounier. Celui-ci avait réussi à atteindre Malte à bord d'un bateau de pêcheur. Il en était revenu en sous-marin avec des émetteurs et des codes fournis par les Anglais. Breuillac, Meunier, Verdier, Vallet, Derosne montèrent une organisation excellente dont le rendement fut de premier ordre et réussirent au printemps de 1941 à entrer en contact avec le général de Gaulle. Leur groupe se développait, se gonflant de patriotes français et même belges, tel Gaillot. Plus que le renseignement, l'action directe les tentait. A force de supplications, ils obtinrent des bombes à aimant propres à être fixées sur la coque des navires : on les entreposa chez Breuillac. Vallet et Gaillot, la nuit, nageant dans le port de Sousse avec les bombes attachées au cou, allaient les accrocher aux flancs des bateaux ennemis en partance ; plusieurs coulèrent en mer et furent perdus corps et biens. Malheureusement, en juin, un navire déjà muni de “sa” bombe ne partit pas à l’heure prévue ; l’engin explosa dans le port ; les autorités, alertées, conclurent au sabotage et des mesures de surveillance extraordinaires furent prises. Vallet n’en insista pas moins pour continuer son dangereux travail. Décelé par les projecteurs tandis qu’il nageait en portant la machine infernale, cerné, battu, il ne parla pas ; mais on savait qu’il fréquentait Breuillac, lequel fut jeté en prison au retour d’une manœuvre. Tout le réseau fut dévasté. »... Lorsque, après la guerre, devenu général de division et ayant pris sa retraite, J. Breuillac raconta comment, avec ses « tueurs de bateaux », il avait réussi à envoyer par le fond toute une série de navires des puissances de l’Axe, il déclara modestement que lui et ses compagnons n’avaient au fond été que des « hommes-grenouilles d’occasion »... Même si, nous l’avons dit, compte tenu du fait que l’Armée d’Afrique comptait plus de dix mille officiers, le nombre de ceux qui choisirent d’être résistants paraît bien restreint, nombreuses sont néanmoins les initiatives comparables à celle de Loustaunau-Lacau et de Faye dont nous avons parlé plus haut, comme à celle de Breuillac.

Les écoutes « X-19 » et « X-30 »

Après la guerre, les auteurs des nombreux plaidoyers pro-Weygand ont littéralement noyé la réalité du courant patriotique qui existait parmi les cadres des forces militaires stationnées en Afrique du Nord. La réalité de ce courant a donc été, tour à tour, surestimée et sous-estimée. André Moine est un des rares historiens qui aient essayé d’en dire à la fois la vigueur et les limites, l’importance et les ambiguïtés. « Une Résistance militaire, écrit-il, se cristallisa peu à peu dans l’armée. La masse des soldats et la plupart des cadres militaires furent intoxiqués par la propagande défaitiste mais se résignèrent difficilement à la défaite. Ils furent heurtés de voir quelque six cents membres de commissions de contrôle italo-allemandes (ils étaient officiellement deux cents) contrôler, inspecter, donner des ordres. Le général Weygand écrit au Gouvernement le 27 mars 1941 : “Quant à l’esprit des cadres, il convient de ne pas perdre de vue que la haine de l’Allemand est le sentiment dominant”. (...) Ces circonstances furent favorables au développement de la Résistance dans l’armée, d’abord informelle, puis organisée sous de multiples formes pour détourner la réglementation des effectifs et du matériel. D’après l’historien Marcel Emerit, (...) en Tunisie des dépôts d’armes furent sauvegardés par une poignée de militaires. Il s’agissait de quelque vingt-cinq mille fusils, trois cents fusils mitrailleurs, deux cent cinquante mitrailleuses et même des pièces antichars. De la même façon, grâce à des initiatives hardies, au Maroc, vingt mille fusils, cent FM, mille mitrailleuses, vingt canons furent soustraits aux mesures de contrôle. En Algérie se réalisa une dissimulation analogue des effectifs, du matériel, des moyens de transmission. Les chiffres donnés par Weygand recoupent approximativement ces indications. Il estime à soixante mille le nombre des hommes entretenus et instruits en dehors des contrôles. (...) Des officiers supérieurs, comme le colonel Jousse participent à l'organisation de cette Résistance, en liaison avec les Alliés. D'autres, sans s'engager de cette manière, participent néanmoins à une Résistance plus ou moins passive, plus ou moins influencée par le pétainisme (...). Malheureusement cette Résistance patriotique dans l'armée française était coupée des masses populaires, notamment musulmanes, et de leurs organisations qui avaient d'autres assises politiques ; la jonction ne se fera que lentement, après le débarquement. » Au passage, Moine rappelle que « la plupart des officiers de l'"Armée d'Afrique" étaient "intoxiqués par la propagande" ». Sans revenir sur cette propagande dont nous avons déjà dit la nocivité, il faut insister sur la très pénible situation dans laquelle l'« intoxication » de tant de leurs camarades plaça les rares officiers résistants. Et cela, même après le débarquement de novembre 1942. L'un de ceux qui résistèrent, le colonel Baril, tenait à l'époque un journal intime. On y relève des phrases significatives. « Il faudra bien que je finisse par passer chez de Gaulle, écrit-il ainsi le 20 novembre 1942. La consigne ici est de ne plus nous connaître. On espère ainsi nous obliger à quitter l'Armée. Qu'ils sont petits ces soi-disant chefs, abêtis par la discipline militaire ! Ils se figurent grands parce qu'ils sont les exécuteurs aveugles d'une consigne... » Et trois jours plus tard : « Je ne vois que des entêtés et des infâmes partout. Tant pis ! Je suis prêt à recommencer, parce que je suis convaincu que le peuple de France est avec moi... » Le colonel Baril était un officier du 2e Bureau. Il convient de le souligner afin de noter que, dans l'« Armée d'Afrique » comme dans l'« Armée de l'Armistice », en France même, ce fut incontestablement parmi les spécialistes du renseignement et du contre-espionnage que la tendance à devenir résistant fut la plus nette. A cet égard, le colonel Paul Paillole, dont on sait qu'il fut le principal artisan et le principal dirigeant du camouflage des services secrets français en « Travaux ruraux », les fameux TR, a pu nous dire : « A partir de 1940, notre maison a eu un rôle déterminant en Afrique du Nord... » Cette activité résistante des officiers de renseignement (SR) et de contre-espionnage (CE) s'est exercée essentiellement de trois façons : d'abord, par la lutte contre les autorités allemandes et italiennes ; ensuite, par le maintien et l'enrichissement d'importantes archives ; enfin, par l'aide aux forces alliées... Dans son livre sur *La Guerre secrète des services spéciaux français*, le colonel Michel Garder a écrit : « Depuis son arrivée à Alger avec le général Weygand, le commandant Navarre a inauguré un style nouveau dans le travail du 2e Bureau. (...) Les commissions d'armistice de l'Axe font l'objet d'une surveillance constante ; leur courrier est contrôlé ; leurs téléphones sont branchés sur des tables d'écoute. Certains de leurs meilleurs agents leur sont « gracieusement » prêtés par les capitaines Bertrand et Doudot. D'autres tombent aux mains de la Surveillance du territoire, au sein de laquelle le commissaire Achiary, de la brigade d'Alger, est particulièrement actif. La Justice militaire parachève impitoyablement l'œuvre d'assainissement. Pendant ce temps, les postes SR des commandants Delor et Neil s'intéressent en priorité à la Tripolitaine où l'offensive italienne contre le territoire égyptien marque le pas depuis la deuxième quinzaine de septembre 1940. Une liaison ultra-secrète avec Malte permet de communiquer aux Britanniques les renseignements susceptibles de les intéresser. Parallèlement, animée par le capitaine Penette, l'organisation clandestine de l'Armée d'Afrique est entreprise... » Dans cette lutte antiallemande, le lieutenant-colonel Chrétien joue un rôle aussi important que celui d'Henri Navarre. « Depuis février 1941, rappelle Jacques Soustelle, dans *Envers et contre tout*, déjà cité, le chef du contre-espionnage à Alger était le colonel Chrétien, qui ne manquait pas d'influence sur Weygand et réussit plus d'une fois à obtenir l'assentiment ou au moins la neutralité du proconsul. Chrétien se fixa pour tâche de combattre, malgré l'armistice, les services de renseignement allemands et italiens, de tarir leurs sources d'information et de se renseigner lui-même sur les intentions et le travail de nos ennemis. Le travail accompli par le contre-espionnage sous sa direction fut considérable. Deux organisations d'écoute furent mises sur pied. La première, dite "X-19", à Alger, notait toutes les communications téléphoniques du consulat général allemand et des commissions d'armistice. L'autre, "X-30", au Maroc, permettait d'écouter toutes les conversations du consul allemand Auer. Ainsi furent identifiées toutes les personnes qui étaient en relation avec l'ennemi. Des agents postés auprès des consulats et des commissions d'armistice dressaient la liste des visiteurs qui s'entendaient ensuite aviser que, s'ils continuaient, ce serait à leurs risques et périls. Un document pris par un agent du CE dans le bureau même d'Auer n'était autre que le brouillon d'un rapport, le "Rif Bericht", établi par un officier allemand venu en mission de Berlin. Ce document exposait en détail les mesures à prendre par la Wehrmacht pour occuper le Maroc en cas de "dissidence". Les écoutes informèrent également le contre-espionnage du voyage de l'espion allemand "René Martin" à Dakar. Une douzaine d'agents nazis furent arrêtés et fusillés en Algérie pendant l'année 1941 — fusillés sous l'œil des commissions d'armistice ; les exécutions étaient annoncées par les journaux, sans aucune précision qui permît aux Allemands d'identifier leurs agents, mais le doute ne leur était pas permis. Enfin, grâce aux écoutes, les services du colonel Chrétien parvinrent à reconstituer le chiffre des commissions d'armistice et à percer à jour leurs dépêches les plus secrètes. En novembre 1942, après le débarquement allié, le major Wurmann, qui représentait l'Abwehr (SR de l'armée allemande) au sein de la Commission d'armistice d'Alger, fut arrêté et interrogé. Il donna une liste des vingt principaux agents qu'il avait utilisés en Algérie. Or, de ces vingt agents, *douze* appartenaient en réalité aux services de contre-espionnage et n'avaient cessé d'égarer l'Abwehr en lui fournissant de faux rapports. C'est ainsi que, pendant les mois qui précédèrent le débarquement, ces agents remirent au major Wurmann une infinité de renseignements fabriqués de toutes pièces, d'où il ressortait que les Américains allaient attaquer Dakar... »

Les inspirateurs de la « War Room »

Il est un aspect de la Résistance militaire qui est, à tort, moins connu que la lutte directe, c'est l'enrichissement des archives... Paul Paillole nous a raconté comment son collaborateur Challan-Belval, un ingénieur agronome dont la profession fut bien utile pour le camouflage des « Travaux ruraux », en fut le principal animateur. « Outre certains travaux administratifs, nous a-t-il dit, Challan-Belval s'occupait de la compilation des documents, de la mise à jour de nos synthèses hebdomadaires. Et puis, bientôt, il fut chargé de prendre contact avec des amis que nous avions à Air France, lesquels pouvaient nous aider à transférer sur l'Algérie des informations et des documents dont nous pourrions ultérieurement avoir besoin et dont nos camarades qui se trouvaient en Afrique du Nord pouvaient déjà tirer une masse de renseignements utiles. C'est ainsi que l'on fit établir le double de toutes les fiches que nous triions, les fiches sur les suspects qui nous étaient signalés, et, après avoir contrôlé la réalité de la suspicion, le double que nous avions établi était envoyé à Alger pour enrichir notre fichier. A peu près toutes les semaines, nous expédiions ainsi un paquet vers l'Afrique du Nord. Ceci se faisait essentiellement par l'intermédiaire de notre ami Viré par les soins duquel a été assuré l'acheminement de nombreuses petites caisses bourrées de renseignements. Ces caisses sont parvenues en toute sécurité de l'autre côté de la Méditerranée où leur classement et leur exploitation ont été assurés par des officiers tels que le général Chrétien, les colonels Badin et Josselin et le capitaine Bertrand... ».

Après le débarquement allié en Afrique du Nord, Paillole, qui était alors chef d'escadron, obtint le 25 décembre 1942 son congé d'armistice ; il s'employa aussitôt à gagner Alger par l'Espagne. Une fois arrivé à bon port, il devint le 3 janvier 1943 chef du service de contre-espionnage de l'Armée d'Afrique et, le 25 avril, directeur de la Sécurité militaire (DSM) pour l'Afrique du Nord. A cette époque, le travail que des officiers des services secrets tels que lui avaient précédemment effectué rendit beaucoup plus efficace l'aide qu'ils étaient en mesure d'apporter à leurs homologues anglo-américains. « Lorsque, nous a-t-il fait remarquer, en 1943 fut créée à Alger la "War Room", qui était un bureau spécial que dirigeait un Britannique et où nous étudiions avec les Alliés les connaissances de l'ennemi en fonction desquelles, conjointement avec les objectifs du commandement, nous pouvions mettre sur pied des opérations, les moyens dont nous disposions déjà nous ont grandement servi. On peut même dire que si nous avons pu être les inspirateurs de la "War Room", ce fut grâce à ces moyens. Pour la campagne de Tunisie, par exemple, il y a eu de faux mouvements de troupes destinés à intoxiquer l'ennemi. Nous n'aurions pas pu réaliser de telles opérations si nous n'avions pas disposé de l'implantation et du stock de renseignements réalisés durant la période précédente... »

Plus on essaie de dire ce que fut la Résistance en Afrique du Nord et plus on vérifie la justesse de l'image employée par Marcel Aboulker. Ainsi le relatif isolement des masses autochtones... Déjà, nous avons vu André Moine déplorer que la « Résistance patriotique dans l'armée française » ait été « coupée des masses populaires, notamment musulmanes », en Afrique du Nord. Une coupure presque aussi nette sépara les résistants civils d'origine européenne et ceux des nationalistes algériens d'origine arabe ou berbère qu'une réflexion sérieuse sur la nature de leur lutte pour l'indépendance nationale avait amenés à rejeter l'alliance contre nature que leur offraient certains services nazis, à ne pas céder à la tentation d'une neutralité ambiguë et à comprendre que, au bout du compte, le fascisme était le pire des colonialismes. C'est ainsi que ces résistants locaux furent, le plus souvent, fâcheusement isolés et leur action, par la suite, généralement méconnue. Or, comme le fait encore remarquer André Moine, « il importe de tenir compte de l'existence d'une petite bourgeoisie autochtone, de formation intellectuelle française, qui puisait dans les traditions démocratiques et révolutionnaires de la France des justifications à ses aspirations et à ses luttes de caractère national. Cette élite, qui se groupera autour des "Amis du Manifeste" de Ferhat Abbas, jouissait d'une influence déjà grande parmi les masses populaires algériennes. Elle était opposée au régime de Vichy et aux théories fascistes ; elle tournait ses regards vers les démocraties anglo-saxonnes... » La plupart des rares étudiants d'origine non européenne qui, dans l'Algérie coloniale, avaient la possibilité de poursuivre des études supérieures, étaient issus de cette petite bourgeoisie. Nombre d'entre eux militèrent dans cette Résistance autochtone. A l'université, ils étaient moins isolés et certains d'entre eux purent entrer en contact avec des membres de la Résistance française. Il en fut ainsi du futur avocat et homme politique algérien Ali Boumendjel dont, une quinzaine d'années plus tard, le « suicide » sous la torture sera un des grands scandales de la guerre d'Algérie. Boumendjel coopéra avec des adhérents du mouvement Combat dont la branche d'outre-Méditerranée était dirigée par le professeur et futur ministre René Capitant. « Il arrivait, nous a raconté Albert-Paul Lentin, que notre lutte contre les éléments vichystes et collabos devienne une lutte presque physique. C'était notamment le cas contre le "Service d'ordre légionnaire" et il y avait, assez fréquemment, des bagarres dans les locaux mêmes de la faculté. Le prétexte en était en général les cours que professait alors Capitant. En effet, celui-ci, tout en menant essentiellement une Résistance clandestine, n'en affichait pas moins ouvertement ses opinions devant ses étudiants, ce qui n'était d'ailleurs pas très prudent. Lorsque les éléments d'extrême droite essayaient de le chahuter, nous intervenions. C'était souvent en compagnie de Boumendjel, mon meilleur ami algérien. Ali était déjà un colosse et il entrait dans la bagarre comme une espèce de tank derrière lequel nous foncions. »

D'« Elysées-Couture » à « Elysées-Complots »...

Lorsqu'on évoque la population d'alors en Afrique du Nord, il ne faut évidemment pas négliger la composante juive. Dans sa même analyse des forces de la Résistance en Algérie, Moine note d'ailleurs qu'il « existait à Alger (et dans de plus fortes proportions à Constantine, Oran, Sidi Bel-Abbès, etc.) un peuplement d'Israélites non pas dispersé comme en France, mais groupé, parfois structuré. Cette fraction de la population était victime des lois racistes de Vichy et craignait la peste nazie ; elle fournit des hommes et des cadres pour la Résistance qui aida les Alliés ». A l'époque, Pierre Alexandre, « membre de l'Agence juive auprès du Consistoire central à Paris » replié en Afrique du Nord, jouait un rôle important dans la direction de la communauté juive d'Alger. Or son fils Armand et lui faisaient partie de ces cadres et apparurent souvent dans ce que l'on appela les complots d'Alger. Certes, l'abolition du « décret Crémieux » par Vichy et les persécutions raciales qui s'ensuivirent furent une incitation particulière à la Résistance, mais il serait un peu court de croire que de tels hommes n'allèrent pas plus loin dans leurs motivations. A cet égard, la confidence faite par José Aboulker à Jean Daniel mérite qu'on la retienne. Dans son livre de souvenirs *Le temps qui reste*, ce dernier raconte en effet comment le futur directeur du *Nouvel Observateur*, alors jeune étudiant, fut recruté par le futur chirurgien du cerveau qui était déjà l'un des animateurs de la Résistance algéroise. « Il me dit, écrit-il, qu'au moment où l'on retirait leur citoyenneté à tant de francs-maçons, de communistes et de résistants, il ne convenait pas de faire du "judéo-centrisme". C'était entièrement mon avis et j'en étais ulcéré. Il me demanda s'il pouvait compter sur moi pour quelque chose d'important, "en fait, très important". Par dignité, je ne lui dis qu'un "je crois". Mais j'étais séduit par ce garçon de vingt-trois ans qui allait bientôt être à l'origine de la paralysie de la ville d'Alger, de l'arrestation du général Juin, avant de partir pour Londres en uniforme de capitaine de la France libre (...). Avant de me quitter, José me déclara : "Je n'aime pas laisser à l'adversaire le soin de déterminer mon combat ou ma mort. Ils veulent que nous mourions simplement parce que nous sommes juifs. Je mourrai parce que je suis antinazi et comme je l'aurai voulu." »

En vérité, l'action et les liaisons de José Aboulker dépassent largement les limites de la communauté juive. Avec lui, nous entrons dans le milieu aux effectifs peu fournis mais aux activités nombreuses et aux imbrications complexes où s'entrecroisent les influences des vice-consuls américains (et donc de l'OSS), des officiers du 2e Bureau et des émissaires du BCRA londonien. De ce réseau — ces réseaux — aux fils ténus mais sans cesse ramifiés, émergent des figures comme celles du commissaire de la BST (Brigade de Surveillance du territoire) André Achiary, des frères Calvet, du professeur Capitant, etc. « Dès juin 1940, affirme Jacques Soustelle, André Achiary, chef de la Surveillance du territoire à Alger, cherchait à entrer en contact avec le général de Gaulle. C'était la première d'une série de tentatives qui, toutes, échouèrent (...). Basque trapu, robuste, adroit, capable de tous les dévouements (...), Achiary, malgré l'échec de ses tentatives de contact avec Londres, ne demeurait pas inactif. Il savait pouvoir compter sur la discrétion du commissaire Bringard, sous-directeur de la Sûreté. Il disposait d'un instrument bien en main, la BST. Il entreprit de l'utiliser pour surveiller les commissions d'armistice. (...) André Achiary s'était lié d'amitié avec Guy Calvet, sympathique couturier de la rue d'Isly, qui exploitait avec son frère Elie un magasin de confection pour dames fièrement intitulé "Elysées-Couture". On l'appela par la suite "Elysées-Complots". Franc comme l'or, d'une bonne humeur inaltérable, patient et actif, Guy Calvet était de mes vieux amis ; nous nous étions connus comme étudiants à Lyon, puis à Paris, dans diverses organisations de jeunesse au sein desquelles il faisait merveille. Me croyant encore au Mexique, Guy m'envoya en 1942 un professeur espagnol, républicain réfugié, à qui il confia un code pour établir une liaison entre la France libre et Alger ; ce code était fondé, si j'ai bonne mémoire, sur des phrases tirées du livre de poèmes d'Aragon, *Le Crève-Cœur*. Malheureusement, le professeur espagnol arriva au Mexique alors que j'étais à Londres. Le code me fut apporté par ma femme lorsqu'elle vint me rejoindre en Angleterre ; je le remis alors au BCRA, mais il était trop tard, et cet essai de contact échoua comme les autres. Le rôle de Guy Calvet dans toute cette affaire fut plus important que lui-même peut-être ne voudrait en convenir. C'est lui, en effet, qui rapprocha Achiary et José Aboulker, puis les groupes de résistance et le contre-espionnage. La première rencontre Achiary-Aboulker eut lieu à la fin de 1941 par l'entremise de Guy. Il fut convenu qu'Achiary protégerait les groupes d'Alger et d'Oran contre la police dont il était lui-même un des chefs. Il alla à

Oran voir Henri d'Astier, et, en décembre, une réunion commune eut lieu à Alger, à laquelle prit part notamment le colonel Tostain. Une liaison solide fut ainsi établie. »

Marcel Aboulker, déjà cité — homonyme de José — précise le récit de Soustelle. « André Achiary, écrit-il, présente Guy à Henri d'Astier, en même temps qu'il l'introduit auprès des Américains, pour assurer les liaisons de ceux-ci avec les groupes de choc à former. Les Américains, d'abord réticents à l'égard de ce garçon qui leur est présenté sous un faux nom et dont ils n'ignorent pas les relations avec le 2e Bureau, abandonneront petit à petit leur défiance, et Guy Calvet jouera un rôle de premier plan dans les relations ultérieures des Américains avec la Résistance. Enfin, et là se ferme le circuit de la conjuration, un matin de l'hiver 1942, José Aboulker est mis en relations avec Henri d'Astier de la Vigerie. Il a vingt-trois ans ; étudiant en médecine, il a fait comme aspirant la guerre 1939-1940 ; il est le fils du docteur Henri Aboulker, professeur à la faculté de Médecine, président du Parti radical-socialiste d'Alger, l'une des très fortes personnalités de la ville. José Aboulker a créé de son propre chef, aux facultés, un groupe d'étudiants gaullistes. (...) Quand il s'agit d'organiser des groupes de choc, André Achiary pense tout naturellement à José Aboulker pour les recruter et les diriger... »

Arrêté par les « goums » marocains

Autre futur médecin alors étudiant, Henri Rosencher nous a raconté comment il était entré dans cette organisation multiforme. Pendant les vacances de Pâques de l'année 1941, Rosencher s'était rendu au Maroc pour essayer de gagner l'Angleterre par bateau. A partir de Casablanca, nous dit-il, j'avais « fait tous les ports de la côte atlantique vers le sud, jusqu'à Mogador, Safi et Agadir. Mais sans rien trouver. Et, finalement, comme les vacances de Pâques étaient courtes, j'ai eu juste le temps de rentrer à Alger en me promettant de retourner au Maroc aux vacances suivantes. Effectivement, aussitôt arrivées les grandes vacances, j'ai rejoint Port-Lyautey. Là, j'ai pris un car qui conduisait vers le nord, vers les montagnes du Rif, et puis j'ai essayé de traverser la montagne à pied. Mais je me suis fait prendre par les “goums” marocains. Ramené en prison à Port-Lyautey, où la police m'a interrogé pour essayer de me faire avouer que j'appartenais à un réseau gaulliste, j'ai ainsi appris l'existence de ces réseaux. Ces réseaux gaullistes que je cherchais en vain... De Port-Lyautey, la police m'a renvoyé sur Alger entre deux gendarmes. Mais, à Alger, j'ai eu la chance de tomber sur un inspecteur de police gaulliste qui s'appelait Dominique et sur un commissaire de police également gaulliste qui s'appelait Achiary. Grâce à eux, j'ai été remis en liberté provisoire. Grâce également à ce commissaire de police, je suis entré en contact avec un autre étudiant en médecine qui faisait partie de l'organisation de Résistance Combat et je suis donc entré dans ce réseau aux côtés de José Aboulker... C'était en août 1941. Dans l'organisation, je n'ai fait au début qu'une Résistance écrite, en quelque sorte. On rédigeait des tracts, on les portait, on les distribuait en ville. On faisait une sorte de presse parlée, entre nous. Mais, très rapidement, le bruit a couru qu'on ferait appel à nous. On évoquait la possibilité d'un débarquement des Alliés et on nous demandait de nous préparer à une insurrection. Toutefois, chacun de nous ne connaissait qu'un tout petit nombre de résistants et nous ne savions pas très bien ni combien nous étions ni comment nous étions organisés... En septembre, les rumeurs se sont précisées et, à partir du 15 octobre, on nous a demandé de ne jamais nous éloigner sans laisser le moyen de nous contacter immédiatement. On était en quelque sorte mobilisé. Enfin, vers le 1er novembre 1942, on nous a dit que le débarquement était imminent. »

On aura peut-être remarqué que, tout en restant dans la même organisation de Résistance, nous venons, avec Rosencher, de passer, presque de zigzaguer, entre le BCRA et les Américains, le 2e Bureau français et le mouvement Combat. Parcours rapide et singulier, surprenant même... Peut-on préciser ? Oui et non... En effet, les structures que donnent à leur clandestinité quelques milliers — certains diront quelques centaines — de pieds-noirs et de « métropolitains » alors présents en Afrique du Nord, même si elles font expressément référence à la France libre et à la Résistance intérieure ne peuvent être définies comme de simples filiales. Déjà nous avons vu apparaître le groupe de la « salle Géo Gras » à propos du capitaine Pilafort... Prenons d'autres exemples : celui des amis d'André Achiary et celui des amis de René Capitant... En nous racontant son expérience d'adolescent algérois de l'époque, Albert-Paul Lentin évoque « les fameux policiers gaullistes d'Alger » ; il parle de leur « sentiment résistant » mais il ajoute : « Ils se rachetaient en quelque sorte. Ils étaient gaullistes. Ils étaient résistants. Ils étaient donc en minorité par rapport à leurs collègues. Mais ils se rattrapaient en étant très durs avec les nationalistes algériens, ce qui me posait des problèmes... » Et ce qui en pose évidemment si l'on considère les positions libérales prises par le général de Gaulle dans le célèbre discours de Brazzaville. Par ailleurs, on notera que ces mêmes « policiers gaullistes » travaillent à la fois avec le BCRA, lorsqu'ils peuvent entrer en contact avec lui, et avec les officiers résistants du 2e Bureau, sans se soucier autrement des cloisonnements et des antagonismes qui, en général, opposent ces deux organismes... L'exemple du mouvement Combat est tout aussi caractéristique.

Le gaullisme qu'on y proclame n'est pas nuancé des réticences qui, en France, dans l'entourage d'Henri Frenay, découlent des discussions souvent orageuses poursuivies avec Londres ; on ne s'y inquiète guère des principes d'organisation et d'action fixés par Frenay et ses amis. L'historiographe de Combat, Marie Granet, écrit à ce sujet : « Le groupe qui fut constitué en Afrique du Nord eut une organisation et une activité fort différentes des groupes de la métropole. Il ne fut pas organisé en "services" et il se limita à deux activités : une activité de propagande par la parole et par le journal qu'il publia assez régulièrement, tant avant qu'après le débarquement du 8 novembre 1942 ; une activité militaire qui fut courte mais eut des conséquences politiques importantes : la participation au "putsch" du 8 novembre (...). Le groupe fut fondé à Alger par des professeurs de Droit (Paul Coste-Floret, Paul-Emile Viard, Capitant) et un jeune et riche industriel, André Fradin. Celui-ci avait été le camarade de régiment de De Menthon et Teitgen, qui étaient, d'autre part, les amis et les collègues de Paul Coste-Floret et de son frère Alfred. Fradin et Coste-Floret appartinrent dès 1940 au mouvement "Liberté". Paul Coste-Floret rejoignit son poste à Alger en novembre 1940. Au printemps de 1941, il fut décidé qu'André Fradin se fixerait en Algérie. Tous deux devraient s'efforcer de "contacter" en Afrique du Nord les éléments résistants et de maintenir la liaison avec la métropole. Pour justifier sa présence en Algérie, Fradin acheta, près de Médéa, une exploitation agricole. Les premiers et plus fructueux "contacts" furent pris à la faculté de Droit où furent très rapidement recrutés Paul-Emile Viard et René Capitant. Tous deux étaient gaullistes depuis 1940. René Capitant avait réussi, après avoir passé quelques mois à Clermont (où il avait déjà été en rapport avec Alfred Coste-Floret et le groupe "Liberté") à se faire nommer à Alger. (...) "Combat" était — et resta — le seul mouvement gaulliste d'Afrique du Nord. (...) Les militants de "Combat" recrutèrent plus facilement à la faculté de Droit ou à la faculté des Sciences (grâce à Antoine Rollet) qu'à la faculté des Lettres, sympathisante, mais plus réservée. "Combat" trouva aussi des adhérents parmi les professeurs des lycées, de l'Ecole de Commerce, les étudiants (Rager, Pauphilet, Kast), les journalistes, les réfugiés alsaciens-lorrains, le personnel de la police (grâce à des amis de Paul Coste-Floret), les fonctionnaires civils et militaires, victimes de la politique de Vichy : c'est ainsi qu'entrèrent au mouvement le commandant Grossin et le colonel de gendarmerie Tubert, tous deux révoqués comme francs-maçons, et des israélites frappés par l'annulation de la loi Crémieux. Le mouvement s'étendit hors d'Alger, à Oran, à Constantine, jusqu'en Tunisie et au Maroc où de petits groupes, assez vivants, se formèrent. "Combat" réunit, en Afrique du Nord, plusieurs centaines de militants. »

Les Oranais et les Polonais

Plusieurs centaines de militants — par rapport à la Résistance en général, c'était peu ; mais dans l'Algérie de cette époque, c'était déjà beaucoup. Et nul doute que, en d'autres lieux, l'homme qui avait le plus travaillé à réunir ces « plusieurs centaines », René Capitant, eût réussi à rassembler des milliers d'hommes et de femmes, à être un chef de mouvement de la stature d'Henri Frenay ou d'Emmanuel d'Astier. En effet, avant le débarquement de novembre 1942, on peut dire que la silhouette de Capitant domine les structures de la Résistance française non communiste et non militaire en Afrique du Nord. Jacques Soustelle a très bien dit pourquoi... « A partir de 1941, écrit-il, le professeur de droit René Capitant avait commencé à diffuser des tracts dactylographiés : discours du général de Gaulle, lettre de La Laurencie, puis un journal clandestin : *Combat*. Capitant, volontiers rageur, entêté, ardent, apportait à la Résistance nord-africaine une note que l'on ne trouvait ni chez Henri d'Astier, ni chez Van Hecke, ni chez les militaires : la note républicaine. Pour lui, la délivrance de l'Afrique du Nord par une opération militaire impliquait nécessairement le rétablissement de la légalité républicaine sous l'égide du général de Gaulle et de la France combattante. Il était par là plus proche des mouvements métropolitains que des groupes de choc d'Oran ou d'Alger... » Lorsque, près de trente ans plus tard. Capitant mourut, le journal *Le Monde* intitula sa biographie *Un gaulliste d'avant 1940*. Et, en commentant cette biographie, son ancien complice d'Alger, Louis Joxe expliquait : « Il ne faisait rien sans passion ; en un temps où nous étions encore livrés au bricolage et aux petits moyens, réduits à parler de Bouvines ou de Valmy au micro d'une radio algérienne pour peu de temps débonnaire, il fit de sa chaire une tribune. (...) Vinrent ensuite les grandes circonstances où cette passion put s'exercer tout entière. Au cours d'un voyage en France, en septembre 1942, j'avais rencontré Emmanuel d'Astier, plutôt progressiste, qui m'avait confié que nous avions intérêt à rencontrer à Alger son frère Henri, tout à fait monarchiste, à tâcher d'entrer rapidement en rapport à Londres avec le général François d'Astier, assurément républicain. Touchant symbole de cette époque. Henri nous apprit sur-le-champ les préparatifs du débarquement allié en Afrique du Nord ; il nous avertit loyalement que le héros de l'entreprise serait un général français, mais non le général de Gaulle. Mais quoi ? Il s'agissait de la libération, de la première des libérations... »

Si l'on veut essayer de ne pas omettre certaines nuances de ce que Marcel Aboulker a en raison d'appeler « l'étrange manteau d'Arlequin » de la Résistance française en Afrique du Nord, il faut encore citer les Oranais et les Polonais... Le général Charles Mast déjà cité, a décrit la situation des premiers... « L'organisation civile de la Résistance, dit-il, était implantée très sérieusement en Oranie, surtout dans la ville d'Oran. Elle avait été créée en 1941 par Henri d'Astier de la Vigerie, alors en garnison à Oran, l'industriel Roger Carcassonne et un dominicain très dynamique et ardent patriote, le père Théry. Ces trois hommes avaient recruté un assez grand nombre de civils décidés à agir en faveur des Américains si ceux-ci se présentaient un jour en force en Afrique du Nord. En 1942, ce groupe, privé d'Henri d'Astier qui venait d'être muté à Alger, avait autant d'importance que celui de la capitale de l'Algérie. Dans l'intérieur, à Tiaret, le sous-préfet Luizet, qui avait occupé précédemment le poste d'officier de renseignements à Tanger, était fermement décidé à se jeter dans la lutte à la première occasion... » Quant aux Polonais, outre qu'on ne saurait négliger l'importance de leur organisation, on devrait se souvenir de ce qu'en dit Jacques Soustelle. Beaucoup de résistants français rattachés à un service de renseignement étranger se trouvèrent en effet dans une situation analogue à la leur et cette situation — qui put, par la suite, paraître une anomalie mais qui n'en était pas une à l'époque — fut, longtemps après la guerre, l'objet de bien des discussions, voire d'âpres polémiques, comme dans le cas de l'« Orchestre rouge »... « Les Polonais, avec l'aide des Britanniques, montèrent en Afrique du Nord un réseau de renseignements qui se révéla fort utile aux Alliés, raconte Soustelle. Dirigé par quelques spécialistes polonais d'envergure, ce réseau était composé exclusivement de Français tels que Ragache à Oran, Paul Schmitt à Constantine, Denis Pucheu à Bône, Escoute à Alger. Trois ans plus tard, ces patriotes me racontèrent comment on leur expliqua que leurs renseignements parvenaient, à Londres, au général de Gaulle. Comme preuve de leur bonne foi, les organisateurs du réseau faisaient passer à la BBC, pendant le programme français, des phrases choisies par ceux qu'ils recrutaient : personne en Afrique du Nord ne savait et ne pouvait savoir que la France libre ne contrôlait pas ces émissions. La plupart des agents français du SR polono-britannique n'apprirent que bien après le débarquement que pas un de leurs rapports n'avait atteint les services des FFL. C'est par le réseau polonais qu'un groupe de résistants d'Alger, Louis Lalanne, propriétaire de l'Albert-Hôtel, André Pillier, de Vilmorin cherchèrent à toucher Londres. Ils se confièrent à cet effet au lieutenant d'aviation Kolowkowski, en instance de départ pour l'Angleterre. Ce fut sans doute comme résultat de cette démarche que le vice-consul américain Taft, en juillet 1940, prit contact avec Lalanne. Vilmorin partit pour les Etats-Unis en passant par Tanger où il entra en relation avec les services anglais. Mais, là encore, le fil que les mains de nos camarades algériens tendaient vers nous demeura accroché ailleurs... »

Le « Groupe des cinq »

Plus haut, nous avons vu que, baignant dans le même bouillon de culture d'où allaient sortir le « darlanisme » et le « giraudisme », les organisations de la Résistance française en Afrique du Nord n'avaient pu être que numériquement faibles, socialement isolées et politiquement malades... Or, on pourrait nous rétorquer maintenant que si une évidente faiblesse numérique et un relatif isolement social ont été le lot des hommes et des structures dont nous venons de parler, leur « maladie politique » est beaucoup moins évidente. C'est vrai dans la mesure où nous n'avons pas encore achevé notre examen de ce que furent les résistants français du Maghreb et où nous n'avons pas évoqué le fameux « Groupe des cinq ». Car il est clair que si les combattants clandestins d'Afrique du Nord eurent beaucoup de mal à conserver leur santé patriotique, le danger qu'ils coururent vint pour une très grande part de la nature et de l'action de ce groupe... Pourquoi ? Malgré les divergences de témoignages et par-delà les polémiques posthumes, essayons d'y regarder de plus près... Albert-Paul Lentin qui avait passé son baccalauréat le 18 juin 1940 était, nous le savons, un étudiant de René Capitant et un membre de son groupe de Résistance. Lorsque, durant la nuit du 7 au 8 novembre 1942, les résistants d'Alger se déployèrent dans la ville endormie pour essayer de paralyser les autorités vichystes afin de faciliter le débarquement qui devait avoir lieu à l'aube, Lentin nous raconte qu'il se vit confier par Capitant « une mission très précise : aller à tous les points chauds d'Alger, voir ce qui s'y passait et revenir régulièrement rendre compte au PC de la rue Charasse ». Avec comme sésame le mot de passe « whisky » auquel les interpellés devaient répondre : « soda », le jeune homme entreprit donc sa revue des clandestins. Il en a gardé un souvenir précis et surtout tiré une leçon. « A la vérité, nous dit-il, cette affaire était menée par un groupe pro-américain avec une participation minoritaire gaulliste... C'est très exactement ce que j'ai retenu de tous les contacts que j'ai eu à prendre cette nuit-là. »... La définition de Lentin porte en elle une analyse que toutes les études sérieuses ont confirmée : le « Groupe des cinq » avait été chargé par Robert Murphy et ses « vice-consuls » d'abord de favoriser le déroulement de l'opération Torch et ensuite de faciliter la mise en œuvre de la politique américaine en Afrique du Nord. Si le but et les conséquences du débarquement du 8 novembre 1942 avaient été les mêmes que ceux du débarquement du 6 juin 1944 en Normandie, la tâche et la raison d'être du « groupe » n'auraient pas été différentes de celles que les Alliés entendaient plus généralement assigner à la Résistance française ; mais on sait que tel ne fut pas le cas puisque l'affaire aboutit, dans un premier temps, à la consolidation du « Vichy d'outre-mer ». Dès lors, on peut se demander si la véritable mission du « Groupe des cinq » ne fut pas, pour une très large part, de détourner les résistants d'Algérie de leur fonction naturelle. Le problème se pose d'autant plus que les sympathies de Murphy pour le pétainisme étaient de notoriété publique et que jamais, ni dans sa pensée ni dans celle de ses amis français, comme l'écrit Pierre Guillemot, « à aucun moment il n'avait été question d'un soulèvement populaire ». Toutefois, il convient de nuancer cette évidence politique dans la mesure où, surtout avec le recul, il apparaît que le « groupe » n'avait guère d'homogénéité et qu'on peut même parler de contradictions entre ses membres... Les contacts qui devaient aboutir à la constitution du « groupe » avaient été pris au fil de l'année 1941 et cette constitution elle-même fut effective au seuil du printemps de 1942. Depuis 1940, on le sait, une des raisons d'agir des résistants algérois était bien l'espérance d'un débarquement américain mais, en revanche, ainsi que le note Gabriel Esquer, dans *8 novembre 1942, jour premier de la libération*, ces résistants, en général, « n'appartenaient pas à la société que fréquentait Murphy ». Aussi, lorsque ce dernier suscite la naissance du « groupe », y retrouve-t-on, côte à côte, des hommes qui connaissent bien la Résistance pour en être partie prenante et d'autres qui, s'étant bornés jusque-là à manœuvrer dans l'ombre de Vichy, n'y prêtent attention que dans l'espoir de l'utiliser pour parvenir à un compromis. Les uns espèrent une véritable libération, les autres souhaitent une simple passation des pouvoirs. Leurs destins antérieurs et ultérieurs ne sont d'ailleurs pas moins contradictoires que leurs intentions : parmi « les Cinq » proprement dits, deux ont été cagoulards et trois sont gaullistes, deux seront poursuivis et emprisonnés après la Libération tandis que les trois autres se retrouveront respectivement compagnon de la Libération, ambassadeur de De Gaulle et officier supérieur dans l'armée d'Italie. De même, ce sera l'un d'eux qui, chef de la police sous Darlan puis Giraud, fera emprisonner un autre d'entre eux... Cependant, si l'on songe que le « Groupe des cinq » avait été théoriquement investi par les Alliés du pouvoir de diriger la Résistance française en Afrique du Nord et qu'il joua un rôle essentiel dans nombre des péripéties de la tragi-comédie d'Alger, plus encore qu'à travers leurs destins, c'est à travers les portraits de ses membres qu'apparaît la véritable maladie politique dont nous parlions plus haut...

Comme leur nom l'indique, « les Cinq » étaient cinq : Henri d'Astier de la Vigerie, Alphonse Van Hecke, Jacques Tarbé de Saint-Hardouin, Jean Rigault et Jacques Lemaigre-Dubreuil. Laissons à ceux qui les ont connus — en chair et en os comme à travers leurs dossiers — le soin de nous les présenter.

Henri, l'un des frères d'Astier

« A l'origine, remarque Renée Pierre-Gosset dans *Expédients provisoires*, Henri d'Astier de la Vigerie est officier du 2e Bureau à Oran. Il fut cagoulard. On le répète ; il ne s'en cache pas. Il a le goût profond de l'intrigue, le désir de briser les vitres, une sorte de besoin d'agir en marge, de dépenser sans compter la force qu'il a en lui qui en font un personnage de mousquetaire parfaitement déplanté en notre siècle. Cet aristocrate de vieille race est l'enfant terrible de sa famille. Il conte volontiers ses dissentiments avec ses deux frères. Il pense à droite, bien entendu, mais il ne dissimule pas qu'il est bien plus royaliste que monarchiste. Son tempérament personnel le pousse davantage à se consacrer à un homme plutôt qu'à une idée. C'est pourquoi il concilie bien vite, sans scrupules de conscience, le dévouement au comte de Paris et celui au général de Gaulle — qui lui semblent, tous deux, des patrons parfaits, au sens romain du mot — ce qui, envisagé à froid, paraît à tout le moins curieux. » Et Chamine ajoute : « Henri d'Astier, au moment d'Alger, atteint la quarantaine. Les hommes eux-mêmes remarquent qu'il est beau. Un long corps un peu voûté, un visage ardent et brun de saint espagnol macéré dans les bitumes, un sourire blessé qui n'est pas sans grâce, un style général damasquiné — peut-être un peu facile, un peu danseur mondain — telle est l'enveloppe corporelle dont il fait peu de cas. (...) Il use de vérités parfois différentes suivant les êtres auxquels il s'adresse sans qu'on puisse l'accuser de falsification : il s'engage en personne chaque fois. Animé d'une foi religieuse dont il parle avec la simplicité d'un homme du XVe siècle, il reçoit de cet abandon aux mains divines une liberté extraordinaire pour disposer de sa vie et de celle de ses hommes. » Jacques Soustelle trace en ami le portrait d'un ami et, même si l'on peut contester la définition qu'il prétend donner de « l'essentiel de la Résistance nord-africaine », sous la chaleur de sa plume, la silhouette se précise : « C'est à Oran et à Alger que prirent naissance les mouvements qui, peu à peu fédérés ou venant à converger, constituèrent l'essentiel de la Résistance nord-africaine. L'âme en fut Henri d'Astier de la Vigerie, frère du chef de "Libération" en zone Sud. C'est une personnalité singulière et attachante. Je le rencontrai pour la première fois dans sa prison, peu après notre arrivée en Afrique du Nord ; je crois avoir été un des premiers Français libres à lui rendre visite quelque temps avant qu'il fût remis en liberté. Son visage fin et bronzé n'exprimait ni apathie ni rancœur, mais une sorte d'inextinguible ardeur de vivre. (...) Tel il m'apparut alors, malgré des mois d'emprisonnement, nerveux, fertile en projets, laissant deviner ou rêver, tel il dut apparaître en 1941, lorsqu'il arriva de France à Oran, aux jeunes résistants dont il fit ses premiers adeptes. D'Astier était monarchiste — il l'a dit lui-même vingt fois — d'un monarchisme romantique, mais surtout amoureux de l'action. Il avait la chance de vivre à une époque où son patriotisme et sa passion du travail secret trouvaient devant eux une tâche à leur mesure. Il s'y donna avec une ardeur qu'il sut communiquer à ses camarades... » Plus sobrement, le général Charles Mast confirme qu'Henri d'Astier fut un protagoniste en rappelant qu'il « était l'adjoint de Van Hecke aux Chantiers de Jeunesse de l'Algérie. Grand, svelte, d'allure élégante, il exerçait sur les jeunes des Chantiers un rayonnement qui lui permettait d'obtenir d'eux un dévouement absolu. (...) Son réseau fut de tous le plus cohérent et le plus efficace au moment du besoin... »

Le goût de l'aventure et l'art de l'intrigue que l'on retrouve chez ses quatre compagnons paraissent avoir fait défaut à Alphonse Van Hecke. Est-ce pour cela qu'Alain de Sérigny ne veut voir en lui qu'un factotum dévoué ? « Belge d'origine, écrit en effet le directeur de *L'Echo d'Alger*, il s'était engagé dans la Légion étrangère et y avait successivement conquis tous ses grades de sous-officier. Il y excellait ; on l'avait donc un beau jour naturalisé Français et il avait accédé au grade de sous-lieutenant dans les troupes coloniales. Il était précieux pour le Groupe car il pouvait dispenser voitures, essence, ordres de mission et bien d'autres choses. Il jouissait pour lui-même d'une totale liberté de circulation qui en faisait le vaguemestre des Cinq. Mais on le tenait soigneusement à l'écart des questions importantes. »... L'optique d'Albert Kammerer, diplomate déjà cité, est bien différente... « Le colonel de réserve Van Hecke, aujourd'hui général, écrit-il, avait fait admirablement la guerre de 1914 et était resté dans l'armée jusqu'en 1934. Ayant repris du service en 1939, il commanda une demi-brigade de Sénégalais. Il avait été condamné à mort par les Allemands pour son activité en Belgique en 1940. Peu après, il avait été nommé à la direction d'un groupe de Chantiers de Jeunesse sous le commandement du général de La Porte du Theil. Un des fondateurs du groupe des Cinq, il s'en estimait le chef, mais les autres n'admettaient pas de hiérarchie entre eux. (...) Il était favorable au général de Gaulle sans penser qu'on pût faire appel à lui dès le début. Il n'entra pas dans le gouvernement constitué par l'amiral Darlan le 14 novembre. Privé de la nationalité française et frappé de la confiscation de ses biens, il demanda immédiatement un commandement et eut une très belle conduite pendant toutes les campagnes en Tunisie, Italie et Allemagne. Dans les communications secrètes américaines, il était désigné sous le nom de "Robin Hood" (Robin des Bois). » L'opinion de Jacques Soustelle est plus nuancée. « A la fin de 1941, raconte-t-il, d'Astier fut mis en relation avec le "chef Van Hecke", Flamand au physique de colosse, à la voix rocailleuse, qui commandait alors les Chantiers de Jeunesse et faisait de cette institution vichyste le support d'un groupe de résistance. (...) D'Astier, nanti, grâce à lui, d'un grade dans la hiérarchie des Chantiers, béret vert en tête et blouson crème sur le torse, put s'installer à Alger et parcourir l'Afrique du Nord en mission officielle sous l'égide du Maréchal... »

Le « prélat inconnu » du château de Chantilly

Le membre le moins connu du « Groupe des cinq » n'en fut certainement pas le moins important. Il demeure le plus énigmatique. A travers mémoires et archives, témoignages et controverses, plus Jacques Tarbé de Saint-Hardouin apparaît, plus sa vérité se dérobe. « C'est un diplomate de la vieille école, estime Pierre Guillemot. Un homme de haute taille, moustache à la François-Poncet, élégance raffinée, calme imperturbable mais à l'occasion joyeux compagnon d'un humour délicat. (...) Tout en s'élevant dans la hiérarchie, il a été en poste à Bucarest, à Téhéran, à Athènes, à Ankara, à Berlin de 1923 à 1935. Après un séjour de quatre ans au Quai-d'Orsay (...), il est revenu en 1939 dans la capitale du Reich comme chargé d'affaires. La guerre a fait de lui un directeur au ministère du Blocus, la défaite, un assistant du général Doyen pour les questions politiques à la commission d'armistice de Wiesbaden. Weygand l'a appelé à Alger comme secrétaire général mais, en cette année 1941, Jacques Tarbé de Saint-Hardouin est libre comme l'air : il s'est fait mettre en disponibilité quelques mois plus tôt. » Libre comme l'air ? Voire... Nous n'avons pas oublié que, sous le pseudonyme de Chamine, se cache un auteur à deux têtes et que l'une de ces têtes se trouve être précisément l'un des membres du « Groupe des cinq », Jean Rigault ; or, s'agissant des circonstances dans lesquelles Tarbé de Saint-Hardouin s'est vu « appelé à Alger comme secrétaire général » par Weygand, en 1941 (en fait, son titre exact était secrétaire adjoint aux Affaires économiques de la Délégation »), c'est Chamine qui écrit : « S'il est arrivé, dès juillet, pour appliquer et étendre les accords économiques franco-américains, c'était aussi pour trouver leur suite. » Quelle « suite » ? Le mot sera interprété de diverses façons... Pour sa part, Chamine l'éclaire relativement par un portrait dont voici le motif central : « Un visage très français, presque médiéval — il ressemble au "prélat inconnu" de Jean Clouet, au château de Chantilly — un visage rasséréné, stable, paisible, aux yeux rieurs à la fente étroite, un visage où les rides elles-mêmes sont joyeuses, relevées, un visage de bon sens, de finesse et de malice, avec un nez et une bouche de toutes les gourmandises, bien supporté par un corps assorti, complice et confortablement pansu, tel est Jacques Tarbé de Saint-Hardouin. "Un bon gros finaud", disent ses amis. Il va apporter à l'ébauche de l'entreprise une solidité particulière. Ses rapports avec Murphy, presque quotidiens depuis les accords économiques, vont grandement faciliter les premiers contacts... »

Autant Tarbé est aimable et rond, autant Rigault est sec et taciturne. Lorsqu'il rencontre ce dernier, à Alger, sous Darlan, Pierre Bourdan en est frappé. Il « semblait, écrit-il, avoir aidé la nature à lui composer un masque d'une des plus pures conventions du mélodrame : le teint livide, les yeux gris pâle, le regard fixe, les traits assez réguliers et coupants, le front poli et bien coiffé, la voix blanche et lente, les mains sans mobilité, il semblait perpétuellement ailleurs, comme au fond d'un rêve obsessif, et son interlocuteur ne paraissait guère compter plus pour lui qu'un nom sur une fiche. Ses intentions, ses opinions, ses goûts étaient, au surplus, parfaitement secrets. Et on lui prêtait d'autant plus que cet homme ne voyait presque personne et passait, les épaules rigides, comme une ombre froide, à travers les cours et les escaliers du palais d'Eté, sans jamais prononcer une parole qui ne fût un ordre bref ou une instruction... ». Lorsque Pierre Bourdan souligne qu'« on lui prêtait » beaucoup, on pourrait lui rétorquer qu'on ne prête qu'aux riches. A cet égard, l'esquisse que trace Albert Kammerer est éloquente. « Rigault, note-t-il, maigre et de taille petite, avec une figure émaciée et expressive, était de santé déficiente (...). Monarchiste et probablement hostile à de Gaulle, il avait appartenu à la Cagoule, dont il s'était séparé en dissidence. Banquier et journaliste, il avait tout du gentilhomme d'aventures et une âme machinée de comploteur du XVIe siècle. (...) Les Américains le désignaient sous le nom de "Vendredi", car il était l'adjoint (...), et quelques-uns disaient l'âme damnée, de Lemaigre-Dubreuil, que les Américains appelaient "Robinson Crusoé". Quand il fut devenu secrétaire à l'Intérieur de Darlan, les Français le désignaient volontiers sous le nom parlant de "Fouché"... ». A vrai dire, « âme damnée » ou « adjoint » ? Sans doute les deux à la fois. D'ailleurs, quand, par Chamine interposé, Rigault trace en quelque sorte son autoportrait, il insiste visiblement sur la complexité de ses relations avec Lemaigre-Dubreuil. « Toujours est-il, souffle-t-il, que l'industriel appelle près de lui, dans les affaires délicates que son activité suscite, celui que, faute d'un mot exact, on nomme son secrétaire, son homme de paille ou son ami — simplifications cocasses... »

Il est difficile de dire si Jacques Lemaigre-Dubreuil fut ou ne fut pas, à proprement parler, le chef du « Groupe des cinq ». Mais — ce qui finalement est plus important — ce sont la fortune, le passé, l'action et la personnalité même de Lemaigre-Dubreuil qui donnent sa véritable dimension à l'entreprise du « Groupe ». Or, qui est — on serait presque tenté de dire : qu'est-ce que — Lemaigre-Dubreuil ? « C'est un industriel, répond Pierre Guillemot. Un grand industriel. Sa femme se nomme Simone Lesieur. Il est administrateur des huiles Lesieur dont le capital social, à la veille de la guerre, en 1939, était de quarante millions de francs. Lesieur, le nom évoque des huileries, des savonneries, des comptoirs qui vont de l'usine de Dunkerque aux entrepôts de Rufisque. Pour diriger l'empire Lesieur, il faut être un homme d'action. C'est le cas de Jacques Lemaigre-Dubreuil. Pour lui, l'action déborde les affaires. La politique l'a toujours fasciné, mais pas au sens parlementaire. C'est peut-être que Jacques Lemaigre-Dubreuil est un homme de droite. Il veut agir sur l'opinion par le mouvement et par le verbe. En 1935, très lié avec le leader paysan Dorgères, il a pris la tête de la Ligue des Contribuables. Son activité a baigné dans une atmosphère de polémique et de procès. Puis, il s'est rendu compte que, sans une tribune, on n'a pas d'audience. Alors il est devenu propriétaire du *Jour :* trois cent cinquante mille exemplaires, dont trente mille abonnements, et un directeur difficile : Léon Bailby... » Après avoir précisé qu'Henri Dorgères était, en fait, le fondateur et chef de l'organisation fasciste rurale des « chemises vertes » et que Rigault occupa vite la place de Bailby au *Jour*, enchaînons avec Kammerer : « Personnage très intelligent, énigmatique, gendre d'un des frères Lesieur, extrêmement riche, autant que courageux et habile, il avait été quelque temps associé au CSAR (Comité secret d'action révolutionnaire), autrement dit à la Cagoule, et mêlé aux émeutes du 6 février 1934. (...) Grand actionnaire de journaux et du Printemps, essentiellement de droite, avec le goût de l'intrigue et du mystère, au surplus conspirateur-né, (...) au printemps de 1940, Dubreuil était en Roumanie, en mission, comme officier, pour des questions de pétrole qu'il connaissait bien. Revenu un peu avant le désastre, il venait juste de rendre compte à Weygand de cette mission. La percée allemande survenant, il avait pris un commandement dans la troupe et quitté Vincennes, le 1er juillet. Fait prisonnier, il s'était échappé. Il a raconté qu'il n'avait pas caché à Laval qu'il fréquentait Murphy et s'était même fait autoriser par lui à négocier. Laval lui aurait dit que "jamais il n'attaquerait les Américains" et que, "après tout, personne ne pouvait deviner l'avenir"... »

Une « branche américaine de la Révolution nationale »

Que convient-il d'entendre par « autorisation » de Laval ? Pour répondre à cette question, force est de recourir à des portraits de Jacques Lemaigre-Dubreuil dont le ton polémique pourra surprendre. On voudra bien ne pas s'en offusquer et admettre que, s'agissant d'une période de notre histoire où la calomnie était l'arme habituelle des oppresseurs et l'équivoque le moyen habituel de la trahison, il arriva souvent que la vérité fut polémique. Ainsi, après avoir répondu aux attaques que Lemaigre-Dubreuil avait lancées contre de Gaulle et les gaullistes en écrivant des pages violentes sous le pseudonyme de « Crusoë », pages où la France libre était définie comme un « clan d'émigrés » plein d'« amertume », Jacques Soustelle est-il amené à définir d'un seul mouvement l'homme et son entreprise. « Lemaigre-Dubreuil et Rigault, écrit-il, en liaison étroite avec Murphy, pesèrent de façon décisive sur la Résistance nord-africaine. Leur hostilité à l'égard de l'Allemagne se doublait d'une égale hostilité dirigée contre la France combattante. Un "Vichy libre", et non la France libre, la Révolution nationale dégagée de l'hypothèque hitlérienne et protégée par Washington, voilà ce qu'ils appelaient de leurs vœux et ce qu'ils faillirent réussir. Avec plus de rondeur chez Lemaigre-Dubreuil, à qui ne manquait pas un certain côté Gaudissart, avec plus de rouerie et de machiavélisme chez Rigault, la vision du fief nord-africain miraculeusement préservé, sous l'aile yankee, à la fois de la domination hitlérienne et de l'influence gaulliste, se trouva coïncider avec les thèses du Département d'Etat, la doctrine des autorités locales, l'apaisement envers le Maréchal... »

Quant au fond, l'interprétation de Pertinax est à peu près la même ; elle s'assortit de considérations économiques et financières qui ne sont pas sans intérêt, loin de là. « Avec Lemaigre-Dubreuil, remarque-t-il, apparaissent des industriels qui "collaborèrent" trop souvent dans le passé, se ménagèrent, dès 1941, une conversion éventuelle vers le dollar et discernèrent, dans l'été de 1942, les lacunes du réapprovisionnement allemand, ce qui les encouragea à prendre des risques. Lemaigre-Dubreuil est entré par mariage dans la famille Lesieur, propriétaire d'usines échelonnées de Dunkerque à Dakar pour traiter l'huile d'arachide. Fournisseur de l'armée Rommel, il circulait librement dans la France et dans l'Empire. Ses relations avec Robert Murphy datent du premier semestre 1941. Confirmer par l'Amérique la Révolution nationale exécutée grâce à l'Allemagne : c'est le programme ! » Bien qu'il ait plutôt de la sympathie pour le chef du « Groupe des cinq », Marcel Aboulker émet finalement une appréciation très voisine. « Lemaigre-Dubreuil, chef de la "branche américaine de la Révolution nationale" a été, estime-t-il, d'une extrême utilité dans l'organisation de la conjuration du 8 novembre. Sa personnalité d'homme de droite, ses relations d'industriel, ses attaches politiques dans les cercles vichystes, sa qualité d'ancien officier d'ordonnance de Weygand, ses liens commerciaux étroits avec des maisons américaines et anglaises (particulièrement avec le trust Unilever), son influence personnelle sur le général Giraud et sur Murphy, ont facilité bien des contacts et permis bien des liaisons qui n'eussent pu être réalisés sans lui qu'au prix de risques et de difficultés considérables... » Et le même Marcel Aboulker cite un propos de Lemaigre-Dubreuil qui vaut d'être retenu. Selon lui, le chef du « Groupe des cinq » aurait déclaré textuellement : « J'aurais préféré personnellement que la dissidence algérienne se fasse légalement sous l'égide du maréchal Pétain. Je l'ai bien souvent proposé à Pierre Laval. Ce n'est que lorsque j'ai perdu tout espoir dans une action légale d'un gouvernement, dont j'approuve par ailleurs la politique intérieure, que je me suis décidé à entrer dans l'illégalité. »

Aussi bien, lorsque, beaucoup plus tard, au terme d'une minutieuse étude, Yves-Maxime Danan publiera la thèse dont nous avons dit le sérieux et la mesure, tirera-t-il une conclusion qui a pris valeur d'évidence : « Lemaigre-Dubreuil est un homme d'extrême droite qui serait un partisan chaleureux du régime de Vichy si celui-ci penchait un peu moins vers l'Allemagne et un peu plus vers les Etats-Unis. »

A travers ces portraits des membres du « Groupe des cinq » non seulement nous avons pu achever de constater la réalité de la « maladie politique » qui contamina une bonne part de la Résistance française en Afrique du Nord, mais, en dépassant le cadre du Maghreb, nous en sommes arrivés au problème crucial qui nous a paru justifier l'importance accordée à l'imbroglio d'Alger : ce qu'à propos du procès Pucheu, qui en fut l'ultime épisode, nous appelions, plus haut, la menace d'une subversion par l'intérieur. Une récupération qui aurait proprement vidé la Résistance de sa substance et l'aurait réduite au rôle de « couverture » pour le néopétainisme triomphant... Quand Jacques Soustelle parle d'un « Vichy libre » et d'une « Révolution nationale dégagée de l'hypothèque hitlérienne », quand Pertinax évoque une possible « conversion vers le dollar » et le désir de faire « confirmer par l'Amérique la Révolution nationale exécutée grâce à l'Allemagne », quand Marcel Aboulker fait état d'une « branche américaine de la Révolution nationale », on prend mieux conscience d'un phénomène politique dont Alger fut, certes, le catalyseur et le révélateur mais qui, en fait, concerna directement et profondément l'ensemble de la Résistance française. Weygand, Darlan, Giraud, Pucheu... Mais également le « Groupe des cinq »... Savoir ce que nous savons maintenant, c'est aussi comprendre que, dans cette crise majeure, la Résistance aurait pu éclater, se dénaturer en partie, s'éparpiller au point d'en presque périr. Aussi nous semble-t-il nécessaire de regarder de plus près ce phénomène en rappelant les commentaires qu'il suscita et en évoquant la leçon que surent en tirer les résistants.

« Sauter dans le train en marche »

A plusieurs reprises, déjà, s'est posée à nous la question de savoir à quelle date il convenait de situer le tournant décisif de la Seconde Guerre mondiale. Nous avons vu que témoins et historiens y apportaient des réponses assez diverses. De nombreuses dates, de nombreux événements sont avancés qui se situent, en gros, entre la fin de l'été de 1941 et le début du printemps de 1943... Entre le moment où l'on put se rendre compte que l'invasion de l'Union soviétique ne serait pas une partie de plaisir pour la Wehrmacht et celui où, à Stalingrad, on constata que ladite Wehrmacht chancelait et commençait une longue et tumultueuse agonie. Il va sans dire que l'entrée en guerre des Etats-Unis avec Pearl Harbor, fin 1941, puis le retournement de situation dans le Pacifique à la fin de 1942, le reflux de la marée japonaise face à la contre-offensive américaine contribuèrent très largement à confirmer une analyse pessimiste pour les puissances de l'Axe et optimiste pour les Alliés. En France, cette évolution du conflit fit simultanément grandir l'espérance des résistants et croître l'inquiétude des vichystes : les uns connurent bientôt la certitude et la popularité, les autres l'incertitude et l'impopularité. C'est alors que l'on assista à ce que, au risque de paraître trivial, il faut bien appeler la plus grande vague de « retournements de veste » et de « changements de fusil d'épaule » de toute l'histoire de France. Souvenons-nous du commentaire de Jean Lacouture à propos du chef de la Milice : « Oui, Darnand lui-même ! » Cela dit, si les plus compromis et notoirement « mouillés » étaient bien obligés d'annoncer clairement la couleur en proposant de faire amende honorable, la plupart des candidats à la métamorphose s'efforcèrent de muer en douceur... Rarement couplets patriotiques et refrains moralisants servirent autant à masquer la réalité des calculs politiques et surtout des intérêts économiques. Lorsque, le 11 novembre 1942, pour riposter à l'opération Torch, Hitler déclencha l'opération Attila d'occupation de la zone jusque-là réputée libre, on peut dire que le Führer rendit un fier service à un certain nombre de gros possédants, de politiciens et de hauts fonctionnaires français auxquels il permit de découvrir soudain en contemplant « feldgrau » et Panzer qu'ils avaient une conscience nationale et qu'elle pouvait, à l'occasion, se montrer chatouilleuse. Faire une anthologie des innombrables euphémismes politiques qui servirent alors de camouflage nécessiterait trop de pages. Bornons-nous à quelques exemples... Lorsqu'en 1950 il publiera ses mémoires, Marcel Peyrouton, acquitté par la Haute Cour deux ans plus tôt, et qui avait au préalable réussi l'exploit d'être successivement ministre de l'Intérieur et ambassadeur de France sous Pétain avant de devenir gouverneur général de l'Algérie sous Darlan et Giraud, se lamentera... Il se plaindra notamment d'avoir dû supporter ce qu'il appelle « le déchaînement de la guerre civile qui, avant de sévir en France, éclata en Afrique du Nord » et il ajoutera : « C'est en Algérie, c'est à ce moment qu'aurait dû se réaliser l'union de tous les Français accourus pour reprendre les armes. C'était bien ce qu'attendaient tous les Français restés en France. C'est au contraire là, et à ce moment, que se manifestèrent des antagonismes irréductibles... » Autre camouflage aussi en vogue que « l'union de tous les Français », celui du « respect de la neutralité ». L'historien Pierre Dhers en a fort bien montré le pittoresque. Rappelant les positions prises par Charles Noguès et François Darlan, il expose : « La solution qu'ils préconisaient aboutissait en somme à ceci que l'armée de Juin et de Giraud aurait collaboré avec les Américains sur le front algéro-tunisien, pour empêcher la pénétration de l'Axe en Algérie tandis que l'armée de Barré aurait collaboré avec l'Axe, sur le même front, pour empêcher la pénétration des Américains en Tunisie. On ne trouve pas de mot pour qualifier une situation pareille. Triomphe de la neutralité : pour n'être en guerre contre personne, les soldats français auraient fini par se battre avec tout le monde. C'est ahurissant ! » D'autres pimentèrent leur attitude d'une nuance d'autocritique assortie de regrets sur l'aveuglement humain. Ainsi Henri Dumoulin de Labarthète fera-t-il pleurer sa plume en lançant : « Il eût fallu que de bons guides se plaçassent au travers de la route, qu'ils donnassent l'ordre de rebrousser chemin. Seul, ou presque seul, François Valentin eut ce courage. Et sa voix s'éleva, en juillet 1943, ferme et pure, des halliers de France. Il confessa l'erreur. Il prêcha la résistance. Mais en 1942 ? Mais avant le retour de Laval, était-il possible, était-il permis de renverser la vapeur ? Ce n'est que petit à petit, lentement, progressivement, qu'au-delà de l'image pâlissante du Maréchal se dégagea, pour la plupart des Français, l'image brûlante du pays. Ceux qui n'ont point parcouru ce périple, ceux qui n'ont pas monté ce calvaire se seront épargné bien des souffrances. Ont-ils le droit de juger sans tendresse ? » On retiendra aussi qu'à ce concert se mêlèrent des voix américaines. C'est ainsi que, le 3 décembre 1942, le général Eisenhower prononçait au micro de Radio-Alger un « message au peuple français » où il déclarait notamment : « Tous les Français dignes du grand passé de leur pays ont oublié leurs petits désaccords idéologiques. (...) Les jours à venir exigeront du courage et des sacrifices... »

Il va sans dire que pareils camouflages ne trompèrent que qui voulait bien l'être... Nombreux sont les résistants qui, à l'époque, voient clair dans les manœuvres de ceux qui, pour reprendre le mot de l'un des membres de la « Délégation du Parti communiste français » installée à Alger, Joanny Berlioz, « cherchent à se faire blanchir en se glissant dans ce qu'il est convenu d'appeler les milieux résistants ». De même, lorsqu'il évoque l'état d'esprit qui était le sien et celui de ses amis à la fin de 1942, à l'époque où, dit-il, « le reflux commençait » et où la victoire « n'était plus un mythe », Jacques Soustelle est amené à écrire : « Du même coup, il était fatal qu'un grand changement se fît dans les esprits, non de ceux qui n'avaient jamais cessé de résister et de combattre aux heures sombres, mais chez ceux qui avaient lié leur sort au triomphe apparent de l'Axe et chez ceux qui, tout en haïssant l'ennemi, avaient cru habile de composer avec lui ou simplement d'attendre. » Et Soustelle d'évoquer ceux qui, convaincus désormais que l'Axe avait perdu la guerre, allaient presser le pas pour se rapprocher des Alliés et, selon l'expression américaine, "*jump on the bandwagon*" (sauter dans le train en marche)... »

Motifs de mansuétude

Sachant comment de Gaulle a réagi dans l'affaire Pucheu, il est intéressant de se poser ici la question : et quelle fut la réaction des résistants ? Elle fut à peu près unanime et pourtant elle fut complexe. Sur le plan des principes, plus la guerre avançait et plus l'emporta le refus du rachat des traîtres. Cependant, cas par cas, dans le détail, on fut plus pragmatique. On savait les ravages faits dans les esprits par le mythe du Maréchal. On était trop peu nombreux et trop isolés pour ne pas désirer voir grossir ses rangs. Finalement, on fut donc amené à admettre certains repentirs. Encore faut-il souligner que cette réintégration des égarés ne s'effectua pas dans les mêmes conditions à la gauche et à la droite de la Résistance. Les raisons qu'on avait à gauche d'être indulgent tenaient essentiellement au souci de ce que l'on appelait « l'union la plus large ». A droite, si ce souci de l'union existait, on avait aussi d'autres motifs de mansuétude : d'abord le désir de renouer avec des gens du même milieu social et, ensuite, comme nous l'avons vu, par exemple, en examinant l'attitude de Charles de Gaulle vis-à-vis d'Alphonse Juin, le pressant impératif d'empêcher l'effondrement de certains grands corps de l'Etat même si la plupart de leurs membres avaient, au début, choisi Vichy. Volontairement, nous avons dit « à gauche » et « à droite » sans préciser autrement car, exception faite pour les communistes, d'un côté, et, de l'autre, pour les services secrets de l'Armée d'armistice, on peut considérer que la droite et la gauche étaient étroitement imbriquées et mêlées dans la plupart des mouvements. Cela dit, il ne faudrait pas sous-estimer l'importance et la véhémence du refus fondamental que la Résistance opposa au « darlanisme » ainsi qu'aux composantes nocives du « giraudisme ».

Jacques Soustelle a dépeint l'atmosphère qui régnait, à Londres, dans l'entourage du général de Gaulle au lendemain de l'opération Torch. « Au Comité national, raconte-t-il, nous étions tous plutôt sombres. L'intronisation de Darlan nous atteignait comme un soufflet en plein visage. Et nous pensions à nos camarades de France et d'Afrique, à tous ceux qui étaient morts en luttant contre la trahison. Etaient-ils donc morts pour rien ? Après une nuit de méditation, le Général voyait la situation sans optimisme, mais avec calme. (...) En tout cas, conclut-il, nous ne nous prêterons à aucune opération de “blanchiment” des gens de Vichy. Il ajouta avec ironie : “Ce sont eux, sans doute, qui nous octroieront l'amnistie !” » Souvent, d'ailleurs, l'ironie fait place à la colère. Fait significatif, c'est dans le journal gaulliste *La Marseillaise* que, le 21 mars 1943, le communiste Fernand Grenier publie un article où cette colère éclate. « Alger, s'exclame-t-il, a maintenu au pouvoir les opportunistes indignes, les tourne-vestes dont le Français a la nausée et on a mis quatre mois avant de libérer quelques centaines seulement des milliers de patriotes emprisonnés. Toute la honte de Vichy — ses lois raciales, ses décrets anti-ouvriers, ses méthodes de dictature policière — subsiste ou se camoufle. Par contre, tout a été fait pour minimiser la France combattante. Cette politique heurtait à ce point notre peuple qu'aucune radio alliée n'a osé la défendre et que les Français de France en ont été réduits, pour la première fois depuis juin 1940, à écouter les émissions boches pour essayer de voir clair à travers les événements d'Afrique du Nord. Ainsi est né le malaise qui n'a fait que s'aggraver. (...) Les résultats sont douloureux, les conséquences tragiques et rien ne servirait de le cacher. Toute la France est aujourd'hui persuadée que le général Giraud et ses conseillers ne veulent entrer dans Metz délivrée que pour maintenir en France l'abominable régime de Vichy, ce régime qui fait que chaque Français a aujourd'hui un parent ou un ami en prison... » Colère qui invite à tirer les leçons du phénomène... De ce point de vue — le point de vue pratique — ce sont les communistes qui sont les plus explicites. En octobre 1943, leur mensuel clandestin *La Vie du Parti* publie une longue étude sur *Les problèmes de l'insurrection nationale*. Dans ce texte qui émane de la direction du PCF clandestin, il est dit : « On ne peut pas ne pas tenir compte de l'expérience de l'Afrique du Nord, faite avec Darlan et sa clique vichyssoise, pas plus qu'on ne peut ignorer la plus récente expérience italienne. Les deux expériences ont montré que les forces de réaction s'accrochent au pouvoir pour empêcher le peuple de prendre en main son propre destin. (...) Tout indique, en effet, que les autorités locales d'obédience vichyssoise chercheront à se maintenir au pouvoir et n'hésiteront pas, pour cela, devant les plus flagrants changements de front. Il en sera de même, si les circonstances ne l'interdisent pas absolument, du gouvernement de Vichy lui-même, une fois débarrassé, par une révolution de palais, de ses éléments les plus compromettants. Après le camouflage de Badoglio, nous risquons de nous heurter au camouflage Pétain. Il convient de méditer à cet égard les paroles de Churchill dans son discours aux Communes du 27 juillet après la chute de Mussolini : "Nous ne voulons pas réduire l'Italie à l'anarchie et faire en sorte que nous ne trouvions plus personne avec qui traiter !" Voilà qui est clair. C'est seulement par l'action de masse intervenant au moment opportun que les traîtres de Vichy seront balayés en même temps que seront chassés leurs protecteurs boches. Aussi la préparation du soulèvement général des masses doit-elle être au centre des préoccupations de tous les patriotes... »

« Remplacer le portrait du Maréchal par celui du Général... »

L'évolution ultérieure des événements devait mettre en lumière les conséquences nuisibles du phénomène apparu à Alger. En effet, la Libération elle-même ne mit pas un terme aux effets de cette gangrène et les occupants avaient déjà presque totalement quitté le sol français lorsque, le 28 décembre 1944, l'un des membres fondateurs du CNR, Jacques Debû-Bridel prononçait, à la tribune de l'Assemblée consultative provisoire, des paroles qui disaient bien l'étendue du mal. « Le gouvernement, s'écriait-il, doit nous aider à dissiper certaines équivoques car, lorsque les Français parlent de légitimité et de légalité, ils ne parlent pas tous de la même chose. Il existe hélas encore aux yeux de certains d'entre eux une légitimité qui est celle de Vichy. Je sais bien que le gouvernement l'a condamnée ; contre cette légitimité de Vichy, le général de Gaulle s'est élevé le premier. Mais il n'en reste pas moins vrai que l'hypothèque de Vichy pèse encore sur toute une partie de notre haute administration et de notre vie publique. Beaucoup de grands fonctionnaires, beaucoup de membres dirigeants de notre pays, beaucoup de ces hommes qui tiennent sa vie économique dans les Comités d'organisation, quand ils parlent de légitimité, pensent encore à la succession du régime de Vichy. Certains se sont ralliés sincèrement à la lutte contre l'ennemi, mais ils n'en demeurent pas moins les héritiers naturels de la pensée de Vichy par l'intermédiaire de Darlan et de Giraud. Pour beaucoup de ralliés, il aurait suffi de remplacer le portrait du maréchal Pétain par celui du général de Gaulle et votre gouvernement n'aurait été que l'héritier naturel de celui de Vichy. Cette thèse, nous ne pouvons l'admettre, nous la condamnons ! »

Jusqu'ici, nous avons essayé de montrer l'ampleur du phénomène politique tendant à la réhabilitation, au sauvetage du régime de Vichy et dont Alger fut le théâtre privilégié. Il faut aller plus loin. Plus profondément... L'éparpillement des petites conjurations, des manœuvres ambiguës, des destins individuels n'est, en fait, qu'une apparence illusoire. C'est toute une stratégie qui fut mise en œuvre, une stratégie née de la nécessité pour une part importante des classes économiquement et socialement dirigeantes d'échapper à l'ornière où elles s'étaient embourbées, de renverser la vapeur et de « sauver les meubles ». Vue sous cet angle, très remarquable est la façon dont Charles de Gaulle, dans ses *Mémoires de guerre*, parle des « révolutions de palais » envisagées à Vichy. « Nous savions, affirme-t-il, que M. Robert Murphy, consul général à Alger, inspirait l'action "spéciale" menée en France par l'ambassade, les consulats et les services secrets américains. M. Murphy, habile et résolu, répandu depuis longtemps dans la bonne société et, semblait-il, assez porté à croire que la France c'étaient les gens avec qui il dînait en ville, organisait en Afrique du Nord une conjuration destinée à aider les débarquements. Il tentait aussi de susciter, à Vichy même, une révolution de palais. C'est ainsi que M. Murphy avait d'abord appuyé le général de La Laurencie qui, à son retour de Paris, prétendait prendre la Résistance sous sa coupe afin de faire pression sur le Maréchal et d'accéder au gouvernement. (...) Murphy avait, d'autre part, poussé certains officiers de l'entourage de Weygand à entraîner celui-ci dans une sorte de pronunciamiento pour prendre la place de Laval... » On aura sans doute remarqué que, pour le général de Gaulle, le *deus ex machina* de toute l'affaire était Murphy, donc l'envoyé spécial du président Roosevelt, donc les milieux dirigeants américains. Selon le chef de la France libre, les politiciens et généraux français ne sont jamais que des pions ; il n'y a pas de Français qui « suscitent » ou qui « organisent ». En revanche, bien que son analyse ne soit pas fondamentalement en contradiction avec celle de De Gaulle, Maurice Thorez et le PCF limitent la part des Alliés (anglo-américains et non plus américains seuls) à un « appui possible » sur lequel « spéculeraient » les protagonistes français. En effet, dans sa longue étude intitulée *La France depuis la capitulation de Rethondes* écrite en avril 1944 et publiée, trois mois plus tard, à Moscou, le secrétaire général du Parti communiste remarque : « Il était clair que, derrière Darlan, on assistait au “ralliement” de certains groupes économiques et sociaux privilégiés qui n'avaient qu'un but : se maintenir au pouvoir contre le peuple de France. Hier, ils avaient jeté le pays dans la défaite et avaient provoqué l'invasion pour obtenir l'appui de Hitler. Aujourd'hui, ils spéculaient sur un appui possible des Alliés. Les capitulards doutaient si peu du succès de leur “conversion” qu'on vit bientôt arriver en Afrique et occuper des fonctions officielles Lemaigre-Dubreuil représentant des gros agrariens (il est le trésorier de la Société des agriculteurs de France), administrateur de nombreuses entreprises financières et industrielles et président de la Ligue des contribuables, l'un des groupements fascistes qui participèrent à l'émeute du 6 février 1934... » Apparemment divergentes sans être pour autant contradictoires, les opinions de De Gaulle et de Thorez peuvent-elles, ici, être complémentaires ? Celui qui nous semble apporter la meilleure réponse à cette question est un historien américain nommé Peter Tompkins... Universitaire lorsqu'il avait été mobilisé, il fut affecté en Afrique du Nord et en Italie, d'abord comme membre des « services psychologiques » alliés puis comme officier de l'OSS. C'est après la guerre qu'il se consacra à l'histoire. La carrière de Tompkins peut aussi bien amener à considérer qu'il a bénéficié de sources d'information privilégiées qu'à supposer que son appartenance, même momentanée, aux « services spéciaux » a pu déformer le regard qu'il porte sur les gens et les choses. En fait, dans beaucoup de pages de Tompkins on retrouve à la fois cet avantage et cet inconvénient. Par exemple, sa curiosité pour la « synarchie » ne tient pas assez compte de l'usage abusif et des emplois folkloriques qui ont été faits de ce mot. Ces réserves faites, il reste que l'apport de cet historien américain contribue à éclairer le problème qui nous occupe et préoccupe.

Des transferts de capitaux

Citons donc pour information ce qu'avance, à ce sujet, Peter Tompkins dans son livre *Le Meurtre de l'amiral Darlan*, livre dont le sous-titre de l'édition originale américaine (New York, 1965) est significatif et se passe de traduction : *A Study in Conspiracy...* « A la fin de 1941, écrit ainsi Tompkins, les puissances occultes qui, en France, menaient les jeux en coulisse commencèrent de s'inquiéter. Une victoire des Anglais, le retour en France de De Gaulle se traduiraient, pour ceux qui avaient souhaité la défaite, par les plus sévères châtiments. Il leur fallait trouver à substituer (aussi bien à Pétain qu'à de Gaulle) un chef d'Etat suffisamment manœuvrable pour leur conserver leur pouvoir occulte et jouissant cependant d'un soutien populaire suffisant pour le maintenir à la tête du pays et leur assurer, quoi qu'il arrive, l'impunité. Leur choix se porta d'abord sur

Weygand. Il avait fait, avant la guerre, partie des conseils d'administration de plusieurs des plus importantes entreprises françaises ou internationales, telle que la Compagnie du canal de Suez. Il serait soutenu et par l'Eglise, et par l'Armée. Et s'il était bien connu pour ses sentiments anglophobes, il n'en était pas moins *persona grata* auprès des Américains. Cependant, Weygand, sous le prétexte qu'il était un bien trop vieux chien pour apprendre de nouveaux tours, se déroba. Ce fut le coup dur pour beaucoup et, entre autres, pour Lemaigre-Dubreuil. Cependant, c'est à partir de ce moment-là qu'il acquit de l'importance. Dès l'instant que Weygand se dérobait, il fallait quelqu'un qui établît des contacts secrets avec les Alliés pour ouvrir la voie qui permettrait aux collaborationnistes de faire passer leurs intérêts du camp des Allemands à celui des Alliés. L'Afrique du Nord était le terrain rêvé pour établir de tels contacts (...). Lorsqu'il fut jugé pour trahison à Alger, en mars 1944, Pierre Pucheu affirma avoir transmis à Darlan les renseignements qu'il détenait sur le débarquement des Alliés en Afrique du Nord. Et c'est là-dessus que Darlan partit en toute hâte pour Alger. Flandin le rejoignit peu avant le débarquement et Pucheu, un peu plus tard, après s'être arrêté quelques jours en Espagne. Ces hommes ne fuyaient pas, tels des rats, comme on le crut d'abord, le navire qui sombrait. Mais, ainsi que l'écrivit Paul Winkler dans *The Nation*, le lendemain de l'assassinat de Darlan : "Ils accomplissaient d'importantes missions dont les avaient chargés certains milieux financiers français qui, en plein accord avec des groupes d'industriels allemands, projetaient d'exercer de concert un contrôle sur l'économie européenne tout entière..." »

Tompkins se réfère ensuite à une publication d'une organisation de gauche new-yorkaise, le « Comité en faveur d'une politique étrangère démocratique » intitulée *Are your ready for World War III* ? (Etes-vous prêt pour la Troisième Guerre mondiale ?), parue en 1944 et dont l'auteur, Waverley Root a publié, l'année suivante, *The Secret History of the war...* « Root, écrit-il, a toujours eu la conviction, étayée par des preuves, que certains Allemands avaient été informés que des événements allaient se dérouler en Afrique du Nord, informations dont ils tirèrent profit. Il y eut alors des transferts massifs de capitaux de France métropolitaine en Afrique du Nord française, effectués tout spécialement par deux des plus importantes sociétés franco-africaines... l'une d'elles étant le Consortium franco-allemand d'industries chimiques où la IG Farben Industrie, possédant cinquante et un pour cent des actions, était majoritaire. L'autre, la Trans-Africa Co était sous le contrôle majoritaire de la Deutsche Bank et de plusieurs firmes industrielles allemandes. Non seulement ces capitaux — qui furent transférés de France en Afrique du Nord dans la perspective d'un débarquement — étaient pour une large part sous le contrôle de firmes dépendant des Allemands ou leur appartenant, mais ces transferts ne purent être effectués qu'avec l'autorisation de l'occupant. On peut donc dire que les Allemands provoquèrent ces transferts qui s'effectuèrent, dans bien des cas, par l'entremise de Lemaigre-Dubreuil. Dans un article qui parut dans le numéro du *Protestant* de février 1943, un journaliste anonyme, ayant puisé ses renseignements dans les milieux bancaires suisses, décrit échelon par échelon les différentes étapes de ces opérations : "Lemaigre-Dubreuil, dit-il, passa le renseignement à son ami Pierre Pucheu plus haut placé que lui dans la hiérarchie des hommes d'affaires... Pucheu entra alors en contact avec un de ses collègues directeur de banque qui faisait office d'intermédiaire entre Vichy et les industriels allemands... Pucheu l'informa que les Anglais et les Américains projetaient d'occuper dans un proche avenir l'Afrique du Nord et le pria de passer cette information aux représentants de l'industrie et de la finance allemandes. Pour ne pas éveiller des soupçons ou donner lieu à des commentaires, Pucheu et son collègue se rencontrèrent à Genève (...). Par un heureux hasard, le baron von Schroeder passait justement ses vacances en Suisse. Le collègue de Pucheu se mit en rapport avec lui et von Schroeder repartit en toute hâte pour l'Allemagne." Quelques jours plus tard, les deux importants trusts franco-allemands d'Afrique du Nord, dont le siège social était à Paris, reçurent l'ordre de transférer tous leurs capitaux disponibles aux succursales de la Banque de Paris (probablement, dit Root, la Banque de Paris et des Pays-Bas qui, ainsi que l'Union parisienne, avait des intérêts dans la Trans-Africa Co ; la Deutsche Bank contrôlant ces deux établissements bancaires français), et de l'Union parisienne, au Maroc et en Algérie. Presque au même moment, d'autres industries françaises dans lesquelles étaient investis d'importants capitaux allemands se mirent à transférer des sommes énormes à des entreprises d'Afrique du Nord. Root estime qu'au cours des trois semaines qui précédèrent le débarquement, les financiers français sortirent de France environ neuf milliards de francs qu'ils déposèrent dans des banques françaises, en Afrique du Nord. Au marché noir, on payait le dollar cent cinquante francs français et plus, bien que le change officiel fût de cinquante francs. Avant la conférence d'Anfa, les Américains proposèrent de le fixer à soixante-quinze francs, ce qui était encore un change favorable. Mais le groupe Lemaigre-Dubreuil pressa les Américains d'en revenir à cinquante francs "sous le fallacieux prétexte, comme dit Root, que le pouvoir d'achat des populations d'Afrique du Nord en serait augmenté"... »

« Sous les ailes dorées des grands trusts... »

Avant que Tompkins ne la cite, rappelons ici que la Banque Worms étaient, à tort ou à raison, considérée comme étant le sanctuaire de la fameuse (mais hypothétique) « synarchie » et qu'effectivement nombre des technocrates de Vichy avaient appartenu à son conseil d'administration... « C'est alors, continue l'historien américain, que vint le moment de réaliser les énormes capitaux que les sociétés franco-allemandes avaient transférés en Afrique du Nord avant le débarquement. Ce transfert, elles l'avaient effectué alors que le dollar valait cent cinquante francs ; ces sociétés pouvaient maintenant acquérir des dollars à cinquante francs ; grâce à cette opération, elles triplaient leurs capitaux. Malheureusement pour ces sociétés, il n'y avait pas en Afrique du Nord assez de dollars pour qu'elles pussent effectuer la totale conversion de leurs capitaux. C'est pourquoi les agents de la Banque nationale pour le commerce et l'industrie, qui représentaient en Afrique du Nord la Banque Worms, insistèrent auprès des délégués d'un groupe de trois banques américaines pour qu'elles consentent à l'administration Giraud un prêt de cinquante millions de dollars. Les Américains virent là l'occasion de toucher d'appréciables intérêts, et cela d'autant plus que ces banques n'auraient pas à sortir des capitaux — mais seulement à en effectuer le change — puisque l'emprunt serait souscrit en Afrique du Nord même. Il suffisait donc aux banques américaines d'effectuer un jeu d'écritures, c'est-à-dire de prêter cinquante millions de dollars contre l'équivalent en francs au change favorable (pour les capitalistes français) de cinquante francs le dollar, change que Lemaigre-Dubreuil avait obtenu des Etats-Unis. Or, qui, en Afrique du Nord, devait jouer un rôle prépondérant dans cette transaction avec les Alliés ? D'après Kammerer, personne d'autre que M. Alfred Pose, ex-inspecteur des Finances et directeur de la Banque nationale pour le commerce et l'industrie. Pour nous résumer, les conspirateurs s'assuraient ainsi contre toute éventualité. Si Hitler remportait la victoire, la Banque Schroeder les prendrait sous sa protection. S'il perdait la guerre, leur homme, Lemaigre-Dubreuil, aurait l'oreille complaisante des Alliés... »

Au terme de cette longue citation ne convient-il pas de remarquer que la thèse avancée par Peter Tompkins après enquête, et en se référant aux travaux du spécialiste américain de politique étrangère Waverley Root, ne sont pas en contradiction avec ce que bien des résistants pressentaient... Dans l'édition clandestine de *Libération* du 14 septembre 1943, Jean Texcier, l'auteur des fameux *Conseils à l'Occupé*, écrivait textuellement : « Personne ici ne conteste que le général Giraud soit à sa place à la tête de l'armée française. Ses états de service et ses étoiles l'y disposaient. Mais nous sommes bien obligés de constater qu'à son arrivée en Afrique du Nord ce sont des hommes comme Pucheu, Lemaigre-Dubreuil, Flandin, Bonnet et Peyrouton qu'on a vu aussitôt pétiller. N'est-ce pas là un cortège politique ? Et de la pire espèce, puisque, derrière ces hommes, se massent de puissants intérêts économiques et financiers. Nous sommes bien aussi tenus de constater que, là-bas, tout, exactement tout, a été aussitôt tenté pour éliminer ce gêneur de De Gaulle, symbole vraiment trop pur de la Résistance française, et pour essayer de réaliser contre la France combattante un regroupement des transfuges et des émissaires de Vichy sous les ailes dorées des grands trusts et de la haute finance. » Certes, sous la plume généralement si nuancée d'un homme comme Texcier, une expression telle que « sous les ailes dorées des grands trusts de la haute finance » a de quoi surprendre ; à la réflexion, l'emploi délibéré qu'il en fait achève plutôt de démontrer la force de son pressentiment. Ce n'est pas lui qui exagère, c'est la réalité même qui est caricaturale. Pourtant, nous serions bien naïfs de croire que notre rapide analyse nous a menés au bout de cette caricature. Car il y a plus et presque pire. Dans les dernières lignes de la démonstration de Tompkins, nous avons lu un nom et un titre : Alfred Pose, directeur de la BNCI. Or, dans son livre de souvenirs sur l'époque, Alain de Sérigny, le directeur de *L'Echo d'Alger* raconte : « Le 10 décembre 1942, le comte de Paris arrive secrètement à Alger en provenance du Maroc où il résidait à Larache. (...) M. Alfred Pose, directeur de la Banque nationale de crédit Afrique, Marc Jacquet, son collaborateur, et quelques-uns de leurs amis, sont les instigateurs de ce voyage impromptu. Alfred Pose, dont les sentiments monarchistes sont connus, pense, avec son ami Jacquet, que le comte de Paris sera le plus qualifié pour favoriser le rapprochement des généraux Giraud et de Gaulle et, peut-être, ultérieurement, du maréchal Pétain. »

Ainsi commence la phase extrême de l'opération, celle que Marcel Aboulker définira comme le « dernier complot d'Alger dont on a pu dire, sans tellement d'ironie, qu'il avait pour but de faire sacrer le roi de France à la Grande Mosquée ». Car, au moment même où Alfred Rosenberg et les autres idéologues et polémistes nazis prétendaient effacer la révolution de 1789 de l'histoire du monde, à l'époque où les propagandistes de la « Révolution nationale » vichyste présentaient comme un retour aux sources l'exaltation d'idées et de valeurs qui n'étaient autres que celles de la chouannerie, il y eut des politiciens, des financiers, des généraux pour tenter de faire servir la Résistance au rétablissement de l'Ancien Régime et à la réhabilitation de la royauté. Le projet parut d'abord si surprenant que beaucoup doutèrent de sa réalité ou voulurent n'y voir qu'une velléité, une sorte de conspiration canularesque. « Pour qui n'a pas vécu à Alger à cette époque, leur répond Renée Pierre-Gosset, le plan risque de paraître insensé. Qu'on ne se moque pas pourtant. (...) Le complot monarchiste de décembre 1942 n'est pas une invention mirobolante. Il a bel et bien existé... » Ambassadeur disposant de sources d'information privilégiées, Albert Kammerer ajoute : « L'équipée singulière et même à première vue extravagante de Henri de Bourbon d'Orléans, comte de Paris, à Alger, aurait pu réussir... » Et si elle échoua, ce ne fut pas faute de concours — et des plus surprenants. D'autant plus surprenants que le comte de Paris, Alfred Pose et leurs affidés ne s'embarrassaient pas de camoufler leurs intentions. « Parlant de l'imbroglio politique, dira Paul Saurin dans son témoignage à la "Fondation Hoover", Pose me confessa qu'il trouvait très séduisante l'idée d'un "lieutenant-général" qui pourrait être le comte de Paris ayant à ses côtés de Gaulle et Pétain... » Attitude que confirme Marcel Aboulker lorsqu'en évoquant « les réactions des "consultés" », il souligne : « A chacun de ces messieurs, on demande ce qu'il pense d'une union Vichy-de Gaulle, sous l'égide de l'héritier des rois de France. On insiste sur la nécessité de cette union, sur le peu de chances du général de Gaulle isolé à Londres. On essaye de généraliser sur la France l'état d'esprit vichyste de l'Afrique du Nord, etc. »

La tentation monarchiste

Il est vrai que, si l'on en croit ce qu'écrit Jean Bourdier dans *Le Comte de Paris, un cas politique*, « le prince a déjà en poche la déclaration qu'il lira à Radio-Alger le soir du "coup"... ». Une déclaration où il se présente en disant notamment : « Je suis le fédérateur de toutes les énergies françaises, de toutes les formes de patriotisme français, de toutes les aspirations à la grandeur française. Je les reconnais toutes, je les unis toutes en un solide faisceau pour la résurrection de la France. (...) Je suis la voix de la continuité française qui vous ordonne de vous arracher aux dissensions de l'heure pour vous unir dans le respect de votre commune grandeur ! » Marcel Aboulker est bien un des rares à s'indigner en cette affaire. Au contraire, nombreux sont, parmi les contactés, parmi les informés, ceux qui frétillent à l'idée de n'être plus des citoyens mais des sujets de Sa Majesté. D'abord, bien sûr, il y a les gens du « Groupe des cinq » et ceux de leurs amis qui sont « dans le coup » ; à ce niveau, l'ascendant personnel d'Henri d'Astier de la Vigerie compte beaucoup pour convaincre (ou berner) un certain nombre de résistants algérois qu'on pourra s'étonner de retrouver dans cette galère. Ainsi, Pierre Alexandre, le dirigeant de la communauté juive qui, le 14 décembre 1942, envoie au « prétendant » — et ceci ès-qualité — une lettre destinée à la publication et où il affirme « qu'il serait très heureux pour la stabilité du pays et l'unité des esprits » qu'Henri de Bourbon d'Orléans prenne le pouvoir... Encore la participation de résistants n'est-elle pas le seul paradoxe de cette affaire ; il y a aussi ce que Bourdier appelle le « complot des conseillers généraux ». En effet, un des éléments importants du plan d'action monté par les conjurés monarchistes est l'intervention de ceux que, sous la IIIe République, on considérait comme les élus républicains par excellence, les membres des conseils généraux...

Certes, sous la férule d'Amédée Froger, ils apparaissent plutôt ici comme les porte-parole de la grosse colonisation, cependant la façon dont le comte de Paris lui-même devait, dans une interview à l'organe monarchiste *Ici France*, en 1947, exposer le rôle qui leur était dévolu dans sa combinaison ne manque pas de pittoresque. Ecoutons-le : « La date de l'opération était fixée au 18 décembre. Le plan était celui-ci : ce jour-là, les conseillers généraux, appuyés par certains militaires, devaient envahir la salle du Conseil d'Empire et en expulser Darlan. Ils devaient ensuite me proposer comme l'homme susceptible, en ces heures tragiques, de faire l'unité de l'Empire et de présider à la libération du territoire... » Ainsi que le confie, le 15 décembre, le futur maréchal Juin au général Antoine Béthouart (en approuvant, lui aussi, le projet, bien entendu) : « Je ne comprends pas qu'on n'y ait pas pensé plus tôt ! » Darlan mort, Juin d'accord — et Giraud ? Si l'on en croit le témoignage de Marc Jacquet, recueilli par Alain de Sérigny, le général déclare au « prétendant », textuellement : « Laissez-moi essuyer les plâtres, je vais vous donner les galons de commandant et vous envoyer sur le front d'où vous reviendrez couvert de décorations et, dans trois mois, vous serez roi de France... »

Finalement, le général Eisenhower lui-même... « Au fur et à mesure des événements, nous dit Albert-Paul Lentin, René Capitant me racontait les débats, les discussions qu'il avait avec les autres responsables de la Résistance algéroise. C'est ainsi que j'appris comment une action d'intoxication était menée auprès d'Eisenhower pour lui faire croire qu'en France, le peuple ne voulait ni des communistes ni de De Gaulle mais que par contre, la restauration de la monarchie avait beaucoup de partisans. On lui disait aussi que le prétendant avait un grand prestige et qu'on était donc sûr de réussir l'opération... En fait, cette opération était surtout appuyée par les vichyssois préalablement ralliés à Darlan et qui n'avaient pas d'autre solution dans la mesure où il leur fallait trouver quelqu'un qui ne fût ni Pétain ni de Gaulle ni même Giraud... Quant à nous, moi et mes camarades de “Combat”, à la base en quelque sorte, toute cette affaire nous apparaissait fort dangereuse. D'ailleurs, une semaine environ avant la Noël de 1942, Capitant m'a rapporté l'essentiel de ce qui s'était dit au cours d'une entrevue personnelle que lui avait accordée Eisenhower. Il en était encore tout ému. En effet, au moment où il était entré chez Eisenhower, celui-ci lui avait déclaré qu'il venait de prendre la décision de nommer le comte de Paris “Haut commissaire en Afrique”. Alors Capitant m'a raconté qu'il avait explosé, qu'il avait annoncé au commandant en chef américain des ripostes républicaines dans toute l'Algérie, ripostes qui ne manqueraient pas d'ajouter encore à la pagaille générale. Enfin, lorsqu'il sortit du bureau d'Eisenhower, Capitant avait la quasi-certitude que celui-ci avait renoncé à cette nomination. Par la suite, ceci s'avéra exact. Il n'en reste pas moins que le comte de Paris avait été haut commissaire pendant une demi-heure... » Ajoutons à ce témoignage de Lentin que — nouveau paradoxe — alors que Robert Murphy paraît avoir été l'un des principaux agents d'intoxication d'Eisenhower en cette affaire, par contre, le président Roosevelt, dès qu'il en fut averti, prit une position contraire à celle de son envoyé spécial et opposa un refus formel à la « solution royaliste ».

Parvenus au terme de notre examen de la tentative de subversion et de récupération vichyste de la Résistance, tentative dont Alger fut la plaque tournante, comment ne pas en tirer la même leçon que celle que, dans son livre *Nationalistes et nationaux*, le pénétrant historien Henri Guillemin a tirée de l'attitude des forces conservatrices depuis un siècle : « Contradictions de la droite ? Voltige absurde ? Mais non. Une logique invariable, une stricte continuité. Les conservateurs conservent. Les gens de bien veillent sur leurs biens. Leur loi est de préserver ce qui les préserve, le système dont ils sont les bénéficiaires... » Cependant une question reste entière. Une question difficile : au bout du compte cette tentative a-t-elle réussi ou a-t-elle échoué ? En effet, lorsque, sous la plume d'un historien américain aussi novateur que Robert O. Paxton, on lit cette phrase : « Un grand nombre d'officiers et de fonctionnaires fidèles à Vichy ont pu passer de l'autre côté tout à fait légalement et sans renoncer à la Révolution nationale... », comment ne pas rester rêveur ?

Importance de l'« Assemblée consultative provisoire »

De même, quand on voit Robert Murphy le manipulateur, dans ses mémoires, rendre « hommage au talent avec lequel Jean Monnet sait passer inaperçu » et ajouter tout aussitôt : « Dès le premier entretien que j'eus avec Monnet, il m'avoua franchement qu'il ne venait pas à Alger pour se mettre au service de Giraud, mais afin de chercher une formule grâce à laquelle toutes les factions françaises seraient unies », comment ne pas percevoir dans les propos de Monnet l'écho de ceux que nous avons entendus dans la bouche de Peyrouton, du comte de Paris ou de tel autre bon apôtre ? Or, Jean Monnet, haut fonctionnaire français et puissant banquier américain, ancien secrétaire général adjoint de la Société des Nations et futur président de la Haute autorité de la Communauté européenne du Charbon et de l'Acier, l'un des initiateurs du singulier projet de fusion de la monarchie anglaise et de la république française en 1940, va très vite parvenir au rang ministériel. De Gaulle en fera son « commissaire à l'Armement, à l'Approvisionnement et à la Reconstruction » dans le CFLN dont il deviendra l'un des hommes clefs. N'oublions pas que, dès 1944, on put parler de « libération trahie » et que, moins de dix ans après la victoire des Alliés, la plupart des crimes de Collaboration étaient amnistiés en France...

En voulant n'être pas dupes, ne péchons toutefois pas par excès de pessimisme. La tentative de sauvetage du pétainisme eut aussi, si l'on peut dire, des effets bénéfiques : elle provoqua des rapports beaucoup plus étroits entre Charles de Gaulle et la Résistance intérieure française ; elle aida cette dernière à resserrer ses rangs ; elle augmenta la combativité de beaucoup de résistants et elle éclaira bien plus d'hésitants sur le sens véritable de la lutte en cours qu'elle n'abusa de patriotes mal informés.

Eclairante est, à cet égard la façon dont Charles de Gaulle — et à travers lui, l'ensemble de la Résistance française — gagna cette bataille d'Alger... Trois raisons primordiales permirent au chef de la France libre de faire prévaloir son point de vue. Trois appuis sans lesquels il lui eut été bien difficile de l'emporter : primo, celui du CNR ; secundo, celui des soldats et marins qui quittèrent en masse les rangs de l'armée vichyste pour rejoindre les FFL et, tertio, celui de la majorité de l'opinion publique américaine aux Etats-Unis même.

A propos du premier point, qu'Yves-Maxime Danan estime avoir été un « événement décisif » et un « atout maître », il convient de rappeler certaines phrases du télégramme adressé le 15 mai 1943 à Alger par Jean Moulin. « Le peuple de France, écrivait le fondateur du CNR, n'admettra jamais la subordination du général de Gaulle au général Giraud. » Et il ajoutait : « Le général de Gaulle demeurera le seul chef de la Résistance française, quelle que soit l'issue des négociations. » Ce télégramme de Moulin était celui-là même qui annonçait la naissance du CNR (Conseil national de la Résistance) et un article, daté d'Alger le même jour, aussitôt publié par le *New York Times*, prouve que, du côté américain, on ne se trompa pas sur le poids nouveau que cette proclamation donnait à Charles de Gaulle. « La formation de ce Conseil, put-on en effet lire dans les colonnes du grand quotidien de la côte Est, va dans le sens des affirmations de De Gaulle selon lesquelles le peuple de France le soutient plus qu'il ne soutient le général Henri Giraud. »

Si l'on tient compte de cet élément fondamental, on comprend mieux un contraste qui, aujourd'hui encore, reste particulièrement frappant, le contraste entre ce qu'avait été l'Alger de 1940 — et même de 1942-1943 — et ce qu'était devenu l'Alger de 1944.

Yves-Maxime Danan a bien résumé cette mutation et sa portée. « Le trait caractéristique de la vie politique à Alger de 1940 à 1944, écrit-il, est la promotion rapide de l'ancienne cité carthaginoise du rang de capitale de l'Afrique du Nord à celui de capitale de "la France réelle" et paradoxalement son passage de la posture de citadelle du fascisme à celle de centre névralgique de la Résistance. Il paraît hors de doute que ces deux évolutions ne sont pas synchronisées par un pur hasard et que la situation directrice d'Alger, en cette époque troublée, est d'abord fonction de la prééminence croissante que la Résistance a su y conquérir... » Cette « prééminence croissante » de la Résistance, elle fut bien navrante pour nombre des personnages qui sont apparus au fil de ce chapitre. « Vers juillet 1943, se lamentera plus tard Robert Murphy, le comité de Gaulle avait tous les attributs d'un gouvernement parfaitement constitué. Dès lors, nous acceptâmes tous l'inévitable... » A la même époque, dans la France qu'occupent encore pour plus d'un an les hitlériens, le résistant communiste Gaston Plissonnier n'est pas du tout dans le même état d'âme que Murphy. « On avait, nous dit-il, le sentiment que là-bas, à Alger, ils étaient libres et que c'était formidable ! »

Finalement, même si certaines ambiguïtés pouvaient toujours planer, les intrigues s'étaient dissoutes et la simple réalité de la Résistance française s'était imposée. Cette Résistance qui avait déjà pris corps et conscience, qui déjà avait pu s'exprimer à Londres et à Moscou, à Alger, elle prenait vraiment la parole. Dans l'Alger de 1944, des responsables de la Résistance arrivés la veille seulement de France pouvaient, sans entraves, parler librement et même crier ce qu'ils avaient sur le cœur. Sans anticiper sur les mois qui précèderont la Libération et sans paraître négliger cet organisme décisif que fut le Comité français de la libération nationale (CFLN), l'institution et le lieu qui, dans l'Alger d'alors, nous paraît être la plus significative est incontestablement l'Assemblée consultative provisoire.

De la Consultative, Pierre Mendès France a pu dire qu'elle était « représentative de la tradition républicaine et représentative — jusque dans ses imperfections — d'une volonté nationale aspirant à rétablir les institutions de la Liberté » ; René Cerf-Ferrière, déjà rencontré comme représentant du mouvement Combat, a pu ajouter, plus tard, qu'elle « n'avait été que le porte-parole de cette armée des ombres, entrée au Panthéon avec les cendres de Jean Moulin » — et ils avaient raison, bien sûr. Cependant, c'est curieusement un historien plutôt connu pour ses sympathies à l'égard de Vichy, Robert Aron, qui nous paraît avoir le mieux montré comment, dans la naissance de la Consultative, l'imbroglio d'Alger trouvait une de ses principales conclusions. « Pour la première fois à Alger, remarque-t-il, lorsque se réunit l'Assemblée consultative, des représentants qualifiés et mandatés de la Résistance vont s'exprimer ouvertement. C'est la voix véritable des combattants sans uniforme qui parvient à se faire entendre et qui va ne rien déguiser de ses pensées, nourries dans les pires angoisses, de ses passions provoquées par la souffrance et de son paroxysme de haine contre ceux à qui elle attribue la responsabilité de son sort. En face de ce défoulement de tant de sentiments comprimés par la vie clandestine en France, de Gaulle va voir naître des responsabilités nouvelles... » Ce que Robert Aron appelle ici le « défoulement » nous le nommerions plutôt : la volonté des résistants de remporter la victoire et de ne pas se la laisser dérober.

Chapitre six

« CE SONT CEUX DU MAQUIS... »

Où l'apparition et la vitalité du Maquis surprennent d'abord les résistants dont elles vont ensuite conditionner l'image.

Paroles naïves et musique répétitive, c'est un chant que diffusait la radio après la Libération. Peut-être était-ce comme indicatif d'une émission de Jean Nocher sur la Résistance ? Je ne sais, n'en ayant pas retrouvé trace. Mais ai-je vraiment cherché ? N'ai-je pas préféré garder tel quel un souvenir si caractéristique ?... Oui, des paroles naïves...

Ce sont ceux du maquis,
Ceux de la Résistance !
Ce sont ceux du maquis,
Qui sauvent leur pays.

Bravant la soif,
Bravant la faim,
Bravant l'horrible esclavage,
Ce sont ceux du maquis,
Ceux de la Résistance !
Ce sont ceux du maquis,
Qui sauvent leur pays.

Précisons que ce chant ne semble pas faire référence au mouvement de zone Nord « Ceux de la Résistance » (CDLR), dont nous savons qu'il était issu d'une scission de « Combat » et que dirigeaient Jacques Lecompte-Boinet, membre fondateur du CNR, et Jean de Vogüé, membre du COMAC, la « Commission d'Action militaire » du CNR, un mouvement auquel participèrent également des hommes tels que le futur Premier ministre Michel Debré ou le dirigeant socialiste SFIO Pierre Commin. C'est donc au sens général qu'il faut prendre ici l'expression « Ceux de la Résistance » et sa mise en équivalence avec l'expression « Ceux du maquis »... Souvenir caractéristique, disions-nous ; oui, car équivalence très significative.

Si Robert Vollet, dont nous avons déjà dit l'apport au présent ouvrage, avait été lieutenant-colonel de l'Armée secrète (AS), c'était comme instructeur et chef de maquis... Or, c'est lui qui, dans la postface qu'il avait écrite pour notre première édition, évoquait cette équivalence. Il le faisait en se référant à une des émissions télévisées les plus regardées de l'époque où, deux ans plus tôt, l'ancien chef des Francs-tireurs et partisans français (FTPF) et ancien dirigeant du PCF clandestin, était intervenu dans une polémique qui dure toujours.

« Le 28 mai 1974, notait Vollet, participant à une émission des *Dossiers de l'écran*, Charles Tillon déclarait : “Les maquis, pour incarner la Résistance, c'est presque un abus de confiance” et, un peu plus tard, “Nous avions interdit les maquis FTP. Nous étions contre la stratégie des maquis, même FFI. Nous avons repris la tactique de Du Guesclin, mais rapportée dans les villes”. Je crois d'abord que Charles Tillon se méprend sur le sens du mot maquis. Dans les zones de forte implantation, il ne désignait pas seulement les garçons cachés dans les bois, bien ou mal organisés et peu ou prou armés. De tel agent des PTT qui détournait les lettres adressées à la Gestapo, on ne disait pas : “Il appartient au NAP” mais : “Il est pour le maquis.” Sans que cela implique pour lui de gagner les bois. De même, quand on reconnaissait un secteur, l'agent de liaison disait, montrant telle ferme : “Ne vous montrez pas à ceux-là” et, telle autre : “Vous pourrez vous ravitailler ici. Ils sont maquis.” Le maquis n'était pas l'incarnation de la Résistance, mais un symbole. Et je ne désapprouve pas cette conception populaire, qui, plus ou moins consciemment, sentait qu'un des éléments importants du rétablissement de la Nation serait la capacité de la Résistance d'organiser des forces armées efficaces. La deuxième observation ouvre encore une direction de recherche, à mes yeux inexplorée, sur l'exercice du commandement dans la Résistance. Car, malgré l'interdiction, il y eut des maquis FTP, avant le débarquement et après. J'en ai personnellement connus, dès la fin de 1943. Si donc, dans un mouvement si fortement structuré, où la régularité et le sérieux des liaisons étaient une religion, les directives du responsable national ont pu être localement enfreintes (parce qu'elles étaient inconnues ou parce qu'elles ne correspondaient plus aux situations locales), qu'en était-il pour les groupements, les Conseils, comités ou états-majors qui ne béneficiaient pas d'une telle capacité d'organisation ? En vérité, les responsabilités réelles furent exercées à des niveaux très divers. Enfin la tactique et la stratégie de la Résistance “dont la valeur militaire a été sous-estimée” (MRD Foot, auteur de *SOE in France*, dans la *Revue d'Histoire de la Deuxième Guerre mondiale*, n° 90, p 39), ne pouvait être constantes en tous temps et en tous lieux. L'action en ville, la tactique de la goutte de mercure, les instructions de l'État-Major FTP fin juin 1944 sur les possibilités d'un tireur d'élite isolé, ne sont pas contradictoires avec la constitution, là où c'était possible, de bataillons, de régiments, de brigades, qui furent indispensables au sud-ouest, entre Loire et Rhône. Il y a, certes, le flamboyant exemple de Paris. Mais l'audacieuse et juste insurrection qui y fut déclenchée et " Paris soi-même libéré" ne peuvent se comprendre sans avoir en mémoire la présence de Patton à Vernon et à Melun, et celle de Leclerc à Rambouillet, avec sa 2e DB, dont la mission avait été fixée depuis de longs mois. Dans les zones où les FFI ne pouvaient compter sur l'aide directe des troupes débarquées, c'est toujours par l'extérieur — si ce ne fut pas toujours par les toits —, que la décision a été obtenue, après bouclage par des troupes suffisamment articulées pour un minimum de manœuvre, et ce, que l'attaque soit aux ordres d'un officier communiste comme Guingouin à Limoges, ou d'officiers de l'AS, comme à Brive. Et, si valeureux qu'ils soient, des tireurs isolés n'auraient pu imposer la capitulation à la colonne Elster, mais ces succès sont moins commentés que l'échec du Vercors dû à une concentration tactique dangereuse et fausse mais aussi à la modification de la stratégie alliée sur la date du débarquement en Provence. »

Fritz Sauckel, gauleiter esclavagiste

Epoque où l'on a pu dire que l'on menait « chacun sa guerre », la Résistance fut sans doute l'épisode de notre histoire où les volontés individuelles jouèrent le plus grand rôle puisque ce n'était plus la discipline mais l'engagement de chacun qui était la force principale de cette armée d'un type nouveau. Non seulement le temps du volontariat, mais celui du volontarisme... A une exception près, celle des maquis. En effet, mises à part quelques initiatives individuelles telle que celle de Guingouin, les dirigeants, responsables et animateurs de la Résistance n'avaient ni voulu, ni prévu, ni même initialement envisagé de créer, d'organiser, de gérer des maquis. Ce fut la conjoncture, on pourrait dire l'histoire qui les imposa. D'où, on nous passera l'expression, par-delà les querelles doctrinales, les « cafouillages » certains qui ont, de tous côtés, marqué la conception et la gestion des maquis durant la vingtaine de mois précédant la Libération... L'ironie du sort sera d'autant plus forte quand les maquis s'imposeront plus ou moins comme symbole de la Résistance. Et l'on comprendra que ce soit dans la partie de notre chronique intitulée *Au temps des malentendus* que nous abordons le sujet et le problème... Conjoncture imprévue, dont, avec le recul, il semble étonnant qu'elle n'ait été envisagée ni par les résistants, ni par le BCRA, ni par les syndicats clandestins, ni par les services secrets alliés — mais cette conjoncturc, un sigle de trois lettres la résume : le STO, c'est-à-dire « Service du Travail Obligatoire »... « Nous savons que le maquis est un cadeau que l'occupant fit à la Résistance, constate ainsi Henri Michel, en janvier 1963, dans le nº 49 de la *Revue d'Histoire de la Deuxième Guerre mondiale*. Celle-ci avait pensé, avec les *Mouve-*

ments, à une *armée secrète* dont l'aile marchande était formée de *groupes francs*, avec les *Communistes* à des équipes de saboteurs et d'auteurs d'attentats puisés dans le vivier des masses populaires ; mais des opérations, en pleine Occupation, de troupes des campagnes et des montagnes n'entraient dans les plans ni des uns ni des autres. (...) Dans ces conditions, les besoins en main-d'œuvre du Reich et l'organisation du *Service du Travail obligatoire* furent à l'origine sinon des maquis, du moins des maquisards. » Et vingt ans plus tard, dans le tome VI de sa *Grande Histoire des Français sous l'Occupation*, Henri Amouroux confirme en illustrant ce constat désormais quasiment unanime. « Au procès de Robert Brasillach, écrit-il, on citera ce passage d'une lettre qu'il avait adressée à son ami Rebatet, comme lui journaliste à *Je Suis Partout* : “Lorsque Sauckel demande à Laval 500 000 hommes, ceci fait 499 000 bandits dans le maquis.” La proportion de réfractaires citée par Brasillach est fortement exagérée, mais le jugement qui fait de Sauckel le sergent recruteur du maquis est, lui, fondamentalement exact. Quant à l'ex-ambassadeur Otto Abetz, il affirmera avoir dit à Sauckel, venu à Paris, en janvier 1944, afin de recruter un million de travailleurs supplémentaires : “Si jamais le maquis érige des monuments en France, vous aurez le plus important de ces monuments avec la dédicace : ‘A notre agent de recrutement principal, le Gauleiter Sauckel. Le maquis reconnaissant.’ Sans doute Abetz avait-il intérêt à se faire passer pour un homme opposé aux excès des nazis les plus fanatiques, mais pourquoi n'aurait-il pas vu ce qui éclatait aux yeux de tous ? »

Qui était ce gauleiter Sauckel ? Un ex-social démocrate. Un père de dix enfants. Un ancien marin devenu ouvrier, qui adhéra très tôt au NSDAP (Parti nazi, carte n° 1395) et qui fut finalement pendu à Nuremberg, le 16 octobre 1946, après avoir été reconnu coupable de crimes de guerre et de crimes contre l'humanité par le Tribunal militaire international. Entre-temps, il avait fait une brillante carrière Ernst Friedrich Christoph, dit Fritz, Sauckel ; carrière qu'évoque Jean-Pierre Vittori en esquissant son portrait dans *Eux, les STO*. « Un petit homme chauve au cou de taureau, écrit Vittori. Ce courtaud au visage dur, ce fanatique qui poussa le mimétisme jusqu'à porter une moustache pareille à celle du Führer fut le principal responsable des déportations de main-d'œuvre de tous les pays occupés vers le Reich, de l'URSS à la Pologne, de la Belgique à la France. (...) (Quand) il adhère au Parti nazi (...), ce n'est pas encore la grande affluence. Pour un ambitieux, ouvrier de surcroît, les échelons se grimpent vite. Gauleiter de Thuringe en 1925, membre du Landtag en 1929, président du gouvernement et ministre de l'Intérieur de cette région en 1932. Une belle carrière sans accroc. » Une carrière qui s'épanouit après l'arrivée de Hitler au pouvoir puisqu'en 1933 Sauckel devient à la fois gouverneur de Thuringe et député au Reichstag, en attendant d'être, à la déclaration de guerre, chargé des problèmes de main-d'œuvre dans les usines d'armement. Enfin arrive le 21 mars 1942, date à laquelle le Führer le nomme « commissaire général du Reich pour l'emploi de la main-d'œuvre » et « ministre plénipotentiaire de la main-d'œuvre pour les territoires occupés », tout en le traitant de « bon soldat »... Face à un pareil interlocuteur, Pierre Laval, son « ministre-secrétaire d'Etat au travail » l'ancien avocat socialiste Hubert Lagardelle et son « commissaire à la main-d'œuvre française en Allemagne », l'industriel alsacien Gaston Bruneton, vont donner la mesure de l'hypocrite soumission qu'implique la politique de Collaboration. Tous les masques et les faux-semblants volent en éclats lorsque après la comédie avortée de la « Relève » (un prisonnier de guerre libéré contre trois départs de travailleurs volontaires en Allemagne), on est obligé de recourir au « travail obligatoire ». Obligé d'instaurer le STO, et donc une nouvelle sorte de chasse à l'homme, la « chasse aux réfractaires ». Pour en arriver là, « le Maréchal, chef de l'Etat » a promulgué huit lois et onze décrets entre le 4 septembre 1942 et le 26 août 1943. Résultat chiffré : entre 875 952 (nombre cité au procès de Nuremberg) et 646 414 (statistique officielle du IIIe Reich au 30 septembre 1944) travailleurs français dans les usines de guerre outre-Rhin. Des travailleurs dont on peut dire, avec Jean-Marie d'Hoop (*Revue d'Histoire de la Deuxième Guerre mondiale*, n° 81, janvier 1971) que « jamais l'Allemagne hitlérienne ne les considéra comme autre chose que des ennemis à surveiller et des esclaves dont le sort préfigurait celui de toute l'Europe, si elle était sortie victorieuse du conflit ».

Faciliter le « réfractariat »...

Si, pour la Résistance, l'apparition des maquis et la nécessité de les prendre en compte matériellement et tactiquement, politiquement et stratégiquement, fut la principale conséquence du STO, elle ne fut pas la seule. C'est même antérieurement qu'était apparue la nécessité de la lutte contre le départ de travailleurs en Allemagne. Démasquer le bluff de la « Relève » et, plus encore, ensuite, dénoncer le caractère esclavagiste du « travail obligatoire » furent ressentis comme un devoir par les résistants de toutes tendances. Et surtout, plus concrètement, essayer de freiner sinon d'enrayer la machine de guerre de Sauckel, en encourageant et facilitant ce que, plus tard, certains appelleront le « réfractariat ». Ce refus de partir qui changeait le « requis » en réfractaire, donc en hors-la-loi aux yeux de Vichy... Un devoir pour les résistants de toutes tendances, venons-nous de dire. C'est si vrai que fut finalement créé un organisme commun à toute la Résistance et spécialement chargé de cette tâche : le CAD (Comité d'action contre la déportation). Dirigeant de CDLR, futur « gaulliste de gauche » et membre, comme porte-parole, du gouvernement

Chaban-Delmas, sous la présidence de Georges Pompidou, au début des années 1970, Léo Hamon fut un des animateurs du CAD. Il en parle dans ses mémoires, intitulés *Vivre ses choix*... « Le CAD, écrit-il, ne dépendait pas de l'un ou l'autre mouvement. Il était rattaché au CNR et en relation avec la Délégation du gouvernement provisoire. A sa tête, Yves Farge, auprès de lui Valrimont et Villon, représentants des mouvements — et des collaborateurs permanents comme le docteur Raymond Leibovici pour les services de santé, Marc Laurent de la Fédération des fonctionnaires et moi-même... »

Futur commissaire de la République à Lyon à la Libération, Yves Farge a raconté, plus tard, en 1946, cette naissance du CAD : « J'avais reçu mission, écrit-il, d'organiser sur tout le territoire la lutte contre la déportation. Notre Comité d'action fut fondé le 14 juillet 1943 chez le docteur Descomps, 1 rue Lenôtre. Il y avait là Charles Laurent, qui représentait la CGT, Pierre Villon, qui représentait le CNR, le docteur Leibovici, qui représentait les médecins résistants, Marc Laurent, le fils de Charles, qui de ce jour devint mon fidèle compagnon et Pierre Kaan, secrétaire de la Délégation en France du Comité d'Alger. Qui nous aurait dit ce jour-là que nous allions mettre sur pied une organisation susceptible de distribuer des millions dans toute la France, des centaines de mille de fausses cartes d'alimentation ? Qui nous aurait dit que, quelques mois plus tard, dans la plupart des grandes usines de ce pays, nous posséderions des correspondants disposant de la célèbre mallette de faux papiers ?... » C'est dans son livre *Rebelles, soldats et citoyens* que Farge écrit ces lignes. En annexe, il ajoute : « Le deuxième département du CAD, la branche industrielle, avait pour patron Marc Laurent, qui avait organisé dans la banlieue parisienne, à Lyon et à Marseille, un véritable “trust” de l'imprimerie et de la gravure. C'est ainsi que le CAD put mettre en circulation plus d'un demi-million de fausses cartes d'alimentation, des fausses cartes de travail et d'identité qui furent souvent livrées à pleins camions. Le service de gravure du CAD fabriqua quarante mille moules pour l'édition de faux cachets. Une mallette “faux papiers”, accompagnée des deux manuels du parfait faussaire qu'édita le CAD et qui s'intitulaient *Les recettes de Tante Lucie* et *Voulez-vous voyager dans de bonnes conditions ?*, fut distribuée dans de nombreuses usines et maquis. Sur le service de Marc Laurent était branché le service des tickets volés et, chaque fin de mois, les FTP de la région parisienne nous apportaient les tickets obtenus après les raids heureux ; et nous les répartissions dans toute la France... »

La brochure faussement intitulée *Voulez-vous voyager dans de bonnes conditions ?* et dont parle Yves Farge révèle son vrai contenu dès qu'on feuillette les premières pages où, d'ailleurs, son véritable titre apparaît, titre qui est : *Manuel du faussaire 1943*. Ce « manuel » s'ouvre par l'avertissement suivant : « Pour utiliser le matériel qui accompagne cette notice, il est indispensable de suivre à la lettre les instructions contenues dans le petit *Manuel du faussaire 1943*. Les Français désireux de se soustraire au contrôle policier et à la déportation devront lire attentivement les textes très stricts qui sont énoncés dans ce manuel. A cette condition, ils pourront faire un usage heureux et efficace des pièces d'identité que le CAD met à leur disposition... »

Suivent une quinzaine de pages de recommandations très précises où l'on peut lire, entre autres : « Conserver le prénom usuel — plus simple — et n'exposant l'intéressé à aucun impair. Y ajouter un ou deux autres prénoms, le prénom unique étant très rare en France. L'initiale du nom de famille (pour le cas d'un objet quelconque chiffré). Choisir, à partir de cette initiale, un nom de consonance bien française, suffisamment courant pour ne pas attirer l'attention, sans être cependant d'une banalité excessive (tel que Durand ou Dupont, qui peuvent paraître d'un anonymat un peu trop voulu). Ne jamais choisir comme patronyme un prénom comme Charles, Robert, etc. qui fait immédiatement penser à une origine israélite. Eliminer de même les noms tels que David ou Simon qui, bien que ce soit inexact, sont considérés par les Allemands comme des patronymes israélites. (...) Date de naissance : sauf contre-indication, conserver la date véritable. Dans le cas des classes 40, 41, 42, rajeunir ou vieillir. Il faut, en effet, éviter la carte de travail, réservée à ces trois classes, car, outre qu'elles sont compliquées à établir correctement, elles augmentent le risque pour leurs possesseurs du fait qu'elles sont très surveillées. (Quotidiennement, à Paris et dans les trains, des centaines de jeunes gens sont arrêtés et gardés pour vérification de leur carte de travail). (...) Choix de la profession : éviter les professions dans la métallurgie, l'aviation, l'automobile qui sont particulièrement visées pour la relève, même l'ébénisterie ou la menuiserie visées par l'agence Todt, ainsi que le terrassement, les cimentiers et toutes les professions connexes. En aucun cas il n'y a intérêt à choisir un métier spécialisé tel que : ingénieur, tourneur, ajusteur, outilleur, etc. ; rester dans les professions : employé de bureau ou manœuvre. Dans le cas où le certificat de travail est établi par la Mairie, choisir une profession artisanale ne nécessitant aucune installation, c'est-à-dire évitant que l'on puisse demander une pièce telle que : carte de la Chambre des Métiers, numéro du Registre du Commerce, etc. Choisir, par exemple : assureur (travaillant à son compte) pour différentes compagnies, géomètre, journalier, décorateur (qui installe tantôt un appartement, tantôt un bar, etc.), réparateur de machines à écrire, etc. Pour ces dernières professions et autres analogues, établir l'identité dans un pays assez important pour la justifier ou qui soit au voisinage d'une ville où l'intéressé est suposé aller travailler. Eviter les professions qui nécessitent un diplôme, toujours susceptible d'être demandé : on peut être pédicure, mais non masseur ou infirmier. »

Les « bananes incendiaires » de la place de Fontenoy

Léo Hamon définit très bien la mission du CAD en résumant : « Il s'agissait principalement de fournir aux réfractaires du STO de quoi survivre dans l'illégalité... » Un inlassable travail de fourmi qui joignait la discrétion à la clandestinité... Et c'est pourtant au CAD que l'on doit l'un des exploits parisiens les plus remarqués de la Résistance. Dans leur tome IV, Henri Noguères et Marcel Degliame-Fouché racontent : « L'opération qui sera très vite connue sous le nom de “l'affaire du fichier de la place de Fontenoy” a pris naissance quelques mois plus tôt lorsqu'un renseignement parvenu au Comité d'Action contre la Déportation a signalé l'existence au ministère du Travail, place de Fontenoy, d'un fichier central comportant tous les noms des jeunes Français de la classe 42 susceptibles d'être prochainement appelés pour le STO : 200 000 fiches. » Protagoniste de l'opération, Léo Hamon l'évoque dans ses mémoires : « Le fichier, écrit-il, était installé 6 place de Fontenoy, dans un immeuble parisien alors occupé par les bureaux français du STO. C'est aujourd'hui devenu le siège du ministère de la Mer. (...) Un ancien militant syndicaliste qui travaillait dans les services du STO nous donna tous les renseignements sur le coup à faire. Il s'agissait d'incendier le fichier afin de rendre inutilisables ses informations et recensements. (...) Une première tentative fut faite par un équipe comprenant Yves Farge et moi-même (...) avec comme exécutants quelques FTP dirigés par Rol-Tanguy, alors chef FTP de la région Ile-de-France. Nous nous sommes ainsi retrouvés, un soir de février, sur la place de Fontenoy, avec des bidons d'essence et les bananes incendiaires nécessaires. Rol avait emporté un fusil mitrailleur dissimulé dans sa pélerine. Entre 18 et 19 heures, l'immeuble fut l'objet d'un va-et-vient tellement constant que nous n'avons pas réussi à trouver le moment idoine pour nous y engouffrer. Nous sommes repartis, maussades, avec nos bidons. Rol-Tanguy ne put revenir : il fut grondé par ses supérieurs qui trouvèrent que la place d'un responsable élevé n'était pas dans une telle aventure. On lui défendit de recommencer. Je m'entêtai car la destruction de ce fichier permettrait à des dizaines de milliers de jeunes d'échapper à la réquisition. »

Le 25 février, la seconde tentative sera la bonne... Cette fois, sans Farge ni Rol et avec, à la place des FTP, cinq GF (groupes francs) du MLN (Mouvement de libération nationale) envoyés par leur chef Serge Ravanel. Après avoir raconté comment il fallut « étourdir d'un coup de crosse sur l'occiput » un gardien récalcitrant, Hamon poursuit : « La porte de la salle du fichier, autre imprévu, était fermée à clef. Il fallut la faire sauter. Je n'imaginais pas qu'une effraction pouvait être aussi bruyante ! Nous sommes enfin entrés, avons trouvé le fichier, l'avons arrosé d'essence et enflammé avec les bananes incendiaires. (...) Nous descendîmes les marches pour sortir. Il ne fallait pas se hâter, avoir l'air le plus naturel possible. Mais jamais les marches d'un escalier ne m'ont paru si nombreuses ! Dans la rue, je m'appliquai à gagner la voiture d'un pas tranquille. Des flammes apparaissaient déjà aux fenêtres de la salle du fichier... » Au terme de son propre récit de l'affaire du fichier, Yves Farge note : « Nous arrosâmes discrètement le magnifique exploit d'Hamon, à la Brasserie Alsacienne. Jean Cassou était là... » Quant à Léo Hamon, il ajoute : lorsque « en 1989 le ministère des Anciens Combattants décida d'apposer place de Fontenoy une plaque commémorant cette action de résistance, je retrouvai à la cérémonie un de mes complices groupes-francs. Jean Frydman était devenu dans l'intervalle un personnage important de l'audiovisuel. Un autre, Emile Loo, dit "le Marseillais", était retenu par l'Assemblée de Strasbourg, où il était député socialiste. » Et logiquement, le même Hamon conclut : « Quand je fais, après coup, le bilan du CAD, il m'apparaît très honorable. D'une part en transformant en réfractaires des hommes, et notamment des jeunes qui vivaient légalement, nous avons créé une réserve de recrues pour les maquis qui allaient se développer. D'autre part, nous avons contribué à tenir en échec un projet d'un intérêt stratégique certain pour l'Allemagne... »

Rares sont les statistiques sur ce sujet, mais celles que l'on connaît confortent l'optimisme de Léo Hamon. Ainsi les chiffres que François-Georges Dreyfus emprunte à l'historien britannique J. Milward (*The New Order and French Economy*). Selon Milward, pour les périodes 1er juin - 30 septembre et 10 octobre - 31 décembre 1942, sur 240 000 requis, 196 256 sont partis ; pour la période de janvier à mars, donc les trois premiers mois de 1943 : 250 265 partis pour 250 000 requis et pour les cinq mois suivants de 1943 (avril à août) 350 000 requis et seulement 141 000 partis. Soit, au total, en quinze mois, 587 521 départs pour 840 000 réquisitions. Une tendance corroborée par l'analyse de Jean-Pierre Vittori dans *Eux, les STO* « Quelques chiffres, écrit-il, permettent de mesurer l'importance de l'évolution du STO. De juillet 1942 à début octobre, on note le départ de dix-sept mille ouvriers environ, au titre de la Relève volontaire des prisonniers. D'octobre 1942 à juillet 1943 inclus, soit en dix mois, quelques six cent quatorze mille six cent cinquante-trois quittent le pays au titre de la Relève forcée (loi du 4 septembre) ou du STO (loi du 16 février). On apprécie l'énormité de ces derniers départs en précisant qu'ils avoisinent les soixante et un mille cinq cents en moyenne chaque mois, soit plus de deux mille par jour. Pour les onze mois suivants (août 1943-juin 1944) seulement quatre-vingt onze mille deux cent quatre-vingt-dix-neuf travailleurs sont concernés, environ huit mille trois cents par mois, deux cent cinquante à deux cent quatre-vingt par jours. Or, nous semble-t-il, c'est à partir de ces mois d'été 1943 que la Résistance atteint sa pleine efficacité... »

Slogans, saynètes et ritournelles contre le STO

Expression et symbole de l'engagement de toute la Résistance contre le STO, l'action du CAD s'inscrit dans un mouvement général où apparaît particulièrement la fonction amplificatrice des émissions en français de la BBC, de plus en plus écoutées, malgré répression et brouillage radiophonique. « La radio de Londres, fait remarquer Jean-Louis Crémieux-Brilhac, est comme portée par les événements (...). La campagne des Français de Londres contre la "déportation" des travailleurs dépasse à tous égards, et de loin, les campagnes radiophoniques antérieures — en intensité, en temps quotidien d'émission et en durée : dénonciation des dirigeants de Vichy, récits enflammés des manifestations auxquelles donnent lieu les départs de convois, consignes de sabotage administratif. Il s'y ajoute un extraordinaire feu roulant de slogans, de saynètes, de ritournelles pour lesquels toute l'équipe française de la BBC est mobilisée avec le renfort de Frenay lors de ses séjours à Londres : "Français, n'y allez pas !" (...) "Tout vaut mieux que l'Allemagne !" (...) "Si tu veux raccourcir la guerre, ne travaille pas pour Hitler !" (...) Le slogan "Ne va pas en Allemagne !", chuchoté par Jean Oberlé sur l'air des lampions, aura été répété plus de quinze cents fois au cours de l'année 1943. (...) Jamais la radio de Londres n'aura été aussi clairement à l'unisson de l'opinion française : fidèle aux adjurations qui viennent de France, elle accompagne le refus populaire et l'amplifie. (...) La campagne menée de Londres prend aussi un caractère nouveau : depuis la constitution du CFLN, les Français libres donnent par radio, avec l'accord tacite du Foreign Office, des ordres qui se prévalent de l'autorité du *vrai gouvernement de la France*. C'est Brossolette, porte-parole par intérim qui, le 16 juillet 1943, *ordonne* aux travailleurs requis de *ne pas* aller faire timbrer leur carte de travail dans les mairies contrairement aux ordres comminatoires de Vichy. (...) Le 24 septembre et le 1er octobre 1943 (...), Maurice Schumann, se référant à l'un des tout premiers appels du Conseil national de la Résistance, lance une mise en garde qui se double d'*un ordre*, celui de passer à l'illégalité : "Jeunes gens de la classe 43, (...) préparez dès maintenant de fausses identités, quittez votre domicile pour vous chercher un refuge éloigné, ne vous présentez pas aux commissions médicales, faites dès maintenant usage (...) de votre droit de légitime défense." »

Quand Crémieux-Brilhac mentionne les « manifestations auxquelles donnent lieu les départs de convois » et évoque le « sabotage administratif », il fait allusion à deux des formes les plus répandues de lutte contre le STO. La manifestation dans la gare avec blocage du train en partance dont on parla le plus fut celle de Montluçon, le 6 janvier 1943. Mais ce ne fut pas la seule, loin de là... Et on ne peut séparer ces manifestations des grèves et débrayages qui se multiplièrent. Dans une rubrique devenue régulière et intitulée *La lutte contre les déportations*, l'organe clandestin de la CGT, *La Vie ouvrière*, écrivait, par exemple, le 5 août 1943 : « Plus que jamais, il convient d'appliquer le mot d'ordre suivant : A toute menace de déportation d'un seul ouvrier d'une entreprise, il faut cesser immédiatement le travail. Occuper l'usine, s'y retrancher comme le firent les métallos de Villefranche, faire appel à la solidarité des entreprises voisines et de toute la population. » Quant au « sabotage administratif », il comportait une large gamme d'action allant du simple fait de fermer les yeux jusqu'à la destruction de documents prétendus « égarés », en passant par les fausses attestations, les faux certificats, etc. Mais il y eut aussi des initiatives très étonnantes, que leur ingéniosité et leur témérité excluaient de tout plan conçu à l'avance, et dont le plus surprenant est qu'elles aient réussi. Dans le genre, on ne peut imaginer plus stupéfiant que l'opération menée par Jean Isméolari... D'ailleurs on hésiterait à croire à sa réalité, et plus encore à sa réussite, si Jacques Evrard ne lui consacrait pas, preuves à l'appui, quatorze pages de sa très sérieuse étude sur *La Déportation des travailleurs français dans le III*e *Reich*... « C'est à l'arsenal de Toulon, écrit Evrard, au moment de l'armistice de 1940, que commence l'histoire de la Résistance aux départs de main-d'œuvre pour l'Allemagne, dans l'administration du ministère du Travail. Le commandant de la compagnie d'ouvriers, le capitaine de vaisseau Holley-Williams reçoit d'un officier du chiffre en poste à Dunkerque le texte de l'ordonnance de Hitler en date du 5 mai, qui prévoit l'utilisation de la main-d'œuvre des territoires occupés par l'Allemagne pour son industrie de guerre. » Ici, première surprise : l'ordonnance de Hitler du 5 mai 1940 n'a pas été citée au procès de Nuremberg et Evrard dit en avoir vainement cherché la trace dans les archives accessibles en 1971...

Isméolari et ses « commissions d'appel »

Mais poursuivons notre citation : « Or Holley-Williams a sous ses ordres un second-maître secrétaire militaire, inspecteur du Travail dans le civil, Jean Isméolari, qui avait manifesté l'intention de rejoindre à Londres l'amiral Muselier. Il lui révèle l'ordonnance de Hitler, lui dit que sa place d'inspecteur du Travail n'est pas à Londres, mais à Paris dans le service dont il relève. Il lui confie très précisément la mission de suivre l'application de l'ordonnance, de lui faire échec par tous les moyens appropriés, de saboter l'envoi de travailleurs français en Allemagne, et par conséquent la fabrication du matériel de guerre destiné à l'ennemi. Et, pour l'exécution de cette mission, il le nomme, par délégation de pouvoirs de l'amiral Muselier, enseigne de vaisseau de réserve, le 7 août 1940 ; nanti de cet ordre, le jour même, Isméolari rentre à Paris. » Là, deuxième surprise : si Pierre

Holley-Williams a une « délégation de pouvoirs de l'amiral Muselier », cela implique sa subordination à la France libre, or Emile Muselier, qui est alors chef des FNFL (Forces navales françaises libres), ne rompra avec Charles de Gaulle qu'en juin 1941, et il est très étonnant que personne à Londres n'ait été prévenu ni de l'existence de l'ordonnance hitlérienne de mai 1940, ni de la mission confiée à Isméolari... Autre surprise : la façon dont Isméolari va concevoir sa mission. Pour lui, explique Jacques Evrard, « il ne suffit pas, pour sauver un requis de lui donner de faux papiers : on en ferait alors un réfractaire, un homme traqué, obligé de vivre jusqu'à la fin dans la clandestinité (en admettant que ce soit possible). Le problème pour Isméolari est autre : il faut donner au requis une situation régulière, c'est-à-dire le mettre à l'abri de la réquisition elle-même (qu'on annulera au besoin) et, à tout le moins, lui permettre, en gagnant du temps, de se retourner et de prendre des mesures de sauvegarde ». Vaste programme... Beaucoup plus ambitieux, et avec deux ans d'avance, que ne le sera celui du CAD... Mais comment le réaliser ? Ecoutons toujours Evrard. « Isméolari, dit-il, cherche donc un biais pour intervenir dans l'application du STO. Ce biais lui est fourni par la législation même. Elle prévoit en effet des exemptions de départ pour l'Allemagne, mais, dans la hâte qui a présidé à sa mise en œuvre, on a oublié de préciser qui les prononcerait, et aucun service français n'a voulu assumer cette tâche. Il y a là une "place à prendre"... » Jean Isméolari saisit l'occasion en créant des commissions auxquelles, poursuit Jacques Evrard, il donne « une forme juridique apparente, car, tout en n'émanant pas de l'Administration, elles n'en doivent pas moins, sous peine d'inefficacité, avoir toutes les apparences d'un organisme régulier. Il les nomme "commissions d'appel". Terme bien choisi, car il prête à équivoque. Pour les autorités allemandes (et françaises), "appel" signifie appel des travailleurs pour le STO ; mais pour Isméolari, il s'agit d'une juridiction devant laquelle les requis peuvent "faire appel" de la décision qui les envoie en Allemagne. Ces commissions se donnent pour tâche d'essayer de sauver du STO le plus de monde possible. Sans autre autorité que celle qu'elles se sont elles-mêmes donné, sans pouvoir officiel, elles vont donc prononcer des exemptions dans des formes on ne peut plus régulières et par référence aux textes législatifs sur le STO. (...) L'action de sabotage des "commissions d'appel" s'exerçait aussi en portant sur les fichiers des renseignements erronés ou en omettant sur une fiche une indication indispensable ; elle se complétait par la confection de fausses cartes de travail et de faux certificats de démobilisation. »

Déjà surpris par ce qu'on vient de lire, on l'est encore plus en apprenant que, comme on dit trivialement, ça a marché... Mais comment ? Réponse de Jacques Evrard. « Si cette entreprise, écrit-il, follement téméraire, à la vérité, put réussir, c'est d'abord, comme l'a souligné un ministre des Anciens Combattants, André Mutter, que "la multiplication des règlements, la traduction souvent infidèle des textes allemands qui, par souci de ne rien laisser à l'initiative des exécutants, sacrifiaient l'essentiel au détail, la complexité des formalités et du dispositif administratif (...) ont permis aux services compétents agissant au nom de la Résistance (commissions dites d'appel en particulier) et aux travailleurs, d'exploiter la confusion ainsi créée". C'est aussi que tous, Allemands, administration française, et la foule même des « clients » étaient absolument convaincus d'avoir affaire à un organisme officiel... ». Rappelons que, comme nous l'avons dit plus haut, André Mutter, donc le ministre cité par Evrard, avait, en 1944, été membre du CNR (Conseil national de la Résistance) au titre de CDLL (Ceux de la Libération) bientôt devenu CLV (Ceux de la Libération-Vengeance) et que sa citation est extraite d'une circulaire aux préfets du 1er août 1953... En conclusion, enfin, l'auteur de *La Déportation des travailleurs français dans le IIIe Reich* attribue à cette opération des « commissions d'appel » une ampleur qui sans doute, elle aussi, surprendra. « Les dossiers déposés par Jean Isméolari aux Archives nationales, écrit-il en effet, sont au nombre de 13 642. Mais ils ne représentent qu'une partie des cas étudiés par les commissions (...). Les dossiers "Relève" et surtout les dossiers collectifs concernent un nombre de requis bien plus considérable. En réalité — et la circulaire d'André Mutter le confirme — c'est environ cent mille exemptions et affectations irrégulières qui sont à imputer aux "commissions d'appel". Un requis sur huit (réfractaires non comptés) doit donc à Jean Isméolari et à ses équipes de n'être pas parti en Allemagne. »

Un arrêt de la Cour de cassation

On aura sans doute remarqué qu'au fil des citations liées au STO et jusque dans l'intitulé même du CAD ou dans le titre du livre de Jacques Evrard sont souvent apparus les mots « déportés » (pour désigner les « requis ») et « déportation » (s'agissant de leur envoi en Allemagne). Deux mots qui maintenant ne peuvent plus être employés dans ce même sens. Pourquoi ? Dans la mesure où il fut un des animateurs du CAD, intéressante est la façon dont, dans ses mémoires, Léo Hamon pose le problème... « L'emploi du mot "déportation", écrit-il, devait, après la guerre, donner lieu à un conflit entre deux catégories de Français, d'une part les déportés politiques et déportés raciaux, qui avaient en commun d'avoir vécu l'enfer des camps de concentration, d'autre part, ceux qui, volontaires ou contraints, avaient été en Allemagne des travailleurs libres exposés à quelques risques du fait des bombardements et probablement à de réels désagréments, mais sans rapport avec le martyre des hommes et des femmes déportés dans les camps. Ces "travailleurs déplacés" entendaient s'intituler "déportés du travail". Les survivants des camps s'indignèrent de la confusion possible, entendirent protéger le mot contre une inflation qui dévaloriserait la signification de souffrance exceptionnelle du terme "déportation". Les déportés des camps y avaient pour la plupart péri. Les travailleurs déplacés étaient revenus dans leur grande majorité et constituaient électoralement un enjeu intéressant. Les rescapés des camps, moins nombreux, ne représentaient pas le même intérêt électoral... » Toujours est-il que la polémique dura plus de quatre décennies. Jusqu'au 10 février 1992... A cette date, en effet, en épilogue à de nombreux affrontements judiciaires, la Cour de cassation, siégeant en assemblée plénière, c'est-à-dire toutes chambres réunies, a statué que « seuls les déportés résistants et les déportés politiques, à l'exclusion des personnes contraintes au travail en pays ennemi » peuvent revendiquer le « titre de déporté ». Notons que cet arrêt définitif confirmait une décision déjà prise par la première chambre civile de la même cour suprême, le 23 mai 1979, mais que cette décision n'avait pas empêché trois arrêts de la cour d'appel de Toulouse et un de celle de Limoges accordant aux anciens du STO le titre de « déportés du travail », des arrêts toulousains et limougeaud rendus en 1989 et 1990 puis cassés ultérieurement. A l'audience de cassation précédant l'arrêt définitif, le 31 janvier 1992, le débat avait été assez vif. Intervenant au nom des associations de déportés, Me Jacques Boré, avait demandé qu'on ne confonde plus « le purgatoire » du STO avec « l'enfer » de la déportation, puis il avait lancé : « C'est le cortège de tous ceux qui ont porté le costume rayé des camps de concentration qui vient aujourd'hui vous demander l'honneur de ne pas être confondus avec ceux qui, à l'appel de Pierre Laval, sont allés construire des tanks en Allemagne !... »

Cette apostrophe de l'avocat des rescapés de l'univers concentrationnaire est très significative... Lorsqu'en 1982 Jean-Pierre Vittori, déjà cité, publiait son ouvrage *Eux, les STO*, il commençait son livre par ces lignes : « Souvent, ils parlent de leur passé avec une certaine gêne. Ils vous disent : "J'ai été STO" comme on avouerait une maladie contagieuse. C'est que, face aux anciens de la Résistance, ils ne font pas le poids, ces hommes de la soixantaine, périodiquement mis en accusation : n'ont-ils pas travaillé pour l'Allemagne nazie ? » Trois ans plus tard, dans le nº 80 de *L'Histoire* spécialement consacré aux *Résistants et collaborateurs*, l'historienne Dominique Veillon faisait le même constat. « A leur retour, écrivait-elle, montrés du doigt, ils ont été soumis à de multiples contrôles pour apporter la preuve qu'ils n'avaient pas été « volontaires ». Quelquefois malades, souvent vieillis prématurément, ils ont eu l'impression que leurs souffrances n'étaient pas prises en compte parce que, dans la hiérarchie de la douleur, il existait d'autres références, beaucoup plus nobles que les leurs. Dans l'évocation de la Deuxième Guerre mondiale, notre aventure, dit l'un d'eux, n'intéresse personne, "elle est comme une page collée d'un livre" par dessus laquelle on saute pour continuer sa lecture. L'histoire du STO est inséparable de celle d'un peuple vaincu aux mains d'un gouvernement de collaborateurs, car enfin, n'est-ce pas au nom d'une loi française que des milliers de jeunes et de moins jeunes ont été contraints de partir pour le Reich ? Si beaucoup de ces hommes ont conscience de ne pas avoir été des héros, ils refusent la qualification de traîtres. Faut-il alors ne les considérer que comme des victimes ? »

S'étant renforcé avec le temps, cet état d'esprit vis-à-vis du STO se serait-il d'une certaine façon étendu jusqu'à concerner le « réfractariat » ? On peut se poser la question en observant la démarche de certains historiens et, en particulier, celle d'Henri Noguères dans *La Vie quotidienne des résistants de l'armistice à la Libération*. C'est trois ans après le cinquième et dernier tome de son *Histoire de la Résistance en France*, qu'il publie ce petit livre plein de notations pertinentes et remarques pittoresques sur la Résistance. Et voilà qu'au détour d'une page, Noguères y pose la question : estimer que les maquis « ont été constitués par des groupes de réfractaires au Service du Travail obligatoire » et parler de « la présence nécessaire des réfractaires du STO à l'origine de tous les maquis », ne serait-ce pas une « idée reçue » qui « si elle repose sur un fond de vérité, doit être quelque peu nuancée » ? Et le même auteur de mettre en cause les « récits concordants de Brault et de Frenay » (dont nous allons reparler) tout en ne faisant état que d'exemples isolés tels que ceux de Guingouin ou du « maquis Du Guesclin » près de Villefranche-de-Rouergue... Rien de très convaincant.

Des maquisards « en virtualité »

Plus sérieuse nous paraît être, surtout, si l'on peut dire, en l'absence de statistiques, la question de savoir quelle proportion réelle de réfractaires au STO rejoignit effectivement le maquis... Ce serait, bien sûr, une « idée reçue », pour reprendre l'expression de Noguères, de prétendre que ce fut la majorité, mais de là à revoir sans cesse à la baisse cette proportion... Or, il semble que cette dernière démarche soit à la mode depuis deux décennies. Jacques Evrard avait pourtant, dès 1972, souligné la difficulté du problème. « Combien, demandait-il, ont pris réellement le "maquis" ? Il est d'autant plus difficile de le savoir que beaucoup, par la suite, deviendront effectivement maquisards qui ne le sont pas encore, et que d'autres se déclareront maquisards sans l'avoir jamais été. Au surplus, Vichy et les Allemands tout comme la Résistance ont intérêt à grossir les effectifs supposés de ce maquis, les premiers pour faire peur aux "bien-pensants" et se justifier d'une répression féroce, et la seconde, tant pour démoraliser l'adversaire que pour galvaniser l'énergie nationale. »

Révision à la baisse, disions-nous... Elle est très sensible au début des années 1980. Prenons par exemple, en 1983, trois numéros à la suite de la *Revue d'Histoire de la Deuxième Guerre mondiale et des conflits contemporains*... En avril (n° 130) un article de Paul Silvestre sur *STO, maquis et guérilla dans l'Isère*... « La réquisition, peut-on y lire, a piégé la moitié des hommes assignés, perdus pour la production locale et certains peut-être pour une Résistance éventuelle. L'autre moitié s'aiguille vers le réfractariat, surtout individuel, se reclassant plus ou moins ouvertement dans la population et la vie économique. En son sein, seul un petit noyau gagne, et parfois à retardement, les camps de la Résistance. Ce sont ces réfractaires auxquels l'épopée donnera le nom de maquisards... » Et le même auteur d'ajouter : « Plus on avance dans l'étude des dossiers, plus on abaisse le pourcentage des engagés dans les camps — aux environs de 10 %. » En juillet (n° 131), un article de Robert et Diana Fabre sur *La Main-d'œuvre au service de l'Allemagne dans la région de Toulouse*... « Que représentent les réfractaires ?, peut-on y lire. Un sixième des requis pour l'Arriège, un cinquième pour le Tarn et les Hautes-Pyrénées, un septième pour le Gers, un dixième pour la Haute-Garonne. Mais un petit nombre seulement a rejoint la Résistance : 19 % des réfractaires pour le Tarn, un tiers pour l'Ariège, encore ce département montagnard et frontalier offrait-il plus de possibilités d'évasion. C'est dans l'agriculture que la plus grande part des réfractaires trouve refuge. ». En octobre (n° 132), un article de François Marcot, *Pour une enquête sur les maquis : quelques problèmes* : « La notion de volonté de combattre, écrit Marcot, nous paraît trop floue pour être retenue sans discussion. Quel critère adopter pour définir qui "veut" combattre et qui ne le "veut" pas ? Certains camps de réfractaires sont constitués dans le seul but d'échapper au STO. Le réfractaire attend, le plus pacifiquement possible, le jour où il sera possible, sans danger, de rejoindre sa famille. » Et même Dominique Veillon, dans son article du n° 80 de *L'Histoire*, déjà cité : « A la question de savoir si le réfractaire a bel et bien alimenté le maquis, écrit-elle, la réponse se doit d'être nuancée. De nombreuses études départementales montrent qu'une partie seulement des réfractaires rejoint la Résistance. Si en Isère on peut les évaluer à 30 %, la proportion est moins élevée pour la Côte d'Or (20 %) ou le Tarn (19 %) et tombe à 6 % pour l'Aude. Il semble bien que les réfractaires ne soient pas tous devenus des maquisards. Il existait d'autres possibilités de refuge... » On aura remarqué le caractère aléatoire des pourcentages avancés. Pour un même département, l'Isère, 10 % selon Paul Silvestre et 30 % selon Dominique Veillon. Un écart du simple au triple.

Un avis plus pertinent nous semble être celui, non chiffré, émis par Henri Michel, vingt ans plus tôt, lorsque, dans le n° 49 de la *Revue d'Histoire de la Deuxième Guerre mondiale*, il écrivait un article intitulé *Maquis et maquis*. « Le réfractaire, y disait-il, n'était un résistant qu'en virtualité. Dans la plupart des cas, il ne cherchait qu'à vivre au mieux, dans la grande infortune du moment, et il s'efforçait d'abord de subsister par ses propres moyens. La plupart des réfractaires s'étaient donc disséminés dans toute la France, plus qu'ils ne s'étaient groupés en quelques lieux. Mais un vaste mouvement de la population se produisit, des usines vers les champs, des villes vers les campagnes, des plaines vers les montagnes. Pour la première fois, toute la population française avait à pâtir de l'occupant, ou pouvait se sentir menacée par lui. Soumis aux tracasseries policières, le réfractaire réagissait par des réflexes de défense du gibier traqué. La Résistance, des Mouvements comme des Communistes, jusque-là orientée vers la formation et l'encadrement de petites équipes spécialisées, se trouvait tout à coup et sans l'avoir cherché, dans cette direction du moins, devant le gros problème de la prise en charge d'une action armée par de gros effectifs. »

Du latin « macula » et du corse « macchia »

Ce que Henri Noguères qualifiait de « récits concordants de Brault et de Frenay », un texte les résume, un passage du livre de souvenirs de ce dernier, *La Nuit finira*. Texte qui illustre aussi la pertinence de la réflexion d'Henri Michel... Nous sommes le 31 décembre 1942, à la réunion de la direction de « Combat », le principal mouvement non communiste rappelons-le. « Notre réunion est interrompue par l'arrivée d'un courrier, raconte Frenay. Marcel Peck m'informe qu'une centaine de jeunes gens, originaires pour la plupart de la région parisienne, réfractaires du STO, se sont réfugiés en Haute-Savoie dans la montagne où ils s'organisent pour vivre clandestinement. Ils refusent de partir en Allemagne, disposent de quelques armes et sont décidés à se défendre si on vient les rechercher. "En somme, dit Michel Brault, ils ont pris le maquis..." C'est la première fois, à ma connaissance que le mot était prononcé ; il s'imposera tant il correspondait à la réalité. Des maquis, il y en aura beaucoup d'autres. Une forme nouvelle de la lutte venait de naître spontanément. » Le mot est doublement historique puisque, comme nous allons le voir, Michel Brault sera, d'avril à octobre 1943, le premier chef du Service national maquis des MUR.

D'où venait-il, ce mot *maquis* ? Du latin « macula » devenu en italien, puis en corse, « macchia ». Mais « macula » veut dire « tache ». Pourquoi une tache ? Parce que, explique le tome XI du *Trésor de la langue française* (CNRS), « ensemble touffu d'arbustes et de plantes diverses, les maquis forment des sortes de taches sur le flanc des montagnes » C'est le même dictionnaire qui, pour définir l'expression « prendre le maquis » écrit « disparaître, vivre dans la clandestinité pour échapper à l'autorité ». Encore ne faut-il pas oublier la connotation rurale sur laquelle insiste Ian Ousby, déjà cité, lorsqu'à New York, en 1998, il publie *Occupation.* « Avec la croissance du Maquis, note-t-il, la Résistance ne s'étendait pas seulement à la campagne, elle prenait aussi un caractère différent, un caractère rural. C'est bien ce que signifiait l'expression courante "prendre le maquis" (en français dans le texte) qui voulait à la fois dire rejoindre la Résistance et gagner les bois et les collines. Ainsi que devenir un hors-la-loi. » Et comment ne pas rappeler ici ce qu'écrivait, en 1958, Maurice Choury dans *La Résistance en Corse : « Tous bandits d'honneur ! »* « La France, disait-il, a désormais en Corse une nouvelle armée. Une armée qui contrôle la majeure partie du territoire, car, si l'ennemi occupe les agglomérations, le patriote est maître du maquis. Sous le couvert des chênes verts, des arbousiers et des bruyères géantes, l'agent de liaison, le ravitailleur, le franc-tireur retrouvent les qualités ataviques. Faire le guet des heures durant, tapi dans les touffes odorantes de cystes et de lentisques qui bordent la route, marcher sans laisser de trace, faire un feu discret, s'annoncer par un sifflement : chacun connaît et applique les règles de la vie du maquis. Le terme "bandit d'honneur" reprend son sens originel. Le maquis redevient le refuge des pourchassés. Le maquis, c'est la base de départ pour les embuscades et les coups de main, le siège des postes de commandement, des imprimeries et des émetteurs de radio, le rideau protecteur des terrains de parachutage. Quand sonnera l'heure du soulèvement, on mesurera la puissance de l'armée du maquis, enracinée au sol, se battant pour la défense du village et du foyer, symboles vivants de la Patrie... »

Dans la page où il rapporte l'exclamation de Michel Brault : « En somme, ils ont pris le maquis », Henri Frenay ajoute : « Nous en sommes tous conscients, il faut aider ces jeunes gens à vivre et à combattre. Une tâche nouvelle, bientôt d'une singulière ampleur, s'imposait à nous. » Comment allaient-ils s'y prendre ?

Après avoir rappelé que les trois organisations qui fusionnèrent dans les MUR (Mouvements unis de Résistance) étaient « Combat », « Libération » et « Franc-Tireur », écoutons la réponse qu'apportent Marie Granet et Henri Michel dans leur *Combat ; Histoire d'un Mouvement de Résistance de juillet 1940 à juillet 1943*... « Aussi le Comité directeur de *Combat*, écrivent-ils, décida-t-il, en cette fin d'hiver (après avoir signalé à Londres l'utilisation que la Résistance pourrait en faire), d'organiser des *maquis* afin de les avoir bien en mains. Puis les trois grands Mouvements de zone Sud achevèrent leur fusion au printemps 1943, et, en avril 1943, le Comité directeur des *MUR*, afin d'"intensifier" et de "coordonner" l'action des maquis, créa le *Service National Maquis*. (...) Frenay, chargé des *Affaires militaires* au Comité directeur des *MUR*, insista aussitôt pour que le *Service National Maquis* s'efforçât de transformer les "réfractaires en combattants". (...) A qui allait-on confier la direction générale des maquis ? Poste délicat : il exigeait des connaissances militaires, puisqu'il s'agissait de former des "guérilleros". Il exigeait aussi une certaine sympathie pour la jeunesse, la connaissance de la mentalité ouvrière, les ouvriers étant nombreux dans le maquis, le sens de l'autorité tempéré par de la souplesse (les guérilleros ne se maniant pas comme une armée régulière). (...) Frenay désigna pour ce poste *Jérôme*, c'est-à-dire Michel Brault. »

Les mésaventures de « Jérôme »

Là, Granet et Michel ajoutent, en note, que Brault, « avocat parisien, avait fait partie du groupe Nord de *Combat*. Il était passé en zone Sud après avoir échappé à une arrestation (janvier 1942). Il était l'ami d'Allen Dulles, chef des services secrets américains en Suisse ». Quarante-deux ans plus tard, Jacques Baumel, dans *Résister*, déjà cité, commentera cette nomination en s'en étonnant encore. « Le poste, écrira-t-il, était délicat à pourvoir. Il exigeait une bonne expérience militaire, mais aussi un esprit suffisamment ouvert et souple pour s'adresser à ces recrues d'un nouveau genre. Quand Henri Frenay m'annonça qu'il avait arrêté son choix sur Michel Brault, je ne lui avais pas caché mon étonnement. Non pas que Brault manquât de courage et de savoir-faire, mais Frenay disposait autour de lui de suffisamment d'officiers de qualité pour ne pas choisir un avocat international, membre d'un cabinet américain, brillant et hautain, pour diriger cette population extrêmement mouvante et hétérogène. Frenay me fit une réponse sibylline : "Je ne vois justement pas un officier à ce poste." Il y aurait un livre à écrire sur la désignation des hommes en temps de grande crise. Les choix d'un Frenay et, plus encore, ceux d'un de Gaulle auront parfois obéi à des motivations qui, pour l'observateur, peuvent paraître surréalistes. Brault était autant à sa place, comme chef des maquis que le général Delestraint, nommé par de Gaulle, le serait comme chef de l'Armée secrète. (...) Brault, il faut le dire, ne se déroba pas. Avec le soutien de nos groupes locaux, il sut notamment désigner des responsables de terrain dont l'avenir prouverait qu'ils avaient été bien choisis. Il fit consciencieusement la tournée des maquis pour connaître leurs besoins en armes et se dépensa beaucoup, sans pour autant réussir à "passer" auprès de la base. (...) Mal soutenu, concurrencé par le redoutable Yves Farge, un journaliste lyonnais du *Progrès*, au caractère difficile et tranchant, qui était le patron du Comité antidéportation, il avait fini par comprendre qu'il n'était pas l'homme de la situation et avait décidé, à l'automne 1943, de rejoindre Londres pour défendre la cause des maquis auprès des Alliés. »

Il est curieux de noter que, pourtant devenu dirigeant gaulliste et politicien chevronné, Jacques Baumel s'en tient à une explication socio-psychologique des difficultés de Michel Brault, alors que les historiens professionnels comme Marie Granet et Henri Michel tiennent à politiser les mésaventures de « Jérôme ». Brault, écrivent en effet ces derniers, « entreprit de grandes tournées à travers les maquis (il en vit vingt et un dans le Jura, les Alpes, le Massif Central et les Pyrénées). Son activité méthodique ne réussit pourtant pas à lui gagner la confiance de l'ensemble des maquisards. Peut-être ce grand bourgeois un peu distant ne sut-il pas toujours se mettre à la portée de ces garçons jeunes, souvent frustes, parfois même un peu débraillés ? Cette méfiance fut entretenue (ou même provoquée) par les chefs communistes de certains maquis — chefs courageux et entreprenants, mais qui gardaient, au milieu de la lutte patriotique, des arrière-pensées politiques. Ils ne cachèrent pas leur hostilité à *Jérôme*. (...) Attaqué par les communistes, parfois en désaccord avec Bénouville au comité directeur, et souvent avec Farge au CAD, désireux d'autre part, d'agir directement à Londres pour faire intensifier les parachutages d'armes, *Jérôme*, avec l'assentiment du comité directeur, décida, à l'automne 1943, de partir à Londres plaider la cause des maquis. Sa distinction, ses nombreuses relations chez les Anglo-Saxons devaient faciliter sa tâche ». Si la différence que font Granet et Michel entre les « parfois même un peu débraillés », d'une part, et la « distinction », d'autre part, n'a pas besoin d'être expliquée, il est dommage, en revanche, qu'ils ne précisent pas quelles étaient les « arrière-pensées » des « chefs communistes de certains maquis ».

A Londres, Michel Brault apporte un texte qu'on appellera désormais le *Rapport Jérôme*, texte qui a été publié, en 1969, par la *Revue historique de l'Armée* (n° 4). Après avoir rappelé que le COMIDAC (qui deviendra le COMAC en mai 1944) est le Comité d'action militaire du CNR, voyons comment, dans cette revue, le lieutenant-colonel Gilles Lévy présente ce *Rapport Jérôme*. « En octobre 1943, écrit-il, le COMIDAC décide d'envoyer Michel Brault (Jérôme) à Londres. Son adjoint Georges Rebattet (Cheval) lui succédera comme responsable national "Maquis" et disposera pour la zone Nord d'André Favereau (Brozen). Pendant tout le mois de décembre 1943, Jérôme attend vainement l'opération "Pick Up" qui doit le conduire en Angleterre par voie aérienne. Après bien des péripéties, il parvient à passer en Espagne le 20 janvier 1944. Il arrive à Londres le 14 février. Le 16, il établit pour l'Etat-Major Interallié le rapport suivant sur la situation en France et les conditions nécessaires au développement de l'action. »

« Un seul pistolet »

Deux passages de ce *Rapport Jérôme* sont particulièrement intéressants : celui où Michel Brault fait une estimation chiffrée des effectifs des maquis à l'époque, et celui que le lieutenant-colonel Lévy qualifie de « plaidoyer parfois passionné » pour que soient enfin parachutées les armes dont les maquis ont un cruel besoin. En abordant le problème des effectifs, « Jérôme » se montre prudent. « Ayant été obligé de renoncer à la voie aérienne, explique-t-il, je n'ai pu emporter avec moi un dossier complet (...). Je suis contraint de me fier exclusivement à ma mémoire et à ceux des chiffres déjà fournis au Bureau de Renseignements, d'Action et de Liaisons qui m'ont paru se rapprocher suffisamment de mes souvenirs pour que je puisse les considérer comme vraisemblables. On ne peut d'ailleurs, en cette matière, fournir que des approximations assez grossières. » Selon Brault, pour les maquis, qu'il crédite de « mille petits combats et quatorze mois d'une vie affreusement pénible », l'« effectif global est d'environ 48 000 hommes ». Toutefois, quand il répartit par implantations géographiques, appartenances et catégories, il arrive à un total de 49 800, donc plutôt près de cinquante mille. Résumons cette répartition... Par appartenance : 42 800 dépendant des MUR et 7 000 des FTP. Par catégories : 31 800 « groupés en camps » (dont 4 000 FTP) et 18 000 « placés dans des entreprises ou des fermes » (dont 3 000 FTP). Par implantations géographiques (et concernant seulement les MUR) : 21 800 en zone Sud et 21 000 en zone Nord ; les régions les plus « maquisardes » étant celles de Limoges et du Mans... Il va sans dire, mais encore mieux en le rappelant, que l'estimation des FTP à 7 000 semble très sous-estimée et qu'elle a provoqué des protestations de ces derniers.

Si l'estimation chiffrée du *Rapport Jérôme* est donc sujette à caution, en revanche, le passage que la *Revue historique de l'Armée* qualifie de « pladoyer parfois passionné » peut être considéré comme exprimant l'opinion d'à peu près tous les résistants. Après avoir rappelé « la lutte que soutiennent à des degrés divers, *dans toute la France* (souligné par lui), les hommes du Maquis contre les attaques des troupes allemandes, de la milice et de la police de Vichy », Michel Brault insiste en effet : « Cette lutte fixe, dès maintenant, un nombre assez considérable d'unités allemandes sur tous les points du territoire et gêne leur concentration sur les régions vulnérables au débarquement. Elle nuit beaucoup au moral de l'ennemi en lui enlevant tout sens de sécurité, même dans les régions où il est envoyé pour s'instruire ou se reposer. *Il faut à tout prix* (souligné par Brault) fournir au Maquis les moyens de survivre, de continuer et d'intensifier cette lutte. Déjà dans les régions où il était le moins mal armé, notamment Ardennes, Bourgogne, Alpes, Corrèze, Puy-de-Dôme, il a pu passer à l'attaque en détruisant les petits convois ennemis ou les isolés, en fusillant les troupes désemparées par un déraillement, etc. Seuls des parachutages d'armes sur toute la France permettront aux hommes du Maquis d'être suffisamment instruits et disciplinés au jour “D”. Enfin, la population sympathisante à la cause des Alliés s'étonne et se décourage en voyant que ceux de ses fils qui ont eu le courage de prendre le Maquis sont complètement abandonnés par ceux qu'ils croyaient être leurs amis. (...) Or, tout le Maquis est solidaire. Les nouvelles se répandent d'un bout à l'autre de la France, on ne sait jamais comment, et tel homme bien armé de Savoie se mettra à haïr les Alliés quand il apprendra que son fils, son frère ou son ami a été brûlé vif sans pouvoir tirer un coup de fusil, comme cela s'est produit dans l'Ariège en décembre pour sept jeunes gens désarmés, ou abattu comme un chien sans défense comme les quatorze campeurs du Puy-de-Dôme en octobre, les vingt-sept ouvriers forestiers de deux camps de la Haute-Vienne et tant d'autres que je ne peux citer et qui n'avaient même pas un pistolet pour vendre chèrement leur vie. Sur les deux mille hommes qu'a perdus le Maquis depuis septembre, quinze cents auraient pu être sauvés s'ils avaient été armés. » Quand nous disions plus haut que ce plaidoyer de Michel Brault exprimait l'opinion d'à peu près toute la Résistance, nous pensions notamment à la lettre que le chef des FTPF, Charles Tillon avait adressée, six mois plus tôt, le 6 août 1943, à Charles de Gaulle : « Monsieur le Général, écrivait le dirigeant communiste, vous savez ce que sont les FTPF, qui, depuis deux ans, luttent à main armée sur le sol français contre l'envahisseur. Ils font partie de l'Armée secrète et sont, sans restrictions, à vos ordres et à ceux du CFLN. Ils se permettent de vous adresser cette lettre pour vous donner leur point de vue sur les tâches, les possibilités et les besoins actuels de la Résistance en France. (...) Par leurs attaques répétées à main armée contre les troupes allemandes, les FTPF (...) ont développé, chez nos compatriotes, cette idée nécessaire que le soldat allemand n'est pas invulnérable si on l'attaque avec une audace réfléchie. (...) Devant ces immenses possibilités nous nous sentons en retard nous-mêmes sur ce que le peuple français attend de nous, confusément, peut-être mais sûrement (...). Nous sommes en retard parce que nous manquons de moyens. Nous manquons d'armes et d'explosifs, obligés de lésiner sur ces derniers et de renoncer à bien des destructions réalisables, obligés parfois d'armer tout un groupe d'un seul pistolet pour une action offensive. (...) Nous manquons de papiers d'identité, de titres d'alimentation et d'argent pour assurer la sécurité et l'existence matérielle de nos francs-tireurs et des réfractaires qui se confient à nous. »

Le témoignage de « Brozen »

On a vu, un peu plus haut, qu'en présentant le *Rapport Jérôme*, le lieutenant-colonel Gilles Lévy citait comme responsable du nouveau service des MUR chargé des maquis, « pour la zone Nord, André Favereau (Brozen) »... Compagnon de la Libération, lieutenant-colonel de réserve, directeur de cabinet d'Henri Frenay quand celui-ci devint ministre de De Gaulle, ensuite gouverneur de Rhénanie-Palatinat durant l'occupation française en Allemagne, ancien ambassadeur de France, André Brozen-Favereau fut une figure du temps des maquis. Plus généralement, son parcours, ses réactions, son témoignage contribuent à faire mieux comprendre ce que fut la Résistance, aussi bien dans son unité que dans sa désunion.

« J'ai été contacté en 1940, nous raconte-t-il, au mois de septembre, par le capitaine d'Entrevaux qui appartenait aux Services de Renseignements de Vichy, et par un de mes amis bretons Jean du Plessis de Grénédan qui montaient un réseau en zone occupée. Il ne s'agissait pas d'action, qui n'existait pas encore, mais de relever des renseignements précis sur les mouvements des troupes allemandes. J'avais la conviction, non la certitude, que ces renseignements étaient communiqués à Londres. C'était mon espoir qu'ils aillent à la France Libre... C'est aussi dans les derniers mois de 1940 que, dans un train, j'eus la chance de faire amitié avec le chef d'une des premières missions venues de Londres, Maurice Duclos. Au BCRA naissant, il s'appelait Saint Jacques... Comme je dirigeais quatre usines de moteurs et de machines agricoles, j'étais en possession d'Ausweiss, de laissez-passer, qui me permettaient de circuler librement en zone libre, en zone occupée, en zone interdite. En outre, comme dans beaucoup de familles d'officiers, je parlais allemand. Je montai rapidement un petit réseau qui me permit de transmettre aux uns et aux autres beaucoup de renseignements et même quelques documents intéressants. Le résultat ne tarda pas : je fus arrêté en juillet 1941 par la Gestapo, à mon bureau de Paris, et incarcéré à Fresnes... Dans la cellule voisine, le prisonnier appartenait au réseau St Jacques, et j'avais appris juste avant d'être arrêté, que les Allemands avaient fait une rafle sur le réseau du Plessis de Grénédan. Après 30 jours de secret absolu, et dès qu'ils m'interrogèrent, je sus que c'était sur l'affaire du Plessis que j'étais inculpé, et qu'ils ne savaient pas que je travaillais aussi pour St Jacques.

Douze des hommes du réseau de Jean du Plessis de Grénédan, dont lui-même, furent déportés... Aucun ne revint. Six furent libérés. Je fus de ceux-ci au bout de cinq mois et demi d'emprisonnement, après avoir beaucoup menti, et faute de preuves à mon encontre. A la fin de novembre 1941, j'étais donc libéré, très maigre et secoué. Je m'octroyai une espèce de congé et passai à Uriage. J'y trouvai mon ami d'enfance Pierre Dunoyer de Segonzac et je tentai de l'influencer pour orienter son Ecole des Cadres vers la Résistance. C'était trop tôt... J'avais donc perdu les contacts avec St Jacques et avec la France libre de Londres... Alors, tout en restant l'Administrateur Délégué de ma société, je fis "ma résistance personnelle" tout au long de l'année 1942... »

Qu'est-ce qu'André Brozen-Favereau entend par « résistance personnelle » ? « Eh bien, nous répond-il, j'animais de petits groupes en Bretagne et en Normandie. Lors du coup de main de Dieppe, je fis passer en zone Sud un aviateur canadien abattu, et j'appris par la radio sa bonne arrivée à Londres... Aussitôt après que les Allemands eurent passé la ligne de démarcation et occupé la France entière, en novembre 1942, c'est chez moi, à Paris que Dunoyer de Segonzac, enfin désabusé, conseilla à ses compagnons d'Uriage, de l'ancienne zone occupée, de passer à une résistance active, et que plusieurs d'entre eux le firent à mes côtés. Ce fut également fin 1942, début 1943 qu'au cours d'une mission que j'accomplissais dans la région de Grenoble, je montai dans le maquis très récent du Vercors avec Pierre Dalloz. »

Les « complicités campagnardes »

Un début d'année 1943 décisif pour Brozen-Favereau... « Les contacts, se souvient-il, se multiplièrent pour moi, et je rencontrai en zone Sud le mouvement “Combat”, avec Cheval (Rebattet), Jérôme (Brault), Barrès (de Bénouville), et en zone Nord Touny de l'OCM. Ainsi que d'autres qui m'ouvrirent des portes nouvelles. Je décidai alors d'abandonner toute autre occupation, et de devenir un clandestin absolu ; faux nom, faux papiers, etc. Au cours de l'été, sur la demande de Brault qui depuis plusieurs mois montait avec succès le Service Maquis en zone Sud, et avec l'aide de Cheval, je fus chargé de monter le même Service en zone Nord, et l'on m'adjoignit O'Neill (Marc). C'était l'époque où la classe 1942 toute entière avait été convoquée pour être déportée au travail obligatoire en Allemagne. Plus de la moitié refusèrent de partir, et dans ceux qui ne partirent pas, les deux tiers se “planquèrent” et devinrent des “réfractaires”, mais près d'un tiers ne se contentèrent pas de ce rôle passif et choisirent d'essayer de lutter activement contre les Allemands... Ça faisait près de 50 000 hommes qui voulaient servir, et servir tout de suite. Mais il s'agissait de jeunes gens entièrement novices à la vie secrète et qui apportaient un bouleversement profond dans nos petits groupes déjà aguerris... Ce fut leur afflux soudain qui rendit indispensable la naissance et le développement du Service National Maquis. Mais monter une telle organisation n'était pas facile. Il était capital de s'appuyer sur le réseau des complicités campagnardes, d'éviter de compromettre la sécurité des réfractaires et des camps dans la prospection qu'il fallait constamment prendre et reprendre. En août-septembre 1943 je lançai pour commencer une quinzaine de prospecteurs à travers la zone occupée... Un seul fut pris. Les autres revinrent avec une moisson de renseignements sur les groupes et les maquis existants... Yves Farge, du Comité Anti-Déportation (CAD) me prit en amitié. Les Mouvements, voyant que le Service Maquis commençait à prendre corps me firent aussi confiance. »

Et là, André Brozen-Favereau nous explique : « De famille militaire, je m'étais attaché à ce que le Service Maquis ne soit pas engagé politiquement. Et c'est pourquoi des hommes rattachés au Front National donc au parti communiste, comme Villon ou Vaillant, poussés par Farge, du Comité Anti-Déportation, acceptèrent notre Service Maquis, comme l'avaient accepté activement, dès le début Touny, Charpentier, Arrighi, et Blocq-Mascart à l'OCM, Saint-Just et les chefs des principaux mouvements. Notre but était de nous tenir dans la ligne d'unité de la Résistance qui nous avait été donnée par Londres... Il nous fallait essayer de prospecter, d'encadrer, d'instruire, d'amalgamer les maquis et les petits groupes, de les rattacher à l'Armée Secrète, de les ravitailler et de les armer dans la mesure du possible. Après quatre mois d'efforts, au mois de décembre, nous avions en zone Nord dix chefs de régions et de sous-régions, trente-huit chefs départementaux régulièrement reliés entre eux, une centrale de papiers d'identité, quelques dépôts d'intendance, un centre de triage et d'accueil à Paris qui parvint plus tard à expédier jusqu'à deux cents hommes par mois au maquis. »

A ce moment, Brozen-Favereau fait état, à la fois, de la coopération et des dissenssions entre, d'une part, le « Service national maquis » et, d'autre part, le « Front National » et les FTP... « Vaille que vaille, nous dit-il, le Service National Maquis de zone Nord était donc en place en novembre décembre 1943, soutenu par le CAD de qui nous recevions des fonds, en liaison avec Villon, Rol-Tanguy, Beaufils du Front National, ainsi qu'avec Saillant et le syndicat CGT, en liaison très confiante avec Touny de l'OCM et ses adjoints, avec Coquoin-Lenormand et "Ceux de la Libération", Bourdeau de Fontenay et Léo Hamon de "Ceux de la Résistance" et avec Guillemin de "Résistance". Sans oublier, bien sûr, les délégués de Londres et les dirigeants des MUR... Ainsi nous contribuâmes fortement, partout où nous le pûmes, à établir l'unité de la Résistance, à la subordonner aux délégués de Londres, et à faciliter l'inclusion des maquis dans l'Armée Secrète... Le service zone Nord comptait plusieurs officiers d'active remarquables, donnés par Revers et Rondenay de l'ORA, et parvint à encadrer près de 15 000 hommes dont plusieurs groupes francs armés. Mais malgré nos efforts les Francs-Tireurs et Partisans dirigés par les communistes freinèrent constamment la fusion que nous nous efforcions loyalement d'opérer et mirent même en péril plusieurs de nos prospecteurs et notamment Bouret (Jean-François) en Bretagne. »

Ceux qui n'ont pas pu voir la Libération...

« Beaucoup des nôtres, dit ensuite l'ancien chef des maquis des MUR (puis MLN) en zone Nord, ne virent pas le moment de la Libération et disparurent en 1944... » Et d'évoquer toutes ces victimes ; le souvenir des morts en déportation tels Georges Rives (Baïra), Jean Régnier (Raymond), Henri de Virel (Désilles), Jean-Jacques Nadaud (Alain), Henri Chas (Charlieu), Jean Gosset (Jean-Christophe), Marguerite Serrand (Catherine), Noëlle Noirot (Mme Richard) ou le commandant Guy de Kercaradec (Rocher) ; le souvenir des tués au combat tels Jean Cressot (Chevrier), Henri Camp, Jean Duhail (Vallin) ou Laroque ; le souvenir de ceux que la Gestapo assassina tels Marcel Steinmuller, Leduc ou Philippe Guttinger (Groisel)... Tous ceux qui n'ont pu voir la Libération.

La Libération, ce rêve, cet objectif, ce but ultime des maquisards qui manquaient toujours de moyens... « Notre principale revendication, nous raconte "Brozen", ne fut jamais exaucée. C'était de disposer d'une radio clandestine dans chaque département. Sans doute était-ce difficile, sans doute aussi les services britanniques n'avaient-ils pas intérêt à aider aussi vite à l'unification de notre Résistance. Et cependant, si un tel objectif avait été atteint, c'en aurait été fini de ces voyages incessants qui coûtaient si cher en vies humaines et de ce sentiment démoralisant des chefs courant après leurs troupes et des troupes courant après leurs chefs... Le centre de triage de Paris que dirigeait Farges-Thorel convoyait maintenant chaque semaine des dizaines d'hommes vers les campagnes. Il était en liaison étroite avec le FUJP (Front uni des Jeunesses patriotiques), des étudiants parisiens que Semoir (Gosset) lui amenait... Jour mémorable, le 3 décembre 1943, le Comité Central des Mouvements de Résistance lança la consigne de multiplier l'action immédiate et de répartir les stocks d'armes jusqu'alors enterrés. A force de négociations, nous avions en effet obtenu de Londres que pendant le mois de décembre, à titre d'essai, l'aviation anglaise cessât d'attaquer les locomotives et les convois français et nous en laisse le soin en épargnant ainsi la vie de nos amis les cheminots. Le résultat fut probant et il amena une magnifique émulation parmi nos maquis, notamment en zone Nord... J'étais alors dans le Maquis de Bourgogne que commandait "Camp" dont les vingt garçons de sa troupe personnelle portaient la Croix de Lorraine cousue sur leur veste. Leur PC se trouvait près des Laumes-Alésia. Ce petit groupe, d'une extraordinaire valeur, exécuta sept opérations d'envergure dans le mois, détruisant plusieurs ponts, plusieurs locomotives, faisant sauter des trains de permissionnaires allemands, en tuant plus d'une centaine... En Bretagne, près de Landevant, la ligne fut coupée avec une régularité splendide, cinq fois au même endroit, isolant la base des sous-marins de Lorient et la région de Quimper et de Quimperlé. »

Le lieutenant-colonel Brozen-Favereau s'anime en évoquant les actions menées — et réussies — par les maquisards. Les actions, et aussi les manifestations de force, d'une force de plus en plus incontestable. « En Seine-Inférieure, aujourd'hui Seine-Maritime, poursuit-il, le corps franc du Maquis, commandé par un saboteur venu de Londres et dont j'ai ignoré le nom m'« invita » un peu plus tard à une opération en gare de Dieppe. Dix-sept locomotives furent immobilisées la même nuit... Je me souviens aussi avec émotion d'une véritable prise d'armes dans le bocage normand, aux limites de l'Eure et du Calvados, chez les « Robert » de l'Eure. J'y avais amené Kammerer (Archer), le délégué militaire régional. Trois cents hommes étaient rassemblés pour la circonstance, enfin en armes, dans le secteur même de la célèbre division blindée « Hermann Göring ». Ils défilèrent et hissèrent les couleurs au son du clairon. Des nominations furent faites, des directives furent données, et l'action de ce maquis, pour ralentir les renforts allemands fut essentielle au moment du débarquement. Par la suite, les Alliés nous accordèrent une importance largement accrue. Ils augmentèrent le nombre de leurs parachutages d'armes qui malgré d'incroyables difficultés furent distribuées... On croyait enfin en nous ! »

Un sonnet mallarméen

Le responsable du Service national maquis pour la zone Nord avait sous son contrôle une grosse quarantaine de départements. Passons maintenant à l'échelon d'un seul, celui de l'Aude, où nous rencontrons Lucien Roubaud... Dans un style tout à fait différent de celui de Brozen-Favereau, bien qu'ils soient, l'un et l'autre, issus du même mouvement, celui de Frenay, Roubaud nous semble être aussi une figure de la Résistance. C'est comme responsable départemental de « Combat » qu'il s'est occupé des maquis. Mais d'où venait-il ? « Je suis né, nous répond-il, le 27 décembre 1906. J'avais donc trente-trois ans lors de la débâcle de 1940. Etant entré en 1926 à l'Ecole Normale supérieure de la rue d'Ulm, j'avais passé mon agrégation de philosophie et j'avais été nommé professeur, d'abord à Tulle, en Corrèze, puis à Carcassonne. Au moment de la guerre, n'ayant pas été mobilisé car j'étais père de quatre enfants, j'étais donc toujours en poste au lycée du chef-lieu de l'Aude. A cette époque, je n'appartenais à aucune organisation politique ou syndicale. Passionné de rugby, je faisais beaucoup de sport et j'étais sous l'influence des idées du philosophe Alain, l'auteur notamment des *Propos* et des *Eléments d'une doctrine radicale*. Lors de mon service militaire, j'avais refusé toute promotion ou formation particulière car je tenais à rester simple soldat... »

Ici, faisons une parenthèse. Le temps de citer quelqu'un qui fut l'élève de Lucien Roubaud à cette époque. Un élève qui s'appelait Jean Cau, futur secrétaire de Jean-Paul Sartre, romancier germano-pratin et prix Goncourt 1961, journaliste de gauche et pamphlétaire de droite, accessoirement préfacier de Melnik-Mignon comme nous l'avons vu... « En philo, M. Roubaud, écrit Cau dans ses *Croquis de mémoire*. Un colosse sportif et qui nous initiait à la philosophie avec une santé de champion ; et qui réussissait à nous parler de Descartes comme d'un athlète qui aurait hésité entre jouer au rugby et écrire le *Discours de la Méthode*. Du sport, avec Roubaud, la philo. Un joyeux exercice pour soulever, comme haltères de plume, les concepts. Un matin d'hiver, je ratai, avec ma grosse boule de neige, dure et tassée, le copain que je visais et la boule vint s'écraser sur la tête de M. Roubaud. Pile.

— Je dois vous punir, mais choisissez la punition.

— Un sonnet, Monsieur.

— Très bien. Faites-moi un sonnet. Voici le titre : *Boule de neige.*

Je composai le sonnet. Et, à partir de ce jour, à chaque fois que je chahutais en classe, la sanction tombait :

— Cau, vous me ferez un sonnet. Mallarméen, cette fois ? Essayez. »... Fin de la parenthèse. Et suite du témoignage de Lucien Roubaud.

« Comment suis-je entré dans la Résistance ? nous explique-t-il. C'est difficile à dire... Au début, je n'ai pas eu d'autres contacts que celui de mes amis, de mes relations habituelles. Tenez, un exemple... C'était peu après l'Armistice. Un élève qui s'appelait Astruc, qui n'était pas dans ma classe mais que je connaissais au club de football, est venu me voir chez moi. Il m'a dit : "Je veux partir pour Londres..." Son père était colonel ou général d'aviation. Il avait pris contact avec des aviateurs. Je lui ai répondu : "Mais, je pars aussi s'il y a de la place..." Une petite valise, une brosse à dents, nous avons filé vers l'aérodrome... Hélas, ce fut un départ manqué... Sans doute n'était-ce encore que des enfantillages, mais qui montraient notre désir très net que les choses ne s'arrêtent pas là... L'affaire est devenue un peu plus sérieuse avec Albert Picolo qui, avant d'être arrêté puis déporté à Buchenwald, a, sans aucun doute, été le premier organisateur de la Résistance dans l'Aude. Ancien candidat socialiste à Carcassonne, Picolo était, comme moi, professeur au lycée, mais il avait été révoqué dès le début par Vichy. Il connaissait beaucoup de socialistes et aussi quelques communistes. Le magasin de sa femme, qui était pharmacienne, était devenu un lieu de rendez-vous. Je me souviens que, le fusil de chasse à la main, nous partions avec lui reconnaître les endroits où ultérieurement nous pourrions faire des embuscades. Plus sérieusement, nous faisions aussi de la propagande orale et nous menions campagne contre les quelques pétainistes de l'endroit. Nos propos trouvaient un écho certain auprès des petits commerçants du quartier : le réparateur de vélos, le menuisier, le tonnelier, etc. C'était limité, mais c'était très net. Nous nous sommes manifestés plus ouvertement lors de la cérémonie du 11 novembre 1940... Ainsi, au fil des mois, avons-nous monté plusieurs manifestations, dont celle où Picolo a arraché le bouquet qu'on venait de remettre à un Allemand qui était venu faire une conférence à Carcassonne. Peu à peu, ces manifestations ont pris de l'ampleur... »

« Dans la forêt à sangliers... »

Malgré deux ans de vichysme, ou peut-être à cause de ces vingt-quatre mois d'oppression, la fête nationale fut particulièrement réussie... « Le 14 juillet 1942, nous raconte Lucien Roubaud, il y a eu une très grande manifestation à Carcassonne, une manifestation où une foule arborait les trois couleurs : bleu, blanc et rouge... Le travail de bouche à oreille avait été très bien fait. Hélas, Albert, lui n'était plus là... En effet, Picolo était parti en Lozère où il avait été arrêté. Mais, avant cette arrestation, on peut dire qu'il avait mis sur pied une organisation. Il avait notamment reçu la visite de Jacques Renouvin, le fondateur des "groupes francs" de "Combat" et les premières structures départementales du mouvement existaient dans l'Aude. Après l'arrestation d'Albert, c'est un professeur de Carcassonne, Pizard, qui a pris la succession. Mais il n'a tenu que trois mois parce que, ensuite, menacé de dénonciation, il a dû partir. A cette époque, moi, j'avais toujours refusé de prendre une responsabilité particulière et j'étais simplement entré dans une "sizaine" (groupe de six). Mais Gilbert de Chambrun, alias "Carrel", qu'à l'époque nous appelions "Roger", est venu dans notre département. Il cherchait un responsable départemental... Il m'a proposé de l'être. D'abord, j'ai refusé. Puis, il a tellement insisté que j'ai finalement accepté. Dès lors, je suis devenu un organisateur, donc une sorte de commis-voyageur... Il me fallait veiller à ce que fonctionnent normalement les communications téléphoniques et télégraphiques. Veiller au recrutement, à l'organisation ou à la propagande. Veiller en fait à ce que marchent bien tous les "services". »

Des « services » auxquels va vite s'ajouter celui des maquis... « Les premiers maquis, poursuit Roubaud, s'étaient formés à la fin de 1943. L'afflux de jeunes qui fuyaient le STO nous avait posé des problèmes nouveaux. Il fallait trouver où les mettre. Il fallait avoir le temps de vérifier si parmi eux ne s'étaient pas glissés des provocateurs. Enfin, il fallait un endroit tranquille. Le premier que nous avons trouvé, ce fut les bois de Picaussel, dans la montagne, près d'un hameau qui s'appelle Lescale, dans la commune de Puivert, un hameau qui a été par la suite incendié par les Allemands. Nous avons donc installé là un gros maquis, beaucoup trop gros d'ailleurs. Mais telles étaient les instructions d'Alger qui voulait un gros maquis pouvant recevoir de gros parachutages. Il y avait facilement deux cents hommes dont les origines étaient les plus diverses puisque, parmi eux, on comptait même des Belges. Pour comprendre le danger que représentait un regroupement de plus de deux cents types, il faut se souvenir que nous étions tout près du maquis de la montagne Noire, et encore plus près de celui de Salsigne, deux maquis où il y a eu tant de tués... Les maquisards avaient été trahis, pris dans des grottes après avoir été pourchassés, un peu plus à l'est, à Trassanel, au-dessus de Villeneuve-Minervois. Nous avons d'ailleurs mieux compris le danger lorsque nous sommes allés en inspection à Picaussel. J'étais accompagné par "Myriel", de son vrai nom Jean Bringer, un jeune aspirant qui était entré aux Eaux et Forêts et dont le père, Rodolphe Bringer, avait été journaliste au *Canard enchaîné*. Je me souviens particulièrement de l'inspection de novembre ou décembre 1943. Il y avait partout de la neige et, pour que notre gazogène puisse avancer, il fallait couper des branches pour les mettre sous les roues. Heureusement, j'ai reçu de nouvelles instructions préconisant de petits maquis mobiles et l'"Armée secrète" (AS) qui, jusque-là, restait l'arme au pied, est enfin entrée plus nettement dans l'action. Nous avons monté d'autres maquis : il y en avait un à Saint-Polycarpe, près de Limoux ; un autre dans la forêt à sangliers de La Malepaire, à l'ouest de Carcassonne, etc. Le principal problème était que les maquis survivent. Il fallait mener des actions, terroriser les miliciens, nourrir les hommes, "faire" des bureaux de tabac pour avoir de quoi fumer et puis, évidemment, recruter. Il était essentiel pour les maquis de pouvoir s'appuyer sur les paysans qui, eux, pour la plupart, étaient en quelque sorte des maquisards sédentaires. Le jour, ils effectuaient les travaux de la ferme et, la nuit, quand nous le leur demandions, ils partaient avec leur fusil de chasse pour faire sauter les voies ferrées. Mais nous trouvions aussi appui chez des gens aux origines les plus diverses : des commerçants, beaucoup d'ouvriers, des intellectuels, etc. Je me rappelle, par exemple, un grand patron d'une usine de chapellerie qui, d'ailleurs, à l'époque, fabriquait autre chose. Son usine était installée à Espéraza. Lui, c'était un nommé Barrière, très connu dans la région comme dirigeant sportif. Paul, son fils, avait été mon élève et il participait à la Résistance. Ses parents m'ont donné beaucoup d'argent pour les maquis... Toutefois, je n'ai pas pu finir ce travail auprès des maquis parce que j'ai été appelé à des responsabilités régionales. »

« Imaginer des refuges secrets »

Comme tout à l'heure les remarques de Brozen-Favereau sur ses rapports avec le Front national et les FTP, ce que nous dit maintenant Lucien Roubaud de son destin ultérieur illustre bien ce que furent au quotidien les frictions internes de la Résistance... « Tant que j'en étais resté au niveau départemental, remarque-t-il, je n'avais guère eu à connaître des problèmes politiques, mais ensuite, au niveau régional, cela devint beaucoup plus compliqué. Certes, dans l'Aude, j'avais dû m'opposer au noyautage socialiste d'un dirigeant de "Libération", Francis Missa, dit "Léveillé", et, de même, j'avais dû expliquer aux camarades du "Front national" que leurs effectifs réels ne justifiaient pas la représentation qu'ils réclamaient à la direction. Cependant, tous cela n'était rien à côté de ce que j'allais connaître par la suite...

En effet, je me suis retrouvé responsable régional de "Combat", puis des "Mouvements Unis de Résistance", les MUR, puis du "Mouvement de Libération Nationale", le MLN, pour la "R. 3". La "R. 3", c'est-à-dire l'ensemble de l'Aveyron, l'Aude, les Pyrénées-Orientales, l'Hérault, le Gard et la Lozère. Enfin, j'ai été chargé de mettre en place le "Comité Régional de Libération", le CRL, dont je suis devenu le président... Mais voilà que cette nomination à l'échelon régional a posé beaucoup de problèmes parce que Henri Noguères et Francis Missa s'y sont opposés. Ils s'y sont opposés et le problème a dû être réglé à l'échelon national. Leur argument essentiel était que j'étais un communiste camouflé. Quelqu'un qui avait la carte du Parti qui ne le disait pas. Un "sous-marin" en fait, même s'ils n'employaient pas le mot. C'était contraire à la réalité. En effet, si Michel Bruguier, le futur avocat, et Félix Roquefort, militant socialiste avant la guerre, étaient, l'un et l'autre, entrés au Parti, sans d'ailleurs me le dire, tel n'était pas mon cas. Je n'ai adhéré qu'après la Libération... »

Auparavant, Lucien Roubaud avait été membre du Comité directeur du MLN, délégué à l'Assemblée consultative et juré à la Haute Cour, notamment lors du procès Pétain... Aussi bien certains ont-ils pu s'étonner que son nom, contrairement à des milliers d'autres, ne soit à aucun moment mentionné dans les plus de trois mille cinq cents pages des cinq volumes de l'*Histoire de la Résistance en France* qu'a publié, un quart de siècle plus tard, l'ancien résistant de R3 devenu l'historien Henri Noguères.

Quittons maintenant les échelons régionaux et départementaux pour nous rapprocher un peu plus de la base. En passant de l'Aude dans la Creuse, avec Marc Parrotin, nous quittons aussi la mouvance de « Combat » et des MUR pour celle des FTP, très proche, on le sait, du PCF clandestin... Notre interlocuteur n'est pas seulement une ancien maquisard, c'est aussi un fin connaisseur de l'histoire maquisarde. Quelques années après notre rencontre, il publiera, en 1984, *Le Temps du maquis ; Histoire de la Résistance en Creuse*, et ultérieurement deux autres livres, dont *Femmes de la Résistance en Creuse*, en 1997. « En 1940, nous dit Parrotin, j'avais seize ans. J'étais élève au lycée de La Souterraine, un chef-lieu de canton de la Creuse. Je suis né à quelques kilomètres de là, à Saint-Agnant-de-Versillat. Mes premiers rapports avec la Résistance datent d'avril 1942, époque où je fus contacté par Victor Renaud, un membre du "réseau Alliance" qui me confia des missions sans que j'adhère à son organisation. Ce n'est donc que l'année suivante, en 1943, que j'ai à proprement parler commencé à prendre part au combat. En juillet, j'ai été chargé d'accueillir puis de ravitailler les maquisards du "groupe d'Estienne d'Orves" des "Francs-Tireurs et Partisans français" (FTP) et, en octobre, j'ai créé au Lycée de Guéret le "groupe René Laforge", toujours pour le compte des FTP. Au printemps de

1943, dans la Creuse, beaucoup de jeunes gens astreints au STO n'avaient pas répondu à l'ordre de réquisition. Il faut dire qu'il y avait chez nous de solides traditions de lutte et qu'on y avait la haine de l'occupant. Mais ces défaillants au STO étaient menacés d'arrestation et d'internement. Etaient menacés aussi leurs parents et ceux qui les hébergeaient dans des fermes amies. Il fallait donc imaginer des refuges secrets loin de toute agglomération. Ainsi allait naître un important maquis dans le canton de La Souterraine, une région où pourtant les massifs forestiers sont clairsemés et de faible étendue. Au mois de mai, les responsables locaux du Parti communiste clandestin créèrent un premier camp de réfractaires dans le bois de Montautre, près de Saint-Maurice-la-Souterraine, à la limite de la Haute-Vienne et de la Creuse. A cette époque, pour cette seule région, on comptait, organisés par "groupe de trois", plus de cent cinquante militants communistes se répartissant dans treize communes. Les camarades les plus responsables, tel que Auguste Coulon, le maire de Saint-Priest-la-Feuille, révoqué par Vichy, arrêté en octobre et qui devait mourir en déportation, tels que Eugène Pailler, René Gillet, Georges Stévenin ou Henri Pluyaud disposaient donc d'une solide organisation sur laquelle allait pouvoir compter le "Comité militaire régional" des FTP. Une organisation capable d'assurer l'hébergement des défaillants au STO, de s'occuper du recrutement des maquisards, de leur ravitaillement et de la sécurité de leur camp. »

Dans le journal intime d'un maquisard

« En juin 1943, poursuit celui qui est devenu adjoint au maire et professeur au CEG d'Auzances, près d'Aubusson (Creuse), ce camp du bois de Montautre abritait une trentaine de réfractaires assez mal installés dans des cabanes de branchages couvertes de fougères ou de quelques bâches récupérées çà et là. Leur armement était assez maigre : un vieux fusil mitrailleur de la guerre de 1914-1918, une dizaine de mitraillettes Sten et quelques pistolets. C'était bien peu. Leur chef était André Cerbelaud, alias "Raymond", un jeune Berrichon que secondait un ancien lieutenant de l'Armée républicaine espagnole, Miguel Lopez, alias "Vidal". Ce dernier s'occupait plus spécialement d'apprendre aux jeunes volontaires le maniement des armes et la pratique de la guérilla ; arrêté quelques mois plus tard, il devait être fusillé à Limoges, le 19 mai 1944... Les maquisards étaient ravitaillés la nuit par des membres des JC (Jeunesses communistes) de Noth, de Saint-Priest-la-Feuille et de Lizières qui acheminaient jusqu'à la carrière de Semme la viande, les pommes de terre et tout ce qui est indispensable à la vie quotidienne d'un camp. Ce ravitaillement était soit offert par des paysans patriotes, soit acheté dans d'autres fermes au cours normal. Pour se procurer de l'argent, les JC présentaient à tous les résistants des "bons de soutien aux maquis" de cinq, dix ou vingt francs qu'ils imprimaient eux-mêmes. Ils vendaient aussi des "bons" dans les bals clandestins organisés, çà et là, dans des granges isolées. Il arrivait même qu'ils aillent faire ouvertement des quêtes dans les villages... En fait, nos maquisards étaient assez bien nourris car notre région produit à peu près de tout. Les deux seuls problèmes qui se posaient étaient ceux du tabac et du vin. Bien sûr, les gars en ramenaient quand, de temps à autre, ils allaient passer une nuit dans leur famille, mais ça ne suffisait pas. Alors, en 1944, comme ma mère tenait un bureau de tabac, je suis allé voir le directeur de l'entrepôt de Guéret, M. Chiozzini. J'ai discuté avec lui et il a accepté de nous donner une "décade" supplémentaire pour le maquis. Cela ne nous a pas empêché d'être souvent obligés de fumer des feuilles de topinambour. Quant au vin, il a bien fallu s'en passer la plupart du temps. On avait un peu de cidre à l'automne mais, la plupart du temps, on buvait de l'eau. Pour les armes, nous avons d'abord eu celles que le "Comité militaire régional" nous a fait parvenir, des armes qui avaient été récupérées lors de la débâcle. Et puis, plus tard, nous avons pu avoir des armes et du plastic parachutés par les Anglais dans la région de Noth. Un officier de l'IS passait régulièrement. Il prenait connaissance des effectifs et des actions menées et, ensuite, après avoir prévenu Londres par radio, il nous faisait parachuter du matériel... »

Quand Marc Parrotin parle d'« un officier de l'IS », donc de l'Intelligence Service (MI6), sans doute faut-il plutôt entendre du SOE (Special Operations Executive). Toutefois ce qu'on retiendra surtout de cette partie de son témoignage, c'est que nous rencontrons ici des FTP qui, à la fin, souffriront moins que d'autres de cette pénurie d'armes, et seront, tant bien que mal, approvisionnés par Londres, en 1944... Mais restons en 1943, où, « jour après jour, nous raconte ensuite Parrotin, arrivaient de nouveaux volontaires... Pour entrer au maquis, il fallait d'abord trouver la filière, découvrir le sympathisant ou le militant qui ait confiance pour vous diriger vers un responsable de l'organisation. Et puis, c'était le début de la grande aventure. Quand un réfractaire avait convaincu de sa bonne foi et de sa résolution de devenir maquisard, un guide venait le chercher pour l'amener au « point de chute ». En cours de route, dans une ferme amie, on apprenait les « mots de passe » qui, par mesure de sécurité, changeaient tous les deux ou trois jours. A titre d'exemple, lisons, ce que, dans son journal intime, note un étudiant, Adrien Bouneau, qui raconte son arrivée au camp. "Ce fut le 26 août, écrit-il, que j'entrai au maquis avec de lourds bagages et une valise de livres. La guide qui devait m'accompagner au point de chute vint me chercher vers dix heures. Nous partîmes en vélo, c'était un jour de pluie... On devait nous donner en cours de route le mot de passe. On nous en indiqua un : *Je viens chercher l'almanach de Pétain*. Le mot de passe ne valait rien. Le lendemain nous revînmes. *Je viens chercher l'écrou de la batteuse*. On nous laissa entrer et nous rejoignîmes deux camarades. Le soir, vers onze heures, on vint nous chercher. Dans la nuit noire, nous prîmes le chemin du camp, à travers champs. Le panier et la valise me tiraient sur les bras et je suivais à grand-peine mes guides. "*Halte ! Toulouse... Passe !*" Le faisceau d'une lampe nous montra le chemin. Nous dormîmes sous la tente, sur la paille, avec une maigre couverture. De temps en temps, un gars rentrait, un autre partait..." »

Déraillements, sabotages, explosions...

Après avoir terminé sa lecture d'un passage du journal intime, Parrotin nous précise que « le camp dans lequel se trouvait Adrien Bouneau se composait de trois tentes cachées dans les taillis pour ne pas pouvoir être aperçues des avions. Une cuisine en branchages, une pile de vaisselle au pied d'un arbre. Adrien fut reçu par le chef qui lui donna un matricule. Il fut affecté à l'un des groupes. Désormais, il va vivre sous la tente. Il sera, tour à tour, de garde, de corvée ou de repos. Trois ou quatre fois par jour, il faudra aller chercher de l'eau. On va lui apprendre le maniement de la mitraillette et le lancement des grenades. Un "programme" a été mis au point et il est affiché sur un arbre. Il prévoit même les baignades dans le ruisseau et la culture physique. Les après-midi se passent à dormir, à lire, à discuter politique ou à jouer aux cartes. A partir du mois de septembre on commence à espérer un débarquement et à s'entraîner sérieusement. Des gars décidés veulent passer à l'action... Deux expéditions auxquelles ne participent que des volontaires sont organisées dans la nuit du 13 au 14 juillet. Un groupe doit faire dérailler un train de marchandises sur la ligne Paris-Toulouse et un autre déposer des bombes aux domiciles des "collabos" les plus en vue de La Souterraine... Ces opérations sont en partie réussies et la population les accueille avec enthousiasme en les attribuant à bon escient aux "gars du maquis". Après ce sabotage, les réfractaires qui s'ennuient de plus en plus dans l'inaction décident de former un "groupe de combat" des FTP. Ils se réunissent à dix et choisissent l'un d'entre eux comme chef. A l'unanimité est désigné "André", de son vrai nom Eugène Odru, un jeune enseignant communiste des Alpes-Maritimes, qui s'est évadé du camp d'internement de Saint-Paul d'Eyjeaux, en Haute-Vienne. C'est ainsi que, dans la nuit du 1er août 1943, le premier groupe du "détachement d'Estienne d'Orves" des FTP quitte le camp des réfractaires de Montautre. Comme je l'ai dit, c'est moi qui les accueille près de La Souterraine pour aller les installer à cinq kilomètres de là, au nord de la petite ville, dans le pittoresque vallon des Gandys, près de mon village natal de Saint-Agnant-de-Versillat, non loin de la ligne de chemin de fer Paris-Toulouse. Ce premier groupe de FTP compte six jeunes Creusois originaires de la région : Roger Tourenne, Camille Bruat, Eugène Bonnaud, Raymond Delannaud, Lucien Daguet et Roger Gerbaud. Les deux derniers seront capturés par l'ennemi et le premier mourra en déportation tandis que le second sera fusillé, à Limoges, le 23 juin 1944. Les autres maquisards sont José Pons, un républicain espagnol, Léon Chardon, un ouvrier du Nord, et André Cerbelaud... Pendant tout l'été de 1943, ces pionniers qui sont du point de vue chronologique parmi les premiers maquisards français, vont mener un dur combat dans la région de La Souterraine. Au camp de Montautre, après ce premier essaimage, on désigne un nouveau chef. Ce sera "Roland", de son vrai nom René Boussin. Ayant fait un début de carrière militaire, il va savoir diriger les jeunes réfractaires en faisant preuve sur eux d'un ascendant véritable. Miguel Lopez, alias "Vidal", continue à s'occuper de l'entraînement. Bientôt, l'action menée par le "groupe d'Estienne d'Orves" se révèle très efficace. Les déraillements spectaculaires réussis sur la ligne Paris-Toulouse, les sabotages de presses à fourrage travaillant pour les Allemands, les attaques contre les pylônes de lignes à haute tension, les explosions de bombes aux domiciles de "collabos", etc. témoignent déjà, à la mi-août 1943, de l'implantation d'un puissant maquis dans la région de La Souterraine. Aussi, la riposte du gouvernement de Vichy ne va-t-elle pas tarder... »

Vichy qui, le 19 août, envoie contre les maquisards des GMR (Groupes mobiles de réserve), unités de police fondées en 1941 (lois des 23 avril et 7 juillet) dont l'action dite « antiterroriste » fut particulièrement meurtrière et dont les effectifs passèrent, en trois ans, de 6 931 à 11 617 hommes. Mais écoutons Marc Parrotin. « Ce 19 août, poursuit-il, il n'y a que trente-quatre réfractaires à Montautre. Pour tout armement, ils ont un vieux fusil mitrailleur, une douzaine de mitraillettes, sept fusils de toutes marques, quelques pistolets et une vingtaine de grenades défensives. En face d'eux, s'avance une troupe nombreuse de mercenaires bien armés qui après plusieurs assauts, vont déborder les défenseurs du camp. "Vidal" et "Roland" commandent leurs maquisards à ce baptême du feu. En balançant ses grenades "Mills" sur l'ennemi, le courageux Miguel Lopez parvient à retarder sa progression. Mais la fusillade continue et, peu à peu, les munitions des maquisards s'épuisent. Il faut se replier pour éviter l'encerclement. Se replier en emmenant les blessés. La petite troupe s'éparpille dans les bois tandis que quelques gars sont, malgré tout, faits prisonniers. Marcel Aucomte et Sanchez Garcia, capturés ce jour-là, seront déportés en Allemagne, dont le deuxième ne reviendra pas... Traversant le bocage creusois, ses prairies et ses guérets, les maquisards de Montautre partent vers l'est. Dans les hameaux, quand ils les voient passer, les habitants leur offrent à boire et à manger... »

L'adjoint au maire en pyjama

« Mais, ajoute Parrotin, le soutien de la population va apparaître, ce jour-là, de façon encore plus spectaculaire. En effet, à La Souterraine, on a perçu et longuement écouté les échos lointains du combat de Montautre. La nouvelle s'est aussitôt répandue en ville que le maquis était attaqué. Alors, dans les rues, de petits groupes se sont formés. Les patriotes ont cherché à savoir. Vers midi, ils avaient vu passer des cars de GMR qui, venant de Châteauroux, avaient traversé la ville pour prendre la direction de Saint-Maurice. Ils comprennent qu'il s'agissait de renforts pour les assaillants. Alors, les militants communistes agissent. Ils lancent le mot d'ordre d'une manifestation devant la mairie. Bientôt, une centaine de personnes, des femmes en majorité, se trouvent ainsi regroupées. Les manifestants demandent à voir le maire vichyste. On leur répond qu'il est absent. Ils réclament alors son adjoint, le médecin-général Guillon. Quand on apprend que le médecin-général est à son domicile, on décide d'aller le chercher. Un cortège se forme. L'adjoint au maire est extrait de sa demeure, en pyjama, sous les huées. On l'entraîne, bien escorté, jusqu'à la mairie où on l'oblige à téléphoner à la préfecture, au siège régional du "Maintien de l'ordre" et même à Vichy, au ministère... Les manifestants exigent de lui qu'il demande un "cessez-le-feu". Le médecin-général ne sera relâché que lorsqu'on aura la certitude que les combats ont cessé. Mais la manifestation ne s'arrêtera pas pour autant puisque, toujours en cortège, on se rendra jusqu'à la place d'Armes où on entonnera *La Marseillaise* avant de se séparer... Cette action populaire eut un grand retentissement qui dépassa largement le nord-ouest de la Creuse. La radio anglaise en parla et, par la BBC, toute la France résistante apprit la lutte que menait le premier maquis creusois. Cette lutte ne cessa de s'amplifier jusqu'à la Libération. Je le sais pour y avoir pris part puisque, en janvier 1944, je fus nommé "responsable militaire" du maquis FTP de La Souterraine. Sérieusement blessé au maquis le 20 février 1944, je fus arrêté par la Milice le 20 mai. Après avoir été torturé, je fus finalement libéré le 21 août. En septembre 1944, j'étais "commissaire aux effectifs" du 15e Bataillon FTP qui avait été formé à La Souterraine. Notre bataillon fut plus tard incorporé au 26e régiment d'Infanterie qui prit part aux combats contre les Allemands dans la "poche" de La Rochelle, combats auxquels je participais personnellement comme "chef de section". J'avais alors vingt ans, et c'est là que j'ai terminé la guerre... »

L'importance accordée par Marc Parrotin à la manifestation d'août 1943 dans le chef-lieu de canton creusois est tout aussi significative que l'évocation des « complicités campagnardes » par André Brozen-Favereau et que l'assimilation par Lucien Roubaud de certains paysans à des « maquisards sédentaires ». Elle nous rappelle d'autres exemples, telle que la plaque commémorative de Pétréto-Bicchisano dont parle Paul Bungelmi. Le bourg de Pétréto est en Corse du Sud, dans l'arrondissement de Sartène. « J'y suis né le 28 janvier 1923, nous dit le militant communiste Bungelmi. Mes parents étaient des travailleurs ruraux. En 1939, à seize ans, j'ai terminé le cours complémentaire à Pétréto et, en octobre 1940, je suis entré à l'Ecole normale d'instituteurs d'Ajaccio. C'était un peu avant que Pétain ne supprime les Ecoles normales que le régime de Vichy considérait comme des foyers de subversion. Au bout de quelques mois, il a donc fallu que j'aille à Bastia pour faire mes études d'élève-maître avant ma probation. C'est au lycée de Bastia que j'ai été recruté par Léo Micheli. Il appartenait à la promotion suivante et il a finalement joué un rôle important à la fin de l'Occupation puisqu'il était au secrétariation du Parti communiste clandestin. Quand je dis que j'ai été "recruté", j'entends par là que je suis entré au "Front patriotique de la jeunesse", le FPJ. C'était en mars ou avril 1941, et ce n'est que plus tard que j'ai adhéré aux Jeunesses communistes... Le lycée de Bastia comptait environ un millier d'élèves et nous devions être à peu près une centaine au FPJ. Le proviseur sympathisait avec la Résistance à laquelle appartenaient plusieurs professeurs. Le plus connu d'entre eux était Simon Vinciguerra, professeur d'histoire et animateur du "Front national". Il a beaucoup écrit en langue corse et, après la guerre, il a milité au Parti communiste. Quand j'étais à Bastia, j'étais le dirigeant du FPJ pour le lycée et, ensuite, je suis passé à la direction départementale, dont je suis devenu le responsable principal en 1943... »

Dans les maquis du Sartenais

En poursuivant son témoignage, Paul Bungelmi fait allusion à un livre de Choury, beau-frère de Danielle Casanova dont une rue d'Ajaccio porte le nom, livre intitulé *La Résistance en Corse : « Tous bandits d'honneur ! »* et que nous avons cité plus haut... « En raison de mes responsabilités au FPJ, dit-il, j'ai parcouru à peu près toute la Corse. Je suis allé dans presque tous les maquis et j'ai connu plus particulièrement ceux du Sud, les maquis du Sartenais. Partout, j'ai rencontré cette atmosphère qu'a si bien décrite Maurice Choury "dans les touffes odorantes de cystes et de lentisques"... Un certain nombre de ces tournées, je les ai faites avec Jean Nicoli, un responsable du "Front national" dans presque chaque village, il y avait des patriotes qui prenaient le maquis... Que de noms faudrait-il citer !... Ceux qui, avec Galeazzi et Tramoni, tous deux futurs maires de Sartène, avec Toussaint Mary, avec quelques dizaines d'autres, constituaient le centre des maquis du Sartenais... Ceux qui, à une trentaine, tenaient la vallée du Baraci... Ceux du maquis de Levie, avec Ange Stromboni, avec Jacques Martinetti qui devait, en compagnie de Marcel Nicolas être tués par les occupants... Ceux de la grotte du Barbarosu, où se trouvait Charlot Bonafedi qui avait dix-huit ans en 1943, qui fut arrêté et déporté en Italie puis en Autriche, qui réussit à s'évader, qui alla se battre dans les rangs des patriotes yougoslaves et qui finalement fut tué, le 2 mars 1945, à Prinsko, en Yougoslavie... A côté de ces groupes constitués, il faudrait aussi parler des maquisards isolés dans leur village mais qui se tenaient en relation avec les maquis organisés. Chaque fois qu'il y avait une mission à remplir, on battait le rappel... Evidemment, cela n'était possible que parce que les maquisards bénéficiaient d'un vaste soutien populaire. Il y avait des villages où ils pouvaient se rendre de jour comme de nuit, ouvertement, sans être inquiétés. Dans des endroits comme Casalabriva ou le hameau de Penta, ils étaient littéralement sous la garde de la population... A la fin des années soixante une plaque commémorative a été posée à Pétréto-Bicchisano pour symboliser la reconnaissance de la Résistance à l'ensemble de la population. Cette plaque correspond parfaitement à la réalité : unanimement, toute la population était à la disposition du maquis... J'ai d'ailleurs pu le constater personnellement puisque je faisais la plupart de mes déplacements à pied et que, lorsque je m'égarais, je trouvais toujours quelqu'un pour me guider. Nous circulions à pied parce qu'il devenait de plus en plus dangereux de se déplacer en voiture. Les contrôles, sur les routes, étaient très nombreux. Contrôles allemands et italiens... Il faut dire qu'à la veille de la Libération la situation devenait de plus en plus difficile. Les forces de répression faisaient un quadrillage de plus en plus serré et multipliaient les incursions en grand nombre. Lorsque le maquis de Pétréto a été investi et que Bighelli et Giaccomini ont été tués, les assaillants étaient près de deux mille... Les Allemands étaient les plus redoutables, car beaucoup d'Italiens ne voulaient pas se battre. Il nous est arrivé, au FPJ, de faire des tracts en italien à l'adresse des soldats d'occupation... Il faut dire que le "Front national" était en relation avec certaines troupes italiennes bien avant l'insurrection. Je me souviens, par exemple, d'un régiment que commandait le colonel Canioni et qui nous a donné la preuve qu'il était prêt à combattre le régime mussolinien. D'ailleurs, surtout au moment de l'insurrection, en un certain nombre d'endroits et particulièrement à Bastia, des Italiens se sont battus avec nous contre les Allemands... Après notre insurrection puis la libération de la Corse, j'ai été mobilisé pour l'Algérie. C'était en novembre 1943... Je suis donc arrivé à Marengo, dans la Mitidja, où j'ai été affecté à un centre de transmission du train des équipages, dans la section préparatoire à l'école d'officiers de Cherchell. Juste au moment où j'allais passer le concours de cette école, au début de février 1944, une note de service est venue préciser que pour entrer à Cherchell il fallait avoir fait au moins cinq mois de service... Je pense que les états-majors de l'armée d'Algérie avaient alors peur des cadres issus, comme nous, de la Résistance... Je me suis rabattu sur un examen de sous-officier. Je l'ai réussi. On a demandé des volontaires pour être parachutés en France afin d'encadrer les FFI. Avec un de mes camarades, comme moi ancien élève-maître de la promotion de Bastia, nous nous sommes portés volontaires. On nous a fait lanterner jusqu'au mois de juillet 1944. Ce n'est qu'à ce moment-là que, via Oran, nous nous sommes embarqués pour la France. Entre-temps, à Oran, un jeune communiste que je connaissais et qui travaillait dans les bureaux m'a dit qu'il y avait sur moi un "dossier"... Finalement, je me suis retrouvé à Marseille dans une unité de transport et j'ai été démobilisé en août 1945. Je suis revenu en Corse où j'ai été élu à la direction de l'UJRF (Union de la jeunesse républicaine de France), fonction que j'ai occupée jusqu'en 1948. Ensuite, je me suis fait réintégrer dans l'enseignement. »

Le boulanger « Paillasse »

Lorsqu'à la rubrique *Maquis* du *Dictionnaire de la Seconde Guerre mondiale* de chez Larousse, l'historien Jean-Marie d'Hoop écrit que « la complicité de la population est indispensable pour vivre » et que « le maquis a aussi besoin de la population pour être renseigné », ce sont des évidences qu'il rappelle. Et c'est le même auteur qui, dans le même ouvrage, à l'article *Guérilla* cette fois remarque : « Dès avant la guerre, en Chine, Mao Tsé-toung, en lutte contre l'envahisseur japonais, avait défini ses caractéristiques essentielles. C'est de lui qui viennent certaines règles d'or, résumées en formules imagées, que les maquisards ou partisans ne devaient jamais oublier. S'assurer de la complicité des populations c'est "être dans le peuple comme un poisson dans l'eau" ». Mais quels poissons ? Et dans quelle eau ? Nous en avons bien sûr déjà une idée. Encore gagnerait-elle à être précisée.

Lors du colloque, déjà cité, qui s'est tenu les 11 et 12 janvier 1996, à l'université de Paris VIII-Saint Denis, sur le thème *Résistants et Résistance*, l'anthropologue Michel Clément a fait une communication intitulée *Résistance et peuple des campagnes*. « Chacun sait, a-t-il déclaré, qu'à partir de 1943 les campagnes ont été le grand refuge des réfractaires au Service du travail obligatoire (en même temps qu'elles fournissaient elles-mêmes une bonne partie des réfractaires) et qu'à partir de là, elles sont devenues base d'appui au développement des maquis. La symbiose entre les maquis et les villages était d'autant plus complète lorsque les réfractaires étaient issus en partie de la jeunesse des villages, ce qui était le cas par exemple du Morvan : paysans, ouvriers agricoles et bûcherons constituaient entre la moitié et les deux tiers des maquis. Chacun sait en outre que la clandestinité est impossible à la campagne : il est impossible de cacher l'existence d'un maquis à un village voisin. Par ailleurs, un maquis ne peut survivre sans une aide active et régulière pour sa nourriture. Au point que le choix de son implantation est souvent conditionné en partie par ce point. A plus forte raison lorsque le maquis, accueillant en masse des réfractaires au STO, prend de l'ampleur. Il faut alors mettre en place un véritable service d'intendance, compter sur le soutien de villages entiers, utiliser les chars à bœuf des paysans pour les transports de nourriture, de bois, etc. »

La façon dont Michel Clément parle du « soutien de villages entiers » tout comme celle dont André Brozen-Favereau évoquait les « complicités campagnardes » ou Marc Parrotin « le soutien de la population » nous invite à considérer que « la symbiose entre les maquis et les villages » n'impliquait pas les seuls paysans mais aussi les gens de la campagne au sens large, non-agriculteurs inclus... Ainsi, dans *On les appelait « les bandits »*, le chantre et historien scrupuleux de la Résistance cévenole qu'est Aimé Vielzeuf célèbre-t-il la mémoire d'un artisan boulanger en des termes caractéristiques. « Il faut ici rendre un hommage posthume, à André Durand, dit "Paillasse", écrit Vielzeuf, le boulanger devenu rapidement célèbre dans tout le secteur (celui du maquis des Bouzèdes). "Il faut bien qu'ils mangent, ces petits !" disait-il. Et il faisait passer les besoins du maquis avant ceux de la population, transportant lui-même, à la nuit, sur son échine, les sacs de pain à Libourette, qu'il y ait de l'argent ou non pour le payer ! Ses livraisons se sont montées jusqu'à près d'une tonne par mois ! (...) Cette fourniture ne fut bientôt plus couverte par la quantité de tickets que les clandestins pouvaient récupérer, à droite et à gauche, dans les mairies. Le résultat, c'est que des poursuites furent engagées contre le boulanger, poursuites qui traînèrent en longueur, mais qui, hélas ! furent reprises après la Libération par des fonctionnaires scrupuleux (ou pétainistes ?). Il fallut l'intervention du commandant Adrien, l'adjoint du lieutenant-colonel Pierre (Pierre Savin), à Nîmes, celle du commandant Barry (Jean Garnier), chef d'état-major de la subdivision militaire de Mende, pour que cette action scandaleuse cesse. Quand on pense à l'argent qu'aurait pu gagner le pauvre "Paillasse" en vendant son pain au marché noir ! »

Les « banquiers des maquis »

Dans n'importe quel bourg, tout autant que la boulangerie, le bureau de poste est, si l'on peut dire, incontournable. Aussi bien, tout comme boulangers et boulangères, postiers et postières furent-ils concernés par l'existence des maquis... Sous l'égide du Comité d'Histoire de la Poste et des Télécommunications ainsi que de l'Institut d'Histoire du temps présent (CNRS), s'est tenu à Paris, les 21, 22 et 23 novembre 1984, un colloque dont les actes ont été publiés sous le titre *L'Œil et l'oreille de la Résistance*. Lors de ce colloque. Jacques Canaud est intervenu sur *L'aide fournie aux maquisards par les agents des PTT dans le Morvan en 1944.* « Il m'a semblé, écrit l'auteur de cette communication, que dans la région que j'ai étudiée, l'action des agents des PTT était très sous-estimée et presque ignorée, contrairement, je pense, à celle des agents de la SNCF. Ensuite, ce qui m'a paru fondamental, c'est que, spécialement dans le cas des maquis, le rôle des agents des PTT était parfaitement indispensable... » Poursuivant son étude, Jacques Canaud distingue trois sortes d'aide des postiers aux maquisards. « La première, dit-il, c'est l'aide en quelque sorte technique apportée aux maquis du Morvan. La forme la plus simple, évidemment, la plus remarquable et la plus efficace, c'est l'installation de lignes téléphoniques clandestines. La deuxième (...), c'est (...) la fourniture de renseignements de toutes sortes, soit à partir d'écoutes téléphoniques, soit par l'intermédiaire du courrier qui transitait dans certaines postes. (...) Et enfin (la) troisième (...) qui est plus délicate à étudier, c'est la fourniture de fonds au maquis. Dans certaines régions les percepteurs, comme les receveurs des PTT, ont été parfois des banquiers "des maquis" ; mais reste à savoir s'ils l'ont été volontairement ou involontairement. » Pour ce qui est des « liaisons téléphoniques », Canaud distingue deux situations. « Dans le cas le plus simple, note-t-il, le maquis du Morvan récupère tout simplement, s'il y en avait une, la ligne téléphonique de la maison ou de la ferme abandonnée où il s'installe. (...) Le deuxième cas de figure, qui est peut-être plus intéressant, est la mise de lignes clandestines, avec une coopération exemplaire entre les PTT et le maquis. Ce fut le cas du maquis Louis (...) Cependant, ce réseau téléphonique ne favorisait que les gros maquis (le maquis Louis a immatriculé 1901 combattants, le maquis Leloup en a immatriculé 732, ce qui est considérable) ; beaucoup de petits maquis n'avaient aucune liaison téléphonique. Ceci est important à noter, car je constate que plusieurs maquis qui furent complètement anéantis par les Allemands dans le Morvan (le maquis de Chaumard, le maquis de Montaron) ne bénéficiaient pas d'une ligne téléphonique. »

Reste le problème de « la fourniture de fonds au maquis ». Et là Jacques Canaud répond à la question qu'il a posée un peu plus haut : volontairement ou involontairement ? « Dans ce domaine, écrit-il le cas du Morvan m'a paru exemplaire. Prenons quelques chiffres : en cinq mois, vingt-six vols, coups de main, attaques à main armée sont enregistrés dans les bureaux de poste du Morvan, uniquement pour la Nièvre, avec une densité tout à fait exceptionnelle, évidemment, après le 6 juin 1944. Dans la Nièvre, nous trouvons seize attaques à main armée contre les bureaux de poste, entre le 8 et le 23 juin (...). Les attaques étaient-elles inattendues ou non ? Les receveurs étaient-ils complices ou non ? Etaient-ils "les banquiers du maquis", volontaires ou involontaires ? La réponse n'est pas simple. Il est certain qu'il faut distinguer ce qui relève parfois du brigandage pur et simple, de faux maquis ou de pseudo-maquis. Il y en a eu deux dans le Morvan, en particulier le maquis des Rhonons, qui d'ailleurs a été éliminé par un autre maquis (les maquis faisaient leur police eux-mêmes). Mais, par contre, il y a une foule de faits qui montrent bien que, le plus souvent, il y avait un accord tacite, car un certain nombre de détails sont tout à fait troublants ; quand on lit les rapports rédigés par la gendarmerie, cela ne manque pas de pittoresque : le receveur des postes ne reconnaît jamais ses agresseurs, les employés des postes non plus, alors que parfois, comme à Luzy, l'employée, derrière le guichet, est la propre femme du maquisard qui dirige l'attaque. Il n'y a jamais de violence. On demande d'ouvrir le coffre, on se précipite pour l'ouvrir. Les maquisards ne raflent presque jamais tous les fonds. Ils en prennent en gros la moitié ou les deux tiers, le reste est laissé dans le coffre, ce qui permettra au receveur, par la suite, lorsqu'on va le soupçonner, de dire : "Mais vous voyez bien, j'ai quand même sauvé une partie des fonds." Enfin les maquisards donnent parfois un reçu en bonne et due forme. C'est une feuille d'un carnet à souches, frappée de tricolore ; et on voit des receveurs s'étonner, se scandaliser, parce qu'on ne leur donne pas de reçu... »

Les « réquisitions d'argent »

Dans un département limitrophe, la Saône-et-Loire, on trouve trace à propos de ce genre d'opération d'une expression qui fut d'ailleurs employée en d'autres endroits : les « réquisitions d'argent »... Après la Libération, est paru à Louhans un livre écrit « à chaud », intitulé *Maquis dans la plaine* et signé « René Pacaut, sous-lieutenant FFI du maquis de la Bresse Louhannaise ». L'ouvrage est préfacé par « Vic », nom de guerre de l'instituteur Vincent devenu chef de maquis, puis sous-préfet de Louhans libéré. Dans les pages intitulées *Ravitaillement du Maquis*, on peut y lire : « C'est pour nourrir ces soldats sans solde ni vivres que les secrétaires de mairie du district vont continuer à recevoir la visite des "bandits" de cette trempe. (...) La plupart du temps d'ailleurs, la chose se passe le mieux du monde : deux ou trois gars masqués (pas toujours) pénètrent dans la salle de mairie, revolver au poing. L'un coupe le fil téléphonique, pendant que l'autre tend un sac au secrétaire qui s'empresse de le remplir, le troisième fait le guet. Trois minutes à peine et l'affaire est réglée. "Moyens de locomotion et direction prise inconnue" disent le lendemain les rapports de gendarmerie. (...) Mais les visiteurs ne s'adressent pas qu'aux mairies ; ils se découvrent aussi de nombreuses sympathies chez les buralistes et leur font de cordiales visites. Devant tant de politesse, les marchands de tabac ne peuvent pas moins faire que d'offrir quelques kilos de leur agréable marchandise. Ils savent bien, en effet, que tout le monde ne peut avoir de cartes et que l'on fume beaucoup dans les bois pendant les longues soirées d'hiver. La plupart du temps d'ailleurs tout est payé à la livraison, ou, le lendemain, par la poste. Tout est payé... avec des billets qui, lorsque Londres oublie d'alimenter la caisse par les parachutages, viennent du bureau de poste ou de la perception d'en face, ou mieux du collaborateur du coin. (...) Vichy n'a d'ailleurs pas manqué d'exploiter contre la Résistance ces réquisitions d'argent... Vichy qui donnait chaque jour aux Boches plusieurs centaines de millions, osait traiter de "bandits" ceux qui prélevaient dans ses caisses quelques milliers de francs, sous la menace de leur mitraillette. Cette même mitraillette qui leur servait à redonner à la France des trésors inestimables : l'honneur et la liberté. Des collaborateurs en renom semblaient d'ailleurs parfois comprendre subitement cet état de choses et, pressentant quelques exigences un peu brutales des maquisards n'hésitaient pas à leur offrir bénévolement des aides pécuniaires pour racheter leur attitude passée ! »

Là, le sous-lieutenant FFI illustre au passage ce que rappelait plus haut Jacques Canaud en écrivant que « les maquis faisaient leur police eux-mêmes ». Ainsi parle-t-il à propos des faux maquisards de « cette canaille que les patriotes pourchasseront et fusilleront parfois », avant de préciser que « bientôt des affiches apposées par la Résistance, dénonceront à la population les agissements de ces crapules et leur demanderont de l'aider à les découvrir ». Puis René Pacaut poursuit son inventaire des différentes façons dont les maquisards se ravitaillaient. « Cependant, écrit-il, l'accomplissement de tous les coups de mains exige du matériel de plus en plus nombreux, car le Boche, qui se rend compte de l'importance que prend la Résistance, lui oppose des moyens de jour en jour plus puissants. Si, au début, les vélos et les motos suffisaient aux maquisards, il leur faut maintenant des autos, et qui plus est des autos rapides, roulant à l'essence. Que faire avec un gazogène lorsqu'on est poursuivi par les voitures puissantes de la Gestapo ? Aussi va-t-on assister à de fréquentes réquisitions d'essence et d'autos. On s'adressera tantôt aux collaborateurs, tantôt aux Allemands eux-mêmes, souvent à des entreprises publiques et parfois à des patriotes heureux d'aider le Maquis en simulant un vol. C'est grâce à la complicité de nombreux garagistes que les maquisards purent se ravitailler en essence... »

« Pas d'amourette... »

Si désirable, souhaitable et même indispensable, que soit la symbiose, sinon l'osmose, entre maquis et population, elle ne va pas sans risque. Surtout dans les derniers temps, lorsque la proximité quasiment palpable de la Libération pousse les maquisards à une enthousiaste insouciance. Dès le début, pourtant, les responsables auront eu le souci de mettre en garde leurs jeunes recrues, mais... Restant en Saône-et-Loire, nous passons de la Bresse Louhannaise à la région de Tournus. Le livre *Maquis à Brancion* a été réalisé, en 1976, par Séraphin Effernalle avec le concours des anciens maquisards et sous le patronage du Comité départemental de l'ANACR, déjà citée... « Habiter les bois, peut-on lire dans cet ouvrage, et n'en pas garder traces paraît difficile ; chacun y parviendra avec quelques complicités. Les familles sympathisantes sont nombreuses et chaque maquisard a la sienne tout au moins en partie, ce sera une aide pour des questions vestimentaires, ce sera l'assiette de soupe ou le repas (...), ce sera un peu de chaleur familiale dont personne ne voudra avouer à quel point elle lui manque. Pas de discussion sur l'activité, pas d'attendrissement non plus dans la famille quelquefois trop gentille, pas d'amourette, la mission est difficile et, pour la mener à bien, il ne faut pas s'en écarter. Suzanne a mis en garde les anciens : "Une amourette, cela se fait en passant, sans s'attendrir ni s'arrêter, vous vous rattraperez après la guerre, et puis les amoureux sont trop égoïstes, ils oublient les horaires et les consignes de prudence, et combien se sont ainsi retrouvés en taule." C'était hélas vrai et cela le restera, il y a des choix impératifs mais tellement évidents. »

Une évidence souvent contredite par la réalité, comme le constate un écrivain spécialiste des maquis, François Marcot, lorsque, dans le n° 146 de *Guerres mondiales et conflits contemporains*, en avril 1987, il publie une étude sur *La Résistance et la population, Jura, 1944 : relation d'une avant-garde et des masses.* « Les maquisards, écrit Marcot, vivent, durant l'été 1944, autant parmi la population que dans la forêt. Les occasions de « descendre » sont multiples, à la recherche du ravitaillement, du gîte lorsqu'il pleut trop violemment, du courrier : la poste de Chassal, par exemple, fait office de véritable poste restante pour le maquis du Haut-Jura. Les nouveaux venus en quête du maquis peuvent facilement, si leur mine inspire confiance, obtenir des villageois les précisions nécessaires pour trouver l'emplacement du maquis. N'hésitons pas à rappeler que rares sont les maquis où les plus audacieux ne vont pas courtiser les filles ! Ils bénéficient d'un prestige qui dépasse leur personne ; parfois néfaste pour la sécurité du maquis, ces fréquentations renforcent les liens avec ceux d'"en bas" ! Ne serait-ce qu'en rendant familière la présence du maquisard, elles "compromettent" la population et renforcent sa solidarité avec le maquis. Les maquisards ne se battent pas tous les jours ; en plein été 1944, il n'est pas rare qu'ils prêtent un coup de main aux paysans : cette aide, nous la rencontrons dans tout le département... » Après avoir montré que la présence du maquis parmi elle et la solidarité que lui manifeste la population « compromettent » cette dernière, François Marcot explicite en quelque sorte son emploi du verbe « compromettre »... « Il ne saurait, écrit-il, être question pour les résistants du Jura engagés dans la guérilla de renoncer à leur action sous prétexte que celle-ci peut amener des représailles, celles-ci sont effectivement nombreuses dans le Jura : un habitant sur deux cents est victime de l'Occupation, emprisonné, déporté ou fusillé. Mais les résistants doivent faire la guerre, ils ne peuvent céder au chantage des représailles. Leur souci d'épargner la population n'en est pas moins affirmé. Il est remarquable que, sur 347 sabotages ferroviaires recensés, aucun n'a provoqué de victime chez les voyageurs français et un seul chez les cheminots. Il s'agit d'une volonté délibérée ; il est d'ailleurs arrivé au groupe FTP "Francis" de remettre un rail en place, après avoir attendu en vain le passage d'un train de marchandises, afin de permettre au convoi de voyageurs de passer normalement. (...) Pour assurer la sécurité des villageois, les maquisards emploient parfois les grands moyens et vont jusqu'à évacuer au maquis, dans la forêt, un village menacé, comme "Gutt" Grancher, chef du maquis SOE, à Viremont, fin juillet 1944 : "Craignant d'avoir à bagarrer dans le village, nous le faisons évacuer par ses habitants... Nous rassemblons les gens de Viremont et nous leur demandons de ne pas rejoindre leur maison en leur donnant notre parole de défendre le village et d'en interdire l'accès jusqu'au bout"... »

Le danger de l'infiltration

Des risques que nous évoquons en ce moment : représailles contre la population sympathisante, et assaut directs contre les maquis repérés, il y a deux exemples terribles, deux des pires crimes perpétrés par les nazis et qui sont dans toutes les mémoires : les habitants mitraillés et brûlés vifs à Oradour, les maquisards massivement massacrés dans le Vercors. Nous avons déjà parlé d'Oradour et nous allons bientôt parler du Vercors... Mais, à côté de ces cas extrêmes qui ont pris valeur de symboles, il y eut aussi ce qu'on pourrait appeler les massacres ordinaires, les massacres commis un peu partout dans l'ordinaire des jours. Et bien souvent, il ne s'agissait pas de rafles spectaculaires dans des villages ensuite incendiés ni d'attaques militairement menées contre des camps de réfractaires mais d'indicateurs, de traîtres patiemment infiltrés dans les fermes et les campements pour y assassiner par surprise... Le livre *Maquis à Brancion*, que nous avons cité plus haut, a été préfacé par le commandant Guillaume, nom de guerre de Claude Rochat, d'abord responsable départemental de l'AS (Armée secrète) en Saône-et-Loire puis nommé sous-préfet de Chalon-sur-Saône à la Libération. Auteur d'un ouvrage intitulé *Les Compagnons de l'espoir*, Rochat a participé au colloque *Résistants et Résistance*, auquel nous nous sommes déjà référé. Titre de son intervention : *Edification, organisation, direction et action des maquis*. « Les maquis, y déclare-t-il notamment, étaient sous une défensive précaire. Déjà, par infiltration ou par dénonciation, les premiers maquis avaient été durement attaqués. Les dénonciations, par des collaborateurs de villages, étaient moins à craindre que l'infiltration. Les dénonciations par lettres étaient le plus souvent stoppées par les agents des postes. Par contre, l'infiltration était le risque majeur : agents affiliés au SD ou à la

Milice, ils écoutaient, notaient, transmettaient... » Et ils intervenaient aussi sous divers déguisements. Avant de voir de quelle sanglante façon, rappelons que le SD mentionné par l'ancien commandant Guillaume, c'est le Sicherheitsdienst (Service de sécurité) des SS, en vérité leur service secret, l'équivalent de ce qu'est l'Abwehr pour les militaires de la Wehrmacht... De sanglante façon, disions-nous à propos de ces infiltrations et de leurs résultats.

Deux exemples parmi tant d'autres...Le premier exemple nous est fourni par Jean Freire dans son livre *Les Maquis au combat*, ouvrage figurant dans la collection de l'ANACR *La Résistance par ceux qui l'ont faite* et où sont réunis et commentés des témoignages de maquisards... Ainsi celui de Georges Marès. Au nord-est du Lot-et-Garonne, dans la région de Villeneuve-sur-Lot, dans la campagne proche du gros bourg de Villeréal, Marès dirige le « secteur n° 3 » des maquis des « groupes Veny », l'organisation paramilitaire mise sur pied, deux ans plutôt, par le colonel Lefèvre, alias Veny ou Veni, à l'instigation du CAS (Comité d'action socialiste), du réseau Brutus d'André Boyer et des dirigeants SFIO Eugène Thomas et Gaston Defferre. Des groupes Veny appelés aussi « France au combat »... Mais écoutons ce témoignage de Georges Marès, recueilli par Jean Freire. « La compagnie, raconte-t-il, était commandée par le capitaine François Cassé. Elle avait établi son cantonnement au lieu-dit Lamothe, commune de Torliac, à la limite du département, au nord-est de Villeréal. C'était un endroit très difficile d'accès. Des bois, peu de routes, de mauvais chemins. (...) Il était donc assez aisé à défendre. Normalement, le camp était gardé par plusieurs sentinelles. (...) Le 14 juillet 1944, la compagnie décida de participer à une manifestation prévue au monument aux morts de Villeréal, distant de sept à huit kilomètres. Il y avait au camp, à ce moment-là, une quarantaine d'hommes, des jeunes pour la plupart. C'était aussi la période des moissons. Un certain nombre de maquisards donnaient également un coup de main aux paysans des environs, amis de la Résistance. Après le repas de midi, tous les hommes disponibles se préparèrent pour descendre en ville en camions. (...) La garde fut réduite à un seul homme, l'absence des maquisards ne devant pas excéder deux heures. Douze personnes au total restèrent au camp. Parmi elles, le propriétaire de la ferme et son fils Jean et Raymond Vernet et René Cassé, frère du capitaine et sa femme Marie-Rose Cassé. Les maquisards à peine partis, une camionnette se présenta à l'entrée du chemin qui mène au camp et où se trouvait l'unique sentinelle. Dans le véhicule, une douzaine d'hommes vêtus d'uniformes ressemblant vaguement à ceux des Chantiers de jeunesse. Or, à l'époque, pas mal de maquisards arboraient une tenue semblable. (...) On peut supposer que la sentinelle fut trompée par les apparences (...) Etait-ce des miliciens ou des agents de la Gestapo guidés par un traître ? On ne sait toujours pas. (...) Tous les présents se trouvent dans la maison et les cuisiniers, qui se sont mis à table à leur tour, entendent bien le bruit d'un moteur. Mais pour eux, c'est une voiture du groupe qui remonte de Villeréal... Brusquement, des hommes apparaissent aux portes et aux fenêtres, mitraillettes braquées. (...) Ils font sortir Marie-Rose Cassé, qui réussit à s'enfuir dans les bois, de là, elle perçoit nettement les rafales de mitraillettes. C'est le massacre : onze cadavres... »

Le chien de « Robert le Noir »

Le second sanglant exemple, nous le trouvons dans le livre déjà cité d'Aimé Vielzeuf *On les appelait « les bandits »*, où l'un des chapitres est intitulé *Vie et mort d'un héros : Robert Francisque, dit « Robert le Noir »*. Une mort parmi d'autres, en ce dur printemps 1944. Elle tient en trois lignes dans l'ouvrage de l'historien Roger Bourderon *Libération du Languedoc méditerranéen*. « Le 10 mai, note Bourderon, les Waffen SS d'Alès pillent et incendient l'un des refuges du maquis de Lasalle, le château de Malérargues, après avoir assassiné l'un des chefs du maquis, Robert Francisque, dit "le Noir". » C'est une mort doublement caractéristique. Et de la sauvagerie de la répression. Et des succès de l'infiltration... Sans parler de la réaction des maquisards, dont on verra ce qu'elle fut... Reportons-nous au chapitre sur Robert Francisque. « Il ne parlera plus, écrit Aimé Vielzeuf. Sur un signe de l'inconnu — sans doute Walter, le chef des Waffen-SS d'Alès — deux hommes se jettent sur le Noir et le bourrent de coups. Ils le frappent avec leurs crosses, lui décochent des coups de pieds dans le ventre, le frappent à bras raccourcis. Peine perdue : Robert reste muet. Fous de rage, ses tortionnaires l'emmènent vers la grille qui donne sur les communs. Pour qu'il ne puisse pas se sauver, ils lui ôtent sa ceinture. Déculotté, maltraité, Robert est abattu à coup de revolver dans le dos. Son chien a voulu le défendre, il a essayé de mordre ceux qui le frappaient. Quand son maître a été abattu, il s'est approché de lui et l'a léché. Ce que voyant, les Waffen-SS le tuent d'une balle dans la tête. » Les assassins et tortionnaires font partie d'une bande d'une quarantaine d'hommes en uniforme qui, deux jours plus tôt, ont réquisitionné un hôtel d'Alès pour s'y installer. Leur arrivée n'est pas passée inaperçue et le sous-préfet du lieu en informe aussitôt sa hiérarchie. « De renseignements officieux, explique-t-il dans une note au préfet du Gard, il ressort que ce contingent, dirigé par un officier, est chargé de la recherche des terroristes. Il est composé d'éléments disparates : Allemands et Français. Il doit s'agir d'un contingent de la Waffen-SS... » Un contingent productif puisque, précise Vielzeuf, il faut ajouter « à l'actif de cette sinistre bande l'assassinat des résistants jetés dans le puits de Célas ou retrouvés dans le charnier de Saint-Hilaire-de-Brethmas ». Grand et blond, celui que l'on appelle Walter joue sur son accent étranger afin de se faire passer pour un officier américain.

Selon le témoignage d'un compagnon de Robert Francisque, Lucien Vannière (dit Lulu), « se disant parachuté dans la région depuis quelques jours et venant de San Francisco, l'homme désirait entrer en relation avec les chefs du Maquis de la région pour les entretenir d'éventuels parachutages ». D'autres seront ainsi piégés par ce faux Américain mais vrai SS dont la bande de mercenaires torture, tue, pille et incendie.

Cette traîtrise, ce guet-apens où est tombé leur chef exaspèrent la peine des camarades de « Robert le Noir » et surtout de ceux qui, tel Marcel Bonnafoux (dit Marceau), l'assistent à la tête du maquis AS de Lasalle... Mais écoutons Aimé Vielzeuf. « Près du col du Rédarès, poursuit-il, se dresse le château du "Grand-Bois", appartenant à M. Pieyre de Mandiargues, dont l'un des fils est membre de la Milice. Les "clandestins" de la région ont vu, comme un défi, une grande croix gammée peinte en blanc sur sa toiture. Les chefs du maquis de Lasalle savent que, seul, un jardinier habite en permanence au "Grand-Bois". Les propriétaires ne s'y rendent que de temps en temps. Le fils, milicien lui, y conduit assez souvent des amis en uniforme bleu frappé du gamma d'argent. Depuis plusieurs jours déjà les maquisards assurent une discrète surveillance autour du château. Ordre a été donné d'arrêter tous les visiteurs y venant de nuit. L'assassinat de Robert le Noir a rendu Marceau fou de douleur. Il veut le venger. Il propose, en représailles, de mettre le feu au "Grand-Bois". Guy Arnaud et Jean Castan approuvent. Rascalon partage leur point de vue, mais il pose une condition : le château sera détruit avec tout ce qu'il contient, rien ne sera "récupéré". Tous acquiescent. Deux heures plus tard, le château est la proie des flammes et l'emblème hitlérien disparaît avec le toit qui s'effondre... »

Si féroce qu'ait été la répression exercée contre les maquisards, elle n'atteignit pas son but. Certes, les victimes furent nombreuses. Certes, des maquis entiers furent purement et simplement anéantis. Pourtant, pas plus que la dure vie quotidienne dans des campements souvent sommaires, la torture et la mort si souvent menaçantes ne découragèrent les combattants des montagnes et des bois. Pourquoi ? Pour des raisons fondamentales, bien sûr. Parce que le patriotisme et la haine de l'oppression. Parce que l'amour de la liberté. Parce que généralement quand on devenait résistant, ce n'était pas pour cesser de l'être à la première difficulté... Mais pas seulement... Y aurait-il une fascination du maquis ? Comment, malgré les décennies écoulées, la mémoire de tant d'anciens maquisards reste-t-elle comme imprégnée de lumière ? Comment les maquisards ont-ils pu impressionner même certains de leurs adversaires ?

« Le goût affreux du pain de châtaigne »

Etait-ce leur « rude existence » qui « les élevait au-dessus d'eux-mêmes » ? Ecoutons encore Aimé Vielzeuf, toujours dans le même livre... « Les maquisards des Bouzèdes mènent une rude existence, raconte-t-il, mais ils possèdent ce qui donne à la vie son sens et son prix : la liberté. Sur le chemin de Gourdouze, par les sentiers autour du rocher de Treinze, dans les forêts où ils ramassent du bois mort, le long des ruisseaux glacés où, parfois, ils pêchent quelques truites, vers le mas de la Barque ou la tour de Malmontet, vers le Bougès, ils vont, libres. Certes, ils peuvent être dénoncés... attaqués ; ils ont peu d'armes (...) ; mais ils sont des hommes libres. Pour l'occupant et les “collaborateurs”, ils ne sont que des “terroristes”, des *bandits*, et n'ont à attendre d'eux aucune pitié. S'ils sont pris, ils seront immédiatement abattus, souvent après avoir été martyrisés. Malgré tout, leur condition est plus enviable que celle des résistants — gaullistes, communistes, syndicalistes — qui, par dizaines, depuis des mois, parfois des années, peuplent les geôles du département du Gard. » Et ce témoignage que cite Vielzeuf, celui d'un maquisard AS de « Camp Bayeux », sur le territoire de la commune alésienne de Rousson, Gabriel Péchin, dit Léger, qui explique : « Nous ne dormions jamais plus de quatre heures par jour, et pourtant, après les premiers moments de lassitude physique extrême, je sentais une force insoupçonnée entrer en moi en même temps qu'une grande confiance dans le succès de notre action et une joie de vivre, un amour de la vie, jamais ressentis à un tel point jusqu'alors. (...) Nous avions reçu, dans le courant juillet, mille francs par homme (et par mois) et un peu de tabac. Il fallait faire durer cela le plus longtemps possible. Argent et tabac se trouvaient entreposés en un endroit où tous avaient librement accès. (...) Jamais un seul paquet de cigarettes, jamais un seul franc de la caisse n'ont disparu. La fraternité dans la lutte, les risques volontairement acceptés, notre idéal commun nous avaient élevés, momentanément sans doute, au-dessus de nous-mêmes, et en quelque sorte créé une nouvelle conscience... ».

Plus haut, dans notre chapitre *L'exemple venait de loin*, nous avons cité la préface de Jean-Pierre Chabrol à un autre livre de Vielzeuf *Et la Cévenne s'embrasa*... Le romancier et conteur y évoque en termes forts cette dureté quotidienne et ce changement fondamental... « La faim, par exemple, écrit-il, je croyais savoir ce que c'était, les restrictions, etc. Je ne savais pas, avant le Maquis, ce qu'était la vraie faim, la faim ouvrière, la faim de la misère, la faim du hors-la-loi. Il me suffit d'en parler pour que revienne dans ma bouche le goût affreux du pain de châtaigne, noir, pâteux, dans lequel le couteau se prenait... (...) Et le froid ! Les gens n'ont jamais froid réellement ; on frissonne, on éternue, mais c'est de la petite bière, du simili... Je n'ai jamais oublié mes premières nuits sur le Bougès. On couchait sous la tente, sous de vieilles couvertures qui puaient le crottin, on se serrait, et on crevait de froid (...). Quand on couche vraiment à même la terre, ça change tout, on sent ce pays qui vous pousse dans les reins. “La terre est mon lit” hurlait le Camisard, “le Ciel ma couverture”, répondait la sentinelle du Désert. » Et Chabrol insiste : « Le Maquis a bel et bien chambardé mon destin (...). Mes mois de Maquis n’en ont pas fini de donner son poids véritable à ma vie de tous les jours. (...) Toute ma vie a changé et ne sera jamais plus pareille désormais... »

Dans le chapitre où nous tentions *L’impossible inventaire* des multiples petites organisations de Résistance, nous avons rencontré un résistant singulier, Paul Dungler, le « parachuté de Besse-en-Chandesse ». Fondateur royaliste de la « 7e Colonne » on se souvient qu’il louvoyait entre l’OSS américain et l’Abwehr allemand avant d’être arrêté par le Gestapo, non sans avoir été viré d’Alger par de Gaulle et avoir eu un tête-à-tête avec Pétain. Un de ses amis était le flamboyant comte à la barbiche noire Jean Couitéas de Faucamberge, celui dont Claude Bourdet, dans *L’Aventure incertaine*, évoque la « curieuse Résistance ». Un autre, et son protecteur vichyste de surcroît, se nommait Gabriel Jeantet. La tentative de « trêve à l’Ouest » (après liquidation de Hitler et avec retournement des alliances contre l’Union soviétique) ayant échoué et Dungler étant sous les verrous, Jeantet, lui, se maintint en poste à Vichy. Le poste de « chargé de mission au cabinet du Maréchal » qu’il devait à la protection du docteur Bernard Ménétrel, médecin personnel de Pétain et réputé être son jeune gourou... Mais ce Jeantet, quelque peu déjanté par rapport aux habituelles figures vichystes, vaut bien une brève parenthèse. Essentiellement tirée du livre de Pierre Péan *Une jeunesse française ; François Mitterrand, 1934-1947*. Il y est dit qu’après avoir appartenu à la « fine fleur de la cagoule », celui dont le frère Claude était un des dirigeants du PPF fut, en fait, membre du « secrétariat particulier du Maréchal » et « un personnage important de Vichy ». Il était le fondateur et le directeur de *France, revue de l’Etat nouveau*, où parurent notamment des articles de François Mitterrand. Et il fut d’ailleurs l’un des parrains de ce dernier pour l’obtention de la Francisque. Ajoutons que Gabriel Jeantet fut arrêté deux fois, avant et après la Libération : d’abord comme « résistant » par les miliciens, puis comme « collaborateur ». Ainsi fut-il le codétenu de gens comme René Bousquet au 3e étage de la 3e division de la prison de Fresnes... Fin de la parenthèse et retour au week-end de Pâques 1944, où Jeantet avait été invité avec une dizaine d’autres amis par le comte de Faucamberge, à Vence, au Baou des Noirs, sa gentilhommière provençale. Le dîner allait s’achever lorsque survinrent des convives inattendus, des maquisards FTP... En 1966, dans son livre *Pétain contre Hitler*, Gabriel Jeantet a intitulé un chapitre *Pâques avec les FTP*. Savoir comment, après s’être entendu dire « Vous êtes tous des collaborateurs. Nous allons vous fusiller ! », le comte et ses amis furent finalement libérés grâce à l'intervention du DMR « Triangle» (le lieutenant-colonel Charles Gaillard, Délégué militaire régional envoyé par Alger et adjoint du Délégué militaire (DM) en zone Sud, « Polygone », alias Maurice Bourgès-Maunoury), n'aurait qu'un intérêt limité. En revanche, ce qui nous semble intéressant, c'est de voir comment Jeantet parle des maquisards, avec lesquels il dit avoir discuté toute une nuit.

Un coiffeur de Toulouse

« Ils entrent à la queue leu leu, écrit-il, et se disposent le long du mur de part et d'autre de la porte, cette unique issue. Leur allure est étrange : foulards masquant le bas du visage, mitraillette à la hanche, chapelet de grenades à la ceinture ou barrant la poitrine. (...) Ces garçons (...) ont fait preuve d'une excellente technique. Ils ont coupé les fils téléphoniques aériens aboutissant à la maison, débranché les delcos des deux voitures stationnant sous le porche, neutralisé le ménage de gardiens habitant dans un pavillon, investi la maison sans que nous nous soyons rendu compte de quoi que ce soit. (...) Le jour commence à poindre. Ce jeune maquisard me raconte son histoire. Il était garçon coiffeur à Toulouse. Son frère aîné s'est pris de querelle avec des Allemands. Ils l'ont arrêté. Alors lui a pris le maquis. Il a découvert une vie nouvelle, celle de la nature. "Monsieur, je n'étais jamais sorti de Toulouse. Je suis garçon coiffeur. Après le travail, un tour au bistrot et puis je rentrais chez mes parents. Chaque semaine, le cinéma. Jamais je n'aurais eu l'idée d'aller me promener à la campagne. Maintenant, je vis avec la nature. On couche en plein air, regardez comme c'est beau, le soleil va se lever. Et tous ces oiseaux qui se réveillent et qui chantent ! Jamais avant je n'avais écouté le chant des oiseaux. Je n'écoutais pas. Pour moi, tout est changé. Je ne pourrai plus jamais reprendre la vie que je menais avant"... »

Le caractère particulier de la vie au maquis et l'empreinte qu'il a pu laisser chez certains anciens maquisards sans doute les comprend-on mieux lorsqu'on compare tout simplement résistance rurale et résistance urbaine... Ce qu'en dit Georges Girard est significatif. Militant communiste devenu dirigeant FTP avant d'être journaliste après guerre et notamment rédacteur en chef adjoint de *France Nouvelle*, l'hebdomadaire du PCF, dans les années 1970, Girard, lorsqu'il parle de lui-même, évoque tout à la fois son « complexe de ne pas avoir fait la guerre d'Espagne » et sa réputation, de « fou de la moto », de « casse-cou », de « tête brûlée », son « auréole de gars qui n'a pas peur ». Une réputation qui l'agace un peu. Car, la peur, il l'a connue... « Oui, la peur, nous dit-il, ça comptait tellement que ça devenait quelque chose, comme une espèce de narcose, à laquelle on finissait par risquer de s'habituer. Je ne veux pas dire qu'on y prenait plaisir, mais à force de la sentir là, à force de vivre avec elle, on finissait par s'y habituer. La vraie peur, on la ressentait rarement dans le feu de l'action. A ce moment-là, ça passait très vite. Non, c'était au moment qui précédait l'action : une boule d'angoisse qui vous bloquait la gorge. Et puis, à l'instant même du danger, lorsque commençait l'opération proprement dite, une sorte de déblocage s'opérait : la boule partait et l'on n'y pensait plus... » Il faut dire que, parmi tous les résistants que nous avons rencontrés, Georges Girard est de ceux qui ont participé au plus grand nombre d'actions. Des actions dures... « Evidemment, nous explique-t-il, je ne suis pas devenu comme ça, du jour au lendemain "commissaire aux opérations régionales" de la "région S" dans la banlieue parisienne. Tout s'est fait progressivement... On a commencé d'abord par des actions de sabotage à la portée de tous : par exemple, couper des fils téléphoniques ou mettre du soufre dans les boîtes de graisse des wagons. Puis, peu à peu, les opérations ont pris plus de consistance... Il m'est arrivé de tuer des Allemands, particulièrement pour les désarmer, pour récupérer leurs armes. Il m'est aussi arrivé de tuer des collaborateurs français, en 1944, avant le débarquement... Un jour aussi, j'ai lancé une bombe contre un local de l'"Organisation Todt". Cette bombe a tué une vingtaine de personnes. En arriver là ne supposait-il pas une très grande prise de conscience de la nécessité d'un tel acte ? La nécessité de montrer que la bataille était possible, que l'ennemi était vulnérable. La nécessité de montrer que l'on pouvait porter des coups au moral de l'ennemi et, simultanément, élever le moral de la population. Une telle prise de conscience était essentielle. Mais, en y insistant, je ne veux pas paraître enjoliver la réalité. Contre la peur, comptait aussi beaucoup la possession d'une arme, la présence physique d'une arme sur soi. Ça peut sembler bizarre aujourd'hui, mais, en plus de mon pistolet, je me promenais souvent avec une grenade sur moi, une grenade offensive dans ma ceinture. Une grenade offensive, ça n'est pas très dangereux, mais ça fait énormément de bruit, ça assourdit, ça frappe les tympans, ça suffoque un peu et ça donne vingt secondes de répit pour s'échapper au coin de la rue la plus proche. Eh bien, en pensant à cette première déflagration, je me sentais un peu plus à l'abri... Nous fondions aussi notre assurance sur des raisonnements de cette sorte. Tant pis si ça peut paraître un peu ridicule maintenant... » Là, Georges Girard s'arrête un instant, avant de poursuivre : « Pour comprendre ce que je dis, il faut se resituer dans le contexte de l'expérience qui a toujours été la mienne, celle de la Résistance urbaine. Le climat psychologique de la Résistance en ville n'était pas celui des maquis. D'après ce que m'ont dit, pendant et après, les camarades maquisards il y avait, dans les maquis, une sorte de courage collectif qui s'instaurait. Pour nous, ce ne pouvait pas être le cas puisque la Résistance urbaine était organisée à partir de noyaux extrêmement limités : quelquefois deux ou trois camarades seulement. Elle se manifestait aussi par des opérations militaires à effectifs très limités. Quand, en une seule nuit, nous avons incendié trois cents véhicules dans le plus grand garage allemand de Saint-Nazaire, nous n'étions que deux... Ça ne pouvait évidemment pas être la même chose que lorsqu'un groupe de maquisards se déployait comme une compagnie. Même dans leurs attaques de commande, ceux des maquis sentaient à leurs côtés la présence des autres, nous, nous étions seuls et nous restions seuls. Reprenons l'exemple du garage de Saint-Nazaire... Nous l'avions incendié à quelques centaines de mètres de chez moi et, lorsque je suis rentré dans ma chambre, toutes les maisons du quartier étaient illuminées par l'éclat des flammes immenses qui dansaient sur les façades. Partout, on entendait les détonations des réservoirs d'essence qui explosaient. Comment aurais-je pu ne pas être obsédé par le rapprochement que je craignais que fassent les voisins entre, d'une part, ce qu'ils voyaient et entendaient et, d'autre part, mon retour à une heure si tardive ? Même si ces voisins me manifestaient de la sympathie, pouvais-je leur faire confiance ? Ne serait-ce pas un jour l'un d'entre eux qui me dénoncerait ? On connaît la fameuse formule : savoir, lorsqu'on sonne chez vous à l'aube, que ce n'est pas quelqu'un d'autre que le laitier ; eh bien, pour nous, la question se posait en permanence... »

Dans le labyrinthe des immeubles piégés...

La nécessité de comparer la Résistance urbaine et celle des maquis n'est pas seulement apparue aux anciens résistants soucieux d'expliquer et faire comprendre ce que fut leur lutte, elle s'est aussi imposée aux historiens. Ainsi lorsqu'en 1957 est publiée la première étude complète sur un grand mouvement, le plus grand en l'occurrence, *Combat ; Histoire d'un mouvement de Résistance de juillet 1940 à juin 1943*, déjà cité, bien que leurs recherches n'englobent pas la période d'expansion des maquis (automne 1943 - été 1944), ses auteurs, Marie Granet et Henri Michel, font-ils néanmoins le parallèle entre les existences quotidiennes des clandestins des cités et des hors-la-loi de la campagne. « La vie du maquisard, écrivent-ils, était très différente de celle du résistant des villes. Le maquisard est déjà un militaire, un combattant. Il vit en groupe, en groupe organisé. Il a un chef, il obéit à une discipline précise. Sa vie est rude, périlleuse, mais ce n'est plus tout à fait la vie clandestine. Dans son maquis, le maquisard se sent chez lui. Il a des ennemis qui le guettent, mais il les combattra en soldat. S'il se cache, c'est comme on se cache à la guerre, pour tromper l'ennemi. Il a des armes, il a une activité dont l'efficacité peut paraître, surtout à des esprits jeunes et simples, plus immédiatement évidente. Il est moins "tendu" que le résistant clandestin, ce clandestin qu'il a été pendant des mois, des années. Si ses nerfs sont éprouvés, c'est à la manière dont sont éprouvés les nerfs de tous les soldats dans la bataille ou dans l'attente de la bataille. Son existence n'a pas la monotonie triste de celle de l'agent de liaison qui lève les boîtes ou qui porte les valises. Elle est plus "sportive", entre les corvées de ravitaillement, les exercices militaires, les alertes, les coups de main et la grande excitation que causent les parachutages... »

Exacte et méthodique, la comparaison telle que la font ces deux pionniers de l'histoire de la Résistance que furent Marie Granet et Henri Michel nous semble toutefois pêcher par excès de sobriété et absence de lyrisme. Le lyrisme naturel qui irrigue, nous l'avons vu, les témoignages de beaucoup des anciens des maquis. En effet, même si l'horreur est trop souvent au bout du chemin forestier et la mort au détour du buisson, le maquisard (substantif qui est le seul néologisme issu de la Résistance, et l'un des très rares mots nouveaux introduits dans notre vocabulaire par la Deuxième Guerre mondiale) reste sinon le Robin des Bois de la clandestinité, du moins le Bournazel de l'armée des ombres... Chevauchant comme un destrier l'aile d'une traction avant, brandissant une mitraillette Sten comme un spahi son sabre, c'est en fonçant au soleil des clairières que le maquisard échappe à l'encerclement et c'est au vaste clair de lune des collines qu'il prépare ses embuscades... Nous exagérons ? A peine. Car si nous faisons un peu scintiller la réalité, c'est pour insister encore sur le contraste entre les conditions de combat du maquisard et celles des autres résistants. Sans même parler de l'interminable tunnel de moisissure et de merde où doit ramper le captif qui entend continuer la lutte en prison ou en déportation, regardons le clandestin urbain se retourner sans cesse en se glissant dans le labyrinthe gris des immeubles piégés et des carrefours surveillés, des repêchages ratés et des rues sillonnées par les voitures de repérage goniométrique... Différente, on le sait, est également la condition du maquisard dans ses rapports avec ses compagnons de combat. Même s'il est muni de faux papiers pour pouvoir franchir les contrôles routiers, prendre l'autobus et le train ou se déplacer dans les localités avoisinantes, il est vrai que le maquisard est beaucoup plus un hors-la-loi qu'un clandestin. Même si les règles de sécurité l'amènent généralement à user d'un pseudonyme (« nom de guerre » parfois flamboyant et dont nombre de responsables garderont l'usage après le conflit en l'accolant à leur patronyme légal), il ignore le cloisonnement ; non seulement il connaît, mais il fréquente en permanence ses camarades de lutte. Même si pèse sur lui le danger permanent d'entendre soudain ronfler les moteurs et crisser les pneus d'une compagnie de SS, d'un escadron de GMR et/ou d'une bande de miliciens montant à l'assaut du refuge, la vie quotidienne du maquis ressemble plus à celle d'un régiment sans caserne ni intendance ou d'un camping sans matériel ni confort qu'à celle d'un réseau d'espionnage. Le remplacement de la routine disciplinaire par une discipline librement consentie rend décisive, dans chaque communauté de maquisards, la qualité de l'encadrement. Et même le charisme des, ou plutôt du chef. Or une obéissance non plus subie mais choisie implique une confiance et souvent un attachement pour ce chef auquel les circonstances exceptionnelles confèrent, dans les maquis importants, une stature qui ne l'est pas moins. Quand vont se multipliant les embuscades, les escarmouches, bientôt les combats, sans parler des irruptions en plein bourg, qui bernent l'occupant et les autorités vichystes, s'amplifie la réputation, sinon la légende du maquis proche dont le chef devient très souvent le symbole. Ceci alors même qu'en ville, sauf périlleuse exception, les clandestins de base doivent obéir et faire confiance à des chefs dont ils ignorent tout, à des dirigeants invisibles, aux pseudonymes changeants et que le cloisonnement transforme en êtres abstraits.

« Une réalité vivante, imposante, menaçante... »

Du regard passionné à la vue idyllique, il n'y a qu'un pas. On peut le franchir inconsciemment. On peut aussi le franchir en toute connaissance de cause. Surtout la bonne évidemment... Et c'est ce que feront beaucoup de résistants, joignant ainsi l'utile à l'agréable. L'utile, car exalter le combat des maquisards, c'est aider au développement des maquis. L'agréable, car le combat que mènent les maquisards est effectivement exaltant pour tous les résistants. On le constate d'ailleurs aisément en considérant quels sont les termes employés pour cette exaltation et en voyant dans quel style elle est faite. Exemples à l'appui...

Le 1er février 1944 paraît le nº 28 du journal clandestin *Le Franc-Tireur*, organe, nous le savons, du mouvement du même nom. En en reproduisant la première page dans son histoire de ce mouvement, Dominique Veillon note qu'il s'agit du « premier numéro du *Franc-Tireur* paraissant simultanément en zone Sud et en zone Nord ». En tête de cette première page, le plus gros titre reproduit le refrain du chant que nous citions au seuil du présent chapitre : « Ce sont ceux du maquis, ceux de la Résistance ». Et sous ce titre on peut lire : « Nos "maquis" ! La plus belle conquête de la Résistance française ! Le mot est désormais entré dans l'histoire. Quand nos enfants liront plus tard, dans leurs manuels, le récit de la lutte du peuple français durant ces terribles années 1940-1944, ils apprendront comment leurs aînés — toute la jeunesse appelée à l'action, animée, armée, encadrée, par les Mouvements de Résistance — gagnèrent les montagnes et les vallées pour se battre, plutôt que d'accepter l'esclavage et la déportation. Le maquis en armes est désormais une réalité vivante, imposante, menaçante, reconnue et combattue par tous nos ennemis. On les voit partout, nos gars, dans leurs retraites bien protégées, comme sur les routes, dans les villages et dans les bourgs (...). Ces hommes qui maintenant n'hésitent pas, en plein jour — car ils sont désormais chez eux — à se montrer dans les villages, à "sortir", mitraillette à l'épaule, barrant les routes quand il le faut, montant dans les trains pour vérifier eux aussi les papiers des suspects d'un autre genre et dépouiller avec humour les voyageurs militaires boches de leurs armes ! »

Sans doute cct article du journal clandestin qui porte au-dessus de son titre « Mensuel malgré la Gestapo et la police de Vichy » ainsi qu'en-dessous « Organe des Mouvements Unis de la Résistance » a-t-il été écrit par Yves Farge. En effet, lorsqu'en 1945, le dirigeant du CAD, puis commissaire de la République à Lyon, fait une préface pour le livre de François-Jean Armorin, on y retrouve, mot pour mot, une bonne partie de ce texte. Et d'ailleurs, l'ouvrage d'Armorin est publié aux « Editions de *Franc-Tireur* ». Dans la façon de parler des maquis, le ton et l'intention sont exactement les mêmes avant et après la Libération... Citons donc maintenant la préface au livre d'Armorin, lequel a pour titre *Le Temps des terroristes*. « Le maquis ! écrit Farge, ce mot, on l'entendit d'abord chuchoté, répété à voix basse dans des villes comme Lyon où les montagnes sont proches. Un mot clandestin comme la lutte elle-même du peuple français, un mot dont Vichy longtemps ne voulut pas connaître l'existence, la réalité, cette réalité mouvante et combattante que l'ennemi allait bientôt sentir accrochée après lui. (...) Le maquis, ce fut le phénomène le plus neuf de la vitalité et de la volonté du peuple français. Loin au-dessus du village, le maquis veille, guette, se disperse, se reforme, disparaît, revient, attaque. C'est la guerre, une guerre de coups de main, d'exploits rapides (...). Chaque forêt, bientôt chaque route, chaque montagne, chaque village de France sent leur présence. On parle d'eux à voix basse avec fierté, avec tendresse. La vaste complicité de tout un peuple les entoure et les soutient... D'où viennent-ils, les gars du maquis ? L'Allemand et les immondes valets de Vichy les nomment brigands et terroristes. Je me souviens d'eux dans le Vercors, dans la Savoie, je revois leurs visages : des ouvriers, des étudiants, des paysans, des artisans, des employés, des officiers, de toutes classes et de toute condition, de toute croyance et de toute tendance. Des bandes ? Allons donc ! Une armée de guérilla, certes, mais avec sa discipline, sa fraternité d'armes, son honneur, son drapeau. Le maquis, ce fut la plus vivante remise sur pied de guerre de la France intérieure. Tandis que les alliés achevaient la victoire, le maquis faisait participer tous les terroirs français à la lutte et à la libération... »

Autre commissaire de la République, mais qui ne le fut que brièvement, à Toulouse, puisque, dans la nuit du 19 au 20 août 1944 des mercenaires russes des « Osttruppen » de la Wehrmacht (appelés par les résistants des « Vlassov », car leur chef était le général soviétique déserteur Andreï Andréïévitch Vlassov), le blessèrent grièvement, Jean Cassou, le poète et critique d'art déjà rencontré, a également évoqué le maquis dans une préface à un livre sur des maquisards. Un livre paru, lui aussi, peu après la Libération. Un ouvrage intitulé *Le Corps Franc de la Montagne Noire ; Journal de Marche (Avril-Septembre 1944)*... « Un de ces maquis, écrit Cassou, et l'un des plus vaillants, qui ont assuré, devant le monde, l'existence de la France. » Son histoire est ici « exactement et rudement contée. Et devant les péripéties et les exploits du Corps Franc de la Montagne Noire, devant les coups d'audace et les décisions de ses chefs, le sacrifice obscur de ses hommes, devant tant de blessés et tant de morts, on se sent saisi d'un sentiment de fraternelle fierté et l'on se dit que c'est cela, ce souvenir et cet esprit, qu'il s'agit de préserver, de perpétuer vivants parmi les inspirations qui doivent nous faire agir. Le Corps Franc de la Montagne Noire est un de ceux qui ont assené aux Allemands les plus rudes coups, précipité leur déroute, permis à notre pays de relever la tête, de déclarer qu'il n'est pas un objet passif d'armistices et de combinaisons, mais une nation, celle-là même qui a inventé ce que c'est qu'une nation. »

« La Fayette a pris le maquis »

Ce qu'écrit ainsi Jean Cassou prend toute sa saveur quand on se souvient de ce que disait plus haut Lucien Roubaud et qu'on compare ce texte de Cassou avec ce qu'écrira, quarante ans plus tard, Serge Ravanel qui, début juin 1944, avait été nommé par le général Pierre-Marie Kœnig, chef d'état-major des FFI, au commandement de la R4 (région comprenant huit départements autour de Toulouse, plus une partie des Landes et des Basses-Pyrénées) avec le grade de colonel FFI et le nom de code d'« Hexagone ». Dans son livre *L'Esprit de Résistance*, Ravanel note, en effet : « Le maquis de la Montagne Noire (dont le nom officiel était "Corps franc de la Montagne Noire", CFMN) avait été créé en mars 1944 par Roger Mompezat et Henri Sévenet. Ce dernier, membre du SOE (F), avait été parachuté en France en octobre 1943 accompagné d'un "radio" de nationalité anglaise, Harry Despeigne (surnommé Richardson). La mission SOE (F) qui aboutit à la création du CFMN avait pour nom de code "Detective". » Et plus loin, l'ancien chef des FFI de R4, et donc théoriquement chef de tous les maquis de la région, poursuit : « Nos efforts avec le corps franc de la Montagne Noire (CFMN) finiront par aboutir. C'était une très belle unité. (...) Peu à peu, une coordination se mettra en place (...). Le maquis ralliera les FFI. Il mènera des combats efficaces contre les Allemands lors de la Libération. Si nous avions eu un meilleur contact avec lui, nous aurions peut-être pu le mettre en garde contre un danger qui le menaçait. (...) A la suite de son refus d'entrer dans l'organisation des FFI, j'adressai au général Kœnig un télégramme lui demandant de régler le problème. Le mardi

20 juin, je revins à la charge pour un autre motif. L'absence de mobilité du maquis m'inquiétait. Tous les matins les hommes rendaient les honneurs aux couleurs, au cours d'une cérémonie où l'on hissait le drapeau au son du clairon. Les cantonnements demeuraient fixes. Je demandais qu'on le mette en garde. Les Allemands n'eurent effectivement aucune difficulté à repérer le maquis. C'était facile du haut de leurs avions. (...) Dans les années soixante, je rencontrai Roger Mompezat, compagnon de la Libération, à une réception de la chancellerie de la Libération. Un verre à la main, je lui demandai : "Explique-moi ce qui s'est passé. (...)" Il me fit cette réponse inattendue : "Nous avions évidemment des missions de combat. Mais nous devions aussi nous emparer de Toulouse à la Libération." »... Faut-il ajouter qu'il n'y eut jamais de divergences entre Cassou et Ravanel, bien au contraire, et que tous deux, comme Yves Farge, s'affirmèrent, après la Libération, des hommes de gauche, et même d'extrême gauche ?

En vérité, cette exaltation aussi systématique que naturelle des maquis a des raisons politiques et militaires. A partir de l'exemple de la radio, des émissions françaises de la BBC, Jean-Louis Crémieux-Brilhac, dans sa vaste étude sur *La France libre*, déjà plusieurs fois cités, l'explique implicitement... « Soutenir les maquis par la radio, écrit-il, consiste d'abord à rompre leur isolement, à rassurer ceux qui risqueraient de flancher. L'hiver 1943-1944 est rude. La population se décourage. Beaucoup de Français s'indignent que les Anglo-Saxons, qui ont tant promis, tardent tant, beaucoup de maquis sont sans vêtements chauds, à court de vivres. "C'est le dernier hiver, répond la propagande, il faut tenir, le premier devoir est de durer." (...) Il est clair aujourd'hui que la minorité résistante qui est au maquis est en avance sur les intentions de Londres où l'on craint des soulèvements prématurés et voués à l'échec. Ainsi l'apport des radios est moins opérationnel que moral. Les maquis peuvent apprendre ce que le monde libre dit d'eux grâce aux postes dont certains disposent et aux relais qu'ils ont dans les villages. La BBC leur assure qu'ils ne sont pas seuls et qu'ils sont une force. La relation du défilé de la Résistance, le 11 novembre 1943, dans les rues d'Oyonnax, le kidnapping complaisamment narré de la statue de La Fayette au Puy ("La Fayette a pris le maquis"), sont exaltés comme des hauts faits. En 1944, la BBC célèbre quotidiennement la geste des maquisards, "élite de la France nouvelle" (Michel Brault) et donne corps à la légende dorée des maquis : ils sont des exemples pour les patriotes et l'avant-garde des combattants de la libération. »

Le défilé d'Oyonnax

Autre élément de cette exaltation, le film dont Jean-Louis Crémieux-Brilhac parle sous le titre *Le film des maquis*. « En novembre 1943, écrit-il, Jacques Bingen, délégué clandestin en France, entreprend de faire filmer des scènes de la vie des maquis. Les prises de vues ont lieu au cours de l'automne et de l'hiver dans le Jura, la Drôme et l'Isère. Quatre groupes de maquisards s'y prêtent. Le montage, d'une durée de huit minutes, parvient à Londres en février 1944, avec le message suivant : "Des armes, personne au monde n'est digne plus qu'eux de l'honneur d'en porter. Ils sont des soldats et leurs mains sont vides et nues." Le film, pourvu d'un commentaire de Maurice Schumann, est projeté en Angleterre et en Amérique. De ce film, Emmanuel d'Astier fait tirer huit vues. Elles illustrent un album imprimé en exemplaire unique à l'intention de Churchill. Y figurent également des photographies de l'occupation d'Oyonnax par les maquisards de Romans-Petit le 11 novembre 1943 et les images de la destruction par un groupe franc des MUR du parc d'artillerie de Grenoble, principal centre de réparations et de stockage allemand dans le Sud-Est, dans la nuit du 13 au 14 novembre 1943. » A la même page, Crémieux-Brilhac publie le fac-similé de la dédicace manuscrite que portait l'« album imprimé en exemplaire unique », une dédicace d'Emmanuel d'Astier : « A M. Winston Churchill, ces images du combat sur le sol de France. Ceux qui nous les ont envoyées vous sauraient gré d'avoir entendu leur "appel aux armes". »... Précisons que le film de huit minutes a pour titre *Ceux du maquis*.

« Légende dorée des maquis » dit Jean-Louis Crémieux-Brilhac, oui, mais qui donne envie de paraphraser la fameuse locution sur la réalité dépassant la fiction, en écrivant qu'ici la réalité rejoint la fiction. Il y a, en effet, dans la façon dont la BBC et tant de dirigeants de la Résistance, sans parler de la presse clandestine, exaltent l'action des maquisards et leur existence même comme une exagération qui sonne juste. Ainsi, par exemple, dans la phrase où précisément il emploie l'expression « légende dorée », Crémieux-Brilhac parle-t-il « du défilé de la Résistance, le 11 novembre 1943, dans les rues d'Oyonnax »... Or, ce jour-là, effectivement, la légende était dans la rue, et c'est un souvenir doré qu'en ont gardé les résistants qui assistèrent à cette scène stupéfiante, proprement inimaginable. Un de ces témoins, présent, lui, parce que prévenu et chargé d'assurer le compte rendu de l'événement, était André Jacquelin. Journaliste professionnel, Jacquelin avait notamment été un des envoyés spéciaux de *Paris-Soir* en Espagne durant la guerre civile. Il y était resté emprisonné vingt-sept jours à Salamanque après avoir sauté en parachute d'un avion républicain abattu par les franquistes. Emprisonné, il le fut de nouveau quelques années plus tard, et même torturé, mais cette fois par des policiers vichystes, à Lyon. Peu après sa sortie de prison, il réussit à faire imprimer et diffuser clandestinement un journal qu'il intitula *Bir Hakeim*, en hommage à la façon dont, en mai-juin 1942, les FFL du général Kœnig avaient tenu tête à l'Afrikakorps de Rommel dans cette oasis de Cyrénaïque (Libye). De mars 1943 à juin 1944, douze numéros parurent dont la qualité du papier et l'impression, la présence de photos, le nombre de pages firent un cas unique dans la presse clandestine. Après avoir rappelé que *Bir Hakeim* était composé et tiré « à Bourg-en-Bresse, à l'Imprimerie Républicaine (Imprimerie coopérative) », l'historien de la lutte clandestine des ouvriers du livre Paul Chauvet explique, dans son ouvrage *La Résistance chez les fils de Gutenberg*, que, par d'autres résistants, Jacquelin fut « un instant suspecté parce qu'il utilisait du papier considéré comme papier de luxe. En fait, ce papier lui était fourni par le P-DG des Etablissements Johannot, à Annemasse ; il était enlevé par des résistants locaux (...). Les clichés étaient réalisés aux ateliers de Photogravure Moderne, à Saint-Etienne. »... Bourg-en-Bresse étant le chef-lieu de l'Ain, c'est avec les maquis de ce département et leur célèbre chef Henri Romans-Petit que, tout en restant très indépendant, le créateur de *Bir Hakem* entreprit bientôt une « étroite collaboration » selon les mots du colonel maquisard. Et c'est ainsi que le numéro le plus étonnant de cet étonnant journal fut celui de décembre 1943 qui, devait dire ultérieurement Jacquelin« publiait le reportage illustré du fameux défilé des huit cents maquisards à Oyonnax, sous le commandement du colonel Romans. (...) Ce reportage fut reproduit, quelques semaines plus tard, par la presse anglaise et par la presse américaine. »

Dans ses *Lettres de mon maquis*, préfacées notamment par Romans-Petit, l'auteur commente son « reportage illustré »... « Le 8 novembre 1943, écrit-il, je reçus la visite d'un agent de liaison me demandant de faire l'impossible pour me trouver à Oyonnax, le 11 novembre, à 11 heures, devant l'Hôtel des Postes (...). Je fus fidèle au rendez-vous de mes courageux camarades et ce fut la plus belle journée que j'aie vécue sous la botte allemande. (...) Midi sonnait lorsque, brusquement, des camions arrivèrent, et l'on vit alors descendre de chacun d'eux des "terroristes" en armes et en tenue des Chantiers de jeunesse (...). Un groupe chargé de la protection s'était arrêté devant l'Hôtel des Postes, pour paralyser ses services, un autre à la gendarmerie, un autre encore au commissariat et chacun, sans résistance, se laissa désarmer par les maquisards. La protection étant assurée et la ville ainsi isolée, d'autres camions arrivèrent alors de plus en plus nombreux. Puis ce fut le rassemblement en colonnes par quatre... »

« Clairons sonnant, tambours battant »

Alors commence le « défilé impeccable » que décrit André Jacquelin. « Chaque section, raconte-t-il, avec ses officiers en grande tenue, leurs décorations des deux guerres sur la poitrine, défila derrière le drapeau tricolore à croix de Lorraine et sa garde d'honneur.

Clairons sonnant, tambours battant, ils passèrent devant une foule qui pleurait d'émotion et de joie. On entendit les phrases mille fois répétées : "Vive la France ! Vive la République ! Vive de Gaulle !" Pour la première fois depuis la défaite, un détachement des armées des ombres défila dans une ville française de plus de dix mille habitants. Ce détachement arriva alors dans un ordre parfait au monument aux Morts. Le clairon sonna le garde-à-vous ! Puis le drapeau s'inclina doucement (...). Le courageux colonel Romans, chef de détachement, aux mains gantées de blanc, s'avança alors et déposa une gerbe en forme de croix de Lorraine sur laquelle on pouvait lire cette épitaphe : "Les vainqueurs de demain aux vainqueurs de 1914-1918". La sonnerie aux morts retentit et ce fut la minute de silence. (...) Puis on entendit le chant de *La Marseillaise* s'élever dans le ciel, chanté par des centaines de voix, (...) face à ces maquisards descendus des forêts (...). Des larmes coulaient sur toutes les joues, mais on sentait de la fierté dans chaque regard et comme quelque chose d'immense qui montait en nous et qui nous possédait tout entier. (...) Alors ce fut un délire, des mains tendues pour serrer celles des gars du maquis, de ceux qu'on voyait cette fois au grand jour. (...) Puis ce fut l'heure du retour. Les sections se rangèrent alors à l'appel du clairon pour le rassemblement. (...) Musique en tête, les sections s'ébranlèrent derrière le drapeau que tant d'Oyonnaxiens sont venus embrasser en pleurant, et la foule suivit et l'on entendit subitement s'élever le chant *Vous n'aurez pas l'Alsace et la Lorraine*, puis *Le Chant des partisans*, dont les paroles furent reprises par toute la population. »

Lorsqu'en 1974 il publie *Les Maquis de l'Ain*, Henri Romans-Petit y raconte à son tour la manifestation qu'il a conçue et organisée avant d'en être le protagoniste. Son but d'alors ? Répondre à tous les gens qui « émettent des doutes sur la moralité de ceux que l'on appelle maintenant des maquisards et que la radio de Vichy présente chaque jour comme des terroristes commandés par des chefs de bande sans foi ni loi ». Consulté à ce propos par Romans-Petit, la direction des MUR est « d'accord sur l'utilité d'une réplique irréfutable aux infamies débitées surtout par Philippe Henriot, chantre — éloquent, convenons-en — de la Collaboration. Ce sera, aussi, à tous nos alliés, l'affirmation solennelle de la réalité d'une force armée ». Si le 11 novembre est choisi, c'est parce que « Vichy a interdit toute manifestation pour l'anniversaire de l'armistice de 1918. Les maquis de l'Ain (...) passeront outre... ». Dès lors, pour l'officier, ancien administrateur de presse régionale et déjà largement quadragénaire, qui, en décembre 1942, avec Marius Chavant, a fondé ces maquis à partir d'une poignée de réfractaires, près de Saint-Rambert-en-Bugey, non loin de Belley, comment passer à l'action ? « Tous les détails, écrit-il, sont alors sérieusement étudiés. Le chronométrage du défilé est plusieurs fois remis en cause sur les lieux mêmes, en pleine nuit. »

Arrive le 11 novembre 1943 et, « dès l'aube les équipes locales bloquent les issues des maisons des suspects dont nous avons établi la liste avec Thévenon, le commissaire de police. Le lieutenant Bourret (Brun) venu de Bresse avec son unité lance à la même heure toutes ses équipes sur tous les points névralgiques. Il contrôle la ville sans coup férir en une minute trente. (...) Lorsque j'arrive (...), en tenue de capitaine aviateur, décorations pendantes — il s'agit de démontrer que les chefs maquisards sont des officiers pour la plupart — la foule est considérable. Attirée par les bruits les plus fantaisistes, elle est venue par curiosité. Lorsque je lance d'une voix forte : "Maquis de l'Ain, à mon commandement !", à la stupéfaction la plus profonde succède le délire. Les hommes, les femmes, les enfants crient : "Vive le Maquis ! Vive la France !", applaudissent à tout rompre et cela jusqu'au monument aux morts. En tête, les clairons, puis le drapeau porté par Mulard, avec sa garde d'honneur en gants blancs. Ah ! ces gants auxquels nous tenions tant furent très difficiles à trouver, mais un secrétaire de mairie eut l'idée de s'adresser aux jeunes mariés de sa commune. » Et Romans-Petit d'ajouter plus loin : « Cet épisode de notre action faisait désormais partie de l'imagerie populaire. Puis-je ajouter qu'il illustrait mon indépendance vis-à-vis de la mission franco-anglaise car le colonel Heslop n'approuvait pas notre démonstration. »

Dans son livre déjà cité, *Ces chefs de maquis qui gênaient*, Raymond Ruffin souligne que « l'effet de cette manifestation fut énorme », et il ajoute : « Aussi bien du côté des Alliés que de celui du gouvernement de Vichy, le rayonnement des maquis de l'Ain sera largement commenté, mais en termes évidemment différents. Le soir même, le Délégué militaire régional Bourgès-Maunoury (Polygone) transmettait à Romans-Petit les félicitations du général de Gaulle pour "cette affirmation catégorique de la présence de la Résistance armée sur le sol occupé", et Bourdelle-Joinville, quelques jours plus tard, au nom des MUR, envoyait un message élogieux à l'adresse des maquis de l'Ain. L'impact de cet exploit se propagea également par le canal de la presse et de la radio, puisque le soir-même la BBC l'annonçait sur les ondes et que, un peu plus tard, les journaux alliés publiaient des photos prises par André Jacquelin et transmises à Londres. » Un exploit — certes, mais pas seulement. On peut, en effet, ici parler d'événement historique. Lorsqu'en 1993, à Oxford, l'historien britannique Harry Roderick Kedward publiera *In Search of the Maquis*, traduit, six ans plus tard, sous le titre *A la Recherche du Maquis ; La Résistance dans la France du Sud, 1942-1944*, ce sera bien une dimension historique qu'il donnera à ce défilé. « Comme d'autres journées célèbres de l'histoire de France, écrit Kedward, l'occupation d'Oyonnax reçoit presque immédiatement un statut symbolique, mais ce qui la distingue d'autres journées comparables, c'est qu'elle est délibérément conçue comme telle. »

Aussi bien n'est-il pas étonnant que l'un des dirigeants des MUR et donc l'un des supérieurs du héros d'Oyonnax, Pierre Guillain de Bénouville estime, dans *Le Sacrifice du matin*, que « dans l'Ain, Romans fait des miracles », d'autant moins étonnant qu'il écrit cela à propos d'actions déjà menées début 1943... S'il est le plus remarquable et le plus remarqué, le défilé du 11 novembre n'est donc pas le premier coup d'éclat d'Henri Romans-Petit.

Deux virtuoses

Une réussite qui n'a pourtant pas de secret comme l'expliquera, près d'un demi-siècle plus tard, un des pairs du chef des maquis de l'Ain, Serge Ravanel. Nous connaissons Ravanel. Et sa stature, qui fera écrire à Georges-Marc Benamou, dans *C'était un temps déraisonnable*, que c'« est un des grands de la Résistance intérieure, un militaire né dans l'action, un organisateur hors pair (...), l'homme des coups durs, un véritable chef d'armée »... Que pense donc Ravanel de Romans-Petit ? Il le dit dans son livre *L'Esprit de Résistance*. « Ducasse (Vergaville), le chef de l'Armée secrète pour la région de Lyon, écrit-il, était un partisan de l'action immédiate. (...) Il m'avait raconté une rencontre à Chavannes-sur-Suran avec Henri Romans-Petit, le chef des maquis de l'Ain. Officier d'aviation, ce dernier avait assimilé avec un don extraordinaire la tactique de la guérilla. Il fut un des cadres les plus éminents que produisit la Résistance. Son aventure s'était développée selon une logique simple. Homme de bon sens, il résolvait les problèmes sans préjugés. Ayant le commandement de plusieurs maquis, il s'était d'abord affronté au problème de leur sécurité. Tout naturellement, il comprit que le meilleur moyen de l'assurer était d'empêcher l'ennemi de savoir où ils se trouvaient. Il les avait donc organisés en petits groupes disciplinés qui se déplaçaient sans cesse, s'entraînant intensivement. Cette activité incessante forgea un esprit de groupe. Ses hommes prirent de l'assurance. Romans-Petit constata qu'il disposait dorénavant d'une force capable de faire des coups de main. (...) Une première opération, pas trop compliquée, dopa les maquisards. Ils s'emparèrent, sans coup férir, d'un dépôt des Chantiers de jeunesse à Artemare (...). Une seconde opération (fut) réalisée avec le même succès sur un dépôt situé en plein centre de (...) Bourg-en-Bresse (...). Désormais, les maquis de Romans-Petit possédaient des voitures et des camions. La population prenait l'habitude de les voir circuler sur les routes. On commençait à prendre au sérieux ces jeunes gens disciplinés, polis, aimables. Mis en confiance, les Anglais leur parachutèrent des armes et de l'argent, tandis que des officiers de l'Armée d'armistice leur livraient des armes provenant des dépôts constitués lors de la défaite. A leur tour, les brigades de gendarmerie se prirent d'intérêt. Elles avertissaient Romans-Petit des menaces policières. Insensiblement, la population basculait vers la Résistance. Ducasse me racontait : “Une mayonnaise est en train de prendre dans l’Ain et le haut Jura. Plus les groupes de Romans-Petit deviennent puissants, plus la population prend confiance et se rapproche de lui. (...) Il sera bientôt capable de passer à l’offensive. (...) Dès maintenant, il trouve des complicités nombreuses dans la population.” Ducasse ne se trompait pas. C’est grâce à cette complicité que Romans-Petit pourra investir Oyonnax le 11 novembre 1943. Ses maquisards donnaient une image chaleureuse de la Résistancc. »

Devant une telle réussite, et à cette échelle, on est évidemment amené à se demander si, au temps des maquis, il y eut d’autres Romans-Petit. Alors, un nom vient tout naturellement à l’esprit, celui de Georges Guingouin... Sans aller jusqu’à dire, encore que nous soyons très tentés de le suggérer, que Romans-Petit fut le Guingouin de l’AS et Guingouin le Romans-Petit des FTP, il est sûr que la comparaison, et surtout la mise en parallèle s’impose par delà les flagrantes différences d’origine et d’opinions.

D’ailleurs des auteurs aussi divers que Henri Michel en 1974, Ruffin en 1980, Noguères en 1981 ou Kedward en 1993, sentent et notent cette parenté. Lorsque, au début des années 1970, le président du Comité international d’histoire de la Seconde Guerre mondiale qu’est Henri Michel crée et dirige une collection intitulée *La Libération de la France*, sur les quinze volumes qu’elle comporte, treize ont des titres du même type : *Libération de la Normandie*, ou *Libération de l’Auvergne*, ou *Libération de Marseille*, etc. et deux seulement font exception : *Les Maquis de l’Ain*, d’Henri Romans-Petit et *Quatre ans de lutte sur le sol limousin* de Georges Guingouin... Quand, quelques années plus tard, le journaliste et écrivain Raymond Ruffin publie *Ces chefs de maquis qui gênaient*, sur les quatre « grandes figures de la Résistance » qu’il choisit d’évoquer, deux s’appellent Guingouin et Romans-Petit... Parvenus un ans après, au cinquième tome de leur *Histoire de la Résistance en France*, Henri Noguères et Marcel Degliame-Fouché intitulent les cinq photos d’une double page d’illustrations *Maquis-guérilla* et sous les deux portraits des intéressés ils écrivent : « C’est ce que démontrent, à l’été 1944, ces virtuoses que sont devenus Guingouin et Romans-Petit... »... Une bonne décennie passe, et c’est l’historien britannique déjà cité Harry Roderick Kedward qui souligne un aspect de la parenté, non sans une nuance de reproche. « Romans-Petit et Georges Guingouin, écrit cet universitaire du Sussex, dans l’Ain et la Haute-Vienne respectivement représentent les deux courants de l’AS et des FTP du maquis. Ils accèdent en juin et en juillet (1944) à une fonction d’autorité de remplacement sur l’autre front, en organisant et autorisant le ravitaillement de la population sur leur territoire. Cette autoproclamation d’autorité, comme leurs mémoires publiées après la guerre, a tendance à individualiser excessivement le processus de l’inversion. » Et

Kedward d'ajouter un peu plus loin : « La déviance et la transgression, depuis le défi illégal au STO, avaient été des forces corrosives puissantes contre le règne de Vichy et avaient nourri un regain de courage pour affronter les Allemands. » Point commun entre les deux chefs maquisards et compagnons de la Libération à l'origine si dissemblables, leur commune « tendance à individualiser excessivement » est sans doute aussi une des causes des graves et injustes ennuis que l'un et l'autre connurent ultérieurement.

Une cellule du fort Lamothe

Parce qu'elle fut plus cruelle, plus longue et plus retentissante, plus explicable aussi, l'« affaire Guingouin » est plus connue que « l'affaire Romans-Petit », mais les deux valent également d'être rappelées. Pour le chef des maquis de l'Ain, le cauchemar commence le 18 septembre 1944, deux semaines après la libération de Bourg-en-Bresse. Une quinzaine chargée. D'abord, il est allé à Londres, où il a été fêté au siège du SOE et où, à la BBC, André Gillois a interviewé longuement cet « homme qui symbolise la Résistance française ». Ensuite, à Paris, le général Kœnig, chef des FFI a reçu et félicité « l'homme de caractère qui a mené victorieusement les patriotes de l'Ain dans les combats libérateurs ». C'est seulement depuis la veille que Romans-Petit est de retour parmi les maquisards, à Champdor, près d'Ambérieu. L'arrivée du DMR Carré (Paul Leistenschneider) est inattendue. Et encore plus la « pénible mission » dont il est chargé et qu'il exécute : ramener le chef du maquis à Lyon pour l'y mettre aux arrêts. Les arrêts — en fait une cellule du fort Lamothe où Romans-Petit va passer cinquante jours en isolement. Pourquoi ? Quelque temps après, le quotidien *Le Progrès* (de Lyon) publie un communiqué des autorités régionales. « Sur ordre du Commissaire de la République, peut-on y lire, le colonel Romans, chef des FFI du département de l'Ain, a été appréhendé et mis aux arrêts de forteresse ; le colonel Romans ayant usurpé des pouvoirs qui n'appartiennent qu'aux autorités civiles, et ayant fait acte d'indiscipline, le commissaire de la République a entendu mettre un terme à de tels agissements troublant l'ordre public. » Dans son livre *Ces chefs de maquis qui gênaient*, Raymond Ruffin, après avoir cité ce communiqué, le complète en se référant à un article de *La Marseillaise*. « Aux griefs reprochés par le commissaire de la République, dit ce journal, il convient d'ajouter à l'encontre du colonel Romans son attitude envers les pouvoirs publics, et ses relations avec les officiers de l'armée britannique. » Durant les presque deux mois où leur chef est en cellule, c'est en vain que des maquisards de l'Ain font appel au colonel, et futur général, Marcel Descours, alias « Bayard », alias « Périmètre », alors gouverneur militaire de Lyon et chef d'état-major FFI de la région Lyonnaise (R1). Cet ancien responsable régional de l'ORA (Organisation de Résistance de l'Armée) est d'accord avec le commissaire de la République, et il se fait même tirer l'oreille pour enfin ordonner le transfert de Romans-Petit à Paris, que lui demande le ministère des Armées... Une fois dans la capitale, après une nuit passée, toujours détenu, à la caserne des Gardes républicains, place de la République, l'organisateur du 11 novembre d'Oyonnax rencontre successivement trois généraux : Jacques Chaban-Delmas, Alfred Malleret-Joinville et Pierre-Marie Kœnig. Le premier, selon Ruffin, « ne semble pas informé des dessous de l'affaire » ; il ne fait rien. Le second lui dit « ne rien comprendre à ce qui lui est arrivé » et ajoute que désormais, « bien entendu, il est libre totalement ». Le troisième enfin lui déclare : « Oubliez-moi vite cette connerie... Je vous prends à mon cabinet ! »

Après avoir enquêté sur ce qui est arrivé à Henri Romans-Petit, Raymond Ruffin qualifie cette affaire de « mystère qui ne sera jamais éclairci ». L'appréciation semble justifiée, tant du point de vue factuel que du point de vue politique. Factuellement, les accusations d'« usurpation » et d'« indiscipline » n'ont jamais été prouvées, ni même explicitées. Politiquement, comment expliquer la contradiction entre une arrestation voulue par un futur compagnon de route du PCF (Yves Farge) et une libération décidée par un militant communiste futur membre du Comité central (Malleret-Joinville) ? Sans parler de l'évidente divergence entre deux gaullistes proches du Général (Chaban-Delmas et Kœnig)... Si toutefois on cherche à tout prix une explication, il reste l'« affaire Jacquelin »... Le fondateur et rédacteur de *Bir Hakeim* a en effet été très attaqué par beaucoup d'autres résistants. Des attaques dont Claude Bellanger se fait l'écho dans son étude sur la *Presse clandestine, 1940-1944*. Après avoir cité le n° 53 de *Combat* où il est dit « nous mettons en garde les militants de la Résistance contre ce journal », le futur directeur du *Parisien libéré* ajoute : « Plus tard, le 4 mars 1944, un "avertissement au peuple français" contre *Bir Hakeim* sera même lancé au micro de la France combattante. (...) Une mise au point du Conseil national de la Résistance dégagera "la responsabilité de la Résistance organisée dans les mots d'ordre et les informations de ce journal". *Front National* le stigmatisera "comme organe de l'ennemi" (30 mars 1944). Pour *Les Lettres françaises*, il s'agit d'une "feuille provocatrice" (avril 1944). "Attention à la feuille *Bir Hakeim*" et aux "campagnes imbéciles et provocatrices de cette officine qui fait œuvre de division et de confusion", écrira *Le Franc-Tireur* du 30 mai. » (Et souvenons-nous ici que « Franc-Tireur » est le mouvement d'Yves Farge). Après avoir fait état de ces attaques, Bellanger précise cependant que « "De ces soupçons rien ne reste, bien entendu" écrit Rémy Roure dans *Le Monde* du 25 mai 1946 »... Ajoutons que lorsque André Jacquelin publie *Lettres de mon maquis*, c'est avec une préface et un avant-propos. Ce dernier est de Romans-Petit, élogieux bien sûr. Mais la préface ? Eh bien, elle est écrite par

René Cassin. C'est-à-dire par un des premiers compagnons de De Gaulle à Londres, le juriste de la France libre, plus tard prix Nobel, mais aussi vice-président du Conseil d'Etat, membre du Conseil constitutionnel, président de la Cour européenne des Droits de l'homme et même co-rédacteur de la Déclaration universelle des Droits de l'homme votée par l'ONU, le 10 décembre 1948. Or que dit cette préface ? Entre autres, que le fondateur et rédacteur de *Bir Hakeim* est « un des plus authentiques résistants de la guerre 1940-1945 » et que « son courageux et sensationnel périodique » sut exalter « les hauts faits et les sacrifices de tant de patriotes ».

« Un chef de bande de l'espèce la plus féroce »

S'il demeure un mystère Romans-Petit, il n'y a pas de mystère Guingouin, mais un autre cauchemar. Et beaucoup plus grave, puisqu'il faillit entraîner la mort de celui que certains avaient surnommé le « Tito limousin », dans *Ces chefs de maquis qui gênaient*, en 1980, Raymond Ruffin écrit que « lorsque, vingt-cinq ans après, on se penche sur l'affaire Guingouin, elle paraît effarante, voire extravagante ». Effarante ? Oui. Extravagante ? Non. Pourquoi ? Parce que Georges Guingouin a été la victime d'une conjonction de forces dont il n'était pas prévisible qu'elles se conjuguassent, mais pas illogique qu'elles se rencontrassent, et qui d'ailleurs, si elles ont agi simultanément, ne se sont jamais alliées, bien au contraire. Une triple conjonction de forces ordinairement antagonistes qui ont parallèlement persécuté l'emblématique maquisard de Haute-Vienne tout en continuant de se violemment affronter entre elles. Première conjonction de fait, celle du Parti communiste avec certains anciens collabos. Deuxième conjonction tout aussi surprenante, celle de résistants de droite ou simplement perméables aux préjugés avec ces mêmes collabos. Troisième conjonction, qui peut également étonner, celle de socialistes SFIO très anticommunistes avec les communistes... Beaucoup moins étonnants que les conjonctions sont les mobiles, les raisons qui vont entraîner ces concomitances insolites... Les dirigeants du PCF durant la clandestinité puis durant la gloire de l'après-guerre ne pardonnent pas à Guingouin de les avoir mis devant l'exploit accompli et ils s'acharneront d'autant plus qu'en période d'antititisme la réputation de « Tito limousin » n'arrange rien. D'anciens collabos vont profiter de la solitude de Guingouin pour en faire le bouc émissaire de leur rage anti-épuration et ils s'acharneront d'autant plus que le pouvoir en place les comble de faveurs amnistiantes en raison de la « guerre froide ». Certains résistants de droite ou résistants ayant des comptes à régler avec les communistes s'obstinent à voir en Guingouin le maquisard rouge à la mitraillette entre les dents. Enfin des politiciens locaux de la SFIO très anticommunistes ont une revanche à prendre sur le Guingouin symbole d'une Résistance à laquelle ils n'ont guère participé... Tout cela fait beaucoup d'ennemis pour un seul homme que sa célébrité (méritée) et ses états de service (considérables) poussent parfois à l'exagération et à des excès de narcissisme guerrier. Tout cela dans une atmosphère empreinte d'un manichéisme qu'on a peine à imaginer aujourd'hui. Nous avons déjà plusieurs fois cité *Résister*, le livre de Jacques Baumel, et ces mémoires de l'ancien secrétaire général des MUR ne nous ont pas habitués à la caricature. Or, bien que plus d'un demi-siècle se soit écoulé, voyons comment cet auteur se laisse aller au portrait charge dès qu'il s'agit de celui qu'on appelle souvent (et à juste titre) le « libérateur de Limoges ». Limoges où précisément Baumel arrive, en mission, en août 1944 : « ... La ville, écrit-il, que contrôlait le redoutable Georges Guingouin. Guingouin, un ancien instituteur communiste, avait été l'un des premiers à constituer un maquis dans la région. C'était un chef de guérilla efficace mais c'était également un chef de bande de l'espèce la plus féroce. On l'avait d'ailleurs surnommé “l'homme des bois”. Sa détermination s'accompagnait hélas d'une kyrielle d'actes graves. Limoges était en état de siège. On arrêtait à tour de bras, des Allemands, des Français compromis mais aussi d'autres qui l'étaient moins ou pas du tout, mais qui avaient eu le malheur de déplaire, ou d'être nés bourgeois. On exécutait sommairement des personnes arrêtées au hasard, après comparution devant des tribunaux improvisés. A côté de Guingouin, le préfet des maquis, s'étaient imposés, comme c'est le cas dans les périodes révolutionnaires, des combattants sincères, mais aussi des aventuriers et de vrais bandits de grands chemins... »

Dans la mesure où Jacques Baumel deviendra ultérieurement un parlementaire et dirigeant gaulliste de premier plan, il est intéressant de noter que la perception qu'il avait de Guingouin en août 1944 n'est pas tout à fait celle du gouvernement du général de Gaulle un an plus tard, si l'on en croit du moins le texte du décret du 7 juillet 1945 publié par le *Journal officiel* du 12 août. Ce décret fait Chevalier de la Légion d'Honneur le chef maquisard, et l'on peut y lire : « De 1940 à 1942, a été le “hors-la-loi”, l'incarnation de la résistance civile en Limousin, et une condamnation aux travaux forcés à perpétuité, deux autres à vingt ans de la même peine, témoignent de l'acharnement des tribunaux aux ordres de Vichy à se débarrasser de cet adversaire. En 1942, il organise les premiers éléments du maquis limousin qui allaient très vite devenir un des premiers de France, le plus redouté par la police, celui sur lequel les Miliciens et les Allemands devaient s'acharner vainement. Pendant la période héroïque 1942-1944, il est difficile de faire un choix parmi ses innombrables faits d'armes. (...) Extraordinaire meneur d'hommes, que son exemple galvanise, constitue une des plus belles figures de la Résistance. » Le contraste entre ces deux portraits est significatif de la complexité de l'« affaire Guingouin » qui est donc en gestation à la Libération et surgira dans l'actualité quelques années plus tard. Une complexité que l'on retrouve dans les rapports du « chef de bande de l'espèce la plus féroce », selon Baumel, avec les dirigeants du PCF le qualifiant de « fou qui vit dans les bois ».

Une « tête de cochon » qui « se prend pour Bonaparte »

Cette expression « fou qui vit dans les bois », si souvent reprise, tant dans les gazettes que dans les livres d'histoire, est attribuée, à juste titre semble-t-il, à un des délégués de la direction communiste clandestine en zone Sud, Gabriel Roucaute. Elle est du même ton, en tout cas, que les propos d'un autre dirigeant à la même époque, un dirigeant d'ailleurs plus important, Georges Marrane, ancien secrétaire du PCF dans les années 1920, ex et futur maire d'Ivry et président du Conseil général de la Seine, bientôt vice-président du CPL (Comité parisien de Libération) puis ministre de la Santé, puis député, puis sénateur. En 1943-1944, Marrane est un des responsables du Front national. Le FN auquel précisément le futur journaliste et historien François Fonvieille-Alquier après avoir été un cadre des MUR, où il a créé un journal clandestin intitulé *Le Paysan patriote*, a décidé d'adhérer pour, dit-il, « rejoindre sa famille d'origine ». Et Fonvieille-Alquier nous raconte : « C'est en la personne de Georges Marrane, son grand chef pour la zone Sud, que je repris contact, à Lyon, avec le FN... Reconnaissable au premier coup d'œil, malgré les imposantes moustaches qui étaient censées protéger son anonymat, Marrane déployait une activité inlassable. On le voyait arriver aux rendez-vous qu'il fixait d'ordinaire dans le secteur de l'avenue Berthelot et de la place Jean-Macé, sur un vélo, à bout de souffle. Dix minutes d'entretien et au revoir, il disparaissait comme il était venu, dans le même bruit de roulement à billes privé d'huile. Deux ou trois rencontres furent nécessaires pour définir mes attributions nouvelles et la nature des missions que le FN allait me confier... “Tu vas aller à Limoges, me dit Marrane. Tu dirigeras le Front national dans la région limousine. Tu trouveras là-bas une situation particulière en raison des relations difficiles entre les partis de gauche. Autre chose : il faudra que tu trouves une solution à l'“affaire Guingouin”... C'est un instituteur du coin. Il vit dans la clandestinité depuis l'Armistice. Il est recherché par toutes les polices et, pendant des années, hiver et été, il s'est caché dans des trous creusés dans les forêts, sous les feuilles mortes. Il s'est attiré la sympathie des paysans de deux ou trois cantons de la Haute-Vienne qu'il a libérés. Il a réuni une petite armée qu'il fait défiler et manœuvrer dans les localités. Nous avons eu des difficultés avec lui. Les ponts sont coupés. C'est une tête de cochon. Il se prend pour Bonaparte. Mais ce serait absurde de ne pas coordonner son action avec celle de la direction régionale des FTP. Il faut absolument « recoller » avec lui. Ce ne sera pas facile... Je t'en charge !" En me souhaitant bonne chance devant un "petit beaujolais", Marrane conclut : "Rendez-vous est pris pour toi avec un responsable régional, à Périgueux, le 20 décembre, à 16 heures. Il aura *Signal* à la main et sera agenouillé sur un prie-dieu près du troisième pilier à gauche de la cathédrale Saint-Front. Repêchage une heure après, sinon huit jours plus tard..." Mais à Saint-Front, le jour convenu, personne. Et personne non plus aux deux repêchages. Sans qu'on l'ait su encore à Lyon, mon "contact" avait été fusillé quelques jours plus tôt... Ma véritable arrivée dans le Limousin fut donc remise au 10 février 1944... »

Après nous avoir dit comment « cette implantation » dans la Résistance limousine lui procura une « impression réconfortante de reprendre pied dans la réalité charnelle du pays », François Fonvieille-Alquier poursuit : « Dans un tel contexte, la mission que j'avais reçue de "renouer avec Guingouin" ne fut finalement qu'une péripétie. Après une tentative infructueuse en avril et quelques rebuffades, tout était arrangé peu après le 6 juin 1944... Au lendemain du débarquement en Normandie, j'étais amené à présider chez l'ami Faye, charron à Linards, une rencontre avec le "rebelle" et le commissaire aux effectifs des FTP... Guingouin devenait commissaire aux opérations pour tout le département de la Haute-Vienne et son autorité allait, au moins en théorie, déborder son fief d'Eymoutiers-Chateauneuf pour s'étendre à tous nos maquis. » Ce que Fonvieille-Alquier ne dit pas, c'est que Guingouin faisait bander les yeux à certains émissaires, pendant le trajet qui menait jusqu'à sa retraite et que, durant les conversations, il lui arrivait de poser, devant lui, un revolver sur la table. Sans doute avait-il ses raisons, mais ce comportement contribua à exaspérer les dirigeants du PCF clandestin.

La prise de Limoges

Autre protagoniste de la Résistance en Haute-Vienne, département dont il devient d'ailleurs le préfet à la Libération, l'ancien commissaire politique de la 15e Brigade internationale, plus tard chef du cabinet de Maurice Thorez lorsque ce dernier fut ministre d'Etat, ensuite sénateur de la Seine, finalement exclu du PCF en 1962, Jean Chaintron, a laissé des mémoires posthumes, publiées quatre ans après sa mort, en 1993, sous le titre *Le Vent soufflait devant ma porte*. Il y évoque « le cas Guingouin » à deux reprises... D'abord, il parle d'« intéressantes conversations », dans la clandestinité, avec celui qu'il a « toujours estimé comme un authentique communiste, un homme de cœur et de courage ». Et Chaintron poursuit en expliquant que « Guingouin avait vraiment commencé l'action directe en octobre 1941 en faisant une opération de commando sur la mairie de Saint-Gilles-les-Forêts afin de s'emparer de cartes et de tickets d'alimentation pour les militants illégaux. En décembre 1942, il commençait à faire sauter à la dynamite les batteuses et botteleuses pour empêcher la livraison de blé aux hitlériens. La dynamite, il en récupérait par d'audacieuses opérations armées aux houillères de Moussac et aux mines de wolfram à Saint-Léonard... Un fait étrange que me rapportait Guingouin et que j'avais entendu raconter par ailleurs me troublait cependant. En 1942, alors que son action était probante, l'ancien secrétaire du rayon d'Eymoutiers était tenu en suspicion par le Parti. Gabriel Roucaute lui avait signifié que c'était dans les villes et non dans les campagnes que devait se porter l'essentiel de l'action. Guingouin avait objecté que le Parti se trompait, comme en 1940, et il avait persisté dans son attitude. Dès lors, il avait été mis à l'index et le bruit courait que s'il s'obstinait on le liquiderait. Il se tint sur ses gardes mais cette situation compliqua sa tâche. Je le persuadai qu'il s'agissait de malentendus, que Roucaute, que j'avais bien connu comme codétenu, était un brave type. Et il ne fut plus question de cela. (...) Au début de juin se posa une épineuse question politico-stratégique : en mai 1944 était tombé le Comité militaire FTP de la zone Sud dont dépendait le Limousin. La direction politique de la zone qui comprenait notamment Léon Mauvais le suppléa et transmit, sans une suffisante connaissance des réalités militaires, l'ordre de s'emparer aussitôt de Limoges. L'ordre fut transmis par Molinier (dit Eugène), l'inter-politique. Dans une réunion de responsables, on discuta ferme. Guingouin refusa ce qui lui paraissait inconsidéré. Il proposa de couper par des actions de partisans tous les axes routiers et ferrés en étoile autour de Limoges (...) et de préparer les conditions d'une attaque massive ou d'une reddition. Il voulait éviter les sacrifices inutiles et l'échec. Je considérais que la raison était du côté de Guingouin et finalement, en pratique, tous les camarades responsables se rangèrent à cet avis. (...) Les forces du maquis en Haute-Vienne étaient importantes : les 8 000 francs-tireurs et partisans bien organisés, armés et aguerris par Guingouin, s'étaient unis aux 4 000 hommes de l'Armée secrète et au millier de l'ORA (Organisation de Résistance de l'Armée). (...) Toutes ces forces appartenaient à la 5e Région militaire commandée par le colonel Rivier (Rousselier), un courageux polytechnicien résistant. (...) Il y avait avec nous dans le maquis des officiers alliés anglais et américains, parachutés avec des postes de radio. Parmi eux, je me souviens du major Staunton. (...) En août 1944, les prévisions se réalisaient. Limoges était quasiment investie par les FFI. Le colonel Besson, membre de l'ORA, à la tête des GMR qui gardaient les abords de la ville, vint à Linards pour une entrevue secrète avec Guingouin, à laquelle j'assistai en compagnie du major Staunton. Toutes les unités du colonel Besson qui occupaient les barrages extérieurs et le réduit intérieur rejoignirent les forces des FFI et le maquis dans la nuit du 20 août. L'ordre de grève générale fut donné (...). L'acte de capitulation signé le 21 août stipulait que les unités allemandes déposeraient leurs armes. (...) La nuit de ce même jour, nous entrions dans Limoges, occupant tous les points décisifs (...). Il fallait prévenir les arrestations arbitraires, organiser l'ordre et le ravitaillement. (...) A ma grande surprise, dans les premiers jours de septembre 1944, je fus nommé préfet... »

Une petite centaine de pages plus loin, Jean Chaintron revient sur « le cas Guingouin » dans un chapitre intitulé *Inquisition et procès (1952-1953)*... « Guingouin jouissait d'une grande popularité, écrit-il. Ses mérites étaient unanimement reconnus. Il fut fait Compagnon de la Libération par de Gaulle. Maire de Limoges, il fut membre de la direction fédérale du Parti. En 1950, il n'occupait plus de fonctions électives et il multipliait à la direction du Parti ses critiques et ses réclamations concernant ses ennuis pendant la Résistance. Alors que la vie lui avait donné raison, il s'obstinait dans la recherche des responsabilités. Malgré son insistance auprès de Thorez, Lecœur, Duclos, Waldeck Rochet, il n'obtenait pas satisfaction. Les événements à ses yeux n'étaient pas tirés au clair. Il était dans cet état d'esprit lorsque s'ouvrit en 1951 le Comité fédéral de la Haute-Vienne, qui le proposa comme candidat aux élections législatives. (...) Il conditionna son acceptation au règlement du problème critique soulevé par ses rapports, c'est-à-dire à la demande d'une autocritique des responsables nationaux, et de Léon Mauvais en particulier. Il ne fut donc pas candidat, mais reçut un blâme. Sommé de retirer ses critiques, il s'y refusa et se démit de ses fonctions à la direction fédérale, se replaçant lui-même "à la base". En 1952, il aggrava encore son cas en émettant des critiques sur la façon dont Tillon et Marty étaient liquidés. Il fut alors exclu (...). A compter de ce jour, Guingouin, qui reprit modestement ses fonctions d'instituteur à Troyes, fut poursuivi par une double haine : celle du Parti et celle de la droite, des anciens collaborateurs combattus pendant la Résistance. Il fut notamment impliqué dans deux sombres "affaires" datant de la guerre par lesquelles la police et la presse de droite tentèrent de le discréditer : l'affaire de Chambéret et celle des Parrichoux. (...) Guingouin était exclu de la forteresse, rejeté dans le *no man's land* sous les coups de ses anciens compagnons aussi bien que de ses adversaires, qu'il ne voulait pas rejoindre. (...) Pour la troisième fois, en dépit de non-lieux, une inculpation était lancée contre lui, qui aboutit en décembre 1953 à sa mise au secret dans la prison de Brive, la veille de Noël. (...) Le 23 février 1954, Guingouin était sauvagement matraqué, assommé jusqu'au coma par ses geôliers (...). Transporté dans un établissement hospitalier, il fut ensuite transféré à la prison Saint-Michel à Toulouse, puis à l'hôpital psychiatrique Marchant. Presque toute la presse parlait d'une "crise de folie". Les organisations de Résistance réagirent et constituèrent un comité de défense : trois médecins psychiatres experts donnèrent, après examen minutieux de Guingouin, le tableau d'un homme de réelle valeur morale et intellectuelle, parfaitement équilibré. Il guérit, mais son calvaire n'était pas terminé. En mai 1954, il était ramené enchaîné à la prison de Brive, aux mains des geôliers qui l'avaient assommé. Il sortit de prison le 14 juin 1954, mais la procédure judiciaire continua contre lui... » Précisons que les « geôliers qui l'avaient assommé » étaient deux, deux fonctionnaires de l'Administration pénitentiaire, le surveillant-chef Méron et le surveillant Cueille.

Dans les fermes, des portraits du « grand »...

Le comité de défense dont parle Chaintron comprend, outre de nombreux résistants du Limousin, des dirigeants nationaux tels que Claude Bourdet (« Combat ») ou Emmanuel d'Astier de la Vigerie (« Libération ») et il entreprend d'organiser la défense de Guingouin. C'est ainsi que deux jeunes avocats parisiens viennent épauler leur confrère de Troyes ; deux débutants qui deviendront des vedettes du barreau et de célèbres hommes politiques, puisque avant de se succéder à la présidence du Conseil constitutionnel, ils seront tous les deux ministres, le premier de la Justice et le second des Affaires étrangères : Robert Badinter et Roland Dumas. Ce dernier a des raisons particulières de se passionner pour cette affaire : après avoir passé son enfance à Limoges, c'est dans le sillage de son père qu'il y est devenu résistant dès le lycée. Son père Georges Dumas, finalement fusillé, à Brantôme, avec vingt-cinq autres, le 26 mars 1944. Ce massacre de Brantôme est évoqué dans *Francs-Tireurs et Partisans français en Dordogne*, ouvrage de plus de six cents pages publié en 1990 par un collectif d'anciens FTP qu'animaient notamment Roger Ranoux (lieutenant-colonel Hercule), Martial Faucon, Jean Suret-Canale et Jean Givord. Après avoir parlé de Georges Lassalle, dirigeant régional FTP qui figurait parmi les vingt-six fusillés, ce texte ajoute : « Dans cette fosse précipitamment ouverte où il vient d'être enseveli, il côtoie d'autres personnalités de premier plan, compagnons d'infortune de la prison de Limoges (...). Georges Dumas, d'abord. Cet homme de quarante-neuf ans est capitaine d'aviation. Il a fait la guerre de 14-18 et celle de 39-40. Chevalier de la Légion d'honneur, il fait partie de l'état-major de l'AS en Haute-Vienne et c'est un militant socialiste. Arrêté depuis 48 heures seulement lorsqu'il a été conduit à Brantôme. » Dans ses mémoires, *Le Fil et la pelote*, Roland Dumas raconte : « C'est au printemps de 1945 (...) que je rencontrai pour la première fois Georges Guingouin. A trente-deux ans, l'ancien chef des FFI de Haute-Vienne, tout nouveau maire communiste de Limoges, était déjà une figure de légende, non seulement dans le Limousin, mais dans toute la France et aussi, à vrai dire, à ses propres yeux. (...) Lui-même a raconté comment le jeune instituteur de Saint-Gilles-des-Forêts, petite commune à la lisière de la Haute-Vienne et de la Corrèze que domine le mont Gargan de ses 731 mètres, est devenu, à l'été 1944, le colonel chef d'une véritable armée de quinze mille hommes, la plus importante constituée par la Résistance intérieure, qu'il avait formée et organisée par ses propres forces. Lorsqu'il me reçut à l'hôtel de ville, il achevait de se remettre d'un très grave et étrange accident de voiture, remontant au mois de novembre précédent, ce n'était pas la première fois que Guingouin se sentait visé par la direction de son parti, dont il était un élément pour le moins indiscipliné. Comme beaucoup d'autres de même nature, cet épisode ne fut naturellement jamais éclairci. (...) Notre entretien porta sur la décision qu'il avait prise de donner le nom de Georges Dumas à l'une des principales artères de la ville, celle qui relie la place de la mairie au Pont-Neuf. (...) Les nouvelles plaques furent apposées le 14 juillet suivant. On imagine mon émotion durant cette cérémonie. »

Roland Dumas insiste ensuite sur la popularité de son futur client. « Dans bien des fermes de Haute-Vienne et de Corrèze, écrit-il, son portrait figurait en bonne place. Pour les gens des campagnes et des bourgs, il était “le grand”, ce chef intraitable et insaisissable qui, avant tant d'autres, avait refusé de se soumettre (...). Au lieu de déclencher la guérilla urbaine selon la tradition révolutionnaire et les mots d'ordre du parti, Guingouin, natif de Magnac-Laval, dans le nord de la Haute-Vienne, a choisi de mener l'action à partir des campagnes et des hommes qui en connaissent les coins et les recoins. La topographie limousine l'y conduit d'ailleurs tout naturellement. Cette moyenne montagne, entre Millevaches et Meynédières, porte d'épaisses forêts de conifères et de châtaigniers, coupées de prés et surtout de landes d'ajoncs et de genêts se parant, à la belle saison, d'or flamboyant. Pour qui ne craint pas l'isolement, le froid et la rude vie d'homme des bois, il est facile de se dissimuler et de jaillir pour un coup de main d'un campement bien camouflé. (...) Au début de 1941 (...), Guingouin plonge dans la clandestinité, vivant en reclus, en sauvage diront d'aucuns avec mépris, dans toutes sortes de cachettes — grottes, cabanes, parfois véritables terriers — aménagées au plus épais des forêts de Chateauneuf, des Fayes ou de Sussac, passant ensuite avec ses compagnons dont le nombre commence à grossir en haute Corrèze, entre Chambéret et Treignac, retournant au printemps 1942 à Eymoutiers (...). De son repaire, Guingouin lance des attaques spectaculaires (...). Au total, organisation, sur la majorité du territoire de la Haute-Vienne et dans le Nord de la Corrèze ainsi libérés, d'une véritable contre-société avec son économie propre, voire son administration et sa justice. De Gaulle, en août 1945, saluera ses “innombrables faits d'armes”. A la fin de 1943, le “préfet du maquis”, du titre dont Guingouin signe ses ordres, en particulier de réquisitions et taxations des prix, peut compter sur plus d'un millier d'hommes (...). C'est alors que j'entends parler de ce meneur d'hommes presque unique en son genre, étonnant produit des circonstances et de ses propres vertus. Limousin marxiste faisant étroitement corps avec son terroir et avec une population comme lui rude à la peine, secrète, têtue et inflexible. Désormais, le seul nom de “Gouine-Gouine” terrorise les soldats allemands qui ne s’aventurent plus guère en dehors de leurs garnisons de Limoges et de Saint-Léonard-de-Noblat. Les collaborateurs de tout poil, en particulier les miliciens assez nombreux en Limousin, commencent eux aussi à trembler et, face aux succès du maquis, à multiplier les exactions (...). La police et la gendarmerie, elles, se montrent de plus en plus prudentes et nombre de leurs membres rallient les combattants clandestins ou du moins les renseignent. »

Papier à lettres et pierre tombale

On a beaucoup écrit sur le « préfet du maquis » et sans doute le portrait qu’en fait Roland Dumas est-il le plus pertinent dans la mesure où il intègre également la légende et l’affaire... Citons encore *Le Fil et la pelote*. « Le lieutenant-colonel Guingouin, poursuit l’avocat, devenu l’un des très rares communistes Compagnons de la Libération, peut se décerner à juste titre le nom de “Libérateur de Limoges”, mention apposée sur son papier à lettres et aussi sur la pierre tombale qu’il a fait préparer. Il est comparé, et se compare volontiers lui-même, à Tito avec lequel il entrera d’ailleurs en correspondance. De fait, en moins de cinq ans, que de chemin parcouru ! Le jeune homme massif, à l’épaisse chevelure noire le plus souvent dissimulée par le béret traditionnel, aux yeux qui, quand il s’exprime de sa voix haut perchée, partent en arrière derrière les lunettes cerclées d’écaille, est au faîte de la gloire lorsque, le 5 septembre 1944, il transmet ses pouvoirs au commissaire de la République Boursicot, conformément aux ordres du général de Gaulle dont il n’a jamais contesté la légitimité. Et lorsque, massivement acclamé, il défile le 12 septembre à la tête de ses troupes à Limoges, à l’occasion d’une prise d’armes célébrant une victoire qui est ici la sienne, il ne sait pas que vont bientôt commencer pour lui les jours sombres et qu’il va devenir la victime d’une étrange addition de rancœurs opposées, de circonstances malheureuses et d’odieuses manipulations. »

De ce qu’il appelle une « étrange addition » et que nous nommions plus haut une « triple conjonction », Roland Dumas fait alors, dossier en main, l’analyse. Retenons-en les éléments les plus significatifs... L’« enquête » qui va entraîner les inculpations est menée par deux policiers : les inspecteurs Caverivière et Alifat. « J’ai connu jadis (...) l’inspecteur Caverivière, écrit Roland Dumas. Il avait été mon condisciple au lycée de Limoges. Sous l’Occupation, il s’était montré en Limousin particulièrement zélé pour rechercher et poursuivre, sans trop de succès, les maquisards de Guingouin. Son collègue Alifat, qui l’assistait en 1953, s’était montré dix ans plus tôt encore plus menaçant, déclarant qu’il abattrait de sa propre main le “préfet du maquis”. Leur carrière à tous deux, à la Libération, n’avait guère souffert de leur zèle respectif dans la police de Vichy. » Et les magistrats ? « La Chambre des mises en accusation de la Cour d'appel de Limoges qui, en janvier 1955, décida de renvoyer Guingouin et les autres prévenus devant la cour d'Assises, se prononça-t-elle dans la sérénité ? demande Roland Dumas. Nous eûmes des raisons d'en douter lorsque je découvris que, parmi les trois magistrats composant la formation, le conseiller Morer, collaborateur notoire, avait eu maille à partir en 1945 avec le maire de Limoges Guingouin, tandis que le conseiller Debord, en poste à la section spéciale de Limoges, avait prononcé en juillet et en octobre 1943 deux condamnations par contumace à vingt ans de travaux forcés contre le "préfet du maquis". » Et la droite ? « Dès la fin de 1945, note Roland Dumas, les insinuations commencèrent à filtrer puis à fuser. Le quotidien *L'Epoque*, dirigé par Jean-Louis Vigier, résistant incontestable et chantre de l'anticommunisme, s'en prit en décembre au "soviet limousin", puis à Guingouin terroriste et exécuteur de patriotes. » Et la gauche ? L'avocat montre comment Guingouin n'est pas seulement un « gêneur pour le parti communiste » mais aussi pour certains SFIO, « pour une partie des socialistes locaux qui, à travers l'ancien maire de Limoges Léon Bétoulle, revenu à la mairie en 1947 bien qu'il eût voté les pleins pouvoirs à Pétain en juillet 1940, et surtout le nouveau député Jean Le Bail dont l'attitude sous l'Occupation fut pour le moins attentiste, s'efforcent de reconquérir leurs positions d'avant guerre ». En octobre 1953 d'ailleurs, le même « Le Bail, dans *Le Populaire du Centre*, entreprend de publier une série d'articles cauchemardesques sous le titre *Limousin terre d'épouvante* » où le « maquis de 1944 (est) dépeint sous les couleurs les plus sanglantes ». Et Roland Dumas ajoute qu'à cette époque « *Le Populaire du Centre*, organe du parti socialiste en Limousin a pour rédacteur en chef Jean Clavaud, ancien du journal avant guerre et, sous l'Occupation, directeur de *L'Appel du Centre* qui avait marqué pour Vichy, voire pour la Milice, une certaine complaisance. Mais Le Bail avait bientôt remis en selle son ami quelque peu compromis ».

Finalement, après que la Cour de cassation eut annulé les arrêts successifs des cours d'appel de Limoges et de Toulouse, il fallut attendre le 13 novembre 1959 pour que la Chambre des mises en accusation de Lyon accorde un non-lieu à la demande du substitut général Thomas. « A l'issue de l'audience, écrit Roland Dumas, j'allai remercier ce magistrat compétent et intègre. "Ne me remerciez pas, me répondit-il, sachez simplement que mes deux fils ont été assassinés par les nazis". » Au total, ce que son défenseur appelle « le tour de France juridictionnel de l'affaire Guingouin » avait duré plus de six ans. Celui « qui avait toujours refusé de demander le bénéfice de l'amnistie votée en 1953 pour les crimes et délits liés aux activités de résistance » parce qu'il voulait voir « reconnaître son innocence » était resté cent soixante-treize jours incarcéré.

La réhabilitation politique

Ce n'est qu'une quinzaine d'années après celui de la Justice que vint l'autre « non-lieu », celui de la direction du PCF. Dans *l'Humanité Hebdo* du 12 février 1998, paraît sur cinq pleines pages un article illustré de quatre photos (plus une en « une »), portraits en civil et en uniforme. L'article est signé par le rédacteur en chef-adjoint de l'hebdomadaire, Jack Dion. Son titre : *Moi, Georges Guingouin, premier maquisard de France, exclu du PCF.* Avec un sous-titre de deux phrases : *De tous ceux qui ont été victimes des purges staliniennes dans les années cinquante, Georges Guingouin est certainement l'un des plus célèbres. Dans l'Aube où il vit, nous avons rencontré ce retraité pas comme les autres.* « Lors de la séance d'ouverture des archives communistes, écrit Jack Dion Robert Hue a cité son nom auprès d'autres, en déclarant : “Il est indispensable d'impulser vigoureusement les analyses nécessaires pour fournir au Comité national de notre parti les données qui lui permettront de s'exprimer sur les affaires et les exclusions politiques qui ont marqué notre histoire.” Dans la foulée, Robert Hue a envoyé une lettre à Georges Guingouin. » Au milieu de l'article de Dion figure, en encadré, un texte intitulé *Pour une réhabilitation* et signé par Christian Audouin, membre du Comité national et secrétaire de la fédération de Haute-Vienne du PCF. Un texte qui commence par cette phrase : « Depuis quarante-six ans, le drame personnel et politique de Georges Guingouin pèse, comme une ombre terrible sur l'histoire du PCF ; au point que la sincérité, l'ampleur et l'ambition de la mutation du communisme français se mesureront aussi à la qualité de l'acte de vérité historique et d'autocritique que le PCF doit au “premier maquisard de France”. » Enfin, il convient de noter que Jack Dion qualifie de « remarquable livre » l'ouvrage publié par Michel Taubmann, à Limoges, en 1994, sous le titre *L'Affaire Guingouin.* Un livre dont l'auteur écrit notamment que le chef des maquis limousins « s'est trouvé coincé entre le marteau et l'enclume, à l'apogée du stalinisme et du maccarthysme. Il a toujours refusé de faire son autocritique, ce qui était proprement impensable à l'époque. L'inédit de l'affaire Guingouin est qu'il s'agit d'un procès stalinien hors des pays de l'Est, et que l'appareil d'Etat français a pris le relais de l'appareil du parti ».

Cela dit, sans sous-estimer le moins du monde l'importance du non-lieu judiciaire et de la réhabilitation politique, on peut se demander si l'essentiel pour Georges Guingouin n'est pas la reconnaissance, actuellement en cours et qui ne peut qu'aller progressant, de sa lucidité dans un domaine qui lui tient tant à cœur : le rôle des paysans. L'importance du rôle des paysans non seulement dans les maquis mais dans toute la Résistance. Lorsque, le 17 janvier 1973, nous avons, Robert Vollet, Dominique Decèze et moi, passé l'après-midi à l'école Paul-Bert à Troyes, où le « Tito limousin » enseignait encore et habitait, je fus frappé par la tonalité rurale de ce qu'il racontait. « De ferme en ferme, j'ai continué mon travail... Onze ou douze gars que j'ai réunis dans une ferme isolée... J'imprimais *l'Humanité* dans une bergerie... Des illégaux qui se baladent de ferme en ferme... Il fallait faire quelque chose pour les gars des campagnes... Montrer que nous étions capables de défendre des paysans. » Etc. Treize ans plus tard, depuis sa nouvelle résidence de Sainte Savine (Aube), je recevais une enveloppe à en-tête : « Lieutenant-colonel G. Guingouin ; Libérateur de Limoges ; Compagnon de la Libération ». Elle contenait une carte de visite : « Meilleurs vœux pour 1990. Souvenir ! Amitiés ! » et surtout le n° 9, 1er trimestre 1990, du bulletin imprimé des « Amis du Musée de la Résistance du Département de la Haute-Vienne » que « le grand » préside. Un bulletin dont l'article principal, non signé, mais visiblement rédigé par celui qui me l'envoyait était intitulé *Les Paysans, éternels oubliés de l'histoire...* Entre-temps, à Limoges, en 1983, est paru un livre qui a pour titre *Georges Guingouin ; Premier Maquisard de France*. Ses deux auteurs sont Georges Guingouin et Gérard Monédiaire ; « l'acteur et le chercheur », comme il est dit au dos de l'ouvrage, où à propos de Monédiaire on lit : « Un jeune universitaire (qui) a voulu comprendre. » Or ce dernier se réfère à la célèbre étude du non moins célèbre octogénaire de la British Academy, Eric J. Hobsbawm, *Les Bandits*, pour écrire que « l'idéal-type du "hors-la-loi rural" défini par l'historien marxiste anglais va autoriser une lecture originale d'une haute période de l'histoire limousine » et pour entreprendre une vérification de l'hypothèse que « seule une résistance à base paysanne dans un pays rural pouvait se révéler efficace ». Plus tard, en janvier 1996, au colloque organisé par Jean-Yves Boursier, à l'université de Paris VIII-Saint-Denis sur le thème *Résistants et Résistance*, quand l'anthropologue Michel Clément fait l'intervention, que nous avons déjà citée, sur *Résistance et peuple des campagnes*, il consacre un bon quart de son exposé à Georges Guingouin. Selon Clément, l'action de Guingouin est « un processus politique prolongé dont le cœur est la guerre populaire de la Libération ». En effet, ajoute-t-il, « il s'agit, pour lui, de mettre sur pied une armée populaire pour libérer le territoire national, avec le peuple des campagnes, donc de mettre progressivement en place une politique de zones libérées. »

« Sa longue odyssée rurale »

Est-ce à dire qu'aussi bien que de « Tito limousin » on aurait pu parler de « Mao de Haute-Vienne » ? C'eût été sans doute exagéré. Encore que... La dominante paysanne de la démarche de Guingouin est également mise en valeur par l'historien britannique Harry Roderick Kedward. Nous nous sommes référés, un peu plus haut à son ouvrage publié par les Oxford University Press en 1993. « Menacé d'arrestation par Vichy pour activités politiques, écrit Kedward, il entra dans la clandestinité rurale en février 1941, se déplaçant de ferme en ferme dans la Corrèze et la Haute-Vienne (...). La pression sur les travailleurs agricoles était cruciale pour élargir la couverture fournie par la paysannerie limousine (...). La prétention de Guingouin à avoir été le premier maquisard de France est clairement fondée sur la longue odyssée rurale commencée en 1941. D'autres étaient entrés dans la clandestinité dès 1941, mais très peu d'entre eux devinrent par la suite des chefs importants. » Tout à l'heure, Michel Clément parlait d'« une politique de zones libérées », or voyons ce que l'universitaire du Sussex dit du pouvoir de Guingouin sur les paysans. « La présence croissante dans la campagne d'un maquis, même pauvrement armé, écrit-il, permet (...) l'émergence d'un système rival, hors la loi, de réglementation et de contrôle, que Georges Guingouin introduit dans le Limousin dès l'été 1943. Dans les collines et les forêts du sud-ouest d'Eymoutiers, les maquisards "permettent" aux paysans de demander des prix plus élevés que ceux imposés par Vichy, mais ces encouragements s'accompagnent de menaces de punitions pour les producteurs qui exigeraient des prix plus élevés encore. Des listes de ces prix contrôlés par le maquis étaient affichées sur les murs et les arbres dans les villages proches de Saint-Gilles-les-Forêts et signées "Le Préfet du Maquis" de la main de Georges Guingouin dont l'écriture était immédiatement reconnaissable pour les habitants (...). Des nouvelles de ces contrôles hors la loi sont transmises par inadvertance dans *Le Courrier du Centre* des 5 et 6 décembre 1943, et les rapports préfectoraux de la Haute-Vienne et des départements voisins, la Corrèze et la Dordogne, soulignent tous le mélange de crainte, de respect et d'enthousiasme avec lequel la paysannerie et les habitants des petites villes réagissent aux menaces et à la subversion du maquis. Le préfet de la Haute-Garonne évoque l'apparition d'un "préfet des Bois" et il rapporte aussi qu'une "bande de terroristes" qui s'appelle "Groupe des Rhinocéros" est passée dans neuf communes de la région d'Eymoutiers en décembre et a donné l'ordre au maire et à l'adjoint au maire de chacune d'elles de démissionner. Tous ont obtempéré. Ces détails témoignent du pouvoir des groupes maquisards de Guingouin (...) qui avaient adopté des noms d'animaux sauvages : Ours, Tigres, Loups, Lions, Eléphants, Pumas et Rhinocéros pour coder leurs opérations. La menace, la persuasion et les activités protectrices du maquis eurent pour effet de rendre impossible le fonctionnement paisible de l'administration de Vichy : la population était irrévocablement saisie dans les réseaux du pouvoir parallèle. » Enfin, l'auteur de *A la recherche du Maquis* montre que même dans le domaine le plus délicat, celui du « sabotage des machines agricoles », oui, même dans ce domaine-là... « Le caractère apparemment impitoyable des FTP de Guingouin à ce point de vue, note Kedward, était néanmoins lié à un autre souci essentiel. Privés des batteuses communautaires, certains paysans retournaient à l'ancienne méthode du battage du blé au fléau dans les cours de leurs fermes, (...) que Guingouin conseillait comme moyen de conserver le produit des récoltes à l'écart des itinéraires principaux des inspecteurs de Vichy. Le maquis s'intéressa à ces formes primitives d'économie rurale et, dans de nombreux endroits, fut complice de pratiques illicites telles que l'installation de distilleries clandestines, en s'engageant dans une forme de partenariat clandestin pour duper les forces de contrôle et d'occupation. »

Ainsi mise en valeur à travers le personnage de Guingouin, il va sans dire que cette importance du rôle de la paysannerie n'est pas seulement perceptible en Haute-Vienne. En Limousin certes, mais aussi en Auvergne et en Midi-Pyrénées, dans le nord de l'Aquitaine et le sud du Centre, du Languedoc-Roussillon à la Bourgogne, beaucoup de zones rurales furent aussi terres de maquis, et pas seulement à cause du décor et de la topographie, des frondaisons épaisses et du relief montagneux... Nous avons déjà cité l'ouvrage collectif *Francs-Tireurs et Partisans français en Dordogne*. Il est significatif que son chapitre le plus long (56 pages) soit intitulé *Jacquou le Croquant a pris de nouveau le maquis*. Le nom du protagoniste du roman publié par Eugène Le Roy il y a cent ans avait en effet été pris par un des plus importants groupes FTP du département. Pourquoi ? parce que ce « nom est un symbole » répond le préfacier de l'ouvrage Roger Ranoux qui, avant de devenir lieutenant-colonel et responsable départemental des FFFI avait été, sous son nom de guerre d'« Hercule », un des plus célèbres chefs maquisards de la région. Et de qui *Jacquou le Croquant* est-il donc le symbole ? Avant de devenir le synonyme péjoratif de « rustre » et une sorte d'équivalent de « cul-terreux », le terme « croquant » est apparu, sous le règne d'Henri IV, dans le Limousin, le Périgord et le Quercy, pour désigner un paysan en révolte contre l'autorité du moment ; un sens qu'il a gardé depuis la fin du XVIe siècle. Aussi bien, au tome dix de l'*Histoire littéraire de la France* de Pierre Abraham et Roland Desné, le roman d'Eugène Le Roy peut-il être résumé en une seule phrase : « Jacques Bonhomme redresse la tête. » Et puis souvenons-nous de la façon dont, pour venger la mort de « Robert le Noir », un de leurs chefs martyrisé, des maquisards cévenols incendièrent le château du Grand-Bois — n'était-ce pas les mêmes flammes qui avaient brûlé le château de Reignac, quand le grand-père de Jacquou y avait mis le feu, et celui de Nansac assailli par Jacquou lui-même ?

Le mythe des lessiveuses

En nous voyant ainsi approuver la déploration de Georges Guingouin sur *Les Paysans, éternels oubliés de l'histoire* en général et de la Résistance en particulier, ne pourrait-on pas nous objecter que, deux chapitres plus haut, dans celui intitulé *Moscou*, nous avons parlé de la « stratégie Paysanne du PCF clandestin » et de « l'action des communistes à la campagne » ; nous avons évoqué la création, en 1943, des CDAP (Comités de défense et d'action paysannes) après la reparution clandestine de l'hebdomadaire *La Terre* un an plus tôt ; et nous avons cité Gaston Plissonnier se plaignant que cela soit « souvent insuffisamment connu » ? On nous l'objecterait à tort, car nous précisons aussi que, pour un dirigeant communiste comme Léon Mauvais par exemple, ces « grandes batailles de paysans » devaient être des luttes revendicatives menées « en même temps » mais « en dehors » des « opérations de FTP dans les villes »... Ainsi apparaît clairement la divergence de fond que nous avons d'ailleurs déjà mentionnée. On est en effet ici très loin de l'« armée populaire pour libérer le territoire national, avec le peuple des campagnes » selon la formule déjà citée de Michel Clément. Enfin, si le « Tito limousin » a lu le tome IV de la monumentale *Histoire de la France rurale* réalisée sous la direction de l'éminent historien Georges Duby et d'Armand Wallon, il y aura trouvé un motif de consolation. « S'il y a peu de paysans parmi les dirigeants de la Résistance, dit-on dans ce volume publié en 1976, et si les forces agricoles n'ont pas de représentant au sein des conseils de la Résistance (CNR et CDL), le monde rural n'est pas absent du combat (...). Le Comité d'histoire de la Seconde Guerre mondiale a établi que, dans certains départements, les paysans constituent la profession la plus représentée parmi les déportés : ainsi dans la Creuse (47 paysans sur 158 déportés) ou dans l'Yonne (187 paysans sur 1219 personnes arrêtées pour des motifs politiques). L'image d'une France rurale pétainiste, essentiellement préoccupée de marché noir et remplissant d'or ses lessiveuses, relève du mythe. »

On connaît l'expression entrer vivant dans la légende, c'est donc ce qu'ont fait Henri Romans-Petit et Georges Guingouin en mettant leurs ennemis, leur hiérarchie, leurs pairs, leur peuple et les historiens devant le fait d'armes accompli. Cela n'a pas manqué de leur valoir, comme nous venons de le voir, d'injustes avanies et d'incroyables avatars. Toutefois, si sombres qu'aient pu être les péripéties dont souffrirent l'homme aux gants blancs d'Oyonnax et surtout le « préfet des Bois » d'Eymoutiers, elles aussi font partie de la « légende dorée » des maquis. En est-il de même de leur série noire, de la succession de massacres annoncés qui, au printemps et en début d'été 1944, ensanglantèrent le plateau des Glières et les versants du mont

Mouchet, le camp de Saint-Marcel et le massif du Vercors ? Raymond Ruffin a répondu par avance à la question. Et fort pertinemment. Il l'a fait dans son livre *Ces chefs de maquis qui gênaient*, en synthétisant, jusque dans le ton, les innombrables avis émis sur le sujet. Outre Romans-Petit et Guingouin, il s'y réfère aux deux autres chefs maquisards dont il a aussi fait des protagonistes de son enquête : Robert Leblanc du « maquis Surcouf », en Normandie, et Roger Landes, alias Aristide des maquis d'Aquitaine... « Le Vercors, les Glières, le mont Mouchet, Saint-Marcel, écrit Ruffin, furent exactement le contraire du genre de lutte préconisée par des hommes tels que Romans-Petit, Georges Guingouin, Robert Leblanc et Roger Landes, pour ne citer que ceux qui apparaissent dans cet ouvrage. Au harcèlement de la guérilla, à l'embuscade des "fantômes" de l'armée de l'ombre, menés par de petites sections très mobiles, certains avaient préféré le rassemblement de bataillons et l'affrontement direct. Le destin tragique que connurent les défenseurs de ces hauts lieux de la Résistance montre que l'on avait choisi une stratégie inadaptée aux moyens, et néfaste pour les combattants. Certes, des pages glorieuses ont été écrites sur ces plateaux assiégés, et ils demeurent le symbole éclatant du patriotisme le plus pur ; certes, ils ont mobilisé pendant quelques jours des forces ennemies importantes qui firent gravement défaut ailleurs, mais on peut rêver en imaginant quels résultats extraordinaires auraient pu obtenir ces unités d'élite dans des opérations de harcèlement menées à bon escient et au moment propice. »

« Certains avaient préféré » écrit Raymond Ruffin. « Certains » — qu'est-ce à dire ? Qui ? Pour répondre à cette question, retrouvons Serge Ravanel et son livre *L'Esprit de Résistance*. Nous savons que dans ces mois de 1944, le colonel Ravanel était le chef régional des FFI de R4, ce qui signifie concrètement le chef des maquis de Haute-Garonne, du Lot, du Lot-et-Garonne, du Tarn, du Tarn-et-Garonne, du Gers, de l'Ariège, des Hautes-Pyrénées, des deux tiers des Basses-Pyrénées et d'un quart des Landes. Et dans ce que dit cet homme de terrain, nous retrouvons le colonel (et futur général) Marcel Descours, déjà croisé à propos de Romans-Petit... « A Lyon, par exemple, écrit Ravanel, lorsque Chambonnet, chef régional des FFI, fut arrêté en juin 1944 puis fusillé, un difficile problème de succession se posa. Son chef d'état-major, le colonel Descours, originaire de l'ORA, se considérait comme son remplaçant de droit. Degliame et Copeau estimaient impossible de le nommer... » Pourquoi ?

« Jouer au fantôme »

En précisant pourquoi, l'auteur de *L'Esprit de Résistance* répond du même coup à la question précédente. Parce que, dit-il, « il n'était pas un homme à développer la tactique de la guérilla : rapide, insaisissable, se diluant dans la population. (...) Descours était partisan de grandes concentrations de maquisards. Cette tactique nous coûtera cher, notamment au plateau des Glières (Haute-Savoie), au Vercors (Isère et Drôme), au mont Mouchet (confins Lozère, Haute-Loire, Cantal), où ces gros maquis sans mobilité se feront encercler et subiront de fortes pertes. Les FTP fuyaient les dirigeants qui défendaient cette stratégie, qualifiant leur comportement de suicidaire. Ils refusaient de se placer sous leurs ordres. Les FTP de Lyon récusaient l'autorité de Descours. Dans notre mouvement, beaucoup éprouvaient les mêmes réserves. Il fallait donc un autre homme pour diriger les FFI de la région lyonnaise. Degliame et Copeau demandèrent à Alban Vistel, chef régional du MLN, d'en assumer la responsabilité. Malheureusement, il existait dans l'état-major du général de Gaulle, comme au BCRA, des partisans de cette stratégie des "gros bataillons". La création de la "forteresse intérieure" du Vercors y fut largement encouragée ». A l'appui de ce qu'il écrit, Serge Ravanel cite à ce moment un gaulliste s'il en fut, d'ailleurs co-fondateur de l'Institut Charles de Gaulle, Pierre Lefranc. Publiant en 1990 *La France dans la guerre*, ce dernier y écrit en effet : « Mai 1944. Dans le Vercors, Clément (Eugène Chavant), responsable civil du Vercors, part à Alger et en revient porteur de l'ordre écrit et formel de transformer le Vercors en une forteresse intérieure regroupant les forces armées de la Résistance, dès que le signal en sera donné par la BBC »

Lorsque, au départ d'Annecy, on prend l'autoroute pour aller à Genève, après une dizaine de kilomètres, on croise sur sa droite des poteaux indicateurs du plateau des Glières... En plein massif des Bornes, au nord-est d'Annecy, à une altitude moyenne de 1 500 mètres, entre les montagnes des Auges et des Frêtes, avec le chef-lieu du canton de Thorens-Glières à l'ouest, avec le chef-lieu du canton de Thônes au sud, avec, à l'est, dans le canton de Bonneville, le village d'Entremont et le bourg du Petit-Bornand-les-Glières, avec, enfin, au nord, le village de Saint-Laurent, dans le canton de la Roche-sur-Foron, c'est sur quinze kilomètres de long et dix de large que s'étend ce plateau dont la configuration fait un véritable aérodrome naturel. Cette chance topographique est évidemment connue des résistants savoyards. Lorsqu'en 1943 Londres demande aux gens de l'AS (Armée secrète) des propositions de terrains aptes à recevoir des parachutages et que six d'entre elles sont d'abord choisies pour la Haute-Savoie, c'est le plateau des Glières qui sera finalement seul retenu... S'il est parfait du point de vue des aviateurs, ce terrain pose toutefois un problème à ceux qui devront ramasser le matériel parachuté : il n'est, à l'époque, accessible que par des sentiers de montagne. Or, entre le moment où un message personnel convenu de la BBC annonce le parachutage et le moment où sont largués les containers, il ne s'écoule en général que quelques courtes heures.

Trop peu de temps pour réunir et faire monter des vallées voisines jusqu'au plateau le nombre d'hommes nécessaires à l'allumage des feux qui doivent baliser le terrain, puis au rapide ramassage des parachutes éparpillés sur le sol. Il faut donc prévoir et vite organiser, sur le plateau des Glières, l'installation d'un contingent permanent de maquisards capables de réceptionner, les nuits où elles tomberont du ciel, les armes tant attendues. C'est ce que fait le chef départemental de l'AS, dont une centaine de membres va s'installer là-haut. Qui est ce chef départemental ? Quelqu'un que nous connaissons bien, puisqu'il s'agit d'Henri Romans-Petit. L'auteur de l'exploit d'Oyonnax a été nommé peu après son mémorable 11 novembre pour remplacer le commandant de chasseurs alpins Jean Vallette d'Osia, lequel a été appelé à Londres car considéré comme « brûlé » après avoir été arrêté par hasard dans une rue d'Annecy et s'être évadé du train qui l'emmenait vers Paris. Mais Romans-Petit n'est que momentanément en Haute-Savoie. Il est resté simultanément chef des maquis de l'Ain et, quand ceux-ci, début février 1944, doivent faire face à une répression accrue, c'est parmi eux qu'il retourne. Un départ qui va s'avérer décisif. Pourquoi ? Parce que, si celui qu'on a vu plus haut qualifié par Henri Noguères de « virtuose » de la guérilla était resté en Haute-Savoie, le groupe des réceptionnistes envoyé sur le plateau des Glières n'aurait pas été multiplié par quatre ou cinq pour devenir un bataillon de 465 hommes. Henri Amouroux insiste là-dessus à juste titre au tome VII de sa *Grande Histoire des Français sous l'Occupation*. « Des équipes permanentes légères, écrit-il, dont le rôle serait, non de se battre, mais de réceptionner les containers, puis de les diriger vers les zones où ils seraient pris en charge et acheminés aussi rapidement que possible vers les maquis destinataires. Voici le rôle — humble, indispensable, mais sans gloire historique prévisible — que Romans-Petit assigne à ceux qui monteront aux Glières (...). Ce rôle et aucun autre rôle. "Jamais, écrira Romans-Petit, à aucun moment nous avons eu en vue la création d'un réduit, d'une forteresse. (...) Et pourquoi aurais-je agi en Haute-Savoie, moi, le chef départemental, différemment que dans l'Ain, où la consigne formelle était de refuser l'affrontement — consigne illustrée par une formule lapidaire : jouer au fantôme." »

Le « défi » des Glières

C'est le 29 janvier 1944 que Romans-Petit informe son supérieur régional Albert Chambonnet, alias Didier, celui dont parlait un peu plus haut Ravanel, de sa décision à propos des Glières. « J'ai désigné mon adjoint, lui dit-il, pour commander un détachement d'une centaine d'hommes, avec pour mission de résider sur place pour recevoir... » etc. Chambonnet ne trouve rien à redire à cette désignation du lieutenant Théodose Morel, alias Tom. Non seulement c'est un homme sûr, mais il a déjà comme un charisme de héros et un étonnant ascendant sur les jeunes résistants. Non seulement saint-cyrien mais instructeur à Saint-Cyr, avant d'être sous les ordres de Vallette d'Osia au 27e bataillon de chasseurs alpins, cet officier de vingt-sept ans a eu la Légion d'honneur au combat en 1940, trois ans plus tôt, et s'il a cru en Pétain jusqu'en 1942 dans l'Armée d'armistice, sa violente désillusion s'est vite muée en désir de revanche... Lorsque en cette fin janvier de la dernière année de l'Occupation "Tom" Morel monte au plateau, il n'a guère plus que cinq semaines à vivre, mais cette petite quarantaine de jours suffira pour que naisse une sorte de mystique des Glières. Aujourd'hui, à l'est du rectangle fatal, à Entremont, une plaque est apposée, où l'on peut lire : « En ce lieu, le 10 mars 1944, le lieutenant Morel, "Tom", chef de bataillon des Glières, fut lâchement assassiné par un officier GMR, traître à sa parole. A ses côtés tombèrent l'agent de police Decour et l'éclaireur-skieur Frison. » Dans un ouvrage collectif faisant le bilan de leur action départementale, ouvrage publié en 1946 et intitulé *R.1.3, Francs-Tireurs et Partisans de la Haute-Savoie*, les FTP, tout en dénonçant ce qu'ils appellent « la triste aventure du plateau des Glières », donnent leur version de la mort du légendaire jeune officier : « Malheureusement, écrivent-ils, le lieutenant Morel poursuivait surtout l'entreprise chimérique de réaliser un accord avec les forces de répression, et le 9 mars 1944, il était traîtreusement abattu à Entremont par un commandant des GMR à qui il avait, dans un geste chevaleresque, laissé une arme pendant la discussion. » Toujours est-il que c'est avec enthousiasme que Théodose Morel s'installe. Comme le rappelle Paul Dreyfus dans ses *Histoires extraordinaires de la Résistance* : « "Nous sommes le premier coin de France qui soit libre !" s'est-il écrié en prenant possession du plateau. »

Cet enthousiasme est bien plus que partagé, il est entretenu par l'envoyé du BCRA, le capitaine Rosenthal. « Tom veut Glières, écrit Henri Amouroux dans son tome VII, Jean Rosenthal (Cantinier) le veut également. C'est un homme d'action, joyeusement dévoré par l'action. Passé en Angleterre en novembre 1942, il a été grièvement blessé en Tripolitaine, dans les rangs de la France libre, et, se retrouvant hospitalisé à Londres, n'a pas voulu demeurer étranger au combat qui se poursuit. (...) Il est volontaire pour une mission. (...) En octobre 1943, le voici (...) en Haute-Savoie. (...) "Ce baroudeur-né, ce type extraordinaire" — c'est ainsi que le définiront tous ceux qui l'ont alors connu — est servi par un courage qui frise parfois l'inconscience. (...) C'est avant tout un entraîneur d'hommes pour qui la Résistance française ne doit pas se limiter à quelques sabotages discrets et quelques exécutions discutables. Il arrive de Londres. Et c'est important aux yeux des Français coupés des centres de décision. Il est convaincu de l'imminence d'un débarquement et du rôle de diversion que pourraient alors jouer les Glières. Il possède des moyens de liaison puisqu'il communique non seulement avec Bourgès-Maunoury, qui se trouve à Lyon, mais qu'il peut aussi entrer en relation avec Londres grâce à un poste émetteur clandestin actionné par Haim (Croate). Rosenthal (Cantinier) jouera donc, à la fois par la force du caractère et par la force des choses, un rôle capital dans le choix des Glières et dans les décisions qui suivront l'installation sur le plateau. » En écrivant cela, Amouroux ajoute en note que Rosenthal fait partie de la mission Musc dont le chef est l'officier britannique Helsop, alias Xavier, lequel, dit-il, « restera jusqu'à la Libération auprès de Romans-Petit dans le maquis de l'Ain ». Confirmation et précision de Paul Dreyfus dans ses *Histoires extraordinaires*, déjà citées. « Jean Rosenthal, dit "Cantinier", écrit-il, le capitaine français de la mission "Musc", est persuadé que cette région de Haute-Savoie peut devenir une base d'intervention. Il en a été convenu après la lecture d'un rapport que Vallette d'Osia a envoyé à Londres durant l'été 1943, recommandant de créer sans tarder des dépôts de vivres et de matériel dans la région de la Dent d'Oche, proche de la Suisse. Ce rapport, qui a intéressé de Gaulle, n'a pas été étranger à l'envoi de la mission "Musc". » Le radio « Croate » envoie régulièrement au BCRA les messages de son chef « Cantinier ». Celui du 2 mars 1944 donne une idée de leur ton. « Nous sommes décidés, dit ce jour-là Rosenthal, à occuper le plateau qui est imprenable et à avoir pour devise "Vivre libre ou mourir". Nous jetons un défi aux Darnand, Lelong (...). C'est de pied ferme que nous attendons les policiers et miliciens, ces mercenaires de l'ennemi, recrutés dans les prisons. Malheureusement, ils n'ont pas le courage de monter. Nous espérons qu'ils seront promptement relevés et que nous pourrons ainsi rencontrer enfin le Boche... » Dans ses souvenirs, déjà cités, Henri Romans-Petit qualifiera ce texte de « quelque peu déraisonnable ». Une semaine après son envoi à Londres, c'est, on le sait, la mort du lieutenant « Tom Morel ». Il est remplacé par le capitaine Maurice Anjot qui succombera lui-même avant la fin de ce mois, le 27 mars, dans une embuscade tendue près de Nâves, un village du canton d'Annecy.

Un gigantesque, un écrasant parachutage

Le lendemain de l'assassinat de « Tom » par un officier de GMR, le capitaine Lefèvre, à l'hôtel de France à Entremont, arrive un étonnant parachutage. Etonnant parce que démesuré, même si dans *La France libre*, Jean-Louis Crémieux-Brilhac conteste les chiffres généralement avancés en écrivant : « La tradition locale fait état de 584 containers, soit quatre-vingt-dix tonnes de matériel, le double de ce qu'on peut déduire des registres londoniens. » En effet, tout en faisant cette réserve, Crémieux-Brilhac, dont il ne faut pas oublier qu'il fut, à Londres, secrétaire du Comité de propagande de la France libre, parle quand même d'énormité. « La nuit qui suivit la mort de Morel, raconte-t-il, celle du 10 au 11 mars 1944, a lieu le plus important parachutage. Vingt quadrimoteurs se sont envolés d'Angleterre vers les Glières. La BBC a diffusé la phrase code : "Le petit homme aime le Byrrh." Quatre grands bûchers jalonnent le plateau, dix-sept avions parviennent au but et lâchent leur charge. Les containers de cent cinquante kilos s'enfoncent dans la neige profonde. La livraison est énorme. Sans doute proche de cinquante tonnes. Elle dépasse les moyens d'évacuation : il faut des jours d'effort pour en récupérer le plus gros. » Seul officier d'active survivant des Glières à la Libération, cofondateur de l'Association des rescapés, coauteur du recueil de témoignages *Glières, première bataille de la Résistance*, le colonel Louis Jourdan, alors lieutenant Joubert, cité par Paul Dreyfus, insiste sur la disproportion et l'inadéquation. « Gigantesque opération de parachutage, dit-il, hors de proportion avec nos moyens réels. (...) Nous tombe du ciel non pas un complément d'armes, d'appareils de radio, de médicaments dont nous avions besoin, mais un véritable arsenal éparpillé en quatre cent quatre-vingts points différents : containers enfoncés dans la neige profonde, perdus dans les arbres, abîmés dans les ravins. Au total quatre-vingt-dix tonnes d'armes avec munitions. De quoi équiper quatre mille hommes. » D'autres diront même cinq mille, alors qu'il y a, rappelons-le 467 maquisards sur le plateau. Mais Dreyfus commente sa citation du colonel Jourdan. « Bref, écrit-il, un écrasant parachutage. » Et il ajoute : « Cette avalanche d'armes ne s'est pas abattue tout entière sur le plateau. Par malchance, quinze containers sont tombés sur la gare d'Annecy et onze dans la vallée d'Arly. Ils sont récupérés par les forces de l'ordre ou par les Allemands, qui, constatant que les Glières risquent de devenir un redoutable arsenal, décident de réagir sans tarder. (...) Le 12 mars, une escadrille de bimoteurs Heinkel 11 attaque les positions du maquis. (...) Désormais les raids d'aviation vont se succéder contre les Glières. » En attendant l'assaut deux semaines plus tard. Toutefois, s'il est vrai que ce mémorable largage de centaines de containers contribue à accélérer la répression, ce ne sera pas sa seule conséquence. Vingt ans avant de publier *La France libre*, Jean-Louis Crémieux-Brilhac en a souligné une autre dans un article de la *Revue d'Histoire de la Deuxième Guerre mondiale* (n° 99, juillet 1975) intitulé *La Bataille des Glières et la guerre psychologique*. « Tout se passe dans l'immédiat comme si les maquisards des Glières, après avoir mérité une profusion d'armes grâce à six semaines de siège et aux rapports publicitaires destinés à la BBC, se trouvaient dans une certaine mesure prisonniers de ces armes. Et tout va se passer ensuite comme si, ayant été les héros non seulement d'une aventure vécue, mais aussi d'un mythe, développé jour après jour par la radio de Londres, il ne leur restait qu'à s'en montrer dignes. A la mi-mars, l'affaire des Glières pouvait encore tourner autrement ; par point d'honneur et pour répondre à ce qu'ils croient que la France combattante et la nation attendent d'eux, les acteurs choisissent, au moment décisif, de jouer le jeu jusqu'à ses dernières conséquences. »

Car, à propos des Glières, c'est bien un véritable combat radiophonique qui est engagé. « Un sommet de la guerre des ondes », dira Crémieux-Brilhac dans *La France libre*. Un combat qui prend aussi la forme d'un duel hertzien. D'un côté, Radio-Londres et les émissions en français de la BBC dont le nombre d'auditeurs en France occupée augmente chaque jour, malgré le brouillage et la répression de l'autre, Radio-Paris, qu'au micro londonien Pierre Dac brocarde en chantonnant : « Radio-Paris ment. Radio-Paris ment... Radio-Paris est allemand ! »... D'un côté, Maurice Schumann, le porte parole du CFLN, donc du gouvernement d'Alger. De l'autre, le chef milicien Philippe Henriot dont, le 7 janvier 1944, Pétain a fait son « secrétaire d'Etat à l'Information et à la Propagande ». Exemples pour donner le ton de ce duel... « Alerte aux maquis ! s'écrit Schumann le 2 février 1944. Alerte à la Haute-Savoie ! Allô, allô, maquis de Haute-Savoie, SOS, SOS ! L'Oberführer Joseph Darnand a décidé de déclencher demain 3 février (je répète demain 3 février) une attaque massive contre les patriotes retranchés dans les montagnes de Haute-Savoie. Le commandement de l'opération est confié à l'intendant de police Lelong. (...) Soldats sans uniforme des maquis de Haute-Savoie, il faut que vous appliquiez, sans perdre une minute, votre dispositif de défense. A vous, et à vous seuls de juger où et quand vous devez fuir grâce à la double complicité des habitants et de la nature. Il est un seul parti que — nous le savons — vous ne prendrez jamais, celui de vous rendre ! (...) Intendant de police Lelong, colonel Prat, colonel Candille, colonel Bertrand, contrôleur général Delgay, vous êtes désormais les otages de la France ! Chaque goutte de sang qui demain, peut-être par votre faute, coulera dans les ravins et les gorges de notre Haute-Savoie, retombera sur vos têtes... » Et quatre jours plus tard, le 6 février, c'est toujours Maurice Schumann qui lance au micro de la BBC : « Allô, allô, SOS, SOS ! Savoyards, Savoyards, le maquis de Haute-Savoie, le front français dont les soldats sans uniforme sont prêts à combattre pour vous et à mourir au milieu de vous, vous lancent un appel à l'aide et à la solidarité qui peut et doit faire reculer l'agresseur. (...) Toutes nos pensées, toutes nos prières et aussi tous nos efforts (je répète : tous nos efforts) sont tendus vers le front de Haute-Savoie, ses soldats, ses martyrs, ses héros. La solidarité nationale peut et doit faire reculer l'agresseur... » Autre cause, autre ton. Après la chute des Glières, Henriot s'est rendu sur place. Le 29 mars 1944, il est à Thorens. « Tout cela est fini ! proclame le porte-parole de Pétain à son émission de midi. L'Armée secrète a fui. Les officiers qui commandaient ont fui (...). La légende est morte. Les camions n'emportent vers les prisons qu'un ramassis de déserteurs, de gamins. La population (...) contemple avec mépris ces fameux combattants de la Résistance qui n'ont pas résisté (...). Il faut voir leur regard, quand l'interrogatoire terminé, un interrogatoire désarmant en vérité, ils demandent d'une voix suppliante et tremblante : "Mais vous n'allez pas me fusiller au moins." Quand je les regardais et que je les entendais, je souffrais. J'ai vraiment souhaité entendre un cri de fierté, un cri de défi. J'aurais voulu trouver des hommes. J'ai trouvé des loques... »

« Celui qui était juif, celui qui ne l'était pas... »

Lorsque Philippe Henriot s'exclame : « La légende est morte ! », Philippe Henriot se trompe. A tort ou à raison, selon l'expression que l'on verra un peu plus loin employée par André Malraux, non seulement la légende prend vie et survit, mais elle s'épanouit... Quand, en 1985, les radios française, suisse, belge, et canadienne s'unissent pour publier une étude sur *La Guerre des ondes ; Histoire des radios de langue française pendant la Deuxième Guerre mondiale*, Hélène Eck, Jean-Louis Crémieux-Brilhac et Charles-Louis Foulon traitent de la partie française. « Ainsi, écrivent-ils, les combattants des Glières peuvent-ils, à l'écoute de la BBC, suivre l'édification de leur propre légende : cette légende, l'auraient-ils vécue comme ils l'ont fait, s'ils n'avaient cru que, grâce au miracle de la radio, l'attention de la France était fixée sur eux ? Ils ne décrochent que tardivement, le 26 mars, quand, les forces de Vichy étant définitivement impuissantes, les troupes allemandes venues en renfort donnent l'assaut ; elles occupent le plateau le 27 mars. Le siège des Glières se termine dans un bain de sang. C'est par les clameurs de victoire de la Radio nationale et de Radio-Paris que le CFLN apprend la nouvelle le 29 mars. (...) Aussitôt les protestations indignées de tous les responsables de la Résistance civile et militaire affluent à Londres : "Je vous demande de réfuter les mensonges d'Henriot" (2 avril). "Il faut que vous diffusiez au maximum l'héroïsme déployé par les gars des Glières et le sacrifice qu'ils ont volontairement consenti." Il n'est guère de jour dans la première quinzaine d'avril où la radio de Londres n'évoque les Glières, suivie par Radio-France » (qui émet d'Alger). « La première bataille ouverte entre la Wehrmacht et le maquis prend une dimension épique. Par-delà l'épopée, Schumann célèbre la France unie dans la Résistance (...). Parfois, le dialogue entre la France libre et la France captive se personnalise : "Allô, ceux des Glières, merci !" » On aura remarqué que ces trois auteurs parlent d'un « bain de sang ». Peut-on préciser ? Dans le *Dictionnaire de la Seconde Guerre mondiale*, l'historien Jean-Marie d'Hoop fait une synthèse raisonnable de toutes les estimations avancées en ne prenant pas uniquement en compte les quelques jours du combat final mais les six derniers mois de l'Occupation. « Jusqu'à la Libération, écrit-il, les Allemands se livrèrent à une véritable chasse à l'homme dans toute la région, non seulement contre les maquisards, mais contre tous ceux qu'ils suspectaient de les avoir aidés. Le nombre de morts, tués au combat, fusillés ou déportés non rentrés dépassa cent-soixante. » Et encore le chiffre des victimes fut-il beaucoup plus facile à déterminer que les effectifs des forces de répression au moment de l'assaut final. Les GMR ayant été retirés, restait du côté vichyste un millier de miliciens, dont la moitié de combattants proprement dits, les « francs-gardes ». Et du côté allemand ? On a parlé de douze mille (rapport de Rosenthal-« Cantinier » à Londres, le 4 avril 1944, repris quatre jours plus tard par Maurice Schumann au micro de la BBC) et même vingt mille (discours d'André Malraux, le 3 septembre 1973). Après une enquête dont il explique la minutie, Henri Amouroux, dans son tome VII, parle lui de 6 714 officiers et soldats de la 157e division alpine du général Karl Pflaum, dont seulement « 3 086 seront finalement engagés ». Notre *seulement* étant ici très relatif car, même avec ce chiffre quatre et sept fois moindre que ceux avancés, la bataille des Glières fut donc un combat à un contre six ou sept !

Il est sûr que l'inégalité criante dans l'affrontement et la chasse à l'homme ensuite poursuivie des mois durant ont largement contribué à nourrir la légende des Glières, mais d'autres éléments y contribuèrent aussi. Dans son livre *Le Maquis des Glières*, Alain Dalotel note, par exemple : « Avec ses héros chevaleresques, ses femmes rebelles, ses Espagnols rouges, ses juifs, son ambiance enthousiaste, sa noble cause... » Effectivement, « deux unités FTP » (selon les termes des FTP eux-mêmes dans leur ouvrage collectif sur la Haute-Savoie, déjà cité), « 56 réfugiés espagnols échappés d'un camp de travail » (selon Crémieux-Brilhac), des clandestins juifs, etc. se sont joints aux gens de l'AS sur le plateau. D'ailleurs, lors des cérémonies du cinquantenaire, notamment à la nécropole de Morette, près de Thônes, cimetière de la plupart des martyrs, cette diversité d'origines fut soulignée, mise en valeur. « Celui qui était juif, celui qui ne l'était pas, écrivit Marcel Niedergang dans *Le Monde* du 12 avril 1994, républicains espagnols ayant combattu pendant la guerre civile, gaullistes de l'Armée secrète, officiers sortis de Saint-Cyr et proches de l'Action française, francs-tireurs et partisans communistes, anarchistes, étrangers venus de Pologne, de Belgique ou d'Italie : tous ces morts du plateau ou fusillés par la Milice et les Allemands après leur décrochage sont à Morette. Avec la même stèle. » Cet arc-en-ciel humain a d'ailleurs suscité la rage non seulement de Philippe Henriot, mais aussi de la presse écrite de la Collaboration. Ainsi, le 31 mars, cet article de Guy Crouzet et dans *Les Nouveaux Temps*, quotidien du soir réputé être le plus « sérieux » des journaux prohitlériens de Paris. « Nous n'insulterons pas, dit Crouzet, au courage des 60 anarchistes, des 60 communistes espagnols, en tout 120 membres des Brigades internationales, qui sont morts en défendant le plateau des Glières.

Mais que le bastion principal de la Résistance en Haute-Savoie ait été défendu par des étrangers et, semble-t-il, n'ait été sérieusement défendu que par eux, prouve assez que (...) c'est une cause étrangère qui a armé et qui arme encore le terrorisme. »

« Défaite des armes » et « victoire des âmes »

Autre élément qui concourut à la gloire des Glières, l'exemplarité de l'osmose avec la population montagnarde... L'historien britannique Harry Roderick Kedward, déjà cité, a remarqué, à Manigord, une plaque commémorative qui méritait effectivement de l'être. Manigord, dans le canton de Thônes, c'est l'endroit où Romans-Petit avait installé une école de cadres du maquis avant que ne se pose le problème du plateau, où pourtant montèrent finalement nombre de ceux ainsi formés. « Sur le mur de l'école du village, écrit Kedward, une plaque est apposée sur laquelle on lit : “Dans cette commune, de jeunes Français en révolte contre la déportation et le travail forcé pour le compte de l'ennemi trouvèrent un refuge, grâce au soutien des habitants, où ils purent se préparer militairement aux luttes victorieuses de la Libération”. »

Bravade des Glières... Martyre des Glières... Légende des Glières... Gloire des Glières... En tout cas, rapide évolution et même changement de la façon dont est perçu l'événement. A se demander si l'on ne peut pas, ne doit pas parler ici de métamorphose par mémoire de l'événement lui-même... Modification dont Crémieux-Brilhac tente l'analyse dans son article de 1975 *La Bataille des Glières et la « guerre psychologique »* lorsqu'il écrit que ce n'est pas « sur le seul plan de l'efficacité locale que les responsables des Glières ont voulu situer leur action, et c'est bien pourquoi les polémiques qui se sont engagées après la Libération étaient sans issue. Ils l'ont situé sur le plan d'une efficacité plus haute, psychologique et politique. Dans cette perspective, qui peut dire qu'ils n'aient pas atteint leur but ? Une défaite des armes peut être une victoire d'opinion... ». Cette dernière idée avait en fait déjà été exprimée, sous une forme d'ailleurs plus lapidaire, plus frappante, un an avant que ne paraisse l'article de Crémieux-Brilhac : « Glières a été une défaite des armes, mais une victoire des âmes. » Qui disait cela ? Henri Romans-Petit dans son livre *Les Maquis de l'Ain*, en 1974. Oui, ce même Romans-Petit dont on a vu plus haut à quel point il était opposé au projet, à l'idée même de l'installation d'un réduit, d'une forteresse sur le plateau, et plus généralement hostile, lui, le « virtuose de la guérilla » à toute concentration en un point fixe de plus de cent hommes... Quand Crémieux-Brilhac parle des « polémiques sans issue », il fait notamment allusion à la position prise par les FTP. Leur opinion, on la trouve clairement exprimée dans l'ouvrage collectif des FTP de Haute-Savoie déjà cité. D'autant plus clairement que ce livre bénéficie de l'*imprimatur* de la direction nationale dans la mesure où sa préface est signée « Marcel Prenant, professeur à la Sorbonne, ancien chef d'Etat-Major des FTPF ». Or, qu'y lit-on ? Que « le lieutenant Morel, le capitaine Anjot et leurs compagnons tombèrent pour la liberté, face à l'ennemi. Mais quelque courageux qu'ils aient été, il n'en reste pas moins que leur héroïsme eût été plus utile à la cause de la Patrie s'il avait été mieux employé. Et le vrai drame des Glières, c'est que, sur un mot d'ordre venu de Londres, servant mieux les intérêts de l'impérialisme anglo-saxon que ceux de la libération du territoire national, des patriotes y aient été inutilement sacrifiés. (...) Il était clair que de tels rassemblements se prêtaient à merveille aux grandes expéditions punitives propres à démoraliser les Français et à les dégoûter de faire de la Résistance ». Le ton du livre FTP illustre bien la violence des polémiques. Lorsque, vingt-neuf ans plus tard, est inauguré sur le plateau le monument commémoratif des Glières, œuvre du sculpteur Gilioli, André Malraux fait, nous l'avons dit, en employant l'expression « à tort ou à raison », visiblement référence à ces polémiques. « Mais, s'écrie en effet celui qui, dans la Résistance, fut le colonel Berger, alors que nous combattions pour la guérilla, ce maquis, à tort ou à raison — peu importe, la France ne choisit pas entre ses morts — avait affronté directement la Milice, allait affronter directement l'armée hitlérienne. » Et, dans ce même discours du 3 septembre 1973, Malraux disait aussi : « L'histoire des Glières est une grande et simple histoire (...). Pourtant, il faut que ceux qui n'étaient pas nés alors sachent qu'elle n'est pas *d'abord* une histoire de combats. Le premier écho des Glières ne fut pas celui des explosions. Si tant des nôtres l'entendirent sur les ondes brouillées, c'est qu'ils y retrouvèrent l'un des plus vieux langages des hommes, celui de la volonté, du sacrifice et du sang... » Mais les années passent et quand, en 1994, le président de la République décide de commencer en Haute-Savoie la série des commémorations du cinquantième anniversaire de la Libération, il n'y a pas, dans son allocution d'« à tort ou à raison », ni même de « peu importe ». Et c'est en étant fidèle à ce qu'a dit l'orateur que, le lendemain lundi 11 avril 1994, le quotidien *Libération* intitule son compte rendu de la « grande cérémonie » *Mitterrand salue « l'exemple » des Glières...* Le chef de l'Etat a en effet parlé d'« exemple de solidarité et de détermination ». Et il a également déclaré « Pensons à ces hommes qui, il y a cinquante ans, ont fait savoir au monde que la Libération de la France était commencée. (...) Ce fut une tragédie. Ce ne fut jamais une défaite. Les combats de février-mars 1944 n'étaient pas des combats désespérés : ils ont changé la face des choses et permis à la Résistance des Français de franchir une étape nécessaire dans la lutte contre l'occupant. (...) C'est ici, aux Glières, que sont apparues les premières lueurs du jour, et nul, même parmi les propagandistes les plus acharnés de l'ennemi et de ses complices, ne s'y est trompé. »... Au soir de ce dimanche

10 avril, sur France 3, la télévision diffusait *Glières, les feux de la nuit*. Dans ce documentaire, une dizaine d'interviews, dont celle de Jean Rosenthal, alias Cantinier. L'ancien envoyé du BCRA sur le plateau déclare notamment que sur le plan militaire, « c'était une petite affaire. Il y eut très peu de victimes allemandes. Mais nous étions pris par le mythe ».

La série noire des massacres annoncés

En y incorporant ou non Saint-Marcel, c'est comme une litanie qu'on égrène la série noire : les Glières, le mont Mouchet, le Vercors... Série noire des massacres annoncés. Mais série noire dont, à force de s'intégrer à la « légende dorée » des maquis, on peut se demander si, le temps passant, ne s'estompe pas, peu à peu, la tragique noirceur. Et pourtant... Les Glières, le mont Mouchet, Saint-Marcel, le Vercors...

C'est au cœur des monts de la Margeride, au sud-est de Saint-Flour et au nord-est de Mende, aux confins des départements du Cantal, de la Lozère, de la Haute-Loire et de l'Ardèche que s'étagent entre 1 000 et 1 500 mètres les plateaux boisés alentour de ce mont Mouchet qui va donner son nom au PC de trois « réduits militaires ». Le « réduit du mont Mouchet » proprement dit se situe entre landes à bruyères et forêts de pins. Le « réduit de la Truyère », à 25 kilomètres au sud-ouest à vol d'oiseau, non loin du chef-lieu de canton de Chaudes-Aigues (Cantal) et débordant sur la Lozère, est retranché entre des gorges sinueuses et profondes. Le « réduit du Lioran » enfin, au sud du canton de Murat, se dissimule dans d'épaisses forêts que traverse un dédale de rivières et que dominent les 1 858 mètres du Plomb du Cantal... Ici, comme aux Glières, la nature semble donc inviter au refuge et à la fortification. Et là aussi ce seront « d'inutiles combats et de lourdes pertes », selon les termes d'Henri Noguères dans *La Vie quotidienne des résistants de l'Armistice à la Libération (1940-1945)*, ouvrage où il écrit aussi que, cette fois, les illusions sont « celles du plan Caïman, élaboré quelques mois plus tôt par Kœnig. Il s'agissait d'accueillir en Auvergne un échelon avancé du Gouvernement provisoire avec, là encore, un solide soutien aéroporté. (...) Il y avait, à Alger, des gens qui prenaient leurs désirs pour des réalités et se souciaient assez peu de savoir ce qu'en pensaient les Alliés de qui dépendaient ces éventuelles opérations ». Encore faut-il ajouter à cette remarque celle de François-Georges Dreyfus dans son *Histoire de la Résistance* . « Le mont Mouchet, écrit-il, est une page glorieuse où plusieurs dizaines de Français vont donner leur vie pour notre liberté, entraînés dans une aventure tactiquement plus que discutable. On peut incontestablement accuser Londres, Alger et le *Plan C*, mais il ne faut pas oublier que l'opération fut approuvée à *l'unanimité* par le Comité régional de libération où tous (FN, PC et FTP compris) siégeaient. D'ailleurs, l'organisateur des maquis et chef des maquisards au mont Mouchet n'était pas un homme de Londres ou d'Alger, mais un résistant de Clermont-Ferrand, frère d'un député socialiste du Puy-de-Dôme, Emile Coulaudon, devenu le « colonel Gaspard ». Au seuil de notre introduction, à propos des résistants imaginaires, puis en évoquant plus loin la mort sous la torture, dès octobre 1943, du fondateur clermontois du mouvement Combat, Nestor Perret, nous avons déjà dit que ce responsable militaire de la R6 s'était fait connaître comme chef des FFI d'Auvergne et était devenu célèbre, en 1970, en participant au film *Le Chagrin et la Pitié*. Ceux qui ont vu l'œuvre d'André Harris, Alain de Sédouy et Marcel Ophuls n'ont certainement pas oublié le pittoresque et prenant témoignage de ce voyageur de commerce devenu chef de guerre et truculent stratège avant de se retrouver agent commercial « marchand de postes de TSF et de téléviseurs », comme il dit. Un personnage dont on se souvient et que, dans son tome VIII, Henri Amouroux met en avant. Après avoir en effet, à son tour, expliqué que le « rêve » du « plan C », de la « force C » n'avait pas seulement été entretenu par Londres, mais également par les responsables régionaux des MUR, l'auteur de *La Grande Histoire des Français sous l'Occupation* ajoute : « Rêve explicable par la personnalité du colonel Gaspard, Emile Coulaudon (...), que son indiscutable courage, son talent d'entraîneur d'hommes, on dirait aujourd'hui son charisme, son amour de la patrie poussé jusqu'à l'exaltation portaient aux frémissantes et grandiloquentes proclamations. Rêve également explicable par le goût de la plupart des officiers qui l'entouraient pour ces batailles “classiques” qu'ils ne pouvaient mener faute d'armement, mais dont ils avaient appris les règles et le vocabulaire, tandis que la guérilla demeurait étrangère à leur philosophie. » A l'époque où *Le Chagrin et la Pitié* connut le succès que l'on sait, on reprenait volontiers le refrain encore en vogue d'Edith Piaf : « Non, rien de rien... Non, je ne regrette rien ! » Gaspard était plus homme à le chantonner qu'à s'essayer à la réflexion autocritique. Dans ces années 1970, ce n'est pas sans « une certaine nostalgie » qu'il dit à Paul Dreyfus : « Si l'on nous avait envoyé les brigades aéroportées, nous aurions eu une armée de débarquement au cœur même de la France... » Emile Coulaudon pense et déclare d'autant plus facilement cela que, presque vingt ans plus tôt, et à une date anniversaire du débarquement, précisément, il a reçu le *satisfecit* suprême, celui de Charles de Gaulle. C'est en effet le 6 juin 1959 que le premier président de la Ve République s'arrête au monument érigé dans la forêt à la mémoire des maquisards. Il y rencontre l'ancien chef de ceux d'Auvergne devant nombre d'entre eux et, selon *Le Monde* du lendemain, il lui donne « une bourrade affectueuse au creux de l'estomac » avant de déclarer : « J'ai tenu, en passant en Auvergne, à rendre hommage à nos morts du mont Mouchet. Il y eut ici un épisode insuffisamment connu, émouvant, de la Résistance française. Cela s'est fait au moment où il fallait le faire. Ceux qui l'ont fait ne l'ont pas fait en vain. Je suis heureux de participer avec vous à cette cérémonie, avec nos maquisards et leur chef, Gaspard. »

Quand « Gaspard » mobilise...

Si jamais quelqu'un fut au centre d'un épisode, ce fut bien le colonel Coulaudon au cœur et à la tête des trois réduits du mont Mouchet... C'est lui qui décide, rédige et fait diffuser, plus systématiquement que clandestinement, le texte que, dans un article de la *Revue d'Histoire de la Deuxième Guerre mondiale* (n° 49, janvier 1963) intitulé *Un aspect de la mobilisation vers le mont Mouchet*, Gérard Combes appelle « la décision primordiale qui entérinait un état de choses irréversible ». Un texte qui vaut d'être intégralement cité : « Ordre n° 1. L'Armée de la Libération est maintenant constituée au cœur de nos montagnes d'Auvergne. Je rappelle aux chefs responsables qu'en dehors des hommes auxquels a été confiée une mission précise (sabotage, épuration, renseignement) tous les hommes sans exception (sédentaires ou maquis) doivent nous rejoindre. Les défaillants seront rayés des Forces Françaises de la Libération de l'Intérieur. Chaque homme doit emporter : sa meilleure paire de souliers ou de sabots ; chaussettes et linge de corps ; une ou deux couvertures chaudes ; leurs armes s'ils en ont reçu ; si possible une tente ou une bâche par dix hommes. Le chef de corps doit s'assurer d'un camion qui servira au transport des troupes. Il y a grand intérêt à rejoindre immédiatement avant que les routes ne soient barrées et que le plan allemand (listes noires) ne soit mis en application. » Et c'est signé : « Au maquis, le 20 mai 1944. Le chef régional R6, Gaspard ». Avec, en outre, un *nota bene* : « NB — Préparez liste des hommes dont le départ peut provoquer une demande de secours pour charges de famille ». Une mobilisation dont le futur commissaire de la République de Clermont-Ferrand et auteur de *Libération de l'Auvergne*, Henri Ingrand était sur place pour constater les effets. « Aux environs du 8 mai, écrit-il, je décide que le moment est venu d'aller m'installer à l'intérieur du périmètre des maquis dans la forêt de la Margeride (...). Gaspard a installé son état-major dans la maison forestière du mont Mouchet. Le site est magnifique : c'est un plateau très boisé à plus de 1 400 mètres d'altitude. La forêt de grands sapins noirs est très dense, elle s'étend sur des kilomètres et des kilomètres carrés. Une seule route escarpée fait le tour du massif. Je décline l'offre qui m'est faite de m'installer avec eux car je préfère garder toute ma liberté de mouvements, conserver la tête froide en échappant à l'ambiance collective (...). La mobilisation se développe. Les hommes arrivent par petits groupes. Après le filtrage indispensable, ils sont répartis dans le maquis mobilisateur et vont constituer des compagnies. (...) La cadence des arrivées au maquis augmente rapidement et il apparaît vite que la mobilisation partielle va dépasser de beaucoup ce que nous avions primitivement envisagé. C'est pour moi une émotion renouvelée chaque jour de voir arriver ces hommes, jeunes ou vieux, exaltant d'enthousiasme. Je me souviens de ce camion venant de l'Allier, drapeaux déployés et armes apparentes (...). Il faudra leur établir des "permissions" pour que certains acceptent d'aller faire la fenaison qui conditionne la vie du village pour toute l'année. Le rythme des parachutages s'amplifie en même proportion et, toutes les nuits, des avions viennent sur le terrain du mont Mouchet (nous en compterons jusqu'à vingt-trois). (...) Dans cette sorte de république libre de la Margeride dont le territoire doit avoir 15 ou 20 kilomètres au carré, l'activité est fébrile de jour et de nuit... »

A quels effectifs va finalement aboutir cette mobilisation ? Combien de soldats maquisards dans ce que Emile Coulaudon appelle « l'Armée de la Libération » ? Henri Ingrand donne des chiffres précis mais partiels. « Il est distribué aux unités du mont Mouchet, écrit-il, 3 704 brassards (...). Le "réduit de la Truyère" (...) recevra 996 brassards. » A un brassard par homme, cela fait 4 700 combattants sans compter ceux du Lioran... Des chiffres moins précis encore qu'assez proches dans le *Dictionnaire de la Seconde Guerre mondiale*. « La décision (de mobilisation), y écrit Jean-Marie d'Hoop, largement diffusée, placardée dans les villages de montagne, fut accueillie avec une ferveur qui rappelait l'atmosphère de 1914. Au cours des semaines qui suivirent, par petits groupes et par tous les moyens, les hommes gagnèrent le réduit. Ils furent bientôt 3 000 au mont Mouchet, où étaient constituées de nouvelles compagnies ; ils étaient 1 500 au réduit de la Truyère et 2 000 au proche maquis mobilisateur de Saint-Genès. Le 10 juin, on évalue le total des effectifs à 10 000 hommes. » Les estimations d'Ingrand et de Hoop datent du milieu et de la fin des années 1970. Celles d'Harry Roderick Kedward, quinze ans plus tard, ne sont pas très différentes. D'abord, l'historien britannique déjà cité rappelle que la mobilisation « visait une immense région couvrant le Puy-de-Dôme, le Cantal, la Haute-Loire et les régions nord de la Lozère » puis il ajoute que les différentes « versions de l'ordre de mobilisation de Coulaudon (...) attirent finalement plus de 6 000 volontaires qui arrivent dans la Margeride ou s'efforcent de le faire, entre le 20 mai et le 9 juin. Près de 2 700 volontaires atteignent le mont Mouchet, tandis qu'un autre regroupement massif se réunit à Venteuges (Haute-Loire), non loin de là ; près de 2 000 hommes campent dans la forêt de la Truyère près de Chaudes-Aigues, au sud de Saint-Flour, tandis qu'un millier ou plus, sans armes, restèrent assez loin au nord de ses points de mobilisation, dans les bois de Saint-Genès-Champespe aux limites du Puy-de-Dôme, ou à Lioran, dans les monts volcaniques du Cantal ». Et les victimes ? Comme aux Glières, ce sont les occupants eux-mêmes qui attaquent militairement. Trois assauts successifs des SS et de la Wehrmacht, appuyés dans les airs par la Luftwaffe, avec, à chaque fois, les 2, 10 et 20 juin 1944, des forces plus importantes. Environ 350 maquisards seront tués... « Mais, commentent Henri Noguères et Marcel Degliame-Fouché, une fois encore, aux pertes subies par le maquis viennent s'ajouter les massacres auxquels se livrent les Allemands sur la population civile se trouvant dans la zone des combats, les fermes et les villages incendiés, les survivants déportés... »

« Une atmosphère de kermesse »

En ces jours de juin du dernier printemps de l'Occupation, tandis que des milliers de maquisards tentaient en Auvergne d'échapper à l'étau des SS et de la Wehrmacht, d'autres menaient en Bretagne le même combat. Au Mont Mouchet et à Saint-Marcel, dans des décors différents et des circonstances différentes même impossible lutte malgré tout poursuivie — mais à quel prix et pour quel résultat ?... Dans un article de la *Revue d'Histoire de la Deuxième Guerre mondiale* (n° 55, juillet 1964), intitulé *Le Combat de Saint-Marcel (18 juin 1944)*, Roger Leroux précise d'abord l'endroit. « A l'est du département du Morbihan, explique-t-il, Saint-Marcel est une petite commune d'environ 500 habitants, située à 3 kilomètres de Malestroit, sur les pentes du plateau qui sépare la vallée de la Claie de la vallée de l'Oust. La ville la plus proche est Ploërmel, à 19 kilomètres au nord ; Vannes est à 32 kilomètres au sud-ouest, Redon à près de 40 kilomètres au sud-est. (...) Sur le versant sud du plateau, une vaste clairière située au nord de la ferme de la Nouée (ou la Nouette, comme on dit dans le pays) avait été choisie en février 1943 comme terrain de parachutage » par le BCRA... On se souvient d'Emile Coulaudon se plaignant un peu plus haut : « Si on nous avait envoyé les brigades aéroportées... » Eh bien, Saint-Marcel eut ses parachutistes, et le destin des maquisards n'en fut pas changé pour autant.

Et pourtant, quels parachutistes ! Entre le 5 et le 10 juin 1944, 57 officiers et 418 hommes du 4e bataillon de SAS (Special Air Service), une unité exclusivement composée de Français et commandée par celui que l'historien anglais (lui-même ex-capitaine SAS) Michael Richard Daniel Foot, dans son livre *SOE in France* appelle « l'indomptable manchot », le commandant (bientôt lieutenant-colonel) Georges Bourgouin. « Leur chef, précise d'ailleurs Jean-Louis Crémieux-Brilhac, le colonel Bourgouin, "le parautiste manchot" (il avait perdu un bras en Tunisie), a été largué à l'aube du 10 juin, suspendu à un parachute tricolore. A cette date, dix-huit équipes de parachutistes s'activent déjà à couper les voies ferrées, renforçant l'action des résistants locaux. (...) La mission complémentaire de Bourgouin est de "provoquer une révolte de grande envergure en Bretagne", en fait, d'y développer la guérilla en liaison avec la

Résistance. La mobilisation des patriotes ne l'a pas attendu : il a été aussitôt le point de ralliement de deux mille maquisards “dans une atmosphère de kermesse” ; de nouvelles recrues ne cessent de s'y joindre. » Dans son livre *Libération de la Bretagne*, l'historien (et ancien chef des FFI de l'Eure) Marcel Baudot explique que « le temps brumeux facilite les parachutages et les déplacements. (...) C'est à Saint-Marcel que le gros du 4e bataillon SAS, formé par le 2e RCP (Régiment de chasseurs parachutistes) de la France libre, et les 2 500 FFI du Morbihan se sont rassemblés ainsi qu'une compagnie de gendarmes, les radios et les agents de liaison et que, dans la nuit du 13 juin vingt-sept quadrimoteurs anglais leur ont largué 500 à 700 containers d'armes et de matériel. » Et Baudot d'employer lui aussi l'expression « une atmosphère de kermesse ». Une expression que l'on retrouve chez tous les auteurs évoquant le maquis de Saint-Marcel et dont Roger Leroux précise qu'elle « est du colonel Bourgouin ». A ce propos, Leroux raconte que le chef du 4e bataillon SAS « arrive dans la nuit du 9 au 10, en même temps qu'une cinquantaine d'hommes et avec une cinquantaine de containers pleins d'armes ; il est surpris par l'atmosphère de kermesse qui règne à la Nouette ; il y a des lumières de tous les côtés ; des patriotes qui vont et viennent fébrilement dans les tenues les plus étonnantes. Tous les civils du voisinage ont assisté au parachutage. Il y a du monde partout, dans les appartements, les hangars, les écuries, dans les champs, dans les bois. Une exaltation extraordinaire s'est emparée des FFI à la vue de ces hommes qui tombent du ciel pour les armer et les encadrer... ». Puis Leroux poursuit : « Tous les jours, c'était un défilé d'unités FFI venant au camp se faire armer ; elles arrivaient en groupes parfois très nombreux (jusqu'à plusieurs centaines d'hommes), entraient en rang et marchaient au pas dans la cour de la ferme, puis allaient passer une visite d'incorporation sommaire, recevaient leurs armes et un brassard FFI. On les dirigeait ensuite sur la limite du camp, des parachutistes se mêlaient à eux pour leur montrer où il fallait placer les armes automatiques et leur apprendre rapidement le maniement des armes nouvelles puis ils repartaient vers leur maquis d'origine (...). Le ravitaillement de cette concentration d'hommes nécessitait un énorme travail (il y eut parfois jusqu'à 2 000 hommes à nourrir). (...) Sept ou huit boulangers chauffaient quatre fours du matin au soir ; le caviste distribuait cinq ou six barriques de cidre par jour et au moins une barrique de vin. Il n'y avait pas une goutte d'eau à la ferme et il fallait aller chercher quotidiennement de quinze à vingt barriques d'eau. Dans les derniers jours on dut aller très loin. Cette corvée était assurée par des prisonniers civils sous la garde de FFI en armes. Des paysans des environs se succédaient tout au long de la journée, amenant au camp du bétail, du cidre, des légumes ; trois hommes allaient chercher de l'épicerie et du vin fourni par un négociant de Malestroit. Le camp prenait de l'extension... » Et devenait une « kermesse »...

Saint-Marcel ou « la petite France »

Lui-même ancien « para », puis correspondant de guerre et historiographe à succès des SAS français, Paul Bonnecarrère emploie aussi le terme dans *Qui ose vaincra ; Les Parachutistes de la France libre*. « Sur l'ensemble du camp de Saint-Marcel, écrit-il, jour après jour, l'ambiance de kermesse gueularde s'amplifie. La fièvre gagne. Un dangereux sentiment de sécurité s'installe. » Dans son huitième tome, Henri Amouroux insiste également sur cet aspect « kermesse » et ses dangers. « D'autres parachutistes, écrit-il, notamment les rescapés d'un combat qui s'était déroulé dans la forêt de Duault, devaient arriver à Saint-Marcel et y découvrir, selon Le Boterf, historien de la Bretagne dans la guerre, un spectacle surprenant, aussi bien par sa gouaille bon enfant que par son imprudent désordre et son patriotisme laisser-aller. D'après tous les témoignages, le maquis de Saint-Marcel, surnommé à quatre lieues à la ronde « La Petite France », vit et recrute à ciel ouvert. La garde, mal ou peu assurée, laisse entrer et sortir qui veut. Les bistrots des villages voisins reçoivent la visite de maquisards bavards et vantards. Un parachutage a-t-il lieu ? C'est sous le regard non seulement de tous les FFI du camp, mais encore de leurs familles et de leurs amis, informés de l'événement (...). Les maquisards spéculaient sur le patriotisme indiscutable de la population et se sentaient d'autant plus en sécurité qu'ils étaient chaque jour rejoints par de nouvelles recrues qui prenaient parfois plaisir à narguer ouvertement les Allemands. » L'emploi par Amouroux des adjectifs « bavards et vantards » laisse perplexe. N'est-ce pas plutôt Roger Leroux qui a raison lorsqu'il parle de l'« exaltation extraordinaire » qui s'était « emparée des FFI » ? Ou même Paul Bonnecarrère lorsqu'il note que « la fièvre gagne » ? Plutôt que vantardise, nous dirions donc défoulement et griserie... La plupart de ces garçons avaient entre treize et vingt ans lorsque la vague des uniformes « feldgrau » a déferlé de l'intérieur sur les plages bretonnes. Leur adolescence, leur jeunesse ont été cruellement marquées par les restrictions, les frustrations et les vexations de l'Occupation. Et voici que des aînés qu'ils admirent forcément parce qu'en eux ils ont placé leur espoir, voici que ces aînés, involontairement, imprudemment, mais inexorablement, leur font croire que, comme on dit, c'est arrivé... Cette liberté illusoire qu'on leur offre en les faisant, par exemple, défiler ouvertement en armes, comment ne les griserait-elle pas ? Quand, hier si durement soumis, soudain ils goûtent à l'apparence du pouvoir, comment ne se défouleraient-ils pas ? Avec plus de sept semaines d'avance sur la réalité, c'est tout simplement la Libération qu'ils anticipent. On leur fait croire qu'ils sont libérés alors qu'ils sont toujours, selon la formule, « sous l'Occupation ». Inévitablement, c'est au cauchemar que va donc tourner ce rêve éveillé. Cauchemar — non, le mot n'est pas trop fort. « L'enfer de Saint-Marcel », écrira même plus tard Philippe Ragueneau dans son récit *Julien ou La Route à l'envers*... Oui, Ragueneau dont nous avons cité l'important témoignage sur Fernand Bonnier de la Chapelle ; Ragueneau, le jeune prisonnier de Montluc puis volontaire du cap Matifou, devenu officier FFL parachuté en Bretagne.

L'enfer de Saint-Marcel... Le 18 juin 1944, les combats durent de 4 heures 30, avant le lever du jour, jusqu'à 23 heures 30, bien après la tombée de la nuit. C'est peu dire que souligner combien la bataille fut acharnée. Côté allemand, on ne signale pas de miliciens, mais les renforts comprennent des « Osttruppen » géorgiennes. Côté maquis, les parachutistes SAS sont en première ligne et ils obtiennent par radio le secours de Londres : une intervention vers 16 heures d'un « squadron » de Thunderbolt et de Mosquito de la RAF qui mitraillent la Wehrmacht, mais ne peuvent empêcher son artillerie de pilonner les maquisards ni fournir à ces derniers les munitions qui, le soir, commencent à leur manquer.

Bilan de la bataille ? Il sera très controversé et les appréciations se modifieront avec le temps. « Les Allemands, dans la journée, ont 560 tués, écrit en 1959 Robert Aron dans son *Histoire de la Libération de la France*. Les Français comptent 50 parachutistes et 200 maquisards tués ou disparus, pertes françaises auxquelles s'ajoutent des victimes non combattantes. » Cinq ans plus tard, en 1964, Roger Leroux, dans son article déjà cité, divise par plus de huit les chiffres d'Aron. « Au cours de la journée, affirme-t-il, une trentaine de Français au maximum avaient été tués au cours des combats, dont six parachutistes ; environ soixante avaient été blessés et une quinzaine faits prisonniers. » Une estimation à laquelle se rallie approximativement Marcel Baudot en 1973. « Les pertes françaises, lit-on en effet dans *Libération de la Bretagne*, furent d'une trentaine de tués et de soixante blessés dont plusieurs, laissés dans les fermes voisines furent capturés et massacrés. Les pertes allemandes peuvent être évaluées à environ trois cents hommes. » Les années passent, et chez Henri Amouroux, en 1988 donc, c'est la prudence qui domine. Après avoir dit qu'« il existe plusieurs façons de lire un bilan » et que, comme pour « tant d'autres engagements », la « comptabilité (est) aujourd'hui impossible, puisque faussée par la propagande », il laisse, comme nous, au lecteur le soin de choisir. « Les Allemands auraient, note-t-il, perdu 560 tués, les Français 50 parachutistes et 200 maquisards. Chiffres cités par Robert Aron. Le Boterf écrit que les pertes des défenseurs français n'auraient pas dépassé "une quarantaine de tués et une soixantaine de blessés". Pour Noguères, les FFI et parachutistes auraient perdu 30 tués et 60 blessés, les Allemands auraient eu 300 morts. »

Un « enfer » édulcoré

Il va sans dire que, quelle que soit l'estimation que l'on privilégie, ici, comme aux Glières, comme au mont Mouchet, comme très bientôt au Vercors, il convient de l'augmenter des victimes des jours et des semaines qui suivent ; ce que soulignent d'ailleurs tous les auteurs... « Terminée la bataille de Saint-Marcel, une autre bataille commence. Ou plus exactement commence la chasse à l'homme. Les villageois jusqu'alors enthousiastes, généreux, imprudents, se terrent. » (Amouroux). « Une ordonnance est affichée, stipulant que tout civil qui portera une aide quelconque aux parachutistes et aux maquisards sera fusillé sans jugement. Des rafles journalières terrorisent les villages voisins. Interdiction formelle de circuler en auto et à bicyclette. D'atroces représailles sont exercées sur la population civile. » (Aron). « Les Allemands organisent une chasse sans merci contre les terroristes ; ils lancent dans la campagne le 261e Escadron de cavalerie ukrainienne et le 708e Bataillon d'infanterie géorgienne, par groupes d'environ 80 hommes, d'une très grande mobilité, qui fouilleront sans cesse les villages et les bois, terrorisant la population, arrêtant ou massacrant les isolés ou les petits groupes surpris avant d'avoir pu fuir ou organiser leur défense. (...) La Wehrmacht se venge en brûlant, le 25 juin, les châteaux de Sainte-Geneviève et des Hardys-Béhélec ; puis, le 27, ce qui reste des fermes et le bourg de Saint-Marcel où ne sont épargnés que l'église, le presbytère et les écoles. » (Leroux). « Nul n'obtint grâce ; ni une pauvre femme de quatre-vingt-quatre ans, paralysée et alitée, ni un jeune garçon de quatorze ans ne furent épargnés. Pillages, arrestations, tortures et fusillades se prolongèrent durant plusieurs jours. » (Baudot).

Une tragique réalité que bien des récits ultérieurs des événements de Saint-Marcel auront plutôt tendance à édulcorer. Et ceci d'autant plus facilement que l'histoire du maquis de la ferme de la Nouette connaîtra aussi, dès 1947, un épilogue cinématographique et littéraire. Nous avons cité un peu plus haut l'expression de Philippe Ragueneau « l'enfer de Saint-Marcel », or c'est dans le même livre *Julien ou La Route à l'envers* que le même auteur, à cinq pages de distance écrit aussi : « Nous venions de quitter, sur la pointe des pieds, le maquis de Saint-Marcel, près de Malestroit, où le 2e régiment de chasseurs parachutistes du colonel Bourgouin, les 8 000 maquisards de Paul Chenailler, alias colonel Morice, et, plus modestement, nous-mêmes avions contenu les assauts furieux d'une division allemande, en ce 18 juin 1944 — une date dont nous aurions, désormais, deux bonnes raisons de nous souvenir... (...) Il n'en fallait pas moins pour accrocher et retenir, au cœur de la Bretagne, le 25e corps d'armée du général

Fahrmbacher et retarder le plus possible le moment où (...) ses huit divisions se rueraient en renfort vers les plages de Normandie (...). Elles se feraient attendre plus de temps que prévu... Car, pendant deux semaines, à partir de leur base de Saint-Marcel, pendant le mois qui suivrait leur dispersion, en bon ordre et armes au poing, les Bretons de Morice et les virtuoses de Bourgouin rendraient fou Fahrmbacher, comme une nuée de moustiques harcèle, aux soirs d'été, l'intrus. » Et Ragueneau d'ajouter, un peu plus loin : « Les heurs et malheurs du maquis de Saint-Marcel ont été assez contés (notamment par l'ouvrage et le film de Joseph Kessel : *Le Bataillon du ciel*) pour que je me sente dispensé d'y revenir. » L'année qui suit la parution du livre de Ragueneau, est publié un ouvrage de Charles Gilbert intitulé *Soldats bleus dans l'ombre. Le commandant Guillaudot et ses gendarmes dans la Résistance*, ouvrage qui, un an plus tard, obtient le prix littéraire de la Résistance. « Les maquisards, écrit Charles Gilbert, ont reçu l'ordre de se rendre à Saint-Marcel (...) pour y être réorganisés et armés avant de revenir sur leurs bases de départ. Paul Chenailler a installé son PC à la ferme de la Nouette où Mme Salles, la propriétaire, se dépense sans compter pour accueillir au mieux les volontaires de la liberté. (...) Beaucoup sont des recrues de fraîche date et n'ont aucune notion militaire. Il faut leur enseigner très vite aussi bien les premiers éléments de la guérilla que le maniement d'armes. Tâche difficile, mais qui s'accomplit grâce à l'encadrement des gendarmes présents. (...) Le camp constitue ainsi une véritable base. D'autant plus que le jour même du débarquement, arrivent, descendant du ciel, les parachutistes (...) commandés par le colonel Bourgouin. Un sérieux renfort ! “Je suis enthousiasmé par cette organisation et ses immenses possibilités” déclare, dans un message radio destiné au colonel, le lieutenant dirigeant le premier détachement de paras parvenu à Saint-Marcel. (...) Pour un succès, oui, c'en est un. D'autant plus que les paras découvrent la Résistance. (...) Au 15 juin, plus de 2 500 maquisards et 140 parachutistes “tiennent” Saint-Marcel... » Arrive le 18... « A 19 heures, écrit Charles Gilbert, la bataille fait rage. Les parachutistes des « Bataillons du ciel » et les maquisards combattent courageusement... » Suivent alors quatre pages sur la façon dont seront sauvés certains blessés, et puis plus rien sur Saint-Marcel, si ce n'est, juste avant la fin, une demi-phrase extraite d'un texte où le général de division Audibert, le 20 mai 1947, donne son avis sur la Résistance dans le Morbihan, ce qui l'amène à écrire que « douze jours après le débarquement, 2 000 maquisards infligèrent aux Allemands l'échec sanglant de Saint-Marcel qui les frappa de stupeur ». Textuellement.

Un ancien repaire de Mandrin

Sans doute aura-t-on remarqué que Ragueneau et Gilbert font, l'un et l'autre, référence au *Bataillon du ciel*... Cette œuvre de Joseph Kessel, à laquelle, comme pour *le Chant des partisans*, collabora son neveu Maurice Druon, constitue cet épilogue cinématographique et littéraire au drame de Saint-Marcel dont nous parlions plus haut. Dans sa biographie, déjà citée, où affectueusement il nomme souvent Kessel « Jef », Yves Courrière en raconte l'origine et l'aboutissement. « Reportage romancé plutôt qu'œuvre de fiction, écrit-il, *Le Bataillon du ciel* retraçait l'aventure des hommes du 2e régiment de parachutistes de la France libre largués sur la Bretagne huit jours avant le débarquement (...). Kessel tenait le récit de leurs exploits du colonel Bourgouin, rencontré au *Petit Club français* de Londres, revu à Marrakech en 1943, puis retrouvé à l'époque de l'escadrille *Sussex*. A la tête de ces volontaires, les premiers à toucher le sol de France, il avait porté des coups si durs à l'occupant que la Gestapo avait mis sa tête à prix deux millions et qu'en août 1944, lorsque les blindés de Patton étaient entrés en Bretagne, la campagne était entièrement libérée. Plus de la moitié des officiers du 2e RCP y avaient laissé la peau et Bourgouin n'avait échappé à la mort que par miracle. Ce colonel de trente-sept ans, vétéran des combats de Libye et de Tunisie où il avait perdu un bras, était de ces êtres qui fascinaient Jef (...). Il bâtit non pas un, mais deux films. La première époque constituait la chronique d'un camp d'entraînement de parachutistes FFL en Angleterre (...). La seconde retraçait, grâce aux récits de Bourgouin et de quelques rescapés de l'épopée, l'histoire d'un groupe parachuté en Bretagne... » Et Courrière raconte ensuite comment Kessel, fin 1946, « proposa à son nouvel éditeur René Julliard *Le Bataillon du ciel*, qui pourrait paraître en librairie en même temps qu'il sortirait sur les écrans. Julliard accepta sans hésiter. (...) *Ce ne sont pas des anges*, première partie du *Bataillon du ciel*, sortit en salle le 5 mars 1947, et la seconde époque *Terre de France* le 16 avril. (...) *Le Bataillon du ciel*, cinquante-troisième ouvrage de Joseph Kessel en vingt-cinq ans de carrière, parut au début de l'année 1947. Il était précédé de la mention suivante : "Je suis heureux de pouvoir remercier ici le colonel Bourgouin et ses parachutistes dont les témoignages m'ont permis d'appuyer une œuvre d'imagination sur la vérité de l'histoire et la force de l'épopée ; Marcel Rivet, avec qui nous avons construit le scénario du film *Le Bataillon du ciel*, et Maurice Druon, qui m'a été d'une aide précieuse pour ce livre." Précieuse — oh ! combien — puisque c'était Maurice qui l'avait rédigé en s'aidant des notes de son oncle et du script du film ! ». Ajoutons que le film avait été réalisé non pas par le premier metteur en scène pressenti, Pierre Billon (coauteur, entre autres, d'un *Ruy Blas* avec Jean Cocteau), mais par Alexandre Esway. Changement voulu par le producteur malgré l'opposition de Kessel. Les deux œuvres les plus connues du réalisateur comique Esway, *Hercule* et *Barnabé*, avaient eu Fernandel pour vedette.

Aux Glières, on avait parlé de « premier coin de France qui soit libre » ; au mont Mouchet, de « République de la Margeride » ; à Saint-Marcel, de « Petite France »... Et au Vercors ?... Au Vercors, ce fut la « République du Vercors ». Et les mêmes causes entraînèrent les mêmes effets... C'est entre deux villes et deux rivières qu'à la limite de deux départements se situe le massif du Vercors. Deux villes : Grenoble au nord-est et Valence au sud-est. Deux départements : la Drôme et l'Isère. « Le Vercors est un des lieux de France qui semble prédestiné aux combats de partisans, écrit Robert Aron dans son *Histoire de la Libération*. Son relief est de ceux qui justifient le mieux l'appellation de forteresse naturelle. (...) Le Vercors semble édifié par la nature pour constituer une citadelle complète, presque aussi parfaite qu'un ouvrage de Vauban. C'est un quadrilatère d'à-pics, de 50 kilomètres du nord au sud, sur 15 à 20 de l'est à l'ouest (...). A l'intérieur de ce plateau, la terre se brise parfois en des vallées vertigineuses, véritables portes de l'enfer, où ce fut jadis un haut fait, rappelé par des plaques commémoratives, que de frayer une route. Les noms des ingénieurs voisinent aujourd'hui, sur les flancs des rocs éventrés, avec ceux des maquisards tués en défendant ces abîmes, ce tumulte de rochers (...). Relativement peu d'agglomérations, beaucoup de hameaux et de fermes isolées ; le Vercors donne l'impression de se suffire à lui-même, sorte d'île fortifiée ancrée entre les plaines du Rhône et de l'Isère. Ancien repaire de Mandrin, il a toute ce qu'il faut pour devenir, selon les temps, un haut lieu ou un mauvais lieu. »

Le « Plan Montagnard »

On peut dire du maquis du Vercors qu'il est issu d'une double naissance, ou plus exactement que sa naissance est le résultat de deux initiatives qui ont finalement convergé. A l'automne 1942 et durant l'hiver 1942-1943, d'une part, deux médecins et un cafetier entreprennent d'aménager des refuges pour réfractaires au STO et, d'autre part, deux personnalités connues, un architecte et un écrivain, estiment que cet endroit qu'ils aiment doit être utilisé militairement par la Résistance. Le point commun entre des protagonistes aussi différents, c'est le mouvement Franc-Tireur, dont les uns sont déjà des dirigeants locaux et que les autres vont bientôt rencontrer. Dans sa minutieuse étude sur cette organisation clandestine à laquelle nous nous sommes déjà référés, Dominique Veillon ont et ce que font les trois premiers. Restons donc un instant avec les deux médecins et le cafetier avant de rencontrer plus loin les deux personnalités.

Le docteur Léon Martin est un militant SFIO et c'est sous cette étiquette qu'il avait été élu maire de Grenoble. Il a été révoqué par le pouvoir pétainiste. Contacté par l'ancien député du Nord Raymond Gerner, il a entrepris de réorganiser clandestinement son parti dans le département. Il a aussi commencé à collaborer avec le fondateur de « Franc-Tireur », Jean-Pierre Lévy, à qui il a présenté son camarade Aimé Pupin. Ce dernier tient un débit grenoblois, le café de la Rotonde, et, le 22 juillet 1942, il devient responsable du mouvement de Lévy pour l'Isère. Trois mois plus tard, le lundi de Pâques, Martin et Pupin font ensemble la connaissance du docteur Eugène Samuel, socialiste comme eux, franc-maçon et juif d'origine roumaine venu en France en 1927 pour y faire ses études. Quelques mois auparavant, il a pris l'initiative de former un groupe clandestin à Villars-de-Lans et son frère Simon est lui aussi résistant de même mouvance... « Avec l'institution du STO, écrit Dominique Veillon, l'action débute par la recherche de fermes où placer ceux qui veulent échapper à l'ennemi. Par groupes de deux ou trois, on les envoie chez des amis sûrs, puis, le nombre des réfugiés grandissant, A. Pupin charge E. Samuel de lui trouver un coin dans le Vercors de façon à y "planquer" les jeunes gens qui viennent lui demander asile. Quelques jours après, E. Samuel lui propose la ferme d'Ambel où est installée une société d'exploitation forestière. L'idée est bonne car pour abattre les arbres, les transporter, il faut un personnel nombreux, mais celui-ci est difficile à contrôler, puisque dispersé dans les bois. (...) A la fin de l'année 1942, Simon Samuel (...) vient reconnaître les locaux et le 6 janvier 1943 les premiers hommes s'installent à Ambel. Peu à peu d'autres "recrues" échappant au STO arrivent, qui viennent de Romans, Grenoble... ». L'endroit deviendra célèbre, en raison de sa primauté, et nous avions d'ailleurs vu plus haut, à propos de « Franc-Tireur », Alban Vistel le citer en mentionnant le docteur Martin et Aimé Pupin. La notoriété d'Ambel irritera finalement certains, au point que Joseph La Picirella (dont nous reparlerons bientôt) s'en plaindra un demi-siècle plus tard : « Que l'on cesse de clamer que l'exploitation forestière d'Ambel a été le premier maquis de France. Le premier camp du Vercors, oui ; premier maquis de France, non ! » Mais demeurons avec l'historienne de « Franc-Tireur », le temps de remarquer qu'au bas de la page de son livre que nous venons de citer, elle fait figurer une note intéressante : « Lettre de Y. Farge à P. Dalloz dans laquelle il écrit : "17 décembre 1942 : reconnaissance du camp d'Ambel par Simon". »... Yves Farge, l'homme du CAD et l'un des dirigeants de « Franc-Tireur », nous le connaissons déjà. Quant à Pierre Dalloz, c'est précisément l'architecte dont, comme son ami l'écrivain, nous devons parler maintenant.

Les deux personnalités : Dalloz et Jean Prévost... Outre l'architecture, Pierre Dalloz a bien d'autres cordes à son arc. Il a été inspecteur des sites et secrétaire général du Touring-Club de France. Il a été chargé de mission auprès de Jean Giraudoux quand celui-ci était, durant la « drôle de guerre », commissaire à l'Information. Alpiniste, il a une ferme près de Sassenage, dans l'arrondissement de Grenoble. Latiniste, il a entrepris une traduction de l'ouvrage de saint Bernard de Clairvaux (1090-1153) *De Consideratione*, souvent appelé *Manuel du Parfait Souverain Pontife*... Son ami l'écrivain Jean Prévost est lui aussi très éclectique. Lorsqu'en 1994, Jérôme Garcin lui consacre un livre pour, dit-il, « avec ferveur, sortir de l'oubli un grand esprit » et « pour qu'on relise, cinquante ans après sa mort, cet humaniste exemplaire », on peut lire, au dos de l'ouvrage : « Romancier, essayiste, poète, ce chroniqueur brillant de *La NRF* avait publié une trentaine de livres et travaillait encore à une étude sur Baudelaire quand il entra dans la Résistance. Elève d'Alain, complice de Saint-Exupéry et protégé de Martin du Gard, il a été journaliste, champion de boxe et stendhalien. » Lorsqu'en 1999, Georges-Marc Benamou publie un recueil d'entretiens avec des résistants qu'il intitule, on l'a vu, *C'était un temps déraisonnable*, il rencontre notamment le général Alain Le Ray, saint-cyrien et licencié d'allemand, gendre de François Mauriac et évadé de la forteresse de Colditz en janvier 1941, capitaine Rouvier au Vercors puis chef des FFI de l'Isère à partir du 13 mai 1944. Benamou lui demande : « Vous parlez de Prévost, l'un des fondateurs du Vercors avec vous. Qui en eut l'idée le premier ? » Réponse de Le Ray : « L'idée du Vercors vient de Pierre Dalloz, l'architecte, et aussi de Jean Prévost, l'écrivain, le rêveur. Il l'a encouragé. Dalloz habitait une propriété au pied des Trois Pucelles du Vercors. Il voyait souvent Jean Prévost qui préparait sa thèse sur Stendhal. Tous deux nourrissaient un rêve : utiliser le Vercors comme un bastion puissant pour recevoir des maquisards. Au début de 1943, Dalloz avait déjà rencontré Max (Jean Moulin), Yves Farge et le général Delestraint, le chef de l'Armée secrète. Ils avaient mis sur pied un petit plan très simple, reposant sur l'idée suivante : des points forts, d'où pourraient partir des offensives partielles, sont nécessaires sur le territoire français occupé, offensives dont l'efficacité dépend de leur étroite coordination avec les entreprises alliées ou françaises de l'extérieur. Le Vercors était un bastion naturel susceptible de servir de plate-forme de parachutage à des forces venues de l'extérieur (...). Il ne s'agissait aucunement d'un bastion défensif, immobile, bien au contraire. (...) Ayant étudié la question, le général Delestraint a demandé à Pierre Dalloz de mettre au point et d'étoffer ce plan. Dalloz a alors fait appel à moi. Je l'avais rencontré, avant la guerre au (...) GHM, le Groupe de haute montagne. Il était une des célébrités de l'alpinisme français à l'époque. Il était mon aîné de dix ans et je le considérais comme une lumière. (...) Au début 1943, je l'ai rencontré à Grenoble. A ce moment-là, j'étais dans l'Armée d'armistice, attendant une occasion. Il a compris ma disponibilité et il m'a proposé de travailler à l'étude de cette idée. J'ai alors bâti un projet d'utilisation militaire du Vercors, baptisé "plan Montagnard". Le plan a été approuvé, au début d'avril 1943, par le général Delestraint... » Donc par le chef de l'AS (Armée secrète), notons-le.

Des planeurs à croix noires

Dans le dépliant que l'on donne aux visiteurs du Mémorial du Vercors, au col de La Chau, ce plan est présenté comme ayant « jailli dans l'esprit de deux hommes fascinés par les falaises gigantesques du Vercors », Dalloz et Prévost, qui ont eu « l'idée de transformer le massif en "Cheval de Troie pour commandos aéroportés" »... Toujours est-il que le 10 février 1943, c'est donc Delestraint qui, lors d'une rencontre avec Dalloz et Farge, choisit « Montagnard » comme nom de code ; Delestraint qui demande l'approbation de Londres, laquelle est accordée le 25 février par un message personnel de la BBC : « Les montagnards doivent continuer à gravir les cimes », et Delestraint enfin qui nomme Le Ray chef militaire du Vercors, avec Jean Prévost comme adjoint, le chef civil étant Eugène Chavant, ancien maire socialiste SFIO de Saint-Martin d'Hères (Isère) et cafetier comme son ami Aimé Pupin. Cela dit, ce ne sera pas Charles Delestraint qui dirigera l'application du « plan Montagnard » puisque, comme on le sait, le 9 juin 1943, la Gestapo arrête le chef de l'AS. Et ce ne sera pas non plus Alain Le Ray qui continuera de le mettre en œuvre puisqu'en décembre suivant le futur général sera poussé à la démission par un autre futur général, alors colonel et que nous connaissons déjà, Marcel Descours. Certes, il serait simpliste de prétendre que l'absence de deux responsables a précipité le destin du Vercors, mais il n'est pas pour autant interdit de se souvenir qu'aux Glières l'arrestation d'Albert Chambonnet et l'éloignement d'Henri Romans-Petit préludèrent à la catastrophe.

En 1990, les Presses Universitaires de Grenoble ont publié, sous le titre *De Gaulle ; Du libérateur au mémorialiste*, un recueil de « conférences prononcées à l'Université Inter-Ages du Dauphiné pour l'Année de Gaulle » ; y figure un dialogue entre Alain Le Ray et le journaliste dont on sait que les ouvrages sur la question font autorité, Paul Dreyfus. « Le 6 juin 1944, dit à un moment Dreyfus, c'est le débarquement de Normandie. Dès le 5, les chefs de la France libre, à Londres, et notamment le général Kœnig, ont lancé les messages qui donnent l'ordre (...) de se mobiliser pour l'assaut final. Le Vercors entend le message spécial qui lui est destiné. Dès le lendemain, l'ordre est donné par Descours de rallier le Vercors. Ce plateau où il n'y avait encore qu'un certain nombre de maquis, voit 4 000 hommes à peu près se rassembler pour combattre. C'est au fond le début de la catastrophe, puisque, quand l'ordre de freinage est donné par Kœnig, il est trop tard. » Le général Le Ray répond : « Oui, Descours a donné l'ordre de mobilisation, cela voulait dire montée massive de tous ceux qui étaient prévus pour rejoindre les différentes unités. Une mobilisation sur place, des maquis bien entendu. Alors, du moment que l'ordre était lancé, c'était irréversible. » Remarque de Dreyfus : « On attendait les 300 parachutistes alliés promis à Chavant, lors de son voyage à Alger, très peu de temps auparavant. » Un voyage auquel nous avons vu Serge Ravanel faire allusion plus haut. « Mais, dit alors Le Ray, le Vercors était lancé dans l'affaire, c'était fait. Là où ils ont été un peu fort, c'est qu'ils ont hissé un grand drapeau au dessus de Saint-Nizier et puis il s'est répandu le bruit que la République du Vercors était prochaine, que la République s'était constituée dans le Vercors. Ça s'est su. Ajoutez à cela, pour les Allemands, les parachutages massifs en plein jour, avec des parachutes bleu-blanc-rouge. Evidemment, pour le général allemand Karl Pflaum qui commandait la 157e division, c'était une provocation telle qu'elle devait amener une réaction. C'était inévitable. De toute façon, il avait reçu l'ordre de se lancer sur le Vercors. » Paul Dreyfus acquiesce et ajoute : « Nous n'allons pas, général Le Ray, si vous le permettez, refaire l'histoire des combats du Vercors (...). Il suffit de rappeler que les Allemands attaquent le 21 juillet 1944 ; que pendant trois jours les maquisards se battent héroïquement, que les nazis se conduisent d'une façon épouvantable, ignoble, inhumaine (Vassieux et La Chapelle-en-Vercors) ; que le 24 tout est fini, sauf les crimes... » A propos de cet assaut, il y a, dans le texte du dépliant du Mémorial auquel nous avons fait allusion un détail saisissant. « L'attaque est générale, y lit-on, par les routes, par les "pas", ces cols escarpés que l'on ne franchit qu'à pied, et par les airs puisque sur Vassieux se posèrent les planeurs à croix noires de la Waffen-SS, là où auraient dû atterrir les Alliés. »

La mort de Jean Prévost

Parmi les victimes du massacre final, il y a le capitaine Goderville. Ce nom d'un bourg de la campagne havraise, c'est le nom de guerre qu'en souvenir de son père normand l'écrivain Jean Prévost a choisi quand il est devenu l'adjoint d'Alain Le Ray. Grâce au témoignage de Simon Nora, « le seul rescapé de la grotte des Fées », Jérôme Garcin a pu raconter sa fin. « La compagnie Goderville, écrit-il donc dans *Pour Jean Prévost*, que Nora, âgé de vingt-deux ans, avait rejointe durant l'été 1943, éclata comme un fruit trop mûr, sur la plaine des Sarnas. Pour la petite dizaine d'hommes qui entoure Jean Prévost, la grotte des Fées mérite son nom. Une entrée étroite, une caverne rocheuse de deux cents mètres de profondeur et un lac souterrain : on peut s'y cacher, y vivre et y apaiser sa soif. Au début, les hommes s'organisent pour survivre, tuent des moutons qui paissent non loin, font des orgies de fraises des bois et de mûres sauvages. Mais les patrouilles allemandes rôdent alentour, et la crainte d'être découverts incite les maquisards à ne plus sortir de la grotte.

Le visage défait, le front bas, parlant peu, Goderville ne se ressemble plus. Il cesse soudain d'être "le chef". La foi l'a quitté avec la débâcle (...). Et il porte au fond du cœur, comme un échec intime, la chute du Vercors. Lui qui était si ardent à mener sa troupe au combat, si prompt à narguer la mort, répète dans cette prison de rocaille humide : "On va crever !" Il tente plusieurs percées, en vain. (...) Les jours passent, les hommes sont à bout. Le groupe décide de quitter la grotte le 29 juillet. Simon Nora part rejoindre sa famille à Méaudre, et devra la vie sauve aux planches vermoulues d'un pont sous lequel il se dissimule et sur lequel passent les troupes allemandes. D'autres prennent la direction de Romans. Jean Prévost et quatre de ses camarades (les lieutenants Jean Veyrat, Charles Loisel, André Jullien du Breuil, et le sergent Alfred Leizer) ont choisi de gagner Grenoble, armes au poing. Le 1er août, à 7 heures du matin, ils descendent les gorges d'Engins. Il fait plein jour quand, jaillissant d'un petit chemin ombrageux dit le Pas-du-Curé, les cinq hommes arrivent au pont Charvet. Le village de Sassenage est à cinquante mètres. D'un côté, la falaise, de l'autre, le torrent. Un vrai piège. Les Allemands qui patrouillent, ouvrent aussitôt le feu sur le petit groupe. Tous sont tués. Le soleil éclaire d'une lumière crue les cadavres abandonnés : celui de Prévost, visage défiguré, gît dans le lit du torrent, où l'athlète s'est écrasé après avoir effectué, par-dessus le parapet, son dernier saut. Avec un tombereau tiré par un cheval, des habitants de Sassenage ramassent les corps mutilés (les assassins ont coupé leurs doigts afin de récupérer les bagues en or) et fabriquent une croix de Lorraine en bois qu'ils plantent droit sur le lieu du massacre. »

Le chef des coupeurs de doigts, le général Karl Pflaum, celui-là même qui avait déjà assailli les maquisards des Glières, a mené l'assaut du Vercors avec une quinzaine de milliers d'hommes. Outre son habituelle 157e division alpine, il avait reçu en renfort des éléments de la 9e Panzerdivision, quelques unités de Osttruppen (curieusement appelés, ici et là, des Mongols) et les troupes aéroportées qui attaquèrent Vassieux. Nous avons vu qu'à propos de ces dernières, le dépliant du Mémorial évoque « les planeurs à croix noires de la Waffen-SS ». Or, dans son *Histoire critique de la Résistance*, Dominique Venner affirme que « l'unité larguée par planeurs du Vassieux n'était pas composée de Waffen-SS, contrairement à ce que l'on a souvent écrit ». Et de préciser qu'il s'agissait de « deux compagnies dites "bataillon Schaeffer" » du « Kampfgruppe 200 ». Le détail vaut d'être noté car il s'agit d'une nouvelle preuve de ce que beaucoup d'unités de la Wehrmacht n'avaient rien à envier aux SS quant aux atrocités... Toujours à propos des bourreaux du Vercors, Venner apporte aussi un autre démenti, mais implicite cette fois et de façon beaucoup moins crédible. Selon lui, en effet, le général Pflaum « préférera ne pas survivre à la défaite. Le 19 août 1944, à Annecy, peu avant l'arrivée des troupes américaines, il se suicide avec sa maîtresse française, Nina d'Albion ». Or, dans leur cinquième et dernier tome, Henri Noguères et Marcel Degliame-Fouché notent que « le criminel de guerre Karl Pflaum, libéré "pour raison de santé" en juin 1951 est mort dans son lit, six ans plus tard, sans avoir jamais été jugé ».

Une petite guerre des musées

En assaillant à plus de trois contre un ce Vercors qu'ils appelaient parfois « les Dolomites françaises », combien les Allemands firent-ils de victimes ? Les estimations varient, bien sûr, mais relativement moins qu'ailleurs... Au Mémorial du col de La Chau, sur un mur, huit cent quarante noms sont inscrits. Dans la mesure où, à la construction de ce musée, inauguré au début des années 1990 par le président de la République et le Premier ministre, ont contribué plus d'une demi-douzaine d'organismes officiels dont le ministère des Anciens Combattants, la région Rhône-Alpes, les conseils généraux de la Drôme et de l'Isère, etc. on est enclin à considérer cette estimation comme sérieuse. On l'est d'autant plus quand on sait que c'est celle retenue par Paul Dreyfus dans son *Histoire de la Résistance en Vercors*. « 840 Français tués, écrit-il, tel est le lourd bilan des combats du Vercors. » Et il précise : 639 maquisards sur 3 909 combattants et 201 civils sur 8 024 habitants des 13 communes du massif. C'est d'ailleurs à la même évaluation que s'en tient Henri Amouroux dans son tome VIII, en préférant toutefois l'émotion à l'arithmétique. « Il faut, écrit-il, se rendre à la nécropole de la Résistance de Vassieux-en-Vercors. Une stèle commémore les "750 héroïques combattants et martyrs du Vercors". En réalité, le chiffre des morts atteint 840, dont plus de 200 parmi la population civile. A Vassieux, les croix, toutes identiques, surmontent des tombes, toutes identiques, des tombes militaires, même pour les civils, même pour les enfants. Souvent, les croix ont été placées au-dessus du corps d'un inconnu, cadavre rongé par le feu ou mangé par les bêtes et retrouvé quelques semaines après la Libération dans les ruines, le creux des bois, au bas de quelque à-pic. » Un autre nombre dans le *Dictionnaire de la Seconde Guerre mondiale* ? Oui, mais vague. Pas une contestation des 840, plutôt une approximation, civils non compris. « Le maquis compte 600 morts, dont Jean Prévost, lit-on en effet dans ce Larousse. Les Allemands ont perdu une centaine d'hommes. »... Non, le seul qui conteste, et avec véhémence, c'est Joseph La Picirella. « Comme pour les cimetières de Vassieux et de Saint-Nizier, dit-il, sur les frontons desquels on a gravé exagérément 750 victimes, ici aussi on a voulu sensibiliser le visiteur. Même s'il est précisé que les 850 noms inscrits dans ces alvéoles de béton sont des victimes décédées sur le territoire des communes adhérentes au Parc Régional du Vercors, il y aura confusion dans l'esprit du visiteur. Il ne saura pas que le nombre des victimes civiles et militaires décédées sur le massif du Vercors est d'environ 460. En voulant immortaliser le sacrifice de toutes ces victimes, l'auteur de ce projet s'est manifestement inspiré de la réalisation du fondateur du Musée de la Résistance de Vassieux-en-Vercors. » Relisez cette phrase. Le « fondateur » (ajoutons : et propriétaire-exploitant) dont parle ici La Picirella n'est autre que La Picirella lui-même. Et La Picirella ne supporte pas que les pouvoirs publics, jusque-là d'ailleurs remarquablement absents, soient venus, vingt ans après, avec le Mémorial du Vercors, construire à quelques kilomètres du sien un établissement concurrent. Concurrence à ses yeux d'autant plus déloyale que son musée, style Grévin en plus rustique, reçoit de nombreux visiteurs — « en 1980, près de 500 000 », selon le *Guide des Musées d'Histoire militaire* (Lavauzelle). En vérité, la conception du Mémorial (tragique sobriété grise et noire) est tellement différente que les deux visites peuvent paraître complémentaires. Mais qu'importe à La Picirella qui, arguant de sa qualité d'ancien maquisard du Vercors, multiplie à propos d'Ambel (voir plus haut) comme du chiffre des morts, etc. les lettres ouvertes de protestation distribuées depuis des années aux touristes. Cette petite guerre des musées est dérisoire et quelque peu choquante, mais il n'y a pas qu'au Vercors qu'on la retrouve.

Terribles sont évidemment ces centaines de morts et affreuses les conditions de leur massacre, mais si, parmi tant d'autres tragédies, le drame, l'affaire du Vercors, émerge comme particulièrement emblématique, c'est parce que les conditions mêmes en sont à la fois trop explicables et inexpliquées. De nombreux livres et articles ont déjà rendu compte des polémiques nées à ce propos et que, dans les années d'après-guerre, la guerre froide a beaucoup attisées. Un demi-siècle plus tard, par-delà le nouvel avatar de l'opposition entre tenants d'une certaine orthodoxie militaire traditionnelle et partisans de la guérilla, ce qui frappe surtout, c'est le degré atteint par l'incompréhension mutuelle et l'accumulation des quiproquos, des malentendus, voire des décisions cachées et des calculs insupportables... Quelques rappels suffiront pour qu'on mesure l'âpreté du débat.

« Criminels et lâches. Je répète : criminels et lâches ! »

Dans un article de la *Revue d'Histoire de la Deuxième Guerre mondiale* (n° 49, janvier 1963) déjà cité et intitulé *Maquis et maquis*, Henri Michel avance une explication sémantico-technique. Elle est intéressante. Elle n'est pas exhaustive. « Le drame du Vercors, écrit-il, est dû au dialogue de sourds qui s'est engagé, par radio, entre le maquis et "Alger", c'est-à-dire toute une structure franco-alliée dont les maquisards ne pouvaient pas soupçonner la complexité. » Dans la mesure où c'est l'ouverture des archives de l'OSS (Office of Strategic Services) qui a rendu possible son livre et où il est allé à Washington

« dépouiller, selon sa propre expression, des documents extraits des limbes du renseignement », Fabrizio Calvi a, en 1990, amené des éléments nouveaux sur la curieuse atmosphère qui s'installa. Dans *OSS ; la Guerre secrète en France*, est ainsi racontée l'aventure du lieutenant André Paray « affecté à une mission baptisée Eucalyptus (...) sur le plateau du Vercors » où l'officier de l'OSS fut effectivement parachuté dans la nuit du 28 au 29 juin 1944. « Les responsables de l'OSS d'Alger, affirme Calvi, ne firent rien pour ouvrir les yeux du lieutenant Paray sur la véritable nature de la mission Eucalyptus, au contraire. Rédigé à la fin de la guerre, son rapport de mission témoigne de l'ignorance dans laquelle il était encore à l'époque : "Selon l'opinion d'Alger et de la Résistance française, le Vercors était le symbole de la quête française pour la liberté, la forteresse qui devait approvisionner les autres maquis. (...) La Vercors aurait la priorité en ce qui concernait les parachutages." L'agent de l'OSS était loin de se douter que ses supérieurs savaient pertinemment qu'un bain de sang s'y préparait et que les Alliés avaient décidé, pour des raisons stratégiques, de limiter les envois d'armes aux maquisards voués au massacre. » Ainsi va-t-on en arriver à ce que, dans la nuit du 21 au 22 juillet le radio du responsable civil du Vercors, Eugène Chavant, alias Clément, pianote sur son émetteur-récepteur en direction d'Alger un message que sa pathétique colère a rendu célèbre. « La Chapelle, Vassieux, Saint-Martin, bombardés par l'aviation allemande, lance sur les ondes le "pianiste". Troupes ennemies parachutées sur Vassieux. Demandons bombardement immédiat. Avions promis de tenir trois semaines. Temps écoulé depuis mise en place de notre organisation : six semaines. Demandons ravitaillement en hommes, vivres et matériel. Moral de la population excellent mais se retournera rapidement contre vous si ne prenez pas dispositions immédiates. Et nous serons d'accord avec eux pour dire que ceux qui sont à Londres et Alger n'ont rien compris situation dans laquelle nous trouvons et sont considérés comme criminels et lâches. Je répète : criminels et lâches. »

A Alger, dans les milieux politiques venus de la Résistance et dont on peut même dire qu'ils en font toujours partie pour une part, comme pour une autre de la France libre, on s'émeut évidemment des appels du Vercors. Les communistes, qui ont deux commissaires (ministres) dans le Gouvernement provisoire, notamment celui à l'Air, décident d'intervenir. « Le 13 juin, raconte Robert Aron dans son *Histoire de la Libération*, Fernand Grenier, commissaire à l'Air (...) commence des démarches auprès de ses collègues pour apporter au Vercors un appui aérien. L'aviation française, dont il est le chef officiel, dispose de peu d'appareils (...). En raclant les fonds de tiroirs, en faisant appel à de vieux "coucous" qui servent à l'instruction, en rappelant aussi à Alger quelques "zincs" détachés au Moyen-Orient, on pourrait constituer une escadrille disparate de vingt-huit avions (16 Douglas

A 24, 6 Douglas DB7, 6 Glenn Martin), pour une opération de soutien à la Résistance dite “Patrie”. Mais la plupart étaient inappropriés à cette mission et avaient tout juste assez de rayon d'action pour faire l'aller et retour depuis Alger. Fernand Grenier n'en prépare pas moins deux décrets, dont l'un organise ces forces aériennes et dont l'autre nomme un des as de la chasse française, le lieutenant-colonel Morlaix, commandant de cette escadrille. Ces deux décrets soumis à la signature du général de Gaulle, ne seront jamais paraphés pendant les six semaines que dureront les opérations du Vercors. »... Si les avions prévus pour l'escadrille « Patrie » étaient en si mauvais état on peut se demander pourquoi le chef d'alors de la DGSS (Direction générale des services spéciaux), l'organisme dont on sait qu'il a succédé au BCRA, a pris part à cette opération. Or, comme l'écrira Fernand Rude dans la *Revue d'Histoire de la Deuxième Guerre mondiale* (n° 49, janvier 1963), « le 18 juin au matin (...) le lieutenant-colonel Constans, au nom du service Action de la DGSS, et mandaté, semble-t-il, par M. Jacques Soustelle lui-même, eut une entrevue avec le lieutenant-colonel d'aviation Morlaix, un as des FFL, qui faisait alors partie du cabinet de M. Fernand Grenier, commissaire à l'Air. Il s'agissait de rameuter tous les appareils français disponibles pour monter une opération “Patrie” destinée à appuyer les FFI (...) MM. Jacques Soustelle et Fernand Grenier se sont plus tard disputés sur la paternité de cette idée et renvoyé la responsabilité de son échec ».

Le gravier des allées du palais d'Eté

Toujours est-il que, comme le dit Robert Aron, les décrets « ne seront jamais paraphés »... Mieux, précise Henri Amouroux, de Gaulle les retournera à leur auteur, le 22 juillet, « avec une annotation manuscrite refusant la création du corps aérien et mettant en avant — ce qui est assez rare toutefois sous la plume de Gaulle — la nécessaire subordination des forces françaises au commandement allié ». Double réplique de Grenier : d'une part, une lettre au Général et, d'autre part, une conférence de presse dont, le lendemain 28 juillet 1944, le quotidien *Alger républicain* rend compte à ses lecteurs. « J'aurais aimé, a déclaré Fernand Grenier, pouvoir vous dire que nous n'avons pas laissé attaquer des maquis sans apporter l'appui matériel et moral de nos aviateurs. Tous mes efforts ont été vains. Au moins ai-je la conscience en paix, car j'ai tout fait pour que nos ailes puissent aider ceux du Vercors et d'ailleurs. L'aviation française a apporté, sur les champs de bataille, le maximum de nos ressources, sauf sur le front de l'intérieur car, malgré mes efforts, je n'ai pu vaincre l'attentisme, véritable crime contre la patrie. » Si devant les journalistes il a employé le mot « crime », dans sa lettre au président du Gouvernement provisoire, c'est de « politique criminelle » que parle le ministre communiste. Une politique à laquelle, dit-il, il « n'entend pas (...) être associé ». Et d'ajouter que « l'heure est venue de fixer les responsabilités d'où qu'elles viennent »... Dans l'édifice de style mauresque qu'est le palais d'Eté, siège traditionnel du pouvoir à Alger, l'atmosphère est donc plutôt tendue lorsqu'en ce 28 juillet se réunit le Conseil... « De Gaulle arrive, écrira quinze ans plus tard Fernand Grenier dans son livre de souvenirs *C'était ainsi (1940-1945)*. Contrairement à son habitude, il s'assied sans serrer la main à personne. “Messieurs, avant d'aborder l'ordre du jour, je vais vous donner lecture d'une lettre reçue ce matin.” Il lit ma lettre et me prend violemment à partie : “Vous désavouerez la lettre écrite par vous, sinon vous sortirez d'ici n'étant plus commissaire !” » Et comme Grenier tente de lui répondre, le Général va même lui lancer : « Vous savez exploiter les cadavres ! » Dans une telle atmosphère, il n'y a que l'autre membre communiste du Conseil qui soit solidaire avec celui qui dira qu'au contraire tout le monde l'« accable »... Autre souvenir de cette matinée, celui qu'en a gardé Louis Joxe, alors secrétaire général du gouvernement et siégeant à ce titre au Conseil. Dans ses mémoires des années 1940-1946, l'auteur de *Victoires sur la nuit*, raconte que « le visage fermé, le teint plombé (...), le général exige une mise au point, pour ne pas dire plus. M. Grenier pourra se faire assister par qui il voudra et par le secrétaire général. Chacun se retire. Billoux demeure auprès de Grenier, nous nous regardons longuement tous les trois. Grenier rédige. Qu'écrit-il ? Dehors, le gouvernement tout entier contemple attentivement le gravier des allées. Le général va et vient. Je sors un instant. A mon retour, je trouve les deux députés communistes en train d'achever leur pensum. (...) Ils ont surmonté leurs sentiments personnels, choisi la raison d'Etat. Tout est en ordre, désormais, la séance est reprise, le général lit le texte proposé par Grenier. “Passons à l'ordre du jour, dit-il. L'incident est clos.” Le soir même, Grenier établit une mise au point pour la presse d'Alger indiquant que “le gouvernement a fait tout ce qui lui était possible pour apporter l'appui matériel et moral aux maquis et aux FFI, car il a toujours considéré et continue à considérer qu'au moment où la bataille suprême est engagée, l'attentisme serait un crime contre la patrie”. »

L'épilogue de cette crise gouvernementale étouffée dans l'œuf dissimulait à peine et n'atténuait pas une divergence assez profonde que décrit très bien Daniel Cordier dans son *Jean Moulin ; La République des catacombes*. « Le sanglant échec du Vercors, explique-t-il, apparut comme la dramatique illustration du cumul des erreurs des hommes de Londres et de l'ORA : ils avaient incité les maquisards à se concentrer dans le Vercors sur la promesse de parachutages d'armes. Ces livraisons n'eurent pas lieu. Les hommes qui, persistant à les attendre, restèrent groupés furent ainsi mis à la merci des Allemands et de la Millice. C'était la répétition de la tragédie des Glières. Telle fut la responsabilité qu'imputèrent dorénavant les communistes au BCRA. » La polémique gaullo-communiste s'exacerba particulièrement en 1947. On se souvient peut-être que, quand la direction du PCF clandestin avait décidé d'envoyer à Londres un émissaire et représentant auprès de la France libre, c'est Fernand Grenier qui avait été désigné. Son périlleux acheminement jusqu'à Londres avait été assuré par le fameux colonel Rémy grâce aux moyens de son réseau CND (Confrérie Notre-Dame). Entre les deux hommes, l'estime était née, une très amicale estime. Or, voici que trois ans après la Libération, dans l'hebdomadaire gaulliste *Carrefour*, c'est Rémy qui accuse Grenier d'avoir refusé les avions demandés pour voler au secours du Vercors. Le député de Saint-Denis réplique en publiant dans *Les Lettres françaises* un véritable dossier. Dossier que beaucoup estimeront probant. Ainsi, dans leur dernier tome, Henri Noguères et Marcel Degliame-Fouché, désignant implicitement Jacques Soustelle comme étant à l'origine de l'article de Rémy, écriront-ils que « les documents publiés alors par Grenier » ont fait « justice (...) d'une calomnie dont l'inspirateur n'avait eu, de toute évidence, d'autre souci que de masquer sa propre responsabilité ».

« Le Vercors n'a pas été trahi ! »

Le processus d'apaisement des polémiques, processus parfois souhaité, parfois naturel, parfois imposé par un oubli partiel, est-il directement proportionnel à la virulence des affrontements passés et d'autant plus rapide qu'intense fut jadis l'empoignade ? L'affaire du Vercors inviterait presque à se poser la question. Notamment pour ce qui est de la mémoire des communistes... Dans le PCF clandestin, Gaston Plissonnier avait été, comme il le dit lui-même « chargé (...) de la responsabilité des cadres : c'est-à-dire du service de contrôle et de sécurité » à partir du « 1er mars 1943 pour l'inter-région du Sud-Ouest et, fin 1943, conjointement avec l'inter-région du Limousin et du Languedoc-Roussillon ». Lorsqu'en 1984 il publia ses souvenirs sous le titre *Une vie pour lutter*, il avait quitté depuis peu des fonctions qu'il occupa pendant des décennies, celles de « secrétaire du Comité central, responsable de la coordination de l'activité de la direction du Parti ». Or, dans ce livre, on peut lire : « Les encerclés du Vercors appelaient Alger à l'aide (...). Fernand Grenier, alors ministre de De Gaulle, insistait vainement pour cela auprès de lui et finit par poser publiquement la question, ce qui entraîna un conflit, de Gaulle n'ayant pas supporté que Grenier fasse éclater le débat au grand jour. Il y eut alors échange de lettres entre eux. Quand le gouvernement revint en France, de Gaulle décida de remplacer Fernand Grenier par Charles Tillon car il n'avait pas pardonné à notre camarade cette contradiction à propos du Vercors. » Déjà très perceptible quarante ans après les faits, le changement de ton devient étonnant une décennie plus tard quand, le 18 août 1994, *l'Humanité-Dimanche* publie sur cinq pleines pages un ensemble intitulé *Sassenage ; Au pied du Vercors*. L'essentiel du texte est un article-témoignage du journaliste Alain Bœuf sur son grand-père Louis Reverdy, maire de Sassenage, qui mourut en déportation. Pour replacer cet émouvant récit dans son contexte, une colonne non signée est intitulée *Une région résistante*. Que n'y apparaissent pas les noms de Pierre Dalloz et de Jean Prévost qui conçurent leur « plan » à Sassenage, village où le deuxième fut assassiné, ce peut être un oubli. Mais comment ne pas rester perplexe quand il est affirmé sans autre commentaire que « le plateau du Vercors, véritable forteresse calcaire, voit la création de l'un des plus grands maquis du territoire », et quand surtout il est question de la « tragédie majeure » du massacre des maquisards et des habitants sans que soit dit le moindre mot sur les causes de cette tragédie ?

Et dans la mémoire qui n'est pas celle des communistes ? Là, le mot qui semble l'emporter est le mot malentendu. Par exemple, dans le *Dictionnaire de la Seconde Guerre mondiale*, Jean-Marie d'Hoop écrit que « la tragédie du Vercors » est « née du malentendu initial sur l'objet de l'opération ». Et puis, il y a surtout cet étonnant moment du dialogue entre Paul Dreyfus et Alain Le Ray, en 1990, à l'Université Inter-Ages de Grenoble, auquel nous nous sommes déjà référés. Le journaliste et historien prend soudain un ton plus passionné pour s'adresser au général. « Tout le monde, lui dit-il, s'est posé longtemps des questions sur le Vercors. Il est clair aujourd'hui — nous sommes un certain nombre à l'avoir expliqué — que le Vercors n'a pas été trahi, qu'il a été victime d'une épouvantable série de malentendus, de quiproquos et surtout d'un mauvais calendrier pour les différentes phases du débarquement, mais je voudrais que vous disiez ici : “Le Vercors n'a pas été trahi”, c'est bien votre sentiment, c'est bien votre certitude, n'est-il pas vrai ? » Réponse d'Alain Le Ray : « Absolument. Pour moi, il n'y a pas de doute possible ! »

Les malentendus... Certes, la naissance, l'existence et le rôle des maquis en suscitèrent de nombreux. Encore convient-il de noter que ce fut presque toujours dans les rapports des maquis avec le reste de la Résistance (de Gaulle et les FFL inclus) et les Alliés ou avec d'autres maquis que ces malentendus apparurent mais presque jamais à l'intérieur des maquis. En deux mots, à l'extérieur fréquents malentendus et bonne entente constante à l'intérieur... C'est à propos des « structures médicales qui soutenaient le maquis », que Harry Roderick Kedward parle d'« un mélange de cultures et de croyances représentatif de la pluralité des éléments composant la Résistance » ; non seulement cette expression est bien venue, mais il faut ajouter que cette pluralité est encore perceptible et encore plus grande à l'échelle des maquis proprements dits que dans l'ensemble de la Résistance. Souvenons-nous de l'arc-en-ciel humain des Glières...

C'est au mois de novembre 1950 que parut le premier numéro de la *Revue d'Histoire de la Deuxième Guerre mondiale*. A son sommaire figurait un article comme alors on en écrivait peu, un article pionnier si l'on peut dire, celui de Marie Granet intitulé *Dessin général des maquis*. « Les "réfractaires" qui constituèrent l'élément essentiel des maquis, y écrivait notamment l'historienne, ne furent pas seulement des ouvriers. Le STO s'étendit bientôt à certaines "classes" de jeunes paysans, d'étudiants (...). Dans les maquis se réfugièrent également de jeunes Juifs fuyant la persécution, des Alsaciens et des Lorrains qui vivaient jusqu'alors cachés dans les villes ou les villages ; ils cherchaient à échapper aux Allemands qui, les considérant comme de nationalité germanique, les contraignaient à devenir soldats de la Wehrmacht. N'oublions pas un élément qui fut important, sinon par le nombre, du moins par la valeur militaire : les républicains espagnols qui avaient passé la frontière pyrénéenne, à la fin de la guerre civile, et, depuis, vivaient misérablement dans la crainte de l'arrestation et du camp de concentration. Habitués à la guerre de partisans, ces "guérilleros" mirent leur expérience et leur bravoure au service de la France. On en trouve dans la plupart des maquis du Midi : Montagne Noire, Ardèche, Massif Central et jusqu'en Savoie. On rencontrait aussi d'autres étrangers, Belges, Hollandais, Polonais, Yougoslaves, la plupart du temps membres "brûlés" des Résistances européennes, et plus tard, en 1944, des Russes échappés des camps de prisonniers ou des régiments allemands où ils avaient été incorporés de force. (...) La population des maquis était donc extrêmement composite et comme origine et comme milieu social, et comme opinion politique. Paysans, ouvriers, bourgeois, s'y coudoyaient ; syndicalistes, socialistes, communistes s'y mêlaient aux conservateurs. »

Des maquisards venus d'ailleurs

Deux anciens responsables de maquis insistent, sous des angles très différents, sur ce qu'on pourrait appeler le cosmopolitisme maquisard. René Andrieu, pour le Lot, dans son livre de souvenirs *Du bonheur et rien d'autre* ; Jean Pujadas, pour l'Ardèche, en répondant aux questions de l'historien britannique Kedward. « Une des caractéristique de l'époque, dit Andrieu, était la rencontre et la solidarité, dans la guerre antifasciste, d'hommes venus de tous les pays et par des chemins les plus divers. Outre les Espagnols, il y avait au maquis du Lot des Vietnamiens, dont on ne savait pas encore qu'ils allaient bientôt étonner le monde par leur héroïsme dans la guerre de partisans, des Italiens, des Russes, des Allemands, plus le commando d'Américains. » Et Pujadas : « Je devais faire la tournée des groupes pour leur montrer comment utiliser les armes lâchées par parachute. Les instructions étaient toutes en anglais, et personne ne comprenait l'anglais. Ce n'était pas facile avec tant de nationalités différentes auxquelles expliquer les choses — des Allemands, des Yougoslaves, des Polonais, et ainsi de suite... » Le même universitaire du Sussex qui cite Pujadas fait également allusion à un rapport préfectoral de fin 1944, aussi étonnant que significatif... « Le 19 décembre, écrit Kedward, le nouveau préfet du Var adresse un rapport critique sur la situation locale à Raymond Aubrac, commissaire de la République à Marseille (...). Le préfet déplore le nombre excessif d'étrangers au sein des FFI et ajoute qu'il est humiliant pour un Français d'être arrêté et contrôlé par un Espagnol ou un Italien qui parle à peine français. »

« Un élément qui fut important » dit Marie Granet qui ajoute qu'« on en trouve dans la plupart des maquis du Midi »... « Outre les Espagnols » dit Andrieu, comme si ça allait de soi... Si Pujadas n'en dit rien, c'est parce qu'il est lui-même réfugié espagnol. Quant au préfet du Var, c'est en premier qu'il les cite : « un Espagnol ou un Italien »... Evidemment, quand on pense à des maquisards venus d'ailleurs, c'est d'abord à eux que l'on songe, aux rescapés de la lutte antifranquiste, aux réfugiés républicains espagnols, à ces « rouges » qui, tout de suite, ont voulu voir dans la Résistance la continuation de leur guerre à eux. Quand Marie Granet parle des « maquis du Midi », c'est d'abord de la R4 et de la R3 qu'il s'agit, des régions de Toulouse et de Montpellier. Comme chef des FFI de R4, Serge Ravanel commandait donc notamment les maquisards de trois des cinq départements frontaliers que sont l'Ariège, les Hautes et les Basses Pyrénées (ces dernières devenues Atlantiques). « Quatre mille républicains espagnols, écrit-il dans *L'Esprit de Résistance*, s'étaient constitués en unités de guérilleros dans la région. Ils entendaient participer au combat pour la Libération de la France. Ils étaient originaires de cette vague de républicains qui s'étaient réfugiés en France au début de 1939 (...). La façon dont la France les accueillit restera un épisode honteux de notre histoire. On les avait internés dans des camps entourés de barbelés, traité en ennemis (...). Mais, en septembre 1939, les autorités, à la recherche d'ouvriers et de soldats, puisèrent dans cette réserve humaine. Elles invitèrent les hommes à s'engager dans la Légion étrangère, dans des "régiments de marche de volontaires étrangers" et, surtout, dans des "compagnies de travailleurs étrangers". Après la défaite, le régime de Pétain renvoya les Espagnols dans les camps. Mais le manque de main-d'œuvre le conduisit à reconstituer les "compagnies de travailleurs étrangers". Dans les années 1942-1943, il était devenu facile de s'en échapper. Les fuyards s'organisèrent en groupes clandestins qui s'intégrèrent à la Résistance. Leur courage était réputé. (...) Ils menaient des embuscades et réussissaient de nombreux sabotages sur les voies ferrées. Je connaissais leur activité mais n'avais aucun contact avec eux. Fin juin 1944, un Espagnol demande à me rencontrer. J'ignore par quel cheminement ce Garcia Acevedo, chef d'état-major du "Groupe des guérilleros" en France, a réussi à me trouver. » L'Espagnol assure

Ravanel de son « attachement à la cause de la Résistance française » et ajoute qu'il « souhaite combattre sous ses ordres ». Le colonel français s'étonne : « Vous ne faites pas partie des FTP ? ». Réponse de Garcia Acevedo : « Au début, nous nous étions affiliés aux FTP, qui voulaient nous rattacher à la MOI et nous mélanger à des immigrés venus d'autres pays. Nous avons préféré conserver notre propre encadrement et constituer des unités entièrement espagnoles. Nous voudrions être directement rattachés aux commandements FFI. (...) La Résistance est une guerre menée par les Français pour la liberté et pour le rétablissement de la République. Nous nous joignons à ce combat, qui est aussi celui que nous entendons mener en Espagne lorsque les Alliés auront abattu Hitler. »

Rue Cristino Garcia

Avec les Pyrénées-Orientales, la R3, tout comme la R4 est une région limitrophe de l'Espagne, mais c'est dans tous les départements qu'y sont présents les guérilleros. Ainsi, pour ce qui est du Gard, de l'Aude et de l'Hérault, selon Roger Bourderon dans son livre *Libération du Languedoc méditerranéen*. « A côté des FTP, assez proches d'eux mais indépendants quoiqu'en contact avec les responsables FTPF et avec la MOI figurent (...) les unités de guérilleros espagnols, écrit ainsi l'historien. Ceux du département du Gard constituent la 21e brigade de guérilleros, composée surtout d'ouvriers travaillant légalement dans les mines de Bessèges, Trescol, Rochebeelle, La Grande-Combe et Alès. Elle est dirigée par Gabriel Pérez, qui eut notamment comme adjoint Cristino Garcia, tous deux mineurs à (...) La Grande-Combe, tous deux plus tard victimes de la répression franquiste. Les guérilleros de l'Aude forment la 5e Brigade, l'une des premières unités espagnoles organisées dans la zone Sud. Elle est commandée par des officiers républicains et répartie en trois maquis : entre Sainte-Colombe et Montfort-sur-Boulzane, et près de Joucou, dans le sud du département ; près de Carcassone, à Roullens, où se trouvait une école de formation de guérilleros. (...) La brigade, organisée selon des principes comparables à ceux des FTP, fut dirigée notamment par Antonio Medina (exécuté en Espagne en février 1946). Dans l'Hérault enfin, une brigade de guérilleros se forme assez tardivement, en juillet 1944, à Cabrières, près de Mouzère. A côté de leurs contacts avec le Front national et les FTPF, les dirigeants antifascistes espagnols régionaux rencontrèrent, en mai 1944, Gilbert de Chambrun, et ils reçurent une aide — entre autres financière — des MUR. »... « Victime de la répression franquiste », dit simplement Bourderon, mais si, depuis 1956, à Paris, dans le XXe, près de la Porte de Vincennes, il y a une rue Cristino Garcia qui donne dans la rue de Lagny, c'est pour des raisons que l'on comprend en lisant le *Franco* de Bartolomé Bennassar... « Le guérillero communiste Cristino

Garcia, écrit en effet Bennassar, héros de la Résistance française, qui avait mené plusieurs actions dans le Gard et participé à l'interception d'une colonne allemande, qui s'était introduit clandestinement en Espagne en avril pour y organiser la lutte armée, est capturé le 15 octobre 1945, puis condamné à mort. Le gouvernement français sollicite sa grâce le 9 février 1946. Franco (...) la refuse et Cristino Garcia est fusillé le 21 février avec neuf de ses compagnons. Le gouvernement français (...), le 1er mars 1946, ferme sa frontière avec l'Espagne. » Dans « les maquis du Midi » disait Marie Granet. Mais c'est au sens large qu'il faut entendre ce « Midi »-là. Et y inclure la R5 qui, au nord de la R4, a, on le sait, Limoges pour capitale. Le livre collectif *Francs-Tireurs et Partisans français en Dordogne*, déjà cité, consacre par exemple essentiellement aux Espagnols son chapitre intitulé *Ces immigrés qui tombent pour la France*. Ayant rappelé qu'« un grand nombre de combattants de l'armée républicaine espagnole », après « les camps méditerranéens », avait été « répartis dans des Compagnies de travailleurs étrangers, sous le contrôle des gendarmeries locales » cet ouvrage explique que ces Compagnies se sont structurées « aussitôt sous l'impulsion du parti communiste espagnol clandestin », et il ajoute : « En mars 1942, la première formation combattante est créée (...). Elle est rattachée, dans le cadre du Sud-Ouest, au "14e Corps de guérilleros espagnols", du nom d'une glorieuse unité qui s'est illustrée dans l'attaque des arrières franquistes. Le "14e Corps" a pris naissance, début 1942, dans une cabane au milieu d'un bois de l'Ariège. Petit à petit, il contrôlera tout le Sud-ouest et deviendra, début 1943, le "14e Corps de guérilleros FTP du MOI". (...) Sept Divisions regroupent les nombreuses unités de ce vaste territoire. L'une d'entre elles, la 15e, sous le commandement de Vincent Lopez-Tovar, dit "Alberto", englobe la Brigade A (Dordogne), les Brigades B et C seront plus ou moins intégrées à des groupes FTP locaux. Seule, celle de la Dordogne aura une existence MOI autonome mais sous le contrôle de l'Etat-major départemental FTP. »... On sait que le sigle MOI désigne une organisation du PCF existant depuis les années vingt et signifie « Main d'Œuvre Immigrée », toutefois, explique l'ouvrage collectif des FTP périgourdins, « les Espagnols (...) vont lui donner une autre signification, celle de "Mouvement Ouvrier International". De nos jours, cette traduction du sigle n'est plus utilisée... ». Et les auteurs de *FTPF en Dordogne* poursuivent : « Dès la Libération du Sud-Ouest, toutes les forces combattantes espagnoles qui s'y trouvent (...) dépendent d'une seule organisation : "L'Agrupacion" (le groupement). Un seul objectif leur est ensuite assigné. Elles doivent franchir les Pyrénées et libérer l'Espagne. Elles essaieront de faire tout cela dès l'automne (...). Les forces fascistes les attendront de l'autre côté. Beaucoup seront tués, capturés et emprisonnés. Un certain nombre réussiront cependant à poursuivre la lutte clandestine. »

Des maquis juifs

D'autres maquisards que les « guérilleros » ont, eux aussi, voulu continuer ailleurs leur combat... En évoquant plus haut le martyrologe des résistants, nous avons mentionné l'AJ (Armée juive) devenue en 1944 l'OJC (Organisation juive de combat). C'est à son propos que, dans un article de la *Revue d'Histoire de la Deuxième Guerre mondiale* (nº 137) intitulé *La Résistance juive en France*, l'historienne Renée Poznanski, au début de 1985, écrit « nous souhaitons ici mettre l'accent sur une continuité », avant d'ajouter : « L'Organisation juive de Combat a mis en place lors de son activité résistante une infrastructure qui a été mise à la disposition de l'action clandestine sioniste dans les années 1945-1948. L'objectif de l'Agence juive était alors de faire passer en Palestine un maximum de Juifs (généralement des personnes déplacées d'Europe de l'Est, clandestinement entrées en France) malgré l'opposition anglaise. (...) Les complicités nées d'un passé commun de résistance ont subsisté lorsque, les canons s'étant tus, les résistants d'hier se sont trouvés placés à des postes de responsabilité dans la France de l'après-guerre, et (...) l'infrastructure mise en place a pu être utilisée. Ainsi, par exemple, le même homme qui avait abrité des enfants juifs pendant la guerre regroupait présentement des réfugiés en partance pour la Palestine, et parfois même un camp d'entraînement militaire pour les futurs soldats palestiniens. (...) Cette poursuite d'une action clandestine explique d'ailleurs qu'au lendemain de la guerre les résistants de l'Organisation juive de Combat n'aient pas donné la moindre publicité à leur activité de résistance. » Si on y ajoute le très complexe débat sur la spécificité ou non-spécificité de la Résistance juive (résistants juifs ou bien Juifs résistants ?) cette absence de « publicité » a effectivement contribué à un regrettable occultation des maquis juifs.

Dans son livre *Les Juifs pendant l'Occupation*, c'est à la suite du sous-titre *Les Maquis juifs* que le professeur à la Sorbonne André Kaspi écrit « que la lutte armée correspond à une autre forme de la résistance des organisations juives ». Puis il poursuit en faisant référence au fondateur et, durant vingt-cinq ans, directeur du quotidien *Le Monde* : « Hubert Beuve-Méry raconte un épisode dont il a été témoin. "Le hasard a voulu que j'aie eu récemment des camarades de combat israélites. Non pas deux ou trois Juifs perdus dans la masse des maquisards, mais une compagnie à deux sections presque exclusivement juive, avec ses chefs de groupe juifs, ses chefs de section juifs, son capitaine juif." Et le chef de Beuve-Méry, Pierre Dunoyer de Segonzac, confirme qu'aux côtés des protestants et des catholiques "le groupe le plus singulier était celui des israélites. Ils n'étaient pas du pays mais venaient de partout dans ce Sidobre qui, à l'origine, leur avait servi de refuge. Plusieurs d'entre eux étaient de naturalisation récente. Tous étaient très attachés à leur confession et rêvaient de s'installer dans la Terre promise". Des maquis juifs ont donc existé, comme ont existé des maquis communistes ou gaullistes, et leurs membres étaient profondément marqués par l'esprit sioniste. Or la surprise croît encore, quand on découvre un autre maquis, relevant de l'Armée juive, hissant successivement chaque matin le drapeau bleu-blanc-rouge et le drapeau bleu et blanc, chantant dans le même souffle et avec le même enthousiasme *La Marseillaise* et l'*Hatikvah*. De fait, les maquis juifs sont presque exclusivement limités au département du Tarn. La seule exception est constituée par un petit maquis, issu du réseau André qu'a formé Joseph Bass, établi en Haute-Loire aux abords de Chambon-sur-Lignon. » Quelques pages plus loin, l'historien revient sur ce petit maquis. « Le maquis juif du Chambon-sur-Lignon, écrit-il, prend part à la libération de Lyon, après que le groupe franc de l'AJ est décimé par les Allemands en juillet 1944. Dans le Tarn, les maquis juifs mènent des activités qui n'ont rien de spécifiquement juif. Ils recueillent les armes et les munitions que les avions alliés ont larguées. Opérations classiques qui font suite aux trop rares parachutages et permettent l'armement des unités de guérilleros. C'est même au cours de l'une d'elles, à la suite d'un accrochage avec les Allemands, que le lieutenant Bloch, Roger Gotschaux et Gérard Horwitz sont tués. » Notons en passant qu'ici une erreur s'est glissée sous la plume du professeur Kaspi : ce n'est pas Gérard Horwitz, décédé en 1999, antiquaire à Paris, mais son frère aîné Rolf Horwitz qui est mort au maquis... Et poursuivons notre lecture... Quelques lignes plus loin, l'auteur de *Les Juifs pendant l'Occupation* raconte, en citant de nouveau Beuve-Méry, l'interception d'un train de la Wehrmacht par les maquisards, le 19 août 1944, entre Mazamet et Castres. Les Allemands viennent de se rendre... « Et pendant qu'un aspirant juif se faisait expliquer le maniement des canons et s'assurait de leur mise en état de marche, un élève rabbin faisait le compte des prisonniers, fort inquiets d'être ainsi tombés aux mains des FFI. "*Ich bin Jude*... Je suis juif" répétait-il en passant devant eux. Ce fut la seule et fière vengeance de ces êtres devenus soudain maîtres de leurs bourreaux. »

L'écusson bleu-blanc et l'étoile de David

Harry Roderick Kedward évoque lui aussi les maquis juifs de la campagne castraise. « C'est à l'extrémité ouest des monts de Lacaune, écrit l'historien britannique, près de Vabre, dans le Tarn, que les Eclaireurs israélites de France locaux cherchèrent la survie. Ils s'y réfugièrent au milieu de l'année 1943 pour éviter l'arrestation et la déportation et formèrent le maquis de La Malquière, une des deux unités de maquis à majorité juive qui finiront par constituer une force de combat efficace au sein des maquis du Tarn. La vie du groupe présentait une image contrastée : les éclaireurs sont déjà entraînés pour le nouveau défi posé par l'action militaire, tout en poursuivant normalement leurs activités culturelles : Frédéric Hammel rappelle les lectures littéraires le matin et l'étude biblique le soir, avec des cours d'hébreu donnés par Maurice Horowitz. » Dans l'article cité plus haut, Renée Poznanski mentionne aussi le groupement de Lacaune. « Un des traits distinctifs importants de ces maquis juifs, ou de ces unités juives, écrit-elle, concerne les signes extérieurs d'identification juive. Jacques Lazarus, Jacquel, raconte dans ses mémoires comment le chef de bataillon du maquis de Lacaune (Tarn), Le Floc, s'étonnait en ces termes de l'écusson bleu-blanc, et de l'étoile de David arborée par les membres de l'unité juive sur une épaulette : "Je ne vous comprends pas, vous vous refusez, et combien vous avez raison, à porter une étoile que l'Allemand vous impose. Pourquoi donc dans nos maquis cherchez-vous, par un signe distinctif, à vous distinguer ?" A cela Jacquel répond : "Traqués en tant que juifs, nous voulions montrer à l'ennemi que c'était aussi en tant que juifs que nous combattions." » Et l'historienne ajoute que « divers petits maquis de l'OJC (à La Malquière, Lacaune, puis à Labastide), constitués dans le Tarn dès l'automne 1943, se sont regroupés pour former l'unité juive du Corps franc de la Montagne noire (...) qui se distinguait par sa volonté d'indépendance. (...) Les maquis juifs non communistes étaient en majorité intégrés à l'Armée secrète, et soumis ainsi à une double autorité, celle des commandants délégués par l'Armée secrète et celle des dirigeants des organisations juives. »

Autres maquisards soucieux de continuité, désireux d'en quelque sorte prolonger leur combat, ceux dont la lutte et surtout le sacrifice sont minutieusement contés par Pia Leonetti Carena dans son livre *Les Italiens du maquis*. « Pendant l'occupation allemande, écrit celle qui fut elle-même une antifasciste exilée en France avant la guerre, cinq mille Italiens se sont joints aux résistants français dans les maquis de la métropole. (...) Ils ont eux-mêmes créé des foyers de résistance, partageant toujours les risques et les souffrances de leurs camarades de combat. Deux mille d'entre eux, pour le moins, y trouvèrent la mort. » En 1944, existait d'ailleurs un « Comité de Libération des Italiens en France » qui, jusqu'en 1948, publia un journal intitulé *Italia Libera*. C'est à une cérémonie organisée par ce Comité que, le 20 juin 1945, Aragon fit une allocution où il soulignait le rôle des maquisards italiens. « Jadis, dit ainsi le poète du *Crève-cœur*, les garibaldiens se battaient pour la France et, en 1943-1944, les Italiens, par milliers, ont constitué une légion garibaldienne beaucoup plus étendue que jamais. Il y a eu avec nous les Italiens antifascistes, qui ont été des organisateurs du maquis, et il y a eu aussi les soldats italiens, ceux qui avaient pu s'échapper au moment où s'est dispersée l'armée fasciste, tous ceux qui sont passés avec leurs armes au maquis. »... Lorsqu'en 1968 paraît le livre de Pia Leonetti Carena, c'est avec une préface de Ferruccio Parri. Il n'est pas exagéré de dire que, certes toutes proportions gardées et sans le destin tragique, Parri fut une sorte de Jean Moulin italien. En tout cas, ce fut lui qui, symbole d'une unité éphémère mais réelle, présida, la paix revenue, le premier gouvernement issu de l'antifascisme. L'ayant rencontré peu avant sa mort, je peux témoigner de son charisme et de sa lucidité, comme de son lyrisme érudit et courtois. « Une nombreuse phalange d'Italiens combat en France, écrit Parri dans cette préface. Il semble que, dans les régions où l'immigration italienne est la plus dense, nos travailleurs aient été parmi les promoteurs de la lutte clandestine. (...) Qui sont ces combattants italiens en France ? Ce sont pour la plupart des travailleurs qui ont quitté leur pays au lendemain des massacres et des violences fascistes, après la défaite des partis populaires et la promotion des lois d'exception ; ou bien ce sont les cadres et les promoteurs de la lutte clandestine. Cette lutte prépare la revanche de la douloureuse et sanglante défaite des années 1921-1926 ; elle est l'occasion qu'on ne doit pas manquer de saisir. » Enfin, comme le souligne, en juillet 1986, Pierre Guillen, dans le n° 143 de la *Revue d'Histoire de la Deuxième Guerre mondiale*, « autre élément important : les liens établis, des deux côtés des Alpes, entre les organisations de résistance des deux pays, notamment lors des rencontres entre délégués des maquis français et délégués du CVL (Corpo Voluntari della Libertà), en mai 1944, au col Santron, puis à Barcelonnette, puis à Saretto. »

En essayant de voir ce que furent les « autres » maquis, nous avons rencontré jusqu'ici des combattants dont, compte tenu du contexte et de la situation qui leur était faite, l'engagement pouvait apparaître possible et envisageable sinon prévisible, donc, pourrait-on dire, des maquisards logiques... Mais il y eut aussi des maquisards illogiques, des recrues imprévues et imprévisibles lorsque, parfois en se révoltant mais le plus souvent en s'enfuyant, désertèrent de l'armée allemande ceux que nous avons entraperçus à Saint-Marcel comme dans le Vercors et que les résistants et la population qui les craignait appelaient « les Vlassov » et « les Mongols »... On parlait de « Vlassov » quand, n'étant visiblement ni Allemand ni Français, l'ennemi avait un visage européen, et de « Mongol » si le visage était asiatique. Une affaire de faciès. Le terme « Vlassov » s'explique par le fait que, comme nous le savons, ce fut le général soviétique félon Andréï Andréïevitch Vlassov qui présida à l'enrôlement dans les rangs hitlériens de certains de ses concitoyens prisonniers. Mais « Mongols » ? A notre connaissance, il n'y a guère eu de descendants de Chinggis Khan, ni de natif d'Oulan Bator (Mongolie extérieure, donc indépendante) ou de Houhehot (Mongolie intérieure, donc chinoise) qui aient servi sous l'uniforme allemand. Non, mais selon l'historien américain David Wingeate Pike, ce sont les Allemands qui ont « souvent groupé ensemble sous le nom de Mongols » leurs recrues des républiques soviétiques d'Asie... Sans nous engager dans le dédale administratif très germanique qui structurait l'organisation des « Osttruppen », des « Ostlegionen » et autres « Ersatzpersonal » (forces de suppléance), notons que la Wehrmacht recruta, tantôt par volontariat, tantôt par la force, des Russes, des Ukrainiens, des Biélorusses, des Caréliens, des Arméniens, des Cosaques, des Géorgiens, des Turkmènes, des Azerbaïdjanais, des Kalmouks, des Indiens, etc., tandis que, dans la Waffen-SS s'engagèrent, toujours volontairement, comme des Français, des Wallons, des Flamands ou des Italiens, également des Scandinaves, des Hongrois, des Ukrainiens, des Lettons, des Estoniens, des Albanais, des Croates, des Serbes, des « Osttürkischer », des « Kaukasischer », etc. Au total des centaines de milliers d'hommes.

Un « comité de désagrégation »

Oui, mais après la défaite de Stalingrad, le vent avait tourné, et le IIIe Reich n'eut plus la même confiance dans l'« Ersatzpersonal », comme l'explique David Wingeate Pike dans la revue *Guerres mondiales et Conflits contemporains* (nº 152, octobre 1988). « En 1943, écrit l'historien américain, la crainte d'une trahison massive eut comme conséquence le transfert des *Osttruppen* sur le théâtre d'opérations du Sud-Ouest (Italie) ou de l'Ouest (France, Belgique, Hollande). Comme ces troupes s'étaient portées volontaires pour lutter contre le régime communiste, leur transfert sur les fronts occidentaux porta un grand coup à leur moral. (...) Leur nombre était impressionnant : au début de 1944, il y avait 72 bataillons d'*Osttruppen* à l'Ouest. »... Et c'est ainsi qu'arrivèrent des Kalmouks et des Azerbaïdjanais à Rodez, des Géorgiens à Agen, à Mazamet (Tarn) et près de Cherbourg, des Arméniens au Tréport (alors Seine-Inférieure), des Turkestiens à Montauban, à Castres (Tarn), à Saint-Gaudens (Haute-Garonne) et à Tonneins (Lot-et-Garonne), ou à Lacanau (Gironde), des Sikh et autres Indiens portant le bouclier noir, orange, blanc et vert au tigre bondissant de l'« Indische Legion »... Etc. Des garnisons dont un certain nombre furent bientôt effervescentes. L'OKW (Oberkommando der Wehrmacht) et les dirigeants des Waffen-SS n'avaient pas tort d'éprouver quelques inquiétudes quant à la fidélité de leur si cosmopolite « Ersatzpersonal ». Prenons quelques exemples, dans le Tarn et l'Aveyron, dans le Lot ou en Dordogne...

Dans le nº 5 (2e trimestre 1981) des *Cahiers d'Histoire de l'Institut de Recherches marxistes*, l'universitaire Georges Sentis évoque la situation du Tarn et de l'Aveyron durant l'été 1944. « Dans la nuit du 15 au 16 juillet, écrit-il, un groupe de 25 "Vlassov" déserta et rejoignit les FTP. Des FTP qui avaient déjà recueilli 22 ex-"Vlassov". "Fernand", le commissaire Technique de la 35e Brigade FTP-MOI et membre des Comités patriotiques soviétiques de la Zone Sud, les utilisa les 16 et 17 juillet pour amplifier la campagne de désagrégation des unités “Vlassov”. (...) Si les “Mongols” ne passèrent pas en masse chez les résistants, 47 d'entre eux les rejoignirent avec armes et bagages. Ces défections eurent d'importantes répercussions. Les Allemands, n'ayant plus confiance dans les membres de la légion du Turkestan, les désarmèrent et les remplacèrent par des Géorgiens. La désertion d'une centaine de Géorgiens, dans les premiers jours d'août, dissipa les dernières illusions du commandement allemand sur la fidélité des “Vlassov”... ». Ayant commencé sa résistance comme chef de secteur AS, le commandant Raymond Fournier la termina comme chef départemental FFI de l'Aveyron après avoir été responsable FTP au maquis du Tarn et de l'Averyon. Quand, en 1973, il publie un livre de souvenirs intitulé *Terre de combat*, il y évoque le même été 1944 que Georges Sentis. « Après le 20 juillet, écrit-il, sous la direction de Fernand, les responsables MOI du Comité de désagrégation recommencèrent leur patient travail de noyautage des forces allemandes. (...) Dans la nuit du 3 au 4 août, 161 Géorgiens, une compagnie entière, rejoignirent la 4214e Compagnie MOI cantonnée à Saint-Christophe. Ils abattirent les officiers nazis les plus exécrés, ils emmenèrent sept officiers et sous-officiers prisonniers (dont un du SR). L'opération avait été parfaitement organisée. Les Géorgiens, conduits par des Polonais, gagnèrent par groupes séparés le bas de la côte de Canitrot. Là, des camions attendaient qui les transportèrent vers Saint-Christophe. La désertion d'une seconde compagnie géorgienne était préparée et attendue pour le 5 août au soir. Cette désertion n'eut pas lieu. Ç'aurait été mal connaître les Allemands que de penser qu'ils ne réagiraient pas. L'inquiétude et la colère les avaient gagnés. (...) La guerre était dans leurs rangs. Le moral des troupes était atteint. L'Hauptmann (capitaine) Otto Mann, commandant de la Feldgendarmerie de Toulouse survint précipitamment à Carmaux dans la journée du 4 août, flanqué de trois ex-officiers de l'Armée rouge, traîtres à leur patrie : Charalidza, Nacachwilli et Putchona... » En fait, la répression déboucha, les SS attaquant, sur ce que Raymond Fournier appelle « la sauvage bataille de Jouqueviel » qui « a duré trois heures et demie ». Les nouveaux maquisards géorgiens y participèrent. « Bilan, ajoute Fournier, les Allemands n'avaient pas atteint leurs objectifs. Ils ne ramenaient pas prisonniers les déserteurs Vlassov ; la 4214e Compagnie MOI n'était pas anéantie. Ils revenaient de Jouqueviel les mains rouges de sang, mais vides. Les pertes du maquis étaient lourdes (21 militaires et 8 civils tués) ; mais celles de l'ennemi ne l'étaient pas moins (...). Conséquences : les désertions des soldats de la légion Vlassov continuèrent et le 16 août, les maquis reformés et renforcés, MOI en tête, enlevaient Carmaux, puis, le 19 août, entraient dans Albi. (...) L'Hauptmann Otto Mann, grièvement blessé à l'épaule à Jouqueviel, fut transporté à l'hôpital d'Albi, amputé, puis évacué sur l'Allemagne... » Sur les vingt et un combattants tués, sept étaient polonais et huit géorgiens.

Tarn et Aveyron... C'est dans ce dernier département que se situe Villefranche-de-Rouergue. Et c'est à Villefranche qu'une artère s'appelle avenue des Croates en souvenir du 17 septembre 1943. Ce jour-là, les nazis ont écrasé dans le sang — plus d'une soixantaine de morts — une révolte singulière puisque les mutins étaient des Waffen-SS croato-bosniaques et musulmans. Le chef des révoltés était le sous-lieutenant Ferid Dzanic et la répression a été menée, avec les Allemands, par l'imam du bataillon, Halim Malkoc. Peu nombreux seront les rebelles qui réussiront à s'échapper et à gagner des maquis de l'Aveyron, mais aussi du Tarn et du Cantal. Beaucoup plus nombreux seront ceux qui connaîtront la déportation et, le plus souvent, la mort dans les camps de Sachsenhausen, Buchenwald ou Neuengamme. L'événement est apparu comme précurseur et déjà deux livres lui ont été consacrés. Le premier en 1988 : *La Révolte des Croates de Villefranche-de-Rouergue*, par Louis Erignac. Le second, dix ans plus tard : *Les Révoltés de Villefranche ; Mutinerie d'un bataillon de Waffen-SS ; Septembre 1943* de Mirko D. Grmek et Louise L. Lambrichs. Le fait mérite d'être souligné car les événements de ce genre ont plus fréquemment été oubliés, sinon occultés, qu'étudiés et célébrés.

Le Lot... C'est comme en passant qu'un peu plus haut René Andrieu, alors « Capitaine Alain », ancien chef adjoint des maquis du Lot, mentionnait « des Vietnamiens, des Italiens, des Russes »... Sur ces Russes, celui dont Andrieu était l'adjoint, Robert Noireau, alias « Colonel Georges », nous en dit plus dans son livre de souvenirs *Le Temps des Partisans*. « Il y avait, écrit-il, une cinquantaine de "Vlassov". C'étaient d'anciens soldats de l'Armée Rouge que commandait un sous-lieutenant soviétique. J'avais sur eux des fiches complètes, portant leur nom et celui de leur unité. J'en avais fait les "Tabors du Lot" et sachant qu'ils avaient subi un entraînement très poussé, je les tenais toujours en réserve en cas de coup dur, comme une garde particulière. » La comparaison que fait Noireau entre « Vlassov » et « Tabors » invite au rappel de ce qu'étaient ces derniers. Tout en expliquant que le mot « tabor » vient du turc « tabur », qui signifie « camp militaire, bataillon », le *Trésor de la Langue française* précise : « Bataillon formé de soldats des goums marocains encadrés par des officiers et sous-officiers français des Affaires indigènes. »

Sacha le maquisard et Tamara la princesse

Remontons maintenant vers la Dordogne... Dans l'ouvrage collectif des FTP de ce département, déjà cité, il y a un chapitre qui s'intitule simplement *Opération « Géorgiens »*. « Le bataillon portant le n° 799, peut-on y lire, est installé fin septembre 1943, quartier Saint-Georges à Périgueux, dans les bâtiments de l'ex-35e d'Artillerie, après un séjour préparatoire de trois mois environ dans la Meuse et la Nièvre notamment. Peu après leur arrivée, des éléments de cette force sont envoyés en opération sur la haute Corrèze, en empruntant la RN 89. Certains officiers et gradés s'efforcent même, en cette occasion, de se distinguer dans la chasse au maquis. (...) Des groupes importants, installés dans la forêt au nord de Tulle, subissent des attaques combinées, venant des troupes vichystes et allemandes. Il s'agit des camps "Grandel" et "Faïta", à Trois-Faux, où les FTP subissent de sérieuses pertes : quatre tués et une quinzaine de prisonniers qui seront fusillés ou déportés. » Si certains Géorgiens font du zèle, d'autres songent à quitter le 799e Bataillon avant une défaite qui désormais leur apparaît très probable. « Pour ces hommes cantonnés à Périgueux, dit le livre des FTP, l'entrée en contact avec la Résistance n'est pas chose facile. Les plus audacieux vont pourtant y réussir en se confiant au tenancier d'un petit bar proche de la caserne, côté Saint-Georges, où ils se retrouvent fréquemment. C'est à l'intérieur de cet estaminet qu'un après-midi du début d'octobre, Pierre Kitiaschvili et Arsène Choubitidzé, membres du réseau des Géorgiens patriotes, vont rencontrer, suite à leurs souhaits, Mieczyslaw Goldmann, dit "Mireille". Il s'agit d'un homme de nationalité tchèque, ancien gradé de la Légion étrangère qui commande un des premiers maquis de l'AS cantonné près de Cendrieux. Son groupe rassemble des hommes de plusieurs nationalités voulant se soustraire aux Allemands et les combattre. Ce n'est pas le premier contact qu'il a avec des Géorgiens et quelques-uns le rejoindront un peu plus tard. La chance ne leur sourira pas car ils seront capturés par les Gardes mobiles et les GMR lors de l'attaque du camp "Mireille" peu de temps après. » Et, dans le même récit, on voit évoquer « l'exécution par fusillade, au camp de tir de la Rampinsolle, le dix décembre, des lieutenants Abramidzé, Abouladzé et Tchemkel, de l'ingénieur militaire Eibramidzé, des sous-lieutenants Miramichvili et Pétrachvili, des sergents Djikya, Marguebradzé et Alckamachvili. Trois d'entre eux avaient été capturés par les forces vichystes de répression, le 3 novembre, lors de l'attaque du maquis "Mireille" où ils avaient été incorporés après leur désertion. (...) Cette exécution massive, destinée à décourager toute velléité de départ, n'empêchera pourtant pas la fuite de nombreux autres Géorgiens (...). L'arrivée de ces hommes expérimentés chez les FTP va être d'un précieux secours lors des combats, malgré la difficulté de communication, d'ailleurs rapidement estompée grâce à la volonté de tous. Ils seront de tous les coups durs et leur présence stimulera et souvent rassurera les jeunes maquisards périgourdins fraîchement incorporés. Cependant (...) ces soldats qui ont maintenant repris leur place dans la lutte contre l'ennemi hitlérien, s'accommodent mal de l'existence, à Périgueux, de ce bataillon où figurent des centaines de leurs compatriotes. Sacha Khetagourov, en officier soviétique responsable, ne cesse de répéter qu'il faut organiser leur récupération, il en parle souvent à Roger Ranoux, dit “Hercule”, qui commande le 1er Bataillon FTP constitué à partir des détachements “Sampaix”, “Jacquou” et “Gardette”. Et aussi à Samson Roche, dit “Coco”, commissaire aux effectifs de ce même bataillon. »

En fait, d'abord, « Hercule », « Coco » et les autres responsables des FTP sont un peu effrayés par « la perspective, dans les précaires conditions du moment, d'accueillir sept à huit cents hommes dans le maquis ». Pourtant, « le problème de la désertion des Géorgiens (...) se pose à nouveau avec acuité après la fin mars 1944. Le commandement allemand continue en effet à utiliser des unités du bataillon géorgien pour des opérations dans le département. Un soir, vers 22 heures, “Hercule” lui-même faillira en être la victime. (...) L'épisode montre l'urgence d'une action pour neutraliser cette troupe dangereuse lorsqu'elle est sous l'emprise de l'encadrement nazi. Plusieurs “légaux” consultés encouragent vivement les responsables militaires à engager l'opération “désertion” qu'ils soutiendront de leur mieux. (...) Mais écoutons Samson Roche narrer la suite des événements. “Nous décidons, poursuit-il, de rencontrer d'autres Géorgiens évadés de l'armée allemande afin d'obtenir leur avis. Au groupe “Jacquou le Croquant”, je discute un moment avec le commandant “Toto” (...). Il est donc convenu d'entreprendre une action en vue d'amener les Géorgiens à nous rejoindre. Nous décidons sur-le-champ qu'un contact sera pris avec eux, un dimanche, lors d'une sortie en ville. Et que nous rédigerons et confectionnerons ensuite un tract les appelant à gagner le maquis. (...) La confection de ce tract allait poser un gros problème. Il fallait en effet trouver une personne parlant et écrivant le russe. Nous avions entendu parler d'une dame, soi-disant parente du tsar déchu, qui demeurait près de Rouffignac où elle avait émigré après la révolution. Cette personne entretenait des relations amicales avec la famille Carré. Cela tombait vraiment bien car l'un des Carré était justement notre agent de liaison et sa maison servait de boîte aux lettres. (...) Rendez-vous est pris et trois jours après, à la tombée de la nuit, nous arrivons chez la princesse Tamara Volkonski : une femme grande, élégante, paraissant la cinquantaine...” » Et voici bientôt Tamara la princesse et Sacha le maquisard en train de rédiger le tract tant attendu par « Hercule » et « Coco »... Suite du témoignage de ce dernier : « Lorsque le texte est montré à Marius Dupuy, il s'aperçoit, étant lui-même ouvrier imprimeur, qu'il faudra confectionner deux lettres “à la main” car elles n'existent pas dans l'alphabet français. L'inconvénient sera vite surmonté grâce au typographe Manin qui se charge, en un temps record, de fabriquer, à l'aide d'une plaque en plomb, les deux caractères cyrilliques et c'est le maître-imprimeur Minvielle, de

Montignac, qui va accepter de tirer le tract à cent cinquante exemplaires... » Un tract qui sera distribué aux soldats géorgiens des « Osttruppen » de Périgueux le 16 avril 1944. Puis une semaine passe... « Le dimanche redouté du 23 avril arrive enfin, écrivent ensuite les auteurs de *Francs-Tireurs et Partisans français en Dordogne*. Vers 13 heures, Samson Roche va discrètement visiter les points de rencontre. Charles, dit "Frédo", se tient à Lesparat (...). Il fait un signe aux arrivants afin qu'ils empruntent la route en direction du Pontet. Au Carrefour de Trélissac, c'est Raymond Bordas qui les guide vers l'aérodrome de Bassillac. A l'entrée de la route du champ d'aviation, Greletty, dit "La Grêle", dirige les soldats vers l'allée du château inhabité du Gondeau, à l'entrée du bourg. Sacha et Boiche les attendent et emmènent les déserteurs dans le petit bosquet, à gauche de l'allée. La nuit commence à tomber et quatre-vingt-quatre hommes sont maintenant arrivés. Ils sont rassemblés en colonnes par quatre... En réalité, beaucoup plus de Géorgiens ont quitté leur caserne avec l'intention de ne plus y revenir. Plusieurs centaines ont, semble-t-il, erré ce jour-là dans la campagne à la recherche des "partisans". Ceux-là n'avaient pas été directement informés de l'opération dans ses détails. Beaucoup rentreront à la caserne, mais certains persisteront. (...) Géorgiens devenus maquisards, ils vont participer, aux côtés de leurs camarades FTP français ou du MOI, aux combats libérateurs précédant et suivant le débarquement. »

Le martyre d'Hedwig et de Lisa

Nous avons vu, tout à l'heure, des gardes mobiles et des GMR de Pétain traquer et capturer des maquisards géorgiens. Voici maintenant des miliciens de Darnand, Laval et Pétain qui capturent, torturent et assassinent deux maquisardes allemandes. Nous tirons le récit de leur martyre du livre d'Eveline et Yvan Brès dont nous parlerons bientôt... Elles s'appellent Hedwig et Lisa. Epouse de Christian, l'un de ses compatriotes lui aussi antinazi, enlevé en ce printemps 1944 par de faux maquisards et dont « on ignore quelle fut réellement la mort », Hedwig est infirmière et, à l'époque, elle a quarante-sept ans. Lisa Ost semble avoir un âge voisin, mais on ne connaît pas plus l'état civil que la profession de cette femme « un peu forte et toujours chaussée de bottines ». Toutes deux ont abouti là après l'Espagne où ces deux militantes communistes ont appartenu aux Brigades internationales. Dans le maquis cévenol, elles sont agents de liaison entre leurs compatriotes antifascistes allemands, et, quand c'est nécessaire, Hedwig « fait des pansements ». Leurs faux papiers sont de bonne qualité, qui les présentent comme originaires d'Alsace-Lorraine, mais ça n'améliore pas leur français balbutiant. « Décision avait finalement été prise de placer Lisa et Hedwig en sûreté, en leur faisant quitter la région, écrivent Eveline et Yvan Brès. La première étape était Nîmes qu'elles devaient gagner en chemin de fer... » Oui, mais confusion ou mésentente entre ceux qui auraient dû les accompagner, les deux femmes se retrouvent seules dans le train... Or, raconte leur camarade Richard Hilgert, un comédien prussien, « le train s'arrête à Alès : il ne va pas plus loin. Lisa et Hedwig doivent descendre (...). Elles décident de passer la nuit à l'hôtel et de prendre le train du lendemain matin pour Nîmes. L'hôtelier, frappé par le fait que les deux "Lorraines" ne peuvent remplir correctement la fiche de police, fait part de ses observations à une patrouille de la Milice. Toutes les deux sont allongées sur le lit. Des bruits de pas, un coup violent sur la porte : "Milice, ouvrez !" Elles sont appréhendées et menées en prison. Elles disent qu'elles sont lorraines, mais en dehors de ça, rien ne sort de leurs lèvres ». Ainsi arrêtées le 6 juin 1944 par la Milice française sur dénonciation d'un hôtelier français, c'est un abominable calvaire de trois semaines que vont connaître les deux résistantes allemandes Lisa et Hedwig. Un sort dont témoignent leurs codétenus du fort Vauban, et aussi le « surveillant-commis greffier » Roch-Pierre Méozzi. « Elles étaient toutes les deux condamnées à mort, se souvient le fonctionnaire corse, et conservaient malgré cela, l'une et l'autre, un admirable moral. (...) Un jour, elles me montrèrent leurs doigts mutilés qui avaient été tordus et disloqués par leurs tortionnaires au moyen de tenailles et de pinces. » Un autre témoin, détenu pour « trafic de tickets de pain », Auguste Aubaret, parle d'ongles arrachés et ajoute : « Elles savaient que la mort les attendait ; malgré tout, jusqu'à la fin, jusqu'à leur départ, elles gardèrent un pauvre sourire, elles furent sublimes ! A l'une d'elles, un jour, je demandai la raison de son arrestation. Elle me répondit en souriant : "Moi, allemande ; moi, de la Résistance." (...) Les deux prisonnières ont été beaucoup torturées. (...) Elles avaient les yeux tuméfiés, les lèvres enflées. Miliciens et Waffen-SS s'acharnèrent particulièrement sur ces deux malheureuses... » Jusqu'à l'aube du 26 juin quand, dans une camionnette Peugeot de la Wehrmacht, leurs bourreaux emmènent Hedwig et Lisa au puits de mine de Célas, où ils les jettent après les avoir tuées.

Le puits de Célas est à moins de dix kilomètres d'Alès, sur le territoire de la commune de Mous, et à moins de cent kilomètres au sud-est de Marvejols, non plus dans le Gard, mais en haute Lozère, là où, au lieu-dit de Bonnecombe se trouvait le maquis tout juste quitté sur ordre par les deux résistantes allemandes lorsque des miliciens français les capturèrent. Bonnecombe, sur le plateau de l'Aubrac, au sud d'un Gévaudan où la Bête, en se multipliant, avait maintenant pris le visage de bourreaux « bien d'chez nous », bénis et armés par le vieux Maréchal... Ce maquis de Bonnecombe dont les 350 pages chaleureusement minutieuses du livre d'Eveline et Yvan Brès expliquent pourquoi il n'était pas un maquis comme les autres. Cet ouvrage paru en août 1987 est intitulé *Un maquis d'antifascistes allemands en*

France (1941-1944). C'est avec raison que le travail du couple de chercheurs cévenols est présenté par son éditeur comme une « véritable reconstitution au jour le jour d'une Résistance jusqu'alors inconnue ». Et le germaniste et historien Gilbert Badia n'exagère pas quand, dans sa préface, il assure : « On a déjà beaucoup écrit sur la Résistance. Pourtant c'est un aspect inconnu ou méconnu de celle-ci que le livre d'Eveline et Yvan Brès éclaire. » Un éclaircissement auquel le préfacier concourt lorsqu'il souligne que « pour les premiers maquis français quelques-uns de ces antifascistes allemands étaient des auxiliaires précieux. Tandis que les maquisards français étaient généralement des jeunes sans grande expérience de la lutte armée, eux avaient souvent pris part à des opérations militaires. En 1936, la plupart de ceux qui allaient se battre dans les Cévennes s'étaient engagés aux côtés des républicains espagnols et avaient combattu dans les Brigades internationales contre les franquistes que soutenaient Hitler et Mussolini. Leur connaissance de l'allemand, la langue de l'occupant, leurs liaisons avec l'organisation communiste allemande qui a infiltré des hommes et surtout des femmes (les "taupes rouges") dans les services de la Wehrmacht, leur permettent de fournir parfois aux maquis français de précieux renseignements sur les déplacements de l'ennemi, les projets d'attaque... »

Le monument de Strecno

Auxiliaires précieux, certes ; instructeurs que l'on souhaiterait plus nombreux ; conseillers qu'on regrettera souvent de ne pas avoir assez écoutés, bien sûr — mais d'abord des symboles vivants... Sont-ils perçus comme tels par leurs compagnons d'armes français ? Adjoint du chef militaire départemental Gilbert de Chambrun dès mars 1942, préfet de la Lozère à la Libération, puis, trente ans plus tard, historien de la Résistance dans ce département, Henri Cordesse répond dans une sorte de seconde préface qui succède à celle de Badia. Une réponse nuancée : « Le problème des Allemands antinazis, parmi les réfugiés politiques étrangers, est considéré, de toute évidence, comme *particulier*. Certes, pour la plupart des résistants, le qualificatif d'*antifasciste*, d'*antinazi* dont les réfugiés politiques sont crédités, est une sorte de *label* de confiance derrière lequel s'efface le fait de la nationalité. Mais, pour beaucoup de nos compatriotes, par contre (...), un Allemand, *même antinazi*, est *quand même* un Allemand. » Pessimiste Cordesse ? Hélas non... Et un hélas plutôt rageur quand on songe que l'ennemi, lui, ne s'y trompe pas puisque occupants nazis et mercenaires vichystes font tout particulièrement aux antifascistes allemands l'hommage de leur haine, de leur hargne et de leur acharnement. Des feuilles locales donnent le ton. Ainsi, dans *L'Eclair* du 24 février 1944, sous le titre *Les forces du maintien de l'ordre découvrent un maquis*, est-ce par un bref article ordinaire qu'on apprend que les GMR « viennent de réussir une rapide opération de nettoyage au sud de la Lozère où de nombreux bandits qui semaient la terreur dans les montagnes du département ont pu être arrêtés. (...) L'enquête (...) a établi que, si les effectifs de ce camp comprenaient quelques jeunes Français, sa majeure partie était composée de déserteurs et d'anarchistes appartenant à plusieurs nationalités... » Oui, « plusieurs nationalités » dont l'allemande, et « de nombreux bandits » dont Hedwig Rahmel-Robens et Lisa Ost... Nous savons que les GMR (Groupes mobiles de réserve), que, techniquement parlant, on pourrait qualifier de CRS du pétainisme, étaient de très officiels fonctionnaires français, mais il faut ajouter que pour traquer le « maquis d'antifascistes allemands », ils « combattaient », si l'on peut dire, en compagnie de Français de toutes espèces. On a vu plus haut que le mari d'Hedwig, Christian Robens, avait été, avant de disparaître à jamais, enlevé par de faux maquisards. Un détail fourni par Eveline et Yvan Brès est, à cet égard, intéressant. « A Alès, écrivent-ils, depuis le 8 mai 1944, l'unité 15 727 des Waffen-SS, dite "Compagnie de Brandebourg" (...) est sous les ordres du lieutenant Ernst Striefler. S'estimant trop faible pour attaquer les maquis organisés, tâche qui a été laissée à la Wehrmacht elle-même, elle s'est spécialisée dans la lutte contre les résistants. » Elle est « constituée essentiellement de Français (...). Ses hommes ne répugnent pas à utiliser la torture en vue d'obtenir des renseignements. Ils emploient aussi tous les stratagèmes, en se faisant volontiers passer pour des maquisards ».

Si des maquisards étrangers ont combattu en France, il y eut aussi des maquisards français qui combattirent à l'étranger. Certes, en moins grand nombre et seulement dans quelques pays. En général, il s'agissait de PG, prisonniers de guerre évadés de leurs stalags (camps de soldats) ou de leurs oflags (camps d'officiers), de requis du STO ayant quitté subrepticement leurs usines, d'internés d'autres sortes ayant trompé leurs geôliers ou encore de déportés, mais très rarement car l'univers concentrationnaire ne laissait guère échapper ses proies... Une fois libres, et devenus du même coup des fugitifs traqués, ces prisonniers, travailleurs, internés ou déportés avaient deux préoccupations : l'obsédant souci de ne pas se faire reprendre et le rêve lancinant de regagner la France. C'est à travers une sorte d'Europe allemande constituée par le IIIe Reich proprement dit et sa large ceinture d'une douzaine de pays occupés qu'ils devaient se frayer le si difficile chemin de la mère-patrie. Chemin aux multiples détours où certains firent une rencontre inattendue, celle de résistants locaux engagés dans la lutte armée et que hors de France on n'appelait pas des maquisards, mais des partisans. En raison de sa position géographique et de sa situation politique, l'un des pays les plus propices à ces rencontres fut la Tchécoslovaquie, c'est-à-dire, alors, la Bohême-Moravie, directement administrée par un Reichsprotektor allemand et la Slovaquie, Etat fantoche dont le chef théorique était un fasciste local, écclésiastique en l'occurrence, Mgr Joseph Tiso... Le 8 août 1975, le « Bureau de presse et de documentation de l'ambassade de la République socialiste tchécoslovaque en France » publiait un « bulletin spécial » qui commençait ainsi : « Il y a trente et un ans, en août 1944, l'Insurrection nationale slovaque contre les nazis commençait. Aux côtés de Slovaques, de Tchèques, de Soviétiques, de Polonais, de Bulgares, de Yougoslaves, de Hongrois et d'autres nations, quatre cents Français (prisonniers de guerre et déportés du travail) ont participé à la lutte commune. Cent de ces derniers sont tombés face à la Wehrmacht. A Strecno, en Slovaquie, un monument a été érigé à leur mémoire sur les lieux de leurs exploits héroïques... » Parmi les trois cents qui étaient revenus, il y avait Robert Pontillon, devenu entre-temps maire de Suresnes, dans la banlieue parisienne, et secrétaire national du Parti socialiste. En février 1978, il acceptait de nous donner son témoignage, de nous raconter comment l'ancien « Faucon rouge » (partie la plus jeune des Jeunesses socialistes) était devenu un combattant de la 8e division de Partisans au cœur de la Moravie.

Dans un maquis de Moravie

« Je suis né à la fin de 1921, nous dit Pontillon... Mon grand-père avait été anarchiste, mon oncle était communiste et mon père était socialiste. De ma plus jeune enfance, je garde aussi bien le souvenir des discussions politiques, le dimanche, au déjeuner, à la maison, que des défilés au Mur des Fédérés... Il était donc parfaitement naturel qu'après avoir adhéré aux Faucons rouges, je milite à l'Entente des Jeunesses socialistes de la Seine, dont d'ailleurs je suis devenu l'un des secrétaires juste avant la guerre. A cette époque, tout en travaillant un peu car mes parents n'étaient évidemment pas riches, j'étais étudiant à Paris. Au moment de l'exode de 1940, tandis que ma famille partait se réfugier dans l'Indre, moi j'étais resté. Mais, quand les Allemands sont arrivés, j'ai décidé de partir aussi... Avec un copain que je connaissais depuis l'époque des Faucons rouges et dont le père était dessinateur au *Populaire*, Fuzier, nous avons pris nos vélos et nous avons pédalé jusqu'à Issoudun. Une fois installé chez mes parents, j'ai évidemment essayé de retrouver des amis, de nouer des contacts. Mais tout cela n'est pas allé très loin car, très vite, je me suis fait "piquer" pour les Chantiers de jeunesse. J'ai été affecté au 21e groupement qui se trouvait à Renaison, dans la Loire. Le chef en était un futur colonel, un "battant", qui formait beaucoup plus ses hommes dans l'esprit de la Résistance que dans celui de l'Etat français. Il nous expliquait qu'il fallait savoir attaquer un tank avec un poignard, etc. Plus tard, d'ailleurs, la plupart des types sont passés dans les maquis de la Loire. Mais ça, c'était après mon départ. Car je n'ai pas voulu rester dans ce truc-là... Pendant l'hiver 1942-1943, je suis donc retourné dans l'Indre. Là, j'ai commencé à nouer des contacts avec des camarades, anciens de la SFIO. Tout en essayant d'établir des liaisons avec l'organisation nationale qui, en 1943, était encore assez embryonnaire, nous avons fait des tracts à partir des émissions entendues à Radio-Londres, nous avons lancé des appels aux travailleurs pour les inviter à refuser le STO, etc. Mais, pour moi, tout cela n'a pas duré longtemps car, le 14 mars, j'ai été arrêté. Et j'ai été presque immédiatement livré à la Gestapo laquelle m'a très rapidement embarqué pour l'Allemagne. Ou plus exactement pour l'Autriche, puisque je suis allé à Lanzendorf, dans la banlieue de Vienne. Le camp de Lanzendorf était un straflager — c'est-à-dire, mot à mot, un camp de punition. En fait, une sorte de filiale des camps de concentration. On n'y était pas traité avec la même rigueur puisqu'il n'y avait pas d'extermination, mais on y était quand même matraqué allègrement et, de temps à autre, on y voyait pendre un Russe ou un Ukrainien. Nous étions gardés par des SS-Volksdeutsche d'origine roumaine. Avec leurs revolvers, ils ne tiraient pas sur nous à balles, mais je me souviens les avoir vus tuer un type à coups de crosse. Le travail auquel nous étions astreints consistait à faire des trous dans des bouts de tôle pour fabriquer des ailes de "Messerchmitt 109". Nous avons poursuivi cette joyeuse activité jusqu'au printemps de 1944, époque à laquelle les Alliés ont intensifié les bombardements. L'un de ces bombardements a pratiquement détruit notre camp. Il y a eu de nombreuses victimes. Trois jours plus tard, on nous emmenait à Vienne et on nous mettait dans des trains gardés par les SS. Destination inconnue... En fait, dans la nuit, nous sommes arrivés à Brno, que les Allemands appelaient Brünn, capitale de la Moravie. Nous n'y sommes pas restés car notre convoi a continué vers une autre usine Messerchmitt qui se trouvait à Kutiny, dans le district de Tisnov. Nous y avons subi un bombardement. Il s'en est suivi une grande panique, à la faveur de laquelle se sont échappés une quinzaine de Français dont je faisais partie. Une fois libres, nous avons erré toute une nuit sans savoir où nous allions. Au petit matin, nous sommes tombés sur une patrouille de gendarmes tchécoslovaques. Evidemment, notre première réaction a été de penser : c'est terminé ! Mais il se trouve qu'une partie de la gendarmerie tchécoslovaque a joué un certain rôle dans la Résistance. Les gendarmes que nous avons rencontrés étaient en liaison avec les maquisards. C'est donc grâce à eux que nous avons été récupérés par la "8e Division de Partisans" qui combattait en Moravie et dont l'état-major était installé à Véliki Bitès. En fait, si nous étions tous des garçons de vingt à vingt-cinq ans décidés à nous battre, nous n'étions guère prêts pour le combat que nous allions mener. Tenez, un exemple... Un jour, on m'a chargé d'une mission de liaison : je devais porter un message. Pour ce faire, je devais traverser un village où il y avait une garnison allemande. On m'avait prévenu et on m'avait donné un revolver. Avec cet arme dans ma poche, je suis parti très sûr de moi... En réalité, si j'avais été coincé, je me serais fait massacrer car je ne savais même pas que pour pouvoir me servir de ce revolver, il fallait au préalable l'armer et que je ne pourrais pas faire feu sans avoir auparavant tiré sur le cran de sûreté... Mais cette ignorance ne nous empêchait pas d'avoir le sentiment d'être libres, le sentiment de ne plus être ces objets serviles et avilis que nous avions été pendant un temps. Ce sentiment a finalement pallié notre absence de capacité militaire et nous avons pu accomplir toute une série de missions... Par exemple, nous avons assez fréquemment participé à des récupérations d'armes. Ce n'était d'ailleurs pas trop difficile. Il faut dire qu'à cette époque-là, dans l'armée allemande, le recrutement commençait à dix-sept ou dix-huit ans, des gosses... Il y en avait même beaucoup qui désertaient et qui cherchaient à se procurer des vêtements civils. Pour nous ils étaient des proies faciles. Lorsque nous en repérions quelques-uns qui étaient isolés, nous allions simplement les voir avec des bâtons à la main. En général, ça se passait assez bien : ils se laissaient prendre leurs fusils et leurs revolvers sans protester. Nous nous sommes également occupés du sauvetage d'aviateurs anglais ou américains. Il s'agissait d'équipages dont les bombardiers avaient été abattus et qui, eux, avaient réussi à sauter en parachute. Les nazis les pourchassaient mais, le plus souvent, ils parvenaient à leur échapper grâce aux habitants du pays... Comme c'était cette population qui, par ailleurs, nous aidait et nous ravitaillait, nous étions informés de leur présence. Nous établissions alors un contact avec eux pour leur proposer soit de rester avec nous — ce qui a été le cas pour certains d'entre eux — soit de leur faire suivre des filières d'évasion qui, déjà, à cette époque, permettaient de gagner les lignes soviétiques. Comme je dirigeais un petit groupe de Français et que j'étais censé parler allemand et anglais, j'ai souvent servi d'interprète. Oh, ce n'était pas sans mal... Je me souviens par exemple du jour où on a récupéré un équipage de “forteresse volante” composé de gars du Texas qui arrivaient d'une base de Tunisie. Ils parlaient un anglais que je ne comprenais absolument pas. Finalement, on a correspondu en écrivant sur des bouts de papier... Nous avons aussi été engagés dans des missions un peu plus militaires, des missions de retardement, de harcèlement des arrière-gardes allemandes et des missions de liaison avec les unités soviétiques du “front Malinovski” qui se rapprochait sans cesse. A ce moment-là, nous avons même pris des villages. Mais les combats n'ont jamais été très durs car les Allemands n'opposaient plus guère de résistance. »

Là, Robert Pontillon s'arrête et se souvient un instant en silence... « Avec le recul des années, reprend-il, quand je songe à ce qu'était notre enthousiasme d'alors, je crois qu'il tenait essentiellement au fait que les partisans tchécoslovaques nous avaient offert la possibilité d'accomplir à leurs côtés ce que nous n'avions pas pu terminer en France... Au fond, nous ne voulions pas avoir en quelque sorte manqué notre participation à la Résistance. Et puis, à cette raison essentielle, s'est très vite ajoutée une grande fraternité. Dans notre maquis, il y avait des gens de toutes sortes. A côté de la quinzaine de Français que nous étions, il y avait des Hollandais, des Belges, des Yougoslaves, des Grecs, etc. tous rencontrés au hasard des camps et qui tous avaient le sentiment que faire quelque chose pour la Tchécoslovaquie, c'était aussi faire quelque chose pour leur propre peuple en participant au combat commun à tous les peuples. Nous ne parlions pas la même langue, mais peu nous importait, car nous avons chanté ensemble ! Nous avons chanté et finalement nous avons retrouvé des airs qui nous étaient communs, des airs que je connaissais pour les avoir appris dans les Auberges de jeunesse, en 1936. Je pense que cela illustre bien la grande fraternité et la réalité de notre internationalisme d'alors. La libération de la Tchécoslovaquie nous concernait au même titre que notre propre libération nationale... Autant que la Libération de la France... Finalement, au printemps de 1945, pour nous, la Libération réelle, ça a été notre rencontre, notre jonction avec les troupes soviétiques du "front Malinovski" qui, dans les premiers mois de 1945, arrivaient de Roumanie, de Hongrie etc. Je me rappelle le jour où nous étions en observation sur une petite colline qui dominait une route au loin. Sur cette route, nous regardions passer les arrière-gardes allemandes. Nous essayions de les harceler au maximum. Et puis, tout d'un coup, nous avons vu arriver des cavaliers sans selle et qui portaient un uniforme que nous ne connaissions pas. Manifestement, il ne s'agissait pas d'uniformes allemands. Mais, comme nous avions vu passer des unités très diverses, par exemple des mercenaires de Vlassov, nous ne savions plus très bien où nous en étions. Alors, prudemment, avec nos armes, nous sommes descendus et nous nous sommes approchés de ces mystérieux cavaliers. Nous avons compris lorsque nous nous sommes aperçus qu'ils portaient l'étoile rouge : c'était les premières avant-gardes russes ! »... Comme tous les retours au pays dans l'Europe libérée mais disloquée d'alors, celui de Robert Pontillon fut long et mouvementé. « Après avoir refusé, explique-t-il, d'être expédié sur Odessa, qui nous paraissait quand même un sacré détour, nous avons décidé de partir par nos propres moyens... Lorsque nous sommes arrivés chez les Américains, ils nous ont donné un camion et un papier avec des tas de cachets dessus. Cela nous a permis de parvenir jusqu'à Linz où, après quelques jours d'attente, nous avons pu prendre un train qui nous a emmenés jusqu'à Valenciennes. Là, nous avons été soumis à un contrôle, bien naturel d'ailleurs puisqu'il a permis de démasquer notamment un Waffen-SS français qui s'était glissé parmi nous... Quand je suis rentré enfin chez moi, je n'étais pas très frais. Je ne me souviens plus si c'était le 16 ou le 19 juin 1945. Je me suis reposé quelques mois chez mes parents et puis, tout en commençant à faire un peu de journalisme, je me suis remis à militer très activement... »

Deux ministres en exercice

On se souvient que l'annonce de l'érection d'un monument à Strecno à la mémoire des maquisards français de Tchécoslovaquie fut très officielle. C'était en août 1975, sept ans après l'écrasement du « printemps de Prague » par les chars du Pacte de Varsovie. Célébrer le souvenir des maquisards français était alors considéré, à l'évidence, comme un geste susceptible d'adoucir l'image rébarbative du régime de normalisation maintenu en place par la contrainte jusqu'à la « révolution de velours » de la fin des années 1980. Cette instrumentalisation des maquisards dans les rapports franco-tchécoslovaques allait d'ailleurs être de plus en plus visible. Une étonnante illustration en fut ainsi donnée en 1986 avec la parution à Paris d'un livre intitulé *Les Résistants de la dernière chance ; Combattants français dans les maquis slovaques, 1944-1945*. L'auteur et le préfacier de cet ouvrage avaient une commune caractéristique : être tous deux des ministres en exercice. Celui qui avait écrit l'ouvrage, Bohus Chnoupek, était en effet ministre des Affaires étrangères dans le gouvernement tchécoslovaque, et celui qui le présentait aux lecteurs français, Jean Laurain, était secrétaire d'Etat auprès du ministre de la Défense chargé des Anciens Combattants et Victimes de guerre dans le gouvernement français... Qu'on nous entende bien, l'emploi ici du terme à la mode « instrumentalisation » n'a rien de péjoratif. Il y a des instrumentalisations sympathiques, utiles, louables, etc. Quand Jean Laurain écrit : « Il faut remercier Bohus Chnoupek pour avoir intégré dans la mémoire collective du peuple tchécoslovaque cette participation française à la libération de son pays » et quand il ajoute : « Ainsi sort renforcée par les liens du sang versé pour la même cause l'amitié traditionnelle entre la France et la Tchécoslovaquie » même si c'est un peu de la langue de bois, on ne peut qu'applaudir. Mais que de non-dits...

Par exemple, pourquoi Bohus Chnoupek ne dit-il pas que, dans son pays, durant la « guerre froide », des liens noués pendant le maquis avec des étrangers étaient considérés comme des liens coupables et qu'au procès de Rudolf Slansky et de ses compagnons, pareils contacts furent reprochés comme des crimes aux accusés, puis condamnés, puis exécutés ? Autre exemple, en louant l'ouvrage de René Picard *L'Ennemi retrouvé*, « histoire vécue de l'intérieur de ce groupe de combattants français », pourquoi Jean Laurain ne dit-il pas qu'en 1953, faute de trouver un éditeur et faute de soutiens pour pouvoir en trouver un, c'est à compte d'auteur que Picard dut publier son livre ? Enfin, n'y a-t-il pas plus qu'une ironie, mais comme un sourire sarcastique de l'Histoire dans le destin ultérieur des deux officiers qui furent les protagonistes du combat des maquisards français en Tchécoslovaquie et qui, à juste titre, apparaissent comme tels dans le récit de Bohus Chnoupek, le destin ultérieur de Georges Barazer de Lannurien et de Michel Bourel de la Roncière ?... Lorsque le 1er mars 1988, le premier décède à soixante-douze ans, *Le Monde* lui consacre un article sur deux colonnes. Titre de cette nécrologie : *Grande figure de la Résistance et du renseignement ; Le colonel Barazer de Lannurien est mort.* Sa carrière au SDECE (aujourd'hui DGSE, service d'espionnage et de contre-espionnage français) y est pour l'essentiel relatée. Carrière brillante puisque l'ancien maquisard devient chef de cabinet du directeur général (d'autres diront « no 3 » du service) après avoir été chef de poste à Budapest, à Helsinki, au Caire et autres lieux ; négociateur avec la CIA américaine et le Boss sud-africain, etc. Quant à Bourel de la Roncière, si son destin professionnel fut moins étincelant, il fut quand même, entre autres, chef de poste à Belgrade... Cela dit, quand nous parlions de sourire sarcastique de l'Histoire, c'est surtout à la fin de la carrière du colonel de Lannurien que nous songions. En effet, la « guerre froide » étant ce qu'elle était et le monde de l'espionnage ce qu'il est, le passé « tchécoslovaque » de l'officier, cette Résistance qui lui avait valu tant de décorations et d'éloges mérités devaient bien finir par faire fantasmer des maccarthystes attardés... Le nécrologie du *Monde* raconte la suite : « Il sera mis, à tort, en cause par des rumeurs qui, à l'époque, le présentaient comme l'un des membres d'un réseau dénommé Saphir, d'agents travaillant pour les Soviétiques au sein du SDECE. Injustement mis ainsi sur la sellette, le colonel de Lannurien prendra, de lui-même, la décision de quitter le SDECE en mai 1964. » Il n'avait pas encore cinquante ans. Son père, Emile, avait été général. Lui, non.

« Braconnier devenu garde-chasse »

En rencontrant tous ces maquisards venus d'ailleurs, nous avons pu constater que le Maquis ne fut pas seulement un creuset patriotique, mais aussi un melting-pot antifasciste... Et sans doute est-ce là une part trop souvent négligée de l'héritage maquisard. Peut-être parce qu'on a peur d'utiliser cette langue de bois que nous-mêmes, tout à l'heure, reprochions à un ministre. Mais la langue de bois n'est pas toujours trompeuse, et c'est une vérité que nous rappelons en disant que le Maquis fut aussi une école : école de liberté, école d'égalité, école de fraternité.

Cependant comment parler ici d'héritage sans refaire ce que nous venons déjà de faire une douzaine de fois : citer Harry Roderick Kedward ? On se souvient du titre que l'historien britannique a donné à son étude *In Search of the Maquis*. Eh bien, en se lançant *A la recherche du Maquis*, l'Anglais a trouvé beaucoup de choses, ou, plus exactement il a mis en évidence des aspects qu'à force de les taire, les Français finissaient par oublier. En rendant compte de son livre dans *Le Monde* du 10 septembre 1999, Laurent Douzou saluait avec raison une « libération de mots enfouis » ; des mots avec tout le sens qu'ils traînent forcément derrière eux... Le Maquis est tout à la fois glorifié et méprisé... « Les cérémonies, anniversaires, mouvements, associations, pamphlets et livres, écrit Kedward, témoignent tous de la persistance de la présence des maquisards dans l'histoire de l'Occupation telle qu'on se la rappelle. On pourrait même dirc que l'on a donné la priorité à l'histoire des maquis par rapport à celle d'autres groupes et mouvements de Résistance armée et de sabotage. Mais ce qui est remarquable, c'est la fréquence avec laquelle le maquis a été assigné rétrospectivement à un ordre très inférieur de l'histoire (...). La relégation des maquis sur les marges du canon historique provient aussi de ce que leur nature locale, rurale et extrêmement diffuse bouleversait les paramètres de l'historiographie marxiste et de l'historiographie libérale... »... Le Maquis dont les effectifs ne s'evaluent vraiment qu'en termes qualitatifs... « Les effectifs du maquis sont insaisissables, écrit Kedward. La taille était une réalité mais aussi un coup de bluff. Les Allemands ne furent pas les seuls à être trompés. André Pavelet, nommé par Michel Brault pour coordonner les cinq départements de la région de Montpellier, a la naïveté de croire qu'il y a 5 000 hommes à sa disposition à l'automne 1943 ; Brault dit qu'il s'agissait plutôt de 500 hommes et Gilbert de Chambrun plus proche du terrain que les deux autres, n'en évoque pas plus de quelques centaines à ce stade. Nous savons que 465 maquisards se trouvent sur le plateau des Glières en mars 1944, près de 4 700 au mont Mouchet et à la Truyère en juin, et au moins 4 000 dans le Vercors en juillet. (...) Le colonel Buckmaster, chef de la section F du SOE britannique, déclare que Heslop et Romans-Petit commandaient plus de 5 000 combattants dans l'Ain et la Haute-Savoie et Henri Michel, doyen des études de la Résistance, donne un nombre de 22 000 pour l'ensemble de la zone Sud au début de l'année 1944. Ce nombre est peut-être beaucoup trop élevé pour janvier, mais il serait raisonnable de le multiplier par cinq pour parvenir à une estimation des troupes de FFI au milieu du mois d'août. On admet qu'il y avait 400 000 hommes dans les FFI après la Libération, pour l'ensemble de la France et près de 120 000 d'entre eux s'enrôlèrent dans l'armée française régulière. Mais aucun de ces chiffres estimés ou avérés n'indique le nombre de ceux qui apportèrent activement soutien, soins, ravitaillement, travail de liaison ou assistance médicale. Leur résistance n'a pas de représentation statistique, n'a pas même l'ombre d'une représentation. On ne peut l'évoquer qu'en termes qualitatifs. »

Et l'enracinement profond du Maquis... « A partir des premiers lieux de refuge et des premières vagues de révolte de 1943, écrit

Kedward, le maquis avait été un symptôme de résistance “collective” et “communautaire”. Il faut choisir et employer ces termes avec précaution. “Communautaire” implique l’engagement de la localité et correspond aux termes “du coin” et “du pays”. (...) L’usage des termes “nos maquis” et “nos gars” était répandu, alliant le sentiment parental à la fierté inspirée par le mélange de topographie, de culture et d’histoire locales englobées dans l’histoire des maquis. En ce sens, (...) les maquis prouvent, en dépit de leur mobilité au sein de leurs régions, à quel point ils sont enracinés. » L’enracinement et la légitimité, une légitimité d’un type nouveau née de l’inversion de l’ancienne... « L’objectif national et patriotique de chasser l’occupant, écrit Kedward, inscrit au premier plan de toute motivation des résistants, engendra autre chose que des inversions symboliques de l’Occupation quand les maquis “occupèrent” Oyonnax, Cajarc, Lasalle, et bien d’autres villages et petites villes avant le processus de Libération. Il y avait l’inversion de la chasse : la traque aux infiltrations, miliciens et autres sympathisants de la Collaboration. Les maquisards ont régulièrement recours au langage de l’inversion pour décrire ce phénomène : le “braconnier devenu garde-chasse”, le “préfet hors-la-loi”, la “police des maquis”. Ce procédé supposait l’inversion des mécanismes régulateurs de Vichy (...). Le discours des maquis tout entier, comme élément distinctif de revendications plus générales de la Résistance, inversait l’idée de légalité et proclamait le droit à une révolte légitime. (...) Le culte du vénérable Pétain comme “chef” au charisme inné ne fut pas simplement abandonné ; on l’inversa dans le culte opposé du chef du maquis, de l’autorité innée du jeune dirigeant pour qui beaucoup de maquisards étaient prêts à donner leur vie, et la donnèrent en effet. A mesure que les réfractaires et maquisards gagnèrent les fermes et les bois, les collines et les montagnes, on assistait à une inversion ironique du “retour à la terre” de Vichy. La complicité communautaire au sein des maquis regroupait des villageois de tous âges et puisait dans des mentalités historiques nourries de fierté et d’indépendance régionales : c’étaient exactement les valeurs politiques associées aux libertés locales et régionales qu’avait définies Maurras. Ces valeurs étaient déployées pour la protection de réfugiés, étrangers, Juifs, anarchistes et aussi de communistes, d’antifascistes et de résistants en fuite : précisément les catégories fustigées par Maurras dans *L’Action française* comme étant celles de l’anti-France. »

La goutte et la boule

Ne nous leurrons pas toutefois, quand on parle d’héritage du maquis, c’est beaucoup plus à son bilan concret, à l’évaluation de ce bilan que généralement l’on pense. Bilan, donc efficacité... Avec le plus souvent réminiscence et résurgence des divergences et querelles qui s'avèrent alors ne plus disparaître avec ceux qu'elles passionnèrent jusqu'à l'affrontement. Parlons-en... La question de l'efficacité est forcément double : celle des moyens et celle des résultats. La question des moyens, nous l'avons déjà abordée au fil des maquis visités et la question des résultats nous amène à anticiper encore en nous situant après la Libération. Mais qu'importe...

Quand nous parlons ici de moyens, ce n'est pas au manque de moyens que nous pensons, à ce manque d'armes et de matériel logistique dont nous avons déjà dit à quel point il fut cruel et, hélas, parfois entretenu sinon provoqué. Non, c'est du choix des moyens qu'il est question. Ce choix dont nous savons qu'il provoqua une sorte de fracture entre résistants : agir tout de suite ou plutôt s'y préparer ? Action immédiate ou attentisme ? Il n'y avait pas, loin de là, que des FTP parmi les partisans du harcèlement permanent des forces vichystes et occupantes, mais ce furent les FTP qui systématisèrent le plus et « théorisèrent » l'incessant recours à la guérilla. Un exemple sous la plume de Marcel Hamon, alias « colonel Courtois » dans sa préface au livre de Guillaume Le Bris sur les maquisards bretons *Echos d'outre-tombe*. « Les FTP, écrit Hamon, organisés en petits groupes, mobiles et peu vulnérables, employaient (...) la tactique dite de "la boule de mercure", ainsi nommée parce que le mercure glisse entre les doigts de celui qui veut le saisir. »... Autre exemple dans un ouvrage que nous connaissons, le livre collectif des FTP de Dordogne, préfacé par leur chef Roger Ranoux dont « Hercule » était le nom de guerre. « "Hercule" juge au contraire, peut-on y lire, qu'il faut se séparer et appliquer la tactique chère aux Francs-Tireurs et Partisans, dite de la goutte de mercure, ce métal qui peut éclater en de minuscules gouttelettes puis se ressouder peu après en une seule masse, comme si de rien n'était. » Boule bretonne ou goutte périgourdine ? Dans l'ouvrage de Charles Tillon *Les FTP*, le chapitre souvent cité a pour titre *Gouttes de mercure ou soldats de plomb*, les « soldats de plomb » étant évidemment les attentistes. Toutefois, quand quinze ans après ce premier livre, en 1977, l'ancien commandant en chef des FTP en publie un autre intitulé *On chantait rouge* où il évoque sa « méthode d'organisation de groupes armés », il ajoute : « J'en donnais la définition par l'exemple de la boule de mercure imprenable entre les doigts et toujours reformée. »

Donc, la goutte et la boule... Dans le paragraphe même où il formule sa définition, Tillon dit qui l'a inspirée. « Mes réflexions là-dessus, écrit-il, me conduisirent à recourir à la leçon apprise de mon instituteur de Rennes, le père Laurent : l'exemple de la guérilla selon Du Guesclin qui trucidait 600 Anglais dans la forêt de Brocéliande avec une équipe de 60 Bretons têtus, armés comme des bûcherons. Mais c'était dans la forêt des villes et des faubourgs qu'il nous faudrait d'abord attaquer l'ennemi... » Autre dirigeant des maquis comme membre du COMAC, futur communiste mais alors aux

MUR, Maurice Kriegel-Valrimont invoque des références plus vastes. « Quelle était notre conception de l'action militaire ? explique-t-il dans ses *Mémoires rebelles*. Nous n'avons pas cessé de dire — ce qui figure aux procès-verbaux du COMAC — que la population tout entière nous servait d'armée de réserve. Comment avons-nous forgé cette conception ? Nous avons examiné les expériences du XIXe siècle, les soulèvements populaires, la Commune et les autres. Les francs-tireurs de Victor Hugo nous ont servi de référence. Et puis j'ai étudié de façon très sérieuse Clausewitz. J'étais devenu un bon connaisseur de la conception du soulèvement contre un occupant, telle qu'il l'a formalisée. Nous avons utilisé tous ces éléments dans les conditions où nous nous trouvions. Tillon l'a fait de son côté. D'un groupe à l'autre, il y avait des nuances, des différences. Mais l'important, c'est ce à quoi nous avons abouti, à savoir une conception de la guérilla mobile en France. Elle ne nous est pas venue de Tito — nous ne savions pas ce qui se passait en Yougoslavie — ni de Mao dont nous avons découvert la pensée militaire des années plus tard. » Notons que cette ignorance de Mao Zedong à l'époque de la Résistance avait déjà été affirmée vingt-neuf ans plus tôt, en 1970 (à Jacques Debû-Bridel pour son livre *La Résistance intellectuelle*) par un autre membre du COMAC, membre aussi du CNR et secrétaire général du FN d'alors, Pierre Villon. « On ne peut pas, disait ce dernier, mener une lutte militaire de ce genre (...), si on n'a pas le peuple avec soi. (...) Je vais presque citer Mao Tsé-toung, mais c'est l'histoire du poisson dans l'eau que nous ne connaissions pas à ce moment-là, mais que nous avons pratiquée tout simplement parce qu'elle est de bon sens... »

Les fameuses « quinze divisions »

Bien que ce fussent les Alliés anglo-saxons qui détenaient argent, armes et avions, le conflit entre les attentistes et les adeptes de l'action immédiate a presque toujours été considéré comme une affaire intérieure à la Résistance française, c'est pourquoi l'explication avancée par Daniel Cordier au premier tome de *Jean Moulin, l'inconnu du Panthéon* peut surprendre. S'agit-il d'une argumentation simplificatrice sinon caricaturale et vexante pour les résistants français, ou bien d'une clarification empreinte de lucidité et tenant simplement compte de la réalité, la vraie ? Le lecteur appréciera... « Attentisme, action immédiate, écrit Cordier, ces deux termes qui firent fortune à partir des premiers maquis expriment une opposition radicale qui exige d'être nuancée. Les responsables des mouvements accusèrent de Gaulle et ses services de pratiquer l'attentisme. Eux-mêmes, à l'exemple des communistes, militaient pour l'action immédiate. Or, les Alliés refusaient la formation de gros maquis et surtout les actions de guérilla massives contre les Allemands, car ils ne souhaitaient pas que l'insécurité généralisée oblige les Allemands (comme en Yougoslavie) à augmenter le nombre de leurs divisions à l'Ouest, ce qui aurait compromis leurs chances de débarquer un jour en France. Cela ne les empêchait pas d'encourager par tous les moyens, et d'organiser parfois eux-mêmes, les actions de sabotage utiles à la conduite de la guerre. A l'inverse, les Soviétiques souhaitaient développer, à n'importe quel prix, l'insécurité sur les arrières des armées allemandes afin de retenir le maximum de divisions de la Wehrmacht loin du front russe. Les partis communistes nationaux étaient chargés d'appliquer ces consignes dans tous les pays occupés. Ils avaient pour alliés objectifs quelques-uns des chefs de mouvements qui étaient partisans de la lutte à outrance. Dès 1941, la stratégie des Soviétiques et celle des Alliés s'étaient opposées. Les Alliés étaient depuis toujours partisans des sabotages utiles à l'affaiblissement de la machine de guerre allemande ; les Soviétiques, eux, incitaient à des actions meurtrières et spectaculaires contre l'armée d'occupation. (...) Jusqu'au printemps 1943, non communistes et communistes étaient trop faibles pour que des stratégies opposées puissent diviser la Résistance. A partir de la formation, en février 1943, de maquis importants, il n'en alla plus de même. »

Enfin, seconde question sur l'efficacité du Maquis, après celle concernant les moyens, celle sur le résultats... Seraient-ils aussi « insaisissables » que les effectifs selon Kedward ? Ne pourrait-on, là aussi, n'en parler qu'en termes qualitatifs et non quantitatifs ? Supposition et interrogation que la plupart des anciens résistants se sont toujours efforcés d'écarter. Aussi bien, quand un jour Eisenhower a dit que l'apport de la Résistance aux armées alliées dans les combats de la Libération équivalait à « quinze divisions », ce chiffre a-t-il été saisi au vol et cité depuis des centaines sinon des milliers de fois. Etant donné l'extraordinaire fortune qu'ont connue ces « quinze divisions », il nous semble intéressant de rapporter ce qu'a dit à ce sujet un très proche confident de « Ike », Stephen E. Ambrose. Nous avons déjà cité Ambrose au chapitre précédent à propos de la mort de Darlan et déjà dit alors que cet historien avait été l'ami du général avant d'être son biographe et que s'il avait écrit un livre intitulé *Les services secrets d'Eisenhower* (Ike's Spies and the Espionage Establishment), c'est parce qu'il avait été responsable de ces « services ». Avant de le citer à nouveau, rappelons que le SHAEF (Supreme Headquarters Allied Expeditionary Force) était le Grand Quartier général des Forces alliées en Europe et que le futur président des Etats-Unis de 1952 à 1960 était le chef du SHAEF... « Le Maquis, écrit donc Ambrose, ne se contenta pas de harceler les colonnes allemandes ; il fournit également au SHAEF des informations précieuses sur les mouvements de troupes, leurs effectifs, leurs équipements, leurs chefs, leurs points faibles. En août, quand les Allemands battirent en retraite, il organisa des embuscades, attaqua des groupes isolés, empêcha qu'on détruise les ponts. L'histoire officielle de l'OSS affirme : "La découverte la plus intéressante fut l'importance de la Résistance française comme source de renseignements tactiques précis. Au départ, on avait pensé que le rôle du Maquis serait négligeable ; il s'avéra qu'il fut déterminant. (...)". Le maquis valait-il cinq divisions ? Dix ? Vingt ? Il était, et est toujours impossible de le déterminer avec exactitude. Ike employa le mot "inestimable" à plusieurs reprises lors de ses éloges, après la guerre, de la Résistance française. Il fit également remarquer l'apport le plus imperceptible, mais peut-être le plus précieux de ces forces : "Ils avaient, déclare-t-il (...), par leurs actions de harcèlement continuelles, entouré les Allemands d'une atmosphère de danger et de haine terrible, qui mina la confiance des chefs et le courage des soldats." (...) En dernier lieu, il ajouta : "Dans aucune autre guerre et sur aucun autre théâtre d'opérations de cette guerre, les forces de la Résistance n'ont été si étroitement liées à l'effort militaire principal.". »... Quand le général Dwight David Eisenhower dirigeait le SHAEF, le chef d'état-major général américain à Washington était le général George Catlett Marshall, futur secrétaire d'Etat. Lors d'une conférence de presse, le 19 mars 1946, s'adressant aux journalistes français présents, Marshall déclara : « La Résistance a dépassé toutes nos prévisions. (...) Sans vos troupes du maquis, tout était compromis. »

Quatrième et dernière partie

LE COMBAT TOTAL

Chapitre premier

UN ÉTAT DES LIEUX

Où l'on calcule qu'à Paris l'Occupation dura mille cinq cent trente-trois jours, et où l'on constate que ce fut assez pour mettre la France en piteux état.

Plus de quatre années. Plus de cinquante mois. Exactement mille cinq cent trente-trois jours en prenant Paris pour base de calcul... Si nous avons personnellement choisi de ne pas mener chronologiquement notre chronique, nous ne pouvons perdre de vue la durée de l'Occupation nazie en France. Ceci pour de multiples raisons mais surtout parce que, dans cette période où la succession des heures semble si lente et l'évolution de l'Histoire si rapide, semaine après semaine, les événements qui se suivent ne s'additionnent pas, ils se multiplient. Plus le temps passe et plus les masques tombent, aussi bien les masques protecteurs des combattants clandestins que les masques menteurs de l'occupant et des traîtres. Plus la faim et la peur pâlissent les visages et plus l'on découvre nettement la vérité des âmes. Epoque trouble, dit-on souvent. Mais on a tort de ne se fier ainsi qu'aux apparences. Epoque qui, au contraire, devient de plus en plus claire. D'une clarté crue. Après le débarquement allié en Afrique du Nord et surtout après Stalingrad, comme le proclame *Le Chant des partisans*, « chacun sait ce qu'il veut, ce qu'il fait ». En 1944, au grand dam des adeptes du « double jeu », la réalité française offre une image parfaitement contrastée, une image en noir et blanc où il n'y a guère plus de place pour la grisaille. C'est cette image aux traits abrupts, cette eau-forte corrosive qui, d'ailleurs, va sans conteste nous apparaître lorsque, maintenant, approchant du terme de cette chronique, nous allons nous efforcer de dire le décor du dernier acte de la tragédie. Un décor qui est bien plus qu'un décor puisqu'il est aussi, en même temps, le lieu central et le personnage principal du drame : la France à l'heure du débarquement de Normandie.

En évoquant le début de l'Occupation, déjà, nous avons cité le célèbre poème de Paul Eluard : « Paris a froid, Paris a faim... ». Plus les années passent et plus Eluard dit vrai. « C'était un temps effroyable, écrira Jean Marcenac. La faim, le froid, le deuil, la peur, l'absence, tout se conjurait alors pour parcheminer le visage des vivants. »...

Considéré non seulement dans sa majorité mais dans sa masse et sa multitude, le peuple français connut alors des heures parmi les plus éprouvantes de son histoire. Une épreuve qui n'épargnait rien ni personne et qui prenait les formes les plus diverses. Peut-être est-ce cette diversité même qui rend aujourd'hui si difficile de faire revivre à qui ne les a pas vécues ce que Léon-Paul Fargue appelait « les semaines interminables de la présence allemande sur le pavé de la capitale interloquée, sombre et murmurante ». En tout cas, c'est avec raison que, dans *Si je mens...*, Françoise Giroud peut s'écrier : « L'Occupation... Laquelle ? Tout le monde à bicyclette, Paris silencieux, le couvre-feu, la pénurie, le marché noir ; les jambes nues et peintes, faute de bas, les films de Cocteau, ceux de Carné et Prévert, *Les Mouches* de Sartre, les tickets pour tout, les chapeaux fous, les zazous ? Ou l'étoile jaune sur la poitrine des enfants, les rafles, l'affiche rouge, le cœur battant la chamade à chaque coup de sonnette ? Ou l'industriel du Nord fêtant son premier milliard chez *Maxim's* ? Je crains que ce ne soit une expérience intransmissible. Quand on la raconte, on la condense, et elle devient fausse du fait même qu'on la condense... Et puis, chacun a vécu la sienne. (...) Ça a été long, très long. Parfois ignoble. Une situation qui met un grand nombre de gens en position de se conduire mal est une situation qu'il faut essayer à tout prix d'esquiver. Quand la lâcheté, la vénalité, la traîtrise sont à la fois utiles, recommandées et récompensées, elles font recette, c'est normal. Les mêmes gens qui ne manifestaient rien de tel dans une situation paisible, cela leur pousse, comme des boutons. Il y a eu aussi le contraire, des Français bien tranquilles qui ont révélé tout à coup des ressources de courage et de désintéressement impressionnantes... ».

Toutefois, si l'on ne peut prétendre restituer le « vécu » de cette période dans toute son intensité perturbante, du moins est-il possible — possible et nécessaire — de tenter de décrire l'état des lieux quand approche le printemps où vont commencer les combats libérateurs. Déjà nous avons dit la France exsangue subissant l'invasion ; nous avons montré comment, selon l'expression de Jacques Debû-Bridel, « la pompe aspirante allemande était en place » et comment ceux que Jacques Delarue appelle les « conseillers en pillage » de l'armée nazie entreprenaient la mise à sac systématique de notre pays ; nous avons rappelé comment la politique dictée par l'occupant au régime de Vichy « rendait plus criant que jamais le contraste entre l'enrichissement croissant de quelques-uns et l'appauvrissement inexorable de la plupart »... Au fil des années, une telle situation ne pouvait évidemment qu'empirer, et en 1941, en 1942, en 1943, cette désorganisation, ce pillage, ces inégalités s'aggravèrent sans cesse. Elles s'aggravèrent sur une terre où chaque jour le sang coulait, où n'importe qui, à n'importe quel moment, pouvait perdre sa liberté, rencontrer la torture et la mort.

« Ne rien dire au sujet des frais d'Occupation »

Nous avons dit tout cela mais il faut encore y revenir car, aujourd'hui, on a du mal à imaginer à quel point, durant la dernière période de l'Occupation, la France était une nation dépossédée de toutes ses richesses... Au lendemain de la Libération, le gouvernement français publia des *Documents pour servir à l'histoire de la guerre*, ouvrage où *Le pillage économique de la France* fait l'objet d'un chapitre particulier. On peut y lire : « Le premier souci des Allemands fut de s'assurer la possession d'un capital pour acheter aux Français avec leur propre argent tout ce qui pouvait être acquis. Le Trésor a d'abord été contraint de verser à la Reichskreditkasse, prétendument pour l'entretien des troupes allemandes d'occupation, une indemnité provisionnelle qui s'est élevée pour la durée de l'occupation à 632 milliards de francs. » Si l'on considère que le franc de l'époque valait approximativement trois à quatre fois plus que celui de l'an 2000, on mesure mieux l'étendue de la spoliation. Encore n'était-ce pas tout. Poursuivant l'analyse statistique du gigantesque vol à main armée dont la France fut tout entière la victime, le même texte précise en effet : « La capacité productive du pays est atteinte dans de très grandes proportions. Pour mieux comprendre cette situation, il faut spécifier qu'en dehors des causes directes (spoliations), la production française devait se trouver en partie paralysée par de nombreuses mesures s'inscrivant dans la politique de guerre du Reich : extension des aérodromes, fortifications, inondations stratégiques, pose massive de mines, etc. soustrayant un million d'hectares à la superficie habituellement exploitée. En outre, il faut ajouter aux causes de la diminution de la production agricole : le manque d'insecticides, d'engrais, de tourteaux (suppression des importations), l'usure du matériel, le manque de chevaux (600 000 en moins), enfin la réduction considérable du matériel ferroviaire par suite des prélèvements allemands (3 500 locomotives, 10 765 voitures à voyageurs, 295 000 wagons de marchandises, 87 autorails, 150 000 tonnes de rails, 2 800 000 traverses)... ». Dans cette même étude, on trouve une expression qui résume parfaitement la situation : « L'appauvrissement de la France en tant que résultat de la volonté délibérée du vainqueur ».

L'ampleur et la violence d'un tel pillage montrent bien que l'opération a un caractère autant politique qu'économique ; un double caractère sur lequel insiste Jacques Debû-Bridel en remarquant : « La mise en coupe réglée de la France présentait pour le Reich un double avantage : l'un positif, l'augmentation de son potentiel de guerre ; l'autre négatif, l'affaiblissement physique d'un peuple sous-alimenté et d'autant moins redoutable en cas de rébellion. Le crime de Vichy fut de se prêter à cette politique. » On comprend dès lors que dans l'une des directives de la Propagandastaffel sur lesquelles s'appuyaient les censeurs pétainistes pour régenter la presse de l'époque, la directive du 18 février 1943, on ait pu lire, au « point 8 », cette consigne : « Ne rien dire au sujet des frais d'Occupation ».

Le crime de Vichy... Un crime qu'on s'efforçait d'autant plus de cacher qu'il ne fut pas seulement enrichissant pour l'Allemagne. Une notable partie du patronat français y trouva son compte pour qui, répétons-le, le pillage de la France par les nazis fut une occasion d'enrichissement accéléré. A cet enrichissement contribua notamment le maintien des salaires à un niveau anormalement bas alors que les prix, eux, montaient à un niveau anormalement élevé. Ainsi peut-on constater qu'en pleine Occupation, par rapport à l'immédiate avant-guerre, alors que les salaires n'ont augmenté que de moitié, les prix ont plus que doublé. Henri Amouroux y voit un trait caractéristique de *La vie des Français sous l'Occupation* lorsqu'il écrit : « D'un trimestre à l'autre, parfois d'un mois à l'autre, ou d'une semaine à l'autre, les prix augmentent (...). Les salaires, eux, demeurent presque immuables. Leur progression, lorsque progression il y a, reste sans aucune commune mesure avec les hausses fulgurantes... ». En étudiant plus spécialement ces deux départements dans leur livre *Libération du Nord et du Pas-de-Calais*, Etienne Dejonghe et Daniel Laurent confirment et précisent cette analyse ; en effet, ils constatent que « la dureté des temps variait suivant les régions et les conditions sociales. Incontestablement, les populations côtières étaient les plus malheureuses. L'agriculteur, s'il s'enrichissait (mais nombre de ses dépenses étaient différées), subissait directement le joug de l'occupant, qui l'écrasait de réquisitions. Le citadin (...) souffrait cruellement de la faim. "J'fais l'politique ed'min vint" (de mon ventre), répondait, en février 1942, un jeune apprenti de Fives-Lille au ministre Lehideux qui lui reprochait de faire, "lui aussi, de la politique". Les restrictions étaient en effet particulièrement éprouvantes pour les ouvriers et employés à traitement fixe. Malgré les rajustements, l'écart entre leurs salaires et les prix grandissait sans cesse. (...) Cette inégalité devant la misère joua son rôle dans l'expression du patriotisme et le reclassement des courants d'opinion ».

La « politique de son ventre » — l'expression dit bien ce qu'elle veut dire. Et, pour l'époque, c'est une expression clef. Yves Durand en illustre parfaitement la portée lorsqu'il cite le rapport adressé, au début de 1944, par le préfet du Loiret, René Serre, au gouvernement de Vichy. Ce haut fonctionnaire pétainiste écrit textuellement : « Deux tendances se font jour de plus en plus à la suite des succès militaires de l'URSS et de l'emprise bolchévique sur le Comité d'Alger. D'une part, le monde ouvrier — de beaucoup le plus déshérité tant au point de vue ravitaillement que prélèvement de main-d'œuvre — vit dans l'espérance croissante d'une victoire des armes russes susceptible de lui apporter, croit-il, les bienfaits que ne cessent de lui annoncer les propagandes étrangères. D'autre part, le monde de l'industrie, du commerce et de l'agriculture qui, très attaché à la propriété, est animé de l'esprit bourgeois, appréhende les menaces que ferait peser sur ses intérêts personnels l'établissement d'une dictature moscovite. Il est en effet à noter que quel que soit le poids de l'occupation allemande sur les activités industrielles, commerciales, agricoles, un bien-être encore relatif règne dans les milieux patronaux de ces activités qui retirent des denrées et marchandises en leur possession des avantages matériels améliorant grandement leur standard vital... ». Le « poids de l'occupation allemande » dont parle ce préfet est, en effet, comme il doit le reconnaître, beaucoup plus lourd pour les couches populaires que pour les possédants. Et ceux qui souffrent le plus sont, tout naturellement, ceux qui comprennent le mieux le pervers mécanisme de la double spoliation imaginé par l'occupant pour « sucer le sang » de la France : la spoliation « légale » dont nous avons déjà une idée et la spoliation « illégale » sur laquelle nous insisterons plus loin à propos des « bureaux d'achat ». Tout aussi naturellement, ce seront les éléments les plus à gauche de la Résistance qui se soucieront le plus de lutter contre le pillage nazi de notre pays. « Dès que nous avons pu repérer les wagons pleins de vivres et de marchandise qui partaient pour l'Allemagne, nous dit ainsi le dirigeant communiste Jean Jérôme, une de nos préoccupations constantes a été d'y placer des petites bombes incendiaires à retardement qui ont provoqué de multiples incendies, dont certains sur le territoire nazi même... ».

La cruelle nécessité des bombardements

Cette différence dans la manière de subir, de comprendre et de combattre la mise à sac de la France contribue incontestablement à faire apparaître qu'au début de ce dernier acte du drame, le décor qu'il faut planter est également un décor moral... Au micro de la BBC, le 7 août 1942, au cours de l'émission *Les Français parlent aux Français*, Jacques Brunius donne lecture de lettres envoyées à Londres par des Françaises. Parmi elles, un texte provenant de Lyon et qui se termine ainsi : « On nous prive un peu plus de nourriture, mais qu'importe, ils ont eu la graisse, ils n'auront pas la peau !... » Alors Brunius commente : « Cette formule si frappante "Ils ont eu la graisse, mais ils n'auront pas la peau", cette formule triviale et héroïque, je l'ai retrouvée, à ma grande surprise, dans une autre lettre, venue de Limoges celle-là, écrite en mars. "Ils auront la graisse, mais ils n'auront pas la peau". C'est la devise qui résume l'attitude de toutes ces femmes françaises obstinées, irréductibles malgré les souffrances... ». Héroïsme et trivialité, dit Brunius ; en effet, telles étaient bien les couleurs mêlées de cette époque. Images du temps des tickets, images aujourd'hui si surprenantes... « D'innombrables ardoises, note Claude Blanchard, dans *De notre envoyé spécial*, que publient en 1948 les Editions « Défense de la France », offrent à la contemplation perplexe des passants l'algèbre transcendante des rationnements. DZ... EV... JI... Devant ces équations assez saumâtres où l'inconnue est le menu du déjeuner, les femmes absorbées dans leur calcul compulsent leurs paperasses en se mordillant le bout des doigts. »... « Les possesseurs de cartes d'alimentation, quarante millions de Français, (...) doivent tenir une très sérieuse comptabilité, explique Henri Amouroux. Entre le moment de la distribution des cartes, de l'inscription pour une denrée et celui de la distribution, il s'écoule souvent des semaines, parfois des mois. (...) D'inexplicables mutations se produisent. L'inscription d'oranges, prise à Paris en novembre 1942, donne lieu à une vente de figues le 15 janvier 1943 contre le ticket DM de novembre ! Il faut donc veiller attentivement à ne pas égarer ces légers tickets de couleur (...). La perte des tickets représente, dans les foyers modestes, un véritable drame... »... « Toute une génération d'enfants, insiste Henri Helle, ignorait ce qu'étaient une orange, une poire, le chocolat, le pain, les vêtements, l'huile, la viande, le beurre. Un pneu de voiture ou de bicyclette étaient des trésors rares... ». Images du temps des tickets que confirment les statistiques rappelées par Jacques Delarue : « A Lyon, de 1939 à 1943, la mortalité des nourrissons augmenta de cinquante pour cent ; à Paris, la mortalité par tuberculose augmenta entre 1939 et 1943 de soixante-neuf pour cent chez les adultes, de quatre-vingt-sept pour cent chez les vieillards, et de cent quatre pour cent chez les adolescents qui souffrirent le plus tragiquement des carences alimentaires prolongées. (...) Dans les grands centres, seuls ceux qui recevaient un petit supplément expédié par des parents ou des amis vivant à la campagne, ou qui pouvaient acheter ce supplément au marché noir, arrivaient à survivre. Les hivers 1942-43 et 1943-44 virent de véritables hécatombes de petits rentiers tués par la sous-alimentation... ».

Un temps, l'occupant nazi et les Français qui se sont mis à son service ont pu croire que cette omniprésence de la misère et de la faim, cette augmentation notable de la mort finiraient par venir à bout de l'obstination et de l'irréductibilité des Français. En 1944, chacun peut constater qu'ils se sont trompés et que l'opération d'« affaiblissement physique d'un peuple sans volonté et d'autant moins redoutable en cas de rébellion », pour reprendre l'expression de Jacques Debû-Bridel, a complètement échoué. La popularité des résistants croît aussi vite que l'impopularité des « kollabos ». Un temps aussi, ces derniers et leurs maîtres se sont faits des illusions à propos des bombardements aériens. Des raids stratégiques de l'aviation alliée sur des nœuds ferroviaires et des centres industriels ayant provoqué de nombreuses victimes dans la population, ils ont cru pouvoir faire dévier la colère de nos compatriotes contre les Anglais et les Américains. Pour favoriser ce transfert tant souhaité, une vaste campagne de propagande fut entreprise. En pure perte. En effet, à cette campagne, les émissions françaises de la BBC ont aussitôt répondu. Citons deux exemples de ces réponses répétées. Le premier est daté du 6 février 1942 ; il s'agit d'un « message extrêmement important » diffusé « de source britannique autorisée » et qui dit : « Certaines usines en France travaillent pour les Allemands. On vous a déjà avertis que ces usines sont susceptibles de subir des bombardements aériens, soit pendant la journée, soit pendant la nuit. De nouveau, nous vous donnons cet avertissement. Nous savons que vous nous approuvez. Nous savons que vous comprendrez. Nous ne pouvons pas vous donner des renseignements plus précis. Nous ne pouvons vous donner que cet avertissement très général. Eloignez-vous des usines qui travaillent pour les Allemands... ». Le second est daté du 12 mars 1942 ; il s'agit d'une allocution au cours de laquelle le général Martial Valin, commissaire national à l'Air de De Gaulle, fait le bilan de la contribution des usines aéronautiques françaises à la production de guerre allemande et qui commence par ces mots : « Le prolétariat français est en deuil. Victimes d'un injuste sort, des centaines d'ouvriers sont tombés sous les coups de ceux-là mêmes dont ils souhaitaient ardemment la victoire... » ; pour se terminer par ceux-ci : « Il faut donc que, si cruels soient-ils, les bombardements des usines françaises soient poursuivis. Le matériel de guerre détruit dans ces usines fera défaut sur le front russe, les forces d'artillerie ou d'aviation nécessaire à la défense de ces usines feront défaut sur le front russe. En comprenant cette nécessité, en acceptant avec courage toutes les conséquences fâcheuses qu'elle peut avoir pour vous, en conservant votre confiance à la cause alliée, vous participerez à la victoire commune et vous avancerez d'autant la date de votre libération. » Nourrie par des informations venues de France et qui, en général, renseignent assez justement la BBC sur le pouls de la population française, cette argumentation sur la nécessité des bombardements aériens connaît un écho d'autant plus durable chez les auditeurs qu'elle ne fait que clarifier leur sentiment profond. De discussions discrètes en discussions discrètes et puissamment aidée par la presse clandestine, cette argumentation fait donc rapidement tache d'huile. Dans son journal intime, excellent miroir de la vie d'un simple Français sous l'Occupation, qu'il publiera plus tard en l'intitulant *La Guerre à Paris (8 novembre 1942-27 août 1944)*, Charles Braibant, le futur directeur général des Archives de France, en montre le résultat lorsqu'il écrit à la date du 8 avril 1943 : « On parle, bien entendu, du bombardement de Renault. Le professeur Robert Debré déclare que, dans le peuple, ce terrible événement n'a produit aucune haine contre les Anglo-Américains. On comprend qu'ils sont obligés d'employer ces moyens atroces, comme nous avons nous-mêmes, pendant l'autre guerre, bombardé nos propres villes occupées par l'ennemi. Debré a interrogé ce qu'il reste du personnel, effroyablement éprouvé, d'un hôpital de Boulogne ; pas une plainte contre nos alliés dans la bouche de ces braves gens qui n'ont échappé à la mort que par miracle... ».

Le papetier qui vend des anchois

Bien que, trente ans après, certains jouent à la lucidité en prétendant le contester, ce refus des « braves gens » de devenir « un peuple sans volonté » fut massif et bien réel. Nous pourrions en fournir d'autres exemples. Nous nous bornerons à un cas limite, à nos yeux d'autant plus démonstratif, celui du rêve optimiste que les privations croissantes suscitaient, en quelque sorte comme antidote, le rêve d'un avenir meilleur qui finissait par s'identifier avec l'espoir de la Libération. A cet égard, c'est encore dans le journal de Charles Braibant que nous trouvons une indication intéressante. En effet, à la date du 15 janvier 1943, cet archiviste si prompt à saisir l'actualité note : « Charmante lettre du grand philologue Charles Bruneau : "Que de joies nous nous préparons pour l'avenir ! Quand je pense que nous reverrons un jour où l'on pourra redemander du pain dans un restaurant sans tirer de sa poche un 'titre de rationnement', comme on dit à la mairie du XIVe, et mettre un sucre dans son eau chaude sans soulever les clameurs de son épouse !"... ».

Cela dit, il ne faut pas se dissimuler que le péril moral encouru par les Français fut, en ce temps-là, à la mesure des tourments matériels qu'ils traversaient. Le règne des « combines » les plus diverses et l'institution du « marché noir », l'incitation permanente à une délation la plupart du temps largement récompensée, l'hypocrisie légale d'un Etat français dont les représentants faisaient dire aux mots le contraire de leur sens et s'employaient à pervertir toutes les valeurs — autant d'éléments qui « mettaient un grand nombre de gens en position de se conduire mal ». Quelques-uns n'attendaient que cela et d'autres cédèrent à la tentation : ainsi vit-on s'accroître considérablement la délinquance tandis que la Collaboration prenait, de plus en plus ouvertement, son véritable visage...

A tort ou à raison, certains de nos compatriotes considèrent notre pays comme le royaume du « système D » ; je ne sais s'ils se trompent, mais ce qui est sûr c'est que, au temps de la pénurie de tous les biens de consommation et des restrictions officielles, il en devint le paradis. Il en est résulté un pittoresque facile et souvent évoqué. On se souvient de cette héroïne de la *Chronique des saisons amères* de Georges Duhamel qui déguste « de la chicorée extra qu'elle a pu obtenir en donnant un rouleau de pellicules photographiques » tout en songeant qu'« il faudra passer rue La Bruyère chez ce papetier qui vend des anchois », etc. La multiplication des « combines » de cette sorte entraîna évidemment la prolifération des « combinards » et l'installation entre eux de réseaux de relations extrêmement diversifiés. Ce que rappelle Georges H. Luchie dans *La Belgique au temps de l'Occupation* est tout aussi vrai pour la France. « Le marché noir continuait de plus belle, écrit-il, c'était presque devenu une institution nationale ! Chaque société ou institution importante avait son ou ses fournisseurs qui, chaque semaine, faisaient le tour des bureaux et présentaient leurs offres de service. On passait commande et huit jours après, plus rapidement parfois, Monsieur le Fournisseur réapparaissait avec des valises bien remplies dont il répartissait le contenu suivant les commandes. Vouliez-vous de la viande ? On vous apportait le bifteck enroulé parfois dans un papier convenable, parfois dans une serviette ou un essuie-mains. Ainsi pour le beurre, la margarine, la farine, le café, enfin pour toutes les matières comestibles. Les prix, bien entendu, n'étaient pas à la portée de toutes les bourses, mais chacun s'efforçait, surtout ceux qui avaient famille, de se procurer un petit morceau de viande afin de donner aux jeunes les protéines qui leur sont si nécessaires... ». D'ailleurs, ce n'est pas en se référant à Bruxelles mais à la Côte d'Azur que Henri Helle, toujours dans *Monsieur H, « Négociant en haute mer »*, note de son côté : « Avec les tickets et le strict droit, on pouvait tout juste se procurer quelques ersatz minables. Pour tous, c'était le royaume de la petite et de la grande débrouille. Le marché noir était dans les mœurs (...). Jamais, je crois bien, la morale n'avait accepté, à tous les échelons, autant d'accommodements... ». Si la véracité des rappels qu'ils font de l'atmosphère de l'époque valait de les citer, Luchie et Helle ont néanmoins, selon nous, le tort de semer la confusion en employant l'expression « marché noir » à un niveau où elle ne s'applique pas encore. Il nous paraît plus juste de distinguer, avec Michel Cépéde, dans sa thèse *Agriculture et alimentation en France durant la IIe Guerre mondiale*, trois étages dans les moyens mis en œuvre par les Français « occupés » pour pallier les insuffisances du rationnement : d'abord, « les colis familiaux » ; ensuite, « les transactions parallèles » ; enfin, « le marché noir ». D'ailleurs, le phénomène est si socialement répandu que les autorités vichystes, malgré leur manie des tracasseries administratives et leur goût des poursuites judiciaires, devront bien « s'accommoder » de cette distinction et fixer elles-mêmes un seuil en deçà duquel la conscience ni la loi n'ont à s'émouvoir. Dans *La Semaine religieuse de Paris* du 13 décembre 1941 paraîtra une « instruction » du cardinal Suhard spécifiant que les « modestes opérations extra-légales par lesquelles on se procure quelques suppléments jugés nécessaires se justifient tout à la fois par leur peu d'importance et par les nécessités de la vie ». De même, lorsque, le 15 mars 1942, sera promulguée la première loi où il est explicitement question de « marché noir », le dernier paragraphe de son article premier stipulera : « Ne sont pas toutefois soumises aux dispositions de la présente loi, les infractions qui ont été uniquement commises en vue de la satisfaction directe des besoins personnels ou familiaux des délinquants ».

Une « poubelle somptueuse »

Reconnaissons toutefois que la frontière est bien difficile à tracer entre les « transactions parallèles » et le « marché noir » proprement dit. Quand, après la guerre, la Cour des comptes fera un rapport sur les années 1940 à 1945, rapport qui sera publié au *Journal Officiel* du 16 février 1947, elle se bornera à constater que « brusquement institué, pour la plupart des denrées essentielles, en septembre 1940 (...), le rationnement a été fixé à des taux manifestement inférieurs au minimum vital de subsistance. Cette insuffisance a immédiatement poussé une grande partie de la population à la surenchère des prix et à la pratique des transactions clandestines ». Cependant, il est possible de distinguer entre ceux qui trafiquent pour survivre et ceux qui trafiquent pour s'enrichir. En effet, si très nombreux sont les premiers, les seconds ne sont qu'un petit nombre. Dans le rapport qu'ils font à Pétain pour lui soumettre, en vue de sa signature et de sa promulgation, la loi du 15 mars 1942, le ministre de l'Agriculture Pierre Caziot et le ministre des Finances Yves Bouthillier, en évoquant « les échanges occultes que le public a qualifié de "marché noir" », définissent les trafics et les trafiquants de cette seconde catégorie. « Ces échanges, écrivent-ils, étaient surtout, à l'origine, le fait d'individus étrangers aux milieux professionnels, trafiquant clandestinement des denrées ou produits particulièrement recherchés. Mais une autre forme de marché noir plus insidieuse s'est aussi créée dans certains milieux de producteurs et de commerçants qui dissimulent frauduleusement une partie de leurs opérations pour échapper à la réglementation économique ». On notera ici, en passant, un trait qui est effectivement caractéristique du « marché noir » : à une époque où le papetier vend des anchois, on voit se côtoyer dans la pratique des « échanges occultes » des commerçants professionnels et des gens de toute sorte dont beaucoup n'ont, auparavant, jamais exercé d'activités commerciales.

Il faut avouer que dans cette « époque tourneboulée », comme dit Charles Braibant, où, ajoute René Biard, « tout se vend, s'achète, se troque », il est bien difficile de s'y reconnaître. « L'occupation de la Corse, note avec tristesse J.-A. Livrelli, a été une bonne affaire pour trop de Corses, commerçants, producteurs, intermédiaires, profiteurs du marché noir. Des bergers, des porchers, des vignerons, des maraîchers, des producteurs de n'importe quoi ont édifié des fortunes en moins de deux ans d'occupation italienne. (...) L'excuse, pour beaucoup de bénéficiaires de ce régime scandaleux, c'est que la vague d'immoralité déferlait de haut, c'est que le débrouillage, le "lascia corre" étaient érigés en système par les représentants d'un gouverne ment autoritaire sans autorité ». On en arrive à ce que les résistants eux-mêmes aient quelque mal à savoir qui est qui et qui fait quoi. « Tel boucher, note Jacques Debû-Bridel, abat clandestinement deux ou trois bêtes par semaine pour le maquis et doit en livrer autant au ravitaillement. Que fera-t-il ? Imposera-t-il le prix noir aux patriotes ? Non, s'il a la possibilité par ailleurs de vendre encore trois ou quatre autres bêtes au marché noir ! Cet homme est-il un gangster ou un patriote ? Et puis, il y a aussi le cas de ce marchand de vin qui, deux ans durant, a vendu impunément au-dessus de la taxe et réalisé une fortune incontestable... Le hasard le met en contact avec un groupe de résistance. Notre homme aime l'argent. Mais son patriotisme est indiscutable. Continuant son coupable négoce, il ravitaillera gratuitement nos camarades pendant dix mois. Mieux, il transportera des armes, conduira des blessés à l'hôpital. Comment le jugerons-nous ? ».

Et encore faut-il ajouter à tout cela des notions aujourd'hui difficilement imaginables tels que ces endroits que le langage commun baptise les « restaurants de marché noir » ou ce délit que de nombreux inculpés se voient reprocher par les tribunaux et que le langage judiciaire nomme « trafic de tickets d'alimentation non valables ».

Les « restaurants de marché noir »... En se référant au passage à l'écrivain allemand Ernst Jünger, alors officier de la Wehrmacht, Hervé Le Boterf écrit, dans *La Vie parisienne sous l'Occupation* : « Le *Chantaco*, rue de la Pompe, a résolu le problème des prix d'une manière discrète. Au moment de l'addition le maître d'hôtel offre un millefeuille et fait comprendre par cette allusion que le forfait par personne est de 1 000 francs, soit presque la paie mensuelle d'un manœuvre ! Ce restaurant n'est pourtant pas le plus cher. Fin 1943, des boursiers communiquent à leurs collègues, dans le tuyau de l'oreille, l'adresse d'un "petit bistrot" où l'on sert de plantureux déjeuners à 1 200 francs, vin non compris ! (...) Jünger, lui, ne met pas longtemps à trouver les bonnes adresses de la capitale. Son itinéraire le conduit du *Chapon Fin* de la porte Maillot à *Calvet* sur la rive gauche où il donne souvent rendez-vous à Cocteau, en passant par *Ramponneau*, *Drouant*, *La Reine Pédauque*, la *Tour d'Argent* et le *Prunier* de la rue Duphot dont la petite salle, au premier étage, coloriée d'aigue-marine, incite à des débauches de fruits de mer. (...) Tout collaborateur notoire brigue d'être admis au "Cercle Européen", ce super-club des Champs-Elysées, dirigé par Edouard Chaux, le créateur du *Lido* et que René Lefèvre compare à une "poubelle somptueuse" parce qu'on y retrouve tous les profiteurs du désastre attablés devant des assiettes bien garnies. » Et Le Boterf cite encore d'autres établissements : *Maxim's*, rue Royale, *Chez Joséphine*, rue du Cherche-Midi, *La Grille*, aux Halles, l'*Espéria*, rue Sainte-Anne, *Alexis*, près de Notre-Dame-de-Lorette, *Le Carillon*, rue des Petits-Champs, *Le Diamant*, place Saint-Augustin, *Le Périgord*, avenue

Montaigne, *Chez Pomme*, à Montmartre, *Chez Pépère*, à Neuilly, etc. Liste qui reste bien incomplète même si, pour nous, le fameux restaurateur Marcel Trompier y ajoute quelques noms qu'il tire de sa mémoire : *Benoît*, rue Saint-Martin, *Maure*, rue Boissy-d'Anglas, *Le Veau d'Or*, à La Villette, *Le Chou Vert* et *Au Chien qui fume*, aux Halles, *Chez Victor*, place de la Bastille, *L'Ami Louis*, rue du Vertbois, *Les Trois Marches*, rue de la Chaussée-d'Antin, etc.

Les faux tickets du « gros Henri »

Le « trafic des tickets d'alimentation non valables »... Lorsqu'il décrit, en deux phrases, « le gros Henri Face, le plus grand marchand de Paris en faux tickets », Auguste Le Breton en donne toute la mesure. « Les équipes du gros Henri, note-t-il, des clicheteurs aux piquotteurs, jour et nuit sur la brèche, sont des orfèvres. (...) Le gros Henri (...) manie des sommes colossales et parie un ou deux millions par course sur un cheval ».

Et à voleur, voleur et demi. Quand, trente ans après, il publiera ses mémoires clairement intitulées *Cambrioles*, « l'Arsène Lupin de l'après-guerre », Paul Dellapina, racontera : « Dans un de mes cambriolages, j'eus la chance de tomber sur un dépôt clandestin de grossistes du marché noir. Pour moi, ce fut une aubaine : je réalisai une petite fortune avec la vente de tout ce stock de tabac et de produits alimentaires. Je pus commencer à acheter des commerces au nom de ma femme. » Mais, si l'on veut vraiment — ce qui aujourd'hui, avec le recul, précisément, est bien difficile — prendre conscience de cette énormité des prix que le « millefeuille » du *Chantaco* nous a, tout à l'heure, laissé entrevoir et du rapport réel entre les sommes d'argent ainsi dilapidées en un soir et le revenu des Français moyens, ne faut-il pas encore y insister ? Dans *Je le jure...*, le livre de mémoires qu'il a signé San Antonio, Frédéric Dard raconte comment sa mère l'emmena, un soir, à Lyon, dans « un restaurant de marché noir ». Et il conclut : « A la fin des agapes, elle demande l'addition. Et là, alors, l'abîme s'ouvre sous nos pieds. Maman est devenue blême. C'était une somme inimaginable. Pétrifiée, elle a regardé le patron, qui, tranquille, attendait. Ma mère était gérante d'un magasin. Elle avait heureusement emporté la recette de la journée avec elle. Elle a payé... ». De son côté, dans son livre *De Paul Reynaud à Charles de Gaulle*, en 1972, l'économiste Alfred Sauvy se souvient et explique : « Un jour, dans mon service (...), arrive de je ne sais où une personne qui a eu, je ne sais comment, du sucre : 300 francs le kilo. Les demandes affluent de tous les bureaux et le lot doit être réparti : un kilo par personne. Le traitement d'une dactylographe, d'une employée, n'atteint pas toujours 2 000 francs par mois. A l'échelle d'aujourd'hui, cette employée, qui gagne 100 000 francs anciens par mois, devrait payer le sucre 15 000 francs le kilo et considérer cet achat comme une aubaine. Ce prix est quatre-vingts fois plus élevé que l'actuel. Qui a gardé le souvenir de telles disproportions ? De même, le beurre à 400 francs, la viande (tout venant) à 800, équivaudrait à 20 000 et 40 000 francs (anciens) en terme de salaire 1971... »

Une chose est sûre, en tout cas, c'est que le dirigeant du grand mouvement OCM (Organisation civile et militaire) Maxime Blocq-Mascart avait raison d'écrire, en mars 1943, peu avant de devenir membre du CNR : « On ne traite pas assez sérieusement ce problème du marché noir (...). On s'apercevra trop tard que le mal fait par le marché noir est profond. » En effet, sans même évoquer encore le cas de ceux — nous y viendrons — qui sont passés aussi rapidement que directement du simple marché noir à la corruption totale puis à la pire des trahisons, il faut souligner que le marché noir fut véritablement le dénominateur commun de toutes les déviations morales qui affectèrent la société française pendant la période de l'Occupation.

Prenons un exemple particulièrement caractéristique : la délation. Comme un certain nombre de ceux qui sont restés honnêtes et lucides, Charles Braibant s'alarme devant cette « chose affreuse (...) que nous sentons peu à peu entrer dans les mœurs ». Même épouvante chez le futur procureur général Mornet qui constate que « la délation sévit dans tous les milieux ». Certes, l'un et l'autre admettent à cette épidémie des causes politiques ; la manie de dénoncer son prochain ne peut pas se répandre jusqu'à devenir une « institution fondamentale » sans que « les plus hautes autorités » la justifient et la recommandent. Dans un des premiers journaux clandestins, *La France continue*, celui de Paul Petit dont, plus haut, nous avons dit le martyre précédé de tant de courageuses apostrophes, on peut lire dès octobre 1941 : « L'organisation du mouchardage, tel qu'il existe dans l'Allemagne nazie, telle est la base du régime de "rénovation morale" que Vichy est en train d'instaurer ». Constatation non contestée. Parmi bien d'autres, des auteurs aussi différents que le politicien Anatole de Monzie et l'historien Aimé Autrand soulignent l'ampleur du phénomène, en citant, le premier, cette loi du 28 octobre 1941 qui « porte obligation de dénoncer » et, l'autre, en analysant la création et la nature d'une association dénommée « l'Amicale de France » qui, précisément, s'était assigné pour but d'encourager les dénonciateurs. Gérard Miller n'exagérera donc pas lorsque, élargissant, dans *Les pousse-au-jouir du maréchal Pétain*, l'analyse historique du pétainisme par le recours à la linguistique et à la psychanalyse, il montrera que « le discours pétainiste engendre, nourrit la délation » et en décrira le processus en termes saisissants : « Chaque jour, systématiquement, passionnément, à la folie, on dénonce. On dénonce aussi bien ceux qu'on connaît à peine, que ceux-là mêmes avec qui l'on vit. On ne dénonce pas par civisme, mais pas non plus par intérêt personnel. On dénonce parce que c'est la façon quotidienne de vivre la Révolution, un acte aussi habituel que celui d'accrocher sur son mur le portrait du Maréchal. Ici on encadre le bien, là on localise le mal. Débusquer des communistes ou des gaullistes là où il y a effectivement des communistes et des gaullistes, c'est bien ; en découvrir là où il n'y en a pas, c'est mieux, c'est beaucoup mieux. » Et le gouvernement de Vichy favorisa de plus en plus la délation. Plus les partisans de la politique dite de Collaboration sentirent le sol se dérober sous eux, plus ils s'acharnèrent à susciter un maximum de dénonciateurs parmi leurs compatriotes. L'interprète de Klaus Barbie, Gottlieb Fuchs note ainsi : « La délation était encouragée sous toutes ses formes. Elle était inscrite au code de la nouvelle instruction civique, prêchée, récompensée, institutionnalisée. *Le Salut Public*, voix quotidienne de la Milice, catéchisait ainsi les fidèles : "Tout doit être mis en œuvre pour prévenir les entreprises criminelles des terroristes à la solde de l'étranger. Seule une Collaboration étroite de la population française avec les services de police permettra d'atteindre ce but. Cette Collaboration s'impose de la façon la plus urgente." Le préfet Angeli favorisait même des vocations de chasseur de prime... » Et, bien que pareille constatation donne la nausée, tant il est vrai que, comme l'écrit André Halimi Dans *La Délation sous l'Occupation*, « parler de la délation, c'est s'aventurer sur un chemin qui conduit à l'abominable », il faut dire, parce que c'est vrai, que tous les secteurs de la société furent atteints. Ainsi les médecins eux-mêmes... Ecoutons, à ce propos, Robert Aron : « Survint la libération : le Comité médical de la Résistance, où figurent Pasteur Vallery-Radot, le professeur Milliez, le professeur Debré, le professeur Pichel et Maurice Mayer, est un des premiers organismes de la Résistance à s'installer dans les locaux occupés jusqu'alors par les services correspondants de Vichy : c'est en effet dès le 14 août 1944 que le ministère de la Santé publique est pris par les clandestins de la veille. Ils y trouvent les bureaux vides, mais les tiroirs remplis de lettres de dénonciation reçues par leurs prédécesseurs. Le professeur Milliez, directeur de cabinet de Pasteur Vallery-Radot, découvre ainsi tout un courrier qui ne lui était pas destiné. Des médecins français dénonçaient, pour être signalés aux Allemands, certains de leurs confrères, en particulier des Israélites. Quelques-unes de ces missives infâmes portaient la signature de sommités bien connues. D'autres émanaient de membres du Comité France-Allemagne. Le professeur Milliez lui-même eut l'amère satisfaction d'apprendre que certains de ses "chers confrères" le dénonçaient personnellement... »

Toutefois, ayant ainsi mesuré l'ampleur du phénomène et la diversité des motivations, si l'on veut mettre en évidence le lien si caractéristique qui apparaît entre la délation et le marché noir, il faut pousser plus avant la recherche des motivations de ceux de nos compatriotes que l'Occupation amena à devenir des adeptes du « mouchardage ». C'est ce que fait, au passage, l'historien Roger Bourderon, déjà cité, par ailleurs, dans une étude plus spécialement consacrée au département du Gard. « Disparition ou raréfaction des denrées, hausses brutales et illicites, soupçons de trafic clandestin (abattages surtout) sont, est-il ainsi amené à constater, à l'origine de dizaines de lettres de délation, le plus souvent anonymes, que le préfet reçoit : elles viennent de tous les coins du département, villes et campagnes, car il y a partout quelqu'un à dénoncer. Certaines se prétendent collectives ("un groupe de mères françaises", ou "de bons Français", etc.). Elles ne sont généralement qu'une réaction de défense devant la situation tragique qui met en cause l'existence même de la famille ou de l'individu. (...) Ces lettres sont trop nombreuses pour être un phénomène sans signification sociale : elles représentent un aspect de la démoralisation des masses ; du ton distingué du lettré à l'énoncé maladroit et sans orthographe écrit de la main incertaine d'une ménagère indignée, leur style prouve qu'elles proviennent de tous les milieux sociaux... »

Quand s'étalait l'ignominie...

Il va sans dire — mais encore mieux en le soulignant — que cette vague de délation si « passionnément » encouragée par Vichy, cette « organisation du mouchardage », l'occupant se chargea de la structurer très précisément. Ecoutons ce que nous a déclaré à ce propos, dans les années 1970, un agent de l'Abwehr que nous avons déjà mentionné, Richard Christmann : « Je suis arrivé à Paris dès le 17 juin 1940, nous a-t-il expliqué, j'étais affecté à la section que dirigeait le commandant Hermann Giskes, la III-C-2 A... Là, nous recevions toutes les lettres arrivées dans les Kommandantur. Il y en avait énormément parce que beaucoup de Français nous écrivaient. A certains moments, le lundi matin, on a trouvé jusqu'à cinq ou six cents lettres, le plus souvent anonymes. Il fallait faire un tri. Des dactylos étaient chargées d'un premier choix. C'étaient des dactylos qui savaient le français et qui mettaient de côté les lettres qui pouvaient être intéressantes. Ensuite, nous nous les partagions entre trois groupes : le mien ; celui du comte Kreutz, alias Wagner, alias Sacha — il était originaire des Pays baltes, c'était un véritable comte baltique de vieille souche puisqu'il avait le titre de "Reichsgraf" (comte d'Empire) ; celui enfin de Kramer qui, de son véritable nom, s'appelait Kuchenbecker — il était originaire de Hambourg où il vit encore aujourd'hui comme importateur de café, vanille épices, etc... Nos trois groupes ne devaient ni se réunir ni recevoir à l'intérieur de l'hôtel Lutetia et nous avions des bureaux en ville dont le plus important se trouvait avenue Montaigne. Chacun recevait donc son paquet de lettres, qu'il était chargé d'exploiter... »

Dans l'analyse de Bourderon comme dans le témoignage de Christmann, quatre mots apparemment anodins méritent pourtant d'être particulièrement retenus : « le plus souvent anonymes ». Ils nous ramènent en effet à une autre constatation déjà faite, celle de l'hypocrisie pétainiste, d'un Vichy où Tartuffe est roi. En 1941, un des écrivains les plus vichystes, « ministre plénipotentiaire » du Maréchal, Paul Morand, a publié un ouvrage intitulé *Chroniques de l'homme maigre*. Quand on sait à quel degré de misère physique et morale les « restrictions » condamnent la majeure partie de la population française, il est difficile de lire sans frémir une phrase comme celle-ci, sous la plume de Morand : « Il est triste d'avoir faim ; mais il fallait que nous fussions touchés au ventre pour être sauvés. »

On sait avec quel soin le général de Gaulle pèse ses termes lorsqu'il écrit ses *Mémoires de guerre*. Aussi n'est-il pas sans intérêt de noter quelles expressions — et surtout quels adjectifs — le chef de la France libre emploie pour décrire cet état des lieux dont nous nous efforçons ici de faire percevoir au lecteur toute l'anormalité. A propos du printemps de 1944, il affirme : « Un marché noir effréné... d'indicibles privations... des gains scandaleux... ». Effréné, indicible, scandaleux — trois qualificatifs qui nous font toucher du doigt l'ébranlement profond des structures et des valeurs.

Dans son journal de médecin sarthois observant, jour après jour, les réactions de ses compatriotes et où nous avons déjà trouvé un juste reflet de la vie quotidienne en France occupée, le docteur Delaunay note, dès la fin de 1940, que « la moralité publique baisse ». C'est un fait patent. En le constatant rétrospectivement dans *La Vie des Français sous l'Occupation*, déjà souvent citée, Henri Amouroux explique : « Avec les années, quelles sont les conséquences des restrictions ? Sur le plan moral, d'abord, elles entraînent une désagrégation plus ou moins rapide de toutes les valeurs reçues. Dans l'impossibilité de faire vivre sa famille avec son salaire insuffisant, l'ouvrier et le fonctionnaire "se débrouillent" ; le commerçant fait fortune au marché noir, le paysan se laisse emporter par un vent de trafic et chacun légitime comme il le peut une inégalité plus ou moins profitable. L'homme que la gendarmerie de Vierzon a arrêté en mai 1941 pour avoir vendu, sous le nom de chèvre, des gigots de chien, était sans doute, avant la guerre, un fort honnête Français, comme ce manœuvre d'Arras qui, muni d'un brassard, s'était placé dans un petit chemin emprunté par des cyclistes en quête de beurre et les arrêtait pour prélever une partie de leurs achats illégaux. Et ce vieux Bordelais, qui tue sa femme parce qu'elle lui refusait un morceau de pain, pourquoi n'aurait-il pas été, avant les restrictions, un excellent mari ? (...) Des millions de Français volent. Ouvertement ou non. Entre ceux qui volent pour faire fortune et ceux qui volent pour manger, nul, jamais, n'établira les pourcentages »... Certes, cette soudaine — et, pendant quatre années, croissante — multiplication d'actes qu'un Code évidemment inadapté aux circonstances exceptionnelles de l'époque continue d'appeler « fraudes », « vols » ou « escroqueries », il serait injuste de la considérer simplement comme une inflation de la délinquance. « Le peuple français, remarque Jacques Debû-Bridel, n'accepta ni la défaite, ni de laisser mourir ses enfants de faim. Il s'ingénia donc à tourner, à violer des prescriptions légales dont l'occupant était, de fait, le principal bénéficiaire. Il y réussit en partie, souvent avec la complicité de fonctionnaires patriotes et clairvoyants ». Toutefois, le même auteur doit admettre que « la nécessité de ruser avec l'Allemand » finit par « ébranler les bases mêmes de la moralité privée ou sociale » et il est clair que les conséquences négatives du phénomène l'emportent largement sur celles de ses causes que l'on peut dire positives. A cet égard — et sans vouloir revenir sur la gravité de l'épidémie de délation — comment ne pas noter ce que signalent plusieurs observateurs à propos des réactions de certains membres des forces occupantes face à la conduite de trop de Français ? Evoquant le comportement des « feldgendarmes » dans *Occupation, résistance et libération du Chinonais*, Henry Brocourt écrit : « Ces gendarmes (...) s'étonnaient eux-mêmes de l'attitude de nombreux Français qui leur dénonçaient dans chaque commune les propriétaires des fusils non déposés au chais de la Maison Plouzeau et de déclarer : "Dire qu'ils se vendent entre eux !" surtout qu'il leur était précisé l'endroit où se cachait l'arme, ici sous un tas de foin, là dans le grenier ». De même, dans son étude sur *L'Opinion publique sous l'Occupation*, plus spécialement consacrée au département de l'Eure, Marcel Baudot rapporte : « Un feldkommandant d'Evreux se disait écœuré de l'afflux de dénonciations et d'imputations souvent anonymes qui lui parvenaient... »

Ne nous voilons pas la face : tel était l'état des lieux. L'état de la France asservie où s'étalait l'ignominie et couvait la révolte. Le cinéaste Roger Vadim a raison d'écrire dans *Mémoires du Diable* : « Si vous n'avez pas vécu à Paris sous l'Occupation, les clichés sur l'époque sont assez fidèles. Les Allemands. Le couvre-feu. Les vélos-taxis. Les tractions avant des occupants et des collaborateurs. Les gazogènes. Les tickets d'alimentation. Les zazous. Les queues. Le métro qui passe une station sur deux. La défense passive. Vitres bleues et sacs de sable. Les alertes. La DCA. Les flics à vélos. Des queues. Toujours des queues. La fraude. La démerde. Le marché noir. Les rafles. Parfois des coups de feu. Mais Paris qui vivait. On sentait l'oppression. Pas la soumission. Il y avait d'une part l'ordre de fer — les nazis ; d'autre part, l'ordre moral — le gouvernement français. On pouvait refuser l'un et l'autre. C'était la liberté. »... Oui, malgré tout, la liberté de choisir.

La liberté, malgré tout, de choisir son camp.

Chapitre deux

« AU SERVICE DE L'ENNEMI... »

Où il est clair que la Collaboration avec les nazis fut aussi un inéluctable encanaillement.

Evidemment épouvanté par le crime absolu que fut la Shoah, brutalement choqué lorsqu'il a fallu enfin admettre la participation directe de l'Etat français et que, comme l'écrit Raul Hilberg dans *La Destruction des Juifs d'Europe*, en France, « ce fut à la bureaucratie française qu'incomba la lourde responsabilité d'accomplir une grande partie de l'œuvre de destruction », on a tout naturellement tendance à s'intéresser d'abord à ce crime contre l'humanité et à son corollaire le crime de guerre que fut la sanglante chasse aux résistants, également accompli grâce à « la bureaucratie française ». Tout naturellement et très légitimement. Il ne faudrait pas toutefois que pour autant, si l'on peut dire, la forêt nous cache l'arbre. Le crime contre l'humanité et le crime de guerre, le massacre systématique des Juifs et des Tziganes, la traque des combattants clandestins, des francs-maçons et des antifascistes étrangers ont comme drainé dans leur sillage bien d'autres crimes et délits. Le titre choisi par Jacques Delarue pour son meilleur livre, *Trafics et crimes sous l'Occupation*, est à cet égard significatif. Et il n'y eut pas que des trafics... L'« ébranlement des bases mêmes de la moralité privée ou sociale » que souligne Jacques Debû-Bridel, se cristallise et s'épanouit alors dans ce que l'on a appelé la Collaboration...

Entre 1940 et 1945, un certain nombre de Français, dont bien des « élites », comme on dit, se sont terriblement « mal conduits » ; aussi, depuis un demi-siècle, a-t-on vu paraître des milliers d'articles et des centaines de livres où l'on explique, en gros, soit que la politique dite de Collaboration était une hypocrisie nécessaire au bien de la France, soit que, à part quelques bavures, les fautes commises furent l'effet d'égarements passagers ou d'options erronées mais dont les mobiles restaient nobles. Toute une imagerie en est découlée à laquelle nous avons déjà, plusieurs fois, fait allusion : la thèse « du bouclier et de l'épée », la légende des idéalistes aux intentions pures qui ne se salirent les mains que par mégarde, la complainte des bien-pensants qui n'ont pas cru mal faire, l'apologie même des hommes de devoir qui se sont sacrifiés, etc. Et si, comme nous l'avons vu plus haut, l'exemplarité du procès Papon fut quelque peu brouillée, l'affaire Papon a montré, tout au long des années 1980 et 1990, que le flot des arguties révisionnistes était loin d'être tari.

Quelques cas particuliers mis à part, on peut, en vérité, considérer que, globalement, tout ceci est faux... Et d'ailleurs cette expression même « la politique de Collaboration » est une expression fautive. Certes, la Collaboration eut bien des aspects politiques, mais la collaboration (avec un grand C) ne fut pas une politique. Ce fut un crime. Un ensemble de crimes et délits. Le crime contre la patrie que les résistants se sont en vain efforcés d'empêcher fut en fait un crime au sens strict du terme, un crime au sens social, moral et judiciaire même. Un crime de « droit commun ». Oui, de « droit commun »... Et ce n'est pas nous qui le disons. Ce furent, par exemple, les représentants du Ministère public à de nombreux procès de collaborateurs. Ainsi le procureur général André Boissarie en requérant contre Jean Hérold-Paquis, le 17 septembre 1945... Ainsi le commissaire du gouvernement Thomas lançant à Charles Maurras, le 26 janvier 1945 : « Nous en sommes revenus aux faits de droit commun ! » Aussi bien ne peut-on pas dire ce qu'était la situation de la France et celle donc des résistants au printemps de 1944 si l'on ne revient pas et n'insiste pas sur le contenu même, la signification profonde du mot Collaboration.

« A un niveau social déterminé, on se débrouille... »

A l'évidence, la Collaboration, au sens premier du terme, c'est l'effort pour conserver les biens déjà acquis et pour en acquérir d'autres ; c'est un ensemble de manœuvres non seulement pour empêcher que les circonstances exceptionnelles portent atteinte à ces biens mais pour utiliser les circonstances particulières de l'époque en vue de l'acquisition d'autres richesses et d'autres situations, lesquelles, en temps normal, eussent été hors de portée... Psychiatre ayant particulièrement étudié le comportement des « collaborateurs », le docteur Georges Daumézon nous dit : « On trouvera *a priori* plus de gens qui iront dans le sens de la Collaboration chez les banquiers, plutôt que chez les ouvriers d'usine, parce qu'entre autres l'avantage est plus grand chez le banquier à conserver, à être conservateur que chez l'ouvrier qui n'a pas grand-chose à perdre et qui est plus menacé. A un niveau social déterminé, on se débrouille assez facilement pour éviter les inconvénients graves... »

Et les constatations des historiens confirment ici les observations du psychiatre. Au tome II de leur *Histoire de la Civilisation française*, les professeurs Georges Duby et Robert Mandrou expliquent : « Le régime de la Collaboration a été soutenu par une notable partie de la bourgeoisie : commerçants bénéficiaires des trafics institués par l'occupant et du marché noir, industriels favorisés par la paix sociale dans le cadre de la charte du Travail, par le regroupement professionnel mis sur pied à l'image des corporatistes fascistes et nazis, grands maîtres de l'économie nouvelle participant à l'effort de guerre allemand, comme Renault et les entrepreneurs du mur de l'Atlantique. (...) Collaborateurs et résistants se recrutent trop nettement dans deux classes opposées, au moins jusqu'à la fin de 1943 ». Mieux même, deux autres universitaires, déjà cités, Etienne Dejonghe et Daniel Laurent, insistent sur une motivation essentielle de ce soutien lorsqu'ils écrivent : « La répression de l'agitation sociale pouvait constituer un facteur de rapprochement entre les deux parties »... Toutefois, cette motivation essentielle ne doit pas faire oublier que la Collaboration, comme le rapporte Jean Texcier en citant « un haut fonctionnaire » de l'époque, « pour le paysan, c'est la collaboration du cochon et du marchand de bestiaux ; pour l'ouvrier, celle de la paire de fesses et de la paire de bottes » et que, même s'ils en tirent largement profit, les patrons n'échappent pas à cette soumission que les nazis exigent de tous. C'est au point que, poussant l'analyse jusqu'au paradoxe, l'archiviste et historien André Scherer peut affirmer dans le n° 32 de la *Revue d'Histoire de la Deuxième Guerre mondiale* (octobre 1958) que « sans relations avec l'extérieur, sans armée, sans flotte, sans territoire où exercer sa souveraineté, bientôt sans autorité sur les Français, les "ministres" siégeant à Vichy étaient bien les seuls à se considérer comme constituant un "gouvernement". Pour Hitler, par exemple, ils n'étaient rien d'autre que des agents d'exécution de la volonté du Reich avec lesquels il était parfaitement inutile de discuter ou simplement d'être poli. Ainsi écrivait-il à Pétain, le 28 avril 1943 : "Afin de me former une opinion claire sur la situation politique en France, j'ai convoqué *(sic)* M. Laval, chef du gouvernement, demain, à mon quartier général." Dans ces conditions, les auteurs des témoignages sur cette période peuvent maintenant arguer qu'ils n'ont fait qu'exécuter des ordres dont ils n'avaient pas les moyens matériels d'empêcher l'exécution. On ne peut pas dire, en ce sens, qu'ils aient "collaboré" avec l'occupant ». Si Scherer montre bien la servilité de Philippe Pétain et de ceux qui s'empressèrent de le suivre sur la voie ouverte à Montoire, il a le défaut de simplifier singulièrement la dialectique des responsabilités. En effet, ce n'est pas parce que les nazis ne laissent aux vichystes aucun pouvoir de décision que ces derniers doivent, pour autant, être considérés comme irresponsables ; privés de responsabilités, ils ne sont pas, du même coup, exempts de la responsabilité des crimes qu'ils aident à commettre ; dans l'immédiat, les plans hitlériens tendent bien d'ailleurs à la leur faire porter aux yeux du peuple français. Lorsque, le 10 avril 1942, le journal financier berlinois *Berliner Börsen Zeitung* publie un article du docteur Elmar Michel, le général allemand qui, à

Paris, à l'Hôtel Majestic, dirige l'état-major économique des forces d'occupation, celui-ci explique très clairement que la Collaboration a « non seulement l'avantage d'économiser rigoureusement les spécialistes allemands mais que, par suite de l'intercalation de services français, la responsabilité du gouvernement français vis-à-vis de son peuple s'est trouvée nettement mise en lumière et que les mesures à prendre, souvent décisives, ont été communiquées à la population française sous la forme la plus opportune ».

Pots-de-vin, Gestapo et dessous-de-table

Source de profits pour les valets et paravent pour les maîtres, quels zélateurs la Collaboration peut-elle espérer ? Le poète Léon-Paul Fargue répond : « Ce qu'on nomme des collaborateurs surgirent de dessous les chaises et les cartons. Nous n'étonnerons personne en disant tout bonnement que la plupart étaient secrètement méprisés bien avant la pluie de sauterelles germaniques. Nous nous citions des noms dans nos conciliabules et il se trouvait toujours quelqu'un pour s'écrier : “Un tel, c'est le couronnement de sa carrière !” ». On rapprochera utilement cette notation de mémorialiste des communications faites au congrès des médecins aliénistes et neurologistes qui se tint à Niort du 21 au 26 juillet 1947 et où nous savons déjà que l'on discuta de la « psychopathologie de la trahison ». Nous ne pouvons, bien sûr, faire référence ici à toutes ces communications ; bornons-nous à deux d'entre elles. Nous y retrouvons le docteur Daumézon qui, dans le rapport introductif à la discussion générale déclare que parmi les collaborateurs, il y a « une masse énorme d'épaves sociales plus ou moins subtilement recrutées par l'ennemi dans les milieux les plus divers. Ces sujets donnèrent leurs activités à des organisations diverses, parfois d'une extrême utilité pour l'ennemi, parfois discrètement, parfois sans vergogne. A moitié conscients de leur félonie, ils cherchèrent à tirer de leur attitude le plus d'avantages possibles, si sordides soient-ils. Plus cyniques, mais en fait plus rares, étaient les amoraux recherchant l'aventure, heureux de s'opposer à la majorité mais surtout recherchant à assouvir des instincts élémentaires et fort bas. Chez de tels sujets, la fragilité de l'engagement, fonction de leur organisation instinctivo-affective, a été à la fois un facteur de leur reniement et une raison de leur incompréhension de l'hostilité qu'elle soulève ». De même, les docteurs Duran et Péchoux, sur la base d'expertises médico-légales effectuées à la requête du tribunal militaire de Lyon, peuvent remarquer au passage : « L'opinion politique n'intervient que dans un nombre restreint de cas ». De toutes ces constatations, Yves Farge réalise une synthèse particulièrement percutante lorsque, faisant part — à chaud — de son expérience de commissaire de la République durant les mois qui suivirent la Libération, il constate que « la peur du peuple a engendré des crimes monstrueux contre les hommes et contre la patrie. La dépravation des individus est devenue un moyen de gouvernement, l'anticommunisme est à la base de toutes les monstruosités. Le système de perversion fondé sur les peurs de la bourgeoisie possédante, sur l'amour du confort, sur l'attachement aux privilèges, sur l'indigence des esprits et des âmes, fut mis en pratique (...). Tout un continent a vécu dans ces abandons, dans ces traîtrises, au milieu de ces billets de banque comptés par cent mille, de ces monceaux d'or, dans cette fréquentation intime du soldat et de l'escarpe, avec ces mitraillettes et ces codes secrets ».

Déjà, plus haut, à la fin du chapitre sur la trahison, nous avons dit comment l'« art de déshonorer » était une des disciplines les plus méticuleusement pratiquées par les nazis et nous avons rappelé les paroles prononcées par Adolf Hitler en 1942 : « Je pourrirai les pays que j'occuperai... Je sèmerai la boue ! » Yves Farge a donc tout à fait raison d'affirmer qu'un véritable « système de perversion » fut « mis en pratique » par les occupants. Insistons-y en montrant, avec le procureur général André Mornet — celui qui, en juillet 1945, en Haute Cour, se dressera en accusateur face à l'accusé Philippe Pétain — que, si l'on assiste, à Vichy, à une « course à l'avilissement à laquelle préside un gouvernement sans mandat », c'est bien à la suite d'un plan précis conçu, à Berlin, par le Führer lui-même. Ce plan, Mornet le définit ainsi : « Abaisser la France au point qu'elle ne puisse s'en relever devant les peuples et, pour cela, dans le domaine intérieur, l'avilir moralement dans la personne de ses fils (...) ; faire de chaque citoyen un dénonciateur, avoir des espions dans tous les milieux, encourager la délation par l'appât de primes dont l'annonce s'étale impudemment sur tous les murs, arrête le passant, le poursuit, l'arrête encore devant une nouvelle affiche, provoque ses tentations s'il est pauvre, excite sa cupidité s'il est riche, finalement, s'il est faible, étouffe en lui les révoltes de la conscience, abolit le sens de l'honneur et en fait un être vil... » Hélas, le célèbre magistrat n'exagère pas... « Miliciens et doriotistes, se souvient Philippe Erlanger, prêtent main-forte aux Allemands. Les indicateurs reçoivent une prime considérable, 5 000 francs pour chaque Juif arrêté. Aussi vont-ils se multiplier... ». Et, dans *L'Armée des ombres*, Joseph Kessel fait dire à un de ses personnages : « La Gestapo dispose de sommes énormes pour ses indicateurs. Nous connaissons une petite ville de dix mille habitants où le budget de la Gestapo est d'un million de francs par mois. Avec cela, elle a pu acheter quatre salauds ». En fait, les nazis accordent une telle importance à l'application de ce plan qu'ils n'hésitent pas à prendre le risque de corrompre leur propre armée. Le 21 janvier 1946, devant le Tribunal militaire international de Nuremberg, l'avocat général français Charles Gerthoffer pouvait citer un « rapport du contrôle économique » où il était dit : « C'était l'époque où le champagne, le cognac, la bénédictine se traitaient par lots de 10 000 à 50 000 bouteilles et le foie gras par tonnes. Dès le début la corruption générale avait gagné de très nombreux officiers de la Wehrmacht, tentés par la vie fastueuse qui se déroulait autour d'eux ; elle envahit si bien les milieux militaires allemands que, du simple cantinier à l'officier supérieur, chacun se commettait avec les pires trafiquants, exigeant des commissions sur tous les marchés. Dans une vente clandestine de filés de laine, le service se trouva une fois en présence d'un général de la Luftwaffe... » Mais ne soyons pas naïfs — pourquoi les dirigeants nazis auraient-ils été gênés de voir leurs subordonnés se conduire comme eux-mêmes s'étaient toujours conduits ? L'histoire du fascisme est aussi celle du corrupteur corrompu. Et ceci fut vrai partout où s'étendit la marée brune. « Les occupés, note Jean Vidalenc, ne participaient à la vie économique que dans la mesure où ils pouvaient verser ici une "contribution volontaire", ailleurs un pot-de-vin ou un dessous-de-table, aux services chargés du contrôle de leur profession, dont la vénalité semble avoir été la forme la plus accomplie de l'unification de l'Europe allemande... »

Les « bureaux d'achat »

Sous le signe de la vénalité — tel pourrait être le titre d'une histoire à peu près complète de ce qu'on appelle la politique de Collaboration... C'est tellement vrai que si l'on veut dresser un rapide tableau des hommes, des organisations et des publications par quoi se matérialisa ce phénomène, on est logiquement et chronologiquement obligé de commencer par évoquer les « bureaux d'achat ». Il ne faut pas croire que dans leur orbite on retrouve seulement les truands et trafiquants, industriels et commerçants, fonctionnaires et policiers avec lesquels ils sont, pourrait-on dire, normalement en contact ; non, la gamme est beaucoup plus vaste et les filiations sont beaucoup plus étendues. Les caisses des partis fascistes et des bandes armées qu'ils entretiennent ont besoin d'être fréquemment remplies et il n'y a pas de tables mieux garnies et plus mondaines ni de salons plus fréquentés que ceux des gangsters français devenus gestapistes et, du même coup, rois du Tout-Paris. « Quand Henry Lafont torturait des résistants, rue Lauriston, pendant l'occupation allemande, pourra écrire, trente ans plus tard, André Halimi, dans *Paris, hélas Paris...*, c'était le Tout-Paris qui se montrait le plus attentif et le plus fidèle à ce monstre. Tous les récits concordent sur ce plan : le Tout-Paris littéraire et artistique assistait à toutes les fêtes de M. Henry, cautionnant, sous le couvert de mondanités, un des plus horribles massacres de l'Occupation ». L'ébranlement des valeurs traditionnelles, l'incertitude de l'avenir, le voisinage de la torture et de la mort, le déferlement du pire fanatisme et du plus complet arrivisme, l'arrogance d'avoir tout accaparé se mêlant sans cesse à la peur de tout perdre — tout concourt, chez ceux qui ont choisi le service de l'ennemi et chez les opportunistes qui leur emboîtent le pas, à une frénésie des mœurs qui renverse bien des barrières sociales. Dans le petit monde de la Collaboration règne une promiscuité inversement comparable à la fraternité qui dans la Résistance, réunit des hommes et des femmes aux origines les plus diverses. Et ces liens nouveaux, c'est autour des « bureaux d'achat » qu'on les voit d'abord se nouer.

Que furent donc ces « bureaux d'achat » ?

A Nuremberg, dans son intervention du 21 janvier 1946 que nous avons déjà citée, l'avocat général Charles Gerthoffer déclara : « Les Allemands ne devaient pas tarder à procéder eux-mêmes, et dans des proportions de plus en plus considérables, à des achats au marché noir, le plus souvent par l'intermédiaire d'agents et de sous-agents, recrutés parmi les éléments de la population les plus douteux, chargés de "dénicher" les produits. Ces agents, compromis en raison des infractions qu'ils commettaient à la législation sur le rationnement, bénéficiaient d'une immunité totale, mais étaient sans cesse sous la menace de dénonciations de la part de leurs employeurs allemands dans le cas où ils ralentiraient ou arrêteraient leur activité. Souvent, ces agents remplissaient également des fonctions à la Gestapo et s'en trouvaient rémunérés par leurs commissions provenant du marché noir... » Cette définition des « bureaux d'achat » est juste et précise, mais peut-être un peu trop abstraite pour qu'on puisse, à travers elle, en percevoir l'exacte et incroyable réalité. Au cours de la même audience du 21 janvier 1946, l'avocat général Gerthoffer avait évoqué les « mauvais garçons, chevaliers d'industrie et autres repris de justice » qui « s'agglutinèrent rapidement » autour desdits « bureaux » ; un des plus typiques d'entre eux, le gangster marseillais Paul Bonaventure Carbone, dont nous reparlerons, avait alors pour maîtresse une certaine Germaine Germain, dite « Manouche » dont Roger Peyrefitte devait plus tard raconter la vie. Dans cette biographie, on peut lire : « Elle découvrait un nouveau domaine de Carbone : son bureau d'achat de la rue du Colisée. D'autres Corses étaient ses principaux associés. On achetait, au-dessous du prix de la taxe, tout ce qu'il y avait à acheter, pour le vendre encore plus cher aux Allemands, dont les besoins étaient innombrables. Plusieurs bureaux s'y évertuaient et celui de Carbone n'était pas le moindre. Ils dépendaient d'un service dirigé par l'ingénieur Brandl, qui payait leurs fournitures grâce aux cinq cents millions d'indemnité versés journellement à l'Allemagne. Manouche eut une vision de ce brassage, quand Paul alla avec elle chez le caissier de ce service, pour toucher le prix d'un wagon de peaux de chamois arrivé de Marseille. Derrière une grille, il y avait des monceaux de billets de banque, les coffres ne suffisant pas à les contenir... » Description fort évocatrice... Mais l'enquête la plus approfondie sur les « bureaux d'achat » a été menée par l'historien Jacques Delarue pour nourrir son livre déjà mentionné et intitulé *Trafics et crimes sous l'Occupation*. Citons les pages où il étudie la plus importante de ces officines, le « bureau Otto ». « L'extraordinaire "rentabilité" des bureaux d'achat avait entraîné, écrit-il, une prolifération de ces organismes. Les meilleurs agents du service d'espionnage "Otto" reçurent comme récompense l'autorisation officieuse d'ouvrir des bureaux d'achat "sous-traitants", comme Masuy, Rudy de Mérode, van Houten, etc. A leur tour, ceux-ci firent délivrer des accréditifs d'acheteurs ou de démarcheurs à leurs hommes de main qui recrutèrent une foule de rabatteurs anonymes. (...) La diversité des marchandises vendues était extraordinaire. Les bureaux achetaient tout. On a retrouvé sur les livres de la firme Schenker, qui transportait les marchandises livrées par Otto, la trace des objets les plus inattendus : textile, cuir, métaux, mais aussi outillage, caoutchouc, appareils sanitaires, verrerie, parfumerie, bimbeloterie, mobilier, appareils électriques, et jusqu'à des balais, des peaux de singes et... des pierres tombales. La moyenne des paiements quotidiens effectués par la caisse d'Otto en donne une idée : de janvier à mars 1941, quinze millions par jour ; d'avril à septembre 1941, trente millions ; à partir d'octobre 1941, cinquante millions. (...) Cette moyenne quotidienne ne varia pas jusqu'en septembre 1942 puis (...) atteignit cent millions en octobre et cent cinquante millions en novembre et décembre ! Cent cinquante millions par jour, en 1942 ! Le caissier français a relaté après la guerre qu'une date lui avait laissé un souvenir précis : dans la seule journée du 22 décembre 1942, il avait versé aux fournisseurs d'Otto la somme incroyable de trois cent vingt-deux millions, soit plus de quarante millions par heure ! Que d'affaires "magnifiques" représentait une telle somme ! Cette fin d'année 1942 vit réellement l'apothéose du trafic. (...) Otto et ses principaux collaborateurs s'installèrent enfin 6, rue Adolphe-Yvon. Les bureaux privés d'Otto furent installés au premier étage, les bureaux ouverts au public et ceux des employés, au rez-de-chaussée et dans l'immeuble du 5, boulevard Flandrin. Dès le 15 août, jour de l'"ouverture", les acheteurs se pressèrent rue Adolphe-Yvon. Les nouvelles installations étaient (...) parfaitement "fonctionnelles". Le bureau du caissier avait été blindé et des sonnettes d'alarme posées, en raison de l'importance des fonds qui allaient y "transiter" chaque jour. Des hommes armés aux mines patibulaires, ceux de Rudy de Mérode, veillaient un peu partout. Des gardiens se tenaient jour et nuit dans la loge du concierge où se trouvaient entreposées les armes. Une lourde chaîne barrait le couloir d'entrée et un Polonais particulièrement rébarbatif et soupçonneux, "Stanislas", filtrait les visiteurs, refoulant les "amateurs" ou les suspects. On rencontrait journellement rue Adolphe-Yvon les personnages qui animaient les bureaux d'achat annexes, officines d'espionnage de l'Abwehr et de la Gestapo (...) qui y venaient apporter les propositions de leurs clients ou chercher des instructions pour la chasse aux résistants. On y rencontrait aussi des trafiquants comme Joanovici, le plus gros fournisseur de “ferraille” du bureau et des “messieurs” importants, commerçants et industriels “honorables” : tel directeur d’une grande usine de chaussures, tel fondé de pouvoir d’industriel y côtoyaient sans gêne apparente de sinistres tortionnaires qu’ils invitaient dans les meilleurs restaurants et parfois même chez eux. (...) En septembre, il fallut encore agrandir les installations en réquisitionnant l’immeuble du numéro 7, rue Adolphe-Yvon pour y installer le service des cuirs, des métaux, de l’outillage et des produits divers. (...) De petits courtiers en cuirs et d’anciens agents de tanneries jusqu’alors sans envergure devinrent soudain des personnages considérables, jonglant avec des dizaines de millions. On y trouvait aussi un ingénieur suisse, un ancien marchand de peintures, plusieurs individus sans passé avouable, des bouchers, une princesse russe, épouse d’un acteur de cinéma très populaire qui prospectait le Dauphiné et faisait d’excellentes affaires, et une vedette de cinéma allemande qu’un film de guerre français avait naguère rendue célèbre. Les narines délicates de ces ravissantes personnes ne paraissaient pas souffrir de ce commerce car, si l’insupportable puanteur des cuirs verts est bien connue, chacun sait aussi que “l’argent n’a pas d’odeur”... ». Autre historien à avoir plus spécialement étudié les aspects économiques de l’Occupation, François Boudot, dans le n° 54 de la *Revue d’Histoire de la Deuxième Guerre mondiale* (avril 1964), souligne lui aussi que, parmi les « bureaux d’achat », à l’évidence « le plus caractéristique est le “bureau Otto”, établi 6-8, rue Adolphe-Yvon à Paris, en 1941, et disposant d’immenses entrepôts à Saint-Ouen (Dienstelle n° 03-069 DT et 20.805), à Saint-Denis et à Nanterre. A l’origine son principal dirigeant, Hermann Brandl, est un homme de l’Abwehr, mais il travaille bientôt pour la Gestapo avec son adjoint Wilhelm Radecke. Ce sont eux qui, en 1942-1943, raflent quinze à vingt mille tonnes de cuirs verts et compromettent l’approvisionnement de la population française ». Toutefois Boudot ajoute : « Mais les activités peuvent être encore plus diverses. Le service central de la Kriegsmarine a, 1, rue Saint-Florentin à Paris, un bureau d’achat dirigé par le Hauptmann Dr Klauss qui se livre à un trafic de tapis, tissus, produits de parfumerie, articles de maroquinerie et sera complété par des offices analogues en province. C’est la Marine qui ouvre à La Chapelle-sur-Erdre (Loire-Inférieure) un service spécialisé dans la recherche des métaux non ferreux (“Marine-West-Frankreich Ersatzteillager M 46”). L’Aviation suit bientôt cet exemple. Il fallait pour un tel trafic des entrepôts. La Marine dispose des Magasins généraux d’Aubervilliers, les SS des docks les plus importants de Paris et de la région parisienne : Charenton, Berey-Conflans, La Chapelle, La Villette. »

« Doriot m'a vendu son parti... »

« Ainsi, commente Jacques Delarue, les bureaux d'achat proliféraient un peu partout. Et tous avaient le même double visage : “commercial” (si l'on peut employer cet euphémisme pour désigner cette gigantesque entreprise de pillage de la France) et d'espionnage... » Puis l'historien est amené à compléter l'explication donnée plus haut par l'avocat général Gerthoffer ; il précise que les officines chargées d'« assurer certaines tâches précises d'espionnage ou de basse police avaient vu leurs “couvertures” commerciales prospérer de telle façon que bientôt les accréditifs d'acheteurs et plus encore l'autorisation de créer un bureau secondaire, devinrent des primes destinées à récompenser les meilleurs agents. On se disputa ces charges si lucratives et certains fournisseurs, pas toujours les moindres, payèrent l'attribution de fructueuses commandes en fournissant des renseignements économiques ou politiques. Les plus importants et les plus dangereux de ces services furent ceux de Masuy et de Berger... » Ajoutons-y la fameuse « bande Bonny-Lafont » et, à son propos, en nous souvenant que nous venons d'évoquer le rôle du capitaine Radecke comme adjoint du colonel Brandl à la tête du « bureau Otto », voyons ce qu'en dit un spécialiste des aspects non point « économiques » de l'Occupation, mais de ses aspects politico-policiers, Michel de Boüard, dans le même n° 54 de la *Revue d'Histoire* que Boudot. « Des équipes d'auxiliaires de la “Sipo-SD” furent créées à Paris, par diverses initiatives, écrit-il. Un nommé Chamberlin (pseudo : Lafont), repris de justice qui avait été indicateur au service du Hauptmann Radecke, de l'Abwehr, se met, à la fin 1943, au service de l'“Amt IV” de la “Sipo-SD” ; avec l'inspecteur de police Bonny, il recrute une équipe d'intervention dont les membres jouèrent un rôle notable dans la lutte contre le mouvement de Résistance “Défense de la France” et dans la recherche des parachutistes alliés en Anjou et en Normandie. Au début de 1944, Chamberlin-Lafont constitue la “Légion nord-africaine”, qui sera employée dans la lutte contre les maquis de Bourgogne, de Dordogne et du Limousin (mars-août 1944)... ».

Masuy, Berger, Bonny, Lafont, etc. En rappelant ce qui se passait « du côté des bourreaux », nous avons vu que ces noms étaient synonymes de records dans la torture et l'assassinat. Aussi bien entendons-nous déjà des voix s'élever pour dire qu'il serait abusif d'assimiler la politique de Collaboration aux méfaits des tortionnaires qui se réclamaient d'elle. Hélas, pour ceux que le poète Paul Eluard appelait des « vendeurs d'indulgence », Masuy ni Berger ni Bonny ni Lafont n'étaient simplement des truands, policiers ou espions devenus tortionnaires. Ils furent beaucoup plus que cela... Michel Hacq, un des anciens dirigeants des organisations de Résistance de la police qui, après avoir survécu à la déportation, devait devenir directeur de la Police judiciaire à la Sûreté nationale, nous a dit : « Lafont pensait qu'un jour il serait général allemand ou, peut-être, la guerre finie, préfet, ministre... Il tutoyait Laval et Laval le tutoyait. Il donnait, rue Lauriston, des réceptions mondaines absolument extraordinaires ! » Quant à Masuy, avant et pendant le procès qui, durant l'été de 1947, devait amener sa condamnation à mort, il parla beaucoup, rappelant ou révélant un certain nombre de vérités. Lorsque, le 14 mai, *Le Parisien libéré* publia sa « confession » présentée par Alex Ancel, on pouvait y lire entre autres : « En 1943, j'ai conçu le projet d'utiliser l'organisation du PPF en y suggérant l'organisation d'un réseau de deux cents agents d'information. Jusque-là, Doriot communiquait pêle-mêle ses renseignements à la Gestapo. Au cours d'une visite à son appartement, 201, rue de Grenelle, je lui remis cinq millions... » Moins de deux mois après, cette fois sur le banc des accusés, Masuy devait reparler du chef du PPF en des termes que Madeleine Jacob rapportait ainsi dans *Franc-Tireur* du 3 juillet : « Doriot m'a vendu son parti pour cinq millions, plus trois millions. Il avait fait des dettes. Et puis je lui avais dit : “Quand vous serez le chef, je vous monterai un Deuxième Bureau...” Il me renseignait et me prêtait des gens à lui. Bucard travaillait aussi pour moi ; coût : deux millions. Mais il opérait dans les milieux gouvernementaux. Ceci dit Doriot espionnait Bucard et Bucard Doriot, à mon profit. » Or, si l'on peut dire, Doriot ni le leader « franciste » n'étaient des chefs indignes de leurs troupes. Quand il fait une étude minutieuse de la Collaboration en Bretagne, Marcel Baudot, déjà cité, est amené à écrire : « Le SD de Rennes utilisera cent quarante indicateurs, quelques hommes de main, sans foi ni loi, mais surtout des militants de groupements pro-allemands, RNP (Rassemblement national populaire), PPF (Parti populaire français de Doriot), MSR (Mouvement social révolutionnaire) et PNB (Parti national breton). Le comte de la B., officier de réserve, se met au service de la police allemande pour la confection d'un fichier politique sur les familles de la noblesse bretonne. » Cet aristocrate celte est-il une exception ? Absolument pas. Désireux, trente ans après, d'évoquer, à propos de Klaus Barbie, l'atmosphère de Lyon pendant l'Occupation, François Caviglioli, après enquête dans la ville, fera, dans *Paris-Match* du 11 mars 1972, une saisissante description de certains aspects de ce que l'on pourrait appeler l'inéluctable encanaillement de la Collaboration ; il montrera ainsi Barbie dont on sait qu'il fut, de novembre 1942 à la Libération, d'abord chef de l'Amt IV puis adjoint du Kommandeur de la Sipo-SD, donc responsable de la Gestapo à Lyon, travaillant « en relation étroite avec le 5e bureau de la Milice, installé dans les locaux du *Progrès*, composé d'anciens officiers d'active, ivres de la puissance que leur confère la protection de l'occupant et persuadés qu'ils sont chargés de sauver la région lyonnaise du déferlement des hordes bolcheviques. Ceux-là se promènent à travers Lyon, bardés de parabellums qu'ils posent avec affectation sur le comptoir des bistrots, où personne n'ose leur suggérer de régler les consommations. (...) Lyon est alors devenue une ville folle, sanglante, où les lycéens PPF cambriolent les appartements d'Ainay et du boulevard des Belges, sous prétexte de répression anticommuniste... ». Enfin, à travers les bureaux d'achat, on aperçoit plus clairement un des aboutissements de la Collaboration qui n'est pas négligeable. Dans son résumé biographique d'Henry Chamberlin, alias Lafont, le journaliste et écrivain qui signe Stéphane Vincentanne le livre *La Bande à Pierrot le Fou*, rappelle que le fondateur de la « bande Bonny-Lafont » avait, avant la guerre, fait l'objet de dix condamnations et trois relégations, qu'il était SS-Hauptsturmführer (c'est-à-dire capitaine, alors que, notons-le, Doriot n'était que lieutenant) et il ajoute enfin qu'il « opta pour la nationalité allemande ». Cette option était-elle une exception ? « Non », nous a répondu le colonel Oscar Reile, l'un des anciens chefs de l'Abwehr en France, lorsque nous le lui avons demandé. Et il a ajouté : « Personnellement j'ai donné à tous les hommes qui travaillaient pour moi la possibilité de se réfugier en Allemagne et je pense que nous avons dû leur accorder à presque tous la nationalité allemande. »

Les colliers des « Feldgendarmes »

Dans la mesure où l'examen des « bureaux d'achat » nous offre tout à la fois une vue panoramique et une coupe en profondeur du petit monde de la Collaboration, il nous permet d'en mieux appréhender la réalité grouillante et surtout d'en noter les caractéristiques fondamentales. Ceci fait, poursuivons notre inventaire et n'oublions pas que, pour dire qui furent les résistants, il convient évidemment de savoir qui étaient leurs ennemis.

Nous avons vu plus haut comment les SS et la Wehrmacht avaient systématiquement pratiqué les massacres de populations civiles. Le prétexte, nous le savons, en était toujours la « lutte contre les partisans », c'est-à-dire, pour ce qui est de la France, les attaques militaires contre les maquis. Toutefois, pour préparer et coordonner ces opérations ainsi que pour, dans l'ordinaire des jours, rechercher et réprimer les activités jugées nuisibles aux forces d'Occupation, ce ne fut pas l'ensemble de la Wehrmacht ni l'ensemble des SS que les nazis employèrent mais des sections spécialisées de ces deux organismes, des sections plus spécialement chargées de ce que, en temps normal, on eût appelé le renseignement, le contre-espionnage et la police. On sait que, à part quelques officiers passés par le 2e ou le 5e Bureau et quelques antifascistes ayant, avant la guerre, étudié les structures du nazisme, la plupart des résistants ont toujours indifféremment utilisé le terme « Gestapo » pour désigner ceux qui, avec la police française, les pourchassaient, les arrêtaient, les torturaient. La réalité administrative était tout autre : en effet, le mélange traditionnel allemand de qualités d'organisation et de défauts bureaucratiques fut comme décuplé par la volonté criminelle des nazis et aboutit à une multiplication des services eux-mêmes subdivisés en de nombreux bureaux. Les textes réglementaires s'abstenant, souvent à dessein, de délimiter strictement les attributions, il y eut bien des interférences, des rivalités, voire des querelles. Pour ces raisons, la contradiction, d'abord estompée par les victoires puis évoluant, au fil des défaites, vers le conflit ouvert, qui opposait certains cadres militaires classiques à l'appareil politique hitlérien fut souvent plus nettement perceptible ici qu'ailleurs. Cependant, négligeable est le nombre de cas où ces excès bureaucratiques et ces dissensions internes ont été profitables aux résistants ; face aux « menées terroristes des espions et bandits judéo-bolchéviques et gaullistes », la Gestapo se présenta toujours comme un bloc aussi monolithique que malfaisant. Aussi bien pouvons-nous faire nôtre l'avertissement que les historiens belges Jules Gérard-Libois et José Gotovitch adressent aux lecteurs dans leur livre *L'An 40 ; la Belgique occupée*. « Etat policier par excellence, expliquent-ils, le Reich exportera à plus forte raison dans les pays occupés son armature répressive. Mais les spécialistes cherchent encore aujourd'hui à démêler les compétences des divers services allemands dont les terrains d'action se recoupèrent et varièrent au long de la guerre. Sans doute la vérité est-elle ce fouillis même et l'ordonner trahirait la réalité. Les nécessités d'un exposé y obligent. Qu'on ne perde donc pas de vue l'extrême mouvance de ce qui est décrit ci-après. »

En négligeant les services secondaires tels que le Devisenschutzkommando (police des changes) ou la Hafenpolizei (police portuaire), commençons par la partie visible de l'iceberg : les policiers allemands en uniforme que l'on pouvait rencontrer en France entre 1940 et 1944. Ils étaient de deux sortes : ceux de la Feldgendarmerie et ceux de la Geheime Feldpolizei (GFP).

Il n'était guère besoin de marcher longtemps dans les rues d'une ville occupée pour rencontrer un couple de ces sortes d'huissiers à collier verts et casqués qu'étaient les Feldgendarmes. Cependant, non sans raison, deux autres auteurs belges, Jean-Léon Charles et Philippe Dasnoy considèrent, dans leur livre *Les Secrétaires généraux face à l'occupant, 1940-1944*, que la plus repérable des branches de l'appareil répressif allemand était aussi la moins dangereuse. D'ailleurs, ils la définissent comme « une prévôté traditionnelle de l'armée, qui travaille le plus souvent en uniforme, garni d'un curieux collier métallique. Elle a les missions classiques de toute police militaire : surveillance des convois, tenue et discipline des militaires allemands, etc. Elle se trouve répartie dans les "Kommandantur" (...). Dans certains cas exceptionnels, elle exécute des missions pour le compte de l'"Abwehr", ou d'autres polices, et assure souvent le transport et la surveillance des détenus ». Entendons-nous toutefois sur le sens de

« la moins dangereuse ». Le 9 septembre 1944, Lucienne Krasnopolski, âgée de dix-sept ans, était entendue, sous la foi du serment, par le commissaire des Renseignements généraux Gaston Ringot. Le procès-verbal de cette audition a été versé aux archives du Tribunal militaire international de Nuremberg. Dans ce témoignage qui n'est ni exceptionnel ni isolé, on peut notamment lire : « J'ai été employée en qualité de femme de ménage à la "Kreiskommandantur" de Valenciennes du 1er juillet au 31 août 1944. A ce titre, il m'a été possible de voir les tortures des prisonniers amenés à la "Feldgendarmerie". (...) J'ai également remarqué que d'autres supplices étaient infligés aux prisonniers dans le sous-sol de la "Kommandantur". Les détenus étaient frappés à coups de bâton. J'ai vu, à deux reprises différentes, les "Feldgendarmes" descendre au sous-sol avec des tisonniers rougis et aussitôt j'entendais les cris des détenus à qui on avait appliqué la torture au fer rouge... »

Le sanctuaire de l'Abwehr

Bien que les membres de la GFP fussent aussi des policiers en uniforme, il est certain qu'on les remarquait beaucoup moins que leurs collègues au « curieux collier métallique » et nombre des résistants qu'ils arrêtèrent ne surent jamais à qui ils avaient eu affaire. D'abord parce que les trois lettres en métal sur écusson bleu clair qui les distinguaient des autres membres de la Wehrmacht étaient beaucoup moins visibles que la tenue des Feldgendarmes et, ensuite, parce que, contrairement à ces derniers, il leur arrivait assez souvent de se mettre en civil. A la fin de la guerre, une synthèse des services de renseignements français définissait la GFP en une seule phrase. Elle est, pouvait-on y lire, « le principal organe de la sécurité militaire allemande et l'agent spécial de l'"Abwehr", elle entre en action partout où se trouvent les troupes allemandes : en campagne, dans la zone des communications et en territoire occupé ». Et le même texte ajoutait : « Bref, c'est le contre-espionnage militaire et la police de sécurité de la Wehrmacht en temps de guerre ». Charles et Dasnoy complètent ce portrait et le rendent moins théorique en situant la GFP dans le contexte de l'Occupation et, très vite, de la lutte contre la Résistance. « Cette police, écrivent-ils, possède des attributions qui sont hors de proportion avec ses effectifs (...). Elle n'en déploie pas moins une activité redoutable (...). Ses missions couvrent initialement tout ce qui se rapporte à la sûreté et à la protection des troupes et des organismes d'occupation. Tous les aspects de la clandestinité sont donc de son ressort. Au début, il s'agit surtout de rechercher les militaires alliés qui sont restés sur le continent en 1940, les prisonniers évadés, les aviateurs abattus qui se cachent, les ouvriers volontaires pour le travail en Allemagne en rupture de contrat et les nombreux "indésirables" (...). Mais les missions vont bientôt se multiplier. Très vite, la GFP doit s'occuper de la presse clandestine, des vols qui sont commis dans les installations militaires, des sabotages, des attentats commis contre les ressortissants allemands et les collaborateurs, des mouvements de Résistance, tant politiques que d'action, des détenteurs d'armes, des parachutages de matériels et de personnels par l'aviation alliée, des filières d'évasion, du contre-espionnage et de la détection, par radio-goniométrie, des émetteurs clandestins, bref, de toute la Résistance dans son sens le plus large. Pour cela, la GFP se trouve dotée de larges pouvoirs exécutifs. Elle peut procéder à des arrestations, détenir des suspects et procéder à leur interrogatoire avant de les livrer aux tribunaux militaires. Dans certains cas, qui deviennent de plus en plus nombreux avec le temps, la GFP livre des détenus à l'“Abwehr” ou à la “Sipo” et exécute des missions à la demande de ces polices. » Enfin, comme le dit Lucien Steinberg dans son étude sur *Les Autorités allemandes en France occupée* : « Il faudrait ajouter que, si bon nombre de Français ont confondu la GFP (...) avec “la Gestapo” tout court, ils avaient d'excellentes raisons de le faire. (...) La GFP avait recruté une grande partie de ses membres parmi les fonctionnaires de la Gestapo qui étaient appelés sous les drapeaux. Au lieu d'être versés dans l'infanterie, l'artillerie ou quelque autre arme, ceux-ci étaient affectés directement à la GFP. » Le juste rapprochement que fait Steinberg entre la GFP et la Gestapo est tragiquement illustré par une réflexion de Véra Obolensky, héroïne dont nous avons dit le martyre. Selon Gilles Perrault, alors qu'elle venait d'être interrogée par l'« unité 716 » de la GFP, celle que tous ses camarades de l'OCM appelaient Vicky confia à l'un de ses compagnons de cellule : « Ils ont l'air bien plus méthodiques et calés que la Gestapo de Paris ; leur inquisition est éreintante... » Or, ne l'oublions pas, ce fut cette « unité 716 » qui mena, dans le Nord, l'affaire Farjon avec non moins de virtuosité que, dans le Sud-Ouest, la Gestapo, l'affaire Grandclément. « L'Abwehr III dispose, dans la Wehrmacht, pourra donc écrire le colonel Paul Paillole, fondateur de la Sécurité militaire française, d'une force dynamique pour lutter contre l'espionnage dans les pays occupés : la (...) GFP ».

En confirmant que la GFP est bien le bras séculier de l'Abwehr et aussi de la Sipo, Charles et Dasnoy présentent ces deux derniers organismes comme des « polices »... Or, même si l'on considère que le IIIe Reich fut, politiquement, un Etat policier, le mot « police », au sens classique (et technique) du terme, doit être nuancé quand il s'agit de la Sipo-SD et est impropre à propos de l'Abwehr. Mis à part le cas de ceux qui eurent affaire aux autorités italiennes et japonaises, ce furent toujours l'Abwehr et la Sipo-SD dont, directement ou indirectement, simultanément ou séparément, les résistants français, comme leurs frères de combat de toute l'Europe occupée, eurent à subir la répression. Si l'une et l'autre n'avaient été que de simples services de police, il est sûr que cette répression eût été moins raffinée, moins cruelle, moins efficace et que l'atmosphère de la clandestinité n'aurait pas été alourdie comme elle le fut par une angoisse presque permanente. En fait, sous la double poussée de la tradition germanique et du phénomène hitlérien, l'Abwehr et, plus encore, la Sipo-SD mélangèrent systématiquement dans la mentalité de leurs membres comme dans les structures de leurs appareils des notions qui, jusque-là, avaient été généralement tenues séparées : la pratique policière et le pouvoir judiciaire, le renseignement et l'action, le parti et l'Etat, le soupçon et la preuve, la provocation et l'enquête, l'infraction aux lois et la résistance au dogme, etc. Administrativement, la définition que, dans son livre *Opération Haïfa*, Ladislas Michniewicz donne de l'Abwehr est brève, claire et précise : « L'"Oberkommando der Wehrmacht" (OKW) ou commandement suprême de la Wehrmacht constituait l'état-major militaire du Führer. L'"Amt Auslandsnachrichten und Abwehr" ("Abwehr" en abrégé, ou service de renseignements à l'étranger et de contre-espionnage) formait le service de renseignements de l'OKW ». Toutefois, cette définition mérite d'être immédiatement complétée du point de vue historique. C'est ce que fait le général Pierre Rivet, ancien chef des services spéciaux de la Défense nationale, lorsqu'il écrit : « L'"Abwehr" est essentiellement le service des renseignements allemands, apparu bien avant 1870 sous le nom de "Nachrichtenbureau" puis "Nachrichtendienst". Supprimé fictivement en 1918 quand s'effondra l'Allemagne impériale, le ND réapparaît en 1925 sous la dénomination d'"Abwehr". Ce terme qui, étymologiquement, désigne le contre-espionnage (appareil de défense contre les entreprises ennemies), allait bientôt s'appliquer à l'appareil de renseignements tout entier, avec ses attributs offensifs et défensifs. On peut estimer qu'en 1930, quand la Commission interalliée de Contrôle disparaissait définitivement, l'"Abwehr" exprimait le service des renseignements allemands intégralement reconstitué. » Lorsque le général Rivet écrit « intégralement reconstitué », il ne fait que souligner ce que Max Gallo explicite en affirmant : « L'"Abwehr", que la défaite de 1918 n'a pu démanteler (...) a constitué, dans les années noires, l'âme secrète de la "Reichswehr", âme de la nation vaincue ». Evidemment, si, dans l'Allemagne déchirée d'avant Hitler, l'Abwehr a pu devenir le sanctuaire du militarisme, ce ne fut pas par hasard ni du jour au lendemain.

Un service séculaire

Déjà, en 1908, dans un ouvrage sur *L'Espionnage allemand en France*, Paul Lanoir, écrivait : « L'Allemagne est bien le pays du monde où les services de la police secrète sont le plus puissamment, le plus méthodiquement et le plus méticuleusement organisés. (...) Depuis Frédéric, qui aimait à répéter : "J'ai un cuisinier et cent espions", l'espionnage, sous ses formes multiples, a toujours été considéré, de l'autre côté du Rhin, comme un des rouages essentiels les plus nécessaires à la défense de la monarchie et à la sauvegarde des institutions établies... ». Trente ans plus tard, étudiant *L'Espionnage politique en Europe de 1500 à 1815*, les historiens américains J.W. Thompson et S.K. Padover notaient qu'à l'automne de 1814, lorsque se réunit le Congrès de Vienne, Metternich disposait du « meilleur service de police secrète qu'il y eût alors en Europe. Le chef de cette police était Franz Hager, gentilhomme cultivé, mais certainement l'homme le plus dangereux qu'ait alors suscité l'Autriche. Il coordonna les services, créa des bureaux pour le contrôle des étrangers, une censure et un cabinet noir. Il employait deux sortes d'agents, des professionnels et des hommes de confiance ("Vertraute"). Ces derniers comptaient dans leurs rangs des aristocrates et des personnages de haute lignée qui informaient quotidiennement la police des moindres démarches de la société qu'ils fréquentaient. Les milieux diplomatiques étaient farcis de ces espions distingués... » Le successeur de Hager fut un avocat saxon né quatre ans après le Congrès de Vienne, Wilhelm Stieber. Il avait acquis la confiance du roi de Prusse en montant plusieurs provocations lors de la poussée révolutionnaire de 1848, à Berlin. « Promu commissaire en 1850, raconte Ronald Seth, il alla l'année suivante à Londres, sous prétexte de visiter la Grande Exposition, en réalité pour enquêter sur les activités de Marx et des autres socialistes allemands exilés. En 1852, il se rendit à Paris en se faisant passer lui-même pour un socialiste et obtint la liste de ceux qui demeuraient en Allemagne. Dès son retour, des arrestations en masse commencèrent. » De son côté, Paul Lanoir ajoute : « Le grand organisateur des services de la police secrète en Prusse et plus tard en Allemagne, puis de l'espionnage à l'étranger, surtout en Russie et en France, fut Stieber. (...) Bismarck, dont toute la force principale, pendant toute sa carrière, fut de savoir envahir les peuples qu'il pouvait alors beaucoup plus facilement écraser et asservir, sut découvrir en Stieber le plus grand et le plus dangereux préparateur d'invasion que l'on connaisse. » Et Lanoir rapporte ensuite comment, au début du mois de septembre 1870, ce fut Zerniki qui, pour le compte de Stieber, établit à Versailles, plusieurs jours avant l'arrivée des forces d'occupation elles-mêmes, le siège de la Geheime Feldpolizei au 3, boulevard du Roi... Le dernier coup d'éclat de Stieber fut posthume. En effet, ce ne fut qu'un an après sa mort que son service parvint, ainsi que le rappelle Robert Boucard dans *Les Dessous de l'espionnage allemand*, « à faire engager comme valet de chambre, par le général Auguste Mercier, alors ministre de la Guerre, un de ses plus remarquables collaborateurs, Ludwig Windell, matricule H 17. Par ce moyen, de 1893 à 1895, le service secret de Guillaume II n'ignora rien des moindres gestes du ministre ». Si le successeur de Wilhelm Stieber, Gustav

Steinhauer, ne fut pas aussi remarquable que son prédécesseur, peu importait, car le ND (le SR) allemand était désormais sur les rails. Il allait d'ailleurs retrouver un chef de talent à la veille de la guerre, le colonel Walther Nicolaï, qui fut nommé à sa tête en mai 1913. C'est Nicolaï qui formula une sentence devenue célèbre et tout à la fois aussi fausse que vraie, fausse quant à la pratique mais vraie quant à l'esprit de caste de ses membres : « Nachrichtendienst ist ein Herrendienst » (Le service de renseignements est un service de seigneurs)... La Première Guerre mondiale offrit à Nicolaï l'occasion de donner toute sa mesure. Le « Dienst » (service) affirma son originalité : si, administrativement, il se sépara de la police classique, techniquement et moralement, il intégra à ses méthodes tout ce que la pratique policière comportait de plus fâcheusement politique (provocation, délation, etc.). Devenu allemand, le ND de souche prussienne suivait la ligne esquissée par le Viennois Hager et tracée par le Saxon Stieber. Dans les jours mêmes où Nicolaï accédait à sa direction, le colonel Alfred Redl se suicidait dans un hôtel de Vienne. Redl était « rapporteur du ministère de la Guerre pour les affaires d'espionnage ». Sa mort marquait le début d'un processus d'osmose puis de fusion de fait entre services autrichiens et services allemands, au bénéfice de ces derniers. Pendant la Seconde Guerre mondiale, le principal adjoint de l'Allemand Canaris à la tête de l'Abwehr serait l'Autrichien Lahousen et le successeur de l'Allemand Heydrich à la direction de l'ensemble des services secrets et de police du IIIe Reich (le RSHA) serait l'Autrichien Kaltenbrunner... La défaite de 1918 allait-elle jeter bas cet édifice presque séculaire ?

Aux n°s 74 et 76 du quai Tirpitz

Non, car tandis qu'en réalité l'état-major survit sous couvert du « Truppenamt » (administration des troupes), le ND continue sous couvert d'un « Abwehrgruppe » (groupe de défense), lui-même camouflé en « Heeresstatistiche Abteilung des Truppenamtes » ou « T. 3 Abw. » (Service statistique de l'Armée — Administration des Troupes — 3e Bureau : défense). De cette période de semi-camouflage, le ND gardera, lorsqu'il sera parvenu à l'apogée de sa puissance, un nouveau nom : l'Abwehr. Au cours de la renaissance puis de l'expansion du service, cinq officiers en assureront successivement le commandement : le premier, donc le successeur de Nicolaï, est son ancien chef de la section III B (contre-espionnage), le commandant et futur général de brigade Friedrich Gempp ; le suivant, à dater du 23 juin 1927, est le commandant (et futur colonel) Günther Schwantes qui restera en poste jusqu'à la fin de l'année 1929 ; en 1930, le nouveau chef de l'Abwehrabteilung est le colonel (et futur général de brigade) Ferdinand von Bredow qui, le 2 juin 1932, sera promu à l'état-major mais périra, assassiné par les SS, le 30 juin 1934, au cours des séquelles de la « nuit des longs couteaux » ; après Bredow, c'est un marin qui pour la première fois occupe le poste : le capitaine de corvette (et futur amiral) Conrad Patzig ; un autre marin le remplace le 1er janvier 1935, celui à qui la postérité offrira la double légende d'avoir été le fondateur du service et un très actif « résistant » à Hitler, alors qu'en réalité il se sera contenté d'être l'homme de l'expansion de l'Abwehr en période favorable et qu'il aura tenté le sauvetage du militarisme allemand soudain menacé par son propre bienfaiteur pour avoir trop joué à l'apprenti sorcier, le capitaine de vaisseau (et futur amiral) Wilhelm Canaris, lequel sera limogé le 18 février 1944, arrêté le 23 juillet et, étranglé par les SS le 9 avril 1945, moins d'un mois avant la fin du IIIe Reich. Espion devenu historien et que, dans les années 1960-1970, ses anciens collègues de l'Abwehr considéraient comme leur historiographe, Gert Buchheit en dit long, en quelques lignes, sur la nature et le rôle du service dont Canaris prend la direction, lorsqu'il écrit : « La création du "Werksicherheitsdienst" (service de sécurité des usines), organisme fondé, au milieu des années vingt, sur tout le territoire du Reich à l'exception de la Rhénanie occupée, pour lutter contre les sabotages communistes, fut une mesure purement privée et financée par les industriels eux-mêmes. Cette institution, animée par des officiers en retraite n'avait rien à voir avec l'"Abwehr". Malgré cela, après 1945, on a prétendu que... » Et plus loin : « Après la prise du pouvoir, le budget de l'"Abwehr" a été sensiblement augmenté et sa position même a été rehaussée lorsque Hitler a décidé le réarmement. »

Quand commença la Seconde Guerre mondiale, comment cette Abwehr de Canaris était-elle organisée ? Ses locaux installés dans les immeubles berlinois du ministère de la Guerre, étaient situés aux nos 74 et 76 du Tirpitzufer (quai Tirpitz). Pour la direction du service, son chef était entouré d'un état-major de cinq bureaux. Leurs subordonnés étaient eux-mêmes répartis entre cinq Abteilungen (ou sections centrales), subdivisées en un nombre important de sous-sections. L'« Abteilung Ausland » s'occupait des relations avec l'OKW, le ministère des Affaires étrangères et les attachés militaires allemands à l'étranger ; il avait aussi en charge la surveillance des attachés militaires étrangers à Berlin ainsi que celle des milieux de la presse, de la radio et des arts. La « Zentralabteilung » ou « Abt. Z » était essentiellement un service administratif qui gérait les finances, le personnel, les archives, les fichiers, etc. L'« Abwehrabteilung I » ou « Abt. I » était la principale : la section d'espionnage ; pour la recherche des renseignements elle était subdivisée en une bonne douzaine de sous-sections et même de sous-sous-sections : « I-H » (armée de terre). « I H-T » (armée de terre-technique), « I-M » (marine), I M-T (marine-technique), etc. sans oublier les sous-sections « I-i » (radio) et « I-g » (cryptographie et faux papiers). L'« Abwehrabteilung II » ou « Abt. II » était la section dont la création et le développement avaient été le plus remarqués par les services des pays qui, avant la guerre, surveillaient la montée du péril hitlérien ; c'était, nous a dit le colonel Paul Paillole, « la section du sabotage moral » ; Roger Gheysens précise que, parmi les objectifs des sous-sections de l'Abt. II, on distinguait « deux types d'opérations : "S" pour Sabotage et "I" pour Insurgierung (agitation politique) ; cette seconde sorte d'activité allait de la propagande à l'organisation de minorités dissidentes à l'arrière des lignes ennemies ou à la levée et à l'instruction de groupes de partisans pour la guérilla ». Enfin, l'Abwehrabteilung III ou Abt. III, en sa qualité de section de contre-espionnage, fut la plus engagée contre les résistants et celle qui collabora le plus activement avec la Gestapo ; parmi ses nombreuses sous-sections, outre celles consacrées à la sécurité militaire des forces terrestres, maritimes et aériennes, outre la III-C que nous avons déjà mentionnée à propos de l'exploitation de la délation, il faut citer la III-O (sécurité militaire en dehors du Reich et liaison avec la GFP), la III-Wi (contre-espionnage économique), la III-D (spécialité : l'« Irreführung des Gegners » que l'on peut traduire littéralement par « mystification de l'adversaire »), la III-K ou « Funkabwehr » (radiogoniométrie et manipulation des radios capturées en vue de l'intoxication) et surtout la III-F, la plus engagée en France, la sous-section dont Gheysens dit que « responsable du contre-espionnage à l'étranger et de la sécurité du service de renseignements de l'OKW au-dehors du Reich », elle « dirigeait ses propres agents de contre-espionnage ou agents doubles entraînés comme agents provocateurs » et qu'elle « illustrait ainsi la théorie allemande du contre-espionnage offensif ».

Evidemment, lorsque commença l'occupation de la France, ce vaste appareil lança ses tentacules sur notre pays. Cela lui fut d'autant plus facile qu'il y était déjà solidement implanté. Le colonel Oscar Reile raconte comment, le 19 juin 1940, se trouvant à Verdun, il reçut un message urgent de la direction de l'Abwehr ainsi conçu : « Major Reile transféré à la section de Paris... Partez immédiatement pour vous présenter au chef de la section, 46, boulevard Raspail... ». Ce 46, c'était l'adresse de l'hôtel Lutétia. Et Reile poursuit : « Que l'amiral Canaris eût établi une section de l'"Abwehr" à Paris, six ou sept jours après l'entrée de nos troupes dans cette ville, démontrait qu'il prévoyait une longue occupation de la France. Je me présentai au colonel Rudolph, chef de la section, que je connaissais déjà. Blond, les yeux bleus, fortement charpenté, il avait été officier pendant la Première Guerre mondiale. C'était un des plus anciens membres de l'Abwehr. (...) A ce moment, le service comptait environ vingt-cinq officiers, vingt auxiliaires féminines, vingt à trente sous-officiers, ainsi que des radios, des chauffeurs et d'autres auxiliaires. La plupart habitaient l'hôtel et y prenaient leurs repas (...) ; tout le personnel de cuisine et de service était français et on pouvait, en tout temps, se procurer, au bar et à la salle à manger, du champagne et des vins de la meilleure qualité. On en profitait largement et la cuisine était remarquable. (...) Par ailleurs, nous devions faire venir tous nos “hommes de confiance” (VM) ayant déjà opéré contre la France, surtout ceux qui parlaient parfaitement le français et pouvaient se mêler intimement à la population. Il serait facile de les implanter dans les villes au cours des prochaines semaines, tandis que tant de réfugiés cherchaient un nouveau domicile. Enfin il paraissait nécessaire d'établir d'autres postes dans le pays, car nous ne pouvions espérer tout diriger de Paris. J'estimais l'installation de ce réseau comme urgente. Le colonel Rudolph partageait mes idées et l'amiral Canaris, me dit-il, en nourrissait de semblables. (...) Pendant cette première année d'occupation, l'amiral Canaris ne fit que quelques visites aux sections de l'Abwehr en France. Par la suite, il séjourna plus fréquemment à Paris. Il se faisait tenir au courant du travail des chefs de l'Abwehr, de leurs échecs, de leurs soucis, de leurs désirs et présentait ceux-ci au maréchal von Rundstedt, commandant en chef à l'ouest, et au général Otto von Stülpnagel, gouverneur militaire en France. Ce dernier avait autorité sur la police française dans la zone occupée et s'intéressait vivement à toutes les questions relatives au maintien de l'ordre. (...) Les rapports de l'Abwehr que je rédigeais chaque mois indiquent que, de 1941 à 1944, plus de vingt-cinq mille personnes furent arrêtées rien qu'en France. Mais ces chiffres sont incomplets, la police de sécurité ne nous signalant pas toutes les arrestations effectuées par elle... »

L'« Alst » de l'hôtel Lutétia

L'« installation urgente » souhaitée par Reile et ses supérieurs fut effectivement très rapide. Quatre sortes de bases hiérarchiquement articulées furent créées : une « Abwehrleitstelle » ou « Alst » (section de direction) à l'hôtel Lutétia, à Paris ; cinq « Abwehrstellen » ou Ast (sections) à Saint-Germain-en-Laye, Dijon, Angers, Lyon et Bordeaux ; six « Abwehrnebenstellen » ou « Anst » (sous-sections) à Lille, Nancy, Brest, Limoges, Toulouse et Marseille ; enfin, une bonne cinquantaine de « Meldeköpfe » ou « MK » (antennes) furent installées un peu partout sur le territoire français. Il va sans dire que l'« Alst », les « Ast » et les « Anst » fonctionnaient selon le même principe que la centrale berlinoise : la division en trois grands secteurs d'activité. Seules les « MK » échappaient en partie à cette règle ; en effet, comme l'explique Roger Gheysens, « le “Meldeköpf” était l'unité la plus petite dans l'organisation de l'“Abwehr” ; elle ne dirigeait aucun agent et n'entreprenait rien de sa propre initiative. Son importance variait d'une simple boîte postale à un petit bureau de liaison. L'“Alst Frankreich” avait ainsi établi en 1941 un “Meldeköpf” à Biarritz, lequel servait de pied-à-terre commode pour les rendez-vous d'agents avec des personnalités traversant la frontière franco-espagnole ». Evidemment, l'« Alst » de Lyon et les « Anst » de Marseille, Toulouse et Limoges ne furent officiellement établis qu'en novembre 1942.

Mais nous disons bien : officiellement... Car il ne faut pas oublier qu'avant 1942, les infiltrations de l'Abwehr en zone libre furent de plus en plus nombreuses. D'ailleurs, pour les hommes de Canaris, l'installation officielle ne signifiait nullement l'abandon des positions clandestines. Ils eurent, au contraire, toujours pour principe de faire coexister les deux ; Jacques Delarue rappelle que leur préférence allait, comme camouflage, à « des raisons sociales toujours anodines » et il cite quelques exemples : « Le bureau de Nantes s'appela "Direction des travaux de Nantes", celui de Dijon "Etat-major du travail", celui de Bordeaux "Service des comptes" et celui de Tours "Société internationale des transports européens"... » Aussi bien fallait-il se garder de juger l'implantation de l'Abwehr en France selon le seul critère de ses bases apparentes. De même, les quelques centaines d'officiers et quelques milliers de sous-officiers et auxiliaires qu'elle employait ne permettaient-ils pas de se faire une idée exacte de ses effectifs ; ne tenir compte que d'eux, c'eût été oublier tous les stipendiés des bureaux d'achat et tous les VM (hommes de confiance) de diverses origines... « En tant que service de l'OKW, rappelle en outre le spécialiste est allemand Julius Mader, l'Abwehr avait la possibilité d'entrer en contact avec les différentes armes de la Wehrmacht et d'obtenir, le cas échéant, les soutiens nécessaires pour ses missions. L'utilisation d'avions et de sous-marins était indispensable pour le transport des agents vers les arrières de l'ennemi ou dans un pays séparé de l'Allemagne par la mer (par exemple l'Amérique). Les chefs des groupes Air et Marine de l'Abwehr I étaient en même temps officiers de liaison auprès du commandement de la Luftwaffe ou de la Marine et pouvaient, grâce à cela, traiter directement avec les services de ces états-majors. »

Ces structures de l'Abwehr, pourtant solides et bien rodées, allaient néanmoins être assez vite ébranlées de l'extérieur et de l'intérieur. De l'extérieur, car les combats de la Résistance se développèrent plus rapidement et plus massivement que prévu. De l'intérieur, car, contrôlant déjà toutes les polices et services spéciaux du IIIe Reich, le RSHA entendait non point détruire le ND militaire, mais le faire passer sous sa houlette. Avec l'aide de ses principaux collaborateurs, Franz Egbert von Bentivegni, Hans Oster, Georg Alexander Hansen, Hans von Dohnanyi, Leopold Bürkner, Hans Piekenbrock, Erwin von Lahousen-Vivremont etc., l'amiral Canaris, bien placé pour sentir le péril, essaya de rénover son service, d'en faire un rouage encore plus efficace de la machine de guerre hitlérienne. Malgré sa relative indulgence confraternelle pour le « petit amiral », le général Rivet, déjà cité, a bien décrit cette dernière phase considérée du point de vue français. « L'Abwehr, dit-il, poursuit cependant la recherche ainsi que la préparation d'un sabotage systématique des arrières ennemis en cas d'invasion. A cet effet, elle assouplit son dispositif, réduit ses postes fixes, crée des unités mobiles (Kommandos et Trupps), restitue aux Ast de l'intérieur (Stuttgart, Wiesbaden et Hambourg) une grande partie de leur ancien rôle (direction). Un "Meldeleit Kommando West" remplace, à Paris, comme organe coordonnateur, l'"Abwehrleitstelle". Ainsi l'Abwehr, changeant de formule, s'achemine-t-elle vers un dispositif qui doit lui permettre, en cas de guerre de mouvement en France, de fournir directement aux grandes unités en campagne le renseignement recueilli, d'assurer la sécurité des troupes au contact, de dépister suspects et maquis et d'agir sur les arrières alliés. (...) Mais, au début de 1944, les empiétements du régime policier instauré en France ont déjà entamé profondément la liberté d'action de l'Abwehr. Concurremment avec celle-ci, le SD a entrepris depuis juillet 1943 de recouvrir le territoire français de postes dont les missions se superposent à celles de l'Abwehr dans ce qu'elles ont de plus authentiquement militaire : renseignements, sécurité des armées, contre-espionnage et sabotage. De plus, cette police apporte avec elle une organisation complète, inspirée de l'idéologie nazie, et des méthodes de répression qui prétendent juguler par la terreur la résistance devenue active sur notre sol. Battue en brèche et taxée de carence, l'Abwehr se voit peu à peu dépossédée de son autorité (...). Un décret du Führer du 14 février 1944 enlève à l'OKW le contrôle de l'Abwehr et le confie au RSHA... »

Ces quatre lettres : R... S... H... A...

A plusieurs reprises, déjà, nous avons été amenés à écrire ces quatre lettres. Elles constituent, nous le savons, le sigle du Reichssicherheitshauptamt — c'est-à-dire : Office central de sécurité du Reich... Nous savons déjà ce que sont les SS. Mais peut-être n'avons-nous pas assez fait sentir à quel point le RSHA, élément moteur de la répression menée par les hitlériens contre la Résistance française, est à la fois la quintessence des SS, leur tête chercheuse et leur fer de lance. Pour les dirigeants nazis, au début de l'automne de 1939, la création du RSHA n'est pas seulement la réalisation d'un vœu, elle est l'aboutissement de tout un processus. Il n'est pas nécessaire d'exposer en détail ce processus pour en saisir le mouvement. Il suffit de se référer à quelques textes.

En juin 1931, lors de son second entretien avec le journaliste allemand Richard Breiting, en présence de Rudolf Hess, Hitler déclare : « J'ai l'intention de créer une centrale hautement qualifiée pour la défense de l'Etat et du peuple. Cette centrale de services secrets anéantira tous les plans ourdis par le 2e Bureau français et ceux des services similaires anglais. Le travail de notre service de contre-espionnage sera supérieur à celui de la "Tcheka". Tout ceci est à notre portée... » Commentant cette déclaration, l'historien Edouard Calic écrit : « Il ressort de ce passage que Hitler avait projeté, dès cette époque, la création d'un puissant service secret. Il chargea durant l'été de la même année le Reichsführer-SS, Himmler, de réorganiser ses services de sûreté. Quelques mois après (...), l'ancien lieutenant de la marine Reinhard Heydrich, devint le chef de cette administration. » Le 1er janvier 1934, un peu moins de quatre mois avant qu'il ne s'installe en maître au 8, Prinz Albrechtstrasse, le siège du futur RSHA où sont déjà le SD et la Gestapo, Himmler adresse à ses SS un message où il leur dit notamment : « Une des tâches les plus urgentes qui nous incombent est de découvrir tous les ennemis déclarés ou cachés du Führer et du national-socialisme, de les combattre et de les anéantir. Pour accomplir cette tâche, nous sommes prêts à verser non seulement notre sang mais aussi celui des autres... »

Au cours de cette même année 1934, Hitler définit en ces termes les rapports entre le Parti nazi (NSDAP) et la Gestapo : « J'interdis à tous les services du Parti, à ses branches et associations affiliées, d'entreprendre des enquêtes, des interrogatoires sur des affaires qui sont du ressort de la Gestapo. (...) J'insiste tout particulièrement sur le fait que toutes les menées de complot et de haute trahison contre l'Etat qui pourraient venir à la connaissance du Parti doivent être portées à la connaissance de la Police secrète d'Etat. ».

Deux ans plus tard, le 17 juin 1936, Hitler signe un décret qui, explique Jacques Delarue dans son *Histoire de la Gestapo*, vient « consacrer le triomphe de Himmler en le nommant chef suprême de toutes les polices allemandes (...). Grand maître de l'ensemble policier du Reich, Himmler regroupa ses services et les divisa en deux branches : l'Orpo (Ordnungspolizei), police d'ordre, et la Sipo (Sicherheitspolizei), police de sûreté, groupant les services d'enquête en civil. (...) Sa première ordonnance, signée le 25 juin, une semaine après sa prise de fonction, au nom de l'union personnelle entre SS et police, consacrée par sa propre nomination, confirmait ces bons serviteurs de l'ordre nazi dans leurs fonctions et les étendait. L'Orpo fut confiée au SS-Obergruppenführer (général de corps d'armée) Daluege. Elle groupait la Schutzpolizei, ou Schupo, police urbaine correspondant à nos gardiens de la paix ; la gendarmerie ; la Verwaltungspolizei ou police administrative ; la police des voies d'eau ; la police côtière ; les pompiers ; la défense passive et sa police technique auxiliaire. La Sipo fut confiée à Heydrich. Cette "police de sûreté" apportait un perfectionnement certain au fonctionnement de la machine policière. En effet, elle groupait la Gestapo, la police secrète d'Etat, et la Kripo (Kriminalpolizei), police criminelle. (...) Désormais la police politique et la police criminelle allaient travailler en commun (...). Heydrich confia la direction de la Gestapo à son adjoint Heinrich Müller, qui en était le chef virtuel depuis 1935, et la direction de la Kripo au vieux technicien Arthur Nebe qui retournait ainsi à ses fonctions d'origine. Quant au SD, Heydrich en conservait la direction et devenait "chef de la Sipo et du SD", ce dernier service, organisme du parti, demeurait encore indépendant des organismes étatiques. »

Nous avons déjà fait allusion à l'importance de Heydrich dans le système nazi. Insistons-y dans la mesure où l'on peut dire que ce fut lui qui modela le RSHA dont l'efficacité et la perversité tinrent pour beaucoup à la singularité de celui qui, dans l'ombre de Himmler, l'organisa réellement... Reinhard Tristan Eugen Heydrich que parmi ses complices directs, les hauts dignitaires de la SS, on appelait couramment « *die blonde Bestie* » (le fauve blond) et en qui l'historien Joachim C. Fest voit à juste titre « le prototype même » du nazi était né le 7 mars 1904. Le jour de sa naissance, son père Bruno Heydrich, directeur du Conservatoire de musique de Halle en Saxe, avait dit à ses élèves que son fils serait « un nouveau Mozart ». Mais le fils préféra la Marine où il commença une carrière brillante puisqu'à vingt-quatre ans il était déjà enseigne de vaisseau de 1re classe. Carrière brève toutefois car, en avril 1931, le tribunal maritime de Wilhelmshafen le reconnaissait coupable dans une affaire de mœurs et le contraignait à démissionner... Moins de neuf ans plus tard, à l'âge de trente-cinq ans, il n'en était pas moins le véritable maître de cet organisme dont, évoquant sa création, Paul Paillole, alors déjà l'un des protagonistes du contre-espionnage français, écrira plus tard : « Nos informateurs (...) parviennent à nous avertir du développement vertigineux de l'appareil de sécurité nazi. Le RSHA, sous les ordres de Heydrich, devient un véritable ministère tout-puissant... » Déjà SS-Obergruppenführer, (l'équivalent de général d'armée dans l'« ordre noir ») comme dirigeant du RSHA, Heydrich fut en outre nommé par Hitler Reichsprotektor de Bohême-Moravie, le 21 septembre 1941. Mais cette dernière promotion lui sera fatale car, le 27 mai 1942, dans la banlieue de Prague, Jan Kubis, Joseph Gabchik, Adolf Opalka et quatre autres résistants tchèques parachutés de Londres attaqueront à la mitraillette et à la grenade la Mercedes du « Chef der Sicherheitspolizei und des SD », lequel mourra huit jours plus tard, le 4 juin, de ses blessures... Si Kubis, Gabchik, Opalka et leurs camarades avaient été parachutés, c'était spécialement pour exécuter Heydrich, seul dirigeant nazi à mourir de cette manière. Fait tout aussi exceptionnel, Hollywood consacra, moins d'un an plus tard, un film à l'exécution sous le titre *Les Bourreaux meurent aussi*. Film dont les auteurs n'étaient pas des moindres : Fritz Lang et Bertolt Brecht...

« Longue corde » et « retournement »

Le 27 septembre 1939 paraît le décret qui crée officiellement le RSHA et qui, comme l'écrit Lucien Steinberg, déjà cité, donne à l'appareil de répression et de renseignement nazi, « sur le plan organisationnel, son aspect définitif ». Le même auteur décrit assez bien ce monstre bureaucratique qu'était le RSHA, lequel « englobait à la fois des organes du Parti nazi, tel le SD, et des services d'Etat telles la Gestapo, police d'Etat proprement dite, et la Kripo (police criminelle). La Orpo (police de l'ordre), qui avait le statut d'une police encasernée, ne dépendait pas du RSHA mais de Himmler personnellement. Le RSHA était devenu un service SS, qu'Himmler dirigeait en sa double qualité de Reichsführer-SS et de Chef de la Police allemande dans le ministère de l'Intérieur du Reich. Le RSHA était divisé en six, puis en sept directions appelées "Amter" (bureaux) : "Amt I" — bureau du personnel ; "Amt II" administration et organisation ; "Amt III" — SD en Allemagne (renseignements et espionnage intérieur) ; "Amt IV" — lutte contre l'ennemi idéologique (Gestapo proprement dite) ; "Amt V" — police criminelle (Kripo) ; "Amt VI" — SD à l'étranger (espionnage politique et militaire) ; "Amt VII" — recherches idéologiques ».

Moins d'un an après la création du RSHA, le Führer, à l'occasion de la publication de l'Ordonnance sur l'organisation de la Garde du corps d'Adolf Hitler, le 6 août 1940, expose comment il conçoit la place et le rôle de la police dans le « Reich millénaire »... « Le Grand Reich Allemand, dit-il, dans sa forme définitive, n'inclura pas dans ses frontières que des peuples ayant eu dès le début une attitude favorable au Reich. Il est donc nécessaire de maintenir, hors du Reich central, une Police d'Etat capable de représenter et d'imposer l'autorité du Reich en toute circonstance. Seule une Police d'Etat, composée d'hommes du meilleur sang allemand et s'identifiant totalement à l'idéologie du Grand Reich Allemand, peut assumer cette tâche. (...) Fière de sa pureté, une telle troupe ne fraternisera jamais avec le prolétariat et avec cette pègre qui mine la foi en l'idéologie. Mais, dans notre futur Grand Reich Allemand, une police ne disposera de l'autorité sur les autres citoyens que si elle a une structure militaire. (...) Après avoir fait leurs preuves sur les champs de bataille dans les rangs de l'Armée, les unités de Waffen-SS, de retour dans la patrie possèderont l'autorité nécessaire pour accomplir leurs tâches de police d'Etat. (...). Pour garantir une qualité humaine constamment élevée, le recrutement des Waffen-SS doit rester limité... ».

Si sommaire soit-il, notre examen du RSHA ne nous semble pas mettre en évidence de grandes différences avec l'« Abwehr » tout au moins pour ce qui est des buts poursuivis et des méthodes employées. Un ancien du « réseau Brutus », déporté à Buchenwald, puis préfet, ministre de De Gaulle et maire de Blois, Pierre Sudreau, a même pu noter, dans son livre *Au-delà de toutes les frontières* : « Les coups les plus rudes furent portés à la Résistance non pas par la Gestapo, mais par l'Abwehr. » Aussi bien Henri Noguères et Marcel Degliame-Fouché nous paraissent-ils avoir une juste vue de la réalité lorsque, dans leur *Histoire de la Résistance en France*, ils écrivent : « Dans cette lutte, (...) les résistants qui ont en face d'eux Abwehr ou Gestapo n'ont guère l'occasion de constater, sur le terrain, de sérieuses divergences de vues entre les agents du contre-espionnage militaire allemand et ceux de la police de sécurité. Tout au plus, peut-être, une certaine émulation ». Dans le même esprit, Alec Mellor, l'auteur de *La Torture ; son histoire, son abolition, sa réapparition au* XX*e siècle*, rappelle un fait trop souvent oublié. « L'Abwehr, note-t-il, quand elle reçut l'ordre d'user des méthodes de la Gestapo, ne put se résigner à ce définitif avilissement de l'honneur militaire. Ses chefs tournèrent la difficulté en confiant cette besogne sordide à des "Bureaux d'extraction d'aveux et de renseignements" dirigés par d'autres que des Allemands, tel le fameux bureau de la rue Lauriston, à Paris. Une garde militaire assurait la protection de ces cloaques de police, où l'officier ne pénétrait jamais, se contentant de donner des ordres et de recevoir, comme avec des pincettes, les rapports des tortionnaires, considérés avec le dernier mépris, humiliés chaque jour, mais grassement rétribués, sans parler de rapines se chiffrant par centaines de millions au préjudice des victimes, opérations sur lesquelles, sanglés, monoclés, indifférents à tout ce qui ne touchait pas l'armée allemande, les "Herren Offiziere" fermaient les yeux. » Au bout du compte, pour les résistants français, le seul point réel de divergence entre l'Abwehr et le RSHA semble avoir été une question technique dont, à plusieurs reprises, on trouve trace dans des archives. Dans son livre *Ascq 1944 ; La Nuit la plus longue*, le docteur Jean-Marie Mocq cite par exemple cet extrait d'un téléscript du « III F » de l'« Anst » de Lille, daté du 19 mars 1943 : « Certaines personnes énumérées dans la liste "a" ci-jointe peuvent, si elles sont laissées en liberté, permettre la découverte de tout le complément de l'organisation, ce qui est plus appréciable que les résultats à attendre de leur arrestation et de leur interrogatoire... ». En d'autres termes, l'Abwehr préférait la « longue corde » et le « retournement » aux arrestations massives et interrogatoires en série prônés par les gens du RSHA. Il est certes arrivé que cette prédilection des premiers rende moins meurtrières certaines opérations qui, confiées aux seconds, l'eussent été beaucoup plus ; cela dit, comment ne pas s'étonner que, comme le rappelle ironiquement Gilles Perrault, « les Alliés, après la victoire, aient laissé en paix les gentlemen de l'Abwehr, réservant leurs représailles aux voyous de la Gestapo » ? N'oublions d'ailleurs pas que Hitler aimait à entretenir la discorde parmi ceux qui lui obéissaient. L'« émulation » dont parlaient plus haut Noguères et Degliame-Fouché, il savait la faire naître en favorisant les divisions.

Les 131 bases du RSHA en France

De ce point de vue, caractéristique est la façon — révélée par Jacques Delarue — dont le RSHA dut s'installer en France sous un déguisement malgré la victoire de la Wehrmacht. « Lors de l'entrée des troupes allemandes en Pologne, raconte-t-il, dans son *Histoire de la Gestapo*, l'OKW avait élevé des protestations platoniques pour s'opposer à l'arrivée simultanée des commandos de police et de l'armée. Himmler avait, malgré cette opposition, obtenu l'accord de Hitler et les services de police avaient pénétré en Pologne en même temps que les troupes combattantes, comme en Autriche et en Tchécoslovaquie. Lorsque le plan d'attaque à l'Ouest fut définitivement arrêté, l'OKW s'opposa plus énergiquement encore à ce que le même processus fût suivi en France. (...) Hitler donna raison à l'OKW. Aucune unité de police, aucun Einsatzkommando (groupe opérationnel) du SD ne fut autorisé à accompagner l'armée dans son avance à travers la France. Les pouvoirs de police étaient confiés à l'administration militaire, l'armée allait se trouver seule maîtresse du terrain, échappant ainsi au contrôle de Himmler. Cet accord plaça Himmler dans une situation difficile. Il avait compris le danger qui résulterait pour ses SS et ses organisations policières si l'armée, victorieuse, prenait seule en mains l'administration des territoires occupés de l'Ouest. Il fallait donc constituer une "tête de pont" qui permettrait d'entamer progressivement les pouvoirs momentanément détenus par les militaires. Himmler ordonna à Heydrich de constituer un Sonderkommando (commando autonome à mission spéciale) avec mission de s'installer à Paris, en même temps que les premières troupes. (...) Heydrich (...) décida, pour pénétrer en France, d'employer une ruse de guerre : les vingt hommes furent revêtus d'uniformes de la GFP (...). De cette façon, le Sonderkommando put circuler librement au milieu des troupes en marche sur les routes de France et parvenir sans encombre à Paris. Le soir du 14 juin, le commando campa à l'hôtel du Louvre. Le 15, dans la matinée, vingt-quatre heures à peine après son arrivée à Paris, il se mettait au travail. Un de ses membres se présenta avant midi à la Préfecture de Police et réclama les dossiers des émigrés allemands, des Juifs et un certain nombre de dossiers concernant des personnalités politiques hostiles aux nazis. » Pour parler trivialement, les vingt « faux policiers » de Heydrich n'allaient pas tarder à faire des petits... En effet, toujours selon Delarue, le RSHA, au printemps de 1944, pour assurer son emprise sur notre pays, y avait implanté cent trente et une bases. Remarquons en passant, à titre de comparaison, que la même source donne soixante-neuf bases pour l'Abwehr.

Ne citons que les bases les plus importantes dont la liste, déjà, dessine le schéma du RSHA en France. Le représentant de l'Office central de sécurité du Reich dans notre pays, c'est Helmuth Knochen.

Il est arrivé à Paris à la tête du faux détachement de la GFP. Il y est resté. Il y est très vite devenu Befehlshaber der Sicherheitspolizei und des SD (BdS), c'est-à-dire : commandant de la Sipo et du SD. Toutefois, Knochen n'avait que trente-deux ans en 1940 et il n'est que colonel dans la SS. Administrativement, il a un égal : le « Befehlshaber der Ordnungspolizei » (BdO), c'est-à-dire : commandant de l'Orpo, poste qui sera successivement occupé par le colonel von Schweininchen et le général de la police von Scheer. Enfin, à Paris même, il a un supérieur, un général SS, d'abord le docteur Thomas puis, surtout, Karl Oberg qui, le 5 mai 1942, est amené et installé dans la capitale par Heydrich lui-même avec le titre de « Höhere-SS und Polizei Führer » (chef suprême des SS et de la police)... C'est donc par Oberg que doit commencer l'esquisse de l'implantation du RSHA en France. Le « chef suprême des SS et de la police » pour notre pays, comme toute la direction du RSHA pour la France, est installé dans un des quartiers les plus résidentiels de Paris, au nord-ouest, entre l'Etoile et le bois de Boulogne. Les bureaux d'Oberg sont au 57, boulevard Lannes. Directement rattachés à lui, les « magistrats-SS » qui constituent le XXIe Tribunal « SS und Polizei » se sont installés au 16, boulevard Flandrin. Quant au BdS Knochen et à ses sept Amter centraux, ils se sont tous établis avenue Foch ; au 19, 21, 22, 31 bis, 76 et 78 : l'Amt I avec le capitaine Franck ; au 60 : l'Amt III et l'Amt VII avec le capitaine Maulaz et le commandant Biederlick ; au 72 : le BdS lui-même, son adjoint le lieutenant-colonel Lischka, son conseiller personnel le lieutenant-colonel Schmidt et le « juge d'instruction SS », le commandant Richter ; au 74 et 83 : l'Amt II avec les commandants Mayer-Falk puis Laube et l'Amt V avec le commandant Odewald au 76 : l'Amt VI avec le commandant Hagen puis le colonel Bickler, et enfin, occupant deux immeubles aux numéros 78, 82 et 84, celui que Gottlieb Fuchs, l'interprète de Klaus Barbie, appelle « l'appareil répressif même de la Gestapo, le fer de lance de l'organisation, le service pilote » : l'Amt IV avec les commandants Boemelburg et Kieffer. Le BdS, par ailleurs, a sous ses ordres dix-huit « KdS », c'est-à-dire « Kommandeur der Sipo und des SD », eux-mêmes installés, dans dix-huit villes différentes, à la tête chacun d'un « Kommando der Sipo und des SD ». Le KdS de Paris est le lieutenant-colonel Lischka, déjà cité tout à l'heure comme l'adjoint du BdS ; il est installé 11, rue des Saussaies, dans les locaux du ministère de l'Intérieur français et a des antennes à Melun et Versailles. Le KdS d'Angers est le capitaine Ernst ; il est installé 16, rue de la Préfecture et a des antennes à Nantes, Saint-Nazaire, Le Mans et Tours. Le KdS de Bordeaux est d'abord le commandant Luther, puis le commandant Machule ; il est installé 224, avenue du Maréchal-Pétain et a des antennes à Langon, Dax, Bayonne et Hendaye. Le KdS de Châlons-sur-Marne est le commandant Lüdtke ; il est installé 7, cours d'Ormesson et a des antennes à Reims, Troyes et Chaumont. Le KdS de Dijon est d'abord le commandant Meier, puis le commandant Hülf ; il est installé 9 bis, rue du Docteur-Chaussier et a des antennes à Auxerre, Moulins, Chalon-sur-Saône, Champagnole, Besançon, Pontarlier et Belfort. Le KdS de Nancy est d'abord le commandant Schmählig, puis le commandant Hoth ; il est installé 58 bis, boulevard Albert-1er et a des antennes à Briey et Epinal. Le KdS d'Orléans est le capitaine Merdsche ; il est installé 46, boulevard Alexandre-Martin et a des antennes à Vierzon, Bourges et Chartres. Le KdS de Poitiers est le commandant Herold ; il est installé 13, rue des Ecossais et a des antennes à Niort, La Roche-sur-Yon, Saintes, La Rochelle et Angoulême. Le KdS de Rennes est d'abord le commandant Heerdt, puis le lieutenant-colonel Pullmer ; il est installé au « foyer des étudiants » avenue Jules-Ferry et a des antennes à Saint-Malo, Vannes, Lorient, Pontivy, Saint-Brieux, Brest et Quimper. Le KdS de Rouen est d'abord le commandant Mühler, puis le commandant Christensen et enfin le lieutenant-colonel Muller ; il est installé 9, rue du Donjon et a des antennes à Dieppe, Le Havre, Evreux, Caen, Cherbourg et Granville. Le KdS de Saint-Quentin est le capitaine Westphal ; il est installé 12, rue Charles-Picard et a des antennes à Laon, Abbeville, Amiens, Beauvais et Mézières. Le KdS de Lyon est le lieutenant-colonel Werner Knab, avec à la tête de l'Amt IV un certain Klaus Barbie ; il est installé à l'hôtel Terminus et a des antennes à Chambéry, Annecy, Saint-Etienne, Valence et Grenoble (toutefois, cette dernière ville devient elle-même le siège d'un KdS durant l'hiver 1943-1944, après la capitulation des Italiens). Le KdS de Marseille est d'abord le lieutenant-colonel Nolie, puis le commandant Mühler ; il est installé 45, rue Paradis et a des antennes à Avignon, Nîmes, Alès, Digne, Toulon, Draguignan, Gap, Monte-Carlo et Nice (toutefois cette dernière ville se trouve bientôt dans la même situation que Grenoble). Le KdS de Montpellier est le lieutenant-colonel Tanzmann ; il est installé 4, Ancien Chemin de Castelnau et a des antennes à Carcassonne, Rodez, Mende et Perpignan. Le KdS de Toulouse est le lieutenant-colonel Suhr ; il est installé à l'hôtel de l'Ours Blanc, rue d'Austerlitz et a des antennes à Foix, Albi, Montauban, Cahors, Agen, Tarbes et Pau. Le KdS de Vichy est d'abord le capitaine Geissler, puis, à partir de juin 1944, Karl Boemelburg assume lui-même ces fonctions ; il est installé 125-127, boulevard des Etats-Unis et a des antennes à Montluçon, Riom, Clermont-Ferrand, Aurillac et Saint-Flour.

D'autres occupants, les Italiens et les Japonais...

Bien que la proportion de combattants de la clandestinité que cela concerne soit assez restreinte, il est intéressant de rappeler, car on l'oublie trop souvent, que les forces occupantes ne furent pas seulement allemandes mais plus généralement fascistes et que les résistants français trouvèrent aussi devant eux des policiers et des agents secrets italiens et japonais. Où et quand ? Les premiers eurent successivement deux zones d'occupation : d'abord, depuis l'armistice de juin 1940 jusqu'au 11 novembre 1942, une mince bande de territoire comprise entre l'ancienne frontière et les positions atteintes par l'armée mussolinienne lors de l'arrêt des hostilités, c'est-à-dire 8 322 kilomètres carrés et 28 473 habitants, la seule localité importante étant Menton ; ensuite, du 11 novembre 1942 jusqu'au 25 juillet 1943, huit départements entiers, la Corse, les Alpes-Maritimes, le Var, les Basses-Alpes, les Hautes-Alpes, la Drôme, la Savoie et la Haute-Savoie, ainsi qu'une partie de trois autres, l'Isère, le Vaucluse et l'Ain. Quant aux Japonais, ayant envahi, lors du coup de force du 9 mars 1945, les territoires vietnamiens, laotiens et cambodgiens qui constituaient l'ancienne colonie d'Indochine, ils y restèrent jusqu'au 2 septembre 1945.

L'appareil répressif des forces d'occupation italiennes était essentiellement constitué de deux organismes : le SIM et l'OVRA qui, toutes proportions gardées, sont généralement comparés à l'Abwehr et à la Gestapo. Il nous est déjà arrivé de les mentionner l'un et l'autre. Rappelons rapidement leur histoire. Le SIM ou « Servizio Informazioni Militari », c'est-à-dire Service de renseignements militaires, avait pris, en 1919, la succession de l'« Ufficio Informazioni del Corpo di Stato Maggiore », c'est-à-dire du Bureau de renseignements de l'état-major général. Mais ce n'est qu'à la fin des années 1920 et surtout durant les années 1930, lorsque Benito Mussolini commença de vouloir faire triompher ses visées impérialistes et que l'exemple de son turbulent disciple Adolf Hitler l'aiguillonna, que le SIM s'amplifia et se modifia. Toujours toutes proportions gardées, son « Canaris » fut alors le général Mario Roatta. A la fin de la guerre, à Rome, lors de l'instruction de son procès, un des principaux compagnons de Roatta, le colonel Emanuele Santo, déclara, le 16 septembre 1944 : « D'avril 1934 à janvier 1941, j'ai été en service au ministère de la Guerre comme officier attaché au contre-espionnage militaire. Jusqu'à la fin avril, ce service dépendit du SIM. D'avril 1940 à janvier 1941, il devint autonome et j'en fus le chef... ». Or, le 6 novembre suivant, le même Santo ajoutait : « Celui qui fut le véritable fondateur du SIM en Italie fut (...) le général Roatta. Roatta agrandit le SIM, lui procura des moyens et lui donna ce caractère de mépris des préjugés qu'il eut bientôt. Tous les autres commandants ne firent que suivre ses directives et continuer son œuvre. Les services dits "spéciaux" (sabotages, etc.) continuèrent à fonctionner en service normal. L'union du service avec le service allemand, instituée par le général Roatta, continua sous le commandement des autres qui confièrent même les codes aux Allemands... » En parlant d'« union du service avec le service allemand », le colonel Santo n'exagère pas. Le colonel Paul Paillole, déjà cité, dans son livre *Services spéciaux*

(1935-1945) où il parle avec la compétence d'un ancien dirigeant du contre-espionnage français, fait à plusieurs reprises allusion à cette « union »... Dans les années qui précèdent la guerre, écrit-il, « Roatta et Canaris se rencontrent et posent les jalons d'une entente qui préludera à la constitution de l'Axe ». Plus loin il évoque « les contacts Roatta-Canaris de plus en plus fréquents depuis la guerre d'Espagne ». Et il note encore : « L'entente est parfaite, et depuis longtemps, entre Canaris et Roatta. Pour plus de sûreté et d'efficacité, l'Italien est en permanence dans la capitale du Reich. » Enfin il souligne les efforts qu'au début du conflit, lorsque l'Italie est encore « neutre », son service doit faire « pour obtenir l'expulsion des consulats italiens de la zone des armées où ils sont les postes d'observations de l'Abwehr ». Ainsi le colonel Paillole est-il amené à remarquer que Roatta « calque (...) l'organisation et les méthodes de travail que son puissant collègue impose à son service à un rythme effréné ». Confirmant cette analyse, l'historien américain Melton S. Davis a, dans son livre *Qui défend Rome ?*, brossé un intéressant portrait du SIM. « Depuis 1934, écrit-il, c'est Roatta qui a dirigé le SIM dont il a fait une organisation puissante, surpassant de loin sa rivale officielle, l'OVRA, ce service secret politique chargé de la défense intérieure du régime. Si Roatta a eu un tort, c'est d'être trop efficace. Depuis son entrée en fonctions, des éléments du SIM ont commis des séries de crimes, à commencer par l'assassinat des frères Rosselli, près de Paris, en juin 1937. Le SIM a également joué un rôle dans l'assassinat du roi Alexandre de Yougoslavie et du ministre des Affaires étrangères Louis Barthou, à Marseille. Il a fait en sorte que les masques à gaz fournis aux Ethiopiens soient défectueux ; il a coulé des navires républicains espagnols en cachant des explosifs dans leurs cales et il a introduit des microbes dans du ravitaillement destiné à l'Espagne, pour y propager des épidémies. Pendant la guerre, le SIM dispose de plus de trois cents officiers et de douze cents sous-officiers et spécialistes. Il dirige les activités de plus de neuf mille agents secrets opérant à l'étranger. Sept sections se partagent des fonctions différentes. La première est chargée de la recherche des renseignements militaires dans les pays étrangers ; la seconde classe ces renseignements ; la troisième s'occupe du contre-espionnage ; la quatrième, de l'administration ; la cinquième, du chiffre ; la sixième, du téléphone et de l'interception des messages secrets ; la septième, du décodage des messages chiffrés. Sa froide efficacité fait du SIM l'un des plus formidables services secrets du monde... » Pour rénover ainsi le SIM, Roatta eut successivement comme adjoint le général Giuseppe Pieche et le colonel Paolo Angioy. Ce fut ce dernier qui assura l'intérim à la tête du service lorsque Roatta fut envoyé par Mussolini en Espagne pour superviser l'aide fasciste à Franco. Finalement, Roatta devait terminer sa carrière militaire comme chef d'état-major de l'armée italienne. Ses successeurs à la direction du

SIM furent chronologiquement les généraux Tripiccione, Giacomo Carboni, Cesare Amé et, de nouveau, Carboni. Anti-allemand de toujours ayant progressivement rejoint le camp de la résistance antifasciste, le général Carboni aida à la destitution de Mussolini. Lorsque nous l'avons rencontré, dans son appartement du Trastevere, à Rome, au début de 1968, il nous a personnellement raconté dans quelles circonstances, à l'automne 1943, il avait quitté les fonctions de « capo del SIM », mais d'un SIM éclaté... « Vous savez, nous a-t-il dit, fondamentalement, le SIM était profasciste... Et puis, dans le SIM, il y avait en permanence des représentants allemands... L'été 1943, avec les officiers dont j'étais sûr, nous avons détaché du SIM la partie la plus secrète, celle que les Allemands ne connaissaient pas. J'ai chargé de cette mission le colonel Vincenzo Toschi. Pendant que Toschi organisait ainsi un nouveau SIM en marge, sous couvert d'un "bureau pour la défense de Rome", moi je restreignais les crédits au SIM officiel pour qu'il s'étiole... Après la prise de Rome par les Allemands, le 15 septembre 1943, il a fallu accentuer le camouflage et faire du double jeu. C'est un général, le comte Carlo Fantoni, un monarchiste mais un homme sûr, qui a fait semblant de s'occuper du SIM officiel tandis que moi je passais dans la clandestinité... Alors, Badoglio et le roi, qui avaient formé un gouvernement à Brindisi, ont nommé chef de "leur" SIM le colonel Pompeo Agrifoglio. Parallèlement, dans le SIM de Fantoni en décomposition, le noyau fasciste s'organisait autour du docteur Foschini, un triste sire, et devenait le SID, "Servizio Informazioni Difesa" c'est-à-dire Service de renseignements de la défense, qui rejoignait Mussolini dans sa "République de Salo", son réduit du Nord... »

O... V... R... A..., ou les mystères d'un sigle

L'OVRA, c'est-à-dire... Elle a été créée en... Eh bien, non ; trois quarts de siècle plus tard, on ne peut encore être aussi précis qu'on le souhaiterait quant au nom réel et à la date de naissance exacte de la police politique mussolinienne. Un des auteurs italiens qui l'ont le plus soigneusement étudiée, Franco Martinelli, note, dès les premières pages du gros livre d'ailleurs intitulé *L'OVRA*, qu'à l'automne de 1930, on ne savait pas encore très bien à Rome si le sigle OVRA devait être interprété comme « "Organizzazione Vigilanza Repressione Antifascismo" (Service de surveillance et de répression de l'antifascisme) ou encore "Organo Vigilanza Reati Antistatali" (Organe de surveillance des délits contre l'Etat) ou bien "Opera Volontaria Repressione Antifascista" (Œuvre volontaire de répression antifasciste), à moins que l'on ne dût y voir "plus simplement" ou "simplistement", les lettres finales du mot "piovra" (pieuvre), choisies par Mussolini en personne sous l'impulsion de l'histrion diabolique qui notoirement était en lui ». Toutefois, le même auteur conclut être

« plus enclin à considérer les fameuses quatre lettres comme les initiales d'"Opera Volontaria Repressione Antifascista", parce que telle fut l'interprétation la plus couramment admise à l'époque ». Voilà pour le nom ; quant à la date de naissance, le même ouvrage précise, dès ses premières lignes, comment ce fut « le 3 décembre 1930 que, pour la première fois, le nom de l'OVRA apparut dans un communiqué de presse », un communiqué où il était dit : « La section spéciale OVRA de la Direction générale de la sécurité publique, dépendant directement du ministère de l'Intérieur, a découvert une organisation clandestine qui complotait contre le régime. » Acte de baptême sinon de naissance, ce communiqué présente en outre l'avantage de situer la place occupée par l'OVRA dans l'appareil d'Etat fasciste lorsqu'il la définit comme « la Sezione speciale OVRA della Divizione generale di Pubblica Sicurezza, dipendente direttamente dal ministero dell'Interno ». Ainsi remarquera-t-on que pareille incarnation du « squadrisme » et de sa violence (que nous avons évoquée au début de cette chronique) en une branche de l'appareil d'Etat, fut le fruit d'une évolution de plusieurs années. D'abord, à l'époque de la prise du pouvoir, était apparu ce que, par une distorsion de vocabulaire, on appelait la « Ceka fascista » (Tchéka fasciste). A son propos, le journal catholique *Voce Repubblicana* écrivait, à l'époque, qu'elle « avait à son service une nombreuse troupe d'agents secrets, chargés non seulement de surveiller certains hommes politiques adversaires du fascisme et certaines personnalités du monde économique et financier mais les membres du parti fasciste eux-mêmes » et que « par-dessus tout, elle avait pour tâche de monter de faux complots antifascistes qui pourraient justifier les mesures de répression du nouveau régime ». Après avoir fait cette citation, Martinelli ajoute que « pour les actions particulièrement violentes, la "Ceka fascista" utilisait d'anciens "arditi" de la Première Guerre mondiale ». L'osmose entre cette « Ceka » et la police régulière fut l'œuvre du ministre de l'Intérieur Luigi Federzoni et de son chef de la police Crispo-Moncada dont la « polizia speciale » avait pour mission de « rendre la vie toujours plus difficile aux antifascistes déjà fichés ». Peu à peu, remarque encore Martinelli, bien que « officiellement l'OVRA ne soit pas encore née, les Italiens ne tardèrent pas à se rendre compte que les "inspecteurs spéciaux" étaient fermement décidés à briser dans l'œuf toute tentative d'opposition au gouvernement et que la direction générale de la police était devenue un organisme de stricte obédience fasciste ». Les conditions étant réunies, il ne manquait plus que l'occasion pour que soit créée l'OVRA. Elle vint avec la promulgation des « lois de défense de l'Etat » ou « lois fascistissimes ». A dater de 1926, année où paraissent ces lois, note Max Gallo, dans son livre *L'Italie de Mussolini*, « légalement, l'Italie cesse d'être un Etat parlementaire où les citoyens ont des droits garantis par le vieux "Statuto" piémontais. En quelques mois, une législation autoritaire a été mise en place. Elle s'inspire des thèmes ultranationalistes et il est significatif que ces lois dites "fascistissimes" aient été rédigées par le nationaliste Alfredo Rocco. Ce professeur d'économie politique à l'université de Padoue, dont la passion nationaliste a fait, dès avant 1914, un juriste fanatique, dévoué à l'Etat totalitaire, c'est l'intellectuel fasciste par excellence, sans doute le plus proche par la pensée des hauts fonctionnaires nazis... » C'est pour « mettre en application ces lois » que, comme le rappellent Serge Berstein et Pierre Milza, « sont créés, en novembre 1926, deux nouveaux organismes : l'OVRA, police politique au service du régime et un "Tribunal spécial de défense de l'Etat". Le nouveau système entre aussitôt en action. Dans la nuit du 10 novembre, la police occupe et ferme le siège de tous les partis ou associations antifascistes. L'OVRA se manifeste en arrêtant un certain nombre de dirigeants communistes et en expédiant les premiers déportés enchaînés vers les pénitenciers de feu des îles méridionales, cependant que passent à l'étranger de nombreux chefs de l'opposition. »

Roy Mac Gregor-Hastie est encore plus précis, dans *Le Jour du Lion ; Vie et mort de l'Italie mussolinienne* (*1922-1945*), où il affirme que l'on assistait ainsi à la « création de fait d'un Etat policier ». Il n'a pas tort et Mussolini lui-même le confirme lorsque, tirant la leçon de ce tournant législatif, il déclare, le 26 mai 1927 : « Il est temps de dire que la police doit non seulement être respectée mais honorée... Il est temps de dire que l'homme avant de ressentir le besoin de culture a éprouvé la nécessité de l'ordre. En un certain sens on peut dire que le policier a précédé le professeur. » A peine née, l'OVRA peut donc connaître une croissance rapide. « La police secrète, remarque Mac Gregor-Hastie, ne manquait ni d'hommes ni de matériel. Les fonds alloués ouvertement à la "Sécurité publique" s'étaient élevés de cent trente-quatre millions en 1924 à mille cent six millions en 1929 et l'un des chefs de la police a révélé, des années plus tard, qu'il disposait, en outre, de cinq cents millions de "fonds secrets"... »

Quand Himmler appelait Bocchini « son maître »

Effectivement créée en 1926 et officiellement apparue en 1930, cette OVRA, comme « piovra », allait donc sévir pendant une quinzaine d'années. En dehors de Mussolini lui-même, sous la direction de qui ? Plus haut, nous avons pu dire que, toutes proportions gardées, le général Roatta avait été en quelque sorte un « Canaris italien » ; mais alors, qui furent les Himmler et les Heydrich transalpins ? A la vérité, il n'y en eut pas dans la mesure où aucun homme ne marqua personnellement le nouveau service comme le Reichsführer-SS et le chef du RSHA marquèrent les leurs. Il convient toutefois de citer quelques noms, ceux des dirigeants qui, à différents échelons, contribuèrent le plus efficacement à la naissance et à la croissance de l'OVRA. Dans l'entourage même du Duce, parmi les « hiérarques » du fascisme, il est sûr qu'Antonio Tringali-Casanova et surtout, de plus en plus, Guido Buffarini-Guidi s'employèrent à favoriser les penchants policiers du dictateur. Chez les ministres, outre Alfredo Rocco qui fut successivement président de la Chambre, ministre de la Justice, secrétaire d'Etat au Trésor, etc., des hommes comme Luigi Federzoni et le comte Giacomo Suardo s'efforcèrent, lorsqu'ils furent à la tête du ministère de l'Intérieur, de travailler dans le même sens. Hiérarchiquement, ne l'oublions pas, l'OVRA n'étant qu'une « sezione speciale » de la direction générale de la « Pubblica Sicurezza », les directeurs généraux successifs de cette Sécurité publique jouèrent un rôle au moins aussi important que leurs subordonnés, chefs proprement dits de la « section spéciale ». Le premier de ces directeurs, successeur de Crispo-Moncada, fut Arturo Bocchini, ancien préfet de Bologne et de Gênes ; Napolitain ambitieux et habile, il tint l'OVRA sur les fonts baptismaux puisqu'il fut nommé en septembre 1926 ; demeuré en fonction jusqu'à sa mort, survenue en novembre 1940, c'est-à-dire pendant quatorze ans, ce policier de métier fut, simultanément, sénateur et conseiller d'Etat, mais il ne devint jamais un militant et il est sûr que, s'il fut toujours le serviteur fidèle de Mussolini, réaliste et prudent, il freina dans l'OVRA une systématisation comparable à celle de la Gestapo. Telle est, du moins, l'opinion qui prévaut à son sujet et qui fut encore, par exemple, réaffirmée, en février 1996, au colloque organisé par l'Institut des Hautes Etudes de la Sécurité intérieure et le CNRS sur le thème : *Pouvoirs et polices au XXe siècle ; Europe, Etats-Unis, Japon*. A ce colloque, l'historien britannique Jonathan M. Dunnage déclara en effet que « Bocchini (...), quoique fidèle à Mussolini, profita aussi de sa confiance pour empêcher une complète fascisation de la police ». Cette appréciation ne fait pas toutefois l'unanimité en Italie. Début 1987, par exemple, paraissait à Milan un livre intitulé *Il Viceduce ; Storia di Arturo Bocchini, capo della polizia fascista*. Oui, « viceduce », comme vice-roi ou vice-président, et « chef de la police fasciste ». Significative est d'ailleurs la façon dont les deux journalistes qui ont écrit l'ouvrage, la milanaise Domizia Carafoli et le vénitien Gustavo Padiglione, résument leur propos. « Arturo Bocchini, disent-ils, offre à l'historien une image aux multiples facettes, ambiguë et où abondent les clairs-obscurs. Fut-il "un gentilhomme et un sybarite", comme le pense Indro Montanelli ? Ou bien, comme l'écrit son adversaire le socialiste G.B. Luzzatto, fut-il "le seul homme de valeur" du régime, comparable à Fouché, le ministre de Napoléon ? Ou, au contraire, était-ce Himmler, le chef sanguinaire de la police nazie, qui avait raison lorsqu'il s'enorgueillissait d'appeller Bocchini "son maître" ? » Toujours est-il que ce fut Carmine Senise, son ami et son bras droit, qui remplaça immédiatement Bocchini alors que celui-ci n'était encore que dans le coma. Or, Senise nous est dépeint par Melton S. Davis comme « un homme gras, jovial et extrêmement compétent ». Davis affirme même qu'il « avait les fascistes contre lui parce qu'il avait toujours refusé d'adhérer au Parti » et que « les Allemands ne l'aimaient pas parce qu'il n'avait jamais rendu la visite que le chef des SS, Heinrich Himmler lui avait faite à Rome quand il avait été nommé et parce qu'il s'était abstenu d'assister aux obsèques de Heydrich après son assassinat ». Toujours est-il enfin que, révoqué le 15 avril 1943 puis ayant choisi le camp de Badoglio et du roi contre Mussolini, Senise fut, à l'automne, arrêté par les nazis et déporté en Allemagne. Le successeur officiel et éphémère de Senise, le général Riccardo Maraffa, ancien commandant de la « police coloniale », devait connaître le même sort, un sort tragique, puisque, déporté à Dachau, il y mourut. En fait, en 1944, les véritables successeurs, c'est au bord du lac de Garde, parmi les rescapés mussoliniens de la « République de Salo », qu'il faut les chercher. Ils s'appellent d'abord Renzo Chierici puis Tullio Tamburini ; toutefois, dans cet ersatz d'Etat où celui qui n'est pas policier est pour le moins indicateur, où chacun s'occupe de répression et cherche l'occasion de massacrer des antifascistes et où la psychose de la trahison réciproque fait rapidement des ravages, ils n'ont guère le temps de se distinguer de ceux qui les entourent... Restent enfin les chefs proprement dits de la « section spéciale OVRA » ; on en compta deux : Michelangelo Di Stefano puis Guido Leto. Lorsque le premier mourut, en 1938, le second lui succéda immédiatement. Cette succession se déroula dans des conditions très semblables à celles de la succession Bocchini-Senise, deux ans plus tard. Pour dire les liens qui unissaient Leto à son prédécesseur, Martinelli emploie d'ailleurs les mêmes mots que ceux dont il use pour préciser les rapports entre Senise et Bocchini : Leto, écrit-il, était « le bras droit de Di Stefano ». De même, il situe Leto dans une tradition administrative lorsqu'il rappelle que, une douzaine d'années plus tôt, celui-ci avait été l'« homme de confiance du chef de la police Crispo-Moncada ». Ainsi, à la tête de l'OVRA, tout comme à celle de la Sécurité publique, voit-on se succéder sans heurt des policiers de métier qui, parfaitement intégrés à un mécanisme bureaucratique séculaire, paraissent en dehors des remous et des luttes intestines qui agitent la camarilla fasciste.

Venant après ce que l'on sait du choix final antifasciste du général Giacomo Carboni, des déportations du général Maraffa et de Senise, cette constatation tend à accréditer l'image d'un SIM et d'une OVRA où des « bons fonctionnaires » se seraient contentés de « faire leur métier » et n'auraient été que les instruments « techniques » de la dictature mussolinienne. Mieux même, le « retournement » par les « Travaux ruraux » (le réseau TR) de Paul Paillole des deux principaux hauts fonctionnaires du SIM et de l'OVRA chargés des questions françaises : le major Eugenio Navale, chef du poste de Turin, et le docteur Oreste Barranco, chef du commissariat de Nice, respectivement en 1941 et 1942, pourrait faire croire que, dans les deux services, régnaient d'importantes sympathies pro-Alliés... De là à noyer les crimes incontestablement commis dans un vague délit de respect trop zélé de la discipline, il n'y a qu'un pas — un pas qui fut allègrement franchi et qui, après la Libération, et plus encore quand s'annonça puis commença la « guerre froide », aboutit à une épuration clémente jetant un voile indulgent sur les véritables responsabilités. Certes, le Parlement de l'Italie nouvelle décida, le 25 mai 1946, de rendre publics les noms et qualités de tous les « confidenti » (indicateurs et auxiliaires) de l'OVRA, ce qui fut officiellement fait le 2 juillet dans un supplément de la *Gazzetta Ufficiale*, le JO transalpin. Toutefois, d'une part, nombre d'indics échappèrent à cet *Elenco nominativo dei confidenti dell' OVRA* et, d'autre part, cette mise au pilori d'une piétaille délatrice souvent déjà démasquée n'affecta guère les responsables qui ne furent pas tous et pas longtemps inquiétés. Bientôt presque tous en liberté, les anciens chefs des services ne tardèrent d'ailleurs pas à publier leurs mémoires : Carmine Senise, dès 1946, à Rome, Guido Leto, cinq ans plus tard, à Bologne, Cesare Amé, en 1954, à Rome, etc. Aussi bien, après avoir dit comment les procès de l'après-guerre déçurent ceux qui avaient soif de justice et laissèrent sur leur faim ceux qui souhaitaient connaître la vérité, Martinelli est-il amené, à la cinq cent quatre-vingt-dixième et dernière page de son gros ouvrage, à écrire textuellement : « Et sur l'OVRA, sur ses faits et gestes, sur ses victimes et sur les méthodes qu'elle employa, sur l'OVRA "pupille du régime", sur l'OVRA institution policière terrorisant les antifascistes et mal vue des fascistes, le mystère est demeuré presque entier. »

« Plus cruel encore que la Gestapo »

Ne nous laissons toutefois pas prendre au piège de ce mystère. Du point de vue qui est le nôtre, celui du rappel de la répression exercée par le SIM et l'OVRA contre la Résistance française, les faits sont là et ils n'ont rien de mystérieux. Ils sont, au contraire, d'autant plus probants que l'action des services secrets italiens contre la France, leur implantation dans notre pays dataient de bien avant la guerre. L'assassinat des frères Rosselli, le soutien aux conspirateurs et tueurs de « la Cagoule » — autant d'épisodes notoires. Dans *De la Combe-aux-Fées à Lurs ; souvenirs et révélations*, l'ancien policier résistant puis sous-directeur de la Sûreté nationale, Charles Chenevier, a raconté comment Vincenzo Cerazia, un ami du comte Galeazzo Ciano, avait réussi, pour le compte de l'OVRA, un important travail de pénétration en France dont les Renseignements généraux eux-mêmes avaient eu à pâtir. Les services mussoliniens étaient donc prêts pour la chasse aux résistants... En racontant la tragique épopée du réseau Alliance, Marie-Madeleine Fourcade évoque plusieurs fois les méfaits des Italiens et écrit notamment au passage : « L'OVRA avait démantelé tout le secteur de Grenoble ». En disant ce que furent les souffrances des membres du réseau Gallia, Henri Gorce-Franklin rappelle « une série d'arrestations à Nice et Cannes (la presque totalité des responsables) opérées par l'OVRA » et il ajoute : « L'OVRA tortura les malheureux avec des raffinements inconnus des Allemands... » Tel est bien l'avis du colonel Passy, oui, le chef du BCRA, qui relatant « le déploiement des activités de la Gestapo et de l'OVRA » durant les deux derniers mois de 1942, commente : « Le contre-espionnage italien (...) se révéla à la fois plus habile et plus cruel encore que la Gestapo ». Or, il ne s'agit pas là de jugements « à chaud » formulés sous le coup de l'émotion, puisque, trente ans après et en considérant les choses du point de vue de l'historien, Henri Noguères et Marcel Degliame-Fouché notent, à propos du Vercors en mai 1943 : « Que l'occupant soit ici non pas allemand mais italien ne change pas grand-chose à la situation, car l'OVRA n'a rien à envier à la Gestapo, ni les fascistes aux nazis... » Autre avis d'historien, celui de Max Gallo qui, en racontant ce que fut *L'Occupation italienne à Nice*, explique comment dans cette ville, l'OVRA « s'est installée dans la Villa Lingwood, superbe résidence appartenant à une riche Anglaise. La villa, située au milieu d'un parc de dix mille mètres carrés, sur le flanc ouest de la colline de Cimiez, est totalement isolée. De là on découvre la baie des Anges, les clochetons d'un vieil hôtel fin de siècle, l'hôtel Régina. Là, dans les caves de la Villa Lingwood, on torture. A l'entrée des caves, une inscription au charbon de bois sur le mur gris, un vers célèbre de Dante mal transcrit : "Voi ch'entrate, lasciate ogni speranza." Des carabiniers, des commissaires de l'OVRA, frappent les prisonniers à coups de crosse, la torture la plus pratiquée est celle du "giro". "Girate !", crient les tortionnaires, et sous l'éclairage cru d'une lampe aveuglante les prisonniers tournent en rond, parfois plusieurs jours et plusieurs nuits, ranimés d'un jet d'eau fraîche, les pieds écrasés à coups de crosse. » Tout autant — et peut-être plus — que nos compatriotes de la Côte d'Azur, ceux de Corse savent à quoi s'en tenir, eux dont l'île, objet d'une convoitise traditionnelle que le fascisme avait exacerbée, vit tout particulièrement se déchaîner ces bras séculiers du SIM et de l'OVRA qu'étaient l'Arma dei Carabinieri (les fameux « carabiniers ») et la MVSN (Milice volontaire pour la sécurité nationale, la « Milizia » mussolinienne). « Grand mutilé de la guerre 1914-1918, raconte par exemple Maurice Choury, déjà cité, Jean Finidori est mort à Monacia à la suite d'une purge au mazout administrée par les carabiniers pour le punir d'avoir sonné les cloches à la nouvelle de la libération de

Tunis... » De même, dans le livre de J.A. Livrelli sur *L'Occupation italienne en Corse*, on remarque des notations qui ne trompent pas... « Carabiniers et chemises noires rivalisaient de zèle et de brutalités, écrit notamment Livrelli. Sur une simple dénonciation, parfois anonyme, d'un indicateur italien ou d'un mouchard soudoyé, n'importe qui, à n'importe quelle heure du jour ou de la nuit, se voyait mettre les menottes, pouvait être jeté dans une cellule et y moisir pendant des mois, quand il n'était pas expédié dans un camp de concentration, dans l'île ou en Italie. Personne, quelle que fût sa situation, quel que fût son âge ou son état de santé, n'était sûr de coucher le soir dans son lit. (...) Les carabiniers procédaient sans prévenances ni ménagements, avec un plaisir non dissimulé. Ils procédaient aux arrestations, aux incarcérations, en toute hâte, brutalement. (...) Carte blanche donc aux carabiniers tortionnaires, sadiques et voleurs ! »

L'« honorable surveillant du jardin »

Pour terminer ce rapide panorama des éléments répressifs des forces d'occupation étrangères qui, entre 1940 et 1945, recherchèrent, arrêtèrent, torturèrent et assassinèrent des résistants français, disons quelques mots des policiers et agents secrets japonais.

Pour les avoir rencontrés plus haut et vu, au procès du général Otozou Yamada, à Khabarovsk, comment ils avaient codifié la torture, nous savons déjà un peu de quoi ils sont capables. Mais qui étaient-ils et que faisaient-ils plus précisément ?

Au Japon, nous retrouvons tout naturellement le phénomène déjà constaté en Allemagne et en Italie : la multiplication et l'amplification, cette fois par le militarisme fascisant, d'une structure policière traditionnelle... Encore faut-il nuancer immédiatement ces comparaisons en soulignant que la police politique et les services secrets de l'empereur Hiro-Hito apparaissent tout à la fois très compartimentés et très mouvants, chevronnés mais créant volontiers des branches au coup par coup. L'extrême cloisonnement est évidemment favorisé par la création d'organisations éphémères destinées à une tâche particulière et qui ne dureront que le temps de leur mission. David Bergamini, dans *La Conspiration de Hiro-Hito*, donne à cet égard trois exemples. « Du 1er au 18 octobre 1934, écrit-il, le prince Kanin séjourna au quartier général de Terauchi à Taiwan. Il approuva un projet de création de service de renseignements ultrasecret dont les agents seraient recrutés en majeure partie parmi les civils. Cette organisation devait commencer à recueillir des informations auprès des voyageurs de commerce, sur la Malaisie, Luçon, Java et d'autres points stratégiques du Sud. En septembre, Hiro-Hito entreprit de réorganiser la Mandchourie. Son plan de structure du Mandchoukouo prévoyait que tous les délits relèveraient désormais de la compétence d'un organisme unique, dévoué à l'empereur, la police secrète (...). Tandis que Yamamoto préparait la guerre sur mer, l'"Unité 82", une équipe de recherche de l'armée de terre, s'installait à Taiwan. Elle entreprit d'examiner les informations d'ordre géographique, technique et politique que les organisations religieuses japonaises avaient rassemblées sur l'Asie du Sud-Est. » Enfin, nouvel obstacle à toute recherche mais aussi trait caractéristique, il convient de remarquer que l'usage fait par les Japonais de la règle du secret n'est pas seulement l'usage classique, commun à toutes les polices politiques et à tous les services spéciaux, c'est-à-dire l'usage défensif, mais qu'ils en font un usage offensif, le secret étant employé comme moyen de terreur. Ainsi, dans son livre *L'Indochine à l'heure japonaise*, Jean Legrand souligne-t-il à juste titre qu'en 1945, « les affiches apposées çà et là à Saigon (...) le 10 mars au matin », si elles étaient « signées du commandant en chef des forces japonaises » ne portaient aucune « indication de nom ».

Dans de telles conditions, il est logique que les chefs des organismes nippons de renseignement et de répression n'aient pas accédé, même pour la postérité, à une notoriété comparable à celle d'un Heydrich, d'un Canaris, d'un Roatta ou d'un Bocchini... Dans un tel mur de mystère, très rares ont été les brèches : la tentative — heureusement déjouée par le contre-espionnage français — d'obtenir, à la fin de 1938, grâce à la complicité de Paul-Louis W..., un important industriel (et mécène) parisien, les plans du moteur 650 CV Gnome-et-Rhône R 14-M qui équipait alors nos plus récents avions de combat ; le prétendu suicide du journaliste britannique James M. Cox, chef du bureau de Tokyo de l'agence Reuter, qui mourut, en juillet 1940, après être « tombé » des fenêtres de l'immeuble de la « Kempeitai » ; l'arrestation par la « Tokko » du journaliste allemand et agent secret soviétique Richard Sorge, le 18 octobre 1941 ; quelques procès intentés à des « criminels de guerre » nippons par les autorités américaines après 1945 ; le jugement rendu, le 13 février 1947, par le Tribunal militaire français de Saigon et qui condamnait à mort trois officiers et dix sous-officiers de la « Kempeitai » tout en frappant des travaux forcés vingt-sept de leurs collègues, etc. Ce que révélèrent ces brèches était pourtant très intéressant : non seulement l'usage, lors des interrogatoires, des tortures les plus raffinées et de drogues hallucinogènes, mais aussi des complicités dans le monde entier et surtout une assez incroyable extension des réseaux d'indicateurs dans toute l'Asie du Sud-Est, extension obtenue notamment en pervertissant la lutte de libération nationale menée par les mouvements anticolonialistes dans les pays sous domination anglaise, hollandaise et française que les armées japonaises avaient occupés.

Mais deux mots viennent d'apparaître sous notre plume qui méritent quelques explications : « Kempeitai » et « Tokko »... Ce dernier est un acronyme, celui de « Tokubetsu Koto Keisatsu Bu » qui, littéralement, doit se traduire par « police spéciale supérieure » mais dont tous les spécialistes affirment qu'il signifie en réalité « police de la pensée ». C'est en 1911 que ce nom a été donné à une section spécialisée de l'administration centrale du ministère de l'Intérieur à Tokyo dont la mission était alors de surveiller et de réprimer les activités des syndicats et des mouvements politiques de gauche. Jusqu'en 1928, la Tokko n'est en effet qu'une simple section aux effectifs assez réduits, mais, cette année-là, elle se métamorphose en un service qui, dans la réalité sinon administrativement, devient presque autonome et comprend lui-même six sections. Sur le papier, dès lors, son organisation est assez proche de celle de nos Renseignements généraux : surveillance des activités de gauche, des activités de droite, service des étrangers, censure, surveillance de l'émigration coréenne, etc. Cependant, chargée de faire respecter toutes les lois qui « protègent la sécurité de l'Etat », la Tokko étend rapidement son domaine en y incluant l'espionnage et le contre-espionnage civils. Ses ramifications dépassent même bientôt les frontières du Japon et, dans l'étude qu'il lui a consacrée en 1952, Goro Kobayashi rappelle qu'elle possédait des antennes à Shanghai, Londres, Berlin, etc. Toujours est-il que, plus d'un demi-siècle après la dissolution de cette « police de la pensée » les deux syllabes « Tokko » sonnent encore singulièrement à l'oreille de bien des Nippons. Ainsi, dans *Naisho, enquête au cœur des services secrets japonais*, qu'il publie en 1997, Roger Faligot rapporte-t-il les réflexions d'« un responsable actuel du Naicho » (oui, avec un c, car avec un s, comme le titre du livre, ça veut simplement dire « secret »), donc pourtant un homme des « services » qui « s'est penché sur cette période noire », et qui en dit : « C'est ce qui a fait que les Japonais haïssent jusqu'au mot espion. Jadis, on parlait de l'"honorable surveillant du jardin" (*o niwa-ba*). Puis il y a eu le système des "yeux du *shogun*", les *metsuke*. Aujourd'hui on utilise le mot américain *spy* (...) L'entre-deux-guerres a renforcé cette haine du contrôle par les polices alors que la Tokko ou la Kempeitai faisaient régner une suspicion généralisée par le truchement des associations de voisinage (*tonari gumi*). Leur but était de rapporter à la police des faits suspects : madame W. a reçu une visite inhabituelle, monsieur Y. a écouté une radio après dix heures du soir... Pendant ce temps-là, un groupe de la Kempeitai pouvait tabasser un couple simplement parce qu'il s'affichait au cours d'une promenade romantique. C'était comme les comités islamiques en Iran aujourd'hui... » Et Faligot ajoute : « En 1930, l'Etat policier est parfaitement agencé avec ses cinq mille stations de quartier et ses quatorze mille guérites résidentielles de police. La vie des citoyens est mise en fiches. »

« Tokko » et « Kempeitai »

« La Tokko ou la Kempeitai » a dit l'homme du « Naicho »... « La Tokko et la Kempeitai » dit l'auteur à succès écossais Raymond Lamont-Brown dans son livre *Kempeitai ; Japan's Dreaded Military Police* (« dreaded » signifie redoutée) en citant la presse japonaise. « Le *Japan Times*, écrit-il en effet, a noté qu'entre 1933 et 1936 quelque 59 013 personnes furent arrêtées par la Tokko et la Kempeitai pour avoir nourri des "pensées dangereuses" ; quelque 5 000 furent inculpées et quelque 2 500 condamnées à des peines de prison. » Etroite collaboration donc entre les deux services, ce qui ne les empêche pas d'être très différents. Dans son ouvrage intitulé *Japanese Intelligence*, publié deux ans avant celui de l'Ecossais, en 1996, un haut fonctionnaire de la DIA (Defense Intelligence Agency) américaine et ancien de la CIA, James H. Hansen, a bien décrit la naissance et l'évolution de la Kempeitai. C'est en 1881, explique-t-il, trois ans après l'apparition d'un Quartier général de l'Armée, que « fut formée la Kempeitai, ou police militaire. Elle évolua de façon assez différente des polices militaires des autres nations puisqu'elle engloba bientôt des fonctions de service de contre-espionnage (tel que le MI 5 britannique ou la DST française) et devint un organe de pouvoir agissant de son propre chef. (...) Dans les années 1930, la Kempeitai était devenue une des institutions japonaises les plus puissantes et les plus craintes parce que ses membres pouvaient prononcer et appliquer des sanctions immédiates de leur propre initiative. Beaucoup de membres de la Kempeitai appartenaient à la Société du Cerisier (*Sakurakai*) une fameuse société secrète dont l'objectif principal était l'élimination définitive des partis politiques et des institutions parlementaires. A la fin de la Seconde Guerre mondiale, les experts des renseignements américains acquirent la certitude que la Kempeitai comptait près de 75 000 membres, dont un tiers d'officiers. » Notons qu'en ventilant le détail par pays (10 679 au Japon même, 4 253 en Chine du Nord, 937 en Thaïlande, 156 à Bornéo, etc.), Raymond Lamont-Brown arrive à un chiffre inférieur de plus de la moitié : 34 833. Ce qui est déjà considérable... D'autant plus qu'il faut y ajouter l'ensemble des fonctionnaires des divers services constituant l'appareil de police et d'espionnage de l'empereur Hiro-Hito : une dizaine de services relevant d'une demi-douzaine de ministères. Le « Naikoku Joho Shitsu », c'est le Bureau des renseignements du Premier ministre ; le « Chosa Kyoku », c'est le Bureau des enquêtes du ministère des Affaires étrangères ; le « Somu Kyoku », c'est le Bureau des Affaires générales du « Dao Toa Sho » ou Ministère de la Grande Asie orientale ; et si le ministère de l'Intérieur n'en a qu'un, si l'on peut dire, avec la « Tokko », deux dépendent du ministère de la Marine (le « Joho Ka Kaigun Johobu » pour le renseignement, et le « Tokei Tai » pour la police) et trois de celui de la Guerre puisqu'outre la « Kempeitai » y sont rattachés le « Rigukun Johobu » (renseignements) et le « Tokumu Kikan » (opérations spéciales).

Cette abondance nippone d'espions et de contre-espions, de policiers et d'indicateurs explique en partie le constat fait dix ans après la fin de la guerre par un marin français, le contre-amiral R. de Bélot qui, publiant une étude sur *La Guerre aéronavale du Pacifique (1941-1945)*, fut amené à reconnaître : « Les Japonais trouvaient en grande partie leur sécurité dans l'excellence de leur service de renseignements. Leurs agents diplomatiques, les équipages de leurs navires marchands, leurs résidents à l'étranger se livraient à un espionnage que l'on peut qualifier d'impudent. Les Occidentaux ne se faisaient pas beaucoup d'illusions à ce propos ; on disait plaisamment en Extrême-Orient que lorsqu'un navire de guerre japonais mouillait sur une rade, tous les coiffeurs de la localité allaient dîner chez le commandant car ils étaient ses camarades de l'école navale. Cette boutade exagérait simplement la réalité ; de nombreux officiers de réserve japonais occupant les emplois les plus divers pratiquaient un espionnage intense. Nous savons aujourd'hui la connaissance que les Japonais avaient au début de la guerre du dispositif adverse ; sans être parfaite, elle était cependant suffisamment exacte pour donner au haut commandement nippon une grande liberté d'esprit. Ils connaissaient à peu de chose près la composition de la flotte du Pacifique, la routine de ses déplacements, l'emplacement des terrains d'aviation et la force des défenses antiaériennes. » Même constat, d'un autre point de vue, par un autre militaire français, celui que fait dans la colonie française d'alors (Viêtnam plus Laos et Cambodge) lorsque l'occupent les Nippons, le général Henri Jacquin, auteur de *La Guerre secrète en Indochine*, paru en 1979. « Les commerçants ou les fonctionnaires japonais expulsés en 1938 et 1939 pour curiosité excessive, note celui qui dirigea notamment les renseignements de la Légion étrangère, reviennent avec le corps expéditionnaire nippon, tous pourvus de grades élevés et de fonctions importantes. L'ancien attaché du consulat, Kawamura, comme chef d'état-major des troupes d'Indochine, Minoda Yoshio, ancien consul général de Saigon, comme chef de mission à Hanoi. Yamada, modeste marchand ambulant de pacotille japonaise, expulsé pour son attirance suspecte pour les garnisons françaises, devient chef des services de renseignements à Hanoi ; Matsushita, ancien commerçant, aujourd'hui chef du SR de l'armée japonaise à Saigon. (...) Des femmes aussi, la belle Takebe Yoko, qui témoignait d'une prédilection particulière pour les officiers d'état-major... ». Et pourtant, dans l'inventaire des effectifs de la Kempeitai établi par Raymond Lamont-Brown et que nous venons de voir, on peut lire : « French Indochina : 479 ».

Une « Gestapo japonaise »

Quatre cent soixante-dix-neuf, ce n'est pas beaucoup. Mais ça suffit pour que... « Au Laos, écrit Roger Faligot, déjà cité, la terrible Kempeitai est camouflée sous l'appellation de "Mission minéralogique". Au Tonkin ou en Annam, elle ne prend pas tant de précautions pour surveiller l'armée française : elle redoute en effet que de nombreux officiers jouent un "double jeu", en quoi elle n'a pas tort. Le lieutenant Alain Kervern, par exemple, directeur de l'Ecole des enfants des troupes, est chargé de liaison avec les Japonais. Mais en même temps, il appartient au réseau de renseignements clandestin "Graal". La chute du gouvernement de Vichy en France sonne le glas de la "collaboration" franco-nippone. » En effet, et après le coup de force du 9 mars 1945, poursuit Faligot, « dans toute l'Indochine, la Kempeitai se déchaîne. La Gestapo japonaise du capitaine Ishikawa n'hésite pas à faire exécuter des dizaines d'officiers français dans des conditions effroyables. A Lang Son, ils sont quatre cent soixante à périr par le sabre ou la baïonnette. »... « Gestapo japonaise » vient d'écrire Faligot. C'est effectivement l'expression que l'on retrouve presque toujours dans les témoignages de résistants français lorsqu'il est question de la Kempeitai. Nous avons déjà rencontré Emile Bollaert, « délégué général du CFLN » en France occupée et compagnon d'infortune de Pierre Brossolette. Rescapé de la déportation, il devient après la guerre « Haut-Commissaire de France pour l'Indochine ». C'est alors qu'en 1948, Jean Dubourg lui demande de présenter son ouvrage sur les *Conditions d'internement des Français en Indochine, les crimes japonais après le 9 mars 1945*, et c'est alors qu'il écrit : « Ex-pensionnaire des camps allemands de Dora et de Bergen-Belsen, j'ai tenu à préfacer un document qui relate les souffrances des Français d'Indochine victimes de la Kempeitai, de la Gestapo japonaise. »... Les Français ne sont évidemment pas les seuls à faire cette comparaison. Ainsi Raymond Lamont-Brown intitule-t-il un sous-chapitre de son livre *The Kempeitai vis-à-vis the Gestapo* et le commence-t-il en écrivant : « Nombre de ceux qui ont écrit sur la Seconde Guerre mondiale, depuis les auteurs de souvenirs de prisonniers jusqu'aux historiens militaires, ont comparé la Kempeitai avec la *Geheimstaatspolizei...* » Autre exemple, celui d'Arnold C. Brackman. Jeune reporter de l'agence américaine *United Press*, il avait suivi, du 3 mai 1946 au 12 novembre 1948, les audiences du Tribunal militaire international pour l'Extrême-Orient (IMTFE) où comparurent et furent condamnés les criminels de guerre japonais. Après avoir fait une carrière de journaliste et publié plusieurs livres à succès, ce fut au procès de Tokyo qu'il consacra son dernier ouvrage, d'ailleurs publié à titre posthume en 1989. Un gros volume passionnant qu'il intitula *The Other Nuremberg*. Au début de cet « autre Nuremberg », la première fois où Brackman cite la Kempeitai, c'est en deux mots qu'il la définit : « Japan's Gestapo ». Et c'est le même Brackman qui cite une terrible confidence d'un haut magistrat de Formose. « A Taipei, écrit-il, Shih Mei-yu, qui avait présidé la Chinese War Crimes Court, m'a dit que le gouvernement chinois possédait la preuve que la Kempeitai avait recommandé à Tokyo que "le Japon extermine, fasse disparaître tous les Chinois de la carte (*wipe out from the map*)", une version japonaise de la "solution finale" appliquée par Hitler aux Tziganes et aux Juifs. »

Par-delà les apparences trompeuses — d'un côté une « gendarmerie », de l'autre une police politique secrète — la comparaison apparaît finalement d'autant plus fondée qu'elle illustre une réalité politique, militaire et technique, celle d'une collaboration sans cesse resserrée des services secrets répressifs de Tokyo avec ceux de Berlin et de Rome. Pour Faligot, dans *Naisho*, déjà cité, l'actif manager de cette collaboration fut celui que, dans un sous-titre, il appelle *Le baron Oshima, pivot du binôme germano-nippon.* « Originaire de Nagoya où il est né en 1886, écrit-il ainsi, le colonel Oshima Iroshi est le fils aîné d'un ministre de la Guerre, le général Oshima Ken'ichi. Après avoir été attaché d'ambassade en Autriche et en Hongrie dans les années 1920, Oshima fils servira comme attaché militaire à Berlin de 1934 à 1938 puis comme ambassadeur à partir de cette période jusqu'à la fin de la Seconde Guerre mondiale. (...) La sympathie d'Oshima pour le nazisme ne fait aucun doute, à tel point qu'il avait accès direct à Adolf Hitler, Göring, Himmler ou von Ribbentrop. Le chancelier du Reich aimait à entendre Oshima philosopher et évoquer les préceptes du *bushido*, le code d'honneur des samouraïs... Il lui arrivait même de l'inviter dans son nid d'aigle de Berchtesgaden, notamment en juin 1941, où il lui annonça que l'Allemagne allait attaquer l'URSS. C'est avec l'amiral Canaris, le patron de l'Abwehr, le renseignement militaire, qu'Oshima va consolider le pacte anti-Komintern. Ils organisent un traité secret entre leurs services. (...) Le pacte anti-Komintern resserre donc l'alliance entre les deux SR. Le capitaine Helmuth Groscurth puis le lieutenant-colonel Erwin von Lahousen, chefs successifs de l'Abwehr II (la division chargée du renseignement extérieur), assurent les liaisons avec Oshima. Les Italiens sont également de la partie. A Rome, l'attaché militaire et futur patron du renseignement militaire japonais, le colonel Arizue Seizo, complète le dispositif. Il entretient des rapports avec les chefs du SIM (Servizio informazioni militari), les colonels Mario Roatta et Paolo Angioy. En contrepartie, à Tokyo, ce sera un aviateur, le capitaine Ricardo Federici, qui représentera le SIM pendant toute la guerre en tant qu'attaché militaire. (...) Federici s'est (...) marié en 1934 avec Clara Petacci, la maîtresse de Mussolini. Après 1945, le général d'aviation Federici sera détaché auprès de l'OTAN. (...) Dans la capitale nippone, le colonel Alfred Kretschmer représente l'Abwehr. Sa mission inclut un échange intense d'informations. » Et

Faligot d'ajouter qu'« en 1948, le général Kretschmer deviendra l'un des animateur du Bundesnachrichtendienst, le service de renseignements ouest-allemand » et organisation de Reinhard Gehlen.

Une « policisation » croissante

Allemagne, Italie, Japon — partout une influence croissante des organes de répression et d'espionnage... Si ce phénomène que l'on peut appeler « policisation » n'est pas une caractéristique propre au seul fascisme, elle en est historiquement inséparable. Dans le feu même de l'action, résistants et collaborateurs s'en rendent compte. Le 2 avril 1942, au micro de la BBC, Jacques Duchesne déclare : « Dans tous les pays où elle a de l'influence, l'Allemagne impose ses propres caractéristiques : la police et dans chaque maison un espion de cette police. Pucheu et la Légion des Combattants, les Allemands voudraient que ce soit l'équivalent de Himmler et de ses chemises brunes. » Le mois suivant, le 13 mai, il y revient en expliquant que, pour les Allemands, « dans la guerre totale qu'ils ont lancée, la répression de la révolte où que ce soit, dans leur propre armée, parmi les civils allemands et naturellement dans tous les pays occupés, fait partie de leur système de guerre ». D'ailleurs, dès le 7 janvier 1941, l'organe du PPF, *Le Cri du Peuple*, avait, à propos de la mort du « juif Bergson », proclamé : « Dans un Etat les philosophes sont assurément d'une utilité moins évidente que les bons policiers... » Cette évidence ne va pas sans gêner les partisans les plus lucides de la Collaboration, mais la manière dont ils essaient d'éluder la difficulté vaut d'être notée et l'on dégustera la confidence faite par Pierre Drieu la Rochelle à la princesse Zinaïda Schakovskoy : « Puisque la France en a assez de se battre, son rôle, dans le monde, serait de faire œuvre de civilisation, en laissant les Allemands s'occuper de la police et maintenir l'ordre... » Toutefois, ce mot d'auteur n'empêche pas les choses d'être terriblement ce qu'elles sont. Trente ans plus tard, avant de périr dans la mystérieuse explosion de sa voiture, l'un de ceux qui, en France, tentèrent méthodiquement de justifier les « SS français », François Duprat, devra reconnaître, à sa manière, dans son livre *La Croisade antibolchevique*, qu'« au début de 1944, devant la multiplication des attentats terroristes contre leurs adhérents, les Partis Nationaux avaient eu de plus en plus tendance à se transformer en milices paramilitaires, engagées dans la lutte contre les partisans. (...) Dès janvier-février 1944, l'activité politique de ces mouvements devient de plus en plus réduite et leurs manifestations ("Unité Antibolchevique" en mars 1944) se font sous la protection de leur appareil paramilitaire... ».

Certes, les circonstances — en particulier économiques et militaires — peuvent accélérer ou ralentir ce processus de « policisation »... Or, dans la France de 1940-1944, tout pousse à l'accélération puisque au besoin de complices toujours plus nombreux que ressentent les forces d'occupation face à la menace grandissante de la Résistance et des armées alliées, répondent des possibilités particulières de recrutement nées, nous l'avons vu, de la dégradation du comportement social engendré par le pillage, la pénurie, les restrictions et les spoliations. Poussées par cette nécessité et désireuses de profiter de cette occasion, les autorités allemandes vont donc multiplier les initiatives en vue de recruter et d'utiliser des Français. En essayant, plus haut, de définir le mot Collaboration et en montrant comment et pourquoi les « bureaux d'achat » en furent en quelque sorte le « back-ground », nous avons voulu mettre en évidence l'essentiel de l'entreprise ; mais il faut savoir que, du côté des recruteurs comme de celui des recrutés, elle fut beaucoup plus diversifiée. Les acheteurs ne furent pas seulement les services de renseignements et de police proprement dits, mais aussi les services de la propagande et l'« ambassade » nazie de Paris ; ils n'achetèrent pas seulement des marchandises et des hommes, mais aussi des consciences et des plumes, sans parler de nombre de fonctionnaires de l'Etat français et autres créatures du Maréchal. Ainsi, à la veille du débarquement allié du 6 juin 1944, la Résistance française se trouvait-elle aux prises non seulement avec les forces occupantes mais aussi avec tout un petit monde dont la haine fanatique et l'implantation sociale augmentèrent considérablement ses pertes en rendant sa tâche plus difficile.

Regardons-y d'un peu plus près.

Un coup d'œil d'abord sur les services de propagande... « Depuis le 18 juillet 1940, écrit Claude Lévy dans *« Les Nouveaux Temps » et l'idéologie de la collaboration*, tout ce qui intéressait l'activité culturelle, au sens large du mot, relevait de la "Propaganda-Abteilung", c'est-à-dire de la section de propagande. Elle était rattachée à l'administration militaire en France, plus exactement à l'échelon "renseignement", au même titre que la police secrète militaire. Les services centraux s'étaient établis, depuis décembre 1940, à l'Hôtel Majestic, à Paris. L'état-major de direction était formé du "kommandeur" Schmidtke, qui restera en fonction jusqu'à la fin de l'occupation, et de deux officiers. Les services comprenaient un "Lektorat", spécialement chargé de collectionner les articles les plus marquants de la presse française à l'usage du "Militärbefehlshaber in Frankreich", six groupes spécialisés (presse, radio, littérature, propagande active, culture et administration) ainsi qu'un organisme de contrôle des films. Son organisation régionale était calquée sur celle de l'armée d'occupation. Une "Propagandastaffel" s'occupait du "Gross Paris" (Seine, Seine-et-Oise et Seine-et-Marne) ; une autre, dont le siège était à Saint-Germain, couvrait les départements du Nord-Ouest. Ceux du Nord-Est étaient contrôlés par la "Staffel" de Dijon et ceux du Sud-Ouest par celle d'Angers. Dans chaque chef-lieu de département et parfois même dans les sous-préfectures importantes se trouvaient des services locaux placés auprès du "Feldkommandant" ou du "Kreiskommandant" (...). La "Propaganda-Abteilung" se tenait en rapport étroit avec le ministère de Berlin... » A cette description des structures, le colonel Jean Defrasne ajoute « trois chiffres caractéristiques (...) : primo, le nombre des postes extérieurs ("Aussenstellen") atteignit cinquante-quatre après l'occupation de la zone Sud ; secundo, au plus fort de son activité, l'Abteilung compta un effectif de neuf cent quatre-vingts personnes (y compris les auxiliaires féminines) ; tertio, le major Schmidtke pouvait disposer d'une somme d'environ quatre-vingt-dix millions de francs par mois ».

« Vénal comme un valet de chambre et fêtard comme un fils de famille »

Le projet que caressent les nazis quand ils mettent en place un aussi vaste service, on le devine, bien sûr ; il est toutefois intéressant de le préciser avec le concours de Robert L. Bennett. « La "Propaganda-Abteilung" de France, écrit-il, créée pour s'occuper exclusivement de la population française, avait pour la période de guerre trois objectifs : objectif politique — faire accepter par la France un système politique non français ou "européen" ; objectif militaire — sauvegarder l'ordre public pour que le peuple reste tranquille et pour ne maintenir qu'un minimum d'effectifs dans le pays occupé ; objectif économique — attirer les ouvriers français pour qu'ils acceptent d'aller en Allemagne libérer le personnel allemand. Sur le plan local, lorsque les projets de débarquement des Alliés se précisent, l'"Abteilung" prétend assurer partiellement la sécurité à l'Ouest en "neutralisant normalement" ces projets par une propagande de démoralisation... » Ce triple objectif amène ce service à remplir un triple rôle que l'archiviste Elisabeth Dunan définit clairement dans son étude *La « Propaganda-Abteilung » de France : tâches et organisation* publiée en octobre 1951, par le n° 4 de la *Revue d'Histoire de la Deuxième Guerre mondiale.* « Un rôle de censure et de contre-propagande, afin d'éliminer toute influence anti-allemande, maçonnique ou juive ; un rôle de renseignement, exercé avec l'aide des services allemands d'espionnage et de police : elle veut sonder l'opinion publique, connaître ses réactions en face des événements ; un rôle de propagande enfin : elle désire présenter aux Français l'Allemagne nouvelle, les avantages du régime nazi, ses réalisations, surtout dans le domaine social, (...) et souligner l'invincibilité allemande... ».

On a déjà pu remarquer plus haut que la Propaganda-Abteilung était rattachée à l'échelon « renseignements » (I c) de l'« Administration militaire en France » et cela au même titre que la GFP ; il est intéressant d'insister sur cette filiation policière directe, cela d'autant plus que, dans le travail quotidien, une sorte d'interpénétration la complète. Une interpénétration qui apparaît très clairement lorsque Elisabeth Dunan décrit la façon dont œuvrent les diverses « Propagandastaffeln » dans leurs secteurs d'implantation. « Pour la diffusion du matériel de propagande, explique-t-elle, collage d'affiches, distribution de tracts, elles organisent, dès octobre 1940 à Paris, à partir de février 1941 en province, des "colonnes civiles de propagande" composées de "personnes de confiance" (Vertrauenspersonnen, V-Männer), que la police secrète militaire (GFP) a été chargée de recruter et qui servent en même temps d'indicateurs, d'agents glanant en général leurs renseignements dans les endroits publics, surtout sur les marchés. Elles se font aussi aider dans ce travail, comme dans la rédaction des tracts et brochures, par quelques membres des partis collaborationnistes. » Le groupe de « propagande active » qui organise ces distributions de tracts et de brochures n'est évidemment pas le plus important des six « Gruppen » qui composent la « Propaganda-Abteilung ». Le plus entreprenant et le plus efficace, c'est incontestablement le « Presse-gruppe ». Son dirigeant est Hermann Eich, tandis qu'à l'échelon de la « Propagandastaffel » de Paris, installée à l'hôtel Claridge, aux Champs-Elysées, opère un virtuose en « relations publiques », l'Oberleutnant Weber.

Dans la tentaculaire pyramide de la propagande hitlérienne au sommet de laquelle trône le fameux docteur Joseph Goebbels, Eich n'est qu'un simple chef de service, un fonctionnaire parmi tant d'autres ; et pourtant, aujourd'hui, on a du mal à imaginer la puissance qui est la sienne à l'époque. Les résistants, eux, ne s'y étaient pas trompés qui diffusaient contre ce « chef de la censure » un pamphlet intitulé *La presse n'a qu'un seul directeur : le docteur Eich*, pamphlet que Claude Lévy commente en ces termes : « Comme le notait ironiquement un tract du "Comité national des journalistes (zone Nord)", à la fin de 1943, les Bunau-Varilla, les Déat, les Georges Suarez, les Luchaire n'étaient là que pour la "figuration" : le "seul directeur de la presse parisienne", celui qui ordonnait ce qu'il fallait dire ou ne pas dire "était le docteur Eich, chef du Bureau de la presse" ; quant aux journalistes, "pourtant nombreux" dans la capitale, leurs signatures étaient autant de "pseudonymes, les pseudonymes du docteur Eich"... » Et l'officier subalterne Weber n'avait rien à lui envier, lui qui, rappelle René de Livois, dans son *Histoire de la Presse française*, aimait à se présenter « comme "le plus parisien des Allemands", en raison de ses longs séjours à Paris avant la guerre, au bureau de l'agence de presse DNB ». A son propos, Jean Galtier-Boissière trace, dans son journal intime, ce croquis qu'il situe en février 1941 : je suis « invité dans le restaurant à la mode, sur le quai. Salle comble. (...) Un énorme "Fritz" qui est, paraît-il, le lieutenant Weber, führer de la presse franco-allemande, traite quelques amis au champagne. Aucune restriction : les biftecks interdits sont dissimulés sous des œufs sur le plat. Clientèle de nouveaux riches. Les pinards les plus fins coulent à flots. Le richard triomphe dans l'Ordre Nouveau... » Dans ce livre irremplaçable qu'est *Première page, cinquième colonne*, Jean Quéval trace d'ailleurs de Weber un portrait particulièrement pénétrant. « Cet ancien correspondant de la DNB à Paris, écrit-il, pratique l'argot comme un naturel de la rue Lepic. Il est vénal comme un valet de chambre et fêtard comme un fils de famille. Il a dilapidé des fortunes à Montmartre et à Montparnasse après avoir réalisé des bénéfices occultes astronomiques. La petite histoire veut qu'il ait prélevé, un vendredi soir, six cent mille francs pour son week-end. Ça devait mal finir. Il fut emprisonné, en effet, au bout d'un an d'exercice. Mais vite relâché. En vertu de l'utilisation des compétences, ses supérieurs lui confièrent finalement la direction d'un des bureaux d'achat parisiens de l'armée d'occupation. Son rôle dans la presse fut adjoindre, à la distribution proprement dite, des services de répartition de toutes les machines et matières premières nécessaires à la publication des journaux... »

Le « groupe Hibbelen »

S'étant assuré un pareil contrôle politique, idéologique et policier sur la presse de langue française à leur dévotion, on pourrait penser que les nazis s'estimèrent satisfaits. Non, à leurs yeux ce n'était pas suffisant. Voulant limiter au maximum les interventions ouvertes de leur censure et désireux de pouvoir intervenir en douceur, de pouvoir à leur gré, selon les nécessités du moment, modifier la composition des directions et des rédactions sans apparemment troubler le fonctionnement normal des entreprises, ils s'employèrent aussi à s'assurer une large emprise financière sur les journaux. L'instrument de ce contrôle supplémentaire fut le « groupe Hibbelen », véritable trust regroupant vingt-trois sociétés, elles-mêmes propriétaires de quarante-neuf journaux et publications, et ayant des représentants très influents dans les conseils d'administration d'une trentaine d'autres organes. Philippe Amaury, tout en étudiant *Les deux premières expériences d'un « ministère de l'Information » en France*, explique très bien le mécanisme de l'opération lorsqu'il rapporte : « La "Propaganda-Abteilung" ayant chargé un homme d'affaires de nationalité suisse, Hibbelen, de prendre pour le compte de l'Allemagne des participations financières dans des entreprises et des agences de presse en France, l'ensemble des sociétés passé par ce biais sous le contrôle de l'occupant a reçu l'appellation de "groupe Hibbelen"... ». Un rapport du 31 mai 1944, établi par le « docteur Hibbelen » lui-même, nous renseigne sur la diversité des feuilles contrôlées par le « trust » dont il fut tout à la fois l'organisateur et le prête-nom. Résumons-en l'inventaire : sept quotidiens, dont *Aujourd'hui, Les*

Nouveaux Temps, La France Socialiste, L'Effort (journal lyonnais) *La Vie Industrielle, L'Auto*, etc. ; quatorze hebdomadaires, dont *Au Pilori, L'Appel, Germinal*, etc. ; dix bi-mensuels, dont *Le Moniteur du Commerce de France, Ciné-Mondial, Toute la Vie, Actu, La Semaine à Paris*, etc. ; dix-huit mensuels, dont *Le Film complet, La Revue des Questions Juives, Nos Vedettes, La Mode du Jour, L'Officiel du Spectacle, Sciences et Voyages*, etc. et, enfin, une dizaine de bulletins d'informations et autres lettres confidentielles. Quant à la trentaine d'organes contrôlés indirectement ou partiellement, on notait parmi eux des quotidiens tels que *Le Matin, Paris-Soir, Paris-Midi, Le Petit Parisien, L'Œuvre*, etc. et des hebdomadaires comme *Sensation, La Gerbe, Comœdia, L'Illustration, Je Suis Partout*, etc. En 1950, lorsqu'après cinq années de recherches et d'enquêtes, la « Commission consultative des dommages et des réparations » publia son volumineux rapport, on put y lire ce commentaire : « La propagande allemande s'infiltrait donc jusque dans les publications d'apparence la plus anodine : journaux de mode, revues de cinéma et de radio, publications commerciales, agricoles, guides de tourisme, etc. (...). Le "groupe Hibbelen", abstraction faite de "l'excellente qualité de ses publications" et de "leur force de pénétration" (...) contrôlait, par le tirage et le nombre de pages imprimées, environ quarante-cinq à cinquante pour cent de la presse parisienne... ».

La raison d'être de cet ensemble de sociétés nommé « groupe Hibbelen » ou « trust Hibbelen » a pu paraître à certains assez mystérieuse. Pourquoi ce type d'organisation ? Dans un ouvrage paru huit ans après son étude sur *Je Suis Partout*, en 1981, et intitulé *L'Argent nazi à la conquête de la presse française ; 1940-1944*, Pierre-Marie Dioudonnat l'explique... La « création (...) du trust lui-même, écrit-il, répond manifestement au besoin de nationaliser les bases de la pénétration allemande dans la presse en adoptant un système qui résiste à l'épreuve du droit, c'est-à-dire fondé sur les règles simples de l'appropriation capitaliste. Avec Hibbelen, les occupants remplacent l'assemblage (...) hâtivement bâti (...) par la formule à la fois souple et solidement articulée du trust aux nombreuses sociétés étroitement imbriquées (...). Quant à la substitution comme autorité supérieure de tutelle sur la presse d'un organisme permanent comme l'ambassade à une autorité temporaire née de l'Occupation et appelée à disparaître avec celle-ci, elle garantit théoriquement la pérennité de la colonisation allemande en cas de conclusion d'un traité de paix. » Si l'entreprise était donc claire, obscur est demeuré son promoteur et prête-nom. Qu'est devenu cet homme d'affaires né le 3 avril 1900 à Aix-la-Chapelle et qui avait francisé son prénom Gerhard en Gérard ? « La dernière trace qu'on ait d'Hibbelen, répond Dioudonnat, est l'ordonnance du président du tribunal de première instance de Remiremont (Vosges), datée du 5 octobre 1944, qui ordonne la mise sous séquestre de son patrimoine. » Et encore le greffier romarimontain a-t-il mal orthographié le patronyme du fugace helvète qu'il appelle Hibbelin. Tout comme une Cour de Justice le nommerait Yblaine, et Eboleen, l'auteur « collabo » d'une *Histoire de la Collaboration* déjà citée. Passons...

Bien que, à Berlin, les deux organismes dépendent de ministères différents, celui de la Propagande et celui des Affaires étrangères, le « Pressegruppe » travaille quotidiennement, à Paris, en étroite liaison avec le service de presse de l'« ambassade d'Allemagne » où règne Otto Abetz. « Si la presse de la zone "libre", note Jacques Polonski, dans *La presse, la propagande et l'opinion publique sous l'Occupation*, puisait son inspiration quotidienne dans les "notes d'orientation" de Vichy, celle de la zone Nord suivait les instructions de l'ambassade d'Allemagne. Deux fois par semaine, le mardi et le vendredi matin, les directeurs ou les rédacteurs en chef y venaient chercher les consignes qu'on leur communiquait sous forme de conférences. Dans l'après-midi, l'"Office français d'information" (OFI) leur fournissait les comptes rendus confidentiels de ces conférences dont les textes étaient préalablement soumis à l'approbation de l'ambassade. Il y en avait de deux sortes : les unes, ordinaires, qu'on nommait officiellement les "conférences de la Propaganda-Abteilung", et les autres, auxquelles participait un diplomate — le plus souvent le conseiller d'ambassade Karl Schwendemann — appelées "conférences mixtes de la Propaganda-Abteilung et de l'Ambassade". (...) Parfois, y prenait la parole un policier allemand, pour rappeler aux journalistes trop zélés les finesses de leur métier. (...) Il apparaît que l'accord complet et la confiance régnaient, dans le domaine de la presse, entre Vichy et les Allemands. Lors d'une conférence à l'ambassade d'Allemagne (20 octobre 1942) "le commentateur recommanda aux assistants la lecture des notes d'orientation confidentielles, rédigées chaque jour par le ministère français de l'Information et transmises par l'OFI"... » Leur laissant le soin de manier dans la pratique les ciseaux de la censure et profitant de la marge d'initiative politique dont nous avons déjà vu que jouissait leur patron Abetz, les gens de l'« ambassade » avaient beau jeu de se faire passer pour moins rudes et moins rustres que les militaires de la Propaganda-Abteilung. A leur propos, le rapport de la « Commission consultative des dommages et des réparations » note par exemple, que « le conseiller Schwendemann avait institué un système plus souple consistant essentiellement à établir des contacts amicaux au cours de dîners ». Les deux sanctuaires de cet asservissement par le sourire étaient le « bureau culturel » de l'« ambassade », dirigé par l'un des plus proches conseillers d'Abetz, Rudolf Rahn, et sa filiale directe, l'Institut allemand, installé rue Saint-Dominique, à l'hôtel de Sagan, où officiaient le docteur Karl Epting flanqué d'un universitaire nazi, ancien lecteur, avant la guerre, à l'université de Poitiers puis à la Sorbonne, Karl-Heinz Bremer, d'un lieutenant très « homme de lettres », Gehrard

Heller et d'une secrétaire très informée, Mlle Stefan. Cependant, plus encore qu'à tenir bien en main des journalistes, c'est à manipuler des écrivains que ces derniers s'employaient.

Quand, tirant notamment parti des maladresses du Sonderführer Kaiser, ils eurent écarté de leur chemin le « Schriftum-Gruppe » de la Propaganda-Abteilung, ils eurent tout loisir de monter des opérations « culturelles » dont beaucoup s'avérèrent fort efficaces.

Au « royaume d'Otto Ier »

« Des délégations françaises, écrit ainsi Pierre-Marie Dioudonnat dans son étude sur l'hebdomadaire *Je Suis Partout*, participent aux congrès des écrivains d'Europe qui se tiennent à Weimar en 1941 et 1942. (...) Ces délégations comprennent Abel Bonnard, Robert Brasillach, Drieu la Rochelle, Ramon Fernandez, Jacques Chardonne, André Fraigneau et Marcel Jouhandeau en 1941, Jacques Chardonne, Drieu la Rochelle, André Thérive, André Fraigneau et Georges Blond l'année suivante. (...) Robert Brasillach déclare à son procès qu'il a rencontré Gaston Gallimard et Georges Duhamel à l'Institut allemand et qu'il y a déjeuné avec Giraudoux... » Ernst Jünger, l'écrivain alors officier de la Wehrmacht en occupation à Paris, fréquente aussi l'hôtel de Sagan et c'est ainsi qu'à la date du 16 novembre 1943, il note dans son journal intime : « Le soir, à l'Institut allemand... S'y trouvaient le sculpteur Breker et sa femme, une Grecque ; puis arrivèrent Mme Abetz et les sympathiques Abel Bonnard et Drieu la Rochelle, avec qui j'ai échangé des coups de feu en 1915. Ensuite, des scribouillards à gages, des bonshommes qu'on ne voudrait pas toucher avec des pincettes. Tout ce monde mijote dans un mélange d'intérêts, de haine, de crainte, et certains portent déjà sur leur front le stigmate des morts horribles... »

Les entreprises de Rahn, d'Epting et des autres subordonnés d'Otto Abetz sont tout à fait dans la ligne de la politique voulue et pratiquée par ce singulier « ambassadeur ». Comme le confirme Claude Lévy, « pour Abetz, qui connaissait de longue date les milieux proallemands de Paris et qui avait pris soin de s'entourer d'une équipe dotée de la même expérience que lui (le conseiller Achenbach avait déjà fait partie de la "mission diplomatique" avant 1939 et le docteur Epting, directeur de l'Institut allemand, avait présidé avant-guerre l'Office universitaire), le mot d'ordre était au sourire ». Nous avons déjà plusieurs fois rencontré Otto Abetz au fil de cette chronique. Nous l'avons vu, au temps du Comité France-Allemagne et du « Cercle du Grand Pavois », envoyé par Ribbentrop dans la France de l'immédiat avant-guerre pour y « faciliter les contacts officieux » ; on ne pourrait trouver meilleur exemple du sens de l'expression « 5e colonne » que les entreprises alors menées par le futur « ambassadeur » dans notre capitale, entreprises qui d'ailleurs lui valurent d'attirer l'attention des services français de contre-espionnage et, malgré d'étonnantes protections politiques, d'être finalement expulsé sur l'insistance des officiers qui avaient mis au jour son rôle corrupteur. Celui des officiers qui était alors le mieux placé pour en connaître, le futur colonel Paul Paillole, a fort bien analysé ce qu'il appelle « la dangereuse activité » du « subtil Otto Abetz ». Ce dernier, écrit-il, « étend ses activités, prend contact avec des écrivains et des publicistes français, avec les anciens combattants, organise des réunions communes et, honneur suprême, présente à Hitler les personnalités françaises acquises au rapprochement des deux pays. Il anime les *Cahiers franco-allemands* imprimés dans les deux langues à Karlsruhe et les diffuse en France. La propagande nazie dispose dès lors du support culturel qui facilite sa pénétration. (...) Avec le Comité France-Allemagne, Otto Abetz va devenir l'animateur d'une gigantesque entreprise de séduction. On y retrouve Georges Scapini, Fernand de Brinon, le professeur Fourneau, Jules Romains, Pierre Benoit, Louis Bertrand, Henri Lichtenberger, le duc de Broglie, le marquis de Chambrun, le comte Melchior de Polignac, Jean Goy, Henri Pichot, Jacques Benoist-Méchin, Bertrand de Jouvenel, Sacha Guitry, Régis de Vibray, Pierre Drieu la Rochelle, Darquier de Pellepoix, monseigneur Mayol de Luppé à qui, en grande pompe, a été remise le 14 mai 1939, la rosette d'officier de la Légion d'honneur. Parce qu'il corrompt ou mystifie ce que l'on est convenu d'appeler l'élite, Abetz apparaît comme l'élément moteur de cette action psychologique que prolonge et amplifie une multitude d'organismes officiels et privés... ». Ensuite, nous avons montré le futur « ambassadeur » en train d'utiliser « les nombreuses amitiés qu'il avait conservées dans les milieux de gauche et d'extrême gauche » pour tenter, dès le début de l'Occupation, une manœuvre anticommuniste d'envergure. Enfin, nous avons pu constater en passant qu'il savait donner des réceptions brillantes et très richement fréquentées... C'en est assez pour deviner facilement ce qui se cache derrière sa « politique du sourire ». L'examen de ses activités confirme ce que ne dissimulent pas ses *Mémoires d'un ambassadeur :* cet ancien dessinateur dans un cabinet d'architectes en qui, dès 1938, le politicien chevronné Anatole de Monzie avait flairé un « prospecteur des sentiments parisiens » et dont un haut fonctionnaire des Renseignements généraux, Marc Bergé, qui fut chargé de l'interroger après la Libération, nous a dit l'intelligence exclusivement vouée à l'ambition et à la ruse, avait été chargé par son ministre et par Hitler lui-même d'imposer à la France asservie leur politique en y mettant sur pied un appareil singulier et en y remplissant une mission très précise. Appareil et mission qui constituent certainement la partie la plus cohérente de l'entreprise nazie de soumission de notre pays et qui, comme le dit André Weil-Curiel, auraient comporté des « avantages pratiques considérables » pour Hitler si certains Français n'avaient pas mis de bâtons dans les roues. Un appareil et une mission, en tout cas, à la faveur desquels, bien qu'Otto Abetz ait été à deux reprises — d'abord de décembre 1942 à novembre 1943 puis durant tout le mois d'avril 1944 — éloigné de Paris par des intrigues berlinoises, la France occupée pouvait apparaître à un Collaborateur tel que Louis-Ferdinand Céline comme « le royaume d'Otto Ier »... Comme on l'a déjà subodoré, c'est un curieux organisme, en effet, que celui installé, dès l'entrée des troupes allemandes, sur les bords de la Seine, par ce diplomate nazi qui se proclame si volontiers « de gauche ». « L'Ambassade d'Allemagne à Paris, rappelle Lucien Steinberg, jouissait d'un statut tout à fait spécial. D'une Ambassade normale elle possédait certes certaines caractéristiques : elle avait à sa tête un ambassadeur, en la personne d'Otto Abetz, et elle était installée rue de Lille, dans l'hôtel de l'Ambassade d'Allemagne. Mais alors que, normalement, un ambassadeur est accrédité auprès du chef de l'Etat où il exerce sa mission, l'ambassadeur allemand à Paris, lui, n'était nullement accrédité auprès du Maréchal Pétain. (...) Délégué auprès du Commandement Militaire, il était nommé par Hitler comme seul responsable pour toutes les questions politiques, en France occupée comme en France non occupée. Il ne devait coordonner son action avec celle du Gouverneur Militaire que pour autant que les intérêts militaires étaient affectés. (...) Ceci ne signifie pas qu'Abetz ne se soit jamais rendu à Vichy. Bien au contraire, il y allait souvent, cela faisant partie de sa mission. Il avait cependant à ce moment-là le statut d'un représentant personnel extraordinaire du Führer... »

Les « plans de table » du SS-Hauptsturmführer

La mission d'Otto Abetz, elle avait été définie par une note adressée, le 3 août 1940, au Militärbefehlshaber in Frankreich par Ribbentrop. Cette note comportait sept points. Trois avaient trait aux tâches habituelles d'un diplomate, mais les quatre autres valent d'être cités, qui précisent qu'Otto Abetz devait « influencer dans un sens favorable à l'Allemagne les personnalités politiques importantes dans la zone occupée et dans la zone non occupée ; guider, au point de vue politique, la presse, la radio et la propagande dans la zone occupée et influencer les éléments saisissables de la formation de l'opinion publique dans la zone non occupée ; conseiller la GFP et la Gestapo pour la saisie de documents importants au point de vue politique ; mettre enfin en sûreté tous les trésors d'art publics et les trésors d'art privés et particulièrement les trésors d'art appartenant aux Juifs, sur la base des instructions spéciales qui s'y rapportaient ». Pour animer cet organisme spécial camouflé en « ambassade » et remplir cette mission si peu diplomatique, Philippe Bauchard note qu'Abetz « se compose un état-major d'hommes de lettres, d'Allemands ayant fréquenté de près ou de loin le Front populaire ». Une fréquentation, précisons-le, le plus souvent inspirée par le Parti nazi ou l'Abwehr. Deux seulement des sept membres importants de cet « état-major » sont des diplomates de carrière : Ernst Achenbach, le futur leader « libéral » ouest-allemand de Bonn, après la guerre, et Rudolf Rahn — encore que la spécialisation de ce dernier dans les « affaires arabes » (avec fréquents voyages à Beyrouth et Tunis) et surtout ses contacts répétés avec les chefs du RSHA et de l'Abwehr en France pour, selon Paillole, « étudier les moyens d'agir avec le plus d'efficacité » contre la Résistance, mettent en évidence ses liens avec les services spéciaux. Quant au passé des cinq autres il est ouvertement éloquent : Rudolf Schleier a été, de 1935 à 1938, « Landesgruppenleiter » de l'« Auslandsorganisation », c'est-à-dire le service du Parti nazi chargé du noyautage des mouvements pro-fascistes à l'étranger ; Friedrich Grimm est un avocat qui, avant de devenir député au Reichstag en 1933, s'est distingué, durant les années 1920, comme agitateur antifrançais dans la Ruhr ; Friedrich Sieburg, auteur du livre *Dieu est-il français ?*, a été, pendant de longues années, le correspondant à Paris de la *Frankfurter Zeitung* ; nous avons déjà vu que Karl Epting était, à la même époque, directeur du bureau allemand des échanges universitaires en France ; enfin, Carltheo Zeitschel, que l'on dit fils naturel de l'empereur Guillaume II, est un médecin, surtout praticien de l'antisémitisme, et qui a déjà atteint, dans la SS le rang de Sturmbannführer (commandant). Cette équipe si savamment composée fut extrêmement active. Et, en soulignant « l'influence d'Otto Abetz sur le monde de la Collaboration » lorsqu'il « recevait dans ses salons de la rue de Lille » et que Suzanne de Bruyker, « sa femme, née française, l'ancienne secrétaire de Jean Luchaire, faisait figure de première dame de Paris », Robert Aron peut, dans son *Histoire de l'épuration*, écrire que l'essentiel de la vie parisienne officielle « s'ordonnait autour de ce nouveau foyer de mondanités et d'intrigues que constituait alors l'ambassade d'Allemagne ». Il est sûr que, dans ce que l'on appellait encore le Tout-Paris, les réceptions et les dîners de la rue de Lille étaient très recherchés, très courus. « En cette étrange période, écrit Jacques Delarue, une partie de la haute société parisienne offrait vraiment un spectacle assez sordide. » Un spectacle dont les metteurs en scène accomplissent très soigneusement leur mission. Ceux de la rue de Lille, bien sûr, mais aussi leurs confrères de l'avenue Foch et du boulevard Flandrin, les capitaines, donc SS-Hauptsturmführer, Maulaz et Roland Nozek. Le premier de ces maîtres (occultes) des cérémonies nous est ainsi décrit par Emmanuel d'Astier de la Vigerie : « Un SS corpulent, de trente-sept ans, le nommé Maulaz, instrument galant d'Oberg, est chef de la section III, "Banques et Bourse". Il règne sur un petit monde de capitaines d'industrie, de hauts commerçants, d'artistes et de journalistes. Les complaisances, les informations de certains grands chefs d'entreprise permettront aux Allemands d'exiger et d'obtenir mieux de l'économie française. Il y a de fructueuses affaires sur les biens juifs, sur les filiales et les titres étrangers. » Ce portrait déjà très attachant est heureusement complété par Roger Peyrefitte qui souligne, dans *Manouche*, quelle était la spécialité de cet « agent d'origine suisse, nommé Maulaz, homme élégant, qui passait son temps à faire des "plans de table" ». Des « plans » bien conçus qui « étaient d'une exécution minutieuse et avaient les suites que l'on voyait chez Maxim's. Là ou ailleurs, les déjeuners et dîners qui réunissaient Français et Allemands, avaient toujours été réglés par l'un de ces plans. Une rencontre qui paraissait insignifiante et purement mondaine — chez Florence Gould par exemple —, était souvent le point de départ de relations compromettantes auxquelles on ne pouvait plus échapper. On devenait, malgré soi, un agent de renseignements. Szkolnikoff avait salué, à l'une des tables du rond royal, le grand industriel X. Y. et le colonel Knochen. C'étaient les suites d'un plan de table... » C'est certes plus brièvement mais en des termes très voisins de ceux employés par d'Astier et Peyrefitte à propos de Maulaz que Paul Paillole décrit l'autre capitaine. « Le groupe VI, note-t-il, recherche les renseignements politiques. Nozek, installé 11, boulevard Flandrin, en est l'animateur bien introduit dans tous les milieux de la capitale. Il est agréable, cultivé, parle le français parfaitement... » Un portrait qu'enrichit le cagoulard et funambule de l'intrigue Gabriel Jeantet, en écrivant que « Nozek a davantage l'aspect d'un intellectuel que d'un officier de police. Il se pique d'originalité, plaisante, s'exprime dans un excellent français et vante les agréments de la vie à Paris avant la guerre... » Portrait enfin qu'en janvier 1999 est venu compléter le « hors-série n° 3 » des *Dossiers secrets de l'Histoire* en publiant un article d'Armand Lannier intitulé *Roland Nozek ; Autobiographie d'un agent nazi*. Selon Lannier, « Nozek jouit de la confiance totale de Heydrich » et, parmi les tâches dont il est chargé, figure l'infiltration de la Résistance. Et de mettre dans la bouche de Nozek les propos suivants : « Les VM que nous parvînmes à introduire dans les rangs ennemis devaient (...) non seulement accepter des missions d'espionnage, mais les remplir de telle façon qu'ils acquièrent la confiance de leurs supérieurs. Le SD les aida en leur fournissant des renseignements assez intéressants pour l'ennemi, qui provenaient, bien sûr, de l'état-major du commandement en chef à l'Ouest. Certains purent être promus à des fonctions importantes (...). Grâce à cette méthode, le SD put obtenir d'importantes informations sur la Résistance. » Mais revenons rue de Lille... Dans l'*Histoire générale de la presse française*, publiée sous la direction de Claude Bellanger, Jacques Godechot, Pierre Guiral et Fernand Terrou, Henri Michel et Claude Lévy, citant au passage Pierre Audiat et Vercors, montrent clairement comment opéraient les gens de l'« ambassade ». En effet, expliquent-ils, « Abetz et son équipe connaissaient suffisamment bien la France et, en particulier, certains milieux de la presse, pour y trouver des hommes sûrs et capables d'être dirigés dans le sens voulu par les Allemands. Ces "nouveaux messieurs" n'eurent d'ailleurs pas beaucoup de peine à découvrir des rédacteurs pour leurs nouvelles feuilles : des "rabatteurs" français, "choisis en raison de leurs relations personnelles", de leur "bon garçonnisme", ou de "qualités diplomatiques", étaient chargés "de prendre les contacts" en faisant "jouer la vénalité ou la peur, sans en avoir l'air". Par la suite, d'autres signatures ne tardèrent pas à apparaître (...) : des hommes de lettres et des journalistes se résignaient mal à ne plus écrire et plus d'un "que leur plume démangeait trop" glissèrent dans la presse de Collaboration. »

Revanche et « arrivisme collectif » au temps des « enveloppes »

Faire « jouer la vénalité », selon l'expression d'Audiat, fut un art que, pour recruter des serviteurs et des complices, les occupants — policiers, propagandistes ou « diplomates » — pratiquèrent avec talent et persévérance. Capturé par les Américains lors de la défaite hitlérienne, Rudolf Schleier fut assez longuement entendu par les enquêteurs de l'« Interrogation Center » de la 3e Armée US. Bien que, tout comme Abetz ultérieurement lorsque les policiers français lui soumirent les procès-verbaux de l'interrogatoire de son subordonné par les officiers de renseignement yankees, il se soit réfugié derrière sa « mauvaise mémoire » pour en dire le moins possible, les quelques chiffres qu'il a consenti à citer illustrent la façon dont, rue de Lille, on subvenait aux besoins de la politique de Collaboration. Reportons-nous donc à cet interrogatoire qui est daté du 15 mai 1945. Aussi bien pour les journaux que pour les mouvements, son texte fait état de deux sortes de « subventions » : les versements globaux et les allocations mensuelles. Ainsi apprend-on que Jean Goy a reçu un million de francs pour le RNP ; Jacques Benoist-Méchin, six pour la LVF ; Pierre Clémenti, plusieurs fois vingt mille francs pour son « Parti national-collectiviste » ; l'« agence Havas », plus de quatre-vingts millions ; *Le Matin*, 1 980 000 francs ; *La France Socialiste*, 541 000 francs ; *L'Œuvre* (de Marcel Déat), 298 000 francs et *L'Illustration*, 492 000 francs... Quant aux mensualités, elles étaient de deux à trois cent mille francs pour l'ex-chef cagoulard Eugène Deloncle et son MSR ; deux cent cinquante mille francs pour le RNP et autant pour le PPF ; cent mille francs pour les « Francistes » de Marcel Bucard ; cinquante mille francs pour Pierre Costantini et sa « Ligue française » ; cinquante mille francs également pour le journal lyonnais de Charles Spinasse, *L'Effort*... Significatifs, ces chiffres ne sont pourtant que très fragmentaires. Dans le rapport de 1950 que nous avons déjà cité, la « Commission consultative des dommages et des réparations » rappelle que « les Allemands ont aussi cherché à étendre leur emprise sur la littérature française par des moyens plus souples : mise en vedette d'hommes de lettres acquis aux idées de collaboration, faveurs accordées à tel éditeur célèbre chargé de gagner ses confrères à l'ordre nouveau, etc. », et elle déplore aussitôt : « Il est certain que des sommes considérables ont été ainsi dépensées en subventions ou gratifications diverses. Il n'a malheureusement pas été possible d'en retrouver de traces précises. » Il est vrai que, quatre ans plus tôt, un autre texte de source officielle, le numéro des *Notes documentaires et études* consacré à *La presse autorisée sous l'occupation allemande (1940-1944)* n'avait pas craint d'affirmer que, rue de Lille, « les contacts s'établissaient plutôt par des dîners que par des conférences » et que « les invités ne partaient généralement pas sans enveloppe ».

Qui pourrait contester que bientôt ce véritable règne des « enveloppes » dépasse les cas particuliers pour atteindre au phénomène social ? Ce n'est plus l'absence de scrupules de tel individu, de tel journal ou de telle organisation qui est en cause, c'est une vague de vénalité qui entraîne à peu près tous ceux qui ont choisi ou accepté le service de l'ennemi. Une vague d'autant plus profonde qu'elle se nourrit du sentiment simultanément apparu qu'il ne faut pas laisser passer sa chance, qu'il faut saisir à l'instant cette occasion de réussite et, souvent, de revanche. Ce n'est pas un hasard si ce mot « revanche » revient, à l'époque, sous tant de plumes... « Ces hommes, écrit Claude Lévy dans son étude déjà citée sur *Les Nouveaux Temps*, dont la carrière n'avait pas toujours été à la mesure de leurs ambitions, avaient une revanche à prendre : ils allaient enfin jouer un rôle digne d'eux. » Et Michèle Cotta dans son livre *La Collaboration, 1940-1944* : « Tous ces hommes, et c'est là sans doute leur point commun essentiel, ont eu personnellement maille à partir avec la IIIe République. Tous les chefs des mouvements politiques de Paris occupé ont souffert du régime précédent » ; ils éprouvent donc « le désir, plus ou moins affirmé, plus ou moins ressenti, de prendre leur revanche. Revanche des ligues dissoutes, des mouvements terroristes interdits et pourchassés par le gouvernement du Front populaire, des journalistes censurés en 1939. Revanche des syndicalistes depuis longtemps minoritaires, des hommes politiques de gauche "barrés" par les états-majors de partis, » etc. Et Louis Parrot dans *L'Intelligence en guerre* : « Le petit nombre d'intellectuels qui s'étaient mis au service de l'ennemi devait se grossir de quelques noms d'auteurs de moindre qualité, aigris, ambitieux, ratés, qui pouvaient enfin trouver dans la trahison la revanche de leur médiocrité. On les pourvoyait de bons postes, on leur octroyait des emplois honorifiques dans les services de la propagande, à la radio, à la censure... » Les « bons postes », les « emplois honorifiques » — selon le mot du comédien et mémorialiste René Lefèvre. L'Occupation est vraiment une époque où, il y a « des possibilités exceptionnelles d'avancement ». C'est au point que même l'indulgent Robert Aron doit constater : « Cette presse a ses leaders ; beaucoup sont des plumitifs qui n'auraient jamais percé en période normale et qui doivent aux occupants d'avoir acquis, sinon quelque audience, du moins quelque notoriété. » Evidemment cette frénésie de l'ambition et cette vénalité tentent de se dissimuler sous le masque de la passion idéologique et des « sentiments nationaux » dont ceux qui en parlent le plus sont précisément ceux qui les ont perdus ou qui n'en ont jamais eu. Toutefois, à la faveur des nombreuses querelles qui éclatent entre groupes de pression rivaux et rédactions concurrentes, ces masques sont vite arrachés. Lorsque, par exemple, après la chute de Mussolini, Robert Brasillach, désenchanté, décide de quitter la rédaction en chef de *Je Suis Partout*, celui dont beaucoup tenteront plus tard de faire le « martyr de l'épuration » constate avec amertume que rares sont les disciples qui le suivent. Il est furieux et, dans une lettre à une parente, sa tante Marcelle Zinnsz, il écrit textuellement que les explications fournies par les infidèles ne sont que « de belles raisons, de beaux prétextes qui se résument en fait dans l'argent » ! Dans cette lettre de Brasillach, il y a une petite phrase qui en dit long : « Le journal est riche et paie bien... ». Oui, on « paie bien ». Mieux que jamais... Dans sa thèse sur *Le Petit Parisien*, Francine Amaury remarque que « les frais de rédaction furent extrêmement élevés, plus importants qu'à n'importe quel autre moment de l'histoire du journal, en dépit de la faible pagination, ce qui laisserait penser que les nombreux collaborateurs qui participèrent à l'élaboration du quotidien ainsi que le personnel appointé percevaient d'importantes rétributions ». Cette singulière augmentation des appointements ne fut pas propre au *Petit Parisien* : elle se produisit dans tous les journaux ; elle fut même patronnée par l'organisme pro-allemand qui avait remplacé la « Fédération de la Presse », la « Corporation nationale de la Presse française ». Et Jean Quéval lui donne son véritable sens lorsque, dans *Première page, cinquième colonne*, dressant le bilan de « l'œuvre de la Corporation », il note : « Elle a défendu les intérêts financiers des propriétaires de journaux. Elle a obtenu une majoration sensible des traitements des rédacteurs qui a le sens exact d'une prime d'ignominie puisque, simultanément, l'occupant exigeait le blocage général des salaires. » On le voit, il s'agit bien pour reprendre l'expression de Pierre-Marie Dioudonnat, d'un « arrivisme collectif ». Expression d'autant plus juste que les journalistes ne furent pas, loin de là, les seuls à passer à la caisse pour toucher la « prime d'ignominie ». Le sachant, on comprend aussi bien l'exclamation de Fabienne Jamet, alors « taulière » du *One Two Two*, le bordel le plus luxueux de Paris : « Les Français étaient pires que les Allemands ! » que la cinglante définition d'Albert Bayet : « Le vichysme, c'est la ruée vers les places ! »

Simples « vichyssitudes »

Nous dira-t-on que notre « taulière » aurait pu balayer devant sa porte avant de s'exclamer ainsi et que, lancée dans le Paris d'octobre 1944, la définition d'Albert Bayet ne pouvait guère être sereine ? Piètres objections car elles ne tiennent pas compte du mal essentiel fait par le régime de Vichy, le mal qui consista à fournir un alibi à bon compte aux pires zélateurs de la politique de Collaboration. Toutes les querelles secondaires mais qu'on ne cesse de monter en épingle, les petites disputes parfois pittoresques entre les recrues d'Abetz et les protégés de Pétain ou de Laval n'ont jamais reflété que des divergences limitées sur tel ou tel choix tactique. Simples « vichyssitudes », selon le mot de Déat. Les Tartuffe et les Scapin se savaient trop embarqués sur la même galère pour prendre le risque de provoquer des crises qui eussent nui à la mise en œuvre de cette fameuse « Révolution nationale » dont ils se juraient tous les plus fervents adeptes. Les uns pouvaient bien se dire « de gauche » et les autres « de droite » ; en fait, officiers de marine maurrassiens et syndicalistes « planistes », nouveaux riches des « bureaux d'achat » et « nouveaux messieurs » des salles de rédaction, obsédés de Verdun et frénétiques de la LVF, hobereaux maréchalistes et anciens communistes « du "rayon" de Saint-Denis », élégistes à la Brasillach et vitupérateurs à la Céline, politiciens « néo » et banquiers « synarques », tous, non seulement fréquentaient les mêmes antichambres allemandes et les mêmes avenues d'un pouvoir fictif, mais ils se retrouvaient le plus souvent dans les mêmes salons et les mêmes restaurants, dans les mêmes colonnes de journaux et sur les mêmes estrades de meetings, et s'ils paraissaient parfois y tenir des propos différents, ce n'était que pour mieux atteindre les différentes couches d'une opinion publique que tous s'efforçaient d'entraîner dans la même direction. Certes, « il est vrai qu'il y eut des rivalités » comme le note l'ancien chroniqueur judiciaire du *Monde* Jean-Marc Theolleyre, mais, ajoute-t-il aussitôt, « il fallut la Libération pour les apprendre. Car ces antagonismes ne doivent pas faire illusion. Les adeptes de la Collaboration n'ont guère montré leurs divergences face à leurs opposants, qui, pour eux, étaient l'ennemi : Juifs, franc-maçons, démocrates, communistes, gaullistes ». A l'appui de cette constatation, édifiant est le rappel de quelques déclarations ou attitudes inconditionnellement pétainistes de ceux qu'on appelait volontiers les « extrémistes » et leur mise en parallèle avec des prises de position fortement extrémistes de Pétain lui-même...

Premier exemple : Jacques Doriot. A juste titre, le fondateur et chef du PPF a souvent été dépeint comme le plus hitlérien des leaders de la Collaboration et l'on n'est pas surpris de voir Maud de Belleroche affirmer, dans *Le Ballet de crabes*, que « Hitler, qu'il rencontra plusieurs fois, le considérait comme son fils spirituel ». Or, c'est

Doriot qui est fait membre du Conseil national du nouveau régime. C'est lui qui, en 1941, publie aux éditions Grasset un petit livre intitulé *Je suis un homme du Maréchal*. C'est encore lui qui, le 4 novembre 1942, au soir du 6e Congrès national du PPF, envoie au « Chef de l'Etat français » un télégramme ainsi conçu : « Au nom des sept mille deux cents délégués du Congrès national du PPF, venus de toute la France et de l'Empire, je veux vous renouveler l'assurance de notre indéfectible attachement. Notre Congrès travaillera sous le signe de la Révolution nationale que vous avez si clairement définie dans vos messages. (...) Croyez, Monsieur le Maréchal, à l'assurance de notre respectueuse fidélité. » D'ailleurs, parmi les traits caractéristiques du personnage, son biographe allemand Dieter Wolf fait figurer « sa vénération pour Pétain »... Autre exemple, celui de l'hebdomadaire le plus en vue de la Collaboration militante : *Je Suis Partout*. Dans l'étude, déjà citée, qu'il consacre à cette publication, Pierre-Marie Dioudonnat rappelle comment elle « proclame tout au long de l'Occupation sa fidélité à la personne et aux idées du maréchal Pétain dont le portrait orne la première page de son numéro du 23 juin 1941 et la tribune de sa réunion du 3 mai 1942 ». Les deux vedettes de *Je Suis Partout* sont les écrivains Robert Brasillach et Lucien Rebatet. C'est le premier qui, à propos de Pétain s'exclame : « Plus que jamais, la France et lui ne font qu'un ! » Ou encore : « L'Etat français a admis, dès l'origine, par les admirables discours du Maréchal, les principes que nous avons toujours défendus. » Et le second dit tout aussi clairement : « Les nationaux approuvent sans réserve les principes de l'Etat nouveau chaque fois que son vieux et glorieux chef les fait connaître ». Nous pourrions multiplier les citations de cette sorte. Entre autres, celles tirées du journal *Le Franciste*, organe du mouvement créé et dirigé par Marcel Bucard. On y lit, le 17 janvier 1942 : « Suivons le maréchal Pétain. Avec lui, c'est si facile d'être français ! » Et le 2 mai suivant : « Le soldat est le prêtre de la Patrie. (...) Pétain est le Soldat de la France ! »... Si les louanges de pareils thuriféraires indisposent le Maréchal, avouons qu'il le cache bien. En effet, celui que José Germain nous dépeint comme un « fier Gaulois à la tête ronde et aux yeux bleus », présent « partout, jusque dans la plus humble chaumière » et dont Abel Bonnard nous affirme qu'il « doit attirer les Français comme l'aimant attire le fer », s'il est vrai que, selon la formule du psychanalyste Gérard Miller, il « infantilise les Français, paradant tour à tour en Papa-gâteau ou en Père fouettard », il est tout aussi vrai qu'il excelle particulièrement dans ce dernier rôle et qu'il ne dédaigne pas de prêter la main au martyre de la France.

« Le peloton d'exécution vous fera place. »

Là encore, prenons quelques exemples... Le 23 août 1941 se tient, à Vichy, un Conseil des ministres. Le garde des Sceaux, Joseph Barthélémy, s'y plaint que la vague de répression toujours croissante provoque un trop grand nombre d'arrestations ; les prisons sont pleines et il ne sait plus où mettre les détenus. C'est alors que Pétain lui réplique : « Le peloton d'exécution vous fera de la place ! » L'authenticité du propos est garantie par un rapport qu'un des chefs de la Gestapo, Boemelburg, fait au chef d'état-major des forces d'Occupation après en avoir reçu confidence d'un des ministres présents au Conseil, Jacques Benoist-Méchin futur historien célèbre et ici informateur de la Geheimestaatspolizei. Le rapport est intitulé *Conversation avec Benoist-Méchin, le 25 août 1941, à midi* et le propos du Maréchal, cité en français dans le texte allemand, est en réalité : « Le peloton d'exécution vous fera place »... Le 31 juillet 1945, un avocat célèbre et éminent résistant, qui vient de rentrer de déportation, le bâtonnier Paul Arrighi, dépose au procès de Pétain devant la Haute Cour. Il évoque la création de la Légion des volontaires français contre le bolchevisme (LVF) à la fin de 1941 et il ajoute : « Nous avons tous lu, écrit en langue française, à ce moment-là, que le maréchal Pétain disait aux Français qui s'habillaient en vert pour aller se battre au service de l'Allemagne, aux Français qui allaient être tenus de saluer la croix gammée : "Vous représentez maintenant l'honneur militaire de la France" »... Le 19 août 1942, un commando anglo-canadien fait à Dieppe, sur les côtes de la Manche, une tentative de débarquement destinée à sonder les fortifications du « mur de l'Atlantique ». Dès le lendemain, Pétain envoie à Hitler la lettre suivante : « Après un entretien que je viens d'avoir avec M. le Président Laval, et en raison de la dernière agression britannique qui s'est déroulée cette fois-ci sur notre sol, je vous propose d'envisager la participation de la France à sa propre défense. Je suis prêt à envisager les modalités de cette intervention si vous en acceptez le principe. Je vous prie, Monsieur le Chancelier, de considérer cette intervention comme l'expression sincère de ma volonté de faire contribuer la France à la sauvegarde de l'Europe. » On le sait, ce furent paradoxalement les Allemands qui, sur avis de l'OKW, refusèrent finalement cette offre de service intempestive... Quelques mois avant cette singulière démarche, dans le journal intime qu'il tenait régulièrement, le procureur général André Mornet, celui qui allait ultérieurement soutenir l'accusation contre Pétain en Haute Cour, posait, à la date du 28 juin 1942, cette question révélatrice : « A-t-il protesté quand de Brinon affirmait qu'il n'était pas de jour qu'il n'entendît le Maréchal "souhaiter de tout son cœur le succès de l'Allemagne" ? » Toujours à la même époque, le 12 juin, Pétain avait adressé une lettre précisément au même de Brinon, lequel était alors son « ambassadeur » auprès de l'état-major des forces d'Occupation à Paris. Il est vrai que sa démarche avait pour but d'obtenir des Allemands que, dans le cadre de la législation antisémite qu'il avait lui-même fait mettre en place, il ait « la possibilité de régler par des mesures individuelles et exceptionnelles certaines situations particulièrement pénibles » ; mais il est non moins vrai qu'afin de justifier cette démarche, il écrivait textuellement : « Cela me semble nécessaire pour que de justes mesures prises contre les Israélites soient comprises et acceptées par les Français... » Là encore, nous pourrions continuer, tant il est vrai qu'est interminable la liste des positions criminelles prises par Philippe Pétain. Bornons-nous à rappeler un dernier fait en citant une partie du récit que donne Jacques Delarue de la visite au Maréchal effectuée en 1943, à Vichy, par le Höhere-SS und Polizeiführer Karl Oberg. Nous sommes à la fin de l'entretien et c'est Pétain qui parle. Alors, écrit Delarue, « se tournant vers Oberg, il aurait ajouté : "Tout ce qui se passe en France m'intéresse aussi". Puis, reconduisant ses visiteurs jusqu'à l'ascenseur, il aurait conclu : "Pour moi, j'estime que les plus grands ennemis de la France sont les francs-maçons et les communistes !" — "J'étais étonné de son état de fraîcheur et de sa vivacité d'esprit", dira plus tard Oberg. »

Ainsi, même un examen sommaire de la Collaboration envisagée comme force antagoniste de la Résistance amène à constater que, dans ce petit monde, du plus haut au plus bas, l'indignité, la servilité, la vénalité étaient les vertus les plus répandues. Certes, il serait malfaisant de prétendre aujourd'hui que l'exemple des uns puisse excuser le crime des autres, cependant comment ne pas insister encore sur le fait que, compte tenu du régime social qui est alors celui de la France, les entreprises de l'ennemi — et tout particulièrement sa besogne de recrutement — se trouvent facilitées par toutes les intelligences qu'il peut acquérir dans les secteurs décisifs les plus divers. Les services économiques de pillage, les services de police et de renseignements, les services de propagande et l'« ambassade » que les nazis ont mis en place en France peuvent travailler sur un terrain particulièrement facile et fertile...

Sous des formes diverses, apparemment mais non point fondamentalement différentes, la corruption sévit autant dans les coulisses vichyssoises de l'Etat français que dans les salles de rédaction parisiennes. Le banquier et l'industriel qui s'enrichissent avec l'argent allemand se laissent prendre au même engrenage et acceptent les mêmes responsabilités que le journaliste ou le politicien qui se remplissent les poches de ce même argent. D'ailleurs, pour boucler la boucle, on est amené à évoquer, comme tout à l'heure les « subventions » et les « mensualités » de la Collaboration politique, journalistique et littéraire, les bénéfices que, sans même emprunter visiblement les circuits exceptionnels du « marché noir », la Collaboration économique assura à une grande partie du patronat français.

Rue Saint-Fiacre, rue Ferrus et rue de Montmorency...

En étudiant l'occupation allemande en France, Stanley Hoffmann parle du « renforcement considérable de la puissance » de ce patronat. Gérard Miller renchérit : « Vichy fut un âge d'or pour le patronat français. » L'emploi de l'expression « âge d'or » pourrait peut-être amener ici de mauvais esprits à évoquer d'autres utilisations du même terme. Celle par exemple de Francis Guillo : « Libéré, je fonce à Paris, c'est l'Occupation : l'âge d'or du truand. » Ou encore celle d'Auguste Le Breton : « Pour les malfrats, cette époque troublée c'était la ruée vers l'or. » Mais passons... Restons en compagnie de gens réputés honorables, de ceux qui ont pignon sur rue et capitaux en réserve. Le 2 décembre 1945, à l'Assemblée constituante, lors du débat sur le projet (finalement repoussé) de nationalisation des banques d'affaires, René Pleven, alors ministre des Finances du général de Gaulle déclarait : « Certaines, je le sais mieux que personne, ont un lourd passé... » Un exemple : celui de la Banque de Paris et des Pays-Bas, dite Paribas... Pour expliquer comment elle a, « entre 1940 et 1944, procédé à deux augmentations de capital », Robert Aron écrit : « Au début de l'Occupation, le capital s'élevait à trois cents millions de francs, correspondant à six cent mille actions de cinq cents francs. Le 8 avril 1941, il est porté à quatre cent cinquante millions par émission de trois cent mille actions nouvelles de cinq cents francs en espèces au prix de sept cent cinquante francs par action : la différence entre le prix d'achat et la valeur nominale apparaît comme l'indice de la plus-value en Bourse, c'est-à-dire d'un pronostic favorable sur l'avenir de l'établissement. Au début de 1943, comme suite à une délibération du 21 janvier, a lieu une seconde augmentation : quatre cent cinquante mille actions nouvelles de cinq cents francs, devant cette fois être souscrites en espèces au prix de mille francs et réservées de préférence aux propriétaires des neuf cent mille actions de cinq cents francs, à raison d'une action nouvelle pour deux actions anciennes. Le capital qui au début de l'occupation s'élevait à trois cents millions est donc plus que doublé en moins de trois ans et atteint désormais six cent soixante quinze millions de francs, divisés en un million trois cent cinquante mille actions de cinq cents francs entièrement libérées. » De leur côté, dans leur étude sur *Les Patrons sous l'occupation*, déjà citée, Renaud de Rochebrune et Jean-Claude Hazera qualifient Paribas de « banque jugée très complaisante avec les Allemands ». Et, plus loin, ils ajoutent que ses « dirigeants (...) figurèrent en première ligne parmi les banquiers dont le ministère des Finances exigea (...) la mise à l'écart pour faits supposés de Collaboration dès la Libération ».

Autre secteur caractéristique, celui des usines automobiles. Sitôt la région lyonnaise libérée, à l'initiative du commissaire de la République Yves Farge, des poursuites furent engagées contre les usines

Berliet. Ces poursuites devaient ultérieurement connaître un dénouement plutôt indulgent (deux ans de prison pour le père, Marius ; cinq ans de travaux forcés pour les fils, Paul et Jean Berliet)... Toutefois, elles amenèrent Marius Berliet à s'expliquer devant un juge d'instruction. Pour défendre son entreprise, il mit des concurrents en cause. Le 26 septembre 1945, il adressa ainsi au magistrat chargé de son affaire une lettre dans laquelle il comparait le nombre de véhicules livrés respectivement, durant l'occupation, par Renault, Citroën et Peugeot, d'une part aux Allemands et, d'autre part, aux Français. Cela donnait, pour la première société : 32 887 contre 1 697 ; pour la seconde : 32 248 contre 2 052 et, pour la troisième : 22 658 contre 3 309. Quelques mois plus tôt avait été promulguée l'ordonnance du 16 janvier 1945 portant nationalisation des usines Renault. Ce texte appréciait sévèrement l'attitude que « la Société Renault » avait « tout au long de l'Occupation, observée à l'égard de l'ennemi » et il précisait : « Alors que ses livraisons à l'armée française s'étaient montrées notoirement insuffisantes pendant les années qui ont précédé la guerre, ses prestations à l'armée allemande, durant l'Occupation, ont été particulièrement importantes et n'ont été freinées que par les bombardements répétés dont les usines de Boulogne-Billancourt et du Mans ont été l'objet de la part de l'aviation alliée. » Ce qui était vrai de l'automobile le fut aussi de la construction aéronautique et, dans la galerie de portraits qu'elle dresse des collaborateurs réfugiés en Espagne franquiste après la guerre, Maud de Belleroche, déjà citée, évoque la silhouette « du magnat de l'aviation, Dewoitine, compromis lui aussi dans la Collaboration industrielle ». Ces quelques exemples concernent des affaires financièrement très puissantes. Mais il n'y avait pas de petits profits. Et l'on nous permettra de considérer comme particulièrement révélateur ce que Léon Poliakov écrit, dans son livre *L'Etoile jaune*, à propos de ce qu'André Kaspi appelle « la procédure de marquage » imposée aux Juifs par les nazis à partir du 29 mai 1942. « La fabrication de l'insigne, dit Poliakov, fut traitée très commercialement. Des soumissions furent demandées à des maisons de la place de Paris. La maison Barbet-Massin, Popelin et Cie, 3, rue Saint-Fiacre (ancienne maison Esnault-Pelterie, fondée en 1798) fournit le tissu. Les fonderies Deberny et Peignot, 18, rue Ferrus, fabriquèrent les clichés. L'imprimerie Ch. Wauters et Fils, 16, rue de Montmorency, assura l'impression, et Dannecker (l'officier du SD chargé des questions juives) poussa même le souci jusqu'à solliciter pour cette dernière maison l'autorisation de travailler la nuit pour accélérer l'exécution de la commande. Et c'est ainsi que l'on apprend que la fabrication de l'étoile a exigé cinq mille mètres de tissu de cotonnade légère, couleur vieil or, d'un prix de fr. 21,70 le mètre, et d'un poids total de sept cents kilos. C'est ainsi que furent fabriquées quatre cent mille étoiles. Comme on le sait, la distribution s'effectuait par les soins des commissariats de police, à raison de trois étoiles par personne, moyennant remise d'un point de la carte de textile. »

Le fait qu'un nombre non négligeable de Français participant à la plupart des branches d'activités de la nation se soient ainsi « mis au service de l'ennemi » ne fut pas sans rendre service à cet ennemi. De ce point de vue, on peut même dire que ses vœux furent comblés. En arrivant à Paris, le 22 juin 1940, le SS-Sturmbannführer et vieux policier de métier Karl Boemelburg, qui allait devenir le principal animateur de la Gestapo dans notre pays, s'écria : « Ce pays doit être ligoté ! Il nous faut trente mille agents dans les moindres délais ! ». Il en eut beaucoup plus, et très facilement. En 1945, s'efforçant d'estimer numériquement l'importance de la Collaboration, et la sous-estimant d'ailleurs quelque peu, le procureur général André Boissarie écrivait : « Un Français à peu près sur mille : tel est le stock de la trahison ». A ceux-là, que le même magistrat appelle les « auxiliaires de leur propre asservissement », cette trahison fut, en général, très profitable sur le moment, mais encore plus à l'occupant. Le résultat de la politique dite de Collaboration fut ainsi un appréciable renforcement de la machine de guerre hitlérienne.

Le « louche Herr » Luchaire

Durant les quatre ans et quelques mois que dura l'Occupation, l'ex-maréchal Philippe Pétain et ceux qui le suivirent n'ont rien « épargné » à la France mais ils ont, au contraire, aggravé son sort puisqu'ils ont permis à l'occupant allemand de tirer d'elle beaucoup plus qu'il n'eût pu le faire sans l'aide de complices autochtones. En évoquant la malfaisance du prétendu « Chef de l'Etat français », René Cerf-Ferrière, déclare : « L'histoire dira peut-être un jour si un Gauleiter n'eût pas été préférable... ». Le procureur général Mornet va plus loin, qui affirme avoir « la conviction qu'il eût mieux valu un Gauleiter qu'un gouvernement dont la politique de duplicité envers la nation n'était que servilité envers le vainqueur ». Les chiffres donnent raison au procureur général. En effet, dans la longue étude qu'il a consacrée à l'occupation hitlérienne de tous les territoires de l'Est de l'Europe, l'historien américain Alexander Dallin, après les avoir soigneusement cités et examinés, tire la conclusion suivante : « L'apport des territoires de l'Est représente seulement le septième de ce que le Reich se procura en France bien que l'exploitation économique de la Russie eût été encore plus brutale et que les ressources et l'étendue de l'URSS ne pussent se comparer à celles de la France ». Les conditions particulières qui en France, leur permettent de recruter des serviteurs et des complices plus nombreux et plus utiles que dans la plupart des autres pays occupés, il est logique que les nazis en profitent autant qu'ils le peuvent. En simplifiant, on peut dire qu'ils destinent ces recrues à un triple usage : primo, l'intensification du pillage économique par tous les moyens et notamment par celui des « bureaux d'achat » dont nous avons déjà parlé ; secundo, l'effort de propagande et d'intoxication visant, d'une part, à essayer de discréditer les Alliés et les résistants aux yeux de la masse attentiste et, d'autre part, à rendre crédible le mythe de la Collaboration ; tertio, enfin, l'action policière et paramilitaire contre les résistants avec engagement de quelques contingents dans les opérations militaires proprement dites. Les deux dernières de ces besognes, celle de propagande-intoxication et celle de répression-engagement militaire, sont menées, en gros, par trois sortes de moyens : les moyens écrits et parlés (presse, radio, littérature) ; les moyens étatiques (utilisation des fonctionnaires d'autorité, des magistrats et des diverses branches coercitives de l'appareil d'Etat) et les moyens directs (utilisation de partis et mouvements politiques déjà existants ou création de nouveaux avec, dans les deux cas, hypertrophie des « services d'ordre ») — étant bien entendu que ces trois moyens s'interpénètrent de plus en plus tandis que va croissant leur dominante policière.

Pour en esquisser un rapide panorama, commençons par les moyens écrits et parlés.

En théorie, conformément à l'armistice de 1940 et à la fiction maintenue après l'occupation de toute la France en novembre 1942, la situation de ce qu'on appellerait aujourd'hui les mass media n'est pas la même de chaque côté de la « ligne de démarcation ». « De part et d'autre de cette ligne, écrit Claude Lévy, les moyens d'expression, et notamment la presse et la radio, n'étaient pas soumis au même régime : en zone Nord, occupée par la Wehrmacht, les autorités allemandes exerçaient directement le contrôle ; en zone Sud, leur emprise se manifestait indirectement sous le couvert du gouvernement de Vichy. » En fait, contrôle direct ou contrôle indirect, des modalités apparemment différentes aboutissent au même résultat. Un homme de confiance de Laval, René Bonnefoy, ancien Secrétaire général à l'Information, que la Haute Cour devait condamner à mort par contumace le 18 juillet 1946, le confirme lui-même dans un témoignage recueilli par la Fondation Hoover. « Il me paraît inutile, dit-il, d'insister sur le fait que la presse de zone Sud — dans les circonstances et la position où nous nous trouvions — ne pouvait pas être une presse libre. Le personnel de censure installé au début de la guerre dans les villes où paraissaient des journaux avait été maintenu. Les informations extérieures n'émanaient plus que d'une source à peu près unique : l'OFI. Et l'OFI lui-même devait naturellement s'astreindre à ne donner que les informations qui n'étaient point de nature à "créer des histoires" avec les Allemands. » Cette identité de situation entre les deux zones est d'ailleurs symbolisée par deux personnages qui tiennent leur puissance des mains d'Abetz : Jean Luchaire à Paris et Paul Marion à Vichy.

Luchaire s'était fait connaître, bien avant la guerre, comme un des hommes clefs de la « cinquième colonne » hitlérienne. Les journaux de gauche avaient maintes fois dénoncé ses activités et, le 15 juillet 1939, Paul Nizan avait pu, par exemple, dans *Ce Soir*, demander ouvertement s'il n'était pas un « agent salarié de l'Allemagne national-socialiste ». Ses liens avec Abetz étaient donc d'autant plus solides qu'ils étaient étroits et anciens. André Weil-Curiel et Jean Quéval ont décrit son apprentissage de la trahison. « Jean Luchaire, écrit Weil-Curiel dans *Le Temps de la honte*, petit-fils de l'illustre historien Achille Luchaire, fils de Julien Luchaire, qui avait été avant Henri Bonnet, directeur de l'Institut de Coopération intellectuelle, avait eu le malheur d'entrer à seize ans au *Matin*, de Bunau-Varilla, ce qui n'était pas, il faut l'avouer, une excellente école de tenue morale. Intelligent, beau garçon, précocement en rapport, grâce à ses relations familiales (il avait épousé tout jeune la fille du peintre Besnard) avec toute l'élite politique, littéraire et artistique de France, dévoré de besoins d'argent, il avait été l'initiateur et l'animateur de ce syndicat d'arrivistes qu'on appelait aux environs de 1925-1930 les « moins de trente ans ». Il avait eu la chance de plaire à Briand vieillissant, qu'il entourait de prévenances, et qu'il fournissait de romans policiers dont la lecture, à ses heures de détente, était la distraction favorite de l'apôtre de Genève : il avait reçu de lui des subsides qui lui avaient permis d'éditer une petite revue hebdomadaire, *Notre Temps*, qu'il appelait ambitieusement “la revue des jeunes générations européennes”. Il était devenu en outre, à *La Volonté*, encore tout jeune, après un stage à *L'Ere Nouvelle*, le bras droit d'Albert Dubarry, un des ruffians de presse du siècle. » Et dans *Première page, cinquième colonne*, déjà cité, Quéval poursuit la biographie révélatrice de celui que Jean Galtier-Boissière n'appelait plus que « le louche Herr » en précisant qu'à la vérité, alors « Dubarry n'est pas son employeur, c'est son associé. Il est allé le trouver, en effet, pour lui proposer de tenir chez lui la politique étrangère. Le marché a été tout de suite conclu. Luchaire rédige un éditorial vert, bleu, rouge, jaune, brun, gris, blanc ou noir, au gré du client. La fin du mois venue, les deux compères entreprennent le tour des ambassades, sans oublier le Quai d'Orsay. Ils se répartissent ensuite la recette, quand ils ne la dilapident pas en commun chez Maxim's. (...) C'est à cette époque et sur ce terrain que se rencontrent Jean Luchaire et Otto Abetz. (...) Ils entretiennent de fréquents contacts. Ils se consultent et ils se tutoient. En 1933, cependant, Abetz se trouve placé devant un cas de conscience. Doit-il demeurer socialiste et démocrate dans l'opposition clandestine ? Doit-il rallier le mouvement hitlérien ? Il sacrifie ses idées à son ambition. Il se joint aux nazis. Il met à leur service sa connaissance des milieux français qui lui est facilitée par son mariage avec une de nos compatriotes. Son destin se dessine. La suite de l'histoire est aujourd'hui connue. »

Des orchidées pour Carbone

Cette suite de l'histoire, c'est évidemment l'Occupation de la France. « Désormais, continue Quéval, la prospérité est acquise à Jean Luchaire. L'ambassadeur est son pote. Il devient l'officieux de la Wilhelmstrasse. Il est nommé président de la Corporation de la Presse. Il s'intègre au Tout-Paris. Il achète un château à Vernon... » Et Quéval conclut en montrant comment, à son poste de président de la Corporation nationale de la Presse française, Luchaire devient « le principal animateur et entrepreneur de presse de l'Occupation ». Il a, explique-t-il, « en matière de combinaisons politico-financières, l'esprit agile et inventif. Et les idées fertiles qui lui traversent l'esprit sont d'une réalisation commode puisqu'il bénéficie de la protection et de l'immunité allemandes. (...) Cette complaisance lui est accordée en tant qu'il est l'homme de paille en titre. En tant qu'il est le porte-plume chargé d'investir l'élite (...). C'est trop peu dire, il est l'instrument de chantage de l'occupant... »

Quant à Marion, voyons le portrait qu'en trace Claude Lévy dans son étude sur *Les Nouveaux Temps* : « Le ministère de l'Information, rappelle-t-il, n'était pas une création de Vichy : son institution remontait au début de la guerre et avait été léguée au nouveau régime. Un décret du 13 juillet 1940 avait rattaché à la présidence du Conseil les questions relatives à la presse et à la radio-diffusion ; le 16, avait été prévu un poste de secrétaire général à l'Information. Depuis lors, trois titulaires s'étaient succédé à l'hôtel de la Paix, où s'étaient réfugiés les services. Paul Marion était le quatrième, ayant été nommé à titre de secrétaire adjoint le 25 février 1941. S'il faut en croire Abetz, cette nomination aurait été conseillée par lui à Darlan alors vice-président du Conseil, car Marion était "un excellent propagandiste" qui "s'était signalé au public français comme un partisan éclatant de la collaboration franco-allemande". Communiste passé au PPF, Marion avait été le bras droit de Doriot, qui lui avait confié la rédaction en chef de son journal, *La Liberté*. Les deux hommes avaient rompu en 1939, mais en dépit de leurs divergences, Marion demeurait fort attaché aux méthodes totalitaires, notamment en matière de propagande. » Un ancien journaliste au *Temps*, Simon Arbellot de Vacqueur, devenu, à Vichy, sous-directeur des services de presse au secrétariat à l'Information, en 1941-42, et, on le sait, parrain de François Mitterrand, avec Gabriel Jeantet, pour obtenir que le futur président de la République soit décoré de la Francisque, complète ce portrait. Pour Arbellot, « Paul Marion fut le sous-ministre permanent de la presse » mais, « habitué aux vastes auditoires et aux coups de chien, il paraissait peu à son aise dans Vichy, au milieu de ces généraux, de ces amiraux et de ces cardinaux qui lui rappelaient ses victimes aux temps héroïques de sa jeunesse ». Et Arbellot ajoute encore que Marion « fréquentait peu les journalistes et se méfiait d'eux ». Il est vrai qu'il avait d'autres fréquentations... Orfèvre en la matière, Roger Peyrefitte nous en donne un instantané savoureux quand, dans *Manouche*, il rappelle ce que furent, à Paris, à la mi-décembre 1943, les obsèques du gangster et gestapiste Carbone. « Sainte-Marie-des-Batignolles, écrit-il, ne put accueillir toute la foule qui se pressait aux obsèques de Paul. Avec ceux qui ne purent entrer et qui restèrent dehors sans craindre le froid cela faisait environ trois mille personnes. Il y avait trois cent soixante-dix couronnes d'orchidées, — "plus que pour l'enterrement de Sarah Bernhardt", dit l'appariteur de Borniol. (...) La cérémonie prenait un caractère politique par la présence du secrétaire d'Etat Paul Marion, membre du PPF, et de l'ambassadeur Abetz, avec une délégation d'officiers allemands. Sabiani était venu de Marseille... »

Mais, ici, une parenthèse s'impose. On ne saurait en effet parler de la mort de Paul Bonaventure Carbone, né à Propriano (Corse-du-Sud), le 14 février 1894, sans en dire un peu plus sur sa vie. D'autant que nous l'avons déjà rencontré quelques dizaines de pages plus haut et que certains d'entre vous pensent l'avoir vu au cinéma. La rencontre dans cette chronique, c'est quand Carbone s'enrichissait grâce à son « bureau d'achat » de la rue du Colisée. Le cinéma, c'est le film *Borsalino*, tourné par Jacques Deray en 1970. Un film charmant, mais dont on a tellement dit que les deux protagonistes Capella et Siffredi (Jean-Paul Belmondo et Alain Delon) avaient été inspirés aux scénaristes par le plus célèbre couple de la grande truanderie marseillaise, Carbone et Spirito, qu'on a fini par le croire. Hélas, prêter à Carbone le sourire de Belmondo, c'est imaginer Al Capone en Robin des Bois... La réalité, c'est celle qu'après quarante ans de journalisme entre Corse et Canebière, décrit Jean-Baptiste Nicolaï, en 1991, dans son livre *Simon Sabiani, un « chef » à Marseille, 1919-1944*... « L'autorité de Carbone sur la pègre marseillaise et parisienne commence bien avant la guerre, explique Nicolaï. Mais c'est avec l'Occupation qu'elle prend tout son relief. Assurée de la protection des Allemands, la pègre, qui ne défend aucun idéal politique, devient maîtresse de Marseille, déjà corrompu par des mœurs politiques détestables. (...) Carbone (...) après le départ de son frère Jean dans la LVF (...) opte pour la Collaboration. Avec Spirito, il s'enrôle dans la police allemande. Il devient alors "V-Mann", c'est-à-dire homme de confiance du service de sécurité de la section IV de la Gestapo. Grâce aux *ausweiss* dont le gratifient les Allemands, il a toute facilité pour se déplacer et reconstituer ses réseaux de trafics aussi divers que fructueux. Souvent Carbone se rend en Espagne où le régime franquiste lui laisse, en souvenir des services rendus en 1936, toute liberté de manœuvre. A Madrid, l'ambassadeur de France, son compatriote François Piétri-Marie, ne sait rien lui refuser. Il a lui-même loué une villa en prévision d'une possible débâcle des armées nazies. Carbone trafique et s'enrichit. (...) Quant à Spirito, il va s'embrigader dans la redoutable Gestapo de la rue Lauriston, à Paris. » Mais pour celui qui est né, presque cinquante ans plus tôt, dans la campagne sartenaise, la fin est proche. « Le 16 décembre 1943, poursuit Jean-Baptiste Nicolaï, à une heure trente du matin, le rapide qui fonce vers Paris saute dans un fracas épouvantable. Non loin de Neuville-sur-Saône, à une quinzaine de kilomètres de Lyon, les maquisards ont dynamité la voie ferrée. Carbone, arraché aux ferrailles tordues, gît sur le ballast, les deux jambes tranchées. Deux Corses qui voyageaient par hasard avec lui se relaient pour lui allumer cigarette sur cigarette. Carbone fume, impassible, appuyé sur ses deux valises, dont l'une contient onze millions. Transporté à l'hôpital des Brotteaux, il expire en prononçant ces simples mots : "C'est la vie !" Le 18 décembre, Paris lui fait des obsèques dignes de son rang. Trois mille personnes, trois cent soixante couronnes d'orchidées et trente voitures de fleurs suivent le corbillard. (...) Tino Rossi chante l'*Ave Maria* et *L'Ajaccienne*... »

Par déséclissage et détirefonnage

Quand Nicolaï écrit « les maquisards ont dynamité la voie ferrée », il reprend ce que l'on a dit et écrit depuis que l'on a renoncé à la première explication, celle du simple accident... En vérité, il ne s'agit pas de « maquisards » ni de « dynamite ». Le sabotage de la voie ferrée Lyon-Mâcon a été réalisé sans aucun explosif, par déséclissage et détirefonnage des rails. Ceux qui l'ont accompli ne venaient pas d'un maquis, mais de Lyon où ils habitaient. Ils étaient membres des FTP-MOI (Francs-tireurs et Partisans de la main d'œuvre immigrée) lyonnais ; bataillon « Carmagnole » ; détachement « Simon Frid ». Le chef de ce détachement, ainsi nommé en l'honneur d'un résistant juif guillotiné par la « justice » de Pétain, était Salomon Mossovic, dit « P'tit Paul », et son adjoint Claude Urman. Passé ensuite de Lyon à Toulouse où il participa à nombre d'actions qui firent quelque bruit, Urman est aujourd'hui président de l'Amicale des anciens de la 35e Brigade FTP-MOI. L'un des auteurs de ce déraillement de l'express de Vintimille nous a expliqué que, comme tous les sabotages ou attentats, celui-ci avait été accompli en exécution d'un ordre précis et détaillé de la direction clandestine. « Ce genre de train de nuit, a-t-il ajouté, ne transportait pas alors des voyageurs ordinaires... » Effectivement, Paul Bonaventure Carbone n'en était pas un. Fin de la parenthèse.

Devenu sous-ministre de Vichy, Paul Marion mit en place un appareil qui comblait les vœux d'Abetz. « La création d'un corps de propagandistes de l'Etat, écrit Philippe Amaury, réseau hiérarchisé et ramifié couvrant le territoire de fonctionnaires permanents et de collaborateurs occasionnels chargés d'analyser les courants de l'opinion publique, d'en combattre certains, d'en renforcer et peut-être d'en créer d'autres selon les directives du gouvernement, telle est l'entreprise qu'il a paru essentiel à Paul Marion et à François Chasseigne de s'assigner comme principal objectif. Le premier, en qualité de secrétaire général adjoint pour l'Information puis de secrétaire général à l'Information et à la Propagande, le second en qualité de directeur de la Propagande (...) s'appuient sur ceux des membres du gouvernement qui partagent leurs projets et parviennent eux-mêmes au premier plan de la vie politique, bien que leurs attributions soient essentiellement administratives. Ils sont placés à la tête d'un appareil de propagande qui tend à constituer à lui seul une force politique... ».

La même identité de situation entre zone Nord et zone Sud, la même omniprésence donc de l'impulsion et du contrôle allemands, existent au niveau des agences de presse que nous avons déjà mentionnées et qui, en alimentant les journaux en matériel rédactionnel et en conditionnant leur approche de l'actualité, contribuent très largement à déterminer leur orientation politique. Théoriquement, l'Agence française d'Information de Presse (AFIP) à Paris et l'Office français d'Information (OFI) à Vichy sont des organismes distincts. En pratique, comme l'écrit l'archiviste Elisabeth Dunan déjà citée, « à partir du 10 janvier 1941, l'AFIP qui fonctionne depuis le 29 octobre 1940, est rattachée au groupe "Presse" de la Propaganda-Abteilung. Cette agence, en apparence sous direction française, avec des rédacteurs et employés français, est en réalité étroitement surveillée et régie par des Allemands, à la tête desquels se trouve le Sonderführer Hermes ; elle a pour rôle d'organiser le service d'information, de censurer et de choisir les nouvelles propres à être commentées. Dans la suite, l'AFIP organise aussi des services en province. La prise en charge de l'AFIP par l'OFI, en octobre 1942, a pratiquement pour effet de placer la zone Sud sous le même régime que la zone Nord... ». Encore faut-il ajouter que si l'AFIP et l'OFI font figure d'agences officielles, fonctionnent simultanément des agences réputées « privées ». Telles sont *La correspondance de presse*, la « Coopérative française des Ecrivains de Presse » (COFEP), *Presse-Informations*, la « Société des Publications économiques », en zone Nord, *Publi-Presse*, l'« Agence Fournier », en zone Sud, et surtout *Inter-France*. Fondée en 1938 et ralliée au nazisme dès l'été 1940, cette dernière a son siège à Paris mais, autant qu'à ses commanditaires allemands, elle est liée au régime de Vichy qui finira d'ailleurs par la subventionner ouvertement. Très vite, elle rayonne sur l'ensemble du territoire. Après la guerre, Louis Noguères, député socialiste et ancien président de la Haute Cour, pourra déclarer textuellement qu'elle « a centralisé toute l'action de la presse collaboratrice ».

Des « feuilles soumises »

Né dans une famille d'industriels et financiers marseillais, fils de général, d'abord officier de carrière dans l'entourage du maréchal Foch, puis journaliste maurrassien à *L'Action Française*, Dominique Sordet s'est signalé parmi les « six-févriéristes » avant de devenir le fondateur d'*Inter-France*. Dans un des « dossiers » publiés, après la Libération, par le « Comité d'action de la Résistance » (CAR), il est dépeint comme « le plus remarquable agent de corruption de l'esprit français » et le même texte ajoute : « Sous lui s'agitaient deux étranges hystériques : Michel Alerme et Xavier de Magallon. Michel Alerme, colonel d'infanterie coloniale en retraite, était dévoré d'une anglophobie pernicieuse. (...) Il cumulait ses fonctions de président d'*Inter-France* avec celles de directeur du *Petit Parisien* pendant l'occupation. Quant à Xavier de Magallon, vieil ultramonarchiste, c'était un ancien compagnon de Drumont et de Déroulède pour qui la République et le progrès social se confondaient avec l'antéchrist et la judéo-maçonnerie destructrice de la patrie ». Dans une lettre au lieutenant allemand Onken, le 3 mai 1944, Dominique Sordet se vante d'être à la tête de « la plus importante et la plus efficace de toutes les entreprises françaises de presse qui se consacrent au rapprochement franco-allemand et à l'assainissement de l'opinion française ». Il exagère à peine... En effet, selon le « dossier » du CAR, les bulletins et informations que diffuse *Inter-France* se retrouvent « dans les colonnes de plus de trois cents journaux de province, depuis les plus importants, comme *Ouest-Eclair* ou *La Petite Gironde*, jusqu'aux plus humbles, comme *Le Pays Beaugeois* ou *Le Mercure Segréen* ». Et, de même, Henry Coston peut rappeler que « le congrès d'*Inter-France* tenu à Paris les 10, 11 et 12 octobre 1942, donna une idée de l'importance de cette agence qui groupait alors deux cent quinze journaux. Les personnalités officielles étaient présentes à ces journées, depuis le préfet de la Seine, M. Bussière, jusqu'au directeur de la presse de Vichy, Antoine-Marie Piètri, en passant par M. Charles Trochu, président du conseil municipal de Paris, et Paul Marion, ministre du maréchal Pétain ».

A propos des journaux clients d'*Inter-France*, nous venons de citer le chiffre de deux à trois cents. Il peut paraître considérable et non moins considérable la quantité de titres paraissant alors en France qu'il laisse supposer. En vérité, il rappelle opportunément que les moyens écrits mis à la disposition des nazis dans notre pays par la politique de Collaboration sont beaucoup plus nombreux qu'on ne le croit généralement. Statistiquement, certes, il y a eu baisse du nombre des publications puisque, par exemple, la presse parisienne qui « comptait deux cent trente-neuf quotidiens et grands périodiques (presse technique non comprise) en 1939 » n'en compte plus, en 1942-43, « que quarante-trois, soit en proportion quatre-vingt-deux pour cent de diminution ». Toutefois, ce sont ceux-là même qui citent ces chiffres, Henri Michel et Claude Lévy dans l'*Histoire générale de la presse française*, qui n'hésitent pas à parler d'« une intense floraison ». Le paradoxe n'est qu'apparent car, si la pénurie générale des matières premières entraîne un contingentement du papier dont découlent parfois des réductions autoritaires de tirage, les désirs politiques des occupants et de leurs affidés se sont conjugués pour que naissent beaucoup de titres nouveaux. Du côté des occupants, notent Michel et Lévy, on estimait devoir « favoriser, d'une part, le retour de ceux qui accepteraient de reparaître à Paris sous le contrôle allemand, et autoriser, d'autre part, l'éclosion de nouveaux hebdomadaires de toutes tendances pour ne pas donner l'impression que les services allemands sacrifient les courants de gauche ». Du côté des « collabos », ajoute Lévy, « pour pouvoir dénoncer les coupables — le Juif, le franc-maçon, le communiste — il fallait une plate-forme : aussi chaque mouvement de Collaboration, si réduit fût-il, voulut disposer d'un organe ». Ainsi en arriva-t-on à ce que Jean Quéval appelle « un assez grand choix de feuilles soumises ».

Pour mémoire, sans en sous-estimer la nocivité mais sans non plus oublier que la plupart d'entre elles sont, selon l'expression de l'historien américain Robert O. Paxton, animées par des « homoncules du journalisme, dévorés de haine, à qui l'argent d'Abetz et une attribution de papier assurée garantissent une publication régulière, sinon des lecteurs », énumérons un certain nombre de ces « feuilles soumises ».

Commençons par les quotidiens qui paraissent à Paris... *Le Petit Parisien* tire à 680 000 exemplaires en 1940, à 520 000 en 1941, à 500 000 en 1942 et à 450 000 en 1944 ; les animateurs ou vedettes en sont Claude Jeantet, André Algarron, Alain Laubreaux, Georges Blond, Lucien Rebatet, Abel Bonnard, André Thérive, Géo-Charles Véran, etc. *Paris-Soir* tire à 970 000 exemplaires en 1940, 422 000 en 1941, 300 000 en 1942 et 286 000 en 1944 ; dans ses colonnes apparaissent régulièrement les signatures de Pierre-Antoine Cousteau, René Martel, Henry Coston, Pierre Hamp, Georges de La Fouchardière et Lucien Pemjean, etc. *Le Matin* tire à 532 000 exemplaires en 1940, à 200 000 en 1942 et à 225 000 en 1944 ; il est la propriété de la famille Bunau-Varilla dont les principaux employés se nomment, outre Jean Luchaire qui le quitte vite pour voler de ses propres ailes et Jacques Ménard dont on dit qu'il est membre à titre étranger du Parti nazi et qui termine toujours sa correspondance par l'exclamation « Heil Hitler ! », Stéphane Lauzanne, Jacques Roujon, Pierre Harel-Darc, Robert de Beauplan, Henry de Montherlant, Pierre Malo, Camille Mauclair, etc. *La France Socialiste* tire à 116 000 exemplaires en 1941 et à 140 000 en 1944 ; sa rédaction est menée par René Château, René Saive, Francis Delaisi, Hubert Lagardelle, Claude Jamet, etc. *L'Œuvre*, qui tire à 234 000 exemplaires en 1940,

132 000 en 1941 et 135 000 en 1944, est essentiellement le journal de Marcel Déat, lequel ouvre ses colonnes à André Guérin, Jean-Michel Renaitour, Georges Albertini, Eugène Frot, Charles Spinasse, Georges Dumoulin, etc. *Le Cri du Peuple* tire à 35 000 exemplaires en 1940, 20 000 en 1941, 40 000 en 1942, 63 000 en 1943 et 100 000 en 1944 ; c'est un des organes du PPF de Jacques Doriot et on y retrouve Henri Lébre, Albert Clément, Maurice-Yvan Sicard (le futur Saint-Paulien), Albert Beugras, Serge Jeanneret, Jean Hérold-Paquis, Marcel Gitton, Jean-Marie Clamamus, Jules Teulade, etc. *Aujourd'hui* tire à 110 000 exemplaires en 1940, 60 000 en 1941 et 85 000 en 1944 ; après la brève équipée frondeuse d'Henri Jeanson et ses amis à laquelle l'occupant a vite mis fin, les animateurs en sont Georges Suarez, Jean-Pierre Maxence, Raymond de Vos, etc. *Les Nouveaux Temps*, qui tire à 56 000 exemplaires en 1941 et 62 000 en 1944, est le journal de Jean Luchaire qui s'entoure de Guy Crouzet, Guy Zucarelli, Georges Prade, Jean Thouvenin, Marcel Aymé, Alfred Mallet, etc. ; si statistiquement ils font figure de « lanterne rouge », il ne faut pas oublier qu'à leur propos, le chef du Pressegruppe, Hermann Eich, peut écrire dans une étude destinée à ses maîtres de Berlin : « La totalité de l'élite du public parisien lit *Les Nouveaux Temps*. Lecteurs : commerçants, artisans, industriels, médecins, avocats, magistrats, financiers, intellectuels et artistes... »

Les hystériques d'« Au Pilori »

Restons à Paris où, tout autant sinon plus que les quotidiens, les véhicules des slogans et des idées que veulent diffuser le SD, la Propaganda-Abteilung et l'« ambassade » d'Abetz sont les hebdomadaires que des résistants appellent allemands de langue française... Avec un tirage de 150 000 exemplaires en 1941, de 250 000 en 1942 et près de 300 000 en 1944, le plus important est *Je Suis Partout* ; outre celles de presque toutes les vedettes du *Petit Parisien*, les signatures que l'on y trouve le plus fréquemment sont celles de son rédacteur en chef Robert Brasillach, de son administrateur Charles Lesca, de Lucien Rebatet, de Claude Maubourguet, de Jean Loustau, de Pierre Villette alias Dorsay, d'Henri Poulain, d'André Bellessort, du dessinateur Ralph Soupault, etc. *L'Illustration*, « journal hebdomadaire illustré fondé en 1843 », comme le proclame son sous-titre, est une publication centenaire ; en la faisant reparaître, aussitôt après la défaite, à 140 000 exemplaires, l'occupant espère que son ancienneté et sa célébrité vont lui assurer une réelle crédibilité ; dirigée par les frères Baschet et animée par le comte Jacques Bouly de Lesdain, elle insère parmi de nombreuses photos la prose de Clément Serpeille de Gobineau, d'Henri Clerc, etc. Plus littéraire est *La Gerbe* que fonde Alphonse de Châteaubriant et où Bernard Faÿ, Ramon Fernandez, Gonzague Truc, Marc Augier (le futur Saint-Loup), Camille Fégy, le

« raciologue » Georges Montandon, André Castelot, José Germain, Roger de Lafforest, etc. apportent leur concours. Certains autres hebdomadaires sont plus directement des organes de partis politiques : *Le National-Populaire* (avec René Benedetti et la plupart des collaborateurs de *L'Œuvre*) est ainsi celui du RNP de Déat ; *Le Franciste*, d'abord installé à Aix-en-Provence avant de monter à Paris et dont, en 1942, le tirage passe de 20 000 à 30 000 exemplaires, est avec Henri Bonifacio et Paul Guiraud celui du parti franciste de Bucard ; *La Révolution Nationale*, où l'on retrouve Lucien Combelle (le futur « Monsieur Larousse » des années 1960) Pierre Drieu la Rochelle, Georges Soulès (le futur Raymond Abellio), Jean Fontenoy, etc., est l'hebdomadaire politique du MSR, l'organisation créée par le chef cagoulard Eugène Deloncle fier du jeu de mots « MSR = aime et sers »... Dans le cadre de l'opération d'intoxication où les quotidiens *La France au Travail* puis *La France Socialiste* jouent, l'un après l'autre, leur rôle conjointement avec un autre hebdomadaire *Le Rouge et le Bleu*, prend place *Germinal* qui s'intitule « hebdomadaire de la pensée socialiste française » ; son directeur est Paul Rives et dans sa rédaction figurent Claude Jamet, Félicien Challaye, l'académicien Goncourt Jean Ajalbert, Maurice Rostand, Charles Gastaut (futur chef d'une « Phalange française » dans les années 1950), Lucien Emery, etc. Enfin, il faut mentionner, parmi les hebdomadaires publiés à Paris, ceux que l'on pourrait appeler les Champions de l'hystérie : *Au Pilori* qui se définit lui-même comme l'« hebdomadaire du combat contre la judéo-maçonnerie » (Robert Pierret, Henri-Robert Petit, Maurice de Séré, Jean Drault, Urbain Gohier, Jean Marquès-Rivière, Paul Riche, Jean Azéma, Louis Thomas, Paul Vigouroux, etc.) ; *Le Pays Libre*, hebdomadaire du maigre « Parti National-Collectiviste » de Pierre François, dit Clémenti, d'abord installé à Paris puis, à partir de 1941, à Lyon, et où écrivent Jacques Dursort (futur vice-président du conseil municipal de Paris), André Chaumet, etc., ainsi que *L'Appel* qu'Augustin Raymond dirige pour le compte de la « Ligue française » de Pierre Costantini.

Au printemps de 1940, certains quotidiens et certains hebdomadaires ont quitté la capitale pour la province ; ils se sont ensuite installés dans la zone dite libre où le régime de Vichy a favorisé la naissance de nouveaux titres. Ces publications, si elles ne sont pas parisiennes, ne sont pas pour autant « régionales » au sens où on l'entend généralement. A leur propos, on parle souvent de « journaux repliés ». Malgré les innombrables ambiguïtés de leur situation et surtout de leur position, certains d'entre eux ne sauraient être considérés comme des « feuilles soumises ». A Lyon, *Le Figaro* et *Le Temps* se sabordent respectivement le 10 et le 30 novembre 1942. A Limoges, *La Croix* louvoie et joue souvent à cache-cache avec la censure sans se montrer pire, bien au contraire, que la hiérarchie catholique dont elle est le porte-parole. A Marseille, Lyon et Toulouse, les éditions que publie pour chacune de ces villes le *Paris-Soir* « replié », qui n'a plus rien à voir avec celui de zone Nord, sont finalement interdites le 25 mai 1943. En fait, il n'est pas rare que, dans les salles de rédaction de ces journaux, collaborateurs et résistants se côtoient.

Signé « Duralex »

Tel n'est pas le cas, en revanche, de *L'Action Française* dont, depuis le 66, rue de la République (ô ironie !), à Lyon, Charles Maurras répand les quelque 60 000 exemplaires quotidiens à travers toute la France. Finalement beaucoup plus délateur que théoricien, le vieux chef royaliste est entouré d'hommes tels que Maurice Pujo, Georges Calzant (la future vedette d'*Aspects de la France*), François Daudet (le fils de Léon), Henri Massis, René Gillouin, Robert Havard de la Montagne, Raphaël Alibert, Kléber Haedens, Thierry Maulnier (le futur académicien), etc. dont beaucoup ont des postes clefs dans l'appareil gouvernemental de Vichy. Deux hebdomadaires « repliés » qui se sont fait une réputation « six-févriériste » bien établie avant la guerre jouent un rôle très comparable à celui de *L'Action Française*, ce sont *Gringoire* et *Candide*. Le premier, que Brasillach juge « toujours magnifique de verve et de courage », est installé à Marseille ; il tire à 300 000 exemplaires et il a toujours pour patron Horace de Carbuccia lequel, entre deux prises d'armes de la LVF dîne volontiers, à Montmartre, *Chez Alexis*, avec Roland Nozek et Doriot, Karl Boemelburg et Luchaire ; dans ses colonnes on trouve des articles d'Henri Béraud, Philippe Henriot, Georges Champeaux, Raymond Recouly, etc. Quant au second, tirant à 185 000 exemplaires, à Clermont-Ferrand, il est animé par Pierre Dominique et André Chaumeix. Un autre « replié » de marque est l'organe hebdomadaire du PPF qui, malgré l'interdiction très théorique des partis politiques en zone Sud, s'est installé à Marseille : *L'Emancipation Nationale* où l'on retrouve les principales signatures du *Cri du Peuple*, sous la houlette de celui dont les nervis tentent de terroriser la ville, le maire, Simon Sabiani, le protecteur politique de Carbone et Spirito ; un Sabiani qui signe ses éditoriaux « Duralex ». Enfin, non moins ardents dans la trahison sont deux nouveau-nés : *L'Union Française* qui paraît à Lyon et *Combats* (au pluriel !) publié d'abord à Vichy même puis transféré à Paris. L'animateur du premier, Philippe Dreux, reçoit cinquante mille francs par mois d'Abetz et sera fusillé à la Libération ; il est entouré de René Rozand, Michel Moyne, Jean-Albert Foëx, etc. L'orientation du second est on ne peut plus claire puisqu'il s'agit de l'hebdomadaire officiel de la Milice ; Darnand en a confié la direction à Henry Charbonneau lequel écrira plus tard dans ses mémoires : « A l'hebdomadaire *Combats* j'avais, à côté de quelques grands noms de l'époque, Philippe Henriot, Paul Creyssel,

Jacques Guérard, une petite équipe... » ; une « petite équipe » qu'Henry Coston définira, lui, en notant : « La rédaction de *Combats* faisait appel non seulement à la collaboration des militants, mais aussi à celle de journalistes et écrivains amis ou d'opinions voisines. » Et c'est ainsi que, dans les colonnes de l'organe de la Milice, apparaîtront des signatures telles que celles de Jean Savant, François-Charles Bauer (le futur François Chalais), Emile Vuillermoz, Maurice Laporte, Roger Vercel, Paul Morand, Maurice Donnay, Gilbert Pradet (le futur Guy Vinatrel), Colette, etc.

Restent enfin les journaux de province proprement dits qui vont des grands régionaux jusqu'aux plus petites feuilles locales... Le cas de certains d'entre eux (*Le Progrès* de Lyon, *La Montagne* de Clermont-Ferrand, *La Tribune Républicaine* de Saint-Etienne, *Le Petit Provençal* et *Le Radical* de Marseille, *L'Eclaireur de Nice, La Dépêche de Toulouse*, etc.) doit être examiné avec la même prudence que celui de *La Croix* ou du *Figaro*. Toutefois, la plupart préfèrent s'aligner sur la politique du pouvoir en place et s'emploient à mériter l'épithète de « petit » qu'ils avaient, bien avant la guerre, choisi de mettre dans leur titre (*Le Petit Marseillais, Le Petit Niçois, Le Petit Var, Le Petit Dauphinois, Le Petit Méridional, Le Petit Courrier* d'Angers, *La Petite Gironde*, etc.). Cet alignement va jusqu'au soutien total de la politique de Collaboration pour *Lyon Républicain* (110 000 exemplaires en 1942 et 90 000 en 1944) et, dans la même ville, *Le Nouvelliste*, pour *La France de Bordeaux et du Sud-Ouest*, pour *L'Echo de Nancy*, pour *Le Journal de Rouen*, etc. Plus localement, un nombre impressionnant de feuilles ont emboîté le pas et se conduisent en disciples zélés d'*Inter-France* qui leur fournit l'essentiel de leur « copie » politique, tel est le cas du *Sémaphore* de Marseille, du *Bas-Limousin* de Brive, de *La Garonne* de Toulouse, de *La République du Sud-Est* de Grenoble, de *L'Atlantique* de La Rochelle, de *Cherbourg-Eclair*, du *Chinonais*, de *L'Express de l'Est* d'Epinal, de *L'Eclair de l'Ouest* de Niort, de *La Gazette de Biarritz*, de *L'Indépendant de Saintes*, du *Journal du Médoc* en Gironde, des *Nouvelles de Versailles*, du *Pays de Montbéliard*, du *Petit Trouvillais*, du *Progrès de l'Allier* de Moulins, du *Foyer Vosgien* d'Epinal, etc. Sans oublier, bien sûr, *Le Moniteur du Puy-de-Dôme* dont le directeur s'appelle Pierre Laval.

« En connexion organique »

Si nous laissons de côté pour le moment les émissions diffusées par les diverses stations de radio d'obédience vichyste ou sous contrôle ouvertement allemand, émissions qui n'ont d'importance que par rapport à ce phénomène unique dans l'histoire que fut le rôle joué par la BBC, la « radio de Londres » dont on sait qu'elle mit en échec les voix dangereuses d'un Philippe Henriot et d'un Jean Hérold-

Paquis, nous en arrivons maintenant à la fonction remplie par les écrivains qui avaient choisi le « service de l'ennemi ». Dans son livre *La France à l'heure allemande*, déjà cité, l'historien suisse Philippe Burrin commence le chapitre *Les muses enrôlées* en écrivant : « lorsque Göring vint rencontrer Pétain en décembre 1941, Abetz donna en son honneur une réception pour laquelle il dressa lui-même la liste des invités. Les personnalités officielles et le gratin de la Collaboration politique forment les gros bataillons, en laissant tout de même une place au monde de la culture. Abetz pense aux gens de plume, journalistes ou écrivains : à Brasillach, Blond, Luchaire, Crouzet et Bunau-Varilla, mais aussi à Pierre Benoit, Abel Bonnard, J. Chardonne, Alphonse de Châteaubriant, Drieu la Rochelle, Henry de Montherlant et Paul Morand. Et il n'oublie pas les gens de scène : l'acteur et homme de théâtre Sacha Guitry, (...) le danseur Serge Lifar... » Cette réception se déroule donc fin 1941 ; autre énumération trois mois plus tard... Dans son *Histoire de l'Epuration*, en faisant référence à un « manifeste antiallié », Robert Aron rappelle : « *Le Petit Parisien* du 9 mars 1942 cite une cinquantaine de signataires, parmi lesquels Abel Bonnard, Henri Béraud, Céline, Paul Chack, Alphonse de Châteaubriant, Maurice Donnay, Philippe Henriot, Alain Laubreaux, Georges Suarez, le chanoine Tricot, professeur à l'Institut catholique... », etc. De même, en commentant un article de Rebatet paru dans *Je Suis Partout* du 10 mars 1944, Pierre-Marie Dioudonnat note qu'« opposant les écrivains français selon leurs opinions politiques, il cite Drieu, Céline, Montherlant, Béraud, Bonnard, Châteaubriant, Chardonne, Aymé, Mac Orlan, Anouilh, La Varende, Thérive, Jouhandeau, Morand, parmi les écrivains qui se sont ralliés à l'ordre nouveau ou ne dédaignent pas de collaborer à sa presse ». Et qu'en disent les résistants ? Prenons deux exemples. Dans un pamphlet publié à la Libération et dont nous avons déjà fait état, *Pétain et la cinquième colonne*, Albert Bayet dénonce ceux à qui fut, selon lui, confié « le soin de répandre la bonne doctrine boche » et il énumère « les écrivains chargés d'éreinter le régime ci-devant et de magnifier l'ordre nouveau, type de Monzie, Montigny, Mistler, Châteaubriant, Drieu la Rochelle, Montherlant, José Germain, Maurice Rostand, Ajalbert, Chaumeix, Benjamin, Emery, Demaison, Sacha Guitry, Abel Hermant, Céline, etc. » A la même époque, dans *Les Lettres françaises* qui viennent de sortir de la clandestinité, Claude Morgan, l'un des animateurs du Comité national des écrivains (CNE), écrit, sous le titre *L'Armée du crime*, le 9 septembre 1944 : « Qu'on n'essaie pas de nous apitoyer sur le sort d'un Maurras, d'un Montherlant, d'un Giono, d'un Brasillach, d'un Morand. Le cas des écrivains est complexe, dit-on justement. Certains sont coupables seulement par leurs écrits, d'autres par leurs actes. Et plus ils ont de talent et plus ils ont donné à l'ennemi et plus grande est leur faute. Maurras fut le soutien du Maréchal. Montherlant a écrit *Le Solstice de Juin*. Le silence de Giono fut à lui seul un crime : l'homme qui s'était élevé contre la mobilisation pour la France a donné son nom à *La Gerbe* au moment même où ce journal réclamait la mobilisation de notre peuple pour Hitler. Brasillach a été libéré de captivité pour faire à *Je Suis Partout* la propagande de Goebbels. Morand, lui, fut l'ami et le recruteur de Stülpnagel (...). Qu'ils le nient ou non, les écrivains qui ont collaboré avec l'ennemi sont complices, à des degrés divers, des crimes de leurs maîtres nazis. Ils sont frères de ces miliciens qui nous fusillent du haut des toits. » Le singulier palmarès qui se dégage de ces listes est certes loin d'être complet. Du moins a-t-il le mérite de restituer une réalité que, depuis plus de cinquante ans, les caprices de la renommée, un oubli systématiquement organisé et surtout d'intempestives réhabilitations au bénéfice du talent ont si souvent estompée.

Prenons, par exemple, le cas d'Henry de Montherlant. Dans son article des *Lettres françaises*, Claude Morgan lui reproche d'« avoir écrit *Le Solstice de Juin* ».

Certes, ce livre chante le mythe du jeune homme au beau menton nerveux, méprisant, pour le mieux réformer, un peuple abâtardi, et Montherlant ne s'y prive pas de préciser : « L'importance de la jeunesse française de 1941 ne lui vient pas de ses vertus, ni même de promesses particulières qu'elle donnerait, mais lui vient seulement de ce qu'elle arrive à un moment où les hommes qui gouvernent veulent réformer la nation de vices patents et indiscutés. » Certes, il n'est pas abusif de reconnaître ce beau jeune homme sur les affiches qui tapissent les murs de Paris occupé pour appeler à s'engager dans la Milice, la LVF ou les Waffen-SS. Mais il y a plus, ou pire. Montherlant a beau affirmer dans ses *Carnets* que son « esprit est réfractaire au politique et au social », la vie qu'il mène alors, les articles qu'il publie dans diverses « feuilles soumises » le situent parmi les « quelques-uns » qu'il définit très clairement en écrivant : « On nous a beaucoup dit, ces dernières années, qu'avec la victoire des Allemands la nuit descendrait sur le monde. Mais depuis toujours, nuit après nuit, les nuits descendent sur le monde. Qui sont la nuit pour le grand nombre et plein jour pour quelques-uns... » Or, à ce « plein jour »-là, Montherlant prend des bains de soleil, lui qui n'hésite pas à saluer « ceux qui vivent la grande entreprise que ses promoteurs ont appelée la Révolution nationale ». Logique avec lui-même, il ne reste d'ailleurs pas dans sa tour de marbre ; il en descend pour s'engager... Ainsi figure-t-il parmi les conférenciers dont *La Gerbe* patronne les prestations « en connexion organique » avec le « groupe Collaboration ». Ainsi fréquente-t-il l'« Institut allemand » du docteur Karl Epting dont l'adjoint Karl-Heinz Bremer se trouve être son traducteur. Et lorsque, envoyé comme officier sur le front de l'Est, Bremer y trouve la mort, Montherlant lui consacre une véritable oraison funèbre. C'est dans ce texte que, rappelant comment Bremer, sans doute pince-sans-rire, lui a dit un jour : « En tous temps, mais particulièrement en celui-ci, les risques de l'honnêteté sont immenses », il ajoute : « L'adjoint d'Epting s'appliqua, pour moi et pour les autres écrivains français demeurés à Paris, à amoindrir ces risques. Il est peu d'entre eux, si je ne me trompe, qui ne lui doivent quelque chose, dans le grand et dans le petit ». Aussi bien, dans la presse de la Collaboration, l'auteur de *La Relève du matin* bénéficie-t-il d'un concert de louanges. L'exemple de *Je Suis Partout* est caractéristique, où l'on voit Michel Mohrt, André Fraigneau, Alain Laubreaux, Lucien Rebatet, etc. lui consacrer des articles qui sont autant d'éloges. Montherlant va même devenir l'un des maîtres à penser de ce que la Collaboration produit de pire : la Milice... Au château d'Uriage, dans l'Isère, où elle s'est installée, l'« Ecole des cadres de la Milice française » publie une revue hors commerce et à diffusion restreinte qui s'intitule *Documentation des cadres de la Milice française — Doctrine, combat, information*. En avril 1944, dans le n° 4 de cette publication, à côté d'une étude antimarxiste, d'indications sur les « devoirs essentiels du chef de Franc-Garde », de conseils sur le maniement des revolvers et pistolets et d'un véritable cours « sur la marche d'approche et la prise de contacts dans une ville en état d'insurrection », on trouve, dans la rubrique *Livre à lire*, un commentaire d'une anthologie de Montherlant récemment publiée et intitulée *La Vie en forme de proue*. En voici les premières et les dernières lignes : « Ces textes choisis des principaux ouvrages de Montherlant et réunis dans un petit livre à l'usage des jeunes gens sont avant tout des messages de l'esprit nouveau contre l'esprit petit-bourgeois et démocratique sur lequel Montherlant s'acharne dans tous ses ouvrages. Toutes les valeurs juvéniles qui font la mystique de l'Europe naissante y sont magnifiées (...). En Allemagne, les œuvres d'Henry de Montherlant furent saluées comme un souffle de nietzschéisme passant dans la littérature française et en balayant les miasmes ridicules, comme une promesse que notre pays allait pouvoir enfin participer à l'ordre viril du monde qui naît. Quant à nous, miliciens, nous pensons que par ses essais, Montherlant a bien mérité de cette nouvelle Europe que nous voulons construire. » Au dernier tome de son *Histoire de l'Epuration*, Robert Aron cite des « mémoires d'épuration, jusqu'à ce jour inédits ». L'auteur du *Maître de Santiago* y rappelle la création des *Lettres françaises* clandestines par le futur fusillé Jacques Decour et Jean Paulhan et il ajoute : « Dès son premier numéro, le journal désignait comme "traîtres" un certain nombre d'écrivains français. Je fus de ce nombre... » En effet, il en était...

« Un clan antirésistant »

D'autres écrivains importants pratiquent, eux aussi, l'engagement dans la politique de Collaboration tout en protestant bien haut que leur « esprit est réfractaire au politique et au social ». Leur esprit peut-être, mais pas leur ambition. Ainsi Jean Anouilh... A son propos, Pierre-Marie Dioudonnat rappelle qu'il est « considéré par Rebatet comme le meilleur dramaturge de sa génération (*Le Cri du Peuple* du 20 février 1941) », que « Laubreaux le donne pour "le premier auteur dramatique du moment" (dans *Je Suis Partout*, 14 février 1941) » et que le même publie des « critiques enthousiastes d'*Eurydice* et d'*Antigone* (respectivement dans les numéros de *Je Suis Partout* des 27 décembre 1941 et 18 février 1944) ». Ainsi Marcel Aymé... Aymé qui, dans une autobiographie confiée à Pol Vandromme, dira plus tard : « A la Libération, j'ai eu la chance qu'on ne me mette pas en prison et qu'on se contente de me maltraiter dans les journaux... » Ainsi Paul Morand... Il était diplomate. « Revenu de Londres sous ordre en juin 1940, écrit Philippe Burrin dans le chapitre déjà cité, il a été mis à pied par Baudouin. Le retour de Laval lui vaudra une réintégration et la présidence de la Commission de censure cinématographique. En attendant, à Paris la plupart du temps, il brille dans les milieux proches de l'occupant, gagnant l'ombre dès que les projecteurs s'allument, faisant par ailleurs les révisions nécessaires. » Une telle attitude entre 1940 et 1944 provoqua, après la guerre, un incident « académique » que rapporte Robert Aron. A quelques exceptions près, l'esprit de résistance n'avait guère soufflé sous la Coupole pendant l'Occupation. Dans ses *Mémoires de guerre*, le général de Gaulle rappelle même qu'à la Libération, « une campagne qui trouvait beaucoup d'échos » se développait sur le thème : « Faut-il dissoudre l'Académie ? ». Loin de s'en émouvoir, certains des « quarante » s'avisèrent non seulement de protéger leurs collègues menacés par l'Epuration, mais encore d'accueillir parmi eux des personnalités notoirement compromises. L'« affaire Morand » fut le point culminant du scandale, dont, le 21 juin 1958, François Mauriac pouvait écrire dans *Le Figaro littéraire* : « Il s'agissait bien de littérature ! Tout un clan antirésistant était mobilisé et ne cherchait même pas à donner le change. » Revenu au pouvoir en 1958, de Gaulle s'en irrita et décida d'annoncer qu'il userait à l'occasion d'un droit pratiquement tombé en désuétude mais dont il disposait toujours en tant que chef de l'Etat et donc de « protecteur » de l'Académie française, le droit de refuser l'élection d'un nouvel académicien s'il le jugeait indigne de cette fonction. Tel fut le sort de Morand dont, écrit Aron, lorsqu'il fut question de l'admettre quai Conti, de Gaulle fit « savoir à l'avance qu'il lui refuserait son investiture ». Toutefois, les années passant, là comme ailleurs... « L'exclusive dura dix ans, note Gisèle Sapiro dans *La Guerre des écrivains ; 1940-1953*. En 1968, Morand fut élu. Entre-temps étaient entrés sous la Coupole deux représentants de l'extrême droite vichyste, Henri Massis, élu en 1960, et Thierry Maulnier, élu en 1963. » Et la sociologue ajoute qu'« en 1960, avait été élu Henry de Montherlant »... Ainsi Pierre

Benoit, ainsi Henry Bordeaux, ainsi Edmond Jaloux, Abel Hermant, Jean-Louis Vaudoyer, René Benjamin, Jean de La Varende, Jacques Chardonne, Alfred Fabre-Luce, André Fraigneau, Jean Giono, Marcel Jouhandeau, Claude Farrère, et tous ceux que les résistants du Comité national des écrivains (CNE) désignent à la réprobation de leurs lecteurs anciens et futurs.

Evidemment, plus qu'en tout autre temps, des hommes de lettres comme ceux que nous venons de citer cultivent, sous l'Occupation, leurs deux vertus cardinales que sont l'opportunisme et la prudence. Leur Collaboration n'est-elle pas d'autant plus sincère qu'ils sont « apolitiques » et leur œuvre d'autant plus convaincante que, artistes avant tout, ils y écrivent à plume voilée ? Après la Libération, tous protesteront contre les reproches qui leur seront faits et beaucoup argueront que bénin était leur propos, trop intemporels leurs articles pour que l'on puisse leur en faire grief. Acceptant cette défense, on « oubliera » trop souvent l'évidence pourtant rappelée par Charles de Gaulle lui-même : « le talent est un titre de responsabilité » ; on oubliera que, comme l'a si bien dit Pierre-Albert Lambert, en septembre 1975, dans un article du *Miroir de l'Histoire* (n° 288) intitulé *Cette honte française : les collabos*, nombre de prétendus « esthètes » furent, en fait, des « assassins par procuration qui, depuis leur douillet cabinet de travail suscitaient des bourreaux » ; on oubliera cette vérité que nous rappelait Pierre Corval : « On pouvait faire beaucoup plus de mal par la plume qu'en s'engageant à la LVF » ; mais, en vérité, on passera souvent l'éponge et l'on appliquera une loi non écrite que l'on pourrait appeler « amnistie du talent ». Contrairement à une légende complaisamment entretenue à la faveur de ce que la Collaboration économique fut encore moins frappée, il faudra, pour que des journalistes, et surtout des écrivains, soient réellement condamnés, qu'ils aient vraiment et continûment hurlé à la mort. Mais ces appels au meurtre ne paraissaient-ils pas, cette soif de sang juif, communiste et gaulliste ne s'exprimait-elle pas dans les journaux où scintillaient à la colonne voisine les articles habiles de littérateurs réputés ? Un demi-siècle plus tard, peu de lecteurs ont encore en mémoire cet étonnant mélange de violence et de ridicule, sans parler des composantes scatologiques, que nous offrent la presse et la littérature dites de Collaboration, ce style véritablement paroxystique.

Le « génie d'Hitler », selon Drieu la Rochelle

Et pourtant, comme le retour aux textes est édifiant... Constatons-le en citant quelques phrases de ceux que, au procès de Robert Brasillach, le commissaire du gouvernement Reboul qualifiait de « responsables intellectuels » ; en égrenant ce que Frédérique Grou-Radenez a appelé des « perles noires »...

« Quant à "La NRF" elle va ramper à mes pieds, cet amas de Juifs, de pédérastes, de surréalistes timides, de pions francs-maçons, va se convulser misérablement. Gallimard, privé de son Hirsch et de quelques autres, Paulhan privé de son Benda, vont filer le long des murs, la queue entre les jambes. » (Pierre Drieu la Rochelle, dès juin 1940, dans son *Journal 1939-1945*).

« L'esprit juif est dans la vie intellectuelle de la France un chiendent vénéneux qui doit être extirpé jusqu'aux plus infimes radicelles, sur lequel on ne passera jamais assez profondément la charrue. (...) Des sections spéciales pourront être créées, dans les bibliothèques et les musées, pour l'étude historique de certains ouvrages d'Israël. Mais la mise en circulation publique, sous quelque forme que ce soit, concerts, théâtre, cinéma, livres, radio, expositions, d'une œuvre juive ou demi-juive doit être prohibée sans réserves ni nuances, de Meyerbeer à Reynaldo Hahn, de Henri Heine à Bergson. Des autodafés seront ordonnés du maximum d'exemplaires des littératures, peintures, partitions juives et judaïques ayant le plus travaillé à la décadence de notre peuple, sociologie, religion, critique, politique, Lévy-Bruhl, Durkheim, Maritain, Benda, Bernstein, Soutine, Darius Milhaud. Les Juifs, essentiellement imitateurs, ont été sans conteste de remarquables interprètes dans tous les arts, sauf le chant. Je ne verrais aucun inconvénient, pour ma part, à ce qu'un grand virtuose musical du ghetto fût autorisé à venir jouer parmi les Aryens pour leur divertissement, comme les esclaves exotiques dans la vieille Rome. Mais si ce devait être le prétexte d'un empiètement, si minime fût-il, de cette abominable espèce sur nous, je fracasserais moi-même le premier les disques de Chopin et de Mozart par les merveilleux Horowitz et Menuhin. Quoi ! Au temps de Liszt, de Thalberg, de Paganini, qui valait beaucoup mieux que le nôtre, les Aryens n'avaient pas besoin du secours des Juifs pour exécuter incomparablement leurs œuvres. » (Lucien Rebatet dans son roman *Les Décombres*, publié à Paris en 1942).

« Je disais l'hiver dernier, dans ce journal, ma joie d'avoir vu en Allemagne les premiers Juifs marqués de leur sceau jaune. Ce sera une joie beaucoup plus vive encore de voir cette étoile dans nos rues parisiennes où, il n'y a pas trois ans, cette race exécrable nous piétinait. (...) Nous sommes ici des nationalistes convaincus que l'Allemagne et la France ont dans le Juif un ennemi commun et que, contre lui, la France doit mener la lutte aux côtés de l'Allemagne. S'il est un terrain d'entente complète entre les deux nations, c'est bien celui-ci. » (Le même Rebatet dans *Je Suis Partout* du 1er juin 1941).

« En finira-t-on jamais avec les relents de pourriture parfumée qu'exhale encore la vieille putain agonisante, la garce vérolée, fleurant le patchouli et la perte blanche, la République, toujours debout sur son trottoir ? Elle est toujours là, la craquelée, la lézardée, sur le pas de sa porte, entourée de ses michés et de ses petits jeunots, aussi acharnés que les vieux. Elle leur a tant rapporté de billets dans les jarretelles : comment auraient-ils le cœur de l'abandonner malgré les blennorragies et les chancres. Ils en sont pourris jusqu'aux os. » (Robert Brasillach dans *Je Suis Partout* du 7 février 1942).

« La guerre 39 est une affaire mirifique pour trente millions de Français. Dix millions sont "victimes" à plaindre, pas davantage ! Les autres ne sont que grimaciers, égoïstes, cabotins et putains. Ils jouent la Résistance, mais pleurent intimement pour que la guerre dure ! » (Louis-Ferdinand Céline dans *Je Suis Partout* du 29 octobre 1943).

« Je suis fasciste parce que j'ai mesuré le progrès de la décadence en Europe. J'ai vu dans le fascisme le seul moyen de contenir et de réduire cette décadence et, par ailleurs, ne croyant plus guère dans les ressources politiques de l'Angleterre comme de la France, réprouvant l'intrusion d'empires étrangers à notre continent comme ceux des Etats-Unis et de la Russie, je n'ai vu d'autres recours que dans le génie d'Hitler et de l'hitlérisme. » (Pierre Drieu la Rochelle dans la *Nouvelle Revue Française* de janvier 1943).

« Le monde déchristianisé s'écroulait vers l'abîme avec une vitesse vertigineuse. Le mouvement hitlérien fut la réaction qui arrêta cette chute. Hitler a sauvé le monde (...). Adolf Hitler a été (...) désigné apparemment à cette immense tâche par la Providence, comme il ne le semble pas douteux à ceux qui comprennent l'immensité des problèmes à résoudre au milieu desquels il se meut avec une aisance triomphante. » (Alphonse de Châteaubriant dans *Notre Combat*, n° 3, numéro spécial consacré au Führer).

« La jeunesse, elle, me semble-t-il, peut comprendre ce monde nouveau. Elle peut comprendre ce qui exalte au même moment tant de cœurs jeunes, que ce soit en Allemagne, en Italie, en Espagne ou ailleurs, partout où a retenti le grand cri de "Nation, réveille-toi !" C'est parce que le fascisme a pris la forme de pratique et de poésie à la fois, la forme de politique qui emporte les images les plus exaltantes de notre temps que la jeunesse peut se donner au fascisme. (...) C'est à condition d'être fasciste que la France durera et que la France vivra ! » (Discours de Robert Brasillach cité par Henri Poulain dans *Je Suis Partout* du 9 mai 1942).

« Qu'on le veuille ou non, nous aurons cohabité ensemble ; les Français de quelque réflexion durant ces quelques années auront plus ou moins couché avec l'Allemagne non sans querelles, et le souvenir leur en restera doux. » (Le même Brasillach dans *La Révolution Nationale* du 19 février 1943).

« Est-ce que les amis sensibles de M. de Gaulle demanderont des comptes au général Leclerc et à ses soudards qui assassinent tous les jours en Alsace et continueront de battre leur appel sur la peau tendue des victimes d'Oradour-sur-Glane ? Les Allemands, ces barbares, ces assassins, en quatre ans, n'ont brûlé que ce village. » (Jean Hérold-

Paquis, au micro de *Radio-Patrie*, émetteur installé en Allemagne, le 2 décembre 1944).

« L'immense majorité du peuple français, le commandant en chef des troupes d'occupation l'a dit, réprouve des attentats criminels que le maréchal Pétain condamnait il y a un mois, mais une minorité affolée par l'étranger se saoule de crimes et d'une complicité au moins passive. Ces hommes qu'on arrête parfois dans les milieux les plus bourgeois, ils sont, en effet, moralement complices. Qu'attend-on pour les frapper ? Qu'attend-on pour fusiller les députés communistes déjà emprisonnés ? » (Robert Brasillach, article paru le 25 octobre 1941 et cité par le commissaire du gouvernement Reboul à son procès, le 19 janvier 1945).

« Traquez les gaullistes ! (...) conduisez-les chez le commissaire et, si le commissaire refuse d'instrumenter, portez plainte contre le commissaire ! » (Lucien Rebatet dans *Le Cri du Peuple*, cité par Jean Quéval).

Leur huitième art

Dans ces deux dernières citations apparaît très nettement un aspect essentiel de l'activité des journalistes et des écrivains qui, non seulement se sont mis « au service de l'ennemi » mais encore s'emploient à stimuler son ardeur lorsqu'ils estiment la voir faiblir. Les dénonciations, les incitations à la répression, les appels au meurtre, en un mot : la délation, sont monnaie courante dans les colonnes des journaux de l'Occupation. Nous avons rappelé plus haut comment tant de « bons Français » écrivirent aux autorités occupantes pour dénoncer leurs concitoyens. Nous avons vu, avec Richard Christmann, comment l'Abwehr exploitait les lettres anonymes. Anonymes, d'abord par prudence, bien sûr, et par lâcheté, mais aussi par une sorte de honte diffuse... Une honte que précisément jamais n'éprouvent les écrivains et journalistes qui, en 1940-1944, dans les journaux allemands de langue française, font de la délation une sorte de huitième art... La chute de Mussolini, durant l'été 1943, incite Horace de Carbuccia, qui sent venir l'orage et entend préparer l'avenir, à infléchir la ligne de l'hebdomadaire *Gringoire* en ménageant la chèvre et le chou, en teintant très nettement sa Collaboration d'attentisme. Ainsi évince-t-il de ses colonnes celui dont, depuis plus de dix ans, la plume y a pourtant eu la vedette : Henri Béraud. Mais Béraud ne l'entend pas de cette oreille ; il brocarde et attaque son ancien ami et patron puis, en juin 1944, il publie un pamphlet, *Les Raisons d'un silence*. Ces pages sont très intéressantes car, comme on dit vulgairement, Béraud n'hésite pas à y cracher le morceau... « Le même organe, écrit-il ainsi, aujourd'hui consacré aux pavanes et aux barcarolles, faisait naguère entendre une tout autre musique — une musique d'autodafé. Ce n'est pas pour rien que l'on arbore à sa boutonnière le ruban d'Isabelle la Catholique. Doux Jésus ! Que d'hérétiques Juifs et francs-maçons livrés au bras séculier ! C'était, je l'ai dit, sous la forme d'échos non moins anonymes qu'intraitables. Ouvrez un peu les collections de la feuille ex-infâme, où l'on enseigne si bien à présent l'oubli des injures. Admirez comment nos bénisseurs pratiquaient la tolérance. Contemplez, numéro après numéro, ces colonnes de dénonciations. Lisez les noms et adresses de ceux qui pensaient alors ce que ces infatigables pourvoyeurs de cachots pensent aujourd'hui. Voyez défiler ce cortège de malheur, où le banquier juif coudoie l'instituteur anticlérical. Admirez de quelle voix nos doux apôtres appelaient alors gendarmes et flics au secours de la réconciliation française... » Et Béraud d'employer au sujet de certains de ses confrères une expression qui en dit long : « des indicateurs de presse ».

Lors du procès de Lucien Rebatet, un témoin de l'accusation viendra expliquer comment un article de ce dernier fut à l'origine de son arrestation. A ce propos, *Le Monde* du 23 novembre 1946 démontera très bien le mécanisme de cette délation par voie publique et écrite qui est l'une des composantes majeures de la politique de Collaboration. On pourra en effet y lire : « L'accusé n'a certes apporté aucun élément nouveau à la police de Marseille qui connaissait l'activité résistante du témoin, mais il a servi d'élément provocateur exerçant une sorte de chantage sur cette administration et l'obligeant à sévir par sa publication. »

Citons quelques exemples de cette prose délatrice devenue une sorte de nouveau genre littéraire chez Brasillach, Céline, Drieu, Rebatet et leurs amis.

« Le 25 février 1943, dans un article intitulé *Pour ceux qui devraient se cacher*, Maurras écrit en parlant des démocrates-chrétiens : “Il n'y aurait qu'à rééditer quelques colonnes de leur journal *L'Aube* pour envoyer ces messieurs par les voies les plus rapides jusqu'au poteau d'exécution. Ces dignes co-auteurs de nos détresses n'ont subi aucune punition appréciable. Champetier de Ribes s'est majestueusement retiré dans ses terres du Béarn. Bidault enseigne tranquillement l'histoire, une histoire à sa mode, dans un lycée qui n'est pas loin. Je ne sais où Francisque Gay peut bien promener le remords ou l'inconscience, mais il n'est pas dit que la justice sera toujours manchote. Elle s'abattra un jour ou l'autre sur ces scélérats !” Le 20 juillet 1943, nouvelle attaque contre M. Bidault, toujours “professeur dans un lycée qui n'est pas loin”, et Champetier de Ribes. Le 29 septembre 1943, nouvelle récidive. Il désigne les démocrates-chrétiens et leurs chefs, MM. Bidault, Gay et Champetier de Ribes, comme faisant campagne en faveur de “leurs chers Anglais”. Il dit : “C'est de ce côté qu'une recherche bien menée ferait trouver de véritables conspirateurs.” Le 27 septembre 1941, il avait déjà attaqué M. Champetier de Ribes en disant : “Si j'avais l'honneur d'être le chef du Parquet général d'une certaine ville du Sud-Ouest, rien ne me paraîtrait plus expédient qu'une certaine expédition dans les locaux du chef du parti démocrate-chrétien, Champetier de Ribes." Que se passe-t-il ? Ces dénonciations ont été faites en 1943, le 20 juillet, le 29 septembre. En mars 1944, à la suite d'un nouvel article, la Gestapo fait une descente, exactement le 23 mars 1944, dans les bureaux de la rue Garancière où MM. Gay et Bidault ont leur bureau. Elle arrête dix personnes. Trois sont actuellement en Allemagne. Je n'en dirai pas les noms, c'est inutile, elles peuvent courir là-bas des risques de représailles. M. Francisque Gay vous a indiqué que deux d'entre elles avaient été affreusement mutilées, torturées pendant soixante-douze heures... » (Réquisitoire du commissaire du gouvernement Thomas, prononcé le 26 janvier 1945, au procès de Charles Maurras devant la Cour de justice de Lyon).

« Les cinq mille Juifs étrangers, "ramassés" à Paris il y a un mois et internés dans ces camps de travail, ne formaient qu'une minime partie, on s'en doute, de la horde sémitique campée dans la capitale. Il en reste bien davantage, pour la plupart inoccupés. C'est ainsi que chaque jour, du matin au soir, ils sont quelques douzaines, en permanence, au coin du faubourg Poissonnière et de la rue d'Enghien. Ceux qui n'encombrent pas le trottoir, obligeant les passants à descendre sur la chaussée, sont installés au deux débits qui se font face : *Ma chope* et le café-tabac. Ils consomment un seul café à cinq ou six au cours de la demi-journée, en discutant dans toutes les langues de l'Europe centrale et orientale, ou en yiddish. (...) Les habitants du quartier, ainsi que les travailleurs qui y ont leurs occupations, vous demandent une bonne petite rafle, s'il vous plaît, M. le préfet de Police... » (Article anonyme paru dans *L'Appel* le 12 juin 1941).

« Il est des gestes et des actions sur lesquels l'unanimité est faite. La punition exemplaire, la mort des hommes à qui nous devons tant de deuils, tant de destructions et tant de souffrances, tous les Français la demandent... » (Robert Brasillach dans *Je Suis Partout* du 6 septembre 1941).

« Une échelle de peines qui commence à l'huile de ricin et finit au réverbère est plus propre à rendre la notion du bien et du mal (...) que l'action des meilleurs prêcheurs jointe à celle des polices les plus zélées. » (Guy Crouzet dans un article des *Nouveaux Temps* du 2 avril 1943 intitulé : *Crise morale et ses remèdes*).

« Nous répétons qu'il doit y avoir à Toulouse comme à Grenoble des têtes de communistes et de gaullistes connus. Ne peuvent-elles pas tomber ? L'important est de trier, de juger, de condamner, d'exécuter. On ne rétablira qu'à ce prix une ombre de sécurité. » (Charles Maurras dans *L'Action Française* du 4 janvier 1944).

« S'il était donné au révolutionnaire que je suis, aux révolutionnaires que je connais, une parcelle de pouvoir, nous qui avons le ventre vide et les illusions rageuses, je sais trop que notre premier acte serait d'ouvrir, place de la Concorde, une légale fosse de Katyn (...) et de faire fusiller, pour la remplir, quelques centaines d'otages. » (Jean Hérold-Paquis dans un article de mai 1943 cité par Robert Aron).

« L'archevêque de Toulouse proteste contre les mesures prises envers les Juifs apatrides en zone non occupée et accuse le gouvernement du Maréchal de suivre les inspirations étrangères. Il parle de brutalités, de séparations que nous sommes tous prêts à ne pas approuver, car il faut se séparer des Juifs en bloc et ne pas garder de petits. L'humanité est ici d'accord avec la sagesse : mais il oublie de dire que ces brutalités sont le fruit de policiers provocateurs qui veulent apitoyer les pauvres idiots d'aryens... » (Robert Brasillach, cité par Jacqueline Baldran et Claude Bochurberg dans *Brasillach ou la célébration du mépris*, comme « éditorial du 25 septembre 1941 »).

Un certain Merline

« Paris, 7 décembre 1941. L'après-midi à l'Institut allemand, rue Saint-Dominique. Là, entre autres personnes, Merline, grand, osseux, robuste, un peu lourdaud, mais alerte dans la discussion ou plutôt dans le monologue. Il y a, chez lui, ce regard des maniaques, tourné en dedans, qui brille comme au fond d'un trou. (...) Il dit combien il est surpris, stupéfait, que nous, soldats, nous ne fusillions pas, ne pendions pas, n'exterminions pas les Juifs — il est stupéfait que quelqu'un disposant d'une baïonnette n'en fasse pas un usage illimité... » (Ernst Jünger dans son *Journal de guerre et d'occupation*)... Qui était Merline ? Pendant longtemps, certains ont feint de s'interroger. Des noms ont été avancés, comme par exemple encore le 27 mai 1994, par Manfred Ruppel, dans l'hebdomadaire allemand *Die Woche*, celui d'un journaliste très peu connu mais présenté comme « ultrafasciste », Philippe Merlin. Si nous employons le verbe feindre, c'est parce qu'en vérité on peut s'interroger sur ces interrogations, et leur sincérité surtout, alors que depuis longtemps circulait le nom de Céline comme étant celui que tentait de cacher le transparent patronyme de Merline. Le nom de Céline non seulement circulait, mais il avait même été imprimé... Ainsi par Jacques Brenner dans *Le Figaro* du 17 février 1973, journal où Brenner écrivait que si Jünger avait choisi d'utiliser le pseudonyme de Merline pour désigner Louis-Ferdinand Céline, c'était parce que ce dernier faisait alors l'objet de poursuites judiciaires et qu'il ne voulait pas que cette page de son *Journal* pût être utilisée contre l'écrivain français... Jünger maintint longtemps cette position. Non seulement dans la presse, mais même lorsqu'il fut interrogé à ce sujet par des autorités judiciaires. Ainsi attendit-il plus de vingt ans avant de reconnaître la vérité. C'est finalement le 8 juin 1994 que le correspondant à Bonn du *Figaro*,

Jean-Paul Picaper écrivit dans ce quotidien : « Ernst Jünger vient de mettre fin à quatre décennies de conjectures en avouant que le Merline dont il parle dans son *Journal* (...) était bien l'écrivain français Louis-Ferdinand Céline. Cette révélation est publiée cette semaine dans *Der Spiegel* qui reproduit une lettre de l'écrivain allemand adressée le 20 mai dernier à un jeune confrère munichois Helmut Krausser. »

Passons maintenant des moyens écrits et parlés aux moyens étatiques, à l'utilisation, grâce au régime de Vichy, de l'appareil d'Etat par les nazis.

Dans sa très docte *Histoire de l'Administration de 1750 à nos jours*, le professeur Pierre Legendre écrit : « L'Administration représente la permanence. (...) L'Administration semble arbitrer notre histoire intérieure... ». Cependant, le même auteur reconnaît plus loin que « durant la Seconde guerre, l'Administration a dû s'engager politiquement dans des conditions toutes nouvelles. (...) La guerre de 1939-1945 politisa notre Administration au maximum... ». Constatation essentielle. Dans une France dominée par une lutte de plus en plus sanglante entre, d'une part, les occupants flanqués de leurs Collaborateurs et, d'autre part, les résistants aidés par les Alliés, il allait devenir de plus en plus difficile, il allait bientôt devenir quasiment impossible, même aux opportunistes les plus chevronnés et aux attentistes les plus virtuoses, même aux Papon les plus souples, de s'en tenir à la règle dont Jeanne Siwek-Pouydesseau dit qu'elle était celle des préfets de l'avant-guerre : « Servir le gouvernement du lendemain sans trahir celui de la veille ». Et encore n'était-ce pas seulement le gouvernement que, pour les fonctionnaires tout spécialement, il fallait choisir de trahir ou ne pas trahir : c'était la Patrie tout simplement. Ce choix fut complexe. Parfois héroïque. Souvent désolant. Le fondateur du mouvement Libération, Emmanuel d'Astier de la Vigerie, en restituera toute la difficile ambiguïté en évoquant « la troupe de fonctionnaires français qui est aux ordres : un petit nombre fait du zèle mais la plupart esquivent ou s'engagent dans un refus secret ». Toutefois, malgré le flot d'alibis qui a pu couler depuis, il ne faut pas méconnaître que le régime de Vichy sut habilement peser sur bien des consciences en exigeant, le 14 août 1941, que tous ceux qui faisaient profession de servir l'Etat prêtent un serment de fidélité à la personne du Maréchal. Longtemps après, en s'opposant dans *Le Monde* du 3 juin 1975 aux projets de « réhabilitation » de Pétain, le dirigeant de l'« Association pour la fidélité au général de Gaulle », Pierre Lefranc que nous avons déjà rencontré comme résistant, devait affirmer à juste raison : « Dans ce drame, la responsabilité personnelle de l'ex-maréchal ne peut être effacée. C'est son immense prestige qui a dévoyé tant d'hommes aux bonnes intentions. Qui peut croire qu'un Laval ou un Darnand aurait obtenu que des Français devinssent SS et finissent par attaquer les maquis ? Pétain a été le responsable suprême. Lui donner raison aujourd'hui serait approuver les plus affreuses trahisons et les pires exactions commises sous son couvert. » Mais renoncer à un avancement espéré ou s'exposer à la révocation, était-ce pire que de risquer la torture ? D'ailleurs, les fonctionnaires ne furent jamais abandonnés sans défense aux pressions de Vichy ni aux alternances de répression et de corruption des nazis ; la Résistance et la « France libre » ne cessèrent de leur adresser des appels qui leur montraient quel était le chemin de l'honneur et, finalement, de l'avenir. A la fin de 1943, les termes du choix devinrent encore plus clairs. En effet, alors qu'approchait le procès Pucheu, le Comité français de la Libération nationale (CFLN) publia à Alger, le 6 décembre, et fit aussitôt diffuser largement en France même, une ordonnance dont l'article 3 stipulait : « La commission d'épuration a pour mission de proposer les sanctions adéquates contre tous les élus, fonctionnaires et agents publics en activité ou en retraite qui, depuis le 16 juin 1940, ont, par leurs actes, leurs écrits ou leur attitude personnelle, soit favorisé les entreprises de l'ennemi, soit nui à l'action des Nations Unies et des Français résistants, soit porté atteinte aux institutions constitutionnelles ou aux libertés publiques fondamentales, soit tiré sciemment ou tenté de tirer un bénéfice matériel direct de l'application de règlements de l'autorité de fait contraires aux lois en vigueur au 16 juin 1940, soit procédé à des actes de dénonciation ayant entraîné des poursuites contre les Français résistants. Elle doit distinguer entre les hommes qui se sont bornés à exécuter des ordres sans avoir l'autorité nécessaire pour les discuter et ceux qui, allant au-delà de leurs strictes obligations professionnelles se sont sciemment associés à une politique antinationale ou ont manifestement dépassé dans la répression l'exercice normal de leurs fonctions. » Ce texte n'était pas draconien. A certains résistants, il put même apparaître comme trop clément dans la mesure où il semblait admettre un « exercice normal » de la répression. Et pourtant... Même en la considérant selon des critères aussi larges, bien triste était la situation de l'appareil d'Etat dans la France d'avant le débarquement du printemps de 1944... Comment ne pas se poser, en effet, la question que pose Marc Olivier Baruch au seuil de sa thèse si complète et intitulée *Servir l'Etat français ; L'administration en France de 1940 à 1944* ? Une question terriblement simple : « Savoir comment et pourquoi les fonctionnaires de la République, sans doute républicains, sans conteste patriotes, se sont adaptés à un ordre nouveau, exceptionnel à double titre. Exceptionnel parce que, comme dans les autres pays de l'Europe continentale écrasés par la Wehrmacht, le territoire était occupé et les actes de gestion contrôlés par l'ennemi, mais exceptionnel aussi parce que la forme politique du gouvernement du pays constituait une rupture totale avec soixante-dix ans de pratique républicaine. Cette facilité de l'administration à se couler dans le moule de l'autoritarisme n'est évidemment pas sans poser problème. »

L'« idéal professionnel » selon Gabolde

Bien qu'ils ne soient pas des fonctionnaires à proprement parler (Baruch, par exemple, ne les inclue pas dans son étude) prenons le cas des magistrats. Leur rôle fut capital. Et leur aptitude à « se couler dans le moule » s'avéra remarquable. Aussi bien, le 19 janvier 1945, devant la Cour de Justice de la Seine, l'avocat de Brasillach, Me Jacques Isorni, s'en prenant, au cours de sa plaidoirie, au représentant de l'accusation, le commissaire du gouvernement Reboul, pouvait-il lui lancer : « Votre institution — le Ministère public — sonne aujourd'hui les fanfares de la Résistance. C'est bien !... Mais vous avez été, pendant quatre ans, le Parquet de la Collaboration. Vous êtes, que vous le vouliez ou non, solidaire de ce Ministère public un et indivisible qui, pendant quatre ans, a poursuivi et fait condamner les Juifs, qui a poursuivi et fait condamner les réfractaires, qui a poursuivi et fait condamner les communistes !... Et quand je songe que, bien souvent, les Allemands choisissaient leurs otages parmi ceux que votre Ministère public avait fait condamner (...). Pourtant, monsieur le Commissaire du Gouvernement, je ne songe, moi, à le reprocher à personne (...). Je ne vous le reproche pas parce que, à votre Parquet, vous avez fait, pendant quatre ans, de la Collaboration : pour sauver vous aussi ce qui pouvait être sauvé. Vous avez fait votre devoir de magistrat. Vous avez pensé que si ce n'était pas vous qui vous occupiez de juger les communistes, ce serait les Allemands qui le feraient et qu'il y aurait davantage de morts. Vous avez été un collaborateur pour sauver ce qu'on pouvait sauver dans l'ordre judiciaire et vous comprenez pourquoi je n'ose pas vous le reprocher : si vous, magistrat français, au lieu de condamner à mort six ou dix Français, vous aviez refusé d'assumer cette charge, les Allemands en eussent fusillé cinquante ou cent. Et c'est pour cela que je ne vous fais pas de reproche. » Assez cynique et non exempte de perfidie, cette apostrophe a pourtant, avouons-le, un évident mérite : celui de résumer, peut-être cruellement, mais assez justement, la situation de la grande majorité des magistrats français entre 1940 et 1944. Hypocrisies et faux alibis compris. On sait que, parmi les mythes les plus coriaces du XXe siècle figure en bonne place la prétendue « indépendance de la magistrature ». On sait aussi que cette « indépendance » a été régulièrement mise à mal par le pouvoir politique. En temps normal, toutefois, de nombreux faux-semblants demeurent dont beaucoup de magistrats et même de justiciables se satisfont. Mais pendant l'Occupation !... Le 26 avril 1942, à la tribune du Reichstag, Adolf Hitler déclarait : « J'attends également de la justice qu'elle comprenne que la nation n'est pas à son service mais que c'est elle qui est au service de la nation ; en clair, le monde dont l'Allemagne fait partie ne doit pas périr pour que survive un droit formel, non, c'est l'Allemagne qui doit vivre, vivre à tout prix, même si ce doit être en contradiction avec certaines conceptions formelles de la justice !... Désormais, j'interviendrai moi-même dans les cas litigieux et j'écarterai ceux des juges qui apparemment n'auront pas compris les ordres que je donne aujourd'hui. » Le 12 novembre 1943, à Vichy, Maurice Gabolde, « Garde des Sceaux, ministre-secrétaire d'Etat à la Justice » de Pétain, réunissait, en présence de Laval, l'ensemble des Premiers présidents des cours d'appel. Il leur annonçait que « l'heure était décisive » et « le moment venu de faire leur devoir ». Puis il leur tenait des propos très révélateurs à la fois de la situation du régime de Vichy à cette époque et de la position qu'y occupaient les magistrats. En effet, ajoutait-il, « ce devoir consiste à réagir avec vigueur contre les manifestations de subversion et de dissolution incarnées par le terrorisme et de profiter — l'occasion est fugitive — de la réprobation unanime des honnêtes gens devant la vague d'attentats individuels ou collectifs qu'il suscite pour mener dans la légalité le combat contre les forces chaotiques du désordre. Il convient de faire nôtre la formule que proposait, au lendemain de la Commune de 1871, Chesnelong à l'Assemblée nationale : "Quand le mal a toutes les audaces, le bien doit avoir tous les courages." Devant les provocations à l'assassinat, devant les menaces de toute sorte dirigées contre les représentants de l'autorité, devant les sabotages d'organes essentiels à la vie de la nation, devant les incendies de récoltes ou les exécutions perpétrées dans l'ombre et dans la lâcheté de l'anonymat, jamais occasion meilleure n'aura été offerte à des hommes de devoir d'accomplir leur tâche, si dramatique fût-elle. La lutte que mène la légalité contre l'anarchie est et sera sévère ; j'ai confiance en son issue si elle continue à unir dans une détermination résolue un gouvernement conscient du péril et les représentants qualifiés des administrations et de la magistrature dont la mission traditionnelle est d'assurer cette sécurité publique qui conditionne la continuité du travail de tous et dissipe l'inquiétude déprimante. » En parlant ainsi aux dignitaires les plus élevés de l'appareil judiciaire, Maurice Gabolde avait pris soin de préciser : « Mes paroles à votre adresse sont celles d'un magistrat comme vous, uni à ses collègues par les liens d'une communauté d'existence et d'idéal professionnel. » Car Gabolde était bien un magistrat qui, avant la défaite, n'avait apparemment jamais fait de politique. Lorsque, en mars 1943, Pétain et Laval l'appelèrent au ministère de la Justice, il remplissait les fonctions de « procureur de la République au Tribunal civil de la Seine ». Il devait mourir, en 1972, octogénaire, toujours en exil, à Barcelone. A l'annonce de son décès, *Le Monde* résuma sa carrière de Garde des Sceaux de Vichy. Il était, put-on y lire, « demeuré à ce poste sans interruption jusqu'à la Libération d'août 1944, multipliant les consignes aux magistrats, les déclarations et les mesures pour renforcer sans cesse la répression du "terrorisme", c'est-à-dire de la Résistance. C'est sous sa direction que furent successivement créées les "sections spéciales" chargées notamment de juger les "menées antinationales", puis les "cours martiales", dans lesquelles les magistrats refusèrent de siéger, qui condamnaient au terme d'une procédure expéditive tous ceux qui étaient accusés ou soupçonnés d'appartenir à la Résistance. Renforçant à plusieurs reprises les pouvoirs de ces juridictions, notamment en mai 1944, au point qu'elles pouvaient finalement se prononcer presque sans instruction et hors la présence des inculpés, il prenait ainsi la responsabilité de milliers de condamnations, voire d'exécutions. En août 1944, Maurice Gabolde gagnait l'Allemagne à la suite du maréchal Pétain... ». Oui jusqu'à Sigmaringen, avant de se réfugier en Espagne franquiste.

Une magistrature « à genoux »

De la stricte et concise nécrologie du *Monde*, retenons surtout sept mots : « sous sa direction (...) créées les "sections spéciales" »... Après la Libération, le 9 mars 1945, André Boissarie, Procureur général près la cour d'appel de Paris, adressait au ministre de la Justice de l'époque, l'ancien résistant François de Menthon, un « compte rendu général de l'activité de la Section spéciale de son ressort et de l'attitude des magistrats ayant requis devant elle ». A la lecture de ce rapport, on apprend que la « Section spéciale » parisienne a « jugé 1 513 inculpés » et qu'y « ont été prononcées : 3 peines de mort, 11 peines de travaux forcés à perpétuité, dont 3 par contumace ; 183 peines de travaux forcés à temps, dont une par contumace ; 1 040 peines de prison sans sursis, dont 22 par défaut ; 213 relaxes ; 63 mineurs ont été acquittés comme ayant agi sans discernement ». Dans le même document, après ce bilan, le Procureur général Boissarie examine, cas par cas, l'activité de chacun de ses treize collègues ayant requis auprès de la juridiction incriminée. Puis il ajoute : « Après avoir détaillé l'activité de chacun des magistrats ayant siégé à la Section spéciale, il m'apparaît indispensable de l'examiner au regard des griefs d'ordre général qui leur ont été adressés. Ces griefs peuvent s'analyser en deux éléments essentiels : primo, les magistrats ont, pour le moins, fait preuve d'un déplorable esprit d'opportunisme en acceptant de siéger à la Section spéciale, sacrifiant ainsi à leur avancement dans la carrière leur devoir patriotique de résistance à l'ennemi ; secundo, les peines qui ont été prononcées par la Section spéciale ont constitué autant d'indications pour l'ennemi qui traitait les condamnés en otages et les exécutait comme tels. » Enfin, pour terminer, l'auteur du compte rendu examine les circonstances atténuantes qui peuvent, à son avis, être retenues. Une phrase de cet assez long examen le résume bien : « Il apparaît, en définitive, que ces efforts, sans gloire mais non sans détermination, de freinage continu et de sabotage larvé ne furent pas dépourvus de quelque efficacité. » Futur Garde des Sceaux, alors ministre de l'Information, Pierre-Henri Teitgen, devait déclarer, à la même époque, dans les mois qui suivirent la Libération ces mots promis à la célébrité : « Tout a été enseveli dans la fosse commune de nos déshonneurs nationaux... » Il disait cela à propos des journalistes « collabos ». N'eût-ce pas été encore plus vrai des magistrats ? On peut évidemment se poser la question compte tenu des conséquences qu'eurent les décisions qu'ils prenaient. Et aussi (et surtout ?) de l'apparente légitimation qu'ils apportaient par le seul maintien de leur présence. Légitimation au-dessus d'eux : celle de l'« Etat français » au nom duquel ils prononçaient leurs arrêts. Légitimation au-dessous d'eux des gendarmes, policiers, surveillants de prisons, etc. dont leurs commissions rogatoires et autres mandats d'arrêt, de dépôt, etc. semblaient justifier l'action quotidienne... Lorsque, presque cinquante ans après la Libération, en décembre 1993, s'est enfin tenu un colloque sur le sujet, très officiellement puisque à l'ENM (Ecole nationale de la magistrature de Bordeaux), sous quel titre *Le Monde* du 31 en a-t-il rendu compte ? Un titre en forme de constat : *Les juges sous Vichy : selon un récent colloque, les magistrats, dans leur majorité, ont accepté la légalité du régime de Pétain sans se soucier de sa légitimité...* On sait que le corps de la magistrature comprend deux catégories de membres : ceux du siège (magistrature assise) et ceux du Parquet (magistrature debout), selon le membre du CNR Claude Bourdet, le régime de Vichy en avait créé une troisième. « La magistrature, disait Bourdet, était, dans l'ensemble, non plus "debout" ou "assise", mais à genoux... »

Nous insistons donc sur les magistrats dans la mesure où, même si souvent les tortionnaires qui pratiquent une « justice » expéditive au nom du « maintien de l'ordre » n'ont pas besoin, pour ce faire, de leurs services, ils n'en restent pas moins la clef de voûte de l'appareil répressif du régime de Vichy. Traditionnellement, pour les fonctionnaires de police, la tutelle de la magistrature est ressentie comme une garantie, une garantie de légalité — et de tranquillité. Si les magistrats résistants n'avaient pas été qu'une poignée, il est sûr que les policiers résistants eussent été plus nombreux qu'ils ne furent. Les gardiens de prison également. Quelques illusions et beaucoup d'alibis eussent été détruits. Mais tel ne fut pas le cas, et l'alignement de la magistrature contribua largement à ce que Pétain, Laval et leurs maîtres occupants puissent disposer de services de Police et d'une Administration pénitentiaire en parfait état de marche. Ils les utilisèrent au maximum et s'employèrent à les développer. Avec raison, Yves Durand souligne même que « la lutte contre la Résistance aux côtés des Allemands » devint vite l'essentiel de l'« action vichyssoise ». Et il ajoute : « Le régime était, sous Darnand, tombé en l'état de Vichy policier. Certes, c'était là un rôle qui n'avait cessé de croître depuis 1940. Au cours des années 1942-1943, en particulier, avaient été créées des forces répressives nouvelles, brigades régionales d'intervention spécialement destinées à la lutte contre la Résistance, "Groupes mobiles de réserve" (GMR) également répartis dans les régions. A la fin 1943 avaient été établis des "plans régionaux de maintien de l'ordre", pour faire face à des soulèvements éventuels. » Même s'il peut lui arriver d'aboyer à contretemps, l'appareil répressif de l'Etat français est donc pour les maîtres-chiens nazis un animal parfaitement docile, très utile et fort rentable. Le 6 mars 1942, avant de condamner à mort sept jeunes résistants communistes, Tony Bloncourt, Fernand Zalnikov et leurs camarades, la Cour martiale allemande de Paris se félicite « de l'excellente collaboration fournie par la police française »... Non seulement excellente, mais décisive. « Toute la police allemande en France occupée n'a pas compté plus de 2 000 à 2 400 hommes et femmes, y compris chauffeurs et téléphonistes. Si la police française ne nous avait pas aidés, jamais nous autres, à 2 000-2 500, n'aurions pu faire quoi que ce soit... » Celui qui dit cela sait de quoi il parle puisqu'il s'agit de l'ancien SS-Standartenführer Helmut Knochen, qui fut l'adjoint de Karl Oberg à la tête de l'appareil répressif nazi durant l'Occupation. Tenu à Lucien Steinberg à la fin des années 1970 et reproduit dans son livre *Les Allemands en France*, ce propos de Knochen justifie en quelque sorte arithmétiquement tout ce qu'on a pu écrire sur la police de Pétain et qui fait dire à Marc Olivier Baruch, dans sa thèse déjà citée, que « la collaboration policière hiérarchisée et efficace » est « aujourd'hui regardée comme le symbole même des errements du pouvoir vichyssois ». Baruch qui écrit aussi que « c'est en matière de police que les engrenages se mirent en œuvre de la manière à la fois plus efficace et la plus significative ». Et le même auteur a bien sûr raison d'ajouter que « page la plus noire de leur histoire sous l'Occupation, c'est la participation des forces françaises de maintien de l'ordre aux rafles de l'été 1942 qui vient immédiatement à l'esprit lorsqu'on évoque la collaboration policière » ; mais il y a plus...

« Comment oublier l'attitude de ce flic... »

Il y a plus car, dans la piétaille policière elle-même, chez beaucoup des non-gradés, le mal fut plus profond que la simple obéissance aux ordres criminels. Cette profondeur du mal, Maurice Rajsfus (né en 1928) est un de ceux qui, dans son livre *Quand j'étais Juif*, la fait le mieux mesurer. « A partir de 1942, écrit-il, certains flics s'étaient spécialisés dans la chasse au faciès. Dans les rues "juives" de Paris, il fallait les voir vérifier soigneusement les papiers d'identité de ceux qui semblaient avoir le profil caractéristique et qui ne portaient pas l'étoile. Des centaines de personnes furent ainsi arrêtées et déportées. (...) Je n'oublierai jamais les regards de mépris que me jetaient les flics quand ils me croisaient alors que j'étais décoré de mon étoile jaune. Etre Juif correspondait à un véritable délit et les policiers ont toujours été vigilants vis-à-vis des suspects. (...) Comment oublier l'attitude de ce flic qui, en 1943, alors que les Juifs ne pouvaient voyager que dans le wagon de queue du métro, m'intima brusquement l'ordre de déguerpir alors que je me trouvais dans l'avant-dernière voiture où j'étais monté par inadvertance ? L'homme en uniforme avait terminé son service (...). A peine eut-il remarqué mon étoile jaune que son sens du devoir lui rappela qu'un policier en uniforme est toujours en service et le ton qu'il employa pour me dire : "Descends, ce n'est pas ton wagon !", n'avait rien de particulièrcment convivial. »... Toujours est-il que, même si Paris n'est pas toute la France et même si l'épuration de la police fut une de celles que nombre d'anciens résistants estimèrent très incomplètes, à titre indicatif, on peut noter que, pour la seule Préfecture de Police de Paris, à la fin de 1944, des poursuites étaient engagées contre cinq directeurs, vingt-six commissaires divisionnaires, sept officiers de paix, trente-trois inspecteurs, trente-quatre inspecteurs adjoints, soixante brigadiers, cent vingt-sept gardiens de la paix et quatre cents employés divers... Certes, beaucoup de ces poursuites furent rapidement interrompues ; mais les chiffres donnent une idée de l'ampleur du mal. Un mal d'autant plus pernicieux que, réorganisée puis dirigée par des hommes tels que le ministre de l'Intérieur Pierre Pucheu, le secrétaire général René Bousquet, les directeurs généraux Henri Cado et André Parmentier, le Préfet de police Amédée Bussière, etc., la police pétainiste a pour fers de lance des organismes spécialisés contre les communistes, les Juifs, les francs-maçons, les autres résistants... Contre les communistes agissent plus spécialement les deux « Brigades spéciales » de la Préfecture de Police (BS 1 et BS 2), dirigées par le directeur Lucien Rottée, le commissaire Fernand David et le commissaire Jean Hénocque, ainsi que le Service de police anticommuniste (SPAC) de Charles Detmar et Jurquet de la Salle, d'abord installé à Vichy puis établi à Paris, en 1943, au 69 rue de Monceau, sous le nouveau nom de « Service de répression des menées antinationales » (SRMA) ; contre les Juifs, les 3e et 5e sections des « Renseignements généraux » (RG) de la Préfecture de Police ainsi que la « Police aux questions juives » (PQJ) devenue plus tard la « Section d'enquête et de contrôle » (SEC) ; contre les francs-maçons, le « Service des sociétés secrètes » (SSS) ; contre les résistants en général, les « Sections des affaires politiques » (SAP), telles que celles des commissaires Poinsot à Bordeaux et Nazaret à Rouen... Nous reviendrons sur certains de ces organismes dans la mesure où leur spécificité illustre bien la « policisation » de l'« Etat français », mais il ne faut pas oublier que très vite, dans les opérations dites « de maintien de l'ordre », ils se mêlent étroitement aux forces « traditionnelles ». La fragilité croissante du régime de Vichy, la peur et l'exaspération qui s'ensuivent parmi les adeptes de la politique de Collaboration et, corollairement, l'audace croissante des résistants qui développent la lutte armée amènent le pouvoir pétainiste à jeter toutes ses forces dans la bataille qu'il mène contre finalement la nation qu'il prétend représenter. Ainsi voit-on de plus en plus les GMR, les gendarmes et même les restes de l'armée dite « de l'armistice » engagés aux côtés de la « Police nationale », de la « Milice française », de gens du SPAC et même du SSS, sur le terrain, dans la lutte contre les clandestins des villes et surtout les maquisards. L'exemple du Limousin est caractéristique où, en avril 1944 est constitué un « Groupe des forces de Limoges » (GFL) au sein duquel sont amalgamés des gardes mobiles, des GMR, des gendarmes et des « francs-gardes » miliciens. Dans de telles conditions, Georges Guingouin n'hésite pas à qualifier les membres des Groupes mobiles de réserve de « volontaires attirés par la solde » et de « mercenaires » se montrant « pleins de zèle ». Aussi bien, malgré un certain nombre de ralliements tardifs, les responsabilités alors prises par les GMR sont-elles généralement admises ; en revanche, l'attitude de la gendarmerie est beaucoup plus diversement appréciée... Bien que, par ailleurs, sévères pour Vichy, Jacques Cathelin et Gabrielle Gray se montrent, par exemple, très indulgents pour « la Gendarmerie nationale qui a, à sa tête alors, comme directeur général, le général Martin ». A leurs yeux, « les témoignages fournis par celui-ci à la Libération prouvent que ce corps militaire aux traditions nationales et républicaines éprouvées a, tout en restant le plus longtemps possible fidèle au mythe maréchaliste, évité au maximum de collaborer avec la police allemande et ses auxiliaires français. Quand elle y était contrainte, elle évitait le pire en prévenant les victimes et en sabotant les opérations : seuls quelques rares officiers et sous-officiers ont été convertis au mythe de la Collaboration ». Telle ne fut pas l'opinion de beaucoup de résistants car, comme le rappelle Claude Lévy dans *Les Parias de la Résistance*, « si les Allemands fusillèrent, des pelotons de gendarmes français, des GMR fusillèrent eux aussi les résistants ». Ainsi lorsque, le 3 novembre 1944, se tint au Palais de la Mutualité, à Paris, une réunion des « responsables de tous les échelons du FN-Police », Clément Roycourt, alias Rivière, secrétaire national de cette branche du « Front national » (FN) d'alors, pouvait-il y déclarer : « En ce qui concerne l'épuration, il faut arriver à frapper les "têtes". Nous avons l'exemple des Finances et de la gendarmerie où rien n'a été fait. Les gendarmes du maquis, revenus à leur service, sont encore commandés par les officiers qui les traquaient pendant l'Occupation... ».

« Les pluches » pour le général

Quant aux restes de l'Armée de l'armistice — il serait plus juste de dire les séquelles car cette « armée » avait été entièrement dissoute à la fin de 1942 — trop oubliés, ils méritent qu'on s'y arrête un instant.

Dans un témoignage à la Fondation Hoover, le lieutenant-colonel Louis Langlade, devenu en avril 1943 très proche collaborateur de Laval comme « chef du bureau militaire du Chef du Gouvernement », a raconté comment le « 1er Régiment de France » dépendait directement de ce dernier, lequel lui avait dit : « Il faudrait un régiment par département... ». En fait, la « Force armée gouvernementale », née de la « loi no 413 » parue au *Journal Officiel de l'Etat français* le 28 juillet 1943, ne comprenait que ce seul et unique régiment composé de 82 officiers et 2 657 hommes... Et cette unité aurait plutôt mérité d'être appelée le « régiment anti-maquis ». Pourquoi ? Robert Vollet, qui eut à le combattre, nous l'a expliqué. « C'était, nous a-t-il dit, un régiment qui était censé préserver, sous Vichy, les soi-disant traditions de l'armée française. Tout en étant théoriquement indépendant d'elles, il s'ajoutait aux forces dites "de l'ordre" sous la forme d'un fort régiment du type classique français. Il était commandé par un général de division, le général Berlon. Son PC était installé au Blanc, dans l'Indre, et son implantation couvrait plusieurs départements... Dans la pratique, ce "1er Régiment de France" a eu une attitude plus que contestable à l'égard de la Résistance et n'a pas hésité à participer au "maintien de l'ordre" dans sa forme la plus brutale et la plus militaire. Par exemple, les hommes de Berlon ont tué certains de nos camarades qui transportaient des armes aux lisières de la Creuse, une vingtaine de maquisards qu'ils avaient interceptés dans la région de Belâbre, au début de 1944... C'était une unité qui portait l'uniforme classique de l'armée régulière de 1939, l'uniforme kaki. Elle avait une forte base de militaires de carrière : tous les officiers et sous-officiers, évidemment, mais aussi des soldats de métier. Elle comprenait des recrues qui avaient vu là le moyen de se soustraire à des obligations plus désagréables — je le dis sans pour autant justifier leur choix. C'étaient des jeunes qui n'étaient pas partis en Allemagne, qui n'avaient pas voulu rejoindre la Résistance et qui avaient estimé qu'ils seraient plus tranquilles dans le "1er Régiment de France"... Berlon et ses hommes ont terminé leur carrière, fin juillet, début août 1944, dans des conditions dont j'ai été le témoin. S'étant avancé considérablement à l'intérieur de mon dispositif militaire maquisard, le général en personne est tombé dans une embuscade et il a été fait prisonnier sans avoir d'ailleurs tiré aucun coup de feu. Ce sont le capitaine Gouillard et le lieutenant Leroy qui l'ont capturé. Tous deux ont été tués par la suite dans les opérations qui ont amené, en septembre, la capture de la "colonne Elster", dans la région d'Issoudun. Ces officiers se sont donc trouvés en présence de quelqu'un qui portait l'uniforme de l'armée française et qui, arguant de son grade, a demandé à être conduit auprès d'une autorité supérieure. L'autorité supérieure, c'était moi... Quand le sieur Berlon s'est présenté et qu'il a excipé de son grade, je l'ai avisé que je ne reconnaissais pas le "1er Régiment de France" comme une unité régulière de l'armée française, que je ne reconnaissais pas les étoiles qui lui avaient été attribuées par Vichy et que je le considérais comme un prisonnier. Je lui ai enlevé les insignes de son grade et je l'ai envoyé "faire les pluches", ce qui me paraissait excellent pour un général. Il a obtempéré sans discussion et n'a même pas tenté de s'évader. A la Libération, il a été remis aux mains des autorités régulières et son dossier a été instruit. Il a comparu, plus tard, devant la Cour de Justice de Bourges où il a été condamné à cinq ans d'indignité nationale. Je ne sais pas ce qu'il est devenu... Avec lui, nous avions capturé le commandant Aublet qui commandait l'un des bataillons du régiment. Lui aussi a été déféré ultérieurement devant la Cour de Justice et a subi une sanction dont je ne me rappelle plus exactement l'importance. Nous avons eu la même conduite à l'égard des sous-officiers et soldats pris le même jour... Oui, mais il faut dire que, quand il s'agissait de gens qui avaient tiré sur nous, les prisonniers étaient rares. Il est certain que si le général Berlon était tombé entre nos mains à la fin du mois de mai ou dans les jours qui suivirent le débarquement, lorsque nous n'avions pas la possibilité de garder de prisonniers, la question se serait posée autrement. A cette époque, en effet, la sanction était soit la libération de l'intéressé avec les risques de dénonciation que cela comportait, soit la mort. Je cite cet exemple car personnellement j'ai toujours considéré Berlon comme un type détestable et dont l'attitude était contraire à l'intérêt français. Mais, comme on l'a capturé à une époque où j'avais les moyens de contrôler une zone relativement importante et d'assurer la garde d'un camp de prisonniers, je l'ai fait prisonnier. »

Enfin, indispensable complément de la magistrature et des forces de répression : l'Administration pénitentiaire. Elle continua de recevoir, d'incarcérer, de surveiller et, à l'occasion, de martyriser, les hommes que juges et policiers lui envoyaient. Ses dirigeants et ses cadres s'inquiétèrent-ils du changement survenu dans la masse de la population pénale ? Individuellement, oui, quelquefois. Mais rarement. La plupart continuèrent de « faire leur métier », d'être de « bons fonctionnaires », fidèles à leur « devoir », même si ce devoir était, le plus souvent, d'entretenir une réserve de gibier pour les pelotons d'exécution des hallalis nazis. Nous aurons l'occasion de rencontrer des surveillants et des gradés qui firent exception, par exemple en favorisant des évasions. N'oublions pas, toutefois, que la masse de leurs collègues ne leur ressembla pas et qu'elle fut plutôt conforme au bref portrait qu'en a tracé Pierre Guillain de Bénouville dans *Le Sacrifice du matin*. « Nous sommes en 1941, écrit-il, partout déjà la misère sévit, les enfants meurent de faim, mais sachez que dans cette époque sinistre, seule la race des gardiens de prison est bien nourrie ; ils perçoivent en effet de l'intendance militaire les rations de leurs détenus ; comme ils se contentent de leur donner pour toute nourriture des soupes de rutabagas et des quignons de pain rassis, ce sont eux qui mangent la viande, le sucre et le beurre... ».

L'arrestation de Manouchian

Si, dans la chasse aux Juifs et aux résistants, le mélange des organismes « spécifiques » et de branches traditionnelles de l'Administration se fit si naturellement, ce fut aussi parce que « spécificité » et « normalité administrative » se mêlaient déjà à l'intérieur même de certains secteurs de l'appareil répressif pétainiste. Ainsi les fameuses Brigades spéciales (BS) déjà mentionnées, tout à la fois l'un des fers de lance du vichysme policier et un héritage partiel de la IIIe République. On sait qu'à leur palmarès figure notamment le martyrologe de *L'affiche rouge* que le poème d'Aragon, devenu chanson de Léo Ferré, a popularisé. Souvenez-vous...

L'affiche qui semblait une tache de sang
....
Ils étaient vingt et trois quand les fusils fleurirent
Vingt et trois qui donnaient leur cœur avant le temps
Vingt et trois étrangers et nos frères pourtant
Vingt et trois amoureux de vivre à en mourir
Vingt et trois qui criaient la France en s'abattant.

Le plus connu d'entre eux s'appelait Missak Manouchian. En 1938-1939, il était secrétaire à Paris de l'« Union populaire arménienne ». En 1943, il était devenu « responsable militaire des FTP-MOI parisiens ». Ce sont ces fonctions qu'il occupait lorsque le mardi 16 novembre 1943, vers 10 heures du matin, non loin de la gare d'Evry-Petit Bourg (aujourd'hui dans l'Essonne) l'arrêtèrent, après une fusillade, le commissaire Barrachin, l'inspecteur Chouffot et trois de leurs collègues. Ces cinq policiers faisaient partie de la BS2... On a beaucoup écrit sur Manouchian et ses camarades, surtout après la diffusion par *Antenne* 2, le 2 juillet 1985, du téléfilm de Mosco intitulé *Des « terroristes » à la retraite*, film qui accusait à tort la direction du PCF clandestin d'avoir été à l'origine de leur arrestation. Dans cette vague imprimée, l'ouvrage le plus précis est celui de Stéphane Courtois, Denis Peschanski et Adam Rayski qui a pour titre *Le Sang de l'étranger ; Les immigrés de la MOI dans la Résistance*. Au milieu de leur livre, ces trois auteurs posent par exemple la question de savoir s'il y avait, s'il pouvait y avoir des policiers résistants dans les BS. Le « climat général régnant dans les BS, répondent-ils, est un obstacle majeur à toute infiltration par la Résistance : il se trouvera tout juste une douzaine d'inspecteurs résistants dans les deux BS. Des procès-verbaux de filatures et des rapports passèrent entre leurs mains, par exemple dans celles de l'inspecteur Dubessay, qui était affecté au bureau administratif. Des arrestations furent évitées, mais leurs possibilités d'intervention étaient très limitées. » A la fin des années 1970, nous avons connu un ancien collègue et ami de l'inspecteur Dubessay : Georges Frétet. Et il a bien voulu nous accorder son témoignage.

« Je suis né le 17 décembre 1913 à Saint-Sulpice-le-Dunois, dans la Creuse, à une vingtaine de kilomètres de Guéret. Je suis le fils unique d'une veuve de guerre. Je n'ai pas connu mon père qui a été tué à la guerre en 1917. Ma mère était la septième ou huitième d'une famille de douze enfants et nous appartenions à un milieu très pauvre. Pendant mon enfance, j'ai connu la misère. Je crois donc que je ne pouvais pas faire autrement qu'aboutir aux idées que j'ai toujours eues. Le "Front populaire" m'a beaucoup marqué et quand, en 1937, je suis entré dans la police comme gardien de la paix, je me souviens que je ne me cachais pas pour lire *Ce Soir*... Après la guerre de 39, faite comme sergent aviateur, j'ai repris mon service à la Préfecture de police, à Paris. J'ai été affecté au commissariat de la Porte Saint-Martin. Avant la guerre, j'avais commencé de préparer le concours de secrétaire, mais l'ambiance qui régnait au début de l'Occupation m'a rapidement écœuré et j'ai momentanément abandonné l'idée de devenir secrétaire de commissariat. Cependant, en 1942, je me suis quand même présenté à un autre concours, celui d'inspecteur. C'était un concours beaucoup plus facile et je l'ai passé facilement puisque j'ai même été reçu premier. Je croyais que cette place de premier me permettrait, comme c'était la règle précédemment, de choisir mon affectation. Mais voilà qu'on nous a annoncé que toute notre promotion — une quarantaine d'inspecteurs — était versée d'autorité dans les "Brigades spéciales", les fameuses BS. J'ai en vain essayé d'échapper à cette affectation d'office et je me suis donc retrouvé membre des BS... Vous savez, l'origine des BS est, en fait, antérieure à l'Occupation. Elle remonte à l'époque des "décrets-lois" du gouvernement Daladier contre les communistes. Principalement sous l'impulsion du directeur général de la Police municipale, Emile Hennequin, on avait alors vu apparaître un noyau d'inspecteurs à la Brigade criminelle de la Police judiciaire ainsi que de petits groupes de gardiens de la paix en civil dans les principaux commissariats. Lorsque Pétain fut au pouvoir, l'organisation se développa et se structura. Le directeur des Renseignements généraux, Lucien Rottée, secondé par les commissaires Fernand David et Jean Hénocque, prit l'affaire en main. Ainsi naquirent les deux "Brigades spéciales" proprement dites : la "BS1" et la "BS2". La "BS1" s'occupait plus spécialement de la recherche du renseignement et la "BS2", dans laquelle je fus versé, se chargeait de son exploitation. Toutes les deux travaillaient sous le contrôle direct du Sicherheitsdienst (SD), le service de sécurité nazi. Pour les fonctionnaires qui faisaient preuve d'un zèle anticommuniste particulier et de la plus grande férocité dans les interrogatoires, les promotions y ont été les plus rapides, les plus fulgurantes qu'on ait jamais connues à la PP. Bientôt, le champ d'action des BS s'est étendu, au-delà des communistes, aux autres organisations de Résistance. Toutefois, l'hystérie — et aussi, hélas, l'efficacité — anticommuniste est restée le moteur essentiel des BS et je dois dire, parce que je l'ai constaté personnellement, que le traitement infligé aux gaullistes arrêtés par les Brigades spéciales n'était pas le même que celui auquel étaient soumis les communistes... Rottée avait été mon patron dans le Xe arrondissement, et je crois que, dans le passé, il avait connu mes idées. Aussi est-ce sans doute pour me mettre tout de suite "dans le bain" que dès mon arrivée à la "BS2", le deuxième ou le troisième jour, on m'a forcé à assister à l'interrogatoire d'un patriote arrêté. Il s'appelait Gras. Son nom m'est toujours resté. Pour essayer de lui faire avouer la destination d'une clef qu'on avait trouvée sur lui, on l'a frappé, frappé, torturé jusqu'à ce qu'il en meure. On a ensuite transporté son cadavre à l'Hôtel-Dieu... Oui, les BS, c'était ça, c'était cette violence permanente... »

« Demeurer malgré tout dans cet enfer... »

« Cela dit, il ne faut pas mettre dans le même sac tous les fonctionnaires qui y étaient affectés, estime néanmoins Frétet. S'il y avait environ un tiers de véritables nazis, de vrais salauds, il y avait aussi beaucoup d'attentistes, de gens qui se posaient des questions, d'anticommunistes qui n'admettaient pas la torture... Et puis il y en avait un certain nombre quand même qui, comme moi, n'avaient pas accepté leur affectation et qui partageaient mon écœurement devant les actes inqualifiables auxquels nous assistions. Ainsi, avec le deuxième et le troisième de ma promotion, Dubessay et Perrault, nous nous sommes, peu à peu, découvert des affinités. Nous avons sympathisé et nous nous sommes dit que puisque nous étions là il fallait tâcher de nous rendre utiles... Bientôt, un quatrième s'est joint à notre trio. Il s'appelait Alfred Angelo. Avec lui, nous avons créé ce qu'on pourrait appeler un petit groupe d'autodéfense, à l'intérieur de la "BS2". Ce groupe a rapidement pu être efficace parce qu'Angelo avait un contact avec des membres d'une organisation gaulliste, le "réseau Marco Polo"... Oh, tout cela ne s'est pas fait sans difficulté. En effet, si le "réseau Marco Polo" avait un sens patriotique très net, il avait aussi certaines positions anticommunistes et il a fallu que je me gendarme pour qu'ils tiennent également compte des renseignements que nous leur transmettions et qui concernaient les communistes, renseignements qu'ils avaient d'abord tendance à jeter au panier. Heureusement, nos contacts se sont assez vite élargis, d'abord à une organisation qui s'appelait "Résistance", puis au mouvement "Libération-Nord" et enfin au "Front national" et aux FTP. Simultanément d'ailleurs, nos sources d'information se sont aussi considérablement élargies puisque nous avons réussi à ce que notre camarade Dubessay soit admis au secrétariat de la "BS2". Comme secrétaire, il avait à faire des procédures, à coordonner les renseignements provenant des filatures, et, grâce à lui, chaque jour, nous avions en main des listes de patriotes, de camarades identifiés, listes que nous nous empressions de communiquer immédiatement à nos "boîtes aux lettres"... Les renseignements que nous transmettions arrivaient-ils toujours à temps, étaient-ils bien compris et pris au sérieux ? Ça, c'est une autre affaire. Parfois, les situations étaient bien difficiles... Je me souviens, par exemple, de la seule arrestation que j'ai dû effectuer. Je faisais équipe avec Perrault, donc il n'y avait pas de problème. Nous sommes allés au Lilas et nous avons dit au gars que nous devions ramener : "Ecoute, si tu veux te tailler, tu fous le camp... Tu nous fous un coup sur la tête, nous ça ne nous dérange pas et on rentrera la queue basse en disant : ben oui, le gars nous a échappé !" Eh bien, le malheureux a carrément refusé en nous répondant : "Non, merci, parce que moi je n'ai rien à me reprocher et je vais pouvoir me justifier tout de suite...". Et nous n'avons rien pu faire d'autre pour lui... Ah, ça non, ça n'a pas toujours été facile... Il est certain que j'ai souffert de devoir assister, comme je l'ai fait, à tant de séances de tortures. Souvent, j'ai été tenté de partir. D'origine creusoise, je savais qu'il y avait des maquis en Creuse et je pouvais les rejoindre. Mais j'ai considéré qu'en faisant cela j'aurais fui mes responsabilités. Et je dois dire que certains contacts importants m'ont confirmé dans cette position... Par exemple, lorsqu'il a été arrêté, j'ai pu parler avec Pierre Georges, le futur "colonel Fabien". Je revois Fabien. Il avait les pieds et les mains enchaînés. Moi, j'étais de permanence. Je lui ai proposé d'essayer de le faire évader en partant avec lui. Il m'a répondu : "En supposant que nous réussissions à nous échapper, tu ne pourras plus revenir ici et nous n'aurons plus de camarade qui puisse faire le travail que tu fais actuellement à l'intérieur des BS... Nos organisations en souffriront...". Fabien n'a pas été le seul à me parler ainsi et je dois dire que de telles paroles m'ont renforcé dans la résolution de demeurer malgré tout dans cet enfer, d'y demeurer pour y être efficace... Depuis, dans des congrès d'anciens résistants, il m'est plusieurs fois arrivé d'entendre dire : "Moi, j'ai été sauvé grâce à un policier". Ça m'a fait plaisir. »

« Un Himmler parisien »

« Cet enfer » nous dit Georges Frétet... Telle est bien la réputation qu'avaient acquise « les BS ». Leur sigle était synonyme de chambre des tortures de la Préfecture de Police de Paris. Très révélateur est, à cet égard, le réquisitoire prononcé contre le commissaire Fernand David juste avant sa condamnation à mort du 14 avril 1945. La charge de requérir revenait à Raymond Lindon, futur avocat général près la Cour de cassation. Un magistrat au talent atypique et auteur en 1961 du *Livre de l'amateur de fromages*. Lindon, à propos de qui, dans son recueil de souvenirs *Quarante ans de journalisme*, la vedette de la chronique judiciaire que nous avons déjà rencontrée, Madeleine Jacob, peut écrire : « C'est un grand magistrat (...). Il nous a dit un jour comment il avait, dès la Libération, renoncé au barreau, dont il faisait partie avant la guerre, souhaitant désormais requérir contre la trahison, la dénonciation, les bourreaux, les crimes commis au cours de l'Occupation. » Or c'est cet homme de goût et de mesure, cet avocat devenu avocat général qui, au procès de Fernand David, va lancer aux jurés de la Cour de Justice : « Messieurs, c'est des camps de déportés comme des champs du repos éternel que des voix agonisantes ou mortes vous crient ou vous murmurent : rendez-nous justice ! Rendez justice aux fusillés, aux survivants ! Rendez justice au pays ! Frappez David ! Frappez David ! Frappez celui qui s'est condamné en torturant ses victimes, en livrant les patriotes et en trahissant par là deux fois son pays ! Frappez celui qu'on a nommé "David les mains rouges" mais qui, en infectant la police de l'esprit hitlérien et en servant sauvagement la cause des nazis, en faisant de la Brigade spéciale n° 1 une gestapo française et de lui-même un Himmler parisien, a mérité un surnom plus déshonorant encore : David la chemise brune ! ».

L'ancien chef de la BS1 fut fusillé à trente-sept ans, trois semaines après sa condamnation, en même temps que son patron Lucien Rottée, cinquante-deux ans, ex-directeur des RG (Renseignements généraux). Le troisième de ces maîtres tortionnaires, d'ailleurs neveu de Rottée, Jean Hénocque, d'un an le cadet de David, évita, quant à lui, tout châtiment. « Condamné à mort par contumace, devaient dire Jean-Marc Berlière et Denis Peschanski au colloque de février 1996 sur *Pouvoirs et polices au* XXe *siècle*, dans une intervention intitulée *Police et policiers parisiens face à la lutte armée (1941-1944)*, en mai 1945, pour son activité toute particulière dans la recherche des patriotes, l'emploi de sévices, les 1 599 arrestations attribuées à la BS2 (dont 216 fusillés), il a échappé à toutes les recherches. On a signalé sa présence en Belgique et au Congo sans que jamais la lumière soit faite sur son sort. » Le mercenariat des « guerres coloniales » et surtout les besoins de la « guerre froide » permirent à bien d'autres Hénocque de passer à travers les mailles du filet. Toutefois, pour la majorité des anciens des BS en particulier et des RG en général, ce fut le plus légalement du monde qu'ils, comme on dit, continuèrent leur métier. Dans son livre *Les RG sous l'Occupation*, Frédéric Couderc a intitulé un chapitre *Les sociétés passent, les polices demeurent*. Il y écrit notamment : « L'épuration ? Les fonctionnaires des Renseignements généraux avaient traversé l'entre-deux-guerres, obéi aux ordres du Front populaire et collaboré avec Vichy. Ils serviraient un gouvernement comprenant des ministres communistes. (...) Soixante pour cent des policiers des RG en place pendant l'Occupation servirent le gouvernement issu de la Libération. »

Quand on évoque, comme nous le faisons, les moyens étatiques français que la Collaboration mit à la disposition des occupants allemands, encore faut-il apporter une précision qui, même si elle ne modifie guère les responsabilités encourues par certains grands corps de l'Etat, vaut d'être considérée. Déjà, nous avons vu comment, en Italie et en Allemagne, le fascisme avait provoqué une osmose entre ses organisations politiques proprement dites et l'appareil d'Etat. Répétons que le régime de Vichy connut lui aussi cette osmose. Un des dirigeants des policiers résistants, Michel Hacq, qui devait ultérieurement devenir directeur de la Police judiciaire de la Sûreté nationale, a insisté sur le phénomène en nous disant : « Un certain nombre des services nouveaux créés à l'époque l'ont été avec des gens qui n'étaient pas de la police. C'étaient des gens qu'on prenait dans les partis collaborationnistes... »

Bucard, Doriot, Déat, Deloncle et Costantini

Même si nous avons déjà plusieurs fois rencontré plusieurs d'entre eux et si nous nous souvenons d'avoir vu, au début de ce chapitre, le truand tortionnaire Masuy se vanter d'avoir acheté Doriot pour trois millions et Bucard pour deux, encore faut-il ici dire clairement ce qu'il convient d'entendre par « les partis collaborationnistes »... Dans son *Histoire de l'Epuration*, Robert Aron raconte comment « les nouveaux préfets nommés à la Libération pour remplacer ceux de Vichy, durent, dans leur département, faire l'inventaire des mouvements antinationaux, dont les membres tombaient sous le coup de l'ordonnance (du CFLN) du 6 juillet 1943 prévoyant leur épuration. Ce fut un travail énorme, non que les adhérents de ces mouvements fussent nombreux : lorsque l'un d'eux atteignait un effectif départemental de cinq cents, c'était presque un maximum. Encore beaucoup de noms figuraient-ils simultanément, pour faire nombre, dans les différents groupements. Ce qui compliquait le travail n'était donc pas la quantité des adhérents, mais bien celle des mouvements eux-mêmes. On en retrouvera au moins vingt... » Pour ne pas nous perdre dans une énumération baroque, aussi pittoresque que fastidieuse, suivons Michèle Cotta qui, dans *La Collaboration, 1940-1944*, déjà cité, en sélectionne cinq, qu'elle considère comme les plus importants. Aucun des cinq n'apparaît être le fruit d'une génération spontanée puisque tous sont issus de l'agitation fasciste d'avant la guerre. Deux seulement, toutefois, ont gardé le titre et le type d'organisation qu'ils avaient dans les années 1930 ; tandis que les trois autres sont issus de mutations diverses. Le plus ancien est le Parti franciste qui a été fondé par celui qui restera son chef, Marcel Bucard, le 29 septembre 1933. Financés, dès leurs débuts, par les fonds secrets de Mussolini, Bucard et ses « chemises bleues » revendiqueront toujours cette antériorité ainsi que le fait de s'être, eux-mêmes, d'emblée et ouvertement, présentés comme des « fascistes ». Un ancien adepte de la Collaboration, Henri Landemer, écrira plus tard que « son fanatisme en faisait un mouvement quasi religieux où le culte du chef prenait des proportions jusque-là totalement inconnues en France ». Autre vétéran relatif, le plus important et le plus connu des groupements fascistes français, c'est-à-dire le Parti populaire français (PPF), que l'ancien dirigeant communiste et maire de Saint-Denis, Jacques Doriot, a créé en juin 1936. Outre le culte du chef — avec « pétainiste », « doriotiste » sera pratiquement le seul adjectif forgé à partir d'un nom propre que la Collaboration léguera à notre patrimoine linguistique — le PPF a le goût des vedettes et l'on voit passer dans ses rangs à diverses époques des personnalités connues telles que Paul Marion, Bertrand de Jouvenel, Pierre Célor, Pierre Drieu la Rochelle, Pierre Pucheu ou Alfred Fabre-Luce, tandis que s'approchent de lui des sympathisants tels que Abel Hermant, Alphonse de Châteaubriant, Louis-Ferdinand Céline, Dominique Sordet, Alexis Carrel, Abel Bonnard ou Robert Brasillach. Les principaux lieutenants de Doriot sont Victor Barthélémy, Pierre Thurotte, Marcel Marschall, Jean Fossati, Simon Sabiani, Albert Beugras, etc. De même qu'un certain nombre d'exclus du Parti communiste français ont suivi « le grand Jacques » au PPF, de même, un certain nombre d'anciens socialistes SFIO, déjà liés à lui à l'époque des « néos », sont autour de Marcel Déat lorsque, en février 1941, il fonde le Rassemblement national populaire (RNP). Politicien et polémiste déjà connu, Déat bénéficie du renom de son quotidien, *L'Œuvre*. Il écrit beaucoup et une autre grande partie de son activité est consacrée à disputer les faveurs des Allemands à son rival direct, Doriot, qu'il poursuit d'une solide aversion. A la direction du mouvement, on trouve, autour de Déat, Georges Albertini, promis à un grand avenir d'éminence grise (antirouge) sous les IVe et Ve Républiques, Georges Dumoulin, un ancien dirigeant de la CGT, Henri Barbé, l'ex-communiste, après son départ du PPF, Jean Goy, ancien président de l'UNC, etc. Durant le printemps et l'été de 1941, le RNP a compté dans ses rangs Eugène Deloncle et ses amis. Ils en sortent comme ils y sont entrés, avec armes et bagages, en l'occurrence leur parti à eux : le Mouvement social révolutionnaire (MSR). C'est à la fin de 1940 que des tracts et des affiches avaient fait découvrir aux Parisiens le calembour politique dont nous avons déjà fait état : « MSR... Ces initiales sont celles d'un grand mouvement dont la devise est : aime et sers ! ». En fait, derrière ce noble slogan, le noyau de l'organisation est composé par la majorité de ceux à la tête desquels, avant la guerre, Deloncle s'est acquis une certaine célébrité : les « cagoulards ». D'ailleurs, des conspirateurs et terroristes comme Jean Filliol, l'un des assassins des frères Rosselli, le futur chef du « 2e Service », de la Milice à Limoges qui, déjà, secondait Deloncle pour les plus basses besognes au « Comité secret d'action révolutionnaire » (CSAR) sont toujours à ses côtés à la tête du MSR en compagnie de Georges Soulès (le futur romancier occultiste Raymond Abellio), du journaliste et aventurier Jean Fontenoy, d'Henry Charbonneau dont *Les Mémoires de Porthos* et *Le Roman noir de la droite française* seront des best-sellers de l'extrême droite à la fin des années 1960, etc. Enfin, cinquième et dernière par le nombre comme par l'influence, la « Ligue française d'entraide sociale et de collaboration européenne », plus connue sous le diminutif de « Ligue française ». Elle se double d'un « Mouvement social européen » et a été fondée au début de 1941 ; elle sera toujours dirigée par un officier de réserve qui, après la Libération, sera déclaré « malade mental », le commandant Pierre Costantini. Nous avons déjà fait allusion à ce que pouvaient être ses vitupérations dans son organe hebdomadaire *L'Appel* : ajoutons que sa « ligue » résultait pour une part d'un apport d'anciens membres du « Parti français national collectiviste » qui avait été créé dès septembre 1940 par Pierre François, dit Clémenti et qu'André Weil-Curiel dépeint comme « une bande d'apaches habillés d'une chemise de couleur ». Le premier coup d'éclat de Costantini avait été, en août 1940, de faire savoir par voie d'affiches placardées dans Paris qu'*à titre personnel* il « déclarait la guerre à l'Angleterre » *(sic)*.

Une base sociale ? Non, une base policière...

Même en s'en tenant aux cinq principaux, il faut se garder d'accorder une importance exagérée aux partis de la Collaboration. Ce ne furent jamais des mouvements de masse ni même des forces politiques autonomes. Si nous nous y intéressons, ce n'est pas comme à des courants d'idées, mais comme à un vivier où l'occupant a puisé des propagandistes, des indicateurs et des tortionnaires qu'il a utilisés contre la Résistance. Au mieux, donc, des nazis, au pire, des provocateurs à leur solde... Telle est bien d'ailleurs l'opinion de Jacques Delarue qui écrit à leur propos : « Abetz, pour remplir sa mission, dut, dès le début, s'appuyer sur les chefs des petits partis qui prônaient la Collaboration, les manœuvrer, leur donner aux yeux du public le plus d'importance possible, ce qui était facile puisqu'il disposait pratiquement de tous les moyens matériels d'information, ouvrait et fermait les portes de la radio à qui bon lui semblait, dispensait ou refusait papier, électricité et argent aux journaux, ou leur ôtait le moyen de paraître, régnait sur la censure, autorisait ou interdisait les réunions, etc. Aussi les liens les plus étroits et même les plus intimes, les plus personnels, se tressèrent-ils rapidement entre les chefs de la collaboration et Abetz ou ses principaux adjoints, Achenbach, Schleier, Schmidt, etc. On dînait ensemble, on sortait ensemble, on se recevait en privé, les dames se liaient d'amitié, tout ce petit monde vivait très confortablement en finissant presque par ignorer dans quelle affreuse misère l'ensemble des Français se trouvaient progressivement plongés. Les mêmes relations s'établirent également avec les principaux chefs de la Gestapo, Knochen et Boemelburg surtout... ».

Un « petit monde » ? Si l'on en doute, il suffit de regarder d'un peu plus près l'importance des effectifs... C'est encore Delarue qui remarque que « le RNP ne parvint jamais à grouper plus de 20 000 adhérents (8 000 à Paris et 12 000 en province) ». Et le nombre restreint de membres est encore plus sensible quand on passe au niveau départemental. Yves Durand et David Bohbot fournissent des chiffres pour le Loiret et l'Indre-et-Loire dans le n° 91 de la *Revue d'Histoire de la Deuxième Guerre mondiale* (juillet 1973). Et ce sont des chiffres précis concernant la période la plus faste. Toujours au RNP, dans le premier département, ils ont recensé 119 adhérents (102 hommes et 17 femmes) et dans le second, 258 (185 hommes et 73 femmes). Des études plus fragmentaires donnent des chiffres tout aussi significatifs. En Côte-d'Or, P. Gounand, correspondant local du Comité d'histoire de la Deuxième Guerre mondiale sous l'égide duquel toutes ces recherches ont été faites, cite les chiffres suivants : pour le parti français national collectiviste, 70 adhérents en octobre 1940 ; pour le PPF, la Ligue française et le RNP, en 1941-1942, respectivement 87, 128 et 117 membres. De même, Marcel Baudot avance les chiffres de 36 militants du PPF pour le département du Calvados et 12 militants du RNP pour la ville de Caen. P. Gounand est donc en droit de conclure que les partis de la Collaboration, au bout du compte, « n'ont touché qu'une minorité, dont l'activité protégée s'est amplifiée démesurément dans le désert politique de l'époque ». Et, bien que l'on manque de statistiques globales à ce sujet, ce que l'on sait de la composition sociale de ces organisations ne compense pas la maigreur de leurs effectifs. Le 8 février 1943, *Das Reich*, le journal de la SS, affirmait que le PPF avait été « après l'armistice, le lieu de rassemblement de tous les éléments dynamiques provenant notamment de la jeunesse et de la classe ouvrière ». Il est intéressant de comparer cette affirmation avec ce que note Jean Guéhenno dans son *Journal des années noires*, à propos du RNP, à la date du 24 février 1941. « Il y avait, écrit-il, salle Wagram, cinq à six mille personnes, pas un ouvrier. La grande masse était composée d'employés, de boutiquiers, de faux intellectuels, les mêmes gens qui formaient, il y a trois ans, les troupes du CSAR, du PSF, de la Cagoule. Quand leurs anciens chefs parurent à la tribune, ils applaudirent. Le mouvement n'est ni national, ni populaire, on en peut être dès maintenant assuré. L'espèce commune du petit bourgeois frénétique à manches de lustrine était la seule représentée... »

Il est vrai que, comme de Gaulle devait l'écrire, la Collaboration a « revêtu (...) non seulement le caractère de l'abaissement national mais encore celui de la persécution à l'encontre d'une foule de Français » et que, tout naturellement, à défaut d'une hypothétique base sociale, les partis de la Collaboration disposaient d'une évidente base policière... Un peu plus haut, nous avons fait allusion au financement des entreprises de Marcel Bucard par les fonds secrets mussoliniens. Max Gallo, preuves en main, en a démonté le mécanisme et dans son livre *Cinquième colonne, 1930-1940*, on voit celui qu'il appelle le « commendatore Amedeo Lanvoni », officier des services spéciaux occupant un poste de consul italien à Paris, « subventionner » les organisations fascistes françaises de l'avant-guerre et tout spécialement le PPF où son contact est « l'un des premiers lieutenants de Doriot » qui semble être Victor Arrighi, à moins que ce ne soit Alexandre Abremski. L'Occupation venue, les nazis vont plus loin. Agissant en maîtres sur le sol français, ils ne se contentent plus d'« aider » leurs sympathisants, ils les manipulent ouvertement et ils vont même, à l'occasion, jusqu'à créer des mouvements. Typique est à cet égard ce que Jacques Delarue dit de la naissance du MSR. En évoquant l'activité du prédécesseur d'Oberg à la tête de la police et des services secrets hitlériens en France, le SS-Brigadeführer Thomas, il écrit en effet : « Thomas reçut à Paris les représentants de partis prêts depuis toujours à collaborer avec les nazis. Parmi ceux-ci, un mouvement, le CSAR (Comité secret d'action révolutionnaire), groupement violemment antirépublicain et antisémite (...). Ses deux dirigeants, Deloncle et Filliol, ne tardèrent pas à être reçus très fréquemment par Thomas et devinrent en quelque sorte ses conseillers politiques. Ils créèrent alors un parti baptisé MSR... ». Cette manipulation totale fut d'autant plus aisée que, du côté français, les offres de service se multiplièrent.

L'agent 30018 de l'Abwehr III F

Citons un exemple... Déjà le nom de Sabiani est venu sous notre plume ; Sabiani au destin exemplaire dont, dans les *Biographies des principales personnalités françaises décédées au cours de l'année 1956* de Henri Temerson, la vie politique est ainsi résumée : « Elu député de Marseille les 29 avril 1928 et 1er mai 1932, il protège la pègre marseillaise et n'obtient le 3 mai 1936 que 6 323 voix contre 7 286 à M. François Billoux, proclamé élu. Membre du Parti populaire français depuis le 28 juin 1936, il fait parvenir, pendant la guerre civile espagnole, des armes aux partisans du général Franco. Pendant l'Occupation, il fait une active propagande en faveur de la Légion des Volontaires Français contre le bolchevisme. Son fils, M. François Sabiani, s'engage dans la LVF et trouve la mort sur le front russe. Condamné par contumace à la peine de mort, il se réfugie en Espagne sous le pseudonyme de Pedro Multedo. Il est décédé le 29 septembre 1956 dans une clinique de Barcelone. » On pourrait ajouter que son nom d'emprunt de Multedo, Sabiani le doit alors à un passeport délivré par les autorités argentines et que, le 2 octobre 1956, à 13 heures, le speaker de la radio-diffusion franquiste annonce son trépas en déclarant textuellement : « Pedro Multedo, qui est mort le 29 septembre à la clinique Notre-Dame de Lourdes à Barcelone, se nommait en réalité Simon Sabiani. C'était notre ami, notre camarade... » Mais restons-en au 6 octobre 1943, date à laquelle, en tant que « membre du Directoire » du PPF, il adresse, au nom de son parti, une lettre « à Monsieur Himmler, chef des SS et de la Police, ministre de l'Intérieur du Reich » où il écrit notamment : « Vous savez, monsieur le Ministre, que notre parti, le Parti Populaire Français, dont le chef est Jacques Doriot, est le parti le plus directement visé par les agents du capitalisme et du bolchévisme, mais qu'il est aussi le parti le mieux en état de lutter efficacement contre ces agents, de leur rendre coup pour coup si on lui en donne la possibilité et l'autorité nécessaire, et qu'il parviendra à recréer en France une atmosphère moins hostile aux troupes allemandes. » On comprend mieux, lisant cela, comment la Gestapo pouvait, selon l'expression de Delarue, « recruter des auxiliaires français choisis parmi les repris de justice et les membres de certains partis au premier rang desquels se plaça le PPF de Doriot ». Or le colonel Paillole confirme entièrement l'appréciation de Delarue, lui qui nous montre « les fanatiques de la trahison, PPF en tête » devenant « la suprême ressource des services spéciaux ennemis » travaillant sur notre pays. Et le dossier établi par l'ancien chef du contre-espionnage français à cet égard est terrible où l'on voit les doriotistes suivre « des stages dans deux centres d'entraînements radio à Paris, 11, rue Desbordes-Valmore et 77, rue de l'Assomption » aussi bien qu'en Allemagne même au camp de Berlin-Rangsdorf ; où on les voit parachutés comme saboteurs en Afrique du Nord et « traquant les patriotes » aux côtés du SD en France même... Des dirigeants sont nommés — Henri Queyrat, Caron, Fossati, etc. — mais la silhouette qui émerge le plus nettement de ce cloaque est celle d'Albert Beugras que nous avons déjà cité plusieurs fois, et dont on sait que, trente ans plus tard, sa fille, Marie Chaix, devait faire le héros d'une élégie « explicative » intitulée *Les lauriers du Lac de Constance*. Le portrait tracé par Paillole est évidemment fort différent puisque Beugras y est présenté sous son vrai jour : « le chef du SR du PPF », celui qui, « sous le couvert d'un bureau d'achat (...) a installé, 5, avenue Marceau, à Paris, une organisation clandestine qui se donne pour tâche de noyauter les forces PPF et leurs sympathisants pour les lancer dans la propagande, le sabotage et la recherche des renseignements ». Et que dire des chiffres précis que mentionne Pierre Péan dans *Vies et morts de Jean Moulin*... « Albert Beugras, écrit Péan, agent de l'Abwehr IIIF 30018, alias "Berger", alias "Albert", a reçu une subvention mensuelle versée par Kreutz, de 100 000, puis 150 000 francs de la fin 1941 à juillet 1944.

Grâce à un réseau de 130 agents, Beugras a concentré ses efforts sur la surveillance de la frontière suisse pour "déceler les agents communistes qui s'introduisaient de Suisse vers Lyon, centre de propagande, consignes et répartition de fonds de l'activité communiste". (...) Beugras explique que Doriot lui a parlé de ses relations étroites avec le colonel Reile, patron de l'Abwehr IIIF, et qu'ils ont défini ensemble la nature des liens que lui, Beugras, aurait avec l'adjoint de Reile, le comte Alexander von Kreutz. » Toutefois, s'il est « en tête », le PPF n'est pas le seul à fournir à l'occupant des espions... De nouveau cité par Paul Paillole dans *Services spéciaux (1935-1945)*, un autre exemple est celui de la « Ligue française » de Costantini. Le colonel l'évoque à propos de l'un des traîtres mis hors d'état de nuire en 1941 par ses « Travaux ruraux » (TR), un certain Bardon... « Bardon, écrit-il, est ingénieur de l'aéronautique et officier de réserve d'aviation. C'est un ami de Dieudonné Costes, héros en 1930 de la traversée en avion de l'Atlantique, de Paris à New York. Les sentiments pronazis de Costes nous ont incités à le faire surveiller. Nos postes parisiens ont signalé ses rapports avec Costantini, chef du groupe proallemand "La Ligue française" et l'un des recruteurs d'agents pour l'Abwehr. » Et Paillole ajoute : « Dieudonné Costes se rendra, en septembre 1942, en mission pour l'Abwehr aux USA »... Devenus ou étant au départ des organisations politiques allemandes de langue française, les partis de la Collaboration n'ont évidemment rien à refuser aux policiers nazis. Outre l'utilisation policière et politique que ceux-ci en font, cette approbation de tous les instants non seulement les flatte mais encore leur est utile dans leurs relations avec leurs supérieurs hiérarchiques et avec Berlin. Ils ne manquent jamais de la signaler dans leurs rapports en la présentant, le plus souvent, comme un signe du bon accueil que recevraient les décisions de l'occupant dans des secteurs importants de l'opinion publique française. Lorsque, par exemple, le port de l'étoile jaune est imposé aux Juifs par les nazis, le « Kommandeur der Sipo und des SD » de Bordeaux, le SS-Hauptsturmführer Luther, adresse, le 11 juin 1942, un rapport à ses chefs de Paris où il écrit : « Dans les cercles de différents groupes politiques, comme les PPF, RNP et MSR, on salue la mesure... »

« La Main bleue »

Imprégnation policière de plus en plus visible du système, « policisation » des structures — les expressions que nous employions plus haut n'avaient rien d'exagéré. Durée historiquement si brève et humainement si longue, ces quatre années font même assister à une sorte d'inflation policière dont on ne voit guère quel précédent on pourrait lui trouver dans l'histoire de notre pays si ce n'est, dans des circonstances différentes, trois quarts de siècle plus tôt, le temps de la chasse aux communards, le temps des « semaines sanglantes » où, se cachant dans Paris, le clandestin Jean-Baptiste Clément, l'auteur du *Temps des cerises*, écrit les vers d'une terrible chanson :

Les journaux de l'ex-préfecture,
Les flibustiers, les gens tarés,
Les parvenus par aventure,
Les complaisants, les décorés,
Gens de bourse et de coin de rues,
Amants de filles aux rebuts
Grouillent comme un tas de verrues
Sur les cadavres des vaincus.
....
On traque, on enchaîne, on fusille
Tout ce qu'on ramasse au hasard :
La mère à côté de sa fille,
L'enfant dans les bras du vieillard.
....
Demain les gens de la police
Refleuriront sur le trottoir,
Fiers de leurs états de service
Et le pistolet en sautoir.

Non point qu'il n'y ait déjà eu, dans le passé, des mouvements politiques noyautés et manipulés par les services de police, mais, en général, leurs dirigeants s'efforçaient fébrilement de dissimuler ce noyautage et cette manipulation qui, révélés au public, seraient apparus comme une tare irrémédiable. Au contraire, un Doriot, un Déat, un Bucard, non seulement se vantent et se flattent d'être des « flics » mais ils théorisent à ce sujet et, mieux encore, ils hypertrophient systématiquement leurs « services d'ordre » et en font des formations paramilitaires qu'ils ne manquent pas une occasion de faire défiler et parader dans les rues. Au printemps de 1943, les « Milices nationales populaires » apparaissent ainsi au sein du RNP; bientôt Bucard aura sa « Milice franciste » en plus de sa garde prétorienne appelée « la Main bleue », tandis que le PPF créera successivement des « Gardes françaises » et des « Forces d'action pour la justice sociale » (FAJS), etc. De la sorte, le stade suprême de la politique de Collaboration, son couronnement, va être la naissance de nouveaux organismes d'abord patronnés par l'« Etat français » puis intégrés à ses structures : deux bandes armées, l'une à vocation extérieure et l'autre à compétence intérieure, et trois services officiellement chargés de persécuter des catégories de citoyens. Le premier de ces organismes sera la « Légion des volontaires français contre le Bolchevisme » (LVF) ; le second sera la « Milice française », le plus souvent appelée tout simplement « la Milice » et les trois autres, les services persécuteurs, ce seront le « Commissariat général aux questions juives » (CGQJ) le « Service des sociétés secrètes » (SSS) antimaçonnique et le SPAC (Service de police anticommuniste) bientôt rebaptisé SRMAN (Service de répression des menées antinationales)... Détail révélateur : alors que le petit monde de la Collaboration est un microcosme déchiré par les luttes intestines et les règlements de comptes, la LVF et la Milice vont être les seuls endroits, les lieux privilégiés où se réalisera un semblant d'unité politique entre factions rivales et vedettes concurrentes, avec la bénédiction du chevrotant Maréchal et du maquignon Laval. Dès le 10 juillet 1941, Camille Fégy écrit, dans *La Gerbe*, que la LVF « se forme sous le signe de l'union des partis de la Révolution nationale qui paraissait si lointaine il y a quelques jours encore ».

Cela dit, n'exagérons rien... Lors de la fondation de la « Légion des volontaires français contre le Bolchevisme », la LVF, ses créateurs proclament qu'elle aura bientôt cent mille membres. Dans ses rapports à Berlin, Abetz modère la galéjade en réduisant ce chiffre à trente mille. C'est encore trop pour Berlin où les chefs de la Wehrmacht, estimant que les marionnettes parisiennes ne font pas forcément de bons soldats, demandent que le recrutement soit limité à quinze mille. En vérité, le chiffre réel des effectifs dépassera à peine le tiers. « Au prix d'une propagande incessante, raconte Jacques Delarue dans *Trafics et crimes sous l'Occupation*, usant de tous les artifices, (...), elle (la LVF) avait recruté en tout et pour tout 13 400 candidats à l'enrôlement. A Versailles, un très grand nombre avait été écarté, soit pour raison de santé (4 600) soit en raison d'antécédents judiciaires vraiment trop désastreux (3 000). Au total 5 800 candidats seulement étaient devenus légionnaires... ». Militairement, sur le front de l'Est, quand elle y montera, cette petite troupe deviendra le « 638e Régiment d'Infanterie de la 7e Division bavaroise du 8e Corps de la 6e Armée » — une goutte d'eau dans la mer et qui passera d'autant plus glorieusement inaperçue qu'elle ira de déboire en déboire, « tombant de Krupki en Krupka » comme on dit dans ses rangs, et ayant le moral au plus bas. « L'épidémie de suicides gagne de proche en proche, écrira plus tard Saint-Loup (en réalité Marc Augier), comme le typhus ; portée par les poux, le froid, la neige grise, les longues nuits, les boissons paysannes meurtrières, la faim, la fatigue, la peur... » Mais cette réalité, les tenants de la politique de Collaboration n'en ont cure. Pour eux, il va sans dire que les membres de la LVF et tout spécialement les officiers qui la dirigent et l'encadrent, les généraux Edgar Puaud, Lavigne-Delville, les colonels Roger Labonne, Ducrot, Amidieu du Clos, les commandants Lacroix, Simoni, Panne, Tramu, Cartaud, les capitaines Demessine, Poisson, etc., sans oublier le lieutenant Jacques Doriot, deviennent automatiquement des héros. Ce dernier en dispute d'ailleurs à Eugène Deloncle la paternité et l'amiral Darlan lui-même réclamera bientôt pour le gouvernement de Vichy sa part de gloire dans cette initiative. Un organisme de soutien, animé par l'écrivain

Paul Chack, le « Comité d'action antibolchévique », est créé qui, le 1er mars 1942, à la salle Wagram, à Paris, organise une luxueuse « exposition internationale » intitulée *Le Bolchévisme contre l'Europe*. Paul Marion offre son « haut patronage » ; Fernand de Brinon est « président » ; le diplomate allemand Rudolf Schleier entouré de ses collègues, Orlandini, pour l'Italie, Kaarlo Brusin, pour la Finlande, Charles Binder, pour la Hongrie, F. Rolland, pour l'Espagne, et Emile Pavelesco, pour la Roumanie, accordent leur soutien officiel ; l'amiral François Bard, préfet de Police, le préfet de la Seine Charles Magny et le président du Conseil municipal Charles Trochu représentent le gouvernement de Vichy ; enfin, parmi les parrains illustres, on remarque : le cardinal Alfred Baudrillart, les académiciens Abel Bonnard et Georges Claude, sans parler des écrivains et journalistes Alphonse de Châteaubriant, Octave Aubry, Georges Suarez, Horace de Carbuccia, Ramon Fernandez, etc. Le « grand druide » des autonomistes bretons, Taldir-Jaffrennou, se joint même à la fête. Car, c'est bien de la fête de la Collaboration qu'il s'agit...

Une « Légion... d'utilité publique »

Alors que dans tous les mouvements collabos, les cadres se bousculent pour remplir les bulletins d'engagement qui font d'eux des « légionnaires », la plupart du temps très théoriques, les « feuilles soumises » exultent à pleines colonnes : « Il n'y avait pas de Collaboration réelle sans fraternité d'armes franco-allemande, écrit *Au Pilori* du 10 juillet 1941. Cette fraternité est là dès à présent. Et lorsque nous lirons le communiqué de guerre, nous ne dirons plus : les troupes allemandes, nous dirons : nos troupes. » A Caen, *Le Bonhomme Normand* renchérit : « Le premier contingent de notre Légion de Volontaires contre le Bolchévisme a quitté Versailles pour le front de l'Est. La France sera ainsi représentée dans la bataille vitale engagée contre le péril communiste. Il était nécessaire qu'elle apportât sa contribution à la grande tâche commune. C'est aujourd'hui chose commencée. Puisse une Europe réconciliée, prospère et enfin pacifiée, se forger dans le brasier des ultimes combats ! » (12 septembre 1941). Et Brasillach, évidemment : « Ils sont vraiment partis comme partaient pour la première croisade ceux qu'enflammait la voix des frères prêcheurs et des guerriers illuminés par la foi. (...) Dans les mystérieuses balances du destin, ces soldats auront aidé, quoi qu'il advienne, à accroître au regard de Dieu le poids de la France. » (*Je Suis Partout* du 27 août 1943). Et la surenchère est étonnante ; l'Europe dont parlait *Le Bonhomme Normand* est vite jugée un cadre trop étroit pour une pareille épopée dont, selon Tony Guedel, dans *Je Suis Partout* du 21 mars 1942, ceux qui ne reviendront pas, « morts en chevaliers de la civilisation, (...) vivront dans la reconnaissance du monde. » Et quel monde ! Un « monde nouveau », bien sûr comme l'affirme Marc Augier (le futur Saint-Loup) dans *La Gerbe* du 6 novembre 1941 : « Volontaire sur le front de l'Est, ou animateur des Auberges de jeunesse, en 1941 comme en 1936, je reste le même homme, n'ayant qu'une seule ambition, qu'une seule volonté : celle d'ouvrir les portes du monde nouveau à mes camarades fidèles. » Les « portes du monde nouveau », mais aussi celles du Paradis, bien sûr. Là, c'était l'« aumonier général » qui devait fournir l'« ausweiss ». Car la LVF, pour « les temps d'une nouvelle croisade », comme dit le cardinal Alfred Baudrillart, recteur de l'Institut catholique de Paris, se voit très officiellement nantie d'un aumonier. Il s'agit du comte Jean Mayol de Luppé, engagé dans ses rangs à l'âge de soixante-sept ans et que, selon Jacques Delarue, « on considérait parfois comme le chef véritable de la Légion ». A côté de sa « Croix de fer de 2e classe », il arborait le « Grand collier de l'Ordre du Saint-Esprit » que, disait-il, Charles X avait lui-même remis à son père. Il avait refusé que, sur son uniforme allemand, fût cousu l'habituel écusson tricolore car, pour lui, les couleurs bleu-blanc-rouge étaient celles d'une République illégitime et non celles de la France. Avant d'entrer à la LVF, le « Monsignore » était devenu l'ami des maréchaux Lyautey et Pétain, du pape Pie XII, du président du Conseil Joseph Caillaux et, si l'on en croit André Brissaud, il « avait l'oreille de l'“ambassadeur” Otto Abetz »... L'apothéose du concert sera le texte de la « loi no 95 » promulguée, sous la signature de Pierre Laval, à Vichy, le 11 février 1943 et où on pourra lire : « Article premier. — L'association dite Légion des Volontaires français contre le Bolchevisme est reconnue d'utilité publique... » Une « utilité » qui sera ultérieurement contestée, notamment au Tribunal militaire international de Nuremberg lorsqu'y comparaîtront les « grands criminels de guerre » et que, le 4 février 1946, l'un des Procureurs généraux adjoints français, le futur ministre puis chef du gouvernement Edgar Faure, évoquera les « quelques misérables qui (...) se sont enrôlés dans une légion (...) pour combattre contre leur pays et contre l'humanité ».

« Quelques misérables » — à la Milice, ils furent une trentaine de mille... « Environ quinze mille Français des deux sexes, précise en effet Jacques Delperrié de Bayac dans son *Histoire de la Milice*, ont librement adhéré à l'une ou l'autre des organisations miliciennes (Milice proprement dite, Franc-Garde, Avant-Garde) ; autant s'y trouvèrent, de bon ou de mauvais gré, parce qu'ils appartenaient auparavant au SOL. » Eux aussi furent « reconnus d'utilité publique ». La « loi no 63 » promulguée sous la signature de Pierre Laval, à Vichy, le 30 janvier 1943, stipulait en effet : « Article premier. La Milice française, qui groupe des Français résolus à prendre une part active au redressement politique, social, économique, intellectuel et moral de la France, est reconnue d'utilité publique... » Nous avons déjà, dans les chapitres sur la mort, sur la torture, sur les maquis, commencé de dire de quelle affreuse façon les miliciens « prirent une part active au redressement » du peuple français. Encore convient-il d'apporter quelques précisions... En près de sept cents pages, dans un des livres les plus riches qui aient été écrits sur l'Occupation, *Histoire de la Milice, 1918-1945*, Jacques Delperrié de Bayac a brossé, en 1969, un terrible portrait de l'organisation créée et dirigée jusqu'à la fin par ce baroudeur au front bas qui s'appelait Joseph Darnand... Vingt-huit ans plus tard, sous le même titre, encore que dans une optique différente, Pierre Giolitto, en près de six cents pages, complète cette étude. Si son point de vue est un peu plus (un peu trop) indulgent, cela ne l'empêche pas, par exemple, d'intituler son huitième chapitre *La Milice torture, la Milice tue*, et de le commencer par l'intertitre *Un arsenal de supplices d'une terrifiante variété*... Un titre tout à fait conforme à la réalité. Ecoutons, par exemple, ce que dit un avocat de Clermont-Ferrand, Me Henri Rochat dans le film *Le Chagrin et la Pitié*. « J'ai assisté, raconte-t-il, à un procès de trois miliciens qui étaient accusés — et qui le reconnaissaient — d'avoir arrêté des jeunes maquisards, de les avoir énucléés, d'avoir mis dans leurs orbites des hannetons et d'avoir recousu les paupières. Lorsqu'on voit ça... ». Oui, lorsqu'on voit et entend ça, on comprend mieux pourquoi, comme le note Henry Rousso dans *La Collaboration*, « de tous les partis et mouvements de la Collaboration, la Milice est celui qui a laissé les plus sinistres souvenirs ». « Pestiférés de la Collaboration, écrit ainsi Pierre-Albert Lambert, dans *Miroir de l'Histoire*, déjà cité, mercenaires de la honte, ils font régner la terreur sur leur passage et laissent derrière eux un sillage sanglant... » En stigmatisant ainsi les miliciens, Lambert exagère-t-il ? Non point. D'ailleurs dans la *Revue d'Histoire de la Deuxième Guerre mondiale* (n° 91, juillet 1973), où elle examine le comportement de *La Milice française dans la Loire*, l'historienne Monique Luirard ne constate-t-elle pas qu'« elle frappait de crainte les autorités et la police, de terreur les populations qui, pour leur malheur, avaient affaire à elle... » ? Et il est intéressant de souligner que les vichystes notoires dont on aurait pu attendre qu'ils la défendissent, n'en font rien... Maurice Gabolde, par exemple, soupire sur « les indésirables qu'un recrutement hâtif et sans discernement avait introduits dans ses rangs » tandis que Henri Landemer se plaint qu'elle « évoque furieusement les excès sanglants des Oustachis croates ou des Gardes de fer roumains »... Il est vrai que le pire s'est retrouvé sous la houlette de Darnand. Le pire et au sens propre du terme, en conglomérat. En effet, comment s'est formée cette « Milice » ? D'abord, via le SOL (« service d'ordre » de la « Légion française des combattants », le seul mouvement de masse que Vichy ait jamais réussi à promouvoir et qui d'ailleurs se désagrégea assez vite), y étaient venus quelques milliers d'anciens combattants de

1914-1918 prisonniers de leur passé parce qu'ils n'avaient pu s'accomplir que dans la guerre, et quelques centaines de hobereaux décavés obsédés par la possibilité d'une nouvelle chouannerie ; arrivèrent aussi de plus jeunes, « fils à papa » qui, quelques années plus tôt, eussent trouvé dans les « Camelots du Roy » de Maurras la possibilité de se défouler en rossant la canaille mais auxquels désormais on offrait mieux et plus : le sang ; apprenant que, sous le signe du gamma (la lettre grecque qui servait d'insigne à la Milice), on pouvait « faire des coups » en toute impunité, s'approchèrent simultanément de simples petits voyous, des truands plus chevronnés et un certain nombre d'aventuriers, commerçants qui avaient accumulé les faillites, escrocs toujours entre deux combines, intellectuels ratés qui ruminaient depuis longtemps le désir de se venger sur les autres parce qu'ils n'avaient réussi à être qu'eux-mêmes ; enfin, en groupe ou individuellement, les membres les plus activistes des partis de la Collaboration rejoignirent ce caravansérail de la haine, du crime et de la provocation dont les « francs-gardes » s'habillaient moitié en soldat et moitié en policier.

« Ils sont capables de tout ! »

Avec la bénédiction de Monsieur le Maréchal, sous la présidence du président Laval, sous l'autorité du secrétaire général Joseph Darnand, le « chef », ceux qui les dirigèrent s'appelaient Francis Bout de l'An, Jean Bassompierre, Noël de Tissot, Max Knipping, Henry Charbonneau, François Gaucher, Jean Degans, Jacques Dugé de Bernonville, Joseph Lécussan, Jean de Vaugelas, Marcel Gombert, Henri de Bourmont, Jean-Baptiste Géromini, Paul Touvier, Pierre Cance, Raymond Clémoz, etc., autant de noms dont ce n'est pas forcer le ton que de dire qu'ils ont été longtemps inscrits en lettres sanglantes dans la mémoire des habitants de l'une ou l'autre des régions de France où combattirent les maquisards. Née en février 1943 en zone Sud et introduite en janvier 1944 en zone Nord, la Milice fut évidemment très chaleureusement accueillie par les feuilles soumises. « C'est l'heure de la Milice », affirmait, par exemple, Camille Fégy, dans *La Gerbe* du 11 avril 1943, tandis que Lucien Rebatet écrivait dans *Je Suis Partout* du 24 décembre de la même année : « Pour ma part, je suis convaincu que l'union des nationaux-socialistes français ne peut avoir qu'une forme et qu'un nom, la Milice... » ou que dans *Le Matin* du 24 mars 1944 on pouvait lire : « Tout comme les volontaires de l'an II, ils forgeront une nouvelle France ! » A l'opposé, les résistants ne s'y trompèrent pas qui les virent notamment à l'œuvre contre les maquis, et, dans leur *Histoire de la Résistance en France*, Henri Noguères et Marcel Degliame-Fouché résument assez bien leur impression lorsqu'ils écrivent : « En fait, les miliciens apparaîtront tout de suite comme étant les SS du régime de Vichy. » Opinion que ne désapprouvent d'ailleurs pas ceux qui sont ici pris pour point de référence, les SS eux-mêmes, puisque leur chef en France, Karl Oberg, pourra dire que la Milice était selon lui « un mouvement présentant des affinités profondes avec le mouvement SS ». Cette identification de la Milice et des SS, dans les deux camps, mérite d'autant plus d'être notée que, simultanément, Darnand, selon l'expression de son très proche lieutenant Bassompierre, considère qu'il s'est « donné corps et âme au Maréchal » et qu'un juriste aussi pondéré que Philippe Amaury voit dans l'organisation de Darnand « un achèvement du régime de Vichy ». Pour l'année 1944, ne parlera-t-on pas d'ailleurs souvent d'« Etat milicien » ? La politique de Collaboration atteint donc ici à son comble puisque le même organisme est à la fois et très harmonieusement la quintessence du pétainisme et la forme la plus achevée de « Hilfspolizei », selon le terme repris par Yves Durand, c'est-à-dire d'auxiliaire autochtone que les occupants ont toujours souhaité pouvoir adjoindre en permanence à leurs propres services de répression.

D'ailleurs, le 10 janvier 1944, à Vichy, Pierre Laval, donc le chef du gouvernement, signe un décret qui donne à Joseph Darnand, chef de la Milice, l'autorité sur tous les organismes « qui assurent la sécurité publique et la sûreté intérieure de l'Etat ». Ainsi devenu « secrétaire général au Maintien de l'Ordre », Darnand sera bientôt également « secrétaire d'Etat à l'Intérieur ». Dès lors, comme le note Jacques Delperrié de Bayac, « cela va être l'invasion de l'Administration, des rouages de l'Etat et de la France elle-même par la Milice. La bande à "Jo", par la porte ouverte, s'installe aux leviers de commande. Directeur de cabinet de Darnand au Maintien de l'Ordre : Raymond Clémoz, officier de marine marchande ; chef de cabinet : Emile Coutret, l'avocat de Darnand à Nice ; délégué général du Maintien de l'Ordre en zone Nord : Max Knipping. Tous miliciens ! » Ce curieux phénomène qu'est l'installation d'une bande armée à la tête de l'Etat dit « français » aboutit d'abord à une aggravation de la répression menée contre les résistants, mais il ne va pas non plus sans une certaine désorganisation de l'Etat pétainiste. C'est alors, en effet, que Pétain envoie à Laval une longue lettre restée fameuse, une missive à son subordonné le plus proche, « dans laquelle, selon l'expression de Pierre Giolitto, il se livre à un étonnant réquisitoire contre l'organisation dont il est le père »... Qu'écrit donc le Maréchal, le 6 août 1944 ? « Depuis plusieurs mois, dit-il, de nombreux rapports me signalent l'action néfaste de la Milice. Je vous en ai, à maintes reprises, entretenu et j'espérais toujours que des améliorations me seraient signalées dans les diverses activités de cette police politique. Il n'en est rien. Bien au contraire. » Ainsi Pétain en arrive-t-il à évoquer « la hideuse réputation acquise par la Milice ». Et il est significatif de le voir noter : « Les préfets sont unanimes à se plaindre d'être dessaisis, illégalement d'ailleurs, d'une partie importante de leurs fonctions. Ils n'ont plus aucun contrôle sur la police (...). De plus, ils sont bien souvent suspectés eux-mêmes par les chefs miliciens qui se trouvent sous leurs ordres. Il n'est pas jusqu'à des usurpations de fonctions qui ne nous aient été signalées (...). Par ces divers procédés, la Milice est arrivée à faire régner une atmosphère de terreur policière inconnue jusqu'à présent dans notre pays. Cette terreur est telle que ceux-là mêmes, hauts fonctionnaires, hauts magistrats, qui viennent personnellement me trouver pour m'exposer leur indignation, me demandent de ne pas citer leurs noms par crainte de représailles (...). Chaque fois, j'entends les mêmes expressions : "Ils sont capables de tout !" (...) Il faut certes tout tenter pour rétablir l'ordre en France. Depuis longtemps je le demande de la façon la plus formelle, mais rétablir l'ordre, ce n'est pas piller, incendier, assassiner. (...) M. Darnand, chef responsable de la Milice, sous vos ordres, est un chef loyal, consciencieux, et c'est un glorieux soldat. (...) Je vous demande de lui faire savoir que je ne puis tolérer plus longtemps l'activité milicienne sous sa forme actuelle. (...) En nous adressant cette note, j'espère faciliter votre mission tant auprès de la Milice qu'auprès des autorités allemandes. » Certes, voir Pétain écrire de ses miliciens qu'« ils sont capables de tout » a de quoi susciter l'ironie. Et même une ironie caustique... Retenons surtout de cette « note », comme dit son auteur, qu'elle est un aveu de la panique vichyste à la veille de la Libération. Et d'ailleurs, quand Laval lui communique la lettre de Pétain, le « secrétaire général au Maintien de l'Ordre » puis « secrétaire d'Etat à l'Intérieur », ne s'y trompe pas. Et c'est ainsi que, le 11 août 1944, le SS-Sturmbannführer Joseph Darnand (grade que les nazis lui ont conféré en août 1943 dans la Waffen-SS) répond par écrit au Maréchal de France Philippe Pétain. Il est « stupéfait », Darnand. C'est le mot qu'il emploiera à son procès le 3 octobre 1945. Et, encore plus, amer... « Pendant quatre ans, dit-il au chef de l'"Etat français", j'ai reçu vos compliments, vos félicitations. Vous m'avez encouragé. Et aujourd'hui, parce que les Américains sont aux portes de Paris, vous commencez à me dire que je vais être la tache de l'Histoire de France. On aurait pu s'y prendre un peu plus tôt. (...) Il reste que, sans la Milice, Monsieur le Maréchal, et sans la crainte salutaire qu'elle impose aux bandes rebelles, l'anarchie aurait déferlé dans tout le pays et toute l'œuvre du régime que vous avez instauré se serait trouvée anéantie. »

Création du « Commissariat général aux Questions Juives »

« L'œuvre du régime » dit l'ancien cagoulard niçois devenu ministre de la torture et de la mort... Après les deux fleurons de cette « œuvre » que furent les bandes armées de la LVF et de la Milice, un mot maintenant des trois services persécuteurs, eux aussi parfaites illustrations de la vraie nature d'un régime avant tout soucieux du « service de l'ennemi ». Le CGQJ visait donc les Juifs ; le SSS, les francs-maçons, et le SPAC, les communistes...

Dans son *Histoire de la Milice*, dont nous venons de parler, Pierre Giolitto précise que cette dernière était « essentiellement chargée de neutraliser la Résistance », et il ajoute aussitôt « ce qu'on a aujourd'hui tendance à oublier, sous l'influence notamment du procès Touvier, au cours duquel le projecteur a été braqué sur la traque des Juifs, laquelle n'a été que marginale dans son action répressive ». Une précision qui en rappelle une autre... L'antisémitisme ayant, à Vichy comme dans toute la France asservie, force de loi, c'est bien sûr tout l'« Etat français » qui persécutait les Juifs. Donc toute sa police. A preuve la rafle du Vél d'Hiv, à preuve l'attitude du flic évoqué plus haut par Maurice Rajsfus, etc. Mais il y avait aussi des organismes qui ne faisaient que ça, le plus important et le coordinateur de tous étant le CGQJ, le « Commissariat général aux Questions Juives ».

Il n'y avait guère plus de trois mois que la France était occupée que déjà le gouvernement du Maréchal mettait en place un ensemble législatif et réglementaire permettant toutes les persécutions antisémites. Cet ensemble s'articulait autour d'un *Statut des Juifs*, promulgué le 3 octobre 1940 par le ministre de la Justice d'alors, Raphaël Alibert. L'originalité, si l'on peut dire, de ce *Statut* était de formuler une « définition raciale du Juif » plus étendue et donc plus implicitement répressive que celle avancée par les nazis eux-mêmes. « L'ordonnance allemande du 27 septembre 1940 (parue le 30 septembre 1940), précise Joseph Billig, dans sa monumentale étude en trois volumes sur le CGQJ, publiée dès 1955, posait une définition assez étroite du Juif, basée exclusivement sur la confession, sans mentionner la notion de race. Par contre, le *Statut des Juifs* promulgué par Vichy (...) introduit le mot "race" et donne une définition partiellement plus large que celle de l'ordonnance allemande : "Est regardée comme Juif, pour application de la présente loi, toute personne issue de trois grands-parents de race juive, de deux grands-parents de la même race, si son conjoint lui-même est Juif." L'ordonnance allemande du 27 septembre 1940 dit : "Sont reconnus comme Juifs ceux qui appartiennent ou appartenaient à la religion juive ou qui ont plus de deux grands-parents (grands-pères et grand-mères) juifs. Sont considérés comme Juifs les grands-parents qui appartenaient ou appartiennent à la religion juive." Alibert ne fait pas dépendre la qualité raciale d'un demi-juif de sa religion. Par contre, le demi-juif allié au judaïsme par son mariage est considéré comme Juif. Cette dernière disposition manquait dans la première ordonnance allemande. En promulguant son *Statut des Juifs*, Vichy a donc levé certains scrupules (...), en sorte que les Allemands, par leurs ordonnances ultérieures, celles du 26 avril 1941 et du 23 mars 1942, ont pu, sans hésitation, suivre l'exemple de Vichy, et élargir la catégorie des personnes destinées à la "solution finale"... » D'aussi bonnes dispositions pétainistes vont évidemment grandement faciliter la tâche des services allemands chargés de l'application de cette « solution finale » sur notre sol, à savoir l'échelon local du RSHA et l'« ambassade ». L'idéal pour l'avenue Foch, où le SS-Hauptsturmführer Theodor Dannecker puis le SS-Obersturmführer Heinz Röthke représentent la sous-section IV B4 et son célèbre patron Adolf Eichmann, et pour la rue de Lille, où Otto Abetz a chargé de cette besogne Ernst Achenbach et Carltheo Zeitschel, serait que les Français, agissant pour l'essentiel en tant que fonctionnaires de l'Etat français, consentissent à se salir les mains eux-mêmes. L'obtiendront-ils ? Ils l'obtiendront... Le 20 janvier 1941, à Paris, l'état-major des forces d'occupation organise une réunion des différentes autorités allemandes compétentes afin d'accélérer les persécutions antisémites en France. Le procès-verbal de cette réunion a été retrouvé. Il nous apprend que, lors de la discussion, l'adjoint du « BdS » Helmut Knochen, le SS-Sturmbannführer Kurt Lischka « indique que, en ce qui concerne les nouvelles mesures applicables aux Juifs en France, le but consiste à assurer la solution du problème juif en Europe suivant les directives mises en pratique dans le Reich. A cet effet, on projette de créer en France, ou tout d'abord dans la zone occupée, un "Office central juif". (...) Un service juif spécial, précurseur de l'"Office central juif", a déjà été mis sur pied à la Préfecture de Police de Paris. Il convient de laisser aux Français le soin de régler la suite afin d'éviter, dans ce domaine, la réaction du peuple français contre tout ce qui vient des Allemands. Aussi les services allemands s'en tiendront-ils à faire des suggestions. » Deux mois plus tard, le 23 mars, paraissait à Vichy le texte législatif qui portait création du Commissariat général aux questions juives (CGQJ)... Analysant cette création dans le n° 54 de la *Revue d'Histoire de la Deuxième Guerre mondiale* (avril 1964), le professeur Michel de Boüard écrit : « Si le siège de cet organisme est à Vichy, le centre d'action en est à Paris. Plusieurs lois sont promulguées, qui définissent sa mission : proposer des mesures législatives concernant les Juifs (droits politiques, professionnels, etc.) ; pourvoir, le cas échéant, à la gestion et à la liquidation des biens juifs ; provoquer toutes mesures policières contre les Juifs... » Des mesures qu'illustre très bien, par exemple, cette carte que publie le quotidien *Le Matin* du 22 janvier 1943. Oui, une carte géographique. Celle de la zone dite libre. Quatorze départements y sont hachurés, ou, comme dit le journal « ombrés ». Ce sont l'Allier, le Puy-de-Dôme, la Haute-Savoie, les Alpes-Maritimes, le Var, les Bouches-du-Rhône, le Gard, l'Hérault, l'Aude, les Pyrénées-Orientales, l'Ariège, la Haute-Garonne, les Hautes et les Basses-Pyrénées... Sous cette carte, trois lignes : « Nous avons annoncé hier que désormais 14 départements sont interdits aux Juifs. Voici, en ombré, les zones qui sont débarrassées d'Israël. ». Il y a aussi trois mots en titre. Trois mots et un point d'exclamation : *Interdit aux Juifs !*

Un « ancien combattant » de profession

Mais qui va donc le diriger, ce CGQJ ? Au portillon de l'ignominie, les postulants se bousculent. Soucieux que ce soit « un Français absolument indépendant du point de vue économique et possédant en plus une autorité indiscutée » *(sic)*, les services d'Abetz établissent des listes de noms où figurent, entre autres, Léon de Poncins, Bernard Faÿ, Claude Vacher de la Pouge, Marcel Bucard, Louis Darquier de Pellepoix, Georges Montandon, Clément Serpeille de Gobineau, Louis-Ferdinand Céline, Jean Boissel, Pierre Clémenti, Jean de La Hire, Jacques de Lesdain, etc. Eh bien, non ! L'heureux élu ne sera pas choisi parmi eux. Le maréchal Pétain et l'amiral Darlan tiennent à ce que l'antisémitisme que leur pouvoir met si généreusement en pratique soit un antisémitisme bien de chez nous. Ils entendent choisir un « commissaire général » qui soit un de leurs hommes de confiance. Ce sera donc un vieux six-févriériste, un cheval de retour des échauffourées parisiennes, « ancien combattant » de profession : Xavier Vallat. Son passé garantit sa compétence. « Député royaliste de l'Ardèche depuis 1920, rappelle André Weil-Curiel, avocat médiocre et sans causes, spécialisé dans la défense des Cagoulards, (il) avait obtenu de se faire élire au Conseil de l'Ordre des avocats du barreau de Paris, uniquement parce qu'il avait prononcé en 1936, à la Chambre, à la présentation du Cabinet Léon Blum, un discours insolent où il s'était plaint que "pour la première fois dans son histoire, notre vieux pays gallo-romain fût gouverné par un juif". » D'ailleurs l'homme a déjà occupé des fonctions à Vichy et il en occupera d'autres : en 1940 il est devenu « Secrétaire Général des anciens combattants » et en 1944 il remplacera Philippe Henriot lorsque ce dernier aura été exécuté par des résistants. Toutefois, non seulement maurrassien de toujours mais ami personnel de Charles Maurras, Vallat entend ponctuer de « coups de gueule » l'exercice de son chauvinisme naturel. Un exemple : nous avons vu plus haut ce qu'était le *Statut* du 3 octobre 1940 ; or, en le commentant dans ses mémoires qu'il intitule *Le Nez de Cléopâtre, souvenirs d'un homme de droite, 1918-1945*, il écrit : « La loi Alibert ne doit rien au nazisme. » Ses rodomontades n'empêcheront évidemment pas Vallat de, selon ses propres expressions, « pourchasser la fortune anonyme et vagabonde d'Israël », ni de s'employer à ce que l'antisémitisme français trouve « des solutions conformes à son génie propre ». Mais il arrive que les occupants soient susceptibles et, de la même façon qu'ils avaient autrefois demandé et obtenu qu'il cesse de s'occuper des anciens combattants, les Allemands demandent et obtiennent, en mai 1942, que ce « commissaire général » trop remuant soit remplacé par un autre. Un de ceux qui figuraient sur les listes d'Abetz. Ainsi apparaît Louis Darquier, dit de Pellepoix... « Avec lui, remarque Billig, on sort des complications psychologiques de Vallat. Son attitude est beaucoup plus simple : pratiquer avec conviction l'antisémitisme nazi pour en profiter sans retenue aucune. » De cet autre six-févriériste qui a réussi l'exploit de se faire élire conseiller municipal de Paris en 1935 sur un programme « national-antijuif », le politicien, Anatole de Monzie, ne craindra pas d'écrire : « Louis Darquier, fils de mon ami et prédécesseur à la mairie de Cahors, est le dernier grand bohème de notre société capitaliste, le plus généreux dans tous les sens de l'épithète. » Une « générosité » plutôt prévaricatrice que son prédécesseur Vallat soulignera devant la Haute Cour en le dépeignant comme « un besogneux qui a des besoins » et qui, lorsqu'il aura trop ajouté de malversations à ses crimes, le contraindra à démissionner en fin février 1944 pour laisser la place à deux successeurs éphémères, ses anciens subordonnés, Charles Mercier du Paty de Clam puis Joseph d'Antignac. Dans son livre *Le Ballet de crabes*, déjà cité, où avant de s'affirmer fasciste, elle raconte comment elle fut la maîtresse de Jean Luchaire puis l'épouse de Georges Guilbaud, cet ancien communiste passé au PPF qui devait devenir l'éminence grise de l'amiral Estéva, à Tunis, puis le « représentant » du gouvernement fantôme de Sigmaringen auprès de la mussolinienne et moribonde « République de Salo » — Maud de Belleroche trace le portrait et rappelle le passé de Darquier, dit de Pellepoix. « Une légère claudication, écrit-elle, due aux séquelles d'une cheville cassée, n'empêchait pas ce “foufou de Darquier”, comme le qualifiait Laval qu'il agaçait prodigieusement par ses excès de zèle, de porter beau et de plastronner avec arrogance. Monocle rivé à l'arcade sourcilière, lèvre dédaigneuse et déclarations fracassantes, il réunissait, en sa seule personne, toute la haine du racisme d'agression. Bagarreur d'instinct, il fut Président des blessés du 6 février 1934 et conseiller municipal de Paris. En 1935, il avait quitté avec tapage les “Croix de Feu” en traitant le colonel de La Rocque de “dictateur à l'eau de rose”. Son journal polémique *La France enchaînée* lui avait valu, en 1939, trois mois de prison “pour excitation à la haine raciale”. Dès 1940, il avait fondé une “Union française pour la défense de la race” en remplacement de son “Rassemblement anti-juif” d'avant-guerre... » Cette Union française pour la défense de la race (UFDR), à la faveur de laquelle Louis Darquier, dit de Pellepoix va devenir un très haut fonctionnaire, presqu'un ministre, est un élément très caractéristique de la politique de Collaboration et des structures qu'elle engendre. A partir des partis, de leurs services d'ordre, des individualités collaboratrices, nous avons déjà vu se former deux conglomérats : sous le signe de l'antibolchevisme, la LVF, et sous celui de l'anti-Résistance, la Milice. Sous le couvert de la loi du 23 mars 1941, c'est en fait un conglomérat du même genre que constitue le CGQJ. En réalité, sinon dans les textes, des sections proprement dites comme l'« Aryanisation économique » de Caris, Jean Petit et Boué, y seront étroitement mêlées à des organismes privés tels que l'« Institut d'études des questions juives » (IEQJ) du capitaine Sézille, de Camille Hallu, de Clément Serpeille de Gobineau et de l'avocat de Camas, l'« Institut d'anthropo-sociologie » du docteur Claude Vacher de la Pouge, du professeur René Martial, du révérend-père Bergougnieux et de François Hayaux du Tilly, l'« Institut d'études des questions juives et ethno-raciales » du professeur Georges Montandon, d'Armand Bernardini et du professeur Jean Héritier, l'« Association des journalistes anti-juifs » de Jacques Ménard et Jean Drault, etc.

« Une horde de canailles »

D'ailleurs, au CGQJ, sous une apparente diversification des fonctions, tout le monde n'est-il pas à la fois gendarme (pour « découvrir » les Juifs) et voleur (pour piller leurs biens en les « administrant »), théoricien (la « raciologie ») et agitateur (faire crier ou écrire « Mort aux Juifs ! ») ? Il arrive même que, jouant sur l'incrédulité des futures victimes face à la monstruosité du génocide, les persécuteurs se déguisent en assistante sociale pour mieux recenser et rassembler les persécutés (création de l'« Union Générale des Israélites de France », l'UGIF, qui, comme le dit Georges Wellers, « prend la succession de soixante-sept organisations différentes » tant sociales que culturelles). Mais est-il besoin d'insister ? Chacun connaît l'épouvantable ampleur de la Shoah... En revanche, ce qui est moins connu, c'est la façon dont, sous l'égide du CGQJ, s'installe un abominable climat. C'est l'époque où paraissent régulièrement *Le cahier jaune* et *La question juive en France et dans le monde* tandis que l'exposition intitulée *Le Juif et la France* occupe deux étages du palais Berlitz, à Paris ; mais c'est aussi celle où, dans *Le Matin* et dans *Paris-Soir*, sous le titre *Lissac n'est pas Isaac* et sous la signature « Les Frères Lissac », on peut lire l'annonce publicitaire suivante : « Lissac ne saurait être confondu avec Isaac, nom israélite par excellence. Et, cependant, on fait courir ce bruit stupide : nous serions Israélites ! Quant à notre maison, elle est totalement exempte d'éléments israélites... » L'époque où, au café Dupont-Latin, boulevard Saint-Michel, à Paris, une pancarte rappelle que l'établissement est « interdit aux chiens et aux Juifs ». L'époque où, dans *Je Suis Partout*, Ralph Soupault publie un article sur « l'offensive de la peinture juive ». L'époque où, à la Sorbonne, en présence du ministre Abel Bonnard, du recteur Gidel, etc., on inaugure, dans le cadre de la Faculté des lettres, une nouvelle chaire consacrée à l'« histoire du judaïsme contemporain » dont le titulaire, l'ancien député Henri Labroue, enseigne, entre autres, que « les Juifs ont une odeur particulière traduisant les anciennes accointances négroïdes... » L'époque où le ministre des Communications de Pétain, s'adressant aux cheminots, à Vichy, le 21 août 1941, vitupère la « monstrueuse alliance du communisme moscoutaire, du radicalisme maçonnique et de la finance juive ». L'époque où un hebdomadaire tel que *Au Pilori* publie régulièrement des articles dans lesquels on peut lire, comme dans celui de Paul Riche en date du 14 mars 1941 : « Mort au Juif ! Mort à la vilenie, à la duplicité, à la ruse juives ! Mort à l'argument juif ! Mort à l'usure juive ! Mort à tout ce qui est faux, laid, sale, répugnant, négroïde, métissé, juif ! (...) Le Juif n'est pas un homme. C'est une bête puante. On se débarrasse des poux, on combat les épidémies. On lutte contre les invasions microbiennes. On se défend contre le mal, contre la mort — donc contre les Juifs ! » L'époque également où, comme le raconte Frédéric Dard dans le livre de mémoires qu'il a signé San Antonio, n'importe quel passant peut être interpellé par des policiers qui le font monter dans une voiture et, pour vérifier s'il est ou non circoncis, lui demandent : « Monsieur, voulez-vous nous montrer votre sexe, je vous prie... ».

On ignore généralement que, comme son nom ne l'indique pas, le CGQJ ne dirigea pas seulement la persécution des Juifs, mais aussi celle des Gitans, de ceux que les Allemands appelaient des « Zigeuner » (Tziganes) et qu'ils avaient décidé de traiter également par la « solution finale ». Dans leur livre *Destins gitans, des origines à la « solution finale »*, deux universitaires britanniques, Donald Kenrick et Grattan Puxon, rappellent que « vingt camps importants et de nombreux camps plus petits étaient sous administration française directe » et ils ajoutent : « On y trouva bientôt trente mille Gitans qui furent mis sous la dépendance du Commissariat général aux questions juives (...). Pendant assez longtemps, Allemands et collaborateurs français exploitèrent le travail des Gitans. Ensuite un grand nombre furent déportés en Allemagne et s'y retrouvèrent dans les camps de la mort, surtout à Buchenwald, Dachau et Ravensbrück. Il en mourut entre seize mille et dix-huit mille... »

A une époque où proliféraient les polices, il eût été étonnant que le CGQJ ne prétendît pas avoir la sienne. Il l'eut en effet, et qui s'appela successivement Police aux questions juives (PQJ) puis Section d'enquête et de contrôle (SEC). Un changement de noms intéressant car il fut la conséquence directe des rivalités et grenouillages qui marquèrent l'existence de ce service. Nous avons déjà fait référence à Maurice Rajsfus. L'un de ses ouvrages s'intitule *La Police de Vichy ; Les Forces de l'ordre françaises au service de la Gestapo*. Le chapitre XVIII de cet ouvrage porte un titre lui aussi fort juste et éloquent, *Une horde de canailles : la Police aux questions juives*, et l'auteur y montre très bien l'âpreté des querelles de compétences entre fonctionnaires en place et nouveaux venus sur les mêmes terrains de chasse. De chasse à l'homme, ne l'oublions pas... « Les policiers français, écrit Rajsfus, s'emploient déjà avec ardeur à réprimer sur le terrain racial, mais en maintes circonstances, ils protesteront contre la tendance de la PQJ à empiéter sur un territoire qu'ils considèrent comme le leur. (...) Dès son arrivée au Secrétariat général à la police, René Bousquet n'aura de cesse que ne soient rompus les liens attachant la Police nationale à la PQJ, "institution hybride et compromettante". (...) Il est vrai que les inspecteurs de la PQJ se conduisent surtout comme les truands de la "Carlingue" (la Gestapo française). Leur comportement à Drancy, lors du départ des convois vers les camps de la mort, finira par indisposer les gestapistes eux-mêmes qui ne supportent pas de voir ces forcenés piller les pauvres valises des déportés. C'est dire ! A la Préfecture de police, de même, on ne voit pas d'un bon œil ce corps de répression antijuive qui ne se contente pas de réprimer. De son côté, le ministère de l'Intérieur s'inquiète des activités trop voyantes de cette horde de canailles. (...) Cette situation conflictuelle, bien plus d'ordre protocolaire que doctrinal, tourne à l'avantage de la police d'Etat. Par arrêté du 5 juillet 1942, la PQJ est supprimée et remplacée aussitôt par la Section d'enquête et de contrôle (SEC), rattachée directement au CGQJ. Antignac, qui a pris du galon, a négocié cette transformation pendant qu'il en était encore temps, avec Henri Cado, directeur général de la Police nationale. René Bousquet, de son côté, ne peut qu'être favorable à cette transformation, tant il est désireux de se débarrasser d'une police parallèle devenue par trop encombrante. »

Le SSS, police antimaçonnique et...

Oui, mais... Mais les gens du CGQJ bénéficient des faveurs nazies, et, note Maurice Rajsfus, « les anciens de la PQJ, reconvertis en inspecteurs de la SEC, ne sont pas les seuls à refuser la nouvelle donne. Les SS, qui tenaient beaucoup à cette police antijuive à leur dévotion, ont besoin d'explications. » Et, en fait, pour les victimes, ça ne change rien. « Bousquet a mis la PQJ au placard, continue Rajsfus, mais ne s'est pas débarrassé du problème. Sous le nom de SEC, les mêmes hommes continuent à sévir, encore plus hargneux, se contentant de livrer aux commissariats de quartiers ceux qu'ils arrêtent sous les prétextes les plus divers, avec la certitude, pour les interpellés, de partir pour Drancy *via* les services du commissaire Permilleux. (...) Ce service Permilleux fonctionnera en complément des opérations générales organisées par la Direction de la police municipale, qui continuait à fournir le personnel indispensable aux grandes rafles. Opérant jusque dans les premiers jours du mois d'août 1944, ce service sera à l'origine de plusieurs milliers d'arrestations et de déportations. De son côté, la SEC continuera à s'agiter, ne pouvant se contenter de fournir ponctuellement des victimes au service Permilleux. Harcelant les passants, au hasard, les inspecteurs de la SEC finissent toujours par trouver des victimes et ils rédigeront plus de huit mille rapports d'enquête jusqu'en août 1944. » Faut-il ajouter que, d'abord commissaire principal aux Délégations spéciales et judiciaires, le sieur Permilleux, tout en continuant à diriger son « service », eut droit, à partir de juillet 1943, au titre de directeur adjoint de la Police judiciaire ? Une promotion qui ne lui fut pas plus reprochée après la guerre que la mort de milliers de ceux qu'il avait fait déporter. En effet, remarque Maurice Rajsfus, « le commissaire Permilleux sera simplement révoqué par une commission d'épuration sous le prétexte qu'il n'y avait pas de charges suffisantes pour invoquer le crime d'atteinte à la sûreté extérieure de l'Etat visé au réquisitoire introductif ».

Il va sans dire que le sort des francs-maçons sous l'Occupation fut infiniment moins cruel que celui des Juifs, mais ils furent cependant des persécutés. D'ailleurs, on a trop, à cette époque, employé des expressions telles que « judéo-maçons » ou « judéo-maçonnique » pour que nous ne nous inquiétions pas ici du petit CGQJ qu'était le SSS, ou « Service des sociétés secrètes »... Et, de fait, nous allons y retrouver deux hommes dont, tout à l'heure, nous avons vu apparaître les noms sur la liste des protégés d'Abetz que les Allemands envisageraient de placer à la tête du CGQJ : Bernard Faÿ et Jean Marquès-Rivière. Dans le témoignage que, depuis son exil espagnol, Maurice Gabolde, l'ancien ministre de la Justice de Pétain déjà rencontré, fit parvenir à la Fondation Hoover, il retrace à sa façon — mais elle est significative — l'histoire du SSS. « La législation antimaçonnique, écrit-il, avait été une des premières manifestations de l'activité politique du gouvernement du maréchal Pétain. Une loi avait supprimé toutes les sociétés secrètes dont la plus importante était la franc-maçonnerie (...). Le Service des sociétés secrètes avait été, à l'origine, rattaché au cabinet du maréchal. M. Bernard Faÿ fut chargé de le diriger. Un corps de fonctionnaires avait été créé et cette administration comprenait un état-major installé à Vichy et à Paris, des représentants dans tous les départements, un service de propagande et une police spéciale. Quand le président Laval revint au pouvoir, il put constater divers abus et le trouble apporté dans les Administrations de l'Etat par l'activité partisane des dirigeants du Service des sociétés secrètes. Celui-ci fut alors placé sous la haute direction de l'amiral Platon, secrétaire d'Etat auprès du Chef du gouvernement. L'amiral était un marin valeureux, d'une nature droite mais passionnée ; il considéra la lutte contre la maçonnerie comme une croisade contre les infidèles et s'entoura de collaborateurs, anciens officiers démobilisés, tels que le colonel de Verchère, aussi ardents que lui. (...) Sur ces entrefaites, l'amiral Platon dut cesser de faire partie du gouvernement et Laval me demanda d'accepter le rattachement du Service des sociétés secrètes au ministère de la Justice. (...) Je cherchai alors, pour diriger le service, un magistrat, libre de toute attache vis-à-vis de la maçonnerie, jouissant de la considération et du respect de tous, dénué enfin d'ambition personnelle. J'eus la bonne fortune de le rencontrer dans la personne de M. Sens-Olive, conseiller honoraire à la Cour de Cassation. » Ce que ne dit évidemment pas Gabolde mais que souligne avec raison l'historien Pierre Chevallier, dans son troisième tome intitulé *La Maçonnerie : Eglise de la République (1877-1944)*, c'est que « l'action antimaçonnique s'était peu à peu transformée en action de police ». Une action qui nous est ainsi décrite par un autre historien des francs-maçons, Pierre Mariel : « Au square Rapp (à Paris), Bernard Faÿ, son adjoint Marquès-Rivière et leurs subordonnés rassemblaient méthodiquement, classaient et dépouillaient tous les documents qui leur parvenaient, après les perquisitions qui allaient en se multipliant. Une force de police, dépendant de la Sûreté nationale, procédait à ces perquisitions, aux enquêtes et à de nombreuses arrestations. Cette brigade spéciale était placée sous la direction du commissaire Georges Moerschell. Avenue Foch, au siège de la Gestapo, était centralisée la lutte "anti-judéo-maçonnique". C'est là qu'eurent lieu de nombreux interrogatoires accompagnés d'une grande variété de sévices et de tortures. Les noms des divers Sonderführer n'ont pas tous été découverts. Citons cependant l'Oberleutnant Pfannstiel qui, d'ailleurs, fut un des moins cruels. Les services du square Rapp animaient une revue mensuelle illustrée, *Les Documents maçonniques*. Puis ils organisèrent une exposition antimaçonnique. » Il faudrait ajouter que, simultanément Administrateur général de la Bibliothèque nationale, l'ancien professeur au Collège de France Bernard Faÿ avait pour adjoint au SSS un responsable du 2e Bureau de la Marine, le capitaine de frégate Robert Labat ; il faudrait dire aussi que l'un des dirigeants des *Documents maçonniques* était Robert Vallery-Radot, et que travaillaient avec lui Henry Coston et Jacques Ploncard d'Assac qui, l'un et l'autre, avaient, en 1928 sans grand succès puis en 1930 plus durablement, fait reparaître la fameuse feuille antisémite fondée par feu Edouard Drumont en 1892, *La Libre Parole*... Mais on doit surtout noter que l'« antimaçonnisme » se déchaîna, toute proportion gardée, dans une atmosphère de haine, de mensonge, de pillage, de délation et de violence très comparable à celle provoquée par l'antisémitisme. Cette citation de *Gringoire* du 30 mai 1941 en donne assez le ton : « Il nous revient de tous côtés que les francs-maçons continuent de mener une sournoise et insidieuse campagne contre le Maréchal et son gouvernement (...). S'ils continuent leur vilaine besogne, sans doute conviendra-t-il, afin de les désigner à l'attention publique, de les obliger à porter un brassard sur lequel on pourrait, par exemple, tracer trois points. Ainsi leurs interlocuteurs sauraient à qui ils parlent... » Une étoile à trois points en quelque sorte... Finalement le brassard ne fut pas imposé aux francs-maçons comme aux Juifs l'étoile jaune, il n'en reste pas moins que le SSS n'eut rien à envier au CGQJ pour ce qui est de la malfaisance. « Nous avons été dégoûté en lisant les caisses d'archives qui nous ont permis de présenter le Service des sociétés secrètes. » Qui écrit cela ? Lucien Sabah, dans l'étude extraordinairement fouillée qu'il a publiée sous le titre *Une police politique de Vichy : le Service des Sociétés Secrètes*, en 1996, quinze ans après l'autre ouvrage indispensable sur le sujet, celui de Dominique Rossignol intitulé *Vichy et les Francs-maçons ; La liquidation des sociétés secrètes, 1940-1944*. Ces deux livres nous ont déjà permis d'estimer plus haut le nombre des victimes maçonnes sous l'Occupation, mais leur mérite est surtout de permettre de prendre la mesure de la nuisance de ce service persécuteur que fut le SSS.

A La Rochelle, François Sidos

On sait que, du 7 mai 1942 jusqu'à la Libération, le SS-Gruppenführer Karl Oberg exerça en France les fonctions de « Höhere SS und Polizeiführer » (chef suprême des SS et de la police allemande). Avant de mourir dans son lit, de l'autre côté du Rhin, le 3 juin 1965, il avait été deux fois condamné à mort, grâcié en 1958, libéré en 1962. Et souvent interrogé. C'est lors de l'interrogatoire du 26 février 1946 qu'il fut question du SSS... « Ce service, déclara Oberg, travaillait sous les ordres des Allemands et d'après leurs directives. Il avait été créé avant mon arrivée, mais pendant tout le temps où j'ai été en France (...), il a continué à être en relations constantes avec la section III du SD. Tous les renseignements recueillis par les services antimaçonniques français étaient en principe donnés au Sicherheitsdienst. Les documents quels qu'ils soient étaient tous à notre disposition. » Des renseignements recueillis sur qui ? Pas seulement sur les francs-maçons, bien sûr. Mais aussi sur les Juifs. Mais aussi sur les résistants... Et contre les Juifs, contre les résistants comme contre les francs-maçons. L'action étant très souvent inséparable du renseignement. Polyvalence et multiples appartenances. Le CGQJ, la Milice, le PPF, le RNP etc. sans oublier certaines branches de la police comptaient ainsi des gens du SSS dans leurs effectifs. Prenons un exemple en province pour illustrer notre propos.

Plus haut, dans le chapitre sur *La trahison*, nous avons évoqué deux des frères Sidos, ainsi que leur père « proche de Joseph Darnand » et « exécuté par la Résistance à La Rochelle ». Nous ajoutions qu'à l'un de ces frères, Jacques, « son papa avait délivré une sorte d'ordre de mission ». Le papier, que nous avons en ce moment sous les yeux, s'appelle exactement *Accréditif*. L'en-tête en est assez copieux : « Ministère de la Justice ; Service des Sociétés Secrètes ; Département des Recherches ; Délégation régionale de la 10e Région (Charente, Vienne, Vendée, Deux-Sèvres, Charente-Maritime) ; Délégué régional ; 6 rue Bazoges, Tel. 32-04, La Rochelle ». Et voici maintenant ce texte, qui est dactylographié (avec surabondance de majuscules) : « Le Délégué Régional du Ministère de la Justice au Service des Sociétés Secrètes accrédite Monsieur JACQUES SIDOS, demeurant 6 Rue Bazoges, La Rochelle, Fils de Monsieur François SIDOS, Inspecteur Général Adjoint des Forces du Maintien de l'Ordre, comme INSPECTEUR-CHEF du Service de Renseignements, au Service des Sociétés Secrètes. Son Service Spécial sera chargé de déceler les Groupes de Résistance du Maquis dans la Région de POITIERS-CHARENTES. Les Autorités Civiles et Militaires sont priées de lui faciliter sa mission. La Rochelle, le 1er juillet 1944. » Et c'est signé « Le Délégué Régional du Ministère de la Justice ; Service des Sociétés Secrètes ; GEORGES LHUERRE ». Un cachet noir et rond « Etat français ; Ministère de la Justice » oblitère cette signature, et, en bas à gauche du papier (format 21 × 27), a été ajoutée au tampon encreur, sur deux lignes, la mention « Ministre de la Justice »... Ce document devient plus clair quand on lit le livre de Lucien Sabah où le nom de François Sidos apparaît à plusieurs reprises sur sept pages et dans un intertitre, tandis que celui de Georges Lhuerre est cité deux fois. « En zone occupée, lit-on ainsi dans *Une police politique de Vichy*, c'est Marquès-Rivière qui installe les Délégués régionaux, comme celui de la région de Poitiers qui est particulièrement intéressant, il s'agit de Sidos François, né en Algérie, qui fixe son service à La Rochelle. (...) Voici ce que le policier chargé de l'enquête écrivait à propos de l'action de Sidos dans la région de Poitiers : "En dehors de leur activité au sein du SSS, Sidos, Lhuerre et Priou se sont livrés à des actes antinationaux où ils ont donné toute leur mesure et qui ont motivé l'ouverture d'informations devant la Cour de Justice de La Rochelle. Les principaux faits relevés à l'encontre de Sidos par M. Coquelin, juge d'instruction près la Cour de Justice de La Rochelle, sont les suivants. Il est tout d'abord accusé d'avoir participé à une opération armée contre le Maquis, à Chateau-Gaillard, le 6.8.1944, et d'avoir arrêté à Saintes plusieurs personnes livrées ensuite aux Allemands. Il est en outre convaincu d'avoir, en juin 1944, alors qu'il venait d'être nommé Inspecteur général au Maintien de l'ordre, fait arrêter le commissaire Pontal, à Nantes, et, en juillet 1944, d'avoir arrêté et livré aux Allemands, un patriote de la région de Brest. A partir de la constitution de la poche de La Rochelle, il forma une nouvelle Milice et coopéra activement avec les Allemands dans la chasse aux Résistants." Une secrétaire de la délégation régionale apprend à la police que Sidos recevait tous les mois de Paris, un mandat de 10 000 à 20 000 francs, que Sidos justifiait en disant être un remboursement d'assurances... »

En se référant cette fois à un dirigeant du SSS en zone Sud, adjoint du capitaine de frégate Robert Labat et qualifié par Pierre Péan d'« ancien patron de la Cagoule de la Loire », interrogé par la police le 12 janvier 1945, le nommé Charles Boudet, Lucien Sabah mentionne ailleurs qu'« en dehors de son service, Sidos manifestait une grande activité politique au sein du parti Franciste dont il était membre du Comité directeur. Il avait en plus des relations avec la Milice. Sidos est venu à Vichy courant juin 1944, convoqué par Clémoz, directeur du cabinet de Darnand, en vue de sa nomination en tant qu'inspecteur général du Maintien de l'ordre ». Enfin, Sabah reproduit un rapport du SRPJ de Poitiers au ministère de l'Intérieur à Paris, en date du 18 janvier 1946. « A son audience de samedi 5.1.1946, dit ce rapport, la Section de la Cour de Justice de La Rochelle a condamné à la peine de mort le nommé Sidos François, ancien Délégué régional, Région de Poitiers, au Service des Sociétés Secrètes et ancien chef milicien. Au cours de la même audience, la Cour de Justice de La Rochelle a condamné à 5 ans de travaux forcés et 10 ans d'interdiction de séjour Lhuerre Georges, ancien Délégué régional pour Poitiers au Service des Sociétés Secrètes et ancien milicien. » Toujours à propos de Sidos, deux précisions... Si nous disions plus haut « exécuté par la Résistance à La Rochelle », c'est parce qu'il nous a été dit que l'ex-Délégué régional, après sa condamnation à mort, n'aurait pas été fusillé mais enlevé par des résistants, emmené en barque et noyé en mer. D'autre part, François Sidos père avait donné son prénom à un de ses fils, lequel ne devint pas comme son frère Jacques un jeune « collabo » (seize ans en 1944) mais rejoignit la « France Libre » et combattit dans les FNFL (Forces navales françaises libres) ; c'est en entretenant la confusion entre François père et François fils que la famille Sidos a envoyé au *Monde*, le 5 juillet 1995, un « rectificatif » très curieux.

Le « Service de Police Anti-Communiste »

Outre cette fonction proprement persécutrice, y compris à l'encontre des Juifs et des résistants, le SSS eut-il aussi une dimension politique trop ignorée ? La question peut surprendre. Mais elle mérite attention, surtout quand elle est posée par un historien de l'importance de Marc Ferro. « Animés par une obsession antimaçonne, écrit en effet l'auteur de *Pétain*, Bernard Faÿ, Henry Coston et l'amiral Platon se servirent de ce combat pour tenter de mettre en fiches la société française tout entière. Il en résulta le quadrillage policier des Français puisque à partir des lois de 1940-1941, toutes les associations ont pu être inventoriées et que la lutte contre les francs-maçons n'a jamais voulu se définir selon sa vraie nature, même si les propagandistes le proclamaient. Il s'agissait d'une "lutte contre les sociétés secrètes" permettant de tisser, comme la Gestapo l'avait fait en Allemagne, la trame d'un pouvoir policier qui aurait sous son contrôle les résistants et les opposants, mais aussi les fonctionnaires, les hommes politiques responsables et les moindres citoyens jusqu'aux intimes du Maréchal. La lutte contre la maçonnerie servit d'alibi à l'instauration d'une ébauche de système totalitaire. » Question intéressante, encore que l'on puisse rétorquer que mise en fiches, quadrillage policier, ébauche totalitaire furent des caractéristiques communes à toutes les branches de l'appareil répressif pétainiste, et non réservées au seul SSS.

Mais puisque nous évoquons des caractéristiques communes, on aura peut-être remarqué que les deux services persécuteurs dont nous venons de parler partageaient, outre leurs buts et leurs méthodes, l'hypocrisie de leurs dénominations : « sociétés secrètes » sans précisions et même « questions juives » sans indication de l'affreuse « solution » qui était prévue. Seul finalement l'organisme dont nous voulons maintenant dire deux mots annonçait, comme on dit, la couleur, l'antirouge en l'occurrence, puisque SPAC était le sigle de « Service de Police Anti-Communiste ». *Anti*, c'était clair. Trop clair, sans doute, aux yeux des pétainistes car, en juin 1942, le SPAC fut finalement débaptisé pour devenir le SRMAN (Service de répression des menées antinationales — sans spécification officielle des dites « menées »). Ce détail de vocabulaire mis à part, le SPAC fut très proche du CGQJ et du SSS... Tellement proche que Lucien Sabah peut citer un « projet de note de service, non datée, non signée » mais précise et structurée où il est dit : « M. Detmar, chef du Service de la Police anticommuniste auprès du Secrétariat général pour la police assurera, à compter du 20 février et jusqu'à nouvel ordre, par délégation du Secrétaire général, la haute direction des Service de police des Sociétés secrètes et de la police des Questions juives. (...) M. Detmar présentera pour le 20 mars un projet de règlement intérieur relatif à chacune de ces polices et un règlement commun aux auxiliaires portant notamment sur le recrutement, l'administration et la discipline des personnels non intégrés dans le cadre latéral. (...) M. Detmar soumettra, à la même date, au secrétaire général, toutes observations et suggestions utiles en ce qui concerne les relations des polices auxiliaires avec les diverses formations de police relevant des autorités d'occupation. » On l'aura deviné, le « secrétaire général » dont il est sans cesse ici question, c'est René Bousquet bien sûr. Bousquet qui ne veut pas laisser des « polices militantes » empiéter sur son domaine. En effet, comme nous l'avons vu pour la PQJ et comme l'écrit la biographe de Bousquet, Pascale Froment, « le nouveau chef de la police voyait d'un très mauvais œil ces électrons libres, partisans de l'extrême droite qu'il honnissait, jouer les trouble-fête dans l'entreprise de modernisation et de réorganisation des services ». Aussi bien, là, Bousquet essaye-t-il de mettre Detmar dans sa poche pour mieux triompher des autres... Dans une pareille querelle, il ne pouvait y avoir ni vainqueur ni vaincu. Bousquet consolida son pouvoir en feignant de se satisfaire des simples changements de noms ou de statuts apparents qui permirent aux trois services persécuteurs de perdurer et même prospérer. C'est sous le titre *Les « Polices spéciales »* que, dans son livre *« Conformément à l'ordre de nos chefs... » ; Le drame des Forces de l'Ordre sous l'Occupation,*

1940-1944, Henri Longuechaud parle d'abord des trois conjointement. « C'est avant le retour au pouvoir de Laval, écrit-il, sous le règne de Darlan et de son ministre de l'Intérieur, Pierre Pucheu (...) que furent créées les polices spéciales. (...) Ce sont des organismes idéologiquement recrutés et fanatisés, sortes de polices politiques qui vont doubler la force publique traditionnelle. A celle-ci vont donc s'ajouter ces polices (...) à vocation spécifiquement répressive dans la lutte contre la Résistance... ». Puis Longuechaud parle plus spécialement de l'organisation de Detmar. « L'action du SPAC, note-t-il, s'inscrit dans le cadre de la collaboration des polices allemandes et françaises. Il a le droit de regard sur toute la France et peut déplacer spectaculairement des "spécialistes" pour l'extorsion des aveux dans les "affaires" importantes. A l'origine, il comptait un effectif d'une quarantaine de commissaires et d'inspecteurs, comprenant une section en zone Sud dirigée par l'intendant de police Detmar, et l'autre en zone Nord, dirigée par l'ex-cagoulard Jurquet de la Salle. » Les luttes intestines sont assez vite fatales au comte Robert Jurquet de la Salle, qui est contraint au départ, mais Charles Detmar, lui, sait les surmonter ces querelles non pas d'Allemands, mais qu'attisent les Allemands. « Ancien Volontaire national puis PPF, continue Longuechaud, Detmar n'était pas un policier professionnel. Mais s'étant frotté à Doriot et aux renégats communistes de cuvées successives, il avait la prétention d'être l'homme de France qui connaissait le mieux l'appareil bolchevique. »

« Patte de homard » et « Alex le tireur » dans le « cadre latéral »

Cette spécialisation de Detmar, Jacques Delarue y fait allusion lorsqu'il intervient au colloque *Le régime de Vichy et les Français*, organisé les 11, 12 et 13 juin 1990 par l'Institut d'Histoire du temps présent (IHTP-CNRS). Le SPAC, dit Delarue, « chargé au début de la seule répression des activités du parti communiste clandestin (...) étendra son action à tous les groupes hostiles à Vichy et aux occupants. Pucheu en confiera la direction à un ancien employé de commerce qu'il a connu au PPF (...), Charles Detmar, devenu permanent du PPF et spécialiste de l'anticommunisme. (...) En juin 1942, le SPAC fut officiellement dissous mais fut aussitôt remplacé par le Service de répression des menées antinationales (SRMAN), rattaché à l'Inspection générale des services de Police judiciaire, dont le directeur, Buffet, était un ami et collaborateur de Laval, qui l'avait nommé à ce poste dès son retour au pouvoir. Buffet définit le rôle du SRMAN dans une note de service : rechercher et exploiter les renseignements sur les menées antinationales de toute nature en effectuant toutes les opérations de police nécessaires. Le chef pourra requérir directement tous les commissaires divisionnaires chefs de services régionaux et tous les chefs de police, qui devront lui prêter toute l'assistance en leur pouvoir. Il pourra consulter toutes les archives de police. (...) Ce super-service dispose donc de pouvoirs exceptionnels ; il est placé sous la direction de Detmar, qui reçoit le rang d'intendant de police. Le personnel est composite, mais comporte une plus forte proportion de policiers professionnels (...). Le plus gros contingent est constitué d'anciens membres du SPAC, non fonctionnaires et promus "au choix", sans aucun concours, commissaires ou inspecteurs d'un "cadre latéral" créé pour la circonstance. Bien que ce service ait déployé une grande activité (plus de mille procès-verbaux), procédé à de nombreuses arrestations, et que certains de ses membres aient usé de brutalités et même de tortures sur les résistants arrêtés, Darnand estima, à son arrivée à la tête du Maintien de l'ordre (janvier 1944), qu'il n'était pas assez efficace et le rattacha à la Direction des Renseignements généraux (RG), à la tête de laquelle il plaça un milicien. (...) Detmar démissionna en mars 1944 mais demeura à la tête de son service jusqu'en juin. A la Libération, la plupart des membres du SRMAN partirent pour l'Allemagne. »

« Usé de brutalités et même de tortures », dit Jacques Delarue. Le « même » semble ici superflu... « La lecture des dossiers de justice du SRMAN fait dresser les cheveux sur la tête, écrit en effet Pascale Froment dans son *René Bousquet*, déjà cité. Il n'y est question que de matraquages, de supplices, de doigts écrasés, d'épingles, de braises de cigarette, de garrots, d'étouffements, de table spéciale, de terreur, de hurlements entendus à la ronde, de policiers qui se relaient pour frapper. Rue de Monceau, on cognait sur un fils pour faire avouer son père. Les tortionnaires s'étaient donné des petits noms : "Patte de homard", ou "Alex le tireur" qui abattit un jeune homme à bout portant. L'un d'eux avait baptisé "Marie-Antoinette" le nerf de bœuf qui ne le quittait pas. (...) Après guerre, il apparut que le SRMAN avait surtout opéré en service commandé à la demande de préfets ou de la direction de la PJ. (...) Bousquet (...) fut exonéré au détriment de subalternes plus mouillés, jugés avant lui : Buffet, condamné par la cour martiale de l'Allier, avait été fusillé le 30 octobre 1944 ; à l'été 1946, au cours du maxi-procès de Detmar et d'une trentaine des siens, onze peines capitales avaient été prononcées. » Et l'on ne torture pas qu'à Paris. On se souvient de la chasse à l'homme qui suivit le massacre des maquisards sur le Plateau des Glières. Les hommes de Detmar y prirent part. « Le supplice de la table est un des procédés favoris des gens du SPAC, écrit ainsi François Musard, mais ils disposent d'un répertoire très étendu qui leur permet de souffler entre les séances de matraquage à coups de barre de fer ou de nerfs de bœuf. Citons entre autres le sel sur les plaies, la brûlure des parties les plus sensibles de leurs victimes par briquet, cigare ou cigarette, les ongles arrachés... » Ce qui est vrai à Paris et en Haute-Savoie, l'est aussi dans les Côtes-du-Nord (aujourd'hui Côtes-d'Armor). Ainsi, dans *Les Cahiers de la Résistance populaire* (n° 6-7, décembre 1998) consacré au *SPAC contre le PCF clandestin* en Bretagne, ce témoignage de François Jégou sur le martyre que subit Robert Toanen avant d'être fusillé, à Rennes, le 6 juin 1944. Martyre infligé par « les tortionnaires de la Police Spéciale de Vichy », comme les appelle Jégou, qui raconte : « Robert ne fut pas épargné et, dès le premier jour, ce fut la torture pour qu'il parle (...). Tous les jours, ce furent les coups, le tabassage en règle (...). Etant horriblement esquinté sur l'ensemble du corps, il ne pouvait plus (...) se déplacer. Il était quand même tabassé et cela dura plus d'une semaine. Il tint néanmoins le coup... » Il va sans dire que nous pourrions multiplier pareils et sanglants exemples.

« Tel un insecte attiré par la flamme... »

En terminant ce rappel de ce que furent les organisations et les hommes qui s'étaient mis « au service de l'ennemi » et qui, par là même, aggravèrent les conditions de la répression menée par l'occupant et ses créatures de Vichy contre la Résistance, il est nécessaire de dire un mot de ceux dont on oublie (ou dissimule) trop souvent la malfaisance : les mouvements « séparatistes » et « autonomistes »... Dans un de ces livres qui manquaient tellement qu'on est heureux qu'ils aient été écrits et publiés, celui que Francis Arzalier, en 1990, a intitulé *Les Perdants ; La dérive fasciste des mouvements autonomistes et indépendantistes au XXe siècle*, cet historien souligne : « Rien de commun, à première vue entre ces courants identitaires autonomistes ou infra-nationalistes et les idéologies fascistes ou nazies (...). Et pourtant, ce mariage contre nature a bien eu lieu, des années trente à 1945, incarné par des Bretons et des Alsaciens servant dans la SS, des Corses passés au service de Mussolini, des Nord-Africains devenus activistes nazis. Chez quelques-uns, qui ne furent pas si rares après tout, le nationalisme blessé est venu se consumer, tel un insecte attiré par la flamme, dans le grand brasier sanglant du fascisme et du nazisme. »

Traditionnellement, l'impérialisme allemand avait utilisé les revendications nationales, souvent légitimes, des minorités opprimées par ses voisins européens pour infiltrer des agents sur leur territoire et y susciter des troubles. Les vainqueurs de 1918 s'étant, après le traité de Versailles, partagé les dépouilles coloniales de l'Allemagne, l'Abwehr renaissante n'en fut que plus libre d'étendre et d'amplifier son travail d'agitation outre-mer et plus encline à « aider », à sa manière, ceux des mouvements nationalistes et de leurs leaders qui, un peu partout dans le monde, étaient engagés dans une lutte de libération contre les « empires » britannique, français, hollandais, etc. et qui, ou bien se montraient peu méfiants à l'égard des marins, des hommes d'affaires, des diplomates germaniques si bien disposés à leur endroit, ou bien, considéraient qu'il était de bonne guerre d'utiliser à leur profit des rivalités entre impérialismes. Toujours est-il que, quand Hitler prit le pouvoir, les nazis s'employèrent immédiatement à développer l'entreprise et ils lui donnèrent une dimension nouvelle : le racisme... D'abord, le IIIe Reich revendique certains territoires d'Europe en s'appuyant sur l'agitation entretenue chez les « Volksdeutschen » (Allemands de race) qui, en 1938, constituent 43,4 % de la population du territoire de Memel, 22,3 % de celle de Tchécoslovaquie, 5,5 % de celle de la Hongrie, 4,2 % de celle de la Yougoslavie, 4,1 % de celle de la Roumanie, 3,19 % de celle de la Lettonie, 2,3 % de celle de la Pologne, etc. ; et puis, le mythe « aryen » et la frénésie antisémite aidant, les Gallois, les Irlandais, les Ecossais, les Bretons, les Flamands, les Bourguignons, bientôt les Arabes et même les Indiens deviennent des « cousins germains », à tous les sens du terme, qu'il convient d'autant plus d'aider qu'ils occupent des terres sous souveraineté ou protectorat ennemi. Ainsi, le 23 mai 1941, le jour même où il décide de soutenir plus intensivement la révolte anti-anglaise dirigée en Irak par Rachid Ali el Gailani, Hitler déclare-t-il dans la « directive n° 30 » de l'OKW : « Le mouvement de libération arabe est notre allié naturel ». Ainsi, lorsque paraît à Paris l'ouvrage de Saïda Savitri intitulé *L'Islam devant le national-socialisme*, peut-on lire, entre autres, dans *Paris-Soir* du 21 juillet 1944, que « son principal intérêt est de dégager, dans un constant parallèle, les points communs de la doctrine de Hitler avec celle de Mahomet ». Dans une pareille optique, on ne sait que trop le rôle joué par des hommes tels que le Grand Mufti de Jérusalem, Hadj Amine el Husseini, et l'ancien compagnon de Gandhi, Subhas Chandra Bose, un temps président du Parti du Congrès avant de devenir le chef des « SS indiens »... Des précisions comme celles que fournit Mohammed Harbi, dans son livre *Aux origines du FLN : le populisme révolutionnaire en Algérie*, peuvent même laisser rêveur. En effet, écrit-il, « selon le témoignage de Moussa Boulkeroua, il s'est formé au sein du PPA (Parti du peuple algérien), à la veille de la Seconde Guerre mondiale, un "Comité d'action révolutionnaire nord-africain" (CARNA) animé, entre autres, par Rachid Ouamara, Abderrahmane Yassine, Mohammed Henni, (...), El Mahi et Mostefa Bacha. En 1939, une délégation du CARNA s'est rendue à Berlin pour prendre contact avec les Allemands. Ce sont les Allemands qui ont fait passer clandestinement la frontière aux membres de la délégation. Le but du voyage était d'obtenir des armes et des finances pour organiser une insurrection. Les Allemands font bon accueil aux Algériens mais il apparaît très vite que leur objectif n'est pas celui de leurs hôtes. Ils prennent les membres de la délégation un à un, les interrogent sur la situation en Algérie, sur leurs perspectives, leur demandent un curriculum vitae puis leur font repasser les frontières.

En fait, les Allemands cherchaient à recruter des agents. Abderrahmane Yassine et Cherif Bellamine, seuls, accéderont à leurs sollicitations. A Alger, le CARNA s'entretiendra avec le consul d'Italie auquel a été remis un rapport sur la situation en Algérie rédigé par M.C. Sahli. Le CARNA obtiendra de l'argent des Italiens. » En France même, Richard Christmann nous a raconté comment, en tant que membre de l'Abwehr, il participa à la création d'un journal en langue arabe intitulé *Er Rachid*, feuille d'abord bimensuelle puis hebdomadaire qui s'intitulait *Bulletin intérieur du Comité musulman de l'Afrique du Nord,* qui bénéficiait du soutien de la *Pariser Zeitung* et des *Nouveaux Temps* et qui était dirigée par Mohamed el Maadi, un ami du chef franciste Marcel Bucard. Ce fut le même el Maadi qui recruta pour le compte de la bande Bonny-Lafont une prétendue « légion nord-africaine » de quelque trois cents hommes que les tortionnaires de la rue Lauriston engagèrent contre le maquis en Dordogne et en Corrèze. Cette « légion » était plus spécialement animée par Paul Clarié, Alex Villaplane et Paul Maillebuaux, des complices de Lafont, que secondaient une demi-douzaine de cadres politiques venus du RNP et du Parti franciste. De son côté, le PPF avait recruté une « Ligue de défense des Musulmans » dont le secrétaire général était Arabi Fodil, visiteur assidu des bureaux de l'Amt VI, 76 avenue Foch... Un recruteur comparable à ce que furent Mohamed el Maadi et Arabi Fodil, fut le nommé Du Duc Ho qui, sans grand succès d'ailleurs, s'efforçait de trouver parmi ses compatriotes vietnamiens des volontaires pour la Waffen-SS.

« Die Bretagne den Bretonen ! »

Dans un *Essai sur l'histoire du mouvement ouvrier algérien de 1920 à 1954* qui fut publié en 1972 par le Parti de l'avant-garde socialiste, on trouve une remarque qui dépasse le cadre algérien pour prendre valeur générale. « Certains nationalistes arabes, peut-on y lire, comme Younès Bahri, étaient les alliés d'Hitler ; révolutionnaires émotifs et non-révolutionnaires conscients, ils ont fini comme collaborateurs du pire ennemi des peuples et de la liberté. Des Algériens furent sollicités par la propagande hitlérienne pour s'enrôler dans l'armée allemande ; certains acceptèrent comme on le sait. En Tunisie, le journal *An Nahda*, était au service de Mussolini. Des tracts hitlériens circulaient en Algérie. (...) Qu'on songe un instant aux conséquences d'une victoire de l'Allemagne hitlérienne sur l'avenir des mouvements de libération (...) ! L'intérêt supérieur du peuple algérien était inséparable de l'intérêt général de la coalition antihitlérienne malgré les objectifs et les buts différents et parfois contradictoires des composantes de cette coalition... »

Certes, le problème n'est pas simple. Le fait qu'Anouar el Sadate, chef de l'Etat égyptien de 1970 à 1981, ait, comme il le reconnaît lui-même dans ses mémoires, collaboré avec l'Abwehr, n'a pas hypothéqué l'avenir des « officiers libres » de Gamal Abdel Nasser ; le fait que le sultan du Maroc, Mohammed V, pourtant futur « compagnon de la Libération », ait accepté de fournir à Hitler d'importants renseignements politiques et militaires sur l'action des Alliés en Afrique du Nord, ne l'a pas empêché d'être plus tard le leader de l'indépendance de son pays — tant il est vrai que, selon l'expression de Jacques Coubard, biographe de *Nasser*, les « poussées de fièvre où avaient parfois été entraînés d'authentiques patriotes » ne furent pas de très longue durée. Cependant, ce qui peut être, sinon justifiable, du moins compréhensible quand il s'agit de mouvements de libération nationale, ne saurait l'être à propos des groupements autonomistes breton, alsacien, flamand, corse ou basque vis-à-vis desquels les Allemands et les Italiens pratiquèrent la même politique... Sans exagérer en effet le nombre des individus concernés, il ne faut pas craindre de dire que l'utilisation qu'ils firent de revendications régionalistes légitimes n'empêcha pas ceux, qui sous prétexte d'obtenir leur « indépendance » se mirent au service de l'ennemi, d'être aussi évidemment des traîtres que les Parisiens, les Bordelais ou les Lyonnais qui se placèrent dans la même situation. « Les services allemands d'espionnage, rappelle Marcel Baudot dans *Libération de la Bretagne*, plusieurs années avant la guerre, s'étaient intéressés aux diverses tendances d'un régionalisme exacerbé qui avaient pris naissance dans plusieurs régions de la France ; ils avaient attaché une importance toute particulière aux autonomisants bretons et leur avaient donné quelques facilités pour la mise au point de leur action clandestine, en accueillant quelques-uns de leurs militants en Allemagne et en les formant à l'action subversive. La poignée d'activistes de "Breiz Atao", dirigée dès l'année 1921 par Olier Mordrel, s'appuyait sur une toute petite minorité d'étudiants de Rennes, d'intellectuels férus de folklore, de hobereaux monarchistes, d'adversaires des lois laïques ; des celtisants et des régionalistes surtout désireux de promouvoir l'enseignement de la langue bretonne et d'assurer le maintien des traditions de la province, tel Ropartz Hémon, tels encore l'abbé Jean-Marie Perrot et quelques autres ecclésiastiques, tenaient des positions beaucoup plus modérées. Les premiers s'étaient manifestés en 1932 par des attentats contre les monuments célébrant le rattachement de la Bretagne à la France ; après une période de calme, les extrémistes reprenaient leur action en 1938, des poursuites avaient été engagée en décembre 1938 et février 1939 et de nouveaux attentats étaient perpétrés à Pontivy et à Quimper, et des armes venues de l'étranger étaient débarquées clandestinement le 10 août 1939. Le "Parti national breton", constitué par Mordrel et Fransez Debauvais, était dissous par décret du 20 octobre 1939 et de nombreuses perquisitions étaient faites, les deux leaders du PNB se réfugiaient en Belgique, diffusaient de

Bruxelles, le 25 octobre, un appel à la rébellion et prenaient contact avec les services de l'Abwehr en Allemagne. Le Conseil de guerre de la 3e Région militaire, saisi du dossier, condamnait le 7 mai 1940 par contumace à la peine de mort les deux fugitifs. Les Allemands s'empressaient de mettre à leur disposition, à Kremsir, en Moravie, un poste émetteur où, à l'instar de Ferdonnet, le traître de Stuttgart, ils lançaient sur les ondes deux fois par jour des appels à la révolte de la Bretagne au nom d'un prétendu gouvernement breton en exil. Dès l'occupation de la péninsule armoricaine par la Wehrmacht, Mordrel et Debauvais rentraient à Rennes et Célestin Lainé était libéré de la prison de Clairvaux... ». Sous la (légère) réserve qu'en octobre 1939 Mordrel et Debauvais n'eurent pas à « prendre » mais seulement à rétablir avec les officiers de l'Abwehr camouflés en diplomates allemands à Bruxelles des contacts depuis longtemps établis, la synthèse de Marcel Baudot sur la manipulation nazie de l'« autonomisme » breton est pertinente et l'on comprend, la lisant, qu'après la défaite des armées françaises, les gens du PNB et leurs amis aient pu croire, comme on dit parfois trivialement, que « c'était arrivé »... Ils crurent qu'allait enfin se réaliser *Le Rêve fou des soldats de « Breiz Atao »*, selon l'expression prise comme titre de livre, trente ans après, non sans une complaisance révélatrice, par l'un d'entre eux, Ronan Caerleon. Mais... « Dès 1940, raconte Caerleon, des cartes allemandes publiées de l'autre côté du Rhin, montraient la Bretagne séparée de la France : *Die Bretagne ist west-europäischer Raum... Die Bretagne den Bretonen !...* L'une de celles-ci était exposée à Berlin, dans le bureau de von Mümm, à l'Oberkommando der Wehrmacht. (...) Le 6 juin 1940, en pleine campagne de France, alors que les Allemands étaient à Dunkerque et s'apprêtaient à marcher sur Paris, le Dr Willy Krogmann, membre de la société allemande d'études celtiques, Deutsche Gesellschaft für keltische Studien, publiait à Halle, en Prusse, une brochure fort bien faite, intitulée *Breiz da Vreiziz ! (Die Bretagne den Bretonen !).* "La Bretagne aux Bretons !" En regard de la page de titre, une carte de l'ouest européen où la Bretagne figure comme territoire indépendant de la France... » Une carte, on le voit, assez surprenante.

Le « Bagadou Stourm » et la « Bezen Perrot »

Mais Ronan Caerleon poursuit : « Le 25 juillet 1940, un mois après l'armistice franco-allemand, l'agence officielle allemande Deutsche Nachrichten (DNB) publiait : "Pour remédier au sous-développement dont la Bretagne souffre depuis cent cinquante ans du fait de l'administration française, les autorités allemandes ont reconnu officiellement l'existence de la Bretagne en créant un poste de Gouverneur de la Bretagne, confié au général Weyer, qui établit son siège à la Préfecture de Rennes. Le statut international de cet Etat breton et la nature de ses relations avec la France et avec l'Allemagne seront réglés par des conventions réciproques." Cette information était reprise par la presse et la radio étrangères des pays neutres ainsi que par la radio de Londres. (...) Alerté par le gouvernement de Vichy, Otto Abetz, ambassadeur d'Allemagne à Paris, intervint aussitôt auprès du chancelier Hitler pour qu'il retirât son appui aux séparatistes bretons. Dans *Mémoires d'un ambassadeur*, il écrit : "En Bretagne, les services de l'Abwehr et les sections de propagande militaire favorisaient des efforts locaux pour l'autonomie de ce territoire. Je me souvenais à quel point le séparatisme rhénan avait été néfaste aux relations franco-allemandes, des années encore après son échec ; je me prononçai contre tout soutien du séparatisme breton et recommandai de borner les efforts à une autonomie culturelle."... ». Si l'affaire ne s'était pas terminée dans les tortures et la mort, on serait tenté de sourire ici de cet emploi du mot « culturel ». En effet, dans la mesure où l'ordre est venu de Berlin de ne pas mécontenter Vichy en Bretagne, tout le folklore dont vont s'entourer les autonomistes — il vaudrait mieux ici dire séparatistes — n'empêchera pas que l'on en revienne au processus habituel, celui du recrutement de propagandistes, d'indicateurs et d'hommes de main par les services nazis. Le « rêve fou » va laisser place à la réalité sordide, l'épopée ne sera qu'une équipée et l'on serait tenté de forger un néologisme anglais pour mieux qualifier le produit final de tout ce remue-ménage : un « folkgang » d'une centaine d'hommes armés... D'ailleurs, les fréquentations de ces « antifrançais » chatouilleux mais sélectifs sont, pour l'époque et pour des gens de leur sorte, on ne peut plus banales : le PPF et la Milice. Un des dirigeants du SD de Rennes, le SS-Hauptscharführer Grimm, a, par exemple, mis en contact Célestin Lainé avec un officier doriotiste, le commandant Gamory-Dubourdeau, lequel a été chargé par le « grand Jacques » de s'occuper d'un « Bureau des affaires bretonnes » qui emploie déjà Olier Mordrel. Autre exemple : lorsque des dirigeants de la Milice (pourtant réputée « française ») tels que Bassompierre viennent en Bretagne, ce sont les autonomistes qui assurent leur protection armée contre la Résistance, etc. En fait, le « folkgang » va être, à la fois simultanément et successivement, composé de deux formations en armes : le « Bagadou Stourm » et la « Bezen Perrot ».

Le fondateur et chef de Bagadou Stourm se nomme Yann Goulet ; à la Libération, il s'exilera en Irlande et, pendant de longues années après la guerre, depuis cet exil accueillant, il continuera de fomenter des attentats terroristes en Bretagne. Il a donné à Caerleon un « témoignage » où il chante « la geste » de ses hommes vêtus et bottés de noir, coiffés d'un calot de même couleur et cravatés de blanc. « De janvier 1941 à la Libération, y déclare-t-il notamment, les Bagadou Stourm peuvent revendiquer l'honneur d'avoir fourni contre les Français les premiers soldats bretons ! (...) Les Bagadou Stourm sont devenus des "Strolladou Stourm" en 1941. En fait, il n'y a pas lieu d'attacher de l'importance à ce changement de nom qui ne fut que passager. Il avait été pris pour plaire à qui vous savez (initiales SS). Je compris tout de suite qu'une confusion pouvait être fâcheuse... » Fâcheuse mais révélatrice.

Hélas pour Goulet, Lainé allait bientôt lui soustraire ses éléments les plus décidés pour fonder, en décembre 1943, la « Bezen Kadoudal » très vite devenue la « Bezen Perrot ». On ne saurait mieux définir cette « Milice Perrot » qu'en la comparant à une des unités de la « Franc-Garde » de Darnand, mais l'une des plus sanguinaires. Cette inflation de l'horreur alla de pair avec une inflation du décorum, visiblement destinée à la rendre légendaire. « La Bezen Perrot, note Ronan Caerleon, adopta dès sa fondation, fin 1943, le drapeau blanc à croix noire des combattants bretons du XVe siècle. Il flotta en permanence au quartier général de "l'armée nationale bretonne" à Rennes et sur les champs de bataille lors de la défaite des "armées européennes", en 1944 et 1945. (...) Ainsi en sera-t-il de la plus petite armée du monde en guerre. Une armée de soixante hommes jurant de venger la défaite de Saint-Aubin du Cormier qui, en 1488, fit perdre à la Bretagne son indépendance. Soixante soldats combattant sous le drapeau à croix noire — le même qui flotta sur le champ de bataille de la Lande d'Ouée — pour rendre à la Bretagne ses libertés que, cinq siècles plus tôt, six mille Bretons n'avaient pu sauvegarder ! » Le chef Célestin Lainé ne se veut pas moins pittoresque que sa bande. Cet ingénieur sorti de l'Ecole centrale et officier de réserve de l'armée française se déclare adepte de la « foi celtique » et il proclame : « Ce que nous voulons ? "Renordiser" la Bretagne ! » Son ancien admirateur, toujours complice mais bientôt rival, Olier Mordrel, en a, plus tard, fait le portrait suivant : « C'était un homme étrange. Il était devenu le prophète d'une religion faite à sa mesure, où le racisme nordisant se mariait avec la volonté de puissance nietzschéenne, non sans flirter avec d'inévitables exhalaisons de druidisme romantique. Il ne cherchait pas à former ses hommes mais à les identifier à sa personne... » Début 1944, Lainé publia un journal intitulé *Breiz Atao*. Dans le premier et unique numéro de cette publication, figurait cette proclamation : « Camarades de la formation Perrot, je vous salue ! Je salue en vous la première formation bretonne armée depuis la dispersion de l'armée chouanne. (...) Vous luttez, d'abord et avant tout pour notre patrie la Bretagne, en pleine et loyale collaboration avec l'allié allemand. L'Allemagne gagnera cette guerre. Mais naturellement ceux dont tout le génie politique est l'opportunisme préfèrent miser sur deux sinon sur trois tableaux, car ils sont même prêts à tendre la main aux communistes à l'égard desquels ils évitent déjà avec soin toute critique, et cela dans un pays aussi profondément anticommuniste que la Bretagne. » Malgré tous les efforts déployés pour transformer en martyr de la « cause celtique » le curé de Scrignac, bourgade du nord du Finistère, ce prêtre « collaborateur » que des résistants avaient exécuté le 12 décembre 1943, le choix que Lainé fit de l'abbé Jean-Marie Perrot comme parrain posthume de sa « Bezen » fut, lui aussi, diversement apprécié dans les milieux autonomistes. Le biographe de ce défunt ecclésiastique pétainiste, le chanoine Henri Poisson, remarqua même : « C'est bien à tort que le nom de l'abbé Perrot a été accolé à cette milice. Jamais il ne l'aurait approuvé (...). On a fait tort à son nom sous prétexte de le venger... » Un avis qui était loin d'être partagé par tout le monde. Ainsi, dans son ouvrage *Le Mouvement breton*, Alain Déniel rappelle-t-il une protestation significative. Le 23 août 1948, *Le Télégramme de Brest* avait publié un article d'un certain de Guébriant où ce hobereau de Saint-Pol-de-Léon écrivait, à propos de Perrot, que ce « prêtre modeste et effacé (...) était tombé sous les balles de criminels ». Aussitôt, écrit Déniel, « les "familles de fusillés de Scrignac" élevèrent une protestation officielle auprès du préfet du Finistère ». Les auteurs de cette protestation s'élevaient « contre le fait qu'un ancien conseiller national de Pétain défende un traître à la France et attaque la Résistance qui, en toute justice, a puni ce traître de la peine de mort ».

Pèlerinage pour un agent de l'Abwehr

Aussi bien nous semble-t-il qu'il vaudrait mieux appeler la « Bezen Perrot » de son vrai nom, à savoir la « Bretonischer Waffenverband der SS » — ce qui se passe de traduction. D'autant plus que Caerleon lui-même reconnaît : « Les premiers volontaires de la Bezen Perrot avaient été engagés sur le front de Bretagne, depuis le début de l'année 1944. Sur le plan militaire, l'unité dépendait du Hauptscharführer Grimm, dit Lecomte, du Sicherheitsdienst (SD) de Rennes. L'Obersturmbannführer Pulmer avait la responsabilité directe des unités qui combattaient les maquis en Bretagne. C'est surtout de janvier à juillet 1944 que la Bezen participa à des opérations militaires en Ille-et-Vilaine, Morbihan et Côtes-du-Nord. » Sur la nature de ces « opérations militaires », au cours desquelles se distinguèrent des hommes tels que Ael Peresse, Louarn Du (dit Le Du) ou Léon Jasson, Marcel Baudot fournit quelques précisions : « La Milice Perrot aura mission de garder l'immeuble de la Gestapo à Rennes et ses prisonniers, d'attaquer les groupements des FFI et des FTP, d'établir des souricières, de préparer des équipes de sabotage et de guérilla devant agir dans les territoires libérés par les Alliés. » Et Alain Déniel ajoute : « Les membres de l'unité participent à une série d'opérations de police dirigées contre les résistants : rafles à Château-Saint-Gurval, Guer, Sarzeau, Guémené-sur-Scorff, Saint-Nicolas-du-Pélem ; des dizaines de personnes sont arrêtées, des fermes incendiées. (...) Il arrive que les hommes de la formation soient directement engagés contre les maquis : dans la région de Châteauneuf-du-Faou, aux environs de Ploërdut... »

Sans vouloir entrer dans le détail des rivalités d'hommes et des mutations d'organisations, rappelons que, *grosso modo*, pour les autonomistes engagés dans la politique de Collaboration, le Parti national breton (PNB) était la structure politique dont les « Bagadou Stourm » et surtout la « Bezen Perrot » constituaient les fers de lance. Or, c'est à propos des membres du PNB que, toujours en s'appuyant sur les archives du Comité d'Histoire de la Deuxième Guerre mondiale, Marcel Baudot porte l'appréciation suivante : « La Gestapo les utilisera comme indicateurs, puis comme auxiliaires dans son action contre la Résistance bretonne, ce qui eut pour conséquence de renforcer encore l'animosité de la très grande majorité de la population à leur égard. Le nombre d'adhérents au PNB demeure très faible en Bretagne durant tout le temps de l'occupation et son influence fort limitée. » Ce constat de maigres effectifs et de faible influence mérite d'être souligné dans la mesure où la même évidence qu'en Bretagne saute aux yeux en Alsace, en Flandre, en Corse et au Pays basque, partout où des groupements autonomistes et séparatistes purent paraître tenir le haut du pavé mais, malgré leur malfaisance, ne parvinrent jamais à être autre chose que des créations artificielles de l'occupant.

La couverture du « Elsaessische Hilfsdienst » (Service de secours alsacien) ne dissimula pas longtemps la véritable personnalité d'hommes tels que Joseph Rossé, l'abbé Joseph Brauner, Hermann Bickler, Hans Keppi, Joseph Oster, Paul Schall, Rudi Lang, etc., surtout lorsque, comme le rapporte Paul Sérant, « Bickler n'hésita pas à dire que l'autonomisme n'était qu'une position provisoire, correspondant à "l'intérêt du Reich"... » La tentative pour faire de la tombe de Karl Roos, au château de Hunebourg, « un lieu de pèlerinage », ne put faire oublier que ce dernier, condamné à mort par le Tribunal militaire de Nancy le 26 octobre 1939 et fusillé le 7 février 1940, avait été, au préalable, démasqué comme agent de l'Abwehr. Et pourtant, la propagande nazie n'avait pas ménagé sa peine... Ouvrons la brochure *L'Alsace, cœur et bouclier du Reich*. De part et d'autre du buste de Roos, œuvre du sculpteur Schliessler, le texte proclame que « entre 1918 et 1940, les meilleurs des Alsaciens ont combattu pour s'affirmer allemands » et que « le sacrifice du docteur Karl Roos, immolé le 7 février 1940, à Champigneulles, près de Nanzig (Nancy), porte en germe l'avenir allemand » de l'Alsace. En dessous, une déclaration du Gauleiter Robert Wagner, bel exemple de réthorique nazie, où il écrit notamment : « Si l'Alsace est aujourd'hui à un tournant de son destin, elle le doit certes aux jeunes peuples qui se sont engagés dans un nouveau combat pour de nouveaux idéaux (...) ; mais elle le doit aussi et en premier lieu à l'incomparable personnalité de celui que nous avons la chance de pouvoir appeler notre Führer. Cet homme dont la vie tout entière fut, depuis sa prime jeunesse, consacrée au plus noble des idéaux humains (...), cet homme qui a donné un nouveau sens à la lutte pour la vie de notre peuple, garantira désormais aussi la vie de l'Alsace. »

Malgré d'abondants subsides de la « Propagandastaffel » de Bruxelles qui le fit reparaître, en janvier 1941, en deux langues, le journal *Le Lion des Flandres*, organe de la « Vlaamsch Verbond van Frankrijk » (VVF) ou « Ligue des Flamands de France », créée en 1923 et dirigée par l'abbé Jean-Marie Gantois, atteignit un tirage maximum de 4 000 exemplaires en février 1944 et ne parvint jamais à avoir plus de six cents abonnés. « La vérité oblige à dire, écrit Pierre Antonetti, dans son *Histoire de la Corse*, qu'un certain nombre de Corses, notamment des hommes de lettres, ne furent pas insensibles aux "sirènes" fascistes qui savaient habilement faire appel au vieux réflexe antifrançais encore très vivace dans les milieux autonomistes », et il n'a pas tort, mais Jean-André Livrelli non plus lorsque, dans *L'Occupation italienne en Corse*, il ajoute : « Divers journaux irrédentistes, paraissant soit en Italie (l'*Idea Corsa*, de Rome et l'édition corse du *Telegrafo*, de Livourne), soit en Corse même (*A Muvra*, c'est-à-dire : le Mouflon, de Petru Rocca), soutenaient ce mouvement dont la propagande était fort habilement orchestrée. (...) En dépit de tous ces efforts, l'Italie n'obtint aucun résultat d'ensemble et des éléments collaborateurs comme Corce ou Jean Makis peuvent être considérés comme des exceptions. » Les chiffres de l'épuration semblent bien confirmer l'appréciation de Livrelli. La Corse ayant été le premier département libéré, c'est dès le 30 septembre 1943 que le membre du CFLN André Philip, futur ministre de l'Intérieur, avait intronisé à Ajaccio une Commission départementale d'épuration. Dans *Corse des années ardentes, 1939-1976*, Paul Silvani écrit que cette commission fut « saisie de 848 cas. (...) Sur les 848 dossiers, 547 sont classés sous suite et 301 peines d'internement ou d'assignation à résidence confirmées. » Plus tard, toujours selon le même auteur, « 99 individus sont traduits devant la cour de justice de Bastia. 6 sont condamnés à mort, 28 à des peines correctionnelles (...). Prononcées par contumace, les condamnations à la peine capitale ne furent pas exécutées. Elles visaient essentiellement les irrédentistes... » Commentaire un peu différent de Francis Arzalier dans *Les Perdants* : « Il est frappant de constater que la grande majorité des condamnations ne relèvent pas de l'autonomisme, mais du simple mercenariat et du doriotisme. »

Et les Basques ? Là, il semble bien que soient tombés dans l'oubli des noms d'autonomistes tels que Goyenetche ou les frères Jacques et Marc Legasse, lesquels publièrent successivement deux journaux : *Aintzima* puis *Hordago* ; leur action avait plus retenu l'attention de la justice que celle de la population de leur région.

Au seuil du présent chapitre, nous marquions notre souci de mieux cerner le sens du mot « collaboration » ou plutôt l'usage qui en fut fait entre 1940 et 1945. L'examen que nous terminons maintenant des fins et des moyens de cette Collaboration nous semble avoir permis d'en compléter heureusement la définition.

En effet, cet examen nous a permis de mettre en évidence que le terrain privilégié de la Collaboration franco-allemande — ou plutôt pétaino-hitlérienne — fut la lutte contre la Résistance, contre ceux qui refusaient l'asservissement. Réaffirmer cela pourra paraître à certains une lapalissade. Mais non... Si peu de périodes de notre histoire ont été l'objet, à peine écoulées, d'autant de tentatives de falsification, ce n'est pas par hasard.

Les collabos « du cœur »

Nous rétorquera-t-on que nous exagérons et que même dans une époque aussi manichéenne, on doit respecter certaines nuances ? Dans son *Journal d'un homme occupé*, Robert Brasillach écrit, en septembre 1943 : « Oui, le collaborationnisme de raison s'accompagne, aujourd'hui, chez les meilleurs, d'un collaborationnisme du cœur... ». Deux ans plus tard, en posant la question : *Qu'est-ce qu'un collaborateur ?*, Jean Paul Sartre note : « Il y a une psychologie du collaborateur, dont nous pouvons tirer de précieux renseignements. Certes on peut décider *a priori* que les trahisons sont toujours motivées par l'intérêt et l'ambition. Mais si, peut-être, cette psychologie à grands traits rend plus faciles les classifications et les condamnations, elle ne correspond pas tout à fait à la réalité. Il y a eu des collaborateurs désintéressés, qui ont souhaité en silence la victoire allemande sans tirer profit de leurs sympathies... ». Aurions-nous donc ici par trop négligé cette dimension « du cœur » dans notre rappel de ce que fut la politique de Collaboration ? Nous laisserons à deux auteurs presque aussi différents que les deux précédents le soin de répondre à notre place : Pierre-Albert Lambert et Jacques de Lacretelle. « Certes, admet le premier, tous les adeptes de la Collaboration ne furent pas des salauds, tant s'en faut. La politique de la main tendue à l'ennemi eut ses convaincus, ses croisés, ses purs qui se fourvoyèrent en se réclamant du héros de Verdun (...). Furent-ils les plus nombreux ? On veut le croire... Encore que les historiens aient pu observer que le zèle rencontré en France par les nazis n'eut aucune équivalence ailleurs... » Et le second : « Je ne veux pas m'étendre longuement ici sur le rôle des collaborateurs. Je dirai seulement que j'avais coutume de les ranger en quatre catégories qui comportent de légères nuances psychologiques : les gens mus par la vénalité, les ambitieux, les illuminés et les dupes. Mais à tous je reprochais le même crime : ils plaidaient constamment la cause de l'Allemagne auprès des Français et jamais la cause de la France auprès des Allemands... » Toujours est-il que toutes les considérations psychologiques possibles n'entament pas, ne peuvent pas entamer cette évidence historique : non seulement Philippe Pétain considéré comme chef et comme symbole de la politique de Collaboration ne fut pas un bouclier providentiel au bras de la France, mais il fut une matraque supplémentaire au poing de l'Allemagne. Ce n'est pas le déroulement du dernier acte auquel nous touchons maintenant qui va nous démentir, ni les assauts obstinés que vont devoir subir, les combats acharnés que vont devoir mener les « terroristes » du maquis et de la clandestinité urbaine pour préparer utilement l'arrivée des Alliés et aider grandement à leur progression victorieuse.

Cependant, si notre esquisse de portrait de la Collaboration se veut en même temps un miroir de la Résistance, il lui manque encore une touche décisive. Une lueur. Un éclair. La lueur de panique dans les yeux des uns et l'éclair de victoire dans les yeux des autres qui ne sont finalement que les reflets complémentaires d'une même lumière, l'éblouissante lumière de l'été décisif.

En fait, insidieuse, rampante, dévorante, la panique de ceux qui n'arrivent pas à ce que les Français appellent les résistants des « terros » mais qui savent bien qu'on les nomme de plus en plus eux-mêmes des « kollabos », cette panique a commencé à paraître bien avant l'été 1944 et cela d'autant plus implacablement qu'elle peut se ramener à un constat d'échec. L'échec, bien sûr, de la politique de Collaboration qui n'a guère réussi qu'à faciliter le pillage des biens français par l'occupant alors même qu'elle échouait dans la tentative d'intoxication de l'opinion publique et surtout dans celle de briser la Résistance. Constat glacial et qui va d'autant plus vite donner des sueurs froides à ceux qui le font que, comme on dit, selon la facilité d'usage, ils se sont plus « mouillés ». Eux qui attendaient que la fin justifiât leurs moyens, les voici contraints, milliers de petits Macbeth, à tourner en rond dans un espace de plus en plus restreint en contemplant inlassablement le sang, que rien ne peut plus effacer, de leurs mains. Ils savent leurs jours comptés et leur destin scellé. En octobre 1943, anonymement, paraissait dans le n° 10 des *Lettres françaises* clandestines un poème de Paul Eluard qui, depuis, est devenu l'un des plus célèbres du recueil *Au rendez-vous allemand*. Son titre était sans appel et ses premiers vers sans merci — il exprimait parfaitement le sentiment d'à peu près tous les résistants.

Le titre disait : *Un petit nombre d'intellectuels français s'est mis au service de l'ennemi*. Et les premiers vers :

Epouvanté épouvantable
L'heure est venue de les compter
Car la fin de leur règne arrive

Chapitre trois

PAR TOUS LES MOYENS

Où, après avoir arpenté les « résistodromes » et être passé au crible de « Patriotic School », on comprendra qu'il y a moins de différences qu'il ne semble entre le « Manuel du parfait dérailleur » et le recueil clandestin de « L'honneur des poètes ».

Lorsqu'il décrit *Paris sous l'Occupation*, Jean-Paul Sartre souligne que la présence allemande avait « dépouillé les hommes de leur avenir » et il insiste : « Tous nos actes étaient provisoires, leur sens était limité à la journée même où ils étaient accomplis. Les ouvriers travaillaient à l'usine, au jour le jour : l'électricité pouvait manquer le lendemain, l'Allemagne pouvait cesser ses envois de matières premières, on pouvait décider brusquement de les déporter en Bavière ou dans le Palatinat ; les étudiants préparaient leurs examens, mais qui aurait osé assurer qu'ils pourraient s'y présenter ? » Certes on peut répliquer à cette constatation que les résistants furent précisément ceux qui refusèrent, entre autres, ce dépouillement et qui voulurent, à toutes forces et à tout prix, sauver leur avenir... Toutefois, il faut aussitôt reconnaître que cette défense de l'avenir ne fit pas échapper les combattants clandestins à l'incertitude du lendemain. Au contraire, les risques que courait toute la population furent, pour eux, multipliés ; ce ne furent pas des dangers intermittents, limités, passagers, mais un danger permanent et omniprésent qu'ils durent affronter. Déjà, nous avons essayé de dire le poids terrible de ce « danger volontairement couru » ; déjà, nous avons tenté de montrer ce que pouvait être la « psychose du clandestin », hanté à chaque instant par le souci d'échapper aux mailles d'un filet dont il savait bien qu'elles se rétrécissaient sans cesse ; déjà, nous avons évoqué ce que Dominique Ponchardier appelait « la peur flottante ». Nous avons entendu Pierre Guillain de Bénouville s'écrier : « L'angoisse ne cessait pas de nous habiter ! » Nous avons vu un héros tel que Charles Debarge confier à son carnet, quelque temps seulement avant de succomber dans un guet-apens, son sentiment de « ne plus pouvoir tenir longtemps » En un mot, nous avons compris pourquoi Marie Granet pouvait écrire qu'« un résistant devait se méfier de tout ».

Telle était en effet la réalité... Mais une réalité que les résistants eurent, encore une fois, la patience et l'audace de maîtriser. Et, si beaucoup durent se sacrifier, beaucoup aussi purent échapper. Pourquoi ? Parce qu'ils ne se contentèrent pas de se méfier simplement mais parce que la plupart d'entre eux avaient élaboré puis perfectionné une véritable technique de la méfiance. Une technique qui s'appelait la vigilance.

Le côté « jeune chien »

Il y aurait beaucoup à dire sur l'évolution de la signification du mot *vigilance* dans les années 1930 et pendant la Seconde Guerre mondiale. Le mot sort des traités de morale et des manuels de vertu où l'avaient cantonné les siècles précédents ; il entre dans le vocabulaire du mouvement ouvrier lorsque celui-ci doit se prémunir contre les infiltrations et provocations policières ; les militaires l'adoptent lorsque grandit la menace allemande aux frontières de l'Est ; il devient presque l'égal de maîtres-mots tels que *liberté* ou *unité* quand les « Fronts populaires » tentent de « barrer la route au fascisme » ; enfin, il va devenir l'un des mots clefs de la résistance des peuples opprimés par les armées de Hitler. Depuis les « vigilantes amies » de Madame de Sévigné, les « vigilants pères de famille » de Bossuet ou la « vigilance ordinaire » du ministre Louvois vantée par Voltaire jusqu'au « Comité de vigilance des intellectuels antifascistes », que de chemin parcouru ! Les définitions des dictionnaires deviennent aléatoires : la théorie et la pratique de la vigilance ne sont plus réductibles aux qualités de celui « qui veille avec beaucoup de soins à ce qu'il doit faire » (*Littré*) et elles vont bien au-delà d'une « attention vive » ou d'une « surveillance soutenue » (*Petit Larousse*) pour se rapprocher plus de l'« état de la conscience éveillée et attentive » (*Trésor de la Langue française*). Modernisation et politisation du terme s'accompagnent d'ailleurs d'un retour aux sources : le sens étymologique « rester en éveil » retrouve toute sa force et l'expression est fréquemment employée dans les journaux et les livres de l'époque de la montée du fascisme. Pour les résistants, on pourrait presque affirmer qu'elle est l'arme essentielle. Comme condition de l'existence même et donc de toute action. Comme moyen non seulement défensif mais, de plus en plus, offensif. Aussi bien nous a-t-il paru naturel de centrer sur le problème de la vigilance un examen des moyens d'action dont disposa la Résistance française dans les mois qui précèdent le débarquement allié du 6 juin 1944 et dans les combats pour la Libération.

Arme essentielle, la vigilance est aussi une arme très difficile à manier et dont les résistants ont dû faire un très dur apprentissage.

Dans ses mémoires, le colonel Oscar Reile, dont on sait qu'en tant que chef de l'« Abwehr III-F » en France il fut un des dirigeants de la répression, écrit textuellement : « Les groupes qui avaient pris l'initiative de se constituer ne possédaient heureusement aucun entraînement à la guerre clandestine. (...) Aussi ne se montraient-ils pas assez prudents. (...) Ils agirent avec bravoure mais le plus souvent avec légèreté, sans direction technique, et furent facilement victimes de leur inexpérience et de leur audace. (...) L'enthousiasme, parfois nourri par la haine, n'est pas le meilleur conseiller dans la lutte secrète. Il provoqua des pertes extrêmement élevées... » En notant ceci, Reile ne se vante pas ; il ne fait que constater une réalité tragique.

L'histoire de la Résistance française est jalonnée de naïvetés et d'imprudences aux conséquences sanglantes. « Un jour de septembre 1943, raconte ainsi Lucie Aubrac, dans *La Résistance (naissance et organisation)*, déjà cité, à Paris, une famille française reçut pour l'héberger quelques jours un aviateur américain tombé en parachute au-dessus de la Picardie. Heureuse de se dévouer à la cause de la Libération, la maîtresse de maison invita pour un thé une quinzaine d'amis à faire connaissance du jeune aviateur. Un inspecteur de police remarqua par hasard les nombreuses entrées dans l'immeuble où habitait cette famille. Une descente de police eut lieu dans l'appartement et toute l'assemblée fut coffrée. Parmi elle, un jeune garçon, agent de liaison d'un groupe franc, portait un carnet avec des rendez-vous. Pour se conformer aux règles qu'il avait reçues, Jacques avait soigneusement, croyait-il, camouflé ces rendez-vous en les indiquant tous une heure plus tôt qu'ils n'étaient en réalité. Mais c'était là une subtilité bien grossière pour la Gestapo qui, en six jours, ramassa quatre responsables importants de l'organisation à laquelle appartenait Jacques. Et c'est ainsi que vingt personnes prirent le chemin des camps de concentration en Allemagne... » Autre exemple caractéristique, celui que rapportent Henri Noguères et Marcel Degliame-Fouché d'après le témoignage du général Henri Navarre. « A Clermont, leur dit Navarre, on se retrouvait aux environs de la gare, toujours pour des réunions beaucoup trop nombreuses, où la plupart des participants venaient dans des tenues caractéristiques d'officiers en civil (culottes de cheval, leggings ou bandes molletières, sacoches, etc.). Après quoi, on allait déjeuner en bande dans un restaurant. Là encore, comme pour le "TR-jeunes", Verneuil et moi tentions sans grand succès de donner des conseils de prudence... ». Aussi bien les mêmes Noguères et Degliame n'ont-ils pas tort, parlant autant ici en anciens résistants qu'en historiens, d'évoquer « ce côté "jeune chien" qu'ont pu avoir à leurs débuts quelques-uns de ceux qui deviendront d'authentiques combattants de la Résistance ; aspect des choses dont nous savons tous, par expérience, qu'il a effectivement existé... »

Avec un nouveau nom, sans métier ni famille

Sorte de maladie infantile des clandestins, l'imprudence ne va d'ailleurs pas tarder à provoquer une véritable colère chez les résistants les plus lucides. En retraçant le rôle joué par le responsable « aux cadres » Arthur Dallidet, Hélène Parmelin rappelle : « En mars 1941, le Parti communiste clandestin subit un assaut massif. Vingt et un communistes appartenant à la direction du Parti en zone Sud tombent aux mains de la police. Dallidet, quand il apprit cette nouvelle, était bouleversé si profondément que les larmes lui vinrent aux yeux. Il partit pour Lyon. Là, dès son arrivée, il laisse éclater sa colère : "Ils ne devaient pas être arrêtés, répétait-il. Il ne fallait pas qu'ils soient arrêtés...". Il démontre l'insuffisance des mesures de sécurité et trace le travail à accomplir pour rétablir l'édifice menacé. » On retrouvera d'ailleurs le même ton, plus tard, dans un article publié par *l'Humanité* clandestine du 28 mai 1942. « Dans la dernière période, peut-on y lire, de trop nombreux militants ont été arrêtés à la suite de filatures policières qui ont, pour certaines, duré plusieurs semaines et dont ils ne s'étaient même pas aperçus. Il faut en finir avec de semblables négligences qui mettent en péril l'activité patriotique de notre Parti. Des militants qui se laissent filer sans s'apercevoir de quoi que ce soit et qui amènent des policiers à leurs rendez-vous de travail et même jusqu'à leur domicile illégal sont un danger pour la sécurité de nos organisations et leur insouciance criminelle ne saurait être plus longtemps tolérée. Désormais, tout militant qui, par manque de vigilance, amènera un ou plusieurs policiers à un rendez-vous sera immédiatement dénoncé comme un élément dangereux pour la sécurité du Parti. » Ce n'est évidemment pas de gaieté de cœur que des combattants de l'ombre en arrivent à blâmer aussi sévèrement certains de leurs frères de lutte. Mais cette sévérité est une question de vie ou de mort comme l'expliquera très bien Yves Farge au lendemain de la Libération. « Je ne sais plus quel est celui d'entre nous, soulignera-t-il, qui, apprenant l'arrestation d'un camarade, s'écria : "L'imbécile !". Il devait en être ainsi à ce moment-là. Aujourd'hui, seulement aujourd'hui, nous avons recouvré le droit de penser durant nos insomnies à ce camarade tombé au coin d'une rue et enfoui Dieu sait dans quel charnier. »... Oui, « il devait en être ainsi ».

Avec le recul du temps, on perçoit plus nettement la nécessité de cette démarche car on comprend mieux que, avant de remporter la victoire sur l'occupant, les résistants durent remporter sur eux-mêmes une victoire peut-être encore plus difficile. Contre les habitudes prises, contre les inclinations les plus normalement humaines, contre l'essentiel de ce qui auparavant était leur vie de tous les jours, la plupart durent, dans des conditions psychologiques et matérielles extrêmes, réagir opiniâtrement, inlassablement jusqu'à littéralement parvenir à faire peau neuve. « Clandestins, romantiques et inadaptés, se souviendra plus tard Emmanuel d'Astier de la Vigerie, échappés à une mécanique sociale qui veut réduire les hommes à une fonction, ils ont quitté maison, milieu, métier. Ils se sont noyés dans le petit peuple des trains, des gares et des carrefours. Ils ont joué au furet — un jeu enfantin et mortel où l'on choisit les voies, les partenaires, les adversaires... » En exergue d'une brochure d'une dizaine de pages publiée en 1944 par la direction du Front national sous le titre *Conseils de sécurité*, on lit : « Un membre du FN ne bavarde pas, ne se vante pas. Il agit contre l'ennemi. » En fait, pour suivre ce conseil, il fallait bouleverser les normes de sa vie quotidienne et comme on dit, « mener une existence » presque totalement différente. « Il pouvait paraître aisé d'apprendre à se taire, remarque Henri Michel, de cesser de voir de vieux amis qui avaient choisi l'autre bord, de renoncer à faire carrière ; il était plus dur d'abandonner son métier. C'est cependant à mesure que l'engagement se précisait que les périls et les obstacles s'accroissaient. L'action résistante était une sorte de gouffre qui happait de plus en plus profondément ceux qui s'étaient laissés prendre par lui. (...) Un beau jour, on avait brisé définitivement avec sa vie antérieure. Changeant de nom, rompant par précaution avec sa famille, le résistant devenait un sans logis et le plus souvent un sans argent. Il apprenait à connaître les stations interminables dans les trains surchargés ; les hôtels d'où il partait au petit jour avant la visite de la police ; il s'efforçait de ne pas montrer sa peur lorsque les Allemands examinaient ses faux papiers ; il n'entrait plus dans une maison sans chercher du regard les issues de secours ; il faisait l'apprentissage des mille et un détails de l'action clandestine... » Les « mille et un détails », sans compter tous les hasards. La même brochure du Front national portait un autre exergue : « La prudence n'empêche pas l'action. Elle aide à la réaliser dans de bonnes conditions. » Bien sûr, c'était fondamentalement vrai. Mais vraie aussi la remarque d'Emmanuel d'Astier qui, après avoir noté que trop souvent, à propos de la Résistance, on « imagine une épopée sans peser la part infernale », ajoute : « Nous ne savions presque rien, nous parlions rarement à plus de cinq ou six personnes. Il fallait des jours pour avoir une vue d'ensemble et que les pièces du puzzle s'ajustassent... » Et pourtant se produisit ce que l'on serait presque tenté d'appeler un miracle... « J'admire encore aujourd'hui, dira Yves Farge dans *Rebelles, soldats et citoyens*, avec quelle assurance, quelle certitude, nous envisagions l'avenir. En écrivant sur ces hommes qui jamais ne s'agglomérèrent, qui vivaient loin les uns des autres, qui confrontaient leurs points de vue dans des rencontres furtives, je suis étonné d'avoir à constater qu'ils ont constamment délibéré comme s'ils s'étaient trouvés dans un congrès qui eût pour enceinte la France... »

« Le papier fin se mange plus facilement... »

Si l'on tente d'aller plus loin, si l'on essaie de voir de plus près comment les résistants « vécurent » la vigilance, ce qui frappe dès l'abord, c'est que les détails et les hasards dont nous parlions plus haut cessaient presque d'en être pour devenir des événements lourds de conséquences, des jalons décisifs de ce parcours périlleux qu'était la vie quotidienne des clandestins. La plupart des gestes qu'auparavant l'on accomplissait sans y penser particulièrement, des gestes jadis machinaux et insignifiants pouvaient désormais, à tout instant, prendre un poids, une importance proprement fantastique. Tout réflexe autrefois banal pouvait devenir dangereux ; tout abandon à des habitudes jusque-là « normales » pouvait entraîner des catastrophes... « Lorsque sont arrivées les fêtes de Noël, nous dit par exemple le leader syndical Benoît Frachon, il a fallu mettre en garde les camarades qui auraient pu avoir tendance à retourner dans leur famille. Nous savions que les flics les guettaient à l'entrée de leur domicile. » Et cela n'était pas vrai que pour Noël. « Comme je respectais les mesures de vigilance du Parti, nous dit Juliette Dubois, je n'ai jamais par exemple cherché à revoir ma famille ni des amis d'autrefois... » En revanche, paradoxalement, il était dangereux d'apparaître comme trop solitaire. « Pour les cadres d'un certain échelon, nous dit Jean Laffitte, la direction du Parti avait pensé que le mieux, pour leur travail, c'était d'être en ménage... Avec leur femme ou avec une copine. Si possible avec des enfants pour donner une apparence légale à la vie illégale. » Des coïncidences imprévisibles qui en d'autres temps auraient été jugées comiques pouvaient soudain devenir, elles aussi, des dangers. « Beaucoup de camarades clandestins, nous dit encore Laffitte, ont eu des difficultés vestimentaires. D'abord, on avait acheté des complets chez une marchande du “marché suisse”. Puis, un jour, on a pu avoir un stock de costumes noirs à raies blanches. On les a distribués à ceux qui en avaient besoin. Et puis, un jour, à un rendez-vous important, on a vu des gars arriver tous avec le même costume, trois types qui se rencontraient vêtus du même costume et qu'évidemment tout le monde regardait... » De pareilles anecdotes, monnaie courante de cette vie insolite, nous pourrions en citer des dizaines d'autres et aussi des enseignements singuliers qu'en ont retenus les rescapés. « Il faut toujours écrire sur du papier fin, nous dit ainsi tranquillement Gustave Hourquet. Oui, parce que le papier fin se mange facilement... » Mais toutes les précautions — toutes les astuces — que l'on parvenait à imaginer pouvaient-elles vous prémunir à coup sûr ? Evidemment non... Car le hasard vous guettait, un hasard devenu fou et qui semblait avoir usurpé, dans la réalité, le rôle que tenait le destin dans les tragédies grecques. Le train, la maladie, la loge de la concierge — tout événement, tout déplacement, tout lieu public lui offraient une occasion de vous tendre un piège.

Le train... « Pendant quatre ans, écrit Jean Bloch-Michel, la Résistance a circulé en France comme le sang dans les veines. Se sentir une goutte de ce sang était un puissant réconfort. Beaucoup d'entre nous passaient le plus clair de leur temps dans les trains. Je pense aux agents de liaison, à ceux qui transportaient des tracts ou des journaux ou qui couraient simplement d'une ville à l'autre pour garder des contacts, reconstruire la toile d'araignée chaque jour détruite quelque part. Les nuits étaient longues dans les couloirs des wagons de troisième. On y dormait, le front sur la barre d'appui, assis sur une méchante valise. Avec beaucoup de chance, on trouvait une place dans un compartiment ; c'était plus confortable, mais parfois plus gênant. Car vivre douze ou quinze heures avec sept personnes que l'on ne reverra jamais incline à l'abandon. Les langues se délient vite et l'on parle... Mais à qui parle-t-on ? Il fallait être réservé, sinon muet, car un excès de discrétion eût inspiré trop de curiosité. » En citant et commentant ces lignes de Bloch-Michel extraites des *Grandes circonstances*, Marie Granet ajoute : « On pouvait faire aussi de fâcheuses rencontres... » Et elle donne quelques exemples. Des exemples de rencontres qui, en d'autres temps, n'eussent pas du tout été « fâcheuses ». Un camarade d'école ou de régiment. Un ancien voisin. Un ami de la famille. Une lointaine cousine... Tous gens susceptibles de vous appeler publiquement par votre vrai nom, de vous demander « ce que vous devenez ». Ainsi, cet inconnu dans cet hôtel où pourtant Lucien Roubaud était entré par hasard. Roubaud, déjà cité au chapitre sur les maquis et qui était alors responsable du mouvement « Combat » pour le département de l'Aude. Roubaud qui se souvient et nous raconte : « Je vivais dans une clandestinité pas toujours facile à respecter. Une fois, par exemple, dans la haute vallée de l'Aude, la nuit tombante m'oblige à aller dans le premier hôtel qui se présentait. Evidemment, on me demande mes papiers d'identité. Comme je suis en train de montrer une carte où je figure sous un faux nom, voici que rentre un inconnu. Il m'interpelle : "Ah, monsieur Roubaud, vous vous souvenez de mon fils qui était dans votre classe !" C'était un commis-voyageur, un vrai celui-là, dont j'avais complètement oublié le visage. L'hôtelier a fermé les yeux, mais cette affaire aurait pu se terminer très mal... » C'est le moins qu'on puisse dire. Mais alors, pour éviter bavardages et mauvaises rencontres, fallait-il chercher à s'isoler ? Non, nous répondront la plupart des anciens résistants. Pourquoi ? Notamment pour une raison à laquelle aujourd'hui nous penserions difficilement : la somnolence, une des pires ennemies de la vigilance. En effet, fatigué par la sous-alimentation et le surmenage, vous risquiez de succomber au sommeil. « En mai 1943, rappelle Lucie Aubrac, dans *La Résistance*, l'arrestation d'un courrier qui s'endormit dans une gare des Alpes avec un paquet de tracts à côté de lui et dans sa poche la liste en clair d'adresses où il devait les déposer entraîna le lendemain l'arrestation d'une partie des chefs de Mouvements de Résistance de la région... ».

Savoir « changer de peau »

Aussi grave que le bavardage ou la somnolence, dans les trains comme ailleurs, était l'étourderie... Ainsi ce souvenir conté par Serge Ravanel à Henri Noguères et Marcel Degliame-Fouché. Il se situe la même année, mais en mars... « Kriegel-Valrimont, dit donc Ravanel, pendant son voyage dans l'Isère, avait envoyé à Lyon un agent de liaison porteur d'un rapport. Celui-ci s'était trompé de train et retrouvé à la gare de Bourg, dans l'Ain, où il dut passer la nuit dans une salle d'attente. Pendant qu'il s'y trouvait, une vérification d'identité eut lieu et un inspecteur s'aperçut que la carte d'identité de notre agent de liaison était fausse. Il le fouilla, trouva les papiers qu'il transportait et le fit parler. Un certain nombre de rendez-vous et de boîtes aux lettres tombèrent ainsi entre les mains de la police qui établit des souricières. Une quinzaine de personnes furent arrêtées, parmi lesquelles Morin-Forestier, membre de l'état-major national de l'"Armée secrète", sa secrétaire et nous-mêmes... » Ce fut au point que certains résistants évitèrent systématiquement de prendre le train. « Quand je montais en Charente, nous dit Georges Beyer, le plus souvent possible j'y allais à vélo. Je faisais en bicyclette les quatre-vingt-treize kilomètres de Bordeaux à Angoulême pour éviter le train. Et, quand il fallait absolument que nous prenions le train, on prenait un omnibus, à une station intermédiaire, une petite station, jamais en gare de Bordeaux, jamais dans une grande gare... »

La maladie... Les maladies de tous les jours, pourrions-nous presque dire, car nous n'envisageons pas encore, pour le moment, le drame des clandestins blessés ni les prouesses héroïques de tant de médecins résistants ; non, les ennuis de santé communs à tous les mortels, médicalement sans vrai danger mais soudain si redoutables aux clandestins... « Pour moi, nous dit Benoît Frachon, le moment le plus périlleux de la clandestinité fut sans doute, en 1942 ou 1943, l'époque où je dus entrer en clinique pour un anthrax. Ce n'était pas tant parce que le médecin qui me traitait était le frère d'un dirigeant du "Comité des Forges", mais parce qu'il fallait m'endormir et que je craignais de parler inconsciemment et inconsidérément sous l'effet du chloroforme. C'était près de Versailles. Gilberte Duclos, la femme de Jacques, s'était fait passer pour ma nièce et elle ne quittait plus son "oncle", son "tonton", car elle surveillait tout ce que je pouvais dire... »

La loge de la concierge... Oui, même la loge de la concierge. « J'ai été arrêtée par les Brigades spéciales, avec Odette Moreau, une autre avocate parisienne de mon groupe, non communiste, à la suite de la faute d'un camarade, a raconté l'avocate communiste Renée Mirande-

Laval à Nicole Chatel pour son livre sur les femmes dans la Résistance. Il avait laissé sa valise à sa concierge en lui disant qu'il était représentant de commerce et que cette valise contenait des objets de toilette. Il lui avait demandé de la garder quelque temps, disant qu'il reviendrait la prendre. Quand il a été arrêté, on a eu beau fouiller sa chambre au sixième étage, on a rien trouvé. Mais lorsqu'il est redescendu avec les flics, la concierge, hors de tout soupçon, innocemment, gentiment, a couru derrière lui en criant : “Mon pauvre monsieur, on vous emmène et vous n'avez rien. Tenez, prenez au moins votre petite valise de toilette !”... La petite valise contenait des documents qu'il aurait dû détruire absolument. Dans cette affaire, nous étions beaucoup, surtout des intellectuels. Nous avons été cent trente-cinq à être arrêtés, qui rayonnions sur plusieurs secteurs. Le “représentant” était un responsable aux cadres... »

Face à un tel déferlement des périls, une autre menace surgissait, une menace inverse celle-ci : une fois maîtrisée la tentation de l'imprudence, l'instinct de conservation n'allait-il pas pousser à, au contraire, se dissimuler trop ? A se paralyser en se cachant trop bien ? Tel était d'ailleurs le sens premier du mot *clandestin :* « Qui se fait en cachette, écrit le *Littré*, et par extension : caché »... Non, il ne fallait pas céder à cette nouvelle tentation car, comme nous le dit Charles Tillon, « vivre absolument caché n'était pas une bonne façon d'agir : ça privait absolument du contact humain. Vivre complètement caché en n'ayant, par exemple, de contacts qu'avec quatre ou cinq personnes, c'était vivre au-dessus des nuages et j'ai toujours pensé que c'était dangereux. » Et, en ce temps paradoxal, certains poussent même plus loin le paradoxe en renchérissant sur le chef des FTP. « Je fis la connaissance, raconte René Cerf-Ferrière, déjà cité, d'un ami venant de Lyon, Charles Instain, parachuté dans la Haute-Vienne pour organiser l'“Armée secrète”. (...) Il prétendait que moins on se cachait et moins on était repéré. » Aussi bien, dans beaucoup de cas, la vraie solution était-elle autre. Et, lorsqu'il la définit, nous retrouvons sous la plume d'Henri Michel une expression que nous avons déjà employée un peu plus haut : « changer de peau ». En effet, note-t-il, « chacun devait emprunter peu à peu une autre identité, changer de peau, d'apparence, de nature peut-être, devenir un autre... »

Les « résistodromes »

On vit donc bientôt des milliers d'hommes et de femmes apprendre à « devenir un autre ». La plupart s'y exercèrent, comme on dit, sur le tas. Beaucoup de résistants pensent d'ailleurs que ce fut la meilleure école. Toutefois, en Angleterre, des écoles au sens propre du terme dispensèrent un véritable enseignement pour préparer ceux qui allaient être parachutés en France à une complète métamorphose de leur personnalité. Le colonel Maurice Southgate a suivi cet enseignement à la *French Section* du SOE. « Ce fut, nous dit-il, un entraînement très sérieux. On alla jusqu'à nous donner une personnalité totalement différente de la nôtre, à nous faire réagir à la manière du personnage que nous devions interpréter. Moi, je devais devenir "représentant en gazogène". Et il a donc fallu que je suive des cours à ce sujet. J'ai d'ailleurs encore tous les bouquins sur les gazogènes parus à l'époque. Et, une fois parachuté en France, j'ai pu voyager, à travers tout mon secteur en tant que représentant en gazogène. Mais, il y avait surtout les attitudes à prendre... Un Anglais ne mange pas tout à fait de la même manière qu'un Français ou un Américain. On a chacun ses petites habitudes. Il nous a fallu perdre nos habitudes anglaises et prendre les habitudes du pays, apprendre à ne pas demander une assiette pour le pain par exemple, ce qui, en France, a l'air grotesque même dans le meilleur des restaurants. On a même poussé la chose encore plus loin : on nous a appris la manière de nous asseoir et de tenir un journal, les derniers mots à la mode. Je me souviens de "J3", par exemple. Pour un Anglais, "J3", qu'est-ce que ça voulait bien dire ?... Enfin, on a tout fait pour nous donner un maximum de chances de survivre, pour que nous ne tombions pas dans un panneau ridicule, soit celui que nous aurait tendu un type de la Gestapo, soit surtout, celui qu'en toute bonne foi un Français pouvait nous tendre en s'étonnant simplement, en se disant : mais, celui-ci d'où sort-il ? Oui, il fallait éviter cela à tout prix... » Evidemment, avec un officier du SOE (Special Operations Executive) comme Southgate, nous prenons un cas limite puisqu'il lui faut devenir un « étranger ». Cependant, pour des Français aussi, grande fut la difficulté de s'adapter, par exemple, à des habitudes qui n'étaient pas celles de leur classe sociale d'origine. De jeunes ouvrières ou étudiantes communistes dont nous avons déjà dit le rôle qu'elles jouèrent comme agents de liaison durent ainsi apprendre à devenir apparemment d'oisives élégantes. « Je me souviens, nous dit Madeleine Jégouzo, que Danielle Casanova faisait des efforts particuliers pour être très coquette, elle qui ne l'était pas spécialement. Ces efforts, elle nous en a d'ailleurs parlé très souvent et moi-même j'ai fait vraiment tout ce que j'ai pu, de véritables excès de coquetterie... Je crois que c'était valable. » Encore les métamorphoses professionnelles, gastronomiques ou vestimentaires étaient-elles moins dramatiques que d'autres. « Au début de 1941, nous raconte le militant du PCF Adrien Bollérot, Denise Ginollin vint, de la part de la direction, me demander de couper tout contact avec les camarades du XIe arrondissement où j'avais travaillé précédemment. J'étais désigné comme premier secrétaire pour le XXe. Mais je continuais à habiter rue d'Angoulême, la future rue Jean-Pierre-Timbaud. Là, par hasard, un jour, j'ai rencontré Adrien Noal, ancien secrétaire du syndicat CGT des Cuirs et Peaux, membre du comité de section du XIe avant la guerre et qui avait participé avec moi au "triangle de direction" de cet arrondissement. Je fus très surpris par la manière dont il se détourna de moi. A la même époque, le bruit se répandit que Noal avait trahi. On me dit même que certains camarades lui avaient publiquement craché à la figure et qu'il ne répondait jamais. Je connaissais bien Noal et je ne parvenais pas à croire à cette trahison. Un jour, j'ai décidé d'aller le voir à son domicile qui était tout près de chez moi... Je frappe. La porte s'ouvre. Je me trouve nez à nez avec un homme qui portait un tablier de femme et tenait une casserole à la main. C'était Gabriel Péri qu'évidemment j'ai reconnu tout de suite. "Qu'est-ce que vous voulez ?", me dit-il. Je bredouille que je venais voir Noal. Celui-ci survient sur ces entrefaites et explique à Péri qui je suis. "Entre, me dit alors Péri. Puisque c'est comme ça, on te fait confiance". A la suite de cela, j'ai été chargé plusieurs fois d'assurer des liaisons entre Péri, qui écrivait alors sa brochure sur le nazisme, et Jean Catelas que nous appelions "le patron". Mais, lorsqu'il m'avait ouvert la porte, quelle surprise cela avait été ! »

Toutefois, on ne recherchait évidemment pas la difficulté et, dans tous les mouvements il était considéré comme souhaitable et recommandé que la nouvelle personnalité que devait endosser le résistant fût le plus proche possible de la sienne propre. « Lorsque j'ai pris un nouvel état-civil, nous dit Charles Tillon, je suis surtout devenu peintre, oui, artiste peintre. Et là je satisfaisais en même temps une passion que j'avais refoulée toute ma vie. Aussi m'était-il plus facile de sortir avec une boîte de peinture à la main. Je me souviens que j'allais toujours chercher de l'eau à la fontaine avec ma boîte de peinture. Et j'avais toujours une pipe à la bouche, une pipe que je ne fumais pas parce que cela me donnait mal au cœur mais que je ne quittais pas parce que, à l'époque, traditionnellement, les peintres fumaient la pipe. D'ailleurs, c'était une profession qui permettait un peu d'originalité sans surprendre personne. J'ai donc vécu comme ça aux yeux de tout le village... »

Tout autant que l'art d'« être un autre », un des aspects décisifs de la vigilance fut le problème des rendez-vous et son corollaire immédiat, celui des filatures.

Lorsqu'on tente d'étudier ce que fut réellement la vie quotidienne des résistants, il arrive souvent qu'on aille de surprise en surprise. Et l'une des moindres n'est pas de découvrir l'existence de ce que, dans *L'Aventure incertaine*, Claude Bourdet appelle avec humour les « résistodromes ». C'est en évoquant « ce qui se passait à cette époque », que Bourdet constate : « Lyon était devenu un véritable "résistodrome" ; le nombre de services des "Mouvements unis" et de réseaux divers qui y avaient leur point d'attache principal était proprement affolant. Beaucoup de ces gens se connaissaient, ayant eu, soit régulièrement, soit occasionnellement, des rapports les uns avec les autres. La ville était beaucoup trop petite pour une telle activité ; la partie centrale surtout, où l'on passait fatalement au moins une fois par jour. » En faisant la même constatation que Bourdet, un autre dirigeant de « Combat », François Morin-Forestier, explique comment on en était arrivé là... « J'ai essayé, au début, confie-t-il à Henri Noguères et Marcel Degliame-Fouché, de décentraliser un petit peu la monstrueuse agglomération de responsables qu'il y avait à Lyon où on ne pouvait pas faire dix mètres sans se heurter à un autre camarade de clandestinité qu'il fallait ignorer, jusqu'à ce qu'on se précipite sur lui comme un frère une heure après. Je n'ai jamais compris comment la Gestapo ou la police de Vichy n'avait pas opéré plus d'arrestations, simplement en postant un homme sur les marches de la Comédie, par exemple, où on peut dire qu'un rendez-vous clandestin sur trois se tenait, ou à peu près... J'ai donc essayé au début de décentraliser, en installant mon PC à Marseille ; ça n'a pas collé pour différentes raisons, mais d'abord parce qu'il s'est révélé impraticable d'être loin du centre. Les temps perdus étaient trop considérables, les liaisons par courrier trop difficiles et trop lentes pour qu'un travail efficace puisse être fait... »

Autour de la bourse aux timbres

On aura remarqué l'étonnement de Morin-Forestier devant le fait que les forces de répression ne tirèrent pas plus grand parti de l'existence de ces « résistodromes ». Le même étonnement est exprimé par d'autres dirigeants de la Résistance en ce qui concerne cette fois non plus Lyon mais Paris. « Il semble, affirme Lucie Aubrac, qu'il y ait beaucoup de lieux de rendez-vous. Mais l'imagination atteint très vite ses limites. Jusqu'à la Libération, malgré le danger tant de fois vérifié, bien des nôtres n'abandonnèrent pas "le café". A Lyon, "Le Tonneau" et "Le Café de la Paix", à Paris, "Les Armes de la Ville", étaient des lieux de prédilection. Et l'on voyait, chuchotant avec un faux air indifférent, plusieurs consommateurs qui n'en finissaient pas d'achever leur apéritif chimique ou leur café sacchariné. Il fallait, bien entendu, que l'endroit de la rencontre fût le plus précis possible. C'est pourquoi certains grands cafés, les fontaines des jardins publics, les statues des places principales, les sorties de métro, les terminus de tramways, les croisements d'artères fréquentées venaient si souvent à l'esprit qu'un résistant bien au courant était sûr qu'il pouvait là rétablir le contact quand, par malheur, il l'avait perdu. Il est extraordinaire de penser que la police n'ait pas systématiquement demandé l'identité et fouillé tous les gens qu'elle trouvait dans ces endroits si communs... » Et Claude Bourdet encore : « Il y eut pour les rendez-vous des quartiers privilégiés, par exemple le boulevard Saint-Germain et les rues parallèles. Un jour, vers la fin de l'année 1943, descendant le boulevard du Palais-Bourbon à Maubert, je vis se répéter le phénomène que nous avions connu à

Lyon : un trop grand nombre de personnages connus de moi avaient vraisemblablement dans ce quartier le même genre d'occupations que moi. Je me dis que si la Gestapo avait l'idée de filtrer les promeneurs du boulevard Saint-Germain, elle risquait de découvrir des choses bien intéressantes... Heureusement, cela n'arriva jamais : les polices ne pensent pas à ces procédés simples... » Et le colonel Rémy, à propos des restaurants de marché noir, reconnaît : « J'ai toujours été très surpris que la Gestapo n'opérât pas de rafles périodiques dans ces restaurants où elle aurait chaque fois, à côté du menu fretin des trafiquants, dont elle ne se souciait guère, ramené dans ses filets un bon nombre d'authentiques clandestins. » Et Pierre Sonneville, qui fut d'avril 1944 à la Libération le « délégué militaire » dans la région parisienne, renchérit : « Pour rencontrer les membres de la "Délégation civile" ou "militaire", accompagnés éventuellement de personnalités du NAP, du CNR, du COFIC, il suffit de tourner avec nonchalance, le dimanche matin, entre onze heures et midi et demi autour de la bourse aux timbres, entre le théâtre Marigny et ce qui sera bientôt l'"Elysée-Matignon" (...). Jusqu'au mois d'août, cette promenade, dont je ne connais pas l'origine, restera traditionnelle et n'a, à ma connaissance, entraîné aucune réaction de la part de la Gestapo... » L'importance du rôle joué par les quatre témoins que nous venons de citer à la direction des organisations de la Résistance non communiste donne tout son poids à leur constatation et à leur étonnement, mais elle ne doit pas faire oublier que les « résistodromes » furent aussi souvent des lieux où les services de répression vichystes et nazis purent provoquer de véritables hécatombes de clandestins. Et l'on peut penser que tout aussi proche de la réalité est le rappel que fait Yves Farge lorsqu'il écrit : « Le drame succédait au drame. Les rides nous barraient le front. Il fallait faire vite : tisser de nouveaux réseaux et mettre en circulation ces petites bandes de papier pelure qui en quelques jours traversaient toute la France : "Evitez à tout prix de prendre le train rapide nº 12 entre Marseille et Paris"... "La station de la Muette est malsaine"... "La boîte aux lettres de Dijon est brûlée"... »

Or, on notera que l'ancien « responsable aux cadres » du PCF clandestin Jean Chaumeil fait singulièrement écho à Farge lorsqu'il nous dit : « C'était si facile de se faire prendre en filature ! Elles étaient techniquement de mieux en mieux organisées. Plus la Libération approchait et plus la Gestapo avait des moyens extraordinaires de filature. Ils savaient mettre de dix à trente personnes derrière quelqu'un qu'ils surveillaient, jour et nuit, constamment, sans qu'on s'en rende compte. Il y a eu bien des chutes dues à ce système très développé... » Le choix des rendez-vous va donc malgré tout tendre à éviter le plus systématiquement possible les « résistodromes ». Un choix difficile et qui fera d'ailleurs l'objet d'une réflexion collective des résistants les plus avertis. On verra ainsi les lieux les plus inattendus tels que églises, hôpitaux, rivages favorables à la pêche à la ligne être les endroits de prédilection pour les rendez-vous les mieux organisés.

Les églises... « J'avais trouvé qu'on y était à l'abri des intempéries et de la police, dira plus tard Henry Aubry, le chef d'état-major de l'"Armée secrète", à René Cerf-Ferrière. C'est Marcelle Bidault, la sœur de Georges Bidault, qui avait expérimenté ce lieu de rendez-vous. Pour ne pas donner en clair l'endroit d'une réunion à Marseille où nous devions être plusieurs amis, dont son frère, elle nous avait fait parvenir un papier indiquant un mystérieux rendez-vous : tel jour, premier confessionnal à droite, église des Réformés, Marseille. Pieusement recueillie, elle attendait sur un prie-dieu voisin. A voix basse, elle donnait l'adresse de la réunion. »

Les hôpitaux... « Le Parti est illégal, mais il se porte bien, écrira Gérard Milhaud en retraçant la "vie ardente et généreuse" de Raymond Losserand. C'est à l'hôpital Broussais, au chevet d'un camarade malade, que se font les rendez-vous. Il a beau être dans une salle avec trois autres malades, chaque jeudi, chaque dimanche les visites affluent, de une à trois... On apporte des paquets (...) et parmi les fruits se glissent des tracts et des messages de liaison... »

Les rivages propices à la pêche à la ligne... « On allait sur les bords de la Loire, nous racontera Marcel Hamon, bientôt colonel Courtois, l'un des responsables du service de renseignement des FTP, et on faisait semblant à la fois de se rencontrer et de pêcher. Moi, je n'avais jamais été pêcheur et je ne prenais même pas soin de mettre un appât dans l'eau. Simplement un fil. C'était tout. Après coup, j'ai pensé que c'était un peu idiot car si quelqu'un était venu contrôler quelque chose, évidemment il aurait remarqué que nous n'étions pas de vrais pêcheurs. Enfin, on était là, côte à côte, à deux ou trois mètres l'un de l'autre et on bavardait. On regardait s'il n'y avait personne dans les environs et on discutait de tous nos problèmes en trempant nos fils dans la Loire. C'est comme cela que nous avons organisé la diffusion du premier tract que j'avais rédigé... »

Importance de la bicyclette

Même si l'on en a soigneusement choisi le lieu, un rendez-vous peut être raté en raison de l'inexactitude de l'un des participants. Pour les résistants, la clandestinité dut donc être aussi une école de précision. Beaucoup plus tard, devenue grand reporter et militante gaulliste, dans *Regarde-toi qui meurs*, Brigitte Friang notera ainsi la « hantise » qu'elle éprouvait alors « d'arriver en retard à un rendez-vous ». Une hantise dont elle dira : « Elle m'étreint encore, vingt-cinq ans après ». Et elle insistera sur « le retard qui attirait l'attention sur celui qui patientait et qui pouvait équivaloir à un arrêt de mort. L'attente qui vous déchirait le ventre. Cinq minutes passé l'heure fixée et nous imaginions arrêté le camarade attendu... » La même hantise de l'exactitude, la communiste Hélène Parmelin la décrira chez Arthur Dallidet que « le moindre retard de ses compagnons mettait dans une formidable colère. “Ça n'ira pas comme ça, disait-il. Le retard peut être l'origine d'un terrible coup dur !” Il tempêtait avec sa violence coutumière et s'en allait furieux. Son compagnon n'en dormait pas de la nuit. Le lendemain, Dallidet arrivait au rendez-vous, tout souriant, pour y trouver le camarade à son poste, exact comme une horloge. Il s'excusait de sa colère de la veille, expliquait longuement sa position avec des mots que personne n'oubliait. “Je ne suis plus jamais arrivé en retard à un rendez-vous”, dit un camarade en souriant. Non pas seulement pour éviter de nouvelles colères, mais parce que Dallidet savait communiquer à ses camarades cette volonté de victoire dont une discipline librement consentie, sévèrement suivie, était l'élément essentiel... »

Mais, pour échapper au filet d'une répression croissante, suffisait-il de s'aborder ponctuellement dans un endroit bien choisi ? Bientôt certains se prirent à en douter qui imaginèrent de nouveaux moyens pour perfectionner cet art de la rencontre. « Peu à peu, se souviendra Claude Bourdet, toujours dans *L'Aventure incertaine*, par surcroît de sécurité, nous commençâmes à utiliser pour nos rendez-vous de travail les rencontres “ambulantes”. On se donnait rendez-vous à l'extérieur, dans une rue, sur un certain trottoir et à peu près à la hauteur de tel ou tel numéro ou sur un quai du Rhône ou de la Saône. Il fallait être très précis pour ne pas manquer l'interlocuteur, ce qui ne laissait pas de poser des problèmes à certains camarades incurablement inexacts, comme moi. J'arrivai tout de même à m'obliger à une précision relative et surtout inventai (je crois) une méthode qui me paraissait encore plus sûre et avait l'avantage capital de me donner une légère latitude d'horaire : nous nous fixions, non pas un emplacement précis, mais un parcours par exemple entre le 25 et le 55 du cours La Fayette. L'un prenait le parcours dans un sens, l'autre en sens contraire, et cela permettait de ne pas stationner avec l'air d'attendre quelqu'un. Fatalement, au bout d'un quart d'heure de marche au maximum, on finissait par se rencontrer... » Bien que préférables aux rendez-vous fixes, les rencontres « ambulantes » ne furent pourtant pas une panacée. « Les premiers rendez-vous ont eu lieu aux stations de métro, nous expliquera Jean Laffitte. Puis, dans les bistrots, mais jamais les mêmes. Enfin et surtout dans la rue. On marchait ensemble. On faisait deux à trois kilomètres. C'était toujours le responsable de l'échelon supérieur qui fixait les rendez-vous. Ce rendez-vous durait en moyenne trois quarts d'heure à une heure. On laissait dix minutes de battement pour voir si on pouvait aller au rendez-vous suivant sans danger. Cette méthode, toutefois, s'est révélée assez dangereuse à partir de 1942. Alors, les rendez-vous ont été organisés en banlieue, bientôt en forêt de Saint-Germain et dans d'autres bois. Plus tard, on les a faits à vélo... »

A vélo... « La bicyclette, remarque très pertinemment Marie Granet, a joué, dans la Résistance, un rôle difficile à imaginer aujourd'hui. (...) En circulant à bicyclette, et même en transportant des victuailles, les résistants ne se faisaient pas remarquer, l'absence de moyens de transport ayant obligé tous les Français à sortir leur bicyclette ou à en acheter une. Les marchands de cycles, en vendant leurs stocks, avaient fait fortune, les bicyclettes d'occasion étaient rarissimes ; c'était un problème que de remplacer des pneus... Et, en 1944, les résistants, dans les cas urgents, en furent réduits à en voler... » Pour beaucoup de résistants, ces vols qui lésaient le plus souvent de simples gens, des travailleurs, ne furent pas sans poser des problèmes de conscience. Certains de nos lecteurs connaissent sans doute déjà l'étonnante lettre que le futur fusillé Charles Debarge écrivit ainsi à la personne dont il avait dû, un jour, dérober l'engin. « Monsieur, disait Debarge ; il y a quelques jours vous fûtes victime du vol de votre bicyclette. J'ai le regret d'accuser réception de ce vol ; excusez-moi. Les circonstances qui m'obligèrent à accomplir cet acte, surtout à un camarade ouvrier père de famille, vous ont sûrement été relatées. Mais vous n'en connaissez certainement pas toute l'entière vérité. Etant comme vous l'avez appris pourchassé par la police, je n'avais que cette ressource, car pour moi l'arrestation aurait certainement été plus grave. Ma tête dépendait de ce geste. (...) Si j'ai tenu à vous écrire c'est que je veux en profiter pour joindre à cette lettre la somme de 1 000 francs qui je l'espère vous fera plaisir et vous retirera l'idée peut-être mauvaise que vous avez eue à mon égard. Vous pouvez être persuadé que si je pouvais faire davantage, je n'y manquerais pas. Mais étant communiste pourchassé par toute la police, je n'ai pas toujours le loisir de gagner de l'argent. Espérons que dans les mois qui vont suivre, nous aurons plus de bonheur. Je ne désespère même pas un jour d'aller vous remercier de vive voix. » Cette lettre de Debarge en dit certainement plus long que bien des textes sur les rapports qui parfois se nouèrent entre les résistants et la population française. Mais revenons-en maintenant à ce « rôle difficile à imaginer aujourd'hui » qui fut celui du vélo dans la clandestinité. Ce fut d'abord un rôle de protection. « Afin de remédier aux dangers des filatures, écrit Victor Joannès, la bicyclette devient le principal moyen de locomotion des militants. Il est plus facile de cette façon de repérer le “mouchard” et de le semer ». Le dirigeant communiste Gaston Plissonnier, y insiste d'ailleurs en nous déclarant : « Marcher à pied, c'était dangereux... Le vélo était un moyen de se protéger et de voir si on n'était pas suivi... C'était une bonne protection. Mercier, le constructeur, nous en avait fourni. Alors nous disions aux gars : vous prenez le train pour aller mais vous revenez à vélo... Et ils se débrouillaient. » Il ne faut toutefois pas limiter le rôle de la bicyclette à la protection. Elle fut aussi un moyen d'action. « Comme nous n'avions pas peur de faire de nombreux kilomètres à vélo, nous raconte Marcel Boissard, cela a agrandi notre champ d'action... » Ainsi comprend-on mieux la formule lapidaire employée devant nous par Charles Tillon : « J'ai fait tout mon travail de chef des FTP avec ma bicyclette... » Ainsi comprend-on mieux comment Robert Barran a pu nous affirmer que « le rôle joué alors par la bicyclette mérite plus d'une tirade ! » Et Barran de nous rappeler que plusieurs cyclistes renommés, des champions même, participèrent à la Résistance. « Un des plus célèbres, précise-t-il, enfin un de ceux qui allaient devenir très célèbres par la suite, c'était Louison Bobet. Il faisait partie des FFI de Bretagne. Il était le fils du boulanger de Saint-Méen-le-Grand, en Ille-et-Vilaine ; c'était un modeste FFI mais quand même un agent de liaison... Et il est certain qu'il était très précieux par sa manière de pédaler... »

La « mise au vert »

Dans tout ce que nous venons de dire des problèmes posés par la vigilance et des solutions qui y furent apportées, sans doute aura-t-on été frappé tout à la fois par la minutie et l'audace, l'esprit de système et le sens de l'improvisation qui ont caractérisé cet aspect essentiel de l'activité des clandestins. On en arriva même à des mesures qui, considérées près de soixante ans après, peuvent apparaître comme irréalistes et irréalisables dans le contexte d'alors et qui pourtant, en fait, s'avérèrent possibles et efficaces. Un exemple typique à cet égard est la « mise au vert ». La décision de « mettre au vert » un résistant revenait, pour ses supérieurs, à le retirer du circuit actif, à le placer pendant des semaines, voire des mois, dans une « planque » sûre où il recevait l'ordre de ne rien faire et d'attendre. Durant cette pause, on l'interrogeait et l'on enquêtait à son sujet puis l'on recoupait ses déclarations et les constatations faites. Les « mises au vert » étaient le plus souvent décidées au lendemain d'une série de « chutes » particulièrement graves et donc susceptibles d'avoir été provoquées par des dénonciations, ou bien après une évasion dont l'ampleur et la réussite même pouvaient laisser supposer des complaisances de l'ennemi à l'endroit d'hommes qu'il aurait réussi à « retourner ». Les combattants du PCF clandestin ont tout spécialement pratiqué cette mesure de précaution, et Gaston Plissonnier nous cite ainsi le cas des cinquante-cinq évadés du camp de Saint-Sulpice-la-Pointe qui, le 15 juillet 1943, avaient réussi à tromper la surveillance de leurs gardiens. Ç'avait été une fuite particulièrement spectaculaire et, nous dit-il, « il fallait vérifier parce que sinon les choses auraient été trop simples. L'ennemi aurait pu nous envoyer ses agents. On devait donc être vigilant. D'ailleurs, on ne l'était jamais trop. Et même dans le cas des évadés de Saint-Sulpice qui étaient très connus pourtant, on les a “mis au vert”, pour qu’ils se retapent mais aussi pour vérifier leur situation et s’ils n’étaient pas filés. Lorsque les vérifications ont été faites, ils ont été affectés dans des endroits assez éloignés de leur lieu d’évasion. C’était élémentaire pour la sécurité. »

L’expérience aidant et la pratique se perfectionnant, on alla même jusqu’à effectuer des vérifications à l’intérieur des lieux de détention. En nous racontant son arrivée à la prison de la Santé, en mars 1944, celui qui sera plus tard correspondant de *l’Humanité* à Moscou, Max Léon nous dit : « Au bout d’un certain temps, j’ai pu entrer en contact avec les responsables de l’organisation du Parti à l’intérieur de la prison et être admis par eux comme, si l’on peut dire, un résistant et un communiste de plein droit. Mais, avant d’en arriver là, il a fallu naturellement que celui qui représentait le Parti dans ma cellule me fasse remplir un questionnaire biographique, une “bio” comme nous disions, et qu’il la fasse passer aux instances supérieures. Ensuite, cette “bio” est revenue avec une note indiquant que je n’avais pas trahi et que je pouvais être considéré comme un membre loyal des FTP... Si elle était nécessaire, cette méthode n’était évidemment pas facile à appliquer parce que le camarade qui me faisait remplir la “bio” se méfiait de moi et que moi je me méfiais de lui. Jusqu’à ce que les vérifications aient été faites, il pouvait craindre que je sois un mouchard et moi je pouvais redouter qu’il soit un flic. Ensuite, par contre les rapports devenaient beaucoup plus simples et confiants... »

Avec le recul, une fois surmontée l’impression d’irréalité puis de prouesse que peuvent donner de telles procédures, une fois admis qu’elles ne furent pas exceptionnelles mais bel et bien pratiquées couramment, on ne peut qu’éprouver le sentiment que, pour pouvoir en arriver là, l’organisation devait fort bien fonctionner. De là à conclure à son invincibilité, il n’y aurait qu’un pas à franchir — ce dont il faut bien se garder. Il faut d’autant moins — si l’on peut dire — commettre cette erreur que certains résistants, eux, le plus souvent inconsciemment, la commirent. Ils ne s’estimèrent pas explicitement hors d’atteinte, mais ils agirent comme si implicitement ils le croyaient et ils cédèrent, trop souvent, au mirage trompeur d’une sécurité à tout jamais garantie. « La perpétuelle présence du danger, écrit très justement Marie Granet, créait parfois une sorte d’accoutumance qui faisait oublier le péril et menait à des imprudences... » En un mot, la tendance menaçait de parfois se coucher sur ses lauriers. Ce danger, un homme comme Arthur Dallidet le connaissait bien qui, rappelle Hélène Parmelin, « Vigilant, réagissait : “Attention, il ne faut pas se figer, mais toujours chercher de nouvelles méthodes de travail pour dérouter l’adversaire. Notre plus grand ennemi dans le travail et dans la vie, disait Dallidet, c’est la routine.”... ». Même réaction de Jacques Duclos qui, après les catastrophiques arrestations de Gabriel Péri et de Jean Catelas, prend lui-même la plume pour écrire dans *l'Humanité* clandestine du 26 mai 1941 : « Dans le numéro de *La Vie du Parti* qui vient de sortir et que tous les militants doivent étudier, (...) les membres du Parti sont mis en garde sur le danger qu'il y a de s'endormir sur le mol oreiller de la quiétude et de la facilité. L'ennemi et sa police travaillent contre nous, nous devons être toujours aux aguets, vigilants, prudents... » Avec souvent les mêmes mots, on retrouvera d'ailleurs jusqu'à la Libération les mêmes mises en garde, les mêmes rappels à l'ordre. Et l'imprudence est d'autant plus dangereuse que ceux qui commettent ainsi l'erreur de s'estimer hors d'atteinte, qui se laissent aller à « une sorte d'accoutumance », qui, parce que leurs tâches sont harassantes, finissent par « s'endormir sur le mol oreiller de la quiétude et de la facilité » ne sont pas toujours, au contraire, des hommes inexpérimentés mais, bien souvent, des responsables éminents. Et ce n'est pas mettre en cause l'importance de leur rôle ni, pour ceux qui finalement succombèrent, la grandeur de leur héroïsme que de dire ce qui est vrai, à savoir que la Résistance eut aussi ses imprudents célèbres. Nombreuses sont d'ailleurs les anecdotes à ce sujet, trop nombreuses pour que nous ne nous limitions pas à quelques exemples. Mais des exemples pris dans toutes les nuances de l'éventail politique : à l'OCM le colonel Heurteaux, au BCRA le colonel Rémy, à « Ceux de la Résistance » (CDLR) Jacques Lecompte-Boinet, dans l'« Armée secrète » (AS) le général Delestraint, à « Libération » Jean Cavaillès, au Parti communiste clandestin Paul Eluard, le colonel Fabien ou même un « responsable aux cadres » Brossard, etc.

La prière, la politesse et le culot

Le colonel Alfred Heurteaux croyait encore à la justice... Ce responsable de l'OCM (Organisation civile et militaire) naissante, écrivent Henri Noguères, Marcel Degliame-Fouché et Jean-Louis Vigier, « apprend brusquement, courant mars 1941, l'arrestation d'un de ses fils. Pensant obtenir sa libération, Heurteaux intervient de tous côtés, à Vichy d'abord, puis, en désespoir de cause, à la Kommandantur de Paris. Il n'en faut pas plus pour que la Gestapo, alertée, s'intéresse à ses activités et, peu après, l'arrête... »

Le colonel Rémy voulait continuer à pratiquer les vertus du temps de paix... Ce responsable du BCRA était, en 1943, en contact, pour le Front national, avec le docteur Hector Descomps et c'est ce dernier qui nous raconte : « J'ai vu Rémy pas mal de fois... Un jour, il m'a donné rendez-vous du côté du Trocadéro dans un appartement qui lui servait de bureau. J'ai sonné. On est venu m'ouvrir et j'ai vu une grande pièce où il y avait des tas de gens. Quand il m'a aperçu, Rémy est venu vers moi, m'a dit bonjour et on a commencé à parler à voix basse. Puis il m'a dit : “Vous pouvez parler, ici on est entre amis...”. Il m'a présenté à la plupart des personnes présentes en me désignant sous mon surnom de “Gréco”. Mais, à la fin de notre entretien, lorsqu’il m’a reconduit à la porte, il m’a dit : “Au revoir docteur, mes hommages à madame Descomps...”. Les autres connaissaient ainsi mon nom, mon surnom et ma profession... En fait, Rémy continuait de croire que même à cette époque on pouvait s’attirer une indéfectible amitié en mettant les types dans le bain dès les premiers jours... » Toujours à propos de Rémy, Jean Jérôme nous confie, lui aussi, une anecdote significative. « Un jour, comme je discutais avec Rémy, je lui dis : “Tout tombe autour de nous. Les arrestations sont innombrables. Que faites-vous contre ces chutes ?” Il me répondit : “Ecoutez, avant de commencer cette activité, je suis allé à l’église Sainte-Geneviève. Je me suis agenouillé. J’ai prié. Alors j’ai senti comme une force qui me soulevait et qui m’a mis en route... Depuis, je dois le dire franchement, je n’ai pas peur...”. J’en suis resté pantois... » Anecdote d’autant plus révélatrice que Rémy lui-même la confirmera, beaucoup plus tard, en reconnaissant : « J’avoue à ma honte que je suis revenu à la prière, en ces années noires, parce que j’avais peur et nul ne me fera croire que je subissais l’effet d’une simple autosuggestion quand je me sentais réconforté aux pires moments d’angoisse... »

Jacques Lecompte-Boinet sous-estimait les capacités de l’ennemi... Ce responsable de CDLR (Ceux de la Résistance), rapporte Marie Granet, dans son histoire de ce mouvement, « crut pendant longtemps que les Allemands ignoraient son activité : des amis sûrs lui avaient dit qu’il ne figurait pas dans les fichiers comme un homme dangereux mais, au contraire comme n’ayant pas d’activité politique. Cependant, en 1943, à cause de la croissance de CDLR et des autres mouvements, la Gestapo intensifie ses recherches et, bientôt, le nom de Lecompte-Boinet est inscrit lui aussi sur les listes noires. Il continue, n’en sachant rien (...). Puis, un beau jour d’août 1943, son ami Triboulet (...) peut se convaincre, en bavardant avec les gens du quartier, qu’ils savent que Lecompte-Boinet milite dans la Résistance, que la police “est à ses trousses”, que “son arrestation est proche” et “qu’il est dangereux d’aller chez lui”... Triboulet y va tout de même et, après le dîner, les enfants couchés, il avertit son ami de ce qu’il vient d’apprendre. La famille quitte la maison dès le lendemain... ».

Le général Charles Delestraint ne pouvait, devenu chef de l’AS (Armée secrète), se défaire des habitudes de courtoisie qui étaient les siennes dans la vie de garnison... « Le général, a dit François Morin-Forestier à Henri Noguères, avait décidé de prendre pour adjoint le général des Mazes. En arrivant un jour tous deux à un rendez-vous clandestin dans un appartement, ils se firent mille politesses à la porte de la pièce : “Passez donc, mon général !...” — “Après vous, mon général !...”, etc. etc., avant que le général Delestraint, entrant enfin dans la pièce, annonçât : “Je suis M. Vidal !” ; il n’en fallait pas plus pour irriter Frenay... »

Et pourtant, Henri Frenay lui-même... « Dans les rapports qu’il nous envoyait à Londres, nous affirme Jean Pierre-Bloch, alors en poste au BCRA, Frenay, à un certain moment, a tellement voulu montrer qu'il était "au courant" qu'il a donné de nombreux détails, à mon avis de beaucoup trop nombreux détails, sur l'organisation des réseaux... »

Le martyr que serait bientôt Jean Cavaillès ne parvenait pas à discipliner son ardeur naturelle... « En 1942, nous explique Lucien Chauvet, j'habitais à la pension Patouillet, à Paris, 32 rue Saint-Jacques, qui depuis est devenue un centre vietnamien... C'est à cette époque que, un jour, dans la rue, j'ai rencontré Cavaillès que je connaissais depuis la rue d'Ulm. Je le revois encore dans cette rue Saint-Jacques, errant, l'air perdu... Il venait de s'évader de Limoges ou de Poitiers, je ne me souviens pas. Je l'ai abrité pendant trois semaines sous le nom de "Chevalier" à la pension Patouillet. J'ai aussi pris des contacts pour lui et j'ai vu comment il travaillait. Il était d'une folle imprudence !... Par exemple, il y avait, rue Sainte-Beuve, un restaurant allemand. Les Allemands connaissaient les civils qui y venaient. Et Cavaillès, qui entendait très bien l'allemand, m'a demandé de l'y emmener, simplement pour écouter ce qui s'y disait, alors qu'il était recherché, bien sûr, depuis son évasion... Je ne sais pas où il est allé lorsqu'il est parti de la pension Patouillet... »

Le poète Paul Eluard avait bien du mal à dissimuler ses convictions et ses certitudes... Max-Pol Fouchet décrit ainsi un contact entre eux en 1942 : « Il me demanda de déjeuner avec lui dans un restaurant de la rue de Grenelle. Arrivé le premier, pendant que je l'attendais, je vis des clients qui me parurent inquiétants. J'étais passé devant une table où l'on parlait allemand. On m'assura plus tard que fréquentaient cet endroit des gens de la Gestapo. Paul entra, une serviette de cuir sous le bras, s'assit, et à haute voix me parla de la victoire inéluctable des Alliés, de la défaite certaine des Allemands. J'étais, comme on dit, dans mes petits souliers, craignant qu'on pût nous entendre. Mais non ! Autour de nous, on mangeait... Paul s'exprimait à haute voix et je lui répondais à voix basse. Le déjeuner achevé, nous partîmes. Soudain Eluard s'arrêta dans la rue. Il avait oublié sa serviette. Nous revînmes au restaurant. La serviette était encore sur la banquette. Je croyais que s'y trouvaient des poèmes, des textes littéraires. "C'eût été ennuyeux de la perdre, me dit Paul, car elle contient des tracts". (...) Nous nous quittâmes au métro Sèvres-Babylone. "Fais bien attention à toi, sois prudent", me dit Paul. »...

Et cette image de Paul Eluard nous fait irrésistiblement penser à son biographe et ami, lui aussi poète de la Résistance, Jean Marcenac, dont Robert Enard nous a dit un jour : « Est-ce sacrifier à l'anecdote que de raconter comment Méric — c'était alors le pseudonyme de Marcenac — put me trouver la première fois alors qu'il avait oublié mon nom et mon adresse, se souvenant seulement que j'habitais sur une colline et qu'il en fut réduit à sonder, au hasard, les boulangers du Roucas et d'Endoume, dans la banlieue de Marseille, en demandant on se demande quoi, et qu'il a réussi finalement à me trouver ? Heureusement que nous avions tous deux un demi-ticket de métro pour notre contrôle réciproque. »

Pierre Georges, alias colonel Fabien, franchissait souvent l'incertaine frontière qui sépare l'audace de l'imprudence... Ainsi ce souvenir de Pierre Durand qui, dans l'Est, pendant plusieurs mois, fut son adjoint... « Je me souviens, nous raconte-t-il, d'un jour où nous avions couché avec Fabien dans un hôtel très isolé au milieu de la campagne, "La Rose des Vents". C'était en décembre 1943. Le patron et sa femme étaient des amis des FTP (Francs-Tireurs et Partisans)... Mais, tôt le matin, vers six heures, nous entendons un bruit considérable dans les pièces du bas. Nous nous apercevons qu'il y a une foule d'Allemands dans la salle du restaurant, dans la cuisine... Ils sont en train de faire du café... La neige était tellement épaisse, ce matin-là, que nous ne savions pas, Fabien et moi, comment rejoindre la voie ferrée dont la station la plus proche était à Langres. Comme Fabien était un type d'un culot extraordinaire, il me dit : "Toi qui parles allemand, demande donc à ces Allemands s'ils ne peuvent pas nous emmener jusqu'à Langres...". Je le fais. Je m'en souviens comme si c'était hier car ce fut un de ces moments peu agréables où l'on se dit qu'on peut être arrêté dans les cinq minutes qui suivent. Le sous-officier auquel je m'étais adressé me répond : "Naturellement, nous pouvons vous emmener...". Alors on se prépare et l'on monte dans un de leurs camions. Nous prenons la précaution de monter les derniers pour pouvoir sauter éventuellement en marche. Nous portions sur nous, chacun un pistolet et toutes les archives de l'état-major de l'"inter-région"... Finalement nous sommes arrivés à bon port et il ne s'est rien passé. Nous sommes descendus et nous avons remercié les Allemands bien poliment... »

« C'était un peu comme en amour... »

Le « responsable aux cadres » communiste Jean Brossard ne parvenait pas à se résoudre à devenir clandestin... Les conséquences de son hésitation furent fâcheuses, très fâcheuses, comme nous l'explique Jean Chaumeil qui devait lui succéder : « Les responsables d'un rang élevé étaient absolument tous illégaux. La seule exception fut un camarade qui nous a fait le coup de dire qu'il était clandestin alors qu'en fait il était resté légal. C'était Brossard que nous appelions "Philibert" et qui avait succédé à Robert Dubois que nous appelions "Breton", lui-même successeur de Dallidet. Evidemment, au poste qu'il occupait, Brossard aurait dû être clandestin. Or, il nous le faisait croire mais chaque soir il rentrait chez lui et il en repartait chaque matin. Alors, tout bêtement, il a été arrêté chez lui et les policiers ont tout de suite trouvé sa petite mallette qui contenait trois ou quatre cents “biographies”. Non seulement ces “bios” mais aussi le code qui permettait de les déchiffrer. A la suite de cela, il y a eu presque autant d’arrestations que de “bios” saisies. Brossard lui-même a été déporté à Neuengamme dont il n’est jamais revenu... C’est moi qui l’ai remplacé et j’ai dû dissoudre tout l’appareil et le remettre sur pied en trois mois. C’était au début du printemps de 1943... »

Nous avons évoqué tout à l’heure le caractère incertain de la frontière, si difficile à tracer, entre l’audace et l’imprudence. Un exemple particulièrement typique en reste la fameuse réaction de Jacques Duclos lorsque, en février 1942, après l’arrestation d’Arthur Dallidet, donc de celui qui savait tout sur la vie clandestine de la direction du Parti communiste français, il refusa de changer de « planque » en déclarant sa certitude que « Dallidet ne parlerait pas »... Humainement remarquable, cette réaction est évidemment fort critiquable si on lui applique les critères d’une stricte vigilance. On pourrait donc se demander si Duclos avait raison ou tort d’agir comme il le fit. Admirable ou condamnable, pourtant la question n’est pas là. La question est plutôt de se demander si, dans certaines circonstances, une certaine imprudence n’était pas inévitable, voire nécessaire ? Le problème s’est surtout posé au niveau de ce que l’on pourrait appeler le besoin de bonne santé d’une organisation, organisation clandestine qui restait néanmoins une organisation. Prenons deux exemples : les finances et le recrutement.

En évoquant le fonctionnement financier du PCF illégal, Gaston Plissonnier nous explique ainsi : « Nous avions de terribles problèmes d’argent. La question des cotisations était cruciale. On insistait. On exigeait que, comme on disait, les cotisations “montent”. Et on vivait comme on pouvait. Ces problèmes d’argent étaient très suivis par la direction du Parti. Par exemple, nous établissions tous, tous les mois, une note de frais. C’était très sérieux. Je mentionnais évidemment mes déplacements dans mes notes de frais : voyage à Lyon, tant ; voyage à Saint-Etienne, tant, etc. Il fallait bien que le Parti fonctionne normalement pendant l’illégalité... » La comptabilité écrite qu’impliquait l’existence de ces « notes de frais » ne constituait-elle pas objectivement un frein à certaines mesures de sécurité ? Il fallait choisir. Et ce choix ne menait-il pas à une imprudence nécessaire, ou mieux : une imprudence calculée ?

Un risque du même ordre était engendré par la question du recrutement. Un risque encore plus direct d’ailleurs puisque le recruteur s’exposait à l’échec et à la dénonciation immédiate sans parler des provocations de tous ordres. « En période de clandestinité, nous explique Léo Hamon, ce dirigeant de CDLR que nous avons vu détruire les fichiers du STO, vous vous heurtez nécessairement à la difficulté de ne pouvoir vous confier qu’à celui qui ne vous trahira pas... Il faut donc, en quelque sorte, ausculter son interlocuteur. Ce n’est pas facile et c’est affaire de jugement. Comment est-ce qu’on peut reconnaître, comment est-ce que nous reconnaissions celui auquel nous pouvions parler ? Je dirais que c'était un peu comme en amour : si vous n'êtes pas un goujat, vous ne sautez pas au cou d'une femme sans quelque autorisation de sa part. Autorisation qu'il faut deviner puisque généralement une dame ne vous fait pas des avances mais qu'elle vous laisse plutôt à comprendre que... D'ailleurs, la Résistance n'était-ce pas aussi un peu un amour ?... En définitive, le mieux aurait été de n'avoir à se confier qu'à ceux que l'on connaissait. Connaissance familiale, professionnelle, politique, etc. Ceux que l'on avait longuement fréquentés et sur lesquels donc on pouvait beaucoup plus aisément porter un jugement que sur celui que l'on venait de rencontrer mais... » Mais, ce cercle des proches, il arrivait souvent qu'il faille en sortir. « Je dois dire, confiera ainsi à Henri Noguères et Marcel Degliame-Fouché celui qui fut le responsable de l'AS toulousaine, Jean Sauvanet, qu'il n'a pas été facile de créer une “Armée secrète” à Toulouse (...). A la fin, nous allions voir tous ceux qui nous paraissaient sympathiques et sympathisants, et nous n'observions plus aucune règle de sécurité. Les réunions avaient lieu chez moi. Tout le monde connaissait mon nom. On racolait en quelque sorte les bonnes volontés, d'où les multiples arrestations qui suivirent... »

A la vérité, aux questions cruciales que nous venons d'effleurer, on ne peut apporter que des réponses variables et incertaines. Une fois posé le principe de l'absolue nécessité d'une vigilance systématique, la pratique se diversifie à l'extrême et est plus souvent affaire d'initiative et de réflexion que d'application stricte de règles générales. Aussi bien, ce que, dans son *Guide du militant*, l'avocat Denis Langlois écrit des « filatures », après avoir étudié les conditions de diverses clandestinités à diverses époques, paraît-il s'appliquer à l'ensemble du problème de la sécurité des clandestins. « Il n'y a pas, à proprement parler, dit-il, de recette pour échapper à une filature. Il convient d'utiliser au mieux les circonstances et le terrain. L'improvisation et la débrouillardise sont souvent les meilleures armes. »

Un si difficile cloisonnement

Même le « triangle », le fameux « groupe de trois », celui que certains appelaient la « troïka » mais dont tout le monde a vanté l'efficacité, ne doit pas être considéré comme ayant été une panacée... Certes, il s'avéra bien préférable aux « sizaines », ces groupes de six dont Francis Crémieux nous dit qu'ils faisaient partie du « grand plan que Frenay et Chevance-Bertin avaient mis sur pied » ; bien préférable aux « mains », ces groupes de cinq dont Gabrielle Ferrières, la sœur de Jean Cavaillès, parle comme de « cellules et ruches actives » assurant « le maximum de sécurité ». Certes, ainsi que l'affirme Henri Rol-Tanguy à Henri Noguères, les « triangles » permirent de « dessiner une pyramide à base très large, avec une direction entourée de garanties indispensables pour pouvoir diriger, recevoir des rapports, donner des directives qui collaient de très près la réalité » et Jacques Duclos a raison de considérer qu'ils permirent de faire de l'« organisation communiste (...) un grand cuirassé comprenant de nombreux compartiments étanches ». Mais cela n'infirme pas le témoignage que nous donne Hélène Rénal qui se souvient : « Mon mari faisait partie d'un réseau de renseignements sans lien avec le mien, sauf que nous habitions ensemble et que je connaissais donc une partie de ce qui se passait dans son organisation et lui dans la mienne. Bien sûr, c'était formellement interdit, mais comme le BCRA avait besoin de résistants, on avait accepté que je signe le contrat qui m'engageait dans le BCRA, un contrat très officiel qui avait été envoyé à Londres. Le chef de mon réseau était pourtant un homme très vigilant et qui tenait beaucoup aux règles de sécurité, en particulier aux groupes de trois... » Cela n'empêche pas non plus qu'en évoquant la situation des communistes clandestins au Havre, Fernand Chatel puisse nous affirmer : « Les groupes de trois existaient, mais comme tout le monde se connaissait... » ni André Duroméa, le futur maire de la ville, renchérir : « Le cloisonnement, on faisait tout ce qu'on pouvait pour le respecter, mais ce n'était pas toujours simple et, parfois, il n'y avait pas moyen de faire autrement... » Cela n'empêche pas enfin qu'à propos de l'un des secteurs où le problème de la vigilance était évidemment des plus complexes, celui des policiers résistants, Jean Chaumeil puisse nous confier : « Les groupes de trois existaient en principe, mais en fait cela n'était pas respecté. On laissait les policiers s'organiser eux-mêmes à leur guise sur la base de chaque commissariat ou de chaque service... On les laissait choisir leur propre mode d'organisation selon leur propre champ de travail professionnel. Ils pouvaient être quatre, cinq ou six ensemble et c'était parfois le commissaire de police, donc leur chef hiérarchique, qui les commandait en prenant avec lui ses hommes de confiance. »

Depuis que nous traitons ici de la vigilance, on aura sans doute remarqué que nous sommes amenés à faire très fréquemment référence à des témoignages de résistants communistes. Ce n'est pas par volonté de privilégier leur expérience mais tout simplement parce que, parmi les combattants clandestins, les communistes furent ceux qui, si l'on peut dire, « théorisèrent » le plus à propos de la sécurité... Le fait fut d'ailleurs constaté, à l'époque, par d'autres résistants. Ainsi lorsque Claude Bourdet, dirigeant du mouvement Combat, rencontre Georges Marrane, que nous avons déjà rencontré comme responsable du Front national de zone Sud, il note : « Nous fûmes frappés par les précautions très supérieures aux nôtres prises par Marrane et ses adjoints, et leur exemple nous fut utile. » Ainsi, lorsque Jacques Fauvet écrit avec Alain Duhamel son *Histoire du Parti communiste français*, il remarque : « A tous les échelons, inter-régions, fédérations, secteurs, sections, cellules d'entreprises ou locales, l'entraînement est sévère. (...) Le parti ne pourra empêcher les arrestations d'être nombreuses et cruelles. Mais il fait tout pour les prévenir et ses méthodes peuvent sans doute être citées comme des modèles du genre. » Cependant les mêmes auteurs ajoutent aussitôt : « La contre-partie est leur lenteur et leur lourdeur. Les gaullistes et les autres résistants s'en plaindront souvent. »

Effectivement, plaintes et louanges alternent à peu près également. « Tout était toujours très lent, écrit le colonel Passy dans ses mémoires, chez les FTP où des consignes impératives de sécurité alourdissaient considérablement le mécanisme des liaisons. » Le colonel Rémy renchérit qui, en publiant des documents récupérés par le « réseau Coty » lors du cambriolage de la Gestapo de Perpignan, ajoute, entre autres, ce commentaire : « On remarquera que le tableau relatif au réseau de renseignements communiste "Fana" ne comporte rien d'autre que des numéros matricules qui ne peuvent être d'aucune aide à l'Abwehr dans ses recherches. Ceci vient des extrêmes précautions en vigueur depuis une longue date chez les communistes. Je n'y ferai qu'une critique : en matière de renseignements, le cloisonnement très serré, si précieux pour la sécurité, nuisait grandement à la rapidité de la transmission des informations. » Et le même Rémy parlera ailleurs du « cloisonnement exagéré de l'appareil communiste ». Exagéré ou non ? Est-ce ainsi qu'il convient de poser la question ? Le problème qui apparaît n'est-il pas plutôt celui d'une différence de conception de la vigilance ? La façon la plus pertinente d'envisager les choses n'est-elle pas celle de Lucie Aubrac lorsque, raisonnant à partir de l'expérience qui fut la sienne à un poste responsable du mouvement Libération, elle rappelle dans *La Résistance* (*naissance et organisation*) : « Quand les dirigeants d'un journal clandestin ou les organisateurs d'un corps franc étaient coffrés (...), il fallait surtout que le travail continuât. Pour cela, il fallait courir le risque de rétablir le contact avec le camarade arrêté. Et si le Parti communiste, tellement cloisonné que quelques arrestations ne mettaient jamais le mouvement en danger, préférait par prudence extrême arrêter un travail que risquer le pire, les autres mouvements moins solidement organisés, tentaient le tout pour le tout. » ?

« Le doute n'était jamais au bénéfice de l'accusé... »

Qui pourrait prétendre trancher pareil débat ? Personne. Pourtant, il est intéressant de voir ce que les communistes répondent à des critiques telles que celles de Passy ou de Rémy. Dans les *Conseils de sécurité* publiés, en 1944, par la direction du Front national, il y a une petite phrase qui nous semble devoir être considérée comme une phrase clef : « L'arrestation, c'est un patriote de moins pour continuer la lutte contre l'ennemi. » Cette phrase ne fournit-elle pas la motivation essentielle de la conception de la vigilance que les communistes énoncèrent et mirent en pratique tout au long du combat clandestin ? « Dès le début de l'année 1941, écrira Hélène Parmelin dans le récit qu'elle fit de la vie d'Arthur Dallidet, Maurice Thorez avait donné l'idée d'une brochure qui apprendrait aux militants de la clandestinité les moyens d'échapper aux arrestations et à la mort, qui les mettrait en garde contre les ruses de leur ennemi. Il fallait lier l'idée de la lutte de masse à celle de sécurité, de vigilance, de "précaution individuelle". Il fallait donner à cette "vigilance" un caractère "national". Dallidet travailla à cette tâche. La première des brochures, *Comment se défendre*, qui portait la signature de la "Commission centrale des cadres du Parti communiste français", fut son œuvre. (...) Dans sa brochure, il s'efforça de rassembler tout ce que l'expérience de la clandestinité avait appris aux militants. (...) "Un communiste vient toujours à bout de la tâche qu'il a entreprise", répète-t-il, mais pour cela il ne faut rien laisser au hasard. Le hasard est l'ennemi. Il faut penser, penser à tout, obliger son esprit à prévoir chaque dénouement possible, envisager toutes les conséquences des actes que l'on entreprend. » Aussi bien, lorsque, du 26 au 30 juin 1945, à Paris, le PCF réunit ses premières assises nationales d'après la Libération, son Xe Congrès, sa « Commission centrale de contrôle politique » y présenta un rapport où l'on pouvait notamment lire : « En liaison avec la Commission centrale des cadres, le contrôle politique des membres du Parti, la vérification nécessaire et indispensable de toute la vie des membres du Parti dans l'illégalité se poursuivit. Les biographies étaient rédigées, établies. Et le maximum de vigilance et de contrôle était appliqué. Aucun incident ne surgissait, aucune chute (c'est-à-dire aucune arrestation) n'avait lieu sans qu'immédiatement les causes en soient recherchées à fond. Les peines, les sanctions étaient prises après avoir analysé, étudié les circonstances et les causes ayant entraîné l'arrestation de nos camarades. Ajoutons que le Secrétariat de notre Parti se penchait en dernier lieu sur toutes les propositions disciplinaires. En période illégale, le doute n'était jamais au bénéfice de l'accusé. Quiconque sur qui pouvait planer un doute était écarté du Parti. Ordre était donné de couper avec tout élément dont l'attitude, la conduite n'apparaissait pas claire. Veiller à la sécurité, c'était observer les règles. (...) Et si nous avons eu, à différentes périodes, des chutes plus nombreuses, c'est que trop souvent, malheureusement, pas mal de nos camarades militants oubliaient et violaient les mesures édictées par notre parti. (...) Il y a eu quelques traîtres et quelques policiers qui s'insinuèrent dans nos rangs. Le plus souvent, promptement découverts, ils furent chassés et sévèrement punis... ».

Même si cette sévérité n'alla pas sans entraîner des erreurs... Ainsi le cas de Georges Déziré que l'on soupçonnait à tort d'avoir, nous dit Marcel Cretagne, « fait tomber des copains » et qui, ajoute Gaston Focardi, « fut exécuté à Chatou, là où devaient être arrêtés Georges

Wodli et sept autres membres du Comité central ». Déziré, nous déclare encore Focardi, « mourut en criant “Vive le parti communiste !” ». C’était le 17 mars 1942 et, en 1970, dans ses mémoires, Jacques Duclos devait écrire : « Le malheureux Georges Déziré (...), injustement soupçonné d’être à l’origine de chutes, tomba sous les coups de ses frères de combat, victime d’une de ces erreurs que rien ne peut racheter. »

En général, les communistes ne s’attardent pas à contester la critique d’excès de vigilance lorsqu’elle leur est faite. Cela dit, constater une divergence, ce n’est pas l’expliquer. On a vu plus haut Lucie Aubrac avancer l’idée que si les organisations de Résistance non communistes « tentaient le tout pour le tout » en prenant beaucoup de risques, c’était parce qu’elles étaient « moins solidement organisées » que le PCF clandestin. L’explication est discutable. Nous lui en préférons une autre qui a le mérite de plonger beaucoup plus profondément dans la réalité sociale et politique. En examinant plus haut les raisons qui avaient pu pousser un certain nombre de Français à devenir des résistants et à s’organiser comme tels, nous avons pu voir que les mouvements et les réseaux étaient constitués essentiellement d’individualités se réunissant pour la circonstance alors que le PCF, lui, entrait dans la clandestinité avec son appareil, on pourrait presque dire en tant qu’appareil. Ainsi, tandis que les uns n’avaient guère pour références « clandestines » que les techniques plus ou moins bien assimilées des « services spéciaux » classiques, et encore quand ils pouvaient en avoir connaissance, l’autre renouait avec une tradition... Maria Rabaté a pu nous expliquer : « Le fait que j’ai été illégale en Espagne m’a aidée dans la manière de travailler... En 1931-1932, mon mari, Octave Rabaté, était en Espagne pour l’“Internationale syndicale rouge”. Moi qui possédais des papiers légaux, je me chargeais alors des contacts, du change dans les banques, des relations clandestines et c’est là que j’ai appris à brouiller les pistes, ce qui m’a incontestablement aidée plus tard en France. » Ces souvenirs prennent toute leur valeur quand Mounette Dutilleul ajoute que les premières consignes de vigilance diffusées, dès le début de l’Occupation, par le Parti clandestin avaient été « démarquées » d’une brochure qu’avait faite autrefois l’un des principaux dirigeants du Komintern, Dimitri Zakharovitch Manouilsky, et lorsqu’on sait qu’en novembre 1921 déjà, face au fascisme naissant, le *Bulletin communiste* publié par la IIIe Internationale diffusait le texte intitulé *Ce que tout révolutionnaire doit savoir de la répression* où l’on pouvait notamment lire : « Tout militant devrait se considérer en permanence comme filé et ne jamais cesser de prendre par principe les précautions voulues pour empêcher la filature... »

Les interrogatoires de « Patriotic School »

Ce rappel de la spécificité de la vigilance communiste ne doit pas faire croire qu'une organisation systématique et structurée de la vigilance fut l'apanage des seuls communistes. Loin de là... A Londres, les autorités anglaises et le BCRA gaulliste s'en préoccupèrent, la Résistance en France reçut l'aide d'hommes appartenant à des organismes d'Etat dont la détection des agents ennemis était directement ou indirectement la vocation : policiers, gendarmes et surtout officiers des « Travaux ruraux » (TR) ; enfin le développement des « services » spécialisés créés à l'image de ceux de « Combat » d'abord dans les mouvements eux-mêmes, puis sous l'égide du CNR, donna à la fabrication des « faux papiers », par exemple, une ampleur presque industrielle dont nous avons eu une idée à propos du STO.

Le symbole (et aussi l'efficace instrument) de la vigilance des autorités anglaises, ce fut Patriotic School dont le souvenir reste vivace puisque y passèrent et furent passés au crible tous les Français qui avaient réussi à quitter la France occupée pour gagner Londres. En racontant son arrivée sur le sol britannique, Philippe de Vomécourt l'évoque dans *Les Artisans de la liberté*. « Il fallait qu'avant toute chose, se souvient-il, je fasse un stage à la "Patriotic School" ainsi nommée parce qu'elle était installée dans les locaux de la "Royal Patriotic School", près de Wandsworth Commons, à Londres. Cet organisme, où se manifestaient les plus étonnantes qualités d'adresse tranquille et de précision, avait pour but de vérifier l'identité des hommes et des femmes qui arrivaient en Angleterre après s'être évadés des territoires occupés et de contrôler la véracité de leur récit. (...) On s'employait ici à détecter les tromperies possibles au moyen d'examens rigoureux et souvent prolongés dont certains consistaient à faire répéter les mêmes récits en relevant les changements qui pouvaient s'y glisser et en les confrontant avec ceux d'autres personnes. Comme on peut s'y attendre, c'était rarement par une erreur sur un fait important que le sujet se trahissait, c'est pourquoi l'officier chargé d'un interrogatoire se devait d'approfondir jusque dans les détails infimes tout ce qu'un homme ou une femme lui avait relaté sur une période qui couvrait parfois sa vie entière. (...) Mon séjour personnel fut de courte durée : quarante-huit heures. Il y avait à Londres assez de gens qui avaient travaillé avec moi pour que mon identité et ma sincérité ne fussent pas longtemps mises en doute. Certains évadés n'eurent pas autant de chance. En particulier ceux qui avaient eu le malheur de s'embrouiller en racontant leurs aventures. (...) Dans d'autres bureaux de la "Patriotic School", des officiers de l'Armée, de la Marine et de la RAF conduisaient des interrogatoires d'un genre différent dans le but de recueillir des renseignements qui pouvaient être d'une importance capitale sur les mouvements de troupes, la position des navires, celle des postes de défense côtière et de DCA. Eux aussi se tenaient sur leurs gardes. Il ne leur appartenait pas de démasquer d'éventuels espions parmi les nouveaux arrivants, mais ils avaient fort à faire pour démêler le vrai du faux dans les récits de gens bien intentionnés trop soucieux de montrer qu'ils savaient quelque chose d'important. » Sans doute parce qu'il dépend des services britanniques, plus spécialement de la « French Section » du SOE, de Vomécourt ne s'offusque pas de cette inquisition nécessaire. Mais elle est plus mal accueillie par d'autres résistants français dont Francis-Louis Closon, compagnon de Jean Moulin puis délégué du CFLN en France occupée, montre bien la réaction à travers la sienne propre. « Bien que ce ne fût encore que l'Ecosse, à une longue nuit de voyage de Londres par train, je touchais à ce sol britannique où j'allais débarquer. A ma surprise et à ma gêne, avant même que je ne quitte le bord, un policier qui m'attendait me prenait en charge. Je n'étais pas averti de ce rendez-vous (...). Escorte courtoise mais précise, mon ange gardien assis à mes côtés dans un compartiment du train parmi d'autres voyageurs me tenait à l'œil. Partis au soleil couchant sur l'Ecosse, nous arrivions tôt le matin à Londres, dont je n'ai presque rien vu, pour être déposé en voiture par mon policier à "Patriotic School". Il faut imaginer un pensionnat pour filles d'officiers, aux pelouses et parterres bien dessinés, dont les aimables pensionnaires seraient remplacées du jour au lendemain par des individus descendant de camions, mal rasés, vêtus au petit bonheur, de vestes trop longues ou de pantalons trop courts, quelques-uns même en uniformes militaires, une vieille valise ou un ballot mal ficelé à la main. En résumé, quelque chose comme une caserne, un jour d'incorporation, installée brusquement au pensionnat des Demoiselles de la Légion d'Honneur. Là étaient rassemblés les soldats de l'armée internationale de la liberté avant d'être dirigés vers leurs formations nationales respectives. Polonais, Tchèques, Français, Latino-Américains, Belges, Hollandais se mêlaient au hasard des arrivées. (...) *La Marseillaise* du 14 juillet 1941 que nous avons chantée, au garde-à-vous, dans la salle du réfectoire, appartenait à tous les pays. Au bout de trois jours, je répondais à l'interrogatoire d'un officier britannique de sécurité. Les questions qu'il me posait sur les raisons de mon arrivée en Angleterre me paraissaient presque choquantes, tellement les réponses étaient évidentes, puisque je venais à Londres pour y servir. Plus tard, j'ai appris qu'au cours de ces interrogatoires que je jugeais vains et irritants, des espions allemands avaient été découverts et arrêtés... »

La crainte des « agents doubles »

L'exemple anglais et quelques « chutes » spectaculaires, vont assez vite amener l'entourage du général de Gaulle et le BCRA à prendre conscience de la nécessité d'une vigilance active. « La masse des volontaires qui rejoignaient la "France combattante", venant de tous les points du globe, s'accroissait dans des proportions réconfortantes, constate, dans ses mémoires, le colonel Passy. Malheureusement, (...) nous commencions en outre à voir arriver à Londres des individus qui étaient manifestement des émissaires de l'ennemi ou de ses séides. Que ces individus fussent parvenus à pénétrer au sein de formations qui se battaient en uniforme était un mal que le service de sécurité devait de son mieux éviter ; mais qu'ils fussent embauchés par les services secrets, y connussent d'autres volontaires à l'instruction ou certains détails de nos organisations en France, alors nous risquions de courir à d'épouvantables désastres, perpétuellement renouvelés si ces "agents doubles" étaient suffisamment habiles pour ne pas se laisser démasquer et si leur service employeur était assez intelligent pour ne pas les dévoiler par des maladresses intempestives. Enfin, en France même, (...) des agents provocateurs essayaient de s'infiltrer ; certains membres, arrêtés, avaient accepté, contre leur vie ou leur liberté, de trahir leurs compatriotes, leurs camarades et leurs amis. Il fallait absolument que nous essayions de trouver un remède à tous ces dangers. C'est alors que je me décidai à organiser au sein du SR, une section de contre-espionnage. Elle fut créée par la note de service 2464/SR, du 16 décembre 1941. » Cette « note de service 2464/SR », c'est Roger Paul Warin, dit Roger Wybot, un polytechnicien de vingt-neuf ans futur directeur et rénovateur de la Surveillance du territoire (DST), qui est chargé d'en appliquer les directives. Nous l'avons déjà rencontré en évoquant le BCRA au chapitre *Londres*, ajoutons que, trente ans plus tard, il devait, à ce sujet, déclarer à son biographe Philippe Bernert : « Les ralliés venus de France et désireux de s'engager dans les FFL ou déclarant effectuer des missions de liaisons pour tel ou tel réseau peuvent nous raconter n'importe quoi, nous intoxiquer dangereusement. Dans ces conditions, rien de plus facile pour des agents de l'ennemi que de s'infiltrer dans nos organisations. Pour les dépister, examiner leurs déclarations, nous manquons des moyens de contrôle les plus élémentaires. Lorsque j'arrive à Londres, il n'existe pas de fichier, même à l'état embryonnaire, ni de place pour en installer un. Le 16 décembre 1941, je présente à Passy un rapport (...). A Duke Street, je passe bientôt pour une sorte de terreur, de Savonarole tout entier à ses proies attaché. Dans ses *Mémoires d'un agent secret de la France libre*, Rémy fait de moi la description d'un inquisiteur à l'œil froid. Il est vrai qu'en juin 1942, pendant une dizaine de jours, je mets sur le gril notre plus célèbre résistant. Rémy vient de parvenir en Angleterre avec sa femme et ses enfants. Fuite quasi miraculeuse quand on songe qu'une bonne partie de son réseau s'est fait décimer par les Allemands. A Londres, les responsables de la "France libre" estiment que Rémy a trop bien réussi à passer au travers. Rémy écrira lui-même que son ami Saint-Jacques, l'un des as du BCRA, était persuadé qu'il avait livré tout son réseau à la Gestapo. Je remplis donc mon office. Inlassablement, j'interroge Rémy, le presse de questions sur son réseau, les habitudes de ses camarades, l'arrestation de ses amis, les défaillances et les trahisons éventuelles à l'intérieur de la "Confrérie Notre-Dame" (CND) son organisation. Au terme de l'interrogatoire, je suis convaincu que Rémy n'a rien à se reprocher et ne saurait être soupçonné de trahison. (...) A Duke Street, au centre de la quinzaine de bureaux où se concentre, au troisième étage, le contre-espionnage, se trouve une salle très vaste de proportions, entièrement occupée par un fichier géant. Organigramme de la Résistance constamment tenu à jour, c'est notre arme secrète, notre mémoire. Aujourd'hui, on parlerait d'un ordinateur regroupant toutes les informations. Tous les agents de la "France libre", tous les réseaux, tous les sympathisants sont minutieusement répertoriés. Toutes les missions sont consignées, décrites par le menu, avec les succès et les insuccès, les incidents et les trahisons, les défections et les suspects. »

Il est difficile de citer ainsi Wybot sans ajouter que ce fichage systématique n'alla pas sans soulever bien des critiques : considéré d'abord par les uns comme une précaution exagérée, simple excès de vigilance, il apparut bientôt à beaucoup d'autres comme la matérialisation de la tentative de main-mise politique du BCRA sur l'ensemble des organisations de Résistance dont nous avons vu plus haut ce qu'on pouvait penser.

Revenons de Londres en France occupée... Très vite, il est clair pour tous les dirigeants de la Résistance que des complicités dans les organismes de police constitueraient un atout décisif pour neutraliser partiellement la répression et accroître la sécurité des organisations. On y songe d'autant plus qu'ici ou là, des fonctionnaires demeurés en service mais qui sont néanmoins des patriotes et qui refusent la loi de Vichy et de l'occupant cherchent le contact et veulent devenir eux-mêmes des résistants. En fait, ce contact va donc rapidement s'établir et, un peu partout, des policiers résistants apporteront aux clandestins une aide efficace et même parfois décisive. Toutefois, connaissant le rôle tellement néfaste qu'en tant que corps constitué la police « française » a joué durant les années noires, on imagine aisément que tout cela n'ira pas sans problèmes. C'est si vrai qu'aujourd'hui encore, après plus d'un demi-siècle, les controverses restent vives lorsqu'on aborde cet aspect du combat libérateur. Sans prétendre vider l'abcès, il nous paraît donc utile de fournir au lecteur quelques éléments lui permettant de se former un jugement sur cette question délicate. Parmi les opinions émises ultérieurement, deux courants apparaissent nettement : dans l'un, on met en avant l'aide apportée par des fonctionnaires de nationalité française à l'Abwehr comme au RSHA et l'on veut considérer que l'essentiel demeure le dommage considérable qui fut ainsi causé à la Résistance ; dans l'autre, on insiste sur le courage des policiers résistants et, tout en déplorant vivement la conduite des « collaborateurs », on retient surtout l'aide que le patriotisme actif d'un certain nombre de commissaires, d'inspecteurs et de simples agents apporta aux réseaux et mouvements.

« 99,99 % » ou quelques « rares collègues » ?

La première appréciation a été, par exemple, formulée par Marcel Paul, ancien dirigeant de la Résistance française à Buchenwald, devenu ministre communiste du général de Gaulle, lorsque à l'audience du 31 juillet 1945 du procès Pétain, il a déclaré : « Je veux dire à la Cour et à messieurs les jurés que les coups les plus durs qui ont été portés à la Résistance l'ont été par les policiers du gouvernement de Vichy, obéissant aux ordres de l'accusé. J'ai été, pour ma part, arrêté par les policiers de Vichy. Un très grand nombre de camarades de la Résistance, que je devais retrouver dans les prisons ou dans les camps, ont été arrêtés par les policiers de Vichy. Si les autorités occupantes n'avaient pas disposé et bénéficié du concours permanent et acharné des policiers de Vichy, les neuf dixièmes des patriotes qui ont été arrêtés auraient pu continuer l'action libératrice... »

Plus radical est le point de vue qu'exprime un auteur plusieurs fois cité au chapitre précédent, Maurice Rajsfus. Dans *Quand j'étais juif*, il affirme que « la police française » fut « complice à 99,99 % des nazis jusqu'en août 1944 ». Et dans *La Police de Vichy*, il écrit : « On nous explique que la Résistance de la police est mal connue. C'est vrai, mais il semble que cette méconnaissance résulte surtout d'un manque d'actions authentiques... »

Quant à la seconde appréciation, on la trouve clairement exprimée sous la plume d'Antonin Pichon dans les *Pages d'Histoire, 1939-1945 ; les policiers français dans la Résistance*, ouvrage édité en 1965 sous les auspices de la « Confédération nationale des policiers anciens combattants et résistants » et du ministère de l'Intérieur. « Que certains policiers français, en feignant de n'exercer qu'un métier au service de qui détenait le pouvoir, n'aient que trop bien obéi aux ordres de Vichy ou même du pouvoir réel (à leurs yeux, celui des nazis), personne ne songe à le cacher, et les policiers qui furent conduits dans les camps de concentration moins que tous autres, parce qu'ils savent que ce fut parfois sur la dénonciation de l'un de leurs "collègues". Il en fut d'ailleurs ainsi dans tous les corps sociaux (...). Ecrivons seulement, pour être juste, qu'il avait fallu aux policiers engagés dans cette lutte plus de courage qu'à d'autres pour s'y déterminer, car les risques qu'ils couraient dans la police, à côté de ceux qui participaient à la répression, étaient aussi plus grands. » Dans le même volume, Marie-Madeleine Fourcade émet à peu près la même opinion lorsqu'elle estime : « Leur formation policière faisait, certes, merveille dans un service secret mais il y avait en eux autre chose que cela : il y avait en eux le désir profond d'en faire plus et mieux que les autres résistants, pour dédouaner un corps auquel ils étaient passionnément attachés et qu'ils savaient voué à l'opprobre du fait qu'il agissait pour le compte de l'ennemi ou des collaborateurs de l'ennemi. » Le commissaire Ange Antonini, lorsque, dans *Le Temps des policiers*, il écrit sous le pseudonyme de Jacques Lantier, va encore plus loin. Evoquant, en effet, son sort et celui de ses collègues dans les années d'après-guerre, il affirme carrément : « Ce que nous ne voulions pas, c'était continuer à servir de boucs émissaires à tous les péchés de la politique. (...) Dieu sait si durant l'Occupation nous avions marqué notre opposition au système de Vichy et si nous avions tenu à l'écart ceux de nos rares collègues qui s'étaient faits les complices de la Gestapo et de la Milice ! » L'emploi qui est ici fait de l'adjectif « rare » surprendra sans doute plus d'un résistant et l'on nous permettra de remarquer que l'usage de l'expression « boucs émissaires » ne paraît guère fondé dans la mesure où, après la Libération, l'épuration ne fut pas particulièrement rude dans les milieux policiers.

Cela dit, il est vrai que la difficulté — déjà évoquée plus haut — qu'il y avait à être fonctionnaire sous l'Occupation fut particulièrement aiguë en ce qui concerne les policiers. Lorsque, en septembre 1945, par exemple, devant la Cour de Justice d'Orléans, se déroula le procès du commissaire divisionnaire Devynck, à qui on reprochait notamment d'avoir été, le 20 juillet 1943, félicité dans l'*Ordre de police n° 16* « pour les beaux résultats obtenus par son service dans les enquêtes récentes sur les menées antinationales », le président déclara à l'accusé : « On vous représente comme un chef consciencieux, surveillant activement son personnel. Vous n'établissiez aucune différence entre les affaires judiciaires et politiques... » Aucune différence — voilà bien des mots clefs !... Il faut savoir aussi que, contrairement aux miliciens qui, eux, étaient évidemment tous volontaires, bien des policiers furent désignés pour des tâches de répression sans avoir été consultés et souvent même contre leur gré... On se souvient sans doute du témoignage de Georges Frétet, affecté à sa grande surprise dans les affreusement fameuses BS (mais aussi du travail qu'il y fit)... Ancien policier comme Frétet, Maurice Vincent garde le même souvenir : « Les BS sont vomies, écrit-il dans *Les Dossiers cachés de la Brigade Mondaine*, en 1975, et leurs membres tenus à l'écart par la Police municipale entière. Elles sont la hantise des gardiens de la paix qui aspirent au titre d'inspecteur et risquent d'y être affectés contre leur gré. » Sans le savoir, sans doute, lorsque Vincent emploie le verbe « vomir », il ne fait que reprendre une expression déjà utilisée, en février 1944, dans un tract rédigé et distribué par les résistants du « Front national » de la police parisienne où il est question des « policiers lavalistes, vomis par la corporation des gardiens de la paix parisiens ». Ironie du sort, ironie amère, les jeunes policiers menacés par ces affectations d'office sont souvent des gens qui, comme nous le rappelle Clément Roycourt, « étaient entrés à la Préfecture de Police pour échapper aux Allemands, car on commençait à parler du STO ». A ces sortes de pièges administratifs s'est souvent ajouté un frein politique — on serait presque tenté de dire : idéologique — celui de l'anticommunisme. En faisant, le 16 décembre 1943, pour Hitler, un bilan de la répression en France entre janvier et septembre de cette même année, le chef suprême des SS et du RSHA, Heinrich Himmler, après avoir expliqué que sur trente mille arrestations, un quart ont été effectuées par les services allemands eux-mêmes et les trois quarts restants par des fonctionnaires français, ajoute ce commentaire : « La police française est utilisable, dans une certaine mesure, dans le travail contre le communisme. Elle n'est pas sûre dans la répression des menées nationales françaises... »

« J'ai senti que je me cassais de l'intérieur »

Certes, on pourrait rétorquer à tout cela qu'à condition de risquer sa vie, le passage dans la clandestinité était toujours possible... A chacun d'apprécier. Néanmoins, il est intéressant de voir comment, dans de telles conditions, la prise de conscience de certains policiers s'effectua. Comment et pourquoi jugèrent-ils soudain, un jour, intolérable de remplir une fonction que, jusque-là, ils avaient continué d'accomplir ? Prenons deux exemples... Le premier est rapporté par Joseph Kessel. « Ce policier, qui s'appelle chez nous Leroux, écrit-il, est venu à la Résistance par une sorte de choc, de révélation. Il y a une dizaine de mois, il fut désigné avec d'autres inspecteurs de police français pour aider à une opération de la Gestapo. Deux voitures amenèrent les agents allemands et français à un PC de réseau qui abritait un poste émetteur, un dépôt d'armes et une dizaine de personnes. Les agents de la Gestapo dirigeaient la perquisition. Les Français obéissaient sans parler. Le policier (...) voulut ouvrir le sac que tenait une jeune femme. Elle le lui a jeté au visage en criant : "Boche, sale Boche !" La jeune femme avait une belle figure fine et fragile mais sans peur. "Je ne suis pas un Boche" a dit le policier malgré lui. — "Alors, c'est pire", dit la jeune femme. — "J'ai senti que je me cassais de l'intérieur", m'a raconté Leroux, "et j'avais les yeux brouillés à cause des larmes." (...) Un ami l'accompagnait, un autre policier qui, lui aussi, avait aidé la Gestapo. Cet ami l'a empêché de se tuer. "Je l'aurais fait, m'a dit Leroux, je l'aurais fait sûrement. Quand je me rappelais ce à quoi depuis deux ans j'avais prêté les mains sans réfléchir, par routine, quand je revoyais tous les braves gens, toutes les femmes de cœur que j'ai mouchardés, arrêtés, donnés aux Boches, il me semblait que j'avais la lèpre... Ce que j'ai pu souffrir !" Il criait tout cela à son ami. L'autre a compris aussi. Il a dit à Leroux : "Ça ne sert à rien de se détruire. On peut essayer de réparer." Ils ont approché chacun une organisation différente par l'intermédiaire de prisonniers. »

L'autre exemple, mentionné par Marie-Madeleine Fourcade, est différent puisque l'on y voit évoluer un policier déjà membre du « réseau Alliance » : le commissaire Jean Philippe, connu dans *L'Arche de Noé* sous le pseudonyme de Basset. Un jour de janvier 1943, à l'improviste, le commissaire surgit dans la planque de Marie-Madeleine Fourcade qui ne l'attendait pas et qui s'alarme. C'est pour lui dire : « Ce matin est arrivée une circulaire qui nous ordonne de traquer les Juifs et de les livrer à l'ennemi. Jusqu'à présent, j'avais considéré que mes fonctions de commissaire de police étaient compatibles avec mon activité clandestine ; non seulement compatibles, mais utiles. J'avais réalisé le tour de force de n'arrêter aucun compatriote depuis 1940. Maintenant je vais être soumis à une contrainte de toutes les minutes. Je viens donc vous demander la permission et l'honneur d'entrer dans la clandestinité. » Un autre facteur de l'évolution des consciences fut aussi pour les fonctionnaires de police comme pour tout le monde, mais peut-être encore plus pour eux, l'évolution même du conflit et surtout le pourrissement croissant d'un « Etat français » dont la fiction juridique se délabrait de plus en plus. Tout autant qu'un patriotisme vrai ou qu'un opportunisme évident, joua une sorte de réflexe professionnel de refus face à un « maintien de l'ordre » qui recouvrait les activités criminelles de plus en plus ouvertes des bandes armées dont nous venons de parler au chapitre précédent. Les miliciens surtout. Ces derniers ne tardèrent d'ailleurs pas à dénoncer souvent les policiers de métier comme trop tièdes, voire comme hostiles à la politique de Collaboration. Le rapport de la direction de la Milice de la Loire dont fait état Monique Luirard dans son article cité plus haut et où il est question de « cette sale police qui sait toujours passer à côté des terroristes sans les voir » ne fut pas une exception. Souvent, tel fonctionnaire qui, en 1940-1941, participait allègrement à la chasse aux communistes s'employait, en 1943-1944, à saboter les opérations contre le maquis. Fondamentalement — et même moralement — on peut fort bien discuter sur le fait de savoir si les adeptes de cette sorte de « résistance passive » furent *stricto sensu* des résistants, mais on ne peut pas refuser d'admettre que la Résistance en tira bénéfice notamment dans les mois qui précédèrent et surtout dans les mois qui suivirent le débarquement allié. Il faut savoir cela pour bien comprendre ce que veut dire Michel Hacq — le futur directeur de la PJ dont nous savons qu'il n'avait pas attendu pour s'engager dans le combat avant d'être torturé puis déporté — lorsqu'il nous déclare : « Si l'ensemble de la police avait joué le jeu de la Collaboration, ç'aurait été épouvantable parce que la Résistance y aurait difficilement survécu. Nous étions au courant de tout. Les policiers étaient renseignés de A jusqu'à Z sur les organisations de Résistance, les mouvements, leur articulation, etc. Quand j'étais en fonction, si je n'avais pas été engagé dans la Résistance, je n'aurais eu qu'un mot à dire pour provoquer des catastrophes... Sans le concours que la police a apporté à la Résistance, eh bien, j'estime qu'elle n'aurait pas pu se développer comme elle l'a fait. Elle aurait certainement vécu mais n'aurait pu prendre l'essor qu'elle a connu. »

Lors de son arrestation, le futur médecin-général Raymond Chanel demande à l'un des gardiens de la paix affectés à sa surveillance de prévenir ses amis. « On est des petits, on ne peut pas grand-chose ici, lui répond l'agent. Mais comptez sur moi... » Cette réflexion est caractéristique de la réalité comme des limites de la Résistance des policiers. Elle montre aussi combien il est difficile de faire un exact départ entre ce qui, dans cette Résistance, fut « actif » et « passif »... Nous ne croyons pas avoir eu tort d'évoquer plus spécialement la participation des policiers patriotes à la Résistance à propos du problème de la vigilance, néanmoins la question se pose : quelles formes prit le plus souvent cette participation ?

Celle qui « tapait un quatrième exemplaire »

Remontons de la « base » au « sommet »... « Je suis entré dans la police le 1er mars 1941, nous dit Damien Lamazou. J'ai fait partie d'un groupe de vingt-deux nouveaux agents nommés au commissariat de Pau ; parmi nous, il y avait pas mal de Lorrains expulsés de leur région et réfugiés dans les Basses-Pyrénées. Nous n'aimions pas tellement l'armée d'occupation. Toute notre promotion a décidé de constituer un fichier de tous les gens qui fréquentaient les Allemands. Comme je connaissais bien le pays, j'ai été choisi comme responsable de ce fichier. Bientôt, il est devenu assez important. Alors, en juillet 1941, j'ai pris contact avec le réseau Alliance... En plus des renseignements pour le fichier, le réseau m'a demandé de faire faire des faux papiers, des faux tampons, etc. Chaque mois, je leur ai fourni environ mille deux cents jeux de cartes d'alimentation... Plus tard, j'ai été contacté par la direction départementale des MUR ; finalement j'ai travaillé aussi pour le BCRA quand il était devenu DGSS, pour le "corps-franc Pommiès", pour la "base Espagne" des "services spéciaux" de l'Armée... Des tas de gens sont passés par notre commissariat, à qui l'on a fait suivre des "filières" pour l'Espagne... Comme j'étais vaguemestre, j'allais, chaque matin, chercher à la poste le courrier du commissariat. J'en profitais pour prendre les lettres destinées aux Allemands et celles qui concernaient les gens inscrits à notre fichier. Ces lettres, nous les ouvrions très proprement à la vapeur d'eau avant de les remettre au courrier suivant... Oui voilà, c'était le genre de choses que nous faisions... » Autre témoignage de simple policier, celui de Raymond Norgeot qui, de la fin 1941 jusqu'en 1943, fut affecté au commissariat de Colombes, dans la banlieue parisienne. « Dans notre commissariat, nous dit-il, était aussi installée une sorte de délégation des BS composée de sept ou huit policiers recrutés pour s'occuper spécialement de tout ce que demandait la Gestapo. Lorsqu'il arrivait des messages qui leur étaient destinés, le télégraphiste me les passait avant de les leur communiquer. Il s'agissait en général d'ordres d'arrestation, d'instructions pour des enquêtes sur des présumés résistants, sur des réfractaires au STO, etc. Aussitôt, j'abandonnais ce que j'étais en train de faire pour aller à la mairie de Colombes où je pouvais consulter le fichier des cartes d'alimentation. Tout le monde y était fiché. Je subtilisais alors les fiches des personnes incriminées et je les déchirais soigneusement avant de les jeter dans le caniveau... Je savais que le télégraphiste laissait passer au moins une demi-heure avant de transmettre le télégramme aux types des BS. Quand c'était possible, j'allais prévenir les gens menacés. A certains, je disais carrément : "Je viens pour vous arrêter ou pour arrêter votre fils. Je reviendrai demain". A d'autres je disais : "Je sais que votre fils va être arrêté. Il faut vite faire le nécessaire". Malheureusement, pour des raisons de sécurité, je ne pouvais pas m'occuper de ce qui se passait après... »

Ce que nous dit maintenant Michel Hacq se situe à un autre niveau de la hiérarchie mais procède du même souci essentiel : prévenir, essayer de prévenir à temps : « Un jour de septembre 1943, nous raconte-t-il, nous avons reçu de notre ami de Vichy Jules Léoni, commissaire principal et chef du fichier central, un renseignement selon lequel les Allemands et les hommes de "l'Etat français" allaient attaquer des maquis en Savoie, le lendemain matin dès l'aube. Il était trop tard pour avertir les maquisards de Savoie. Alors on a immédiatement prévenu Londres par radio et c'est Maurice Schumann qui, le soir même, en a parlé au micro de la BBC. L'effet de surprise de l'attaque a été complètement manqué. » Au bout du compte, on peut dire que les services rendus par les policiers à la Résistance ont été à la fois très variés et très spécifiques. L'un des principaux organisateurs de l'action clandestine dans la police, Léon Théus, en a établi une liste assez évocatrice : « Délivrance de cartes et pièces d'identité ; indication de toutes opérations et arrestations prévues ; établissement de procédures ou rapports erronés faussant les recherches ; émissions et réceptions radio ; réparation et transport de postes émetteurs ; communications avec détenus ; évasions ; relevés de fortifications, d'emplacement de troupes avec effectif et armement ; hébergement et transport de résistants ; transport d'armes, munitions, explosifs et documents ; détection des provocateurs se présentant comme résistants traqués ; surveillances pendant mise en place de sabotages, préparation d'attaques, départs clandestins par avions, sous-marins ou passage frontières ; surveillance des sièges et dépendances des services de la Gestapo pour repérer personnel, relever numéros de véhicules et découvrir agents de réseaux trahissant... » En refaisant de son côté le même inventaire, Alban Vistel se contente d'y adjoindre les « liaisons assurées entre les commandements régionaux, les départements et les unités FFI » et les « sauvetages d'imprimeries clandestines ».

Il va sans dire qu'à ces activités il faut ajouter la participation de policiers résistants aux actions habituelles de la Résistance... Par exemple, la lutte armée. « Entre mars et juin 1943, nous dit ainsi Clément Roycourt, j'ai formé des groupes composés de responsables en vue d'apprendre le maniement des armes nouvelles parachutées telles que les mitraillettes, les fusils automatiques, les pistolets à bande, l'amorçage et le désamorçage des grenades... Cet entraînement et ce maniement d'armes se faisaient, à Paris, par groupes de trois, dans les sous-sols des Halles, de la Préfecture de police, du Val-de-Grâce et dans les Catacombes. »

Entre les diverses formes d'actions des policiers résistants et tout particulièrement les diverses sortes d'aide qu'ils apportèrent aux autres clandestins, il est difficile d'établir une hiérarchie, même approximative, même simplement indicative. Il est clair toutefois que l'infiltration des organismes répressifs vichystes et allemands joua, nous le savons, un rôle particulièrement important en permettant, d'une part, de freiner cette répression et, d'autre part, d'avertir de possibles victimes. Paradoxalement, cette infiltration semble d'ailleurs avoir été à la fois la forme la plus difficile et la forme la plus réussie du travail patriotique mené ou favorisé par les fonctionnaires de police. Ce fut au point que Jean Gemahling, responsable du renseignement pour les MUR, a pu écrire : « Pour nos réseaux de renseignements, il y avait peu de commissariats, peu de brigades de gendarmerie où nous n'ayons eu un agent, un informateur occasionnel ou régulier. » De même, dans sa biographie de Venise Gosnat, Jean Chaumeil a-t-il pu noter : « Dans le travail fixé par notre plan d'action, le plus audacieux fut de mettre en place des camarades qui seraient chargés de pénétrer l'appareil policier de la Préfecture de Paris. Le responsable fut désigné avec les consignes les plus rigoureuses. Venise suivait cela de très près et tout un appareil échelonné fut mis en place pour cloisonner à l'extrême cette nouvelle filière d'action. (...) Le comble de notre joie fut (...), début 1944, (quand) nous parvint une copie du rapport hebdomadaire du policier collaborateur, le Préfet de police Amédée Bussière (...). Cela devenait si dur pour nos ennemis que David, le chef de la "BS antiterroriste" finissait par se demander si dans ses brigades il n'y avait pas de traîtres ! » En commentant pour nous ce passage de son livre, Chaumeil a ajouté : « C'était une secrétaire sténodactylo qui tapait le rapport hebdomadaire de Bussière. Officiellement, elle le tapait en trois exemplaires : un pour Bussière lui-même, un pour la Gestapo et un autre pour le ministre de l'Intérieur à Vichy. En fait, la fille en tapait un quatrième exemplaire qui m'était destiné. Cet exemplaire arrivait entre les mains d'Arthur Airaud aussitôt après avoir été tapé. Le jour même ou le lendemain, Airaud me le faisait parvenir. Je l'étudiais avec soin et j'envoyais immédiatement des émissaires à tous les camarades qui pouvaient être concernés. Il faut dire que Bussière, dans ses rapports, n'utilisait aucun code et expliquait en clair qu'il allait faire telle ou telle opération. De même, il faisait le bilan des arrestations et traçait le plan de la répression à venir... »

Le « réseau Ajax »

Lorsqu'il nous raconte cela, Chaumeil utilise une expression caractéristique : « Nous étions arrivés à un tel point de pénétration dans la police qu'on a pu... » On a pu — et c'est Clément Roycourt qui le raconte — non seulement empêcher des arrestations mais faire en sorte que certaines de celles que l'on n'avait pas pu éviter n'aient pas de conséquences trop fâcheuses. « Très souvent, dit Roycourt, les détenus étaient regroupés, pêle-mêle, dans de grandes salles. A ce moment-là, nous essayions d'entrer en contact avec eux. Nous leur conseillions d'essayer de passer à l'interrogatoire plutôt avec tel inspecteur qu'avec tel autre. Nous recueillions également tous les jours, après les interrogatoires, des renseignements sur la façon dont les inspecteurs opéraient... Par ailleurs, comme nous savions à l'avance quels étaient les gardiens qui allaient être affectés à la surveillance de tel édifice, aux entrées, au dépôt, ceux qui seraient chargés de garder les détenus à l'intérieur, etc., nous nous arrangions toujours pour qu'une nouvelle liaison soit établie entre les jours d'interrogatoire et l'entrée en détention proprement dite. Ainsi nous avons pu éviter l'arrestation de réseaux entiers. Il arrivait que des résistants appréhendés parlent un peu trop lors des interrogatoires ou se confient trop facilement à leurs compagnons de détention. Nous essayions de le savoir pour transmettre aux membres de leurs organisations encore en liberté ce qu'ils avaient pu dire. Le plus souvent, les membres d'un même réseau, d'un même mouvement, arrêtés ensemble, ne se connaissaient pas ; aussi essayions-nous de nous renseigner sur l'appartenance des détenus d'après les dossiers et de les prévenir afin qu'ils puissent entrer en contact. »

Dans la mesure où l'infiltration des organismes les plus spécialement répressifs fut à la fois la partie la plus réussie et la plus difficile de l'activité des policiers résistants, le mot *difficile* s'écrit ici en lettres de sang : si l'on additionne les listes de « fonctionnaires de la Sûreté Nationale » et de « fonctionnaires de la Préfecture de Police » morts dans le combat clandestin, ces listes que publie l'ouvrage *Pages d'Histoire, 1939-1945 ; les policiers français dans la Résistance* auquel nous nous sommes déjà référés, on arrive à un total de plus de huit cents victimes. Huit cents morts, sans parler bien sûr de tous les rescapés qui connurent le calvaire de la torture par leurs « collègues » puis de la déportation en Allemagne. Sans parler non plus de ceux qui n'étaient pas à vrai dire des fonctionnaires mais qui avaient réussi à occuper des postes particulièrement périlleux et particulièrement efficaces, tel le jeune Henri Weilbacher, un étudiant en droit qui fut fusillé le 25 mars 1944 parce qu'il s'était engagé comme secrétaire de l'Intendant de Police de Clermont-Ferrand afin de renseigner la Résistance...

Etant donné les difficultés particulières que rencontraient les policiers résistants mais aussi des possibilités qui leur étaient offertes, on ne s'étonnera pas que, parmi eux, aient été nombreux à la fois paradoxalement les combattants solitaires, sans liaison avec un mouvement, et ceux qui étaient simultanément rattachés à plusieurs organisations. Toutefois, tout naturellement, tandis que les mouvements et les réseaux cherchaient à s'assurer des complicités dans la police, les policiers résistants s'efforçaient d'assurer à leur périlleux travail le maximum d'efficacité ; ainsi, les deux efforts se conjuguant, des organisations spécialement adaptées ne tardèrent pas à voir le jour. Il y en eut principalement quatre : un réseau attaché au BCRA (le « réseau Ajax »), un secteur professionnel du Front national (le FN-Police), une branche du mouvement Libération-Nord (« Police et Patrie ») et un groupement autonome (« Honneur de la Police ») qui fut quand même assez régulièrement en contact avec un des « services » du CNR, le NAP (Noyautage des administrations publiques).

Dans les livres de *Souvenirs* qu'il a écrits sur le temps où il dirigeait le BCRA, le colonel Passy insiste sur le fait que s'il « parle longuement » du « réseau Ajax », c'est en raison « du gigantesque travail qu'il accomplit sous la direction d'Achille Peretti ». Dans les *Pages d'Histoire*, on trouve un historique de ce « réseau Ajax » où l'on peut notamment lire : « Le "réseau Ajax", on devrait mieux dire l'organisation "Ajax", qui groupait à la fin de la guerre les réseaux "Candide", "Zadig", "Micromégas" et "Stuart", tire la dénomination sous laquelle il est connu du pseudo choisi par son créateur Achille Peretti qui se souvint alors de ses origines ajacciennes et des combats qu'Ajax mena pour les armes d'Achille. (...) Lors de l'exode, la plupart sinon l'ensemble des fonctionnaires de la "Surveillance du territoire", se trouvaient regroupés à Perpignan. Certains d'entre eux à la tête desquels avait pris place Simon Cottoni — un de nos meilleurs spécialistes du contre-espionnage — essayèrent d'obtenir des Anglais leur embarquement pour l'Angleterre, mais échouèrent. Des premiers contacts furent pris, à Nice d'abord, par des fonctionnaires de la "Surveillance du territoire", avec des membres du "2e Bureau" et un petit noyau commença à se structurer. Son premier travail consista à mettre en place un réseau de liaison radio et d'agents de renseignements, en Corse (...). Il faut dire que la plupart des premiers membres du réseau étaient Corses. En avril 1941, des liaisons furent établies avec l'"Intelligence Service", par la Suisse, ainsi que des liaisons radio. (...) C'est autour de Nice, après un départ de Corse, que se créa ainsi le noyau de ce qui devait devenir par la suite le "réseau Ajax". Son extension devait être d'ailleurs facilitée par une décision de l'Inspection des services de police judiciaire affectant Achille Peretti aux services centraux de Vichy. Le premier recrutement sur place fut inévitablement celui d'un Corse, Jules Léoni, dont les sentiments antivichystes et antipétainistes s'exprimaient, au gré de certains, trop ouvertement et trop vertement et dont la position à la tête du service des archives permettait d'espérer des récoltes fructueuses. Ainsi naquit, à la faveur de recrutements successifs, un sous-réseau policier du "réseau Ali", limité à la zone Sud d'abord, comportant plus tard des prolongements dans la zone Nord et toujours placé sous la direction de Maurice Andlauer. (...) Le sous-réseau poursuivit donc son activité dans le cadre du "réseau Ali" en étendant son recrutement. Après une nouvelle alerte, en janvier 1943, l'arrestation de Jacques Robert, chef du "réseau Phratrie", entraîna la transformation du sous-réseau d'"Ali" qui devint indépendant et dont Achille Peretti prit la direction. Grâce à la complicité du commissaire Louis Dubois, Peretti put avoir une conversation avec Jacques Robert, qui était arrêté à Nice. Le BCRA put être alerté par l'antenne-radio se trouvant en Suisse. (...) Le 13 juin 1943, jour de son anniversaire, Achille Peretti partait pour Londres au cours d'une opération double de Lysander. Dans l'autre appareil avait pris place Jacques Robert. A Londres, le colonel Passy et ses services réexaminèrent de très près le projet et décidèrent de renvoyer Peretti en France avec des moyens personnels d'action et de liaisons afin de créer, avec le noyau constitué par le sous-réseau d'"Ali", un mouvement indépendant et autonome. Auparavant, vers le mois de mai 1943, le commissaire Dubois avait mis Peretti en rapport avec le commissaire Léon Théus, de Marseille, et avec le commissaire Michel Hacq, de Toulon, et avait fait le tour de divers agents en place pour les informer de ces projets. (...) Le "réseau Ajax", qui devait à son organisation particulière et à ses buts spéciaux de ne pas supporter les consignes restrictives des autres groupements, était entré en contact avec la plupart des autres réseaux et avait reçu l'aide efficace de certains d'entre eux, notamment de "Franklin" et d'"Andromède". A son retour de Londres, Peretti avait été chargé de remettre en piste le "réseau Marco Polo", décimé par de nombreuses arrestations. (...) L'organisation étant devenue très importante, il avait été décidé de doter la zone Nord d'un système d'opérations et de liaisons indépendant, ce qui amena le départ à Paris de Paul Torricini, de Jeanne Massoni et de l'équipe de protection. Les courriers étaient centralisés à Londres. L'officier correspondant français chargé au BCRA du dépouillement de la partie administrative des documents d'"Ajax" était M. Haas-Picard, le futur préfet de la Seine... ».

Torturé par ses « collègues »

Alors que le « réseau Ajax » regroupait essentiellement des cadres, le « FN-Police » recruta plutôt parmi les simples agents et simples inspecteurs. Dans le *Mémoire d'activité de l'« unité Front National-Police » du mouvement « Front National »*, peut-être parfois un peu optimiste, on lit que « l'esprit de résistance naquit parmi le personnel de la Préfecture de Police dès l'apparition dans les rues de la capitale des premiers militaires allemands. (...) Ainsi se créèrent dès 1940 les premiers noyaux de policiers hostiles à l'occupant et résolus à lutter pour restaurer l'indépendance de la France. » Toutefois, les « bonnes volontés » des « policiers patriotes » restent inexprimées et inorganisées, car, sans doute très peu nombreuses, jusqu'en 1941, année où Léon Pierre, alias Serge, alias Dupuis, forme un groupe clandestin qui se rattache à la France combattante de Londres et qui en prend le titre. En fait, ce rattachement est plus théorique que pratique et lorsqu'en 1942 un émissaire de la direction du Front National, Arthur Airaud, alias Poirier, alias Aubry, alias Montigny, vient prendre contact avec eux, c'est bien volontiers que Léon Pierre et ses compagnons acceptent de devenir le « FN-Police ». « A l'origine, nous raconte Jean Chaumeil, Airaud était un militant syndical des cheminots. Il travaillait avec Crapier et Tournemaine. En 1942, il était donc en liaison avec nous mais, hélas, nous étions fréquemment "coupés". Un jour, après deux ou trois semaines de silence, il réussit à reprendre le contact. Je le fis venir et lui demandai par quels moyens il avait à nouveau trouvé la liaison. Je fus très surpris lorsqu'il me dit que c'était par l'intermédiaire de deux flics. Entre nous, l'explication fut alors un peu orageuse. Après vérifications, nous pûmes établir que ces deux policiers étaient bien d'anciens camarades du parti qui, après l'exode et la débâcle, avaient réussi à se faire engager dans la police pour régler la circulation en se disant qu'on ne viendrait pas les chercher là... Ils avaient gardé un contact avec des communistes clandestins de Clichy. C'est ainsi qu'Airaud avait pu remonter la filière. Comme, malgré les "coupures", nous avions très confiance en lui et que les deux policiers paraissaient des hommes sûrs, nous avons réfléchi, Venise Gosnat et moi, et nous avons pensé que ce serait peut-être là le moyen de réussir à pénétrer dans la police, ce que nous souhaitions faire depuis longtemps sans y parvenir... Aussi ai-je fait un rapport à Jacques Duclos pour lui proposer que notre camarade Arthur Airaud soit chargé de créer la branche "police" du "Front National". Ma proposition a été acceptée. » Aussitôt de nouveaux contacts furent pris et, après plusieurs entrevues préliminaires, le 3 juillet 1942 se tenait la première réunion du « Comité directeur clandestin du Front National-Police ». Ce comité était composé, outre Arthur Airaud et Léon Pierre, de Lucien Saintier, alias Cartier, de Roger Herlaut, alias Latour et de Michel Dubois, alias Jacques. En relatant ce que fut alors la croissance du « FN-Police », le *Mémoire d'activité* que nous avons déjà cité, poursuit : « Des tracts émanant de divers horizons étaient multipliés et distribués, en particulier ceux de la "France combattante", du "Front national", de l'"Université libre", du "Palais libre", de "La Marseillaise", etc., des contacts étaient établis, à l'automne de 1942, avec les fonctionnaires résistants des diverses directions de la Préfecture de Police, puis avec la Gendarmerie représentée par le général Capdevielle. En 1943, le "Front national-Police" groupait mille deux cents résistants et, en octobre 1943, le journal *La Voix de la France*, journal des "Comités de la France combattante des Administrations publiques, Police, Gendarmerie de la région parisienne" paraissait à cinq mille exemplaires qui étaient distribués. Parallèlement à cet effort de propagande, se développait l'action armée (...). Un service de fausses pièces d'identité fonctionnait aussi au domicile de Prévost, 20 boulevard Sébastopol, à Paris, qui s'occupait également des passages pour Londres : plus de soixante aviateurs alliés tombés au cours de missions sur la France furent rapatriés par son entremise. Prévost sera arrêté et mourra en déportation. (...) De plus en plus de fonctionnaires de police s'engagent volontairement dans les rangs du "Front national-Police". A la fin de l'année 1943 (...) Airaud est aidé dans sa tâche clandestine par (...) Pierre Michaud et Jacques Pruja. » Mais Pruja, qui était auparavant responsable du Front national pour Paris-Nord, est arrêté par les BS le 3 janvier 1944. Terriblement torturé par ses « collègues » qui s'acharnent d'autant plus sur lui, il ne parle pas. Pourtant, les 18 et 19 février, une nouvelle vague de répression s'abat sur le « FN-Police » : Airaud, Michaud, Dubois, le commissaire Lelièvre, etc. sont à leur tour appréhendés. L'organisation n'est pourtant pas démantelée. Elle continue de vivre et même de croître. A sa tête, Serge Lefranc, alias Gérard, succède à Airaud. Clément Roycourt, alias Rivière, est entré au « comité directeur ». Le 3 juillet, Airaud réussit à s'évader des locaux mêmes de la Préfecture de Police. Cette évasion spectaculaire a été préparée par ses camarades et elle augure bien du rôle que joueront les résistants de la Préfecture pendant la libération de Paris.

Moins importante que les organisations précédentes, « Police et Patrie » n'en joua pas moins un rôle qui vaut d'être retenu. Dirigée, entre autres, par le brigadier Joseph Lamboley et le commissaire André Michel, elle réussit notamment à paralyser plusieurs fois le système d'alerte générale de la Préfecture de Police. Dans les *Pages d'Histoire*, Stéphane Monniot en raconte ainsi la naissance : « Au fur et à mesure que se déroulaient les longues années de l'Occupation et que s'organisaient lentement, tenacement, les mouvements de

Résistance de la Préfecture de Police, des interpénétrations avaient lieu d'un organisme à un autre. Les affinités jouaient. (...) C'est ainsi que la présence de Ribière (de "Libération-Nord") à Paris suscita un mouvement particulier dans la police parisienne par le fait qu'ayant été directeur du cabinet de Marx Dormoy, ministre de l'Intérieur, il avait gardé de nombreuses amitiés personnelles à la Préfecture. » Et, de son côté, lorsque celui qui a été entre-temps secrétaire général de la SFIO, Daniel Mayer écrit, en 1968, *Les Socialistes dans la Résistance*, il précise : « Dès l'automne de l'année 1942, Henri Ribière demande à Priou de tenter de créer un réseau de "Libé-Nord" dans la police parisienne. Comme Roger Priou hésite, disant n'avoir aucun contact dans ce milieu, Henri Ribière lui répond que c'est justement pour cette raison qu'il lui confie ce travail. Cette tâche est à la fois ardue, délicate et passionnante. Nos amis s'y attellent avec joie. Priou-Valjean fait équipe avec Pierre Combes, qui devait devenir à la Libération directeur de la Sûreté. (...) Ils s'appelleront "Police et Patrie". Leur mission consiste essentiellement à recruter dans la police, à saboter dans toute la mesure du possible l'action des policiers collaborateurs, à organiser des groupes francs. (...) L'action de "Police et Patrie" est coordonnée chaque semaine, au cours d'une réunion qui se tient chez Meslier, 13, rue des Wallons, près du boulevard de l'Hôpital. »

Quand « les criminels arrêtent les policiers »...

En nous essayant plus haut à l'impossible inventaire des tout premiers groupes clandestins, ces groupes peu nombreux, héroïques, dont une impitoyable répression voua la plupart à une rapide disparition, nous avons évoqué l'« Armée volontaire » et nous avons dit comment l'un de ses animateurs, Adrien Peltier, en recrutant, dès 1941, des policiers patriotes, jetait les bases de ce qui serait plus tard « Honneur de la Police ». La même tâche était alors poursuivie par Arsène Poncey, auquel son poste de président des anciens combattants de 1914-1918 à la préfecture de police permettait de nouer beaucoup plus de contacts que n'aurait pu le faire, sans ce titre, le simple brigadier qu'il était. Devenu, dans la clandestinité, le capitaine Lapeyroux, Poncey, lorsqu'il fut arrêté le 13 mars 1943, avait déjà mis sur pied un appareil spécifiquement « policier » très solide et, s'il mourut lui-même en déportation, au camp de Mauthausen, son organisation survécut à la disparition de l'« Armée volontaire »... En relatant ce que fut le destin ultérieur d'« Honneur de la Police », Stéphane Monniot note : « Un nom émerge immédiatement, celui du commissaire Dubent qui fut le véritable successeur de Poncey. Il sut donner au nouveau regroupement une ampleur considérable. L'organisation fut calquée sur les divisions de police à la tête desquelles se trouvaient des commissaires divisionnaires (maintenant des contrôleurs généraux). A la tête de chaque division se trouvait un “responsable divisionnaire”. Une campagne intense de tracts fut lancée qui amena un afflux d’adhésions. (...) Un fait nouveau se produisit. Un contact fut pris par Dubent avec le NAP. Ainsi la Résistance policière fut reliée au “Comité français de la Libération nationale” alors que les contacts de Poncey avaient été, bien que réguliers, moins profonds et moins étroits. (...) Dubent a son travail au service technique, c’est-à-dire au centre qui dispose des véhicules de transport et de l’armement en général, sans parler du réseau téléphonique et des liaisons d’ensemble. Dubent sut héberger et faire héberger de nombreux parachutistes, notamment ceux qui tombèrent dans la Seine, près du pont National. Son service lui était dévoué et il fut ainsi capable de donner une impulsion décisive à son groupement. Combien d’arrestations furent évitées par les renseignements donnés à temps aux personnes menacées ! Le réseau atteignait tous les milieux de la Préfecture, Police judiciaire et Renseignements généraux. (...) De Londres, par la BBC, “Honneur de la Police” donnait en clair des avertissements aux collaborateurs de l’ennemi. Le public sut ainsi qu’à côté de l’immonde police de l’ennemi, demeurait une police vraiment française. » Et Monniot continue : toutefois, « pendant ce temps, “Honneur de la Police” avait subi de grandes pertes. Dubent, en prenant contact avec le NAP, fut arrêté le jour de Noël 1943. Les circonstances de cette arrestation sont demeurées pleinement mystérieuses et, aujourd’hui encore, elles ne sont pas élucidées. Du moins, pas plus que Poncey, pas plus que Airaud, Dubent ne parla. En hommage à son héroïsme, et comme pour Poncey, une salle de la Préfecture de Police porte son nom. »

De même que lorsqu’on dit « aux gendarmes », on ajoute immanquablement « et aux voleurs », de même, notre société étant ce qu’elle est, lorsqu’on pense à la police, on pense aussitôt aux gangsters, au « milieu »... L’industrialisation de notre pays dans la seconde moitié du XIXe siècle a engendré les grandes agglomérations urbaines. Là, la pègre et les marginaux ont vu leur spécificité s’affirmer et leur nombre se multiplier. Dès lors, les deux mamelles d’une police efficace avaient été, durant toute la IIIe République, les « indics » et les « condés ». En protégeant les uns et en accordant les autres, la Police judiciaire et les Renseignements généraux avaient favorisé la structuration de ce que l’on a pris l’habitude d’appeler le « milieu ». A plusieurs reprises, déjà, nous avons vu les nazis édifier sur ce marécage leurs « bureaux d’achat » et leur « Gestapo française », nous les avons vus faire des pires crapules le plus abominable usage. Il n’est pas besoin d’y revenir... Mais nous savons aussi que, si la Collaboration fut massivement choisie, il y eut pourtant des truands qui préférèrent aider les résistants ou en devenir eux-mêmes.

Le devenir — pour quels motifs et dans quelles conditions ? Gardons-nous, à cet égard, de toute appréciation trop hâtive. Méfions nous du blanc (le gangster repenti se rachetant dans l'héroïsme patriotique) comme du noir (l'hypocrite homme de main toujours prêt à se vendre au plus offrant)... Certes, ici, l'opportunisme règne en maître. Les résistants le constatent dans un tract que cite Philippe Aziz et où l'Occupation est ainsi décrite : « Toutes les valeurs sont inversées : la racaille est devenue l'élite, les voyous tiennent le haut du pavé et les criminels arrêtent les policiers. Le pays est devenu peu à peu un gigantesque boulevard du Crime... » Les résistants le constatent encore, une fois venus les jours de la Libération, lorsque le 2e Bureau de l'état-major national FFI est obligé de faire diffuser dans son *Bulletin quotidien d'informations n° 10*, le 28 août 1944, l'avertissement suivant : « On signale de tous côtés que la pègre du XVIIe et du XVIIIe arrondissement sillonne la ville en voiture en arborant des brassards FFI. Elle profite de la situation pour se livrer au pillage sous le couvert de fausses réquisitions. Il s'agit pour la plupart d'anciens agents de la Gestapo qu'il importe de mettre dans le plus bref délai hors d'état de nuire. (...) pour purger la ville de ces faux résistants. » D'ailleurs, il est symptomatique que des hommes aussi différents qu'Alphonse Boudard et Michel Hacq, qui n'ont guère en commun que de savoir de quoi ils parlent, puissent nous confier, le premier : « Le "milieu" ne met pas tous ses œufs dans le même panier... Sa règle, c'est l'opportunisme pur et simple », et le second : « Je ne veux pas salir la mémoire de ceux qui sont tombés courageusement mais il est certain que ceux qui sont venus avec nous ne sont pas venus au début par patriotisme ». On pourrait bien sûr rétorquer à cela que l'opportunisme ne fut pas — loin de là — l'apanage des seuls gangsters entre 1940 et 1945 ! Mais, plutôt qu'à des considérations « morales », tenons-nous-en aux faits.

Commandant militaire des FTP des Bouches-du-Rhône, Lucien Beau nous raconte : « Pendant presque toute la Résistance, nous n'avons pas eu de contact avec les gens du milieu, à Marseille. C'est seulement au début de juillet 1944 qu'en tant qu'organisation FTP nous sommes entrés en relation avec certains d'entre eux. Je me souviens d'un gangster qui avait beaucoup fait parler de lui avant la guerre et qui avait pour prénom Ange. Il avait notamment attaqué un train chargé d'or du côté de l'Estaque... Cet Ange avait, je ne sais plus par quel intermédiaire, joint un de nos camarades pour offrir ses services aux FTP. Il proposait d'opérer parmi les gens qu'il connaissait, c'est-à-dire d'éliminer certains de ses anciens amis devenus des collaborateurs, de placer des bombes dans différents endroits occupés par les Allemands ou par les "Affaires juives", etc. En échange, il demandait simplement que, si nous gagnions la guerre, on lui donne une attestation prouvant qu'il avait été au service des FTP... Nous avons accepté et, effectivement, Ange et son équipe ont réussi pas mal de coups... Il faut dire que tout ça n'alla pas sans surprises. Je me souviens que mon agent de liaison, qui s'appelait Pipe, la première fois où il est allé prendre contact avec Ange en est revenu effaré. Il était entré dans une arrière-salle de bistrot et là, étalés sur les tables, il avait vu des mitraillettes, des pistolets, des grenades... C'était en effet ouvertement entourés de leurs outils de travail que ces messieurs discutaient des prochains coups à entreprendre. Finalement, en juillet et en août 1944, ils ont réussi un certain nombre d'opérations contre les nazis et les truands à leur service... Après la Libération, nous avons donné, comme convenu, son attestation à Ange qui s'est aussitôt éclipsé. Nous n'avons plus entendu parler de lui... ».

Les « petits chérubins » de la « grosse Madeleine »

Autre détail inattendu : il arriva assez souvent que des « maisons de tolérance », lesquelles avaient alors officiellement pignon sur rue, servent de planques ou de cachettes à des résistants... Ancien dirigeant du mouvement Combat, Benoît Ady-Brille, a rapporté à René Cerf-Ferrière ce souvenir du temps où il était un responsable clandestin à Limoges : « Un jour, nous nous sommes trouvés en possession de valises pleines d'armes provenant d'un parachutage. Des camarades avaient ouvert les containers et mis une partie de leur contenu dans des valises. A cette époque, début 1943, nous ne recevions guère d'armes. Nous ne voulions pas lâcher dans la nature ce que nous venions de recevoir. Il fallait répartir plastic, revolvers, mitraillettes aussi vite que possible entre les membres de l'"Armée secrète" et, au plus vite, planquer le surplus. Par prudence, nous pensions qu'il n'était pas sérieux de les déposer chez l'un ou l'autre d'entre nous. Mieux valait les mettre dans un lieu plus sûr, à l'abri d'un coup dur... Un de nos amis, le pauvre n'est plus de ce monde, avait des relations très suivies avec une fille qui vivait du profit de ses charmes. C'est ce camarade, celui qui avait de si bonnes relations, qui eut une idée géniale : "On va aller chez ces dames !". Et nous voilà partis au bordel... Sans la moindre discussion, la grosse Madeleine — c'est ainsi que s'appelait la patronne — nous dit : "Mais comment donc, mes petits chérubins... Donnez-moi tout ça ! Ça ne peut être nulle part plus en sécurité que chez moi...". Chacune de ces dames resta bouche cousue... » L'exemple que nous venons de citer est classique, mais il arriva aussi que des prostituées et des tenanciers apportent à la Résistance une aide encore plus active. Joseph Manzone, à qui ses exploits contre les Allemands et les Italiens ont valu, dans la région niçoise, une solide réputation de risque-tout, sous le nom de « Joseph le fou », nous a ainsi raconté : « A Nice, il y avait un bordel qui était plus spécialement fréquenté par les Italiens et que l'on appelait "Le Pellegrini"... Parmi les femmes, il y en avait deux, deux femmes patriotes, pas des maquerelles, qui me renseignaient régulièrement en me donnant par exemple les noms des officiers italiens, les caractéristiques de leurs épaulettes, les numéros de leur bataillon, quel moral ils avaient, etc. Le jeudi matin, toutes les pensionnaires du "Pellegrini" allaient passer la visite à l'hôpital Saint-Roch. C'est comme ça que je pouvais les rencontrer et que, dans un bistrot voisin, elles m'apportaient les renseignements. » Autre cas significatif, celui du patron d'une des « maisons » les plus célèbres de Paris : *Le Sphynx*. Il s'appelait Georges Lemestre. A son propos, le docteur Raymond Leibovici, alors proche collaborateur de la direction du parti communiste clandestin, nous a dit : « Lemestre était généreux. Il a donné pas mal d'argent, sans doute de trente à cinquante mille francs de l'époque, chaque mois, à la Résistance. Il a, en outre, planqué de nombreux résistants et mis souvent sa voiture à leur disposition, ce qui en ce temps-là était précieux. »

A la réflexion, deux cas illustrent bien ce que fut le curieux destin des quelques truands qui préférèrent ainsi la Résistance à la Collaboration, deux cas célèbres : ceux des Guérini et de Jo Attia... Avec le premier, on a une bonne illustration de l'opportunisme dont nous parlions plus haut, lequel bien sûr doit être pris pour ce qu'il est mais sans oublier qu'il put être aussi objectivement utile, tandis qu'avec le second on se trouve en présence d'un homme plus singulier, chez qui le pire n'excluait pas le meilleur et qui a mérité une partie de sa généreuse légende.

« Quand la guerre arrive, écrit Pierre Joffroy dans *Paris-Match* du 17 janvier 1970, les sabianistes, ayant choisi la Collaboration, les Guérini parcourent la carrière opposée. Ils abritent des réseaux, nourrissent des maquis et, pour le plaisir, dit-on, obligent dans leurs boîtes les Allemands à s'agenouiller au son de *l'Ajaccienne*. Antoine et Mémé, les deux têtes du clan, ont vu clair... » En effet, nous expliquera Roger Colombani, « pourquoi les Guérini jouent-ils la carte de la Résistance ? On ne peut pas penser que ce soit par idéal. Non, ils ont compris que la prise de position de Spirito et de Carbone laissait une place vide dans le "milieu" et que, à la Libération, il y aurait des possibilités pour des gangsters résistants, pour un "milieu" qui se serait "dédouané" dans la Résistance. » Et ces « possibilités », les Guérini sauront les exploiter à plein. « A la Libération, rappelle François Caviglioli, Antoine Guérini est décoré de la croix de guerre et de la médaille de la Résistance. Il recueille les dépouilles carbonistes. Il est tout-puissant. Et surtout, il a réalisé son rêve : il a un nom redouté. Il a établi sa famille, comblé son village natal. Il a un rôle politique : il soutient la SFIO. Il dîne avec des banquiers, des députés, des préfets... »

Comme nous le disions, le cas d'Attia est différent. Passé du 1er Bataillon d'Infanterie légère d'Afrique (les célèbres « Bat' d'Af' »), au « Groupement de Travailleurs français n° 120 », il est démobilisé le 27 décembre 1940. Que faire alors ? Va-t-il résister ? Va-t-il pouvoir résister aux multiples tentations de cet « âge d'or du milieu » qu'est, nous le savons, l'Occupation ? Faute de pouvoir fournir une réponse valable à cette question, donnons-en deux. Deux qui sont absolument contradictoires et, à cet égard, parfaitement significatives.

La réponse de la police, d'abord. Ou plus exactement des archives PJ. Lorsque, le 20 janvier 1954, est rédigé le texte que nous citons, le nommé « Attia Brahim, Prosper, Georges, Victor, Joseph », dit « Jo le Boxeur », dit « Jo », « né le 10 juin 1916 à La Richardais (Ille-et-Vilaine), de Brahim et de Hamoniaux Léontine » est fiché à ces archives de la PJ sous treize références qui vont de « E. 76.271 » à « H. 338.901 » et de « 56/14.587 » à « 59/412.749 ». Treize références à partir desquelles le fonctionnaire de la Police judiciaire chargé d'en faire la synthèse rédige des « observations » dont voici les cinq premières phrases : « C'est incontestablement un malfaiteur très dangereux, bien qu'on ait plusieurs fois tenté de dire le contraire. Déjà connu avant la guerre pour de menus délits, c'est surtout pendant l'Occupation qu'il a fait parler de lui comme membre de la Gestapo de la rue Lauriston et principal lieutenant de Loutrel dit Pierrot le Fou (décédé). Sous le couvert de son appartenance à la Gestapo, il a pris part à de nombreux vols aux faux policiers et agressions notamment contre des fourgons bancaires. Mais les preuves ont très souvent fait défaut et, en outre, Attia a pour principe de tout nier, même l'évidence. Il a eu le plus souvent pour complices les membres de l'équipe à Loutrel et surtout Boucheseiche Georges avec lequel il était très lié. En novembre 1953, il était en prison depuis plusieurs années et toujours détenu à Fresnes. Mais il se targuait d'avoir appartenu à la Résistance et d'aucuns semblaient admettre ce point de vue... » La réponse de la fille du truand ensuite. Moins de deux ans après sa mort, en effet, en 1974, Nicole Attia publiait un livre intitulé *Jo Attia, mon père*. On peut y lire notamment : « Si Jo a demandé à Dédée de se sacrifier, c'est parce qu'il appartient à la Résistance. Un ami de Jeannot qui fait partie d'un réseau a tout de suite vu quel parti on pouvait tirer d'un garçon comme Attia, débrouillard et courageux. Toutes les qualités pour faire un excellent agent de liaison. Il n'a pas de mal à convaincre Jo qui est présenté à des responsables du "réseau Centurie". Jusqu'à la fin de 1942, il fera partie de cette organisation clandestine. (...) Il participe à de nombreux coups de main contre des nids et des organisations des Gestapos française et allemande. Cela ne l'empêche pas de continuer à mener sa petite vie de trafiquant du marché noir et de fréquenter des truands. Cela lui permet d'avoir quelquefois des tuyaux bien intéressants. (...) Indépendamment des agressions aux faux poulets, du marché noir, et en dépit de ses relations amicales avec des types de "la carlingue", l'infatigable Jo travaille toujours pour la Résistance. Grâce à ce qu'il a pu apprendre sur les habitudes des hommes de Lafont, il organise un raid, en septembre 1942, contre les locaux de la Gestapo de la rue Lauriston. Mais les Allemands l'ont démasqué. Quelques jours plus tard, alors que Jo est en java avec des copains au cabaret “Le Chantilly”, près de chez lui, 135 rue Lamarck, les verts-de-gris s’amènent et cernent l’établissement. C’est la fusillade. Jo réussit à se tirer (...). Jo ne peut plus rester à Paris. Il gagne Bordeaux puis Dax (...). Mais la Gestapo a retrouvé sa trace. Nouveau départ. Il se replie à Hagetmau où il a un contact. Celui-ci le met en liaison avec le chef local, le colonel Léon des Landes, qui se nomme en réalité Léonce Dussarat et qui a installé son PC à Sainte-Croix-du-Mont à cinq cents mètres des lignes de démarcation allemandes. Jo est chargé du passage des gens traqués, particulièrement des Israélites. Lassus, le “technicien”, travaille avec lui. Ils font franchir la ligne à une bonne douzaine de “clandestins”, dont des Anglais. Puis Jo est envoyé en mission à Clermont-Ferrand par le 2e Bureau. Les 5 et 7 janvier 1943, il réussit le “passage” de nombreux résistants. En février, il sauve deux hommes qui se trouvaient dans une passe difficile... »

Dents en or et pommes de terre

Comme on le voit, nous n’exagérions pas en disant plus haut que les deux versions ainsi proposées de la vie du même homme sont absolument contradictoires. Plutôt que d’en privilégier une, voyons la suite, laquelle nous est rapportée par des témoins dignes de foi, par des résistants... La suite, c’est la déportation au camp de Mauthausen. « J’ai connu Jo Attia au camp, nous dit Yves de La Barre de Nanteuil. On construisait une piscine, les dimanches et le soir, en plus de notre travail normal. Il y avait, pour nous surveiller, un kapo espagnol que nous appelions “le Négro”. Il me harcelait. Il voulait que je remplisse ma brouette à ras bord et que je coure aussitôt la vider. A ce train-là, je n’aurais pas tenu longtemps... Jo, lui, était kapo aux pommes de terre. Il a sauvé pas mal de vies en apportant des patates, des bouteillons de soupe aux copains. Dans son “kommando des patates”, il y avait quatre-vingts pour cent de Français. C’était ceux qui épluchaient. Eh bien, dès qu’il y avait un Français malade, on le cachait, on le planquait sous des sacs vides, on lui donnait à bouffer... Donc, moi, je travaillais à la piscine. Jo passe. Je le regarde désespérément. Je lui raconte ce qui m’arrive : remplir la brouette, courir, etc. Jo a engueulé le “kapo” espagnol et lui a dit de me foutre la paix... L’Espagnol s’est tu. Et j’ai été tranquille... Plus tard, j’apprends que les SS allaient faire un inventaire des déportés qui avaient des dents en or. C’était mon cas. Je savais donc ce qui m’attendait... On m’a dit d’aller voir Jo. J’ai pris rendez-vous avec lui, à minuit, je m’en souviens. Il est arrivé et il a accepté de m’arracher mes cinq couronnes. Mais il m’a dit : “Qu’est-ce que je vais te donner en échange ?” Moi, je ne savais pas. Alors il m’a dit : “Je te donne neuf rations de pain et neuf rations de soupe par dent. Mais pas tout ensemble, bien sûr. Je te les apporterai”. Je lui ai fait confiance. Et tous les jours, il m'a apporté mes rations. Régulièrement... » Des témoignages comme celui d'Yves de La Barre de Nanteuil, Attia n'en manquera pas lorsque, dans les années qui suivront son retour de déportation, il aura à nouveau maille à partir avec la justice. Le 3 juillet 1953, Armand Gatti pourra écrire dans *Le Parisien libéré* : « Une réhabilitation a marqué hier la comparution de Joseph Brahim Attia devant la Cour d'Assises de la Seine. Celui dont, jusqu'à présent, on n'agitait le nom qu'affublé des oripeaux de la terreur (...), s'est montré sous son véritable jour : un mauvais garçon sans doute, mais surtout un héros. (...) Ce fut le défilé, combien émouvant, des camarades de déportation de l'accusé qui, tous, s'efforcèrent de réhabiliter celui dont la conduite fut exemplaire derrière les miradors. Cent fois, il risqua sa vie pour venir en aide à ceux qui partageaient le même sort que lui. Il sauva une vingtaine de vies... » Certes, par la suite, le truand ne manqua pas de tirer tout le profit judiciaire possible du défilé de ministres et de généraux, de journalistes et d'ecclésiastiques, que l'évocation de son séjour à Mauthausen amenait à la barre des témoins de ses procès successifs. Comme pouvait le noter Claude Kroès, dans *l'Humanité-Dimanche*, peu après sa mort : « Jo Attia avait bien travaillé pour sa légende... ». Une légende qui connut son épanouissement lorsque le célèbre Papillon imagina de se faire le biographe d'Attia. La mort empêcha Papillon de mener à bien son projet, mais, dans *France-Soir* du 4 août 1973, on put lire sous la signature de Jean Marcilly ces lignes étonnantes : « De la publication de ce livre, il (Papillon) entendait rendre hommage au Jo Attia à l'enfance martyre, au dur au cœur tendre, à ce franc-tireur de la Résistance qui osa s'attaquer l'arme en main au sinistre duo de la Gestapo Bonny-Lafont, au héros magnifique du camp de Mauthausen, dont les déportés et le révérend-père Riquet chantèrent les louanges... ». Entre ce style de *Bibliothèque rose* et la réalité, il y a évidemment une marge... Est-elle aussi grande qu'on le pense ?

Cela dit, malgré l'importance du facteur « milieu » dans le phénomène policier, la participation de quelques truands à la Résistance resta un fait marginal. En revanche, compte tenu de sa répartition territoriale beaucoup plus diversifiée et de son implantation sociale généralement plus profonde, un corps qui se situe aux confins de l'armée et de la police mais que ses fonctions judiciaires obligent à considérer d'abord comme un instrument de répression prit, lui, une importance particulière — nous voulons évidemment parler de la gendarmerie. Traditionnellement bien introduits dans la société rurale, les gendarmes furent assez vite confrontés à un problème nouveau pour eux, celui du Maquis, bientôt avec un grand M... En 1943 et 1944, leur attitude prit donc une grande importance car, trop bien renseignés pour pouvoir ignorer les habitudes des maquisards, ils eurent, pendant de longs mois, la possibilité de freiner ou de favoriser leur action. Le souvenir qu'en ont gardé les combattants des maquis est généralement plutôt favorable à la gendarmerie et André Urban, alias « Doublemètre », un FTP futur marchand de tableaux, le résume assez bien lorsqu'il nous dit : « Dans les fermes cachées, les seules forces de répression auxquelles nous ayons affaire étaient les gendarmes. Le plus souvent, à part quelques fanatiques, il s'agissait de braves gens qui se laissaient facilement corrompre si on leur procurait des victuailles. Dans mon département, la Dordogne, département radical et rouge, républicain, les gendarmes, qui avaient femmes et enfants, baignaient dans une population hostile à Vichy et aux Allemands. Pour nous, on ne peut donc pas dire qu'ils aient constitué un danger quotidien. » Ce souvenir n'est pas trompeur mais il mérite toutefois d'être sérieusement nuancé car, en réalité, le comportement des gendarmes, entre 1940 et 1944, varia beaucoup selon les époques et les lieux. Varia comme varient les appréciations les concernant.

Une première constatation s'impose : lorsque l'« Etat français » remplaça la IIIe République, la gendarmerie, en tant que corps, n'eut pas un comportement différent de l'ensemble des autres organismes administratifs ; soixante mille gendarmes acceptèrent d'obéir désormais aux ordres venus de Vichy... Dans un ouvrage qu'il a péremptoirement intitulé *L'Histoire de la gendarmerie*, oui, l'histoire, l'universitaire et « fils de gendarme » Eric Alary note avec une pudeur charmante : « Dès le mois d'octobre 1940, les gendarmes prêtent serment de fidélité au chef de l'Etat, comme l'ensemble des agents des administrations. (...) Le refus de serment conduisait à une révocation immédiate. En l'état actuel des investigations, il semble qu'il n'y ait eu dans la gendarmerie aucun refus. » Ajoutons que, toujours « en l'état actuel des investigations », il ne semble pas, mais il est sûr qu'en avril 1942, les mêmes gendarmes accepteront d'être placés directement sous l'autorité du chef du gouvernement, c'est-à-dire de Pierre Laval. Nous savons ce qui en résulta, mais il ne faut pas craindre, ici, d'être plus précis... Quelques exemples suffisent.

En évoquant l'essor de la résistance communiste dans le bassin minier du Nord, Auguste Copin rappelle : « Le 1er mai 1941, c'est pour la première fois une attaque directe contre les soldats allemands. Elle est menée à Lambersart par Eusebio Ferrari, René Denys et Jean Pavlovski... ». Et il note à ce propos : « Denys, Pavlovski et Ferrari, membres de l'OS, ont été abattus à Bruay-sur-l'Escaut par des gendarmes français, les deux premiers le 16 février 1942, le troisième deux jours plus tard. » Nous avons évoqué plus haut la tragique épopée des Glières, Jean Babaz y était, et il se souvient : « Il y avait, à Annecy, un capitaine de gendarmerie qui était vichyste cent pour cent. Il avait publiquement juré d'"avoir la peau" du maquis et il est monté à l'attaque avec ses gendarmes... ». En racontant l'exploit des « patriotes de la Haute-Loire qui résistèrent aux sbires vichyssois après avoir libéré vingt-six patriotes emprisonnés » dans la nuit du 24 au 25 avril 1943, le « Comité militaire de la Zone sud des Francs-Tireurs et Partisans français » déclare, dans un tract largement distribué : « Le lendemain, Vichy met la police sur pied de guerre ainsi que les soldats boches. Les gardes de la prison sont mis en cellule. Gendarmes et boches battent la campagne ; le 27 avril les gendarmes faisant cette sale corvée pour le compte de l'ennemi cernent un groupe de patriotes. Mais un autre groupe vient délivrer celui encerclé. La lutte commence, les coups de feu claquent. Six victimes dont un capitaine parmi les gendarmes, deux patriotes blessés, seize faits prisonniers. Le reste de la troupe s'étant replié en bon ordre sous le commandement de ses chefs a dépisté les forces policières et boches qui battent la contrée. » Et il ne faudrait pas oublier la surveillance de ce qu'Anne Grynberg a appelé *Les Camps de la honte*, les Argelès, Gurs, Rivesaltes, Pithiviers, Mérignac et autres Drancy, où le rôle des gendarmes fut primordial... Dans son livre sur Drancy précisément, Maurice Rajsfus en parle... « Restait une ligne de défense consolatrice, écrit-il, les gendarmes, qui sont des militaires, se seraient infiniment mieux conduits que les policiers. Ce n'est là qu'un des aspects de la désinformation distillée sur le comportement des forces de l'ordre françaises sous l'Occupation nazie. Dans les villages de la France profonde, ce sont les gendarmes qui ont été les vecteurs de la chasse aux Juifs. (...) Outre ce rôle de chiens de chasse, les gendarmes serviront surtout de gardes-chiourme et les dizaines de camps de concentration ouverts dans les deux zones seront sévèrement gardés par ses braves pandores qui obéissaient à la consigne, selon la formule consacrée. (...) On ne peut pas dire qu'à Drancy, il y avait des gendarmes qui étaient convenables et d'autres qui ne l'étaient pas. Il y avait ceux qui faisaient respecter le règlement, durement, et ceux qui allaient au-delà des ordres reçus. Du simple maréchal des logis au capitaine commandant la brigade, très nombreux devaient être les pandores dont le comportement confinait au sadisme ordinaire. Et cela dès l'ouverture du camp. » On sait que Rajsfus n'y va pas de main morte. Mais force est de reconnaître que souvent il touche juste. Il est vrai qu'à propos des gendarmes, les avis sont tellement contradictoires...

Les « soldats bleus »

Car il faut aussi reconnaître, comme d'ailleurs nous l'avons déjà remarqué, qu'une autre constatation s'impose : nombreux sont les résistants qui affirment avec Philippe de Vomécourt qu'« il est certain que les gendarmes étaient souvent favorables à la Résistance », ou même, avec Raymond Garaut, alias Craponne, organisateur d'une filière de passage des FFL à travers les Pyrénées, qu'ils ont « rencontré une compréhension totale et parfois une aide efficace de la part de la gendarmerie ». Beaucoup donnent des détails précis.

Ainsi en expliquant comment Robert Gamzon réussit à cacher de jeunes Juifs dans un « internat agricole » du Tarn, Isaac Pougatch écrit-il : « Gamzon, en sa qualité d'ancien officier des transmissions, avait astucieusement installé une sonnerie clandestine reliée à la gendarmerie même de Lautrec, favorable aux Juifs. Les éventuels rafleurs se seraient, de toute évidence, adressés en premier lieu au chef des gendarmes qui n'aurait eu qu'à appuyer sur un bouton pour prévenir nos jeunes. » Ainsi en évoquant pour Georgette Guéguen-Dreyfus, auteur de *Résistance Indre et vallée du Cher*, son rôle de chef du secteur « Indre-Est » de l'Armée secrète, le commandant Fernand Mignaton rappelle-t-il que deux des trois « bataillons légers » placés sous ses ordres étaient commandés l'un, à Neuvy-Saint-Sépulchre, par le gendarme Dupleix et l'autre, à Aigurande, par l'adjudant de gendarmerie Leroux ; Mignaton ajoute que cet adjudant, un jour, carrément, lui « fit parvenir l'original du mandat d'arrêt » lancé contre lui par les autorités vichystes. Ainsi en nous disant ce que fut la vie de la Maison centrale de Clairvaux sous l'Occupation, Léonce Seuret se souvient-il qu'« en juillet 1944, cinq surveillants ont quitté l'établissement pour rejoindre un maquis à La Ferté-sur-Aube ; c'était un maquis local qui avait été monté par un adjudant de gendarmerie, oui, un gendarme qui s'appelait Gilardi ». Enfin, la répression confirme cette participation de nombreux gendarmes à la Résistance, la répression exercée par les pétainistes et les nazis contre ceux à qui ils reprochent leur « manque de loyalisme ». Lorsqu'il dépeint la situation en Bretagne au lendemain du débarquement allié, Marcel Baudot souligne : « Il a été envisagé, d'accord avec le Secrétaire général au Maintien de l'ordre, de procéder au désarmement de la police et de la gendarmerie dont le loyalisme était suspect. De fait, on a regroupé à Rennes ce qui reste des brigades de gendarmerie du Morbihan pour l'affecter à la garde des canaux dans l'Est (...) ; cent vingt révocations ont été prononcées, quatre-vingt treize officiers, sous-officiers de gendarmerie et gendarmes sont allés rejoindre les maquis ; on ne peut plus compter que sur vingt gendarmes. Ces chiffres de défections sont certainement très inférieurs à la réalité de l'aveu même de l'Intendant régional. » Or, on sait que c'est en Bretagne que se situent les événements rapportés par Charles Gilbert dans son livre *Soldats bleus dans l'ombre*, déjà cité à propos du maquis de Saint-Marcel. Un ouvrage dont voici les deux premières phrases : « Ce livre raconte (...) la lutte menée contre l'Armée d'occupation allemande par les gendarmes de la compagnie du Morbihan, sous la conduite de leur chef, le commandant Maurice Guillaudot. Cas unique dans (...) la Résistance française, ce combat a mobilisé (...), à quelques exceptions près, tout l'effectif de l'Arme dans ce département breton. » Et puis un chiffre, celui cité par la *5e synthèse de renseignements* du 15 mars 1944, où le 2e Bureau de l'état-major national FFI note que « finalement, la Gestapo arrête ceux des policiers français qui ne lui sont pas entièrement dévoués. C'est ainsi que depuis le 1er mai 1943, cent quarante-sept officiers, gradés et gendarmes ont été incarcérés et plusieurs d'entre eux exécutés par la police allemande. »

La flagrante contradiction que nous constatons ainsi entre le comportement des gendarmes collaborateurs et celui des gendarmes résistants ne saurait surprendre puisque, nous le savons, on la retrouve à l'époque, à peu près semblable, dans tous les corps de l'Etat et dans beaucoup de groupes sociaux ; en revanche, ce qu'il est intéressant de remarquer c'est qu'avec le temps la balance ne reste pas égale entre les deux tendances antagonistes. En examinant plus spécialement une région, le Languedoc méditerranéen, l'historien Roger Bourderon, déjà cité, a fait une analyse qui, à cette nuance près que, dans les départements étudiés, le rapport de force était peut-être un peu plus favorable à la Résistance que dans d'autres, semble pouvoir être considérée comme valable pour l'ensemble du pays. « L'attitude de la gendarmerie, explique Bourderon, est loin d'être homogène, d'une brigade à l'autre, et même à l'intérieur d'une brigade. Mais, globalement, l'évolution est sensible, qui conduit la gendarmerie de l'obéissance aveugle et parfois zélée aux ordres de Vichy à un engagement progressif aux côtés de la Résistance, jusqu'à l'ordre donné à la veille du débarquement du 15 août de rejoindre les maquis. Dès 1943, les gendarmes avaient été de plus en plus nombreux, qui renseignaient les maquis, fermaient les yeux sur leur existence, ne faisaient que des visites de routine inopérantes et des rapports très circonstanciés, par exemple sur les résultats des sabotages, mais inutilisables pour la répression. » On comprend encore mieux l'analyse de Bourderon si l'on se reporte à un texte de l'époque : le *Rapport statistique mensuel* de la gendarmerie des Pyrénées-Orientales d'octobre 1943 et plus spécialement au paragraphe consacré aux « suspects » — texte qui, en outre, exprime étonnamment le désarroi de ceux que nous appelions plus haut les « bons fonctionnaires ». Dans ce rapport, on peut en effet lire : « Suspects : situation inchangée. Les individus considérés comme suspects ne se distinguent pas publiquement et ne paraissent faire preuve d'aucune activité contraire aux intérêts nationaux. A noter, comme le fait remarquer le commandant de gendarmerie de Saône-et-Loire, qu'il est difficile maintenant de classer certaines personnes dans la catégorie des suspects. La presque totalité de la population étant hostile aux Allemands, nous sommes arrivés à un point tel qu'il est impossible d'affirmer que les personnes les plus honorablement connues n'ont pas une activité douteuse. La propagande radiophonique étrangère est écoutée en sourdine par la presque totalité de la population... »

« Grenadage » et « garde-à-vous »

Il va sans dire que les clandestins engagés dans la lutte sur le sol national et ceux qui, de l'autre côté de la Méditerranée, au CFLN et à l'Assemblée consultative, autour du général de Gaulle, soutiennent et impulsent leur action, n'assistent pas en spectateurs passifs à cette évolution. En avril 1944, dans l'hebdomadaire communiste *France nouvelle* paraissant à Alger, Joanny Berlioz écrit par exemple : « Il n'est pas jusqu'à la gendarmerie qui ne soit "gangrenée", puisqu'il paraît que dans la 14e Légion, "le personnel, à part quelques rares exceptions, n'est pas dévoué à la politique du gouvernement de Vichy, et reste républicain" (...). Les commandants des légions de gendarmerie appellent cela "une profonde crise d'autorité"... » Dès l'été de 1943, d'ailleurs, le Parti communiste français avait publié ès qualité un tract destiné *Aux gendarmes et brigadiers de gendarmerie*. Il y était dit : « Nous savons déjà que vous êtes nombreux à vous conduire en Français, à fermer les yeux sur ce qui se passe autour de vous et même, dans certains cas, à participer à l'action des patriotes contre l'ennemi. Au fur et à mesure que l'heure du combat décisif approche, (...) votre devoir patriotique se fait plus pressant et, en ces heures graves où se prépare la délivrance de la patrie, nous tenons à vous dire que rien de ce qui est fait tant en bien qu'en mal ne sera oublié par les patriotes qui disposent de plus de moyens d'information qu'on ne le suppose communément. Nous (...) vous demandons : premièrement, de tout faire pour sauver les patriotes qui sont menacés d'arrestation en les prévenant directement de la menace qui pèse sur eux ; deuxièmement, de ne jamais arrêter un patriote militant dans les groupements de résistance ni aucun réfractaire ayant refusé de partir en Allemagne ; troisièmement, de dénoncer aux patriotes vos collègues, vos chefs et les policiers qui se rendent coupables de crimes contre la patrie en pourchassant des Français pour les livrer aux boches et les faire fusiller. (...) »

Aussi bien Roger Bourderon a-t-il raison de poursuivre son analyse en remarquant : « Les résistants, parfaitement conscients et des sentiments contradictoires qui traversent la gendarmerie et de l'intérêt qu'il y avait à la neutraliser ou, mieux, à la rallier, déployaient depuis le début de 1944 principalement un effort de propagande accompagné de mesures d'intimidation ou de répression violente. (...) Le désarmement des gendarmes devient, en juin, pratique courante partout où leur attitude est douteuse. En même temps, la persuasion est utilisée. (...) En fait, dans les semaines qui suivent le débarquement du 6 juin, bien des gendarmes rejoignent les maquis, brigades ou individus, et — cela mérite d'être noté — sans rechercher obligatoirement une obédience plutôt qu'une autre. »

N'allons pas pour autant imaginer une évolution idyllique et sans heurts. Il arriva souvent que les résistants dussent forcer un peu la main à des gendarmes récalcitrants. Trois exemples pris dans des régions de maquis, l'Ariège, la Dordogne et le Lot, montrent bien que la psychologie de la gendarmerie dépendait beaucoup du rapport de force existant... L'un des responsables des FTP ariégeois, André Lacoste, nous raconte : « Les armes dont nous disposions s'avéraient notoirement insuffisantes ; il était nécessaire de s'en procurer et, dans ce but, nos visées se tournèrent vers l'école de gendarmerie où nous pouvions nous procurer quelques mousquetons ou pistolets automatiques et espérer convaincre quelques élèves gendarmes que leur place était dans le maquis. A cet effet, il fut décidé d'investir l'école, de lancer un appel aux élèves à rejoindre le maquis et de récupérer les armes que nous trouverions. Après les préparations d'usage en de telles circonstances, connaissance des lieux, investissement, protection, l'opération fut réalisée sans dommage. Une prise de parole du colonel Louis dans la cour de la caserne ne fut pas suivie de grand effet. Une petite quantité de mousquetons fut récupérée. » André Urban, que nous venons de rencontrer en Dordogne, nous dit de son côté : « En cas de réticences, le premier avertissement était le "grenadage". Nous arrivions en traction avant assez vite, nous ralentissions simplement devant la gendarmerie le temps d'y balancer une grenade dans des bureaux où nous savions pertinemment qu'il n'y avait personne puisque ces bureaux étaient sans lumière... Si cet avertissement n'était pas entendu — et, en général, il l'était, ô combien ! — on était obligé de faire des exemples. Heureusement, ceci nous fut épargné dans la majorité des cas. » Enfin, dernier cas dans les maquis du Lot, alors commandés par le « colonel Georges » dont on se souvient que René Andrieu, alias « capitaine Alain », était l'adjoint. « Evidemment, nous explique Andrieu, après chaque incursion des Allemands, les réactionnaires avaient un peu tendance à se réveiller. Un jour, je me souviens qu'il a fallu que je me fâche avec la gendarmerie du chef-lieu de canton... C'était au lendemain du passage de la division SS "Das Reich". Les gendarmes ont commencé à le prendre de haut. Alors, nous sommes arrivés, nous les avons réunis et je les ai fait mettre au garde-à-vous en leur disant que ce n'était pas eux qui commandaient. Ça a suffi. Ils sont rentrés dans le rang immédiatement... En fait, la gendarmerie, à ce moment-là, était à nos ordres. » Nous avons déjà vu plus haut que la communauté d'emploi par Vichy des gendarmes et des GMR n'avait pas créé, entre ces deux corps, une communauté de réactions et d'attitude. Encore plus engagés que les gendarmes dans l'action répressive découlant de la Collaboration, les « Groupes mobiles de réserve » furent tout naturellement encore moins engagés dans la Résistance que la « Gendarmerie nationale ». Globalement, c'est plutôt un jugement sans appel que la Résistance porte sur ces GMR dont, à propos des maquis, nous avons évoqué en passant création et effectifs. C'est donc à leur sujet que, le 15 mars 1944, dans la synthèse déjà citée, le

2e Bureau de l'état-major national FFI constate : « L'arrivée de Darnand a été marquée par de vastes opérations contre le "banditisme" qui se sont traduites par d'âpres combats. Alors que les gendarmes ont souvent refusé de prendre part à ces opérations, quitte à rejoindre les "maquis" (...), les GMR ont montré un vif acharnement dans les combats. » A la Libération, d'ailleurs, la sentence tombera : dissolution. Un mois à peine après la délivrance de Lyon, dans un discours qu'il prononce au centre de la ville, place Bellecour, le commissaire de la République Yves Farge proclame : « Nous avons dissous totalement les GMR car nous ne voulons plus entendre parler des GMR qui se sont déshonorés en montant à l'assaut des maquis de Savoie ! » Simultanément, dans d'autres régions, des mesures analogues sont prises par des collègues de Farge qui n'ont pourtant pas les mêmes opinions que lui. A Toulouse, par exemple, où, comme le notent Claude Angeli et Paul Gillet dans *Debout, partisans !*, « les GMR, qui ont été les plus actifs dans la Collaboration, sont dissous par Bertaux, sans qu'il en ait d'ailleurs reçu l'ordre du ministre de l'Intérieur ». L'exemple savoyard cité par Farge est caractéristique, qui montre bien comment, selon l'expression de l'historien Maurice Agulhon, « les GMR s'étaient rendus inacceptables ». Il suffit, pour s'en rendre compte, de feuilleter le *Mémorial de la Résistance en Haute-Savoie* publié par le comité local de l'Association nationale des anciens combattants de la Résistance (ANACR).

La bataille de Grenoble

Au fil des pages de ce *Mémorial*, village après village, façade de mairie après façade de mairie, monument aux morts après monument aux morts, on entre dans la mémoire blessée d'une région. Et ces inscriptions dans la pierre, ces plaques de marbre ou de métal, elles ne commémorent pas seulement, elles témoignent... A Ayse, par exemple, dans le canton de Bonneville, le souvenir de six FTP est évoqué... L'inscription dans le marbre rappelle que, sur les six, trois furent « arrêtés par les GMR ». Au passage, le *Mémorial* souligne comment « la vallée de l'Arve (...) fut durement éprouvée par la répression ». Et l'on peut lire : « Les arrestations individuelles par les GMR se multiplient, les rafles aussi (...). Si la répression est aussi vive qu'à Annecy ou dans le Chablais, elle présente cependant un caractère un peu particulier. Dans la vallée de l'Arve, la Milice n'opère pas en formation armée. Elle sert d'indicateur. Elle organise le mouchardage, la délation, le noyautage... Ce sont surtout les GMR (...) qui font le plus de mal. »

Finalement, l'image qui peu à peu s'impose à propos des GMR est celle de jusqu'au-boutistes de la répression pétainiste. Une image née, à chaud, de la réalité (« les GMR, par contre, restent fidèles à Vichy », constate, le 29 juillet 1944, le 2e Bureau de l'état-major national FFI) et confirmée par l'étude historique (les GMR, écrit Roger Bourderon, « furent fidèles jusqu'au dernier moment à Vichy »). Image d'ailleurs parfaitement logique car conforme à la vocation initiale de ce corps de police paramilitaire puisque, comme le rappelle un collègue de Bourderon, Yves Durand, dans son étude sur la *Libération des pays de Loire*, « pour les grandes opérations dites "de maintien de l'ordre", à caractère quelque peu militaire, Vichy a créé les "Groupes mobiles de réserve" ou GMR ». Utile rappel qu'Yves Durand précise en notant un peu plus loin qu'en juillet 1944, le préfet régional Angelo Chiappe et son Intendant de police « multiplient les actions des GMR », ceci afin de « donner l'impression d'une omniprésence des forces répressives pour décourager la Résistance et surtout ceux qui l'aident ».

Quand on sait ainsi comment et pourquoi sont nés les GMR, comment et contre qui ils ont été systématiquement et surtout uniquement employés, la constatation d'une pareille naissance, d'une pareille vocation et, disons-le, d'une telle spécificité anti-Résistance ne peut qu'amener à se dire que les rangs des GMR étaient vraiment un des derniers endroits où la Résistance pouvait espérer trouver de recrues et des appuis. Et pourtant encore une fois, à propos d'une époque aussi contradictoire, il faut se garder de tout jugement hâtif. Si pernicieux soient-ils, les « Groupes mobiles de réserve » ne sont pas la « Milice française »... « Le recrutement des GMR est disparate, note Yves Durand. Il est en bonne partie formé de jeunes gens qui veulent, en s'y engageant, échapper au STO. L'efficacité de ses opérations est minime. Un certain nombre de GMR passeront dans la Résistance après le débarquement... »

Les conditions de ce « passage » méritent d'autant plus d'être dites ou plutôt éclairées à travers quelques exemples, qu'on y trouve de très bonnes illustrations de la capacité d'initiative qui fut celle de la Résistance, la capacité de riposte modulée face à une répression très diversifiée, la capacité non seulement militaire et politique mais, à vrai dire, intellectuelle et presque affective de mener un combat aussi souple qu'intransigeant... Dans son récit de la façon dont les « groupes francs » des MUR, les GF, menèrent *La Bataille de Grenoble*, le commandant Louis Nal retrace deux opérations montées contre les GMR les 11 et 31 juillet 1944...

Premier épisode : « Nos réserves d'explosifs sont en baisse, écrit Nal, pourtant il faut absolument que le "feu d'artifice" du 14 juillet soit tiré. Où s'approvisionner ? Au fort du Murier, la poudrière qui renferme tous les explosifs dits "civils" est bien protégée : un peloton de douze GMR assure une garde permanente derrière de hauts murs et des portes de fer ; la relève, qui monte à pied depuis la Galochère, a lieu tous les matins à sept heures ; mais cette poudrière contient plus de cinquante tonnes d'explosif. Nous irons donc. L'opération est montée avec la participation de Dalmaso, chef du groupe FTP de

Luytel, lequel œuvra souvent avec le GF Petit-Louis. Le groupe Gamard, Saint-Martin-d'Hères, a pour mission d'intercepter la garde montante et de couper les fils téléphoniques reliant la poudrière au central militaire de Grenoble. Pendant ce temps, six camions partent de Domène, avec les groupes Petit-Louis et Henri au grand complet et armés au maximum. (...) De leur côté, les camions du secteur 5 arrivent par Herbeys et les Quatre-Seigneurs. (...) Au rassemblement des deux convois, une grosse désillusion nous attend : la ruse prévue pour introduire un groupe dans la cour intérieure de la poudrière est inutilisable. En effet nous apprenons que les gardiens ont reçu la consigne toute récente de ne laisser pénétrer que les camions allemands et ceux des GMR (...) Que faire ? Employer la force ? La poudrière est bien close et s'il y a fusillade de part et d'autre, le bruit en pourrait être perçu de Grenoble (...). Il faut chercher autre chose. Je connaissais bien les lieux. (...) Un à-pic d'une trentaine de mètres domine la cour de la poudrière ; de là, nous voyons des GMR qui montent la garde et le petit casernement de briques où leurs camarades attendent l'arrivée de la relève. Alors, trois gars armés de fusils-mitrailleurs se glissent comme des Sioux, le plus près possible du bord, avec mission d'intervenir dès que la garde aura été attirée près de la porte métallique qui ferme la cour. Puis les GF traversent à pied le village et, utilisant la contre-pente, prennent place dans les taillis, en dessous de la route. Je me présente alors à la porte, seul. La sentinelle m'interpelle par la meurtrière. Je réponds en demandant le chef de poste afin de lui remettre un message de la part du gardien de batterie du fort.

Le chef de poste arrive mais sans ouvrir, engage la conversation par l'embrasure pratiquée dans la porte. Je vais droit au fait :

— Adjudant-chef Requet, du Parc d'artillerie. Il nous faut des explosifs pour la Résistance. Ouvrez !

Le chef de poste éclate de rire :

— Toutes les précautions sont prises ; n'essayez pas d'entrer ou nous tirons.

— Mon vieux, lui dis-je, votre baraque est en briques et, si vous bougez, vous êtes tous morts. Regardez...

Et je m'écrie :

— Tireurs, prêts ?

Les trois GF se dressent sur la falaise, fusils-mitrailleurs à la hanche :

— Oui !

Les GMR comprennent qu'ils sont pris et feraient les frais de toute velléité de résistance. Le chef de poste, changeant de ton, demande seulement l'assurance qu'aucun de ses hommes ne sera emmené de force, et ouvre. Pendant que quelques GF désarment les GMR, les autres ouvrent les portes de la poudrière et commencent à sortir les caisses. (...) Soudain, un agent de liaison accourt. Le chef du groupe de couverture nous fait prévenir que des GMR se sont postés sur un lacet de la route et attendent le convoi qui doit passer à cinquante mètres sur le lacet supérieur. Dalmaso, Henri, Petit-Louis et moi, nous concertons un moment. (...) Mitraillette à la bretelle, je m'élance dans le pré. Le lieutenant GMR me crie :

— Levez les mains, rendez-vous !

Mais j'engage vite le colloque :

— Laissez-nous passer, c'est votre devoir.

— Non. Je suis officier, je dois obéir.

— Je suis militaire aussi et j'obéis au général de Gaulle. Laissez passer le convoi, vous nous tirerez dessus après.

Un adjudant-chef GMR intervient :

— Mon lieutenant, on pourrait peut-être...

— Non ! hurle l'officier, les Allemands vont arriver et je ne veux pas me faire interner.

Les GMR suivent cette scène peu banale avec une curiosité croissante et ne voient pas le mouvement amorcé par la camionnette de Petit-Louis. En un coup de maître, celui-ci vient de prendre la position convenue. L'ayant vu du coin de l'œil, je bascule brusquement ma mitraillette sur le ventre de l'officier :

— Haut les mains !

Au même instant, les quatre fusils-mitrailleurs surgissent sur le toit du véhicule blindé et les tireurs crient en même temps :

— Haut les mains, ou nous tirons !

La suite s'exécute conformément au plan. Le GF Henri et le groupe FTP de Luytel bondissent, désarment les GMR et récupèrent leurs armes. (...) Sur ces soixante GMR dont nous avions respecté la vie et qui étaient nos prisonniers, six seulement choisissent de nous suivre. »

« Allons, levez les bras, imbéciles !

Deuxième épisode du récit du commandant Louis Nal, dans son livre *La Bataille de Grenoble* : « Un groupe FTP de Luytel avait kidnappé deux GMR à la gare de Gières, le 26 juillet. Conduits d'abord au camp de Luytel pour y être interrogés, ces derniers avaient été remis finalement à la police du secteur I. Ils appartenaient, révélèrent-ils, au "GMR des Alpes" dont un groupe de sept hommes gardait le poste de transformation électrique des établissements Soulage, à l'Abbaye, aux portes de Grenoble. Le groupe franc Merlin fut alors chargé de faire prisonnière toute cette garde. Pour ce faire, douze hommes du groupe franc embarquent à Livet à bord d'un cargazogène, le 31 à onze heures du matin et traversent sans encombre Brie, Eybens et Saint-Martin-d'Hères. (...) Les GF arrivent devant le portail et surprennent les GMR attablés dans la cour, en plein repas. "Bras en l'air !"... Nos jeunes garçons en chemisette et short bleus, avec leur petite croix de Lorraine brillant sur la poitrine, doivent avoir l'air terrible si on en juge par l'empressement des GMR à remettre leurs armes, ceinturons, uniformes de réserve et munitions. (...) L'opération n'a pas duré vingt minutes ; beau butin de mousquetons, revolvers et matériel de campagne qui sera précieux à nos FFI du secteur I. Le lendemain, un des GMR capturés accepte d'aller, en civil, se rendre compte des résultats de l'opération. L'émoi a été vif chez les Allemands et les forces de Vichy. L'effectif du poste a été doublé, il comprend maintenant quatorze hommes triés sur le volet et commandés par deux adjudants dociles aux ordres de l'"Etat français". La consigne est de faire feu sur tout groupe d'approche suspect. (...) Le 1er août, nos hommes repartent donc, toujours dans leur car-gazogène, mais cette fois déguisés en GMR. Et sont avec eux, l'Alsacien Georges Pierre, dit Pelletier, du secteur I, revêtu d'un uniforme de Feldwebel et quelques hommes de sa section, tous habillés en soldats allemands. (...) Les GMR, les vrais, voient bien s'avancer les Allemands et l'équipe de leurs camarades, mais ils croient à une relève et attendent sans la moindre méfiance. Et voilà qu'arrivés au portail les "Allemands" braquent sur eux leurs armes et que l'un d'eux s'écrie : "France Libre ! allons, levez les bras, imbéciles...". Les quatorze GMR, comme leurs sept prédécesseurs, prennent alors le chemin du maquis avec armes, munitions, uniformes et matériel. »

Jaillie spontanément, l'apostrophe « imbéciles ! » mérite d'être soulignée. Sans même que celui qui la lance en ait clairement conscience, elle est lourde de sens. Audacieusement lapidaire, elle n'est pas sans rapport avec ce que nous avons dit plus haut des « bons fonctionnaires » et elle colle brutalement à une réalité qui reste la même si nous passons, par exemple, de l'Isère en Corrèze... En effet, dans tous les départements où la croissance des maquis s'affirme, nous voyons les résistants forcer la main aux GMR récalcitrants comme nous les avons vus la forcer aux gendarmes, avec un peu plus d'énergie toutefois dans la mesure où ceux-ci montrent la plupart du temps moins de bonne volonté que ceux-là. Ainsi dans l'ouvrage collectif *Maquis de Corrèze par cent vingt témoins et combattants*, peut-on lire : « Au cours de l'automne 1943, et de l'hiver, les chefs FTP les plus dynamiques, les détachements les plus "anciens", constitués de gars courageux et énergiques, font une découverte : après quelques prudents essais, ils s'aperçoivent qu'il leur est possible d'avoir, envers les GMR (...), une attitude offensive. Et ils constatent alors que le moral, en face, est pitoyable. "Foudres de guerre", en août 1943, les GMR se révèlent de lâches mercenaires, préoccupés avant tout de leur sécurité et de leur argent. Par contre, nos FTP, qui ont pris l'habitude d'entendre siffler les balles, ont un moral qui monte en flèche. » Exemple — dans la même région — de cette « attitude offensive » des combattants de la Résistance « envers les GMR », exemple rapporté par la 5e *synthèse de renseignements* du

2e Bureau FFI à laquelle nous nous sommes déjà référés : « A Treignac, en Corrèze, les GMR ayant mis en fuite un groupe de dix-sept hommes et s'étant emparés d'un dépôt de vivres, leur caserne était cernée le lendemain par un fort contingent de patriotes qui se firent rendre, les armes à la main, ce qu'on leur avait pris et obligèrent, à titre de sanction, les GMR à défiler, nus, dans la ville, avant de les emmener, désarmés, au maquis... » D'autres membres des Groupes mobiles de réserve connurent le sort de leurs collègues de Treignac et ce genre d'équipée fut même assez courant à l'époque. Mais il arriva aussi que l'« attitude offensive » de la Résistance emprunte des voies insoupçonnées — celle de la discipline, par exemple. Il y avait, en Haute-Savoie, un sous-préfet résistant qui s'appelait Jacques Lespès. Il est mort à trente-trois ans et, dans le hall de la sous-préfecture qui fut la sienne, à Bonneville, une plaque commémorative dit pourquoi. Une plaque où est reproduite une citation à l'ordre de la Nation signée Charles de Gaulle. « Le 14 juin 1944, peut-on y lire, se trouvant en présence d'un groupe de GMR arrêtés par les troupes du maquis, est intervenu pour empêcher le combat et, de sa propre initiative, a donné l'ordre aux GMR de remettre leurs armes aux FFI. Arrêté le soir même à Annecy par la Gestapo comme étant le premier fonctionnaire civil français qui ait donné l'ordre de désarmer devant la Résistance, a été fusillé sans jugement le 15 juin 1944 ». Mais retrouvons la « bête noire » des GMR, le commandant Louis Nal. Toujours à Grenoble, où il s'agit, cette fois, de s'évader de la prison Saint-Joseph : « La cour, raconte Nal, est franchie sans encombre... Les GMR dorment dans le corps de garde et il ne reste, de faction près de la porte de sortie, côté intérieur, qu'un seul homme. “France Libre ! laisse-nous passer !”. Le brave fonctionnaire, qui comprend vite, répond : “Je suis aussi un patriote et ne demande qu'à vous aider”. Il prête en effet son concours à nos quatre amis qui s'attaquent à l'énorme porte dont les serrures sont imposantes et réfractaires aux douces sollicitations. (...) La porte, sous une ultime poussée, cède et la liberté est là devant nos prisonniers. Vallier passe au GMR le flacon de chloroforme et le tampon car celui-ci veut s'endormir lui-même. Mais le malheureux s'en octroie une si copieuse dose qu'il aura une partie du visage brûlée lorsque ses camarades le retrouveront. Il ne reviendra complètement à lui que deux jours plus tard et ses chefs ne le soupçonneront jamais... ».

L'« escroc étoilé de Vichy »

Dans la police nationale comme dans les Groupes mobiles de réserve s'enrôlèrent entre 1940 et 1944, nous l'avons vu, des recrues inattendues : des jeunes gens qui, en d'autres temps, n'auraient pas choisi la carrière policière mais que les difficultés du moment y amenèrent, depuis ceux qui cherchaient tout simplement un emploi stable jusqu'à ceux qui voulaient échapper au STO. En outre, en plus de cet afflux à la base, on put noter une arrivée inhabituelle de cadres car, comme nous le dit un ancien haut fonctionnaire du ministère de l'Intérieur, on « gonfla d'une manière invraisemblable les effectifs de la police et des GMR en y faisant entrer un nombre très important d'officiers ». Il est permis de penser que, dans la mesure où la discipline continuait de régner, ce second apport, celui des militaires gradés, fut beaucoup plus décisif pour l'état d'esprit et l'attitude des corps considérés que ne le fut celui des simples recrues. Evidemment, faute d'avoir accès aux archives du Service historique de l'état-major de l'Armée de Terre entreposées dans les combles du Pavillon du Roi au Château de Vincennes et plus spécialement au « carton 110 Q 01 » (action clandestine des cadres des états-majors de métropole et d'Afrique du Nord), au « carton 110 Q 141 » (négociations avec les autorités d'occupation concernant le personnel « guerre » en activité ou démobilisé), aux « cartons 115 Q 04 et 05 » (maintien de l'ordre, mobilisation occulte, etc.), au « carton 117 Q 25 » (reclassement des officiers), aux « cartons 120 Q 35 à 37 » (avancement, listes d'aptitude, promotions : toutes armes et services, corps civilisés) ou au « carton 198 Q 20 » (officiers intégrés dans les administrations publiques), on en reste réduit à des conjectures. Toutefois, comment ne pas être ainsi amené à évoquer encore une fois ce que, en 1946, Etienne Anthérieu appelait *Le Drame de l'Armée de l'armistice* ? Ce drame, ou plutôt cette tragi-comédie, où, nous le savons maintenant les illusions et l'escroquerie, le courage patriotique et les tartufferies arrivistes, le meilleur et le pire se côtoient le plus souvent dans l'ambiguïté...

Avec une amère lucidité, dans *Services spéciaux, 1935-1945*, puis, vingt ans plus tard, en 1995, dans *L'Homme des services secrets*, le colonel Paul Paillole a mis l'accent sur le processus de désillusion que connurent tant d'officiers. Réveil brutal (il l'admet) ou fin d'une utopie (il le conteste), toujours est-il que sa réflexion à ce sujet résonne comme un lamento tout au long de ses livres, surtout le premier. Très vite, le rêve de la « petite armée » qu'on « pourrait étoffer avec des réservistes » et qui serait susceptible d'« aider » ultérieurement les Alliés se heurte à la réalité. Et cette réalité, ce n'est pas un hasard si l'homme qui la fait découvrir à un Paillole déjà troublé n'est autre que le fondateur de « Combat », le plus important des mouvements de Résistance, Henri Frenay. « Je ne resterai pas dans l'Armée, lui dit en effet Frenay. Malgré le patriotisme de la plupart des militaires, elle est aux ordres de chefs et d'un gouvernement eux-mêmes aux ordres de l'ennemi. Non seulement elle sera paralysée dans ses velléités de résistance, mais encore elle cautionne la politique de collaboration (...). L'armée subira tôt ou tard la loi du vainqueur. Le relèvement de la France exige une action d'un autre caractère. Il faut appeler à la résistance tous les milieux. Il faut se battre par tous les moyens, non seulement contre l'occupant, mais aussi contre le régime qui accepte sa loi. Il faut se battre même si le sang doit couler. Peut-être faudra-t-il des martyrs. C'est à ce prix que nous nous redresserons... » Et, bien sûr, quand les fusils de l'Armée de l'armistice tirent sur les unités anglo-américaines de débarquement en Afrique du Nord tandis que, quarante-huit heures plus tard, les divisions nazies peuvent envahir la « zone libre » sans essuyer un coup de feu, le voile achève de se déchirer... « Tandis, note Paillole, que les chefs militaires encore responsables (...) dilueront leurs responsabilités dans des considérations hiérarchiques et disciplinaires dépassées (...), l'Armée déboussolée et meurtrie, toute honte bue, restera l'arme au pied face à l'ennemi. Contre son destin et ses vœux, elle combattra ses amis. (...) C'est à pleurer. C'était bien la peine de tant s'agiter pour aboutir à cette lutte fratricide que le Maréchal semble approuver. (...) Les casernes, où par ordre de Bridoux et de Delmotte nos soldats sont enfermés dans l'inaction, sont occupées sans coup férir. Les armes sont confisquées. Quelques équipements sont camouflés. Des drapeaux sont brûlés, d'autres sont cachés. La troupe est libérée. La “démobilisation” que Verneau et Olleris espéraient pouvoir “réaliser correctement” en sauvegardant dans l'intérêt de la Résistance tout ce qui pouvait l'être encore, n'est plus qu'une démolition outrageante ordonnée par Hitler. “On ne se sent pas fier” me dit de Villeneuve. » Tout est dit dans ce cri douloureux de Paillole : « Toute honte bue ». Et c'est le même cri de colère que lancera devant nous le général Jean Cardot : « C'est un jugement dur, très dur, que je porte sur ce que nous avons fait... J'estime scandaleux de ne pas avoir employé l'immense majorité d'un tas d'officiers d'active qui, en fait, étaient disponibles ». En vérité, c'est d'ailleurs ce qui déjà était dit, en décembre 1942, par les résistants qui, dans l'édition clandestine de *Combat*, écrivaient : « Cette armée-là, Hitler vient de la démobiliser à coups de botte. On essayera en vain de masquer sa déconfiture. Jamais soldats sous les armes ne furent traités avec plus de sévère mépris. Jamais aucun ne mérita davantage son sort que ces fonctionnaires décoratifs que le vainqueur chassait devant lui d'un stick dédaigneux... »

Dira-t-on que pareil jugement est trop dur parce que trop simplificateur ? Certes, on peut rétorquer que beaucoup de membres de l'Armée de l'armistice furent parmi les victimes les plus évidentes de la grande duperie pétainiste ; on peut, avec Frenay, considérer que la « vérité » selon laquelle « le salut était dans la victoire et dans le combat leur fut longtemps dissimulée par l'escroc étoilé de Vichy » et qu'« ils furent victimes de cette escroquerie »... Encore faudrait-il s'entendre alors sur le sens du mot « victime ». On peut en effet admettre que des gens non prévenus se soient laissé prendre au piège lorsqu'ils entendaient sur les ondes de la radio de l'Etat français cet appel à l'engagement lu par le speaker Jean Toscane : « Servir dans la nouvelle armée, c'est non seulement un honneur mais une bonne affaire car la loi fait aux engagés de multiples avantages : choix de l'arme et du corps, entretien assuré par l'Etat, primes et soldes élevées, pécules ou emplois réservés dans l'administration, bref, la certitude, après quelques années de service, de pouvoir s'établir. Et cela par une vie saine, sportive, attrayante, pleine d'une joyeuse camaraderie où le mérite conduit aux galons. Parents, en cette époque si dure, l'Armée offre à vos fils une situation privilégiée. Jeunes gens, il vous faut un idéal, un avenir ! Assurez l'avenir de la France, assurez-le en vous engageant ! » On peut à la rigueur comprendre que de jeunes officiers aient été bernés par le lyrisme faussement patriotique du sous-secrétaire d'Etat à la Guerre de Vichy, le général Charles Huntziger, lorsque, dans son « ordre général n° 1 » du 21 septembre 1940, il déclarait : « Cette armée nouvelle, petite par le nombre, nous en ferons un vivant modèle de la qualité pour la tenir, non pas à l'écart, mais intégrée dans la nation régénérée. Elle y entretiendra le culte de la Patrie. Son âme épurée et vibrante orientera vers l'avenir, à travers un triste présent, un peuple digne, fier de son passé et courageux dans les épreuves à venir. Elle montrera l'exemple au pays, en attendant d'être son image. » Mais il est bien difficile, sinon impossible, d'accepter le propos du commandant (et futur général) Henri Grout de Beaufort rapporté par Alain de Sérigny où il est dit : « On nous a parfois demandé comment nous avions résolu le "cas de conscience" posé par le serment de fidélité prêté au chef de l'Etat. Pour nous, le cas de conscience n'existait pas... »

Vingt-sept généraux morts en déportation

N'insistons pas car nous savons déjà à quoi nous en tenir sur les « crises de conscience » des vichystes. Bornons-nous à considérer le cas de ceux que Charles de Gaulle qualifiera dans ses *Mémoires de guerre* de « professionnels qui, au fond, n'attendaient » que d'être « appelés au bon combat » ; ceux auxquels pensait le général Jean Perré lorsqu'il disait à Pierre Laval qu'il y avait dans l'Armée de l'armistice, au printemps de 1942, « beaucoup d'éléments troublés par la propagande gaulliste » ; ceux dont, le 23 octobre de cette même année, *l'Humanité* clandestine pouvait écrire qu'ils avaient « fraternisé avec les ouvriers » ; ceux, enfin, qui, soit aidèrent la Résistance, soit devinrent eux-mêmes des résistants.

Ceux-là, il reste encore difficile de dire combien ils furent... « J'ai pensé, nous confiera le général Alain Le Ray, déjà rencontré au Vercors, que l'"Armée de l'armistice" pourrait servir à quelque chose. J'y suis entré et j'ai vu qu'il y existait deux courants : l'un nettement maréchalisant et qui allait volontiers au-delà, l'autre qu'il fallait encadrer afin de voir si l'on pouvait l'utiliser... Ce dernier courant n'était pas minoritaire, mais les "maréchalisants" faisaient beaucoup de bruit même si nous ne cachions pas notre façon de voir. » Moins optimiste — il est vrai qu'il parle de la Marine — le capitaine de frégate Pierre Bourgois estimera devant nous que « quatre-vingts pour cent des gars ne pensaient qu'à rentrer chez eux, dix pour cent étaient prêts à passer dans la Résistance et dix autres pour cent, ceux qui voulaient se bagarrer, à passer chez les Allemands ou dans la LVF ». Mais puisqu'il s'agit ici de la Résistance des officiers d'active demeurés dans ce qui restait de l'Armée, nous ne pouvons pas ne pas faire une parenthèse à propos de Pierre Bourgois. Une parenthèse qui sera brève puisqu'il nous suffit de citer le décret paru le 13 août 1945 dans le *Journal Officiel* pour annoncer des « nominations dans l'ordre national de la Légion d'Honneur ». Citons : « Au grade de chevalier, le capitaine de corvette Bourgois, affecté au Deuxième Bureau de l'Amirauté en 1941 et 1942, a recueilli le maximum d'informations concernant l'activité maritime allemande, établissant un réseau à l'Ambassade d'Allemagne même (au quartier général du consul général Krug von Nidda), transmettant ces informations aux forces alliées par l'intermédiaire de l'attaché naval des Etats-Unis (Thomas G. Cassady). A assuré en novembre 1942 le camouflage du personnel et l'évacuation des archives du Deuxième Bureau. Arrêté le 6 mai 1944 pour cette activité, déporté en Allemagne du 19 juillet 1944 au 3 juin 1945, a montré dans les souffrances endurées une dignité et un caractère exceptionnels ». C'est à Neueugamme que Pierre Bourgois fut déporté. Dans *Les Dossiers secrets de la Marine*, Maurice Pasquelot raconte qu'il y résista avec Marcel Prenant, le professeur à la Sorbonne et dirigeant FTP. Fermons la parenthèse et demandons-nous si pour évaluer la Résistance de l'Armée de l'Armistice on peut recourir à des statistiques ? Nous l'avons tenté et voici ce que nous avons obtenu.

Nous tirons ces statistiques de l'ouvrage du colonel Augustin de Dainville sur *L'ORA ; la résistance de l'Armée (guerre 1939-1945)* où l'on peut lire : « En 1939, l'Armée de Terre comptait trente-cinq mille officiers. En novembre 1942, vingt-quatre mille d'entre eux sont hors métropole (douze mille prisonniers, mille FFL, cinq mille servant en Afrique du Nord, six mille dans les colonies). Il reste donc dans l'Hexagone environ onze mille officiers (quatre mille deux cents à l'encadrement de l'Armée de l'armistice, deux mille dans les corps civilisés, quatre mille huit cents dégagés des cadres dont beaucoup en congé d'armistice). De ces onze mille officiers, mille entre 1942 et 1944 arrivent à l'âge de la retraite, mille cinq cents passent en Afrique du Nord par l'Espagne, quatre mille servent dans la Résistance, quatre mille cinq cents s'abstiennent ou la rejoindront trop tardivement pour que le titre de résistant leur soit reconnu ; soit en pourcentage quinze pour cent en Afrique du Nord, quarante pour cent de résistants, quarante-cinq pour cent d'attentistes. Le chiffre de quatre mille officiers résistants ressort d'une évaluation faite par le 6e bureau de la

Direction du personnel militaire de l'Armée de Terre qui lui donne la ventilation suivante : ORA — mille cinq cents officiers de carrière des trois armes, mille sous-officiers de carrière ; autres organisations (surtout AS et FTP) — mille officiers de carrière des trois armes, six cents sous-officiers de carrière ; réseaux FFC (renseignement et action) — mille quatre cents officiers de carrière, mille sous-officiers de carrière. Il n'est pas fait état dans cette statistique des officiers ou sous-officiers issus de l'armée d'avant-guerre, dégagés des cadres depuis 1940 et qui, reclassés dans le secteur civil, ont milité dans diverses organisations, tels le NAP ou Résistance-Fer. »

Quant aux statistiques sur les victimes de la répression nazie, « nous ne connaissons pas, écrit le colonel de Dainville, pour l'ensemble de la Résistance, le nombre des officiers tués au combat ou fusillés, mais en revanche nous savons combien ont été internés et déportés : sept cent soixante officiers et neuf cent soixante sous-officiers, soit environ vingt pour cent des officiers et trente-trois pour cent des sous-officiers résistants. Trois cent soixante de ces sept cent soixante officiers, soit environ la moitié, ne sont pas rentrés ; vingt-sept généraux sont morts en déportation... ». De son côté, dans le premier tome d'*Une Histoire politique de l'Armée*, Jacques Nobécourt note : « Avec Verneau, Delestraint, Frère, six cents officiers et huit cent quarante sous-officiers de carrière sont déportés dans les camps de concentration allemands. »

Statistique enfin, *a contrario*, sur les officiers frappés directement ou indirectement par les mesures d'épuration après la Libération... Le 12 avril 1949, le député socialiste Charles Serre, qui était alors par ailleurs rapporteur général de la « commission parlementaire chargée d'enquêter sur les événements survenus en France de 1933 à 1945 » aux travaux de laquelle nous nous sommes déjà référés, déposait à l'Assemblée nationale une « question écrite » demandant au gouvernement quel était le nombre de gradés qui, depuis quatre ans, c'est-à-dire de 1945 à 1948, avaient fait l'objet de sanctions consécutives à leur attitude durant l'Occupation. Le 19 mai suivant, Max Lejeune, secrétaire d'Etat aux Forces armées (guerre), lui fournissait une réponse exhaustive mais dont la synthèse tient en trois chiffres que voici : « officiers de carrière rayés des cadres à la suite des fautes plus ou moins graves d'hostilité à la Résistance ou pour faits de Collaboration » : 736 ; « officiers dégagés des cadres comme suite aux travaux des commissions d'épuration » : 14 379 ; « officiers d'active admis à la retraite à la suite de démission ou d'arrivée à la limite d'âge » : 2 655. Dans cette réponse, le secrétaire d'Etat mentionnait également « le nombre d'officiers intégrés dans l'active en distinguant ceux provenant des FFI et ceux provenant d'autres positions » ; ce nombre global était de 6 502 se décomposant en 3 844 « provenant des FFI » et 2 658 « provenant d'autres positions ». Le chiffre de 6 502 concernait les trois armes puisqu'il était le résultat de l'addition de 4 719 officiers de l'Armée de Terre, de 1 291 officiers de Marine et de 492 officiers aviateurs.

Statistiques assez cruelles, chiffres dont découle la conclusion que tire Paul-Marie de La Gorce dans son ouvrage *La République et son Armée*. « L'effondrement de l'armée de l'armistice, écrit-il en effet, lors de l'occupation de la zone sud en novembre 1942, n'avait pas conduit les officiers de carrière à rejoindre en masse les mouvements de résistance et les maquis. L'Organisation de Résistance de l'Armée ne groupait qu'une fraction d'entre eux et, en dehors d'elle, les officiers n'étaient entrés qu'en très petit nombre dans la clandestinité. Au total, les cadres d'active n'avaient pas servi d'armature aux maquis. Ce fut une grande occasion manquée où la résistance intérieure aurait pu retrouver à ses côtés la hiérarchie militaire, comme l'armée d'Afrique s'était retrouvée aux côtés des Français libres. “On eût aimé, écrit l'ancien chef du service historique de l'armée, le colonel de Virieu, — et c'eût été son rôle — que l'armée étudiât à loisir ces procédés, les codifiât, permît à une instruction clandestine de se poursuivre utilement... Pour n'avoir pas voulu sortir, en ces circonstances exceptionnelles et pour leur durée seulement, de ses attributions normales, l'armée a perdu la partie”. Toujours est-il que la majorité des cadres des Forces françaises de l'Intérieur était composée de civils, engagés dans l'action par simple volonté de libérer le pays. »

A moitié plein ou à moitié vide ?

Cela dit parce qu'il fallait le rappeler, malgré cette grande « occasion manquée », l'Armée reste, de tous les grands corps de l'Etat, celui qui apporta à la Résistance l'aide, et même la participation la plus efficace, notamment pour ce que nous appelions plus haut la détection des agents ennemis. En effet, si l'on peut considérer que les « Chantiers de jeunesse », les « Compagnons de France », les « Ecoles de cadres » et même les CDM (Camouflage des matériels) ne furent pas, loin de là, des réussites dans la mesure où, sans eux, l'évolution du combat clandestin n'eût pas été différente de ce qu'elle fut, on ne peut pas dire la même chose des « Travaux ruraux », les TR dont nous avons d'ailleurs déjà eu l'occasion de parler.

On connaît le dilemme de la bouteille : lorsqu'un liquide occupe cinquante pour cent de la contenance d'un récipient de cette sorte, convient-il de dire que ce récipient est à moitié plein ou à moitié vide ? Eh bien, si ce dilemme n'avait pas déjà traîné dans tous les manuels élémentaires de philosophie, on peut être sûr qu'il aurait été inventé dans l'un des mess des officiers de l'Armée de l'armistice. A moitié collaborateurs, à moitié résistants ou ni l'un ni l'autre, les « Chantiers de jeunesse », les « Compagnons de France » et les « Ecoles de cadres » ? Incarnant la nouvelle idéologie de la « Révolution nationale » tout en se laissant soustraire par la Résistance une partie de leurs forces et de leur organisation ? Les uns avec candeur, les autres avec rouerie, on nage dans l'ambiguïté. Et, un quart de siècle plus tard toujours l'un et l'autre, puisque le colonel Augustin de Dainville continue d'affirmer que « pour les officiers qui préparaient la mobilisation secrète, les mouvements de jeunes étaient un réservoir d'hommes et de cadres », tandis que Raymond Sereau continue de rappeler que « l'idée maîtresse qui a décidé le maréchal Pétain à la création des Chantiers de Jeunesse était, le service obligatoire étant aboli, de continuer à faire débuter un adolescent dans sa vie d'homme en servant son pays ».

Regardons d'un peu plus près les « Chantiers »... Pierre Cosmi qui fut directeur de cabinet de Jean Bichelonne au ministère de la Production industrielle, de décembre 1942 à août 1944, déclare dans son témoignage à la Fondation Hoover qu'« il est bien connu que le général Joseph de La Porte du Theil, leur Commissaire général jusqu'aux derniers mois de 1943, avait la pleine confiance du maréchal Pétain dont l'intérêt pour les Chantiers a toujours été très marqué » et que « ces groupes de jeunes gens en uniforme vert, encadrés et soumis à une discipline d'allure militaire, étaient pour les autorités militaires allemandes l'objet de préoccupations qui se traduisaient par des demandes d'informations et par une surveillance active ». Voilà, pourra-t-on dire, qui ne nous sort guère de l'ambiguïté. Pas plus d'ailleurs que le destin de La Porte du Theil. Jugez plutôt... Le 4 janvier 1944, les nazis arrêtent le général Joseph de La Porte du Theil. Pour le « déporter » en Allemagne, dira-t-on plus tard — nous préférons, quant à nous, dire qu'ils l'y « emmènent » puisque, après trois mois de prison à Munich, il se retrouve au Tyrol dans une résidence forcée sans commune mesure avec l'« univers concentrationnaire » auquel il échappera complètement. D'ailleurs, lorsque les troupes françaises le libèrent le 4 mai 1945 et qu'il revient à Paris, c'est pour se voir inculper et traduire en Haute Cour. Toutefois, on le laisse en liberté provisoire et si on le frappe d'indignité nationale, le 18 novembre 1947, c'est pour l'en relever aussitôt car, dit la Haute Cour, il « s'est réhabilité en prenant une part efficace, active et soutenue, à la résistance contre l'occupant ». Pour admettre la matérialité de cette « Résistance », les juges se sont essentiellement appuyés sur un mémoire rédigé par l'inculpé lui-même et où ce dernier insiste surtout sur ses démêlés avec le représentant d'Abetz à Vichy, Krug von Nidda. « Je fis connaître au ministre allemand, peut-on lire entre autres dans ce mémoire, que les Chantiers seraient dissous immédiatement et que cela ferait d'un coup trente mille hommes encadrés de plus dans le maquis ; j'ajoutai qu'il fallait qu'il comprenne bien et qu'il fasse comprendre que la France en avait assez et ne fournirait plus un seul homme ; que le pays entier allait se soulever. (...) La preuve était faite qu'on pouvait, à cette époque, réussir à en imposer aux Allemands. Quel autre que moi était en mesure de le faire et d'offrir une Résistance officielle, Résistance dont la valeur et l'importance, pour surprenantes qu'elles fussent, ne s'étaient pas moins incontestablement affirmées ? » Dans les instructions péremptoires qu'il adressait aux quelques dizaines de milliers de jeunes gens (quatre-vingt-cinq à cent mille de 1940 à 1942, mais guère plus de trente mille à la fin de 1943) de ses Chantiers, le général Joseph de La Porte du Theil stigmatisait volontiers ce qu'il appelait le « mauvais esprit » — au risque d'en faire preuve, comment ne pas s'interroger sur ce que le général nomme la « Résistance officielle » ?... Revenons donc à la réalité telle que l'a, en octobre 1964, analysée Raymond Josse dans la *Revue d'Histoire de la Deuxième Guerre mondiale* (n° 56). « Les Chantiers de la Jeunesse, écrit Josse, furent une pièce maîtresse dans l'effort qu'entreprit Vichy pour mettre la main sur la jeunesse française. (...) En fait, les Chantiers de la Jeunesse se caractérisaient par leur loyalisme vis-à-vis du Maréchal et de son gouvernement. Outre la culture générale et la morale naturelle, les grands thèmes des conférences et des discussions dirigées que l'on organisait dans les groupes et les équipes étaient les messages du Maréchal, la Révolution nationale, le travail, la famille, la patrie. Sans doute doit-on constater que cette attitude définissait nettement une position politique déterminée, si ce n'est même une idéologie pure et simple. Et, par exemple, la majorité des responsables de cette éducation civique prodiguée dans les Chantiers n'éprouvaient qu'une très faible attirance pour la notion de démocratie ; beaucoup même, très marqués par l'antiparlementarisme, lui étaient nettement et carrément hostiles. En matière sociale, les Chantiers s'appuyaient essentiellement sur la Charte du Travail. On se plaisait à y voir la bonne manière de substituer au principe marxiste de la lutte des classes une doctrine de coopération des classes dans l'effort de production. »

Des « provinces », des « pays », des « bailliages », des « équipes »...

Et encore Raymond Josse est-il assez modéré. Les Français libres l'étaient moins qui, en 1941, publiaient à Londres, New York et Toronto une brochure signée par Pierre Tissier et intitulée *La nazification de la France de Vichy* où l'on pouvait lire : « La nazification de la jeunesse est entreprise par les procédés les plus variés. C'est naturellement sur l'enseignement lui-même qu'a porté le premier effort (...). En même temps ont été créées les formations de jeunesse. Certaines sont obligatoires, comme les Chantiers de la Jeunesse (...). Ces divers organismes sont en réalité des formations paramilitaires, encadrées par des officiers ou anciens officiers. Elles ne servent que de prétexte à bien inculquer aux jeunes l'amour du régime. La déformation systématique du jugement de jeunes hommes ou de jeunes filles hors d'état de distinguer le faux du vrai, de discriminer la réalité et le "bourrage de crânes" est l'un des crimes que la nation française ne pourra jamais pardonner à ses chefs actuels. » Alors, pouvait-on à la fois « nazifier » et « résister » ? Evidemment non. Au contraire, ce fut précisément contre la « nazification » qu'apparut aux « Chantiers » une résistance qui ne pouvait être celle des Chantiers, puisqu'elle se dressait bel et bien contre eux. « J'ai été aux "Chantiers de Jeunesse", nous dit Pierre Michaud, l'un des futurs responsables des maquis FTP de Dordogne. C'était à Saint-Pé-de-Bigorre, au « Groupement nº 30 », entre Nay et Pau. J'y ai été appelé au mois de février 1942... On s'est retrouvé avec des gars qu'on ne connaissait pas, des jeunes comme nous. Il y avait des paysans et des ouvriers... Dès les premiers contacts, on a évidemment été soumis à la propagande. Mais on a vu aussi très vite que parmi nos chefs il y avait des sous-officiers et de jeunes officiers qui étaient rentrés dans les Chantiers non pas pour servir la cause pétainiste mais en pensant qu'il fallait bien faire quelque chose pour la France. Comme ça... Sans idée préconçue... Cela dit, parmi les autres, parmi les chefs plus importants — car là-bas ils étaient tous chefs —, il y en avait qui étaient de véritables fascistes. » Considérée sous cet angle, la réalité s'éclaire et l'ambiguïté se dissipe quand Raymond Josse explique : « Les défenseurs habituels des Chantiers ne manquent pas de souligner l'action résistante d'un certain nombre de leurs hommes, de rappeler que de nombreux jeunes passèrent au maquis, de magnifier les actions d'éclat accomplies dans les combats de la Libération et ensuite par les anciens des Chantiers. Mais là n'est pas la question. Que l'on se soit souvent opposé, dans les Chantiers même, aux volontés allemandes, que de nombreux jeunes soient passés directement des Chantiers au maquis, que d'autres se soient engagés dans les armées de la Libération et s'y soient comportés avec courage dans la guerre contre l'Allemagne, tout cela est incontestable, et il ne saurait être question de sous-estimer leur mérite. Mais il s'agit de savoir si, ayant pris finalement les armes contre l'Allemagne, c'est par la formation et l'éducation reçues dans les Chantiers que ces jeunes ont été amenés à le faire. D'assez nombreux anciens des Chantiers ayant combattu dans les forces de la Libération, il est facile de prétendre, après coup, que c'est grâce aux Chantiers qu'ils l'ont fait et il peut être inexact d'assimiler leur engagement et leur combat (qui s'est souvent terminé tragiquement) à un prolongement de l'action menée par les Chantiers. Mais à part ceux d'Afrique du Nord, qui se sont trouvés à même, à partir de novembre 1942, de prendre les armes en corps constitué, ce n'était pas les Chantiers en tant que tels qui se battaient dans les maquis ou l'armée de Lattre ; c'était, en partie, des anciens des Chantiers ; mais, pour ceux-ci, ce n'était qu'à titre individuel. »

Apparaissant en quelque sorte comme les frères aînés des Chantiers, les Compagnons de France, s'ils n'échappèrent pas à toute ambiguïté, connurent néanmoins un destin plus enviable. « Sous le timbre de la sous-préfecture de Lapalisse, écrira plus tard Robert Hervet, l'un des historiographes de l'organisation, un original mouvement de jeunesse français surgit, dans l'Allier, le 25 juillet 1940. Fruit d'une débâcle militaire, d'un désarroi politique et du souci de redonner des guides à une jeunesse désemparée, il naît, sous le sceau de la loi du 1er juillet 1901. » Et Hervet cite aussitôt l'article premier des statuts du groupement, article où l'on peut lire : « L'Association dite "Les Compagnons de France", fondée à Vichy et dont le siège y est fixé 5 avenue des Cygnes, a pour but : 1° le rassemblement de jeunes Français désireux de participer au relèvement matériel et moral du Pays en offrant leur concours aux services d'Aide aux réfugiés et aux prisonniers ; 2° généralement, toutes initiatives et réalisations propres à associer les jeunes au service du Pays sous l'égide du ministère de la Famille et de la Jeunesse. » A l'époque, le titulaire de ce ministère est un des leaders de l'extrême droite traditionnelle, Jean Ybarnégaray ; d'autre part, le fondateur principal et chef de la nouvelle organisation, Henry Dhavernas est un inspecteur des Finances de vingt-huit ans qui passe, plus ou moins, pour « synarque » et qui, en tout cas, est connu comme le protégé de l'un des maîtres de ce que beaucoup nomment la « synarchie » vichyssoise, le ministre des Affaires étrangères, Paul Baudouin. On le voit, c'est donc dans un berceau pétainiste que naissent et sont baptisés les « Compagnons ». Ils vont d'ailleurs grandir sous les mêmes auspices en adoptant des structures et un vocabulaire empreints de passéisme et marqués par la mode du « retour à la terre » tandis que l'Etat français fera de leur « association privée » une sorte d'institution nationale et favorisera la croissance de leurs effectifs. Un état de ces derniers, établi le 20 janvier 1943, précise que les « Compagnons » sont au nombre de 35 562 répartis en un « Centre national » et six « Provinces ». La « Province de Provence » est la plus nombreuse avec 9 171 adhérents tandis que la plus faible est la « Province d'Auvergne » qui n'en groupe que 2 833. Dans chaque « Province », la pyramide hiérarchique et territoriale se subdivise en « Pays » puis en « Bailliages » et enfin en « Equipes », plus un certain nombre de « Camps-Ecoles ». Derrière ce décor folklorique et maréchaliste, peut-il se cacher autre chose ? Nombre de résistants estiment d'abord que non en faisant leur la réaction de Georges Rebattet, alias Cheval futur animateur avec Brault et Brozen-Favereau des maquis des MUR. Une réaction rapportée par son camarade à la tête de « Combat », Claude Bourdet, qui, trente ans plus tard, dans *L'Aventure incertaine*, écrit : « Georges avait été aux Compagnons un peu par hasard, espérant que ce serait le noyau d'une armée clandestine : il avait été vite détrompé, et nous avait rejoint dans le courant de 1942. » Néanmoins, beaucoup de résistants ne partageront pas l'opinion de Georges Rebattet et Claude Bourdet. Ils émettront un avis plus nuancé et nettement plus favorable, avis que résumeront assez bien Henri Noguères et Marcel Degliame-Fouché en notant : « Né de la défaite, du désarroi de 1940 et des espoirs que "le Maréchal" a fait naître chez les bien-pensants, regroupant dans ses rangs des adultes et de très jeunes gens venus de tous les horizons et dont la plupart n'avaient voulu ou su lire qu'un seul — et pas nécessairement le même — des deux mots clefs du régime "Révolution nationale", le mouvement "Compagnons" n'a pas été conçu, au départ, quoi qu'aient pu dire — souvent de bonne foi — certains de ses membres, dans un esprit de résistance. » Mais les mêmes auteurs ajoutent qu'il « sera à partir de l'été — et, encore plus de l'automne 1942 — un véritable vivier dans lequel la Résistance va pêcher tout à la fois de nombreux combattants du rang, qui rejoindront, isolément ou en groupes, mouvements, réseaux et maquis, et quelques "grosses pièces", quelques hommes d'une trempe exceptionnelle qui, une fois révolu le temps des illusions, occuperont dans l'histoire de la Résistance une place éminente... »

Les « Compagnons » irritaient les nazis

A l'appui de cet avis favorable, les auteurs de l'*Histoire de la Résistance en France* précisent : « Il se créera même bientôt, après l'occupation de la zone Sud par les Allemands, en novembre 1942, à partir des anciennes structures du mouvement "Compagnons" — mais non sans quelque inévitable déchet — un réseau dont nous aurons plus d'une fois l'occasion d'évoquer les succès et les sacrifices : le "SR Druides". » En fait, monté et animé par Georges Lamarque, alias « Pétrel », le « sous-réseau Druides » était une filiale du réseau Alliance. Marie-Madeleine Fourcade en a raconté l'histoire. « Sorti de l'Ecole Normale Supérieure, dit-elle dans *L'Arche de Noé*, Georges Lamarque était un agrégé de mathématiques de vingt-huit ans. (...) "Seul compte le sens de la mission, disait-il. Les nazis ne comprennent que les coups au but ? Je vais leur en administrer". Or, les Compagnons de France auxquels il appartenait venaient d'être dissous par Vichy, et leur chef, le colonel de Tournemire, avait de ce fait à sa disposition dix-sept mille hommes et les cadres choisis et entraînés de longue main. Lamarque y puisait pour le réseau ceux qui donnaient les meilleures preuves de patriotisme, mais il croyait le moment venu d'embarquer tous les Compagnons dans la bagarre. Tournemire était d'accord. Je demandai à Pétrel de recruter d'urgence des chefs de secteur à implanter en priorité dans la zone Sud dévastée. Ses hommes n'auraient à se préoccuper que de la recherche du renseignement. Pour réduire au maximum leurs risques, matériel et fonds seraient fournis par moi, ainsi la nouvelle organisation opérerait d'une manière entièrement autonome. Ce serait le “sous-réseau Druides”. Georges Lamarque prendrait le nom de “Brenn” et le colonel de Tournemire deviendrait “Dispater”. D’un seul coup à Lyon, à Nice, à Toulon, à Vichy, à Clermont-Ferrand, à Toulouse jaillit une organisation toute casquée dont l’ordre de bataille s’anima comme par enchantement sous la poigne de fer d’un “Pétrel-Brenn” déchaîné. Je lui remis de l’argent, des questionnaires et un code. (...) Après son départ, je contemplai avec émotion le petit organigramme que nous avions dressé ensemble, puis je le brûlai. Apprendre par cœur n’était plus une faculté, c’était un besoin, comme de fumer. Toutes ces têtes de file que Lamarque me proposait étaient des hommes remarquables, tel Raymond Marcellin que Pétrel considérait comme son frère... ».

Un autre exemple de participation de « Compagnons » à la Résistance fut l’aide que certains d’entre eux apportèrent à l’« Action ouvrière » de Combat. Marcel Degliame-Fouché était alors le chef de cette « Action ouvrière » et c’est donc un témoignage direct qu’il apporte à ce sujet... « Lorsque je suis venu m’installer à Lyon, à l’automne 1942, se souvient Degliame, j’y ai aussitôt retrouvé un de mes camarades de régiment, Louis Font, dont je connaissais l’attitude d’hostilité à l’égard de l’Allemagne hitlérienne. Font était le secrétaire des “Compagnons de France” pour la région lyonnaise. Dès notre reprise de contact, Font avait accepté de travailler avec moi et de mettre à ma disposition le siège des “Compagnons” à Lyon, qui allait devenir une sorte de bureau de liaison, connu seulement de quelques rares initiés : à la fois boîte aux lettres, organisme de liaison, magasin de stockage du journal *Combat* (...). Les équipes recrutées par Louis Font au sein de la “Province lyonnaise” du mouvement “Compagnons” ont travaillé en étroite liaison avec nous pendant des mois, grâce à un cloisonnement très strict séparant ces groupes de l’“Action ouvrière” au profit de laquelle ils agissaient. Hélas, au dernier moment, pendant les combats de la Libération, Louis Font devait être arrêté et nous ne devions plus jamais le revoir... »

Enfin, comme moyen d’expression, le mouvement des « Compagnons de France » avait un hebdomadaire qui s’intitulait *Compagnons*. Celui qui en fut le directeur, André Fabre, a rappelé que Paul Marion, dont on sait comment il régentait la presse vichyste, avait publiquement dénoncé *Compagnons* comme une manifestation d’« opposition larvée ». On ne s’en étonne pas quand on lit certains des noms de pigistes réguliers ou de membres de la rédaction de cet hebdomadaire, des noms tels que Pierre Corval, Robert Beauvais, Georges Altman, Henri Boët, Bertrand Flornoy, Serge Bromberger, Claude Roy, Georges Ravon, Roger Massip, Jean-Raymond Tournoux, Loys Masson, Pierre Courtade ou Louis Terrenoire.

Toujours est-il que, comme Marion, les nazis finirent par s’irriter de ce qu’ils devinaient puis apprenaient des activités clandestines de certains « Compagnons ». La dissolution du mouvement par Vichy dont parle Marie-Madeleine Fourcade fut précédée d'une « note » de l'Ambassade d'Allemagne à Laval datée du 7 juillet 1943 et que Lucien Steinberg cite dans son inventaire des documents conservés par le Centre de documentation juive contemporaine de Paris. Selon Steinberg, cette note signalait que le commandant Guillaume de Tournemire « avait désavoué le chef de la section tunisienne du mouvement en raison de la coopération de ce dernier avec l'armée allemande en Tunisie », que ceci « constituait une provocation » et qu'en conséquence « l'Ambassade exigeait la dissolution des "Compagnons de France" ».

Uriage n'est pas La Chapelle-en-Serval

Outre les « Chantiers » et les « Compagnons », l'obstination mise par le régime de Vichy à vouloir manipuler la jeunesse se manifesta par la création proliférante d'organismes typiques de l'époque : les « écoles de cadres ». Dans le *Rapport au Président de la République* sur les « années 1940 à 1945 » publié le 16 février 1947 par la Cour des comptes, on peut lire à ce sujet : « Les créateurs du Secrétariat général à la Jeunesse estimaient que l'opinion publique n'est pas la somme d'opinions individuelles mais qu'elle est l'œuvre de personnalités agissantes qui, par leur prestige et leur autorité personnelle, font partager au public leurs propres opinions et leurs propres sentiments. Aussi le Secrétariat général avait-il, à ses débuts, conçu le projet de préparer, dans des écoles spéciales, des guides et des chefs de doctrines qui, par la suite, deviendraient les cadres de toute la nation et les soutiens du régime. (...) Trois catégories d'écoles furent instituées : deux écoles nationales, neuf écoles spécialisées dans l'information, onze écoles régionales pour des stages de formation. » La plus célèbre fut l'« Ecole d'Uriage », installée sur le territoire de la commune de Saint-Martin-d'Uriage, dans l'Isère. « Lors des sessions qui duraient à peu près un mois, note Henri Michel, soixante à soixante-dix hommes environ, de toutes les classes sociales, entre vingt et quarante-cinq ans, se réunissaient. La direction de l'école était assurée par le chef d'escadron Pierre Dunoyer de Segonzac, dont Hubert Beuve-Méry devint l'adjoint. Les instructeurs étaient choisis dans le milieu universitaire, l'armée, les professions libérales, les syndicats. Des conférenciers des tendances les plus diverses étaient invités. » Là, Henri Michel cite, entre autres, les noms de Paul Claudel, Robert Bothereau, Emmanuel Mounier, Jules Jeanneney, Jean Lacroix, Mgr de Solages, etc. Puis il ajoute : « L'expérience ainsi conduite tendait vers un ordre nouveau, opposé à tous les totalitarismes et qui serait l'humanisme du XXe siècle. En accord avec certains aspects de la "pensée du Maréchal", tels qu'ils étaient formulés en 1940, l'école fut, dès l'origine, hostile à la politique de "collaboration". (...) Rapidement gagnée à la Résistance, l'école fut dissoute par Laval et passa à la dissidence ouverte après l'entrée des Allemands en zone Sud ; beaucoup des "cadres" et des élèves jouèrent un rôle important dans les maquis (notamment au Vercors). Ils formèrent ensuite le noyau du régiment commandé par Dunoyer de Segonzac pendant les campagnes de France et d'Allemagne. » Ajoutons que, devenu le commandant Hugues et en contact avec des gens tels que Brozen-Favereau, Pierre Dunoyer de Segonzac, futur général, commanda des maquis de la région sud du Tarn. Lorsque, le 27 septembre 1945, il fut promu officier de la Légion d'honneur, il se vit décerner une citation où il était notamment dit : « Après avoir formé dans le Tarn un groupe de résistance de plus de mille hommes et s'être illustré lors de l'attaque d'un train de matériels allemands, le 20 août 1944, à Mazamet, obtient, le 22 août 1944, la reddition de la garnison de Castres comprenant quatre-vingts officiers et quatre mille deux cents hommes ainsi que de nombreuses armes. Les 11 et 12 septembre, conduisant ses troupes, entre le premier dans Nevers... » D'ailleurs Serge Ravanel qui avait été son élève à Uriage puis fut son chef dans les maquis du Sud-Ouest, dit de lui, dans *L'Esprit de Résistance*, déjà souvent cité que « c'était un homme de qualité ». Aussi bien la lutte menée par le chef d'Uriage et par ses disciples sera-t-elle, plus tard, souvent exaltée. Hubert Beuve-Méry ne craindra pas de parler de « l'évolution d'une "résistance" qui n'avait jamais cessé d'être exemplaire vers la rupture avec le gouvernement établi et le retour à la lutte armée ». Jean-Marie Domenach ne craindra pas d'écrire : « Ce qui est sorti d'Uriage, après la Libération, pour l'honneur et la santé de ce pays, l'histoire le mesurera et en rendra, je l'espère, à Segonzac, la part qui lui revient. » Il faut pourtant ajouter que le général de Gaulle, non seulement ne partagea pas cet enthousiasme, mais émit même sur l'« Ecole », si l'on en croit le témoignage d'Henri Frenay, un jugement sévère...

L'entrevue avec le chef de la France libre que décrit le fondateur de Combat et où il est question d'Uriage se situe, à Alger, au printemps de 1944, alors que Dunoyer de Segonzac se trouve dans la capitale provisoire de la France résistante. « Je lui explique qui est Segonzac, rapporte Frenay, son rôle à Uriage, ses qualités humaines, son influence sur des milliers de cadres de valeur, son activité clandestine et, enfin, le but de son voyage. De Gaulle m'écoute sans m'interrompre, sans me poser la moindre question. Il ne retient qu'une chose : mon ami a été, pendant plus de deux ans, à la tête d'une école dépendant du gouvernement de Vichy. Finalement, il conclut :

— Non, Frenay, je ne recevrai pas vos vichystes.

— Mais, mon général, cet homme vient de la bataille et il y retourne. Peut-être demain y laissera-t-il la vie. Est-ce là un vichyste ?

— Oui, parce qu'il n'était pas un exécutant mais un responsable, un chef. Son attitude, quelles qu'aient été ses intentions, ajoutait à l'affreuse confusion qui a marqué l'opinion. »

Et comme Frenay insiste, Charles de Gaulle tranche : « Je vous ai donné mon opinion et je vous demande de ne pas insister ! »

Théoriquement, Uriage avait une sœur jumelle près de Senlis, dans l'Oise, donc dans la partie de la France occupée dès 1940 par les troupes allemandes. Toutefois, il semble bien que cette gémellité n'ait été qu'apparente. En effet, dans la sérieuse étude qu'il a écrite sur le sujet, André Basdevant affirme que « la divergence est totale selon qu'on se trouve à l'Ecole nationale d'Uriage, en zone Sud, que dirige le capitaine Dunoyer de Segonzac ou à celle de La Chapelle-en-Serval, en zone Nord, avec Bousquet. Toutes deux font appel à la “Révolution nationale” ; mais l'une se fonde sur une conception en définitive personnaliste, traditionnelle et libérale, alors que l'autre est visiblement impressionnée par le national-socialisme. Il n'existe pas entre elles de doctrine commune. A la fin de 1942, le directeur de l'école d'Uriage et la plupart des directeurs des écoles régionales de la zone Sud démissionneront et certains continueront leur travail dans le maquis. Le château d'Uriage sera affecté, après fermeture de l'Ecole nationale, à une école de la Milice. Celle de La Chapelle-en-Serval accentuera son orientation politique. »

Tout aussi justiciables, si l'on peut dire, du dilemme de la bouteille — à moitié pleine ou à moitié vide ? — sont les CDM du futur général Maurice Mollard dont les 1 661 membres homologués vont s'organiser sous couvert notamment des Sociétés XV comme nous l'avons dit plus haut... En avril 1975, dans son journal *L'agent de liaison*, l'ancien commissaire aux célèbres enquêtes Charles Chenevier, également président de la « Fédération des Amicales de réseaux de renseignement et d'évasion de la France Combattante » a fait l'éloge des CDM en écrivant : « A l'armistice, le commandant Mollard, ancien membre de la Section Armement et Études techniques de l'EMGA venait d'être nommé chef de la Section Matériel du 1er Bureau. Il créa aussitôt un service officiellement intitulé “Service chargé de la conservation des matériels” qui ne fut qu'une vaste organisation de camouflage. Pour les initiés : CDM (Camouflage des matériels). Le CDM prit rapidement une grande extension, au point qu'en mars 1941, le commandant Mollard, sous le pseudonyme de “Dubourg et Cie, machines agricoles”, a un siège à Marseille. Comme par hasard, un fil direct et secret relie cette respectable maison à la non moins respectable “Entreprise de Travaux ruraux”, installée dans la même ville à la Villa Eole par le colonel du SR Paillole (alors capitaine) devenu “M. Perrier”. Une succursale est bientôt ouverte à Castres et un bureau d'études à La Canéda, près de Sarlat. C'est que, à la phase de camouflage des matériels militaires, succède celle des fabrications clandestines d'armement. Des ateliers secrets vont alors fonctionner à Mazamet, à Castres, à Saint-Cyprien, à Sousceyrac. (...)

Il parut bientôt indispensable au commandant Mollard de créer, à travers les Pyrénées, un réseau de passage en Espagne (...). Selon ses directives, le commandant Cavarrot créa donc ce réseau qui devint le "réseau Maurice". En plus des renseignements fournis aux alliés, les passages ont porté sur plus de trois cents officiers et près de cent aviateurs alliés abattus en France. En outre, indirectement, "Maurice" facilita le passage de deux cents autres aviateurs alliés avant qu'un noyau de douze de ses agents ne constituent le "groupe Ali" du "réseau Alibi" en contact avec l'Intelligence Military Service de Londres. Tout cela ne fut pas sans pertes puisque le réseau CDM s'honore de compter parmi ses agents trente-neuf morts pour la France, parmi eux : le lieutenant Roger Mollard, fils du chef de réseau ; soixante et un déportés dont le général Mollard ; cent quatre internés dont le capitaine André Veyrenche, dont j'ai fait la connaissance, à la fin de 1943, en partageant sa cellule, durant plusieurs semaines, à la prison militaire de Clermont-Ferrand... »

Un « camouflage » controversé

Trente ans plus tôt, sur le même ton que Chenevier, Etienne Anthérieu, dans *Le Drame de l'Armée de l'armistice*, avait déjà fait des « membres décidés du CDM » une description psychologique élogieuse. « Pour eux, écrivait-il, le choix est fait une fois pour toutes. La règle qu'ils se sont tracée est toute simple et tient en peu de mots : "Faire le plus de mal possible au Boche, par tous les moyens possibles". Et puis, ils n'ont guère le temps de s'interroger car la besogne qui les attend est gigantesque. (...) Et pourtant, le commandant Mollard et ses adjoints s'attaquent avec enthousiasme à la difficile besogne. Ils le font avec une verve, un bonheur dans l'invention, un mépris souriant des risques qui forcent le succès. » Lorsqu'Anthérieu écrit « le succès », nous préférerions lire, quant à nous, « le respect » — car, pour ce qui est du succès... Certes, Chenevier affirme dans l'article que nous avons déjà cité : « Et c'est ainsi que le 6 juin 1944, l'ORA (Organisation de Résistance de l'Armée) disposa d'un matériel important et fut le principal bénéficiaire du CDM. Diverses formations de résistance reçurent également du matériel dont elles avaient bien besoin ». Mais comment, ici, ne pas opposer au président des réseaux FFC les dizaines, sinon les centaines de témoignages de résistants qui tous avaient en effet « bien besoin » d'armes mais qui n'en reçurent pas des CDM soit parce que, dès leur entrée en « zone libre », les Allemands s'étaient emparés des « caches », soit parce que la distribution se faisait selon des critères politiques qui excluaient tous les combattants clandestins réputés être « trop à gauche »... En écrivant cela, nous ne prétendons pas clore un débat qui reste ouvert, mais que l'on nous permette d'y verser un élément qui nous semble intéressant. Dès 1948, dans un petit livre très précis, un témoignage, l'ingénieur militaire en chef de 1re classe Jean-Jacques Ramon a, sous le pseudonyme de Joseph Restany, décrit ce que pouvait être *Une entreprise clandestine sous l'occupation allemande*. Il a expliqué comment, sous les directives de Mollard, à ses côtés, le colonel André Leroy, le capitaine Jean Loffet, le lieutenant Lucien Boulle, les maréchaux-des-logis Jean Cérandon, Pierre Chicheline, Abel Guédé, le sergent-chef Georges Touchard et bien d'autres avaient quotidiennement risqué leur vie pour fabriquer clandestinement des armes. Pas seulement des armes légères, mais aussi, selon Restany qui en publie même des photographies, des armes lourdes telles que des automitrailleuses. Or nous devons avouer que lorsque nous avons cherché à savoir à quel endroit et à quel moment la Résistance avait pu employer ces automitrailleuses, nos recherches sont restées vaines.

On peut donc demeurer très sceptique lorsque, dans sa préface au livre de Raymond Sereau *L'Armée de l'armistice*, le général Maxime Weygand affirme que cette « Armée » fut un organisme « dont la vie fut brève et obscure mais qui ne demeura pas inactive puisqu'elle a entretenu en France la flamme de l'espoir et préparé l'arrivée des armées libératrices... ». Oui, très sceptique. Sauf en ce qui concerne les « Travaux ruraux ».

Nos lecteurs savent déjà que derrière l'étiquette de « Travaux ruraux » (TR) se dissimulaient les officiers résistants du contre-espionnage de l'Armée française ; déjà, nous avons fait allusion à l'efficacité du combat qu'ils menèrent tout comme aux ambiguïtés de certains aspects de leur action et surtout de leurs « couvertures » ; déjà nous avons dit le sacrifice de certains des soixante-sept sous-lieutenants, sept lieutenants, vingt-cinq capitaines et six commandants du contre-espionnage et de la Sécurité militaire qui, tel Wladimir Poukhliakoff, tel Marcel Taillandier, tel Paul Vellaud, disparurent ou périrent dans le combat clandestin. Mais il nous paraît nécessaire d'y insister ; ne serait-ce que pour préciser quelles furent l'aide et la participation des TR à la Résistance ; ne serait-ce que pour voir et expliquer comment ayant été, dans les milieux militaires, les plus efficaces, ils demeurèrent longtemps, dans les milieux résistants, les plus mal connus... Revenons un instant au printemps de la défaite et à la lugubre canicule de l'été 1940. En faisant un quart de siècle plus tard, dans son étude sur *Le Deuxième Bureau sous l'Occupation*, le bilan de la campagne qui laissa la France abasourdie, l'historien britannique Philip John Stead écrit : « L'espionnage est une arme puissante, mais qui ne suffit pas pour gagner une guerre. Au cours des opérations (...), le 2e Bureau informa fidèlement ses supérieurs, dépassés par les événements, des mouvements et des intentions de l'ennemi. Il leur communiqua même tout l'ordre de bataille des Allemands (...). Tant que Gauché dirigea le 2e Bureau, ses hommes et lui jouèrent le rôle de Cassandre. Ce furent des prophètes aux propos desquels ceux à qui ils s'adressaient attachaient trop peu de poids. En France, des facteurs politiques et militaires rendirent vains les efforts dévoués et dangereux de tous les membres des Services spéciaux qui avaient mené dans l'ombre la guerre secrète contre l'Allemagne nazie. Bien que les renseignements qu'ils avaient rassemblés n'aient pu sauver les Alliés de la catastrophe de mai 1940, ces renseignements avaient été soigneusement confrontés et correctement analysés par les services de Gauché. Le 2e Bureau et ses alliés, les Services Spéciaux, avaient peu de chose à se reprocher. La défaite de 1940 ne fut pas une défaite du renseignement. » Mieux même, durant les deux ou trois années qui précédèrent la guerre, les officiers du SR (service de renseignement) et surtout ceux du CE (contre-espionnage) dont les bureaux étaient installés à Paris, au 2 bis, avenue de Tourville, le fameux « 2 bis », n'avaient pas cessé de signaler aux gouvernements successifs les activités d'hommes comme Otto Abetz et ses nombreux complices français, lesquels menaient déjà sur notre territoire une véritable guerre psychologique pour le compte de Hitler. Ils n'avaient été ni écoutés ni entendus. Toutefois, la vanité de leurs efforts ne les avait pas découragés. Au contraire. Peu à peu, des officiers parmi lesquels ne manquaient pas les nationalistes de droite, voire les monarchistes, étaient devenus, presque malgré eux, des antifascistes de fait. Hélas, pour des raisons aisément compréhensibles, ce que l'on pourrait appeler leur antifascisme technique était totalement coupé de l'antifascisme populaire.

Ils allaient mettre longtemps à comprendre que le régime de Vichy — où l'on faisait semblant d'invoquer les principes mêmes selon lesquels ils avaient été formés — n'était pas l'ennemi mais bel et bien l'ami d'Abetz et de l'Abwehr. Et encore beaucoup tomberont-ils de l'escroquerie pétainiste dans l'illusion giraudiste. Cependant, cela n'empêchera pas que, soldats dont le patriotisme blessé refuse d'être vaincu, connaisseurs exhaustifs de la machine de guerre nazie, « chasseurs d'espions » qui ne veulent pas admettre l'apparente victoire de leur gibier traditionnel, combattants de l'ombre enfin par définition et donc rompus par avance aux règles de la clandestinité, ils soient d'emblée d'accord avec celui de leurs chefs, le futur général Louis Rivet, qui, dès la fin de juin 1940, leur dit : « Notre action doit se poursuivre, invisible et secrète. Aucune autre attitude n'est concevable. Une suspension des hostilités serait pour nous plus qu'une faute impardonnable : une indignité ! »

« Réseau Kléber » et « Travaux ruraux »

Selon la ligne ainsi tracée par Rivet et acceptée par la quasi-totalité des membres des « services spéciaux », divers organismes vont naître. Dans un premier temps, jusqu'à la dissolution de l'Armée de l'armistice en novembre 1942, — et selon la méthode de camouflage déjà expérimentée par l'Abwehr en 1920 — c'est dans le cadre de celle-ci qu'un appareil légal (le 2e Bureau maintenu et les « Bureaux des menées antinationales » — les BMA) « couvre » un appareil clandestin (les « Travaux ruraux » — les TR). Dans un deuxième temps, qui va de la dissolution de l'Armée de l'armistice jusqu'à la Libération, tandis qu'une partie des cadres des organismes précités rejoindront Alger pour y créer la Sécurité militaire (SSM) puis s'y fondre avec le BCRA dans la Direction générale des Services spéciaux (DGSS), ceux qu'ils ont laissés en France occupée, c'est-à-dire la majeure partie des effectifs, afin qu'ils y continuent la lutte en liaison avec eux, se répartissent entre quatre nouvelles organisations : trois pour les gens du SR (le « réseau Kléber », le « réseau SR-Air » et le « réseau SR-Marine ») et une pour les gens du CE (le réseau SSMF-TR, nouvelle mouture des anciens TR).

Si l'on compare les effectifs de ces diverses organisations, on peut avoir l'impression que les spécialistes du renseignement (SR) jouèrent un rôle plus grand que ceux du contre-espionnage (CE) puisque, par exemple, le « réseau Kléber » comptait 1 899 membres pour seulement 977 au « réseau SSMF-TR ». Mais cette impression donnerait une idée fausse de la réalité. Pourquoi ? Parce que, d'abord, au départ, les officiers du 2e Bureau et du SR connaissaient un handicap dont n'avaient pas à souffrir les officiers du CE. Un handicap qui tenait à la nature même de la mission qui était leur raison d'être. Que devenaient, en effet, les renseignements recueillis par ceux du SR ? Ils allaient au 2e Bureau. Et pour qui le 2e Bureau en faisait-il la synthèse ? Pour le gouvernement de Vichy... En essayant de dire ce que fut l'imbroglio d'Alger, nous avons évoqué l'attachante silhouette du colonel Eugène Baril. Or, quelle était, sous Pétain, la situation de Baril ? Le colonel André Brouillard, auteur par ailleurs de plusieurs dizaines de livres à succès sous le pseudonyme de Pierre Nord, l'a très bien décrite. « La dérisoire Armée de l'armistice, note-t-il, hérita la quasi-totalité des spécialistes du renseignement. Son état-major avait droit aux quatre immuables bureaux, et le 2e ne fut, lui, nullement dérisoire. Son chef, le lieutenant-colonel Baril, fit tout ce qu'il pouvait, à son poste, pour persuader le gouvernement de Vichy que les Anglo-Saxons gagneraient la guerre — pour qu'il leur tende secrètement la main et pour qu'il laisse tirer de l'Armée d'Afrique et de l'Armée de l'armistice des troupes clandestines capables de participer à la libération du territoire. » Espoir chimérique, bien sûr. Mais, dira-t-on, les officiers du SR ne furent-ils pas rapidement conscients de l'inutilité de leurs efforts et ne tentèrent-ils pas de transmettre directement aux Alliés les renseignements qu'ils se procuraient ? Evidemment si. Hélas, bien que les anciens du « 2 bis » affirment que les liaisons avec Londres ne furent jamais interrompues, un doute demeure sur l'efficacité, sinon la réalité, de beaucoup de ces transmissions et, au BCRA, on ne manqua pas de leur reprocher d'avoir laissé pourrir leurs informations « dans des bocaux », pour reprendre l'expression du colonel Pierre Fourcaud ou « dans des armoires de fer », pour reprendre celle de Marie-Madeleine Fourcade... La même hypothèque ne pesa pas sur les spécialistes du contre-espionnage et ils purent voir se vérifier à leur avantage l'adage cher à ceux que Pierre Nord appelle « les vieux "pieds de banc" du service » et qui veut que « quand les choses tournent mal, l'espionnage devient contre-espionnage comme le vin devient vinaigre. » Qu'on nous pardonne le jeu de mots mais, effectivement, ils « firent vinaigre » puisqu'ils entreprirent une mission que, trente ans plus tard, celui qui fut leur principal dirigeant, le colonel Paul Paillole, devait, en se replaçant dans la situation de 1940, définir ainsi : « Le contre-espionnage devra disposer désormais de deux organisations distinctes mais complémentaires : l'une secrète, offensive, toujours orientée sur les services spéciaux de l'Axe, leur neutralisation, la liaison avec les Alliés et la protection des services de renseignements ; l'autre officielle, défensive, incluse dans l'organisation nouvelle de l'armée sous prétexte de la protéger contre les menées antinationales. Elle sera la couverture des services spéciaux clandestins, les aidera matériellement à vivre (fonds, voitures, etc.) et exploitera ouvertement les renseignements recueillis par l'organisation secrète. Si la loi sur l'état de siège est maintenue, cette institution pourrait centraliser, voire même contrôler, les affaires d'atteinte à la sûreté extérieure de l'Etat soumises par la police aux tribunaux militaires. »

Pas de handicap, venons-nous de dire, pour le CE, et pourtant, là encore, il y avait un point faible. En effet, si la mission « secrète, offensive » définie par Paillole, celle des TR, était sans ambiguïté, il n'en allait pas de même avec « l'autre officielle, défensive », celle des BMA... Car une question se posait dès l'abord : dans la France soumise au joug nazi, que pouvait signifier l'expression « menées antinationales » sinon, comme le souligne Charles Tillon, la « reprise du vocable de la répression anticommuniste de 1939 » ? N'allait-il pas être significatif qu'après la dissolution des BMA, le 24 août 1942, apparaisse à Vichy le SRMAN (Service de répression des menées antinationales) dont nous avons vu que, succédant au SPAC, il fut une des pires polices de la Collaboration ? « Qui pourrait douter, écrira plus tard l'ancien président du Conseil de la IVe République, Félix Gouin, dans une lettre reproduite par Jean-Raymond Tournoux, que ce soit le parti communiste qui ait eu à souffrir plus particulièrement de la sauvage répression de ce que les Vichyssois appelaient les menées antinationales ? Arrestations massives, emprisonnements prolongés, tortures, sévices, envois en camps de concentration, fusillades individuelles et collectives : c'est le parti communiste qui a le plus souffert de cette politique féroce... » Cette opinion du résistant Félix Gouin est d'ailleurs partagée par un très grand nombre d'autres. Dans ses mémoires, le fondateur et chef du BCRA, le colonel Passy, lui-même, pose la question : « Que furent donc ces bureaux MA qui prétendirent plus d'une fois avoir joué le rôle d'anges gardiens de la résistance ? » Et il répond aussitôt : « Wybot, qui en avait fait partie et nous avait rejoint à Londres, nous les dépeignit, en novembre 1941, de la façon suivante : "Ils sont chargés par Vichy, entre autres choses, de la lutte contre le communisme et le gaullisme. Ils disposent du contrôle postal, téléphonique et télégraphique ; des écoutes très secrètes ; de toutes les polices (police mobile, police spéciale, polices locales, gendarmerie, commissariats à la Surveillance du Territoire) ; d'informateurs bénévoles (Légion, Compagnons de France, etc.). Grâce à la centralisation des informations et à leur pouvoir discrétionnaire d'incarcérations et de mises au secret, les bureaux MA jouent dans l'Etat de Vichy un rôle absolument capital. Ils constituent une hiérarchie propre. Des personnes arrêtées, ils font tantôt des agents doubles, parfois ils les suppriment (il est juste de dire que ce fut le cas de nombreux agents allemands arrêtés par eux) ; ou encore ils donnent à l'affaire une suite judiciaire, faisant signer l'ordre d'informer au général commandant la division militaire, orientant le commissaire du gouvernement sur ce qu'il doit dire ou garder secret et prélevant les pièces du dossier qui ne doivent pas être connues de l'avocat de la défense". Beaucoup d'officiers de ces bureaux travaillèrent pour la Résistance mais d'autres se comportèrent comme de redoutables adversaires des patriotes et nombre de ceux qu'ils arrêtèrent tombèrent aux mains de l'ennemi en novembre 1942, à l'heure où les chefs de ces mêmes bureaux MA, changeant brusquement de position, volaient dans le sillage du général Giraud, vers la victoire qu'ils apercevaient au loin. (...) Peut-on nous en vouloir d'avoir manifesté à l'égard de ces chefs une certaine froideur alors que nombre de nos amis venaient de tomber indirectement par leur faute entre les mains des tortionnaires nazis ? »

« Ah ! vous êtes un agent de Vichy ? »

A des griefs aussi motivés, que répondent les intéressés ? Ils ont souvent le tort de faire des réponses trop vagues et d'oublier que l'ironie ne peut tenir lieu de preuve. Ainsi, bien qu'avocat de profession, Henri J. Garapon n'emporte-t-il pas la conviction lorsqu'il écrit : « Peu après l'armistice de 1940, l'état-major de l'Armée, poussé sans aucun doute par le colonel Rivet, avait entrepris de coopérer au relèvement moral du pays en luttant contre les menées antinationales. Avec la bénédiction des Allemands et des Italiens, l'on installa dans diverses grandes villes de la zone sud des officines gérées par des officiers qui avaient, par pur hasard, tous fait carrière dans les renseignements ou le contre-espionnage. Il s'agissait évidemment de lutter contre les gaullistes naissants et les communistes existants, rendus à l'activité depuis l'entrée en guerre des Russes. En fait, ces bureaux MA, comme on les appela, s'occupèrent de tout autre chose et durent se dissoudre un peu avant l'occupation totale. Mais ils avaient fait du bon travail. » Plus nuancé et plus précis, Claude Paillat, dans *Vingt ans qui déchirèrent la France*, est aussi plus crédible lorsqu'il note : « Les BMA deviennent le support logistique du SR et du CE clandestins en leur fournissant voitures, essence, tickets, tout en recrutant parfois du personnel de qualité. Il est aussi vrai que ces BMA seront l'objet de vives attaques car, dans certaines circonstances, ils seront mêlés à des affaires de répression, dirigées soit contre l'IS, soit contre les gaullistes. Mais chaque fois que cela sera possible, les BMA s'efforceront de ne pas transmettre les dossiers à la justice militaire. Le colonel Rivet est également le chef des BMA, avec le colonel d'Alès. Autour d'eux, un état-major d'officiers dévoués. Jusqu'au débarquement américain de novembre 1942, les hommes de Rivet établiront plus de huit cent mille fiches et feront arrêter treize cents agents ou collaborateurs des services secrets de l'Axe. Plus de quatre cents volontaires apporteront leur dévouement à ce travail. Mais au regard de ces succès, combien de souffrances, de tortures, de déportations (plus de trois cents), de morts ! » Enfin, il n'est pas indifférent de connaître l'avis des Allemands eux-mêmes qui évidemment s'intéressèrent beaucoup au service que Guy d'Alès dirigeait depuis des bureaux installés à Royat, près de Clermont-Ferrand. Cet avis, on l'a retrouvé après la guerre dans plusieurs rapports établis à différents échelons de leurs services secrets. Le texte le plus significatif est celui envoyé, le 18 juillet 1943, à ses supérieurs de Berlin, par le SS-Standartenführer Hermann Bickler, un ancien avocat strasbourgeois devenu, à Paris, au 76 avenue Foch où nous l'avons déjà rencontré, chef de l'« Amt VI » du RSHA, c'est-à-dire du « SD-Ausland » (espionnage politique et militaire à l'étranger). « A partir du 25 août 1940, écrit Bickler, une organisation appelée BMA fut créée sous le prétexte officiel de combattre les menées antinationales. Sous son couvert se poursuivit un espionnage actif contre l'Allemagne. Les services du Reich connaissaient l'activité réelle du BMA. C'est pour cette raison que cette organisation fut dissoute. »

En vérité, à la faveur de la controverse sur les « Bureaux des menées antinationales », un doute fut jeté, une suspicion qui souvent allait englober aussi les « Travaux ruraux » et qui a persisté dans l'esprit de nombreux anciens résistants. Ce doute prit diverses formes. « Il y avait, affirmera par exemple Renée Pierre-Gosset, au 2e Bureau, comme partout ailleurs, toute la gamme des opinions depuis les ultra-résistants jusqu'aux collaborateurs... » De son côté, Lucie Aubrac dira : « Les services secrets du gouvernement de Vichy étaient, surtout ceux du contre-espionnage, le plus souvent gaullistes. Une partie sincèrement antiallemande, quelquefois proanglaise, était généralement antirévolutionnaire (...). Il lui arrivait, pendant les deux premières années d'occupation, de poursuivre, pour le compte de Vichy, les militants révolutionnaires, ceci dans le même temps où, pour le compte de De Gaulle, ils rassemblaient des documents anti-allemands. (...) Les officiers des traditionnels services secrets français (...) donnaient une apparence de légalité en même temps que d'appartenance au nouveau régime, à cette Résistance qu'ils organisaient... ». Par ailleurs, on sait déjà que, pour Emmanuel d'Astier de la Vigerie, « aux services secrets, l'on s'égarait dans les intrigues, le camouflage, le renseignement ». Et il faut ajouter que le colonel Rémy, vedette du BCRA, rejoignait d'Astier lorsqu'il écrivait que pour « les officiers MA », pour « les officiers des 2e et 5e Bureaux de Vichy », il était clair que « le fameux double jeu du Maréchal ne manquait jamais de fonctionner au bénéfice des traîtres et de se retourner contre les patriotes ».

Il va sans dire que lorsque Lucie Aubrac qualifie de « gaullistes » les officiers des TR ou du « réseau Kléber », il s'agit d'une approximation très hasardeuse. En effet, si la conjoncture les contraignit finalement à accepter l'autorité du général de Gaulle dans la mesure où cette autorité s'identifiait à l'unité de la Résistance, ils furent certainement, de tous les combattants clandestins, ceux qui s'y soumirent de plus mauvais gré ; d'ailleurs, ayant mis longtemps à se consoler de l'irréalisme de leur patriotisme pétainiste, ils soutinrent jusqu'au bout la tentative giraudiste et nombre d'entre eux finirent par être « démissionnés » de la DGSS à laquelle ils avaient été incorporés. Cela dit, de Gaulle et son BCRA n'avaient rien fait pour faciliter leur nécessaire mutation. Tout ce que l'on sait de l'attitude du chef de la France libre et de ses services londoniens puis algérois à leur égard permet de dire qu'elle frisait l'hostilité. Ecoutons plutôt la façon dont Paul Paillole, dans *Services spéciaux, 1935-1945*, rapporte le récit que son adjoint, le commandant André Bonnefous, lui fit de son voyage à Londres, en mars 1943. « Dès son arrivée, écrit Paillole, il rencontre Passy et demande audience au général de Gaulle. Il est reçu le lundi de Pâques 1943 à Carlton's Gardens. Désastre ! Encore meurtri, Bonnefous me racontera plus tard cette surprenante entrevue : “Sans nul doute induit en erreur par des rapports tendancieux, de Gaulle, glacial, m'a reçu assis. Il n'a fait aucune allusion à nos rapports amicaux de treize années :

— Alors, Bonnefous, qu'est-ce que vous faites à Londres ?

— J'y représente les services de contre-espionnage et de Sécurité militaire français.

— Ah ! vous êtes un agent de Vichy ?

— Comment pouvez-vous dire cela ? Mes chefs sont le colonel Rivet et le commandant Paillole. Je suis ici pour assurer et renforcer les liaisons avec l'IS et votre BCRA.

— Alors vous êtes un agent anglais ? Eh bien ! allez, Bonnefous...

J'étais stupéfait. Devant de tels propos et des accusations aussi puériles, mon visage reflétait mon indignation. De Gaulle s'est levé et, en me reconduisant à la porte de son cabinet, a ajouté :

— Un jour, Bonnefous, la France fera le compte de ceux qui l'ont bien servie !"... »

Paillole et son « bastion véritable »

Un peu plus tard, lorsque le président du CFLN devra admettre la réalité de l'action des TR, ce ne sera pas de gaieté de cœur. Dans *L'Enigme d'Alger*, Alain de Sérigny rapporte ce récit du colonel (et futur général) Jean Chrétien : « De Gaulle me reçut aimablement, s'enquérant de ma famille et particulièrement de ma femme ; puis je lui exposai mon activité pendant l'armistice. Il tomba littéralement des nues, car il ignorait la lutte clandestine menée contre l'Allemagne (...). Il fut stupéfait d'apprendre que les espions arrêtés étaient fusillés et que le Maréchal rejetait tous les recours en grâce... » Au bout du compte, lorsque Charles de Gaulle portera un jugement sur l'action menée par les officiers résistants des « services spéciaux » de l'Armée, ce sera, dans ses *Mémoires de guerre*, d'une façon significativement laconique. « Le SR, écrira-t-il, continuait d'appliquer dans l'ombre des mesures de contre-espionnage et, par intervalles, transmettait aux Anglais des informations. » Seul Jacques Soustelle, encore gaulliste à l'époque où il publiera, cinq ans après la Libération, ses souvenirs intitulés *Envers et contre tout*, sera plus nuancé sans doute parce que, chargé par de Gaulle du difficile accouchement de la DGSS après que le général Gabriel Cochet, l'auteur des appels de 1940, y eût épuisé toutes ses ressources diplomatiques, il aura dû juger sur pièces. « Le service de renseignement proprement dit, notera Soustelle, était très faible ; en quittant la zone Sud au moment de l'occupation totale de la France, le colonel Rivet n'avait pratiquement rien laissé derrière lui. Il ne disposait de rien qui fût comparable même au plus rudimentaire de nos réseaux. Selon la vieille conception encore en honneur dans l'armée de l'armistice, chaque arme avait son propre SR, sur lequel Rivet n'exerçait qu'une action assez lointaine de coordination ; l'Air et la Marine possédaient encore quelques éléments utiles, surtout les aviateurs. Mais le bastion véritable des services spéciaux d'Alger était le Contre-espionnage de Paillole. Doué d'une grande capacité de travail, d'un réel talent d'organisation et de qualités de commandement incontestables, Paillole avait su reconstruire à Alger une organisation qui ne se contentait pas de rechercher les agents ennemis et de monter la garde autour de nos secrets militaires ; il disposait en France même d'agents de renseignement munis d'émetteurs, et avait mis en œuvre des filières de passage de France en Afrique du Nord. Bien qu'il fût subordonné au colonel Rivet, il demeurait autonome dans bien des domaines. »

Comme on peut le constater, les malentendus et les incompréhensions n'ont pas manqué dans cette affaire des TR. En outre, il semble bien que les principaux intéressés se soient pris eux-mêmes à leur propre piège en confondant la discrétion, traditionnellement due au « service », et le silence. Complexés par la publicité faite, après la guerre, autour du BCRA et se refusant à comprendre que la participation à la Résistance avait été un combat spécifique et exceptionnel qui ne pouvait être assimilé à leurs luttes clandestines habituelles, pendant de longues années ils sont restés muets. Ainsi, en 1964, l'historien Henri Michel pouvait-il remarquer : « Il est des services de l'Armée de l'armistice qui ont, dès juin 1940, combattu l'occupant en zone Sud et en zone Nord, clandestinement : les "services de renseignement et de contre-espionnage". Par un souci professionnel de discrétion, ils n'ont que tardivement et partiellement révélé leur activité. » Silence d'autant plus épais que, du côté des anciens Alliés, ceux qui savaient se taisaient également. « Sans le silence traditionnellement observé par l'"Intelligence Service", a reconnu l'historien Philip John Stead, la dette britannique (...) aurait sûrement été reconnue depuis longtemps. » Certes, depuis la parution, en 1967, de l'étude du colonel Michel Garder sur *La Guerre secrète des services spéciaux français (1935-1945)*, et surtout depuis celle des souvenirs du colonel Paul Paillole, huit ans plus tard, une partie du voile a-t-elle été levée. Toutefois, le décès de bien des témoins et les réticences de certains autres, le fait que beaucoup d'archives soient en possession des « services spéciaux » actuels et donc mis sous le boisseau par une ridicule conception du fameux « secret Défense » n'ont pas manqué, plus d'un demi-siècle après les faits, d'entretenir bien des ambiguïtés et de favoriser bien des doutes. Il n'en reste pas moins que les faits sont têtus et que l'on en sait assez aujourd'hui pour pouvoir dire que l'aide et la participation des membres des anciens « services spéciaux » à la Résistance intérieure française furent, dans certains domaines, effectives et efficaces. Un bref rappel d'actes accomplis et de liaisons prises le confirme d'ailleurs aisément.

En tête doit d'abord figurer bien sûr la lutte contre les agents allemands en « zone libre » depuis l'armistice de juin 1940 jusqu'à l'occupation totale de la France en novembre 1942. Nous y avons déjà fait allusion, en parlant d'une trentaine d'exécutions (chiffre valable pour le début de la période) et, tout récemment, lorsque nous avons vu Henri J. Garapon dire que les BMA avaient quand même « fait du bon travail » et Claude Paillat citer le chiffre de « treize cents agents ou collaborateurs des services secrets de l'Axe » arrêtés par les mêmes BMA qui, là, remplissaient bien leur rôle de « couverture » et d'organe d'exécution des TR clandestins. En l'occurrence, les uns et les autres accomplissaient ainsi la mission que le colonel Paillole avait clairement définie, en 1941, en déclarant à l'un des dirigeants de « Combat », le futur général (de la Résistance) Maurice Chevance-Bertin : « C'est la vocation de mon service. Il faut que la police de Vichy arrête les espions boches, que la justice de Vichy les condamne et que l'armée de l'armistice les exécute ». La réalité de ces arrestations et de ces exécutions ayant fait l'objet de beaucoup de discussions, les chiffres les plus divers ont été cités, les uns gonflés, les autres minimisés. Peut-on, s'agissant de faits maintenant reconnus, avancer une statistique plus précise ? L'historien britannique Philip John Stead, déjà cité, écrit qu'« entre juillet 1940 et mars 1942 (...), il y eut huit cents arrestations, suivies de quatre cents condamnations, dont cinquante à la peine capitale ». En se basant sur ses souvenirs et ses archives, Paillole, quant à lui, affirme qu'on compta en 1940, mille deux cent cinquante arrestations et vingt-six condamnations à mort entre janvier et mai ; en 1941, six cent une arrestations et en 1942, mille deux cent vingt-trois, de janvier à fin octobre. « Du 1er janvier 1941 au 1er novembre 1942, ajoute-t-il, les tribunaux militaires de la zone dite libre et d'Afrique du Nord ont prononcé quarante-deux condamnations à mort pour espionnage et trahison au profit de l'Axe. » Puis il note que « ces chiffres ne comprennent pas les “mesures D” ». (Précisons que, dans le langage des TR, les « mesures D » désignaient les exécutions clandestines sans procédure judiciaire). Par comparaison, on peut mentionner que, selon Paillole et le colonel Paul Bernard, avant et pendant la guerre, les chiffres d'arrestations d'agents allemands ou italiens avaient été de trente-cinq à quarante-cinq pour 1935, quarante pour 1936, cent cinquante-trois pour 1937, deux cent soixante-quatorze pour 1938, quatre cent quatre-vingt-quatorze pour 1939 et deux cent cinquante à trois cents pour le premier semestre de 1940...

Paul Gérar-Dubot et la « BSM 407 »

Certes, pour des raisons évidentes, ce genre d'arrestations et d'exécutions effectuées par des autorités dépendant du gouvernement de Vichy ne faisaient l'objet d'aucune publicité, ce qui explique que des résistants aient pu, de bonne foi, en contester plus tard la matérialité ; toutefois, comme le prouvent un certain nombre de témoignages, elles furent fragmentairement connues à deux niveaux : d'une part, parmi les détenus des prisons pétainistes où il arrivait que patriotes et agents de l'ennemi se côtoient, d'autre part, par les services secrets allemands. Emprisonné à Montluc, le résistant communiste Lucien Benoit a, par exemple, pu nous raconter : « Jusqu'à l'invasion de la zone libre, il y a eu des gens bizarres... Par exemple, il y avait un Anglais surnommé Cole. C'était un parachutiste qui avait été capturé par les Allemands et qui s'était mis à leur service. Il s'était présenté auprès de familles soupçonnées d'aider la Résistance et il avait remonté des filières d'évasion. Il avait dû se faire pincer par des agents gaullistes du 2e Bureau et il se retrouvait à Montluc. Il était l'objet du mépris général, celui des détenus, celui du directeur et des gardiens. On l'avait mis dans une cellule de condamné à mort et on le faisait pratiquement crever de faim. Je crois pourtant qu'il n'en est pas mort... Oui, c'était parfois la confusion la plus totale : d'un côté des agents allemands, de l'autre ceux qui travaillaient pour l'Angleterre... Il y avait aussi un personnage qui s'était fait emprisonner à l'été 1942, un Alsacien de moins de trente ans et qui avait été mis au secret. L'un des gardiens, Dagaud, qui lui-même avait été condamné à mort par les Allemands en Alsace, en 1914-1918, le détestait. Lorsque les nazis sont arrivés en zone libre, Dagaud a bien fait de ne pas revenir à la prison parce que l'autre, libéré, est réapparu trois jours plus tard en uniforme d'officier SS. »

Autre exemple : lorsque nous avons rencontré l'un des anciens chefs de l'Abwehr en France, le colonel Oscar Reile, il nous a dit avec un sourire ambigu : « Ah, il se passait des choses étranges dans la zone Sud de la France alors que nous étions, nous, sur la ligne de démarcation et que, pourtant, nous entretenions de bons rapports, et même des liaisons très étroites, avec le gouvernement de Vichy. Ainsi, il y avait toujours, dans les prisons de cette zone Sud, cent quatre-vingt-dix espions ou réputés tels et que nous ne parvenions pas à faire libérer. » Ajoutons que la lutte des TR contre les agents ennemis fut également menée en zone occupée. Là, il ne s'agissait évidemment pas d'arrestations ni de poursuites judiciaires mais d'application de la « mesure D » et d'infiltration. Ainsi, le colonel Michel Garder rappelle-t-il qu'une antenne spéciale installée à Paris avait pour mission « la pénétration des partis politiques collaborationnistes tels que le RNP (Rassemblement national populaire) de Déat, le MSR (Mouvement social révolutionnaire) de Deloncle, le PPF (Parti populaire français) de Doriot, le Parti franciste de Bucard, etc. ».

Quelle différence y a-t-il entre, par exemple, les applications de la « mesure D » ou la pénétration pratiquée par les TR et les opérations « action » mises en œuvre par les « missions » qu'envoient le BCRA ou le SOE ? Dans les faits, aucune... Aussi bien, sensibles à l'évolution des choses, ceux des officiers des services spéciaux français qui ont refusé de se soumettre aux nazis vont-ils être amenés à ne plus seulement aider la Résistance mais à y participer. On le vérifie aisément en faisant état de quelques exemples choisis parmi beaucoup d'autres. C'est volontairement qu'en les citant nous mêlons le contre-espionnage, le renseignement et l'action proprement dite comme ils le furent dans la réalité et que nous ne distinguons pas entre les TR puis SSMF-TR, et le « réseau Kléber », le « réseau SR-Marine » ou le « réseau SR-Air ».

Le 19 octobre 1944, en remerciant le directeur du journal *Le Journal* pour l'aide qu'il avait apportée à Paul Gérar-Dubot, créateur et chef de la BSM 407 c'est-à-dire de l'antenne du SSMF-TR pour la région parisienne, le colonel (et futur général) Henri Navarre écrivait :

« Grâce à votre accord, le lieutenant-colonel Gérar-Dubot, chef du BSM clandestin de Paris, a pu être mobilisé dès le 25 octobre 1943 et a pu abandonner complètement son poste de secrétaire général qui devait normalement l'attacher à Lyon, pour venir occuper à Paris, tout en conservant sa couverture professionnelle, les fonctions militaires que je lui avais confiées. Bien plus, c'est également grâce à vous que tout le personnel précurseur a pu être engagé au titre du *Journal* et camouflé sous le paravent de besognes journalistiques ou administratives. C'est grâce à vous encore qu'ont pu être composés et tirés dans les ateliers de la rue de Richelieu (alors occupés par une direction de la Main-d'œuvre du gouvernement de Vichy, auprès de laquelle siégeaient des commissions allemandes), des centaines de portraits du général de Gaulle, les cartes d'identité de la Délégation générale du Gouvernement provisoire et du service SM, les ordres de réquisition et de séquestre, les mandats d'arrêt et tous les imprimés destinés aux BSM clandestins de toutes les régions militaires. » Dans son étude sur l'ORA, déjà citée, le colonel Augustin de Dainville notera : « On a maintenu après l'armistice un SR par armée. Le SR-Air dirigé par le colonel Ronin a reçu mission du 2e Bureau Air (colonel Masnou) de déterminer le déploiement permanent de l'aviation allemande. Il y parvient avec une grande précision par un système d'écoutes goniométriques dont les postes sont répartis le long de la ligne de démarcation et en Suisse. Le succès de cette entreprise est rendu possible, les Allemands ne prenant aucune précaution dans leurs déplacements de routine d'un terrain à l'autre. Le déploiement mis à jour est transmis tous les huit à dix jours au 2e Bureau Air. (...) Les sources les plus courantes du SR en métropole sont la SNCF qui donne connaissance des transports de troupes, le Comité d'organisation des transports routiers ("réseau Gisèle" du commandant Fournet qui contrôlera finalement soixante mille camions ou cars), les services du ministère du Ravitaillement. Il faut y ajouter, du 18 avril au 15 septembre 1942, l'écoute par mise en dérivation du câble Paris-Metz due au capitaine Combaux avec l'aide pécuniaire du SR, transmise par le commandant de Villeneuve et le capitaine Simoneau ; cette écoute (source K) donnera des renseignements d'une valeur exceptionnelle d'ordres politique, économique et militaire. »

La « source K » de Noisy-le-Grand à Livry-Gargan

Les allusions que fait le colonel Augustin de Dainville à la SNCF et aux écoutes de la « source K » méritent d'être précisées... D'abord la SNCF... « Le SR, rappelle Michel Garder, a amorcé une fructueuse collaboration avec la SNCF. L'excellent esprit qui anime la quasi-totalité du personnel de cette administration permet aux postes travaillant sur la zone occupée de recruter un nombre considérable de collaborateurs bénévoles. Fin décembre 1941, la "clinique du docteur

Séjourné" a pu ainsi s'assurer le concours de deux chefs de réseaux : M. Desjardins, chef SNCF-Nord, et M. Narps, chef SNCF-Est. Ceux-ci sont à même de communiquer régulièrement les prévisions de transport établies en commun avec l'administration allemande. Portés à l'encre sympathique en marge de bordereaux et de rapports, ces renseignements sont expédiés au bureau de liaison SNCF de Vichy par l'intermédiaire du courrier technique. A la réception, le chef de service, M. René Schutz, se charge ensuite de transmettre au "docteur" les documents qui l'intéressent... »

Ensuite, la « source K »... Les principaux artisans de l'exploitation de cette « source » exceptionnelle furent l'ingénieur Robert Keller et les soudeurs Pierre Guillou et Laurent Matheron dont nous avons déjà parlé en rappelant leur martyre à Bergen-Belsen et à Dora. Lorsqu'il mentionne la « source K », l'historien de l'ORA, quant à lui, cite le capitaine Léon Simoneau. Devenu par la suite colonel, ce spécialiste chevronné du SR nous a raconté : « Nous avions pu installer une "écoute" sur le câble reliant la Wehrmacht de Paris au quartier général de Berlin. Ce câble, l'un de nous, officier démobilisé et ingénieur des PTT, avait pu en apprendre l'existence et il avait pris connaissance du tracé qui épousait à peu près exactement celui de la route nationale 3. C'est à Noisy-le-Grand qu'il fut décidé de poser une "écoute". Il fallut trouver une maison libre et proche de la route, creuser ensuite un souterrain jusqu'au câble, faire fabriquer en zone sud les pièces d'un appareil survolteur, conçu puis réalisé en zone nord. Le jour fixé pour la mise en place, notre ingénieur, Robert Keller, provoqua une panne dans le câble et nous fîmes le branchement. Plus tard, cette même "écoute" fut transférée de Noisy à Livry-Gargan. En effet, une division allemande était cantonnée à Noisy et elle pouvait, à tout moment, réquisitionner la maison où nous nous étions installés et que des gens du pays, intrigués par la présence de jeunes gens qui ne semblaient pas faire grand-chose, n'avaient pas manqué de leur signaler. Au début, nous ne disposions que d'un opérateur et il devait, à lui tout seul, écouter, transcrire, faire des comptes rendus, les apporter, manger et dormir. Au bout de deux ou trois mois, nous en eûmes deux puis trois... ». La « source K » ne fut pas le seul système d'écoutes téléphoniques mis en place. Ainsi Michel Garder raconte-t-il comment, « à Vichy, déguisé en électricien, le lieutenant Thiébaut de "TR 113", est venu poser un micro dans le bureau du représentant du SD : le capitaine Geissler » et comment, de cette façon, les TR purent écouter « consciencieusement diplomates et policiers allemands implantés en zone Sud ». Cependant les « écoutes » ne furent pas les seules sources de renseignements des hommes du SR ou du CE. « Lorsque, nous explique encore Léon Simoneau, du personnel français était utilisé par les Allemands à diverses tâches auxiliaires, c'était souvent pour nous très intéressant. Ainsi, à Besançon, le directeur du mess des officiers qui, en accord avec des serveurs, fouillait les poches des manteaux et les serviettes laissés au vestiaire. Ou encore, à Moulins, où le général commandant la "division 305" habitait un hôtel dont une employée avait accepté de lier avec lui des relations très personnelles. Cette personne en profitait pour ramasser certains de ses papiers. C'est par cette source que nous apprîmes par exemple qu'allait se produire l'attaque contre l'URSS ; le général se plaignait en effet du remplacement de ses soldats par de vieux réservistes... ».

Dans toutes les guerres, classiques, populaires ou subversives, l'efficacité du renseignement a toujours dépendu de la rapidité et de la sûreté de sa transmission. Nous savons, à ce propos, que les critiques n'ont pas manqué qui reprochaient aux officiers des « services spéciaux » d'avoir trop gardé leurs informations « dans des bocaux » ou « dans des armoires de fer » et d'avoir donc fait souvent un travail inutile. Ce grief fut parfois fondé mais il serait abusif de le généraliser. En effet, si jusqu'à la fin de 1943, jusqu'à l'époque de pleine activité de l'ORA et de son insertion dans l'union réalisée sous l'égide du CNR (Conseil national de la Résistance), les résistants de l'Armée de l'armistice furent sans contact avec toute une partie de la Résistance, tout spécialement avec les communistes auxquels certains furent même parfois hostiles, si leurs rapports avec la direction du BCRA furent plus orageux qu'opérationnels, ils ne furent pas sans liens avec certains résistants ni avec les Alliés... A titre d'exemples, nous avons déjà parlé des contacts entre Wladimir Poukhliakoff et l'OCM, ainsi que, tout récemment, de ceux entre Paul Paillole et les dirigeants de « Combat ». Nous pourrions y ajouter les rapports suivis entre le lieutenant Maurice Martineau et le colonel Rémy, ceux du commandant Gilbert Getten, du TR de Toulouse, avec Edmond Michelet, etc. En outre, il est bon de savoir, comme le souligne Michel Garder, qu'à travers les GAD (Groupes d'autodéfense), les TR « prirent une part active à la naissance » de l'ORA. « La première réunion qui a permis au général Frère, écrit Garder, de conférer avec les généraux Verneau et Olleris et d'autres futurs responsables de l'ORA, tels les colonels Descours, Zeller, Pommiès, etc., s'est tenue à Clermont-Ferrand, au domicile du capitaine Roger, du SM 13. L'ancien adjoint du chef du BMA, le lieutenant-colonel Bonoteau, fait partie de l'état-major du général Frère. Le commandant Lafont-"Verneuil" et les capitaines Johannès-"Jansen" et Mercier-"Von Kluck" ont assisté à cette première réunion. Incorporé en fait à l'ORA, le TR maintient la liaison avec "Combat" et, par l'intermédiaire de ce mouvement, avec l'Armée secrète en voie de constitution sous les ordres du général Delestraint. » Quant aux relations avec les Alliés, non seulement tous les anciens du SR et du CE en confirment la réalité, mais le colonel Paillole affirme même : « La certitude que les renseignements recueillis sur l'ennemi iront aux Anglais, et non à Laval ou Darlan, entre pour une large part dans l'efficacité de notre travail de recrutement. » Or, avec la compétence particulière en ce domaine qu'implique sa nationalité, l'historien britannique Philip John Stead renchérit en écrivant que, dès 1940, Paillole « avait à Vichy un "honorable correspondant", Branden, par l'intermédiaire de qui il pouvait joindre les Américains Schow et Cassidy. Il avait un délégué à Lisbonne qui lui servait de "contact" avec les Anglais. A Tanger, un officier du TR était en rapport avec le colonel américain Eddy. Enfin, le poste de commandement était en contact direct avec les agents de l'"Intelligence Service" de Marseille... ».

Les félicitations de Sir Stewart

En quelques lignes, Stead, toujours dans son livre *Le Deuxième Bureau sous l'Occupation*, montre bien que les gens du CE et du SR agissant sous le couvert de l'Armée de l'armistice n'eurent aucune peine à maintenir des relations suivies avec les services secrets alliés. Pour comprendre cette facilité de contacts, il convient de ne pas perdre de vue trois éléments : primo, avant puis pendant la « drôle de guerre », des liens d'autant plus étroits s'étaient établis entre les « services spéciaux » de part et d'autre de la Manche que Winston Churchill appréciait beaucoup à Londres des renseignements trop souvent dédaignés à Paris, et que l'une des têtes des services anglais, le « commander » Bill Dunderdale, fréquentait assidûment le 2 bis, avenue de Tourville ; secundo, avant même que les Etats-Unis n'entrent officiellement dans la guerre, les représentants de leurs services secrets présents à Vichy ou en Suisse sous couverture diplomatique non seulement se montraient avides d'information mais recherchaient systématiquement le contact avec les organismes français spécialisés ; tertio, enfin, Anglais et Américains avaient, les uns et les autres, un préjugé favorable pour les « professionnels » au détriment des gaullistes et des résistants de l'intérieur trop souvent considérés par eux comme des « amateurs »... Sachant cela, on comprend mieux pourquoi lorsque, en mai 1941, Paillole envoya à Washington un émissaire, André Poniatowski, celui-ci y fut chaleureusement reçu au plus haut niveau, y compris par le chef d'état-major de l'US-Army, le général George C. Marshall, et pourquoi lorsque, en décembre 1942, il se rendit lui-même à Londres, le chef de l'IS, le général Stewart Graham Menzies, et son adjoint, Claude Dansey, se montrèrent, selon ses propres termes, « pleins d'égards » pour lui. D'ailleurs, comme pour pérenniser cette estime, le « maître-espion » sir Stewart Graham Menzies, alors encore en fonction à la tête de l'IS, qu'il dirigea jusqu'en 1953, écrivit à Paillole une lettre manuscrite personnelle. Elle est datée du 28 septembre 1946. Menzies rappelle au fondateur des TR « le très beau travail que nous avons fait ensemble » et il ajoute : « La liaison entre les deux services spéciaux était vraiment parfaite et en conséquence les résultats très, très satisfaisants ».

Il va sans dire que, du côté nazi, on s'efforça de déterminer d'où venaient les fuites, de découvrir les canaux par lesquels partaient ainsi les renseignements. Après la guerre, on a retrouvé, à ce sujet, de nombreux documents dans les archives du RSHA. L'un d'eux, une synthèse établie, le 17 novembre 1943, par les fonctionnaires de la Gestapo de l'Einsatzkommando de Strasbourg, déclare, par exemple : « Le SR avait des relations aériennes avec Londres. (...) Des sous-marins accostaient en Méditerranée pour remettre le courrier et les ordres. Des liaisons par radio ont été établies avec l'Afrique du Nord et l'Angleterre. Si, jusqu'en novembre 1942, on n'a pas pu prouver que les renseignements recueillis par le SR français furent communiqués aux Anglais, il est certain maintenant que les officiers arrêtés avouent que leurs renseignements sont actuellement parvenus en Angleterre ou en Afrique du Nord. » Tels furent donc les « Travaux ruraux » et leurs organisations connexes dont le directeur d'*Inter-France*, Dominique Sordet, que nous connaissons comme l'un des porte-parole les plus autorisés du vichysme, se plaignait, dans sa lettre aux directeurs de journaux du 27 novembre 1942, qu'ils aient « monté et entretenu une machination de caractère politique » et qu'ils soient devenus « un Etat dans l'Etat » ; tels furent ces TR dont nous n'avions donc pas tort de souligner l'originalité ni le rôle efficace que, malgré leurs hésitations et leurs ambiguïtés politiques, ils jouèrent au bout du compte. C'est encore à un document nazi que nous nous référerons pour conclure à leur sujet, une synthèse que, en juillet-août 1943, la direction du RSHA en France fit établir et diffuser à tous ses services. Elle se terminait par ces mots : « Il s'agit de rechercher ces hommes qui ont le SR dans le sang pour les mettre hors d'état de nuire. » Un sang qui finalement se mêla à celui des autres résistants...

En essayant de voir comment, dans sa marche à travers la nuit de l'Occupation, vers l'aube du 6 juin 1944 puis le plein soleil de la Libération, la Résistance avait su utiliser cette arme essentielle qu'était la vigilance, nous avons du même coup vérifié comment, des policiers aux « Chantiers de jeunesse », des gendarmes aux officiers des « services spéciaux », les combattants de la clandestinité étaient parvenus, non seulement à retourner mais, mieux encore, à faire participer à leur lutte beaucoup de ceux sur lesquels le régime de Vichy et ses protecteurs nazis comptaient pour précisément empêcher cette lutte de se développer. Un dernier exemple très significatif à cet égard est celui de l'ampleur presque industrielle prise par la fabrication des faux papiers. Une ampleur qui ne fut possible que dans la mesure où l'appareil de la Résistance imposait peu à peu sa réalité face à l'effritement de plus en plus rapide de l'appareil d'Etat vichyste.

L'aigle hitlérien ou le « pigeon à roulette »

A l'origine, le besoin de faux papiers apparaît comme une nécessité : sans eux, l'entrée d'un résistant dans les méandres de l'illégalité devient une entreprise suicidaire. « Des papiers d'identité écrit Louis Nal, dans *La Bataille de Grenoble*, déjà cité, étaient indispensables pour mettre nos combattants à l'abri des investigations policières de l'ennemi et de ses valets. Certains commissariats nous vinrent en aide (...), mais ce fut insuffisant. Pourquoi ne pas confectionner nous-mêmes ces précieux papiers ? Un graveur fut vite trouvé. Il allait nous fabriquer tous les tampons et cachets nécessaires, y compris les tampons allemands, bien entendu ! Tous les secteurs, tous les groupes se mirent à faire les fausses cartes avec un art consommé. Les signatures étaient parfaitement imitées. La clientèle ne manquait pas (...). Finalement ce furent des jeux complets de papiers : carte d'identité, carte d'alimentation avec feuille semestrielle, certificat de travail et feuille de démobilisation qui étaient remis à qui en faisait la demande. Journellement, ces pièces importantes furent confectionnées par dizaines, en série. Lorsque les autorisations de circuler devinrent obligatoires pour les automobiles, c'est par les mêmes moyens qu'elles furent aussi établies, les imprimés nécessaires nous étant en grande partie fournis par un patriote du service du roulage (...). Les demandes affluèrent de toute part et notre matériel servit indifféremment à tous (...). Combien ont pu franchir sans encombre les barrages ou se déplacer impunément grâce à cette industrie ! »

Notons immédiatement et retenons le dernier mot que vient d'utiliser le commandant Nal : une « industrie ». L'emploi de ce terme peut surprendre et pourtant tout y est... En effet, malgré les dangers pour la sécurité que peut représenter cette « industrialisation », elle apparaît vite indispensable dans la mesure où ceux que fait courir l'« artisanat » sont encore plus grands. « Dans tous les bureaux de tabac, nous raconte François Faure, dont on sait qu'il fut l'adjoint du colonel Rémy à la tête de « Confrérie Notre-Dame » (CND), on pouvait se procurer des cartes d'identité. Je m'étais fait faire des cachets de petites communes du Lot, puis un cachet à entourage mobile. Ma femme était devenue “commandant de la gendarmerie d'Issoire”, et elle signait les feuilles de démobilisation !... Lorsque j'ai été arrêté, en 1942, l'organisation fonctionnait parfaitement : dans les colis adressés aux amis prisonniers, nous glissions de fausses cartes d'identité, de fausses feuilles de démobilisation, de fausses permissions d'employeurs allemands, avec tous les cachets nécessaires, y compris un “pigeon à roulette”, c'est-à-dire une reproduction de l'aigle hitlérien, laquelle a fait, comme me l'a dit plus tard la veuve de mon ami et collaborateur Etienne Legravérend, officier de chars, arrêté avec moi et mort à Natzweiler-Struthof, l'étonnement admiratif des policiers allemands. En 1941, j'avais fourni de fausses cartes d'identité à Agathe et Francis Jourdain, vieux amis de mon père Elie Faure, cartes qui les faisaient habiter Forges-les-Eaux, un chef-lieu d'arrondissement de la Seine-Maritime... Un jour, je déjeune avec Henri Ribière qui avait occupé de hautes fonctions au ministère de l'Intérieur et qui devait, quelques mois plus tard, prendre la tête de "Libération-Nord". Nous parlons de l'influence des faux papiers sur la démographie. Ribière me dit : "Ainsi, à Forges-les-Eaux, dont les archives ont été détruites au cours d'un bombardement, il y a certainement maintenant plus de cent mille habitants !" J'ai su, après la guerre et avec une angoisse rétrospective, que les Jourdain, impavides, avaient longtemps vécu avec de si dangereuses cartes d'identité... » Est-il besoin d'ajouter que, du moins pendant les premiers temps de la clandestinité, nombreuses furent en France les « Forges-les-Eaux » ? En outre, la prolifération des fabrications non coordonnées multipliait les risques d'imperfection technique que diminuait beaucoup, au contraire, l'« industrialisation ».

Quand il nous a raconté la première phase du très important travail de « faussaire » qu'il allait accomplir pour la direction du Parti communiste clandestin, Roger Le Joliff nous a donné une idée de la difficulté que pouvaient avoir des résistants œuvrant isolément à parvenir à la perfection dans la reproduction. « Au début, nous a-t-il confié, on m'avait donné des cartes qui étaient toutes imprimées et épouvantables ; on me fournissait, en outre, les photos. Moi j'avais des tampons secs... Le matériel pour utiliser ces tampons secs était très mauvais. Le résultat était horrible et quand j'y pense, je crois qu'il aurait mieux valu ne pas avoir de carte d'identité que d'en avoir une comme ça... Je me souviens que, pour réaliser le gaufrage, on essayait de faire comme un étau, en serrant un outil avec les mains. Oui, on serrait la vis à la main pour gaufrer le papier. On avait de terribles ampoules aux mains et le résultat était épouvantable. C'est vraiment la mort dans l'âme que je fournissais de pareilles cartes d'identité... Plus tard, quand on a confectionné entièrement les "cartes nationales d'identité", s'est posé le problème du papier, du "fond". C'était un papier jaune, un beau papier couleur paille. Et on avait un mal fou à en trouver. Plus tard, ils ont utilisé du papier gris, un peu comme celui des paquets de tabac. Alors il a fallu que je cherche du papier gris. Ça n'était pas facile. Pas plus que d'arriver à réaliser le motif ton sur ton pour le "fond". C'était aussi difficile à obtenir qu'un "fond" de chèque. Le dessinateur n'y est parvenu qu'en travaillant à l'encre de Chine sur des agrandissements 30 × 40 cm que lui exécutait le photographe. De même, nous ne sommes arrivés à un gaufrage présentable que lorsque notre agent de liaison a réussi à acheter une presse à balancier avec laquelle il n'y avait plus besoin de serrer à la main. A ce moment-là, j'ai fait faire un tampon sec sur métal dur, sur acier et enfin, c'était bon. » En écoutant François Faure et Roger Le Joliff on comprend mieux que Claude Bourdet puisse écrire :

« L'expérience prouva qu'il fallait (...) former de véritables spécialistes pour fabriquer des faux de bonne qualité, ou trouver des fonctionnaires militants ou sympathisants capables de nous établir des "faux-vrais", voire des "vrais-vrais". » Ainsi naquirent ce que l'ancien dirigeant de « Combat » appelle comme toute la Résistance allait bientôt les appeler, les « services de faux papiers ». La genèse de ces services se fit en deux étapes : d'abord la spécialisation, c'est-à-dire le choix de clandestins désormais voués à se consacrer uniquement à cette tâche, puis la centralisation, c'est-à-dire l'unification des divers organismes nés localement ou dans tel ou tel réseau ou mouvement avec choix des meilleurs spécialistes pour aboutir à une production groupée et intensive de documents par centaines de milliers...

« J'ai participé, nous dit Lucien Scheler, à la répartition de "faux papiers" que fabriquait par milliers un de mes amis, un libraire, Michel Bernstein, qui est resté enfermé, pendant un an et demi au moins, dans son appartement de la rue Mazarine. Il a passé son temps à étudier des manuels de faussaire pour la fabrication de faux cachets. Il a réalisé ainsi plus de vingt mille cachets des différentes mairies de France. » Ce libraire dont nous parle Scheler était en fait le responsable de la « centrale des faux papiers » du mouvement Défense de la France. En rappelant le travail qu'il réalisa, l'historienne Marie Granet écrit : « Soixante mètres carrés de caoutchouc furent utilisés pour la fabrication de ces tampons. Cette fabrication intensive des faux cachets obligeait les "faussaires" à mener une vie de parias, de reclus — de reclus traqués — à travailler de jour et de nuit. Michel Bernstein ne sortit pratiquement pas de sa chambre pendant les trente derniers mois de l'Occupation — sauf, à la nuit tombante, lorsqu'il apprenait que la police risquait d'aller perquisitionner chez lui. Tout était prévu et en ordre pour ces déménagements forcés : on empilait le matériel dans des valises préparées à cet effet et on allait s'installer dans un nouveau logis tout aussi inconfortable que le précédent. C'est ainsi que Monique et Michel Bernstein habitèrent successivement rue Mazarine, boulevard de Port-Royal, rue Visconti, rue de Tournon, rue de la Victoire. Dans ces appartements étroits, la vie était difficile. Ils avaient aménagé en atelier une vaste armoire ancienne où, dans un espace restreint, ils avaient rangé tout ce qui était nécessaire à leur travail. » Et Marie Granet cite le témoignage de Bernstein qui lui dit : « Je reste devant cette armoire où j'ai tout à portée de la main : les dix casses qui contiennent plus de cinquante types de caractères, les espaces, les filets, les cercles, les pinces, tout ce qui est nécessaire à la composition et à la distribution. A deux pas, c'est — dans le cabinet de toilette — l'atelier de vulcanisation, avec trois presses, le caoutchouc, le plâtre, les déchets... »

Un savoir-faire qui servit après guerre

Autre exemple de « service », encore plus centralisé, celui des Mouvements unis de Résistance, les MUR, qu'à l'émission de Pascal Copeau, *Lyon, capitale de la Résistance*, diffusée le 31 juillet 1974 sur la 3e chaîne de télévision, Jeannette Rüplinger a évoqué en ces termes : « J'étais permanente au "service des faux papiers" — MUR... Celui-ci était tellement bien organisé qu'on aurait dit un service administratif. Nous avions nos heures de présence, nous travaillions en blouse la plupart du temps, tout au moins les responsables... Notre dernier local a été 24, rue Jacquard, au dernier étage, sous les combles. Alors, nous avions une fabrication de faux papiers qui comportait non seulement les cartes d'identité mais effectivement tous les certificats qui étaient nécessaires à l'époque, des certificats de travail aux certificats de scolarité, etc. » Le couronnement des efforts de centralisation, des efforts de tant de résistants pour que le problème des faux papiers n'en soit plus un et que les clandestins puissent agir dans des conditions de sécurité les meilleures possibles, fut la création du « deuxième département du CAD », selon l'expression même d'Yves Farge, qui, d'ailleurs, précise : « Le deuxième département du CAD, sa branche industrielle »... Au début du chapitre « *Ce sont ceux du maquis...* », à propos du STO, nous avons déjà dit la réussite inimaginable auparavant de ce secteur faux papiers du CAD (Comité d'action contre la déportation) dirigé par Marc Laurent. Ajoutons qu'en arriver à une telle quantité et à une telle qualité dans la production centralisée et diversifiée des faux papiers est évidemment l'une des grandes victoires qu'avec le recul on doit mettre à l'actif de la Résistance. Nous y insistons car il nous semble que, finalement, les faux papiers ne furent pas seulement l'un des problèmes posés, parmi d'autres, aux clandestins, mais devinrent l'un des phénomènes particulièrement caractéristiques d'une époque... Et il faut d'ailleurs ajouter que ce phénomène, entre 1940 et 1945, à l'insu des résistants et à leur corps défendant, finit par dépasser leur domaine puisque la production des fausses cartes et des faux certificats de toutes sortes en engendra le commerce et que ce commerce s'avéra vite l'un des trafics les plus fructueux du marché noir. Dans ses souvenirs, Emile Servan-Schreiber raconte : « Comment se procurait-on les faux papiers ? A qui s'adressait-on ? Tout simplement à ses relations, aux amis sûrs. Il s'en trouvait toujours un, après quelques tentatives, pour répondre : "J'ai votre affaire". Il eût été malséant de poser des questions plus précises. (...) La seule question admise était celle ayant trait au prix, souvent approximatif, toujours très variable. Les documents les plus demandés étaient dans l'ordre de fréquence : la carte d'identité, l'Ausweis permettant de passer d'une zone à l'autre, le certificat de baptême, le passeport avec tous visas en règle et bien entendu, dans la plus grande proportion, des cartes d'alimentation qui permettaient, sans recourir au marché noir, d'améliorer notablement le ravitaillement. Les cartes d'identité payantes valaient de trois cents à vingt mille francs de l'époque. Certains documents très difficiles à établir étaient beaucoup plus chers. Un certificat de baptême d'un aïeul hongrois dans la langue exacte et sur parchemin jauni et d'ailleurs authentique de l'époque fut payé cinquante mille francs. Il avait fallu trouver parmi les réfugiés hongrois des experts en écritures anciennes, en formules liturgiques et apposer des cachets de cire reconstitués à la perfection. »

Evidemment, lorsque vint la Libération, les faux papiers n'eurent plus officiellement de raison d'être, si ce n'est pour ceux que leurs activités dans la Collaboration contraignaient à se cacher ou à fuir... Toutefois, il faudrait être bien naïf pour estimer que leur utilisation ne se prolongea pas en dehors de cette catégorie certes historiquement importante, mais numériquement marginale. Même un militant communiste comme Roger Le Joliff a pu nous confier : « Je confectionnais entre autres des cartes d'employés du Métro, d'employés de la TCRP qui devint plus tard la RATP. Evidemment, je m'en étais fait une pour moi et elle me permettait de voyager dans le métro sans payer. Eh bien, même après la guerre, c'était tellement commode, que, pendant quelque temps, j'ai continué à l'utiliser pour passer les contrôles, jusqu'au jour où, quand même, je me suis dit qu'il fallait arrêter ça... » Ce fut au point que, par le canal de la DGSS devenue plus tard la DGER (Direction générale des études et recherches) puis le SDECE (Service de documentation extérieure et de contre-espionnage), et enfin, ultime métamorphose, la DGSE (Direction générale de la sécurité extérieure), l'expérience acquise et les progrès faits en matière de fabrication de « faux papiers » profitèrent largement à l'Etat — et plus particulièrement à ses « services spéciaux » — une fois la paix revenue. Dans son récit des années qu'il passa au SDECE à des postes de responsabilité, et qu'il a intitulé *Lamia, l'antibarbouze*, Philippe Thyraud de Vosjoli, lorsqu'il évoque l'immédiate après-guerre durant laquelle il était précisément sous les ordres d'Henri Ribière dont on se souvient la conversation avec François Faure, tout en spécifiant que Ribière fut amené à sévir contre certains excès des « faussaires officiels », rapporte néanmoins : « Le chef du contre-espionnage me suggéra d'aller faire un tour à la section chargée de fabriquer de faux papiers. Pendant la guerre, les agents ne pouvaient pas, pour des raisons évidentes, se procurer les divers documents exigés par les Allemands. Nous avions donc formé une équipe de gens qualifiés, capables d'imiter n'importe quel imprimé ou cachet. Nos facilités étaient parmi les meilleures du monde et nos experts, honnêtes et aimant leur métier, avaient rassemblé une collection très complète des documents d'identification utilisés dans les pays les plus divers. Ils fabriquaient eux-mêmes leurs encres, après avoir étudié la composition chimique exacte de celles utilisées pour les originaux. En général, le meilleur moyen de découvrir un faux consiste à examiner minutieusement la texture du papier utilisé ; aussi nos experts fabriquèrent-ils également leur propre papier. La guerre étant finie, je m'attendais à trouver la section sans travail. A ma grande surprise, le jour où je lui rendis visite il y régnait une grande activité. »

« Favoriser les malfaçons »

Même si cela peut paraître paradoxal, il va sans dire que l'objectif suprême de la vigilance est de finalement cesser d'être nécessaire. Quand le comble de la vigilance est atteint, alors son dépérissement commence... Telle sera la situation en France durant les semaines qui précéderont la Libération. Durant l'été 1944, en effet, la vigilance sera en quelque sorte relayée par ce que Jean-Paul Sartre appelle « l'invisible résistance passive des masses » et, comme l'écrivent les dirigeants qui ont rédigé en commun l'ouvrage sur *Le Parti communiste français dans la Résistance*, « la sympathie de la population entourera et préservera » les combattants de l'ombre qui apparaîtront, de plus en plus, au grand jour... En fait, elle ne les protégera pas toujours, loin de là, contre une répression qu'exacerbe l'angoisse du commencement de la fin, mais elle achèvera de les persuader que leur victoire est proche. Et c'est en considérant cette époque qu'on perçoit le mieux combien diversifiés étaient les moyens d'action qu'employait la Résistance à son apogée... Oui, remarquable diversité des moyens — de *tous* les moyens : les sabotages ; les attentats ; le renseignement ; l'emploi des émetteurs-récepteurs radio manipulés par les « pianistes » ; les parachutages ; l'organisation des évasions facilitées par les « passeurs » ; les grèves et autres manifestations de masse ; l'audition des radios libres ; l'expression journalistique et poétique par la « contrebande » et l'édition clandestine ; la continuation du combat dans les prisons et même dans les camps de concentration... Certes, pris séparément, nous avons plus ou moins déjà évoqué ces moyens, mais en en faisant un ultime inventaire au temps de leur plein emploi et leur pleine ampleur, on en comprend mieux la nature et la portée. La meilleure image possible de la Résistance n'est-elle pas celle de la Résistance en action ?

Dans la gamme des ripostes que les initiatives offensives des résistants suscitent parmi les membres des forces d'occupation, les plus extériorisées sont celles engendrées par les sabotages. Elément de désorganisation de sa machine de guerre, le sabotage est particulièrement craint par l'occupant. Le 30 janvier 1946, au procès de Nuremberg, le procureur général adjoint français Charles Dubost pourra dire : « Le 7 octobre 1942, un communiqué de l'OKW, diffusé par la presse et la radio, annonce la décision prise par le Haut Commandement d'exécuter les saboteurs. Voici, à ce sujet, un extrait du *Völkischer Beobachter* du 8 octobre 1942 (...) : “A l’avenir, tous les groupes de terrorisme et de sabotage des Britanniques et de leurs complices qui se comportent non pas en soldats mais en bandits seront aussi traités comme tels par les troupes allemandes et abattus sans pitié sur le champ de bataille, quel que soit l’endroit où ces groupes entreront en action.” » Le même jour, le même magistrat, se référant au procès-verbal d’une réunion de l’OKW du 14 octobre 1942, citera cette opinion allemande : « A l’époque de la guerre totale, le sabotage est devenu un élément essentiel de la conduite de la guerre. » Cette préoccupation politico-militaire tournera d’ailleurs bientôt à une véritable psychose sinon engendrée du moins très favorisée par le comportement personnel d’Adolf Hitler. Dans ses mémoires publiés dix ans après la défaite nazie, le « secrétaire d’Etat, chef de la presse du Reich », Otto Dietrich, notera : « On a beaucoup écrit, et plus encore parlé, au sujet des accès de fureur de Hitler. (...). Ces scènes se produisaient en de grandes et petites occasions, chaque fois que les événements prenaient une tournure différente de celle que la volonté et les prévisions de Hitler leur avaient tracée, quand sa constante méfiance flairait un sabotage — il aimait cacher derrière l’affirmation de *sabotage* l’aveu de ses propres échecs... » Ce point faible de la cuirasse nazie, les résistants en mesurent vite la vulnérabilité. Les communistes le visent particulièrement en multipliant les appels dont cet extrait de *l’Humanité* clandestine du 28 mai 1942 donne le ton. « Chez Hotchkiss, lit-on ce jour-là dans l’organe du PCF, les métallos ont fait leur semaine de sabotage, autrement dit, au cours de la semaine indiquée, ils ont accentué leur œuvre de destruction. Quatre camions ont été incendiés, vingt moteurs ont reçu de l’acide à la place d’huile et sont hors d’usage, de nombreuses machines ont été détériorées. L’usine a dû fermer ses portes pendant un certain temps. Dans une autre entreprise, des moteurs ont été démolis à la masse. Métallos de chez Gnome-et-Rhône, Citroën, Panhard, du Creusot et des arsenaux, qu’attendez-vous ? Voulez-vous qu’au jour prochain de la victoire on dise de vous : “Ils n’ont rien fait pour chasser les boches, ils ont courbé l’échine, ils ont travaillé pour Hitler jusqu’au bout” ? Non, n’est-ce pas, vous ne voulez pas cela ? Alors faites comme les gars de chez Hotchkiss : sabotez, brisez les machines ! » Appels sans cesse réitérés jusqu’à devenir cette directive que la même *Humanité* clandestine publie le 18 décembre de la même année : « Chaque membre du parti ne laissera pas passer une journée sans accomplir un acte de sabotage et de destruction nuisible à l’ennemi. » Mais les appels aux sabotages viennent aussi d’au-delà des mers... Dans ses *Ephémérides de quatre années tragiques*, Pierre Limagne signale une déclaration faite, sur une des radios américaines, le 6 décembre 1942, par le maire de New York, Florello La Guardia, déclaration que la censure vichyste évoque, le même jour, dans une « note d’orientation » en écrivant : « M. La Guardia nous a invités à détruire nos usines par des sabotages, à brûler les produits alimentaires, à ruiner la production par tous les moyens... » Dans le même temps, au micro de la BBC, les voix les plus différentes s'élèvent dans le même sens... En commentant un appel de l'Union des cadres industriels de la France combattante (UCIF), Pierre Laroque déclare, le 15 novembre 1943 : « Il faut, par tous les moyens, saboter le travail exécuté pour l'ennemi, en retardant l'acceptation ou l'exécution des commandes, en favorisant les malfaçons, en encourageant les grèves, en prenant, de manière générale, toutes les dispositions possibles pour que l'Allemand retire du travail effectué le minimum de profit. Il faut préparer et aider les patriotes qui, de l'extérieur, pénétreraient dans l'entreprise en vue d'en paralyser l'activité par la destruction d'un organe essentiel. » Cinq jours plus tard et moins de trois semaines avant qu'il ne trouve la mort en retournant en France occupée, le député communiste Emile Cossonneau dira au même micro : « Ouvriers du bâtiment de France, c'est un de vos anciens camarades de travail qui vous parle ! J'ai souvent lutté avec vous dans le passé et je connais votre combativité. (...) La plupart d'entre vous travaille dans les chantiers de l'organisation Todt. C'est vous qui construisez les ouvrages militaires que les boches font édifier pour défendre la forteresse Europe. Vous tenez donc entre vos mains une partie importante de la machine de guerre allemande (...). Votre devoir de Français, votre devoir d'hommes libres est de la saboter dans toute la mesure de vos possibilités. Mais, pour que votre action soit vraiment efficace, (...) vous devez vous organiser : vous organiser pour le sabotage comme pour obtenir de meilleures conditions de travail, de meilleurs salaires, une meilleure nourriture, le respect des contrats... »

Le fracas des explosions et la lueur des incendies

Sans doute aura-t-on remarqué le désir de convaincre qui anime Cossonneau. Ce désir vient tout droit de son expérience de la lutte clandestine : il sait que, même patriote conscient, même militant syndical ou politique, un ouvrier ne se transforme pas aisément en saboteur... Devenu, à la fin de 1940, « responsable politique du parti pour les ateliers de machines et de voitures d'Oullins », dans le Rhône, le communiste Jean Enjolvy, a ainsi confié à Maurice Choury, pour son livre *Les Cheminots dans la bataille du rail :* « Si nos gars étaient prêts à faire du collage d'affiches, des distributions de tracts ou des inscriptions à la peinture, ils n'avaient pas encore compris la nécessité de saboter le matériel servant à l'ennemi ». De même, un des premiers organisateurs des communistes clandestins en Savoie et en Haute-Savoie, Henri Bourbon, pourra-t-il nous affirmer : « Au début, la majorité des membres du Parti ne comprend pas notre action et nous sommes perpétuellement menacés d'être arrêtés. Nous commençons par scier des pylônes à la scie à métaux. Puis, il faut se procurer des explosifs... Je vais voir un copain, chef de chantier. Il refuse de m'en donner. Il faudra en faucher... ». De même encore, André Tollet, dont on sait qu'il présida le CPL (Comité parisien de la Libération), nous dira-t-il : « Le sabotage, ça n'est pas quelque chose qui naît spontanément... Les premiers temps, les gens ne voyaient pas les perspectives. Ils nous considéraient comme des fous, des énergumènes, des énervés qui allaient faire couler du sang. Il a fallu gagner les gens à la lutte, leur faire comprendre qu'cllc payait plus que la passivité. » Certes, les événements aidant, ce travail de persuasion portera ses fruits et parviendra, assez rapidement, à lever les scrupules que, pour sa part, l'ennemi, par une propagande habile, s'efforcera jusqu'au bout d'entretenir. Quand ce ne sera plus pour convaincre leurs camarades de combat, ce sera pour expliquer leur action à l'opinion publique que les résistants devront inlassablement argumenter contre les journaux de la Collaboration où foisonneront des articles tels que celui de *La Presse caennaise*, quotidien normand du soir, du 1er février 1944, dont voici un extrait : « Si c'est être "patriotes" que de faire dérailler des trains français, (...) ce "patriotisme"-là manque de panache et de tradition. (...) Aimer sa patrie, ce n'est tout de même point se transformer en saboteurs ou en bandits de grand chemin... » Toujours est-il que, dès 1942 et, de plus en plus, en 1943 et 1944, les lueurs et le fracas des explosions et des incendies qui le plus souvent s'ensuivent, illuminent et secouent la nuit de l'Occupation... Dans une brochure publiée en 1946 et intitulée *Enlèvement de dynamite à la mine de wolfram de Puy-les-Vignes près de Saint-Léonard-de-Noblat (Haute-Vienne)*, les « anciens du Maquis limousin », donc les FTP de Georges Guingouin, donnent une idée du déferlement de ces vagues de sabotages en écrivant : « Les résistants ont maintenant un stock d'explosifs imposant. Ils peuvent se mettre au travail ! Et, dans toute la région limousine, ce sont des pylônes détruits, le viaduc de Bussy-Varache coupé, les chaudières de l'usine Wattelez pulvérisées, etc. etc. Voici du bon travail au nez et à la barbe des Allemands ! ». Toutefois, plus se développent ces vagues de sabotages, plus se pose aux responsables de la Résistance cette double et difficile question : faut-il les canaliser ? Et, si oui, dans quel sens ? Le raisonnement que tiennent les partisans de la canalisation, ceux qui vantent les mérites du « sabotage stratégique », est, au premier abord, irréprochable. Ainsi en est-il lorsque Louis Mouchon, au BCRA pendant puis au SDECE après la guerre, nous déclare : « Il fallait faire du mal à la machine de guerre allemande, la machine industrielle, tout ce qui avait un rapport direct avec la production industrielle. Il a fallu beaucoup de temps pour discipliner la Résistance et l'aiguiller vers un sabotage stratégique. On a étudié le problème avec les Anglais. J'ai dû monter des missions, notamment contre les usines de roulements à billes de la région parisienne. Nous formions des saboteurs qui faisaient des stages dans les usines anglaises où on leur enseignait comment saboter une machine Cincinatti ou Blanchard, des rectifieuses, etc. Du point de vue de l'état-major interallié, on ne faisait du mal à la machine de guerre allemande que dans la mesure où on détruisait les moyens de production. » Ainsi en est-il lorsque Pierre de Préval, lui aussi officier, écrit dans son livre *Sabotages et guérilla* : « Dans une économie aussi étroitement dirigée que celle de la France depuis l'occupation allemande, toute production, quelle qu'elle soit, sert directement ou indirectement à la guerre. Il serait donc nécessaire d'arrêter l'ensemble de la production du pays pour empêcher l'ennemi d'en tirer bénéfice. Prétention évidemment illusoire puisque son corollaire serait la ruine du pays. Force est donc de "choisir" parmi les entreprises et les produits à saboter. Deux règles simples ont été appliquées en Meurthe-et-Moselle : primo, retarder ou interrompre la seule production des matériels spécifiquement "de guerre", en donnant la préférence aux matériels "finis" par priorité sur les produits bruts et les pièces en cours d'usinage ; secundo, sauvegarder les entreprises et produits plus utiles à la France qu'à l'ennemi. Les sabotages réalisés par les FFI de Meurthe-et-Moselle sont l'application de l'une ou l'autre de ces règles. » Diraient-ils la même chose si Mouchon n'avait pas été, au BCRA, le responsable du BOA (Bureau des opérations aériennes) et si, avant de devenir le « chef départemental des FFI de Meurthe-et-Moselle », Préval n'avait pas été officier d'active ? Dans leurs propos, d'autres résistants ne peuvent-ils pas voir poindre l'oreille de l'« attentisme » ?

Or ces mêmes résistants ont quelques raisons de s'inquiéter lorsque, par exemple, au micro de la BBC, ils entendent Maurice Schumann reprendre exactement, au temps du STO, le 16 mars et le 6 mai 1943, les mêmes mots pour faire de deux adjectifs fort ambigüs une sorte de slogan : « Nous insistons : seule une faible minorité de partisans et de francs-tireurs, embrigadés et encadrés dans l'armée clandestine, peut s'attaquer ouvertement et directement aux communications et principalement au matériel ferroviaire exploités par l'ennemi pour déporter la jeune France. Mais, en revanche, il appartient à tous ceux qui, de près ou de loin, participent à la vie des réseaux, de seconder la lutte nationale contre la déportation par un sabotage prudent et perlé. Je répète : prudent et perlé... » Incontestablement, ce mot d'ordre du « sabotage prudent et perlé » est loin d'emporter l'adhésion de ceux qui répondent chaque jour plus nombreux aux appels dont nous avons cité des exemples. La plupart des clandestins n'admettent pas que la nécessité du « sabotage stratégique » serve de prétexte à les traiter comme des pions sur un échiquier et à leur enlever le droit à l'initiative qui leur paraît découler de la nature même de leur engagement dans la Résistance...

Sabotage ou bombardement ?

Mais, dira-t-on, en écartant les arrière-pensées politiques, n'y avait-il pas moyen de réaliser une synthèse efficace entre les initiatives naturelles des combattants clandestins et les soucis légitimes de l'état-major allié ? Si bien sûr, c'était — et ce fut, pour l'essentiel, dans la pratique — de s'en tenir à ce que l'un des responsables des FTP de Bretagne, Yves Lefaou, appelle le « sabotage intelligent ». Qu'entend-il par cette expression ? « Du point de vue du sabotage, précise Lefaou, on peut dire que chaque ouvrier a pu faire quelque chose sur sa machine. Ce qu'il fallait donc c'était faire un sabotage intelligent. » En fait, on peut exprimer la même idée en reprenant ce que nous a dit un autre dirigeant FTP, à l'échelon national celui-là, Georges Beyer... « Dans les directives que je donnais, nous a-t-il expliqué, il y avait bien entendu des directives de sabotage. Par exemple, pour les locomotives : esquinter l'huile, mettre des abrasifs dedans, etc. Mais cela, les cheminots le savaient mieux que nous. Le recensement des techniques de sabotage s'est donc fait avec ceux qui étaient le mieux placés pour savoir comment agir. Ainsi, dans la réalité il y avait ce que nous pouvions savoir nous-mêmes et tout ce que nous pouvions inventer et puis, surtout, il y avait ce que les gars sur place inventaient à partir de ce qu'ils savaient. Des tas de procédés ingénieux de sabotage ont ainsi été trouvés... » Avec le recul, on est frappé de constater à quel point, contrairement à ce que certains croyaient surtout à Londres et à Alger, cette initiative créatrice des saboteurs eux-mêmes n'engendra aucune anarchie mais, le plus souvent, prit en compte les intérêts économiques et industriels à venir de la France libérée... A cet égard, parmi tant et tant d'autres, un exemple d'autant plus significatif qu'il peut sembler singulier... Félix Burguete fut l'un de ces « guérilleros » qui combattaient contre les nazis et les vichystes dans les Hautes-Pyrénées. « A Bagnères-de-Bigorre, nous raconte-t-il, nous avons pris contact avec un groupe de l'AS qui était dirigé par un gendarme de Sainte-Marie-de-Campan. Je ne me rappelle plus son nom. Il était venu me voir, moi, le guérillero espagnol, parce qu'il voulait faire sauter une usine à Bagnères... Mais, pour faire sauter cette usine, il n'avait pas assez d'hommes. Il était accompagné d'un employé qui travaillait à l'usine. Nous avons discuté. Je lui ai dit : “Ecoute, si nous faisons sauter cette usine, après la guerre il faudra la reconstruire. Comme je suis certain que la victoire est à nous et que l'on en finira avec les boches, on sera après obligé de travailler doublement pour la reconstruction. Au lieu d'être un bénéfice, ce sera une perte. Est-ce que tu crois qu'il n'y a pas d'autre moyen de faire que cette usine cesse pendant quinze jours de produire pour les boches et qu'ensuite nous puissions néanmoins l'avoir à notre disposition ?” Il a vite compris et il m'a dit que j'avais raison. Alors je lui ai demandé de nous préciser quelles étaient la ou les machines qu'il fallait plus précisément toucher pour que l'usine s'arrête. Il s'est renseigné. Il nous a apporté la réponse. Et, le jour du sabotage, il est venu avec nous. C'est même lui qui a mis le plastic directement dans la machine la plus vulnérable... Si j'ai alors agi de cette façon, c'est parce que nous nous efforcions de réfléchir sur ce que nous faisions et parce que le Parti communiste, et surtout le "Front national" nous expliquaient que, comme la victoire était proche, nous devions toujours essayer de ne pas faire plus de dégâts que ce qui était strictement nécessaire et d'éviter ainsi que, lorsque la France serait libérée, nous ayons tout à reconstruire. »

C'est ce même souci d'éviter des destructions inutiles qui va pousser les résistants français à insister auprès des Alliés pour que, à chaque fois que cela est possible, un sabotage soit organisé à la place d'un bombardement aérien. Et l'on peut dire que, à la base comme au sommet, dans pratiquement toutes les tendances de la Résistance, la préoccupation d'éviter les bombardements autant que faire se pouvait fut bientôt une des préoccupations dominantes. Ecoutons le témoignage d'Yves Farge dans ses souvenirs déjà plusieurs fois cités. « Christophe, écrit-il, était parti de Londres après l'arrestation de Cavaillès, il en était revenu avec des consignes précises de sabotage. (...) La dernière fois que je rencontrai Christophe, c'était au thé du Bon Marché. Nous avions découvert une table juste au milieu de la salle, la seule qui fût libre, et nous nous trouvâmes entourés d'un nombre assez impressionnant de petites vieilles gourmandes aux yeux desquelles notre groupe parut insolite. Christophe entra, les traits tirés, mal ou pas rasé ; il se jeta sur un siège et nous raconta sa nuit. Avec son équipe, il avait pénétré, arme au poing, dans une usine de la banlieue fabriquant du matériel de guerre. Tout avait bien marché : l'usine était condamnée au silence. Il fallait sur-le-champ télégraphier à Londres pour éviter un bombardement aérien. Sur la marge d'un livre, Biran (Pierre Kaan) prit note du télégramme. (...) Christophe aux yeux bleus partit pour la Bretagne. Sa mission le contraignait à la surveillance des bases sous-marines. On n'eut plus jamais de ses nouvelles. On m'a dit qu'il avait rejoint son premier patron, Jean Cavaillès, dans une mort héroïque... » En employant l'expression « éviter un bombardement aérien », Farge définit partiellement l'une des fonctions du sabotage non seulement en France mais dans toute l'Europe occupée par les nazis. Nous disons bien partiellement car il arriva assez souvent que les sabotages permettent la destruction d'objectifs que les raids de la Royal Air Force (RAF) et de l'US-Air Force se révélaient incapables d'atteindre. Admettre que des poignées de soldats sans uniforme, donc à leurs yeux d'amateurs, pouvaient, dans certains cas, damer le pion à ces véritables armadas volantes qu'étaient les flottes de bombardiers fut particulièrement difficile pour les officiers de l'état-major allié, professionnels de la guerre classique. Avoir réussi à les mettre devant le fait accompli fut une incontestable victoire pour la Résistance active et contribua beaucoup au recul des partisans de l'« attentisme ». Devenu un historien du Renseignement après en avoir été un professionnel, le Britannique Edward Spiro a écrit, sous le nom de plume d'E.H. Cookridge, une histoire du SOE en Europe occidentale sous le titre *Mettez l'Europe à feu !*. C'est pour le récit du sabotage des ateliers de construction de la SNCF à Fives-Lille, dans le Nord, le 27 juin 1943, que nous nous y reportons à nouveau. On y voit en effet très clairement le processus de cette victoire de la Résistance active, dans la mesure où l'on y assiste à une démonstration exemplaire de l'importance militaire des actes de sabotage. Quand nous avons plus haut fait allusion à cet exploit, c'était pour dire le sacrifice du principal animateur de l'équipe qui le réalisa, un agent du SOE anglais, Michaël Trotobas, alias « capitaine Michel », dont André Diligent pourra écrire : « La Résistance était certes loin d'être du Western, comme une mauvaise littérature parfois le fait croire. Pourtant, le "capitaine Michel" fut une sorte de Gary Cooper de l'Armée de l'ombre ». Cinq mois plus tard, on le sait, Trotobas tombait sous les balles de la Gestapo. Il restera l'exemple de ces officiers britanniques qui, après leur parachutage dans notre pays, s'étaient parfaitement intégrés à l'original et difficile combat quotidien des clandestins français au point de partager, pour l'essentiel, leur mentalité et leurs réflexes. Notons encore une fois ici que ces officiers, dont tous ne furent pas aussi exemplaires que Trotobas mais dont beaucoup furent héroïques, ne vinrent pas seulement du SOE mais aussi d'une demi-douzaine d'autres services.

A Fives-Lille, le 27 juin 1943...

On sait qu'en deux mots, quand commença la Seconde Guerre mondiale, les Britanniques disposaient de leurs services spéciaux traditionnels subdivisés en deux branches : le « MI 5 » ou « Secret Intelligence Service » et le « MI 6 » ou « Security Service ». Sous les directions respectives de sir David Petrie et de sir Stewart Graham Menzies, ces deux institutions remplirent normalement pendant les hostilités leurs rôles de SR et de CE. Toutefois bientôt, le gouvernement britannique et Winston Churchill plus spécialement, estimèrent que pour le sabotage et la propagande, pour l'aide aux combattants clandestins d'Europe, des organismes complémentaires étaient nécessaires. Ainsi naquirent successivement le « MI 9 », souvent appelé « service des évasions » mais que Paul-François Campinchi définit plutôt comme « chargé de la récupération des aviateurs abattus », lequel vit le jour au printemps 1940 et fut dirigé par le général Crockett, assisté du colonel Jimmy Langley ; le SOE proprement dit ou « Special Operations Executive », c'est-à-dire « direction des opérations spéciales », fondé le 16 juillet 1940 à la suite de l'ordre donné par Churchill à son « ministre de la guerre économique » Hugh Dalton : « Et maintenant, mettez le feu à l'Europe ! », lequel recueillit l'héritage de la « section D » du MI 5 créée en 1938 par le colonel Lawrence Grand et qui avant d'être dissous en 1946 fut dirigé par sir Franck Nelson, puis sir Charles Hambro et finalement sir Colin Gubbins ; enfin, le dernier-né fut, en août 1941, le PWE (ou « Political Warfare Executive ») qui essaima de la section du SOE chargée de la « guerre politique ». On assista à un processus semblable du côté américain ou, en complément aux classiques « G-2 » (général George Veasy Strong) et ONI (amiral Forrest Sherman), services secrets de l'armée de terre et de la marine, Roosevelt chargea l'avocat et général William J. Donovan de créer, en juillet 1941, le COI (Office of the coordinator of Information) qui, le 13 juin 1942, devint l'OSS (Office of Strategic Services), lui-même ancêtre de la CIA...

Mais revenons dans la banlieue lilloise. « Au printemps de 1943, écrit donc Cookridge, les chefs d'état-major britanniques décidèrent qu'il fallait détruire les ateliers de construction de la SNCF à Fives-Lille, lesquels venaient en second par ordre d'importance dans l'ensemble des entreprises de ce genre en France. (...) Les bombardements aériens alliés ne donnèrent pas les résultats escomptés à Fives-Lille, en particulier parce que les Allemands y avaient concentré les plus importantes défenses antiaériennes, non seulement des abords de Lille mais de tout le nord de la France. Lors d'une réunion des chefs d'état-major à Londres, on demanda au général Mockler-Ferryman, qui représentait le SOE, si ses agents de France pourraient monter une opération de sabotage à Fives-Lille. La question fut aussitôt posée par radio à Trotobas et il répondit qu'il ferait de son mieux, surtout étant donné que ses amis français de la Résistance commençaient à subir à l'excès les conséquences des énormes bombardements aériens qui usaient beaucoup le moral de la population ouvrière française. (...) Quand Trotobas répondit à Londres par radio qu'il allait entreprendre un sabotage des ateliers de construction de locomotives, cette nouvelle fut reçue par le Haut-Commandement de l'Aviation de bombardement britannique avec un scepticisme qui frisait la moquerie. Néanmoins le général Gubbins obtint des aviateurs anglais leur accord pour qu'on suspendît provisoirement les bombardements aériens afin de donner aux résistants de Lille le temps et les moyens d'opérer. Ce sabotage nécessitait de grandes quantités d'explosifs puissants et c'est pourquoi l'on commença à parachuter des containers au nord-est de Paris, d'où les routiers les acheminèrent vers le nord. Quelques-uns d'entre eux payèrent de leur vie ce service de transport d'explosifs pour le compte de Trotobas. (...) Dans la nuit du 27 juin et avec l'aide d'un contremaître des ateliers, Trotobas et douze résistants pénétrèrent sur les lieux en se faisant passer pour des ouvriers travaillant de nuit. Ils se mirent fiévreusement à l'ouvrage, de neuf heures du soir à deux heures du matin, et déposèrent dix-huit grosses charges d'explosif à des emplacements soigneusement choisis. Le contremaître fit alors passer à ses camarades la consigne de quitter leur travail au plus tard à deux heures du matin s'ils ne voulaient pas s'exposer à de graves ennuis. Trotobas et ses compagnons ne quittèrent eux-mêmes les lieux que quelques minutes avant l'heure prévue pour les explosions. Celles-ci se produisirent peu après deux heures du matin (...). Trotobas passa des heures à observer le déroulement de l'opération (...) et, quand il rentra dans sa cachette, ses yeux étaient rouges à cause de la fumée et des flammes. Il envoya alors à Londres un simple message de deux mots : "Opération exécutée". Aussitôt, Baker Street informa d'un air triomphant le ministère de la Guerre économique, l'Etat-Major général et le ministère de l'Air. L'annonce de cette nouvelle devait provoquer la réplique suivante et mémorable de l'Etat-Major général de l'Armée de l'Air : "Dites à votre agent d'envoyer des photographies de la région sabotée". Sans aucun doute, c'était là une exigence compréhensible de la part d'un vice-maréchal de l'Air confortablement assis dans son fauteuil au ministère. A Lille, il en était tout autrement (...). Le commandant allemand de la place de Lille avait lancé un ordre menaçant de fusiller un sur dix des cheminots travaillant à Fives-Lille, en représailles contre "cet abominable attentat terroriste". Les chefs de Baker Street s'efforcèrent d'avaler la pilule, mais ils durent transmettre au capitaine Trotobas un message qu'il trouva difficile à accepter. Il était ainsi conçu : "Bien joué Stop Prière envoyer photographies". Discipliné, Trotobas décida de prendre si possible les photographies exigées. Quand il arriva à Fives-Lille, il y trouva un formidable monceau de décombres fumants sur lesquels on déversait des tonnes d'eau (...). Le SD et de nombreux détachements de la SS opéraient sur les lieux, en sorte que Trotobas fut arrêté plusieurs fois par des officiers exaspérés, mais il réussit à se présenter à leur supérieur qui commandait toute l'opération de nettoyage des lieux. Il lui présenta un laissez-passer, remarquablement imité et provenant soi-disant de la direction de la SNCF qui l'habilitait à enquêter sur place (...), en sorte que Trotobas bénéficia de l'aide des SS eux-mêmes pour photographier le résultat de son sabotage. Un certain nombre d'Allemands tinrent à bout de bras les ampoules de magnésium, tandis que l'officier anglais du SOE prenait des clichés des ruines fumantes. Les photographies furent ensuite envoyées à une "boîte aux lettres" de Normandie, d'où on les fit passer en Angleterre à travers la Manche. Quand les dirigeants de la RAF ouvrirent le paquet, ils y trouvèrent une petite carte de visite sur laquelle étaient inscrits ces mots : "Avec les salutations de la Résistance !"... »

Nous insistons d'autant plus sur la démonstration de l'importance militaire de la Résistance que constituèrent l'ampleur et l'efficacité des actes de sabotage que, contrairement à ce que l'on pourrait penser en estimant que les destructions matérielles étaient au premier chef des phénomènes visibles de tous, un inventaire exact et complet des coups ainsi portés à la machine de guerre nazie s'est avéré jusqu'à présent très difficile et le restera, hélas, sans doute. Pourquoi cette difficulté ? Serge Ravanel, qui parle en connaissance de cause car il fut aussi, avant d'aller à Toulouse, responsable national des « Groupes-francs des MUR », les fameux GF, de juin 1943 à avril 1944 tient à nous l'expliquer. « Il sera sans doute difficile, dit-il, d'établir un bilan à peu près exact des actions de la Résistance. Cela tient à ce que, en raison de sa nature clandestine, la Résistance ne pouvait ni tenir des archives ni parfois — pour de simples raisons de sécurité — revendiquer certaines actions qui étaient mises au compte d'accidents. Ce dernier cas était pratiquement la règle en ce qui concerne les sabotages concernant les produits industriels, les transports, les communications intéressant les troupes d'occupation. A Toulouse, il existait une importante industrie aéronautique travaillant pour les Allemands (usines Dewoitine, Latécoère, etc.) : qui saura jamais le nombre de “détériorations”, d'erreurs de fabrication, d'erreurs de montage, “accidentellement” commises, alors qu'elles étaient le fait d'une volonté délibérée d'actions, soit collectives, soit individuelles ? Les ouvriers avaient le plus grand intérêt à laisser croire qu'il s'agissait d'accidents, afin d'éviter les enquêtes et la répression. Qui saura combien de sabotages ont ainsi été effectués à la Cartoucherie, à l'ONIA, dans les chemins de fer, dans les PTT ? Combien de locomotives ont été rendues inutilisables par suite d'un mauvais entretien, d'un défaut de graissage, du “bris accidentel” d'une pièce, de la mauvaise tenue d'une soudure ? Combien de machines-outils ont été détériorées par suite d'un défaut de graissage ou d'une surcharge pendant un usinage ? Combien de transports routiers ont été retardés par suite de défauts d'entretien des véhicules, de pannes de démarreurs, de mauvais entretien des accumulateurs, d'erreurs dans les expéditions... Un pan entier de l'action de la Résistance échappe ainsi à tout recensement. »

Une « ronéo » dans un four de cuisinière en état de marche

A défaut de cet inventaire quantitatif, on peut donner une idée de la diversité qualitative des actes de sabotage ; de l'ingéniosité la plus simple à la préparation technique la plus méticuleuse, l'audace de leur conception est impressionnante. Quelques témoignages suffisent pour en avoir un aperçu... « Au début de 1941, nous dit André Merlot qui était alors membre des “Jeunesses communistes” (JC) clandestines, à Ivry, le couvre-feu était fixé à dix heures du soir. Alors, nous tendions des câbles sur la route de Choisy. A ce moment-là, il y avait sur cette route de gros platanes et nous savions que les seules voitures qui circulaient après le couvre-feu étaient des voitures allemandes. Plusieurs fois des camions nazis ont été esquintés de cette façon... » Toujours en 1941, un autre résistant communiste, ultérieurement journaliste à *l'Humanité*, Fernand Chatel, nous dit ce qui se passait au Havre. « Au début de décembre, raconte-t-il, nous avons fait sauter la librairie allemande installée à côté de la place du Théâtre. Pour réaliser cette action, j'étais avec André Duroméa, le futur maire de la ville, son père et deux autres camarades. C'était le père Duroméa qui avait fabriqué la bombe... Le père Duroméa était, à proprement parler, un inventeur. Artisan serrurier, il avait, avant la guerre, déposé le brevet d'un nouveau système de "bloom" pour fermer automatiquement les portes. La clandestinité venue, il nous avait tous munis de "passes" qui nous permettaient de nous réfugier dans les cours des maisons lorsque, après le couvre-feu, nous déambulions dans les rues de la ville et tombions face à face avec une patrouille allemande... Pour abriter notre "ronéo", il avait imaginé de la placer dans une cuisinière qui par ailleurs pouvait fonctionner et servir à faire la cuisine. La "ronéo" occupait la place du four. Je m'en souviens, c'était un véritable bijou, cette cuisinière... La bombe que nous avons utilisée contre la librairie, il l'avait fabriquée avec de la tôle, pourtant pas épaisse, mais emboutie, resserrée. Je me rappelle que j'ai allumé cette bombe avec de l'amadou et un briquet, comme une cigarette. Je l'avais placée dans le trou d'un pilier. Il n'est rien resté de la librairie allemande. Une heure après, je suis allé chercher mon pain chez la boulangère dans un quartier voisin et tout le monde parlait déjà de l'explosion. J'étais content... »

Kléber Carpentier appartient à la même « famille spirituelle », comme on dira plus tard, que Merlot et Chatel. La brochure *Hommage du Parti communiste de Bruay à ses quinze martyrs* nous dit ce que fut la brève mais éclatante action de ce garçon qui avait eu vingt ans en 1940. « Pour lui, peut-on y lire, commence le jeu de cache-cache avec la mort : c'est le sabotage ; la station de Tincques, sur la ligne Arras-Saint-Pol, en est le premier point de mire : de nombreux trains chargés de brutes nazies y passent journellement ; aussi, par une nuit sombre, les éclisses sont-elles déboulonnées ; le train, en passant, déraille, obstruant ainsi la voie pour plusieurs jours. Encouragé par cette réussite, le travail continue sur d'autres voies (...). Pendant ce temps, Kléber ne s'endort pas. A Ribeaucourt, les batteuses tournent à plein rendement (...). Mais Kléber (...) sabote les batteuses et le blé reste là. Après Ribeaucourt, il approvisionne en explosifs de nombreux groupes de FTP. Malheureusement, traqué de toutes parts, par la ruse et le nombre, les gendarmes de Rouvroy réussissent, le 23 août 1942, à le capturer, dans le bois Bernard où il s'était réfugié. Maintenant, c'est pour Kléber le martyre qui commence ! Torturé par l'adjudant de gendarmerie Délion et ses sbires, pantelant, épuisé mais non vaincu, il est, le lendemain 24 août, remis à la Gestapo allemande. Nouvelles tortures, nouveaux supplices ! (...) Le 6 octobre 1942, Kléber est conduit au poteau d'exécution et fusillé. » Ne quittons ni l'année 1942 ni les FTP... Dans le livre qu'il leur a consacré, Charles Tillon, qui fut leur « commandant en chef », explique comment, à cette époque, leur Comité militaire national (CMN) avait décidé « d'améliorer l'organisation dans les régions retardataires par des mutations de cadres aguerris qui se trouvaient menacés dans leur secteur » ; à ce propos, Tillon cite l'exemple du Doubs « où Pierre Georges, dit alors Henri (le futur Fabien) travailla de mai à juillet à former des cadres » et il rapporte le témoignage d'« un de ses camarades, Jean Petitin » où l'on peut lire : « Je vis Fabien pour la première fois en mai 1942... Il nous parla de former un groupe d'action à Besançon. Nous ne demandions pas mieux (...). Le lendemain, Henri me fixa comme tâche de récupérer tout ce qu'il était possible de trouver en fait d'explosifs et, les jours suivants, je ramassai un véritable arsenal de détonateurs, de grenades que je désamorçai et cassai ensuite avec un marteau pour avoir l'explosif... Deux semaines plus tard, Henri me donna une bombe pour faire sauter la permanence de la LVF située dans la Grand-Rue... Un premier déraillement fut effectué dans la tranchée de L'Isle-sur-le-Doubs. Le 14 juillet de la même année, Henri fit sauter le transformateur de l'usine Lip avec une torpille de mortier... ».

C'est au moment de la réorganisation évoquée par Charles Tillon qu'André Duroméa, futur maire du Havre, déjà rencontré, devient responsable des FTP à Rouen. « Evidemment, nous dit-il, à cette époque, on faisait des opérations... Par exemple, à Grand-Couronne, on a incendié la “grande Carue”. C'était un vaste bâtiment dans lequel les Allemands avaient mis du fourrage. Lorsque nous y avons mis le feu, nous avions déjà amélioré notre technique. Nous avions appris à faire des bombes incendiaires. C'était d'ailleurs très simple : on prenait des étuis de brosse à dents en celluloïd, on les remplissait de poudre, on mettait un petit bout de cordon Bickford, un petit bout d'amadou et on allumait le tout avec une cigarette. On balançait ça et alors on avait à peu près dix minutes de délai avant l'explosion. Le jour de la “grande Carue”, on a brûlé au moins une dizaine de milliers de mètres cubes de fourrage et ça a fait un incendie dont je me souviens encore... C'est à la même époque que nous avons détruit les compresseurs de Quatre-Mares et ceux du port. Au port, il s'agissait des compresseurs qui commandaient les portiques de déchargement et, évidemment, ça a bloqué le trafic. Les compresseurs de Quatre-Mares, on ne les a pas incendiés, on les a détruits à l'explosif. J'étais alors avec un gars qui s'appelait Albert Leroy. C'était un cheminot et c'est lui qui nous avait indiqué où il fallait placer les explosifs car il travaillait à Quatre-Mares. Nous étions deux pour faire l'opération. Elle a été effectuée sans difficulté. C'était les gars de Quatre-Mares qui avaient fabriqué les corps de bombe... »

Du « faux crottin de cheval, de chameau et d'éléphant » pour le « troisième front »

Avec tout autant d'ingéniosité, mais avec en outre les immenses moyens que leur fournissaient les laboratoires de recherche et l'industrie de guerre, les gens du SOE, à Londres, s'efforçaient également de perfectionner au maximum les techniques de sabotage. Le « perfectionniste » le plus remarquable fut sans nul doute le colonel d'aviation Elder Wills que E.H. Cookridge n'hésite pas à qualifier d'« homme de génie ». Il avait, rapporte Cookridge, « fait la Première Guerre mondiale dans la RAF, puis étudié l'architecture, et était devenu décorateur de la scène au théâtre de Drury Lane. Par la suite, il tourna des films comme directeur artistique, producteur et enfin réalisateur. En 1939, il fit partie du corps expéditionnaire britannique en France, comme spécialiste du camouflage, et revint de Dunkerque avec une blessure à la jambe. Pendant un an, on l'employa à camoufler des bâtiments et des aérodromes, à installer des chars et des avions en carton pour mystifier la Luftwaffe et décourager Hitler de tenter une invasion. En novembre 1941, le professeur Dudley Maurice Newitt (dirigeant de l'équivalent de notre CNRS) le pria de venir le voir et, peu après, le capitaine (plus tard lieutenant-colonel) Wills devint le directeur d'une des plus étranges entreprises du monde. (...) Sous les ordres du colonel F.T. Davies, Wills créa de nombreux ateliers et laboratoires à Londres et dans les environs. Le premier fut installé dans le Musée Victoria et Albert, dont on utilisa une menuiserie désaffectée (...). A mesure que les demandes croissaient en nombre et en diversité, il ajouta d'autres ateliers, tels ceux du Museum d'Histoire naturelle et de Queens Gate, jusqu'au jour où un grand laboratoire fut aménagé dans la célèbre hôtellerie de Thatched Barn. (...) Les engins explosifs nécessaires pour les opérations de sabotage que l'on mit au point à Thatched Barn et dans d'autres ateliers secrets furent d'une grande variété (on en compta plusieurs centaines de types divers). Le soldat allemand qui aurait un jour appris tous ces secrets se serait demandé s'il restait un objet usuel qu'il pouvait toucher sans danger. Les qualités communes à toutes ces bombes étaient leur petitesse, la banalité de leur aspect et la facilité de leur utilisation. Ainsi une bouteille de lait livrée au bureau de la Gestapo exploserait quand on l'ouvrirait ; il pouvait en être de même pour un pain, quand on le couperait ; de simples stylographes crachaient la mort. Pendant le rude hiver 1942-1943, on fabriqua des boulets de charbon et des bûches contenant de puissants explosifs. Ces tonnes de faux combustibles furent parachutées dans des containers spéciaux aux résistants qui purent les transporter ouvertement sur les routes sans éveiller de soupçon. Les engins, déposés dans les locaux habités par les Allemands, y causeraient de graves dommages. Une des inventions les plus ingénieuses peut-être du colonel Wills fut le faux crottin de cheval, de mulet, de chameau et d'éléphant. Pour imiter à la perfection ces excréments, on fit appel à des experts tels que le professeur Julian Huxley, alors secrétaire de la Société zoologique de Londres, et à des gardiens du Museum d'Histoire naturelle. Sur leurs conseils, on fabriqua du crottin en plastic qui fut peint à la main. Celui de cheval servit en Europe occidentale, celui de mulet dans le Sud-Est européen, celui de chameau en Afrique du Nord et celui d'éléphant en Extrême-Orient. (...) Les officiers du SOE ont distribué en territoire occupé environ quatorze mille cigarettes contenant des explosifs ou une matière incendiaire, qui provoquèrent des ravages dans les entrepôts, les dépôts de carburant et les usines d'armement de l'ennemi. Les cheminots et ouvriers d'usine français manifestèrent, pour leur part, une prédilection en faveur de certains écrous et boulons inventés par Wills et ses adroits collaborateurs. En effet ces pièces étaient creuses et bourrées d'explosifs. Ils les posaient sans peine sur les locomotives dans les gares de triage ou sur des machines-outils d'usine qu'elles détruisaient. »

Trop peu nombreux furent les résistants français qui purent effectivement bénéficier des trouvailles du colonel Wills... Cependant, s'ajoutant à la propre croissance de la Résistance et au soutien de plus en plus effectif que lui apportait le peuple français, l'aide des Alliés contribua à ce que, au fur et à mesure que la Libération approchait, les actes de sabotage deviennent de véritables opérations de guerre à l'ampleur et à l'efficacité toujours grandissantes. Toutefois, plus encore que les « coups » très spectaculaires, ce qui compta le plus, car encore plus nuisible pour l'ennemi, fut certainement que des dizaines, puis des centaines de milliers d'ouvriers français en viennent non seulement à accepter le principe du sabotage mais à faire entrer dans leur vie quotidienne l'habitude de saboter. L'épanchement continu qui en résulta provoqua une augmentation sans cesse croissante de la quantité des défectuosités et des déchets dans la production de guerre allemande et donc, par conséquent, un écart de plus en plus visible et de plus en plus démoralisant entre les quantités prévues, planifiées, et les quantités effectivement livrées et utilisables d'engins, de munitions, etc. En fait, la conjugaison des opérations ponctuelles très spectaculaires et des « négligences » ou détériorations chroniques de plus en plus ramifiées font que l'on peut sans exagérer parler d'un véritable front du sabotage. Par allusion au fameux « second front » tant attendu, on a même pu parler de « troisième front »... Expression justifiée comme on va encore le vérifier en considérant quelques autres exemples. D'abord, des exemples de sabotages chroniques... « A Paris, nous dit Serge Ravanel, nos Groupes-Francs des MUR avaient réussi à mettre sur pied des groupes de sabotage important dans certaines usines. Par exemple, aux usines Gnome et Rhône (ultérieurement la SNECMA), les ouvriers modifiaient les traitements thermiques auxquels étaient soumis les alliages destinés à faire des moteurs d'avions. Ils savaient qu'alors les métaux s'effriteraient à la longue en provoquant des résidus métalliques à l'intérieur des cylindres, lesquels accéléreraient l'usure des moteurs et pourraient provoquer des pannes en vol. De même, des ouvriers de chez Renault m'avaient raconté comment ils modifiaient la forme d'une clavette de fixation de l'arbre de transmission sur les blindés destinés aux Allemands de façon à rendre l'ensemble très fragile. De nombreux chars sont ainsi tombés en panne en plein combat... » Autre exemple, cet extrait de *La Vie ouvrière* du 23 janvier 1943 : « La maison Técalémit est chargée de faire des réchauffeurs pour les boches. A la réception, quatre-vingt-dix pour cent de ces appareils ont été refusés (...). Les ouvriers privent les avions d'appareils indispensables à leur départ pendant les grands froids... » Et il arrive même que le sabotage rapporte de l'argent aux saboteurs !... Ainsi cette fabrication de tricots défectueux imaginée par Jean Jérôme et dont nous parle Marguerite Le Maut. Elle fut réalisée chez un tricoteur parisien, Léon Trégot, qui déjà abritait l'ancien trésorier du PCF, Emile Dutilleul, dans ses ateliers de la rue Riblette, à la Porte de Bagnolet. Les vêtements qui en sortirent, bien qu'inutilisables, purent cependant être vendus aux troupes d'occupation avec, en prime, de petites bombes incendiaires à retardement mises au point par celui que l'on appelait « Bul » et qui, arrêté un peu plus tard, se suicida en sautant par une fenêtre de la rue des Saussaies...

Comment sauta l'usine de Gardanne

Ensuite des exemples de « coups » particulièrement spectaculaires... L'usine du groupe Péchiney à Gardanne, près d'Aix-en-Provence, avait produit, en 1943, 49 573 tonnes d'alumine sur une production française totale de 136 790 tonnes, soit plus du tiers ; dans son *Histoire des groupes francs (MUR) des Bouches-du-Rhône de septembre 1943 à la Libération*, Madeleine Baudouin raconte comment le sabotage en fut réalisé sous la direction de Charles Gonard, alias Morlot, futur successeur de Ravanel à la tête des GF, le même qui, au printemps suivant, comme nous allons le voir, devait diriger l'exécution de Philippe Henriot. « Morlot, écrit Madeleine Baudouin, premier chef régional des Groupes Francs, conçut dès décembre 1943 le projet de détruire les installations clefs de l'usine de Gardanne. Il confia à Lévis (Jean Comte) la mission de préparer le sabotage. Morlot et Lévis se rendirent sur place pour étudier la question. En janvier, Lévis obtint d'un ingénieur, M. Brun, les plans de l'usine. Cet ingénieur la lui fit visiter et lui indiqua ce qu'il fallait faire sauter : les autoclaves. (...) D'autre part, l'ingénieur Brun renseigna Lévis sur les habitudes du personnel de garde. L'opération devait avoir lieu le 25 février 1944. Les explosifs devaient être fournis par l'instructeur militaire parachuté Pioche (René Obadia). Pioche devait recueillir un parachutage dans les environs d'Antibes. Le parachutage se fit attendre et n'arriva que quelques jours après la date prévue. Héraud, venu expressément de Gap pour participer au sabotage, dut repartir. Mais le samedi suivant, 4 mars, tout était prêt. (...) Puis Héraud et son équipe, Martin-Bret et son équipe, l'instructeur militaire Pioche, se glissèrent dans l'usine, tinrent les gardiens en respect et placèrent les explosifs sous les autoclaves. Le 5 mars, à 4 heures 30, les explosions retentirent dans la nuit. (...) L'usine d'alumine de Gardanne fut complètement arrêtée pendant quatre jours. Seize autoclaves sur vingt-deux avaient été mis hors d'usage. Les saboteurs n'avaient installé que dix-sept charges de plastic, les explosifs faisant défaut. Une seule de ces charges n'avait pas explosé et fut désarmée le matin même de l'explosion par la gendarmerie. (...) La production d'alumine de Gardanne tomba à un tiers de ce qu'elle était avant le sabotage. Vingt-cinq pour cent de la production française d'alumine avaient été détruits en quelques minutes. Il n'y eut aucune victime parmi le personnel de l'usine. »

Autre exemple, cette déclaration de Paul Bouchon au micro de la BBC, le 5 octobre 1943 : « Des détails viennent de parvenir à Londres sur une série d'exploits, d'une audace et d'une importance sans précédent, accomplis en France dans la nuit du 1er au 2 septembre dernier par un détachement de patriotes français. Dans l'espace de quelques heures et sans qu'il en coutât la vie d'un seul Français, trois groupes de patriotes appartenant à la même équipe détruisaient l'un la centrale électrique de Châlon-sur-Saône, l'autre les transformateurs et disjoncteurs du poste de Germolles, près de Châlon-sur-Saône, et le troisième les gros transformateurs du poste Henri-Paul Schneider qui desservaient directement les usines d'armement du Creusot. Le résultat de ces différentes opérations est que le centre d'armements du Creusot est devenu inutilisable pour très longtemps. Aucun sabotage effectué jusqu'à ce jour en pays occupé n'avait eu une telle portée, ces opérations ne peuvent se comparer en importance qu'à la destruction par la RAF des barrages de la Ruhr... ». En reproduisant le texte de cette émission dans le recueil *Les Voix de la liberté : ici Londres, 1940-1944*, Charles-Louis Foulon y ajoute un commentaire où l'on peut notamment lire : « L'action immédiate de la Résistance est à quatre-vingt-dix pour cent le fait des FTP en zone Nord et à environ soixante-cinq pour cent celui des MUR en zone Sud. »

Dernier exemple enfin — et peut-être le plus remarquable — celui des sabotages poursuivis jusqu'au cœur même de l'univers concentrationnaire nazi et dont Marcel Paul souligne ainsi l'ampleur à propos du camp de Dora ; ils avaient « mille aspects : c'était l'affectation des non-spécialisés aux points les plus délicats de la fabrication et du montage (...) ; les fausses destinations dans l'acheminement des pièces d'un atelier à l'autre ; les inversions de bobinage ;

l'affaiblissement d'une pièce décisive à l'endroit de son effort maximum (...). Et c'était tantôt une pièce de la table de lancement qui lâchait ; tantôt, sur le missile, un relais déréglé ; à un autre moment, une rupture du câble d'amorçage. Et le missile ainsi saboté ne partait pas, ou retombait sur la table de lancement, ou explosait... »

Cela dit, si l'on a pu parler de « troisième front » à propos du sabotage, ce fut évidemment surtout à cause de ce que l'on a appelé la « bataille du rail ». Les perturbations puis la désorganisation du trafic ferroviaire dues aux ruptures de voies, aux destructions de locomotives et de wagons, à la mise hors d'état de marche des aiguillages et des ateliers de réparation affectèrent de plus en plus gravement tout le système de communication des troupes d'occupation. Les répercussions sur le moral de ces mêmes troupes ne furent pas négligeables. D'abord agaçante pour la Wehrmacht de 1941 à 1943, cette situation devint bientôt littéralement traumatisante et, après le débarquement du 6 juin 1944, elle constitua un facteur militaire négatif très important pour les forces armées nazies de l'Ouest. Le retard de quinze jours pris par la division SS « Das Reich » pour monter du sud de la France vers le front de Normandie ne fut pas une exception, bien au contraire, et l'on peut même dire qu'il n'y eut pratiquement pas une seule formation hitlérienne qui put se mouvoir dans des conditions satisfaisantes et dans les délais prévus. Les principaux chefs militaires alliés ont, à plusieurs reprises, reconnu le fait et salué l'ardeur et le courage des saboteurs. La remarquable victoire qui couronna ainsi la « bataille du rail » ne fut pas l'effet du hasard mais le résultat d'initiatives particulièrement audacieuses et d'une organisation soigneusement mise au point. Au colloque de septembre 1972 sur *Le mouvement syndical dans la Résistance*, Pierre Delon rappelait que, dès décembre 1940, les « Comités populaires » avaient mis en place une « organisation nationale de sabotage des chemins de fer, dirigée par un “triangle” composé, bien sûr, de trois dirigeants syndicaux dont Jean Cètre ». De même, lorsqu'il retrace l'histoire des FTP, Charles Tillon souligne comment il fut clair, dès 1942, que, sur le réseau et dans le personnel de la SNCF, on pouvait trouver un champ d'action et des possibilités de recrutement particulièrement favorables. « L'organisation par équipes de trois ou quatre hommes, écrit Tillon, a donné naissance à de petits détachements, sur la base d'expériences comme celle de la région parisienne, où le recrutement se fait surtout sur le lieu du travail. (...) Ce qui donne (...) la possibilité d'organiser ou de poursuivre le sabotage avec d'autres travailleurs et de trouver des volontaires, de combiner l'action des “politiques” et des membres des groupes armés. Cette tactique permet, surtout chez les cheminots, de multiplier les diverses formes de lutte contre les transports par fer. Les instructions ronéotypées, passées aux cadres FTPF, tiraient des enseignements de cette remarque de Napoléon à Varsovie : “Le secret de la guerre est dans le maintien des communications et dans la possession de celles de l'adversaire". (...) Les cheminots, en participant de mille manières aux sabotages des chemins de fer frappaient, avec tous les partisans, la machine de guerre allemande. »

Le « Manuel du parfait dérailleur »

Très proche collaborateur de l'un des hommes dont on dit qu'ils ont porté la SNCF sur les fonts baptismaux, l'ancien ministre Raoul Dautry, Paul Durand est très éloigné psychologiquement et politiquement de Charles Tillon ; or, lorsqu'il écrit l'histoire de *La SNCF pendant la guerre, sa résistance à l'occupant*, il ne dit pas autre chose que Tillon puisqu'il note : « Le sabotage des voies ferrées et celui des engins de transport a été, sans conteste, l'action la plus spectaculaire de la Résistance ». Certes, ce « sabotage des voies ferrées et des engins de transport » ne fut pas, au sens strict, matériellement l'œuvre des seuls cheminots ; mais chacun reconnaît que, sans eux, elle n'aurait pu être accomplie, et il nous apparaît donc juste de leur en attribuer l'essentiel de la paternité. « L'action consistant en sabotages, peut-on lire dans le numéro spécial de *La vie du rail* consacré, le 26 août 1964, à la résistance "cheminote", constitua un vaste et dangereux domaine qui, par l'importance extrême des résultats obtenus, la variété des procédés employés et la gravité des risques courus, prit la toute première place dans la hiérarchie des activités clandestines des cheminots. (...) Pour cette action, les cheminots n'agissaient point seuls : parmi les spécialistes de la destruction des voies ferrées, beaucoup, et des plus actifs, étaient étrangers à la SNCF. Toutefois, les agents des chemins de fer étaient nombreux et leur compétence professionnelle, leur connaissance du métier et du terrain, ainsi que les complicités dont ils bénéficiaient faisaient d'eux des éléments de choix parmi les équipes de saboteurs... ». Aussi bien vaut-elle qu'on la médite, la réflexion faite par Louis Armand, non point dans un discours de commémoration mais dans l'intimité de ses *Propos ferroviaires*, écrits au soir de sa vie — Louis Armand, le dirigeant des 4 760 membres de « Résistance-Fer » devenu président du conseil d'administration de la SNCF, le Compagnon de la Libération en qui certains voient surtout le « supertechnocrate », le polytechnicien devenu académicien français, le président de l'Euratom en qui beaucoup ne veulent considérer que « le plus illustre des cheminots résistants », selon l'expression d'André Ségalat dans sa préface au livre de Paul Durand. Mais, à vrai dire, c'est plus qu'une réflexion que fait ici Louis Armand, c'est une définition qu'il propose lorsqu'il écrit : « On n'a pas assez souligné, à mon sens, le caractère unanime du mouvement d'âme qui fermenta chez les cheminots pendant l'Occupation : en aucune circonstance on ne vit, je crois, pareil consensus dans un groupement d'hommes aussi important, que ne liait pas la discipline militaire. Dans ce consensus se sont manifestés tous les degrés de l'adhésion, depuis la passivité complice, qui était partout, jusqu'à l'engagement proprement dit qui en formait le sommet. Jamais, pourrait-on dire, en inversant la fameuse phrase de Churchill, jamais un si grand nombre d'hommes n'a favorisé l'action d'un nombre limité d'entre eux... »

La forte expression qu'emploie Louis Armand pour qualifier la « résistance cheminote » : un « mouvement d'âme », est d'autant plus vraie que la « bataille du rail » fut menée par des hommes qui eurent comme souci dominant de perfectionner sans cesse leur technique du sabotage tout en améliorant toujours les structures de leur organisation.

Pour ce qui est du permanent souci de saboter mieux, trois exemples nous paraissent particulièrement significatifs : celui du *Manuel du parfait dérailleur*, celui de la « confiture » et celui de l'affaire des grues... Selon Max Heilbronn, qui en fut l'initiateur et qui en évoque pour nous le contenu, le *Manuel du parfait dérailleur* pouvait ainsi se résumer : « Choix de l'emplacement exact de la coupure ; choix de la voie et du rail à déséclisser et détirefonner ; méthode d'exécution progressive ; précautions techniques à prendre (coupure des circuits de voies) ; constitution de l'équipe ; matériel à approvisionner ; protection de l'équipe ». Quinze ans plus tard, lorsqu'il publiera ses souvenirs, sous forme d'entretiens avec Jacques Varin intitulés *Galeries Lafayette, Buchenwald, Galeries Lafayette*, Max Heilbronn, effectivement « P-DG honoraire » des Galeries, ajoutera simplement : « Meilleur choix du point de rupture : voie en courbe ou en déblai »... Dans son livre *La Guerre buissonnière*, Emilienne Moreau, une des très rares femmes à avoir été faite Compagnon de la Libération, donne la parole à son mari et camarade de Résistance, Just Evrard qui raconte notamment : « La "confiture" était une vaseline imprégnée de fine limaille de fer, qui formait une graisse abrasive dont les cheminots de la Résistance se servaient pour graisser les essieux des convois allemands. Au bout de quelques heures de parcours, les essieux chauffaient et se bloquaient, immobilisant les convois. C'était simple, net, efficace. »... Un des animateurs de l'UCIF, cette « Union des cadres industriels de la France combattante » au nom de laquelle la BBC lançait des appels au sabotage auxquels nous nous sommes référés plus haut, René Picard, nous a dit comment il avait eu « l'idée de détruire la vingtaine de grues qui, seules, permettaient de relever les wagons déraillés par les sabotages » et il a ajouté : « Nous avons mis au point le projet avec Maurice Lemaire, qui était alors directeur à la SNCF et que je voyais à la Gare du Nord, à Paris ». Quant à l'organisation même de la « bataille du rail », non seulement durant le printemps et l'été 1944, mais dans les saisons qui les précédèrent et les permirent, écoutons ce qu'en dit Joseph Jacquet, ce déporté à Dachau qui devait, après la guerre, devenir secrétaire de la Fédération nationale des cheminots CGT. Ayant d'abord évoqué le processus d'unification de la Résistance en général et, plus particulièrement, celui des organisations syndicales résistantes, Jacquet continue : « Dans le même temps et selon un processus identique, les conditions de l'unité de la corporation cheminote se reconstituent, jour après jour, dans la lutte armée contre l'ennemi. L'unification syndicale au sommet s'effectue à un rythme beaucoup plus lent du fait du nombre important de dirigeants emprisonnés et de l'existence d'un fort noyau de collaborateurs à la direction de la Fédération légale. (...) L'activité des cheminots dans la résistance à l'occupant puise par force dès le printemps de 1943 à deux sources essentielles ; d'abord et surtout dans les directives des syndicats illégaux de la CGT dont la plupart des dirigeants participent à l'activité du Front national et des FTP mais aussi, pour certains, à celles de Libération-Nord et Libération-Sud ; ensuite, pour les dirigeants SNCF, dans le service de noyautage des administrations publiques (NAP) créé au début de l'année par le mouvement "Combat". Ce réseau NAP-Fer dirigé par le chef du service matériel et traction de la région Ouest, Louis Armand, développe tout d'abord une importante activité de renseignements au service du QG de Londres. L'action directe contre les transports allemands ne sera entreprise par NAP-Fer qu'à la fin de l'année 1943, au moment où le général de Gaulle en admettra le principe. Des contacts s'établissent ainsi dans le courant du printemps entre militants illégaux et certains dirigeants de la SNCF qui favorisent l'action de sabotage. Cette unité réalisée dans la lutte se renforcera au point que des organisations syndicales CGT apporteront tout leur appui à l'action entreprise par le NAP-Fer, préparant ainsi un développement plus puissant encore des destructions des installations ferroviaires pour aller jusqu'à la paralysie totale des transports ennemis lors de la bataille de France. » Dans ses mémoires, Jacques Soustelle, que l'on peut, nous le savons, considérer comme le porte-parole de ce que Jacquet appelle le « QG de Londres », confirme la dernière partie des propos du responsable CGT en écrivant que « fut engagée dès la fin de l'année 1943 une vaste entreprise de sabotage des chemins de fer qui ne devait pratiquement pas cesser jusqu'aux débarquements » et en ajoutant : « Lignes et ponts coupés, locomotives sabotées dans les dépôts et les gares, trains allemands détruits, commencèrent à s'aligner sur nos listes... »

« Plan Vert » et « Plan Violet », « Plan Grenouille » et « Plan Tortue », « Plan Bibendum » et « Plan Sussex »...

En écrivant son *Introduction à l'Histoire de la Résistance*, publiée par les *Informations militaires*, le 10 mai 1947, le lieutenant-colonel et futur général Charles Ailleret a précisé ce qu'il fallait entendre par

« vaste entreprise de sabotage des chemins de fer » en notant : « Le rythme “de régime” des coupures par sabotage en fin de 1943 et au début de 1944 était de l'ordre de vingt-cinq à trente par mois, c'est-à-dire d'un par jour ». De même, l'un des plus actifs résistants de la direction de la SNCF, Jean-Henri Daudemard, a pu éclairer l'ampleur de cette « vaste entreprise » en nous déclarant qu'il s'agissait, tout simplement, d'« entretenir en permanence la coupure des voies ». Le 17 mai 1945, le général de Gaulle « citait à l'ordre de l'armée l'“Organisation Résistance-Fer”... ». Le texte de cette « citation » dit notamment que les membres de cette organisation « après le débarquement, (...) ont exécuté sans défaillance un plan de désorganisation des chemins de fer préparé à l'avance, contribuant ainsi, pour une large part, à la paralysie des transports qui a été l'un des motifs les plus certains de la défaite des Allemands dans la bataille défensive qu'ils durent mener en France contre les armées de la Libération... » Ce « plan de désorganisation des chemins de fer », c'était le « Plan Vert »... Ce « Plan Vert » faisait partie de la douzaine de projets établis en 1943 par le « Bloc Planning » du BCRA et repris, pour l'essentiel, en mai 1944, par l'état-major FFI de Londres que dirigeait le général Pierre Kœnig : le « Plan Violet » (destruction des lignes souterraines de télécommunication à grande distance), le « Plan Jaune » (destruction des dépôts de munitions), le « Plan Rouge » (destruction des dépôts de carburant), le « Plan Bleu » (destruction des lignes de courant à haute tension), le « Plan Noir » (neutralisation ou destruction des PC ou QG ennemis), le « Plan Grenouille » (destruction des installations portuaires ainsi que des plaques tournantes et engins de levage du réseau ferré), le « Plan Tortue » dit aussi « Plan Brun » ou « Plan Marron » (destruction des blindés ennemis), le « Plan Bibendum » (paralysie des transports routiers et nouvelle version du « Plan Tortue »), le « Plan Sussex » (recherche et exploitation immédiate des renseignements tactiques en dehors des « réseaux » constitués), le « Plan Caïman » (création, dans le Massif Central, d'une « zone libérée » pour y installer le GPRF) et le « Plan Momie » (protection des ports). Il y aurait beaucoup à dire sur ces différents « plans », sur les conditions de leur conception et sur leur relative application. Bornons-nous à faire à leur sujet une remarque militaire et une remarque politique. La remarque militaire consiste en trois reproches qui ont été formulés par des résistants. D'abord, le reproche d'avoir été élaborés sans une consultation assez complète des responsables compétents de la Résistance intérieure ; ainsi Max Heilbronn que nous venons de citer et qui, avec René La Combe était l'adjoint de René Hardy à la direction du « NAP-Fer » des MUR où il avait pour tâche « la préparation puis l'exécution d'un plan d'ensemble destiné à faciliter le débarquement anglo-saxon », a-t-il pu nous dire : « Avant mon arrestation, le 12 juin 1943, je n'ai jamais entendu parler du “Plan Vert”. Tout ce dont je me souviens, c'est que la liste des coupures à réaliser a été tapée à Saint-Hippolyte-du-Fort, dans le Gard, sur du papier pelure, probablement vert... » Ensuite, le reproche d'avoir été établi sans prévision du soutien logistique nécessaire ; ainsi Joseph Jacquet a-t-il pu écrire : « Le plan de destruction systématique des voies ferrées, dit "Plan Vert", établi sous le contrôle de Londres, ne pourra pas jouer à plein, même à l'approche du débarquement allié en juin 1944, par manque d'explosifs... » Enfin, le reproche de n'avoir pas tenu compte de l'évolution de la Résistance intérieure ; ainsi, le capitaine René-Henry Mathis pourra-t-il, dans le n° 2 de la *Revue historique de l'Armée*, en 1959, faire remarquer que « ces plans conçus en 1944 étaient en principe à exécuter par des équipes dont le recrutement limité correspondait, à cette époque, au nombre restreint des résistants connus. Or, en 1944, après le développement de la Résistance, cette conception d'équipes était dépassée, périmée. Il était acquis que l'armée intérieure avait, grâce à la rébellion au STO, une importance numérique qui permettait partout l'intervention au jour J de groupes importants. La notion de guérilla généralisée menée par une masse de réfractaires se substituait à celle d'actions locales confiées à des équipes. » Quant aux griefs politiques, on peut les résumer en soulignant l'ambiguïté de « plans » qui, s'ils contribuaient à persuader les Alliés de l'efficacité de l'action de la Résistance, prétendaient, dans le même temps, canaliser cette action, la contrôler, dans un sens que, on ne pouvait l'ignorer à Londres, nombre de résistants considéraient comme « attentiste ». Nous y insistons car il serait fâcheux que le vaste mouvement populaire de la « bataille du rail » fût arbitrairement réduit à l'exécution du « Plan Vert ». Pour reprendre une comparaison courante, on peut même dire que ce « plan » ne fut que la partie émergée de l'impressionnant iceberg de la « résistance cheminote ». Cette Résistance qui inspira au cinéaste René Clément le film *La Bataille du rail*, qui fut réalisé dès 1945 et « en collaboration avec "Résistance-Fer" ». Au premier Festival de Cannes organisé après la Libération, ce long métrage obtint les deux grands prix, celui du « meilleur film » et celui de « la mise en scène ». En 1946, un sondage d'opinion sur la question : « Quel est le meilleur film que vous avez vu cette année ? » le plaçait à la première place...

L'ennemi ne s'y trompa d'ailleurs pas. Ancien directeur général adjoint de la SNCF devenu le premier en date des secrétaires d'Etat aux Communications de Pétain, Jean Berthelot rapporte dans ses mémoires que, le 3 juillet 1941, au Conseil des ministres, à Vichy, Darlan pouvait lui lancer : « La plupart de vos cheminots sont communistes. Ils se sont livrés à des manifestations regrettables... » Et le même Berthelot écrit aussi que, dès le mois d'août suivant, « les sabotages qui se produisaient un peu partout exaspéraient les Allemands ». Au fil des mois et des années, cette exaspération ne fit que croître, une exaspération dont on trouve une intéressante image dans la *4e synthèse de renseignements* diffusée le 15 février 1944 par le 2e Bureau de l'état-major national FFI où l'on peut lire : « Les voies ferrées sont toujours à l'ordre du jour et, à Grenoble, les Allemands font précéder leurs trains militaires par une machine-balai, les wagons réservés à la troupe étant placés en queue. Dans le Sud-Ouest et plus généralement, les wagons de troupes sont au milieu des trains civils. » On peut d'ailleurs noter en conclusion que cette exaspération fut à proprement parler paralysante et que le général de Gaulle lui-même en montre bien l'ampleur lorsque dans ses *Mémoires de guerre* il écrit : « Comment évaluer l'effet produit sur l'état matériel et moral de toutes les unités allemandes par les avatars des convois, du ravitaillement, des liaisons ? »

Ce qui est sûr, en tout cas, c'est que les sabotages et encore plus directement les attentats ont empêché les nazis de transformer notre pays en une sorte de base de repos, — « repos du guerrier » bien sûr — pour leur armée. Harcelée sur le front de l'Est, la Wehrmacht n'a pu trouver en France l'*Hinterland* où se refaire une santé et un moral... Grâce à qui ? Grâce à ceux que l'on appelait les terroristes et dont beaucoup furent tout simplement des héros ; d'autant plus des héros qu'il ne leur avait pas du tout été facile de se métamorphoser en « terroriste »...

« Prenez des bâtons... »

« Il a fallu gagner les gens à la lutte », disait plus haut André Tollet ; il le disait à propos des sabotages ; or les réticences éprouvées par certains des premiers résistants devant la nécessité de « saboter » furent encore plus fréquentes et nettement plus vives lorsqu'il fallut commettre des attentats, lorsqu'il fallut « tuer ». Ce qui, plus tard, allait devenir un réflexe de combattant, donc un geste dont on prenait l'habitude, demanda d'abord un véritable apprentissage psychologique et moral. Gilbert Brustlein, l'un de ceux qui pourtant, sous les ordres de Pierre Georges, le futur colonel Fabien, participèrent à l'attentat du métro Barbès, le 21 août 1941, ce fameux « coup de feu » dont on sait qu'il est à juste titre considéré comme ayant donné le coup d'envoi de la lutte armée, se souvient très bien des appréhensions qui furent alors les siennes. « Odile Arrighi, nous dit-il, était, avec Jean Capievic, ma responsable de secteur des Jeunesses communistes clandestines. C'est elle qui m'a présenté la chose... Elle m'a dit que l'on organisait des groupes armés et que j'étais désigné pour en faire partie ; puis elle m'a mis en rapport avec Georges Ghertman lequel m'a présenté aux copains dont je devenais le responsable : une dizaine en tout, dont Tony Bloncourt, Fernand Zalnikov, Roger Hanlet, Acher Semahya, Pierre Daix, Mado Capievic, Christian Rizo, etc. Ensuite, Ghertman m'a pris à part et m'a dit : "Pour commencer, prenez des bâtons et exercez-vous à exécuter un officier allemand...". Immédiatement, je suis allé voir les copains et je leur ai dit ça, qu'il fallait qu'on prenne des bâtons car on n'avait pas d'armes pour l'instant et qu'en attendant d'en avoir il fallait donc s'exercer à exécuter des officiers allemands... Là, la plupart des copains n'étaient pas d'accord, pas d'accord du tout. Je me souviens que Semahya m'a dit : "Est-ce que Maurice Thorez est d'accord avec ça ? Parce que nous, on n'est pas des tueurs. C'est tout à fait contraire à notre éthique, contraire à notre idéal..." Oui, nous, on était d'accord pour faire dérailler les trains, faire sauter les ponts, faire des actions qui fassent du mal à l'armée allemande, mais tuer comme ça froidement, ça nous paraissait impensable... Nous en avons longuement parlé. En plus, nous avions la crainte qu'en exécutant un soldat allemand, nous tuions un communiste allemand... Et puis, quoi, nous n'imaginions pas pouvoir aller froidement vers un gars et lui planter comme ça un couteau dans le dos ou lui loger une balle dans la nuque... Finalement, Fabien est venu discuter avec nous. Il nous a expliqué qu'il était absolument indispensable d'accomplir de telles actions. Et, véritablement, avec Fabien, on peut dire que ce qui était extraordinaire c'est qu'il allait au fond des choses. Il ne cherchait pas à vous entraîner sans explications approfondies et, en expliquant, il cherchait aussi à comprendre. » Les souvenirs de Ghertman concordent parfaitement avec ceux de Brustlein. « Oui, nous dit-il aussi, Fabien savait trouver les arguments qu'il fallait... C'est lui qui a avancé comme mot d'ordre : pour chaque patriote tombé, dix officiers allemands payeront. Et il a proposé que nous appliquions ce mot d'ordre pour venger "Titi". C'est ainsi que nous appelions Samuel Tyszelman. "Titi" était mon camarade le plus proche. Il travaillait toujours avec moi. Il avait été arrêté, le 13 août 1941, à la manifestation de Strasbourg-Saint-Denis. On avait été poursuivi ensemble par les Allemands : moi j'avais réussi à m'échapper, pas lui. Arrêté donc le 13, "Titi" a été condamné à mort le 15 et fusillé le 19. C'était affreux. Ça a été mon premier drame... Oui, alors on a décidé de venger "Titi" et je me souviens même qu'Odile Arrighi m'a dit un jour de faire préparer une pancarte portant ces trois mots : "Tyszelman est vengé !" et de la garder pour qu'on l'accroche sur le premier type descendu... Nous avons préparé cette pancarte à la peinture ! »

Alors responsable national des JC avec Danielle Casanova, André Leroy n'a pas oublié ce mot d'ordre de « dix pour un ». Et il nous précise : « Il a bien fallu un bon mois pour qu'il soit appliqué. Nos camarades essayaient mais n'aboutissaient jamais. Il y avait une très nette hésitation... » La nature de cette hésitation, Albert Ouzoulias la précise lorsque, dans son livre *Les Bataillons de la jeunesse*, il cite une réflexion d'un autre fusillé de vingt ans, Tony Bloncourt, tombé, on le sait, au Mont-Valérien, le 9 mars 1942. A Bloncourt, écrit Ouzoulias, « on demandera pourquoi, au métro Bastille, en août 1941, il avait sorti son revolver, l'avait appuyé dans le dos d'un officier nazi et n'avait pas tiré. Tony dira : "Je ne sais pas ce que j'ai eu. A cette minute, à ce moment précis, je n'ai plus vu un officier allemand, je n'ai vu qu'un homme" ». Et André Leroy ajoute : « Au moment de cette hésitation, Fabien est arrivé et c'est lui qui s'en est occupé... Finalement, il a fallu qu'il leur dise : "Je vais vous montrer comment on fait !" »

Une fois surmontées ces réticences, il ne faut pas croire que la tâche fut pour autant facile. Avant d'être arrêté le 10 mai 1942, puis fusillé, le 22 août suivant, à l'âge de dix-sept ans, Maurice Feld avait raconté à son ami Georges Ghertman comment il avait « loupé » un officier allemand. « Il m'avait dit aussi, nous raconte Ghertman, quelle frayeur s'était emparée de lui. C'était un soir du mois de décembre 1941, près du métro Place des Ternes. Je me souviens très bien de son récit. "Dans le soir brouillasseux à souhait, m'avait-il expliqué, le col relevé et le chapeau bien enfoncé sur les yeux, je guettais un officier isolé. J'étais dans de bonnes conditions de tir et de repliement lorsqu'il s'en est présenté un qui cherchait visiblement son chemin. J'arme mon 7.65, je me glisse derrière lui, je lui applique le canon près de la nuque et je tire... Le coup ne part pas ! Le pistolet s'est enrayé... L'officier, un costaud, me saisit le poignet d'une main de fer ; il hurle au secours et de l'autre il essaye de dégainer son arme. Dans un effort surhumain, je le contourne et réussis à lui placer un violent coup de genou dans les parties. Il lâche prise et s'écroule. Tout s'est passé en quelques secondes. Je n'ai jamais eu aussi peur de ma vie. Arrivé après une course effrénée, seul, dans ma planque, je me suis affalé tout habillé sur mon lit et j'ai tremblé une partie de la nuit." Je relate cet épisode qui m'a été rapporté le lendemain même par Maurice, alors âgé de seize ans, pour mieux faire comprendre à quelles dures épreuves, tant physiques que morales, s'exposaient quotidiennement nos garçons... »

« La chasse aux traîtres est ouverte ! »

Et puis, comme le souligne Albert Ouzoulias, « cette lutte était d'autant plus difficile que la majorité de la population ne la comprenait pas encore et, dans sa grande masse, à ce moment précis, condamnait les actions des francs-tireurs. "Qu'ils tuent des soldats allemands s'ils le veulent mais qu'ensuite ils se rendent à la Kommandantur pour se dénoncer", disaient beaucoup de gens à cette époque ». Sur ceux que les nazis, le gouvernement de Vichy et leur presse n'appellent plus que « les terroristes », les anathèmes et les injures pleuvent en effet de toute part. Devenu archevêque de Paris quarante jours avant la défaite et nommé membre du « Conseil national » de Pétain neuf mois plus tard, le cardinal Emmanuel Suhard, par exemple, proclame le 21 octobre 1941 : « Nous sommes douloureusement affectés des agressions qui depuis quelques semaines se succèdent sur notre sol, qui troublent profondément l'ordre public et qui attirent d'inévitables représailles que ne peuvent pas ne pas regretter ceux qui les prennent et ceux qui les subissent ». Et il ne faut pas oublier qu'il est des voix dans la Résistance même et surtout à Londres, non pas pour faire chorus, bien sûr, mais quand même pour désapprouver ceux qui suivent l'exemple de Fabien. Quarante-huit heures après la déclaration du cardinal Suhard, c'est, au micro de la BBC, Charles de Gaulle qui va dire : « Il est absolument normal et il est absolument justifié que les Allemands soient tués par les Français. Si les Allemands ne voulaient pas recevoir la mort de nos mains, ils n'avaient qu'à rester chez eux et ne pas nous faire la guerre. (...) Mais il y a une tactique à la guerre. La guerre des Français doit être conduite par ceux qui en ont la charge, c'est-à-dire par moi-même et par le Comité national. Il faut que tous les combattants, ceux du dedans comme ceux du dehors, observent exactement la consigne. Or, actuellement, la consigne que je donne pour le territoire occupé, c'est de ne pas y tuer ouvertement d'Allemands. Cela, pour une seule mais très bonne raison, c'est qu'il est, en ce moment, trop facile à l'ennemi de riposter par le massacre de nos combattants momentanément désarmés. Au contraire, dès que nous serons en mesure de passer à l'attaque, vous recevrez les ordres voulus. » Avec ces phrases du général de Gaulle, on voit apparaître ce qui sera sans doute l'argument essentiel de l'« attentisme ». Un argument qui sera repris un peu partout et que l'on retrouvera jusque dans la bouche de l'avocat de Robert Brasillach, Me Jacques Isorni, lequel au procès du rédacteur en chef de *Je Suis Partout* ne craindra pas de s'écrier : « Il faut se rappeler que cette forme de la Résistance (celle des attentats contre les soldats allemands isolés ou en groupes) a créé une très grande émotion dans le pays. Pourquoi ? Parce que la riposte brutale fut celle des exécutions d'otages. Il y eut, alors, un tel émoi, parmi les Français, que lorsqu'on apprenait la mort d'un soldat allemand, la réaction n'était pas de se réjouir : “un ennemi de moins”, mais une réaction angoissée : “combien d'otages seront fusillés”... » Nous n'épiloguerons pas sur l'effet que provoqua dans une opinion publique déjà traumatisée par la guerre cet épouvantail des « otages ». Plus de trente ans après, on en ressentait encore les effets. A preuve cette lettre de lecteur publiée le 30 janvier 1975 par *l'Humanité Dimanche*. Elle émanait de « Mme R., Lyon-4e », laquelle écrivait : « J'ai lu avec intérêt l'article de Marie-Louise Coudert sur le colonel Fabien (HD n° 198). Je ne suis pas d'accord sur le terme de “héros”. Voudriez-vous m'en donner les critères : héros par rapport à qui ? à quoi ? Il fut, dites-vous, le premier à abattre un officier allemand. Fort bien. Seulement, à la suite de cet attentat, vingt-sept otages étaient fusillés, seize autres à Nantes et une cinquantaine, quarante-huit heures après, à Donges. Un geste si lourd de conséquences était-il bien souhaitable ? ».

Heureusement pour l'évolution de la Résistance, pour sa croissance et son existence même, ni les réticences psychologiques bien compréhensibles ni les objurgations politiques ne freinèrent finalement l'essor indispensable, le coup de fouet certes cruel mais efficace que lui donna le recours aux attentats. De plus en plus nombreux furent ceux qui, selon le vers de Robert Desnos, « au cœur de la ville impassible vengeaient leurs frères assassinés ». De plus en plus nombreux furent les résistants qui réagirent comme l'avait fait dès le début André Kirschen et, peu à peu, cette réaction s'étendit à la majeure partie du peuple français lui-même. « Le soir où Gautherot et Tyszelman avaient été fusillés, nous raconte Kirschen, on m'a dit : "Il va falloir tuer un Allemand". Eh bien, c'est une chose qui, tout de suite, m'est apparue logique. Certes, je comprends que des camarades aient eu des réticences et que Fabien ait dû les convaincre. Mais enfin l'important, c'était que cette décision fût la première tentative de s'attaquer effectivement à l'armée allemande »... En parlant d'« essor indispensable », nous n'émettons pas une opinion, nous faisons une constatation. Dans les faits comme dans les textes, de 1941 à 1944, l'histoire même de la Résistance va être marquée par la conscience grandissante d'un impérieux « devoir de tuer ». Cette évolution qualitative accompagnera et favorisera la croissance quantitative de toutes les organisations. Les nombreuses discussions sur l'« action immédiate » et la « lutte armée » en situeront les étapes. Le mot d'ordre « A chacun son Boche » en condensera finalement l'intensité. Et, détail remarquable, de nombreux textes très largement diffusés et empreints pour la plupart d'une solennité volontaire non seulement dissiperont toute équivoque mais affirmeront la légitimité de l'extermination physique des oppresseurs et des tortionnaires. Des textes qui non seulement s'emploieront à chasser toute ambiguïté de l'esprit des combattants clandestins mais leur expliqueront qu'il est bien, qu'il est juste de poursuivre, d'extirper et d'anéantir définitivement un ennemi qui par ses crimes s'est lui-même identifié au mal, à l'injustice suprême.

Quelques brefs rappels de ces textes ne sont pas inutiles si l'on veut essayer de s'identifier aux combattants de l'ombre, de s'imaginer soi-même moralement aux prises avec d'aussi cruels problèmes... Un numéro imprimé de *l'Humanité* clandestine, daté de mai 1942 sans autre précision, contient un article intitulé *La haine est un devoir national*. Article au titre significatif et où l'on peut lire : « Dans la lutte à mort qui est engagée entre les peuples épris de liberté et la barbarie hitlérienne, la haine doit gonfler tous les cœurs. En chacun de nous doit monter, impérieux, le désir de faire couler le sang de nos ennemis ; le sang de ces brutes nazies, chiens de garde des capitalistes impérialistes allemands ; le sang des traîtres au service des oppresseurs de la Patrie. (...) Notre haine ne doit pas être impuissante, passive. Elle doit être ardente, combative, génératrice d'action. C'est la haine sacrée des patriotes français de 1792 qu'exprime *La Marseillaise* en lançant le cri de guerre "Qu'un sang impur abreuve nos sillons" ! Aujourd'hui, notre haine exige que soit versé le sang impur des oppresseurs et de leurs valets, pour venger nos morts et libérer notre Patrie. La haine agissante, la haine qui frappe l'ennemi, la haine qui ne recule devant rien pour atteindre l'oppresseur et ses laquais, cette haine est un devoir national. Patriotes français, qu'une haine sacrée arme vos bras vengeurs ! » La revue mensuelle *L'Internationale communiste*, qui paraît à Moscou, publie dans sa livraison de mars 1943 une longue intervention de Maurice Thorez intitulée *L'offensive victorieuse de l'Armée Rouge rend plus proche l'insurrection nationale pour la Libération de la France* dont la conclusion est du même ton... « La chasse à l'occupant, dit Thorez, la chasse au traître est ouverte ! La haine sacrée que leur a vouée le peuple doit éclater en fureur vengeresse. La canaille doit être traquée sans pitié. Plus nous en tuerons, plus vite nous serons libérés et heureux. »

« N'oubliez pas de haïr... »

L'exagération communiste, penseront peut-être certains... Non, car ce ton là, c'est tout simplement celui d'un combat et d'une époque. Preuves (écrites) à l'appui... Un combat. On sait que précisément *Combat* (nom du journal comme du mouvement) est un des principaux titres de la presse clandestine ; or, c'est *Combat*, qui, dans son édition du 1er septembre 1943, fait à ses lecteurs la recommandation suivante : « N'oubliez pas de haïr. Un soldat allemand, comme tous les autres, est responsable de ce que souffre la France. Chaque fois que nous rencontrons un soldat allemand, notre désir de vengeance se renforce. » Et souvenez-vous, toujours en cette même année 1943, ce sont Joseph Kessel et Maurice Druon qui, dans *Le Chant des Partisans*, insistent :

Ohé, les tueurs, à la balle et au couteau tuez vite !

....

Ici, nous, vois-tu, nous, on marche et nous on tue, nous, on crève.

....

Demain du sang noir sèchera au grand soleil sur les routes.

Quelques mois plus tard, en plein cœur de la France occupée, le poète Paul Eluard écrit un texte qu'il publiera peu après dans le deuxième volume de l'édition clandestine de *L'Honneur des poètes* sous le pseudonyme de Jean du Haut. Il lui donne simplement ce titre lapidaire : *Tuer*. Un poème où il est dit :

Il tombe cette nuit
Dans le silence
Une étrange lueur sur Paris

Sur le bon vieux cœur de Paris
La lueur sourde du crime
Prémédité sauvage et pur
Du crime contre les bourreaux
Contre la mort !

Enfin, dernier exemple, l'un des numéros les plus diffusés de *Défense de la France*, celui qui, entre le 15 janvier et le 15 mars 1944, connaît plusieurs éditions imprimées clandestinement ; ce numéro s'ouvre par un éditorial que Philippe Viannay signe comme à l'accoutumée Indomitus. Le titre de cet éditorial claque comme un coup de feu : *Le devoir de tuer*. Son texte, deux ans et demi après le « coup de feu » de Fabien, montre quel chemin a été parcouru. Car Viannay écrit notamment : « Le devoir est clair : il faut tuer. Tuer l'Allemand pour purifier notre territoire, le tuer parce qu'il tue les nôtres, le tuer pour être libre. Tuer les traîtres, tuer celui qui a dénoncé, celui qui a aidé l'ennemi. Tuer le policier qui a contribué de manière quelconque à l'arrestation de patriotes. Tuer les miliciens, les exterminer, parce qu'ils ont délibérément choisi de livrer des Français, parce qu'ils se sont rués vers la trahison. Les abattre comme des chiens enragés aux coins des rues. Les pendre aux réverbères comme les Dauphinois en ont donné l'exemple à Grenoble. Les détruire comme on détruit la vermine. » En constatant à quelle violence vengeresse du langage on en arrivait ainsi, certains crient au manichéisme ? Il faut encore une fois leur répondre qu'en ce temps-là, ce n'était pas les hommes qui étaient manichéens, mais la situation, l'époque, la réalité, les choses ! D'ailleurs, pas plus que celle de Kessel et Druon, la voix d'Eluard s'élevant ainsi n'était pas une voix isolée. Au contraire. C'était le temps où Pierre Emmanuel commençait un poème par « Je hais » et le terminait par « Il y a la haine et c'est assez pour espérer » ; le temps où Pierre-Jean Jouve célébrait la « haine verdoyante aux feuilles vraies » ; le temps où Claude Morgan constatait « De chaque pierre et de chaque cœur jaillit la haine » ; etc., etc. — car nous pourrions citer bien d'autres couplets de ce que Jean Lescure appelle très justement le « chant de la vengeance ».

Ainsi, progressivement, la réaction de l'opinion publique face à la vague d'attentats contre les occupants et leurs serviteurs va-t-elle se modifier, on pourrait presque dire se retourner ; ainsi la réalité va-t-elle démentir la thèse « attentiste » si répandue. « Non, nous dit André Duroméa, déjà cité, jamais les gens ne nous ont poursuivis... Bien sûr, lorsque nous tirions, la plupart se sauvaient parce qu'ils craignaient pour eux-mêmes mais, jamais, je n'ai vu personne nous poursuivre. Je me rappelle qu'une fois un camarade qui s'appelait Jean Ascouet, un docker, qui a été fusillé plus tard, a tiré sur un type du RNP ou du PPF je ne sais plus exactement. Il y avait plein de monde autour d'Ascouet et quand il a eu fini de tirer, les gens se sont écartés pour le laisser partir. Personne n'a essayé de lui mettre la main sur le dos pour l'arrêter, non... Aussi je crois qu'on peut dire qu'à mesure que le temps avançait, les gens étaient de plus en plus d'accord avec nous. On les entendait dire : ça en fait un de moins. Oui, ça c'était leur mot. Très nettement, il y avait une progression dans l'opinion publique. » On trouve d'ailleurs le reflet de ce consensus populaire dans la nature et le ton des instructions que les dirigeants de la Résistance donnent bientôt à ceux qui leur font confiance. Nous avons cité plus haut la brochure d'une dizaine de pages publiée en 1944 par la direction du Front national sous le titre *Conseils de sécurité* ; reportons-nous y à nouveau. Nous y lisons : « La sauvegarde de la sécurité des patriotes ne comporte pas seulement un aspect défensif, elle comporte aussi un aspect offensif : chaque policier allemand, ou docile aux ordres allemands, chaque indicateur de police ou mouchard qui a donné des patriotes quels qu'ils soient, doit être exterminé. Chaque exécution d'un agent de l'ennemi (membre de la Gestapo, milicien, PPF, RNP, policier français qui a vendu, arrêté ou torturé des Français pour le compte des Allemands) non seulement diminue l'armée de l'anti-France d'une unité, mais encore jette le désarroi parmi le reste de cette armée. Tout membre du FN, même les femmes et les jeunes, doivent contribuer à l'extermination de ces bandits. Souvent nos militants s'imaginent que c'est là la seule affaire de nos vaillants FTPF. Or, rien n'est plus faux. Tout membre du FN a le devoir d'empêcher de nuire tout agent allemand s'il en a l'occasion. Chacun doit en tout cas se sentir mobilisé dans l'immense contre-police patriotique que forment tous les patriotes de France. Des vieillards comme des jeunes filles peuvent aider à localiser les lieux d'habitation, les restaurants habituels et d'autres éléments de la vie quotidienne de ces êtres vils entre tous et permettre ainsi à nos francs-tireurs et partisans de les exécuter dans les conditions les moins risquées. »

En soulignant que chaque attentat « non seulement diminue l'armée de l'anti-France d'une unité, mais encore jette le désarroi parmi le reste de cette armée », la direction du Front national souligne une caractéristique très importante des attaques à main armée contre les occupants allemands et leurs « collaborateurs » : leur efficacité immédiate. Plus encore que pour les sabotages — on peut réparer une usine, on ne peut pas ressusciter un cadavre — l'effet produit est direct, spectaculaire, le plus souvent profond... L'exemple du PPF est particulièrement significatif : le plus visé car le plus virulent, le plus nazi des partis de la Collaboration accuse les coups qui lui sont portés. « Sept cents doriotistes sont abattus en France entre janvier 1942 et août 1944 » écrit Pierre-Albert Lambert dans son article déjà cité du *Miroir de l'Histoire*. Or, dans l'*Histoire de la Collaboration* qu'il publiera plus tard sous le pseudonyme de Saint-Paulien, l'un des doriotistes plus connus, Maurice-Yvan Sicard avouera : « Nos têtes étaient mises à prix. (...) Toute protection était, le plus souvent, illusoire ». Et ce n'est pas seulement durant les derniers mois de l'Occupation que l'ombre des « terroristes » hante les nuits des « collabos ». Deux ans déjà avant le débarquement allié en Normandie, le 6 juin 1942, la rédaction de *Je Suis Partout* signe collectivement un éditorial intitulé *Le temps des assassins* où elle gémit : « Ancien directeur de *La vie ouvrière*, Albert Clément est tombé sous les coups du Front rouge allié à la réaction anglaise, comme avant lui ont été frappés Fernand Soupé et Marcel Gitton. En pleine rue, en plein jour, un homme a disparu parce qu'il avait abandonné le marxisme et qu'il avait fait en lui-même la salubre et nécessaire alliance du nationalisme et du socialisme. » Tout comme pour Soupé et Gitton, pour Clément c'est le « groupe Valmy », avec à sa tête Gaston Focardi et Marcel Cretagne, qui a réussi l'opération. Du résistant communiste Focardi, alias Raymond, Marcel Paul dira plus tard qu'il fut un héros et un entraîneur d'hommes extraordinaire. Quant à Focardi lui-même, il nous racontera : « Nous manquions d'armes ; il a fallu engager la lutte avec presque rien... A l'époque, nous n'avions qu'un seul revolver à barillet. C'est un copain italien de Viroflay qui nous a prêté le 6.35 avec lequel Cretagne a liquidé Gitton. Nous étions avec Emile Bévernage qui, lui, est resté à vélo devant. Moi, j'attendais à côté. C'était rue de Bagnolet, aux Lilas, le 4 septembre 1941, vers 7 heures 30 du matin. Quand Cretagne a tiré, j'ai entendu Gitton s'exclamer : "Ah les vaches ! Ils m'ont eu !". Je me suis approché en criant à mon tour : "A l'assassin !". Je suis allé vers Gitton. Il avait une sacoche que j'ai prise avec ma main gauche tout en lui déchargeant mon revolver dans le ventre. Puis je suis remonté à vélo et j'ai fait semblant de me lancer à la poursuite de Cretagne. »

Puis Gaston Focardi poursuit : « Le suivant a été Albert Clément qui était directeur du journal de Doriot, *Le Cri du Peuple*. Nous ne le connaissions pas. Alors on est allé à une réunion qu'il faisait boulevard Voltaire. Il a d'ailleurs commencé cette réunion en disant que s'il y avait dans la salle des gens qui étaient en contact avec ceux qui avaient fait assassiner son ami Gitton, ils pouvaient leur dire que lui, Clément, ne céderait pas. Nous l'avons coincé rue Vivienne, à la hauteur de la rue Saint-Marc. C'est un copain qui s'appelait Urbini qui a déchargé sur lui son 7.65. »

Député du Médoc grâce au curé de Saint-Emilion

Le dernier attentat marquant, et qui restera le plus célèbre, sera aussi celui qui achèvera de « jeter le désarroi » dans les rangs des politiciens, des propagandistes et des tortionnaires qui constituent le petit monde de la Collaboration... L'ordre visant Philippe Henriot est lancé en mai 1944 par le « COMAC », l'organisme dont nous savons que le CNR l'a chargé de diriger l'action militaire, donc les FFI ; la mission est exécutée le 28 juin de la même année, entre 5 h 40 et 5 h 53 du matin, par un groupe de quinze (ou dix-sept) résistants des MUR ayant à leur tête celui que nous avons vu diriger, six mois plus tôt, le sabotage de l'usine de Gardanne, le successeur de Serge Ravanel à la tête des « groupes francs » : Charles Gonard, alias Morlot. Cette exécution fera couler beaucoup d'encre et de larmes de crocodile... Henri Amouroux, généralement mieux inspiré, parlera même, dans son tome VIII, d'« une étrange bassesse d'âme ». Un haut fait, nous semble-t-il au contraire. Un des hauts faits de la Résistance, dont Serge Ravanel écrira sobrement : « C'était une action de guerre ». Une action qui est devenue emblématique parce que celui qu'elle fit disparaître l'était aussi. Nous l'avons vu à l'œuvre à propos du maquis des Glières, mais sa malfaisance n'était pas liée à tel ou tel événement, elle était quotidienne. La malfaisance d'une voix diffusée quatre fois par jour (à 12 h 40, 13 h 40, 19 h 40 et 21 h 40) sur une dizaine de longueurs d'ondes (notamment les 321 m. 90 de Bordeaux National, les 224 m. de Montpellier National et Vichy la Rigon, les 335 m. 20 de Limoges National, les 253 m. 20 de Nice National, sans oublier l'« émission nationale à grande puissance » sur les 386 m. 60 de Paris National). La voix emblématique d'un politicien à l'origine plutôt classique, car, comme l'écrivait l'historien Pascal Ory dans *Globe Hebdo* du 20 avril 1994, « avec sa voix grave d'orateur sacré, (...) Henriot était un ancien député du Médoc, siégeant sur les bancs de la droite classique, une étoile montante du catholicisme de choc, un pur produit de la rhétorique des Bons Pères ». D'ailleurs, ce fils d'officier, né le 7 janvier 1889 à Reims, était entré dans l'enseignement privé après avoir fait ses études à l'Institut catholique de Paris, entré en politique en militant à la « Fédération nationale catholique » du général de Castelnau et entré au Palais-Bourbon comme élu de la Gironde en occupant, en 1931, le siège laissé vacant par son protecteur, l'abbé Bergey, curé de Saint-Emilion. Mais déjà, dix ans avant Vichy, Philippe Henriot était « une voix »... Ainsi, dès le 16 décembre 1933, dans *La Revue hebdomadaire*, pouvait-on lire, sous la signature de François Le Grix : « J'ai entendu Mussolini parler à trente mille jeunes hommes dans le Colisée (...). J'ai vu Hitler soulever, comme à bras tendus, l'enthousiasme de trente mille fanatiques, au Palais des Sports à Berlin. J'affirme que le dynamisme oratoire de Philippe Henriot dépasse le leur. » Un « dynamisme » qui va marquer la dernière année du régime de Vichy, l'époque où la lutte contre la Résistance est la plus violente. Et dans cette lutte, il y a l'ancien parlementaire girondin... Sous le titre *Mort d'un ministre*, c'est tout un (des dix) chapitre (s) de *Paris, année 44* que Pierre Bourget consacre à celui dont il écrit : « Dans ce second demi-siècle où la télévision a pris la place que l'on sait, il est difficile d'imaginer le prodigieux impact qu'avaient sur l'opinion publique d'alors les éditoriaux radiodiffusés de Philippe Henriot ». Bourget qui ajoute : « Tout est arme dans une guerre : et celle, psychologique, maniée par Philippe Henriot, risque de faire des ravages dans la population. Combien de naïfs n'a-t-il pas encouragés à s'engager dans la Milice, la Waffen-SS ou dans d'autres formations allemandes, afin de protéger l'Europe contre le bolchevisme ? (...) De combien de destins lamentables n'est-il pas finalement responsable ? » Un Henriot d'autant plus dangereux que, comme le note l'historienne Michèle Cointet dans *Vichy capitale ; 1940-1944*, celui qui « a compris qu'il était vain d'agir comme si les Français n'écoutaient pas la radio de la France libre (...) se sert sans hésitation de la radio comme d'un instrument de pure propagande politique contre de Gaulle et les Alliés ». Et le « prodigieux impact » dont parlait Pierre Bourget réjouit évidemment les partisans de la Collaboration. « Cette parole qui pénètre dans chaque maison, écrit, par exemple, Alain Laubreaux, dans *Je Suis Partout*, le 25 février 1944, touche les cœurs, émeut les consciences, franchit les frontières, force les traîtres dans les retranchements de leur propagande salariée, alarme les égarés, fait douter l'émigré de bonne foi de la justice de sa cause ».

Il va sans dire que, face à la virulence d'Henriot, la Résistance ne peut rester sans réagir. Mais il faut dire que c'est une réaction très réfléchie. Par étapes. D'abord l'avertissement. Ainsi, le 13 janvier 1944, à 21 heures 45, au micro de la BBC, Jean Oberlé lance-t-il : « L'un des traîtres de Radio-Paris disait l'autre jour "qu'il croyait à la vertu du plomb dans la tête". Ils ont raison d'y croire, lui et ses complices. Ils pourraient bien en faire l'expérience. C'est d'ailleurs pour cela que Philippe Henriot n'est pas seulement un ministre partisan mais un ministre prévoyant ; il vient d'acheter pour un million et demi une propriété au Portugal. A sa place, j'irais encore plus loin, ça serait plus sûr. » Et ce que dit Oberlé, d'autres le disent aussi au micro londonien, Jacques Duchesne notamment. C'est au point qu'Henriot répond, par exemple, le 2 mars 1944, en s'adressant à Duchesne. « Vous aspirez, réplique-t-il, au jour où vos amis me logeront dans la tête le plomb dont vous parlez. Je ne ris pas de cette menace. Je ne la prends pas non plus au tragique. Seulement, moi, Jacques Duchesne, je ne m'en vais pas ». Contrairement à ce que pourraient faire penser ces avertissements, ce n'est pourtant pas « du plomb dans la tête » que la Résistance prévoyait d'abord pour Philippe Henriot, mais un enlèvement suivi d'un procès public à Alger. Tel était en effet le sens de ce que nous avons appelé plus haut « l'ordre visant Philippe Henriot », l'exécution n'étant qu'un pis-aller, une solution de rechange en cas d'incident. Mais citons un témoignage direct. Après avoir précisé qui est le témoin.

L'exécution de Philippe Henriot

Dans son livre déjà cité *Drancy, un camp de concentration très ordinaire ; 1940-1944*, qu'il publie en mars 1991, Maurice Rajsfus écrit à la page 330 que dans l'« ultime wagon de déportation » qui partit de Drancy le 17 août 1944, « il y avait des personnalités déjà connues » mais aussi « un jeune homme de moins de vingt ans, Jean Frydman, qui s'était illustré quelques mois plus tôt en participant au commando chargé d'abattre Philippe Henriot ». Frydman qui finalement n'ira pas à Auschwitz puisqu'il fera partie de ceux dont Rajsfus précise que « le 21 août, vers une heure du matin, un peu avant Saint-Quentin, vingt des cinquante et un derniers déportés juifs de France sautent du train et survivront à la guerre »... C'est tout naturellement que Rajsfus écrit « s'était illustré » pour mentionner la participation de Jean Frydman à ce qui, répétons-le, nous semble un des hauts faits de la Résistance. Et pourtant, lorsque je l'avais rencontré dix-huit ans plus tôt, l'intéressé ne souhaitait pas que fut connu son rôle dans l'attentat de la rue de Solférino. A l'époque, Dominique Decèze m'apportait un concours précieux pour la première édition de cette chronique. Il était présent, le 8 janvier 1973, lors de mon entrevue avec Jean Frydman qu'il vit à nouveau le 12 février pour recueillir son témoignage. Les deux fois, ce dernier insista pour que fut respecté son anonymat. Un respect auquel je me tins jusqu'à ce que la page 330 de Rajsfus vienne me délier de ma promesse... Quand j'écris : citons un témoignage direct, c'est donc à Jean Frydman que je songe. « L'opération, nous a-t-il dit, était préparée depuis la fin mars. Le premier plan envisagé était d'enlever Henriot vivant et de le faire juger à Alger. On devait l'emmener dans la Creuse, dans un camion frigo qui comportait deux parties. Dans la Creuse, des atterrissages étaient possibles pour un avion Lysander. Les ordres venaient directement du général Kœnig et du COMAC. Pour entrer, nous avions eu la complicité du concierge... Le reste est raconté dans l'article qu'a publié *Action*. Ce texte ne comporte que quelques inexactitudes sans gravité. Notons toutefois que dans la chambre d'Henriot, sur une chaise, il y avait encore son uniforme d'officier allemand, car il revenait de Berlin. Je ne me souviens plus quel était exactement son grade. Il a dit : "Je savais que ça se terminerait comme ça...". Morlot a fait un speech : "Nous sommes ici en vertu d'un ordre de l'état-major FFI et pour exécuter cet ordre !". A la suite de cet attentat, notre tête fut mise à prix pour un fort montant à l'époque. Les flics que nous avions arrêtés pour entrer ont dû passer en jugement et être déportés. Je crois qu'à la fin de la guerre, ils ont demandé la médaille de la Résistance et qu'ils l'ont obtenue... A l'époque, j'avais deux pseudos : Emile et Jeannot. »

L'article auquel Jean Frydman fait allusion est paru dans l'hebdomadaire *Action*, dont Maurice Kriegel-Valrimont était le directeur et

Pierre Courtade le rédacteur en chef, le vendredi 22 septembre 1944, donc moins de trois mois après les faits sous le titre *Comment fut exécuté Philippe Henriot*. Le texte est illustré par un plan du 10, rue de Solférino (Paris, VIIe — aujourd'hui siège du Parti socialiste) ; un fac-similé de la fausse carte de milicien que Morlot a glissé sous la porte de la chambre d'Henriot pour que celui-ci l'ouvre et une reproduction des *Citations à l'ordre des FFI* où « Sont cités à l'ordre des FFI tous les hommes des Corps francs de la Libération ayant participé à l'exécution (...) du traître Henriot ». Cet article d'*Action* commence par une assez longue présentation. « Morlot est lieutenant-colonel FFI, y est-il dit notamment. Ne cherchez pas, Morlot c'est un nom de guerre (...). Morlot, Michel et leurs camarades (...) ont fait ces choses parce qu'il fallait les faire. Mais ils n'aiment pas en parler. Pour l'exécution d'Henriot, c'est différent. Morlot a fait ce récit afin que les choses fussent mises au point, que l'on connût toute la vérité. » Un récit qui est assez détaillé. « Je glisse sous la porte ma carte de milicien, raconte donc le protagoniste de l'opération. Quelques secondes d'hésitation, puis la porte s'entr'ouvre (...). Nous entrons tous les trois, mitraillette au poing. “Ah ! dit Henriot. Vous voilà !... Evidemment !” Je m'adresse alors à Mme Henriot et je lui dit ces mots : “Il ne vous sera fait aucun mal, Madame, ce n'est pas à vous que nous en voulons.” Henriot s'avance vers nous. Il saisit par le canon nos mitraillettes et tente de nous désarmer. Il y réussit presque. C'est alors que je donne l'ordre de tirer. Une rafale de 6 part. Henriot tombe. Dans son coin, toujours debout, sa femme n'a plus un mot, plus un cri. Je me penche sur lui. Il n'est pas mort, mais il est intransportable. Je tire. Rafale de 10. Emile, voyant ma répugnance à achever un blessé, participe à mon acte. C'est fini. L'ordre du COMAC a été exécuté. Nous redescendons. Les hommes m'entourent : “Alors ?”. “Il a résisté, je l'ai tué”. ». Non seulement l'authenticité de ce texte n'a pas été contestée, mais Maurice Kriegel-Valrimont l'a authentifié lorsqu'en 1964, aux Editions de Minuit, il a publié *La Libération* (*Les archives du COMAC ; mai-août 1944*). Par ailleurs, quand fin 1981 Henri Noguères et Marcel Degliame-Fouché ont fait paraître le cinquième et dernier tome de leur *Histoire de la Résistance en France*, ils ont demandé à Morlot (qu'ils écrivent sans guillemets et dont ils ne citent pas la véritable identité) un témoignage écrit. A part le point de savoir qui a vraiment tiré le premier (ce ne serait plus lui, mais un de ses hommes, à qui, d'ailleurs, il dit « ne pas pouvoir le reprocher »), pratiquement pas de différence avec le récit fourni trente-sept ans plus tôt. La seule information nouvelle étant la confirmation que « les mitraillettes avaient été fournies par Romans-Petit et transportées par Andrée Charoin (Françoise) de “Franc-Tireur” ». Très intéressant est, en revanche, le *Témoignage de Marcel Degliame-Fouché* publié dans les mêmes pages. « C'est moi, dit Degliame, qui ai eu l'idée de neutraliser Henriot. (...) C'était là pour nous certainement un des personnages les plus dangereux. A partir de ce moment-là, l'idée ne m'a plus jamais quitté : il fallait se débarrasser de lui (...). Opération méditée de longue date et qui, au départ, ne consistait nullement à abattre Philippe Henriot : nous avions dans l'idée de le "kidnapper" et de l'emmener à Londres. Ce qui est vrai, c'est qu'à partir du moment où, d'un simple projet, nous en sommes venus à donner des ordres, ceux-ci, transmis par Kriegel-Valrimont à Morlot ont certainement comporté cette phrase : "Plutôt que de rater l'opération, il vaudra mieux l'abattre..." ».

L'exécution du contre-amiral Charles Platon

Tandis que les murs de la France occupée se couvrent d'affiches où, sous la photo du défunt, on lit « Il disait la vérité, ils l'ont tué ! » l'Etat français fait, le 2 juillet 1944, des obsèques nationales à son ministre de l'Information avec cénotaphe devant l'Hôtel de Ville de Paris et absoute donnée à Notre-Dame par le cardinal archevêque de Paris Emmanuel Suhard... L'oraison funèbre de la BBC est un peu différente. C'est Pierre Dac qui la prononce au lendemain des pompes parisiennes. « Philippe Henriot, dit-il, est mort pour Hitler, fusillé par les Français ou plus exactement mitraillé par eux. (...) Aussi est-il normal et naturel que le gouvernement de Vichy lui ait fait des funérailles nationales. Et pourtant comme le mot "nationales" prend ici un sens spécieux et une résonance captieuse. Singulières funérailles nationales, en vérité, que celles conçues, organisées et célébrées par Vichy, la Milice, les Waffen-SS, les collaborateurs et les Allemands ! Car c'est à vous que je pense, mes camarades de la Résistance, vous que Philippe Henriot assimilait à des bandits de grand chemin parce que vous avez voulu demeurer des Français sans tache et rester des hommes libres. (...) Vous qui, après des jours, des nuits, des semaines d'abominables tortures, d'effroyables supplices et d'épouvantes sans nom, êtes morts, au matin blême, face au peloton d'exécution auquel la propagande de Philippe Henriot vous avait livrés (...). Vous n'avez eu à votre cortège funèbre, mes camarades, nulle escorte, nulle musique, nul discours, nulle pompe officielle. Et pourtant, c'est vous qui avez eu des funérailles nationales, parce que c'est l'âme, le cœur et la fierté d'un peuple tout entier qui vous ont accompagnés jusqu'à votre dernière demeure. Voilà pourquoi, mes camarades, j'évoque, aujourd'hui, votre cher et grand souvenir à l'occasion des funérailles, non pas nationales, mais nationales-socialistes de Philippe Henriot... ». Simultanément, sous bien des portes et dans bien des boîtes aux lettres, des combattants clandestins glissaient un faire-part en forme de tract signé par le MLN. Titre : *1re Exécution*. Bref texte : « Le 15 mars 1944, le Boche Ph. Henriot clamait "La résistance est abattue". Mais le 28 juin 1944, la Résistance Française abat Philippe Henriot. Un traître de moins. Il en reste !... Leur tour viendra ! » Nous disions plus haut que l'exécution du 10, rue de Solférino était devenue une action emblématique de la Résistance, comment, à cet égard, ne pas citer ces quelques lignes du chapitre où, dans ses *Mémoires rebelles*, Maurice Kriegel-Valrimont évoque les années où il était directeur de l'hebdomadaire *Action* ? « Je me souviens, écrit-il, d'une vente extraordinaire. C'est le numéro où Morlot, chef d'un groupe franc pendant l'Occupation, raconte comment il est allé rue de Solférino pour enlever Philippe Henriot à son domicile. Le propagandiste de Vichy s'étant défendu, il fut abattu. En moins d'une heure, la totalité de notre livraison est vendue dans toute la France. »... Son caractère emblématique, la mort d'Henriot le doit également au fait que ce fut un des plus importants parmi les attentats réussis, alors que beaucoup d'autres échouèrent. « Nous avons aussi fait un certain nombre de tentatives, nous a dit ainsi Jean Frydman. Des tentatives contre Jean Hérold-Paquis, Darnand, Laval... Darnand à la gare de Lyon. Mais le service d'ordre était trop important. Hérold-Paquis à un quartier général de la Milice, à Anteuil. Nous y sommes restés des heures entières à l'attendre. Il y a eu aussi Bassompierre. Et Bout de l'An. Bassompierre, on lui a tiré dessus, mais on l'a raté... On a fini par balancer deux grenades dans la cour de ce quartier général, mais sans grand effet... ».

Echec contre Joseph Darnand... Echec contre Pierre Laval... Si finalement la plupart de ceux contre lesquels la Résistance avait projeté des attentats et qui y échappèrent furent fusillés après la Libération, au bout du compte quatre membres ou anciens membres du gouvernement de Vichy seulement furent exécutés par des résistants : directement, Henriot donc et l'amiral Darlan, indirectement, Pierre Pucheu. Et le quatrième ? Le quatrième, c'est celui que l'on oublie souvent : le contre-amiral Charles Platon... Portant perpétuellement monocle et guêtres blanches, ce marin royaliste hait tout naturellement les Juifs, les communistes et la République mais, en outre, ce « protestant intransigeant et anglophobe enragé », selon l'expression de Pascale Froment, la biographe de Bousquet, a une bête noire : la franc-maçonnerie. Il est ravi quand son attitude pendant la « drôle de guerre » lui vaut d'être qualifié de « héros de Dunkerque ». Il ne l'est pas moins quand, Pétain en ayant fait son secrétaire d'Etat aux Colonies, il devient le « gardien de l'Empire ». Mais où le contre-amiral jubile c'est lorsque, devenu « secrétaire d'Etat auprès du chef du gouvernement », il se voit, en juin 1942, confié par Laval les « questions relatives aux sociétés secrètes ». Le voici donc ayant la haute main sur le SSS, dont au chapitre précédent, nous avons dit la nuisance. Et, à ce sujet, sans doute suffit-il de citer encore Lucien Sabah qui, dans *Une police politique de Vichy : le Service des Sociétés Secrètes*, écrit : « Chargé par Laval des choses de la Maçonnerie (...), Platon se compromet encore plus qu'il n'est permis avec la Gestapo ». Seule ombre au tableau pour Charles Platon son antipathie réciproque pour Pierre Laval, auquel le Maréchal a imposé sa présence. Quand l'ancien maire d'Aubervilliers le chasse finalement de son gouvernement, Pétain console le contre-amiral en le chargeant de présider le « Conseil de la Francisque », organisme créé par la loi du 16 octobre 1941 pour « distribuer au nom du Maréchal de France » la nouvelle décoration qui est aussi l'emblème du régime : « la Francisque gallique ». Les loisirs que lui laisse la présidence de cette sorte de conseil de l'ordre de la légion du déshonneur, le marin au monocle et aux guêtres blanches les emploie à « comploter » contre son rival. Bien qu'avant de le lâcher, Pétain l'encourage d'abord en sous-main et bien qu'à son idée de devenir chef du gouvernement se soient ralliés quelques traîtres de grande taille tels que Doriot, Déat, Luchaire, Benoist-Méchin, Abel Bonnard, de Brinon, Cousteau, Rebatet etc, Platon ne fait pas le poids face au politicien roublard qu'est aussi Pierre Laval. Malgré un texte intitulé *Déclaration commune sur la situation politique*, et où la Collaboration permet à l'art de la flagornerie d'atteindre des sommets, le contre-amiral ne pourra pas être reçu par Hitler comme il l'avait tant espéré... C'est au Conseil des ministres du 12 juillet 1944 que le maire de Chateldon l'emporte sur le « héros de Dunkerque », lequel, n'étant plus membre du gouvernement attend le résultat des délibérations dans sa propriété girondine de Pujols, près de Libourne... On ne sait s'il a eu le temps d'en être informé lorsqu'en ce même 12 juillet frappent à sa porte des visiteurs inattendus : des maquisards FTP...

Le 17 octobre 1944, dans son 53e numéro depuis le retour à la légalité, *l'Humanité* publiait, à la « une », sur deux « colonnes-têtes » un bref article intitulé *Fusillés en Périgord, Darquier de Pellepoix et l'ex-amiral Platon*. Pas de précision dans le texte où il était simplement dit que les deux dirigeants pétainistes avaient été « condamnés à mort pour trahison et passés par les armes en Périgord ». Quatre jours plus tard, toujours à la « une », mais du *Figaro* cette fois, sous le titre *A propos de l'exécution de Platon et Darquier de Pellepoix*, on pouvait lire : « Certains journaux se sont faits, à plusieurs reprises, l'écho d'une information annonçant la condamnation à mort et l'exécution à Limoges, dans le courant de ce mois, de Darquier de Pellepoix et de l'amiral Platon. Présentée sous cette forme, la nouvelle n'est ni exacte ni complète. En ce qui concerne l'amiral Platon, son exécution remonterait, précisent les milieux autorisés, au 16 août 1944. D'après un rapport des FFI de Dordogne, en effet, l'amiral Platon aurait été arrêté le 21 juillet, dans sa propriété de Pujols (Gironde). Jugé par un Conseil de guerre de la Résistance, présidé par un lieutenant-colonel, Platon fut exécuté. On possède, paraît-il, une lettre de lui dans laquelle il annonce à sa femme sa condamnation à mort pour “intelligence avec l'ennemi”. Quant à Darquier de Pellepoix, son exécution aurait eu lieu en Gironde. Mais aucun détail n'est parvenu sur les circonstances ayant entouré sa mort. » Comme source de ce texte, *Le Figaro* donnait l'AFP, l'*Agence France-Presse*... Ceux qui ont encore en mémoire le scandale que fit, le 28 octobre 1978, la publication par *L'Express* d'une interview de l'ex-chef du CGQJ (Commissariat général aux Questions juives) retrouvé en Espagne, savent que l'information concernant Louis Darquier, dit de Pellepoix, était erronée... Etait vraie, en revanche, celle concernant Charles Platon.

Nom de guerre : « Doublemètre »

Une information véridique, mais qui va demeurer vague, tout aussi floue des décennies durant. Platon a été fusillé par la Résistance, sans doute en Dordogne, point final... Exemple caractéristique, celui d'Herbert Lottman, dont on sait le souci très américain du détail, mais qui, là, se contente d'une phrase : « La Résistance retrouva Platon en Dordogne ; il fut jugé par une cour martiale clandestine et exécuté. » Et puis, au printemps 1990, paraît l'ouvrage collectif des FTP de Dordogne auquel nous nous sommes déjà plusieurs fois référés. Il y est deux fois question de Platon : d'abord une grosse demi-page sous le titre *Deux opérations particulières*, puis trois pages et demie dans la dernière partie *Faits et documents* avec en sous-titre *L'exécution de Platon*... Une opération, explique le premier texte, qui « effectuée le 12 juillet, a permis, lors d'un raid sur Pujols en Gironde, de procéder à l'arrestation du contre-amiral vichyste Platon. Platon, naguère secrétaire d'Etat à l'Intérieur du gouvernement de la collaboration, sera jugé le soir même de sa capture, au poste de Commandement du sous-secteur, par une Cour martiale composée d'officiers FTPF. A son domicile, il a été trouvé une collection de documents accablants sur son activité collaborationniste sous tous ses aspects, notamment sur sa responsabilité majeure dans la répression des activités résistantes. Ces documents font état également d'une certaine "opposition" à Laval auquel il reproche de ne pas mener la répression avec suffisamment de vigueur. Dès le début du procès, le contre-amiral fait preuve d'une arrogante assurance. Mais celle-ci se trouble lorsque le tribunal dont il conteste le patriotisme réplique en entonnant une vigoureuse *Marseillaise*. Cela va durer des heures et Platon baisse le ton petit à petit, sans que jamais il ne se soit départi de sa dignité. Il apparaît cependant aux membres de la juridiction d'exception mise en place, que l'appréciation de l'accusé sur la Résistance et sur les FTP en particulier, s'est modifiée au fur et à mesure du déroulement du procès. Il sera toutefois condamné à mort, mais le tribunal décide de ne pas procéder à l'exécution. Placé sous bonne garde au PC, Platon suivra celui-ci dans ses divers mouvements. Le 12 août, sur ordre supérieur, on le transférera dans la région de Montignac, où la sentence sera appliquée peu de temps après. »

Le second texte apporte quelques précisions. Ceux qui ont arrêté le contre-amiral ? « Des maquisards du 6e Bataillon FTP ». Où et quand a-t-il été jugé ? « Le 24 juillet dans la forêt du Bergeracois ». Pourquoi n'a-t-il pas été exécuté tout de suite ? Parce que « son exécution a été suspendue jusqu'à ce que les plus hautes instances du commandement examinent sa demande de grâce ». Quel est son sort durant cette attente ? D'abord, il « suit les déplacements de l'Etat-major du sous-secteur. Puis c'est son transfert, le 14 août, dans les bâtiments de La Queyrerie, près de Valojoulx, à moins de 10 km de Montignac. C'est une belle bâtisse qui a été transformée en infirmerie (...). Il y restera quatre jours, puis sera emmené au camp de Monteil, situé à mi-chemin entre Auriac-du-Périgord et La Bachellerie. On le loge à nouveau dans la chambre d'une maison. (...) Il n'est pas l'objet d'une surveillance particulière. Il a donné sa parole qu'il ne tenterait pas de s'évader... ». Rejet de la grâce. Par qui ? Par « le haut-commandement après en avoir délibéré (...). Il n'y a pas de procès-verbal concernant cette décision ». Mais il y en a un de l'« exécution, daté du 18 août ». Un procès-verbal très détaillé. Selon ce texte, Platon aurait dit avoir eu tort d'« avoir jusqu'alors considéré les maquisards comme des bandits » et ajouté qu'il les trouvait « courageux et enthousiastes ». Et le procès-verbal poursuit : « Un quart d'heure lui est accordé pour écrire à sa femme (...). On lui accorde la faculté de commander le peloton de trois hommes, requis pour la circonstance. Il accepte aussitôt et remercie les officiers pour l'honneur qui lui est ainsi fait. (...) Le condamné s'écroule. Le coup de grâce est donné. Il est alors 22 h 40. (...) Tels sont les faits concernant cette affaire qui n'a rien de mystérieux ni d'extraordinaire dans les conditions de l'époque... ».

Plus haut, dans le présent chapitre, nous avons rencontré, à propos de l'attitude des gendarmes vis-à-vis de la Résistance, un officier FTP qui avait combattu dans les maquis de Dordogne. Futur marchand de tableaux, il avait le pittoresque nom de guerre de « Doublemètre », et s'appelait André Urban. Avant d'être homologué capitaine dans la 1ère Armée de De Lattre de Tassigny, il avait combattu depuis 1941 dans la Résistance. Cette année-là, le 18 avril, il avait d'ailleurs, en tirant sur eux, échappé à des Feldgendarmes venus l'arrêter à son domicile parisien... Travaillant à l'époque avec moi pour la première édition de cette chronique, l'historien Jacques Varin avait été impressionné par « Doublemètre » lorsque, le 27 mai 1974, il avait recueilli son témoignage. N'en ayant pas terminé malgré une bonne trentaine de pages enregistrées, Urban et Varin étaient convenus de se revoir, notamment pour parler de la fin de l'amiral Platon. Rendez-vous fut pris, mais entre-temps l'ancien maquisard décédait. Quand j'ai demandé à Varin de rassembler ses souvenirs d'il y a vingt-cinq ans, voici ce qu'il m'a dit : « J'ai rencontré “Doublemètre”, alias Urban, à sa galerie de tableaux, située rue du Faubourg Saint-Honoré à Paris, après avoir précédemment recueilli le témoignage d'Yves Péron, qui avait évoqué devant moi le “procès Platon” dans le maquis, sans plus d’autres détails, et la participation de “Doublemètre” audit procès. De l’entretien que j’ai eu avec ce dernier, je garde le souvenir de l’explication de son rôle de “défenseur” de l’amiral lors du procès par le fait qu’il avait été, jeune immigré roumain, étudiant en droit avant la guerre au Quartier Latin. Je crois aussi me souvenir qu’il m’a dit qu’ayant en quelque sorte échoué dans sa mission de défenseur et Platon ayant été condamné à mort, il milita alors pour... l’exécution de la peine. Et y participa quand elle eut lieu. »... Jacques Varin cite le nom de Yves Péron. Surtout connu pour avoir été réélu plusieurs fois député communiste de Dordogne, ce dernier était à la Libération un des responsables du 2e Bureau de l’Etat-major national des FFI. Membre ensuite de l’Assemblée constituante, il fut juré, et même vice-président, de la Haute Cour de Justice devant laquelle comparurent Pétain, Laval et leurs ministres. Selon certains, le premier procès qu’ait présidé Yves Péron aurait en réalité été celui du contre-amiral Charles Platon...

La réticence qu’on observe chez certains à voir évoquer leur rôle dans l’exécution de tel ou tel tenant de la Collaboration ne vient pas du doute qu’ils pourraient éprouver sur la justesse de leur action. Nous n’en avons jamais entendu douter de la pertinence de leur engagement. Mais plusieurs autres raisons peuvent être avancées. La réticence naturelle à donner la mort, par exemple, qui amène des anciens résistants à craindre qu’on leur reproche de se vanter d’avoir tué. Et puis il y eut l’atmosphère de vengeance lorsque, très vite, dans la France des amnisties et de la « guerre froide », les anciens « kollabos » retrouvèrent leur arrogance. Ce qu’écrit Saint-Loup dans *Les Nostalgiques*, en 1970, est aussi extrême que significatif à cet égard. Ancien dirigeant du *Combattant européen*, l’organe de la LVF, Marc Augier, déjà mentionné, a, sitôt amnistié, entrepris sous le nom de plume de Saint-Loup, une carrière littéraire qui consiste à être l’hagiographe de ses anciens petits camarades et autres Waffen-SS français. *Les Nostalgiques* sont un des volumes de cette hagiographie. Précisons que DBLE veut dire Demi-Brigade de la Légion étrangère, et citons...

Vengeance en Indochine

« Scania et Lanussan évoquent à mots couverts un épisode de l’histoire secrète de la 13e DBLE. Lanussan est un ancien chef de Dizaine de la Milice française. Il a suivi Darnand dans la 33e Division SS “Charlemagne” en 1944. Arrêté en 1945. Evadé en 1946. Légion étrangère. Quand il arriva en Indochine, à la 13e DBLE, il entra bien entendu dans la “fratrie” des anciens LVF et Waffen-SS qui lui dirent : “Nous avons un bon copain parmi les officiers : Gilles Naves, un des assassins de Philippe Henriot !” Jeune résistant, Gilles Naves faisait en effet partie de l'équipe qui, en 1944 (...) avait tué dans sa chambre, sous les yeux de sa femme, l'homme le plus détesté de l'opposition en raison même de son efficacité. Gilles Naves avait échappé aux représailles de la Milice. Depuis, il s'était lui aussi engagé à la Légion étrangère (...). Il fut condamné à mort par un conseil de guerre secret, composé de cinq anciens miliciens et LVF, tenu en brousse (...). Comme ancien milicien, Lanussan avait réclamé l'honneur de procéder à son exécution. (...) "Les Viets se sont chargés de lui !" dit Scania. Les 23 et 24 février 1952, les 9e et 12e compagnies du 3e bataillon de la 13e DBLE s'étaient sacrifiées (...). Gilles Naves était tombé aux lisières de Xom Noï. » Et il faut rappeler ici qu'à la même époque, dans des tribunaux qui n'étaient, eux, pas plus « secrets » que le passé collaborationniste des magistrats les composant, on poursuivait, par centaines, d'anciens résistants, en transformant leurs actes patriotiques en « crimes de droit commun » et qu'il y eut alors bien d'autres Guingouin dans les prisons françaises.

Problème infiniment complexe car, autre exemple, André Chêne disait aussi la vérité, bien sûr, en écrivant, en 1964, dans *Ceux du groupe Chanzy*, à propos d'une tentative d'attentat contre le chef du RNP (Rassemblement national populaire) : « Pourtant une sérieuse discussion avait préparé le coup. Chacun voulait avoir l'honneur d'abattre le traître Déat... ». Significatif aussi que dans des *Instructions pour les cadres FTP*, note confidentielle que Charles Tillon envoie le 27 juin 1944 en tant que « commandant en chef », il estime utile d'écrire : « Le tireur d'élite mérite une mention spéciale. Il sait se servir de son arme, il sait l'entretenir, il l'a toujours à portée ou, en tout cas, facilement accessible. Il est toujours prêt à quitter son occupation pour aller descendre un boche. Derrière une haie, il guette un camion isolé, abat le chauffeur et disparaît à dix kilomètres de là, et recommence. D'un pont, d'un remblai, il descend deux ou trois boches dans un train. D'un toit, il descend un agent de la Gestapo. Il est le symbole même du franc-tireur. »

L'exercice de la vigilance, la pratique du sabotage, la systématisation des attentats — autant de moyens d'action que, nous l'avons vu, la Résistance ne peut guère mettre en œuvre que si elle est au préalable « renseignée »... On sait que le général de Gaulle avait lui-même désigné le colonel Rémy comme ayant été « l'agent secret numéro un de la France libre ! ». Or, peu après la guerre, dédicaçant un de ses livres à son « compagnon », il ajoutait : « pour qu'il soit sûr que ce qu'il faisait comptait pour beaucoup dans ce que je disais... ». Bien qu'il fût peu prodigue en compliments, ce n'était pas le premier hommage que le chef de la France libre rendait ainsi au renseignement. Cela n'avait rien d'étonnant puisque, pour de Gaulle, le renseignement avait été la tâche première assignée à la Résistance et que, à ses yeux, parallèlement à la fonction de confirmer sa légitimité, il demeurait son devoir essentiel. Même si, aux yeux des « professionnels » de l'ancien SR, les « réseaux » gaullistes sont toujours apparus comme ontologiquement impurs pour s'être plus ou moins dévergondés dans l'« action », force est de constater que, tout autant que sur l'audace militaire et l'intransigeance politique, c'est sur l'existence de ces « réseaux » que de Gaulle s'appuya pour réussir son entreprise. C'est si vrai que, mythe, rumeur et réalité mêlés, l'opinion publique a toujours considéré les aventures plus ou moins secrètes des « anciens » de ces fameux « réseaux » comme inéluctablement liées au destin du fondateur de la Ve République.

Aussi bien convient-il d'abord de démystifier cette notion de « réseau »... Le docteur Pierre Fugain y aide en fournissant, dans *Ici l'ombre...*, une définition claire et aussi précise que possible du mot et de l'organisme. « Les réseaux de renseignements, d'évasion, de parachutage et d'action appartenaient, écrit-il, aux "Forces françaises combattantes" (FFC) » ; mais il ajoute qu'un certain nombre « appartenaient en même temps aux FFC et aux FFL ». Puis le docteur Fugain poursuit : « Ils n'avaient pas tous la même importance ni la même surface d'implantation ni les mêmes fonctions. Ils n'eurent pas, non plus, la même durée de fonctionnement : quelques-uns furent épisodiques, d'autres tinrent très longtemps. A ces quelques variantes près, leurs fonctions correspondaient à celles du BCRA (...) : renseignement, atterrissages, parachutages, évasions, contre-espionnage et sabotage. Les réseaux de renseignement étaient en principe indépendants les uns des autres par souci de sécurité, pour qu'il soit possible de recouper leurs informations, indépendants surtout des autres formations clandestines. Ils avaient chacun leurs moyens techniques (faux documents, transmissions, émissions et réceptions de messages et de courrier, moyens financiers). Les membres ou agents étaient immatriculés dans les archives en France et à Londres. Ils étaient classés en "P2", "P1" et "P0". Les "P2" avaient signé un engagement jusqu'à la fin des hostilités (décret 366). Ils étaient entièrement et en permanence à la disposition du réseau, n'avaient pas d'autres activités et touchaient une solde correspondant à leur grade, selon les mêmes barêmes que pour les FFL. Les "P1" avaient une fonction régulière au réseau, mais conservaient leur activité professionnelle. Ils n'avaient pas signé d'engagement et ne recevaient que des indemnités. Les "P0" étaient des agents occasionnels, sur lesquels nous savions pouvoir compter "occasionnellement". (...) Les chefs de réseaux étaient chefs de mission (1re ou 2e classe), assimilés au grade de commandant ou de colonel. (...) A part quelques cadres supérieurs parachutés ou recrutés parmi les anciens officiers du 2e Bureau d'avant-guerre, les membres et même les chefs des réseaux n'étaient nullement préparés à semblable mission. La plupart de ceux qui allaient devenir des agents secrets excessivement compétents ne savaient pas jusque-là distinguer un grade sur les uniformes allemands ni le calibre d'une pièce d'artillerie. Les réseaux furent, comme l'ensemble de la Résistance, constitués surtout de simples gens, de chefs improvisés sans grande formation militaire, animés seulement de la volonté de servir. Ce caractère populaire des réseaux, loin d'en diminuer la valeur, leur assura au contraire le maximum d'efficacité. Ce que des professionnels routiniers n'auraient pu faire, les officiers et agents des réseaux le firent parce qu'ils étaient partout, parce que, de contacts personnels en contacts personnels, de travailleurs à travailleurs, ils purent se glisser, s'introduire, s'infiltrer dans les usines, sur les chantiers, dans les gares, partout où l'ennemi préparait ses combats, fabriquait ses armements, organisait la guerre. Ces “espions” de la France au combat ignoraient bien souvent leurs attaches avec le BCRA, ignoraient même son existence. Quant à leurs rêves d'avenir, ils n'étaient pas forcément ceux de leur très lointaine direction londonienne... ».

Les 89 602 membres des 266 « réseaux FFC »

Toujours dans son livre *Ici l'ombre...*, Fugain entreprend ensuite de décrire le « fonctionnement général » d'un « réseau ». Et il écrit : « Le renseignement est collecté par un agent de renseignement, soit qu'il l'ait constaté lui-même, soit qu'il l'ait obtenu d'un informateur. Il fait l'objet d'une petite fiche, soit contenant le renseignement lui-même, soit annexé à celui-ci si c'est un document. (...) Chaque agent remet à la boîte qui lui est indiquée, au jour et à l'heure fixés (en principe une fois la semaine), toutes les fiches et documents recueillis, soigneusement enveloppés et qui forment son courrier hebdomadaire. Ces courriers sont collectés par les agents de liaison dans les diverses boîtes et déposés à la chambre de coupure, suivant le plan horaire et journalier qui leur est remis. La chambre de coupure est relevée par l'un des trois membres du poste de commandement. Au poste de commandement, le courrier est dépouillé et les fiches réparties entre les chemises “arrivée”, correspondant aux diverses rubriques du courrier. Le chef de secteur examine le courrier et établit la note d'observations correspondante. Le secrétaire procède à la dactylographie au fur et à mesure et classe le courrier tapé dans les chemises “départ”. Le courrier est ensuite rassemblé et emballé, il est prêt à partir pour la région. Il est déposé alors à la chambre de coupure où le prend l'agent de liaison chargé de le porter à la région. Par la manœuvre inverse est réglementée la diffusion, depuis la région jusqu'aux agents, des indications, ordres et directives qui les concernent. » Enfin, le docteur Fugain définit ce qu'il appelle la « double mission » des agents de renseignements. Cette « double mission » se décompose en une « mission générale et commune » et une « mission particulière et spéciale ». La première consiste à « fournir par une observation continuelle et permanente le maximum de renseignements fragmentaires de toute nature résultant de l'examen de ce qui se passe autour d'eux (les agents de renseignements) dans le champ d'action qui leur est dévolu par le chef de secteur ; un bon agent doit tout noter avec précision et sincérité ». Quant à la seconde, « c'est celle qui est dévolue à l'agent, en raison de sa situation personnelle, des milieux qu'il fréquente normalement et des relations qu'il peut s'assurer. »

Lorsqu'on prend connaissance de ce schéma d'organisation et d'activité, lorsqu'on songe qu'il est conforme à la réalité et que plus de deux cents réseaux ont fonctionné dans le cadre et selon les procédures qu'il décrit, sans mettre en doute l'importance de beaucoup de renseignements ainsi recueillis ni donc le bien-fondé de leur recherche et de leur collecte, comment ne pas pressentir immédiatement l'inévitable contradiction entre, d'une part, l'allure bureaucratique du travail ainsi demandé, l'« attentisme » de la finalité de ce travail et, d'autre part, l'impétueux désir de combattre immédiatement et directement l'oppresseur qui animait tant de résistants ?... Sans revenir ici sur ce que nous avons dit plus haut à propos du BCRA, rappelons que le différend et les discussions qui naquirent de cette contradiction comportaient, tout autant que les implications politiques le plus souvent mises en avant, de très nombreux aspects techniques. Plus qu'en faisant référence à des polémiques parfois navrantes, on s'en rend compte en citant tout simplement le fondateur et chef du BCRA, le colonel Passy. En effet, lorsqu'il évoque ses conversations avec les dirigeants des « mouvements », Passy, bien que parlant à mots couverts, laisse nettement paraître sa déception que ceux-ci fassent plus ou moins la sourde oreille lorsqu'il leur propose de s'aligner sur la conception du « renseignement » en honneur dans les réseaux. « Notre idée, écrit-il dans son troisième livre de souvenirs, était d'amener les responsables locaux à procéder à une recherche systématique des renseignements suivant un questionnaire très simple, dit “questionnaire action”, correspondant aux catégories d'objectifs justifiables de l'Armée secrète. Cela devait les obliger également à introduire dans chaque cellule élémentaire, (...) au moins un homme chargé du renseignement et à faire procéder par leur groupe à la recherche et à l'étude soigneuse de tous les objectifs qu'ils pourraient être amenés à attaquer. Nous ne manquâmes pas d'ailleurs de souligner à tous les chefs militaires de mouvements, aussi bien lorsque nous les vîmes séparément que, par la suite, lorsque nous les réunîmes en comité de coordination, l'extrême importance que nous attachions à ces tests. » Et le chef du BCRA, pour une fois d'accord avec ceux des services secrets alliés auxquels pourtant tant de choses l'opposent, laisse même apparaître qu'il n'hésite pas à exercer une sorte de chantage feutré — le chantage aux parachutages d'armes et d'argent — sur ces « résistants de l'intérieur » qui se montrent si têtus. Il insiste en effet : « Nous ne cachâmes pas aux chefs de mouvements — et la présence de Yeo-Thomas à nos côtés renforçait notre affirmation — qu'il fallait avant tout démontrer à l'état-major interallié la valeur de leurs groupements et l'utilité tactique considérable qu'ils pouvaient présenter lors du débarquement. Donc, plus les tests fournis par eux seraient satisfaisants, plus l'appui qu'ils recevraient en moyens parachutés serait grand. Tous les chefs de mouvements nous promirent de fournir les travaux demandés. Nous verrons plus loin ce qu'il advint en fait... » Dans ses contacts, non plus avec les représentants de la résistance non communiste, mais avec ceux des FTP, la déception de Passy est encore plus grande. « Je n'ai jamais su, dit-il, s'il s'agissait là d'une politique des dirigeants du Parti communiste ou si réellement la densité de leurs transmissions avec Moscou était telle qu'ils ne pouvaient... », etc. L'idée n'effleure-t-elle pas le chef du BCRA, ou la repousse-t-il comme sacrilège, que les communistes (et d'ailleurs beaucoup d'autres résistants) aient pu avoir une conception du « renseignement » s'insérant aussi bien que la sienne dans le combat commun tout en étant fort différente ?

Ayant ainsi constaté que, dans l'ensemble, les réseaux ne furent pas seulement un moyen d'action de la Résistance mais aussi une de ses formes d'organisation qui, le plus souvent, plus ou moins consciemment, impliquait une option politique, il convient d'insister sur leur diversité. Une diversité d'autant plus frappante qu'elle fut, si l'on peut dire, aggravée par le mode de classement choisi, au lendemain de la Libération, pour leur homologation. En effet, à cette époque, on recensa 266 « réseaux FFC » — qui avaient regroupé au total 89 602 membres — et on décida de les répartir en, approximativement, cinquante-huit pour cent de « réseaux Renseignement », vingt-deux pour cent de « réseaux Buckmaster » (du nom du chef de la « French Section » du SOE : Maurice Buckmaster), douze pour cent de « réseaux Action », six pour cent de « réseaux Evasion » et deux pour cent de « réseaux Indochine ». Le caractère hybride d'un tel classement saute aux yeux puisque, si trois catégories font référence à la vocation des réseaux, les deux autres prennent comme critère l'autorité de tutelle ou le lieu géographique d'activité. En outre, ce classement suppose que la vocation était bien déterminée et bien définie : renseignement, action ou évasion, ce qui souvent ne fut pas le cas car beaucoup de réseaux furent polyvalents avec seulement une activité dominante théorique ; de même, pour la catégorie « Indochine », on ne tient plus compte ni de la vocation ni de la tutelle. Ajoutons enfin qu'*a posteriori* des « services » qui dépendaient en fait du CNR se sont vus arbitrairement classés comme « réseaux », ce fut le cas de « Résistance-Fer » et du « NAP ». De même, parce que le BCRA prétendait que cette mutation favoriserait la liaison avec Londres, des SR ou des 2e Bureaux de « mouvements » avaient dû accepter, pendant la guerre, de se déguiser en « réseaux » ; ce fut le cas pour le « réseau Max » et le « réseau Manipule » dépendant en fait de Ceux de la Résistance (CDLR), pour le « réseau Cohors-Asturies » et le « réseau Phalanx » dépendant en fait de Libération, pour le « réseau Kasanga » dépendant en fait de Combat, pour le « réseau Fana » dépendant, en fait, des FTPF (Francs-Tireurs et Partisans français), le bras armé du FN (Front national).

Du « réseau Jean-Marie » au « réseau Samuel »

A cette diversité des organismes, il convient d'ajouter la diversité des effectifs. Moins de vingt réseaux dépassèrent le millier et, parmi eux, les douze plus nombreux furent : le « réseau Jean-Marie » (3 601 membres), le « réseau F2 » (2 511), le « réseau Alliance » (2 405), le « réseau CDP 3 » (2 056), le « réseau Sylvestre » (1 948), le « réseau Gallia » (1 782), le « réseau Centurie A et B » (1 681), le « réseau Mithridate » (1 641), le « réseau Turma-Vengeance » (1 591), le « réseau CND-Castille » (1 374), le « réseau Brutus » (1 124), et le « réseau Ajax » (1 095). A l'autre bout de la statistique, on trouve une trentaine de « réseaux » ayant eu moins de vingt membres et, parmi eux, dix dont les effectifs ne dépassèrent pas ou furent inférieurs à la douzaine : le « réseau André » et le « réseau Samuel » (4 membres), le « réseau Étrangers » et le « réseau Gilbert » (6), le « réseau Turck » (8), le « réseau Corte » (10), le « réseau Mathieu » et le « réseau Occident » (11), le « réseau Brunin » et le « réseau Ya-Ya » (12)...

Dernier élément de diversité : le temps d'existence ou, pour employer le langage administratif, la « durée de l'état des services comme unité combattante ». De ce point de vue, nous avons constaté que quatorze « réseaux » vécurent quatre ans ou plus de quatre ans. Ce sont le « réseau Maupin-Levain » avec 4 ans, 7 mois et 21 jours (du 20 juillet 1940 au 9 mars 1945) ; le « réseau Mithridate » avec 4 ans, 6 mois et 23 jours (du 1er août 1940 au 23 février 1945) ; le « réseau Alliance » avec 4 ans, 3 mois et 8 jours (du 1er février 1941 au 8 mai 1945) ; le « réseau F. 2 » et le « réseau Fethy » avec 4 ans et 3 mois (du 1er juillet 1940 au 30 septembre 1944) ; le « réseau Nouquette » avec 4 ans, 2 mois et 15 jours (du 17 juillet 1940 au 30 septembre 1944) ; le « réseau Saint-Jacques » avec 4 ans et 2 mois (du 4 août 1940 au 30 septembre 1944) ; le « réseau Quand Même » avec 4 ans, 1 mois et 15 jours (du 16 août 1940 au 30 septembre 1944) ; le « réseau Appenzeller » avec 4 ans et 1 mois (du 1er septembre 1940 au 30 septembre 1944) ; le « réseau Brutus » avec 4 ans et 29 jours (du 2 septembre 1940 au 30 septembre 1944) ; le « réseau Jade-Amicol », le « réseau Jove », le « réseau Thermopyles » et le « réseau Thom » avec 4 ans exactement (du 1er octobre 1940 au 30 septembre 1944)... En relevant les divers chiffres que nous venons de citer, nous n'avons pas tenu compte d'une autre anomalie du *Bulletin officiel des armées* dont ils sont extraits, à savoir l'assimilation aux réseaux de « missions » le plus souvent très peu nombreuses et fort éphémères puisqu'il s'agissait en fait de petits groupements constitués à un moment précis pour un but précis et que ces missions, le plus souvent audacieuses et périlleuses, ne constituaient pas des organisations à proprement parler et cessaient d'exister après avoir joué leur rôle. A titre d'exemple, notons que la « mission Ilo » eut six membres et qu'elle dura 1 an, 1 mois et 17 jours (du 15 décembre 1941 au 31 janvier 1943) ; la « mission Salles » eut sept membres et dura 1 an, 5 mois et 13 jours (du 28 février 1941 au 12 août 1942) ; la « mission Bazaugour » eut dix membres et dura 2 ans, 7 mois et 20 jours (du 27 août 1940 au 16 avril 1943) ; la « mission Iberia Greco » eut dix membres et dura 5 mois (du 1er avril au 31 août 1944), etc.

Il va sans dire que si les réseaux se sont essentiellement consacrés au renseignement, cela ne signifie pas pour autant qu'ils en aient eu le monopole. Comme nous l'avons déjà vu pour certains, Jean Gemahling, Michel Brault et Henri Gorce-Franklin à Combat, Jean Roquigny et Robert Reyl à CDLR, Jean Cavaillès et Christian Pineau à Libération, le colonel Alfred Touny et le commandant Marcel Berthelot à l'OCM, Georges Beyer, Gaston Auguet et Marcel Hamon au « service B » des FTP dirigèrent des organismes qui, dans des conditions souvent originales, firent en quelque sorte la synthèse opérationnelle des fonctions classiques de CE, de SR et de 2e Bureau, tout en obtenant des résultats souvent comparables à ceux des « réseaux ». Ce que nous dit l'un des responsables régionaux du « service B », Pierre Vorms, pourrait s'appliquer à tous. « Le "service B" était bien organisé. Je dois dire qu'il y avait un certain nombre de camarades qui travaillaient avec un dévouement extraordinaire et en général avec une bonne efficacité. Mais, bien entendu, dans le renseignement, la proportion d'informations sûres est toujours très faible, alors nous ramassions tout ce qu'on voulait bien nous donner... Et puis, régulièrement, nous nous réunissions pour examiner ce qui avait été ramassé et éliminer ce qui nous paraissait douteux, ce qui nous paraissait de peu d'importance, pour, surtout, faire sortir ce qui était d'un intérêt plus ou moins évident. En outre, nous recevions des rapports de nos agents et, à partir de ces rapports, nous établissions, tous les quinze jours ou tous les mois, selon les époques, un rapport global qui en faisait la synthèse. Nous avons ainsi fait travailler les gens les plus divers. Moi, j'ai par exemple employé un certain nombre de membres du corps enseignant, je me souviens d'institutrices qui étaient profondément patriotes, observatrices, et qui, dans leur milieu, ramassaient des informations soit d'ordre militaire, soit d'ordre policier pour permettre à nos camarades de se défendre mieux. Il y avait aussi un certain commissaire des Renseignements généraux de Bergerac qui, après avoir pris contact avec moi, a décidé de faire taper un exemplaire supplémentaire de tous les rapports qu'il envoyait à la préfecture et de me le fournir régulièrement. » Aussitôt après le débarquement allié, Pierre Vorms est devenu chef du 2e Bureau de l'état-major FFI de Dordogne. C'est en effet à cette époque que l'ensemble des organismes créés par la Résistance pour la recherche du renseignement ont été regroupés sous l'autorité du 2e Bureau de l'état-major national FFI, indépendamment du BCRA. Nous nous sommes déjà plusieurs fois référés aux « synthèses » de ce 2e Bureau FFI qui étaient rédigées par son responsable, le docteur Robert Aron-Brunetière, dont nous venons de voir, un peu plus haut, que Yves Péron était un des collaborateurs. Il est intéressant de noter qu'avant de devenir l'un des principaux collaborateurs du général Pierre Dejussieu-Pontcarral à la tête de l'Armée secrète, (AS), Aron-Brunetière avait été en 1941-1942 responsable pour l'Auvergne du « réseau Antoine » qui dépendait du SOE. « C'est en septembre 1943, nous dit-il, que Dejussieu me demanda de remplacer le responsable du 2e Bureau de l'AS qui venait d'être arrêté. Pour établir les synthèses de renseignement, j'ai alors utilisé la technique d'analyse des problèmes que l'on nous apprend à l'internat des hôpitaux. Et c'est sur cette base que mon service a continué de fonctionner ensuite... En mars 1944, j'ai été arrêté à mon tour, mais j'ai réussi à m'évader six semaines plus tard. Après mon évasion, j'ai pu recruter à Paris des éléments d'une certaine qualité, puisque l'un de mes collaborateurs était André Lwoff, le futur Prix Nobel, qu'un autre était mon propre frère et qu'un troisième était un officier d'active du Génie dont j'avais besoin pour certains aspects techniques des synthèses, pour étudier par exemple les mouvements des troupes allemandes et en analyser les conséquences possibles. Ces camarades formaient ce que nous appelions le "service technique" qui était vraiment le cerveau de notre 2e Bureau... A la fin, mon service comptait à peu près trois mille cinq cents agents répartis à travers toute la France et les renseignements qui m'arrivaient ainsi étaient non seulement d'ordre militaire mais aussi d'ordre politique, économique et même sociologique... »

Les camionnettes de la « gonio »

Lorsque, dans ses mémoires, l'ancien chef de l'« Abwehr III-F » en France, le colonel Oscar Reile, déjà rencontré, évoque le début de l'activité des « réseaux », il écrit : « Des patriotes français comprirent qu'ils pouvaient rendre de grands services au commandement militaire britannique en lui faisant parvenir des renseignements (...). Ils entreprirent une besogne d'espionnage et très vite obtinrent des résultats, mais ils ne possédaient pas de moyens pour les communiquer. Ils cherchèrent donc des personnes susceptibles de les leur procurer et, ce faisant, tombèrent sur des agents du contre-espionnage allemand... » En deux phrases est ici résumé l'un des aspects les plus tragiques de la Résistance : l'hécatombe des « pianistes », ainsi que l'on appelait alors les manipulateurs d'émetteurs radio clandestins. Pourquoi cette hécatombe ? Dans son livre *Combat des ondes*, le docteur Tibor Revesz-Long explique : « Les moyens de transmission de l'époque n'étaient pas ce qu'ils sont aujourd'hui. Une liaison efficace, capable de transmettre instantanément des renseignements ou des ordres et de coordonner une action, telle qu'un parachutage, ne pouvait se réaliser que par voie radio-électrique sur des longueurs d'ondes comprises entre 35 et 75 mètres, les messages chiffrés étant convertis en signaux morse, ce qui exigeait la présence d'opérateurs spécialisés aux deux extrémités de la liaison. La difficulté principale consistait à déjouer les efforts de l'ennemi qui était à l'écoute, essayant de déchiffrer les messages et de repérer l'émetteur par recoupement de relevés radiogoniométriques. » Le danger était d'autant plus grand que, comme nous le confie Olivier Courtaud, alias Jacot, le responsable des transmissions de la « Confrérie Notre-Dame » (CND), le réseau de Rémy, « en principe, nous avions des consignes de sécurité : nous ne devions pas émettre plus de vingt minutes au maximum à partir d'un même asile ; or, moi, sous la pression des événements, il m'est arrivé d'émettre près d'une heure »... Rémy, précisément, a très bien décrit « la camionnette, avançant à son allure de tortue précautionneuse, approchant de la maison » où le « pianiste » était en train d'émettre, la « camionnette bâchée qui se tenait à l'affût, cependant qu'aux alentours deux ou trois personnages, portant tous imperméable et chapeau mou, faisaient les cent pas d'un air faussement dégagé »... Ces trop nombreuses camionnettes, c'étaient celles de la « gonio », c'est-à-dire soit de la « Funkabwehr » soit du « Funkspiel Kommando » que dirigeait le docteur Goetz à l'Amt VI de la Gestapo. Et Jacques Delarue traduit très bien « Funkspiel » en écrivant : « radio-jeu dans le sens de piège-radio ». Ce piège, le docteur Revesz-Long en a décrit le fonctionnement. « La radiogoniométrie, écrit-il, consiste à repérer la direction dans laquelle se trouve un émetteur en orientant convenablement le cadre d'un récepteur spécial. A l'aide de trois radiogoniomètres opérant à grande distance, on commence à dessiner sur la carte un premier triangle dont les côtés peuvent avoir dix à vingt kilomètres de long. A partir de ce premier triangle, des radiogoniomètres installés dans des voitures permettent d'effectuer une seconde localisation à l'intérieur d'un triangle d'une centaine de mètres de côté. On achève enfin la localisation en mettant en œuvre un simple récepteur portatif dissimulé sous un manteau dont la réception augmente en intensité au fur et à mesure qu'on se rapproche de l'émetteur. » Le piège était d'autant plus redoutable que, comme nous le précise Marcel Lebas, qui fut l'un des organisateurs des liaisons radio des FTP, « lorsque la "gonio" allemande arrivait à localiser à peu près un secteur où se trouvait un émetteur, elle avait un moyen supplémentaire de dépistage : les coupures de courant. A l'époque, on travaillait tous sur le secteur et non pas sur batteries. Alors, dans un quartier donné, il suffisait de couper successivement le courant dans plusieurs pâtés de maisons pour arriver à préciser l'endroit où était effectuée l'émission. »

L'hécatombe des « pianistes » fut d'autant plus tragique que le pouvoir pétainiste apporta une aide servile et particulièrement efficace aux furieux efforts que faisaient la sous-section « III-K » (Funkabwehr) et l'Amt IV (Gestapo) pour empêcher la Résistance de communiquer avec Londres. Violant allègrement les clauses de leur propre armistice, les dirigeants de l'« Etat français » permirent en effet aux Allemands d'effectuer dans la zone dite libre, avant l'occupation de celle-ci, une opération trop souvent oubliée : l'opération Donar-Desloges. Dans son article déjà cité de la *Revue d'Histoire de la Deuxième Guerre mondiale* (nº 54, avril 1964) le professeur Michel de Boüard écrit à ce sujet : « Plusieurs semaines avant l'entrée des troupes allemandes en zone Sud, une vaste opération fut entreprise contre la Résistance française de cette zone et ses liaisons avec les Alliés. En septembre 1942, l'amiral Canaris, chef de l'Abwehr, rencontrait à Paris deux officiers français représentant l'amiral Darlan et le général Bridoux. (...) On mit au point un vaste coup de filet qui devait amener la capture des émetteurs radio clandestins qui, de zone non occupée, correspondaient avec l'Angleterre. A cette action devaient collaborer les services spéciaux de l'Abwehr, aux ordres de Dernbach, ceux de la Sipo-SD de Paris (Amt IV), le service spécial d'écoute de l'Orpo, dirigé par le Hauptmann Schuster, ainsi qu'un spécialiste français, le capitaine Desloges. L'affaire reçut le nom de code de "Desloges", du côté français, et de "Donar", du côté allemand. Le gouvernement de Vichy donna son accord et fournit aux agents allemands de faux papiers. (...) Il en résulta des pertes très lourdes pour la Résistance française. » C'est avec une rage impuissante que, du côté londonien, on assista à cette opération. « Le 17 octobre 1942 déjà, écrit Jacques Soustelle, nous apprenions que Vichy avait commis cette suprême forfaiture : munir de cartes d'identité de la police française plusieurs centaines d'agents de la Gestapo envoyés en zone Sud. Quatre-vingts voitures "gonio" venaient d'entrer dans ce qu'on appelait encore la zone libre ; nos émetteurs clandestins, repérés ou obligés de se replier, se taisaient l'un après l'autre. A la centrale de Londres, on entendit un de nos postes de zone Sud, au milieu d'une émission, transmettre : "Attendez, attendez !", puis, après un silence (sans doute le radio était-il allé jeter un coup d'œil par la fenêtre ; il avait vu la sinistre camionnette de la Gestapo s'arrêter devant la maison, des policiers en descendre, revolver au poing), l'émission reprit en clair : "Police, police...", et ce fut tout. Pendant des jours et des jours, nos radios, traqués, demeurèrent silencieux... »

Dans sa biographie, déjà citée, de celui qui fut « secrétaire général à la Police d'avril 1942 à décembre 1943 », Pascale Froment intitule *La chasse aux « pianistes »* un chapitre qu'elle commence ainsi : « Le principal chef d'accusation retenu contre René Bousquet à la Libération ne fut pas la question juive, mais une affaire assez peu glorieuse mêlant collaboration et services spéciaux, la "mission Desloges", aujourd'hui tombée dans l'oubli ». Et, un peu plus loin, la journaliste poursuit : « Assailli par ses accusateurs, Bousquet demeura imperturbable. Sa défense, pour une fois, ne varia pas d'un pouce : il avait été mis devant le fait accompli. Au mois de juillet 1942, Darlan lui avait parlé d'un projet selon lequel le ministère de l'Intérieur allait devoir établir des cartes d'identité françaises à des Allemands et détacher auprès d'eux des fonctionnaires en vue d'une mission en zone libre : il s'agissait de détecter des émetteurs radio. (...) Consulté, Laval dit tout ignorer du projet. En réalité, (...) Laval, toujours soucieux de complaire à Abetz, avait donné un accord de principe. »... Bien qu'elle ait permis une cruelle répression, l'opération Donar-Desloges échoua pourtant puisque, malgré l'hécatombe, le contact permanent de la Résistance non seulement avec Londres, mais avec Moscou et bientôt avec Alger, ne fut jamais complètement coupé et alla même en s'amplifiant considérablement. « Le "service radio", devait constater plus tard le général de Gaulle dans ses *Mémoires de guerre*, auquel Julitte avait donné sur place un début d'organisation, fonctionnait (...) passant à Londres et en recevant chaque mois des centaines et plus tard des milliers de télégrammes, déplaçant sans cesse ses postes repérés par les appareils de détection de l'ennemi et comblant à mesure les lourdes pertes qu'il subissait ».

« Un arc-en-ciel de parachutes sur les crêtes »

Ces pertes dont l'importance préoccupait de Gaulle, avec l'aide des experts britanniques et avec le soutien du BCRA, les combattants clandestins purent bientôt les diminuer, en faisant face plus efficacement au harcèlement de la « gonio » nazie. « Parmi les radios dont l'activité se situe dans les années 1941 ou 1942 ou dans le premier semestre 1943, souligne Tibor Revesz-Long, soixante-quinze pour cent ont été arrêtés. La moitié d'entre eux sont morts soit en action soit dans les camps. L'autre moitié est revenue d'Allemagne. Le chiffre des pertes tombe à vingt-cinq pour cent après la réorganisation avec le même partage par moitié entre ceux qui ont disparu et ceux qui sont revenus. » Une diminution aussi notable des « chutes » de « pianistes » fut possible pour trois raisons : parce qu'on améliora le matériel, parce qu'on forma plus soigneusement les manipulateurs et parce qu'on réorganisa les transmissions. « C'est en séparant complètement l'émission de la réception, précise Jean Fleury, en instituant une réception "broadcast" passive, émission en l'air sans contact avec le correspondant, en diversifiant à l'extrême les emplacements d'émission, les fréquences, les indicatifs, les codes, en multipliant et en miniaturisant les appareils, qu'il a été possible de remonter le courant. » Quant à la formation des « pianistes », elle fut améliorée à la suite des séjours que firent un certain nombre d'entre eux, la plupart à l'école de Hans Place, à Londres, et quelques-uns à celle du Mont-Lénine à Moscou, séjours au cours desquels ils purent devenir en quelque sorte des « moniteurs » capables de transmettre leurs connaissances lorsqu'ils auraient repris leur poste de combat. « A l'école installée près de la Hans Place, nous dit Olivier Courtaud, le radio déjà cité du colonel Rémy, on apprenait à faire des truquages de fréquences, à faire des réglages, etc. et ceci dans des conditions qui tentaient de reconstituer autant que possible le travail sur le terrain ». Enfin, à l'initiative du colonel Passy, la réorganisation des transmissions fut essentiellement marquée par la création de nouveaux relais tels que la « centrale Coligny » et la « centrale Prométhée », qui, pour les contacts avec Londres et pour quelques autres aspects techniques de leur activité, regroupaient chacune plusieurs réseaux.

La permanence du contact radio, surtout avec Londres, mais aussi avec Moscou et bientôt avec Alger, dans la mesure où elle matérialisait le lien entre la Résistance française et la lutte des peuples encore libres, constitua un facteur psychologique et politique important du développement du combat clandestin sur notre sol.

Un autre symbole, lui beaucoup plus visible et donc plus spectaculaire, fut les parachutages. D'abord, on ne parachuta que des hommes, et ceux-ci un peu au hasard (*blind* : à l'aveuglette ou *in the field* : dans la nature), puis de façon beaucoup plus organisée, avec « message personnel » de confirmation à la BBC, avec terrain balisé et accueil préparé par les résistants locaux, de véritables missions et des containers remplis d'armes. Plus haut, dans notre chapitre *Londres*, nous avons, à propos du BCRA, fourni une évaluation quantitative de l'ampleur de ces parachutages, mais il ne faudrait pas, pour autant, donner une vision idyllique de ce qui fut l'occasion d'un âpre débat politique. Nous savons que les services du BCRA, le BOA (Bloc d'opérations aériennes) en zone Nord et le SAP (Section d'atterrissages et de parachutages) en zone Sud ont trop souvent choisi les bénéficiaires des parachutages selon des critères politiques sélectifs. « L'attentisme, pourra écrire Charles Tillon, va avoir pour conséquence tragique la privation systématique d'armes et des moyens de combat, prodigués par contre à ceux qui ont mission de ne pas s'en servir. (...) Les parachutages (...) n'auront été pour eux (les FTP) qu'un appoint négligeable jusqu'à la Libération, sauf en quelques circonstances exceptionnelles. On jugera de l'aide en armement fournie aux FTPF en disant que sur des centaines de parachutages pratiqués en France, six furent officiellement accordés par le BCRA aux FTPF qui pourtant grouperont en août 1944 cinquante pour cent des Forces Françaises de l'Intérieur. » Toutefois, Tillon a parfois un peu tendance à polémiquer, et ce n'est pas par hasard que le souvenir des parachutages restera dans la mémoire de beaucoup de résistants comme nimbé d'une brume chaleureuse, voire merveilleuse. Pour ces hommes dont la vie quotidienne est si éprouvante et que la menace de la mort accompagne pas à pas, ces hommes qui ont toutes les raisons de ne plus croire au Père Noël, les containers qui se balancent sous leurs corolles blanches (et même parfois, nous l'avons vu, tricolores) avant de rouler dans l'herbe ne sont-ils pas un peu des morceaux de liberté qui tombent du ciel ? Ce n'est pas non plus par hasard si, le jour même du plus grand parachutage de toute l'Occupation, celui qui vit trois cent quarante-cinq « forteresses volantes » américaines déverser cinq cent cinquante mille kilos d'armes sur le plateau des Causses, dans le nord du Lot, le poète qu'est aussi le résistant communiste Léon Moussinac écrit ce chant d'espoir qui s'intitule *Le 19 juillet 1944 à Saint-Céré* et dont voici deux strophes :

Dès le matin dans le soleil
S'était levé un arc-en-ciel
De parachutes sur les crêtes.
....
Du haut de notre souvenir
Ce jour-là on vit l'avenir
Venir par les routes de France...

Dans *Saison violente ; journal d'un témoin (1944-1945)*, un autre poète, Claude Roy, a décrit ce parachutage des Causses dont l'ampleur avait frappé les imaginations. « Ça y est, écrit-il. Un des radios vient de capter l'indicatif de la première vague. Entre les "Yanks" et les maquisards, le dialogue s'établit. La nouvelle a couru parmi les hommes et les paysans qui attendent l'heure H depuis l'aube, dans une atmosphère de fête rustique et guerrière. Tout s'est bien passé jusqu'à présent. Les chasseurs d'escorte ronronnent au-dessus des énormes appareils, à haute altitude. Il va falloir descendre, maintenant. Descendre, c'est-à-dire se confier corps et biens à ceux d'en bas. S'ils ont trop présumé de leur force, ce peut être la catastrophe, la DCA ou les mitrailleuses lourdes allemandes. S'ils ont tenu parole, ils contrôlent réellement le pays. Les pilotes obéissent aux ordres reçus. Mais au fond du cœur ils sentent un petit pincement d'angoisse (...). Vague après vague, les forteresses de l'escadre se délivrent de leur fardeau. Les équipes de ramassage se précipitent, imprudemment, follement, pour inventorier les merveilles qui viennent du ciel. Les chars sont remplis en hâte, et s'ébranlent dans les ornières desséchées des chemins, cahotants, grinçants. Les forteresses s'éloignent. Un grondement de moteurs de nouveau dans le ciel : les Allemands ? Tous les nez sont à nouveau en l'air. Non : ce sont les chasseurs alliés qui viennent s'assurer une dernière fois que tout va bien sur le Causse de Loubressac. » Et René Andrieu, le futur rédacteur en chef de *l'Humanité*, qui était alors, nous le savons, l'adjoint de Robert Noireau, alias colonel Georges, lequel commandait les maquisards FTP du Lot, ajoute : « C'était toujours très émouvant d'entendre le ronronnement de l'avion porteur, guidé jusqu'à nous par les messages radio et qui larguait sur le terrain balisé les "containers" remplis d'armes et de munitions. C'était très beau aussi, ces corolles blanches qui venaient se poser doucement près de nous dans la nuit paisible des Causses. Nous avions un peu le sentiment de prendre part à un jeu interdit. Quelquefois, il y avait d'heureuses surprises. Une nuit, revenant en voiture, nous avons entendu le bruit d'un avion qui tournait à la recherche du lieu de parachutage. Nous nous sommes arrêtés pour faire des appels de phares : cela suffit pour qu'il nous envoie sa cargaison qui ne nous était pas destinée... Le plus grand parachutage, toutefois, eut lieu le 14 juillet, en plein jour, dans le nord du département. (...) Ce parachutage était primitivement destiné aux "groupes Veny", mais nous fûmes à la réception, car les "Veny" avaient rejoint les FTP. Notre parc de camions se révéla insuffisant : nous avons dû faire appel aux chars à bœufs des agriculteurs pour transporter les armes. C'était véritablement un spectacle... »

L'aviation de la Résistance

Dans la pratique, la régie de ce spectacle était une affaire délicate mais dont le fonctionnement souligne particulièrement le caractère de lien symbolique entre la Résistance et les Alliés dont nous parlions plus haut. « Le parachutage est un jeu dangereux, note Claude Roy. Il se joue à deux équipes : celle de la terre et celle du ciel. (...) Ce que m'a dit dans le Causse torride un maquisard en salopette bleue, dans une "canteen" de l'Est un grand gaillard de l'armée américaine m'en a raconté l'envers. L'histoire s'est reconstituée par bribes, dans un français coloré d'accent du Midi, dans un anglais coloré de l'accent du Sud ou de l'Ouest. Le capitaine Mimile et le flying-lieutenant James S. Byrne, le vieux moustachu racorni de Saint-Céré et le grand gamin dégingandé du Minnesota, le chef d'état-major de la division de forteresses volantes et l'agent de liaison cycliste du maquis, le radio de la ferme Courcinac et celui de Londres m'ont raconté chacun un bout de l'aventure... »

Ce n'est pas un hasard si le mot « aventure » apparaît ici... Dieu sait si la Résistance fut fertile en aventures, au sens le plus vrai, le plus épique et trop souvent le plus tragique du terme ; pourtant, parmi l'infinité d'événements périlleux qui en composent le tissu vivant, parmi tous ces épisodes haletants, les parachutages — sauts dans l'inconnu par excellence — sont sans doute ceux qu'anime le plus de suspens... Plus haut, nous avons fait allusion au parachutage de

Raymond Guyot, Daniel Georges et Francine Fromond en évoquant le martyre de cette dernière. Un récit plus complet mérite d'en être rapporté, en l'occurrence celui que le dirigeant du PCF qu'était Guyot fit aux historiens Jacques Varin et Claude Willard. « Avec la direction du Komintern évacuée dans l'Oural, leur a-t-il raconté, je suis allé à Oufa. (...) J'ai demandé à Dimitrov de pouvoir partir. Il y avait la possibilité, Dimitrov a résisté pas mal de temps et puis il a été d'accord, ainsi que Maurice Thorez. C'est là qu'un groupe de trois fut constitué pour partir en France. Il était composé du frère du "colonel Fabien", Daniel Georges, de Francine Fromond et moi. Nous avions avec nous un poste émetteur radio. Nous sommes partis. Le chemin du Grand Nord a été choisi. Il y avait un accord de coopération entre l'Armée rouge et l'armée anglaise. Un officier de l'Armée rouge nous a accompagnés jusqu'à Arkhangelsk. Nous avons habité là quelques jours en attendant le départ du convoi. (...) Le convoi fut formé et l'officier de l'Armée rouge qui nous accompagnait nous remit dans les mains du commandant d'un navire de commerce soviétique, protégé par une escadre britannique. A la suite d'une avarie d'hélice, nous dûmes faire demi-tour et retourner à Mourmansk et attendre la fin novembre 1941 pour enfin partir. Nous fîmes escale deux ou trois jours à Reykjavik en Islande, avant de rejoindre l'Ecosse. Nous fûmes ensuite dirigés sur le sud et versés dans une unité parachutiste de l'armée anglaise où nous avons fait nos classes. Depuis le départ d'Oufa, nos noms étaient inconnus de tous, nous étions des numéros matricule. Puis, fin prêts, nous fûmes parachutés au bout de deux mois en France. Nous atterrîmes dans la région de Montpellier, fin janvier 1942. (...) Daniel Georges se dirigea vers Toulouse, Francine Fromond et moi vers Lyon où nous prîmes notre place dans la Résistance. »

Dès le début de la coopération entre, d'une part, la France libre et les services anglais et, d'autre part, les combattants clandestins agissant sur notre sol, un problème se posa : s'il était relativement simple de lâcher par avion des hommes et du matériel au-dessus du territoire occupé, en revanche il était difficile de faire effectuer à des hommes ou à du matériel le trajet inverse et, tandis que les appareils qui avaient largué leur cargaison dans la nuit revenaient à vide sur les aéroports militaires anglais, le voyage d'un résistant à Londres par l'Espagne ou par l'Algérie, ou encore par passage maritime clandestin à partir des côtes françaises, constituait une longue et périlleuse odyssée. Comment pallier cette difficulté ? Appareils rares et encore mal mis au point, les hélicoptères ne le permettaient pas. C'est alors qu'on envisagea d'employer des « Lysanders ». Qu'était-ce qu'un « Lysander » ? En quelque sorte, le plus petit avion possible. Dans le livre de Pierre Lorrain, *Armement clandestin*, on apprend que, souvent surnommé « Lizzy », ce type d'appareil était en service dans la RAF depuis 1938. Equipé d'un moteur Bristol « Perseus XII » de 900 CV, il avait une vitesse maximale de 350 kilomètres à l'heure et une vitesse de croisière de 275. Son autonomie de vol était de 950 kilomètres mais pouvait être portée à 1 450 par adjonction d'un réservoir supplémentaire. Plafonnant à 7 900 mètres d'altitude, il pesait 1 900 kilos à vide et 2 600 en charge. Cet avion ne pouvait transporter qu'un nombre très limité de passagers et une quantité très restreinte de fret, mais sa maniabilité et sa légèreté en faisaient le seul engin utilisable dans des circonstances aussi difficiles.

Ainsi peut-on considérer que, exception faite de l'« escadrille FFI » constituée à Toulouse, à la veille de la Libération, avec du matériel pris à l'ennemi, les « Lysanders », bien que pilotés par des officiers de la Royal Air Force, constituèrent, si l'on peut dire, l'aviation de la Résistance. Cependant la maniabilité dont nous parlions avait évidemment ses limites et ce complément indispensable aux parachutages que furent les « atterrissages », comme on disait au BCRA, souleva une foule de difficultés. Il était, écrit le colonel Passy, « très difficile de trouver des terrains carrés, ayant les dimensions prescrites, convenables au point de vue sécurité et dotés d'un asile à proximité. On trouvait plus souvent des groupes de bandes rectangulaires situées dans le voisinage les unes des autres, orientées dans diverses directions et ayant toutes la longueur voulue pour un atterrissage (une largeur de deux cents mètres était plus que suffisante). Suivant la direction du vent, il était alors possible à l'équipe de réception de choisir, au dernier moment, la bande désirable. Par un vent de vingt kilomètres à l'heure, un "Lysander" ne pouvait se poser sans danger sur une ligne s'écartant de plus de six degrés de la direction du vent. » Un officier de la « French Section » du SOE Benjamin Cowburn, qui se définit lui-même comme ayant rempli des « missions spéciales en France pendant l'Occupation » et ayant ainsi eu « le privilège de partager l'existence des Français durant leur pénible épreuve », a fort bien décrit l'emploi des « Lysanders ». Les faits qu'il rapporte se situent à l'automne de 1942. « C'est par la voie des airs que j'allais rentrer cette fois, écrit-il. Ce genre d'opération était appelé "pick-up" ou "Lysander", du nom du type d'avion généralement employé à cet usage. Bien des gens ont trouvé extraordinaire qu'un avion allié puisse se poser en territoire occupé et repartir avec des passagers. De tels atterrissages ne constituaient pourtant pas une nouveauté. Ils furent je crois, déjà réalisés au cours de la guerre 1914-1918. Bien entendu, les avions utilisés à cette époque étaient de lents biplans capables d'atterrir dans un grand champ et les dispositifs de repérages étaient assez rudimentaires, tandis que nos rapides monoplans modernes exigent une longue piste bien dégagée et une signalisation adéquate au sol. Dès 1941, j'eus connaissance de la réussite au moins d'une opération "Lysander". Le procédé était utilisé lorsqu'il s'agissait de ramener rapidement quelqu'un en Angleterre et l'on profitait généralement de l'occasion pour déposer d'autres agents, surtout lorsque ceux-ci, pour une raison quelconque, ne pouvaient sauter en parachute. La RAF avait créé un cours spécial d'"atterrisseurs" et les agents ayant prouvé leurs capacités au cours de ce stage étaient seuls habilités à organiser des opérations "pick-up". (...) Lorsque l'organisateur avait enfin repéré un terrain satisfaisant, il en transmettait la position et la description détaillée à Londres. La RAF envoyait un avion de reconnaissance prendre des photographies et, si les experts l'acceptaient, il recevait un nom de code et devenait le centre d'un nouveau point de départ pour l'Angleterre. Comme les parachutages, les "pick-up" avaient lieu au cours des périodes de pleine lune et étaient annoncés par un message de la BBC. Lorsque la phrase convenue passait aux deux émissions en langue française, le comité de réception et les hommes en instance de départ (ils étaient généralement deux) se rendaient cette nuit-là sur le lieu choisi. » Après avoir décrit la double angoisse de ceux qui attendent au sol et de celui qui, aux commandes de son fragile appareil, fait tous ses efforts pour échapper à la DCA allemande, Cowburn en arrive au moment où les roues de l'avion surchargé par un « réservoir d'essence supplémentaire en forme de torpille suspendu sous le fuselage » tracent un sillon dans l'herbe constellée de rosée nocturne. « Dans le souffle de l'hélice, l'organisateur et les passagers s'avancent à l'arrière de l'aile haute. L'habitacle transparent a été repoussé et les deux arrivants sont en train de descendre ; le premier, déjà à terre, attrape les deux valises que lui passe son compagnon avant de sauter à son tour. Maintenant le premier partant monte. Comme l'avion n'est pas encore muni d'une échelle, il faut grimper en mettant les pieds dans les trous ménagés à cet effet. Le second voyageur suit avec les deux serviettes. Jambes et bras disparaissent dans le fuselage. L'habitacle glisse vers l'avant et recouvre les passagers. Les hommes à terre reculent, le moteur rugit, l'avion démarre. Après avoir roulé sur une distance très courte, il décolle et monte rapidement. Il disparaît au bout de quelques instants, son vrombissement s'évanouit. L'opération n'a duré que six minutes... »

4,37 % d'évadés parmi les prisonniers de guerre

Pouvoir prendre place dans un « Lysander » était évidemment le moyen le plus pratique (et le plus miraculeux) de, comme on disait alors, « s'évader de France ». Il va toutefois sans dire que le nombre d'hommes et de femmes qui bénéficièrent de ce type de transport si particulier fut extrêmement restreint et qu'on les compterait plutôt par dizaines que par centaines. Seuls pouvaient monter dans l'habitacle des petits avions clandestins les responsables de la Résistance, les officiers précédemment parachutés ou les personnalités politiques ralliées dont le BCRA et les services anglais estimaient la présence à Londres indispensable. Si les « pick-up » sont donc très importants à citer du point de vue du lien permanent et vivant entre la Résistance française et les Alliés en guerre, ce moyen idéal d'évasion compte paradoxalement peu lorsqu'on s'attache au problème général de l'évasion considérée comme un moyen de Résistance. C'est d'autant plus vrai que, même si l'expression « évadé de France » a connu la fortune que l'on sait, le fait de quitter le territoire national occupé pour rejoindre ou visiter la France libre ne constituait en vérité qu'une évasion au second degré. Sans sous-estimer en effet le travail, souvent héroïque, accompli par les membres de certains « réseaux d'évasion » spécialisés, comme ceux du MI9 (Military Intelligence n° 9), déjà cité qui permirent le rapatriement de centaines d'aviateurs alliés abattus par la DCA allemande, on peut considérer que les évadés, c'étaient d'abord les hommes et les femmes qui, placés par l'occupant dans des prisons ou des camps, réussissaient à lui fausser compagnie...

Ce qui est sûr, en tout cas, c'est que jamais dans l'histoire de France on n'avait vu, sur notre sol, autant de gens préoccupés par le problème de fuir. De 1940 à 1944, en effet, comme le note le politicien Anatole de Monzie, dans *La Saison des juges*, « l'évasion, devenue sport national, se perfectionne et se généralise ». Sport national ? Oui, et à tous les sens du terme. Et d'abord sport exaltant, sport régénérateur. Avant même d'en examiner les aspects pratiques, on est frappé par la façon dont, à l'époque, l'évasion agit comme un fortifiant moral aussi bien sur celui qui l'accomplit que sur ceux qui en ont connaissance. « En dehors du bénéfice que la Résistance avait à retrouver les meilleurs des siens, pourra dire Lucie Aubrac, ces évasions étaient un véritable tonique pour l'esprit des Français ». Et ce qui est vrai pour les combattants clandestins l'est aussi pour les prisonniers de guerres (PG) dont 940 000 ne revinrent d'Allemagne qu'après la chute du IIIe Reich, et parmi lesquels, dans son exhaustive étude *La Captivité ; Histoire des prisonniers de guerre français, 1939-1945*, publiée en 1980, Yves Durand note qu'il n'y eut qu'« une minorité d'évadés » (environ 70 000 sur 1 600 000, soit 4,37 %). Ainsi, dans leur livre *Rawa-Ruska, le camp de représailles des prisonniers de guerre évadés*, Lucien Mertens et Jean Poindessault peuvent-ils s'écrier : « Nous sommes presque tous affaiblis physiquement par une évasion épuisante. Mais quelle vigueur morale nous avons gagnée dans cette épreuve ! Nous savons maintenant que l'Allemand n'est pas tout-puissant et qu'avec un peu de chance on peut lui échapper... » D'ailleurs, la différence entre le résistant qui s'échappe de la geôle où on l'a mis après son arrestation et le prisonnier de guerre proprement dit qui quitte le « Stalag » ou l'« Oflag » où on l'a mis après sa capture en 1940, cette différence d'abord évidente va peu à peu tendre à s'estomper. Pourquoi ? Parce que, comme nous l'explique René Picard, « l'évadé ou le futur évadé est un résistant en ce sens qu'il n'accepte pas la captivité. Que ce soit pour des raisons patriotiques ou des raisons personnelles, toujours est-il qu'il refuse son statut de prisonnier, son statut de personne ayant subi la défaite et qui décide de ne pas rester à la merci du vainqueur... » Mieux même, sans vouloir prétendre schématiquement que tous les prisonniers évadés deviennent des résistants, car il est sûr qu'il y en a qui ne s'évadent que pour « se planquer » ensuite, on constate néanmoins un phénomène très intéressant que l'on peut définir comme une osmose croissante entre la condition d'évadé-résistant-en-puissance et celle de résistant-évadé-potentiel... Typique est à cet égard le témoignage d'Emile Verger. « Jc me suis évadé six fois de camps allemands, nous dit-il. J'ai été repris. En vérité, j'étais toujours en train de m'évader ou de me préparer à m'évader... A chaque fois, mon but était de reprendre le combat contre les Allemands... Je me souviens que, la première fois, je voulais bien sûr d'abord retourner en France mais aussi rejoindre les FFL ; en effet, en 1941, on ne savait pas encore qu'il y aurait des maquis. » Typique également le témoignage de Georges Gosnat, futur sous-secrétaire d'Etat à l'Armement, « J'ai tenté cinq fois de m'évader de mon “Oflag”, nous dit-il. Et puis je me suis retrouvé à Lübeck au début de 1944... Lübeck, c'était le fameux camp de représailles pour les officiers. Un bon millier de Français y étaient enfermés. Avant que j'arrive, cinq avaient tenté une évasion. Ils avaient échoué, avaient été repris et aussitôt fusillés... Parmi d'autres, cet exemple montre à quel point il était difficile, sinon impossible, de s'en évader... Mais notre renoncement à l'évasion n'était que partiel car, tandis que nous crevions de faim tous ensemble, il régnait entre nous tous une très grande fraternité et nous nous organisions. Ainsi nous avions mis au point une véritable organisation de l'information qui n'a jamais été découverte. Pas plus que notre “Comité de Résistance” auquel participaient des représentants de tous les grands courants de pensée. Nous avions même un “Comité de liaison” entre les membres des trois partis de gauche : communistes, socialistes et radicaux... Nous poursuivions beaucoup de débats politiques. Nous avons reçu des journaux clandestins et des tracts de France... On peut vraiment dire que tout Lübeck “collait” à la Résistance française... » Non moins typique enfin cette réflexion de Philippe Breton dans son avant-propos au livre édité par l'ANACR sur *Les Evasions* : « Hanté par son besoin de liberté, le résistant arrêté sera par nature un extraordinaire candidat à l'évasion. Gestapo et polices collaboratrices l'apprendront à leurs dépens. Tellement miraculeuses sembleront même certaines évasions de la Résistance qu'elles paraîtront incroyables mises en parallèle avec des évasions de “droit commun”... ».

Sur une « vedette sardinière à essence »

Une tentative d'évasion a d'autant plus de chances de réussir que celui qui l'entreprend bénéficie de concours extérieurs. Tout naturellement, dès le lendemain de la défaite, des gens vont donc s'employer à aider ceux qui veulent retrouver la liberté. Ces complicités bénévoles, d'abord individuelles et isolées, vont bientôt s'étendre et se regrouper. Ainsi naîtront des « réseaux d'évasion » qui ne tarderont pas à être eux-mêmes pris en main, étoffés et rendus plus efficaces par des organismes de coordination au niveau le plus élevé de la Résistance. A travers quelques exemples, suivons ces diverses étapes... « Dès juin 1940, écrit Yves Durand, six ans avant de publier *La Captivité*, lorsque avec Robert Vivier il étudie la *Libération des pays de Loire*, les prisonniers français évadés des camps de France où ils sont d'abord détenus ont trouvé des bonnes volontés pour les aider à échapper définitivement à la captivité. Pour cela, le mieux était de passer la ligne de démarcation. Il y eut très vite, en Indre-et-Loire et dans le Loir-et-Cher des groupes organisés pour permettre ce passage gardé par les soldats et les douaniers allemands. Des points de passage clandestin furent bientôt connus. Ils devinrent le centre de ralliement de persécutés, pris en charge par de véritables filières nationales. En Indre-et-Loire, les points de passage les plus habituels étaient ceux des Ouches, près de Bléré, de Reignac, Dolus-le-Sec, Cussay, des environs de Neuilly-le-Brignon, de Ligueil, de La Haye-Descartes. (...) Dans le Loir-et-Cher la ville de Selles-sur-Cher était située au sud de la rivière, mais néanmoins occupée. On n'avait donc pas là à franchir comme ailleurs à la fois l'obstacle naturel des eaux et celui de la ligne. La facilité qui en découlait était telle, au début, que les passages se multiplièrent au point d'amener les Allemands à frapper toute la population de la ville d'une amende d'un million en raison de l'aide qu'elle apportait aux évasions. A Montrichard, toute une partie des habitants était complice d'un véritable réseau d'évasion qui prenait en charge les fuyards dès leur arrivée aux frontières allemandes quand il s'agissait de prisonniers et les accompagnait éventuellement jusqu'à la frontière d'Espagne, quand il s'agira plus tard de volontaires pour les Forces françaises libres... ». Pendant ce temps, à l'autre bout du pays... « Les nazis accélèrent-ils l'annexion de l'Alsace et de la Lorraine, note Germaine Willard, le Parti communiste d'Alsace-Lorraine publie un programme d'action ; il organise, sous la direction de Georges Wodli, les premiers groupes de “passeurs” vosgiens qui permettent aux hommes mobilisables de quitter le pays pour ne pas être intégrés dans la Wehrmacht. » Et ce qui est vrai en Alsace-Lorraine l'est aussi, sous des formes diverses et avec des gens différents mais qu'anime tous la même volonté, en Bretagne. Victor Salez nous raconte ainsi comment, dans le Finistère, on organise le passage par mer vers les côtes britanniques... « M. Kervahut, le futur maire de Penhars, nous dit-il, vint, en fin de 1942, à Tréboul, me demander de bien vouloir organiser le canton de Douarnenez en sections de résistance. La ville de Douarnenez avait déjà, en l'abbé Cariou, un chef. Je pris le commandement de Tréboul ;

Emile Le Bris, celui de Ploaré, Tanguy, directeur d'école en retraite, celui de Pouldavid-sur-Mer. J'allai à Poullan-sur-Mer voir l'instituteur, directeur d'école. Mais celui-ci me refusa nettement ses services. Malgré cela, un mois plus tard, tout dans l'ensemble marchait. Le bureau de l'Inscription maritime, à Tréboul, devint alors notre petit quartier général. Kervahut m'envoyait souvent des estafettes. Il y avait un mot de passe. Dans le même temps, j'organisais le premier départ par mer. L'honneur en échut à la vedette sardinière à essence *Dalc'h Mad*... Le *Dalc'h Mad* appartenait à M. Corentin Colin. Un jeune casse-cou, Louis Marec, en devint le patron... Quelques jours plus tard, Noël Le Guillou vint se joindre à nous. Ce dernier nous confia quelques réfractaires. L'abbé Cariou en amena d'autres et, parmi eux, un jeune condamné à mort qui avait réussi à s'échapper des geôles d'Allemagne. Xavier Trellu, professeur agrégé au lycée de Quimper, qui s'embarquait aussi, fournit son petit contingent, entre autres Carter Gordon, lieutenant canadien de la RAF. Enfin, le jour du départ fut fixé. Le 6 avril 1943, dans le port de Tréboul, à 22 heures, dix-neuf passagers embarquaient sur le *Dalc'h Mad*... »

Si, en fait, toutes les organisations de Résistance furent plus ou moins amenées à s'occuper d'évasion, les deux principaux efforts de centralisation furent effectués par le BCRA et par le Parti communiste français clandestin. « Les Anglais, rappelle le colonel Passy, avaient, pour s'occuper des évasions, un organisme particulier qui, tout en rentrant dans le cadre de la "Military Intelligence", était nettement distinct de l'"Intelligence Service". Cet organisme, communément appelé "MI9", n'avait eu pratiquement jusqu'alors aucun contact avec nous. Mais quand le nombre des aviateurs et des prisonniers britanniques évadés recueillis par nos réseaux se fut révélé important, "MI9" nous approcha et nous proposa un accord. (...) Je créai donc au sein du BCRAM une section d'évasion (dite "section E") qui travailla en liaison constante avec "MI9". A peine installée, cette section envoya une première mission qui reçut le nom de "Brandy", dont le chef fut le lieutenant d'aviation Christian Martel. Celui-ci partit en avril 1942 et, pendant plus d'un an, il organisa des filières qui permirent de faire passer par air, par mer, ou par l'Espagne, plusieurs centaines d'hommes solides et déterminés. » De son côté, Jean Chaumeil, que nous avons déjà rencontré comme responsable « aux cadres », du PCF clandestin, se souvient... « Avec le camarade Duchêne et sa femme, nous dit-il, et puis avec Jean Tichit, nous avions créé un petit appareil qui avait pour tâche d'expédier dans les Stalags des colis qui contenaient, bien entendu, du matériel politique camouflé dans des tubes ou dans des boîtes, même dans des noix, et aussi des directives qui, s'adressant à tous les camarades dont nous avions pu déceler la présence dans les camps de prisonniers, les invitaient à rentrer en France pour rejoindre le Parti et le combat. Parallèlement à cela, nous avons aussi créé, dans le cadre du Front national, ce que nous avons appelé le “service des Camps et Prisons”. En fait, cet organisme existait déjà en puissance en 1941, époque à laquelle les évasions avaient été organisées avec l’aide de gardiens, d’avocats, avec l’aide des familles et même de certains directeurs de prison, avec toutes sortes de complicités... En 1942, ça avait continué et nous avions marqué des points puisqu’il y avait eu les évasions retentissantes de Saint-Sulpice-la-Pointe, de Compiègne, de Châteaubriant, de Voves, de Pithiviers et d’un certain nombre d’autres endroits. Nous avions même été à deux doigts de réussir une évasion de la Santé, à Paris. Elle n’avait échoué qu’au dernier moment. C’est tout cela qui nous a donné l’idée d’organiser un véritable appareil et c’est ainsi que, en 1943, j’ai été chargé de mettre définitivement debout un appareil d’évasion... ».

Les soldats des « stalags », les officiers des « oflags »...

En passant, Chaumeil vient de faire allusion à deux faits qui méritent qu’on s’y arrête un instant : d’une part, les contacts établis entre la Résistance et les camps de prisonniers de guerre français en Allemagne et, d’autre part, le rôle joué dans certaines évasions par des membres de l’Administration pénitentiaire ; deux faits qui confirment encore notre double constatation de l’importance de l’aide à l’évasion comme moyen d’action de la Résistance et comme occasion de renforcer son organisation et ses effectifs.

Même si, dans les conditions particulières d’une captivité qui les mêla souvent à la population allemande, certains PG furent plus vulnérables au pétainisme que leurs familles demeurées en France, et si, nous l’avons dit, le taux d’évasion ne fut que de 4,37 %, il n’en est pas moins vrai que, comme l’écrit René Laumond, secrétaire général de la « Fédération nationale des Combattants Prisonniers de guerre », « la résistance dans les camps a été très importante. (...) N’oublions pas que plusieurs centaines de condamnations ont été prononcées par des tribunaux allemands pour faits de résistance à l’encontre de prisonniers de guerre français. Les premiers évadés ont constitué, d’autre part, le “Mouvement national de Résistance des Prisonniers de guerre et Déportés” dirigé par François Mitterrand... ». Mais soyons plus précis en écoutant Robert Paumier qui, après nous avoir raconté comment, évadé de son « Stalag » le 22 mai 1943, il put, grâce à l’aide d’antifascistes suisses à Genève, de gendarmes français à Annemasse et de résistants à Annecy, se retrouver à Paris, muni de faux papiers, moins de trois semaines plus tard, ajoute : « J’eus tout de suite le contact avec mon frère Bernard qui était l’un des responsables du “Front national” pour les questions agricoles et la liaison ne tarda pas avec les responsables nationaux du FN. C’est ainsi que, quelques semaines seulement après mon retour à Paris, je pris contact avec le camarade Chaumeil. C’est ainsi que, vers la fin de l'année 1943, fut constitué, sous l'égide du FN, le "Comité national des Prisonniers de guerre et des Déportés" dont je devins le principal responsable... En menant l'action, je fus, au début de 1944, informé que deux autres mouvements PG de Résistance existaient déjà : l'un était dirigé par François Mitterrand, alias Morland, et l'autre par un neveu du général de Gaulle, Michel Cailliau, alias Charette. En suivant les conseils de Robert Ballanger, qui était devenu mon responsable à l'échelon national, j'ai fait des travaux d'approche pour que les trois mouvements fusionnent en un seul sous l'égide du CNR... Ce fut fait le 12 mars 1944 lorsque nous nous réunîmes sous la présidence de l'un des membres du CNR précisément, Antoine Avinin, alias Ansot et qu'ainsi naquit le MNPGD... Aussitôt après cette fusion, les choses prirent évidemment beaucoup plus d'importance. Nous avons eu des ramifications dans toutes les régions de France, des équipes dans un certain nombre de grandes villes et, finalement, des groupes armés se sont même formés sous l'égide du MNPGD. »

Entre les PG et la France, à part les rares possibilités que put offrir l'escroquerie vichyste de « la Relève » et quelques occasions extraordinaires, le seul lien réel était la « Kriegsgefangenenpost » allemande, courrier de moins en moins sûr et de moins en moins rapide. Aussi, pour les résistants était-il bien difficile de prévoir l'efficacité d'actions entreprises en direction des soldats des « Stalags » ou des officiers des « Oflags » perdus dans les immensités lointaines de l'Est... Les prisons françaises, au contraire, étaient là, toutes proches. Les résistants les avaient « sous la main », elles et ceux qui les gardaient. Il eût donc été impensable que, peu à peu, des membres de l'Administration pénitentiaire, du simple surveillant au directeur, ne fussent pas amenés à aider des détenus à s'échapper des établissements où ils étaient censés les garder. Dans la mesure où nous avons déjà dit comment, hélas, la majorité des cadres et du personnel pénitentiaire accepta d'être la chiourme de Vichy et en sachant bien que le mobile de cette aide ne fut pas seulement le patriotisme mais aussi, assez souvent, la crainte du châtiment dont les menaçait la Résistance, il convient de noter que beaucoup d'évasions furent ainsi facilitées, ou même rendues possibles, qui autrement ne l'auraient pas été. Le phénomène s'amplifia bien sûr avec l'évolution du conflit mondial ainsi qu'avec les changements de la situation en France. Par exemple, il est intéressant de voir comment, lorsqu'il évoque son emprisonnement, un responsable clandestin communiste de la région marseillaise comme Pierre Doize insiste sur le fait que « c'était l'époque du STO ». En effet, nous dit Doize, « j'ai été emprisonné à la Centrale de Nîmes. L'organisation du Parti y fonctionnait parfaitement. Des plans étaient prêts, dont certains ont réussi, pour faire s'évader des copains avec la complicité de surveillants qui nous assuraient les contacts avec l'extérieur. Il faut dire que c'était l'époque du STO et que, pour y échapper, il y avait des gars qui s'engageaient comme gardiens de prison. Ils ne voulaient pas aller en Allemagne et quelques-uns avaient été gagnés à notre cause. » Aussi bien, à la fin de 1943 et en 1944, les services du ministère de l'Intérieur dont dépendait alors l'Administration pénitentiaire (rendue à la Justice après la Libération) virent-ils se multiplier les rapports tels que celui que le « surveillant-chef » Labrid adressait, le 26 septembre 1943, à son supérieur, le directeur de la Maison d'arrêt de Montpellier. « J'ai l'honneur, écrivait le nommé Labrid, de rendre compte à Monsieur le Directeur que le détenu Degon Pierre s'est évadé ce jour, entre treize et treize heures trente, par la porte d'entrée de l'établissement, avec la complicité du surveillant-portier M. Vaillard Auguste. M. Vaillard était de service à la porte d'entrée et remplaçait le titulaire de douze à quatorze heures. Vers treize heures quarante, je descendais au bureau quand, à peine au bas de l'escalier, je vois, à ma grande stupéfaction, la clef sur la porte d'entrée, celle-ci restée entrouverte. Rapidement je la ferme. Je cherche le surveillant-portier, mais en vain. Il n'était ni à son poste ni dans la détention. Immédiatement j'ai fait faire l'appel. Un détenu manquait, le nommé Degon Pierre. De l'enquête menée, il résulte que M. Vaillard, malgré les consignes formelles... » etc.

« Roger le Légionnaire », passeur devenu gestapiste

A une époque où l'évasion est donc vraiment devenue un « sport national », il est naturel qu'on se dispute les services des « passeurs ». En conséquence, nombreux sont ceux qui se mettent à exercer ce métier clandestin, tantôt comme un sacerdoce, tantôt comme une industrie, selon qu'il s'agit de servir la Résistance ou de s'adonner à un véritable « marché noir » de l'évasion... « Un métier qui a ses risques, écrit Henri Amouroux dans *La Vie des Français sous l'Occupation*, mais qui rapporte gros aux Andorrans, aux Espagnols, aux contrebandiers familiers des sentiers de montagne, qu'ils exercent presque quotidiennement et pour qui l'homme traqué représente une denrée plus précieuse encore que le tabac, l'alcool, les bas de soie, l'huile d'olive, le café que l'on arrive à vendre mille quatre cents francs le kilo aux amateurs français. Passeur. C'est un métier pour lequel des hommes, héros ou assassins en puissance, abandonnent leur métier. (...) L'homme traqué, le Juif le plus souvent, est en effet disposé à payer cher pour sauver sa vie. On lui demande entre cinq mille et cinquante mille francs. Pour la frontière suisse, les prix varient entre trois mille et huit mille francs. Le tarif aussi, suivant l'époque, les difficultés et les dangers du moment, la longueur du chemin, l'âpreté du passeur et la mine du fuyard. Habitués à évaluer du regard une bête, les passeurs savent aussi évaluer un homme. Celui-là vaut "tant". (...) Les intermédiaires postés à Paris ou à

Toulouse, les véritables agents recruteurs qui chuchotent des adresses et proposent des filières se partagent le reste. Aussi, en pleine montagne, il arrive que le passeur demande un “supplément”. C’est à prendre ou à laisser. Il lui suffit de faire mine de redescendre vers la vallée pour voir s’ouvrir les portefeuilles. » L’Abwehr, la Gestapo, la police vichyste n’ignorent évidemment rien de tout cela. Dans le milieu des « passeurs » où les meilleurs sont souvent obligés de côtoyer les pires, il leur est facile de recruter. Nombreux sont donc les individus à leur solde dont les activités font des ravages dans les rangs de la Résistance. Lorsque, après la Libération, le 19 juin 1946, se déroulera devant la Cour de Justice de Vannes le procès qui verra condamner à mort par contumace le nommé Roger Le Neveu, le quotidien *Ouest-France* en rendra compte en rapportant notamment : « Ancien soldat du 1er Etranger, en 1940 — ce qui lui valut le surnom de “Roger le Légionnaire” — il commença par organiser le passage des Israélites en zone non occupée. Mais ce n’est pas par patriotisme que Roger Le Neveu se mit à la disposition de ceux qui étaient contraints de fuir l’Occupation. Roger Le Neveu avait organisé une industrie de l’évasion et il ne s’occupait que de ceux qui pouvaient payer. Démasqué par la Gestapo, il fut arrêté et emprisonné et c’est pour retrouver sa liberté et continuer à gagner de l’argent qu’il se mit, corps et âme, au service des Allemands. Son activité fut grande, tant à Paris qu’en province et notamment en Bretagne où il s’était spécialisé dans la recherche des réseaux de secours aux aviateurs alliés en détresse. Titulaire d’une carte de la police allemande, il procéda lui-même à de nombreuses arrestations, abattit personnellement plusieurs patriotes, conduisit des interrogatoires et pratiqua la torture. C’est lui notamment qui, à Rennes, le 11 octobre 1943, au Café de l’Epoque, procéda à l’arrestation de notre excellent confrère du *Monde*, M. Rémy Roure, qu’il blessa grièvement, et c’est lui encore qui abattit le chef de l’organisation de rapatriement des aviateurs alliés, l’héroïque Jean-Claude Camors. » Si, hélas, assez nombreux, trop nombreux furent les « passeurs » marrons tels que « Roger le Légionnaire », on doit à la vérité de dire que souvent leurs entreprises criminelles furent contrecarrées par leurs adversaires naturels, les douaniers, dont une certaine proportion avait choisi la Résistance. Ainsi, par exemple, un des animateurs de la lutte clandestine dans l’Ariège, comme André Lacoste, a-t-il pu insister devant nous sur le « concours précieux » que lui avait apporté la brigade de Pamiers.

Tandis que durent les années de l’Occupation, les efforts considérables que fait la Résistance pour développer son action par tous les moyens, pour harceler sans cesse l’occupant et ses serviteurs, ne passent évidemment pas inaperçus de la population française. De la neutralité effarouchée ou de la passivité morose du début, l’opinion publique passe peu à peu à une curiosité et à une sympathie dont les résistants voient se multiplier les preuves. Ce consensus croissant des gens ne se limite bientôt plus à la bienveillance, il ne permet pas seulement aux combattants clandestins d'évoluer « comme des poissons dans l'eau » parmi leurs compatriotes, il s'exprime de plus en plus ouvertement par des manifestations de rues et des grèves dont l'ampleur et la fréquence augmentent chaque mois et bientôt chaque jour lorsque tout le monde « sent » que la Libération approche... De plus ou moins bon gré, ceux des dirigeants de la Résistance qui, comme nous l'avons vu, disputaient jadis sur le point de savoir si un arrêt de travail était ou non un acte de Résistance, sont amenés à comprendre et admettre cette réalité. En avril 1944, dans *France Nouvelle* paraissant à Alger, le dirigeant communiste Joanny Berlioz peut ainsi constater : « Les grèves ne sont plus considérées comme la chose particulière des ouvriers, aux yeux de tous, elles prennent leur profond caractère national. Tous les organes de la Résistance, y compris ceux qui se réservaient pour des études générales au détriment de l'action, en parlent longuement. Au sujet des mouvements de septembre dans la région lyonnaise, le comité du Rhône de la Résistance française, comprenant les "Mouvements Unis de la Résistance" du Rhône ("Combat", "Libération", "Franc-Tireur"), le "Front national" et la "région du Rhône" du PCF, a publié un appel dont nous extrayons ces lignes hautement significatives : "La cause des ouvriers en grève n'est pas la cause d'une classe de France dressée contre l'autre ; elle est la cause même de la France. Par cette grève patriotique, les ouvriers lyonnais attaquent les boches en refusant de travailler pour eux et en exigeant de consommer eux-mêmes les produits de la nation. Nous ne les laisserons pas aller seuls au combat. Nous les soutiendrons moralement et matériellement de toutes nos forces." Il est impossible d'énumérer tous les arrêts du travail qui ont eu lieu dans la période que nous considérons (...). On sait ce que cela entraîne de redoutables conséquences que de faire grève maintenant en France. Mais rien n'arrête les travailleurs qui s'appliquent à tirer aussitôt les leçons de ces véritables grandes manœuvres de préparation à la grève nationale insurrectionnelle. (...) Toute la France est dans la bataille, une bataille qui s'intensifie de jour en jour (...). Telle est l'impression nette que l'on recueille à la lecture des rapports des journaux clandestins transmis de l'immense front antihitlérien sur lequel bouillonnent les forces neuves, puissantes, qui ne bavardent pas autour de spéculations vaines sur tel ou tel statut de la France d'après guerre, mais qui créent dans la douleur et l'héroïsme les conditions de sa construction solide... »

« Burgard a levé sa canne... »

Si c'est évidemment durant la dernière année de l'Occupation que les manifestations de rues les plus nombreuses et les arrêts de travail les plus explicitement motivés se multiplient, qu'ils prennent le tour le plus spectaculaire, on doit cependant se souvenir que, dès le début, à l'époque même où les résistants pouvaient se sentir relativement isolés, avaient commencé les démonstrations publiques et les grèves qui allaient très vite apporter aux clandestins ce contrepoint de foule, cette base populaire sans lesquels ils n'auraient pu ni accroître leurs forces ni même survivre. A cet égard, deux dates demeurent des jalons de l'histoire de la Résistance française : le 11 novembre 1940 où se déroula la manifestation des étudiants et lycéens parisiens à l'Etoile et le printemps de 1941 où se produisit la grève des mineurs du Nord et du Pas-de-Calais... Au lendemain même du premier événement, dans ses *Propos de l'occupé*, qui furent très largement diffusés, on le sait, l'un des futurs animateurs de Libération, Jean Texcier pouvait écrire : « Qu'on n'aille pas s'imaginer en haut lieu qu'il s'agit d'un chahut ordinaire et qu'une semonce du recteur, la fermeture des Facultés, la mise en surveillance policière, la prison suffiront à faire rentrer tout ce monde dans l'ordre. Trop tard ! Le gouvernement prétendait faire appel à la jeunesse pour étayer et animer l'ordre nouveau. Il lui a suffi de prononcer le mot de "collaboration" pour recevoir sa réponse. C'est avec son sang qu'elle a écrit "Non" sur la place de l'Etoile. » De même, quand, dans sa préface au livre d'Auguste Copin *L'Aurore se lève au pays noir*, Jacques Duclos évoquera son expérience de l'époque, il pourra remarquer : « Lorsque, le lundi 25 mai 1941, la grève fut lancée au poste du matin du puits 7 de Dourges, à Montigny-en-Gohelle, qu'elle s'étendit le jour suivant à l'ensemble du Pas-de-Calais et se développa ensuite dans le département du Nord, elle était le résultat d'une somme énorme d'efforts, d'héroïsme et d'abnégation. La grève des mineurs fit l'effet d'un "coup de tonnerre". Elle associait étroitement les mots d'ordre revendicatifs à des mots d'ordre patriotiques. Les mineurs, en écrivant sur les berlines "Pas de ravitaillement, pas de charbon", défendaient leur pain et celui de leur famille, et en écrivant "Pas de charbon pour les boches", ils lançaient en quelque sorte une déclaration de guerre aux occupants nazis. » Or cette manifestation ni cette grève n'étaient des phénomènes isolés. Pendant les mois qui les séparent, on trouve de nombreux autres exemples d'actions publiques qui, pour n'avoir pas eu la même ampleur et le même retentissement, n'en sont pas moins aussi significatifs. Ainsi celle — certes limitée mais combien caractéristique — que nous raconte Alcide Morel et qui se déroula à l'initiative de Raymond Burgard dont on sait quel fut le martyre ultérieur sous la hache du bourreau de la prison de Cologne... « Le premier dimanche de mai 1941, nous dit Morel, pour la fête nationale de Jeanne d'Arc, derrière Raymond Burgard un certain nombre d'entre nous étions allés jusqu'à la statue. En arrivant dans la rue des Pyramides, nous avons vu qu'il y avait déjà une assez grande foule, beaucoup plus de gens que nous ne l'aurions pensé. Alors, au coude à coude, nous avons formé un groupe compact d'une cinquantaine et nous nous sommes avancés jusqu'à la statue en criant : "Résistance ! Résistance !". Sur le terre-plein, Burgard a levé sa canne et nous avons tous entonné *La Marseillaise*... Autour de nous, les gens ont repris en chœur. Puis nous avons improvisé un défilé au cours duquel des gens ont jeté des fleurs au pied de la statue. Surprise, la police française n'a pas réagi et nous ne nous sommes disloqués que lorsque nous avons vu arriver un détachement allemand... L'écho de notre manifestation a été multiplié par l'article que Marcel Déat a fait dans *L'œuvre* pour la stigmatiser. »

On ignore trop souvent que les formes les plus diverses de manifestation furent utilisées, certaines même dont on aurait pu penser que la clandestinité, la présence de l'occupant, etc. les rendaient impossibles. Ainsi arriva-t-il que la Résistance lance des pétitions publiques... Exemple : ce tract très largement diffusé par les MUR (Mouvements unis de résistance) au début de 1943 et qui s'intitulait *Référendum national contre Vichy à partir du 15 février 1943*. Un tract où les résistants des « mouvements » déclaraient : « Le moment est venu, pour la Nation, de signifier aux fantômes de Vichy, à Pétain et à Laval, que la France refuse d'être représentée par un gouvernement usurpateur. (...) Le moment est venu de hurler que la France veut se battre contre l'ennemi pour la Liberté et pour la République. N'attendez pas à demain, faites aujourd'hui même votre devoir ! Aucune dictature ne peut faire taire le peuple si elle se heurte à l'union. Ecrivez tous à Pierre Laval ! Le texte que vous avez sous les yeux est diffusé à des centaines de milliers d'exemplaires. Il atteindra des millions de Français si vous le recopiez, à la main ou à la machine, et le distribuez à vos amis et connaissances, en leur recommandant de faire de même. (...) N'oubliez pas que votre lettre, ajoutée à des millions d'autres, va avoir une portée historique : Laval saura combien de Français le condamnent, Pétain saura combien de Français le renient, les nazis sauront combien de Français les haïssent, les Nations Unies sauront combien de Français les attendent, le monde saura que les Français, à l'appel du général de Gaulle, ont choisi le parti de la Résistance. Sans distinction d'opinion et dans un même espoir, faites votre devoir de Français ! A partir du 15 février 1943, participez tous au plébiscite national contre Vichy ! ». Et le tract proposait de rédiger ainsi la *Lettre ouverte à Pierre Laval :* « Monsieur Laval, vous avez osé souhaiter la victoire de l'Allemagne. Vous savez que le pays, lui, souhaite tout entier la défaite de Hitler. Vous savez que tous les Français ont la certitude que 1943 sera l'année de la Libération, qu'ils sont impatients d'accueillir le général de Gaulle et les armées libératrices. Car la France, ce n'est ni vous ni votre Maréchal. Vous avez trahi la volonté souveraine de la Nation, volé le pouvoir, assassiné la République. Vous avez trahi la Patrie en juin 1940. Vous avez livré nos stocks, nos richesses, nos ouvriers.

Vous avez fait arrêter, emprisonner, laissé fusiller les patriotes. Pierre Laval, il n'y a pas de "double jeu". Il n'y a pas de retournement possible. Il n'y aura pas de pardon ! ». Et les MUR invitaient leurs sympathisants à signer simplement cette lettre « Un patriote ».

Une vague de grèves

Les résistants recourent d'autant plus fréquemment aux démonstrations de masse qu'ils savent à quel point elles impressionnent les hitlériens et les vichystes. Dans l'hebdomadaire communiste *France Nouvelle* paraissant à Alger, en mars 1944, André Marty rapporte : « Le misérable Bussière, Préfet de police de Paris pour le compte de la Gestapo, a écrit à ses maîtres au lendemain du 11 novembre : "L'ordre de cessation du travail à onze heures du matin a été suivi dans la presque totalité des entreprises de la région parisienne. On peut affirmer que le mot d'ordre de grève générale insurrectionnelle sera exécuté à la lettre s'il est lancé"... ». A la même époque, le 2e Bureau de l'état-major national FFI concluait sa *1re synthèse de renseignements* publiée le 15 décembre 1943, en constatant « l'apparition de nombreuses grèves couronnées de succès et la crainte que les Allemands marquent des actions de masse ainsi qu'en témoigne la répugnance qu'ils ont montré à intervenir. » Parce que certains résistants avaient parfois tendance à faire de leur clandestinité un monde à part et aussi, surtout plus tard, pour des raisons politiques, on a trop souvent sous-estimé cet impact grandissant des manifestations et surtout des grèves. Pourtant, lorsque, plus de trente ans après, on essaie de parcourir d'un seul regard la période qui précéda le débarquement allié puis celle qui mena à la Libération, on voit littéralement grossir puis déferler une vague de grèves dont la diversité et la puissance sont des facteurs considérables d'évolution de la situation... Le 5 janvier 1944, la CGT clandestine, dont la réunification a renforcé l'audience et la combativité, lance un appel où elle souligne que « l'heure est propice aux actions multiples et d'ensemble ». Dans ce texte, on trouve aussi un bilan impressionnant. « Chez les mineurs, y lit-on, ce sont : la récente grève générale de soixante-dix mille gueules noires du Nord et du Pas-de-Calais, la grève des huit mille mineurs de la Saône-et-Loire, la grève perlée à La Mure, avec réduction de soixante-dix pour cent de la production, des grèves de puits dans les concessions de l'Aveyron et de la Loire. Chez les cheminots, les arrêts limités du travail, les manifestations, dépôts de cahiers de revendications, se multiplient. A Dijon, deux arrêts de travail ont déjà eu lieu pour arracher de la mort six cheminots condamnés par les boches. (...) Chez les métallurgistes, de nombreux et importants grèves et arrêts de travail se sont produits dans les usines de la région parisienne comme (...) dans les départements du Nord, de l'Isère, à Marseille, à Lyon, etc. Tous ces mouvements ont obtenu des résultats. Le congrès du syndicat du Métro (surface et souterrain) a décidé à l'unanimité la grève pour le 15 décembre. Les syndicats des cuirs et peaux de la région parisienne ont décidé une journée revendicative pour le 13 décembre. Ainsi se manifeste en une vague grandissante de grèves et d'actions revendicatives, la volonté des travailleurs de passer outre aux difficultés actuelles et malgré la répression, l'Occupation et la terreur, d'arracher de haute lutte leurs légitimes revendications. » Certes cette « vague grandissante de grèves et d'actions revendicatives » montre bien que, malgré les privations et l'oppression, un élan nouveau soulève le milieu ouvrier en 1943 et 1944, mais les résistants — et surtout, parmi eux, ceux dont l'expérience de militants syndicaux est alors particulièrement utile — savent bien qu'il ne faut pas se fier seulement à la spontanéité d'un tel mouvement et que la Résistance doit l'impulser, le coordonner, l'amplifier... En effet, comme le soulignent Jean Bruhat et Marc Piolot dans leur *Esquisse d'une histoire de la CGT* (*1895-1965*), éditée par la Confédération elle-même, cet élan nouveau « est le résultat d'une longue préparation. Le 2 juin 1944, dans une circulaire à toutes ses organisations, le Bureau confédéral de la CGT appelait les militants à se placer résolument "à la tête des masses pour le déclenchement et la conduite de la grève générale". Il y demandait notamment "de ne pas considérer que la grève générale et l'insurrection nationale peuvent surgir un beau jour d'un mot d'ordre donné. Elles ne peuvent être que le couronnement d'actions constantes qui se développent en quantité et en qualité, qui mobilisent les masses, les aguerrissent, leur permettent de perfectionner leurs organisations de combat et les préparent à la coordination de leurs efforts, à une action générale lorsque les circonstances rendent cette action possible et nécessaire (...). L'organisation est la base de la réussite de toute action, même et surtout d'une action générale."... ». Cet indispensable travail d'organisation était un travail difficile et qui réclamait beaucoup de persévérance. Le principal dirigeant du Parti communiste clandestin en zone Sud, Léon Mauvais, y insiste en nous disant : « L'une des plus grandes grèves de masse qui se soient produites est celle de Marseille, au printemps de 1944. Déjà, à la fin de 1943, nous avions eu des premiers mouvements dans la région marseillaise, surtout dans la métallurgie. Mais nous n'avions pas pu étendre les mouvements à cette époque dans cette région car, il faut le dire, nous n'étions pas encore prêts. Organiser des grèves dans la clandestinité, on doit se rendre compte que ce n'était pas très facile... Et, justement, il me paraît remarquable que le camarade qui était alors responsable dans la région marseillaise, André Lunet, ait pu, à la fin de 1943, tirer les enseignements de tous ces mouvements et nous dire qu'il était, à son avis, possible de préparer une grève générale à Marseille. Je me souviens qu'il avait même précisé que nous verrions apparaître les premiers mouvements en mars-avril 1944 et que, bientôt, le mouvement deviendrait général. C'est effectivement ce qui s'est produit, puisqu'il y a eu la grève générale en mai... Le malheur, c'est que deux ou trois jours après son déclenchement, vers le 26 ou 27 mai 1944, des bombardements ont eu lieu qui ont obligé nos camarades à donner la consigne de reprise du travail parce qu'il fallait participer aux déblaiements, etc. Ces bombardements aériens avaient fait énormément de morts dans la région marseillaise. Toutefois, il n'en reste pas moins vrai que cette grève générale avait pu être réalisée parce qu'elle avait été préparée avec minutie et persévérance, parce qu'il y avait eu tous les petits mouvements qui s'étaient élargis peu à peu pour aboutir à cette très vaste action. »

« En sourdine », les quatre premières notes de la « Cinquième Symphonie »

En vérité, même si certains résistants ne veulent pas en comprendre et mesurer la portée, on pourrait presque dire que la plus vaste et la plus durable des manifestations de masse en France contre l'occupant fut, de 1940 à 1944, celle qui, chaque soir, se déroula derrière les fenêtres soigneusement closes et les portes calfeutrées. Nous avons cité plus haut un rapport de la gendarmerie des Pyrénées-Orientales en octobre 1943. Souvenons-nous d'une de ses phrases : « La propagande radiophonique étrangère est écoutée en sourdine par la presque totalité de la population »... Très vite, en effet, au cœur des grandes villes comme dans les campagnes les plus reculées, dans des dizaines puis bientôt des centaines de milliers de foyers, l'habitude quotidienne fut prise de se mettre, malgré le « brouillage », à l'écoute des radios interdites et plus spécialement de celles que l'on pouvait capter le plus aisément, d'abord massivement la radio anglaise, la BBC, mais aussi Radio-Moscou... Immédiatement conscients du danger qu'elle représentait, les pétainistes et les hitlériens avaient pourtant multiplié les textes répressifs contre cette écoute ; mais rien n'y fit : ni la loi du 28 octobre 1940 qui punissait l'écoute publique de seize à cent francs d'amende et d'un emprisonnement de six jours à six mois, ni celle du 28 octobre 1941 qui visait aussi l'écoute privée et qui portait les peines de deux cents à dix mille francs d'amende et de six jours à deux ans d'emprisonnement, ni même l'ordonnance du 18 décembre 1942 qui prévoyait les travaux forcés et envisageait la peine de mort, ne purent empêcher le nombre des auditeurs d'augmenter sans cesse. La preuve en est que l'« Etat français » et les autorités occupantes durent se résoudre à tenter de combattre une propagande si bien accueillie par une contre-propagande intensive dont les vedettes furent Philippe Henriot et Jean Hérold-Paquis, dont nous savons qu'ils n'hésitaient pas à polémiquer ouvertement avec Radio-Londres dont ils supposaient donc les émissions connues de leur auditoire. Le fait vaut d'autant plus d'être noté qu'il fut l'un des aspects d'un phénomène beaucoup plus vaste. Après la Libération, en publiant les textes de l'un des speakers français de la capitale britannique, Pierre Bourdan, son éditeur pouvait écrire avec raison : « Parmi les moyens techniques mis en œuvre au cours des guerres mondiales du XXe siècle, aucun n'a modifié le visage humain de la guerre plus que la radiodiffusion ». Ultérieurement, les historiens les plus divers iront même plus loin en affirmant, avec Maurice Agulhon et André Nouschi, que « la France libre a commencé le 18 juin par un micro et le micro sera longtemps son arme principale ». Emboîtant le pas à André Siegfried, Dorothy Shipley White écrira même que l'« amplification mondiale du gaullisme n'aurait pu se produire sans l'immense audience de la BBC ». En 1973, lorsque Pierre Miquel publiera une des premières *Histoire de la radio et de la télévision*, il y notera à propos de Charles de Gaulle : « Depuis l'appel du 18 juin, le “général radio”, comme on l'appelait familièrement à Londres, devait affirmer d'abord sa présence sur les ondes en ralliant autour de lui les combattants de la France libre : immédiatement, la radio française de Londres devenait opérationnelle ». L'emploi du mot *opérationnelle* est ici d'autant plus juste qu'il n'y avait pas eu besoin d'attendre le recul historique pour en constater la vérité : c'est dès le 30 juin 1941 que, par exemple, Jean Guéhenno note dans son *Journal des années noires :* « La propagande inventive de Londres (...) a remarqué que le signe du V en morse était trois points, un trait, ce qui est d'autre part le rythme même de la *Symphonie héroïque* de Beethoven. Désormais ces quatre notes chantées, ces quatre coups frappés sont le signe du ralliement et de l'espérance dans l'Europe prisonnière ». Il n'est pas exagéré de dire que le fameux « Pom, pom, pom... pom ! » devient ainsi le véritable battement de cœur de tout un peuple. « Toute la population française, racontera plus tard Vercors, écoutait à la BBC l'émission *Les Français parlent aux Français* qu'annonçaient les quatre notes d'ouverture, plusieurs fois répétées, de la *Cinquième Symphonie* (...). Elle écoutait de Gaulle et son porte-parole dont le ton m'avait paru, les premières fois, pompeux, trop emphatique, puis, avec l'habitude, émouvant et persuasif. Parfois, gravissant l'escalier d'une maison où j'allais visiter quelqu'ami, j'entendais, à travers les portes successives, d'étage en étage, la même voix chaleureuse, de sorte qu'il me semblait faire du surplace. Les Allemands essayaient bien de brouiller les émissions ; mais on parvenait à les capter quand même à l'aide de cadres orientables, d'ailleurs parfaitement interdits. Je m'en étais fabriqué un en utilisant, avec un plaisir pervers, les dizaines de mètres de fil électrique noir abandonnés par les Allemands dans mon jardin. Je les avais enroulés autour d'un tabouret dont ils semblaient constituer un élément décoratif. » Les lamentations et la rage impuissante des occupants et de leurs serviteurs devant cet état de fait sont d'ailleurs édifiantes. Nous savons que, à la tête de l'agence *Inter-France*, Dominique Sordet est le mentor des petites feuilles de la

Collaboration qui ont fleuri en province. Dans ses archives, après la Libération, on a retrouvé des lettres que lui adressaient les directeurs de ces feuilles. Le 16 mars 1941, André Biard, patron de *Cherbourg-Eclair*, lui écrit par exemple : « Les idées de collaboration ont beaucoup de peine à s'établir dans nos populations qui sont très sensibles aux arguments de la radio anglaise... ». Trois jours plus tard, c'est Albert Guenon qui se plaint d'une « opinion surchauffée et trompée par la propagande anglaise », etc. De même, le 15 octobre 1943, dans *L'œuvre*, Marcel Déat vitupère « les émigrés en esprit, les intoxiqués de la Bibici ». Il semble même que le virus radiophonique pénètre jusque dans la machine de guerre allemande puisque, le 10 décembre 1942, Heinrich Himmler adresse à son chef d'état-major personnel, le SS-Obergruppenführer Karl Wolff, une note ainsi conçue : « Je prie que l'on parle au général Zeitzler du mauvais état d'esprit qui règne parmi les officiers de haut grade ainsi que de l'influence visible des mots d'ordre lancés par les radios étrangères et qu'on lui donne à entendre qu'il doit absolument faire un exemple. Il faut qu'un officier supérieur qui s'est rendu coupable à cet égard soit traduit en conseil de guerre et condamné à mort afin de juguler pour longtemps l'écoute empoisonnée des radios étrangères. »

Outre la BBC où l'on entend surtout le porte-parole du général de Gaulle, Maurice Schumann, et les protagonistes des *Français parlent aux Français* (Jacques Duchesne, Pierre Bourdan, Jean Marin, Jean Oberlé, André Gillois, Maurice Van Moppès, Pierre Dac, etc.), quelles sont donc ces « radios étrangères » dont l'« écoute empoisonnée » émeut tant Himmler ? Ce sont essentiellement Radio-Moscou, les émetteurs suisses de Radio-Sottens et Radio-Genève, Radio-Brazzaville, Radio-Alger et « La Voix de l'Amérique »...

Dans notre chapitre *Moscou*, nous avons déjà évoqué les émissions soviétiques en langue française. Ajoutons qu'en 1970, dans le n° 17 des *Cahiers de l'Institut Maurice-Thorez*, un ancien responsable de ces émissions, Youri Kozlovski, devait écrire : « Dès le début de la guerre, des communistes français présents à Moscou se mirent à collaborer à la rédaction française du Comité de la radio. (...) De 1941 à 1945, régulièrement deux fois par semaine, Jean-Richard Bloch parlait à Radio-Moscou. (...) Raymond Guyot, militant en vue du Parti communiste français et secrétaire général de l'Internationale communiste des Jeunes, consentit, lui aussi, à participer aux émissions destinées à la jeunesse et prépara les matériaux à cet effet jusqu'à son départ de Moscou. Parmi nos rédacteurs figurait encore un autre des dirigeants du Parti communiste français, Arthur Ramette ; il était chargé des émissions pour les paysans français. Tous les camarades français, sauf Jean-Richard Bloch, avaient pris des pseudonymes. (...) A partir de mai 1943, nous reçûmes régulièrement des commentaires mordants et combatifs sur les choses courantes de France. C'était Jean-Richard Bloch qui nous les apportait. Il disait que l'auteur était “un camarade français fort compétent” et l’émission se faisait sous les noms de “Pierre Gallois” et d’“André Lefranc” : c’étaient des pseudonymes habituels pour les auteurs français et certains auteurs soviétiques. D’après la profondeur, le style et le ton de ces commentaires, (...) on devinait qu’ils provenaient de la plume d’un militant dirigeant. Bientôt nous sûmes de qui il s’agissait. Vers la fin de 1943, “J.-R.B.”, comme disaient les Français, toujours friands d’abréviations, nous déclara avec joie : “Le camarade Maurice va venir sous peu”. »

Le 17 mai 1970, sous la photo d’un vieux monsieur souriant, aux cheveux plaqués et aux lunettes rondes, on pouvait lire dans *France-Soir* : « Dans de nombreuses villes de France, des plaques de rues portent le nom de René Payot, soixante-quinze ans, l’un des plus célèbres journalistes suisses, qui est mort vendredi à Genève. Ces plaques rappellent que pour les Français, il fut plus que le directeur du *Journal de Genève*. Pendant la guerre, en effet, sa voix apportait le réconfort aux nombreux auditeurs français qui écoutaient ses *Causeries au coin du feu*, le mercredi soir, sur les ondes de la radio suisse. Dans ces émissions, René Payot ne cachait jamais ses sentiments favorables aux Alliés et à la France. » Et dans l’ouvrage déjà cité d’Hélène Eck *La Guerre des ondes*, l’historienne suisse Geneviève Billeter, après avoir souligné la qualité des informations que savait se procurer René Payot, insiste sur son impact... « Les renseignements précis et la sobriété saisissante (...) avaient un effet inestimable, écrit-elle. Ils représentaient en eux-mêmes un réconfort et un soutien moral. Quand l’écoute était interdite, elle se poursuivait en cachette. C’est ainsi que pendant des années, la foule des auditeurs de René Payot ne cessa de grandir. »

« La lune est pleine d’éléphants verts »

Comme Radio-Moscou dans le chapitre *Moscou*, ajoutons que nous avons mentionné Radio-Alger dans le chapitre *Alger*, l’un de ceux qui y tinrent le plus fréquemment le micro, Jean Roire, nous a précisé comment, après que le CFLN se fut installé dans la capitale maghrébine, Radio-Alger, qui allait vite devenir l’« Office Radio-France » connut une très grande activité. « En ce qui me concerne, nous dit Roire, je présentais tous les mardis et tous les vendredis, très régulièrement, une revue de la presse clandestine. Le soir, je faisais les chroniques sur la guerre en évoquant les différents théâtres d’opérations. Mais je faisais aussi une émission qui s’appelait *Le front de France* et où je me souviens que je commençais toujours en disant : “Ici Alger... Ici Alger, Radio-France vous parle... Francs-tireurs et partisans, hommes et femmes engagés dans la lutte contre les boches, contre Vichy et la Milice, nous savons que dans la nuit du tant au tant... vos camarades de telle région... ont fait telle chose...”. Oui, nous donnions des informations très précises. »

A New York, où les émissions de « La Voix de l'Amérique » commencent au début de l'été 1942, Pierre Lazareff, l'ancien rédacteur en chef de *Paris-Soir* et futur directeur général de *France-Soir*, s'est entouré, entre autres, de Michel Gordey, Jacques Maritain, Philippe Barrès, René Etiemble, etc. En outre, ajoute son biographe Jean-Claude Lamy, « la belle voix d'André Breton est utilisée au mieux par Pierre Lazareff qui a fait du célèbre écrivain surréaliste son speaker vedette. Celui-ci, qui refuse seulement de parler du pape, lit les textes avec des intonations de tragédien... ». Une dramatisation qui n'a rien de ridicule, bien au contraire, tant elle est conforme au ton de l'époque. Dans toute l'Europe opprimée, les radios interdites exercent, sur ceux qui se cachent pour les écouter, une emprise magique. Et c'est à dessein que nous employons cet adjectif, car le phénomène échappe à l'explication purement politique... En Italie vit alors un garçon qui s'appelle Umberto Eco. Il a eu dix ans en 1942 et, un bon demi-siècle plus tard, dans son livre *Cinq questions de morale*, il se souvient... « L'oreille collée à la radio, écrit-il, les fenêtres fermées et le black-out général faisant de l'espace exigu autour de l'appareil le seul halo lumineux —, je passais mes nuits à écouter les messages de Radio Londres aux partisans. A la fois obscurs et poétiques (*« Le soleil se lève encore », « Les roses fleuriront »*), la majeure partie d'entre eux s'adressait « à ceux de Franchi ». (...) Franchi devint mon héros. Franchi, Edgardo Sogno de son vrai nom, était un monarchiste, tellement anticommuniste qu'après la guerre il rejoignit un groupe d'extrême droite et fut même accusé d'avoir collaboré à une tentative de coup d'Etat réactionnaire. Mais qu'importe ? Sogno restera toujours le Sogno de mon enfance. La Libération fut l'entreprise commune de gens de couleurs différentes. »

En présentant l'ouvrage *Les voix de la liberté... Ici Londres, 1940-1944* dont il a dirigé la publication, Jean-Louis Crémieux-Brilhac rappelle que, dans une de ses nouvelles, Elsa Triolet montre un de ses personnages « attendant l'instant où il pourrait se gaver des nouvelles de la radio anglaise, comme on attend une drogue qui endort la douleur ». Cette notation d'écrivain au détour d'une phrase soulève un problème beaucoup plus général : l'écoute des radios interdites a-t-elle aussi rempli une fonction littéralement analgésique, donc fatalement démobilisatrice ? A-t-elle joué un rôle d'alibi ? Certains résistants — et non des moindres — l'ont pensé et l'ont dit. Le 20 mai 1943, dans un des articles de *Défense de la France* qu'il signait Indomitus, Philippe Viannay s'écriait : « Français, quand donc comprendrez-vous que nous sommes en guerre, et que la guerre c'est autre chose que d'écouter la radio anglaise ! ». Or, trente ans plus tard, lorsque Claude Bourdet publie *L'Aventure incertaine*, il semble partager toujours l'avis de Viannay puisqu'il assimile l'écoute de la BBC « à un phénomène de "compensation" psychique qui permet de se satisfaire avec bonne conscience de sa propre passivité ». Certes cette opinion n'est pas sans fondement, surtout si l'on considère que la BBC fut le principal moyen de propagation de l'« attentisme », tantôt ouvertement, tantôt sous le couvert d'un lyrisme verbalement vengeur mais sans implications pratiques. Il ne faut toutefois pas exagérer cet aspect négatif, lequel apparaît bien mince si on le compare à tant d'apports positifs aujourd'hui reconnus comme tels par les tendances les plus diverses de la Résistance intérieure française. Sans la BBC, le monde entier aurait-il pu savoir aussi vite et aussi précisément qu'il y avait une Résistance en France ? Certainement pas... Car, comme le dit Madeleine Braun, s'exprimant en tant que cofondatrice du Front national pour la zone Sud, ce fut la radio anglaise qui, « informée de l'intérieur, répercutait au monde les événements bouleversants qui lui parvenaient ». Sans la BBC, tant de Français honnêtes mais encore abasourdis par la défaite et intoxiqués par le mythe du Maréchal auraient-ils découvert puis admis, puis soutenu la lutte des clandestins ? On peut en douter car on ne peut pas douter que, soir après soir, la radio anglaise ait apporté à ses auditeurs la confirmation non seulement de l'existence mais de l'audace et de l'héroïsme des résistants. La crédibilité dont bénéficia ainsi le combat clandestin fut d'ailleurs considérablement renforcée par les fameux « messages personnels », ces petites phrases mystérieuses dont la diffusion même confirmait l'existence d'une organisation secrète en plein fonctionnement. Ces étranges « messages » dont Dominique Decèze a étudié la nature et l'importance dans un ouvrage mentionné plus haut et auquel il a précisément donné pour titre le texte de l'un d'entre eux : *La lune est pleine d'éléphants verts*... Enfin, comment ne pas reconnaître que les menaces précises que la BBC lançait et répétait régulièrement contre tel ou tel « collabo », ne furent pas pour beaucoup dans l'épidémie de « trouille » dont on sait qu'elle fit des ravages croissants parmi les serviteurs de l'ennemi au fur et à mesure qu'approchait la Libération ?

D'ailleurs, la Résistance rêva jusqu'à la fin de pouvoir disposer d'un émetteur bien à elle installé sur le sol national. On s'en préoccupa au BCRA en essayant, comme le dit le colonel Passy, de procéder « sur le plateau du Vercors, à la construction d'un poste émetteur puissant » ; on s'en préoccupa chez les FTP ainsi que le prouve la brève, mais réelle, mise en service de « Radio-Quercy », dans les tours médiévales de Saint-Laurent à Saint-Céré, dans le Lot, durant l'été 1944.

La triple fonction d'informer l'opinion publique sur la réalité de la Résistance, d'aider cette Résistance dans son combat et de démoraliser les partisans de la politique de Collaboration, cette triple fonction qui est, en grande partie, celle des radios interdites est aussi celle de la presse clandestine. D'ailleurs, il est fréquent que les unes reprennent les informations de l'autre et vice-versa. Ainsi, parlant d'une des plus célèbres feuilles clandestines, *Combat*, dont il fut le premier rédacteur, Georges Bidault, successeur de Jean Moulin comme président du CNR, pourra-t-il nous dire : « Je remplissais les quatre petites pages imprimées qu'il y avait à remplir... Les camarades lisaient ça pour se remonter le moral, en supplément à la BBC. » Dans les pages qui précèdent, nous avons été amenés à citer plusieurs dizaines de titres de journaux clandestins. Nos lecteurs ont donc déjà pu se convaincre de l'importance du phénomène que représenta la presse — sans doute se souviennent-ils, par exemple, d'Henri Frenay expliquant que « *Combat* avait tiré son premier numéro à dix mille exemplaires ; en mai 1944, le tirage était monté à deux cent cinquante mille ». Deux cent cinquante, oui, deux cent cinquante mille exemplaires clandestins de la Résistance intérieure française. Pour y insister toutefois, nous ne saurions mieux faire que de citer un manuel publié, en français, aux Etats-Unis, en 1949, et qui, sous le titre *Les Ecrivains de la liberté*, s'assignait comme tâche de faire connaître aux étudiants américains les textes de la clandestinité ; son auteur, Edouard Bourbousson, écrit en effet textuellement : « A côté des forces militaires de la Résistance, appelées les Forces Françaises de l'Intérieur (FFI), qui se spécialisaient dans le combat à corps armé et dans le sabotage, la presse clandestine en France a été d'une utilité dont on ne saurait assez estimer l'importance. De même que les parachutistes ou les troupes d'assaut, à l'heure décisive de l'offensive, doivent voir les fortifications du terrain qu'ils vont conquérir déblayées par un barrage d'artillerie et par des bombardements d'aviation, de même les troupes d'assaut souterraines de la Résistance doivent être préparées, soutenues et encouragées par une presse clandestine. » Et Bourbousson ajoute : « On est arrivé à compter jusqu'à quatre cents journaux clandestins en France pendant l'occupation allemande ». Là, malgré son sympathique enthousiasme, il sous-estime, car, si l'on en croit le *Catalogue des périodiques clandestins diffusés en France de 1939 à 1945 suivi d'un catalogue des périodiques clandestins diffusés à l'étranger* que la Bibliothèque nationale édita en 1954, le nombre exact de titres clandestins recensés dépasse largement le millier puisqu'il est de mille cent six...

Plus de mille titres dans la presse clandestine

Un tel chiffre peut aujourd'hui apparaître comme trop important pour ne pas être exagéré et l'on serait presque tenté de s'interroger sur sa réalité si l'on ne savait qu'il s'explique par la façon dont la presse clandestine fut, à toutes les époques et à toutes les étapes, intimement mêlée au fourmillement d'initiatives qui caractérisa l'évolution de la Résistance. Comme nous le dit Claude Bellanger, dont on sait que les travaux en la matière ont été pionniers et restent incontournables, « le premier réflexe des gens qui se réunissent à deux ou trois pour entrer dans la Résistance et qui se disent : il faut faire quelque chose, ce premier réflexe, c'est de sortir un tract. D'abord, on ne pense pas à dire un journal. C'est un tract, tout simplement. Et puis on fait des séries de tracts... Et la métamorphose s'accomplit. Mais je connais très peu de gens qui se soient dit, dès le début, je vais faire un journal... » Le futur président de la Fédération de la Presse, Albert Bayet a très bien décrit, dans *Pétain et la Cinquième colonne*, publié dès octobre 1944 par les Editions de *Franc-Tireur*, la vivifiante prolifération de ces feuilles clandestines qui semble paradoxalement tirer sa vigueur de la contradiction apparente entre la multiplication des nouvelles parutions et les difficultés souvent héroïques qu'impliquent ces parutions. « Bientôt, écrit Bayet, des journaux paraissent "quelque part en France" : C'est *Combat, Libération, Franc-Tireur, Le Père Duchesne, La Marseillaise*, c'est *l'Humanité*, c'est *Le Populaire*, c'est *La Voix du Nord*, c'est *Lorraine*, c'est *L'avenir*, c'est *La vie ouvrière*, c'est *Résistance*, c'est *Défense de la France*, c'est *L'Université libre*, c'est *Le MOF*, ce sont *Les lettres françaises, Les cahiers du Témoignage Chrétien, La France libre, La nouvelle République, etc.* Pauvres petits journaux à l'origine ! On n'a pas de papier, pas d'argent, pas de locaux. Il faut travailler dans des imprimeries où l'on risque, à chaque instant, d'être pris. Pour les rédacteurs, comme pour les typos, il faut des prodiges d'ingéniosité. Tout de même, on arrive à "sortir". Et alors commence l'autre tâche, ce que l'argot de la Résistance appelle la "propa-diffu". Grâce à des transporteurs qui risquent leur vie ou leur liberté, les journaux clandestins s'en vont par les villes et par les villages les plus reculés, les hameaux. Là, portes closes, on les lit comme jamais journaux n'ont été lus en France. On a comme une joie sensuelle, tandis qu'au-dehors la pétainerie s'étale sur les murs, hurle sur les tréteaux, à lire enfin en noir sur blanc : "Un traître, Pétain ; un Français, de Gaulle". On savoure les messages de Churchill, de Staline, de Roosevelt. (...) On lit, les yeux humides et les poings serrés, la lettre suprême de Gabriel Péri, la lettre suprême de Jacques Decour, les récits d'exécutions d'otages, de tortures infligées aux gaullistes, communistes, terroristes, l'assassinat de Victor Basch. On se penche avidement sur les textes qui apportent les raisons d'espérer, qui analysent la situation militaire, qui réfutent les bobards hitlériens (...). Et, peu à peu, sous l'appel du public, il y a une "presse de la Résistance" qui devient une grande presse touchant des millions de Français ; elle finit par se fédérer, à Paris, sous le nez des Allemands, dans la "Fédération nationale de la Presse clandestine" qui tient régulièrement ses séances et prépare l'abolition de l'ignoble presse vichyste, la parution, au jour J, de la presse patriote. » S'il en parle si bien, sans doute est-ce parce qu'Albert Bayet, vieux républicain, professeur à la Sorbonne devenu le clandestin « Dumont », était lui-même un des animateurs de cette « Fédération nationale de la Presse clandestine » (FNPC) dont il devait, nous l'avons dit, présider l'émanation légale après la Libération... La FNPC était en fait née de la fusion de deux organismes préexistants : la « Commission de la Presse clandestine » créée par les grands « mouvements » et la « Commission de la presse », émanation du CNR via le CGE (Comité général d'études), parfois appelé « Comité des experts », créé en juillet 1942 par Jean Moulin, sur proposition de François de Menthon pour être une sorte de Conseil d'Etat de la Résistance. Les deux « commissions » avaient vu le jour à l'automne de 1943 et leur fusion fut effective au début de 1944. Parmi les dirigeants de la FNPC, on notait entre autres, aux côtés d'Albert Bayet, des hommes tels que Jean Texcier, le docteur Marcel Renet, alias Jacques Destrée, Pascal Pia, Georges Altman, Claude Bellanger, Emilien Amaury, Francisque Gay, Pierre Corval, Albert Rigal, Robert Salmon, etc.

Dans le texte d'Albert Bayet que nous venons de citer, on aura peut-être remarqué qu'il est, au passage, question « des imprimeries où l'on risque, à chaque instant, d'être pris » et « des transporteurs qui risquent leur vie ou leur liberté ». L'insistance ainsi mise sur les périls particuliers encourus par les hommes et les femmes qui imprimaient (ou « ronéotaient ») et qui diffusaient les journaux de la Résistance est d'autant plus importante qu'on oublie trop souvent que, sans eux, il n'y aurait pas eu de presse clandestine. « C'est presque toujours les écrivains que l'on félicite pour le courage qu'ils ont montré en collaborant à la presse et aux éditions clandestines, pourra écrire, en 1948, François Mauriac. En vérité, le risque était minime. Tout le mérite était pour les imprimeurs, patrons et ouvriers, qui pouvaient à chaque instant redouter l'irruption de l'une ou de l'autre police dans leurs ateliers... » Ce que dit Mauriac des imprimeurs s'applique aussi aux diffuseurs. Le courage et l'ingéniosité dont ils durent faire preuve pour dissimuler et acheminer correctement l'encombrante « marchandise » qu'ils étaient chargés de livrer ont largement contribué à donner au combat clandestin sa spécificité. Prenons l'exemple de *l'Humanité* clandestine : entre septembre 1939 et août 1944, le tirage de ses trois cent seize numéros (cent vingt imprimés et cent quatre-vingt-seize ronéotypés) a dépassé, au total, les cinquante millions d'exemplaires, ce qui a nécessité l'emploi de plus de deux cents tonnes de papier... En 1954, dans ce qu'il intitule lui-même un « texte dramatique » : *Bataille pour l'Humanité*, Roger Vailland a dit le destin de ce papier... « *L'Humanité* clandestine, écrit-il, circule partout, dans le bidon du laitier, dans la boîte du plombier, dans une gerbe de lilas sur le vélo de la jeune fille (...), dans le panier du boulanger, dans la poche du tablier de la jeune fille, dans le sac à provisions de la ménagère, sous le fichu de la jeune fille... A l'heure de la sortie des usines, un cycliste pédale, parmi la foule des cyclistes. Il met la main dans sa musette — une musette parmi les autres musettes — et lance à la volée une graine blanche qui s'ouvre dans le vent et floconne doucement sur la foule : c'est le diffuseur de *l'Huma* clandestine qui passe... »

Toute cette floraison de journaux clandestins, leur diversité de contenu et de forme, l'étonnement et l'admiration qu'ils suscitèrent dans les pays alliés comme dans beaucoup de pays neutres où bientôt ils parvinrent régulièrement et où ils furent reproduits, édités, commentés, voilà bien un signe de la vitalité de la Résistance intérieure française. Et pourtant, si l'on peut dire, il y eut encore mieux, encore plus étonnant... Dès 1945, en effet, lorsque Robert Morel publie la première étude sur *La Littérature clandestine, 1940-1944*, après avoir fait l'éloge des « journaux clandestins » et constaté que, « par eux, au regard du monde, la France a espéré contre désespoir, attendu contre isolement, vécu contre mort », il estime pouvoir ajouter : « Mais ce qui est le plus remarquable, et ce que la France et le monde entier ont le devoir de reconnaître sans parti-pris, c'est l'importance inattendue non des journaux qui ont eu leurs pareils dans tous les pays occupés, mais des ouvrages, des brochures, des livres clandestins que nulle part ailleurs nous ne rencontrerons. Jamais nous n'avons assisté à une telle épopée. Jamais aucun pays n'a été jusque-là. » Certes cette appréciation mérite d'être doublement nuancée. D'abord parce qu'il faut préciser que parmi « les ouvrages, les brochures, les livres clandestins » qui assurèrent l'originalité française, une part primordiale revient à la poésie. Ensuite parce qu'il faut reconnaître que pour cette épopée de l'esprit que fut aussi la Résistance à l'occupant fasciste, des voix essentielles s'élevèrent également hors de France ; reconnaître qu'en Grèce, Thanasis Fotiadis sut « chuchoter les chants de notre espoir » ; qu'en Finlande, Elvi Sinervo sut proclamer qu'« il était encore temps d'allumer les feux contre l'obscurité » ; qu'en Albanie, Shevqet Musaraj sut dire comment « le monde (...) se rassemblait pour l'assaut contre les bourreaux » ; que le Hollandais Schuur Koos, et que le Danois Poul Sörensen, etc. Ces nuances apportées, l'appréciation de Robert Morel reste non seulement pertinente mais fondamentalement importante dans la mesure où elle souligne que ce fut dans notre pays que la participation des écrivains (et surtout des poètes, répétons-le) à la Résistance fut non seulement la plus évidente, mais à vrai dire la plus consubstantielle.

La poésie de la Résistance

Trente ans après Morel, en faisant paraître cet ouvrage majeur qui s'intitule *La Résistance et ses poètes*, Pierre Seghers peut affirmer qu'on a assisté ici à « une prise de conscience, le cœur d'un pays sonnant comme un tocsin pour appeler au feu, pour défendre l'homme dans son âme et son corps ». De même, Jean Marcenac, protagoniste, comme Seghers, de cette incandescente prise de parole, peut-il dire, pesant ses mots : « En ce temps-là, alors que tout nous fit défaut, la poésie devint pour nous la science du nécessaire. Dans le miroir de plomb des jours insupportables, elle a revivifié les images d'hier et de demain ; et nous avons connu par elle que la parole est de la même sorte que le pain... »

Mais avant d'aller plus avant en essayant de dire l'importance de la poésie de la Résistance, sans doute convient-il d'évoquer une controverse touchant à cette expression elle-même : « Poésie de la Résistance », à sa justesse, à la validité de son emploi ? Ayant depuis longtemps étudié cette question, Jacques Gaucheron publie en 1979 et fait rééditer en 1991 son livre *La Poésie, la Résistance*, un ouvrage qui n'est pas anthologique comme celui de Pierre Seghers *La Résistance et ses poètes*, paru cinq ans plus tôt avec le succès (et les rééditions) que l'on sait, mais qui se veut un essai historique et critique. Gaucheron y rappelle que, dès 1945, et dans *Les Lettres françaises*, Jean Pérus écrivait : « Rétablissons les perspectives vraies. Il n'y a pas de poésie de la Résistance. On veut par là suggérer l'idée d'une poésie d'une nature différente et particulière, surgie après 1940, sous le coup de l'Occupation, et disparaissant avec elle au lendemain de la Libération, sorte de parenthèse dans l'histoire de la poésie française. Une ride, en quelque sorte, à la surface de la poésie pure (...). Parler de poésie de la Résistance, c'est diminuer la Résistance et rabaisser la poésie. Il y a eu une poésie dans la France trahie, occupée et meurtrie, qui retrouva d'un coup sa grande fonction traditionnelle et fut la conscience d'un peuple soulevé contre les traîtres, les envahisseurs et les assassins. » Une quarantaine d'années plus tard, voici donc Gaucheron qui dénonce à son tour l'expression « poésie de la Résistance », se plaint qu'elle soit « commode et entérinée, hélas, par l'usage courant » et développe le point de vue de Pérus. « Il n'y a pas eu, affirme-t-il, de poésie de la Résistance, au sens où l'on voudrait, de façon caricaturale, le faire croire. Il n'y a pas eu de décision prise de sang-froid d'écrire des poèmes d'un type particulier. Ce qui est vrai, c'est que la poésie française a, comme il arrive lorsque les temps changent, développé une méditation sur ses propres raisons d'être. La poésie de la Résistance n'est rien d'autre que le visage que la poésie a pris, dans des conditions telles qu'il lui était nécessaire de se remettre en question (...). De plus, elle devait répondre, et elle le fit d'une façon très diversifiée, à un besoin de poésie qu'elle avait contribué à faire renaître, dans le contexte d'une situation où toutes les valeurs culturelles se sentaient menacées par une barbarie moderne. » Et, toujours selon Gaucheron, dans ce « besoin de poésie » on peut « discerner aussi bien une manière d'éluder, pour un temps, le dramatique des situations, aussi bien l'attente d'une réponse aux inquiétudes et le secours d'une remoralisation ». Dès lors, pour l'auteur de *La Poésie, la Résistance*, « la poésie française change de couleur, précisément parce qu'elle doit, de toute nécessité, se rattacher au réel vécu sous peine de perdre toute authenticité et toute efficacité. (...) La poésie de la Résistance, c'est tout simplement la poésie française qui avait pris la détermination de ne pas se taire ».

A la même époque, peu avant une mort brusque, le 23 août 1980, quelqu'un qui, comme Seghers est devenu, en tant que poète éditeur, un des hommes symboles de la Poésie de la Résistance, manifeste par deux fois des opinions qu'il faut ici, bien sûr, intégrer à la discussion. D'abord preuves à l'appui, ensuite la mémoire en bataille, Max-Pol Fouchet publie en effet une anthologie en 1978 : *Les Poètes dans la guerre*, et un livre de conversations, l'année suivante : *Fontaine de mes jours*. « La poésie était notre maquis » proclame-t-il en présentant un choix des poèmes publiés par la revue *Fontaine*, à Alger, aux temps cruciaux. Mais aussi, ajoute-t-il, « la petite flûte vers laquelle, parmi le fracas des bombes et les cris des suppliciés, tant de gens tendaient l'oreille » ; cela tout en insistant sur « l'audience accordée à la poésie, le mariage de celle-ci avec un peuple d'ordinaire indifférent, et du même coup, ne le cachons pas, l'importance de nos revues, dont les pages étaient des palimpsestes où les lecteurs déchiffraient la louange de la liberté, la certitude de la libération ». Puis un an plus tard : « Il fallait que les textes publiés répondissent à une exigence constante de qualité. La poésie devait exprimer l'événement, mais sans se laisser dominer par lui. La circonstance n'était pas anecdotique, donc la poésie ne pouvait se permettre de l'être. (...) Je voulais que la poésie publiée alors conservât ensuite toute sa valeur — autrement dit : qu'elle n'appartînt pas au genre “dernières cartouches”. Baudelaire, par sa diatribe contre Horace Vernet et la peinture militaire, me guidait. (...) Ainsi, pensais-je, la poésie gagnerait son éternité, les hommes de mon temps l'entendraient tel un chant de liberté aussi bien que les hommes futurs, puisque le même combat recommence sans cesse, et que la semence du dragon demeure. (...) Villon ne nous touche pas parce qu'il vécut au XVᵉ siècle, mais parce que sa *Ballade des pendus* est de notre siècle, de tous les siècles passés, présents et futurs, et qu'elle rejoint, non, se conjugue avec ce qu'écrivit Robert Desnos conduit au camp de la mort... ».

Alors, quelle expression choisir pour rappeler que, selon l'expression de Paul Eluard, en ce temps-là, « il fallait bien que la poésie prît le maquis » ? Poètes de la Résistance ? Poètes dans la Résistance ? Poètes et la Résistance ? A notre avis, dans la mesure où elle est si souvent conçue par ses auteurs et perçue par ses lecteurs comme une prise de position, un acte accompli face à l'occupant et à ses collaborateurs, la position étant évidemment celle du refus, l'acte se voulant une participation implicite ou explicite à l'action commune de ceux qui d'abord tentent de faire puis finalement « font quelque chose », il est difficile de contester la spécificité de la Poésie de la Résistance — une spécificité qui l'amène à occuper dans l'histoire littéraire de la France une position tout aussi spécifique que celle de la

Résistance elle-même dans son histoire politico-militaire. Phénomène aussi singulier qu'essentiel, aussi extraordinairement neuf qu'exemplairement intégré à la tradition. Certes réponse à un « besoin de poésie » mais tout autant besoin de répondre totalement à une oppression totalement intolérable... Enfin, cette expression « Poésie de la Résistance » bénéficie également d'un sens second qui ne saurait être négligé. Elle rappelle en effet que si l'époque historique de la Résistance fut héroïque et tragique, dramatique et prophétique, épique et politique elle fut aussi étonnamment poétique... Particulièrement poétique dans l'acception qu'à cette épithète avaient su imposer les surréalistes — et ce ne fut évidemment pas un hasard si tant de poètes de la Résistance étaient issus du surréalisme.

« L'air même était devenu policier » (Henri Michaux)

Mais écoutons, en chant commun, quelques-unes des dizaines de voix qui toutes sont uniques et qui se sont unies pour dire le « romancero » de la Résistance française...

« Le malheur m'a pris à la Flandre et m'étreint jusqu'au Roussillon » (Louis Aragon). « O pays nommé France en tombeau transformé » (Jean Tardieu). « La nuit tomba plus lourde » (Georges Hugnet). « Tous mes amis sont morts ou bien sont en prison » (Edith Thomas). « Il fait dans ta poitrine un froid de neige » (Pierre Reverdy). « Les migrations de crabes sur la terre, l'écume aux lèvres et la clef haute » (Saint-John Perse). « Les pensées, les propos étaient mitraillés. L'air même était devenu policier » (Henri Michaux). « Dans ce camp où s'émoussent toutes les épouvantes » (Maurice Honel). « L'esprit jeté au linge sale » (Benjamin Fondane). « Les cochons lâchés ont dévoré l'hostie » (André Frénaud). « Ils ont rempli de sang la mairie et l'église » (Pierre Jean Jouve). « Alors que le sang blêmit sur les murs des prisons » (Michel Leiris). « La meute sauvage a pénétré dans le sang » (Tristan Tzara). « Les traqueurs de sang noir à travers notre peau » (Eugène Guillevic). « Ce pain de sang séché rebute les affamés les plus conciliants » (Noël Devaulx). « Croit-il encore farcir ses boudins par trop rances avec le sang des gars qu'on fusille à Paris ? » (Robert Desnos). « Ce sang ne sèchera jamais sur notre terre et ces morts abattus resteront exposés » (Pierre Emmanuel). « Les marronniers en sang ne se faneront pas » (Alain Borne). « Le sang lourd des libres a rougi l'or de mes blés comme une levure » (Loys Masson). « Sur les murs, il y a des cris » (Madeleine Riffaud). « Le bourreau qui vous tue fait renaître des hommes » (Gabriel Audisio). « Ma cervelle allumée et je ne puis l'éteindre » (Jules Supervielle). « Le poète, susceptible d'exagération, évalue correctement dans le supplice » (René Char). « Forgeron de l'obscur aux lèvres éclatantes » (Jean Marcenac). « Le bruit énorme des paroles » (René-Guy Cadou). « Ma plume devrait être arme à feu, mes paroles des balles » (Ilarie Voronca). « Le jour de la colère a sonné dans les bois » (Jean Cayrol). « Ceux qui n'ont pas peur de mourir saluent ceux qui bravent le destin » (Philippe Soupault). « Puisque l'espoir sort des pavés, sort des fronts et poings levés, nous allons imposer l'espoir » (Paul Eluard). « Le droit pour les hommes à l'espoir de choses absolument inouïes » (Francis Ponge).

Bien qu'il s'agisse d'un volume composé *mezzo voce*, écrit avec un apaisant souci du détail, la spécificité de la Poésie de la Résistance apparaît encore plus clairement à qui, en 1982, ouvre, mieux qu'un livre, une sorte de dossier minutieusement recueilli, préparé, présenté, commenté, enrichi par Lucien Scheler. Un volume édifié à partir des lettres que, sous l'Occupation, échangea un poète et journaliste très actif, mort quelques années après la guerre et assez injustement oublié, Louis Parrot, avec son ami Paul Eluard. Une correspondance tellement inséparable des activités clandestines, que finalement l'ouvrage réunit aussi bien divers documents d'époque que des souvenirs, des poèmes, des missives au ton miraculeusement familier écrits par des gens tels que Joseph Delteil ou Aragon, Pierre Reverdy ou André Gide, René Char ou Pascal Pia, Pierre Emmanuel ou Max-Pol Fouchet, Joë Bousquet ou Pierre Seghers, Max Jacob ou Jean Amrouche, Georges-Emmanuel Clancier ou Albert Béguin, etc. Une immersion dans l'intimité intellectuelle et l'inquiétude quotidienne, mais aussi dans *La Grande Espérance des poètes, 1940-1945*, ainsi que Scheler intitule ce surprenant bouquin. On y côtoie la plupart de ceux qui sont et font *L'Honneur des poètes* (titre de la fameuse anthologie publiée en 1943 par les Editions de Minuit) et de ceux qui sont et maintiennent *L'Intelligence en guerre* (titre du volume que Louis Parrot a consacré en 1945 à la Résistance des intellectuels)... Ceci au sens large des termes. « C'est essentiellement autour des activités clandestines de Paul Eluard, de Louis Parrot et de leurs amis que s'organise le présent livre, rappelle l'auteur de *La Grande Espérance des poètes*, mais il m'arrivera parfois, à propos d'une opération précise de citer tel ou tel compagnon de route, à titre d'exemple dirais-je ou tout simplement par une sympathie soucieuse de se manifester à l'égard d'oubliés dont le nom et l'action auront peut-être ainsi chance de survie. Tels furent par exemple le petit père Cognet et son épouse, qui, dès août 1940, contribuent de leur échoppe de bouquiniste, rue de Seine, à diffuser de Jean Texcier *Conseils à l'occupé*, première brochure clandestine, et en octobre suivant *Pantagruel*, périodique qui aura seize numéros et que dirige le premier des journalistes résistants, Raymond Deiss. Cousin d'Edith Thomas qui collaborera aux Editions de Minuit et chez qui se tiendront, de février 1943 à août 1944, les réunions clandestines du Comité national des écrivains, Raymond Deiss sera arrêté en octobre 1941 et décapité à la hache, le 24 août 1943, dans la prison de Cologne. » Le nom de Deiss vient ici à point nommé car ce journaliste est la victime posthume d'une injustice très comparable à celle faite à Parrot.

Sans le dire explicitement, Scheler participe évidemment au débat sur les rapports de la poésie et de la Résistance, et son témoignage paraît plutôt pencher pour la spécificité de l'époque. Mais ce débat, il l'élargit singulièrement en suggérant de ne plus se perdre en vaines querelles, mais de s'alarmer que la Poésie de la Résistance soit, elle aussi, attaquée par le révisionnisme ambiant. Ainsi lorsqu'il écrit : « “La poésie a le visage de la vérité”, disait Eluard et c'est bien la poésie qui se dresse ici tout entière face au mensonge et à l'infamie. C'est elle qui galvanise, même à son insu, le plus humble des résistants dont la tâche héroïque tend à sauvegarder des prédateurs “les réserves de songes de la terre”. Les poètes, dont le nombre d'ailleurs se multiplie durant toute l'Occupation, concrétiseront et magnifieront cette exaltation fraternelle sous formes de poèmes qui, propagés dans les foyers et les maquis par les diffuseurs de publications clandestines, seront, en tous lieux, lus et commentés dans l'enthousiasme. Cependant, et au nom de la poésie même, ceux qui s'érigent en juges ont condamné la quasi-totalité de la production poétique suscitée par la Résistance, les poèmes d'Eluard étant, à peu de chose près, les seuls à avoir trouvé grâce devant eux... ». Et Lucien Scheler de souligner que « le tragique de notre destin et la quête d'un “ailleurs” inaccessible, au même titre que leurs autres poèmes conditionnent ceux que Saint-John Perse, Jouve, Michaux ou René Char, par exemple, consacrèrent à l'événement. (...) Ces poètes, à communier dans la douleur avec les patriotes, pas plus qu'ils n'ont dérogé, n'ont sacrifié à la conjoncture. (...) En quoi le thème motiverait-il la non-valeur des œuvres ? »

Le Poulidor du Surréalisme et son « déshonneur des poètes »

Lorsque Lucien Scheler parle de « condamnation », de « non-valeur », hélas non, il n'exagère pas. Il exagère d'autant moins que cette condamnation, voire cette négation (faire comme si elle n'existait pas) de la Poésie de la Résistance n'est pas seulement le fait de critiques et d'historiens, mais de poètes aussi... C'est en mars-avril 1989 que le bimensuel dirigé par Pierre Nora chez Gallimard, *Le Débat*, consacre son n° 54 au thème *Questions à la littérature*. Sous ce titre, quatre sous-titres, dont *Absence de la poésie ?*. En résumé, la revue part du constat que « la poésie, en tant que telle, n'a plus la présence sociale et le rayonnement public qu'elle avait encore en France, par exemple, au lendemain de la guerre » et elle demande à dix poètes comment ils « comprennent les causes du phénomène » et quelles peuvent en être les conséquences. La référence « au lendemain de la guerre » aidant, quatre des sollicités vont faire allusion au sujet qui nous intéresse, tandis que Yves Bonnefoy, André du Bouchet, Jean-Pierre Colombi, Philippe Delaveau, Marcelin Pleynet et Jean Grosjean ne l'aborderont pas... Jacques Réda est le plus bref : il cite la « rhétorique opportuniste de la Résistance » parmi les « autres genres d'éloquence » auxquels il estime que « le refus verlainien de l'éloquence » a laissé place. Aussi sombre est l'image que renvoie le rétroviseur de Jacques Dupin : « Vous parlez du rayonnement de la poésie au lendemain de la guerre. Pour ma génération, ce fut un moment sinistre. D'un côté, la cavalcade et le débordement de la rose et du réséda, des cadences composées pour la nuit et le coude à coude de la Résistance. Mais qui, à ciel ouvert, s'étiolaient, sonnaient le creux, perdaient le souffle... Et de l'autre côté, le reflux des ultimes fleurs harassées du surréalisme, les reliefs d'un festin ancien (...). Les poètes de leur vivant (...) n'atteignent un large public, un retentissement que sur un malentendu. Malentendus, le populisme, la légende et l'exil de Victor Hugo ; l'officialité mondaine de Valéry ; la provocation et le brouhaha surréalistes ; l'engagement des poètes de la Résistance... ». Pourquoi Jacques Roubaud, qui a, quant à lui, une connaissance familiale de la Résistance, souhaite-t-il « qu'il n'en soit plus jamais ainsi » ? Parce que, s'il est vrai que « l'époque de la Résistance en France » ou « le moment contemporain (et depuis très longtemps) dans les pays dits "socialistes" » ont été « "des moments historiques" où la poésie a été lue et entendue », selon lui, « il s'agissait, dans chaque cas, de situations où les modes ordinaires d'expression libre étaient impossibles, et où la poésie se chargeait de dire ce qui ne pouvait pas se dire autrement. La faveur de la poésie était inextricablement liée aux malheurs des peuples. » Alphabétiquement le dernier des quatre, Claude Roy est le seul des dix poètes interrogés par *Le Débat* à avoir participé à la Poésie de la Résistance. Il n'est pas surprenant qu'il soit aussi le plus complet et le plus explicite. A ses yeux, la « place habituelle » et la « fonction traditionnelle » de la poésie sont d'être « une marginale, une clandestine, une demoiselle qui va pieds nus, parle à mi-voix », toutefois « il arrive que la poésie, par intermittences (et relativement rarement) coïncide avec des mouvements sociaux et des circonstances historiques qu'elle excite, suscite, répercute ou amplifie ». Telle fut la poésie de la Résistance qui, toujours selon Claude Roy, « a pour modèle la poésie de la guerre d'Espagne, et pour projet l'idée que les poètes communistes ou communisants se faisaient du rôle réel de Maïakovski en Russie (idée assez fausse, on le sait aujourd'hui). C'est la rencontre d'abord de deux bons ou grands poètes communistes avec la défaite et l'Occupation, la réponse que *Le Crève-cœur* apporte au désastre, et cet *Honneur des poètes*, qualifié par Péret de *Déshonneur des poètes*, qui va "mobiliser" marxistes et chrétiens, surréalistes hétérodoxes et compagnons de route, Eluard et Pierre Emmanuel, Char et Supervielle, Guillevic et Cayrol. Quand le "cauchemar de l'histoire" semble s'apaiser, quand les choses rentrent dans "l'ordre" du désordre banal, des petits bonheurs au petit bonheur des jours, du malheur quotidien et des vies privées (...) la poésie (...) redevient ce qu'elle est le plus fréquemment... ».

C'est sans commentaire que Claude Roy écrit « cet *Honneur des poètes*, qualifié par Péret de *Déshonneur des poètes* ». Le trop facile jeu de mots a pourtant connu une telle fortune qu'il faut bien en dire un mot... Certes, si l'on raisonnait comme son auteur, on pourrait dire que le Poulidor du Surréalisme lui doit la plus grande part de sa petite renommée. Et, si l'on suivait sa propre inclination, on aurait plutôt envie de réagir comme Pierre Seghers qui, en 1974, ne lui consacre que moins d'un onze millième (1/11 000e) de son livre *La Résistance et ses poètes* ; sur 661 pages, pas tout à fait 2 lignes 1/2 : « Seul au Mexique, ne courant d'autre risque que de n'être pas compris, Benjamin Péret s'élèvera contre "le déshonneur des poètes". Restons-en là... ». On en aurait d'autant plus envie que c'est quand même de l'auteur du *Grand Jeu* et de *Dormir dormir dans les pierres* qu'il s'agit, de celui qui aima Yves Tanguy et sa peinture ; de celui qui fit un livre avec Eluard, une pièce avec André Breton et Desnos, un livre aussi avec Aragon ; de celui dont ce dernier, dans *Une vague de rêves*, écrivit : « Benjamin Péret, aux belles cravates, un grand poète comme on en fait plus, Benjamin Péret qui tient en laisse une baleine, ou peut-être un petit moineau », etc. Oui, mais également celui qui sur *honneur* et *déshonneur* a fait ce pauvre jeu de mots. Essayons de comprendre... Ce que l'auteur de *Mort aux vaches et au champ d'honneur* reproche à ses anciens amis regroupés dans l'anthologie clandestine des Editions de Minuit par leurs fondateurs Vercors et Pierre de Lescure, ce n'est pas de publier sous l'Occupation ni de préférer, si l'on peut dire, le stylo à la mitraillette mais de considérer la poésie comme une arme et de l'utiliser comme telle. « Pas un de ces "poèmes", vitupère Péret, ne dépasse le niveau lyrique de la poésie pharmaceutique et ce n'est pas un hasard si leurs auteurs ont cru devoir, en leur immense majorité, revenir à la rime et à l'alexandrin classiques. La forme et le contenu gardent nécessairement entre eux un rapport des plus étroits et, dans ces "vers", réagissent l'un sur l'autre dans une course éperdue à la pire réaction. » Et le futur auteur des *Rouilles encagées* proclame aussi : « Les ennemis de la poésie ont eu de tout temps l'obsession de la soumettre à leurs fins immédiates, de l'écraser sous leur dieu ou, maintenant, de l'enchaîner au ban de la nouvelle divinité brune ou "rouge" — rouge-brun de sang séché — plus sanglante encore que l'ancienne. Pour eux, la vie et la culture se résument en utile et inutile... » Sans oublier le passage où celui qui, une douzaine d'années plus tard, publiera *Le Gigot, sa vie et son œuvre*, semble s'en prendre plus particulièrement à Eluard : « Tout "poème" qui exalte une "liberté" volontairement indéfinie, quand elle n'est pas décorée d'attributs religieux ou nationalistes, cesse d'abord d'être un poème et par suite constitue un obstacle à la libération totale de l'homme, car il le trompe en lui montrant une “liberté” qui dissimule de nouvelles chaînes. » Ici, on notera qu'au moment où Benjamin Péret écrit cela, son douteux à-peu-près sur le « rouge-brun de sang séché » ne peut être perçu que comme faisant référence au sang qui effectivement alors finit à peine de sécher sur le bois des poteaux d'exécution et la pierre des murs de prison, de même que la « liberté » qu'il brocarde ne peut pas ne pas faire penser à celle qu'au même instant retrouvent les survivants des camps de la mort — ainsi est-ce quand on les remet dans leur contexte que certains propos peuvent devenir parfaitement insupportables...

Tristan Tzara et Pierre Emmanuel

Lorsque l'apostrophe frise ainsi l'insulte, on peut s'interroger sur la légitimité de l'insulteur : quelle est l'exemplaire conduite qui fonde le droit que prend Péret d'injurier Vercors et Francis Ponge, Aragon et Jean Tardieu, Desnos et Pierre Emmanuel, Guillevic et Paul Eluard, etc. ?... Dans la collection *Poètes d'aujourd'hui*, précisément née du renouveau que la Poésie de la Résistance a apporté à la poésie française en général, c'est le volume n° 78 qui est consacré à *Benjamin Péret* et, si son auteur Jean-Louis Bédouin ne se fait pas hagiographe, il ne cache pas son amitié pour celui dont il commente la vie et l'œuvre. Or, c'est Bédouin qui écrit : « Péret, lui, avait une trop haute idée de la poésie pour accepter qu'on la pût mettre au service d'un programme d'action, celui-ci fût-il révolutionnaire. Mais, et ceci n'est pas moins important, il était trop honnête, il savait trop de quel prix est l'action directe, pour se contenter d'écrire un poème, quand il fallait lutter les armes à la main. » Arrivent la guerre, la mobilisation, les manifestations d'antimilitarisme de Péret, son arrestation, son incarcération en mai 1940 à Rennes. Mais, poursuit Bédouin, « libéré à la faveur de l'avance des troupes allemandes, il revient à Paris où il vit quelques mois en véritable clandestin, toujours menacé d'être repris. Les journaux de la collaboration, *Le Pilori* entre autres, le dénoncent... ». Effectivement, mais parmi d'autres. Exemple, cet article du 18 octobre 1940, dans la feuille que mentionne Bédouin, dont l'auteur est un publiciste recruté par les services allemands comme spécialiste de la lutte « antimaçonnique », un homme du sinistre SSS évoqué plus haut, Paul Riche. « Une équipe de malfaiteurs, lit-on sous cette signature, a fonctionné dans la littérature française de 1909 à 1939 sous les ordres d'un chef bandit : Gallimard (...). Gide-*Corydon* ; Breton, le vendeur d'ectoplasmes ; Aragon, archevêque de *Ce Soir* ; Naville, le banquier anarchiste ; Eluard, le fruit pourri ; Péret l'insulteur ; et tous les autres monomanes, toxicomanes et gibiers de clinique, voilà l'équipe Gallimard... ». Mais retrouvons Bédouin parlant de Péret. « Il réussit, continue-t-il, à franchir la ligne de démarcation (...) l'hiver 1940 et se réfugie à Marseille où il retrouve Breton et nombre de ses amis surréalistes. (...) L'"ordre" vichyste (...) est particulièrement malsain pour l'auteur de *Je ne mange pas de ce pain-là*, pour l'ex-détenu de la prison de Rennes. Il faut partir. Mais où ? Finalement, il obtient par miracle un visa pour le Mexique et prend place de justesse dans le dernier bateau en partance. »... Bah, dira-t-on, prendre les armes ou prendre un bateau, quelle différence ? Répondrons-nous que, si l'exil est, face à la barbarie envahissante, une solution très respectable, ce n'est peut-être pas l'endroit le plus propice pour vilipender ainsi ceux qui sont restés — qui plus est pour combattre ? Et il faut être professeur à la Sorbonne, comme Henri Béhar, pour réaliser l'acrobatie de soutenir, en 1984, avec Michel Carassou, dans *Le Surréalisme ; Textes et débats*, que le propos de Benjamin Péret lançant son pamphlet *Le Déshonneur des poètes* « n'était pas de condamner l'action de la Résistance, mais de promouvoir une conception plus haute de la poésie »... La vérité, c'est que s'installa l'exaspérante habitude répétitive de sans cesse lancer ce *Déshonneur* péreto-mexicain aux trousses de *L'Honneur* (des Editions de Minuit et à celles) *des Poètes* de la Résistance. La voix d'un Péret fut assez scandaleusement préférée à celles d'un Tristan Tzara ou d'un Pierre Emmanuel. L'avis de l'insulteur l'emporta sur ceux du fondateur du dadaïsme ou du grand poète chrétien. « La guerre, expliquait Tzara, en 1947, dans *Le Surréalisme et l'après-guerre*, les nécessités de la vie clandestine, nous ont trouvés dans le même camp et, pour ne citer que les dadaïstes de la première heure et les surréalistes, Eluard, Aragon, Ribemont-Dessaignes, Soupault, moi-même, Desnos, Leiris, Ponge, Queneau et bien d'autres (...). Pendant ces sombres années, nous avons continué à penser, à écrire. Pouvions-nous penser d'une façon et écrire d'une autre ? Pouvions-nous, fidèles à Dada et au Surréalisme qui avaient identifié l'homme, dans une unique volonté d'expression, à la pratique révolutionnaire et à celle de la poésie, pouvions-nous séparer en deux notre être, pensant et agissant d'un côté pour la libération du pays, pensant et écrivant de l'autre côté selon un absolu désincarné ? (...) L'engagement du poète n'est pas une action qui a trait à la littérature, mais à la vie, dans ses manifestations diverses. »

Et Pierre Emmanuel ?... Il va sans dire qu'en passant d'un Tzara à un Emmanuel, nous rappelons implicitement l'ampleur de l'arc-en-ciel qui fut celui des poètes de la Résistance ; et pas seulement un large éventail d'opinions et de sensibilités, mais aussi de styles et de prosodies, une vaste gamme de cris, un choix de chants... C'est dans l'autobiographie d'une douzaine de pages rédigée en 1958-1959 pour ouvrir le volume des *Poètes d'aujourd'hui* qui lui est consacré, que le poète rendu célèbre, en 1941, à tout juste vingt-cinq ans, par son *Tombeau d'Orphée* a expliqué pourquoi il a écrit les trois recueils qu'il considère comme ses « œuvres "de résistance" » (les guillemets sont de lui), à savoir *Combats avec tes défenseurs*, puis *Jour de colère*, et enfin *La Liberté guide nos pas*. « Je les ai écrites, note-t-il donc, pour dire la douleur, l'élever à l'absolu (...) et nommer l'esprit du Mal qui l'inflige. » Et Pierre Emmanuel explique aussi : « Les temps se prêtaient au symbolisme manichéen : par tempérament j'y étais poussé moi-même. Ma compassion, plus passive qu'active, m'empêchait de me libérer de l'angoisse immédiate, mais ne me rendait que plus sensible la souffrance humaine dans son fond. La guerre me révéla cette sensibilité spirituelle que je n'ai cessé de traduire depuis ». Rude élégance que cette fidélité, laquelle n'empêche pas l'auteur du *Poète et son Christ* d'être lucide : « Après la Libération, constate-t-il dans cette brève introduction autobiographique, l'espèce d'attachement — si touchant malgré le malentendu radical qui en était la cause — qu'avaient montré pour la poésie tant de personnes sevrées de toute littérature d'opinion, se relâcha très vite, les revues moururent l'une après l'autre, nous rentrâmes dans le silence... ».

La mitraillette ou le stylo ?

Ce silence allait-il être le silence de l'oubli ? Le voile de l'oubli jeté sur une négation : comment se souvenir d'une Poésie de la Résistance qui n'aurait jamais existé... Oui et non. Car, quand même, des rééditions, et, ici ou là, des évocations... Ainsi, un exemple notable, celui de la Comédie-Française qui, pour la saison 1976-1977, sous le titre *En plein cœur*, consacre ses « soirées littéraires » à évoquer, par le texte et le chant, la Commune, la Première Guerre mondiale et la Résistance. En janvier et février 1977, c'est *Le Temps des cerises (1870-1871)* ; en mars, c'est *La Madelon (1914-1918)*, et en juin, c'est *Ami, entends-tu ? (1940-1945)*. Trente-sept textes de poètes, trente-six d'autres auteurs et dix-huit chansons sont au programme de la soirée sur la Résistance. Les trente-trois poèmes (ou assimilés) sont de seize auteurs différents : un de Pierre Seghers, un de Max Jacob, un de Jacques Prévert, un de René Char, un de Madeleine Riffaud, un de René-Guy Cadou, un de Pierre Unik, un de Pierre Emmanuel, etc. ; deux de Robert Desnos ; quatre de Jean Tardieu et quatre de Raymond Queneau ; cinq de Paul Eluard et six d'Aragon... Six d'Aragon, ou le plébiscite du Palais-Royal. Et ce qui frappe ici c'est que l'influence pérétiste s'arrête à l'entrée de la Maison de Molière, et que si l'on peut parler de tradition après seulement un tiers de siècle, l'image traditionnelle de la Poésie de la Résistance est singulièrement confortée par les chiffres du choix de la Comédie-Française. Finalement ce choix des comédiens-français rend aussi justice au rôle joué par chacun dans le grand jeu de la guérilla orphique, le défi total du faible au fort, le chant paralysant le bourreau, la rime retrouvée trompant le censeur, le sonnet inhibant le geôlier, la ballade faisant trébucher le tortionnaire, la lumière des poètes balisant les chemins secrets de l'armée des ombres ; justice au Louis Aragon qui, notamment dans *La Leçon de Ribérac*, explique qu'il y a des règles à ce jeu suprême et ouvre des champs nouveaux à la Poésie de la Résistance en enseignant le mode d'emploi de cette « contrebande » dont ceux qui se feront ultérieurement les gorges chaudes ne pourront empêcher qu'elle ait si merveilleusement fonctionné. Mais pourquoi, dira-t-on, répéter ici ce que tout le monde sait ? Tout simplement parce qu'à lire les journaux au lendemain du décès de l'auteur de *La Diane française*, il est très difficile de ne pas sursauter... C'est quelques années après les soirées du Théâtre français qu'à la veille de Noël 1982, Aragon meurt... Une mort qui fait grand bruit. Les médias consacrent de nombreuses pages à un décès de poète dont le soudain retentissement semble avoir bien peu de précédents. Le jour des obsèques, *Les Nouvelles littéraires* publient même un « numéro spécial », le « numéro 2867 *bis* » à pagination réduite et dont les vingt-quatre pages sont exclusivement consacrées à *Aragon 1897-1982*, seule mention portée en forts caractères rouges sur le fond gris-noir de la page de couverture, elle-même constituée par un portrait photographique où le poète est déjà octogénaire, mais sympathique et souriant. A l'intérieur de ce « numéro 2867 *bis* », cependant, la titraille et les papiers ne sont guère en harmonie avec la couverture... Tenons-nous-en à quelques titres : page 6 : *Le hourvari du vieux cerf aux abois* ; page 8 : *Et s'il n'était qu'un poète mineur* ; page 16 : *Les pérégrinations politiques d'un cadavre exquis* ; page 17 : *L'apprenti stalinien* et *Au service de l'inquisition* ; page 18 : *Le superpatriote (1939-1947)* ; page 23 : *Au service du PCF : le gâchis*... Sans doute faut-il ajouter que les articles figurant sous ces titres sont rédigés sur un ton plutôt vif. Ainsi sous *Le superpatriote* peut-on lire : « Aragon (pas plus qu'Eluard) n'aura jamais été un René Char et sa résistance ne sera faite que de poèmes (...). On en pense ce que l'on veut ; on a même le droit de penser que trop c'est trop et qu'il y a des mirlitons et des trémolos à ne pas glisser une canne-épée dans l'entrefesse d'un histrion promu foutriquet du carrefour de la nation combattante. ». Un texte signé Guy Prévan... Peut-être savez-vous qui est ce Prévan-là ? Nous pas. Mais peu importe. L'intérêt de son article, c'est la rengaine qu'il reprend, le faux débat qu'il relance.

Lorsqu'on avait la pratique de l'écriture et que l'on s'engageait dans la Résistance, quelle arme fallait-il choisir, la mitraillette ou le stylo ? La plupart du temps, ce ne fut pas l'individu concerné qui trancha ce dilemme moral au terme d'un cornélien débat avec sa conscience, mais tout simplement le hasard et la nécessité qui décidèrent. Hasard de la condition physique, sociale, politique, géographique, etc. Et surtout nécessité d'un combat efficace, donc s'insérant dans le combat collectif, avec ce que cela suppose de coordination et bien sûr d'obéissance. Un combat dont ceux qui le dirigeaient trouvaient beaucoup plus facilement des recrues capables de manier plastic et mitraillette que crayon et stylo. Quand Charles de Gaulle demande à Joseph Kessel d'écrire *L'Armée des ombres* et Jacques Duclos à Louis Aragon *Le Témoin des martyrs*, ne s'agit-il pas d'ordres de mission au simple sens du terme ? C'est pourquoi la petite phrase de Prévan « sa résistance ne sera faite que de poèmes » est encore plus absurde que venimeuse... Mais venimeuse elle le reste dans la mesure où, jouant sur l'ignorance de ce que fut vraiment le combat clandestin, elle suggère qu'autant le manieur de mitraillette s'exposait aux pires tourments, autant le manieur de stylo ne risquait pas grand-chose... Or il va de soi que les poètes de la Résistance furent exposés aux coups de la répression comme tous les autres résistants. On peut scruter les états de service des martyrs, on n'y trouvera rien d'autre que l'égalité de toutes les catégories de clandestins et même de « légaux » dans les fichiers de la Gestapo et de la Milice. L'égalité devant la torture. Tous des terroristes, ou des complices de terroristes, ou des terroristes en puissance. Et tous bons pour les tourments car tous supposés savoir quelque chose et tous *a priori* susceptibles d'être « retournés »... Oui, cela va tellement de soi que, dans les années 1970, Aragon ni René Char ne supportaient plus qu'on leur posât la question. Et si nous le disons, c'est parce qu'ils nous l'ont dit. Parce que nous avons encore dans l'oreille les réponses semblables qu'ils nous firent séparément lorsque justement nous insistions (un peu trop) pour parler encore avec chacun d'eux de ce faux dilemme : poète combattant ou combattant poète ?

René Char, alias « capitaine Alexandre »

Et, plus le temps passe et plus nous comprenons pourquoi, le samedi 19 février 1972, René Char préfère parler d'autre chose... Ce samedi après-midi-là, avec Jean Freire et Elisabeth Weiner, nous n'avons pas eu à chercher longtemps pour trouver *Les Busclats*. A la lettre reçue une semaine plus tôt, René Char a ajouté un post-scriptum de douze lignes serrées. Un véritable petit guide qui s'achève par « à cinquante mètres à gauche, un jardin. Un portail de bois gris-blanc. Une maison blanche. C'est là. »... Oui, c'est là. Avec un soleil et un vent à nous illuminer la mémoire... Lorsque le poète meurt, exactement seize ans plus tard, les médias citent beaucoup son nom de guerre : « capitaine Alexandre », mais on n'insiste guère sur l'importance effective de son rôle dans le combat clandestin... Ayant été mobilisé au 173e régiment d'Artillerie, puis ayant échappé aux Allemands, Char ne peut rentrer à L'Isle-sur-la-Sorgue où les RG le recherchent après avoir perquisitionné chez lui. Pour les policiers de Vichy, surréaliste est en effet synonyme de communiste. Réfugié à Céreste, dans les Alpes jadis « Basses » et aujourd'hui « de Haute-

Provence », le poète regroupe autour de lui rebelles et patriotes. D'abord maquis de l'AS (Armée secrète) puis réseau du SAP (Service d'atterrissages-parachutages du BCRA), à la Libération son groupe sera homologué pour un effectif de cinq cents hommes. En fait, il en a compté jusqu'à quinze cents. Mais alors, « Alexandre » n'est plus avec les siens. Sur ordre, une nuit, un « Lysander » l'emmène clandestinement en Algérie. Là, à Sidi-Ferruch, il forme des cadres pour les équipes que l'on parachute en France occupée... A vrai dire, ce « rappel » par Alger, il ne l'a jamais admis. D'ailleurs, pour lui, la raison en est simple, c'est parce qu'on ne voulait pas qu'il soit « sur place » à la Libération. Son dossier retrouvé au siège de la Gestapo ? Ce ne sont pas les noms des dénonciateurs qui l'ont surpris, mais leur degré d'ignominie. Sa plus grande rage ensuite ? L'obligation d'aller à Digne, une soixantaine de fois, pour justifier « ses » maquisards devant le juge d'instruction, après des plaintes de collabos... Le lendemain de sa mort, le titre du quotidien *Libération* du 20 février 1988 nous paraît tout naturel : *René Char, l'esprit de résistance*. Et, face au consensus dans l'hommage qui marque sa disparition, nous semble bien utile une phrase de l'auteur de l'article, Jean Roudaut, préfacier du volume que la *Bibliothèque de la Pléiade* a consacré aux *Œuvres complètes* de celui qui, tout en combattant, écrivit *Feuillets d'Hypnos* : « La notion de résistance détermine la conduite, la pensée et la poétique de René Char. »

Si l'on considère le mot bien au-delà de ses acceptions événementielle, politique, historique et même littéraire, voici une phrase que l'on pourrait appliquer à Henri-Eugène-Guislain Michaux tout aussi judicieusement que Roudaut l'applique à René Char... Peu importe que le citoyen Michaux soit né belge, à Namur, le 24 mai 1899 et n'ait été naturalisé en France que cinquante-six ans plus tard puisque Henri-Eugène-Guislain était entre-temps devenu l'un des principaux poètes français — et pas seulement pour son époque. Non, ce qui nous importe, c'est de savoir si même en franc-tireur, en marginal, en frontalier, en non enregistré, en treizième à table, Henri Michaux a ou n'a pas été un poète de la Résistance ?

Même si Michaux ne figure pas dans *L'Honneur des poètes* et si on ne lui connaît aucun nom de guerre, nous avons toujours considéré que l'auteur de *Plume* avait été un des poètes de la Résistance, et même l'un des plus importants. Pourquoi ? Parce que Michaux, c'est celui qui est allé le plus loin. Le plus loin au loin, dans le lointain du loin. Parce que c'est celui qui a assuré l'infiltration de la rébellion dans la rébellion. Et il aurait boudé le sursaut des années clefs ?... Bien que la discrétion poussée jusqu'à l'effacement ait toujours été pour ce peintre et poète une seconde nature, il existe de lui une autobiographie, ou plutôt un concentré d'autobiographie laconique qu'il écrivit, vers la fin des années 1950, à la demande de Robert Bréchon, l'auteur du *Michaux* de la *Bibliothèque idéale*. Ce texte de huit petites pages, des notes écrites à la troisième personne, a pour titre *Quelques renseignements sur cinquante-neuf années d'existence*, et il ouvre effectivement le Bréchon, avant d'être ensuite repris dans plusieurs autres essais sur Michaux. Voici le passage concernant l'époque de la guerre : « Janvier 1940. Retour à Paris. En juillet, l'exode. Saint-Antonin. Ensuite Le Lavandou. 1941-1942. Le Lavandou avec celle qui sera bientôt sa femme. 1943. Retour à Paris. Occupation allemande (la seconde). 1944. Mort de son frère. 1945. Affaiblie par les restrictions alimentaires, sa femme contracte la tuberculose. Ensemble à Cambo. Amélioration. » Explication d'un détail : pourquoi « Occupation allemande (la seconde) » ? Parce que, dans la même chronologie, on lit un peu plus haut : « 1914 à 1918, Bruxelles. Cinq ans d'occupation allemande. Première composition française. Un choc pour lui. Tout ce qu'il trouve en son imagination. Un choc même pour le professeur qui le pousse vers la littérature. » Dans ces *Quelques renseignements*, à propos de 1940-1941, deux omissions notables. D'abord, 1941 est, pour Michaux, l'année charnière, celle où il passe de l'état d'auteur peu lu et peu connu à l'état d'auteur toujours aussi peu lu mais possédant désormais un noyau de lecteurs fidèles. Grâce à qui ? A André Gide et à son fameux *Découvrons Henri Michaux*. Le texte que Gallimard publie sous ce titre à la fin de l'année aurait d'abord dû être celui d'une conférence. Prévue à Nice, pour le 21 juin 1941, cette causerie est finalement interdite par les autorités vichystes à la demande de la Légion française des combattants (l'ersatz donc de parti unique pétainiste, créé le 29 août 1940, faisant naître en son sein, début 1942, son « service d'ordre » le SOL, lequel devient, comme on le sait, la Milice, le 30 janvier 1943)... L'autre omission concerne le séjour prolongé à la villa Ar-mor, au Lavandou. Est-ce de son plein gré qu'Henri Michaux y reste ? Non, il y a été mis en résidence surveillée par l'Etat français, au prétexte de sa nationalité belge. Une vraie résidence surveillée puisque, par exemple, quand, en juin 1942, à Paris, la Galerie de l'Abbaye expose des toiles de lui, l'auteur de *La Nuit remue* n'obtient pas l'autorisation d'aller à Paris. Après des mois d'agacement, une intervention de Jean Cocteau, puis celle des éditions Gallimard, ce n'est que durant l'été 1943 qu'il peut retrouver ses amis parisiens. Le plus proche de ces amis est Jean Paulhan, cofondateur des *Lettres françaises* avec le futur fusillé Jacques Decour, et *ipso facto* très lié aux principaux poètes de la Résistance. Chacun de leur côté, Seghers dans *La Résistance et ses poètes*, puis Scheler dans *La Grande Espérance* signalent, par ailleurs, la participation du père de *Plume* à deux publications présentées par eux comme exemplaires : le numéro 14 de *Confluences*, en février 1943, et *Domaine français*, qui paraît à Genève, en août suivant, avec des textes inédits d'Eluard, Queneau, Gide, Camus, Frénaud, Pierre Emmanuel, Mauriac, Sartre, etc. En y insistant, Seghers et Scheler ont d'ailleurs le même réflexe :

en profiter pour publier un texte de Michaux dans leurs livres : *La Lettre* pour le premier, et *Chant dans le labyrinthe* pour le second. Une *Lettre* et un *Chant* qui, s'il en était besoin, permettraient de prouver, textes à l'appui, que Michaux fait bien partie des poètes de la Résistance dont Seghers et Scheler sont parmi les anthologistes majeurs... D'ailleurs, dès 1947, Jean Paulhan et Dominique Aury n'avaient-ils pas déjà eu ce réflexe lorsqu'ils avaient inclus Michaux dans leur anthologie des Editions de Minuit, *La Patrie se fait tous les jours ; textes français, 1939-1945* ? Et faut-il se demander pourquoi aucun des livres de l'auteur de *L'Infini turbulent* ne porte de date sur la couverture, sauf un : *Epreuves, exorcismes, 1940-1944* ? Et faut-il ajouter que, dans la correspondance Paul Eluard-Louis Parrot, le nom de Michaux apparaît plusieurs fois comme celui d'un ami ?

Robert Desnos, à Terezin...

Une question pourtant demeure : pourquoi les commentateurs de Michaux restent-ils si discrets sur cet aspect de sa vie alors que, partout ailleurs, ce genre d'engagement est plutôt de ceux que l'on monte en épingle ? Mais constatons d'abord cette généralisation de la discrétion par omission : on la constate dans les livres de Robert Bréchon (1959), Raymond Bellour (1965), Olivier Loras (1967), Napoléon Murat (même année), Georges Place (1969), Marianne Béguelin (1974) et Jean-Michel Maulpoix (1984), tout comme dans les numéros spéciaux des *Cahiers de l'Herne* en 1966 et de *Promesse*, l'année suivante... René Bertelé, Michel Butor, Robert Bréchon après réflexion et Brigitte Ouvry-Vial font-ils exception ? A peine... Première édition en 1949 du *Poète d'aujourd'hui* qui en 1980 en est à sa douzième ; Bertelé évoque l'interdiction de la conférence de Gide puis les incidents provoqués à la Galerie de l'Abbaye par un directeur vichyste de l'Ecole des beaux-arts en croisade contre l'« art dégénéré » ; sans plus... En 1985, dans ses *Improvisations sur Henri Michaux*, Michel Butor esquisse, lui, une approche : le chapitre quatre, *A propos des livres de Résistance* ; ainsi cite-t-il Michaux : « Petit vieux vaniteux, voulant régner, laissant tuer, battu content, tenait une poupée », avant de commenter : « Le maréchal Pétain à ce moment-là », mais Butor bifurque bientôt...

Deux ans plus tard, comme à la réflexion — une réflexion de plus d'un quart de siècle — dans le numéro spécial d'*Europe* sur Michaux, Robert Bréchon se décide pourtant à écrire : « L'événement, à partir de 1940, lui inspire des poèmes où s'exprime un double sentiment d'aliénation et de nostalgie : métaphysique et politique. *La Lettre*, par exemple, est à la fois un admirable texte spirituel, qui décrit une forme de "nuit obscure", et le plus beau poème de la Résistance. »... Va-t-on en savoir plus, en 1989, avec la biographie de Brigitte Ouvry-Vial ? Non, car elle se borne à donner les quelques détails sur Gide et

Le Lavandou que nous mentionnons plus haut... Enfin l'essentiel aura quand même fini par être dit, mais à la radio, à la Radio Suisse Romande, le 2 juin 1984. Une table ronde à propos du père de *Plume* y réunit Michel Butor, le professeur Jean-Charles Gateau, le poète Vahé Godel et le critique Jean Starobinski. Et c'est ce dernier qui lance dans la discussion de ce *Dimanche littéraire :* « Je crois qu'en dépit du caractère d'écoute narcissique chez Michaux, il y a un postulat, un désir, une volonté, à la fois très humbles et très obstinés de justesse ou de justice dans le rapport avec l'autre, et les poèmes de la guerre sont émouvants parce que, par les moyens les plus détournés, sans cette emphase d'une certaine poésie de la Résistance, il a pu dénoncer l'abaissement de l'homme sous la pesanteur de la loi nazie. » Passons sur l'attaque contre « une certaine poésie de la Résistance », façon de payer tribut à la mode dominante, et retenons la justesse des termes « abaissement de l'homme sous la pesanteur de la loi nazie ».

Mais est-il juste, est-il utile d'accabler les scribes quand c'est le maître qui fait de la dérobade un art ? La dérobade et la pudeur. La pudeur et le retrait. Le retrait avec minimisation de sa propre action... Une dérobade dont nous avons nous-même fait l'expérience lors de la première édition de cette chronique, édition largement illustrée. Ce fut entre la parution du premier tome et celle du deuxième que nous avons reçu de Jean Hugues, directeur de la galerie *Le Point cardinal*, où l'auteur de *L'Infini turbulent* avait alors une exposition, une lettre datée du 30 septembre 1972. Nous pûmes y lire notamment : « Henri Michaux regrette de ne pouvoir vous donner l'autorisation de reproduire la gouache *Clown* que vous souhaitiez faire paraître dans votre tome II. En effet, il estime ne pas devoir occuper aujourd'hui dans la Résistance une place qu'il n'a pas eue alors. Il pense que ceux qui ont pris une part active à la Résistance ne peuvent être confondus avec d'autres. L'équivoque, dans le livre, serait fatale et inadmissible. »... Nous fûmes attristés que le *Clown* nous échappe, mais surtout perturbés par l'expression « une part active ». Une expression qui renvoyait à la visite chez René Char, sept mois plus tôt, et à deux ou trois conversations avec Aragon. Part active ! Part active ? Faut-il dire que Michaux fut actif malgré lui en demeurant Michaux et en continuant, sous l'Occupation, d'écrire du Michaux ? Comme par exemple cette *Marche dans le tunnel* : « Les idées, comme des boucs, étaient dressées les unes contre les autres. La haine prenait une allure sanitaire. La vieillesse faisait rire et l'enfant fut poussé à mordre. Le monde était tout drapeau. (...) Dans l'abattement général, tout à coup la bataille, comme revigorée dans le silence, reprenait, nouvelle et avec de nouveaux moyens. »... Mais, en cette époque où, toujours selon l'expression déjà citée plus haut de l'auteur d'*Epreuves, exorcismes*, « les pensées, les propos étaient mitraillés. L'air même était devenu policier », l'arme de l'écriture ne pouvait-elle pas prendre les formes les plus variées ?

Quand, en mars 1998, paraît le premier volume du Michaux de la *Bibliothèque de la Pléiade*, Raymond Bellour y consacre une trentaine de pages *En marge d'« Epreuves, exorcismes »* à des *Fragments de « Chant dans le labyrinthe » publié dans « Confluences » en 1943 et non repris dans « La marche dans le tunnel » en 1945*, puis à un *Fragment de « La marche dans le tunnel » publié dans « Les lettres françaises » en 1944 et non repris en 1945* et enfin à des *Textes du « Lobe des monstres » (1944) non repris en 1945*... Cet élagage confirme la crainte qu'avait Henri Michaux de voir un de ses (ces) textes qualifié de « poésie de circonstances ». Ce constat autorise-t-il à vouloir tirer le grand Michaux du côté du petit Péret ? C'est aller vite en besogne. Et cela amène, par exemple, Raymond Bellour à utiliser des critiques faites par Michaux à l'encontre d'Aragon et d'Eluard, en 1936, à Buenos Aires, comme « preuves » de son opposition aux poèmes écrits par les mêmes six, sept, huit ans plus tard. Qui veut trop prouver...

Ce que l'on nous permettra d'appeller la « derésistancialisation » n'a pas seulement été tenté sur l'œuvre de Michaux. Mais il y a des cas où l'entreprise s'avère trop difficile, sinon impossible. Ainsi dans le cas de Robert Desnos... Certes, fin 1999, un académicien a bien réussi l'exploit de consacrer toute une page d'un grand quotidien du soir au poète de *Corps et biens* sans qu'il y soit question de Résistance ni de déportation. Mais ce fut sans lendemain. La prouesse était d'autant plus remarquable qu'était mentionnée dans l'article la chaleureuse biographie de Dominique Desanti, *Robert Desnos ; le roman d'une vie*, parue en septembre. Or, c'est dans ce livre qu'un chapitre intitulé *Je suis le veilleur du Pont-au-Change* commence par « Robert m'avait dit qu'à partir de la rafle des Juifs au Vél' d'Hiv, la situation avait changé. Il y eut aussi le démantèlement du réseau du Musée de l'Homme, où il comptait beaucoup d'amis, arrêtés, déportés, fusillés. C'est à ce moment qu'un jeune poète André Verdet lui proposa de se joindre au réseau Action immédiate (Un autre membre du réseau, Vincent Hollard, fixe précisément au 25 juillet 1942 la date de son adhésion.) "Action immédiate" était dirigé notamment par Degliame-Fouché et était lié à "Combat" (...). André Verdet m'a confirmé, le 6 juin 1999, que Desnos avait pour mission de rester à *Aujourd'hui*, d'assister le plus souvent possible aux conférences de presse, de fournir des notes d'ambiance et des documents. A quoi s'ajoutaient, sans doute, la fabrication et la fourniture de faux papiers. »... La suite, la femme du poète la raconte dans *Les Confidences de Youki*. « Le mardi 22 février 1944, à 9 h 25 du matin, écrit Youki Desnos, sonnèrent à notre porte trois personnages en civil qui n'étaient autres que des agents de la Gestapo. Ils venaient d'arrêter le poète André Verdet, ce que nous ne savions pas. Ils fouillèrent tout l'appartement, secouant les livres, les corbeilles à papier (...). Robert aurait pu se cacher dans l'immeuble, mais il ne le voulut pas, tant il craignait que les Allemands ne m'emmènent. (...) La mission de ces trois hommes était d'arrêter Robert Desnos. Le jeune homme blond lui conseilla de me laisser sa montre en or avec sa chaîne (...). Affolée, je lui demandai : “Mais où l'emmenez-vous, Monsieur ?” — “Je n'ai pas le droit de vous le dire”, répétait-il. Puis il ajouta, en douce : “Allez voir rue des Saussaies !”. C'était là qu'à la sortie d'un de ses interrogatoire, notre ami Brossolette s'était jeté du haut de l'escalier dans la cour qui porte aujourd'hui son nom. »... Déporté, Desnos mourut un an et trois mois et demi plus tard à Theresienstadt, en tchèque : Terezin. Il succomba au typhus un mois après la libération du camp.

« Le Veilleur du Pont-au-Change »

« Profondément bouleversé par l'annonce de la mort de Robert Desnos, télégraphie, le 7 août 1945, Paul Eluard à Claude Morgan. Desnos de tous les poètes que j'ai connus était le plus spontané, le plus libre, un poète toujours inspiré et qui pouvait parler comme peu de poètes savent écrire ». Et dans ce même long télégramme, est aussi évoqué l'accueil qu'a reçu, dix mois plus tôt, *Le Veilleur du Pont-au-Change*. Oui, complète Lucien Scheler dans *La Grande Espérance des Poètes*, déjà citée, « le 27 octobre 1944, en présence du général de Gaulle, au cours d'un gala donné à la Comédie-Française (...), lu à plusieurs voix et applaudi dans un enthousiasme extraordinaire ». Au vrai, plus le temps s'écoule et plus on peut se demander si ce *Veilleur du Pont-au-Change* n'est pas le texte — nous allions dire : le plus représentatif de la Résistance ; non, même si nous le pensons, ce superlatif n'est pas de mise ici. D'abord, parce que tout superlatif en pareille matière ne peut que renvoyer à des notions telles que gagnant, premier, classement, compétition, concours, et pourquoi pas des Jeux Floraux de la clandestinité ? Ensuite, parce qu'à l'évidence ce superlatif-là blesserait la mémoire de Robert Desnos en contrariant tout ce que nous savons de son comportement ; aussi bien celui de surréaliste actif, offrant à ses amis son talent de rêveur collectif, que celui du journaliste pratiquant une confraternité fraternelle dont nous nous souvenons avoir jadis eu des échos directs dans des salles de rédaction parisiennes et des bistrots des Halles... Et d'ailleurs, pourquoi recourir au superlatif quand il suffit de poser une question très simple : existe-t-il un autre poème, d'ampleur et de mouvement comparables, où l'on perçoive aussi fortement, aussi physiquement, la respiration de la planète en guerre ; les souffles mêlés du vengeur dont la nuit est complice et de l'hitlérien surpris qu'il abat ; les cris de victoire et de douleur, d'angoisse et d'espoir se fécondant les uns les autres à travers ciels et océans pour que naisse un parler commun ;

la rumeur incessante où se rencontrent le bruit d'outil que font les armes cachées et les expressions secouant les champs de bataille ? En existe-t-il un ? Dans *La Résistance et ses poètes*, déjà citée, Pierre Seghers raconte que lorsque paraît le second volume de *L'Honneur des poètes*, « tous ceux qui lisent les poètes (ils sont nombreux, on se passe alors un poème comme une cigarette, comme du feu !) se demandent qui est (...) ce Valentin Guillois dont le poème *Le Veilleur du Pont-au-change* se révèle exceptionnel ». Au moment de cette publication, où est Robert Desnos ? A Auschwitz déjà, où il arrive le 30 avril 1944 et dont il repartira le 12 mai pour Buchenwald avant d'être envoyé à Theresienstadt-Terezin, via Flöha...

Nous avons déjà cité plus haut quelques vers du *Veilleur du Pont-au-Change*... Notamment à propos de la contre-offensive soviétique quand les hitlériens sont aux portes de Moscou. Le poète salue l'Armée rouge. Comme, tout au long du poème, il salue tous les autres alliés unis contre les puissances de l'Axe, sans en oublier. Et minutieuses sont les énumérations. Une minutie de journaliste saisi au stylo par l'Histoire ? Non, la minutie lyrique qui permet une perception presque viscérale de la dimension mondiale du conflit. Une démarche dont le poète est tenté de profiter pour faire revenir l'épopée d'exil et lui offrir des chaussures à semelles de bois, un sac à provisions vide, un visage gris dont les yeux brûlent et l'ombre courbée de qui fuit le couvre-feu... Les strophes de ce *Veilleur* sont-elles le poème épique de la Résistance française ?

Je suis le veilleur de la Poterne des Peupliers.
Le vent du sud m'apporte une fumée âcre,
Des rumeurs incertaines et des râles
Qui se dissolvent, quelque part, dans Plaisance ou Vaugirard.
Au sud, au nord, à l'est, à l'ouest,
Ce ne sont que fracas de guerre convergeant vers Paris.

Je suis le veilleur du Pont-au-Change
Veillant au cœur de Paris, dans la rumeur grandissante
Où je reconnais les cauchemars paniques de l'ennemi.
....
Des cris, des chants, des râles, des fracas il en vient de partout,
Victoire, douleur et mort, ciel couleur de vin blanc et de thé,
Des quatre coins de l'horizon à travers les obstacles du globe,
Avec les parfums de vanille, de terre mouillée et de sang,
D'eau salée, de poudre et de bûchers,
De baisers d'une géante inconnue enfonçant à chaque pas dans la terre grasse de chair humaine.

Je suis le veilleur du Pont-au-Change
Et je vous salue, au seuil du jour promis
Vous tous camarades de la rue de Flandre à la Poterne

des Peupliers,
Du Point-du-Jour à la Porte Dorée.

Je vous salue vous qui dormez
Après le dur travail clandestin,
Imprimeurs, porteurs de bombes, déboulonneurs de rails, incendiaires,
Distributeurs de tracts, contrebandiers, porteurs de messages.
....
Je vous salue sur les bords de la Tamise,
Camarades de toutes nations présents au rendez-vous,
Dans la vieille capitale anglaise,
Dans le vieux Londres et la vieille Bretagne,
Américains de toutes races et de tous drapeaux,
Au-delà des espaces atlantiques,
Du Canada au Mexique, du Brésil à Cuba,
Camarades de Rio, de Tehuantepec, de New York et San Francisco.

J'ai donné rendez-vous à toute la terre sur le Pont-au-Change,
Veillant et luttant comme nous. Tout à l'heure,
Prévenu par son pas lourd sur le pavé sonore,
Moi aussi j'ai abattu mon ennemi
....
Je vous écoute et vous entends, Norvégiens, Danois, Hollandais,
Belges, Tchèques, Polonais, Grecs, Luxembourgeois, Albanais
et Yougoslaves, camarades de lutte.
J'entends vos voix et je vous appelle
Je vous appelle dans ma langue connue de tous
Une langue qui n'a qu'un mot :
Liberté !
Et je vous dis que je veille et que j'ai abattu un homme d'Hitler.
Il est mort dans la rue déserte
Au cœur de la ville impassible j'ai vengé mes frères assassinés
Au Fort de Romainville et au Mont-Valérien,
Dans les échos fugitifs et renaissants du monde, de la ville et des saisons.

Et d'autres que moi veillent comme moi et tuent,
Comme moi ils guettent les pas sonores dans les rues désertes,
Comme moi ils écoutent les rumeurs et les fracas de la terre.

A la Porte Dorée, au Point-du-Jour,
Rue de Flandre et Poterne des Peupliers,
A travers toute la France, dans les villes et les champs,
Mes camarades guettent les pas dans la nuit
Et bercent leur solitude aux rumeurs et fracas de la terre.

Car la terre est un camp illuminé de milliers de feux.
A la veille de la bataille on bivouaque par toute la terre
Et peut-être aussi, camarades, écoutez-vous les voix,
Les voix qui viennent d'ici quand la nuit tombe.
....
Nous ne vous parlons pas de nos souffrances mais de notre espoir,
Au seuil du prochain matin nous vous donnons le bonjour,
....
Bonjour de bon cœur et de tout notre sang !

Michel Leiris et Jean Tardieu

A plusieurs reprises, nous avons déjà fait référence au livre *A la recherche du maquis* de Harry Roderick Kedward. Soucieux de mettre en évidence des « images de la diversité du phénomène des maquis », l'historien britannique évoque une entreprise assez singulière, mise en place dans l'arrondissement de Figeac. « Dans les forêts de Ségala, non loin de Latronquière, dans le Lot, écrit le professeur de l'université du Sussex, le lieutenant Marcenac, des FTP, dirige une imprimerie du maquis de juin à août 1944, aidé par le peintre cartonnier d'Aubusson Jean Lurçat. Il emploie des typographes professionnels de Figeac. Un jeune étudiant juif d'Alsace traduit les tracts FTP en allemand et les dépose sur les routes fréquentées par la Wehrmacht. Pour le premier numéro de *Partisan*, publié le 14 juillet 1944, Lurçat apporte des œuvres d'Eluard, d'Aragon et de Vercors à composer à l'"imprimerie des bois". En octobre 1944, *Les Etoiles du Quercy* déclare devoir son origine à cette presse du maquis... » Précisons que si le « lieutenant Marcenac » se nomme bien Marcenac, Jean, il a aussi un nom de guerre, « Rémy Walter », et que, sous ce nom de guerre, il apparaît dans *L'Honneur des Poètes*, non pas au premier volume (14 juillet 1943), mais au second (1er mai 1944) avec trois poèmes, dont celui intitulé *Eux*, où figurent ces quatre vers :

Quand ils agrafent leur manteau
Un vent froid passe dans nos salles
Quand ils bouclent leur ceinturon
Tintent les clés de nos prisons

Mais « Rémy Walter » n'est pas le seul pseudonyme de Jean Marcenac qui signe aussi « Paul-Louis Valentin »... Pourquoi ces trois prénoms ? Leur utilisateur l'explique dans ses mémoires qui paraissent en 1982 sous le titre *Je n'ai pas perdu mon temps* : « Paul, c'est Eluard ; Louis, Aragon, et Valentin, Feldman... » — oui le fusillé qui lance à ses fusilleurs allemands le fameux "Imbéciles ; c'est pour vous que je meurs !" » Trois prénoms en forme de nom pour signer un poème dans la publication clandestine régionale dont parlait

Kedward : *Les Etoiles du Quercy* ; un texte intitulé *L'Agent de liaison*, et qui se termine par ces six vers :

Le cœur dur La tête en armes
Il traverse le pays
Les sauvages chasseurs d'étoile
Sans méfiance laissent passer
Ce voyageur sans bagages
Qui porte leur défaite et leur mort dans la tête

Nous avons déjà plusieurs fois cité Jean Marcenac, mais ce qui nous intéresse ici plus particulièrement, c'est qu'il soit celui à qui l'on doit le *Manifeste de l'Ecole d'Oradour*. Il y a en effet dans ce *Manifeste* des passages où l'auteur entend faire comprendre la portée des « paroles blessées, chuchotées et saignantes (...) seules à pouvoir sauvegarder le sens ». Des vers « tendus comme un verre de vin, offerts comme une cigarette », parce que le poète est « resté fidèle à cette époque qui ordonne : "Ne touche pas à la lyre sans t'être sali les mains !" »... Un *Manifeste* finalement bien de son temps, jusque dans l'illusion péremptoire : « La poésie de la Résistance n'est pas nouée au temps comme la putain à son client, mais comme l'amant à son amour, le justicier à son acte. (...) Que nul, par ailleurs, n'ose invoquer l'oubli. Balbutiants ou glorieux, ceux qui prononcèrent alors appartiennent à la plénitude. Morts oubliés ? Chants oubliés ? Allons donc ! O solitaires solidaires, si le poème a subsisté le temps que l'avenir scintille, la vie est comble : l'homme a fait signe. De cela, en toute œuvre un irréductible noyau est demeuré... »

Mais puisque nous parlons de manifeste, notons que sans doute le meilleur n'en est pas un... Quel meilleur « manifeste », en effet, pour la Poésie de la Résistance que les quelques lignes par lesquelles Pierre Seghers explique, en 1974, pourquoi il publie son livre *La Résistance et ses poètes* (*France 1940-1945*)... « La Résistance, écrit Seghers, fut la contestation irrépressible de la condition de vaincus. "Immenses mots dits doucement..." (Paul Eluard). Nous étions redevenus une solidarité, les compagnons d'un travail secret, un être collectif et actif. Ce livre n'est donc ni une glorification de la poésie patriotique, ni parade de tambour-major, ni claironnade. Il n'a rien à voir avec les chants que Napoléon commandait d'Espagne aux poètes, pour faire marcher plus rapidement les armées. Pas de confusion, je vous prie : cet ouvrage n'est que l'histoire d'un chant profond. Une réflexion, un témoignage. Le récit d'une blessure qui cinq ans s'est creusée, dont nous avons failli mourir. Déroulède est ici honni comme il convient, pour avoir été poète-conscripteur. Qu'on ne nous en rebatte pas les oreilles. Notre cri, qui n'était pas de désespoir, mais de colère, notre voix l'a porté, paraît-il, aux quatre coins du monde. N'en déplaise à certains, il n'était ni discordant, ni intéressé, ni vulgaire. La voix d'un peuple entier (merci, Hugo) le portait dans sa gorge. »

En écrivant « les compagnons d'un travail secret », Pierre Seghers ne croyait certainement pas si bien dire. Aujourd'hui, tout se passe en effet comme si devait à jamais rester secrète la participation d'écrivains par ailleurs célèbres à la Poésie de la Résistance... Textes à l'appui, prenons deux exemples. Le premier est tiré du deuxième volume de *L'Honneur des poètes* où est paru le poème de « Hugo Vic » intitulé *Corruption* et dont voici quelques vers :

Les hommes
torturés dans leur corps
et pourris jusque dans leurs mots
....
Les choses
vidées de leur contenu
et devenues oripeaux
....
faudra-t-il
ô victimes
être à votre tour bourreaux
pour rendre à leur destin les essences ?

Autre exemple, des vers parus anonymement dans le n° 19 des *Lettres françaises* clandestines :

Oradour je n'ose pas
Approcher de tes blessures
De ton sang de tes ruines
....
Oradour je n'ose plus
Lire ou prononcer ton nom.

Qui était « Hugo Vic » et qui était le poète sans nom ? « Vic » c'était Michel Leiris et l'anonyme, c'était Jean Tardieu.

Les poèmes parachutés d'Aragon et d'Eluard

Bien des pages plus haut, au chapitre intitulé *Les appels*, nous avons cité Max-Pol Fouchet lançant : « Sommes-nous assez conscients de nos poètes ? » Interrogation prémonitoire, sinon prophétique. Pour ce qui est du temps présent, au lecteur de répondre. Mais pour ce qui est de l'époque de la Résistance, la réponse est évidemment oui... A preuve le « oui » des Alliés. A preuve le « oui » de Charles de Gaulle. Tous deux très affirmés. Dans son livre *Littératures de l'ombre*, déjà mentionné, l'universitaire écossais James Steel écrit par exemple, en citant d'abord la célèbre nouvelle de Vercors : « *Le Silence de la mer* sera réédité en Grande-Bretagne, distribué à des milliers d'exemplaires et parachuté en France. (...) Cette réédition prouvait que l'Angleterre était au courant de la renaissance de la pensée française, c'était une forme de reconnaissance officielle accréditant en quelque sorte les Editions de Minuit et tous les écrivains qui défiaient l'ordre établi. Il en sera de même de certains poèmes d'Aragon et d'Eluard, diffusés à la BBC, publiés en Grande-Bretagne, parachutés en France. »... Et de Gaulle ? C'est le 30 octobre 1943, à Alger, à l'occasion du 60e anniversaire de l'Alliance française que le Général prononce un discours qui commence ainsi : « Lorsqu'un jour l'historien, loin des tumultes où nous sommes plongés, considérera les tragiques événements qui faillirent faire rouler la France dans l'abîme d'où l'on ne revient pas, il constatera que la résistance, c'est-à-dire l'espérance nationale, s'est accrochée, sur la pente, à deux môles qui ne cédèrent point. L'un était un tronçon d'épée, l'autre, la pensée française. » Et un peu plus loin : « Un immense travail s'accomplit dans les profondeurs d'un peuple submergé de douleurs et de dégoûts et qui se tourne vers les sources pures de l'âme et de l'esprit, comme le prisonnier dans sa geôle vers la lumière de la lucarne. Nous savons que la poésie, les sciences, les arts, ont, à l'heure présente, notamment parmi la jeunesse, plus d'amants fervents que jamais. Comment n'être pas saisi par la valeur passionnée des revues clandestines (...) ? Comment ne pas sentir la déchirante qualité de ces poèmes qu'aujourd'hui toute la France récite en secret. Ainsi des vers d'Aragon :

"Qu'importe que je meure avant que se dessine
Le visage sacré s'il doit renaître un jour
....
Ma patrie est la faim la misère et l'amour."

Ainsi de la plainte d'Anne, jeune femme rêvant dans les Tuileries :

"Comme ces jardins
Sont abandonnés !
La guerre est au bout de l'allée
Nulle part ne puis m'en aller.
....
Où donc est-il mon amant ?
Derrière les fils barbelés
Ou bien, dessus la mer, allé
Rejoindre une armée, triomphant ?"

Ainsi du cri de colère de Jean Amyot contemplant les patriotes fusillés :

"Ce sang ne sèchera jamais sur cette terre
Et ces morts abattus resteront exposés.
Nous grincerons des dents à force de nous taire
Nous ne pleurerons pas sur ces croix renversées
Mais nous nous souviendrons de ces morts sans mémoire
Nous compterons nos morts comme on les a comptés." »

Précisons que, dans *L'Honneur des poètes*, Anne, c'est Edith Thomas, et Jean Amyot, c'est Pierre Emmanuel.

Cela dit, ou plutôt tenté de dire, sans doute est-ce dans une seule phrase de Gérard Loiseaux qu'à propos de la Poésie de la Résistance est rappelé l'essentiel. En 1984, aux Publications de la Sorbonne, cet universitaire a fait paraître une longue étude très fouillée sur *La Littérature de la défaite et de la Collaboration, d'après « Phönix oder Asche ? »* (*Phénix ou cendres ?*) *de Bernhard Payr*, et c'est dans cet ouvrage qu'à la page 115 on peut lire : « S'il existe une poésie de la Résistance, il n'y a jamais eu de poète collaborant. » Phrase que Loiseaux assortit d'une note en bas de page, la note 119, où il est précisé : « A l'exception de G. Normand, auteur d'une *Ode à Hitler*, publiée à Argentan, en 1942, et enregistrée à la BF en 1943. »

Une autre caractéristique de la participation à la Résistance de ce que la littérature française comptait de créateurs les plus originaux et les plus importants fut la spécificité préservée du rôle qu'ils y jouèrent. Tandis que, là-bas, en s'enrôlant à l'« Institut allemand », les fanatiques allaient au crime, les besogneux à la soupe et les vaniteux aux honneurs, ici, c'est avec les seules armes de leur chant, avec les seules munitions de leur talent, que les poètes venaient s'engager dans le combat clandestin. Lorsqu'en janvier 1942, Pierre de Lescure rédigeait le « manifeste » des fameuses Editions de Minuit, il écrivait : « La propagande n'est pas notre domaine. Nous entendons préserver notre vie intérieure et servir librement notre art. Peu importe les noms, il ne s'agit plus de petites renommées personnelles. Peu importe une voie difficile. Il s'agit de la pureté spirituelle de l'homme... » D'ailleurs, le titre de la première revue littéraire et philosophique clandestine, celle fondée, dès janvier 1941, par deux intellectuels communistes, deux futurs martyrs, Jacques Decour et Georges Politzer, dit bien ce qu'il veut dire puisque cette revue s'intitule : *La pensée libre*. Dès lors, le processus ainsi engagé va se poursuivre et s'amplifier. « En juillet 1941, rappelle Aragon, lorsque nous vînmes à Paris, ma femme et moi, c'est avec eux, Politzer et Decour, que nous entrâmes en rapport pour la fondation du "Comité national des écrivains", pour lequel j'étais, d'autre part, d'accord avec Jean Paulhan, pour lequel Paulhan et moi-même sollicitâmes alors notamment Georges Duhamel. *Les lettres françaises* dont Decour accepta de se charger, sortirent de ces consultations. Decour ne devait hélas en assurer que le premier numéro. La police de Pucheu, en effet, l'arrêta comme ses camarades de travail et de combat, Georges Politzer, Jacques Solomon, Danielle Casanova, Félix Cadras... » Ce fut Claude Morgan qui assura le relais de Jacques Decour aux *Lettres françaises* tandis que, en zone Sud, la même mission était assurée par une autre publication clandestine qu'animait Georges Sadoul : *Les étoiles*.

Du point de vue de l'organisation générale de la Résistance, le

« Comité national des écrivains » (CNE) était l'un des « secteurs professionnels » dont on sait qu'ils firent l'originalité du Front national et qu'ils lui assurèrent une part de son efficacité. Il va sans dire que les dirigeants du FN ne se soucièrent pas seulement d'organiser les écrivains résistants, mais aussi les peintres et les cinéastes, les comédiens et les musiciens, etc. L'exemple de ces derniers tel que le rapporte Louis Parrot dans *L'Intelligence en guerre* montre bien l'audience que connut une telle politique... « C'est en septembre 1941, écrit Parrot, que le premier Comité de Front national, le FN de la musique, fut formé avec Roger Désormière, Elsa Barraine et Roland Manuel. Bientôt venaient se joindre à eux Auric, Poulenc, Charles Münch et Manuel Rosenthal. Claude Delvincourt, directeur du Conservatoire, avait été nommé par Vichy. Il n'avait accepté ce poste que pour mieux défendre l'enseignement du Conservatoire contre les entreprises idéologiques des Allemands. Pas un des élèves de Claude Delvincourt — Monsieur Julien dans la Résistance — ne fut déporté en Allemagne. Son bureau était une officine de faux papiers et abrita les réunions secrètes du Comité du Front national. Au début de 1942, le Comité créait un journal, *Le musicien d'aujourd'hui*, où nos musiciens défendaient la musique française, submergée par la musique romantique allemande, et se tenaient en liaison avec les compositeurs réfugiés en province ou exilés. »

Le lyrisme intense des clandestins

Si poètes et musiciens, philosophes et cinéastes, comédiens et sculpteurs purent, pour beaucoup d'entre eux, s'engager comme ils le firent et ainsi jouer le rôle qui fut le leur dans la Résistance, ce fut aussi parce que cette Résistance était prête à les accueillir. Prête, non seulement politiquement, spirituellement ou humainement mais, serait-on tenté de dire, tout naturellement. La Résistance avait besoin d'eux. Et pas seulement pour enrichir son image et étendre son champ d'action, mais aussi pour nourrir le lyrisme intense dont nous savons qu'exacerbé tout à la fois par la menace de mort et l'espoir de libération, par l'irruption de la torture et la transgression des normes, il irriguait la clandestinité... Et c'est aussi pourquoi prend ici tout son sens l'expression « par tous les moyens » que nous avons tenu à mettre en tête de ce long chapitre et qui ne doit pas seulement être entendue dans son acception matérielle.

En analysant ce qu'était la vie au camp d'Auschwitz, Hermann Langbein écrit : « Le système mis au point par la SS devait rendre impossible jusqu'à l'idée même de résistance. (...) Et celui qui, en dépit de cet asservissement, pouvait encore imaginer un geste de rébellion, savait qu'en le mettant à exécution il allait être immédiatement supprimé : tout espoir de faire passer son action à la postérité ne pouvait être qu'illusion. Et pourtant, des actes individuels contre les autorités du camp ont été rapportés... » A la vérité, en ne parlant que d'« actes individuels », Langbein limite la réalité. La plupart des résistants happés par l'engrenage du système *Nacht und Nebel* (nuit et brouillard) réussirent à s'organiser et à poursuivre la lutte dans les camps de concentration où ils avaient été envoyés pour y être exterminés. Poursuivre la lutte au-delà du possible et contre toute vraisemblance. Aux yeux d'un observateur non averti de la singularité profonde de la Résistance, un événement tel que l'insurrection des déportés de Buchenwald, le 11 avril 1945, ne pourrait apparaître que comme un fait irréel, une sorte de miracle. Bien au contraire, ainsi que le souligne Marcel Paul dont on sait qu'il fut le principal animateur français de la Résistance à Buchenwald, cette insurrection fut un aboutissement héroïque mais follement logique, le couronnement non seulement de l'action entreprise mais aussi de la vigueur morale qui en animait les protagonistes, ces « sous-hommes » faisant soudain, pour rester des humains, preuve de qualités surhumaines... « A Buchenwald, écrit Marcel Paul, des centaines de SS furent capturés dans le combat (...). Pourtant, les hommes qui les capturaient en combattant étaient ces squelettes ambulants qui venaient de vivre des mois et des mois — et pour les Allemands antifascistes, les Tchèques, les Autrichiens, les Polonais, des années et des années — sous l'empire de la torture et de la mort... » En préfaçant le livre d'Henri Alleg qui, sous le titre *Les Chemins de l'espérance*, retrace ce que fut, dans les prisons et les camps, la Résistance des captifs, Max-Pol Fouchet écrit : « Le fascisme nazi se brisa contre une force trop étrangère à tous les fascismes pour qu'il pût l'imaginer : la dignité humaine. Non moins que les armes, elle contribua à abattre le Reich hitlérien. » Oui, si l'on cherche un dénominateur commun à tous les moyens d'action qui furent ceux de la Résistance, c'est bien à cette dignité-là que l'on aboutit. La dignité malgré tout et par tous les moyens.

Chapitre quatre

« LA VICTOIRE EN CHANTANT... »

Où, du jour J aux barricades, il a suffi d'un seul été, celui de 1944...

Dans le courant de l'année 1975, *Les Guides bleus* ont publié un petit livre intitulé *52 week-ends proposés par « Le Monde »*. Dès les premières pages, on pouvait y lire, sous la plume de Jean-Michel Durant-Souffland : « Sur un lit étroit de galets, à la laisse de haute mer, là où la vague dépose avec son écume tout ce dont elle cherche à se débarrasser, les baigneurs du Cotentin et ceux du Calvados découvrent encore, parfois, entre des coquillages broyés par le ressac, des fragments de fusils en lambeaux, des casques rongés par le sel, des cartouchières de toile grise que l'eau est allée chercher loin dans les algues... Il y a trente ans, un jour de juin, un brouillard inhabituel dans ce pays pourtant baigné d'humidité se levait avec le petit matin sur les côtes de Normandie, de Ouistreham à Quinéville. Et lorsqu'il commença de se dissiper, la terre, le ciel et la mer également ébranlés par des milliers d'explosions et de détonations, on vit s'avancer du fond d'un horizon encore incertain des bateaux et des avions de toutes tailles, masses sombres et grondantes cherchant à se frayer entre les rideaux croisés du feu, de la fumée et de la mitraille, un passage difficile. La plus formidable aventure militaire du siècle venait de commencer avec le "D Day" — le jour J — d'abord prévu pour la veille, le 5 juin 1944, mais que le mauvais temps avait contraint de décaler d'un jour. "C'était l'enfer" dit une vieille dame de Varouville, dont les yeux n'ont jamais pu oublier, depuis, l'hallucinant ballet des premiers LCA (Landing Craft Assault), péniches blindées à fond plat vomissant sur les plages hérissées de pièges meurtriers des commandos d'hommes hébétés, que l'inquiétude et la traversée avaient rendus malades à mourir. "On ne peut pas raconter cela, dit la dame en s'excusant. C'était l'enfer, reprend-elle, c'est tout..." » Un enfer, mais tellement attendu. Plus attendu que ne le fut jamais le paradis puisque le souhaitaient à l'unisson ceux « qui croyaient au ciel » et ceux « qui n'y croyaient pas ».

Et doublement attendu. A l'Est comme à l'Ouest. Par les Soviétiques comme par les résistants... Côté russe d'abord. C'est dès le 3 septembre 1941, deux mois et onze jours seulement après le déclenchement du « plan Barbarossa » d'attaque contre l'Union soviétique mais deux ans, neuf mois et deux jours encore avant ce « jour J » qui verrait se déclencher l'« opération Overlord », que Joseph Staline adressait à Winston Churchill un message personnel où il lui disait notamment : « Je crois qu'il n'existe qu'une seule issue pour en sortir : l'établissement, dès cette année, d'un second front dans les Balkans ou en France, qui forcera les Allemands à transférer trente à quarante divisions sur le front de l'Ouest ». Et côté résistants ? Chez tous les clandestins, chez tous les opprimés de l'Europe asservie, ce fameux « second front », que l'on appelait plus couramment « le Débarquement », fut le grand rêve, la grande obsession de la guerre. Oui, une attente obsédante... Souvenons-nous, par exemple, de la petite phrase contenue dans le tract des MUR lorsqu'ils organisèrent le « Référendum national contre Vichy », cette petite phrase si caractéristique : « Tous les Français ont la certitude que 1943 sera l'année de la Libération... » Alors, que de méprises, que de cruelles déceptions !... Dans son étude sur la *Libération de la Normandie*, déjà citée, l'inspecteur général honoraire des Archives de France Marcel Baudot fait la synthèse des impressions que transmet à Londres, à l'automne de 1943, le DMR (délégué militaire régional) envoyé par le BCRA, Valentin Abeille, alias Fantassin, qui se trouve être l'un des rares membres du corps préfectoral rallié à la France libre. Selon Baudot, Abeille « résume l'évolution des esprits en trois états d'âme successifs : l'impatience, la déception, la lassitude ; impatience en cette fin d'automne d'assister enfin au débarquement des armées libératrices, déception de constater que les semaines s'ajoutent aux semaines sans que rien ne se passe sur nos côtes (...), lassitude à l'approche d'un quatrième hiver plus dur encore, peut-on craindre, que les précédents. »

Les 2 876 439 soldats du « D Day »

Il y aurait beaucoup à dire sur les raisons qui font ainsi traîner en longueur l'ouverture du « second front ». Certes, on ne peut écarter le légitime souci des Alliés anglo-américains de se préparer le plus parfaitement possible à une pareille épreuve de force. Mais on ne peut pour autant négliger la vérité de certaines caricatures selon lesquelles, à Londres comme à Washington, il y aurait eu des généraux et surtout des politiciens qui auraient nourri l'espoir, parfois avoué par des banquiers de la City, que les terribles combats du front de l'Est finiraient par épuiser tout autant les Soviétiques que les nazis et qu'alors... Toujours est-il que, pendant plus de deux ans, s'est allongé le calendrier d'opérations qui peuvent aussi bien être considérées comme les nécessaires étapes vers le « jour J » que comme des entreprises sédatives destinées à calmer l'impatience des peuples. 27 mars 1942 : mini-débarquement à Saint-Nazaire. 15 avril 1942 : commandos britanniques de sabotage en Afrique du Nord. 18 août 1942 : « opération Jubilee » sur les côtes de Dieppe. 21 septembre 1942 : attaque des installations électriques de Glomfjord, en Norvège. 8 novembre 1942 : « opération Torch » sur les côtes algéro-marocaines. 18 décembre 1942 : commandos britanniques contre des navires ancrés dans l'estuaire de la Gironde. 10 juillet 1943 : débarquement allié en Sicile suivi, le 17 août, de la prise de Messine. 3 septembre 1943 : débarquement sur les côtes de Calabre, en Italie du Sud, suivi le 9, d'un autre débarquement à Salerne et, le 1er octobre, de la prise de Naples. 13 septembre 1943 : débarquement en Corse où l'insurrection déclenchée par le Front national a déjà pratiquement assuré la libération de l'île. 22 janvier 1944 : débarquement à Anzio, non loin de Rome, qui pourtant ne tombera que le 4 juin, soit six mois plus tard.

Ces considérations politico-militaires ne doivent toutefois pas faire oublier que le déclenchement de l'« opération Overlord » est plus qu'un tournant de la guerre, c'est un véritable coup de tonnerre qui retentit à l'échelle planétaire. Paradoxalement, le soulagement est d'autant plus vif que l'anxiété fut plus amère. En notant alors ses impressions qu'il publiera, l'année suivante, dans *Les Œuvres Libres*, sous le titre *La Nuit longue* (*lettre à un Américain*), l'académicien Jacques de Lacretelle est d'un lyrisme significatif : « 6 juin 1944... La radio anglaise paraît détraquée. Au lieu du programme ordinaire, c'est le même communiqué qui revient toutes les heures, avec le même bulletin et les mêmes consignes. On croirait entendre le haut-parleur d'une gare ou d'une usine. Et, en effet, ce matin-là, l'usine d'Amérique a commencé à déverser tout ce qu'elle avait accumulé en fait d'hommes et de munitions pour la délivrance de l'Europe. J'affirme que chaque Français ressentit alors la plus grande émotion de sa vie. Fini, l'armistice ! Chassé, le souvenir de la défaite ! La bataille sur notre sol, si meurtrière qu'elle pût être pour nous et pour nos villes, c'était en quelque manière la déclaration d'une nouvelle guerre qui nous apporterait la revanche. »

Lorsque Jacques de Lacretelle écrit « l'usine d'Amérique a commencé à déverser », il a arithmétiquement et techniquement raison. Pour le cinquantième anniversaire, on soulignera souvent ce que l'on pourrait appeler le gigantisme de l'entreprise. *Le plus formidable débarquement de l'histoire des guerres*, titrera *Le Monde* du 4 juin 1994, et, le même jour, l'hebdomadaire *Le Point* esquissera un saisissant bilan chiffré. « "Overlord", écrira-t-il, c'est, seulement pendant les premières quarante-huit heures, 150 000 hommes, 1 500 chars, 5 300 navires et 12 000 avions. Puis, dans les semaines qui suivent, c'est au total 2 876 439 soldats, sous-officiers et officiers des trois armes (...). 40 divisions quotidiennes à J+30, et 65 à J+60 !

La Grande-Bretagne s'est transformée en base aérienne géante pour accueillir les 5 049 chasseurs, 3 467 bombardiers lourds, 1 645 bombardiers légers, 698 appareils de combat divers, 2 316 avions de transport, 2 591 planeurs ; 163 bases nouvelles ont été bâties (...). Des matériels d'un nouveau type sont élaborés en un temps parfois incroyablement court (...). La plupart de ces inventions font encore partie du matériel dont toute armée a besoin. » Arithmétiquement et techniquement fondé, le lyrisme de l'académicien l'était aussi stratégiquement puisqu'avec le « D Day », le « jour J », commençait en fait l'été de la Libération. D'autant plus fondé que, quels qu'aient été les soubresauts ultérieurs, le premier coup avait été le coup fatal. Lorsque, l'année suivante, ils eurent été faits prisonniers, le célèbre expert militaire britannique sir Basil Henry Liddell Hart interrogea la plupart des généraux allemands qui dirigeaient la Wehrmacht en juin 1944. Entre autres confidences intéressantes, ils lui avouèrent que, pour eux, la partie était perdue à partir du moment où les Anglo-Américains avaient simplement réussi à vraiment prendre pied sur les côtes normandes. « Quand les Alliés eurent établi leur tête de pont en Normandie, écrit Liddell Hart, Rommel dit à un de ses officiers : "Tout est consommé. Il serait bien préférable de terminer la guerre maintenant" (...). Blumenttrit me parla de la débâcle générale qui suivit la percée de Patton hors de la Normandie et me fit une autre déclaration importante. "Hitler et son état-major de l'OKW avaient cru bon de retarder aussi longtemps la retraite, pensant que, en cas de besoin, ils pourraient toujours l'ordonner plus tard. Ils comptaient sur une avance lente et circonspecte des Britanniques et sur les maladresses des Américains. Pétain, qui connaissait depuis longtemps le Feldmarschall von Rundstedt, l'avait à plusieurs reprises mis en garde contre le danger de sous-estimer la vitesse de marche des troupes américaines lorsqu'elles auraient acquis de l'expérience. Il avait raison. Les lignes de replis que l'OKW pensait pouvoir utiliser furent débordées par l'avance de Patton avant même de pouvoir être occupées." »

Il va sans dire que les dommages subis par la machine de guerre nazie sur le front de l'Est et l'irruption de la puissance industrielle américaine dans le conflit expliquent en grande partie l'efficacité immédiate de l'« opération Overlord ». Admettre cela ne doit toutefois pas amener à sous-estimer le fait que, s'étant développée de la façon que l'on sait, ayant ouvert le « troisième front » du sabotage et porté par les attentats la guerre sur les arrières de la Wehrmacht, la Résistance intérieure française avait pu, au printemps de 1944, affaiblir déjà notablement la capacité de riposte allemande. Et ceci d'autant plus que, pendant les mois qui avaient précédé le débarquement allié en Normandie, la multiplication des maquis avait considérablement accru les capacités opérationnelles des combattants clandestins.

« Le jour de gloire est arrivé... »

Dans le numéro commémoratif du *Monde* déjà cité, le 4 juin 1994, le journaliste et aussi historien militaire Jean Planchais intitule son article *Le jour J de la Résistance*. « Les messages de déclenchement des divers plans, y écrit-il, au lieu d'être échelonnés dans le temps et selon les besoins des forces alliées, furent, sur l'ordre du grand état-major allié, le SHAEF (Supreme Headquarters Allied Expeditionary Force), lus dans leur ensemble le 5 juin au soir au micro de la BBC. Ainsi, d'un seul coup, toute la Résistance était conviée à entrer immédiatement dans le combat. Les planificateurs du SHAEF pensaient que la médiocre efficacité qu'ils prévoyaient serait un peu compensée en lançant toutes les opérations à la fois. Ainsi furent-ils responsables de la mort de nombreux résistants lancés prématurément et sans l'échelonnement prévu dans la bataille. (...) Dans toute la France, l'insurrection, avec des résultats divers selon les régions, court comme un feu de paille : une centaine de milliers de combattants entrent en action. (...) Résistance-Fer détruira 3 203 ouvrages d'art, 4 350 000 m^2 de bâtiments SNCF, 3 040 kilomètres de voies ferrés, 688 postes de signalisation et de très nombreux trains. Le SHAEF sait maintenant que la Résistance n'était pas un bluff de l'insupportable de Gaulle mais, comme l'écrivit le général Omar Bradley, “un des rouages de notre réussite” ».

Tous ces résistants qui « entrent en action » et tous ceux qui les y aident, il va sans dire que leurs journaux interdits les encouragent et conseillent tout en annonçant, confirmant, célébrant et commentant l'énorme événement. Petite revue de presse clandestine... Le n° 32 de l'« édition sud » du « mensuel malgré la Milice et la Gestapo », donc *Le Franc-Tireur*, est daté du 6 juin 1944. Titre : *Ils ont débarqué ! Les Alliés ont pris pied sur le sol français. Toute la France est avec eux, avec la Résistance dans le combat libérateur !* Texte : « Le “Franc-Tireur” en son premier tirage, annonçait brièvement la nouvelle. Mais d'heure en heure, pendant que nous roulions, l'ampleur de l'assaut libérateur se précisait. (...) De toutes parts, la forteresse-Europe, la prison-Europe, va être assaillie par une armée immense dotée d'un matériel formidable. Que les patriotes aident de toutes leurs forces les alliés et la résistance. »... Le n° 180, « Quatrième Année » de « L'hebdomadaire de la Résistance française », *Libération*, est aussi daté du 6 juin. Titre : *La nouvelle bataille de France*. Texte : « Ainsi ce que nous attendions avec tant de fièvre et depuis si longtemps, ce que certains même désespéraient de voir est devenu aujourd'hui une réalité. La libération est commencée. (...) A l'immense soulagement que nous apportent les Alliés se mêle aujourd'hui beaucoup de gravité. Le dur, le véritable combat est commencé sur notre sol (...). Il faut donc s'attendre à un terrible choc. »... Le n° 302 de *l'Humanité* est daté du 9 juin 1944. Titre :

Vers les combats décisifs. Texte : « Coup sur coup les Alliés viennent de battre les Allemands en Italie, de prendre Rome et de débarquer sur la terre de France. (...) Le Parti Communiste Français tient à rappeler à ses adhérents enrôlés dans les FFI qu'il compte sur eux pour qu'ils donnent l'exemple de la discipline, de l'abnégation, du courage et de l'esprit d'initiative dans l'accomplissement des missions qui leur seront confiées. (...) Les soldats sans uniforme enrôlés dans les FFI ne sont pas seuls à avoir des devoirs à remplir. Tous les Français ont à prendre part à la lutte libératrice. »... Le n° 15, « 2e année » de *L'Avenir*, « Journal provisoirement clandestin ; publié par l'OCMJ » s'annonce comme un « Numéro spécial » et est daté du 10 juin. Titre : *Le deuxième front est enfin créé... Le Jour de Gloire est arrivé*. Texte : « Rester à la disposition de la nation est le devoir essentiel de chacun. Vous avez donc tous à sauvegarder votre Liberté. Vous ne devez pas tomber aux mains de l'ennemi. Vous qui êtes isolés, arrangez-vous pour écouter avec soin la Radio alliée qui vous renseignera sur ce que vous devez faire. Ne vous impatientez pas. Chacun aura l'occasion de faire son devoir, tout son devoir. L'heure du sabotage, de la grève, de l'embuscade, de l'insurrection viendra. (...) Les manœuvres de division de l'ennemi et des traîtres ont échoué. La Résistance française forme un bloc compact où toutes les nuances de l'opinion sont représentées. (...) Si la France a devant elle des heures d'épreuve douloureuses et sanglantes, ces heures d'héroïsme seront aussi des heures joyeuses. »... Le « N° XXVIII » de *Ceux de la Résistance* est daté du 12 juin. Titre : *La Bataille de France* ; *Français, Le jour de gloire est arrivé*. Texte : « La victoire est certaine : une immense armada de 4 000 gros navires et 11 000 avions constitue une force invincible ; parallèlement, nos amis russes vont reprendre l'offensive et Hitler va être dans une implacable tenaille. Nous avons confiance en nos alliés. (...) Il ne faut pas permettre aux traîtres d'échapper au juste châtiment qui les attend. Il faut partout, au fur et à mesure que cela deviendra possible, chasser les autorités vichyssoises et les remplacer par des Délégués du Comité de Libération, seuls qualifiés pour assurer la liaison entre la population civile et les armées alliées. »... Le n° 97 de l'« organe des comités universitaires du Front national », *L'Université libre*, est daté du 15 juin. Titre : *Quand Hitler songe à Iéna et à 1806*. Texte : « En 1944, les armées alliées victorieuses qui fouleront le sol allemand ne seront pas des armées conquérantes ! Tous les chefs alliés ont déclaré en termes nets qu'ils ne faisaient pas la guerre au peuple allemand, mais à la caste militariste et nazie, à la bande hitlérienne et à l'idéologie du meurtre dont elle a fait sa loi. »... S'annonçant « Numéro spécial », *Le Populaire* est simplement daté de juin 1944. Titre : *Aux armes citoyens ! C'est la lutte finale !* Texte : « La libération est en marche. Déjà, des portions du territoire métropolitain sont délivrées. (...) Le Parti Socialiste renouvelle à ses membres ses consignes spéciales. Il demande à la population laborieuse de suivre en tous points les instructions de la Radio de Londres et du Conseil National de la Résistance. (...) En ce jour d'allégresse et de lutte, la pensée du Parti Socialiste tout entier est dirigée vers ceux des siens qui sont tombés. »... Le n° 13 de l'« Organe des élus républicains de la Résistance ; adhérent au Mouvement de Libération nationale », *L'Aurore*, est daté de juillet 1944. Titre : *Cette année, la Victoire*. Texte : « Ces forces de l'intérieur, cette armée secrète, constituées, instruites, encadrées malgré Vichy et sa Gestapo, l'ont été grâce au concours de tout le pays par des organisations qui ne reconnaissent pour la France qu'un gouvernement légitime : celui que préside le général de Gaulle. La nation qui se bat pour sa liberté et pour la victoire commune pense qu'après cette expérience, la Grande-Bretagne et les Etats-Unis comprendront que le peuple de France qui combat et meurt au nom du gouvernement provisoire de la République mérite que ce gouvernement jouisse de toutes les prérogatives que confère la souveraineté. »

Les trois « V » du « COMAC »

En ce printemps de 1944, il apparaît clairement que la Libération va être à la fois la conséquence du débarquement du 6 juin 1944 et l'aboutissement, l'épanouissement de l'action menée pendant quatre années par la Résistance intérieure organisée.

Cet épanouissement victorieux n'a lui-même été possible que dans la mesure où les résistants avaient compris la nécessité d'unifier leurs efforts. Rappelons quelques dates et quelques faits essentiels... Le 12 janvier 1943, l'arrivée de Fernand Grenier à Londres consacre le ralliement des communistes à la « France combattante » du général de Gaulle ; notons qu'à cette époque le Front national est déjà une organisation puissante qui, avec une direction où se retrouvent les personnalités les plus diverses et avec une structure qui privilégie les secteurs « professionnels », a réussi ce que le politologue et directeur du *Monde* Jacques Fauvet appellera « une véritable personnalisation du patriotisme », et que son « expression militaire », les Francs-tireurs et partisans français (FTPF), démontre chaque jour son efficacité. Ce même mois de janvier 1943 voit, le 26, naître le « directoire » des Mouvements unis de Résistance (MUR) dont on sait qu'ils regroupent les mouvements de ceux qui ont su être les architectes de l'action, « Combat », « Libération » et « Franc-Tireur » ; les MUR préparent déjà la naissance, dix mois plus tard, en décembre, du « Mouvement de Libération nationale » (MLN) qui verra le jour lorsque « Défense de la France », « La Voix du Nord » et d'autres organisations accepteront de rejoindre l'ensemble ainsi constitué, qui, lui, a pour « expression militaire » l'Armée secrète (AS). Pendant ce temps, les efforts faits par Jean Moulin pour non seulement négocier mais rendre vivante et offensive la représentativité de la Résistance unie ont abouti à la création du Conseil national de la Résistance (CNR) dont on sait que la première réunion s'est tenue à Paris, dans le quartier Saint-Germain-des-Prés, 48, rue du Four, le 27 mai 1943. Autour du CNR rayonnent très vite plusieurs « services » du même type que le GAD ou le CGE, déjà cités. Le « Bureau d'information et de presse » (BIP) que dirige d'abord Georges Bidault est ainsi créé dès avril 1942. Bientôt, au début de 1944, viendront aussi le « Comité des œuvres sociales des organisations de Résistance » (COSOR) dont le responsable est le révérend père Pierre Chaillet, puis le « Comité financier » (COFI) que préside André Debray ; enfin, au printemps, ce sera le « Comité d'action militaire » (COMAC) dont nous avons vu l'importance, mais dont nous allons reparler... Incontestablement, l'entente réalisée le 20 mars 1943 entre les FTP et l'AS en zone Nord ainsi que la signature, le 17 avril 1943, des « accords du Perreux » qui consacrent la réunification de la CGT ont beaucoup aidé à ce que le CNR puisse naître et croître dans une bonne atmosphère. D'ailleurs, il est significatif que, dès cette époque, exactement le 23 octobre 1943, la Résistance n'hésite pas à fonder déjà le Comité parisien de Libération (CPL). « La Délégation générale, racontera plus tard André Tollet, son futur président, nous avait réunis à Montmartre, dans la maison où habitait l'écrivain collabo Louis-Ferdinand Céline, dans l'appartement situé juste sous le sien. (...) Un bureau fut désigné qui devait, compte tenu des conditions de la clandestinité, garder le contact avec les autres membres. Le bureau fut composé des représentants de l'Union des syndicats CGT, du Front national, du Parti communiste, de "Ceux de la Résistance" (CDLR), de l'Organisation civile et militaire (OCM) et de Libération-Nord. »

Parmi toutes les structures nouvelles qui concrétisent ainsi l'unité des combattants clandestins, il en est donc une qui, au fur et à mesure qu'approchera la Libération, prendra de plus en plus d'importance : c'est le « COMAC »... « Le Comité d'action militaire (COMAC), écrira plus tard Maurice Kriegel-Valrimont dont on sait qu'il en fut l'un des membres, a été en France, à Paris, l'organe de commandement suprême des Forces françaises de l'Intérieur, c'est-à-dire de l'ensemble des forces militaires de la Résistance. Trois hommes — les trois "V" — constituaient ce comité : Vaillant (Jean de Vogüé), représentant les mouvements de Résistance de la zone Nord ; Valrimont (Maurice Kriegel), représentant les mouvements de la zone Sud, et Pierre Villon, représentant du Front national, membre du bureau permanent du Conseil national de la Résistance. Le général Joinville (Alfred Malleret) a participé à toutes les délibérations du COMAC à partir du moment où il fut nommé chef de l'état-major national des Forces françaises de l'Intérieur. Jacques Chaban-Delmas y était également présent en qualité de Délégué militaire national, représentant les commandements français de Londres et d'Alger. En outre, deux futurs chefs d'état-major de l'armée, le général Paul Ely et le général Georges Revers, ont assisté à de nombreuses séances. Le général Revers avait le titre de conseiller technique du COMAC, et représentait l'Organisation de Résistance de l'Armée (ORA), sous le nom de "Monsieur Thénard". Le général Ely, de la Délégation militaire du gouvernement de Londres, représentant le général de Gaulle et le général Kœnig, se faisait appeler "Algèbre". (...) De mai à la fin août 1944, le Comité d'action militaire s'est réuni plus de quarante fois. » L'acte de naissance du « COMAC » est en fait constitué par son *Ordre du jour du 22 mai 1944*. Dans ce document, on peut lire entre autres : « A tous les officiers, sous-officiers et soldats des Forces françaises de l'intérieur, combattants des Groupes francs, Corps-francs, Francs-tireurs et partisans, hommes du maquis ! Le Comité d'action militaire, par décision du Conseil national de la Résistance et en accord avec le Gouvernement provisoire de la République siégeant à Alger, agit dorénavant comme l'organe de commandement suprême des FFI en France. (...) Avant-garde de notre peuple, vous devez lui donner l'exemple de l'union la plus complète, par-dessus les différences d'origine et d'opinion, de métier et de croyance, par-dessus les différences d'organisation. (...) Le COMAC, sous l'autorité du CNR, vous ordonne donc : Attaquez l'envahisseur où vous le trouvez ! Harcelez ses troupes ! Tendez des embuscades à ses convois ! Faites dérailler ses trains ! Faites couler ses péniches ! Coupez ses lignes de communication ! Armez-vous à ses dépens ! Exterminez les traîtres, agents de la Gestapo, miliciens-assassins, PPF, RNP ! Frappez, frappez, frappez par tous les moyens les bourreaux de notre peuple ! Prouvez au monde que les Français de 1944 sont dignes de leurs aînés de Verdun et de Valmy !... »

La charge d'appliquer les ordres du CNR ainsi transmis par le COMAC revient donc aux Forces françaises de l'intérieur (FFI), nées de la fusion de l'AS, des FTP et de l'ORA, amorcée durant l'hiver 1943-1944, et qui regroupent maintenant en fait tous les éléments armés de la Résistance intérieure française. Les FFI sont organisés sur la base territoriale en treize régions militaires (sept en zone Nord et six en zone Sud) ayant chacune à leur tête un chef régional tantôt issu de la Résistance intérieure, tantôt envoyé par Londres ou Alger. Nous avons déjà rencontré ou croisé certains d'entre eux... La « région A » (Lille-Amiens) est commandée par le colonel Marcel Lajouanie, alias Lejeune puis Bastien ; la « région B » (Bordeaux) par le colonel Roger Landes, alias Aristide ; la « région C » (Nancy, Chalons-sur-Marne) par le colonel Gilbert Hirsch-Ollendorf, alias Grandval ; la « région D » (Dijon) par le colonel Claude Monod, alias Moret ; la « région E » (Rennes, Le Mans) par le colonel Georges Beaufils, alias Joseph puis Drumont ; la « région P 1 » (Paris) par le colonel Henri Rol-Tanguy ; la « région P 2 » (Orléans, Nevers) par le colonel Jean de Chézelles, alias Crespin — ceci pour la zone Nord.

Quant à la zone Sud, on y trouve, à Lyon (région R 1) le colonel Marcel Descours ; à Marseille (R 2), le colonel Robert Rossi, alias Levallois ; à Montpellier (R 3), le colonel Gilbert de Chambrun, alias Carrel ; à Toulouse (R 4), le colonel Serge Asher, alias Ravanel ; à Limoges (R 5), le colonel Hubert Rousselier, alias Rivier ; enfin, à Clermont-Ferrand (R 6), le colonel Emile Coulaudon, alias Gaspard.

Vague libératrice et « insurrection nationale »

Ainsi, dans des conditions bien sûr inégales et dont la diversité tient tout à la fois à la situation locale du moment et aux chances ou aux déboires que les clandestins ont jadis connus face à une répression qui ne se déchaînait pas partout de la même manière, là très audacieusement, ici plus timidement, les FFI se lancent-ils dans cette bataille de la Libération où, peu à peu, la Résistance proprement dite s'achève pour s'intégrer dans la poursuite de la guerre classique. Une dynamique d'union patriotique incontestable soulève non seulement les résistants mais le peuple tout entier. Les luttes politiques sous-jacentes ni la continuation de la querelle sur l'« attentisme » ne freineront finalement cet irrésistible élan. Entre les deux dates symboliques que sont, après le prélude corse de l'été 1943, la délivrance de Bayeux le 8 juin 1944, soit quarante-huit heures seulement après le jour J, et celle de Colmar, le 2 février 1945, la vague libératrice déferlera pendant quelque huit mois mais avec une nette période d'intensité en juillet, août et septembre 1944. Encore quelques dates : Cherbourg tombe le 26 juin ; Caen, le 7 juillet ; Saint-Lô, le 18 ; Coutances, le 28 ; Alençon et Saint-Malo, le 10 août ; Orléans, le 15 ; Toulouse, le 19 ; Quiberon, le 20 ; Troyes, le 23 ; Paris, le 25 ; Toulon, le 26 ; Marseille, Montélimar et Grenoble, le 28 ; Nîmes, Montpellier, Béziers et Narbonne, le 29 ; Rouen, Reims et Compiègne, le 30 ; Saint-Dizier, Beauvais et Toul, le 31 ; Dieppe, Amiens et Arras, le 1er septembre ; Lille, Lyon et Saint-Etienne, le 3 ; Sedan, le 7 ; Besançon, le 8 ; Dijon, le 11 ; Nancy, Epinal, Chaumont et Lunéville, les 15 et 16 ; Brest, le 18 ; Boulogne-sur-Mer, le 22, etc.

Incontestablement, le déferlement de la vague libératrice s'est nettement accentué après le 15 août 1944, date à propos de laquelle on a pu parler de « second jour J ». Ce jour-là, en effet, entre Cannes et Toulon se déroulait l'opération Anvil-Dragoon, c'est-à-dire le débarquement de près de trois cent mille hommes amenés par environ douze cents navires alliés. Alors qu'en Normandie, dix semaines plus tôt, la participation française avait été très faible, cette fois, parmi les troupes qui prirent pied au cap Nègre, dans les baies de Cavalaire et de Pampelonne, sur les côtes de Sainte-Maxime et de Saint-Raphaël, dans la rade d'Agay, etc., il y avait la fameuse 1re Armée française, ainsi que d'autres divisions et d'autres unités à la tête desquelles se trouvaient par exemple, les généraux Jean de Lattre de Tassigny,

Augustin Guillaume, François Sevez, Jean Touzet du Vigier, Diego Brosset, Joseph de Goislard de Montsabert, Aimé Sudre ou le colonel Fernand Gambiez... Moins d'un mois plus tard, le 12 septembre 1944, à Nod-sur-Seine, en Côte-d'Or, ces troupes françaises feront leur jonction avec la non moins fameuse 2e Division blindée du général Philippe Leclerc de Hauteclocque, celle de la libération de Paris. En vingt-sept jours, elles auront parcouru sept cents kilomètres avec des pertes relativement minimes (cent quatre-vingts morts). Sans sous-estimer leur combativité, il est clair que ce succès ne peut s'expliquer que par l'aide que la 1re Armée a reçue des FFI tout au long de la vallée du Rhône puis en Bourgogne. « Les patriotes insurgés dira Raymond Aubrac, le "commissaire de la République" de Marseille libéré, tendaient la main aux forces françaises ; la Résistance ouvrait la voie. »

Le concours ainsi apporté aux armées libératrices et que nous avons déjà évoqué à propos des maquis, personne à l'époque ne songe à le mettre en doute. Dans la presse de l'été et de l'automne 1944, on trouve des centaines d'articles comme celui du *Figaro* du 20 octobre où, sous le titre *25 000 FFI bretons ont libéré eux-mêmes 19 de leurs villes et continuent le combat*. Jean Eparvier fait l'éloge de « ces admirables FFI de Bretagne qui ont reconquis leur province ». Très bientôt, toutefois, la participation décisive de la Résistance à la Libération du pays allait être discutée, contestée. Une sorte de campagne commença, mais qui n'a pas réussi à contredire la réalité, cette réalité que, par exemple, le 10 mai 1947, le lieutenant-colonel et futur général Charles Ailleret confirmait en écrivant : « On trouve encore souvent des gens qui contestent ou méprisent l'utilité de la Résistance sur le plan des opérations militaires. (...) Au moment où certaines idées fausses de ce genre ont tendance à se répandre, quelquefois par hasard, parfois par les soins de ceux qui trouvent à la propagation de l'erreur un intérêt matériel ou moral, il importe de ne pas laisser la Résistance entrer dans la légende avant même que l'Histoire complète, détaillée et critique des opérations qu'elle a entreprises ait pu être établie d'après des bases sérieuses et inattaquables. L'étude de cette histoire démontrera péremptoirement l'importance essentielle de la Résistance dans la victoire des Alliés à l'ouest. Dès maintenant, on peut affirmer que l'aide apportée aux forces alliées par les forces de l'intérieur a été, d'une manière absolue, considérable et, d'une manière relative, la plus forte que pouvait apporter la France dans les circonstances du moment. » L'« aide considérable » dont parle Ailleret a été largement et sérieusement analysée. Nous pourrions citer de nombreux exemples. Limitons-nous à l'un d'eux particulièrement significatif car il concerne la participation de la Résistance à la Libération de Paris. Le 12 juin 1975, dans une conférence qu'il fit, à l'Ecole supérieure de Guerre, sur ce sujet, le colonel Henri Rol-Tanguy pouvait dire : « La mission des FFI qui était d'ouvrir la route et les portes de Paris aux forces françaises et alliées, de sauver Paris de la destruction et de hâter sa libération, de saisir la garnison allemande à la gorge et de ne plus la lâcher, de désigner à la 2e DB ses objectifs et de l'aider à les conquérir, de participer à la reddition — oui, la mission de la Résistance, celle des FFI a été bien remplie. Nous avons, comme a dit le général de Gaulle, "chassé l'ennemi de nos rues, décimé et démoralisé ses troupes, bloqué ses unités dans leurs îlots fortifiés"... »

En vérité, cette « aide considérable » que la Résistance apporte aux armées régulières alliées, cette part prépondérante prise par les clandestins d'hier dans le déferlement de la vague libératrice, les textes de l'époque lui donnent un nom : ils l'appellent tout simplement l'« insurrection nationale ». Nationale à tous les sens du terme et d'abord au sens géographique. « L'histoire de la Libération, écrira plus tard Robert Aron, devrait être celle de trente-six mille communes et de quatre-vingt-dix départements. Il n'est pas de « lieu-dit » en France, *a fortiori* pas de ville, qui n'ait participé à cet immense événement ». C'est vrai. Toutefois, le lieutenant-colonel FTP et futur secrétaire général de l'ANACR Charles Fournier-Bocquet estimait pour sa part, dans *France d'Abord* du 5 août 1954, que « la véritable importance de l'insurrection nationale peut se définir au départ de quelques exemples : les libérations de Paris, Marseille et Nice ». C'est-à-dire de trois grandes villes, de trois concentrations populaires et même ouvrières... Aussi bien cette « insurrection nationale », ses conséquences historiques et ses suites politiques méritent-elles qu'on s'y arrête...

« Jusqu'au jour du soulèvement général... »

Considérons d'abord les conditions du déclenchement de l'insurrection. Etape décisive, véritable bond en avant, elle est aussi et surtout l'aboutissement logique et nécessaire de toute l'action précédemment engagée par la Résistance. En se fondant sur leurs expériences respectives de président du CPL et de « commissaire à l'Intérieur » du GPRF, André Tollet et Emmanuel d'Astier le soulignent également. « Pour nous, affirme le premier, il n'y avait pas de doute, la pression que les Allemands exerçaient sur les cheminots, ils l'exerceraient sur toutes les entreprises en grève, même contre la police et toujours avec plus de rage. Les travailleurs ne pouvaient se tenir sur la défensive et se faire battre les uns après les autres. Ils devaient attaquer, c'était le meilleur moyen de défense et ils le pouvaient car l'idée de l'insurrection faisait son chemin. La situation était mûre... » Quant au second, il ajoute : « Les dirigeants — nationaux, militaires ou populaires de la Résistance — se concertent pour décider de l'insurrection. Elle est déjà inscrite dans des faits et dans le cœur des combattants. Les Blanqui et les Dombrowski fraternisent et apostrophent en même temps les Barrès et les Déroulède... ». Les constatations de Tollet et de d'Astier vérifient d'ailleurs la définition que, dès le 24 août 1943, la direction de la CGT clandestine formulait ainsi dans une *Directive à tous les militants syndicaux :* « Le Bureau confédéral tient à rappeler à tous les militants que l'insurrection nationale qui doit se déclencher en conformité avec les directives du CNR ne peut se concevoir comme un simple refus de travailler ou d'obéir aux ordres de l'occupant ou des traîtres. C'est un soulèvement général contre l'ennemi ayant pour but de lui porter des coups dans tous les domaines. L'insurrection nationale, cela signifie la participation du peuple tout entier à la lutte libératrice... » Retenons l'expression « soulèvement général », car nous allons la voir bientôt reprise. Par qui ? Par le général de Gaulle... En effet, après avoir, le 6 juin 1944, donc le jour du débarquement en Normandie, déclaré au micro de Radio-Londres que « pour les fils de France, où qu'ils soient, quels qu'ils soient, le devoir simple et sacré est de combattre par tous les moyens dont ils disposent », il proclamera, le 25 juillet suivant, à Alger, devant l'« Assemblée consultative provisoire » : « Notre effort à l'intérieur ne cessera pas de grandir comme contribution capitale à la libération du pays, jusqu'au jour du soulèvement général par lequel la nation, dressée tout entière sous l'autorité du Gouvernement de la République et de ses représentants, saura faire en sorte, en liaison avec ses armées et celles de ses alliés, qu'aucun Allemand sur son sol ne soit autre chose qu'un cadavre ou un prisonnier. » Et ce sera toujours de Gaulle qui, exactement un mois plus tard, le 25 août, à l'Hôtel de Ville de Paris, s'écriera : « Paris ! Paris outragé ! Paris brisé ! Paris martyrisé ! mais Paris libéré ! libéré par lui-même, libéré par son peuple avec le concours des armées de la France, avec l'appui et le concours de la France tout entière, de la France qui se bat, de la seule France, de la vraie France, de la France éternelle ! ». Plus de vingt ans après, l'expression « libéré par son peuple » trouvera un fidèle écho dans l'ouvrage collectif, déjà cité, que le PCF publiera ultérieurement sur son propre rôle dans la Résistance puisqu'on pourra y lire : « L'importance historique de l'insurrection nationale en France est considérable. D'abord, elle permet à la France de reconquérir son indépendance nationale. En chassant les occupants, mais aussi en montrant aux Alliés anglo-américains que la France entend reprendre en main son destin. En même temps qu'ils écrasent l'envahisseur, les Français rétablissent la légalité française, installent leurs administrateurs et leurs assemblées. Les fonctionnaires américains formés dans les écoles de l'AMGOT, l'Allied Military Government for Occupied Territories, pour venir gouverner la France ne seront jamais mis en place. Les conséquences politiques de l'insurrection nationale sont étroitement liées à son poids militaire. Quelle portée auraient eue les protestations du GPRF face aux projets politiques anglo-américains, si la Résistance n'avait fourni qu'une simple force d'appoint ? »

La notion d'« insurrection nationale » étant ainsi définie et située, peut-on considérer que sont d'accord à son propos gaullistes et communistes ? En apparence, oui... Mais en réalité... Se fondant sur son expérience de « Délégué militaire national » de De Gaulle lors des combats pour la Libération de Paris, Jacques Chaban-Delmas, interviewé par Francis Crémieux, en août 1964, au micro de *France-Culture*, expliquait ainsi son différend avec la majorité des résistants parisiens : « La divergence entre ces hommes et nous, qui étions les représentants directs du Gouvernement provisoire de la République, c'est-à-dire le Gouvernement de Gaulle, ne portait pas sur un problème de principe (sur le principe de l'insurrection personne ne discutait il y avait même une phrase du général de Gaulle : “Pas de libération nationale sans insurrection nationale” — donc pas de divergence ni à plus forte raison d'opposition), nous divergions sur l'application du principe. L'expérience a prouvé que la divergence était sérieuse. » L'« application » seulement ? Mais alors il faut admettre que les gaullistes reprochent aux communistes de trop bien « appliquer » le mot d'ordre d'insurrection... Et c'est ce que laisse entendre Emmanuel d'Astier lorsque, toujours à propos de la situation à Paris en août 1944, il écrit : « Le Gouvernement, les grandes instances de la Résistance ne feront qu'entériner l'insurrection. Les communistes ont forcé le destin. Le 16 au soir et le 17 au matin, le commandement des Francs-Tireurs et Partisans a fait apposer par quatre mille afficheurs des dizaines de milliers d'affiches. Ils les ont coiffées des mots clefs, “Armée française, Forces françaises de l'intérieur”, qui leur donnent un caractère officiel. Le 18 vient l'appel des élus communistes. Le Parti veut souligner son autorité sur les Francs-Tireurs, les insurgés... ». C'est un point de vue. André Tollet n'a pas tout à fait le même. « Assaillie de toutes parts, explique-t-il, harcelée sans savoir d'où venait l'attaque, ses contacts coupés, l'armée allemande est rapidement submergée, démoralisée. Elle a peur de la ville. Elle tire souvent sans savoir, peut-être même sans regarder. Chaque civil l'effraye. Hélas, elle n'est pas seule à s'inquiéter. Il est des gens, même dans la Résistance, en premier lieu parmi ceux qui furent sceptiques au moment de déclencher l'insurrection, qui sont inquiets de ce mouvement populaire qui triomphe. Ils savent pourtant que l'objectif du combat arrêté en commun est national et patriotique, mais quand même, ces barricades tenues par les ouvriers, les usines tenues par les prolétaires qui les défendent... cela dépasse leur entendement. L'ordre, pour eux, ne peut sortir de là. L'ordre, ils ne peuvent le concevoir que : le patron en haut et l'ouvrier en bas... » Ces lignes du président du CPL sont extraites de son livre *La Classe ouvrière dans la Résistance* et plus spécialement du passage qui porte en titre : *La trêve*, et en sous-titre : *La peur du peuple*.

Les guillemets du Général

En fait, cette fameuse « trêve » au souvenir de laquelle restera attaché le nom du diplomate suédois Raoul Nordling prendra valeur de symbole politique alors même que, militairement, elle ne fera pas long feu. Pourquoi ? Parce que « les trois V » au « COMAC » et les FFI du colonel Henri Rol-Tanguy vont non seulement la refuser mais s'employer immédiatement à contrecarrer les effets démobilisateurs qu'elle pourrait avoir sur les Parisiens des barricades. Exactement trente ans plus tard, devant les caméras de la 1ère chaîne de télévision, le premier le 20 août 1974 et le second, le 13, aux *Dossiers de l'écran* de la 2e chaîne, l'historien Adrien Dansette et le successeur de Jean Moulin à la tête du CNR, Georges Bidault, en tomberont d'accord. « On verra des voitures à haut-parleur, dira l'historien, qui comprendront d'une part des Allemands en uniformes d'autre part des FFI et qui annonceront la trêve. En réalité ce ne sera qu'une comédie : cette trêve ne sera pas respectée, d'une part parce qu'il y a des Allemands durs qui ne comprennent pas les ordres du général von Choltitz et qui, eux, veulent réduire l'insurrection, et que, d'autre part, il y a des FFI, durs eux aussi, qui ne comprennent pas du tout cet ordre de trêve donné alors que l'insurrection vient d'éclater... Cela se terminera par une réunion clandestine du Conseil National de la Résistance qui rompra la trêve. » Quant à celui qui était alors précisément le président du CNR, il reconnaîtra : « Nous avons dit : eh bien, allons, puisqu'ils ne veulent pas de la trêve, on ne peut pas les obliger à ne pas se battre quand ils ont envie de se battre... » Il est vrai que c'était à cette même réunion du CNR qu'un gaulliste (mais aussi membre du FN) comme Jacques Debû-Bridel avait pu lancer : « Nous ignorons ce que pense de la situation de Paris le chef qui nous appela aux armes. Mais en cet instant, au cœur de la bataille parisienne, tous ceux qui, sans arrière-pensée politique, se refusent à cesser le combat, ceux-là sont fidèles à l'esprit du 18 juin... Aucune argutie juridique ou stratégique ne prévaudra contre ce fait brutal : la trêve, c'est encore l'armistice ! » Il est vrai aussi que, depuis, dans ses *Mémoires de guerre*, de Gaulle a implicitement désavoué la « trêve » en écrivant que, lorsqu'il en avait appris la nouvelle, cela lui avait fait « une désagréable impression ».

La « trêve » s'étant ainsi terminée en queue de poisson, on ne s'étonna pas de voir le débat de fond — débat qui poursuivait celui sur l'« attentisme » et posait en fait le problème du pouvoir dans la France libérée — repris de plus belle non plus à propos d'un symbole mais au sujet d'une réalité : les dizaines de milliers d'hommes en armes qui constituaient les « milices patriotiques » qu'avait inspirées le PCF... Là encore, ce fut dans le sillage de l'« insurrection nationale » que le problème apparut. En retraçant ce que fut l'activité du CPL dans les semaines qui précédèrent la Libération, André Tollet rapporte : « Le grand affrontement approche, personne n'en doute. Il faut se préparer à la guerre de tout le peuple contre l'envahisseur. Il faut tout ramener à la lutte armée dit une circulaire du bureau clandestin de l'Union des syndicats. De plus en plus, les actions revendicatives, les manifestations, les prises de parole ont besoin d'une protection armée. Les groupes de FTP ne suffisent plus. Ce qui n'était pas possible hier est indispensable aujourd'hui. Il faut constituer d'urgence des milices patriotiques de masse dans les usines, les quartiers. Un Conseil central des milices patriotiques se constitue. Il est composé de membres du Conseil national des FTP, de militants du Front national, des syndicats ouvriers, des Forces unies de la jeunesse patriotique. Il lance un appel dans lequel il indique qu'il reste ouvert à tous les dirigeants de la Résistance. Il s'adresse à tous les hommes, à toutes les femmes capables de se battre : "Par rue, par bloc de maisons et ateliers, constituez vous-mêmes des groupes de la milice patriotique !" » De même, au cours de l'émission de *France-Culture* déjà citée, Henri Rol-Tanguy déclare à Francis Crémieux : « L'appel à l'insurrection, pour nous, était une idée permanente. Nous y pensions déjà en 1943, mais nous nous situions dans la réalité, nous ne bâtissions pas de plans à l'avance. Il s'agissait d'abord pour nous d'aider au maximum au succès du débarquement, ensuite de mobiliser en profondeur la population. Pour cela, à côté des unités militaires des différents mouvements de Résistance groupés dans les FFI, nous exercions un effort particulier en direction des usines, pour préparer les "milices patriotiques" qui viendraient renforcer en nombre les forces militaires de la Résistance. L'idée était d'éviter à tout prix le combat singulier entre l'armée allemande et les FFI. Nous disions : "Le succès est fonction du nombre". » Evidemment, la directive de créer ainsi une nouvelle formation de la Résistance n'est pas limitée à Paris mais diffusée dans toute la France. Ainsi, à Toulon, par exemple, le « Comité varois de la Libération » recommande-t-il de « former les Milices patriotiques ouvrières pour empêcher la destruction de nos usines et des chantiers, la déportation des travailleurs ». Ainsi, dès le 3 mars 1944, *l'Humanité* clandestine écrit-elle : « Dans les quartiers populeux des villes et des villages, il faut constituer des milices patriotiques (...). Ces milices patriotiques de masse seront aidées dans leur tâche par les FTP... ». Si les communistes sont les véritables inspirateurs de cette nouvelle forme d'organisation, c'est officiellement sous l'égide du Conseil national de la Résistance qu'elle voit le jour. D'ailleurs, c'est dans le *Programme du CNR* qu'il est dit que les Comités départementaux de la Libération (CDL) devront, « en accord avec les états-majors nationaux, régionaux et départementaux des FFI, organiser des milices patriotiques dans les villes, les campagnes et les entreprises. ».

Pourquoi, dès lors, pendant si longtemps, les « milices patriotiques » vont-elles sentir le soufre ?... Dans ses *Mémoires de guerre*, le général de Gaulle n'en parlera qu'avec des guillemets puisqu'elles seront pour lui des « milices dites "patriotiques" » et agissant « pour le compte du "peuple" entendu dans un certain sens ». Faut-il, pour expliquer ces guillemets du Général, se référer à quelqu'un d'aussi peu gaulliste que Robert Aron, ce défunt historien et académicien dont on sait les indulgences pour Vichy ? « Un grand mérite du gaullisme, écrit en effet Aron dans son *Histoire de la Libération*, celui sur lequel, si l'on veut raisonner objectivement, tous les Français devraient se montrer d'accord, est d'avoir, avant la prise du pouvoir, préparé minutieusement les institutions qui permettront d'éviter ou de limiter le pire. L'état politique de la métropole, au jour J, était tel qu'il pouvait justifier toutes les craintes. Effondrement complet du gouvernement en fonction — paroxysme de haine entre les éléments exaltés des deux parties —, travail de sape effectué par le communisme : la France aurait pu se réveiller sous l'AMGOT, ou en état de guerre civile, ou en démocratie populaire. Grâce à de Gaulle et aux gaullistes, toutes ces extrémités lui ont été épargnées... ». Mais dira-t-on, Robert Aron ne tire-t-il pas abusivement à lui la couverture gaulliste ? Hélas, non. Car c'est bien Charles de Gaulle qui, dans ses *Mémoires de guerre*, accuse les communistes de « tendre à l'institution d'un pouvoir dominé par la IIIe Internationale »... En fait, alors que quinze ans après, rétrospectivement, Robert Aron affirme encore qu'en 1944-1945 « le danger révolutionnaire est grand », les communistes, en actes et en paroles, vont s'échiner à démontrer le contraire.

La question des « milices patriotiques »

Comme exemple d'acte, prenons précisément la dissolution des « milices patriotiques ». Le 28 octobre 1944, Adrien Tixier, le ministre socialiste de l'Intérieur, fait connaître sa décision la prescrivant. Le CNR n'a pas été consulté. Et les protestations fusent contre cette façon de, selon les termes de *l'Humanité* du lendemain, « traiter comme quantité négligeable la Résistance française ». Aussi bien, comme l'écrivent Claude Angeli et Paul Gillet dans *Debout, partisans !*, déjà cité, « c'est le Parti communiste qui va prendre la véritable décision de dissolution, celle qui sera suivie d'effet ». A l'appui de leur thèse, ils se réfèrent à la session du Comité central du PCF qui se tint du 21 au 23 janvier 1945 à Ivry, et où Maurice Thorez expliqua la nécessité de la dissolution en déclarant notamment : « Ces groupes armés ont eu leur raison d'être avant et pendant l'insurrection contre l'occupant hitlérien et ses complices vichyssois. Mais la situation est maintenant différente. La sécurité publique doit être assurée par les forces régulières de police constituées à cet effet ». Ce Comité central d'Ivry, c'est le premier auquel Maurice Thorez participe depuis son retour de Moscou à Paris. Un retour dont on dira que, via Debû-Bridel, de Gaulle l'a négocié avec, en contrepartie, cette dissolution des « milices ». Toujours est-il que Thorez, une fois revenu, va s'efforcer d'insister et faire insister sur la nécessité du respect de la légalité. Un respect dont le PCF affirme d'ailleurs qu'il fait partie intégrante d'une stratégie de principe que, lors de son premier discours devant l'Assemblée consultative, Jacques Duclos définira comme le « devoir de mobiliser les masses populaires en vue de soutenir le gouvernement dans son effort pour appliquer le programme de guerre et de Renaissance nationale », le programme du CNR. Des prises de position constantes et de multiples textes iront désormais dans le même sens. « Le problème du moment, écrit ainsi Etienne Fajon dans les *Cahiers du communisme* d'avril 1945, n'est pas démocratie bourgeoise ou démocratie socialiste mais démocratie bourgeoise ou fascisme... » Et c'est le même Fajon qui, moins de trois mois plus tard, le 30 juin, en clôturant le Xe congrès du PCF, affirmera : « Les bavardages sur l'instauration du socialisme en France, à l'époque actuelle, n'ont aucun sens ou sont le fait de provocateurs chargés de diviser les forces démocratiques, car les conditions indispensables à cette instauration ne sont pas créées ». Rétrospectivement, tous les dirigeants de la Résistance communiste, de Jacques Duclos à Charles Tillon, insisteront sur cette idée que l'ancien chef des FTPF résumera en six mots : « Pas question d'accomplir une révolution socialiste ». Cela dit, on aura remarqué qu'au Xe Congrès, Etienne Fajon a haussé le ton en employant le mot « provocateur ». Est-ce parce qu'il songe à quelques militants, à ceux dont, en 1972, Jean Elleinstein parlera en ces termes : « Il n'est sans doute pas impossible que çà et là des militants, sur la base de leur propre expérience et du pouvoir réel qu'ils avaient en raison des circonstances, aient pu songer à la possibilité d'une révolution mais cela ne va pas au-delà de ces intentions... » ? Et pourtant, des hommes politiques et même nombre d'historiens refuseront longtemps d'accorder crédit aux protestations du PCF... Il faudra finalement attendre le colloque qui se tiendra du 28 au 31 octobre 1974, à la Maison de la Chimie à Paris, sous l'égide du Comité d'Histoire de la Seconde guerre mondiale, sur le thème *La Libération de la France*, pour que des hommes comme Michel Debré ou François de Menthon viennent confirmer la vérité et pour que, dans un hebdomadaire comme *L'Express* (n° du 4 novembre 1974), on puisse lire sous la plume de Jacques Derogy : « Les communistes ont-ils tenté de prendre le pouvoir à la Libération ? La question, hier encore du domaine de la polémique, est aujourd'hui plus sérieusement débattue entre spécialistes des sciences humaines. Un consensus général se dégage pour répondre que, en dépit de pressions internes et de tentations externes, la Résistance communiste a joué la carte de l'unité nationale autour du général de Gaulle. Quelles que fussent les arrière-pensées des uns et des autres. Et les déceptions des lendemains qui ne chantèrent bientôt plus à l'unisson... »

Une autre preuve de leur choix du loyalisme républicain que donnèrent les communistes fut l'engagement massif de leurs meilleurs éléments militaires dans l'armée nouvelle — ou du moins que les résistants espéraient telle. L'exemple en fut le départ du colonel Fabien pour le front d'Alsace, à la tête de sa « 1re Brigade de Paris » (le futur 151e RI). On sait qu'il y fut tué en manipulant des explosifs... Lorsque, le 29 décembre 1944, la « commission militaire » du Front national annonça la tragique nouvelle, ce fut en ces termes : « Le colonel Fabien (Pierre Georges) (...) vient de trouver la mort sur le front du Rhin, lors de la préparation d'une opération très importante. Parti de Paris dès la Libération à la tête d'une colonne FFI, le colonel Fabien mena ses hommes à la poursuite de l'ennemi jusque sur les bords de la Moselle. Là, il participa de façon brillante aux opérations aux côtés de l'armée américaine commandée par le général Patton. Plusieurs officiers et soldats furent décorés par le commandement américain... » Bien sûr, l'épopée consensuelle d'un Fabien ne fut pas la règle commune. Sous l'uniforme, les mêmes forces provoquèrent les mêmes frictions qu'ailleurs. Toutefois, il convient de noter que, si l'esprit de caste et le pétainisme voilé que l'influence du futur maréchal Alphonse Juin avait maintenus dans l'Armée d'Afrique purent parfois gêner ce que l'on a appelé « l'amalgame » (qu'accepta et même encouragea activement quant à lui l'autre futur maréchal Jean de Lattre de Tassigny), même si, rapidement, les guerres coloniales et la « guerre froide » amenèrent l'éviction de ceux que l'on soupçonnait d'être communistes, la qualité des cadres FFI fut reconnue par l'armée traditionnelle où entrèrent plusieurs milliers d'entre eux en 1944 et 1945 puisque, en vertu des décrets du 26 mai et de l'ordonnance du 12 mai 1945, 2 951 officiers et 848 aspirants furent « intégrés directement dans l'armée active » tandis que 761 officiers étaient « admis en stage d'épreuve ». C'est à propos de l'un de ces cadres FFI, le chef d'un maquis FTP du sud de la Dordogne, Paul Bousquet, alias Demorny, qu'un officier de tradition comme le général Edgar de Larminat remarquera plus tard : « Il était de la race qui, sous la Révolution et l'Empire, a donné de bons généraux... ».

Aussi bien est-il tout naturel que, malgré tous les nuages orageux qui s'amassent sur ce bel été de 1944, les clandestins de la veille devenus des FFI au grand jour partagent les sentiments de leurs ancêtres de 1794 qui, si l'on en croit l'un de nos hymnes nationaux, *Le Chant du départ* de Marie-Joseph de Chénier et Etienne-Nicolas Méhul, estimaient que « la victoire en chantant leur ouvrait la barrière » et que « la liberté guidait leurs pas » ; tout naturel qu'au travers des nombreux débats engagés, ils soient les animateurs et les vedettes de cette grande fête, à l'échelle d'une nation entière, qu'est la Libération... « La fête, écrit Yves Durand, accompagne tout naturellement la Libération. La fête spontanée, c'est-à-dire l'extériorisation de sentiments d'autant plus ardents qu'ils ont dû être plus longtemps contenus. Toute la rue qui se pavoise parce que tout le monde affiche qu'il communie à l'allégresse générale. Bien plus, tout le monde même descend dans la rue, sort de chez soi et sort de soi pour parler avec des inconnus, pour embrasser les soldats américains ou les FFI, fleurir leurs chars ou leurs "tractions-avant" frappées de la croix de Lorraine... ».

Le sentiment euphorique de la victoire est d'autant plus vif et présent dans les couches populaires que la défaite de la machine de guerre nazie est plus complète et qu'elle s'accompagne de la grotesque déconfiture des traîtres dont beaucoup ont pu être capturés et que l'on n'appelle plus désormais que « les collabos ». L'« Etat français » s'est effondré encore plus vite qu'il n'avait surgi. Les dignitaires rescapés et les hommes de main qui ont pu s'enfuir ont pris place dans les fourgons de l'ennemi et se sont retrouvés, en Allemagne, entre le château de Sigmaringen, où s'est réfugié Pétain, et les bords du lac de Constance, où Doriot fait et refait le compte des quelques assassins éclopés qui l'entourent encore. La dérisoire comédie de Sigmaringen durera de septembre 1944 à avril 1945. Aragon la décrira très bien en écrivant qu'

On s'y retrouve entre félons
Sous les lustres du grand salon

Une Libération « trahie » ?

La déconfiture pétainiste est d'autant plus éclatante que la France réhabilitée par la Résistance est désormais partout présente aux côtés de ses grands alliés américain, soviétique et britannique, lesquels acceptent qu'elle les considère, tout au moins théoriquement, comme ses pairs... Présente à Reims et à Berlin, les 7 et 8 mai 1945, comme en rade de Tokyo, le 2 septembre 1945, pour participer à la signature des documents qui consacrent la « capitulation sans condition » des puissances de l'Axe. Présente à San Francisco, du 25 avril au 26 juin 1945, pour participer à la naissance des Nations Unies. Présente à Nuremberg, du 14 novembre 1945 au 1er octobre 1946 durant les deux cent dix-huit jours du procès où les « grands criminels de guerre » sont jugés et condamnés par le Tribunal militaire international dont elle est membre. Présente, avec ses troupes, parmi les forces d'occupation alliées en Allemagne et en Autriche... Enfin, ne sont-ce pas les résistants, communistes compris, qui — toutes divergences volontairement mises au second plan — constituent le gouvernement du général de Gaulle ? Et, même si ce nouveau pouvoir ne réalise pas, loin de là, tous les souhaits exprimés dans le « programme du CNR », ne met-il pas en œuvre de très importantes réformes démocratiques telles que la Sécurité sociale, les nationalisations (Houillères, Gaz et Electricité, certaines banques et compagnies d'assurances, Renault, entreprises aéronautiques), le statut des fonctionnaires ou la création des comités d'entreprises ?

Pourtant, pour ceux dont la générosité avait nourri bien des illusions, le réveil allait vite être brutal et les lendemains de fête plutôt amers... Tandis que les « collabos », selon le mot d'Aragon, « plaidaient dérisoirement le double jeu et prenaient le maquis de la procédure », en attendant les amnisties proches ; tandis qu'au nom des guerres coloniales et de la « guerre froide », ceux qui avaient été hier des compagnons de combat, souvent des frères devant la torture et la mort, s'entre-déchiraient en contestant mutuellement le caractère « authentique » de leur épopée ; tandis que l'on assistait même à de stupéfiantes procédures en vertu desquelles des victimes étaient placées dans les prisons que quittaient leurs tortionnaires, la réalité de l'après-guerre se révélait bien différente de ce que la plupart des clandestins avaient rêvé. Un certain nombre parlèrent même, selon le mot de Pierre Hervé, de Libération « trahie ». La majorité des journaux, dont la plupart étaient pourtant théoriquement « issus » de leurs propres « mouvements » ou « réseaux », ne parlèrent guère de ce désenchantement qui était censé ne pas intéresser le grand public et qui était allergique aux critères de rentabilité redevenus leur loi.

Le 15 janvier 1944, sous sa signature habituelle d'Indomitus, Philippe Viannay écrivait, dans *Défense de la France*, un article où il se félicitait de la naissance du MLN et où, en conclusion, il affirmait : « Nous pensons simplement qu'il est sage de préparer dès maintenant la reconstruction de la société française, si nous ne voulons pas que d'autres plus habiles, qui jusqu'à présent se sont tenus à l'écart de la Résistance, ne viennent s'imposer à notre place. Nous pensons qu'il est souhaitable que la Résistance domine et dirige la révolution qui s'annonce. Nous voulons que la Résistance se prolonge par la Révolution ! »... En 1975, peu avant sa mort, René Cassin, l'illustre doyen des « Français libres », donnait une préface au livre de Charles-Louis Foulon *Le Pouvoir en province à la Libération* où est retracée l'histoire des « commissaires de la République », qui ont souvent été considérés comme le symbole des autorités nouvelles installées par la Résistance, dans toute la France, en 1944. Ces « commissaires de la République » ne restèrent pas deux ans en fonction. C'est en faisant allusion à la brièveté de leur pouvoir que René Cassin écrit : « La fin de la structure provisoirement établie à la veille de la Libération s'avérait fatale depuis octobre 1945. Elle n'a été consommée qu'au milieu de 1946, et cela sans aucun bruit. Les commentateurs ont remarqué qu'elle achevait de prouver que la France libérée n'avait pas suivi ceux de ses résistants qui souhaitaient la rénover par une révolution. De fait, le général de Gaulle, en 1944 et 1945, avait souhaité certaines réformes, surtout constitutionnelles ; mais il n'avait jamais promis aux Français sous le joug autre chose que de les en délivrer... »

POST-SCRIPTUM

Une allergie à l'épopée

Où il semblerait que le souvenir de la Résistance puisse finalement survivre à l'inquisition des historiens officiels et des nouveaux juges.

« Les histoires de résistance devraient, me semble-t-il, être écrites sous forme de triptyques. Sur la page du milieu la vérité, sur la page de gauche le récit fait aux Allemands après l'arrestation, sur la page de droite la description donnée aux amis après la Libération. Je vais essayer d'écrire sur la page du milieu. » Pertinente, mais peut-être un peu pessimiste, cette boutade ! Nous la trouvons dans les mémoires du triple académicien (Académies Française, de Médecine et des Sciences), multiple mandarin (Cochin, Lariboisière, La Salpêtrière, l'Institut Pasteur, le Comité consultatif national d'Ethique, etc.), ancien résistant (les réseaux « Carte » puis « Jade Fitzroy ») et homme d'esprit qu'est le professeur Jean Bernard. Mais, maintenant, aux trois pages ainsi évoquées dans *C'est de l'Homme qu'il s'agit*, sans doute faudrait-il « en rajouter » en augmentant de deux volets le triptyque : la page des juges et celle des historiens. A moins qu'il ne faille confondre les uns et les autres, et qu'un seul nouveau volet ne suffise.

Consacrant un livre à cette irruption des juges en histoire et des historiens en justice, *Qui est le Juge ? Pour en finir avec le tribunal de l'histoire*, Daniel Bensaïd ajoute occasionnellement le journaliste comme troisième larron... « Jamais la manie du jugement, écrit-il, ne fut aussi prisée. Ce ne sont, ici et là, que procès ou simulacres, médiatiquement mis en scène, où l'historien à la barre est invité à jouer tous les rôles de l'intrigue : tour à tour policier et procureur, témoin et avocat. Ainsi a-t-on vu l'historien Gérard Chauvy échafauder un dossier d'instruction contre Lucie et Raymond Aubrac ; ou l'historien Karel Bartosek soumettre les archives à la question pour leur arracher des “aveux”. Au procès Papon, accusation et défense se sont affrontées par expertise historique interposée. (...) Comme dans un quiproquo théâtral, le juge et l'historien, le journaliste et le juge, l'historien et le journaliste ne cessent d'échanger costumes et fonctions. Ils finissent par se juger les uns les autres, par s'entrejuger en boucle : tout le monde juge tout le monde. » Et, rappelant à bon escient ce qu'en justice le mot « témoin » veut dire, Daniel Bensaïd poursuit un peu plus loin : « Les témoins ne jurent pas (*sous entendu : comme les experts*) “d'apporter leurs concours à la justice”, mais “de parler sans haine et sans crainte et de dire toute la vérité, rien que la vérité”. (...) C'est pourtant bien comme témoins et non comme experts que les historiens sont cités dans les grands procès pour crime contre l'humanité. (...) Tenus à ce titre à la fiction sacramentelle, ils se métamorphosent par le miracle du serment en ce que, professionnellement, ils ne sont pas (...). Redoutable serment. Rien que la vérité historique ? Toute la vérité historique ! (...) Officiellement cités comme témoins, les historiens incarnent en réalité l'autorité de la science. En vingt ans, ils ont pris place dans le cercle fermé des experts, contribuant en retour à la montée en puissance de la fonction d'expertise. (...) Lors des procès Touvier et Papon, l'expertise historique fut ainsi convoquée (...) pour (...) présenter un jugement politique sur le fond comme un jugement historique authentifié par le témoignage de l'historien. (...) Balançant entre le diagnostic scientifique et le témoignage de moralité historique, sa déposition est investie d'“une capacité probatoire qu'elle ne possède pas”. (...) Les procès pour crime contre l'humanité poussent l'histoire sous l'emprise croissante du modèle judiciaire. Les dérapages de la table ronde organisée par le journal *Libération* entre les historiens et les époux Aubrac, ainsi que les avatars de la commission d'historiens sur le cas Touvier, ont montré, en dépit des dénégations des acteurs, les difficultés à lui résister. »

Des « historiens à charge »

Aubrac... Papon... Touvier... Papon... Aubrac... Touvier... En apparaissant et réapparaissant sous la plume de Daniel Bensaïd, ces noms montrent bien, avant même que nous le soulignions, combien la Résistance est concernée par le problème que l'auteur de *Qui est le Juge ?* a le mérite de mettre mieux qu'aucun autre en lumière... En effet, même si comparaison n'est pas raison et si notre parallèle peut paraître un peu schématique, comment ne pas constater ici une concomitance ? La concomitance d'une double inflation de pouvoir, celle des juges et celle des historiens. Tandis que les premiers multipliaient leurs cibles politiques, syndicales et, à l'occasion, historiques, les seconds entreprenaient de chambarder de fond en comble l'histoire de la Résistance telle que l'avaient conçue les anciens résistants avec la génération précédente des historiens eux-mêmes. « Petits juges » et nouveaux historiens, même combat... Un « combat » qui, certes, n'a pas eu que des effets négatifs... Mais nous ne pouvons conclure cette chronique sans en rappeler quelques circonstances, disons contrastées.

Le chapitre intitulé *Lucie et Raymond Aubrac face aux historiens de la table ronde* fait, dans l'ouvrage de Bensaïd, une vingtaine de pages. A propos de cette « pénible séance », l'auteur (lui-même universitaire, mais philosophe, précisons-le) note que « les incertitudes de la mémoire contribuent à renforcer la méfiance des historiens » lesquels ne tardent pas à « se muer en inquisiteurs » et il montre comment... « Les historiens à charge, dit-il, (Rousso, Azéma, Bédarida) retiennent principalement la faute de contradiction. Transformant le plaignant Raymond Aubrac en coupable qu'il faudrait acculer aux aveux, ils glissent subrepticement du doute méthodique, légitime en histoire comme en science expérimentale, à la suspicion déclarée. On découvre alors le policier niché sous l'enquêteur, et comment il devient le jouet de sa propre enquête (...). Sous le prétexte de refuser la complaisance, les historiens à charge de la table ronde ont cru (...) soutenir l'historicisation de la Résistance contre sa mythologisation. Le tort impardonnable de Gérard Chauvy, dont le livre est au départ de l'affaire, ne serait donc pas d'avoir osé réviser la légende de la Résistance immaculée et indivisible. Il est, en effet, dans le fond et dans le contenu de sa révision, et dans le fait d'avoir glissé du métier d'historien à celui de procureur, touchant au passage une forte prime de publicité pour son refus de trancher entre la version du nazi (Barbie) et celle des résistants. Raymond Aubrac attaqua l'auteur et l'éditeur en diffamation. L'affaire fut jugée par la 17ème chambre en juillet 1997. (...) Maurice Kriegel-Valrimont déclara dans sa déposition que le péché capital de Chauvy est de "remettre en cause l'unité de la Résistance". Son camarade Serge Ravanel accusa également l'historien d'"entacher la réputation" de l'épopée. "Par leurs innombrables souvenirs et Mémoires, les anciens clandestins ont proposé une vision idéalisée de leur combat", estime Olivier Wieviorka. L'historienne Dominique Veillon se félicite au contraire que "l'historicisation de la Résistance soit engagée"... »

Là, tout en précisant que les citations de Wieviorka et Veillon sont extraites des numéros des 8 et 11 juillet 1997 du quotidien *Libération*, Daniel Bensaïd cite opportunément des extraits de l'« appel ripostant au livre de Gérard Chauvy » qui, au printemps de 1997, fut signé, entre autres, par Maurice Kriegel-Valrimont, Henri Rol-Tanguy, Serge Ravanel, Pierre Guillain de Bénouville et Geneviève Anthonioz-De Gaulle. « Nous n'acceptons pas, dit notamment ce texte, la stratégie du soupçon, de l'insinuation, et de la rumeur. Ce n'est pas pour une mémoire qui nous est chère que nous sortons de notre silence, mais pour aujourd'hui et pour demain. Car la Résistance, quelles qu'aient été ses déchirures et ses faiblesses humaines, est le socle même sur lequel on a rebâti la France républicaine et démocratique que nous aimons et que nous voulons défendre. On assiste aujourd'hui dans une société en crise à une remise en cause de ces valeurs qu'accompagne une poussée fascisante qui a besoin, pour se légitimer, d'effacer l'honneur de la Résistance afin de faire oublier le déshonneur de Vichy. » Un appel qui fut entendu par le tribunal puisque le livre *Aubrac ; Lyon 1943* valut à son auteur et à son éditeur d'être condamnés pour diffamation envers les époux Aubrac (jugement d'avril 1998 confirmé par la Cour d'appel en février 1999)... Commentaire de Bensaïd : « Dès lors que les Aubrac ont été promus vitrine de la Résistance et dépositaires de la morale historique, ils deviennent par un effet boomerang la cible privilégiée de cette démythification proclamée. En revendiquant la légitimité édifiante du mythe héroïsé contre la rationalisation du travail historique, certains de leurs défenseurs sont tombés la tête la première dans le piège. Pas touche à ma Résistance, à ma Shoah, à mes saints, à mes légendes dorées ! » Et l'auteur de *Qui est le Juge ?* pose alors la question qui en effet se pose. « Serait-il impossible, écrit Daniel Bensaïd, de conduire le nécessaire travail de clarification et de compréhension historiques tout en gardant le respect pour la tragédie des acteurs, pour leurs doutes, y compris pour leurs clairs-obscurs ? Jean Moulin, les Aubrac, Guingouin, ceux de l'Affiche rouge et de l'Orchestre rouge ont été à la hauteur d'une situation extrême quand la plupart restèrent bien au-dessous, et quand certains collaborèrent avec l'infamie. C'est beaucoup, c'est énorme. Cela suffit. Ils n'ont nul besoin de niches et de statuettes de plâtre, ni d'un art sulpicien aux couleurs de la République. Et leur rendre un commun hommage n'interdit pas de traiter la Résistance non comme un bloc infissurable, mais dans sa diversité et ses contradictions. »

« Cette double vie des résistants »

Si, comme nous le disions, Daniel Bensaïd met mieux qu'aucun autre en lumière le rôle des « historiens à charge », a-t-il pour autant raison d'employer l'expression « tomber la tête la première dans le piège » ? C'est à « certains de leurs défenseurs » (des Aubrac en particulier et de la Résistance en général) qu'il le reproche, mais ceux-ci auraient-ils pu réagir autrement ? Ne sont-ils pas tels qu'en eux-mêmes la Résistance les a faits ?... Défense relative et illustration irréfutable de ce qui est beaucoup plus qu'un état d'esprit. Des exemples volontairement choisis proches et différents, comme les aspérités de cette réalité.

Après la Libération, c'est le syndicaliste Louis Saillant qui a remplacé Georges Bidault à la présidence du CNR (Conseil national de la Résistance) avant que celui-ci ne soit dissous. Saillant nous avait donné une préface pour le premier tome de la première édition de notre chronique. Une préface qui commençait ainsi : « L'historien Jules Michelet écrivit un livre intitulé *Le Peuple*. Un exemplaire de sa deuxième édition datée de 1846 ne me quitta presque pas aux heures tragiques et palpitantes de l'occupation. Je le tenais de mon père. (...) Bien souvent je me laissais fasciner par une courte phrase, mobilisatrice, figurant à la trois cent trentième page. Jules Michelet y disait : "La Légende nationale de France est une traînée de lumière immense, non interrompue, véritable voie lactée sur laquelle le monde eut toujours les yeux." La Résistance française, intérieure et extérieure, allait-elle devenir, captée par le destin et la volonté des hommes, un rayon de cette "traînée de lumière immense" dont parlait Michelet ? Ce n'est pas à un acteur de la Résistance de le dire... ». Et plus loin, Louis Saillant revenait à l'auteur de *La Sorcière*. « La légende nationale de France dont parlait Jules Michelet, écrivait-il, prenait place dans l'Histoire des peuples d'Europe aux prises avec le fascisme. En devenant elle-même légende, la Résistance française n'en devenait-elle pas plus noble, plus grande ? Dans toutes ses composantes, la Résistance française n'a-t-elle pas enrichi la propre légende nationale de France, dans la mesure où cette *traînée de lumière immense* a rejoint les traits de lumière en provenance d'autres pays. Eh oui, nous étions des légions d'inconnus, de sans-noms véritables à vouloir sortir de l'ombre hitlérienne abattue sur l'Europe comme un voile de deuil plaqué sur notre continent. C'est ainsi que l'Histoire de ce siècle, et les historiens dans les siècles futurs, enregistreront l'événement national et international que fut la Résistance. (...) Il n'est au pouvoir de personne de la sangler pour lui donner une forme limitée qui ne fut pas la sienne. La défigurer est offenser la mémoire de ceux qui ne purent être présents à l'heure de la Victoire. »

Nous savons que Jacques Debû-Bridel fut, comme Saillant, membre du CNR. Et même membre fondateur. En 1974, il préface le livre de l'historienne Marie Granet intitulé *Cohors-Asturie ; Histoire d'un réseau de résistance, 1942-1944*, le réseau créé par Jean Cavaillès, le mathématicien martyr et philosophe fusillé... « Cependant, écrit alors Debû-Bridel, si l'histoire était enseignée chez nous comme elle devrait l'être, nos petits-enfants commenceraient à l'apprendre en épelant les noms de d'Estienne d'Orves, de Gabriel Péri, de Max, de Brossolette, du général Delestraint, héros beaucoup plus près d'eux et les concernant plus directement que Vercingétorix, le Grand Ferré, Jeanne d'Arc, le chevalier d'Assas et le général Ney. Il n'en est point ainsi. En fait, l'histoire de la Résistance demeure ignorée par nos milliers d'écoliers et d'écolières. Sans doute est-elle un peu subversive. Et ceci explique cela. Bienvenue donc à un travail comme celui de Marie Granet, qui remédiera auprès de jeunes lecteurs et lectrices — que j'espère nombreux — à cette lamentable lacune. »...

Si Saillant et Debû-Bridel étaient, dans la clandestinité, des dirigeants nationaux, c'est au niveau départemental que combattait André Odru comme « commissaire aux effectifs à l'état-major des FTP de Corrèze ». Au début des années 1970, Odru fut un des maîtres d'œuvre d'un ouvrage collectif de 624 pages intitulé *Maquis de*

Corrèze, par 120 témoins et combattants. A la fin du livre, il signe l'essentiel du dixième chapitre *Longtemps après.* « L'histoire authentique de la Résistance, note alors Odru, ne peut être écrite que du dedans, par ceux qui l'ont faite. Eux seuls peuvent en évoquer l'ambiance, en souligner les motivations profondes, et surtout, expliquer son évolution au fil des mois et des ans, ses divisions et ses réussites, ses échecs, ses ambitions, son idéal et ses espérances. Ou alors l'historien authentique doit faire effort pour pénétrer, dans sa profondeur et sa diversité... »

C'est presque trente ans plus tard qu'en 1999, Georges-Marc Benamou publie un livre que nous avons déjà cité à propos de Ravanel et à propos du Vercors ; un recueil de témoignages de protagonistes survivants qu'il intitule *C'était un temps déraisonnable ; Les premiers résistants racontent.* Arrivé à son *Epilogue,* Benamou a l'émotion émouvante... « J'ai du mal à les quitter, dit-il, ces résistants que je fréquente depuis deux ans. Ils vont me manquer. J'entends encore leurs pas derrière la porte, lorsque je me rendais à ces rendez-vous qu'ils préparaient avec tant de sérieux. Je revois Passy parlant de Brossolette, la tête rejetée en arrière, rêvant à haute voix de lui ; Pierre Messmer redevenant un jeune lieutenant, fougueux et inconsolable de la perte de Fred Scamaroni, son ami, son héros. Claude Bouchinet-Serreulles, à l'abri dans son sanctuaire, entretenant un curieux dialogue avec Jacques Bingen ; Jean-Pierre Vernant, la gorge nouée quand, entre deux bourrades, il repensait à ce jeune militant catholique mort pour ne pas l'avoir dénoncé ; Germaine Tillion qui me parlait de Vildé, de Léwitzky, des fusillés du Mont Valérien, comme si elle les avait quittés le matin... J'ai été frappé par cette double vie des résistants. Depuis près de soixante ans, ils sont d'ici, terriblement en vie, et ils sont aussi d'outre-tombe. Comme si un réseau secret continuait à exister entre les morts et les vivants. Chacun entretient le culte d'un compagnon disparu, et forme avec lui un couple curieux. J'ai compris que, quand ils évoquaient ce jumeau de l'autre monde, c'était une manière de lui dire : "Nous serons bientôt réunis." (...) L'an prochain, l'association des Français libres va se dissoudre, c'était prévu. Ils s'en vont en silence, ils rejoignent l'ombre qu'au fond ils n'ont jamais quittée. (...) Ils s'en vont tandis que l'Histoire s'installe. C'est à ce chassé-croisé que j'ai eu la chance d'assister. (...) J'ai ressenti le frisson d'une épopée exceptionnelle. J'ai beaucoup ri avec eux. J'ai parfois eu le vertige, des hallucinations, et fait bien des cauchemars, les leurs. »

Quand les témoins « bloquent la route » des historiens

Peut-on expliquer un frisson ? Ai-je tort de penser que, trois ans plus tôt, c'était déjà du frisson de Benamou qu'il était question sous la plume de Régis Debray dans *Loués soient nos seigneurs ; Une éducation politique ?* « Evoquant la Résistance, écrivait Debray, un vétéran comparait l'évanouissement d'un "grand moment" à celui d'une improvisation de jazz, cette jam-session qui fait léviter joueurs et public séance tenante mais qui, à défaut d'un enregistrement, plonge ensuite au néant. S'il est vrai que ce miraculeux bœuf de saxo ne s'est joué qu'une fois, il existe maints registres que n'importe quel curieux pourra consulter après coup : almanachs, journaux, livres, photos, décrets et mots d'auteur. Ces matériaux pour historiens n'en sont pas pour » ceux qui voudraient « faire revivre » leurs « transports » et leurs « neiges d'antan. Pour exhaustive que soit la documentation recueillie, manquera à l'appel des faits la caravelle, sans laquelle ces chroniques, à cause de leur exactitude même (...) sembleront fabriquées par un faussaire pour mieux (...) calomnier. »

La « traînée de lumière » de Saillant ; les « noms à épeler » de Debû-Bridel ; le « seulement du dedans » d'Odru ; le « frisson » de Benamou ; la « jam-session » et la « caravelle » de Debray — c'est hors les routes du traditionnel que nous mène notre défense relative et illustration irréfutable de ce que nous pensons être — comment dire ? — le feu intérieur, l'obsédante petite musique, le bonheur profond, l'inextinguible défi des résistants... Et même si cela peut paraître provocant, même si Saint-John Perse fut toujours au-dehors de la poésie de la Résistance, l'envie nous prend de citer *Neiges* : « Et ceux-là seuls en surent quelque chose, dont la mémoire est incertaine et le récit est aberrant »... Aberrant, ô combien ! aux yeux des historiens qui crient à l'irrationnel. Et pire même, au religieux... Ainsi, en janvier 1994, est-ce dans un numéro spécial de la revue *Esprit* dont le titre est significatif *Que reste-t-il de la Résistance ?*, qu'Eric Conan et Daniel Lindenberg écrivent : « Il semble peu exact de dire que la Résistance a été "oubliée", alors qu'elle fait l'objet (...) d'une véritable "religion civile". » Et c'est dans le même numéro d'*Esprit* que Pierre Laborie parle de « la célébration mythique de l'esprit de Résistance » et de « la sacralisation concertée de son héritage ». Une « sacralisation », donc de sacro-saintes références, une « vulgate » — le mot est plusieurs fois employé par les historiens. Par Laurent Douzou, par exemple, dans son histoire du mouvement « Libération » que nous avons déjà cité et où il écrit : « Une vulgate — au sens précis du terme — s'est progressivement constituée puis ossifiée. »... Autre exemple, encore plus typique, d'emploi du terme « vulgate », celui qu'en font Jean-Pierre Azéma et François Bédarida dans le numéro spécial d'*Esprit* où ils écrivent ensemble un article sur *L'historisation de la Résistance*. « Le discours tenu, disent-ils, par certains acteurs aux mérites éclatants — discours qui cède inévitablement à l'hagiographie commémorative, ne serait-ce qu'en riposte aux insinuations méprisantes (...) ou aux révisions malveillantes (les attaques plus ou moins perfides contre le "résistentialisme", ses exagérations et ses bavures) —, tend à se figer, à s'ériger en vulgate et, en fin de compte, à bloquer la route au travail des historiens. »

« Bloquer la route » — fichtre ! l'expression est rude. Une accusation d'entrave à la liberté du travail des historiens ; formulée, qui plus est, par deux des représentants les plus en vue de la corporation. Après cela, comment s'étonner si les relations entre ces historiens et les anciens résistants encore vivants sont parfois pour le moins complexes... Mais Jean-Pierre Azéma lui-même s'en explique dans la préface du livre d'Alya Aglan sur le mouvement « Libération-Nord » que nous avons déjà cité. « Les difficultés rencontrées pour mener à bien une étude scientifique des réseaux et des mouvements de résistance, écrit-il, restent de deux ordres. La première tient au fait que les archives publiques françaises ont été pendant longtemps, pour des motifs politiques, difficiles d'accès (...). La deuxième difficulté réside dans le fait que ceux des responsables qui vivent encore entretiennent souvent avec l'historien des rapports ambigus qui ne contribuent pas à faire avancer les recherches : si les relations personnelles sont le plus souvent cordiales, ces témoins qui furent des acteurs, donnent l'impression d'être réticents, comme s'ils suspectaient les chercheurs d'être incapables de donner une idée juste de leur combat. (...) De là des rétentions de documents, voire — dans certains cas extrêmes — une tendance à faire obstacle à des études qu'ils ne contrôlaient pas d'une manière ou d'une autre. »

Même s'il le dit sur un ton un peu plus modéré qu'Azéma, cet autre éminent universitaire et autre professeur d'histoire contemporaine qu'est Pierre Laborie tient un propos très voisin. C'est dans le numéro d'*Esprit* de janvier 1994 déjà cité, et l'article s'intitule *Historiens sous haute surveillance*. Après avoir évoqué les « relations compliquées que les divers courants de la Résistance entretiennent depuis longtemps avec l'histoire, et certains résistants, parfois, avec les historiens », Laborie poursuit en effet : « Des problèmes majeurs tiennent aux conditions d'accès à des archives précautionneusement amassées, longtemps cadenassées et subtilement distillées, aux caractéristiques spécifiques d'une expérience unique et vécue comme telle par chaque acteur, ainsi qu'à des conceptions divergentes sur la compétence ou la légitimité des uns ou des autres à en faire le récit. (...) C'est dans ce mélange alterné de sollicitations, de confiance et d'inquiétudes réciproques que les témoins exercent leur contrôle sur une histoire qu'ils ont faite et dont ils estiment, à juste titre, qu'elle leur "appartient" en priorité. Mais de quelle propriété s'agit-il, et jusqu'où ? Ce droit de regard aux limites imprécises et aux fonctions ambiguës, ajouté au jugement critique traditionnel de la communauté scientifique, confère à l'historien de la Résistance un statut très particulier : celui d'un historien sous haute surveillance. »

Disséquer

Ecrivain au large public et styliste de l'enquête minutieuse après avoir été jeune avocat de base puis journaliste coruscant, Gilles Perrault n'a pas le label universitaire d'historien, et ça se sent (comme tout à l'heure chez Georges-Marc Benamou) à la façon dont il parle des anciens résistants... « Leur mémoire, écrit-il dans *La Longue Traque*, trop souvent se défait et ils mélangent les dates, les noms, les événements. Il faut parfois se retirer après une heure d'entretien : leurs mains tremblent, la fatigue tire leurs visages et leur met une taie sur les yeux. Comme mes confrères atteints de passéite, je parcours en priorité la rubrique nécrologique des journaux. Lecompte-Boinet, mort le mois dernier avant de m'avoir fixé rendez-vous. Maud Lemarié, qui n'avait pas fini de me parler de Blocq-Mascart. Les croque-morts m'enlèvent un à un mes héros. J'en ai une peine sincère et l'agacement du flic qui voit disparaître un témoin précieux. (...) Les historiens patentés attendent pour entrer en grand arroi sur le terrain de la Résistance que le temps ait fait son œuvre de décantation, apaisé les passions, ôté aux conflits leur gaine de chair torturée. Ils ne croient guère aux témoignages humains et ne font confiance qu'aux archives. Mais où trouveront-ils les inexistantes archives de la Résistance ? Quel document leur restituera ce temps de silence et de fureur où l'on n'écrivait guère, sous peine de mort ? Quelle trace en restera-t-il, sinon nos feuilles volantes hâtivement griffonnées ? »

Il n'est pas surprenant qu'il y ait convergence entre ce que dit ainsi Perrault et ce que dit une résistante (non, pas « authentique », car nous estimons cette épithète finalement plutôt outrageante, mais disons) assez exemplaire... Nous avons rencontré Madeleine Riffaud à l'entrée de notre chronique, nous la retrouvons à la sortie. Toujours avec son livre *On l'appelait Rainer*. « J'appartiens, y écrit-elle, à une ethnie minoritaire, celle des garçons et des filles qui avaient juste vingt ans le jour de la Libération de Paris. Des historiens nés bien après la guerre mondiale dissèquent ce qui fut pour nous, disent-ils, une "légende dorée". Ils décryptent, avec une jouissance professionnelle, les rapports de police enfin ouverts, à leur disposition. Ils parlent, par exemple, de Manouchian, le poète arménien des FTP-MOI (Francs-Tireurs et partisans — Main d'Œuvre immigrée), d'un ton détaché, un brin cynique. Qu'ils sachent qu'en notre jeunesse nous n'avions aucune idée des calculs qu'on prête aujourd'hui à tels ou tels dirigeants de la Résistance. Nous étions volontaires, nous savions ce que nous risquions, nous n'attendions aucune récompense. Nous n'avions que notre colère, notre pureté, notre amour. Cette lumière est à jamais irrécupérable. (...) Je ne voudrais pas paraître ennemie des historiens. Beaucoup sont des amis très chers qui font un travail indispensable et passionnant. Mais dans les récits historiques, nous ne nous retrouvons pas, comme si nos traces s'étaient effacées... ».

Disséquer... C'est un verbe fort qu'emploie Madeleine Riffaud. « Disséquer un cobaye, un muscle, le pistil d'une fleur ; pince à disséquer. Synonyme partiel : autopsier » lit-on ainsi au tome sept du *Trésor de la Langue française*... Alors, emploi exagéré ? Certes non... C'est à propos de la Résistance que, dans son livre à succès *Le Syndrome de Vichy*, Henry Rousso écrit : « Tombée de son piédestal, voilà cette dernière enfin soumise aux investigations les plus indiscrètes, donc les plus scientifiques. »... Tombée, soumise — deux adjectifs intéressants. Sans parler d'« indiscrètes donc (...) scientifiques » — ou la science définie comme une indiscrétion. *Le Syndrome de Vichy* est paru en 1987. Depuis, son auteur est devenu directeur de l'IHTP (Institut d'Histoire du Temps présent) dont nous avons déjà dit qu'il dépend du CNRS. Dépendance à noter puisqu'elle permet de qualifier aussi les « nouveaux » historiens d'« historiens officiels »... Mais sans doute convient-il de dire ici deux mots de la façon dont l'IHTP a remplacé le CHGM (Comité d'Histoire de la Deuxième Guerre mondiale) d'Henri Michel... Même si, dans l'œuvre de cet historien, de Gaulle est quelque peu idéalisé, les socialistes particulièrement bien traités et la position des communistes parfois déformée selon ceux-ci, ce dont témoigne surtout cette œuvre, c'est d'une ample connaissance de la spécificité de la Résistance. Connaissance résultant elle-même d'une longue expérience par témoignages interposés du combat et de la vie des résistants. Effectivement, une expérience de plus de trente ans à la tête du Comité d'histoire, et bientôt, en plus, à la présidence du Comité international d'histoire du même conflit. Recherche et vulgarisation allant souvent de pair pour bien des avancées. Un exemple entre cent : lorsque l'historienne Margaret L. Rossiter fait éditer, à New York, en 1986, son ouvrage *Women in the Resistance*, elle fait d'emblée remarquer qu'« Henri Michel fut le premier historien à consacrer un chapitre aux femmes dans son histoire de la Résistance, *La Guerre de l'ombre*, publiée pour la première fois en 1970 ». Et même si on a pu parfois trouver trop glacées ses façons de pasteur puritain, c'est avec chaleur qu'en général fut appréciée l'œuvre couronnée, en 1980, par le Grand Prix national d'histoire... Mais il y a les sept mots volontairement soulignés par Henri Michel à la fin de l'*Introduction* du dernier de ses livres parus de son vivant, *Paris résistant*. Les derniers mots d'une des dernières phrases où Henri Michel, après avoir rappelé ses décennies à la tête du Comité d'histoire, par lui défini comme « un organisme interministériel qui publiait la *Revue d'Histoire de la Deuxième Guerre mondiale* », ajoute : « Aujourd'hui, si la revue continue, le comité a disparu ; ses avoirs ont été partagés entre plusieurs héritiers (et là les mots soulignés :) *mais il n'a pas de successeur.* » Affirmation volontairement soulignée, disions-nous, oui, et maintenant devenue un désaveu posthume, le désaveu d'un dépossédé...

200 000 fiches

Les 29 et 30 novembre 1980, se déroulent au Centre international d'études pédagogiques de Sèvres ce que le dirigeant d'alors de l'IHTP, François Bédarida, appelle « les journées d'études destinées à marquer la fusion du Comité d'histoire de la Deuxième Guerre mondiale avec l'IHTP ». En fait de « journées d'études », c'est de la réussite d'une OPA des « golden boys » de la nouvelle histoire (nouvelle au sens où on l'entendait lorsqu'on parlait de « nouveaux philosophes » ou de « nouvelle cuisine ») qu'il s'agit. Une opération destinée à s'emparer d'un organisme original, disposant d'importantes archives et d'un vaste réseau de correspondants, se l'approprier avec la bénédiction du CNRS (dont dépend l'Institut) et sans que lève le petit doigt le Premier ministre (dont dépendait le Comité d'histoire). Une OPA réussie et qui permet en outre d'écarter quelques empêcheurs de « démythifier » en rond. Jusqu'à sa mort, en 1986, bien que théoriquement à la tête d'un Institut d'histoire des conflits contemporains et, pendant cinq ans encore, président du Comité international, qui existe toujours, Henri Michel va se sentir, nous le disions, littéralement dépossédé. Après son décès, chargé de la notice que publie *Universalia 1987*, Henry Rousso a la nécrologie plutôt condescendante ; à ses yeux, même s'il fut « selon ses propres termes (...) un laboureur » et « un inlassable pédagogue de la recherche », les travaux et ouvrages du défunt ne constituent qu'une « œuvre prolixe et diverse ». Une condescendance qui s'épanouit dans *Le Syndrome de Vichy* : lorsque Rousso y évoque les proches collaborateurs du disparu, c'est pour les qualifier de « petite équipe compétente qui l'a plus qu'aidé à bâtir sa réputation internationale », avant d'expliquer que la *Chronologie de la Résistance*, censée être une des principales réalisations du Comité d'histoire, se réduirait à « 200 000 fiches bristol » aux « trois quart (...) inutilisables »... Face à ce triste limogeage, nous avons vu que ne levèrent pas le petit doigt ni les autorités universitaires, ni le Premier ministre (de tutelle). Et les anciens résistants ? A notre connaissance, ni organisation ni protagoniste ne s'en émut... Cela dit, il ne s'agit pas pour nous ici, de seulement et gavrochement fredonner, à propos de la Résistance :

Elle est tombée par terre,
C'est la faute aux experts !
Le nez dans l'quiproquo,
C'est la faute à Rousso !

Non, ce dont il s'agit, en terminant cette chronique, c'est d'essayer de voir si les démythificateurs ont ou non fait passer l'épopée de la Résistance à la trappe de son historisation ou historicisation.

Lorsqu'en 1998 l'historien Serge Berstein donne une préface au livre, déjà cité, de Robert Belot *Aux frontières de la liberté*, il exprime clairement le point de vue de ses confrères. « Depuis une vingtaine d'années, écrit-il, l'historisation de la Seconde Guerre mondiale est vécue comme une forme de drame national aux péripéties récurrentes. Les documents d'archives progressivement mis au jour révèlent en effet que les choses n'ont jamais été aussi simples que les images d'Epinal habilement esquissées au lendemain du conflit semblaient les donner à voir aux générations futures. Or le travail des historiens, fondé sur l'examen des documents et des méthodes d'analyse rigoureuses, dévoile une réalité complexe (...). Que cette plongée dans le réel, souvent due à des hommes jeunes, nés après le conflit, entre en confrontation brutale avec le témoignage des survivants qui se jugent seuls aptes à parler de l'expérience indicible qu'ils ont vécue, de multiples exemples en sont donnés chaque année. Mais, qu'on le veuille ou non, une page est désormais tournée. »... Le ton de Serge Berstein est modéré, pas celui de Jean-Pierre Azéma pour qui, si images d'Epinal il y eut, ce fut parce que les produisait et répandait un monstre à deux têtes, le « gaullocommunisme ». Ainsi, de livre en livre, et surtout de préface en préface, le professeur Azéma va-t-il poursuivant et pourfendant le couple redoutable. Ainsi quand, en 1999, il présente l'étude déjà citée d'Alya Aglan sur le mouvement « Libération-Nord » et qu'il écrit : « L'instrumentalisation de la France des années noires par deux mémoires presque officielles, celle des communistes et celle des gaullistes, sans doute concurrentes mais donnant l'une et l'autre une image aussi convenue de l'attitude des Français et des Françaises affrontés à la dure loi d'une Occupation de plus en plus pesante et d'un régime autoritaire de plus en plus policier, avait partiellement brouillé les cartes ; on sait combien nombre de Français ont eu du mal à admettre qu'un président de la République ait pu être "vichysto-résistant". »

Gaullo-communiste ? Un « consensus » explique Jean-Yves Boursier au colloque qu'il anime en janvier 1996 à l'Université de Paris VIII-Saint-Denis sur le thème *Résistants et Résistance*, colloque auquel nous nous sommes plus haut référés... « Avec l'entrée des cendres de Jean Moulin au Panthéon, dit Boursier, les 18 et 19 décembre 1964, cérémonie sans précédent sous la Ve République, le régime gaulliste, à son apogée après avoir terminé les guerres coloniales, constitua la figure de Jean Moulin comme symbole de la Résistance intérieure, comme héros national, concentrant sur son nom une histoire nationale de cette période. En proclamant : "C'est la marche funèbre des cendres que voici. A côté de celles de Carnot avec les soldats de l'an II, de celles de Victor Hugo avec les Misérables, de celles de Jaurès veillées par la Justice, qu'elles reposent avec leur long cortège d'ombres défigurées", André Malraux inscrivit Jean Moulin et la Résistance dans cette filiation historique et dans une tradition cumulative du peuple républicain ; sur ce point se noua le consensus avec le PCF. Il s'agissait d'une tentative de prescrire une vision unanimiste de la Résistance, effaçant le processus politique complexe, éclaté et divisé qu'elle fut. »

Le « résistancialisme »

A ce stade, il faut souligner qu'avec son *Syndrome de Vichy*, Henry Rousso n'est pas seulement un précurseur, mais aussi un élargisseur de perspectives. Mieux même, dans la mesure où il ne craint pas d'aller emprunter aux plus actifs des anciens « collabos » un de leurs plus chers néologismes, le voici fournisseur de vocabulaire. Et c'est un mot magique, un terme talisman qu'avec *résistancialisme* il offre ainsi à ses confrères. « Le syndrome de Vichy, écrit Rousso, est l'ensemble hétérogène des symptômes, des manifestations, en particulier dans la vie politique, sociale et culturelle, qui révèlent l'existence du traumatisme engendré par l'Occupation, particulièrement celui lié aux divisions internes, traumatisme qui s'est maintenu, parfois développé avec la fin des événements. La mise en ordre historienne de ces symptômes a mis en évidence une évolution en quatre phases. Entre 1944 et 1954, la France affronte directement le problème des séquelles de la guerre civile, de l'épuration à l'amnistie : c'est la phase de deuil, dont les contradictions seront lourdes de conséquences par la suite. De 1954 à 1971, le souvenir de Vichy se fait moins conflictuel, à l'exception de "rejeux" sporadiques entre 1958 et 1962. Les Français semblent refouler cette guerre civile, aidés en cela par l'établissement d'un mythe dominant : le résistancialisme. Le terme, forgé à la Libération par les adversaires de l'épuration, a ici une autre acception. Il désigne un processus qui a cherché : primo, la marginalisation de ce que fut le régime de Vichy et la minoration systématique de son emprise sur la société française, y compris dans ses aspects les plus négatifs ; secundo, la construction d'un objet de mémoire, la "Résistance", dépassant de très loin la somme algébrique des minorités agissantes que furent les résistants, objet qui se célèbre et s'incarne dans des lieux et surtout au sein de groupes idéologiques, tels les gaullistes et les communistes ; tertio, l'assimilation de cette "Résistance" à l'ensemble de la nation, caractéristique notamment du résistancialisme gaullien. Entre 1971 et 1974, le miroir se brise et les mythes volent en éclats : c'est la troisième phase, qui se présente comme un "retour du refoulé". Elle inaugure par la suite une quatrième phase, dans laquelle il semble que nous soyons encore, celle d'une obsession, marquée d'une part par le réveil de la mémoire juive, qui a joué et joue un rôle crucial dans le syndrome, et de l'autre par l'importance des réminiscences de l'Occupation dans le débat politique interne... ».

Si l'usage qu'Henry Rousso fait de « résistancialisme » montre combien il a le sens du mot, il faut aussi lui reconnaître un percutant art de l'expression. Ainsi cette « mise en ordre historienne »... Pas seulement une trouvaille, un plein emploi du langage. Une expression, en effet, qui non seulement dit bien ce qu'elle veut dire, mais en implique et signifie beaucoup plus... Aussi bien ne saurait-on dire, à propos de ce qui va suivre, que Jean-Pierre Rioux explicite Rousso dont le propos n'a évidemment pas besoin de l'être. Mais qu'il l'illustre, oui... D'autant plus que, un an avant et deux ans après, ces deux citations de Rioux encadrent *Le Syndrome de Vichy*. La première est tirée d'un ouvrage collectif de l'IHTP publié, en 1986, par le CNRS, sous le titre *La Mémoire des Français ; Quarante ans de commémorations de la Seconde Guerre mondiale* et où l'intervention de Rioux s'intitule *Les variables politiques*. « Une guerre gagnée qui dérive en affrontement Est-Ouest entre anciens alliés, écrit-il, une guerre de purification qui fait chanter des airs bien anciens, une guerre traversée d'événements trop discordants et d'enjeux trop mêlés, que l'épuration et tous les procès ont étalés jusqu'au milieu des années 1950, peut-elle être un objet commémorable ? Ses héros sont-ils si transparents que ses valeurs puissent être l'objet de la piété commémorative ? Cet événement qui n'est pas, décidément, un avènement, qui dégage si mal un supplément de sens, est-il intégrable à la mémoire nationale ? ». La seconde citation est le début d'un article de Jean-Pierre Rioux dans *Le Monde*, article publié le 20 octobre 1989 et dont le titre est tout un programme : *La résistance sans grand « R »*. On peut y lire : « Depuis 1945, l'entretien de la flamme nationale, la verdeur des affrontements politiques et la purulence des enjeux de mémoire collective ont conjugué leurs effets pour marquer d'un grand « R » la Résistance, entendue comme l'action de tous ceux qui, depuis 1940, volontairement et armes à la main autant qu'ils le purent, s'opposèrent à Hitler dans l'Europe nazifiée. La majuscule a ainsi surmonté, longtemps, pieusement, une histoire au second degré, passablement légendaire, pleine de hauts faits spectaculaires, d'ardeurs patriotiques et d'engagements idéologiques. Idéale par vocation, mythifiée pour les bonnes causes, inaliénable dans le cœur des témoins, conflictuelle sans doute mais pédagogique toujours : un sillage d'adjectifs à usage civique a accompagné depuis quarante ans la mise en forme historique d'une Résistance sans mémoire courte. Tout basculerait-il aujourd'hui, quand s'éclaircissent les rangs des acteurs, que de nouvelles générations s'interrogent et qu'une histoire au premier degré cherche sa voie ? »

« Mythe nécessaire » et « légende justifiée »

Assez rares sont les anciens résistants qui emploient le mot « résistancialisme »... Arrêtée en 1942, déportée à Ravensbrück et Mauthausen, ayant intitulé ses souvenirs *Toute une vie de résistance*, Marie-José Chombart de Lauwe est membre de la présidence de la

FNDIRP (Fédération nationale des Déportés et Internés, Résistants et Patriotes). C'est en juin 1990, à la Sorbonne, qu'elle intervient au colloque *Les Echos de la mémoire* sur le thème *Le résistancialisme : un mythe nécessaire ?*. « Pour ce qui est du "résistancialisme", explique-t-elle alors, je dirai que cette conception de l'unité de la Résistance (...) était très importante pour la France à la Libération. Le "résistancialisme" de l'époque était un mythe nécessaire à l'identité française après la défaite et au rétablissement de la légalité du gouvernement provisoire de la République française. On avait besoin de cette force. Mais ce mythe unitaire a été ébranlé assez vite parce que (...) il y avait deux types de récits, le récit gaulliste et le récit communiste. L'opposition entre les deux versions de ce mythe est apparue de façon épisodique lors des conflits sociaux et des problèmes de la colonisation, et elle a contribué à faire éclater ce mythe. »

« Mythe nécessaire » et/ou « légende justifiée » ? Cette dernière expression, c'est Daniel Cordier qui l'emploie dans son *Jean Moulin ; La République des catacombes* que nous avons plusieurs fois cité. « L'évolution de la Résistance de sa naissance à sa victoire, écrit-il, est une aventure stupéfiante : engagements contradictoires, comportements suicidaires, déchirements absurdes, résultats décevants. Confrontée à la légende, elle est une réalité misérable. Mais, contrairement aux anathèmes de ses détracteurs qui dénoncent cette pitoyable réalité, c'est la gloire des résistants, d'avoir atteint, après quatre ans de calvaire, le but qu'ils s'étaient fixé de "*faire quelque chose*". Jusqu'à la dernière minute, nul ne savait la capacité réelle de la Résistance, dont les Alliés doutaient absolument. Parce que le sacrifice des résistants fut démesuré pour d'aussi fragiles résultats, ils ont rejoint dans une légende justifiée tous les martyrs de la liberté, dont la noblesse ne se mesure pas aux résultats mais aux sacrifices. »

Assez rares, disions-nous, sont les anciens résistants qui... Effectivement. Car, comme le rappelle si bien Jean-Pierre Azéma dans une de ses fréquents préfaces — cette fois dans celle de *Sans armes face à Hitler* de Jacques Semelin, déjà cité — « l'image qui a été communément retenue de la résistance et à laquelle, il faut le dire, la grande majorité des résistants demeure attachée », ce n'est pas précisément celle que proposent (ou plutôt tentent d'imposer) les adeptes du « résistancialisme ». Et Azéma de constater que « la résistance apparaît, du moins dans les ouvrages en langue française, comme l'un des archipels les moins bien connus de l'océan qu'est la Seconde Guerre mondiale. La plus grosse partie de la production sur la question est constituée d'une littérature épique, commémorative, pour ne pas dire hagiographique. (...) Dans la foulée de la Libération, ce qui a été exalté aussi bien dans les témoignages des acteurs que dans les films tournés peu après ou dans les discours prononcés par les hommes politiques avant que n'intervienne la cassure de la guerre froide, c'est le côté épique, glorieux et surtout guerrier. »...

« C'est le côté épique », dit Azéma — effectivement c'est le côté épique de la Résistance qui semble provoquer une véritable allergie chez nombre de « nouveaux » historiens et surtout chez les gens de l'IHTP. Il s'ensuit une sorte de déploration historienne de l'épopée, une déploration aux accents parfois presque douloureux... Nous avons déjà plusieurs fois cité Olivier Wieviorka et certaines de ses pertinentes analyses, mais dès qu'il s'agit d'épopée... « La plupart des résistants, écrit-il ainsi dans l'*Avant-propos* de son histoire du mouvement "Défense de la France", loin d'encourager la recherche historique, ont plutôt incité les chercheurs à exalter leurs faits d'armes. Préfaçant un ouvrage scientifique, Georges Bidault convoque ainsi les historiens à retracer "la Geste des résistants : exploits des agents des réseaux, des saboteurs des groupes d'action, des maquisards des Forces françaises de l'intérieur, des soldats des Forces françaises libres". Confusion étrange de l'histoire et de l'histoire sainte, dira-t-on. D'ordinaire mieux inspiré, Lucien Febvre présente pour sa part un curieux raisonnement. "Ils diront, les Historiens, ce qu'ils pourront dire, étant des hommes de l'an 2000, vivant dans le climat de l'an 2000 (...). Raison de plus pour que nous leur procurions (...) en toute honnêteté, notre version à nous des événements que, bien sûr, ils interpréteront autrement que nous (...). Sans que nous puissions dire qu'ils ont raison, eux, et que nous avons tort, nous. Au moins notre version des événements a-t-elle eu des preuves vivantes. Elle est contresignée par des milliers de sacrifices." Curieux appel qui confère à l'histoire de la Résistance un statut spécifique, se résumant au fragile déroulement d'interprétations successives échappant à tout critère de véracité. La volonté d'encourager une lecture héroïsée de la Résistance comme le désir de contrôler la recherche historique a bien entendu induit des conséquences perverses... » Wieviorka précise en note que l'« ouvrage scientifique » dont il parle est celui d'Henri Michel et Boris Mirkine-Guetzévitch, *Les idées politiques et sociales de la Résistance*, paru en 1954... Précisons quant à nous qu'au passage Lucien Febvre ironise aussi sur ceux « qui, dans cinquante ans, prendront la résistance pour thème, ou pour cible, de leurs exercices académiques » — quelle prémonition ! Mais ajoutons surtout deux mots sur ce dernier et sur Georges Bidault... Nos lecteurs savent que Georges Bidault succéda à Jean Moulin à la tête du CNR, notons également qu'avant de s'égarer plus tard dans le marécage de l'« Algérie française », il avait été, de 1945 à 1954, deux fois président du Conseil et une fois vice-président, trois fois ministre des Affaires étrangères et une fois de la Défense, mais que surtout, vingt ans plus tôt, il avait été reçu premier à l'agrégation d'histoire. Quant à Lucien Febvre (1878-1956), c'est un des plus grands historiens du vingtième siècle, surtout connu pour avoir, avant d'être élu en 1933 au Collège de France, fondé, avec Marc Bloch, les fameuses *Annales d'histoire économique et sociale*.

Rappelons aussi que Marc Bloch était devenu un des responsables importants de la Résistance lorsqu'il fut arrêté et fusillé en 1944.

Le succès de Robert Hossein

Nous avons vu plus haut quel sort connut Henri Michel. Il faut dire que pour ce qui est du péché d'épopée, le fondateur du CHGM l'avait lourdement et même allègrement commis dans plusieurs de ses œuvres. Exemple, son *Histoire de la France libre*, où l'épopée surgit dès les deux premiers paragraphes du livre. Lisez plutôt : « La grande aventure de la *France libre* est une épopée ; renouvelant le miracle du *Cid*, une poignée d'hommes, dont les prudents condamnaient la témérité, la taxaient même de trahison, ont vu leur cohorte devenir armée, à mesure que leur combat désespéré des premiers jours muait peu à peu en victoire, jusqu'à ce que, encadrée et conduite par eux, la France ait retrouvé sa place dans la guerre et son rang à la paix. C'est aussi la magnifique réussite d'un homme ; il y a loin du général de brigade à titre provisoire qui, en juin 1940, trouve avec peine un gîte à Londres au président du Gouvernement provisoire, qui descend les Champs-Elysées en août 1944, dans la liesse de tout un peuple, et la pompe sans apprêts d'un triomphe improvisé. L'histoire de cette iliade précédée d'une odyssée », etc... Henri Michel écrivait cela en 1963 ; trente-cinq ans plus tard, sous le titre *Résistance (1927-1943)*, Guillaume Piketty rassemble, commente et fait publier vingt-sept « papiers », comme il dit, de Pierre Brossolette. Feuilletons... « Chargés d'émotion, les textes rédigés par Brossolette pendant la guerre plongent également au cœur de l'épopée de la poignée de rebelles qui osèrent dire “non” en 1940. (...) Du *Résistance* de l'hiver 1941 aux chroniques de juin-juillet 1943, les textes de Pierre Brossolette sont (...) traversés par le souffle de la légende. (...) Dans cette histoire de la Résistance génératrice de sa propre légende... » Etc. Et nous pourrions citer bien d'autres exemples semblant indiquer que l'épopée a la vie dure... Piketty vient d'évoquer ceux « qui osèrent dire “non” » ; eh bien, tout juste un an plus tard, à l'automne 1999, avec le lancement et le succès du spectacle de Robert Hossein *Celui qui a dit non*, l'expression va connaître, dans les médias comme dans les conversations, une remarquable fortune... Le texte du spectacle d'Hossein a été écrit par deux académiciens fort célèbres, Alain Decaux et Alain Peyrefitte. Quand ce texte paraît en librairie, en décembre, ses auteurs le présentent brièvement. Et Peyrefitte pose une question. « Les légendes françaises ont nourri de Gaulle, dit-il. Sa vérité, elle est dans la légende. Comment rendre la vérité de héros comme de Gaulle, mais aussi comme Churchill, Jean Moulin ou Leclerc, sans parler le langage de l'héroïsme ? » La réponse va de soi... Mais retenons surtout cette petite phrase : « Sa vérité, elle est dans la légende. » Petite phrase également appliquée à la Résistance dont il saute aux yeux que la légende et l'épopée sont inséparables de l'histoire, font partie de l'histoire. La Résistance est tissée de faits épiques et quelque violence qu'elle fasse au souvenir de ces faits, il n'est pas de dissection qui puisse en eux séparer l'épopée de la réalité comme le scalpel sépare le nerf du muscle. « Aucun sophisme, écrivait Joseph Kessel en préfaçant Emmanuel d'Astier de la Vigerie, ne peut masquer ni altérer le fait : des hommes — que rien ne forçait au sacrifice — ont risqué, ont donné leur vie et, au milieu d'indicibles tortures, sachant à quoi ils s'exposaient, sachant même que leur effort n'était pas indispensable à la victoire — simplement parce qu'ils ne pouvaient pas supporter de rester neutres dans un combat où leurs exigences spirituelles se trouvaient en jeu... »

Le grand succès du spectacle de Robert Hossein *Celui qui a dit non*, ce spectacle où précisément on « parle le langage de l'héroïsme » n'a pas surpris car c'était un succès attendu. Un succès logique dans la mesure où... Dans la mesure où la « Résistance intéresse, intrigue, fascine même, un large public qui entretient avec elle des rapports ambivalents qui oscillent entre la célébration enthousiaste d'une épopée tragique et la méfiance vis-à-vis d'une histoire qui présente assez spontanément les traits de l'exemplarité. Sans compter que la clandestinité favorise et génère *a posteriori* une reconstruction mythique. Elle excite les imaginations peut-être parce qu'elle pose en filigrane à chacun une question de dimension ontologique qu'on peut formuler ainsi : "Qu'aurais-je fait confronté à la même situation ?" Il y a dans cette histoire un souffle épique et une universalité qui dépassent de beaucoup son cadre chronologique étroit et la question de l'établissement des faits. Tous ces facteurs, auxquels il convient d'ajouter la dimension éducative qu'on reconnaît volontiers à cette histoire, expliquent que la dimension sociale ait été et demeure si forte pour tout ce qui touche de près ou de loin à la Résistance. » Qui écrit cela ?... Qu'on nous pardonne ici un anachronisme de cinq ans. C'est en effet une demi-décennie avant le succès de Hossein qu'étaient écrites ces lignes par Laurent Douzou dans *La Désobéissance ; Histoire du mouvement Libération-Sud*, déjà cité. Oui, par le même historien qui parlait un peu plus haut de « vulgate ossifiée ». Et dans le même volume, à la page précédente.

Non, il ne s'agit pas ici d'opposer un auteur à lui-même, mais simplement de constater, à propos de la Résistance, que son « côté épique » lui est si fortement intrinsèque qu'il ne peut lui être arraché. Et qu'on peut, tout à la fois, prétendre démythifier la clandestinité et continuer d'en ressentir l'« épopée tragique »... Or, cette sorte d'ambivalence n'est pas seulement sensible chez Laurent Douzou... A la même époque, Henry Rousso publie avec Eric Conan un ouvrage intitulé *Vichy, un passé qui ne passe pas*, et l'on peut y lire : « Le rejet du mythe dans les années 70 a fait oublier la dette à l'égard du Général, accusé par les plus jeunes de détournement de mémoire, pour ne plus voir que le passif laissé par le Maréchal, dont on découvre alors qu'il était vertigineux. Depuis, on n'a cessé de demander l'apurement national des comptes de Vichy en sous-estimant le poids de la dette première contractée envers les résistants. Le malaise que suscite encore la période de l'Occupation continue de s'alimenter du même échec originel, l'échec d'un mythe qui a prétendu couvrir et racheter une faute collective, en somme, une forme laïque d'"indulgence". Mais l'absence... d'indulgence à l'égard de la génération de la guerre, dont font preuve celles nées après (dont la nôtre) ne peut pas, ne doit pas faire oublier que le moment de déréliction totale dans laquelle sombra la nation fut racheté par l'éclat de quelques rebelles. Il est vrai que ces héros ne constituèrent pas l'avant-garde courageuse des élites françaises mais bien plutôt leur mauvaise conscience. Une mauvaise conscience dont nous avons hérité... pour avoir rejeté l'indulgence gaullienne. »

Travestissements et distorsions

Des propos tels que ceux de Douzou et de Conan-Rousso sont en quelque sorte illustrés par la façon dont les « nouveaux historiens », dans les années 1990, protestent contre des « travestissements » et autres « distorsions » de l'histoire de la Résistance dont ils n'entendent pas du tout se voir attribuer, même indirectement, la paternité... Ainsi, dans *Vichy, un passé qui ne passe pas* précisément, où l'on peut également lire : « Le déclin du mythe "résistancialiste" (...) a entraîné des excès, des occultations quand ce ne sont pas des réécritures là aussi fantasmées (...). Il y a aujourd'hui d'autres façons de travestir la mémoire de la Résistance comme l'illustre par exemple la tenue à Lyon, en octobre 1992, d'un colloque médiatique tendant à présenter la lutte clandestine comme ayant été principalement le fait des étrangers ou des "juifs" qui auraient ainsi affronté une "France éternelle" supposée intrinsèquement pétainiste. Ce genre de travers dessert à l'évidence l'Histoire comme la mémoire (cf. la publication des actes : *Résistance et mémoire. D'Auschwitz à Sarajevo*, sous la direction d'Emile Malet (...)). » Même Jean-Pierre Azéma et François Bédarida, dans leur article déjà cité du numéro spécial d'*Esprit* de janvier 1994, *L'historisation de la résistance*, s'émeuvent de certains aspects des « mutations historiographiques »... « Autre source de distorsion, écrivent-ils, les effets de balancier, comme on peut l'observer dans l'historiographie du parti communiste. Jadis, au temps de la toute-puissance de la mémoire communiste qui faisait du parti de la classe ouvrière l'*alpha* et l'*oméga* de la résistance intérieure, (...) une grande partie des débats (...) tournaient autour du rôle des communistes dans la Résistance, depuis le pont aux ânes controversés des débuts (...) jusqu'aux polémiques sur la Libération (le PCF, aidé de ses sous-marins, a-t-il voulu prendre le pouvoir ?). De là, une impression de surdose. Or l'évolution politico-idéologique, en faisant partir le balancier dans l'autre direction, aboutit à minorer indûment la place des communistes, auxquels dans le public on ne s'intéresse plus guère que par inadvertance, sauf à considérer la seule stratégie par rapport à Moscou, ce qui est tout de même très réducteur. Poussera-t-on le paradoxe jusqu'à soutenir qu'à l'heure actuelle le PCF est devenu le parent pauvre de l'histoire de la Résistance ? Non, sans doute, mais le *trend* va dans ce sens. »

Cette *tendance* ainsi évoquée par Azéma et Bédarida n'en implique-t-elle pas une autre qui en est le très logique corollaire : un retour en force du pétainisme ? Dans le même numéro d'*Esprit*, intitulé, rappelons-le, *Que reste-t-il de la Résistance ?*, Paul Thibaud, l'essayiste qui fut directeur de cette revue de 1977 à 1988 mais pas historien universitairement labellisé, répond en quelque sorte en interrogeant (et s'interrogeant) à son tour. « L'hypothèse "Jean Moulin — agent soviétique", écrit-il, dont Thierry Wolton a cru trouver la preuve dans les archives du Kominform a eu de l'écho parce qu'elle flatte l'esprit du temps. Elle le flatte en général puisqu'il faut choquer. Elle le flatte en particulier puisqu'elle est en conformité avec la manière devenue normale de traiter en France la période de la guerre. Depuis 1971 et le succès du *Chagrin et la pitié* (...) le public quand on évoque la guerre n'attend pas l'héroïsme mais la honte. De Gaulle a fini par n'être que le grand illusionniste (voire le grand menteur) mais il a fait croire aux Français qu'ils avaient tous été résistants. Qu'il ait d'abord combattu et délégitimé Pétain, cela n'a pas d'importance puisque dans le fond (on a fini par le dire au moment du cinquantième anniversaire de la rafle du Vél'd'Hiv) la France c'était (et c'est encore) non pas de Gaulle mais Pétain : le cardinal Gerlier avait raison ! Pourquoi notre époque s'acharne-t-elle à sortir le mal des archives ? »

A supposer qu'elle soit maintenant réellement contestée, ce qui nous semble mais est loin d'être avéré, cette « manière devenue normale de traiter en France la période de la guerre », qu'évoque si bien Paul Thibaud, c'est dans les années 1970 qu'elle est apparue et durant les deux décennies suivantes qu'elle s'est répandue. Une concordance d'époques qui nous amène évidemment à poser une autre question : les historiens de l'IHTP et leurs amis n'ont-ils pas joué aux apprentis sorciers ? Au lecteur d'en juger... Mais il est sûr que plus les anciens résistants étaient invités à descendre de leur piédestal, plus les anciens « collabos » étaient priés de s'installer sur celui qu'on leur tendait... Nous avons vu plus haut comment le gangster et gestapiste Paul Bonaventure Carbone était mort dans un attentat contre le train où il avait pris place. Sa compagne, la tenancière de bordel dite « Manouche » vécut ensuite très longtemps et parla beaucoup. C'est à l'un de ses biographes, Alphonse Boudard que, dans les années 1970 précisément, elle déclara : « Ils nous bassinent avec leur Résistance ! ». Une opinion que n'ont pas contredite les deux présidents qui se succédèrent alors à l'Elysée... C'est en décembre 1971 qu'interviewé par *The New York Times Magazine*, Georges Pompidou déclare qu'il « déteste toutes ces histoires » et s'élève « contre le mythe des mythes, ce résistancialisme qui depuis plus de vingt-cinq ans ne cesse d'empoisonner le débat français ». Pour être moins directe que celle de son prédécesseur, la déclaration que, le dimanche 13 juin 1976, Valéry Giscard d'Estaing fait, à Verdun, à propos de Pétain, ne passe pas moins inaperçue. « Si, plus tard, dit-il, affaibli par l'âge, il a été associé aux défaillances et aux malheurs qui ont frappé notre pays, puisse le temps faire pour lui que son souvenir s'identifie à celui qu'en gardent les combattants qui ont servi sous ses ordres et partagé sa victoire ! »

Quand « il y a du vichysme dans l'air »

Lorsque parlent ainsi une mère maquerelle et deux plus hauts magistrats de la République, on pourrait croire que tout est dit sur ce retour en force de Vichy trente ans, quarante ans, cinquante ans après la Libération. En fait, non. Car il ne faut pas limiter le phénomène à son sens politique, ou même historique. Ce triste été indien de la Collaboration est beaucoup plus vaste et surtout infiniment plus enveloppant. Voyons donc comment des écrivains et d'anciens résistants en vue en évoquent « en direct » l'entêtante et vénéneuse atmosphère. Quand on songe aux ultérieures élucubrations woltoniennes, c'est un titre prémonitoire que Bertrand Poirot-Delpech, journaliste au *Monde* et romancier à succès, donne à sa chronique du 29 décembre 1978 : *A quand le procès de Jean Moulin ?* « En 1979, verra-t-on s'ouvrir le procès de Jean Moulin et de la Résistance ? interroge d'emblée le futur académicien. Je gambadais dans mes souvenirs de lecture des douze mois écoulés pour tâcher d'y déceler courants et tendances, quand l'évidence m'a sauté aux yeux : 1978 restera comme l'année des "collabos". Des chiffres ? Le nombre des livres consacrés à la dernière guerre côté allemand ou pro-allemand a pratiquement décuplé par rapport à 1977. D'après les projets d'éditeurs, il devrait augmenter encore l'an prochain. Cela va des justifications affichées de la collaboration aux biographies lénifiantes de Hitler, d'Eva Braun, de la cinéaste nazie Léni Riefensthal, de Doriot, de Drieu, ou de plus menus fretins réhabilités par leurs propres enfants. Dans le même temps, les témoignages de l'autre bord se réduisent à quelques suites de Mémoires — Daniel Guérin, Louis Guilloux. Aux statistiques de titres "compréhensifs" s'ajoutent, dans les textes, des signes nets de "banalisation" de l'anti-Résistance et de l'antisémitisme. Le mot collaboration est souvent placé entre guillemets, et la chose à demi absoute par la formule "comme disent les bonnes langues". Les lecteurs qui n'ont pas renoncé à juger se voient opposer la prescription ou l'indulgence de plus résistants qu'eux. (...) Gare à qui s'inquiète qu'en censurant les pages antisémites de Céline ou de Drieu on empêche de comprendre les rapports de ces crimes avec le reste de leur œuvre et l'opinion d'alors ! Gare à qui conteste aux anciens partisans de l'ordre botté le monopole du talent ! Il n'est pas question de rouvrir ici une querelle pourrie, mais de constater le fait (...). "Il y a du vichysme dans l'air", et même "du fascisme", a pu dire un grognard du général... »

Grognard du Général — une définition qui va comme un gant à Pierre Lefranc, que nous avons déjà rencontré. *Messieurs les Collabos, un peu de pudeur !* lance-t-il en novembre 1980 dans un bimensuel d'anciens, *L'Agent de liaison des Forces françaises combattantes*. « La campagne pour la réhabilitation de Pétain se poursuit, écrit-il ensuite. (...) Diabolique est l'entêtement des vichystes, des fils et des petits-fils de vichystes, qui s'efforcent de démontrer que Montoire et Sigmaringen sont des victoires qui jalonnent la voie dans laquelle toute la France, fidèle à Pétain, aurait dû s'engager. (...) Regrettez-vous, Messieurs les collaborateurs, que nos enfants soient morts en bras de chemise avec un brassard tricolore plutôt que sous l'uniforme de la Wehrmacht en se battant contre les Anglais et les Américains ? ».

Les années passent, mais la situation ne s'assainit guère, au contraire... Dilettante germanopratin par excellence, Bernard Frank n'est pas un habitué des débats citoyens. En revanche, dans ses *Digressions* hebdomadaires du *Monde*, il ne déteste pas une désinvolture et un humour acide d'arbitre des snobismes. Or, le 22 mars 1989, Frank ne change pas de ton pour faire un constat qui s'en trouve valorisé, le constat que, comme on dit trivialement, ça commence à bien faire. « Le patriotisme est tel de nos jours, écrit-il donc, qu'il suffit d'avoir été collaborateur ou quelque chose sous Vichy pour écrire ses Mémoires ou susciter une biographie empressée. Si j'avais eu l'honneur d'être collaborateur et si j'avais encore le souffle pour le faire, je protesterais avec violence contre les "collabos" de la dernière heure qui essaient de profiter du suicide de Drieu, des douze balles de Brasillach et des travaux forcés de Béraud pour faire valoir leurs éventuelles lettres anonymes. Hélas ! comme la plupart des Français de cette époque, je n'ai pas fait grand-chose sous l'Occupation, sinon d'aller de la sixième jusqu'aux portes de la seconde, sans demander mon reste. Aussi, je blêmis quand je vois un jeune homme comme Olivier Mathieu, dans la sévère dédicace dont il m'a honoré sur l'une des pages de garde du gros ouvrage qu'il vient de consacrer à l'ancien ministre de l'Education nationale de Vichy, sous le titre *Abel Bonnard ; Une aventure inachevée* (postface de Léon Degrelle), me reprocher de n'avoir pas "su tirer les fruits de l'éducation" qui m'a été dispensée de 1942 à 1944... J'en viens à me demander ce qu'il entend par les "fruits". S'il veut parler de la petite ville de

Pologne située près de Katowice, qu'il sache que je ne regrette rien. Si je puis me permettre de conseiller un cadet aussi engagé, aussi enragé dans l'erreur, Abel pour Abel, collabo pour collabo, j'aurais choisi Hermant qui avait vingt et un ans de plus que Bonnard et qui est mort en 1950 dans sa quatre-vingt-dixième année (Bonnard en 1968). *Trains de luxe, Le Cycle de lord Chelsea* (en quatre volumes), etc., voilà les livres éminemment délectables que la NRF devrait rééditer... ».

« Au bon chic collabo »

Changement de ton, de style, d'allure, mais pas de propos finalement, une semaine plus tard, sous une toute autre plume... C'est dans *Le Journal de la Résistance-France d'abord*, organe de l'ANACR, dont on sait qu'avec Robert Vollet, il assume alors le secrétariat général, qu'en avril-mai 1989, Charles Fournier-Bocquet tente, à son tour, de remettre les pendules à l'heure... « Sans doute lassés, écrit-il, de pleurer depuis si longtemps sur Brasillach et de célébrer Céline en altérant autant que possible sa biographie, toute une part des professions annexes de la littérature (éditeurs, historiens des lettres, critiques, échotiers...) fouille avec une ardeur croissante dans "la fosse commune de nos déshonneurs nationaux" (...). Les historiens politiques ont dressé des statues de papier à Pétain et à tous ses subordonnés, Laval compris, et pour ces dernières semaines Marcel Déat, Joseph Barthélemy, Albertini... Des auteurs pour grandes surfaces (hélas) ont "chanté" (sic) la gloire des Waffen-SS... » On s'efforce de « faire croire que l'élite intellectuelle fut, sous l'occupation, du côté des mêmes. On évoque le passé collaborateur d'un Drieu, d'un Chardonne, par exemple, d'un Jouhandeau, d'un Paul Morand, d'un Félicien Challaye ; on l'explique, on le "justifie". On va jusqu'à exalter les écrits de Giono que l'on condamnait (au sens complet du terme) en 1939. Il est vrai que son "refus d'obéissance" ne s'appliqua pas à *La Gerbe* du traître Alphonse de Châteaubriant (récemment réédité). Alors il trouve grâce complète. Quelqu'un a même vanté la prose exquise d'Abel Bonnard ! (...) Ce sont les résistants que l'on "oublie". Qui parle encore de Jean Prévost, tombé au Vercors, de Jacques Decour, fusillé, de Politzer, fusillé ? Le romancier, le germaniste, le philosophe ont pourtant encore et toujours à dire à la France. (...) Aux sinistres leçons de capitulation que donne un Barthélemy — vedette du jour — qui oppose la poignante sérénité d'un Jean Zay, assassiné par la milice ? Aux thuriféraires de *Je Suis Partout*, qui oppose les éditoriaux de Maurice Bourdet, qu'ils ont tué ? Plutôt qu'Ezra Pound (dont on flétrit l'internement alors qu'il tint le micro jusqu'au bout pour Mussolini), relira-t-on Saint-Pol Roux qui mourut d'avoir voulu sauver sa fille des nazis ? Plutôt que de pratiquer l'indulgence pour les sauveurs de

Touvier, qu'on relise les sermons de carême de Monseigneur Chevrot, qui devint l'un des dirigeants du Front National (le vrai !)... (...) Et Desnos, et Fondane et Max Jacob, et tant d'autres... ».

« Qui parle encore de Jean Prévost, tombé au Vercors ? » demande Charles Fournier-Bocquet. L'ancien colonel FTP et toujours discret flaubertien ne peut alors se douter que, moins de cinq ans plus tard, en novembre 1994, paraîtra chez Gallimard un livre de près de deux cents pages simplement intitulé *Pour Jean Prévost*. Un livre comme on aime en lire. Et nous avons bien sûr déjà cité l'ouvrage de Jérôme Garcin à propos du maquis du Vercors. L'ouvrage qui commence par ces cinq mots : « J'aime le verbe résister. » Un livre où éclate aussi une belle colère. Une sainte colère, comme on dit. « Enseigne pour une fin de siècle, lance Garcin, *Au bon chic collabo*. Des archéologues s'en donnent à cœur joie. Alors que plus un pneumatique de Rebatet, plus un palimpseste de Drieu, plus une sotie de Morand, plus une facture de Sachs, plus un apophtegme de Chardonne, plus un lazzi de Guitry, plus une érection de Jouhandeau ne nous sont inconnus, on ne trouve pas, en librairie, les œuvres essentielles des poètes et des romanciers qui ont refusés de faire le voyage à Weimar ou d'applaudir, la bouche pleine, les géants priapiques d'Arno Breker. Quand ils ne sont pas relégués dans les manuels pour classes terminales, à l'instar de Camus ou de Saint-Exupéry, ils sont jetés dans l'amnésie, cette fosse commune. Je veux parler de Max Jacob et de Robert Desnos, tués respectivement à Drancy et à Terezin ; de Saint-Pol Roux, assassiné en 1940 par les nazis qui venaient de violer sa fille et de brûler sa maison (...). Aujourd'hui, le culte intellectuel de ceux que, grisés, d'aucuns appellent "les parias glorieux, les forbans sublimes", et que d'autres élèvent au rang de "martyrs de l'épuration", est si bien répandu dans le Paris modianesque des belles-lettres où les salauds sont sanctifiés et les héros méprisés, (...) qu'on peut écrire désormais qu'il existe un lien de causalité entre les horreurs morales et la perfection des écrivains qui les soutiennent. »

Et si, lassé, déçu par les historiens, vous sortez, le nez en l'air, prêtant soudain une attention inaccoutumée aux places, croisements et carrefours où, là-haut, sur les plaques sont inscrits les noms des rues... Là, ce que vous risquez d'abord de découvrir, c'est que vous nourrissiez une illusion... Oui, l'illusion de croire qu'au coin de tant de rues de la plupart de nos villes, en capitales blanches sur fond bleu, des noms de résistants assassinés seraient autant d'accroche-mémoires, d'antidotes contre l'oubli. Et même une triple illusion, sommes-nous tentés de dire : triple parce que le nombre, parce que le choix, parce que la limite... Le nombre est nettement moindre qu'on ne le croit généralement. Même si le défaut de statistiques nationales sur la fréquence des patronymes ornant les façades de nos voies et de nos carrefours empêche de préciser chiffres globaux à l'appui, il est clair que l'état civil de nos artères urbaines ne subit pas, à la

Libération, le grand chambardement dont certains baptêmes locaux spectaculaires peuvent donner l'impression...

Quels critères pour les noms de rue ?

En juin 1997, un étudiant de Paris I-Panthéon-Sorbonne, Guillaume Mazeau a fait sous la direction du professeur Antoine Prost un mémoire de maîtrise d'Histoire contemporaine intitulé *Le marquage symbolique de l'espace urbain et la mémoire de la Seconde Guerre mondiale à travers les noms de rues, 1943-1993*. L'étude de Mazeau a porté sur cent villes (soit des chefs-lieux de département, soit des localités de plus de 50 000 habitants) et sur deux mille trois cents rues. Outre Charles de Gaulle, 107 fois cité, les dix résistants qui apparaissent le plus souvent sont Jean Moulin (92 fois), René Cassin (54 fois), Pierre Sémard (48), Pierre Brossolette (43), Gabriel Péri (32), Honoré d'Estienne d'Orves (27), Marx Dormoy (22), Victor Basch (17), le colonel Fabien (10) et Danielle Casanova (9)... Ajoutons, pour relativiser, que les maréchaux Leclerc, de Lattre de Tassigny et Juin apparaissent respectivement 103, 91 et 64 fois... Sans oublier le général Henri Giraud, dont on sera peut-être surpris d'apprendre qu'il est cité 22 fois.

Après le nombre, le choix... L'apparition de plus de vingt rues ou places « du général Giraud » donne une idée du caractère inattendu de certaines sélections. Glissons sur les marchandages, censures et « oublis » politiques alors que commence la « guerre froide » et que de Gaulle excommunie la IVe République et son « régime des partis » — des injustices logiques en quelque sorte. Plus difficiles à saisir sont les critères que les organisations de Résistance mettent en œuvre en leur sein pour tirer de l'anonymat certains de leurs disparus, dont quelques-uns voués à devenir des symboles. Des critères parfois singuliers... Exemple le plus déchiffrable, celui des communistes car, en en systématisant l'application, leur discipline interne rend ces critères plus apparents. Ainsi semble-t-il que la règle du secret, clef d'une clandestinité réussie, continue pour l'essentiel d'être appliquée après la mort. Sont honorés publiquement les martyrs dont, avant la guerre, l'activité impliquait une nécessaire publicité : des élus, des syndicalistes, des journalistes et des universitaires. Sont maintenus dans la ferveur interne les martyrs dont les fonctions « aux cadres » et/ou en liaison avec le Komintern ont déjà épisodiquement fait des clandestins en temps de paix. Certes, la ferveur interne est à l'origine un sentiment réel, mais le secret maintenu engendrant le mystère, et les générations se succédant... Notons surtout qu'autant il est juste que Gabriel Péri et Danielle Casanova, Jean-Pierre Timbaud et Georges Politzer soient des figures emblématiques de la Résistance et des symboles de la part qu'y prirent les communistes, autant il est injuste que si peu de nos contemporains sachent qui était Arthur Dallidet.

Ce constat fait, après le nombre (restreint) et le choix (difficile) des plaques de rues, reste la limite. La limite de leur portée... Il est rare que, sous les capitales blanches sur fond bleu du nom cloué au mur, figurent la qualité et l'époque de celui auquel la plaque de rue rend hommage ; mais y sont-elles, que ces uns, deux ou trois mots, ces deux fois quatre chiffres des années de naissance et de décès, s'ils peuvent exciter la curiosité du passant non averti, sont trop succincts pour la satisfaire... Qu'importe ! Prenons Paris pour exemple et supposons notre passant parisien opiniâtre ; il va d'abord déchiffrer, regarder ou admirer les 700 plaques purement commémoratives qui, « à Paris, selon la Mairie, honorent le sacrifice de ceux qui ont lutté pour la liberté de notre pays ou qui ont été victimes des persécutions nazies » ; et puis, s'il est toujours attaché à savoir ce que signifient les quelque 78 000 plaques apposées sur près de 250 places et presque 110 boulevards, dans environ 3 200 rues et 315 avenues, sans parler des pas loin de mille passages et impasses, cités et squares, quais et ronds-points de la capitale, une rude tâche l'attend. Il y a donc de fortes chances qu'il se reporte au seul ouvrage réputé pouvoir le satisfaire : le *Dictionnaire historique des rues de Paris* de Jacques Hillairet. Mais qu'y trouvera-t-il ? Au fil de plus de 1 600 pages grand format, pourtant parues aux Editions de Minuit, une véritable allergie à une Résistance soudain réduite à sa plus simple expression. Exemples... Avenue Bertie-Albrecht (8e) : « Morte à la prison de Fresnes où les Allemands l'avaient incarcérée pour faits de résistance ». Place du Colonel-Fabien (10e et 19e) : « Colonel FFI tué en 1944 ». Place d'Estienne-d'Orves (9e) : « Capturé par les Allemands au cours d'une mission en France et fusillé le 29 août 1941 ». Place Gabriel-Péri (8e) : « (1902-1941), fusillé comme otage par les Allemands ». Rue Jacques-Bingen (17e) : « Frère de Mme André Citroën, tué par les Allemands à Clermont-Ferrand ». Rue du Groupe-Manouchian (20e) : « Groupe de résistants Manouchian dont les vingt-deux membres, de tous pays, furent fusillés en mars 1944 ». Rue Pierre-Brossolette (5e) : « Journaliste qui s'est suicidé lors de son arrestation par la police allemande ». Rue Yves-Toudic (10e) : « Syndicaliste tué au cours d'une manifestation le 14 juillet 1944 ». Rue Max-Jacob (12e) : « Ecrivain mort en captivité au camp de concentration de Drancy (1944) ». Rue Léon-Maurice-Nordmann (13e) : « Avocat (1908-1942) fusillé par les Allemands ». Rue Jean-Pierre-Timbaud (11e) : « (1904-1941), otage fusillé par les Allemands ». Et le réducteur de destins Hillairet n'épargne personne, pas même le Général, dont on doute que la vie et l'œuvre aient jamais été réduites comme ici à l'état de comprimé passe-partout — Place Charles-de-Gaulle-Etoile : « Auteur de l'appel du 18 juin 1940, chef du gouvernement de 1944 à 1945, il reviendra au pouvoir en 1958 et instaurera la Ve République, dont il sera le premier président jusqu'en 1969 ». Mais on mesure encore mieux l'effort de miniaturisationbanalisation lorsqu'on compare le nombre de lignes respectivement accordées aux héros de la Résistance et à d'autres personnages ou événements... Revenons place Gabriel-Péri. Alors que l'homme du « Et si c'était à refaire, je referais ce chemin » vaut tout juste une ligne et demie, Hillairet en consacre trois, puis dix (en comptant l'ajout du *Supplément*) au numéro 14 de la place. Pourquoi ? Pour raconter qu'ici, il y a un demi-siècle, *L'Action Française* était installée, que son chef le plus bruyant, Léon Daudet, s'y rendit à la police après un fort Chabrol imaginaire, un « siège » qui « n'eut pas lieu » (*sic*), mais qu'il s'évada de la Santé « douze jours plus tard », etc. Plus de six fois plus de place pour une pantalonnade ultra que pour le sacrifice de Péri... Puis retournons rue Léon-Maurice-Nordmann. Du pionnier de la lutte clandestine qu'est ce dernier, nous avons, plus haut, évoqué la mort. Livré aux SS par un traître dans la nuit du 13 au 14 janvier 1941, condamné puis exécuté en compagnie de Boris Vildé, son chef dans le « réseau du Musée de l'Homme », les 17 et 23 février 1942, c'est en chantant qu'il succombe. Le journal clandestin *Résistance*, dont il est un des piliers, on sait que c'est Brossolette qui en assure la continuité après sa capture. Le procureur nazi Gottloeb qui le fait envoyer à la mort, c'est celui qui, l'été d'avant, y a fait envoyer d'Estienne d'Orves. Combien vaut tout cela dans le *Dictionnaire* ? A peine plus d'une ligne. A peu près cinquante fois moins que les précisions détaillées sur le numéro 111 de la rue. Il est vrai qu'avant que s'y élève l'hôpital Broca, c'était l'abbaye des Cordelières, et sur ces « religieuses de Sainte-Claire et de Saint-François », sur leurs « abbesses triennales » des XVIIe et XVIIIe siècles, Hillairet est intarissable. Une verve qui explique sans doute qu'il leur consacre à peu près vingt-cinq fois plus de place qu'au numéro 48 de la rue du Four, lequel doit se contenter de ces deux lignes : « Maison où se tint, en mai 1943, la première réunion du Conseil national de la Résistance, présidée par Jean Moulin » — tant il est sûr qu'un Hillairet doit savoir hiérarchiser l'histoire et que, même si elle aida peut-être à ce qu'en 1945 la France soit admise comme partenaire à part entière parmi les vainqueurs, cette première réunion des membres fondateurs du CNR le... enfin peu importe, « en mai 1943 », ne saurait être mise sur le même plan que le pillage de l'abbaye le 17 juillet — oui, très précisément le 17 — 1590, « par les troupes d'Henri IV » qui, en plus, « y cantonnèrent quelque temps ». Ni sur le même plan que l'inondation de cette si malchanceuse abbaye, onze ans plus tôt, en 1579, par les flots déchaînés de la Bièvre...

Tellement et si peu...

Mais comme nous y allons... Après avoir été approuvée par les Editions de Minuit, l'extrême sobriété du *Dictionnaire historique des rues de Paris* dès qu'il s'agit de la Résistance semble en effet l'avoir été par des résistants. Et non des moindres. Ainsi, en 1963, lors de la publication de l'édition originelle, le quotidien *Libération* première manière, celui dirigé par Emmanuel d'Astier de la Vigerie, fondateur du mouvement clandestin du même nom, publie un article favorable à l'œuvre d'Hillairet. Après en avoir conseillé l'acquisition à ses lecteurs, l'auteur du compte rendu ajoute : « Vous y trouverez, à la fois intelligemment et richement illustré, tout ce que l'on peut connaître sur les diverses voies de la capitale. ». Or l'article est signé. Il est signé Daniel Mayer, l'ancien membre du CNR.

Oui, comme nous y allons... Arrivant au terme de cette chronique, nous avons voulu par ce *Post-Scriptum* mettre le lecteur en garde contre une contagion menaçante, celle de l'allergie à l'épopée. Pourquoi ? Plus seulement pour défendre encore et encore des valeurs, des idées, des souvenirs, des images qui nous sont chers. Non, ce que nous voulions aussi c'est rappeler une évidence qui semble aujourd'hui si souvent oubliée, à savoir que le « côté épique », comme disaient plus haut les historiens, fait autant partie de la Résistance que les identités ou les états de service des résistants... Nous avons voulu, nous voulions — mais y sommes-nous parvenus ? Pour un auteur, il n'y a pas plus banal que de se demander, à la dernière page, si, dans toutes les précédentes, il a vraiment réussi à dire tout ce qu'il souhaitait y dire. Banale, mais inévitable angoisse... Pourquoi semble-t-elle ici s'aviver ? Peut-être parce qu'à la question posée par la revue *Esprit* : « Que reste-t-il de la Résistance ? » nous ne pouvons faire qu'une réponse ambiguë : tellement et si peu...

Aubervilliers, septembre 1970-juin 1976
Le Pré Saint-Gervais, janvier 1999-juillet 2000.

ANNEXES

ESTIMATION DU NOMBRE DE RÉSISTANTS « MOBILISÉS ET ARMÉS » AU 11 JUILLET 1944

Dans notre première édition, qui était illustrée, nous avons publié le fac-similé d'un document cartographique du SHAEF (Supreme Headquarters Allied Expeditionary Force — Grand Quartier Général du Corps expéditionnaire allié) intitulé *Estimated Number of Resistants « Mobilised and Armed » as at 11 July 44* (Estimation du nombre de résistants « mobilisés et armés » au 11 juillet 1944). Sur cette carte, alors classée « Top Secret », figure une *Note* qui stipule : « Les personnes présentées comme armées possèdent une arme personnelle, à l'exclusion des pistolets qui ne sont pas pris en compte. »

Voici, région par région et département par département, dans les deux « zones », les chiffres, donc les effectifs, mentionnés sur cette carte de France du SHAEF, où aucun chiffre n'est fourni pour Paris et la Seine.

Zone A

Région A	**M = 33 200**	**A = 2 125**
Aisne	M = 9 000	A = 1 350
Nord	M = 5 000	A = 250
Pas-de-Calais	M = 11 000	A = 150
Seine-Inférieure	M = 4 000	A = 75
Somme	M = 4 200	A = 300
Région B	**M = 40 000**	**A = 2 550**
Charente	M = ?	A = ?
Charente-Maritime	M = ?	A = ?
Deux-Sèvres	M = ?	A = ?
Gironde	M = ?	A = ?
Landes	M = ?	A = ?
Région C	**M = ?**	**A = 1 625**
Ardennes	M = 2 500	A = 250
Bas-Rhin	M = ?	A = 75 ?
Marne	M = 1 000	A = 575
Meurthe-et-Moselle	M = 8 000	A = 75 ?
Meuse	M = 1 500	A = 500
Moselle	M = ?	A = 75 ?
Vosges	M = 11 500	A = 75 ?

Région D	**M = ?**	**A = 2 725**
Côte-d'Or	M = 5 500	A = 1 350
Doubs	M = 5 000	A = 625
Haute-Marne	M = 1 000	A = 600
Haute-Saône	M = 1 500	A = 75
Haut-Rhin	M = ?	A = 75
Région M	**M = ?**	**A = 10 255**
Calvados	M = ?	A = 380 ?
Côtes-du-Nord	M = 2 500	A = 950
Eure	M = 6 000	A = 390 ?
Finistère	M = 10 000	A = 400
Ille-et-Vilaine	M = 2 500	A = 30
Indre-et-Loire	M = 2 500	A = 2 150
Loire-Inférieure	M = 6 500	A = 100 ?
Maine-et-Loire	M = 2 500	A = 100 ?
Manche	M = ?	A = 380 ?
Morbihan	M = 9 000	A = 3 675
Orne	M = 5 000	A = 875
Sarthe	M = 3 000	A = 750
Vendée	M = ?	A = 75 ?
Région P	**M = 27 200**	**A = 10 900**
Aube	M = 2 700	A = 1 275
Cher	M = 1 200	A = 600
Eure-et-Loir	M = 1 500	A = 1 350
Loiret	M = 2 400	A = 1 600
Loir-et-Cher	M = 2 000	A = 1 750
Nièvre	M = 3 000	A = 2 000
Oise	M = 2 800	A = 225
Seine-et-Marne	M = 4 000	A = 575
Seine-et-Oise	M = 5 000	A = 175
Yonne	M = 2 600	A = 1 350

Zone sud

Région R1	**M = 54 070**	**A = 22 250**
Ain	M = 12 500	A = 2 100
Ardèche	M = 5 000	A = 1 350
Drôme	M = 5 500	A = 5 200
Haute-Savoie	M = 4 900	A = 2 050
Isère	M = 4 500	A = 3 900
Jura	M = 4 300	A = 2 150
Loire	M = 2 400	A = 600
Rhône	M = 3 000	A = 800
Saône-et-Loire	M = 6 200	A = 1 850
Savoie	M = 5 770	A = 2 250

Région R2	**M = 16 000**	**A = 12 225**
Alpes-Mmes	M = 2 000	A = 1 775
Basses-Alpes	M = 3 000	A = 3 000
Bouches-du-Rhône	M = 3 000	A = 1 250
Gard	M = 2 000	A = 1 650
Hautes-Alpes	M = 2 000	A = 1 950
Var	M = 2 000	A = 900
Vaucluse	M = 2 000	A = 1 700
Région R3	**M = 19 000**	**A = 2 400**
Aude	M = 6 000	A = 850
Aveyron	M = 6 000	A = 575
Hérault	M = 2 000	A = 450
Lozère	M = 3 000	A = 250
Pyrénées-Orientales	M = 2 000	A = 275
Région R4	**M = 40 000**	**A = 17 375 ?**
Ariège	M = ?	A = 800
Basses-Pyrénées	M = ?	A = 1 800
Gers	M = ?	A = 1 750
Haute-Garonne	M = ?	A = 3 675
Lot	M = ?	A = 2 000
Lot-et-Garonne	M = ?	A = 1 750
Tarn	M = ?	A = 2 000
Tarn-et-Garonne	M = ?	A = 1 850
Région R5	**M = 55 500**	**A = 23 150**
Corrèze	M = 4 500	A = 2 600
Creuse	M = 25 000	A = 2 000
Dordogne	M = 3 000	A = 1 600
Haute-Vienne	M = 10 000	A = 8 000
Indre	M = 6 000	A = 2 150
Vienne	M = 7 000	A = 6 800
Région R6	**M = 28 000**	**A = 9 850**
Allier	M = 6 000	A = 1 100
Cantal	M = 6 000	A = 5 350
Haute-Loire	M = 3 000	A = 700
Puy-de-Dôme	M = 13 000	A = 2 700

« RÉSEAUX » ET « MOUVEMENTS »

Réseaux homologués de la France combattante

Les dates qui suivent le nom du réseau indiquent la période d'activité de ce dernier. Le chiffre mis entre parenthèses et les personnalités mentionnées indiquent le nombre de membres et les « liquidateurs » du réseau.

ABBE BLANC.............	01.01.42/30.09.44 (55) Abbé Blanc
ABELARD................	18.10.43/30.09.44 (192) Claude Denis
ACOLYTE................	25.06.43/30.09.44 (36) Robert Lyon
ACTION A	22.12.42/30.09.44 (1010) Pierre Deshayes et Guy Chaumet
ACTION B	16.08.43/30.09.44 (106) Jean Lapeyre-Mensignac
ACTION C	15.04.43/30.09.44 (15) Roger Lebon
ACTION D	15.04.43/30.09.44 (47) Pierre Jolinon et Jacques Davout
ACTION M...............	01.03.43/30.09.44 (320) Brigitte Friang
ACTION MISSION ALOES ...	05.07.44/10.09.44 (65) Général Eon
ACTION P	01.01.43/30.09.44 (218) René Pailherey
ACTION PLAN TORTUE.....	12.09.43/30.09.44 (326) Jacques Foccart
ACTION R 1.............	01.01.42/30.09.44 (606) Louis Burdet
ACTION R 2.............	01.01.42/30.09.44 (79) Michel Gallaud-Morel
ACTION R 2 CORSE	01.01.43/05.10.43 Paul Vittori
ACTION R 3.............	01.11.42/30.09.44 (748) Emile Picard
ACTION R 4.............	01.01.42/30.09.44 (47) Lieutenant-colonel Sarda de Caumont

ACTION R 5	10.09.41/30.09.44 (236) Eugène Dechelette et Bugeac
ACTION R 6	01.01.42/30.09.44 (355) André Biet
ADOLPHE	01.05.43/30.09.43 (286) Eulioli
AGIR	20.05.41/30.09.44 (174) Michel Hollard
AJAJ	02.01.43/30.09.44 (256) Duffourg
AJAX	13.06.43/30.09.44 (1095) Achille Peretti
AKAK	01.09.43/30.09.44 (228) Camille Fort
ALBIN	01.04.44/30.09.44 (117) Philippe de Vomecourt
ALEXANDRE	01.04.42/31.08.43 (153)
ALIBI	02.05.42/30.09.44 (351) Georges Charaudeau
ALI-FRANCE	01.06.40/Libération (111) Caemayex
ALI TIR	01.04.41/31.03.43 (40) Taviant-Collin
ALLIANCE	01.02.41/08.05.45 (2405) Marie-Madeleine Fourcade
ALLYRE	09.04.44/30.09.44 (74) Charles Corbin
ALPHONSE	01.12.43/30.09.44 (719) Jean Monier
ALSACE	01.03.43/30.09.44 (6) Paul-François Campinchi
AMARANTE	13.02.43/30.09.44 (62) Henri Parisot
ANDALOUSIE	15.12.42/30.09.44 (682) François Bistos
ANDRE	01.06.44/30.09.44 (4) Dominique Arnaud
ANDROMEDE-ATHENEE	01.07.43/30.09.44 (452) Claude Legendre
ANGE	20.10.43/30.09.44 (180) Morcillo
ANTOINE	10.05.41/13.11.42 17.04.44/30.09.44 (193) Philippe de vomecourt

APPENZELLER	01.09.40/30.09.44 (48) Edwin Foury
ARC-EN-CIEL	01.11.42/30.09.44 (357) Vic-Dupont
ARIEGE	01.06.42/30.09.44 (33) Paul Fournial
ARMAND	01.05.43/30.09.44 (526) Mme Cornilly
D'ARTAGNAN	13.09.43/28.07.44 (30) André Boulloche
ARTHUR-RICHARD	01.04.41/15.11.42 (18) Raymond Palluat
ARTIST	24.09.42/30.07.43 (21) Mme Gateau
D'ASTAR (MISSION)	07.09.41/30.09.44 (32) Raymond Laverdet
ATHOS	01.10.42/30.10.43 (130) Capitaine Chesne
AZUR	01.02.44/30.09.44 (83) Sandeyron

BASE-ESPAGNE

ALBERT-ARMAND MARTIAL	01.11.42/30.09.44 (85) Paul Dungler
DEMOCRATIE	01.03.41/30.09.44 (146) Mazou
D'OSSAU DOMINIQUE	01.11.42/30.09.44 (184) Mlle Addy Bernardet
GISELE	01.12.42/30.09.44 (50) Colonel Fournet
GROUPE JOSEPH	01.06.42/30.09.44 (61)
GUYNEMER	15.03.43/30.09.44 (111) Colonel Despax
JASMIN	01.07.42/30.09.44 (13) Louis Bouzat
MECANO	01.11.42/30.09.44 (48) Pierre Mareau
THOM	01.10.40/30.09.44 (23) Thomasset
BAZAUGOUR (MISSION)	27.08.40/16.04.43 (10) Commandant Bazaugour
BEARN	15.01.42/30.09.44 (490) Jean-Marie Gérard

BERNARD................	01.08.43/01.04.44 (31) Julien Villevielle
BERTAUX................	01.07.41/13.12.41 (31) Pierre Bertaux
BERTRAND..............	01.02.44/30.09.44 (46) Dupré
BERYL	01.10.40/30.09.44 (177) Madeleine Guex
BILLET..................	01.06.41/Libération (13) Edmond Duquesne
BJERRING................	01.12.42/09.03.45 (251) Gustave Littee
BORDEAUX-LOUPIAC	01.03.43/01.05.44 (381) Eugène Hegedos
BOURGOGNE	18.02.43/30.09.44 (355) Georges Broussine
BRANDY.................	01.05.42/23.06.43 (72) Georges Broussine
BRICK	01.03.43/30.09.44 (123) Armengaud
BROWN	01.07.43/28.09.43 (44) Paul Torricini
BRUTUS	02.09.40/30.09.44 (1 124) Pierre Fourcaud
CARMEL.................	30.05.42/30.09.44 (114) Maurice Guillemard
CARTWRIGHT	01.08.40/27.10.42 (48) Jeanne Texier
CDLL-ACTION ET EVASION	01.01.41/30.09.44 (1 558) René Le Duc
CDM....................	01.07.40/30.09.44 (1 661) Général Maurice Mollard
CENTURIE A ET B	01.04.42/30.09.44 (1 681) Marcel Girard-Moreau
CESAR	01.10.42/30.09.44 (379) Raymond Lazzery
CHARETTE...............	01.10.43/30.09.44 (94) Michel Cailliau
CINCINNATUS	(63) Roger Souchère
CLAUDE (MISSION)	01.04.42/30.11.44 (31) Mlle Quercy
CLAUDE FRANÇOIS........	01.10.41/30.09.44 (44) Marie Claude
CLAUDE RIVES	01.07.43/02.11.43 (13) Camille Fort

CND CASTILLE	01.11.40/30.09.44 (1 374) Madeleine Laurent
COHORS ASTURIE.........	01.09.41/30.09.44 (870) Mme Tony Robert
COMETE..................	01.06.41/30.09.44 (420) Jean-François Nothomb
CORVETTE................	01.08.42/30.09.44 (135) Adrien Albarranc
COTRE	01.10.42/30.09.44 (405) Commandant Senouillet
DARIUS	01.01.44/30.09.44 (576) Mme Batier
DELBO PHENIX...........	01.06.42/30.09.44 (240) Caeymaex
DELEGATION GENERALE ...	01.01.42/30.09.44 (365) Alexandre Parodi
DENIS ET ARISTIDE	01.07.41/30.09.44 (855) Jean Duboué
DUBOULOZ	01.12.40/30.09.44 (153) (voir Gallia)
DUTCH PARIS	01.11.40/31.08.44 (150) Gilbert Beaujolin
EBENE	01.02.44/30.09.44 (21) Henri Morier
ECARLATE................	01.10.43/30.09.44 (129) Jean Benech
EDOUARD	01.06.42/Libération (104) Edmond Duquesne
ELECTRE-BOULEAU	01.06.42/30.09.44 (33) Rénal
ELEUTHERE..............	01.06.42/30.09.44 (660) Segoufin
EM-PTT.................	01.07.43/30.09.44 (1 095) Horvais
ERIC....................	01.10.43/17.04.44 (45) Piganiol
ESTIENNE D'ORVES	06.09.40/22.01.41 (44) Le Gigan
ETIENNE LEBLANC........	15.05.44/30.09.44 (515) Pierre Charie
ETOILE..................	01.10.40/31.05.42 (30) Philippe Autier
EUGENE	01.07.42/30.04.43 (113) Vuillemot
F 2.....................	01.07.40/30.09.44 (2 511) Gaston Havard

FAMILLE MARTIN......... 01.05.41/30.09.44
(218) Jacques Kraemer
FELIX 1 ET 2............... 01.02.42/30.09.44
(19) Félix Jond
FETY 01.07.40/30.09.44
(281) Lieutenant-colonel Nardin
FIRMIN..................... 01.02.44/30.09.44
(86) Louis Noelle
FRANÇOISE 02.03.43/30.09.44
(211) Paul Fournial
FREDERIC................. 01.01.42/30.09.44
(236) Stéphane Reich
F.Y.R. 28.12.43/30.09.44
(123) Bermond
GALLIA 15.02.43/30.09.44
(1 782) Henri Gorce-Franklin
GEOFFROY................. 01.11.42/30.09.44
(47) Edwin Foury
GEORGES FRANCE 01.09.40/01.01.43
(224) Mme Louis
GILBERT.................. 01.11.42/30.09.44
(433) André Devigny
GILBERT.................. 23.01.43/07.02.44
(06) André Devigny
GIRAUD-LAN............. 01.03.42/09.03.45
(183) Léopold Giraud
GLORIA-SM.H............ 01.01.41/15.08.42
(203) Suzanne Roussel
GOELETTE 01.12.42/30.09.44
(903) Watrin
GRAILLE 01.12.42/09.03.45
(80) Colonel Graille
GUERIN 04.03.44/30.09.44
(158) de Ganay
GUEST 01.01.43/30.09.44
(52) Pierre Serandour
HAMLET.................... 15.05.43/30.04.44
(347) Mayer
HECTOR.................... 01.09.40/25.07.42
(940) Général Heurtaux
HECTOR.................... 01.01.43/01.05.44
(47) Maurice Southgate
HENRI D'ASTIER 01.10.41/15.11.42
(53) Roger Carcassonne-Leduc
HERCULE.................. 14.04.43/30.09.44
(93) Alfred Auduc

HETRE	09.05.44/30.09.44 (14) Pierre Serandour
HI-HI	27.01.43/30.09.44 (82) Suzanne Bertillon
HILAIRE	01.05.43/30.09.44 (1 045) de Gunzbourg
HIPPOLYTE	01.03.44/30.09.44 (16) Houdet
HO-HO	01.01.43/08.05.45 (201) Frédéric Leist
HUNTER	01.03.43/30.09.44 (562) Docteur Coire
IBERIA-GRECO (MISSION) . .	01.04.44/31.08.44 (10) Pierre Serandour
ILO (MISSION)	15.12.41/31.01.43 (6) Raymond Laverdet
JACQUES ET JACQUES-OSS .	17.08.43/30.09.44 (305) Charles Chenevier
JADE AMICOL	01.10.40/30.09.44 (1 067) Claude Arnould
JADE FITZROY	01.01.41/30.09.44 (671) Paul Fortier
JEAN (MISSION)	21.09.43/30.09.44 (75) Pierre Fabre
JEAN-MARIE	01.06.41/30.09.44 (3 601) Adir
JEAN MILLET	02.03.44/10.04.44 (357) Savy
JOHNNY	18.03.41/15.07.42 (140) Alaterre
JONQUE	01.03.43/30.09.44 (201) Commandant Daubard
JOVE	01.10.40/30.09.44 (652) Louise Lemab
JULITTE	03.10.42/10.03.43 (24) Pierre Julitte
JUSTIN	18.07.44/25.11.44 (35) Albert Vœrther
KASANGA (SR-MLN)	01.06.44/30.09.44 (635) Jean Gemahling
KER	20.11.42/15.04.43 (57) Milon
KUMMEL	22.02.44/30.09.44 (128) Hovelacque
LEENAERT	13.08.43/30.05.44 (22) Albert Leenaert

Louis Renard..........	01.01.41/15.09.42 (159) Gaston Chapron
Loyola.................	01.07.43/Libération (45) Edmond Duquesne
Lucas	10.05.41/25.04.42 (21) Philippe de Vomécourt
Lucien et Mesnard.....	01.02.43/30.09.44 (160) Robert Morel
Manipule...............	01.02.42/30.09.44 (589) Gérard Hurst
Marathon..............	01.07.42/30.09.44 (227) Pierre Serandour
Marc France..........	01.03.42/10.03.43 (86) Caeymaex
Marco-Polo...........	01.11.12/30.09.44 (929) Charles Lefaucheux
Marie.................	23.09.43/30.09.44 (44) Mme Cornioley
Marie-Odile...........	01.08.40/30.09.44 (310) Docteur Helluc
Martial...............	01.01.42/31.12.44 (140) Paul Dungler
Mathieu...............	01.10.43/30.09.44 (11) Harry Despaigne
Mathilda..............	01.01.44/30.09.44 (106) Jean Coppier
Maupin-Levain.........	20.07.40/09.03.45 (82) Marcel Levain
Maurice...............	01.02.43/30.09.44 (71) Georges Charaudeau
Max...................	23.03.43/10.09.43 (81) Henri Goude
Mingant...............	01.04.43/09.03.45 (139) Colonel Mingant
Mithridate-IS	01.08.40/23.02.45
BCRA..................	01.01.42/01.05.45 (1 641) Mlle Caze
Morhange..............	01.11.42/30.09.44 (142) Paul Paillole
Mounier...............	01.10.40/07.05.43 (76) Yves Perrussel
Mousquetaire	01.01.43/30.09.44 (60) Simone Dumiliéo
Musee de l'Homme	01.08.40/30.09.44 (606) Germaine Tillion
Nana..................	15.06.43/30.09.44

	(92) Emile Meyran
NAP....................	01.10.42/30.09.44
	(1 245) Evelyne Garnier
NAVARRE	01.09.43/30.09.44
	(783) Jacques Cristiani
NESTOR	27.01.44/30.09.44
	(623) Paul Lachaud
NICOLAS	01.06.42/20.10.43
	(86) Marcel Claeys
NIEL....................	01.07.40/30.11.42
	(17) René Chabosy
NNB	01.05.44/30.09.44
	(152) Jean Sennac
NOUQUETTE	17.07.40/30.09.44
	(34) Georges-Pierre Truc
OCCIDENT	01.04.42/09.07.43
	10.01.44/30.09.44
	(11) Jean-Louis Aimon
OLIVE..................	22.08.41/01.09.44
	(35) Basin
ORIENT	08.02.44/30.09.44
	(32) Teyssier
ORION	01.12.40/30.09.44
	(18) Alain Griotteray
ORME..................	29.03.44/30.09.44
	(18) Claude Ariel
ORPHEE	06.07.44/30.09.44
	(16) Teyssier
OSCAR	17.06.43/30.01.44
	(271) Pierre Morel
OUDJA (MISSION).........	06.06.44/30.09.44
	(29) Verrière
OVERCLOUD	01.03.41/01.03.42
	(105) Joel Le Tac
PANZER (MISSION)........	18.04.44/30.09.44
	(18) Mlle Quercy
PARSIFAL................	01.03.43/30.09.44
(AVEC PRAXITELE)	Pierre Serandour
PASCAL	13.06.43/30.01.44
	(88) Alfred Auduc
PAT-O'LEARY............	01.01.41/30.09.44
	(484) Frechou
P.C.C.	01.07.40/30.09.44
(POSTE CENTRAL COURRIER)	(315) Caeymaex

PEARL HARBOUR	10.12.42/10.09.43 (149) Robert de Schrevel
PERICLES .... (AVEC PRAXITELE)	01.03.43/30.09.43 Pierre Serandour
PERNOD	14.11.43/08.04.44 (22) Georges Broussine
PHALANX................	01.03.42/30.09.44 (244) Bonamour du Tartre
PHIDIAS .... (AVEC PRAXITELE)	01.03.43/30.09.44 Pierre Serandour
PHRATRIE	01.04.42/30.09.44 (126) Général Lormeau
PIERRE JACQUES..........	01.09.41/Libération (70) Edmond Duquesne
PLASSON	01.12.42/09.03.45 (131) Plasson
PLUTUS	01.05.42/30.09.44 (126) P. Khan-Farelle
PORTHOS	03.03.44/30.09.44 (41) Jean Régnier
POSSUM	01.06.43/30.09.44 (109) Paul-François Campinchi
POURPRE	04.02.44/30.09.44 (72) Robert Vackherr
PRAXITELE..............	01.03.43/30.09.44 (234) Pierre Serandour
PRE-SOSIE (GILBERT)	01.11.42/30.09.44 (23) André Devigny
PROMETHEE............. (avec PRAXITELE)	01.03.43/30.09.44 Pierre Serandour
PROSPER	01.10.42/30.06.43 (258) Rénée Guépin
PROUST	06.06.44/30.09.44 (89) André Lafontaine
PSW-AFR	22.09.41/30.12.43 (171) René Ragache
PUBLICAN	01.02.43/20.09.43 (89) Braun
QUAND-MEME	16.08.40/30.09.44 (139) Germain Félix
R 2 CORSE (SCAMARONI) ..	01.01.43/05.10.43 (67) Paul Vittori
REIMS	01.01.43/30.09.44 (571) Pierre Fugain
RESISTANCE-FER	01.10.43/30.09.44 (4 760) Paul Docquois

RIAND 17.05.44/25.05.44
(2) Charles Chenevier
RITZ-CROCUS 08.01.44/30.09.44
(155) Louis Raggio
ROBERT GUY 01.07.43/30.09.44
(39) Georges Ducros
ROBIN 01.01.43/30.09.44
(92) Jacques Weil
ROGER 01.03.43/30.09.44
(659) Michel Dikansky
RONSARD-TROENE 11.09.41/30.09.44
(174) Mindren
ROY 09.01.44/30.09.44
(312) Abbé Lapouge
RYBACK-ROSSI 25.12.40/30.09.44
(105) Antoine Ceccaldi
SABOT 04.10.41/28.01.43
(35) Caeymaex
SAINT-JACQUES 04.08.40/30.09.44
(331) Feltesse
SALLES (MISSION) 28.02.41/12.08.42
(7) Edmond Salles
SAMSON.................. 01.04.43/30.09.44
(942) Masson
SAMUEL.................. 02.05.44/30.09.44
(4) Jacques Hirsch
SAPIN................... 28.12.43/30.09.44
(9) François Bistas
SEBASTIEN ET LIONEL 01.05.42/30.06.44
(16) Frémont
SGLL 01.04.43/30.09.44
(119) Claude Batault
SHELBURN............... 01.03.43/30.09.44
(869) Paul-François Campinchi
SOSIE 01.11.42/30.09.44
(237) Dominique Ponchardier
SR AIR 40 .... 01.09.40/30.11.42
(267) Général Rupied
SR AIR F. VILLON......... 01.12.42/30.09.44
(140) Général Rupied
SR DE L'ARMEE
DES VOLONTAIRES 01.09.40/11.11.42
(477) Paul Duffaud
SR DU CDLL............ 01.01.41/30.09.44 Général Ginas
(avec CDLL)

SR KLEBER	20.08.40/30.09.44 (1 879) Mlle Quercy
SR MARINE	08.11.42/30.09.44 (220) Henri Trautmann
SR TUNISIE	01.10.40/31.05.43 (115) René Chabosy
SSMFTR	01.09.40/30.09.44 (977) Paul Paillole
STUART	01.09.43/30.09.44 (52) Colonel Roussanne
SUPER-NAP	01.10.42/30.09.44 (128) Maurice Negre
SUSSEX	08.02.44/30.09.44 (524) André Lafontaine
SYCOMORE (voir GALLIA)	01.03.44/30.09.44 Henri Gorce-Franklin
SYLVESTRE	18.11.42/03.09.44 (1 948) Paul Raquet
TARTANE-MASSENA	15.07.42/30.09.44 (234) Edmond Seitier
TELL	01.01.43/16.01.44 (108) Cordelette
THEODULE	01.10.42/30.09.44 (191) Martial Chaperont
THERMOPYLES	01.10.40/30.09.44 (909) Piganiol
TIBURCE	20.10.43/30.09.44 (106) Irma Marchand
TRANSMISSION-ACTION	01.07.43/Libération (195) Docteur Tibor Revesz-Long
TURMA VENGEANCE	01.12.42/30.09.44 (1 591) Vic-Dupont
TURQUOISE-JEZEQUEL	30.01.44/30.09.44 (43) Nuss
VAR	01.07.43/Libération (95) Edmond Duquesne
VEDETTE	01.07.43/30.09.44 (110) Pairault
VENY	01.01.42/30.09.44 Pierre Fourcaud
VERMILLON	01.11.43/30.09.44 (127) Marcelle Bourcoux
VIC	01.09.43/Libération (162) Edmond Duquesne
WI-WI	07.06.43/30.09.44 (44) André Piquemal

WOODSCHUCK 01.07.43/Libération
(45) Edmond Duquesne
YA-YA (OSS) 01.06.43/30.09.44
(12) Lieutenant Jacques
ZERO-FRANCE............ 22.06.42/30.09.44
(979) Caeymaex

Mouvements de la résistance intérieure française (RIF) homologués

Les dates qui suivent le nom du mouvement indiquent la période d'activité de ce dernier. Le chiffre mis entre parenthèses et les personnalités mentionnées concernent le nombre de membres et les derniers « liquidateurs » connus du mouvement.

ACTION 40 .... 31.08.40/30.06.42
(1 500) Docteur Guislain
ALBIAN (D') 15.06.42/25.08.44
(50) Germaine Bassot
ARDENTS (LES)........... 01.06.42/25.08.44
(60 000) Mme Lazard
ARMEE DES VOLONTAIRES.. 11.11.42/Libération
(30 000) Paul Duffaud
BATAILLON DE LA MORT.... 01.12.40/01.10.42
(100) Albert Dubois
BOUVRON-NANTES........ 30.07.40/15.01.41
(42) Bouvron-Auger
CEUX DE LA LIBERATION ... 01.12.40/Libération
Le Duc
CEUX DE LA RESISTANCE... 01.01.41/Libération
(75 000) Roger Cocteau-Gallois
CHAINE DUVERNOIS....... 01.03.44/Libération
(150) Missa
COMBAT 01.11.41/Libération
Roger Nathan-Murat
COMBAT-D'OUTRE-MER ... 01.11.41/Libération
Roger Nathan-Murat
COQ-ENCHAINE 01.08.41/25.09.42
(3 000) Marcel Claeys
DEFENSE DE LA FRANCE.... 01.12.40/Libération
(2 500) Philippe Viannay
DELESTRAINT 01.09.42/25.09.43
DELIVRANCE............. 01.12.42/28.08.44
Roussel

FRANCE AU COMBAT	25.05.41/Libération
	(1 500) Rolet
FRANCE D'ABORD	15.03.41/Libération
	(600) Serf
FRANCE TOUJOURS	01.04.41/15.12.43
	(50) Valade
FRANCO-BELGE	Baudoin
FRANC-TIREUR	01.11.40/Libération
	(30 000) Alice Reh
	Micheline Eude
FRONT-NATIONAL	01.05.41/Libération
F.U.J.	15.07.42/Libération
	(30 000) Planque
GENERAL COCHET	01.01.41/28.09.42
	Général Gaujour
GROUPE DE LA RUE DE LILLE	01.10.43/Libération
	(47) Emilien Amaury
HEURE H (L')	01.12.40/25.05.43
	Mayer
HONNEUR DE LA POLICE	01.06.43/Libération
	(7 000) Jean de Rudder
INSURGE (L')	01.12.41/Libération
	(500) Fugère
LIBERATION NORD	01.11.40/Libération
	Lieutenant-colonel Valentin
LIBERATION SUD	01.12.40/Libération
	Lucie Aubrac
MARC BRETON	01.11.40/puis intégré à Combat
	(400) Jacques Roos
MLN et MUR	
MUR	01.01.43/30.12.43
MLN	01.01.44/Libération
	Yvon Morandat
MNPDG	22.03.44/Libération
	Le Moign
OCM	01.12.42/Libération
	(65 000) Jacques Piette
ORA	01.12.42/Libération
	Pierre De Harting
PATRIAM-RECUPERARE	24.09.40/31.12.43
	Cerbu
POWN-MONICA	16.09.41/Libération
	(8 150) Bitner
RESISTANCE	01.08.42/Libération
	(30 000) Mme Monin
RESISTANCE-EST	(1 500) Docteur Bareiss

TEMOIGNAGE CHRETIEN ...	01.11.41/Libération Révérend-Père Pierre Chaillet
VALMY	01.10.40/Libération (300) Vellay
VENGEANCE	01.03.41/01.05.44 (500) Salomon
VOIX DU NORD	01.02.41/Libération (1 000) Natalis Dumez
VOLONTAIRES DE LA LIBERTE	01.06.41/Libération Cochery

Cette liste a été établie à partir du *Bulletin officiel des Armées, édition méthodique (n° 367)* comportant l'inventaire des *Unités combattantes* au 1er janvier 1973 et publié par les éditions Charles-Lavauzelle (Paris-Limoges) ; elle a été, dans la mesure du possible, augmentée d'estimations d'effectifs ainsi que des identités de certains « liquidateurs ».

REMERCIEMENTS

Que Marie-Madeleine Fourcade, Monique Guérin, Michèle Michaud, Dominique Vincent, Dominique Decèze, Christian Echard, Jean Freire, Jean Jérôme, Paul Paillole, Henri Rol-Tanguy, Pierre Thozet, Emile Valley, Jacques Varin et Robert Vollet acceptent ici l'expression de ma profonde gratitude car, sans eux, je n'aurais pu mener à bien cette chronique.

Que Danièle Adam, Benoît Ady-Brille, Gustaw Alef-Bolkowiak, Fernand Alizard, Guy Alombert, Georges Altschuler, Miguel Angel, René Andrieu, Raymond Anthony, Robert Aron-Brunetière, Roger Arnould, Odile Arrighi, Emmanuel Auricoste, Jean Babaz, Jean Bac, Roland Bacri, Marcel Barbé, Robert Barran, Albert Bastide, Jean Bazaine, Gaston Beau, Lucien Beau, Georges Beaufils, Jacques Beaugé, Claude Bellanger, Madeleine Bellet, Alexis Belœil, Jean Bénazet, Lucien Benoit, Marc Bergé, Diane de Bellescize, Jacqueline Bernard, Paul Bernard, Robert Bertin, Gilberte Besset, Georges Beyer, Marie-Joseph Bialgues, Georges Bidault, François Billoux, Nicolas Bitner, André Blanchon, Louis Blésy, Elie Bloncourt, André Blumel, Henri Boët, Claude de Boisanger, Marcel Boissard, Adrien Bollerot, Lucien Bonnafé, Vincent Bonnetot, Micheline Bood, Jean Bories, Alphonse Boudard, Joseph Boulinguez, Annie Boulineau, Jacques Bounin, Jean Boulier, Henri Bourbon, Pierre Bourgois, Paul Bousquet, Adrien Boutet, Solange et Maurice Bouvier-Ajam, Guy de Boysson, Madeleine Braun, André Brozen-Favereau, Gilbert Brustlein, Paul Bungelmi, Félix Burguète, Raoul Calas, Ange Calisti, Paul-François Campinchi, Jean Cardot, André Carrel, Germain Carrère, Laurent Casanova, René Cassin, Jean Cathala, Georges Cathalifaud, René Cerf-Ferrière, Giulio Cerreti, Jean Chaintron, Rama Chakri, Robert Chambeiron, René Char, René Charpentier, Fernand Chatel, Barthélemy Chaudessole, Albert Chaudier, Jean Chaumeil, Lucien Chauvet, Maurice Chauvet, Paul Chauvet, Paul-Maurice Chevalier, Louis Chieus, Augustine Choimet, Claudine Chomat, Richard Christmann, Robert Clop, Jean Clouzet, Carmen Cocu, Roger Colombani, Jacques Combatalade, Pascal Copeau, Pierre Corval, Mathias Corvin, Pierre Cot, Albert Coucau, Georges Couillard, Yves Courrière, Olivier Courtaud, Robert Courtois, Simone Couvert, Francis Crémieux, Marcel Cretagne, Robert Croenne, Edouard Croisy, Ginette Cros, Simon Cukier, Gaston Cusin, Pierre Daix, Louis Daquin, Basile Darivas, Jean-Henri Daudemard,

Viviane Debiesse, Jacques Debû-Bridel, Jacques Delarue, Jean Delmas, Pierre Descamps, Hector Descomps, Martha Desrumeaux, Jacques Destrée, Pierre Doize, Bernard Druène, Juliette Dubois, Jacques Duclos, Guy Ducoloné, Josette Dumeix, Pierre Dumont, Simone Dupire-Angel, Jean-Gabriel Duplaix, Marc Dupuy, Annie Durand, Pierre Durand, André Duroméa, Mounette Dutilleul, Igor Eichenbaum, Robert Enard, Maurice Espitalier, Armand Estève, Jacqueline Estrade, Charles Ethièvre, Georges-Robert Fagard, Etienne Fajon, Raymond Falla, Jean-André Faucher, Adrien Faure, François Faure, Jérôme Favard, Paul Favier, Léon Feix, Roland Ferrier, Jean Fleury, Marcel Flouquet, Gaston Focardi, Henri-François Follin, Augusta Fontaine, André Fontès, Jean Fonteyne, François Fonvielle-Alquier, Jean-Marie Fossier, Max-Pol Fouchet, Charles-Louis Foulon, Charles Fournier-Bocquet, Benoît Frachon, Pierre Frémont, Georges Frétet, Jean Frydman, Georges Fully, Serge Fuster, Léon Gaillard, Emilienne Galicier, Raymond Garaut, Fernand Garcia, Jean Garcin, Marcel Garmy, Jacques Gaucheron, Louis Geay, Romain Gelber, Daniel Georges, Georges Ghertman, Georges Girard, Pierre Girardot, Roger Giron, Alexandre Glasberg, Maurice Gleize, Kurt Goldstein, Georges Gosnat, Gaston Gosselin, Fernand Grenier, Pierre Grolleau, Louis Gronowski, Bernard Gorny, Angèle Grosvallet, Frédérique Grou-Radenez, Michel Guégo, Gérard Guicheteau, Boris Guimpel, Georges Guingouin, Raymond Guyot, François Guzman, Michel Hacq, Léo Hamon, Marcel Hamon, André Harris, Max Heilbronn, Germaine Hénaff, Pierre Hervé, Walter Hochmut, Maurice Honel, Gustave Hourquet, Monique Houssin, René Houzé, Jean Hugonnot, Pierre Inda, Madeleine Jacob, Claude Jaeger, Julien Jardin, François Jean-Bernard, Madeleine Jégouzo, Victor Joannès, Pierre Joffroy, Pierre Kaldor, Pierre Kast, Eugène Kerbaul, Henri Kesteman, André Kirschen, Pierre Kitiaschvili, Fritzi Kodicek, Jean Kuntz, Louis de La Bardonnie, Yves de La Barre de Nanteuil, André Lacoste, Jean Laffitte, Damien Lamazou, Jeanne Lamoine, René Lamps, Gérard Langlois, Louis Lanotte, Pierre Lartigue, Marinette et Henri Laurent, Marcel Lebas, Jean-Paul Le Chanois, Françoise Leclerc, Charles Ledermann, Marcel Le Dez, Victor Leduc, Yves Lefaou, Jacques Lefaure, Yann Le Floch, Serge Lefranc, Paul Legentilhomme, Louis Le Goff, Ovide Legrand, Etienne Legros, Raymond Leibovici, Roger Le Joliff, Bernard Lelay, Marguerite Le Maut, Albert-Paul Lentin, Roger Lentz, Gerhard Leo, Max Léon, Alain Le Ray, André Leroy, François Lescure, Roger Lescure, Jean Lesimple, Guy Le Tallec, Henri Léveillé, Claude Lévy, Roger Linet, Artur London, Léo Lorenzi, Roger Louis, Joyce Lussu, Joseph Maillard, Louis Malle, Ségolène Malleret-Joinville, Louis-Eugène Mangin, Antonin Mans, Joseph Manzone, Jean Marcenac, Robert Marchadier, Jacques Martin-Sané, Darno Massini, Pierre Marty, Roland Mas, Lucette Maucherat, Léon Mauvais, Arthur Meert, André Merlot, Jean Mérot,

Jean Messer, Jules Meurillon, Pierre Michaud, Victor Michaut, Abel Michéa, Boris Milev, Elie Mignot, Pierre Millacet, Christian Millau, Joseph-Hervé Monjaret, Lucien Monjauvis, Pierre de Monneron, Marcel Montarron, Alcide Morel, Claude Morgan, Louis Mouchon, Emile Muller, Magda Murinowa, Roger Nathan-Murat, André de Neyman, Otto Niebergall, Joë Nordmann, Raymond Norgeot, Lucien Ollier, Albert Ouzoulias, Augusto Pancaldi, André Parinaud, Alexandre Parodi, Marc Parrotin, Bernard Paumier, Gilles Perrault, Alphonse Pélayo, Edmond Perriaud, Emil Perkko, Yves Péron, Maïa Pfeiffer-Beylin, René Picard, Jean Pierre-Bloch, René Pilard, Edouard Pignon, Gilles Plazy, Gaston Plissonnier, Robert Pontillon, Emile Portzer, Pierre Poumadère, Marcel Prenant, Antigone Pridipraline, Heinz Priess, Jean Pronteau, Jacques Pruja, Maria Rabaté, Jack Ralite, Lucien Rameau, Roger Ranoux, Serge Ravanel, Jean-Pierre Ravery, Oscar Reile, Hélène Rénal, Simone Renard, Mireille Renouvin, Jean Reuchet, Jean Rieu, Madeleine Riffaud, Paul Roche, Jean Roire, Pierre Rolland, Henri Romans-Petit, Joseph Roos, Henri Rosencher, Guy de Rothschild, Lucien Roubaud, Roger Roucaute, Jean Roujeau, Yves Roumajon, Jean Rouquet, Pierre Rous, Claude Roussel, Clément Roycourt, Raymond Ruelle, Edouard Ruiz, Sam Russel, Louis Saillant, Jean Sainteny, Pierre Salètes, Victor Salez, Laurent Salini, René Sanson, Horace Santucci, Jean Saunier, Marcel Sausy, Lucien Scheler, Maurice Schumann, Rino Scolari, Alain de Sédouy, Emile Sellon, Bazil Serban, Léon Simoneau, Michel Slitinsky, Samuel Smalik, Maurice Southgate, José Squinquel, Paul Teitgen, Antonio Tellez, Georges Ternet, Gabrielle et Roger Thévenot, Jeannette Thorez-Vermeersch, Charles Tillon, André Tollet, Jean Torchinsky, Paul Torricini, Henri Trautmann, Marcel Trompier, André Udry, André Urban, Paulette et Claude Urman, Roger Valade, Fernande Valignat, Achille Vande-Voorde, Vercors, Jean Verdier, Emile Verger, Paul Vicini, Hervé Villeré, Pierre Villon, Lucien Volle, Jean Wagner, Pierre Worms, Elisabeth Weiner, André Wurmser et Jean-Michel Yoyotte soient également assurés de toute ma reconnaissance pour leur aide et leurs conseils.

A tous, dont beaucoup malheureusement nous ont quittés, à tous, sincèrement merci...

A.G.

Jean A[illegible], Jules Meurillon, [illegible] Marjaud, Victor Michaux, A[illegible] Michéa, Boris Milev, Élie Milleron, Pierre [illegible] Mazet, Germain Mil[illegible] Joseph-Hervé Monjaret, [illegible] Pierre [illegible] Marcel [illegible], Albert Morel, Claude Morera, Léon Mouledous, Émile [illegible], Roger Nathan-Murat, Amory de Neyrac, [illegible] Raymonde [illegible], Lucien Ollier, [illegible] André [illegible], Alexandre [illegible], Edmond Paumier, Gilles Perrault, [illegible] de Vomécourt, Peron [illegible] Boyau, René Pichard, Jean-Pierre Floc'h, René Pichard, [illegible] Pierrat, Gilles [illegible], Gaston Plissonnier, [illegible] Poulon, [illegible] Pierre Poulain, [illegible] Arlette [illegible], [illegible] Pierre [illegible], Jean [illegible], Maria [illegible], Jack [illegible] Raffeau, [illegible] Jean-Pierre [illegible], Mireille [illegible] Jean Rebecca, [illegible] Rittard, [illegible] Pierre [illegible] Henri Rosencher, Félix Rosen, [illegible] Roger [illegible], Lucien Robinaud, Roger [illegible] [illegible], Robert [illegible] Pierre Sadoul, [illegible] Victor Sutez, [illegible] Henri [illegible] Simone Séguin, Alain [illegible] [illegible] Sévigny, [illegible] Simonneau, Michel Szmidt, [illegible] Marcel [illegible] Roger [illegible] [illegible] Maurice [illegible] André Jacquier, André [illegible] Ferrand, [illegible] de Ferrand, [illegible] Armelle [illegible] Émile [illegible] Paul Milton, Pierre Vincent [illegible] Jean-Michel [illegible] [illegible] ceux qui nous ont quitté, tous [illegible]

[illegible]

Bibliographie

ABAUTRET, René, *Dieppe : le sacrifice des Canadiens, 19 août 1942*, Robert Laffont, 1969.

ABEL, Jean-Pierre, *L'Age de Caïn ; premier témoignage sur les dessous de la Libération de Paris*, Les Editions Nouvelles, Paris, 1947.

ABETZ, Otto, *D'une prison*, Amiot-Dumont, Paris, 1950.

ABETZ, Otto, *Histoire d'une politique franco-allemande (1930-1950). Mémoires d'un ambassadeur*, Stock, 1953.

ABETZ, Otto, *Pétain et les Allemands ; Memorandum d'Abetz sur les rapports franco-allemands*, Editions Gaucher, Paris, 1948.

ABITBOL, Michel, *Les Juifs d'Afrique du Nord sous Vichy*, Editions G.-P. Maisonneuve et Larose, Paris, 1983.

ABOULKER, Marcel, *Alger et ses complots*, Les documents nuit et jour, Paris, 1945.

ABTEY, Commandant Jacques et UNTERBERG-GIBHARDT, Dr Fritz, *2e Bureau contre Abwehr*, La Table Ronde, 1967.

ABTEY, Jacques, *La guerre secrète de Joséphine Baker*, Editions Siboney, Paris-La Havane, 1948.

ACCOCE, Pierre et QUET, Pierre, *La guerre a été gagnée en Suisse, 1939-1945*, Librairie Académique Perrin, 1966.

ACCOCE, Pierre, *Les Français à Londres, 1940-1941*, Balland, 1989.

ADAM, George, *L'épée dans les reins ; chronique des années quarante*, Gallimard, 1947.

ADAM, Gérard, *La C.F.T.C. 1940-1958, histoire politique et idéologique*, Armand Colin, 1964.

ADAM (HAINAUT), Georges, *A l'appel de la liberté*, Les Editions de Minuit, 1944 et 1946.

ADES, Lucien, *L'Aventure algérienne, 1940-1944 ; Pétain, Giraud, de Gaulle*, Editions Pierre Belfond, Paris, 1979.

ADLER, Jacques, *Face à la persécution ; les organisations juives à Paris de 1940 à 1944*, Calmman-Lévy, 1985.

AGLAN, Alya, *La Résistance sacrifiée ; le mouvement « Libération-Nord »*, Paris, Flammarion, 1999.

AGLAN, Alya, *Mémoires résistantes ; Histoire du Réseau Jade-Fitzroy, 1940-1944*, Paris, Le Cerf, 1994.

AGLION, Raoul, *De Gaulle et Roosevelt*, Plon, 1984.

AGULHON, Maurice et BARRAT, Fernand, *C.R.S. à Marseille 1944-1947*, Armand Colin, 1971.

AGULHON, Maurice et NOUSCHI, André, *La France de 1914 à 1940*, Fernand Nathan, 1972.

AILLERET, Charles, *Introduction à l'histoire de la Résistance*, in « Informations militaires », ministère de la Guerre et La Documentation française (10 mai 1947).

ALARY, Eric, *L'Histoire de la Gendarmerie ; De la Renaissance au troisième millénaire*, Calmann-Lévy, 2000.

ALARY, Eric, *Un Procès sous l'Occupation au Palais-Bourbon, mars 1942*, Ed. de l'Assemblée Nationale, Paris, 2000.

ALBRECHT, Mireille, *Berty*, Robert Laffont, 1986.

Album des parlementaires communistes, supplément au n° 12 des « Cahiers du Bolchévisme », édition du Comité Populaire de Propagande, Paris, 1936.

ALCORN, Robert Hayden, *Pas de fanfares pour les espions*, Robert Laffont, 1963.

ALEM, Jean-Pierre, *L'Espionnage ; histoires ; méthodes*, Paris, Ed. Charles Lavauzelle, 1987.

ALFAYA, Javier, *Españoles en los campos de concentracion nazis*, Editorial Taurus, Madrid, 1976.

ALLAINMAT Henry et TRUCK, Betty, *La nuit des parias ; la vérité sur les 130 000 « malgré nous » français enrôlés de force par les nazis*, Presses de la Cité, 1974.

ALLAINMAT, Henry, *Auschwitz en France, la vérité sur le seul camp nazi d'extermination en France : le Struthof*, Presses de la Cité, 1975.

ALLARD, Henry et DEUVE, Jean, *Indochine 1945. Témoignages sur une résistance méconnue, la lutte contre les Japonnais au Laos*, Editions du Centre d'histoire militaire et d'études de défense, Montpellier (s.d.).

ALLEG, Henri, *Les chemins de l'espérance*, Editions de la FNDIRP, Paris, 1976.

ALLEN Jr., Charles R., *Nazi War Criminals in America : Facts, Action ; The Basic Handbook*, Publisbed by Hightgate House, New York, 1985.

Allocutions prononcées par M. Gabolde, garde des Sceaux, ministre secrétaire d'Etat à la justice et par le président Pierre Laval, chef du gouvernement, à la réception des premiers présidents des cours d'appel, le 12 novembre 1943 à Vichy, Melun, imprimerie administrative, 1943.

ALPHAND, Hervé, *L'Etonnement d'être*, Fayard, 1977.

ALSOP, Stewart et BRADEN, Thomas, *OSS, l'Amérique et l'espionnage*, collection « La guerre secrète », Fayard, 1964.

AMADE, Louis, *Il faut me croire sur parole...*, Julliard, 1973.

AMAURY, Francine, *Histoire du plus grand quotidien de la 3e République : « Le Petit Parisien » 1876-1944*, 2 vol., Presses Universitaires de France, 1972.

AMAURY, Philippe, *Les deux premières expériences d'un « ministère de l'Information » en France (juillet 1939-juin 1940 ; juillet 1940-août 1944)*, Librairie générale de droit et de jurisprudence, Paris, 1969.

AMBRE, Joannès, *Je ne me tairai jamais*, Robert Laffont, Paris, 1979.

AMBRIERE, Francis, BERL, Emmanuel, BEAUFRE, général, BUIS, Georges, COULET, François, FOURCADE, Marie-Madeleine, GAMBIEZ, général, MARIN, Jean, MEYER, Jacques, PINEAU, Christian, PRENANT, Marcel, RIQUET, Michel, SOUSTELLE, Jacques, TOESCA, Maurice, VERCORS, *Vie et mort des Français (1939-1945)*, Hachette, 1971.

AMBROISE-COLIN, Charles, *Un procès de l'épuration, Robert Brasillach*, Mame, 1971.

AMBROSE, Stephen E., *Les Services secrets d'Eisenhower*, Guy Le Prat Editeur, Paris, 1982.

AMERY, Odette et MARTIN-CHAMPIER, Georges, *Nuit et Brouillard*, Berger-Levrault, 1945.

Amicale de Ravensbrük et Association des Déportées et Internées de la Résistance, *Les Françaises à Ravensbrück*, Gallimard, 1965.

Amicale des anciens détenus patriotes de la centrale d'Eysses, *L'insurrection d'Eysses ; 19-23 février 1944 ; une prison dans la Résistance*, Editions Sociales, 1974.

Amicale du réseau CND-Castille, *A la mémoire d'Alphonse Tanguy, « Alex »...*, Editions de l'Amicale du réseau CND-Castille, Paris, 1968.

AMORETTI, Henri, *Lyon capitale, 1940-1944*, Editions France-Empire, 1964.

AMOUROUX, Henri, *La France et les Français de 1939 à 1945*, Armand Colin, 1970.

AMOUROUX, Henri, *La Grande Histoire des Français sous l'occupation*, dix volumes, Robert Laffont, 1976-1993.

AMOUROUX, Henri, *Le 18 juin 1940*, Fayard, 1964 et J'ai lu, 1967.

AMOUROUX, Henri, *Pétain avant Vichy*, Fayard, 1967.

ANDERSEN, Georges et BELPERRON, Pierre, *La Deuxième Guerre mondiale ; Précis des opérations à l'Occident*, Plon, 1945.

ANDREAS-FRIEDRICH, Ruth, *A Berlin, sous les nazis ; une Allemande contre Hitler*, Flammarion, 1966.

ANDREU, Pierre et GROVER, Frédéric, *Drieu La Rochelle*, Hachette-Littérature, 1979.

ANDRIEU, Claire, *La Banque sous l'Occupation ; Paradoxes de l'histoire d'une profession, 1936-1946*, Paris, Presses de la Fondation nationale des Sciences politiques, 1990.

ANDRIEU, René, *Du bonheur et rien d'autre ; Conversations avec Claude Glayman*, Stock, 1976.

ANDRIEU, René et EFFEL, Jean, *En feuilletant l'histoire de France, du Front Populaire à nos jours*, Albin Michel, 1969.

ANDRIEUX, Colonel Jacques, *Le ciel et l'enfer ; France Libre 1940-1945*, Presses de la Cité, 1965.

ANGELI, Claude et GILLET, Paul, *Debout, partisans !* Fayard, 1970.

ANTELME, Robert, *L'espèce humaine*, Editions de la Cité universelle, Paris, 1947.

ANTHERIEU, Etienne, *Le drame de l'Armée de l'armistice*, Editions des Quatre Vents, 1946.

Anthologie des écrivains morts à la guerre (1939-1945), Albin Michel, 1960.

ANTONETTI, Pierre, *Histoire de la Corse*, Robert Laffont, 1973.

ARAGON, *Chroniques du bel canto*, Albert Skira, Genève, 1947.

ARAGON, *La culture et les hommes*, Editions Sociales, 1947.

ARAGON, *La Diane française*, suivi de *En étrange pays dans mon pays lui-même*, Seghers, 1971.

ARAGON, *Le crève-cœur*, Gallimard, 1941.

ARAGON, *Le musée Grévin ; les poissons noirs et quelques poèmes inédits*, Editions de Minuit, 1946.

ARAGON, *Les Communistes*, La Bibliothèque Française, 1949-1951 et Le Livre de Poche, 1967-1968.

ARAGON, *Les yeux d'Elsa*, Cahiers du Rhône, 1942 et Seghers, 1969.

ARAGON, *L'homme communiste*, Gallimard, 1946-1953.

ARAGON, *Pour expliquer ce que j'étais*, Gallimard, 1989.

ARBAUMONT, Jean d', *Vie et mort du capitaine Bulle, 1913-1944*, Editions Cardet, Annecy, 1972.

ARBELLOT, Simon, *La presse française sous la Francisque*, n° hors-série de « l'Echo de la Presse et de la Publicité », Paris.

ARCELIN, Gérard, *Chronique des années noires dans l'arrondissement de Bar-sur-Aube 1939-1945*, Editions Némont, Bar-sur-Aube, 1989.

ARCHEN, Lieutenant-colonel, *Les archives secrètes de la Wilhelmstrasse*, Plon, 1952.

ARCHEN, Lieutenant-colonel, *Missions spéciales au Luxembourg*, Editions France-Empire, 1969.

ARGENSON, Marquis d', *Pétain et le pétainisme ; (essai de psychologie)*, Editions Créator, Paris, 1953.

ARMAND, Louis, *Propos ferroviaires*, Fayard, 1970.

ARMORIN, Jean-François, *Le temps des terroristes*, Editions de « Franc-Tireur », Paris, 1945.

ARNOULD, Roger, *Les témoins de la nuit*, Editions de la FNDIRP, Paris, 1975.

ARNOULT, Pierre, *Les finances de la France et l'occupation allemande (1940-1944)*, Presses Universitaires de France, 1951.

ARON, Robert, *Charles de Gaulle*, Librairie Académique Perrin, 1964.

ARON, Robert, *Histoire de la Libération de la France (juin 1944-mai 1945)*, Fayard, 1959.

ARON, Robert, *Histoire de l'épuration*, 4 vol., Fayard, 1967-1975.

ARON, Robert, *Histoire de Vichy*, Fayard, 1954.

ARRIGHI, Paul, *Histoire de la Corse*, Collection « Que sais-je ? », Presses Universitaires de France, 1969.

ARSENIJEVIC, Drago, *Genève appelle Moscou*, Robert Laffont, 1969.

ARZALIER, Francis, *Les Perdants ; la dérive fasciste des mouvements autonomistes et indépendantistes au XXe siècle*, Editions La Découverte, 1990.

Assemblée consultative, La célébration de la victoire (séance du 15 mai 1945), Office français d'édition, Paris, 1945.

ASSOULINE, Pierre, *Une éminence grise : Jean Jardin 1904-1976*, Balland, 1986.

ASTIER, Emmanuel d', *Avant que le rideau ne tombe*, Sagittaire, 1945.

ASTIER, Emmanuel d', *Les Dieux et les Hommes 1943-1944*, Julliard, 1952.

ASTIER, Emmanuel d', *Les Grands*, Gallimard, 1961.

ASTIER, Emmanuel d', *Sept fois sept jours*, Guilde du Livre, 1956.

ASTIER, Emmanuel d', *Sur Staline*, Plon, 1960 et « 10-18 », 1963.

ASTIER, Emmanuel d', *25 août 1944 : de la chute à la libération de Paris*, Gallimard, 1965.

ASTOR, Gerald, *The Last Nazi ; the Life and Times of Dr. Josef Mengele*, Donald I, Fine Inc., New York, 1985.

ASTOUX, André, *L'oubli ; De Gaulle, 1946-1958*, Jean-Claude Lattès, Paris, 1974.

ATTIA, Nicole, *Jo Attia, mon père*, Gallimard, 1974.

AUBERT, Edouard, *Jusqu'au bout...* édité par la Fédération CGT du Textile, Paris, 1973.

AUBOYNEAU, Robert et VERDIER, Jean, *La gamelle dans le dos ; mai-juin 1940*, Fayard, 1972.

AUBRAC, Lucie, *Ils partiront dans l'ivresse ; Lyon : mai 1943, Londres : février 1944*, Le Seuil, 1984.

AUBRAC, Lucie, *La Résistance expliquée à mes petits enfants*, Paris, Ed. du Seuil, 2000.

AUBRAC, Lucie, *La Résistance (naissance et organisation)*, Editions Robert Lang, 1945.

AUDIAT, Pierre, *Paris pendant la guerre, juin 1940-août 1944*. Hachette, 1946.

AUDISIO, Gabriel, *Misères de notre poésie*, Seghers, Villeneuve-lès-Avignon, 1943.

AUMALE, Geoffroy d' et FAURE, Jean-Pierre, *Guide de l'espionnage et du contre-espionnage*, Paris, Le Cherche Midi Editeur, 1998.

AUPHAN, Amiral Paul, *Histoire élémentaire de Vichy*, Editions France-Empire, 1971.

AURIOL, Vincent, *Mon septennat 1947-1954*, Gallimard, 1970.

AURY, Dominique et PAULHAN, Jean, *La patrie se fait tous les jours ; textes français, 1939-1945*, Editions de Minuit, 1947.

AUTIN, J.-B., DEBAI., J., GUEROLD, J., *Le Loiret dans la tourmente*, édité par le Conseil général du Loiret et *Les Nouvelles d'Orléans*, Orléans, 1988.

AUTRAND, Aimé, *Le département de Vaucluse de la défaite à la Libération ; mai 1940-25 août 1944*, Editions Aubanel, Avignon, 1965.

AVELINE, Claude, *Le temps mort*, Mercure de France, 1962.

AYÇOBERRY, Pierre, *La Question nazie ; Essai sur les interprétations du national-socialisme (1923-1975)*, Paris, Ed. du Seuil, 1979.

AZEAU, Henri, *La lutte pour les Alpes ; les deux Savoies*, Presses de la Cité, 1968.

AZEMA, Jean-Pierre, *De Munich à la Libération*, Le Seuil, 1979.

AZEMA, Jean-Pierre et BEDARIDA, François, *Vichy et les Français*, Paris, Fayard, 1992.

AZIZ, Philippe, *Au service de l'ennemi ; la Gestapo française en province*, Fayard, 1972.

AZIZ, Philippe, *Les criminels de guerre*, Denoël, 1974.

AZIZ, Philippe, *Tu trahiras sans vergogne ; histoire de deux « collabos », Bonny et Lafont*, Fayard, 1970.

BABELON, Jean, *Charles Quint (1500-1558)*, Editions Le Club du Meilleur Livre, 1958.

BACELON, Jacques, *Dans les Dossiers de la Gestapo*, Jacques Grancher éditeur, Paris, 1988.

BADIA, Gilbert, et autres, *Les Barbelés de l'exil*, Presses universitaires de Grenoble, 1979.

BADIA, Gilbert, *Histoire de l'Allemagne contemporaine (1917-1962)*, Editions Sociales, 1964.

BAIER, Lothar, *L'Entreprise France ; essai*, Calmann-Lévy, 1989.

BAILLY, Robert, *Les Feuilles tombèrent en avril*, Editions sociales, 1977.

BALDENSPERGER, Denis, *Mers-el-Kébir*, Editions Rouff, 1967.

BALDRAN, Jacqueline et BOCHURBERG, Claude, *Brasillach ou la célébration du mépris*, Paris, Ed. A.J. Presse, 1988.

BANCALIS D'ARAGON, Charles de, *La Résistance sans héroïsme*, Le Seuil, 1977.

BANDINI, Franco, *Les dernières heures de Mussolini*, France-Empire, 1961.

BARADAT, Honoré, *Pays basque et Béarn sous la botte allemande*, Editions La République des Pyrénées, Pau (s. d.).

BARADUC, Jacques, *Dans la cellule de Pierre Laval*, Editions Self, Paris, 1948.

BARADUC, Jacques, *Pierre Laval devant la mort*, Plon, 1970.

BARBANCEYS, Marcel et LEMOIGNE, Louis, *Sédentaires, réfractaires et maquisards : l'AS en haute Corrèze*, édité par l'Association amicale des maquis AS de haute Corrèze, Tulle, 1979.

BARBEROT, Roger, *A bras le cœur*, Robert Laffont, 1972.

BARDOUX, Jacques, *La délivrance de Paris, séances secrètes et négociations clandestines ; octobre 1943-octobre 1944, journal d'un sénateur*, Fayard, 1958.

BAREL, Virgile, *Cinquante années de luttes*, Editions Sociales, 1967.

BARKER, Colonel A. J., *Pearl Harbor ; un stupéfiant désastre*, Editions Marabout, 1969 et 1971.

BARRANX, Serge, *Mouleydier, village martyr*, Editions Bière, Bordeaux, 1945.

BARRES, Philippe, *Charles de Gaulle*, Plon, 1945.

BARREYRE, Frédéric, *Les derniers mots du général*, Grasset, 1971.

BARROT, Olivier, *L'Ecran français, 1943-1953 ; histoire d'un journal et d'une époque*, les Editeurs français réunis, Paris, 1979.

BART, Jean, *Histoire d'un groupe-franc du maquis de Dordogne*, Editions Pierre Fanlac, Périgueux, 1945.

BARTHELEMY, Joseph, *Ministre de la Justice, Vichy 1941-1943 ; Mémoires*, Editions Pygmalion-Gérard Watelet, Paris, 1989.

BARTHELEMY, Victor, *Du communisme au fascisme ; l'histoire d'un engagement politique*, Albin Michel, 1978.

BARTHELEMY-MADAULE, Madeleine, *Marc Sangnier 1873-1950*, Seuil, 1973.

BARTOV, Omer, *L'Armée d'Hitler ; La Wehrmacht, les nazis et la guerre*, Paris, Hachette Littératures, 1999.

BARUCH, Marc Olivier, *Servir l'Etat français ; L'administration en France de 1940 à 1944*, Paris, Fayard, 1997.

BATY, Régis, *Informations de Russie sur les malgré-nous*, Strasbourg, Ed. Rhin-Volga-Duna, 1998.

BAUDOIN, Madeleine, *Histoire des groupes Francs (M.U.R.) des Bouches-du-Rhône de septembre 1943 à la Libération*, collection « Esprit de la Résistance », Presses Universitaires de France, 1962.

BAUDOT, Marcel, *Libération de la Bretagne*, Hachette-Littérature, 1973.

BAUDOT, Marcel, *Libération de la Normandie*, Hachette-Littérature, 1974.

BAUDOT, Marcel, *L'opinion publique sous l'occupation ; l'exemple d'un département français (1939-1945)*, collection « Esprit de la Résistance », Presses Universitaires de France, 1960.

BAUMANN, Denise, *Une famille comme les autres*, Editions Droit et Liberté, Paris, 1973.

BAUMEL, Jacques, *Résister ; Histoire secrète des années d'Occupation*, Paris, Albin Michel, 1999.

BAUMIER, Jean, *Les grandes affaires françaises*, Julliard, 1967.

BAUMONT, Maurice, *La grande conjuration contre Hitler*, Del Duca, 1963.

BAYET, Albert, *Pétain et la cinquième colonne ; Documents d'histoire*, Société des Editions de « Franc Tireur », octobre 1944.

BAYLE, François, *Croix gammée contre caducée*, Imprimerie nationale, Neustadt Palatinat, 1950.

BAYNAC, Jacques, *Les secrets de l'affaire Jean Moulin*, Paris, Ed. du Seuil, 1998.

BAZAL, Jean, *Le clan des Marseillais*, Guy Authier, Paris, 1974.

BAZIN, André, *Le cinéma de l'occupation et de la résistance*, Editions 10-18, 1975.

BAZIN, Jean-François et CANAUD, Jacques, *La Bourgogne dans la Deuxième Guerre mondiale*, Editions Ouest-France, Rennes, 1986.

BEATTIE, John, *The Life and Career of Klaus Barbie ; An Eyewitness Record*, A Methuen-Daily Star Paperback, Londres, 1984.

BEAUFRE, Général André, *La France combattante, 1939-1945*, Editions Culture, Art, Loisirs, Paris, 1972.

BEAUFRE, Général André, *Mémoires (1920-1940-1945)*, Presses de la Cité, 1965.

BEAUJOUR, Michel, ROUX, Dominique de et THELIA, Michel, *Louis-Ferdinand Céline*, Cahier de l'Herne, nos 3 et 5, Editions de l'Herne, 1972.

BEAUVOIR, Simone de, *Privilèges*, Gallimard, 1955.

BEAUX, Jean, *Dunkerque 1940*, Presses de la Cité, 1967 et Editions Presse Pocket, 1969.

BECAMPS, Pierre, *Bordeaux sous l'Occupation*, Editions Ouest-France, Rennes, 1983.

BECAMPS, Pierre, *Libération de Bordeaux*, Hachette-Littérature, 1974.

BECHTEL, Guy, *Laval, 20 ans après*, Robert Laffont, 1963.

BEDARIDA, François, AZEMA, Jean-Pierre et CORDIER, Daniel, *Jean Moulin et le Conseil national de la Résistance*, Editions du CNRS, Paris, 1984.

BEDARIDA, François, *La Stratégie secrète de la drôle de guerre*, Presses de la Fondation nationale des Sciences politiques, Paris, 1979.

BEDARIDA, Renée, *Témoignage chrétien ; 1941-1944*, Editions ouvrières, Paris, 1977.

BEDOUIN, Jean-Louis, *Benjamin Péret*, coll. « Poètes d'Aujourd'hui », Seghers, 1961.

BEER, Max, *La guerre n'a pas eu lieu...*, Editions de la Maison Française, New York, 1941.

BEEVOR, Antony, *Stalingrad*, Paris, Ed. de Fallois, 1999.

BEGUIN, A., COURTHION, P., DU BOCHET, P., HEYD, R., MENKES, G., TRONCHET, L., *Le livre noir du Vercors*, Ides et Calendes, Neuchâtel, 1944.

BEHR, Edward, *Hiro-Hito, l'empereur ambigu*, Robert Laffont, 1989.

BELFIELD, E. et ESSAME, H., *Normandie, été 1944*, Presses de la Cité, 1966.

BELIN, René, *Du secrétariat de la CGT au gouvernement de Vichy (Mémoires 1933-1942)*, Editions Albatros, Paris, 1978.

BELLANGER, C., GODECHOT, J., GUIRAL, P., TERROU, F., *Histoire générale de la presse française*, t. 3 et 4, Presses Universitaires de France, 1975.

BELLANGER Claude et DEBOUZY, Roger, *La presse des barbelés*, Editions Internationales du Document, Rabat, 1951.

BELLANGER, Claude, *Presse clandestine 1940-1944*, collection « Kiosque », Armand Colin, 1961.

BELLEROCHE, Maud de, *Le ballet de crabes*, Editions Filipacchi, Paris, 1975.

BELLEROCHE, Maud de, *L'ordinatrice ; Mémoires d'une femme de quarante ans*, La Jeune Parque, Paris, 1968.

BELLESCIZE, Diane de, *Les Septs Sages de la Résistance*, Plon, 1979.

BELLOUR, Raymond, *Henri Michaux*, Cahier de l'Herne no 8, Editions de l'Herne, 1966.

BELLOUR, Raymond, *Henri Michaux*, Gallimard-Folio, 1986.

BELOT, Robert, *Aux Frontières de la liberté ; Vichy-Madrid-Londres ; S'évader de France sous l'Occupation*, Paris, Fayard, 1998.

BENAMOU, Georges-Marc, *C'était un temps déraisonnable ; Les premiers résistants racontent*, Paris, Robert Laffont, 1999.

BENDA, Julien, *Exercice d'un enterré vif (juin 1940-août 1944)*, Editions des Trois Collines, Genève, 1945.

BENE, Charles, *L'Alsace dans les griffes nazies, T. 1 — Honneur et Patrie ; T. 2 — L'Alsace dans la Résistance française*, Editions Fetzer, Raon l'Etape, 1973.

BENEDITE, Daniel, *La Filière marseillaise ; un chemin vers la liberté sous l'Occupation*, Editions Clancier-Guénaud, Paris, 1984.

BENHALLA, Fouad, *La Guerre radiophonique*, Revue politique et parlementaire, PUF Diffusion, Paris, 1983.

BENNASSAR, Bartolomé, *Franco*, Paris, Librairie Académique Perrin, 1995.

BENNETT, Robert L., *Les journaux de Caen 1940-1944*, Faculté des Lettres et Sciences Humaines de Caen, 1969.

BENOIST-MECHIN, *Histoire de l'armée allemande*, Albin Michel, 1936-1966.

BENOIST-MECHIN, Jacques, *A l'épreuve du temps*, 2 vol. ; I, *1905-1940* ; II. *1940-1947*, Julliard, 1989.

BENOIST-MECHIN, Jacques, *De la défaite au désastre*, 2 vol. ; I. *Les Occasions manquées, (juillet 1940-avril 1942)* ; II. *L'Espoir trahi (avril-novembre 1942)*, Albin Michel, 1984-1985.

BENOIT, Florianc, SYLVESTRE, Charles et LE LIGEOUR, Yvon, *Les Inconnus de la Résistance*, Editions l'Humanité-Messidor, Paris, 1984.

BENSAID, Daniel, *Qui est le Juge ? Pour en finir avec le tribunal de l'Histoire*, Paris, Fayard, 1999.

BERAUD, Henri, *Les raisons d'un silence*, Editions Inter-France, Paris, 1944.

BERGAMINI, David, *La conspiration de Hiro-Hito* ; *le Japon dans la Seconde guerre mondiale*, Fayard, 1973.

BERGASSE, Henry, *Histoire de l'Assemblée des élections de 1789 aux élections de 1967*, Payot, 1967.

BERGER, Pierre, *Robert Desnos*, coll. « Poètes d'Aujourd'hui », Seghers, 1953.

BERGOT, Erwan, *Bigeard*, Librairie académique Perrin, 1988.

BERJAR, Henri, *Dans la gueule du loup ; l'odyssée d'un résistant français à Berlin pendant la Seconde Guerre mondiale*, Editions Olivier Orban, Paris, 1980.

BERL, Emmanuel, *10 juillet 1940 ; la fin de la Troisième République*, Gallimard, 1968.

BERLIERE, Jean-Marc et PESCHANSKI, Denis, *Pouvoirs et police au* XXe *siècle*, Bruxelles, Ed. Complexes, 1997.

BERLIERE, Jean-Marc, *Le monde des polices en France ;* XIXe-XXe *siècles*, Bruxelles, Ed. Complexe, 1996.

BERNADAC, Christian, *Les mannequins nus*, France-Empire, 1971.

BERNADAC, Christian, *Les médecins maudits*, France-Empire, 1967.

BERNADAC, Christian, *L'Holocauste oublié : le massacre des Tziganes*, 2 vol., Editions Famot, Genève, 1980.

BERNANOS, Georges, *Ecrits de combat*, Problèmes français, Beyrouth, 1944.

BERNANOS, Georges, *Français, si vous saviez (1945-1948)*, Gallimard, 1961.

BERNARD, Henri, CHEVALLAZ, G.A., GHEYSENS, R. et LAUNAY, J. de, *Les dossiers de la seconde guerre mondiale*, Marabout-Université, 1964.

BERNARD, Henri, *Histoire de la Résistance européenne ; la « quatrième force » de la guerre 39-45*, Marabout Université, 1968.

BERNARD, Henri, *La Résistance 1940-1945*, La renaissance du Livre, Bruxelles, 1969.

BERNARD, Henri, *L'Autre Allemagne ; la Résistance allemande à Hitler (1933-1945)*, Editions La Renaissance du Livre, Bruxelles, 1976.

BERNARD, Jean, *C'est de l'homme qu'il s'agit*, Paris, Odile Jacob, 1988.

BERNARD, Jean-Jacques, *Le camp de la mort lente (Compiègne 1941-1942)*, Albin-Michel, 1944.

BERNARD, Roger, *Ma faim noire déjà*, Editions Cahiers d'Art, Paris, 1945.

BERNIER, Jean-Pierre, *Maquis Rhône-Alpes*, Editions Lavauzelle, Paris, 1987.

BERSTEIN, Serge, *Le Nazisme*, MA Editions, Paris, 1985.

BERTAUX, Pierre, *Libération de Toulouse et de sa région*, Hachette-Littérature, 1973.

BERTELE, René, *Henri Michaux*, coll. « Poètes d'Aujourd'hui », Seghers, 1973.

BERTIN, François, *Georges Bidault (1899-1983)* ; édité par l'Association des Amis du président Georges Bidault, Paris, 1985.

BERTIN, François, *Saint-Nazaire sous l'Occupation*, Editions Ouest-France, Rennes, 1989.

BERTRAND, Gustave, *Enigma, ou la plus grande énigme de la guerre 1939-1945*, Plon, 1973.

BERTRAND, Simone, *Mille visages, un seul combat ; les femmes dans la Résistance*, Editeurs Français Réunis, 1965.

BERVAS-LEROUX, Anne, *Au nom de la Liberté ; Poèmes de la Résistance*, Flammarion, 2000.

BESSON, André, *Une poignée de braves ; épisodes de la Résistance franc-comtoise, 1940-1944*, Les Nouvelles Editions Jurassiennes, Poligny, 1965.

BETEILLE, Pierre et RIMBAUD, Christiane, *Le procès de Riom*, Plon, 1973.

BETHELL, Nicholas, *La guerre qu'Hitler a gagnée ; septembre 1939*, Pierre Horay, Paris, 1974.

BETHELL, Nicholas, *Le dernier secret : 1945, comment les Alliés livrèrent deux millions de Russes à Staline*, Seuil, 1975.

BETHOUART, Général, *Cinq années d'espérance ; mémoires de guerre 1939-1945*, Plon, 1968.

BEUVE-MERY, Hubert, *Réflexions politiques (1932-1952)*, Editions du Seuil, 1951.

BEZYMENSKI, Lev, *Les généraux allemands avec Hitler et sans lui*, Editions du Progrès, Moscou (s.d.).

BIDAULT, Suzanne, *Souvenirs de guerre et d'occupation*, Editions de la Table Ronde, 1973.

BIDDISCOMBE, Perry, *Werwolf ! The History of the National Socialist Guerrilla Movement, 1944-1946*, Toronto Buffalo, Ed. University of Toronto Press, 1998.

BIECANSKI, Witold, *Les Polonais dans les combats en Europe occidentale*, Interpress, Varsovie, 1972.

BIGEARD, Marcel, *Pour une parcelle de gloire...*, Plon, 1975.

BILLIG, Joseph, *Alfred Rosenberg dans l'action idéologique, politique et administrative du Reich hitlérien*, Les Editions du Centre de Documentation Juive Contemporaine (C.D.J.C.), Paris, 1963.

BILLIG, Joseph, *La Solution finale de la question juive*, édité par Beate et Serge Klarsfeld, Paris, 1978.

BILLIG, Joseph, *L'Allemagne et le génocide (Plans et réalisations nazis)*, Les

Editions du Centre de Documentation Juive Contemporaine (C.D.J.C.), Paris, 1950.
BILLIG, Joseph, *Le commissariat général aux questions juives (1941-1944)*, 3 volumes, Editions du Centre de Documentation Juive et Contemporaine, Paris, 1955.
BILLIG, Joseph, *L'hitlérisme et le système concentrationnaire*, Presses Universitaires de France, 1967.
BILLOTTE, Pierre, *Le temps des armes*, Plon, 1973.
BILLY, André, *Max Jacob*, coll. « Poètes d'Aujourd'hui », Seghers, 1946.
BIONDI, Dino, *Viva il Duce ! Comment se fait un dictateur*, Laffont, 1969.
BIRD, Michael J., *Le bataillon des Glières*, France-Empire, 1967.
BISHOP, Edward, *La bataille d'Angleterre ; Spitfire contre Messerschmitt*, Marabout, 1968 et 1970.
BLANC, Pierre-Louis, *De Gaulle au soir de sa vie*, Fayard, 1990.
BLANCHARD, Claude, *De notre envoyé spécial ; quelques-uns de ses meilleurs reportages*, Editions Défense de la France, Paris, 1948.
BLOCH, Jean-Richard, *De la France trahie à la France en armes ; commentaires à Radio-Moscou 1941-1944*, Editions Sociales, 1949.
BLOCH, Marc, *L'étrange défaite*, Albin Michel, 1957.
BLOCH-MICHEL, Jean, *Les grandes circonstances*, Gallimard, 1949.
BLOCH-MORHANGE, Jacques, *Le gaullisme*, Plon, 1963.
BLOCH-MORHANGE, Jacques, *Les fabricants de guerres ; espions allemands 1918-1950*, Editions « Je sers », Paris, 1950.
BLOCQ-MASCART, Maxime, *Chroniques de la Résistance*, Editions Corréa, 1945.
BLOND, Georges, *Le débarquement (6 juin 1944)*, Fayard, 1951.
BLOND, Georges, *Pétain (1856-1951)*, Presses de la Cité, 1966.
BLONDEAU, Yves, *Le syndicat des correcteurs de Paris et de la région parisienne*, 1881-1973, Syndicat des Correcteurs, Paris, 1973.
BLUM, Howard, *Avis de recherche*, Editions de Trévise, Paris, 1977.
BLUM, Léon, « *A l'échelle humaine* », Gallimard, 1945.
BLUM, Léon, *La prison, le procès ; la déportation ; mémoires et correspondance (1940-1945)*, Albin Michel, 1955.
BLUM, Suzanne, *Vivre sans la patrie 1940-1945*, Plon, 1975.
BLUMENSON, Martin, *Le Réseau du musée de l'Homme ; Les débuts de la Résistance en France*, Le Seuil, 1979.
BOCKEL, Pierre, *Le temps de naître*, Grasset, 1975.
BOCKEL, Pierre, *L'enfant du rire*, Grasset, 1973.
BODARD, Lucien, *L'aventure*, Gallimard, 1967.
BOGATSVO, Jules, *Les nazis après le nazisme ; où sont et que font aujourd'hui les anciens chefs nazis*, Editions De Vecchi, Paris, 1973.
BOGATSVO, Jules, *Les SS, techniciens de la mort*, Editions De Vecchi, Paris, 1973.
BOHEC, Jeanne, *La plastiqueuse à bicyclette*, Mercure de France, 1975.
BOISDEFFRE, Pierre de, *De Gaulle malgré lui*, Albin Michel, 1978.
BOISSARIE, André, *Documents sur la répression nationale et internationale*, Les Editions de Paris, 1946.
BOISSIEU, Alain de, *Pour combattre avec de Gaulle*, Plon, 1981.
BOISSIEU, Alain de, *Pour servir le Général*, Plon, 1982.
BOLLORE, Gwen-Aël, dit « Bollinger », *Nous étions 177*, France-Empire, 1964.

BONIFAS, Aimé, *Détenu 20 801 ; deux ans dans les bagnes nazis*, Librairie protestante, Paris, 1968.

BONNECARRERE, Paul, *Qui ose vaincra ; les parachutistes de la France Libre*, Fayard, 1971.

BONNEFOUS, Edouard, *Histoire politique de la Troisième République*, Presses Universitaires de France, 1962-1967.

BONNET, Georges, *Dans la tourmente 1938-1948*, Fayard, 1971.

BONNET, Georges, *De Munich à la guerre ; défense de la paix*, Plon, 1967.

BONTE, Florimond, *De l'ombre à la lumière (souvenirs)*, Editions Sociales, 1965.

BONTE, Florimond, *Le chemin de l'honneur (de la Chambre des députés aux prisons de France et au bagne d'Afrique)*, Editions Sociales, 1970.

BONTE, Florimond, *Les antifascistes allemands dans la Résistance française*, Editions Sociales, 1969.

BOOD, Micheline, *Les années doubles ; journal d'une lycéenne sous l'occupation*, Robert Laffont, 1974.

BOPP, Marie-Joseph, *L'Alsace sous l'occupation allemande (1940-1945)*, Editions X. Mappus, Le Puy, 1945.

BORCHERS, Major E., *Abwehr contre Résistance*, Amiot Dumont, 1949.

BORDES, M.R., *Quartier allemand, la vie au fort du Hâ sous l'occupation*, Editions Bière, Bordeaux, 1945.

BORIS, Georges, *Servir la République, textes et témoignages*, Julliard, 1963.

BORWICZ, Michel, *Ecrits de condamnés à mort sous l'occupation allemande (1939-1945) ; étude sociologique*, Presses Universitaires de France, 1954.

BOSQUET, Alain, *Pierre Emmanuel*, coll. « Poètes d'Aujourd'hui », Seghers, 1971.

BOST, Pierre, *La haute fourche*, Editions de Minuit, 1943 et 1946.

BOUAZIZ, Gérard, *La France torturée*, Editions de la FNDIRP, Paris, 1977.

BOUDARD, Alphonse, *L'étrange Monsieur Joseph*, Paris, Robert Laffont, 1998.

BOUDARD, Alphonse, *Manouche se met à table...*, Flammarion, 1975.

BOUDET, Roland et CAUQUELIN, A., *Les combats décisifs de la bataille de Normandie*, édité par la Société « Galerie juin 44 », L'Aigle, Orne, 1954.

BOUISSOUNOUSE, Janine, *La Nuit d'Autun ; le Temps des illusions*, Calmann-Lévy, 1977.

BOULET, A. H., *Jusqu'à en mourir...* Editions F. Robert et fils, maîtres-imprimeurs, Marseille, 1953.

BOULLE, Pierre, *Aux sources de la rivière Kwaï*, Julliard, 1966.

BOUNIN, Jacques, *Beaucoup d'imprudences...*, Stock, 1974.

BOURBOUSSON, Edouard, *Les écrivains de la Liberté*, Editions D.C. Heath and Company, Boston, 1949.

BOURDAN, Pierre, *Carnet des jours d'attente (juin 40-juin 44)*, Editions Pierre Trémois, Paris, 1945.

BOURDAN, Pierre, *Commentaires (1940-1943)*, Calmann-Lévy, 1947.

BOURDERON, Roger et AVAKOUMOVITCH, Yvan, *Détruire le PCF ; 1940-1944 ; archives de l'Etat français et de l'occupant hitlérien*, Editions sociales-Messidor, Paris, 1988.

BOURDERON, Roger et WILLARD, Germaine, *1940 : de la défaite à la résistance*, Editions sociales-Messidor, Paris, 1990.

BOURDERON, Roger et WILLARD, Germaine, *La France dans la tourmente, 1939-1944*, Editions sociales, Paris, 1982.

BOURDERON, Roger et WILLARD, Germaine, *La Gestapo contre le Parti communiste ; rapports sur l'activité du PCF, décembre 1940-juin 1941*, Editions Messidor, Paris, 1984.

BOURDERON, Roger, *Le Fascisme, idéologie et pratiques ; essai d'analyse comparée*, Editions sociales, Paris, 1979.

BOURDET, Claude, *L'aventure incertaine ; De la Résistance à la Restauration*, Stock, 1975.

BOURDIER, Jean, *Le comte de Paris, un cas politique*, La Table Ronde, 1965.

BOURDREL, Philippe, *La Cagoule ; Trente ans de complots*, Albin Michel, 1970.

BOURDREL, Philippe, *L'Epuration sauvage 1944-1945*, Librairie académique Perrin, Paris, 1988.

BOURGET, Pierre et LACRETELLE, Charles, *Sur les murs de Paris (1940-1944)*, Hachette, 1959.

BOURGET, Pierre et LACRETELLE, Charles, *Sur les murs de Paris et de France 1939-1945*, Hachette, 1980.

BOURGET, Pierre, *Histoires secrètes de l'occupation de Paris (1940-1944)*, Hachette, 1970.

BOURGET, Pierre, *Paris 1940-1944*, Plon, 1979.

BOURGET, Pierre, *Paris, année 44 ; Occupation-Libération-Epuration*, Plon, 1984.

BOURRET, Général, *La tragédie de l'armée française*, La Table Ronde, Paris, 1947.

BOURSIER, Jean-Yves (sous la direction de), *Résistants et Résistance*, Paris, L'Harmattan, 1997.

BOUSCAT, René, *De Gaulle-Giraud, dossier d'une mission*, Flammarion, 1967.

BOUSSARD, Isabel, *Vichy et la corporation paysanne*, préface de René REMOND, Editions des Presses de la Fondation nationale des Sciences politiques, Paris, 1980.

BOUSSEL, Patrice, *Guide des plages du débarquement*, Presses de la Cité, 1964.

BOUTRON, Jean, *De Mers-el-Kébir à Londres, 1940-1944*, Plon, 1980.

BOUVIER, Jean, *Un siècle de banque française*, Hachette-Littérature, 1973.

BOVRI, Margret, *De la trahison au XXe siècle*, Gallimard, 1971.

BOWER, Tom, *Blind Eye to Murder ; Britain, America and the Purging of Nazi Germany ; A Pledge Batrayed*, Andre Deutsch Limited, Londres, 1981.

BOWER, Tom, *Klaus Barbie ; itinéraire d'un bourreau ordinaire*, Calmann-Lévy, 1984.

BRACKMAN, Arnold C., *The Other Nuremberg ; The Untold Story of the Tokyo War Crime Trials*, William Collins Sons and Co Ltd, Londres, 1989.

BRAIBANT, Charles, *La guerre à Paris (8 novembre 1942-27 août 1944)*, Editions Corréa, Paris, 1945.

BRASILLACH, Robert, *Ecrit à Fresnes*, Plon, 1967.

BRASILLACH, Robert, *Une génération dans l'orage (mémoires) : Notre avant-guerre ; journal d'un homme occupé*, Plon, 1968.

BRASSIÉ, Anne, *Robert Brasillach*, Robert Laffont, 1987.

BRAU, Jean-Louis, *Les armes de guérilla*, Balland, 1972.

BRAUNSCHWEIG, Maryvonne et GIDEL, Bernard, *Les Déportés d'Avon ; enquête autour du film de Louis Malle « Au revoir les enfants »*, Foyer des élèves du collège d'Avon, Editions La Découverte, 1989.

BRECHON, Robert, *Michaux*, coll. « Bibliothèque idéale », Gallimard, 1959.

BREKER, Arno, *Paris, Hitler et moi*, Presses de la Cité, 1970.

BRES, Eveline et Yvan, *Un maquis d'antifascistes allemands en France (1942-1944)*, Les Presses du Languedoc — Max Chaleil Editeur, 1987.

BREVILLAC, J., *Homme-grenouilles d'occasion, ils ont saboté la campagne de Rommel (1940-1942)*, in « l'Epaulette », n° 26 (1er trimestre 1972).

BRIANT, Théophile, *Saint-Pol Roux*, coll. « Poètes d'Aujourd'hui », Seghers, 1952.

BRICLOT, Abbé et VILLIERS, Jean, *Le Martyre de trois villages meusiens, Robert-Espagne, Beurey, Couvonges*, Imprimerie Saint-Paul, Bar-le-Duc, 1945.

BRIGNEAU, François, *L'aventure est finie pour eux*, Gallimard, 1960.

BRINON, Fernand de, *Mémoires*, Editions L.L.C. Paris, 1949.

BRISSAUD, André, *Canaris ; le « petit amiral », prince de l'espionnage allemand (1887-1945)*, Librairie Académique Perrin, 1970.

BRISSAUD, André, *Histoire du service secret nazi*, Plon, 1972.

BRISSAUD, André, *Hitler et l'ordre noir ; histoire secrète du national-socialisme*, Librairie Académique Perrin, 1969.

BRISSAUD, André, *La dernière année de Vichy (1943-1944)*, Librairie Académique Perrin, 1965.

BRISSAUD, André, *La tragédie de Vérone ; Grandi et Ciano contre Mussolini*, Librairie Académique Perrin, 1971.

BRISSAUD, André, *Les agents de Lucifer*, Librairie Académique Perrin, 1975.

BRISSAUD, André, *Les SS*, Culture, Arts, Loisirs, 1968.

BRISSAUD, André, *Mussolini, le révolutionnaire*, Librairie Académique Perrin, 1975.

BRISSAUD, André, *Pétain à Sigmaringen (1944-1945)*, Librairie Académique Perrin, 1966.

BRISSON, Pierre, *Vingt ans de Figaro (1938-1958)*, Gallimard, 1959.

BROCHE, François, *Le Bataillon des guitaristes ; l'épopée inconnue des F.F.L. de Tahiti à Bir-Hakeim 1940-1942*, Fayard, 1970.

BROCOURT, Henry, *Occupation, Résistance et Libération du Chinonais*, Imprimerie Centrale de Touraine, Tours, 1971.

BROSSAT, Alain, *Les Tondues ; Un carnaval moche*, Paris, Hachette-Pluriel-Manya, 1992-1994.

BROSSOLETTE, Gilberte, *Il s'appelait Pierre Brossolette*, Albin Michel, 1976.

BROUE, Pierre, *Histoire de l'Internationale Communiste ; 1919-1943*, Paris, Fayard, 1997.

BRUCKBERGER, R. L., *Si grande peine ; chronique des années 1940-1948*, Grasset, 1967.

BRUCKBERGER, R.P., *Nous n'irons plus au bois...*, Amiot-Dumont, 1948.

BRUGERE, Raymond, *Veni, vidi, Vichy... et la suite !*, Editions des Deux-Rives, Paris, 1953.

BRUHAT, Jean et PIOLOT, Marc, *Esquisse d'une histoire de la C.G.T. (1895-1965)*, Edité par la C.G.T., Paris, 1966.

BRUHAT, Jean, *Histoire de l'URSS*, collection « Que sais-je ? », Presses Universitaires de France, 1970.

BRUNEAU, Françoise, *Essai d'historique du mouvement né autour du journal clandestin « Résistance »*, SEDES, 1951.

BRUNEAU, Jacques, *Tribulations d'un gaulliste en Gaule*, Editions La Pensée universelle, Paris, 1983.

BRUNET, Jean-Paul, *Jacques Doriot, du communisme au fascisme*, Balland, 1986.

BRUNSCHWIG, C., CALVET, L.J. et KLEIN, J.C., *Cent ans de chanson française*, Seuil, 1972.

BRUSTLEIN, Gilbert, *Le Chant d'amour d'un terroriste à la retraite*, chez l'auteur, Paris, 1989.

BUCHBENDER, Ortwin et HAUSCHILD, Reinhard, *Radio Humanité ; les émetteurs allemands clandestins ; 1940*, France-Empire, 1986.

BUCHHEIT, Gert, *Der deutsche Geheimdienst ; Geschichte der militärischen Abwehr*, Munich, Paul List Verlag, 1967.

BUCHHEIT, Gert, *Hitler, chef de guerre*, Arthaud, 1961 et J'ai lu, 1967.

BUIS, Georges, *Les fanfares perdues*, Seuil, 1975.

BUISSON, Gilles, *Mortain dans la bataille de Normandie*, Presses de la Cité, 1971.

BULAWKO, Henry, *Crimes sans châtiment*, Editions de l'amicale des anciens déportés juifs de France, Paris, 1962.

BULLOCK, Alan, *Hitler ou les mécanismes de la tyrannie*, Marabout-Université, 1963.

BUREAU, Jacques, *Un Soldat menteur*, Paris, Robert Laffont, 1992.

BURRIN, Philippe, *La Dérive fasciste ; Doriot, Déat, Bergery*, Le Seuil, 1986.

BURRIN, Philippe, *La France à l'heure allemande ; 1940-1944*, Paris, Ed. du Seuil, 1995.

BUTOR, Michel, *Improvisations sur Henri Michaux*, Editions Fata Morgana, Montpellier, 1985.

BUTTIN, Bâtonnier Paul, *Le procès Pucheu*, Amiot-Dumont, 1948.

CAERLEON, Ronan, *Complots pour une république bretonne*, La Table Ronde, 1967.

CAERLON, Ronan, *Le rêve fou des soldats de Breiz Alao*, Editions « Nature et Bretagne », Quimper, 1974.

Cahiers d'Histoire de l'IRM n° 52-53, *Le PCF et l'Internationale de la déclaration de la guerre à l'effondrement de la France (septembre 1939-août 1940)*, Paris, 1993.

CALIC, Edouard, *Himmler et son empire*, Stock, 1966.

CALIC, Edouard, *Hitler sans masque ; entretiens Hitler-Breiting (1931)*, Stock, 1969.

CALMETTE, Arthur, *L'« O. C. M. » (Organisation Civile et Militaire) ; histoire d'un mouvement de résistance de 1940-1946*, collection « Esprit de la Résistance », Presses Universitaires de France, 1961.

CALVI, Fabrizio, (avec la collaboration d'Olivier SCHMIDT), *OSS ; La Guerre secrète en France, 1942-1945 ; les services spéciaux américains, la Résistance et la Gestapo*, Hachette, 1990.

CAMBY, Philippe, *La Libération de la Bretagne*, Editions Ouest-France, Rennes, 1980.

CAMPAUX, S., *La Libération de Paris (19-26 août 1944) ; récits de combattants et de témoins*, Payot, Paris, 1945.

CARAFOLI, Domizia et PADIGLIONE, Gustavo, *Il Viceduce ; Storia di Arturo Bocchini, Capo della Polizia fascista*, Milan, Ed. Rusconi, 1987.

CARDINNE-PETIT, Robert, *Les soirées du Continental ; ce que j'ai vu à la Censure, 1939-1940*, Editions Jean Renard, Paris, 1942.

CARDON, Charles-Marie, *Max Barel*, Editions Sociales, 1973.

CARIAT, Lucien, *Ici, chacun son dû...*, La Pensée Universelle, Paris, 1973.

CARRE, Mathilde Lily, *On m'appelait la chatte...*, Albin Michel, 1975.
CARRE, Mathilde-Lily, *J'ai été « la chatte »*, Editions Morgan, 1949.
CARRIAS, Eugène, *Le danger allemand (1866-1945)*, Presses Universitaires de France, 1952.
CARROUGES, Michel, *Le Père Jacques*, Editions du Seuil, 1958.
CARTAULT D'OLIVE, F., *De stalags en évasions (Pions de l'échiquier)*, Calmann-Lévy, 1947.
CARTER, Raymond, *Le Scandale d'Oradour*, Editions Le Cercle d'or, Les Sables-d'Olonne, 1975.
CARTIER, Raymond, *Hitler et ses généraux (les secrets de la guerre)*, Fayard, 1962 et J'ai lu, 1969.
CASAMAYOR, *Nuremberg ; 1945 ; la guerre en procès*, Stock, 1985.
CASAS, Raymond et JARDEL, Lucien, *La Résistance en Loir-et-Cher*, Librairie de la Loire, Blois, 1964.
CASEY, William, *The Secret War Against Hitler*, Regnery Gateway, Washington, 1988.
CASSIDY, Henri C., *Moscou (1941-1943)*, Calmann-Lévy, 1945.
CASSIN, René, *Les hommes partis de rien ; le réveil de la France abattue (1940-41)*, Plon, 1975.
CASSIUS, *La vérité sur l'affaire Pétain*, Editions du milieu du monde, Genève, 1945.
CASSOU, Jean, *33 sonnets composés au secret*, Editions de Minuit, Paris, 1944 et 1946.
CASSOU, Jean, *La mémoire courte*, Les Editions de Minuit, 1953.
CASSOU, Jean, *Une vie pour la liberté*, Robert Laffont, 1981.
CASTERAS, Jean, *Sous la botte*, Imprimerie de l'Agennois, Agen, 1946.
CASTILLO, Catherine de, *Mon père était Rémy*, Editions France-Empire, 1970.
CASTLE, John, *Mot de passe « Courage »*, Julliard, 1955.
CATHALA, Pierre, *Face aux réalités ; la direction des finances françaises sous l'occupation*, Editions du Triolet, Paris, 1948.
CATHELIN, Jean et GRAY, Gabrielle, *Crimes et trafics de la Gestapo française*, Editions François Beauval « Historama », Paris, 1972.
CATROUX, Général, *Dans la bataille de Méditerranée, 1940-1944*, Julliard, 1949.
CATTAUI, Georges, *Charles de Gaulle, l'homme et son destin*, Fayard, 1960.
CAU, Yves, *Un grand quotidien dans la guerre : « le Progrès » ; juin 1940-novembre 1942*, Editions du CNRS, Paris, 1979.
CAVE BROWN, Anthony, *La Guerre secrète ; le rempart des mensonges*, 2 vol. ; I. *Origine des moyens spéciaux et premières victoires alliées* ; II. *Le Jour « J » et la fin du IIIe Reich*, Editions Pygmalion-Gérard Watelet, Paris, 1981.
CAVE BROWN, Anthony, *The Secret Servant ; The Life of Sir Stewart Menzies, Churchill's Spymaster*, Michael Joseph, Londres, 1988.
CAVIGLIOLI, François, *Le coup de la vie*, Mercure de France, 1969.
CAZARD, Georges et METGES, Marcel, *Capitaine Philippe (J.J. Chapou), documents et souvenirs*, Imprimerie A. Coueslant, Cahors, 1950.
CAZENAVE, M. et THOMAS, O.G., *Charles de Gaulle*, Cahier de l'Herne n° 21, Paris, 1973.
CAZENAVE, Michel, *De Gaulle et la terre de France*, Plon, 1988.
CELINE, Louis-Ferdinand, *Bagatelles pour un massacre*, Denoël, 1937.
CELINE, Louis-Ferdinand, *D'un château l'autre*, Gallimard, 1957.

CELINE, Louis-Ferdinand, « *Guignol's band* », Denoël, 1944.
CELINE, Louis-Ferdinand, *Nord, roman*, (édition définitive), Gallimard, 1960.
CELINE, Louis-Ferdinand, *Rigodon*, Gallimard, 1969.
CELINE, Louis-Ferdinand, *Sommation au rédacteur en chef d'« Aujourd'hui », 7 mars 1941. « Votre collaborateur Robert Desnos... »* in cahiers trimestriels du « Collectif change » n° 13 (décembre 1972), Seghers-Laffont.
CENDRARS, Blaise, *Dans le silence de la nuit*, in « Les Œuvres Libres » n° 4 (230), Arthème-Fayard, 1945.
Centre régional du livre de Champagne-Ardenne, *La Littérature française sous l'Occupation*, Actes du colloque de Reims ; 30 septembre, 1er et 2 octobre 1981, Reims, Presses Universitaires de Reims, 1989.
CEPEDE, Michel, *Agriculture et alimentation en France durant la 2e guerre mondiale*. Editions Génin, Paris, 1961.
CERF-FERRIERE, René, *Chemin clandestin, 1940-1943*, Julliard, 1968.
CERF-FERRIERE, René, *L'Assemblée consultative vue de mon banc (novembre 1943-juillet 1944)*, Les Editeurs Français Réunis, 1974.
CERONI, Général Marcel, *Le Corps franc Pommiès, de l'Organisation de résistance de l'armée*, Editions du Grand Rond, Toulouse, 1980.
CERRETI, Giulio, *A l'ombre des deux T ; quarante ans avec Thorez et Togliatti*, Julliard, 1973.
CESAR, Jules, *Guerre des Gaules*, T. I- livres I-IV, T. II- livres V-VIII, Editions Les Belles Lettres, (Association Guillaume Budé), Paris, 1967.
CHABAN-DELMAS, Jacques, *De Gaulle*, Editions N° 1, Paris, 1980.
CHABAN-DELMAS, Jacques, *La Libération*, Editions N° 1, Paris, 1984.
CHABAN-DELMAS, Jacques, *L'Ardeur*, Stock, 1975.
CHABAN-DELMAS, Jacques, *Les Compagnons*, Albin Michel, 1986.
CHAGOLL, Lydia, *Courber la tête dans les camps japonais*, Editions EPO, Anvers, 1989.
CHAGOLL, Lydia, *Hiro-Hito, empereur du Japon : un criminel de guerre oublié ?*, Editions EPO, Anvers, 1988.
CHAINTRON, Jean, *Le Vent soufflait devant ma porte*, Paris, Ed. du Seuil, 1993.
CHAIX, Marie, *Les lauriers du lac de Constance, chronique d'une collaboration*, Seuil, 1974.
CHAMARD, Elie, *Les combats de Saumur ; juin 1940*, Berger-Levrault, 1948.
CHAMBARD, Claude, *Histoire mondiale des maquis*, France-Empire, 1970.
CHAMBE, René, *Au carrefour du destin : Weygand, Pétain, Giraud, de Gaulle*, France-Empire, 1975.
CHAMBE, René, *Le Maréchal Juin, duc du Garigliano*, Presses de la Cité, 1968.
CHAMBE, René, *L'épopée française d'Italie (1944)*, Flammarion, 1952.
CHAMBON, Albert, *Quand la France était occupée, 1940-1945*, France-Empire, 1988.
CHAMBRUN, Gilbert de, *Journal d'un militaire d'occasion*, Editions Aubanel, Avignon, 1982.
CHAMBRUN, René de,... *Et ce fut un crime judiciaire ; le « procès » Laval*, France-Empire, 1984.
CHAMBRUN, René de, *Pierre Laval devant l'histoire*, France-Empire, 1983.
CHAMINE, *La conjuration d'Alger*, Albin Michel, 1948.
CHAMINE, *Suite française, la querelle des généraux*, Albin Michel, 1952.

CHAMSON, André, *Quatre mois ; carnet d'un officier de liaison*, Flammarion, 1940.

CHAMSON, André, *Si la parole a quelque pouvoir*, Editions du Mont-Blanc, Suisse, 1948.

CHANCEL, Jacques, *Radioscopie, 1*, Laffont, 1970.

CHANCEL, Jacques, *Radioscopie, 2*, Laffont, 1971.

CHANEL, Raymond, *Médecin en enfer*, Librairie Académique Perrin, 1970.

CHAPMAN, Guy, *Six semaines de campagne 1940*, Arthaud, 1972.

CHAPSAL, Jacques, *La vie politique en France depuis 1940*, (2e édition revue et complétée par Alain Lancelot), Presses Universitaires de France, 1969.

CHAR, René, *Commune présence, choix de poèmes*, Gallimard, 1964.

CHAR, René, *Fureur et mystère*, Gallimard, 1967.

CHAR, René, *Impressions anciennes*, Gallimard, 1972.

CHAR, René, *Recherche de la base et du sommet* (édition collective), Gallimard, 1971.

CHARBONNEAU, Henry, *Le roman noir de la droite française*, Editions Robert Desroches, Paris, 1969.

CHARBONNEAU, Henry, *Les mémoires de Porthos*, Les Editions du Clan, Paris, 1967.

CHARBONNEL, Jean, *Edmond Michelet*, Editions Beauchesne, Paris, 1987.

CHARLES, Jean-Léon et DASNOY, Philippe, *Les dossiers secrets de la police allemande en Belgique*, 2 volumes, Editions Arts et Voyages — Lucien de Meyer, Bruxelles, 1972.

CHARLES, Jean-Léon et DASNOY, Philippe, *Les secrétaires généraux face à l'occupant 1940-1944*, Editions Arts et Voyages, Lucien de Meyer, Bruxelles, 1974.

CHARLOT, Jean, *Le phénomène gaulliste*, Fayard, 1970.

CHARLOT, Jean, *Les Français et de Gaulle ; (I.F.O.P.)*, Plon, 1971.

CHARPENTIER, Jacques, *Au service de la liberté*, Fayard, 1949.

CHARPENTIER, Jacques, *Le nez de Cléopâtre ou le sens de l'histoire* Berger-Levrault, 1967.

CHASSIN, Lionel M. et SANDAHL, Pierre, *Le débarquement dans le Sud de la France ; 15 août-15 septembre 1944*, Office français d'édition, Paris, 1945.

CHASTENET, Jacques, *De Pétain à de Gaulle (juillet 1940-août 1944)*, Fayard, 1970.

CHASTENET, Jacques, *Quatre fois vingt ans ; souvenirs 1893-1973*, Plon, 1974.

CHASTENET, Patrick et Philippe, *Chaban*, Paris, Ed. du Seuil, 1991.

CHATEAU, Martine, *Contribution à l'étude du maquis corrézien*, Mémoire de maîtrise d'histoire effectué sous la direction de M. le professeur Georges Castellan, faculté des Lettres et Sciences Humaines de Poitiers, 1969.

CHATEL, Nicole, *Des femmes dans la Résistance*, Julliard, 1972.

CHATENAY, Victor, *Mon journal du temps du malheur (Angers, Fresnes, Londres, Angers)*, Editions du « Courrier de l'Ouest », 1967.

CHAUDE, Bernard, *Les beaux jours de l'occupation*, Edition Spéciale, 1973.

CHAUDIER, Albert, *Limoges 1944-1947, capitale du maquis*, Editions Charles Lavauzelle, Paris, 1980.

CHAUMEIL, Jean, *Venise Gosnat, un militant exemplaire du mouvement ouvrier français*, Editions Sociales, 1975.

CHAUVEL, Jean, *Commentaire*, Fayard, 1971.

CHAUVET, Paul, *La Résistance chez les fils de Gutenberg dans la Deuxième Guerre mondiale*, chez l'auteur, Paris, 1979.

CHAUVET, Paul, *Les ouvriers du Livre et du Journal ; la Fédération Française des Travailleurs du Livre*, Les Editions Ouvrières, Paris, 1971.

CHAUVY, Gérard, *Aubrac ; Lyon 1943*, Paris, Albin Michel, 1997.

CHAUVY, Gérard, *Lyon 1940-1944*, Plon, 1985.

CHAUVY, Gérard, *Lyon des années bleues ; Libération — Epuration*, Plon, 1987.

CHAYNES Fernand et SAULIERE, *Le Tarn et les Tarnais dans la deuxième guerre mondiale*, Editions de la Revue du Tarn, Albi (s. d.).

CHENE, André, *Ceux du groupe Chanzy*, Fédération du Loiret du Parti communiste français, Blois, 1964.

CHERRIER, Marcel et PIGENET, Michel, *Combattants de la liberté ; la Résistance dans le Cher*, Editions sociales, Paris, 1976.

CHEVALLIER, Gabriel, *Chroniques Interdites*, Les Editions de Minuit, 1944 et 1946.

CHEVALLIER, Gabriel, *Le guerrier désœuvré*, Editions Archat, Lyon, 1945.

CHEVALLIER, Pierre, *Histoire de la Franc-Maçonnerie française* ; t. 3 : *La Maçonnerie : Eglise de la République (1877-1944)*, Fayard, 1975.

CHEVANCE-BERTIN, Général Maurice, *Vingt Mille Heures d'angoisse, 1940-1945*, Robert Laffont, 1990.

CHNOUPEK, Bohus, *Les Résistants de la dernière chance ; Des Français dans les maquis slovaques*, Paris, Jacques Grancher, 1986.

CHOMBART DE LAUWE, Marie-José, *Toute une vie de résistance*, Paris, Ed. Grapheim-FNDIRP, 1999.

CHOURY, Maurice, *La Résistance en Corse : « Tous bandits d'honneur ! »*, Editions Sociales, 1958 et 1968.

CHOURY, Maurice, *Les cheminots dans la bataille du rail*, Librairie Académique Perrin, 1970.

CHTEMENKO, Serguei, *L'Etat-major général soviétique en guerre 1941-1945*, Editions du Progrès, Moscou, 1971.

CHURCHILL, Peter, *Missions secrètes en France (1941-1943)*, Presses de la Cité, 1967.

CHURCHILL, Winston, *Mes discours secrets*, Editions Paul Dupont, Londres-Paris-New York, 1947.

CHURCHILL, Winston S., *Mémoires sur la deuxième guerre mondiale*, Plon, 1949.

CIANO, Comte Galeazzo, *Journal politique 1939-1943*, 2 volumes, Editions Oreste Zeluck, Paris, 1946.

CIANO, Edda, *Témoignage pour un homme*, Stock, 1975.

CITERNE, Gabriel, *Un héros de la Résistance : Camille Thébault, capitaine FTP ; contribution à l'histoire de la Résistance dans les Deux-Sèvres*, Imprimerie « La Voix du Peuple », Tours, 1975.

CLAISSE, Guy, *Jacques Chaban-Delmas*, Editions Edipa, Paris, 1974.

CLANCIER, Georges-Emmanuel, *André Frénaud*, coll. « Poètes d'Aujourd'hui », Seghers, 1963.

CLARK, Alan, *La guerre à l'Est (1941-1945)*, Robert Laffont, 1966.

CLARK, Général Mark W., *Les Alliés jouent et gagnent*, Editions Berger-Levrault, 1952.

CLAUDE, Henri, *Gaullisme et grand capital*, Editions Sociales, 1960.

CLAUDEL, Paul, *Poèmes et paroles durant la guerre de trente ans*, Gallimard, 1948.

CLEMENT, René et AUDRY, Colette, *La bataille du rail*, Comptoir français de diffusion, 1949.

CLERMONT, Julien, *L'homme qu'il fallait tuer : Pierre Laval*, Editions Les Actes des Apôtres, Paris, 1949.

CLOSON, Francis-Louis, *Commissaire de la République du général de Gaulle*, Julliard, 1980.

CLOSON, Francis-Louis, *Le temps des passions ; de Jean Moulin à la libération (1943-1944)*, Presses de la Cité, 1974.

CLOSSET, René, *L'aumônier de l'enfer ; Franz Stock, aumônier de Fresnes, du Cherche-Midi et de la Santé en* 1940, Editions Salvator, Mulhouse, 1964.

CLOSTERMANN, Pierre, *Feux du ciel*, Flammarion, 1951.

CLOSTERMANN, Pierre, *Le grand cirque*, Flammarion, 1948.

CLUZEL, Pierre, *Le drame héroïque des Glières*, Fernand-Nathan, 1945.

COBB, Richard, *Vivre avec l'ennemi ; la France sous deux occupations : 1914-1918 et 1940-1944*, Editions du Sorbier, Paris, 1985.

COCHET, Général, *Appels à la Résistance lancés par le général Cochet*, Gallimard, 1945.

COGNIOT, Georges et JOANNES, Victor, *Maurice Thorez, l'homme, le militant*, Editions Sociales, 1970.

COGNIOT, Georges, *L'évasion*, Editeurs Français Réunis, 1952.

COINTET, Jean-Paul, *Histoire de Vichy*, Paris, Plon, 1996.

COINTET, Jean-Paul, *La France Libre*, Presses Universitaires de France, 1975.

COINTET, Jean-Paul, *Marcel Déat ; Du socialisme au national-socialisme*, Paris, Librairie Académique Perrin, 1998.

COINTET, Michèle et Jean-Paul, *La France à Londres 1940-1943*, Editions Complexe, Bruxelles, 1990.

COINTET, Michèle, *Vichy capitale ; 1940-1944*, Paris, Librairie Académique Perrin, 1993.

COLE, Hubert, *Pierre Laval*, Fayard, 1964.

COLLINS, Larry, *Fortitude*, Robert Laffont, 1985.

COLLINS WEITZ, Margaret, *Les combattantes de l'ombre ; Histoire des femmes dans la Résistance ; 1940-1945*, Paris, Albin Michel, 1997.

COMBRET, Serge, *Quatre Ans pour deux jours*, chez l'auteur, Evry, 1989.

Comité d'histoire de la Deuxième Guerre mondiale, *La Libération de la France*, Actes du colloque international tenu à Paris du 28 au 31 octobre 1974, Editions du CNRS, Paris, 1976.

COMTE DE PARIS et GAULLE, Charles de, *Dialogue sur la France ; Correspondance et entretiens 1952-1970*, Paris, Fayard, 1994.

CONAN, Eric et ROUSSO, Henry, *Vichy, un passé qui ne passe pas*, Paris, Fayard-Gallimard, 1994 et 1996.

CONDETTE, Eugène, *Les chemins d'une destinée ; histoire d'un Compagnon de la Libération*, Editions X. Perroux, Mâcon, 1966.

CONFOLENT, Roger, *Maillé, crime hitlérien*, Editions Marcel Baugé, La Haye Descartes, 1948.

CONQUERE, Maurice et SALOMON, Pierre, *Les cinq lycéens de Buffon fusillés par les Allemands*, Imprimerie R. Lacer-Rambault — Guiot, 1965.

CONQUET, Alfred, *Auprès du maréchal Pétain ; le chef, le politique, l'homme*, Editions France-Empire, 1970.

CONVERSY, Marcel, *Quinze mois à Buchenwald*, Editions du Milieu du monde, Genève, 1945.

CONWAY, John S., *La persécution nazie des Eglises*, France-Empire, 1969.

COOKRIDGE, E.H., *Mettez l'Europe à feu ; organisation et action du S.O.E. en Europe occidentale (1940-1945)*, Fayard, 1968.

COOKRIDGE, E.H., *Missions spéciales ; l'épopée du Vercors et la libération de Bordeaux*, coll. « La guerre secrète », Fayard, 1966.

COPIN, Auguste, *L'aurore se lève au pays noir*, Editions Sociales, 1966.

COQUET, James de, *Le guépier jaune*, Editions du Pré-aux-Clercs, Paris, 1946.

CORDESSE, Henri, *Histoire de la Résistance en Lozère*, Imprimerie Reschly, Montpellier, 1974.

CORDIER, Daniel, *Jean Moulin ; La République des catacombes*, Paris, Gallimard, 1999.

CORDIER, Daniel, *Jean Moulin, l'inconnu du Panthéon*, 6 vol. dont 3 parus : I. *Une ambition pour la République 1899-1936* ; II. *Le Choix d'un destin 1936-1940* III. *De Gaulle, capitale de la Résistance novembre 1940-décembre 1941*, Editions Jean-Claude Lattès, Paris, 1989-1993.

CORMAND, Reine, *La vie d'une famille face à la gestapo dans la France occupée ; novembre 1943 — juin 1945 ; témoignage*, Editions Amoudruz-Thonon, Montreux, 1972.

Le corps franc de la Montagne Noire ; Journal de marche, avril-septembre 1944, préface de Jean Cassou, Imprimerie Ouvrière, Toulouse (sd).

COSSON, Armand, *Nîmes et le Gard dans la guerre 1939-1945*, Editions Horvath, Roanne, 1988.

COSTELLE, Daniel, *Les prisonniers*, Flammarion, 1975.

COSTELLO, John, *La Guerre du Pacifique ; Nouvelle histoire à partir d'archives restées jusqu'ici secrètes*, 2 vol., Editions Pygmalion, Paris, 1982.

COTEREAU, Jean, *L'Eglise a-t-elle collaboré ?* Revue « Problèmes actuels », cahiers mensuels Spartacus n° 6, Paris, mai 1946.

COTTA, Michèle, *La collaboration, 1940-1944*, Collection « Kiosque », Armand Colin, 1964.

COTTERET, Jean-Marie et MOREAU, René, *Le vocabulaire du général de Gaulle*, Armand Colin, 1969.

COUDERC, Frédéric, *Les RG sous l'Occupation*, Paris, Ed. Olivier Orban, 1992.

COULET, François, *Vertu des temps difficiles*, Plon, 1967.

COURRIERE, Yves, *Joseph Kessel ou Sur la piste du lion*, Paris, Plon, 1985.

COURRIERE, Yves, *Normandie-Niemen ; Un temps pour la guerre*, Paris, Presses de la Cité, 1979.

COURTOIS, Stéphane et RAYSKI, Adam, *Qui savait quoi ? ; l'extermination des Juifs, 1941-1945*, Editions La Découverte, Paris, 1987.

COURTOIS, Stéphane, *Le PCF dans la guerre ; De Gaulle, la Résistance, Staline...*, Paris, Ramsay, 1980.

COURTOIS, Stéphane, PECHANSKI, Denis et RAISKY, Adam, *Le Sang de l'étranger ; les immigrés de la MOI dans la Résistance*, Fayard, 1989.

COUSTEAU, Pierre-Antoine, *Les lois de l'hospitalité*, La Librairie française, 1957.

COUTEAU-BEGARIE, Hervé et HUAN, Claude, *Darlan*, Fayard, 1989.

COUTURE, Claude-Paul, *Opération « Jubilee », Dieppe 19 août 1942*, France-Empire, 1969.

COUVREUR, Colette et DESCAMPS, Pierre, *Vie et mort du chef d'escadron Descamps, héros et martyr de la Résistance française*, Editions Privat, Toulouse, 1968.

COWBURN, Benjamin, *Sans cape ni épée*, Gallimard, 1958.

CRAIPEAU, Yvan, *Les Révolutionnaires pendant la Seconde Guerre mondiale*, Editions Savelli, Paris, 1977.

CREHANGE, Dr. P.A., *La Gestapo aux fesses*, Editions Rabelais, Paris, 1974.

CREMIEUX, Francis, *Entretiens avec Emmanuel d'Astier*, Pierre Belfond, 1966.

CREMIEUX, Francis, *La vérité sur la Libération de Paris*, Belfond, 1971.

CREMIEUX, Francis et ESTAGER, Jacques, *Sur le Parti ; 1939-1940*, Editions Temps Actuels, Paris, 1983.

CREMIEUX-BRILHAC, Jean-Louis, *La France libre ; De l'appel du 18 juin à la Libération*, Paris, Gallimard, 1996.

CREMIEUX-BRILHAC, Jean-Louis, *Les Français de l'an 40*, 2 vol., Gallimard, 1990.

CRENESSE, Pierre, *La Libération des ondes*, Berger-Levrault, Paris, 1944.

CRESSARD, Benoît et EUDES, Olivier, *Nantes sous l'Occupation*, Editions Ouest-France, Rennes, 1981.

CRIBEILLET, Paul, *Vie et combats de partisans ; carnet de route et souvenirs du capitaine Grillon*, Editions Hier et Aujourd'hui, 1947.

CROISY, Edouard, *La Résistance dans l'Ain*, édité par le Comité de l'Ain de l'ANACR, Bourg-en-Bresse, 1973.

CROUZET, Maurice, *L'époque contemporaine à la recherche d'une civilisation nouvelle*, Tome VII de « l'Histoire générale des civilisations », Presses Universitaires de France, 1969.

CUKIER, Simon, DECEZE, Dominique, DIAMANT, David et GROJNOWSKI, Michel, *Juifs révolutionnaires ; une page d'histoire du Yidichland en France*, Editions sociales-Messidor, Paris, 1987.

CURIE, Eve, *Voyage parmi les guerriers*, 2 vol., Editions de la Maison française, New York, 1944.

DABRINGHAUS, Erhard, *L'Agent américain Klaus Barbie*, Editions Pygmalion-Gérard Watelet, Paris, 1986.

DAC, Pierre, *Un Français libre à Londres en guerre*, France-Empire, 1972.

DACIER, Jean, *Ceux du maquis ; l'épopée d'une compagnie FFI du Vercors*, Arthaud, 1945.

DAHMS, H.-G., *La deuxième guerre mondiale*, Payot, 1961.

DAINVILLE, Augustin de, *L'ORA ; la résistance de l'armée (guerre 1939-1945)*, Lavauzelle, 1974.

DAIX, Pierre, *Aragon, une vie à changer*, Seuil, 1975.

DAIX, Pierre, *J'ai cru au matin*, Robert Laffont, 1976.

DALBRAY, Muse et SEVERE, Tristan, *En attendant la liberté ; témoignage (1940-1944)*, Editions de La Fenêtre ouverte, Paris, 1945.

DALLIDET, Raymond, *1934-1984 : voyage d'un communiste*, Editions La Pensée universelle, Paris, 1984.

DALLIN, Alexander, *La Russie sous la botte nazie*, Fayard, 1970.

DALLOZ, Pierre, *Vérités sur le drame du Vercors*, Fernand Lanore éditeur, Paris, 1979.

DALOTEL, Alain, *Le maquis des Glières*, Paris, Plon, 1992.

DANSETTE, Adrien, *Histoire de la libération de Paris*, Fayard, 1946.

DARLAN, Alain, *L'amiral Darlan parle*, Amiot-Dumont, 1952.

DASSAULT, Marcel, *Le talisman*, J'ai lu, 1970.

DAUMEZON, Georges, *Psychopathologie de la trahison*, discours au congrès des médecins aliénistes et neurologistes de France et des pays de langue française, Niort (21-26 juillet 1947.

DAVEY, Owen Anthony, *La Légion des Volontaires Français contre le Bolchévisme ; A study in the military aspects of French collaboration, 1941-1942*, Université du New Brunswick, USA, 1969.

DAVID, Abbé Raymond, *Du langage français au langage nazi, 1941-1945*, Editions Résiac, Montsurs, 1974.

DAVID, Claude, *Hitler et le nazisme*, collection « Que sais-je ? » Presses Universitaires de France, 1969.

DAWIDOWICZ, Lucy S., *La Guerre contre les Juifs ; 1933-1945*, Hachette, 1977.

DEAT, Marcel, *Mémoires politiques*, Denoël, 1989.

DEBERGH, François, *La mine en colère*, France-Empire, 1971.

DEBORINE, Grigori, *Les secrets de la seconde guerre mondiale*, Editions du Progrès, Moscou, 1972.

DEBRAY, Régis, *Les Masques*, Gallimard, 1987.

DEBRAY, Régis, *Loués soient nos seigneurs ; Une éducation politique*, Paris, Gallimard, 1996.

DEBRE, Michel, *Mémoires*, Albin Michel, 1985.

DEBRE, Michel, *Trois Républiques pour une France*, Albin Michel, 1984.

DEBRE, Robert, *L'honneur de vivre ; témoignage*, Stock-Hermann, 1974.

DEBRIE, Nicole, *Il était une fois... Céline*, Editions Aubier, Paris, 1990.

DEBU-BRIDEL (ARGONNE), Jacques, *Angleterre (d'Alcuin à Huxley)*, Les Editions de Minuit, 1943 et 1946.

DEBU-BRIDEL, Jacques, *Carthage n'est pas détruite*, Les Editions Universelles, Paris, 1945.

DEBU-BRIDEL, Jacques, *De Gaulle contestataire*, collection « Tribune Libre », Plon, 1970.

DEBU-BRIDEL, Jacques, *De Gaulle et le CNR*, France-Empire, Paris, 1978.

DEBU-BRIDEL, Jacques, *Histoire du Marché noir (1939-1947)*, La Jeune Parque, 1947.

DEBU-BRIDEL, Jacques, *La Résistance Intellectuelle*, Julliard, 1970.

DEBU-BRIDEL, Jacques, *Les Editions de Minuit ; historique et bibliographie*, Editions de Minuit, 1945.

DECAUNES, Luc, *Paul Eluard ; l'amour, la révolte, le rêve*, Balland, Paris, 1982.

DECAUX, Alain et PEYREFITTE, Alain, *1940-1945 ; De Gaulle, Celui qui a dit non*, Paris, TF1 Editions-Librairie Académique Perrin, 1999.

DECEZE, Dominique, *La lune est pleine d'éléphants verts ; Histoire des messages de Radio-Londres à la Résistance française*, Jacques Lanzmann et Seghers Editeurs, Paris, 1979.

DECEZE, Dominique, *L'esclavage concentrationnaire*, Editions de la FNDIRP, Paris, 1975.

DECOUR, Jacques, *Comme je vous en donne l'exemple... (textes présentés par Aragon)*, Editions Sociales, 1945.

DECOUX, Amiral, *A la barre de l'Indochine ; histoire de mon Gouvernement général (1940-1945)*, Plon, 1949.

DEFORGES, Régine, *101, avenue Henri-Martin*, Paris, Fayard, 1993.

DEFRASNE, Jean, *Histoire de la collaboration*, collection « Que sais-je ? », Presses universitaires de France, 1985.
DEJONGHE, Etienne et LAURENT, Daniel, *Libération du Nord et du Pas-de-Calais*, Hachette-Littérature, 1974.
DELAGE, Jean, *Grandeurs et servitudes des chantiers de la jeunesse*, Editions André Bonne, Paris, 1950.
DELALANDE, Bernard, *De la Milice au maquis ; récit vécu d'une page d'histoire nationale consécutive au débarquement du 6 juin 1944*, chez l'auteur, Saint-Amand-Cher, 1945.
DELAME-LELIEVRE, Maurice, *La libération du Valenciennois ; 2 septembre 1944*, Imprimerie R. Lelièvre et ses fils, Valenciennes, 1973.
DELAPIERRE, André, *Ceux du DAF ; souvenirs d'un travailleur forcé en Allemagne*, chez l'auteur, Livry-Gargan, 1973.
DELARUE, Jacques, *Histoire de la Gestapo*, Fayard, 1962.
DELARUE, Jacques, *Les nazis sont parmi nous*, Editions du Pavillon, 1968.
DELARUE, Jacques, *Trafics et crimes sous l'occupation*, Fayard, 1968.
DELBO, Charlotte, *Auschwitz et après*, 2 volumes, Les Editions de Minuit, 1970.
DELBO, Charlotte, *Le convoi du 24 janvier*, Les Editions de Minuit, 1965.
DELBOUILLE, Maurice, *Sur la genèse de la chanson de Roland ; (travaux récents ; propositions nouvelles) ; essai critique*, Editions Palais des Académies, Bruxelles, 1954.
DELESTRE, Antoine, *Uriage, une communauté et une école dans la tourmente, 1940-1945*, Presses universitaires de Nancy, 1989.
DELMER, Sefton, *Radio Noire (Black Boomerang)*, Stock, 1963.
DELON, Pierre et LARTIGUE, Simone, *Résistance, l'action ardente des travailleurs du bâtiment, des travaux publics et du bois...*, édité par la Fédération nationale des travailleurs de la construction CGT, Paris (novembre 1973.
DELPERRIE DE BAYAC, Jacques, *Histoire de la Milice ; 1918-1945*, Fayard, 1969.
DELPERRIE DE BAYAC, Jacques, *La guerre des ombres ; combats et trahisons sous l'occupation*, Fayard, 1975.
DELPERRIE DE BAYAC, Jacques, *Le royaume du Maréchal ; Histoire de la zone libre*, Robert Laffont, 1975.
DELPLA, François, *Churchill et les Français ; Six personnages dans la tourmente ; 1939-1940*, Plon, 1993.
DELPLA, François, *Aubrac ; les faits et la calomnie*, Le Temps des Cerises, 1997.
DELPLA, François, *L'appel du 18 juin 1940*, Grasset, 2000.
DEMANY, Fernand, *Mourir debout, souvenirs du maquis*, Editions Germinal 45, Bruxelles, 1945.
DENIEL, Alain, *Bucard et le francisme*, Editions Jean Picollec, Paris, 1979.
DENIEL, Alain, *De Gaulle ; Du libérateur au mémorialiste*, (textes réunis par BOURGEOIS, René et DONNARD, Jean Hervé), Grenoble, Presses Universitaires de Grenoble, 1990.
DENIEL, Alain, *Le Mouvement breton, 1919-1945*, Paris, François Maspéro, 1976.
DENIS, Henri, *Le comité Parisien de Libération*, coll. « Esprit de la Résistance », Presses Universitaires de France, 1963.
DEPREUX, Edouard, *Souvenirs d'un militant*, Fayard, 1972.
DERUYK, René, *Louise de Bettignies*, Lille, Ed. de la Voix du Nord, 1998.

DESANTI, Dominique, *Robert Desnos ; le roman d'une vie*, Paris, Le Mercure de France, 1999.

DESCHAUMES, Guy, *Vers la Croix de Lorraine*, Flammarion, 1945.

DESGRANGES, Abbé, *Les crimes masqués du Résistantialisme*, Editions de l'Elan, Paris, 1949.

DESIRAT, Charles, *Nous nous sommes évadés de Compiègne*, Editions du Secours Populaire Français, Paris, 1946.

DESNOS, Robert, *Corps et biens*, Gallimard, 1968.

Desnos, nº spécial d'« Europe », mai-juin 1972.

DESNOS, Youki, *Les Confidences de Youki*, Paris, Fayard, 1957 et 1999.

DESROCHES, Alain, *La Gestapo, atrocités et secrets de l'inquisition nazie*, Edition de Vecchi, Paris, 1972.

DESTREM, Maja, *Les Commandos de France*, Fayard, 1982.

DESTREM, Maja, *L'été 39*, Fayard, 1969.

DEUTSCHKRON, Inge, *Deux savants morts pour la France Fernand Holweck (1890-1941), Jacques Solomon (1908-1942)*, Edité par le Comités de l'Université de Paris du Front National de Lutte pour l'Indépendance de la France, 1943.

DEVIGNY, André, *Un condamné à mort s'est échappé*, Gallimard, 1956.

DHERS, Pierre, *Regards nouveaux sur les années quarante ; comment M. Benoist-Méchin écrit l'histoire*, suivi de *Le maréchal Pétain et le débarquement africain*, Flammarion, 1958.

DIAMANT, David, *Combattants, héros et martyrs de la Résistance*, Editions du Renouveau, Paris, 1984.

DIAMANT, David, *Les Juifs dans la Résistance française ; 1940-1944. (Avec armes ou sans armes)*, Editions du Pavillon, Paris, 1971.

DIAMANT-BERGER, Lucien, *Prisons tragiques, prisons comiques, prisons grivoises*, Editions Raoul Solar, Monte-Carlo, 1947.

DILIGENT, André, *Un cheminot sans importance*, France-Empire, 1975.

DILLAZ, Serge, *La chanson française de contestation de la Commune à mai 68*, Seghers, 1973.

DIOUDONNAT, Pierre-Marie, « *Je suis partout* », *1930-1944 ; les maurassiens devant la tentation fasciste*, La Table Ronde, 1973.

DIOUDONNAT, Pierre-Marie, *L'Argent nazi à la conquête de la presse française ; 1940-1944*, Editions Jean Picollec, Paris, 1981.

DIVINE, David, *Les 9 jours de Dunkerque*, Calmann-Lévy, 1959 et 1964.

DOCTEUR, Vice-Amiral, *La grande énigme, Darlan amiral de la Flotte*, Editions de la Couronne, Paris (s.d.).

DOCTEUR, Vice-Amiral, *La vérité sur les amiraux*, Editions de la Couronne, Paris, 1949.

Documents relatifs au procès des anciens militaires de l'armée japonaise accusés d'avoir préparé et employé l'arme bactériologique, Editions en langues étrangères, Moscou, 1950.

DOMENACH, Jean-Marie, *« Celui qui croyait au ciel »*, Editions Elf, Paris, 1947.

DÖNITZ, Amiral Karl, *Ma vie mouvementée (1891-1945)*, Julliard, 1969.

DORGELES, Roland, *Carte d'identité ; récit de l'Occupation*, Albin Michel, 1945.

DORGELES, Roland, *La drôle de guerre (1939-1940)*, Albin Michel, 1957.

DOUBLET, Pierre, *Civils en uniforme*, La Jeune Parque, 1946.

DOUZOU, Laurent, *La Désobéissance ; Histoire du mouvement Libération-Sud*, Paris, Odile Jacob, 1995.

DRESDEN, Major D.W., *Le chemin de Paris ; journal d'un officier américain*, Editions du Myrte, Paris, 1946.

DREYFUS, François-Georges, *Histoire de la Résistance ; 1940-1945*, Paris, Ed. de Fallois, 1996.

DREYFUS, Paul, *Histoire de la résistance en Vercors*, Arthaud, 1975.

DREYFUS, Paul, *Histoires extraordinaires de la Résistance en Europe*, Fayard, 1982.

DREYFUS, Paul, *Histoires extraordinaires de la Résistance*, Fayard, 1977.

DREYFUS, Paul, *Le Guet-apens de Caluire*, Paris, Ed. Stock, 1999.

DREYFUS, Paul, *Vercors, citadelle de liberté*, Arthaud, 1969.

DRIEU LA ROCHELLE, Pierre, *Journal (1939-1945)*, Gallimard, 1992.

DRONNE, Raymond, *La libération de Paris*, Presses de la Cité, 1970.

DRONNE, Raymond, *Leclerc et le serment de Koufra*, Editions du Temps, 1965.

DUBOIS, André-Louis, *A travers trois républiques ; sous le signe de l'amitié*, Plon, 1972.

DUBOURG, Jean, *Conditions d'internement des Français en Indochine ; les crimes japonais après le 9 mars 1945 ; documents pour servir à l'histoire de la guerre 1939-1945*, Imprimerie française d'outre-mer, Saigon, 1948.

DUBY, Georges et MANDROU, Robert, *Histoire de la civilisation française* (deux volumes), *Tome II : XVII-XXèmes siècles*, Armand Colin, 1968.

DUBY, Georges, *Histoire de la France, Tome 3 : Les Temps Nouveaux, de 1852 à nos jours*, Larousse, 1972.

DUCLOS, Jacques, *Mémoires*, Tomes II, III et IV, Fayard (1968-1971) et Livre Club Diderot, 1970-1971.

DUFOURG, Robert, *Adrien Marquet devant la Haute Cour*, Editions Janmaray, Paris, 1948.

DUHAMEL, Georges, *Chronique des saisons amères 1940-1943*, Editions Paul Hartmann, Paris, 1945.

DUMAS, Marie-Claire, *Robert Desnos*, Cahier de l'Herne, n° 54, Paris, 1987.

DUMAS, Roland, *Le Fil et la pelote ; Mémoires*, Paris, Plon, 1996.

DUMEZ, Natalis, *Le mensonge reculera...*, Editions de « La Voix du Nord », Lille, 1946.

DUMONT, Jean, *Histoire secrète de la Gestapo*, 4 volumes, Editions de Crémille, Genève, 1971.

DUMONT, Jean, *Les grandes énigmes de l'Occupation*, Editions de Crémille, Genève, 1970.

DUMOULIN, Jean-Claude, *Du Côté des vainqueurs (Au crépuscule des crématoires)*, Paris, Ed. Tirésias, 1999.

DUNAN, René, *« Ceux de Paris » ; août 1944*, Editions du Milieu du Monde, Lausanne, 1945.

DUNOYER DE SEGONZAC, Pierre, *Le vieux chef ; mémoires et pages choisies*, Editions du Seuil, 1971.

DUPERIER, Bernard, *La vieille équipe*, Berger-Levrault, 1951.

DUPRAT, François, *Histoire des SS*, Editions des Sept Couleurs, 1968.

DUPRAT, François, *La croisade antibolchevique*, Editions des Sept Couleurs, Paris, 1974.

DUPUIS, Pierre, *Dunkerque ; Opération Dynamo*, Hachette, 1974.

DUPUY, Ferdinand, *La libération de Paris vue d'un commissariat de police*, Librairies-Imprimeries Réunies, Paris, 1945.

DUPUY, Marius, *Les Soviétiques dans les rangs de la Résistance ; sous-secteur « A » de la Dordogne*, ronéotypé chez l'auteur, Bègles, 1966.

DUQUESNE, Jacques, *Les catholiques français sous l'occupation*, Grasset, 1966.

DURAND, Paul, *La S.N.C.F. pendant la guerre, sa résistance à l'occupant*, collection « Esprit de la Résistance », Presses Universitaires de France, 1968.

DURAND, Pierre, *Ite, Missa est... ; Récits autobiographiques*, Le Temps des Cerises, Paris, 1999.

DURAND, Pierre, *La Chienne de Buchenwald*, Editions Temps Actuels, Paris, 1982.

DURAND, Pierre, *Les Armes de l'espoir ; Les Français à Buchenwald et à Dora*, Editions Sociales, 1982.

DURAND, Pierre, *Marcel Paul, vie d'un « pitau »*, Editions Temps Actuels, Paris, 1983.

DURAND, Pierre, *Vivre debout ; la Résistance*, La Farandole, Paris, 1974.

DURAND, Robert, *La lutte des travailleurs de chez Renault racontée par eux-mêmes ; 1912-1944*, Editions Sociales, 1971.

DURAND, Yves et VIVIER, Robert, *Libération des pays de Loire ; Blésois, Orléanais, Touraine*, Hachette-Littérature, 1974.

DURAND, Yves, *La Captivité ; histoire des prisonniers de guerre français, 1939-1945*, Edité par la Fédération nationale des combattants prisonniers de guerre et combattants d'Algérie, Tunisie, Maroc (FNCPG-CATM), Paris, 1980.

DURAND, Yves, *La France dans la Deuxième Guerre mondiale, 1939-1945*, Armand Colin, 1989.

DURAND, Yves, *La Vie quotidienne des prisonniers de guerre dans les stalags, les oflags et les kommandos, 1939-1945*, Hachette, 1986.

DURAND, Yves, *Le Loiret dans la guerre 1939-1945*, Editions Horvath, Roanne, 1983.

DURAND, Yves, *Vichy 1940-1944*, Bordas, 1972.

DURANDET, Christian, *Les maquis bretons*, France-Empire, 1973.

DURANDET, Christian, *Les maquis d'Auvergne*, France-Empire, 1973.

DURANDET, Christian, *Les maquis de Provence*, France-Empire, 1974.

DURANDET, Christian, *Les maquis des Ardennes*, France-Empire, 1975.

DURAND-SOUFFLAND, Jean-Michel, *Sur les plages normandes du débarquement ; le 6 juin à l'aube*, in « Cinquante-deux week-ends » proposés par « le Monde », Editions « Les Guides Blancs », Hachette, 1975.

DUROSELLE, Jean-Baptiste, *L'Abîme, 1939-1945*, Edition Imprimerie nationale, Paris, 1982.

DUROSELLE, Jean-Baptiste, *Les grands alliés et la résistance extérieure française*, in « European Resistance Movements », 1939-1945, Tome II, Editions Pergamon Press, Londres, 1964.

DUTILLEUL, Mounette, *Arthur Dallidet ou l'oubli de soi-même* in « Cahiers de l'Institut Maurice Thorez » n° 27 mai-juillet 1972.

DZELEPY, E. N., *Le secret de Churchill*, Editions du Pavillon, Paris, 1972.

ECO, Umberto, *Cinq questions de morale*, Grasset, 2000.

EDEN, Anthony, *Mémoires*, Plon, 1960-1965.

EFFEL, Jean, *De la troisième République à la seconde Restauration*, Editions Temps Actuels, Paris, 1981.
EFFERNELLE, Séraphin, *Maquis à Brancion*, Mâcon, Comité départemental de l'ANACR de Saône-et-Loire, 1976.
Eglise et chrétiens dans la Deuxième Guerre mondiale : la France, actes du Colloque national tenu à Lyon du 27 au 30 janvier 1978, Edition des Presses universitaires de Lyon, Lyon, 1982.
EHRENBOURG, Ilya, *La nuit tombe ; souvenirs*, collection « L'Air du temps », Gallimard, 1966.
EHRENBOURG, Ilya, *La Russie en guerre*, collection « L'Air du temps », Gallimard, 1968.
EICHMANN, Adolf, *Eichmann par Eichmann*, Grasset, 1970.
EISENHOWER, Dwight D., *Croisade en Europe ; mémoires sur la deuxième guerre mondiale*, Robert Laffont, 1949.
EISENHOWER, Général D. Dwight, général WILSON, sir MATTLAND et maréchal vicomte de MONTGOMERY, *Les opérations en Europe du Corps expéditionnaire Allié*, Berger-Levrault, 1947.
EISENHOWER, John S.D., *Opération brouillard d'Automne*, Presses de la Cité, 1969.
ELEK, Hélène, *En plein cœur ; III. Ami, entends-tu ? (1940-1945)*, Editions Comédie-Française, Saison 1976-1977, Soirées littéraires, Paris, 1977.
ELEK, Hélène, *La Mémoire d'Hélène*, Editions François Maspéro, Paris, 1977.
ELIACHEFF, Boris, *Ma carrière autour du monde*, Presses de la Cité, 1972.
ELMER, Marc, *Débarqués et témoins racontent... (Normandie 1944-45)*, Publications d'Arromanches, Caen, 1973.
ELSTOB, Peter, *Bastogne ; la bataille des Ardennes*, Marabout, 1970.
Elsa Triolet, n° spécial d'« Europe », juin 1971.
ELUARD, Paul, *Au rendez-vous allemand*, Editions de Minuit, 1945.
EMERY, Léon, *La France de Pétain à Giscard. Trente-cinq ans d'histoire politique*, Editions Albatros, 1975.
EMMANUEL, Pierre, *Combats avec les défenseurs*, Seghers, 1969.
EMMANUEL, Pierre, *Jour de colère ; poèmes*, Editions Charlot, Paris, 1945.
EMMANUEL, Pierre, *La poésie doit-elle avoir pour but la vérité pratique ?*, Les éditions du Cercle d'Education Populaire, Bruxelles, 1974.
EMMANUEL, Pierre, *Tombeau d'Orphée*, Seghers, 1967.
EPARVIER, Jean, *A Paris sous la botte des nazis*, Editions Raymond Schall, Paris, 1944.
EPARVIER, Jean, *Les évasions ; le prix de la liberté*, Collection « La Résistance par ceux qui l'ont faite », Denoël, 1965.
ERCKMANN-CHATRIAN, *L'Invasion*, Editions J.J. Pauvert, 1964.
ESCHOLIER, Raymond, *L'« Eternelle revue » ; créée dans la clandestinité par Paul Eluard, dirigée par Louis Parrot*, La Jeune Parque, Paris, décembre 1944.
ESCHOLIER, Raymond, *Maquis de Gascogne*, Editions du Milieu du Monde, Genève, 1945.
ESCRIENNE, Jean d', *De Gaulle de loin et de près*, Plon, 1978.
ESEBECK, H. G. von, *Rommel et l'Afrika Korps (1941-1943)*, Payot, 1961.
ESQUER, Gabriel, *8 novembre 1942, jour premier de la libération*, Editions Charlot, 1946.
Essai sur l'histoire du mouvement ouvrier algérien de 1920 à 1954, « Révolu-

tion Socialiste », revue politique, idéologique et culturelle du Parti de l'Avant-garde socialiste, n° 7 (s.l.n.d.).

ESTAGER, Jacques, *Ami, entends-tu ? ; la Résistance populaire dans le Nord/Pas-de-Calais*, Editions sociales-Messidor, Paris, 1986.

ESTIER, Claude, *La gauche hebdomadaire, 1914-1962*, collection « Kiosque », Armand Colin, 1962.

ETIENNE, Genovefa et MONIQUET, Claude, *Histoire de l'espionnage mondial*, Paris-Bruxelles, Ed. du Félin-Luc Pire, 1997.

EVRARD, Jacques, *La déportation des travailleurs français dans le IIIe Reich*, Fayard, 1972.

EYCHENNE, Emilienne, *Montagnards de la liberté ; les évasions par l'Ariège et la Haute-Garonne, 1939-1945*, Editions Milan, Toulouse, 1984.

EYCHENNE, Emilienne, *Montagnes de la peur et de l'espérance*, Editions Privat, Toulouse, 1978.

FABRE, Marc-André, *Dans les prisons de la Milice ; un mois au château des Brosses*, Edité par le M.L.N., 1944.

FABRE-LUCE, Alfred, *J'ai vécu plusieurs siècles...*, Fayard, 1974.

FABRE-LUCE, Alfred, *Journal de la France (1939-1944)*, Fayard, 1969.

FABRY, Jacqueline, *Marianne aux barricades ; juin 1940-août 1944 ; les plus belles histoires de femmes françaises pendant la guerre et la libération*, Editions Nicéa, Paris, 1944.

FAIVRE, Mario, *Le Chemin du Palais d'Eté : Alger 1942*, Editions Regirex-France, Paris, 1982.

FAIVRE, Mario, *Nous avons tué Darlan*, Paris, La Table Ronde, 1975.

FAJON, Etienne, *Ma vie s'appelle liberté*, Robert Laffont, 1976.

FALCONI, Carlo, *Le silence de Pie XII (1939-1945)*, Editions du Rocher, 1965.

FALIGOT, Roger et KAUFFER, Rémi, *Histoire mondiale du renseignement*, 2 vol., Paris, Robert Laffont et Gérard de Villiers, 1993.

FALIGOT, Roger et KAUFFER, Rémi, *Les Résistants ; de la guerre de l'ombre aux allées du pouvoir*, Fayard, 1989.

FALIGOT, Roger et KAUFFER, Rémi, *Service B*, Fayard, 1985.

FALIGOT, Roger et KROP, Pascal, *La Piscine ; les services secrets français 1944-1984*, Le Seuil, 1985.

FALIGOT, Roger, *Naisho ; enquête au cœur des services secrets japonais*, Paris, La Découverte, 1997.

FARAGO, Ladislas, *Le Quatrième Reich, Martin Bormann et les rescapés nazis en Amérique du Sud*, Pierre Belfond, 1975.

FARGE, Yves, *Rebelles, soldats et citoyens ; souvenirs d'un commissaire de la République*, Grasset, 1946.

FAUCHER, Jean-André et JACQUEMART, Noël, *Le quatrième pouvoir, la presse française de 1830 à 1960*, n° spécial de « l'Echo de la Presse et de la Publicité », 1968.

FAULKNER, William, *De Gaulle : Scénario*, Gallimard, 1990.

FAURE, Christian, *Le Projet culturel de Vichy*, Editions du CNRS et Presses universitaires de Lyon, 1989.

FAURE, Edgar, *Mémoires*, 2 vol., *I. Avoir toujours raison... c'est un grand tort* ; et II. *Si tel doit être mon destin ce soir*, Plon, 1982 et 1984.

FAURE, Michel, *Histoire du surréalisme sous l'Occupation*, Editions La Table ronde, Paris, 1982.

FAURE, Pétrus, *Un procès inique*, Flammarion, 1973.

FAURE-BIGUET, J. N., *Le général Leclerc*, Plon, 1948.

FAUVET, Jacques, (avec DUHAMEL, Alain), *Histoire du Parti communiste français 1920-1976*, Fayard, 1977.

FAVREAU, Ivan, *Les Mouettes en rient encore*, Balland, 1988.

FAY, Bernard, *De la prison de ce monde...*, Plon, 1974.

Fédération départementale FFI du Doubs et du Jura nord, *Pages de la Résistance Franc-comtoise ; Les FFI du Doubs et du Jura nord 1943-1944*, Imprimerie H. Robert, Besançon, 1968.

Fédération Internationale des Résistants, 2e *Conférence internationale pour l'enseignement de l'histoire de la Résistance ; Prague les 13, 14 et 15 avril 1965*, édité par la FIR, Vienne, 1965.

Fédération Internationale des Résistants, *Journées internationales d'études sur la législation et les droits des Résistants, Bruxelles, les 22 et 23 octobre 1955*, édité par la FIR, Vienne, 1956.

FEIGELSON, Raph, *Le crime du 15 décembre*, Editions Jean Grassin, Paris, 1965.

Les Femmes dans la Résistance, Actes du colloque tenu à l'initiative de l'Union des Femmes françaises (La Sorbonne, 22 et 23 novembre 1975), Paris, Ed. du Rocher, 1977.

Femmes extraordinaires, Editions de la Courtille, Poitiers, 1979.

FERRAND, Roger, *Révolte à la Centrale d'Eysses*, Editions Hier et Aujourd'hui, 1947.

FERRIERES, Gabrielle, *Jean Cavaillès, philosophe et combattant (1903-1904)*, Presses Universitaires de France, 1950.

FERRO, Marc, *Pétain*, Fayard, Paris, 1987.

FERRO, Maurice, *De Gaulle et l'Amérique : une amitié tumultueuse*, Plon, 1973.

FEST, Joachim C., *Les maîtres du Troisième Reich*, Grasset, 1965.

FEST, Joachim, *Hitler*, 2 vol., Gallimard, 1973.

FFI-FTPF, *Pages de gloire des vingt-trois*, Immigration-CFDI, Paris, 1951.

FIGUERES, Léo, *Jeunesse militante ; chronique d'un jeune communiste des années 30-50*, Editions Sociales, 1971.

FITERE, Jean-Marie, *Panzers en Afrique ; Rommel et l'Afrikakorps*, Editions des Presses de la Cité, Paris, 1980.

FLAMAND, Colonel Roger, *Paras de la France Libre*, Presses de la Cité, 1976.

FLAVIAN, Conrad L., *Ils furent des hommes*, Nouvelles Editions Latines, 1948.

FLAVIGNY, René, *Histoire d'un soldat de l'armée d'Afrique*, La Pensée universelle, 1974.

FLEURY, Emmanuel, *La participation des postiers à l'insurrection nationale*, Imprimerie Roger Tirand, Paris, 1944.

FLOEGE, Ernest-Fred, *Un petit bateau tout blanc*, Imprimerie Commerciale, Le Mans, 1962.

FLORENTIN, Eddy, *Der Rückmarsch ; la 5e Panzer Armée, retraite de Normandie*, Presses de la Cité, 1974.

FLORENTIN, Eddy, *La poursuite ; opération Paddle*, Presses de la Cité, 1969.

FLORENTIN, Eddy, *Le Havre 44 à feu et à sang*, Presses de la Cité, 1976.

FLORENTIN, Eddy, *Stalingrad en Normandie*, Presses de la Cité, 1965.

FLORIOT, René et CHAMPIGNY, Daniel, *La hausse illicite et le marché noir*, Librairie Française de Documentation, Paris, 1943.

FLORY, Claude, *Touvier m'a avoué*, Editions Michel Lafon, Paris, 1989.

FNDT, *Pourquoi nous sommes des victimes de la déportation du travail*, édité par l'Association départementale de la Seine des déportés du travail et réfractaires, Paris, 1961.

FOLCHIER, Gustave, *Les Carnets de guerre de G. Folcher, paysan languedocien (1939-1945)*, Editions Maspéro, Paris, 1981.

FONTAINE, André, *Histoire de la guerre froide*, Tome I, Fayard, 1969.

FONTENAY, Fernand, *La Cagoule contre la France*, Editions Sociales Internationales, 1938.

FONTEYNE, Jean, *Buchenwald*, Editions M. Bareau, Bruxelles, 1975.

FONTEYNE, Jean, *Le procès des 44*, Editions Regenboog, Anvers, 1940.

FONVIEILLE-ALQUIER, François, *Les Français dans la drôle de guerre, 39-40*, Laffont, 1971.

FOOT, Michael Richard Daniel, *Résistance*, Paladin-Granada Publishing, Londres, 1976.

FOOT, Michael Richard Daniel, *SOE in France ; An Account of the Work of the British Special Operations Executive in France 1940-1944*, University Publications of America Inc., Frederick (Maryland), 1984.

Forfaits hitlériens ; documents officiels, « Cahiers de traits » n°s 6-7, Editions des Trois Collines, Genève-Paris, 1945.

FORT, Etienne-Joseph, *Un gadz'arts franc-tireur ; scènes vécues de la campagne de 1870-1871*, Editions Librairie des Facultés, Paris, 1934.

FOUCART, Jacques, *Les graffiti de la rue d'Auxonne*, Imprimerie Jobard, Dijon, 1946.

FOUCHET, Christian, *Mémoires d'hier et de demain, T. 1 — Au service du général de Gaulle ; Londres 1940, Varsovie 1945, Alger 1962, mai 1968 ; T. 2 — Les lauriers sont coupés*, Plon, 1971 et 1973.

FOUCHET, Max-Pol, *Fontaines de mes jours*, Stock, 1979.

FOUCHET, Max-Pol, *Les Poètes dans la guerre*, Club Pour Vous-Hachette, 1979.

FOUCHET, Max-Pol, *Un jour, je m'en souviens ; mémoire parlée*, Mercure de France, 1968.

FOUERE, Yann, *La Bretagne écartelée*, Nouvelles Editions Latines, 1961.

FOUERE, Yann, *La Patrie interdite ; histoire d'un Breton*, France-Empire, 1987.

FOULON, Charles-Louis et OSTIER, Jacques, *Charles de Gaulle, un siècle d'histoire*, Editions Ouest-France, Rennes, 1990.

FOULON, Charles-Louis, *Le pouvoir en province à la Libération ; les Commissaires de la République 1943-1946*, Armand Colin, 1975.

FOURCADE, Dominique, *René Char*, Cahier de l'Herne n° 15, Editions de l'Herne, 1971.

FOURCADE, Marie-Madeleine, *L'Arche de Noé*, Fayard, 1968.

FOURNIER, Raymond, *La France des Maquis*, coll. « La Résistance par ceux qui l'ont faite », Denoël, 1964.

FOURNIER, Raymond, *Terre de combat ; récits sur la Résistance*, Imprimerie Maury, Millau, 1973.

FOUVEZ, Charles, *Le mystère Weygand*, La Table Ronde, 1967.

FOVILLE, Jean-Marc de, *L'entrée des Allemands à Paris (14 juin 1940)*, Calmann-Levy, 1965.

FOX, Edward W., *L'autre France*, Flammarion, 1973.

FRACHON, Benoit, *Au rythme des jours ; rétrospective de vingt années de luttes de la C.G.T.* (textes choisis), Editions Sociales, 1967.

La France sous l'Occupation, collection « Esprit de la Résistance », Presses Universitaires de France, 1959.

FRANCE-PRESSE, Agence, *Procès Barbie ; l'agence France-Presse raconte*, AFP, Paris, 1987.

Francine Fromond, fusillée à Fresnes le 5 août 1944, Edité par l'Union des Femmes Françaises, Paris (s.d.).

FRANÇOIS, Camille, *Résistance en pays nantais, guerre 1939-1945. Des maquisards racontent*, Editions des Paludiers, La Baule, 1984.

FRANCOIS-PONCET, André, *Souvenirs d'une ambassade à Berlin*, Flammarion, 1946.

FRANCOS, Ania, *Il était des femmes dans la Résistance*, Stock, 1978.

FRANCOTTE, Robert, *Une vie de militant communiste*, Editions du Pavillon, Paris, 1973.

FRANQUEVILLE, Robert, *Rien à signaler ; deux ans à Oranienburg*, Editions Attinger, Paris, 1946.

FRANZINELLI, Mimmo, *I tentacoli dell' Ovra ; Agenti, collaboratori e vittime della polizia fascista*, Bollati Boringhieri Editore, Turin, 1999.

FREFAJON, Docteur G.L., *Bergen-Belsen, bagne sanatorium*, Editions de la librairie Valois, 1947.

FREIRE, Jean, *Les maquis au combat*, Julliard, 1970.

FRELASTRE, Georges, *Les complexes de Vichy, ou Vichy Les Capitales*, France-Empire, 1975.

FRENAY, Henri, *Volontaires de la nuit*, Robert Laffont, 1975.

FREVILLE, Henri, *Archives secrètes de Bretagne 1940-1944*, Editions Ouest-France, Rennes,1985.

FRIANG, Brigitte, *Regarde-toi qui meurs*, Laffont, 1971.

FRIEDLANDER, Saul, *Kurt Gerstein ou l'ambiguité du bien*, Casterman, 1967.

FRIEDLANDER, Saul, *L'antisémitisme nazi ; histoire d'une psychose collective*, Editions du Seuil, 1971.

FRIEDLANDER, Saul, *Pie XII et le IIIe Reich*, Seuil, 1964.

FRISCHMANN, Georges, *Histoire de la Fédération C.G.T. des P.T.T., 1927-1945 : des origines au statut des fonctionnaires*, Editions Sociales, 1967.

FRITSCH-ESTRANGIN, Guy, *New-York entre De Gaulle et Pétain ; les Français aux Etats-Unis de 40 à 46*, Editions de la Table Ronde, 1969.

FROMENT, Pascale, *René Bousquet*, Paris, Stock, 1994.

Front National, *Le massacre d'Oradour sur Glane par les hordes hitlériennes*, Limoges, 1944.

FROSSARD, André, *La France en général*, Plon, 1975.

FROSSARD, André, *La maison des otages*, Fayard, 1960.

FROSSARD, André, *Le Crime contre l'humanité*, Robert Laffont, 1987.

FUCHS, Gottlieb, *Le renard*, Albin Michel, 1973.

FUGAIN, Docteur Pierre, *Ici l'ombre...*, Edité par le Centre Régional de Documentation pédagogique de Grenoble, 1971.

GABRIEL-ROBINET, Louis, *Kœnig, un chevalier*, France-Empire, 1973.

GABRIEL-ROBINET, Louis, *Une vie de journaliste*, Grasset, 1970.

GAILLARD, Lucien, *Marseille sous l'Occupation*, Editions Ouest-France, Rennes, 1982.

GAILLARDIN, Casimir, *Histoire du règne de Louis XIV ; Récits et tableaux ; six volumes ; troisième partie ; la décadence : guerres de la seconde coalition et de la succession d'Espagne*, Editions Lecoffre fils et Cie, Paris, 1876.

GALLO, Max, *Cinquième colonne, 1930-1940*, Plon, 1970.
GALLO, Max, *L'Italie de Mussolini ; vingt ans d'ère fasciste*, Librairie Académique Perrin, 1964.
GALLO, Max, *De Gaulle*, 4 volumes, Robert Laffont, 1998.
GALTIER-BOISSIERE, Jean, (avec la collaboration de ALEXANDRE, Charles), *Histoire de la guerre 1939-1945*, La jeune Parque, 1965.
GALTIER-BOISSIERE, Jean, *Mon journal dans la drôle de paix*, La Jeune Parque, 1947.
GAMBIEZ, Fernand, *Libération de la Corse*, Hachette-Littérature, 1973.
GAMELIN, Général Maurice, *Servir*, Plon, 1946.
GAMELIN, Paul, *Le mur de l'Atlantique ; le blockhaus de l'illusoire*, Editions Daniel et Compagnie, Paris, 1974.
GANIER-RAYMOND, Philippe, *L'affiche rouge*, Fayard, 1975.
GANIER-RAYMOND, Philippe, *Le réseau étranglé*, Fayard, 1967.
GANIER-RAYMOND, Philippe, *Une certaine France : l'antisémitisme 40-44*, André Balland, 1975.
GARCIN, Jean, *De l'armistice à la Libération*, chez l'auteur, Digne, 1990.
GARCIN, Jérôme, *Pour Jean Prévost*, Paris, Gallimard, 1994.
GARCIN, Paul, *Interdit par la censure, 1942-1944*, Editions Lugdunum, Paris-Lyon, 1944.
GARCIN, Paul, *La haine, reportages clandestins, 1940-1944*, Editions Lugdunum, Paris-Lyon, 1946.
GARÇON, François, *De Blum à Pétain ; cinéma et société française (1936-1944)*, Editions du Cerf, Paris, 1984.
GARÇON, Maurice, *Plaidoyer pour René Hardy*, Fayard, 1950.
GARDER, Michel, *La guerre secrète des services spéciaux français (1935-1945)*, Plon, 1967.
GARY, Romain, *La nuit sera calme*, Gallimard, 1974.
GASCAR, Pierre, *Histoire de la captivité des Français en Allemagne (1939-1945)*, Gallimard, 1967.
GATEAU, Jean-Charles, *Paul Eluard ou le frère voyant*, Robert Laffont, 1988.
GAUCHE, Général, *Le deuxième Bureau au travail (1935-1940)*, Amiot-Dumont, 1950.
GAUCHERON, Jacques, *La Poésie, la Résistance, du Front populaire à la Libération*, Les Editeurs français réunis, Paris, 1979.
GAUDIAT, Aimé, « *Machefer* », La Pensée universelle, Paris, 1974.
De Gaulle ou l'éternel défi, cinquante-six témoignages recueillis par Jean Lacouture et Roland Mehl, Le Seuil, 1988.
GAULLE, Charles de, *Articles et écrits*, Plon, 1975.
GAULLE, Charles de, *Charles de Gaulle*, collection « Génies et Réalités », Editions Réalités-Hachette, 1973.
GAULLE, Charles de, *De Gaulle (1890-1970), Ce qu'ils ont dit de lui...*, Editions J. P. Taillandier, 1970.
GAULLE, Charles de, *Discours et messages pendant la guerre (1940-1946)*, Librairie Berger-Levrault, 1946 et Plon, 1970.
GAULLE, Charles de, *La discorde chez l'ennemi*, Editions Berger-Levrault, 1970.
GAULLE, Charles de, *La France et son armée*, Plon, 1938.
GAULLE, Charles de, *Le fil de l'épée*, Editions Berger-Levrault, 1944 et collection « 10-18 », Union générale d'éditions, 1962.

GAULLE, Charles de, *Mémoires de guerre*, Plon, 1954, 1956, 1959 et Le Livre de Poche, 1961.

GAULLE, Charles de, *Mémoires d'Espoir* (deux volumes), *Tome I : Le renouveau (1958-62) ; Tome II : L'effort (1962...)* Plon, 1971.

GAULLE, Charles de, *Trois études précédées du mémorandum du 26 janvier 1940*, Librairie Berger-Levrault, 1945 et Plon, 1971.

GAULLE, Philippe de, *De Gaulle*, Plon, 1989.

GAULTIER, Marcel, *Prisons japonaises, récit vécu*, Editions Regain, Monte-carlo (s. d.).

GAUTHIER, Paul, *Chronique du procès Barbie pour servir la mémoire*, Les Editions du Cerf, Paris, 1988.

GAY, Francisque, *Témoignages*, Imprimerie commerciale, Le Mans, 1964.

GAYRAUD, Paul, *La guerre du brassard ; maquis du Rouergue*, Editions Jeanne Saintier, Paris, 1946.

GAZAGNAIRE, Louis, *Dans la nuit des prisons*, Editions Sociales, 1973.

GAZAGNAIRE, Louis, *Le Général Leclerc vu par ses compagnons de Combat*, Editions Alsatia, Paris, 1948.

GAZAGNAIRE, Louis, *Le peuple héros de la Résistance ; témoignages de patriotes de Provence*, Editions Sociales, 1971.

GEHLEN, Reinhard, *L'organisation Gehlen ; mémoires*, Presses de la Cité, Fayard, 1972.

GENERMONT, Josiane, *Aspects d'un mouvement de Résistance, « Libération-Nord »*, maîtrise d'histoire présentée sous la direction de Monsieur René Rémond, Paris, 1972.

GEORGE, Bernard, *Brasillach*, Editions Universitaires, 1968.

GEORGEL, Pierre, *Jean Cassou*, coll. « Poètes d'Aujourd'hui », Seghers, 1967.

GEORGES, François, CHOULET, Philippe, CARASSOU, Michel, RIOUX, Jean-Pierre, SCHWARTZ, Olivier et autres, *Visages de la Résistance*, Editions La Manufacture, Lyon, 1987.

GEORGES-ROUX, *Mussolini*, Fayard, 1960.

GERARD, Jo, *La Belgique sous l'occupation (1940-1944)*, Editions Meddens, Bruxelles, 1974.

GERARD-LIBOIS, J. et GOTOVITCH, José, *L'an 40 ; la Belgique occupée*, Editions Crisp, Bruxelles, 1971.

GERAR-DUBOT, Paul, *« Maintenant il faut le dire ! »*, hors-commerce, 1952.

GERIN-RICARD, Lazare de et TRUC, Louis, *Histoire de l'Action Française*, Editions Fournier-Valdes, 1949.

GERNOUX, Alfred, *Chateaubriant et ses martyrs*, Editions du Fleuve, Nantes, 1946.

GERNOUX, Alfred, *Le maquis de Saffré*, Imprimerie de Bretagne, Nantes, 1944.

GERNOUX, Alfred, *Pays nantais ; la guerre vue par les enfants ; 1939-1945*, Imprimerie F. Jagueneau, Nantes (s. d.).

GEVAUDAN, Honoré, *Tiens, vous faites ce métier-là !* Fayard, 1974.

GEX LE VERRIER, Madeleine, *Une Française dans la tourmente*, Editions Emile-Paul Frères, Paris, 1945.

GHEYSENS, Roger, *Aventuriers de l'histoire, les espions*, Editions Elsevier Séquoïa, Bruxelles, 1973.

GHEYSENS, Roger et LAUNAY, Jacques de, *Histoire de la guerre psychologique et secrète (1939-1963)*, Editions Rencontre, 1970.

GIDE, André, *Journal*, Gallimard, 1946-1950.

GILBERT, Charles, *Soldats bleus dans l'ombre ; le commandant Guillaudot et ses gendarmes dans la Résistance*, Editions Le Cercle d'or, les Sables-d'Olonne, 1977.

GILBERT-DREYFUS, Professeur, (DEBRISE, Gilbert), *Cimetières sans tombeaux*, Plon, 1979.

GILLOIS, André, *Histoire secrète des Français à Londres de 1940 à 1944*, Hachette-Littérature, 1973.

GILLOT, A., ELUARD, P., TRIOLET, E. et GAUCHERON, J., *Les Maquis de France, peintures de Jean Amblard*, Cercle d'Art, 1951.

GILLOT, Simone et Auguste, *Un couple dans la Résistance*, Editions Sociales, 1975.

GINETTE, Lieutenant, *Le temps des fauves*, La Pensée Universelle, 1972.

GIOLITTO, Pierre, *Histoire de la Milice*, Paris, Librairie Académique Perrin, 1997.

GIOLITTO, Pierre, *Volontaires français sous l'uniforme allemand*, Paris, Librairie Académique Perrin, 1999.

GIOVONI, Arthur, *La libération de la Corse et ses premiers enseignements*, Editions Liberté, Alger, 1944.

GIRARD, Louis-Dominique, *La guerre franco-française*, Editions André Bonne, Paris, 1950.

GIRAUD, Général, *Mes évasions*, Fayard, 1946.

GIRAUD, Henri-Christian, *De Gaulle et les communistes*, volumes 1 et 2, Albin Michel, 1989.

GIRAUDOUX, Jean, *Armistice à Bordeaux*, Editions du Rocher, Monaco, 1945.

GIRAULT, Jacques, *Benoît Frachon, communiste et syndicaliste*, Fondation nationale des Sciences politiques, Paris, 1989.

GIROUD, Françoise, *Si je mens...*, Stock, 1972.

GISEVIUS, H.B., *Jusqu'à la lie*, Calmann-Lévy, 1949.

GISKES, Hermann J., *Londres appelle Pôle Nord*, Plon, 1958.

GIUGLIARIS, Marcel, *Le Japon perd la guerre du Pacifique ; de Pearl Harbour à Hiroshima*, Fayard, 1958.

GIUSTO, Jean-Pierre, MOURIER, Maurice et PAUL, Jean-Jacques, *Sur Henri Michaux*, Presses universitaires de Valenciennes, 1988.

GODFROY, Vice-Amiral, *L'aventure de la force X (escadre française de la Méditerranée orientale) à Alexandrie (1940-1943)*, Plon, 1953.

GOES, Albrecht, *Jusqu'à l'aube...*, Albin Michel, 1953.

Golias Magazine ; n° 56, *La Sainte collaboration*, Villeurbanne, 1997.

GORCE, Paul-Marie de La, *De Gaulle entre deux mondes ; une vie et une époque*, Fayard, 1964.

GORCE, Paul-Marie de La, *La République et son armée*, Fayard, 1963.

GORCE, Paul-Marie de La, *De Gaulle*, Librairie Académique Perrin, 1999.

GORLITZ, Walter et QUINT, Herbert A., *Adolf Hitler*, 2 vol., Amiot-Dumont, 1953.

GOSSET, André et LECOMTE, Paul, *Caen pendant la bataille*, Editions Ozanne, Caen, 1946.

GOUFFAULT, Roger, *Ebensee, Kommando de Mauthausen*, édité par l'Amicale nationale des déportés et familles de disparus de Mauthausen, Paris, 1974.

GOUNELLE, Claude, *De Vichy à Montoire*, Presses de la Cité, 1966.

GOUNELLE, Claude, *Le dossier Laval*, Plon, 1969.

GOUREVITCH, Lev, *Agents secrets contre Eichmann*, coll. « l'Air du temps », Gallimard, 1961.

GOUTARD, A., *1940, La guerre des occasions perdues*, Hachette, 1956.

GRALL, Jeanne, *Caen sous l'Occupation*, Editions Ouest-France, Rennes, 1980.

GRANCHER, Jacques, *Cinquante jours dans les griffes de la milice ; souvenirs du lieutenant Castor*, Imprimerie du Haut-Jura, Morez, 1945.

GRANDVAL, Gilbert et COLLIN, A. Jean, *Libération de l'Est de la France*, Hachette-Littérature, 1974.

GRANET, Marie, *Ceux de la Résistance (1940-1944)*, Les Editions de Minuit, 1964.

GRANET, Marie, *Cohors-Asturie ; histoire d'un réseau de Résistance (1942-1944)*, Editions des Cahiers de la Résistance, Bordeaux, 1974.

GRANET, Marie, *Défense de la France ; histoire d'un mouvement de Résistance (1940-1944)*, collection « Esprit de la Résistance », Presses Universitaires de France, 1960.

GRANET, Marie et MICHEL, Henri, *Combat ; histoire d'un mouvement de Résistance de juillet 1940 à juillet 1943*, collection « Esprit de la Résistance », Presses Universitaires de France, 1957.

GRANET, Marie, *Le journal « Défense de la France »*, collection « Esprit de la Résistance », Presses Universitaires de France, 1961.

GRANGEON, Lucien, *Histoire du maquis « Vasio »*, Imprimerie Vasio, Vaison-la-Romaine, 1945.

GRANIER, Jacques, *Schirmeck ; histoire d'un camp de concentration*, Editions des « Dernières Nouvelles », Strasbourg, 1968.

GRANIER, Jacques, *Un général a disparu*, Presses de la Cité, 1971.

GRECE, Michel de, *Ma sœur l'Histoire, ne vois-tu rien venir ?*, Julliard, 1970.

GREEN, Gerald, *Holocauste, roman*, Robert Laffont, 1978.

GREILSAMER, Laurent et SCHNEIDERMANN, Daniel, *Un certain monsieur Paul ; l'affaire Touvier*, Fayard, 1989.

GRENIER, Fernand, *C'était ainsi (1940-1945)*, Editions Sociales, 1959 et Livre Club Diderot, 1970.

GRENIER, Fernand, *Ceux de Chateaubriant*, Editions Sociales, 1961.

GRENIER, Fernand, *Journal de la drôle de guerre ; septembre 1939-juillet 1940*, Editions Sociales, 1969.

GRENIER, Fernand, *Sur l'Afrique du Nord, documents*, Editions Communist Party of Great-Britain, Londres, 1943.

Grenoble et le Vercors : de la Résistance à la Libération, Actes du Colloque tenu à Grenoble à l'Institut d'études politiques, Editions La Manufacture, Lyon, 1985.

GREY, Marina, *Mimizan-sur-guerre*, Stock, 1976.

GRIFFITHS, Richard, *Pétain et les Français*, Calmann-Lévy, 1974.

GRIGORENKO, Piotr, *Staline et la deuxième guerre mondiale*, Editions de l'Herne, 1969.

GRIOTTERAV, Alain, *1940 : la droite était au rendez-vous ; qui furent les premiers résistants ?*, Robert Laffont, 1985.

GRIOTTERAY, Alain, *Si la France parlait...*, Fayard, 1973.

GRISONI, Dominique et HERTZOG, Gilles, *Les Brigades de la mer*, Grasset, 1979.

GRMEK, Mirko D. et LAMBRICHS, Louise L., *Les Révoltés de Villefranche ; Mutinerie d'un bataillon de Waffen-SS ; septembre 1943*, Paris, Le Seuil, 1998.

GRONOWSKI-BRUNOT, Louis, *Le Dernier Grand Soir ; un Juif de Pologne...*, Le Seuil, 1980.

GROSSMANN, Vassili, *L'enfer de Treblinka*, Arthaud, 1945.

GROUES-PIERRE, Abbé H. A., *Juillet 1942-juin 1944 : 23 mois de vie clandestine ; Vercors, Paris, Madrid, Gibraltar, Alger*, Conférences de l'Information, Paris, 1945.

GROULT, Benoite et Flora, *Journal à quatre mains*, Denoël, 1962 et Livre de Poche, 1969.

GROU-RADENEZ, Frédérique, *Les perles noires*, Grasset, 1971.

GROUSSARD, Colonel Georges, *Chemins secrets*, Editions Bader-Dufour, Paris-Malhouse-Lausanne, 1948.

GROUSSARD, Georges A., *L'armée et ses drames*, La Table Ronde, 1968.

GROUSSARD, Georges A., *Service Secret 1940-1945*, La Table Ronde, 1964.

GRUNDLER, Gerhard E. et MANIKOWSKY, Arnim von, *Nuremberg ou la justice des vainqueurs*, Robert Laffont, 1969.

GRYNBERG, Anne, *Les Camps de la honte ; Les internés juifs des camps français ; 1939-1944*, Paris, La Découverte, 1991.

GUDERIAN, Generaloberst Heinz, *A la tête des Panzers ; souvenirs d'un soldat*, Plon, 1965.

GUEGUEN-DREYFUS, Georgette, *Résistance Indre et Vallée du Cher*, Editions Sociales, 1970.

GUEHENNO (CEVENNES), Jean, *Dans la prison*, Les Editions de Minuit, 1944 et 1946.

GUEHENNO, Jean, *Journal des années noires (1940-1944)*, Gallimard, 1947.

GUERPEL, Xavier de, *1939-1945, une certaine vie de château au bocage normand ; témoignage d'un agriculteur*, Editions Charles Corlet, Condé-sur-Noireau, 1973.

GUERRE, Pierre, *René Char*, coll. « Poètes d'Aujourd'hui », Seghers, 1971.

GUIBON, Georges, *Témoin du 19 août 1942 ; journal d'un Dieppois*, Editions des Informations dieppoises, 1967.

GUICHARD, Jean-Pierre, *De Gaulle et les mass media ; l'image du Général*, France-Empire, 1985.

GUICHARD, Olivier, *Mon Général*, Grasset, 1980.

GUICHETEAU, Gérard, *La « Das Reich » et le cœur de la France*, Editions Daniel et Compagnie — L'Echo du Centre, Paris, 1974.

GUICHETEAU, Gérard, *Marseille 1934 ; la fin du vieux port*, Editions Daniel et Cie « Le Provençal », Paris — Marseille, 1973.

GUIDEZ, Guylaine, *Femmes dans la guerre ; 1939-1945*, Librairie académique Perrin, 1989.

GUIERRE, Commandant Maurice, *Marine-Dunkerque, mon équipe de combat*, Flammarion, 1942 et J'ai lu, 1970.

GUILLAIN DE BENOUVILLE, Pierre, *Le sacrifice du matin*, Laffont, 1946.

GUILLAIN, Robert, *La Guerre au Japon ; de Pearl Harbor à Hiroshima*, Stock, 1979.

GUILLAUME, Général Augustin, *Annibal franchit les Alpes (218 avant J.-C.)*, Editions des Cahiers de l'Alpe, Grenoble, 1967.

GUILLAUME, Général Augustin, *Pourquoi l'Armée Rouge a vaincu...*, Julliard, 1948.

GUILLAUME, Gilbert, *Mes missions face à l'Abwehr ; contre-espionnage 1938-1945*, 2 volumes, Plon, 1971.

GUILLAUME, Paul, *Au temps de l'héroïsme et de la trahison*, Librairie Loddé, Orléans, 1978.

GUILLAUME, Paul, *Les martyrs de la Résistance en Sologne*, Editions J. Loddé, Orléans, 1945.

GUILLEMIN, Henri, *Le Général clair-obscur*, Le Seuil, 1984.

GUILLEMIN, Henri, *Nationalistes et nationaux (1870-1940)*, collection « Idées », Gallimard, 1974.

GUILLEVIC, Eugène, *Exécutoire, poèmes*, Gallimard, 1947.

GUILLEVIC, *Vivre en poésie*, Stock, 1980.

GUILLO, Francis et MARCHAND, Jean, *Le truand*, Editions Ouvrières, Paris, 1975.

GUILLON, Amiral Jacques, *De Carthage à Berchtesgaden ; souvenirs d'un marin (1930-1945)*, Plon, 1974.

GUINGOUIN, Georges, *Documents et récits sur la libération de la ville de Limoges*, Imprimerie E. Rivet, Limoges, 1944.

GUINGOUIN, Georges et MONEDIAIRE, Gérard, *Georges Guingouin, premier maquisard de France*, Editions Lucien Souny, Limoges, 1983.

GUINGOUIN, Georges, *Quatre ans de lutte sur le sol limousin*, Hachette-Littérature, 1974.

GUITRY, Sacha, *60 jours de prison*, Editions de l'Elan, Paris, 1949.

GUN, Nerin E., *Les Secrets des archives américaines*, 2 vol., I. *Pétain, Laval, de Gaulle* ; II. *Ni de Gaulle ni Thorez*, Albin Michel, 1979 et 1983.

GUTTIERES, Jacques, *Le chemin du maquis (Villeneuve-sur-Lot, Ain, Jura) ; journal de marche d'un médecin*, Editions librairie Raynaud, Paris, 1972.

HAEDRICH, Marcel, *Seul avec tous*, Robert Laffont, 1973.

HAFFNER, Sebastian, *Le pacte avec le diable*, Laffont, 1969.

HAGEN, Walter, *Le front secret*, Editions des Iles d'Or, 1952.

HAINCHELIN, Charles, *Les francs-tireurs dans l'histoire de France*, Editions France d'Abord, 1945.

HAKIM, Gerald, *Un Anglais dans la Résistance*, Presses de la Cité, 1968.

HALDER, Général Franz, *Hitler, seigneur de guerre*, Payot, 1950.

HALIMI, André, *Chantons sous l'Occupation*, Olivier Orban, 1976.

HALIMI, André, *La Délation sous l'Occupation*, Editions Alain Moreau, Paris, 1983.

HALL, Roger, *Les paras terribles*, coll. « La guerre secrète », Fayard, 1964.

HAMEL, Jean-François, *Croix gammées sur le Cotentin ; journal de l'Occupation, juin 1940-juin 1944*, Editions OCEP, Coutances, 1974.

HAMELIN, France, *Femmes dans la nuit ; 1939-1944*, Editions Renaudot et Cie, Paris, 1988.

HAMILTON, Alistair, *L'illusion fasciste ; les intellectuels et le fascisme, 1919-1945*, Gallimard, 1973.

HAMON, Léo, *La Révision ; la vraie fidélité*, Stock, 1974.

HAMON, Léo, *Vivre ses choix*, Robert Laffont, 1991.

HAMSHER, William, *Albert Speer, coupable ou victime*, France-Empire, 1972.

HANDOURTZEL, Rémy et BUFFET, Cyril, *La Collaboration... à gauche aussi*, Librairie académique Perrin, Paris, 1989.

HANGOUET, Alfred, *L'Affaire Lecoze*, CLD Normand et Cie éditeur (s. l.), 1978.

HANSEN, James H., *Japanese Intelligence ; The Competitive Edge*, Washington, National Intelligence Book Center Press, 1996.

HANSI, *Professeur Knatschke ; œuvres complètes du grand savant allemand et de sa fille Elsa*, Floury éditeur, Paris, 1947.
HARDY, René, *Derniers mots ; Mémoires*, Fayard, 1984.
HAREL, Isser, *La Maison de la rue Garibaldi*, Robert Laffont, 1975.
HARRIS, André et SEDOUY, Alain de, *Juifs et Français*, Grasset, 1979.
HARZER, Philippe, *Klaus Barbie et la Gestapo en France*, Editions Le Carrousel-FN, Paris, 1983.
HASSEL, Sven, *Gestapo ; chapeau mou et manteau de cuir*, Presses de la Cité, 1965.
HAUKELID, Knut, *L'épopée de l'eau lourde*, Editions de l'Elan, Paris, 1948.
HAUSNER, Gidéon, *Justice à Jérusalem*, Flammarion, 1976.
HECKE, Général A.S. Van, *Les chantiers de la jeunesse au secours de la France, 1941-1945*, Nouvelles Editions Latines, 1970.
HEGER, Heinz, *Des hommes au triangle rose. Journal d'un déporté homosexuel (1939-1945)*, Editions Persona, Paris, 1980.
HEIBER, Helmut, *Himmler aux cent visages, 387 lettres du et au Reichsführer-SS*, Fayard, 1969.
HEILBRONN, Max (avec VARIN, Jacques), *Galeries Lafayette, Buchenwald, Galeries Lafayette...*, Editions Economica, Paris, 1989.
HEIM, Roger, *La sombre route*, Editions José Corti, 1947.
HELLER, Gerhard (avec le concours de GRAND, Jean), *Un Allemand à Paris ; 1940-1944*, Le Seuil, 1981.
HEMINGWAY, Ernest, *En ligne...*, Gallimard, 1970.
HENNEQUIN, G., *Résistance en Côte-d'Or*, chez l'auteur, Dijon, 1989.
HENOCQUE, Abbé G., *Les antres de la Bête... Fresnes, Buchenwald, Dachau*, Editions G. Durassié et Compagnie, Paris, 1947.
HENRIOT, Lieutenant (Herdu), *J'étais un espion, ou quatre ans de combat dans les Forces Françaises de l'Intérieur*, Mutuelle d'Edition de Publicité et d'Imprimerie, Bruxelles, 1945.
HENRIOT, Philippe, *Editoriaux prononcés à la radio par Philippe Henriot, secrétaire d'Etat à l'Information et à la Propagande*, publications trimensuelles du ministère de l'Information, Paris, 1944.
HENRY-HAYE, Gaston, *La grande éclipse franco-américaine*, Plon, 1972.
HERACLES, Philippe, *1940-1944 : la loi nazie en France*, Guy Authier, 1974.
HEROLD-PAQUIS, Jean, *Des illusions... Désillusions !... Mémoires, 15 août 1944-15 août 1945*, Bourgoin éditeur, 1948.
HEROLD-PAQUIS, Jean, *L'Angleterre comme Carthage...*, Editions du Centre d'Etudes de l'Agence Inter-France, Paris, 1944.
HERTZOG-CACHIN, Marcelle, *Regards sur la vie de Marcel Cachin*, Editions sociales, Paris, 1980.
HERVAL, René, *La Normandie meurtrie*, Editions Paul Duval, Elbeuf, 1950.
HERVE, Gustave, *C'est Pétain qu'il nous faut !* Editions de « La Victoire », 1935.
HERVET, Robert, *Les chantiers de la jeunesse*, France-Empire, 1962.
HERVET, Robert, *Les compagnons de France*, France-Empire, 1965.
HETTIER DE, BOISLAMBERT, Claude, *Les Fers de l'espoir*, Plon, 1978.
HEUSINGER, Adolf, *Hitler et l'OKH, 1923-1945*, Berger-Levrault, 1952.
HIBBERT, Christopher, *Mussolini, une force de la nature*, Laffont, 1963.
HILBERG, Raul, *La Destruction des Juifs d'Europe*, Fayard, 1988.
HILLAIRET, Jacques, *Dictionnaire historique des rues de Paris*, 2 vol., Editions de Minuit, 1963.

HILLAIRET, Jacques et PAYEN-APPENZELLER, Pascal, *Dictionnaire historique des rues de Paris ; supplément*, Editions de Minuit, 1972.
HILLEL, Marc, *L'occupation française en Allemagne, 1945-1949*, Balland, 1983.
HILLGRUBER, Andréas, *Les entretiens secrets de Hitler (septembre 1939-décembre 1941)*, Fayard, 1969.
HILLIER, Bevis, *Histoire de l'Affiche*, Fayard, 1970.
HILLIER, Bevis, *Hitler parle à ses généraux, comptes rendus sténographiques des rapports journaliers du Q.G. du Führer (1942)*, Albin Michel, 1964.
HINDUS, Milton, *Louis-Ferdinand Céline tel que je l'ai vu*, Editions de l'Herne, 1969.
Histoire de Jeanne Hachette, ou l'héroïne de Beauvais, Imprimerie T. Maronval, Paris, 1851.
Histoire de la politique extérieure de l'URSS ; 1917-1945, Editions du Progrès, Moscou, 1971.
Histoire du Parti Communiste Français (Manuel), Editions Sociales, 1964.
Histoire universelle, Tome III, Encyclopédie de la Pléiade, Gallimard, 1967.
Histoire universelle des Armées, 4 volumes, Robert Laffont, 1965-1966.
HITLER, Adolf, *Mein Kampf*, Nouvelles Editions Latines, Paris, 1934.
HOBSBAWM, E.J., *Les bandits*, François Maspéro, 1972.
HOESS, Rudolf, *Le commandant d'Auschwitz parle*, Julliard, 1959.
HOFER, Walther, *Hitler déchaîne la guerre*, Editions du Seuil, 1964.
HOFER, Walther, *Le National-Socialisme par les textes*, Plon, 1963.
HOHENWALD, Heinz, KRIVOPISSKO, Guy, VIRIEUX, Daniel, WILLARD, Germaine, *La Résistance ; la liberté en héritage*, Editions La Farandole-Messidor, Paris, 1990.
HOHNE, Heinz, *Canaris ; la véritable histoire du chef des renseignements militaires du IIIe Reich*, Balland, 1981.
HOHNE, Heinz et ZOLLING, Hermann, *Le réseau Gehlen ; les services secrets allemands dans les pays de l'Est*, Calmann-Lévy, 1973.
HOHNE, Heinz, *L'ordre noir ; histoire de la SS*, Casterman, 1968.
HOLBAN, Boris, *Testament ; après quarante-cinq ans de silence, le chef des FTP-MOI de Paris parle...*, Calmann-Lévy, 1989.
Hommage de la France et du monde au général de Gaulle, (L'), La Documentation Française n° 53-54, 1-8 janvier 1971.
Hommages du monde au général de Gaulle, Editions du Palais Royal, Paris, 1970.
HONEL, Maurice, *Poèmes*, Paris, Imprimerie polygraphique, 1982.
HONEL, Maurice, *Prophétie des accouchements*, Editions de la FNDIRP, 1947.
L'Honneur des Poètes et « Europe », Club des amis du livre progressiste, 1964.
HONTARREDE, Guy, *Ami, entends-tu ? L'Occupation et la Résistance en Charente*, édité par l'Université populaire, Ruelle, 1988.
HOOP, Jean-Marie d', *La France dans la 2e guerre mondiale*, in Georges DUBY, *Histoire de la France*, Chap. 7, Larousse, 1972.
HOOVER INSTITUTE, *La vie de la France sous l'occupation (1940-1944)*, Plon, 1957.
HORBACH, Michaël, *Une poignée d'humains*, Editions Alsatia, Colmar, 1968.
HORNE, Alistair, *Comment perdre une bataille ; France 1940*, Presses de la Cité, 1969.

HOSSBACH, Colonel Friedrich, *Entre la Wehrmacht et Hitler*, Payot, 1951.
HOSTACHE, René, *De Gaulle 1944 ; une victoire de la légitimité*, Plon, 1978.
HOSTACHE, René, *Le Conseil National de la Résistance ; les institutions de la clandestinité*, collection « Esprit de la résistance », Presses Universitaires de France, 1958.
HOUSSAYE, Henry, *1814*, Librairie Académique Perrin, 1937.
HOWARTH, David, *6 juin à l'aube*, Presses de la Cité, 1959.
HOYOS, Ladislas de, *Barbie*, 1984, et *Barbie, nouvelle édition*, Robert Laffont, 1987.
HUARD, Paul, *Le Colonel de Gaulle et ses blindés, 15-20 mai 1940*, Plon, 1980.
HUGNET, Georges, *Pleins et déliés ; témoignages et souvenirs, 1926-1972*, Guy Authier, 1972.
HUGUEN, Roger, *Par les nuits les plus longues ; réseaux d'évasion d'aviateurs en Bretagne (1940-1944)*, les Presses bretonnes, Saint-Brieuc, 1976.
HUMBERT, Agnès, *Notre guerre ; souvenirs de Résistance ; Paris, 1940-1941*.
INDOMITUS (VIANNEY, Philippe), *Nous sommes les rebelles*, Editions « Défense de l'Homme », Paris, 1945.
INFIELD, Glenn B., *Skorzeny, chef des commandos de Hitler*, Paris, Ed. Pygmalion-Gérard Watelet, 1984.
INGOLD, A.M.P., *Un épisode de la guerre de 1870 : la compagnie de francs-tireurs de Cernay Saint-Amarin*, Editions Bureaux du « Messager d'Alsace-Lorraine », Paris, 1903.
INGRAND, Henry, *Libération de l'Auvergne*, Hachette-Littérature, 1974.
Institut d'Etudes historiques près le Comité central du Parti communiste roumain, *Les Roumains dans la Résistance française au cours de la seconde guerre mondiale (souvenirs)*, Editions Méridiane, Bucarest, 1971.
Institut Maurice-Thorez et éditions sociales (1970), *Des victoires de Hitler au triomphe de la démocratie et du socialisme ; origines et bilan de la Deuxième Guerre mondiale (1939-1945)*, compte rendu des travaux du colloque organisé à Paris les 17-18-19 octobre 1969.
ISELIN, Bernard, *La guerre 1939-1945 en mille images*, Cercle Européen du Livre, 1963.
ISORNI, Jacques et COSTON, Henry, *Pétain toujours présent...*, n° spécial de « Lectures françaises », Editions de la Librairie Française, Paris (juin 1964.
ISORNI, Jacques, *Je hais ces impostures*, Robert Laffont, 1977.
ISORNI, Jacques, *Le procès de Robert Brasillach*, Flammarion, 1946.
ISORNI, Jacques, *Lettre anxieuse au président de la République au sujet de Philippe Pétain*, Editions Albatros, Paris, 1975.
ISORNI, Jacques, *Mémoires* ; I, *1911-1945*, Robert Laffont, 1984.
ISORNI, Jacques, *Pétain a sauvé la France*, Flammarion, 1964.
ISORNI, Jacques, *Philippe Pétain*, Editions de la Table Ronde, 1972.
ISRAEL, Gérard, *Heureux comme Dieu en France... 1940-1944*, Robert Laffont, 1975.
ISSRAELYAN, Victor, *La coalition antihitlérienne ; la coopération diplomatique de l'URSS, des Etats-Unis d'Amérique et de l'Angleterre pendant la 2e guerre mondiale (1941-1945)*, Editions du Progrès, Moscou, 1971.
ISTAS, Marie, *Le « Faux » Soir ; 9 novembre 1943*, Editions J.-M. Collet, Bruxelles, 1987.
IVANOV, Miroslav, *L'attentat contre Heydrich*, Robert Laffont, 1972.
JACKEL, Eberhard, *La France dans l'Europe d'Hitler*, Fayard, 1968.

JACKSON, W. G. F., *La bataille d'Italie*, Robert Laffont, 1969.

JACOB, Louis, « *Crimes hitlériens* » : *Ascq, le Vercors*, Collection « Libération », Editions Mellottée, Paris, 1946.

JACOB, Madeleine, *Quarante ans de journalisme*, Julliard, 1970.

JACOBSEN, Hans Adolf, *La seconde guerre mondiale*, Casterman, 1968.

JACQUELIN, André, *La juste colère du Val d'Enfer ; la révolte de la Résistance, de la vraie*, Promotion et Edition, 1968.

JACQUELIN, André, *Lettres de mon maquis*, Editions Gloire, Paris, 1947 et Editions Roblot, Paris, 1975.

JACQUELIN, André, *Toute la vérité sur le journal clandestin gaulliste Bir Hakeim*, Editions de Kérénac, Paris, 1945.

JACQUEMIN, Gaston, *La vie publique de Pierre Laval*, Plon, 1973.

JACQUES, Anne, *Journal d'une Française*, Seuil, 1946.

JACQUES, Capitaine, *Avec le régiment de Cluny ; Maquis-Victoires*, chez l'auteur, Macon, 1944.

JACQUET, Joseph, *Les cheminots dans l'histoire sociale de la France*, Editions Sociales, 1967.

JACQUIN, Henri, *La Guerre secrète en Indochine*, Paris, Ed. Olivier Orban, 1979.

JAMET, Fabienne, *« One Two Two », 122, rue de Provence*, Editions Olivier Orban, Paris, 1975.

JANKOWSKI, Paul, *Communism and collaboration ; Simon Sabiani and Politics in Marseille, 1919-1944*, Yale University Press, New Haven, 1989.

JARDIN, Pascal, *La guerre à neuf ans*, récit, Grasset, 1971.

JARRY, Robert, *1920-1970, Les communistes au cœur des luttes des travailleurs sarthois*, 2 volumes, Editions de la Fédération de la Sarthe du Parti communiste français, Le Mans, 1970.

JASPAR, Marcel-Henri, ambassadeur de Belgique, *Souvenirs sans retouche*, Fayard, 1968.

JAUME, Luc, *Des Balbyniens dans la Résistance*, chez l'auteur, Bobigny, 1989.

JAUNEAUD, Général Jean-Henri, *J'accuse le maréchal Pétain...*, Editions Pygmalion, Paris, 1977.

JEAN-JACQUES et ROLAND, *La Résistance française*, Office français d'éditions, Alger, 1944.

JEANNENEY, Jules, *Journal politique ; septembre 1939-juillet 1942*, Armand Colin, 1972.

JEANSON, Henri, *Soixante-dix ans d'adolescence*, Stock, 1971.

JEANTET, Gabriel, *Pétain contre Hitler*, La Table Ronde, 1966.

JEROME, Jean, *La Part des hommes*, Editions Acropole, Paris, 1983.

JEROME, Jean, *Les Clandestins, 1940-1944*, Editions Acropole, Paris, 1986.

JEROME, L'Archiviste, *L'Ordre de la Francisque*, « Lectures Française », n° 205 A, Editions de la Librairie Française, Paris, mai 1974.

JILINE, Pavel, *Ambitions et méprises du Troisième Reich*, Editions du Progrès, Moscou, 1972.

JOFFO, Joseph, *Un sac de billes*, Editions Spéciales, 1973.

JOFFROY, Pierre, *L'espion de Dieu ; la passion de Kurt Gestein*, Grasset, 1969.

JONCHAY, Colonel R. du, *La Résistance et les communistes*, Editions France-Empire, 1968.

JONES, R.V., *La Guerre ultra-secrète, 1939-1945) ; Un savant britannique face à Hitler*, Plon, 1980.

JOSEPH, Gilbert, *Combattant du Vercors*, Fayard, 1972.

JOUBERT, Lieutenant-colonel en retraite, *La libération de la France ; comment la France fut occupée ; comment la France fut libérée ; 1940-1945*, Payot, Paris, 1951.

JOUBERT, Marie-Agnès, *La Comédie-Française sous l'Occupation*, Paris, Ed. Taillandier, 1998.

JOUET, Roger, *La résistance à l'occupation anglaise en Basse-Normandie (1418-1450)*, Cahiers des Annales de Normandie n° 5, Caen, 1969.

JOUHAUD, Edmond, *La vie est un combat ; souvenirs (1924-1944)*, Fayard, 1974.

JOUKOV, Maréchal G., *Mémoires*, Fayard, 1970 et Livre Club Diderot, 1970.

Jour « J » à Utah-Beach, Editions du Musée d'Utah-Beach — Sainte-Marie du Mont, Coutances, 1973.

JOURDAIN, Francis, *De mon temps*, François Maspéro, 1963.

JOURDAN, Louis et autres, *Glières, première bataille de la Résistance*, édité par l'Association des rescapés des Glières, Annecy, 1978.

Journaux clandestins des étudiants et lycéens communistes (1940-1944), fac-simile, Editions du « Nouveau Clarté » (s.d.).

JOUVE, Pierre-Jean, *Les témoins ; poèmes choisis de 1930 à 1942*, « Les Cahiers du Rhône », série rouge, Editions de La Baconnière, Neuchâtel, 1943.

JOUVE, Pierre-Jean, *L'Homme du 18 juin*, Editions Egloff, Paris, 1945.

JOUVENEL, Renaud de, *Confidences d'un ancien sous-marin du PCF*, Julliard, 1980.

JOXE, Louis, *Victoires sur la nuit ; Mémoires 1940-1946*, Flammarion, 1981.

JUBELIN, Capitaine de vaisseau, *Marin de métier, pilote de fortune*, Editions France-Empire, 1951.

JUCHNIEWICZ, Mieczyslaw, *Les Polonais dans la Résistance européenne 1939-1945*, Interpress, Varsovie, 1972.

JUDRIN, Roger, *Feu nos maîtres ; portraits encore chauds de Lénine et Staline, Roosevelt, Hitler, Churchill, Charles de Gaulle*, Editions de la Table Ronde, 1974.

JUILLERAT, E. et MEMBREZ, A., *Remous de guerre aux frontières du Jura, 1939-1945*, Editions Le Jura, Porentruy, 1948.

JUIN, Claude, *Liberté... Justice ; le combat de Daniel Mayer*, Editions Anthropos, Paris, 1983.

JUIN, Maréchal Alphonse, *Mémoires*, Fayard, 1959-1960.

JUKES, Geoffrey, *Koursk, le choc des blindés*, Marabout, 1971.

JUKES, Geoffrey, *Stalingrad, 300 000 hommes encerclés*, Marabout, 1971.

JULITTE, Pierre, *L'arbre de Goethe*, Presses de la Cité, 1965.

JULLIAN, Camille, *Histoire de la Gaule ; Tome III : la conquête et les premières invasions germaniques ;* Editions Culture et civilisations, Bruxelles, 1964.

JULLIAN, Marcel, *La bataille d'Angleterre ; juillet-septembre 1940 ; « l'heure la plus belle »*, Presses de la Cité, 1965 et Presses Pocket, 1967.

JULLIAN, Marcel, *L'Homme de 40*, Robert Laffont, 1980.

JULLIAN, Marcel, *Madame de Gaulle*, Stock, 1982.

JUNGER, Ernst, *Journal de guerre et d'occupation (1939-1948)*, Julliard, 1965.

JUNOD, Docteur Marcel, *Le Troisième combattant ; De l'ypérite en Abyssinie à la bombe atomique d'Hiroshima*, Payot, Paris, 1963.

JUSSERAND, Muguette G., *Heures sombres sur la Sprée*, La Pensée universelle, Paris, 1973.
KACZMAREK, César, *Le roi de l'évasion du Stalag XVII A*, chez l'auteur, Raismes, 1970.
KAHN, Annette, *Robert et Jeanne ; à Lyon sous l'Occupation*, Documents-Payot, Paris, 1990.
KAMINSKI, H.E., *Céline en chemise brune, ou le mal du présent*, Editions Plasma, Paris, 1977.
KAMMERER, Albert, *Du débarquement africain au meurtre de Darlan*, Flammarion, 1949.
KAMMERER, Albert, *La tragédie de Mers el-Kébir ; l'Angleterre et la flotte française*, Editions Medicis, Paris, 1944.
KAMMERER, Albert, *La vérité sur l'Armistice ; éphéméride de ce qui s'est réellement passé au moment du désastre*, Editions Médicis, 1944.
KASPI, André, *La mission de Jean Monnet à Alger ; mars-octobre 1943*, Editions Richelieu, Paris, 1971.
KASPI, André, *Les Juifs pendant l'Occupation*, Ed. du Seuil, 1991.
KEDWARD, Harry Roderick, *A la Recherche du Maquis*, Paris, Le Cerf, 1999.
KEMPNER, Robert M.W., *Le IIIe Reich en procès ; acteurs et témoins*, Casterman, 1972.
KENRICK, Donald et PUXON, Grattan, *Destins gitans, des origines à la « solution finale »*, Calmann-Lévy, 1974.
KERILLIS, Henri de, *Français, voici la vérité !* Editions de la Maison Française, New York, 1942.
KERMOAL, Jacques, *Procès en canonisation de Charles de Gaulle*, Editions André Balland, Paris, 1970.
KERSAUDY, François, *1940, La Guerre du fer*, Editions Taillandier, Paris, 1987.
KERVYN DE MEERENDRE, John, *Voyageurs traqués*, Editions Pierre de Méyère, Bruxelles, 1973.
KESSEL, Joseph, *Le bataillon du ciel*, Gallimard, 1961.
KESSEL, Joseph, *Témoin parmi les hommes*, tome III, Del Duca, 1956 et Plon, 1968.
KESSELRING, Maréchal Albert, *Soldat jusqu'au dernier jour*, Charles Lavauzelle, 1956.
Les K.G. parlent (les prisonniers peints par eux-mêmes), Denoël, 1965.
KIEFFER, Philippe, *Béret vert*, France-Empire, 1969.
KIELAR, Wieslaw, *Anus mundi ; cinq ans à Auschwitz*, Robert Laffont, 1980.
KIMCHE, Jon, *1939, la bataille escamotée ; comment les Allemands ont gagné la bataille de France avant de la livrer*, Fayard, 1970.
KIRKPATRICK, Sir Ivone, *Mussolini, portrait d'un démagogue*, collection « Le dessous des cartes », Editions de Trévise, 1967.
KLARSFELD, Beate, *Partout où ils seront...*, Edition spéciale, 1972.
KLARSFELD, Serge, *Le Livre des otages*, Les Editeurs français réunis, Paris, 1979.
KLARSFELD, Serge, *Le Mémorial de la déportation des juifs de France*, chez l'auteur, Paris, 1978.
KLARSFELD, Serge, *Vichy-Auschwitz ; le rôle de Vichy dans la solution finale de la question juive en France*, 2 vol., Fayard, 1983 et 1985.
KLEIN, Charles, *Le diocèse des barbelés, 1940-1944*, Fayard, 1973.
KLUGE, Alexander, *Stalingrad : description d'une bataille*, Gallimard, 1966.

KNOPP, Guido, *Hitler*, Paris, Ed. Jacques Grancher, 1998.

KNOUT, David, *Contribution à l'histoire de la Résistance juive en France (1940-1944)*, Editions du Centre de Documentation Juive Contemporaine, (C.D.J.C.), Paris, 1947.

KOCH-KENT, Henri, *10 mai 1940 en Luxembourg ; témoignages et documents*, Editions des Anciens Combattants Luxembourgeois, Luxembourg, 1971.

KOCH-KENT, Henri, *Doudot, figure légendaire du contre-espionnage français*, Casterman, 1976.

KOCK, Erich, *L'abbé Franz Stock*, Casterman, 1966.

KOENIG, Général Pierre, *Bir-Hakeim ; 10 juin 1942*, Robert Laffont, 1971.

KŒNIG, Pierre, *Historique succinct du commandement, de l'état-major et des opérations des Forces Françaises de l'Intérieur*, ronéotypé, Paris, 1945.

KOGON, Eugen, *L'état SS (L'enfer organisé)* Editions du Seuil, 1970.

KOHEN, Guy, *Retour d'Auschwitz, souvenirs du déporté 174949*, chez l'auteur, Paris, 1947.

KONIEV, L.S., *L'invasion du 3e Reich ; mémoires de guerre 1945*, Plon, 1968.

KOPP, Robert et ROUX, Dominique de, *Pierre-Jean Jouve*, Cahier de l'Herne, nº 19, Editions de l'Herne, 1972.

KRAMARZ, Joachim, *Vie et mort d'un officier (Stauffenberg, 15 novembre 1907-20 juillet 1944)*, Fayard, 1966.

KRIEGEL, Annie et COURTOIS, Stéphane, *Eugen Fried ; Le grand secret du PCF*, Paris, Ed. du Seuil, 1997.

KRIEGEL, Annie, *Les Internationales ouvrières (1864-1943)*, collection « Que sais-je », Presses Universitaires de France, 1964.

KRIEGEL-VALRIMONT, Maurice, *La Libération (les archives du COMAC, mai-août 1944)*, Editions de Minuit, 1964.

KRIEGEL-VALRIMONT, Maurice, *Mémoires rebelles*, Paris, Odile Jacob, 1999.

KROLL, Hans, *Mémoires d'un ambassadeur*, Fayard, 1968.

KROP, Pascal, *Les secrets de l'espionnage français*, Paris, Jean-Claude Lattès, 1993.

KRUUSE, Jens, *Oradour-sur-Glane*, Fayard, 1969.

KUNNAS, Tarno, *Drieu la Rochelle, Céline, Brasillach et la tentation fasciste*, Editions Les Sept Couleurs, Paris, 1972.

KUPFERMAN, Fred, *Laval, 1883-1945*, Editions Balland, 1987.

KUPFERMAN, Fred, *Le procès de Vichy : Pucheu, Pétain, Laval*, Editions Complexe, Bruxelles, 1980.

LA MARINIERE, Abbé de, *Le Décret et la procédure Nacht und nebel*, Edité par la FNDIRP, Paris, 1989.

LA MAZIERE, Christian de, *Le rêveur casqué*, Robert Laffont, 1972.

LA PICIRELLA, Joseph, *Témoignages sur le Vercors ; Drôme, Isère*, Imprimerie Rivet, Lyon, 1969.

LA PORTE DU THEIL, J. de, *Un an de commandement des chantiers de la jeunesse*, Editions Sequana, Paris, 1941.

LABAT, Eric, *Les places étaient chères*, La Table Ronde, 1969.

LABLENIE, E., *Aspects de la Résistance universitaire*, Imprimerie Taffard, Bordeaux, 1964.

LABORIE, Pierre, *Résistants, vichyssois et autres ; l'évolution de l'opinion et des comportements dans le Lot de 1939 à 1944*, Editions du CNRS, Paris, 1980.

LABORIE, René, *La guerre par les cartes ; trente cartes commentant l'histoire de la seconde guerre mondiale*, Presses Universitaires de France, 1948.

LACÔTE, René, *Tristan Tzara*, coll. « Poètes d'Aujourd'hui », Seghers, 1952.
LACOUTURE, Jean, *André Malraux, une vie dans le siècle*, Seuil, 1973.
LACOUTURE, Jean, *De Gaulle* ; I. *Le Rebelle (1890-1944)* ; II. *Le Politique (1944-1959)*, Le Seuil, 1984-1985.
LACOUTURE, Jean, *François Mauriac*, Le Seuil, 1980.
LACOUTURE, Jean, *Léon Blum*, Le Seuil, 1977.
LACOUTURE, Jean, *Pierre Mendès France*, Le Seuil, 1981.
LACRETELLE, J. de, ARNOUX, A., CHAUVET, L. et GABRIEL-ROBINET, L., *La Libération de Paris*, Editions OLB-Fasquelle, Paris, 1945.
LACRETELLE, Jacques de, *La nuit longue (lettre à un Américain)*, in « Les Œuvres Libres », n° 4, Fayard, 1945.
LAFFARGUE, Général A., *Justice pour ceux de 1940*, Charles Lavauzelle, 1952.
LAFFITTE, Jean, *Ceux qui vivent*, Hier et Aujourd'hui, 1947 et Livre Club Diderot, 1970.
LAFFITTE, Jean, *La Pendaison*, Julliard, 1985.
LAFFITTE, Jean, *Une nuit sous l'occupation*, Editions Sociales, 1972.
LAHARIE, Claude, *Le Camp de Gurs, 1939-1945*, Editions Infocompo, Pau, 1985.
LAHAYE, Simone, *Les rachetées ; portraits et récits de bagne, 1942-1945*, Editions Durassié et Cie, Paris, 1963.
LAJOURNADE, Julien, *Le Courrier dans les camps de concentration, 1933-1945 ; système et rôle politique*, Editions L'Image-Document, Paris, 1989.
LALLEMANT, Colonel Raymond, *Rendez-vous d'un jour : 6 juin 1944*, Rossel Edition, Bruxelles-Paris, 1975.
LALOUM, Jean, *La France antisémite de Darquier de Pellepoix*, Editions Syros, Paris, 1979.
LAMBERT, Pierre-Philippe et LE MAREC, Gérard, *Organisations, mouvements et unités de l'Etat français : Vichy, 1940-1944*, Ed. Jacques Grancher, Paris, 1992.
LAMONT-BROWN, Raymond, *Kempetai ; Japan's Dreaded Military Police*, Frome, Somerset, Sutton Publishing, 1998.
LAMPE, David, *Fantômes sous les armes*, Dargaud, 1968.
LANDRE, Louis, *La véritable résistance clandestine jurassienne (à partir de 1940)*, Les Presses Jurassiennes, Dôle, 1970.
LANGBEIN, Hermann, *Hommes et femmes à Auschwitz*, Fayard, 1975.
LANGBEIN, Hermann, *La Résistance dans les camps de concentration nationaux-socialistes, 1938-1945*, Fayard, 1981.
LANGELAAN, George, *Le masque d'un agent secret (Un nommé Langdon)*, Laffont, 1950.
LANGER, Docteur Walter C., *Psychanalyse d'Adolf Hitler*, Denoël, 1973.
LANGER, William L., *Le jeu américain à Vichy*, Plon, 1948.
LANGERON, Roger, *Paris, juin 40*, Flammarion, 1946.
LANGEVIN, André, *Paul Langevin, mon père*, Editeurs Français Réunis, 1971.
LANGLADE, Paul de, *En suivant Leclerc d'Alger à Berchtesgaden*, Robert Laffont, 1964.
LANIEL, Joseph, *Jours de gloire et jours cruels, 1908-1958*, Presses de la Cité, 1971.
LANOIR, Paul, *L'espionnage allemand en France*, Editions Cocuaud et Cie, 1908.
LANTIER, Jacques, *Le temps des policiers*, Fayard, 1970.
LANVIN, Lieutenant-colonel, *Liberté provisoire ; le secteur I (Grenoble) au*

maquis dans l'Oisans, Société nouvelle de l'imprimerie des Deux-Ponts, Grenoble, 1973.

LANZMANN, Claude, *Shoah*, Fayard, 1985, Le Livre de Poche, 1987.

LAPIE, Pierre-Olivier, *De Léon Blum à de Gaulle ; le caractère et le pouvoir*, Fayard, 1971.

LAPIERRE, Dominique et COLLINS, Larry, *Paris brûle-t-il ? (25 août 1944)*. Robert Laffont, 1964.

LAPIERRE, Nicole, *Le Silence de la mémoire*, Plon, 1989.

LAPLACE, René, *Le Combat d'Oullins (29 août 1944)*, Editions L'Hermès, Lyon, 1977.

LAQUEUR, Walter, *Le Terrifiant Secret, La « solution » finale et l'information étouffée*, Gallimard, 1981.

LARMINAT, Edgar de, *Chroniques irrévérencieuses*, Plon, 1962.

LAROCHE, Gaston, (Colonel F.T.P.F. MATLINE, Boris), *On les nommait des étrangers ; les immigrés dans la Résistance*, Editeurs Français Réunis, 1965.

LASSUS, Robert, *Le Mari de madame de Gaulle*, Editions Jean-Claude Lattès, 1990.

LATOUR, Anny, *La Résistance juive en France, 1940-1944*, Stock, 1970.

LATREILLE, André, *De Gaulle, la Libération et l'Eglise catholique*, Editions du Cerf, Paris, 1978.

LATREILLE, André, *La seconde guerre mondiale ; 1939-1945, essai d'analyse*, Hachette, 1966.

LATTRE DE TASSIGNY, Maréchal de, *Histoire de la Première Armée Française ; Rhin et Danube*, Presses de la Cité, 1971.

LATTRE, Simone de, *Jean de Lattre, mon mari*, deux volumes, Presses de la Cité, 1971.

LAUNAY, Jacques de, *Histoire de la diplomatie secrète de 1914 à 1945*, Marabout Université, 1966.

LAUNAY, Jacques de, *La France de Pétain*, Hachette littérature, 1972.

LAUNAY, Jacques de, *Le dossier de Vichy*, collection « Archives », Julliard, 1967.

LAUNAY, Jacques de, *Les grandes controverses du temps présent*, Marabout Université, 1964-1967.

LAUNAY, Michel, *L'armistice de 1940*, Presses Universitaires de France, 1972.

LAURENS, André, *Une police politique sous l'Occupation : la Milice française en Ariège, 1942-1944*, Editions CDDP, Foix, 1982.

LAURENS, Anne, *Les Rivaux de Charles de Gaulle*, Robert Laffont, 1977.

LAURENT, Jacques, *Histoire égoïste*, La Table ronde, 1976.

LAURET, Jean-Claude et LASIERRA, Raymond, *La torture et les pouvoirs*, Editions Balland, Paris, 1973.

LAVAL, Pierre, *Laval parle..., notes et mémoires rédigées par Pierre Laval dans sa cellule, avec une préface de sa fille et de nombreux documents inédits*, A l'Enseigne du Cheval ailé, 1948.

LAZARE, Bernard, *L'antisémitisme, son histoire et ses causes*, Editions Documents et Témoignages, Paris, 1969.

LAZARE, Lucien, *La Résistance juive*, Stock, 1987.

LAZAREFF, Pierre et GROSRICHARD, Yves, *Histoire de la guerre 1939-1945*, Hachette, 1967.

LE BOTERF, Hervé, *La Bretagne dans la guerre*, Editions France-Empire, 1969-1971.

LE BOTERF, Hervé, *La Bretagne sous le gouvernement de Vichy : une tentative de régionalisation ?*, France-Empire, 1982.

LE BOTERF, Hervé, *La vie parisienne sous l'Occupation, 1940-1944*, 2 vol., France-Empire, 1974.

LE BOURGEOIS, Jacques, *Saigon sans la France ; des Japonais au Viet-Minh, souvenirs*, Plon, 1949.

LE BRAZ, Yves, *Les rejetés ; l'affaire Marty-Tillon*, Editions de la Table Ronde, 1974.

LE BRIGANT, Général, *Les indomptables*, Editions Berger-Levrault, 1957.

LE BRIS, Guillaume, *Echos d'outre-tombe*, Imprim'Ouest, Saint-Nazaire, 1962.

LE CLERE, Marcel, *Histoire de la police*, Collection « Que sais-je ? », Presses Universitaires de France, 1964.

LE GENTH, René, *La tragédie de Dunkerque de mai-juin 1940*, Editions Mague, Lisieux (sd).

LE GOYET, Pierre et FOUSSEREAU, Jean, *Calais 1940 ; la corde au cou*, Presses de la Cité, 1975.

LE MAREC, Bernard, *Les Français Libres et leurs emblèmes*, Charles-Lavauzelle, 1964.

LE MOIGNE, Louis et BARBANCEYS, Marcel, *Sédentaires, réfractaires et maquisards ; l'Armée secrète en haute Corrèze (1942-1944)*, Editions Imprimeca, Ussel, 1977.

LECHERBONNIER, Bernard, *Aragon*, Bordas, 1971.

LECŒUR, Auguste, *Le Parti communiste français et la Résistance (août 1939-juin 1941)*, collection « Tribune Libre », Plon, 1968.

LECŒUR, Auguste, *Le partisan*, Flammarion, 1963.

LECOIN, Louis, *De prison en prison*, chez l'auteur, Antony, 1947.

LEDWIGE, Bernard, *De Gaulle et les Américains*, Flammarion, 1984.

LEFEVRE, René, *Le film de ma vie, 1939-1973*, France-Empire, 1973.

LEFRANC, Pierre, *Avec qui vous savez*, Plon, 1979.

LEFRANC, Pierre, *La France dans la guerre*, Paris, Plon, 1990.

LEFRANC, Pierre, *Voici tes fils*, Plon, 1974.

LEGENDRE, Pierre, *Histoire de l'Administration de 1750 à nos jours*, Presses Universitaires de France, 1968.

LEGRAND, Colonel J., *L'Indochine à l'heure japonaise*, Imprimerie Ægitna, Cannes, 1963.

LELOIR, Léon, *Buchenwald*, Aux éditions du rendez-vous, Paris, 1945.

LEMAIGRE-DUBREUIL, Jacques, *Les relations franco-américaines et la politique des généraux ; Alger 1940-1943*, Publications-Elysées, Paris, 1949.

LEMESLE, Michel, *Angers sous l'Occupation*, Editions Ouest-France, Rennes, 1980.

LEMIRE, Laurent, *L'Homme de l'ombre : Georges Albertini, 1911-1983*, Balland, 1990.

LEMONNIER, Amiral, *Cap sur la Provence*, France-Empire, 1945.

LEMONNIER, Amiral, *Les cent jours de Normandie*, France-Empire, 1961.

LEMONNIER-GRUHIER, François, *La brèche de Sainte-Marie du Mont ; petite et grande histoire du débarquement*, Editions Normandes-Le Goubey, Caen, 1965.

LEO, Gerhard, *Un train pour Toulouse*, Editions Messidor, Paris, 1989.

LEONETTI CARENA, Pia, *Les Italiens du Maquis*, Paris, Ed. Del Duca, 1968.

LEON-JOUHAUX, Augusta, *Prison pour hommes d'Etat*, Denoël-Gonthier, 1973.

LEPAGNOT, Christian, *Histoire de Vichy*, 5 vol., Editions Idégraf, Genève, 1978.

LERECOUVREUX, *Résurrection de l'armée française de Weygand à Giraud*, Nouvelles Editions Latines, Paris, 1955.

LERICHE, René, *La Chirurgie de la douleur*, Editions Masson, Paris, 1937.

LEROUX, Roger, *Le Maquis de Saint-Marcel*, Editions Ouest-France, Rennes, 1981.

LES CAHIERS DE LA RESISTANCE, *300 documents : la Résistance en Gironde*, Bordeaux, 1972.

LESCURE, François, *11 novembre 1940, la montée à l'étoile des étudiants parisiens*, in « Notre Musée », novembre 1966.

LESEVRE, Lise, *Face à Barbie ; Souvenirs-cauchemars ; de Montluc à Ravensbrück*, Les Nouvelles Editions du Pavillon, Paris, 1987.

Lettres de fusillés, Editions de « France d'Abord », 1946-1970.

LEVAVASSEUR, Henri, *Les mystères de Caen ; 1940-1944 : Affaire Happer, Brière, Résistance, Marché noir*, Imprimerie régionale, Caen, 1946.

LEVI, Primo, *Si c'est un homme*, Julliard, 1988.

LEVY, Bernard-Henri, *Archives d'un procès : Klaus Barbie*, Globe-Le Livre de Poche, 1987.

LEVY, Claude et TILLARD, Paul, *La grande rafle du Vel d'Hiv (16 juillet 1942)* Laffont, 1967.

LEVY, Claude, *La Libération, remise en ordre ou révolution*, Presses Universitaires de France, 1974.

LEVY, Claude, « *Les Nouveaux Temps* » *et l'idéologie de la collaboration*, Armand Colin, 1974.

LEVY, Claude, *Les parias de la Résistance*, Calmann-Lévy, 1970.

LEVY, Gilles, *Drames et secrets de la Résistance*, Presses de la Cité, 1984.

LEVY, Gilles et CORDET, Francis, *A nous, Auvergne ; la vérité sur la Résistance en Auvergne (1940-1944)*, Presses de la Cité, 1974.

LEVY, Jean-Pierre (avec VEILLON, Dominique), *Mémoire d'un franc-tireur ; Itinéraires d'un résistant (1940-1944)*, Bruxelles, Ed. Complexe, 1998.

L'HERMINIER, Capitaine de vaisseau, *Casabianca, 27 novembre 1942-13 septembre 1943*, France-Empire, 1949.

L'HUILLIER, Fernand, *Libération de l'Alsace*, Hachette-Littérature, 1975.

La Libération de Paris, coll. « La Résistance par ceux qui l'ont faite », Denoël, 1964.

« *Libération* » *1940-1944, trente-cinq numéros de l'édition zone-sud*, Londres, juin 1944.

LIBERATION NATIONALE P.T.T., *La Résistance dans les PTT*, Paris, 1986.

LIDDELL HART, Basil H., *Les généraux allemands parlent...*, Stock, 1948.

LIDDELL HART, Sir Basil, *Histoire de la Seconde guerre mondiale*, Fayard, 1973.

LIFTON, Robert Jay, *Les Médecins nazis ; le meurtre médical et la psychologie du génocide*, Robert Laffont, 1989.

LIGOU, Daniel, *Histoire du socialisme en France (1871-1961)*, Presses Universitaires de France, 1962.

LIMAGNE, Pierre, *Ephémérides de quatre années tragiques 1940-1944* (Quatre volumes), *Tome I : De Bordeaux à Bir-Hakeim ; Tome II : De Stalingrad à Messine ; Tome III : Les assauts contre la forteresse Europe*, Editions Bonne Presse, 1945-1947.

LIMAGNE, Pierre, *Quarante ans (1934-1974) de politique française*, Editions Le Centurion, Paris, 1975.

LIME, Maurice, *Les risques de la sincérité ou la petite histoire rejoint la grande*, La Pensée Universelle, Paris, 1975.

LINET, Roger, *La Traversée de la tourmente*, Editions Messidor, Paris, 1990.

LINKLATER, Magnus, HILTON, Isabel, et ASCHERSON, Neal, *The Nazi Legacy ; Klaus Barbie and the International Fascist Connection*, Holt, Rinchart and Winston, New York, 1985.

LIONEL, Frédéric, *Un chemin sur la braise (1938-1950)*, Editions Lavauzelle, Paris, 1976.

LISSNER, Abraham, *Un franc-tireur juif raconte...*, Imprimerie Alexpress, Paris, 1969.

LIVOIS, René de, *Histoire de la presse française*, 2 vol., Editions CFA, Paris, 1965.

LIVRELLI, J.A., *L'occupation italienne en Corse*, Paul Fieschi, 1949.

LOFTUS, John, *L'Affreux Secret ; Quand les Américains recrutaient des espions nazis ; de Gehlen à Klaus Barbie*, Plon, 1985.

LOISEAU, Ivan, *Souvenirs et témoignages ; un témoin naturel et quotidien du gouvernement de Vichy, 1940-1945*, Editions des Cahiers Bourbonnais, Moulins, 1974.

LOISEAUX, Gérard, *La Littérature de la défaite et de la collaboration, d'après « Phônix oder Asche ? » (Phénix ou cendres ?) de Bernhard Payr*, Publications de la Sorbonne, Université de Paris-I, 1984.

LONDON, Géo, *Le procès Charles Maurras*, Editions Roger Bonnefon, Lyon, 1945.

LONDON, Lise, *La Mégère de la rue Daguerre*, Paris, Ed. du Seuil, 1995.

LONGUECHAUD, Henri, *Conformément à l'ordre de nos chefs... ; le drame des forces de l'Ordre sous l'Occupation*, Plon, 1985.

LOPATA, Charles, *J'ai survécu*, Editions Droit et Liberté, Paris, 1977.

LORAIN, Pierre, *Armement clandestin en France 1941-1944*, chez l'auteur, Paris, 1972.

LORD, Walter, *Pearl Harbor, 7 décembre 1941*, Robert Laffont, 1958.

LORTIES, P., *La vie et la mort de Georges Pitard*, Edité par les « Amis de Georges Pitard », Strasbourg, 1951.

LOTTMAN, Herbert R., *La Rive gauche ; du Front populaire à la guerre froide*, Le Seuil, 1981.

LOTTMAN, Herbert R., *L'Epuration 1943-1953*, Fayard, 1986.

LOTTMAN, Herbert R., *Pétain*, Le Seuil, 1984.

LOUIS, Commandant, *Zone mortelle SS ; mémoires*, Editions Louis Légé, Payzac, 1972.

LOUSTAUNAU-LACAU, Georges, *Mémoires d'un Français rebelle (1914-1948)*, Laffont, 1948.

LOUVRIER, Pascal, *Brasillach, l'illusion fasciste*, Librairie académique Perrin, 1989.

LOVELL, Stanlay P., *Opérations Services Secrets-OSS*, Del Duca, 1963.

LOZZI, Dominique, *Le 6 juin*, Edition Librairie Charpentier, Paris, 1966.

LUBAC, Henri de, *Résistance chrétienne à l'antisémitisme ; Souvenirs*, Fayard, 1988.

LUCAS-DUBRETON, Jean-Marie, *Charles Quint*, Fayard, 1958.

LUCHIE, Georges H., *La Belgique au temps de l'occupation 1940-1945*, La Renaissance du Livre, Bruxelles, 1972.

LUIRARD, Monique, *La Région stéphanoise dans la guerre et dans la paix, 1936-1951*, Centre d'études foréziennes, Saint-Etienne, 1980.

LUIZARD, Pierre, *La guerre n'était pas leur métier*, Editeurs Français Réunis, 1974.

La Lutte de Classes, organe du groupe communiste (4e Internationale), numéros clandestins de l'Occupation : n° 1, 15 octobre 1942- n° 34, 4 août 1944, fac-similé, mai 1971.

LUSSU, Joyce, *Fronti e frontiere*, Milan, Ed. U. Mursia e C., 1969.

MABIRE, Jean, *Drieu parmi nous*, La Table Ronde, 1963.

MABIRE, Jean et LEFEVRE, Eric, *La LVF*, Fayard, 1985.

MABIRE, Jean, *La brigade Frankreich : les SS français*, Fayard, 1973.

MABIRE, Jean, *Les SS français*, 3 vol., Fayard, 1973-1975.

MAC GREGOR-HASTIE, Roy, *Le jour du Lion ; vie et mort de l'Italie mussolinienne (1922-1945)*, Albin Michel, 1965.

MAC MILLAN, Richard, *Le miracle devant Paris. Avec Montgomery d'Arromanches à Copenhague (6 juin 1944-4 mai 1945)*, Plon, 1946.

MACART, René, *Guerre à tout faire*, Gallimard, 1959.

MACHEFER, Philippe, *Ligues et fascismes en France, 1919-1939*, Presses Universitaires de France, 1974.

MACKNESS, Robin, *Oradour ; l'or des SS*, Nepal Publishers, Genève, 1989.

MACKSEY, Major Kenneth J., *Afrika Korps ; Rommel et ses hommes*, Marabout, 1968.

MADJARIAN, Grégoire, *Conflits, pouvoirs et société à la Libération*, Editions UGE-10/18, Paris, 1980.

MAHE, Henri, *La brinquebale avec Céline*, La Table Ronde, 1969.

MAHUZIER, Albert, *Caméra sous la botte*, Presses de la Cité, 1963.

MAISKI, Ivan, *Qui aidait Hitler ?* Editions du Progrès, Moscou (s.d.).

MALBOSSE, Christian, *Le soldat traqué*, Editions de la Pensée Moderne, 1971.

MALLET, Alfred, *Pierre Laval*, 2 volumes, Amiot-Dumont, 1955.

MALRAUX, André, *Antimémoires*, Gallimard, 1967.

MALRAUX, André, *Oraisons funèbres*, Gallimard, 1971.

MALRAUX, Clara, *Venus des quatre coins de la terre ; douze rencontres en Israël*, Julliard, 1971.

MALRAUX, Clara, *Voici que revient l'été*, Grasset, 1973.

MAN, Peter et DAN, Uri, *Capturer Eichmann ; Mission Attila ; témoignage d'un agent du Mossad*, Edition n° 1, Paris, 1987.

MANCEAU, Henri, *Des luttes ardennaises, trois siècles d'histoire*, Editions Sociales, 1969.

MANFRED, Albert, *Histoire de la France ; de 1917-1918 aux années 1970*, Editions du Progrès, Moscou, 1980.

MANHES, Frédéric H., *Buchenwald, l'organisation et l'action clandestine des déportés français, 1944-1945*, Editions FNDIRP, Paris (sd).

MANNONI, Eugène, *Moi, général de Gaulle*, Editions du Seuil, 1964.

MANOLL, Michel, *Introduction à la poésie d'aujourd'hui*, Editions Pierre Fanlac, 1945.

MANOLL, Michel, *René Guy Cadou*, coll. « Poètes d'Aujourd'hui », Seghers, 1954.

MANOUCHIAN, Mélinée, *Manouchian ; suivi de Frank Cassenti explique « l'Affiche rouge »*, les Editeurs français réunis, Paris, 1977.

MANS, Docteur Antonin, *Conférence inaugurale du Centre de Recherches Charles Richet (10 décembre 1964)*, Editions de l'Ecole Pratique des Hautes Etudes, Paris, 1965.

MANSTEIN, Maréchal Erich von, *Victoires perdues*, Plon, 1962.

MANVELL, Roger et FRAENKEL, Heinrich, *Ceux qui voulaient tuer Hitler*, Stock, 1965.

MANVELL, Roger et FRAENKEL, Heinrich, *Hermann Goering*, Stock, 1962.

MANVELL, Roger et FRAENKEL, Heinrich, *L'affaire Rudolf Hess*, Stock, 1971.

MANVELL, Roger et FRAENKEL, Heinrich, *Le crime absolu*, Stock, 1968.

MANVELL, Roger et FRAENKEL, Heinrich, *Sans pitié ni remords, Heinrich Himmler*, Stock, 1965.

MANVELL, Roger et FRAENKEL, Heinrich, *Le Crime absolu*, Editions Rombaldi, Paris, 1976.

MANVELL, Roger, *SS et Gestapo ; le règne de la terreur*, Marabout, 1971.

Maquis de Corrèze par cent vingt témoins et combattants, Editions Sociales, 1971.

MARCENAC, Jean, *Je n'ai pas perdu mon temps*, Editions Temps Actuels, Paris, 1982.

MARCENAC, Jean, *Le cavalier de coupe*, Gallimard, 1945.

MARCENAC, Jean, *Le ciel des fusillés, poèmes*, Bordas, 1945.

MARCOT, François, *La Résistance dans le Jura*, Editions Cêtre, Besançon, 1985.

MARIEL, Pierre, *Les Francs-Maçons en France*, Bibliothèque Marabout, 1969.

MARITAIN, Jacques, *A travers la victoire*, Editeur Paul Hartmann, Paris, 1945.

MARITAIN, Jacques, *A travers le désastre*, Editions de la Maison Française, New York, 1941.

MARK, Ber, *Des voix dans la nuit : la Résistance juive à Auschwitz-Birkenau*, Plon, 1982.

MAROT, Jean, *Abbeville 1940 ; de Gaulle au combat avec ses chars*, Editions G. Durassié et cie, Paris, 1967.

MARQUET, Mary, *Ce que j'ose dire...* Editions Jean Dullis, Paris, 1974.

MARRUS, Michaël R. et PAXTON, Robert O., *Vichy et les Juifs*, Calmann-Lévy, 1981.

MARRUS, Michaël R., *Les Exclus*, Calmann-Lévy, 1986.

MARSHALL, Bruce, *Le lapin blanc*, Gallimard, 1953.

MARSHALL, George C., *La victoire en Europe et dans le Pacifique*, Berger-Levrault, 1947.

MARSHALL, S.L.A., *L'invasion aéroportée en Normandie*, Payot, 1968.

MARTELLI, George, *L'homme qui a sauvé Londres*, Julliard, 1960.

MARTIN, Claude, *Histoire de l'Algérie française 1830-1962*, Editions des Quatre Fils Aymon, Paris, 1963.

MARTIN DU GARD, Maurice, *La carte impériale, histoire de la France outre-mer, 1940-1945*, Editions André Bonne, 1949.

MARTIN, Louis, *Pages comtoises sur la guerre franco-allemande de 1870-1871*, Editions Librairie Fivre-Vernoy, Pontaulier, 1937.

MARTIN, René et RACAUD, Louis, *Le Mantois sous la botte*, Librairie Tonneux, Mantes-la-Jolie, 1988.

MARTIN, Yves, *La formation des maquis de l'Ain (fin 1942-février 1944)*, Mémoire de maîtrise sous la direction de M. le professeur J.R. Suratteau, Dijon (décembre 1971.

MARTIN, Yves, *L'Ain dans la guerre, 1939-1945*, Editions Horvath, Roanne, 1989.

MARTIN-CHAUFFIER, Louis, *Chroniques d'un homme libre*, Editions de la FNDIRP, Paris, 1989.

MARTIN-CHAUFFIER, Louis, *L'Homme et la Bête*, Gallimard, 1947.

MARTIN-CHAUFFIER, Simone, *A bientôt quand même...*, Calmann-Lévy, 1976.

MARTINELLI, F., *L'O.V.R.A., fatti e retroscena della polizia fascista*, Milan, De Vecchi Editore, 1967.

MARTINET, Jean-Claude, *Histoire de l'Occupation et de la Résistance dans la Nièvre*, Editions Delayance, La Charité-sur-Loire, 1978.

MARTY, André, *Un de ceux grâce auxquels la France tenait : Pierre Semard*, Editions du Parti Communiste Français, Paris, 1945.

MASON, David, *La ruée vers la Seine ; d'Arromanches à Paris*, Editions Marabout, 1968 et 1971.

Le massacre de Précis-saint-Martin (Aube), 27 août 1944, Imprimerie de l'Aube, Troyes, 1945.

MASSENET, Pierre et Marthe, *Journal d'une longue nuit ; carnet de route de deux Français moyens, 1939-1944*, Fayard, 1971.

MASSET, Robert, *A l'ombre de la Croix gammée (de l'Indre au Neckar, via Dachau)*, Imprimerie Langlois, Argenton-sur-Creuse, 1949.

MASSON, Loys, *Chroniques de la grande nuit*, Ides et Calendes, Neuchâtel, 1943.

MASSON, Loys, *Délivrez-nous du mal*, Seghers, 1945.

MASSON, Loys, *La lumière naît le mercredi*, Seghers, 1945.

MASSON, Robert, *Mes missions au clair de lune ; SR-Air (1940-1944)*, Editions de la Pensée Moderne, Paris, 1975.

MATHIAS, Jean, *Bir Hakeim*, Editions de Minuit, 1955.

MAUDRU, Pierre, *Les six glorieuses de Paris*, Société Parisienne d'Edition, Paris, 1944.

MAUGUE, Pierre, *Le particularisme alsacien (1918-1967)*, Editions Presses d'Europe, Paris, 1970.

MAULOY, *Les nouveaux seigneurs*, Editions de la Balance, Paris, 1948.

MAULPOIX, Jean-Michel, *Henri Michaux, passager clandestin*, Editions du Champ Vallon, Seyssel, 1984.

MAUREL, Micheline, *La passion selon Ravensbrück*, Les Editions de Minuit, 1965.

MAURIAC, Claude, *Aimer de Gaulle*, Grasset, 1978.

MAURIAC, Claude, *La nation française a une âme*, Comité national des écrivains, Toulouse (sd).

MAURIAC, Claude, *Le temps immobile*, Grasset, 1974.

MAURIAC, Claude, *Les espaces imaginaires*, Grasset, 1975.

MAURIAC, Claude, *Un autre de Gaulle ; journal 1944-1954*, Hachette, 1970.

MAURIAC, François, *En verve ; propos et aphorismes*, Pierre Horay, 1974.

MAURIAC, François, *Forez, Le cahier noir*, Editions de Minuit, 1944 et 1946.

MAURIAC, François, *Mémoires politiques*, Grasset, 1967.

MAURIAC, Jean, *Mort du général de Gaulle*, Grasset, 1972.

MAURICE, Jacques, *Cinquante mois sous la botte nazie. La Résistance dans la région d'Azay-le-Rideau*, Imprimerie Coopérative, Tours, 1945.

MAXIME, *Raconte, camarade...*, Editions Imprim'Ouest, Saint-Nazaire, 1974.

MAYER, Daniel, *Les socialistes dans la Résistance, souvenirs et documents*,

Collection « Esprit de la Résistance », Presses Universitaires de France, 1968.

MAZAURIC, Lucie, *Ma vie de châteaux*, Librairie Académique Perrin, 1967.

MAZEAU, Guillaume, *Le marquage symbolique de l'espace urbain et la mémoire de la Seconde Guerre mondiale à travers les noms de rue, 1943-1993*, mémoire de Maîtrise d'histoire effectué sous la direction d'Antoine Prost, Université Paris 1, Centre de recherches en histoire des mouvements sociaux et du syndicalisme, juin 1997.

MAZELINE, André, *Clandestinité ; la Résistance dans le département de l'Orne*, Editions René Romagné, La Ferté-Macé, 1947.

MELLOR, Alec, *La torture ; son histoire, son abolition, sa réapparition au XXe siècle*, Mame, 1961.

Mémorial de la Résistance en Haute-Savoie, Editions du Comité de la Haute-Savoie de l'A.N.A.C.R., Maison du Combattant, Annecy, 1971.

Mémorial de « l'Alliance », Editions de l'Association Amicale « Alliance », Paris, 1948.

La Mémoire des Français ; quarante ans de commémorations de la Seconde Guerre mondiale, Editions du CNRS, Paris, 1986.

MENENDEZ PIDAL, Ramon, *La chanson de Roland et la tradition épique des Francs*, Editions A. et J. Picard et Cie, Paris, 1960.

MENGIN, Robert, *De Gaulle à Londres, vu par un Français libre*, Editions de la Table Ronde, 1965.

MER, Jacqueline, *Le Parti de Maurice Thorez ou le bonheur communiste français*, Payot, Paris, 1977.

MERGLEN, Albert, *La guerre à la française*, Arthaud, 1967.

MERINDOL, Pierre, *Barbie : le procès*, Editions La Manufacture, Lyon, 1987.

MERINDOL, Pierre, *Lyon ; le sang et l'argent*, Editions Alain Moreau, Paris, 1978.

MERINDOL, Pierre, *Lyon ; le sang et l'encre*, Editions Alain Moreau, Paris, 1987.

MERLIER, Octave et RIMBAUD, Christiane, *Rédaction ; sujet : la drôle de guerre, l'occupation, la libération racontées par des enfants*, Julliard, 1975.

MEROT, Jean, *Dimitrov, un révolutionnaire de notre temps*, Editions Sociales, 1972.

MERTENS, Lucien et POINDESSAULT, Jean, *Rawa-Ruska, le camp de représailles des prisonniers de guerre évadés*, Editions du Cep, Bagneux, 1945.

MESSMER, Pierre et LARGAN, Alain, *Les Ecrits militaires de Charles de Gaulle*, Presses universitaires de France, 1985.

MEUNIER, Pierre (avec VOUTEY, Maurice), *Jean-Moulin, mon ami*, s.l., Ed. de l'Armançon, 1993.

MEYER, Hubert, *Entre marins ; Rochefort, La Rochelle, Royan (1944-1945)*, Robert Laffont, 1966.

MICHA, René, *Pierre-Jean Jouve*, coll. « Poètes d'Aujourd'hui », Seghers, 1971.

MICHAL, Bernard, *Histoire de la France Libre*, 4 vol., Editions Famot, Genève, 1974.

MICHAL, Bernard, *Les grandes énigmes de la Résistance*, Les Amis de l'Histoire, 1968.

MICHAUX, Henri, *Epreuves, exorcismes ; 1940-1944*, Gallimard, 1945.

MICHAUX, Henri, *Œuvres complètes*, tome 1, Paris, Gallimard, 1998.

MICHEL, Henri, *Bibliographie critique de la Résistance*, Institut Pédagogique National, 1964.

MICHEL, Henri et MIRKINE-GUETZEVITCH, Boris, *Les idées politiques et sociales de la Résistance, documents clandestins (1940-1944)*, collection « Esprit de la Résistance », Presses Universitaires de France, 1954.

MICHEL, Henri, *Histoire de la France libre*, collection « Que sais-je ? », Presses Universitaires de France, 1967.

MICHEL, Henri, *Histoire de la Résistance en France*, collection « Que sais-je ? » Presses Universitaires de France, 1969.

MICHEL, Henri, *Jean Moulin l'unificateur*, Hachette, 1971.

MICHEL, Henri, *La Deuxième Guerre mondiale commence*, Editions Complexe, Bruxelles, 1980.

MICHEL, Henri, *La drôle de guerre*, Hachette, 1971.

MICHEL, Henri, *La guerre de l'ombre ; la Résistance en Europe*, Grasset, 1970.

MICHEL, Henri, *La Libération de Paris*, Editions Complexe, Bruxelles, 1980.

MICHEL, Henri, *La seconde guerre mondiale*, collection « Peuples et Civilisation », Presses Universitaires de France, 1968-1969.

MICHEL, Henri, *Le Procès de Riom*, Albin Michel, 1979.

MICHEL, Henri, *Les courants de pensée de la Résistance*, collection « Esprit de la Résistance », Presses Universitaires de France, 1962.

MICHEL, Henri, *Les mouvements clandestins en Europe*, collection « Que sais-je » ? Presses Universitaires de France, 1965.

MICHEL, Henri, *Paris allemand*, Albin Michel, 1981.

MICHEL, Henri, *Paris résistant*, Albin Michel, 1982.

MICHEL, Henri, *Pétain, Laval, Darlan, trois politiques ?*, Flammarion, 1972.

MICHEL, Henri, *Vichy, année 40*, Laffont, 1966.

MICHEL, Jean, *Dora*, Jean-Claude Lattès, 1975.

MICHEL, Paul-Louis, *Le procès Pétain*, Editions Médicis, Paris, 1945.

MICHELET, Claude, *Mon père Edmond Michelet, d'après ses notes intimes*, Presses de la Cité, 1971.

MICHELET, Edmond, *Le gaullisme, passionnante aventure*, Fayard, 1962.

MIDOL, Lucien, *La voie que j'ai suivie...*, Editions Sociales, 1973.

MIGDAL, André, *Poésies d'un autre monde ; Fresnes 1941-Neuengamme 1945*, Seghers, 1975.

MIGNON, Ernest, *Les mots du général*, Fayard, 1962 et Le Livre de Poche, 1972.

MILHAUD, Gérard, *Raymond Losserand ; fusillé par les hitlériens le 21 octobre 1942 ; une vie ardente et généreuse*, Editions Sociales, 1949.

MILHAUD, Gérard, *Stalingrad, porte de la victoire*, Editions Mellottée, Paris, 1946.

MILLER, Gérard, *Les pousse-au-jouir du maréchal Pétain*, Seuil, 1975.

MILLOT, Bernard, *La Guerre du Pacifique : T. 1 — Le déferlement japonais (décembre 1941 — octobre 1943) ; T. 2 — Le raz de marée américain (octobre 1943-septembre 1945)*, Robert Laffont, 1968.

MILZA, Pierre, *Fascisme français passé et présent*, Flammarion, 1987.

MILZA, Pierre, *Fascismes et idéologies réactionnaires en Europe (1919-1945)*, Armand Colin, 1969.

MILZA, Pierre, *L'Italie fasciste devant l'opinion française (1920-1940)*, collection « Kiosque », Armand Colin, 1967.

Ministère de la Guerre, Etat-Major de l'armée, Bureau scientifique de l'armée, *Les bombardements aériens des chemins de fer français de janvier à août 1944 ; analyse de leurs effets*, 4 fasc., Imprimerie L. Rivière, Saint-Maurice, 1945.

MINISTERE DES ARMEES : *Unités combattantes*, in « Bulletin officiel des armées », édition méthodique, n° 367, Editions Charles Lavauzelle, Paris, 1973.

MINKOWSKI, Alexandre, *Le mandarin aux pieds nus*, Seuil, 1975.

MIQUEL, Pierre, *Histoire de la radio et de la télévision ; culture ou politique ?*, Editions Richelieu, Paris, 1973.

MIQUEL, Pierre, *La Seconde Guerre mondiale*, Fayard, 1986.

MIQUEL, Pierre, *Les Quatre-vingts*, Paris, Fayard, 1995.

MIRIBEL, Elisabeth de, *La Liberté souffre violence*, Plon, 1981.

MOCH, Jules, *Rencontres avec Charles de Gaulle*, Plon, 1971.

MOCH, Jules, *Rencontres avec Léon Blum*, Plon, 1970.

MOCQ, Docteur Jean-Marie, *Ascq 1944 ; la nuit la plus longue*, Editions Atica, Suresnes, 1971.

MODIN, Jean-Guy, *Capitaine Henry ; Fabien en Franche-Comté*, 1942, Imprimerie Vogue, Paris, 1956.

MODIN, Jean-Guy, *Le bataillon d'Eysses, d'après les témoignages et les documents des anciens détenus patriotes d'Eysses (F.F.I. 1943-1945)*, Edité par l'Amicale des Anciens Détenus Patriotes d'Eysses, Paris, 1962.

MOGENIER, Joseph, *Les francs-tireurs du Mont-Blanc ; récits de la guerre de 1870-1871*, Imprimerie Abry Editeur, Annecy, 1902.

MOINE, André, *Déportation et résistance en Afrique du Nord, 1939-1944*, Editions Sociales, 1972.

MOLINIER, Louis, *Un militant languedocien raconte...*, chez l'auteur, Paris, 1979.

MOLLAT DU JOURDIN, Michel, *La Guerre de cent ans vue par ceux qui l'ont vécue*, Paris, Ed. du Seuil, 1992.

MONESTIE, Paul, *La vie et la mort de Robert Naves*, Imprimerie coopérative du Sud-Ouest, Albi, 1948.

MONESTIER, Marianne, *Elles étaient cent et mille femmes dans la Résistance*, Fayard, 1972.

MONIQUET, Claude, *Touvier ; un milicien à l'ombre de l'Eglise*, Editions Olivier Orban, Paris, 1989.

MONJAUVIS, Lucien, *Jean-Pierre Timbaud*, Editions Sociales, 1971.

MONTAGNON, Pierre, *Les Maquis de la Libération — 1942-1944*, Paris, Ed. Pygmalion/Gérard Watelet, 2000.

MONTARON, Georges, *Quoiqu'il en coûte...*, Stock, 1975.

MONTARRON, Marcel, *La veuve ou l'histoire des châtiments*, Plon, 1973.

MONZIE, Anatole de, *La saison des juges*, Flammarion, 1948.

MORAN, Lord Charles, *Mémoires ; vingt-cinq ans aux côtés de Churchill 1940-1965*, Robert Laffont, 1966.

MORAND, Jacqueline, *Les idées politiques de Louis-Ferdinand Céline*, Librairie générale de droit et de jurisprudence, Paris, 1972.

MORDAL, Jacques, *Holp-up naval à Granville*, France-Empire, 1964.

MORDAL, Jacques, *Les Canadiens à Dieppe*, Presses de la Cité, 1962 et Presses-Pocket, 1970.

MORDAL, Jacques, *Les poches de l'Atlantique*, Presses de la Cité, 1965.

MORDREL, Olier, *Breiz Atao ou Histoire et actualité du nationalisme breton*, Alain Moreau, Paris, 1973.

MOREAU, Emilienne, *La guerre buissonnière, une famille française dans la Résistance*, Solar, 1970.
MOREL, Alcide, *Simples témoignages d'un résistant*, Paris, 1968.
MOREL, Guy, *Barbie pour mémoire*, Editions FNDIRP, Paris, 1986.
MOREL, Robert, *La littérature clandestine, 1940-1944*, Editions Pierre Fanlac, 1945.
MORGAN, Claude, *Les « Dons Quichottes » et les autres...*, Editions Roblot, Paris, 1979.
MORGAN, Claude, (Mortagne), *La marque de l'homme*, Editions de Minuit, 1944 et 1946.
MORHANGE, Pierre, *Le blessé*, Editions Au Colporteur, 1951.
MORIMURA, Seichi, *Section 731 ; expérimentations japonaises sur des cobayes humains*, Editions du Rocher, Monaco, 1985.
MORNET, Procureur général, *Quatre ans à rayer de notre histoire*, Editions Self, Paris, 1949.
MORSE, Arthur, *Pendant que six millions de Juifs mouraient*, Laffont, 1968.
MORSIER, Pierre de, *Les corvettes de la France libre*, Editions France-Empire, 1972.
MOSLEY, Léonard, *Le Reichsmarschall Hermann Gœring*, Presses de la Cité, 1974 et 1975.
MOUILLESEAUX, Louis, *La France et son Empire dans la guerre ou les Compagnons de la grandeur*, trois volumes, Editions Littéraires de France, Paris, 1946-1947.
MOULIN, Charles, *Loys Masson*, coll. « Poètes d'Aujourd'hui », Seghers, 1966.
MOULIN DE LABARTHETE, Henri du, *Le temps des illusions ; souvenirs (juillet 1940-avril 1942)*, Editions A l'Enseigne du Cheval ailé, Genève, 1946.
MOULIN, Jean, *Premier combat*, Les Editions de Minuit, 1947.
MOULIN, Laure, *Jean Moulin*, Presses de la Cité, 1969.
MOUNIER, Monique, *De Gaulle vu par...*, Editions Publications Premières, Paris, 1969.
MOURET, Georges, *Oradour, le crime — le procès*, Plon, 1958.
MOURIN, Maxime, *Les tentatives de paix dans la seconde guerre mondiale 1939-1945*, Payot, 1949.
MOURIN, Maxime, *Reddition sans conditions*, Albin Michel, 1973.
MOUROT, Henri, *Un soi-disant collabo*. La Pensée Universelle, Paris, 1974.
MOURRE, Michel, *Charles Maurras*, Editions Universitaires, 1958.
MOUSNIER, Roland, *Fureurs paysannes ; les paysans dans les révoltes du XVIIe siècle (France, Russie, Chine)*, Calmann-Lévy, 1967.
MOUSSINAC, Léon, *Le radeau de la Méduse*, Hier et Aujourd'hui, Paris, 1945.
MOUSSINAC, Léon, *Poèmes impurs 1939-1945*, Editions du Sagittaire, 1945.
MOUTARDIER, Raymond, *Le Mouvement syndical dans la Résistance*, Editions de la Courtille, Paris, 1975.
MOUTARDIER, Raymond, *Sézanne et la Résistance*, Epernay, 1945.
MURACCIOLE, Jean-François, *Histoire de la Résistance en France*, collection « Que sais-je ? » Paris, Presses Universitaires de France, 1993.
MURAT, Napoléon, *Henri Michaux*, coll. « Classiques du 20e siècle », Editions Universitaires, 1967.
MURAY, Philippe, *Céline*, Le Seuil, 1981.
MURPHY, Robert, *Un diplomate parmi les guerriers*, Robert Laffont, 1965.
MUSARD, François, *Les Glières (26 mars 1944)*, Robert Laffont, 1965.

MUSELIER, Vice-amiral, *De Gaulle contre le gaullisme*, Editions du Chêne, Paris, 1946.

MUTTER, André, *Face à la Gestapo*, Librairie Ancienne Honoré Champion, Paris, 1944.

MYSYROWICZ, Ladislas, *Autopsie d'une défaite ; origine de l'effondrement militaire français de 1940*, Editions L'Age d'Homme, Lausanne, 1973.

NACHIN, Lucien, *Charles de Gaulle, général de France*, Editions Colbert, Paris, 1944.

NAEGELEN, Marcel-Edmond, *L'attente sous les armes (1939-1940) ou la drôle de guerre*, Jérôme Martineau, 1970.

NAL, Commandant Louis et REQUET, Aimé, *Jean de Neyman, héros et martyr de la Résistance*, Editions de « l'Humanité-Dimanche-Nouvelles de Loire-Atlantique », Saint-Nazaire, 1972.

NAL, Commandant Louis et REQUET, Aimé, *La bataille de Grenoble ; groupes francs 1940-1944*, Editions des Deux Miroirs, Paris, 1964.

NAMER, Gérard, *Batailles pour la mémoire ; la commémoration en france de 1945 à nos jours*, Editions Papyrus, Paris, 1983.

NARDAIN, B., *Les Francs-tireurs et Partisans Français et l'Insurrection Nationale (juin 1940-août 1944)*, Editions Internationales de Presse et de Publicité, 1947.

NASH, Jay Robert, *Spies*, New York, Ed. M. Evans and Company, Inc., 1997.

NAUD, Albert, *Pourquoi je n'ai pas défendu Laval*, Fayard, 1948.

NAVARRE, Général Henri, *Le Temps des vérités*, Plon, 1979.

NAVES, Laurent, *Mon chemin*, Editions Sociales, 1968.

NENNI, Pietro, *Vingt ans de fascisme, de Rome à Vichy*, collection « Cahiers libres », n° 12-13, François Maspéro, 1960.

NEUWIRTH, Lucien, *Ma guerre à seize ans ; du fournil au peloton d'exécution*, Plon, 1986.

NICAULT, M., *L'Indre 1940-1944 ; occupation ; résistance ; déportation*, édité par le Centre régional de Documentation pédagogique, Orléans, 1969.

NICOLAI, Jean-Baptiste, *Simon Sabiani ; Un « chef » à Marseille ; 1940-1944*, Paris, Ed. Olivier Orban, 1991.

NOBECOURT, Jacques et PLANCHAIS, Jean, *Une histoire politique de l'armée*, Editions du Seuil, 1967.

NOBECOURT, Jacques, *Le dernier coup de dés de Hitler ; la bataille des Ardennes*, Robert Laffont, 1962.

NOBECOURT, R.G., *Les secrets de la propagande en France occupée*, Fayard, 1962.

NOCHER, Jean, *L'aventure héroïque de Skornichi-Montero, patriote français*, Editions L. Rodstein, Paris, 1947.

NOCHER, Jean, *Les clandestins ; la vie ardente et secrète de la Résistance*, Gallimard, 1946.

NOEL, Léon, *Comprendre de Gaulle*, Plon, 1972.

NOEL, Léon, *La guerre de 39 a commencé quatre ans plus tôt...*, France-Empire, 1979.

NOEL, Léon, *La traversée du désert*, Plon, 1973.

NOGUE, Chanoine Edouard, *Les Allemands à Saint-Astier*, (s.l.n.d.).

NOGUERES, Henri, en collaboration avec DEGLIAME-FOUCHE, Marcel et VIGIER, Jean-Louis, *Histoire de la Résistance en France de 1940 à 1945*, Laffont, cinq volumes, 1967-1981.

NOGUERES, Henri, *La vérité aura le dernier mot*, Le Seuil, 1985.

NOGUERES, Henri, *La vie quotidienne des résistants de l'armistice à la Libération*, Hachette-Littérature, 1984.

NOGUERES, Henri, *Le suicide de la flotte française à Toulon (27 novembre 1942)*, Robert Laffont, 1961 et Editions J'ai lu, 1966.

NOGUERES, Henri, *Munich ou la drôle de paix (26 septembre 1938)*, Laffont, 1953 et J'ai lu, 1968.

NOGUERES, Louis, *La dernière étape, Sigmaringen*, Fayard, 1956.

NOGUERES, Louis, *La Haute Cour de la Libération (1944-1949)*, Editions de Minuit, 1965.

NOGUERES, Louis, *Le véritable procès du maréchal Pétain*, Fayard, 1955.

NOIREAU, Robert, *Le Temps des partisans*, Flammarion, 1978.

NORA, Pierre, *Les Lieux de mémoire*, 2 vol., Gallimard, 1984-1986.

NORD, Pierre, *... et Staline décapita l'Armée Rouge*, Librairie des Champs-Elysées, Paris, 1975.

NORD, Pierre, (Colonel Brouillard), *Mes camarades sont morts* (deux volumes) *Tome I : la guerre du renseignement ; Tome II : contre-espionnage et intoxication*, Librairie des Champs-Elysées, 1947 et Editions J'ai lu, 1968.

NORD, Pierre, *L'intoxication, arme absolue de la guerre subversive*, Fayard, 1971.

Notes documentaires et études, *La presse autorisée sous l'occupation allemande (1940-1944)*, n° 218 (14 janvier 1946).

NOURY, Philippe, *Francisco Franco, la conquête du pouvoir, 1892-1937*, Denoël, 1975.

NOUVEAU, L.H., dit Saint-Jean, *Des capitaines par milliers ; retour à Gibraltar des aviateurs alliés abattus (1941-43)*, Calmann-Lévy, 1958.

NOVICK, Peter, *L'Epuration française, 1944-1949*, Balland, 1985.

NOVITCH, Miriam, *La Guerre des ondes ; histoire des radios de langue française pendant la Deuxième Guerre mondiale*, Payot et Armand Colin Editeurs, Lausanne et Paris, 1985.

OBERLE, Jean, « *Jean Oberlé nous parle...* », La Jeune Parque, 1945.

ODIC, C. J., *Demain, Buchenwald (K.L.B. 43105)*, Buchet-Chastel, 1972.

L'Œil et l'oreille de la Résistance, Actes du colloque tenu à Paris les 21, 22 et 23 novembre 1984 (Comité d'histoire de la Poste et des Télécommunications et IHTP-CNRS), Editions ERES, Paris, 1986.

OLLIER, Nicole, *L'exode ; sur les routes de l'an quarante*, Laffont, 1970.

ONFRAY, Joseph, *L'âme résiste ; journal d'un déporté*, Imprimerie Alençonnaise, Alençon, 1946.

OPHULS, Marcel, *Le Chagrin et la Pitié*, Editions Alain Moreau, Paris, 1980.

ORANIENBURG-SACHSENHAUSEN, Amicale d', *Sachso ; au cœur du système concentrationnaire nazi*, Plon, Editions de Minuit, 1982.

ORDIONI, Pierre, *Le secret de Darlan, 1940-1942*, Editions Albatros, 1974.

ORDIONI, Pierre, *Les cinq jours de Toul*, Laffont, 1967.

ORDIONI, Pierre, *Tout commence à Alger, 1940-1944, témoignage*, Stock, 1972.

ORIOL-MALOIRE, Albert, *Le Forez dans la guerre, 1939-1945*, Editions Horvath, Roanne, 1986.

ORY, Pascal, *La France allemande ; paroles du collaborationnisme français (1933-1945)*, Archives-Gallimard-Julliard, 1977.

ORY, Pascal, *Le Petit Nazi illustré ; une pédagogie hitlérienne en culture française : « le Téméraire », 1943-1944*, Editions Albatros, Paris, 1979.

ORY, Pascal, *Les Collaborateurs, 1940-1945*, Le Seuil, 1976.
OSTROVSKY, Erika, *Céline, le voyeur voyant*, Buchet-Chastel, 1973.
OTT, Barthélemy, *Georges Bidault, l'indomptable*, Editions Imprimerie du Vivarais, Annonay, 1975.
OUSBY, Ian, *Occupation ; The Ordeal of France ; 1940-1944*, New York, Ed. St Martin's Press, 1998.
OUVRY-VIAL, Brigitte, *Henri Michaux, qui êtes-vous ?,* Editions La Manufacture, Lyon, 1989.
OUZOULIAS, Albert, *Les bataillons de la jeunesse*, Editions Sociales, 1968 et Livre Club Diderot, 1969.
OUZOULIAS, Albert, *Les fils de la nuit*, Grasset, 1975.
OUZOULIAS-ROMAGON, Cécile, *J'étais agent de liaison FTPF*, Editions Messidor, Paris, 1988.
PACAUT, Marcel, *Louis VII et son royaume*, Editions SEVPEN, Paris, 1964.
PACAUT, René, *Maquis dans la plaine*, Louhans, Imprimerie Jules Faisy, 1946.
PAILLARD, Georges et ROUGERIE, Claude, *Reinhard Heydrich, le violoniste de la mort*, Fayard, 1973.
PAILLAT, Claude, *L'échiquier d'Alger*, Laffont, 1967.
PAILLAT, Claude, *L'Occupation, le pillage de la France, juin 1940-novembre 1942*, Robert Laffont, 1987.
PAILLOLE, Paul, *L'Homme des services secrets*, Paris, Julliard, 1995.
PAILLOLE, Paul, *Notre espion chez Hitler*, Robert Laffont, 1985.
PAILLOLE, Paul, *Services spéciaux, 1935-1945*, Robert Laffont, 1975.
PALEWSKI, Gaston, *Hier et aujourd'hui ; des hommes, des idées et des faits, 1974*, Plon, 1975.
PALEWSKI, Gaston, *Mémoires d'action*, Plon, 1988.
PANICACCI, Jean-Louis et MOLINARI, Pascal, *Menton dans la tourmente, 1939-1945*, Annales de la Société d'art et d'histoire du Mentonnais, Nice, 1984.
PANNEQUIN, Roger, *Les Années sans suite*, 2 vol. ; I. *Ami, si tu tombes ; II. Adieu, camarades*, Editions Le Sagittaire, Paris, 1976 et 1977.
PAPELEUX, Léon, *L'Amiral Canaris entre Franco et Hitler*, Editions Casterman, Paris, 1977.
PAPON, Maurice, *Le gaullisme ou la Loi de l'effort*, Flammarion, 1973.
PAPON, Maurice, *Les Chevaux du pouvoir*, Plon, 1988.
PAQUET, Jean, *La résistance dans l'Isère, 1940-1944*, Editions du Centre Régional de Documentation Pédagogique, Grenoble, 1971.
PAQUIER, Lieutenant-colonel Pierre et POSTEL, Claude, *La Bataille aérienne d'Allemagne (mai 1942-mai 1945)*, Payot, Paris, 1947.
PARAF, Pierre, *Mes rendez-vous avec le siècle*, Messidor, 1988.
PARAZ, Albert, *Le gala des vaches*, André Balland, 1974.
Paris 40-44 ; La vie artistique, cinématographique, journalistique et mondaine pendant l'occupation, « Les dossiers du Clan », n° 2, Editions du Clan, Paris, mai 1967.
Paris, les heures glorieuses ; août 1944, Le CPL prépare et dirige l'insurrection, Draeger frères imprimeurs, Montrouge, novembre 1945.
PARIS, Erna, *L'Affaire Barbie ; analyse d'un mal français*, Editions Ramsay, Paris, 1985.
PARKER, Geoffrey, *Parsifal, un chirurgien anglais dans le maquis de l'Ain*, Flammarion, 1968 et 1970.
PARMELIN, Hélène, *Arthur Dallidet ; métallo, héros de la Résistance fusillé*

par les hitlériens ; dévoué jusqu'au suprême sacrifice, Editions Sociales, 1949.

Le Parti Communiste Français dans la Résistance, Editions Sociales, 1967.

PARTI COMMUNISTE FRANÇAIS, *Sept ans de luttes ardentes au service du peuple contre l'hitlérisme et le fascisme, pour une France libre, démocratique et indépendante*. Rapport du Comité central pour le Xe congrès national du Parti Communiste Français, Editions P.C.F., 1945.

PARROT, Jacques, *La Guerre des ondes ; de Goebbels à Kadhafi*, Plon, 1987.

PARROT, Louis et MARCENAC, Jean, *Paul Eluard*, coll. « Poètes d'Aujourd'hui », Seghers, 1953.

PARROT, Louis, *L'intelligence en guerre ; panorama de la pensée française dans la clandestinité*, La Jeune Parque, 1945.

PARROTIN, Marc, *Femmes de la Résistance en Creuse*, Ahun, Verso, 1997.

PARROTIN, Marc, *La Résistance en Creuse*, Ahun, 1995.

PARROTIN, Marc, *Le Temps du maquis ; Histoire de la Résistance en Creuse*, Guéret, Presses du Massif Central, 1984.

PAS, Léon de, *Leclerc, un dieu pour ses hommes*, Editions Solmer, La Colle, Alpes-Maritimes, 1970.

PASQUELOT, Maurice, *Les Dossiers secrets de la Marine ; Londres-Vichy, 1940-1944*, Paris, Nouvelles Editions latines, 1977.

PASQUELOT, Maurice, *Les Sous-marins de la France libre, 1939-1945*, Editions des Presses de la Cité, Paris, 1981.

PASSY, Colonel, *Souvenirs* (deux volumes) *Tome I : 2e Bureau, Londres ; Tome II : 10, Duke Street, Londres (le B.C.R.A.)* Raoul Solar, 1947 et 1948.

PAUCHOU, Guy et MASFRAND, D. Pierre, *Oradour-sur-Glane, vision d'épouvante*, Charles-Lavauzelle et Cie, Limoges, Nancy, Paris, 1947.

PAUL, Marcel, *Buchenwald : du martyre à l'insurrection*, in « Histoire de notre temps », Plon, 1968.

Paul Eluard, n[o] spécial d'« Europe », juillet-août 1953 et novembre-décembre 1962.

PAULHAN, Jean, *Lettre aux directeurs de la Résistance (1951), suivie des répliques et des contre-répliques*, Jean-Jacques Pauvert, 1968.

PAULUS, Maréchal Friedrich, *Stalingrad ; vie du Feldmaréchal-général Friedrich Paulus (lettres et documents inédits rassemblés par Walter Gorlitz)*, Fayard, 1961.

PAVLOV, Dmitri V., *Léningrad (1941-1942)*, Presses de la Cité, 1967.

PAXTON, Robert O., *La France de Vichy, 1940-1944*, Editions du Seuil, 1973.

PAYNE, Stanlay G., *Phalange ; histoire du fascisme espagnol*, Editions Ruedo Iberico, Paris, 1965.

PEAN, Pierre, *La diabolique de Caluire*, Paris, Fayard, 1999.

PEAN, Pierre, *Le mystérieux Docteur Martin (1895-1969)*, Paris, Fayard, 1993.

PEAN, Pierre, *Une jeunesse française ; François Mitterrand, 1934-1947*, Paris, Fayard, 1994.

PEAN, Pierre, *Vies et morts de Jean Moulin*, Paris, Fayard, 1998.

PECH, Karlheinz, *An der Seite der Résistance*, Francfort-sur-le-Main, Röderberg Verlag, 1974.

PECH, Karlheinz, *Literatur und Widerstand*, Francfort-sur-le-Main, Röderberg Verlag, 1969.

PEDRAZZANI, Jean-Michel, *La France en Indochine*, Arthaud, 1972.

PEILLARD, Léonce, *La bataille de l'Atlantique*, Robert Laffont, 1974.

PEIS, Gunter, *Naujocks, l'homme qui déclencha la guerre*, J'ai lu, 1965.
PELISSIER, Jean, *L'épopée Leclerc*, Editions Mellottée, Paris, 1946.
PELLEGRIN, René, *Jacques Doriot communiste*, Editions C.S.C., Villeneuve-les-Avignon, 1970.
PELLISSIER, Pierre, *Brasillach... le maudit*, Denoël, 1989.
PENDAR, Kenneth, *Le dilemme France-Etats-Unis*, Editions Self, Paris, 1948.
PENNAUD, Guy, *Histoire de la Résistance en Périgord*, Editions Pierre Fanlac, Périgueux, 1985.
PERCHE, Louis, *Eluard*, Editions Universitaires, 1967.
PERCHENET, Annie, *Histoire des juifs de France*, Editions du Cerf, Paris, 1988.
PERRAUD-CHARMANTIER, A., *La guerre en Bretagne ; récits et portraits* (2 volumes), Editions Aux Portes du Large, Nantes, 1948.
PERRAUD-CHARMANTIER, A., *Le drame du maquis de Saffré 15-18 juin 1944*, Editions du Fleuve, Nantes, 1946.
PERRAULT, Gilles, *La longue Traque*, Paris, Ed. Jean-Claude Lattès et Fayard, 1975 et 1998.
PERRAULT, Gilles, *Le grand jour : 6 juin 1944*, Jean-Claude Lattès, Paris, 1974.
PERRAULT, Gilles, *Le secret du jour J*, Fayard, 1964.
PERRAULT, Gilles, *L'orchestre rouge*, Fayard, 1967 et 1989.
PERRAULT, Gilles, *Paris sous l'Occupation*, Belfond, 1987.
PERRAULT, Gilles, présente *Taupes rouges contre SS*, Editions Messidor, Paris 1986.
PERRETTE, Jean-François, *Propos autour d'un général* « NN », *Charles Delestraint, officier de chars, commandant de l'armée secrète*, Presses de la Cité, 1972.
PERRIER, Guy, *Pierre Brossolette ; Le Visionnaire de la Résistance*, Hachette Littératures, 1997.
PERRIER, Guy, *Le colonel Passy et les services secrets de la France libre*, Hachette Littératures, 1999.
PERTINAX, *Les fossoyeurs ; défaite militaire de la France ; armistice ; contre-révolution*, Editions de la Maison Française, New York, 1943.
PESCHANSKI, Denis, DURAND, Yves, VEILLON, Dominique, ORY, Pascal, AZEMA, Jean-Pierre et autres, *Images de la France de Vichy*, La Documentation française, Paris, 1988.
PESTOURIE, Roger, *La Résistance, c'était cela aussi*, Editions Sociales, 1969.
PETAIN, Philippe, *Actes et écrits*, Flammarion, 1974.
PETIFRERE, Ray, *Pas à pas avec Hitler ; Autriche, Bavière, France, Belgique*, Presses de la Cité, 1973.
PETITFRERE, Ray, *Les trois empires*, Editions les Anciens Etablissements Godenne, Namur, 1967.
PETIT, Domingo Pastor, *Diccionario enciclopedico del espionaje*, Madrid, Editorial Complutense, 1996.
Le Peuple allemand accuse, appel à la conscience du monde, 1937, Editions du Carrefour, Paris, 1937.
PEYRAMAURE, Michel, *La Division maudite ; la marche de la « das Reich » de Montauban au front de Normandie par Tulle et Oradour*, Robert Laffont, 1987.
PEYREFITTE, Alain, *C'était de Gaulle*, 3 vol., Ed. de Fallois-Fayard, 1994-2000.

PEYROUTON, Marcel, *Du service public à la prison commune ; souvenirs*, Plon, 1950.

PEYTAVIN, Lieutenant-colonel, *De la « Résistance » au combat ; essai sur l'histoire de la Résistance en Lozère*, Imprimerie Chaptal, Mende, 1945.

PHILIP, André, *Les socialistes*, Editions du Seuil, 1967 et 1969.

PHILIPPE, Révérend-père, *Les catholiques et le Front National*, édité par « Front National », Paris, 1944.

PHILLIPS, C. E. Lucas, *Opération « coque de noix »*, J'ai lu, 1971.

PICARD, R. et CHAUSSADE, S., *Ombres et espérances en Quercy 1940-1945*, Editions Privat, Toulouse, 1980.

PICARD, René, *L'ennemi retrouvé*, édité chez l'auteur, Conflans-Sainte-Honorine, 1953.

PICHOURON, Louis, *Mémoires d'un partisan breton ; F.T.P.*, Presses Universitaires de Bretagne, Saint-Brieuc (s.d.).

PICKER, Henry, *Hitler, cet inconnu*, Presses de la Cité, 1969.

PICON, Gaëtan, *Malraux*, coll. « Ecrivains de toujours », Seuil, 1974.

PIERRARD, André et ROUSSEAU, Michel, *Eusebio Ferrari ; à l'aube de la résistance armée*, Editions Syros, Paris, 1980.

PIERRARD, André, *Le jeune homme à la rose*, Presses de la Cité, 1969.

PIERRE-BLOCH, Jean, *Alger, capitale de la France en guerre, 1942-1944*, Editions Universal, Paris, 1989.

PIERRE-BLOCH, Jean, *Jusqu'au dernier jour*, Albin Michel, 1984.

PIERRE-BLOCH, Jean, *Le vent souffle sur l'histoire ; témoignages et documents inédits*, Editions S.I.P.E.P., Paris, 1956.

PIERRE-BLOCH, Jean, *Londres, capitale de la France libre*, Editions Carrère-Lafon, Paris, 1986.

PIERRE-GOSSET, Renée, *Expédients provisoires ; le coup d'Alger*, Fasquelle, 1946.

PIGNON, Edouard, *Contre-courant*, Stock, 1974.

PIKETTY, Guillaume, *Pierre Brossolette, un héros de la Résistance*, Paris, Odile Jacob, 1998.

PINEAU, Christian, *La simple vérité* (deux volumes), *Tome I : La Résistance ; Tome II : Krematorium*, Julliard, 1960 et Presses Pocket, 1969.

PIOGER, André, *La Sarthe à l'heure allemande (25 Juin 1940-8 Août 1944) d'après le journal du Docteur Delaunay...*, in « La Province du Maine », T. 74, 4e série T. 1 fasc. 2, Avril-Juin 1972.

PIPET, Albert, *La trouée de Normandie*, Presses de la Cité, 1966.

PIPET, Albert, *Mourir à Caen*, Presses de la Cité, 1974.

PIQUET-WICKS, Eric, *Quatre dans l'ombre*, Gallimard, 1957.

PISANI, Edgar, *Le général indivis*, Albin Michel, 1974.

PLANCHAIS, Jean, *Une Histoire politique de l'armée*, t. II, *De de Gaulle à de Gaulle (1940-1967)*, Paris, Ed. du Seuil, 1967.

PLANTY, Louis, *Les francs-tireurs de Saintes*, Imprimerie Nouvelle, Noël Tenier et fils, La Rochelle, 1902.

PLISSONNIER, Gaston, *Une vie pour lutter*, Editions sociales-Messidor, Paris, 1984.

PLUET, Jacqueline, *Les Trotskistes et la guerre, 1940-1944*, Editions Anthropos, Paris, 1980.

PLUMYENE, Jean et LASIERRA, Raymond, *Les fascismes français, 1923-1963*, Editions du Seuil, 1963.

PLUMYENE, Jean, *Pétain*, Editions du Seuil, 1964.

La Poésie et la Résistance, « Europe », nos 543-544, juillet-août 1974.
Poètes prisonniers, Cahier spécial de « Poésie 44 », t. 2, Seghers, 1945.
POGNON, Edmond, *De Gaulle et l'Histoire de France ; trente ans éclairés par vingt siècles*, Albin Michel, 1971.
POGNON, Edmond, *Histoire du peuple français : II. De Jeanne d'Arc à Louis XIV (1380-1715)*, Editions Nouvelle Librairie de France, Paris, 1952.
POIRMEUR, André, *Compiègne 1939-1945*, Edité par l'auteur, Compiègne, 1968.
POIROT-DELPECH, Bertrand, *Monsieur Barbie n'a rien à dire*, Gallimard, 1987.
POISSON, Abbé H., *L'Abbé Jean-Marie Perrot fondateur du « Bleun-Brug »*, chez l'auteur, Rennes.
POLIAKOV, Léon, *Auschwitz*, Collection « Archives », Julliard, 1964.
POLIAKOV, Léon, *Brève Histoire du génocide nazi*, Hachette, 1979.
POLIAKOV, Léon, *Bréviaire de la haine*, Calmann-Lévy, 1951.
POLIAKOV, Léon et WULF, Joseph, *Le IIIe Reich et les Juifs*, Gallimard, 1959.
POLIAKOV, Léon, *L'Auberge des musiciens ; Mémoires*, Editions Mazarine, Paris, 1981.
POLIAKOV, Léon, *Le procès de Jérusalem ; jugement, documents*, Calmann-Lévy, 1961.
POLIAKOV, Léon, *Le procès de Nuremberg*, Collection « Archives », Julliard, 1971.
POLIAKOV, Léon, *Les Juifs et notre histoire*, Flammarion, 1973.
POLIAKOV, Léon, *L'étoile jaune*, Editions du Centre de Documentation Juive et Contemporaine, Paris, 1949.
Les Policiers français dans la Résistance, pages d'histoire 1939-1945, Edité par la Confédération Nationale des Policiers Anciens Combattants et Résistants, 1965.
POLITZER, Georges, *Révolution et contre-révolution au XXe siècle ; réponse à « Or et sang » de M. Rosenberg*, sans Editeur, 1941 et Editions Sociales, 1947.
POLLAK, Emile, *La parole est à la défense*, Robert Laffont, 1975.
POLMAR, Norman et ALLEN, Thomas B., *Spy Book ; The Encyclopedia of espionage*, New York, Ed. Random House, 1997.
POLONSKI, Jacques, *La presse, la propagande et l'opinion publique sous l'occupation*, CDJC, Paris, 1946.
POMARET, Charles, *Le dernier témoin ; fin d'une guerre, fin d'une République ; juin et juillet 1940*, Presses de la Cité, 1968.
PONCHARDIER, Dominique, *Les pavés de l'enfer*, Gallimard, 1950.
PONCINS, Léon de, *Top secret ; secrets d'Etat anglo-américains*, Editions Diffusion de la Pensée Française, Chiré-en-Montreuil, 1972.
PONIATOWSKI, Michel, *Mémoires ; tome I*, Paris, Plon-Le Roche, 1997.
POPOT, Jean, *J'étais aumônier à Fresnes*, Librairie Académique Perrin, 1962.
POPOV, Dusko, *Tricycle*, Robert Laffont, 1975.
PORCHER, Capitaine André, *Nous brisons les barreaux ; comment les F.T.P.F. ont libéré 40 détenus politiques de la prison de Gaillac dans la nuit du 12 au 13 juin 1944*, Editions Amis des F.T.P.F., Albi, 1945.
PORTAL, R., *Le camp de Voves (1939-1947)*, Imprimerie Moderne, Dreux, 1972.
POSTEL-VINAY, André, *Un Fou s'évade ; Souvenir de 1941-1942*, Paris, Le Félin, 1997.

POTTECHER, Frédéric, *Le Procès de la défaite ; Riom, février-avril 1942*, Fayard, 1989.

POTTECHER, Frédéric, *Le Procès Pétain*, Editions Jean-Claude Lattès, Paris, 1981.

POUGATCH, Isaac, *Un bâtisseur, Robert Gamzon*, Editions Service technique pour l'Education, Paris, 1971.

POUGET, Jean, *Un certain de Gaulle*, Fayard, 1973.

POULET, Robert, *Mon ami Bardamu ; entretiens familiers avec L.F. Céline*, Plon, 1971.

POURTALET, Henri, *La France en bataille ; Francs-tireurs et partisans français*, Editions « Liberté », Alger, 1944.

POUZOL, Henri, *La Poésie concentrationnaire ; visage de l'homme dans les camps hitlériens, 1940-1945*, Seghers, 1975.

POZNER, Vladimir, *Descente aux enfers, récits de déportés et de SS d'Auschwitz*, Julliard, 1980.

PRENANT, Marcel, *Toute une vie à gauche*, Editions Encre, Paris, 1980.

PREVAL, Pierre de, *Sabotages et guérillas*, Berger-Levrault, 1946.

PRITTIE, Terence, *Des Allemands contre Hitler*, Plon, 1966.

Le Procès Laval ; compte rendu sténographique, Albin Michel, 1946.

Le Procès Pétrus Faure : Juré au procès du Maréchal Pétain, Imprimerie Dumas, Saint-Etienne, 1967.

Les Procès de la radio ; Ferdonnet, Jean Hérold Paquis ; compte rendu sténographique, Albin Michel, 1947.

Procès du maréchal Pétain ; compte rendu officiel in extenso des audiences de la Haute Cour de justice, Editions Louis Pariente, Paris, 1976.

Le Procès du maréchal Pétain, compte rendu sténographique, Albin Michel, 1945.

Procès des grands criminels de guerre devant le Tribunal militaire international, Nuremberg 14 novembre 1945-1er octobre 1946. Tome I documents officiels ; Tome II à XXIII débats ; Tome XXIV index des personnes citées ; Tome XXV à XLII documents soumis au tribunal. Nuremberg, 1947-1949.

PROST, Antoine (sous la direction de), *La Résistance, une histoire sociale*, Paris, Les Editions de l'Atelier, 1997.

PSICHARI, Henriette, *Des jours et des hommes* (1890-1961), Grasset, 1962.

PUECH, Jean, *La montagne des sept douleurs (Vercors 1944)*, Calmann-Lévy, 1945.

QUEVAL, Jean, *A propos de « Première page, cinquième colonne »*, in « Les Œuvres Libres », nº 4 (230), Fayard, 1945.

QUEVAL, Jean, *Max-Pol Fouchet*, collection « Poètes d'Aujourd'hui », Pierre Seghers, 1969.

QUEVAL, Jean, *Première page, cinquième colonne*, Fayard, 1945.

RAGACHE, Gilles, *1940 : La Guerre détraquée*, Editions Aubier, Paris, 1983.

RAGACHE, Gilles et Jean-Robert, *La vie quotidienne des écrivains et des artistes sous l'Occupation ; 1940-1944*, Hachette, 1988.

RAGACHE, Gilles, *Le Jour J (6 juin 1944)*, Le Seuil, 1984.

RAGUENEAU, Philippe, *Humeurs et humour du Général*, Editions Jacques Grancher, Paris, 1990.

RAGUENEAU, Philippe, *Julien ou la Route à l'envers*, récit, Albin Michel, 1976.

RAILLARD, Georges, *Aragon*, Editions Universitaires, 1964.

RAINAT, Max, *Guy Moquet, fusillé par les hitlériens le 22 octobre 1941 ; héros patriote de 17 ans mort pour une vie plus belle*, Editions Sociales, 1949.

RAISSAC, Guy, *De la Marine à la Justice ; un magistrat témoigne*, Albin Michel, 1972.

RAISSAC, Guy, *Un combat sans merci ; l'affaire Pétain-de Gaulle*, Albin Michel, 1966.

RAJSFUS, Maurice, *L'An prochain la Révolution ; les communistes juifs immigrés dans la tourmente stalinienne, 1930-1945*, Editions Mazarine, Paris, 1985.

RAJSFUS, Maurice, *Des Juifs dans la collaboration : l'UGIF, 1941-1944) ; précédé d'une courte étude sur les juifs de France en 1939*, Editions EDI (Etudes et documentation internationales), Paris, 1980.

RAJSFUS, Maurice, *Drancy, un Camp de concentration très ordinaire ; 1941-1944*, Paris, Ed. Manya, 1991.

RAJSFUS, Maurice, *Jeudi noir ; 16 juillet 1942, l'honneur perdu de la France profonde*, Editions L'Harmattan, Paris, 1988.

RAJSFUS, Maurice, *La Police de Vichy ; Les forces de l'ordre françaises au service de la Gestapo ; 1940-1944*, Paris, Ed du Cherche-Midi, 1995.

RAJSFUS, Maurice, *Quand j'étais Juif*, Editions Mégrelis, Paris, 1982.

RAJSFUS, Maurice, *Sois juif et tais-toi ! 1930-1940 ; les Français « israélites » face au nazisme*, Editions EDI (Etudes et documentation internationales), Paris, 1981.

RASCALON, Commandant, *Résistance et maquis FFI ; Aigoual-Cévennes*, Montpellier, 1945.

RASSINIER, Paul, *Les responsables de la Seconde Guerre mondiale*, Nouvelles Editions Latines, 1967.

RAUSCHNING, Hermann, *Hitler m'a dit...*, Editions Somogy, 1945.

RAVANEL, Serge, *L'Esprit de Résistance*, Paris, Ed. du Seuil, 1995.

RAVERY, Jean-Pierre, *Le Procès d'un nazi ; témoignages ; documents ; les réflexions des communistes*, La Librairie nouvelle-L'Humanité, Lyon, 1987.

RAVINE, Jacques, *La Résistance organisée des Juifs en France (1940-1944)*, Julliard, 1973.

RAYSKI, Adam, *Nos illusions perdues*, Balland, 1985.

RAZOLA, Manuel et CONSTANTE, Mariano, *Triangle bleu ; les Républicains espagnols à Mauthausen*, Gallimard, 1969.

REBATET, Lucien, *Les Décombres*, Denoël, 1942.

REBATET, Lucien, *Les Mémoires d'un fasciste* ; II : *1941-1947*, Editions Jean-Jacques Pauvert, Paris, 1976.

REBERIOUX, Madeleine, *Les Ouvriers du livre et leur fédération ; un centenaire 1881-1981*, Editions Temps Actuels, Paris, 1981.

REGENT, Roger, *Cinéma de France sous l'occupation*, Editions d'Aujourd'hui, Paris, 1975.

REILE, Oscar, *L'Abwehr ; le contre-espionnage allemand en France*, France-Empire, 1970.

REIMANN, Viktor, *Joseph Goebbels*, Flammarion, 1973.

REISCHAUER, Edwin E., *Histoire du Japon et des Japonais*, 2 volumes, Editions du Seuil, 1973.

REMOND, René, *Histoire des Etats-Unis*, collection « Que sais-je ? » Presses Universitaires de France, 1970.

REMOND, René, *La droite en France ; de la Première Restauration à la Ve République* (deux volumes), *Tome I : 1815-1940 ; Tome II : 1940-juin 1968*, Editions Aubier Montaigne, 1968.

REMOND, René, *La Résistance sénonaise*, Comité de l'ANACR du Sénonais, Sens, 1985.

REMOND, René, *Le Retour de De Gaulle*, Editions Complexe, Bruxelles, 1985.

REMY, « *... et l'Angleterre sera détruite !* », France-Empire, 1969.

REMY, *Comment devenir agent secret*, Albin Michel, 1963.

REMY, *Comment meurt un réseau*, Editions Raoul Solar, Monte-Carlo, 1947.

REMY, *Compagnons de l'honneur*, Editions France-Empire, 1966 et Livre de Poche, 1970.

REMY, *De Gaulle, cet inconnu*, Editions Raoul Solar, 1947.

REMY, *Dix ans avec de Gaulle ; 1940-1950*, Editions France-Empire, 1971.

REMY, *Histoires de la Résistance en Lorraine et au Grand Duché du Luxembourg*, 2 vol., Editions Famot, Genève, 1974.

REMY, *La ligne de démarcation ; l'épopée des « passeurs » et des évadés*, t. 1 à 21, Librairie Académique Perrin, 1965-1972.

REMY, *La Résistance dans le Lyonnais*, 2 vol., Editions Famot, Genève, 1974.

REMY, *La Résistance en Normandie*, 2 vol., Editions Famot, Genève, 1975.

REMY, *Les balcons de Tulle*, Librairie Académique Perrin, 1962.

REMY, *L'opération Jéricho*, France-Empire, 1954.

REMY, *Mémoires d'un agent secret de la France Libre*, Presses Pocket, 1966-1968.

REMY, *Morhange ; « les chasseurs de traîtres »*, Flammarion, 1975.

REMY, *Réseaux d'ombres*, France-Empire, 1960.

REMY, *Une affaire de trahison*, Raoul Solar, 1947.

RENAUD, Alexandre, *Utah Beach à Cherbourg ; toute la bataille du Cotentin*, Editions Notre-Dame, Coutances, 1968.

RENAUDOT, Françoise, *Les Français et l'Occupation*, Robert Laffont, 1975.

RENAUDOT, Françoise, *Réseau-CND Castille ; Livre d'or*, Editions Raoul Solar (sd).

RESTANY, Joseph, *Une entreprise clandestine sous l'occupation allemande*, Charles Lavauzelle, 1948.

REVESZ-LONG, Dr Tibor et FLEURY, Jean, *Combat des ondes, les transmissions des réseaux Action*, Amicale des réseaux Action de la France combattante, Paris, 1975.

REVILLON, Tony, *Carnets, juin-octobre 1940*, Editions Odette Lieutier, Paris, 1945.

REYBAZ, G. Jean, *Le maquis Saint-Séverin ou comment fut libéré le quartier Saint-Michel*, La Maison du Livre Français, Paris, 1945.

RIBBENTROP, Joachim von, *De Londres à Moscou ; Mémoires*, Grasset, 1954.

RIBET, Maurice, *Le procès de Riom*, Flammarion, 1945.

RICHARD, Jean-Pierre, *Nausée de Céline*, Editions Fata Morgana, Montpellier, 1973.

RICHARD, Lionel, *Nazisme et littérature*, collection « Cahiers Libres » n° 187-188, François Maspéro, 1971.

RICHE, Jean, *La Franche-Comté sous l'occupation allemande et sa libération*, Marque, Maillard Editeur, Lons-le-Saunier, 1979.

RICKARD, Charles, *La Savoie dans la Résistance*, Editions Ouest-France, Rennes, 1986.

RICKARD, Charles, *La Savoie sous l'Occupation*, Editions Ouest-France, Rennes, 1985.

RIFFAUD, Madeleine, *Cheval rouge ; poèmes, 1939-1972*, Editeurs Français Réunis, 1973.

RIFFAUD, Madeleine, *Les carnets de Charles Debarge*, Editions Sociales, 1951.

RIFFAUD, Madeleine, *On l'appelait Rainer*, Paris, Julliard, 1994.

RIMBAUD, Christiane, *L'Affaire du « Massilia », été 1940*, Le Seuil, Paris, 1984.

RIMBAUD, Christiane, *Le Procès Mendès France*, Librairie académique Perrin, 1986.

RINGENBACH, André, *Six années pour la patrie (1939-1945)*, chez l'auteur, Rouen, 1967.

RINGS, Werner, *Vivre avec l'ennemi, 1939-1945*, Robert Laffont, 1981.

RIST, Charles, *Une saison gâtée ; Journal de la guerre et de l'Occupation*, Fayard, 1983.

R. I. 3. Francs-tireurs et partisans de la Haute-Savoie, Editions France d'Abord, 1946.

RIVIERE, Marcel G., *Le Progrès et la Résistance*, CRDP, Lyon, 1975.

RIX, Pierre-Henri, *Par le portillon de La Boisserie*, Nouvelles Editions Latines, Paris, 1974.

ROBICHON, Jacques, *Jour J en Afrique (8 novembre 1942)*, Robert Laffont, 1964.

ROBICHON, Jacques, *Le débarquement de Provence*, Robert Laffont, 1962.

ROBICHON, Jacques, *Les grands dossiers du troisième Reich*, Librairie Académique Perrin, 1969.

ROBRIEUX, Philippe *Histoire intérieure du Parti communiste*, 4 vol, Paris, Fayard, 1980-1984.

ROBRIEUX, Philippe, *L'Affaire Manouchian ; vie et mort d'un héros communiste*, Fayard, 1986.

ROBRIEUX, Philippe, *Maurice Thorez, vie secrète et vie publique*, Fayard, 1975.

ROCHAT, Claude, *Les Compagnons de l'espoir*, Comité départemental de l'ANACR de Saône-et-Loire, Pontcharra-sur-Turdine, 1987.

ROCHEBRUNE, Renaud et HAZERA, Jean-Claude, *Les Patrons sous l'Occupation*, Paris, Odile Jacob, 1995.

ROCHET, Waldeck et COSSONEAU, Emile, *L'épopée de la Corse ; comment les patriotes du maquis ont libéré l'île de Beauté*, Londres, 1943.

RODRIGUEZ, Captain F. E., *L'escalier de fer*, France-Empire, 1958.

ROLLAND-GARCIA, Andrée, *Fend la Bise au cœur tendre*, Editions Imprimeurs réunis, Sassenage, 1984.

ROL-TANGUY, Colonel Henri et BOURDERON, Roger, *Libération de Paris ; Les cent documents*, Paris, Ed. Hachette-Pluriel, 1994.

ROL-TANGUY, Henri, *Des Brigades aux FFI*, in « Cahiers d'histoire de l'Institut de recherches marxistes », n° 29, Paris, 1987.

ROMANS-PETIT, Colonel Henri, *Les maquis de l'Ain*, Editions Hachette-Littérature, 1974.

ROMMEL, Maréchal, Erwin, *La guerre sans haine*, Presses de la Cité, 1962.

RONDIERE, Pierre, *Et le monde retint son souffle ; Staline et le 22 juin 1941* ; Presses de la Cité, 1967.

ROQUEFORT, Félix, *Ils sont entrés dans la légende*, chez l'auteur, Conques-sur-Orbiel, 1981.
ROQUET, Maurice, *La lutte des Francs-Tireurs et Partisans en Eure-et-Loir*, Association des anciens FTPF, Chartres (sd).
ROSKOTHEN, Ernst, *Gross-Paris, place de la Concorde (1941-1944)*, chez l'auteur, Bad-Dürrheim (Schwarzwald), 1977.
ROSSEL, André, *Eté 44, Cent jours de la libération de l'Europe*, Editions de la Courtille, 1974.
ROSSEL, André, *Histoire de France à travers les journaux du temps passé ; la Seconde Guerre mondiale, 1939-1944*, Editions A l'Enseigne de l'Arbre verdoyant, Paris, 1985.
ROSSEL, André, *La Guerre en magazine*, Editions Hier et Demain, Paris, 1977.
ROSSI, A., *La guerre des papillons ; quatre ans de politique communiste (1940-1944)*, Les Iles d'Or, 1954.
ROSSI, A., *Les communistes français pendant la drôle de guerre*, Les Iles d'Or, 1951.
ROSSI, Paul-Louis, *Régine*, Julliard, 1990.
ROSSIGNOL, Dominique, *Vichy et les Francs-maçons ; la liquidation des sociétés secrètes, 1940-1944*, Editions Jean-Claude Lattès, Paris, 1981.
ROSSI-LANDI, Guy, *La drôle de guerre*, Armand Colin, 1971.
ROSSITER, Margaret L., *Women in the Resistance*, Editions Praeger, New York, 1986.
ROSTAING, Pierre, *Hauptscharführer SS, 1941-1945, des plaines de Russie à l'enfer de Berlin ; le prix d'un serment*, La Table Ronde, 1975.
ROTHSCHILD, Guy de, *Contre bonne fortune...*, Editions Pierre Belfond, Paris, 1983.
ROUCAUTE, Roger, *Luttes et espoir d'un Cévenol*, Editions Lacour, Nîmes, 1988.
ROUGERIE, René, *Henri Nanot, 1921-1962, un amour fou de liberté ; suivi d'extraits de « Scènes de la vie du maquis » de Henri Nanot*, Editions Lucien Souny, Limoges, 1988.
ROUGIER, Louis, *Mission secrète à Londres ; les accords Pétain-Churchill*, A l'enseigne du cheval ailé, 1948.
ROUSSEAU, Serge, *Mes évasions*, Imprimerie Wallon, Vichy, 1945.
ROUSSEL, Jacques, *Les enfants du prophète ; histoire du mouvement trotskyste en France*, Editions Spartacus, Paris, 1972.
ROUSSET, David, *Le pitre ne rit pas*, Editions du Pavois (Centre de Documentation Juive et Contemporaine), 1948.
ROUSSET, David, *Le pitre ne rit pas*, réédition, Editions Christian Bourgois, Paris, 1979.
ROUSSET, David, *L'univers concentrationnaire*, Editions du Pavois, 1946.
ROUSSO, Henry, *La Collaboration ; les noms, les thèmes, les lieux*, MA Editions, Paris, 1987.
ROUSSO, Henry, *La hantise du passé ; entretien avec Philippe Petit*, Paris, Les éditions Textuel, 1998.
ROUSSO, Henry, *Le Syndrome de Vichy, 1944-198...*, Le Seuil, 1987.
ROUSSO, Henry, *Un château en Allemagne ; la France de Pétain en exil, Sigmaringen 1944-1945*, Editions Ramsay, Paris, 1980.
ROUX, Catherine, *Triangle rouge*, France-Empire, 1968.
ROUX, Dominique de, *De Gaulle*, collection « Classiques du XXe siècle », Editions Universitaires, 1967.

ROUZE, Michel, *Frédéric Joliot-Curie*, Editeurs Français Réunis, 1950.
ROY Claude, *Aragon*, coll. « Poètes d'Aujourd'hui », Seghers, 1946.
ROY, Claude, *Les yeux ouverts dans Paris insurgé*, Julliard, 1944.
ROY, Claude, *Saison violente ; journal d'un témoin (1944-1945)*, Julliard, 1945.
ROY, Jules, *Le grand naufrage*, Julliard, 1966.
ROYER, Jean-Michel, *Les Petites Malices du Général*, Balland, 1990.
RUAUX, Jean-Yves, *Vichy sur Manche ; Les îles Anglo-Normandes sous l'Occupation*, Rennes, Ed. Ouest-France, 1994.
RUBY, Marcel, *Klaus Barbie, de Montluc à Montluc*, Editions L'Hermès, Lyon, 1983.
RUBY, Marcel, *La contre-Résistance à Lyon, 1940-1944*, Editions L'Hermès, Lyon, 1981.
RUBY, Marcel, *La Guerre secrète ; les réseaux Buckmaster*, France-Empire, Paris, 1985.
RUBY, Marcel, *La Résistance à Lyon (19 juin 1940-3 septembre 1944)*, 2 vol, Editions L'Hermès, Lyon, 1979.
RUBY, Marcel, *Les Mouvements unis de Résistance*, Editions L'Hermès, Lyon, 1982.
RUBY, Marcel, *Libération*, Editions L'Hermès, Lyon, 1981.
RUBY, Marcel, *Mémorial du Coq enchaîné*, Editions du Centre régional de recherches et de documentations pédagogiques, Lyon, 1976.
RUDAUX, Philippe, *Les Croix de Feu et le P.S.F.*, Editions France-Empire, 1967.
RUDE, Fernand, *La Libération de Lyon et de sa région*, Editions Hachette-Littérature, 1974.
RUDELLE, Odile, *De Gaulle pour mémoire*, Paris, Gallimard, 1990.
RUDLER, Raymond, *Le jubilé des Canadiens*, Presses de la Cité, 1972.
RUFFIN, Raymond, *Ces chefs de maquis qui gênaient*, Presses de la Cité, 1980.
RUFFIN, Raymond, *Journal d'un J3*, Presses de la Cité, 1979.
RUFFIN, Raymond, *La Résistance normande face à la Gestapo*, Presses de la Cité, 1977.
RUFFIN, Raymond, *La Vie des Français au jour le jour, 1944-1945*, Presses de la Cité, 1986.
RUFFIN, Raymond, *Les Lucioles de ma nuit*, Presses de la Cité, Paris, 1976.
RUSSEL OF LIVERPOOL, Lord, *Sous le signe de la croix gammée ; brève histoire des crimes nazis*, Les Amis du Livre, Genève, 1956.
RYAN, Cornelius, *Le jour le plus long ; 6 juin 1944*, Robert Laffont, 1960 et 1970.
RYAN, Cornelius, *Un pont trop loin ; Arnhem, septembre 1944*, Robert Laffont, 1974.
SABAH, Lucien, *Une Police politique de Vichy : le Service des Sociétés Secrètes*, Paris, Ed. Klincksieck, 1996.
SADOUN, Marc, *Les Socialistes sous l'Occupation, Résistance et collaboration*, Presses de la Fondation nationale des Sciences politiques, Paris, 1982.
SAINT-CLAIR, Simone et MONESTIER, Marianne, *58 actions héroïques de la Résistance*, Editions Grund, 1971.
SAINT-CLAIR, Simone, *Ravensbrück, l'enfer des femmes*, Fayard, 1945 et 1967.
SAINT-EXUPÉRY, Antoine de, *Pilote de guerre*, Gallimard, 1942.

SAINT-GERMAIN, Philippe, *Les prisons de l'épuration (Article 75)*, Editions La Librairie Française, Paris, 1975.

SAINT-JUST, François de, *Une bataille perdue, 17 mai-10 juillet 1940*, Editions du Scorpion, 1964.

SAINT-LOUP, *Les Hérétiques*, Presses de la Cité, 1965.

SAINT-LOUP, *Les Volontaires*, Presses de la Cité, 1963.

SAINT-PAULIEN, *Histoire de la collaboration*, Editions de L'Esprit nouveau, 1964.

SALAN, Docteur Georges, *33 ans de centrale (1938-1970)*, Editions Les Presses Contemporaines, Paris, 1971.

SALAN, Docteur Georges, *Prisons de France et bagnes allemands*, Imprimerie l'Ouvrière, Nîmes, 1946.

SALISBURY, Harrisson E., *Les 900 jours ; le siège de Léningrad*, Albin Michel, 1970.

SALOMON, Ernst von, *Les réprouvés*, Plon (s.d.) et Livre de Poche, 1969.

SALVATELLI, Commandant Alfred, *Un homme enchaîné s'évade*, Nouvelles Editions Debresse, Paris, 1959.

SANCIAUME, Joseph-Louis, *Maquis d'Auvergne*, Editions La Bruyère, Paris, 1945.

SANGUEDOLCE, Joseph, *De Saint-Etienne à Dachau*, Editions Sociales, 1973.

SAPIRO, Gisèle, *La Guerre des écrivains ; 1940, 1953*, Paris, Fayard, 1999.

SARCINELLI, François, *Vie et mort dans les camps de concentration et d'extermination*, Editions De Vecchi, Paris, 1975.

SARTRE, Jean-Paul, *Situations II, Qu'est-ce que la littérature ?*, Gallimard, 1968.

SARTRE, Jean-Paul, *Situations VI*, Gallimard, 1964.

SAUNIER, Jean, *La synarchie*, Grasset, 1972.

SAUVAGE, Roger, *Un du Normandie-Niémen*, Albin Michel, 1959.

SAUVY, Alfred, *De Paul Reynaud à Charles de Gaulle*, Casterman, 1972.

SCAPINI, Georges, *Mission sans gloire*, Editions Morgan, 1960.

SCHAKOVSKOY, Princesse Zinaïda, *La folle Clio*, Presses de la Cité, 1966.

SCHELER, Lucien, *La Grande Espérance des poètes, 1940-1945*, Editions Temps Actuels, Paris, 1982.

SCHELLENBERG, Walter, *Le chef du contre-espionnage nazi parle (1933-1945)*, Julliard, 1957.

SCHILLEMANS, G.T., *Philippe Pétain, le prisonnier de Sigmaringen*, Editions MP, Paris, 1965.

SCHIRACH, Baldur von, *J'ai cru en Hitler*, Plon, 1968.

SCHLUMBERGER, Jean, *Le procès Pétain*, Gallimard, 1949.

SCHMIDT, Matthias, *Albert Speer ; la fin d'un mythe*, Belfond, Paris, 1983.

SCHNABEL, Reimund, *Le dossier des SS ; les pièces du dossier*, Librairie Académique Perrin, 1967.

SCHNEIDER, Jean, *Le sens de leur combat*, Librairie Jacques, Dôle, Jura, 1974.

SCHOENBRUN, David, *Soldats du silence*, Plon, 1980.

SCHRAMM, Hanna et VORMEIER, Barbara, *Vivre à Gus : un camp de concentration français, 1940-1941*, Maspéro, Paris, 1979.

SCHRAMM, Wilhelm Von, *Les généraux contre Hitler* ; *le 20 juillet à Paris*, Hachette, 1957.

SCHUMANN, Maurice, *La voix du couvre-feu ; cent allocutions de celui qui fut le porte-parole du général de Gaulle (1940-1944)*, Plon, 1964.

SCHUMANN, Maurice, *Un certain 18 juin*, Plon, 1989.

SCHUMANN, Maurice, *Une grande imprudence*, Flammarion, 1986.

SCHWARFUCHS, Simon, *Aux prises avec Vichy ; Histoire politique des Juifs de France (1940-1944)*, Paris, Calmann-Lévy, 1998.

SCHWARZENBERG, Claudio, *Kappler et le Fosse Ardeatine*, Celebes, Editore (s.l.), 1977.

SCOTT, William E., *Le pacte franco-soviétique ; alliance contre Hitler*, Payot, 1965.

SEGHERS, Pierre, *La Résistance et ses poètes (France 1940-1945)*, Seghers, 1974.

SELIGMANN, Françoise, *Liberté, quand tu nous tiens...* Paris, Fayard, 2000.

SEMARD, Yvette, *En souvenir de l'avenir ; Au jour le jour dans les camps de Vichy*, Paris, Ed. L'Arbre verdoyant, 1991.

SEMELIN, Jacques, *Sans armes face à Hitler*, Paris, Payot et Rivages, 1998.

SENNEP, Jean, *« Dans l'honneur et la dignité » ; souvenirs de Vichy*, Société des Editions de « Franc-Tireur », Paris (sd).

SERANT, Paul, *Les vaincus de la Libération ; l'épuration en Europe occidentale à la fin de la 2e guerre mondiale*, Robert Laffont, 1964.

SEREAU, Raymond, *La libération de la Corse (1943)*, Editions J. Peyronnet et Cie, 1955.

SEREAU, Raymond, *L'Armée de l'armistice*, Nouvelles Editions Latines, 1961.

SEREZAT, André, *La Résistance dans le Bourbonnais*, chez l'auteur, Saint-Germain-des-Fossés, 1987.

SERGG, Henry, *Joinovici, l'empire souterrain du chiffonnier milliardaire*, Editions Le Carrousel-FN, Paris, 1986.

SERGUEIEW, Lily, *Seule face à l'Abwehr*, Fayard, 1966.

SERIGNY, Alain de, *Echos d'Alger 1940-1945*, tome 1, Presses de la Cité, 1972.

SERIGNY, Alain de et RICHARD, René, *L'Enigme d'Alger ; la bissectrice de la guerre : 8 novembre 1942*, Fayard, 1947.

SERNIN, André, *Franc-Tireur en uniforme*, Editions de la Pensée Moderne, Paris, 1973.

SERRE, Charles, *Rapport fait au nom de la commission chargée d'enquêter sur les événements survenus en France de 1933 à 1945*, 2 vol., Assemblée nationale, session de 1947, N° 2344 ; *Les événements survenus en France de 1933 à 1945. Témoignages et documents recueillis par la commission d'enquête parlementaire*, 9 vol., Assemblée nationale, session de 1947, N° 2344.

SERRE, Charlotte, *De Fresnes à Ravensbrück : témoignage personnel d'une déportée de la Résistance*, Guilde des Lettres, Paris, 1982.

SERRIGNY, Général Bernard, *Trente ans avec Pétain*, Plon, 1959.

SERROY, Jean, *De Gaulle et les écrivains*, Grenoble, Presses Universitaires de Grenoble, 1991.

SERVAN-SCHREIBER, Emile, *Raconte encore ! (de juillet 1940 à octobre 1944)*, Presses de la Cité, 1968.

SHIRER, William L., *La chute de la Troisième République ; une enquête sur la défaite de 1940*, Stock, 1970.

SHIRER, William L., *Le Troisième Reich, des origines à la chute*, Stock, 1961.

SICHROVSKY, Peter, *Naître coupable, naître victime*, Editions Maren Sell, Paris, 1987.

SICLIER, Jacques, *La France de Pétain et son cinéma*, Editions Henri Veyrier, Paris, 1981.

SIEGFRIED, André, *De la troisième à la quatrième République*, Grasset, 1956.

SILVANI, Paul, *Corse des années ardentes : 1939-1976*, Paris, Ed. Albatros, 1976.

SILVESTER, Claus, *Journal d'un soldat de l'Afrika-Korps*, Editions de la Pensée Moderne, 1962 et J'ai lu, 1967.

SILVESTRE, P. et S., *Chronique des maquis de l'Isère (1943-1944)*, Editions des 4 Seigneurs, Grenoble, 1978.

SIMIOT, Bernard, *La reconquête de Bir-Hakeim à Colmar*, Flammarion, 1945.

SIMOEN, Jean-Claude, *De Gaulle à travers la caricature internationale*, Albin Michel, 1969.

SIMOEN, Jean-Claude et MAILLARD, C., *Hitler à travers la caricature internationale*, Albin Michel, 1974.

SIMON, Pierre-Henri, *Mauriac*, coll. « Ecrivains de toujours », Seuil, 1974.

SIMONE, André, *Les hommes qui ont trahi la France*, Hier et aujourd'hui, 1946.

SIMONI, Leonardo, *Berlin, ambassade d'Italie ; journal d'un diplomate italien (1939-1943)*, Laffont, 1947.

SIMPSON, Christopher, *Blowback ; America's Recrutment of Nazis and Its Effects on the Cold War*, Weidenfeld and Nicolson, New York, 1988.

SIROT, Stéphane, *Maurice Thorez*, Presses de Sciences Po, Paris, 2000.

SIWEK-POUYDESSEAU, Jeanne, *Le corps préfectoral sous la Troisième et Quatrième République*, collection « Travaux et recherches de la Fondation nationale des Sciences Politiques », n° 2, Armand Colin, 1969.

SKORZENY, Otto, *La guerre inconnue*, Albin Michel, 1975.

SKOUTELSKY, Rémi, *L'Espoir guidait leurs pas ; les volontaires français dans les Brigades internationales ; 1936-1939*, Paris, Grasset, 1998.

SLITINSKY, Michel, *La résistance en Gironde (témoignages)*, deuxième édition, Cahiers de la Résistance, Bordeaux, 1970.

SLITINSKY, Michel, *L'Affaire Papon*, Editions Alain Moreau, 1983.

SMITH, Denis Mack, *Mussolini*, Flammarion, 1985.

SNYDER, Louis L., *Encyclopedia of the Third Reich*, New York, Ed. Paragon House, 1989.

SONNEVILLE, Pierre, *Les combattants de la liberté ; ils n'étaient pas dix mille*, Editions de La Table Ronde, 1968.

SOUKHOMLINE, Vassili, *Les Hitlériens à Paris*, Editeurs Français Réunis, 1967.

SOULARD, Isabelle, *Poitevines et Vendéennes sous l'Occupation*, La Crèche, Geste Editions, 1999.

SOULIE, Michel, *La vie politique d'Edouard Herriot*, Armand Colin, 1962.

SOUSTELLE, Jacques, *Envers et contre tout*, Laffont, 1947-1950.

SPEARS, Sir Edward L., *Témoignage sur une catastrophe ; la chute de la France*, Presses de la Cité, 1964.

SPEER, Albert, *Au cœur du Troisième Reich* ; Fayard, 1971.

SPEER, Albert, *Journal de Spandau*, Robert Laffont, 1975.

SPEER, Albert, *L'Empire SS*, Robert Laffont, 1982.

SPENS, Willy de, *La Loi des vainqueurs*, La Table ronde, 1986.

SPIRE, Antoine, *Ces enfants qui nous manquent ; Izieu, 6 avril 1944*, Editions Maren Sell, Paris, 1990.

STAFF, Ilse, *Justiz im Dritten Reich*, Francfort-sur-le-Main, Fischer Bücherei, 1964.

STALINE, Joseph, *Sur la grande guerre de l'Union Soviétique pour le salut de la Patrie*, Editions en Langues étrangères, Moscou, 1946.

STARK, Hélène, *Mémoires d'une juive hongroise, 1940-1945*, Editions Privat, Toulouse, 1981.

STEAD, Philip John, *Le Deuxième Bureau sous l'occupation*, Fayard, 1966.

STEEL, James, *Littératures de l'ombre*, Paris, Presses de la Fondation Nationale des Sciences politiques, 1991.

STEHLIN, Paul, *Témoignage pour l'histoire*, Laffont, 1964.

STEIN, George H., *La Waffen SS*, Stock, 1967.

STEIN, Louis, *Par-delà l'exil et la mort ; les républicains espagnols en France*, Editions Mazarine, Paris, 1981.

STEINBERG, Lucien, (en collaboration avec Jean-Marie Fitère), *Les Allemands en France, 1940-1944*, Albin Michel, 1980.

STEINBERG, Lucien, *La révolte des justes ; les Juifs contre Hitler*, Fayard, 1970.

STEINBERG, Lucien, *Les autorités allemandes en France occupée*, Editions du Centre de Documentation Juive et Contemporaine, Paris, 1966.

STEINERT, Marlis, *Hitler*, Paris, Fayard, 1991.

STEPHANE, Roger et DARBOIS, Roland, *Mémoires de notre temps*, Calmann-Lévy, 1967.

STEPHANE, Roger, *Portrait de l'aventurier*, Editions 10-18, 1972.

STETTINIUS, Edward, *Yalta, Roosevelt et les Russes*, Gallimard, 1951.

STETTINIUS Jr., Edward R., *Le Prêt-Bail, arme de victoire ; origine et développement de la loi de Prêt-Location*, Les Editions Transatlantiques, New York, 1944.

STEVENSON, William, *Nom de code : Intrepid ; l'homme qui dirigea la guerre secrète contre l'Allemagne*, Editions L'Etincelle, Paris, 1979.

STOKES, Donald, *La Guerre de l'intelligence*, Robert Laffont, 1948.

STORCK-CERRUTY, Marguerite, (avec la collaboration d'André Seveyrat), *J'étais la femme de Jean Moulin*, Editions Horvath, Roanne, 1976.

STRIK-STRIKFELDT, Wilfried-Karl, *Contre Staline et Hitler ; Le général Vlassov et le mouvement de libération russe*, Presses de la Cité, 1971.

STUCKI, Walter, *La fin du régime de Vichy*, Editions de la Baconnière, Neuchâtel, 1947.

SUDREAU, Pierre, *Au-delà de toutes les frontières*, Odile Jacob, Paris, 1991.

SULZBERGER, Cyrus L., *Dans le tourbillon de l'histoire*, Albin Michel, 1971.

SWEET-ESCOTT, Bickham, *Services secrets*, Presses de la Cité, 1966.

SZAFRAN, Willy, *Louis-Ferdinand Céline, essai psychanalytique*, Editions de l'Université de Bruxelles, Bruxelles, 1976.

SZPINER, Francis, *Une affaire de femmes : Paris 1943, exécution d'une avorteuse*, Balland, 1986.

TABOUIS, Geneviève, *Vingt ans de « suspense » diplomatique*, Albin Michel, 1958.

TAITTINGER, Pierre,... *Et Paris ne fut pas détruit*, Les Editions de l'Elan, 1948 et Nouvelles Editions Latines, 1956.

TANANT, Pierre, *Vercors, haut-lieu de France*, Arthaud, 1971.

TARDIEU, Jean, *Le fleuve caché ; Poésies : 1938-1961*, Gallimard, 1968.

TAUBMANN, Michel, *L'Affaire Guingouin*, Limoges, Lucien Souny, 1994.

TAYLOR, Telford, *Comme une faux gigantesque ; 1940, de Narvik à Hendaye, l'armée allemande conquiert l'Europe*, Laffont, 1968.

TCHAKARIAN, Arsène, *Les Francs-tireurs de l'Affiche rouge*, Editions Messidor, Paris, 1986.

TCHOE HYEUN, DJEUN MOUN SEUP, PAK YEUNG SOUN, RI O SONG, KIM DJWA HYEUK, *Souvenirs des guérilleros anti-japonais*, Editions en langues étrangères, Pyongyang, Corée, 1970.

TEPLIAKOV, Youri, *Une victoire au goût amer ; les cinq millions de Soviétiques qui avaient été faits prisonniers furent considérés comme ayant trahi leur patrie...*, in *les Nouvelles de Moscou* du 11 mai 1990.

TERKEL, Studs, *Chacun sa guerre ; histoires de la Seconde Guerre mondiale*, Editions La Découverte, Paris, 1986.

TERLIN, Paul, *La neige et le sang*, Editions de la Pensée Moderne, Paris, 1972.

TERNON, Yves et HELMAN, Socrate, *Histoire de la médecine SS ou le mythe du racisme biologique*, Casterman, 1969.

TERNON, Yves et HELMAN, Socrate, *Le massacre des aliénés ; des théoriciens nazis aux praticiens*, Casterman, 1971.

TERNON, Yves et HELMAN, Socrate, *Les médecins allemands et le national-socialisme*, Casterman, 1973.

La Terre dans la clandestinité 1939-1945, Editions « La Terre », Paris, 1974.

Terreur en France ; les atrocités allemandes et vichystes en France, Edité par le Centre d'Information et de Presse au Mexique du Gouvernement Provisoire de la République française, Mexico, 1944.

TERRISSE, René, *A la Botte de l'occupant ; Itinéraire de cinq collaborateurs*, Bordeaux, Ed. Aubéron, 1998.

TERRISSE, René, *Bordeaux ; 1940-1944*, Paris, Librairie Académique Perrin, 1993.

TERRISSE, René, *Grandclément, traître ou bouc émissaire ?*, Bordeaux, Ed. Aubéron, 1996.

TESSON, Philippe, *De Gaulle Ier, la révolution manquée ; histoire du premier gouvernement de Gaulle ; août 1944-janvier 1946*, Albin-Michel, 1965.

TEXCIER, Jean, *Ecrit dans la nuit*, La Nouvelle Edition, Paris, 1945.

THARAUD, Jérôme et Jean, *Discours sur la Libération prononcée à la séance annuelle des cinq académies le mercredi 25 octobre 1944*, Editions du Languedoc, Albi, 1945 et Editions Le Divan, Paris, 1945.

THEILLER, A., *Phalanx*, La Pensée Universelle, Paris, 1974.

THEOBALD, Contre-Amiral Robert A., *Le secret de Pearl Harbor (7 décembre 1941)*, Payot, Paris, 1955.

THEOLLEYRE, Jean-Marc, *Ces procès qui ébranlèrent la France*, Grasset, 1966.

THEOLLEYRE, Jean-Marc, *Procès d'après-guerre : « Je suis partout », René Hardy, Oradour-sur-Glane, Oberg et Knochen*, La Découverte-Le Monde, 1985.

THIMERAIS, *La pensée patiente*, Editions de Minuit, 1943.

THOMAS, Edith, *Contes d'Auxois (Transcrit du réel)*, Editions de Minuit, 1943.

THOMAS, Edith, *La libération de Paris*, Editions Mellottée, Paris, 1945.

THOMPSON, R.W., *Le jour « J » : « Ils débarquent ! »*, Marabout, 1970.

THOMPSON, R.W., *Winston Churchill*, Editions France-Empire, 1965.

THOREZ, Maurice, *Fils du Peuple*, Editions Sociales, 1960.

THOREZ, Maurice, *Œuvres*, Editions Sociales, 1952.

THOREZ-VERMEERSCH, Jeannette, *La Vie en rouge ; Mémoires*, Paris, Belfond, 1998.
THORWALD, Jürgen, *L'illusion ; les soldats de l'Armée Rouge dans les troupes de Hitler*, Albin-Michel, 1974.
THOUREL, Marcel, *Itinéraire d'un cadre communiste, 1935-1950 ; du stalinisme au trotskisme*, Editions Privat, Toulouse, 1980.
TICHAUER, Eva, *J'étais le numéro 20832 à Auschwitz*, Editions L'Harmattan, Paris, 1988.
TIERSKY, Ronald, *Le mouvement communiste en France (1920-1972)*, Fayard, 1973.
TILLARD, Paul, *Charles Michels*, Edité par la Fédération Nationale Ouvrière des Cuirs et Peaux, 1951.
TILLARD, Paul, *Mauthausen*, Editions Sociales, 1945.
TILLION, Germaine, *Ravensbrück*, Seuil, 1973.
TILLON, Charles, *Les FTP, Soldats sans uniforme*, Rennes, Ouest-France, 1991.
TILLON, Charles, *Les F.T.P. Témoignage pour servir à l'histoire de la Résistance*, Julliard, 1962.
TILLON, Charles, *On chantait rouge*, Robert Laffont, 1977.
TILLON, Charles, *Un « procès de Moscou » à Paris*, Editions du Seuil, 1971.
TISSIER, Pierre, *La nazification de la France de Vichy*, Oxford University Press, Londres, New York, Toronto, 1942.
TIXIER-VIGNANCOUR, Jean-Louis, *Des Républiques, des justices et des hommes*, Albin Michel, 1976.
TODD, Olivier, *Des trous dans le jardin*, Julliard, 1969.
TOESCA, Maurice, *Cinq ans de patience (1939-1945)*, Editions Emile-Paul, 1975.
TOLAND, John, *L'empire du Soleil Levant ; gloire et chute (1936-1945)*, Calmann-Lévy, 1972.
TOLEDANO, Marc, *Le franciscain de Bourges*, Flammarion, 1967.
TOLLET, André, *La classe ouvrière dans la Résistance*, Editions Sociales, 1969.
TOLLET, André, *Le souterrain*, Editions Sociales, 1974.
TOMPKINS, Peter, *Le meurtre de l'amiral Darlan ; le secret de deux conspirations*, Albin Michel, 1966.
TORRIS, M. J., *Corse, première étape*, Office Français d'Editions, Alger, 1944.
TORTEL, Jean, *Guillevic*, coll. « Poètes d'Aujourd'hui », Seghers, 1954.
TOUCHARD, Jean, *Le Gaullisme 1940-1969*, Le Seuil, 1978.
TOUDOUZE, Georges G., *Du Guesclin, Richemont et la fin de la guerre de Cent ans*, Editions Librairie Floury, Paris, 1942.
TOURNOUX, Jean-Raymond, *Jamais dit...*, Plon, 1971.
TOURNOUX, Jean-Raymond, *Journal secret, une année pas comme les autres*, Plon, 1975.
TOURNOUX, Jean-Raymond, *La tragédie du général*, Plon, 1967.
TOURNOUX, Jean-Raymond, *Le tourment et la fatalité*, Plon, 1974.
TOURNOUX, Jean-Raymond, *L'histoire secrète*, Plon, 1962.
TOURNOUX, Jean-Raymond, *Secrets d'Etat*, Plon, 1960.
TOURNOUX, Raymond, *Le Royaume d'Otto ; France 1939-1945 ; ceux qui ont choisi l'Allemagne*, Flammarion, 1982.
TOURNOUX, Raymond, *Pétain et la France ; la Seconde Guerre Mondiale*, Plon, 1980.

TOURRAIN, Raymond, *L'histoire du groupe Guy Mocquet*, Edité par l'Amicale du « Groupe Guy Mocquet », Besançon, 1974.

TOUVIER, Paul, *Mes crimes contre l'humanité*, Editions de la Libre Parole, Paris, 1989.

TREPPER, Léopold, *Le grand jeu ; mémoires du chef de l'Orchestre Rouge*, Albin-Michel, 1975.

TRIBOULET, Raymond, *Un ministre du Général*, Plon, 1985.

TRIMBOUR, Jean-Marie, *Le Procès Barbie*, Editions Serpenoise-Le Républicain Lorrain, Metz, 1987.

TROTSKY, Léon, *Sur la deuxième guerre mondiale*, Seuil, 1974.

TROUILLE, Pierre, *Journal d'un préfet pendant l'occupation ; Corrèze 1944*, Gallimard, 1964.

Les truands, Le Crapouillot, n° 27, Paris, 1973.

TRUC, Louis, *Ballade de la geôle de Fresnes*, Editions Le Troll, Paris, 1964.

TRUCHET, André, *L'Armistice de 1940 et l'Afrique du Nord*, collection « Esprit de la Résistance », Presses Universitaires de France, 1955.

TRUCK, Betty (d'après le feuilleton TF1 de Gilles Perrault et Jean Cosmos), *La Filière*, Editions Mengès, Paris, 1978.

TRUFFY, Jean, *Les Mémoires du curé du maquis des Glières*, Editions Atra, Paris, 1979.

TULLY, Andrew, *La bataille de Berlin ; le témoignage d'un combattant*, Plon, 1964.

TUQUOI, Jean-Pierre, *Emmanuel d'Astier ; la plume et l'épée ; biographie*, Editions Arléa, Paris, 1987.

TURROU, Léon G., *J'étais un « G-Man »...* Editions Morgan, 1950.

TZARA, Tristan, *Le surréalisme et l'après-guerre*, Nagel, 1948.

TZARA, Tristan, *Morceaux choisis*, Bordas, 1947.

UNADIF et FNDIR, *Pour la liberté ; de la botte nazie au retour à la condition humaine*, Imprimerie Crouan et Roques, Lille, 1971.

VADON, Jacques, *Contribution à l'histoire de la Résistance dans les Ardennes (juin 1940-septembre 1944)*, Editions Centre Départemental de Documentation Pédagogique, Charleville-Mézières, 1969.

VAGLIANO-ELOY, Sonia, *Les Demoiselles de Gaulle, 1943-1945*, Plon, 1982.

VAISSE, Maurice, *8 mai 1945 : la victoire en Europe*, Editions La Manufacture, Lyon, 1985.

VALDORNE, Vincent, *Argentan, 1939-1949*, Imprimerie du « Réveil Normand », L'Aigle, 1950.

VALLAND, Rose, *Le Front de l'Art ; le Train ; défense des collections françaises (1939-1945)*, Plon, 1961.

VALLAT, Xavier, *Feuilles de Fresnes 1944-1948*, chez l'auteur, 1971.

VALLAT, Xavier, *Le nez de Cléopâtre ; souvenirs d'un homme de droite (1918-1945)*, Les Quatre Fils Aymon, 1957.

VALLEY, Emile, *Guide de l'ancien camp de concentration de Mauthausen*, édité par l'Amicale de Mauthausen, Paris, 1971.

VALLOTON, Benjamin, *Fascistes et nazis en Provence ; journal d'un Suisse pendant l'occupation, 1942-1944*, Editions du Mercure de France, 1945.

VALMONT, Frédéric, *Un criminel nommé Klaus Barbie*, Editions Justine, Paris, 1987.

VAN MOPPES, Maurice, *Chansons de la BBC, illustrées par l'auteur*, Pierre Trémois, Paris, 1944.

VANDROMME, Pol, *Céline*, Editions Universitaires, 1963.

VANDROMME, Pol, *Drieu la Rochelle*, Editions Universitaires, 1958.
VANINO, Maurice, *Le temps de la honte ; de Rethondes à l'île d'Yeu*, Editions Creator, Paris, 1952.
VARIN, Jacques, *Eté 40 ; cent jours qui ébranlèrent la France*, Editions de La Courtille, Paris, 1980.
VARIN, Jacques, *Les étudiants, organisation et presse, pendant la Résistance*, diplôme de Maîtrise d'histoire effectué sous la direction de M. Pierre Vilar, faculté des Lettres et Sciences Humaines de Paris (octobre 1969).
VARTIER, Jean, *Histoires secrètes de l'occupation en zone interdite (1940-1944)*, Hachette, 1972.
VASSEUR, André-Georges, *Boulogne 1944, jusqu'au dernier*, sans éditeur, slnd.
VAUSSARD, Maurice, *La conjuration du grand conseil fasciste contre Mussolini*, Del Duca, Paris, 1965.
VEILLON, Dominique, *La Collaboration ; textes et débats*, Le Livre de Poche, 1984.
VEILLON, Dominique, *La Mode sous l'Occupation*, Payot, 1990.
VEILLON, Dominique, *Le Franc-Tireur ; Un journal clandestin, un mouvement de Résistance, 1940-1944*, Paris, Flammarion, 1977.
VENE, Gian Franco, *La fin du fascisme (Il processo di Verona)*, Editions Buchet-Chastel, 1965.
VENNER, Dominique, *Histoire critique de la Résistance*, Paris, Ed. Pygmalion-Gérard Watelet, 1995.
VERCEL, Michel C., *Les rescapés de Nuremberg ; les « seigneurs de la guerre » après le verdict*, Albin-Michel, 1966.
VERCORS, *Ce que je crois*, Grasset, 1975.
VERCORS, *La bataille du silence ; souvenirs de minuit*, Presses de la Cité, 1967.
VERCORS, *La marche à l'étoile*, Paris, Les Editions de Minuit, 1943 et 1946.
VERCORS, *Le silence de la mer*, Paris, Les Editions de Minuit, 1944 et 1946.
VERDET, André, *Anthologie des poèmes de Buchenwald*, Robert Laffont, 1946.
VERGES, Jacques et BLOCH, Etienne, *La Face cachée du procès Barbie ; compte rendu des débats de Ligoure*, Samuel Tastet Editeur, Paris, 1983.
VERGES, Jacques, *Je défends Barbie*, Editions Jean Picolec, Paris, 1988.
VERGES, Jacques, *Pour en finir avec Ponce Pilate*, Editions Le Pré-aux-Clercs, Paris, 1983.
VERGNET, Paul, *Les catholiques dans la Résistance*, Les Editions des Saints Pères, Paris, 1946.
VEYRIER, Marcel, *La Wehrmacht Rouge ; Moscou 1943-1945 ; « Allemagne libre » contre Allemagne nazie*, Julliard, 1970.
VEZINET, Général, *Le général Leclerc de Hautecloque, Maréchal de France*, Presses de la Cité, 1974.
VIAL, Pierre, *Le Sang des Glières*, Paris, Presses de la Cité, 1993.
VIANNAY, Philippe, *Du bon Usage de la France*, Paris, Ramsay, 1988.
VIANSSON-PONTE, Pierre, *Les gaullistes ; rituel et annuaire*, Editions du Seuil, 1963.
VIDAL, SALES, José Antonio, *Despues del 39 : La Guerrilla antifranquistà*, ATE, Barcelone, 1976.
VIDALENC, Jean, *Le second conflit mondial ; mai 1939 — mai 1945*, Editions S.E.D.E.S., Paris, 1970.

VIDALENC, Jean, *L'exode de mai-juin 1940*, collection « Esprit de la Résistance », Presses Universitaires de France, 1957.
VIDAL-NAQUET, Pierre, *Le Trait empoisonné ; Réflexions sur l'affaire Jean Moulin*, Paris, La Découverte, 1993.
VIELZEUF, Aimé, *Ardente Cévenne*, Imprimerie Bené, Nîmes, 1973.
VIELZEUF, Aimé, *Au temps des longues nuits*, Ateliers Henri Peladon, Uzès, 1969.
VIELZEUF, Aimé, *Du sang noir...* Editions Henri Péladan, Uzès, 1970.
VIELZEUF, Aimé, *Epopée en Cévennes*, Imprimerie Béné, Nîmes, 1976.
VIELZEUF, Aimé, *Et la Cévenne s'embrasa...*, Nîmes, Ed. Camariguo-Notre-Dame, 1993.
VIELZEUF, Aimé et MARUEJOL, René, *Le Maquis Bir Hakeim*, Editions Le Camariguo, Nîmes, 1982.
VIELZEUF, Aimé, *La Résistance dans le Gard*, Imprimerie Béné, Nîmes, 1979.
VIELZEUF, Aimé, *On les appelait « les bandits »*, Editions Le Camariguo, Nîmes, 1982.
VIELZEUF, Aimé, *Terreur en Cévennes*, Editions Le Camariguo, Nîmes, 1983.
VILDE, Boris, *Journal et lettres de prison ; 1940-1942*, Paris, Ed. Allia, 1997.
VILDRAC, Charles, *Pages de journal (1922-1966)*, Gallimard, 1968.
VILLEFOSSE, Louis de, *Souvenirs d'un marin de la France Libre*, Editeurs Français Réunis, 1951.
VILLELUME, Paul de, *Journal d'une défaite, (23 août 1939-16 juin 1940)*, Fayard, 1976.
VILLERE, Hervé, *L'affaire de la section spéciale*, Fayard, 1973.
VILLON, Pierre, *Résistant de la première heure*, Editions sociales, Paris, 1983.
VINCENTANNE, Stéphane, *La bande à Pierrot le Fou*, Champ Libre, 1970.
VIORST, Milton, *Les alliés ennemis : De Gaulle-Roosevelt*, Denoël, 1965 et 1967.
VISTEL, Alban, *La nuit sans ombre (Histoire des mouvements unis de Résistance, leur rôle dans la libération du Sud-Est)*, Fayard, 1970.
VITOUX, Frédéric, *La Vie de Céline*, Grasset, 1988.
VITTORI, Jean-Pierre, *Eux, les STO*, Editions Temps Actuels, Paris, 1982.
VITTORI, Jean-Pierre, *Le Numéro*, Editions La Farandole-Messidor, Paris, 1985.
VITTORI, Jean-Pierre, *Une histoire d'honneur ; la Résistance*, Ramsay, 1984.
VOITURIEZ, Albert-Jean, *L'Affaire Darlan : l'instruction judiciaire*, Editions Jean-Claude Lattès, Paris, 1980.
Les Voix de la Liberté ; Ici Londres, 1940-1944, 5 vol., Editions de la Documentation Française, 1975-1976.
VOLLE, Lucien, *Des maquis de la Haute-Loire jusqu'au bord du Rhin ; la singulière épopée du groupe La Fayette*, chez l'auteur, Charensac, 1988.
VOMECOURT, Philippe de, *Les artisans de la liberté ; histoire de la Résistance française*, Editions PAC, Paris, 1975.
VORMEIER, Barbara, *La Déportation des juifs allemands et autrichiens de France, 1942-1944*, Editions La Solidarité, Paris, 1980.
VULLIEZ, Commandant, *Mers el-Kébir, la rade au destin tourmenté*, Editions France-Empire, 1964.
WARLIMONT, Walter, *Cinq ans au G.Q.G. de Hitler*, Elsevier Sequoïa, Paris-Bruxelles, 1975.
WATSON, Général J.-A., *Echec à Dakar ; septembre 1940*, Laffont, 1968.
WAYSAND, Georges, *Estoucha*, Paris, Denoël, 1997.

WEBER, Fugen, *L'Action Française*, stock, 1964.

WEIL-CURIEL, André, *Le temps de la honte*, 2 vol., Edition du Myrte, Paris, 1946.

WEISS, Louise, *Mémoires d'une européenne : le sacrifice du chevalier ; 3 septembre 1939-juin 1940*, Albin Michel, 1971.

WELLERS, Georges, *L'étoile jaune à l'heure de Vichy*, Fayard, 1973.

WERTH, Alexandre, *La Russie en guerre : T. 1 — La patrie en danger ; T. 2 — de Stalingrad à Berlin*, Stock, 1965.

WETTERWALD, Docteur François, *Les morts inutiles*, Les Editions de Minuit, 1946.

WEYGAND, Maxime, *En lisant les mémoires de guerre du général de Gaulle*, Flammarion, 1955.

WEYGAND, Maxime, *Mémoires*, Flammarion, 1950-1957.

WHITTLE, Peter, *Un après-midi à Mezzegra ; capture et exécution de Mussolini*, Fayard, 1971.

WIESENTHAL, Simon et WECHSBERG, Joseph, *Les assassins sont parmi nous*, Stock, 1967.

WIEVIORKA, Annette, *Ils étaient juifs, résistants, communistes*, Denoël, 1986.

WIEVIORKA, Annette, *Les Procès de Nuremberg et de Tokyo*, Bruxelles, Ed. Complexe, 1996.

WIEVIORKA, Olivier, *Une certaine idée de la Résistance : Défense de la France, 1940-1949*, Paris, Ed. du Seuil, 1995.

WIGHTON, Charles, *Heydrich, l'ange du mal*, Presses de la Cité, 1962.

WIGHTON, Charles, *Le saboteur ; l'histoire de « Robin », agent de l'Intelligence Service et chef de la Résistance française*, coll. « La guerre secrète », Fayard, 1967.

WILLARD, Germaine, *De Munich à Vichy, la « drôle de guerre »*, Editions Sociales, 1960 et 1969.

WILLARD, Germaine, JOANNES, Victor, HINCKER, François et ELLEINSTEIN, Jean, *De la guerre à la Libération ; la France de 1939 à 1945*, Editions Sociales, 1972.

WINTERROTHAM, Colonel Frederick, *Ultra*, Robert Laffont, 1976.

WISKEMANN, Elizabeth, *L'Axe Rome-Berlin ; histoires des relations entre Hitler et Mussolini*, Payot, 1950.

WOLF, Dieter, *Doriot, du communisme à la collaboration*, Fayard, 1969.

WOLF, Eric, *Les guerres paysannes du vingtième siècle*, François Maspéro, 1974.

WORMSER, Olga et MICHEL, Henri, *Tragédie de la déportation ; 1940-1945 ; témoignages de survivants des camps de concentration allemands*, Hachette, 1966.

WORMSER-MIGOT, Olga, *Le système concentrationnaire nazi (1933-1945)*, Presses Universitaires de France, 1968.

WORMSER-MIGOT, Olga, *L'ère des camps*, Editions 10-18, 1973.

WORMSER-MIGOT, Olga, *Quand les alliés ouvrirent les portes ; le dernier acte de la tragédie de la déportation*, Laffont, 1965.

WRIGHT, Gordon, *L'Europe en guerre, 1939-1945*, Armand Colin, 1971.

WULF, Joseph, *L'industrie de l'horreur*, Fayard, 1970.

WYKES, Alan, *Léningrad, 900 jours de siège*, Marabout, 1971.

YOUNG, Peter, *Les commandos ; opérations amphibies*, Marabout, 1970.

YPSILON, *Stalintern*, Editions de la Table Ronde, 1948.

ZALCMAN, Moshe, *Joseph Epstein, colonel Gilles*, Editions La Digitale, Quimperlé, 1984.
ZASSENHAUS, Hilgunt, *Murs... Une femme seule face au III*e *Reich*, Editions Lavauzelle, Paris-Limoges, 1975.
ZAY, Jean, *Souvenirs et solitude*, Julliard, 1945.
ZEITOUN, Sabine, *Ces enfants qu'il fallait sauver*, Albin Michel, 1989.
ZENTNER, Kurt, *La Résistance allemande (1933-1945)*, Stock, 1968.
ZIEGLER, Jean, *La Suisse, l'or et les morts*, Paris, Ed. du Seuil, 1997.

Index

Abbas, Ferhat : 1024
Abeille, Valentin : 1580
Abellio, Raymond : 1297, 1329
Abetz, Otto : 59, 60, 98, 395-397, 403, 404, 406, 411, 413, 601, 911, 965, 995, 997, 1007, 1012, 1059, 1272-1278, 1281, 1288-1292, 1295, 1296, 1298, 1300, 1329, 1335, 1337, 1343-1345, 1349, 1362, 1439, 1450, 1522
Abouladzé : 1183
Aboulker, Henri : 1027
Aboulker, José : 1025-1028
Aboulker, Marcel : 971, 1018, 1024, 1030, 1039, 1040, 1050, 1051
Aboulker, Raphaël : 929
Abraham, Pierre : 1135
Abramidzé : 1183
Abremski, Alexandre : 1331
Abrial, Jean-Marie : 990
Abscheid : 635
Abusch, Alexander : 730
Accart, Jean-Marie : 733
Accoce, Pierre : 865
Acevedo, Garcia : 1173, 1174
Achavanne, Etienne : 274-276, 501, 503, 504
Achenbach, Ernst : 1273, 1276, 1329, 1343
Achiary, André : 1022, 1026-1028
Adam, Gérard : 341
Adam, Henri : 282
Adès, Lucien : 1016, 1017
Adrien : 1095
Ady-Brille, Benoît : 1416
Aglan, Alya : 342, 345, 350, 1608, 1612
Agnel, Edmond : 590, 591
Agrifoglio, Pompeo : 1252
Agulhon, Maurice : 274, 275, 282, 285, 1427, 1543
Ailleret, Charles : 1490, 1589
Aimond, Charles : 673
Airaud, Arthur : 1408, 1411, 1412, 1414
Ajalbert, Jean : 1297, 1300
Al Capone : 1291
Alain : 1082, 1161
Alain : voir Nadaud, Jean-Jacques
Alanic : 96
Alarousse : 363
Alary, Eric : 1421
Albertini, Georges : 1296, 1328, 1623
Albrecht, Berty : 334, 358, 456, 533, 553-560, 643, 681, 1626
Albrecht, Frédéric : 557, 558
Albrecht, Mireille : 555, 556, 558
Alckamachvili : 1183
Alem, Jean-Pierre : 125
Alerme, Michel : 1294
Alès, Guy : 1454
Alexander : 784
Alexandre, Armand : 1025
Alexandre de Yougoslavie : 1251
Alexandre, Pierre : 1025, 1051
Algarron, André : 1295
Alianus : 107
Alibert, Raphaël : 203, 215, 995, 1298, 1342, 1344
Alifat : 1130
Alincourt, comtesse d' : 682
Allainmat : 306
Allais, Alphonse : 834
Allamel, Joseph : 300
Allard, Paul : voir Cerreti Giulio
Allaux, Julien : 591
Alleg, Henri : 1578
Allen, Jay : 960
Allen, Thomas B. : 125
Alloy, Lionel : 309
Alluye, Jean d' : 879
Altman, Georges : 330, 331, 360, 531, 685, 1444, 1550
Amandus : 107
Amaury, Emilien : 1550
Amaury, Francine : 1280
Amaury, Philippe : 1270, 1292, 1340

Ambrose, Stephen E. : 1004, 1005, 1199
Ambruster, Paul : 206
Amé, Cesare : 1252, 1257
Amidieu du Clos : 1335
Amiel, Mme : 606
Amouroux, Henri : 48, 53, 132, 163, 164, 168, 174, 193, 202, 441, 1059, 1139-1141, 1145, 1149, 1154-1156, 1165, 1168, 1206, 1208, 1218, 1502, 1535
Amrouche, Jean : 1555
Amyot, Emmanuel : 1575, 1576
Ancel, Alex : 1230
Andersen, Georges : 756, 889
Anderson : 956
Andlauer, Maurice : 1410
Andolenko, Serge : 768, 771
André, Francis : 573
Andrieu, René : 1172, 1173, 1182, 1426, 1525
Ange : 1415
Angeli, Claude : 147, 219, 268, 397, 910, 1216, 1427, 1595
Angelo, Alfred : 1324
Angioy, Paolo : 1251, 1265
Angulo : 141
Anjot, Maurice : 1141, 1147
Anne : 1575
Annibal : 36, 104, 106, 126
Anouilh, Jean : 1300, 1303
Anthérieu, Etienne : 1433, 1448
Antichamp : 117
Antier, Paul : 872, 875
Antignac, Joseph d' : 1345, 1348
Antonetti, Pierre : 1366
Antonini, Ange : 73, 1402
Apollinaire, Guillaume : 337, 338
Aragon, Louis : 20, 54, 72, 73, 84-86, 108, 114, 186, 320, 403, 414, 423, 424, 522, 527, 528, 551, 554, 555, 558, 585, 599, 602, 718, 719, 725, 745, 746, 894, 1026, 1178, 1322, 1554, 1555, 1558-1563, 1567, 1568, 1572, 1574-1576, 1598, 1599
Arbellot de Vacqueur, Simon : 1290
Arcambal, Gilberte : 562
Arcos, René : 414
Ariane : 648
Armand : voir Czerniawski, Roman
Armand, Louis : 1488-1490
Armand, Marceau : 300
Armorin, François-Jean : 1111
Arnal : 372, 542
Arnaud : 485, 486
Arnaud, Guy : 1103
Arnould, Roger : 149, 264
Aron, Raymond : 877
Aron, Robert : 139, 381, 699, 705, 877, 949, 985, 1055, 1155, 1156, 1159, 1167, 1168, 1216, 1276, 1280, 1285, 1300, 1302, 1303, 1310, 1327, 1590, 1595
Aron-Brunetière, Robert : 1519
Arrighi, Odile : 40, 396, 399, 402, 1493, 1494
Arrighi, Paul : 576, 1080, 1283
Arrighi, Pierre : 288
Arrighi, Victor : 1331
Arsenijevic, Drago : 572
Artagnan, d' : 851, 853
Arthuys, Jacques : 185, 251, 252, 263, 332, 347, 348, 361
Arzalier, Francis : 1357, 1366
Ascouet, Jean : 1499
Asher, Serge : voir Ravanel, Serge
Assas, chevalier d' : 213, 1605
Astier de la Vigerie, Emmanuel d' : 33, 38, 211, 287, 295, 326-328, 336-338, 345, 347, 348, 358, 382, 383, 385, 389, 436-438, 440-443, 457, 559, 761, 790, 791, 798, 817, 855, 859, 869, 918, 1030, 1114, 1128, 1276, 1277, 1311, 1373, 1455, 1590-1592, 1618, 1628
Astier de la Vigerie, François d' : 327, 1030
Astier de la Vigerie, Henri d' : 327, 1027, 1030-1035, 1051
Astruc : 1083
Attia, Joseph Brahim : 1417-1420
Attia, Nicole : 1418
Auban, Achille : 308
Aubaret, Auguste : 1186
Auberger : 422
Aubertin, René : 678
Aublet : 1321
Auboyneau, Philippe : 784
Aubrac, Lucie : 38, 267, 268, 285, 325, 327, 337, 338, 356, 358,

359, 424, 440, 468, 531, 561, 579, 580, 686, 1371, 1375, 1380, 1394, 1396, 1454, 1455, 1529, 1601-1604
Aubrac, Raymond : 338, 358, 363, 683, 685, 686, 688, 692, 710, 859, 1173, 1589, 1601-1604
Aubry, Henry : 571, 683, 692, 1382
Aubry, Octave : 1336
Auburtin, Jean : 193
Aucomte, Marcel : 1090
Audiat, Pierre : 1277, 1278
Audibert : 1157
Audinos, Alphonse : 590
Audisio, Gabriel : 1554
Audouin, Christian : 1132
Audras : 724
Auer : 1022
Auffret, Jules : 66
Augereau : 146, 147
Augier, Marc : 1296, 1335, 1337, 1511
Auguet, Gaston : 1518
Aumonier, Alcide : 302
Auphan, Gabriel : 811, 812, 931
Auriac : 574, 575
Auric, Georges : 1577
Auriol, Vincent : 168, 308, 680, 869
Aury, Dominique : 1566
Aussannaire : 305
Autrand, Aimé : 299-301, 1215
Aveline, Claude : 321, 358, 453, 524
Averlon, Gustave et Claude : 665
Avinin, Antoine : 330, 331, 345, 364, 1534
Avout, Jacques d' : 127
Aymé, Marcel : 1296, 1300, 1303
Ayral, Jean : 845
Azeau, Henri : 50, 147
Azéma, Jean : 1297
Azéma, Jean-Pierre : 37, 584, 1603, 1607, 1608, 1612, 1615, 1616, 1619, 1620
Aziz, Philippe : 1415

B

Babaz, Jean : 1421
Babaz, Robert : 648
Babelon, Jean : 116
Baby, Jean : 557
Bac, Jean : 722-724
Bach, René : 591
Bacha, Mostefa : 1358
Bachelard, Gaston : 359, 529
Bachelet : 85
Bacri, Roland : 934, 936
Badia, Gilbert : 1187
Badie, Vincent : 102, 157, 159, 168
Badin : 1023
Badinter, Robert : 1128
Badoglio, Pietro : 1044, 1252, 1256
Bahri, Younès : 1359
Bailby, Léon : 1037, 1038
Baillet, Jean : 416
Bainville, Jacques : 547
Baldran, Jacqueline : 1310
Ballanger, Marie : 238
Ballanger, Robert : 1534
Ballaz, Jules : 248
Balmigère, Paul : 416
Balzac, Honoré de : 526
Bancalis d'Aragon, Charles de : 39, 131, 335
Bancic, Olga : 551, 607
Bapt : 669
Barazer de Lannurien, Georges : 1194
Barbé, Henri : 1328
Barberot, Roger : 519
Barbie, Klaus : 175, 570-572, 650, 682, 684-689, 1216, 1230, 1248, 1249, 1603
Barbier : 599
Barbusse, Henri : 331, 523
Barcellini, Serge : 35
Bard, François : 331, 991, 1336
Bardon : 1333
Bardot, Brigitte : 833
Bardoux, Jacques : 422
Bareiss, Charles : 298, 306, 381
Baril, Louis-Eugène : 1021, 1451
Barker, Elisabeth : 197
Barnaud, Jacques : 421, 995
Baron, François : 437
Barrachin : 1322
Barraine, Elsa : 1577
Barral, Louis : 195, 197
Barran, Robert : 1385
Barranco, Oreste : 1257
Barranx, Serge : 670

Barrault, Louis : 801
Barré : 1041
Barrès, Maurice : 1591
Barrès, Philippe : 1546
Barrière : 1085
Barthélemy, Georges : 57-60
Barthélemy, Joseph : 1283, 1623
Barthélémy, Victor : 1328
Barthou, Louis : 1251
Bartlett, Sydney : 971
Bartlett, Vernon : 47
Bartosek, Karel : 1601
Bartov, Omer : 649
Baruch, Marc Olivier : 1312, 1313, 1317
Basch, Hélène : 598, 599
Basch, Victor : 63, 557, 589, 598, 599, 601, 639, 1549, 1625
Baschet, les frères : 1296
Basdevant, André : 1447
Bass, Joseph : 1177
Basse, André : 315
Basselin, Olivier : 111
Basset, François : 742
Basset, Philippe : 1404
Bassompierre, Jean : 600, 1339, 1340, 1362, 1507
Bastard, Emile : 539, 540
Bastid, Paul : 374, 375
Bastien, Lydie : 688, 689, 691, 693, 694
Bato, Yvonne : 505
Bauchard, Philippe : 1275
Baudelaire, Charles : 1161, 1553
Baudot, Marcel : 259, 262, 275, 305, 1153, 1155, 1156, 1219, 1230, 1330, 1360, 1361, 1364, 1365, 1423, 1580
Baudouin, Clément : 99, 1303
Baudouin, Madeleine : 1485
Baudouin, Paul : 98, 959, 1442
Baudrillart, Alfred : 536, 997, 1336, 1337
Baudry, Yvonne : 635, 637
Bauer, François-Charles : 1299
Baumel, Jacques : 326, 559, 560, 693, 866, 1074, 1123, 1124
Bäur, Hans : 154
Baurens : 372
Baurès : 1006, 1008
Bayerlein : 765
Bayet, Albert : 63, 359, 360, 1280, 1281, 1300, 1549, 1550
Baynac, Jacques : 584, 691
Baysse : 141
Bazaine, Achille : 115, 208
Béart, Guy : 290
Beau, Georges : 511
Beau, Lucien : 1415
Beaufils, Georges : 141, 432, 1080, 1587
Beaufre, André : 544, 942, 945, 955, 956
Beaugrand, Adrien : 503
Beauplan, Robert de : 1295
Beausoleil, Pierre : 206
Beaussier, Jean : 247
Beauvais : 665
Beauvais, Robert : 1444
Beauvoir, Simone de : 31
Beaux, Jean : 187
Beaverbrook, Lord : 583
Bécamps, Pierre : 706, 710
Béchamp : 736
Bèche : 302, 306
Beck, Robert : 607-611
Becker, Annette : 123, 124
Becquart, Henri : 159
Bédarida, François : 322, 1603, 1607, 1611, 1619, 1620
Bedos : 298
Bédouin, Jean-Louis : 1559
Beethoven, Ludwig von : 36, 531, 1543
Bégué, Georges : 848, 872
Béguelin, Marianne : 1566
Béguin, Albert : 1555
Béhar, Henri : 1560
Bélard, Mathilde : voir Carré, Mathilde
Belhomme, Paul : 300
Belin, René : 256, 339-341, 347
Belkaim, Kaddour : 1018
Bellamine, Cherif : 1359
Bellanger, Claude : 241, 243, 309, 315, 331, 344, 349, 361, 380, 1121, 1277, 1548, 1550
Belleroche, Maud de : 1281, 1286, 1345
Bellessort, André : 1296
Bellour, Raymond : 1566, 1568
Belmondo, Jean-Paul : 1291

Belœil, Alexis : 502
Bélot, R. de : 922, 991, 1263
Belot, Robert : 733, 1611
Belperron, Pierre : 756, 889
Benamou, Georges-Marc : 847, 1118, 1161, 1606, 1607, 1609
Benda, Julien : 1305
Bendel, Sigismond : 630-632
Benech : 669
Benedetti, René : 1297
Benielli : 576
Benjamin, René : 168, 1300, 1304
Benkowitch : 731
Bennassar, Bartolomé : 1174, 1175
Bennett, Robert L. : 270, 1268
Benoist, Robert : 639
Benoist-Méchin, Jacques : 995, 1274, 1278, 1283, 1508
Benoit, Lucien : 1458
Benoit, Pierre : 855, 1274, 1300, 1304
Bensaïd, Daniel : 1601-1604
Bentivegni, Franz Egbert von : 1241
Bérard, Albert : 204, 215, 535, 536
Béraud, Henri : 261, 1298, 1300, 1307, 1308, 1622
Bérenger, Henri : 422
Beresnikoff, Alexandre : 845
Bergamini, David : 1259
Bergasse, Henry : 156
Bergé, Marc : 1274
Berger : 1229
Berger, Gottlob : 176
Berger, Jean : 389
Berger, Nicolas : 40
Bergeret, Jean-Marie : 100, 927, 992, 1004
Bergey, abbé : 1502
Bergier, Henri : 301
Bergier, Jacques : 474
Bergougnieux : 1346
Bergson, Henri : 1266, 1305
Berlière, Jean-Marc : 1326
Berliet, Jean : 1286
Berliet, Marius : 1286
Berliet, Paul : 1286
Berlioz, Joanny : 1042, 1425, 1537
Berlon : 1320, 1321
Bernadotte, Folke : 761
Bernanos, Georges : 170, 207, 795
Bernard : 590
Bernard, Jean : 1601
Bernard, Jean-Guy : 358
Bernard, Lucie : 338
Bernard, Paul : 1458
Bernard, Roger : 519, 532
Bernardeau : 143
Bernardini, Armand : 1346
Bernert, Philippe : 1399
Bernhardt, Sarah : 550
Bernheim : 346
Bernstein, Henry : 1305
Bernstein, Michel : 360, 1467
Berranger, Olivier de : 378
Berstein, Serge : 1254, 1611, 1612
Bertaud, Jean-Paul : 117
Bertaux, Pierre : 295, 308, 458, 1427
Bertelé, René : 1566
Berteval, François : 345
Berthelot, Jean : 1492
Berthelot, Marcel : 1518
Berthommier, Pierre : 648
Bertram : 658, 659
Bertrand : 543, 544, 1022, 1023, 1143
Bertrand, Louis : 1274
Bertrand, Paulin : 248
Bertrand, Simone : 495, 513
Besnard, Albert : 1289
Besse : 587
Besson, André : 665, 1126
Béthouart, Antoine : 96, 210, 954, 1052
Bétoulle, Léon : 1131
Bettignies, Louise de : 124-126
Beugras, Albert : 129, 130, 132-134, 1296, 1328, 1332, 1333
Beuve-Méry, Hubert : 250, 251, 378, 1176, 1177, 1445, 1446
Bévernage, Emile : 1501
Beyer, Georges : 893, 1011, 1376, 1475, 1518
Beyne, Philippe : 300
Bezin, Edgar : 665
Bézymenski, Lev : 767
Biard, André : 1544
Biard, René : 1212
Bichelonne, Jean : 347, 348, 1439
Bickler, Hermann : 1248, 1365, 1454
Bidault, Georges : 35, 39, 135, 265,

267, 358, 378, 577, 1308, 1309, 1382, 1548, 1586, 1593, 1604, 1616
Bidault, Marcelle : 1382
Biddiscombe, Perry : 134
Biddle : 959
Biederlick : 1248
Bienvenue : voir Lagier, Raymond
Bighelli : 1093
Bigourdais, Pierre de : 113
Billeter, Geneviève : 1545
Billiet, Jacques : 319
Billig, Joseph : 445, 1342, 1345
Billiottet, René : 141, 142
Billon : 574
Billon, Pierre : 1158
Billotte, Pierre : 788, 871, 900, 901, 905
Billoux, François : 53, 86, 172, 964, 982, 983, 989, 1010, 1011, 1169, 1331
Billy, André : 90
Binder, Charles : 1336
Bingen, Jacques : 287, 562, 563, 868, 1013, 1014, 1114, 1606, 1626
Binoche, Jacques : 882, 883
Biondi, Jean : 241
Bismarck, Otto von : 127, 517, 1236
Bissagnet : 437
Bistesi, Jean : 589, 590
Bizardel, Yvon : 154
Blackett : 762
Blagoïéva, Stella : 409
Blanc, Lucien : 191
Blanc, Rose : 82, 83, 416
Blanchard : 346, 454
Blanchard, Claude : 1208
Blanchard, Maurice : 588
Blanqui, Auguste : 1590
Blaskowitz, général Johannes : 655, 659, 660
Blatin : voir Bedos
Bleicher, Hugo : 678-680
Blésy, Louis : 183, 212
Blick, René : 80
Bloch : 1177
Bloch, Jean-Richard : 414, 550, 551, 887, 894, 895, 900, 901, 904, 1544
Bloch, Marc : 187, 359, 519, 531, 532, 1616, 1617
Bloch-Michel, Jean : 1375
Blocq-Mascart, Maxime : 244, 348, 349, 351, 356, 360, 1080, 1215, 1609
Bloch-Sérazin, France : 550
Bloncourt, Elie : 211, 241, 358, 368, 374
Bloncourt, Tony : 268, 1317, 1493, 1494
Blond, Georges : 1273, 1295, 1300
Blondel, Octave : 778
Blondet : 363
Blot, Georges : 280
Blum, Léon : 45-47, 55, 59, 160, 161, 164, 166, 168, 223, 249, 306, 337, 365, 366, 368, 369, 372-374, 557, 592, 601, 710, 814, 842, 843, 966, 993, 1344
Blumel, André : 593, 636
Blumenson, Martin : 322
Blumentritt, Gunther : 16, 887, 1582
Bobet, Louison : 1385
Bocchini, Arturo : 1254-1256, 1260
Bochurberg, Claude : 1310
Bock, Fedor von : 655, 887
Bockel, Pierre : 314
Bocq, Josette : 635, 636
Bocq, Paul : 282
Bocquet : 271
Bodenant : 151
Boemelburg, Karl : 404, 570, 582, 1248, 1249, 1283, 1287, 1298, 1330
Boer : 528
Boët, Henri : 1444
Bœuf, Alain : 1171
Bœuf, Clotaire : 503
Bogomolov, Alexandre : 977, 978
Bohbot, David : 1330
Bohec, Jeanne : 870
Bohn-Nageotte : 535
Bohr, Niels : 528
Boiche : 1185
Boisrouvray : 388
Boissard, Marcel : 1385
Boissarie, André : 1221, 1287, 1315
Boissel, Jean : 1344
Boissieu, Alain de : 900
Boissoudy : 437

Boivin-Champeaux : 157
Bollaert, Emile : 568, 1264
Bollérot, Adrien : 410, 1378
Bollier, André : 565, 566, 643
Bonafedi, Charlot : 1093
Bonaventure Carbone, Paul : 1620
Bonifacio, Henri : 1297
Bonnafé, Lucien : 482, 492
Bonnafoux, Marcel : 1103
Bonnard, Abel : 1273, 1282, 1295, 1300, 1328, 1336, 1346, 1508, 1622, 1623
Bonnaud, Eugène : 1089
Bonnecarrère, Paul : 1154
Bonnefous, André : 1455, 1456
Bonnefous, Edouard : 192
Bonnefoy, René : 1288
Bonnefoy, Yves : 1557
Bonnet : 466, 666
Bonnet, Gabriel : 106
Bonnet, Georges : 60, 98, 1409
Bonnet, Henri : 1289
Bonnier, Claude : 706, 707
Bonnier de la Chapelle, Fernand : 930, 998-1004, 1155
Bonny, Pierre : 578, 713, 1229, 1231, 1359, 1420
Bonoteau : 1462
Bonsergent, Jacques : 504, 505
Bonte, Florimond : 85, 940
Boomgraetz : 645
Bopp, Marie-Joseph : 271
Borchers, Erich : 680
Bordas, Raymond : 1185
Bordeaux, Henry : 1304
Boré, Jacques : 1069
Boris, Georges : 91, 372, 839, 869
Bormann, Martin : 11, 153
Borne, Alain : 1554
Borotra, Jean : 703
Borwicz, Michel : 13, 490, 674, 748
Bose, Subhas Chandra : 1358
Boselli : 980
Bossé, Roger : 512
Bossuet, Bénigne : 824, 1370
Bossus, Raymond : 410
Bost : 576
Bothereau, Robert : 1445
Bottin, Alphonse : 360
Boüard, Michel de : 33, 508, 545, 649, 650, 655, 664, 672, 726, 727, 738, 739, 1229, 1343, 1521
Boucard, Robert : 1236
Bouchard, Fanny et Yves : 647
Bouchard, Pierre : 362
Boucheseiche, Georges : 1418
Bouchet, André du : 1557
Bouchet : 578
Bouchet, Raymond : 302
Bouchinet-Serreulles, Claude : voir Serreulles, Claude
Bouchon, Paul : 1486
Boudard, Alphonse : 1415, 1620
Boudet : 671
Boudet, Charles : 1352
Boudot, François : 1228, 1229
Boué : 1346
Bouet, Marcel : 315
Bouillez, Honorat : 602
Bouisson : 159
Bouladoux, Maurice : 341, 342
Boulet, Paul : 161
Boulier, Jean : 208
Boulkeroua, Moussa : 1358
Boulle, Lucien : 1449
Boullo, Pierre : 736
Boullet, A.H. : 141, 142
Boulloche, André : 360
Boumendjel, Ali : 1024, 1025
Boumier, Anne-Marie : 362
Bouneau, Adrien : 1088, 1089
Bounin, Jacques : 5
Bourbon d'Orléans, Henri de : 1050, 1051
Bourbon, connétable de : voir Montpensier, Charles de
Bourbon, Henri : 1472
Bourbon, Suzanne de : 115
Bourbon-Busset, de : 508
Bourboulou : 96
Bourbousson, Edouard : 1548
Bourdan, Pierre : 167, 169, 763, 918, 991, 1036, 1037, 1543, 1544
Bourdeau de Fontenay : 1080
Bourdeaux : 724
Bourdelle : 237
Bourderon, Roger : 233-235, 393, 405, 409, 1102, 1174, 1216, 1217, 1424, 1425, 1428
Bourdet, Claude : 39, 358, 1128,

1316, 1379, 1380, 1383, 1393, 1442, 1443, 1466, 1546
Bourdet, Maurice : 637, 638, 1623
Bourdier, Jean : 1051
Bourdrel, Philippe : 99, 592, 594, 596
Bourdy : 665
Bourel de la Roncière, Michel : 1194
Bouret, « Jean-François » : 1080
Bourgès-Maunoury, Maurice : 1106, 1117, 1141
Bourget, Pierre : 155, 504, 505, 1502, 1503
Bourgois, Pierre : 1436
Bourgouin, Georges : 1152, 1153, 1156-1158
Bourmont, Henri de : 1339
Bournazel, Henri de : 1109
Bourras, capitaine : 122
Bourret : 1117
Boursicot : 1130
Boursier, abbé : 650
Boursier, Jean-Yves : 1133, 1612
Bousquet, Joë : 1555
Bousquet, Paul : 1597
Bousquet, René : 712, 952, 1013, 1105, 1318, 1348, 1354, 1356, 1447, 1507, 1522
Boussin, René : 1090
Bout de l'An, Francis : 601, 662, 1339, 1507
Bout de l'An, Simone : 662
Boutet, Jacques : 519, 530
Boutet, Paul : 569
Bouteville : 422
Bouthillier, Yves : 422, 1212
Boveri, Margret : 445
Boyd, John : 971
Boyer, André : 299, 306, 1101
Bracke, Alexandre Desrousseaux dit : 369
Brackman, Arnold C. : 1264, 1265
Bradley, Omar : 1583
Braibant, Charles : 1209, 1210, 1212, 1215
Branden : 1463
Brandl, Hermann : 1226, 1228, 1229
Brandt, Karl : 153
Brasillach, Robert : 881, 1059, 1273, 1280-1282, 1296, 1298, 1300, 1301, 1304, 1306-1310, 1313, 1328, 1336, 1367, 1496, 1622, 1623
Brauchitsch, Walter von : 273, 274
Brault, Michel : 1070, 1072-1077, 1079, 1113, 1195, 1442, 1518
Braumann, Yvette : 558
Braun, Eva : 1621
Braun, Madeleine : 557, 1547
Brauner, abbé Joseph : 1365
Brécard : 375
Bréchet, André : 539, 540
Bréchon, Robert : 1565, 1566
Brecht, Bertolt : 1244
Bredow, Ferdinand von : 1237, 1238
Breiting, Richard : 177, 1242
Breker, Arno : 154, 155, 1273, 1624
Bremer, Karl-Heinz : 1272, 1301
Brenner, Jacques : 1310
Brès, Eveline et Yvan : 1185-1188
Breton, André : 1546, 1558-1560
Breton, Philippe : 1530
Breuillac, J. : 1018-1020
Briand, Aristide : 1289
Brice, Etienne : 296
Briclot, abbé : 673
Bridoux : 508, 947, 1434, 1521
Brigneau, François : 452, 459, 464
Brigouleix : 372
Bringard : 1026
Bringer, Jean : 1085
Brinon, Fernand de : 60, 171, 246, 305, 947, 965, 985, 990, 995, 997, 999, 1006, 1274, 1283, 1336, 1508
Brissaud, André : 1337
Brisson, Pierre : 33, 166
Brocourt, Henry : 518, 1219
Brodowski, général von : 658, 659
Broglie, de : 1274
Bromberger, Serge : 1444
Brooks : 346
Brossard, Jean : 1387, 1390, 1391
Brosset, Diégo : 1589
Brossolette, Gilberte : 568, 569, 571
Brossolette, Pierre : 322, 357, 364, 367, 372, 373, 375, 564, 566-573, 643, 703, 813, 814, 843, 846, 1065, 1264, 1569, 1605, 1606, 1617, 1625-1627
Browder, Earl Russell : 907

Brown, père : 897
Brozen-Favereau, André : 1075, 1077-1082, 1085, 1091, 1095, 1442, 1446
Bruat, Camille : 1089
Bruce-Lockhardt, Guy : 577
Bruckberger, révérend père Raymond : 92, 456
Brüder, Alexandre : 305
Brugère, Raymond : 947
Bruguier, Michel : 1086
Bruhat, Jean : 913, 1541
Brûlé, A.R. : 495
Brun, Félix : 1485
Bruneau, Charles : 1210
Brunet, Jean-Paul : 129, 132
Brunet, René : 130, 304, 305
Bruneton, Gaston : 1060
Brunius, Jacques : 1207
Bruno : 495
Brunschvicg, Betty : 525
Brunswick, Charles de : 116, 117
Brusin, Kaarlo : 1336
Brustlein, Gilbert : 1493, 1494
Bruyker, Suzanne de : 1276
Bruynel, Robert : 408
Bucard, Marcel : 708, 1230, 1278, 1282, 1297, 1327, 1331, 1334, 1344, 1359, 1459
Buchbender, Ortwin : 396
Buchheit, Gert : 678, 1238
Buckmaster, Maurice : 1195, 1516
Buffarini-Guidi, Guido : 1255
Buffet, Jean : 1355, 1356
Bugeaud, Thomas : 981
Bugnet, André : 665
Buis, Georges : 210, 211, 217, 388, 838
Buisson, Georges : 342
Buisson, Suzanne : 374, 643
Bullitt, William : 173, 260, 968
Bullock, Alan : 180
Bunau-Varilla, Maurice : 1269, 1289, 1295, 1300
Bungelmi, Paul : 1092
Bürckel, Josef : 175, 176
Burgard, Raymond : 185, 248, 378, 552, 1537-1539
Burgarder : 219
Burguete, Félix : 1475
Bürkner, Leopold : 1241
Burrin, Philippe : 165, 405, 649, 1300, 1303
Bussière, Amédée : 1294, 1318, 1407, 1408, 1540
Butor, Michel : 1566, 1567
Butterlin, Henri : 590
Byrne, James S. : 1525

C

Cabanac, Eric : 542
Cachin, Marcel : 55, 85, 557
Cachin, Yves : 41
Cado, Henri : 1318, 1348
Cadou, René-Guy : 516, 1554, 1561
Cadras, Félix : 415, 429, 643, 1576
Cadras, Georgette : 84, 415
Caerleon, Ronan : 1361-1364
Caillaux, Joseph : 1337
Cailliau, Michel : 1534
Calas, Raoul : 408
Calder, Angus : 760
Calic, Edouard : 1243
Calmette, Arthur : 263, 347-349, 351, 356, 695, 696, 699
Calvet, Guy et Elie : 1026, 1027
Calvi, Fabrizio : 314, 1167
Calzant, Georges : 1298
Camas : 1346
Cambriels : 122
Camors, Jean-Claude : 1536
Camp, Henri : 1081
Campbell, Sir Ronald : 193
Campet : 985, 1007
Campinchi, Paul-François : 1477
Camplan, Eugène : 696, 698, 699, 706, 707
Camprond, Enguerant de : 112
Camus, Albert : 358, 456, 1016, 1565, 1624
Canaris, Wilhelm : 314, 951, 1237-1241, 1250, 1251, 1254, 1260, 1265, 1521
Canaud, Jacques : 1095, 1096, 1098
Canavaggio, Dominique : 939, 941, 965
Cance, Pierre : 1339
Candille : 1143
Canfield, Franklin : 971
Canioni : 1093

Capdevielle : 1412
Capel, Georges : 277
Capievic, Jean : 1493
Capievic, Mado : 1493
Capitaine : 296
Capitant, René : 335, 358, 834, 954, 1018, 1025, 1026, 1028-1030, 1032, 1052
Capocci, Oreste : 341, 342
Capron, Marcel : 401
Carafoli, Domizia : 1255
Carantelle, Marie-Louise : 666
Carassou, Michel : 1560
Carbone, Paul-Bonaventure : 1226, 1290, 1291, 1292, 1298, 1417, 1620
Carboni, Giacomo : 1252, 1256
Carbuccia, Horace de : 261, 1298, 1307, 1336
Carcassonne, Roger : 1030
Cardot, Jean : 1434
Carell, Paul : 764
Carena, Leonetti : 1178
Cariou, abbé : 1531, 1532
Caris : 1346
Carlot, Jeanne : 296
Carné, Marcel : 1204
Carnot, Lazare : 1612
Caron : 1332
Carpentier, Kléber : 1481
Carré : 457, 1184
Carré, Mathilde : 676-680, 712
Carrel, Alexis : 1328
Carrel, André : 788
Carrier : 589, 590
Cartaud : 1335
Cartier, Raymond : 139, 754
Carville, de : 359
Casanova, Danielle : 84, 415, 620, 641-643, 1092, 1378, 1494, 1576, 1625
Casas, Raymond : 188, 220
Cassady, Thomas G. : 1436
Cassé, François : 1101
Cassé, Marie-Rose : 1101, 1102
Cassé, René : 1101
Cassidy : 1463
Cassin, René : 782, 808, 839, 1122, 1599, 1625
Cassou, Jean : 39, 214, 215, 242, 308, 317, 319, 367, 561, 710, 1064, 1112, 1113
Castan, Jean : 1103
Castellane, de : 422
Castellane, Jehan de : 691
Castelnau, Edouard de, général : 1502
Castelot, André : 1297
Castéras, Jean : 670
Castor : 478
Castries, duc de : 171
Cat, Gaston : 300
Catelas, Jean : 58, 60, 400, 402, 404, 541, 1379, 1386
Cathala : 870
Cathala, Jean : 256, 898, 900, 904
Cathelin, Jacques : 677, 1319
Cathelin, Jean : 575, 676, 682
Catherine : voir Serrand, Marguerite
Catoire : 665
Catroux, Georges : 194, 390, 782, 784, 977
Cau, Jean : 835, 1082, 1083
Cauwel : 376
Cauzique, Louis : 197
Cavaillès, Jean : 336, 337, 359, 519, 529, 530, 1387, 1389, 1392, 1476, 1518, 1605
Cavarrot : 1448
Cavell, Edith : 123-126
Caverivière : 1130
Caviglioli, François : 1230, 1417
Cayrol, Jean : 746, 1555, 1557
Cazenave, Michel : 836
Caziot, Pierre : 1212
Céline, Louis-Ferdinand : 128, 187, 747, 1275, 1281, 1300, 1306, 1308, 1310, 1311, 1328, 1344, 1586, 1622, 1623
Célor, Pierre : 1328
Cépéde, Michel : 1211
Cérandon, Jean : 1449
Cerazia, Vicenzo : 1257
Cerbelaud, André : 1087, 1090
Cerclier : 372
Cerda, Pedro : 76
Cerf-Ferrière, René : 34, 237, 267, 325, 358, 785, 919, 1055, 1287, 1377, 1382, 1416
Cerreti, Giulio : 67, 80, 409, 534, 612, 613, 895, 901, 907

César, Jules : 36, 107, 797
Cètre, Jean : 1487
Chaban-Delmas, Jacques : 450, 563, 706, 707, 834, 1061, 1121, 1586, 1592
Chabanon : 888
Chabrol, Jean-Pierre : 104, 1104, 1105
Chack, Paul : 1300, 1336
Chaillet, Pierre : 1586
Chaineau : 141
Chaintron, Jean : 136, 1125, 1127, 1128
Chaix, Marie : 129, 1332
Chalais, François : 1299
Challan-Belval : 1023
Challaye, Félicien : 369, 1297, 1623
Chambard, Claude : 114, 117
Chambe, René : 1006
Chamberlain, Arthur Neville : 52, 767
Chamberlin, Henri Etienne : voir Lafont, Henry
Chambonnet, Albert : 1137, 1139, 1162
Chambrun : 1274
Chambrun, Gilbert de : 1084, 1174, 1187, 1195, 1588
Chamine : 891, 928, 932, 934, 938, 943, 944, 1000, 1034, 1036, 1037
Champeaux, Georges : 1298
Champenois, Jean : 894, 897, 900
Champetier de Ribes, Auguste : 335, 652, 1308, 1309
Champion, Camille : 643
Chamson, André : 36
Chandelier, Philippe : 305
Chanel, Raymond : 579, 1405
Chaplin, Charlie : 10
Chapsal, Jacques : 99, 158, 159, 377, 815, 820
Chapuis : 724
Char, René : 532, 639, 1554-1557, 1561-1564, 1567
Charalidza : 1181
Charbonneau, Henry : 1298, 1329, 1339
Chardon, Léon : 1090
Chardonne, Jacques : 1273, 1300, 1304, 1623, 1624
Charlemagne : 108, 710
Charles, Jean-Léon : 1232-1234
Charles le Téméraire : 114, 115, 880
Charles Quint : 115, 116
Charles VII : 113
Charles X : 171, 1337
Charoin, Andrée : 1505
Charpentier, abbé : 144
Charpentier, Jacques : 1080
Charvillat : 141
Chas, Henri : 1080
Chassagne : 513
Chasseigne, François : 57-59, 1293
Chastenet, Jacques : 90, 813, 995
Chastenet, Patrick et Philippe : 706, 707
Château, René : 1295
Chateaubriand : 793, 824, 868
Châteaubriant, Alphonse de : 997, 1296, 1300, 1306, 1328, 1336, 1623
Chatel, Fernand : 892, 1393, 1481
Chatel, Nicole : 399, 495, 1377
Châtel, Yves : 939, 941, 992
Chatenay, Victor : 207, 279, 303
Chatrian, Alexandre : 117
Chaudé, Bernard : 853, 943, 944
Chaumeil, Jean : 61, 65, 68, 136, 227, 276, 400, 402, 415, 416, 534, 1381, 1390, 1393, 1407, 1408, 1411, 1532, 1533
Chaumeix, André : 1298, 1300
Chaumeron, Maurice : 400, 416
Chaumet, André : 1297
Chaupin, Paul : 730
Chautemps, Camille : 46, 374, 965
Chauvel, Jean : 91, 102, 171
Chauvet, Lucien : 1389
Chauvet, Maurice : 732, 734, 735
Chauvet, Paul : 874, 876, 877, 1115
Chauvy, Gérard : 1601, 1603
Chaux, Edouard : 1213
Chavant, Eugène : 1138, 1162, 1163, 1167
Chavant, Marius : 1116
Chazeau : 697
Chemin, Ariane : 611
Chenailler, Paul : 1156, 1157
Chêne, André : 227, 1512
Chenevier, Charles : 1257, 1447, 1448

Chénier, Marie-Joseph de : 442, 1597
Chéreau, Jean, Dorothée et Marcelle : 648
Chesnelong : 1008, 1314
Chevallier, Gabriel : 91
Chevallier, Pierre : 1350
Chevalme, Lucien : 341, 342
Chevance-Bertin, Maurice : 325, 358, 450, 559, 681, 688, 689, 1392, 1457
Chevigné, Pierre de : 407, 408
Chevrot, Mgr : 1624
Chézelles, Jean de : 1587
Chiappe, Angelo : 1428
Chiappe, Jean : 98, 261
Chicheline, Pierre : 1449
Chierici, Renzo : 1256
Chieus, Bernard : 397
Chieus, Louis : 220, 228, 487, 488
Chinggis Khan : 1179
Chiozzini : 1088
Chirac, Jacques : 833
Chnoupek, Bohus : 1193, 1194
Choltitz, Dietrich von : 23, 1593
Chomat, Claudine : 83, 416
Chombart de Lauwe, Marie-José : 1614
Chopin, Frédéric : 1305
Choubitidzé, Arsène : 1183
Chouffot : 1322
Choury, Maurice : 220, 576, 1073, 1092, 1258, 1472
Chrétien, Jean : 1022, 1023, 1456
Christensen : 1249
Christmann, Richard : 1217, 1307, 1359
Churchill, Lord Ivor : 872
Churchill, Peter : 464
Churchill, Winston : 22, 169, 191-195, 198, 237, 326, 759-763, 775, 780, 783, 784, 805, 853, 878, 882, 885, 887, 921, 933, 946, 958, 960-962, 965-967, 976, 978-980, 984, 992, 994, 1002, 1003, 1044, 1114, 1463, 1477, 1478, 1489, 1549, 1580, 1617
Ciano, Galeazzo : 170, 1257
Ciosi, Chinila : 362
Citrine, Walter : 875
Citroën, André : 563
Citroën, Mme André : 1626
Clamamus, Jean-Marie : 1296
Clancier, Georges-Emmanuel : 1555
Clarié, Paul : 1359
Clark, Mark W. : 981, 1001
Claude le Gothique : 107
Claude, Georges : 941, 1336
Claude, Henri : 830
Claudel, Paul : 168, 536, 1445
Claudius-Petit, Eugène : 869
Clausewitz, Carl von : 1198
Clavaud, Jean : 1131
Claveria, Raoul : 575
Clavier, Noël : 330, 331, 345, 346
Clemenceau, Georges : 398, 819
Clément, Albert : 1296, 1501
Clément : voir Fried Eugen
Clément, Jean-Baptiste : 1334
Clément, Michel : 1094, 1095, 1133, 1134, 1136
Clément, René : 1492
Clémenti, Pierre François dit : 1278, 1297, 1329, 1344
Clémoz, Raymond : 1339, 1340, 1353
Clerc, Henri : 1296
Clisci, Joseph : 564, 565, 608
Clop, Robert : 211
Closon, Francis-Louis : 38, 1398
Clouet : 490
Clouet, Jean : 1036
Cochet, Gabriel : 185, 245-247, 298, 381, 650, 972, 1456
Cochinard : 145, 146
Cocteau, Jean : 1158, 1204, 1213, 1565
Cognacq, Gabriel : 997
Cognet : 1555
Cogniot, Georges : 408, 523, 611
Cohen, Leonard : 442, 443
Cohen, Simon : 562
Coinot : 700
Cointet, Michèle : 28, 1503
Cole : 1458
Colette : 1299
Coli, Henri : 277
Colin, André : 185, 238
Colin, Corentin : 1532
Colliette, Paul : 241
Collingwood : 994
Collins Weitz, Margaret : 559

Colombani, Roger : 1417
Colombi, Jean-Pierre : 1557
Combault, Guy de : 335
Combaux : 1460
Combelle, Lucien : 1297
Combes, Gérard : 165, 264, 369, 1150
Combes, Pierre : 1413
Commynes, Philippe de : 215
Comte, Jean : 1485
Comte-Sponville, André : 359
Conan, Eric : 1607, 1618, 1619
Condé, Louis Joseph, prince de : 117, 126
Conein, Lucien : 1005
Confolent, Roger : 672
Conner, Angela : 885
Conninck, Jean de : 512
Conrad, Heinrich : 282
Constans : 1168
Constant, André : 685
Constant : 929
Contades, marquis de : 117
Contamine, Philippe : 127
Cookridge, Edward H. : 604, 1477, 1478, 1483
Coon, Carleton : 1003
Cooper, Gary : 1477
Copeau, Pascal : 338, 457, 1137, 1138, 1468
Copin, Auguste : 549, 702, 1421, 1538
Coquelin : 1352
Coquoin, Roger : 311, 1080
Corap : 147
Corbin, Charles : 885
Corce : 1366
Cordesse, Henri : 1187
Cordier, Daniel : 584, 690-692, 866, 1169, 1198, 1615
Cormand, Reine : 1015
Corneille, Pierre : 778
Corneloup : 376
Corniglion-Molinier, Edouard : 336
Corti, José : 639
Corticchiato, Dominique : 639
Corval, Pierre : 287, 360, 378, 650, 1304, 1444, 1550
Corvin, Mathias : 255
Cosmi, Pierre : 1439
Cossonneau, Emile : 1472
Costalong : 671
Costantini, Pierre : 881, 1278, 1297, 1327, 1329, 1333
Coste-Floret, Alfred : 335, 1029
Coste-Floret, Paul : 335, 1029
Costes : 666
Costes, Dieudonné : 1333
Coston, Henry : 1294, 1295, 1299, 1350, 1353
Cotta : 372
Cotta, Michèle : 1279, 1327
Cottaz : 599
Cotton, Aimé : 63
Cottoni, Simon : 1409
Coubard, Jacques : 1360
Couderc, Frédéric : 1326
Coudert, Marie-Louise : 1496
Couedic, du : 990
Couitéas de Faucamberge, Jean : 314, 1105
Coulaudon, Emile : 27-29, 587, 1149-1152, 1588
Coulet, François : 785, 808, 809, 839, 840, 871, 917
Coulon, Auguste : 1087
Coulondre, Robert : 48
Courcel, Geoffroy de : 193, 196, 197, 871
Courrière, Yves : 437-439, 441, 443, 1158
Courson de la Villeneuve, Maurice de : 146
Courtade, Pierre : 360, 1444, 1505
Courtaud, Olivier : 1520, 1523
Courtial, Odette : 563
Courtin : 302
Courtin, René : 335
Courtois, Ambroise : 77, 597, 614, 1197, 1382
Courtois, Stéphane : 59, 60, 77, 181, 230, 232, 611, 614, 891, 892, 1322
Cousin, vicaire : 665
Cousin, Maurice : 300, 301
Cousin, Victor : 792
Cousteau, Pierre-Antoine : 1295, 1508
Coutau-Bégarie, Hervé : 993, 1002
Coutret, Emile : 1340
Couvreur, Colette : 547, 548

Cowburn, Benjamin : 678, 680, 1527, 1528
Cox, James M. : 1260
Crapier : 1411
Cremel, Robert : 389
Crémieux, Benjamin : 639, 681
Crémieux, Francis : 211, 231, 232, 235, 287, 328, 336, 687, 1392, 1592, 1594
Crémieux-Brilhac, Jean-Louis : 213, 390, 784, 866, 869, 954, 979, 1013, 1014, 1065, 1113, 1114, 1141-1146, 1152, 1546
Crespin : 302
Cressot, Jean : 1081
Cretagne, Marcel : 228, 415, 1395, 1501
Crétin : 284
Creuzon : 672
Creyssel, Paul : 1298
Crispo-Moncada : 1253, 1255, 1256
Critognatos : 107
Crockett : 1477
Crohne : 471
Crouzet : 388, 681
Crouzet, Guy : 1145, 1296, 1300, 1309
Crouzet, Maurice : 421
Crowe, sir Colin : 795
Croy, Marie de : 124
Cru, Robert : 872
Cueille : 1128
Cunningham : 763
Curie, Marie : 585
Cusin, Gaston : 150, 151, 710
Cuvillon, Maurice : 354, 358
Czerniawski, Roman, alias Armand : 678-680

D

Dac, Pierre : 1143, 1506, 1544
Dagaud : 1459
Daguet, Lucien : 1090
Dahlem, Franz : 731
Daikowski, Michèle : 40
Dainville, Augustin de : 1436, 1437, 1439, 1460
Daix, Pierre : 1493
Daladier, Edouard : 46, 54, 57, 60, 67, 71, 72, 86, 89, 90, 96, 98-100, 191, 218, 222, 308, 374, 407, 814, 905, 1323
Dallidet, Arthur : 67-70, 82, 83, 233, 401, 416, 430, 432, 456, 469, 519, 526, 527, 1372, 1383, 1386, 1390, 1391, 1395, 1625
Dallidet, Léon-Raymond : 233, 416, 430, 457
Dallin, Alexander : 1287
Dalloz, Pierre : 1079, 1160-1162, 1171
Dalmaso : 1428, 1430
Dalotel, Alain : 1145
Dalsace : 557
Dalton, Hugh : 1478
Daluege : 1243
Damas, Roger de : 117
Damasse, Louise : 305
Damiani, Louis : 986
Danan, Yves-Maxime : 926, 936, 937, 941, 942, 953, 957, 985, 1018, 1039, 1054
Daniel, Jean : 1025
Dannecker, Theodor : 1286, 1343
Dannoot, Félicien : 574
Dansette, Adrien : 1593
Dansey, sir Claude : 1463
Dante Alighieri : 715
Danton, Georges-Jacques : 613, 819
Dappe, Lucien : 467
Darbousset, Jean-Louis : 300
Darcourt, Pierre : 981
Dard, Frédéric : 1214, 1347
Darlan, François : 38, 102, 169, 173, 810, 811, 875, 911, 919, 926, 927, 930, 931, 938, 959, 964, 965, 967, 969, 983, 985, 986, 990-1007, 1012, 1017, 1033, 1035-1037, 1040, 1041, 1043-1047, 1052, 1199, 1290, 1335, 1344, 1355, 1462, 1492, 1507, 1521, 1522
Darmangeat, Pierre : 793
Darnand, Joseph : 97, 128, 131, 478, 546, 594, 600, 662, 700, 708, 1013, 1015, 1040, 1141, 1143, 1185, 1298, 1311, 1316, 1338-1341, 1351, 1353, 1356, 1363, 1427, 1507, 1511

Darquier de Pellepoix, Louis : 1015, 1274, 1344, 1345, 1508, 1509
Darras, François : 604
Darribes, Honorine : 672
Darteil : 139, 140
Dartein, abbé de : 206
Dasnoy, Philippe : 1232-1234
Daudemard, Jean-Henri : 1491
Daudet, François : 1298
Daudet, Léon : 312, 1298, 1627
Daumézon, Georges : 714, 1221, 1223
Dauphin : 359, 949
Dauphin, Claude : 439
Dautry, Raoul : 148, 1488
David, Claude : 445
David, Fernand : 1318, 1323, 1325, 1326, 1407
David, Jean-Paul : 332
Davies, F.T. : 1483
Davillier, baron Jean : 422
Davis, Melton : 1251, 1256
Déat, Marcel : 60, 97, 386, 398, 411, 591, 911, 978, 986, 1013, 1269, 1278, 1281, 1296, 1297, 1327, 1328, 1334, 1459, 1508, 1512, 1539, 1544, 1623
Debarge, Charles : 277, 458, 549, 601-603, 1369, 1384
Debauvais, Fransez : 1360, 1361
Debord : 1131
Debray, André : 1586
Debray, Régis : 1606, 1607
Debré, Michel : 710, 812, 834, 835, 1596
Debré, Robert : 1209, 1210, 1216
Debû-Bridel, Jacques : 5, 179, 195, 266, 319, 377, 398, 638, 814, 821, 919, 1009, 1044, 1198, 1204, 1205, 1208, 1213, 1219, 1220, 1593, 1596, 1605, 1607
Decaux, Alain : 1002, 1617
Decèze, Dominique : 848, 849, 1132, 1504, 1547
Dechezelle, Yves : 372
Decock, René : 309
De Costanzo : 588
Decour : 1140
Decour, Jacques : 414, 415, 519, 528, 1302, 1549, 1565, 1576, 1623
Decourdemanche, Daniel : voir Decour, Jacques
Decoux, Jean : 734-736, 990
Defferre, Gaston : 299, 1101
Deforges, Régine : 705
Defrasne, Claude-Jean : 1268
Degans, Jean : 1339
Degliame-Fouché, Marcel : 139, 264, 284, 288, 456, 516, 574, 605, 681, 687, 694, 703, 720, 813, 862, 1063, 1119, 1137, 1138, 1152, 1165, 1170, 1245, 1246, 1258, 1339, 1371, 1376, 1380, 1387, 1392, 1443, 1444, 1505, 1568
Degon, Pierre : 1535
Degoutte, Lucien : 376
Degrelle, Léon : 1622
Deguingamp : 635
Deiss, Raymond : 1555
Dejean, Maurice : 884
Dejonghe, Etienne : 1206, 1222
Dejussieu-Pontcarral, Pierre : 288, 1519
Delage : voir Dunker
Delahaye : 695
Delahousse : 422
Delaisi, Francis : 1295
Delalande, Bernard : 662
Delange : 391
Delannaud, Raymond : 1089
Delarue, Jacques : 179, 445, 475, 661, 666, 669, 670, 712, 1204, 1208, 1220, 1226, 1229, 1241, 1243, 1247, 1276, 1284, 1329-1332, 1335, 1337, 1355, 1356, 1520
Delattre : 513
Delattre, Robert : 575, 576
Delaunay : 172, 182, 283, 284, 754, 1218
Delaveau, Philippe : 1557
Delbo, Charlotte : 620, 621, 623, 634, 642
Delbos, Yvon : 48
Delchef, M. : 502
Delers, Jacques : 594, 595
Delestraint, Charles : 140, 185, 239, 240, 333, 462, 571, 582, 644, 645, 682-685, 951, 1074, 1161,

1162, 1387, 1388, 1437, 1462, 1605
Deleule, Raymond : 362-364
Delfanne, Georges : voir Masuy
Delgay : 1143
Délion : 1481
Dellapina, Paul : 1214
Delmas, Franck : 648
Delmas-Vieljeux, colonel : 648
Delmer, Sefton : 177, 396, 767
Delmotte : 1434
Delon, Alain : 1291
Delon, Pierre : 1487
Deloncle, Eugène : 162, 594, 881, 1278, 1297, 1327-1329, 1331, 1335, 1459
Delor : 1022
Delord : 511
Delorme : 719
Delpech, Michel : 836
Delperrié de Bayac, Jacques : 171, 598, 700, 701, 1337, 1338, 1340
Delpla, François : 195, 213
Delteil, Joseph : 1555
Deltour : 904
Delvincourt, Claude : 1577
Demaison, André : 1300
Demessine : 1335
Déniel, Alain : 1364
Denis, Jean : 303
Dentz, Henri Fernand : 781
Denys, René : 1421
Depooter : 665
Depreux, Edouard : 525
Derna : 61
Dernbach : 1521
Derogy, Jacques : 1596
Derosne : 1019
Déroulède, Paul : 1294, 1573, 1591
Derré : 547
Derringer : 1006
Deruyk, René : 124
Desanti, Dominique : 1568
Descamps, Henri-Clotaire : 547, 548
Descamps, Pierre : 548
Descartes, René : 329, 1082
Deschamps, Génia : 360
Descomps, Hector : 209, 897, 1061, 1387, 1388
Descours, Marcel : 1120, 1137, 1138, 1162, 1462, 1588
Desfourneaux, Georgette : 538
Desfourneaux, Henri : 538-541, 543
Deshayes-Marigny, Jean-Pierre : 310, 845
Desjardins, Paul : 305, 1461
Desloges, capitaine : 1521, 1522
Desmoulins, Camille : 613
Desné, Roland : 1135
Desnos, Robert : 215, 891, 1497, 1553, 1554, 1558-1561, 1566, 1568-1570, 1624
Desnos, Youki : 1568
Désormière, Roger : 1577
Despeigne, Harry : 1112
Desrumeaux, Martha : 75, 78, 397, 416, 487, 495, 612
Destrée, Jacques : voir Renet, Marcel
Detmar, Charles : 1318, 1354-1356
Detœuf, Auguste : 422
Devaulx, Noël : 1554
Devautour : 104
Devienne, Nelly : 296
Devigny, André : 470, 493
Devynck : 1402
Dewailly : 665
Dewavrin, André : voir Passy
Dewoitine, Emile : 1286
Déziré, Georges : 1395, 1396
Dhavernas, Henry : 1442
Dhers, Pierre : 927, 928, 1041
Dhont, Jacques : 362
Di Stefano, Michelangelo : 1256
Diamant, David : 379
Diamant-Berger, Lucien : 889, 892, 893
Diaz, Pépé : 895
Dickmann : 660
Didelin : 672
Diderot, Denis : 29
Didier, Gaston : 502, 503, 1139
Didio : 887, 888
Diem, Ngo Dinh : 1005
Diethelm, André : 785, 869, 873
Dietrich, Otto : 153, 155, 1471
Diligent, André : 1477
Dillaz, Serge : 439, 442
Dimitrov, Georges : 52, 953, 1526
Dioclétien : 107

Dion, Jack : 1132
Dioudonnat, Pierre-Marie : 1271, 1273, 1280, 1282, 1300, 1303
Ditte, Pierre : 604
Divine, David : 187
Djankov : 228, 400
Djikya : 1183
Docteur, amiral : 990
Dodelier : 389
Dohnanyi, Hans von : 1241
Dohse, Friedrich Wilhelm Heinrich : 695-699, 705, 707-709
Doize, Pierre : 1534
Dolléans, Edouard : 341
Domberg : 422
Dombrowski, Jaroslaw : 1590
Domenach, Jean-Marie : 1446
Domergue : 306
Dominique, Pierre : 1298
Domitius Aenobarbus : 104
Dommange : 181
Donadille : 301
Dönitz, Karl : 763, 764
Donnay : 306
Donnay, Maurice : 1299, 1300
Donovan, William J. : 1003, 1478
Dorange, André : 927, 928
Doreau, Georges : 302
Dorgelès, Roland : 90, 256
Dorgères, Henri : 165, 1037
Doriot, Jacques : 97, 128-132, 134, 160-162, 411, 484, 592, 594, 595, 597, 600, 708, 906, 911, 934, 935, 1013, 1229-1231, 1281, 1282, 1290, 1296, 1298, 1327, 1328, 1331-1335, 1355, 1459, 1501, 1508, 1598, 1621
Dormoy, Marx : 162, 589, 592-597, 601, 1413, 1625
Doublet, Maurice : 151
Doudot : 1022
Douzou, Laurent : 327, 337, 350, 351, 354, 1195, 1607, 1618, 1619
Doyen : 1036
Drault, Jean : 1297, 1346
Dravert : 724
Dreux, Philippe : 1298
Dreyfus, lieutenant : 928-930
Dreyfus, François-Georges : 689, 690, 1064, 1148
Dreyfus, Paul : 1140-1142, 1149, 1162, 1163, 1165, 1171
Drieu la Rochelle, Pierre : 881, 1266, 1273, 1274, 1297, 1300, 1304-1306, 1308, 1328, 1621-1624
Drogou : 211
Droit, Michel : 816
Drossier, Marcel : 504
Droz, Jacques : 372
Drumont, Edouard : 332, 1294, 1350
Druon, Maurice : 436-443, 789, 1158, 1498, 1499
Du Duc Ho : 1359
Du Guesclin, Bertrand : 110, 111, 126, 602, 1005, 1057, 1197
Dubarry, Albert : 1289
Dubent : 1413, 1414
Dubessay : 1322-1325
Dubois, Albert : 315
Dubois, Alice : voir Bettignies, Louise de
Dubois, André-Louis : 156, 267
Dubois, Juliette : 83, 464, 1374
Dubois, Louis : 1410
Dubois, Marie : 82
Dubois, Michel : 1412
Dubois, Robert : 432, 1390
Dubost, Charles : 471, 475, 476, 494, 506, 507, 528, 663, 705, 1470
Dubourg, Jean : 1264
Du Boys : 845
Duby, Georges : 99, 756, 1136, 1221
Ducasse, Robert : 1118, 1119
Duchêne : 1532
Duchêne, Gabrielle : 557
Duchesne, Jacques : 1266, 1503, 1544
Duclos : 284
Duclos, Gilberte : 1376
Duclos, Jacques : 24, 38, 53, 63-65, 67-69, 77, 79-81, 127, 136, 163, 192, 212, 218, 220-227, 230-234, 370, 394, 404, 405, 408-410, 413, 415, 418, 428-431, 433-435, 456, 470, 557, 608, 609, 612-615, 744, 825, 828, 895, 897, 901, 902, 907, 915, 1010, 1127, 1376, 1386,

1391, 1393, 1396, 1411, 1538, 1563, 1596
Duclos, Maurice : 392, 845, 846, 1078
Ducrot : 1335
Dudach, Georges : 620
Dufetel, Pierre : 732
Duff Cooper : 196
Duffaut : 893
Dufresne, David : 136, 137
Dugé de Bernonville, Jacques : 1339
Dugoujon, Frédéric : 682, 686
Duhail, Jean : 1081
Duhamel, Alain : 1393
Duhamel, Georges : 1210, 1273, 1576
Duisabou : 526
Dujardin, Ernest : 78
Dujardin, Zoé : 79
Dulles, Allen : 287, 314, 1074
Dumais, Geneviève : 891, 928, 938
Dumas, Alexandre : 526
Dumas, Charles : 241
Dumas, Georges : 1128, 1129
Dumas, Nicole : 733
Dumas, Roland : 1128-1131
Dumeix, Josette : 915
Dumez, Natalis : 309
Dumoncel, Rémy : 637
Dumont, Jules : 76, 404
Dumoulin, Georges : 1296, 1328
Dumoulin, Jean-Claude : 490
Dumoulin de Labarthète, Henri : 165, 185, 348, 990, 995, 1041
Dunan, Elisabeth : 1268, 1269, 1293
Dunderdale, Bill : 1463
Dungler, Paul : 311-315, 1105
Dunker, dit Delage : 362, 484-486, 492, 649, 681
Dunnage, Jonathan M. : 1255
Dunois, Amédée : 635, 636
Dunoyer de Segonzac, Pierre : 1078, 1079, 1176, 1445-1447
Duperthuis : 131
Dupin, Eric : 815
Dupin, Jacques : 1557
Duplaix, Jean-Gabriel : 145
Duplat : 990
Dupleix : 1423
Duprat, François : 1266
Dupré : 991
Dupuy, Marc : 63
Dupuy, Marius : 1184
Duquesne, Jacques : 167, 238
Duran : 1223
Durand, Albin : 301
Durand, André : 1094, 1095
Durand, Laurent : 590
Durand, Paul : 426, 1488
Durand, Pierre : 489, 491, 523, 641, 642, 1390
Durand, Robert : 70, 419
Durand, Yves : 1206, 1316, 1330, 1340, 1428, 1529, 1531, 1598
Durant-Souffland, Jean-Michel : 1579
Durkheim, Emile : 1305
Duroméa, André : 1393, 1481, 1482, 1499
Duroméa, père : 1481
Duron, Georges : 590
Duroselle, Jean-Baptiste : 232, 388-390, 968, 975, 992
Durroux : 372
Dursort, Jacques : 1297
Dusenchön : 670
Dussarat, Léonce : 696, 1419
Dussauze, Elisabeth : 362
Dussauze, Paul-Jacques : 362
Dutilleul, Emile : 79-81, 1485
Dutilleul, Mounette : 52, 82, 416, 429, 526, 1396
Duvivier : 991
Dyess, William : 776
Dzanic, Ferid : 1182

E

Eboué, Félix : 391, 784
Eck, Heinz : 764
Eck, Hélène : 1144, 1545
Eco, Umberto : 1546
Eddy : 1463
Eden, Anthony : 45, 326, 782-784
Edinger, Michel : 371
Edouard, René : 604
Effernalle, Séraphin : 1098
Ehrenbourg, Ilya : 897, 900, 969
Eibramidzé : 1183
Eich, Hermann : 1269, 1296
Eicheberg : 644

Eichmann, Adolf : 11, 627, 1343
Eisenhower, Dwight D. : 22, 568, 848, 922-925, 933, 956, 960, 969, 992, 1003-1005, 1009, 1042, 1052, 1053, 1199, 1200
El Maadi, Mohamed : 1359
Elgey, Georgette : 704
Eliacheff, Boris : 975
Elizabeth d'Angleterre : 885
Elleinstein, Jean : 769, 1596
Eloi : 1003
Elster : 1058, 1320
Eluard, Paul : 9, 414, 418, 639, 1203, 1229, 1368, 1387, 1389, 1498, 1499, 1553, 1555-1562, 1565, 1566, 1568, 1569, 1572-1575
Ely, Paul : 1587
Emerit, Marcel : 1020
Emery, Lucien : 369, 1297, 1300
Emmanuel, Pierre : 1499, 1554, 1555, 1557, 1559-1561, 1565, 1576
Emonin, Georges : 648
Emonin, Marcelline : 648
Enard, Robert : 1389
Engels, Friedrich : 22, 120
Enjolvy, Jean : 1472
Ensor, James : 617
Entrevaux, d' : 1078
Enzensberger, Hans-Magnus : 773
Eparvier, Jean : 1589
Epstein, Joseph : 909, 910
Epting, Karl : 1272, 1273, 1276, 1301, 1302
Erckmann, Emile : 117, 118
Ercoli : voir Togliatti, Palmiro
Erignac, Louis : 1182
Erlanger, Philippe : 1224
Ernst : 1248
Eschbach, Jean : 206
Escoute : 1031
Escrienne, Jean d' : 780, 806, 807, 809
Esquer, Gabriel : 942, 985, 1033
Estager, Jacques : 231, 232, 235
Estéva, Jean-Pierre : 990, 991, 1345
Estienne d'Orves, Honoré d' : 392, 518-520, 681, 862, 1086, 1089, 1090, 1605, 1625-1627
Estorges, Paul : 1019
Esway, Alexandre : 1158, 1159
Etcheberrigaray : 204, 215
Etiemble, René : 1546
Etienne, Genovefa : 125
Etienne, René-Georges : 525
Eugène : voir Molinier, Louis
Evrard, Jacques : 1066-1068, 1070
Evrard, Just : 358, 1489

F

Fabien, colonel : 469, 470, 489, 535, 900, 1325, 1387, 1390, 1482, 1493-1497, 1499, 1526, 1597, 1625, 1626
Fabre, André : 1444
Fabre, Diana : 1071
Fabre, Marc-André : 478
Fabre, Robert : 1071
Fabre-Luce, Alfred : 1304, 1328
Face, Henri : 1214
Fagalde : 147
Fahrmbacher : 1157
Faivre, Jean : 297
Faizant, Jacques : 835
Fajon, Etienne : 85, 87, 1596
Falaize : 577
Faligot, Roger : 125, 1261, 1264, 1265
Falk, Stanley : 776
Falkenhausen, Alexander von : 274
Famechon : 305
Fanfan la Tulipe : 254, 267
Fantoni, Carlo : 1252
Farge, Yves : 38, 330, 359, 360, 563, 577, 650, 682, 1061, 1063, 1064, 1074, 1075, 1079, 1080, 1111, 1113, 1121, 1160-1162, 1223, 1224, 1285, 1372, 1373, 1381, 1427, 1468, 1476
Farges, Gilbert : 1081
Fargue, Léon-Paul : 1204, 1223
Farin, Gaétane : 399
Farjon, Roger : 702
Farjon, Roland : 701-704, 707, 712, 813, 1234
Farratte, Georges : 300
Farrère, Claude : 1304
Fassin, Raymond : 582, 584
Faucon, Martial : 1128

Faure, Edgar : 175, 1337
Faure, Elie : 1466
Faure, François : 282, 634, 818, 819, 1465, 1466, 1469
Faure, Paul : 223, 368, 369
Fauvet, Jacques : 58, 99, 100, 907, 908, 1393, 1585
Faÿ, Bernard : 1296, 1344, 1349, 1350, 1353
Faye, Léon : 648, 711, 949, 1020, 1125
Fayet de Montjoye, Henry de : 597
Febvre, Lucien : 1616
Federici, Ricardo : 1265
Federzoni, Luigi : 1253, 1255
Fégy, Camille : 1296, 1335, 1339
Feix, Léon : 731
Feld, Maurice : 1495
Feldman, Valentin : 519, 529, 1572
Fenard : 257
Fénard : 990
Ferdonnet : 1361
Fermal : 521
Fernand : 1181
Fernandez, Ramon : 1273, 1296, 1336
Fernet, Jean : 990
Ferrand, Bernard : 648
Ferrari, Alain : 132
Ferrari, Eusebio : 1421
Ferré, dit le Grand Ferré : 36, 109, 110, 1605
Ferré, Léo : 1322
Ferrié : 585
Ferrières, Gabrielle : 337, 359, 529, 530, 1392
Ferro, Marc : 164, 439, 1005, 1015, 1353
Ferro, Maurice : 959, 966, 1005
Ferstemberg : 345
Fest, Joachim : 1244
Feuillade, Marie-Benoîte : 164
Féval, Paul : 526
Filliol, Jean : 1328, 1331
Finidori, Jean : 1258
Flandin, Pierre-Etienne : 48, 98, 157, 702, 992, 995, 1047, 1049
Flandin-Granget, Maurice : 588
Flavian, Conrad : 166, 189, 247, 484, 493, 863
Flavigny, René : 944
Fleury, Jean : 1522
Fleury-Boucher : 345
Flornoy, Bertrand : 1444
Flouret, Marcel : 151
Focardi, Gaston : 72, 1395, 1396, 1501
Foch, Ferdinand : 305, 945, 1294
Fodil, Arabi : 1359
Foëx, Jean-Albert : 1298
Foissin, Robert : 404, 409
Fondane, Benjamin : 1554, 1624
Font, Louis : 1444
Fontaine, André : 50
Fontaine, Augusta : 617
Fontaine, Eva : 615-617
Fontaine, Jean : 648
Fonteyne, Jean : 79, 612, 613, 615, 616, 1297, 1329
Fonvieille-Alquier, François : 41, 42, 48, 59, 90, 98, 99, 209, 1124, 1125
Foot, Michael Richard Daniel : 306, 1152
Forestier : 724
Forestier, Emile : 527
Forgues, Julien : 363
Fornel de la Laurencie : 204, 215, 1030, 1045
Fort, Etienne-Joseph : 122
Fortin, Germaine : 895
Foschini : 1252
Fossati, Jean : 1328, 1332
Fossorier : 422
Fotiadis, Thanasis : 1551
Foucart, Jacques : 565
Fouché, Joseph : 1255
Foucher, Constance : 303
Fouchet, Christian : 839-842
Fouchet, Jeanne : 243
Fouchet, Max-Pol : 185, 243, 1389, 1553, 1555, 1574, 1578
Fouilland, Georges : 598
Fouletier : 590
Foulon, Charles-Louis : 1144, 1486, 1599
Fourcade, Marie-Madeleine : 5, 7, 93, 172, 533, 608, 646, 647, 711, 714, 917, 1258, 1401, 1404, 1443, 1445, 1452
Fourcaud, Pierre : 299, 393, 811, 846, 862, 1452

Fourcaut, Annie : 557, 558
Fourneau : 1274
Fournet : 1460
Fournier, Alain : 319
Fournier, P. : 247
Fournier, Raymond : 1181
Fournier-Bocquet, Charles : 174, 410, 1590, 1623, 1624
Fournol : 139, 140
Fourny, Alexandre : 518, 520, 521
Fourquet d'Hachette : 115
Fousseret, Jean : 376
Foville, Jean-Marc : 260
Frachon, Benoît : 59, 69, 77, 82, 84, 86, 87, 238, 339, 342, 343, 370, 394, 401, 413, 415, 428, 430, 431, 897, 913, 915, 1374, 1376
Fradin, André : 1029
Fraigneau, André : 1273, 1302, 1304
France, Anatole : 255
Franchi : voir Sogno, Edgardo
Francisque, Robert : 1102, 1103, 1135
Franck : 1248
Franco, Francisco : 98, 151, 217, 470, 703, 936, 941, 1175, 1251, 1331
François, Gaston : 527
François Ier : 116
François-Poncet, André : 48, 93, 1036
Frank, Bernard : 1622
Frank, Hans : 628
Frankl, Viktor : 747
Franqueville, Robert : 624, 625, 632
Frauenfeld, Alfred : 179
Freire, Jean : 1101, 1563
Frénaud, André : 1554, 1565
Frenay, colonel : 325
Frenay, Henri : 39, 244, 295, 322-326, 328, 333-336, 345, 347, 348, 355, 358, 362, 363, 371, 381, 383, 385, 450, 456, 554-557, 559, 560, 565, 683, 688, 689, 786, 859, 869, 1012, 1028, 1030, 1065, 1070, 1072-1074, 1077, 1082, 1388, 1389, 1392, 1433, 1434, 1446, 1447, 1548
Frère, Albert : 147, 204, 215, 312, 313, 635, 951, 1008, 1437, 1462
Frétet, Georges : 1323-1325, 1402
Fréville, Jean : 225, 520
Freyssinet, Eugène : 422
Friang, Brigitte : 454, 455, 464, 483, 487, 490, 579, 738, 747, 1382
Fried, Eugen : 52, 77, 79-81, 231, 608, 611-617, 690
Friedhoff : 667
Friedl, Paul : 749
Friedmann, Georges : 319
Frischmann, Georges : 274, 275, 635
Frison, Etienne : 1140
Fritz, conseiller : 404
Fritz, Oberscharführer : 644
Frizot, Louis : 504
Froger, Amédée : 1051
Froissart, Jean : 215
Froment, Edouard : 247
Froment, Pascale : 1354, 1356, 1507, 1522
Froment, Pierre de : 334, 363
Fromond, Francine : 83, 519, 533-535, 1526
Frossard, Ludovic Oscar : 906
Frot, Eugène : 1296
Frydman, Jean : 1064, 1504, 1507
Fuchs, Gottlieb : 1216, 1248
Fugain, Pierre : 1513, 1514
Fugère, M. : 309
Fully, Georges : 465, 515, 747
Fumet, Stanislas : 251, 378
Fuzier : 1189

G

Gabolde, Maurice : 60, 720, 1313-1315, 1338, 1349, 1350
Gailani, Rachid Ali el : 1358
Gaillard, Charles : 1106
Gaillard, Pierre : 737
Gaillot : 1019
Galeazzi : 1092
Galimand, Lucien : 872
Gall : 301
Gallagher, J.-P. : 495
Gallimard, Gaston : 536, 872, 1273, 1305, 1559, 1565
Gallo, Max : 97, 195, 213, 1235, 1253, 1258, 1331

Galtier-Boissière, Jean : 90, 1269, 1289
Gambetta, Léon : 119, 120
Gambiez, Fernand : 1589
Gamelin, Maurice : 98-100, 814, 945
Gamory-Dubourdeau : 1362
Gamzon, Robert : 1423
Gance, Abel : 795, 796
Gandhi, Mohandas Karamchan : 1358
Gantois, Jean-Marie : 1366
Garapon, Henri-J. : 1453, 1457
Garaut, Raymond : 1422
Garcia, Cristino : 1174, 1175
Garcia, Sanchez : 1090
Garcin, Jérôme : 1161, 1163, 1624
Garcin, Paul : 573, 596, 597
Garçon, Maurice : 55-57, 68, 684, 714
Garczynski : 284
Garder, Michel : 60, 381, 1021, 1457, 1459-1462
Garnier, Jean : 302, 1095
Garreau, Pierre : 304
Garreau, Roger : 823, 897, 899, 900, 904, 905, 908, 976
Gary, Romain : 387, 388, 836, 838
Gaspard, colonel : voir Coulaudon, Emile
Gastaldo, Joseph : 683, 685
Gastaut, Charles : 1297
Gateau, Jean-Charles : 1567
Gatti, Armand : 1420
Gaubusseau, Léopold : 511
Gauchard : 401
Gauché, Maurice : 1449, 1450
Gaucher, François : 1339
Gaucheron, Jacques : 1552
Gaulle, Anne de : 871
Gaulle, Charles de : *passim*
Gaulle, Pierre de : 311
Gaulle, Yvonne de : 786
Gaulle-Anthonioz, Geneviève de : 360, 626, 627, 714, 1603
Gautherot, Henri : 1497
Gaveau, Albert : 681
Gay, Francisque : 1308, 1309, 1550
Gayot, Henri : 302
Gazier, Albert : 341, 342
Gehlen, Reinhard : 135, 685, 1266
Gehrum, Karl : 11, 648, 711
Geisler : 711
Geisret, Madeleine : 399
Geissler : 681, 1249, 1461
Gemahling, Jean : 358, 693, 1407, 1518
Gempp, Friedrich : 1237
Genermont, Josiane : 356, 364
Geoffroy : 372
Georges, Daniel : 535, 900, 1526
Georges, Joseph : 92, 992
Georges, Pierre : voir colonel Fabien
Gérar-Dubot, Paul : 1458-1460
Gérard, Claude : 358
Gérard, Géraldine : 207
Gérard : voir Lefranc, Serge
Gérard-Libois, Jules : 1232
Gerbaud, Roger : 1090
Gerlier, Pierre-Marie : 1620
Germain, Germaine : 1226, 1620
Germain, José : 1282, 1297, 1300
Germain-Thomas, Olivier : 836
Gerner, Raymond : 1160
Gernoux, Alfred : 753
Gérodias, Florence : voir Mouraille, Anne
Géromini, Jean-Baptiste : 1339
Gertges, Heinrich : 548
Gerthoffer, Charles : 1224, 1226, 1229
Getten, Gilbert : 1462
Geury, André : 296
Gévaudan, Honoré : 935, 936
Gex-Le Verrier, Madeleine : 208, 242, 270
Ghertman, Georges : 1493-1495
Gheysens, Roger : 124, 1239, 1240
Giaccobbi, Paul : 157
Giaccomini : 1093
Gide, André : 444, 524, 789, 1555, 1559, 1565, 1566
Gidel : 1346
Gilardi : 1423
Gilbert, Charles : 1157, 1158, 1423
Gilioli : 1147
Gilleron, abbé : 665
Gillet : 141
Gillet, Maurice : 648
Gillet, Paul : 147, 219, 268, 397, 910, 1427, 1595

Gillet, René : 1087
Gillois, André : 439, 868, 869, 1120, 1544
Gillot, Auguste et Simone : 38
Gillouin, René : 1298
Gilly : 256
Gimel : 141
Ginas : 311
Ginollin, Denise : 399, 402, 404, 406-408, 410, 411, 1378
Giolitto, Pierre : 128, 131, 132, 1338, 1340, 1342
Giono, Jean : 1300, 1301, 1304, 1623
Giovoni, Arthur : 576
Girard, docteur : 590
Girard, Georges : 1106, 1107
Giraud, Henri : 313, 314, 698, 699, 781, 808, 811, 819, 857, 917, 919, 952, 962, 979, 980, 983, 992, 993, 1000, 1001, 1003, 1005-1012, 1015-1017, 1033, 1039-1041, 1043, 1045, 1049, 1050, 1052-1054, 1453, 1625
Giraudoux, Jean : 192, 328, 1160, 1273
Giroud, Françoise : 1204
Girousse : 422
Giscard d'Estaing, Valéry : 1002, 1621
Giskes, Hermann : 1217
Gitton, Marcel : 67, 1296, 1501
Giudicelli, Charles : 576
Givord, Jean : 1128
Glasberg, Alexandre : 727
Godechot, Jacques : 1277
Godefroy : 576
Godefroy, Georges : 304, 305
Godel, Vahé : 1567
Godfroy, René : 991
Goebbels, Joseph : 10, 11, 134, 170, 178, 396, 758, 767-769, 1013, 1269, 1301
Goetchel, Paul : 598
Goethe : 551
Goetz, docteur : 1520
Goguel, François : 194, 815
Gohier, Urbain : 1297
Goislard de Montsabert, Joseph de : 1589
Goldmann, Mieczyslaw : 1183
Goldstein, Kurt : 730
Golski : 731
Gombault, Georges : 372
Gombert, Marcel : 1339
Gonard, Charles, alias Morlot : 1485, 1502, 1504-1507
Gonnet : 599
Gontier : 149
Gontran : 279
Gorce-Franklin, Henri : 1258, 1518
Gordey, Michel : 1546
Gordon, Carter : 1532
Göring, Hermann : 11, 152, 471, 757, 760, 921, 1013, 1082, 1265, 1300
Gorse, George : 900
Gosnat, Georges : 612, 1530
Gosnat, Venise : 1407, 1411
Gosniak : 731
Gosse, Jean : 604
Gosse, René : 604
Gosset, Jean-Christophe : 1080-1081
Gotovitch, José : 1232
Gotschaux, Roger : 1177
Gottloeb : 525, 1627
Gottwald, Clément : 895
Goublet, Juliette : 404
Gouillard : 1320
Gouin, Félix : 373, 842-844, 868, 872, 873, 875, 1452
Gould, Florence : 1277
Goulet, Yann : 1362, 1363
Gouley : 724
Gounand, P. : 1330
Goutebelle : 141
Gouton : 990
Gouze : 554
Goy, Jean : 790, 1274, 1278, 1328
Goyenetche : 1366
Gramont, Sanche de : 799
Grancher, Jacques : 478, 1100
Grand, Lawrence : 1478
Grandclément, André : 365, 676, 693-699, 701, 703-710, 712, 813, 1234
Grandier : 302
Grandier-Vazeille : 695
Grandrémy : 362
Grandval, Gilbert : voir Hirsch-Ollendorf

Granet : 517
Granet, Marie : 329, 346, 349-354, 356, 362, 380, 453, 455, 460, 467, 713, 1029, 1073-1075, 1108, 1109, 1172, 1173, 1175, 1370, 1375, 1384, 1386, 1388, 1467, 1605
Grange, Dominique : 136
Grangeon, Lucien : 300
Granier, Jacques : 647
Granval : 296
Grapinet : 665
Gras : 1324
Grasset, Edmond : 302, 1282
Gray, Gabrielle : 575, 676, 677, 682, 1319
Gréco, Juliette : 215
Greer, Denis : 263
Greletty : 1185
Grendel, Frédéric : 837
Grenier, Andréa : 871
Grenier, Fernand : 38, 49, 85, 228, 229, 373, 383, 428, 430, 437, 517, 520, 823, 825, 870, 873-875, 878, 897, 900, 917, 982, 991, 1010, 1043, 1167-1170, 1585
Greyveldinger, Franck : 736
Grieco : 895
Grimaldi, Joseph : 576
Grimm, alias Lecomte : 404, 1362, 1364
Grimm, Friedrich : 1276
Grimpel : 422
Griotteray, Alain : 519
Grmek, Mirko D. : 1182
Gromyko, Andréï : 976
Gronowski, Louis : 409
Gros, Louis : 638
Groscurth, Helmuth : 1265
Grosjean, Jean : 1557
Gross : 1001
Grossin, Paul : 1029
Grossman, Neftali : 611
Groult, Benoîte : 167, 879
Grou-Radenez, Frédérique : 1304
Grou-Radenez, Jacques : 360
Groussard, Georges : 38, 169, 327, 470, 493, 814, 853, 855, 1012
Grout de Beaufort, Henri : 1435
Grunenberger, Valentine : 404, 406
Grunnebaum-Ballin, M. : 339
Grynberg, Anne : 729, 1422
Gubbins, sir Colin : 1478
Guderian, Heinz : 10, 95, 764
Guébriant, de : 1364
Guédé, Abel : 1449
Guedel, Tony : 1336
Guédon, Robert : 334, 358, 362
Guéguen-Dreyfus, Georgette : 144, 467, 672, 1423
Guéhenno, Jean : 186, 207, 1330, 1543
Guéné, abbé : 284
Guenon, Albert : 1544
Guérard, Jacques : 1299
Guérin, André : 1296
Guérin, Daniel : 1621
Guérini, Antoine : 1417
Guéron : 870
Guesde, Jules : 65, 85
Guézenec, les frères : 648
Guézennec, Lucienne : 565, 566
Guichard, Ludovic : 593, 594
Guidez, Guylaine : 550, 558
Guierre, Maurice : 187
Guiges, Roger : 590
Guilbaud, Georges : 1345
Guilbert, Paul : 832
Guillain de Bénouville, Pierre : 39, 93, 288, 325, 450-452, 456, 461, 554, 681, 691-693, 814, 1075, 1079, 1118, 1321, 1369, 1603
Guillaudot, Maurice : 1157, 1423
Guillaume-aux-Allouettes : 110
Guillaume, Augustin : 106, 760, 771, 1589
Guillaume II : 93, 122, 1236, 1276
Guillaut, Joseph : 605
Guillebault : 145, 146
Guillemin : 665, 1080
Guillemin, Henri : 831, 1053
Guillemot, Pierre : 1032, 1035, 1037
Guillen, Pierre : 1179
Guillevic, Eugène : 1554, 1557, 1559
Guillo, Francis : 1285
Guillon : 1091
Guillot, André : 665
Guillot, Maxime : 565
Guillotin, Joseph Ignace : 538
Guillouard : 521
Guillou, Pierre : 635, 1461

Guilloux, Louis : 1621
Guingouin, Georges : 229, 416, 1058, 1070, 1119, 1120, 1122-1137, 1319, 1473, 1512, 1604
Guiral, Pierre : 1277
Guiraud, Paul : 1297
Guiraud, Pierre : 833
Guislain, Marcel : 296
Guitry, Sacha : 1274, 1300, 1624
Guizot, François : 171
Guttinger, Philippe : 1081
Guyot, Adolphe : 541
Guyot, Fernande : 896
Guyot, Raymond : 52, 80, 81, 85, 410, 535, 895, 896, 900, 902, 903, 1526, 1544

H

Haake, von : 470
Haas-Picard : 1411
Hachette, Jeanne : 114, 115
Hackin : 839
Hacq, Michel : 1229, 1327, 1404, 1406, 1410, 1415
Haedens, Kléber : 1298
Haedrich, Marcel : 887
Haffner, Sebastian : 768
Hagen : 1248
Hager, Franz : 1236, 1237
Hahn, Reynaldo : 1305
Haim : 1141
Hainchelin, Charles : 103, 117-119
Halban, Hans : 148, 149
Halbwachs, Maurice : 639
Halimi, André : 1216, 1225
Hallu, Camille : 1346
Hambrecht : 664
Hambro, sir Charles : 1478
Hammel, Frédéric : 1178
Hamon : 991
Hamon, Jacques : 304
Hamon, Léo : 265, 269, 282, 285, 335, 445, 459, 464, 803, 1061, 1063, 1064, 1068, 1080, 1391
Hamon, Marcel : 1197, 1382, 1518
Hamp, Pierre : 1295
Hanlet, Roger : 1493
Hansen, Georg Alexander : 1241
Hansen, James H. : 1262
Hapiot, Julien : 277
Harbi, Mohammed : 1358
Hardy, René : 676, 683-694, 712, 714, 950, 1491
Harel-Darc, Pierre : 1295
Haroche, Michel-Pierre : 536
Harriman, Averell : 933
Harris : 724
Harris, André : 27, 163, 263, 700, 1149
Harris, Whitney R. : 607
Hatet, famille : 585
Hatet, Marcel : 585-587
Hatet, Mme : 586, 587
Hauck, Henry : 839, 876
Hauck, J. : 342
Hauck, Walter : 659, 665
Hauet : 320
Hauriou, André : 358, 372
Hauschild, Reinhard : 396
Havard de la Montagne, Robert : 1298
Havez, Auguste : 67, 229, 238, 416
Hayaux du Tilly, François : 1346
Hazera, Jean-Claude : 422, 1285
Heath, Edward : 795
Heckstall-Smith, Anthony : 960
Hedoux : 724
Hedwig, Rabens : 1185, 1186
Heerdt : 1249
Heilbronn, Max : 1489, 1491
Heine, Henri : 1305
Helbronner, Henri : 639
Hélène, sœur : 1006
Helle, Henri : 1208, 1211
Heller, Gehrard : 1273
Hémon, Ropartz : 1360
Hénaff, Eugène : 415, 418
Hénaff, Germaine : 66, 520, 521
Henderson : 767
Henke, Werner : 764
Hennequin, Emile : 1323
Henni, Mohammmed : 1358
Hénocque, Jean : 1318, 1323, 1326
Henri II Plantagenêt : 104
Henri IV : 104, 1135
Henri V : 112
Henriot, Philippe : 808, 1013, 1116, 1143-1145, 1298-1300, 1344, 1485, 1501-1507, 1511, 1542
Henry-Haye, Gaston : 1005

Hentgès, Joseph : 416, 487
Héraud : 1486
Hercule : voir Ranoux, Roger
Héritier, Jean : 1346
Herlaut, Roger : 1412
Hermann, Jean-Maurice : 308
Hermant, Abel : 997, 1300, 1304, 1328, 1623
Hermes : 1293
Herold : 1249
Hérold-Paquis, Jean : 808, 1221, 1296, 1299, 1306, 1310, 1507, 1542
Herriot, Edouard : 168, 375, 965, 992
Hervé, Pierre : 38, 359, 1599
Hervet, Robert : 1442
Hervieu, Paul : 337
Heslop, Robert : 1117, 1141, 1195
Hess, Rudolf : 13, 767, 1242
Hessel, Stéphane : 846
Hettier de Boislambert, Claude : 196, 391, 437
Heurteaux, Alfred : 348, 553, 1387
Heydrich, Bruno : 1244
Heydrich, Reinhard : 471, 583, 714, 1237, 1243, 1244, 1247, 1248, 1254, 1256, 1260, 1277
Hibbelen, Gerhard : 1270-1272
Hilberg, Raul : 633, 1220
Hilgert, Richard : 1186
Hillairet, Jacques : 1626-1628
Hillenkoetter, Roscoe : 960
Hillgruber, Andréas : 217
Himmler, Heinrich : 129, 130, 134, 176, 178, 179, 314, 625, 626, 633, 698, 699, 1243-1245, 1247, 1254-1256, 1265, 1266, 1325, 1326, 1332, 1403, 1544
Hinrichtung : 548
Hiro-Hito : 758, 1259, 1262
Hirsch : 1305
Hirsch-Ollendorf, Gilbert : 1587
Hitler, Adolf : *passim*
Hobam, Nicolas : 297
Hobsbawm, Eric J. : 1133
Hœfer : 115
Hoess, Rudolf : 620, 627, 628, 632
Hoffmann : 621
Hoffmann, August : 764
Hoffmann, Inge : 798
Hoffmann, Karl-Heinz : 507
Hoffmann, Stanley : 798, 1285
Hogge, Renée : 610
Hohenzollern : 128
Hollard, Vincent : 1568
Hollert : 599
Holley-Williams, Pierre : 1066, 1067
Holweck, Fernand : 585
Holwegk : 414
Honel, Maurice : 64, 65, 1554
Hoop, Jean-Marie d' : 99, 1060, 1094, 1144, 1151, 1171
Hoop, Siegfried : 501
Horowitz, Maurice : 1178
Horowitz, Vladimir : 1305
Horwitz, Gérard : 1177
Horwitz, Rolf : 1177
Hossein, Robert : 1617, 1618
Hostache, René : 310, 373, 374, 396, 862
Hoth : 740, 1249
Hottinguer, Rodolphe : 422
Hotz, Karl : 516
Houbie : 143
Houcke, Jules : 309
Hourquet, Gustave : 1374
Houssaye, Henry : 118
Houten, van : 1227
Houy : 513
Houzé, René : 856
Huan, Claude : 993, 1002
Hubert, abbé : 284
Huc, Francis : 301, 302
Hudault, Guy : 301
Hue, Robert : 1132
Hugnet, Georges : 1554
Hugo, Victor : 119, 120, 388, 837, 1198, 1557, 1573, 1612
Hugonnot, Jean : 148, 151
Hugues, Jean : 1567
Hülf : 1249
Hull, Cordell : 959
Humbert : 193
Humbert, Agnès : 206, 242, 319, 321
Humbert-Laroche, Arlette : 635, 636
Huntziger, Charles : 38, 984, 995, 1435
Hurry, André : 389

Huskinson, Patrick : 762
Husseini, Hadj Amine el : 1358
Husson : 391
Huxley, Julian : 1484
Hymans, Max : 872, 874
Hytier, Adrienne : 970

I

Ibarruri, Dolorès : 895
Igla, Hélène : 566
Ike : voir Eisenhower
Illers : 727
Indomitus : voir Viannay, Philippe
Infield, Glenn B. : 133
Ingold, A.-M.-P. : 122
Ingrand, Henry : 362, 1150, 1151
Instain, Charles : 1377
Inverclyde, lord : 872
Isméolari, Jean : 1066-1068
Isorni, Jacques : 1313, 1496
Israël, Karp : 504
Israël, Léon : 604

J

Jabrun, père de : 742
Jaccoud, Eugène : 341, 342
Jäckel, Eberhard : 154
Jackson, Mme : 869
Jacob, François : 787
Jacob, Madeleine : 513, 1230, 1326
Jacob, Max : 1555, 1561, 1624, 1626
Jacobsen, Hans-Adolf : 103, 128, 755
Jacquat, Mme : 623
Jacquelin, André : 1114, 1115, 1117, 1121
Jacques : 512
Jacques, père : 465, 466
Jacquet, Gérard : 241, 367
Jacquet, Joseph : 278, 525, 1489, 1490, 1492
Jacquet, Marc : 1050, 1052
Jacquin, colonel : 928
Jacquin, Henri : 1263
Jacquinot, Louis : 873
Jaïs, Roger : 929
Jaloux, Edmond : 1304
Jamet, Claude : 1295, 1297
Jamet, Fabienne : 1280
Janin, Henri : 401
Jankélévitch, Vladimir : 30
Janvier, Odette : 401
Jardel, Lucien : 188, 220
Jarry, Alfred : 834
Jasson, Léon : 1364
Jaurès, Jean : 7, 636, 895, 1612
Jdanov, Andréi : 232
Jeanne d'Arc : 14, 114, 388, 795-797, 819, 881, 968, 1538, 1605
Jeanneney, Jean-Marcel : 816
Jeanneney, Jules : 146, 157, 159, 161, 168, 1445
Jeanneret, Serge : 1296
Jeannette : 609
Jeanson, Henri : 1296
Jeantet, Claude : 1295
Jeantet, Gabriel : 314, 1105, 1106, 1277, 1290
Jégou, François : 1357
Jégouzo, Madeleine : 65, 401, 1378
Jérôme, Jean : 69, 209, 226, 232, 319, 410, 435, 455, 608, 610, 611, 818, 888, 909, 1207, 1388, 1485
Joannès, Victor : 169, 228, 420, 1384
Joanovici, ou Joinovici, Joseph : 1228
Job, Marguerite : 648
Jodjana, Bhimo : 638
Jodl, Alfred : 93, 154, 653-655
Joffre, Joseph : 936
Joffrin, Emile : 512
Joffroy, Pierre : 1417
Johannès : 1462
Joliot-Curie, Frédéric : 63, 148, 149, 414
Joliot-Curie, Irène : 63
Joly : 606
Joseph, Paul-Louis : 484, 485
Josse, Raymond : 1023, 1440, 1441
Joubert, Louis : 699
Jouet, Roger : 105, 111-113, 127
Jouffrault : 695
Jouhandeau, Marcel : 1273, 1300, 1304, 1623, 1624
Jouhaux, Léon : 58, 150, 338, 341, 342

Joukov, Georgui Konstantinovitch : 22, 765, 769
Jourdain, Agathe : 1466
Jourdain, Francis : 414, 1466
Jourdan, Louis : 1142
Jousse, Germain : 845, 1021
Jouve, Pierre-Jean : 802, 1499, 1554, 1556
Jouvenel, Bertrand de : 1274, 1328
Joxe, Louis : 790, 1014, 1015, 1030, 1169
Joybert, Xavier de : 142, 146
Jubelin, André : 838
Juin, Alphonse : 811, 926-928, 952, 983-989, 1017, 1026, 1041, 1043, 1052, 1597, 1625
Julien : 141
Julien, Claude : 967
Julitte, Pierre : 196, 1522
Jullian, Camille : 106
Jullian, Marcel : 760
Julliard, Jacques : 339
Julliard, René : 1158
Jullien : 144
Jullien du Breuil, André : 1164
Jünger, Ernst : 142, 545, 1213, 1273, 1310, 1311
Junod, Marcel : 445
Juppé, Alain : 833
Jurquet : 400
Jurquet de la Salle, Robert : 1318, 1355
Jutard, Antonin : 597
Juvénal, Max : 372

K

Kaan, Pierre : 577, 1061, 1476
Kahn, Hauptsturmführer : 666, 667
Kahn, Emile : 58
Kaiser : 1273
Kaldor : 724
Kaltenbrunner, Ernst : 1237
Kammerer, Albert : 940, 1006, 1007, 1035, 1037, 1038, 1049, 1050, 1082
Kanin, prince : 1259
Kant, Emmanuel : 329
Kaspi, André : 956, 961, 962, 967, 1176, 1177, 1286
Kast : 1029
Kauffer, Rémi : 125
Kauffmann, Jean-Paul : 571
Kawamura : 1263
Kedward, Harry Roderick : 1117, 1119, 1120, 1133-1135, 1146, 1151, 1171-1173, 1177, 1194-1196, 1199, 1133, 1572, 1573
Keitel, Wilhelm : 93, 153, 475, 506, 507, 653-655, 660, 727, 952
Keller, général : 96
Keller, Robert : 635, 1461
Kennedy, Joseph P. : 775
Kenrick, Donald : 1347
Keppi, Hans : 1365
Kerbaul, Eugène : 67, 277
Kercaradec, Guy de : 1080
Kérillis, Henri de : 91, 877
Kern, Erich : 773
Kerszberg, Pierre : 459
Kervahut : 1531, 1532
Kervern, Alain : 1264
Kessel, Joseph : 186, 267, 268, 436-443, 457, 932, 1157-1159, 1224, 1403, 1498, 1499, 1563, 1618
Kesselring, Albert : 655, 921
Khetagourov, Sacha : 1182, 1184, 1185
Kibler, Marcel : 312
Kieffer, Hans : 1248
Kimmel : 773
King : 783
King, David : 971
Kir, chanoine : 335
Kirschen, André : 1497
Kirschen, Bernard, dit Bob : 268, 269
Kisselev : 905
Kitiaschvili, Pierre : 1183
Klarsfeld, Beate et Serge : 495, 570-572, 712
Klauss : 1228
Klein : 630
Klimovskikh, V. : 765
Kluge, von : 655
Knab, Werner : 599, 1249
Knight, Ridgway : 971
Knipping, Max : 601, 1339, 1340
Knochen, Helmuth : 739, 1247, 1248, 1277, 1317, 1330, 1343
Knox, John : 971

Kobayashi, Goro : 1261
Koch : 495
Koch-Kent, Henri : 95
Kock, Erich : 509, 510, 721
Kœnig, Pierre-Marie : 246, 392, 700, 839, 859, 1112, 1114, 1120, 1121, 1148, 1162, 1491, 1504, 1587
Kœnigswerther, Philippe : 648
Kolowkowski : 1031
Koniev, Ivan Stepanovitch : 22
Koos, Schuur : 1551
Kopf : 466
Kossyguine, Alexis : 890
Koutiépov : 65
Kouznetsov, F. : 765
Kowarski, Lev : 148, 149
Kozlovski, Youri : 1544
Krasnopolski, Lucienne : 1233
Kretschmer, Alfred : 1265, 1266
Kreutz, Alexander von, comte : 1217, 1332, 1333
Kriegel, Annie : 611, 614
Kriegel-Valrimont, Maurice : 359, 559, 1061, 1198, 1376, 1504-1507, 1586, 1603
Kro, Hélène : 566
Kroès, Claude : 1420
Krogmann, Willy : 1361
Krop, Pascal : 125, 833, 834, 865
Kruuse, Jens : 658, 660, 662, 667
Kubis, Jan : 1244
Kuchenbecker, dit Kramer : 1217
Kühlmann, von : 93

L

La Bardonnie, Louis de : 41, 205, 276
La Barre de Nanteuil, colonel : 108
La Barre de Nanteuil, Yves de : 1419, 1420
La Bruyère, Jean de : 328
La Combe, René : 1491
La Fouchardière, Georges de : 1295
La Fournière, Michel de : 572
La Gorce, Paul-Marie de : 47, 71, 195, 213, 372, 577, 817, 1438
La Grandville, de : 929
La Guardia, Florello : 1471
La Haye, Pierre : voir Bigourdais, Pierre de
La Hire, Jean de : 1344
La Laurencie, Fornel de : 204, 215, 1030, 1045
La Picirella, Joseph : 1160, 1165, 1166
La Pommeraye, de : 162
La Porte du Theil, Joseph de : 204, 215, 1035, 1439, 1440
La Rochère, de : 320
La Rocque, comte François de : 129, 383, 703, 813, 814
La Varende, Jean de : 1300, 1304
Labarthe, André : 839, 877, 878
Labat : 991
Labat, Robert : 1350, 1352
Labetoulle : 372
Labib, Jean : 832
Labonne, Roger : 594, 595, 1335
Laborde, Jean de : 810, 811
Laborie, abbé : 671
Laborie, Pierre : 1607, 1608
Labram, Raymond : 639
Labrid : 1535
Labroue, Henri : 1346
Labusquière, Jean : 144
Labussière : 736, 737
Lacapère : 648
Lacaze : 683
Lacombes : 929
Lacoste, André : 1426, 1536
Lacoste, Robert : 340-342, 358, 373
Lacouture, Jean : 194, 195, 213, 383, 790, 796, 831, 832, 846, 864, 1012, 1014, 1015, 1040
Lacretelle, Jacques de : 1367, 1581
Lacroix : 1335
Lacroix, Jean : 1445
Laffargue, André : 140
Laffitte, Jean : 428-430, 432, 453, 469, 488, 537, 744, 1374, 1383
Laffond : 671
Lafforest, Roger de : 1297
Lafont, Henry : 407, 408, 713, 1225, 1229-1231, 1359, 1418, 1420, 1462
Lafont, L.-F. : 407
Lagardelle, Hubert : 1060, 1295
Lagier, Raymond : 845
Lagrange, Henry : 719

Lagrange, Jacques : 346
Lagron : 599
Lagrosillière : 241, 365
Lahousen-Vivremont, Erwin von : 1237, 1241, 1265
Lainé : 521
Lainé, Célestin : 1361-1364
Laisné, Jeanne : voir Hachette, Jeanne
Lajouanie, Marcel : 1587
Lalanne, Louis : 1031
Lallier, Louis : 504
Laloue, André : 477
Lamarque, Georges : 1443, 1444
Lamazou, Damien : 1405
Lambert, abbé : 936
Lambert, Carlo : 617
Lambert, Mme : 623
Lambert, Pierre-Albert : 1304, 1338, 1367, 1500
Lamboley, Joseph : 1412
Lambrichs, Louise L. : 1182
Lamont-Brown, Raymond : 1262-1264
Lampe, Maurice : 68
Lamps, René : 829
Lamy, Jean-Claude : 1546
Landemer, Henri : 1328, 1338
Landes, Roger alias Aristide : 696, 697, 1137, 1587
Landry : 101
Lang, Fritz : 1244
Lang, Rudi : 1365
Langbein, Hermann : 1577, 1578
Langelaan, Georges : 603
Langer, Mendel, dit Marcel : 541-543
Langer, William L. : 96, 957, 961, 972
Langerard : 721
Langeron, Roger : 101, 411
Langevin, André : 63
Langevin, Paul : 63, 477, 527, 528, 557
Langlade, Louis : 1320
Langley, Jimmy : 1477
Langlois, général : 204, 215
Langlois, Denis : 1392
Langlois, Jean : 303
Langlois, Maurice : 342
Laniel, Joseph : 152, 258, 377
Lannier, Armand : 1277
Lannier, Maurice : 1277
Lanoir, Paul : 1235, 1236
Lanoyerie, Paul : 650
Lansalot, veuve : 672
Lansdale, Edward Geary : 1005
Lantier, Jacques : voir Antonini, Ange
Lanussan : 1511, 1512
Lanvoni, Amedeo : 1331
Lapeyroux : 1413
Lapie, Pierre-Olivier : 372, 872
Laporte, Maurice : 1299
Larat, Bruno : 683
Larminat, Edgar de : 388, 391, 784, 977, 982, 987, 988, 1597
Laroche, Gaston : 551, 564
Laroque, Pierre : 1081, 1472
Larousse, Pierre : 30, 1370
Larribère, Camille (Dr) : 1010, 1011
Larsonnier, Achille : 503
Lassagne, André : 582, 683, 685
Lassalle, abbé : 1008
Lassalle, Georges : 1128
Lassus : 1419
Latouche : 284
Latour, Anny : 562
Latour, colonel : 902
Latreille, André : 34, 148, 151, 770
Lattre de Tassigny, Jean de : 22, 88, 168, 382, 605, 987, 989, 1008, 1441, 1510, 1588, 1597, 1625
Laube : 1248
Laubreaux, Alain : 1295, 1300, 1302, 1303, 1503
Laumon, René : 1533
Laurain : 141
Laurain, Jean : 1193
Laurens, Anne : 1016
Laurent, : 1197
Laurent, Augustin : 370
Laurent, Charles : 344, 1061
Laurent, Daniel : 1206, 1222
Laurent, Marc : 1061, 1468
Laurent, Marinette : 80, 612, 616, 617
Laurent, Théodore : 422
Lautman, Albert : 458, 459
Lauzanne, Stéphane : 1295
Laval, Pierre : 38, 58, 60, 98, 156, 157, 159, 160, 162, 170, 172,

191, 270, 376, 422-424, 592, 600, 638, 701, 720, 739, 919, 938, 943, 952, 964, 965, 983, 995, 997, 998, 1007, 1012, 1013, 1038, 1039, 1041, 1045, 1059, 1060, 1069, 1185, 1222, 1230, 1281, 1283, 1288, 1299, 1303, 1311, 1314, 1316, 1320, 1335, 1337, 1339-1341, 1345, 1349, 1355, 1421, 1435, 1445, 1446, 1462, 1507, 1508, 1509, 1511, 1522, 1539, 1540, 1623
Laverdet : 306
Lavigne-Delville : 1335
Lazard, Roger : 298
Lazareff, Pierre : 1546
Lazarus, Jacques : 1178
Le Bail, Jean : 1131
Le Borgès : 305
Le Boterf, Hervé : 149, 275, 520, 546, 681, 1154, 1155, 1213
Le Bourgeois, Jacques : 493
Le Breton, Auguste : 833, 1214, 1285
Le Bris, Emile : 1532
Le Bris, Guillaume : 1197
Le Corre, Darius : 527
Le Du : 1364
Le Fèvre, père : 699
Le Floc : 1178
Le Grix, François : 1502
Le Gualès de la Villeneuve, Charles-Edouard : 362
Le Guillou, Noël : 1532
Le Jolif, Roger : 1466, 1469
Le Luc : 990
Le Marec, Bernard : 879
Le Marrec, Marcel : 226
Le Mauff, : 494
Le Maut, Marguerite : 83, 1485
Le Morillon, Emile : 416
Le Neveu, Roger : 1536
Le Priol, Albert : 512
Le Ray, Alain : 1161-1163, 1171, 1435
Le Roy, Eugène : 1135
Le Roy Ladurie, Gabriel : 697, 698
Le Troquer, André : 367
Leahy, William D. : 959, 963-965, 967, 970
Lebas, Jean : 249, 309, 365, 370, 373
Lebas, Marcel : 73, 1520
Lebeau : 478
Leblanc, Jean : 131, 232
Leblanc, Robert : 1137
Lebon, Marcel : 330, 346
Lébre, Henri : 1296
Lebrun, Albert : 86, 193, 702, 992
Lecat, Angèle : 126
Lechêne, Robert : 828
Leclerc de Hauteclocque, Philippe : 23, 28, 389, 391, 392, 784, 839, 987, 989, 1306, 1589, 1617, 1625
Leclerc, Françoise : 266
Lecœur, Auguste : 1127
Lecoin, Louis : 729
Lecompte-Boinet, Jacques : 325, 1056, 1387, 1388, 1609
Lecomte, Claude : 832
Lecot, Georges : 845
Lécussan, Joseph : 599, 1339
Ledent, Ernest : 296
Leduc : 479, 480
Leduc, Victor : 363
Leemans, Joseph : 79
Lefaou, Yves : 1475
Lefaurichon : 348, 349
Lefebvre, Charles : 310
Lefebvre, Théodore : 551
Lefèvre, colonel : 1101
Lefèvre, capitaine de GMR : 1141
Lefèvre, René : 1213, 1279
Lefranc : 369
Lefranc, Pierre : 833, 834, 1138, 1311, 1622
Lefranc, Serge : 1412
Legasse, Jacques et Marc : 1366
Legeay, Jean-Baptiste : 279, 548
Legendre, Pierre : 1311
Legentilhomme, Paul : 390, 781
Léger, Jean-André : 547
Legrand, Jean : 735, 1260
Legravérend, Etienne : 1465
Legris, Albert : 648
Leguy, Jules : 397
Lehideux, François : 421, 422, 995, 1206
Lehoux, Bernard : 672
Leibovici, Raymond : 266, 410, 1061, 1417

Leiris, Michel : 1554, 1560, 1572, 1574
Leistenschneider, Paul : 1120
Leizer, Alfred : 1164
Lejeune, Max : 1437
Lelièvre : 284
Lelièvre, commissaire : 1412
Lelong : 869
Lelong, Georges : 1141, 1143
Lelong, Yves : 318
Lemaigre-Dubreuil, Jacques : 981, 986, 1018, 1033, 1037-1039, 1046-1049
Lemaire, Maurice : 1489
Lemarié, Maud : 1609
Lemestre, Georges : 1417
Lemoine, Jacques : 297
Lemonnier, Henri : 220
Lénine, Vladimir Ilitch : 394, 395, 526, 636, 772, 890, 891, 894
Lentin, Albert-Paul : 1025, 1028, 1032, 1052
Léon, M. : 606
Léon, Max : 1386
Léon des Landes : voir Dussarat Léonce
Leonhard, Rudolph : 731
Léoni, Jules : 1406, 1410
Lepercq, Aimé : 360, 422
Lerecouvreux : 857, 858
Leriche, Fernand : 550
Leriche, René : 486
Leroux, gendarme : 1423
Leroux, policier : 1403, 1404
Leroux, Roger : 1152-1156
Leroy : 78
Leroy, Albert : 1482
Leroy, André : 399, 402, 488, 1449, 1494, 1495
Leroy, Jeanne : 78
Leroy, lieutenant : 1320
Leroy, Marcel : 297
Lesca, Charles : 1296
Lescure, Jean : 1499
Lescure, Pierre de : 319, 398, 1558, 1576
Lesdain, Jacques Bouly de : 1295, 1344
Lesieur, Simone : 1037-1039
Lespès, Jacques : 1432
Lespinasse, avocat général : 542, 543
Lespinasse, pasteur : 301
Leto, Guido : 1256, 1257
Levasseur : 635
Lévi-Bianchini : 714
Lévidis, Alexandre : 490
Lévine, Riga : 566
Lévy, docteur : 424
Lévy, Claude : 538, 541, 542, 1267, 1269, 1273, 1277, 1279, 1288, 1290, 1295, 1319
Lévy, Gilles : 1075, 1077
Lévy, Jean-Pierre : 330, 331, 345, 346, 356, 363, 364, 869, 1160
Lévy, Liliane : 40
Lévy-Bruhl : 1305
Léwitsky, Anatole : 318-321, 1606
Ley, Robert : 411
Leygues, Georges : 994
L'Hermitte, René : 409
Lhopital : 305-307
Lhuerre, Georges : 1352, 1353
Lichtenberger, Henri : 1274
Liddell Hart, Basil : 775, 921, 1582
Liénart, Achille : 990
Lifar, Serge : 1300
Ligne, prince de : 459
Ligou, Daniel : 48, 368, 371
Limagne, Pierre : 593, 953, 969, 1471
Linais : 539
Linarès, de : 1006
Lindbergh, Charles : 767, 774, 775
Lindemann : 762
Lindenberg, Daniel : 1607
Lindley, Ernest : 962
Lindon, Raymond : 1325, 1326
Linet, Roger : 459
Lipkowski, Jean de : 832
Lipszyc, Szyfra : 610
Lisbonne, René : 635
Lischka, Kurt : 495, 1248, 1343
Lisiack : 302
Lisot : 302
Lissac : 1346
Liszt, Franz : 1305
Liszt, Franz von : 545
Littré, Emile : 30, 792, 1370, 1377
Litvinov, Maxime : 50, 51, 931, 976, 978

Livois, René de : 1269
Livrelli, Jean-André : 1212, 1259, 1366
Lloyd, Lord : 391, 943
Loevenich, Theodor : 509, 511, 721, 722
Loffet, Jean : 1449
Loiseaux, Gérard : 1576
Loisel, Charles : 1164
London, Artur : 420
London, Lise : 420
Long : 596
Longchambon, Henri : 151
Longo, Luigi : 730
Longuechaud, Henri : 1355
Loo, Emile : 1064
Lopez, Miguel : 1087, 1090
Lopez-Tovar, Vincent : 1175
Loras, Olivier : 1566
Lorrain, Pierre : 1526
Losserand, Raymond : 457, 1382
Lothian, Lord : 775
Lottman, Herbert : 1509
Louarn Du : 1364
Louis, colonel : 1426
Louis VII : 104
Louis XI : 115, 116
Louis XIV : 389, 798, 968
Loustau, Jean : 1296
Loustaunau-Lacau, Georges : 38, 92, 172, 284, 711, 741, 747, 814, 949, 999, 1020
Loutrel, Pierre : 1418
Louvois : 1370
Lozovsky : 976
Lucas-Dubreton, Jean-Marie : 116
Luchaire, Achille : 1289
Luchaire, Jean : 60, 934, 935, 1269, 1276, 1288-1290, 1295, 1296, 1298, 1300, 1345, 1508
Luchaire, Julien : 1289
Luchie, Georges-H. : 1211
Lüdtke : 1248
Luirard, Monique : 1338, 1404
Luizet : 1031
Lunet, André : 1541
Lurçat, Jean : 557, 1572
Lusseyran, Jacques : 380, 713
Lussu, Emilio : 307
Lussu, Joyce : 307, 308
Luther, Hauptsturmführer : 1248, 1333
Luxembourg, professeur : 670
Luzzatto, G.B. : 1255
Lwoff, André : 1519
Lyautey, Louis : 789, 1337
Lyonnet, Jean : 477, 479
Lyttelton, Oliver : 782, 783

M

Mac Gregor-Hastie, Roy : 1254
Mac Orlan, Pierre : 1300
Macé : 599
Machiavel, Nicolas : 853
Machule : 1248
Madaule, Jacques : 536
Madeline, Henri : 493, 494
Mader, Julius : 1241
Magallon, Xavier de : 1294
Maginot, André : 145
Magny, Charles : 1336
Mahi, El : 1358
Mahl, Emil : 645
Mahomet : 1358
Mahuet : 701
Maïakovski, Vladimir : 1557
Maillebuaux, Paul : 1359
Maistre, Jeanne : 648
Maitron, Jean : 610
Makis, Jean : 1366
Makowski, Georges : 566, 608
Malacrida, Henri : 372
Malaparte, Curzio : 772
Malaure, Frédéric : 237
Malaurie, Jean : 133
Malet, Emile : 1619
Malinovski, Rodion Iakovlevitch : 1191, 1192
Malkoc, Halim : 1182
Malle, Louis : 465
Malleret-Joinville, Alfred : 450, 1117, 1121, 1586
Mallet, Alfred : 1296
Malleyrand : 697, 698
Malo, Pierre : 1295
Malraux, André : 197, 314, 384, 444, 580, 685, 745, 746, 793, 818, 826, 834, 836, 1144, 1145, 1147, 1612

Maltrud, Jean : 303
Man, Henri de : 369
Mandel, Georges : 101, 152, 191, 222, 375, 589, 600, 601, 814
Mandrou, Robert : 756, 1221
Manent, Gaston : 159
Mangin, Louis-Eugène : 287, 382, 578
Manhès, Frédéric : 311, 462
Manin : 1184
Mann, Otto : 1181
Manouche : voir Germain, Germaine
Manouchian, Missak : 551, 564, 1322, 1609, 1626
Manouilsky, Dimitri Zakharovitch : 1396
Mans, Antonin : 481
Mansion, Jacques : 392, 862
Manuel, André : 169, 575, 845, 851, 852, 861, 862, 865
Manuel, Roland : 1577
Manzone, Joseph : 1416
Mao Tsé-toung, ou Mao Zedong : 1094, 1198
Maraffa, Ricardo : 1256
Marcellin, Raymond : 1444
Marcenac, Jean : 674, 1203, 1389, 1551, 1554, 1572, 1573
Marchal, Colette : 578
Marchal, Pierre : 577, 578, 682
Marchand : 391
Marchandeau, Paul : 54
Marcilly, Jean : 1420
Marcot, François : 1071, 1099
Marec, Louis : 1532
Marès, Georges : 1101
Maretz, Charles des : 113
Marguebradzé : 1183
Margueritte, de : 359
Margueritte, G. de : 697
Mariani : 484
Marie-Joseph, sœur : 266
Mariel, Pierre : 375, 376, 1350
Marin, Jean : 819, 839, 840, 1544
Marin, Louis : 191, 377
Marion, Paul : 995, 1288, 1290-1294, 1328, 1336, 1444
Maritain, Jacques : 46, 1305, 1546
Marly, Anna : 436-438, 440-443
Marongin, Emile : 713, 714
Maroselli, André : 872, 873, 875
Marquès-Rivière, Jean : 1297, 1349, 1350, 1352
Marquet, Adrien : 160
Marrane, Georges : 1124, 1393
Marschall, Marcel : 1328
Marshall, général George Catlett : 783, 921, 922, 962, 1200, 1463
Martel, de : 968
Martel, Christian : 1532
Martel, René : 1295
Martel, Thierry de : 260, 263
Martelli, Roger : 231, 232
Martial, René : 1346
Martin, bourreau : 541
Martin, général : 1319
Martin, médecin socialiste : 363, 1160
Martin, Claude : 950
Martin, Danièle : 672
Martin, Georges : 538
Martin, Léon : 1159
Martin, Louis : 121, 122
Martin, René : 1022
Martin-Bret, Louis : 1486
Martin du Gard, Roger : 1161
Martineau : 381
Martineau, Maurice : 1462
Martinelli, Franco : 1252, 1253, 1256, 1257
Martinet : 334
Martinet, Gilles : 309
Martinetti, Jacques : 1092
Martini : 845
Marty, André : 231, 234, 823, 895, 899, 1127, 1540
Marx, Karl : 1236
Marx, René : 646
Mary, Toussaint : 1092
Marzin, Madeleine : 399, 402
Mascart, Maxime : 1215
Masnou : 1460
Maspero, Henri : 639
Masséna : 578
Massigli, René : 48, 842, 947
Massip, Roger : 1444
Massis, Henri : 1298, 1303
Masson, Loys : 1444, 1554
Massoni, Jeanne : 1410
Massu, Jacques : 847

Mast, Charles : 924, 926, 929, 931, 938, 998, 1006, 1030, 1034
Masuy, Delfanne Georges, dit : 480, 481, 1227, 1229, 1230, 1327
Matheron, Laurent : 635, 1461
Mathieu, Olivier : 1622
Mathis, René-Henry : 1492
Matline, Boris : voir Laroche, Gaston
Matsushita : 1263
Matthews, F. : 959
Mau, Hermann : 404
Maublanc, René : 414
Maubourguet, Claude : 1296
Maucherat, Pierre : 416
Mauclair, Camille : 1295
Mauclère : 391
Maulaz : 1248, 1276, 1277
Maulnier, Thierry : 1298, 1303
Maulpoix, Jean-Michel : 1566
Maure : 724
Maurel : 484-486
Mauriac, François : 168, 444, 797, 1161, 1303, 1550, 1565
Mauriac, Jean : 194, 390, 815, 816, 831, 837
Maurras, Charles : 98, 129, 383, 547, 593, 800, 815, 906, 950, 1196, 1221, 1298, 1300, 1308, 1309, 1339, 1344
Maury : 284
Maury, Alexandre : 604
Maury, Edouard : 280
Mauvais, Léon : 410, 415, 520, 914, 1011, 1126, 1127, 1136, 1541
Maxence, Jean-Pierre : 1296
Mayer, Daniel : 309, 369, 370, 373, 374, 1413, 1628
Mayer, Maurice : 1216
Mayer, René : 859
Mayer-Falk : 1248
Mayol de Luppé, Jean : 1274, 1337
Mayoux, Jean-Jacques : 869, 988
Mazandois : 511
Mazeau, Guillaume : 1625
Mazel : 650
Mazes, des : 1388
Médéric : voir Védy Gilbert
Medina, Antonio : 1174
Médina, Emile : 573
Meert : 724
Mehl, Roland : 832
Méhul, Etienne-Nicolas : 442, 1597
Meier : 1249
Meiners, Heinrich : 580
Meiners, Johann : 580
Méline : 171
Mellor, Alec : 473, 480, 481, 539, 1246
Melnik, Constantin : 835, 836, 1082
Menanteau : 672
Ménard, Jacques : 1295, 1346
Mendès France, Pierre : 46, 259, 789, 790, 820, 867, 868, 872, 874, 1055
Menendez Pidal, Ramon : 108
Ménétrel, Bernard : 387, 694, 952, 985, 990, 1105
Mengele, Josef : 11
Menthon, François de : 335, 378, 652-654, 1029, 1315, 1550, 1596
Menu : 284
Menuhin, Yehudi : 1305
Menzies, sir Stewart Graham : 1463, 1477
Méozzi, Roch-Pierre : 1186
Mercier : 1384
Mercier, André : 85, 435, 825
Mercier, Auguste : 1236
Mercier, capitaine : 1462
Mercier, Ernest : 422
Mercier du Paty de Clam, Charles : 1345
Merdsche : 1249
Merkel, Rudolf : 507
Merlan, Paul : 78
Merlin, Philippe : 1310
Merlot, André : 1480, 1481
Mérode, Rudy de : 1227
Méron : 1128
Mérot, Jean : 229
Mertens, Lucien : 1529
Méry : 141
Meslier : 1413
Mesny : 606, 607, 951, 1006
Messager, André : 672
Messiaen, Olivier : 795
Messmer, Pierre : 214, 1606
Metternich : 1236
Mettetal, Gustave : 673
Meunier, Constantin : 615-617
Meurillon, Jules : 354

Meyerbeer, Giacomo : 1305
Meyrignac, Antoine : 237
Meyroune, Claude : 575
Miailhe, Jean : 363
Michaud, Pierre : 1412, 1441
Michaut, François et Edouard : 621
Michaut, Victor : 415, 909
Michaux, Henri : 1554, 1556, 1564-1568
Michel, André : 1412
Michel, Elmar : 1222
Michel, Henri : 33, 37, 38, 92, 94, 127, 128, 161, 169, 173, 180, 198, 212, 236, 255, 262, 265, 270, 283, 298, 309, 342, 349, 356, 369, 371, 461, 463, 569, 580, 618, 676, 677, 683, 684, 687, 695, 738, 743, 755, 808, 838, 846, 877, 884, 965, 1058, 1071-1075, 1108, 1109, 1119, 1166, 1195, 1277, 1295, 1373, 1377, 1445, 1457, 1477, 1610, 1611, 1616, 1617
Michel, Max : 743
Michel, sergent : 143
Michelet, Claude : 237
Michelet, Edmond : 185, 237, 239, 335, 566, 797, 798, 800, 834, 1462
Michelet, Jules : 109, 110, 127, 1604, 1605
Micheli, Léo : 1092
Michelin : 422
Michel-Lévy, Simone : 574
Michels, Charles : 85, 517, 518, 520, 521, 675
Michniewicz, Ladislas : 1235
Michon : 143
Miellot : 305
Mignaton, Fernand : 1423
Mignot, Elie : 166, 543
Mihajlovič, Draza : 823
Milhaud, Darius : 1305
Milhaud, Gérard : 1382
Miller, Gérard : 1215, 1282, 1285
Milliez, Paul : 1216
Millspaugh : 970
Milward, J. : 1064
Milza, Pierre : 1254
Minkowski, Alexandre : 464
Minoda Yoshio : 1263
Minvielle : 1184
Miquel, Pierre : 159, 1543
Mirabaud : 422
Mirabeau : 260
Miramichvili : 1183
Miranda Fernandez, Aquilino : 78
Mirande-Laval, Renée : 1376
Mireaux : 157
Miribel, Elisabeth de : 195-197, 201
Mirkine-Guetzévitch, Boris : 236, 283, 342, 808, 1616
Miseron, Constant : 604
Missa, Francis : 1085, 1086
Misselwitz, Ernst : 568-573
Mistler, Jean : 1300
Mitchell : 845
Mittelhauser : 194
Mitterrand, François : 847, 1105, 1290, 1533, 1534
Mittes, Richard : 113
Moch, Jules : 160, 256, 257, 373, 820, 875
Mockler-Ferryman : 1478
Mocq, Jean-Marie : 604, 659, 1246
Moerschell, Georges : 1350
Mohrt, Michel : 1302
Moine, André : 730-732, 738, 918, 954, 1019-1021, 1024, 1025
Molet : 719
Molinier, Louis : 1126
Moll : 625, 626, 630, 632
Mollard, Maurice : 280, 380, 381, 1447-1449
Mollard, Roger : 1448
Mollat du Jourdin, Michel : 109
Mollet, Guy : 371
Molotov, Mme : 898
Molotov, Viatcheslav : 47, 49, 51, 766, 922, 976, 979
Mompezat, Roger : 1112, 1113
Monédiaire, Gérard : 1133
Monestier, Marianne : 207, 317, 469, 496, 562, 870
Moniquet, Claude : 125
Monjaret, Hervé : 582
Monmousseau, Gaston : 55, 238, 909
Monnet, Jean : 192, 1005, 1053
Monniot, Stéphane : 1412-1414
Monod, Claude : 268, 1587
Monod, Gustave : 360

Monod, Jacques : 288
Montaigne, Michel de : 803
Montand, Yves : 420
Montandon, Georges : 1297, 1344, 1346
Montanelli, Indro : 1255
Montarron, Marcel : 538-540
Monteil, Vincent : 217, 255
Montgomery, Bernard : 795
Montherlant, Henry de : 1295, 1300-1303
Montigny : 160, 1300, 1411
Montjeu, Philibert de : 112
Montpensier, Charles de, connétable de Bourbon : 115, 116
Montpied : 372
Montry, Marguerite : 83
Montsabert, Joseph de Goislard de : 1589
Monzie, Anatole de : 1215, 1274, 1300, 1345, 1529
Moog, Robert : 682
Moppès, Maurice Van : 1544
Mopty, Adrien : 549
Mopty, Emilienne : 549, 550
Mopty, Gilbert : 549
Mopty, Jeannine : 549
Môquet, Guy : 516
Morand, Paul : 1218, 1299-1301, 1303, 1623, 1624
Morandat, Yvon : 299, 869
Mordkovitch, Hélène : 360
Mordrel, Olier : 1360-1363
Moreau, Emilienne : 123, 398, 1489
Moreau, Just : 398
Moreau, Odette : 1376
Moreau, René : 302
Moreau-Néret : 422
Morel, Alcide : 248, 552, 1538
Morel, Robert : 1551
Morel, Théodose, dit Tom : 1139-1142, 1147
Moreno : 949
Morer : 1131
Morgan, Claude : 1300, 1301, 1499, 1569, 1576
Morgantini : 736
Morin-Forestier, François : 362, 574, 1376, 1380, 1388
Morisseau, : 521
Moritz : 599
Morlaix : 1168
Morlot : voir Gonard, Charles
Mornet, André : 387, 1215, 1224, 1283, 1287
Morpain, Gérard : 304, 305
Morrel, Max : 301, 302
Morsier, Pierre de : 256
Mortemousque : 335
Mosco : 1322
Mossovic, Salomon : 1292
Mouchon, Louis : 863, 1473, 1474
Moulin, Jean : 15, 31, 35, 40, 135, 267, 297, 299, 311, 322, 375, 376, 378, 384, 461, 462, 567-571, 577, 580-584, 682, 684-692, 694, 710, 801, 824, 846, 851, 866, 1013, 1054, 1055, 1161, 1169, 1179, 1198, 1332, 1398, 1548, 1550, 1585, 1593, 1604, 1605, 1612, 1616, 1617, 1620, 1621, 1625, 1627
Moulin, Laure : 461, 580, 582, 685, 686
Mounier : 1019
Mounier, Emmanuel : 1445
Mouraille, Anne : 592-594
Mourgues : 667
Mourier, René : 67-69
Mourot, Louis : 297
Mourre, René : 67-69, 78
Moussat, Emile : 604
Moussinac, Léon : 1524
Moussion : 335
Moustiers, Lionel de : 160, 638
Moutte, Gabriel : 300
Moyne, Michel : 1298
Moynier, Yves : 593, 594
Mozart, Wolfgang Amadeus : 1244, 1305
Mühler : 1249
Mulard : 1117
Müller, capitaine : 665
Müller, Heinrich : 472, 1243
Müller, lieutenant : 656-658, 661
Mulliez, Jacques : 334
Multedo, Pédro : 1331, 1332
Multon, Jean : 681, 682, 689
Mümm, von : 1361
Münch, Charles : 1577
Munich, Ferenc : 731
Munro, Mme : 874

Muracciole, Jean-François : 689
Murat, Napoléon : 1566
Murphy, Robert : 924, 927, 937, 946, 960, 961, 970, 971, 984, 992, 994, 1001, 1004, 1005, 1032, 1033, 1036, 1038, 1039, 1045, 1053, 1055
Musaraj, Shevqet : 1551
Musard, François : 1356
Muselier, Emile : 390, 784, 785, 877, 878, 880, 1066, 1067
Mussolini, Benito : 9, 13, 46, 47, 133, 139, 147, 170, 172, 239, 308, 656, 759, 794, 920, 1044, 1187, 1250-1256, 1265, 1280, 1307, 1327, 1357, 1359, 1502, 1623
Mutter, André : 311, 579, 1067, 1068

N

Nacachwilli : 1181
Nadaud, Jean-Jacques : 1080
Nadel, Charlotte : 360
Nal, Louis : 573, 589, 664, 1428, 1430, 1432, 1465
Napoléon, Bonaparte : 96, 118, 126, 155, 388, 389, 886, 968, 1255, 1487, 1573
Napoléon III : 156
Narps : 1461
Nash, Jay Robert : 125
Nasser, Gamal Abdel : 1360
Naud, Albert : 678
Navale, Eugenio : 1257
Navarre, Henri : 381, 553, 1021, 1022, 1371, 1459
Naves, Gilles : 1511, 1512
Naville, Pierre : 1559
Nazaret : 1318
Nebe, Arthur : 1244
Negrín, Juán : 969
Neil : 1022
Nelson, sir Frank : 1478
Nelte, Otto : 952
Nenni, Pietro : 517
Néré, Jacques : 95
Nervo, Jacques de : 422
Nettinger : 1008
Neuflize : 422
Neumeyer, Pierre : 341, 342
Neurath, Constantin von : 46
Neuschwanger : 647
Neuville, Jean : 671
Newitt, Dudley Maurice : 1483
Ney, Michel : 1605
Neyman, André de : 469, 470
Nicolaï, Jean-Baptiste : 1291, 1292
Nicolaï, Walther : 1237, 1291
Nicolas, André : 296
Nicolas, Marcel : 1092
Nicolas Ier, pape : 474
Nicoli, Jean : 576, 1092
Nicolson, Harold : 878
Nidda, Krug von : 1436, 1439
Niedergang, Marcel : 1145
Nimitz, Chester W. : 773, 774, 925
Nitti, Fausto : 308
Nizan, Paul : 1289
Noal, Adrien : 1378, 1379
Nobécourt, Jacques : 216, 1437
Nocher, Jean : 245, 687, 1056
Noël, André : 362
Noël, général : 204, 215
Noël, Léon : 189, 789, 795, 837
Noguères, Henri : 139, 168, 246, 249, 264, 269, 271, 275, 280, 282, 284, 294, 295, 297, 298, 302, 310, 312, 315, 319, 322, 323, 335, 338, 345, 355, 357, 363, 369, 431, 456, 487, 504, 508, 516, 525, 549, 570, 574, 605, 681, 683, 687, 694, 703, 720, 732, 813, 862, 1063, 1070, 1072, 1086, 1119, 1139, 1148, 1152, 1155, 1165, 1170, 1245, 1246, 1258, 1339, 1371, 1376, 1380, 1387, 1388, 1392, 1443, 1505
Noguères, Louis : 168, 1293
Noguès, Charles : 194, 992, 1041
Noireau, Robert, alias colonel Georges : 1182, 1426, 1525
Noirot, Noëlle : 1080
Noli, Jean : 764
Nolie : 1249
Nora, Pierre : 1556
Nora, Simon : 1163, 1164
Nord, Pierre : 474, 1413, 1451, 1452
Norden, Albert : 730

Nordling, Raoul : 152, 1593
Nordmann, Léon-Maurice : 318, 371, 518, 524, 525, 643, 681, 1626, 1627
Nordmann, Paule : 77
Norgen : 344
Norgeot, Raymond : 1406
Normand, G. : 1576
Nossovitch, Sofka : 533
Noury, Anne : 362
Nouschi, André : 274, 275, 282, 285, 1543
Noutary : 240
Noutour, Jules : 309
Nozek, Roland : 1276, 1277, 1298
Nyiszli, Miklos : 632

O

Obadia, René : 1486
Oberg, Karl : 699, 712, 727, 1248, 1276, 1284, 1317, 1331, 1340, 1351
Oberlé, Jean : 193, 868, 1065, 1503, 1544
Obolensky, Véra : 348, 361, 519, 533, 1234
Obrecht, André : 538-541
Oddon, Yvonne : 319
Odewald : 1248
Odic : 944
Odru, Eugène, dit André : 1089, 1605-1607
Oguze : 337
Oktiabrsky, F. : 765
Olivieri : 484-486
Olleris : 1434, 1462
Ollier, Nicole : 94, 95, 174, 259
Olry : 147
O'Neill, Marc : 1079
Onken : 1294
Opalka, Adolf : 1244
Ophuls, Marcel : 27, 163, 263, 1149
Ordioni, Pierre : 94, 143, 999
Orlandini : 1336
Ormesson, Wladimir d' : 803, 813
Ortoli : 871
Ory, Pascal : 129, 404, 411-413, 1502
Oshima : 1265
Ossemond : 141
Ost, Lisa : 1185, 1186, 1188
Oster, Hans : 1241
Oster, Joseph : 1365
Otto : 749
Otto, bureau : 1227-1229
Otto, Obersturmführer : 644
Ouamara, Rachid : 1358
Oudin, Jacques : 380
Oudinot, Nicolas : 118
Oumansky : 931
Ousby, Ian : 269, 1072
Ouvrard : 96
Ouvry-Vial, Brigitte : 1566
Ouzoulias, Albert : 1494, 1495
Ozouf, Jacques : 820

P

Pacaut, Marcel : 104
Pacaut, René : 1097, 1098
Padiglione, Gustavo : 1255
Padover, S.K. : 1236
Paganini, Nicolo : 1305
Pagézy : 422
Paillard, Georges : 714
Paillasse : voir Durand, André
Paillat, Claude : 1008, 1454, 1457
Pailler, Eugène : 1087
Pailles, Agathe : 667
Paillole, Paul : 38, 60, 381, 553, 608, 678, 1002, 1010, 1021, 1023, 1234, 1239, 1244, 1250, 1251, 1256, 1274, 1276, 1277, 1332, 1333, 1433, 1434, 1447, 1452, 1455-1458, 1462, 1463
Pailloux : 206
Pain, Jean : 590, 597
Paisikovic, Dow : 630-632
Pal : voir Ayral, Jean
Palewski, Gaston : 834
Pallas : voir Manuel, André
Panne : 1335
Pannequin, Roger : 136, 147
Pantel, Charles : 302
Paoli, Pierre : 477, 479
Papen, Frantz von : 46
Papillon : 1420
Papon, Maurice : 709, 710, 712, 1221, 1311, 1602

Paquier, Pierre : 761
Paquis, Hérold : 808
Paraf, Pierre : 567, 637
Parant : 391
Paravisini-Serpaggi, Mme : 577
Paray, André : 1167
Parent : 335
Parinaud, André : 401, 402
Paris, comte de : 815, 1003, 1050-1053, 1343
Paris, M. de : 58
Parmelin, Hélène : 69, 70, 526, 1372, 1383, 1386, 1395
Parmentier : 1015
Parmentier, André : 1318
Parri, Ferruccio : 1178, 1179
Parrot, Jacques : 894
Parrot, Louis : 1279, 1555, 1556, 1566, 1577
Parrotin, Marc : 1086, 1088-1091, 1095
Pascal, Blaise : 803
Pasionaria, la : 895
Pasqua, Charles : 833
Pasquelot, Maurice : 519, 1436
Passeron, André : 795
Passy : 38, 306, 326, 357, 364, 372, 459, 519, 569, 575, 702, 712, 818, 819, 824, 839, 844-847, 849-853, 855, 856, 858-866, 871, 917, 963, 970, 973, 974, 1258, 1394, 1399, 1409, 1410, 1452, 1455, 1515, 1516, 1523, 1527, 1532, 1547, 1606
Patenotre-Desnoyers : 272
Patte, Aimée : 1011
Patton : 1158, 1582, 1597
Paty, René : 635, 637
Patzig, Conrad : 1238
Pauker, Anna : 617
Paul, Marcel : 220, 238, 279, 416, 514, 550, 742, 829, 1401, 1486, 1501, 1578
Paulhan, Jean : 317, 319, 528, 1302, 1305, 1565, 1566, 1576
Paumier, Robert : 1533
Pauphilet : 1029
Pauverine : 599
Paval : 346
Pavelesco, Emile : 1336
Pavelet, André : 1195
Pavlovski, Jean : 1421
Paxton, Robert O. : 953, 1053, 1295
Payot, René : 1545
Payr, Bernhard : 883, 1576
Peake, Charles : 783
Péan, Pierre : 584, 691, 694, 1105, 1332
Péchin, Gabriel : 1104
Péchon, Yves : 143
Péchoux : 1223
Peck, Marcel : 1072
Pedrazzani, Jean-Michel : 735, 736
Péguy, Charles : 114, 213, 237
Péju, Elie : 330, 331, 345, 364
Pélabon, André : 845
Pélayo, Alphonse : 75, 78, 402, 460
Pellerin, Louis : 303
Pelletier, Pierre : 1431
Pellistrandi, Stan-Michel : 165, 433
Peltier, Adrien : 306, 1413
Pemjean, Lucien : 412, 1295
Pendar, Kenneth : 937, 944, 960, 971
Pène, Pierre : 264, 294
Penette : 1022
Penfentenyo : 990
Pennetier, Claude : 610
Peresse, Ael : 1364
Péret, Benjamin : 1557-1560, 1568
Peretti, Achille : 1409, 1410
Pérez, Gabriel : 1174
Péri, Gabriel : 518, 522, 523, 824, 1379, 1386, 1549, 1605, 1625-1627
Péricard : 213
Périmètre : voir Descour, Marcel
Permilleux : 1348, 1349
Pernet : 665
Pernin : 665
Péron, Yves : 408, 1510, 1511, 1519
Perraud-Charmantier, André : 279, 521, 548, 585, 586
Perrault : 1324, 1325
Perrault, Gilles : 36, 349, 351, 526, 533, 608, 703, 704, 1234, 1246, 1609
Perré, Jean : 757, 1435
Perret, Charles : 673
Perret, Pierre : 833
Perret, Nestor : 585, 587, 1149

Perrette, Jean-François : 239, 240, 644, 645
Perrier, Guy : 572, 845
Perrin : 562
Perrin, François : 296
Perrin, Jean : 528, 557
Perrot : 590
Perrot, Jean-Marie : 1360-1365
Perrot, Mme : 590
Pertinax, Géraud André alias : 46, 98, 943, 945, 1039, 1040
Pérus, Jean : 1552
Peschadour : 368
Peschanski, Denis : 165, 232, 1322, 1326
Petacci, Clara : 1265
Pétain, Philippe : *passim*
Petiet, baron Charles : 422
Petit, Ernest : 844, 871, 897, 900, 976
Petit, Henri-Robert : 1297
Petit, Jean : 1346
Petit, Loïc : 991
Petit, Paul : 519, 535, 536, 1215
Petitin, Jean : 1482
Pétrachvili : 1183
Petrie, sir David : 1477
Petsche : 422
Peugeot : 422
Peyrefitte, Alain : 215, 289, 383, 413, 821, 1000, 1001, 1617
Peyrefitte, Roger : 1226, 1277, 1291
Peyrimhoff, Henri de : 422
Peyrouton, Marcel : 216, 992, 995, 1041, 1049, 1053
Peytavin, Emile : 126, 301
Pfannstiel : 1350
Pfeiffer-Beylin, Maïa : 181
Pflaum, Karl : 1145, 1163-1165
Phalempin, Alexandre : 604
Philip, André : 168, 369, 372, 846, 872, 873, 876, 961, 965, 1366
Philipot : 164
Philippe, Jean : 1404
Philippe, père : 378, 465
Phocyclide de Milet : 14
Pia, Pascal : 358, 1550, 1555
Piaf, Edith : 1149
Piat, Georges : 304, 305
Piat, Jean : 249
Pican, André : 639
Picaper, Jean-Paul : 1311
Picard : 700, 701
Picard, André : 404
Picard, René : 1193, 1489, 1529
Picasso, Pablo : 10, 526
Pichard, Michel : 845
Pichel : 1216
Pichon, Antonin : 1401
Pichot, Henri : 1274
Picker, Henry : 178
Picolo, Albert : 1083, 1084
Picquigny, Jean de : 127
Pieche, Giuseppe : 1251
Pieck, Wilhelm : 895
Piekenbrock, Hans : 1241
Pierre, Georges : 1431
Pierre, Léon : 1411, 1412
Pierre, Victor : 598
Pierre-Bloch, Jean : 299, 372, 603, 843, 844, 846, 861, 867, 872, 873, 875, 961, 987, 988, 1016, 1389
Pierre-Gosset, Renée : 928, 929, 939, 941, 943, 945, 991, 994, 995, 1001, 1033, 1050, 1454
Pierret, Robert : 1297
Piètri, Antoine-Marie : 1294
Piétri-Marie, François : 1291
Piette, Jacques : 360
Pie XII : 1337
Pieyre de Mandiargues : 1103
Piguet, Mgr : 644
Pihier : 407
Pike, David Wingeate : 1179, 1180
Piketty, Guillaume : 572, 573, 1617
Pilafort : 928-930, 1028
Pillet-Will, comte : 422
Pillier, André : 1031
Pillon, Collin : 115
Pineau, Christian : 127, 255, 256, 328, 340-342, 344, 358, 359, 364, 577, 581, 862, 978, 1518
Pinel : 586
Pinton, Auguste : 330, 331
Pioger, André : 172, 284
Piolot, Marc : 913, 1541
Piquet, René : 546
Piquet-Wicks, Eric : 567, 568
Pirandello, Luigi : 639
Pitard, Georges : 187
Pitoors : 304
Pivert, Marceau : 309

Pizard : 1084
Place, Georges : 1566
Plaisant, Marcel : 161, 477
Planchais, Jean : 389, 802, 1583
Planquart, Félix : 310
Plantier, Maurice : 847
Planty, Louis : 121
Platon : 329
Platon, Charles : 331, 990, 991, 1349, 1353, 1506-1511
Plessis, Bertrand du : 389
Plessis de Grénédan, Jean du : 1078
Pleven, René : 391, 722, 785, 839, 874, 875, 1285
Pleynet, Marcelin : 1557
Plichon : 422
Plissonnier, Gaston : 136, 226, 914, 1011, 1055, 1136, 1170, 1384, 1385, 1391
Ploncard d'Assac, Jacques : 1350
Plutarque : 18
Pluyaud, Henri : 1087
Pognon, Edmond : 108, 815
Poher, Alain : 221
Pohl, Oswald : 749
Poincaré, Raymond : 171
Poindessault, Jean : 1529
Poinsot : 478, 575, 1318
Point, André : 296
Poirier, Marin : 282, 518, 520
Poirot-Delpech, Bertrand : 132, 1621
Poisson : 1335
Poisson, Henri : 1364
Poliakov, Léon : 627, 628, 632, 1286
Polignac, Melchior de : 1274
Politzer, Georges : 87, 319, 415, 477, 528, 643, 909, 1576, 1623, 1625
Politzer, Maïe : 609
Polmar, Norman : 125
Polonski, Jacques : 1272
Pommarel, André : 511
Pommiès : 1405, 1462
Pompidou, Georges : 1621
Poncey, Arsène : 1413, 1414
Ponchardier, Dominique : 461, 483, 493, 494, 1369
Poncins, Léon de : 1344
Ponge, Francis : 1555, 1559, 1560
Pongratz : 645
Poniatowski, André : 1463
Poniatowski, Michel : 1002-1004
Pons, José : 1090
Pontal : 1352
Pontillon, Robert : 1189, 1191, 1192
Porch, Douglas : 37, 866
Portelli, François : 940
Portes, Hélène de : 99
Pose, Alfred : 1049-1051
Postel, Claude : 761
Postel-Vinay, André : 787
Pot : 724
Pougatch, Isaac : 1423
Pouget, Jean : 796
Poujol, Roger : 639
Poukhliakoff, Vladimir : 552, 553, 608, 1449, 1462
Poulain, Henri : 1296, 1306
Poulenc, Francis : 1577
Poulmarch, Jean : 517
Pound, Dudley : 878
Pound, Ezra : 1623
Poupot, Théo : 303
Pourkaïev, M. : 765
Pourtalet, Henri : 825, 1010, 1011
Poussard : 97
Poznanski, Renée : 1176, 1178
Prade, Georges : 1296
Pradet, Gilbert : 1299
Praingy, de : 669
Prat : 1143
Prawil : 606
Prélot, Marcel : 800, 801
Prenant, Marcel : 61, 75, 229, 230, 818, 864, 865, 1147, 1436
Préval, Pierre de : 1474
Prévan, Guy : 1562, 1563
Prévert, Jacques : 1204, 1561
Prévost : 1412
Prévost, Jean : 1160-1165, 1171, 1623, 1624
Prien, Günther : 764
Priou : 1352
Priou-Valjean, Roger : 1413
Prioux : 147
Pronteau, Jean : 36
Prost, Antoine : 354, 425, 1625
Pruja, Jacques : 1412
Prützmann, Hans : 134, 135
Pruvost, Aimable : 296

Puaud, Edgar : 1335
Puaux, Gabriel : 194
Pucheu, Denis : 1031
Pucheu, Pierre : 347, 348, 421, 517, 810, 926, 995, 1010, 1012-1016, 1039, 1040, 1042, 1047-1049, 1266, 1312, 1318, 1328, 1355, 1507, 1576
Pujadas, Jean : 1172, 1173
Pujo, Maurice : 593, 1298
Pullmer : 1249
Pulmer : 1364
Pupin, Aimé : 363, 1160, 1162
Putchona : 1181
Puxon, Grattan : 1347

Q

Quatre, Constant : 652
Quatremaire, Jacqueline : 416
Quéméneur, Yves : 546
Queneau, Raymond : 1560, 1561, 1565
Quentin, Jean : 362
Queuille, Henri : 873
Quéval, Jean : 243, 1270, 1280, 1289, 1290, 1295, 1307
Queyrat, Henri : 1332
Quilici, François : 1013, 1014
Quillet : 30

R

Rabaté, Maria : 557, 1396
Rabaté, Octave : 476, 477, 1396
Rabiah, Ali : 1018
Radecke, Wilhelm : 1228, 1229
Raeder, Erich : 998
Ragache : 1031
Rager : 1029
Ragueneau, Philippe : 1001, 1155-1158
Rahn, Rudolf : 951, 1272, 1273, 1276
Raimondi : 576
Rainat, Max : 516
Rajsfus, Maurice : 1317, 1342, 1347-1349, 1401, 1422, 1504
Rake, Denis : voir Greer, Denis
Ralite, Jack : 721
Ramadier, Paul : 168
Rambuteau, Amalric de : 621
Ramette, Arthur : 59, 79-81, 408, 894, 895, 899, 904, 1544
Ramon, Jean-Jacques : 1449
Ranoux, Roger : 1128, 1135, 1184, 1197
Raoul : 495
Raph : voir Dallidet, Léon Raymond
Raphaël-Leygues, Jacques : 1005
Rascalon : 1103
Rau, Heiner : 730
Raulo, Arnel : 648
Raulo, Paul : 648
Ravanel, Serge : 247, 327, 359, 364, 487, 829, 846, 847, 1063, 1112, 1113, 1118, 1137-1139, 1163, 1173, 1174, 1376, 1446, 1480, 1484, 1485, 1502, 1588, 1603, 1606
Ravery, Jean-Pierre : 5, 610
Ravine, Jacques : 564, 566
Ravon, Georges : 1444
Raybaud : 700, 701
Raymond, Augustin : 1297
Raymondis, abbé : 295
Raynaud, Henri : 67
Rayski, Adam : 181, 1322
Rebatet, Lucien : 162, 1059, 1282, 1295, 1296, 1300, 1302, 1303, 1305, 1307, 1308, 1339, 1508, 1624
Rebattet, Georges : 1075, 1079, 1442, 1443
Reboul : 1304, 1307, 1313
Reboux, Paul : 941
Recouly, Raymond : 1298
Réda, Jacques : 1557
Redl, Alfred : 1237
Reeve : 604
Régnier, Jean : 1080
Reibel, Charles : 101
Reichenau, von : 655
Reid, Stafford : 971
Reile, Oscar : 422, 444, 777, 920, 1231, 1239, 1240, 1333, 1371, 1459, 1519
Reiser, Heinrich : 427
Relecom, Xavier : 79
Rémond, René : 966

Rémy, colonel : 38, 205, 349, 392, 430, 437, 452, 459, 464, 480, 496, 575, 713, 717, 823, 824, 853, 855, 862, 872, 873, 897, 1170, 1381, 1387, 1388, 1394, 1399, 1400, 1455, 1462, 1465, 1512, 1520, 1523
Renaitour, Jean-Michel : 1296
Rénal, Hélène : 461, 488, 491, 618, 620, 1393
Renard, Simone : 399, 402, 415
Renaud, Jean : 914
Renaud, Victor : 1086
Renault : 271, 421, 422
Renault-Roulier, Gilbert : voir Rémy, colonel
Rendulic, Lothar : 656
René Ier d'Anjou : 879
René II, duc de Lorraine : 879
Renet, Marcel : 315, 1550
Renondeau, Gaston : 776
Renou, Gabrielle : 648
Renouard : 390
Renouvin, Jacques : 378, 643, 814, 1084
Requet, Aimé : 664, 1429
Restany, Ramon : 1449
Reverdy, Louis : 1171
Reverdy, Pierre : 1554, 1555
Revers, Georges : 313, 1080, 1587
Revesz-Long, Tibor : 1520, 1522
Révillon, Tony : 101, 367, 374
Rey : 97, 279
Reydet, Denise Eglantine : voir Ginollin, Denise
Reyl, Robert : 1518
Reynaud, Paul : 57, 72, 86, 94, 98, 99, 100, 102, 152, 163, 165, 168, 191-194, 218, 222, 601, 814, 828, 1214
Riandey : 376
Ribaud, André : 798
Ribbentrop, Joachim von : 47, 49, 51, 404, 1265, 1273, 1275
Ribemont-Dessaignes, Georges : 1560
Ribière, Henri : 358, 371, 373, 1413, 1466, 1469
Ricci : 346
Richard, G. : 105
Richard, Mme : 1080
Richard, Raymond : 691, 694
Richard, René : 984
Riche, Paul : 1297, 1347, 1559
Richelieu, cardinal de : 104
Richer, professeur : 481
Richter : 1248
Ricou, Tony : 362
Rieber, A.J. : 978
Riefensthal, Léni : 1621
Riepp : 949
Rieussec, Théophile : 591
Riffaud, Madeleine : 39, 277, 458, 469, 496, 602, 1554, 1561, 1609, 1610
Rigal, Albert : 227, 1550
Rigault, Jean : 891, 928, 938, 1033, 1036-1038
Rigou, Christian : 708
Rilke, Rainer Maria : 39
Ringot, Gaston : 1233
Riou, Gaston : 57
Rioux, Jean-Pierre : 532, 1614
Ripoche, Maurice : 309-311, 363, 381, 579
Riquet, révérend père : 1420
Ritoux-Lachaud : 389
Rives, Georges : 1080
Rives, Paul : 368, 1297
Rivet, Louis : 1241, 1450, 1453-1456
Rivet, Marcel : 1158
Rivet, Paul : 319-321, 525
Rivet, Pierre : 1235
Rivière : 168
Rivies, colonel : 1126
Rizo, Christian : 1493
Roatta, Mario : 1250, 1251, 1254, 1260, 1265
Robens, Christian : 1185
Robens ou Rahmel-Robens, Hedwig : 1185, 1186, 1188
Robert, Georges : 990, 991
Robert, Jacques : 1410
Robert, lieutenant : 735-737
Robert, Paul : 30
Robertson : 345
Robespierre, Maximilien : 613
Robichon, Jacques : 154, 260, 923
Robin, Lucienne : 230
Robinet, Gaston : 296
Robinet, Léopold : 302

Robrieux, Philippe : 77, 78, 230, 231, 613, 614
Rocard, Michel : 151
Rocca, Petru : 1366
Rocco, Alfredo : 1254, 1255
Rochat, Claude : 1100, 1101
Roche, Alexandre : 503
Roche, Pierre : 504
Roche, Samson : 1184, 1185
Rochebrune, Renaud de : 422, 1285
Rocher : voir Kercaradec, Guy de
Rochet, Waldeck : 437, 870, 914, 1127
Rochon, Henri : 336, 358
Rodellec : 991
Roemer, Bernard : 313
Roger : 587, 1462
Roger, Charles : 604
Roire, Jean : 934, 1545
Roland, (de Roncevaux) : 108
Rolland, F. : 1336
Rolland, Henri : 27, 28
Rolland, Maurice : 475
Rolland, Romain : 86, 612
Rollet, Antoine : 1029
Rollin, Louis : 102
Rollot : 694, 706
Rol-Tanguy, Henri : 5, 19, 457, 1063, 1080, 1392, 1587, 1589, 1593, 1594, 1603
Romagon, Maurice : 416
Romains, Jules : 1274
Romans-Petit, Henri : 1114-1122, 1136, 1137, 1139, 1141, 1146, 1162, 1195, 1505
Rommel, Erwin : 95, 141, 922, 932, 977, 984-986, 1039, 1115, 1582
Roncayolo, Marcel : 235
Rondenay, André : 1080
Ronin, Georges : 381, 1460
Roos, Karl : 1365
Roosevelt, Franklin Delano : 173, 759, 775, 780, 805, 907, 921, 922, 924, 927, 933, 937, 946, 958-970, 972-974, 978, 979, 984, 992, 1001, 1003, 1005, 1045, 1053, 1478, 1549
Root, Waverley : 1047-1049
Roquefort, Félix : 1086
Roquère : 388
Roquigny, Jean : 1518
Rosay, Jean : 635, 637
Rose, comte de : 946
Rosenberg, Alfred : 1050
Rosencher, Henri : 1027, 1028
Rosenthal, Jean : 1140, 1141, 1145, 1148
Rosenthal, Manuel : 1577
Rossat : 298
Rossé, Joseph : 1365
Rosselli, les frères : 308, 1251, 1257, 1328
Rossi, Alphonse : 576
Rossi, Robert : 1588
Rossi, Tino : 1292
Rossignol, Dominique : 375, 1351
Rossi-Landi, Guy : 64, 89
Rossiter, Margaret L. : 1610
Rostand, Maurice : 1297, 1300
Röthke, Heinz : 1343
Rothschild, Guy de : 72, 73, 423, 424, 789
Rottée, Lucien : 1318, 1323, 1324, 1326
Rouard, Fernand : 362
Roubaud, Jacques : 1557
Roubaud, Lucien : 1082-1086, 1091, 1112, 1375
Roubérol, Léon : 669
Roubertie : 926
Roucaute, Gabriel : 1124, 1126
Roucaute, Roger : 408
Roucayrol : 368
Rouchouze, Georges : 132
Roudaut, Georges : 648
Roudaut, Jean : 1564
Roudaut, Marie : 648
Rouffanche, Marguerite : 668
Rougerie, Claude : 714
Roujeau, Jean : 41
Roujon, Jacques : 1295
Roulleaux-Dugage, Jacques : 945, 960
Roullet, Yann : 634, 648
Roumajon, Yves : 482, 489
Rounach, Leland : 971
Rouneau : 665
Rouquet, Jean : 491
Roure, Rémy : 1121, 1536
Rousseau, Jean-Jacques : 171
Roussel : 517
Roussel, Claude : 454

Rousselier, Hubert : 359, 1126, 1588
Rousset, David : 742, 746
Rousso, Henry : 131, 132, 205, 404, 1012, 1338, 1603, 1610-1614, 1618, 1619
Roux, Albin : 302
Roux, G. : 363
Rouzé, Michel : 148, 349
Roy, Claude : 267, 1444, 1524, 1525, 1557, 1558
Roy, Jules : 795
Royaux, Paul : 296
Roycourt, Clément : 1319, 1403, 1407, 1408, 1412
Royer, Jean-Michel : 833, 834, 836
Rozand, René : 1298
Rozencher, Henri : 934
Ruchot : 671
Rude, François : 213
Rude, Fernand : 1168
Rudolph, Friedrich : 1239, 1240
Ruffin, Raymond : 28, 130, 131, 705, 1117, 1119-1122, 1137
Rundstedt, Gert von : 10, 16, 22, 128, 655, 1240, 1582
Rüplinger, Jeannette : 1468
Ruppel, Manfred : 1310
Ruppert, Werner : 586
Ruppert, Wilhelm : 644, 645
Russel, Carl : 971
Russel, Sam : 52, 80, 611, 612
Russel of Liverpool, Lord : 445
Ryan : 571

S

Sabah, Lucien : 375, 1351-1354, 1507
Sabiani, François : 1331
Sabiani, Simon : 1291, 1298, 1328, 1331, 1332
Sabin : 665
Sablon, Germaine : 437, 439
Sabouraud, Raoul : 893
Sachs, Maurice : 1624
Sadate, Anouar el- : 1359
Sadon : 669
Sadoul, Georges : 1576
Sadoul, Jacques : 220
Sahli, Cherif : 1359
Saillant, Louis : 5, 341, 342, 358, 1080, 1604, 1605, 1607
Saint Jean de la Croix : 968
Saint-Clair, Simone : 317
Sainte-Lagüe : 264, 349, 671
Saint-Exupéry, Antoine de : 94, 147, 1161, 1624
Saintier, Lucien : 1412
Saint-John Perse : 1554, 1556, 1607
Saint-Just, Louis Antoine : 327, 613, 820, 1080
Saint-Just, François de : 395, 396
Saint-Kerneur : 724
Saint-Laurens, de : 204
Saint-Loup : voir Augier, Marc
Saint-Paulien : voir Sicard, Maurice-Yvan
Saint-Pol Roux : 1623, 1624
Saint-Quentin : 959
Saint-Simon, duc de : 301, 328
Saint-Simon, colonel : 301
Saint-Vincent, de : 1007
Saive, René : 1295
Salan, Georges : 622
Salan, Raoul : 993
Salazar, Antonio de Oliveira : 101
Salengro, Roger : 589
Salez, Victor : 1531
Salgues : 304
Saliège, Jules-Géraud : 378
Salini, Laurent : 830
Salles, Mme : 1157
Salleyrette, Angèle : 83, 232, 402, 410
Salmon, Françoise : 637
Salmon, Mlle : 872
Salmon, Robert : 330, 346, 1550
Sampaix, Lucien : 518, 522-524
Samuel, Eugène : 1160
Samuel, Simon : 1160
Sanguinetti, Alexandre : 834
Sanson, René : 266
Santo, Emanuele : 1250
Sapiro, Gisèle : 1303
Saramagna, Guy : 697
Sarraut, Albert : 54, 56, 58
Sarraut, Maurice : 164, 599-601
Sartre, Jean-Paul : 1082, 1204, 1367, 1369, 1470, 1565
Sauckel, Fritz : 600, 601, 1058-1060
Sauer : 625, 626

Saumandre, René : 682
Saurat : 872
Saurin, Paul : 1051
Sauvanet, Jean : 1392
Sauvy, Alfred : 1214
Savant, Jean : 1299
Savar, Mme : 502
Savary, Michel : 753
Savaux, Roger : 604
Savin, Pierre : 1095
Savitri, Saïda : 1358
Sax, Antoinette : 582
Scamaroni, Fred : 564, 575-577, 1606
Scania : 1511, 1512
Scapini, Georges : 1274
Schafer : 644
Schakovskoy, Zinaïda : 1266
Schall, Paul : 1365
Schap, abbé : 666
Schaumburg : 509
Scheer, von : 1248
Scheler, Lucien : 1467, 1555, 1556, 1565, 1566, 1569
Schell, Walter : 795
Schenker : 1227
Scherer, André : 1222
Schiffner, Oscar : 590
Schirach, Baldur von : 155
Schleier, Rudolf : 965, 1276, 1278, 1329, 1336
Schlesser : 60
Schliessler : 1365
Schmählig : 1249
Schmidt, diplomate : 1329
Schmidt, journaliste : 742
Schmidt, lieutenant-colonel : 1248
Schmidt, Olivier : 314
Schmidt, Paul Otto : 217, 920
Schmidt, tortionnaire : 651
Schmidtke : 1267, 1268
Schmitt : 926
Schmitt, Paul : 1031
Schmittlein : 900
Schneersohn, Isaac : 727
Schneider, Eugène : 422
Schneider, Henri-Paul : 1486
Schneider, Jean : 296
Schneider, Philippe : 669
Schow : 1463
Schrodt, Jeanne : 404, 406, 407
Schroeder, von : 1048
Schulze, Otto : 998
Schumann, Maurice : 436, 871, 1065, 1114, 1143-1145, 1406, 1474, 1544
Schuster : 1521
Schutz, René : 1461
Schwantes, Gunther : 1237
Schwartzfeld : 683
Schwarzhüber : 625-627, 632
Schweininchen, von : 1248
Schwendemann, Karl : 1272
Sciou, Jean : 480
Scolari, Rino : 219
Sédouy, Alain de : 27, 700, 1149
Ségalat, André : 1488
Seghers, Pierre : 1551-1553, 1555, 1558, 1561, 1565, 1566, 1570, 1573, 1574
Seguin, Philippe : 833
Seidel, Christiane : 279
Seizo, Arizue : 1265
Semahya, Acher : 1493, 1494
Sémard, Pierre : 68, 519, 525, 526, 1625
Semelin, Jacques : 29, 37, 214, 247, 1615
Semoir : 1081
Senise, Carmine : 1255-1257
Sens-Olive : 1350
Sentis, Georges : 1180, 1181
Sérant, Paul : 1365
Sérazin, Frédo : 550
Sercot, Robert : 127
Sereau, Raymond : 1439, 1449
Séré, Maurice de : 1297
Serge : voir Pierre, Léon
Sérigny, Alain de : 937, 984, 1005, 1035, 1050, 1052, 1435, 1456
Serlin, Joseph : 598
Sérol, Albert : 57, 86, 168
Sérot, André : 1002
Serpeille de Gobineau, Clément : 1296, 1344, 1346
Serrand, Marguerite : 1080
Serre : 587
Serre, Charles : 50, 58, 92-94, 96, 101, 102, 146, 148, 161, 189, 927, 950, 1437
Serre, René : 1206
Serreulles, Claude : 687, 868, 1606

Serreulles, Jeannine : 868
Servan-Schreiber, Emile : 1468
Servin, Marcel : 408
Seth, Ronald : 1236
Seuret, Léonce : 511, 1423
Sévenet, Henri : 1112
Sevez, François : 1589
Sévigné, Madame de : 1370
Sézille : 1346
Sheen, H.G. : 134
Sheila : 583
Sherman, Forrest : 1478
Shih Mei-yu : 1265
Shipley White, Dorothy : 1543
Shirer, William : 92
Short, Walter C. : 773
Sicard, Maurice-Yvan : 600, 1296, 1500
Sicard de Plauzolles : 557
Sidos : 708
Sidos, François : 1351-1353
Sidos, Jacques : 1351-1353
Sieburg, Friedrich : 1276
Siegfried, André : 820, 1543
Sieyès, abbé : 613
Signor, Alain : 909
Silvani, Paul : 1366
Silvestre, Paul : 1071
Simenel, Georges : 304
Simon : 284
Simon, Jean : 214
Simon, Pierre-Henri : 474, 799
Simoneau, Léon : 1460, 1461
Simoni : 1335
Sinervo, Elvi : 1551
Singher : 284
Sitbon, Guy : 686
Sivadon, Jeanne : 362, 555
Siwek-Pouydesseau, Jeanne : 1311
Skorzeny, Otto : 133
Skoutelsky, Rémi : 425
Slansky, Rudolf : 1193
Slitinsky, Michel : 151, 705, 706
Smaili, Ahmed : 1019
Smith, Patrick : 197
Snyder, Louis L. : 133, 134
Socrate : 675
Sogno, Edgardo : 1546
Soitel, E. : 501
Solages, Mgr de : 1445
Solomon, Hélène : 528
Solomon, I. : 527
Solomon, Jacques : 477, 519, 527, 528, 1576
Soltikov, Michael : 679
Sommer, Mme : 551
Son, Jean : 113
Sonneville, Pierre : 38, 169, 917, 991, 1005, 1381
Sontag, Jeannine : 650
Sordet, Dominique : 1294, 1328, 1464, 1543
Sörensen, Poul : 1551
Sorge, Richard : 892, 1260
Sorlin, Odette : 682
Soudeille, Jean : 330, 331
Soukhomline, Vassili : 243, 367, 406, 412
Soulès, Georges : voir Abellio, Raymond
Soulingeas : 237
Soupault, Philippe : 1555, 1560
Soupault, Ralph : 1296, 1346
Soupé, Fernand : 1501
Soustelle, Antonin : 302
Soustelle, Fernand : 302
Soustelle, Jacques : 38, 321, 390, 578, 682, 814, 823, 839, 840, 845, 859, 871, 889, 917, 918, 942, 1019, 1022, 1026, 1027, 1030, 1031, 1034, 1035, 1038, 1040-1043, 1168, 1170, 1456, 1490, 1521
Southgate, Maurice : 1377, 1378
Soutine, Chaïm : 1305
Souvorov, Alexandre : 922
Spaak, Suzanne : 533
Spanien : 337, 338
Spears, Edward : 193, 197, 782
Speer, Albert : 154-156
Sperrle, Hugo : 655, 656
Spiljak, Mika : 795
Spinasse, Charles : 368, 1278, 1296
Spinelli, Paul : 484-486
Spirito, François : 1291, 1298, 1417
Spiro, Edward : voir Cookridge, E.H.
Staff, Ilse : 470
Staline, Joseph : 13, 22, 47, 49-51, 53, 59, 78, 759, 765, 766, 769, 770, 772, 882, 879, 904, 907,

921, 922, 933, 958, 968, 969, 976-980, 992, 1549, 1580
Standley : 970
Starobinski, Jean : 1567
Staunton, major, alias Liewer, Philippe : 1126
Stead, Philippe John : 1449, 1457, 1458, 1463
Steel, James : 439, 1574
Stefan, Mlle : 1273
Stehlin, Paul : 100
Steinberg, Lucien : 705, 1234, 1244, 1275, 1317, 1445
Steinhardt : 970
Steinhauer, Gustave : 1237
Steinmuller, Marcel : 1081
Stendhal : 1161
Stengritt, Harry : 694
Stévenin, Georges : 1087
Stibbe, Pierre : 309
Stieber, Wilhelm : 1236, 1237
Stilles : 645
Stock, Franz : 509-511, 721
Stokes, Donald : 762
Striefler, Ernst : 1188
Stroccius ou Streccius : 506
Stromboni, Inge : 1092
Struye : 795
Stuckart, Wilhelm : 177, 178
Stülpnagel, Karl-Heinrich et Otto von : 506, 1240, 1301
Suardo, Giacomo : 1255
Suarez, Georges : 261, 1269, 1296, 1300, 1336
Sudre, Aimé : 1589
Sudreau, Pierre : 299, 1245
Sueur : 635
Suhard, Emmanuel : 1211, 1495, 1496, 1506
Suhr : 1249
Suhren : 625, 627
Sulzberger, Cyrus L. : 788, 795
Supervielle, Jules : 1554, 1557
Suret-Canale, Jean : 235, 1128
Svalbova, Manca : 642
Szkolnikoff : 1277

T

Tabouis, Geneviève : 931, 932
Taft : 1031
Tailhade : 372
Taillandier, Marcel : 605, 606, 1449
Taittinger, Pierre : 396
Takebe, Yoko : 1263
Taldir-Jaffrennou : 1336
Talleyrand, Charles Maurice de : 672, 701, 842, 994, 1003
Tamburini, Tullio : 1256
Tanchot : 724
Tanguy : 1532
Tanguy, Yves : 1558
Tanzmann : 1249
Tarbé de Saint-Hardouin, Jacques : 50, 1033, 1035, 1036
Tardieu, Jean : 1554, 1559, 1561, 1572, 1574
Tattevin, Maurice : 282
Taubmann, Michel : 1132
Taubregeas : 724
Taurines : 157
Taylor, Edmond : 1004
Taylor, Telford : 147, 655
Tchemkel : 1183
Teissier, Gaston : 358
Teitgen, Pierre-Henri : 39, 335, 812, 1029, 1316
Temerson, Henri : 1331
Temime, Emile : 929
Terkel, Studs : 35
Terrenoire, Louis : 1444
Terrisse, René : 708, 709
Terrou, Fernand : 1277
Terwagne, Anne-Josèphe : voir Théroigne de Méricourt
Tessan, François de : 639
Tessier, Andrée : 226
Tessier, Gaston : 341, 342
Tétard, Jeanne : 78
Tétaud : 539
Tête : 724
Tetsch : 666
Teulade, Jules : 1296
Texcier, Jean : 185, 241, 243, 259, 358, 982, 983, 1049, 1050, 1222, 1538, 1550, 1555
Thalberg : 1305
Thémoin : 872
Theollevre, Jean-Marc : 1281
Thérive, André : 1273, 1295, 1300
Théroigne de Méricourt : 337
Théry, père : 1030

Théus, Léon : 1406, 1410
Thévenin, Hervé : 973
Thévenon : 1117
Thibaud, Henri : 753
Thibaud, Paul : 1620
Thiébaut : 1461
Thierry : 529
Thierry, Maurice : 197
Thierry d'Argenlieu, Georges : 392, 834
Thiers, Adolphe : 127, 249
Thinières, André : 699
Thirault, Daniel : 685
Thiriez : 422
Thomas, commissaire du gouvernement : 1221, 1309
Thomas, Edith : 560, 1554, 1555, 1576
Thomas, Eugène : 299, 1101
Thomas, Louis : 1297
Thomas, SS-Brigadeführer : 1248, 1331
Thomas, substitut général : 1131
Thompson, J.W. : 1236
Thorez, Aurore : 614, 616, 617
Thorez, Jean : 821
Thorez, Louis : 68
Thorez, Maurice : 54, 58, 63, 64, 67-69, 71, 75-81, 101, 123, 192, 212, 219-227, 229-234, 261, 370, 385, 401, 402, 404, 408, 410, 417, 419, 428, 434, 611-614, 617, 821, 893-897, 899-906, 914, 915, 937, 1045, 1046, 1125, 1127, 1395, 1494, 1498, 1526, 1595, 1596
Thorez junior, Maurice : 615
Thorez-Vermeersch, Jeannette : 77, 78, 231, 896
Thouroude : 724
Thouvenin, Jean : 1296
Thozet, Pierre : 608
Thuliez, Louise : 124
Thurotte, Pierre : 1328
Thyraud de Vosjoli, Philippe : 1469
Tichit, Jean : 1532
Tiersky, Ronald : 907, 908
Tillion, Germaine : 284, 290, 319, 1606
Tillon, Charles : 38, 111, 136, 185, 229, 238, 239, 275, 280, 416, 428, 431, 829, 855, 856, 864, 865, 893, 897, 1011, 1057, 1077, 1127, 1170, 1197, 1198, 1377, 1379, 1385, 1452, 1482, 1487, 1488, 1512, 1523, 1524, 1596
Timbaud, Jean-Pierre : 517, 518, 520, 1625, 1626
Tirand, Roger : 226, 227
Tiso, Josef Mgr : 1189
Tissier : 844
Tissier, Pierre : 1440
Tissot, Noël de : 1339
Tito, Josip Broz : 823, 958, 1130, 1136, 1198
Tixier, Adrien : 372, 932, 965, 1595
Tixier-Vignancour, Jean-Louis : 160
Toanen, Robert, alias Ercoli : 1357
Togliatti, Palmiro : 895, 907
Tollet, André : 412, 415, 418, 788, 893, 912, 1473, 1493, 1586, 1590-1592, 1594
Tomasini, Dominique : 484-486
Tompkins, Peter : 960, 1046-1050
Torquemada, Tomás de : 470, 853
Torricini, Paul : 1410
Tortora : 484-486
Toscane, Jean : 1434
Toschi, Vicenzo : 1252
Tostain : 1027
Touchard, Georges : 1449
Toudic, Yves : 1626
Toudouze, Georges G. : 110, 111
Toulouse-Lautrec, amiral : 519
Touny, Alfred : 348, 356, 699, 1079, 1080, 1518
Tourenne, Roger : 1089
Tournemaine : 1411
Tournemire, Guillaume de : 1443-1445
Tournier : 1001
Tournou : 372
Tournoux, Jean-Raymond : 594, 595, 977, 1444, 1452
Touvier, Paul : 598, 1339, 1342, 1602, 1624
Touzet du Vigier, Jean : 382, 1589
Toynbee, Arnold : 192
Tracou : 991
Tramier, Albert : 300
Tramoni : 1092
Tramu : 1335

Tréand, Maurice : 67-69, 79-81, 232, 400-402, 404, 406-410, 460, 611, 901
Trégot, Léon : 1485
Trellu, Xavier : 1532
Trentin, Silvio : 307, 308
Trepper, Léopold : 608
Triboulet, Raymond : 1388
Tricot, chanoine : 997, 1300
Tringali-Casanova, Antonio : 1255
Triolet, Elsa : 1546
Tripiccione : 1252
Trochu, Charles : 1294, 1336
Trolley de Prévaux, Jacques : 566
Trommer : 625, 626
Trompier, Marcel : 1214
Trotobas, Michaël : 603, 604, 608, 1477-1479
Truc, Gonzague : 1296
Truchet, André : 947, 980
Trzebrucki : 539, 540
Tsiritch, Svetislav : 304
Tsybina, K. : 908, 975, 980
Tubert, Paul : 358, 1029
Tuck, Pinckney : 965
Tuquoi, Jean-Pierre : 328, 437, 440
Turckheim, de : 422
Turenne : 778
Turner : 404
Turrou, Léon G. : 957, 971
Tyrrell, Lord : 872
Tyszelman, Samuel : 1494, 1497
Tzara, Tristan : 1554, 1559, 1560

U

Unik, Pierre : 1561
Urban, André : 1421, 1426, 1509, 1510
Urbini : 1501
Urman, Claude : 1292
Utter, John : 971

V

Vacher : 566
Vacher de la Pouge, Claude : 1344, 1346
Vadim, Roger : 1219
Vadon, Jacques : 296
Vailland, Roger : 30, 455, 754, 1550
Vaillant-Couturier, Marie-Claude : 70, 445, 620, 642, 643
Vaillant-Couturier, Paul : 523, 557
Vaillard, Auguste : 1535
Valentin, François : 1041
Valentin, Paul-Louis : voir Marcenac, Jean
Valeri, Valério Mgr : 812
Valéry, Paul : 1557
Valette : 666
Valette-Viallard : 422
Valignat, Fernande : 731
Valin, Martial : 1209
Vallat, Xavier : 1344, 1345
Vallery-Radot, Robert : 1216, 1350
Vallet : 1019, 1020
Vallette d'Osia, Jean : 1139-1141
Valley, Emile : 608, 718
Vallier : 1432
Vallier, Jean : 131
Vallin, Charles : 703, 813, 814, 823, 1081
Vallon, Louis : 358, 372, 834, 835, 845, 846, 861, 1015
Valmary : 666
Valois, Georges : 331, 347, 635, 637
Valois, Jean : 573, 589, 590
Van Hecke, Alphonse : 947, 955, 956, 971, 991, 1030, 1033-1035
Van Moerbèke, Oscar : 665
Van Moppès, Maurice : 868
Van Wolput, Albert : 249
Vandeputte, Victor : 341, 342
Vande-Voorde, Achille : 78
Vandœuvre, Jacques de : 389
Vandromme, Pol : 1303
Vanhove, Gaston : 308
Vankemmel, Georges : 309
Vannière, Lucien : 1103
Vaquer, Louis : 308
Varaigne, capitaine : 122
Varin, Jacques : 64, 1489, 1510, 1511, 1526
Vartier, Jean : 297
Vaudoyer, Jean-Louis : 1304
Vaugelas, Jean de : 1339
Vavasseur, Georges : 331
Vaysse, Albert : 986
Veasy Strong, George : 1478

Védraine, André : 650
Védy, Gilbert : 311, 579
Veillon, Dominique : 320, 330, 350, 351, 353, 354, 364, 869, 1069, 1071, 1110, 1159, 1160, 1603
Vellaud, Paul : 639, 1449
Vellay, André : 248
Venner, Dominique : 707, 1014, 1164
Venturini, Victor : 587
Véran, Géo-Charles : 1295
Vercel, Roger : 1299
Verchère, de : 1349
Vercingétorix : 106-108, 602, 1605
Vercors : 398, 414, 1277, 1543, 1558, 1559, 1572, 1574
Vercruysse : 517
Verdet, André : 1568
Verdier : 1019
Verdier, capitaine : 701
Verdier, Robert : 241, 367, 370, 371, 374
Verger, Emile : 1530
Vergès, Jacques : 175, 691
Vérin, Léon : 1013
Vernant, Jean-Pierre : 362, 363, 1606
Verneau, Jean-Edouard : 1434, 1437, 1462
Vernet, Horace : 1553
Vernet, Jean : 1101
Vernet, Raymond : 1101
Verneuil, Lafont alias : 1371, 1462
Verneyras, Paul : 358
Vernière : 494
Verny, Charles : 360
Véron : 92, 146
Vertier : 929
Veyrac, Mme de : 208
Veyrat, Jean : 1164
Veyrenche, André : 1448
Viannay, Philippe : 39, 169, 329, 330, 346, 360, 380, 446, 713, 858, 1499, 1546, 1599
Viansson-Ponté, Pierre : 835
Viard, Paul-Emile : 1029
Vibray, Régis de : 1274
Vidal : 237
Vidalenc, Jean : 170, 445, 1225
Vidalie : 511
Vidal-Naquet, Pierre : 40, 475
Vidilles, Yvonne : 667
Vielzeuf, Aimé : 104, 1095, 1102-1104
Viénot, Pierre : 873, 874
Viernaud : 376
Vigier, Jean-Louis : 139, 264, 284, 382, 457, 813, 862, 1131, 1387
Vignocchi : 576
Vigouroux, Paul : 1297
Vildé, Boris : 185, 251-253, 318-323, 518, 524, 525, 681, 1606, 1627
Vildrac, Charles : 636
Villain, Raoul : 636
Villaplane, Alex : 1359
Villard : 141
Villatte : 662, 663
Villefosse, Louis de : 217
Villehardouin, Geoffroi de : 215
Villeneuve, de : 1434, 1460
Villeré, Hervé : 538, 539, 722
Villette, Pierre, alias Dorsay : 1296
Villon, François : 114
Villon, Pierre : 38, 415, 417, 419, 435, 1061, 1079, 1080, 1198, 1553, 1586
Vilmorin, de : 1031
Vilner, Noé : 621
Vinatrel, Guy : 1299
Vincent : 492
Vincent, dit Vic : 1097
Vincent, Maurice : 1402
Vincentanne, Stéphane : 1231
Vinciguerra, Simon : 1092
Viorst, Milton : 949, 963, 966
Viré : 1023
Virel, Henri de : 1080
Virieu, de : 1438
Virlouvet : 888
Vistel, Alban : 39, 212, 235, 236, 247, 325, 327, 331-333, 335, 355, 356, 358, 363, 376, 531, 796, 799, 879, 1138, 1160, 1407
Vitiello : 724
Vittori, Jean-Pierre : 1059, 1064, 1069
Vivien : 724
Vivier, Roger : 1531
Vlassov, Andreï : 1111, 1179-1182, 1192
Vogüé, Jean de : 1056, 1080, 1586

Voisin : 719, 720
Volkonski, Tamara : 1182, 1184
Vollet, Robert : 5, 410, 411, 561, 608, 1057, 1132, 1320, 1623
Voltaire : 1370
Vomécourt, Philippe de : 1397, 1398, 1422
Vomécourt, Pierre de : 679, 680
Vorms, Pierre : 1518, 1519
Voronca, Ilarie : 1555
Vos, Raymond de : 1296
Vuillermoz, Emile : 1299

W

Wagner : 607
Wagner, Richard : 531
Wagner, Robert : 175, 176, 1365
Wallon, Armand : 1136
Wallon, Henri : 414
Walter : 1102
Walter, Rémy : voir Marcenac, Jean
Warin, Roger : voir Wybot, Roger
Warlimont, Walter : 23, 179
Warr, Lord de la : 872
Weber, lieutenant : 404, 407, 1269, 1270
Weibel, Antoinette : 609, 611
Weichs, Maximilien von : 655
Weil, René-Georges : 575
Weilbacher, Henri : 1409
Weil-Curiel, André : 371, 525, 681, 1274, 1289, 1329, 1344
Weill, Joseph : 727-729
Weill, Nicolas : 611
Weill, Robert : 389
Weiner, Elisabeth : 1563
Weispfenning, Walter : 764
Weiss, Louise : 99
Weiss, Pierre : 1013
Weizsäcker, Ernst von : 768
Welczeck, comte : 46
Wellers, Georges : 1346
Welles, Sumner : 959
Wendel, Humbert de : 45, 422
Werth, Alexandre : 770, 771, 887, 907
Westphal : 1249
Wetterwald, François : 740, 744, 748
Weyer : 1361
Weygand, Maxime : 98-102, 152, 160-163, 191, 203, 204, 215, 217, 222, 699, 711, 857, 928, 937, 942-953, 958-960, 965, 981, 983, 984, 990, 992, 1008, 1019-1022, 1036, 1038-1040, 1045, 1047, 1449
Wieviorka, Olivier : 38, 39, 161, 329, 350-354, 713, 714, 1603, 1616
Wilkie, Wendell : 968
Willard, Claude : 50, 109, 1526
Willard, Germaine : 62, 70, 85, 109, 123, 192, 219, 233, 412, 419, 426, 829, 907, 1531
Willard, Marcel : 86, 953
Wills, Elder : 1483, 1484
Wilson, Woodrov : 782
Windell, Ludwig : 1236
Winkler, Paul : 1047
Winock, Michel : 833
Winter, Paul : 312, 313
Witt : 659
Wodli, Georges : 635, 1396, 1531
Wojtkiewicz, Jerzy : 679
Wolf, Dieter : 1282
Wolff, Charles : 561, 562
Wolff, Karl : 1544
Wolfsohn, Robert : 555-557
Wolowski : 122
Wolton, Thierry : 1620, 1621
Woodruff, Harry : 971
Woog, Georges : 541
Wormser, Olivier : 171
Wormser-Migot, Olga : 618, 619, 632
Wright, Gordon : 766
Wurmann : 1023
Wurmser, André : 261
Wybot, Roger : 571, 845, 861, 1399, 1400, 1453

Y

Yamada, Otozou : 472, 1259, 1263
Yamamoto : 1260
Yassine, Abderrahmane : 1358, 1359
Ybarnégaray, Jean : 1442

Yeo-Thomas, Forest Frederick Edward : 569, 1515
Young, Gordon : 678
Yvon : 284

Z

Zaksas, Gilbert : 308
Zalnikov, Fernand : 40, 1317, 1493
Zanon, Joseph : 503
Zarapoff : 359
Zaret, H. : 443
Zay, Jean : 47, 375, 589, 600, 601, 637, 1623
Zeitschel, Carltheo : 1276, 1343
Zeitzler : 1544
Zeller, Henri : 1462
Zemmour, Eric : 832
Zerafa : 319
Zérapha, Georges : 358
Zerniki : 1236
Zervos, Christian : 532
Zinnsz, Marcelle : 1280
Zirnheld, Jules : 341, 342
Zola, Emile : 134
Zoretti, Ludovic : 369
Zschech, Peter : 764
Zucarelli, Guy : 1296
Zyromski, Jean : 366, 367

Du même auteur

SUZANNE, poème ; Editions Pierre Seghers, 1950.

L'ELÉPHANT BLANC, poème, illustré par Jean Effel ; hors commerce, 1950.

LA VIE D'ALEXANDRE DUMAS RACONTÉE PAR ALEXANDRE DUMAS ; préface de Raymond Dumay ; Editions René Julliard, 1953.

COMPLOT, poème, illustré par Mitelberg ; Editions Art Vulc, 1953.

CAMARADE SORGE, avec Nicole Chatel, documentaire ; postface d'Yves Ciampi ; Editions Julliard, 1965.

UN BON DÉPART, roman ; Editions Christian Bourgois, 1967.

LE GÉNÉRAL GRIS, documentaire ; Editions Julliard, 1968.

QU'EST-CE QUE LA C.I.A. ?, documentaire ; Editions Sociales, 1968.

LES COMMANDOS DE LA GUERRE FROIDE, documentaire ; Editions Julliard, 1969.

COMPLÉMENTS AU PORTRAIT D'ANITA G., récit ; Editions Christian Bourgois, 1970.

LA RÉSISTANCE (1930-1950), chronique illustrée en cinq volumes ; préfaces de Louis Saillant, Jacques Debû-Bridel, Marie-Madeleine Fourcade, Jacques Bounin et Henri Rol-Tanguy ; postface de Robert Vollet ; Edtions Livre-Club Diderot, 1972-1976.

NOTES CONFIÉES À ELISABETH W., récit ; Editions Christian Bourgois, 1975.

LES GENS DE LA C.I.A., documentaire, avec la collaboration de Jacques Varin ; Editions Sociales, 1980.

HISTOIRE DE LA MORT d'ELISABETH W., récit ; hors commerce, 1983.

LE DIABLE EST-IL BULGARE ?, documentaire ; Editions Sofia Presse, 1985.

COSMOS BRASERO, élégies ; Editions Le Temps des Cerises (Prix Paul Verlaine 2003 de l'Académie Française), 2002.

LES DITS DU MEUNIER, églogues ; préface de Charles Dobzynski ; Editions Le Temps des Cerises, 2006.

100 POÈMES DE LA RÉSISTANCE, choix et présentation ; Editions Omnibus, 2008.

L'ANGE ET L'ESPION, fables ; avant-propos de Jacques Vergès ; dessins de Georges Wolinski ; Editions Le Temps des Cerises, 2009.

Table des matières

Préface, par Marie-Madeleine Fourcade 7
Préface, par Henri Rol-Tanguy 19

INTRODUCTION : LES PARADOXES DU RÉSISTANT
Où, malgré tant d'exemples bouleversants et de références pittoresques, la nature de la Résistance et la personnalité des résistants s'avèrent difficiles à définir 27

Le cheval et le chêne – « Un peuple non conquis dans un pays conquis » – Des cartes de différentes couleurs – « Chacun sa guerre »... et chacun son après-guerre – Le prénom du poète – Les gâteaux du « Dupont-Bastille »

PREMIÈRE PARTIE
UNE RÉVOLTE TRÈS ORGANISÉE

CHAPITRE PREMIER : « Plutôt Hitler que... »
Où un simple slogan situe bien des gens et explique bien des choses... 45

« Des hordes de cosaques et de mongols » – Les deux dossiers du Pacte – Un stress en profondeur sous une rafale de décrets-lois – Parti dissous, maires suspendus, militants incarcérés, citoyens déchus... – Le « décret Sérol » – Cette « foi de charbonnier » des « convaincus » – Les désemparés – Le cas de Maurice Honel – Les affectés spéciaux et les grabataires – « La mort au champ d'honneur » par blessure dans le dos – Le poète et le baron – Ceux qu'on laisse patauger dans l'ennui – Maurice et le pot au lait – Une clandestinité bruxelloise – A Besançon, une marchande de fromages – « La Chambre est invitée à voter la déchéance... »

CHAPITRE DEUX : LA FRANCE ABASOURDIE
Où, en succédant à la « drôle de guerre », la « Blitzkrieg » transforme les Français en « un peuple de somnambules » 89

« Funny war » et « phoney war » – « Une guerre sans champ de bataille » – « Les Allemands vont vite... Les Français vont mal. » – La maladie militaire – Le mensonge du château de Cangé

CHAPITRE TROIS : L'EXEMPLE VENAIT DE LOIN...
Où l'histoire de France offre aux résistants un grand choix d'ancêtres, dont la plupart valent le détour, mais où, ensuite, perversions et imitations sont attristantes 103

Quand les Volces Arécomiques « dégringolaient » sur les éléphants d'Annibal – Les « Français reniés » – Le Grand Ferré – Du Guesclin et « la guerre de partisans » en forêt de Brocéliande – « Enfouies devant le gibet toutes vives » – Francs-tireurs champenois et lorrains contre le duc de Brunswick – Quand Victor Hugo appelait à « l'effrayante bataille de la patrie »... – Les « échappés de Sedan » et leurs « corps volants de guérillas » – Une « résistante exécutée » en 1915 – Et les Camisards ? Et les Chouans ? – « Méfiez-vous des contrefaçons » – Des écoles aux noms de fleurs – Entre trois cents et quelques dizaines... – Les « loups-garous » du SS-Obergruppenführer – « Nous sommes les nouveaux partisans ! »

CHAPITRE QUATRE : À CHACUN SA BOUSSOLE
Où Hitler descend les Champs-Elysées et Pétain investit le Grand Casino, tandis qu'après quelques cruels barouds d'honneur, les Français qui ne sont pas PG en Allemagne ont des problèmes d'orientation 138

Le chasseur Fournol et le chasseur Darteil – « Les jardins sont remplis de cadavres... » – Les « canonniers des profondeurs » et les « scaphandriers des collines » – Ces généraux morts les armes à la main... – Stock d'eau lourde et stock d'or – Quand le chef du blocus organise l'évasion des inventions... – Le « plus grand et plus beau » jour de la vie de Hitler – L'hallucination des « poissardes rondelettes » – C'était « la Chambre du Front populaire » – La peur des « bandes de Doriot » et des « soldats de Weygand » – Avec les yeux de Marie-Benoîte... – « Il est Christ... » – « Sa moustache a l'impeccable blancheur de la vertu » – Derrière les paravents de l'« Etat français » et de la « Révolution nationale » – « Le grand rendez-vous des épaves » – Les massacres de tirailleurs sénégalais – Les « bérets basques » interdits au « peuple de cochons » – Le plan du docteur Stuckart – Des « conseillers en pillage » – « Sur un mur blanc, en plein soleil... »

CHAPITRE CINQ : LES APPELS
Où il semble que, si l'on salue celui du 18 juin et conteste celui du 10 juillet, on a trop tendance à ignorer ou méconnaître tous les autres appels à la Résistance lancés en 1940.. 184

Dunkerque... « pièges de tonnerre et d'écume » – Quand Pétain appelle à la non-résistance... – Le 18 juin, comme le 14 juillet ou le

11 novembre – « Sans romantisme et sans difficulté... » – Dans une garçonnière près de Hyde Park – Dactylo du destin – « Sous la botte allemande et l'escarpin italien... » – En France, en 1940, cinq millions quatre-vingt-huit mille sept cent quarante postes de TSF – Mandat d'arrêt « contre le nommé de Gaulle (Charles-André-Joseph-Marie) » – Sur le marché de Locminé – « De bordel à bordel » – « Une pensée d'abrupt refus de la défaite » – « Un dissident et un désobéissant » – Ce qu'en pense Adolf Hitler... – « Des camarades l'ont distribué... » – 10 juillet 1940... Une date controversée – « Ni les généraux battus, ni les affairistes, ni les politiciens tarés... » – Voix rocailleuse et sourire caustique – En plein après-midi, sur le Marché aux Puces de Montreuil – « Une promenade en bateau sur la Moskova » – « Epouilleurs de mots » et « boueux de l'histoire » – La dé-« mythification » – Les premières « bouteilles à la mer » – Une procédure de béatification – Le mutin et le général – Un « petit manuel de dignité » – « Sommes-nous assez conscients de nos poètes ? » – Les appels du général Cochet – « L'aspirateur hitlérien vide le pays en moins de rien » – Les « Poignées de vérités » d'Hubert Beuve-Méry – « Résister ! C'est le cri qui sort de votre cœur... »

CHAPITRE SIX : L'IMPOSSIBLE INVENTAIRE
Où Robin des Bois, Don Quichotte et Fanfan la Tulipe rejoignent les « frères insurgés » ; où les solitaires et les sans-nom entrent dans l'Armée volontaire, et où l'on parle d'« une infinité de cristaux » 254

« Il avait prononcé le mot... » – Une bousculade à l'échelle d'une nation – « Des tracts naissent dans la poche du badaud... » – Comptes, décomptes et mécomptes – Différences entre les deux « zones » – La statue, le tabernacle et la vésicule – Les œufs pourris de la Sorbonne – L'humour en guerre – « A l'eau et au pain sec » – Etienne Achavanne, premier martyr de la Résistance ? – Entre « câbles coupés » et « voies ferrées endommagées » – Ravitaillés en armes par les égoutiers – Des objets venus du futur – « Une infinité de cristaux » – Une véritable France souterraine – Les statistiques du ministère – « Un Français sur cent », selon de Gaulle – Les « groupes sans nom » – A Roubaix, « Action 40 »... – « Les Ardents » chez les traminots clermontois – L'exemple du Vaucluse – Quand Bibendum défiait la Gestapo... – « Le Vagabond bien-aimé » contre l'Organisation Todt – Fougue et illusions de l'« Armée volontaire » – La librairie de la rue du Languedoc – La singulière silhouette de Maurice Ripoche – En tête à tête avec Pétain – L'« histoire rocambolesque » du parachuté de Besse-en-Chandesse

CHAPITRE SEPT : LES ARCHITECTES DE L'ACTION
Où le mot « mouvement » prend tout son sens............ 316

La maquette des mouvements à venir – « L'aspect d'un dieu nordique » – Combat, Libération, Défense de la France, Franc-Tireur et l'OCM – Les « grands féodaux » – Un « anarchiste en escarpins » très « dévoué au bien public » – La causticité, l'ironie corrosive... – « Par la grâce de la Police du Maréchal... » – « Une amie de longue date, Berty... » – Autour de François de Menthon – Un vers d'Apollinaire comme mot de passe – Le manifeste des douze syndicalistes – Deux tisserands, deux employés de banque, un traminot, un douanier, etc. – Les images religieuses du « Capitaine Brécourt » – Un an pour résister et deux ans pour mourir – Quelques chiffres – « Une fronde mondaine » que « beaucoup signeront avec leur sang » – « La clandestinité redistribue les cartes... » – « Les phosphorants » et « les cavaliers » – L'« Inconnu n° 5 » qui « repose à la Sorbonne » – La « princesse Je-ne-sais-rien » – La formation de groupes armés – La guérilla de l'horloger Deleule – Les mots terribles de Léon Blum – « Nous ne leur avons jamais pardonné... » – Les paradoxes d'un éparpillement – « Ne pas laisser s'éteindre la flamme du socialisme... » – Le martyrologe des francs-maçons – Entre Résistance et repentance – Soudain, des millions d'apatrides – « A condition que Pétain fût dans le coup » – Comme Grand Architecte, « Charles-le-seul » ne fut pas longtemps seul – Dans « L'Œuvre » des 2 et 4 mars 1941 – « Artisans de la dignité humaine » et « pionniers de l'imaginaire » – Une cuisinière, une danseuse de cabaret, une vendeuse de Lancel, une Norvégienne de Paris... – Bientôt réunir « France libre » et « France captive » dans la nouvelle « France combattante » – Le texte de Lénine sur la Douma d'Etat – Des « radios noires » – Quand Clemenceau refusait de décorer... – « Tu feras ce que le Parti te dit ! » – On l'appelait « le gros Maurice » – Des émissaires intermédiaires – Les appréhendés de la porte Saint-Martin – Hourvari au Palais-Bourbon – « Mais, monsieur, c'était vrai ! » – Une bombe à retardement – « Réorganiser nos planques, trouver des machines à ronéotyper... » – Le mythe d'Antée – Les « comités populaires » – « La bonne tenue de la Bourse, étonnante mais logique... » – Le poète et le baron (suite) – « Détruire le communisme » à la SNCF – « Ils veulent nous tuer tous... » – « Un homme avec une barbe, très médecin de campagne... » – Le rôle des « cadres » – Puis l'OS, puis les FTPF...

CHAPITRE HUIT : UNDERGROUND SONG
Où l'on se souvient du titre anglais du *Chant des partisans*, composé à Londres, et de l'extraordinaire dimension qu'ont bientôt prise ces couplets... 436

« Sur un piano désaccordé... » – Avec « Le Chant », « La Complainte »... – L'hymne et le « tube » – Une époque manichéenne – « L'ennemi et ses complices tentent de nous frapper de terreur... »

DEUXIÈME PARTIE
DU CÔTÉ DES BOURREAUX

CHAPITRE PREMIER : LE DANGER
Où règne une angoisse, une « peur flottante », dont il est aujourd'hui difficile de prendre la mesure 449

« Ces vingt mille heures d'angoisse » – Le petit vieux et les fourmis rouges – « Comme dans un abîme liquide et sans fond » – « Si, si, dit de Gaulle, dans ce métier-là, on se fait toujours pincer... » – « La peur flottante, les nuits de la petite mort... »

CHAPITRE DEUX : LA TORTURE
Où, en suivant les abominables calvaires de tant de clandestins capturés, on se pose et repose toujours la même question : et si c'était à moi qu'on arrachait les ongles ? .. 463

La terrorisante mise en scène de l'arrestation – La thèse des « quarante-huit heures » ou le principe de dénégation ? – Conférence à Berlin pour codifier la torture – « La torture est utile... » – Les trois fonctions de la torture – « Il est entré ici arrogant, il en est sorti en rampant... » – « J'ai avoué de faux attentats, sans me souvenir de rien ensuite... » – Le supplice de « la baignoire » – L'ombre de l'inavouable – Un refus viscéral du souvenir – « Ils m'ont arraché tous les ongles des pieds... » – « En gueulant, on encaisse mieux... » – « J'avais le sentiment de les rouler », dit l'un, et « je jouais comme aux échecs », dit l'autre... – « Il y avait une espèce de presse où ils leur mettaient les doigts... » – Et « ceux qui ont parlé » ?

CHAPITRE TROIS : LA MORT
Où la mort est omniprésente, devant le peloton et sous le couperet, quand le cyanure arrête la torture et quand la torture s'emballe, durant les pendaisons en musique et face à la machine infernale de Montélimar, dans les chambres à gaz et dans les rues des différents Oradour... 497

A Nuremberg, le document F-274 – Le massacre du Vert-Galant – Le premier fusillé – Le « code des otages » – L'inanité de la notion d'innocence – « On vient fusiller Untel et Untel, préparez les cercueils ! » – « J'ai craché la balle du coup de grâce... » – Les gens de Vichy chargés d'essuyer le sang – « Ils sont appuyés contre le ciel » – L'« entêtement » du comte Honoré d'Estienne d'Orves – La « Ballade de celui qui chanta dans les supplices » – « Etre fusillé sera un aboutissement logique... » – « En souvenir de l'avenir » – Le Fort de Romainville, « dépôt d'otages où ils puisaient leurs victimes » – « Imbéciles, c'est pour vous que je meurs ! » – « Non, mon petit, cela ne fait pas mal... » – Quand Francine militait aux Lilas – Atroce astuce – Quand l'exécuteur se souvient... – Des « guillotinades en série » – Une « Marseillaise » qui fut « arrêtée par le couperet » – Décapitation pour « supplément d'information » – Frère Clair-Marie de l'Institution chrétienne – La spécialiste en explosifs qui « ressemblait à Sarah Bernhardt » – Un sort particulier pour Raymond Burgard – Berty, Bertie, Berthie ou Berthy ? – Les deux mystères Albrecht – « Terriblement vivante » et « terriblement coquette » – Le débat sur le cyanure – « Son sourire se voyait de très loin... » – La dernière balle – « Tout ira bien mardi... » – Le SS-Hauptscharführer Ernst Misselwitz – Quand « le tortionnaire en chef » devient « un homme précieux » – Les inconnus du Nord – Le car ferry « Fred Scamaroni – Le contremaître « Médéric » – « Ses yeux sont creusés comme si on les avait enfoncés dans sa tête... » – « Ce monsieur... il était dans un triste état » – Cathédrale imprimée et requiem documentaire – « M. Nestor Perret, chapelier » – Cette atmosphère d'assassinat – Le forgeron de Trassanel – Ceux qui voulaient « châtier Fantomarx » – Le « comité national anti-terroriste » – Les tueurs du « 2e service » – L'entreprise d'assassinat des « hommes du Maréchal » – Charles Debarge, « l'Insaisissable » – « Contraint de creuser sa tombe » dans la forêt de Castelmaurou – De l'oxyde de carbone pour le général prisonnier – Robert Beck et l'Orchestre rouge – Des dollars or et des détonateurs – Eugen Fried, alias « Clément » – Au 129 de la rue Ten-Bosch, à Bruxelles... – Soldat ivre ou maison cernée ? – La mort était leur métier – « La course » et « le piquet » – Les pendaisons en musique – « Une véritable boucherie, un échaudoir... » – Ce qu'on appelle « les transports noirs »... – Quatre mille Tziganes en une nuit – L'enfer des « Sonderkommando » – Difficiles statistiques – L'ingénieur de la « source K » – Le marquis mort à Neuengamme – Chelmno, « vieux château romantique » – Dentiste à Auschwitz – « Mon cœur est un cimetière » – Une balle dans la nuque et une balle dans la bouche – « La bouteille de l'homme à la mer » – Le massacre de Saint-Genis-Laval (Rhône) – Les Oradour, les Ascq, les Lidice ou les Marzabotto... – « Cette lutte n'a rien à voir avec les combats chevaleresques » – L'exemplaire rapport du lieutenant Müller – « Que l'exemple d'Ascq serve de leçon... » – Quatre-vingt-dix-neuf pendus à Tulle – Des « dévastations très nombreuses » – « Une

CHAPITRE TROIS : LONDRES
Où s'inscrivent dans l'Histoire quelques sigles tels que FFL ou BCRA... 838

Les « gaullistes de la première heure » – Protestation parlementaire – Ce BCRA si discuté... – Le connétable et les cagoulards – La dimension aérienne de la Résistance – Les « bons » et les « mauvais » résistants – D'Artagnan, Machiavel et Torquemada – Du « capitaine Z... » au « colonel Bourse » – A gauche, à droite et en face... – « Une sorte de passion froide... sur une route ténébreuse » – « Au premier, au meilleur, au plus ancien de mes camarades... » – Le bilan selon Passy – L'« impresario de la France résistante » – Mendès France, « les poches bourrées de chocolat » – « Je décousais leurs doublures pour y cacher de l'argent ou des papiers » – Les parlementaires de la « France combattante » – « Desiderata » et « grands problèmes » – Le « Centre syndical français » – Muselier, Labarthe, Aron, de Kérillis... – La Croix de Lorraine – « Ceux "d'youtre-Manche"... » – « Le chœur anxieux des gouvernements réfugiés accompagnait en sourdine... »

CHAPITRE QUATRE : MOSCOU
Où les kominterniens de l'enclos de Kountsevo, les délégués du CFLN, les théoriciens des FTPF, les évacués d'Oufa, les commentateurs français de Radio-Moscou et la « mission militaire » des FFC forment une singulière communauté sur les bords de la Moskowa 886

Un camion plein de déserteurs fusillés – Sur la place Rouge, le 7 novembre 1941... – Au micro de « la Voix de Moscou » – Des biberons de bouillon de choux – Quand le bagnard devient diplomate... – Le « sentiment du coude » – Un mandat d'arrêt de la « Fahndungszentrale » – A l'hôtel Métropole, en janvier 1944... – La dissolution du Komintern – Un rapport de Joseph Epstein – « Action au grand jour » pour « reconquérir la rue » – Des tracts pour les écoliers

CHAPITRE CINQ : ALGER
Où survivance vichyste, méfiance américaine, incapacité giraudiste et volonté gaulliste s'affrontent et mettent en jeu l'avenir de la Résistance 916

« Grenouillère » et « grenouillage » – L'« Opération Torch » – « Le jour J d'Afrique... » – L'« ahurissement » d'Eisenhower – « Mais qu'y a-t-il dans le crâne du général Juin ? » – L'assassinat du capitaine Pilafort – Un baroud de déshonneur – Chewing-gum et chocolat – Alger, « terre d'élection du pétainisme » – L'abbé Lambert au micro de Radio-Séville – Le règne de l'ordre « légionnaire » – La Phalange oranaise – Une « politique de la fanfare » – Du « mythe Weygand » à l'« opération Weygand » – Une « amusette de trublions » – Comment Weygand a « étouffé la France Libre » en Afrique du Nord – Un « non-lieu », le 6 mai 1948... – Entre « Vichy à l'envers » et « Vichy libre »... – Quand le dollar succède au mark... – Le problème de la flotte de Toulon – Obstination dans l'illusion – L'AMGOT (Allied Military Government for Occupied Territories)... – « Je traiterai avec Laval, si Laval me donne Paris ! » – « C'est sans bienveillance que Roosevelt considérait ma personne... » – « Une nuée de vice-consuls américains » – La censure de Vichy ne s'y trompait pas – Et les Soviétiques ? – « Un gros coup de poker » du Général ? – Que pensait vraiment Staline ? – Les « moustachis » de l'« armée d'Afrique » – Quand un futur maréchal « renverse la vapeur » – Des offres de service à Rommel... – « L'armée française, dans ses profondeurs, n'a jamais cessé... », etc. – « La Royale » jette l'ancre dans les eaux thermales – A situation intenable, chef introuvable – « Pokerface », amiral de la Flotte – Attila et la « bolchevisation de l'Angleterre » – Un résistant qui s'appelait Fernand Bonnier de la Chapelle... – A la courte paille – « L'ordre de Churchill avait été exécuté... » – Une comparaison audacieuse – Chaussettes rouges et « parole d'officier » – « Au nom du Maréchal empêché... » – Contacts entre Giraud et les communistes – Le procès Pucheu – « Tous les traîtres de France... » – Un « étrange manteau d'Arlequin » – Breuillac et ses « tueurs de bateaux » – Les écoutes « X-19 » et « X-30 » – Les inspirateurs de la « War Room » – D'« Elysées-Couture » à « Elysées-Complots »... – Arrêté par les « goums » marocains – Les Oranais et les Polonais – Le « Groupe des cinq » – Henri, l'un des frères d'Astier – Le « prélat inconnu » du château de Chantilly – Une « branche américaine de la Révolution nationale » – « Sauter dans le train en marche » – Motifs de mansuétude – « Remplacer le portrait du Maréchal par celui du Général... » – Des transferts de capitaux – « Sous les ailes dorées des grands trusts... » – La tentation monarchiste – Importance de l'« Assemblée consultative provisoire »

CHAPITRE SIX : « CE SONT CEUX DU MAQUIS... »
Où l'apparition et la vitalité du Maquis surprennent d'abord les résistants dont elles vont ensuite conditionner l'image 1056

Fritz Sauckel, gauleiter esclavagiste – Faciliter le « réfractariat »... – Les « bananes incendiaires » de la place de Fontenoy – Slogans, saynètes et ritournelles contre le STO – Isméolari et ses « commissions d'appel » – Un arrêt de la Cour de cassation – Des maquisards « en virtualité » – Du latin « macula » et du corse « macchia » – Les mésaventures de « Jérôme » – « Un seul pistolet » – Le témoignage de « Brozen » – Les « complicités campagnardes » – Ceux qui n'ont pas pu voir la Libération... – Un sonnet mallarméen – « Dans la forêt à sangliers... » – « Imaginer des refuges secrets » – Dans le journal intime d'un maquisard – Déraillements, sabotages, explosions... – L'adjoint au maire en pyjama – Dans les maquis du Sartenais – Le boulanger Paillasse – Les « banquiers des maquis » – Les « réquisitions d'argent » – « Pas d'amourette... » – Le danger de l'infiltration – Le chien de « Robert le Noir » – « Le goût affreux du pain de châtaigne » – Un coiffeur de Toulouse – Dans le labyrinthe des immeubles piégés... – « Une réalité vivante, imposante, menaçante... » – « La Fayette a pris le maquis » – Le défilé d'Oyonnax – « Clairons sonnant, tambours battant » – Deux virtuoses – Une cellule du fort Lamothe – « Un chef de bande de l'espèce la plus féroce » – Une « tête de cochon » qui « se prend pour Bonaparte » – La prise de Limoges – Dans les fermes, des portraits du « grand »... – Papier à lettres et pierre tombale – La réhabilitation politique – « Sa longue odyssée rurale » – Le mythe des lessiveuses – « Jouer au fantôme » – Le « défi » des Glières – Un gigantesque, un écrasant parachutage – « Celui qui était juif, celui qui ne l'était pas... » – « Défaite des armes » et « victoire des âmes » – La série noire des massacres annoncés – Quand « Gaspard » mobilise... – « Une atmosphère de kermesse » – Saint-Marcel ou « la petite France » – Un « enfer » édulcoré – Un ancien repaire de Mandrin – Le « Plan Montagnard » – Des planeurs à croix noires – La mort de Jean Prévost – Une petite guerre des musées – « Criminels et lâches. Je répète : criminels et lâches ! » – Le gravier des allées du palais d'Eté – « Le Vercors n'a pas été trahi ! » – Des maquisards venus d'ailleurs – Rue Cristino Garcia – Des maquis juifs – L'écusson bleu-blanc et l'étoile de David – Un « comité de désagrégation » – Sacha le maquisard et Tamara la princesse – Le martyre d'Hedwig et de Lisa – Le monument de Strecno – Dans un maquis de Moravie – Deux ministres en exercice – « Braconnier devenu garde-chasse » – La goutte et la boule – Les fameuses « quinze divisions »

QUATRIÈME ET DERNIÈRE PARTIE
LE COMBAT TOTAL

CHAPITRE PREMIER : UN ÉTAT DES LIEUX
Où l'on calcule qu'à Paris l'Occupation dura mille cinq cent trente-trois jours, et où l'on constate que ce fut assez pour mettre la France en piteux état 1203

« Ne rien dire au sujet des frais d'Occupation » – La cruelle nécessité des bombardements – Le papetier qui vend des anchois – Une

« poubelle somptueuse » – Les faux tickets du « gros Henri » – Quand s'étalait l'ignominie...

CHAPITRE DEUX : « AU SERVICE DE L'ENNEMI... »
Où il est clair que la Collaboration avec les nazis fut aussi un inéluctable encanaillement 1220

« A un niveau social déterminé, on se débrouille... » – Pots-de-vin, Gestapo et dessous-de-table – Les « bureaux d'achat » – « Doriot m'a vendu son parti... » – Les colliers des « Feldgendarmes » – Le sanctuaire de l'Abwehr – Un service séculaire – Aux n°s 74 et 76 du quai Tirpitz – L'« Alst » de l'hôtel Lutétia – Ces quatre lettres : R... S... H... A... – « Longue corde » et « retournement » – Les 131 bases du RSHA en France – D'autres occupants, les Italiens et les Japonais... – O... V... R... A..., ou les mystères d'un sigle – Quand Himmler appelait Bocchini « son maître » – « Plus cruel encore que la Gestapo » – L'« honorable surveillant du jardin » – « Tokko » et « Kempeitai » – Une « Gestapo japonaise » – Une « policisation » croissante – « Vénal comme un valet de chambre et fêtard comme un fils de famille » – Le « groupe Hibbelen » – Au « royaume d'Otto Ier » – Les « plans de table » du SS-Hauptsturmführer – Revanche et « arrivisme collectif » au temps des « enveloppes » – Simples « vichyssitudes » – « Le peloton d'exécution vous fera place. » – Rue Saint-Fiacre, rue Ferrus et rue de Montmorency... – Le « louche Herr » Luchaire – Des orchidées pour Carbone – Par déséclissage et détirefonnage – Des « feuilles soumises » – Les hystériques d'« Au Pilori » – Signé « Duralex » – « En connexion organique » – « Un clan antirésistant » – Le « génie d'Hitler », selon Drieu la Rochelle – Leur huitième art – Un certain Merline – L'« idéal professionnel » selon Gabolde – Une magistrature « à genoux » – « Comment oublier l'attitude de ce flic... » – « Les pluches » pour le général – L'arrestation de Manouchian – « Demeurer malgré tout dans cet enfer... » – « Un Himmler parisien » – Bucard, Doriot, Déat, Deloncle et Costantini – Une base sociale ? Non, une base policière... – L'agent 30018 de l'Abwehr III F – « La Main bleue » – Une « Légion... d'utilité publique » – « Ils sont capables de tout ! » – Création du « Commissariat général aux Questions Juives » – Un « ancien combattant » de profession – « Une horde de canailles » – Le SSS, police antimaçonnique et... – A La Rochelle, François Sidos – Le « Service de Police Anti-Communiste » – « Patte de homard » et « Alex le tireur » dans le « cadre latéral » – « Tel un insecte attiré par la flamme... » – « Die Bretagne den Bretonen ! » – Le « Bagadou Stourm » et la « Bezen Perrot » – Pélerinage pour un agent de l'Abwehr – Les collabos « du cœur »

CHAPITRE TROIS : PAR TOUS LES MOYENS
Où, après avoir arpenté les « résistodromes » et être passé au crible de « Patriotic School », on comprendra qu'il y a moins de différences qu'il ne semble entre le « Manuel du parfait dérailleur » et le recueil clandestin de « L'honneur des poètes ». 1369

Le côté « jeune chien » – Avec un nouveau nom, sans métier ni famille – Le papier fin se mange plus facilement... – Savoir « changer de peau » – Les « résistodromes » – Autour de la bourse aux timbres – Importance de la bicyclette – La « mise au vert » – La prière, la politesse et le culot – « C'était un peu comme en amour... » – Un si difficile cloisonnement – « Le doute n'était jamais au bénéfice de l'accusé... » – Les interrogatoires de « Patriotic School » – La crainte des « agents doubles » – « 99,99 % » ou quelques « rares collègues » ? – « J'ai senti que je me cassais de l'intérieur » – Celle qui « tapait un quatrième exemplaire » – Le « réseau Ajax » – Torturé par ses « collègues » – Quand « les criminels arrêtent les policiers »... – Les « petits chérubins » de la « grosse Madeleine » – Dents en or et pommes de terre – Les « soldats bleus » – « Grenadage » et « garde-à-vous » – La bataille de Grenoble – « Allons, levez les bras, imbéciles ! – L'« escroc étoilé de Vichy » – Vingt-sept généraux morts en déportation – A moitié plein ou à moitié vide ? – Des « provinces », des « pays », des « bailliages », des « équipes »... – Les « Compagnons » irritaient les nazis – Uriage n'est pas La Chapelle-en-Serval – Un « camouflage » controversé – « Réseau Kléber » et « Travaux ruraux » – « Ah ! vous êtes un agent de Vichy ? » – Paillole et son « bastion véritable » – Paul Gérar-Dubot et la « BSM 407 » – La « source K » de Noisy-le-Grand à Livry-Gargan – Les félicitations de Sir Stewart – L'aigle hitlérien ou le « pigeon à roulette » – Un savoir-faire qui servit après guerre – « Favoriser les malfaçons » – Le fracas des explosions et la lueur des incendies – Sabotage ou bombardement ? – A Fives-Lille, le 27 juin 1943... – Une « ronéo » dans un four de cuisinière en état de marche – Du « faux crottin de cheval, de chameau et d'éléphant » pour le « troisième front » – Comment sauta l'usine de Gardanne – Le « Manuel du parfait dérailleur » – « Plan Vert » et « Plan Violet », « Plan Grenouille » et « Plan Tortue », « Plan Bibendum » et « Plan Sussex »... – « Prenez des bâtons... » – « La chasse aux traîtres est ouverte ! » – « N'oubliez pas de haïr... » – Député du Médoc grâce au curé de Saint-Emilion – L'exécution de Philippe Henriot – L'exécution du contre-amiral Charles Platon – Nom de guerre : « Doublemètre » – Vengeance en Indochine – Les 89 602 membres des 266 « réseaux FFC » – Du « réseau Jean-Marie » au « réseau Samuel » – Les camionnettes de la « gonio » – « Un arc-en-ciel de parachutes sur les crêtes » – L'aviation de la

Résistance – 4,37 % d'évadés parmi les prisonniers de guerre – Sur une « vedette sardinière à essence. » – Les soldats des « stalags », les officiers des « oflags »... – « Roger le Légionnaire », passeur devenu gestapiste – « Burgard a levé sa canne... » – Une vague de grèves – « En sourdine », les quatre premières notes de la « Cinquième Symphonie » – « La lune est pleine d'éléphants verts » – Plus de mille titres dans la presse clandestine – La poésie de la Résistance – « L'air même était devenu policier » (Henri Michaux) – Le Poulidor du Surréalisme et son « déshonneur des poètes » – Tristan Tzara et Pierre Emmanuel – La mitraillette ou le stylo ? – René Char, alias « capitaine Alexandre » – Robert Desnos, à Terezin... – « Le Veilleur du Pont-au-Change » – Michel Leiris et Jean Tardieu – Les poèmes parachutés d'Aragon et d'Eluard – Le lyrisme intense des clandestins

CHAPITRE QUATRE : « LA VICTOIRE EN CHANTANT... »
Où, du jour J aux barricades, il a suffi d'un seul été, celui de 1944... 1579

Les 2 876 439 soldats du « D Day » – « Le jour de gloire est arrivé... » – Les trois « V » du « COMAC » – Vague libératrice et « insurrection nationale » – « Jusqu'au jour du soulèvement général... » – Les guillemets du Général – La question des « milices patriotiques » – Une Libération « trahie » ?

POST-SCRIPTUM : UNE ALLERGIE À L'ÉPOPÉE
Où il semblerait que le souvenir de la Résistance puisse finalement survivre à l'inquisition des historiens officiels et des nouveaux juges 1601

Des « historiens à charge » – « Cette double vie des résistants » – Quand les témoins « bloquent la route » des historiens – Disséquer – 200 000 fiches – Le « résistancialisme » – « Mythe nécessaire » et « légende justifiée » – Le succès de Robert Hossein – Travestissements et distorsions – Quand « il y a du vichysme dans l'air » – « Au bon chic collabo » – Quels critères pour les noms de rue ? – Tellement et si peu...

Annexes
Estimation du nombre de résistants « mobilisés et armés » au 11 juillet 1944 1631
« Réseaux » et « Mouvements » 1634
Remerciements 1649
Bibliographie 1653
Index 1735
Du même auteur 1791

Sources Mixtes
Groupe de produits issu de forêts bien gérées
et d'autres sources contrôlées
FSC
www.fsc.org Cert no. BV-COC-070810

Composé par Nord Compo, Villeneuve-d'Ascq, Nord
Imprimé par Normandie Roto Impression s.a.s., 61250 Lonrai, France
en mai 2010 - suite du 1er tirage
N° d'impression : 10-1663
pour Omnibus, 12, avenue d'Italie, 75013 Paris
http://www.omnibus.tm.fr

